铁路工程建设标准汇编

桥 涵 工 程

中 国 铁 道 出 版 社

2010 年 · 北京

内 容 简 介

本汇编收录了铁路桥隧守护设施设计规定、铁路桥涵设计基本规范、铁路桥梁钢结构设计规范、铁路桥涵钢筋混凝土和预应力混凝土结构设计规范、铁路桥涵混凝土和砌体结构设计规范、铁路桥涵地基和基础设计规范、铁路桥梁抗震鉴定与加固技术规范、青藏铁路高原多年冻土区桥涵工程质量检验评定及验收标准(试行)、铁路桥涵工程施工质量验收标准、客运专线铁路桥涵工程施工技术指南、客运专线铁路桥涵工程施工质量验收暂行标准、铁路架桥机架梁暂行规程、铁路工程基桩检测技术规程、客货共线铁路桥涵工程施工技术指南、铁路钢桥制造规范,可供相关人员参考。

图书在版编目(CIP)数据

铁路工程建设标准汇编．桥涵工程/铁路工程技术标准所编．—北京:中国铁道出版社,2010．5
ISBN 978-7-113-09336-5

Ⅰ．铁… Ⅱ．①铁…②铁… Ⅲ．①铁路工程－工程施工－标准－汇编－中国②铁路工程:桥涵工程－工程施工－标准－汇编－中国 Ⅳ．U215－65

中国版本图书馆 CIP 数据核字(2008)第 169753 号

书　　名:铁路工程建设标准汇编
桥 涵 工 程

作　　者:铁路工程技术标准所　编

策划编辑:江新锡　许士杰
责任编辑:徐　艳　　**电话:**(010)51873193　　**电子信箱:**xy810@eyou.com
封面设计:冯龙彬
责任校对:张玉华
责任印制:李　佳

出版发行:中国铁道出版社(100054,北京市宣武区右安门西街 8 号)
网　　址:http://www.tdpress.com
印　　刷:北京铭成印刷有限公司
版　　次:2010 年 5 月第 1 版　2010 年 5 月第 1 次印刷
开　　本:787 mm×1 092 mm　1/16　印张:90　插页:2　字数:2 236
书　　号:ISBN 978-7-113-09336-5
定　　价:295.00 元

前　言

铁路工程建设标准是落实铁路建设总体技术路线和目标控制要求的综合体现,是确定工程实施方案和系统技术措施的基本依据,是实现铁路建设科学化、规范化管理的重要保障。制定和实施标准,对及时总结先进、成熟、可靠、有效的科技创新成果和工程实践经验,确保工程质量和安全,促进技术进步,提高社会效益和经济效益,全面提升铁路建设水平等具有重要意义。

铁路工程建设标准包括铁路线路、轨道、路基、桥涵、隧道、站场、机务设备、通信、信号、电力、电力牵引供电、给水排水、房建与暖通、环境保护等专业,分为综合、勘察、设计、施工、验收等类别。截至 2009 年 8 月,现行铁路工程建设标准共计 204 项,其中国家标准 7 项、行业标准 109 项、技术指南 18 项、具有标准性质而未编标准号的规章和技术规定 70 项。

近年来,为全面落实"以人为本、服务运输、强本简末、系统优化、着眼发展"的建设理念,适应又好又快推进大规模、高标准铁路建设的需要,铁路工程建设标准工作建立了灵活机动、迅速有效的动态管理机制,铁路工程建设标准不断吸收成功的先进技术,其技术先进性、经济合理性、安全可靠性、时效性和可操作性得到了全面提升,为现代化铁路建设提供了强大的技术支撑。

为了方便铁路工程建设者学习、掌握铁路工程建设标准,并在铁路工程建设过程中准确地执行、运用标准,保证标准的权威性、严肃性落到实处,我们对现行铁路工程建设标准进行了系统整理,现汇编出版,供各级领导干部、工程技术人员、管理人员和施工操作人员使用。

铁路工程建设标准汇编收集了截至 2009 年 8 月发布的现行铁路工程建设标准,按专业共分为:综合(上、下)、地质水文、工程测量、线路轨道工程、路基工程、桥涵工程、隧道工程、混凝土工程、房屋建筑及给排水工程、站场枢纽工程。其中综合(上、下)、工程测量和桥涵工程标准收集截止 2010 年 5 月。

在铁路工程建设标准汇编整理过程中,对原版本中的内容进行了勘误,并按历次发布的局部修订文件进行了条文修订。同时,对标准中容易产生歧义的编排做了调整,以便读者准确理解标准的涵义。

科学技术在不断进步,铁路工程建设标准也会不断地更新、提高和完善。因此,读者在使用本标准汇编过程中,应注意相关工程建设标准的变化情况,并及时更新相应内容。

铁路工程技术标准所

2010 年 5 月

总 目 录

中华人民共和国行业标准

铁建函〔1998〕160号

铁路桥隧守护设施设计规定

1998—04—18 发布　　1998—07—01 实施

中华人民共和国铁道部　发布

目　　次

1 总　则

1.0.1 为保证铁路桥梁、隧道(简称桥隧)守护目标安全,统一桥隧守护设施设计标准,根据《铁路法》和《国务院、中央军委关于中国人民武装警察部队内卫执勤任务范围的规定》(国发〔1988〕79 号)、《国务院办公厅转发中国人民武装警察部队〈重要目标执勤设施建设标准与管理办法〉的通知》(国办发〔1997〕14 号)制订本规定。

1.0.2 本规定适用于武警部队守护的新建、改建和增建第二线铁路主要干线重要位置上桥隧守护设施的设计。①

1.0.3 铁路桥隧守护设施设计应符合“因地制宜、节约用地、节约用兵、有利执勤、方便生活、确保安全”的原则。

1.0.4 铁路桥隧守护设施包括营房建筑及配套的采暖通风、给水排水、供电照明、通信和水上巡逻等工程设施。

1.0.5 铁路桥隧守护设施设计的程序:

1 在初步设计阶段,设计单位应提出桥隧守护目标及类型的建议,在审查时初步确认。

2 在技术设计阶段,设计单位根据初步设计审查意见提交桥隧守护设施设计有关内容。在技术设计审查时,由铁道部商武警总部确定具体守护的目标、类型、设施布局、标准及费用,并随审查意见下达。

3 施工图阶段,设计单位按技术设计审查意见实施。

1.0.6 铁路桥隧守护设施和生活用具购置费,应纳入铁路工程项目建设投资。

1.0.7 铁路桥隧守护设施设计,除按本规定执行外,还应符合现行铁路标准的有关规定。

---

① 本规定所述的“主要干线”系指国家铁路网中的Ⅰ级铁路;“重要位置”主要指大、中城市,以及一旦桥隧工程受到毁坏抢修困难的险要位置。

2 守护目标及分类

2.0.1 铁路主要干线重要位置上的桥隧守护目标应符合下列规定：

1 700 m以上的桥梁(不包括旱桥)；

2 3 000 m以上的隧道；

3 具备以下条件之一的特殊桥梁：

结构复杂,位置险要；常水位水深大于8 m且流速大于3 m/s；墩高大于50 m且单孔跨度大于64 m的桥梁。

2.0.2 铁路桥隧守护目标按其守护的难易,可分为下列四种类型：

Ⅰ类：跨越大江(河)且为通航河流的公铁两用桥梁。

Ⅱ类：桥长大于2 000 m,且水深流急,地形险要,守护困难的桥梁。

Ⅲ类：桥长大于700 m的桥梁或长度大于3 000 m的隧道。

Ⅳ类：700 m及以下的特殊桥梁。

3 营房建筑

3.0.1 铁路桥隧守护目标营区设置原则:

1 Ⅰ、Ⅱ、Ⅲ类守护目标营区应设在桥隧的两端,Ⅳ类守护目标营区可设在桥梁的一端,另一端设待班间休哨所。

2 中队部应设在便于指挥和管理的守护目标处。

3 大队部可设在守护目标处,也可设在便于指挥、管理、位置适中的车站附近或居民点集中的地区。

4 守护营房区应设在便于哨兵瞭望、联系的地方,且宜设于哨所、公路、便道或居民点的同侧。

3.0.2 各类营房的建筑面积应符合下列规定:

1 营房建筑面积按《中国人民解放军营房建筑面积标准》计列。

2 设在守护目标两端的哨所其建筑面积每处为 5 m^2,待班间休哨所为 40 m^2。

3 车库面积为:机动三轮车 8~12 m^2;吉普车 20 m^2;客货两用车 30 m^2。

4 给水设备用房,当只设给水机组时为 8 m^2,有水处理设备时为 20 m^2。

以上各种房屋面积累计,各类守护目标的营房建筑面积应控制在下表范围内。

表 3.0.2 营房建筑面积

守护目标类型	建筑面积(m^2)	守护目标类型	建筑面积(m^2)
Ⅰ	3 700~4 000	Ⅲ	800~1 000
Ⅱ	1 200~1 500	Ⅳ	550~650

3.0.3 随军家属住房,大队部可设 5 户,高原、边远地区的中队部可设 1~2 户。

3.0.4 营区占地面积宜控制在下表数值内,地形条件困难时可酌情减少。

表 3.0.4 营区占地面积

守护目标类型	营区占地面积(亩)	守护目标类型	营区占地面积(亩)
Ⅰ	27	Ⅲ	5.4
Ⅱ	9	Ⅳ	3.6

3.0.5 营区应设置围墙和通往哨所的简易便道。

3.0.6 各类守护房屋的建筑设计除按照铁路建筑标准外,还应根据守护用房的特点,考虑方便生活,有保障安全的措施。如设置防护窗栏,采暖地区平房外门设门斗,多雨地区前墙檐设遮雨、晾衣棚等。

3.0.7 采暖地区的守护营房,应按现行铁路标准配备采暖设备。

3.0.8 营区给水排水工程的设计标准应符合下列规定:

1 大队部营区应充分利用所在地的既有给水排水工程设施,其设计标准可采用所在地的设计标准,但不得低于生活供水站的标准。

2　中队部及守护班营区,生活饮用水水质应符合国家现行的《农村实施“生活饮用水卫生标准”准则》的要求。当水质需要净化、淡化处理时,可选用便于管理和维修的简易设施;消毒处理宜选用紫外线、漂白粉(或漂白精)等简易设备;水处理设备不考虑备用。生活用水量按 100 ~200 L/(d · 人)设计,特殊困难地区按不小于 75 L/(d · 人)设计。贮水设备容积可按 2 d 用水量计。排水应充分利用附近的铁路或地方的排水工程设施。

3. 0. 9　守护目标处的营区、哨所、桥梁上、隧道内均应供电。供电电源应优先采用铁路电源,用电负荷等级按铁路二级用电负荷考虑。

除营区等处设一般照明外,守护目标处可根据需要设置投光灯、搜索灯。

4 附属设施

4.0.1 桥隧守护部队应按下列规定配备通信设施：

1 守护电话台数为：每个守护目标一端的守护班设1台，中队部设1～2台，大队部设2台。

同一守护目标的守护哨所，两端的守护班、中队部之间均应设直通电话。

2 必要时两通信站之间可设守护电话专用回线。

3 根据守护部队的特点，在守护中队与大队部（或上级主管）间有线通信难于保障时，可设置无线通信设备。

4 设游动哨的守护班、机动班各配3个无线对讲机。

4.0.2 守护哨所与营区应设置应急联络的报警装置。特殊重要的桥梁，可在重要部位安装监控设备。

4.0.3 Ⅰ类守护桥梁，必要时可设置水上巡逻艇和简易码头。

4.0.4 为解决守护部队生活物资的运输需要，可按下列规定给守护部队配备守护生活专用车：

1 非中队部所在开伙点，配1辆机动三轮车；

2 中队部配轻型客货两用车1辆；

3 大队部配轻型客货两用车、吉普车各1辆。

4.0.5 为适应守护部队开展守护工作的需要，应配备部队进驻时所需要的营具、炊具等生活用具，费用标准按下表计列，其费用纳入办公及生活家具购置费。

表4.0.5 生活用具购置费

守护目标类型	营具、炊具等购置费（万元）	守护目标类型	营具、炊具等购置费（万元）
Ⅰ	34	Ⅲ	9
Ⅱ	12	Ⅳ	6

5　附　　则

5.0.1　本规定自1998年7月1日起施行。

5.0.2　本规定由铁道部建设司和武警总部作战勤务部、基建营房部负责解释。

中华人民共和国行业标准

铁建设〔2005〕108号

铁路桥涵设计基本规范

Fundamental Code for Design on Railway Bridge and Culvert

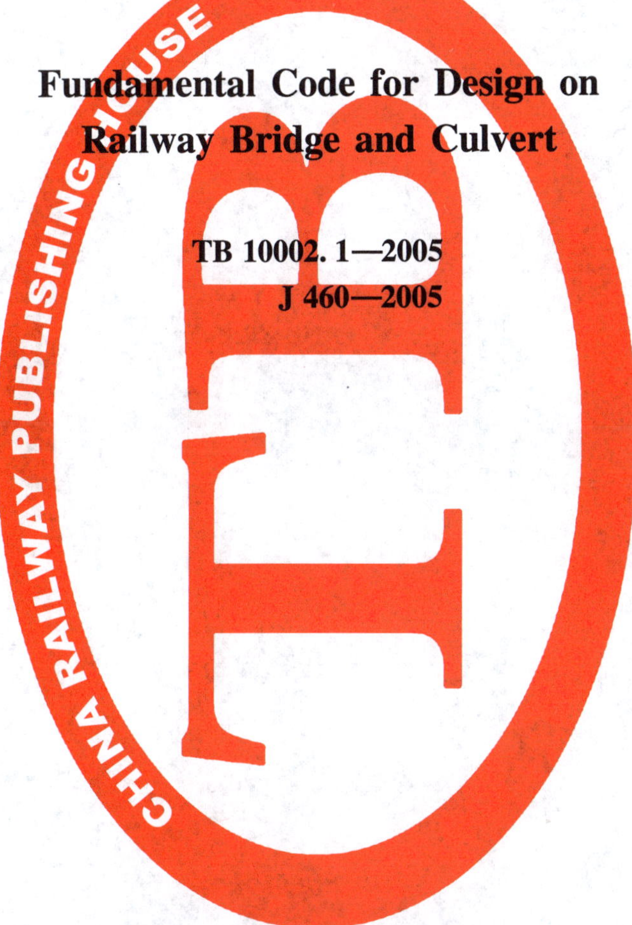

TB 10002.1—2005

J 460—2005

2005—06—14 发布　　2005—06—14 实施

中华人民共和国铁道部　发布

前 言

本规范是根据铁道部建设管理司的安排，为贯彻落实铁路跨越式发展的要求，在《铁路桥涵设计基本规范》(TB 10002.1—99)基础上修订而成的。

本规范编制过程中认真总结了我国铁路桥涵建设的经验和教训，借鉴了国内外有关标准的规定，在广泛征求意见的基础上，经反复审查定稿。

工程技术人员必须按照“以人为本、服务运输、强本简末、系统优化、着眼发展”的铁路建设理念，结合工程具体情况，因地制宜，充分发挥主观能动性，积极采用安全、可靠、先进、成熟、经济、适用的新技术，不能生搬硬套标准。勘察设计单位执行（或采用）单项或局部标准，并不免除设计单位及设计人员对整体工程和系统功能质量问题应承担的法律责任。

本规范共分5章，主要内容包括：总则、术语和符号、桥涵布置、设计荷载、桥涵设计的一般规定，另有6个附录。

本次修订的主要内容有：

1. 修改了适用范围：旅客列车最高行车速度为160 km/h，货物列车为120 km/h；
2. 修改了适用铁路等级：由Ⅰ、Ⅱ、Ⅲ三级改为Ⅰ、Ⅱ两级；
3. 增加了桥梁适用跨度的规定；
4. 增加了桥梁结构应按100年正常使用要求设计的规定；
5. 修改了铁路涵洞设计洪水频率标准；由洪水频率1/50标准调整为1/100标准；
6. 增加了特殊结构及代表性桥梁应进行车桥耦合动力响应分析的规定；
7. 明确了长大货物列车限速通过的检算、开行双层集装箱列车及开行120 km/h货物列车尚应符合有关规定要求的规定；
8. 增加了Ⅰ级铁路与道路交叉应采用立体交叉的规定；
9. 增加了设置限高标志、限界防护架及桥上安全防护设施的规定，取消了框架式地道桥净宽标准的规定；
10. 修改了选用桥涵结构建筑材料的规定；
11. 增加了挡砟墙内侧距线路中心距离的规定，调整了道砟桥面轨下枕底道砟的厚度；
12. 调整了桥上线路中心至人行道栏杆内侧最小净距的规定；
13. 取消了线路中心至人行道栏杆内侧的净距大于或等于3.5 m时可不设避车台的规定；
14. 增加了线路中心线距接触网支柱内侧最小距离的规定；
15. 修改了台后路桥过渡段设计的规定；
16. 修改了荷载分类和组合的规定；
17. 修改了碎石道砟材料容量的规定；
18. 增加了长钢轨纵向力、列车脱轨荷载及汽车撞击力的荷载；

19. 修改了离心力计算的规定；
20. 修改了列车的横向摇摆力的规定；
21. 修改了简支钢板梁竖向挠度限值的规定；
22. 增加了梁体水平挠度及频率限值的规定；
23. 增加了墩台基础的工后沉降量限值的规定；
24. 修改了墩台顶横向计算弹性水平位移限值及荷载组合的规定；
25. 增加了铺设焊接长钢轨的桥梁下部结构纵向水平线刚度的规定；
26. 增加了当桥梁采用橡胶支座时，应对梁体设置横向限位装置的规定；
27. 修改了排洪涵洞的最小孔径的规定；
28. 修改了涵洞顶至轨底的最小填方厚度的规定；
29. 增加了涵洞工后沉降量限值的规定；
30. 增加了便于养护、维修的有关规定。

本规范以黑体字标志的条文为强制性条文，必须严格执行。

在执行本规范过程中，希望各单位结合工程实践，认真总结经验，积累资料。如发现需要修改和补充之处，请及时将意见及有关资料寄交铁道第三勘察设计院（天津市河北区中山路10号，邮政编码：300142），并抄送铁道部经济规划研究院（北京市海淀区羊坊店路甲8号，邮政编码：100038），供今后修订时参考。

本规范由铁道部建设管理司负责解释。

本规范主编单位：铁道第三勘察设计院。

本规范主要起草人：周四思、杜宝军、方根男、朱志营。

目　次

1 总 则

1.0.1 为统一铁路桥涵设计技术标准，贯彻国家有关法规和铁路技术政策，使铁路桥涵设计符合安全适用、技术先进、经济合理的要求，制定本规范。

1.0.2 本规范适用于铁路网中客货列车共线运行、旅客列车设计行车速度等于或小于160 km/h、货物列车设计行车速度等于或小于120 km/h（转8A货车80 km/h）的Ⅰ、Ⅱ级标准轨距铁路桥涵的设计。

本规范适用跨度：混凝土梁跨度小于或等于96 m；

钢梁跨度小于或等于168 m，钢板梁跨度小于或等于40 m。

1.0.3 桥梁按其长度分类为：

特大桥——桥长500 m以上；

大　桥——桥长100 m以上至500 m；

中　桥——桥长20 m以上至100 m；

小　桥——桥长20 m及以下。

注：桥长——梁桥系指桥台挡砟前墙之间的长度；拱桥系指拱上侧墙与桥台侧墙间两伸缩缝外端之间的长度；刚架桥系指刚架顺跨度方向外侧间的长度。

1.0.4 桥涵设计时，应详细调查河流的历史和现状，研究其发展趋势，考虑桥涵与水利、航运、环保及工农业的相互关系，认真探明桥址地质情况，据以确定正确的设计方案。

1.0.5 桥涵结构在设计、制造、运输、安装和运营过程中，应具有规定的强度、刚度、稳定性和耐久性。桥梁结构应按100年设计使用年限设计。桥涵结构设计时，还应进行长大货物列车限速通过的检算。长大货物列车限速检算可按现行《铁路桥梁检定规范》（铁运函〔2004〕120号）的有关规定办理。

结构设计应力求技术先进、经济合理，构件应力求标准化，便于制造和机械化施工，并应满足养护、抢修、检测、维修要求，配备必需的设施设备。

桥梁设计应结合环境，考虑造形美观。

1.0.6 桥涵结构尺寸及所采用的建筑材料，应考虑地区气温和环境等对其耐久性的影响。

1.0.7 桥涵应按表1.0.7的洪水频率标准进行设计或检算。

表1.0.7 桥涵洪水频率标准

铁路等级	设计洪水频率		检算洪水频率
	桥梁	涵洞	特大桥（或大桥）属于技术复杂、修复困难或重要者
Ⅰ级、Ⅱ级	1/100	1/100	1/300

注：1 若观测洪水（包括调查洪水）频率小于表列标准的洪水频率时，应按观测洪水频率设计，但当观测洪水频率小于下列频率时，应按下列频率设计：

Ⅰ、Ⅱ级铁路的特大桥及大中桥为1/300，小桥及涵洞为1/100。

2 当水位不随流量而定，如逆风、冰塞、潮汐、倒灌、河床变迁、水库蓄水及其他水工建筑物的壅水等，则流量与水

位应分别确定。

3　设在水库淹没范围内的桥涵，仍采用表列洪水频率标准。设在水坝下游的桥涵，若水库设计洪水频率标准高于桥涵洪水频率标准，则按表列标准的水库泄洪量加桥坝之间的汇水量作为桥涵设计及检算流量；若水库校核洪水频率标准低于桥涵洪水频率标准，则应与有关部门协商，提高水坝校核洪水频率标准，使之与铁路桥涵洪水频率标准相同。如有困难，除按河流天然状况设计外，并应适当考虑破坝可能对桥涵造成的不利影响。

4　在水坝上下游影响范围内的桥涵，如遇水库淤积严重等情况可能对桥涵造成不利影响时，桥涵的设计洪水频率标准可酌量提高。

5　有压和半有压涵洞的孔径应按设计路堤高度的洪水频率检算。

6　改建既有线或增建第二线时的洪水频率，应根据多年运营情况和水害的具体情况加以考虑，利用既有建筑物，避免大拆大改。

1.0.8　特殊结构及代表性桥梁应进行车桥耦合动力响应综合分析，其列车运行安全性和平稳性指标应满足现行《铁道车辆动力学性能评定和试验鉴定规范》(GB 5599)和《铁道机车动力学性能试验鉴定方法及评定标准》(TB/T 2360)的有关规定。

道砟桥面强振频率不大于 20 Hz 的列车竖向振动加速度 $a \leqslant 0.35\ g$。

1.0.9　开行双层集装箱列车的桥梁设计除应符合本规范规定外，尚应满足相关规定。

1.0.10　铺设无砟轨道或开行 120 km/h 货物列车的铁路桥梁，除应满足本规范规定外，尚应满足相关的规定。

1.0.11　铁路桥涵应按《铁路运输安全保护条例》(中华人民共和国国务院令第 430 号)的有关规定，进行安全保护标志，警示标志、防护设施的设计。

1.0.12　改建既有线或增建第二线时，增建路段应采用新建标准，改建路段宜采用新建标准。

1.0.13　铁路桥涵设计除应符合本规范规定外，尚应符合国家现行的有关强制性标准的规定。

2　术语和符号

2.1　术　语

2.1.1　铁路桥梁　railway bridge

铁路跨越天然障碍物或人工设施的架空建筑物。

2.1.2　铁路涵洞　culvert for railway

横穿铁路路基,用以排洪、灌溉或作为通道的建筑物。

2.1.3　顶进桥涵　jacked-in bridge or culvert

穿越既有铁路路基用顶进方法施工的桥涵。

2.1.4　桥跨结构　bridge superstructure

梁桥支座以上或拱桥起拱线以上跨越桥孔的结构。

2.1.5　列车竖向振动加速度　carboby verticai acceleration

车体竖向振动惯性力与车体重之比。

2.1.6　工后沉降　settlement after comstruction

基础设施竣工铺轨开始以后产生的沉降量。

2.1.7　列车竖向动力　vertical dynamic force of train

列车运行时产生的竖向动力作用。

2.1.8　列车离心力　centrifugal force of train

列车运行在曲线上产生的倾向曲线外侧的水平力。

2.1.9　列车制动力　braking force of train

运行的列车制动时,对建筑物产生的与运行方向相同的水平力。

2.1.10　列车牵引力　tractive force of train

列车启动时,对建筑物产生的与运行方向相反的水平力。

2.1.11　列车摇摆力　lateral sway force of train

列车运行时对钢轨顶面产生的左右水平力。

2.1.12　伸缩力　longitudinal force due to temperature variation

因温度变化,桥梁与长钢轨纵向相对位移而产生的纵向力。

2.1.13　挠曲力　longitudinal force due to deflection of the structure

在列车荷载作用下,桥梁挠曲引起桥梁与长钢轨纵向相对位移而产生的纵向力。

2.1.14　断轨力　breaking force of long rail

因长钢轨折断,引起桥梁与长钢轨纵向相对位移而产生的纵向力。

2.1.15　长钢轨纵向力　longitudinal force due of longrail

伸缩力、挠曲力、断轨力的总称。

2.1.16　桥墩　pier

支承相邻桥跨结构,并将其荷载传给地基的建筑物。

2.1.17 桥台 abutment

连接桥跨结构和路基的支挡建筑物。

2.2 符 号

2.2.1 外力和内力

p——路堤作用于涵洞上的竖向土压力

e——路堤作用于涵洞上的水平土压力、活载作用于涵洞上的水平土压力

q_h——活载作用于涵洞上的竖向压力

ξ——土压力系数

K——土压力系数、桥墩形状系数

$1+\mu$——动力系数

W——风荷载强度、船只重或排筏重、列车竖向静活载

W_0——基本风压

P——流水压力

F——船只或排筏的撞击力

q_1——恒载及活载对圆形涵洞管节作用的竖向压力

q_2——恒载及活载对圆形涵洞管节作用的水平压力

2.2.2 几何参数

L——桥梁跨度、影响线加载长度

f——拱的矢高

L_0——拱圈的计算长度

Δ——墩台顶帽面的水平位移

r——圆形管节的平均半径

3 桥涵布置

3.1 一般要求

3.1.1 桥涵布置应不占或少占耕地,考虑水陆交通、排灌需要和上下游居民、房舍、农作物的安全,并应与城镇等的排水设施组成完整、通畅的排水系统。

3.1.2 **Ⅰ级铁路与道路交叉应采用立体交叉**,其他设置立体交叉的条件可按照现行《铁路线路设计规范》有关规定办理。

3.1.3 跨越一条河流时,以设置一座桥为原则。

当桥址处有两个及两个以上的稳定河槽,或滩地流量占设计流量比例较大,且水流不易引入同一桥时,可在主河槽和支岔或滩地上分别设桥,不应用长大导流堤强行集中水流。

3.1.4 平坦、草原、漫流地区,应按分片泄洪布置桥涵,但不宜过稀。

3.1.5 天然河道不应轻易改移。如确能改善桥涵工作状况或有显著经济效益时,方可改移河道或裁弯取直,但应考虑由此而产生的河流水力条件变化的影响。

3.1.6 桥址中线宜与洪水流向正交,宜避免在桥头形成水袋而产生三角回流,影响线桥安全。

3.1.7 不没水的导治建筑物顶面,应高出桥梁设计洪水频率的水位(考虑水面坡度)至少0.25 m,必要时尚应考虑壅水高、波浪侵袭高、局部股流涌高、斜水流局部冲高、河弯超高、河床淤积等影响。

没水的导治建筑物的顶面宜高出常水位。

不没水导治建筑物迎水面应全高防护。没水导治建筑物的两侧及顶面均应防护。各种导治建筑物的防护标准,视其可能遭受水流、波浪、流水、流木、漂流物等的冲击而定。坡脚的设计,应考虑冲刷的影响。

3.1.8 通航河流上,桥址中线应与航线正交。当不能避免斜交时,应适当加大通航净孔。对变迁性河道,应考虑其对通航孔的影响。

3.1.9 铁路桥和公路桥以分建为宜。如需合建,应报部批准。

3.1.10 增建第二线桥梁时,布置在既有线桥的上游或下游以及两线间的距离,应视国防要求、水文和地质条件、既有桥的工作情况、基础结构状态、通航要求、施工和行车干扰等因素,全面考虑确定。

第二线桥和既有线桥当处在水流干扰范围内时,应使两桥的墩台中心线相对应,大致与洪水流向平行。

3.1.11 改建的桥涵,当原来的中线、位置无明显缺陷,在线路平面及纵断面上的配合也合理时,应保持原来的中线及位置。

当有足够的根据,并经使用部门同意,方可在既有线上封闭或增设桥涵。

同时应考虑水源保护区、野生动植物保护区、地下管线等对铁路桥涵的要求和影响。

3.2　桥涵孔径

3.2.1　桥涵孔径必须保证设计频率洪水、流冰、流木、泥石流、漂流物等安全通过，并应考虑壅水、冲刷对上下游的影响，确保桥涵附近路堤的稳定，便于养护与维修。

3.2.2　设计桥梁孔径时，应注意河床变迁，不宜改变水流天然状态。

当河床有被冲刷的可能时，其容许冲刷系数（桥下需要过水面积与供给面积之比）不宜大于表3.2.2所列值。

平原地区桥孔按冲刷系数计算后，必须检算桥前壅水对上游村镇与农田的影响。当有危害时，需放大桥孔。

人工渠道上的桥孔不宜压缩，并应减少中墩。

泥石流地区的桥孔应按沟谷通过地段的基本河宽设计，不宜压缩和过分扩大，宜以单孔或多孔的较大跨度桥梁跨过，并不得在桥下开挖。

位于水库影响范围的桥孔设计，除应考虑河流的天然状况外，尚应考虑水库所引起的河流状况的变化。

表3.2.2　容许冲刷系数

<table>
<tr><th colspan="2">河流类型</th><th>冲刷系数</th><th>附注</th><th colspan="2">河流类型</th><th>冲刷系数</th><th>附注</th></tr>
<tr><td rowspan="2">山区</td><td>峡谷区</td><td>≤1.2</td><td>无滩</td><td rowspan="3">山前区</td><td rowspan="2">稳定河段</td><td rowspan="2">≤1.4</td><td rowspan="2">—</td></tr>
<tr><td>开阔区</td><td>≤1.4</td><td>有滩</td></tr>
<tr><td colspan="2">平原区</td><td>≤1.4</td><td>—</td><td>变迁性河段</td><td>按地区经验确定</td><td>—</td></tr>
</table>

注：宽浅河流平均水深小于或等于1.0 m时，容许冲刷系数按地区经验决定。

3.2.3　跨河桥梁应计算桥下一般冲刷及墩台附近局部冲刷，并考虑设计频率洪水时河床变迁、天然冲刷及正在发育过程中河道天然下切的影响。

水坝下游的桥梁尚应考虑坝下的局部冲刷和清水冲刷的影响。

3.2.4　新建铁路大中桥不得采用桥下河床铺砌。

3.2.5　不通航亦无流筏的桥孔，其桥下净空高度应符合表3.2.5的规定。

表3.2.5　桥下净空高度

序号	桥的部位	高出设计洪水频率水位加 Δh 后的最小高度（m）	高出检算洪水频率水位加 Δh 后的最小高度（m）
1	梁底（洪水期无大漂流物时）	0.50	0.25
2	梁底（洪水期有大漂流物时）	1.50	1.00
3	梁底（有泥石流时）	1.00	—
4	支承垫石顶	0.25	—
5	拱肋和拱圈的拱脚	0.25	—

注：1　表中的“设计（或检算）洪水频率水位”系指相应于第1.0.7条表1.0.7中的设计（或检算）洪水频率的水位；“Δh”系表示根据河流具体情况，分别考虑壅水、浪高、河弯超高、河床淤积、局部股流涌高等影响的高度；

2　洪水期无大漂流物通过的河流，实腹式无铰拱桥的拱脚，允许被设计洪水频率水位加 Δh 后的水位淹没，但此水位不应超过矢高之半，且距拱顶的净高亦不应少于1.0 m；

3　有严重泥石流或钢梁下在洪水期有大漂流物通过时，应根据具体情况，采用大于表列的净空高度。

3.2.6 通航与流筏的桥孔，其桥下净空和设计航行水位均应与航运及筏运部门协商确定。在有流冰或流木的河流上，宜按实际调查的流冰或流木的大小酌留一定富余量，作为确定桥下净空的依据。

3.2.7 简支梁桥的跨度应符合表3.2.7所示现行国家标准《铁路桥梁跨度系列》(GB/T 904—94)的规定。

表3.2.7 铁路桥梁跨度系列

跨度(支点距离)(m)	4	5	6	8	10
梁长(m)	4.5	5.5	6.5	8.5	10.5
跨度(支点距离)(m)	12	16	20	24	32
梁长(m)	12.5	16.5	20.6	24.6	32.6
跨度(支点距离)(m)	40	48	56	64	80
梁长(m)	40.6	49.1	57.1	65.1	81.1
跨度(支点距离)(m)	96	112	128	144	168
梁长(m)	97.1	113.5	129.5	145.5	169.5

注:其他式样桥梁的跨度或梁长可参照表中尺寸确定。

3.2.8 道路跨越铁路的立交桥和铁路跨越铁路的立交桥，其桥下净空应符合铁路限界的规定。

道路在铁路下面通过的立交桥，其建筑限界应符合国家现行有关标准和规范，并设置限高标志。铁路立交桥下的乡村道路净空，还应符合铁路线路设计规范现行的有关规定。当通过机动车辆且桥下净空不足5 m时，应有充分技术经济依据，并设置限界防护架。铁路与道路立交桥上尚应按有关规定设置安全防护设施。当选择为梁式桥时，其桥梁跨度应按表3.2.7选用；当选择为框架式地道桥时，其桥下净宽应结合公路机动车道和非机动车道及人行道的布置，确定合理的净宽，其净空高度应符合交通部现行《公路工程技术标准》的规定。必要时尚应与使用部门协商确定桥下净宽和净高。

季节性的排洪桥涵，有条件时，可兼作立交桥使用。

3.2.9 涵洞宜设计为无压的。无压涵洞洞内顶点高出洞内设计频率水位的净空高度应按表3.2.9确定。

表3.2.9 涵洞净空高度

涵洞类型 / 涵洞结构净高 H(m)	圆 涵	拱 涵	矩形涵
≤3	≥$H/4$	≥$H/4$	≥$H/6$
>3	≥0.75 m	≥0.75 m	≥0.50 m

3.2.10 改建既有线的桥涵，其孔径和净空高度应按新建的设计标准办理。当确有困难时，可根据具体情况和养护经验酌量处理。

3.3 桥涵构造

3.3.1 同一区段内桥涵的孔径与式样应力求简化。桥跨结构的类型，除通航和特殊需要外,同一座桥宜采用等跨及相同类型的桥跨结构。

3.3.2 泥石流或水流含砂石较多的河沟、多年冻土地区有冰椎、冰丘处,以及水库淹没范围内均宜设桥,不宜设涵。

河谷弯曲,水文、地质条件又适合时,可采用泄水隧洞。

大型灌溉渠上,不宜采用圆涵。

各级铁路不应采用明渠。

3.3.3 桥涵结构的建筑材料应根据制造水平和材料供应情况选用,可采用混凝土、钢筋混凝土、预应力混凝土或钢材。

跨线桥和车站内的桥,不宜采用明桥面。

3.3.4 桥涵结构的各部位,均应保持良好的排水、通风条件和必要的维修工作空间。

3.3.5 桥涵结构的表面应选用适当的建筑材料,以防气候、煤烟、水流、流石和流冰等的损害以及水和土的侵蚀作用,必要时尚应增加防护设施。

防水层铺设办法应按铁道部有关规定执行。

3.3.6 新建Ⅰ级铁路道砟桥面的道砟槽挡砟墙内侧距线路中心不应小于2.2 m,轨下枕底道砟厚度不应小于0.30 m;新建Ⅱ级铁路道砟桥面的道砟槽挡砟墙内侧距线路中心不宜小于2.2 m,轨下枕底道砟厚度不应小于0.25 m。桥上应铺设碎石道砟,道砟桥面枕底应高出挡砟墙顶不小于0.02 m。

3.3.7 对于温度跨度大于100 m的钢梁,每一温度跨度应安设一幅温度调节器。

对于其他桥,应根据具体情况设置温度调节器。

一般情况下,温度调节器的尖轨尖端应顺重车方向。

3.3.8 在下列情况下,桥上基本轨的内侧应铺设护轨:

1 特大桥及大中桥;

2 桥长等于和大于10 m的小桥,当曲线半径小于或等于600 m,或桥高(轨底至河床最低处)大于6 m时;

3 跨越铁路、重要公路、城市交通要道的立交桥。

双线桥各线均应铺设护轨。三线及以上的桥,当各线的桥面分别设于分离式的桥跨结构上时,各线均应铺设护轨;当各线铺于同一桥跨结构(如整体刚架桥)上时,可仅对两外侧线铺设护轨。桥上护轨宜采用不小于43 kg/m的钢轨。

护轨顶面不应高出基本轨顶面5 mm,也不应低于基本轨顶面25 mm。

不采用机械化养护的桥梁,其护轨与基本轨头部间净距应为200 mm,当采用60 kg/m基本轨时,其净距应为220 mm。采用机械化养护的桥梁,其护轨与基本轨头部间净距应符合有关规定。

护轨伸出桥台挡砟前墙以外的直轨部分长度不应小于5 m,当直线上桥长大于50 m及曲线上桥长大于30 m时应为10 m,然后弯曲交会于铁路中心,并将轨端切成斜面联结。弯轨部分的长度不应少于5 m,轨端超出台尾的长度不应少于2 m。自动闭塞区间在护轨交会处应安装绝缘衬垫。

3.3.9 明桥面应用油质防腐木枕,其尺寸应按表3.3.9选用,两枕间净距为0.10~0.18 m。新建桥梁应采用分开式扣件,木枕和钢梁不得采用钩螺栓连接。

表 3.3.9 明桥面木枕尺寸

主梁或纵梁中心距(m)	木枕标准断面		长 度(m)	附 注
	宽 度(m)	高 度(m)		
1.5	0.20	0.22	3.00	多腹板的主梁以内侧腹板间距为准
1.5 以上～2.0	0.20	0.24	3.00	
2.0 以上～2.2	0.22	0.26	3.00	
2.2 以上～2.3	0.22	0.28	3.20	
2.3 以上～2.5	0.24	0.30	3.20 或 3.40	

3.3.10 桥上人行道及栏杆的设置应符合下列要求：

1 明桥面应在轨道中心铺设步行板，并在桥梁桥面设置双侧带栏杆的人行道。道砟桥面应设置双侧带栏杆的人行道。

2 桥上线路中心至人行道栏杆内侧的最小净距应按表 3.3.10 确定。对于人行道宽度有特殊要求的特大桥和人烟稀少地区的桥梁，其桥上线路中心至人行道栏杆内侧的净距宜根据具体情况确定。个别情况下，当桥上允许非养护人员通过时，线路中心至人行道栏杆内侧净距应根据具体需要考虑，并在人行道与线路之间采取可靠的安全分隔措施。

3 有砟桥面人行道宜优先采用整体桥面，并根据桥位具体情况和养护维修不同要求考虑维修通道的设置。

4 在不考虑大型养路机械的桥上，养路机械可由避车台存放，人行道不考虑由于养路机械化的需要而加宽。特大桥桥上无电源时，避车台除考虑存放养路机械外，尚应考虑养路机械发电机组作业的需要，每隔 500 m 距离宜加大一处避车台。

表 3.3.10 桥上线路中心至人行道栏杆内侧的最小净距

类 别		线路中心至人行道栏杆内侧的最小净距(m)		
		直线上的桥和 $R>3\ 000$ m 曲线上的桥	曲线上的桥	
			3 000 m$\geqslant R\geqslant$600 m	$R<600$ m
区间内的小、中、大、特大桥	明桥面	2.45	2.70	3.00
	道砟桥面	3.00	3.25	3.50
车站内的小、中、大、特大桥	明桥面	3.00	3.25	3.50
	道砟桥面	3.20	3.50	3.50
牵出线和梯线上的小、中、大、特大桥	明桥面	3.50	3.50	3.50
	道砟桥面	3.50	3.50	3.50

注：表内 R 为曲线半径(m)。

采用大型养路机械的铁路桥梁不再设养路机械作业平台。

3.3.11 在两台尾之间，沿桥梁全长每隔 30 m 左右，应在人行道栏杆外侧设置避车台一座。单线桥应在两侧人行道上按间隔 30 m 左右交错设置避车台；双线及多线桥应在每一侧各相距 30 m 左右设置避车台。

线路中心至避车台内侧的净距不应小于 4.25 m。

3.3.12 桥梁固定支座的布置应符合下列规定：

1 在坡道上，设在较低一端；

2　在车站附近，设在靠车站一端；

3　在区间平道上，设在重车方向的前端。

对于双线桥，亦应符合上列第1、2款规定，但在区间平道上，两线固定支座均设于两线中主要重车方向的前端。

上述条件相互抵触时，应先满足坡道上的要求。

除特殊设计外，不得将顺线路方向相邻两孔的固定支座安设在同一桥墩上。

3.3.13　通信、信号线路可采用在桥上设置通信、信号电缆槽的方式过桥。电力线路过河，当河流水面不宽时，可采用架空明线过河；当河流水面较宽时，可采用桥上设置电力电缆槽的方式过桥。在预定为电力牵引的铁路上，当桥长在40 m以上时，应预留设置接触网支架的位置，曲线地段一般设在外侧，直线地段可根据桥两端连接情况确定其左右侧。线路中心线距接触网支柱内侧最小距离不应小于2.8 m。

3.4　桥头引线及桥上线路

3.4.1　特大桥和大中桥桥头引线的路肩高程，应高出桥梁设计洪水频率的水位（考虑水面坡度）加壅水高、波浪侵袭高、局部股流涌高、斜水流局部冲高、河弯超高、河床淤积等影响至少0.5 m。

小桥涵附近的路肩高程，应高出设计洪水频率水位加壅水高至少0.5 m。

3.4.2　桥台与路基连接处应符合下列条件：

1　台尾上部伸入路肩最少0.75 m；

2　锥体坡面距支承垫石顶面后缘不小于0.3 m；

3　埋式桥台锥体坡面与台身前缘相交处高出设计洪水频率水位不少于0.25 m；

4　锥体顺线路方向的坡度，路肩下0～6 m不陡于1∶1，6～12 m不陡于1∶1.25，大于12 m不陡于1∶1.5；

5　钢筋混凝土刚架桥的锥体坡面顺线路方向的坡度不陡于1∶1.5。

3.4.3　台后路桥结合部（含过渡段）的设计及填料和压实标准应符合现行《铁路路基设计规范》（TB 10001）的规定，保证该区段的线路稳定。

3.4.4　锥体填方坡面应以全高防护，并根据水流流速、流冰、流木等情况决定防护标准。其坡脚埋入深度应考虑一般冲刷的影响。

涵洞附近路堤坡面应铺砌防护。其防护高度按第3.4.1条所规定的洪水频率标准，在上、下游水位上另加0.25 m。防护高度均不应低于锥体高度。

3.4.5　大中桥宜设在直线上。困难条件必须设在曲线上时，慎用最小曲线半径。跨度大于40 m或桥长大于100 m的明桥面桥，宜设在半径大于1 000 m的曲线上。桥上应避免采用反向曲线。

3.4.6　明桥面的桥宜设在平坡上。跨度大于40 m或桥长大于100 m的明桥面的桥不应设置在大于4‰的坡道上。确有困难，应有充分的技术经济论证，但不得大于12‰。

竖曲线和缓和曲线不应设在明桥面上。

3.5 养护设施

3.5.1 为保证维修养护人员的正常工作及操作安全，桥涵应设必要的检查设备。

当梁跨大于10 m，墩台顶帽面至地面的高度大于4 m，或经常有水的河流，墩台顶应设围栏、吊篮（桥墩设双侧）；桥面下至墩台顶应设梯子；检查墩台侧面可设移动的梯子或小船。

梁、拱等应根据结构形式和需要，分别安装吊篮、检查板、活动检查小车、动力检查小车、栏杆和梯子等。

长大与重要的桥梁应根据构造特点和需要，设置专门的检查设备。

当桥涵处路堤高度超过3.0 m时，应在路堤边坡上设置简易台阶。

3.5.2 技术复杂、修复困难的特大桥和明桥面的大桥及其他重要的桥梁，应设桥梁巡守工值班室并装设电话，设置电力照明。

桥梁应根据需要设置营房。

3.5.3 明桥面钢桥应按表3.5.3的规定设置防火桶或砂箱。

长大与重要的桥梁，视实际情况再配备化学灭火器、水枪、抽水机等防火用具。

表3.5.3 明桥面钢桥防火桶或砂箱的设置

桥梁全长(m)	水桶或砂箱数量及安装位置
30~60以内	桥头设置一个
60~120以内	桥两头各设置一个
120及以上	除桥两头各设置一个外，并每隔约60 m交错设置一个

注：桥梁全长指两桥台尾之间的长度。

3.5.4 全长大于500 m的钢梁桥和多线并行总长大于500 m的钢梁桥，应在桥头设动力设备，并在桥上安装风管、水管、电力动力线以及相应的设备，必要时配备船只。

3.5.5 通航桥梁应与航运部门协商，设置必要的航标等设施。

4 设计荷载

4.1 荷载分类和组合

4.1.1 桥涵结构设计应根据结构的特性，按表4.1.1所列的荷载，就其可能的最不利组合情况进行计算。

表4.1.1 桥涵荷载

<table>
<tr><th colspan="2">荷载分类</th><th>荷载名称</th><th>荷载分类</th><th>荷载名称</th></tr>
<tr><td rowspan="2">主力</td><td>恒载</td><td>结构构件及附属设备自重
预加力
混凝土收缩和徐变的影响
土压力
静水压力及水浮力
基础变位的影响</td><td>附加力</td><td>制动力或牵引力
风力
流水压力
冰压力
温度变化的作用
冻胀力</td></tr>
<tr><td>活载</td><td>列车竖向静活载
公路活载(需要时考虑)
列车竖向动力作用
长钢轨纵向水平力(伸缩力和挠曲力)
离心力
横向摇摆力
活载土压力
人行道人行荷载</td><td>特殊荷载</td><td>列车脱轨荷载
船只或排筏的撞击力
汽车撞击力
施工临时荷载
地震力
长钢轨断轨力</td></tr>
</table>

注：1 如杆件的主要用途为承受某种附加力，则在计算此杆件时，该附加力应按主力考虑；

2 流水压力不与冰压力组合，两者也不与制动力或牵引力组合；

3 船只或排筏的撞击力、汽车撞击力以及长钢轨断轨力，只计算其中的一种荷载与主力相组合，不与其他附加力组合；

4 列车脱轨荷载只与主力中恒载相组合，不与主力中活载和其他附加力组合；

5 地震力与其他荷载的组合见国家现行《铁路工程抗震设计规范》(GBJ 111)的规定；

6 长钢轨纵向力及其与制动力或牵引力等的组合，按《新建铁路桥上无缝线路设计暂行规定》有关规定办理。

4.1.2 桥梁设计时，应仅考虑主力与一个方向(顺桥或横桥方向)的附加力相结合。

4.1.3 根据各种结构的不同荷载组合，应将材料基本容许应力和地基容许承载力乘以不同的提高系数。对预应力混凝土结构中的强度及抗裂性计算，应采用不同的安全系数。

4.1.4 铁路公路两用的桥梁，考虑同时承受铁路和公路活载时，铁路活载应按本章有关规定计算，公路活载应按交通部现行的《公路工程技术标准》规定的全部活载的75%计算，但对仅承受公路活载的构件，应按公路全部活载计算。

4.2 恒　　载

4.2.1 桥涵结构的恒载应按下列规定计算：

1 一般常用材料容重(kN/m^3)

钢	78.5
铸铁	72.5
铅	114.0
钢筋混凝土(配筋率在3%以内)	25.0
混凝土和片石混凝土	23.0
浆砌粗料石	25.0
浆砌块石	23.0
浆砌片石	22.0
干砌片石	20.2
填土	17.0
填石(利用弃砟)	19.0
碎石道砟	21.0
浇注的沥青	15.0
压实的沥青	20.0
不注油的木材	7.5
注油的木材	9.0

钢筋混凝土中配筋率大于3%时，其容重为单位体积中混凝土(扣除所含钢筋体积)自重加钢筋自重。

2 直线上双侧人行道铺设木步行板时采用8 kN/m，铺设钢筋混凝土或钢步行板时采用10 kN/m。

3 焊接桥梁焊缝的自重采用1.5%；栓焊桥梁焊缝的自重采用1.5%；高强度螺栓按实际数量计算。

4 当全跨度上的竖向恒载不均匀，但实际的不均匀值与平均值相差不大于平均值的10%时，可按均匀计算。

4.2.2 作用于墩台上的土的侧压力可按库仑(楔体极限平衡)理论推导的主动土压力计算(见本规范附录A)。对渗水土采用内摩擦角$\phi=33°$；对一般填石(利用弃渣)采用内摩擦角$\phi=40°$；填料与墩台表面的外摩擦角$\delta=\phi/2$。当实际情况与上述有出入时，应以实际资料或通过试验作为计算的根据。若土质分层有变化或水位影响计算参数时，应作分层计算。

台后过渡段填土的内摩擦角应根据台后填筑的实际情况确定。

在计算滑动稳定时，墩台前侧不受冲刷部分土的侧压力可按静止土压力计算(见附录B)。对承受土侧压力的构架式墩台，作用在桩、柱上的土压力计算宽度按下列规定计算(图4.2.2)：

当$L_i \leqslant d$时，不考虑桩、柱之间空隙的折减，作用在每一桩、柱上的土压力计算宽度b

$$= \frac{(nd + \sum_{i=1}^{n-1} L_i)}{n}$$。

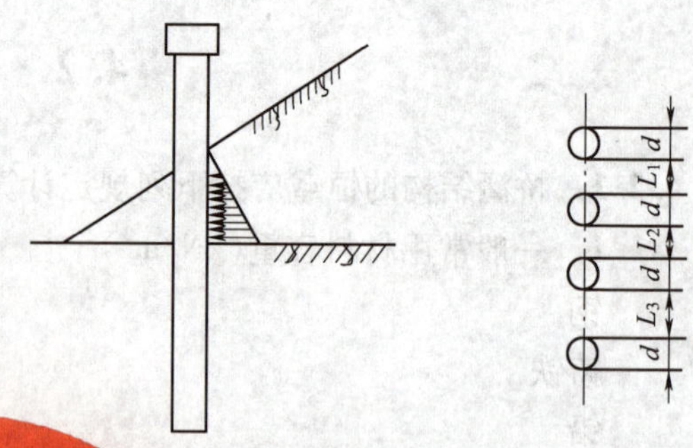

图 4.2.2　作用于桩、柱上的土压力

当 $L_i > d$ 时，考虑桩、柱间空隙的折减：$d \leqslant 1.0$ m 时，作用在每一桩、柱上的土压力计算宽度 $b = \frac{d(2n-1)}{n}$；$d > 1.0$ m时，作用在每一桩、柱上的土压力计算宽度 $b = \frac{n(d+1)-1}{n}$。

上述公式中，d 为桩、柱直径或宽度，L_i 代表桩、柱间的净距，n 为桩、柱的根数。

4.2.3　路堤填方作用于涵洞的竖向压力和水平压力，应按下列公式计算：

竖向压力　　$p = K\gamma H$　　(4.2.3—1)

水平压力　　$e = \xi\gamma H_1$　　(4.2.3—2)

式中　p, e——压力(kPa)；

H——填方高度，由轨底至涵洞顶(m)；

H_1——填方高度，由轨底至涵洞计算截面处(m)；

γ——填料容重(kN/m^3)；

ξ——系数，填土采用0.25或0.35，视设计的控制情况采用，经久压实的路堤采用0.25；

K——系数，见表4.2.3，经久压实的路堤采用1.0。

表 4.2.3　系　数　K

H/D	0.1	0.5	1	2	3	4
K	1.04	1.20	1.40	1.45	1.50	1.45
H/D	5	6	7	8	9	≥10
K	1.40	1.35	1.30	1.25	1.20	1.15

注：1　表中 D 系指涵洞的外形宽度(m)。对于边墙背为倾斜的涵洞，系指墙底面的外形宽度；对于圆涵，系指外直径。

2　新填土的涵洞应分别考虑路堤为新填土和经久压实土的两种情况计算。在已压实的旧路堤中，用顶进法施工的涵洞，仅考虑路堤为经久压实的情况。

4.2.4　位于碎石土、砂土、粉土等透水地基上的墩台，当检算稳定性时，应考虑设计洪水频率水位的水浮力；计算基底应力或基底偏心时，仅考虑常水位(包括地表水或地下水)的水浮力。

检算墩台身截面或检算位于黏性土上的基础，以及检算岩石(破碎、裂隙严重者除外)上的基础且基础混凝土与岩石接触良好时，均不考虑水浮力。

位于粉质黏土和其他地基上的墩台，不能肯定是否透水时，应分别按透水与不透水两种情况检算基底而取其不利者。

4.3 列车活载

4.3.1 铁路列车竖向静活载必须采用中华人民共和国铁路标准活载，即“中—活载”。标准活载的计算图式见图4.3.1。

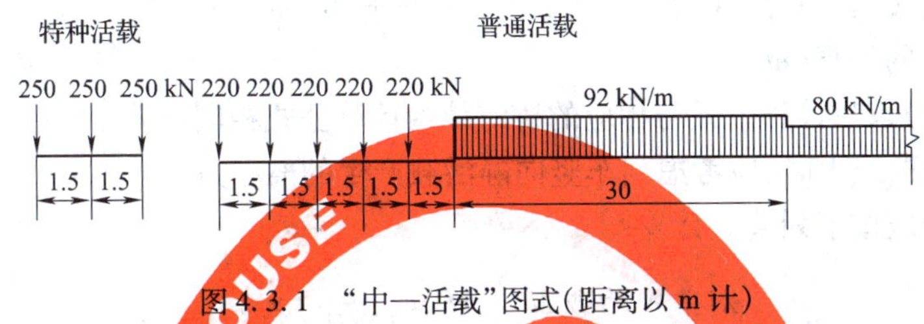

图4.3.1 “中—活载”图式(距离以m计)

设计中采用“中—活载”加载时，标准活载计算图式可任意截取。“中—活载”换算均布静活载和加载规定见本规范附录C。

桥跨结构和墩台尚应按其所使用的架桥机加以检算。

4.3.2 用空车检算桥梁各部构件时，其竖向静活载应采用每线路10 kN/m计算。

4.3.3 列车静活载在桥台后破坏棱体上引起的侧向土压力，应按列车静活载换算为当量均布土层厚度计算(见本规范附录A)。

4.3.4 计算活载对涵洞的竖向压力和水平压力时，假定活载在轨底平面上的横向分布宽度为2.5 m，其在路基内与竖直线成一角度(正切为0.5)向外扩散，可按下列公式计算：

水平压力 $$e=\xi q_h \tag{4.3.4—1}$$

竖向压力 $$q_h=\frac{165}{2.5+h} \tag{4.3.4—2}$$

式中 e,q_h——压力(kPa)；

ξ——系数，见本规范第4.2.3条；

h——轨底以下的深度(m)。

4.3.5 列车竖向活载包括列车竖向动力作用，该列车竖向活载等于列车竖向静活载乘以动力系数$(1+\mu)$，其动力系数应按下列公式计算：

1 简支或连续的钢桥跨结构和钢墩台：

$$1+\mu=1+\frac{28}{40+L} \tag{4.3.5—1}$$

2 钢与钢筋混凝土板的结合梁：

$$1+\mu=1+\frac{22}{40+L} \tag{4.3.5—2}$$

3 钢筋混凝土、混凝土、石砌的桥跨结构及涵洞、刚架桥，其顶上填土厚度$h\geqslant 1$ m(从轨底算起)时，不计列车竖向动力作用。当$h<1$ m时：

$$1+\mu=1+a\left(\frac{6}{30+L}\right) \tag{4.3.5—3}$$

式中 $a=4(1-h)\leqslant 2$。

式(4.3.5—1)～式(4.3.5—3)中的L以m计，除承受局部活载杆件为影响线加载长度外，其余均为桥梁跨度。

4　空腹式钢筋混凝土拱桥的拱圈和拱肋：

$$1+\mu=1+\frac{15}{100+\lambda}\left(1+\frac{0.4L}{f}\right) \tag{4.3.5—4}$$

式中　L——拱桥的跨度(m)；

λ——计算桥跨结构的主要杆件时为计算跨度(m)；对于只承受局部活载的杆件，则按其计算图式为一个或数个节间的长度(m)；

f——拱的矢高(m)。

支座的动力系数计算公式与相应的桥跨结构计算公式相同。

4.3.6　桥梁在曲线上时，应考虑列车竖向静活载产生的离心力。

1　离心力应按下列公式计算：

$$\text{对集中活载 } N \quad F=\frac{v^2}{127R}(f\times N)$$
$$\text{对分布活载 } q \quad F=\frac{v^2}{127R}(f\times q) \tag{4.3.6—1}$$

式中　F——离心力(kN)；

N——“中—活载”图式中的集中荷载(kN)

q——“中—活载”图式中的分布荷载(kN/m)；

v——设计速度(km/h)；

R——曲线半径(m)

f——竖向活载折减系数，按式(4.3.6—2)计算：

$$f=1.00-\frac{v-120}{1\,000}\left(\frac{814}{v}+1.75\right)\left(1-\sqrt{\frac{2.88}{L}}\right) \tag{4.3.6—2}$$

L——桥上曲线部分荷载长度(m)。

当 $L \leqslant 2.88$ m 或 $v \leqslant 120$ km/h 时，f 值取 1.0；当计算 f 值大于 1.0 时取 1.0；当 $L>150$ m时，取 $L=150$ m 计算 f 值。

2　离心力按水平向外作用于轨顶以上 2.0 m 处。

3　当计算速度大于 120 km/h 时，离心力和竖向活载组合时应考虑以下三种情况：

1）不折减的“中—活载”和按 120 km/h 速度计算的离心力($f=1.0$)；

2）折减的“中—活载”($f\times N$, $f\times q$)和按设计速度计算的离心力($f<1.0$)；

3）曲线桥梁还应考虑没有离心力时列车活载作用的情况。

4.3.7　制动力或牵引力应按列车竖向静活载的 10% 计算。但当与离心力或列车竖向动力作用同时计算时，制动力或牵引力应按列车竖向静活载的 7% 计算。

双线桥应采用一线的制动力或牵引力；三线或三线以上的桥应采用两线的制动力或牵引力。按此计算的制动力或牵引力不考虑第 4.3.9 条对双线竖向活载进行折减的规定。

桥头填方破坏棱体范围内的列车活载所产生的制动力或牵引力不予计算。

制动力或牵引力作用在轨顶以上 2 m 处，但计算桥墩台时移至支座中心处，计算台顶活载的制动力或牵引力时移至轨底，计算刚架结构时移至横杆中线处，均不计移动作用点所产生的竖向力或力矩。

采用特种活载时，不计算制动力或牵引力。

4.3.8 横向摇摆力应取100 kN，作为一个集中荷载取最不利位置，以水平方向垂直线路中心线作用于钢轨顶面。

多线桥梁只计算任一线上的横向摇摆力。

空车时应考虑横向摇摆力。

4.3.9 同时承受多线列车活载的桥跨结构和墩台，其列车竖向活载对主要杆件双线应为两线列车活载总和的90%，三线及三线以上应为各线列车活载总和的80%；对承受局部活载的杆件，则均应为该活载的100%；各线均假定采用同样情况的最不利列车活载。

如桥上所有线路不能同时运转时，则应按在桥上可能同时运转的线路计算列车竖向动力作用、离心力；制动力或牵引力应按可能同时运转的线数根据第4.3.7条规定计算。

4.3.10 铺设无缝线路桥梁，桥梁设计应考虑无缝线路长钢轨纵向力作用。检算墩台时伸缩力、挠曲力、断轨力作用点为墩台支座铰中心，检算支座时伸缩力、挠曲力、断轨力作用点为墩台支座顶中心，台顶断轨力作用点为台顶。断轨力可在全联范围内的墩台上分配。

4.3.11 当考虑列车脱轨荷载时，列车脱轨荷载可不计动力系数。对于多线桥，只考虑一线脱轨荷载，且其他线路上不作用列车活载。

按下列两种情况，计算列车脱轨荷载的影响：

1 列车脱轨后一侧轮子仍停留在桥面轨道范围内，按图4.3.11—1所示列车脱轨荷载1计算。两条线荷载平行于线路中线，相距为1.4 m，作用于线路中线两侧各2.0 m范围以内的最不利位置上。该线荷载在长度为6.4 m的一段上为50 kN/m，前后各接以25 kN/m。

2 列车脱轨后已离开轨道范围，但仍停留在桥面上，按图4.3.11—2所示列车脱轨荷载2计算。该荷载为一条平行于线路中线的线荷载，作用于挡砟墙内侧，离线路中心线的最大距离为2.0 m。荷载长度20 m，其值为80 kN/m。

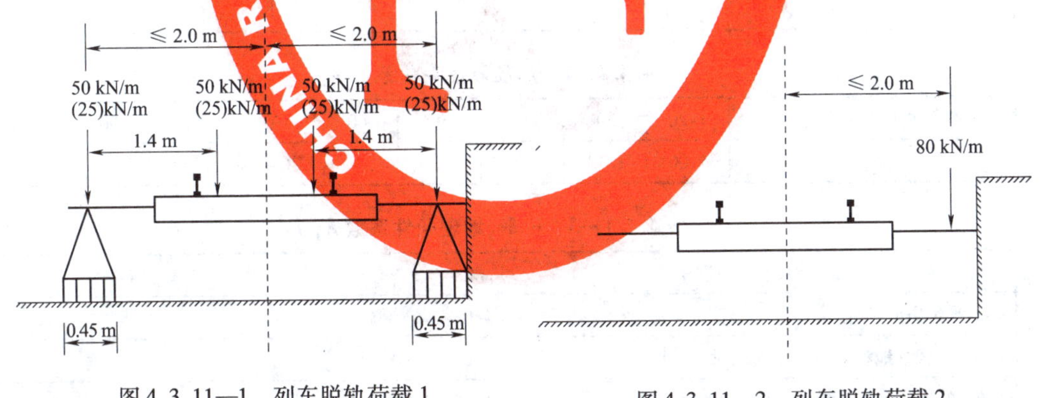

图4.3.11—1 列车脱轨荷载1 图4.3.11—2 列车脱轨荷载2

4.4 其他荷载

4.4.1 风荷载应按下列规定计算：

1 作用于桥梁上的风荷载强度可按下式计算：

$$W = K_1 K_2 K_3 W_0 \tag{4.4.1}$$

式中 W——风荷载强度(Pa)；

W_0——基本风压值(Pa)，$W_0 = \frac{1}{1.6}v^2$，系按平坦空旷地面，离地面 20 m 高，频率 1/100的10 min平均最大风速 v(m/s)计算确定；一般情况 W_0 可按本规范附录 D“全国基本风压分布图”，并通过实地调查核实后采用；

K_1——风载体形系数，桥墩见表 4.4.1—1，其他构件为 1.3；

K_2——风压高度变化系数，见表 4.4.1—2；风压随离地面或常水位的高度而异，除特殊高墩个别计算外，为简化计算，全桥均取轨顶高度处的风压值；

K_3——地形、地理条件系数，见表 4.4.1—3。

表 4.4.1—1　桥墩风载体形系数 K_1

序号	截面形状		长宽比值	体形系数 K_1
1		圆形截面	–	0.8
2		与风向平行的正方形截面		1.4
3		短边迎风的矩形截面	$l/b \leq 1.5$	1.2
			$l/b > 1.5$	0.9
4		长边迎风的矩形截面	$l/b \leq 1.5$	1.4
			$l/b > 1.5$	1.3
5		短边迎风的圆端形截面	$l/b \geq 1.5$	0.3
6		长边迎风的圆端形截面	$l/b \leq 1.5$	0.8
			$l/b > 1.5$	1.1

表 4.4.1—2　风压高度变化系数 K_2

离地面或常水位高度(m)	≤20	30	40	50	60	70	80	90	100
K_2	1.00	1.13	1.22	1.30	1.37	1.42	1.47	1.52	1.56

表 4.4.1—3　地形、地理条件系数 K_3

地形、地理情况	K_3
一般平坦空旷地区	1.0
城市、林区盆地和有障碍物挡风时	0.85～0.90
山岭、峡谷、垭口、风口区、湖面和水库	1.15～1.30
特殊风口区	按实际调查或观测资料计算

2　横向风力的受风面积应按桥跨结构理论轮廓面积乘以下列系数：

钢桁梁及钢塔架 0.4；

钢拱两弦间的面积 0.5；

桁拱下弦与系杆间的面积或上弦与桥面系间的面积 0.2；

整片的桥跨结构 1.0。

3 列车受风面积应按 3 m 高的长方带计算，其作用点在轨顶以上 2 m 高度处。

4 桥上有车时，风荷载强度应按式(4.4.1)中 W 的 80% 计算，并不大于 1 250 Pa；桥上无车时按 W 计算。

5 检算桥台时，桥台本身所受风力不予计算。桥台施工时孤立状态的风荷载强度，应根据具体情况按有关规定办理。

6 纵向风力与横向风力计算方法相同。对于列车、桥面系和各类上承梁，所受的纵向风力不予计算；对于下承桁梁和塔架，应按其所受横向风荷载强度的 40% 计算。

7 对于高墩等高耸建筑物，其自振周期较大时，应考虑风振的影响。

8 标准设计的风压强度，有车时 $W = K_1 \cdot K_2 \times 800$，并不大于 1 250 Pa；无车时 $W = K_1 \cdot K_2 \times 1\,400$。

4.4.2 作用于桥墩上的流水压力可按下式计算：

$$P = KA\frac{\gamma v^2}{2g_n} \tag{4.4.2}$$

式中 P——流水压力(kN)；

A——桥墩阻水面积(m^2)，通常计算至一般冲刷线处；

γ——水的容重，一般采用 10 kN/m³；

g_n——标准自由落体加速度(m/s^2)；

v——计算时采用的流速(m/s)：检算稳定性时采用设计频率水位的流速；计算基底应力或基底偏心时采用常水位的流速；

K——桥墩形状系数，其值如下：

方形桥墩	1.47
矩形桥墩(长边与水流平行)	1.33
圆形桥墩	0.73
尖端形桥墩	0.67
圆端形桥墩	0.60

流水压力的分布假定为倒三角形，其合力的着力点位于水位线以下 1/3 水深处。

4.4.3 位于有冰凌的河流和水库中的桥墩台，应根据当地冰凌的具体条件及墩台的结构形式，考虑下列有关的冰荷载作用：

1 河流流冰产生的动压力；

2 风和水流作用于大面积冰层产生的静压力；

3 冰覆盖层受温度影响膨胀时的静压力(在闭塞空间)；

4 冰堆整体推移的静压力；

5 冰层因水位升降产生的竖向作用力。

4.4.4 桥涵结构和构件应计算均匀温差和日照温差引起的变形和应力，温差应按当地气候条件与建造条件确定，线膨胀系数(1/℃)按下列取值：

钢	0.000011 8
钢筋混凝土和混凝土	0.000010
石砌体	0.000008

涵洞和跨度在 15 m 以内，矢跨比不小于 1/4 的石拱桥，又最冷月平均气温不低于

-20 ℃时,气温变化的影响可不考虑。

对于钢桥,应考虑历年极端最高和最低气温;对于圬工桥,则视构造的式样、尺寸和当地外界气温等条件按本规范附录 E 的"钢筋混凝土、混凝土和砌石矩形截面杆件计算温度图解"确定构件的计算温度,外界气温根据桥涵所在地区按本规范附录 F 的"全国一月份平均气温(℃)图和全国七月份平均气温(℃)图"确定。

均匀温差系从构件合龙时的温度算起。

4.4.5 对于刚架、拱等超静定结构、预应力混凝土结构、结合梁等,应考虑混凝土收缩的影响,但涵洞可不考虑。混凝土收缩的影响,可按降低温度的方法来计算。对于整体灌筑的混凝土结构,相当于降低温度 20 ℃;对于整体灌筑的钢筋混凝土结构,相当于降低温度 15 ℃;对于分段灌筑的混凝土或钢筋混凝土结构,相当于降低温度 10 ℃;对于装配式钢筋混凝土结构,可酌予降低温度 5 ℃ ~10 ℃。

4.4.6 墩台承受船只或排筏的撞击力可按下式计算:

$$F = \gamma v \sin\alpha \sqrt{\frac{W}{C_1 + C_2}} \tag{4.4.6}$$

式中 F——撞击力(kN);

γ——动能折减系数($s/m^{1/2}$),当船只或排筏斜向撞击墩台(指船只或排筏驶近方向与撞击点处墩台面法线方向不一致)时可采用 0.2,正向撞击(指船只或排筏驶近方向与撞击点处墩台面法线方向一致)时可采用 0.3;

v——船只或排筏撞击墩台时的速度(m/s),此项速度对于船只采用航运部门提供的数据,对于排筏可采用筏运期的水流速度;

α——船只或排筏驶近方向与墩台撞击点处切线所成的夹角,应根据具体情况确定,如有困难,可采用 $\alpha = 20°$;

W——船只重或排筏重(kN);

C_1, C_2——船只或排筏的弹性变形系数和墩台的弹性变形系数,缺乏资料时可假定 $C_1 + C_2 = 0.000\ 5$ m/kN。

撞击力的作用高度,应根据具体情况确定,缺乏资料时可采用通航水位的高度。

4.4.7 墩柱有可能受到汽车撞击时,应设置坚固的防护工程。当无法设置防护工程时,必须考虑汽车对墩柱的撞击力。撞击力顺行车方向应采用 1 000 kN,横行车方向应采用 500 kN,作用在路面以上 1.20 m 高度处。

4.5 人行道人行荷载

4.5.1 设计人行道的竖向静活载应采用:

道砟桥面和明桥面的人行道 4.0 kPa,人工养护的道砟桥面尚应考虑养护时人行道上的堆砟荷载。

设计主梁时,人行道的竖向静活载不与列车活载同时计算;但在特殊情况下,为了允许城镇居民通行而加宽的人行道部分,其竖向静活载应与列车活载同时计算,采用数值可按实际情况确定。

人行道板还应按竖向集中荷载 1.5 kN 检算;桥梁检查维修通道设置于桥面人行道时,还应按动力检查车的荷载检算。

检算栏杆立柱及扶手时,水平推力应按0.75 kN/m计算。对于立柱,水平推力作用于立柱顶面处。立柱和扶手还应按1.0 kN集中荷载检算。

4.6 施工临时荷载

4.6.1 结构物在就地建造或安装时,应考虑作用在其上的施工荷载,如自重、人群、架桥机、风载、吊机或其他机具的荷载以及拱桥建造过程中承受的单侧推力等。在构件制造、运送、装吊时亦应考虑作用于构件上的临时荷载。计算施工荷载时,可视具体情况分别采用各自有关的安全系数。

5 桥涵设计的一般规定

5.1 梁 桥

5.1.1 梁式桥跨结构在计算荷载最不利组合作用下,横向倾覆稳定系数不应小于1.3。

钢筋混凝土悬臂梁式桥跨结构在相应于应力超过容许值30%时的竖向活载作用下的纵向倾覆稳定系数不应小于1.3。

5.1.2 梁式桥跨结构由于列车竖向静活载所引起的竖向挠度不应超过表5.1.2的容许值(表中的L为简支梁或连续梁检算跨的跨度)。计算钢梁的挠度时不考虑平联及桥面系共同作用的影响。

表5.1.2 梁式桥跨结构竖向挠度容许值表

桥跨结构		挠度容许值
简支钢桁梁		L/900
连续钢桁梁	边跨	L/900
	中跨	L/750
简支钢板梁		L/900
简支钢筋混凝土和预应力混凝土梁		L/800
连续钢筋混凝土和预应力混凝土梁	边跨	L/800
	中跨	L/700

5.1.3 梁体的横向刚度应按梁体的横向自振频率和梁体的水平挠度进行控制。

1 不同结构类型桥梁的横向自振频率f应满足表5.1.3容许值的要求。

表5.1.3 不同结构类型桥梁的横向自振频率f容许值

结构类型	适用跨度L(m)	横向自振频率f容许值(Hz)
上承式钢板梁	24~40	$>60/L^{0.8}$
下承式钢板梁	24~32	$>55/L^{0.8}$
半穿式钢桁梁	40~48	$>60/L^{0.8}$
下承式钢桁梁	48~80	$>65/L^{0.8}$
预应力混凝土梁	24~40	$>55/L^{0.8}$

2 在列车摇摆力、离心力和风力的作用下,梁体的水平挠度应小于或等于梁体计算跨度的1/4 000。对温度变形敏感的结构,尚应根据实际情况考虑温度作用的影响。

5.1.4 钢梁的横向刚度除满足第5.1.3条外,梁的宽跨比(宽度为主桁或主梁的中心距):下承式简支和连续桁梁边跨不应小于1/20;连续桁梁除边跨外其余各跨不应小于1/25。简支板梁其宽跨比不应小于1/15,横向宽度不应小于2.2 m。

新建铁路不得采用上承式钢桁梁,慎用上承式钢板梁和半穿式钢桁梁。

5.1.5 曲线上线路中心有偏移的梁式桥以及其他有偏心荷载的梁桥应计算梁式桥跨结构偏载的影响。

5.2 拱　　桥

5.2.1 拱桥的矢跨比可采用1/3～1/7。

5.2.2 拱轴线可采用恒载压力线或恒载及均布全跨的一半列车静活载的压力线。选择混凝土拱桥和石拱桥的拱轴线时，应注意降低拱顶截面下翼缘拉应力；对于大跨度拱桥，应考虑拱圈弹性压缩、混凝土收缩和徐变等因素对拱轴线变形的影响。当采用悬链线为拱轴线时，宜采用较小的拱轴系数“m”值。必要时，宜对拱上结构的布置作适当的调整。

当采用无支架施工或早期脱架施工时，则拱轴线应与施工阶段的压力线偏距较小，以满足裸拱强度和稳定性的要求。

5.2.3 板拱拱圈的宽度宜不小于计算跨度的1/20，且不宜小于3 m。肋拱两外肋中心线之间的最小距离不宜小于计算跨度的1/20，其外缘的距离也不宜小于3 m，否则应检算其在拱平面外的稳定性。

采用纵向悬砌修建拱桥时，其基肋应考虑在低龄期处于裸拱状态时的稳定性和强度要求。

5.2.4 多跨连续拱桥应设置能够承受单侧恒载推力的固定墩。两相邻固定墩间以不多于四跨为宜。

5.2.5 拱桥的1/4跨度处，由列车竖向静活载所产生的上下挠度（绝对值）之和，不宜大于计算跨度的1/800。

5.2.6 拱式结构的内力可按结构物处于弹性工作阶段计算。求解超静定赘余力时，仅考虑弯矩及轴向力对变形的影响。钢筋混凝土、混凝土和石砌拱圈（或拱肋）在下列情况下可不计轴向力弹性压缩的影响：

1 拱圈（或拱肋）跨度小于30 m，且矢跨比等于或大于1/3；

2 拱圈（或拱肋）跨度小于20 m，且矢跨比等于或大于1/4；

3 拱圈（或拱肋）跨度小于10 m，且矢跨比等于或大于1/5。

5.2.7 拱上结构的设计应考虑其参与拱圈（拱肋）共同作用的影响。

当桥面系的截面刚度较大时，宜考虑拱上结构对降低拱圈（拱肋）内力的影响。

5.2.8 当超静定拱桥的墩台建造在非岩石地基上时，拱圈（拱肋）的内力计算应考虑墩台基础弹性变位的影响。

5.2.9 多跨连续拱桥的拱圈（拱肋）及墩台内力计算应考虑连拱作用的影响。三跨以上连续拱桥的连拱作用可按三跨连拱考虑。

5.2.10 计算拱圈截面活载内力时，可采用换算均布活载。计算集中活载在道砟层底面的分布时，其在道砟层中的纵向分布线与竖直线所成之角不应大于45°。

对于单线及双线拱桥，可以认为活载在横向均匀分布在拱圈全宽上；对于三线及三线以上的拱桥，每一线路的活载在拱圈上横向分布的宽度，最大取4.5 m，对于多线拱桥，应加算活载所引起扭矩的影响。

5.2.11 作用于桥跨结构上的横向风力及列车离心力，可仅对其在拱脚截面内所产生的弯矩进行近似的检算，其计算系取下述两种弯矩在拱脚截面拱轴线上的投影之和。该两弯矩分别为下列两假拟梁的端弯矩：

1 两端固定的水平直梁，其计算跨度等于拱圈的计算跨度，以上述横向荷载均布于全部跨度上。

2　下端固定的竖向悬臂梁，其计算跨度等于拱圈的计算矢高，以半个桥跨上的风压力均布于计算跨度上，并以半个桥跨列车上的风力及离心力视为集中荷载作用于其自由端。

上承式拱桥的拱圈宽度大于跨度的1/10时，对上述荷载可不予检算。

5.2.12　系杆拱桥跨结构，如其拱肋截面刚度与系梁截面刚度的比值小于1/80～1/100时，拱肋可视为仅承受轴向压力的柔性拱肋；如两截面刚度比值大于1/80～1/100时，则系梁可视为仅承受轴向拉力的系杆，此时拱与梁在连接处可视为铰接。

5.2.13　拱圈（拱肋）应检算其在拱平面内的稳定性。该项稳定性可按承受最大水平推力的中心受压杆件进行检算，其计算长度 L_0 可按下式计算：

$$L_0 = \pi \sqrt{\frac{8f}{KL}} \cdot L \tag{5.2.13}$$

式中　L——拱的跨度；

f——拱的矢高；

K——按拱的形式及矢跨比由表5.2.13采用，中间数值按直线插入；当连续式拱上结构参与拱共同受力时，K 值增大 $\left(1+\frac{EI_b}{EI_a}\right)$ 倍，此处 EI_b 和 EI_a 分别为桥面梁和拱圈（拱肋）的截面刚度（I 为全截面惯性矩，不计钢筋）；当为双铰系杆拱，且系杆用竖直吊杆与拱肋连接，则 K 值取双铰拱的2倍。

表5.2.13　K　值

f/L	0.1	0.2	0.3	0.4	0.5	0.6	0.8	1.0
无铰拱	60.7	101.0	115.0	111.0	97.4	83.8	59.1	43.7
双铰拱	28.5	45.5	46.5	43.9	38.4	30.5	20.0	14.1
三铰拱	22.5	39.6	46.5	43.9	38.4	30.5	20.0	14.1

对变截面拱，可采用拱的换算等量截面惯性矩及相应的截面积进行检算。换算等量截面惯性矩时，可按下法计算：将半个拱圈取直为一简支梁，再取一跨度相同的等截面简支梁，在两者跨度中央作用一单位集中荷载，当该点挠度彼此相等时，后者的截面惯性矩即视为该拱的换算等量截面惯性矩。换算等量截面面积按宽度为拱宽、惯性矩等于换算等量截面惯性矩的矩形截面推算。当拱截面惯性矩变化不大时，可直接采用跨度1/4处的截面惯性矩及截面积进行检算。

按此法计算的稳定安全系数不得小于4～5。

必要时还应检算拱肋在拱平面外的稳定，可近似地将其视为长度等于拱轴长度的组合直杆进行检算。

5.2.14　设计超静定拱时，假定的拱圈（拱肋）最小和最大截面惯性矩之比值（一般为拱顶和拱脚截面惯性矩之比值）与计算修正所得的截面惯性矩之比值的差，不得超过假定比值的30%，否则必须重新计算。

5.2.15　计算上承式拱桥墩台时，可假定桥上列车制动力或牵引力水平作用于拱顶截面重心处，两拱脚的水平反力各等于该力的一半，竖直反力可按平衡该项水平力对拱脚引起的弯矩的条件求得。

5.2.16　承受单侧拱圈（拱肋）恒载推力的固定墩，其截面应力及合力偏心应作检算。

5.2.17　计算恒载产生的拱圈（拱肋）各截面应力和稳定性时，应与施工程序紧密结合（这在无支架施工中尤为重要）。拱圈（拱肋）在形成过程中，应考虑各个阶段的截面特性及荷载情况,分别计算其应力。最终应力可由各阶段应力叠加求得,并同时进行纵横向稳定性检算。

5.2.18　拱上结构宜设置伸缩缝。伸缩缝在无铰拱中应设在拱脚的上方;在有铰拱中,则应设在铰的上方;带腹拱的拱上结构,位于拱脚上方的腹拱必须做成三铰拱;对于大跨度拱桥的拱上结构,必要时还应在跨度范围内设置伸缩缝。

5.2.19　分离式拱肋之间应设置足够数量的横撑;箱形断面拱肋(拱圈)以及双曲拱桥主拱圈内在拱顶处、立柱支承处或吊杆连接处,应设置横隔板。必要时,还应在立柱或吊杆之间增设横隔板。在有铰拱中,应在设铰处设置横撑或横隔板。斜交拱桥应注意设置足够数量刚劲的横撑或横隔板,以保证其空间稳定性。横撑或横隔板的间距可采用3～6 m。

5.3　墩　　台

5.3.1　墩台类型应根据桥址地形、地质、水文、线路、上部结构、施工条件、刚度要求和经济等因素综合选定。通常可采用实体墩台及厚壁空心墩,不得采用柔性墩、耳墙式桥台和轻型结构。并应考虑下列要求:

1　受车、船、筏、漂流物撞击、磨损或受冰压力等作用时,在上述外力作用高度以下部分,不得采用空心墩;

2　同一座桥内,宜减少墩台类型。

5.3.2　墩台身应检算强度、整体纵向弯曲稳定、墩台顶弹性水平位移,基底应检算压应力、合力偏心、基底倾覆稳定和滑动稳定等。

5.3.3　墩台基础变位及刚度限值的规定:

1　墩台基础的沉降应按恒载计算。对于外静定结构,有砟桥面工后沉降量不得超过80 mm,相邻墩台均匀沉降量之差不得超过40 mm;明桥面工后沉降量不得超过40 mm,相邻墩台均匀沉降量之差不得超过20 mm。

对于外超静定结构,其相邻墩台均匀沉降量之差的容许值,应根据沉降对结构产生的附加应力的影响而定。

2　墩台的纵向及横向水平刚度应满足列车行车安全性和旅客乘车舒适度的要求,并对最不利荷载作用下墩台顶的横向及纵向计算弹性水平位移进行控制。

1)由墩台横向水平位移差引起的相邻结构物桥面处轴线间的水平折角(如图5.3.3),当桥跨小于40 m时,不得超过1.5‰;当桥跨等于或大于40 m时,不得超过1.0‰。

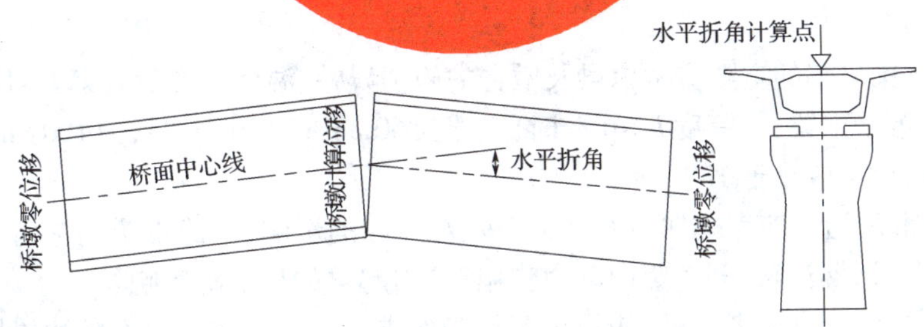

图5.3.3　水平折角示意图

其荷载组合为:

——竖向静荷载;

——曲线上列车的离心力；

——列车的横向摇摆力；

——列车、梁及墩身风荷载或 0.4 倍的风荷载与 0.5 倍的桥墩温差组合作用，取较大者；

——水中墩的水流压力作用；

——地基基础弹性变形引起的墩顶水平位移。

墩台横向水平位移限值，当桥梁跨度小于 20 m 时，采用桥梁跨度 20 m 的墩台横向水平位移限值。

2）墩台顶帽面顺桥方向的弹性水平位移应符合下列规定：

$$\Delta \leqslant 5\sqrt{L}$$

式中 L——桥梁跨度（m）：当 $L<24$ m 时，L 按 24 m 计算；当为不等跨时，L 采用相邻中较小跨的跨度；

Δ——墩台顶帽面处的水平位移（mm），包括由于墩台身和基础的弹性变形，以及基底土弹性变形的影响。

计算混凝土、石砌及钢筋混凝土墩台水平变位时，截面惯性矩 I 按全截面考虑，混凝土和石砌墩台的抗弯刚度取为 E_0I，钢筋混凝土墩台的抗弯刚度取为 0.8 E_0I，E_0 为墩台身的受压弹性模量。

3　铺设焊接长钢轨的桥梁下部结构的纵向水平线刚度应满足《新建铁路桥上无缝线路设计暂行规定》（铁建设函〔2003〕205 号）的有关规定。

5.3.4　实体墩台可不计列车竖向动力作用。空心和柱式、板式等墩台的顶帽及其位于地面或局部冲刷线以上的墩台身，应计列车竖向动力作用，其列车竖向动力可采用支座的列车竖向动力。

5.3.5　简支梁传到墩台上的纵向水平力数值应按下列规定计算：

1　固定支座为全孔的 100%；

2　滑动支座为全孔的 50%；

3　滚动支座为全孔的 25%。

在一个桥墩上安设固定支座及活动支座时，应按上述数值相加。但对于不等跨梁，此相加值不应大于其中较大跨的固定支座的纵向水平力；对于等跨梁，不应大于其中一跨的固定支座的纵向水平力。

5.3.6　墩台顶帽尺寸及钢筋的设置应按梁跨、墩台身尺寸、施工、架设、养护及电气化设施等要求决定。但空心墩的顶帽和钢筋混凝土墩台的帽梁除满足构造要求外，尚应通过结构计算确定。

5.3.7　简支梁梁端的空隙应考虑梁及墩台的施工误差、温度变形等因素。对钢筋混凝土梁和预应力混凝土梁，当跨度 $L \leqslant 6$ m 时，空隙为 60 mm；$L>16$ m 时，为 100 mm；对钢梁可按计算确定，但不应小于 100 mm。

曲线上和坡道上应考虑曲线及坡道布置对空隙的影响，大跨度梁尚应考虑预留拱度和荷载（恒载、远期活载、列车竖向动力作用等）引起梁的伸缩等影响。

5.3.8　顶帽上（无支座者除外）应设置配钢筋的支承垫石。支承垫石外边缘距支座底板的边缘为 0.15 ~ 0.20 m。支承垫石顶面应高出顶帽排水坡的上棱。

支承垫石边缘距顶帽边缘不应小于：

1　顺桥方向

跨度 $L \leqslant 8$ m 时为 0.15 m；

跨度 8 m < L < 20 m 时为 0.25 m；

跨度 $L \geqslant 20$ m 时为 0.40 m。

2　横桥方向

当顶帽为圆弧形时，支承垫石角至顶帽最近边缘的最小距离与顺桥方向相同；

当顶帽为矩形时，支承垫石角至顶帽边缘的最小距离为 0.50 m。

5.3.9　顶帽横桥方向的宽度除应满足第 5.3.6 条、第 5.3.8 条和更换支座的顶梁要求外，还应符合下列要求：

跨度 $L \leqslant 8$ m 时不小于 4 m；

跨度 8 m < L < 20 m 时不小于 5 m；

跨度 $L \geqslant 20$ m 时不小于 6 m。

5.3.10　顶帽的混凝土强度等级应不低于 C30，其厚度不应小于 0.40 m，并设置钢筋。

5.3.11　顶帽上应设有不小于 3% 的排水坡（无支座的顶帽可不设），并应设有突出墩台身 0.10 ~ 0.20 m 的飞檐。

5.3.12　托盘式顶帽缩颈处横向宽度 B 不宜小于支座下座板外缘的间距 b，α 角不应大于 30°，β 角不应大于 45°，见图 5.3.12。对于钢筋混凝土托盘式顶帽横向宽度 B 可通过检算确定。

5.3.13　空心墩的顶帽下面宜设实体过渡段。空心墩身与实体段以及空心墩身与基础的连接处，均应增设补充钢筋或设置牛腿。

5.3.14　空心墩的最小壁厚，当为钢筋混凝土时不宜小于 0.3 m，当为混凝土时不宜小于 0.50 m。混凝土空心墩宜设置护面钢筋。

5.3.15　空心墩可根据建筑材料、壁厚与内孔尺寸的比率考虑是否设置隔板。

5.3.16　空心墩离地面 5 m 以上部分，应在墩身周围交错设置适量的通风孔，其直径不宜小于 0.20 m，并应有安全防护设施。通风孔应高出设计频率水位。

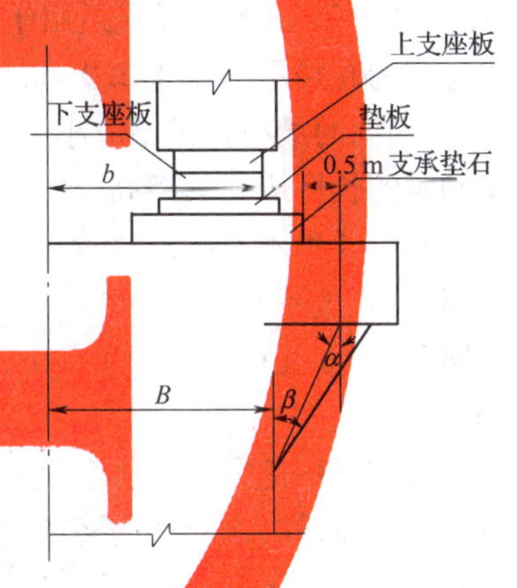

图 5.3.12　托盘式顶帽图

5.3.17　空心墩墩顶应设置带门的进人洞，并可设置固定或活动的检查设备。

5.3.18　受冰压力影响的墩台应符合下列要求：

1　在流冰的河流中是否设置破冰棱，应根据流冰的体积、速度等因素确定。破冰棱一般与桥墩构成一体，但旧桥墩增建的破冰棱不能与桥墩构成整体时，也可在桥墩上游对应处单独修建破冰棱，但破冰棱与桥墩的间距，应避免增加桥墩的冲刷。

2　具有竖直或接近竖直破冰棱的桥墩，在平面上应为尖端形，顶角圆弧半径不应小于 0.30 m；倾斜度较大的破冰棱，顶角圆弧半径不受限制，但应在切削棱缘处采取埋设角钢等加强措施。

3　破冰棱刃口的顶端应高出最高流冰顶面 1.0 m，其底端应在最低流冰水位的冰层底面以下 0.5 m。

4　混凝土及片石混凝土的墩台，自基顶至最高流冰顶面以上 1.0 m 处，不应有施工缝。

5.3.19　桥台顶可采取台尾或台顶道砟槽两侧设置泄水管排水等方式，并应有良好的排水设施。台顶道砟槽内的排水坡不宜小于3%。

5.3.20 既有线墩台接高或部分拆除重建时,其连接面应做成水平或台阶。

5.3.21 既有线墩台有裂缝、破损等缺陷时,应根据具体情况采取表面喷浆、树脂胶腻补、压浆、加筑钢筋混凝土套箍或局部拆建等措施。钢筋混凝土套箍的厚度应根据结构要求及施工条件确定,且不宜小于0.25 m。

5.3.22 当桥梁采用橡胶支座时,应对梁体设置可靠的横向限位装置。当桥上铺设无缝线路时,采用板式橡胶支座的简支梁一端应设置纵向限位装置。

5.3.23 桥墩台顶帽应预留更换支座时顶梁的位置和高度,并设排水坡,以防止表面及支座处存水。

5.3.24 桥台台背防水设置应符合下列规定:

1 一般情况下,桥台台背不设防水层。

2 特殊设计的轻型桥台,桥台台背可设聚氨酯防水层,不设保护层。

5.4 涵　　洞

5.4.1 涵洞的标准孔径为0.75、1.0、1.25、1.5、2.0、2.5、3.0、3.5、4.0、4.5、5.0、5.5 m和6.0 m,其中0.75 m的孔径只适用于无淤积地区的灌溉渠。

泄水隧洞的孔径不宜小于2.0 m。

5.4.2 排洪涵洞的最小孔径不应小于1.25 m。

各式涵洞的长度应视其净高(或内径)h而定:

$h=1.25$ m,长度不宜超过25 m;

$h\geq1.5$ m,长度不受限制。

当采用0.75 m孔径,且$h<1.0$ m时,长度不宜超过10 m;当$h\geq1.0$ m时,长度不宜超过15 m。

位于城市或车站范围内有污水流入或易淤积的涵洞,可根据需要酌予加大孔径。为路基或站场排水而设的无天然沟槽的涵洞孔径,可视具体情况而定。

5.4.3 涵洞宜采用框架涵。涵洞可设单孔或双孔,如技术上和经济上均属适宜,可多于两孔。

5.4.4 涵洞顶至轨底的填方厚度不应小于1.2 m,困难情况下涵洞顶不得高于路肩。

5.4.5 涵洞出入口应设端墙或翼墙,其式样和尺寸应使涵洞具有相应的过水能力和保证涵洞处路堤的稳定。

5.4.6 涵洞应设上拱度,其数值视基底土的种类按表5.4.6确定。但入口流水槽面的高程不应低于中心管节流水槽面的高程。

表5.4.6　涵洞的上拱度

基底土名称	上拱度
碎石土、砾砂、粗砂、中砂、细砂	$H/80$
半干硬状态的、硬塑状态的黏性土及老黄土	$H/50$

注:1 H为线路中线处自涵洞流水槽面至轨底的高度;

2 基底土属软塑状态的黏性土或新黄土时,上拱度可适当加大;

3 基底土为岩石、涵洞顶上填方厚度不足2 m以及坡度较陡的涵洞,可不设上拱度。

5.4.7　预制混凝土拱圈和钢筋混凝土盖板的宽度应视起重及运输能力而定，但应保证构件的强度和刚度。

5.4.8　作用于涵洞上的外力除考虑按第4章规定的有关荷载组合外，当经常处于有水压的状态时，尚应计算水的静压力。

5.4.9　涵洞结构可按下列假定计算：

1　盖板涵边墙的计算，可假定其上端与盖板铰接，下端与基础刚性固接；盖板按简支计算，其跨度为两支承中心间距离，不考虑由边墙所作用的水平反力。

2　拱涵的拱圈应按无铰拱计算，由于曲率、剪力对拱圈的影响，可略去不计。

3　圆形涵洞的管节，每米宽度上的弯矩可按下式计算：

$$M=0.15(q_1-q_2)r^2 \tag{5.4.9}$$

式中　M——管节每米宽度上的弯矩(kN·m)；

q_1,q_2——恒载及活载的竖向压力及水平压力(kPa)，按第4.2.3条及第4.3.4条计算；

r——圆形管节的平均半径(m)。

圆形涵洞外廓上土压力按图5.4.9分布。

4　矩形涵洞的涵节内力按封闭式框架结构计算，框架的轴线以构件混凝土断面的重心轴线为准。

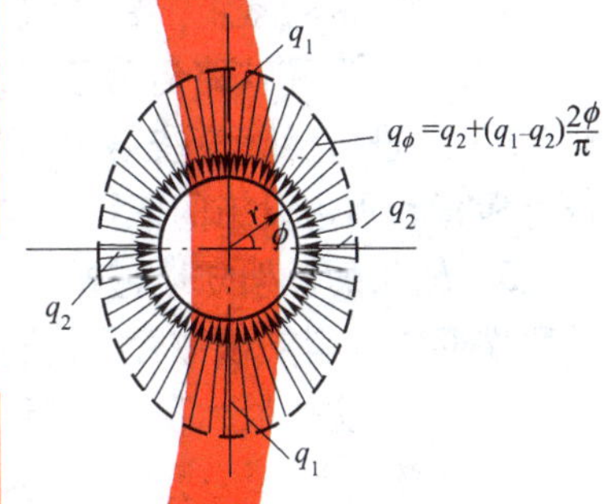

图5.4.9　圆形涵管外廓上土压力

5.4.10　多孔拱涵或盖板涵的中墩，可不考虑在施工或一侧损坏时，承受另一侧拱圈或盖板荷载的作用。

5.4.11　因增建第二线或改建既有线需接长涵洞时，应检算接长侧旧涵洞的端部管节或盖板的承载能力，必要时应予更换或加固。

5.4.12　置于非岩石地基上的涵洞，每隔2～5 m应设沉降缝一处。旧涵洞接长时，亦应在新旧接头处设置沉降缝。沉降缝应以有弹性的和不透水的材料填塞。岩石地基上的涵洞可不设沉降缝。

5.4.13　有水压涵洞的管节接缝应密不透水，避免水压渗透，保证路堤及基底的稳定性。

5.4.14　斜坡上涵洞两节间错台的高度不宜超过涵顶结构厚度的3/4。

5.4.15　有基涵洞的基础，应按涵洞的构造、地质条件及地基处理的情况，设计为整体式或非整体式。

5.4.16　圆涵及其他封闭式截面涵洞，当基底符合表5.4.16的规定，且土质均匀、下沉量不大时，可用无基涵洞，但涵洞出入口应设基础并考虑防渗作用。

表5.4.16　无基涵洞管节底的处理形式

基底土名称	形　式	垫层厚度或夯实层厚度(m)
岩　石	混凝土抹成垫座	—
	砂垫层	不小于0.4
砾石土、卵石土	用砂填充空隙同时夯实	不小于0.4
砾砂、粗砂、中砂及细砂	表层夯实	不小于0.4

5.4.17　涵洞出入口一定范围内的沟床、路基坡面、锥体填方均应铺砌加固。出入口铺砌

的平面形式应根据沟形确定，对无显著沟槽者，出口平面宜采用等腰梯形，其水流扩散角 α 取为 20°；铺砌材料应按铺砌层上最大流速确定。铺砌末端必须设垂裙，并宜为直裙。

当沟床为岩石或不被洪水冲移的大块石、漂石所覆盖时，沟床可不作铺砌。

5.4.18 涵洞基础应计算工后沉降，其工后沉降量不应大于 100 mm。涵洞的工后沉降量不满足上述要求时，应进行地基处理。

5.4.19 涵洞防水设置应符合下列规定：

1 盖板涵顶部应设置卷材防水层及保护层，边墙外侧可不设防水层。

2 框架涵顶部应设置卷材防水层及保护层，边墙外侧应设置聚氨酯防水层，不设保护层。

3 圆涵不设防水层。

4 盖板涵、框架涵、圆涵等涵洞沉降缝均应设置止水带，沉降缝外侧同时应设置不小于 50 cm 宽的卷材防水层。

5.5 既有线顶进桥涵

5.5.1 在运输较繁忙的营业线上修建涵洞或立交桥（地道），当路基稳定无下沉情况时，结合地质、地形和铁路运营条件进行技术经济比较，可选择顶进法施工。

5.5.2 顶进桥涵除应按第 4 章要求的荷载组合计算外，还应检算顶力作用，并以此作为设计后背和顶进设施的依据。设计时还应满足顶进过程中承受列车荷载时的安全要求。

5.5.3 较长的框架式地道桥，为了施工的安全和方便，宜分段顶进。分段顶进的桥涵，其分段端部应预留支顶位置，并要求接缝应严密不渗水。

5.5.4 顶桥应按最大顶力进行下列检算：

顶进部位局部压应力；

中柱及侧墙根部剪应力；

顶进就位地基承载力；

斜桥正顶时的扭力。

5.5.5 顶进桥涵的顶部竖向土压力应按土柱重计算。

5.5.6 顶桥的主体结构前端应设钢刃角。安设刃角的边墙端线与水平线的夹角应视土质情况而定，不宜大于 60°。刃角挑出部分按施工荷载设计。

5.5.7 顶桥端部周边宜加设钢刃角。为减少开挖高度以防止路基塌方，宜设中间钢刃角和中平台。中平台应按施工垂直荷载和土对刃角的正面阻力（视刃角构造、挖土方法和土的性质经试验确定）计算其强度。中刃角、中平台和顶桥的连接必须牢固，且便于拆装。

5.5.8 既有线顶进涵洞防水设置应符合下列规定：

1 既有线顶进涵洞施工，涵洞顶进前，涵洞顶部应设置卷材防水层及保护层，边墙外侧可不设防水层。

2 沉降缝应设止水带。

附录 A　主动土压力计算

A.0.1　当土层特性无变化时，作用于墩台背面的主动土压力(包括活载)可按下式计算：

$$E=\frac{1}{2}\gamma H^2\lambda B+\gamma h_0 H\lambda B_0 \quad (A.0.1—1)$$

图 A.0.1　主动土压力计算

土压力的着力点至计算土层底面的距离为

$$C=\frac{H}{3}\left(1+\frac{h_0 B_0}{HB+2h_0 B_0}\right) \quad (A.0.1—2)$$

式中　E——墩台背面的主动土压力(kN)；

C——土压力的着力点至计算土层底面的距离(m)；

γ——土的容量(kN/m^3)；

H——计算土层的厚度(m)，桥台为计算截面至轨底的高度；

B——墩台的计算宽度(m)；

B_0——台后活载计算宽度，可取 2.5 m；当桥台计算宽度 $B<2.5$ m 时，则按 $B_0=B$ 计算；

h_0——活载换算为当量均布土层厚度(竖直方向)(m)，可取为 $h_0=\frac{q}{\gamma}\cdot\frac{\cos\theta\cos\alpha}{\cos(\theta-\alpha)}$，对于桥台顶面，$h_0=\frac{q}{\gamma}$；

q——每单位斜面积上水平投影的活载压力强度(kPa)：对于台后取 q 为轨底平面上活载竖向压力强度(kPa)；计算时横向分布宽度按 2.5 m 计；纵向分布宽度：当采用集中轴重时为轴距；当采用每延米荷重时为 1.0 m；

λ——主动土压力系数，

$$\lambda=\frac{\cos^2(\phi-\theta)}{\cos^2\theta\cdot\cos(\theta+\delta)\left(1+\sqrt{\frac{\sin(\phi+\delta)\cdot\sin(\phi-\alpha)}{\cos(\theta+\delta)\cdot\cos(\phi-\alpha)}}\right)^2}$$

(当 $\theta+\delta\geqslant 90°$ 或者 $\phi<\alpha$ 时，上式不适用)

ϕ——土的内摩擦角；

α——填土表面与水平面的倾角；

θ——墩台背与竖直面的夹角，俯墙（如图 A. 0. 1）取正值，反之取负值；

δ——墩台背与填料之间的外摩擦角。

上述符号 ϕ、α、θ、δ 均以度计。

A. 0. 2　当土层特性有变化或受水位影响，需要分层计算土的侧压力时，每层土的主动土压力（包括活载）可按下式计算：

$$E=\frac{\gamma h}{2}(h+2h')\lambda B+\gamma h'_0 h\lambda B_0 \qquad (\text{A. 0. 2—1})$$

土压力的着力点至计算土层底面的距离 C（以 m 计）为

$$C=\frac{h}{3}\left(1+\frac{h'B+h'_0B_0}{hB+2h'B+2H'_0B_0}\right) \qquad (\text{A. 0. 2—2})$$

式中　h——计算截面以上的计算土层厚度（m）；

h'_0——活载按该计算土层的容重换算的土层厚度（m）；

h'——在计算土层以上所有土层（包括道砟厚度）按该计算层的容重换算的厚度（m）；

其余符号意义同前。

计算多线桥台活载土压力时，应按式（A. 0. 1—1）或式（A. 0. 2—1）右边的第二项算出后，再乘以线数得其总和，并按本规范第 4. 3. 9 条规定乘以相应的系数。

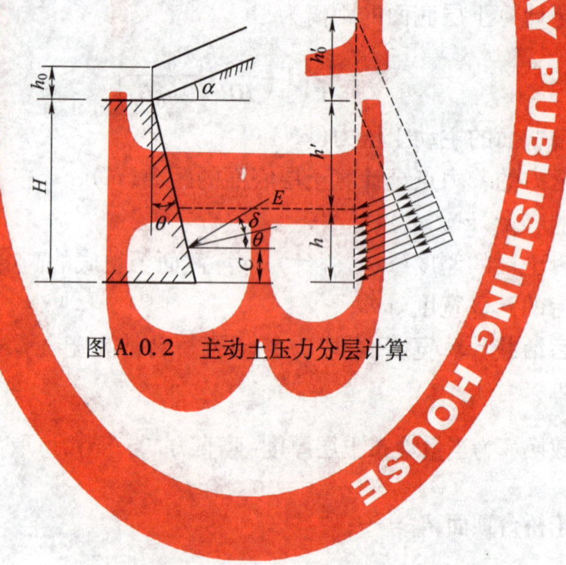

图 A. 0. 2　主动土压力分层计算

附录 B　静止土压力计算

B.0.1　静止土压力应按下式计算：

$$E=\frac{1}{2}\xi\gamma H^2B \qquad (B.0.1—1)$$

土压力的着力点至计算土层底面的距离为

$$C=\frac{H}{3} \qquad (B.0.1—2)$$

式中　E——静止土压力(kN)；

C——土压力的着力点至计算土层底面的距离(m)；

γ——土的容量(kN/m³)；

ξ——静止土压力系数，可采用 0.25～0.5，计算墩台滑动稳定时可用 0.5；

H——计算土层厚度(m)；

B——墩台的计算宽度(m)。

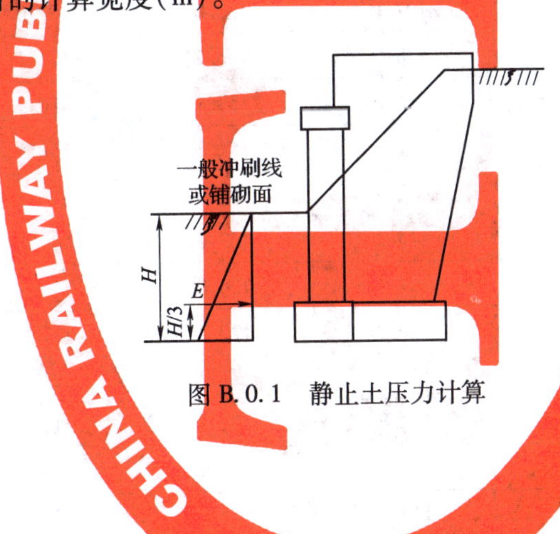

图 B.0.1　静止土压力计算

附录 C　铁路标准活载的换算均布活载和加载规定

C. 0. 1　中—活载的换算均布活载

表 C. 0. 1　中—活载的换算均布活载　(kN/m,每线)

加载长度 L (m)	影响线最大纵坐标位置				
	端部	1/8 处	1/4 处	3/8 处	1/2 处
	K_0	$K_{0.125}$	$K_{0.25}$	$K_{0.375}$	$K_{0.5}$
1	500. 0	500. 0	500. 0	500. 0	500. 0
2	312. 5	285. 7	250. 0	250. 0	250. 0
3	250. 0	238. 1	222. 2	200. 0	187. 5
4	234. 4	214. 3	187. 5	175. 0	187. 5
5	210. 0	197. 1	180. 0	172. 0	180. 0
6	187. 5	178. 6	166. 7	161. 1	166. 7
7	179. 6	161. 8	153. 1	150. 9	153. 1
8	172. 2	157. 1	151. 3	148. 5	151. 3
9	165. 5	151. 5	147. 5	144. 5	146. 7
10	159. 8	146. 2	143. 6	140. 0	141. 3
12	150. 4	137. 5	136. 0	133. 9	131. 2
14	143. 3	130. 8	129. 4	127. 6	125. 0
16	137. 7	125. 5	123. 8	121. 9	119. 4
18	133. 2	122. 8	120. 3	117. 3	114. 2
20	129. 4	120. 3	117. 4	114. 2	110. 2
24	123. 7	115. 7	112. 2	108. 3	104. 0
25	122. 5	114. 7	111. 0	107. 0	102. 5
30	117. 8	110. 3	106. 6	102. 4	99. 2
32	116. 2	108. 9	105. 3	100. 8	98. 4
35	114. 3	106. 9	103. 3	99. 1	97. 3
40	111. 6	104. 8	100. 8	97. 4	96. 1
45	109. 2	102. 9	98. 8	96. 2	95. 1
48	107. 9	101. 8	97. 6	95. 5	94. 5
50	107. 1	101. 1	96. 8	95. 0	94. 1
60	103. 6	97. 8	94. 2	92. 8	91. 9
64	102. 4	96. 8	93. 4	92. 0	91. 1

续上表

加载长度 L (m)	影响线最大纵坐标位置				
	端部	1/8 处	1/4 处	3/8 处	1/2 处
	K_0	$K_{0.125}$	$K_{0.25}$	$K_{0.375}$	$K_{0.5}$
70	100.8	95.4	92.2	90.9	89.9
80	98.6	93.3	90.6	89.3	88.2
90	96.9	91.6	89.2	88.0	86.8
100	95.4	90.2	88.1	86.9	85.5
110	94.1	89.0	87.2	85.9	84.6
120	93.1	88.1	86.4	85.1	83.8
140	91.4	86.7	85.1	83.8	82.8
160	90.0	85.7	84.2	82.9	82.2
180	89.0	84.9	83.4	82.3	81.7
200	88.1	84.2	82.8	81.8	81.4

注:1　表列数值适用于三角形影响线,中间数值可以内插;

2　桥面上道砟及填料厚度大于 1 m 时仍可采用表列数值,但不得大于每线 165 kN/m;

3　表列数值已包括特种活载。

对于三角形影响线(最大纵坐标任何位置和任何加载长度),其换算均布活载 K(以 kN/m 计)可按 L 及 α 由图 C.0.1—1(见书末插页)或图 C.0.1—2(见书末插页)中找出适用公式号码,再以该公式计算。

各种号码的换算均布活载计算公式如下(加载长度 L 以 m 计):

公式号码 换算均布活载计算公式

① $K=\dfrac{500}{L}$

② $K=\dfrac{1\,000}{L}-\dfrac{1}{L^2}\cdot\dfrac{750}{1-\alpha}$

②′ $K=\dfrac{1\,000}{L}-\dfrac{1}{L^2}\cdot\dfrac{750}{\alpha}$

③ $K=\dfrac{1\,500}{L}-\dfrac{1}{L^2}\cdot\dfrac{2\,250}{1-\alpha}$

③′ $K=\dfrac{1\,500}{L}-\dfrac{1}{L^2}\cdot\dfrac{2\,250}{\alpha}$

④ $K=\dfrac{1\,500}{L}-\dfrac{1}{L^2}\cdot\dfrac{750}{\alpha(1-\alpha)}$

⑤ $K=\dfrac{1\,760}{L}-\dfrac{1}{L^2}\cdot\dfrac{660+1\,320\alpha}{\alpha(1-\alpha)}$

⑤′ $K=\dfrac{1\,760}{L}-\dfrac{1}{L^2}\cdot\dfrac{1\,980-1\,320\alpha}{\alpha(1-\alpha)}$

⑥ $K=\dfrac{2\,200}{L}-\dfrac{1}{L^2}\cdot\dfrac{6\,600}{1-\alpha}$

⑥′ $K=\frac{2\ 200}{L}-\frac{1}{L^2}\cdot\frac{6\ 600}{\alpha}$

⑦ $K=\frac{2\ 200}{L}-\frac{1}{L^2}\cdot\frac{660+3\ 300\alpha}{\alpha(1-\alpha)}$

⑦′ $K=\frac{2\ 200}{L}-\frac{1}{L^2}\cdot\frac{3\ 960-3\ 300\alpha}{\alpha(1-\alpha)}$

⑧ $K=\frac{2\ 200}{L}-\frac{1}{L^2}\cdot\frac{1\ 980}{\alpha(1-\alpha)}$

⑨ $K=92(1-\alpha)+\frac{820}{L}-\frac{1}{L^2}\cdot\frac{1\ 425}{1-\alpha}$

⑩ $K=92(1-\alpha)+\frac{1\ 096}{L}+\frac{1}{L^2}\cdot\frac{12-\frac{660}{\alpha}}{1-\alpha}$

⑪ $K=92(1-\alpha)+\frac{1\ 372}{L}+\frac{1}{L^2}\cdot\frac{1\ 863-\frac{1\ 980}{\alpha}}{1-\alpha}$

⑫ $K=92(1-\alpha)+\frac{1\ 648}{L}+\frac{1}{L^2}\cdot\frac{4\ 128-\frac{3\ 960}{\alpha}}{1-\alpha}$

⑬ $K=92(1-\alpha)+\frac{1\ 924}{L}+\frac{1}{L^2}\cdot\frac{6\ 807-\frac{6\ 600}{\alpha}}{1-\alpha}$

⑭ $K=80(1-\alpha)+\frac{1\ 720}{L}-\frac{1}{L^2}\cdot\frac{18\ 300}{1-\alpha}$

⑮ $K=80(1-\alpha)+\frac{1\ 960}{L}-\frac{1}{L^2}\cdot\frac{15\ 540+\frac{600}{\alpha}}{1-\alpha}$

⑯ $K=80(1-\alpha)+\frac{2\ 200}{L}-\frac{1}{L^2}\cdot\frac{12\ 420+\frac{1\ 980}{\alpha}}{1-\alpha}$

⑰ $K=80(1-\alpha)+\frac{2\ 440}{L}-\frac{1}{L^2}\cdot\frac{8\ 940+\frac{3\ 960}{\alpha}}{1-\alpha}$

⑱ $K=80(1-\alpha)+\frac{2\ 680}{L}-\frac{1}{L^2}\cdot\frac{5\ 100+\frac{6\ 600}{\alpha}}{1-\alpha}$

⑲ $K=92+\frac{3\ 252}{\alpha L^2}$

⑳ $K=\frac{1}{1.15-\alpha}\left[92(1-\alpha)+\frac{1\ 158}{L}-\frac{1}{L^2}\left(27\ 545-\frac{3\ 740}{\alpha}\right)\right]$

㉑ $K=80+\frac{27\ 545}{\alpha L^2}$

C. 0. 2　用换算均布活载对影响线加载的规定

用标准活载的换算均布活载对影响线加载时，应按下列规定进行：

1　对单符号影响线和多符号影响线的单独加载区段，其形状为三角形、凸曲线和歪曲系数 γ（见本条第 2 款说明）小于或等于 1 的双向曲率的曲线形者，除本条第 6 款所述外，其加载的换算均布活载应按影响线的加载长度和最大纵坐标位置求之（见表 C.0.1 或换算均布活载计算公式）。

2　对单符号影响线和多符号影响线的单独加载区段，其形状为具有明显顶点的凹曲线和歪曲系数 γ 大于 1 的双向曲率的曲线形者，除本条第 6 款所述外，其加载的换算均布活载按影响线的加载长度和最大纵坐标位置求得的数值后，再增加 $E(\gamma-1)\%$，其中 E 为系数，$E=\frac{1\,500}{30+\lambda}-\frac{1\,500}{30+\lambda^2}$，$\lambda$ 为影响线加载长度（m）；γ 为歪曲系数，等于与检算的影响线有相同的长度和最大纵坐标的三角形影响线面积与检算的影响线面积之比。

3　对单符号影响线和多符号影响线的单独加载区段，其形状为四边凸曲线形者，其加载的换算均布活载应按影响线的加载长度和最大纵坐标位置或基本三角形的顶点位置（视何者更靠近影响线端点而定）求之。

4　对单符号影响线和多符号影响线的单独加载区段，其形状为带有一个凹角的四边形者，应分两种情况加载：

第一种加载——用按影响线的加载长度和基本三角形的顶点位置或最大纵坐标位置求得的换算均布活载中的较大者进行加载；

第二种加载——自影响线端部至凹角处包括最大纵坐标在内的一段，用按此部分的加载长度和顶点位置求得的换算均布活载加载，其余一段影响线用均布活载 80 kN/m 加载。

两种情况所得结果中的较大者，即为计算的数值。

5　对单符号影响线和多符号影响线的单独加载区段，其形状为锯齿者，则加载的换算均布活载按影响线的加载长度和最大纵坐标位置求之。

6　对单符号影响线和多符号影响线的单独加载区段，不论影响线的形状如何，如影响线加载长度小于 3 m 而最大纵坐标位置在中间者，以及长度小于 1.5 m 而最大纵坐标位置在端部者，均按一个特种活载 250 kN 计算，但应符合表 C.0.1 中注 2 的规定。

7　对多符号影响线，如同时加载其中数个区段，不论被加载的同符号影响线各区段为直接相邻者或被异符号影响线隔开者，应分两种情况加载：

1）当被加载的影响线全长（包括其中间隔的异符号影响线区段长度在内）小于 50 m 时，各被加载的同符号影响线按各自的最大值同时加载；

2）当被加载的影响线全长（包括其中间隔的异符号影响线区段长度在内）大于 50 m 时，其中 50 m 长度内的整区段（可在全部影响线任何位置）仍按各自的最大值同时加载，其余同符号影响线均用均布活载 80 kN/m 加载。

注：上述间隔的异符号影响线区段，如区段长度大于 15 m，应用空车均布静活载10 kN/m加载；如区段长度小于 15 m，则可不加活载。

8　计算疲劳强度时，按影响线求最大内力（应力）和最小内力（应力），应分别从右至左和从左至右依次加载影响线各区段，以其最不利者决定之。当同时加载数个区段影响线时，应连续加载，不得间断，且其中仅取某一区段按本条第 1 ~5 款方法加载最大值，其余区段以 80kN/m 加载。

9　同时加载于两个或两个以上的影响线求其共同作用时，应逐一按每一影响线单独求出控制轴位，按照所得轴位用于其余各影响线，得到最大共同作用的加载即为计算值。

仅对于静定结构和恒载影响较大的结构（如实腹式中小跨度石拱桥）等，方可按每一条影响线求得的换算均布活载用于其余各影响线，以求共同作用的计算值。

附录 E　钢筋混凝土、混凝土和石砌体矩形截面杆件计算温度图解

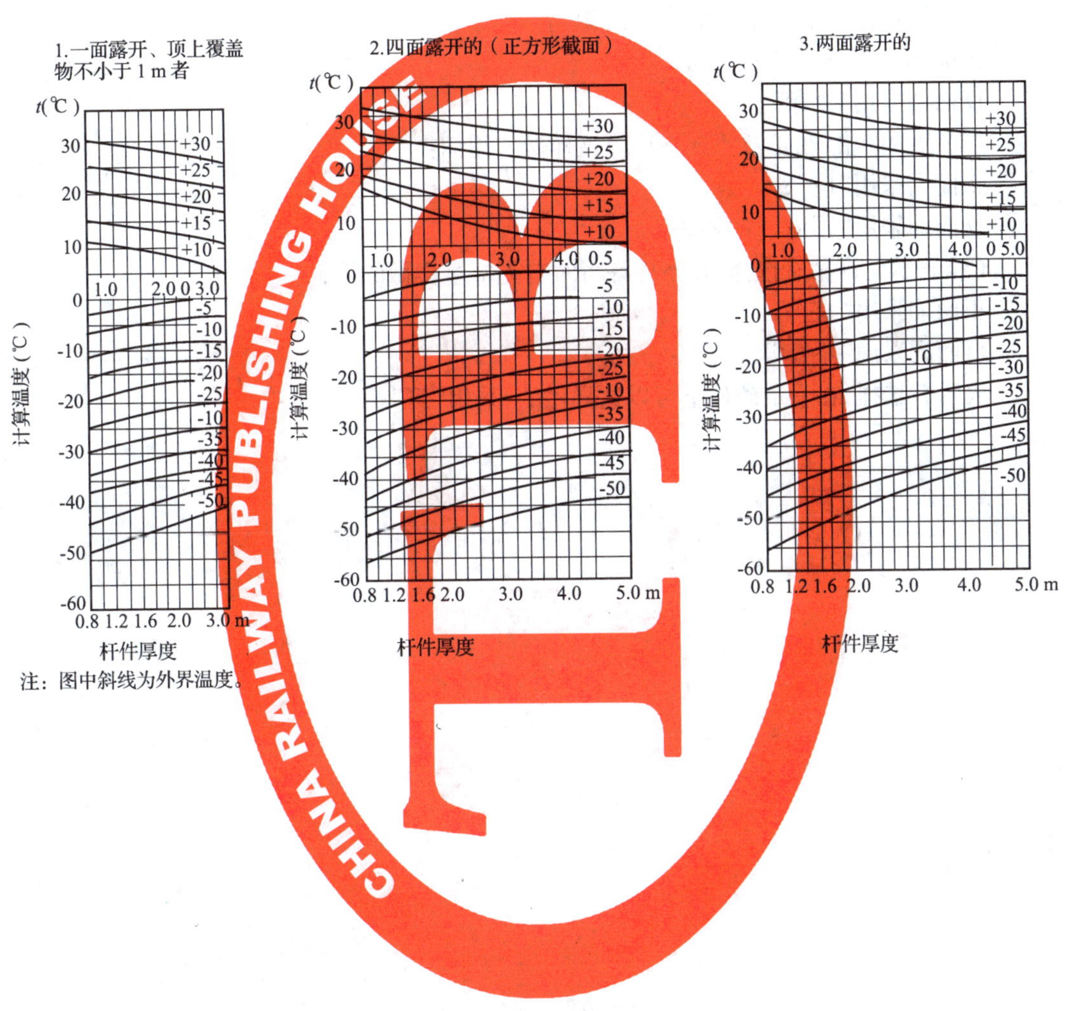

注：图中斜线为外界温度。

本规范用词说明

执行本规范条文时，对于要求严格程度的用词说明如下，以便在执行中区别对待。

(1)表示很严格，非这样做不可的用词：

正面词采用“必须”；

反面词采用“严禁”。

(2)表示严格，在正常情况下均应这样做的用词：

正面词采用“应”；

反面词采用“不应”或“不得”。

(3)表示允许稍有选择，在条件许可时首先应这样做的用词：

正面词采用“宜”；

反面词采用“不宜”。

表示有选择，在一定条件下可以这样做的，采用“可”。

《铁路桥涵设计基本规范》
条 文 说 明

本条文说明系对重点条文的编制依据、存在的问题以及在执行中应注意的事项等予以说明。为了减少篇幅，只列条文号，未抄录原条文。

1.0.2 本条是根据铁道部铁建设〔2003〕76号文发布的《新建客货共线铁路设计暂行规定》（以下简称《客货铁路暂规》）的要求修改的。

国民经济的持续快速发展，使得铁路运输在数量和质量两个方面，都面临着新的更大的挑战。在2020年前我国全面建设小康社会中，铁路肩负着提供运力支持、当好先行的重要历史使命。因此，铁路必须抓住机遇实现跨越式发展，走新型工业化道路。其主攻方向应是“扩大路网规模，完善路网结构，提高路网质量”。

我国铁路网总规模的研究提出，在既有主要铁路干线改造成最高时速160 km及以上的客货混运的快速线的同时，尚需新建东部沿海地区的（如宁波—深圳）、西部通往东部的（如西安—南京）、西南通往华东的（如成都—重庆—武汉—上海）等多条快速线，形成与高速客运专线相配合的时速160～200 km及以上的快速铁路网，把我国各大城市间的距离缩短，使铁路运输质量实现跨越式发展，逐步达到或接近世界发达国家的铁路运输水平。

旅客列车提速后，货物列车与旅客列车速度差距将进一步加大。基于对铁路运输组织以及线路轨道结构曲线地段超高所决定的合理通过速度的考虑，提高货物列车的速度，缩小共线铁路上客、货列车运行速度差距势在必行，实施货物列车速度的提高对尽快实现我国干线大幅增长新的运能以及铁路进一步的提速意义重大。

1994年12月28日广深准高速铁路正式开通运营，广深线的成功运营及运输形势的变化，引发了20世纪90年代中期开始的我国铁路的大提速。旅客列车提速到140～160 km/h，普通货物列车提速到90 km/h。时速120 km的提速货车目前我国已经设计制造成功，于2004年在遂渝线、胶新线进行了综合性试验，并取得了成功。

一系列提速研究与试验取得的大量科学数据和结论，为修订规范创造了条件。本次修订桥规适用范围由1999年版《铁路桥涵设计基本规范》（以下简称《99桥规》）的旅客列车最高行车速度140 km/h改为旅客列车设计行车速度等于或小于160 km/h，与此对应的货物列车行车速度为等于或小于120 km/h。由于转8A货车受设计构造行车速度的限制，故本规范转8A货车行车速度限定在小于或等于80 km/h。

关于桥梁适用跨度，以前规范没有明确，本次修订对桥梁适用跨度按混凝土梁和钢梁两类进行了规定。

1.0.3 桥梁的分类曾经按其净孔总长作为划分的依据。因为桥梁大小不同，其设计频率流量标准和计算孔径的方法也不同，所以用净孔总长来反映桥梁大小应该说是适宜的。

但实际上,净孔总长的量取是很不方便的,而且净孔总长与养护设施等设置条件所采取的桥长也不一致,因此,自 1975 年版《铁路工程技术规范(第二篇)· 桥涵》(以下简称《75 桥规》)起,对于梁桥改用按桥台挡砟前墙之间的长度计算。虽然这与净孔总长度有一些出入,但差别不大。拱桥和刚架桥的桥长可按本条文中的"注"来确定。

1.0.5　桥涵结构设计,要求在制造、运送、安装和运营过程中,必须具有规定的强度、稳定性、刚度和耐久性,以保证施工、运营安全,使用耐久。根据耐久性的要求,规定桥梁结构应按 100 年正常使用要求设计。同时根据《客货铁路暂规》的要求,增加了设计应充分考虑养护、抢修、检测、维修需要,配备必需的设施设备的内容。

为配合城市建设,位于重要城镇的桥梁,应适当考虑造形的美观。

1.0.7　桥涵设计采用的洪水频率标准,本次桥规修订提高了Ⅰ、Ⅱ级铁路涵洞设计洪水频率标准,涵洞设计洪水频率由 1/50 调整为 1/100,其余沿用《99 桥规》的规定,删去了Ⅲ级铁路的有关内容。其中铁路等级的划分应根据现行《铁路线路设计规范》来确定。

(1)本条文中规定技术复杂、修复困难或重要的特大桥,及技术复杂、修复困难或重要的大桥需要按规定的检算洪水频率标准进行检算,因为一般的特大桥虽然桥的长度较长,但从设计、施工、养护等方面来说与一般的大桥没有很大的区别;另有些特大桥和大桥所处的位置很重要,有些在政治上、国防上有特殊意义,在技术上应予更大的保证,因此在抗洪标准方面要进行检算。上述技术复杂、修复困难一般系指高墩、桥跨结构复杂、深水基础、施工困难者以及防洪条件很差、河流形势及水流分布对建筑物十分不利的桥梁。

(2)关于如何对待观测最高洪水位(包括调查可靠的历史最高洪水位)问题,以往遇设计频率水位低于上述水位时,则桥涵应按最高的观测水位或历史水位与其相应的流量进行设计,而不考虑此种洪水频率的大小。鉴于过小频率标准对工程投资过大,且特大洪水重现可能性甚小,因此条文对观测洪水作了一些限制,即对Ⅰ、Ⅱ级铁路的特大桥及大中桥以不小于 1/300,小桥及涵洞不小于 1/100 的频率为最高标准。在采用历史洪水进行设计时,应作全面的调查研究,注意自然地理的变化和人类活动等的影响,分析此项历史水位有无重现的可能性。

(3)在水库大坝上下游的桥涵,考虑大坝对桥涵有不利影响时,应提高桥涵设计标准。如有些水库由于淤积严重有可能在今后提高坝身,以延长水库的使用年限;有些水库在实际运用过程中,常有提出防洪与兴利的新要求,例如提高发电量、提高灌溉水位、扩大灌溉面积、提高航行水位、照顾下游正在施工的水下工程、保证下游农作物不淹没、为下游洪水错峰等,都能使水库蓄水时的各种水位与原设计有较大出入,造成对桥涵的不利影响;有些水库由于要求少泄多蓄,因而在洪水期间提高了汛前水位,使实际泄洪量大于该洪峰频率的设计泄洪量;也有些水库,调洪库容很大,闸门调洪设备失灵就会产生险情,对下游桥涵将造成不利影响。桥涵的设计洪水标准,如遇有上述情况时应予酌量提高。

1.0.8　时速 160 km 客货共线铁路(旅客列车运行速度 160 km/h、货物列车运行速度达 120 km/h)与既有普通铁路比较,桥梁的上部结构直接承受列车荷载运行时的动力响应加剧。为保证列车运行安全和旅客乘坐舒适,加强上部结构的竖向刚度、横向刚度和抗扭刚度,同时加强结构的整体性,以提高结构的动力特性,都是十分必要的。

列车通过桥梁时将引起桥梁结构的振动,而桥梁的振动又反过来影响车辆的振动,这种相互作用、相互影响的问题就是车辆与桥梁之间振动耦合的问题。

列车运行的安全性主要涉及车辆在桥上是否会出现脱轨的问题。对于这个问题,车辆力学上是用脱轨系数 Q/P、轮重竖向减载率 $\Delta P/P$ 及轮轨横向水平力等几个参数来限定。乘坐舒适性(平稳性)问题也是判定桥梁竖向和横向刚度是否合适的一个重要标准,可用 Sperling(斯佩林)评价指标和竖向加速度限制标准进行评判。

出于列车运行安全性与平稳性(舒适性)的考虑,对于旅客列车设计行车速度为 160 km/h、货物列车设计行车速度为 120 km/h 路段,特殊结构及代表性桥梁应结合车桥耦合动力响应综合分析。桥梁进行车桥耦合动力响应综合分析的目的,是让桥梁的动力特性去适应机车或车辆的快速运行,使之能满足现行《铁道车辆动力学性能评定和试验鉴定规范》(GB 5599)和现行《铁道机车动力学性能试验鉴定方法及评定标准》(TB/T 2360)的有关要求。

客车及动车组的主要技术性能是它的运行平稳性及运行安全性。《铁道车辆动力学性能评定和试验鉴定规范》(GB 5599—85)所规定的主要性能指标限度为:

平稳性指标:优良 <2.5,良好 2.75,合格 3.0;

脱轨系数:$Q/P\leqslant0.8$;

轮重减载率:$\Delta P/P\leqslant0.65$。

普通货车的主要技术性能是它的运行安全性及运行平稳性。《铁道车辆动力学性能评定和试验鉴定规范》(GB 5599—85)所规定的主要性能指标限度为:

平稳性指标:优良 <3.5,良好 4.0,合格 4.25;

脱轨系数:$Q/P\leqslant1.0$(第二限度),或 $\leqslant1.2$(第一限度);

轮重减载率:$\Delta P/P\leqslant0.6$(第二限度),或 $\leqslant0.65$(第一限度)。

《铁道机车动力学性能试验鉴定方法及评定标准》(TB/T 2360—93)给出的机车安全性及平稳性指标的主要评价标准为:

(1)横向作用力持续时间 $t>0.05$ s 时

脱轨系数:$Q/P\leqslant0.8$;

轮重减载率:$\Delta P/P\leqslant0.65$。

(2)横向作用力持续时间 $0.015\ \text{s}\leqslant t\leqslant0.05\ \text{s}$,采用连续测量方法时

脱轨系数:$Q/P\leqslant0.04/t$;

轮重减载率(在瞬时动态冲击工况):$\Delta P/P\leqslant0.8$。

同济大学的研究成果表明,客车运行速度 160 km/h、货车运行速度 80 km/h 的客货共线的既有线路上,实测货车过桥时的桥梁跨中横向振幅最大值明显大于客车过桥时的桥梁跨中横向振幅最大值。因此进行车桥耦合动力响应综合分析的重点是货车过桥,尤其是空载货车(或混编货车)通过时对其安全性指标进行的评判。

对不能满足以上要求的桥梁应进行修改设计,直至满足安全性与平稳性(舒适性)的要求。

1.0.9 本条是根据《客货铁路暂规》的要求新增加的内容。

1.0.10 考虑到铺设无砟轨道的铁路桥梁有特别的要求,《无砟轨道铁路客运专线设计指南》即将出台,时速 120 km 的提速货车适应性的依据是建立在科技司组织开展的遂渝、胶新线试验基础上,随着 120 km/h 货车大量地上路运行,货车对桥梁结构的作用得到进一步认识,相关部门拟将对开行 120 km/h 货车作出补充规定。故此,本规范规定,铺设无砟轨道或开行 120 km/h 货车的铁路桥梁,除应满足本规范规定外,尚应满足有关补充规定的要求。

3.1.1 桥涵布置应尽量不占或少占耕地。河滩路堤的桥涵和导治建筑物的布置,应尽量避免破坏农田和排灌系统,按农业灌溉需要设置必要的桥涵。对农业机械、人畜、车辆等穿越铁路的情况,应根据既有农村道路分布情况及人畜车辆通行密度,结合路堤高度等条件,经过协商选择适当地点设置立交桥涵或排灌与通行兼用的桥涵。

设置桥涵时应避免大量改沟合并,勿使水流过分集中冲刷下游农田房舍,或因位置选择不当使水流宣泄不畅,或因入口高程设置不当使上游水位壅高淹没农田房舍。

为使铁路排水畅通及铁路沿线农田房舍免遭水害,沿线所有的排水建筑物包括桥涵和其上下游的截水沟、改沟,路堑地段的天沟、侧沟、吊沟,路堤地段的取土坑、排水沟,以及城镇的排水建筑物等工程,应彼此协调配合,组成完整的排水系统。

3.1.2 为体现铁路建设“以人为本”的理念,根据《铁路主要技术政策》的要求增加了Ⅰ级铁路与道路交叉应采用立体交叉的规定。

3.1.3 在洪水泛滥甚广的平原河流,或河床摆动、水流分支漫溢的山前区河流,往往考虑一河一桥或一河多桥的方案。

平原河流纵坡平缓,流速较小,河床由细颗粒土组成,河滩辽阔,洪水时泛滥较宽。若主槽明显,河滩上又无稳定的河岔时,通常采用一河一桥,河滩上不宜设辅助桥,以免引起集中冲刷带来病害。若桥址处有几个稳定河槽且具有分流、通行船只和农灌的作用,则以设置一河多桥为宜。当滩地流量占全部流量的比例较大,且河滩水流又不易引入同一座桥梁时,亦宜设置一河多桥。

我国西南山区宽谷漫流上游扇形河段,河道断面一般中间高、两侧低,在一般洪水时形成河岔分流;在较大洪水时,淹没整个河谷,形成漫流。

我国西北山前区大型冲积锥宽河中游扩散河段,水流分支扩散摆动不定。在这些河流上一般不易强行集中,而宜设置一河多桥,即在主河槽与较稳定的河岔上或主要股流河槽上分别设桥,顺应水流天然趋势,以保证桥梁安全和兼顾下游分洪灌溉的需要。

长大导流堤的工程大、造价高、占地多,维修养护也困难,尤其长达数公里的长大导流堤,一旦发生险情,就会因突破一点而全堤崩溃,直接冲毁铁路。因此,设置一河一桥强行集中水流而采取修建长大导流堤的办法,应尽量避免。

3.1.4 平坦、草原和漫流地区,一般无显著沟槽,但当暴雨或春融雪水形成径流,分散成片,一经修筑路堤,往往使水流集中,危及线路,应采取分片泄洪原则,在地形低洼处设置桥涵。

3.1.5 天然河流已经过多年的自然演变,找到了它最符合自然的流经道路,要更动其自然现状,必须做很大工程来引导,否则仍有恢复其原来自然状态的可能。这给铁路工程将带来很大的隐患,所以天然河道不应轻易合并或改移,尤其对河滩辽阔、河床不稳定、水流摆动的河流,更不宜改并。

当河湾威胁桥头路堤,或河滩、主槽被路堤所挤压,影响水流畅通,或河沟与桥涵斜交时,如采用改移河道或裁弯取直确能改善桥涵工作状况,或降低工程造价有显著效果时,亦可采取改移或裁弯取直的措施。但河道在改移或裁弯取直后,在流向改变或纵坡变陡、流速增大等地段,将加剧河段冲刷;而在坡度变缓地段,则又造成淤积,水流堵塞不畅。这些水力条件变化的影响,都应在河道改移或裁弯取直的设计中予以充分考虑,必须根据水文、地质、地形及农田灌溉等具体情况,修建导治建筑物,或采取加固、消能等措施,以引导水流顺畅地通过桥下排泄,避免对上下游工程及两岸农业生产造成危害。

3.1.6 桥址处线路应尽量与洪水流向正交,不得已时也应尽量减小斜交角度,避免在桥头形成水袋,从而产生三角回流。从历年发生的水害情况来看,水袋地带淘刷严重,最易冲毁路堤甚至冲倒桥台,因此必须引起重视。在桥头形成三角回流地带,最好用增加桥孔的办法予以消除,而不宜采用导治办法,勉强压缩桥孔与调正水流。

3.1.7 设置导治建筑物的作用主要是引导水流均匀顺畅地通过桥孔,保护桥梁墩台、桥头路基和河岸不受洪水的危害,防止和减轻桥下河床的不利变形,消除或避免由于修建桥梁、路基造成对农田村镇及其他建筑物之不良影响。

一般在稳定性河流的桥位上,为了减少两端的三角回流地带,保护河滩路堤和锥体护坡,可考虑设置封闭式导流堤。当桥梁或河槽正交而河滩路堤位于向河流上游弯曲的曲线上时,为防止路堤边坡的淘刷和改善河滩水流的条件,该段桥头路堤可设置梨形导治堤和适当数量的丁坝。为引导较大的河滩流量顺畅地流入桥孔,在两端桥头宜设曲线形导流堤。当桥位位于变迁性河流的摆动河段或山前区大型冲积锥河流的中游扩散河段,一般均宜设置封闭导流堤。

若为一河多桥时,为了避免水流直冲两桥之间的河滩路堤,以及将水流顺畅地分别导入多座桥孔,两端间可设置桃形导流堤。不没水的导治建筑物系为调节设计洪水频率的洪水而设,其顶面应高出桥梁或涵洞设计洪水频率的水位(并考虑天然水流纵坡的影响)至少0.25 m。此0.25 m为安全储备值,设计标准稍低于路堤。上述水位尚应根据河流特性及导治建筑物的具体位置考虑壅水高、波浪侵袭高、局部股流涌高、河弯超高、河床淤积等影响。但在下列的河流上,波浪侵袭高可不考虑:(1)在洪峰历时短促、涨落迅速的季节性河流上;(2)浪程少于200 m时;(3)水深小于1.0 m时;(4)计算波浪高度在0.15 m以下时;(5)河滩上长有比水深加半个计算波浪高还要高的大片灌木丛时。

没水导治建筑物系一般为调节常水位水流而设。常水位系指每年大部分时间保持的水位。

为防止遭受水流、波浪、流冰、流木、漂流物等冲击和淘刷基础,导治建筑物的边坡和坡脚基础均应防护加固。常用的防护工程类型有铺设草皮、石料铺设、石笼和混凝土板等。在波浪冲击较轻和水流流速较小,且种植条件较为有利的情况下,对土质堤坝可采用铺草皮加固;在平原河流,当流速小于3 m/s时,一般可采用干砌片石,或栽砌卵石;对直接承受较大流速冲击处或水流中携带较大漂流物撞击处,一般宜采用浆砌片石或混凝土板;当流速较大、冲刷较深、河流有严重变形处,则宜采用属于可变形的柔性结构加以防护。

3.1.8 在通航船只和通过排筏的河流上,桥梁应能满足河流长期通航的要求,考虑河道变迁及水流方向等因素,合理布置通航桥孔。

在水流较急,流向摆动幅度较大的通航河流上,洪水时船只控制走行方向困难,下行船只多沿流向航行,往往会冲撞桥墩,甚至发生事故。桥址中线与航线斜交时,事故更易发生。如正交确有困难,则偏角不宜过大,桥梁净孔必须相应加宽,并应考虑桥墩台和锥体的阻水影响。

通航河流的航线,常随河道的变迁或受上游人类活动的影响而改移,因此应根据河流历史资料,预先考虑航线的变迁,布设通航孔。

通航桥孔的位置,一般根据中常水位及低水位时的航线确定。

3.1.9 铁路桥和公路桥合建在一起的优点有:

(1)合建桥比单建铁路桥的下部结构圬工数量增加不多,因此基础工程愈困难,正桥愈长,采用合建愈有利;

(2)合建的施工时间比分建的短,施工力量使用也比较集中。

缺点有:

(1)在国防上有两条交通线总比一条好,合建目标集中,一旦损毁,公铁运输同时停滞;

(2)修建公路在上、铁路在下的双层桥,将增长引桥,在两岸无高地时,引桥更长;

(3)合建不利于分期投资,当公路运量尚不大时,可用轮渡解决;

(4)专桥专用便于管理,合建桥则看守管理增加困难;

(5)铁路和公路的设计标准不同,合建时公路桥必须考虑铁路方面的要求,许多适合于公路的桥式,如悬索桥、伸臂桥及大跨度的预应力混凝土结构,由于刚度关系不能使用。

根据上述分析,一般以分建为宜,如情况特殊必须合建,应报部批准。

3.1.10 第二线桥设在既有线桥的上游或下游(即左右侧的选择),应考虑桥址两岸地形、上下游河床及桥头引线地质、上下游水流方向及流速、主河槽位置和宽度、通航条件、所在区间的线路位置、既有线桥梁基础埋置深度、桥下净空高度以及旧桥上下游是否有防护加固工程、河底是否有施工障碍物等因素决定。当影响因素较多、情况复杂时,往往须作技术、经济的综合比较后决定。

一般情况下,当新桥设在既有桥上游时,有可能引起下游既有桥的冲刷加剧(流水情况复杂时,建议进行现场观测和水工模型试验,以确定两桥之间的冲刷影响)。为了确保既有桥安全或充分利用既有导治建筑物、引线路基防护、桥墩破冰棱等设备时,第二线桥宜设在既有线桥的下游。但当新桥设在净空或过水能力较差的既有桥下游时,新桥的雍水将会使既有桥的净空减少;既有桥若受水冲毁破坏,亦会直接威胁新桥的安全;既有桥抢险防护所抛下的片石或旧梁等沉落物,亦会给下游新桥施工造成障碍,在此等情况下,第二线桥又宜设在上游。

在选择第二线桥与既有桥间的距离时,应考虑第二线桥施工过程中既有线上列车正常运营和建筑物的安全,故须结合地质条件、既有线桥头路基填土高度、新旧桥墩台基础尺寸及其基础埋置深度的高差、施工条件和水流干扰情况等因素决定。对于通航的河流,为了避免水流在新旧桥墩台间相互干扰,应将第二线桥适当地远离。

重要桥梁在修建第二线桥时,应与有关部门协商,确定两桥间距离,以满足国防要求。如第二线与既有线桥接近,且位于水流干扰范围以内时,两线的桥墩台干扰,将使过水断面大为减少,为此,要求将两桥的桥墩中心线相对应并大致与流向平行。

3.1.11 既有桥涵经多年使用已形成历史上的自然状态,故原来的中线与位置如无显著缺陷,在线路平面及纵断面的配合上均属合理时,一般应保持原来的中线及位置,这样可以充分利用既有路基、导治建筑物及其他防护工程,节约投资。但在个别情况下,如桥头曲线半径不能满足运营的要求、既有桥下净空需要加高、桥两端线路需要变更纵断面、因河道变迁难以整治,或在河底有沉埋梁体、砌块、片石堆积等清理困难影响基础施工等情况,也可变更原来的中线及位置。

在既有线上的桥涵,由于自然的或人为的原因使水流发生了根本的变化,以致既有桥涵已失去存在的必要时,才能予以封闭。增设桥涵往往会变更上下游村镇与洪水的利害关系,因此必须取得上下游有关单位的同意。

3.2.1 一般情况下,桥涵孔径主要依据一定洪水频率的流量和水位来设计。但任何水文计算方法都不能完全适应复杂的自然现象,加之我国水文及气象资料积累时间不长,流量计算未能达到很高的精度,因此桥涵孔径不能单凭流量及理论计算,更不能用单纯经济比较来确定。

设计桥涵孔径时,必须根据河流的特性和桥址的具体情况,参照以往的经验作全面分析比较。有的桥涵孔径还应与有关单位协商决定。当水文资料不足时,桥涵孔径宜大一些,基础埋置宜深一些。

决定桥孔时还要考虑以下几个因素:

(1)建桥后桥址附近上下游水面、主槽与河滩上流量和流速及其在平面上与断面上的变化;

(2)桥孔大小与墩台基础埋设深度、导治建筑物与桥头路堤的长短等的相互关系的影响;

(3)桥址上下游水利工程对流量、流速和水位的影响;

(4)桥孔压缩后,桥下流速增大对船只排筏通航、下游农田房舍、水利设施、墩台基础冲刷等的影响。

3.2.2 冲刷系数是决定桥孔大小的指标之一。冲刷系数愈大,表示桥梁对河流的压缩愈大。《75 桥规》制定冲刷系数时,曾向各设计院、大桥局、铁路局、公路局、交通局等单位有关人员征求意见,并搜集了通过较大洪水考验的桥梁资料和部分桥梁检定资料,进行了汇总分析。现场有关人员提出的意见主要有以下几点:

(1)冲刷系数对决定桥孔大小有一定指导作用,但不是惟一条件,应综合考虑其他因素,如对上下游居民、农业、水利的影响,河滩路堤的稳定等。

(2)冲刷系数应按地区和河流性质划分,才符合各地区河流的具体情况。如山区河流水深流急,应尽量少压缩以免桥台锥体被冲。在山前区河流建桥虽可压缩,但也不宜过甚。平原区河流建桥往往与地方利益相关密切,应考虑对上下游工农业的影响。

(3)制定的冲刷系数应以经过洪水考验的桥的资料作为主要依据。

根据上述意见及搜集到的桥梁资料进行分析后,取得以下结果:

(1)地区分为山区、山前区和平原区三类。

① 山区——按河段特点分为峡谷段及开阔段。

A. 峡谷段——此类河流一般河谷深窄无滩,岸壁稳定,河岸多为岩石,水位变幅大,设计流速可达 4 ~ 7 m/s,河床比降约为 2‰ ~ 6‰。曾分析了鹰厦、上鹰、陇海诸线 15 座桥梁的资料,认为峡谷段水深流急,桥台锥体不宜伸入河槽,桥孔不宜压缩。如 × × 线 × × 桥,1960 年洪水频率约为 1/50,雍水逼近钢梁,冲垮梁下吊篮设备,四个锥体全部坍塌,实际的冲刷系数为 1.25。× × 桥 1960 年水位超过频率为 1/100 的水位,两端锥体均局部冲毁,桥墩受冲,实际冲刷系数为 1.24。× × 线 × × 桥,压缩过甚,台后路堤冲成缺口,锥体被冲毁。综合这些资料,同时还考虑到峡谷段有一孔跨过的可能性,因此冲刷系数制定为小于或等于 1.2。

B. 开阔段——此类河流滩槽分明,岸线稳定,河岸为岩石或砂卵石,设计流速可达 3 ~ 6 m/s,河床比降约为 1‰ ~ 5‰。曾搜集了鹰厦线、浙赣线、京承线、陇海线等 19 座桥的资料。如 × × 桥,1962 年发生接近设计流量的大洪水,冲刷系数 1.39,未发生水害。但同类型的桥,冲刷系数在大于 1.4 时,大都发生不同程度的水害,路堤被冲成缺口,锥体被冲毁等，因此冲刷系数制定为小于或等于1.4。

②山前区——分为半山区稳定河段（包括丘陵区）及变迁性河段两类。

A. 稳定河段（包括丘陵区）——此类河段大体顺直或微弯，滩槽明显，出山口后河谷开阔，岸线及边滩较稳定，河槽形态也较稳定，曾搜集了浙赣线、京广线、陇海线等32座桥梁的资料。这些桥中经受洪水考验的××桥，1942年大水为历史第二位，壅水较高，冲刷系数1.44，但除桥的高程稍低外，尚无水害。××桥1953年洪水为历史第二位，孔径合适，冲刷系数1.37，除桥墩质量不良受水流冲刷外，尚无水害。××桥1942年发生最大洪水，频率约为1/100，仅桥台护坡受冲刷，无其他水害，冲刷系数1.25。××桥设计冲刷系数1.31，经洪水考验，除冲刷较深外，无太大水害。其他桥冲刷系数在1.4以下的一般情况较好。综合这些资料，冲刷系数制定为小于或等于1.4。

B. 变迁性河段——此类河段滩槽不明显，甚至无河滩，河段微弯或呈扇形扩散，岸线不稳多变，主槽形态、位置不稳定，洪水时淤此冲彼，最大深泓变迁迅速，河槽有扩宽甚至改道的可能。曾搜集了西北地区兰新线和华北地区京广线共17座桥的资料。西北地区的桥经受了接近或小于设计频率流量的1/3～1/2的1959年洪水考验，曾出现不同程度的水害破坏，如导流堤局部被冲毁、部分桥头河滩路堤被冲断等。通过水害证明，原设计无限制地压缩桥孔是不符合实际情况的，原设计的冲刷系数有大到3.15及3.01的，其受害亦较重。事后对原压缩桥孔过甚、冲刷系数较大的桥均采用适当延长桥孔的方案，通过数十年的考验，孔径还未出现大问题。经过水害处理后，一般冲刷系数在1.4～1.8间，个别还有大到2的。华北地区的桥经过历史特大洪水考验，没有出现水害的，其冲刷系数在1.1～1.3间。综合这些资料，冲刷系数变幅较大，故规定按地区经验确定。

③平原区——此类河流基本顺直或微弯，部分河段蜿曲，一般上游有支流汇入或下游呈扩散状，河槽较宽，设计流速约为2～5 m/s，河床比降约为0.1‰～2‰，少数可达3‰。曾选用了二十几座已成桥梁（包括东北及中南、华东地区）进行分析。这些桥都经历了不同程度的洪水考验，其中有10座经过频率相当于1/100的历史洪水，此时冲刷系数一般在1.2～1.4之间，都能安全排洪。而冲刷系数超过1.4的都有不同程度的水害，如铁路路堤冲决、锥体护坡坍塌、壅水较高等。因此冲刷系数制订为小于或等于1.4。另外，在平均水深小于或等于1.0 m的宽浅河段，冲刷系数可根据地区经验确定。

（2）人工渠道水浅流缓，但流向一定且大都不通行船只，桥孔设计一般应与地方协商确定，不宜压缩，尽量以单孔跨越，以避免引起渠道底的冲淤变化或壅水太高，溢出渠道堤顶。梁底可按一般规定高出渠道设计水位0.5 m即可。

（3）泥石流是一种携带大量固体物质的山洪急流，一般是骤然的、短暂的和阵流状的（指黏性泥石流）。其中严重的泥石流可以在短暂的几分钟到几小时内流出数十万方到数百万方的固体物质，对建筑物有巨大的破坏作用。在流程中当其能量发生变化时，立即停止运动，因而时常堵塞河谷，改移河道，淹没大片农田、房舍，摧毁或掩埋铁路、公路、厂矿、水利设施及城市建筑物等，给国民经济带来巨大的损失。因此，当线路跨越泥石流河流时，桥孔应尽量采用单孔或不得已时可考虑采用多孔较大跨度的梁桥跨越，以减少被泥石流破坏的机会。

为使泥石流顺畅地通过桥下，应采取因势利导的方法，使泥石流不致中途停顿而造成淤积，其关键在于有足够大的流速。根据以往经验，如果桥孔过于压缩，在桥前形成突然收缩，流体的动能必然受到损失使桥前造成淤积。如桥孔过大，则在桥址附近的急流槽断面必须扩大，水深减少，流速减缓，容易淤积。故桥孔的大小必须适当，一般可参照河谷内通过地段基本河沟宽度进行设计，不宜压缩，也不宜过分扩大，并不得在桥下开挖，尽量以急流槽形式通过桥下。

(4)位于水库影响范围内的桥孔设计，除应考虑河流的天然状况外，还应考虑由于修建水库而发生的变化，例如淤积、冰塞、风浪、壅水、塌岸及设计标准低于铁路桥涵的水坝溃决影响等。

3.2.3 为保证列车安全运行，在设计频率洪水时跨河桥梁的基础必须埋置于冲刷线以下一定的深度。故需计算桥下一般冲刷、桥墩台局部冲刷、河床天然演变及正在发育过程中河道的天然下切的冲刷深度。

在设计频率洪水时的河床天然冲刷，可概括地分为三类：

(1)由河段特性所决定的较有规律的变化，如边滩下移、河湾的发展和移动、蜿蜒及裁直等引起的河槽变形；

(2)在一个水文周期内河槽随着水位、流量的变化而发生的周期性变形；

(3)河段最大水深线迅速摆动或下移，形成集中冲刷而引起的变形。

对于第一类河床天然冲刷，在一些有关河道整治及桥梁设计的文献中有一些计算方法；对于第二类、第三类河床天然冲刷，在我国制定的一般冲刷计算式中，已经包含这两类天然冲刷的因素。

正在发育过程中的河道天然下切深度，系河流发育成长性的变形。目前还无具体计算办法，只有根据历史调查资料，推算在桥梁使用年限内河床可能下切的深度。

用于桥下一般冲刷深度的计算公式，是利用我国实测资料建立的。实测资料中既有较稳定的河段，也有不稳定的河段，因此该公式的计算结果包括了桥渡压缩河流所引起的冲刷及上述河床的第二、三类河槽的天然冲刷和集中冲刷。

水坝下游冲刷影响范围内的桥梁，除计算上述冲刷线外，尚应考虑水坝下游局部冲刷和清水冲刷的影响。

桥位位于水坝下游冲刷范围内，冲刷线应计入坝下的局部冲刷，此值系根据水坝下泄流量及流速、当地地质等条件确定。

水坝下游的清水冲刷影响距离较远，例如××大坝1960年开始蓄水运用，大坝以下受水冲刷影响的地区达300 km，后改为低水运用，防洪排砂，又有了浑水回淤的现象。

3.2.4 大中河流的河槽较宽，桥下流速不均匀，倘桥下采取铺砌，局部流速较大处易冲毁铺砌，流速较小处则易积淤。采用铺砌提高流速后，与河床天然土不相适应，又会造成铺砌末端冲刷，重则危及墩台安全，轻则需要经常维修。采取铺砌虽可缩短桥长，但铺砌本身数量巨大，且须经常维修，并不经济，因此大中桥采取桥下河床铺砌是不合理的。然而在既有线上如已成桥的墩台埋置深度不足，加固改建又很困难时，则可在全桥桥下铺砌防护，或在个别埋置深度不足的桥墩台附近进行局部防护。河滩桥一般不允许桥下河床被冲刷，以避免因桥下过水面积增大，主槽流量大量流入桥下，引起河滩桥与主槽桥流量分配发生变化，加重河滩桥的负担危及桥梁安全，因此河滩桥桥下河床可视具体情况采用铺砌防护，以保证墩台基础安全或保护河床免遭冲刷。

小桥一般平时无水或水流很少，如设铺砌防护，施工较易且工程量不大，故可采用桥下铺砌的设计方法。但当河沟经常有水，流速较小，河床无冲刷可能时，可不设铺砌防护。如我国南方河网地区河流或渠道上的桥梁，桥孔一般按河道全宽布置，流速小，河床可不铺砌。桥下河床不设铺砌的小桥,可按大中桥桥孔计算方法求算。

3.2.5 表3.2.5所列的桥下净空高度主要是考虑了三方面的因素,即推算周期流量由于抽样误差引起的水位误差、天然水流受外力及受桥梁建筑物影响后的水面变化和水流挟带露出于水面的漂流物的高度。

设计(或检算)频率水位系指本规范第1.0.7条表1.0.7中的设计(或检算)洪水频率的水位,它是进行桥梁孔径、冲刷计算的主要依据。河流的壅水、浪高、河湾超高(倘确定河湾处桥下水面时已考虑水流离心力的影响,其水面则不必再加上流水河湾超高)、局部股流涌高、河床淤积等高度、本来与断面流量、水位有一定的关系,但目前尚未有完善的计算方法,故比照以往的设计,一般可不计入设计(或检算)频率水位之内,但在确定桥下净空高度时,应根据河流具体情况,在设计(或检算)频率水位以上,再分别考虑河湾超高(倘确定河湾处桥下水面时已考虑了水流离心力的影响,则其水面不必再加上水流的河湾超高)、河床淤积、壅水、浪高、局部股流涌高等的有关影响高度。其中浪高除了下述三种情况,一般均应计算:(1)洪峰历时短促、涨落迅速的季节性河流;(2)浪程小于200 m时;(3)水深小于1.0 m时。

局部股流涌高是我国西北半山区和山前区的河流上,由于洪水流多股奔放,集中股流所在处的水流恒较两侧为高的一种现象,其成因很复杂,须在勘测时通过调查加以考虑。桥墩冲高仅在确定支承垫石高程时才予考虑,当水流平缓、桥前壅水起控制作业时可不考虑。桥墩冲高的数值不与浪高叠加(小桥可不考虑局部股流涌高和桥墩冲高)。在河床逐年淤积抬高的河流上,桥下净空高度尚需考虑淤积的可能性而适当加高。泥石流河流上,应考虑设计年限内淤积厚度的总和。在有严重的泥石流时,一次淤积厚度最大值有时竟达3~5 m左右,因此桥下净空高度应取设计年限内河床淤积厚度总和或一次淤积厚度的较大值,另按本规范条文中表3.2.5规定加安全值1.0 m。若为黏性泥石流,泥石流常浮悬着直径达1~2 m的大孤石,考虑到孤石一般呈半浮半沉状态,遇此情况,桥下净空高度还应再加大孤石直径之半数值。泥石流阵性波浪高的因素也不能忽视。根据甘肃省交通科研所在甘肃武都白龙江流域对泥石流多年实地观测资料,一次泥石流过程常由许多阵性波组成,1972年8月6日火烧沟发生黏性泥石流,其波峰头部高达7~8 m(自河底算起),一般波高1~2 m(自下层连续泥石流平均表面算起),有的稀性泥石流波浪翻滚高度也有1 m以上,遇有此种情况,桥下净空高度须适当考虑阵性波浪高的因素。

有些河流在洪水时往往夹带着大量漂浮物,如净孔不够,容易堵塞桥孔,甚至推走桥梁,挤倒墩台,造成水毁事故。根据桥下有漂流物的21个调查资料,漂流物种类很多,有连根带枝的树木、屋架、家具、破木船、杂草及流木等。在水面以上高度在1.0 m以内的占90%,最高为2.0 m。一般说来,钢梁杆件容易缠挂住漂流物,再加上自重较轻,梁上的木枕又有浮力,钢梁被漂流物推往下游往往可达几十米至数百米。钢筋混凝土梁是自重大的实体建筑物,漂流物在梁上缠挂不住,即使净空不足,漂流物亦能从梁下挤过或梁上跃过。1960年我国东北××线有五座大桥被洪水冲毁,钢梁绝大多数推落在河中,而钢筋混凝土梁几乎都屹立在桥墩台上。上述现象很普遍,故条文中规定钢梁下在洪水期有大漂流物通过时,可根据具体情况,采用比表列数值较大的净空高度。

空腹无铰拱桥因其结构本身刚度较大,当洪水期无大漂流物时,拱脚允许被设计频率水位加有关影响高度“Δh”后的水位淹没,但不应超过矢高之半。由于拱桥较梁桥阻水影响较大,为维持拱桥与梁桥下大致具有相同的净空面积,故又规定这类拱桥净空高度亦不应小于 1.0 m。

关于最高流冰水位,从我国东北、内蒙严寒地区已成铁路桥梁的实际资料来看,均低于洪水时的设计频率水位,对净空高度不控制,故本条未列流冰水位对净空高度的要求。

3.2.6 通航与流筏的桥孔,桥下净空应满足船只及流放排筏的具体要求。

在进行通航河流上的桥梁设计时,应密切与中央或省、市、自治区有关航运部门联系,并商定航行净跨、净高、通航水位、通航孔数及通航桥孔的布置。有国防要求的航道,应与有关部门具体研究确定。

在有流冰或流木的河流上,桥梁净跨尺寸根据调查资料确定。我国北方河流有些处于严寒地带,冬季封冻,冰层较厚,有达 2 m 以上的,在开冻过程中,上游冰块拥下,互相叠砌,形成冰塞。例如我国黄河自宁夏至内蒙一段,流向大致由西南向东北,上游暖下游寒;气温相差大,冰塞现象特别严重,在确定净空时要考虑这种情况。关于筏运及流冰、流木河流的通航净空要求,这次搜集到的意见和资料较少,仅原齐齐哈尔铁路局及北京铁路局等在既有线上曾出现过冰块及流木阻塞桥孔等现象。故在有流冰河流上建桥,应将冰块大小、流冰厚度等调查清楚,桥梁主跨应能顺利通过冰块,不致堆叠阻塞。原齐齐哈尔铁路局建议在有流木或大漂流物的河流上建桥时,梁底高出设计频率水位的高度不宜小于 1.5 m,以便于工人进行梁底作业,排除障碍。

3.2.8 道路在铁路下面通过的立交桥设置限高标志、限界防护架,铁路与道路立交桥上设置安全防护设施的规定,均是从保障铁路桥梁结构物和行车安全方面考虑的。

随着交通事业的发展,铁路平交道口需要大量改为立交,这样做无论是对于既有线改造还是新建铁路,也无论是对于城镇市区还是农村郊区,都感到是极为迫切、刻不容缓的。采用框架结构能有效地减少梁部高度,因而可节约占地,改善桥下公路纵坡;由于框架为封闭形式,其基础有较大的承压面积,因而能适应不良地质,甚至淤泥、流砂层上也能适用。同时这种结构抗震性能好,外形轻巧美观,适于城市市政建设,受到了普遍的欢迎和重视。

近年来城市道路和公路工程发展迅速,已经形成了包括路面宽度在内的一整套工程技术标准,通过认真调查铁路跨越道路的框架式地道桥现状和发展,原铁专院提供的框架式地道桥采用的净宽标准见说明表 3.2.8。该表桥下净宽结合公路机动车道和非机动车道及人行道的布置,能够满足城市道路及公路工程技术标准有关要求,可供设计中参考。

其净空高度除应符合交通部现行《公路工程技术标准》的规定外,同时还应考虑施工误差及公路路面厚度对净高的影响,必要时尚应与使用部门协商确定桥下净宽和净高。

说明表 3.2.8 框架式地道桥净宽

孔 数	净 宽(m)
单 孔	4.0,5.0,6.0,8.0,8.5,12.0.17.0
双 孔	8.5—8.5,9.0—9.0,12.5—12.5,16.5—16.5,17.0—17.0
三 孔	6.0—9.0—6.0,8.0—17.0—8.0,9.0—17.0—9.0
四 孔	6.0—12.5—12.5—6.0,8.0—12.5—12.5—8.0 8.0—16.5—16.5—8.0,9.0—16.5—16.5—9.0

3.2.9 有压涵洞要求涵节之间的接缝密不透水,以免水渗入基底和路堤,影响涵洞及路堤的稳定,但通常很难做到这一点,故涵洞宜设计为无压的。

为保证涵洞与路堤的安全稳定，在无压涵洞过水断面上，必须留有一定的富余高度，以免因流量计算不准确，使无压涵洞变成半有压或有压的，也可以防止水流中携带的树枝、柴草等漂流物堵塞涵洞。

本条规定矩形涵洞洞内顶点高出涵洞内设计频率水位的净空高度为：当净高大于3.0 m时不小于0.5 m，这是为与不通航亦无流筏河流上的桥梁最小净空值相同。当净高等于和小于3.0 m时，如取净高3.0 m时的0.5 m计，则其与涵洞净高之比为0.5/3.0 = 1/6。圆形或拱形涵洞因水面上净空面积较小，故净高大于3.0 m时提高至0.75 m，等于和小于3.0 m时，如取3.0 m时的0.75 m计，则其与涵洞净高之比为0.75/3.0 = 1/4。

3.2.10 既有线桥涵若经过多年的实际洪水考验而未发生严重水害（如上游被淹、下游被冲、路堤或桥梁漫水等情况），结构状态亦属良好，虽净空不合规定，亦可不予改建，否则应按新线标准改建。

改建净空不足的既有桥涵时，应根据水文调查和分析资料，拟出各种可能的改建方案，如增建导治建筑物、疏浚河道、增扩桥孔、提高路基等，经技术经济比较，必要时应与有关部门协商，确定最适当的改建方案。

当提高路基或增扩桥孔确有困难，如导致线路纵断面的变更引起附近建筑物的大量改建，或由于增扩桥孔而影响列车运行，必须修建便线便桥时，可根据具体情况和养护经验酌量处理，把桥下净空高度酌予减少。

3.3.1 同一区段内应尽可能减少桥涵类型和孔径种类，以方便施工，易于就地取材，节省模板和脚手架。尤其对于占比重较大的小桥涵，有利于制造的工厂化，提高工程质量和劳动生产率，降低工程造价。

一般情况下，每座桥梁宜采用等跨及同一类型的桥梁结构，以便简化施工，便于抢修互换。但在通航河流上，为了满足通航的需要，或在山区深谷修建桥梁为了减少高墩，可以采用不等跨。

3.3.2 在泥石流或水流含有较多砂石的河沟上，如果采用涵洞，由于涵前积水，流速变缓，容易造成淤积、堵塞，会给养护维修带来长期的困难，故宜设桥。

多年冻土地区，当地下水或河水在寒季流出封冻地面或封冻冰面冻结成的锥状物称为冰椎。地下水在寒季冻结把地表抬起，形成丘状的土体称为冰丘。冰椎、冰丘的形成，与地质、气象、地理位置、植被等有关，但主要的是地下水的作用，也有是由于施工时开挖路堑或取土坑破坏了地层结构后形成的。冰椎、冰丘对铁路的危害是很严重的，如必须在冰椎、冰丘处设置桥涵，一般宜设桥不宜设涵，因桥下的冰椎比涵洞内的冰椎较易融化也较易钻冰清理，不致形成堵塞。严重的冰椎、冰丘地段，线路应尽量设法绕避。

在水库淹没范围内，也宜设桥不宜设涵，因涵洞长期被水淹没，容易淤积且无法进行清理与维修。

泄水洞适用于弯曲沟谷地形，常可减省取直河床的土石方工程，洞身圬工较省，基底压应力较小，修筑洞身与深沟路堤填土互不干扰，便于两侧路堑及隧道弃土，可以减轻湿陷性黄土基底的湿陷作用。一般弯曲成Ω形的深沟、主支沟汇流处或线路成斜交的深沟，均为修建泄水洞的适宜地形条件。

跨越大型灌溉渠道时，为保持原有渠道宽度和流水面积，宜采用单孔桥或矩形涵洞跨越渠道全宽，而不宜采用圆涵。

根据以往经验，明渠存在以下缺点：

(1)线路起道落道困难。

(2)明渠在线路上形成刚性支点,而其前后为弹性支点,软硬不均,容易断轨,不利于高速行车。

(3)明渠上部敞口,养护人员行走不安全。各铁路局对既有明渠大都已加盖板,或改建为板涵、钢筋混凝土板梁桥,因此新建各级铁路一般不采用明渠。

3.3.3 钢筋混凝土梁或预应力混凝土梁具有刚度大、噪声低、由温度变化引起的结构位移对线路结构的影响相对较小、运营期间养护工作量少等、造价较为经济的优点。对于有较大跨越要求、净空高度受到控制、需要快速施工及需要紧急修复通车的桥梁,可考虑采用钢梁。桥涵结构的建筑材料应根据制造水平和材料供应情况,结合工点具体情况选用。

为了保证站内调车作业人员及桥下行人的安全,车站范围内的桥和跨线桥不宜采用明桥面。

3.3.4 桥梁结构的各部位,应经常处于干燥状态,防止积水,以免出现冻胀、锈蚀、腐蚀等现象,因此应有适当的排水和通风条件。

在构造上,桥梁结构应考虑具有必要的维修检测工作空间。

3.3.5 桥涵结构的表面应按下列各种需要采用不同的护面材料:

(1)防止风化;

(2)防煤烟侵蚀及高温作用;

(3)防止含有侵蚀性物质的水和土的侵蚀及冰冻;

(4)防止强烈流冰或大块冲积物对圬工的磨损;

(5)增加美观。

长期与钢筋混凝土、混凝土和石砌结构接触的水具有侵蚀性时,应根据侵蚀性的特征合理选用水泥的品种,保证混凝土的密实性,必要时还要采取特殊的防腐蚀措施。防水措施是为防止结构表面向结构内部渗水及漏水,目前在既有铁路混凝土桥梁上防水措施种类较多,设计时宜慎重选择,必须确保防水效果。

3.3.6 挡砟墙内侧距线路中心不应小于 2.2 m 的规定是应工务部门的要求新增加的内容,以满足采用大型养路机械的桥梁养护需要。

由于提速列车技术要求的提高,混凝土桥跨结构有砟轨道桥面道床厚度应适当加大,新设计梁图的轨底到梁顶高度已由原设计梁图的 50 cm 改为 60 cm,以减少提速列车对桥梁的冲击。由于道床厚度加大,原规范的不宜小于 3.9 m 道砟桥面的道砟槽顶面外缘宽度已不能满足构造要求,因此需要相应加宽,同时也可改善桥面养护维修作业条件。

为方便抽换枕木,道砟桥面枕底应高出挡砟墙顶一定的空间,规定不小于 0.02 m。道砟槽内的道床厚度应有足够的弹性,一般是比照石质路堤的道床来考虑。考虑行车和大型机械化养路作业的要求,《99 桥规》规定的枕下道砟厚度 0.25 m 应该提高,经调研轨下枕底道砟厚 0.30 m 比较合适。在改建铁路困难条件下,可考虑减小桥上道砟厚度,但以不小于 0.25 m 为宜。

为保持道床的弹性和排水通畅,道砟质量要坚硬耐冻,不易风化。桥上道砟限用碎石。

3.3.7 新建铁路桥上无缝线路设计时,应根据桥梁墩台及线路设计情况,合理的确定钢轨伸缩调节器的设置位置及数量。若由于梁轨间的相互作用,致使墩台结构尺寸明显增大,墩台的圬工量明显增加,或桥上无缝线路纵向力及位移超过允许值,桥上无缝线路的设计锁定轨温无法满足规定要求等,应考虑在桥上铺设钢轨伸缩调节器。在桥上设置钢轨伸缩调节器时,应进行不同铺设方案的对比分析,选取合理的铺设方案。

钢梁桥温度跨度大于 100 m 时,钢梁的伸缩位移量较大,为保证线路的稳定,需在梁的活动端设置一组钢轨伸缩调节器。

为防止无缝线路长轨条长度过短,多联连续梁可考虑共用钢轨伸缩调节器。

3.3.8 桥上护轨设于基本轨内侧,其作用为当机车车辆在桥头或桥上脱轨时,能将脱轨车轮限制于护轨与基本轨之间的轮缘槽内,以免机车车辆撞击桥梁或自桥上坠下。通过调查,很多铁路局都曾发生过上述情况,证明护轨的设置是必要的。

为保证行车及桥下行人安全,大中桥及跨线桥上应铺设护轨。桥长在 20 m 及以下的小桥,脱轨列车在其上行程较短,偏离或撞击桥梁的机遇较少,一般可不设护轨。但如曲线超高设置不良,则有较多脱轨的机遇,或桥梁较高如一旦发生脱轨,影响将更大,故桥长大于 10 m 的小桥当桥上曲线半径小于等于 600 m 或桥高大于 6 m 时,亦应铺设护轨。

符合上述情况的双线桥,应对每一线铺设护轨,以防一线列车脱轨时侵入他线限界内,以致影响他线列车的运行。对于三线及以上的桥,则可按条文中的规定铺设护轨,以免增大工程造价。

考虑到车轮轮缘宽最小为 140 mm,脱轨时为能使脱轨轮落入,并酌留活动量,以使车轮能沿槽滚出桥梁,《99 桥规》规定护轨与基本轨的钢轨头内侧间距为 200 mm,当采用 60 km/m的基本轨时,该净距为 220 mm。随着列车的提速,对线路状态的要求更严格,必须采用大型养路机械作业才能保证线路状态的质量。为了保证大型养路机械作业要求,《99 桥规》中提到的护轮轨与基本轨头部间净距便不能满足作业要求,作业时必须把护轮轨拆除,待到作业后再装好。拆除及安装过程对行车安全均不利,同时也给工务部门带来繁重的重复劳动。护轨与基本轨头部间净距,直接涉及高速行驶列车的安全,其净距不能大也不能小。法国既有线桥上轨枕设计图采用护轨与基本轨头部间净距为应大于 385 mm,但不得超过 440 mm;我国工务专家认为,根据目前进口的大型养护机械镐头宽度的要求,护轨与基本轨头部间净距不得超过 440 mm(08—32 机型)和 510 mm(09—32 机型)。

护轨应伸出桥台挡砟墙外一定长度的直轨段,以使脱轨车轮在未进入桥前就导至轮缘槽内,减少其摇摆冲撞。如果直轨过短,当一组轮对的前轮已进入轮缘槽,而后轮尚在弯轨部分左右摇摆,会产生不良后果,故规定直轨部分不应少于 5 m。直线上桥长大于 50 m,曲线上桥长大于 30 m 的桥梁则为 10 m。

3.3.9 桥梁木枕应采用油质防腐,以延长其使用寿命。木枕尺寸按主梁或纵梁中距而定,见本规范条文中表 3.3.9。作用于木枕上的荷载,按弹性支承连续梁分配,木枕尺寸按支承于主梁或纵梁上的简支梁计算。桥枕间净距,《59 桥规》规定为 0.10 ~ 0.15 m,是沿用前苏联规范的规定。实践证明,桥枕过密,进行钢梁上盖板除锈油漆不易。在进行上盖板油漆和更换铆钉时,要抽去 1/3 桥枕方能进行工作,那时净距将放宽到 0.30 ~ 0.40 m,不但工作量很大,同时对安全运行也有影响。另外,轨枕过稀,当列车脱轨时车轮会卡在轨枕间,容易破坏轨枕。《75 桥规》参考《铁路桥隧建筑物大修维修规则》(以下简称《维修规则》),为方便抽换枕木,将其改为 0.10 ~ 0.21 m。后来考虑到重载列车的轴重已达到 25 t,桥枕受力增大,现行《维修规则》又把桥枕间净距调整为 0.10 ~ 0.18 m。

3.3.10 关于桥梁的人行道,在向各铁路局调查时,普遍反映按《59 桥规》规定办法设置的人行道宽度太窄，不安全，有的桥甚至没有人行道栏杆，有的桥该设双侧的而只设单侧，以致在铁路运营中，发生过多起人身伤亡事故。《99桥规》仍保留明桥面可根据养护需要设置单侧或双侧带栏杆的人行道的规定。为确保人身安全及满足养护维修的需要，本次桥规修订改为所有桥梁均应设置双侧带栏杆的人行道，栏杆间内侧净距应满足净空限界的要求。

我国桥梁限界宽度为4.88 m，故净距可定为4.9 m。《99桥规》认为位于直线上及$R>3\,000$ m曲线上的区间内明桥面桥和道砟桥面小桥线路中心至人行道栏杆内侧净距可为2.45 m。但为了行人的方便和道砟桥面的道砟堆放需要，以及车站内的桥应考虑调车作业的安全，当采取机械化养路的大中桥，还应考虑推行小车及存放机具等因素，故规范规定对于车站内的桥和区间内道砟桥面的大中桥（包括道砟桥面的特大桥），此净距采用3.0 m；梯线与牵出线定为3.5 m。本次桥规修订考虑到工务部门的意见，对道砟桥面的区间内的小桥和车站内的小、中、大、特大桥的线路中心至人行道栏杆内侧净距进行了调整。直线上和$R>3\,000$ m曲线上的区间内的道砟桥面小桥，线路中心至人行道栏杆内侧的净距由2.45 m改为3.00 m；车站内的道砟桥面小、中、大、特大桥，直线上和$R>3\,000$ m曲线上由3.00 m改为3.20 m，$3\,000\ \text{m}\geqslant R\geqslant 600$ m曲线上由3.25 m改为3.50 m。明桥面原有规定没有修改。

另外，车站内的桥宜在人行道栏杆上装设防护网，以保证调车作业安全。设于牵出线的人行道栏杆宜根据作业要求加高加密。位于城镇附近兼行人通行频繁的桥，其人行道宽度可根据具体情况确定，并增设分离的防护栅栏以确保行人安全。为简化构件类型，避免施工和运送过程中发生错误，一般情况下两侧人行道宜采用相同宽度。

目前，养路机械化的机械尚未定型，因此本条对养路机械化平台尺寸未做规定。

根据《客货铁路暂规》的规定，增加了采用大型养路机械的铁路桥梁不再设养路机械作业平台的内容，以避免不必要的浪费。

3.3.11 《59桥规》规定，桥梁全长在60 m以上时，在人行道栏杆外侧沿桥长每隔约30 m设置避车台一处。据调查反映，行人在60 m长的桥中间时，两端避车感到过远。为了保证安全及养护维修的需要，《75桥规》取消了“60 m以上”的规定。30～60 m的桥，也可根据具体情况设置避车台。

桥梁避车台栏杆内侧距线路中心4.25 m以上的规定是根据现行《维修规则》的规定而增加的内容。

3.3.12 固定支座的布置应使梁部下缘经常处于压力状态。因此在坡度上的桥，固定支座应设在较低一端；在车站附近的桥，因列车进站制动，故应设在靠车站的一端；在平道上的桥，由于列车运行时机车后面拖挂的载重车辆的车轮对钢轨和桥梁产生顺前进方向的滚动摩阻力，因此，固定支座应设在重车方向的前端（见说明图3.3.12）。靠近车站即指位于车站界限与预告信号机间的范围内的桥梁。当上述规定的条件不一致时，应按水平力作用影响较大的情况设置，即应先满足坡道上的要求。

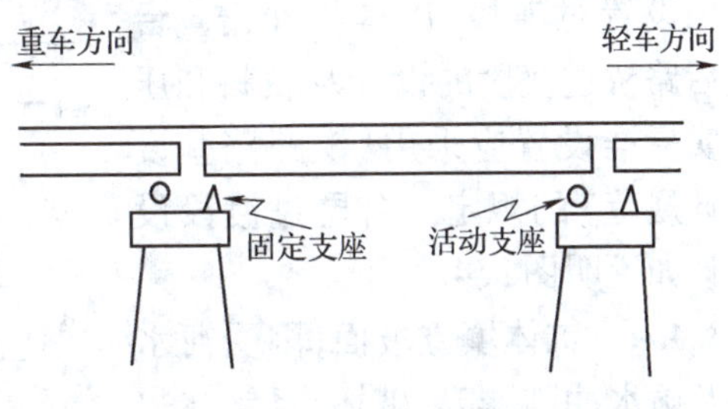

说明图 3.3.12

对于简支桥梁，为使纵向水平力能在各墩上均匀分配，不应将顺桥方向两相邻孔的固定支座设在同一桥墩上。

3.3.13　当通信电缆和电力电缆需要同时在桥上通过时，可考虑一侧设置通信电缆槽，另一侧设置电力电缆槽。但要注意，通信电缆与电力电缆应互不干扰。在设置这些电缆时，应遵守《铁路运输通信设计规范》和《铁路电力设计规范》。对于单线道砟桥，不宜在两侧同时设置电缆槽，以免影响抽换枕木。

架空的通讯线路与电力线路一般宜与桥分开，以便养护维修。当通信线的杆距大于150 m、电力线的杆距大于300 m时，经有关部门同意后，方可在桥上通过。

接触网允许最大跨距，在直线区段上为60 m左右，在曲线区段为40 m左右，故桥长超过40 m时，都要设接触网支架。根据限界有关要求，规定线路中心线距接触网支柱内侧最小距离不应小于2.8 m。

3.4.1　本条所规定特大桥、大中桥桥头引线的路肩高程，系指河滩路堤的路肩高程。规范规定这个高程至少应比规定的设计洪水频率的水位加壅水高、水面坡、波浪侵袭高、局部股流涌高（此因素对于路基一般影响很小）、河湾超高、河床淤积等影响高出0.5 m，该值考虑为安全储备。

3.4.2

1　桥台台尾上部伸入路堤一段距离是为了加强桥台与路堤的连续。为了使线路道砟不致由锥体填方顶部下滑，故规定不少于0.75 m。

2　为了避免填土及雨雪从锥体坡面流至支承垫石平台上，故规定锥体坡面距桥台支承垫石顶面后缘不少于0.3 m。

3　埋式桥台锥体坡面与台身前缘相交处，是桥台与锥体填方连接的弱点，此处应避免被水流冲刷或渗入而引起锥体护坡坍塌，故规定应高出设计洪水频率的水位不少于0.25 m。

4　《59桥规》规定埋式桥台的前坡不陡于1∶1.5，但引起台身太长，侵占桥孔过多。经调查，1959年以前的埋台其前坡与一般桥台相同，修建至今情况良好，故取消此规定。锥体顺线路方向的坡度仍采用1959年以前的办法，但其变坡点与线路边坡不同，设计时应注意妥顺连接。

5　钢筋混凝土刚架桥为维持其固着作用，锥体应采用较缓坡度，规定不得陡于1∶1.5。

3.4.3　台后路桥过渡段设计在《铁路路基设计规范》中已有规定，本条对《99桥规》相应内容进行了修改。

由于桥台与路堤的动静刚度相差悬殊，列车通过时，桥台与路堤之间就会出现变位差，虽然其数值很小，但因车速很高，仍会对轨道结构产生较大的冲击，同时反过来轨道结构对列车也会产生冲击，从而降低列车运行的平稳性、舒适度，加快结构物和车辆的损坏。为此，需要在台后的一定距离之内设置过渡段，以减小冲击。台后路桥过渡段的设计及填料和压实标准设置应采用《铁路路基设计规范》的规定。台尾过渡段设计如说明图3.4.3。

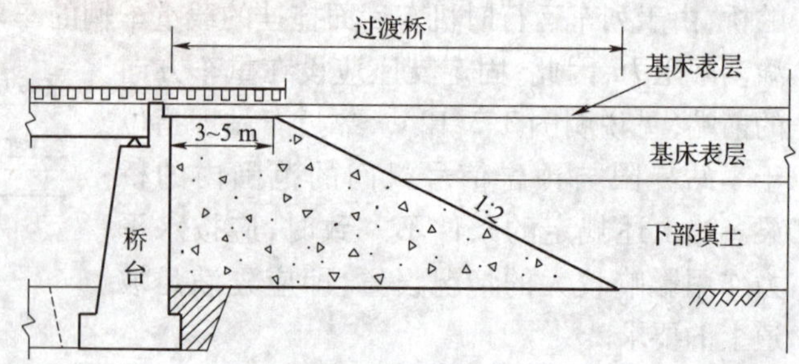

说明图3.4.3　台尾过渡段设计示意图

3.4.4　锥体填方坡面，因受河水及雨水冲刷，容易破坏，且锥体边坡一般较路堤边坡为陡，为保证其稳定性,应作全高防护,其防护标准参见第3.1.6条条文说明,但不应低于干砌片石或栽砌卵石。旱桥的锥体护坡,在锥体填方能确保不坍情况下,才可不铺砌防护,否则应根据所填土的边坡和安息角等情况决定其防护种类。

3.4.5 桥梁设在直线上,对于设计、施工、运营、养护以及流水条件等方面都有利。若设在曲线上,则由于曲线产生的一系列弊病,例如可能限制行车速度、列车运行不平稳和线路容易变形与钢轨磨耗加剧而增加养护工作等便更突出。因为桥上更换钢轨整治曲线比较困难,线路位置变形容易造成过大偏心,对墩台受力不利;桥上限制速度、施行制动和列车运行摇摆,对桥梁本身和运营安全不利。因此,设计线路平面和选择桥位时,应将桥梁,尤其是大中桥尽可能布置在直线上。但在地形困难的山区展线越岭地段,线路傍山依水跨河避绕地质不良地段,以及受车站站坪位置的影响或为避免工程过大等其他困难情况,大中桥必须设在曲线上时,则应采用较大的曲线半径,以减少不利影响。如采用小半径曲线,除上述弊病加剧外,还会出现另外一些问题,如增加架桥施工困难和可能影响采用合理的桥梁跨度(因为常用标准梁都有其相适应的最小曲线半径)等。根据曲线维修养护要求,包括减轻钢轨磨耗,以及不限制行车速度等要求,大中桥上的曲线半径应优先采用推荐曲线半径,慎用最小曲线半径。

桥头引线,特别是连接大桥的桥头引线,其标准不应低于桥上线路平面。在地形困难的条件下,为了避免工程过大,桥头引线的曲线半径可以减小,但应优先采用推荐曲线半径。同时为了保证桥头路基稳定安全,如桥头引线曲线外侧面向水流上游时,则应尽量将曲线推移到洪泛线之外,避免在桥头产生回流而形成水袋。

明桥面桥应设在直线段。如设在曲线上,线路很难固定,轨距不易保持,直接影响运营安全。在铺设和抽换枕木时,外轨超高处理困难,明桥面桥上曲线外轨超高靠桥枕调整或将桥墩台的支承垫石作成部分超高,其余仍用桥枕调整。当桥枕高度不够时,还要将两根桥枕重叠作成楔形,尤其是缓和曲线地段外轨超高逐渐变化,给施工、养护和维修增加了更大的困难。当跨度大于40 m或桥长大于100 m的明桥面桥,宜设在半径大于1 000 m的曲线上。

同一座桥梁如设在反向曲线上,列车过桥时,由一曲线进入另一曲线,摆动剧烈,运行不够安全,对桥梁受力也不利。同时由于线路养护拨道不易正确就位,梁上产生偏心,尤其是明桥面桥超高更难调整,故对于各类型桥面的桥上均应避开反向曲线。如不得已而设在反向曲线上时,应采用道砟桥面,还应设计较长的夹直线,其夹直线长度宜大于运行列车长度,并要进行充分的论证。

3.4.6 明桥面桥设在坡道上时,由于钢轨的爬行影响,难于锁定线路和维持标准轨距,容易造成病害,危及行车安全,给养护带来很大的困难,故明桥面桥应尽量设在平道上。如果必须设在坡道上时,最大坡度以不超过4‰为宜。只有在地形特别困难条件下,经过方案比较,提出充分的经济技术数据,方可将跨度大于40 m或桥长大于100 m的明桥面桥设在大于4‰(但不宜大于12‰)的坡道上,对钢轨的爬行及支座受力情况应采取一定的措施。

在明桥面上不应设置变坡点,竖曲线和缓和曲线也不应伸入明桥面。明桥面上,如有竖曲线和缓和曲线时,其曲率需要用木枕调整,每根木枕厚度都不一样,均需特制,并需固定位置顺序铺设,给施工、养护都带来困难。故在一般情况下,明桥面应将全桥设在一个坡度上,竖曲线和缓和曲线不应伸入桥面。

对平原地区通航河流上的大型桥梁,为保证有足够的航行净空,并使两岸引桥或引线高程降低,长度减短,则可在桥上设置双向坡度(即从两端上坡上桥),并在两坡段间的通航部分设置一段平道,但应使两坡段的代数差为最小,减小竖曲线影响范围,并使行车瞭望视线良好。

4.1.1 荷载按其性质和发生几率划分为主力、附加力和特殊荷载。

主力是经常作用的;附加力不是经常发生的,或者其最大值发生几率较小;特殊荷载是暂时的或者属于灾害性的,发生的几率是极小的。

条文中表4.1.1将混凝土收缩和徐变的影响列为恒载,因混凝土的收缩和徐变是必然产生的,其作用也是长期的,尤其对刚构、拱等超静定结构有显著影响。此外还将基础变位的影响也列为恒载。

条文中表4.1.1内公路活载包括车辆,行人在内,并应考虑公路桥面布满人群或车辆两种情况。必须指出,以往规范中采用的"冲击力"一词不太确切,《99桥规》将该词改为"列车竖向动力作用",其值与原来规定的值相同。

无缝线路桥梁上长钢轨纵向力是一项重要的力,但由于产生该力的机理比较复杂,《99桥轨》编写时认为研究还不够,当时暂未将该力列入。本次桥规修订在桥涵荷载表中增加了长钢轨纵向水平力(伸缩力和挠曲力)、长钢轨断轨力,是参考《京沪高速铁路设计暂行规定(上册)》(以下简称《高速铁路暂规》)的有关规定而修订的。

桥梁因温度变化而伸缩,因列车荷载作用而发生挠曲,桥梁的这种变形又受到轨道结构的约束,又因桥上无缝线路的连续性致使梁变形时,钢轨产生两种纵向水平力,分别称之为伸缩力和挠曲力,同时两种力也反作用于梁,并传递到支座和墩台上。伸缩力和挠曲力都是主力,但二者在同一轨道上不会同时产生。关于长钢轨纵向力及其与制动力或牵引力的组合,可按《新建铁路桥上无缝线路设计暂行规定》(以下简称《无缝线路暂规》)及《高速铁路暂规》的规定办理。

桥上无缝线路的钢轨,由于疲劳、纵向力过大或其他原因损伤而可能造成断轨,从而产生断轨力。断轨力按一跨简支梁或一联连续梁长范围内的线路纵向阻力之和计算。最大断轨力不超过最大温度拉力值。在正常运营养护条件下,发生断轨的几率比较小,而断轨力的值又比较大,所以规定不论单线或双线桥梁,只计算一轨的断轨力,而且将其作为特殊荷载,称为长钢轨断轨力。在荷载组合上,只考虑它与主力相组合,不与其他附加力组合。

列车产生横向摇摆力的原因很多,其中以列车蛇行运动为主要原因。《99桥规》认为,当风力或离心力较大时,风力和离心力将会阻碍列车横向摇摆,因此列车的横向摇摆力减为很小,所以规定列车横向摇摆力不与最大离心力、风力同时组合,也就是说摇摆力值不与最大离心力值、风力值同时计算。但是铁道科学研究院的试验中提出,列车横向摇摆力与离心力是同时存在的。在德国铁路桥梁及其工程结构物规范DS804第17A条中规定:求算水平折角用的荷载组合时,列车横向摇摆力与离心力、风力是组合的。因此本修订桥规中,考虑了列车横向摇摆力与离心力、风力的组合,并将列车横向摇摆力列入主力活载中。

在有流冰的河流上,流水压力比流冰压力小得多,因此流水压力一般可以忽略不计。检算桥墩受冰压力作用时,一般为桥上无车控制,而且与列车制动力同时发生的机会甚少,因此可不考虑与制动力或牵引力的组合。

多年冻土地区的桥涵,由于季节融化层冻胀的影响,使基础产生冻胀力。此力的大小随地温变化而定,其最大值发生几率较小,故列为附加力。

船只或排筏撞击墩台发生的几率很小,地震力发生的几率更小,故将船只或排筏撞击力、地震力划为特殊荷载,规定不与其他附加力同时计算。施工荷载是暂时的,还可采取临时措施来保证安全,因而均列为特殊荷载,以免有过多的安全储备。新增的列车脱轨荷载和汽车撞击力荷载作为特殊荷载。

根据各种荷载同时发生的可能性,对荷载组合作了一些规定。

4.1.3 考虑到不同荷载同时发生的几率不同,因此不同荷载组合时结构物应有不同的安全储备,采用的安全系数应该有所区别,反映在设计上的材料容许应力也应不同。对于主力作用下的安全系数要求高一些,对于附加力和特殊荷载则可以低一些。规范中以主力时的容许应力或安全系数为基数,对其他荷载组合可将容许应力分别乘以不同的系数,或采用不同的安全系数。这些系数与材料特性和结构的类型有关,故分别在各章规定。

4.1.4 对铁路公路两用桥,考虑到铁路和公路同时出现最不利活载的可能性极小,故两种荷载同时作用时,对主桁杆件的公路活载可按 75% 折减,但对仅承受公路荷载的局部杆件,不应折减。

4.2.1 单线明桥面的重量一般变化不大,为了设计上的方便,将以往经验数据列入规范。曲线上因超高而增设垫木的影响不大,故不分曲直线。有人行道时,因曲线加宽对桥面重量影响较大,故其重量应另行计算。

铆接、栓焊、铆焊和焊接钢梁,除栓焊梁的高强度螺栓按实际套数计算外,铆钉头或焊缝重量均按其占轧制钢材重量的百分数计算。据山海关桥梁厂资料,对目前标准设计所采用的数据,将焊接桥梁的焊缝重量由原来的 2% 改为 1.5% 。由于铆接、铆焊钢梁已不再在铁路桥梁上采用,故此在条文已将有关铆接、铆焊钢梁内容删除。

如全跨度上的恒载不均匀,当实际的不均匀值与平均值相差在 10% 以内时,应力的影响在 5% 以内;若实际的不均匀值与平均值相差在 15% 以内,应力的影响在 8% 以内。以往常用的钢筋混凝土梁,其竖向恒载不均匀值一般不超过 10% 。本规范规定,当不均匀值与平均值相差不超过 10% 时,可按均匀计算。

4.2.2 作用于桥梁墩台上土的侧压力,按库仑提出的楔体极限平衡理论计算。

(1)关于填土力学参数的确定

我国地域辽阔,自然因素差异很大,填土的力学性质及其指标难作统一规定,应以实际资料或通过试验作为计算的根据。一般对桥头路基要求填筑渗水土,以减少因水、气温变化所产生的病害,故可以中砂(中密的)的物理力学指标作为标准设计的一般规定。

根据说明表 4.2.2—1 所列资料,一般渗水土以 $\phi=33°$,$\gamma=17\ kN/m^3$,作为标准设计的依据。

说明表 4.2.2—1 有关试验及文献资料

土的类别	填料容重 γ(kN/m^3)	内摩擦角 ϕ	备 注
中砂(中密至密实)		33°~38°	江苏省水利厅勘测队收集整编资料
		33.8°~39°	黄委会资料
粗 砂	15~17	31°~33.5°	铁路桥台模型试验资料(标准设计通讯 1972 年第 5 期)

续上表

土的类别	填料容重 γ(kN/m^3)	内摩擦角 ϕ	备　注
渗　水　土	17	30°～40°	59 桥规
	18	35°	苏联规范(CH 200—62)
粗粒土、砂、砾石、碎石	17	33°42′	美国规范
一般砂、砂砾、松砂	18～20	30°～35°	日本国有铁道混凝土结构设计标准和解释

山区铁路普遍利用开挖的石方或隧道弃砟来做路基填料，此种填料按以往设计采用的参数为 $\gamma=19\ kN/m^3$，$\phi=40°$。

桥头路基浸水时，填土力学性质将发生变化，计算土压力时应选择浸水填土力学参数。参考一般资料，渗水土的内摩擦角受水的影响不大，可认为浸水后不变；但以往在设计中也有考虑减少 5°的情况。因此，在浸水后的内摩擦角可根据填土的具体情况减少 0°～5°，容重应采用浮重。

(2)关于台背外摩擦角 δ 的采用

根据我国铁路桥台的试验资料(见标准设计通讯 1972 年第 5 期)，采用填土为粗砂，对挡土板作平移、转动与平移加振动，模拟雨季含水量等不同情况实测得 $\delta=16°\sim23°$。规范建议，对于一般桥台，当其台背采用直坡或倾斜角小于 $\phi/2$ 的斜坡，台背填土为砂类土或利用弃砟，表明为水平，台背表面粗糙时，采用台背外摩擦角 $\delta=\phi/2$。

(3)关于土压力的分布和作用点

一般认为，台背土压力的分布规律是三角形的，符合静水压力的分布。其合力作用点在 1/3 高度处。

(4)关于填料的选择

一般对桥头填土规定采用渗水土，以避免填筑黏性土时因含水条件变化引起的不利因素。但当受条件限制必须采用黏性土填筑时，需根据具体情况考虑，宜取得可靠的试验资料，将上述不利因素列入计算，亦可采用所谓“等值内摩擦角”的方法，把凝聚力的影响折算到值中考虑。

(5)关于地面以下土侧压力的计算和深基础土侧压力的计算

位于原地面以下土的侧压力应根据基础施工对土的结构破坏的情况，分别按回填土或原状土的物理力学特征值计算。有些资料表明，在原地面以下土的结构未受破坏时的侧压力显著降低的情况，应引起注意。

对于沉井和钻孔桩的侧面土压力，应考虑为土的侧面弹性抗力。

(6)关于墩台前土压力的计算

墩台前土压力如不受冲刷影响时可以考虑计算。当对墩台计算主动土压力时，理论上墩台前应为静止与被动土压力之间的状态——不是极限值的被动土压力。当产生极限的被动土压力时，要求墩台的位移量较大，较主动土压力要求的墩台位移量大得多。如墩台前不受冲刷部分到达极限被动土压状态时，所产生的位移过大，将使墩台顶产生不能容许的偏移，或使基底产生过量的不均匀沉陷。而且如前所述，按库仑公式计算被动土压力的结果可能偏大数倍至十多倍。故规定墩台前不受冲刷部分的土的侧压力，仅在计算基底滑动稳定时，按静止土压力计算。根据说明表 4. 2. 2—2 资料，附录 B 中的静止土压力系数 ξ 的数值建议采用0. 25～0. 5。用于桥墩台滑动稳定计算时，系数 ξ 的数值建设采用不小于黏性土的静止土压力系数值0.5。

当为埋式桥台时，还要注意考虑填土表面向下的负坡。

说明表 4.2.2—2 静止土压力系数 ξ

土的名称	A	B	C	D
砾石、卵石				0.2
砂 类 土	0.5	0.5	0.35 ~ 0.41	0.25
黏 砂 土			0.5 ~ 0.7	0.35
砂 黏 土				0.45
黏 土	0.7	0.5	0.7 ~ 0.74	0.55
软 黏 土		0.6 ~ 0.7		

注：A——《土壤力学地基及基础》，丘勤宝等编著，中国科学图书仪器公司，1955年5月。

B——《日本国有铁道混凝土结构设计标准和解释》，日本土木学会编，铁道部基建总局编译组译，人民铁道出版社，1980年。

C——《土力学》，H · A · 崔托维奇著，地质出版社，1956年10月。

D——《公路桥涵设计规范(试行)》，人民交通出版社，1975年。

(7)关于构架式墩台土压力的计算(说明图4.2.2)

考虑到回填土的剪切强度传递应力的影响，按1∶0.5的分布线(正切0.5的角度)计算桩(柱)上的附加土压力。当桩(柱)之间的净距小于或等于其直径(宽度)时，土压力按桩(柱)排最外边缘间全宽计算。桩(柱)之间的净距大于直径(宽度)时，由于应力传递的影响达不到净距全宽的一半，因而应考虑空隙之间的折减。如桩(柱)直径 $d \leqslant 1.0$ m，中间每一桩(柱)按2倍直径(宽度)计算，最外边缘的桩(柱)按 $1.5d$ 计算，这样求得作用在桩(柱)排上总土压力宽度之后，分配在每一桩(柱)上的土压力计算宽度 $b = d(2n-1)/n$，其中 n 为桩(柱)的根数。当桩(柱)直径(宽度) $d > 1.0$ m时，中间桩(柱)一律按增加计算宽度1.0 m计，即 $(d+1)$，边桩(柱)按增加0.5 m计算，故作用在每一桩(柱)上的土压力计算宽度为 $b = n(d+1)-1/n$。关于当 $d > 1.0$ m时土压力计算宽度的确定，并无理论或试验的依据，而是比照实体桥台，避免在土压力计算宽度上出现较大的矛盾。

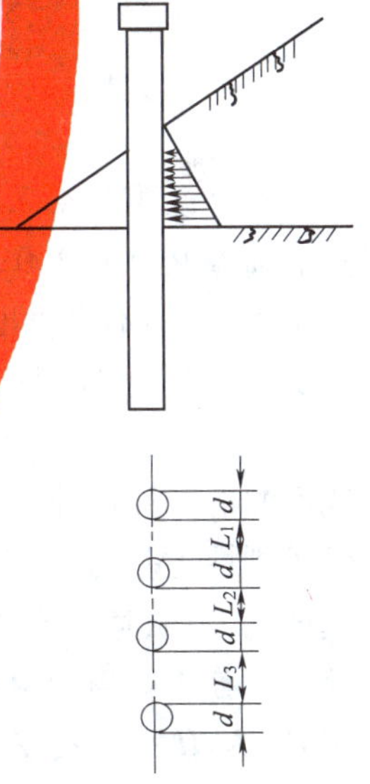

说明图 4.2.2

构架式墩台属于轻型桥墩台，在《99桥规》中尚有此内容，由于其动力性能较差，根据《客货铁路暂规》的要求已不再在新建桥梁中采用。

4.2.3 新建铁路上埋式刚性涵洞的竖向土压力计算，仍采用马斯顿"等沉陷"理论的基本概念。该理论认为，在平地或宽谷设置的刚性涵洞，由于涵洞顶填土的沉降一般小于涵洞两侧同高度处填土的沉降，故两侧填土的部分重量由摩擦力作用传到涵洞顶上，涵洞顶所承受的填土压力就大于其上的土柱重量。

从国内一些埋式涵洞的土压力实测资料看，竖向土压力都大于土柱重，证明有"附加压力"存在。据涵洞裂纹的调查资料，也可以认为按"等沉陷"理论计算竖向土压力较合适，而按"卸载拱"或"土柱重"计算将偏小，国外规范和国内其他部门也多使用"等沉陷"理论计算。

(1)竖向土压力系数 K 的确定

规范中 K 值的确定系根据几处涵洞土压力实测资料，吸取了《59 桥规》中的合理部分，参考国外文献资料和其他部门的资料而制定的。

《59 桥规》中关于涵洞土压力的规定，尚有一定的合理之处：

① 采用马斯顿"等沉陷"理论的基本概念，若用 $P = K\gamma H$ 公式表示，K 是大于 1 的系数；

② 对马氏理论系数作了较大的修改，系数 K 随着 H/D 的增大而增到某一数值后，H/D再增而 K 值递减(见说明图 4.2.3—1)。

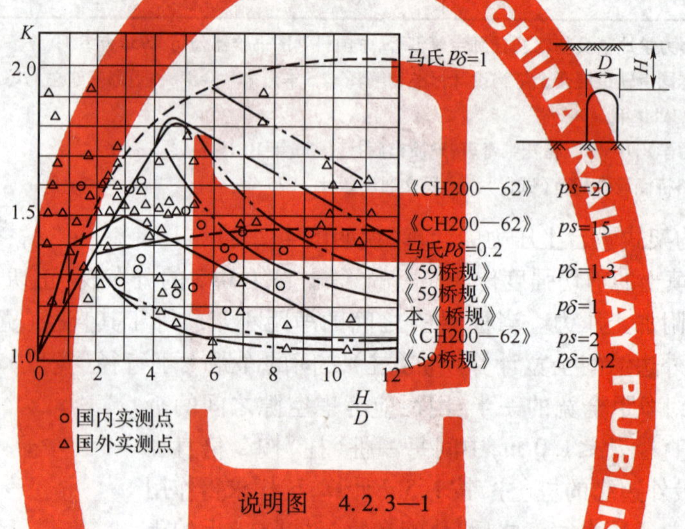

说明图　4.2.3—1

但是说明图 4.2.3—1 中马斯顿或《59 桥规》试图用两根曲线来包括大多数试验点。前苏联《CH 200—62》又修改为将两根曲线包络所有试验点，曲线的上下限 K 值相差很大，应用不当将出现很大的误差。因此，在确定 K 值时，已考虑到过去实践的经验和简化计算两个方面。当 $H/D \leqslant 3$ 时，按照实测点适当提高了 K 值，偏于安全；$H/D > 3$ 时，对刚性地基比《59 桥规》中的 K 降低一点，对松软地基则提高一点，以往许多铁路线涵洞的开裂情况，岩石地基上涵洞开裂现象甚少，地基松软者则开裂现象严重。降低了刚性地基的 K 值，可以充分发挥材料强度达到节省的目的；松软(不包括极软)地基增大 K 值，适当提高了安全度。这样 K 值适用于刚性地基和松软地基，从而简化了计算。鉴于影响涵洞竖向土压力的因素得多，各因素又变化复杂，难以确切地表达，采用 $P = K\gamma H$ 的形式使公式简单明确，式中 K 是大于 1 的系数，用以反映马斯顿"等沉陷"理论中的一个基本概念。

但是在实际工作中，涵洞的结构形式不同，仅考虑附加压力进行设计，不一定是设计的控制情况，因此还应按土柱重计算，视何者控制而采用。因为一般新填路堤完成沉陷的时间需要若干年，在这期间 $K > 1$，待完成沉陷之后 $K = 1$，这是两种客观存在的情况。

下面引用两个实测资料：

① 解放军工程兵某部所做的堆积式通道竖向土压力实测资料以及本规范与《59 规范》的比较见说明表 4.2.3。

② 1967～1968 年，铁道部第三设计院和铁道兵某部曾做过三处拱涵土压力试验，其中一处 1 孔 3 m 较有代表性，测得 K 值如说明图 4.2.3—2。该拱涵顶以上填石，高 7 m 余。图中各曲线所示的 K 值均系实测压力与土柱压力的比值。

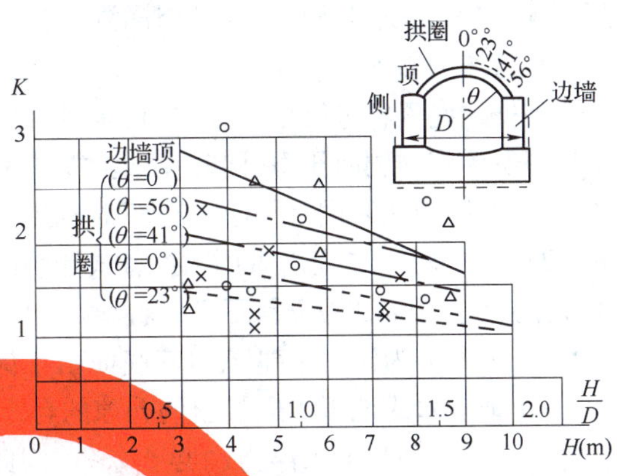

说明图 4.2.3—2 1～3 m 拱涵实测竖向土压力系数 K 值图

从上面两座涵洞的实测资料可以看出，新填路堤涵洞的实测竖向土压力基本上大于土柱压力，即 $K>1$，当 K 值达到某一最大值后，有随 H/D 比值的增大而递减的趋势。

当 H/D 在 0.5～2.5 时，实测资料的 K 值都较大。这是因为填土低时土压虽小，但洞顶与两侧填土的沉降差要比填土高时为大。

说明表 4.2.3 堆积式通道拱顶实测竖向土压力系数与新旧规范比较表

H/D		0.1	0.5	1	2	3	4	5	6	7	8	9	≥10
通道实测计算值	K_B			0.68	1.17	1.31	1.33	1.35	1.37	1.42	1.37		
	$K_{C,D}$			1.00	1.48	1.55	1.54	1.47	1.38	1.31	1.24		
	$K_{E,F}$			1.19	1.34	1.33	1.29	1.25	1.20	(1.16)	(1.12)		
	$K_{平均}$			0.96	1.33	1.39	1.39	1.36	1.32	(1.30)	(1.24)		
《59 桥规》	地基刚度 $S=5$	1.00	1.10	1.20	1.31	1.22	1.17	1.12	1.10	1.08	1.07	1.06	1.06
	地基刚度 $S=15$	1.00	1.10	1.20	1.39	1.59	1.75	1.81	1.66	1.54	1.45	1.40	1.36
本 规 范		1.04	1.20	1.40	1.45	1.50	1.45	1.40	1.35	1.30	1.25	1.20	1.15

注：1 表中 D 和 H 如说明图 4.2.3—1 所示。

2 表中竖向土压力均按 $P=K\gamma H$ 计算。

3 通道实测数值系根据实测数据进行补插计算。该通道共进行 A、B、C、D、E、F 六个断面的实测，其中 A 断面因在填土边坡上未采用。K_B、K_C、K_D、K_E、K_F 表示 B、C、D、E、F 各断面上的 K 值。

4 通道顶填土高 $H=3$～35 m；B、C、D 断面填筑砂、砂黏土和黏砂土（湿容重 $\gamma=17.7$～18.9 kN/m^3），E、F 断面填砂砾土（湿容重 $\gamma=19.5$～19.8 kN/m^3）。

5 表中括弧内数字系外延求得。

(2) 水平侧压力系数 ξ 值的确定

刚性涵洞的水平土压力采用主动土压力。但是涵洞的工作条件与一般重力式挡墙却又不同。从涵洞的裂纹和变形情况来看，在填土作用下，涵洞两侧的变形与土压力方向相反（但位移量很小），故采用“静止土压力”较为合理。上述几处涵洞（或通道）水平土压力实测资料如下：

① 解放军工程兵某部的试验，填土为砂、砂黏土或黏砂土，ξ 的变化范围在 0.26～0.44 之间，平均值为 0.37；填土为砂砾土，ξ 的变化范围在 0.24～0.39 之间，平均值为 0.32。

② 铁道部第三设计院和铁道兵某部的 1 孔 3 m 拱涵试验，路堤填石，ξ 为 0.25～0.27。

③ 铁道部第三设计院对 1 孔 2.5 m 卵形拼装拱涵做的试验，填料为黄土，拱顶填土

高 10 m 左右,ξ 为 0. 39 ~0. 44(该涵洞具有一定的柔性,故选用拱圈上变形可能性比较小的测点值作为参考)。

根据这些资料进行分析,考虑到涵洞两侧的填土可能受到向上的摩阻力的作用会减弱涵洞所受到的侧向压力,同时在试验资料尚不充分的情况下,对以往标准设计的经验应适当考虑,因而在采用"静止土压力"时选用较小值。规范中规定填土条件下 ξ 采用 0. 25 ~0. 35 这一幅度,在使用时可根据各式涵洞的控制情况选用 0. 25 或 0. 35. 填石条件的 ξ 未做规定,主要是试验资料不足,设计时可采用以往的办法解决。

4. 2. 4 水浮力为作用于建筑物基底面由下向上的水压力,等于建筑物排开同体积的水重,是由地表水或地下水通过土的孔隙的自由水的联通所传递的水压力而发生的。水是否能渗入基底是产生水浮力的必要条件,因此与地基土的透水性、地基与基础的接触状态,以及水压大小(水头高低)与浸水时间等因素有关。

对于存在静止压力的透水性土,如砂土、碎石土、粉土等的孔隙存在的自由水,均应计算水浮力;黏土属非透水性土,可不考虑水浮力。由于水浮力的存在,对墩台的稳定性不利,故在检算墩台稳定时按设计频率水位计算;计算基底应力及基底偏心时按常水位计算,这样较为合理。

完整岩石(包括节理发育的岩石)上的基础,基础与基底岩石之间灌筑混凝土接触良好,水浮力可以不计。但遇破碎的或裂隙严重的岩石,在此情况下岩石存在自由水,应计水浮力。作用在桩基承台板底面的水浮力应予考虑,但管桩下沉嵌入岩层并灌筑混凝土者,须扣除管桩截面,管桩亦不计水浮力。在计算水浮力的情况下,基础襟边上土重应采用浮重,不计襟边上水柱重,浮重按下式计算:

$$\gamma' = \frac{1}{1+e}(\gamma_0 - \gamma_w)$$

式中 γ'——浮重;

e——土的孔隙比;

γ_0——土的固体颗粒容重,采用 27. 0 kN/m^3;

γ_w——水的容重,采用 10 kN/m^3;

基底不透水而不计浮力的情况下,襟边上的土重应视其是否透水而采用天然容重或饱和容重,另外还应计常水位至河底的水柱重。

4. 3. 1 《59 桥规》中采用的"中华人民共和国铁路标准活载",即"中—Z 活载",是 1951 年制定的,其图式如说明图 4. 3. 1—1。

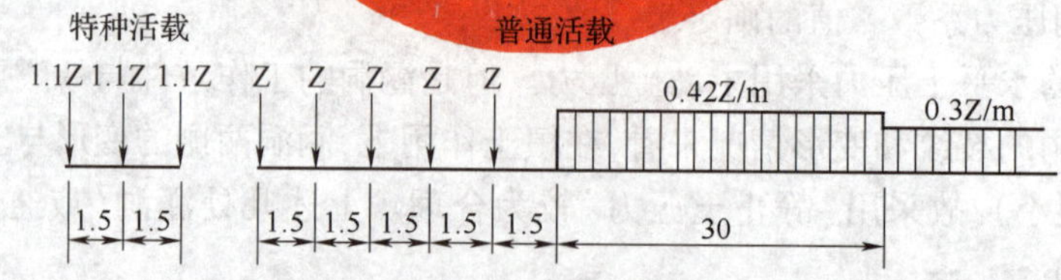

说明图 4. 3. 1—1 (长度单位以 m 计)

前部长度 37. 5 m 象征性地代表两台机车,后部代表车辆活载,Z 为活载等级,按线路等级及结构类型采用不同等级。一般桥梁按中—22 级设计,重点桥梁采用中—24 级或中—26 级。当时机车类型主要是蒸汽机车,最大轴重为 210 ~230 kN,货车装载量大多为 30 t、40 t,而 50 t、60 t 的较少。活载图式前部轴重与后部车辆每延米荷载之比为 3. 33:1,

有些国家是采用3∶1,前部比重较高的目的是要相对地提高桥面系强度,以解决桥面系容易锈蚀损坏的缺点。“中—Z活载”使用了许多年,随着铁路建设的发展,牵引动力逐渐由蒸汽向内燃、电力过渡,但蒸汽机车的使用仍有相当长时间,目前主要机型为前进型,将来轴重不会增长,内燃机车近期制造多为DF_4型,2.94MW,轴重230 kN。内燃机车的轴重控制在230 kN,设计上有些困难,希望稍为加大。电力机车目前国家最大的为SS_2型,4.67MW,轴重230 kN。综合各种机型的总重、轴重、轴距考虑,在桥梁设计上仍以蒸汽机车为控制活载。当采用两台前进型机车,在桥跨60 m以内,最大为中—21级。内燃和电力机车因其总重小,轴距大,两台机车联挂,在桥跨50 m内,一般约为中—15~中—20级。

随着对外贸易的发展,运送大型设备很多,有些化工设备质量达350~400 t。从港口至内地经由各线,需用特种平车,总质量将达500 t,如按20轴设计,每个轴重为250 kN,已超过最大的机车轴重。

总的情况是“中—Z活载”图式对机车尚有余地,对车辆已不适应。

标准活载是铁路桥涵、线路上部建筑设计的一项主要依据。“中—Z活载”图式早已不适应当前运营的实际和今后的发展。本着既考虑当前的需要和铁路运输发展,并在一定时间内基本可以满足使用而不致频繁修改,同时也要照顾既有建筑物的现状,根据调查情况和一些座谈会的讨论认为:

(1)组成活载图式的机车部分和车辆部分大体上有共同发展的趋势,但不是同一比例关系。从蒸汽向内燃、电力过渡,牵引力是逐渐增大,但机车的总重及动力系数则相对地减少,因此机车部分仍保持原中—22级的状况,车辆部分改为每延米80 kN。前部轴重与后部每延米荷载之比为2.75∶1。这个比值与“中—Z活载”的3.33∶1相比,反映了牵引动力的发展趋势。

(2)特种活载代表某些集中轴重对小黏跨度梁及局部杆件的影响。《59桥规》采用1.1Z(Z按中—22级计换算为242 kN)。现按实际机车车辆的可能性采用250 kN。

(3)现行标准活载称为“中华人民共和国铁路标准活载”,简称“中—活载”,其图式见说明图4.3.1—2。

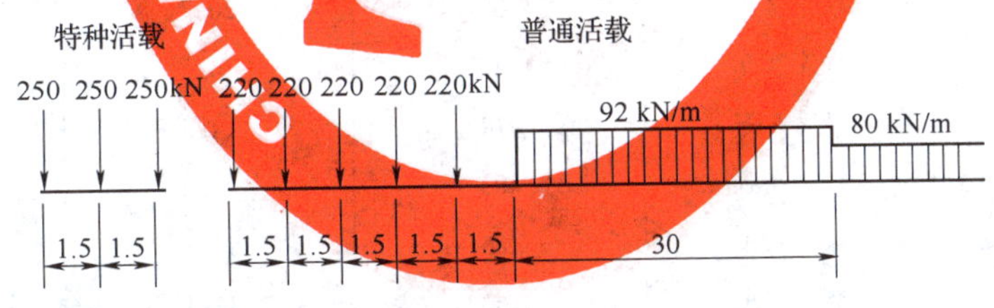

说明图 4.3.1—2 (长度单位以m计)

(4)“中—活载”与“中—Z活载”按常用跨度的比较见说明表4.3.1。

说明表 4.3.1

跨 度(m)	≤6	8~40	48	56	64	80	96	128	160
中—Z活载	22	22	22	22	22	22	22	99	22
中—活载	22.7	22	22	22.2	22.5	23.1	23.6	24.6	25.4
活载增加(%)	3.2	0	0	0.9	2.3	5	7.3	11.8	15.5

注:6 m以下跨度为特种活载。

现行标准活载因机车部分未作变动，对跨度 48 m 以下的旧桥无影响。原按中—22 级设计的大跨度钢梁，均能满足检定等级。对于解放前设计的旧钢梁，各铁路局都根据有关规则的要求进行了加固：如跨度大于 48 m 的旧钢梁应加满足检定中—24 级；跨度 70 m 以上者，其主梁应加固至检定中—26 级。上表"中—活载"虽超出原中—22 级，但均未超出其检定等级。至于既有 6 m 以下的小跨度梁，活载虽增加 3.2%，但由于动力系数已减小（第 4.3.5 条条文说明），实质上无影响。既有的圬工拱桥、钢筋混凝土桁梁以及墩台，以往按中—26 级设计的，则更无问题。

（5）根据运输的需要，各种机车、车辆在各级线路上均有运行，因此不必再按线路等级分别采用不同的标准活载，规定采用一种固定的活载图式比较符合需要，也简化了设计。

（6）标准活载具有象征性，它代表各种机车车辆对桥梁所产生的最大影响，所以加载时可由计算图式中任意截取，并注意遵照附录中有关规定进行加载。例如在检算桥墩偏心时，活载应只分布在一孔，不论此孔跨度是否小于一个单机或双机长度，可按一孔来截取标准活载计算图式加载，或用换算均布活载加载（附录 C）。

（7）桥面系加强的问题。以往某些大跨度钢梁按中—24 级设计，中—活载的标准对这种梁的桥面稍微减弱，但从机车的发展来看不影响使用。

至于桥面系纵梁盖板因枕木底积水潮湿，加之通风不良而锈蚀的问题，应从设计上采取措施，用加大活载来解决是不合理的。

（8）特种车辆运行甚少，如按正常活载处理将增加大量投资，故应根据具体情况，采取缓行、局部加固、改善平车结构等措施来解决。

4.3.2　本条规定按空车检算桥梁各部分构件时，每米线路上的活载采用 10 kN 计算。当考虑列车风力所产生的横向倾覆力矩时，抵抗力矩以列车为空车时最小，倾覆稳定性最不利。一般空车资料如说明表 4.3.2。为便于计算，取偏于安全的整数值 10 kN 为每延米活载。

说明表 4.3.2　一般较轻的高边车辆

车　型	名　　称	自重(kN)	钩间长(m)	每延米自重(kN)
YZ_1	硬席客车	380	20.7	18.4
YZ_2	硬席客车	340	20.8	16.3
YZ_{31}	硬席客车	414	24.5	17.0
RW_{21}	软　卧	403	22.6	17.8
J_1	家畜车	185	11.3	16.4
P_3	棚　车	160	11.1	14.5
P_8	棚　车	180	13.1	13.7
C_{50}	敞　车	175	14.008	12.5
C_1	敞　车	135	11.198	12.1

4.3.3　《75 桥规》中规定活载在台后产生的侧向土压力，系假定在轨底平面填土上有竖向压力 q，该 q 为一个竖向轴重按纵向长度为 1.5 m（等于轴距），横向分布宽度为 2.5 m（一根枕木长度），求得 $q=\dfrac{220}{1.5\times2.5}\approx60$ kPa 后，再假定 q 在轨底平面下对桥台背面所产生的单位面积上的侧压力强度，系在路基内与竖直线成一角度（正切为 0.5）向外分布，则

侧压力强度随轨底以下的深度而逐渐减弱。这种土中应力分布理论用在桥台破坏棱体上已数十年。经过长时间生产实践,发现不但存在与土压理论不一致,而且还有实际不符之处,有时甚至引起计算上混乱。总起来说,《75 桥规》中规定的计算方法经分析有下列几个方面的问题:

(1)《75 桥规》第 2—60 条规定计算土压力采用库仑楔体极限平衡理论。假定台后有一楔形体土块,由于台身向前移动引起土体滑动而产生施于台背上的主动土压力。此时楔体极限平衡条件是楔体土块自重 W、破裂面上产生的反作用力 R 及台背所受到的土压力 E,这三个力必须满足水平向和竖向的平稳(说明图 4.3.3—1)。当破坏棱体的纵长上有均布活载时(说明图 4.3.3—2),假定库仑公式仍能适用,在满足楔体极限平稳的条件下,视均布活载为超载,并将此超载代以当量土层高度,实际上等于路基面上纵长方向增加一层土。因此,在使用库仑公式时,除了填土高度变化增加了楔体自重之外,其余参数均未改变。但是《75 桥规》所列附录七在计算台后超载(活载)引起的土的侧压力时,采用了外荷引起土中应力分布的理论,没有考虑台背上的土压力是由于破坏棱体滑动施于台背上的外力,显然这与规定的土压力计算假定(库仑理论)不符。

(2)《75 桥规》附录七关于活载引起的对台背所产生的侧向压力,其计算公式为:$E=qaH\lambda B$,式中 q 为轨底平面上竖向活载强度;H 为轨底至计算截面的高度;B 为桥台宽度;λ 为土压力系数;a 为随 H 变化的系数。这个公式求得的土压力 E 是根据外荷(活载)引起土中应力变化按规定的扩散角度求得的。可是土中由应力变化引起的侧压系数与库仑理论的土压力系数是完全不同的。前者假定土体为弹性体,垂直受荷产生侧向膨胀,其系数以 $\xi=\dfrac{v}{1-v}$ 表示。式中 v 为泊松比,只与土体受荷时变形大小有关。然而,《75 桥规》附录七规定的活载引起的土侧压力计算中,土压力系数却采用说明图 4.3.3—1 所示的滑动土体 ABC 推导而得。若以 λ 表示,则

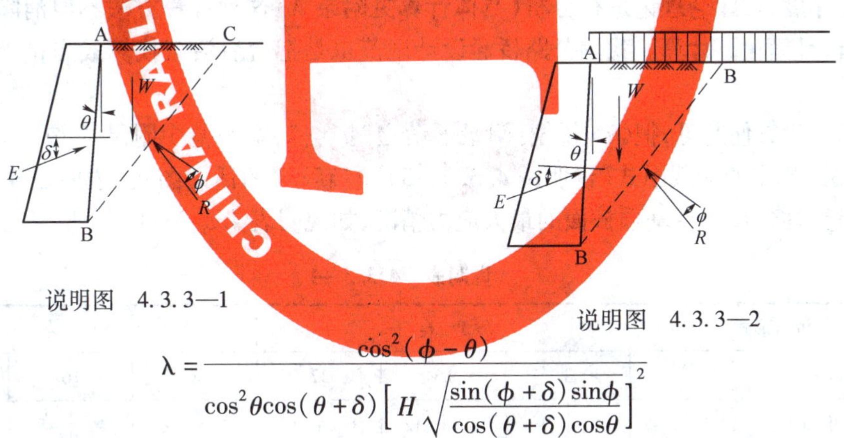

说明图 4.3.3—1　　说明图 4.3.3—2

$$\lambda=\frac{\cos^2(\phi-\theta)}{\cos^2\theta\cos(\theta+\delta)\left[H\sqrt{\dfrac{\sin(\phi+\delta)\sin\phi}{\cos(\theta+\delta)\cos\theta}}\right]^2}$$

此式即为库仑条件下的主动土压力系数公式。这个系数与墙背倾角 θ、土的内摩擦角 ϕ、墙背与土的外摩擦角 δ 有关,与土体变形毫无关系。这样把库仑条件下的土压力系数引入土体由应力变化的土压力计算公式中,显然是不恰当的。

(3)在桥台计算中,必须保证桥台的强度和稳定。根据设计经验,当检算强度时,采用说明图 4.3.3—3 所示的活载布置图式;检算稳定时,采用说明图 4.3.4—4 所示活载布置图式。

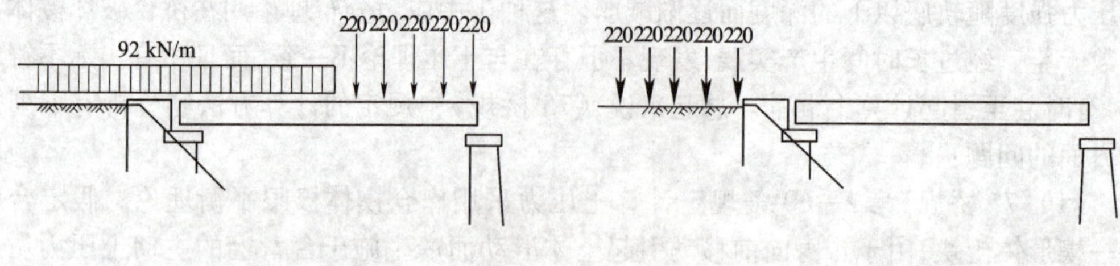

说明图 4.3.3—3　　说明图 4.3.3—4

但是，根据《75 桥规》附录七的规定，检算强度时采用台后布置集中轮重，如说明图 4.3.3—5，这与实际情况不符，因此，《75 桥规》附录七的规定是不合理的。

(4)桥台设计如遇复杂地形，需加设锥体挡墙截住锥体或路基，减少填方工程，或者避免坡脚侵占桥孔净空和堵塞河道。以往在这种情况下计算活载引起的土压力时，曾采用两种不同的计算方法，桥台采用土中应力分布理论，挡墙采用楔体极限平衡理论，这也是一种矛盾情形。

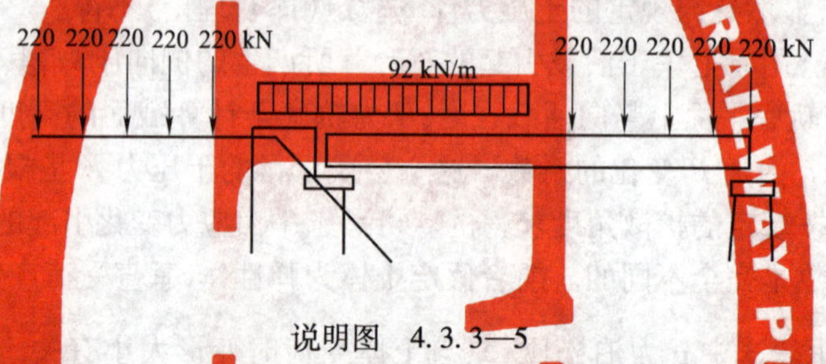

说明图 4.3.3—5

为了在理论上和实际工作中解决活载引起的台背土的侧压力，可根据第 4.2.2 条规定采用库仑理论计算土压力的原则，把活载引起的台背土压力，视活载为超载，换算为当量土层厚度，按库仑理论进行分析(具体计算见附录 A)这种计算方法不但消除了上述种种矛盾，且简化了计算。我国公路桥涵设计规范也是把台后活载换算成当量土层厚度计算的。

为引用方便起见，把《75 桥规》附录七谓之"旧法"，本规范中附录 A 谓之"新法"，并按"旧法"规定的活载图式(说明图 4.3.3—5)和"新法"的活载图式(说明图 4.3.3—3)，分别检算耳台及 T 台基顶截面的最大应力情况，如说明表 4.3.3—1。

说明表 4.3.3—1

桥台形式	T 台						耳 台					
跨度(m)	8		16		32		8		16		32	
填土高度(m)	4	10	4	12	6	12	3	8	4	9	5	10
"旧法"前端最大应力(MPa)	0.162	0.247	0.345	0.403	0.537	0.602	0.530	0.579	0.525	0.568	0.794	0.779
"新法"前端最大应力(MPa)	0.158	0.243	0.336	0.400	0.534	0.604	0.479	0.448	0.482	0.444	0.767	0.684
前端应力减少(%)	2.5	1.6	2.6	0.7	0.6		6.2	23.0	8.2	22.0	3.4	12.0
前端应力增加(%)						0.3						

注：按"新法"计算结果，基顶截面上的应力比"旧法"减小 0.6% ~23%，T 台跨度 32 m，填土高 12 m 虽略有增加，但绝对值很小。因此，规范修订后，不影响原标准图的使用。

关于滑动稳定,对耳台和埋台按说明图 4.3.3—4 进行分析,其结果如说明表 4.3.3—2。

说明表 4.3.3—2

桥台形式		耳台		埋台
跨度(m)		8	32	32
填土高度(m)		8	10	20
要求基底摩擦系数 f	标准图资料 $\gamma=17\ \text{kN/m}^3$, $\phi=33°$	0.41	0.29	0.25
	"新法"非浸水 $\gamma=17\ \text{kN/m}^3$, $\phi=33°$ 浸水 $\gamma=10.6\ \text{kN/m}^3$, $\phi=33°$	0.37	0.25	0.24
	"旧法"非浸水 $\gamma=17\ \text{kN/m}^3$, $\phi=33°$ 浸水 $\gamma=10.6\ \text{kN/m}^3$, $\phi=33°$	0.37	0.24	0.24

从说明表 4.3.3—2 可以看出,耳台滑动稳定系数基本相同,埋台需要的摩擦系数按"新法"检算虽大于"旧法",但埋台由于自重大,设计基底应力大,要求地基较好。如跨度 32 m,填土高度 20 m,三层基础,设计基底应力 $\sigma=0.51$ MPa,一般必须置于半坚硬状态的黄土或卵石层上,这类土的摩擦系数一般为 0.4 ~ 0.5,如用 0.4,实际滑动稳定安全系数 $K=2.01$,仍大于规定的滑动稳定安全系数 1.3. 至于根据《75 桥规》作的标准图得到的摩擦系数 f 值较大,这是由于土压力计算未考虑浸水的土压力变化,在检算滑动稳定时仍用了干涸无水时的土压力值所致。

4.3.4 活载作用于涵洞的水平土压力计算,系按一个特种轮重 250 kN 考虑,分布在轨枕底面,并在轨枕两端各以 2∶1坡线向下扩散(如说明图 4.3.4)。但为了计算方便,h 自轨底算起。在轨底以下 h 深度处,活载的竖向压力强度按下式求得:

$$q_h=\frac{\dfrac{250}{1.5\times2.5}\times2.5}{2.5+h}\approx\frac{165}{2.5+h}$$

水平压力即 q_h 乘以侧压系数 ξ 得

$$e=\xi q_h$$

式中 ξ 见第 4.2.3 条条文说明。

对于填石路堤,以往涵洞所受竖向活载压力分布线按 1∶1,即与竖直活载压力分布线按1∶1,即与竖直线成 45°角扩散。考虑致规范不宜过于繁琐,而且按 2∶1或 1∶1坡线的计算假定均是近似的,故未按填料分别编制。

4.3.5 人们通常以列车在桥梁上通过时桥梁因列车荷载竖向作用产生的最大响应 S_{dy}(譬如简支梁跨中央处产生的最大挠度或最大弯矩)与列车在桥上静止时桥梁因列车荷载竖向作用产生的最大响应 S_{dt} 之比值,来描述 S_{dy} 相对于 S_{dt} 的增长率,并以动力系数(或称列车竖向动力系数)来表示。因为 S_{dy} 等于 S_{st} 与列车运行时桥梁因列车竖向动力作用(列车运行速度较高、线路轨面不平整、蒸汽机车动轮平衡块中剩余不平衡质量的竖向锤击、内燃或电力机车中动力机构的竖向振动、轮缘有缺陷等均使列车产生竖向动力作用)产生的竖向最大响

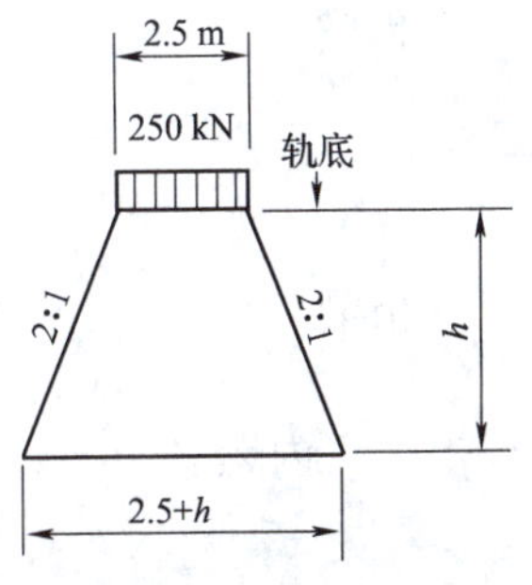

说明图 4.3.4

应 S'_{dy}之和，即 $S_{\mathrm{dy}}=S_{\mathrm{st}}+S'_{\mathrm{dy}}$，所以

$$\text{动力系数}=\frac{S_{\mathrm{dy}}}{S_{\mathrm{st}}}=\frac{S_{\mathrm{st}}+S'_{\mathrm{dy}}}{S_{\mathrm{st}}}=1+\frac{S'_{\mathrm{dy}}}{S_{\mathrm{st}}}=1+\mu$$

由于列车在运行中列车对桥梁产生的竖向荷载 P_{dy}（即列车竖向静活载 P_{dy}与列车竖向动力作用 P'_{dy}之和）与列车竖向静活载 P_{st}之比可认为

$$\frac{P_{\mathrm{dy}}}{P_{\mathrm{st}}}\approx\frac{S_{\mathrm{dy}}}{S_{\mathrm{st}}}=1+\mu$$

因此规范规定列车在桥上通过时考虑列车竖向动力作用在内等代的列车竖向活载 P_{dy}为

$$P_{\mathrm{dy}}=(1+\mu)P_{\mathrm{st}}$$

试验结果和理论研究都说明，通常情况下，μ 为小于 1 的值。以往规范中采用“冲击系数”一词（即 $1+\mu$），从上面所述来看显然是不确切的，本规范将该词改为“动力系数”。影响“动力系数”的因素较多。据研究，在当前行车速度不太高的情况下，主要有三个方面因素：①桥梁结构的形式及其跨长；②机车车辆的类型；③桥上线路的设备状态。这些因素是互相作用的。因此，动力系数是各种因素的综合反映。原“冲出力”相应改为“列车竖向动力作用”。

根据我国解放以来积累的桥梁动载试验资料，经过分析提出了各种桥跨结构的动力系数公式。拱桥因试验资料少，仍采用《59 桥规》的公式。

（1）简支或连续的钢桥跨结构和钢墩台

我国现有铁路钢桥最大跨长为 192 m。对跨度 $L=5\sim160$ m 共 53 座桥的试验资料或检定资料进行分析，结果如说明图 4.3.5—1。试验资料中一种由测定杆件应力计算，另一种由测定挠度计算。机车类型主要是蒸汽机车，其中 37 次为单机，15 次为双机，包括了我国常用的重型机车，内燃机车仅有 2 次。把各次试验资料绘于说明图 4.3.5—1，并与各国规范的动力系数作比较，最后采用图中实线，得到动力系数为

$$1+\mu=1+\frac{28}{40+L}$$

式中 L 除承受局部荷载的杆件为其影响线加载长度外，其余均为桥梁跨长。对于连续桥跨结构，计算其边跨的动力系数时，L 近似取边跨的跨长；计算中间跨的动力系数时，L 近似取该中间跨的跨长。

说明图 4.3.5—1 中：

美国蒸汽机车

板梁 $L<100\ \mathrm{ft},\ \mu\%=\dfrac{100}{S}+60-\dfrac{L^2}{500}$

$L\geqslant100\ \mathrm{ft},\ \mu\%=\dfrac{100}{S}+10+\dfrac{1\,800}{L-40}$

桁梁 $\mu\%=\dfrac{100}{S}+15+\dfrac{4\,000}{L+25}$

内燃 $L<80\ \mathrm{ft},\ \mu\%=\dfrac{100}{S}+40-\dfrac{3L^2}{1\,600}$

电力 $L\geqslant80\ \mathrm{ft},\ \mu\%=\dfrac{100}{S}+16+\dfrac{600}{L-30}$

图中，美国规范对蒸汽机车采用“——× ×——× ×——”表示，对内燃机车采用

"——×——×——"表示。

日本　$L<30\ \mathrm{m}, i=0.7-\dfrac{L^2}{4\ 000}$以"——·——·——"表示。

法国　$L>30\ \mathrm{m}, i=\dfrac{10}{L}+0.14$

前苏联　$1+\alpha+\beta=1+\dfrac{0.4}{1+0.2L}+\dfrac{0.6}{1+4\dfrac{P}{S}}$

$$1+\mu=1+\frac{18}{30+\lambda}$$

图中，前苏联规范采用"— — ——"表示。

《59 桥规》　$1+\mu=1+\dfrac{27}{30+\lambda}$以"……"表示。

本规范　$1+\mu=1+\dfrac{28}{40+L}$以"——"表示。

图中符号：○蒸汽挠度 •蒸汽应力 ◎内燃挠度 ⊙内燃应力。

式中　S——纵梁间距或横梁长度（取大者）；

P——梁跨单位长度自重；

λ, L——影响线加载长度；

i——动力值；

$1+\mu\%$——动力系数，为大于 1 的数。

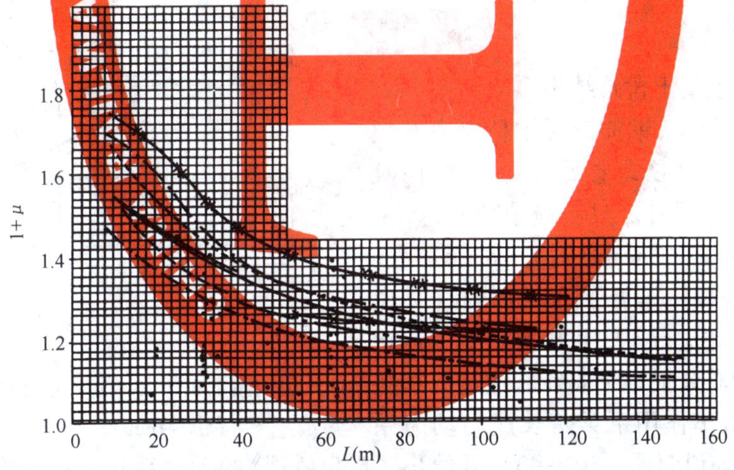

说明图 4.3.5—1　动力系数与跨长关系曲线

如说明图 4.3.5—1 所示，本规范采用的动力系数介于各国规范之间，这是由于各国条件不同。本规范如与《59 桥规》采用的动力系数 $1+\mu=1+\dfrac{27}{30+\lambda}$比较，跨长 5～30 m，其值大约降低 20%～11%，跨长 30～60 m 约降低 11%～7%，跨长 60～90 m 约降低 7%～5%，特大桥跨则基本相同。根据试验资料，小跨度梁的承载能力大于大跨度，因而小跨度梁降低动力系数可以发挥其潜在承载能力。

说明图 4.3.5—2 反映了承受局部荷载杆件动力系数与影响线加载长度的关系。

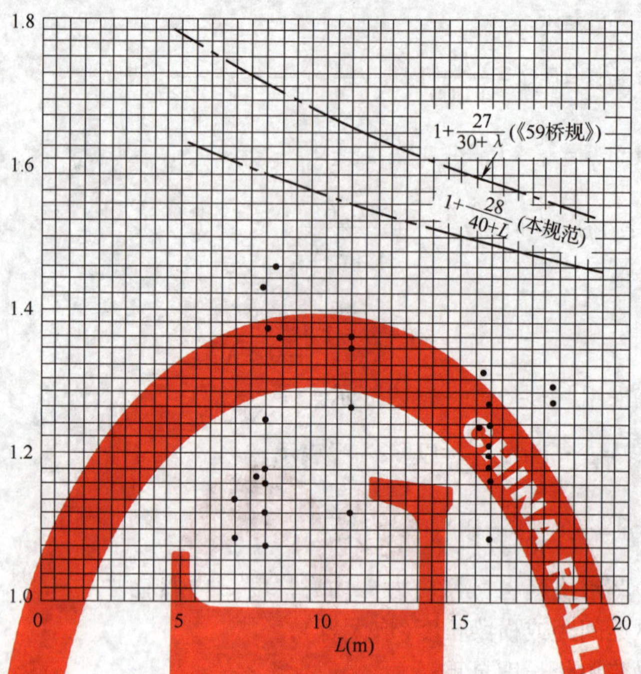

说明图 4.3.5—2　承受局部荷载杆件动力系数与影响线加载长度关系曲线

（2）钢与钢筋混凝土板的结合梁

目前，我国采用结合梁不多，这种桥跨结构对于平原填方不高和山区线路坡度大曲线半径小的条件，将仍有可能继续使用。分析已有的几座桥梁的资料，基本符合 $1+\mu=1+\frac{22}{40+L}$，故予采用。

（3）钢筋混凝土桥跨结构

在铁路桥梁中，钢筋混凝土桥梁占有较大的比重，其结构形式主要为简支梁，而且绝大部分是标准设计。过去最小跨度为 2.4 m，最大跨度为 31.7 m。曾对 $L=8\sim31.7$ m 七种跨度用各种机车做了 38 组试验（见说明表 4.3.5），共进行了 3 000 次以上的运行试验，约 10 000 余根记录曲线。经过分析整理绘制蒸汽机车作用下梁跨长度与动力系数关系曲线（如说明图 4.3.5—3），并绘出了《59 桥规》的动力系数计算公式 $1+\mu=1+\frac{10}{20+L}$ 的曲线。从两曲线比较，新公式对于大跨度梁的动力系数值基本未变，而小跨度则有所降低。

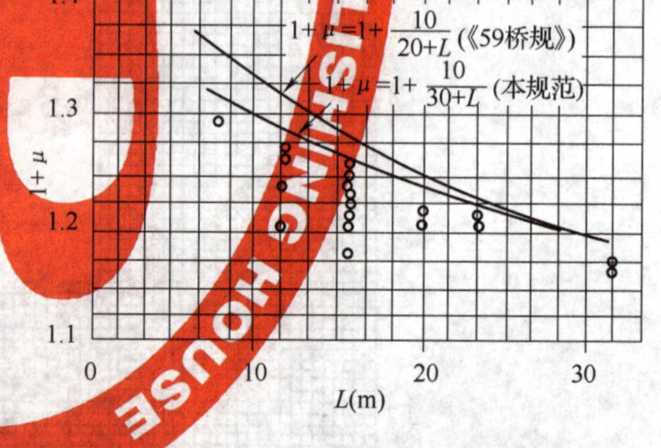

说明图 4.3.5—3　蒸汽机车作用下梁跨长度与动力系数关系曲线

（4）拱桥的动力试验资料不多，仍采用《59 桥规》公式。

（5）我国各铁路采用的机车类型正逐渐由蒸汽向内燃及电力过渡，但蒸汽机车在相当长时间内仍将使用。蒸汽机车的动力作用比内燃、电力机车大，除个别线指定专用的机型外，大多数铁路是不分机型的，因此各种动力系数公式仍以蒸汽机车为根据。

说明表 4.3.5 各种桥跨上机车试验组数表

机车类型＼跨度(m)	8	10	12	16	20	23.8	31.7	备注
JS			1	1	1	2		
JF_1		1	1	2	1		3	
RM			1	1				
FD	1		2	1		1		
SL			1	1				
KD_7			1	1				
KF_1			1	1				
QJ					1	1	3	
NY－5	1		1	1				内燃
东方红					1		1	
$5Y_2$			1					电力

4.3.6 《99 桥规》关于离心力计算规定如下：

桥在曲线上时，列车离心力作用于轨顶以上 2 m 处。离心力的大小等于列车竖向静活载乘以离心力率 C。C 值应按下式计算，但不大于 15%。

$$C=\frac{v^2}{127R} \qquad \text{(说明 4.3.6—1)}$$

式中 v——设计行车速度(km/h)；

R——曲线半径(m)。

位于曲线上的梁跨结构与墩台，当通过列车时，离心力的数值为

$$C\cdot W=\frac{W}{g_n}\cdot\frac{v^2}{R} \qquad \text{(说明 4.3.6—2)}$$

式中 g_n——标准自由落体加速度，为 9.80 m/s^2；

R——曲线半径(m)；

W——物体重力(kN)；

C——离心力率；

v——列车运行速度(m/s)。

倘 v 以 km/h 计，则得

$$C=\frac{v^2}{9.8\times 3.6^2 R}=\frac{v^2}{127R} \qquad \text{(说明 4.3.6—3)}$$

关于离心力的计算方法，可以采用支点反力或换算均布活载的计算方法。其物理意义为相应于实际的各个竖向静活载(轴重或均布活载)各有其相应的离心力(集中的或均布的)。“支点反力法”将梁部竖向静活载的支点反力乘以离心力率即为由梁部传至墩台的离心力，台顶部分按实有的竖向静活载乘离心力率得台顶部分的离心力，这符合上述物理意义，一般可采用此法。在某些情况下按跨中换算的均布活载来计算也是可以的。

离心力是作用在车辆的重心处，并由曲线中心向外的水平力。由于各种类型车辆高度不尽相同，为偏于安全和统一计算，假定车辆重心位于钢轨面以上 2.0 m 处。

为了进一步与国际接轨，本规范对离心力计算进行了修改。修订的离心力计算公式表达形式、折减系数及离心力组合有关规定主要取自 UIC 规范，离心力作用点仍按《99 桥规》位于钢轨顶以上 2.0 m 处。

UIC 规范规定的离心力计算相关内容如下：

(1)在桥梁上的轨道是全部为曲线或部分为曲线的地方,应考虑离心力和轨道超高。

(2)离心力应被认作向外作用于水平方向,且离钢轨表面 1.80 m 的高度处。

(3)计算应基于与线路布局相适应的最大速度,在荷载模型 SW 的情况,速度应设定为 80 km/h。

(4)离心力的特征值应根据下列公式来确定:

$$\left.\begin{aligned} Q_{\mathrm{tk}} &= \frac{v^2}{g\times R}(f\times Q_{\mathrm{vk}}) = \frac{V^2}{127R}(f\times Q_{\mathrm{vk}}) \\ q_{\mathrm{tk}} &= \frac{v^2}{g\times R}(f\times q_{\mathrm{vk}}) = \frac{V^2}{127R}(f\times q_{\mathrm{vk}}) \end{aligned}\right\} \tag{说明 4.3.6—4}$$

式中 Q_{tk}, q_{tk}——离心力的特征值(kN, kN/m);

Q_{vk}, q_{vk}——规定的垂直荷载的特征值;

f——折减系数,见式(说明 4.3.6—5);

v——最大速度(m/s);

V——最大速度(km/h);

g——重力加速度,为 9.81 $\mathrm{m/s^2}$;

R——曲线半径(m)。

在曲线半径不一致的情况中,可为 R 取一个适当的平均值;

(5)离心力应总是与垂直荷载相组合,离心力不能乘以动力系数 ϕ_2 和 ϕ_3。

(6)对于荷载模型 71 和大于 120 km/h 的设计速度,两种情况应加以考虑:

① 带动力系数的荷载模型 71 和 $V=120$ km/h 的离心力,根据式(说明 4.3.6—4),其中 $f=1$;

② 一个折减荷载模型 71($f\times Q_{\mathrm{vk}}$, $f\times q_{\mathrm{vk}}$)和根据式(说明 4.3.6—4)对于规定的最大速度的离心力,折减系数 f 的值为

$$f = 1 - \frac{V-120}{1\,000}\left(\frac{814}{V}+1.75\right)\left(1-\sqrt{\frac{2.88}{L_{\mathrm{f}}}}\right) \tag{说明 4.3.6—5}$$

式中 L_{f}——是桥梁上曲线轨道的荷载部分的影响长度(m);它对于考虑中的结构部件的设计最为不利;

V——规定的最大速度。

对于 $V\leqslant 120$ km/h 或者 $L_{\mathrm{f}}\leqslant 2.88$ m 的情况,$f=1$;

对于 120 km/h $< V \leqslant$ 300 km/h(见说明表 4.3.6 或说明图 4.3.6)和 $L_{\mathrm{f}} > 2.88$ m 的情况,$f<1$;

对于 $V>300$ km/h 的情况,$f(V)=f(300)$。

说明表 4.3.6 对于荷载模型 71 的系数 f

L_{f}(m)	线路最大速度(km/h)				
	≤120	160	200	250	≥300
≤2.88	1.00	1.00	1.00	1.00	1.00
3	1.00	0.99	0.99	0.99	0.98
4	1.00	0.96	0.93	0.90	0.88
5	1.00	0.93	0.89	0.84	0.81

续上表

L_f(m)	线路最大速度(km/h)				
	≤120	160	200	250	≥300
6	1.00	0.92	0.86	0.80	0.75
7	1.00	0.90	0.83	0.77	0.71
8	1.00	0.89	0.81	0.74	0.68
9	1.00	0.88	0.80	0.72	0.65
10	1.00	0.87	0.78	0.70	0.63
12	1.00	0.86	0.76	0.67	0.59
15	1.00	0.85	0.74	0.63	0.55
20	1.00	0.83	0.71	0.60	0.50
30	1.00	0.81	0.68	0.55	0.45
40	1.00	0.80	0.66	0.52	0.41
50	1.00	0.79	0.65	0.50	0.39
60	1.00	0.79	0.64	0.49	0.37
70	1.00	0.78	0.63	0.48	0.36
80	1.00	0.78	0.62	0.47	0.35
90	1.00	0.78	0.62	0.47	0.34
100	1.00	0.77	0.61	0.46	0.33
≥150	1.00	0.76	0.60	0.44	0.31

德国 DS804 规范的条文解释如下：

“为使这些公式能用于计算 UIC71 荷载图式的离心力，该荷载必须乘以一个折减系数f，这是因为车辆高速行驶时，车辆的轴重将比 UIC71 荷载图式要小得多。因此，桥梁所受到的离心力也大为减小。”

我国目前运行时速达 160 km 的旅客列车，离心力最大、最集中的位置为机车，而适应这种条件的机车可能为 SS_8 或更先进的电力机车或内燃机车，其轴重都会比蒸汽机车轻。当旅客列车为 SS_8 + 双层客车时，其荷载强度大约只占“中—活载”的 50% 。

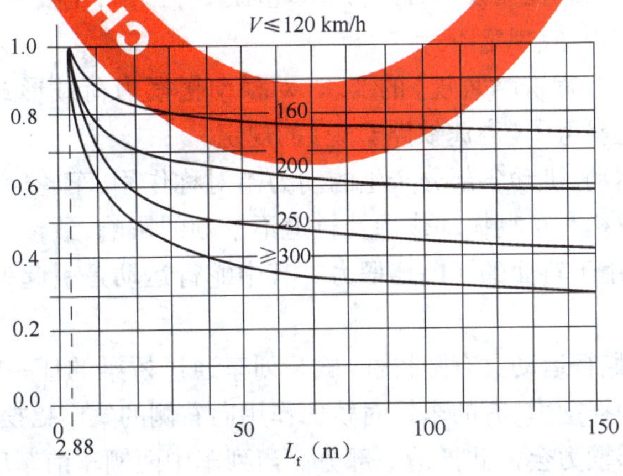

说明图 4.3.6　荷载模型 71 的系数f

虽然 UIC 规范规定离心力公式中折减系数 f 的来源不详，含义还是比较清楚的。

$F=C\cdot W\left(\text{其中 } C=\dfrac{v^2}{g_nR}\right)$ 为经典的离心力计算公式，该公式的离心力 F 只跟三个变量（速度 v、半径 R 和列车活载图式中竖直荷载 W）发生关系，当三个变量（速度 v、半径 R 及列车活载图式中竖直荷载 W）均为定值时，离心力 F 不可能被折减；当速度 v 和半径 R 为定值时，只有列车活载图式中竖直荷载 W 折减为 $(f\times W)$ 时离心力 F 才能折减 f 倍，即 $F=C\cdot(f\times W)$。因此，行车速度 >120 km/h 的离心力的折减，其折减实质上是列车活载图式中竖直荷载的折减。

当行车速度很低时，离心力很小。因此曲线上的桥梁还应考虑没有离心力时，即按直线行车的列车活载作用情况进行检算。

4.3.7 制动力按竖向静活载重的百分数表示，是一种概化的办法。过去对制动力进行了一些试验，实测的最大制动力为一孔梁的竖向静活载的百分数：一般钢筋混凝土梁或预应力混凝土梁约 8%，大跨度钢梁有些达到 9.6%，大致接近《59 桥规》中规定的 10%，故沿用原规定。

《59 桥规》中把最大的制动力与最大的离心力叠加，与实际不符。根据制动力试验，当运行的列车作紧急制动时开始减速，由于惯性作用，仍须滑行一定距离，然后停止，在停止的瞬间，才出现制动力的最大值。在列车制动后停止以前的最大纵向力，仅为制动力最大值的 60% 左右。高速通过时的最大牵引力，仅为制动力最大值的 50% 左右。桥上起动时的牵引力比制动力的最大值为小。本规范中对曲线上桥梁设计规定：当与离心力（列车竖向动力作用情况相同）同时计算时，制动力或牵引力为最大制动力的 70%，亦即按竖向静活载的 7% 计算。

设计简支梁的墩台时，计算制动力或牵引力还必须注意第 5.3.5 条的有关规定。

对于双线桥或多线桥，两线或多线的列车同时制动或起动的几率很小，故规定双线桥的制动力或牵引力采用一线的制动力或牵引力；三线或三线以上的桥，采用两线的制动力或牵引力。

由于桥头填方破坏棱体范围的活载所产生的制动力或牵引力，可经钢轨传至破坏棱体以外的路基上，故不予计算。

较短桥跨系特种活载控制设计，此种活载轮轴只有三个，主要是车辆轴重，考虑钢轨能起传递制动力的作用，故规定不计。

4.3.8 该条文根据《客货铁路暂规》的要求，对横向摇摆力荷载形式进行了修改。多线桥梁横向摇摆力取值参考了《高速铁路暂规》的规定。

由于列车蛇行运动、机动各部分产生的动力不对称作用、车轮轮缘存在损伤、轮轴不位于车轮中心处以及机车车辆振动作用及轨道不平顺的影响，致使列车在行进中发生左右摇摆，车轮产生作用于轨面的横向摇摆力。其中蛇行运动是引起列车横向摇摆力的主要因素。

研究表明，列车蛇行运动具有随机性，试验列车通过桥梁的任一时刻，有的车轮对轨面作用向左侧的集中摇摆力，有的车轮对轨面作用向右侧的集中摇摆力。对于桥梁，这些向左与向右的集中摇摆力会彼此抵消一部分。当列车中两辆车前车后转向架和后车前转向架同时向左或向右时，对桥梁的横向作用最大，特别对于中小跨度桥梁，这个作用规律比较明显。在大跨度桥上，由于同时作用车辆太多，每辆车的横向振动相位随机性大，彼此抵消作用非常复杂，但从局部不利的角度来考虑，对桥梁的整体横向作用也可采用以上作用模式。

欧盟通过大量的计算和试验研究得出，列车的横向摇摆力对桥梁的最大作用是：两辆车前车后转向架和后车前转向架同一方向达到最大，也就是4个轮轴的横向集中力各达到25 kN，因此德国DS804规范中的横向摇摆力按4×25 kN=100 kN计算。这是一个集中力，在与线路成直角方向（向左或向右）水平作用于轨道顶面，作用位置以能对所在的构件中产生最大效应来考虑。在连续的道砟道床桥面上，横向摇摆力可沿线路方向均匀分布在$L=4.0$ m的长度上。

对于大跨度桥梁横向摇摆力的取值，可另行考虑。

4.3.9 同时承受多线荷载的桥梁，考虑到各条线路上同时出现最不利活载的可能性极性，故组合时对于主要杆件（指本规范第4.3.5条中L等于计算跨度的杆件），采取条文规定的折减办法。对于受局部活载的杆杆，主要是承受一线荷载，故不折减。

在此情况下，多线列车竖向动力作用、离心力的计算也应采用相同办法考虑折减。

车站范围内的多线桥梁，实际上并不是各线同时运转，有些可能处于停车状态，虽然竖向活载仍按多线桥的规定折减，但对列车竖向动力作用、离心力在组合计算折减时，应考虑可能同时运转的实际线数计算。如某站线桥为三线，而实际同时运转只可能为两线，因而在列车竖向动力作用等组合计算中，只能按两线同时组合计算折减。但制动力或牵引力在确定同时运转的线数之后，应按照第4.3.7条规定计算。

4.3.10 本条是根据《客货铁路暂规》的要求新增加的条文。

长钢轨纵向力的含义在第2.1.12条～第2.1.15条中已作说明，此处不再赘述。在铺设无缝线路的桥梁中，这种因梁部结构与轨道的相互作用而产生的"长钢轨纵向水平力"是不可忽视的，其力的大小和分配，在很大程度上取决于桥梁下部结构的水平刚度、上部结构的跨度、竖向刚度及桥全长。

桥上无缝线路的长钢轨因受纵向力过大、疲劳或其他原因可能造成断轨，因断轨收缩受到梁体的约束而产生纵向水平力反作用于梁部并传递到支座和墩台，这就是断轨力，其力的大小是桥上的线路纵向阻力控制的。

所以说，作用于墩台顶的长钢轨纵向水平力（伸缩力或挠曲力）和长钢轨的断轨力，都应该按梁轨共用作用进行计算。

梁轨共同作用计算的基础是要解决轨道纵向伸移阻力规律和梁轨相互作用的计算模型，对此，国内外都进行过大量的实验研究。由于各国的具体情况不同，在轨道位移阻力的取值，梁轨相互作用计算方法以及桥上钢轨附加应力的组合方式和限值都有所不同。德国高速铁路轨道纵向位移阻力取值较高；日本采用常量阻力法，计算简单；我国以前一直采用的钢轨变形微分方程法，适合于刚性墩台的情况，由于未能较合理地考虑钢轨和墩顶变形协调关系，在墩台顶纵向水平刚度较低时，会出现一定的误差。

无缝线路长钢轨纵向水平力和长钢轨断轨力引起的墩台顶纵向水平力，按梁轨共同作用进行计算，其作用点是参照《无缝线路暂规》的规定确定的。

4.3.11 我国对脱轨荷载的研究不多，目前是按照国外规范的有关规定取值。现将欧洲规范关于桥梁上脱轨结构要求和等效荷载的规定摘录如下：

（1）应该考虑以下两种设计工况：

设计工况Ⅰ（说明图4.3.11—1）：机车或者重型货车的脱轨，脱轨车辆保留在桥面的轨道区域内。

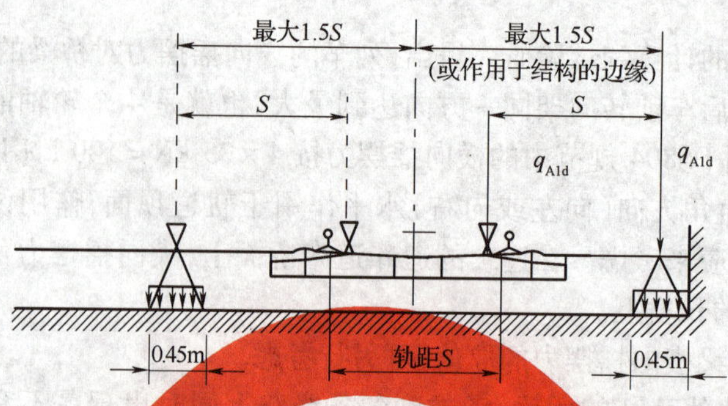

说明图 4.3.11—1　设计工况Ⅰ(等效荷载 q_{A1d})

设计工况Ⅱ(说明图 4.3.11—2):机车或者重型货车的脱轨,脱轨车辆保留在轨道区域,没有掉下桥梁,而在它的边缘上保持平衡。

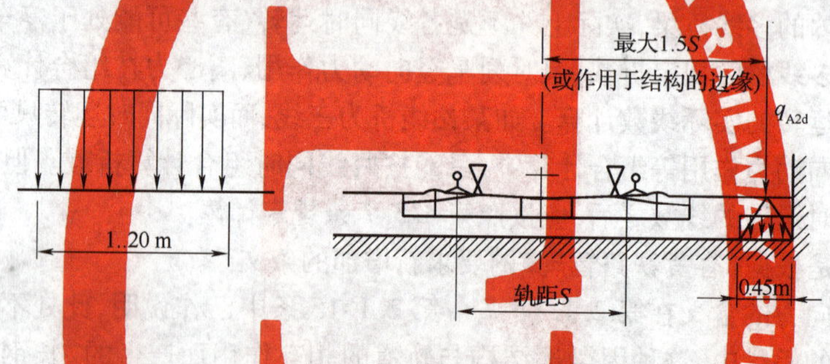

说明图 4.3.11—2　设计工况Ⅱ(等效荷载 q_{A2d})

注:上述等效荷载只被考虑用来确定整个结构的极限强度或者稳定性。边梁、托架等等的设计不须考虑承受这个荷载。

(2)为确定设计工况Ⅰ的要求和等效荷载,应避免结构主要部分的倒塌,但可容许局部损坏。有关结构组成部分的设计应考虑在极限状态能承受下列等效荷载:

两个设计值为 $q_{A1d}=50$ kN/m 的垂直线荷载,各自施加于 6.40 m 和 1.40 m 的长度上,以最不利的位置平行于轨道,处于轨道中心线的两边一个宽度为 1.5 倍轨距的区域内;

其他变化的作用力在这个计算中应不予考虑。

(3)为确定设计工况Ⅱ的要求和等效荷载,桥梁不能倾覆或者倒塌。为确保整个的平衡,等效荷载应被认作一个设计值为 $q_{A2d}=80$ kN/m 的垂直线荷载,施加于一个 20.00 m的总长度上,离轨道中心线最大距离为 1.5 倍轨距,或者作用于被考虑结构的边缘上。

(4)设计工况Ⅰ和设计工况Ⅱ应单独进行检验,不须考虑这些荷载的组合情况。

(5)对于位于轨道水平面上方的结构部件,应同意进行避免损坏的测量。

注:这些测量应经有关当局同意。

由欧洲规范有关桥梁上脱轨结构要求和等效荷载的规定可以得知:

脱轨荷载的第一种情况的线荷载,大致相当于实际运行列车脱轨后产生的荷载,在此情况下结构物的主要部分(如桥面板和主梁等)不应产生严重破坏,钢筋应力应在屈服点以内,混凝土不形成宽裂缝。

脱轨荷载的第二种情况的线荷载，相当于列车脱轨，虽没有坠落桥下，但已作用于桥面边缘，在此情况下，须确保结构的稳定性。

4.4.1 原国家建委建筑科学研究院于1972年进行了关于风力的调查研究和科学试验，收集了我国400个左右的气象台站的资料，以解放后所观测者为依据，按照工业民用建筑的基本风压标准(即以一般平坦空旷地面、离地面10 m高、频率为1/30的10 min平均最大风速为准)，用数理统计绘制了“全国基本风压分布图”《75桥规》在上述资料的基础上，考虑铁路桥梁的具体情况并参照以往的标准，以一般平坦空旷地面、离地面20 m、频率1/100的10 min年平均最大风速，通过换算，1972年绘制出“全国基本风压分布图”。本规范根据原国家建委建筑科学研究院1976年组织的沿海风速风压研究工作的成果，对1972年“全国基本风压分布图”作了部分修正，见附录D。

现将几个主要问题说明如下：

(1)风速与风压的关系

用数理统计方法求出频率1/100的最大风速后，通过风速、风压关系式求出理论风压，其公式为

$$W=\frac{\gamma}{2g_n}v^2$$

式中 W——风压(Pa)；

g_n——标准自由落体加速度(m/s^2)；

γ——空气容重(N/m^3)；

v——风速(m/s)。

取标准大气压下(水银柱高760 mm)，常温为15 ℃时的空气容重为12.099 9 N/m^3，纬度45处重力加速度为9.80 m/s^2，代入上式，则

$$W=\frac{12.009\ 9}{2\times 9.80}v^2\approx\frac{1}{1.6}v^2$$

上式即为规范中采用的基本风压公式。

风速的大小随测点的高度、环境、观测的次数、风速的取值时距等而定。距地面愈近，风速愈小；距地面愈高，风速愈大。风速取值时距愈短，所反映的风速也就愈大。

关于最大风速的取值时距，目前国际上还没有统一的标准。我国气象部门自记风速采用最大风速的时距为10 min，本规范亦以此为准，这是因为建筑物一般质量都比较大，对铁路的钢筋混凝土、混凝土和石砌墩台尤其如此。如果考虑到风压对建筑物产生不利影响，譬如使其丧失稳定或增加挠度(变形)，则风速的历时就需要长一些，才能反映出动力作用。另外，在10 min时距内，由于贴地气层中气流受阻，产生小型涡旋而引起的偶发性瞬间极大风速。根据长期资料的分析，超出最大一次的10 min平均最大风速的机会极少。

(2)风压标准

对于铁路桥梁来说，一般使用年限较长，且铁路运输在国民经济中占有较为重要的地位，应能经受各种自然灾害而不致间断，因此标准风压的确定应比一般工业民用建筑的标准要高一些，故最大风速的频率用1/100。另外，铁路桥梁的高度大多数在20 m以内，为了使一般桥梁能够采用同一风压值，以离地面20 m高为标准，小于20 m高时不作高度修正，以简化计算。

(3)基本风压图

全国基本风压分布图,选取了 318 个台站资料(规律性较好和有代表性的),由频率曲线中查出 1/100 和 1/30 的风压,求得比值 $\eta = W_{100}/W_{30}$,利用建筑科学研究院资料 W_{30} 乘 η 得 W_{100},再经 10 m 换算至 20 m 的高度修正,绘制成等值线图。

勘测设计时,一般除按附录 D"全国基本风压分布图"确定基本风压外,还要求通过实际调查研究予以核实。这是因为我国幅员广大,自然条件复杂,已有的资料难免有局限性。核实的方法,如补充搜集当地桥涵附近的气象站台资料,换算为规定的标准风压数值(即应作观测仪器高度、环境、观测时距、观测次数或自记、频率等项换算),以与分布图中数值相核对。另外,还应重视当地历史上大风灾情的调查以及居民群众的反映,结合地形地理因素的研究,综合分析,从而得出符合实际的设计数值。

(4)风压高度变化系数

风速随高度变化的原因是由于气流贴近地面运动时,气流受地面摩擦的影响消耗了一定的功能,使风速降低。离地愈高,这种影响愈小。

风速随高度变化的规律,一般认为,在平坦空旷的地方,风速廓线(即从地面到几百米上空的风速垂直分布)在近地面几十米内为对数分布规律,即

$$\frac{v_z}{v_1} = \frac{\lg H_z - \lg Z_0}{\lg H_1 - \lg Z_0}$$

式中 Z_0——地面粗糙率指数(m);

v_1——已知 H_1 高度(以 m 计)处的风速;

v_z——已知 H_z 高度(以 m 计)处的风速。

取离地面 20 m 高度处的最大风速 v_{20} 为基数,由上式可得

$$v_z = \frac{\lg H_z - \lg Z_0}{(\lg 20 - \lg Z_0)} v_{20}$$

上式可知 Z_0 越大,则风速随高度的增加而递减越快。Z_0 主要与地面的状况有关,不同地区、不同季节有所不同,实际上是一个变值。我国北京、上海、武汉、呼和浩特等地曾做过一些实际观测,所得的 Z_0 变化范围在 0.01 ~ 0.1 m 之间,个别大于 0.1 m,但从值在 0.02 ~ 0.04 m 之间。根据最大风速出现时期植物生长的情况,为便于计算,全国暂统一取 $Z_0 = 0.03$ m。将其代入上式得

$$v_z = (0.35412 \lg H_z + 0.53928) v_{20}$$

上式括号内数值的平方即为本规范条文中表 4.4.1—2 的风压高度变化系数 K_2 的数值。

(5)风载体形系数

建筑物所受的风压与其本身体形、尺度有关,风载体形系数就是建筑物表面产生的压力(或吸力)与原始风速算得的理论风压的比值。到目前为止,体形系数还未能从理论上来确定,只能利用实验来测得。结合铁路桥墩的体形,对常见的几种截面形状,由原北京航空学院做了风洞试验,测得结果如说明表 4.4.1 所示。

其他形状截面的构件未做试验,其体形(包括列车)系数仍采用 $K_1 = 1.3$。

桥跨结构所受横向风压的大小,视其体形和受风面积而定。
此次修订时未做这方面的试验,仍沿用《59 桥规》中的有关规定。桥跨结构的横向受风面积按理论轮廓面积乘桥跨构造类型的系数而得。采用此系数时,一般不再考虑空间桁架整体的作用(即两侧桁架同时承受风力)。

说明表 4.4.1　桥墩风载体形系数 K_1

截面形状	长宽比	K_1		
		系数	平均值	建议值
	1:1	1.380 1.375	1.379	1.4
	1:1.5	1.226 1.241	1.234	1.2
	1:2.5	0.921 0.918	0.920	0.9
	1:4	0.840 0.845	0.843	0.9
	1:5	0.854 0.854	0.854	0.9
	1:6	0.890 0.883	0.887	0.9
	1:1.5	1.410 1.410	1.405	1.4
	1:2.5	1.249 1.259	1.254	1.3
	1:4	1.270 1.258	1.264	1.3
	1:5	1.292 1.280	1.286	1.3
	1:6	1.303 1.282	1.293	1.3
	1:1	0.771 0.770	0.771	0.8
	1:1.5	0.319 0.323	0.321	0.3
	1:2.5	0.319 0.319	0.319	0.3
	1:4	0.334 0.336	0.335	0.3
	1:5	0.327 0.319	0.323	0.3
	1:6	0.324 0.327	0.326	0.3

续上表

截面形状	长宽比	K_1		
		系数	平均值	建议值
	1∶1.5	0.862 0.866	0.864	0.8
	1∶2.5	1.006 1.010	1.008	1.1
	1∶4	1.055 1.042	1.049	1.1
	1∶5	1.068 1.074	1.071	1.1
	1∶6	1.096 1.095	1.096	1.1

(6)地形、地理系数

条文中表4.4.1—3的地形、地理系数 K_3 是采用工业与民用建筑结构荷载规范的资料，对其中城市部分作了简化。表中峡谷、垭口和风口区等风速增大的原因，是两岸山较高，气流由较大的流区流到较小的流区，形成所谓"狭管效应"。峡谷和垭口是指山高大于1.5倍谷宽的情况。最大风速时的方向与河谷的夹角不超过22.5°，且狭谷、垭口的上风方向在山高10倍远的地区没有屏障。对于盆地、城市建成区和森林地区，可考虑周围的屏障作用，相应降低一些。必须指出，我国幅员广阔，各地气候条件和地形地理的变化因素很多，目前国内虽进行过一些山区对比观测工作，但还不够，局限性很大，因此在使用本规范条文中表4.4.1—3时，应结合当地的实际情况加强调查访问工作，以求得更恰当的数值。对于特殊风口区，如新疆天山等处，则更为复杂，应进行观测深入研究，慎重对待。

(7)风载强度

设计中桥上无车时，风力是计算荷载中较主要的因素，应按频率1/100的标准计算。桥上有车时，最大风力与活载的最大值同时出现的机会很少，因此规定按风荷载强度(W)降低20%使用，约相当频率1/30。如取1 m长车身按3m高的受风面积计算，当空车车身侧向倾覆稳定系数为1的最大风压强度 W 按 $\frac{1.5}{2}\times W_L=3\times1\times2\times W$ 计算，式中 W_L 为空车重，一般采用10 kN/m，则得 $W=1\ 250$ Pa。超过此值不可能继续运行。故规定当桥上有车时不得大于1 250Pa。

采用规定的方法计算后，对于标准设计，为了减少类型，必须把 K_3 固定下来，比较偏于安全地采用1.25。按以往设计经验一般是在有车时与离心力组合控制设计，故拟定有车时的风力为 $W=K_1K_2\times1.25\times W_0\times0.8=K_1K_2W_0$。$W_0$ 在500 Pa以下一般为摇摆力控制，在900 Pa以上时 $W>1\ 250$ Pa。考虑到适用全国大部分地区，采用 $W_0=800$ Pa。因此有车时规定 $W=K_1K_2\times800$ Pa；无车时对墩台一般不控制设计，但在钢梁上影响较大，考虑到沿海地区也能使用，W_0 确定为1 100 Pa，即 $W = K_1K_2 \times 1.25 \times 1\ 100 \approx K_1K_2 \times 1\ 400$。按这样计算，如 $H = 30$ m，$K_2 = 1.13$，$K_1 = 1.4$，则有车时 $W = 1\ 270$ Pa；无车时 $W = 2\ 220$ Pa，与《59桥规》接近。必须指出，上述规定因系概括全国各种结构的需要，因此，有车与无车时风力的比值不是0.8。

纵向风力与横向风力的计算方法相同。虽然桥墩的纵向风力受邻近墩台及梁部遮挡，可予折减，但与跨度大小有关，如说明图4.4.1所示。桥墩风力的纵向分力为 $W\cos\theta$，通常 θ 度不大，风力的折减是不多的，故一般不予折减。桥台由于被两侧椎体掩埋，埋式桥台前缘亦被土掩埋，一般桥台自重相对较大，故纵横向风的影响不大。为简化计算，规定在检算桥台时，不计纵横向风力。

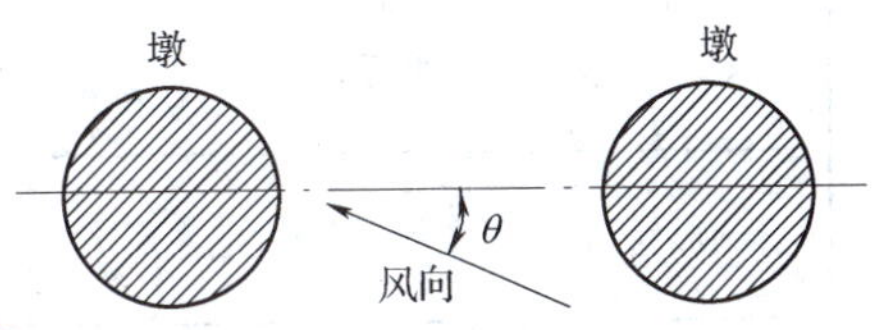

说明图 4.4.1

桥台施工时孤立状态的风压强度可根据各地区的具体情况决定。当缺乏资料时，可按(75)铁基字第953号文采用500 kPa。

(8)风振问题

风对高耸建筑物的作用，除稳定风载引起静力作用外，脉动风载还引起动力作用。由于建筑物产生了动力作用，反过来又增大了脉动风载。随着我国山区铁路建设的迅速发展，高桥墩以及斜拉桥、大跨悬臂梁、高塔架等结构形式的使用日益增多，风压作用因建筑物高度的增加而成了主要荷载，其动力作用也愈显著，不容忽略，因此规范中提出了这一点。但是以往铁路桥梁方面对风振问题实际经验尚少，未能制定具体的计算方法和容许值，设计时除参考国内外其他有关资料外，尚应进行一些试验研究工作。

4.4.2 位于动水河床中的桥墩，其上游迎水面受到流水压力的作用。这种流体压力现象比较复杂。它与桥墩的平面形状、流速、圬工粗糙率、水流形状、水温以及水的黏滞性有关。

作用于桥墩上的流水压力，《75桥规》中采用了简化公式 $P = Cv^2A$。但由于我国地域广大，各地区河流含砂量不一样，如西北地区地处黄土高原，水土流失严重，一般河流水中含砂量较大(如泾河水的容重达13.7 kN/m^2)，因此不宜将水的容重取常数为10 kN/m^{3}而简化计算公式。故本规范仍采用《59桥规》的表达形式，即

$$P = KA\frac{\gamma v^2}{2g_n}$$

式中 γ——水容重，一般采用10 kN/m^3；

A——桥墩阻水面积(m^2)，通常计算至一般冲刷线处；

g_n——标准自由落体加速度；

v——桥墩附近处的垂线平均流速，但不易求得，可采用桥孔处相应水位的计算流速(m/s/)；

K——桥墩形状系数，不同截面形状的系数如说明表4.4.2。

流速是随深度呈曲线变化而减小，河底处流速为零。为简化起见，近似地假定流水压力的分布为倒三角形，压力的中心(即压力的作用点)位于计算水位以下1/3水深处。

说明表　4.4.2

截面形状		K
方形		1.47
矩形(长边与水流平行)		1.33
圆形		0.73
尖端形		0.67
圆端形		0.60

《59 桥规》规定流速在 3 m/s 以上时才计算水流冲击力。但当水深较大时,流速虽小于 3 m/s,流水压力的影响也是不可忽略的。

4.4.3　冰压力往往给桥梁带来很大的危害。如某线水库内的大桥曾因风吹冰裂和冰盖膨胀挤断桥墩;某公路大桥桥下堆积厚达 10 余米的松散冰层整体下移破坏桥墩。有些沿海桥梁因海潮倒灌受到流冰的来往冲击而毁坏。各种不同的冰作用,基本上可分为两类:一是因流速大使冰块流动而产生的撞击力为动压力;一是大块冰层以较小的流速挤压桥墩或因冰盖层受热膨胀而产生的压力可视为静压力。

1　动压力是冰块对桥墩的撞击作用,一般只在流速较大的河流上才可能遇到,通常按动能公式计算公式计算。撞击力的大小与冰块运动的速度、质量有关,而且正撞与斜向撞击不同,正撞比斜撞压力大。

2　冰的静压力又有下列几种情况:

(1)冰椎整体推移而产生的压力,这种情况在河流和水库中都可能发生,特别当桥梁跨越的河段狭窄,流速大,由于建桥后流冰受到桥墩的阻碍,上游来的冰块层层堆积在桥的上游,在水流(河流)和风(水库或沿海)的作用下,对桥墩产生挤压作用,压力的大小与流速、风速、堆积厚度、桥墩形状有关。

(2)大面积冰层作用在桥墩上的压力,一般发生在水库内。由于水库水面处于静止状态,容易形成大面积冰层,受风的作用,冰层对桥墩产生了挤压力,其大小与上述冰堆积的情形类似。

(3)冰膨胀压力,河流与水库均可发生,但水库的水位高,对桥墩的破坏作用更大。当冰盖层温度上升时,体积膨胀而冰的自由扩张(伸长)、变形受到两岸或桥墩的约束,其大小与冰温梯度(即单位小时冰温上升的度数)、初始温度(冰温开始上升的温度)有关。据观测资料,在较低负温骤然回升变化剧烈的气候条件下,这时冰的膨胀力会发生最大值。

(4)封冰期,冰层与桥墩冻结在一起,水位提高时,冰对桥墩产生竖向上拔力。

影响冰压力的自然因素很多。国内外在桥梁或其他水工建筑上做了不少试验,也建立了各种计算方法,但所得结果往往相差悬殊,主要是各地的试验资料尚难概括所有情况,因此这些计算方法均属近似的,应用时还应结合具体工点进行研究。

4.4.4 在拱桥、刚构和梁等结构中，由于温度变化时变形受到约束，对结构的外力或内力产生影响，设计时必须考虑。但对于涵洞，一般孔径较小，又埋在路堤中，温度变化的影响不大，故可以略去不计。对于拱桥，温度变化影响的附加推力与跨度成正比，与矢高平方成反比，与材料的弹性模量成正比。根据以往的计算经验，对于涵洞和跨度在15m以内、矢跨比不小于1/4的石拱桥，最冷月的平均温度不低于－20 ℃时，温度变化的影响均可不考虑。

温度的变化原因：一为大气气温变化影响（四季变化、昼夜变化）；一为日照温差的影响。

温度变化幅度，原则上应按桥梁所在地区的自然条件而定。钢桥和其他桥影响不一样。钢桥本身导热性好，对温度变化较灵敏，故应考虑当地历年极端最高气温和最低气温。对于钢筋混凝土、混凝土和石砌的桥，因本身导热性较差，故对尺寸较大的构件，其内部与外界气温升降的反应要相差若干小时，因此虽在昼夜气温变化剧烈的地区，钢筋混凝土、混凝土和石砌桥的内部温度还是接近于该地区的月平均气温。外露面较大而尺寸较小的构件，钢筋混凝土、混凝土和石砌桥的内部温度与月平均气温的差数较大。反之，外露面较小或覆盖较好，构件尺寸较大，其差别就较小。附录E“钢筋混凝土、混凝土和石砌矩形截面杆件计算温度图解”仍采用《59桥规》数据。

气温变化的幅度应从结构物合拢时的温度算起，计算至上述的计算温度。对于结合梁，应考虑由于气温突然变化，混凝土的导热性仅为钢的1/50，使混凝土板与钢梁间存在温度差而引起附加应力。大致可假定板温接近于昼夜温度平均值。我国南北各地气候骤变的程度很不一样，西北较大，中南较小，规范对此不作具体规定。本规范所附我国一、七月份平均气温等值线图，系根据中央气象局的资料绘制的。该资料统计了1974年以前全国500多个气象站历年的观测资料。

4.4.5 混凝土收缩，主要是由于水泥浆凝结而产生，也包括了环境干燥所产生的干缩。

混凝土收缩有下列现象：

(1)随水灰比加大而增加。

(2)高强度等级水泥的收缩较大，采用各种外加剂时也会加大收缩。

(3)增加填充集料可减少收缩，并随集料的种类、形状及颗粒组成的不同而异。

(4)收缩在凝结初期比较快，以后逐渐迟缓，但仍继续很长时间。

(5)环境湿度大的收缩小，干燥地区收缩大。对于超静定结构（如拱式结构、刚构等）和结合梁等，必须考虑由于混凝土收缩变形所引起赘余力的变化和截面内力的变化。但对于涵洞，此项影响力不大，一般可略去不计。

对于钢筋混凝土结构，当混凝土收缩时，钢筋承受压力，阻碍了混凝土部分的收缩变形，并使混凝土承受拉力。

分段灌筑的混凝土结构和钢筋混凝土结构，因收缩已在合拢前部分完成，故对混凝土收缩影响可予酌减，拼装式结构也因同样理由可酌减。

研究混凝土收缩问题时，往往与混凝土徐变现象分不开。混凝土收缩使构件本身产生应力，而这种应力的长期存在又使混凝土发生徐变，此种徐变限制或抵消了一部分收缩应力。混凝土的收缩系数一般可定为$2\times10^{-4}\sim4\times10^{-4}$之间，平均为$3\times10^{-4}$。但这些数值是指实验室内的试件而言，而实际上随着构件体积的增大，表面模量（单位体积的表面面积）相对减小，影响到表面的水分散发。另外还要考虑实际构件施工过程中已完成部分收缩，因此采用的收缩系数标准为0.000 2～0.000 15，而混凝土的线膨胀系数为0.000 01，相当于降低温度20 ℃和15 ℃。

4.4.6 船只或排筏对桥梁墩台撞击力的计算，《59桥规》没有具体规定，本条的计算方法是假定船只或排筏作用于墩台上的有效动能全部转化为碰撞力所做的静力功来计算，一般称“静力法”。

假定船只或排筏的质量为m_1（等于W/g_n，W为船只或排筏重，g_n为标准自由落体加速度），驶近墩台的速度为v（对于船只应根据航运部门提供的数据，对于排筏可采用筏运期的水流速度），船只或排筏撞击桥墩时其纵轴线与墩台面的夹角为α，如说明图4.4.6所示，其动能E为

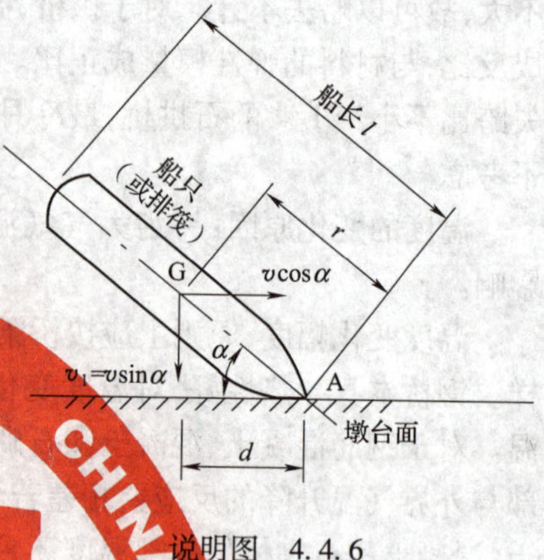

说明图 4.4.6

$$E=\frac{1}{2}m_1v^2=\frac{1}{2}m_1(v\sin\alpha)^2+\frac{1}{2}m_1(v\cos\alpha)^2$$

假定船只或排筏可沿墩台面自由滑动，则船只给予墩台的动能仅有前一项，即

$$E'=\frac{1}{2}m_1(v\sin\alpha)^2=\frac{1}{2}m_1v_1^2$$

式中　$v_1=v\sin\alpha$称为撞击法向速度。

在撞击的瞬间，动能E'主要转化为以下几部分：

(1)船只（或排筏）的平面运动（旋转）、继续前进或后退；

(2)墩台身的变形；

(3)船体结构（或排筏）的变形。

此时，船身以角速度ω绕撞击点A旋转，其转功能为

$$\frac{1}{2}I_A\omega^2=\frac{1}{2}(m_1R^2)\omega^2$$

式中　R——船只绕撞击点A的旋转半径；

I_A——船只绕撞击点A的转动惯量。

根据动量矩守恒定律得

$$m_1v_1d=I_A\omega$$

式中d为说明图4.4.6中所示距离，为船只重心G至撞击点A在墩台面上的投影距离。因为$I_A=m_1R^2$，所以$\omega=\frac{v_1d}{R^2}$。

除了船只旋转而损失的动能外，假定不计其他的动能损失（如振动之类），则碰撞后余下的有效动能为

$$\frac{1}{2}m_1v_1^2-\frac{1}{2}(m_1R^2)\omega^2=\frac{1}{2}m_1v_1^2\left(1-\frac{d^2}{R^2}\right)=\frac{1}{2}m_1v_1^2\rho \quad （说明4.4.6—1）$$

令$\left(1-\frac{d^2}{R^2}\right)=\rho$，称为动能折减系数。

$R^2=r_1^2+r^2$，其中r_1为船只或排筏对通过其重心并垂直水平面的轴的回转半径，r为撞击点至船只或排筏的质心的距离（沿船纵轴）。

假设船只（或排筏）结构和墩台身的“荷重—变形”均为一次线性关系。以C_1代表船

(或排筏)结构的弹性变形系数,即产生单位力所产生的变形,以 C_2 代表墩台身的弹性变形系数,F 代表撞击力,则碰撞点 A 沿撞击法向速度 v_1 方向相对的总变形 Δ 为

$$\Delta = F(C_1 + C_2)$$

$$E = \frac{1}{2}F\Delta = \frac{F^2}{2}(C_1 + C_2) \qquad \text{(说明 4.4.6—2)}$$

由式(说明 4.4.6—1)和式(说明 4.4.6—2)得

$$\frac{1}{2}m_1 v_1^2 \rho = \frac{F^2}{2}(C_1 + C_2)$$

$$F = v_1\sqrt{\frac{\rho m_1}{C_1 + C_2}} = v\sin\alpha\sqrt{\frac{\rho W}{g_n(C_1 + C_2)}} \qquad \text{(说明 4.4.6—3)}$$

令 $\gamma = \sqrt{\frac{\rho}{g_n}}$,也可称为动能折减系数,单位为 $s/m^{1/2}$,以 γ 代入式(说明 4.4.6—3),最后得

$$F = v\sin\alpha\gamma\sqrt{\frac{W}{C_1 + C_2}} \qquad \text{(说明 4.4.6—4)}$$

式中 v——撞击速度(m/s);

W——船只或排筏重(kN);

C_1,C_2——船只(或排筏)、墩台身的弹性变形系数(m/kN),一般应由实验求得,当缺乏资料时,可用

$$C_1 + C_2 = 0.000\,5\ \text{m/kN}$$

$$\rho = 1 - \frac{d^2}{R^2} = 1 - \frac{(r\cos\alpha)^2}{r_1^2 + r^2} = 1 - \frac{1}{\left(\frac{r_1}{r}\right)^2 + 1}\cos^2\alpha$$

当 $\alpha \leqslant 20°$ 时,可视为 $\cos\alpha \approx 1$,$\rho = \frac{1}{\left(1 + \frac{r}{r_1}\right)^2}$

r_1 和 r 与船只的形状有关,内河船只一般可考虑为

$$r_1 = 0.25l \sim 0.2l$$

$$r = 0.3l \sim 0.4l$$

式中 l——船只长度。

长而窄的船 r_1 和 r 要小一些,短而宽的船 r_1 和 r 要大一点。

当正向撞击(指船只驶近方向与撞击点处墩台面法线方向一致)时,$\alpha = 90°$,$\rho = 1$,相应的 $\gamma \approx 0.3$。

当斜向撞击(指船只驶近方向与撞击点处墩台面法线方向不一致)时,$\alpha \leqslant 20°$,$\rho = 0.2 \sim 0.4$,相应的 $\gamma \approx 0.2$。

根据我国交通部于 1963 年颁发的"全国内河通航试行标准"中航道等级的划分,假设顺桥方向自通航孔一侧船只的驶近速度 7 km/h($v \approx 2$ m/s),$\alpha = 20°$,$\gamma = 0.2$,$C_1 + C_2 = 0.000\,5$ m/kN,求得相应航道等级的船只撞击力如说明表 4.4.6,供设计时参考。

4.4.7 本条是参考《高速铁路暂规》的规定新增加的条文。

跨越公路的桥梁,设在公路上或紧邻公路边缘的桥墩,当其可能受到汽车撞击时,应根据实际情况,设置坚固可靠的防护工程,如采用拦板、防冲架、防撞墙等措施以防止桥墩

说明表　4.4.6

内河航道等级	通航船只装载量（t）	船只撞击力(kN)	
		顺桥轴方向，通航桥跨一侧	横桥轴方向，桥墩上游端
一	3 000	1 050	1 300
二	2 000	850	1 100
三	1 000	600	750
四	500	450	550
五	300	350	400
六	100	200	250

注：上表第 4 列的数值约等于第 3 列的 1.25 倍。

被撞。当无法设置防护工程时，必须考虑汽车对桥墩的撞击力。此力属特殊荷载，不与其他附加荷载同时考虑，只与主力相组合。

汽车撞击力的大小和作力点，是参考德国《铁路桥梁及其他工程结构物规范》（DS 804）的有关内容拟定的。

4.5.1　铁路桥人行道，以通行巡道和维修人员为主，一般行人不多。在人行道上，有时需放置轨枕、钢轨和工具，故在明桥面人行道上的静活载采用 4 kPa，此值相当于民用建筑标准中最大的一种均布活载。

在道砟桥面的人行道上考虑养护翻修道床时堆放道砟的需要，《99 桥规》规定道砟桥面的人行道，距离梁中心 2.45 m 以内静活载采用 10.0 kPa，相当于堆高道砟 0.5 m；但是对于加宽较多的人行道，如牵出线、梯线等，倘若所有人行道部分都用 10 kPa，显然偏大，因此规定离梁中心为 2.45 m 范围内的人行道为 10 kPa，在此范围以外为 4 kPa。

公铁两用桥的公路路面人行道活载应按《公路桥涵设计规范》办理。

设计主梁时，人行道荷载不与列车活载同时计算，因人行道栏杆距桥梁中心线最小净距为 2.45 m（曲线梁加上曲线加宽值），这个范围略大于桥梁建筑接近限界（桥梁建筑接近限界为 2.44 m）。列车通过时人行道上不应有行人，至于存放工具仅属偶然现象，且一般不会满布，故在此情形下人行道荷载与列车活载不同时考虑。在设计牵出线、梯线桥梁的人行道时，人行道栏杆距桥中心宽达 3.5 m，已超出桥梁建筑接近限界，人行道荷载有可能与列车活载同时作用，但牵出线的桥梁人行道一般是供铁路工作人员作业使用，不会满载，因此也不与列车活载同时计算。

在特殊情况下，为了允许城镇居民通行而加宽的人行道，其人行道荷载与列车活载是同时作用的，应作为主力同时计算。此时人行道荷载应按实际使用情况来确定。

人行道上除考虑均布荷载外，还应考虑一块步行板承受集中力的情况。《59 桥规》规定集中荷载为 1 kN，此数值偏小，实际情况可能超过，机械化养路后还可能有推小车的情况，故集中荷载改按 1.5 kN 检算。

当电力、通信和信号电缆从桥上沿人行道支架通过时，人行道支架应考虑电缆荷载的影响。

5.1.1　本条系对桥跨结构检算倾覆稳定性的规定。一般认为，支座属刚体，故稳定力矩及倾覆力矩沿横向指对支座边缘〔说明图 5.1.1(a) A 点及 B 点〕而言，沿纵向指对支座铰中心〔说明图 5.1.1(b) C 点〕而言，计算公式如下：

$$K=\frac{\sum M_{\mathrm{d}}}{\sum M_{\mathrm{q}}}\geqslant 1.3$$

式中 K——倾覆稳定系数；

M_d——抵抗力矩；

M_q——倾覆力矩。

对于钢筋混凝土悬臂梁结构系考虑悬臂部分及挂孔有超载的可能，超载的幅度最多可以超过悬臂应力容许值的 30%，此时纵向倾覆稳定系数仍不应小于 1.3，使稳定性与强度达到均衡设计。

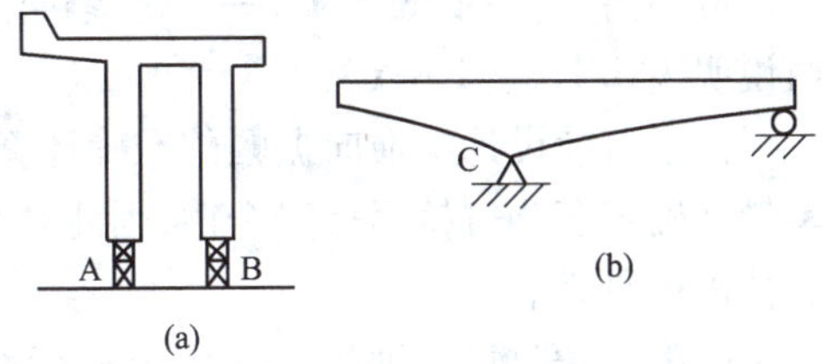

说明图 5.1.1 桥跨结构稳定性检算示意图

5.1.2 对梁式桥跨结构容许挠度的规定，主要是为了适应列车高速安全平稳运行的要求，并考虑挠度对结构本身的影响。

当挠度较大时，支座转角亦大，线路形成突变，不能维持连续平顺的曲线，致使此处受到冲击力，不利于养护。

考虑到提速后简支钢板梁发生的问题最多，竖向挠度容许值 $L/800$ 应该有所提高，本次桥规修订改为 $L/900$。

5.1.3 本条文参考铁三院、同济大学、铁专院和大桥设计院课题组的科研成果，是新增加的条文内容。

1 关于不同结构类型桥梁的横向自振频率限值

为了保证车辆以规定的高速安全地通过桥梁，既有铁路桥梁是用横向振幅行车安全限值$[A_{max}]_{5\%}$（见说明表 5.1.3—1）为检验标准。当桥跨结构的横向振幅超过上述限值时，车辆过桥必须限速。为了提供一个限速程度的建议，在铁运函〔2004〕120 号发布《铁路桥梁检定规范》（以下简称《桥检规》）中，提出“适应不同车速条件的桥跨结构横向自振频率值”表（见说明表 5.1.3—2）。

说明表 5.1.3—1 桥跨结构横向振幅行车安全限值$[A_{max}]_{5\%}$

类 别	结 构 类 型			跨中横向振幅行车安全限值$[A_{max}]_{5\%}$
钢 梁	无桥面系的板梁或桁梁			$L/5\ 500$
	有桥面系	板梁		$L/6\ 000$
		桁梁	$L\leq40$ m	$L/6\ 500$
			40m < $L\leq96$ m	$L/(75L+3\ 500)$
预应力混凝土梁				$L/9\ 000$

注：L 为跨度（m）。

说明表 5.1.3—2 适应不同车速条件的桥跨结构横向自振频率 f 值

类别	结 构 类 型				桥跨结构横向自振频率 f(Hz)		
					$v\leq60$ km/h	$v\leq70$ km/h	$v\leq80$ km/h
钢梁	无桥面系的桥梁				$50/L^{0.8}$	$55/L^{0.8}$	$60/L^{0.8}$
	有桥面系	板 梁			$45/L^{0.8}$	$52/L^{0.8}$	$55/L^{0.8}$
		桁梁	上承	$H/L=1/6$	$70/L^{0.8}$	$75/L^{0.8}$	$80/L^{0.8}$
				$H/L=1/8$	$65/L^{0.8}$	$70/L^{0.8}$	$75/L^{0.8}$
			半 穿		$48/L^{0.8}$	$55/L^{0.8}$	$60/L^{0.8}$
			穿 式		$50/L^{0.8}$	$60/L^{0.8}$	$65/L^{0.8}$
预应力混凝土梁					$40/L^{0.8}$	$50/L^{0.8}$	$55/L^{0.8}$

注：L 为跨度（m）；H 为桁梁高（m）。

应当指出，说明表 5.1.3—2 是提供限速时的参考值，行车速度最终还必须通过实测由说明表 5.1.3—1 确定。

由于目前设计中横向振幅的准确计算较为困难，希望能够通过桥跨结构横向自振频率最终确定车辆过桥运行安全性，因此必须对桥梁横向自振频率值和桥梁横向振幅的相关性进行研究。

同济大学收集各种不同结构类型（58 孔桥梁，特别是包括了 15 孔已加固的桥跨结构）铁路桥梁现场实测横向自振频率 f 与实测最大横向振幅值 A_{max} 进行分析回归，其相关图式见说明图 5.1.3—1 ~ 说明图 5.1.3—6。

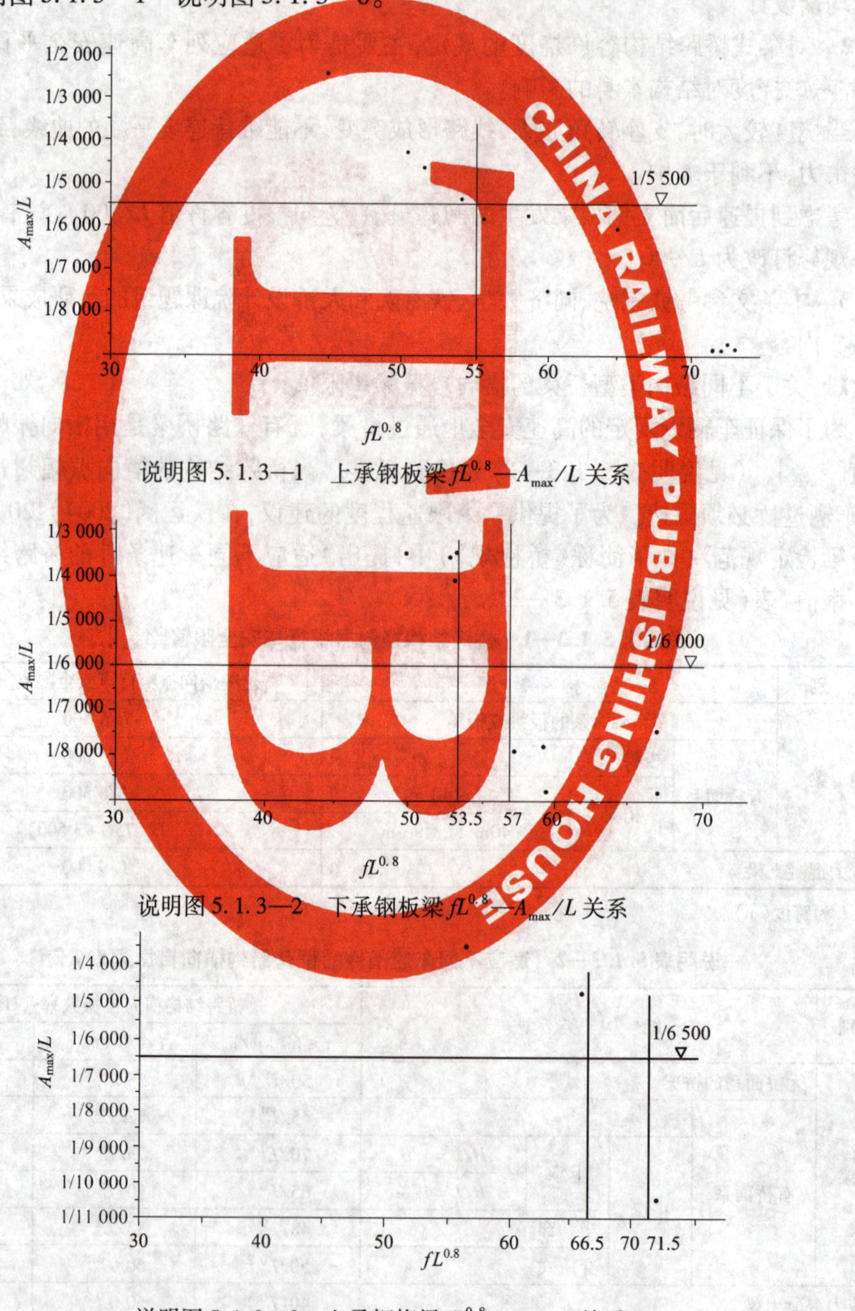

说明图 5.1.3—1　上承钢板梁 $fL^{0.8}$—A_{max}/L 关系

说明图 5.1.3—2　下承钢板梁 $fL^{0.8}$—A_{max}/L 关系

说明图 5.1.3—3　上承钢桁梁 $fL^{0.8}$—A_{max}/L 关系

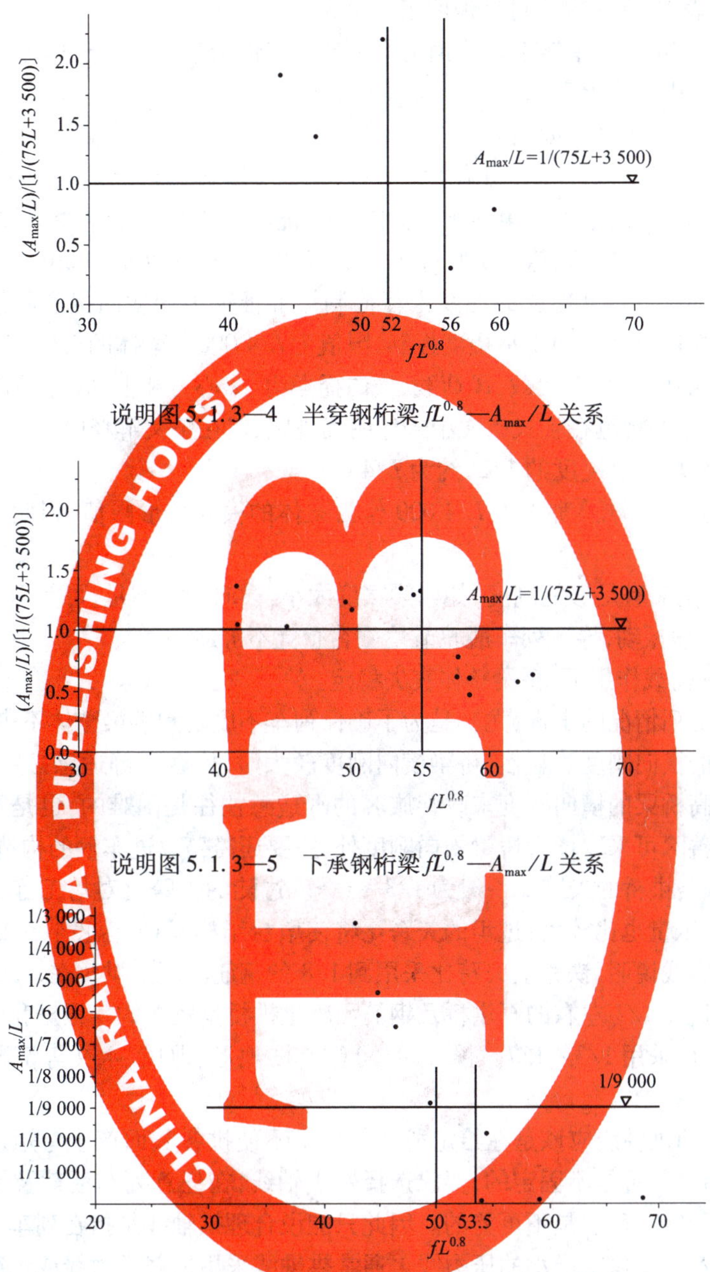

说明图 5.1.3—4 半穿钢桁梁 $fL^{0.8}$—A_{max}/L 关系

说明图 5.1.3—5 下承钢桁梁 $fL^{0.8}$—A_{max}/L 关系

说明图 5.1.3—6 预应力混凝土梁 $fL^{0.8}$—A_{max}/L 关系

从说明图 5.1.3—1 ~ 说明图 5.1.3—6 中可以看出，现场实测不同结构类型铁路桥梁横向自振频率 f 与实测最大横向振幅值 A_{max} 相关性较好，同时横向自振频率实测值与理论计算比较接近，在设计中采用的横向自振频率理论计算值能够较好地反映列车运行的状态。

本条文表 5.1.3 中不同结构类型桥梁的横向自振频率 f 容许值标准，引自《桥检规》第 10.0.6 条，该条文内容如下：

"为了保证空载货车（或混编货车）通过时车轮抗脱轨的安全度，适应不同车速的桥跨结构横向自振频率 f 不宜小于表 10.0.6 所列的值。"

《桥检规》表10.0.6内容可见说明表5.1.3—2。

单线上承式钢板梁、单线上承式钢桁梁和半穿式钢桁梁结构由于其动力性不好，在新建铁路钢桥设计中应谨慎采用。

2　关于梁体的水平挠度限值

对梁体横向变形进行控制，明确规定的有1995年欧盟试行标准及1976年的UIC标准。欧盟试行标准采用梁端转角和梁体横向水平挠度形成的曲线半径双控制，从转角控制值推算出横向水平挠度限值当120 km/h < v≤220 km/h时为L/2 000（假定横向挠度为圆曲线），从横向水平挠度形成的曲线半径控制标准推算出的横向挠度限值为L/4 000；而UIC标准直接用梁体横向水平挠度控制，限值为L/4 000。梁体的横向变形的检算荷载为：考虑动力系数的UIC71活载、风荷载、横向摇摆力、离心力和上部结构两侧温差。

日本1992年的规范在正式条文中未作明确规定，但在条文解释中认为横向水平方向的挠度限制值可取垂直挠度的1/2，约为L/4 000。

我国《高速铁路暂规》都采用L/4 000作为梁体的横向变形限值，因此本规范亦按此办理。

5.1.4　钢梁横向应有足够的刚度，如钢梁宽度太小，横向刚度不足，可能引起：

（1）横向剧烈振动，导致列车脱轨或使旅客感觉不舒适；

（2）在列车荷载作用下，桥梁整体丧失稳定。

为了避免上列情况的出现，尤其是为了确保列车不脱轨和桥梁整体不丧失稳定，桥梁必须具有足够的横向刚度。显然，桥梁横向刚度较大时，旅客的舒适感必定得到改善，但是想完全靠提高桥梁的横向刚度来改善旅客的舒适感往往是困难的，也是不经济的。旅客舒适感的改善除可采取增大桥梁横向刚度外，主要还需藉改进车辆的构造来解决。

5.2.1　我国铁路拱桥的矢跨比一般为1/3～1/5。过陡的矢跨比对圬工施工带来较大的困难，且桥跨圬工量也比较大；过坦的矢跨比将使墩台结构复杂，温度收缩的附加内力增大。一些施工实践说明，铁路上矢跨比采用到1/8的钢筋混凝土拱桥在建造上并不困难，国外建成矢跨比在1/7左右的石拱桥及钢筋混凝土拱桥是较多的。根据我国拱桥建造经验，矢跨比一般可采用1/3～1/7。设计时，可按具体地形、地质、水文等情况从中选取合理的矢跨比。

5.2.2　最合理的拱轴线应该是在给定荷载作用下不使拱各截面产生弯矩之压力线。但是，桥上列车活载位置是不固定的，要求选择一拱轴线，在任意列车活载及恒载组合作用下，拱各截面不产生弯矩，是不可能的。因此只能说合理拱轴线是指在列车活载及恒载等组合作用下拱各截面弯矩最小的压力线。通常拱轴线采用恒载压力线或恒载及匀布在全跨上的一半列车静活载压力线。

为了设计及施工方便起见，拱轴线常采用与上述压力线吻合较好的圆曲线、悬链线、二次抛物线或高次抛物线。在不少圬工拱桥中，拱圈（拱肋）常在拱顶附近的下翼缘出现径向裂缝，除由于构造及施工存在缺陷外，有时是因为拱轴线选择不甚合理引起的。对于超静定拱，拱圈（拱肋）弹性压缩、混凝土收缩和徐变以及墩台基础沉陷等因素均会引起拱轴线变化，常使拱顶截面在恒载作用下产生正弯矩，与拱顶活载正弯矩叠合，导致该截面下翼缘出现径向裂缝。故在选择超静定拱轴线时，有必要使拱顶截面在恒载作用下存在一定的负弯矩，以减小设计正弯矩，降低下翼缘的拉应力，防止出现裂缝。对于跨度为80～100 m的超静定拱，可先以上述压力线作为初拟拱轴线，再考虑拱圈（拱肋）弹性压缩、混凝土收缩和徐变以及预计的基础沉陷诸因素逐步校正,直至求得最合理的拱轴线。

5.2.3 板拱的拱圈宽度及肋拱的外肋中心距,除应按照实际受力来决定外,还应从保证拱的横向刚度及稳定性来考虑,使纵向稳定与横向稳定相一致,以求得经济和安全的可靠性。《75 桥规》规定拱桥宽度为:不得小于计算跨度的 1/20,且不得小于 3 m。但在国内外已建成的大跨度拱桥(包括钢拱及钢筋混凝土拱、箱形拱和肋拱)中,该宽度小于计算跨度的 1/20 者不在少数。如南斯拉夫克尔克 I 号桥,宽跨比仅为 1/30,南斯拉夫另一座舍宾斯基拱桥,宽跨比仅为 1/32.5;在我国已建成的几座铁路钢筋混凝土拱桥中,其宽跨比也有未达到《75 桥规》要求者,如丹河桥为 1/26.67。因此本规范规定拱桥宽跨比一般不宜小于 1/20,以免限制过严。

位于直线上的桥梁,具有双侧人行道的桥面净宽规定不应小于 4.9 m,如果拱圈(拱肋外缘距离)小于 3 m,则桥面板两侧向外悬出的长度过大,活载压力线超出拱圈过多,桥面板构造复杂,因此规定不宜小于 3 m。

悬砌拱基肋的宽度主要应根据施工中基肋所形成的拱圈,在低龄期处于裸拱状态时自重作用下的稳定性和强度要求来决定。

5.2.4 设置固定墩的目的,主要是考虑多跨连拱在一孔跨或一个墩台遭到破坏时不致全部倒塌,并考虑到施工组织安排或拱架等设备的倒用,不可能过多的孔跨同时施工。但固定墩的体积很大,过多的设置将使全桥很不经济且不合理。综合以上因素,两相邻固定墩间的跨数以不大于 4 跨为宜。

5.2.5 此条规定主要是针对钢拱桥。在目前设计中,钢筋混凝土等材料建成的拱桥的挠度不可能达到计算跨度的 1/800,因此不必检算。规定拱桥容许挠度的目的与梁桥一样。

5.2.6 根据理论计算,跨度越小,矢高越坦,不计弹性压缩时的内力误差百分数就越大。如以推力 H 为例,跨度 30 m,矢跨比 1/3 时,误差为 2.5%;跨度 20 m,矢距比 1/4 时,误差为 6.3%;跨度 10 m,矢跨比 1/5 时,误差为 13%。但考虑到混凝土或砂浆具有塑性性质,不计弹性压缩对小跨度拱的实际内力影响不大。

另外,过去设计的小跨度拱桥有些开裂,根据调查,拱的刚度过大是开裂原因之一。如考虑弹性压缩,势必导致进一步加大拱截面,更加不利。

跨度较大的拱桥,由于应力较高,弹性压缩影响从绝对值来说较大,不考虑是不恰当的。

5.2.7 拱上结构按其实际工作状态为弹性支承在主拱圈上的连续梁或连续刚架。作用于桥跨上的荷载将引起主拱各截面产生不同的弹性变位(线变位及角变位),拱上结构各支承的弹性变位也相应不同,无论拱上结构与主拱抗挠刚度比值如何,该弹性变位对拱上结构内力都产生很大的影响,使其与按刚性支承的连续梁或连续刚架计算的内力迥然不同。有时,按连续梁或连续刚架求得的影响线面积为负,而在拱上结构与拱共同工作的计算中求得的却为正,反之也是这样。与此同时,钢筋混凝土拱上结构的配筋,按共同工作计算,梁的截面上下翼缘均应设置受力钢筋,且数量相近。倘若按连续梁或连续刚架计算,则梁的受力钢筋,在跨度中布置在下缘,在支承处布置在上缘。如不考虑共同工作,可能导致跨中上缘和支承处下缘配筋不足而开裂甚至破坏。

基于上述分析,拱上结构计算应考虑其参与主拱共同作用的影响。

桥跨结构在荷载作用下,拱上结构与拱共同作用,总的说能减轻拱的受载状态,而该减载作用的大小随桥面梁与拱截面抗挠刚度的比值增大则增大。按有关资料,梁与拱截面抗挠刚度的比值为 1∶1时,拱 1/4 跨度处截面弯矩比裸拱降低 62% ~67% ;1∶4时,降低 16% ;而当为 1∶6. 4 时,则除拱顶截面外,其余截面都降低 10% 左右。由此可见,当梁与拱截面抗挠刚度比值大于 1∶5时,除拱顶及拱脚两截面外,其余截面弯矩的降低百分数将大于 10。这对设计大跨度拱桥具有实际意义。因此,当桥面系的截面刚度较大时(例如当其刚度与拱顶刚度之比大于 1∶5时),宜考虑拱上结构对降低主拱内力的影响。

5. 2. 8　超静定拱的基础位移将在拱圈(拱肋)截面内引起较大的附加力,因此必须考虑基础位移的影响。当不能确定基础位移值时,应采取可靠措施,使拱圈(拱肋)能承受可能出现的附加内力,并尽量减少附加内力的产生。

5. 2. 9　多跨连续拱桥中,由于桥墩具有一定的柔性,当一孔加载时,加载孔拱脚处的推力及弯矩使墩顶产生位移及转动,从而使加载孔实际内力不同于按拱脚无位移及转动的假定条件下计算所得的内力。与此同时,在其余未加载各孔也将引起内力,此即连拱作用。

连拱的内力可按结构力学方法计算。一般为简化计算,当 $k_d/k_a \geqslant 10$ 时,可略去拱脚弯矩对墩顶位移转动的影响。此处 k_d 为墩的“推力刚度”,即当墩下端固定,墩顶有一单位水平位移时所需之推力;k_a 为拱的“推力刚度”,即两拱脚相对产生一单位水平位移时在拱弹性中心处所需加的推力。

当连续多于三孔时,一般可按三孔连拱计算,而不会导致较大的误差。

5. 2. 10　利用影响线计算活载内力时,小跨度拱桥影响线加载长度很短,集中轴重之纵向分布对拱圈的活载内力影响很大,故有必要考虑轴重的纵向分布。纵向分布系将集中轴重部分按 45°分布为均布荷载,其换算后的作用面取为拱顶处道砟层底面之同一水平面。这样就避免了繁琐计算,五个轴重可按说明图 5. 2. 10 分布。

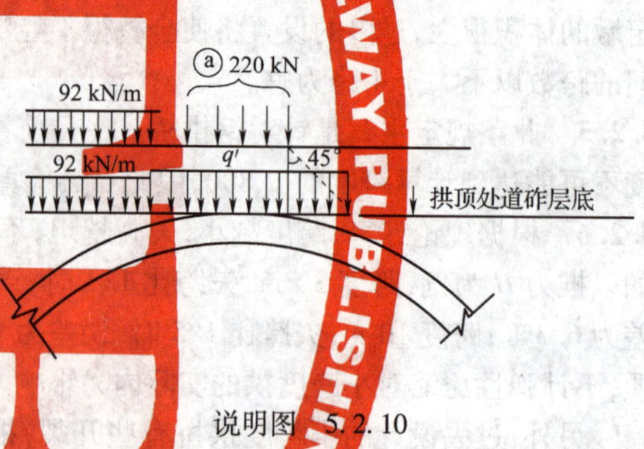

说明图　5. 2. 10

标准活载的横向分布,在轨底水平面内的作用宽度等于轨枕长度,即 2. 5 m。其在道砟层内的分布线与竖直线的交角为 45°。考虑到拱顶道砟厚度一般不超过 1 m,因此,每一线路在拱圈分布的横向宽度最大取4. 5 m。

5. 2. 11　计算桥上横向风力时,先将全桥所受的风力总和 W 求出。

在假拟的固定端水平直梁上满布均布荷载 $q_1 = \frac{W}{L}$,其固定端弯矩为 $M_1 = \frac{q_1 L^2}{12}$。在假拟的竖向悬臂梁上满布匀布荷载 $q_2 = \frac{W}{2f}$,其固定端弯矩则为 $M_2 = \frac{q_2 f^2}{2}$。

计算离心力及列车风力时,亦须将全桥总的合力 P 求出。作用在固端水平直梁上的匀布荷载 $q_1 = \frac{P}{L}$,其固定端弯矩亦为 $M_1 = \frac{q_1 L^2}{12}$。作用于竖向悬臂梁自由端的集中荷载为 $\frac{P}{L}$,其固定端弯矩则为 $M_2 = \frac{Pf}{2}$。

作用于拱脚的总弯矩 M 为

$$M = M_1 \cos\phi_n + M_2 \sin\phi_n$$

式中 ϕ_n——拱脚处拱轴线的水平倾角。

拱圈宽度大于 $L/10$ 时,拱脚截面惯性矩较大,横向风力及离心力产生的应力较小,可以不进行检算。

5.2.12 系杆拱的桥跨结构,任一截面中的弯矩在系梁及拱中的分配与两者截面抗挠刚度比值有关。当 $EI_b \leqslant (1/80 \sim 1/100)EI_a$($EI_b$、$EI_a$ 分别为系梁和拱的截面抗挠刚度)时,弯矩分配给梁的极小,可忽略不计,而视其全由拱承受。柔性系杆刚性拱结构即为内力一次超静定结构(说明图 5.2.12—1)。反之,当 $EI_a \leqslant (1/80 \sim 1/100)EI_b$ 时,弯矩则全由梁承受。刚性梁柔性拱结构亦为内力一次超静定结构。两者连接处亦由于其抗挠刚度大小悬殊过大,可视为铰接(如说明图 5.2.12—2)。

说明图 5.2.12—1 柔性系杆刚性拱

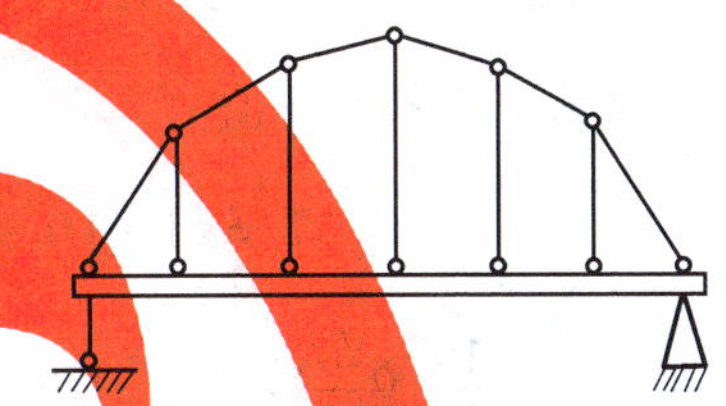

说明图 5.2.12—2 刚性梁柔性拱

5.2.13 拱在平面内失稳时的变形基本上分反对称和对称两种情况(如说明图 5.2.13—1)。在均布荷载作用下,相应于最小临界荷载的失稳变形,对无铰和双铰拱均为反对称情况,对三铰拱视 $m = \dfrac{f}{L}$ 值而存在对称($m = 0.1 \sim 0.2$)及反对称($m = 0.3 \sim 1.0$)两种失稳情况。

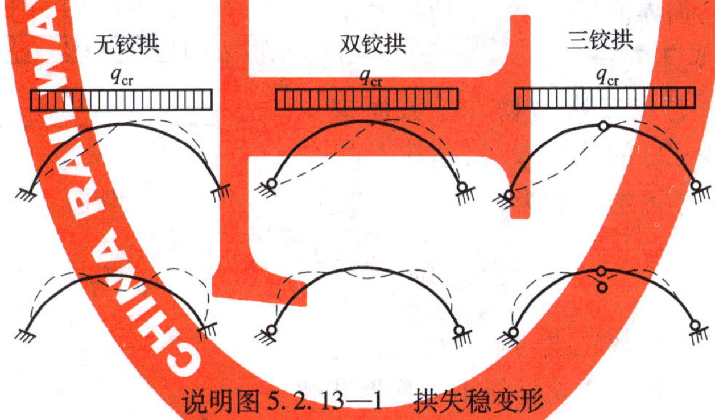

说明图 5.2.13—1 拱失稳变形

二次抛物线等截面拱的匀布荷载临界值为 $q_{cr} = K\dfrac{EI}{L^3}$。相应于临界匀布荷载 q_{cr} 的拱内临界水平推力则为

$$H_{cr} = \frac{q_{cr} \cdot L^2}{8f} = K \cdot \frac{EI}{8L^2} = \frac{L}{f}$$

式中 EI——拱截面抗挠刚度;

L——跨度;

f——矢高;

K——随拱的静力图式及矢跨比而变的系数。

按欧拉公式,中心受压直杆的临界轴向压力为

$$N_{cr}=\frac{\pi^2 EI}{L_0^2}$$

式中　L_0——压杆计算长度。

将拱的稳定检算变换为中心受压杆的稳定检算，令 $H_{cr}=N_{cr}$，于是

$$L_0=\pi\sqrt{\frac{8f}{KL}}\cdot L$$

如拱上结构参与拱的共同作用，则拱的稳定性显然比裸拱增大，临界水平推力可简单地按拱、梁两者截面抗挠刚度之和与拱的截面抗挠刚度之比例增大，即将 K 增大 $\left(1+\frac{EI_b}{EI_a}\right)$ 倍，此处 EI_a 和 EI_b 分别为拱和梁的截面抗挠刚度。从国外一些研究资料得双铰拱 K 在此种情况下的修正值为

$$K'=\left\{1+\left[0.95+0.7\left(\frac{l}{f}\right)+\left(\frac{f}{L}\right)^2\right]\frac{EI_b}{EI_a}\right\}K$$

取 $\frac{f}{L}=\frac{1}{3}\sim\frac{1}{7}$，又 $\frac{EI_b}{EI_a}$ 一般不大于 $\frac{1}{5}$，且令其等于该值，则

当 $\frac{f}{L}=\frac{1}{3}$ 时，$K'=K\left(1+1.294\frac{EI_b}{EI_a}\right)=1.26K$

当 $\frac{f}{L}=\frac{1}{7}$ 时，$K'=K\left(1+1.07\frac{EI_b}{EI_a}\right)=1.21K$

按本规范条文规定修正，$K'=1.2K$。

比较两种修正方法，误差最大仅为 5%，且按本条规定算得的临界值偏小，故 K 值按本条的规定修正，检算偏于安全。

对下承式带系杆的二次抛物线等截面拱（如说明图 5.2.13—2）的稳定检算，由于系杆的作用使临界荷载增大的系数为

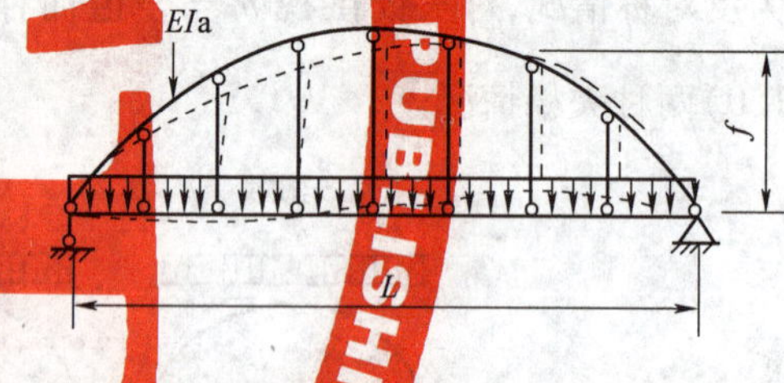

说明图　5.2.13—2

$$\eta=\frac{q_{cr}(T)}{q_{cr}}$$

式中　q_{cr}——无系杆的双铰拱的临界荷载；

$q_{cr}(T)$——同一拱但计入系杆使用的临界荷载。

说明图 5.1.13—3 所示 η 值随 $\frac{f}{L}$ 减小而增大。当 $\frac{f}{L}\approx\frac{1}{3}$ 时 $\eta\approx 2$，而 $\frac{f}{L}$ 一般都小于 1/3，故从偏于发全考虑本条规定检算这种结构稳定的 K 值，按双铰拱的相应值增大 2 倍。

下承式刚性梁二次抛物线柔性拱（说明图 5.2.13—4）的临界水平推力为

$$H_{cr}=K\frac{EI_b}{L^2}$$

式中　EI_b——刚性梁的抗挠刚度；

L——跨度；

K——随 $m=\frac{f}{L}$ 及节间数 n 而异的系数：

当 $n=8$ 时，$K=16.84/m^2$；

当 $n=6$ 时，$K=18.96/\mathrm{m}^2$；

当 $n=4$ 时，$K=32/\mathrm{m}^2$。

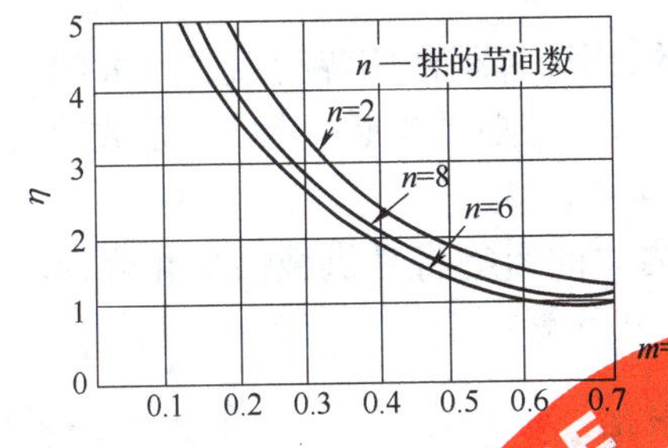

说明图 5.2.13—3

说明图 5.2.13—4

拱轴和截面变化比较复杂的稳定计算，可变换为等截面拱进行检算。该换算等量截面惯性矩 I_i 的确定方法系将半个拱圈取直为一简支梁〔如说明图 5.2.13—5(a)〕，另取一跨度相同等截面简支梁〔如说明图 5.2.13—5(b)〕，在这两者跨度中作用一单位荷载，当后者截面惯性矩为 I_i，两者跨度中央的挠度 δ 相同时，I_i 即为拱的换算等量惯性矩。

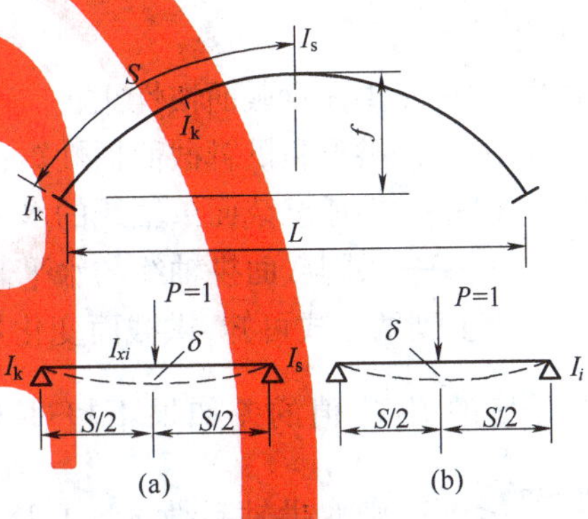

说明图 5.2.13—5

拱在拱平面外的稳定比其在拱平面内的稳定较易保证。板拱截面对竖轴的抗挠刚度远大于其对水平轴的刚度，因此其在拱平面外失稳时的临界荷载要比其在拱平面内的临界荷载大几倍，故可不必检算。至于用横撑联系起来的肋拱，横向刚度是以整个结构按立体空腹桁架的工作来确定的，这也就比每片肋拱在其平面内单独工作较为有利。

用横撑联系的肋拱稳定计算是一个比单独肋拱的计算更为复杂的问题，直到现在这个问题的理论研究还很少。这里仅列举一个近似的计算方法，即将它当做长度等于拱轴长度的平面空腹桁架来分析。采用拱跨度 1/4 点处的纵向力作为这个平面桁架的弦杆中的压力，即

$$N=H/\cos\phi_{\mathrm{m}}$$

式中 H——拱的水平推力；

ϕ_{m}——跨度 1/4 点处拱轴线的水平倾角。

此时，临界力按铁摩辛柯的组合杆件公式计算，即

$$N_{\mathrm{cr}}=\alpha_0\frac{\pi^2EI}{l_\alpha^2}$$

式中 I——两根弦杆对其公共轴(与桥的轴线重合)的惯性矩；

l_α——拱轴线长度；

$$\alpha_0=\frac{1}{1+\dfrac{\pi^2EI}{l_\alpha^2}\left(\dfrac{\alpha h}{12EI_{\mathrm{p}}}+\dfrac{\alpha}{26EI_{\mathrm{n}}}\cdot\dfrac{1}{1-\beta}\right)}$$

α,h——节间长度及弦杆轴线间的距离；

I_p, I_n——横撑和弦杆对竖轴的惯性矩；

$$\beta = \frac{N_{cr}\alpha^2}{2\pi^2 EI_n}$$

本条是根据忽略了材料行为的非线性而制定的，因而算得的临界荷载是偏大的。而非线性分析的计算较繁，目前仍可暂用本条规定计算，但有必要规定稳定安全系数的最小要求值，尤其在无支架施工的裸拱（裸肋）阶段更为重要。

5.2.14 跨度、矢高及拱轴线形状确定后，对于拱内力的影响将是拱截面变化规律。通常，在变截面悬链线拱中，截面变化规律采用下列公式计算：

$$\frac{I_s}{I\cos\phi} = 1-(1-n)\xi$$

$$n = \frac{I_s}{I_k\cos\phi_k}$$

式中 I——拱任意截面惯性矩；

I_s, I_k——拱顶和拱脚截面惯性矩；

ϕ——拱任意截面拱轴线的水平倾角；

ϕ_k——拱脚截面拱轴线的水平倾角。

由上列两公式可知，拱截面变化规律仅取决于参数 n，计算中，原拟定的 I_s/I_k 值与最后确定的 I'_s/I'_k 值的差如果不超过 30%，即 $\frac{I_s/I_k - I'_s/I'_k}{I_s/I_k} = \frac{n-n'}{n} \leqslant 0.3$ 或 $\frac{I'_s/I'_k - Is/I_k}{I_s/I_k} = \frac{n-n'}{n} \leqslant 0.3$，则取拱轴系数 $m = 1$ 及 9.889，$n = 0.6$。若计算修正的 $n' = 0.7 \sim 1.3$，$n = 0.42 \sim 0.78$，则拱顶、跨度 1/4 点及拱脚等三截面内力影响线面积增减的百分数如说明表 5.2.14。

说明表 5.2.14

编号	内力	拱顶	$\frac{L}{4}$点	拱脚
Ⅰ	M_{max}	−9.1 ~ 6.8	−5.9 ~ 4.2	−5.2 ~ 8.7
	相应 H	0 ~ 1.1	−5.4 ~ 2.7	−1.9 ~ 1.9
	相应 Q	0	−3.7 ~ 1.9	−2.0 ~ 0.8
Ⅱ	M_{min}	−9.0 ~ 7.1	−5.9 ~ 3.5	−6.1 ~ 7.6
	相应 H	−2.1 ~ 4.2	−3.0 ~ 4.0	0
	相应 Q	0	−1.0 ~ 2.0	−0.5 ~ 0.9

由说明表 5.2.14 可知，弯矩最大增减为 9%，推力为 5%，而剪力为 3%。故原拟定与最后确定的拱顶和拱脚截面惯性矩之比值差如不超过 30%，则计算内力之误差将不超过上述百分数，可不重新按最后确定的 n' 进行内力计算（说明图 5.2.14）。

5.2.15 桥上列车制动力或牵引力 T 在拱脚处引起的反力如说明图 5.2.15 所示，其中 $V = \frac{Tf}{L}$。

条文的有关规定，对于梁式拱上结构的空腹拱桥，由于空腹部分立柱的抗推刚度远小于桥面梁在拱顶实腹端支承处的抗推刚度，因而是适用的；对于拱式拱上结构的空腹拱桥，其中空腹部分的制动力或牵引力，虽先传递到各腹拱的拱脚处，但仍可按条文规定进行计算，这样偏于安全。

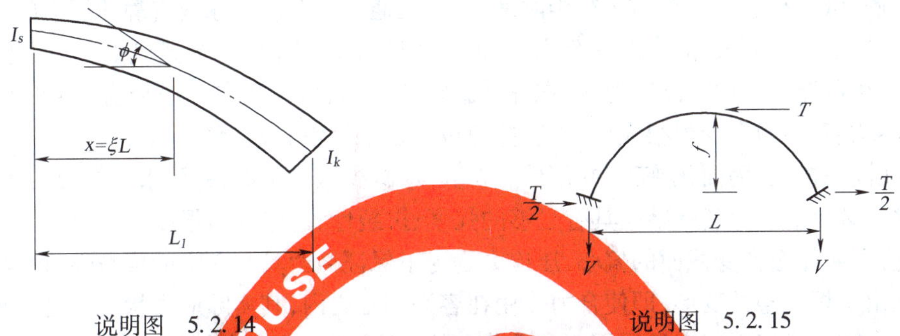

说明图 5.2.14 说明图 5.2.15

5.2.16 固定墩系在一侧拱圈（拱肋）破坏后起支承另一侧拱圈（拱肋）使之能独立存在的临时支承物。它只承受单侧拱圈（拱肋）传来的恒载反力。一经修复之后，这种受力状态即不存在，故将其视为仅承受临时施工荷载的桥墩。

5.2.17 现代的拱桥（特别是大跨拱桥），大都采用无支架方法施工，计算恒载产生拱圈各截面应力时，必须考虑拱圈在形成过程中各个阶段的应力，否则计算的应力可能偏小或不安全。

5.2.18 温度降低时，拱顶下降，拱上结构也随之发生变形（说明图 5.2.18）。由于桥台是不移动的，因此拱上结构在拱顶部产生拉应力。同理，在荷载的作用下，拱产生的变形影响到拱上结构，也要发生拉伸或压缩的变形。为避免了拱上结构由于与桥台相联而被拉裂，所以应把桥台与拱上结构用贯通的伸缩缝来分开。同理，拱脚上方的腹拱必须作成三铰拱。

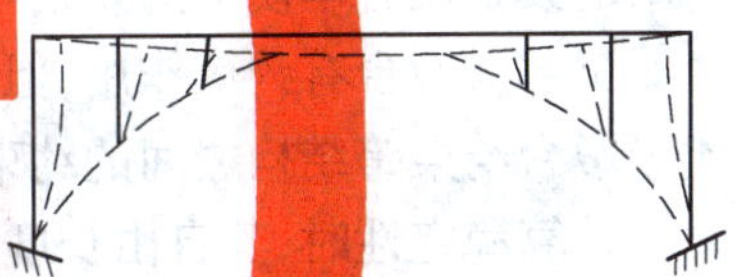

说明图 5.2.18 拱式桥跨结构温度降低时的变形*

5.2.19 采用分离式拱肋时，拱肋间沿长度必须设置足够数量的横撑，把拱肋联成刚劲的整体空腹桁架，以提高其侧向刚度。这样，当拱肋离拱平面挠曲时，能减少拱肋的计算长度，从而从构造上保证稳定性。对于箱形断面拱肋（拱圈）以及双曲线拱桥主拱圈，其在拱顶处、立柱支承处或吊杆连接处承受较大的集中荷载，为使截面受力均匀并保证拱肋腹板的局部稳定，必须在该处设置横隔板；对于双曲拱桥，横隔板还起到加强拱肋与拱板连结的作用。如果立柱（吊杆）间距过大或腹板、波板厚度较小，则拱的整体性及腹板（拱波的）局部稳定性不能得到保证，此时必须在其间增设横隔板。铰拱中，设铰处要传递集中的轴向力及剪力，故拱肋或拱圈在该处应设置强劲的横撑或横隔板。

斜交拱桥的空间稳定性比正交拱桥差，斜交角度越大其稳定性就越差，故斜交桥必须设置足够数量且强劲的横撑或横隔板。

5.3.1 常用桥梁墩台有混凝土实体墩台、混凝土或钢筋混凝土空心墩台、钢筋混凝土刚架墩台、钢塔架等，一般情况应考虑就地取材。钢塔架仅在特殊情况下或作为临时结构时采用。

柔性墩等轻型桥墩台，由于刚度较差，对提速不利，不应采用。

桥墩横截面的形式，对水流的压缩、冲刷深度都有显著影响。为提高桥孔的宣泄能力、减少冲刷、减少水流阻力，应采用流线型式。水流斜交不大，宜采用圆端形桥墩；对于水流方向不稳定的河流，紊流河段以及水流合流处或斜交较大的情况，宜采用圆形桥墩。设计频率水位以上墩身部分以及不受水流影响的桥墩，可采用矩形或其他形状。

刚架墩和高桩承台等由于结构刚度较小，在通航、流筏、流冰或有静冰压力的河流中，容易因撞击挤压而损坏；在有漂流物、夹带大量砂石的河流中容易遭到磨损，因此在这些情况下尽可能不采用。冰冻地区，在冻结影响范围内，倘采用空心墩台身，则可能因内外冰冻不均衡，使墩台受力很大，所以这些部位不得采用空心墩台。

在同一桥上，为简化施工，并使外观整齐，应减少墩台类型，并要求结构形式简单。

5.3.2　墩台本身及其基础应具有足够的强度、抗裂性、稳定性与强度。

检算实体墩台身截面的偏心、压应力是为了保证截面具有一定的抗裂性、稳定性与强度，但由于圬工塑性变形，即使合力作用在容许偏心之内，其实际应力状态还是比较复杂。为简化计算，可偏于安全地采用应力重分布的办法，不计拉应力的影响。

检算基底的合力偏心及压应力是为了使基底应力分布均匀，并满足强度要求。石质地基当合力超出核心时，按应力重分布办法检算地基强度。

墩台身纵向弯曲稳定是按中心压杆或偏心压杆的稳定理论计算。

检算墩台顶的弹性水平位移是为了保证运营时线路平稳，较高的实体、空心等墩往往成为设计的控制因素。以往有按高低墩的划分作为是否需作此项检算的依据，实际上高、低墩的设计没有本质上的差别。

梁部对墩台有约束作用，但考虑梁的弹性约束作用比较复杂。另外，目前尚缺乏各种类型墩台与梁跨结构之间的约束参数，一般桥墩多采用下端固定的悬臂杆图式。

计算稳定性时，其自由长度按悬臂杆考虑。

墩台计算中的活载一般按单跨活载、双跨活载、双跨空车等考虑，选其最不利情况切断布置。至于梁的挠曲力对墩台的影响，因涉及因素较多，目前工作做得还不够，所以未列入规范，有待今后继续研究。

墩台位移一般由两部分组成，一为墩身和基础材料的弹性变形，一为地基的弹性变形，计算时应将它们叠加起来。

桩基、沉井以及明挖基础的位移及转角按《铁路桥涵地基和基础设计规范》附录 D 计算。明挖基础弹性转角的计算应取得实测的土的弹性模量，当缺乏资料时也可按附录 D 中各类土的 m_0 值，但是当埋深小于 10 m 时按 10 m 计算这一点，对明挖基础未尽适宜，应用时宜考虑浅埋的影响。

在薄壁空心墩台中，温度、日照、混凝土收缩等影响引起结构内力的变化比较复杂，温度应力的计算方法还不够完善，或不够成熟，只能作为定性分析的参考，重要的是在设计中应考虑到这些因素，结合实践经验，在构造上采取一些必要的措施。

混凝土空心墩削弱截面面积较多，外力作用下不应产生裂缝，因此除检算截面压应力外，尚应检算拉应力。

5.3.3

1　关于墩台基础的沉降限值

在列车活载作用下，墩台、基础及地基的变形、变位共同引起桥上轨道的变位。对于基础的沉降量的限制，是为了减小桥上轨道的变位量，保证线路平顺，不致影响行车的安全性和舒适性。

参考有关资料，同时考虑台后过渡段的沉降要求，建议有砟桥面墩台均匀总沉降量限定值取 70～80 mm。相邻墩台均匀沉降量之差的限定值，沿用《99 桥规》的取值办法，可不大于墩台均匀沉降量的一半，建议取 35～40 mm。对于超静定结构，仍按《99 桥规》的规定，其相邻墩台均匀沉降量之差的容许值，根据沉降时结构产生的附加应力的影响而定。

明桥面工后沉降量调整比较困难，其工后沉降控制应该更加严格，故此明桥面墩台均匀总沉降量及相邻墩台均匀沉降量之差的限定值取有砟桥面的一半。

桥梁由于恒载作用下的沉降变形，有些在施工期间已经产生，桥梁的高度可以在施工中的到调整，因此仅计竣工后的沉降。由于活载作用下的沉降变形是瞬时的、弹性的，一般可以恢复，所以墩台的沉降仅按恒载计算。

2 关于桥墩台的横向及顺桥向水平刚度限值

静力计算墩台顶水平位移值，是桥墩台刚度的直接体现，是对车桥耦合振动体系影响较大的一个因素，影响旅客列车安全性和旅客乘车舒适度的指标，故应参考有关规定予以限制。

墩台顶帽面水平位移容许值的确定，一直为设计人员所关心。但是由于制订该项容许值时需要考虑的问题相当多（如需要考虑列车运行安全、养护方便、结构经济、旅客舒适……等），墩台顶帽面位移计算中碰到的困难不易解决（如墩台身弹性模量和截面惯性矩如何合理取值、顺桥轴方向上部结构对墩台顶帽面的约束作用如何考虑……等），加上缺乏足够的试验和系统的理论研究，以致长期以来墩台顶帽面水平位移容许值的制定进展不大。

（1）关于桥墩横向水平位移限值

对于 160 km/h 客车及 90 km/h 货车的客货共线铁路设计桥墩横向水平位移限值如何取值应该认真研究决定，现将按照国内外规范公式对比计算结果列于说明表5.3.3—1。

说明表 5.3.3—1 桥梁墩台横向水平位移限值[δ]（mm）

		德国规范	日本规范		欧盟规范（双控）						99 桥规	75 桥规
		水平折角 1‰	水平折角 3.5‰～4‰	水平折角 2.5‰～2‰	曲线半径 R=17 500 m	水平折角 1.5‰	采用值	曲线半径 R=9 500 m	水平折角 2‰	采用值	$5\sqrt{L}$	$4\sqrt{L}$
速度 v（km/h）		＞160	160	260	＞220			120＜v≤220			≤140	≤120
桥梁跨度 L（m）	8	4	14	10	0.5	6	0.5	0.8	8	0.8	14.14	11.31
	10	5	17.5	12.5	0.7	7.5	0.7	1.3	10	1.3	15.81	12.64
	12	6	21	15	1.0	9	1.0	1.9	12	1.9	17.32	13.85
	16	8	28	20	1.8	12	1.8	3.4	16	3.4	20	16
	20	10	35	25	2.9	15	2.9	5.3	20	5.3	22.36	17.88
	24	12	42	30	4.1	18	4.1	7.6	24	7.6	24.49	19.59
	32	16	64	32	7.3	24	7.3	136.5	32	13.5	28.28	22.62
	40	20	80	40	11.4	30	11.4	21.1	40	21.1	31.62	25.29
	56	28	112	56	22.4	42	22.4	41.3	56	41.3	37.41	29.93
	80	40	160	80	45.7	60	45.7	84.2	80	80	44.72	35.77
	96	48	192	96	65.8	72	65.8	121.3	96	96	48.98	39.19

根据说明表 5.3.3—1 得知，日本规范及欧盟规范都有对应 160 km/h 左右速度的横向水平位移限值，其中日本规范横向水平位移要求较宽，其限值是用列车活载作用下轨道面的折角表示，对应于时速 160 km 水平折角限制为 3.5‰～4‰，其相应得墩顶位移值均远大于我国《99 桥规》规定的 $5\sqrt{L}$ 的限制。

欧盟规范采用曲线半径和水平折角双控形式，横向变形包括上部结构和下部结构（包括桩、桥墩和基础），其在小于等于 32 m 跨度内对横向水平位移要求最为严格，40 m 跨度时和德国规范以及我国《75 桥规》的 $4\sqrt{L}$ 相接近。当大于等于 56 m 跨度时，欧盟规范横向水平位移要求均大于德国规范以及我国的 $5\sqrt{L}$ 的限值标准。

德国规范对于时速 160 km 及以下，无具体要求。对于大于时速 160 km 水平折角限制为 1‰。在 32 m 以下时，基本相当于 $3\sqrt{L}$；在 45～56 m，基本相当于 $4\sqrt{L}$；在 80～96 m 时，基本相当于 $5\sqrt{L}$。其限值考虑了带有离心力的活荷载、横向摇摆力、桥墩、梁体和车上的风荷载、桥墩和梁体结构的温度差、由于地基位移造成的转动等各种荷载组合情况。

我国规范的规定是参照前苏联规范制定的。我国《99 桥规》的限值（对应于 140 km/h）相当于水平折角在 1‰～2.04‰，和国外规范限值水平是一致的。为了和国际接轨，采用水平折角的表达形式，对常用的中小跨度铁路桥梁桥墩横向水平位移限制更严格一些，本条把《99 桥规》的 $5\sqrt{L}$ 限值标准改为墩台横向水平位移差引起的相邻结构物轴线间的水平折角不得超过 1.5‰限值标准是合理的。考虑到桥梁跨度等于或大于 40 m 时，从说明表 5.3.3—1 可以看出采用 1.5‰限值标准的桥墩横向水平位移大于《99 桥规》限值，故此时应采用水平折角不得超过 1.0‰限值。

目前，随着铁路的提速，有些桥梁出现了桥梁横向振动振幅超限问题。首先应该分清楚的是：桥墩横向水平位移的限值与桥墩横向振动幅值的限值是两个不同概念。桥墩横向水平位移限值主要是从轨道方向不平顺的要求出发，是轨道的静力不平顺（几何不平顺）问题；国外包括德国、欧盟、日本，其桥墩静力横向水平位移限值的提出均是基于轨道方向不平顺、保证列车运行安全和舒适度方面考虑的。桥墩横向振动超限其产生原因不仅仅是轨道不平顺，是复杂的动力问题，实测资料反映即使桥墩静力横向水平位移很小，只要车辆—轨道形成的规律性横向自激振动频率与桥梁的横向有载自振频率接近时，就会产生较大的振动现象。

铁三院对大量实测的满足《桥检规》振幅要求的桥墩计算其最大横向水平静位移，并进行数理统计。分析结果表明，按《99 桥规》组合计算的横向水平静位移和桥墩横向自振频率相关性很差，这就是说单靠静力位移进行控制，解决不了桥梁共振的动力特性问题。为保证列车通过的安全与舒适，建议桥墩横向刚度应采用墩顶静位移和桥墩横向自振频率双重控制。

桥梁的振动问题涉及车辆、轨道、梁、墩及基础和土。我国提速后出现桥梁横向振动超限的问题，主要发生在货车通过桥梁的时候，在提速货车产生桥墩振动过大的现象中，起主要作用的是车辆。

铁科院机辆所对国产 C_{62} 货车进行的试验研究表明，在运行速度 78～85 km/h 时，C_{62} 货车转 8A 转向架在直线线路上屡次出现长距离持续的剧烈摆振现象，其强振频率在 2.0～2.5 Hz之间，从而对轨道及桥梁形成周期性横向冲击。只要桥墩的横向自振频率接近这个范围，就可能产生较大的振动。桥墩的自振频率主要与墩高和基础有关，其设计往往很难避开这个频率。出现较大横向振动时的激励是清楚的,采用转 8A 转向架的车辆动力性能不好,在线路上运行时出现菱形,使轮对侧摆造成对轨道横向冲击以致形成横向摆振,是具有中国特色的问题。

由于养护和维修水平不到位造成轨道不平顺,既有铁路上恒载较轻、横向刚度弱的旧梁(如上承式钢板梁、单线钢桁梁和单线半穿式桁梁)以及如板凳墩、独柱墩、双柱墩及排架墩等横向刚度较弱的轻型桥墩,也是提速货车产生桥墩振动过大的其他原因。

同济大学收集了正常运行的 129 个中高墩实体墩身的桥墩实测自振频率及在货物列车、旅客列车过桥时墩顶最大横向振幅实测值。从实测数据中可以看出,客车过桥引起的墩顶横向振幅远小于货车,是货物列车控制墩顶最大横向振幅值;墩顶横向振幅与梁、墩的结构形式、地基基础等有关。

利用上述收集的资料进行回归分析,得出墩高与梁墩体系横向自振频率常见值的关系如说明图 5. 3. 3—1。

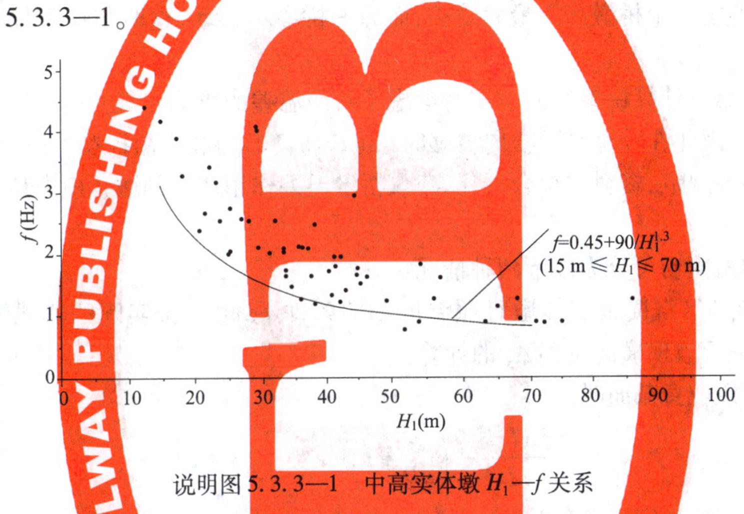

说明图 5. 3. 3—1 中高实体墩 H_1—f 关系

设计中桥墩横向刚度应考虑如下几条意见:

① 低墩($H_1/B<2.5$)——由于墩身高度小,桥墩按结构设计后具有足够横向刚度,可不必建立专用公式检算其横向刚度。

② 中高墩——梁敦体系的横向自振频率 f 不宜低于下式值:

$$f=0.45+90/H_1^{1.3} \qquad (15\ \text{m}\leqslant H_1\leqslant 70\ \text{m})$$

③ 高墩——当墩身高度超过 70 m 时,由于梁墩体系自振频率较低(一般小于 1 Hz),墩身质量又大,墩顶振幅一般不超过 3 mm,因此关于梁墩体系横向动力性能不是设计关键之点。

鉴于收集的桥墩仅有中高墩实体墩身的桥墩实测自振频率,墩身类型不够全面,而且桩基桥墩也较少,故此以上梁墩体系桥墩横向自振频率的常见值,只能供桥梁墩台设计中参考。

铁路桥梁的横向刚度是一个长期悬而未决的问题,也是一个十分复杂的经济技术问题。国内外许多学者曾对此进行过广泛而深入的研究,其成果反映在上面各国规范的有关条文中。但总的说来,评价尺度各不相同,宽严程度也有差异。这主要说明横向刚度蕴含的物理意义不甚明确,确定横向刚度的理论方法尚未被认识。

在我国,对车辆—桥梁系统中,桥墩的横向振动对车辆振动的影响,特别是运行安全的影响,尽管进行过一些动力计算,到目前为止国内尚缺乏明确的试验依据和系统的研究，仍有许多问题亟待实测、计算仿真、理论分析来解决，只有看清这个问题才能制订出桥墩合理的横向刚度或允许横向水平位移限值。

《99 桥规》对于铁路桥梁桥墩墩顶横向位移的荷载组合、组合系数及温差引起墩顶横向变位的计算方法、取值范围等没有明确的规定，铁三院和铁科院《铁路桥墩横向刚度荷载组合及计算研究》成果为桥规修订提供了依据。

我国以往关于桥墩横向位移的计算，对于实体墩的荷载组合一般不考虑日照温差产生的作用，对于空心墩墩顶横向弹性水平位移考虑了日照温差，并研究出空心墩日照位移的计算方法。

铁二院和铁科院西南所在 20 世纪 70 年代进行了大量的理论和试验研究，认为"空心墩产生最大温度日照位移的同时，不可能出现很大的风力，因此对与日照位移组合的荷载位移计算中，风力可适当折减。另一方面，由于日照位移是属于同向静力位移，即使在最不利情况下，假定一个桥墩产生最大偏移，而另一桥墩不移动，这时与荷载位移叠加的位移计算值亦应折半。"

本次规范修订计算桥墩横向位移时考虑了日照温差的影响。规范修订同时将横向摇摆力列入主力，因此在计算墩顶横向位移时，也应将离心力和横向摇摆力组合。

根据国内外规范、资料的综合研究，建议桥墩温差作用产生的墩顶横向位移计算方法如下：

实体墩的温度场可分为以下两种情况：

① 在有该地区混凝土实体墩日照温度场的条件下，可以按实际的非线性温度场分布，采用下式进行墩顶横向位移 Δ_s 的计算：

当采用一致墩身截面时

$$\Delta_s=\frac{3\alpha T_0H^2}{aD^2}\left[\left(\frac{2}{aD}+1\right)(e^{-aD}-1)+2\right]$$

当墩身截面随高度而变化时

$$\Delta_s=\sum_1^n\frac{6\alpha T_0}{aD_i^2}\left[\left(\frac{2}{aD_i}+1\right)(e^{-aD}-1)+2\right]z_i\Delta z_i$$

式中　α——线膨胀系数；

a——混凝土日照温度场指数（1/m）；

H——墩的高度（m）；

T_0——非线性温差值（℃）；

D——墩身横桥向宽度（m）；

D_i——第 i 节墩身横桥向宽度（m）；

n——计算分节数；

z_i——第 i 节节中心至墩顶距离（m）；

Δz_i——计算分节节长（m）。

② 在缺乏温度场资料的情况下，可按 5 ℃线性温差分布，采用下式进行墩顶横向位移 Δ_s 的计算：

当采用一致墩身截面时

$$\Delta_s=\frac{\alpha\Delta T}{2D}H^2$$

当墩身截面随高度而变时

$$\Delta_s = \sum_1^n \frac{\alpha \Delta T}{D_i} z_i \Delta z_i$$

式中 α ——线膨胀系数；

H ——墩的高度（m）；

ΔT——线性温差值，按 5 ℃计算；

D——墩身横桥向宽度（m）；

D_i——第 i 节墩身横桥向宽度（m）；

n——计算分节数；

z_i——第 i 节节中心至墩顶距离（m）；

Δz_i——计算分节节长（m）。

对于空心墩，由于温差作用产生的墩顶横向位移仍按《铁路工程设计技术手册·桥梁墩台》第六章第 6.3.4 节进行计算。

(2)关于墩台顶帽面顺桥方向的弹性水平位移限值

就目前使用规范的反映来看，尚未发现问题，其墩台顶帽面顺桥方向的弹性水平位移限值仍按《99 桥规》规定办理。

在计算混凝土、石砌墩台水平变位中，应考虑墩台身受弯时弹性模量较受压时有所降低，另外墩台身产生裂缝，致使墩台身的截面惯性矩减小，因此其抗弯刚度 EI 按受压弹性模量 E_0 和全截面惯性矩 I 计算所得的值应予以降低，采用 $\alpha E_0 I$ 值。一般认为，α 值应根据墩台截面偏心的大小和施工质量的好坏而定。截面偏心较小和施工质量较好时，采用较大的 α 值，反之采用较小的 α 值，但要具体确定 α 值是相当困难的。根据分析，在当前采取墩台顶面为自由端，底面为固结端的计算图式情况下，即使考虑墩台身的抗弯刚度为 $E_0 I$，计算所得的墩台顶面垂直桥梁轴线方向的水平位移值往往大于实测值，究其原因，主要是计算图式不合理，至于采取什么样的计算图式才合理，有待研究。目前本条条文暂采用 $\alpha = 1.0$。

3 关于铺设焊接长钢轨的桥梁下部结构的纵向水平刚度限值

铺设焊接长钢轨的桥梁的下部结构，其纵向水平刚度取决于两方面的因素：一是桥上轨道强度和稳定性；二是在制动力作用下梁轨相对位移的大小。桥上钢轨除承受长钢轨锁定时的温度应力和列车通过时的动弯应力外，还要承受由于列车制动和梁体伸缩变形所引起的附加应力。为保证桥上轨道的强度和稳定性，经研究，当采用 UIC60 钢轨时，这个附加应力的最大拉应力不得超过 81 MPa，最大压应力不得超过 61 MPa。而这个附加应力值的大小是与桥梁的跨度及其下部结构的刚度密切相关的。另外在制动力作用下梁轨之间必然产生相对位移，经研究和参考国外规范，为保持桥上轨道的横向阻力，保证轨道的稳定，梁轨之间的相对位移应控制在 4 mm 以下，这又是与桥梁的跨度及其下部结构的刚度密切相关的。因此为了保证桥上轨道结构的强度和稳定性，以及满足梁轨相对位移限值的要求，必须对不同跨度的桥梁下部的刚度加以限制。

对于由多跨简支结构组成的桥梁，在桥台纵向水平刚度大于桥墩纵向水平刚度的情况下，桥上满布列车荷载时，桥头钢轨产生的最大拉（压）制动附加应力，钢轨制动力分布如说明图 5.3.3—2 所示。对于钢轨挠曲附加应力，大量试验表明，在第三跨以后一般均很小，因此仅取两跨有载计算。钢轨最大制动、伸缩和挠曲附加应力均在桥台与梁的接缝附近，其中钢轨最大挠曲附加应力在此处总是以受拉的形式出现，而钢轨最大制动和伸缩附加应力则以受拉或受压的形式出现。钢轨最大制动和伸缩附加应力组合时，会出现钢轨最大附加压应力；钢轨最大制动附加拉应力与钢轨最大挠曲附加拉应力组合时，会出现钢轨最大附加拉应力。

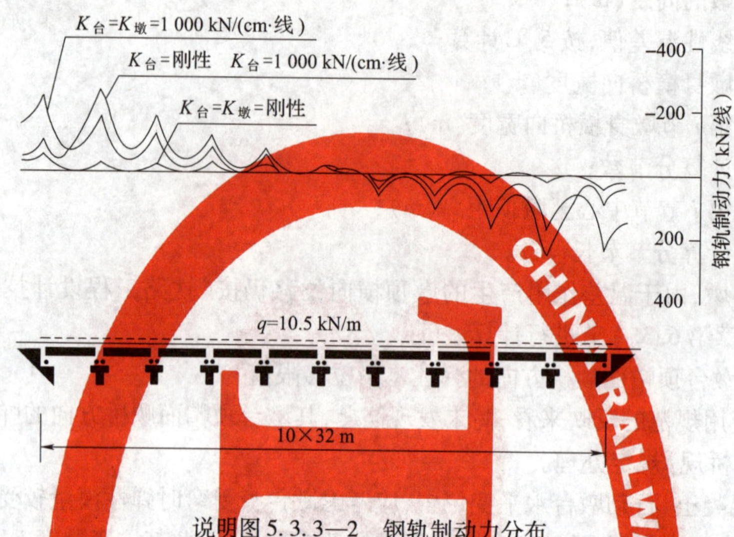

说明图 5.3.3—2　钢轨制动力分布

对常用跨度不同纵向水平刚度的桥梁，分析其钢轨附加应力和梁轨快速移动相对位移量，得出如下结论：下部结构达到一定的纵向水平刚度不设纵向传力装置就能保证钢轨的强度和稳定性，且下部结构纵向水平刚度由钢轨允许附加应力控制。铺设焊接长钢轨的混凝土简支梁，桥梁下部结构的纵向水平线刚度应满足说明表 5.3.3—2 所列数值的要求。

说明表 5.3.3—2　下部结构纵向水平线刚度(双线)

梁跨结构	跨度(L)或联长(L_1)(m)	最小水平刚度(kN/cm)	附　注
简支梁	L≤12	120	不设钢轨伸缩调节器
	16	200	不设钢轨伸缩调节器
	20	240	不设钢轨伸缩调节器
	24	300	不设钢轨伸缩调节器
	32	400	不设钢轨伸缩调节器
	40	700	不设钢轨伸缩调节器
	48	1 000	不设钢轨伸缩调节器

注：单线桥梁墩台顶的最小水平线刚度的限值按表内值的二分之一取值。

下部结构的纵向水平刚度又称墩台顶纵向水平线刚度，是指使桥梁墩台支承垫石顶产生单位纵向水平位移时所需的纵向作用力，即

$$K=\frac{H}{\sum\delta_i}$$

$$\sum\delta_i=\delta_p+\delta_\phi+\delta_h$$

式中　H——作用在墩台支承垫石顶的纵向水平力(kN)；

δ_p——在 H 作用下，由于墩台身弯曲引起的墩台支承垫石顶纵向水平位移(cm)；

δ_{ϕ}——在 H 作用下，由于基础倾斜引起的墩台支承垫石顶纵向水平位移(cm)；

δ_{h}——在 H 作用下，由于基础平移引起的墩台支承垫石顶纵向水平位移(cm)。

5.3.4 桥跨结构的振动能量传至实体墩台很快就衰减，因此检算墩台截面时可不计振动产生的动力作用影响。但空心墩台的顶帽、轻型墩台的帽梁直接承受支座反力，因此其顶帽和帽梁应按支座计算列车活载竖向动力作用。轻型墩台的柱、空心墩的壁也应考虑列车活载竖向动力作用，其受列车活载竖向动力作用影响的程度随过渡段的厚度和帽梁的刚度而异，设计时按实际情况考虑。

5.3.5 各种支座传递的水平力系指活载水平力，其数值仍用《75 桥规》的规定。支座传递水平力的数值与支座的类型有关。从局部看，每个支座应采用比较偏大的数值。但从整体看，一个桥墩的水平力应不大于一跨的水平力。因此当一桥墩上设有固定支座和活动支座时，对等跨梁仅计其中一跨固定支座的纵向水平力，对不等跨梁最多为较大跨固定支座的纵向水平力。

5.3.7 本规范所列各种梁端最小空隙值，系考虑施工误差、温度变形、弹性变形等因素，并结合长期的实践经验确定的。

大跨度桥跨结构梁端的空隙，还应考虑结构的预拱度和垂直荷载(包括恒载、活载、列车活载竖向动力作用等)引起梁端的水平变位，在大跨度钢梁上尤其显著。例如某公铁两用连续钢梁桥 3×160 m，其最大自由伸缩长度 480 m，活动端总水平变位 $\Delta_{伸}$ = 280 mm，$\Delta_{缩}$ = 169 mm。

两联大跨度钢梁端部相对位置按下式计算：

$$d = d_0 + (\Delta'_p + \Delta'_k) + (\Delta_p + \Delta_h)$$

$$D = d_0 + (\Delta'_p + \Delta'_k + \Delta'_t) + (\Delta_p + \Delta_h + \Delta_t)$$

式中 d——支座铰中心距离；

D——支座底板中心距离；

d_0——梁移动后支座铰中心距离；

Δ'_p，Δ_p——恒载、拱度及坡度作用下节点与铰中心的相对位移；

Δ'_k，Δ_k——活载(包括列车竖向动力作用)作用下两联各节点间的相对水平位移；

Δ'_t，Δ_t——温度水平位移，

$$\Delta_t = \alpha L(t - t_0)$$

t_0 按最大温度变化幅度 $t_{min} \sim t_{max}$ 和活载作用下支座水平位移正负值相等为条件，求算相应于支座 0 点位置时温度(即支座上摆中线与支座板中线相重合时的位置)；

α——钢线膨胀系数，0.000 011 8；

L——钢梁温度跨度(梁活动端最大自由伸缩长度)。

最大组合距离：

条件：① 温度 t(落梁标准温度) ~ t_{min}；

② Δ'_p、Δ_p 不变；

③ Δ'_k、Δ_k 为伸长。

5.3.8～5.3.9 支座局部承压的劈裂作用，使支承垫石产生较大的拉应力，所以为了防止支承垫石开裂，必须设置构造钢筋。

为提高支承垫石的局部承压力，支承垫石边缘至支承底板边缘应保持一定的距离。

《59 桥规》规定支承垫石边缘距支座底板边缘为 0.15 ~ 0.20 m，这是经验数字，根据多年来施工、养护部门反映，这个规定基本上是可行的，故本规范未作修改。

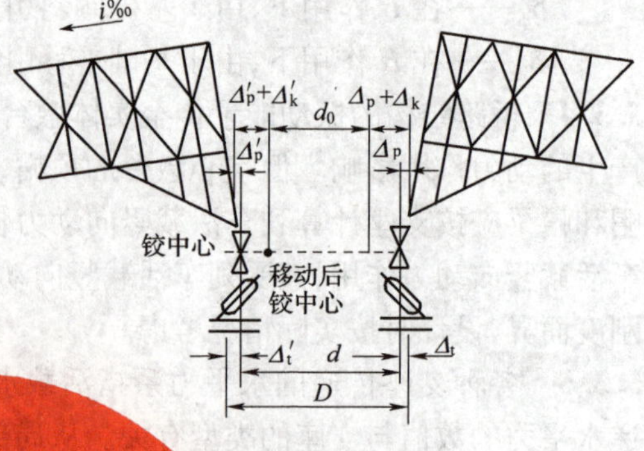

说明图 5.3.7

顶帽平面尺寸的确定，应考虑到下面几个方面：

(1)梁跨的大小和支座的类型；

(2)架梁施工的需要；

(3)养护维修作业的需要。

支承垫石边缘距顶帽边缘的距离，顺桥方向因考虑架桥及养护的需要，本规范和《75 桥规》一样较《59 桥规》有所放大。

顶帽横向最小宽度是按 1961 年成都会议上各单位的意见规定的。影响顶帽宽度最主要的问题是架桥问题。目前常用的架桥机有胜利型 130 t 单梁式架桥机、燎原型 130 t 双梁式架桥机，另外双悬臂式 130 t 架桥机仍在继续使用。架梁对顶帽宽度的要求通常是移梁问题，对于燎原型 130 t 架桥机，其 0 号柱为双柱式，中距 4.9 m，要求顶帽宽一些。为了使架梁时满足作业的要求，因此规定了一个最小的顶帽宽度，在设计时尚应根据架桥机类型和架桥方法以及可能采取的架梁临时辅助措施等统一考虑。

5.3.10 墩台顶帽主要是把支座反力均匀传递于墩台身，因此顶帽的厚度与外力大小，梁跨类型有关。

墩台顶帽受到反复荷载冲击振动的影响，其受力情况是较为复杂的。另外顶帽经常受日照和风、雨、雪的侵蚀，加上支座锚栓周围易于进水，会产生冰冻破坏现象。根据既有线旧桥调查分析，大中跨度的顶帽遭受损失和产生裂纹较多，尤其是温度在 -15 ℃以下的地区的无筋顶帽，这种情况更为严重，因此规范规定顶帽混凝土强度等级不应低于 C30，一般以采用钢筋混凝土为宜。通常，对于设有支座的顶帽、位于昼夜气温变化剧烈且温差在 30 ℃以上地区的顶帽，以及不等跨桥墩的顶帽等均应设置钢筋，并应在上、下两层钢筋网之间适当加设联系钢筋。

5.3.11 顶帽飞檐的主要作用是增大顶帽尺寸，以缩小墩台身的截面。高墩为便利滑动模板施工，也不可设飞檐。

《59 桥规》规定顶帽上排水坡的坡度为 10%，但据施工单位反映，此项坡度过大对架桥移梁及安置架桥机的立柱有影响，而养护部门却又再强调顶帽上排水坡的重要性，因此，为考虑到既有利于排水又减少对架桥的不利影响，规范规定无支座的顶帽可不设排水坡，而有支座的顶帽参照梁上的规定将排水坡改为 3%。

5.3.12 托盘式顶帽悬出缩颈以外的尺寸，应考虑梁部荷载及架梁时移梁的影响。条文中规定的 α 角及 β 角是参照以往设计经验拟定的，可保证悬出部分的安全。

外荷在顶帽内的传布，目前尚难从理论上作精确的计算。参照以往的设计经验，为了确保安全，规范规定不宜将支座的下座板外缘挑出墩颈以外。

5.3.13 空心墩顶帽下设置实体过渡段的目的是使支座反力较均匀地传至墩壁上，并减少活载冲击力对墩壁的影响。

空心墩顶帽下实体段与墩壁连接处以及墩壁与基础连接处，其应力分布比较复杂，尚难作准确的计算，但有些试验资料可作为设计时参考：

(1)××升船机塔为圆形空心结构,外径为12.5 m,壁厚为0.26~0.5 m,顶板厚为1.0 m,试验结果在顶帽下 $D/2$(D 为墩身直径)处应力才匀布于壁上。固端干扰力矩使墩壁应力增大约40%~76%。

(2)铁研院西南研究所对厚壁混凝土圆形空心墩做过光弹性试验。外径为5.6 m,内径为4.0 m,墩高为40.0 m顶帽下实体段为3.0 m(包括顶帽厚)。据分析,在顶面支承垫石范围内及顶帽实体段与空心墩壁连接处有应力集中现象,但截面应力较小,一般不控制设计。

空心墩顶帽下实体段与墩壁连接处以及墩壁与基础(或实体段)连接处,因应力集中一般采用的加强措施有:

(1)在连接处加牛腿;

(2)在牛腿下约1/4墩身直径范围内设横隔板,防止因应力集中而发生膨突现象;

(3)在牛腿下 $D/2$~D 范围内加强或增设水平环向钢筋或短钢筋;

(4)增厚空心与基础连接处的墩壁。

由于目前试验资料尚少,实体段的合理厚度尚难具体规定,现已采用的有0.7~3.4 m(不包括顶帽厚度),可根据试验资料、实践经验,并考虑梁跨、壁厚与内孔比率等因素决定。

5.3.14 钢筋混凝土空心墩的最小壁厚,除保证结构有足够的强度、刚度及局部稳定等外,还要满足施工的要求。根据已施工的就地灌筑钢筋混凝土空心墩拟定的最小壁厚为0.30 m。当采用预制拼装空心墩时,其最小壁厚可小于此项规定。

混凝土空心墩的最小壁厚除要满足结构的强度、刚度及局部稳定等要求外,还应考虑到混凝土收缩及温度变化的影响,墩壁应具有一定的抗裂安全度。参照已建成通车的混凝土空心墩和×××大桥混凝土空心墩模型试验资料,拟定最小壁厚为0.50 m。

5.3.15 空心墩设置横隔板或竖隔板的目的是增强整体稳定、局部稳定及其抗扭、抗震能力。因圬工结构并非理想的弹性体,在模型试验中尚难看出整体失稳或局部失稳的明显现象,而多数属于强度破坏。在理论计算上由于材料的脆性及边界条件的假定与实际的差异,使计算结果与实际情况也有较大出入,因此隔板对稳定和强度的作用尚待进一步研究。但隔板在采用滑动模板的施工中妨碍较大,能否不设隔板,或在什么情况必须设隔板以及采取什么样的隔板形式和间距等问题,应根据建筑材料、壁厚与内径的比率,结合模型试验或根据经验综合考虑。

5.3.16 设置通风孔的目的是为调节空心墩的内外温差,减少施工中混凝土水化热对墩内温度的影响。圆形通风孔对墩壁应力分布较好。为保证通风效果,通风孔的孔径不宜过小,但过大则墩壁截面削弱过多,将影响墩壁钢筋的连续性。按以往经验,孔径一般不小于0.20 m。通风孔离地面的高度应考虑到不受水流的作用,避免泥砂淤积,并应设有保证安全的防护措施。

5.3.17 为了检查、维修空心墩的内部,应在顶帽处设置带门进人洞。检查内壁的设备一般为吊篮、活动梯或固定梯。在设计时,如考虑不需检查和维修空心墩的内部,则检查设备可以不设置。

5.3.18 破冰棱与桥墩建在一起,可充分利用桥墩本身抵抗冰荷载的作用。然而对既有桥增建的破冰棱,往往不与既有桥墩连在一起。此时必须注意,单独修建的破冰棱,有加剧桥墩冲刷的情况。因此在桥墩上游单独修建破冰棱时,应按以往经验或通过试验确定其距既有桥墩的距离,以免产生过大的局部冲刷。

从一些旧桥调查表明,桥墩被冰凌撞击后,往往在施工接缝处断裂,因此要求混凝土灌筑的墩台在最高流冰顶面以上 1.0 m 至基底不得设有施工接缝。

5.3.19 经向铁路局调查,认为桥台顶部必须设有良好的排水设施,以免道砟槽内积水,产生翻浆冒泥和冻害等现象。过去在台后设盲沟的排水方法容易堵塞,造成排水不畅。近年设计的一些桥台,已多采用道砟槽两侧设置泄水管排水方式。但对较长的 T 形桥台的锥体,其承受泄水管水流冲刷的范围,应采取加固措施。桥台也可采用台尾排水方式,但在台尾路堤上除用三合土作隔水层以防流水下渗外,并应设置纵、横向泄水沟,将水排至路堤之外。在采用此法时,还必须做好防止路基下沉、坡度变形的措施,以免影响排水效果。上述各种方法还有待通过实践总结改进。

5.3.20 对既有线接高墩台,应将旧有部分按全截面凿成水平面,以使构造连接更好,并避免收缩不均。为减少工程量,采取部分拆除重建时,也可将旧有部分凿成台阶形。但为了保证构造上稳定,每一台阶的面积应大一些。当清除面高差在 0.50 m 以内时,可作平,以不设台阶为宜,每一台阶面积应不小于连接处全截面的 1/4。当台阶高于截面的全宽时,其稳定性不好,不宜采用。

5.3.21 钢筋混凝土套箍的厚度除应满足结构计算的要求外,尚应考虑钢筋间距、灌筑捣固的要求,根据以往施工经验,一般不小于 0.25 m。

5.3.22 本条是根据《客货铁路暂规》的要求新增加的条文。根据铁科技〔2002〕75 号发布的《既有线提速技术条件(试行)》有关规定的说明:“板式橡胶支座在列车作用下,经测量横向位移较大,不利于安全行车,必须按统一的设计,加强可靠的横向限位装置,以使其梁端横向位移控制在 2 mm 以内”。但根据工务部门反馈近期桥梁横向振幅超限的情况,仅靠支座横向限位很难达到预期目标,更重要应对梁体设置可靠的横向限位装置。

5.3.23 本条是参考《高速铁路暂规》部分规定新增加的条文。

国内外大量桥梁使用和养护实践,获得许多经验教训。其中很重要的一条经验,就是桥梁的病害发现早,整治及时,所需费用少,并且不会影响结构的耐久性。反之,整治费用就高,甚至影响行车,降低结构的耐久性。因此,在桥梁设计中,必须考虑预防支座处存水发生病害及更换支座作业需要的结构构造细节。

5.3.24 特殊设计的轻型桥台,为承受土压力,桥台配置有一定数量的受力钢筋,为防止钢筋锈蚀,保证桥台结构的耐久性,可设置涂料防水层,但可不设保护层。其他桥台,可不设防水层。

5.4.1 涵洞标准孔径是按下列条件制定的:

(1)流量计算本身并不精确,而且还需考虑支农等其他因素,孔径分得过细显然没有必要,因此取消了原标准设计中 1.75 m、2.25 m 两种孔径。

(2)减少孔径类型有利于节约模板,简化施工,加速施工,尤其是对发展装配结构、工厂化制造、机械化施工有利。

(3)保留 1.25 m 孔径是由于涵洞净高在使用上对其长度加以限制后,估计采用大于 1 m 的孔径将增多,故予以保留。

此外,对于泄水隧洞最小孔径的规定,考虑采用导洞法施工时应使施工人员工作方便,并能通行推土小车,因此最小孔径不宜小于 2 m。

5.4.2 涵洞为考虑维修养护作业的要求，对孔径与长度做了一些规定：

养护单位普遍反映，为便于维修与清淤，排洪涵洞孔径不应小于1.25 m。但为路基或站场排水而设的涵洞系位于人工开挖的沟槽上，其沟槽的断面尺寸和排泄流量一般都很小，如路基侧沟尺寸为0.4 m（宽）×0.6 m（深），排泄流量约0.2 m^3/s，故涵洞孔径可视具体情况而定。当采用较小孔径时，其长度也应受到限制。考虑维修养护的工作条件和工人的实践经验，各式涵洞依其净高或内径，规定其限制长度不宜超过若干米。净高或内径等于或大于1.5 m时，维修养护时基本上可以站立，因而对其长度不加限制。

灌溉渠道用的涵洞，因流量较小，水流含泥砂量较少，淤积轻微，清淤工作量不大，孔径可采用不小于0.75 m。采用0.75 m孔径时，应按照各式涵洞的净高或内径规定不同的限制长度。

位于城市或大型车站（如枢纽、区段站）的涵洞，人口比较集中，涵洞除排洪外，尚有污水、垃圾杂物流入，清淤的通风条件应比一般排洪涵洞要高一些，因此孔径可根据需要酌予加大。但位于中间站的涵洞，如果不存在上述情况，则可不加大孔径。

车站范围内的涵洞，仅为了满足限制长度而加大孔径有困难时（如受站场高程控制等），可结合站场布置在股道间设置检查井，以便维修人员进出。设置检查井后的涵洞分段长度应不超过其限制长度。

5.4.3 在相同的排水能力下，多孔涵洞的造价较单孔的为高，水流在自然情况下，其流量分配不均匀而阻水影响亦较大。多孔涵洞的全宽增加，则沟床加固范围亦大，因此采用单孔或双孔涵洞，仅当路堤高度不够，或沟床开阔、地势平缓的平原地带，在技术上和经济上均较为合理时，才可设置多于两孔的涵洞。

5.4.4 涵洞顶至轨底的填方厚度等于或大于1.2 m时，竖向活载的冲击能量可被填方吸收，所以对涵洞可以不计列车活载的竖向动力作用。考虑路基表层和路基上建总厚度略小于1.2 m，将涵洞顶置于路基表层以下是适宜的。

5.4.5 涵洞入口设置端翼墙的目的在于使水流在涵前形成壅水，经过端翼墙而导入涵洞内通过。出口端翼墙是使水流自涵洞内比较顺畅地导至下游。总之，端翼墙起了集中水流、引导排出的作用，避免了水流直接冲刷路堤。

5.4.6 涵洞中部因竖向土压较大，沉降较多，为保证涵洞的流水坡度，当涵洞置于非岩石地基上且涵洞顶上填方厚超过2 m时，涵洞流水槽面的高程可按本规范条文表5.4.6的规定预留上拱度。涵洞设上拱度后，不应产生与流水方向相反的坡度，故要求入口流水槽面的高程不应低于中心管节流水槽面的高程。

5.4.7 采用预制构件时，应据运输条件和起重设备能力决定构件尺寸，还需考虑搬运不致损坏，吊装不致变形，因而构件尺寸不宜过小，须具有一定的强度和刚度。

5.4.8 涵洞结构按下述几种荷载组合进行分析：

（1）结构自重。

（2）土压力（竖向的和水平的）。

（3）活载。

① 竖向活载按全孔或半孔布置计算；

② 水平活载按双侧或单侧计算。

涵洞经常处于水下有压状态时，应计算静水压力。水的静压力分为内水压力和外水压力。对圆形有压涵管，为获得最不利的荷载组合，管外地下水的压力仅在管内无水的情况下考虑。当管内充满水时，可不计算外水压力。

关于内水压力，为了进行静力分析，可将圆涵的内水压力作用分作两部分处理：①充满水流的静水压力作用〔说明图 5.4.8(a)，图中 γ 为水的容重〕；②均匀内水压力 p_0 的作用〔说明图 5.4.8(b)〕。上述两种情况对预应力混凝土压力管影响较大，不可忽略。

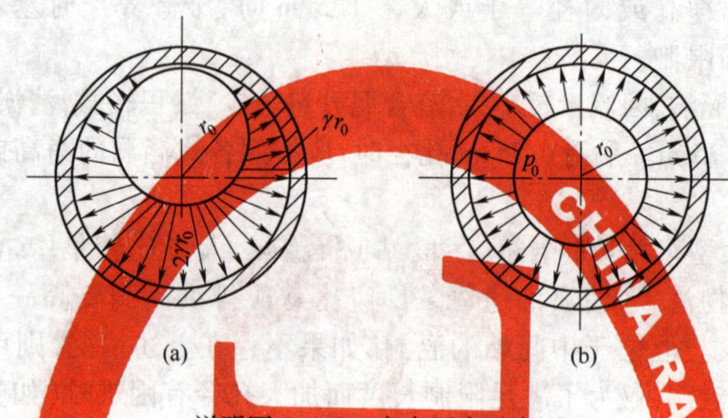

说明图 5.4.8　内水压力示意图

至于其他封闭式断面形状的涵洞，也可根据水力学静水压力的计算方法确定内水压力。

5.4.9

1　盖板涵边墙计算有下列三种假定：

(1)把边墙视为挡土墙；

(2)作用在边墙上的土压力视为梯形分布荷载，假定边墙为一简支梁；

(3)作用在边墙上的土压力视为梯形分布荷载，假定边墙为上端铰接、下端固接的立柱。

第一种假定与重力式挡土墙相同，纯属偏心受压构件，因而设计截面尺寸过大，圬工用量多，未考虑板有支顶的有利因素。第二种假定的下端不符合实际情况。第三种假定比较符合实际，盖板的摩擦力或在构造上直接顶住边墙实际上起着支撑作用，按此图式计算也可以减小边墙截面尺寸。

边墙的水平反力对盖板跨中弯矩影响甚微，故不考虑。这样，盖板可不按偏心受压的杆件计算，而作为普通简支钢筋混凝土板设计。

2　分析拱圈的超静定数值时，不考虑剪力的影响。现在来讨论曲率对杆件变形的影响。

根据费洛宁柯、鲍罗弟契主编的《材料力学教程》一书第二卷中的平面曲梁计算中分析，曲率对杆件的影响以下式表示：

$$\sigma = \frac{N}{A} + \frac{M}{rA} + \frac{My}{I'} \cdot \frac{r}{r+y} \qquad \text{(说明 5.4.9—1)}$$

式中

$$I' = \int \frac{r}{r+y} y^2 \mathrm{d}A = br^2 \left(r\ln \frac{2r+h}{2r-h} - h \right)$$

如式(说明 5.4.9—1)中 $r \to \infty$，则有

$$\lim_{r\to\infty} \frac{r}{r+y} = \frac{1}{1+\frac{y}{r}} = 1$$

$$\lim_{r\to\infty} I' = \int y^2 \mathrm{d}A = I_z$$

$$\lim_{r\to\infty} \frac{M}{rA} = 0$$

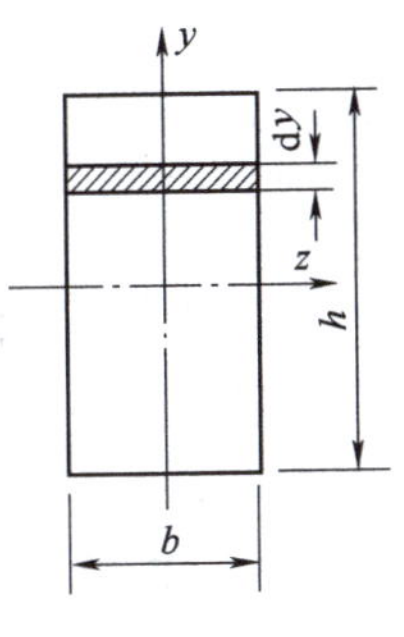

说明图 5.4.9－1

将以上诸式代入式(说明 5.4.9—1)则得

$$\sigma = \frac{N}{A} + \frac{M}{I_z}y \qquad (说明 5.4.9—2)$$

式(说明 5.4.9—2)为直梁公式。一般情况下曲率半径 r 很大,这种影响可不考虑,故曲梁被认为是直梁。

当曲率半径不很大时,以矩形截面(如说明图 5.4.9－1)为例,式(说明 5.4.9—1)中 I' 由于曲率半径 r 增大而引起的变化。首先把 I' 中 $\ln\frac{2r+h}{2r-h}$ 分解成级数,即

$$\ln\frac{2r+h}{2r-h} = \ln\frac{1+\frac{h}{2r}}{1-\frac{h}{2r}}$$

$$= 2\left(\frac{h}{2r} + \frac{h^3}{24r^3} + \frac{h^5}{160r^5} + \frac{h^7}{896r^7} + \cdots\right)$$

把上式代入式(说明 5.4.9—1)I' 中得到

$$I' = \frac{bh^3}{12}\left(1 + \frac{3h^2}{20r^2} + \frac{3h^4}{112r^4} + \cdots\right) \qquad (说明 5.4.9—3)$$

将曲率半径 r 与拱圈厚度 h 的比值分别代入式(说明 5.4.9—3),求得 I' 与 I_z 的关系如下:

当 $r=h$ 时,$I' = \frac{bh^3}{12}\left(1 + \frac{3}{20} + \frac{3}{112} + \cdots\right)$

$$= 1.175\frac{bh^3}{12} = 1.175I_z$$

$r=2h$ 时,$I' = 1.038I_z$

$r=3h$ 时,$I' = 1.016\ 8I_z$

$r=4h$ 时,$I' = 1.009I_z$

当 $r=4\ h$ 时,误差已小于 1%,则式(说明 5.4.9—1)中 I' 可用 I_z 代替。

式(说明 5.4.9—1)可写成:

$$\sigma = \frac{N}{A} + \frac{M}{rA} + \frac{My}{I_z}\cdot\frac{r}{r+y} \qquad (说明 5.4.9—4)$$

现将 $r=4h, y=\pm\frac{h}{2}, I_z=\frac{h^2}{12}\cdot A$ 代入式(说明 5.4.9—4),化简后得到拱圈截面边缘最大与最小应力为

$$\sigma_{\max} = \frac{N}{A} + \frac{5.58M}{hA}$$

$$\sigma_{\max} = \frac{N}{A} - \frac{6.61M}{hA}$$

同样代入式(说明 5.4.9—2),即得到直梁情形截面边缘应力:

$$\sigma = \frac{N}{A} \pm \frac{M\dfrac{h}{2}}{\dfrac{h^2}{12}A} = \frac{N}{A} \pm \frac{6M}{hA}$$

直梁和曲梁比较，不同者在第二项。当 $r=4h$ 时，按直梁计算所得最大应力大 7%，而最小应力约小 10%。一般认为 $r\geqslant 4h$ 时，可按直梁公式计算，已满足 10% 的精确度。据此，《59 桥规》规定如 $r>4h$，可不考虑杆件的曲率影响。

拱涵的情况是曲率半径较小，特别当孔径小于 1.5 m 时，不符合上述规定。如 $r=2h$，按同样计算求得最大应力的误差为 11.7%，而最小应力误差为 25%。根据以往计算经验，当孔径小于或等于 1.5 m，拱圈应力很小时，即使应力误差大一些也不影响拱圈的强度。孔径大于 1.5 m，已满足 $r\geqslant 4h$，拱圈应力在 10% 的精度以内，所以取消曲率半径与拱圈厚度的比值这一规定。在分析拱涵拱圈的超静定数值时，也可不考虑曲率的影响。

说明图　5.4.9—2

拱圈按弹性理论计算时，应包括各截面法向力所产生的弹性变形，此时说明图 5.4.9—2 所示 H_0 减小。根据铁道部第一设计院主编《涵洞》一书中的拱涵算例：孔径 6 m 拱涵填土高 $H=15$ m 时，在恒载情况下分析（见比较表）结果表明，H_0 值减少约 10% 左右，相应则拱顶偏心增大，拱脚应力减小。这对应力控制设计的大孔径拱涵有利（说明表 5.4.9—1）。

说明表 5.4.9—1　考虑弹性压缩与不考虑弹性压缩比较

项　目		不考虑弹性压缩	考虑弹性压缩
拱顶	M(kN · m)	67.7	138.4
	N(kN)	969.1	880.8
	σ_{max}(MPa)	1.85	2.40
	σ_{min}(MPa)	0.58	−0.20
	偏心 e(m)	0.07	0.16
拱脚	M(kN · m)	171.8	28.8
	N(kN)	2 202.0	1 515.6
	σ_{max}(MPa)	4.36	2.17
	σ_{min}(MPa)	1.14	1.63
	偏心 e(m)	0.08	0.02

为了简化计算，允许忽略弹性压缩的影响。至于在标准设计中，考虑弹性压缩的影响，可以带来较大的经济效果，故也可在计算中考虑其影响。

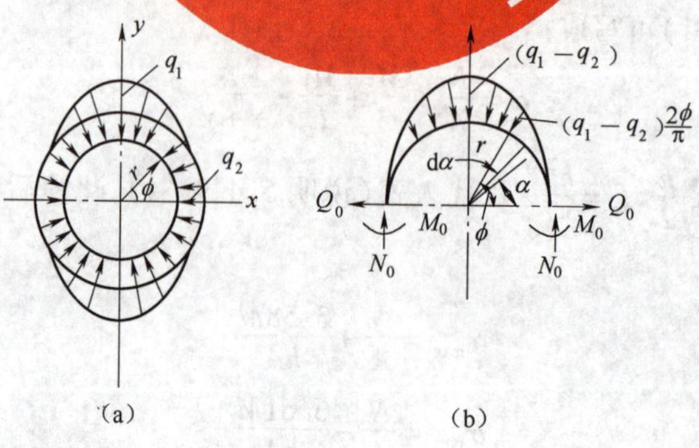

说明图　5.4.9—3

3 圆形管节中的弯曲计算公式。

圆形涵洞管节外廓土压力和活载采用椭圆形辐射状分布，如说明图 5.4.9—3(a)。为了便于推导公式，假定一部分均匀分布压力为 q_2，另一部分压力为圆心角 ϕ 的函数，其值等于 $(q_1-q_2)\frac{2\phi}{\pi}$。

在水平轴 $x—x$ 方向上的压力强度为 q_2，在竖直轴 $y—y$ 方向上的压力强度为 q_1，则任一截面上的压力强度为

$$q_\phi=q_2+(q_1-q_2)\frac{2\phi}{\pi}$$

由于均匀分布荷载对圆涵截面内不产生力矩，故仅考虑不等强度荷载作用的影响。

沿水平轴将圆涵切开，以未知力代替剪力 Q_0、法向力 N_0 和弯矩 M_0，如说明图 5.4.9—3(b)。由于对称，圆涵切开处的静力平衡条件为

$$\sum x=0,Q_0=0$$

$$\begin{aligned}\sum y=0,N_0&=\int_0^{\frac{\pi}{2}}(q_1-q_2)\frac{2\phi}{\pi}r\mathrm{d}\alpha\sin\phi\mathrm{d}\phi\\&=(q_1-q_2)\frac{2r}{\pi}[\sin\phi-\phi\cos\phi]_0^{\frac{\pi}{2}}\\&=(q_1-q_2)\frac{2r}{\pi}\end{aligned}$$

求赘余力 M_0 时，考虑切开处角变等于零的条件，按最小功原理得

$$\frac{\partial U}{\partial M_0}=0$$

任一截面内的弯矩为

$$\begin{aligned}M_x&=M_0-N_0r(1-\cos\phi)+\int_0^\phi(q_1-q_2)\frac{2\alpha}{\pi}r\mathrm{d}\alpha\cos\alpha\cdot r(\sin\phi-\sin\alpha)\\&\quad+\int_0^\phi(q_1-q_2)\frac{2\alpha}{\pi}r\mathrm{d}\alpha\sin\alpha\cdot r(\cos\alpha-\cos\phi)\\&=M_0-N_0r(1-\cos\phi)+\int_0^\phi(q_1-q_2)\frac{2r^2}{\pi}\alpha(\sin\phi\cdot\cos\alpha-\sin\alpha\cdot\cos\alpha)\mathrm{d}\alpha\\&\quad+\int_0^\phi(q_1-q_2)\frac{2r^2}{\pi}\alpha(\sin\phi\cdot\cos\alpha-\sin\alpha\cdot\cos\alpha)\mathrm{d}\alpha\\&=M_0-N_0r(1-\cos\phi)+\int_0^\phi(q_1-q_2)\frac{2r^2}{\pi}\alpha(\sin\phi\cdot\cos\alpha-\sin\alpha\cdot\cos\alpha)\mathrm{d}\alpha\\&=M_0-N_0r(1-\cos\phi)+(q_1-q_2)\frac{2r^2}{\pi}\sin\phi\int_0^\phi\alpha\cos\alpha\mathrm{d}\alpha-(q_1-(q_2)\frac{2r^2}{\pi}\cos\phi\int_0^\phi\alpha\sin\alpha d\alpha\\&=M_0-N_0r(1-\cos\phi)+(q_1-q_2)\frac{2r^2}{\pi}\sin\phi\left(\alpha\sin\alpha-\int_0^\phi\sin\alpha\mathrm{d}\alpha\right)\\&\quad-(q_1-q_2)\frac{2r^2}{\pi}\cos\alpha\left(-\alpha\cos\alpha+\int_0^\phi\cos\alpha\mathrm{d}\alpha\right)\\&=M_0-N_0r(1-\cos\phi)+(q_1-q_2)\frac{2r^2}{\pi}\sin\phi[\alpha\sin\alpha+\cos\alpha]_0^\varphi\\&\quad-(q_1-q_2)\frac{2r^2}{\pi}\cos\phi[-\alpha\cos\alpha+\sin\alpha]_0^\varphi\end{aligned}$$

$$= M_0 - N_0 r(1-\cos\phi) + (q_1-q_2)\frac{2r^2}{\pi}\sin\phi[\phi\sin\phi + \cos\phi - 1]$$

$$-(q_1-q_2)\frac{2r^2}{\pi}\cos\phi[-\phi\cos\phi + \sin\phi]$$

$$= M_0 - N_0 r(1-\cos\phi) + (q_1-q_2)\frac{2r^2}{\pi}[\phi\sin^2\phi + \sin\phi\cdot\cos\phi - \sin\phi]$$

$$+(q_1-q_2)\frac{2r^2}{\pi}[\phi\cos^2\phi - \sin\phi\cdot\cos\phi]$$

$$= M_0 - N_0 r(1-\cos\phi) + (q_1-q_2)\frac{2r^2}{\pi}[\phi(\sin^2\phi + \cos^2\phi) - \sin\phi]$$

$$= M_0 - N_0 r(1-\cos\phi) + (q_1-q_2)\frac{2r^2}{\pi}(\phi - \sin\phi)$$

$$\frac{\partial U}{\partial M_0} = \frac{1}{2EI}\int 2M_x\frac{\partial M_x}{\partial M_0}\mathrm{d}S = 0$$

即

$$\int M_x\frac{\partial M_x}{\partial M_0}\mathrm{d}S = 0,\ \frac{\partial M_x}{\partial M_0} = 1$$

$$\mathrm{d}S = r\mathrm{d}\phi$$

$$\int_0^{\frac{\pi}{2}}\left\{M_0 - N_0 r(1-\cos\phi) + (q_1-q_2)\frac{2r^2}{\pi}[\phi - \sin\phi]\right\}r\mathrm{d}\phi = 0$$

$$\int_0^{\frac{\pi}{2}} M_0 r\mathrm{d}\phi - \int_0^{\frac{\pi}{2}} N_0 r^2(1-\cos\phi)\mathrm{d}\phi + \int_0^{\frac{\pi}{2}}(q_1-q_2)\frac{2r^3}{\pi}[\phi - \sin\phi]\mathrm{d}\phi = 0$$

$$M_0 r[\phi]_0^{\frac{\pi}{2}} - (q_1-q_2)\frac{2r^3}{\pi}[\phi - \sin]_0^{\frac{\pi}{2}} + (q_1-q_2)\frac{2r^3}{\pi}\left(\frac{\phi^2}{2} + \cos\phi\right)_0^{\frac{\pi}{2}} = 0$$

$$M_0 r\frac{\pi}{2} - (q_1-q_2)\frac{2r^3}{\pi}\left[\frac{\pi}{2} - 1\right] + (q_1-q_2)\frac{2r^3}{\pi}\left[\frac{\pi^2}{8} - 1\right] = 0$$

$$M_0 = \left\{(q_1-q_2)\frac{2r^2}{\pi}\left[\frac{\pi}{2} - 1\right] - (q_1-q_2)\frac{2r^2}{\pi}\left[\frac{\pi^2}{8} - 1\right]\right\}\frac{2}{\pi}$$

$$= (q_1-q_2)\frac{2r^2}{\pi}\left[\frac{\pi}{2} - 1 - \frac{\pi^2}{8} + 1\right]\frac{2}{\pi}$$

$$= (q_1-q_2)\frac{2r^2}{\pi}\left[1 - \frac{\pi}{4}\right] = 0.137(q_1-q_2)r^2$$

式中 q_1——恒载和活载的竖向压力；

q_2——恒载和活载的水平压力；

r——圆形管节的平均半径。

圆形涵洞的管壁厚度较其曲率半径小很多，由于剪力及法向力所做的功远较由于弯矩所做的功为小，因此可以不计剪力和法向力的影响。而规范中规定弯矩采用下面的近似公式：

$$M = 0.15(q_1-q_2)r^2$$

4 矩形涵洞的涵节内力按封闭式框架结构计算，框架的轴线以构件混凝土断面的重心轴线为准。单孔矩形涵洞按等截面框架图式计算，其截面尺寸如说明图 5.4.9—4，其内力计算公式如说明表 5.4.9—2 和说明表 5.4.9—3。

说明表 5.4.9—2　矩形涵洞内力计算公式(一)

荷载图形			角点弯矩公式			
			M_A	M_B	M_C	M_D
竖向荷载作用下		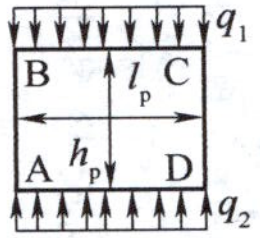	$\frac{-l_p^2}{12N}[q_2(2K+3)-q_2K]$	$\frac{-l_p^2}{12N}[q_2(2K+3)-q_2K]$	$M_C=M_B$	$M_D=M_A$
两侧恒载水平土压力	矩形	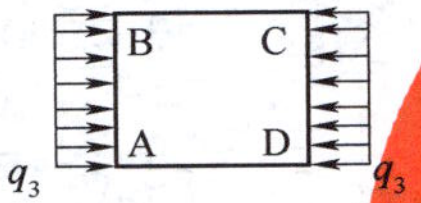	$M_A=M_B=M_C=M_D=-\frac{q_3h_p^2}{12}\cdot\frac{K}{K+1}$			
两侧恒载水平土压力	三角形	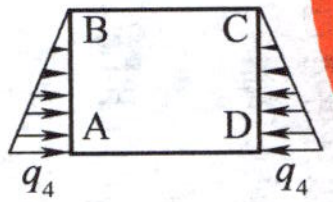	$-\frac{q_4h_p^2}{60}\cdot\frac{K(3K+8)}{N}$	$-\frac{q_4h_p^2}{60}\cdot\frac{K(2K+7)}{N}$	$M_C=M_B$	$M_D=M_A$
单侧活载水平土压力	矩形	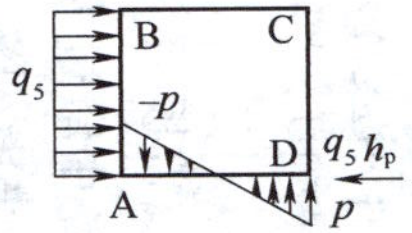	$-\frac{q_5h_p^2}{4}\left[\frac{K(K+3)}{6N}+\frac{2K+0.4}{1+3K}\right]$	$-\frac{q_5h_p^2}{4}\left[\frac{K(3+K)}{6N}-\frac{K+0.6}{1+3K}\right]$	$-\frac{q_5h_p^2}{4}\left[\frac{K(3+K)}{6N}+\frac{K+0.6}{1+3K}\right]$	$-\frac{q_5h_p^2}{4}\left[\frac{K(K+3)}{6N}-\frac{2K+0.4}{1+3K}\right]$
单侧活载水平土压力	三角形	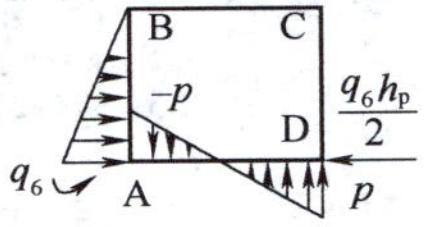	$-\frac{q_6h_p^2}{120}\left[\frac{K(3K+8)}{N}+\frac{8+45K}{2+6K}\right]$	$-\frac{q_6h_p^2}{120}\left[\frac{K(2K+7)}{N}-\frac{12+15K}{2+6K}\right]$	$-\frac{q_6h_p^2}{120}\left[\frac{K(2K+7)}{N}+\frac{12+15K}{2+6K}\right]$	$-\frac{q_6h_p^2}{120}\left[\frac{K(3K+8)}{N}-\frac{8+45K}{2+6K}\right]$

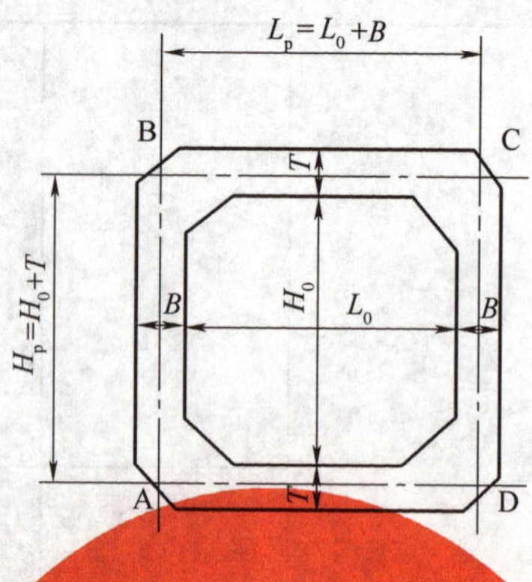

说明图 5.4.9—4

说明表 5.4.9—3 矩形涵洞内力计算公式(二)

荷载图形			杆内法向力公式			
			$N_{AB}(N'_{AB})$	N_{BC}	$N_{CD}(N'_{CD})$	M_{AD}
竖向荷载作用下		q_1 B C l_p A h_p D q_2	$\frac{q_2l_p}{2}\left(\frac{q_1l_p}{2}\right)$	$\frac{M_A-M_B}{h_p}$	$N_{CD}=N_{AB}$ $(N'_{CD}=N'_{AB})$	$N_{AD}=-N_{BC}$
两侧恒载水平土压力	矩形	B C A D q_3 q_3	0	$\frac{q_2h_p}{2}$	0	$\frac{q_3h_p}{2}$
	三角形	B C A D q_4 q_4	0	$\frac{q_4h_p}{6}+\frac{M_A-M_B}{h_p}$	0	$\frac{q_4h_p}{3}+\frac{M_A-M_B}{h_p}$
单侧活载水平土压力	矩形	B C q_5 $-p$ D q_5h_p A p	$-\frac{M_B-M_C}{l_p}$	$\frac{M_D-M_C}{h_p}$	$\frac{M_B-M_C}{l_p}$	q_5h_p $-\frac{M_D-M_C}{h_p}$
	三角形	B C $-p$ $\frac{q_6h_p}{2}$ D q_6 A p	$-\frac{M_B-M_C}{l_p}$	$\frac{M_D-M_C}{h_p}$	$\frac{M_B-M_C}{l_p}$	$\frac{q_6h_p}{2}$ $-\frac{M_D-M_C}{h_p}$

注:1 表中 $K=\frac{T^3}{B^3}\times\frac{h_p}{l_p}$,$N=K^2+4K+3$。

2 弯矩符号以杆件内边受拉为正,以杆件外边受拉为负。法向力的符号以压力为正,拉力为负。

3 各种荷载图式叠加可求得角点弯矩及轴向力。已知杆件上的直接荷载、角点弯矩及轴向力即可对杆件写出弯矩方程式 。

5.4.10 多孔拱涵或盖板涵一般均同时施工,一孔损坏的情况也较少,即使发生也易于采取支顶措施。为避免中墩过大,设计时不考虑这种受力状态。

5.4.11 在设计中,考虑到涵洞出入口部分的竖向土压力能减小,活载影响也较小,采用减轻的管节或盖板,以节约材料。因此,在接长涵洞时,此种减轻管节(或盖板)可能正位于线路中间,承受较大的竖向土压力和活载,此时应进行检算,考虑更换或加固。

5.4.12 非岩石地基上的涵洞,其沉降络是为避免不均匀沉降或由于竖向受力不均而产生折断现象。根据施工和养护的经验,分段过短,增加施工困难,过长则防止裂纹效果不大，一般涵身分段节长以 2 ~ 5 m 为宜。涵身坡度较陡时，为了错台的需要可采用较短节长。节间沉降缝应在使用期间不致有漏水现象发生，基础部分沉缝可利用施工时嵌入的沥青木板留作防水之用。如施工时不用木板，则应用规定的材料填塞。

5.4.13 对有水压涵洞要求管节之间接缝处密不透水，以免水流在高压力下渗入路堤基底，影响路堤及基底的稳定性。既要求不透水，又要能沉降自如，这样在构造上就比较复杂，因此应避免使用有压涵洞。

5.4.14 涵洞错台主要是为了形成流水坡和保持涵洞稳定，同时也要便利施工。当坡度不大时，为避免涵顶产生空隙，错台高差规定为管壁(或盖板、拱圈)厚度的 3/4；如坡度较陡，不能用管壁(盖板、拱圈)厚度调整时，则可加大错台高差，但不得超过 0.7 m。若错台太大势必过分减少涵洞的工作面积，从过水条件和造价上将显得很不合理。为了避免小孔径涵洞采用最大错台高度后在错台处的净高过小，造成养护困难，因而规定错台处的净空高度不得小于 1 m。

5.4.15 有基涵洞的基础分为整体式与非整体式两种。采用哪一种基础，应根据涵洞的类型、孔径大小和土质条件而定。

非整体基础的稳定性主要受基底土抵抗挤出的稳定程度控制。整体基础一般没有横向挤出问题，但在特别松软的地基中，可能发生顺涵洞方向挤出的问题，设计时应予以注意。整体基础应有足够的强度以避免断裂，因此其材料数量要比非整体者为大。

5.4.16 无基涵洞的缺点是下沉不匀，接缝容易透水，以致造成路基病害，因此仅能在土质较好而均匀、下沉量不大时采用，而且也只能用于路堤较低的无压涵洞情况。

无基涵洞应根据本规范条文中表 5.4.16 的规定设置一定厚度的砂垫层或表层夯实，使应力均匀分布，并在涵洞出入口设置防渗设施，以减少水力坡降对涵身底面的渗透影响。

5.4.17 涵洞上下游防护工程对涵洞的过水条件、上下游既有建筑物及农田的安全均有直接的影响，因此应根据当地水文、地形及地质条件，结合上下游既有建筑物和有关农田等因素进行设计。

一般涵洞的下列各部位应进行铺砌加固：(1)涵洞出入口附近的沟床；(2)锥体填方；(3)受水流淹没并可能遭受冲刷的涵洞附近及涵顶路基坡面。

出口铺砌形式，“拱涵下游冲刷及洞内水力因素试验研究报告”(铁道部铁道科学研究院等，1964 年 12 月)分别对常用的几种形式进行了水工模型试验，在设计流量作用下，结果如说明表 5.4.17 所示。

说明表 5.4.17 不同铺砌形式冲刷深度比较

平面形式	最大局部冲刷深(m)
矩形	3.72
水流扩散角 $\alpha=20°$ 的等腰梯形	3.15
水流扩散角 $\alpha=30°$ 的等腰梯形	3.05

从上表三种平面铺砌形式试验资料看，矩形冲刷最大。等腰梯形 $\alpha=20°$ 与 $\alpha=30°$ 无显著差别，但圬工量 30°比 20°增大很多，因此确定了 $\alpha=20°$。

常用的垂裙形式有两种：一为直裙(┐)，一为斜裙(㇇)。也有无裙的(—)。通过试验比较，从水力条件看，无裙时冲刷最小，但铺砌层均为石砌或混凝土建筑，不容许底部出现淘刷，故不宜采用。而直裙与斜裙相比，虽拐角处冲刷较大(如说明图 5.4.17)，但下游冲刷较小，从最大冲刷深度及其位置来看，仍以直裙为佳。上游铺砌末端为防止铺砌底部掏空而破坏铺砌层起见,也应该采用直裙。

铺砌层材料的选择取决于铺砌层上最大流速 v_{max}。所谓最大流速,不是最大断面平均流速,而是最大垂线平均流速。

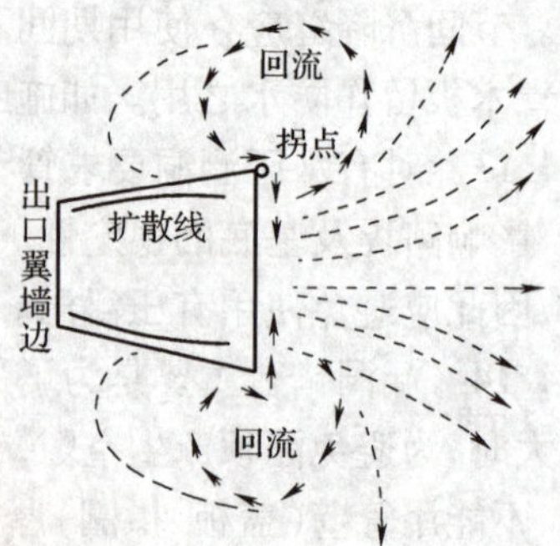

说明图 5.4.17　无槽冲刷水力现象示意

5.4.18　本条是参考《铁路路基设计规范》的部分规定新增加的条文。

松软地基上填筑路基时应进行工后沉降分析。沉降量应满足以下要求:旅客列车设计行车速度为 160 km/h 的路段,一般地段路基的工后沉降量不应大于 200 mm,沉降速率不应大于 50 mm/年。考虑到涵洞病害主要由不均匀沉降所致,专家认为应提高标准。故此涵洞工后沉降按台尾过渡段控制,即工后沉降量不应大于 100 m。

涵洞工后沉降不满足上述要求时,应进行地基处理。

5.4.19　盖板涵顶板是承受列车荷载的受力结构,为防止盖板顶板钢筋锈蚀,盖板涵顶应设置卷材防水层及保护层。框架涵结构钢筋密集,受力集中,为防止框架涵顶板钢筋锈蚀,涵顶应设置卷材防水层及保护层,两边墙同样配有受力钢筋,外侧也应设聚氨酯防水层。

圆涵、盖板涵、框架涵的沉降缝,均应设置止水带,有效防止水渗入基础,引发基础沉降。

5.5.1　在既有线修建涵洞,特别是修建立体交叉时,由于行车干扰,施工问题复杂,必须进行方案比较。主要考虑下列问题:规划要求(铁路、公路两方面),现有铁路运输及公路运输情况,交叉处排水出路情况及附近水文地质、工程地质情况,施工方法,拆迁情况,各种障碍物拆迁之可能,在拆迁过程中或以后的影响,立交桥断面形式、净高、净宽要求等。

经技术经济比较后,如选择顶进法施工时,由于铁路线路及运输情况,施工技术条件各有不同,大致方法如下:

(1)一次顶入法

本法系按公路的规划位置和铁路线路平面位置的可能,在线路一侧的工作坑内,按穿越铁路股道的多少、净宽、净高要求,预制一个单孔或多孔钢筋混凝土刚构,借助于预先修好的后背,利用千斤顶将此刚构一次顶入路基,随顶进随挖土。为保证顶进时铁路运输安全,需对铁路进行线路加固。

特点:钢筋混凝土刚构一次预制完成。只要有足够的顶力设备,对正交或斜交、各种路基土质、覆土深度,一般均能用此法一次顶入。其优点是对铁路运输干扰较小,顶进时间集中,慢行时间短,如说明图 5.5.1—1。

(2)对顶法

此法是在铁路两侧各挖一个工作坑,每边预制刚构之半,同样借助两侧之后背,将刚构顶入路基。两侧之刚构可同时顶入,也可先顶一侧,再顶另一侧,但中间接口应选择在两股线路的中间,且要求接口严密不漏水。

特点:当穿越铁路股道较多,一次顶入顶力较大,或顶力设备不足,轴向分段顶进又有困难时可采用此法,但顶进工艺要求比较严格,应防止方向"错牙"现象,如说明图 5.5.1—2。

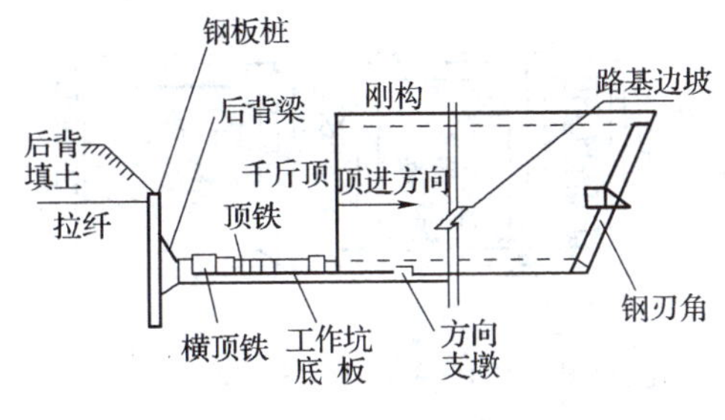

说明图 5.5.1—1

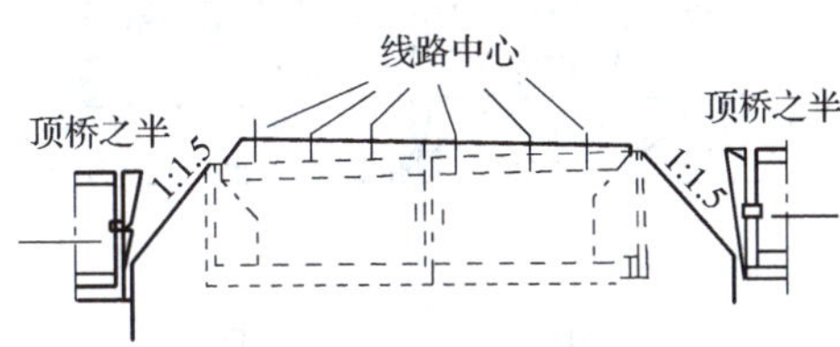

说明图 5.5.1—2 对顶示意

(3)顶进刚构与顶梁结合法

例如将三跨整体刚构分为三部分,即中孔刚构及两边孔简支梁。为减小简支梁的高度,可做成预应力钢筋混凝土板。在铁路旁的工作坑内,先预制中孔刚构及两桥台。此桥台在顶进过程中为箱形刚构,在使用阶段可填为实体重力式桥台。施工时先顶入中孔刚构,再顶入两侧桥台,就位之后再顶入简支梁。

特点:可减小顶力,但作业繁琐,顶进工艺复杂,对铁路运输干扰大,慢行时间长。

(4)开槽顶入法

此法系在工作坑内预制钢筋混凝土门式刚构。在门式刚构的中、边墙相应的铁路路基处,按中墙、边墙厚度开槽,为保证路基稳定需将路基开槽部分支撑,并按扩大基础设计、施工。然后,以预行修好的基础和沟槽作为滑道,将刚构顶入。为减小顶力,可将基础顶面或门式刚构之边墙、中墙底部各预埋一钢板,并在其上涂油,顶进就位后将预埋之钢板焊死。

特点:顶力最小,可将门式刚构顶进就位后再挖除中间部分路基土,因而施工速度大大加快。但按此法施工时,应注意路基土质,开槽不致坍方。为保证安全,必须进行线路加固。

(5)中继间

当穿越多股线路时,因钢筋混凝土刚构轴向长度太长,纵向配筋要求过多,顶力较大,后背设备增多,此时宜将刚构分成数段(但分段长度不宜过短,可根据最大顶力设备能力及纵向配筋要求决定其长度),在节间设置中继间,将刚构接力顶进。

特点:此法后背设备较少,即前节刚构可利用后节刚构作后背。为了避免节间产生“错牙”现象,接口处需做特殊处理,如说明图 5.5.1—3。

实践证明,既有线采用顶进法修建铁路立交桥,有如下优点:

(1)占地少,拆迁少,对城市交通干扰小。城市的平交道口,特别是位于城市中心的道口,周围空地较少,且附近大都修建了许多高大建筑,如采用修建施工便线修建立交桥,必然占地多,拆迁量大,同时市区取土困难,采用顶进法施工,则能克服上述缺点。

(2)可以保证铁路不间断运行。

(3)结构轻巧,适宜于配合城市建筑。

5.5.2 顶进桥涵的设计荷载除按本规范第 4 章的规定外,还有下列几个特点:

(1)活载——对刚架式的立交桥,其活载应包括列车活载、公路车辆活载及行人荷载。

(2)顶力——顶力系顶进桥涵的施工荷载,也是设计后背的依据。

5.5.3 对于较长的刚架式立交桥,为了施工的安全与方便,宜分段预制,以便采用顶进法时减小后背。近年来由于顶进刚架式立交桥的轴长越来越长,为节约工程造价,便于施工,简化后背,节省顶柱,应优先考虑顶进法施工,但必须注意接缝之处理,要求接缝密不渗水。

5.5.4 顶桥应按最大顶力进行下列检算:

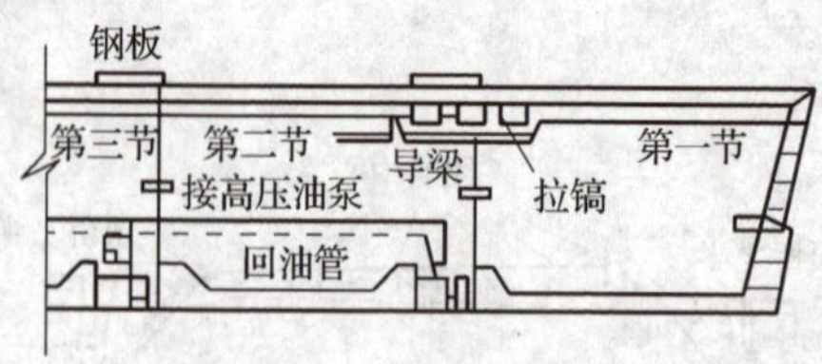

说明图 5.5.1—3　剖面

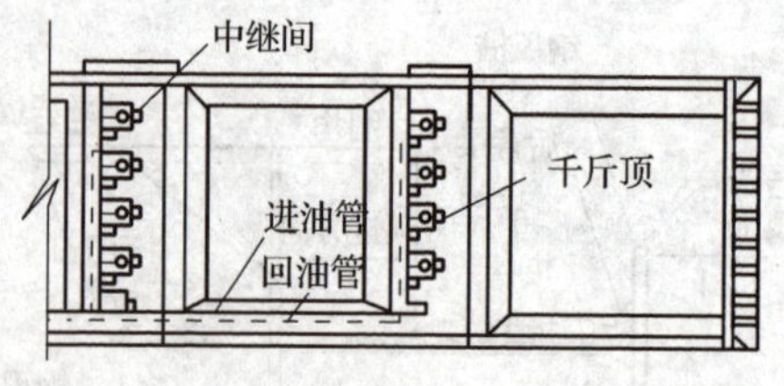

说明图 5.5.1—4　中继间设备安装示意

(1)顶进部们的局部压力

为避免结构局部受压过大而损坏,需对千斤顶的施力点进行局部受压应力的检算。目前采用的千斤顶多为 2 000、3 000、5 000 kN,相应的压应力为 48.3(顶端直径为 230 mm)、61.0(顶端直径为 280 mm)、70 MPa(顶端直径为300 mm)。为满足一般局部承压的要求,通常的作法是将钢筋混凝土顶桥底板施力点处(即千斤顶的顶块与顶桥底之接触处),布置一块厚度为 15 ~ 20 mm 的钢板,使顶力均匀地分布在顶桥底板上。

(2)中墙及侧墙根部剪应力

因顶桥之施力点多布置在底板处,在顶进过程中顶力将通过底板、中墙、侧墙、中平台传至路基,这时中墙及侧墙根部所承受的剪应力最大,应检算结构的强度和稳定性。

(3)顶进就位地基承载力

顶桥多为超静定结构,当地基承载力不足时,可能引起不均匀下沉而产生附加应力,因此必须探明地质确定地基的承载力。

(4)当斜桥正顶时还应检算抗扭问题

5.5.5　因为顶进桥涵多在稳定和多年压实的旧路基中进行,为近似计算,其竖向压力可按土柱重计算。

5.5.6

(1)刃角一般由钢刃角和混凝土刃角组成。其主要作用系切入土中,防止在顶进过程中由于路基土体的塌方而影响行车安全。按以往经验,对一般填土路堤,刃角斜度以 60°为宜。当路堤为砂卵石筑成,且高度大于 6 m 时,在顶进时为防止塌方,其切土土坡呈 45°为宜。但为避免顶板悬挑过长,可采用锯齿形的构造,如说明图 5.5.6—1。这样将顶桥分成上下两层,也便利挖土。

(2)为了使刃角部分受力明确,并省去顶桥前方补齐边墙的工序,有的采用了分离式钢筋混凝土刃角,在顶进就位后即行拆除,如说明图 5.5.6—2 所示。

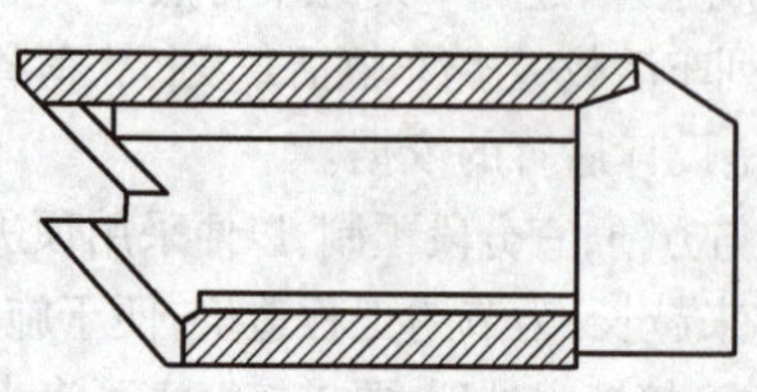
说明图 5.5.6—1　锯齿形刃角示意

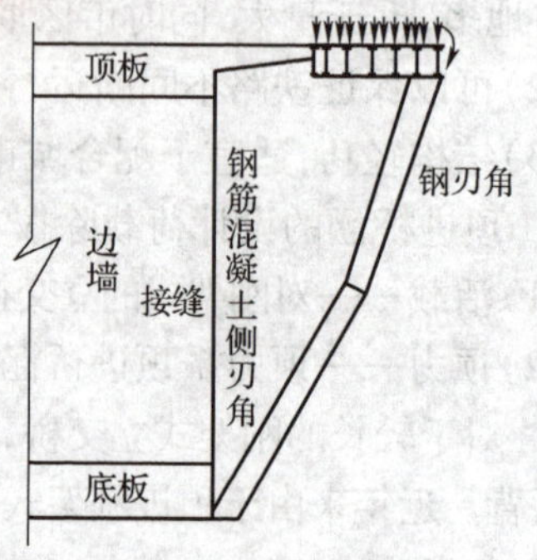

说明图　5.5.6—2

其构造如下：

① 钢筋混凝土刃角可为预制或现灌，当为现灌时应使与边墙隔离（可在接缝处涂沥青）以便拆卸。

② 接缝可用锚筋或钢板接头联结，以保证接缝强度及便利拆卸。

③ 当钢筋混凝土刃角顶面伸出主体结构较长，必须铺设临时钢梁。为了减小钢梁跨径，可在顶桥跨径中间设置临时撑架。

④ 为了改善钢筋混凝土侧刃角的侧向受力情况，并防止由于土压力作用引起的侧向变形，必要时可在侧刃角之间加横撑，也可用顶部临时钢梁作为横撑。

⑤ 顶进过程中，在静载及活载侧向土压力作用下，钢混凝土刃角按嵌固在接缝处的悬臂梁检算强度，悬臂梁的计算跨径，可沿刃角高度方向取几个断面进行计算比较，一般以靠近上部的断面内力较大。

5.5.7 因为顶桥的净高较大，约为 6 ~ 7 m，这样开挖路基容易坍方，因此一般安设中刃角及中平台，把全高分为两层，减少开挖高度，保证路基稳定。

中平台的另一作用是便于挖土，可以在平台上挖土增加工作面。

中平台可按施工垂直荷载 10 kPa 计算。

中刃角、中平台和顶桥结构本身可预埋钢件联结，因施工完后需拆除，故必须考虑拆除方便。中平台构造如说明图 5.5.7。

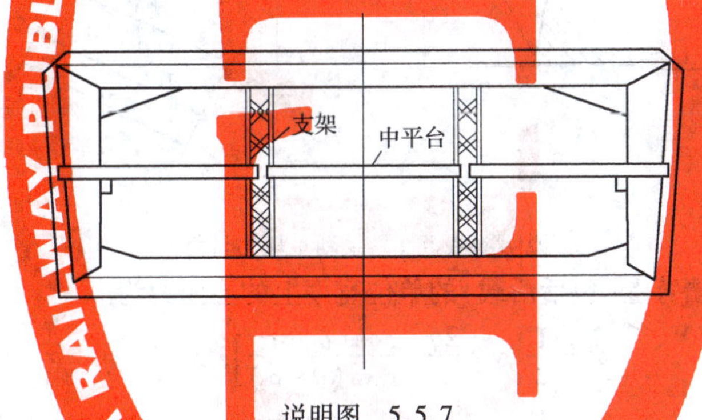

说明图 5.5.7

5.5.8 顶进涵洞顶部是承受列车荷载的受力结构，钢筋密集，设置卷材防水层及保护层可有效防止顶板钢筋锈蚀。沉降缝应设止水带可防止水渗入基础，引发基础沉降。

A.0.1 设说明图 A.0.1(a)的填土坡面为斜面，在这倾斜表面水平投影每单位长度上作用着强度为 q 的均布超载。假设 BC 为破裂面，B′C′是任意破裂平面，它通过墙顶以下深度 z 处墙背上的 B′点。在没有超载时，相应单位长度有破裂棱体 AB′C′的重量为

$$W_1' = \frac{1}{2}\gamma \frac{z}{\cos\theta} L_z \sin\left[90° + (\theta - \alpha)\right] = \frac{1}{2}\gamma z l_z \frac{\cos(\theta - \alpha)}{\cos\theta}$$

超载使这个重量增加 $ql_z\cos\alpha$。带有超载的重量 W_1 是与断面为 AB′C′并具有容重 $\gamma_q > \gamma$ 的土楔的重量是相同的，因此可以写出下列方程式：

$$W'_1 = \frac{1}{2}\gamma z l_z \frac{\cos(\theta - \alpha)}{\cos\theta} + qL_z\cos\alpha = \frac{1}{2}\gamma_q z l_z \frac{\cos(\theta - \alpha)}{\cos\theta}$$

解上式，得到单位重量 γ_q 的数值：

$$\gamma_q = \gamma + \frac{2q}{z} \cdot \frac{\cos\theta\cos\alpha}{\cos(\theta - \alpha)}$$

如将 $H=z,\gamma=\gamma_q$ 以及 $E'=E$ 代入库仑主动土压力公式，即

$$E'=\frac{1}{2}\gamma H^2\lambda \qquad \text{（说明 A. 0. 1—1）}$$

式中 E' 为单位宽度上的主动土压力，γ 为填料的单位容量，H 为填土高度，λ 为土压力系数，

$$\lambda=\frac{\cos^2(\phi-\theta)}{\cos^2\theta\cdot\cos^2(\theta+\delta)\left[1+\sqrt{\frac{\sin(\phi+\delta)\sin(\phi-\alpha)}{\cos(\phi+\delta)\cos(\phi-\alpha)}}\right]^2}$$

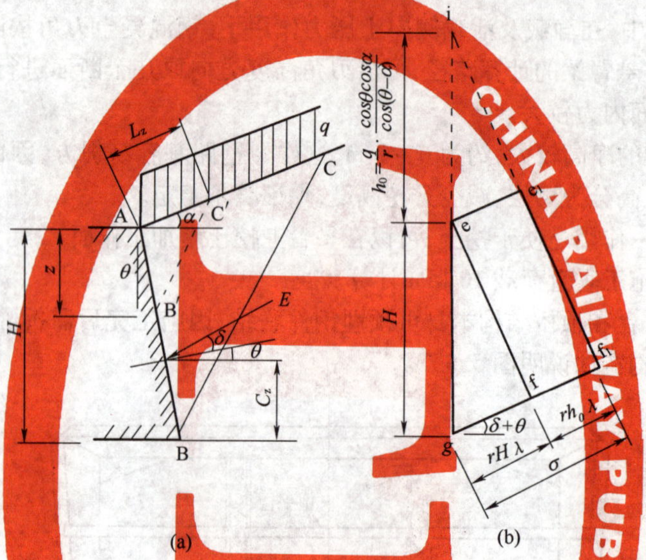

说明图 A. 0. 1　主动土压力计算

得到深度为 z 墙背上（包括活载）的单位宽度上的土压力为

$$E=\frac{1}{2}\left[\gamma+\frac{2q}{z}\cdot\frac{\cos\theta\cos\alpha}{\cos(\theta-\alpha)}\right]z^2\lambda$$

$$=\frac{1}{2}\gamma z^2\lambda+qz\lambda\frac{\cos\theta\cos\alpha}{\cos(\theta-\alpha)} \qquad \text{（说明 A. 0. 1—2）}$$

上式中的 $\lambda\cdot\frac{\cos\theta\cos\alpha}{\cos(\theta-\alpha)}$ 对于确定的 ϕ（土的内摩擦角）、θ（墙背 AB 与竖直线所成之角）、δ（外摩擦角）以及 α（填土坡面与水平面所成的角）值为一常数。

在深度 z 处，相应的单位宽度侧压力 σ_z 为

$$\sigma_z=\frac{\mathrm{d}E}{\mathrm{d}z}=rz\lambda+q\lambda\frac{\cos\theta\cos\alpha}{\cos(\theta-\alpha)} \qquad \text{（说明 A. 0. 1—3）}$$

上面这个方程式的右边第一项代表由于土的重量在深度 z 处所引起的单位宽度土压力。相应的这个压力的分布是静水压力式的，如说明图 A. 0. 1（b）中 efg 所示。第二项表示由于超载重量所引起的单位宽度土压力，它与深度无关。因此在说明图 A. 0. 1（b）中这一部分土压力由平行四边形表示。这个平行四边形的 e_1f_1 边的延长线与基线 eg 相交于 i 点，i 点在墙背顶面以上的换算高度 h_0 则根据式（说明 A. 0. 1—3）和说明图 A. 0. 1（b）两个三角形 iee_1、egf 相似的关系求得：

$$h_0=\frac{q}{\gamma}\frac{\cos\theta\cos\alpha}{\cos(\theta-\alpha)} \qquad \text{（说明 A. 0. 1—4）}$$

按照说明图 A. 0. 1(b)墙背上的土压力是与填土无超载而高度为 $H+h_0$ 的虚构墙背上的土压力一样。由式(说明 A. 0. 1—4)求得的 h_0 谓之超载当量高度。

整个端身 H 高度上单位宽度的总土压力和墙身底 B 点处单位面积上的土压力强度，只需将式(说明 A. 0. 1—2)和式(说明 A. 0. 1—3)中的 z 以 H 代入，同时把超载 q 换算成当量土层厚度 h_0 表示，则得到主动土压力的计算公式：

$$E=\frac{1}{2}\gamma H^2\lambda+\gamma Hh_0\lambda \qquad \text{(说明 A. 0. 1—5)}$$

$$\sigma=\gamma H\lambda+\gamma h_0\lambda \qquad \text{(说明 A. 0. 1—6)}$$

式中　E——墙背面单位宽度的主动土压力；

σ——墙底面处墙背垂直投影面上单位面积上的主动土压力强度。

关于土压力着力点，根据说明图 A. 0. 1(b)的土压力的水平分力图形分块面积对计算截面的面积矩和总面积的比例求得：

$$C_z=\frac{\frac{H}{2}\gamma H\lambda\cos(\delta+\theta)\frac{H}{3}+H\gamma h_0\lambda\cos(\delta+\theta)\cdot\frac{H}{2}}{\frac{H}{2}\gamma H\lambda\cos(\delta+\theta)+Hh_0\gamma\lambda\cos(\delta+\theta)}$$

$$=\frac{H}{3}\left(\frac{H+3h_0}{H+2h_0}\right)=\frac{H}{3}\left(1+\frac{h_0}{H+2h_0}\right) \qquad \text{(说明 A. 0. 1—7)}$$

计算总土压力时，其着力点为

$$C_z=\frac{H}{3}\left(1+\frac{h_0B_0}{HB+2h_0B_0}\right) \qquad \text{(说明 A. 0. 1—8)}$$

式中　B——墩台的计算宽度；

B_0——台后活载计算宽度。

A. 0. 2　关于土层特性有变化或受水位影响，需分层计算各层土压力的计算公式，推导如下：

根据式(说明 A. 0. 1—6)得到图上计算土层顶面和底面的土压力强度为

$$\sigma_1=\gamma h'\lambda+\gamma h_0\lambda \qquad \text{(说明 A. 0. 2—1)}$$

$$\sigma_2=\gamma(h+h')\lambda+\gamma h_0\lambda \qquad \text{(说明 A. 0. 2—2)}$$

式中　σ_1——计算土层顶面处墙背垂直投影面上单位面积上的主动土压力强度；

σ_2——计算土层底面处墙背垂直投影面上单位面积上的主动土压力强度；

h——计算截面以上的计算土层厚度；

h'_0,h——在计算土层以上所有土层按该计算层的容重换算的高度；

γ——计算土层的土的容重，水中则为浮重。

部分土压力可由下面的积分式求得：

$$\mathrm{d}E_p=\sigma_y\mathrm{d}z$$

$$E_p=\int_{h'}^{h'+h}\gamma\lambda z\mathrm{d}z+\int_{h'}^{h'+h}q\lambda\frac{\cos\theta\cos\alpha}{\cos(\theta-\alpha)}\mathrm{d}z$$

$$=\frac{\gamma\lambda}{2}(h^2+2h'h)+q\lambda h\frac{\cos\theta\cos\alpha}{\cos(\theta-\alpha)}$$

$$=\frac{\gamma\lambda}{2}(h+2h')\lambda+\gamma hh'_0\lambda \qquad \text{(说明 A. 0. 2—3)}$$

式中　E_p——计算土层墙背面单位宽度的主动土压力。

其着力点的求法同第 A. 0. 1 条条文说明中所述。首先求得 σ_1 和 σ_2 的水平分力，即

$$\sigma_{1x}=\sigma_1\cos(\delta+\theta)$$

$$\sigma_{2x}=\sigma_2\cos(\delta+\theta)$$

则说明图 A. 0. 2(b)中的 C_z 按照应力图形梯形面积的重心求得：

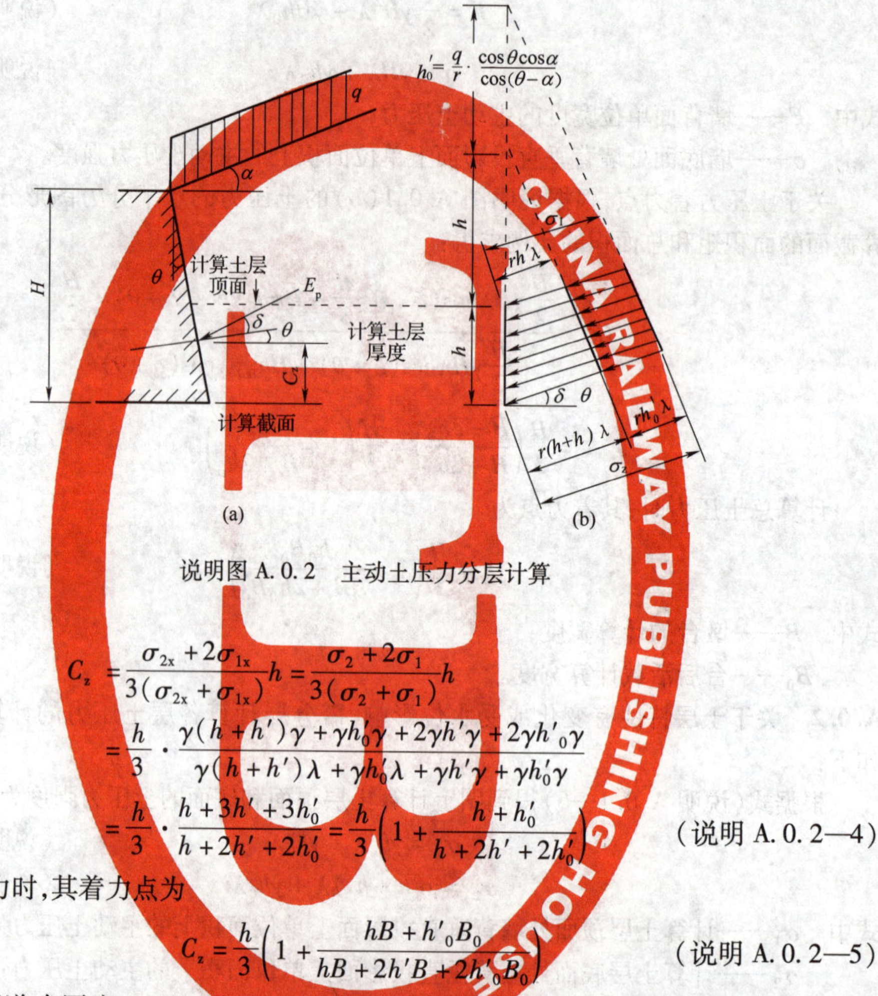

说明图 A. 0. 2　主动土压力分层计算

$$\begin{aligned}C_z&=\frac{\sigma_{2x}+2\sigma_{1x}}{3(\sigma_{2x}+\sigma_{1x})}h=\frac{\sigma_2+2\sigma_1}{3(\sigma_2+\sigma_1)}h\\&=\frac{h}{3}\cdot\frac{\gamma(h+h')\gamma+\gamma h_0'\gamma+2\gamma h'\gamma+2\gamma h'_0\gamma}{\gamma(h+h')\lambda+\gamma h_0'\lambda+\gamma h'\gamma+\gamma h_0'\gamma}\\&=\frac{h}{3}\cdot\frac{h+3h'+3h_0'}{h+2h'+2h_0'}=\frac{h}{3}\left(1+\frac{h+h_0'}{h+2h'+2h_0'}\right)\end{aligned}\qquad(说明 A. 0. 2—4)$$

计算总土压力时，其着力点为

$$C_z=\frac{h}{3}\left(1+\frac{hB+h'_0B_0}{hB+2h'B+2h'_0B_0}\right)\qquad(说明 A. 0. 2—5)$$

C. 0. 1　桥面道砟厚度 >1 m 时，以一个特种轴重纵向分布于 1.5 m 长的轨道上，即为$\frac{250}{1.5}\approx165$ kN/m。

所附 26 个(公式编号①～㉑)换算均布活载计算公式，系供影响线具有“最大纵坐标任何位置 α”和“任何加载长度 L”的应用。经分析，当跨度在 6.4 m 以下，$\alpha=0.5$ 及 $\alpha=0$，均为三个特种轴重控制计算。公式的相应控制轴数和轴位见说明图 C. 0. 1。

C. 0. 2　加载规定中提及的各种影响线及其加载方法如说明图 C. 0. 2 所示。

《59 桥规》中用换算均布活载加载影响线的规则中第 7 条“直接相邻的单符号影响线”和第 8 条“多符号影响线有……异号区段隔开者”，现比较这两条加载方法。当影响线全长小于50 m时，前者只有一个区段按最大值加载，后者可以有若干个区段按各自最大值加载，显然存在很大差异。从说明图 C. 0. 2 中第 7 款图中图 a)可以看出，当异号区

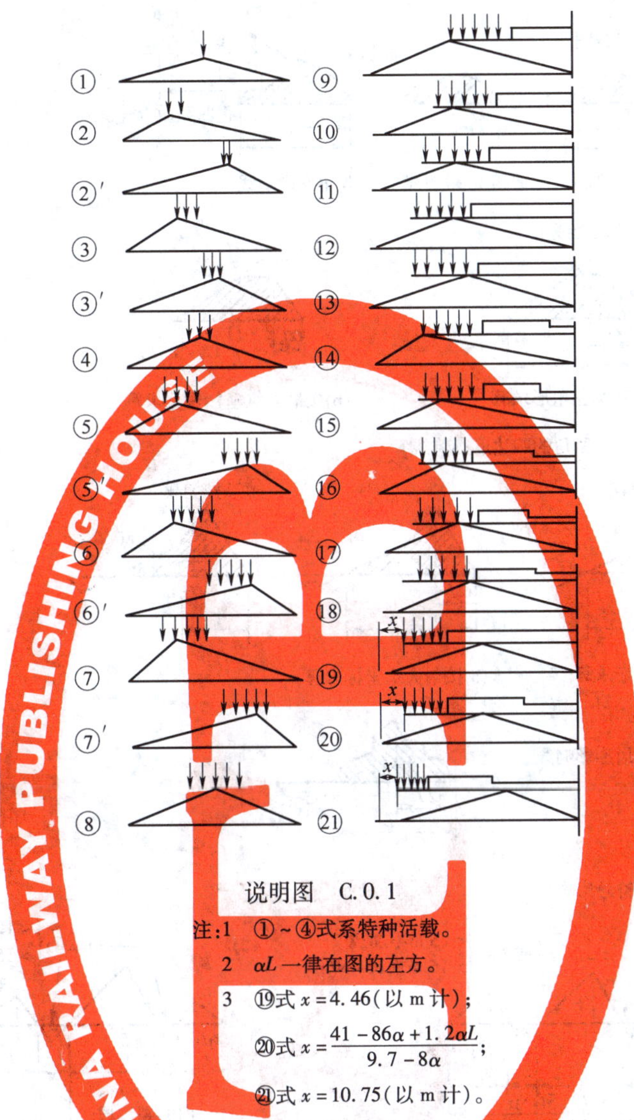

说明图 C.0.1

注:1 ①~④式系特种活载。

2 αL 一律在图的左方。

3 ⑲式 $x=4.46$(以 m 计);

⑳式 $x=\dfrac{41-86\alpha+1.2\alpha L}{9.7-8\alpha}$;

㉑式 $x=10.75$(以 m 计)。

段的长度 L'_1 或 L'_2 接近或等于0时,这个“多符号影响线有……异号区段隔开者”;就等于或接近“直接相邻的数个单符号影响线”,因此两者的加载方法应该是相同的,同时考虑小于或等于 50 m 的区段范围内有出现最大活载的可能,因此规定当影响线长度小于50 m 内的各区段,凡是直接相邻的或是有异号隔开的同符号影响线均按各自的最大值同时加载。

本条第 7 款第 2)项的规定,当影响线加载长度大于 50 m 时,考虑到 50 m 内同样可能出现最大值,所以规定 50 m 内的整区段(所谓整区段系指各同符号零点至零点的影响线面积)各同符号影响线仍按各自最大值同时加载,其余同符号影响线均用均布活载 80 kN/m加载。如果距度大于 50 m,不能在 50 m 处截取影响线面积加载,应按跨长求最大值加载,其余各跨同符号影响线用80 kN/m加载。

通常计算强度时,按最大加载来进行,但计算疲劳强度时,应按经常出现的较大加载方为合理。因此,规定了第 8 款关于疲劳的加载方法,即按照分别自左至右和自右至左连续加载的规定。如用换算均布活载加载,则对某一区段按本条规定的第 1 ~5 款方法加载

说明图　C. 0. 2

最大值（选取 αL 值时要注意列车行进方向，即选在机车前端的一方），其余区段不论影响线的正负均取 80 kN/m 加载。

《59 桥规》加载规则第 9 条规定，同时加载于两个或两个以上的影响线求其共同作用时，其换算均布活载以及加载长度系逐一按每一影响线单独求之，并将所得之值用于其余的影响线，比较得出其最大共同作用的加载即为计算值。在实际运用中，对于一般静定结构，其影响线系由直线组成，且形状相似，按上述计算结果与按实际活动载轴位求得者误差不大。但对于超静定结构，某些实例表明有时误差较大，故规定除静定结构和恒载影响较大的超静定结构之外，一般应求出控制轴位而用于其余的影响线，这样较为适宜。

中华人民共和国行业标准

铁建设〔2005〕108号

铁路桥梁钢结构设计规范

Code for Design on Steel Structure of Railway Bridge

TB 10002.2—2005

J 461—2005

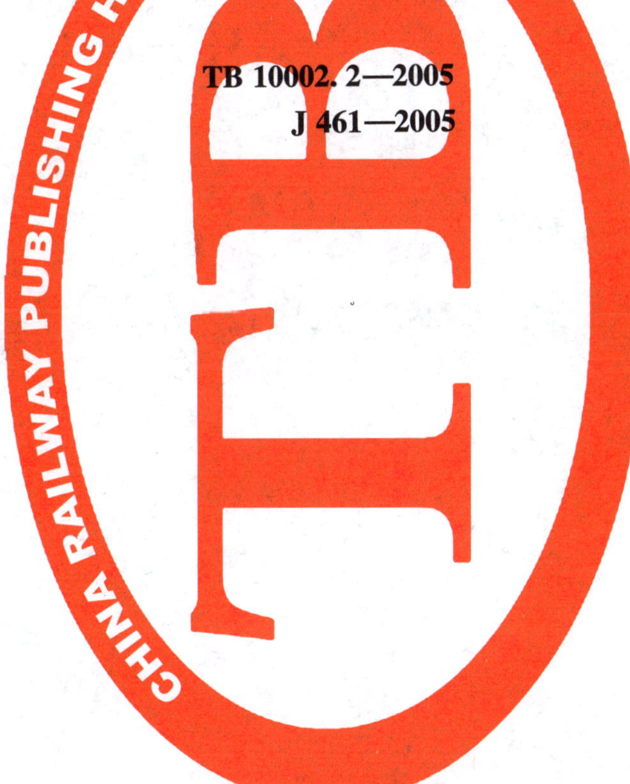

2005—06—14 发布　　2005—06—14 实施

中华人民共和国铁道部　发布

前　言

本规范是根据铁道部建设管理司的安排，为贯彻落实铁路跨越式发展的要求，在《铁路桥梁钢结构设计规范》(TB 10002.2—99)基础上修订而成的。

本规范编制过程中认真总结了我国铁路钢桥建设的经验和教训，借鉴了国内外有关标准的规定，在广泛征求意见的基础上，经反复审查定稿。

工程技术人员必须按照"以人为本、服务运输、强本简末、系统优化、着眼发展"的铁路建设理念，结合工程具体情况，因地制宜，充分发挥主观能动性，积极采用安全、可靠、先进、成熟、经济、适用的新技术，不能生搬硬套标准。勘察设计单位执行(或采用)单项或局部标准，并不免除设计单位及设计人员对整体工程和系统功能质量问题应承担的法律责任。

本规范共分10章，主要内容包括：总则、术语和符号、材料及基本容许应力、结构内力计算、杆件的计算长度、长细比和构件截面、构件连接、桥面系及联结系、钢板梁、钢桁梁、支座等，另有3个附录。

本次修订的主要内容如下：

1. 增订焊接构件设计使用最大板厚的规定。
2. 修订钢梁主体结构用钢种与国家标准的衔接的规定。
3. 对原来U形缺口冲击试验标准的内容统一为V形缺口夏比冲击试验，并规定了冲击韧性指标。
4. 对钢桁梁的纵、横向联结系的有关条文进行了修订。
5. 对钢板梁的竖向刚度进行了修订。
6. 对钢梁支座的有关条文进行了修订。

本规范以黑体字标志的条文为强制性条文，必须严格执行。

在执行本规范过程中，希望各单位结合工程实践，认真总结经验，积累资料。如发现需要修改和补充之处，请及时将意见及有关资料寄交中铁大桥勘测设计院有限公司(湖北省武汉市汉阳大道34号，邮政编码：430050)，并抄送铁道部经济规划研究院(北京市海淀区羊坊店路甲8号，邮政编码：100038)，供今后修订时参考。

本规范由铁道部建设管理司负责解释。

本规范主编单位：中铁大桥勘测设计院有限公司。

本规范主要起草人：方秦汉、徐伟、汤筱敏、杜萍。

目　　次

1 总 则

1.0.1 为统一铁路桥梁钢结构设计标准,贯彻国家有关法规和铁路技术政策,使铁路桥梁钢结构设计符合安全适用、技术先进、经济合理的要求,制定本规范。

1.0.2 本规范适用于铁路网中客货列车共线运行、旅客列车设计行车速度等于或小于160 km/h、货物列车设计行车速度等于或小于120 km/h(转8 A货车80 km/h)的Ⅰ、Ⅱ级标准轨距铁路简支或连续的铆接、栓焊钢桁梁、板梁及全焊钢梁的设计。

本规范适用于跨度为168 m以下的单、双线桁梁和跨度在40 m以下的板梁,其他形式的钢桥,除参照本规范外,尚应符合有关补充规定。

公、铁两用桥中单独承受公路荷载的钢结构应按现行《公路桥涵设计规范》进行设计。钢塔架设计可参照本规范进行。

1.0.3 铁路桥梁钢结构应具有规定的强度、刚度、稳定性和耐久性,应按100年设计使用年限设计。桥梁钢结构设计时,还应进行长大货物列车限速通过的检算。

1.0.4 采用本规范设计时,尚应符合现行《铁路桥涵设计基本规范》(TB 10002.1)的规定。货车速度为120 km/h时、开行双层集装箱货车时及铺设无砟轨道时,尚应满足有关补充规定的要求。

1.0.5 铁路钢桥的刚度应满足现行《铁路桥涵设计基本规范》(TB 10002.1)的有关规定。特殊结构及代表性桥梁应进行车桥耦合动力分析,其舒适度、脱轨系数、平稳性指标等应满足现行《铁路桥涵设计基本规范》(TB 10002.1)的有关规定。

1.0.6 钢结构的构件设计宜标准化,使同型构件能互换。

结构应经济合理,便于加工、运输、安装;细节应便于检查、养护。

结构细节应注意降低附加应力。

1.0.7 桥跨结构应预设上拱度,上拱度曲线应与恒载和半个静活载产生的挠度曲线形状基本相同,但方向相反。

1.0.8 桥跨结构在计算荷载可能的最不利组合作用下,横向倾覆稳定系数不应小于1.3。

1.0.9 钢梁应能适应用千斤顶将其顶起。起顶设施及结构本身都应按起顶荷重超载30%检算。

1.0.10 曲线上线路中心有偏移的桥以及其他有偏心荷载的桥应计算偏载对桥跨结构的影响。

1.0.11 铁路桥梁钢结构设计除应符合本规范外,尚应符合国家现行的有关强制性标准的规定。

2 术语和符号

2.1 术　语

2.1.1 梁　beam

直线或曲线形构件。主要承受各种荷载产生的弯矩和剪力。

2.1.2 简支梁　simple-supported beam

一端支承在固定支座上,另一端支承在活动支座上的梁。

2.1.3 连续梁　continuous beam

由三个或三个以上支座支承的梁。

2.1.4 桁架　truss

由若干杆件构成的平面或空间格架式结构或构件。各杆件主要承受各种荷载产生的轴向力。

2.1.5 钢梁　steel beam

以钢材作为主要建筑材料的梁。

2.1.6 强度　strength

材料或构件受力时抵抗外力的能力。其值为在一定的受力状态或工作状态下,材料所能承受的最大应力或构件所能承受的最大内力,后者亦称承载能力。

2.1.7 刚度　stiffness, rigidity

结构或构件抵抗变形的能力。

2.1.8 变形　deformation

荷载引起的结构或构件中各点间的相对位移。可恢复的变形为弹性变形,不可恢复的变形为塑性变形。

2.1.9 挠度　deflection

结构或构件在荷载作用下任一横截面的形心在垂直于原来轴线方向的线位移,称为该截面的挠度。

2.1.10 预拱度　camber

为抵消梁、拱、桁架等结构在荷载作用下产生的挠度,而在施工或制造时所预留的与挠度方向相反的校正量。

2.1.11 主桁(主梁)　main truss

在上部结构中,支承各种荷载并将其传递至墩、台的桁(梁)。

2.1.12 横梁　floor beam

在上部结构中,沿桥轴横向设置并支承于主桁(主梁)上的梁。

2.1.13 纵梁　stringer

在上部结构中,沿桥轴向设置并支承于横梁上的梁。

2.1.14 桥面系　floor system, bridge decking

上部结构中，直接承受车辆、人群等荷载并将其传递到主桁（主梁）的整个桥面构造系统。包括桥面铺装、桥面板、纵梁、横梁及人行道等。

2.1.15 支座 bearing

设在桥梁上部结构与下部结构之间的传力装置，其应能使上部结构具有必要的活动性。

2.1.16 应力幅 stress range

构件或连接的最大应力与最小应力的代数差。

2.2 符 号

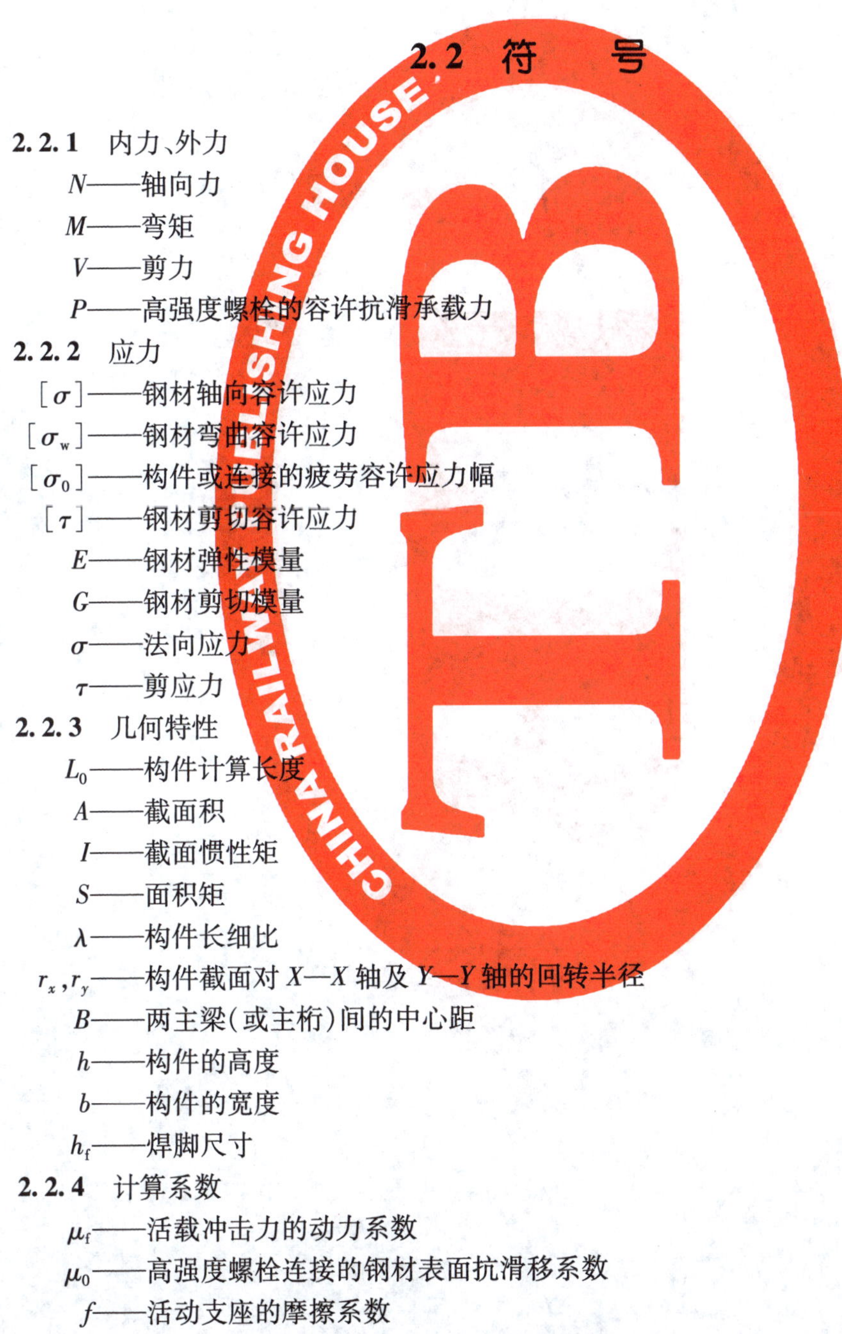

2.2.1 内力、外力

N——轴向力

M——弯矩

V——剪力

P——高强度螺栓的容许抗滑承载力

2.2.2 应力

$[\sigma]$——钢材轴向容许应力

$[\sigma_w]$——钢材弯曲容许应力

$[\sigma_0]$——构件或连接的疲劳容许应力幅

$[\tau]$——钢材剪切容许应力

E——钢材弹性模量

G——钢材剪切模量

σ——法向应力

τ——剪应力

2.2.3 几何特性

L_0——构件计算长度

A——截面积

I——截面惯性矩

S——面积矩

λ——构件长细比

r_x, r_y——构件截面对 $X—X$ 轴及 $Y—Y$ 轴的回转半径

B——两主梁（或主桁）间的中心距

h——构件的高度

b——构件的宽度

h_f——焊脚尺寸

2.2.4 计算系数

μ_f——活载冲击力的动力系数

μ_0——高强度螺栓连接的钢材表面抗滑移系数

f——活动支座的摩擦系数

φ_1——中心受压杆件轴向容许应力的折减系数

φ_2——构件只在一个主平面受弯时的容许应力折减系数

C——构件斜弯曲作用下容许应力增大系数

m——高强度螺栓连接处的抗滑面数

k——安全系数

3 材料及基本容许应力

3.1 基本材料

3.1.1 铁路钢桥的基本钢材应根据当地的最低设计温度，选取满足桥梁设计要求的化学成分、力学性能、工艺性能及焊接性能，并应符合表 3.1.1 的规定。

表 3.1.1 铁路钢桥的基本材料

名称		钢材牌号	质量等级	应符合的标准
钢梁主体结构		Q235q	D 级	《桥梁用结构钢》(GB 714—2000)实物交货技术条件见附录 A。Q420qD 仅用于受压非断裂控制部件
		Q345q	D、E 级	
		Q370q	D、E 级	
		Q420q	D、E 级	
桥梁辅助结构		Q235—B. Z		《碳素结构钢》(GB 700)
连接型钢		Q345c		现行《低合金结构钢》(GB 1591)
铆钉		BL2(铆螺 2) BL3(铆螺 3)		现行《标准件用碳素热轧圆钢》(GB 715)
精制螺栓		BL2(铆螺 2) BL3(铆螺 3)		现行《标准件用碳素热轧圆钢》(GB 715)
粗制螺栓		BL2(铆螺 2) BL3(铆螺 3)		现行《标准件用碳素热轧圆钢》(GB 715)
高强度螺栓	螺栓	20MnTiB(20 锰钛硼)		现行《合金结构钢技术条件》(GB 3077)
		35VB(35 钒硼)		现行 GB/T 1231 中附录 A
	螺母及垫圈	35、45 15MnVB(15 锰钒硼)		现行《优质碳素结构钢钢号和一般技术条件》(GB 699)
铸件(支座的上、下摆、摇轴、座板等)		ZG230—450 Ⅱ(铸钢 230—450 Ⅱ) ZG270—500 Ⅱ(铸钢 270—500 Ⅱ)		现行《碳素钢铸件分类及技术条件》(GB 5676)
销、铰、辊轴		35 号锻钢		现行《优质碳素结构钢钢号和一般技术条件》(GB 699)

注：经过试验取得充分依据也可采用符合桥跨结构要求的其他钢材。

3.1.2 高强度大六角头螺栓、大六角螺母、垫圈应符合现行国家标准 GB/T 1228 ~ 1231 的规定。

3.1.3 焊接性能应与基材相匹配，选用的焊接材料、焊接工艺，均应根据设计要求通过焊接工艺评定。

3.1.4 整体节点焊接接头(包括焊缝金属和热影响区)冲击韧性不得低于母材标准；散装节点，垂直于受力方向的熔透对接焊、T 形角焊、棱角焊焊接接头(包括焊缝金属和热影响区)冲击韧性不得低于母材标准，顺应力方向未熔透的 T 形角焊、棱角焊焊接接头冲击韧性根据钢材牌号不同不得低于表 3.1.4 的规定。

表 3.1.4 焊接接头冲击韧性

钢 材 牌 号		Q345q		Q370q		Q420q	
质 量 等 级		D	E	D	E	D	E
试 验 温 度(℃)		-20	-40	-20	-40	-20	-40
冲击韧性(J)	整体节点的焊接接头	34		41		47	
	散装节点垂直于应力方向的熔透对接焊、T 形角焊、棱角焊焊接接头	34		41		47	
	散装节点顺应力方向未熔透的 T 形角焊、棱角焊焊接接头	29		35		40	

3.1.5 钢桥涂装材料应符合铁道部现行的《铁路钢桥保护涂装》(TB/T 1527)的规定。

3.1.6 钢材的弹性系数可按照表 3.1.6 的规定确定。

表 3.1.6 钢材弹性系数

弹性模量 E(MPa)	剪切模量 G(MPa)	泊松比 ν
2.1×10^5	8.1×10^4	0.3

3.2 基本容许应力

3.2.1 钢材的基本容许应力应按照表 3.2.1 的规定确定。

表 3.2.1 基本容许应力

序号	应 力 种 类	单位	钢 材 牌 号						
			Q235qD	Q345qD Q345qE	Q370qD Q370qE	Q420qD Q420qE	ZG230 —450 Ⅱ	ZG270 —500 Ⅱ	35 号 锻钢
1	轴向应力[σ]	MPa	135	200	210	230	—	—	—
2	弯曲应力[σ_w]	MPa	140	210	220	240	125	150	220
3	剪应力[τ]	MPa	80	120	125	140	75	90	110
4	端部承压(磨光顶紧)应力	MPa	200	300	315	345	—	—	—
5	销孔承压应力	MPa	—	—	—	—	—	—	180
6	辊轴(摇轴)与平板自由接触的径向受压	kN/cm	—	—	—	—	$0.55d$	$0.61d$	$0.60d$
7	铰轴放置在铸钢铰轴颈上时的径向受压	kN/cm	—	—	—	—	—	—	$8.4d$

注:1 表列的 Q235qD、Q345qD、Q345qE、Q370qD、Q370qE、Q420qD、Q420qE 容许应力是同 GB/T 714—2000 中板厚 $t\leqslant16$ mm 的屈服强度及极限抗拉强度相对应,当 $t\geqslant16$ mm 时,表列各类容许应力可按屈服点的比例予以调整。

2 辊轴(摇轴)与接触的平板用不同钢种时,径向受压容许应力应采用其较低者。

3 表中符号 d 为辊轴、摇轴或铰轴的直径,以厘米计。

4 序号 2 中直接搁置桥枕的桥面系纵梁的弯曲容许应力[σ_w]采用[σ]。

5 序号 7 系按接触圆弧中心角为 2×45°考虑;条件不符时可另行确定。

3.2.2 焊缝基本容许应力宜与基材相同,并不应大于基材的容许应力。

3.2.3 高强度螺栓预拉力的设计值,应根据高强度螺栓的螺纹直径、性能等级按表

3.2.3 的规定确定。

表 3.2.3 高强度螺栓预拉力设计值

螺纹直径	M22	M24	M27	M30
性能等级	10.9 S			
预拉力设计值(kN)	200	240	290	360

3.2.4 采用抗滑型高强度螺栓连接时,设计抗滑移系数采用 0.45。

3.2.5 铆钉及精制螺栓容许应力应按表 3.2.5 的规定确定。

表 3.2.5 铆钉及螺栓容许应力(MPa)

类别	受力种类	容许应力
工厂铆钉	剪切	110
	承压	280
工地铆钉	剪切	100
	承压	250
精制螺栓	剪切	90
	承压	220

注:1 平头铆钉的容许应力减低 20%;
2 铆钉计算直径为铆钉孔的公称直径;
3 粗制螺栓直径至多较栓孔直径小 0.3 mm;
4 本表适用于 BL2,当采用 BL3 时,容许应力可提高 10%。

3.2.6 检算中心受压杆件的总稳定性时,其轴向容许应力的折减系数 φ_1 可根据钢种按表 3.2.6 的规定确定。

3.2.7 各种构件或连接的疲劳容许应力幅,应按表 3.2.7—1 的规定确定,各种构件或连接基本形式及疲劳容许应力幅类别应符合表 3.2.7—2 的规定。

表 3.2.6 中心受压杆件轴向容许应力折减系数 φ_1

焊接 H 形杆件(检算翼板平面内总稳定性)				焊接 H 形(检算腹板平面内总稳定性)、焊接箱形及铆接杆件			
杆件长细比 λ	φ_1			杆件长细比 λ	φ_1		
	Q235qD	Q345qD Q345qE Q370qD Q370qE	Q420qD Q420qE		Q235q	Q345qD Q345qE Q370qD Q370qE	Q420qD Q420qE
0~30	0.900	0.900	0.866	0~30	0.900	0.900	0.885
40	0.864	0.823	0.777	40	0.878	0.867	0.831
50	0.808	0.747	0.694	50	0.845	0.804	0.754
60	0.744	0.677	0.616	60	0.792	0.733	0.665
70	0.685	0.609	0.541	70	0.727	0.655	0.582
80	0.628	0.544	0.471	80	0.660	0.583	0.504
90	0.573	0.483	0.405	90	0.598	0.517	0.434
100	0.520	0.424	0.349	100	0.539	0.454	0.371

续上表

焊接 H 形杆件(检算翼板平面内总稳定性)				焊接 H 形(检算腹板平面内总稳定性)、焊接箱形及铆接杆件			
杆件长细比 λ	φ_1			杆件长细比 λ	φ_1		
	Q235qD	Q345qD Q345qE Q370qD Q370qE	Q420qD Q420qE		Q235q	Q345qD Q345qE Q370qD Q370qE	Q420qD Q420qE
110	0.469	0.371	0.302	110	0.487	0.396	0.319
120	0.420	0.327	0.258	120	0.439	0.346	0.275
130	0.375	0.287	0.225	130	0.391	0.298	0.235
140	0.338	0.249	0.194	140	0.346	0.254	0.200
150	0.303	0.212	0.164	150	0.304	0.214	0.166

表 3.2.7—1 各种构件或连接的疲劳容许应力幅

疲劳容许应力幅类别	疲劳容许应力幅[σ_0](MPa)	构件及连接形式
Ⅰ	149.5	1
Ⅱ	121.7	5.1,5.2,5.3
Ⅲ	130.7	4.2
Ⅳ	110.3	6.1,6.2,6.3,7.1,7.2,16.1,16.2
Ⅴ	109.6	4.1
Ⅵ	114.0	2
Ⅶ	99.9	8,9
Ⅷ	91.1	3
Ⅸ	71.9	10,12,15.2,17.1
Ⅹ	72.9	11.1,14,17.2
Ⅺ	60.2	11.2,15.1,15.4,15.5
Ⅻ	80.6	13
XIII	45.0	15.3

表 3.2.7—2 构件或连接基本形式及疲劳容许应力幅类别

类别	构件或连接形式简图	加工质量及其他要求	疲劳容许应力幅类别	检算部位
1	母材	原轧制表面,侧边刨边,表面粗糙度不得大于 25;精密切割表面粗糙度不得大于 12.5;不得在母材上引弧	Ⅰ	非连接部位的母材
2	留有空孔的杆件	机械钻孔,孔壁光滑,表面粗糙度不得大于 25	Ⅵ	弦杆泄水孔处

续上表

类别	构件或连接形式简图	加工质量及其他要求	疲劳容许应力幅类别	检算部位
3	铆接构件	机械钻孔，表面粗糙度不得大于 $\overset{25}{\triangledown}$	Ⅷ	铆钉孔处净截面
4	高强度螺栓			
4.1		(1)单面或双面拼接，经检算第一排螺栓无滑移； (2)直接拼接断面超过60%总断面积的双面拼接对称接头； (3)不传递验算方向应力的有高强度螺栓紧固的基材	Ⅴ	栓接毛截面处
4.2		(1)单面或双面拼接，经检算第一排螺栓受力大于抗滑力； (2)非全断面拼接的构件，直接拼接断面小于60%总断面	Ⅲ	栓接净截面处
5	横向对接熔透焊缝	(1)采用埋弧自动焊 ① 定位焊接不得有裂缝、焊渣、焊瘤等缺陷； ② 焊缝背面必须清除影响焊接的焊瘤、熔渣和焊根等缺陷； ③ 多层焊的每一层必须将焊渣、缺陷清除干净再焊下一层； ④必须在距杆件端部80 mm以外的引板上起、熄弧。 (2)焊缝加强高顺受力方向磨平，焊趾处不留横向痕迹。 (3)焊缝需经无损探伤检验，焊缝质量符合《铁路钢桥制造规范》中Ⅰ级焊缝的要求。 (4)横向对接焊缝应一次连续施焊完毕，不得有断弧，如发生断弧，应将断弧处已焊成的焊缝刨成1∶5斜坡后再继续搭接50 mm后施焊。 (5)同一位置焊接返修次数不得超过二次	Ⅱ	桁梁构件及板梁中横向对接焊缝处
5.1	等厚等宽钢板对接			
5.2	等厚不等宽钢板对接 1:8 1:8			
5.3	等宽不等厚宽钢板对接 1:8 1:8			

续上表

类别	构件或连接形式简图	加工质量及其他要求	疲劳容许应力幅类别	检算部位
6	纵向焊缝	(1)采用埋弧焊、气体保护焊。 (2)焊缝必须平整连续。 (3)受拉及受疲劳控制的杆件,焊缝全长超声波探伤。焊缝质量应符合《铁路钢桥制造规范》中Ⅱ类焊缝要求。 (4)受压及不受疲劳控制的杆件,探伤范围从杆端至工地栓孔外1 m。焊缝质量应符合《铁路钢桥制造规范》中Ⅱ类焊缝要求。 (5)同一位置焊接返修不得超过二次	Ⅳ	(1)工字形、箱形、T形构件、板梁翼缘及纵向加劲肋等处的纵向角焊缝,或棱角焊缝。 (2)板梁中腹板及盖板的纵向焊缝
6 6.1	纵向连续对接焊缝	(1)焊缝应一次连续施焊完毕,如果特殊情况而中途停焊时,焊前、焊后需处理。用原定预热温度及施焊工艺继续施焊。焊缝表面要顺受力方向磨修平整,不得有超出《铁路钢桥制造规范》中规定的凹凸不平现象。 (2)焊缝两侧不得有大于0.3 mm的咬边或直径大于等于1 mm的气孔。小于1 mm的气孔,每米不多于3个,间距不小于20 mm。 (3)埋弧自动焊必须在距杆件端80 mm以外的引板上起、熄弧	Ⅳ	(1)工字形、箱形、T形构件、板梁翼缘及纵向加劲肋等处的纵向角焊缝,或棱角焊缝。 (2)板梁中腹板及盖板的纵向焊缝
6.2	工字形连续角焊缝	(1)焊缝应一次连续施焊完毕,如果特殊情况而中途停焊后,再焊时,焊前、焊后需进行处理。用原定预热温度及施焊工艺继续施焊。焊后焊缝表面要顺受力方向磨修平整,不得有超出《铁路钢桥制造规范》中规定的凹凸不平现象。 (2)纵向角焊缝的咬肉不得大于0.3 mm,不得有直径大于等于1 mm的气孔。直径小于1 mm的气孔,每米不多于3个,间距不小于20 mm。 (3)埋弧自动焊必须在距杆件端80 mm以外的引板上起、熄弧		
6.3	箱形棱角焊缝	(1)焊缝应一次连续施焊完毕,如果特殊情况而中途停焊时,焊前、焊后需进行处理。用原定预热温度及施焊工艺继续施焊。焊后,焊缝表面要磨修平整。不得有超出《铁路钢桥制造规范》中规定的凹凸不平现象。 (2)一根杆件有不同的熔深时,如系焊缝表面高相同,则深熔深的焊缝起弧应该在距杆端80 mm以外的引板上,在施焊上一层焊缝前必须将前一道焊缝停弧处的缺陷清除干净,清除长度不小于60 mm。坡口深度变化处过渡区的斜坡不大于1∶10。最后一道焊缝必须在距杆端80 mm以外的引板起、熄弧。 (3)一根杆件有不同的熔深时,如系坡口底面高相同,则加高焊缝起弧必须在距杆端80 mm以外的引板上,终端必须磨修,将缺陷清除干净。清除熄弧的长度不小于60 mm,并使高出的焊缝成1∶10的坡度匀顺过渡到较低的焊缝。第一道焊缝必须在距杆端80 mm以外的板上起、熄弧		

续上表

类别	构件或连接形式简图	加工质量及其他要求	疲劳容许应力幅类别	检算部位
7	工字形对接焊缝与角焊缝交叉	(1)采用埋弧自动焊; (2)垂直于受力方向的焊缝按类别5横向对接焊缝要求; (3)顺受力方向的角焊缝按类别6纵向焊缝接头要求	Ⅳ	工字形、箱形、T形构件及纵向加劲肋的纵向角焊缝与盖板或腹板对接焊接头交叉处
7.1	盖板对接焊缝与角焊缝交叉 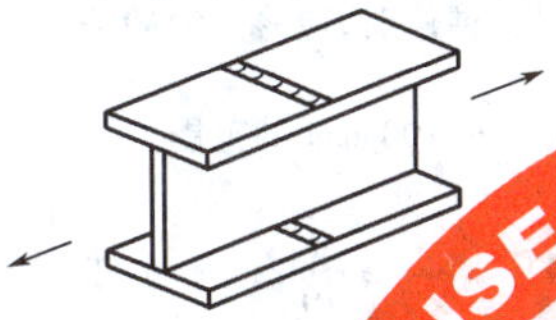			
7.2	腹板对接焊缝与角焊缝交叉 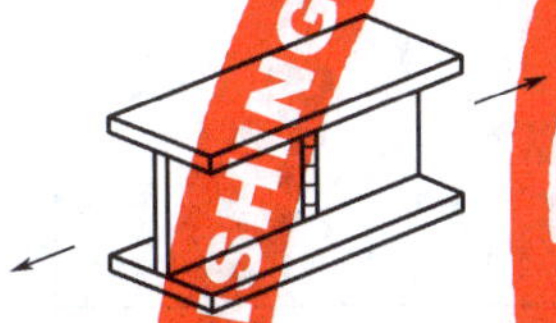			
8	横向角接焊缝 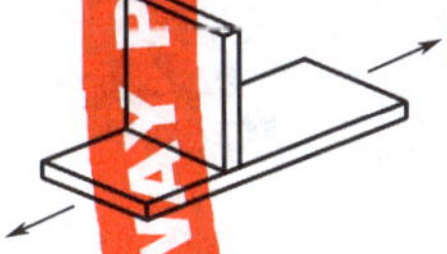	(1)采用成型好的手工焊、CO_2气体保护焊或半自动焊施焊; (2)焊趾处不允许有咬肉,如不满足以上条件可用砂轮顺受力方向打磨; (3)对起、熄弧处进行磨修,严格保证质量	Ⅶ	(1)箱形杆件隔板及封端板处的横向连接角焊缝; (2)板梁腹板与竖向加劲肋的横向连接角焊缝
9	板梁竖向加劲肋与腹板连接焊缝端部 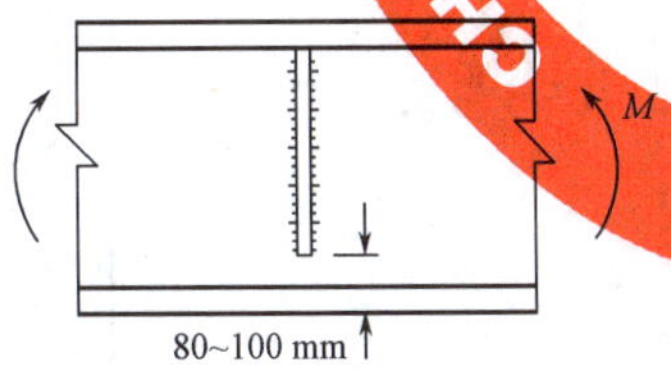 M 80~100 mm	(1)焊缝端部至腹板表面应匀顺过渡; (2)对起、熄弧处进行磨修,严格保证质量; (3)在腹板侧,受拉区不得有咬肉; (4)必要时,竖向加劲肋端部100 mm内焊趾处锤击	Ⅶ	板梁竖向加劲肋与腹板连接焊缝端部(这里是指检算顺桥轴方向的主拉应力或拉力)
10	板梁盖板端焊缝 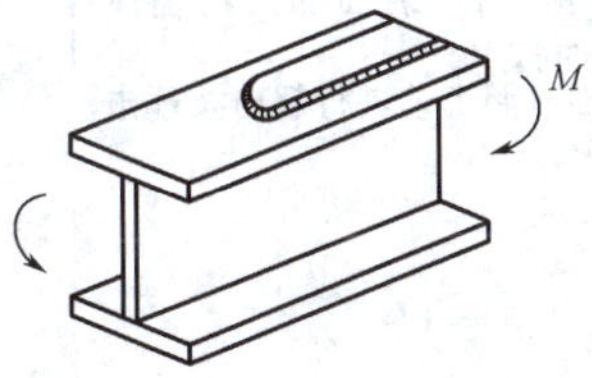 M	(1)端部焊缝不得有咬肉; (2)盖板端焊缝打磨匀顺过渡,坡度不大于1:5; (3)盖板端部焊趾锤击长度100 mm	Ⅸ	板梁盖板焊缝端部或焊趾处

续上表

类别	构件或连接形式简图	加工质量及其他要求	疲劳容许应力幅类别	检算部位
11	平联节点板	(1)坡口焊透,焊缝两端顺受力方向打磨,使圆弧匀顺过渡; (2)水平节点板与主板焊接时,节点板先焊,后根据需要切圆弧,然后双面倒棱、磨修。在切弧、倒棱、磨修时,应将焊缝的缺陷清除干净; (3)在焊缝两端长 100 mm 的范围内及焊缝端部锤击; (4) $r_1 \geqslant 100$ mm, $r_2 \geqslant \frac{d}{10}$,但不小于 100 mm		板梁腹板、翼缘板或杆件竖板与水平节点板手工焊连接焊缝的端部
11.1	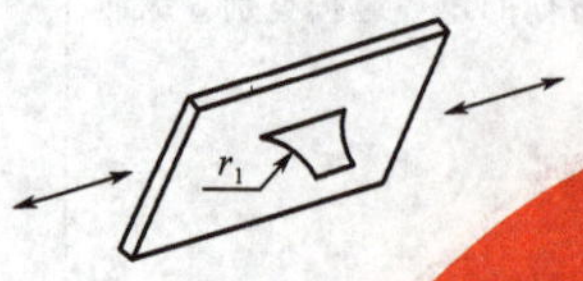 r_1		X	
11.2	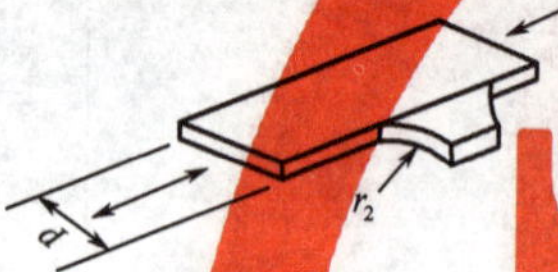 r_2 d		XI	
12	整体节点 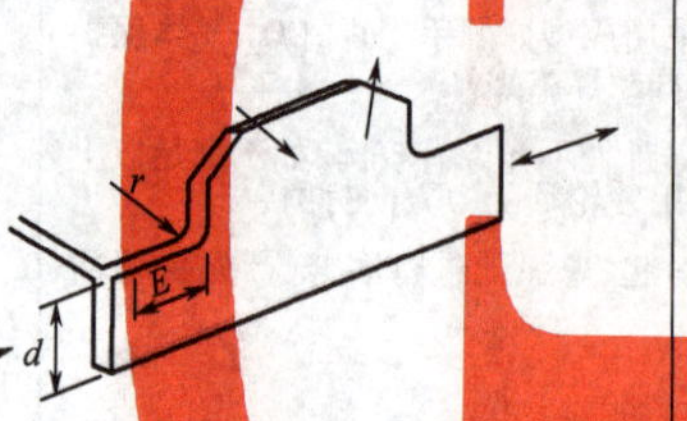 r E d	(1)单面坡口棱角焊缝质量要求按 6.3; (2)圆弧处应顺受力方向打磨,并自圆弧末端向外打磨长度为 E, $E \geqslant 100$ mm, $r \geqslant \frac{1}{5}d$,但不小于 100 mm	IX	整体节点、圆弧起点、棱角焊缝
13	栓钉 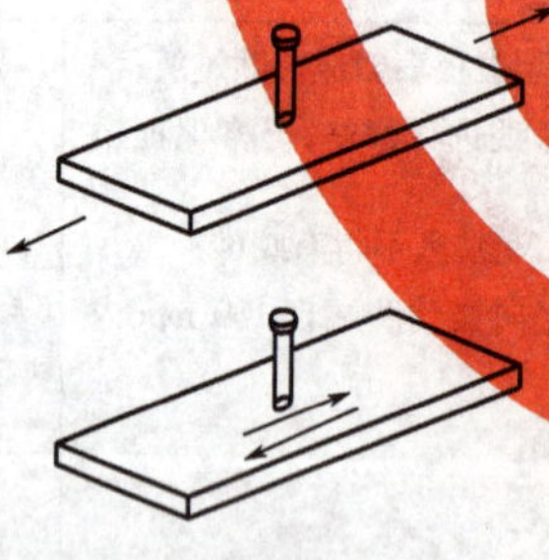	焊趾不得有咬肉、裂纹,成形应良好, $\frac{h}{d} \geqslant 4$ h—钉高 d—钉直径	XII	结合梁受拉翼缘的栓钉剪焊缝传母材端部及栓钉焊接面前断(剪应力)
14	横梁翼板与主桁整体节点十字焊缝 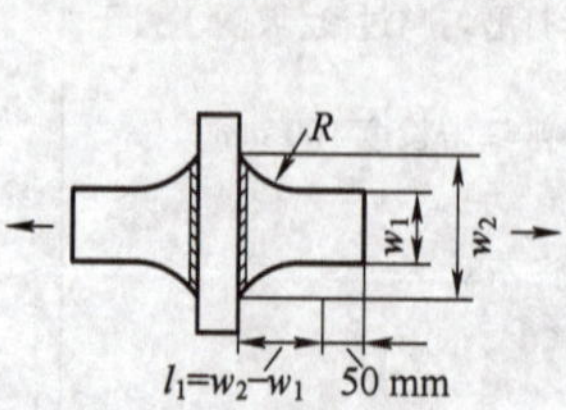 R w_1 w_2 $l_1=w_2-w_1$　50 mm	$w_2 \geqslant 2w_1$, $l_1 = w_2 - w_1$,扩大部分采用圆弧过渡。横梁翼板预留 50 mm 直线段。圆弧部位采用精密切割,表面加工粗糙度 12.5,顺受力方向打磨。 十字焊缝表面按照工艺进行超声波锤击处理	X	检算截面取焊缝根部靠近横梁一侧的理论加宽截面

续上表

类别	构件或连接形式简图	加工质量及其他要求	疲劳容许应力幅类别	检算部位
15	正交异性钢桥面板	焊趾不得有咬肉、裂纹，焊缝起弧收弧处成形应良好	Ⅻ	桥面横向荷载，检算截面取变截面处薄板侧截面
15.1	整体桥面与主桁不等厚对接 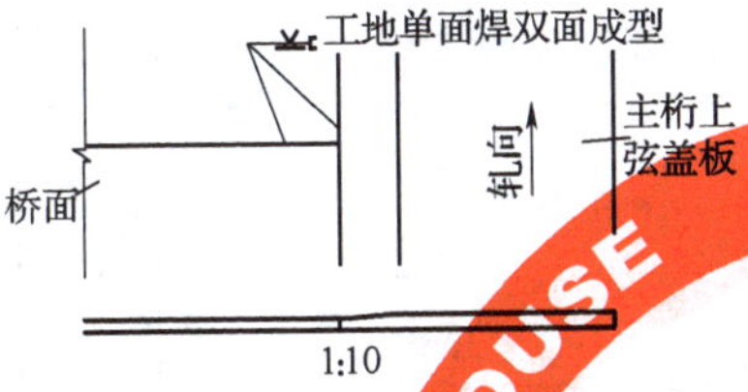 工地单面焊双面成型 主桁上弦盖板 轧向 桥面 1:10			
15.2	槽形肋嵌补段对接 	施焊时不得将焊滴流到焊缝外母材上	Ⅸ	槽形肋顶板焊缝
15.3	槽形肋与横梁腹板焊接 	焊趾不得有咬肉、裂纹，成形应良好	ⅩⅢ	因横梁腹板面外变形作用，焊缝边缘处
15.4	桥面板十字对接焊加腹板角焊缝 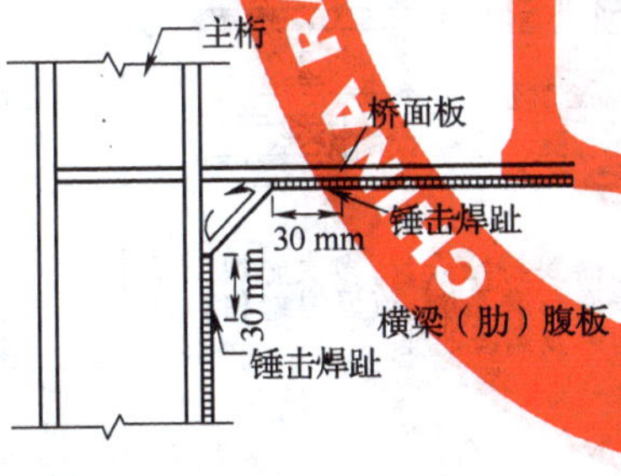 主桁 桥面板 锤击焊趾 30 mm 30 mm 横梁（肋）腹板 锤击焊趾	在让孔部位，顺孔边沿箭头方向打磨匀顺，并在焊缝端头腹板侧的 30 mm 范围焊趾进行超声波锤击处理	Ⅺ	桥面板与整体节点对接焊缝处
15.5	栓焊组合接头 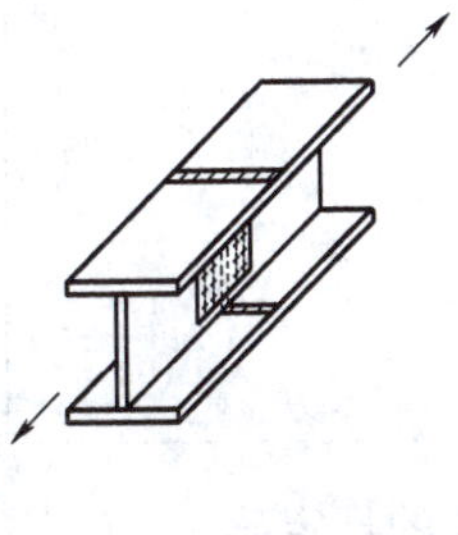	桥面板工地焊接采用单面焊双面成型工艺，焊后对上表面焊高沿焊缝 45°方向交叉打磨平顺	Ⅺ	工地对接焊处

续上表

类别	构件或连接形式简图	加工质量及其他要求	疲劳容许应力幅类别	检算部位
16	箱形杆件棱角焊缝与板件对接焊缝交叉	同6.3	Ⅳ	（1）箱形构件板件对接或棱角焊缝；（2）箱形构件在整体节点附近改变熔深部位的棱角焊缝
16.1	盖板对接焊缝与棱角焊缝交叉 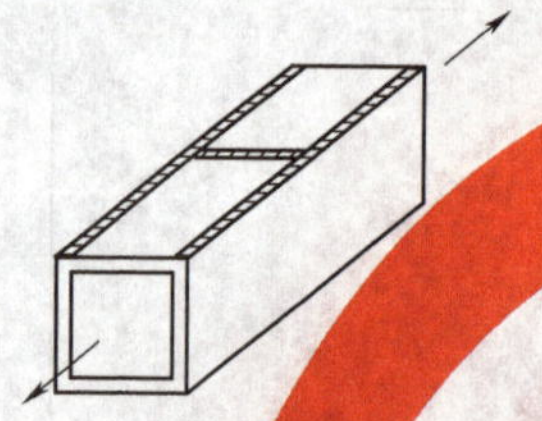			
16.2	腹板对接焊缝与棱角焊缝交叉 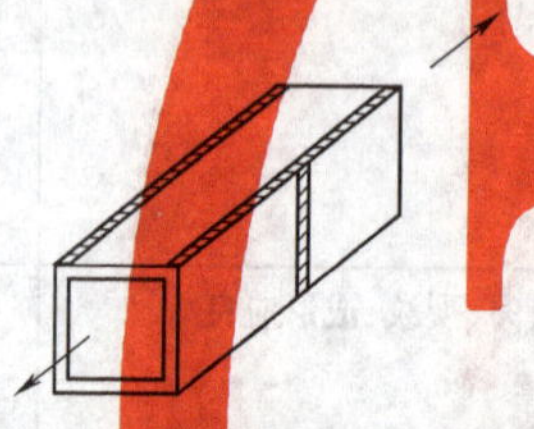			
17	桥面板与整体节点垂直相交对接焊构造	垂直交叉焊缝两端的槽型熔透焊缝不得垂直填焊，由大于5 mm半径的弧形坡口过渡。当坡口半径为5 mm时的坡口示意如下： 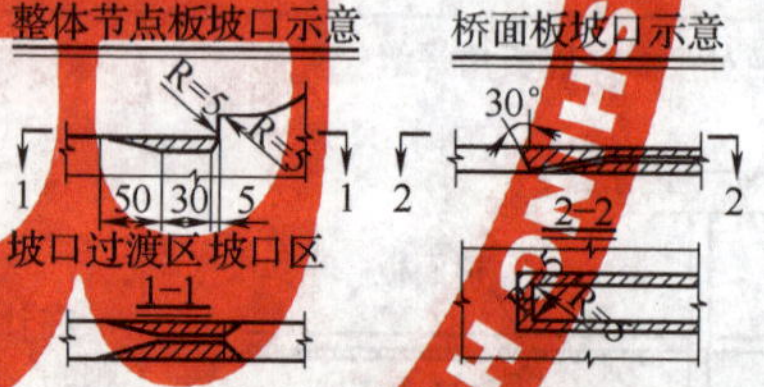 整体节点板坡口示意　桥面板坡口示意 R=5　R=5　30°　1　50　30　5　1　2　2　坡口过渡区 坡口区　1—1　2—2 焊接工艺需要特殊设计，多次施焊。焊后对上下表面打磨平顺，填焊焊缝和周边表面进行超声波满锤处理	Ⅸ	（1）垂直相交焊缝处；（2）箱形构件上盖板与腹板纵向角焊缝
17.1	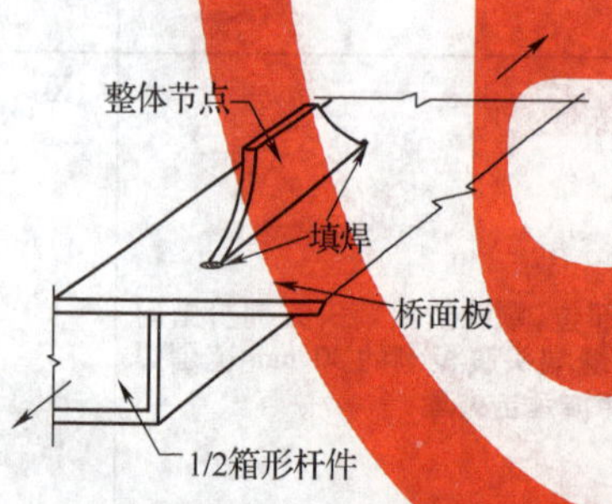 整体节点　填焊　桥面板　1/2箱形杆件			
17.2	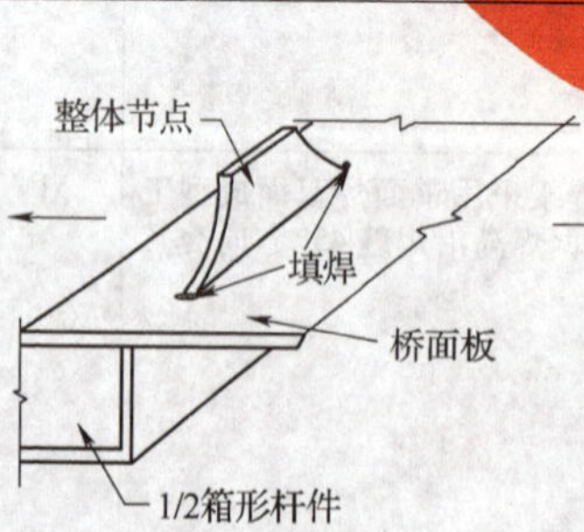 整体节点　填焊　桥面板　1/2箱形杆件		Ⅹ	

3.2.8　各种外力组合的容许应力提高系数应按表3.2.8的规定确定。

表 3.2.8　各种外力组合容许应力的提高系数

<table>
<tr><th>序　号</th><th colspan="2">外　力　组　合</th><th>提　高　系　数</th></tr>
<tr><td>1</td><td colspan="2">主　　力</td><td>1.00</td></tr>
<tr><td>2</td><td colspan="2">主力 + 制动力</td><td>1.25</td></tr>
<tr><td>3</td><td colspan="2">主力 + 风力</td><td>1.20</td></tr>
<tr><td>4</td><td colspan="2">主力 + 次应力 + 制动力(或风力)</td><td>1.45</td></tr>
<tr><td rowspan="2">5</td><td rowspan="2">钢 梁 安 装</td><td>主　力</td><td>1.20</td></tr>
<tr><td>主力 + 风力</td><td>1.30 ~ 1.40</td></tr>
</table>

注:1　表中次应力指由节点刚性在主桁杆件中引起的次应力。
　　2　序号 4 仅检算强度用。

4　结构内力计算

4.1　结构内力计算原则

4.1.1　结构构件的内力应按弹性受力阶段确定。变形应按杆件的毛截面计算,不考虑栓(钉)孔削弱的影响。

4.1.2　为简化计算,可将桥跨结构划分为若干个平面系统分别计算,但应考虑各个平面系统间的共同作用和相互影响。

4.2　强度及稳定计算

4.2.1　结构构件的强度应按表 4.2.1 规定的公式计算。

表 4.2.1　强度计算公式

计算应力的种类	构件受力	计算公式	公式编号
法向应力	中心受拉	$\frac{N}{A} \leqslant [\sigma]$	(4.2.1—1)
	在一个主平面内受弯曲	$\frac{M}{W} \leqslant [\sigma_w]$	(4.2.1—2)
	受压或受拉并在一个主平面内受弯曲或与此相当的偏心受压及偏心受拉	$\frac{N}{A} \pm \frac{M}{W} \leqslant [\sigma]$	(4.2.1—3)
	受斜弯曲	$\frac{M_x}{W_x} + \frac{M_y}{W_y} \leqslant C[\sigma_w]$	(4.2.1—4)
	受压或受拉并受斜弯曲或与此相当的偏心受压及偏心受拉	$\frac{N}{A} \pm \left(\frac{M_x}{W_x} + \frac{M_y}{W_y}\right)\frac{1}{C} \leqslant [\sigma]$	(4.2.1—5)
剪应力	受弯曲	$\tau_{max} = \frac{VS}{I_m\delta} \leqslant C_\tau[\tau]$	(4.2.1—6)
换算应力	受弯曲 受压或受拉并受弯曲	$\sqrt{\sigma^2 + 3\tau^2} \leqslant 1.1[\sigma]$	(4.2.1—7)

注:表中 N,M,V——检算截面上的计算轴向力(MN)、弯矩(MN·m)、剪力(MN);

A——检算截面上的计算面积(m^2),拉杆为净截面积,压杆为毛截面积;

I_m——毛截面惯性矩(m^4);

W,W_x,W_y——检算截面处对主轴的计算截面抵抗矩(m^3);检算受拉翼缘为净截面抵抗矩;检算受压翼缘为毛截面抵抗矩,为简化计,均可按毛截面的重心轴计算;

δ——腹板厚度(m);

S——中性轴以上的毛截面对中性轴的面积矩(m^3);

σ——截面检算处按计算截面计算的法向应力(MPa);

τ——截面检算处的剪应力(MPa);

C——斜弯曲作用下容许应力增大系数:

$$C = 1 + 0.3 \times \frac{\sigma_{m_2}}{\sigma_{m_1}} \leqslant 1.15$$

σ_{m1},σ_{m2}——截面检算处由于弯矩 M_x、M_y 所产生的较大和较小的应力;

C_τ——剪应力分布不均匀容许应力增大系数：

当$\frac{\tau_{max}}{\tau_0}\leqslant1.25$，$C_\tau=1.0$；

当$\frac{\tau_{max}}{\tau_0}\geqslant1.50$，$C_\tau=1.25$；

当$\frac{\tau_{max}}{\tau_0}$为中间值时，$C_\tau$按直线比例计算：$\tau_0=\frac{V}{h\delta}$；

h——腹板全高(m)。

4.2.2　结构构件的总稳定性应按表 4.2.2 规定的公式计算。

表 4.2.2　总稳定性计算公式

计算应力的种类	构件受力	计算公式	公式编号
法向应力	中心受压	$\frac{N}{A_m}\leqslant\varphi_1[\sigma]$	(4.2.2—1)
	在一个主平面内受弯曲	$\frac{M}{W_m}\leqslant\varphi_2[\sigma]$	(4.2.2—2)
	受压并在一个主平面内受弯曲或与此相当的偏心受压	$\frac{N}{A_m}+\frac{\varphi_1}{\mu_1\varphi_2}\cdot\frac{M}{W_m}\leqslant\varphi_1[\sigma]$	(4.2.2—3)

注：1　对于仅通过翼缘板连接的焊接 T 形截面压杆，应按偏心受压杆检算其稳定性，计算公式中的折减系数 φ_1 可采用焊接箱形截面压杆的值；

2　表中　N——计算轴向力(MN)；

M——构件中部 1/3 长度范围内最大计算弯矩(MN·m)；

A_m——毛截面积(m^2)；

W_m——毛截面抵抗矩(m^3)；

φ_1——中心受压杆件的容许应力折减系数；根据钢种、截面形状及验算所对的轴等按本规范表 3.2.6 采用；

φ_2——构件只在一个主平面内受弯时的容许应力折减系数（若是压弯杆，可按 $N=0$ 的情况来确定 φ_2），在不作进一步分析时可按本规范式(4.2.2—4)计算构件的换算长细比 λ_e，并按 $\lambda_e=\lambda$ 从本规范表 3.2.6 查得相应的 φ_1，用作 φ_2；

$$\lambda_e=\alpha\cdot\frac{l_0r_x}{hr_y} \qquad (4.2.2—4)$$

α——系数，焊接杆件取 1.8，铆接杆件取 2.0；

l_0——构件受压翼缘（指因弯矩而受压）对弱轴的计算长度；

r_x、r_y——构件截面对 $x—x$ 轴（强轴）及 $y—y$ 轴（弱轴）的回转半径（见图 4.2.2）；

h——见图 4.2.2。

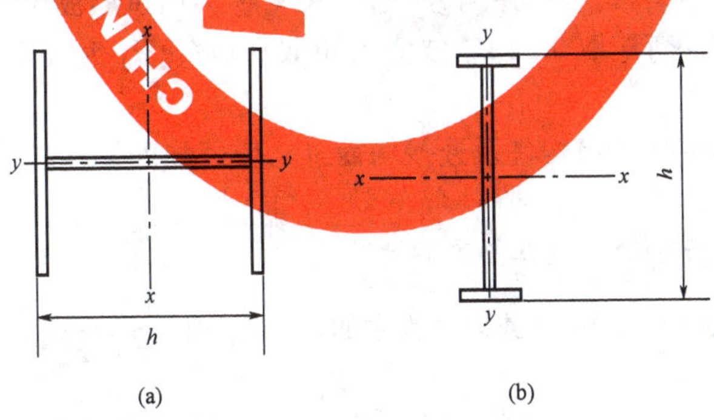

图 4.2.2　H 形杆件及 I 形梁简图

对于下列情况，取 $\varphi_2=1$：

(1) 箱形截面杆件；

(2) 任何截面杆件，当所验算的失稳平面和弯矩作用平面一致时。

μ_1——考虑弯矩因构件受压而增大所引用的值；

当$\frac{N}{A_m}\leqslant0.15\varphi_1[\sigma]$时，取$\mu_1=1.0$

当$\frac{N}{A_m}>0.15\varphi_1[\sigma]$时，取$\mu_1=1-\frac{n_1N\lambda^2}{\pi^2EA_m}$

λ——构件在弯矩作用平面内的长细比；

E——弹性模量(MPa)；

n_1——压杆容许应力安全系数，主力组合时取1.7，$[\sigma]$应按主力组合采用；主力加附加力组合时取1.4，$[\sigma]$应按主力加附加力组合采用。

4.3 疲劳计算

4.3.1 凡承受动荷载的结构构件或连接，应进行疲劳检算。疲劳荷载组合包括设计荷载中的恒载加活载(包括冲击力、离心力，但不考虑本规范第7.1.6条与第9.0.6条活载发展系数)。

列车竖向活载包括竖向动力作用时，应将列车竖向静活载乘以运营动力系数$(1+\mu_f)$，其值按下式计算：

$$1+\mu_f=1+\frac{18}{40+L} \qquad (4.3.1)$$

式中　L——桥梁跨度(m)，承受局部活载杆件为影响线加载长度；

μ_f——活载冲击力的动力系数。

4.3.2 双线铁路桥主桁(或主梁)构件(第4.3.3条除外)检算疲劳时，按一线偏心加载并以杠杆原理分配于主桁(或主梁)，并以双线系数r_d修正，双线系数r_d应符合表4.3.2的规定。

表4.3.2　钢梁双线系数r_d

δ_1/δ_2	3/7	4/8	5/9
r_d	1.13	1.16	1.19

注：δ_1/δ_2为一线作用下，按杠杆原理计算，两片桁架(或主梁)各自承受的荷载比。

4.3.3 双线铁路桥的横梁及连接横梁的主桁挂杆，按一线最大活载，另一线为80 kN/m活载加载，计算疲劳内力。

4.3.4 铁路纵梁与横梁布置在同一平面，当纵梁与横梁用鱼形板连接，纵梁可以承受支点弯矩时，则纵梁跨中弯矩取$0.85M_0$，支点弯矩取$0.6M_0$(M_0为按简支梁计算的跨中弯矩)。

4.3.5 焊接及非焊接(栓接)构件及连接均需进行疲劳强度检算，当疲劳应力均为压应力时，可不检算疲劳。

1 焊接构件及连接疲劳检算公式

1)疲劳应力为拉—拉构件或以拉为主的拉—压构件，$\rho=\frac{\sigma_{min}}{\sigma_{max}}\geqslant-1$。

$$r_dr_n(\sigma_{max}-\sigma_{min})\leqslant r_t[\sigma_0] \qquad (4.3.5—1)$$

式中　$\sigma_{max},\sigma_{min}$——最大、最小应力，拉力为正，压力为负；

$[\sigma_0]$——疲劳容许应力幅(见本规范表3.2.7—1)；

r_d——双线桥的双线系数(见本规范表4.3.2)，双线桥的横梁及相应的挂杆和单线桥均取1；

r_n——损伤修正系数(见表4.3.5—1)；

表 4.3.5—1　损伤修正系数 r_n、r_n'

跨度(m)	r_n	r_n'		
		恒:活(2:8)	恒:活(3:7)	恒:活(4:6)
>20	1.00	1.00	1.00	1.00
16	1.10	1.08	1.07	1.06
12	1.15	1.12	1.11	1.09
8	1.30	1.24	1.21	1.18
5	1.45	1.36	1.32	1.27
4	1.50	1.40	1.35	1.30

r_t——板厚修正系数,板厚 $t \leqslant 25$ mm,$r_t = 1$

$$t > 25\text{ mm}, r_t = \sqrt[4]{\frac{25}{t}}$$

2)疲劳应力以压为主的拉—压构件,$\rho = \dfrac{\sigma_{min}}{\sigma_{max}} < -1$。

$$r_d r_n' \sigma_{max} \leqslant r_t r_p [\sigma_0] \quad (4.3.5—2)$$

式中　r_n'——损伤修正系数(见本规范表 4.3.5—1);

r_p——应力比修正系数(见本规范表 4.3.5—2)。

2　非焊接构件及连接疲劳检算公式

1)疲劳应力为拉—拉的构件,$\rho = \dfrac{\sigma_{min}}{\sigma_{max}} \geqslant 0$

$$r_d r_n (\sigma_{max} - \sigma_{min}) \leqslant r_t [\sigma_0] \quad (4.3.5—3)$$

2)疲劳应力为拉—压的构件,$\rho = \dfrac{\sigma_{min}}{\sigma_{max}} < 0$

$$r_d r_n' \sigma_{max} \leqslant r_t r_p [\sigma_0] \quad (4.3.5—4)$$

表 4.3.5—2　应力比修正系数 r_p

ρ	-1.8	-1.6	-1.4	-1.2	-1.0	-0.8	-0.6	-0.4	-0.2
焊接构件	0.38	0.41	0.43	0.46	—	—	—	—	—
非焊接构件	0.45	0.48	0.52	0.56	0.60	0.65	0.71	0.79	0.88

5 杆件的计算长度、长细比和构件截面

5.1 杆件的计算长度

5.1.1 杆件的计算长度可按表 5.1.1 的规定确定。

表 5.1.1 杆件计算长度

<table>
<tr><th colspan="3">杆件</th><th>弯曲平面</th><th>计算长度</th></tr>
<tr><td rowspan="9">主桁</td><td colspan="2">弦杆</td><td>面内及面外</td><td>l_0</td></tr>
<tr><td colspan="2" rowspan="2">端斜杆、端立杆、连续梁中间支点处立柱或斜杆作为桥门架时</td><td>面内</td><td>*$0.9l_0$</td></tr>
<tr><td>面外</td><td>l_0</td></tr>
<tr><td rowspan="6">桁架的腹杆</td><td rowspan="2">无相交和无交叉</td><td>面内</td><td>*$0.8l_0$</td></tr>
<tr><td>面外</td><td>l_0</td></tr>
<tr><td rowspan="2">与杆件相交或相交叉(不包括与拉杆相交叉)</td><td>面内</td><td>l_1</td></tr>
<tr><td>面外</td><td>l_0</td></tr>
<tr><td rowspan="2">与拉杆相交叉</td><td>面内</td><td>l_1</td></tr>
<tr><td>面外</td><td>$0.7l_0$</td></tr>
<tr><td rowspan="5">纵向及横向联结系</td><td colspan="2">无交叉</td><td>面内及面外</td><td>l_2</td></tr>
<tr><td colspan="2" rowspan="2">与拉杆相交叉</td><td>面内</td><td>l_1</td></tr>
<tr><td>面外</td><td>$0.7l_2$</td></tr>
<tr><td colspan="2" rowspan="2">与杆件相交或相交叉(不包括与拉杆相交叉)</td><td>面内</td><td>l_1</td></tr>
<tr><td>面外</td><td>l_2</td></tr>
</table>

注:1 * 与该腹杆交会的主桁受拉弦杆,其长细比应不大于 100,否则其计算长度应另行计算。

2 当杆件两端均与受压杆件相连接时,其计算长度不小于该杆件两连接栓群中心的距离。

3 l_0——主桁各杆件的几何长度(即杆端节点中距),如杆件全长被横向结构分割时,则为其较长的一段长度。

4 l_1——从相交点至杆端节点较长的一段长度。

5 l_2——纵向(横向)联结系系统线与节点板连在主桁杆件的固着线交点的距离。

5.1.2 半穿式钢梁受压翼缘(或弦杆)计算长度 l 的计算可按下列方法进行:

当桥跨结构主梁(或主桁)的节间长度 $d \leqslant \frac{L}{3m}$ 时,$l = \alpha L$,系数 α 和 m 根据 β 值从表 5.1.2 求得。

表 5.1.2 系数 α 及 m

β	0	5	10	19	20	30	50	100	150
α	0.696	0.524	0.443	0.370	0.367	0.353	0.330	0.290	0.264
m	1				2				
β	200	242	243	300	500	700	1 000	1 060	1 061
α	0.246	0.234	0.234	0.225	0.204	0.189	0.174	0.171	0.171
m	2		3						4
β	1 500	2 000	2 500	3 000	3 082	3 083	4 000	5 000	6 000
α	0.160	0.149	0.142	0.136	0.135	0.135	0.127	0.121	0.116
m	4					5			
β	7 129	7 130	8 000	10 000	—	—	—	—	—
α	0.112	0.112	0.109	0.103	—	—	—	—	—
m	5	6			—				

注：表中 $\beta=\dfrac{L^4}{16d\delta EI_m}$ (5.1.2—1)

式中 m——屈曲时受压翼缘（或弦杆）形成半正弦波的个数；

L——梁（或桁）的计算跨度(m)；

d——节间长度(m)；

I_m——受压翼缘（或弦杆）毛截面对竖轴的惯性矩（全长平均值）(m^4)；

E——钢的弹性模量(MPa)；

δ——半框架（除端半框架外）上节点由单位水平力($P=1$)作用而引起的最大位移（一个翼缘或弦杆的）(m/MN)，其数值为

$$\delta=\frac{h^3}{3EI_c}+\frac{Bh^2}{2EI_g} \tag{5.1.2—2}$$

h——压翼缘或弦杆的截面重心至横梁顶面的高度(m)；

B——两主梁（或主桁）间的距离(m)；

I_c——加劲肋（或竖杆）毛截面向梁（或桁）平面外弯曲的惯性矩(m^4)；

I_g——横梁截面的惯性矩(m^4)。

注：板梁受压翼缘的截面，对于焊接结构为盖板束的截面积；对于铆接结构为盖板、翼角以及在翼角范围内一部分腹板的面积。翼缘的纵向力按上述截面积乘以翼缘截面重心处的应力计算。

5.2 杆件的容许最大长细比

5.2.1 杆件的容许最大长细比应符合表 5.2.1 的规定。

表 5.2.1 杆件容许最大长细比

杆件			长细比 λ
主桁杆件	弦杆 受压或受反复应力的杆件		100
	不受活载的腹杆		150
	仅受拉力的腹杆	长度≤16 m	180
		长度>16 m	150

续上表

杆件		长细比 λ
联结系杆件	纵向联结系 支点处横向联结系	单线 110 双线 130
	制动联结系	130
	中间横向联结系	150

注:仅受拉力的腹杆,在满足桥梁的动力性能,杆件的气动性能、运输和吊装要求的条件下,其容许最大长细比可适当放宽。

整体式截面的构件,其计算长细比等于计算长度与相应回转半径之比。

计算受拉或受压的 H 形杆件的长细比时应考虑腹板,当受压杆件的计算面积中未包括腹板时,可不考虑腹板。

5.2.2 以缀板组合的杆件,其长细比的计算应符合下列要求:

1 组合杆件分肢容许最大长细比:压杆应为 40,其他杆件应为 50。分肢的计算长度:用铆接缀板时应为最近铆钉的间距,用焊接缀板时应为相邻缀板的净距。

2 缀板构造应符合表 5.2.2 的规定。

3 组合杆件在缀板平面内弯曲时,其换算长细比应按下式计算:

$$\lambda_2 = \sqrt{\lambda^2 + \lambda_1^2} \tag{5.2.2—1}$$

式中 λ——在缀板平面内弯曲时,全杆件按整体截面计算的长细比;

λ_1——分肢的长细比。

表 5.2.2 缀板构造

名称		压杆或压—拉杆		拉杆	
		主要的	次要的	主要的	次要的
缀板长度	端部的	1.25S	0.75S	S	0.75S
	中间的	0.75S		0.75S	
缀板厚度		S/45 但应 ≥10 mm	S/55 但应 ≥8 mm	10 mm	8 mm
缀板一侧铆钉	最小数目	3	3	3	3
	最大距离(mm)	120	120	120	120

注:S 为缀板与杆件分肢连结最近铆钉线或焊缝的距离。

4 缀板剪力的计算:

1)中心受压组合杆件缀板的剪力可按下式计算:

$$V = \alpha A_m [\sigma] \frac{\varphi_{min}}{\varphi} \tag{5.2.2—2}$$

式中 α——系数,Q235q 的杆件为 0.015,Q345q、Q370q 的杆件为 0.017,Q420q 的杆件为 0.018;

A_m——组合杆件中被接合的分肢的总面积(m^2);

$[\sigma]$——基本容许应力(MPa);

φ_{min}——检算杆件总稳定性时容许应力折减系数的较小值;

φ——检算杆件在缀板平面内总稳定性的容许应力折减系数。

2)剪力 V 值假定在杆件全长不变。

3)压弯组合杆件,应另计由弯曲产生的剪力。

4)在平行平面上有数组缀板时,剪力 V 由各组缀板平均分担,兼用整板和缀板时,则一半剪力由整板承担,另一半由缀板承担。

5.2.3 桥跨结构中用以减少压杆计算长度的杆件,应以该压杆内力的3%为抗力,予以检算。

5.3 构件截面

5.3.1 结构各部分截面的容许最小尺寸应符合表5.3.1的规定。

表5.3.1 结构各部分截面的容许最小尺寸(mm)

构件		最小厚度或尺寸
钢板	挂杆翼板 跨长≥16 m焊接板梁的腹板	12
	填 板	4
	其 他	10
联结系角钢肢厚度		10
纵梁与横梁及横梁与主桁的连接角钢		100×100×12

5.3.2 主桁杆件的截面,应主要地集中在平行于主桁面的板上,但H形压杆的腹板厚度不宜小于:

铆接杆——0.4δ;

焊接杆——0.5δ(当 $\delta \geq 24$ mm时);0.6δ(当 $\delta < 24$ mm时);

δ——翼板厚。

在主桁中不宜采用由缀板组合的焊接杆件。

5.3.3 组合压杆的板或板束宽度 b 与厚度 δ 的比例宜按表5.3.3的规定选用。

表5.3.3 组合压杆板束宽度与厚度最大比例

序号	板件类型		钢材牌号					
			Q235qD		Q345qD、Q370qD Q345qE、Q370qE		Q420qD、Q420qE	
			λ	b/δ	λ	b/δ	λ	b/δ
1	H形截面中的腹板		<60	34	<50	30	<45	28
			≥60	$0.4\lambda+10$	≥50	$0.4\lambda+10$	≥45	$0.4\lambda+10$
2	箱形截面中的板件		<60	33	<50	30	<45	28
			≥60	$0.3\lambda+15$	≥50	$0.3\lambda+15$	≥45	$0.3\lambda+14.5$
3	H形或T形无加劲的伸出肢	铆接杆	—	≤12	—	≤10	—	—
		焊接杆	<60	13.5	<50	12	<45	11
			≥60	$0.15\lambda+4.5$	≥50	$0.14\lambda+5$	≥45	$0.14\lambda+4.7$

续上表

序号	板件类型		钢材牌号					
			Q235qD		Q345qD、Q370qD Q345qE、Q370qE		Q420qD、Q420qE	
			λ	b/δ	λ	b/δ	λ	b/δ
4	铆接杆角钢伸出肢	受轴向力的主要杆件	—	≤12	—	≤12	—	—
		支撑及次要杆件	—	≤16	—	≤16	—	—

注：1　b，δ——见图 5.3.3；

2　当计算压应力 σ 小于容许应力 $\varphi_1[\sigma]$ 时，表中 b/δ 值除序号 4 外，可按规定放宽，其方法为：根据该杆件计算压应力与基本容许应力之比 φ 按本规范表 3.2.6 查出相应的 λ 值，再根据此 λ 值按本表算出该杆件容许的 b/δ 值。

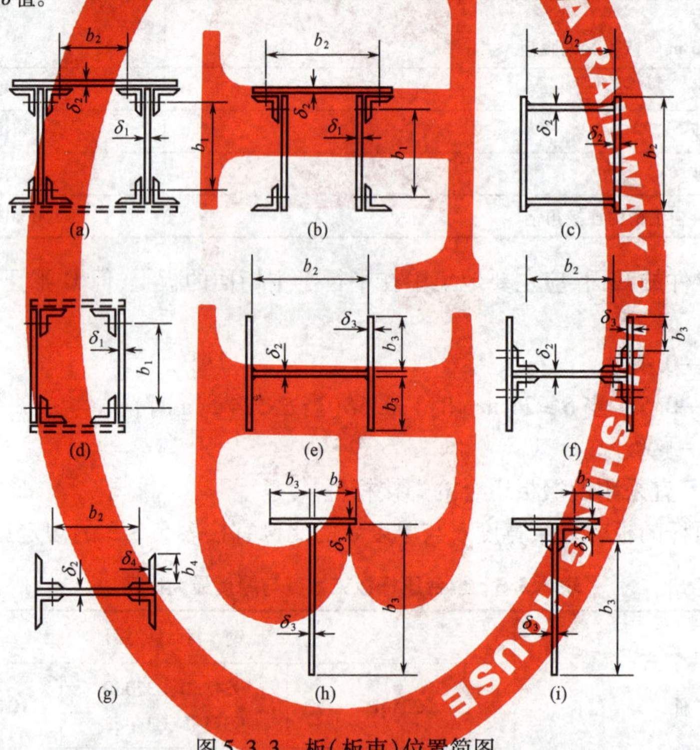

图 5.3.3　板（板束）位置简图

注：图中 b_1、δ_1、b_2、δ_2、b_3、δ_3、b_4、δ_4 分别表示表 5.3.3 中序号 1、2、3、4 项中的 b 及 δ。

以缀板组合的杆件，其缀板厚度应符合本规定第 5.2.2 条的规定。

5.3.4　受拉焊接构件板件的最大厚度应根据拉应力的大小、最低设计温度及钢板和焊接接头的冲击韧性等因素，经设计计算、试验确定。顺应力及垂直应力方向均有焊缝的构件，设计使用的最大板件厚度不得超过表 5.3.4—1(a) 及表 5.3.4—1(b) 的规定。仅顺应力方向有焊缝的构件，设计使用的最大板件厚度不得超过表 5.3.4—2(a) 及表 5.3.4—2(b) 的规定。

5.3.5　受压非断裂控制部件的最大使用板厚，应通过构件的稳定性计算及焊接工艺试验决定。一般情况下，Q345qD 最大使用厚度不得大于 35 mm，Q345qE 最大使用厚度不得大于 40 mm；Q370qD、Q420qD 最大使用厚度不得大于 40 mm，若超过 40 mm 时，应采用同钢种的 E 级钢，其最大板厚一般不应超过 50 mm。

表 5.3.4—1(a)　顺应力及垂直应力方向均有焊缝的构件的最大使用厚度

构件序号	设计拉应力(MPa)(按毛截面计算)			钢材质量等级	最低设计温度(℃)										
	钢材牌号				0	-5	-10	-15	-20	-25	-30	-35	-40	-45	-50
	Q345q	Q370q	Q420q		使用的钢板最大厚度(mm)										
1	—	105	115	E	50	50	50	50	50	50	50	50	50	50	50
	100	—	—	E	40	40	40	40	40	40	40	40	40	40	40
2	—	140	155	E	50	50	50	50	50	50	50	50	50	44	36
	135	—	—	E	40	40	40	40	40	40	40	40	40	40	36
3	—	175	190	E	50	50	50	50	50	50	46	38	32	25	20
	165	—	—	E	40	40	40	40	40	40	40	38	32	25	20
4	—	190	210	E	50	50	50	50	50	44	36	30	24	18	14
	185	—	—	E	40	40	40	40	40	40	36	30	24	18	14
5	—	210	230	E	50	50	50	48	42	36	28	22	18	14	—
	200	—	—	E	40	40	40	40	40	36	28	22	18	14	—

表 5.3.4—1(b)　顺应力及垂直应力方向均有焊缝的构件的最大使用厚度

构件序号	设计拉应力(MPa)(按毛截面计算)		钢材质量等级	最低设计温度(℃)										
	钢材牌号			0	-5	-10	-15	-20	-25	-30	-35	-40	-45	-50
	Q345q	Q370q		使用的钢板最大厚度(mm)										
1	100	105	D	35	35	35	35	35	35	35	35	35	35	35
2	135	140	D	35	35	35	35	35	35	35	35	35	30	24
3	165	175	D	35	35	35	35	35	35	32	26	20	14	—
4	185	190	D	35	35	35	35	35	30	25	18	14	—	—
5	200	210	D	35	35	35	34	28	22	18	14	—	—	—

注：1　此表可根据设计拉应力数值采用内插法推算出板件的最大使用厚度；

2　最低设计温度为桥址处历年极端最低气温减 5 ℃；

3　经过研究和科学试验并得到批准，板厚可不受本表的限制。

表 5.3.4—2(a)　仅顺应力方向有焊缝的构件的最大使用厚度

构件序号	设计拉应力(MPa)(按净截面计算)			钢材质量等级	最低设计温度(℃)										
	钢材牌号				0	-5	-10	-15	-20	-25	-30	-35	-40	-45	-50
	Q345q	Q370q	Q420q		使用的钢板最大厚度(mm)										
1	—	105	115	E	50	50	50	50	50	50	50	50	50	50	50
	100	—	—	E	40	40	40	40	40	40	40	40	40	40	40
2	—	140	155	E	50	50	50	50	50	50	50	50	50	50	50
	135	—	—	E	40	40	40	40	40	40	40	40	40	40	40

续上表

构件序号	设计拉应力(MPa)(按净截面计算)			钢材质量等级	最低设计温度(℃)										
	钢材牌号				0	-5	-10	-15	-20	-25	-30	-35	-40	-45	-50
	Q345q	Q370q	Q420q		使用的钢板最大厚度(mm)										
3	—	175	190	E	50	50	50	50	50	50	50	50	50	50	42
	165	—	—	E	40	40	40	40	40	40	40	40	40	40	40
4	—	190	210	E	50	50	50	50	50	50	50	50	50	42	34
	185	—	—	E	40	40	40	40	40	40	40	40	40	40	34
5	—	210	230	E	50	50	50	50	50	50	50	50	44	36	28
	200	—	—	E	40	40	40	40	40	40	40	40	40	36	28

表 5.3.4—2(b)　仅顺应力方向有焊缝的构件的最大使用厚度

构件序号	设计拉应力(MPa)(按净截面计算)		钢材质量等级	最低设计温度(℃)										
	钢材牌号			0	-5	-10	-15	-20	-25	-30	-35	-40	-45	-50
	Q345q	Q370q		使用的钢板最大厚度(mm)										
1	100	105	D	35	35	35	35	35	35	35	35	35	35	35
2	135	140	D	35	35	35	35	35	35	35	35	35	35	35
3	165	175	D	35	35	35	35	35	35	35	35	34	26	20
4	185	190	D	35	35	35	35	35	35	35	34	26	20	14
5	200	210	D	35	35	35	35	35	35	34	28	20	14	—

注:1　此表可根据设计拉应力数值采用内插法计算出板件的最大使用厚度;

2　最低设计温度为桥址处历年极端最低气温减 5 ℃;

3　经过研究和科学试验并得到批准,板厚可不受本表的限制。

6 构件连接

6.1 机械连接

6.1.1 在抗滑型高强度螺栓连接中，每个高强度螺栓的容许抗滑承载力应按下式计算：

$$P = m\mu_0 N/K \qquad (6.1.1)$$

式中 P——高强度螺栓的容许抗滑承载力；

m——高强度螺栓连接处的抗滑面数；

μ_0——高强度螺栓连接的钢材表面抗滑移系数；

N——高强度螺栓的设计预拉力；

K——安全系数，取1.7。

6.1.2 抗滑型高强度螺栓连接接头，顺接头轴力方向的双抗滑面连接的螺栓排数超过6排时或单抗滑面连接的螺栓排数超过4排时，第一排螺栓的轴向力应按式(6.1.2)检算，当不能满足时应予调整或将该排螺栓不计入连接螺栓的有效数量中。

$$0.30S_L < nm\mu_0 N \qquad (6.1.2)$$

式中 S_L——螺栓接头在活载(包括冲击)作用下的轴向力；

n——第一排螺栓总数。

6.1.3 高强度螺栓或铆钉的布置应使其与构件的轴线对称，避免偏心。

6.1.4 高强度螺栓或铆钉的容许间距应符合表6.1.4的规定。

6.1.5 连接杆件的每排栓、钉数目不应少于下列规定：

1 一排高强度螺栓时2个，一排铆钉时3个；

2 二排及二排以上高强度螺栓或铆钉时，每排2个。

6.1.6 位于主要杆件角钢上的高强度螺栓(或铆钉)的直径，不宜超过角钢肢宽度的1/4。不得已时，肢宽80 mm的角钢肢上可用孔径24 mm的高强度螺栓(或铆钉)，肢宽100 mm的角钢肢上可用孔径26 mm的高强度螺栓(或铆钉)。

表6.1.4 高强度螺栓或铆钉的容许间距

<table>
<tr><th rowspan="2">尺寸名称</th><th rowspan="2" colspan="2">方向</th><th rowspan="2">构件应力种类</th><th colspan="2">容许间距</th></tr>
<tr><th>最大</th><th>最小</th></tr>
<tr><td rowspan="5">栓、钉中心间距</td><td colspan="2">沿对角线方向</td><td rowspan="3">拉力或压力</td><td>—</td><td>3.5 d</td></tr>
<tr><td colspan="2">靠边的行列</td><td>$7d_0$ 或 16δ 中之较小者</td><td rowspan="4">3 d</td></tr>
<tr><td rowspan="3">中间行列</td><td>垂直应力方向</td><td>24δ</td></tr>
<tr><td rowspan="2">顺应力方向</td><td>拉力</td><td>24δ</td></tr>
<tr><td>压力</td><td>16δ</td></tr>
</table>

续上表

<table>
<tr><th colspan="2" rowspan="2">尺寸名称</th><th rowspan="2">方　向</th><th rowspan="2">构件应力种类</th><th colspan="2">容许间距</th></tr>
<tr><th>最　大</th><th>最小</th></tr>
<tr><td rowspan="3">栓、钉中心至构件边缘距离</td><td>裁切或滚压边缘</td><td>顺应力方向或沿对角线方向</td><td rowspan="3">拉力或压力</td><td rowspan="3">8δ 或 120 mm 中之较小者</td><td>1.5d</td></tr>
<tr><td>裁切边缘</td><td rowspan="2">垂直应力方向</td><td rowspan="2">1.3d</td></tr>
<tr><td>滚压边缘</td></tr>
</table>

注：d——栓（钉）孔直径（mm）；

d_0——栓（钉）直径（mm）；

δ——栓（铆）各部分中外侧钢板或型钢厚度（mm）。

6.1.7　主桁杆件及板梁翼缘用高强度螺栓或铆钉连接时，其栓（钉）数量应按连接杆件的承载能力计算。当腹杆为最小截面控制时，其连接栓（钉）数量可按 1.1 倍的杆件内力与 75% 的杆件净面积强度的较大值进行计算。对于桥面系、联结系、缀板以及所有考虑安装影响的杆件可按内力计算并假定纵向力在栓（钉）群上是平均分布的。

板梁腹板拼接采用栓（钉）连接时，栓（钉）群的强度不应小于拼接处腹板净截面抗弯强度与该处最大剪力的组合强度。

6.1.8　轴向受力杆件的高强度螺栓或铆钉连接接头，应符合下列规定：

1　杆件的肢与节点板偏心连接，且这些肢在连接范围内无缀板相联系时，或杆件的肢仅一面有拼接板时，其栓（钉）总数应增加 10% 。

2　主桁杆件及板梁翼缘的拼接板与被拼接部分间的连接高强度螺栓或铆钉的强度，在按净截面拼接时应不低于按净截面积计算的拼接板强度；在按毛截面或有效截面拼接时，应不低于按毛截面积或有效截面积计算的拼接板强度。

3　对于铆接杆件截面的个别部分不直接连接而是经过截面的其他部分连接者，其连接铆钉数目应予增加，隔一层板增加 10% ；隔两层或两层板以上时增加 20% ；但铆钉总数可不增加。

4　当隔着填板连接，而填板在接头范围以外有相当其面积 1/4 以上的铆钉时，则连接铆钉数量可不增加。

6.1.9　铆钉最大铆合厚度不应大于钉孔直径的 4.5 倍。当用双铆钉枪、冲击式风顶或马蹄形铆钉机铆合时，则铆合厚度可增至孔径的 5.5 倍。超过上述厚度，每加厚 2 mm，铆钉数量应增加 1% 。

6.1.10　销接接头的作用力可按被连接构件的内力计算。

无论受压或受拉的销接构件，均应按扣除销孔的净面积计算。

当销的长度大于直径的两倍时，对承受挠曲的销可按简支梁进行近似计算，并假定各集中力作用在和销相接触的各板条的轴线上。

6.1.11　销接接头中，带销孔的受拉构件，其销孔各部尺寸应满足下列规定：

1　垂直杆轴方向并通过销孔中心的净面积应比构件计算所需的净面积大 40% ；

2　由杆端到销孔边的截面积不应小于构件计算的截面积。

6.1.12　销与销孔直径之差，如无特殊需要，宜尽可能小。

销体精加工部分的长度，应比被连接的杆件两外侧面间的距离长 6 mm 以上。销的两端必须使用帽形螺母或带垫圈的螺母。

6.2 焊接连接

6.2.1 对于主要构件，不得使用间断焊接、塞焊和槽焊。

6.2.2 对接焊缝应保证焊缝根部完全熔透。在受拉和拉压接头中，尚应对焊缝表面顺应力方向进行机械加工。

不等厚或不等宽的板采用对接焊缝时，为使厚(宽)板向较薄(窄)板均匀过渡，应将厚(宽)板的一侧或双侧做成坡度，该坡度对于受拉或拉压接头不陡于1∶8；对于受压接头不陡于1∶4。同时还应对焊缝表面顺应力方向进行机械加工，使之匀顺过渡。

具有上述厚度和宽度两种过渡并存的板的对接接头严禁使用。

6.2.3 焊缝的计算厚度应符合下列规定：

1 对接焊缝等于焊接杆件的最小厚度，不计焊缝的加强高。

2 角焊缝

1) 熔透的角接焊等于焊接杆件的最小厚度；

2) 部分熔深的坡口角焊缝等于焊缝根部到焊缝的表面最小距离；

3) 不开坡口的角焊缝等于 $0.7h_f$(h_f 为焊脚尺寸，见图 6.2.3)。

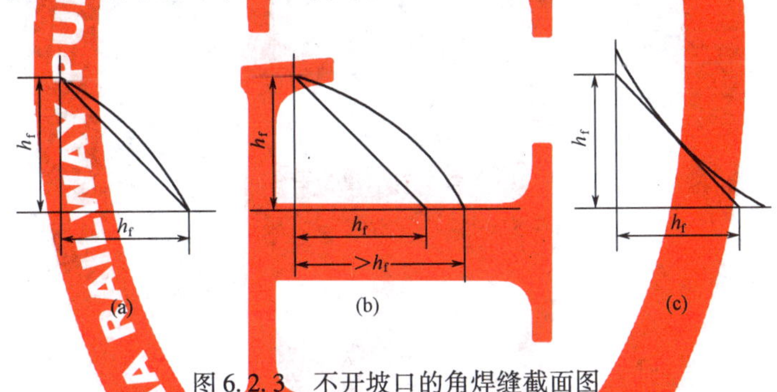

图 6.2.3 不开坡口的角焊缝截面图

6.2.4 焊缝的计算长度 l_f 应符合下列规定：

1 对接焊缝：等于具有设计焊缝厚度的焊缝长度。

2 角焊缝：采用起熄弧引板施焊的自动埋弧角焊缝，按实际长度计；其他角焊缝按实际长度减去 10 mm 计。

在承受轴向力的连接中，顺受力方向的角焊缝的最大计算长度不得大于焊脚尺寸的 50 倍，并不宜小于焊脚尺寸的 15 倍，且不应大于构件连接范围的长度。

6.2.5 角焊缝的作用力应按被连接构件的内力计算，并假定在焊缝计算长度上的剪应力是平均分布的。

6.2.6 用于 T 形截面的组合角焊缝，必须在杆件的两侧配置。但抵抗横向变形得到保证时，可只进行一侧焊接。

6.2.7 经检算高强度螺栓连接不发生滑移时，可与焊接连接并用。

6.2.8 不开坡口的角焊缝的最小焊脚尺寸不应小于表 6.2.8 的规定。

表 6.2.8　不开坡口的角焊缝最小焊脚尺寸(mm)

两焊接板中之较大厚度	不开坡口角焊的最小焊脚尺寸	
	凸形角焊缝	凹形角焊缝
10 及其以下	6	5
12～16	8	6.5
17～25	10	8
26～40	12	10

不开坡口的角焊缝的最小长度:自动焊及半自动焊不宜小于焊缝厚度的 15 倍,手工焊不宜小于 80 mm。

7　桥面系及联结系

7.1　桥　面　系

7.1.1　钢桥宜优先采用有砟桥面。当采用明桥面时，其明桥面纵梁的中心距不得小于 2 m，桥枕与纵（板）梁应采用可靠的连接方式，不应采用钩头螺栓连接。

7.1.2　栓、铆接纵梁在竖面内的弯矩、剪力和反力，应按跨径等于横梁中距的简支梁计算。

栓、铆接横梁在竖面内的弯矩、剪力和反力应按跨径等于主梁（主桁）中距的简支梁计算。

7.1.3　纵横梁腹板之间宜采用角钢连接。

当设有鱼形板、牛腿或其他能承受支点弯矩的结构时，则纵梁与横梁的连接应能承受全部纵梁纵向力和支点弯矩，该弯矩可按纵梁跨中弯矩的 0.6 倍计算，而连接纵横梁腹板的角钢肢上的栓（钉）数量应按简支反力增加 10% 计算。当不设承受支点弯矩的结构时，在连接于纵梁的竖角钢肢上的栓（钉）数量应按简支反力增加 20% 计算。在连接于横梁的竖角钢肢上的栓（钉）数量应按简支反力增加 40% 计算。

7.1.4　横梁与主梁（主桁）连接的强度，计算应符合下列规定：

1　当不设承受支点弯矩的结构时，在连接于横梁的竖角钢肢上的栓（钉）数量，应按简支反力增加 10% 计算，在连接于主梁（主桁）的竖角钢肢上的栓（钉）数量，按支点反力增加 20% 计算；双线和公铁两用梁应根据计算确定。

2　当设有能承受支点弯矩的结构时，则全部弯矩由该结构承受，而连接横梁和主梁（主桁）的竖角钢肢上的栓（钉）数量仍按支点反力增加 10% 计算。

7.1.5　横梁作为框架或半框架的一部分时，所承受的支点弯矩可按附录 B 的规定计算。

对于半穿式钢梁的横梁，应计入横向半框架的水平抗力所产生的附加弯矩，并应按主力组合进行验算。该水平抗力系作用于受压翼缘（或弦杆）的截面重心处，方向朝半框架内；大小为受压翼缘（或受压弦杆）纵向力的 1%。

当横梁兼作支承处横向联结系支杆时，还应考虑其作为支杆所受的力。

7.1.6　在计算桥面系的强度时，除必须按纵横梁单独受载的情况计算外，还应计算与主桁弦杆或主梁翼缘共同受力引起的纵梁轴向力和横梁弯矩。

按共同受力情况计算时，可不考虑各构件不在同一高程的偏心影响，并可假定纵梁铰接于横梁、横梁固接于主梁（主桁）中心。

桥跨的平面纵向联结系不宜与纵梁直接连接。单线简支桥跨当其纵梁不直接与纵向联结系相连时，可按本规范附录 C 所列方法进行近似计算。此时，纵梁的容许应力提高系数可采用 1.2；横梁的容许应力提高系数可采用 1.7 C，其中 C 为本规范第 4.2.1 条斜弯曲作用下容许应力增大系数。

当桥面系与主桁弦杆采用同一钢种而其连续长度又不超过 80 m 时，可不检算桥面系与主桁共同作用的影响。

7.1.7 当容许应力增加 20% 时,桥面系应与主桁的承载能力基本一致。

7.2 联结系的设置

7.2.1 钢梁应加强纵横向联结。一般应设置上、下平面纵向联结系。主桁(主梁)的纵向联结系,不应采用三角形桁架。其杆件宜采用工形截面。

7.2.2 上承式板梁,除必须在支承处设有加强的横向联结系作桥门外,还应沿梁长设置横向联结系,其间距不应大于 4 m。

下承式桁梁应设置加强的桥门架及加强的横向联结系,横向联结系的间距不应超过两个节间。

半穿式梁(桁)应在每个横梁竖直平面内设置半框架。横向半框架的计算应计及水平抗力的作用。计算方法可按本规范第 7.1.5 条的规定办理。

纵梁的横向联结系应与梁的上、下翼缘连接。板梁和纵梁的横向联结系当焊于竖加劲肋时,则该加劲肋应与梁的受压翼缘相连。

7.2.3 在桁式联结系的计算中,可假定节点为铰接以确定杆件的内力。

纵向联结系杆件应计及自重引起的弯矩,该弯矩应按跨径等于杆件长度的简支梁计算。

7.2.4 纵向联结系应按横向水平力进行检算。当设置上、下平面纵向联结系时,横向水平力的分配系数应按表 7.2.4 采用。

表 7.2.4 横向水平力在纵向联结系的分配系数

横 向 水 平 力	桥面系所在平面	另一平面
主 桁 风 力	0.5	0.5
桥面系风力、列车风力、车辆摇摆力、离心力	1.0	0.2

7.2.5 计算上平面纵向联结系在横向水平力作用下的内力,可将该联结系与桥门架或支承处横联相交的节点作为支点。

7.2.6 在交叉形和菱形的纵向联结系中,应计算由于主桁弦杆或主梁翼缘和横梁变形所引起的联结系杆件的内力。该内力与风力组合计算时,容许应力提高系数可采用 1.2。

由于主桁弦杆(主梁翼缘)和横梁变形引起的纵向联结系杆件内力,可按下列公式计算。

1 纵向联结系斜杆内力

交叉形

$$N_{\mathrm{d}}=\frac{N}{A}\times\frac{A_{\mathrm{d}}\cos^{2}\alpha}{1+2\dfrac{A_{\mathrm{d}}}{A_{\mathrm{p}}}\sin^{3}\alpha+\dfrac{A_{\mathrm{d}}}{A}\cos^{3}\alpha}\tag{7.2.6—1}$$

交叉形,当横梁兼作撑杆时

$$N_{\mathrm{d}}=\frac{A_{\mathrm{d}}\left(\dfrac{N}{A}\cos^{2}\alpha+0.6\sigma_{\mathrm{b}}\sin^{2}\alpha\right)}{1+4\dfrac{A_{\mathrm{d}}}{A_{\mathrm{b}}}\sin^{3}\alpha+\dfrac{A_{\mathrm{d}}}{A}\cos^{3}\alpha}\tag{7.2.6—2}$$

菱形

$$N_d = \frac{N}{A} \times \frac{A_d \cos^2\alpha}{1 + 2\dfrac{A_d}{A_p}\sin^3\alpha + \dfrac{A_d}{48I}B^2\cos^3\alpha + \dfrac{A_d}{A}\cos^3\alpha} \tag{7.2.6—3}$$

2 纵向联结系撑杆内力

交叉形、菱形

$$N_p = (N_d^{左} + N_d^{右})\sin\alpha \tag{7.2.6—4}$$

式中 N,A——弦杆(翼缘)的内力(MN)、毛截面积(m^2);

N_d,A_d——联结系斜杆的内力(MN)、毛截面积(m^2);

N_p,A_p——联结系撑杆的内力(MN)、毛截面积(m^2);

A_b——横梁毛截面积(m^2);

I——弦杆(翼缘)对竖轴的毛截面惯性矩(m^4);

α——联结系斜杆与弦杆的交角;

B——主桁(主梁)中距(m);

σ_b——横梁按竖向荷载和毛截面计算的最大纤维应力(MPa)。

当 σ_b 和 N 的符号相反时,可按不利的内力组合,假定式(7.2.6—2)中的 σ_b 或 N 为零。

7.2.7 位于压力弦杆平面内的联结系斜杆,除按本规范第 7.2.4 条及第 7.2.6 条检算外,还应以两弦杆内力之和的 3% 作为节间剪力,予以检算,其容许应力应与基本容许应力相同。

7.2.8 当采用菱形桁式的纵向联结系时,联结系与弦杆或翼缘连接的节点处,弦杆或翼缘截面所承受的作用于联结系平面的弯矩可按下列公式计算:

$$M = \pm\frac{N_p \cdot d}{4} \tag{7.2.8}$$

式中 N_p——联结系撑杆内力(MN);

d——联结系节间长度(m)。

该附加弯矩仅在弦杆(翼缘)检算强度及疲劳时予以考虑。考虑这附加力矩组合时,强度容许应力提高系数可采用 1.2。

7.2.9 对拆装式纵横梁桥面体系结构,当跨度大于 48 m 的钢梁,应在跨度的中部设制动联结系。为减小桥面系与主桁弦杆共同作用的影响,跨度大于 80 m 的简支梁,宜在跨间设置可使纵梁纵向移动的活动支承,其间距不应大于 80 m。当纵梁连续长度大于 48 m 时,还应在其中部设制动联结系。

7.2.10 计算桥门架各杆件因受上平面纵向联结系横向反力所生内力时,可假定其腿杆下端为固端。

当桥门架的门楣为桁架时,其腿杆上弯矩零点的位置可按下式计算:

$$l_0 = \frac{c(c+2l)}{2(2c+l)} \tag{7.2.10}$$

式中 l_0——弯矩零点至下弦节点中心的距离(m);

l——下弦节点中心至上弦节点中心的距离(m);

c——下弦节点中心至门楣在腿杆上的下节点中心的距离(m)。

7.2.11 由单根型钢组成的拉杆,可不考虑杆件连接的偏心弯矩,但其计算截面积应符合下列规定：

1　由单个角钢组成的杆件等于连接肢的截面积与 50% 非连接肢的截面积之和。

2　由单个槽形杆件（轧制的或组合的）用腹板连接及 T 形杆件用翼缘连接的计算截面积均减少 10%。

7.2.12　计算由单个角钢组成的联结系压杆应力，当仅以一个肢与节点板相连，且采用最小回转半径计算其长细比时，可不计及杆件连接的偏心影响。

8 钢 板 梁

8.0.1 钢板梁材质宜采用 Q235qD 钢。

8.0.2 简支钢板梁由静活载（不计冲击力）所引起的竖向挠度，不应超过其跨度的 1/900，横向宽度（两主梁中心距）不应小于跨度的 1/15，且不小于 2.2 m。

8.0.3 支承桥枕的铆接板梁，应至少有一层盖板覆盖上翼缘全长。其余盖板若在跨度范围内中断，其实际截断点应伸出理论截断点之外有足够长度，以满足强度和疲劳强度的要求，且在此长度内所布置的铆钉不应少于 3 排。

8.0.4 焊接板梁的外层盖板中断时，应伸出理论断点之外，其延伸部分的长度由计算确定。

外层盖板中断后，应将板端沿板宽度方向加工成不陡于 1∶4 的斜边，厚度方向加工成不陡于 1∶8 的斜坡，末端宽度不宜小于 20 mm，厚度定为焊脚高度加 2 mm。

8.0.5 支承桥枕的铆接或焊接板梁，上翼缘宽度不宜小于240 mm。焊接板梁翼缘板的伸出长度（从腹板中心算起）对厚度之比不得超过 10。

8.0.6 板梁应在端支承和其他传递集中外力处设置成对的竖加劲肋。加劲肋的伸出肢应与梁的支承翼缘磨光顶紧。设置加劲肋还应符合下列规定：

1 支承加劲肋的伸出肢宽厚比不应大于 12。

2 支承加劲肋按压杆设计，其截面为加劲肋加每侧不大于 15 倍腹板厚的腹板，计算长度为支承处横向联结系上、下两节点间距之 0.7 倍。

3 支承加劲肋应检算其伸出肢与翼板顶紧部分的支承压力。

8.0.7 简支板梁腹板中间竖加劲肋和水平加劲肋的设置，可符合下列规定：

1 当 $h/\delta \leqslant 50$ 时，可不设置中间竖加劲肋。

2 当 $140 \geqslant h/\delta > 50$ 时，应设置中间竖加劲肋，其间距：

$\alpha \leqslant 950\delta/\sqrt{\tau}$，且不应大于 2 m。

3 当 $250 \geqslant h/\delta > 140$ 时，除设置竖加劲肋外，还应在距压翼缘 $(1/4 \sim 1/5)h$ 处设置水平加劲肋。

4 当仅用竖加劲肋加强腹板时，则成对设置的中间竖加劲肋的每侧宽度不得小于 $h/30 + 0.04$（以 m 计）。

5 当用竖加劲肋和水平加劲肋加强腹板时，则加劲肋的截面惯矩不得小于：

竖加劲肋：$3h\delta^3$；

水平加劲肋：$h\delta^3[2.4(\alpha/h)^2 - 0.13]$，但不得小于 $1.5h\delta^3$。

6 加劲肋伸出肢的宽厚比不得大于 15。

7 当采用单侧加劲肋时，则其截面对于按腹板边线为轴线的惯矩不得小于成对加劲肋对腹板中心的截面惯矩。

以上各式中：

h——板梁腹板计算高度（m），焊接板梁为腹板全高，铆接板梁为两翼缘角钢最近铆钉线的距离；

δ——腹板厚(m)；

τ——检算板段处的腹板平均剪应力(MPa)，$\tau = V/h\delta$，V 为板段中间截面处的剪力(MN)。

8.0.8 板梁腹板的纵向拼接焊缝宜设在受压区。板梁中除交叉焊缝外，各焊缝间的距离不宜小于 10δ(δ 为腹板厚度)。

加劲肋与腹板对接焊缝相交时，肋及焊缝均不应中断，可在焊缝上连续通过。

8.0.9 上承板梁按本规范式(4.2.2—2)检算主梁弯矩平面外稳定性时，其计算长度应为受压翼缘联结系节点间的距离。

8.0.10 板梁翼缘的拼接板净面积应较被拼接部分的净面积增大 10%。

板梁腹板拼接时，应将拼接板成对地设置在腹板的两侧，拼接板总厚度应大于被拼接腹板的厚度，拼接板净截面抵抗矩应大于被拼接腹板的净截面抵抗矩。

8.0.11 桥枕直接铺设在板梁上翼缘时，一个轮重的压力分布长度应为：当计算板梁翼缘铆钉及翼缘焊缝时为 1 m；检算腹板局部稳定时为 1.5 m(不计冲击力)。

9 钢 桁 梁

9.0.1 钢桁梁由静活载引起的竖向挠度(按平面桁架计算)简支桁梁及连续桁梁的边跨不应大于 $L/900$,连续桁梁的中跨不应大于 $L/750$,L 为检算跨的跨长。

下承式简支桁梁及连续桁梁的边跨,其宽度与跨度之比不宜小于1/20,连续梁中跨的宽跨比不宜小于1/25。

9.0.2 桁架杆件重心线应在各节点处交会于节点中心。否则,应计算偏心影响。

支座铰点和弦杆中心线不在同一高程时,应计算纵向力对节点的偏心影响。

9.0.3 桁架杆件的轴向力可按节点为铰接的假定计算。

主桁杆件截面高度与节长之比在连续桁梁中大于1/15,简支桁梁中大于1/10时,应计算由于节点刚性引起的次应力。

9.0.4 在桁架中,与横梁、横联或横撑构成闭合框架的挂杆或立柱,应计算其当横梁承受竖向荷载时所产生的轴向力和弯矩。该弯矩可按本规范附录B计算。

9.0.5 作为桥门架腿杆的主桁斜杆或竖杆,应计算桥门架受横向力时所产生的轴向力和弯矩。计算假定和腿杆上弯矩零点位置,可按本规范第7.2.10条办理。

当桥门架腿杆是主桁斜杆时,主桁弦杆应计算桥门架受横向力时所产生的腿杆轴向力的影响。

9.0.6 在设计时,应将基本容许应力增加20%,桥跨结构中所有主要杆件承担超量活载的能力应基本一致。这些杆件由活载产生的内力,在计算主力组合时乘以活载发展系数 η 或按相应桥跨的检定载重进行检算。

$$\eta = 1 + \frac{1}{6}(\alpha_m - \alpha) \tag{9.0.6}$$

式中 α——杆件恒载内力与包括冲击力的活载内力之比;

α_m——该桁架所有弦杆中最大的 α 值。

特大桥的检定载重应在初步设计中确定。

9.0.7 主桁受拉杆件的拼接板净面积,应较被拼接部分的净面积大10%。

主桁受压杆件的拼接板有效面积($\varphi_1 A_m$)应大于被拼接压杆有效面积的10%。当在节点内拼接时,拼接板的受压容许应力折减系数可采用0.9;在节点外拼接时,可与该压杆的受压容许应力折减系数相同。

受压杆件接头采用磨光顶紧时,接头处拼接板的毛面积可按被拼接部分的毛面积50%计算。

9.0.8 节点板任何连接截面的撕破强度,应较各被连接杆件的强度至少大10%。在检算时,其净面积上的容许应力应符合下列规定:

1 垂直于被连接杆件中线的截面部分采用基本容许应力[σ]。

2 与被连接杆件中线倾斜相交或平行的截面部分采用0.75[σ]。

主桁节点板除检算节点板的撕破强度外，还应在主力作用下检算其法向应力和剪应力，容许应力分别为[σ]及0.75[σ]。计算方法可近似地按偏心受拉或偏心受压进行计算。

9.0.9　H形杆件的排水孔直径不宜小于50 mm。

10 支　座

10.0.1 钢梁应根据反力、纵横向移动量和转角大小等因素，选用满足位移要求位移和转动灵活、耐久性好、便于检查维护的钢支座。

10.0.2 活动支座的移动量应不小于当容许应力提高20%后的活载（包括冲击力）所产生的变形与温度变化影响的和。

活动支座应计及由于活载（包括冲击力）和温度变化引起纵向位移后的偏心影响。

10.0.3 固定支座应按承受全部纵向水平力计算，并不得小于活动端的支座摩阻力。

检算活动支座各部件时，其纵向水平力的大小按该活动支座的最大摩阻力 T 计：

$$T=f\cdot R \tag{10.0.3}$$

式中　R——由恒载和静活载所生的最大支承反力（MN）；

f——活动支座的摩擦系数：辊轴（摇轴）支座为0.05；其他活动支座为0.5。

10.0.4 支座构造除按温度需要设置钢梁横向伸缩间隙外，并应能制止梁的横向移动。为使荷载反力均匀分布于支承垫石上，支座顺桥方向及横桥方向从铰平面起至支承垫石顶，反力的传布角度均不应大于45°，且活动支座底板厚度应不小于40 mm。对大吨位支座反力的传布角度和底板厚度均应另行确定。

活动支座底板下支承面的计算有效尺寸：顺桥方向，弧形及摇轴支座不应大于底板厚度的4倍；辊轴支座不应大于两排最边辊轴中距加上板厚的4倍。

横桥方向，任何支座均不应大于底板顶面压力接触线长度加上板厚的2倍。

活动支座削边辊轴的宽度与其直径之比，可采用0.5。

摇轴的构造宜采用顶面为铰或圆柱面支承，并使上下弧面圆心重合。摇轴的宽高比不宜小于0.7。

铸钢制成的支座中，铸件各部分厚度不应小于30 mm。

10.0.5 计算受拔力锚栓的锚固时，应按照其内力增加50%。

10.0.6 辊轴之间应在两端面用杆件联系，但须不妨碍清扫，并应保证不向侧面滑动和纵向爬行。

辊轴活动支座还应设置防护装置。

附录 A　铁路桥梁用钢 Q235qD、Q345qD、Q345qE、Q370qD、Q370qE、Q420qD、Q420qE 主要技术条件

A.0.1　桥梁钢化学成分应符合表 A.0.1—1 的规定，添加微量元素应符合表 A.0.1—2 的规定。

表 A.0.1—1　桥梁钢化学成分(%)

钢　号	质量等级	C	Si	Mn	P	S	Als
					不大于		
Q235q	D	≤0.18	≤0.30	0.50～0.80	0.025	0.025	≥0.015
Q345q	D	≤0.18	≤0.60	1.10～1.60	0.025	0.025	≥0.015
Q345q	E	≤0.17	≤0.50	1.20～1.60	0.020	0.015	≥0.015
Q370q	D	≤0.17	≤0.50	1.20～1.60	0.025	0.025	≥0.015
Q370q	E	≤0.17	≤0.50	1.20～1.60	0.020	0.015	≥0.015
Q420q	D	≤0.17	≤0.60	1.30～1.70	0.025	0.025	≥0.015
Q420q	E	≤0.17	≤0.60	1.30～1.70	0.020	0.015	≥0.015

表 A.0.1—2　添加微量元素的最大量表(%)

V	Nb	Ti	N
≤0.08	0.010～0.035	≤0.02	≤0.018

注：Q420qD、Q420qE 钢 V 与 Ti 的添加微量元素总量不得大于 0.08。

A.0.2　桥梁钢力学性能应符合表 A.0.2 的规定。

A.0.3　铁路桥梁用钢交货状态：Q235q、Q345q 热轧状态交货。Q370qD、Q370qE、Q420qD、Q420qE 均应正火状态交货。Q370qE 钢板实物的冲击韧性交货条件：-40 ℃时冲击功，板厚小于等于 24 mm 不低于 100 J，板厚大于 24 mm 不低于 120 J。Q420qE 钢板实物的冲击韧性交货条件为 -40 ℃冲击功不低于 120 J。

表 A.0.2　桥梁钢力学性能

牌号	质量等级	厚　度(mm)	屈服点 σ_s(MPa)	抗拉强度 σ_b(MPa)	伸长率 δ_5(%)	V 型冲击功(纵向) 温度(℃)	J	时效(J)	180°弯曲试验钢材厚度(mm) ≤16	>16
			不　小　于							
Q235q	D	≤16	235	390	26	-20	27	27	$d=1.5a$	$d=2.5a$
		>16～35	225	380						

续上表

牌号	质量等级	厚度（mm）	屈服点 σ_s（MPa）	抗拉强度 σ_b（MPa）	伸长率 δ_5（%）	V 型冲击功（纵向）			180°弯曲试验钢材厚度（mm）	
						温度（℃）	J	时效（J）		
			不小于						≤16	>16
Q345q	D	≤16	345	510	21	-20	34	34	d=2a	d=3a
		>16～35	325	490	20					
	E	≤16	345	510	21	-40				
		>16～35	325	490	20					
		>35～40	315	470	20					
Q370	D	≤16	370	530	21	-20	41	41		
		>16～35	355	510	20					
		>35～40	330	490	20					
	E	≤16	370	530	21	-40				
		>16～35	355	510	20					
		>35～50	330	490	20					
		>50～60	330	490	20					
Q420q	D	≤16	420	570	20	-20	47	47		
		>16～35	410	550	19					
		>35～40	400	540	19					
	E	≤16	420	570	20	-40				
		>16～35	410	550	19					
		>35～50	400	540	19					
		>50～60	390	530	19					

A.0.4　桥梁钢的最大碳当量应符合表 A.0.4 的要求。

碳当量计算公式：

$$C_{eq}(\%)=C+\frac{Mn}{6}+\frac{Si}{24}+\frac{Ni}{40}+\frac{Cr}{5}+\frac{Mo}{4}+\frac{V}{14}$$

表 A.0.4　最大碳当量

牌　　号	Q345q	Q370q	Q420q
碳当量 C_{eq}	0.43%	0.44%	0.45%

A.0.5　钢板化学成分允许偏差应按现行国标 GB/T 222 的规定执行。

A.0.6　包装标志及质量证明书应按现行国标 GB/T 247 和 GB/T 2101 的规定执行。

A.0.7　凡本技术条件未尽事宜按照 GB/T 714—2000 的标准执行。

附录 B　横梁面内闭合框架在横梁受竖向荷载时的结点弯矩计算

B.0.1　单(双)线上承及下承桁梁横梁面内闭合框架在横梁受竖向荷载时的结点弯矩应按下列公式计算:

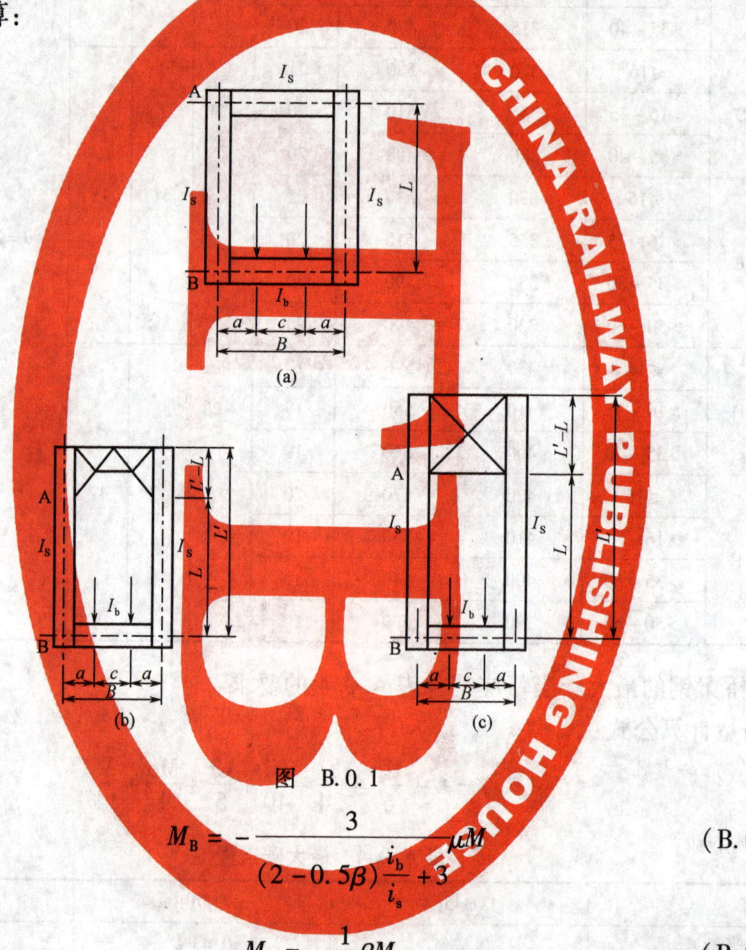

图　B.0.1

结点 B 处:

$$M_B = -\frac{3}{(2-0.5\beta)\frac{i_b}{i_s}+3}\mu M \tag{B.0.1—1}$$

结点 A 处:

$$M_A = -\frac{1}{2}\beta M_B \tag{B.0.1—2}$$

式中　M——横梁按简支计算的跨中最大弯矩(MN·m);

μ——横梁按简支计算的平均弯矩与跨中最大弯矩之比:对横梁恒载及双线桥纵梁反力所产生弯矩,取 $\mu=2/3$;对单线桥纵梁反力所产生弯矩,取 $\mu=(a+c)/B$;

β——图 B.0.1(a)所示框架 $\beta=\frac{1}{1+1.5\frac{i_s}{i_a}}$,图 B.0.1(b)、图 B.0.1(c)所示框架 $\beta=L/L'$;

i_a, i_b, i_s——框架横撑、横梁与竖杆在框架面内的刚度系数：

$$i_a = \frac{EI_a}{B}, i_b = \frac{EI_b}{B}, i_s = \frac{EI_s}{L};$$

E——钢的弹性模量(MPa)；

I_a, I_b, I_s——框架横撑、横梁与竖杆在框架面内的惯性矩(m^4)；

L——图 B.0.1(a)中为横梁与撑杆间的距离(m)，图 B.0.1(b)及图 B.0.1(c)中为横联门楣最下端节点至横梁重心轴之间的距离(m)；

L'——上弦节点中心至横梁重心轴的距离(m)；

B——主桁中心距离(m)。

附录 C　单线简支钢桁梁的纵、横梁由于弦杆变形引起的内力计算

C. 0. 1　竖向载重产生的纵梁轴向力应按下式计算：

$$N_{\mathrm{m}} = tm\left(1 - \frac{m-1}{n}\right)\frac{K \cdot \sigma_{\mathrm{aver}} \cdot L}{1+\xi} \tag{C.0.1}$$

最大的 N_{m} 发生在跨度中间（或纵梁两断缝中间），即 n 为偶数时，$m = n/2$；n 为奇数时，$m = (n-1)/2$。

式中　L——跨长（当纵梁间无断缝时）或纵梁两断缝间长度（m）；

n——在 L 长度内桥面系节间总数；

m——从跨端或段端数起，进行验算的节间的序号；

$$K = \frac{3IB}{a^3(2c+a)};$$

I——横梁对竖轴的毛惯矩（m^4）；

B, a, c——图 C. 0. 1 所示的各种尺寸（m）；

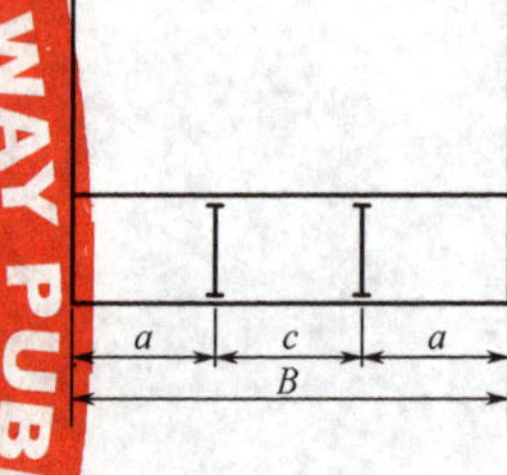

图　C. 0. 1

$\sigma_{\mathrm{aver}} = \dfrac{\sum \dfrac{S^{\circ}}{A}d}{L}$——不考虑共同受力时在 L 长度内桥面系所在平面的桁梁弦杆应力的平均值（MPa）；

S°——不考虑共同受力时，各弦杆在竖向载重下的内力（MN），计算时对于所有弦杆应采用相同的活载位置，但为简化计算起见，S°可采用各弦杆内力影响线最不利的加载情况下的数值；

A——桁架梁各弦杆的毛截面积（m^2）；

d——桁架梁节间长度（m）；

$$\xi = \frac{K(n+1)(n+2)}{6n}\left(\frac{L}{A_{\mathrm{aver}}} + \frac{L}{A_{\mathrm{z}}}\right)$$

A_{aver}——在 L 长度内桁架梁弦杆毛面积的平均值（m^2）；

A_{z}——纵梁毛截面积（m^2）；

t——考虑连接处松动沉落度的系数，对用铆钉连接的纵梁为 0.7，用高强度螺栓连接的纵梁用 0.8。

C. 0. 2　两纵梁之间的横梁截面因水平面内的挠曲而产生的应力，应按下式计算：

$$\sigma_{\mathrm{y}} = 1.5t\,\frac{I}{I_{\mathrm{j}}}\left(1 - \frac{2m-2}{n}\right)\frac{\sigma_{\mathrm{aver}}Lb}{a(2c+a)(1+\xi)} \tag{C.0.2}$$

最大的 σ_{y} 应力发生在端横梁（即 $m=1$）上。

式中 m——从跨端或段端数起，进行检算的横梁的序号；

b——横梁翼缘宽度(m)；

I_j——横梁对竖向轴的净惯矩(m^4)；

其余符号意义同第 C.0.1 条。

本规范用词说明

执行本规范条文时，对于要求严格程度的用词说明如下，以便在执行中区别对待。

(1)表示很严格，非这样做不可的用词：

正面词采用“必须”；

反面词采用“严禁”。

(2)表示严格，在正常情况均应这样做的用词：

正面词采用“应”；

反面词采用“不应”或“不得”。

(3)表示允许稍有选择，在条件许可时首先应这样做的用词：

正面词采用“宜”；

反面词采用“不宜”。

表示有选择，在一定条件下可以这样做的，采用“可”。

《铁路桥梁钢结构设计规范》条文说明

本条文说明系对重点条文的编制依据、存在的问题以及在执行中应注意的事项等予以说明。为了减少篇幅,只列条文号,未抄录原条文。

1.0.2 本规范条文主要是根据我国建桥生产实践及科学试验的现有经验编写的,因此适用范围有一定的局限性,一般讲,跨度在168 m以下的单双线桁梁和跨度在40 m以下的板梁,采用本规范进行设计是适宜的,对于更大跨度的桥梁和其他形式的桥跨,以及当采用新钢种、新技术、新工艺设计时,应先进行必要的科学试验和试制工作,必要时还应进行运营观测,以取得设计所需的数据和经验来补充条文之不足。

1.0.4 货运列车采用转8 A,其行车速度为≤80 km/h。当货运列车速度达120 km/h时,须根据试验结果补充规定。当开行双层集装箱时,其建筑限界和轴重等标准应符合有关规定。当铺设无砟轨道时,其设计标准也应符合无砟轨道有关补充规定特殊要求。

1.0.5 该条是根据《铁路桥涵设计基本规范》(TB 10002.1)的要求新增加的内容。

1.0.6 设计钢结构时,要使轮廓尺寸、构件形式、节点及联结布置等尽可能适合构件标准化的需要,使同类型构件在跨长相等或相近的桥上能互换使用,以便于组织施工及修复。

结构应经济合理,要结合工厂制造工艺和装备,考虑构件形式及结构细节便于制造,并力求栓(钉)间距和钉线位置统一化,以适应样板钻孔,便于工厂制造和工地安装;要结合拟定的架梁方案,工地起吊设备的最大吊重和最大吊距,以及工厂至工地的运输条件,考虑构件长度及重量,便于架设和运输。

应力集中容易导致疲劳开裂乃至脆断,而结构在其传力途径中的截面变化的缓急程度是影响应力集中的主要因素,所以,在设计中应该避免截面的急剧变化。

焊接残余应力和变形都是必然要发生的,在制订设计条文时,对于一般情况下的焊接残余应力和变形已反映在试验项目的试件中,因此也都得到了应有的考虑,本条规定的目的希望引起设计人员的注意,把可能产生的应力和应变尽量予以控制。

1.0.8 为检算已建成钢梁的稳定性,一般以横向为主,在检算钢梁的横向倾覆稳定时都系桥上无车控制,由于基本风压将受钢梁所在地区百年一遇的风压控制,对钢梁上风压的阻力系数的大小将产生很大影响,因此必须对钢梁进行稳定性的检算。当荷载(无论是竖直及横向荷载)在符合规范规定的条件下,它将较好地反映桥梁能保持稳定的必要条件。

1.0.9 钢梁在安装或检修支座时,常需将梁顶起,故在结构上应预设可供起顶用的结构(如牛腿、顶梁)或在连续梁的中间支承节点处布置可供起顶用的结构等。考虑到顶起时着力的不平衡及其他偶然因素,故起顶结构应按实有重量超载30%检算。在布置千斤顶位置时,并需考虑抽换支座等必需的操作净空。

如连续梁各支点不同时起顶,应考虑支点反力变化对主桁(主梁)杆件的影响。如一个支点采用多台千斤顶起顶时,该支点起顶时的多台千斤顶应与油泵并联。

1.0.10　在曲线上的桥梁,为了制造上的方便,多做成直的,因此线路中心线与桥梁中心线有一偏移,使桥梁受偏心荷载,另外,其他有偏心荷载的桥,如公、铁路两用桥,由于公路汽车荷载对主桁发生偏载影响,因此这种桥跨结构亦应计算由于偏心而产生的超载。曲线板梁的计算参见《梁式桥跨》一书。

3.1.1　《铁路桥梁钢结构设计规范》(TB 10002.2—99)以下简称原桥规,关于钢桥主体结构使用的钢材钢号是以合金元素命名的。自建国以来,根据历次工程的需要陆续研究开发了16q、16Mnq、14MnNbq和15MnVNq四种钢号的钢材,形成了国产钢材的系列,它们的屈服点分别为:240 MPa、340 MPa和420 MPa。我国加入世界贸易组织后,为了和国际标准接轨,国家在上述钢材的基础上制定了《桥梁用结构钢》(GB/T 714—2000)。国标的钢号是以屈服点命名的,钢号的第一个字Q为汉语拼音屈服点首写字母,第二个数目字为板厚16 mm的屈服点大小,第三个字q为汉语拼音桥梁用钢首写字母,最后一个字是钢材的等级。国标桥梁结构钢共四个钢号,每一个钢号有A、B、C、D、E五个等级。新钢号与原钢号化学成分、冲击韧性的规定均不相同,尤其是冲击韧性。国标规定采用夏比V形缺口冲击试验,试件是纵向取样,V形缺口。原桥规规定除14MnNbq外,其余钢号均采用夏比U形缺口冲击试验,夏比U试件是横向取样,U形缺口。这两种标准如何对应需要积累大量的数据。目前根据现有的试验数据和国内外资料,暂定出两者的对应关系,今后需进行试验验证。国标钢号与原桥规用钢材料对应关系见说明表3.1.1—1,化学成分对比见说明表3.1.1—2,力学性能比较见说明表3.1.1—3。

说明表3.1.1—1　国标钢号与原桥规用钢对应表

国标钢号	原桥规钢号	国标钢号	原桥规钢号
Q235qD	16q	Q370qE	14MnNbq
Q345qD	16Mnq	Q420qE	15MnVNqC

本次规范修订中桥梁用钢完全按国标规定,为满足铁路桥梁的使用要求,在国标的基础上明确规定其有关的条件与参数,保证用钢的焊接性能与力学性能不低于原桥规规定的用钢水平。

说明表3.1.1—2　国标钢号与原桥规用钢化学成分比较

钢号	C	Si	Mn	P	S	V	N	Nb
Q235qD	≤0.18	≤0.30	0.50~0.80	≤0.025	≤0.025			
16q	0.12~0.20	0.12~0.25	0.40~0.70	≤0.035	≤0.040			
Q345qD	≤0.18	≤0.60	1.10~1.60	≤0.025	≤0.025			
16Mnq	0.12~0.20	0.20~0.60	1.20~1.60	≤0.035	≤0.035			
Q370qE	≤0.17	≤0.50	1.20~1.60	≤0.020	≤0.015			≤0.045
14MnNbq	0.11~0.17	0.20~0.60	1.20~1.60	≤0.025	≤0.015			0.010~0.035
Q420qE	≤0.17	≤0.60	1.30~1.70	≤0.020	≤0.015	≤0.08	≤0.018	
15MnVNqC	≤0.16	0.20~0.60	1.30~1.70	≤0.020	≤0.015	0.10~0.16	0.01~0.015	

说明表 3.1.1—3 原桥规用钢与国标钢号规定力学性能比较

牌号	厚度(mm)	屈服点(MPa)	抗拉强度(MPa)	伸长率(%)	冲击功			180°冷弯 $t>16$ mm
					温度(℃)	J	时效	
Q235qD	16~35	225	380	26	-20	≥27	≥27	2.5 t
16q	无规定	230	380	26	-20	3.5*	3.5*	1.5 t
Q345qD	16~35	325	490	20	-20	≥34	≥34	3.0 t
16Mnq	≤36	350~330	520~500	21~19	-40	3.5*	3.5*	2~3 t
Q370qE	16~50	355~330	510~490	20	-40	≥41	≥41	3.0 t
14MnNbq	17~60	≥340~355	490~665	≥19	-40	≥40	≥40	3.0 t
Q420qE	16~50	410~400	550~540	19	-40	≥47	≥47	3.0 t
15MnVNqC	26~60	420	560	≥19	-40	≥7*	≥7*	3.0 t

注:1 *冲击韧性值为夏比 U 横向冲击,单位为 kg/cm²;

2 14MnNbq、15MnVNqC 为正火状态交货。

钢材的实物交货技术条件,不能等于国家标准,如果钢材的实物技术条件与标准一样,焊后的产品就达不到要求。国外钢材的实物技术指标高出其国家标准2倍以上,因此焊接使用没有问题。我国的钢厂在以往的交货中不重视实物的技术水平,造成在制造中许多问题,为此,自芜湖桥开始规定了实物交货技术条件,并根据经验确定了具体指标。

3.1.2 铁路钢桥使用的高强度大六角头螺栓连接副,由一个 10.9 S 高强度大六角头螺栓、一个 10H 高强度大六角螺母,两个 HRC35~45 高强度垫圈组成,其形式尺寸、形位公差与技术条件,应按现行国家标准办理。

3.1.3 在焊接结构中,自动焊、半自动焊所采用的焊丝、焊剂,手工焊的焊条及其焊接工艺,直接影响焊接接头的性能,为使其尽可能与基材相匹配,规定要求通过试验选用合适的焊接材料和焊接工艺,确保焊接质量和结构安全。

3.1.4 焊接接头的冲击韧性是断裂韧性的要求,同时也是成昆铁路栓焊梁、九江桥、芜湖桥的生产质量总结。

3.1.5 剪切模量 $G\approx\dfrac{E}{2(1+\nu)}$,当 $E=2.1\times10^5$ MPa,泊松比 $\nu\approx0.3$ 时,则 $G=\dfrac{210}{2(1+0.3)}\approx8.1\times10^4$ MPa。

3.2.1 钢材基本容许应力对屈服强度的安全系数,各钢号基本上都采用 1.7 左右。厚度不同时,屈服强度也随之变化,为了避免采用统一的基本容许应力后导致安全系数有过大的波动,当屈服点不同时,各类容许应力可按屈服点的比例予以调整。依照国标(GB/T 714—2000),钢材基本容许应力对屈服强度的安全系数采用 1.7 左右,对抗拉强度的安全系数采用 2.5 左右,计算钢材基本容许应力(见说明表 3.2.1),大宗定料或进行钢材招标时,可提出补充条件,修正钢材的基本容许应力。

说明表 3.2.1

钢材牌号	质量等级	厚度(mm)	屈服点 σ_s(MPa)	抗拉强度 σ_b(MPa)	容许应力		取用 $[\sigma_0]$(MPa)
					$\frac{1}{1.7}\sigma_s$ (MPa)	$\frac{1}{2.5}\sigma_b$ (MPa)	
Q235q	C D	≤16	235	390	138.2	156	135
		>16~35	225	380	132.4	152	
		>35~50	215	375	126.5	150	
		>50~60	205	375	120.6	150	

续上表

钢材牌号	质量等级	厚度(mm)	屈服点 σ_s(MPa)	抗拉强度 σ_b(MPa)	容许应力		取用 $[\sigma_0]$(MPa)
					$\frac{1}{1.7}\sigma_s$(MPa)	$\frac{1}{2.5}\sigma_b$(MPa)	
Q345q	C D E	≤16	345	510	202.9	204	200
		>16~35	325	490	191.2	196	
		>35~50	315	470	185.3	188	
		>50~60	305	470	179.4	188	
Q370q	C D E	≤16	370	530	217.6	212	210
		>16~35	355	510	208.8	204	
		>35~50	330	490	194.1	196	
		>50~60	330	490	194.1	196	
Q420q	C D E	≤16	420	570	247.1	228	230
		>16~35	410	550	241.2	220	
		>35~50	400	540	235.3	216	
		>50~60	390	530	229.4	212	

容许剪应力以基本容许应力的 $1/\sqrt{3}\approx0.6$ 倍为准。

端部承压容许应力(磨光顶紧)以基本容许应力的 1.5 倍为准。

弯曲容许应力根据习惯仍定为基本容许应力的 1.05 倍。

铸钢由于未经热轧,均匀性较差,缺陷较多,所以弯曲容许应力对屈服点采用了较高的安全系数 1.85。

辊轴自由接触的容许应力受铸钢 ZG230-450 Ⅱ 及尺寸大于 100~300 mm 的 35 号锻钢屈服强度的控制,仍沿用原标准。

铸钢的容许弯应力、剪应力及销与销孔间承压应力主要用在节点的钢销。这几项容许应力系参考 1959 年桥规及其他国家规范对钢销容许应力的规定及其相应的计算假定确定的。35 号锻钢屈服强度随尺寸大小而异,规范系以尺寸为 100~300 mm,屈服强度为 260 MPa 者为准;弯应力和剪应力考虑钢材的匀质系数,所以规定了较 1959 年桥规略偏小的值。销与销孔间的承压应力,1959 年桥规未作规定,为了在永久结构中希望减轻钢销的磨损,因此采用了偏低的容许应力值。

放置在铸钢摇轴颈上铰轴的径向受压容许应力,也是参照 1959 年桥规确定的。

3.2.2 根据本规范第 3.1.4 条条文,要求焊缝性能与基材相匹配,则焊缝基本容许应力与基材相同。

3.2.4 抗滑型高强度螺栓连接的板面抗滑移系数 μ_0,与板面处理有关。近年来行之有效的措施是将板面除锈后,采用热喷铝涂层。设计的抗滑移系数 μ_0 可采用 0.45。

3.2.6 本规范条文表中所列数据是采用铁科院研究成果。详见余振生《铁路钢桥压杆承载力参数的制定》一文。

3.2.7 表 3.2.7—1 各种构件或连接的疲劳容许应力幅是依照下述步骤制定的。

本规范疲劳检算所采用的理论是容许应力法,表中所列的疲劳容许应力幅 $[\sigma_0]$ 是构

件或连接在应力比 $\rho=\frac{\sigma_{min}}{\sigma_{max}}=0$ 时，2×10^6 能承受的等幅应力。

$[\sigma_0]$是通过疲劳试验求得的。试验用的试件是按结构的构件或连接受力状态设计的。在疲劳试验机上给试件加一定的最大应力和最小应力，任其循环反复，进行等幅应力 $\Delta\sigma=\sigma_{max}-\sigma_{min}$ 疲劳，直至破坏。试件破坏时的循环次数为疲劳应力幅 $\Delta\sigma$ 时的致伤循环次数。当 $\rho=0$，$\sigma_{min}=0$，$\Delta\sigma$ 即为 σ_{max}。同样的疲劳试件，承受同一水平的应力幅，它的致伤循环次数并不相同，试件数量做得多时，可以看出每一种应力水平，致伤循环次数的常用对数呈正态分布。从理论上讲，将各种不同应力水平的循环次数的常用对数分布曲线都求出来，然后将各应力水平的相同保证率的点连接起来，就可以得到不同保证率的应力幅——循环次数对数曲线。这样做试验工作量太大了，通常选定 8～15 个不同的应力幅做试验，求各个不同应力幅时的致伤循环次数，用应力幅与循环次数的对数作为变量进行统计分析，减去两个标准差，就可以得到疲劳抗力 S—N 曲线。S—N 曲线是直线方程 $\lg N=C+m\lg\Delta\sigma$。在规范中应用时，稍作修正，使各种不同构造细节方程的 m 值协调一致。说明表 3.2.7 的抗力方程式就是这样求得的，将式中 $N=2\times10^6$ 代入，即可求得 $[\sigma_0]$。

说明表 3.2.7　疲劳抗力方程

疲劳容许应力幅类别	连接形式	疲劳抗力方程式 $\lg N+m\lg\sigma=C$	$[\sigma_0]$(MPa) $n=2\times10^6$	构件及连接形式
Ⅰ	母　材	$\lg N+4\lg\Delta\sigma_i=15$	149.5	1
Ⅱ	横向对接焊缝	$\lg N+3.5\lg\Delta\sigma_i=13.6$	121.7	5.1,5.2,5.3
Ⅲ	高强度螺栓连接（净截面验算）	$\lg N+3\lg\Delta\sigma_i=12.65$	130.7	4.2
Ⅳ	纵向连续焊缝	$\lg N+3.5\lg\Delta\sigma_i=13.45$	110.3	6.1,6.2,6.3,7.1,7.2,16.1,16.2
Ⅴ	高强度螺栓连接（毛截面验算）	$\lg N+3\lg\Delta\sigma_i=12.42$	109.6	4.1
Ⅵ	空　孔	$\lg N+3.5\lg\Delta\sigma_i=13.50$	114.0	2
Ⅶ	横向角接焊缝	$\lg N+3\lg\Delta\sigma_i=12.30$	99.9	8,9
Ⅷ	铆　接	$\lg N+3\lg\Delta\sigma_i=12.18$	91.1	3
Ⅸ	整体节点，板梁盖板端部，槽形肋嵌补段	$\lg N+3.5\lg\Delta\sigma_i=12.80$	71.9	10,12,15.2,17.1
Ⅹ	平联节点板，横梁端部焊缝	$\lg N+3\lg\Delta\sigma_i=11.89$	72.9	11.1,14,17.2
Ⅺ	平联节点板，整体钢桥面	$\lg N+3\lg\Delta\sigma_i=11.64$	60.2	11.2,15.1,15.4,15.5
Ⅻ	剪力钉自身剪力	$\lg N+3\lg\Delta\sigma_i=12.02$	80.6	13
XIII	槽形肋与横梁腹板焊缝	$\lg N+3\lg\Delta\sigma_i=11.26$	45.0	15.3

规范条文中表 3.2.7—1 疲劳容许应力幅$[\sigma_0]$，就是从说明表 3.2.7 录入的结果。本表是根据我国自己的长期试验结果进行分析与再分析制定的。

规范条文中表 3.2.7—2 是将各种构件或连接基本形式和疲劳容许应力幅用图表联系在一起，便于使用。在采用本规定验算疲劳时，部件必须符合本表规定的加工质量与要求。

3.2.8 桥梁上不同荷载的机遇不同，因此，对各种荷载组合下应有不同的安全储备，采用的安全系数也理当有所区别，这反映在设计上，则对材料的容许应力会有所不同。对于主力作用下的安全系数要求高一些，对于附加力和特殊荷载则可以低一些，根据这一原则确定了以主力时的容许应力为基础。对于其他荷载组合时，将容许应力分别乘以不同的提高系数。

桥跨结构上出现最大制动力或最大风力的机会原已很少，而在竖向荷载作用下，产生最大内力时，最大制动力与最大风力同时出现的机会更少，故制动力不与风力组合。

主力 + 次应力 + 制动力（风力）组合时的容许应力提高系数采用 1.45，这样在荷载发展至容许应力增加 20% 时，上述荷载组合条件下计算的应力值虽有可能超过钢材的屈服强度，但考虑到次应力系按弹性受力阶段计算的，当应力超过弹性极限后已不符合实际情况而偏大，因此实际最大纤维应力将不致超过屈服点。在这种情况下，钢材的匀质系数未予考虑，但即使钢材屈服强度低于额定数值，或有其他不利因素时，导致最大纤维应力超过实际屈服强度，则也仅个别杆件端部截面出现局部流变，不致影响整个桥梁的安全。该条文是根据新修订的《铁路桥涵设计基本规范》设计荷载 4.1.1 规定修订的。

4.1.1 在通常的桥跨结构中，对钢梁整体来说，钉孔是很有限的，它对变形的计算结果影响很小。同时在钉孔比较集中的部位，又往往有拼接板等可以补偿，因此不考虑钉孔削弱的影响是与实际接近的。

4.2.1 强度验算的目的在于使构件的任何截面的计算应力都不超过容许应力。

对受拉杆件及梁的受拉翼缘，其计算面积均采用净截面积。由于铆接杆件的钉孔由铆钉杆填实，应能传递压力。高强度螺栓连接的杆件，则由于高强度螺栓的预拉力导致钢材侧面产生强大的压力，使栓孔断面处的局部屈服强度有所提高。同时，压杆强度一般受压溃强度控制，这与拉杆在净截面处破坏情况不同。因此铆栓结合的受压杆件及梁的压翼缘在强度计算中均不需扣孔，这样对中心压杆也就没有必要进行强度验算了。

强度计算中，受弯构件还规定需检算其换算应力，以考察在法向应力和剪应力共同作用时的情况。

强度计算公式均沿用习惯的计算公式。

4.2.2 梁或压弯杆所用的容许应力折减系数 φ_2 是按照弹性稳定理论，取其为沿梁弯矩图呈矩形的构件所推得的 M_{cr}，折合为压杆长细比 λ_e，再从规范条文中表 3.2.6 查用得到。按弹性稳定理论，其 M_{cr} 可写作：

$$M_{cr}=\frac{\pi}{l}\sqrt{EI_yGJ_D}\sqrt{1+\frac{\pi^2EI_y(h/2)^2}{l^2GJ_D}}$$

$$=\frac{\pi^2EI_yh}{2l^2}\sqrt{\frac{4GJ_Dl^2}{\pi^2EI_yh^2}+1}$$

式中 E，G——弹性模量及剪切弹性模量；

I_y——梁截面对弱轴（在弯矩作用面内的形心轴）的惯性矩；

J_D——截面抵抗自由扭转的常数；

l——构件按其受压翼缘支撑点间的距离计算的自由长度；在正常情况下，这一长度较短，而位于这一长度范围内的杆件弯矩图和矩形相近；

h——上下翼缘形心间的距离。

在用 I_x 表示截面对强轴的惯矩的情况下，受压翼缘形心处的法向应力 σ_{cr} 等于 $\frac{M_{cr}(h/2)}{I_x}$。再让 σ_{cr} 和一压杆的 $\sigma_{cr}=\pi^2E/\lambda_e^2$ 相等，就可将 λ_e 求出如下：

$$\sigma_{cr}=\frac{M_{cr}h}{2I_x}=\frac{\pi^2EI_yh^2}{4l^2I_x\beta^2}=\frac{\pi^2E}{\lambda_e^2}$$

$$\lambda_e=\frac{2\beta l}{h}\sqrt{\frac{I_x}{I_y}}=\frac{2\beta lr_x}{hr_y}\approx\alpha\frac{l}{h}\cdot\frac{r_x}{r_y}$$

。

式中 β^2——代表 M_{cr} 最后一式内的根式的倒数；

α——规范所列系数，等于 2β；若为焊接杆件，其每一翼缘往往是一块厚度较大的整板，这使 J_D 较大，上述根式将大于1，当 β 较小，今按 $\beta=0.9$ 来推算 α，得 $\alpha=1.8$；若为铆接杆，其每一翼缘往往由几块薄板组成，假使其各薄板间会发生少量的滑动，其 J_D 就应大幅度减小，为了安全，将 β 按1.0计，得 $\alpha=2$。

采用这一换算方法的假定是：存在于梁的 σ_{cr} 和 $\varphi_2[\sigma]$ 间的比值，是和存在于压杆的 σ_{cr} 和 $\varphi_1[\sigma]$ 间的比值相等。由于压杆是全截面受压，而梁只是部分截面受压，且梁的压应力最大值只在局部发生，这一假定在本质上就有偏于安全的一面。若梁（或压弯杆）在受压翼缘不设支撑，或支撑点较稀，则 l 较大，在 l 范围内的弯矩图就不会是矩形（其最大弯矩所占长度当小于 l 很显著），这里所引用的 M_{cr} 算式就低估了梁在总体失稳时所提供的抵抗力矩。对于中间不设支撑点的受弯杆，其两端往往不是简支，这也使 l 不应按其支点间全长计算。对于所说的这两种情况，规范条文中式（4.2.2—4）是保守的。在确有理论根据作阐明的条件下，可以放宽。

关于本规范式（4.2.2—3），这是一个交叉影响性质的公式，在用极限状态形式表达时，它是：

$$\frac{P}{P_A}+\frac{M}{(1-P/P_e)M_u}\leqslant 1.0$$

式中 P,M——同时作用于压弯杆的轴力和弯矩；

P_A——杆件只受压（不受弯）时的压溃荷载；

M_u——杆件只受弯（不受压）时所能承受的极限弯矩；若受稳定控制，其值是 $n_2\varphi_2[\sigma]W_m$；若稳定不控制，将是 $n_2[\sigma]W_m$（也可以列入 φ_2，但写明 $\varphi_2=1$）；n_2 代表验算受弯失稳所用的安全系数；

P_e——杆件在弯矩作用面内失稳时的欧拉荷载。

注：并不是欧拉荷载和这里的稳定问题发生联系，而是因为欧拉荷载内有 EI/l^2 这一乘数能代表杆件的弹性特性，引用 P_e 将可使弯矩扩大数写成式中的那种形式。

为了将上式改写成容许应力的算式，P 当用 n_1N 代替。M 今用 n_3M 代替，P_A 将写作 $n_1\varphi_1[\sigma]\times A_m$，$M_u$ 将写作 $n_2\varphi_2[\sigma]\times W_m$，$P_e$ 当写作 π^2EA/λ^2。这里的 N 和 M 是指由设计荷载所生的轴向力及弯矩，而 n_1 和 n_3 分别代表对 N 及 M 所应取的安全系数，由此可得下式：

$$\frac{N}{A_m}+\left(\frac{\varphi_1}{\mu\varphi_2}\right)\frac{M}{W_m}\leqslant\varphi_1[\sigma]$$

式中

$$\mu=\left(1-\frac{n_1N\lambda^2}{\pi^2EA_m}\right)\frac{n_2}{n_3}=\left(1-\frac{n_1N\lambda^2}{\pi^2EA_m}\right)m$$

当 M 由主力所生时，$n_3=1.7$，由附加力所生时，$n_3=1.4$，也就是 $n_3=n_2$，因此 $m=1$。

在本规范内钢结构在主力组合时，$n_1=n_2=n_3=1.7$；在主加附组合时，$n_1=n_2=n_3=1.4$。

对于仅通过翼缘连接的T形截面压杆，经试验表明系在偏心弯矩平面内丧失稳定，因此T形压杆的杆力将通过该截面的剪心；在分别由两块矩形截面板组合成的T形杆其剪心在翼缘与腹板交接处。根据这样确定的杆端偏心距的数值将远大于制定中心压杆容许应力值时所考虑的偶然偏心和初始弯曲值，因此不宜再把这类压杆作为中心压杆来检算其稳定性，而应按偏心压杆进行计算。

4.3.1　凡承受动荷载的结构构件或连接，应进行疲劳检算。疲劳荷载组合，应包括荷载中的恒载、活载、活载冲击力、离心力。活载发展系数是用在使设计的桥梁各部件在强度检算时，能承受的活载均匀，对疲劳损伤没关系。故在疲劳内力组合中，不考虑第9.0.6条的活载发展系数。

由于疲劳检算是计算桥梁在长期使用时间内的损伤累积，故冲击系数不使用TBJ 2—85及TBJ 2—96中第3.3.5条所规定的冲击值，这个冲击值是针对蒸汽机车在强度设计中制定的。疲劳检算应用运营冲击系数。根据研究，随着内燃、电力机车普遍使用，运营冲击系数就是以内燃、电力机车为动力的货物列车在桥梁上产生的动力冲击。其平均值与标准差的表达式为

平均值
$$\mu=0.033+\frac{0.600}{\sqrt{L}-0.2}$$

标准差
$$S=\frac{0.300}{\sqrt{L}-0.2}$$

计算结果和规范用于强度设计冲击公式计算结果的1/2基本相当，为便于设计人员使用，本疲劳检算的运营冲击系数简化为：$\mu=\frac{28/2}{40+L}=\frac{14}{40+L}$

上述规定适用于货车速度80 km/h的情况。当货物列车提速到120 km/h时，列车为内燃机车牵引。显然，由于内燃和电力机车没有锤击作用，动力作用相对平稳。从理论上讲，内燃机车应该存在一个与桥梁发生共振的临界速度，从根据已有试验数据得到的动力系数与速度关系规律看，120 km/h的列车运营速度尚未达到这个临界速度值，但从平均效果看，其在桥梁产生的动力系数是随速度的提高逐渐上升的。对有些跨度，内燃机车在120 km/h时的动力系数超过蒸汽机车临界速度时的冲击系数，说明原规范动力系数已经包不住120 km/h的情况。经过对桥梁模型的计算，将运营动力系数由 $\mu_f=\frac{14}{40+L}$ 调整到 $\mu_f=\frac{18}{40+L}$，能够满足120 km/h的要求。

4.3.2　双线系数

双线铁路钢桥的疲劳检算，要考虑双线列车同时作用的影响，乘以双线系数。研究双线系数包括研究两线列车在桥上相遇的概率，和相遇时损伤的计算方法。由于两列车在桥上的位置不同，在部件里产生的应力历程曲线不同，对部件产生的损伤也不同。用精确法计算工作量太大，本规定在分析中，假定两线列车的运营情况为彼此独立的两个事件，通过概率分析和数理统计并综合多种情况组合分析计算得出双线系数，见本规范表4.3.2。计算结果和实际情况接近。

4.3.3 双线铁路桥横梁及连接横梁的主桁挂杆的疲劳检算，也必须考虑双线影响。一线按最大活载，另一线考虑普通列车满布。

4.3.4 铁路纵梁与横梁布置在同一平面，纵梁与横梁用鱼形板连接，纵梁可以承受弯矩时，则纵梁跨中弯矩取 $0.85M_0$，支点弯矩取 $0.6M_0$，M_0 为按简支梁计算的跨中弯矩。这个弯矩系数是根据大量跨度 48 m 至 80 m 简支桁梁桥的检定试验结果拟定计算模式，进行理论分析，经概括简化后确定的。

4.3.5 本规范对疲劳强度的检算采用容许应力幅法。计算表达式反映出焊接构件逐渐代替铆接构件的现状。

钢桥有焊接部件，有非焊接部件。焊接部件中有很大的焊接残余应力，非焊接部件，如栓接接头有应力集中。焊接残余应力和应力集中对部件的疲劳均有影响，但由于焊接残余应力一般比应力集中大，所以影响程度不同。故在检算中分两种情况计算。

设部件承受最大荷载时应力为 σ_{max}，最小荷载时应力为 σ_{min}，拉为正，压为负。σ_{max} 及 σ_{min} 均为拉应力时，称部件承受拉拉应力；当 σ_{max} 是拉应力，σ_{min} 是压应力，称部件承受拉压应力；当 σ_{min} 是压应力，σ_{max} 也是压应力时，称部件承受压压应力。部件承受压压应力时，疲劳裂纹不扩展，不考虑疲劳。部件承受拉压应力时又分两种情况，一种是以拉为主的拉压应力，一种是以压为主的拉压应力。所以在疲劳检算时，先要根据部件是焊接部件还是非焊接部件，区分其为拉拉构件；以拉为主的拉压构件；以压为主的拉压构件。区分的办法是以应力比为依据，应力比 $\rho = \dfrac{\sigma_{min}}{\sigma_{max}}$，焊接构件 $\rho \geqslant 0$ 时为拉拉构件；$0 > \rho \geqslant -1$ 为以拉为主的拉压构件；$\rho < -1$ 为以压为主的拉压构件。焊接构件的拉拉构件或以拉为主的拉压构件，疲劳破坏是应力幅 $\Delta\sigma = \sigma_{max} - \sigma_{min}$ 控制。焊接构件以压为主的拉压构件是应力比与最大应力控制。非焊接构件 $\rho \geqslant 0$ 时为拉拉构件；$\rho < 0$ 时为拉压构件。非焊接构件的拉拉构件，疲劳破坏为应力幅控制，拉压构件不分以拉为主或以压为主，疲劳都是应力比和最大应力控制。

本规范在疲劳作用计算时，增加双线系数和损伤修正系数。

双线系数 r_d 在本规范 4.3.2 条文说明中已介绍。

原规范确定的疲劳损伤修正系数主要依据货车最高速度80 km/h、年运量大于 3 000 万 t 的标准荷载比频谱，共计日开行疲劳列车 97 列，其中货车 70 列，客车 27 列。如果仅增加列车速度，则标准荷载效应比频谱不变，变化的是年运量。原疲劳条文的年运量目标值为 6 000 万 t，当速度提高到 120 km/h 后，区间平均间隔时间将可缩短到 9.9 min 。这时日可开行 145 列列车，以相同比例计，将包括 105 辆货车，40 列客车。因此车速增加使货车年运量也增加，年运量目标值可达到 9 000 万 t。从而使疲劳损伤增加 K 倍。K 由公式 $K = \sqrt[m]{\dfrac{9\ 000}{6\ 000}}$ 确定。对各种构造细节进行增加运量后的损伤计算，为设计简便，将其与损伤修正系数合并考虑。得出满足时速 120 km/h 的运营损伤修正系数。计算结果表明，影响线长度 8 m 以上的钢梁构件或桥梁，在考虑因速度增加导致年运量增加而产生的疲劳损伤时，采用原设计参数尚可以满足需要。因此仅对原条文中计算影响线为 8 m、5 m 和 4 m 的参数予以修改。

本规范在疲劳抗力计算时，增加有板厚修正系数和应力比修正系数。应力比修正系数是用于最大应力与应力比控制的构件。

板厚修正系数 r_t，厚板和薄板比较，厚板的材质及焊接、制造工艺有许多比较难保证的因素，对疲劳强度将产生下降的影响，板厚修正系数是厚板与薄板相比，在材质及工艺方面的总体反映。

应力比修正系数 r_p 在疲劳最大应力控制的试验中，由于最大应力和最小应力不同，即试验时应力比$\left(\rho=\dfrac{\sigma_{min}}{\sigma_{max}}\right)$及平均应力$\left(\dfrac{\sigma_{max}+\sigma_{min}}{2}\right)$不同，相同循环次数能承受的 σ_{max} 不同。设计中容许应力幅是用 $\rho=0$ 时 σ_0 表示，故在最大应力控制时，应将 σ_0 乘以不同 ρ 的应力比修正系数 r_p。r_p 与旧规范中的$\dfrac{1}{1-0.6\rho}$的意义相同。本规定系将原始试验数据进行归纳列表给出，较旧规范更准确，更便于使用。本规范还对 $l=64$ m 简支钢桁梁进行有代表性的疲劳检算，结果如说明表 4.3.5。

说明表 4.3.5　验算比较（实际应力/容许应力）

名　称	受拉杆件 E_2E_4	受拉压杆 A_3E_4	吊　杆 A_3E_3	纵　梁	纵梁的鱼形板连接	横　梁
TBJ 2—85	88%	53%	59.1%	103.5%	108% * 124% Δ	105%
本规范	92%	60%	54% （60%）	114%	125%	101% （117%）

注：1　* 按 1975 年《铁路工程技术规范（第二篇）· 桥涵》计算值。
2　Δ 按《铁路桥涵设计规范》（TBJ 2—85）计算值。
3　括弧中数值系将 L=16 m 的损伤修正系数由 1.0 增改为 1.1 的计算结果。

从上表中可以看出，本规范制定的疲劳检算公式是偏于安全的。

5.1.1

（1）弦杆在主桁平面内的计算长度

在计算受压弦杆稳定时，若作一些偏于安全的假定：①略去腹杆对弦杆的约束影响；②假定相邻的受压弦杆和检算的受压弦杆同时到达压溃临界状态。这样，在桁架平面内就可把弦杆的两端看成是支承在不沉陷的支座上，并在支座上可以自由转动的杆件。这种弦杆在桁架平面内的稳定，实际上与各弦杆在节点处互相铰接的情况相同。因此计算时可将其几何长度作为计算长度。

在连续桁梁中反弯点附近相邻两弦杆中有一根受压而另一根受拉，当受拉弦杆应力未达屈服点时，可对相邻的受压弦杆起约束作用，这一有利因素规范未考虑。

（2）腹杆在桁架平面内的计算长度

由于节点板的刚性及弦杆对腹杆的约束作用，腹杆在桁架平面内的计算长度一般将小于几何长度，现仍按原规定：中间腹杆采用 $0.8l_0$；端斜杆及端立杆由于仅一端与一根受拉弦杆相连接，当弦杆应力较高时，对端斜杆的约束作用稍小，因此采用 $0.9l_0$。

（3）相交或交叉腹杆在主桁平面内的计算长度

多根腹杆交会在一起时，由于其交会的情况不同，对所计算腹杆的计算长度的影响也不相同。所以规范将腹杆的交会情况区分为交叉和相交（如说明图 5.1.1 所示）。

当腹杆一端与受压弦杆铰接，另端与受拉弦杆刚接并在中部与一腹杆相交时，受拉弦杆对这腹杆所起的约束作用并不大。因此，该腹杆计算长度是按相交点至杆端较长的一段取值。

(4)弦杆和腹杆在桁架平面外的计算长度

当杆件两端在桁架平面外均设有刚度足够的支撑系,并略去与其相连的其他杆件(包括节点板)的任何约束影响时,两端可看做是铰接,所以其计算长度可采用几何长度。

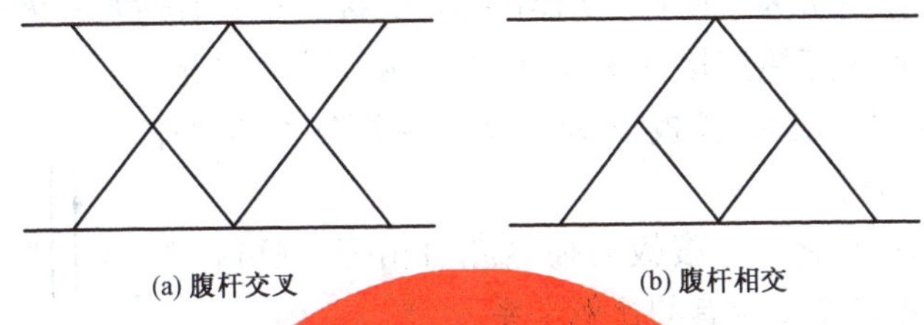

说明图 5.1.1

(5)交叉腹杆在桁架平面外的计算长度

压杆与拉杆交叉,当拉杆应力较小,则压杆在丧失稳定时较相交腹杆应力为零的情况为好,因此在这种情况下,该受压腹杆可偏安全地视作两端铰接。若与之交叉杆拉力为零,则可视为弹性支承推求压杆计算长度的折减系数。

当交叉腹杆的惯矩及几何长度相同时,无论是具有一个或两个交叉的受压腹杆,如果相交各杆件都是贯通的(即采用全部惯矩在交会处相连),则它在桁架平面外的计算长度折减系数均为0.7左右。但若在交点处各杆件不贯通或不采用全部惯矩相连,则受压腹杆的计算长度,将有可能大于规范规定的计算长度。

5.2.1 为了提高受拉杆件自振频率,防止发生低风速涡振,根据频率公式:

$$f_y = \frac{C}{\lambda l}\sqrt{1 + \frac{P_0}{P_{cr}}}$$

式中 C——常数;

λ——长细比;

l——杆件长度。

可以看出,对受拉杆件,限制 λ 的同时,还要限制 l,具体参见“九江长江大桥总结”第169页叙述。由于已建成的桥梁在使用过程存在一些刚度偏弱的问题,为了适应列车提速的需要,加强桥梁的联结系刚度,增加安全储备,修订了纵向联结系杆件的长细比,将纵向联结系杆件的长细比规定由原130提高为:单线110、双线130。

5.2.3 在桁梁中,为了减少压杆的计算长度,需加设一些杆件,为了使这些杆件能对压杆起到支撑作用,其刚度及强度均不应太小,参考有关规范,规定这些杆件应以该压杆内力的3%为抗力进行检算。

5.3.1 钢梁各部分钢板厚度,除应考虑在长期运营过程中会有锈蚀现象外,同时还应具有一定的刚性,以便制造和运输。故根据受力情况,规定主要受力的杆件及节点板均不小于10 mm,联结系等次要部件也不小于10 mm。

挂杆受力比较复杂,国内实测结果表明应力分布很不均匀,在历史上,有一些两端用长列铆钉连于节点板的挂杆曾在其上端头排铆钉处的净截面发生过开裂。参考这些经验,故规定其翼板厚度不小于12 mm。

规定跨度≥16 m的焊接板梁腹板厚度不小于12 mm,是为了减少焊接变形,且有益于提高腹板局部稳定。

5.3.2 主桁杆件腹板一般不与节点板直接相连,杆力靠翼板间接传递效果较差,根据国内一些实测资料，H 形杆件腹板平均应力有低于翼板平均应力的现象，个别实测资料表明：腹板应力与翼板平均应力之比，在节点附近只达 75% ~82%，在杆件中部也仅 88% 左右。国外试验结果证明，未被直接连接的腹板效率随着接头的长度而异；较短的接头将使腹板不能全部发挥作用。为了使杆件均匀受力，除接头布置有适当长度外，杆件截面主要应布置在与主桁节点板直接连接的翼板上，以改善其受力情况。

但当 H 形杆件截面很大，翼板很厚时，为了保证杆件的整体作用，腹板也不宜过薄。

若假定翼板的临界应力与腹板的临界应力相等，则可推算出腹板厚度 t 与翼板厚度 δ 应有的比例关系。

翼板的临界应力 $\sigma_1=\dfrac{\pi^2 E}{12(1-\mu^2)}\left(\dfrac{\delta}{b/2}\right)^2 k_1$

腹板的临界应力 $\sigma_2=\dfrac{\pi^2 E}{12(1-\mu^2)}\left(\dfrac{t}{d'}\right)^2 k_2$

式中符号的意义如说明图 5.3.2 所示。

说明图 5.3.2

取 $k_1=0.425$（一端简支、一端自由）和 $k_2=4.0$（两端简支），代入上式化简后，得 $t/\delta=0.65d'/b$。

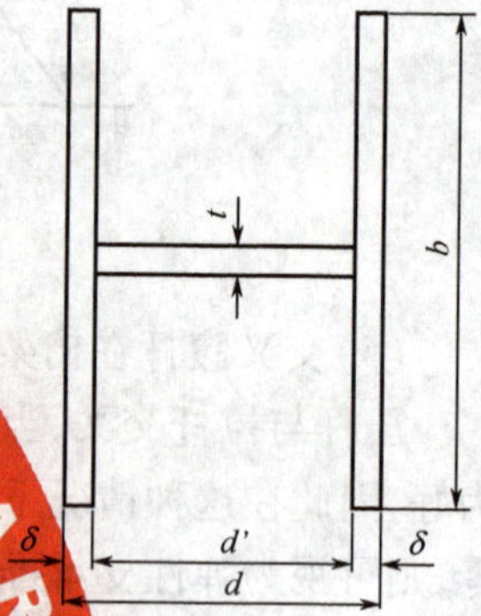

现按一般桥梁焊接杆件尺寸 d 及 b 定出 t/δ，见说明表 5.3.2。

说明表　5.3.2

δ		d	d'	b	t/δ	
					计　算	采　用
<25	20 24	460 460	420 412	480 500	0.57 0.54	0.6
≥25	25 32	460 600	410 536	600 760	0.44 0.46	0.5

在特大跨度桥，d'/b 有时在 0.6 左右，t/δ 将可降为 0.4。

5.3.3　本条文采用了铁科院研究成果。

详见余振生“铁路钢桥压杆承载力参数的制定”一文。

5.3.4　自从桥梁钢结构引入焊接技术后，桥梁断裂破坏事故屡有发生。德国的 Zoo 桥，1936 年完工后仅 6 个月，气温 -10 ℃时发生脆性破坏。比利时的 Hasselt 桥，全焊空腹桁梁，跨度 200 英尺，完工后 14 个月的 1938 年 3 月 14 日，由于气温下降，引起脆性破坏遭坠毁。美国的 Point Pleasant 桥，中跨跨径 210 m 上弦为眼杆的吊桥，在 1967 年冬天的一个傍晚，突然间，中间一跨弹跳起来，把 75 辆汽车抛入天空，飞坠河中，钢梁随之塌落下来，事故中 46 人死亡，9 人受伤。美国的 Fremount 桥，1972 年 12 月份在架设过程中，箱形截面的拱肋上翼缘与下翼缘交汇处发生 89 mm 长的裂缝，发展到腹板而破坏，导致伸臂孔落入河中。在日本、加拿大、英国、德国等国类似情况时有报导。及至 1995 年南韩的圣水桥，由于厚薄板对接过渡区没有处理好，而遭坠毁，其他行业的焊接钢结构，也同样存在脆性破坏。

断裂力学的发展和应用，是由于人们付出了惨重的代价之后进行了艰苦的探索和辛勤的劳动，在大量试验研究的基础上取得的成果。有关防断设计反映在桥梁设计规范中有英、美、日三国（英国的 BS5400 和美国的 AASHTO、AREA，日本的国铁建造物设计标准解说)。

我国将断裂力学引入桥梁钢结构始于九江长江大桥的建设,随后在桥梁设计规范的修订及芜湖长江大桥的建设,对 16Mnq 及 14MnNbq,均列入专题进行研究,取得了可喜的成就。该工作由大桥局归口,委托 725 研究所完成。16Mnq 钢完成了 10 个批号近 140 块大型深缺口宽板系列温度断裂试验、系列温度夏比冲击和落锤试验,并且其科研成果于 1993 年通过了铁道部科技司、建设司的鉴定。14MnNbq 钢进行了 5 个厚度规格 10 组基体 10 组焊缝共计 108 块深缺口宽板系列温度断裂试验和 5 个厚度规格共计 970 个试样的系列温度冲击试验,其科研成果于 2001 年 7 月通过了国家科委的鉴定。15MnVNq 钢的断裂韧性试验其试验料是由山海关桥梁厂提供的 15MnVNq—C 钢,板厚为 40 mm 和 56 mm,分别对基材和焊缝进行了一系列断裂力学的试验。九江长江大桥的 15MnVNq 钢的大板试验等有关断裂韧性方面的试验资料详见《九江长江大桥技术总结》。在本次规范修订时,综合了以上一系列试验研究成果,并结合国标 GB/T 714—2000 制定的。

研究思路见框图

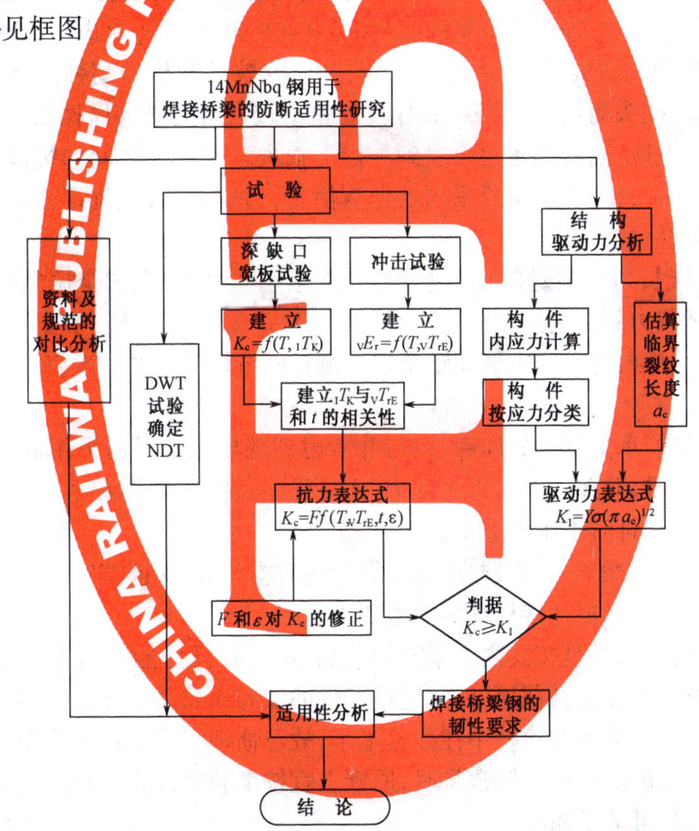

(1)结构基材及其焊缝的断裂力抗力通过深缺口宽板拉伸试验测定断裂韧性

$$K_c=f(T,{}_IT_k)$$

(2)又将结构基材及其焊缝通过 V 形缺口试验测定的冲击韧性值,建立

$${}_vE_r=f(\mathrm{T},{}_vT_{rE})$$

(3)通过宽板试验的 K_c 和冲击试验的${}_vE_r$,建立特征温度的关系式,从而把宽板试验的 K_c 值表示为温度 T,材料冶金因素${}_vT_{rE}$,加载速率 ε,板厚 t 和裂纹尖锐度修正系数 F 等影响因素在内的结构材料抗断能力函数:

$$K_c=F\cdot f(T,{}_vT_{rE},,\varepsilon,t)$$

(4)杆件内应力 σ,临界裂纹尺寸 a_c,结构几何因素 Y,则可建立结构断裂驱动力,其表达式为

$$K_1 = Y\sigma\sqrt{\pi a_c}$$

由断裂力学判据 $K_1 \leqslant K_c$,据此就能确定结构在各种环境条件下防断安全运行所需要的材料最低断裂韧性要求。

美、英、日三国的规范对钢材及焊接接头的缺口韧性都提出具体的缺口冲击韧性的要求,美国规范还明确规定:未列入规定的缺口韧性要求,由有资格的工程师认可。

5.3.5 根据结构的受力特点,考虑受压非断裂构件的实际情况,避免部分钢材采用厚板时由于焊接工艺引起的层状撕裂,规定了部分钢材的使用厚度。

6.1.2 抗滑型高强度螺栓连接的接头,当螺栓排数较多时,其力的分布很不均匀,与计算中按每个螺栓均匀受力的假定有较大的出入。经试验表明螺栓多于6排时,即使排数再增加,但螺栓群端(末)排螺栓所受的力总要占到外力的30%左右。当该值大于端(末)排螺栓的抗滑移极限时,即由螺栓群的端(末)排向中间各排螺栓进行力的重分布,即所谓"解扣滑移"现象。在大桥工程局及铁道科学研究院的摩擦型高强度螺栓的动力试验中,发现多排螺栓接头的端(末)两排螺栓反复错动较大时会破坏摩擦面,引起表面磨损,直接影响抗滑移系数,同时预紧力也受到一定的损失。因此板层间的抗滑移系数和预紧力都有了改变,已不再是设计中所采用的计算值了,为安全计,该排螺栓不宜计入有效数量中而应另行增补。

详见方秦汉《长列摩擦型高强度螺栓接头极限承载力》一文和余振生《摩擦型高强度螺栓接头极限承载力的研究》一文。

6.1.4 高强度螺栓或铆钉的容许间距是根据铆钉的特性确定的。现仍沿用1975年规范的规定。

6.1.5 为使钉群能承受意外的局部弯矩,并考虑到现场施铆时需采用冲钉定位,螺栓临时固定,特规定一排铆钉时,钉不少于3个;而高强度螺栓因在安装时,不需要采用安装螺栓固定,故规定其一排时不少于2个。

6.1.7 为适应荷载发展的需要,避免造成结构的薄弱环节,保证其安全耐久,要求主桁杆件的连接强度不应低于被连接杆件的承载能力。

有些桁梁的腹杆,不是按其内力来选择截面,这些杆件可能是由于受长细比控制,或者为简化杆件类别来确定其截面,以致这种杆件的实有承载力比计算杆力高出较多,而其截面在同一桁架的同类型的腹杆中往往属最小,故习惯把它称为最小截面控制杆件,以示区别。这种杆件在确定其连接钉数量时,原则上宜按承载力计算,但若按承载能力计算所需栓、钉数量过多,可酌予缩减。

在计算双线桁梁疲劳控制的腹杆连接栓、钉数量时,除按疲劳强度设计外,还应满足该杆件在双线荷载条件下的承载能力要求。

对于板梁腹板拼接的栓(钉)数量:跨度不大的板梁,腹板厚度较薄,而拼接板由于受最小板厚的限制,拼接板强度往往较板梁腹板为大,此时,将拼接处的连接钉按拼接板的抗剪强度来设计,并无必要。而规定应按弯矩和剪力的合力检算栓(钉)群最远处栓(钉)的强度。规范中的规定,对于弯矩来讲,按腹板的全强考虑;对剪力来讲,按拼接所在位置产生的最大剪力考虑。而一般产生最大弯矩和最大剪力的荷载位置不是一致的,按此规定偏于安全。

6.1.8 杆件的肢与节点板偏心连接,且这些肢在连接范围内无缀板相联系,或杆件的肢仅有一面有拼接板时,则栓、钉除受剪外,还承受附加弯矩,故规定栓、钉数量增加10%。

铆接杆件截面的个别部分不直接连接者,铆钉需承受附加弯矩,故数量应予增加;栓接杆件依靠板层间摩擦力传递杆力,不存在高强度螺栓杆受弯的问题,故其数量不必增加。

6.1.9 铆接结构中的铆钉,要求在施铆时钉杆能紧密地填充各板层的钉孔,并具相当大的握紧力。这样的要求,只有钉长在一定限度内才有可能。当铆合厚度过大,要使连接的铆钉完全密实地填充各板层钉孔是比较困难的,因此规范对最大铆合厚度作了限制。当超过规定厚度时,为了不致因某些铆钉填充不满、铆合不紧而影响结构的连接强度起见,所以规定应增加铆钉数量。

6.1.10 钢销的受力状态与应力分布都很复杂,在实用计算上,常采用近似的方法,即按材料力学中受弯构件的计算方法,把销作为简支梁,以各被连接构件的内力作为集中力,作用于销接触的束板中心线上,计算钢销的弯应力、剪应力和孔壁承压应力,使之小于各自的容许应力。

配合上述的近似计算,确定了本规范第3.2.1条规定的有关容许应力值。

6.1.11 本条关于眼杆销孔各部尺寸的一些规定,都是根据实验数据确定的。

6.2.1 对于主要杆件,间断焊接、塞焊和槽焊后,会造成残余应力大,应力集中,抗疲劳性能差,故不得使用。

6.2.2 为避免桥梁上重要构件内力的偏心传递,以及考虑疲劳的影响,对于桁梁杆件、板梁翼缘和腹板在接宽或接长时应采用对接焊缝,而不应采用贴角焊缝。

当焊缝强度与基材相当时,欲保证对接焊缝的静力强度不低于基材及使焊缝匀顺过渡,则需要求对接焊缝厚度不小于所连板中较薄者的厚度。

对接焊中,采用双面施焊可使焊缝面积较单面施焊时小,且焊后的凸凹变形较易控制。对于较薄的钢板和双面施焊有困难时,必须将焊缝根部完全焊透,以保证焊缝的强度和疲劳强度。对于在外力作用下,承受拉应力或反复应力时,焊缝表面的平整程度也将直接影响构件的疲劳强度,因此焊缝表面应磨平加工。

对于不同板厚或板宽的对接接头,为了减少该处的应力集中,使应力传递比较匀顺,厚板、宽板在端部应刨削加工成斜坡,必要时并采用适当形状的坡口,且焊后的焊缝表面,亦须按规定的坡度磨平加工,匀顺过渡。

6.2.4 桥梁中主要构件的对接焊缝和角焊缝均采用埋弧自动焊。进行这种焊接时,两端设有引弧板,因此焊缝长度不予折减。手工焊的起熄弧均在构件上,在起熄弧处,焊缝金属断面不完全,因此这两部分不应计入焊缝的计算长度。必须强调的是:起熄弧处均不许存在弧坑等缺陷,且该处的焊缝截面均应尽可能堆填丰满。

纵向搭接侧面角焊缝的应力分布是不均匀的,焊缝越长,不均匀现象越显著。因此,对计算长度给予此项限制。

6.2.6 在T形接头中,若采用单侧角焊缝,当外力作用时,角焊缝承受弯矩(如说明图6.2.6—1),在其根部引起应力集中,对横向变形的抵抗很弱,因此不应布置这种形式的焊缝。但是,像桁梁的箱形杆件截面隅角处的角焊缝,由于有抵抗横向变形的构造(设有横隔板)因此可以采用单侧角焊缝(如说明图6.2.6—2)。

6.2.8 在钢桥构件中,有些角焊缝按计算要求所需焊缝尺寸甚小,而过小的焊缝线能量小，不易保证一定的熔深，且冷却速度较快，易使焊缝及热影响区钢材硬化，产生裂纹。因此，这些焊缝应按施焊工艺上的要求，增大其焊缝截面尺寸，见本规范第 6.2.8 条条文中表6.2.8 的规定。

角焊缝的长度太短，焊缝冷却速度快，容易产生焊接缺陷，因此，参照有关资料，对焊缝的最小长度也作出规定。

说明图　6.2.6—1　　说明图　6.2.6—2

7.1.1　根据已建桥梁运营时桥面系产生的问题，为了避免新建桥梁发生类似的问题，修订了钢桥桥面系的规定。明确规定了桥枕与纵（板）梁应采用可靠的连接方式，不应采用钩头螺栓连接。

7.1.3　纵梁和横梁腹板间的连接，曾采用过一块板焊于纵梁腹板端与横梁腹板相连，这种结构刚度较大，是导致纵梁端切角处应力较高翼缘焊缝出现裂纹的原因之一。而且这种细节对纵梁安装和更换也不方便，因此规范建议纵横梁腹板之间采用角钢连接。

纵梁与横梁连接的强度按纵梁支点处力矩和反力确定，纵梁支点负弯矩的大小与支点柔度有关。现仍按 1975 年规范的规定，支点弯矩近似按简支梁跨中弯矩的 60% 计算。

由于纵梁的连续作用，纵梁实际反力一般较按简支梁计算值大 10% 左右，故连接纵横梁的竖角钢肢上的钉、栓数量均应按简支反力增大 10% 计算。

纵梁端不设承受支点力矩的结构时，连接柔性将减小梁端弯矩，减少与横梁腹板相连接角钢肢被撕裂、铆钉头被拉脱的危险，同时也能改善连接处横梁腹板的受力状态。为此，美国铁路桥规范规定：

（1）该处连接应采用角钢，且该角钢的柔性肢不得使用焊接来连接横梁腹板。

（2）该角钢的柔性肢的宽度不得小于 101.6 mm，厚度不得小于 12.7 mm。

（3）纵梁连接角钢柔性肢在顶部 1/3 梁高范围内栓（钉）线至角钢背间距不得小于 $\sqrt{Lt/8}$（以 mm 计），其中 L = 纵梁跨长（以 mm 计），t = 角钢柔性肢厚度（以 mm 计）。这些规定可供设计借鉴。

7.1.4　计算横梁与主梁连接时，由于纵梁的连续作用而引起反力增大，因此规定横梁连接角钢上的连接栓（钉）数量应按计算增加 10% 。

横梁系弹性固定于主桁上，当梁端不设能承受端弯矩的构造时，横梁连接角钢上的连接栓（钉），除承受横梁反力外，尚需承受梁端弯矩。此时在与主桁连接的角钢肢上，铆钉受剪受拔，栓接的抗滑力也有所降低。因此栓（钉）数量需要增加，故规定单线简支梁按支点反力增大 20% 计算栓（钉）数量。

7.1.5　当横梁作为框架（或半框架）的一部分时，横梁支点处弯矩有时较大，以致需按此弯矩检算横梁端部连接强度。按附录 B 检算半穿梁的半框架时，横向抗力同时使横梁跨中弯矩增加。

横梁兼作支承处横联支杆时，如说明图 7.1.5 所示，由于竖杆杆力有时较大，竖杆变形影响下的横联斜杆力也较大，横联斜杆对横梁的偏心连接，有时会使横梁跨中弯矩超载较多，这种不利影响应在设计中予以考虑。

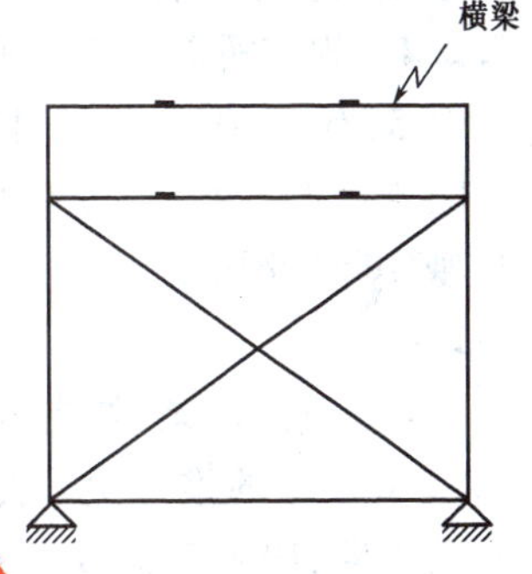

说明图 7.1.5

横梁兼作平纵联支杆时，平纵联对横梁连接的偏心影响，对横梁跨中弯矩一般起卸载作用，但在连续梁的支点附近会使横梁跨中弯矩有所增大，这种影响设计时应予注意。

7.1.6 由于纵横梁与主桁共同作用的大小与结构形式关系较大，目前尚无适合各种桥梁的成熟公式可资应用，因此在规范中仅对计算假定作出规定，以便在需要检算时，根据上述假定，按照桥跨结构具体情况进行计算。

单线简支桁梁可按附录 C 所列方法进行近似计算。在按该法计算时，由于纵梁在竖平面的弯矩规定按简支计算，本已偏大，而一般在计算与主桁弦杆(主梁翼缘)共同作用时，两者产生最大应力的荷载位置并不一致，为简化计，往往又将此予以忽略，两者累积起来，以致使计算结果偏大，故纵梁容许应力规定可乘以提高系数 1.2。计算横梁在竖直荷载及水平面内挠曲共同作用时，横梁容许应力仍按 1975 年规范规定 $\sigma_w = 1.7C[\sigma_w]$。其所以规定这样高的容许应力，主要是由于计算方法的不准确，例如在计算中对产生两平面内最大挠曲应力的竖向荷载位置不一致，栓、钉及连接构件的变形，弦杆及纵横梁截面的形心线不在同一高程。因此计算结果将比实际应力偏大。

按目前国内已有的一般铁路桁梁，如主桁与桥面系用同一钢种而其连续长度不超过 80 m 时，纵横梁一般不受共同作用控制，因此为简化计算起见，规定凡符合上述情况时，可不检算共同作用。

桥跨的平面纵向联结系若与纵梁直接联接，则纵梁所受共同作用影响增大，故不宜采用。

7.2.1 为保证结构的整体稳定及传递水平力，钢梁应设置上、下平面纵向联结系。

由于已建成的桥梁在使用过程存在一些刚度偏弱的问题，为了适应列车提速的需要，加强桥梁的联结系刚度，增加安全储备。规定了纵向联结系杆件宜采用工形截面。

主桁(主梁)采用三角形纵向联结系中，当纵联参加主桁弦杆(主桁翼缘)共同作用时，主桁弦杆(主梁翼缘)受横梁的约束，导致主桁弦杆(主梁翼缘)承受较大的次应力，故不应采用。

7.2.2 近几年来国内通过理论分析，发现下承式钢桁梁的横向刚度主要依靠足够的桁宽和刚劲的桥门。由于已建成的桥梁在使用过程存在一些横向刚度偏弱的问题，为了适应列车提速的需要，除设置加强的桥门架外，有必要设置加强的横向联结系。

纵梁的横向联结系与纵梁上下翼缘连接，是为了改善其受力情况。武汉长江大桥及浪江桥过去曾因横向联结系不与纵梁下翼缘连接，结果与联结系相联的纵梁腹板下部或加劲角下端曾出现裂缝。改善细节构造后的上述二桥以及其他按此细节新设计的钢梁，都没有在横向联结系与纵梁上下翼缘相连的结构中出现问题，因此将这一细节构造列入规范。

在焊接板梁中,若将横向联结系焊连于腹板加劲肋上(说明图 7.2.2)。由桥枕传至主梁翼缘的水平力对横向联结系的偏心影响,应在主梁及横联杆件的设计中予以考虑。

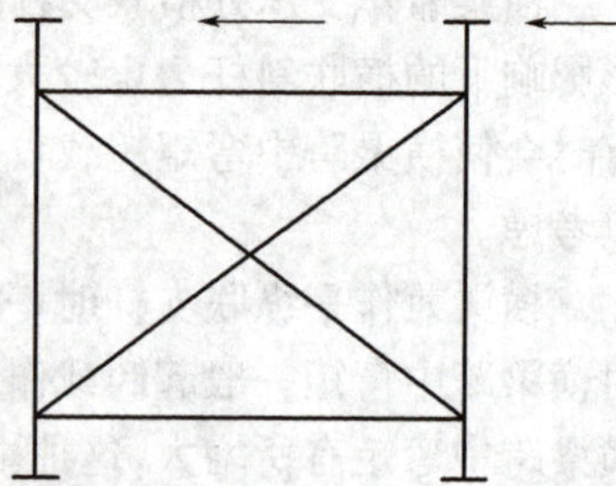

说明图 7.2.2

7.2.4 规定桥面系所在平联的主桁风力分配系数为0.5,有时偏小些,但桥面系风力分配系数为1.0,则稍偏大些,经过它们互相调剂后,基本上能反映实际情况。

7.2.6

(1)规范条文中的式(7.2.6—1)~式(7.2.6—6)的推导见《铁路标准设计通讯》1965年第1期,1966年第6期和1979年第7期。

(2)主桁(主梁)的纵向联结系采用T形截面杆件时,如以翼缘与主桁弦杆(主梁翼缘)连接,则在其参与主桁弦杆(主梁翼缘)共同作用之中,由于连接肢受偏心弯矩影响,所产生的变形在公式中未加考虑,这使按规范条文中式(7.2.6—1)和式(7.2.6—2)计得的T形纵向联结系的共同作用力偏大较多,因此在计算该联结系时,可不另计该杆件所受的偏心联结影响。

7.2.7 桁架左右两受压弦杆与纵向联结系组成的其长为弦杆受压区长度的组合受压结构,如果纵向联结系平面内具有初弯曲,则会由于弦杆轴向力在组合的受压结构中产生结构面内的剪力。因此,规定以两弦杆内力之和的3%作为节间剪力来计算纵向联结系斜杆的内力,予以检算。

7.2.8 如说明图7.2.8所示的菱形式联结系。若将AB一段弦杆或翼缘视作在A、B两处固定的梁,则在撑杆内力 N_p 作用下,联结系与弦杆或翼缘联结的节点处的计算弯矩 $M=\pm\frac{N_p\cdot 2d}{8}=\pm\frac{N_p d}{4}$。弦杆(或翼缘)在此附加弯矩下产生次应力,检算时容许应力提高20%。由于在节间中段 $d/3$ 范围内弯矩仅为上述的1/3,通常不致使弦杆(或翼缘)失稳,故规范规定该力矩不在稳定检算中考虑。

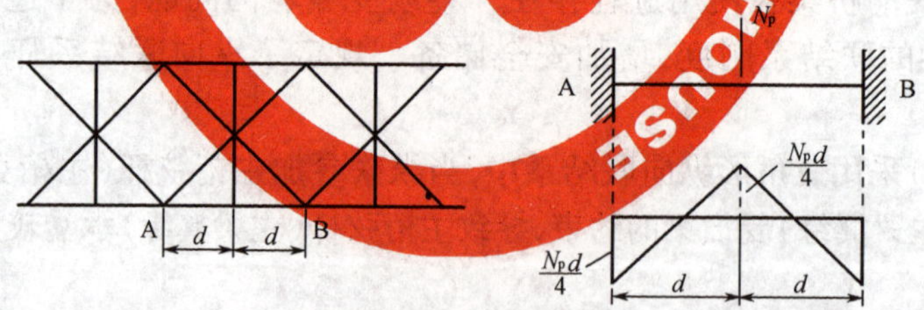

说明图 7.2.8

7.2.9 除短桥制动力可通过轨道传至桥头路基外,在有明桥面的钢桥中,如无制动联结系,则列车制动力(当桥上铺设长钢轨时,还有长钢轨纵向荷载)将主要地经过横梁传至主桁(梁)上,使横梁产生水平弯曲应力,另外横梁还要承受与主桁(梁)共同作用而引起的水平弯曲应力,这样横梁受力过大。为改善横梁受力情况,可根据计算需要,设置纵梁活动支承及制动联结系。考虑到经济和简化结构起见,并使纵横梁的附加应力不致过高,故规定跨度大于48 m的钢梁,应设置制动联结系。制动联结系通常设于跨度中部或纵向活动支承(断缝)的中部,这样一般可使其两侧纵梁在参与主桁弦杆共同作用时影响减小。

铺设长钢轨的桥跨结构应根据桥跨结构的特点和长钢轨的布置方案及其锁定方式来确定各种长钢轨纵向荷载作用下的检算内容。长钢轨纵向荷载有温度力、伸缩力、挠曲力和断轨力等,其计算方法参见铁道部科学研究院编的《桥上无缝线路设计办法》及《桥上无缝线路设计办法附录》。在铁路钢桥上,长钢轨纵向荷载对桥跨构件的影响,主要检算制动架,其他杆件受力均甚小,不必检算。

7.2.10 当桥门架的门楣为桁架,而其中各杆件仅受轴向力时,假定说明图 7.2.10 中 EFCD 产生位移,但该部分填充杆件的长度不变,E、C 两点及 D、F 两点移动后,仍各自在一条垂直线上,取右半肢为自由体,则 F 点的转角为

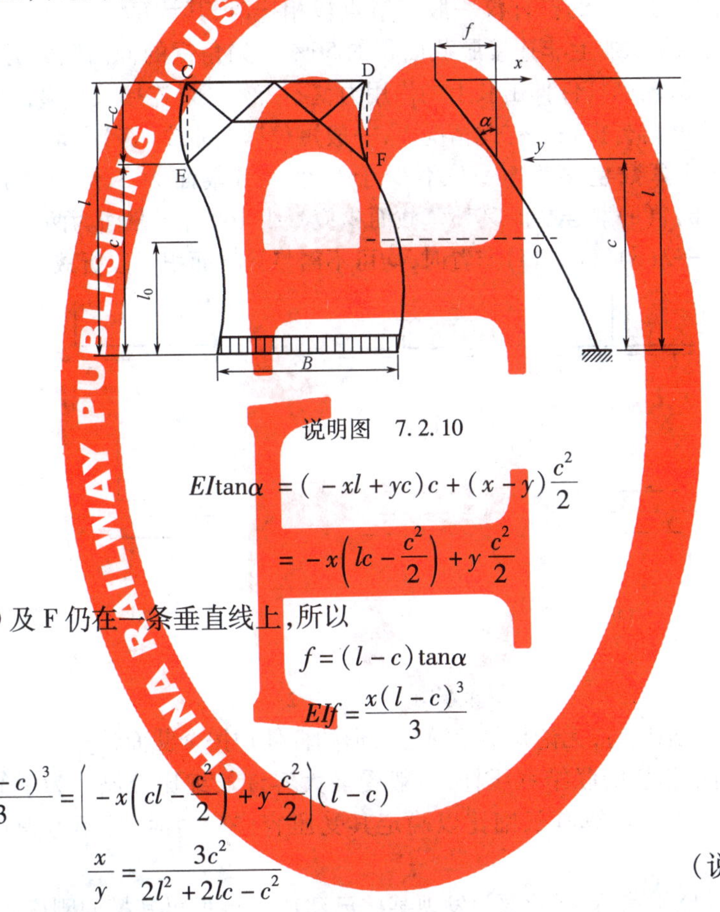

说明图 7.2.10

$$EI\tan\alpha=(-xl+yc)c+(x-y)\frac{c^2}{2}$$

$$=-x\left(lc-\frac{c^2}{2}\right)+y\frac{c^2}{2}$$

因为 D 及 F 仍在一条垂直线上,所以

$$f=(l-c)\tan\alpha$$

但

$$EIf=\frac{x(l-c)^3}{3}$$

故

$$\frac{x(l-c)^3}{3}=\left[-x\left(cl-\frac{c^2}{2}\right)+y\frac{c^2}{2}\right](l-c)$$

由此得

$$\frac{x}{y}=\frac{3c^2}{2l^2+2lc-c^2} \qquad \text{(说明 7.2.10—1)}$$

在反弯点处力矩为零,即

$$x(l-l_0)-y(c-l_0)=0$$

得

$$\frac{x}{y}=\frac{c-l_0}{l-l_0} \qquad \text{(说明 7.2.10—2)}$$

解式(说明 7.2.10—1)和式(说明 7.2.10—2),得

$$\frac{3c^2}{2l^2+2lc-c^2}=\frac{c-l_0}{l-l_0}$$

$$l_0=\frac{c}{2}\times\frac{2l^2-lc-c^2}{l^2+lc-2c^2}$$

$$= \frac{c\ (l+c)(l-c)+l(l-c)}{2\ (l+c)(l-c)+c(l-c)}$$

$$= \frac{c}{2} \times \frac{(c+2l)}{(2c+l)}$$

7.2.11　单个角钢的连接(说明图 7.2.11—1),由于连接板中心和杆件截面重心不在一条线上,产生了由连接板中心轴和角钢中心轴的偏心所引起的弯矩。

说明图　7.2.11—1

由于角钢承受了偏心弯矩,因此它所能抵抗的轴向应力仅为材料强度的 70% ~80% ,这折减即是因偏心产生,因此它和非连接肢与连接肢的宽度比值有关,比值越大,偏心亦越大,强度折减也越多。所以单个角钢组成的拉杆仅一肢与节点板相连时,其计算面积等于连接肢截面积加上非连接肢截面积的 50% 。如角钢的伸出肢旁另外连上一短角钢并与节点板相连,则杆件伸出肢上的作用力就不需要经过连接肢传递,避免了连接肢的超载,因此也不必再行折减。在此情况下,一般短角钢上的栓(钉)数量(与杆件肢相连部分)至少应较计算数量多 50%,并不少于 5 个。当截面为 T 形或槽形如说明图 7.2.11—2(a)、(b)、(c)。连接时其计算截面积应减少 10% ,当截面为两个角钢组成,并像说明图 7.2.11—2(d)、(e)、(f)布置时,均可不需将计算面积予以折减。

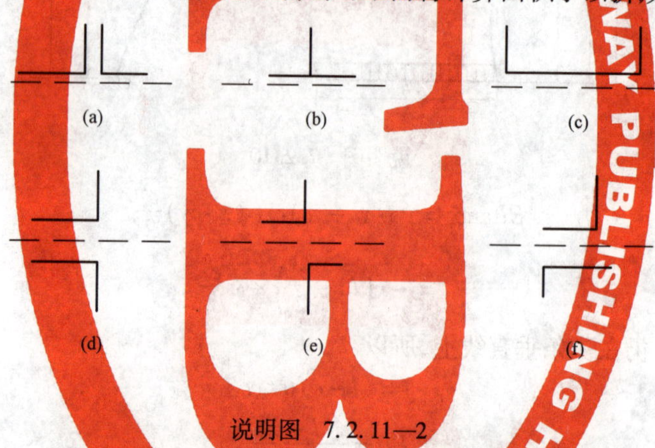

说明图　7.2.11—2

在检算拉杆长细比时,无论是单角钢或 T 形的杆件均按全截面计算。

7.2.12　单个角钢组成的联结系压杆,一般受最大容许长细比控制。为了简化计算起见,采用最小回转半径计算其长细比以确定其受压容许应力时,可不考虑连接的偏心影响。

8.0.1　近年来铁路提速后,运营部门发现某些已建成的钢板梁其横向刚度不足,需进行维修加固。针对这种情况,将钢板梁材质采用 Q235qD,以增加其刚度。

8.0.2　根据近年来铁路提速后,运营部门发现某些已建成的钢板梁其横向刚度不足,故将原 TBJ 2—96 规定的宽跨比 1/20 改为 1/15。

8.0.3　铆接板梁的翼角面积尽可能加大,使之有较大的强度,这对于翼缘上有桥枕直接搁置受集中压力时更为重要。外层盖板中断处,应根据强度和疲劳强度的检算结果确定其延伸长度,以适合铆钉连接需要。

8.0.4　焊接板梁外层盖板的端部和该处焊缝应进行加工,以降低应力集中的影响,提高其抗疲劳性能。盖板中断处应根据强度和疲劳强度的计算结果,布置盖板的延伸长度,以适合栓接连接需要。

8.0.5 当桥枕直接搁置在翼缘角钢水平肢上时，角钢肢将承受压弯，易使角钢肢在根部开裂。今按照经验，将角钢肢的宽厚比给予限制。

8.0.6 支承加劲肋的伸出肢与梁的支承翼缘磨光顶紧以传递支承应力，因此支承加劲肋具有受压板的功能，规范按习惯采用宽厚比不大于12以保证支承加劲肋具有足够的刚度。端加劲肋可以认为是一两端铰接的压杆，其挠曲曲线可取级数表示，即

$$y=\alpha_1\sin\frac{\pi x}{l}+\alpha_2\sin\frac{2\pi x}{l}+\alpha_3\sin\frac{3\pi x}{l}+\cdots$$

根据铁木辛柯所著《弹性稳定理论》，由应变能及功的原理可求出：

$$\left(\frac{q_0 l}{4}\right)_{cr}=2.06\frac{\pi^2 El}{l^2}=\frac{\pi El}{(0.696l)^2}$$

所以其计算长度 $l_0=0.696l=0.7l$。

支承加劲肋除按压杆设计外，还应检算加劲肋与翼缘接触处的支承压力，其计算面积为加劲肋外伸部分与翼板紧贴部分的面积。

8.0.7 本条所给数据按 $\sigma_s=345$ MPa 的 Q345q 钢制订。

(1)竖加劲肋的主要作用是帮助腹板防止剪力屈曲，而板件的临界剪应力 τ_{cr} 可用下式计算：

$$\tau_{cr}=K\frac{\pi^2 E}{12(l-\mu^2)}\times\left(\frac{\delta}{h}\right)^2$$

式中 $K=5.34+4/\alpha^2$；

$\alpha=a/b$；

a,b——矩形板件长度和宽度的尺寸（须使 $a>b,\alpha>1$），如说明图8.0.7—1所示。

在不设竖肋时，α 值很大，K 值将趋近于5.34。

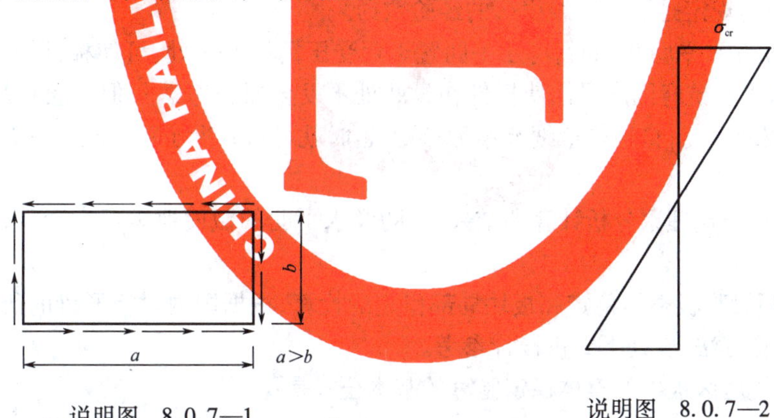

说明图 8.0.7—1　　说明图 8.0.7—2

令 $\tau_{cr}\geq 1.72\times120=207$ MPa（其中120 MPa是Q345qD和Q345qE钢的[τ]，1.72是安全系数），解得 $h/\delta\leq70$。

为考虑不平度等不利因素，以折减系数0.715乘所得的 h/δ，得 $h/\delta=50$。

(2)对于周边简支，并承受弯曲法向应力（如说明图8.0.7—2）其临界压应力的公式为

$$\sigma_{cr}=23.9\times\frac{\pi^2 E}{12(1-\mu^2)}\times\left(\frac{\delta}{h}\right)^2$$

式中的 23.9 是当板件很长、且不设竖肋时的屈曲系数 K 最小值。

令 $\sigma_{cr} \geqslant 1.15 \times 200 = 230$ MPa(其中 200 MPa 为 Q345qD 和 Q345qE 钢的$[\sigma]$,1.15 为安全系数 n),且将折减系数取为 1.00,则由上式可得 $h/\delta = 140$。

这里将 n 取得较低并将折减系数取得较大的理由是:翼缘的抗弯强度大,使腹板在上、下两边的支承优于简支,K 值实际上较 23.9 为大,若使腹板因受弯屈曲而部分地退出工作,强大的受压翼缘将立刻分担稍多于按平面假设所算出的弯曲法向应力,保持梁的安全不受危害。

从设计实践出发,这时仍需设置中间竖肋来抗剪。在用(1)中所给的 τ_{cr} 及 K 算式进行计算时,若竖肋间距小于腹板高度,则 b 将代表竖肋间距,a 将代表腹板高度 h。当 a 值已经选定时,随着 b 值的减小,K 值将减小。现按实用可能情况,认为 b 值不会小于 $h/2$,得 $a=2$,$K=6.34$,若再令 $\tau_{cr} \geqslant 1.3\tau$(式中 τ 为腹板内的平均剪应力,1.3 为安全系数),则从(1)中 τ_{cr} 算式可得 $b/\delta \approx 960/\sqrt{\tau}$(这里的 b 同规范内的 a 的含义相同)。计算可以证实:若 $b > 0.5h$,则 $n > 1.30$,即更为安全。

(3)当设置一根水平肋,且将水平肋设在离受压缘距离为 $h/4$ 处时,屈曲系数 K 为 93,即

$$\sigma_{cr} = \frac{93\pi^2 E}{12(1-\mu^2)} \cdot \left(\frac{\delta}{h}\right)^2$$

令 $\sigma_{cr} \geqslant 1.40 \times 200$,则从上式可得 $h/\delta \approx 250$。

若使水平肋离翼缘的距离小于 $h/4$,而接近 $h/5$,则 K 值大于 93,将 h/δ 限于 250,将更为安全。

(4)在腹板两侧设置竖加劲肋,以保证腹板在剪力作用下的稳定。加劲肋的尺寸应能保证:当腹板发生翘曲时,肋条仍能保持平直。这里关于加劲肋宽度不得小于 $h/30 + 0.04$(以 m 计)的规定是沿用已经很久的经验数据。

(5)在竖肋和水平肋并用时,将水平肋置于距受压翼缘 $h/5$ 处,可使板件屈曲系数 K 值达 129(按水平肋抗弯刚度足以使板件在设肋处不发生屈曲考虑);但当腹板高度不大时,水平肋离翼缘太近,将使构造细节难于布置,这时就可将它置于距受压翼缘 $h/4$ 处,其屈曲系数将降为 93。

按照线弹性稳定理论分析计算的结果,竖肋及水平肋的截面惯矩不小于本条所列的数值。

(6)关于板梁腹板整体稳定和板块局部稳定的检算,根据国内对箱形梁的研试结果,提出了一套检算方法,现列下式供设计参考。

对于腹板受压区板件的整体稳定验算的基本公式是:

$$\sum \Delta u \geqslant V \cdot \sum \Delta T \quad \text{(说明 8.0.7—1)}$$

式中 V 为安全系数,对于焊接梁用 1.35,铆接梁用 1.2;Δu 为板或肋的应变能增量;ΔT 为板或板条上所作用的外力的功的增量。

当 $a/b = 1 \sim 3$ 时,其屈曲面 ω 取

$$\omega = \omega_0 \sin\frac{\pi(x-Ky)}{a} \sin\frac{\pi y}{b} \quad \text{(说明 8.0.7—2)}$$

式中 ω_0——翘曲面上的最大挠度(m);

K——系数,为 0.707;

a——两竖肋之间的间距(m);

b——挠曲区高度(m),可取 3/4 腹板高。

当 a/b 不在上述范围时,其 ω 应取双重三角级数,另作个别计算。

ω_0 取式(说明 8.0.7—2)时的功能公式如下:

(1)挠曲区板块的应变能增量

$$\Delta u=\frac{\alpha\pi^4 D}{8b^2}\left(1+\frac{5}{\alpha^2}+\frac{2.25}{\alpha^4}\right)\omega_0^2$$

式中 $\alpha=\frac{a}{b}$;

$D=\frac{E\delta^3}{12(1-\mu^2)}$。

(2)各水平加劲肋屈曲时的应变能增量,其值为

$$\Delta u_i=\frac{EI_i}{4a^3}\pi^4\left(\sin\frac{\pi y_i}{b}\right)^2\omega_0^2$$

式中 I_i——水平加劲肋的惯性矩(如用单侧肋则为对肋与腹板接触边线的惯性矩)(m^4);

y_i——水平加劲肋至受压翼缘边缘距离(从其重心算起)(m)。

(3)板上挠曲应力所作的功增量

$$\Delta T_\sigma=\frac{\pi^2\delta}{32\alpha}\sigma_1'\ \omega_0^2$$

式中 σ_1'——受压翼缘边缘的压应力(MPa)。

(4)板上剪应力所作的功增量:

$$\Delta T_\tau=\frac{0.707\pi^2}{4\alpha}\delta\tau'_{aver}\ \omega_0^2$$

式中 τ'_{aver}——板边的平均剪应力(MPa)。

(5)各肋上挠曲应力所作的功增量

$$\Delta T_i=\frac{A_i}{4a}\sigma_i'\ \pi^2\left(\sin\frac{\pi y_i}{b}\right)^2\omega_0^2$$

式中 A_i——各水平加劲肋的截面积(m^2);

σ_i'——各水平加劲肋上所受的挠曲应力,按其重心处的 σ 计(MPa)。

以上有关式中:

E——钢的弹性模量(MPa);

δ——板的厚度(m)。

关于板梁腹板板块局部稳定的检算:

(1)安全系数

$$V=\frac{1}{\frac{1+\varphi}{4}\cdot\frac{\sigma_1}{\sigma_{kl}}+\frac{P}{2P_{kl}}+\sqrt{\left(\frac{3-\varphi}{4}\cdot\frac{\sigma_1}{\sigma_{kl}}+\frac{P}{2P_{kl}}\right)^2+\left(\frac{\tau}{\tau_{kl}}\right)^2}}\qquad\text{(说明 8.0.7—3)}$$

按上式算出的 V 不应小于:焊接梁用 1.35,铆接梁用 1.2。

式中 σ_{kl} 及 τ_{kl} 见说明表 8.0.7—1。

说明表 8.0.7—1

荷　　载	翘曲应力	适应范围	翘曲系数
σ_1，$0<\phi<1$，$\phi\sigma_1$，a，b	$\sigma_{kl}=K\sigma_e$	$\alpha \geqslant 1$	$K=\dfrac{8.4}{\varphi+1.1}$
		$\alpha<1$	$K=\left(\alpha+\dfrac{1}{\alpha}\right)^2\dfrac{2.1}{\varphi+1.1}$
σ_1，$-1<\phi<0$，$\phi\sigma_1$	$\sigma_{kl}=K\sigma_e$		$K=(1+\varphi)K'-\varphi K''+10\varphi(1+\varphi)$ 其中K'为$\varphi=0$时的翘曲系数 K''为$\varphi=-1$时的翘曲系数
σ_1，$\phi\leqslant-1$，$\phi\sigma_1$	$\sigma_{kl}=K\sigma_e$	$\alpha \geqslant \dfrac{2}{3}$	$K=23.9$
		$\alpha<\dfrac{2}{3}$	$K=15.87+\dfrac{1.87}{\alpha^2}+8.6\alpha^2$
均匀剪应力 τ	$\tau_{kl}=K\tau_e$	$\alpha \geqslant 1$	$K=5.34+4.00/\alpha^2$
		$\alpha<1$	$K=4+5.34/\alpha^2$

$$P_{kl}=K_{p1}\cdot\frac{(1+\alpha^2)^2}{\alpha^2}\cdot\left(\frac{100\delta}{a}\right)^2$$

$$\alpha=\frac{a}{b_i}$$

当 P_{kl} 以 MPa 计时，K_{pl} 值焊接梁为 24，铆接梁为 27。

σ_1、τ、P 分别为实际荷载所产生的法向应力、剪应力、轮轴在板边上的压皱单宽应力（MPa）。

腹板高度范围内压皱应力的分布按下式计算：

$$\sigma_y=\frac{P}{2}\left(1+\frac{y}{h}\right)\left(1-\frac{2y}{h}\right)^2 \qquad \text{（说明 8.0.7—4）}$$

（2）当按式（说明 8.0.7—3）算出 V 以后，再按下式求临界换算应力：

$$\sigma_{vk}=V\cdot\sqrt{\sigma_1^2+P^2-\sigma_1P+3\tau^2} \qquad \text{（说明 8.0.7—5）}$$

如 σ_{vk} 超过比例极限，则先查说明表 8.0.7—2 得 $\overline{\sigma}_{vk}$，再计算

$$V=\frac{\overline{\sigma}_{vk}}{\sqrt{\sigma_1^2+P^2-\sigma_1P+3\tau^2}} \qquad \text{（说明 8.0.7—6）}$$

V 不得小于规定的安全系数。

说明表 8.0.7—2 Q345qD 和 Q345qE 钢弹性屈曲系数$\sqrt{\tau}$(MPa)

σ_{vk}	$\sqrt{\tau}$	$\overline{\sigma}_{vk}$	σ_{vk}	$\sqrt{\tau}$	$\overline{\sigma}_{vk}$
			768	0.427	328
255	1	255	805	0.409	329
265.5	0.98	260	846	0.39	330
277.7	0.956	265	895	0.37	331
289.5	0.934	270	950	0.35	332
303	0.909	275	1 018	0.327	333
318	0.881	280	1 095	0.305	334
335.5	0.85	285	1 205	0.278	335
354.5	0.819	290	1 350	0.249	336
377	0.783	295	1 550	0.217	337
402.5	0.745	300	1 920	0.176	338
435	0.701	305	2 685	0.126	339
474	0.655	310	2 850	0.119	339.1
523	0.603	315	3 030	0.112	339.2
590	0.543	320	3 240	0.105	339.3
606	0.53	321	3 500	0.097	339.4
624	0.516	322	3 840	0.088 5	339.5
642	0.503	323	4 290	0.079 1	339.6
664	0.489	324	4 960	0.068 5	339.7
686	0.474	325	6 070	0.056	339.8
710	0.46	326	8 580	0.039 6	339.9
739	0.443	327	∞	—	340

说明表 8.0.7—3 Q235qD 钢弹性屈曲系数$\sqrt{\tau}$表(MPa)

σ_{vk}	$\sqrt{\tau}$	$\overline{\sigma}_{vk}$	σ_{vk}	$\sqrt{\tau}$	$\overline{\sigma}_{vk}$
180	1	180	434	0.523	227
190.5	0.971	185	453	0.503	228
202.5	0.938	190	474	0.483	229
216.5	0.901	195	499	0.461	230
232.5	0.861	200	526	0.439	231
239.5	0.863	202	559	0.415	232
247.5	0.825	204	599	0.389	233
256	0.805	206	648	0.361	234
265	0.785	208	712	0.33	235
275	0.764	210	797.5	0.296	236

续上表

σ_{vk}	$\sqrt{\tau}$	$\overline{\sigma}_{vk}$	σ_{vk}	$\sqrt{\tau}$	$\overline{\sigma}_{vk}$
286	0.741	212	922	0.257	237
298	0.718	214	1 133.5	0.21	238
311.5	0.693	216	1 504	0.149	239
327.5	0.666	218	1 798.5	0.133	239.2
345	0.638	220	2 081.5	0.115	239.4
354	0.624	221	2 549	0.094	239.6
365	0.608	222	2 923	0.082	239.7
376.5	0.592	223	3 579	0.067	239.8
389	0.576	224	5 104	0.047	239.9
402.5	0.559	225	∞	—	240
417.5	0.541	226	—	—	—

说明表 8.0.7—2 及说明表 8.0.7—3 系根据下式推算：

$$\sqrt{\tau}=\sqrt{\frac{\overline{\sigma}_{vk}(\sigma_s-\overline{\sigma}_{vk})}{\sigma_p(\sigma_s-\sigma_p)}}$$

式中　σ_s——钢材屈服极限；

σ_p——钢材比例极限，$\sigma_p\approx0.75\sigma_s$；

表中数值：Q345q 钢 $\sigma_s=345$ MPa，Q235q 钢 $\sigma_s=235$ MPa。

说明图 8.0.7—3 中 b_i 为肋所围成的要检算的局部板块的高度；$a=\alpha b$；

$$\sigma_e=19\left(\frac{100\delta}{b_i}\right)^2$$

式中　δ——板的厚度(m)。

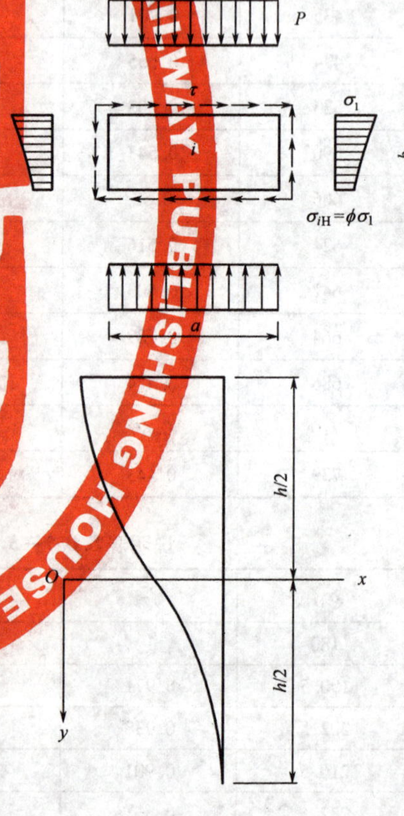

说明图　8.0.7—3

8.0.8　规范规定板梁上的焊缝应错开 10 倍腹板厚度的距离，以避免焊缝热影响区过分集中使材质受到较大的影响。

8.0.9　梁在弯矩平面外的极限承载力系根据等弯矩结构无侧向支撑的等截面简支梁导出的（国内外试验成果也都以此条件为基础）。上承板梁荷载虽作用于上翼缘，但因有平纵向联结系起侧向支撑的作用，它主要还是挠矩，因此可近似地按承受纯弯矩（即按荷载作用于形心）计算。

由于实际上梁承受的弯矩在沿梁长度方向是变化的，并不是像公式推导的等弯矩，因此临界弯矩较按公式计算所得尚可提高一些。并且在翼缘长细比不大时，缺陷对临界力的影响并不显著。还有，公式是按梁侧倾时，荷载在横向偏离剪力中心造成弯扭失稳。实际上，两片 I 形构件用平纵联组成的上承板梁不会出现那样大的偏离。

8.0.10 板梁拉翼缘照拉杆办理,因此规定拼接板的净面积较被拼接部分的净面积大10%。为简化计,压翼缘可按拉翼缘处理。

8.0.11 枕木铺设在上翼缘时,车轮压力与分布长度与钢轨、枕木的截面大小及枕木的支距、间距有关,当采用43 kg/m 钢轨($I_p=1\ 472\ cm^4$),枕木支距 $L=2$ m(即主梁或纵梁中距),枕木断面为20 cm×24 cm($I_p=23\ 040\ cm^4$),枕木净距若为10~21 cm,故枕木间距 $a_{max}=21+20=41$ cm;$a_{min}=10+20=30$ cm,枕木支撑中心至钢轨中心距离 $C=25$ cm。当 $1/3>K>0.055$ 时,则每个轮压可由5根枕木承受。

$$K=\frac{a^3E_nI_n}{C^2(3L-4C)E_pI_p}$$

式中 E_n,E_p——木材和钢的弹性模量。

现 $K=\dfrac{41^3\times10^5\times23\ 040}{25^2(3\times200-4\times25)\times2.1\times10^6\times1\ 472}=0.164$

或 $K=\dfrac{30^3\times10^5\times23\ 040}{25^2(3\times200-4\times25)\times2.1\times10^6\times1\ 472}=0.064\ 4$

K 均小于是1/3,大于0.055,因此可按一个轮压分布于5根枕木来计算。

承担最大一部分轮压的枕木的载重:

$$P_1=\frac{1+18K+7K^2}{5+34K+7K^2}P\text{(}P\text{ 为一个车轮的压力)}$$

当 $a=41$ cm 时,

$$P_1=\frac{1+18\times0.164+7\times0.164^2}{5+34\times0.164+7\times0.164^2}\times P=0.385P$$

每个轮重的分布长度为

$$\frac{0.41}{0.385P}\times P=1.065\text{ m}$$

当 $a=30$ cm 时,

$$P_1=\frac{1+18\times0.064\ 4+7\times0.064\ 4^2}{5+34\times0.064\ 4+7\times0.064\ 4^2}\times P=0.303P$$

每个轮重的分布长度为

$$\frac{0.30}{0.303P}\times P=0.99\text{ m}$$

因此在检算翼缘铆钉及翼缘焊缝时,轮重的分布长度规定按1.0 m计算。

但在检算板梁腹板稳定时,应该考虑轮重在腹板内的分布随着离承压翼缘距离而趋向均匀。所以,分布长度当按轴距1.5 m计算。

9.0.1 桁梁的竖向刚度(挠跨比 δ/L)及横向刚度(宽跨比 B/L)的限值,主要为了列车运行的平稳性,列车司机及旅客的舒适度,还要防止列车在桥上的脱轨。根据近年来的研究成果并吸收铁道部工务部门的意见,简支桁梁的挠跨比及宽跨比仍沿用1999年桥规不变;对连续桁梁桥的中孔,由于受边孔的约束,刚度增加而且在中支点处的弹性曲线,无论竖向及水平向都是匀顺的,所以其限值可以放宽。

详见曹雪琴《铁路钢桥梁正常使用极限状态竖向刚度的研究》一文,曾庆元、张麒《钢桁梁桥横向刚度限值研究》一文,曾庆元、郭向荣《铁路连续梁横向刚度限值分析》一文。

9.0.3 主桁杆件截面高度与节长之比在连续桁梁中不大于1/15,简支桁梁中不大于

1/10时，节点刚性所产生的次应力大致在容许范围以内，为简化计算，故规定此时可不进行这项次应力的计算。

由节点刚性所产生的次应力还与桁架的形式有较大的关系，在特大跨度桥梁设计时亦需虑及。

9.0.4 桁梁由于横梁和立杆或挂杆的刚性连接，都存在着框架作用，使杆端产生弯矩，主桁斜杆实际上也参与框架作用。但按此算得的横梁端弯矩中，分配给竖杆的弯矩与略去斜杆的影响算得者接近相等，因此在计算竖杆时，为简化计，对于框架的构成，可不考虑斜杆；主桁斜杆本身，则由于框架作用产生的杆端弯矩一般较小，可以略去不计。

不考虑主桁斜杆影响的横梁面内的竖直框架计算，可按附录 B 进行。该计算中的公式推导过程，可见《铁路标准设计通讯》1979 年第 7 期《关于钢桁梁纵联与横梁计算中的一些问题》。

9.0.6 铁路钢桥设计应力，均留存一些发展余量，以便在长期使用中，适应机车车辆重量的增长及特种超重列车通过的需要，但由于桁梁中各杆件恒、活载内力的比值各不相同，因此当杆件应力由设计应力[σ]提高到检定容许应力 1.2[σ]时，所能承受活载的增长倍数也不相同，这样形成整个钢桁梁杆件强弱不一，而钢梁的承载能力则取决于最弱的杆件，这样就不能利用较强杆件的潜力。为了发挥较强杆件的潜在能力，在增加钢料不多的条件下，使所有杆件承受活载的能力比较一致，以提高钢梁的承载能力，因此规定所有杆件在活载所产生的杆力乘以增大系数 η。

当某一杆件的 a_{max} 与一般杆件的 a 值相差太大时，从节省钢料出发，并考虑活载在使用年限内增长情况，a_{max} 可采用较低数值。

9.0.7 对于拉杆破坏在净截面处，为了保证拼接处不比原净截面弱，规定拉杆拼接板的净面积较被拼接部分的净面积大 10% 。

因拉杆由于杆件尺寸公差、板厚公差等影响，使拼接板的疲劳承载能力迅速下降，据已有桥梁拼接接头分析，拉杆拼接板疲劳承载能力得以保证，很大一部分是依靠了这加大的 10%，虽然拧栓规则作了一些必要的规定以保证接头的可靠性，但它规定 <1 mm的公差影响可以忽略不计，这对接头处高强度螺栓的有效程度可能影响较小，但从已有的疲劳试验发现，双摩擦面的对接接头试件，当两端心板有板厚公差存在时，拼接板的疲劳强度迅即下降，接近空孔杆件的疲劳强度水平，所以此规范拉杆拼接板净面积仍保留原定标准较被拼接净面积大 10% 考虑。

对于压杆拼接板面积，考虑到由于拼接板可能产生局部偏心等影响，要求其有效面积也应大于被拼接压杆有效面积的 10% 。当压杆在节点外拼接时，拼接板按规定采用被拼接压杆的容许应力折减系数，则其实有毛面积将为被拼接压杆毛面积的 1.1 倍；这里没有对拼接截面的惯矩提出要求，是因为即使拼接处惯矩稍弱，对于构件的整体稳定影响极微，但在设计中应尽可能使拼接截面的惯矩不致削弱。在节点内拼接时，由于拼接板厚度及栓钉布置规范都有一定要求，因此其计算长度不会大，所以规范规定此时拼接板的 φ 值可采用 0.9。

10.0.1 跨度在 10 m 以内，由于反力较小，梁端转角及温度变化影响均不大，可考虑采用平板支座；跨度 10 ~ 24 m，反力较大，同时钢梁由于温度及荷载影响，会产生较大的纵向移动和梁端转角，此时一般选用弧形支座；当跨度大于 24 m 时，弧形支座由于构造限制，将不能很好地满足自由伸缩的要求，所以应选用铰式辊轴或摇轴支座。养护中，发现这些支座弧面出现凹坑，故将原采用的 ZGⅡ25 定为 ZG35Ⅱ，铰轴支座除外。

10.0.2 活动支座为了使荷载发展后仍能正常工作，因此在计算纵向位移时，活载应按容许应力提高 20% 后或相应的检定载重下的活载计算。对于简支梁，该活载的换算匀布荷载可按三角形影响线顶点位置在跨中处计算；对于连续梁，则应根据每个活动支座可能产生的绝对最大水平位移（包括伸长及缩短）分别计算。

温度变化幅度应根据当地情况确定。

在削边辊轴的活动支座中，布置辊轴时，应考虑活动支座在产生极限水平位移时，各辊轴之间仍能保持不小于 15 mm 的空隙，以便于养护。若设辊轴中心间距为 x，辊轴宽度为 b，辊轴最大转角为 α，则

$$x=(b+15)/\cos\alpha$$

若活动支座由中心位置（辊轴中心线铅垂时）向两侧的极限位移量各为 $\Delta/2$ 时，则辊轴最大转角为

$$\alpha=\frac{\Delta/4}{R}\times\frac{180^\circ}{\pi}$$

式中 R——辊轴半径；

Δ——活动支座绝对最大水平位移量。

确定辊轴宽度时，应考虑辊轴的弧长，除能满足移动量的需要外，两侧还应各留有一定的富裕量，所以

$$b=\frac{\Delta}{2}+C$$

式中 C——辊轴两侧预留富裕量之和，一般不小于 50 mm，当辊轴半径较大时，还宜适当放大。

另外，辊轴宽度 b 还应满足第 10.0.4 条规定的宽度和直径的比例关系。

为了使活动支座两侧位移量相等，需定出活动支座下摆中心线与底板中心线相重合的温度 t（以℃计，下同）。

在连续梁中，若当地最高气温为 $t_{高}$，当地最低气温为 $t_{低}$，计算的活动支座由于活载产生的最大伸长量为 $\Delta_{伸}$(+)，计算的活动支座由于活载产生的最大缩短量为 $\Delta_{缩}$(−)（钢梁就位后增减的恒载应并入活载中考虑），则

$$t=\frac{1}{2}\left(\frac{\Delta_{伸}+\Delta_{缩}}{0.000\,011\,8L}+t_{高}+t_{低}\right)$$

式中 L——活动支座的温度跨度，即计算的活动支座至固定支座的间距。

$\Delta_{伸}$、$\Delta_{缩}$、$t_{高}$、$t_{低}$ 均应计入符号，$t_{高}$、$t_{低}$ 在 0 ℃以上为（+），在 0 ℃以下为（−）。

当下摆中心线与底板中心线互相重合的温度 t 确定后，则落梁时下摆与底板的相对位置的偏移量可按下式定出：

$$偏移量\ a=0.000\,011\,8L(t_{落}-t)$$

式中 $t_{落}$——落梁时的温度；

其他符号意义同上。

当 a 为正值时，表示偏移量在远离固定支座的一侧；当 a 为负值时，偏移量在靠近固定支座的一侧（偏移量以底板中心线为原点）。

在简支梁中，由于活载水平位移不可能缩短，因此只需令 $\Delta_{缩}=0$，仍可按上列各式计

算。

10.0.3 当桥上铺设无缝线路时,固定支座除承受制动力或风力外,尚需考虑长钢轨纵向水平力的影响。

活动支座的相对移动部件之间,要完全不产生摩阻力是很困难的,因此活动支座必然会承受一部分纵向水平力。

活动支座传递纵向水平力的大小与支座的摩擦系数和支承反力大小有关。规范规定的各种活动支座类型的摩擦系数系表示该活动支座在使用过程中有可能出现的情况,并不是一个一定会出现的情况。但为安全计,因此对固定支座仍规定按承受全部纵向水平力考虑。

小跨度钢梁,由于活动支座采用了平板支座或弧形支座,其摩擦系数较大,有可能全部纵向水平力小于活动支座的摩阻力,此时固定支座有可能受到与活动端摩阻力大小相同的纵向水平力,因此规定固定支座需承受全部纵向水平力并不得小于活动端的摩阻力。

活动支座能传递纵向水平力是由于摩阻力的存在,因此它所能传递的纵向水平力当然不应大于摩阻力,所以规范规定活动支座纵向水平力按该支座的最大摩阻力取用。

10.0.4 为了使支座具有充分的刚性,使力较均匀地分布于支承垫石。因此,规范参照国内外实践经验,对支座做了一些构造上的规定。

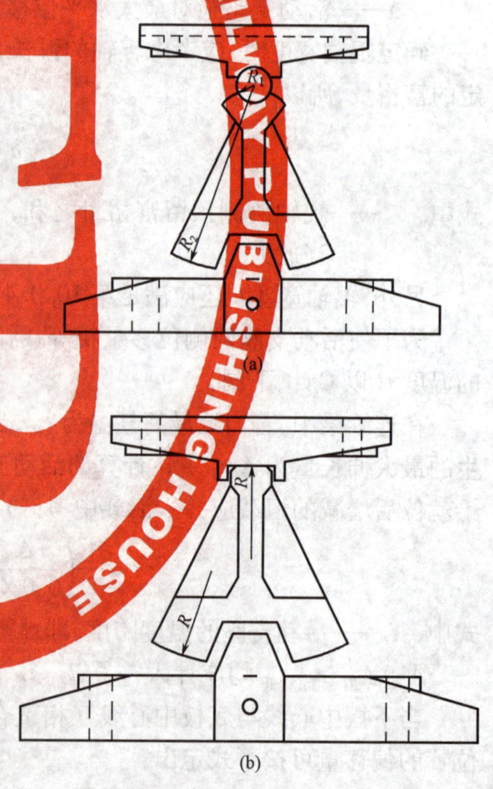

说明图 10.0.4

摇轴支座式样一般有如说明图 10.0.4 所示的那两种,说明图 10.0.4(a)所示的摇轴支座的顶面采用铰或圆柱面支承,因此上下圆弧面转动中心可以重合,这种式样的摇轴支座,水平移动是依靠铰或圆柱的转动及摇轴的滚动来完成,移动的轨迹顺滑,摩阻力小,支座顶面能始终保持在一个高程,但这种支座加工比较复杂。说明图 10.0.4(b)所示的支座上摆直接搁置在摇轴上,上下弧面均为与平板自由接触的线支承,因此上下圆弧的半径基本相同,若要求上下圆弧圆心重合,这就相当于单辊轴支承,但又由于希望压缩支座高度,一般将上下圆弧面的圆心错开,致使其转动中心不能重合,这样在水平移动时,依靠摇轴的滚动与滑动相结合来完成,故摩阻力远较说明图 10.0.4(a)所示的形式为大。同时还导致支座顶面高程会有微小的变动。由于每滑动一次都需克服摩阻力后才能实现,因此水平移动成为跳跃式的不连续移动,当反力较大时,使用单位反映这种支座有较大的声响发生,这将加快摇轴弧面的磨损而影响其使用寿命。但由于它制造方便,高度较低,因此还被采用在铁路桥上。

根据上述两种摇轴支座的优缺点,规范从使用着眼,希望采用工作原理与说明图

10.0.4(a)相似的形式,因此提出了摇轴支座上下弧面转动中心应予重合的规定。

10.0.5 对于受拔力锚栓的锚固,要求握住锚栓的混凝土块的重量应为锚栓上拔力的1.5倍,使之有相当的安全储备,同时握裹强度也应按此考虑。试验表明:锚栓随着埋置深度的增加,应力递减很快,故埋得过深意义不大,为了增加握裹力,一般系对锚栓下端采取措施,如设置弯钩或将端部扩大成螺头形式的锚固板等。

中华人民共和国行业标准

铁建设〔2005〕108号

铁路桥涵钢筋混凝土和预应力混凝土结构设计规范

Code for Design on Reinforced and Prestressed Concrete Structure of Railway Bridge and Culvert

TB 10002.3—2005

J 462—2005

2005—06—14 发布　　2005—06—14 实施

中华人民共和国铁道部　发布

前　言

本规范是根据铁道部建设管理司的安排，为贯彻落实铁路跨越式发展的要求，在《铁路桥涵钢筋混凝土和预应力混凝土结构设计规范》(TB 10002.3—99)基础上修订而成的。

本规范编制过程中认真总结了我国铁路桥涵建设的经验和教训，借鉴了国内外有关标准的规定，在广泛征求意见的基础上，经反复审查定稿。

工程技术人员必须按照"以人为本、服务运输、强本简末、系统优化、着眼发展"的铁路建设理念，结合工程具体情况，因地制宜，充分发挥主观能动性，积极采用安全、可靠、先进、成熟、经济、适用的新技术，不能生搬硬套标准。勘察设计单位执行(或采用)单项或局部标准，并不免除设计单位及设计人员对整体工程和系统功能质量问题应承担的法律责任。

本规范共分8章，主要内容包括：总则、术语和符号、材料、设计基本规定、钢筋混凝土结构、预应力混凝土结构、支座、既有线顶进桥涵等，另有5个附录。

本次修订的主要内容如下：

1. 修订了本规范适用范围。旅客列车设计最高行车速度由140 km/h改为160 km/h；增加了货车设计行车速度等于或小于120 km/h(转8 A货车80 km/h)；增加了跨度适用范围；对开行双层集装箱列车或桥上采用无砟桥面时设计还应满足相关规定要求；

2. 增订了重点桥梁及代表性桥梁应进行车桥耦合动力响应分析的规定；

3. 明确了铁路桥涵钢筋混凝土和预应力混凝土结构按100年设计使用年限要求进行设计的规定；

4. 修订了桥涵混凝土结构骨料的选择及碱含量要求的规定；

5. 增订了混凝土中氯离子含量的限制；

6. 增订了混凝土上部结构横向刚度的要求；

7. 增订了积极采用新材料、新工艺、新结构并提出优先采用预应力混凝土梁的要求；

8. 增订了铁路桥涵应根据其所处环境条件进行耐久性设计的条文并增订了提高混凝土桥梁耐久性的具体措施；增加了钢筋混凝土结构的保护层厚度，预应力混凝土结构管道间净距及预应力钢筋或管道表面与结构表面之间的保护层厚度；加强了锚具的防护措施及防水处理等；

9. 修订了混凝土轴心抗压强度、轴心抗拉强度的指标；

10. 补充了预应力混凝土用螺纹钢筋的相关设计参数；

11. 修订了钢筋、钢丝、钢绞线的钢号规格及力学性能等；

12. 修订了钢丝、钢绞线松弛损失的取值及钢绞线锚固长度取值；

13. 增订了箱梁的设计与构造有关规定；

14. 增订了防排水、防腐蚀规定及外露钢铸件的涂装要求；

15. 增(修)订了支座橡胶板容许平均压应力值及锚栓容许剪应力值。

16. 改写了在运营荷载作用下,混凝土的最大剪应力的规定;

17. 为避免先张梁产生梁端的裂缝,规定在梁端应设置钢筋网等措施;

18. 修改板式橡胶支座最小边长的规定等。

本规范以黑体字标志的条文为强制性条文,必须严格执行。

在执行本规范过程中,希望各单位结合工程实践,认真总结经验,积累资料。如发现需要修改和补充之处,请及时将意见和有关资料寄交中铁工程设计咨询集团有限公司(北京市朝阳门外大街227号,邮政编码:100020),并抄送铁道部经济规划研究院(北京市海淀区羊坊店路甲8号,邮政编码:100038),供今后修改时参考。

本规范由铁道部建设管理司负责解释。

本规范主编单位:中铁工程设计咨询集团有限公司。

本规范主要起草人:王振华、刘建瑞、雷慧锋、沈　平。

目　次

CHINA RAILWAY PUBLISHING HOUSE

1 总 则

1.0.1 为统一铁路桥涵钢筋混凝土和预应力混凝土结构设计标准，贯彻国家有关法规和铁路技术政策，使设计符合安全适用、技术先进、经济合理的要求，制定本规范。

1.0.2 本规范适用于铁路网中客货列车共线运行、旅客列车设计行车速度等于或小于160 km/h、货物列车设计行车速度等于或小于120 km/h（转8 A货车80 km/h）的Ⅰ、Ⅱ级标准轨距铁路桥涵跨度小于或等于20 m的钢筋混凝土结构和跨度小于或等于96 m的预应力混凝土结构的设计。

当开行双层集装箱列车或开行120 km/h的货车，或桥上采用无砟桥面时设计还应满足相关规定要求。

1.0.3 采用本规范进行设计时，荷载及桥涵基本构造应按铁道部《铁路桥涵设计基本规范》（TB 10002.1—2005）的规定采用；结构抗震设计尚应符合现行的国家标准《铁路工程抗震设计规范》（GBJ 111）的规定。

1.0.4 铁路混凝土桥梁应积极采用新材料、新工艺、新结构，宜优先采用预应力混凝土结构。

1.0.5 **桥梁上部结构应有足够的强度及竖向、横向和抗扭刚度。采用T型梁时，必须对横隔板施加预应力将梁片连为整体，必要时桥面应连接。**

1.0.6 **特殊结构及代表性桥梁应进行车桥耦合动力分析，其行车安全性、平稳性及舒适度指标应符合铁道部《铁路桥涵设计基本规范》（TB 10002.1—2005）第1.0.9条的规定。**

1.0.7 **铁路桥涵钢筋混凝土和预应力混凝土结构按100年设计使用年限进行设计，还应进行长大货物列车限速通过的检算。**

1.0.8 **铁路桥涵结构混凝土除应符合本规范外，尚应符合《铁路混凝土结构耐久性设计暂行规定》的有关规定。**

1.0.9 铁路桥涵钢筋混凝土和预应力混凝土结构设计，除应符合本规范外，尚应符合国家现行的有关强制性标准的规定。

2 术语和符号

2.1 术　语

2.1.1 钢筋混凝土结构　reinforced concrete structure

以包括受力钢筋的混凝土为主制作的结构。

2.1.2 预应力混凝土结构　prestressed concrete structure

以用预应力钢材预先施加应力的混凝土为主制作的结构。

2.1.3 桥跨结构(上部结构)　bridge superstructure

梁桥支承以上或拱桥起拱线以上,跨越桥孔的结构。

2.1.4 简支梁　simply supported beam

两端为铰支承的梁。

2.1.5 连续梁　continuous beam

有三处或三处以上由支座支承的梁。

2.1.6 框架　frame

由梁和柱以刚接或铰接相连接而构成承重体系的结构。

2.1.7 刚构　rigid frame

梁与墩(台)连接的结构。

2.1.8 顶进桥涵　jacked-in bridge or culvert

穿越既有线路用顶进方法施工的桥涵。

2.1.9 支座　bearing

支承桥跨结构,并将其荷载传给墩(台)的构件。

2.1.10 计算荷载　load for calculation

某一特定计算状态下,作用在结构或构件上的荷载。一般不包括预加力。

2.1.11 运营荷载　service load

进行运营阶段结构计算时,作用在结构或构件上的规定荷载。

2.1.12 强度　strength

材料或构件受力时抵抗破坏的能力。其值为在一定受力状态下,材料所能承受的最大应力或构件所能承受的最大内力。

2.1.13 刚度　stiffness;rigidity

结构或构件抵抗变形的能力。

2.1.14 容许应力　allowable stress

某一特定计算状态,为保证结构安全,容许材料承受的最大应力。

2.1.15 安全系数　safety factor

表明结构或构件达到某种失效状态(破坏或开裂)时的计算临界承载力与计算荷载作用力之间的比例关系的系数。

2.1.16 预应力度 degree of prestressing

结构或构件中,由预加应力所抵消的运营荷载产生的应力的程度。

2.1.17 有效预应力 effective prestress

在计入外部荷载作用之前,扣除各项因素引起的应力损失之后,预应力钢筋中的应力。

2.1.18 挠度 deflection

在弯矩作用平面内,结构构件轴线或中面上某点由挠曲引起垂直于轴线或中面方向的线位移。

2.1.19 预拱度 camber

为抵消桥跨结构在荷载作用下产生的挠度,而在制作时所预留的与挠度方向相反的校正量。

2.1.20 预应力钢筋 prestressing tendon

用于混凝土结构构件中施加预应力的钢筋、钢丝和钢绞线的总称。

2.1.21 钢丝束 tendon

由钢丝和钢绞线组成的钢束的总称。

2.2 符 号

2.2.1 材料性能

E_c——混凝土弹性模量

G_c——混凝土剪切变形模量

ν_c——混凝土泊松比

E_s——普通钢筋弹性模量

E_p——预应力钢筋弹性模量

C60——立方体强度标准值为 60 MPa 的混凝土强度等级

f_c,f_{ct}——混凝土轴心抗压、抗拉极限强度

f_{pk},f_{sk}——预应力钢筋、普通钢筋拉抗强度标准值

f_s,f'_s——普通钢筋抗拉、抗压计算强度

f_p,f'_p——预应力钢筋抗拉、抗压计算强度

$[\sigma_c]$——中心受压时混凝土的容许应力

$[\sigma_b]$——弯曲受压及偏心受压时混凝土的容许应力

$[\sigma_{tp-1}]$——有箍筋及斜筋时混凝土的容许主拉应力

$[\sigma_{tp-2}]$——无箍筋及斜筋时混凝土的容许主拉应力

$[\sigma_{tp-3}]$——梁部分长度中全由混凝土承受的主拉应力

$[\tau_c]$——纯剪时混凝土的容许剪应力

$[c]$——光钢筋与混凝土之间的容许黏结力

$[\sigma_{c-1}]$——局部承压时混凝土的容许压应力

$[\sigma_s]$——普通钢筋的容许应力

$[\Delta\sigma]$——钢筋应力幅容许值

2.2.2 荷载及荷载效应

N——计算轴向力

M——计算弯矩

V——计算剪力

σ_c,σ_{ct}——混凝土压、拉应力

τ_c——混凝土剪应力

σ_{tp},σ_{cp}——混凝土主拉、主压应力

σ_{con}——预应力钢筋锚下控制应力

σ_p——预应力钢筋拉应力

σ_{pl}——预应力钢筋有效预应力

σ_s——普通钢筋拉应力

σ_L——预应力钢筋应力损失

w_f——裂缝宽度

$\Delta\sigma_p$,$\Delta\sigma_s$——预应力钢筋、普通钢筋应力幅

2.2.3 几何参数

b——矩形截面宽度,T形、工字形截面腹板宽度

b_f,b_f'——T形或工字形截面受拉、受压区翼缘宽度

d——直径

e——偏心距

h——截面高度

h_f,h_f'——T形或工字形截面受拉、受压区翼缘高度

l_0——计算跨度或计算长度

i——截面回转半径

A——截面面积

W——截面抵抗矩

I——截面惯性矩

S——面积矩

2.2.4 计算系数及其他

K——强度安全系数

K_f——抗裂安全系数

γ——受拉区混凝土塑性影响系数

φ——纵向弯曲系数

n——钢筋弹性模量与混凝土变形模量之比

n_p,n_s——预应力钢筋、普通钢筋弹性模量与混凝土弹性模量之比

η——偏心距增大系数

λ——预应力度

B——截面抗弯刚度

3 材　料

3.1 混凝土

3.1.1 混凝土强度等级可采用 C25、C30、C35、C40、C45、C50、C55、C60。

3.1.2 钢筋混凝土桥跨结构的混凝土强度等级不得低于 C30。预应力混凝土桥跨结构的混凝土强度等级不得低于 C40。钢筋混凝土墩台的混凝土强度等级不宜低于 C30。其他钢筋混凝土结构混凝土强度等级不得低于 C25。管道压浆用水泥浆强度等级不应低于 M35,并掺入阻锈剂。

3.1.3 混凝土的骨料选择及碱含量应符合《铁路混凝土工程预防碱—骨料反应技术条件》(TB/T 3054)的规定。混凝土中的氯离子含量不得大于 0.06%,在有腐蚀性环境下的桥涵结构尚应采取耐腐蚀措施。

3.1.4 混凝土的极限强度应按表 3.1.4 采用。

表 3.1.4 混凝土的极限强度(MPa)

强度种类	符号	混凝土强度等级								
		C20	C25	C30	C35	C40	C45	C50	C55	C60
轴心抗压	f_c	13.5	17.0	20.0	23.5	27.0	30.0	33.5	37.0	40.0
轴心抗拉	f_{ct}	1.70	2.00	2.20	2.50	2.70	2.90	3.10	3.30	3.50

3.1.5 混凝土受压或受拉时的弹性模量 E_c 应按表 3.1.5 采用。

混凝土的剪切变形模量 G_c 可按表 3.1.5 所列数值的 0.43 倍采用。混凝土泊松比 ν_c 可采用 0.2。

表 3.1.5 混凝土弹性模量 E_c(MPa)

混凝土强度等级	C20	C25	C30	C35	C40	C45	C50	C55	C60
弹性模量 E_c	2.80×10^4	3.00×10^4	3.20×10^4	3.30×10^4	3.40×10^4	3.45×10^4	3.55×10^4	3.60×10^4	3.65×10^4

3.2 钢　筋

3.2.1 铁路桥涵混凝土结构可采用下列类型的普通钢筋和预应力钢筋:

1 普通钢筋采用 HPB235 和未经高压穿水处理过的 HRB400、HRB335 钢筋,其技术条件应符合现行国家标准《钢筋混凝土用钢第 1 部分:热轧光圆钢筋》(GB 1499.1)和《钢筋混凝土用钢第 2 部分:热轧带肋钢筋》(GB 1499.2)的规定。HRB400 及 HRB335 钢筋

的化学成分 $C+\frac{Mn}{6}$ 应小于或等于0.5%。

2 预应力钢丝应符合现行国家标准《预应力混凝土用钢丝》(GB 5223)的规定。

3 预应力钢绞线应符合现行国家标准《预应力混凝土用钢绞线》(GB 5224)的规定。

4 预应力混凝土用螺纹钢筋应符合现行国家标准《预应力混凝土用螺纹钢筋》GB/T 20065的规定。

3.2.2 普通钢筋、预应力混凝土用螺纹钢筋抗拉强度标准值应按表3.2.2—1采用。

表3.2.2—1 钢筋抗拉强度标准值(MPa)

种类 / 强度	普通钢筋 f_{sk}			预应力混凝土用螺纹钢筋 f_{pk}
	HPB235	HRB335	HRB400	PSB830
抗拉强度标准值	235	335	400	830

注:1 预应力混凝土用螺纹钢筋主要作横、竖向预应力筋;其抗拉强度标准值系屈服强度值;
2 普通钢筋系指用于钢筋混凝土结构和预应力混凝土结构中的非预应力钢筋。

预应力钢丝抗拉强度标准值应按表3.2.2—2采用。预应力钢绞线抗拉强度标准值应按表3.2.2—3采用。

表3.2.2—2 预应力钢丝抗拉强度标准值 f_{pk}(MPa)

公称直径(mm)	4~5	6~7
抗拉强度标准值	1 470	1 470
	1 570	1 570
	1 670	1 670
	1 770	1 770
	1 860	—

注:按松弛率的不同可分为普通松弛(WNR)和低松弛(WLR)钢丝。

表3.2.2—3 预应力钢绞线抗拉强度标准值 f_{pk}(MPa)

公称直径(mm)	12.7		15.2		15.7
	标准型 1×7	模拔型 (1×7)C	标准型 1×7	模拔型 (1×7)C	标准型 1×7
抗拉强度标准值	1 770 1 860	1 860	1 470 1 570 1 670 1 720 1 860	1 820	1 770 1 860

注:1 均为低松弛;
2 公称直径为12.7 mm及15.2 mm者都有1 960 MPa这一级,使用时需经疲劳试验确定疲劳应力后方能使用。

3.2.3 钢筋计算强度应按表3.2.3采用。

表 3.2.3　钢筋计算强度(MPa)

钢筋类型		抗拉计算强度 f_p 或 f_s	抗压计算强度 f_p' 或 f_s'
预应力筋	钢丝、钢绞线、预应力混凝土用螺纹钢筋	$0.9f_{pk}$	380
普通钢筋	HPB235	235	235
	HRB335	335	335
	HRB400	400	400

3.2.4　钢筋弹性模量应按表 3.2.4 采用。

表 3.2.4　钢筋弹性模量(MPa)

钢筋种类	符号	弹性模量
钢　丝	E_p	2.05×10^5
钢绞线	E_p	1.95×10^5
预应力混凝土用螺纹钢筋	E_p	2.0×10^5
HPB235	E_s	2.1×10^5
HRB400 及 HRB335	E_s	2.0×10^5

注:计算钢丝、钢绞线伸长值时,可按 $E_p\pm0.1\times10^5$ MPa 作为上、下限。

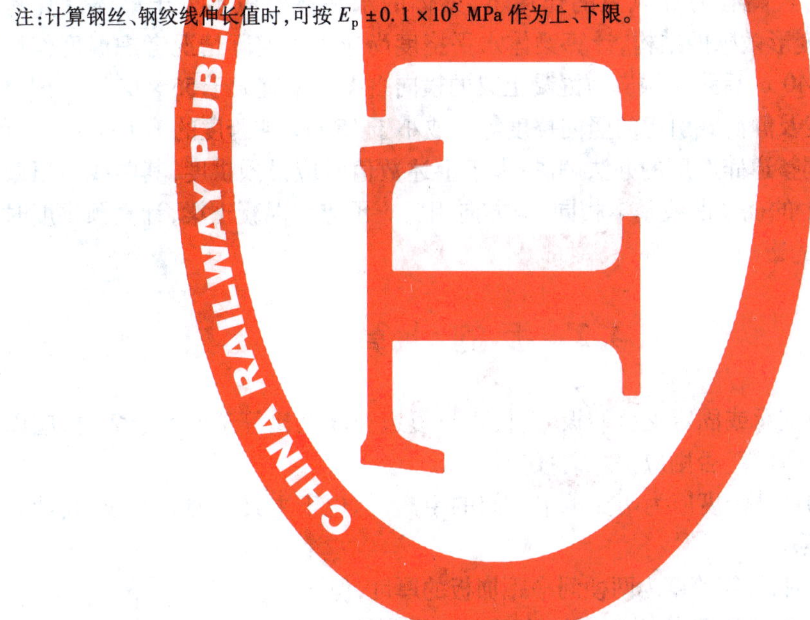

4 设计基本规定

4.1 一 般 要 求

4.1.1 在计算荷载的最不利组合作用下,桥跨结构的横向倾覆稳定系数不应小于1.3。

在相应于应力超过容许值30%时的竖向活载作用下,悬臂梁的纵向倾覆稳定系数不应小于1.3。

4.1.2 静活载(即不计列车竖向动力作用)所引起的最大竖向挠度应符合下列规定:

1 对于简支梁不应超过跨度的1/800;

2 对于连续梁边跨不应超过跨度的1/800,中间跨不应超过跨度的1/700。

4.1.3 梁截面尺寸和构造应保证梁体具有足够的横向刚度。

在列车摇摆力、离心力和风力的作用下,梁体的水平挠度应不大于梁体计算跨度1/4 000,对温度变形敏感的结构,计算梁体水平挠度尚应根据实际情况考虑温度作用的影响。跨度24~40 m后张法预应力混凝土梁的横向自振频率宜大于$55 \times L^{-0.8}$。

4.1.4 当由恒载及静活载引起的竖向挠度等于或小于15 mm或跨度的1/1 600时,可不设预拱度,宜用调整道砟厚度的办法解决;大于上述数值时应设预拱度,其曲线与恒载及1/2静活载所产生的挠度曲线基本相同,但方向相反。预应力混凝土梁,计算预拱度时尚应考虑预加应力的影响。

4.2 板 的 计 算

4.2.1 四周自由支承或固定支承的板,当长边与短边长度之比等于或大于2时,应以短边为跨度按单向板计算,否则应按双向板计算。

4.2.2 一般板的计算跨度应为两支承中心间的距离,但位于主梁梁梗间的板,其计算跨度可按下列规定采用:

1 计算弯矩时,计算跨度为两梗间净距加板的厚度,但不大于两梗间净距加梁梗宽度,此时弯矩按下列公式计算:

支点弯矩 $$M = -0.7M_0 \quad (4.2.2\text{—}1)$$

跨中弯矩 $$M = 0.5M_0 \quad (4.2.2\text{—}2)$$

式中 M——计算弯矩(MN·m);

M_0——按简支板计算的跨中最大弯矩(MN·m)。

2 计算剪力时,计算跨度为梗间净距,剪力按简支板计算。

3 对于箱形梁,桥面板应按本规范第4.3.9条的规定计算。

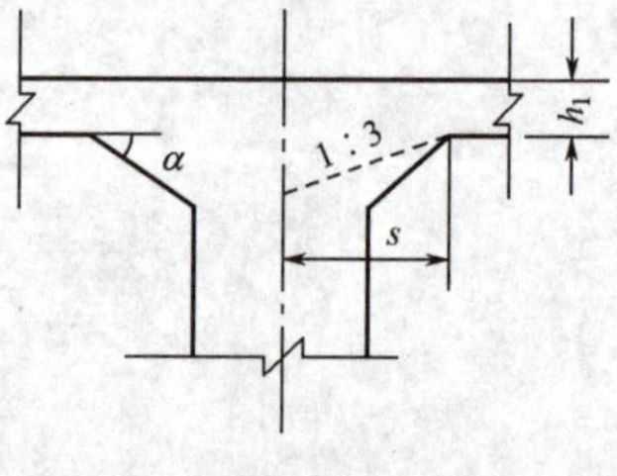

图4.2.3 梗肋处板的有效高度图

4.2.3 计算在中间支承上有梗肋的板时,沿支承中心处的截面有效高度应按下式计算

(图 4.2.3)。

$$h_0 = h_1 + s \cdot \tan\alpha \tag{4.2.3}$$

但不大于 $h_1 + \frac{1}{3}s$。

式中 h_0——截面有效高度(m);

h_1——不计梗肋时板的有效高度(m);

s——自梗肋起点至支承中心的距离(m);

α——梗肋下缘与水平线所成的夹角(°)。

4.2.4 斜交板桥,当斜度小于或等于 15°时,可按正交板计算。

4.3 梁的计算

4.3.1 当 T 形截面梁翼缘位于受压区,且符合下列三项条件之一时,可按 T 形截面计算(图 4.3.1):

1 无梗肋翼缘板厚度 h_f' 大于或等于梁全高 h 的 1/10;

2 有梗肋而坡度 $\tan\alpha$ 不大于 1/3,且板与梗肋相交处板的厚度 h_f'' 不小于梁全高 h 的 1/10;

3 梗肋坡度 $\tan\alpha$ 大于 1/3,但符合下式条件

$$h_f' + \frac{1}{3}c \geqslant \frac{h}{10} \tag{4.3.1}$$

当不符合上述第 1、2 或 3 款条件时,则应按宽度为 b 的矩形截面计算。

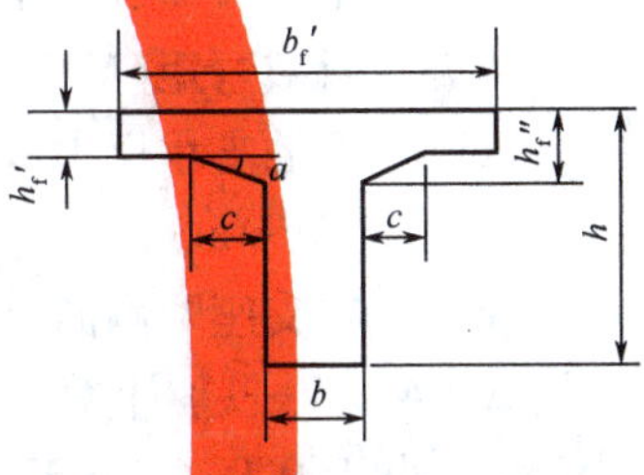

图 4.3.1 T 形梁截面计算图

4.3.2 T 型截面梁当伸出板对称时,板的计算宽度应采用下列三项中的最小值;

1 对于简支梁为计算跨度的 1/3;

2 相邻两梁轴线间的距离;

3 $b + 2c + 12h_f'$。

当伸出板不对称时,若其最大悬臂一边从梁梗中线算起,宽度小于上述第 1、3 款中较小者的 1/2,可按实际宽度采用。

计算超静定力时,翼缘宽度可取实际宽度。

如无更精确的计算方法,箱形梁也可按 T 形梁的规定办理。

4.3.3 计算连续梁时应考虑截面变化的影响,若连续梁支点截面惯性矩与跨间截面惯性矩之比不小于 2 时,可按等截面计算。

4.3.4 计算连续梁内力及反力时,应考虑温差、基础不均匀沉降、混凝土收缩及徐变等因素的影响。对于预应力混凝土连续梁,当计算应力时还应考虑预加力产生的二次力,在检算破坏阶段的截面强度时,可不计预加力产生的二次力的影响。

4.3.5 对于分阶段施工的连续梁应按各阶段实际受力体系和相应荷载计算梁的内力,并考虑体系转换过程中由于混凝土徐变而产生的弯矩重分布,弯矩重分布可按本规范附录 A 的规定计算。

4.3.6 预应力混凝土连续梁如在施工过程中不转换体系,则预应力损失完成后,由预加力引起的总的二次力(包括弹性变形和其他损失所产生的变形)可由预加应力时所引起的弹

性变形二次力，乘以预应力筋预拉力的平均有效系数 C 求得。平均有效系数按下式计算：

$$C=\frac{P_e}{P} \tag{4.3.6}$$

式中 C——平均有效系数；

P_e——预应力损失全部完成后，预应力筋的平均预拉力(MN)；

P——预应力瞬时损失完成后，预应力筋的平均预拉力(MN)。

4.3.7 连续梁中间支承处的负弯矩（当支座设置在腹板范围内时）计算可考虑支承宽度和梁高对负弯矩的折减影响(图 4.3.7)，按下列公式计算：

$$M_e=M-M' \tag{4.3.7—1}$$

$$M'=\frac{1}{8}ga^2 \tag{4.3.7—2}$$

$$g=\frac{R}{a} \tag{4.3.7—3}$$

式中 M_e——折减后的支点计算负弯矩(MN·m)；

M——由计算荷载产生的支点负弯矩(按理论支承计算)(MN·m)；

M'——折减弯矩(MN·m)；

g——梁的支承反力 R 在支座两侧向上按 45°分布于重心轴 $G—G$ 水平处的荷载(MN/m)；

a——在支座两侧向上按 45°扩大交于重心轴 $G—G$ 的长度(m)。

按式(4.3.7—1)计算结果，M_e/M 不得小于 0.9，如小于 0.9，则按 0.9 计算。

4.3.8 箱形梁应考虑由于荷载偏心所产生的扭矩和荷载分配等因素。对单线单室箱梁，当荷载偏心距较小(偏心率小于 0.1)时，可不考虑由于偏心引起的荷载分配问题。

图 4.3.7 中间支承处负弯矩折减计算图

4.3.9 箱形梁横截面，可按被支承在主梁腹板中心线下缘的箱形框架计算。计算所需的钢筋的 1/2 可兼作主梁抗剪或抗扭箍筋。

4.3.10 箱形梁应考虑截面温差所引起的纵向和横向温差应力。温差荷载包括日照温差荷载和降温温差荷载，须分别进行计算。温差荷载和温差应力可按附录 B 的规定计算。

4.3.11 计算温差应力时，对于日照温差宜采用混凝土的受压弹性模量；对于降温温差宜采用 0.8 倍的受压弹性模量。

4.3.12 计算主力和温差应力组合时，可不再与其他附加力组合。此时，材料容许应力可提高 20%。

4.4 刚架的计算

4.4.1 刚架应按下列规定计算：

1 刚架的超静定力应按弹性理论计算，可不计法向力及剪力对变形的影响；

2 对于变高度（变截面）刚架，应考虑其高度（截面）变化的影响；

3 刚架计算必须考虑杆件刚度比及支承的固定程度，设计时假定的单位长度上的刚度比与计算所得的刚度比之差不得超过30%，否则应重新计算。

4.4.2 刚架计算时应考虑基础不均匀变位（线位移和角位移）、温度变化及混凝土收缩、徐变的影响；预应力混凝土刚架计算时尚应考虑预加力产生的二次力。但在检算破坏阶段的截面强度时，可不计预加力产生的二次力。

4.4.3 施工过程中发生体系转换时，可按本规范第4.3.5条的规定计算。

4.4.4 刚架的轴线为杆件截面的重心线，除梗肋特别大的情况外，可不计梗肋的影响。

刚架轴线的长度，对于梁为柱的轴线间的距离 l，对于柱为梁的轴线间的距离 h_2 或从梁轴线到固定支承的基础顶面间的距离 h_1［如图4.4.4(a)］或从梁的轴线到铰支承的铰中心的距离 h_1［如图4.4.4(b)］。

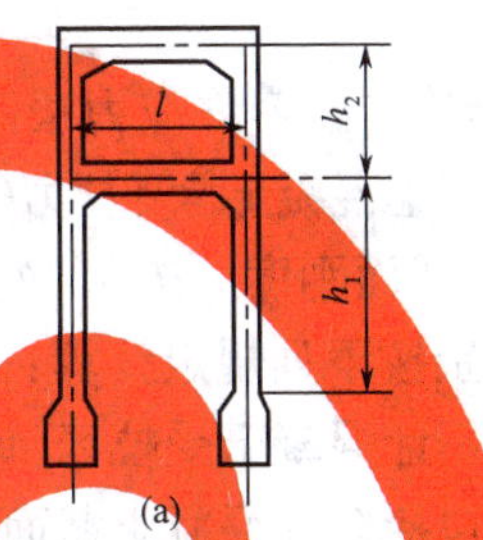

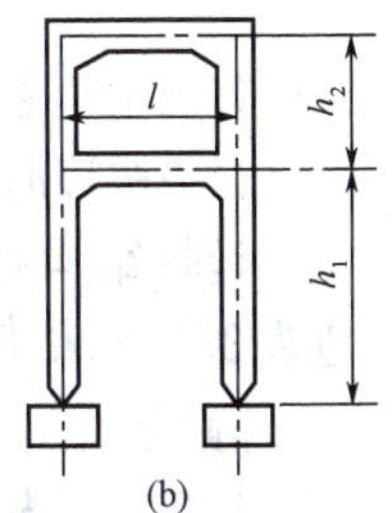

图4.4.4 刚架轴线计算图

4.4.5 刚架中梁截面应按本规范第4.3节的有关规定计算。

4.5 墩台的计算

4.5.1 钢筋混凝土墩台的计算应符合铁道部现行《铁路桥涵设计基本规范》(TB 10002.1—2005)中关于墩台的规定。计算时可不考虑截面合力偏心的要求。

4.5.2 钢筋混凝土墩台，还应考虑局部稳定、抗裂性、振动、温差及混凝土收缩的影响。

4.6 拱桥的计算

4.6.1 拱桥的计算应符合铁道部现行《铁路桥涵设计基本规范》(TB 10002.1—2005)中关于拱桥的规定。

4.6.2 计算超静定拱圈（或拱肋）的温差和混凝土收缩应力时，应根据实际资料考虑混凝土徐变的影响；当缺乏具体资料时，可按弹性体系计算，所用的弹性模量，可近似地分别采用混凝土受压弹性模量的0.7和0.45倍。

4.6.3 对分阶段施工的超静定拱，当发生体系转换时，应考虑由于混凝土徐变引起的内力重分布。

4.7 涵洞的计算

4.7.1 涵洞的计算应符合铁道部现行《铁路桥涵设计基本规范》(TB 10002.1—2005)中关于涵洞的规定。

5　钢筋混凝土结构

5.1　一 般 要 求

5.1.1　钢筋混凝土结构应按容许应力法设计。

计算强度时,不应考虑混凝土承受拉力(除主拉应力检算外),拉力应完全由钢筋承受。

计算结构变形时,截面刚度应按 $0.8E_cI$ 计算,E_c 为混凝土的受压弹性模量,应按本规范表3.1.5采用,I 分别按下列规定计算:

静 定 结 构——不计混凝土受拉区,计入钢筋;

超静定结构——包括全部混凝土截面,不计钢筋。

5.1.2　受弯及偏心受压构件的截面最小配筋率(仅计受拉区钢筋)不应低于表5.1.2所列数值。

表 5.1.2　截面最小配筋率(%)

钢 筋 种 类	混 凝 土 强 度 等 级		
	C20	C25 ~ C45	C50 ~ C60
HPB235	0.15	0.20	0.25
HRB335	0.10	0.15	0.20
HRB400	0.10	0.15	0.30

5.1.3　换算截面时,钢筋的弹性模量与混凝土的变形模量之比 n 应按表5.1.3采用。

表 5.1.3　n　值

结构类型 \ 混凝土强度等级	C20	C25 ~ C35	C40 ~ C60
桥跨结构及顶帽	20	15	10
其 他 结 构	15	10	8

5.2　计　　算

5.2.1　混凝土的容许应力应按表5.2.1采用。

图5.2.1中

a——矩形局部承压面积 A_c 长边的1/2;

b——A_c 短边的1/2;

c——A_c 的外边缘至构件边缘的最小距离;

$d/2$——圆形局部承压面积 A_c 的圆心至构件边缘的最小距离。

$$\beta=\sqrt{\frac{A}{A_c}}$$

表 5.2.1　混凝土的容许应力(MPa)

序号	应力种类	符号	混凝土强度等级								
			C20	C25	C30	C35	C40	C45	C50	C55	C60
1	中心受压	$[\sigma_c]$	5.4	6.8	8.0	9.4	10.8	12.0	13.4	14.8	16.0
2	弯曲受压及偏心受压	$[\sigma_b]$	6.8	8.5	10.0	11.8	13.5	15.0	16.8	18.5	20.0
3	有箍筋及斜筋时的主拉应力	$[\sigma_{tp-1}]$	1.53	1.80	1.98	2.25	2.43	2.61	2.79	2.97	3.15
4	无箍筋及斜筋时的主拉应力	$[\sigma_{tp-2}]$	0.57	0.67	0.73	0.83	0.90	0.97	1.03	1.10	1.17
5	梁部分长度中全由混凝土承受的主拉应力	$[\sigma_{tp-3}]$	0.28	0.33	0.37	0.42	0.45	0.48	0.52	0.55	0.58
6	纯剪应力	$[\tau_c]$	0.85	1.00	1.10	1.25	1.35	1.45	1.55	1.65	1.75
7	光钢筋与混凝土之间的黏结力	$[c]$	0.71	0.83	0.92	1.04	1.13	1.21	1.29	1.38	1.46
8	局部承压应力 A——计算底面积 A_c——局部承压面积	$[\sigma_{c-1}]$	$5.4\times\sqrt{\frac{A}{A_c}}$	$6.8\times\sqrt{\frac{A}{A_c}}$	$8.0\times\sqrt{\frac{A}{A_c}}$	$9.4\times\sqrt{\frac{A}{A_c}}$	$10.8\times\sqrt{\frac{A}{A_c}}$	$12.0\times\sqrt{\frac{A}{A_c}}$	$13.4\times\sqrt{\frac{A}{A_c}}$	$14.8\times\sqrt{\frac{A}{A_c}}$	$16.0\times\sqrt{\frac{A}{A_c}}$

注:1　计算主力加附加力时,第1、2及8项容许应力可提高30%;
2　对厂制及工艺符合厂制条件的构件,第1、2及8项容许应力可提高10%;
3　当检算架桥机架梁产生的应力时,第1、2及8项容许应力在主力加附加力的基础上可再提高10%;
4　带肋钢筋与混凝土之间的黏结力按表列第7项数值的1.5倍采用;
5　第8项中的计算底面积 A 按图5.2.1计算,但该部分的混凝土厚度应大于底面积 A 的短边尺寸。

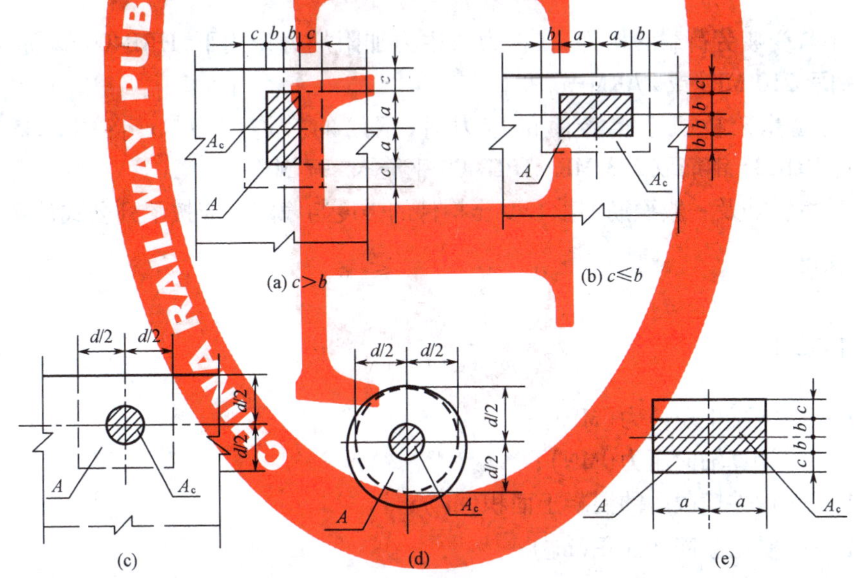

图 5.2.1　计算底面积 A 示意图

β 在(a)、(b)、(c)、(d)情况下不大于3,在(e)情况下不大于1.5。

5.2.2　钢筋的容许应力应按下列规定采用:

1　HPB235 钢筋在主力或主力加附加力作用下,容许应力 $[\sigma_s]$ 分别为 130 MPa 或 160 MPa。

2　HRB335 钢筋

1)母材及纵向加工(打磨)的闪光对焊接头在主力或主力加附加力作用下,容许应力 $[\sigma_s]$ 分别为 180 MPa 或 230 MPa。

2)未经纵向加工的闪光对焊接头在主力作用下,容许应力应按表5.2.2—1采用。

表5.2.2—1 HRB335钢筋主力作用下焊接接头容许应力[σ_s](MPa)

钢筋直径(mm)	应力比ρ			
	0.2	0.3	0.4	≥0.5
$d \leqslant 16$	175	180	180	180
$16 < d \leqslant 25$	150	165	180	180
$d = 28$	140	155	170	180

注:钢筋最小与最大应力比ρ位于表中数值之间时,容许应力可按线性内插确定。

3)未经纵向加工的闪光对焊接头在主力加附加力作用下,容许应力按表5.2.2—2采用。

表5.2.2—2 HRB335钢筋主力加附加力作用下焊接接头容许应力[σ_s](MPa)

钢筋直径(mm)	应力比ρ			
	0.2	0.3	0.4	≥0.5
$d \leqslant 16$	230	230	230	230
$16 < d \leqslant 25$	195	215	230	230
$d = 28$	182	202	221	230

3 不承受疲劳荷载的构件,在主力或主力加附加力作用下,HRB400钢筋容许应力[σ_s]分别取210 MPa或270 MPa。

4 当检算架桥机架梁产生的应力时,钢筋的容许应力[σ_s]:HPB235钢筋取176 MPa、HRB335钢筋取253 MPa、HRB400钢筋取297 MPa。

5.2.3 具有纵筋及一般箍筋的轴心受压构件的强度与稳定性应按下列公式计算:

1 强度:

$$\sigma_c = \frac{N}{A_c + mA'_s} \leqslant [\sigma_c] \tag{5.2.3—1}$$

2 稳定性:

$$\sigma_c = \frac{N}{\varphi(A_c + mA'_s)} \leqslant [\sigma_c] \tag{5.2.3—2}$$

式中 σ_c——混凝土压应力(MPa);

N——计算轴向压力(MN);

A_c——构件横截面的混凝土面积(m^2);

A'_s——受压纵筋截面积(m^2);

m——钢筋抗拉强度标准值与混凝土抗压极限强度之比,应按表5.2.3—1采用;

表5.2.3—1 m 值

钢筋种类	混凝土强度等级								
	C20	C25	C30	C35	C40	C45	C50	C55	C60
HPB235	17.4	13.8	11.8	10.0	8.7	7.8	7.0	6.4	5.9
HRB335	24.8	19.7	16.8	14.3	12.4	11.2	10.0	9.1	8.4
HRB400	29.6	23.5	20.0	17.0	14.8	13.3	11.9	10.8	10.0

$[\sigma_c]$——混凝土容许压应力，应按表5.2.1采用(MPa)；

φ——纵向弯曲系数，应根据构件的长细比按表5.2.3—2采用。

表5.2.3—2 纵向弯曲系数 φ 值

l_0/b	≤8	10	12	14	16	18
l_0/d	≤7	8.5	10.5	12	14	15.5
l_0/i	≤28	35	42	48	55	62
φ	1.0	0.98	0.95	0.92	0.87	0.81
l_0/b	20	22	24	26	28	30
l_0/d	17	19	21	22.5	24	26
l_0/i	69	76	83	90	97	104
φ	0.75	0.70	0.65	0.60	0.56	0.52

注：l_0——构件计算长度(m)；
两端刚性固定时 $l_0=0.5l$
一端刚性固定另一端为不移动的铰时 $l_0=0.7l$
两端均为不移动的铰时 $l_0=l$
一端刚性固定另一端为自由端时 $l_0=2l$
其中 l 为构件的全长(m)；
拱桥 l_0 应按铁道部现行《铁路桥涵设计基本规范》(TB 10002.1—2005)的有关规定取值。
b——矩形截面构件的短边尺寸(m)；
d——圆形截面构件的直径(m)；
i——任意形状截面构件的回转半径(m)。

5.2.4 采用螺旋式或焊接环式间接钢筋的轴心受压构件，其强度应按下列公式计算：

$$\sigma_c=\frac{N}{A_{he}+mA_s'+2.0m'A_j}\leqslant[\sigma_c] \tag{5.2.4—1}$$

$$A_j=\frac{\pi d_{he}a_j}{s} \tag{5.2.4—2}$$

式中 A_{he}——构件核心截面面积(m^2)；

m,m'——纵筋及间接钢筋的抗拉强度标准值与混凝土抗压极限强度之比，均应按本规范表5.2.3—1采用；

A_j——间接钢筋的换算面积(m^2)；

d_{he}——构件核心直径(m)；

a_j——单根间接钢筋的截面积(m^2)；

s——间接钢筋的间距(m)；

A_s'——纵筋的换算面积(m^2)。

构件因使用螺旋式或焊接环式间接钢筋而增加的承载能力，不应超过未使用间接钢筋时的60%，当长细比 l_0/i 大于28时，应不再考虑间接钢筋的影响。

5.2.5 受弯构件的强度应按下列公式计算：

1 混凝土的压应力

$$\sigma_c=\frac{M}{W_0}\leqslant[\sigma_b] \tag{5.2.5—1}$$

2 钢筋的拉应力

$$\sigma_s=n\cdot\frac{M}{W_s}\leqslant[\sigma_s] \tag{5.2.5—2}$$

式中　σ_c——混凝土压应力(MPa);

σ_s——钢筋拉应力(MPa);

M——计算弯矩(MN·m);

W_0,W_s——对混凝土受压边缘及对所检算的受拉钢筋重心处的换算截面抵抗矩(m^3);

n——钢筋的弹性模量与混凝土的变形模量之比,应按本规范表 5.1.3 采用,当采用多层钢筋时,应计算最外一层钢筋的应力。

3　中性轴处的剪应力

$$\tau = \frac{V}{bz} \leqslant [\sigma_{tp-1}] \tag{5.2.5—3}$$

式中　τ——中性轴处的剪应力(MPa);

V——计算剪力(MN);

b——构件中性轴处的腹板厚度(m);

z——内力偶的力臂(m)。

当不满足式(5.2.5—3)要求时,应修改截面尺寸或提高混凝土强度等级。

变高度梁的剪应力计算应考虑高度变化的影响。

4　当梁中各截面剪应力均小于或等于$[\sigma_{tp-2}]$时,可不进行抗剪强度检算,而按构造要求配置箍筋。否则,对于剪应力大于$[\sigma_{tp-3}]$的区段,应力应全部由钢筋(箍筋或斜筋)承担。

5　对受弯构件除计算中性轴处的剪应力外,还应按下式检算板与梗相交处(图 5.2.5—1 截面Ⅰ—Ⅰ,Ⅰ′—Ⅰ′)的剪应力:

$$\tau' = \tau \cdot \frac{b}{h_f'} \cdot \frac{S_1}{S} \leqslant [\tau_c] \tag{5.2.5—4}$$

式中　τ'——板与梗相交处的剪应力(MPa);

τ——梗内中性轴处的剪应力(MPa);

$[\tau_c]$——纯剪时混凝土的容许剪应力(MPa);

h_f'——截面Ⅰ—Ⅰ或Ⅰ′—Ⅰ′处的上翼缘高度(m);

S_1——截面Ⅰ—Ⅰ或Ⅰ′—Ⅰ′以外部分面积对中性轴的面积矩(m^3);

S——中性轴以上部分面积对中性轴的面积矩(m^3)。

6　当受拉区的翼缘突出梁梗较大时,尚应按下式检算梁梗与翼缘相交处(图 5.2.5—2 截面Ⅱ—Ⅱ)的剪应力:

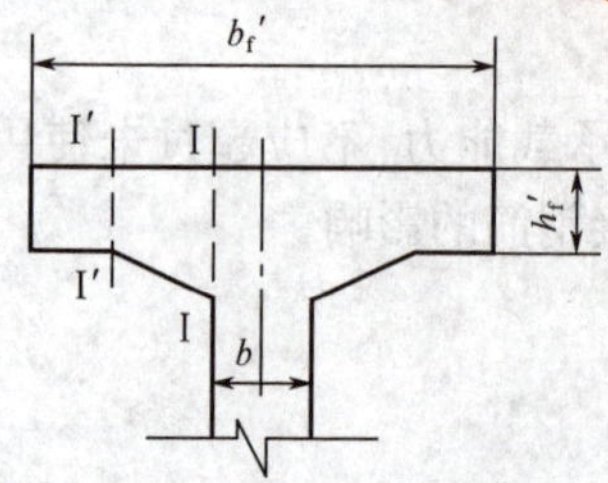

图 5.2.5—1　上翼缘应力检算示意图

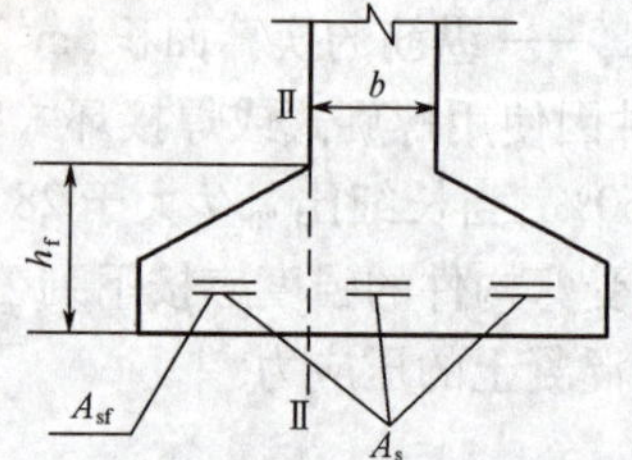

图 5.2.5—2　下翼缘应力检算示意图

$$\tau'' = \tau \cdot \frac{b}{h_f} \cdot \frac{A_{sf}}{A_s} \leqslant [\tau_c] \tag{5.2.5—5}$$

式中 τ''——梁梗与下翼缘相交处的剪应力(MPa);

h_f——下翼缘高度(m);

A_{sf}——下翼缘悬出部分的受拉钢筋截面积(m^2);

A_s——下翼缘受拉钢筋总截面积(m^2)。

5.2.6 偏心受压构件的强度应按下列公式计算:

1 混凝土的压应力

$$\sigma_c = \frac{N}{A_0} + \frac{\eta M}{W_0} \leqslant [\sigma_b] \quad (5.2.6\text{—}1)$$

$$\eta = \frac{1}{1 - \dfrac{KN}{\alpha \dfrac{\pi^2 E_c I_c}{l_0^2}}} \quad (5.2.6\text{—}2)$$

$$\alpha = \frac{0.1}{0.2 + \dfrac{e_0}{h}} + 0.16 \quad (5.2.6\text{—}3)$$

式中 σ_c——混凝土的压应力(MPa);

N——换算截面重心处的计算轴向压力(MN);

A_0 及 W_0——钢筋混凝土换算截面积(不计受拉区)及其对受压边缘或受压较大边缘的截面抵抗矩,分别以 m^2 和 m^3 计;

M——计算弯矩(MN·m);

η——挠度对偏心距影响的增大系数;

K——安全系数,主力时用 2.0,主力 + 附加力时用 1.6;

E_c——混凝土的受压弹性模量,应按本规范表 3.1.5 采用(MPa);

I_c——混凝土全截面的惯性矩(m^4);

α——考虑偏心距对 η 值的影响系数;

e_0——轴向力作用点至构件截面重心的距离(m);

h——弯曲平面内的截面高度(m);

l_0——压杆计算长度,应按本规范表 5.2.3—2 的注采用(m)。

求截面的中性轴时,应采用纵向弯曲后所增大的偏心:

$$e = \frac{\eta M}{N} \quad (5.2.6\text{—}4)$$

式中 e——纵向弯曲后所增大的偏心(m)。

除混凝土的压应力外,尚应计算受压钢筋及受拉钢筋的应力。

偏心受压构件尚应按轴心受压构件验算垂直于弯矩作用平面的稳定性,此时,不考虑弯矩作用,但应按本规范第 5.2.3 条考虑纵向弯曲的影响。

2 混凝土的剪应力

$$\tau = \frac{VS_c}{bI_0'} \quad (5.2.6\text{—}5)$$

式中 τ——混凝土的剪应力(MPa);

V——计算剪力(MN);

S_c——计算点以上部分换算面积对构件换算截面(不计混凝土受拉区)重心轴的面

积矩(m^3);

I_0'——换算截面对重心轴的惯性矩(m^4)。

当中性轴在截面以内时,应将中性轴处的剪应力(即主拉应力)与按式(5.2.6—6)计算的换算截面重心轴上的主拉应力相比较,取其较大者控制设计。

当中性轴在截面以外时,则最大剪应力 τ 发生在换算截面的重心轴上,其相应的主拉应力按下式计算:

$$\sigma_{tp}=\frac{\sigma_c}{2}-\sqrt{\frac{\sigma_c^2}{4}+\tau^2} \tag{5.2.6—6}$$

式中 σ_{tp}——主拉应力(MPa);

τ——截面重心轴上的剪应力(MPa);

σ_c——截面重心轴上的压应力(MPa)。

5.2.7 钢筋混凝土结构构件的计算裂缝宽度不应超过表5.2.7规定的容许值。

表5.2.7 裂缝宽度容许值[ω_f](mm)

结构构件所处环境条件			[ω_f]
水下结构或地下结构	长期处于水下或潮湿的土壤中	无侵蚀性介质	0.25
		有侵蚀性介质	0.20
	处于水位经常反复变动的条件下	无侵蚀性介质	0.20
		有侵蚀性介质	0.15
一般大气条件下的地面结构	有防护措施	—	0.25
	无防护措施	—	0.20

注:表列数值为主力作用时的容许值,当主力加附加力作用时可提高20%。

5.2.8 钢筋混凝土矩形、T形及工字形截面受弯及偏心受压构件的计算裂缝宽度可按下列公式计算:

$$\omega_f=K_1K_2r\frac{\sigma_s}{E_s}\left(80+\frac{8+0.4d}{\sqrt{\mu_z}}\right) \tag{5.2.8—1}$$

$$K_2=1+\alpha\frac{M_1}{M}+0.5\frac{M_2}{M} \tag{5.2.8—2}$$

$$\mu_z=\frac{(\beta_1n_1+\beta_2n_2+\beta_3n_3)A_{sl}}{A_{cl}} \tag{5.2.8—3}$$

$$A_{cl}=2ab \tag{5.2.8—4}$$

式中 ω_f——计算裂缝宽度(mm);

K_1——钢筋表面形状影响系数,对光钢筋 $K_1=1.0$,带肋钢筋 $K_1=0.8$;

K_2——荷载特征影响系数;

α——系数,对光钢筋取0.5,对带肋钢筋取0.3;

M_1——活载作用下的弯矩(MN·m);

M_2——恒载作用下的弯矩(MN·m);

M——全部计算荷载作用下的弯矩,当主力作用时为恒载弯矩与活载弯矩之和,主力加附加力作用时为恒载弯矩、活载弯矩及附加力弯矩之和(MN·m);

r——中性轴至受拉边缘的距离与中性轴至受拉钢筋重心的距离之比，对梁和板，r 可分别采用 1.1 和 1.2；

σ_s——受拉钢筋重心处的钢筋应力（MPa）；

E_s——钢筋的弹性模量（MPa）；

d——受拉钢筋直径（mm）；

μ_z——受拉钢筋的有效配筋率；

n_1,n_2,n_3——单根，两根一束，三根一束的受拉钢筋根数；

β_1,β_2,β_3——考虑成束钢筋的系数，对单根钢筋 $\beta_1=1.0$，两根一束 $\beta_2=0.85$，三根一束 $\beta_3=0.70$；

A_{s1}——单根钢筋的截面积（m^2）；

A_{c1}——与受拉钢筋相互作用的受拉混凝土面积，取为与受拉钢筋重心相重的混凝土面积（即图 5.2.8 中的阴影面积，图中 a 为钢筋重心至受拉边缘的距离）（m^2）。

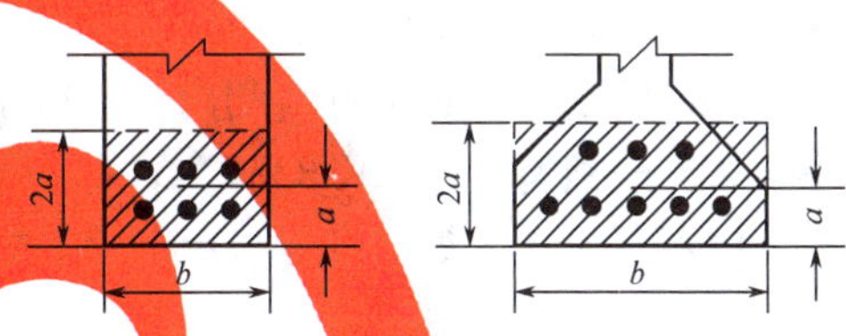

图 5.2.8　A_{c1} 计算示意图

5.2.9　钢筋混凝土圆形或环形截面偏心受压构件的计算裂缝宽度，可按下列公式计算：

$$\omega_f=K_1K_2K_3r\frac{\sigma_s}{E_s}\left(100+\frac{4+0.2d}{\sqrt{\mu_z}}\right) \tag{5.2.9—1}$$

$$r=\frac{2R-x}{R+r_s-x}\leqslant 1.2 \tag{5.2.9—2}$$

$$\mu_z=\frac{(\beta_1n_1+\beta_2n_2+\beta_3n_3)A_{s1}}{A_z} \tag{5.2.9—3}$$

$$A_z=4\pi r_s(R-r_s) \tag{5.2.9—4}$$

式中　K_1,K_2——同第 5.2.8 条；

K_3——截面形状系数，对圆形截面 K_3 取 1.0，对环形截面 K_3 取 1.1；

r——中性轴至受拉边缘的距离与中性轴至最大拉应力钢筋中心的距离之比（按图 5.2.9—1 计算），当 $r>1.2$ 时，取为 1.2；

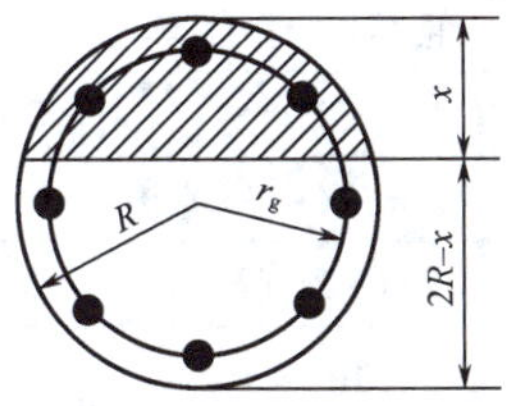

图 5.2.9—1　r 计算示意图

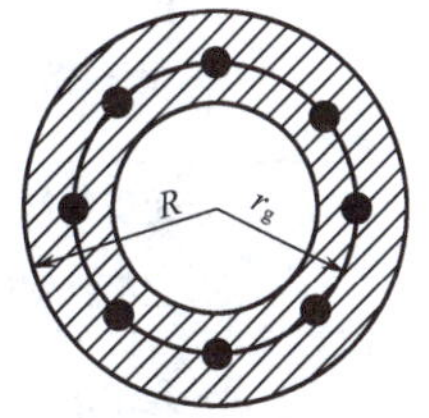

图 5.2.9—2　A_z 计算示意图

σ_s——钢筋的最大拉应力（MPa）；

d——纵向钢筋直径，当钢筋直径不同时，按大直径取用（mm）；

μ_z——纵向钢筋的有效配筋率,当μ_z小于0.005时,按0.005采用;计算时,n_1~n_3应计入全部纵向钢筋;

A_z——与纵向钢筋相互作用的混凝土面积(图5.2.9—2中的阴影面积)(m^2)。

5.3 构　　造

5.3.1 受拉区域的钢筋可以单根或两至三根成束布置,钢筋的净距不得小于钢筋的直径(对带肋钢筋为计算直径),并不得小于30 mm。当钢筋(包括成束钢筋)层数等于或多于三层时,其净距横向不得小于1.5倍的钢筋直径并不得小于45 mm,竖向仍不得小于钢筋直径并不得小于30 mm。

光钢筋端部半圆形弯钩的内径不得小于2.5倍钢筋直径,带肋钢筋直钩的半径不得小于2.5倍钢筋直径(HRB335)或3.5倍钢筋直径(HRB400),并在钩的端部留一直段,其长度不小于3倍钢筋直径(HRB335)或5倍钢筋直径(HRB400)(图5.3.1)。

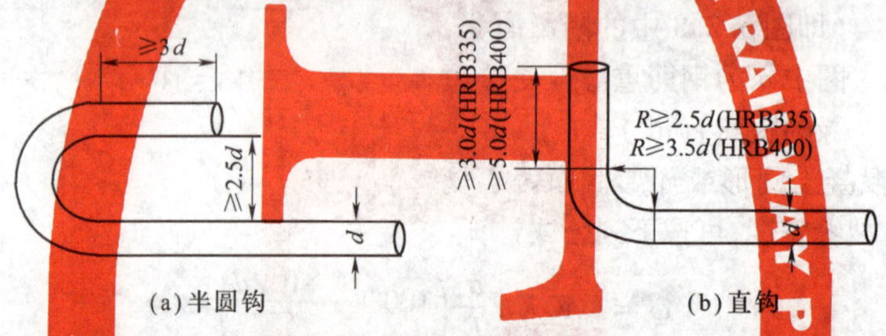

(a)半圆钩　　(b)直钩

图5.3.1 钢筋标准弯钩图

5.3.2 钢筋混凝土结构最外层钢筋的净保护层厚度不得小于35 mm,并不宜大于50 mm。对于顶板有防水层及保护层的最外层钢筋净保护层不得小于30 mm。

5.3.3 钢筋的锚固及最小弯曲半径应符合下列规定:

1 钢筋最小锚固长度应符合表5.3.3的规定;

2 梁端部钢筋伸过支点的长度应不小于10倍的钢筋直径,并设置标准弯钩;

3 钢筋的最小弯曲半径:

HPB235钢筋的最小弯曲半径应为10倍钢筋直径,HRB335钢筋的最小弯曲半径应为12倍钢筋直径,HRB400钢筋的最小弯曲半径应为14倍钢筋半径。

表5.3.3 钢筋最小锚固长度(mm)

<table>
<tr><th rowspan="2">钢筋种类</th><th rowspan="2" colspan="3">锚固条件</th><th colspan="3">混凝土强度等级</th></tr>
<tr><th>C20</th><th>C25</th><th>C30~C60</th></tr>
<tr><td rowspan="7">HPB235</td><td colspan="3">受压钢筋</td><td colspan="3">30d或(10d+直钩)</td></tr>
<tr><td colspan="3">受拉构件钢筋</td><td>30d+半圆钩</td><td>25d+半圆钩</td><td>20d+半圆钩</td></tr>
<tr><td colspan="2" rowspan="2">受弯及偏心受压构件中的受拉钢筋</td><td>锚于受压区</td><td colspan="3">10d+直钩</td></tr>
<tr><td>锚于受拉区</td><td colspan="3">20d+半圆钩</td></tr>
<tr><td rowspan="3">弯起钢筋</td><td colspan="2">伸入受压区长度不小于20d</td><td colspan="3">不设与纵筋平行的直段,端部采用直钩</td></tr>
<tr><td colspan="2">伸入受压区长度小于20d</td><td colspan="3">设与纵筋平行的长度为10d直段,并加直钩</td></tr>
<tr><td colspan="2">锚于受拉区</td><td colspan="3">25d+半圆钩</td></tr>
</table>

续上表

钢筋种类	锚固条件		混凝土强度等级		
			C20	C25	C30 ~ C60
HRB335	受压钢筋		$25d$ 或（$15d$ + 直钩）		
	受拉构件钢筋		$35d$ + 直钩	$30d$ + 直钩	$25d$ + 直钩
	受弯及偏心受压构件中的受拉钢筋自不受力处算起的锚固长度	锚于受压区	$15d$		
		锚于受拉区	$25d$ + 直钩		
	弯起钢筋	伸入受压区长度不小于 $25d$	不设与纵筋平行的直段		
		伸入受压区长度小于 $25d$	设与纵筋平行长度为 $20d$ 的直段		
		锚于受拉区	$25d$ + 直钩		
HRB400	受压钢筋		$30d$ 或（$20d$ + 直钩）		
	受拉构件钢筋		$40d$ + 直钩	$35d$ + 直钩	$30d$ + 直钩
	受弯及偏心受压构件中的受拉钢筋自不受力处算起的锚固长度	锚于受压区	$20d$		
		锚于受拉区	$30d$ + 直钩		
	弯起钢筋	伸入受压区长度不小于 $30d$	不设与纵筋平行的直段		
		伸入受压区长度小于 $30d$	设与纵筋平行长度为 $20d$ 的直段		
		锚于受拉区	$30d$ + 直钩		

注：1　表中 d 为钢筋计算直径；
2　受拉的 HRB335 和 HRB400 钢筋直径大于 25 mm 时，其锚固长度应按表中值加 $5d$；
3　受弯及大偏心受压构件中的受拉钢筋截断时宜避开受拉区，表中数值仅在困难条件下采用。

5.3.4　轴心受压构件的配筋构造应符合下列规定：

1　仅受轴心压力并配有纵筋及一般箍筋的构件：

1）纵筋截面积不应小于构件截面积的 0.5%，也不宜大于 3%；

2）纵筋的直径不宜小于 12 mm；

3）箍筋的间距不应超过纵筋直径的 15 倍，也不应大于构件横截面的最小尺寸；

4）箍筋的直径不应小于纵筋直径的 1/4，也不应小于 6 mm。

2　当采用螺旋筋时：

1）纵筋的截面积不应小于螺旋筋圈内核心截面积的 0.5%；

2）核心截面积不应小于构件截面积的 2/3；

3）螺旋筋的螺距不应大于核心直径的 1/5，也不应大于 80 mm；

4）螺旋筋换算截面不应小于纵筋的截面积，也不应超过该截面积的 3 倍；

5）纵筋截面积与螺旋筋换算截面积之和不应小于核心截面积的 1.0%。

5.3.5　在杆件的受拉区域凹角处布置钢筋时，不得将钢筋按凹角弯曲，必须设置互相交叉形成凹角的单独钢筋，此外在该处尚应设置足以承受不小于所有纵向钢筋合力 35% 的横向钢筋。

5.3.6　对直径大于 25 mm 的光钢筋以及所有带肋钢筋的接头均不得采用搭接。直径较小的光钢筋可采用搭接，此时钢筋端部应弯成半圆形弯钩，两钩切点间的距离对受拉钢筋不得小于 30 *d*，对受压钢筋不得小于 20 *d*。在搭接范围内应用铁丝捆扎。

焊接接头的抗拉强度不应低于钢筋本身的强度。

5.3.7　板的一般构造可按表 5.3.7 采用。

表 5.3.7　板的一般构造

项　　目	板的种类	
	道砟槽板	人行道板
板的最小厚度(mm)	120	80
板内受力钢筋最小直径(mm)	10	8
板内受力钢筋最大间距(mm)	200	200
板内受力钢筋伸入支点数量	不少于 3 根及跨度中间钢筋截面积的 1/4	—
板内分配钢筋最小直径(mm)	8	6
板内分配钢筋最大间距(mm)	300	—

注:1　预制人行道板的最小厚度可用 70 mm;
　　2　在所有受力钢筋转折处均应设置分配钢筋。

5.3.8　根据计算板内不需要斜筋时,也应采用弯起钢筋并采用适当的架立钢筋(人行道板除外)。

5.3.9　梁式板如不仅支承于主梁上,同时也支承于横隔板上时,则在横隔板上方的板顶部,应设置垂直于横隔板的钢筋,其直径不应小于分配钢筋的直径,其间距不应大于 200 mm,也不应大于板厚的 2 倍。

5.3.10　布置四周支承双向板的钢筋时,可将板沿纵向及横向各划分为三部分。靠边部分的宽度均为板的短边宽度的 1/4。中间部分的钢筋按计算数量设置,靠边部分的钢筋则按半数设置,其间距不应大于 250 mm,也不应大于板厚的 2 倍。

5.3.11　道砟槽的边墙应设置必要的断缝。当人行道悬臂板与边墙或道砟槽板筑成整体时,也应设置断缝。

5.3.12　梁式桥两主梁之间应根据梁腹板的高度和厚度在支点及跨间设置横隔板(必要时增设加劲肋)。分片式 T 梁必须设置横隔板。

5.3.13　梁内应设置直径不小于 8 mm 的箍筋,其间距当支撑受拉钢筋时不应大于梁高的 3/4 及 300 mm;当支撑受压钢筋时不应大于受力钢筋直径的 15 倍及 300 mm。支座中心两侧各相当梁高 1/2 的长度范围内,箍筋间距不应大于 100 mm。每一箍筋一行上所箍的受拉钢筋不应多于 5 根,受压钢筋不应多于 3 根。承受扭矩作用的梁,箍筋应制成封闭式。

5.3.14　梁内弯起钢筋可沿梁高的中线布置,并使任何一个与梁轴垂直的截面最少与一根斜筋相交。斜筋与梁轴所成的斜角宜采用 45°,且不应小于 30°,也不应大于 60°。

5.3.15　梁内伸入支点的主钢筋不得少于跨中截面主钢筋数量的 1/4,并且不少于 2 根,伸入支点的长度不得小于 10 倍的钢筋直径,并加设标准弯钩。

5.3.16　梁高大于 1 m 时,在梁腹高度范围内应设置纵向水平钢筋,其间距为 100 ~ 150 mm,直径不应小于 8 mm。

5.3.17　跨度等于和大于 12 m 的钢筋混凝土梁宜采用带肋钢筋(包括受力钢筋及构造钢筋)。

5.3.18　梁体悬臂板外侧下缘宜设置防止雨水流向梁腹的滴水槽(檐)。

5.3.19　钢筋混凝土空心墩的最小壁厚不应小于 300 mm。

5.3.20　钢筋混凝土无铰拱桥的拱肋或拱圈的主要纵向钢筋应根据计算,可靠地锚固于

墩台内,其锚固长度除应符合本规范表5.3.3所规定的最小锚固长度外,还应遵守下列规定:

1 对于矩形截面的拱肋或拱圈,不小于拱脚截面高度的1.5倍;

2 对于T形和箱形截面的拱肋或拱圈,不小于拱脚截面高度的1/2。

5.3.21 钢筋混凝土拱上结构立柱纵向钢筋的两端,应伸入桥面梁及拱圈(拱肋)内,并可靠地锚住。当立柱高度小于其顺桥方向宽度的20倍时,上下两端宜设铰。

拱上结构横向刚架之立柱较高时,应设置横撑,其间距不宜大于刚架跨度的1.5~2倍。

5.3.22 分层浇筑的钢筋混凝土箱形截面拱肋(拱圈),以及双曲拱桥组合式的拱圈,在构造及施工上应采取可靠的措施,防止因混凝土收缩差及温度差引起的裂缝。

5.3.23 装配式钢筋混凝土拱桥构件连接处的接头,应保证结构的抗裂性。

5.3.24 钢筋混凝土墩台、拱桥及涵洞的构造,尚应符合铁道部现行《铁路桥涵设计基本规范》(TB 10002.1—2005)的有关规定。

6 预应力混凝土结构

6.1 一般要求

6.1.1 对预应力混凝土结构中的钢筋混凝土部分，除符合本章规定外，应按本规范第5章的规定办理。

6.1.2 本章的规定除特别说明外，对先张法和后张法结构均适用。

6.1.3 预应力混凝土结构，其预应力度 λ 不宜小于0.7。

预应力度按下式定义：

$$\lambda = \frac{\sigma_c}{\sigma} \tag{6.1.3}$$

式中 σ——由运营荷载（不包括预加力）引起的构件控制截面受拉边缘的应力（MPa）；

σ_c——由预加力（扣除全部预应力损失）引起的构件控制截面受拉边缘的预压应力（MPa）。

6.1.4 预应力筋的布置应对称于构件截面的几何竖轴线，否则，在确定构件的内力时尚须考虑预加力对截面竖轴线的偏心影响。

6.1.5 预应力混凝土桥涵结构应按下列规定检算其强度、抗裂性、应力、裂缝宽度及变形：

1 按破坏阶段检算构件截面强度。构件在预加应力、运送、安装和运营阶段的破坏强度安全系数不应低于表6.1.5所列数值。

2 对不允许出现拉应力的预应力混凝土结构，按弹性阶段检算截面抗裂性，但在运营阶段正截面抗裂性检算中，应计入混凝土受拉塑性变形的影响。构件的抗裂安全系数不应低于表6.1.5所列数值。

3 按弹性阶段检算预加应力、运送、安装和运营等阶段构件内的应力；对允许开裂的预应力混凝土结构，检算运营阶段应力时，不应计入开裂截面受拉区混凝土的作用。

表6.1.5 安全系数

安全系数类别		符号	安全系数		
			主力	主力+附加力	安装荷载
强度安全系数	纵向钢筋达到抗拉计算强度，受压区混凝土达到抗压极限强度	K	2.0	1.8	1.8
	非预应力箍筋达到计算强度	K_1	1.8	1.6	1.5
	混凝土主拉应力达到抗拉极限强度	K_2	2.0	1.8	1.8
抗裂安全系数		K_f	1.2	1.2	1.1

注：1 对于制造工艺不符合工厂制造条件的结构，表6.1.5所列主力及主力加附加力作用下的各项强度安全系数均应增大10%；

2 关于架桥机通过时的截面检算应按本规范第6.4.14条办理。

4 运营阶段正截面混凝土拉应力超过 $0.7f_{ct}$ 时，应按开裂截面计算。

允许开裂的预应力混凝土结构，应检算其在运营阶段和架桥机通过时，开裂截面的裂缝宽度。

5　按弹性阶段计算梁的变形（挠度和转角）。

6.1.6　在有少量酸、碱、盐的液体或大量含氧的水、侵蚀性气体、侵蚀性工业或海洋大气等严重环境腐蚀条件下，不得采用允许开裂的预应力混凝土结构。

6.2　强度计算

6.2.1　轴心受拉构件的强度应按下式计算

$$KN \leqslant f_p A_p + f_s A_s \tag{6.2.1}$$

式中　N——计算轴向力（MN）；

K——强度安全系数，按本规范表6.1.5采用；

A_p，A_s——预应力钢筋和非预应力钢筋的截面面积（m^2）；

f_p，f_s——预应力钢筋及非预应力钢筋的抗拉计算强度，按本规范表3.2.3采用（MPa）。

6.2.2　矩形截面或翼缘位于受拉边的T形截面受弯构件，其正截面强度应按下列公式计算（图6.2.2）：

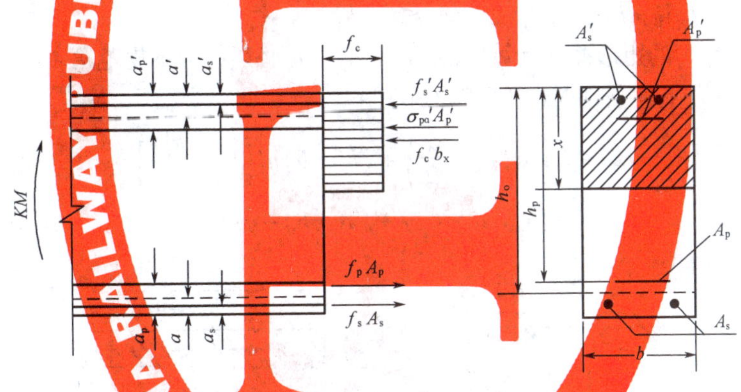

图6.2.2　矩形截面受弯构件正截面强度计算图

注：a，a'——钢筋A_p和A_s中应力的合力点及钢筋A_p'和A_s'中应力的合力点至截面最近边缘的距离（m）；
a_p，a_s——钢筋A_p中应力的合力点及钢筋A_s中应力的合力点至截面最近边缘的距离（m）；
a_p'，a_s'——钢筋A_p'中应力的合力点及钢筋A_s'中应力的合力点至截面最近边缘的距离（m）。

$$KM \leqslant f_c bx\left(h_0 - \frac{x}{2}\right) + \sigma_{pa}'A_p'(h_0 - a_p') + f_s'A_s'(h_0 - a_s') \tag{6.2.2—1}$$

中性轴位置按下式确定：

$$f_p A_p + f_s A_s - \sigma_{pa}'A_p' - f_s'A_s' = f_c bx \tag{6.2.2—2}$$

$$\sigma_{pa}' = f_p' - n_p \sigma_{c1} - \sigma_{p1}' \tag{6.2.2—3}$$

式中　M——计算弯矩（MN·m）；

f_c——混凝土抗压极限强度，按本规范表3.1.3采用（MPa）；

σ_{pa}'——相应于混凝土受压破坏时预应力筋A_p'中的应力（MPa）；

n_p——预应力钢筋弹性模量与混凝土弹性模量之比；

f_p'——预应力钢筋抗压计算强度，按本规范表3.2.3采用（MPa）；

σ_{c1}——预应力钢筋 A_p' 重心处混凝土的有效预压应力(MPa);

σ_{p1}'——混凝土应力为 σ_{c1} 时,预应力钢筋 A_p' 中的有效预应力(MPa);

h_0——截面有效高度(m);

f_s'——受压区非预应力钢筋的抗压计算强度(MPa);

A_s'——受压区非预应力钢筋的截面面积(m^2);

b——矩形截面宽度(m);

x——截面受压区高度(m)。

x 应符合下列条件:

$$x \leqslant 0.4h_p$$

$$x \geqslant 2a'$$

当 $x<2a'$ 时,可按下式计算:

$$KM \leqslant (f_pA_p + f_sA_s)(h_0 - a') \tag{6.2.2—4}$$

如按上式计算得的正截面强度比不考虑受压钢筋还小时,则应按不考虑受压钢筋计算。

注:如 σ_{pa}' 为负值,则钢筋 A_p' 不作为受压钢筋,上述 a' 应以 a_s' 代替。

6.2.3 翼缘位于受压区的T形或工字形截面受弯构件,其正截面强度应按下列规定计算:

1 当符合下列条件时:

$$f_pA_p + f_sA_s - \sigma_{pa}'A_p' - f_s'A_s' \leqslant f_cb_f'h_f' \tag{6.2.3—1}$$

应按宽度为 b_f' 的矩形截面计算〔图6.2.3(a)〕,b_f' 必须符合本规范第4.3.2条的规定。

2 当不符合上述条件时〔图6.2.3(b)〕:

$$KM \leqslant f_c\left[bx\left(h_0 - \frac{x}{2}\right) + (b_f' - b)h_f'\left(h_0 - \frac{h_f'}{2}\right)\right] + \sigma_{pa}'A_p'(h_0 - a_p') + f_s'A_s'(h_0 - a_s') \tag{6.2.3—2}$$

图6.2.3 T形截面受弯构件正截面强度计算图

此时,中性轴位置按下式确定:

$$f_pA_p + f_sA_s - \sigma_{pa}'A_p' - f_s'A_s' = f_c[bx + (b_f' - b)h_f'] \tag{6.2.3—3}$$

按上式求得的混凝土受压区高度应符合下列条件:

$$x \leqslant 0.4h_p$$

$$x \geqslant 2a'$$

当 $x<2a'$ 时,应按本规范式(6.2.2—4)计算。当按式(6.2.2—4)所得的正截面强度比不考虑受压钢筋还小时,则按不考虑受压钢筋计算。

6.2.4 受弯构件的斜截面抗弯强度及抗剪强度可按附录 C 计算。

6.2.5 矩形截面偏心受压构件的正截面强度应按下列公式计算：

1 大偏心受压构件（$x \leqslant 0.4h_0$）（图 6.2.5）

$$KN \leqslant f_c bx + \sigma'_{p\alpha} A_p + f'_s A'_s - f_p A_p - f_s A_s \tag{6.2.5—1}$$

此时，中性轴位置按下式确定：

$$f_p A_p e_p + f_s A_s e_s \mu \sigma'_{p\alpha} A'_p e'_p \mu f'_s A'_s e'_s = f_c bx\left(e - h_0 + \frac{x}{2}\right) \tag{6.2.5—2}$$

式中 e_p，e_s——轴向力 N 至受拉边预应力钢筋 A_p 及非预应力钢筋 A_s 中应力合力点的距离（m）；

e'_p，e'_s——轴向力 N 至受压边预应力钢筋 A'_p 及非预应力钢筋 A'_s 中应力合力点的距离（m）；

e——轴向力 N 至钢筋 A_p 与 A_s 应力合力点的距离（m）；

e'——轴向力 N 至钢筋 A'_p 与 A'_s 应力合力点的距离（m）。

图 6.2.5 大偏心受压构件正截面强度计算图

当轴向力 N 作用在钢筋 A'_p 与 A'_s 应力合力点和钢筋 A_p 与 A_s 应力合力点之间时，上式等号左边第 3、4 项取正号；反之则取负号。

若按上式计算的混凝土受压区高度 $x < 2a'$，则其正截面强度应按下式计算：

$$KN \leqslant \frac{(f_p A_p + f_s A_s)(h_0 - a')}{e'} \tag{6.2.5—3}$$

如按上式所求得的正截面强度比不考虑受压钢筋还小时，则应按不考虑受压钢筋计算。

2 小偏心受压构件（$x > 0.4h_0$）

$$KN \leqslant \frac{N_0}{1 + \left(\frac{N_0}{N_j} - 1\right)\frac{e_0}{e_{j0}}} \tag{6.2.5—4}$$

$$N_0 = f_c bh + \sigma'_{p\alpha} A'_p + f'_s A'_s + \sigma_{p\alpha} A_p + f'_s A_s \tag{6.2.5—5}$$

$$N_j = 0.4 f_c bh_0 + \sigma'_{p\alpha} A'_p + f'_s A'_s - f_p A_p - f_s A_s \tag{6.2.5—6}$$

$$e_j = \frac{0.32 f_c bh_0^2 + \sigma'_{p\alpha} A'_p (h_0 - a'_p) + f'_s A'_s (h_0 - a'_s)}{N_j} \tag{6.2.5—7}$$

$$c = \frac{0.5 f_c bh_0^2 + \sigma'_{p\alpha} A'_p (h_0 - a'_p) + f'_s A'_s (h_0 - a'_s)}{N_0} \tag{6.2.5—8}$$

$$e_0 = e - c \tag{6.2.5—9}$$

$$e_{j0} = e_j - c \tag{6.2.5—10}$$

式中 N_0——全截面均匀受压破坏时的轴向力(MN);

N_j——截面破坏处于大、小偏心界限状态时的轴向力(MN);

c,e_j——轴向力 N_0 及 N_j 至钢筋 A_p 与 A_s 应力合力点的距离(m);

$\sigma_{p\alpha}$——相应于混凝土破坏时,预应力钢筋 A_p 中的应力,可参照本规范式(6.2.2—3)计算(MPa)。

e_0——轴向力 N 至截面轴心(即 N_0 作用点)的距离(m);

e_{j0}——轴向力 N_j 至截面轴心的距离(m)。

当截面对称配筋时:

$$c = \frac{1}{2}(h_0 - a') \tag{6.2.5—11}$$

6.2.6 计算偏心受压构件时,应考虑构件在弯矩作用平面内的挠度对轴向力偏心距增大的影响,此时应将轴向力对截面轴心的偏心距乘以偏心距增大系数 η:

$$\eta = \frac{1}{1 - \dfrac{KNl_0^2}{\alpha\pi^2 E_c I_c}} \tag{6.2.6}$$

式中 E_c——混凝土弹性模量(MPa),按本规范表3.1.5的规定采用;

l_0——构件计算长度(m),按本规范表5.2.3—2的"注"采用;

I_c——混凝土截面的惯性矩(m^4);

α——考虑偏心距对 η 值的影响系数,按本规范式(5.2.6—3)计算。

当预应力筋与混凝土间无黏结力时,式(6.2.6)中 N 应取为轴向力 N 与预应力 N_p 之和。

6.2.7 矩形截面偏心受拉构件的正截面强度应按下列公式计算:

1 当轴向力 N 作用在钢筋 A_p 与 A_s 应力合力点和钢筋 A_p' 与 A_s' 应力合力点之间时(小偏心受拉)(图6.2.7—1):

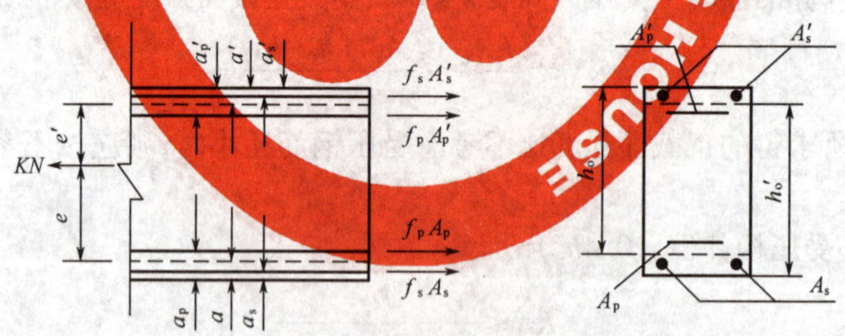

图6.2.7—1 小偏心受拉构件正截面强度计算图

$$KN \leqslant \frac{f_p A_p'(h_0 - a_p')}{e} + \frac{f_s A_s'(h_0 - a_s')}{e} \tag{6.2.7—1}$$

及

$$KN \leqslant \frac{f_p A_p(h_0' - a_p)}{e'} + \frac{f_s A_s(h_0' - a_s)}{e'} \tag{6.2.7—2}$$

2 当轴向力 N 不作用在钢筋 A_p 与 A_s 应力合力点和钢筋 A_p' 与 A_s' 应力合力点之间时(大偏心受拉)(图6.2.7—2):

$$KN \leqslant f_p A_p + f_s A_s - \sigma_{pa}' A_p' - f_s' A_s' - f_c bx \quad (6.2.7\text{—}3)$$

此时,中性轴位置按下式确定:

$$f_p A_p e_p + f_s A_s e_s - \sigma_{pa}' A_p' e_p' - f_s' A_s' e_s' = f_c bx\left(e + h_0 - \frac{x}{2}\right) \quad (6.2.7\text{—}4)$$

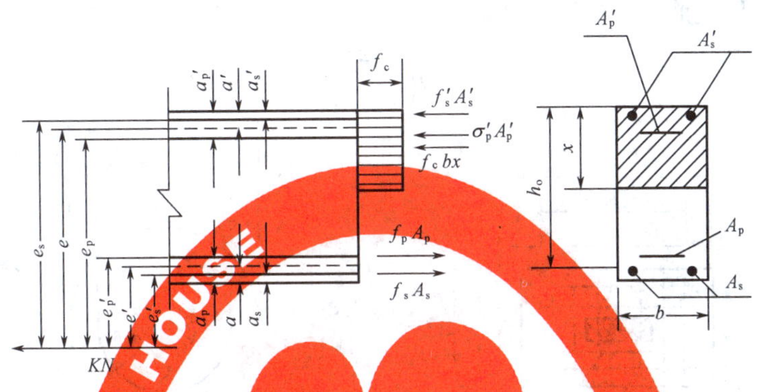

图 6.2.7—2 大偏心受拉构件正截面强度计算图

按上式求得的混凝土受压区高度应符合下列条件:

$$x \leqslant 0.4h_0$$

$$x \geqslant 2a'$$

当 $x < 2a'$ 时,可按本规范式(6.2.5—3)计算,如按式(6.2.5—3)计算所得的正截面强度比不考虑受压钢筋还小时,则应按不考虑受压钢筋计算。

6.2.8 构件端部锚固区的尺寸应满足锚下混凝土的抗裂性要求,按下式计算:

$$K_{cf} N_c \leqslant \beta f_c A_c \quad (6.2.8)$$

式中 N_c——预加应力时的预压力(MN);

K_{cf}——局部承压抗裂安全系数,取 1.5;

β——混凝土局部承压时的强度提高系数,其值为 $\sqrt{A/A_c}$,并应符合本规范第 5.2.1 条中关于 β 值的规定;

A_c——局部承压面积(考虑在垫板中沿 45°斜线传力所扩大的锚下垫圈面积),计算时扣除管道面积(m^2);

A——影响混凝土局部承压的计算底面积,按本规范图 5.2.1 采用,计算时扣除管道面积(m^2)。

6.2.9 锚下间接钢筋的配置应符合端部锚固区的混凝土局部承压强度要求,可按下式计算(图 6.2.9):

$$K_c N_c \leqslant A_c(\beta f_c + 2.0\mu_t \beta_{he} f_s) \quad (6.2.9\text{—}1)$$

式中 K_c——局部承压强度安全系数,取为 2.0;

β_{he}——配置间接钢筋的混凝土局部承压强度提高系数 $\sqrt{A_{he}/A_c}$,应符合本规范第 6.2.8 条的规定;

A_{he}——包在钢筋网或螺旋形配筋范围以内的混凝土核心面积,但不大于 A,且其重心应与 A_c 的重心相重合,计算时扣除管道面积(m^2);

f_s——锚下间接钢筋的抗拉计算强度(MPa);

μ_t——间接钢筋的体积配筋率(即核心范围内单位混凝土体积所包含的间接钢筋

体积)：

当为钢筋网时〔图 6.2.9(a)〕

$$\mu_t = \frac{n_1 a_{j1} l_1 + n_2 a_{j2} l_2}{l_1 l_2 s} \tag{6.2.9—2}$$

当为螺旋形配筋时〔图 6.2.9(b)〕

$$\mu_t = \frac{4a_j}{d_{he} s} \tag{6.2.9—3}$$

图 6.2.9　局部承压配筋计算图

式中　n_1, a_{j1}——钢筋网沿 l_2 方向的钢筋根数及单根钢筋的截面面积,面积以 m^2 计;

n_2, a_{j2}——同上,沿 l_1 方向;

a_j——螺旋形钢筋的截面面积(m^2);

d_{he}——螺旋圈的直径(m);

s——钢筋网或螺旋形钢筋的间距(m)。

6.3　运营阶段的结构计算

6.3.1　计算预应力混凝土结构截面应力时,对于后张法结构,在钢筋管道内压注水泥浆以前,应采用被管道削弱的净混凝土并计入非预应力钢筋后的换算截面(即净截面)。在建立了钢筋与混凝土间的黏结力后,则采用全部换算截面(但对受拉构件、受弯及大偏心受压构件中运营荷载作用时的受拉区,不计管道部分)。对于先张法结构,应采用换算截面。

注:对于配置较少非预应力钢筋的构件(一般指不允许出现拉应力的构件)计算换算截面时,可不考虑非预应力钢筋。

6.3.2　由于预加力在构件正截面上产生的轴向力、剪力及弯矩应按下列公式计算(图 6.3.2):

$$N_p = \sigma_p A_p + \sigma_p' A_p' + \sigma_p A_{pb} \cos\alpha \tag{6.3.2—1}$$

$$Q_p = \sigma_p A_{pb} \sin\alpha \tag{6.3.2—2}$$

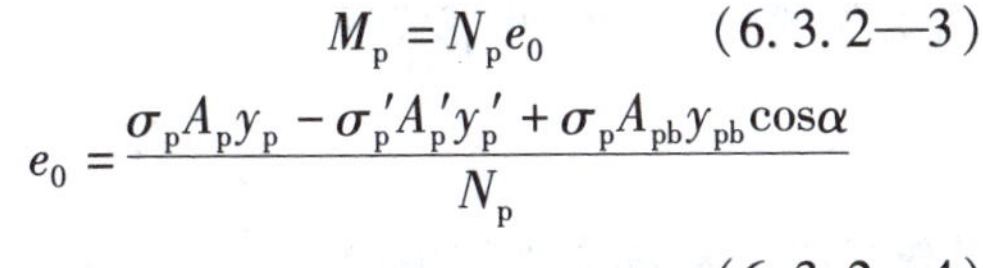

$$M_p = N_p e_0 \qquad (6.3.2—3)$$

$$e_0 = \frac{\sigma_p A_p y_p - \sigma_p' A_p' y_p' + \sigma_p A_{pb} y_{pb} \cos\alpha}{N_p} \qquad (6.3.2—4)$$

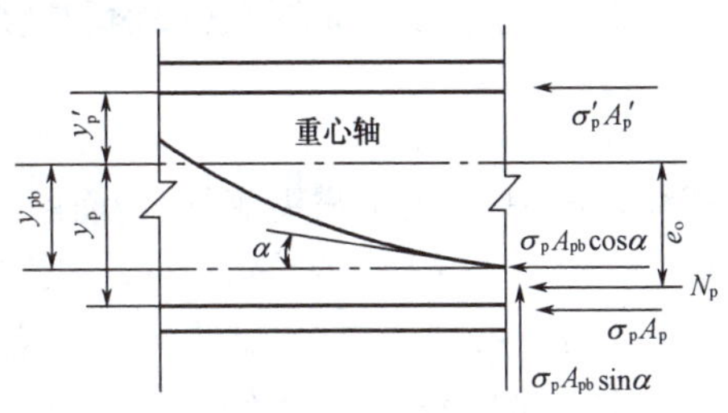

图 6.3.2 计算截面钢筋内力图

式中 N_p——预加力产生的轴向力(MN);

Q_p——预加力产生的剪力(MN);

M_p——预加力产生的弯矩(MN·m);

A_p, A_p'——受拉区及受压区的预应力钢筋截面面积(m^2);

A_{pb}——受拉区预应力弯起钢筋的截面面积(m^2);

σ_p, σ_p'——受拉区及受压区的预应力钢筋中的预加应力,按相应工作阶段扣除预应力损失(MPa);

α——预应力弯起钢筋的切线与构件纵轴间的夹角(°);

e_0——预加应力合力至截面重心轴的距离,截面重心轴的位置按本规范 6.3.1 条的规定确定(m);

y_p, y_p'——受拉区及受压区预应力水平钢筋的重心至截面重心轴的距离(m);

y_{pb}——受拉区预应力弯起钢筋的重心至截面重心轴的距离(m)。

6.3.3 当计算预应力钢筋的应力时,应考虑下列因素引起的预应力损失:

钢筋与管道之间的摩阻 σ_{L1}

锚头变形、钢筋回缩和分块拼装构件的接缝压缩 σ_{L2}

台座与钢筋之间的温度差 σ_{L3}

混凝土的弹性压缩 σ_{L4}

钢筋的应力松弛 σ_{L5}

混凝土的收缩和徐变 σ_{L6}

此外,尚应考虑预应力钢筋与锚圈口的摩擦及喇叭口摩擦。

6.3.4 预应力损失宜根据试验数据确定,如无可靠试验资料,可按下列规定计算:

1 张拉时,由于钢筋与管道间的摩擦引起的应力损失按下式计算:

$$\sigma_{L1} = \sigma_{con}\left[1 - e^{-(\mu\theta + kx)}\right] \qquad (6.3.4—1)$$

式中 σ_{L1}——由于摩擦引起的应力损失(MPa);

σ_{con}——钢筋(锚下)控制应力(MPa);

θ——从张拉端至计算截面的长度上,钢筋弯起角之和(rad);

x——从张拉端至计算截面的管道长度(m);

μ——钢筋与管道壁之间的摩擦系数,按表 6.3.4—1 采用;

k——考虑每米管道对其设计位置的偏差系数,按表 6.3.4—1 采用。

表 6.3.4—1 μ、k 值

管道类型	μ	k
橡胶管抽芯成型的管道	0.55	0.001 5
铁皮套管	0.35	0.003 0
金属波纹管	0.20~0.26	0.002 0~0.003 0

2　由于锚头变形、钢筋回缩和接缝压缩引起的应力损失按下式计算：

$$\sigma_{L2}=\frac{\Delta L}{L}E_{p} \tag{6.3.4—2}$$

式中　σ_{L2}——由于锚头变形、钢筋回缩和接缝压缩引起的应力损失(MPa)；

L——预应力钢筋的有效长度(m)；

ΔL——锚头变形、钢筋回缩和接缝压缩值(m)。

如无试验数据，一个锚头的变形、钢筋回缩和一条接缝压缩值可按表 6.3.4—2 采用。

表 6.3.4—2　锚头变形、钢筋回缩和接缝压缩计算值(mm)

锚头、接缝类型		表现形式	计算值
钢制锥形锚头		钢筋回缩及锚头变形	8
夹片式锚	有顶压时	锚具回缩	4
	无顶压时		6
水泥砂浆接缝		接缝压缩	1
环氧树脂砂浆接缝		接缝压缩	0.05
带螺帽的锚具螺帽缝隙		缝隙压密	1
每块后加垫板的缝隙		缝隙压密	1

计算时，可考虑钢筋与管道间反向摩擦的影响，按附录 D 的规定计算。对于对称张拉的简支梁，考虑反向摩擦时，可近似将跨中回缩值取端部的 1/2 计算。

3　对先张法构件，当采用蒸气或其他方法加热养护时，由于钢筋和张拉台座之间的温差引起的应力损失，按下式计算：

$$\sigma_{L3}=2(t_{2}-t_{1}) \tag{6.3.4—3}$$

式中　σ_{L3}——由于温差引起的应力损失(MPa)；

t_1——张拉钢筋时，制造场地的温度(℃)；

t_2——用蒸汽或其他方法加热养护时的混凝土最高温度(℃)。

注：1　如张拉台座与构件共同受热时，则不计算应力损失 σ_{L3}；
　　2　为了减少温差引起的应力损失，宜采用适当的养护措施。

4　在后张法结构中，当分批张拉预应力钢筋时，对先张拉的钢筋应考虑由于混凝土的弹性压缩引起的应力损失，按下式计算：

$$\sigma_{L4}=n_{p}\cdot\Delta\sigma_{c}\cdot Z \tag{6.3.4—4}$$

式中　σ_{L4}——由于混凝土的弹性压缩引起的应力损失(MPa)；

$\Delta\sigma_{c}$——在先行张拉的预应力钢筋重心处，由于后来张拉一根钢筋而产生的混凝土正应力：对于简支梁可取跨度1/4截面上的应力；对于连续梁、连续刚构可取若干有代表性截面上应力的平均值(MPa)；

Z——在所计算的钢筋张拉后再行张拉的钢筋根数。

对先张法结构，放松钢筋时由于混凝土弹性压缩引起的应力损失：

$$\sigma_{L4}=n_{p}\cdot\sigma_{c} \tag{6.3.4—5}$$

式中　σ_{c}——在计算截面钢筋重心处，由预加应力产生的混凝土正应力(MPa)。

5　对预应力钢筋，仅在 $\sigma_{con}\geqslant 0.5f_{pk}$ 的情况下，才考虑由于钢筋松弛引起的应力损

失,其终极值:

$$\sigma_{l5}=\zeta\cdot\sigma_{con} \tag{6.3.4—6}$$

式中 σ_{l5}——由于钢筋松弛引起的应力损失(MPa);

σ_{con}——先张梁采用预应力钢筋(锚下)控制应力,后张梁采用传力锚固时预应力钢筋的应力(MPa);

ζ——松弛系数,对钢丝,普通松弛时,按 $0.4(\frac{\sigma_{con}}{f_{pk}}-0.5)$ 采用,对钢丝、钢绞线,低松弛时,当 $\sigma_{con}\leqslant 0.7f_{pk}$ 时 $\zeta=0.125(\frac{\sigma_{con}}{f_{pk}}-0.5)$,当 $0.7f_{pk}<\sigma_{con}\leqslant 0.8f_{pk}$ 时 $\zeta=0.2(\frac{\sigma_{con}}{f_{pk}}-0.575)$,对精轧螺纹钢筋,一次张拉时,按 0.05 采用,超张拉时,按 0.035 采用。

6 由于混凝土收缩、徐变引起的应力损失终极值按下列公式计算:

$$\sigma_{l6}=\frac{0.8n_p\sigma_{co}\varphi_\infty+E_p\varepsilon_\infty}{1+\left(1+\frac{\varphi_\infty}{2}\right)\mu_n\rho_A} \tag{6.3.4—7}$$

$$\mu_n=\frac{n_pA_p+n_sA_s}{A} \tag{6.3.4—8}$$

$$\rho_A=1+\frac{e_A^2}{i^2} \tag{6.3.4—9}$$

式中 σ_{l6}——由收缩、徐变引起的应力损失终极值(MPa);

σ_{co}——传力锚固时,在计算截面上预应力钢筋重心处,由于预加力(扣除相应阶段的应力损失)和梁自重产生的混凝土正应力;对简支梁可取跨中与跨度1/4截面的平均值;对连续梁和连续刚构可取若干有代表性截面的平均值(MPa);

φ_∞——混凝土徐变系数的终极值;

ε_∞——混凝土收缩应变的终极值;

μ_n——梁的配筋率换算系数;

n_s——非预应力钢筋弹性模量与混凝土弹性模量之比;

A_p,A_s——预应力钢筋及非预应力钢筋的截面面积(m^2);

A——梁截面面积,对后张法构件,可近似按净截面计算(m^2);

e_A——预应力钢筋与非预应力钢筋重心至梁截面重心轴的距离(m);

i——截面回转半径$\left(i=\sqrt{\frac{I}{A}}\right)$(m);

I——截面惯性矩,对于后张法构件,可近似按净截面计算(m^4)。

无可靠资料时,φ_∞、ε_∞ 值可按表 6.3.4—3 采用。在年平均相对湿度低于 40% 的条件下使用的结构,表列 φ_∞、ε_∞ 值应增加 30%。

7 由于钢筋与锚圈口之间的摩擦及钢筋在锚下垫板喇叭口处因弯折产生摩擦而引起的应力损失应根据试验确定。当需考虑其他预应力损失时亦应根据试验确定。

8 由于混凝土收缩、徐变以及钢筋松弛引起的应力损失的中间值,应根据建立预应力后的时间按表 6. 3. 4—4 确定。

表 6. 3. 4—3 混凝土的收缩应变和徐变系数终极值

预加应力时混凝土的龄期(d)	收缩应变终极值 $\varepsilon_{\infty}\times10^6$				徐变系数终极值 φ_{∞}			
	理论厚度$\frac{2A}{u}$(mm)				理论厚度$\frac{2A}{u}$(mm)			
	100	200	300	≥600	100	200	300	≥600
3	250	200	170	110	3. 00	2. 50	2. 30	2. 00
7	230	190	160	110	2. 60	2. 20	2. 00	1. 80
10	217	186	160	110	2. 40	2. 10	1. 90	1. 70
14	200	180	160	110	2. 20	1. 90	1. 70	1. 50
28	170	160	150	110	1. 80	1. 50	1. 40	1. 20
≥60	140	140	130	100	1. 40	1. 20	1. 10	1. 00

注:1 对先张法结构,预加应力时混凝土的龄期一般为 3 ~ 7d;对后张法结构,该龄期一般为 7 ~ 28 d;
2 A 为计算截面混凝土的面积,u 为该截面与大气接触的周边长度;
3 实际结构的理论厚度和混凝土的龄期为表列数值的中间值时,可按直线内插取值。

表 6. 3. 4—4 σ_{L5}和 σ_{L6}的中间值与终极值的比值

时 间(d)	由于混凝土收缩和徐变 σ_{L6}	由于钢筋松弛 σ_{L5}
2	—	0. 5
10	0. 33	—
20	0. 37	—
30	0. 40	—
40	0. 43	1. 0
60	0. 50	—
90	0. 60	—
180	0. 75	—
1 年	0. 85	—
3 年	1. 00	—

9 分阶段施工的预应力混凝土结构中由于混凝土徐变及弹性压缩引起的预应力损失,应根据施工过程中各阶段预加应力和结构自重应力的情况确定。计算时应考虑混凝土龄期的差别,综合计算各有关预应力筋的应力损失值。

6. 3. 5 由预加应力产生的混凝土正应力,应按下列规定计算:

1 未扣除混凝土收缩、徐变引起的损失时

$$\sigma_c=\frac{N_p}{A}\pm\frac{N_p e_0 y}{I} \tag{6. 3. 5—1}$$

式中 σ_c——计算纤维处混凝土应力(MPa);

N_p——钢筋预加应力的合力(扣除相应阶段的预应力损失,但对先张法结构不再扣除弹性压缩引起的应力损失 σ_{L4})(MN);

e_0——预应力钢筋重心至截面重心轴的距离(m);

A,I——截面的面积及惯性矩(按本规范第 6. 3. 1 条的规定确定),分别以 m^2 和 m^4 计;

y——计算应力点至截面重心轴的距离(m)。

2 扣除混凝土收缩、徐变引起的损失后

$$\sigma_{c1} = \sigma_{ci} - \sigma_{cL6} \tag{6.3.5—2}$$

$$\sigma_{cL6} = \mu_{ps}\left(1 \pm \frac{e_A}{i^2}y\right)\sigma_{L6} \tag{6.3.5—3}$$

$$\mu_{ps} = \frac{A_p + A_s}{A} \tag{6.3.5—4}$$

式中 σ_{c1}——扣除全部应力损失后,混凝土截面有效预压应力(MPa);

σ_{ci}——扣除除混凝土收缩、徐变应力损失外其他各项应力损失后混凝土的预压应力,按式(6.3.5—1)计算(MPa);

σ_{cL6}——由于混凝土收缩、徐变引起的混凝土预压应力的降低值(MPa);

μ_{ps}——配筋率;

其余符号意义同本规范第6.3.4条。

6.3.6 由计算荷载在混凝土、预应力钢筋及非预应力钢筋中产生的应力应按下列规定计算:

1 对不允许开裂的构件

$$\sigma_c = \frac{N}{A} \pm \frac{My}{I} \tag{6.3.6—1}$$

$$\sigma_p = n_p\sigma_{co} \tag{6.3.6—2}$$

$$\sigma_s = n_s\sigma_{cs} \tag{6.3.6—3}$$

式中 N,M——计算轴向力及弯矩,分别以MN和MN·m计;

σ_c——计算纤维处混凝土应力(MPa);

σ_p,σ_s——预应力钢筋重心处和非预应力钢筋重心处的钢筋的应力(MPa);

σ_{co},σ_{cs}——预应力钢筋重心处及非预应力钢筋重心处的混凝土应力(MPa)。

注:对后张法结构各项恒载应力的计算,应按本规范第6.3.1条规定办理。

2 对允许开裂的构件,截面开裂后,混凝土压应力可按附录E中式(E.0.2—1)计算,预应力钢筋和非预应力钢筋的应力可按下列公式计算:

$$\sigma_p^s = \sigma_{p1} + \Delta\sigma_{p1} + \Delta\sigma_{p2} \tag{6.3.6—4}$$

$$\Delta\sigma_{p1} = \frac{10\sigma_p A_p}{A}\left(1 + \frac{e_p^2}{i^2}\right) + \frac{10\Delta\sigma_{sL6}A_s}{A}\left(1 + \frac{e_p + e_s}{i^2}\right) \tag{6.3.6—5}$$

$$\sigma_s^s = \Delta\sigma_{sL6} + \Delta\sigma_{s2} \tag{6.3.6—6}$$

式中 σ_p^s,σ_s^s——截面开裂后预应力钢筋和非预应力钢筋的应力(MPa);

σ_{p1}——预应力钢筋的有效预应力(MPa);

σ_p——预应力钢筋应力,对于先张法构件取有效预应力加弹性压缩损失σ_{L4};对于后张法构件,取有效预应力(MPa);

$\Delta\sigma_{p1}$——消压时预应力钢筋的应力增量(MPa);

e_p,e_s——预应力钢筋及非预应力钢筋重心至截面重心轴的距离(m);

i——截面回转半径,$i = \sqrt{\frac{I}{A}}$,对后张法构件可近似按净截面计算(m);

$\Delta\sigma_{p2},\Delta\sigma_{s2}$——消压后按开裂截面计算的预应力钢筋及非预应力钢筋的应力增量,可

分别按附录 E 中式(E. 0. 3—1)及(E. 0. 3—2)计算(MPa);

$\Delta\sigma_{sL6}$——由混凝土收缩、徐变在非预应力钢筋中产生的附加应力(受压为负),可近似取 $\Delta\sigma_{sL6}=-\sigma_{L6}$(MPa)。

6. 3. 7 梁斜截面的混凝土主拉应力和主压应力,应按下列公式计算:

主拉应力

$$\sigma_{tp}=\frac{\sigma_{cx}+\sigma_{cy}}{2}-\sqrt{\left(\frac{\sigma_{cx}-\sigma_{cy}}{2}\right)^2+\tau_c^2} \tag{6.3.7—1}$$

主压应力

$$\sigma_{cp}=\frac{\sigma_{cx}+\sigma_{cy}}{2}+\sqrt{\left(\frac{\sigma_{cx}-\sigma_{cy}}{2}\right)^2+\tau_c^2} \tag{6.3.7—2}$$

$$\sigma_{cx}=\sigma_{c1}\mu\frac{k_{f1}\cdot M\cdot y_0}{I_0} \tag{6.3.7—3}$$

$$\sigma_{cy}=\frac{n_{pv}\sigma_{pv}\alpha_{pv}}{bs_{pv}} \tag{6.3.7—4}$$

$$\tau_c=K_{f1}\tau-\frac{V_{pb}\cdot S}{bI} \tag{6.3.7—5}$$

式中 σ_{tp},σ_{cp}——混凝土的主拉应力及主压应力(MPa);

σ_{cx},σ_{cy}——计算纤维处混凝土的法向应力及竖向压应力(MPa);

σ_{c1}——计算纤维处混凝土的有效预压应力(MPa);

τ_c——计算纤维处混凝土的剪应力(MPa);

τ——相应于计算弯矩 M 的荷载作用下,计算纤维处混凝土的剪应力(MPa);

M——计算弯矩(MN · m);

y_0——计算纤维处至换算截面重心轴的距离(m);

I_0——换算截面惯性矩(m^4);

σ_{pv}——预应力竖筋中的有效预应力(MPa);

n_{pv}——预应力竖筋的肢数;

α_{pv}——单支预应力竖筋的截面面积(m^2);

s_{pv}——预应力竖筋的间距(m);

V_{pb}——由弯起预应力钢筋预加力产生的剪力(MN);

b——计算主应力点处构件截面宽度(m);

K_{f1}——系数,当对不允许出现拉应力的构件进行抗裂性检算时,按本规范表 6. 1. 5 中 K_f 取值,其他情况下取 1. 0;

S,I——截面的面积矩及惯性矩,分别以 m^3 及 m^4 计,应按本规范第 6. 3. 1 条的规定计算。

变高度梁的剪应力计算应考虑高度变化的影响。

主应力计算应针对下列部位进行:

1 在构件长度方向,应计算剪力及弯矩均较大的区段,以及构件外形和腹板厚度有变化之处。

2 沿截面高度方向,应计算截面重心轴处及腹板与上、下翼缘相接处。

6.3.8 计算先张法构件端部区段的截面应力时，在预应力钢筋传递长度 l_c 范围内，预应力钢筋的应力值可按线性变化，即在构件端部预应力值为零，在传递长度末端预应力值达到 σ_p（图 6.3.8）。预应力钢绞线的传递长度 l_c 宜取 $80d$，d 为钢绞线直径。预应力混凝土用螺纹钢筋的传递长度 l_c 可不考虑。

注：当采用骤然放松预应力钢筋的施工工艺时，l_c 起点应从离构件末端 $0.25l_c$ 处开始计算；一般不应采用此种工艺。

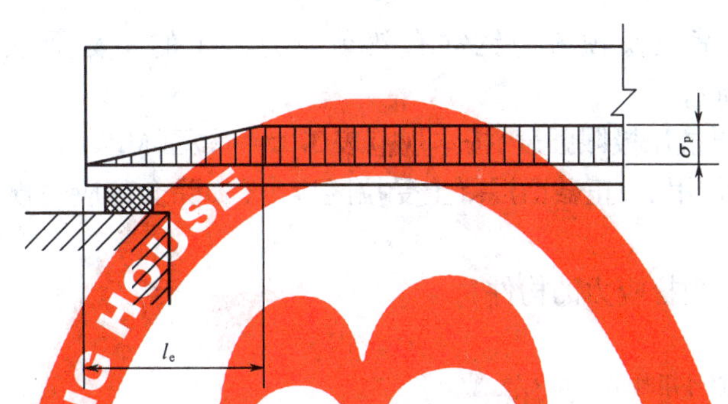

图 6.3.8 预应力钢筋的传递长度 l_c 范围内预应力值变化图

6.3.9 对不允许出现拉应力的构件，其抗裂性应按下列公式计算：

1 正截面

对于轴心受拉、小偏心受拉或小偏心受压构件：

$$K_f\sigma \leqslant \sigma_c + f_{ct} \tag{6.3.9—1}$$

对于受弯、大偏心受拉或大偏心受压构件：

$$K_f\sigma \leqslant \sigma_c + \gamma f_{ct} \tag{6.3.9—2}$$

$$\gamma = \frac{2S_0}{W_0} \tag{6.3.9—3}$$

式中 σ——计算荷载在截面受拉边缘混凝土中产生的正应力，按本规范式（6.3.6—1）计算（MPa）；

K_f——抗裂安全系数，应按本规范表 6.1.5 采用；

σ_c——扣除相应阶段预应力损失后混凝土的预压应力，按本规范第 6.3.5 条的规定计算（MPa）；

f_{ct}——混凝土抗拉极限强度，按本规范表 3.1.3—2 采用（MPa）；

γ——考虑混凝土塑性的修正系数；

W_0——对所检算的拉应力边缘的换算截面抵抗矩（m^3）；

S_0——换算截面重心轴以下的面积对重心轴的面积矩（m^3）。

2 斜截面

$$\sigma_{tp} \leqslant f_{ct} \tag{6.3.9—4}$$

$$\sigma_{cp} \leqslant 0.6f_c \tag{6.3.9—5}$$

式中 σ_{tp}，σ_{cp}——按抗裂性计算的主拉、主压应力，按本规范第 6.3.7 条的规定计算（MPa）。

当不满足式（6.3.9—4）及式（6.3.9—5）要求时，应修改截面尺寸或提高混凝土强度等级。

注：对于主力加附加力组合，式（6.3.9—5）可改为 $\sigma_{cp} \leqslant 0.66f_c$。

当采用分段施工结构时,应考虑拼接缝处抗裂性的降低,降低值应根据试验确定。

6.3.10 运营荷载作用下正截面混凝土压应力(扣除全部应力损失后)应符合下列规定:

1 主力组合作用时

$$\sigma_c \leqslant 0.5 f_c \tag{6.3.10—1}$$

2 主力加附加力组合作用时

$$\sigma_c \leqslant 0.55 f_c \tag{6.3.10—2}$$

式中 σ_c——运营荷载及预应力钢筋有效预应力产生的正截面混凝土最大压应力(MPa);

f_c——混凝土抗压极限强度,按本规范表3.1.4采用(MPa)。

6.3.11 运营荷载作用下,正截面混凝土受拉区应力(扣除全部应力损失后)应符合下列规定:

1 对不允许出现拉应力的构件

$$\sigma_{ct} \leqslant 0 \tag{6.3.11—1}$$

注:特种超载荷载短期作用时,$\sigma_{ct} \leqslant 0.6 f_{ct}$。

2 对允许出现拉应力但不允许开裂的构件

$$\sigma_{ct} \leqslant 0.7 f_{ct} \tag{6.3.11—2}$$

注:特种超载荷载短期作用时,$\sigma_{ct} \leqslant f_{ct}$。

式中 σ_{ct}——运营荷载及预应力钢筋有效预应力在混凝土截面受拉边缘产生的应力(MPa),受拉为正;

f_{ct}——混凝土抗拉计算强度(MPa),按本规范表3.1.4采用。

6.3.12 对允许出现拉应力和允许开裂的构件,运营荷载作用下,混凝土主应力(扣除全部应力损失后)应符合下式规定:

$$\sigma_{tp} \leqslant 0.7 f_{ct} \tag{6.3.12}$$

式中 σ_{tp}——主拉应力(MPa),按本规范第6.3.7条的规定计算。

当不符合上式要求时,应修改截面尺寸或提高混凝土强度等级。

6.3.13 运营荷载作用下,预应力钢筋(钢丝、钢绞线、预应力混凝土用螺纹钢筋)最大应力应符合下列规定:

$$\sigma_p \leqslant 0.6 f_{pk} \tag{6.3.13}$$

6.3.14 对承受疲劳荷载作用的构件,应检算钢筋应力幅,其容许值[$\Delta\sigma$]应根据试验确定。当缺少该项试验数据时,可按表6.3.14的规定采用。钢筋的应力幅可按下列公式计算:

表6.3.14　钢筋应力幅容许值[$\Delta\sigma$](MPa)

钢筋种类	[$\Delta\sigma$]	钢 筋 种 类	[$\Delta\sigma$]
带肋钢筋	150	钢 绞 线	140
光面钢丝	150	预应力混凝土用螺纹钢筋	80

注:1 对于开裂截面,钢丝和钢绞线的应力幅容许值应适当折减;

2 预应力混凝土用螺纹钢筋的应力幅容许值应根据试验确定,当无可靠试验数据时可按本表采用。

1 对不开裂截面上的钢筋

$$\Delta\sigma_p = \alpha_1 \sigma_{pq} \tag{6.3.14—1}$$

$$\Delta\sigma_s = \alpha_1 \sigma_{sq} \tag{6.3.14—2}$$

式中 $\Delta\sigma_p,\Delta\sigma_s$——运营荷载作用下，构件中预应力钢筋和非预应力钢筋的应力幅（MPa）；

$\Delta\sigma_{pq},\Delta\sigma_{sq}$——运营阶段由活载所产生的预应力钢筋和非预应力钢筋中的应力，按本规范第6.3.6条第1款的规定计算（MPa）；

α_1——考虑疲劳影响后的应力增大系数，对未出现拉应力的截面取1.0，对出现拉应力的截面取1.5。

2 对开裂截面上的钢筋

$$\Delta\sigma_p=\Delta\sigma_{p1}+\Delta\sigma_{p2}-\sigma_{pg} \quad (6.3.14—3)$$

$$\Delta\sigma_s=\Delta\sigma_{s2}-\sigma_{sg} \quad (6.3.14—4)$$

式中 $\Delta\sigma_{p1}$——消压时预应力钢筋的应力增量（MPa），按本规范式（6.3.6—5）计算；

$\Delta\sigma_{p2},\Delta\sigma_{s2}$——消压后按开裂截面计算的预应力钢筋和非预应力钢筋的应力增量（MPa），可按附录E式（E.0.3—1）及（E.0.3—2）计算；

σ_{pg},σ_{sg}——由恒载产生的预应力钢筋及非预应力钢筋中的应力（MPa），按本规范第6.3.6条第1款的规定计算，计算时式（6.3.6—2）、式（6.3.6—3）中n_p和n_s均取10。

6.3.15 在运营荷载作用下，混凝土的最大剪应力应符合下式要求：

$$\tau_c=\tau-\tau_p\leqslant 0.17f_c \quad (6.3.15)$$

式中 τ_c——混凝土的最大剪应力（MPa）；

τ——由运营荷载产生的剪应力（MPa）；

τ_p——由预加应力产生的预剪应力（MPa）；

f_c——混凝土抗压极限强度（MPa）。

如有竖向预应力筋，则其容许最大剪应力可提高到$0.17f_c+0.55\sigma_{cy}$。其中σ_{cy}按本规范式（6.3.7—4）计算。

6.3.16 预应力受弯构件的箍筋应按以下规定设计：

在$\sigma_{tp}\leqslant\dfrac{f_{ct}}{K_2}$的梁段内，箍筋可不予计算，仅按构造上的要求布置；在$\sigma_{tp}>\dfrac{f_{ct}}{K_2}$的梁段内，箍筋应按承受主拉应力的60%计算。$K_2$为混凝土到达抗拉极限强度（主拉应力）时的安全系数，应按本规范表6.1.5采用。

6.3.17 当需要通过计算确定箍筋时，箍筋间距应按下式计算：

$$s_v=\frac{f_sA_v}{0.6\sigma_{tp}bK_1} \quad (6.3.17)$$

式中 s_v——箍筋间距（m）；

A_v——在构件同一截面内，箍筋的总截面面积（m^2）；

σ_{tp}——在计算荷载作用下的主拉应力，按本规范第6.3.7条的规定计算（MPa）；

K_1——安全系数，按本规范表6.1.5采用；

f_s——箍筋的抗拉计算强度（MPa）；

b——腹板的厚度（m）。

6.3.18 对允许开裂的预应力混凝土受弯构件，在恒载作用下，正截面混凝土受拉区压应力（扣除全部应力损失后）不应小于1.0 MPa；在运营荷载作用下的特征裂缝宽度应符合下列规定：

1　对于主力组合,不得大于 0.1 mm;

2　对于主力加附加力组合,不得大于 0.15 mm;

3　对于特种超载荷载,不得大于 0.15 mm。

对矩形、T 形和工字形截面梁,在运营荷载作用下,其主要受力钢筋水平处侧面的“特征裂缝宽度”(系指小于该特征值的保证率为 95% 的裂缝宽度)可按下列公式计算:

$$w_{fk}=\alpha_2\alpha_3\left(2.4C_s+\nu\frac{d}{\mu_e}\right)\frac{\Delta\sigma_{s2}}{E_s} \tag{6.3.18—1}$$

$$d=\frac{4(A_s+A_p)}{U} \tag{6.3.18—2}$$

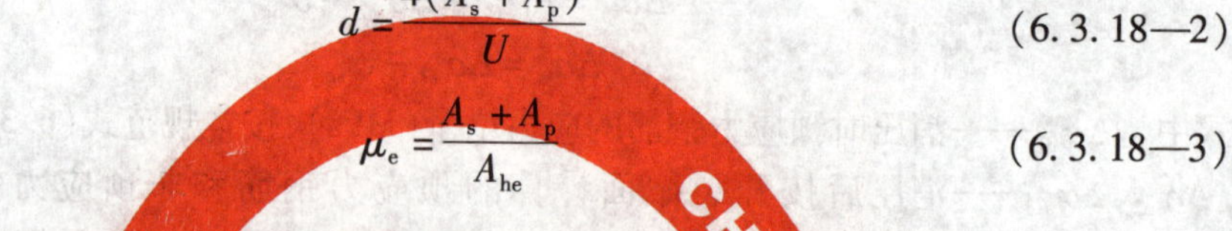

$$\mu_e=\frac{A_s+A_p}{A_{he}} \tag{6.3.18—3}$$

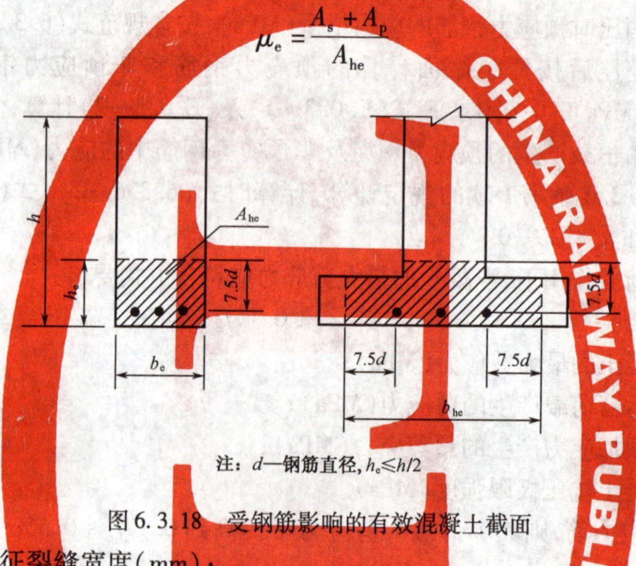

注:d—钢筋直径,$h_e \leq h/2$

图 6.3.18　受钢筋影响的有效混凝土截面

式中　w_{fk}——特征裂缝宽度(mm);

C_s——纵向钢筋侧面的净保护层厚度(mm);

d——钢筋换算直径(mm);

μ_s——纵向受拉钢筋的有效配筋率;

ν——钢筋黏结特性系数,对带肋钢筋取 0.02,对钢丝或钢绞线取 0.04;对后张法管道压浆的预应力钢筋,ν 应予以提高,对变形钢筋可取 0.04,对钢丝、钢绞线可取 0.06;两种钢筋混合使用时,可取加权平均值;

α_2——特征裂缝宽度与平均裂缝宽度相比的扩大系数,可取 1.8;

α_3——考虑运营荷载作用的疲劳增大系数,可取 1.5;

A_p,A_s——预应力钢筋和非预应力钢筋截面面积(mm^2);

U——钢筋周边长度总和(mm);

A_{he}——受钢筋影响的有效混凝土截面面积,可按图 6.3.18 计算(mm^2)。

6.3.19　计算预应力混凝土结构的变形(挠度和转角)时,截面抗弯刚度 B 应按下列规定计算:

1　对不允许开裂的构件

$$B=\beta_p\beta_1E_cI_0 \tag{6.3.19—1}$$

$$\beta_p=\frac{1+\lambda}{2} \tag{6.3.19—2}$$

$$\beta_1=\frac{\lambda-0.5}{0.95\lambda-0.45} \quad (6.3.19—3)$$

2 对允许开裂的构件，当运营荷载产生的弯矩 M 小于开裂弯矩 M_f 时，按式(6.3.19—2)计算。

当 M 大于或等于 M_f 时

$$B=\beta_1\cdot\frac{\beta_p\beta_2 M}{\beta_2 M_f+\beta_p(M-M_f)}\cdot E_c I_0 \quad (6.3.19—4)$$

$$M_f=(\sigma_{c1}+\gamma f_{ct})W_0 \quad (6.3.19—5)$$

$$\beta_2=0.1+2n_p\mu\leqslant 0.50 \quad (6.3.19—6)$$

$$\mu=\frac{A_p+A_s}{bh_0} \quad (6.3.19—7)$$

式中 B——梁截面抗弯刚度($MN\cdot m^2$)；

I_0——全部换算截面惯性矩(m^4)；

β_p——考虑预应力度的折减系数；

β_1——考虑疲劳影响的刚度折减系数；

β_2——考虑截面配筋率对刚度的影响系数；

M_f——截面开裂弯矩($MN\cdot m$)；

λ——预应力度，按本规范式(6.1.3)计算，当 $\lambda>1$ 时，取 $\lambda=1.0$；

σ_{c1}——梁截面受拉边缘有效预压应力(MPa)，按本规范式(6.3.5—2)计算；

γ——考虑受拉区混凝土塑性的系数，可按本规范式(6.3.9—3)计算，对于工字形梁，γ 可近似取1.3；

μ——纵向受拉钢筋配筋率；

b——对于矩形截面为梁宽，对于T形截面或工字形截面为腹板宽(m)；

h_0——截面有效高度(m)。

6.3.20 计算预加力产生的拱度时，梁截面抗弯刚度取 $E_c I$，I 按本规范第6.3.1条规定计算，并应考虑混凝土徐变的影响。设计时应采取措施控制拱度。

6.4 预加应力、运送及安装阶段的结构计算

6.4.1 在预加应力的过程中，预应力钢筋在锚下的控制应力应符合下式条件：

1 钢丝、钢绞线的锚下控制应力值

$$\sigma_{con}=\sigma_{p1}+\sigma_L\leqslant 0.75f_{pk} \quad (6.4.1—1)$$

2 预应力混凝土用螺纹钢筋的锚下控制应力值

$$\sigma_{con}=\sigma_{p1}+\sigma_L\leqslant 0.90f_{pk} \quad (6.4.2—2)$$

式中 σ_{con}——预应力钢筋在锚下的控制应力(MPa)；

σ_{p1}——预应力钢筋中的有效预应力(MPa)；

σ_L——预应力钢筋中的全部预应力损失值(MPa)。

注：对于拉丝式体系(直接张拉钢丝的体系)，包括锚圈口摩擦及喇叭口摩擦引起的应力损失在内锚外钢筋中的最大控制应力不应超过 $0.8f_{pk}$。对预应力混凝土用螺纹钢筋不应超过 $0.95f_{pk}$。

6.4.2 长度等于梁高范围内的端部锚固区段内，应检算局部应力。

6.4.3 在传力锚固时，预应力钢筋的应力应符合下列条件：

1 对于先张法构件

$$\sigma_p = \sigma_{con} - (\sigma_{L2} + \sigma_{L3} + \sigma_{L4} + 0.5\sigma_{L5}) \leqslant 0.65 f_{pk} \quad (6.4.3—1)$$

2 对于后张法构件 σ_p

$$\sigma_p = \sigma_{con} - (\sigma_{L1} + \sigma_{L2} + \sigma_{L4}) \leqslant 0.65 f_{pk} \quad (6.4.3—2)$$

式中 σ_p——传力锚固时预应力钢筋的应力(MPa)；

$\sigma_{L1}, \cdots, \sigma_{L5}$——预应力钢筋的各项预应力损失值(MPa)。

6.4.4 在传力锚固或存梁阶段，计入构件自重作用后，混凝土的正应力应符合下列条件：

1 压应力

$$\sigma_c \leqslant \alpha f'_c \quad (6.4.4—1)$$

式中 σ_c——混凝土压应力(MPa)；

α——系数 C50 ~ C60 混凝土为 0.75；

C40 ~ C45 混凝土为 0.70。

2 拉应力

$$\sigma_{ct} \leqslant 0.7 f'_{ct} \quad (6.4.4—2)$$

式中 σ_{ct}——混凝土拉应力(MPa)；

f'_c, f'_{ct}——预加应力或存梁阶段，混凝土的抗压及抗拉极限强度(MPa)。

6.4.5 在预加应力过程中，由于临时超张拉而在混凝土中产生的压应力应符合下式条件：

$$\sigma_c \leqslant 0.80 f'_c \quad (6.4.5)$$

6.4.6 在预加应力阶段，对于构件的强度及稳定性亦应加以检算。此时，应考虑张拉钢筋所产生的轴向压力，以及在构件上同时作用的自重等荷载。

6.4.7 在预加应力阶段，检算构件的强度及稳定性时，作用在构件上的轴向压力应按下列公式计算；

1 对先张法构件：

1)轴心受压及小偏心受压($x > 0.55h'_0$)

$$N_p = (\sigma_{con} - \sigma_L - f'_p) A_p + (\sigma'_{con} - \sigma'_L) A'_p \quad (6.4.7—1)$$

2)大偏心受压($x \leqslant 0.55h'_0$)

$$N_p = (\sigma_{con} - \sigma_L - f'_p) A_p \quad (6.4.7—2)$$

2 对后张法构件，同时张拉全部预应力钢筋时：

$$N_p = \sigma_{con} A_p + \sigma'_{con} A'_p \quad (6.4.7—3)$$

3 对后张法构件，分批张拉预应力钢筋时：

1)轴心受压及小偏心受压

$$N_p = (\sigma_{con} - \sigma_L - \sigma_{ps})(A_p - A_{pm}) + (\sigma'_{con} - \sigma'_L)(A'_p - A'_{pm}) + \sigma_{con} A_{pm} + \sigma'_{con} A'_{pm} \quad (6.4.7—4)$$

2)大偏心受压

$$N_p = (\sigma_{con} - \sigma_L - \sigma_{ps})(A_p - A_{pm}) + \sigma'_{con} A'_{pm} + \sigma_{con} A_{pm} \quad (6.4.7—5)$$

$$\sigma_{ps} = f'_p \frac{A_p - A_{pm}}{A_p} \leqslant 300 \quad (6.4.7—6)$$

式中 N_p——轴向压力(MN)；

σ_{con}, σ'_{con}——位于外载作用下的受拉区预应力钢筋 A_p 与受压区预应力钢筋 A'_p 的张拉控

制应力(MPa);

σ_L, σ_L'——预应力钢筋 A_p 及 A_p' 在预加应力过程中发生的预应力损失值,但对先张法构件不计入弹性压缩引起的应力损失 σ_{L4}(MPa);

A_{pm}, A_{pm}'——预应力钢筋 A_p 及 A_p' 中属于全载面最末一批张拉的钢筋截面面积(m^2);

σ_{ps}——临近破坏时预应力钢筋中应力的减少值(MPa),当按式(6.4.7—6)计算所得值大于 300 MPa 时取 300 MPa。

6.4.8 在预加应力阶段承受轴心压力的构件,应按下列规定检算其强度及稳定性。

1 后张法构件:

1)钢筋混凝土构件

$$KN_p \leqslant \varphi(f_c'A + f_s'A_s') \tag{6.4.8—1}$$

2)混凝土构件

$$KN_p \leqslant \varphi f_c'A \tag{6.4.8—2}$$

式中 K——预加应力阶段强度检算安全系数,取 1.6;

N_p——钢筋预加应力引起的轴向压力,按本规范第 6.4.7 条的规定计算(MN);

A——混凝土净截面面积(m^2);

f_c'——预加应力时混凝土的抗压极限强度(MPa);

A_s'——非预应力钢筋的截面面积(m^2);

f_s'——非预应力钢筋的抗压计算强度(MPa);

φ——构件纵向弯曲系数,钢筋混凝土构件按本规范表 5.2.3—2 采用;混凝土构件按表 6.4.8 采用。

2 先张法构件亦可按式(6.4.8—1)、式(6.4.8—2)检算,但对任何长细比 φ 值均取 1。

6.4.9 在预加应力阶段承受偏心压力的构件,应按下列规定检算其强度。

表 6.4.8 混凝土构件纵向弯曲系数 φ 值

l_0/b	<4	4	6	8	10	12	14	16	18	20	22	24	26	28	30
l_0/i	<14	14	21	28	35	42	48	55	62	69	76	83	90	97	104
φ	1.00	0.98	0.96	0.91	0.86	0.82	0.77	0.72	0.68	0.63	0.59	0.55	0.51	0.47	0.44

注:表中符号的意义及 l_0 的计算方法见本规范表 5.2.3—2 的"注"。

1 大偏心受压构件(图 6.4.9):

$$KN_p \leqslant f_c'A + f_s'A_s - f_sA_s' - f_pA_p' \tag{6.4.9—1}$$

若计入自重弯矩 M,还应符合下式条件:

$$KN_pe' \pm KM \leqslant f_c'AZ + f_s'A_s(h_0' - a_s) - f_pA_p'(a_p' - a_s') \tag{6.4.9—2}$$

式中 A——混凝土受压区截面面积(m^2);

Z——混凝土压应力的合力 $f_c'A$ 作用点至钢筋 A_s' 中应力合力点的距离(m)。

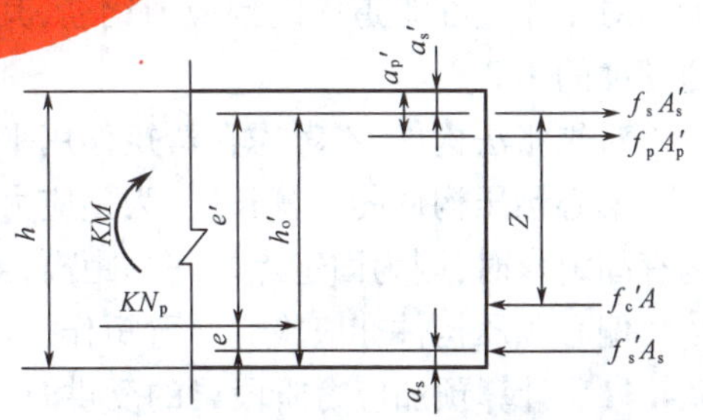

图 6.4.9 预加应力作用下构件为大偏心受压的正截面强度计算图

计算式(6.4.9—1)、式(6.4.9—2)中 A_p'值时,应扣除计算 N_p 时已考虑过的那部分 A_p'的截面面积。

中性轴的位置,可根据截面中各内力对预压力 N_p 的作用点的弯矩之和为零的条件确定,并应根据具体情况计入自重弯矩的影响。

2　小偏心受压构件:

$$KN_p \leqslant \frac{N_0}{1+\left(\frac{N_0}{N_j}-1\right)\frac{e_0'}{e_j'-c'}} \tag{6.4.9—3}$$

$$N_0 = f_c'A + f_s'(A_s + A_s') \tag{6.4.9—4}$$

对于工字形截面:

$$N_j = 0.55f_c'bh_0' + f_c'A_f + f_s'A_s - f_sA_s' \tag{6.4.9—5}$$

$$e_j' = \frac{0.4f_c'bh_0'^2 + f_c'A_fZ_f + f_s'A_s(h_0' - a_s)}{N_j} \tag{6.4.9—6}$$

$$c' = \frac{0.5f_c'bh_0'^2 + f_c'A_fZ_f + f_s'A_s(h_0' - a_s)}{N_0} \tag{6.4.9—7}$$

式中　N_0——全截面均匀受压破坏时的破坏轴向力(MN);

N_j——截面破坏处于大、小偏心界限状态时的破坏轴向力(MN);

A_f——混凝土受压区翼缘悬出部分的截面面积(m^2);

e_0'——轴向力 N_p 至截面轴心的距离,宜根据具体情况计入自重弯矩等对偏心距 e_0'的影响(m);

e_j'——轴向力 N_j 至钢筋 A_s'应力合力点的距离(m);

Z_f——压力 $f_c'A_f$ 作用点至钢筋 A_s'应力合力点的距离(m);

c'——轴向力 N_0 作用点(即截面轴心)至钢筋 A_s'应力合力点的距离(m)。

在检算强度时,T 形、工字形截面中位于受预压较小边的翼缘悬出部分可不予考虑。

当钢筋混凝土构件的配筋率小于本规范第 5.1.2 条的规定时,可按混凝土构件计算,将本节各式中有关钢筋的项目去掉,同时 N_p 及内力的合力至钢筋中应力点的距离改为至相应截面边缘的距离。

6.4.10　根据本规范第 6.4.9 条计算偏心预压构件的强度时,对后张法结构,如预应力钢筋按直线布置在混凝土表面上、明槽内或管道中,而且沿构件长度与混凝土并无联系,则应按本规范第 6.2.6 条的规定考虑在弯矩作用平面内的挠度对轴向力偏心距增大的影响。对于布置在管道中的预应力钢筋,其附加偏心距应不大于圆形管道的半径或矩形管道高度的 1/2。

对先张法构件,不考虑在弯矩作用平面内的挠度对轴向力偏心距增大的影响。

偏心预压构件的计算长度,为预应力钢筋两端固定点之间的距离,如在构件长度范围内有固定点时,则为固定点之间的距离,或采用钢筋直线段端点之间的距离。

偏心预压构件亦应检算与弯矩作用面垂直方向的稳定性。

6.4.11　计算预加应力阶段梁的反拱时,截面抗弯刚度取 E_cI,I 应按本规范第 6.3.1 条的规定确定。

6.4.12　对预应力混凝土构件,应按运送及安装阶段检算其强度及抗裂性,其安全系数应符合本规范表 6.1.5 的规定。

在构件自重计算中，应计入冲击系数，运送时采用 1.5，安装时采用 1.2。

6.4.13 在运送及安装阶段，混凝土最大拉应力不得超过 $0.8f_{ct}$，最大压应力不得超过 $0.8f_c$。

6.4.14 当采用架桥机架梁时，尚应按下列规定对已安装就位并为架桥机所通过的梁部结构进行强度、抗裂性（或裂缝宽度）及混凝土应力的检算。

1 对于不允许出现拉应力的梁，当采用单梁式或双梁式架桥机时，强度安全系数 $K\geq1.8$，抗裂安全系数 $K_f\geq1.1$；当采用悬臂式架桥机时，强度安全系数 $K\geq1.6$，抗裂安全系数 $K_f\geq1.05$，正截面混凝土应力应符合本规范第 6.4.13 条的规定。

2 对允许出现拉应力的梁，当采用架桥机架梁时，强度安全系数 $K\geq1.6$，主应力 $\sigma_{tp}\leq0.85f_{ct}$。正截面混凝土压应力应符合本规范第 6.4.13 条的规定。对不允许开裂的梁，正截面混凝土拉应力不得超过 f_{ct}；对于允许开裂的梁，裂缝宽度容许值可按本规范表 6.3.18 中主力加附加力组合的规定采用。

6.5 构　　造

6.5.1 本节规定适用于采用分散布置的由钢丝或钢绞线组成的钢丝束以及预应力混凝土用螺纹钢筋作为预应力钢筋的桥梁结构。

6.5.2 预应力钢筋或管道间的净距应按下列规定采用：

1 对于采用钢丝束及预应力混凝土用螺纹钢筋的后张法结构：

1）钢丝束及预应力混凝土用螺纹钢筋布置在梁体内，其管道间净距，当管道直径等于或小于 55 mm 时，不应小于 40 mm；当管道直径大于 55 mm 时，不应小于管道外径；

2）布置在明槽内时，钢丝束及预应力混凝土用螺纹钢筋净距不应小于钢丝束及钢筋直径或不小于：

水平方向——30 mm；垂直方向——20 mm。

2 在先张法结构中，预应力钢绞线及预应力混凝土用螺纹钢筋之间的净距不应小于 1.5 倍直径，且不小于 30 mm。预应力钢筋端部周围应采用局部加强措施（如设置钢筋网等）。

6.5.3 预应力钢筋或管道表面与结构表面之间的保护层厚度，在结构顶面和侧面均不应小于 1 倍管道直径，并不小于 50 mm；在结构底面不应小于 60 mm。

6.5.4 先张法结构中钢绞线锚固长度不应小于 130 倍的钢绞线直径。

6.5.5 对于钢丝束布置在明槽内的结构，其截面各有关部分的厚度不应小于：

1 明槽外壁——100 mm；

2 明槽中间壁——180 mm；

3 明槽底壁：

对于跨度 $L\leq20$ m 的结构——120 mm；

对于跨度 $L>20$ m 的结构——150 mm。

6.5.6 在后张法结构中，除在端部锚下设置厚度不小于 16 mm 的钢垫板外，并应在锚下设置分布钢筋网或螺旋筋。

6.5.7 如后张法结构中的预应力钢筋布置成曲线形时，其曲率半径应符合下列规定：

1 钢丝束、钢绞线束的钢丝直径等于或小于5 mm时，不宜小于4 m；钢丝直径大于5 mm时，不宜小于6 m。

2 预应力混凝土用螺纹钢筋的直径等于或小于25 mm时，不宜小于12 m；直径大于25 mm时，不宜小于15 m。

6.5.8 如钢丝束在构件长度范围内截断时，其锚头无论采用埋入式或外露式，应布置在外载作用下构件载面的受压区域。如果布置在外载作用下的受拉区域，则位于同一截面上的埋入式锚头，其所占的总截面面积不应超过构件受拉翼缘原有截面面积的1/3。

6.5.9 当钢丝束在腹板平面以外形成曲线形时，宜设置隔板和肋板。

6.5.10 在后张法结构中，用管道形成器形成的管道直径或铁皮套管内径，应比钢丝束直径至少大10 mm。

6.5.11 对于在明槽中布置预应力钢筋的结构，应在钢筋转折处设置支撑设备。在张拉以后填灌的混凝土中，应配置钢筋网，其横向钢筋直径不应小于8 mm，间距不应大于100 mm；纵向钢筋直径不应小于10 mm，间距不应大于50 mm。

6.5.12 在预应力混凝土结构中应根据计算设置箍筋。如采用非预应力箍筋时，应符合下列要求：

1 箍筋直径不应小于8 mm；

2 腹板箍筋间距不应大于200 mm，并宜采用HRB335级钢筋；

3 在布置有纵向预应力钢筋的翼缘中，应设置闭合形或螺旋形箍筋，其间距不大于100 mm，而在梁跨端部500 mm范围翼缘内，其间距应为80～100 mm；

4 当梁翼缘宽度大于500 mm时，箍筋不应少于4肢；

5 用于抗扭的箍筋须是闭合箍筋；

6.5.13 距结构表面最近的箍筋等普通钢筋的净保护层厚度不得小于35 mm。

对于顶板有防水层及保护层的最外层钢筋其净保护层厚度不得小于30 mm。

6.5.14 在运营荷载作用下的截面受拉边缘，应按下列要求设置非预应力纵向钢筋：

1 对于不允许出现拉应力的构件，钢筋直径不宜小于8 mm，间距不宜大于100 mm。

2 对于允许出现拉应力和允许开裂的构件，宜采用HRB335级钢筋，钢筋面积应根据计算确定，但不宜小于0.3%的混凝土受拉区面积。钢筋宜采用较小直径及较密间距。

6.5.15 在横向分块的结构中，块件端部应配置直径不小于10 mm的钢筋网。

6.5.16 如预应力钢筋集中在构件端部上、下翼缘内，则在该处应设置足够的非预应力箍筋或预应力竖筋。

6.5.17 横向分块装配式预应力混凝土结构的块件之间的接缝可按下列规定采用：

1 块件之间预留宽度不小于300 mm的接缝，将非预应力钢筋连接，用与结构本身等强度的混凝土填实；

2 环氧树脂砂浆接缝，并保证接缝处不得有潮气进入。

6.5.18 当预应力钢筋布置在明槽内时，用以填充明槽的混凝土或砂浆的强度，不应低于结构本身混凝土强度。

6.5.19 受弯构件的翼缘应在与腹板相交处设置梗肋。

上、下翼缘梗肋之间的腹板高度，当腹板内有预应力竖筋时，不应大于腹板厚度的20倍；当无预应力竖筋时，不应大于腹板厚度的15倍。

6.5.20 腹板厚度不得小于150 mm。在工字形或T形截面分片式结构中，横隔板间距不应大于腹板厚度的30倍,并不大于6 m。端横隔板的下缘宜略高于梁底。横隔板连接应保证梁的整体性。端隔板的厚度不应小于500 mm。

6.5.21 锚头与垫板接触处四周应采用防水涂料进行防水处理,对锚具应进行防锈处理,外露锚头周围应设置钢筋网,钢筋网宜与梁体伸出钢筋连接,然后灌筑微膨胀混凝土,其强度等级不宜低于C35。在封端及封锚范围内应采用防水涂料进行防水处理。

6.5.22 连续梁锯齿板锚固区及预应力钢筋弯折处应设置与顶、底板或腹板牢固连接的加强钢筋。

6.5.23 连续梁除设置端隔板外,各中间支承处必须设置横隔板,横隔板的宽度不得小于支座的纵向宽度。在连续梁的中间支点附近腹板内应增设纵向构造钢筋。

6.5.24 箱梁构造

1 箱梁内净空高不宜小于1.6 m;

2 顶板及底板的厚度不得小于20 cm;

3 箱梁的端部必须设置横隔板;

4 主梁底板和顶板与腹板连结处应设置梗肋,并配置足够数量的钢筋;

5 腹板下端桥轴方向的预应力钢筋至少应有1/2伸过支点;

6 在底板的上、下面应配置垂直桥轴方向的抗剪钢筋并伸入腹板内锚固;

7 腹板上应设置适当数量的直径约为100 mm的通风孔;

8 箱梁应设置排水装置加强防水措施,底板宜设排水孔;

9 根据需要在适当位置设置进人孔;

10 结构的外表面转折处宜圆顺过渡。

6.5.25 桥面及梁端应加强防排水设施。泄水管直径不宜小于150 mm,泄水管宜向下设置,梁外侧桥面板下宜设置通长的滴水槽。防水层与泄水管应密贴,防止在结合处漏水。

梁端的防排水设施,需满足不影响大型养护机械作业的要求。

6.5.26 加强人行道与上部结构的连接,混凝土外露预埋件应进行防腐处理,U型螺栓宜采用渗锌或锌铬涂层等措施处理。

6.5.27 预应力混凝土梁的预埋支座垫板厚度,对板式橡胶支座不宜小于25 mm,其他支座不宜小于20 mm。

7 支　座

7.1 一般要求

7.1.1 支座设计必须将梁的自重及梁上荷载有效地传递到下部结构，且应保证风荷载、地震荷载等横向荷载作用下其使用的安全性。

7.1.2 支座应满足易检查、维修和可更换的要求。

7.1.3 支座应根据反力、水平力、位移量、转动角等因素确定，其形式可按表 7.1.3 的规定选用。也可采用转动灵活，滑移平顺的其他新型支座。

表 7.1.3 支座形式

跨　度(m)	8	10～16	20	≥24
钢(铸钢)支座	平板支座	弧形支座	辊轴(摇轴)支座	
橡胶支座	板式橡胶支座			盆式橡胶支座

注：跨度 20 m 的低高度、超低高度梁亦可采用弧形支座。

7.1.4 铸钢支座的竖向承载力(kN)可按以下系列取值：

400、800、1 200、1 600、2 000、2 600、3 200、4 000、5 000、6 000、7 000、8 000、9 000 和 10 000。

铸钢支座的位移量(mm)可按以下系列取值：

20、40、80、120、160、200、280、360。

7.1.5 盆式橡胶支座竖向承载力应按《铁路桥梁盆式橡胶支座》(TB/T 2331)取值。活动支座(纵向和多向)的纵向位移量可按 ±50、±100、±150、±200 和 ±250 mm 设计；多向活动支座横向位移可按 ±40 mm 设计。

7.1.6 简支梁在使用板式橡胶支座时，也应在顺桥方向一端设固定支座，另一端设活动支座。

7.1.7 铺设或预留铺设无缝线路的桥梁支座还应考虑无缝线路纵向力的作用。

7.2 材　料

7.2.1 钢支座可采用 Q235 钢材，其技术条件应符合(GB 700)的规定。铸钢支座可采用铸钢 ZG 270～500，其技术条件应符合(GB 11352)的规定；销钉可采用 35 号或 45 号锻钢，其技术条件应符合(GB 699)的规定。

7.2.2 钢支座和铸钢支座所用钢材容许应力应按表 7.2.2 的规定采用。

7.2.3 板式橡胶支座所用橡胶的质量应符合《铁路桥梁板式橡胶支座技术条件》(TB 1893)的要求。

7.2.4 板式橡胶支座的受压弹性模量 E 应根据支座的形状系数 S 及橡胶硬度确定。当

表 7.2.2　支座钢材的容许应力

项目	应力种类＼钢材类别	ZG270~500	35 号锻钢	Q235	35 号钢	45 号钢	40Cr（淬火）
1	弯曲应力$[\sigma_w]$(MPa)	150	220	150			
2	剪应力$[\tau]$(MPa)	90	110	84	110	127	280
3	销孔承压应力(MPa)	—	180	—			
4	辊轴(摇轴)与平板自由接触的径向受压$[J_1]$(MN/m)	$6.1d$	$6.0d$	—			
5	铰轴放置在铸钢铰轴颈上时的径向受压$[J_2]$(MN/m)	$80d$	$84d$	—			
6	线接触应力$[\sigma_j]$(MPa)	670	710	—			

注：1　表中 d 为轴的直径(m)；
　　2　辊轴(摇轴)与接触的平板采用不同的钢种时，径向受压容许应力应采用其较低者。

橡胶硬度为 HS60 时，E 值应按表7.2.4—1采用。支座形状系数应按下式计算：

$$S=\frac{ab}{2(a+b)h_i} \tag{7.2.4}$$

式中　S——支座的形状系数；

　　h_i——支座中间每层橡胶片的厚度(mm)。

当橡胶硬度不同时，支座的受压弹性模量可按表 7.2.4—1 的数值乘以表 7.2.4—2 的影响系数 β_1 采用。

表 7.2.4—1　板式橡胶支座的受压弹性模量 E(MPa)

S	4	5	6	7	8	9	10	11	12
E	200	270	340	420	500	590	670	760	860
S	13	14	15	16	17	18	19	20	
E	950	1 060	1 180	1 310	1 450	1 590	1 740	1 900	

表 7.2.4—2　橡胶硬度的影响系数

橡胶硬度(HS)	50	60	70
β_1	0.7	1.0	1.3
β_2	0.6	1.0	1.4

板式橡胶支座的受剪弹性模量 G，当橡胶硬度为 HS60 时应采用 1.1 MPa；对于各种橡胶硬度，应乘以表 7.2.4—2 的影响系数 β_2。

当水平荷载为制动力快速加载时，支座受剪弹性模量可按增大 50% 计算。

7.2.5　由天然橡胶配方的耐负温橡胶支座，可在温度不低于 −40 ℃的地区使用。此时支座弹性模量可由试验确定。如无试验数据，其受压及受剪弹性模量可乘以影响系数 1.6。

氯丁橡胶支座可使用于温度不低于 −25 ℃的地区。

7.2.6　盆式橡胶支座的材料可按下列规定采用：

1　上座板、中间钢衬板及下座板可采用 Q235 或 ZG270~500 Ⅱ级铸钢。

2　常温型支座橡胶承压板和密封圈可采用氯丁橡胶，耐寒型支座橡胶承压板和密封圈可采用三元乙丙橡胶。橡胶承压板的质量应符合 TB/T 2331 的规定，其抗压容许应力可按 25 MPa 采用。

3 盆式橡胶支座的活动支座用聚四氟乙烯滑板可按表 7.2.6 的规定采用。

表 7.2.6 聚四氟乙烯滑板

材　　料	抗压容许应力(MPa)	摩擦系数	平面滑动线磨耗率(mm/km)
纯聚四氟乙烯滑板	24	0.05	0.14
纯聚四氟乙烯滑板加硅脂 295	30	0.03	0.032
填充纯聚四氟乙烯滑板(80% 聚四氟乙烯、15% 玻璃纤维、5% 石墨)	36	0.075	0.06

4 不锈钢滑板的材料可采用 1Cr18Ni9Ti 精刨(表面粗糙度为 6.3)或精轧而成,1Cr18Ni9Ti 的技术条件应符合 GB 3280 的规定。

5 紧箍圈宜采用黄铜。

6 支座锚栓可采用 Q235、HRB335、35 号钢、45 号钢及 40Cr 等材料,其中 35 号、45 号钢和 40Cr 其技术条件应分别符合(GB 699)和(GB 3077)的规定。

7.3 计　　算

7.3.1 支座必须能适应按本规范第 7.3.4 条计算出的移动量及转角。

7.3.2 铸钢或钢支座承受的纵向水平力应按下列规定计算:

固定支座应按承受全部纵向水平力考虑,且不得小于活动端的支座摩阻力。

检算活动支座各部件时,其纵向水平力的大小按该活动支座的最大摩阻力 T 计:

$$T=\mu \cdot R \tag{7.3.2}$$

式中 R——由恒载和静活载所产生的最大支承反力(MN);

μ——活动支座的摩擦系数,辊轴(摇轴)支座可取 0.05;其它活动支座可取 0.5;

7.3.3 橡胶支座承受的纵向水平力为:

固定支座承受全部纵向水平力,活动支座承受的水平力等于支座的摩擦力。

7.3.4 计算移动量和转角时应考虑以下几项因素:

1 因温度变化引起的梁的伸缩量;

2 因制动力、牵引力及长钢轨纵向力作用引起的移动量;

3 因梁挠曲引起的梁下缘的移动和转动;

4 因施加预应力引起的梁的弹性压缩;

5 因收缩、徐变引起的移动;

6 地震时的移动;

7 其他。

对大规模工地灌筑的梁式桥,应根据需要考虑因混凝土水化热产生的移动量。

7.3.5 铸钢支座应按下列规定计算:

1 活动支座应能自由地纵向移动,其可移动的距离应不小于各种荷载组合作用下所产生的变形。活动支座应考虑由于列车活载(包括动力系数)和温度变化或地震引起的纵向位移后的偏心影响。

2 固定支座应能承受按本规范第7.3.2条计算的荷载。

3 弧形支座的上座板、底板,摇轴支座的上、下摆均应计算内力,并假定荷载沿支承面积为均匀分布。

4 支座与梁的联接,支座与墩台的联接所用锚栓均应按纵向水平力减去接触面的摩擦力计算。

5 支座用销钉应根据各种荷载组合作用产生的水平力进行计算。

6 弧形支座上、下座板间接触应力应按下式计算:

$$0.423\sqrt{\frac{R_b}{l}E_2\left(\frac{1}{r_1}\pm\frac{1}{r_2}\right)}\leqslant[\sigma_j] \tag{7.3.5—1}$$

式中 R_b——支座竖向反力(MN);

E_2——材料受压弹性模量(MPa),一般可取2.1×10^5 MPa;

l——接触长度(减去孔)(m);

r_1,r_2——上、下座板的半径,当其一为平面时,它的半径即为∞(m);

$[\sigma_j]$——线接触容许应力(MPa),应按本规范表7.2.2采用。

注:上面公式括号内符号,当弧线内切时取负号,当弧线外切取正号。

7 辊轴的径向受压计算:

$$\frac{R_b}{nl}\leqslant[J_1] \tag{7.3.5—2}$$

式中 n——辊轴数目;

l——辊轴长度(m);

$[J_1]$——径向受压容许应力(MN/m),应按本规范表7.2.2采用。

8 摇轴的支座柱形铰的挤压计算:

$$\frac{R_b}{l}\leqslant[J_2] \tag{7.3.5—3}$$

式中 R_b——支座竖向反力(MN);

l——铰的长度(减去孔)(m);

$[J_2]$——径向受压容许应力(MN/m),应按本规范表7.2.2采用。

7.3.6 板式橡胶支座应按下列规定计算:

1 板式橡胶支座的平均压应力按下式计算:

$$\sigma_m=\frac{R_b}{ab}\leqslant[\sigma_m] \tag{7.3.6—1}$$

式中 σ_m——平均压应力(MPa);

R_b——支座反力(MN);

a,b——支座短边及长边长度(m)。

$[\sigma_m]$——橡胶板允许平均压应力(MPa)。

$[\sigma_m]$ = 8 MPa ~ 10 MPa,根据材料性能及S值选择;

式中 S——支座形状系数。

按上式算得的支座最小压应力σ_{min}应大于或等于2 MPa。

2 橡胶支座的稳定条件须满足:

支座总厚度$h<\frac{1}{5}a$,a为支座的短边长度。

3 板式橡胶支座的最大容许转角 θ 按下式计算：

$$\tan\theta = \frac{4\delta}{a} \quad (7.3.6\text{—}2)$$

$$\delta = \frac{\sigma \cdot h}{E} \quad (7.3.6\text{—}3)$$

式中 θ——支座的最大容许转角(°)；

σ——橡胶支座压应力(MPa)；

h——橡胶支座总厚度(mm)；

a——支座的短边长度(mm)；

E——橡胶支座的受压弹性模量(MPa)。

在检算支座最大容许转角时，应考虑负温的影响。

4 橡胶支座的最大容许剪切角 α 应满足：

$$\tan\alpha = \frac{\Delta}{h_0} < 0.7 \quad (7.3.6\text{—}4)$$

式中 Δ——由水平荷载产生的水平位移(mm)；

h_0——橡胶支座净橡胶层的总厚度(mm)。

由制动力快速加载产生的剪切角应满足 $\tan\alpha < 0.25$。

5 板式橡胶支座抗滑摩擦系数 μ 对于钢板表面采用 0.2；对混凝土表面采用 0.3。

7.3.7 盆式橡胶支座计算应符合下列规定：

1 盆式橡胶支座橡胶承压板的平均压应力应按下式计算：

$$\sigma_m = \frac{R_b}{A} \leqslant 25 \quad (7.3.7\text{—}1)$$

式中 R_b——支座竖向反力(MN)；

A——橡胶承压板承压面积(m^2)。

2 钢盆内承压橡胶板的板厚与直径的比值宜为 1/12 ~ 1/10。

3 盆式橡胶支座钢盆盆环最大环向拉应力应按下式计算：

$$\sigma_\theta = \frac{\frac{R^2}{r^2}+1}{\frac{R^2}{r^2}-1} \cdot \sigma_m \cdot \frac{h}{H} \leqslant [\sigma_\theta] \quad (7.3.7\text{—}2)$$

式中 σ_θ——最大环向拉应力(MPa)；

$[\sigma_\theta]$——盆环容许拉应力，对于 ZG270 ~ 500 采用 150 MPa，对于 Q235 采用 150 MPa；

R, r——盆环的外径和内径(m)；

σ_m——橡胶平均压应力(MPa)；

h, H——橡胶高度和盆环全高。

4 盆式橡胶支座固定支座上支座板盆凸与下支座盆环接触应力，应按下式检算：

$$\sigma_j = 0.59\sqrt{\frac{F_h}{h} \cdot E_s \cdot \frac{d_1 - d_2}{d_1 \cdot d_2}} \leqslant [\sigma_j] \quad (7.3.7\text{—}3)$$

式中 σ_j——盆环接触应力(MPa)；

F_h——固定支座承受的水平力(MN)；

h——上支座盆凸厚度(m);

E_s——钢的弹性模量(MPa);

d_1——下支座盆环内径(m);

d_2——上支座盆凸外径(m);

$[\sigma_j]$——接触应力容许值,对于 ZG270 ~ 500 采用 150 MPa,对于 Q235 采用 150 MPa。

7.3.8 支座处梁底面及支承垫石应进行局部承压检算。

7.4 构 造

7.4.1 纵向活动支座的横桥向应设置可靠的横向限位装置,使支座的横向位移不大于 1 mm。

7.4.2 从支座边缘到梁边缘的距离,应保证作用于支座的水平力和垂直力的传递。

7.4.3 地震区的防落梁措施可和梁端限位装置结合起来设计,但不应影响支座的正常移动。

7.4.4 为使荷载反力均匀分布于支承垫石上,支座顺桥方向及横桥方向从铰平面起至支承垫石顶,反力的传布角度均不宜大于45°,同时活动支座底板厚不宜小于:

平板支座——采用热轧钢板时为 20 mm;

弧形支座——支承中心处为 40 mm;

辊轴及摇轴支座——40 mm。

活动支座底板下支承面的计算有效尺寸:顺桥方向:弧形及摇轴支座不应大于底板厚度的 4 倍;辊轴支座不应大于两排最边辊轴中距加上板厚的 4 倍。横桥方向,任何支座均不应大于底板顶面压力接触线长度加上板厚的 2 倍。

平板滑动支座顺桥方向长度不得大于底板的厚度的 4 倍加 200 mm。

活动支座削边辊轴的宽度与其直径之比,可采用 0.5,不得已时可采用 0.4。

摇轴的构造当采用顶面为铰或圆柱面支承时,应使上下弧面圆心重合。摇轴的宽高比不宜小于 0.7。

铸钢制成的支座中,铸件各部分厚度不应小于 30 mm。

7.4.5 橡胶支座的结构细节,应符合下列规定:

1 橡胶支座的最小边长不应小于支座总高的 5 倍,且不得小于 200 mm。

2 对预先设置的预留孔槽灌注无收缩水泥砂浆,形成台座。

7.4.6 辊轴之间应在两端面用杆件联系,但应便于清扫,并应保证不向侧面滑动和纵向爬行。辊轴活动支座还应设置防护装置。

7.4.7 支座底面应水平设置,并应可靠地固着于梁底及墩台上,同时必须保证梁与墩台间压力的均匀传递。

7.4.8 支座锚栓应采用渗锌或锌铬涂层等处理措施,支座的防腐处理应按《铁路钢桥保护涂装》(TB/T 1527)办理。

8 既有线顶进桥涵

8.1 一 般 要 求

8.1.1 顶进桥涵钢筋混凝土结构，其混凝土强度等级不宜低于 C35，有水时宜采用抗渗性不低于 P8 的混凝土。

8.1.2 顶进桥涵除应按《铁路桥涵设计基本规范》（TB 10002.1—2005）要求的荷载组合计算外，还应检算顶力作用，并以此作为设计后背和顶进设施的依据。设计时还应满足顶进过程中承受列车荷载时的安全要求。

8.1.3 较长的框架式立交桥，宜分段顶进。分段顶进的桥涵，其分段端部应预留支顶位置，并要求接缝严密不渗水。

8.2 计 算

8.2.1 框架式结构计算应按下列规定进行：

1 按框架截取单元计算。

2 斜交桥应考虑斜交的影响。

3 活载横向分布宽度 B 为：

1）在轨枕底面上，由轨枕两端向下分布至结构顶板底，其坡线在道砟及顶板内为 1∶1，如有覆土，在土层内为 1∶0.5，见图 8.2.1—1；

2）对双线及多线，如中间分布线无重叠，按单线处理；有重叠时见图 8.2.1—2。

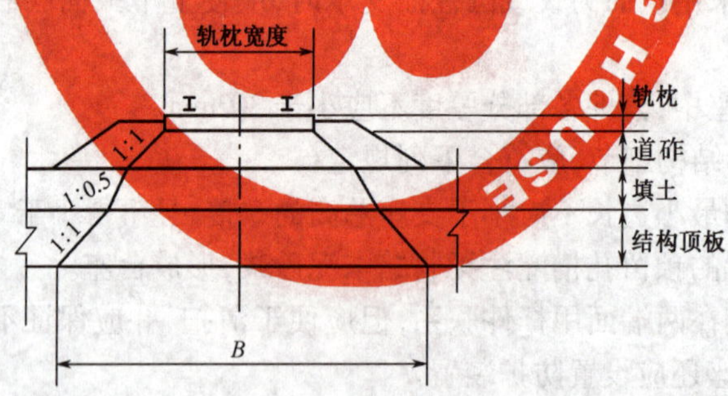

图 8.2.1—1 单线顶桥活载分布

8.2.2 顶进桥涵的顶力，应根据顶进长度、土的性质、地下水情况、桥涵外形及施工方法等因素按下式计算：

$$p = K[N_1\mu_1 + (N_1 + N_2)\mu_2 + 2E\mu_3 + RA] \quad (8.2.2)$$

式中 P——最大顶力（kN）；

N_1——桥涵顶上荷载（包括线路加固材料荷载）（kN）；

μ_1——桥涵顶面与顶上荷载的摩擦系数，视顶上润滑处理经试验确定；无试验资料时可采用以下数值：涂石蜡为 0.17 ~ 0.34；涂滑石粉浆为 0.30；涂机油调制的滑石粉浆为 0.20；

N_2——桥涵自重(kN)；

μ_2——桥涵底板与基底土的摩擦系数，视基底土性质经试验确定；无试验资料时可采用 0.7 ~ 0.8；

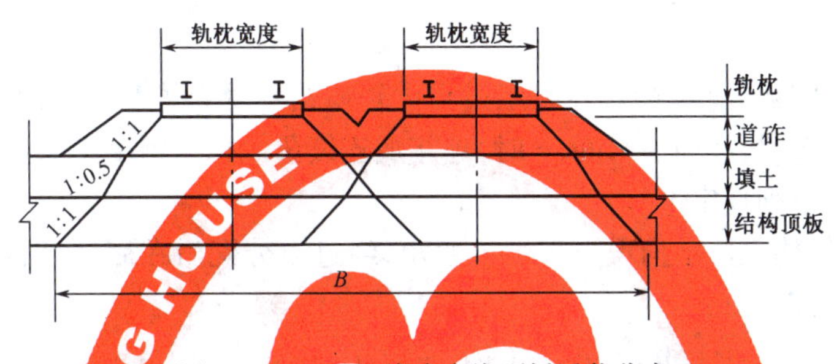

图 8.2.1—2　双线或多线顶桥活载分布

E——桥涵两侧土压力(kN)；

μ_3——侧面摩擦系数，视土的性质经试验确定；无试验资料时可采用 0.7 ~ 0.8；

R——钢刃角正面阻力，视刃角构造、挖土方法、土的性质经试验确定；无试验资料时可采用：砂黏土为 500 ~ 550 kPa；卵石土为 1 500 ~ 1 700 kPa；

A——钢刃角正面积(m^2)；

K——系数，应采用 1.2。

8.2.3　顶桥应按最大顶力进行下列各项检算：

1　顶进部位局部压应力；

2　中柱及侧墙根部剪应力；

3　顶进就位地基承载力；

4　斜桥正顶时的扭转力。

8.2.4　顶进桥涵的顶部竖向土压力应按土柱重计算。

8.3　构　　造

8.3.1　顶进桥涵框架隅角的构造筋及中柱、侧墙的纵向水平构造筋宜适当加强。

8.3.2　顶进桥涵的主体结构前端应设钢刃角，安设刃角的边墙端线与水平线的夹角应视土质情况而定，一般大于 60°，刃角挑出部分应按施工荷载设计。

8.3.3　顶进桥涵端部周边宜加设钢刃角。中间宜设置钢刃角和中平台。中平台应按施工垂直荷载和土对刃角的正面阻力(视刃角构造、挖土方法和土的性质经试验确定。如无试验资料，可采用本规范第 8.2.2 条的参数)计算其强度。中刃角、中平台和顶桥的联结必须牢固且便于拆装。

8.3.4　顶面及侧墙应作防水层，顶面防水层外应作保护层。

8.3.5　顶进涵的管节接口宜采用预制钢筋混凝土内套环接口、钢板内涨圈接口、企口及其他形式的接口。

附录 A　预应力混凝土结构体系转换后弯矩重分布的计算

A. 0. 1　预应力混凝土连续梁若在施工过程中转换结构受力体系[如先期结构为同时浇注的简支梁或悬臂梁,在同一时间(τ 时)连接成连续梁],由于混凝土徐变的影响,弯矩重分布的计算可按下列规定进行:

1　在先期结构上由结构重力产生的弯矩,经过重分配后在后期结构中的弯矩(至 t 时),可按下列公式计算:

$$M_{gt}=M_{1g}+(M_{2g}-M_{1g})[1-e^{-\varphi(t,\tau)}] \quad (A.0.1—1)$$

式中　M_{gt}——至 t 时在后期结构中由重力产生的弯矩(MN · m);

M_{1g}——按先期结构体系计算的由重力产生的弯矩(MN · m);

M_{2g}——按后期结构体系计算的由先期结构重力产生的弯矩(MN · m);

$\varphi(t,\tau)$——从加载龄期 τ 时至计算所考虑时间 t 时的徐变系数,可按本规范第 A. 0. 2 条计算。

2　在先期结构上由预加应力产生的弯矩经过重分配后在后期结构中的弯矩(至 t 时),可按下列公式计算:

$$M_{pt}=M_{1pt}+(M_{2pt}'-M_{1pt}')[1-e^{-\varphi(t,\tau)}] \quad (A.0.1—2)$$

$$M_{1pt}=M_{1pt}^{0}+M_{1pt}' \quad (A.0.1—3)$$

式中　M_{pt}——至 t 时在后期结构中由先期结构中的预加力产生的弯矩(MN · m);

M_{1pt}——作用于先期结构中的预加力(t 时),按先期结构体系计算的弯矩(MN · m);

M_{1pt}^{0}——作用于先期结构中的预加力(t 时),按先期结构体系计算的初弯矩(预加力乘以偏心矩)(MN · m);

M_{1pt}'——作用于先期结构中的预加力(t 时),按先期结构体系计算的弹性二次弯矩;当先期结构为静定体系时,$M_{1pt}'=0$MN · m;

M_{2pt}'——作用于先期结构中的预加力(t 时),按后期结构体系计算的弹性二次弯矩(MN · m)。

A. 0. 2　加载龄期为 τ,计算龄期为 t 时的混凝土徐变系数可按下列公式计算:

$$\varphi(t,\tau)=\beta_a(\tau)+0.4\beta_d(t-\tau)+\varphi_f[\beta_f(t)-\beta_f(\tau)] \quad (A.0.2—1)$$

$$\beta_a(\tau)=0.8[1-\frac{f_\tau}{f_\infty}] \quad (A.0.2—2)$$

$$\varphi_f=\varphi_{f1}\cdot\varphi_{f2} \quad (A.0.2—3)$$

式中　$\varphi(t,\tau)$——徐变系数;

$\beta_d(t,\tau)$——随时间而增长的滞后弹性应变,可从图 A. 0. 2—1 查取;

f_τ/f_∞——混凝土龄期为 τ 时的强度 f_τ 与最终强度 f_∞ 之比,可从图 A. 0. 2—2 查

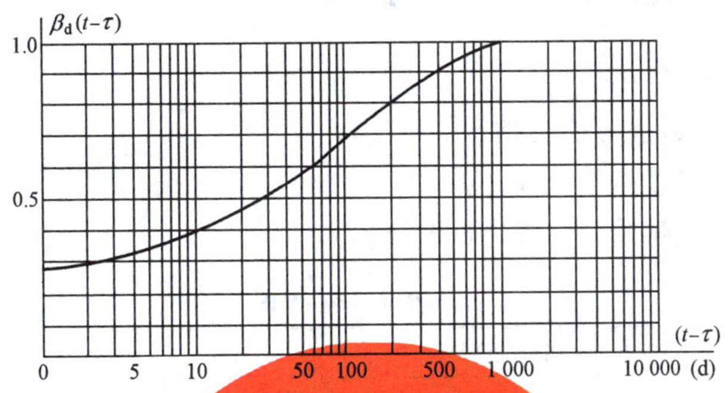

图 A.0.2—1 随时间而增加的滞后弹性应变图

取；

φ_f——流塑系数；

φ_{f1}——依周围环境而定的系数，可按表 A.0.2 取值；

φ_{f2}——依理论厚度 h 而定的系数，可从图 A.0.2—3 查取；

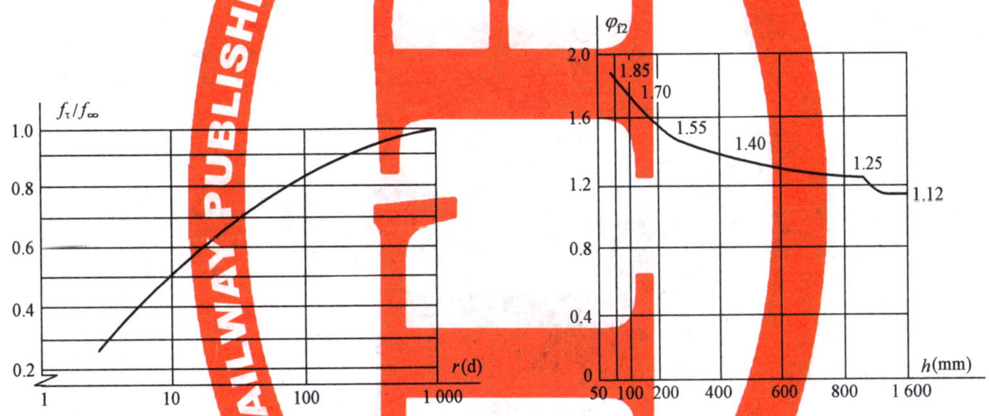

图 A.0.2—2 混凝土龄期与强度关系图

图 A.0.2—3 理论厚度对徐变影响系数图

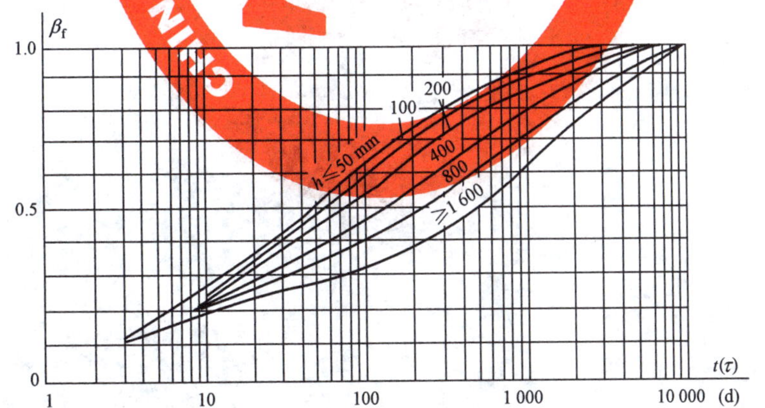

图 A.0.2—4 随混凝土龄期而增长的塑性应变图

$\beta_f(t)$，$\beta_f(\tau)$——随混凝土龄期而增长的滞后塑性应变，与理论厚度 h 有关，可从图 A.0.2—4 查取。

按上述公式计算时的理论厚度应按下式计算：

$$h=\lambda\frac{2A}{u} \quad (A.0.2\text{—}4)$$

式中　λ——系数，按表 A. 0. 2 取值；

A——混凝土截面面积（mm^2）；

u——与大气接触的截面周边长度（mm）。

表 A. 0. 2　φ_{f1}、λ 值

环境条件	相对湿度	φ_{f1}	λ
水　　中	—	0. 8	30
很潮湿大气	90%	1. 0	5
野外一般条件	70%	2. 0	1. 5
很干燥的大气	40%	3. 0	1. 0

附录 B　混凝土箱梁温差应力计算

B. 0. 1　箱梁温差按下列规定计算：

1　有砟箱梁沿梁宽方向的温差 T_0 宜按图 B. 0. 1—1 计算。

图 B. 0. 1—1 为沿梁宽温差计算图，图中 α_w 为腹板外法线与正南向夹角，向西为正，向东为负。ϕ 为地理纬度。

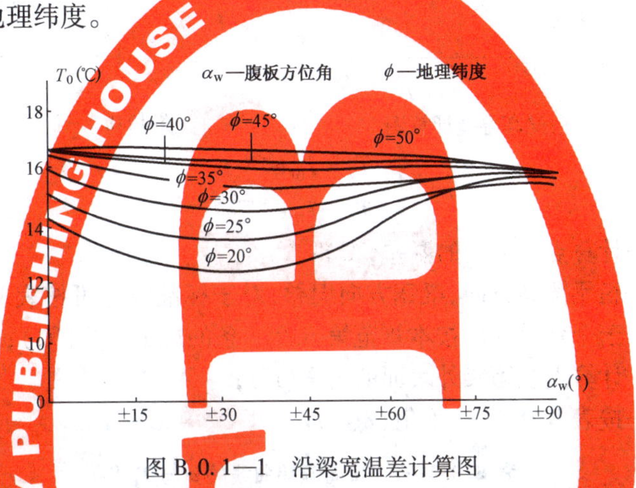

图 B. 0. 1—1　沿梁宽温差计算图

2　无砟无枕箱梁沿梁宽和梁高双向组合温差 T_0 宜分别按图 B. 0. 1—1 和图 B. 0. 1—2 计算。

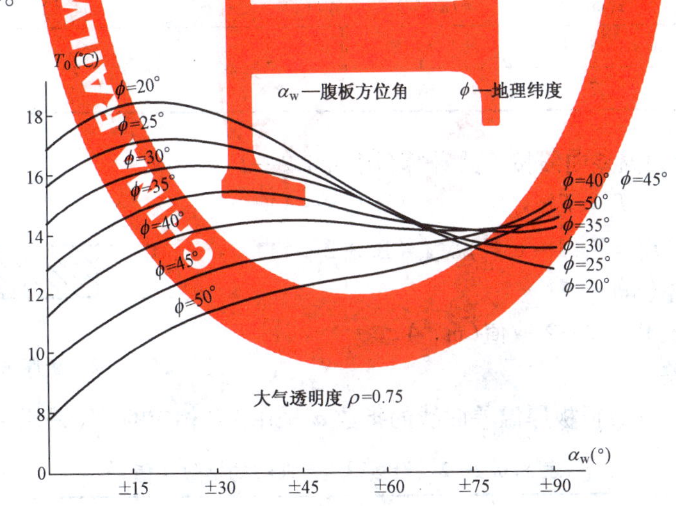

图 B. 0. 1—2　双向组合时沿梁高温差计算图

3　无砟无枕箱梁沿梁高方向的温差 T_θ 宜按图 B. 0. 1—3 计算。

B. 0. 2　箱梁温差荷载按下列规定计算：

1　日照温差

有砟箱梁只考虑沿梁宽方向的温差荷载；无砟无枕箱梁应分别考虑沿梁高方向的温

差荷载和两个方向的组合温差荷载。

箱梁沿梁高、梁宽方向的温差曲线按下式计算（图 B. 0. 2—1）：

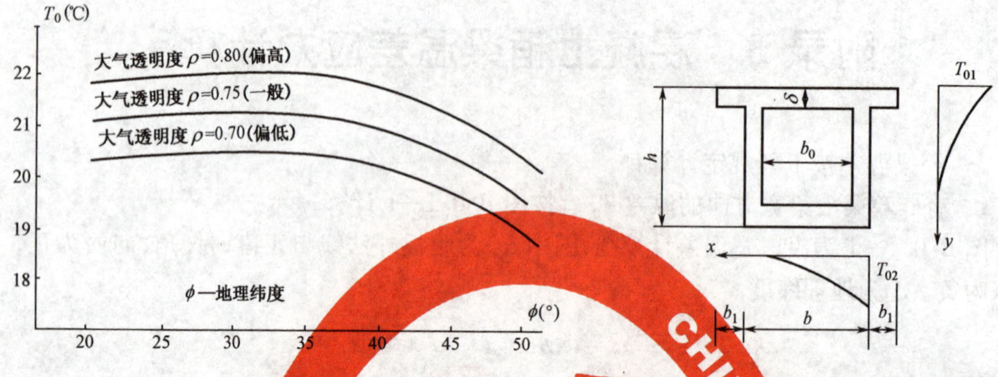

图 B. 0. 1—3　沿梁高温差计算图　　　　图 B. 0. 2—1　箱梁温差分布图

$$T_y = T_{01}e^{-ay} \tag{B. 0. 2—1}$$

$$T_x = T_{02}e^{-ax} \tag{B. 0. 2—2}$$

式中　T_y, T_x——计算点 y、x 处的温差（℃）；

T_{01}, T_{02}——箱梁梁高方向、梁宽方向温差，对于标准设计可按表 B. 0. 2—1 取值，对于个别设计应按本规范第 B. 0. 1 条的规定计算（℃）；

y、x——计算点至箱梁外表面的距离（m）；

a——按表 B. 0. 2—1 取值（m^{-1}）。

表 B. 0. 2—1　日照温差曲线的 a 与 T_0 值

梁别 / 方向		有砟桥面		梁别 / 方向	无砟桥面	
		a(m^{-1})	T_0(℃)		a(m^{-1})	T_0(℃)
沿梁高	单　向	5	20	沿梁宽	7	16
	双向组合	7	16			

箱梁沿板厚的温差曲线按下式计算（图 B. 0. 2—2）：

$$T'_y = T'_0 e^{-a'y} \tag{B. 0. 2—3}$$

$$T'_0 = T_0(1 - e^{-a\delta}) \tag{B. 0. 2—4}$$

式中　δ——板厚（m）；

a'——按表 B. 0. 2—2 取值（m^{-1}）。

图 B. 0. 2—2　板厚方向温差分布图

2　降温温差

箱梁沿顶板、外腹板板厚温差曲线的指数 a' 采用 14，相应的 T'_0 采用 −10 ℃。

表 B. 0. 2—2　沿板厚温差曲线的指数 a' 值

板厚 δ(m)	0. 16	0. 18	0. 20	0. 24	≥0. 26
a'	15	14	13	11	10

B. 0. 3　箱梁温差应力计算应计及自约束应力和外约束应力，按下列规定计算：

1　自约束应力计算

1）板的自约束应力

$$\sigma_0' = \alpha T_0' E_c \left[\frac{k_1}{\delta} + \frac{12k_2}{\delta^3}\left(\frac{\delta}{2} - y\right) - e^{-a'y} \right] \qquad (B.0.3—1)$$

式中　δ——板厚(m)；

y——计算点至板外表面的距离(m)；

a'——沿板厚温差曲线指数(m^{-1})；

k_1,k_2——计算系数，按表 B.0.3—1 或表 B.0.3—2 采用；

表 B.0.3—1　沿板厚日照温差应力计算系数

板厚 δ (m)	计算系数		
	k_1	k_2	k
0.16	6.062×10^{-2}	1.776×10^{-3}	0.832 5
0.18	6.568×10^{-2}	2.254×10^{-3}	0.834 8
0.20	7.121×10^{-2}	2.786×10^{-3}	0.835 8
0.22	7.739×10^{-2}	3.372×10^{-3}	0.836 1
0.24	8.442×10^{-2}	4.013×10^{-3}	0.836 0
0.26	9.257×10^{-2}	4.708×10^{-3}	0.835 7

α——混凝土的线膨胀系数；

E_c——混凝土的受压弹性模量(MPa)；

T_0'——沿板厚的温差(℃)。

2)箱梁梁高方向自约束应力

$$\sigma_0 = \alpha T_0 E_c \left[\frac{\eta_1}{A} + \frac{\eta_2}{I}(n - y) - e^{-a'y} \right] \qquad (B.0.3—2)$$

表 B.0.3—2　沿板厚降温温差应力计算系数

板厚 δ (m)	计算系数		
	k_1	k_2	k
0.16	6.382×10^{-2}	1.764×10^{-3}	0.826 8
0.18	6.568×10^{-2}	2.254×10^{-3}	0.834 9
0.20	6.708×10^{-2}	2.785×10^{-3}	0.835 6
0.22	6.815×10^{-2}	3.351×10^{-3}	0.830 8
0.24	6.895×10^{-2}	3.944×10^{-3}	0.821 7
0.26	6.955×10^{-2}	4.561×10^{-3}	0.809 7

$$\eta_1 = bK_1 - b_0 C_1 + 2b_1 r_1 \qquad (B.0.3—3)$$

$$\eta_2 = bK_2 - b_0 C_2 + 2b_1 r_2 \qquad (B.0.3—4)$$

当梁高 $H \geqslant 2.0$ m 时，

$$K_1 = \frac{1}{a} \qquad (B.0.3—5)$$

$$K_2 = \frac{1}{a}\left(n - \frac{1}{a}\right) \qquad (B.0.3—6)$$

$$C_1 = \frac{1}{a} \cdot e^{-a\delta} \qquad (B.0.3—7)$$

$$C_2 = \frac{1}{a} \cdot \mathrm{e}^{-a\delta}\left(n - \frac{1 + a\delta}{a}\right) \tag{B.0.3—8}$$

$$r_1 = \frac{1 - \mathrm{e}^{-a\delta}}{a} \tag{B.0.3—9}$$

$$r_2 = \frac{1 - \mathrm{e}^{-a\delta}}{a}\left[n - \frac{1 - \mathrm{e}^{-a\delta}(1 + a\delta)}{a(1 - \mathrm{e}^{-a\delta})}\right] \tag{B.0.3—10}$$

式中　T_0——沿梁高的温差(℃);

y——外表面至计算点的距离(m);

n——截面重心轴距外表面的距离(m);

a——温差曲线指数(m^{-1});

A——截面积(m^2);

I——惯性矩(m^4);

b、b_0、b_1、h、δ 意义见本规范图 B.0.2—1。

梁宽方向自约束应力可参照上述公式计算。

2　外约束应力计算

外约束包括箱梁纵向支承约束和横向刚架约束,计算时可先按线性温差分布计算箱梁的外约束应力,然后再乘以实际非线性分布的修正系数 k 和 K,其中 k 为横向刚架约束应力的修正系数;K 为纵向支承约束应力的修正系数。

1)横向刚架约束弯矩,可按下式计算(图 B.0.3):

AB 板
$$M_1' = \frac{\gamma(3\gamma + 2)}{(\gamma + 1)(3\gamma + 1)} \cdot \frac{\alpha T_0' E_c I_c}{\delta} k \tag{B.0.3—11}$$

BC 板
$$M_1' = \left[\frac{\gamma(3\gamma + 2)}{(\gamma + 1)(3\gamma + 1)} - \frac{3\gamma}{(3b + h)} y_i\right] \frac{\alpha T_0' E_c I_c}{\delta} k \tag{B.0.3—12}$$

CD 板
$$M_1' = \frac{\gamma}{(\gamma + 1)(3\gamma + 1)} \cdot \frac{\alpha T_0' E_c I_c}{\delta} k \tag{B.0.3—13}$$

$$\gamma = \frac{b}{h} \tag{B.0.3—14}$$

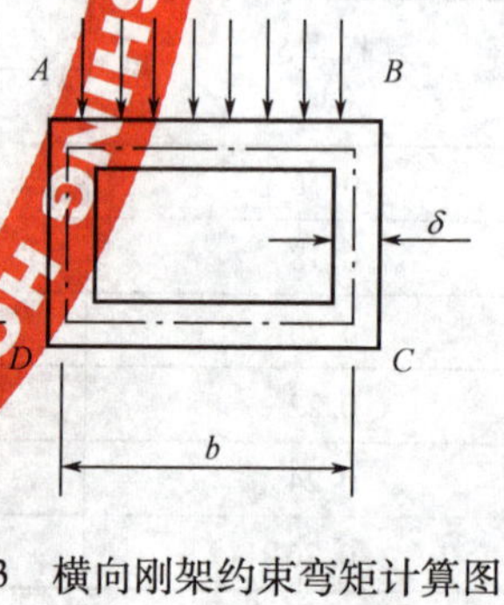

A　B　h　δ　D　C　b

图 B.0.3　横向刚架约束弯矩计算图

式中　M_1'——横向刚架约束弯矩(MN·m);

y_i——梁顶面至计算点的距离(m);

T_0'——沿板厚温差(℃);

k——非线性修正系数,按表 B.0.3—1 或表 B.0.3—2 采用。

各板实际计算弯矩可按 $M_T = CM_1'$ 计算,修正系数 C 对于日照温差为 0.7,对于降温温差为 1.2。

2)纵向约束应力可按下式计算:

$$\sigma_{1yi} = \beta K \alpha T_0 E_c y_i / h \tag{B.0.3—15}$$

$$K = \frac{h}{I_0} \eta_2 \tag{B.0.3—16}$$

式中　σ_{1yi}——纵向约束应力(MPa);

β——支承约束系数,与截面形式、桥跨比等有关,可按一般结构力学方法计算;

K——非线性温差分布修正系数；

η_2——按式(B.0.3—4)计算；

h——梁高(m)。

3　箱梁总的温差应力与温差弯矩

1)纵向应力　$\sigma_1=\sigma_0+\sigma_{1yi}$　(B.0.3—17)

2)横向温差弯矩　$M=M_T$　(B.0.3—18)

附录 C　预应力混凝土受弯构件斜截面强度检算

C. 0. 1　受弯构件斜截面的抗弯强度可按下列分式计算(图 C. 0. 1):

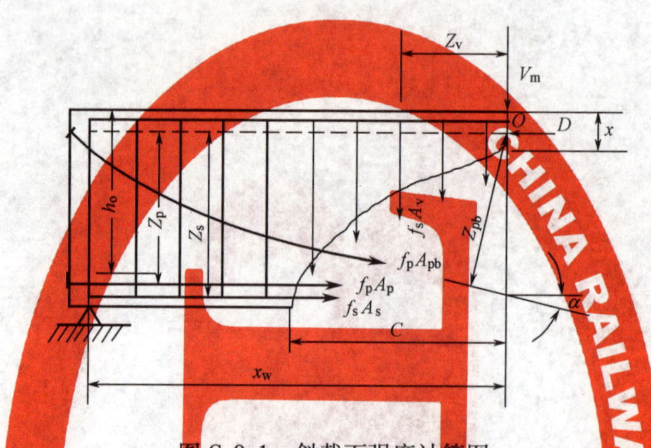

图 C. 0. 1　斜截面强度计算图

$$KM \leqslant f_p(\sum A_pZ_p + \sum A_{pb}Z_{pb}) + f_s(\sum A_sZ_s + \sum A_vZ_v) \quad (C.0.1—1)$$

式中　K——斜截面抗弯强度安全系数,按本规范表 6. 1. 5 采用;

M——通过斜截面顶端的正截面内的最大计算弯矩(MN · m);

f_p,f_s——预应力钢筋及非预应力钢筋的计算强度,按本规范表 3. 2. 3 采用(MPa);

A_p,A_{pb},A_s,A_v——与斜截面相交的预应力纵向钢筋、预应力弯起钢筋、非预应力纵向钢筋及箍筋的截面面积(m^2);

Z_p,Z_{pb},Z_s,Z_v——钢筋 A_p、A_{pb}、A_s、A_v 对混凝土受压区中心点 O 的力臂(m)。

计算斜截面抗弯强度时,最不利斜截面的位置(即受拉区抗弯的薄弱处,如预应力及非预应力纵向钢筋变少处,自下向上沿斜向试算几个不同角度的斜截面)按下列条件通过试算确定:

$$KV_m = f_p\sum A_{pb}\sin\alpha + f_s\sum A_v \quad (C.0.1—2)$$

式中　V_m——通过斜截面顶端的正截面内最大弯矩时的相应剪力(MN);

α——预应力弯起钢筋与构件纵轴线的夹角(°)。

斜截面受压区高度 x,按作用于斜截面内所有的力对构件纵轴的投影之和为零($\sum H = 0$)的平衡条件求得。

注:当箍筋采用预应力钢筋时,只需将非预应力箍筋的计算强度 f_s 换以预应力箍筋的计算强度 f_p,其余计算方法同上。

C. 0. 2　受弯构件斜截面的抗剪强度可按下列公式计算:

$$KV \leqslant V_{cv} + V_b \quad (C.0.2—1)$$

$$V_{cv} = bh_0\sqrt{1.32(2+p)f_{ct}^{3/4}\mu_v f_s} \quad (C.0.2—2)$$

$$V_b = 0.9f_p\sum A_{pb}\sin\alpha \quad (C.0.2—3)$$

$$p = 100\mu = 100 \cdot \frac{A_p + A_{pb} + A_s}{bh_0} \leqslant 3.5 \qquad (C.0.2—4)$$

$$\mu_v = \frac{A_v}{s_v b} \qquad (C.0.2—5)$$

式中　K——斜截面抗剪强度安全系数，按本规范表 6.1.5 采用；

V——通过斜截面顶端的正截面内的最大计算剪力（MN）；

V_{cv}——斜截面内混凝土与箍筋共同承受的剪力（MN）；

V_b——与斜截面相交的预应力弯起钢筋所承受的剪力（MN）；

b——腹板宽度（m）；

h_0——由受拉区纵向钢筋（包括预应力纵向钢筋、预应力弯起钢筋及非预应力纵向钢筋）中应力合力点至受压边缘的高度（m）；

μ——斜截面受拉区纵向钢筋的配筋率，当按式（C.0.2—4）算得的 $p > 3.5$ 时，取 $p = 3.5$；

A_v——一个截面上箍筋的总截面积（m^2）；

s_v——箍筋的间距（m）；

f_{ct}——混凝土抗拉极限强度（MPa），按本规范表 3.1.4 采用。

斜截面抗剪强度计算中的斜截面水平投影长度 C 按下式计算：

$$C = 0.6mh_0 \qquad (C.0.2—6)$$

$$m = \frac{M_v}{Vh_0} \qquad (C.0.2—7)$$

式中　C——水平投影长度（m）；

m——斜截面顶端正截面处的剪跨比，当 $m > 3$ 时，取 $m = 3$；

h_0——计算 m 时正截面的有效高度（m）；

M_v——相应于最大剪力时的计算弯矩（MN·m）。

注：1　上列斜截面抗剪强度计算公式适用于等高度简支梁；

2　当箍筋采用预应力钢筋时，只需将式（C.0.2—2）中非预应力箍筋的计算强度 f_v 换以预应力箍筋的计算强度 f_p，其余计算方法同上。

附录 D 后张法预应力混凝土梁预应力筋反向摩阻计算

D. 0. 1 当计算由于锚具变形，钢筋回缩等引起的应力损失时，可考虑与张拉钢筋时管道摩擦方向相反的摩阻作用。

计算反向摩阻时，管道摩擦系数和偏差系数可近似采用计算正向摩阻时所用值。

D. 0. 2 对于两端张拉且对称布置的预应力筋，考虑反向摩阻后，锚下预应力筋的应力及应力不动点（锚具、钢筋回缩引起的应力损失为零的点）的位置和应力可按下列公式试算确定（图 D. 0. 2）：

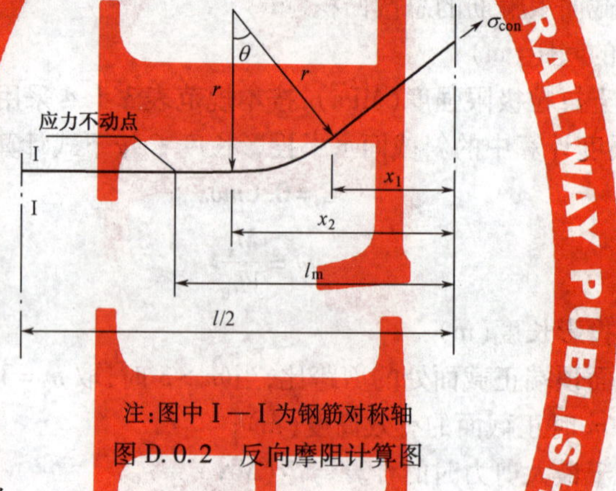

注：图中 I — I 为钢筋对称轴

图 D. 0. 2 反向摩阻计算图

1 当 $x_1 < l_m < x_2$ 时

$$l_m = \sqrt{\left(\frac{\Delta l \cdot E_p}{\sigma_{con}} + \frac{\mu}{r}x_1^2\right) / \left(k + \frac{\mu}{r}\right)} \tag{D. 0. 2—1}$$

$$\sigma_0 = \sigma_{con}\left[1 - 2kl_m - \frac{2\mu}{r}(l_m - x_1)\right] \tag{D. 0. 2—2}$$

$$\sigma_{lm} = \sigma_{con}\left\{1 - \left[kl_m + \frac{\mu}{r}(l_m - x_1)\right]\right\} \tag{D. 0. 2—3}$$

2 当 $x_2 < l_m < l/2$ 时

$$l_m = \sqrt{\frac{1}{k}\left[\frac{\Delta l \cdot E_p}{\sigma_{con}} - \frac{\mu}{r}(x_2^2 - x_1^2)\right]} \tag{D. 0. 2—4}$$

$$\sigma_0 = \sigma_{con}\left[1 - 2kl_m - \frac{2\mu}{r}(x_2 - x_1)\right] \tag{D. 0. 2—5}$$

$$\sigma_{lm} = \sigma_{con}\left[1 - kl_m - \frac{\mu}{r}(x_2 - x_1)\right] \tag{D. 0. 2—6}$$

3 当 $l_m > l/2$ 时，表明应力不动点不存在，此时

$$\sigma_0 = \sigma_{con}\left[1 - \frac{kl}{2} - 2\mu\frac{(x_2 - x_1)}{r}\left(1 - \frac{x_2}{l} - \frac{x_1}{l}\right)\right] - \frac{2\Delta l \cdot E_p}{l} \tag{D. 0. 2—7}$$

式中 Δl——锚具变形及钢筋回缩值(m),按本规范表 6.3.4—2 采用;

σ_{con}——锚下张拉控制应力(MPa);

σ_0——锚下预应力筋的应力(MPa);

E_p——预应力筋弹性模量(MPa),按本规范表 3.2.4 采用;

μ——钢筋与管道壁之间的摩擦系数,按本规范表 6.3.4—1 采用;

k——每米管道偏差系数,按本规范表 6.3.4—1 采用。

D.0.3 距锚下 x(m)处预应力筋中的应力 σ_x 可按下列公式计算:

1 当 $x \leqslant x_1$ 时

$$\sigma_x = \sigma_0 + \sigma_{con} \cdot k \cdot x - \sigma_{l4} \tag{D.0.3—1}$$

2 当 $x_1 < x \leqslant x_2$ 时

$$\sigma_x = \sigma_0 + \sigma_{con}\left[kx + \frac{\mu}{r}(x - x_1)\right] - \sigma_{l4} \tag{D.0.3—2}$$

3 当 $x_2 < x \leqslant l/2$ 时

$$\sigma_x = \sigma_0 + \sigma_{con}\left[kx + \frac{\mu}{r}(x_2 - x_1)\right] - \sigma_{l4} \tag{D.0.3—3}$$

式中 x——应力计算点到锚下的距离(m);

σ_x——传力锚固时,距锚下 x(m)处预应力钢筋的应力(MPa)。

附录 E　预应力混凝土受弯构件消压后开裂截面应力计算

E.0.1　运营荷载作用下，当正截面混凝土拉应力大于 $0.7f_{ck}$ 时，应按开裂截面计算混凝土和钢筋的应力。此时近似认为开裂截面符合以下假定：

1　开裂截面符合平截面假定；

2　受拉区混凝土退出工作；

3　由于疲劳影响，钢筋弹性模量与混凝土弹性模量之比增大为 10。

E.0.2　受弯构件，消压后开裂截面受压边缘混凝土应力可按下列公式计算（图 E.0.2）：

$$\sigma_c = \frac{N_0 x}{S_x} \tag{E.0.2—1}$$

$$N_0 = A_p(\sigma_{p1} + \Delta\sigma_{p1}) + A_p'(\sigma_{p1}' + \Delta\sigma_{p1}') + A_s\Delta\sigma_{sL6} + A_s'\Delta\sigma_{sL6}' \tag{E.0.2—2}$$

$$S_x = S_{cx} - 10A_p(h_p - x) - 10A_p'(a_p' - x) - 10A_s(h_s - x) - 10A_s'(a_s' - x) \tag{E.0.2—3}$$

式中　N_0——全截面消压时，预应力筋和非预应力筋应力的合力（MN）；

A_p，A_p'——受拉及受压区预应力钢筋面积（m^2）；

A_s，A_s'——受拉及受压区非预应力钢筋面积（m^2）；

σ_{p1}，σ_{p1}'——A_p 及 A_p' 中的有效预应力（MPa）；

$\Delta\sigma_{p1}$，$\Delta\sigma_{p1}'$——消压时 A_p 及 A_p' 中的应力增量（MPa）；

$\Delta\sigma_{sL6}$，$\Delta\sigma_{sL6}'$——由混凝土收缩徐变在非预应力钢筋 A_s 及 A_s' 中产生的附加应力（MPa）；

S_x——开裂后换算截面（不计受拉区混凝土）对中性轴的面积矩（m^3）；

S_{cx}——受压区混凝土对中性轴的面积矩（m^3）。

中性轴位置可按下列公式试算确定：

$$x = \frac{I_x}{S_x} - e_0 \tag{E.0.2—4}$$

$$I_x = I_{cx} + 10A_p(h_p - x)^2 + 10A_p'(a_p' - x)^2 + 10A_s(h_s - x)^2 + 10A_s'(a_s' - x)^2 \tag{E.0.2—5}$$

$$e_0 = \frac{M - M_{ps}}{N_0} \tag{E.0.2—6}$$

$$M_{ps} = A_p(\sigma_{p1} + \Delta\sigma_{p1})h_p + A_p'(\sigma_{p1}' + \Delta\sigma_{p1}')a_p' + A_s\Delta\sigma_{sL6}h_s + A_s'\Delta\sigma_{sL6}'a_s' \tag{E.0.2—7}$$

式中　I_x——开裂后换算截面（不计受拉区混凝土）对中性轴的惯性矩（m^4）；

I_{cx}——受压区混凝土对中性轴的惯性矩（m^4）；

M——计算弯矩（MN·m）；

M_{ps}——N_0 对截面受压边缘的矩（MN·m）。

对于受压区不配置受力钢筋的矩形、T 形及工字形截面，中性轴位置可按下列公式计算：

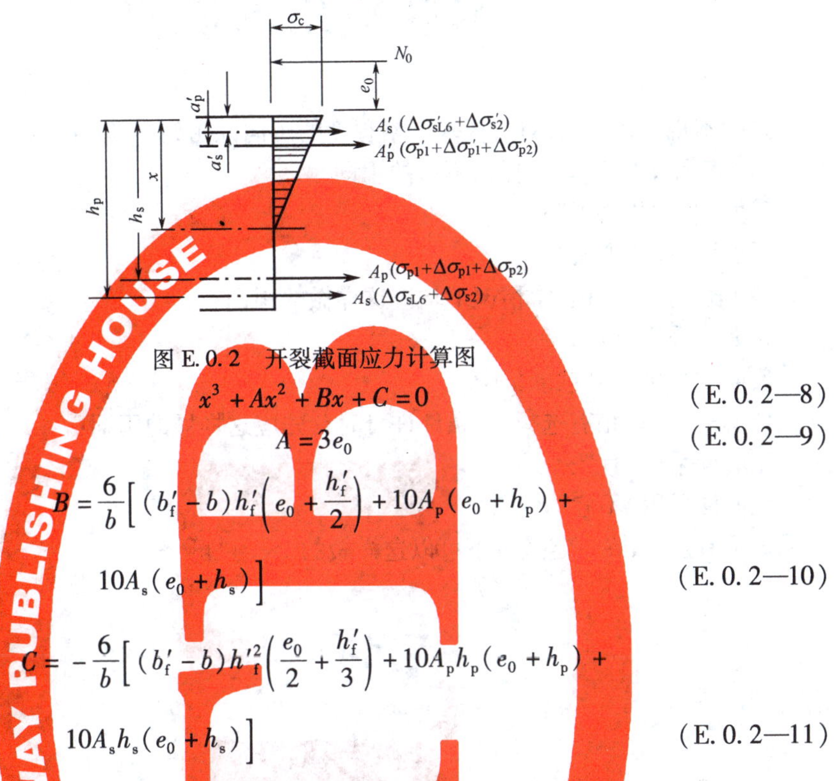

图 E.0.2　开裂截面应力计算图

$$x^3 + Ax^2 + Bx + C = 0 \tag{E.0.2—8}$$

$$A = 3e_0 \tag{E.0.2—9}$$

$$B = \frac{6}{b}\left[(b_f' - b)h_f'\left(e_0 + \frac{h_f'}{2}\right) + 10A_p(e_0 + h_p) + 10A_s(e_0 + h_s)\right] \tag{E.0.2—10}$$

$$C = -\frac{6}{b}\left[(b_f' - b)h_f'^2\left(\frac{e_0}{2} + \frac{h_f'}{3}\right) + 10A_p h_p(e_0 + h_p) + 10A_s h_s(e_0 + h_s)\right] \tag{E.0.2—11}$$

式中　b——矩形截面梁宽，T 形或工字形截面腹板宽度（m）；

h_f'——T 形或工字形截面受压翼缘厚度（m）；

b_f'——T 形或工字形截面受压翼缘宽度（m）。

E.0.3　消压后，开裂截面钢筋应力增量可按下列公式计算：

$$\Delta\sigma_{p2} = 10\sigma_c \cdot \frac{h_{p1} - x}{x} \tag{E.0.3—1}$$

$$\Delta\sigma_{s2} = 10\sigma_c \cdot \frac{h_{s1} - x}{x} \tag{E.0.3—2}$$

式中　h_{p1}, h_{s1}——受拉区最外一层预应力钢筋及非预应力钢筋重心到受压边缘的距离（m）。

本规范用词说明

执行本规范条文时，对于要求严格程度的用词说明如下，以便在执行中区别对待。

(1)表示很严格，非这样做不可的用词：

正面词采用“必须”；

反面词采用“严禁”。

(2)表示严格，在正常情况下均应这样做的用词：

正面词采用“应”；

反面词采用“不应”或“不得”。

(3)表示允许稍有选择，在条件许可时首先应这样做的用词：

正面词采用“宜”；

反面词采用“不宜”。

表示有选择，在一定条件下可以这样做的，采用“可”。

《铁路桥涵钢筋混凝土和预应力混凝土结构设计规范》条文说明

本条文说明系对重点条文的编制依据、存在的问题以及在执行中应注意的事项等予以说明。为了减少篇幅，只列条文号，未抄录原条文。

1.0.2 1999年《桥规》规定"本规范适用于旅客列车最高行车速度为140 km/h的新建、改建标准轨距铁路桥涵钢筋混凝土和预应力混凝土结构的设计"。规范对货车最高行车速度未予明确，也没有明确用于什么等级的铁路。另外，目前几大干线旅客列车实际已经提速到160 km/h，甚至向200 km/h迈进。除转8A货车的设计构造速度为80 km/h外，目前120 km/h的提速货车已经设计制造成功，并逐步投入运营。初步试验结论表明，新型货物列车运行120～130 km/h时的振动响应比转8A货车运行60～70 km/h时要小。

因此本规范规定的适用范围是旅客列车设计行车速度等于或小于160 km/h、货车设计行车速度等于或小于120 km/h(转8A货车80 km/h)客货共线标准轨距的Ⅰ、Ⅱ级铁路桥涵。这样就比较明确和全面了。

根据列车发展情况以及今后采用发展无砟桥面的需要，补列了"开行双层集装箱列车或开行120 km/h的货车时，或桥上采用无砟桥面时设计还应满足相关规定要求"的规定。

由于挠度、裂缝以及架设的限制，钢筋混凝土梁的标准设计范围是4～20 m(以往曾编1.2～24 m，后取消24 m)，预应力混凝土梁的标准设计范围是8～64 m，但跨度过大经验不足，一般认为控制在100 m以下较为合适。所以跨度适用范围为跨度小于或等于20 m钢筋混凝土梁及跨度小于或等于96 m的预应力混凝土梁。本规范不适用于轻质混凝土或其他特种混凝土桥涵结构的设计。

1.0.4 普通钢筋混凝土梁是允许产生一定宽度的裂缝的，梁体裂缝既影响观瞻又增加工务部门维修工作量，所以自1991年以后，普通钢筋混凝土梁不再编标准设计，不提倡用钢筋混凝土梁，所以本规范提出优先采用预应力混凝土梁，并积极采用新材料、新工艺、新结构。

1.0.5 1951年桥规到1996年桥规对混凝土上部结构的横向刚度均未作规定，但近年来在提速过程中发现，32 m后张法预应力混凝土梁存在横向振幅超限的问题，影响运营的安全性、机车的平稳性及乘座的舒适性。

鉴于这种情况，建设司立项对梁部结构的横向刚度问题进行研究，由铁三院主持，中铁工程设计咨询集团公司，中铁大桥设计院，同济大学参加了该项目，并且根据历年来提速的经验，在本规范里制订了"桥梁上部结构应有足够的强度，竖向、横向刚度和抗扭刚度，采用 T 形梁时，必须对横隔板施加预应力将梁片连为整体，必要时桥面应连接”的规定。

1.0.5、1.0.6、4.1.3

列车过桥时，不仅产生竖向振动，而且产生横向振动，这都影响列车运行的安全性和旅客乘坐舒适性，故对桥梁结构的竖向刚度和横向刚度应有一定的要求。

参照国内外有关资料，行车安全性的评判标准主要有：

脱轨系数 $Q/P \leqslant 1.0$

轮重竖向减载率 $\Delta P/P \leqslant 0.6$

乘坐舒适性的标准，国内外有多种形式，一般采用 Sperling（斯佩林）W_z 指标。

斯佩林舒适度指标为

<2.5	优
2.5～2.75	良
2.75～3.0	合格

除安全性与舒适性外，还要控制桥梁的横向振幅，过大的桥梁振动会使桥上线路的保持（维护）困难，使桥梁的疲劳强度降低。故我国桥梁检定规范提出了桥梁振幅（半峰值）的限值标准。

对混凝土桥货车通过时横向振幅行车安全限值 $(A_{max})_{5\%}=\dfrac{L}{9}$(mm)（$L$ 桥梁跨度，单位为 m），货车重车实测跨中横向最大振幅通常值 $v\leqslant 80$ km/h 时 $(A_{max})_{5\%}\leqslant\dfrac{L}{7.0B}$(mm)（$B$ 预应力混凝土梁为支座中心距，单位为 m）。

在列车旅客以 160 km/h 通过时的横向振幅通常值为 $\leqslant\dfrac{L}{17.2B}$(mm)（$L$ 桥梁跨度，单位为 m）。用这些标准来进行车桥耦合动力分析，但我们在进行桥梁设计时，不可能都作动力分析，设计研究单位根据国内外桥梁规范关于桥梁刚度的限制规定，决定采用竖向及横向挠跨比作为衡量刚度大小的标准。认为竖向挠跨比不大于 1/800 及横向挠跨比不大于 1/4 000，加上加强横隔板的联结构造措施一般可不进行动力分析。只对重点桥梁及有代表性的桥梁进行动力分析。

对于自振频率（因桥梁刚度与桥梁固有频率的平方成正比）而言，自振频率加大 1 倍，梁体刚度要增加 4 倍，所以 UIC 规定对铁路桥梁有一个最低固有频率限值。日本 1992 年的桥梁设计规范，对新干线上的桥梁根据运营速度不同制定了不同固有频率的低限值，如速度 210 km/h 最低固有频率 n_0 采用 $55L^{-0.8}$，速度 300 km/h 采用 $80L^{-0.8}$，从 210 km/h 提高到 300 km/h，固有频率 n_0 增加 $\dfrac{80}{55}=1.454\,5$ 倍，则刚度增加 $1.454\,5^2=2.116$ 倍，n_0 值基本上与速度之比 $\left(\dfrac{300}{210}=1.429\right)$ 接近。根据这个理论，速度 160 km/h 时 $n_0=42L^{0.8}$ 就可以。但经对既有桥梁横向振幅及自振频率实测值的统计来分析，当二者都能满足时，自振频率约为 $50L^{-0.8}$～$53.5L^{-0.8}$，为与 2004 年《铁路桥梁检定规范》取得一致，定为 $55L^{-0.8}$。

横向挠跨比 1/4 000 是 UIC 的规定。

1.0.7　1996 年在编制以分项系数表达的以概率理论为基础的极限状态设计方法的《铁

路桥涵设计规范》上册时,第一次提出本规范的设计基准期规定为100年,这是根据我国东北地区桥梁已安全使用80~90年的情况提出的。

1978~1982年版英国BS5400《钢桥、混凝土桥及结合桥》提出:“整个BS5400所假定的桥梁设计寿命为120年”,“关于设计寿命的假设,并不是指结构在这一周期终了时不再适用,也不是指在缺乏恰当和及时检查、养护条件下,桥梁在这期间内就能持续工作无误”。“必须强调,桥梁如同近代结构一样,需要定期检查,必要时还应在称职者的指导下进行修理。”

正确的理解为“在规定的时间内,结构在正常施工、运营和维护环境下完成其结构安全性、结构耐久性和结构适用性的要求”。

本规范规定:“铁路桥涵钢筋混凝土和预应力混凝土结构按100年正常使用要求进行设计”,正是正确体现这层意思。

1.0.8 普通混凝土材料并不像人们当初设想的那样长期耐用,大量混凝土结构在平均不到50年的使用期后,就开始产生劣化病害,甚至破坏。混凝土结构之所以过早产生劣损破坏,除荷载增加、地震和船舶撞击等外,更主要的原因是混凝土的耐久性失效。

因混凝土耐久性失效而造成的破坏事故给世界各国造成巨大的社会、经济损失。据统计,20世纪90年代初期,美国用于建筑物维修加固的投资已占建设投资总额的50%,德国则高达80%。“七五”期间,我国用于对既有钢筋混凝土工程维修加固、更新改造的费用已高达同期建设投资的54%,修复、加固这些劣化混凝土结构所需费用远大于因适当提高有关技术标准而增加的新建混凝土结构的费用,因此,本规范提出“铁路桥涵应根据其所处环境条件进行耐久性设计”的规定。

3.1.2 过去结构设计混凝土级别的选择多是根据强度需要确定的。近年来国内外工程界对混凝土结构的耐久性愈来愈重视,国内外研究资料和我国铁路工务部门对既有梁的检测情况都表明提高混凝土的强度级别可提高混凝土的密实性,对耐久性是有利的,因此本规范从技术和经济两方面综合考虑,规定钢筋混凝土桥跨结构混凝土强度等级不得低于C30,其他结构混凝土强度等级不得低于C25;对于预应力混凝土桥跨结构,规定混凝土强度等级不得低于C40,钢筋混凝土墩台的混凝土强度等级不宜低于C30。

桥梁工程的耐久性不容忽视,对预应力混凝土梁而言,外观表面开裂损伤能通过表面检查取得,但预应力筋是隐蔽于混凝土梁体内,并且处于高应力工作状态下,一旦受到腐蚀则锈蚀过程会发展很快,有时在并无表象出现时即会发生脆断破坏,因而极其危险。预应力筋是预应力结构中最主要的受力部件,一旦断裂常会招致结构突然破坏,例如:1985年英国威尔士的一座节段拼装式预应力混凝土桥梁因预应力束锈蚀而倒塌,1992年比利时横跨Scheldt河上的一座后张法预应力混凝土桥也因预应力束锈蚀而坠毁。后张法预应力混凝土桥出现事故的主要原因,在于预应力束孔道的注浆质量得不到保证,再一些是由于锚具失效造成的损坏。1992年英国运输部鉴于发生于1960年的两座人行桥事故与1985年威尔士境内一座公路桥的事故,以及随后对9座拼装式预应力混凝土桥的检测结果,发布了暂时在设计中停止采用后张法预应力混凝土桥的禁令。过了4年,在颁布了新的后张法预应力桥设计与特殊检测方法的文件以后,才恢复采用后张法预应力混凝土桥。

吸取国外预应力混凝土梁倒塌的教训增订,“3.1.2……管道压浆掺入阻锈剂”。

3.1.3 关于混凝土骨料的选择及碱含量问题,1999年《桥规》规定混凝土碱含量应符合《混凝土碱含量限值标准》(CECS 53)的要求,该标准是中国工程建设标准协会批准的协会标准。目前已有部标,因此本规范规定骨料的选择及混凝土碱含量应符合《铁路混凝土工程预防碱—骨料反应技术条件》(TB/T 3054)的要求。

近年来铁路混凝土桥梁除碱骨料反应外还有氯盐对混凝土的破坏。如新乡的120孔8 m钢筋混凝土梁、徐州枢纽钢筋混凝土梁以及石家庄百孔大桥等都曾发生氯盐破坏的实例,这引起了各方面的重视,本规范根据GB 50010—2002确定混凝土中最大氯离子含量为0.06%。

3.1.4　1999年《桥规》中混凝土的极限强度取值是根据强度等级与标号的换算关系,在原1996年桥规中规定的数值基础上,用内插的方法计算并取整后的数值。

1996年桥规对混凝土抗压极限强度的保证率为95%,但对铁路混凝土标号的统计概念一直未曾明确。此次明确对混凝土强度等级的确定原则,明确规定为强度总体分布的平均值减去1.645倍标准差,即取保证率为95%的下分位值作为混凝土强度等级,故材料强度标准值f_{ck}可由下式求得。

$$f_{ck}=k_c\cdot f_{cu.k}$$

式中　f_{ck}——混凝土棱柱体抗压强度的标准值,按下式表达:

$$f_{ck}=\bar{f}_{c.15}(1-1.645\delta_{fc.15})$$

$f_{cu.k}$——混凝土立方体抗压强度标准值(试件尺寸:150 mm×150 mm×150 mm)其表达式如下:

$$f_{cu.k}=\bar{f}_{cu.15}(1-1.645\delta_{fcu.15})$$

$\bar{f}_{c.15}$、$\delta_{fc.15}$——混凝土棱柱体抗压强度$f_{c.15}$平均值和变异系数;

$\bar{f}_{cu.15}$、$\delta_{fcu.15}$——混凝土立方体抗压强度$f_{cu.15}$平均值和变异系数。

如设混凝土棱柱体抗压强度的变异系数与立方体抗压强度的变异系数相等,即$\delta_{fc.15}=\delta_{fcu.15}$故混凝土棱柱体强度换算系数$k_c=\dfrac{\bar{f}_{c.15}}{\bar{f}_{cu.15}}$,$k_c$值的试验资料比较离散,通常可取为0.76,故$f_{ck}=0.76f_{cu.k}$。考虑到结构中混凝土强度与试件强度之间的差异,对试件强度乘以结构构件强度换算系数0.88,故混凝土结构或构件的强度标准值(即本规范的“轴心”抗压极限强度值f_c)$f_c=0.88\times f_{ck}=0.88\times0.76f_{cu.k}=0.67f_{cu.k}$($f_{cu.k}$即本规范的混凝土强度等级)。为说明情况,将本规范的取值与国内外主要规范的取值列于说明表3.1.4—1以资比较。

说明表3.1.4—1　混凝土轴心抗压极限强度f_c(MPa)比较表

轴心抗压极限强度f_c	混凝土强度等级									
	C15	C20	C25	C30	C35	C40	C45	C50	C55	C60
本规范采用值	10.1	13.5	17.0	20.0	23.5	27.0	30.0	33.5	37.0	40.0
CEB—FIP规范推荐值	12	16	20	24	28	32	36	40	45	50
GB 50010—2002	10	13.4	16.7	20.1	23.4	26.8	29.6	32.4	35.5	38.5
TB 10002.3—99	12	15.5	19.0	22.5	26.0	29.5	32.0	36.5	40.0	43.5
DL/T 5057—1996	10	13.5	17.0	20	23.5	27.0	29.5	32	34.0	36.0

与 GB 50010—2002 相比，C45 及以下 f_c 值基本一致；C50 及以上相差不少。但据铁路系统 39 805 个试样统计，铁路系统 C50 及以上混凝土其标准差比建工系统也小不少，因此 C50 及以上 f_c 大一点也合适。

轴心抗拉强度标准值（即本规范的轴心抗拉极限强度）：

混凝土轴心抗拉强度 f_{ct} 应以截面 15 cm×15 cm 的棱柱体或直径为 15 cm 的圆柱体的直接抗拉强度为准。考虑到直接抗拉试验比较复杂，我国目前仅制定了混凝土劈裂抗拉强度的标准试验方法，因此，我国大部分混凝土轴心抗拉强度的试验资料是通过劈裂抗拉强度换算而得。参考"CEB—FIP 混凝土结构《Model Code 1990》"的建议，混凝土劈裂抗拉强度 $f_{ct.sp}$ 与混凝土抗拉强度 f_{ct} 的关系，可用下式表达：

$$f_{ct}=0.9f_{ct.sp}$$

一般认为，混凝土轴心抗拉强度 f_{ct} 与混凝土棱柱体抗压强度 $f_{c.15}$ 的 $(f_{c.15})^{2/3}$ 的乘方呈线性比例关系，即：$f_{ct}=K_{ct}(\bar{f}_{c.15})^{2/3}$

式中 K_{ct}——混凝土轴心抗拉强度与混凝土棱柱体抗压强度的 $(\bar{f}_{c.15})^{2/3}$ 的比值。

根据华东交大、原上海铁道学院、铁道部科学研究院和其他一些单位的资料，偏安全地取 $K_{ct}=0.26$，即 $f_{ct}=0.26(\bar{f}_{c.15})^{2/3}$。

假定混凝土轴心抗压强度 f_c 的变异系数 δ_{fc} 取为 0.12，则混凝土轴心抗压强度的标准值为 $f_{ck}=\bar{f}_{c.15}(1-1.645\delta_{fc})=\bar{f}_{c.15}(1-1.645\times0.12)\approx0.8\bar{f}_{c.15}$，故 $\bar{f}_{c.15}=f_{ck}/0.8$，则有 $f_{ct}=0.26(\frac{f_{ck}}{0.8})^{2/3}\approx0.30f_{ck}^{2/3}$，$f_{ck}$ 即本规范表 3.1.4 中的 f_c。

兹将本规范的取值与国内外规范取值比较见说明表 3.1.4—2。

说明表 3.1.4—2 混凝土轴心抗拉极限强度 f_{ct}(MPa) 比较表

标准规范名称		混凝土强度等级									
		C15	C20	C25	C30	C35	C40	C45	C50	C55	C60
本规范规定值 f_{ct}		1.4	1.7	2.0	2.2	2.5	2.7	2.9	3.1	3.3	3.5
CEB—FIP《Model code》1990	$f_{ctk.m}$	1.6	1.9	2.2	2.5	2.8	3.0	3.3	3.5	3.8	4.1
	$f_{ctk.min}$	1.1	1.3	1.5	1.7	1.8	2.0	2.2	2.3	2.5	2.7
	$f_{ctk.max}$	2.1	2.5	2.9	3.3	3.7	4.0	4.4	4.7	5.1	5.4
50010—2002		1.27	1.54	1.78	2.01	2.20	2.39	2.51	2.64	2.74	2.85
TB 10002.3—99		1.42	1.72	2.02	2.22	2.48	2.68	2.88	3.08	3.28	3.48
DL/T 5057—1996		0.20	1.50	1.75	2.00	2.25	2.45	2.60	2.75	2.85	2.95

3.1.5 混凝土的弹性模量定义为在应力—应变图原点处的切线模量。它近似等于快速卸载对曲线的割线的斜率，且不包括初始塑性应变。过去的规范对混凝土的静压弹性模量常采用割线弹性模量来表达。此次改变是向国际规范 CEB—FIP"混凝土结构《Model code 1990》"靠拢，在 CEB—FIP 中对混凝土受压弹性模量列有两个参数，即 E_c（系切线弹性模量）和 E_{cs}（称折减弹性模量），其中，E_c 用于按变形协调条件进行结构分析，而 E_{cs} 则用于弹性分析，以考虑初始塑性应变，本规范仅取 E_c。

混凝土静压弹性模量是以混凝土棱柱体（圆柱体）试件的试验结果为准。一般认为混凝土受压弹性模量与混凝土轴心抗压强度的 $f^{1/3}$ 呈线性比例关系，即：

$$E_c' = K_E'(f_{c.15})^{1/3}$$

式中 E_c'——混凝土割线弹性模量；

K_E'——混凝土割线弹性模量 E_c' 与轴心抗压强度的 $(f_{c.15})^{1/3}$ 的比值。

根据华东交通大学、原上海铁道学院、铁道部科学研究院和其他一些单位混凝土弹性模量的试验资料分析，K_E' 离散性很大，而且其试验结果均为割线弹性模量而非切线弹性模量，因此，在制定新的混凝土弹性模量标准值时，只能参考。故参照“CEB—FIP：混凝土结构《Model code 1990》”中推荐的公式来拟定混凝土弹性模量标准值：

$$E_c = 10^4[f_{cm}]^{1/3}$$

根据调查统计，各种强度等级的混凝土轴心抗压强度平均值 f_{cm} 如说明表 3.1.5—1。

说明表 3.1.5—1 混凝土棱柱体抗压强度平均值 f_{cm} (MPa)

混凝土强度等级	C20	C25	C30	C35	C40	C45	C50	C55	C60
f_{cm}	21.6	25.8	29.6	33.8	37.9	41.8	45.5	49.1	52.5

据此说明表 3.1.5—1 数值及上述表达式可得说明表 3.1.5—2 之 E_c 值。

说明表 3.1.5—2

混凝土强度等级	C20	C25	C30	C35	C40	C45	C50	C55	C60
弹性模量 E_c	2.80×10^4	2.95×10^4	3.10×10^4	3.25×10^4	3.35×10^4	3.45×10^4	3.55×10^4	3.65×10^4	3.75×10^4

此说明表 3.1.5—2 值与 1999《桥规》接近，仍用 1999 年《桥规》数值。

3.2.1、3.2.2、3.2.3、3.2.4

(1) 根据《钢筋混凝土用钢第 1 部分：热轧光圆钢筋》(GB 1499.1) 新标准，Q235 钢筋改写为 HPB235；

(2) 为了推进 HRB400 钢在铁路建设中的推广应用，根据《钢筋混凝土用钢第 2 部分：热轧带肋钢筋》(GB 1499.2) 新标准，本次规范修订将 HRB400 钢筋纳入，原规范 HRB355 钢筋保留；

① HRB335、HRB400 钢筋化学成分

GB1499.2 新标准中，HRB335 和 HRB400 钢筋的 C 含量为 0.25%、Mn 含量为 1.60%，碳当量 $C+\frac{Mn}{6}$ 约为 0.52%。由于铁路桥梁以承受疲劳荷载为主，应对热轧带肋钢筋的碳当量严格要求。本次规范修订参考了国内外规范并走防了首钢集团和国家建筑钢材质量监督中心，国际标准 ISO 6935：2007、英国标准 BS 4449—2005、前苏联钢筋混凝土用带肋钢筋 CTO ACЧM7-93 都对 400 或 500 级钢筋规定碳当量 $C+\frac{Mn}{6}$ 应小于或等于 0.5%，首钢集团认为国内大部分钢厂能满足这一要求。本次规范修订规定热轧带肋钢筋 (HRB335 和 HRB400) 的化学成分 $C+\frac{Mn}{6}$ 应小于或等于 0.5%。

② HRB400 钢筋力学性能按 GB 1499.2 新标准执行，其中钢筋抗拉强度标准值和钢筋的计算强度均按 GB 1499.2 表 6 中的屈服强度给出。

③ 桥涵结构的钢筋选用应经强度计算、裂纹宽度验算及经济比选后确定。强度控制时，宜采用 HRB400 钢。由裂纹宽度验算控制时，HRB400 钢强度虽高，并不能减少钢筋用量。

④ 由于缺乏 HRB400 钢承受疲劳荷载时容许应力取值的依据，HRB400 钢暂不用于承受疲劳荷载的构件。为完善对 HRB400 钢的使用，本次规范修订后将尽快开展 HRB400 钢的疲劳试验工作，为全面推广使用 HRB400 钢提供条件。

(3)《预应力混凝土用螺纹钢筋》(GB/T 20065)已颁布，本次条文修订将该标准写入。

4.1.1 检算倾覆稳定性时，可将支座看做刚体，稳定力矩及倾覆力矩沿横向指对支座边缘[说明图 4.1.1(a)中 A 点及 B 点]而言，沿纵向指对支座铰中心[说明图 4.1.1(b)中 C 点]而言，计算公式如下：

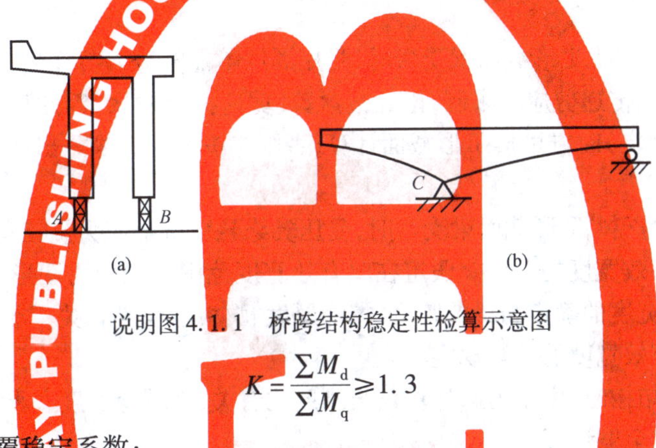

说明图 4.1.1 桥跨结构稳定性检算示意图

$$K=\frac{\sum M_d}{\sum M_q}\geqslant 1.3$$

式中 K——倾覆稳定系数；

M_d——抵抗力矩；

M_q——倾覆力矩。

对于橡胶支座，倾覆时的临界支点位置尚需进一步研究。

对于悬臂梁结构，考虑悬臂部分及挂孔有超载可能，超载幅度最多可超过应力容许值的 30%，此时纵向倾覆稳定系数仍不应小于 1.3，使稳定性与强度达到均衡设计。

4.1.2 简支梁的挠度限值为 $L/800$，对于连续梁，根据“八·五”期间铁科院对连续钢梁挠度进行的研究表明，由于中间跨变形比较匀顺，适当放宽其挠度限制对舒适度和行车安全没有影响。据此规定连续梁中间跨挠度限值取跨度的 1/700。

4.2.1 当板的两边长度之比大于或等于 2 时，按照双向板的荷载分配理论，长边方向所分配的荷载将大大地小于短边方向所分配的荷载，按板的一般构造要求，长跨方向有足够的分布钢筋，能够负担这部分荷载产生的弯矩。因此可按短跨作为单向板计算。

4.2.2 位于主梁梁梗间的板按弹性约束于主梁之间计算。偏于安全计，支点截面的弯矩按固定端考虑，即：

$$M=\frac{1}{12}ql^2=\frac{2}{3}\cdot\frac{1}{8}ql^2=\frac{2}{3}M_0\approx 0.7M_0$$

跨中截面弯矩按弹性半固定考虑，即：

$$M=\frac{1}{16}ql^2=\frac{1}{2}\cdot\frac{1}{8}ql^2=0.5M_0$$

考虑到板支承处有转角，所以计算弯矩时板的计算跨度采用梗间净矩加板的厚度。但计算剪力时，计算跨度取梗间净距更为合理。

对于箱形梁，桥面板作为箱体的一部分，其受力应按箱梁横向计算的有关规定计算。

4.2.3 本条所指支承中心为与计算跨度相对应的支点。当梗肋坡度 $\tan\alpha$ 大于 1/3 时，试验表明应力流仍集中在 $\tan\alpha=1/3$ 附近，一部分不起作用，因此板的有效高度仍按 $\tan\alpha=1/3$ 计算。

4.2.4 本条中斜度系指桥轴线与支承线垂直线的夹角。根据以往设计经验，并参考《公路钢筋混凝土及预应力混凝土桥涵设计规范》，当斜度小于15°时，按正交板设计造成的误差不大。

4.3.1 试验资料表明，T形截面梁受弯时，受压翼缘不能充分发挥作用，其原因是由于受板与梗相交处截面传递剪应力限制，该处板愈薄，剪应力就愈大，因此只有当板厚满足一定要求（即本条规定）时方可按T形截面计算，否则应按不计翼缘悬出部分的矩形截面计算。

4.3.2 根据试验资料，T形截面梁受弯时，受压翼缘悬臂端部应力呈三角形分布，为简化计算，一般采用有效宽度的办法。假定在此有效宽度范围内的应力图形与腹板内的应力图形相同。有效宽度的确定与梁的跨度、翼缘厚度、腹板厚度等有关。本规范参照国内外有关资料，给出有效宽度的计算规定。

计算超静定结构时，由于力的计算仅与刚度比有关，而翼缘宽度大小对刚度比影响很小，因此可近似取全宽计算。

4.3.3 连续梁截面内力的大小随其截面惯性矩的大小而变化，因此计算内力应考虑构件截面变化的影响。但当沿跨长方向截面惯性矩变化不大时，可近似按等截面计算。根据以往设计经验并参照国内外资料，本规范规定当支点截面与跨中截面惯性矩之比不大于2时，可按等截面计算。

4.3.4 连续梁属于超静定结构，当梁体发生温度不均匀变化、不均匀收缩及基础不均匀沉降时，由于变形受到约束而在结构中产生内力。混凝土徐变是混凝土处于应力状态下的一种塑性变形，徐变变形也会受到多余约束的限制而引起结构内力。对于预应力混凝土连续梁，预加力产生的弹性变形也往往受到多余约束的限制而在结构中产生附加内力，即弹性二次力，因此按弹性阶段计算梁截面应力时，应予以考虑。计算弹性二次力时应考虑混凝土徐变的影响。在检算破坏阶段截面强度时，由于梁截面已开裂进入塑性状态，由弹性变形引起的内部约束已得到释放，因此一般可不计。但是对于超配筋梁，破坏时达不到理想的塑性状态，弹性二次力未得到全部释放，设计中应予以注意。

4.3.5 分阶段施工的连续梁，由于其在各施工阶段的受力体系和所承受的荷载不同，因此其截面内力与一次形成的结构不同，应分别考虑。混凝土徐变是一个长期过程，其大小与截面应力状态有关，先期结构体系下形成的应力状态在后期结构体系形成后，其徐变变形将受到后期结构体系的约束，从而在结构中产生内力重分布。本规范将弯矩重分布的计算方法列入附录A。

4.3.6 本条系采用简化计算，由混凝土徐变引起的预应力钢筋预加力变化而产生二次力的变化，一般比较小。如果假定混凝土为匀质，只考虑预应力钢筋预加力随时间变化作严格计算，其结果约为初始受力状态内力值的10%左右。一般情况下截面的P_e/P值为80%～85%左右，各跨平均值比这更大。按本条规定的方法计算得出因混凝土徐变引起的二次力，为不计徐变影响计算所得的10%～15%，这与严格计算结果之差仅为0～5%左右，对总应力来说是可忽略不计的。因此一般情况下，可按本条考虑。

4.3.7 连续梁中间支承处负弯矩图理论上呈尖形，但实际上由于支承处设有横梁，支点又有一定宽度，反力在梁内有扩散分布影响，真实弯矩图与理论计算不同。一般情况下，支点负弯矩呈圆滑的曲线形。

假定反力R按45°刚性角分布到梁的重心轴，则重心轴上单位长度荷载$g(g=R/a)$产生一折减弯矩$M'=\frac{1}{8}ga^2$。将理论计算弯矩M减去M'，即得设计中的有效弯矩M_e。考虑到深梁可能折减过多，规定折减弯矩M'不大于M的10%。

4.3.8 当荷载有横向偏心时，箱梁的各主梁所分担的荷载不同。按约束扭转方法，当主梁截面一定时，各主梁分担荷载的不均衡性与荷载偏心率（偏心距与主梁间距之比）成正比，与跨长成反比。一般当荷载偏心率在0.1以下时，对于一个腹板平均分担荷载增加率在5%以下。所以除特别大的偏心率情况外，可不考虑分配不均衡的问题。

4.3.9 箱形梁横向构成了带有悬臂的箱形框架，横向内力原则上应通过分析这个箱形框架来求得。当为双室箱梁时，一般在梁端每个腹板下设置支座，并设有端隔板，可按变形相等的原则依腹板厚度分配剪力。

设计荷载作用时可将按箱形框架计算的主梁（腹板）所需钢筋的一半兼作箍筋使用，这是出于箍筋乃破坏荷载作用下所必需的钢筋数量，在设计荷载作用下，仍处于混凝土容许主拉应力范围以内，而主应力的最大值产生于腹板高度的中央附近，作为箱形框架的弯曲拉应力，则产生于腹板和上翼缘连接部分附近，所以即使考虑到破坏的安全度方面也可认为是十分安全的。

4.3.10 桥梁结构由于日照或寒流等温度变化，产生的温差应力比较大，有的部位与外荷载产生的应力相当。特别是在混凝土箱梁中，更为明显，是预应力混凝土梁发生裂纹的主要原因之一。因此设计中应予以重视。

由于日照温差和降温温差的作用时间和在结构中产生的应力不同，因此需分别考虑。

有关混凝土箱梁的温差曲线计算和温差应力计算已列入附录B。目前的计算方法有一定局限性，更完善的计算方法尚需进一步研究。

4.3.11 混凝土弹性模量的取值对温差应力值的影响很大。加载试验表明，弹性模量与加载速度成正比，而温差荷载是类似于荷载变化速度比较小的一种准静态荷载，计算温差应力时，弹性模量的数值与一般外荷载应有所不同。根据1983年铁科院西南所进行的温度弹性模量试验，对于日照温差，计算弹性模量与受压弹性模量接近，因此计算日照温差应力时混凝土弹性模量采用受压弹性模量。对于降温温差，国内尚无试验资料，根据定性分析，一般认为计算降温温差应力时弹性模量应在受压弹性模量的基础上进行折减，国外有关规范也进行了不同程度的折减。因此本规范规定计算降温温差应力时，混凝土弹性模量取0.8倍的受压弹性模量。

4.3.12 由于梁体发生最不利温差荷载时，同时产生其他附加力的概率很小，因此可不再与其他附加力组合。

4.4.2 刚架属超静定结构，但与连续梁又不相同，许多在连续梁计算中不考虑的因素。(如基础水平变位、角变位，均匀的温度变化等)在刚架计算中应予以考虑。

4.4.3 本条主要指工程中常用的连续刚构桥，施工中经常有体系转换问题。

4.5.1 本次规范中有关墩台设计的许多规定已列入《铁路桥涵设计基本规范》(TB 10002.1—2005)中，为避免重复，本规范仅对钢筋混凝土墩台的特殊要求作了规定。墩台计算的一般要求应按《铁路桥涵设计基本规范》的规定执行。

4.5.2 为避免列车运行时摇晃过大，对于高而柔的桥墩应考虑振动问题。目前虽然还缺乏有关振动的控制值，但可从振型、振幅、频率等因素与机车车辆的振动作比较，研究其晃动程度。在薄壁空心墩台中，温度、日照、混凝土收缩等影响引起结构内力的变化比较复杂，温度应力的计算方法还需要完善，只能作为定性分析的参考，重要的是在设计中应考虑到这些因素，结合工程实践经验，在构造上采取一些必要的措施。

4.6.1 有关拱桥设计中需要普遍遵守的一般规定已列入《铁路桥涵设计基本规范》(TB 10002.1—2005)中。为避免重复，本规范仅对钢筋混凝土拱桥的特殊要求作了规定。拱桥计算的一般要求应按《铁路桥涵设计基本规范》的规定执行。

4.6.2 超静定拱桥，由于温差和混凝土收缩产生的实际应力远小于按弹性体系计算的应力，其原因是由于受混凝土徐变的影响。影响混凝土徐变的因素很多，考虑到结构物施工及工作条件不同，气候条件相差较大，本规范规定按实际资料考虑混凝土徐变影响。根据国内外的有关资料，考虑徐变影响对混凝土弹性模量适当折减后，按弹性体系计算的应力接近于实际应力。参照国外研究资料，并结合国内情况，本规范规定当无具体资料时，计算温差应力和收缩应力可分别采用 0.7 倍和 0.45 倍的受压弹性模量。

4.7.1 有关涵洞计算的一般要求已列入《铁路桥涵设计基本规范》(TB 10002.1—2005)中。钢筋混凝土涵洞应按《铁路桥涵设计基本规范》的有关规定和本规范有关钢筋混凝土结构的规定进行计算。

5.1.1 计算桥跨结构的变形时，截面刚度按 $0.8E_cI$ 计算(求换算截面时 $n=\frac{E_s}{0.8E_c}$)。系数 0.8 主要考虑混凝土的弹性模量在多次重复荷载作用后(参照第 5.1.3 条说明)降低约 20% ~25% 。计算静定结构的惯性矩 I 时，忽略混凝土受拉区的作用而计入钢筋，是假定混凝土受拉区已开裂，虽然对梁部结构来说，并未全部裂至中性轴(尤其是端部)但偏于安全一面；对于超静定结构而言，选择截面时，尚无配筋数量，所以近似地采用全部混凝土截面而不计筋。

5.1.2 本条是为了在混凝土梁的受拉边缘产生裂纹时，梁不会突然破坏而规定的。原则上是按混凝土梁由抗拉极限强度能承受的弯矩与最小配筋率时的钢筋混凝土梁所能承受的弯矩相等制定的，并给予一定的安全储备。对于 T 形截面梁，上列最小配筋率系指对肋宽 b 与截面有效高 h_0 乘积的截面面积的比值。

5.1.3 混凝土经过多次重复荷载作用后，弹性模量降低，残余变形增加。荷载作用下的应力愈大，则降低愈多，残余变形也愈大。如最大应力 σ_{cmax} 低于疲劳强度则经多次重复荷载作用后，弹性模量趋于稳定。根据收集到的国内外试验资料，当混凝土的应力接近疲劳强度时，经重复加荷 $N=2\times10^6$ 次后混凝土的弹性模量降低约 20% ~25%，其变形模量约为初始弹性模量的 40% ~50% 。

根据原冶金工业部建筑科学研究院对碎石混凝土棱柱体疲劳试验中测定的结果，当

$\rho=0.15$(在重复加荷 $N=7\times10^6$ 次过程中),$N=3.6\times10^6$ 次时,对抗压极限强度为 23 ~ 28 MPa 的混凝土,其变形模量约为初始弹性模量的46%;对抗压极限强度为 40 MPa 的混凝土,其变形模量约为初始弹性模量的 55%。

此外,还考虑到持久荷载对混凝土徐变的影响,因此桥跨结构及顶帽采用 $\rho=0.15$,$N=2\times10^6$ 次时混凝土的变形模量来计算 n 值,见说明表 5.1.3。其他结构受疲劳影响较少,仍采用 1959 年《桥规》的 n 值。

说明表 5.1.3　桥跨结构及顶帽的 n 值

混凝土等级	C40 ~ C60	C25 ~ C35	≤C20
$k=\dfrac{变形模量}{初始弹性模量}$	50%	40%	30%
n	10	15	20

5.2.1　混凝土的容许应力是以混凝土的抗压及抗拉极限强度为基础除以不同的安全系数而得出的指标。

轴心受压是以混凝土的抗压极限强度除以安全系数 2.5 得出;弯曲受压及偏心受压的安全系数采用 2.0,主要考虑应力图形为三角形,仅外纤维应力达到容许值,因此安全系数可适当降低;有箍筋及斜筋时的主拉应力是以混凝土的抗拉极限强度乘以系数 0.9 得出;无箍筋及斜筋时的主拉应力的安全系数采用 3.0;梁部分长度中全由混凝土承受的主拉应力的安全系数采用 6.0;纯剪应力的安全系数采用 2.0;光钢筋与混凝土之间黏结力的安全系数采用 2.4;局部承压应力考虑应力提高系数 β,β 是根据混凝土套箍强化理论推导而来(详见《土木工程学报》1963年第 6 期"混凝土及配筋混凝土的局部承压强度"一文)。

5.2.2　HPB235 钢筋的容许应力仍采用 1999 年《桥规》中 A3 的钢筋的容许应力;HRB335 钢筋的容许应力,仍采用 1999 年《桥规》中 20MnSi 钢筋的容许应力。考虑到实际施工中往往没有条件对焊接接头进行纵向加工,1996 年《桥规》局部修订版给出了未经纵向加工的 20MnSi 钢筋焊接接头在 $\rho\leqslant0.5$ 时的容许应力,本规范仍按此采用。

5.2.3　纵向弯曲系数 φ 值的说明

钢筋混凝土长柱与弹性材料的长柱不同,不能直接套用欧拉公式,一般多用试验方法确定。

从收集到的国内外实验资料可以看出,当长细比 $l_0/b\geqslant8$ 时即有长柱现象。根据建研院 1965 年和 1972 年进行分析结果,纵向弯曲系数可用下列经验公式计算。

当 $l_0/b=8\sim34$ 时,$\varphi=1.177-0.021l_0/b$,

当 $l_0/b=34\sim50$ 时,$\varphi=0.87-0.012l_0/b$。

考虑到实际工程中可能存在的施工误差和加载附加偏心(长细比愈大,附加偏心的影响就更为不利),故还应乘以 φ 值的降低系数:

$l_0/b=18,30,40,50$ 时降低系数:1.0,0.95,0.85,0.70。

l_0/b 为中间数值时按直线直插法确定,此即条文中表5.2.3—2内数据的来源。

一般试验资料都是采用矩形截面试件,对于其他形状的截面,可以从矩形截面推算。

矩形截面 $$\frac{l_0}{i}=\frac{l_0}{\left[\dfrac{\frac{1}{12}b^3h}{bh}\right]^{\frac{1}{2}}}=3.45\frac{l_0}{b}$$

圆形截面 $$\frac{l_0}{i}=\frac{l_0}{\left[\dfrac{\frac{1}{64}\pi d^4}{\frac{\pi}{4}d^2}\right]^{\frac{1}{2}}}=4\frac{l_0}{d}$$

任意形状截面 $$\frac{l_0}{i}$$

矩形截面，当$\frac{l_0}{b}=10$时，相当于任意形状截面$\frac{l_0}{i}=3.45\times10=34.5$。

换算成圆形截面，即为$34.5=4\times\frac{l_0}{d}$，$\frac{l_0}{d}=8.5$。

5.2.4 计算具有螺旋钢筋或环状间接钢筋的轴心受压构件的强度计算公式，国外均不统一，有的不考虑螺旋钢筋的影响；有的考虑其影响，认为螺旋钢筋的作用好比环筒一样，将阻止螺旋钢筋所包围的内部混凝土横向膨胀，使混凝土处在各方面受压状态下，增加其对轴向作用力的抵抗能力。当作用力为N，混凝土压应力为σ_{c1}时混凝土柱的缩短（如说明图 5.2.4 所示）：

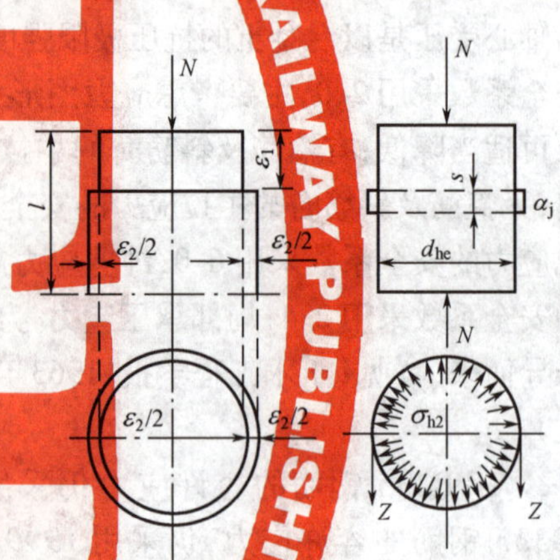

说明图 5.2.4 螺旋筋影响计算示意图

$$\varepsilon_1=\frac{\sigma_{c1}}{E_c}$$

相应的横向变形：

$$\varepsilon_2=\nu_c\varepsilon_1=\frac{\sigma_{c2}}{E_c}=\frac{\nu_c\sigma_{c1}}{E_c}$$

由此 $\sigma_{c2}=\nu_c\sigma_{c1}$

式中 ν_c 为泊松比。

σ_{c2}像液体压力一样作用在外壁上，假定螺距为s，螺旋筋的截面积为a_j，螺旋筋的应力为σ_j：

$$2Z=2a_j\cdot\sigma_j=d_{he}\cdot\sigma_{c2}\cdot s=d_{he}\cdot\nu_c\cdot\sigma_{c1}\cdot s$$

$$\sigma_{c1}=\frac{2a_j\cdot\sigma_j}{d_{he}\cdot s\cdot\nu_c}=\frac{2a_j\cdot\sigma_j\cdot\pi\cdot d_{he}}{4\cdot\frac{\pi}{4}\cdot d_{he}^2\cdot s\cdot\nu_c}$$

令 $$A_j=\frac{a_j\pi d_{he}}{s},A_{he}=\frac{\pi}{4}\cdot d_{he}^2$$

代入上式得：

$$\sigma_{c1}=\frac{1}{2\nu_c}\cdot\frac{A_j\sigma_j}{A_{he}}$$

这部分承受的轴向力为

$$N_2=\sigma_{c1}\cdot A_{he}=\frac{1}{2\nu_c}\cdot A_j\cdot\sigma_j \qquad (说明5.2.4—1)$$

与纵向配筋混凝土承受的轴向力 N_1 相加得总压力为

$$N=N_1+N_2=(\sigma_c\cdot A_{he}+\sigma_s\cdot A_s')+\frac{1}{2\nu_c}\cdot A_j\cdot\sigma_j \qquad (说明5.2.4—2)$$

极限荷载:

$$N_j\leqslant(f_c\cdot A_{he}+f_s\cdot A_s')+\frac{1}{2\nu_c}\cdot f_s\cdot A_j$$

$$\leqslant f_c\left(A_{he}+mA_s'+\frac{1}{2\nu_c}m'\cdot A_j\right) \qquad (说明5.2.4—3)$$

取安全系数2.5。根据实验结果,计算时 ν_c 可取 $\frac{1}{4}$, $\frac{1}{2\nu_c}=\frac{4}{2}=2.0$。

代入式(说明5.2.4—3),所以

$$\frac{N}{A_{he}+mA_s'+2.0m'\cdot A_j}\leqslant[\sigma_c] \qquad (说明5.2.4—4)$$

5.2.6 式(5.2.6—2)的说明:

偏心受压长柱在弯矩作用平面的挠度对轴向力的偏心有所增加(见说明图5.2.6),如初始偏心为 e_0,由于弯矩产生的挠度为 f,则此挠度对轴向力偏心距的增大系数为 η,$\eta=\frac{e_0+f}{e_0}$,写出弹性方程式:

$$EIy''=-M=-N(e_0+y)$$

$$EIy''+N\cdot y=-N\cdot e_0$$

令 $\sqrt{\frac{N}{EI}}=k$,则 $y''+k^2y=-k^2e_0$

$$y=C_1\sin(kx)+C_2\cos(kx)-e_0$$

由 $x=0$,$y=0$,得 $C_2=e_0$

由 $x=1$,$y=0$ 得

$$C_1=\frac{e_0[1-\cos(kl)]}{\sin(kl)}=e_0\cdot\tan\frac{kl}{2}$$

所以
$$y=e_0\cdot\tan\frac{kl}{2}\sin(kx)+e_0\cos(kx)-e_0$$

当 $x=l/2$,y 最大,

$$y_{max}=e_0\left(\tan\frac{kl}{2}\sin\frac{kl}{2}+\cos\frac{kl}{2}-1\right)=e_0\left[\frac{1}{\cos\frac{kl}{2}}-1\right]$$

当 kl 近于 π 时,y_{max} 最大,N 即达到临界荷载 N_k,由此可以从极限概念认为

$$l\cdot\sqrt{\frac{N_k}{EI}}=\pi$$

$$N_k = \frac{\pi^2 \cdot EI}{l^2}, \text{移项} \frac{\pi^2}{N_k} = \frac{l^2}{EI}$$

$$\frac{\pi^2 \cdot N}{N_k} = \frac{l^2 \cdot N}{EI} = k^2 \cdot l^2$$

$$kl = \pi \sqrt{\frac{N}{N_k}}$$

$$y_{max} = e_0 \left[\frac{1}{\cos \frac{\pi}{2} \sqrt{\frac{N}{N_k}}} - 1 \right]$$

展开上式，

$$\cos \frac{\pi}{2} \sqrt{\frac{N}{N_k}} = 1 - \frac{\pi^2}{4} \cdot \frac{N}{N_k} \cdot \frac{1}{2} + \cdots \approx 1 - \frac{N}{N_k}$$

$$y_{max} = e_0 \left[\frac{1}{1 - \frac{N}{N_k}} - 1 \right] = f$$

$$\eta = \frac{e_0 + f}{e_0} = \frac{1}{1 - \frac{N}{N_k}}$$

1959 年《桥规》:

$$M = M_j \frac{1}{1 - \frac{KN}{N_k}}$$

即

$$\eta = \frac{1}{1 - \frac{KN}{N_k}}$$

上式中的 K 来源于最大荷载时仍维持平截面变形的理论，而在最大边缘应力开始屈服，此时荷载值为设计荷载 K 倍，即 KN，因此边缘应力为

说明图 5.2.6　偏心受压长柱弯曲示意图

$$\sigma = \frac{KN}{A} + \frac{KNe_0}{W} \left[\frac{1}{1 - \frac{KN}{N_k}} \right]$$

$$[\sigma] = \frac{\sigma}{K} = \frac{N}{A} + \frac{Ne_0}{W} \left[\frac{1}{1 - \frac{KN}{N_k}} \right]$$

故仍采用

$$\eta = \frac{1}{1 - \frac{KN}{N_k}}$$

混凝土构件由于脆性影响与匀质材料不同，按试验结果其临界荷载应乘以 α 系数，即 $N_k = \alpha \frac{\pi^2 E_c I_c}{l_0^2}$，根据建工部门 22 个及前苏联 49 个压杆试验资料统计得 α 与 e_0/h 的关

系曲线取其平均值为 $\alpha = \dfrac{0.1}{0.2 + e_0/h} + 0.16$。这些资料是以到达破损时的 η 值为依据，预应力混凝土结构与普通钢筋混凝土结构在这个问题上性质接近，均取同一系数。

5.2.7～5.2.10

本次修订中裂缝宽度计算仍采用原桥规中的公式，其产生过程如下：

（1）关于受弯构件裂缝宽度计算公式

1975 年《桥规》的两个裂缝宽度计算公式是在 1959 年《桥规》的基础上，根据对国内一部分既有桥梁裂缝情况的调查，参考当时收集到的国内外资料制定的，与 1959 年《桥规》相比虽较合理，但尚缺乏自己的试验依据。为验证 1975 年《桥规》的裂缝宽度计算公式，原长沙铁道学院作了六根试验梁的静载试验，并对其中四根梁进行了疲劳试验。试验结果表明该规范用于螺纹钢筋的 δ_{fmax} 计算公式的计算值比试验值偏小约 15%～25%，而用于光钢筋的计算值比试验值偏大约 15%～25%。以部分标准设计的主梁为例，将按规范公式的计算值与按国内外其他规范或文献的公式计算值对比，亦不同程度地具有同样结论。故将 1975 年《桥规》的公式作了修改，并将两个公式合并为一个公式。公式的来源是在 1975 年《桥规》中计算公式的基础上，参照 1985 年桥规修订时少量试验梁的试验结果和国内外其他规范公式进行比较，并对部分标准设计图对照检算，采用拟合的办法将两个公式加以合并。

在公式的表达形式上尽量采取与圆形截面构件的裂缝计算公式大致相同，符号也尽量相同，便于使用。

荷载特征影响系数 K_2 是为了区别考虑活载、恒载、附加荷载对裂缝宽度的不同影响。

由式(5.2.8—2)及式(5.2.8—1)可知：

虽然 $$K_{2(主)} > K_{2(主+附)}$$

但因 $$\sigma_{g(主)} < \sigma_{g(主+附)}$$

经分析可证明 $$K_{2(主)} \cdot \sigma_{g(主)} < K_{2(主+附)} \cdot \sigma_{g(主+附)}$$

所以 $$\delta_{f(主)} < \delta_{f(主+附)}$$

（2）关于圆形及环形截面偏心受压构件的裂缝宽度计算公式

这部分是在 1985 年桥规修订中增加的。为制订钻（挖）孔灌注桩和管柱基础及圆形柔性桥墩等结构的裂缝宽度计算方法与公式，原长沙铁道学院进行了共计 41 个圆形及环形截面偏心受压试件的试验。根据试验结果，找出影响裂缝宽度的主要因素，利用数理统计分析的方法，得出保证率为 95% 的实用性的 δ_f 计算公式。式中的系数 K_1、K_2、K_3，除长期荷载的影响是参考国内外有关文献资料外，大都是依据本次试验的资料对比分析确定的。

①钢筋表面形状影响系数 K_1 是根据这次进行的圆形偏心受压构件及试验梁的对比试验而得出的。

根据圆形偏心受压试验，螺纹钢筋与光钢筋对比结果 $K_1=0.82$，根据现有梁的受弯试验，螺纹钢筋与光钢筋对比结果 $K_1=0.77\sim0.79$。计算公式中采用 $K_1=0.8$。

②关于荷载特征系数 K_2

a. 反复荷载的影响

根据本次试验：

光钢筋 $$K_2=1.23\sim1.6$$

螺纹钢筋　$K_2 = 1.02 \sim 1.36$

铁研院预应力轨枕试验　$K_2 = 1.2 \sim 1.7$

日本在 $N = 2 \times 10^6$ 次时,螺纹钢筋　$K_2 = 1.3 \sim 1.4$

考虑到光钢筋与螺纹钢筋的影响不同,采用一定安全系数,所以分别采用:

光钢筋　$\alpha = 0.5$

螺纹钢筋　$\alpha = 0.3$

本规范中带肋钢筋的有关系数,均按原来的螺纹钢筋采用。

b. 关于长期荷载的影响

参照国内外试验资料,美国 Gergely 试验指出,长期荷载作用下裂缝增大 30% ~ 40%,前苏联资料增大 20% ~100%,建研院试验资料增大 50% ~100%,原南京工学院试验资料增大72% ~91%,由于铁路活载所占比重较大,故长期活载的影响采用 0.5,与大连工学院所取数值相同。对于整个荷载特征,采用各种性质荷载占全部荷载的比例大小而分别取值。

按建议公式算得的计算裂缝间距 l_f 与计算裂缝宽度 δ_f 与实测的最大裂缝间距 l_{fmax} 与最大缝宽度 δ_{fmax} 相比较,其主要指标如下:

l_{fmax}/l_f:平　均　值　$\overline{C} = 0.970$

方　　差　$\sigma = 0.200$

变异系数　$C_v = 0.206$

δ_{fmax}/δ_f:平　均　值　$\overline{C} = 0.915$

方　　差　$\sigma = 0.187$

变异系数　$C_v = 0.204$

由上可知裂缝间距计算比试验最大值平均大 3%,裂缝宽度计算值比试验最大值平均大 8.5%,方差与变异系数皆在 20% 左右。

利用建议公式对已设计的桩基础进行验算,一般情况下,当强度满足要求时,裂缝宽度也能满足要求。按建议公式计算亦比较简便。

(3)关于改善裂缝宽度的考虑

裂缝的出现和开展是一项随机过程,且影响因素很多,改善裂缝也应从设计、施工、使用等多方面采取措施。

同样数量的钢筋,粗直径改为细直径,不但可增大钢筋表面积以增加黏结力,且可减小裂缝间距与宽度。

带肋钢筋可改善与混凝土的黏结条件,裂缝间距与宽度皆比光钢筋为小。

根据试验及文献资料表明,钢筋与混凝土共同变形的相互作用范围不是无限制的,因此应取一个混凝土的有效面积作为与钢筋的相互作用面积。

有效配筋率对 δ_f 有重要影响,在满足最小保护层厚度的构造要求条件下,适当减薄保护层厚度,可增大有效配筋率,也是改善裂缝宽度的一种方法。

配筋面积不能过小,否则不能有效地控制裂缝宽度。必要时,增加钢筋用量以减少钢筋应力及增大有效配筋率,显然可改善裂缝宽度,不过若钢筋用量过多则不经济,此时应考虑改用预应力混凝土结构。

应当指出,目前使用的 HRB335 带肋钢筋与混凝土的黏接力不如原螺纹钢筋,对裂缝宽度有影响。

5.3.1 对于钢筋净距的规定主要是为使灌筑混凝土时集料能顺利地通过,以保证混凝土能灌注密实,另一方面也是为使混凝土与钢筋之间能有良好的黏结力。由于施工中所用的粗集料最大粒径为25 mm,所以规定钢筋间的净距不得小于d(d为钢筋直径)或30 mm。

当钢筋的层数等于或多于3层时,其净距亦应相应加大。根据现场施工单位的意见,当梁内钢筋层数等于或多于3层时,将钢筋间的横向(水平向)净距适当增大,对灌筑有利,但竖向净距则不宜增大。否则,反使梁的有效高度减小,增加钢筋用量。所以1961年在成都召开的桥梁标准设计座谈会决定,当钢筋等于或多于3层时,水平向净距不得小于$1.5d$或45 mm。

为使钢筋能可靠地锚固在混凝土内,钢筋端部一般均应设有弯钩。对于光钢筋,采用半圆形弯钩或直角形弯钩;对于带肋钢筋,则采用直角形弯钩。

5.3.2 钢筋的混凝土保护层作用可以概括为:

(1)保护钢筋免受腐蚀,这主要与混凝土密实度和构件所处的环境等有直接关系。

(2)保证钢筋与混凝土之间的黏结力能够充分发挥作用。

考虑保护层过小,则裂缝开展后水汽容易侵入或者施工时偶有误差便不能保护钢筋不受腐蚀。保护层太大,混凝土表层距钢筋过远又容易碰坏及产生裂缝。参照《铁路混凝土结构耐久性设计暂行规定》,当构件处于一般环境时,钢筋混凝土结构最外层钢筋的保护层厚度规定为35~50 mm。对于顶板有防水层及保护层的钢筋其净保护层厚度不得小于30 mm,并取消了"但板的厚度小于300 mm时,保护层厚度可减为20 mm"的规定。

5.3.3 试验表明带肋钢筋的锚固性能不如螺纹钢筋,因此对HRB335钢筋的锚固长度增加$5d$。表中HRB335钢筋的受弯及偏心受压构件中的受拉钢筋后加"自不受力处算起的锚固长度"一句,是1999年《桥规》漏掉的。

5.3.4

(1)轴向受压钢筋混凝土柱是由钢筋和混凝土两部分共同承受荷载的。规定最小配筋率的目的主要是使柱能承受一部分弯矩和减少混凝土收缩徐变的影响。一般在工程实践和科学试验中,轴心受压构件均有弯矩存在,特别是长柱,在轴向力作用下势必将产生弯矩,配置规定数量的钢筋即可承受这一部分弯矩,从而推迟柱的破坏。试验资料表明,在钢筋混凝土柱中,由于混凝土收缩徐变的影响,使原来由混凝土承受的力转嫁给钢筋,使混凝土应力减少,钢筋应力增加,配筋率愈低则转嫁给钢筋的应力愈大。因此,必须规定最小配筋率的限度。各国的规定不一,其范围为0.4%~1.0%,本规范取0.5%,仍沿用1959年《桥规》的数值。

规定最大配筋率主要是施工出发,以免钢筋过密使混凝土不易灌筑和捣实。

(2)规定纵筋、箍筋最小直径和箍筋最大间距是为了保证受压钢筋有足够的刚度,使钢筋承受压力时,距离纵向弯曲破坏还有一定的安全储备,因此每一纵筋必须与箍筋绑扎在一起。

同时箍筋能给混凝土以侧向约束作用,提高其极限承载能力,使柱不至发生突然破坏。

(3)配有螺旋钢筋的柱可视为一个组合构件,它的截面由螺旋钢筋约束的核心部分和外围部分(保护层)所组成。核心部分的约束程度与很多因素有关,如螺旋钢筋的体积配筋率、螺旋筋的间距、钢号以及核心部分混凝土的质量等,最主要的是螺旋筋的间距,间距愈大，约束程度愈差。因此限定螺旋筋的间距不应大于核心直径的 1/5 或 80 mm。同时，间距也不能过小，以免影响灌筑混凝土质量，使核心部分与保护层之间可能出现蜂窝，减小柱的整体性。

(4)截面核心部分面积对总截面比例的规定是从经济方面考虑的，螺旋筋面积对纵筋面积比例的规定是不使配有螺旋筋的柱的承载能力反低于未配螺旋筋的柱的承载能力，但螺旋筋也不宜配置过多，以致混凝土的保护层有剥落的可能。

5.3.5 受拉区段的凹角如有未弯至上面受压区的受拉钢筋，则两钢筋的合力向下，此合力为

$$P_1 = 2f_s A_s \cos\frac{\alpha}{2}$$

必须以箍筋承受之。无论受拉钢筋是否全部伸入上面，箍筋承受之力应不少于全部受拉钢筋合力的 35%。这是为了将凹角附近交叉钢筋造成的向下拉力用箍筋传至上层混凝土中，而由近似于拱作用的混凝土压力承受，以避免凹角混凝土脱落。

5.3.6 钢筋在接头处连结后还必需保证其与连接前具有相同的强度，直径愈大，每根钢筋所受的拉力亦愈大，根据等强度的要求，接头的强度必然更需加强。当直径大于 25 mm 时，用搭接办法已不能保证接头处与非接头处具有相同的强度，故必须焊接。至于搭接长度的规定，一般按等强度的要求由试验而得。

5.3.7 规定板的最小厚度主要是从施工条件出发，使混凝土的施工质量得以保证。根据钢筋混凝土梁的制造经验，直接承受列车荷载的道砟槽板最小厚度，一般采用 120 mm 比较合适。人行道板属于附属的次要结构，可以预制且易于更换，因此其厚度可适当减小。

规定道砟槽板内钢筋最小直径的目的，是使钢筋骨架具有足够的刚度。其次，如果直径过小，势必加密间距，影响混凝土的灌筑质量。此外对于较小直径的钢筋，其断面由于锈蚀而被削弱的比例也较大。

规定板内钢筋的最大间距主要是因板的计算宽度一般较大，从板内钢筋受力均匀出发，间距不宜过大。

5.3.8 在板的设计计算中，通过计算即使剪应力不大于容许剪应力，也应采用弯起钢筋尽量增大抵抗主拉应力的强度。承受列车荷载的板应按梁来设计。

5.3.10 按一般双向板的荷载分配计算理论，均略去了相邻两个板条之间的约束影响，其所得的结果对中部是合适的。实际上由于边缘板条的挠度比其相邻而靠近中部的板条挠度要小，因此两平行板条之间就产生了扭转弯矩，从而减少了跨中弯矩。这种作用愈靠近边缘就愈显著。一般认为靠近边缘 $a/4$ 宽的带上，弯矩约较中部减少 1/2，因此靠边的钢筋可按中部钢筋的半数设置，并且端部钢筋的间距可适当放宽，但不大于 250 mm。

5.3.11 道砟槽的边墙主要是用于挡砟，一般不作为主梁的一部分来承受荷载，为了保证边墙不被压碎或拉裂，必须在适当距离上设置断缝。

同理，当人行道悬臂板与边墙或道砟槽板筑成整体时，也应设置断缝。

5.3.12 横隔板的主要作用是保证两片主梁的共同作用，对于 T 形等开口截面的梁，并用以提高梁的抗扭刚度；而对于箱形梁可有效地降低横隔板所在处及其附近梁体内的扭曲应力。无论梁在直线或曲线上，一般均有偏载存在。这也要依靠横隔板调剂和传递扭矩和剪力，以改善两片主梁的受力状况。此外，梁的两端和中部的横隔板能使梁的横向成为一整体以承受横向水平荷载（如离心力、风力或列车摇摆力等）。因此，横隔板是使梁成

为空间整体结构的重要组成部分，横隔板在面内及面外均应具有足够的刚度，并配置适当的受力钢筋。对于梁高较大腹板较薄的主梁，腹板丧失稳定往往造成主梁的破坏，故除横隔板外，尚需设置必要的加劲肋。

5.3.13 箍筋除用以承受主拉应力外，还应起保持主要受力钢筋的正确位置和联系受拉及受压区的作用。对支撑受压钢筋的箍筋，还需防止所箍钢筋的纵向弯曲，因此比对支撑受拉钢筋的箍筋要求更严一些。

在移动荷载作用下钢筋混凝土梁抗剪强度的试验指出，当箍筋间距大于 $0.75h_0$（h_0 为梁的有效高度）时梁的抗剪强度就有所降低，因此一般规定箍筋间距不应大于梁高的3/4。

5.3.14 在梁需要配置斜筋的区段，主拉应力由斜筋与箍筋共同承受，为了保证该区段的任一截面在混凝土开裂以后能有钢筋承受主拉应力，以阻止斜裂缝扩展，故应使该区段任一与梁轴垂直的截面至少与一根斜筋相交。

由于不计算受拉区混凝土的作用，因此最大主拉应力即等于剪应力，其方向与梁轴成45°斜角，斜筋应与主拉应力方向一致方能充分发挥作用。一般要求斜筋应与梁轴与45°斜角。由于布置困难，难以保证45°斜角时，可以调整，但大于60°或小于30°时，不能发挥斜筋的作用，因此规定斜角不小于30°，也不大于60°。

5.3.17 带肋钢筋具有凹凸不平的表面，由于钢筋表面与混凝土的机械咬合作用，大大地提高了黏结力，因而改善了梁的裂缝状况，国内外的大量试验和对运营中的梁的裂缝调查，都证实了使用变形钢筋的上述优点。考虑到小跨度梁的裂缝比较小，因此规定等于或大于12 m的梁应采用带肋钢筋。

5.3.18 挡砟墙上仅设泄水管，水会沿桥面下缘流向梁体腹板影响美观及耐久性，因此应设置通长的滴水槽，以防止水流向腹板。

5.3.19 钢筋混凝土空心墩的最小壁厚，除保证结构有足够的强度、刚度及局部稳定等外，还要满足施工的要求，1985年《桥规》根据已施工和就地灌注的钢筋混凝土空心墩的尺寸规定最小壁厚取为0.3 m，本规范沿用这个规定。

5.3.20 对于无铰拱桥，拱脚应有可靠的锚固钢筋以承受拱脚固端弯矩。无铰双曲拱桥，为了承受拱脚的负弯矩和防止拱脚出现裂缝，以保证墩台上的拱座对拱圈的完全嵌固作用，除拱肋纵向钢筋应锚固于拱座一定深度外，本条还规定在拱脚上缘设置足够数量的钢筋，较可靠地锚固于墩台内。

5.3.21 当拱与拱上结构刚性连接时，由于温度变化和活荷载等作用，立柱内将产生弯矩。立柱的刚度 EI/l 越大，这种弯矩也就越大。我国公路部门的大量实践证明：固端立柱刚度较大时，上下端普遍开裂。为此，当立柱刚度较大时，应在其上下端设铰。这里规定立柱高度小于其顺桥方向宽度的20倍时宜设铰，是参照国外一些研究成果制定的。

较高的立柱中部宜设横撑，以减少横向刚架立柱的计算长度，增加桥面系的横向刚性。

5.3.22 钢筋混凝土箱形截面的拱肋如采用分层灌筑法施工，由于灌筑时间不同，上下层混凝土之间便存在着收缩差。组合截面的双曲拱，其拱肋与板波间除因灌筑时间不同引起收缩差外，有时两者采用不同强度等级的混凝土也同样引起收缩差；在构造上，拱肋截面尺寸小，板波大，而在大气中的暴露面，前者相对较大，后者却较小，这样前者对气温的变化远较后者敏感，其间便产生温度差，结果反映在两者伸缩量不同。双曲拱的拱肋与板波间因温度差引起的伸缩差，经调查分析认为，其数值较因混凝土灌筑时间不同引起的收缩差为大。箱形截面拱肋上层混凝土收缩将受到下层混凝土的阻止,于是在上层混凝土中产生拉应力,在下层混凝土中产生压应力。而双曲拱在降温时,拱肋的收缩量比板波大,这便产生与箱形截面拱肋恰恰相反的应力状态,即下层的拱肋产生拉应力,而上层的板波产生压应力。

另外,施工过程中,混凝土灌筑后水化热使内部温度增高,又在气温突降的初始阶段,内部温度还来不及随之下降,这便引起截面内外温度差,以致在结构表面产生较大的法向及径向拉应力。

由于收缩差及温度差的影响,在拱圈(拱肋)两部分的接缝处将产生上述的附加应力。这即是引起沿工作缝开裂的主要原因之一。

5.3.24 墩台、拱桥及涵洞的部分条文已列入《铁路桥涵设计基本规范》中,因此本条规定关于钢筋混凝土墩台、拱桥及涵洞的构造,尚应符合现行《铁路桥涵设计基本规范》的有关规定。

6.1.3 所谓预应力度,是指施加于预应力混凝土结构上预应力大小的程度,它影响着结构在受外荷作用下受拉边缘混凝土的应力状态。

当预应力度 $\lambda \geqslant 1$,在运营荷载作用下不出现拉应力,对于钢筋混凝土构件,其 $\lambda = 0$,从加载开始不久,即在中性轴以下出现拉应力,因假设混凝土不能承受拉应力,故在外荷载作用下,将在截面的中性轴以下出现裂缝。允许出现拉应力但不允许开裂或允许开裂的预应力混凝土构件的预应力度介于 0 与 1 之间。

预应力度的定义目前有如下几种:第一种是采用弯矩比或应力比来表达;第二种是采用预应力钢筋和非预应力钢筋混合配筋的预应力比(或预应力指标)来表达;第三种是采用平衡荷载的比值来表达。本规范采用应力比的方式定义。

对于铁路预应力混凝土梁,由于承受较大的疲劳荷载作用,为保证梁的抗疲劳性能,预应力度不宜小于 0.7。

6.1.5 为使结构能满足安全、正常使用要求,设计预应力桥梁结构时就必须保证其具有一定的强度安全系数。对于要求不允许出现拉应力的构件,尚应具有一定的抗裂安全系数。影响结构安全的因素很多,其中主要有:荷载的变异、材料强度的不稳定、设计计算理论与实际情况不符等。考虑到按 1985 年《桥规》所规定的安全系数进行设计,基本上能保证结构的安全和正常使用,故本规范仍沿用原来规定的安全系数。

对于预应力结构的分类,1985 年《桥规》要求预应力结构在运营荷载作用下不得出现拉应力,1992 年铁道部颁布的《铁路部分预应力混凝土梁设计及验收规定》(TBJ 106—91)(以下简称《规定》),按 A 类部分预应力(允许出现拉应力但不允许开裂)和 B 类部分预应力(允许开裂)构件分类,本规范取消了部分预应力的提法,将预应力结构按应力情况分类。

对于允许出现拉应力但不允许开裂的预应力结构,为使其在运营荷载作用下一般不会开裂,原《规定》(TBJ 106—91)根据长沙铁道学院对 16 m 先张法 A 类部分预应力混凝土梁进行的模拟试验,并参照中国土木工程学会混凝土及预应力混凝土学会部分预应力混凝土委员会编制的《部分预应力混凝土结构设计建议》(以下简称《设计建议》),规定其混凝土拉应力应不大于 0.7 倍的抗拉极限强度,本规范仍沿用这个规定。考虑到在运营线上,有时要通过超载特种列车,因此规定必要时亦应检算裂缝宽度。

6.1.6 原《规定》(TBJ 106—91)中对于配置精轧螺纹钢筋的允许开裂的预应力混凝土构件,当裂缝宽度小于 0.1 mm 时,可用于严重环境腐蚀条件下的桥梁。考虑到有裂缝情况下，混凝土中性化速度加快，用于严重环境腐蚀条件下，难以保证结构的正常使用寿命。因此，本规范规定，在严重环境腐蚀条件下，不得采用允许开裂的预应力混凝土结构。

6.2.2、6.2.3

(1)预应力混凝土受弯构件的两种破坏状态

众所周知，钢筋混凝土和预应力混凝土受弯构件区分为受拉和受压两种破坏状态。前苏联大概是从20世纪30年代起进行了较系统的钢筋混凝土受弯构件，包括超筋梁的试验，同时进行了偏心受压构件的试验。根据试验，钢筋混凝土受弯构件有受拉和受压破坏两种情况（对于偏心受压构件，相应为大、小偏心两种情况）。并认为：在其他条件相同时，受弯构件的破坏状态主要取决于配筋率的大小。将分界线情况下的配筋率叫做界限配筋率，用它将梁分成非超筋梁和超筋梁，分别与受拉破坏和受压破坏相对应。

当时的试件是用软钢配筋的普通钢筋混凝土构件。混凝土强度也较低。对于受拉破坏，其过程是，随着荷载的增加，钢筋首先达到流限，变形剧增。中性轴向受压区移动，混凝土压应力增大，最终也达到抗压极限强度而破坏。

但对于用硬钢配筋的受弯构件，即使在规范规定的低配筋范围内，其破坏时的钢筋应力也并不一定达到其极限强度，一般是在其条件流限 $\sigma_{0.2}$ 到极限强度之间。关于这一点，欧美一些国家的文献在20世纪40年代就已经指出，并反映在《ACI 318—56》中。后来，前苏联的《CH$_{и}$П11—B1—62》和《CH200—62》等规范也已反映。国内外的许多试验资料都证明了这点。例如，中国科学院土建研究所1957年的一批预应力钢筋混凝土梁的破坏试验，实测钢丝应力与条件流限之比为0.92～1.06。

另外，我国铁路系统有关部门进行的计算跨度为23.8 m的串连梁破坏试验中，实测破坏时的钢绞线应力为其极限强度的93.7%。

(2)界限配筋率和极限配筋率

如上所述，受弯构件区分为受拉和受压两种破坏状态可以用界限配筋率为分界。从经济和安全等方面考虑，通常将受弯构件设计成受拉破坏的构件。为此，各国规范中都规定了极限配筋率，用以限制配筋的数量。对于极限配筋率的数值，我国和前苏联规范就采用界限配筋率；美国规范则采用界限配筋率的75%，以确保构件的延性，防止脆性破坏。

在设计规范中，可以用不同的规定方法来限制发生受压破坏状态。例如，直接规定极限配筋率 μ_j，限制截面受压区高度和有效高度 h_0 之比 x/h_0 或 S_h/S_0（S_h 和 S_0 分别代表截面受压区混凝土面积和有效面积对受拉钢筋重心的面积矩）。

根据多年来的大量试验说明，在钢筋混凝土梁的抗弯计算中，直到破坏阶段，平截面假定被认为是可行的。现从此假定出发求配筋率的界限值。如果受弯构件的配筋率为界限值。则受弯破坏时，钢筋和混凝土中的应力同时都达到所希望的极限值。如说明图6.2.2所示，假定 ε_c、ε_p 分别是相应于极限应力时的混凝土和钢筋的应变，按平面变形假定，应变之间关系如下：

$$\frac{x}{h_0}=\frac{\varepsilon_c}{\varepsilon_c+\varepsilon_p-\varepsilon_0} \tag{说明 6.2.2}$$

式中 ε_c——混凝土极限压缩应变；

ε_p——受拉区预应力钢筋达到极限应力时的应变；

ε_0——相应于混凝土应力为零，预应力钢筋应力为有效应力 σ_0 时的钢筋应变。

根据界限配筋率的定义，用式（说明6.2.2）所求得的 x/h_0 就是与界限配筋率相当的

x/h_0 的限值。

下面分别说明式(说明 6.2.2)中的诸应变值的确定：

根据国内外钢筋混凝土受弯构件和偏心受压构件以及预应力混凝土受弯构件的试验结果表明，混凝土的极限压缩变形与混凝土强度、加载时间、压力偏心距、配筋率和截面形状等因素有关。试验所得数值分散性较大，约为 0.002 ~ 0.007。第六届国际预应力混凝土会议的《混凝土结构设计与施工建议》对受弯构件取 $\varepsilon_c = 0.0035$。《钢筋混凝土结构国际规范建议》也用之。美国的有关规范均采用 0.003。考虑到我国铁路预应力混凝土桥梁所采用的混凝土强度都较高，而且还有进一步提高的趋势，因此取 $\varepsilon_c = 0.003$。

从充分发挥材料能力出发，最好将受弯构件设计成这样：当弯曲破坏时，钢筋和混凝土都同时达到或接近各自的极限强度。但是，根据变形条件，要使钢筋产生与其极限强度相应的应变(0.03 ~ 0.05)，中性轴位置必很高，即 x/h_0 很小。这就表明只有配筋率很低的构件才可出现此情况。显然，此时钢筋的强度虽能充分发挥，但被利用的受压混凝土截面却大为减小，这样将给设计带来一定的困难。因此，在确定界限配筋率的相应限值时，钢筋的极限应力并不采用其极限强度，而取用其条件流限。与 $\sigma_{0.2}$ 相应的 $\varepsilon_p = 0.008\,4$，ε_0 设为 0.004 左右。

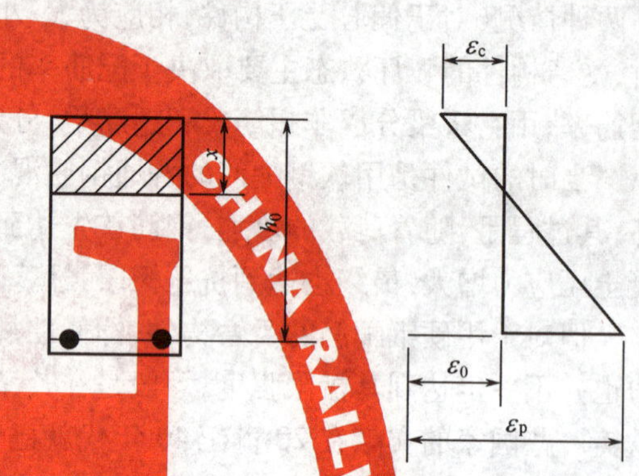

说明图 6.2.2 正截面钢筋和混凝土应变图

将诸应变值代入式(说明 6.2.2)得：$x/h_0 = 0.405$。考虑到现在实际计算时，系采用等代矩形应力分布，此值尚应加以折减。

根据我国铁路桥梁目前的实际情况，预应力钢筋有高强钢丝和钢绞线，混凝土等级多在 C50 以上，参照上述资料，1985 年《桥规》将界限值由原来的 0.55 降至 0.4，本规范沿用这个规定。考虑到混合配筋的预应力混凝土结构，其 h_0 一般大于 h_p，为保证破坏时，预应力筋应力接近 $0.9f_{pk}$ 本规范规定 $x/h_p \leq 0.4$。

(3)受压区混凝土应力图形的影响

受弯构件破坏时，受压区混凝土的应力图形和配筋率、混凝土强度等因素有关。例如，高等级的混凝土，其受压应力图形趋于三角形；而低等级混凝土则趋于矩形加抛物线的图形。国外有不少人进行过这方面的试验。譬如美国的 E. ognestad 在 20 世纪 50 年代就做了大量的试验研究工作，研究受压区混凝土的应力图形。

在计算抗弯强度时大多假定应力图形为矩形；有的假定为矩形加抛物线或折线形。实际上，对于受弯构件，应力图形对计算抗弯强度的影响不大。以矩形单筋截面为例，如应力图形分别取为矩形和三角形，其抗弯强度的比值为：

$$\frac{M_{\square}}{M_{\triangle}} = \frac{6\sigma_c - 3\mu\sigma_p}{6\sigma_c - 4\mu\sigma_p}$$

对于预应力混凝土受弯构件，设 $\sigma_c = 35$ MPa，$\sigma_p = 1\,500$ MPa 又设 $\mu = 0.005$，则比值为 1.04。即使在界限配筋情况下，比值仅增至 1.10 左右。配筋率愈低，相差愈小。如果和曲线形的应力图形相比较，其差别就更小了。

6.2.5 预应力混凝土偏心受压构件的强度计算方法是参照钢筋混凝土偏压构件的强度计算和预应力混凝土受弯构件的强度计算方法拟定的。

1985 年《桥规》参照国内外有关资料，确定计算时，大、小偏心界限值取$\zeta = x/h_0 = 0.4$，受压区混凝土强度取轴心抗压极限强度f_c。对于小偏心受压构件，假定轴向受压至大、小偏心界限之间，其破坏轴向力N_U按直线变化(说明图 6.2.5)，即

$$(N_0 - N_C):(N_0 - N_j) = M_U:M_j = N_C e_0:N_j e_{jo}$$

所以

$$N_U = \frac{N_0}{1 + \left(\frac{N_0}{N_j} - 1\right)\frac{e_0}{e_{jo}}}$$

本规范仍沿用这个计算公式。

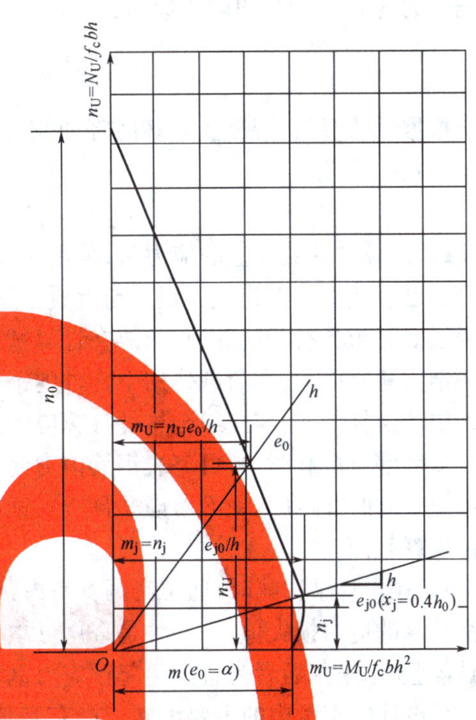

说明图 6.2.5 偏心受压构件承载力曲线示意图

6.2.6 本条说明详见本规范第 5.2.6 条说明。

6.2.8 β是根据混凝土的套箍“强化”理论(见《土木工程学报》1963 年第 6 期“混凝土及配筋混凝土的局部承压强度”一文)确定的。

其抗裂安全系数K_{cf}是比照传力锚固阶段混凝土的容许压应力$0.7 \sim 0.75f'_c$而定的。若条文中式(6.2.8)不能满足，应考虑修改构件端部锚固区的截面尺寸，或调整锚头的位置，或提高混凝土的强度等级。

6.2.9 本规范条文采用的检算式(6.2.9—1)也是按套箍“强化”理论建立的。设锚下配有间接钢筋的混凝土局部承压强度系混凝土局部承压强度N_1与由于螺旋筋的套箍强化作用而提高的混凝土局部承压强度N_2之和，即

$$N_U = N_1 + N_2 = \beta f_c A_c + 2.0\mu_t\beta_{he} f_s A_c \qquad \text{(说明 6.2.9—1)}$$

式中 $N_1 = \beta f_c A_c$(见第 6.2.8 条说明)。

N_2可由说明图 6.2.9 所示箍筋的极限平衡条件求得。

$$2a_j f_s = \sigma_r d_c s \qquad \text{(说明 6.2.9—2)}$$

式中 σ_r——径向侧压应力；

d_c——A_c的直径；

s——螺距。

螺旋筋的体积配筋率：

$$\mu_t = \frac{a_j \pi d_{he}}{\frac{1}{4}\pi d_{he}^2 s} = \frac{4a_j}{d_{he} s} \qquad \text{(说明 6.2.9—3)}$$

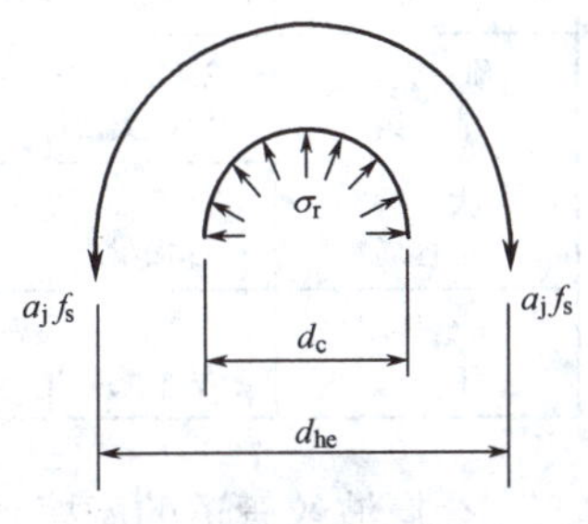

说明图 6.2.9 套箍“强化”作用计算示意图

以式(说明 6.2.9—3)代入式(说明 6.2.9—2)可得螺

旋筋应力为 f_s 时的径向侧压应力：

$$\sigma_r = \frac{1}{2}\mu_t f_s \frac{d_{he}}{d_c} = \frac{1}{2}\mu_t f_s \beta_{he} \quad \text{（说明 6.2.9—4）}$$

根据试验资料，混凝土破坏时径向侧压力对其轴向承压强度的提高约为 3 ~ 5σ_r。取平均值 4σ_r，则得

$$N_2 = 4\sigma_r A_c = 2.0\mu_t \beta_{he} f_s A_c \quad \text{（说明 6.2.9—5）}$$

6.3.1 计算构件截面上的应力时，采用净截面或换算截面取决于钢筋和混凝土间的黏结力是否已经建立。在建立了钢筋与混凝土间的黏结力后，认为在荷载作用下构件的钢筋与邻近混凝土具有相同的应变，故在计算截面应力时采用换算截面。在钢筋与混凝土间的黏结力建立以前，在荷载作用下构件的钢筋变形不受邻近混凝土的约束，钢筋如同组合构件中的拉杆一样，应按组合构件计算应力。当钢丝束管道内尚未压注灰浆而构件仅承受自重等部分荷载时，常可略去钢筋内力变化的影响，近似地采用被管道削弱的净截面计算应力。此时，若计算截面考虑非预应力钢筋在内，还应在上述净截面中加上非预应力钢筋的换算截面。

6.3.3 在设计结构物时，通常有两种考虑预应力钢筋应力损失的方法：一种是用近似的办法估算的应力损失值；另一种是采用分项计算然后综合的方法。根据我国铁路桥梁的设计经验，以采用后者为宜。引起预应力钢筋应力损失的因素很多，本条所列 6 项（σ_{L1} ~ σ_{L6}）系设计中需考虑的主要因素。尚有其他一些因素（如钢筋与锚圈口之间的摩擦等）和施工方法、制造工艺等有关。应根据实际情况，分别在设计中或施工过程中加以考虑。

6.3.4

1 由于钢筋与管道壁间的摩擦引起的应力损失。在规范中采用了通用摩擦力计算公式，即 $\sigma_{con}[1 - e^{-(\mu\theta + kx)}]$，其中包括曲线段弯道摩擦影响和管道全长位置偏移影响两部分。因此，式中 x 值应为张拉端至计算截面的管道全长，即包括曲线段和直线段在内的管道全部长度，但在实际设计中，构件高度和长度相比总是很小的，所以为简化计算起见，可取其在纵轴上的投影长度代替管道全长。

μ、k 两个系数的取值主要是根据大桥工程局、丰台桥梁工厂以及前西南铁路建设工地指挥部预应力混凝土梁战斗组的部分实测资料（见说明表 6.3.4—1），并参照国内外有关规范和文献资料制定的。

说明表 6.3.4—1　管道摩擦试验资料

测试单位	梁别	管道形式	测定结果		备注
			μ	k	
预应力梁战斗组	23.8 m 串联梁	灌筑混凝土后抽出橡胶管	0.567（2 束）	0.002 61（1 束）	x 按管道全长计
大桥工程局	31.7 m 后张梁	灌筑混凝土后抽出橡胶管	0.42 ~ 0.62（96 束，576 次）	0.001 54 ~ 0.002 3（96 束，576 次）	x 按直线段计
丰台桥梁工厂	12 m 吊车梁	铁皮套管	0.348（7 束）	0.003 288（3 束）	x 按管道全长计

金属波纹管道的摩擦系数 μ、偏差系数 k 是根据大桥工程局科研所有关科研成果列入的，以供使用金属波纹管道在没有自己的试验资料时采用。

关于钢筋与锚圈口之间摩擦引起的应力损失（指锥形锚），原 1985 年《桥规》没有作

规定，但在编制标准设计时对弗氏锚根据以往的试验按 7% σ_{con} 计算。对其他锚具一般按制造锚具的工厂提供的数据考虑，但根据最近几次实测，工厂提供的数字偏小，比如京九线某桥 24 m 后张梁采用 OVM 锚实测锚口摩阻损失为 8.8% σ_{con}，远大于厂方提供的 2.5% σ_{con}，南昆线某桥实测为 13% σ_{con}，所以本规范建议此值应根据试验确定。

另外采用 JM、XM、QM 及 OVM 等夹片式锚、由于锚板孔比管道直径大，钢束与锚板联接处形成一喇叭口，钢筋在此处产生弯折，也产生摩阻损失，JM 锚采用 2% σ_{con}，QM 锚建议采用 3% σ_{con}，京九线某桥实测 2.3% σ_{con}，看来这个数相差不大。本规范建议应根据试验确定。

2 由于锚头变形、钢筋回缩和接缝压缩引起的应力损失。不同的张拉体系产生不同的锚头变形和钢筋回缩量。在设计中不能忽视。条文中表 6.3.4—2 所列钢制锥形锚头的钢筋回缩和锚头变形值系顶塞时和千斤顶大缸回油后两次钢筋内缩（包括因锚头横向变形、钢丝直径不匀及锚头制造误差而引起的钢筋回缩）的总和，该值是根据大桥工程局、丰台桥梁工厂等单位的实测资料确定的。

在考虑锚具回缩时可计入反向摩阻的影响，过去铁科院在北京通惠河桥摩阻损失测定中，可以很明显地看出垫板压实的应力损失。由于反摩阻的存在，仅对梁端部分产生影响，跨中则未产生应力损失，但在计算中也发生了一些问题，如松弛损失为 0 以及简支梁抗裂性能最小值不在跨中等，因此应慎用，故加上“可”字。

近年制定的国标《混凝土结构设计规范》以及《公路钢筋混凝土及预应力混凝土桥涵设计规范》均考虑计入反摩阻的影响，日本规范给出了考虑反摩阻的计算原则。建工部门的规范建议的公式，仅适用于圆弧接直线的管道布置情况，《公路钢筋混凝土及预应力混凝土桥涵设计规范》则未规定具体的计算方法，铁科院课题组通过研究提出适用于有直线及曲线时的计算公式，即本规范附录 D 所列公式，在按附录 D 公式计算出的预应力筋应力中包含了由于锚具变形、钢筋回缩等损失在内。锚具变形、钢筋回缩损失的影响范围和程度，与管道长度、弯起位置及弯起角有关。为简化计算，对于对称张拉的小跨度简支梁，跨中截面近似按端部锚具变形、钢筋回缩值的一半进行计算。

3 由于钢筋和张拉台座之间的温度差引起的应力损失。仅当先张法构件用蒸汽或其他方法加热养护时才计算此项损失。其计算公式是假定钢筋与混凝土间无黏结力，钢筋在全长范围内均匀受热，并取钢筋的线膨胀系数 $\alpha = 1 \times 10^{-5}/℃$，弹性模量 $E_p = 2 \times 10^5$ MPa而导出的。

为了减少温度差引起的应力损失，也可考虑采用两阶段养护制度。第一阶段用低温养护，并以此温度计算应力损失。待混凝土具有“一定强度”（即混凝土与钢筋间的黏结力足以抗衡温差变形时的混凝土强度）后，再用高温养护，而在设计中可不计算此时的温差应力损失。根据原国家建委的资料，“一定强度”可定为 7.5 ~ 10 MPa。

4 由于混凝土弹性压缩引起的应力损失。在后张法结构中，由于各截面的钢筋布置不同，所计算的 $\Delta\sigma_c$ 亦不相同。为简化计，对于简支梁，可以 1/4 跨度处的截面为准求算沿梁长的平均 $\Delta\sigma_c$，对于连续梁等可取若干有代表性截面上应力的平均值。在计算 $\Delta\sigma_c$ 时，应认为 σ_{L1} 和 σ_{L2} 已经发生。

对于先张法结构，若其换算截面已包括预应力钢筋，则计算混凝土有效预应力 σ_{c1} 时，就不再计及 σ_{L4}，但在计算钢筋的有效预应力值 σ_{p1} 时，却应考虑混凝土弹性压缩所引起的应力损失。

5　由于钢筋松弛引起的应力损失。影响钢筋松弛的因素有：钢筋成分及其加工方法、初应力大小及其延续时间、预应力构件的施工工艺等。根据国内外试验资料，当初应力小于钢筋极限强度的50%时，松弛量甚小，设计中可忽略不计。

在1975年《桥规》制订中，铁科院曾对我国当时各厂生产的钢丝作了松弛损失的试验，其1 000 h的松弛损失率达8.6%～13.08%。1973年大桥局南京桥梁厂对18根长为34 m、直径5 mm的钢丝束作了同样的松弛损失率测定，其1 000 h松弛率方面性能尚不稳定，故原规定$\sigma_{s2}=0.05\sigma_y$，当松弛率大于5%时，应采取适当措施，而在实际计算时，钢丝、钢绞线的松弛损失率取8%。

近年来，松弛率已列入国标GB 5223及GB 5224，并开展了严格的质量检验与许可证制度，各钢厂加强了质量控制，松弛性能有所改善。1991年天津预应力钢丝二厂生产的预应力钢丝，当σ_i/R_y^j为0.6、0.7、0.8时的平均松弛率，见说明表6.3.4—2。由该表可看出，在$\sigma_i/R_y^j=0.6\sim0.7$范围内，松弛率比以前有一定的改善，特别是$\sigma_i/R_y^j=0.7$的平均松弛率小于8%，符合国标GB 5223对普通松弛的要求。

说明表6.3.4—2　不同初应力下的平均松弛率R(%)

（1991年10月产品，天津预应力钢丝二厂）

σ_i/R_y^j	1 h	10 h	120 h	1 000 h
0.6	0.27	0.72	1.46	2.75
0.7	1.60	3.20	5.38	7.79
0.8	4.08	7.27	10.81	14.45

钢绞线松弛率试验的结果在$\sigma_i/R_y^j=0.6\sim0.7$范围内，平均松弛率也小于8%，符合国标GB 5224对普通松弛的要求。

低松弛预应力钢绞线在$\sigma_i/R_y^j=0.665\sim0.684$范围内，1 000 h的松弛率为1.714%～1.804%，此试验结果说明其松弛率可满足国标GB 5224对低松弛的要求。

本规范的松弛率则采用新国标GB 5223及GB 5224规定的钢丝及钢绞线的松弛率，由此建立的公式与GB 50010取得一致，对低松弛钢绞线，当$\dfrac{\sigma_{con}}{f_{pk}}=0.7$时，$\zeta=0.025$，当$\dfrac{\sigma_{con}}{f_{pk}}=0.8$时，$\zeta=0.045$，其中间值内插，结果与GB 5224一致，个别数如$\dfrac{\sigma_{con}}{f_{pk}}=0.6$有出入。

但GB 50010—2002认为σ_{con}是初始负载，这对先张梁还可以，因先张梁是先张拉预应力筋后浇注混凝土，但后张梁如用σ_{con}则过于安全，因初始应力应考虑瞬时损失已完成即σ_{con}应减去摩阻损失、钢筋回缩损失及混凝土弹性压缩损失，也即采用传力锚固时的预应力钢筋的应力为宜。

对预应力混凝土用螺纹钢筋（原采用冷拉Ⅳ级钢筋），国家建筑钢材质量监督检测中心及原上海铁道大学共进行了两种冷拉Ⅳ级钢筋的试验，一种是40Si2MnV冷拉Ⅳ级钢筋，直径为20 mm，另一种是45Si2MnV冷拉Ⅳ级钢筋，直径为12 mm。试验结果说明当初始应力为0.9倍的冷拉应力时，1 000 h的松弛率仅为2.25%～3.42%，因此本规范参照国标GB 50010—2002规定为：一次张拉时$\sigma_{L5}=0.05\sigma_p$，超张拉时$\sigma_{L5}=0.035\sigma_p$。

6　关于混凝土收缩、徐变引起的应力损失的计算，根据混凝土收缩、徐变的应力应变关系，按内力平衡及钢筋与混凝土的变形协调条件，可以推导出下列公式（见铁科院西南所"混凝土徐变引起的预应力损失及静不定附加力的计算方法"1984 年)：

$$\sigma_{L6}=\frac{n\varphi_{\infty}\sigma_{c}+E_{p}\cdot\varepsilon_{\infty}}{1+(1+k\varphi)n\mu\rho_{A}}$$

式中 k——取决于混凝土徐变系数的数值，一般可在 0.5～1.0 之间取值；

其他符号意义见条文。

1985 年《桥规》根据以往设计资料，对上式分母中各变量取其平均值得：

$$\frac{1}{1+(1+k\varphi)n\mu\rho_{A}}\approx 0.8$$

同时，考虑到应力的变化，参照国外资料，将徐变系数按 0.8 折减，形成简化计算公式：$\sigma_{L6}=0.8(0.8n\varphi_{\infty}\sigma_{c}+E_{p}\varepsilon_{\infty})$

原《规定》(TBJ 106—91)为了考虑混合配筋的影响，采用以下计算公式：

$$\sigma_{L6}=\frac{0.9(n\varphi_{\infty}\sigma_{c}+E_{p}\cdot\varepsilon_{\infty})}{1+15\mu\rho_{A}}$$

本规范综合了上述两个计算公式，并参照以往设计资料，提出建议公式：

$$\sigma_{L6}=\frac{0.8n_{p}\varphi_{\infty}\sigma_{c}+E_{p}\cdot\varepsilon_{\infty}}{1+\left(1+\frac{\varphi_{\infty}}{2}\right)\mu_{n}\rho_{A}}$$

公式中 μ_n 为综合了预应力钢筋、非预应力钢筋混凝土的弹模比和配筋率后的系数。

6.3.6 对不允许开裂的构件(包括不允许出现拉应力和允许出现拉应力但不允许开裂的预应力构件)，由于此种预应力结构在重复荷载作用下，弹性性能较好，在计算混凝土，预应力钢筋及非预应力钢筋应力时，一般可不考虑疲劳的影响。对于允许开裂的构件，截面开裂后，由于疲劳的影响，混凝土弹性模量降低，因此计算应力时，钢筋与混凝土弹性模量比取 10，同时计入非预应力钢筋对混凝土收缩徐变约束作用的影响。

6.3.7 关于斜截面主应力的计算方法，1985 年《桥规》和《铁路部分预应力混凝土梁设计及验收规定》(TBJ 106—91)略有不同。1985 年桥规中计算主应力时对计算荷载乘以抗裂安全系数 K_f，相应的主拉应力的限值取混凝土抗拉极限强度；《铁路部分预应力混凝土梁设计及验收规定》中计算主应力时，直接采用计算荷载，相应的主拉应力限值取 0.85 倍的混凝土抗拉极限强度。本规范的建议公式中引入系数 K_{f1}，对于不允许出现拉应力的构件，进行抗裂性检算时 K_{f1} 取抗裂安全系数 K_{f1}，相应的计算结果与 1985 年《桥规》一致；对于允许出现拉应力和允许开裂的构件，K_{f1} 取 1.0，相应计算结果与《铁路部分预应力混凝土梁设计及验收规定》一致，但对主拉应力的限值作了修改，由 $0.85f_{ct}$ 改为 $0.7f_{ct}$(见条文 6.3.12)。

6.3.8 由于在设计时确实存在问题，一般均各自根据自己的试验资料取值。据 20 世纪 70 年代铁科院时试验成果，对预应力钢筋的应力传递长度 l_c 为 $70d$，d 为钢筋直径。90 年代铁四局、专业设计院的科研成果证明当钢绞线抗拉强度为 1 860 MPa 时仍可采用 $70d$。但由于钢绞线强度不断提高，混凝土强度相对讲提高不多，并参照国标《混凝土结构设计规范》及《公路钢筋混凝土及预应力混凝土桥涵设计规范》有关条文相应内容，综合考虑：钢绞线 $d=15$ mm，l_c 为 $80d$。

骤然放松的工艺增加了应力传递长度，故不宜采用。

6.3.9 关于分段施工的结构，接缝处混凝土抗裂性较差的问题在国内外有关资料和规范均有反映，但均无系统的统计数据，因此设计中应根据试验确定。当缺乏试验数据时，如何计算抗裂性，1985 年《桥规》的条文说明建议：采用环氧树脂接缝时，抗裂性按 $0.5\gamma f_{ct}$ 计算，同时将抗裂安全系数 K_f 提高到 1.25，或按 f_{ct} 计算，将 f_c 降低到 1.15；采用水泥砂浆接缝时，按 f_{ct} 计算。

6.3.10　1961 年《预应力钢筋混凝土铁路桥梁结构设计暂行规范》规定，受弯构件运营阶段的混凝土压应力不得超过 $0.45R_w$（相当于 $0.56f_c$）。1985 年《桥规》规定略有降低（约 10% 左右），这是根据多年来设计和施工、运营的经验，并参考国外关于预应力混凝土梁在长期荷载和重复荷载作用下的试验研究资料确定的，本规范沿用这项规定。

试验表明，长期荷载的极限值大致与微裂发展中的临界荷载相当 $(0.7\sim0.8)P_u$ 左右。如低于此值，混凝土即不致因荷载的持续作用而渐趋破坏，因此预应力混凝土铁路梁在一般情况下不受长期荷载控制，而主要受重复荷载控制。

混凝土的疲劳性能一般均随加荷次数 N、应力变化幅度 ρ、加荷频率 ω 及混凝土抗压极限强度 f_c 而变化。由于目前国内外疲劳性能试验大多局限于轴心受压棱柱体试件，而预应力混凝土梁方面的试验资料为数尚少，仅能表明，预应力混凝土梁在重复荷载作用下处于良好的弹性状态，刚度变化不大，残余挠度则远小于普通钢筋混凝土梁。

至于疲劳强度的容许值 $[\sigma_h^p]$，目前只能参照棱柱体轴心受压的疲劳试验资料，考虑有关因素求得：

$$[\sigma_h^p]=\frac{K_y f_c}{K} \qquad \text{（说明 6.3.10）}$$

式中　K——考虑混凝土的匀质性及其强度随时间增长等因素影响的安全系数，取 1.2；

K_y——混凝土疲劳折减系数（指轴心受压疲劳极限强度与静力极限强度之比）。

K_y 值与 N、ρ、ω 及 f_c 等因素有关（说明图 6.3.10—1、说明图 6.3.10—2）。根据国内外大量试验资料统计求得：当 $N=2\times10^6$，$\rho=0.15$，$f_c=21\sim42$ MPa 时，$K_y=0.57\sim0.65$，实际采用平均值 $K_y=1/2(0.57+0.65)=0.61$，求得 $[\sigma_h^p]=0.50f_c$。

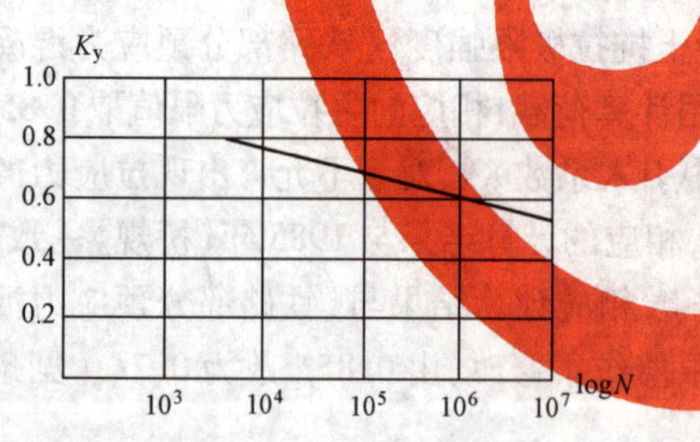

说明图 6.3.10—1　疲劳折减系数和荷载重复次数关系图

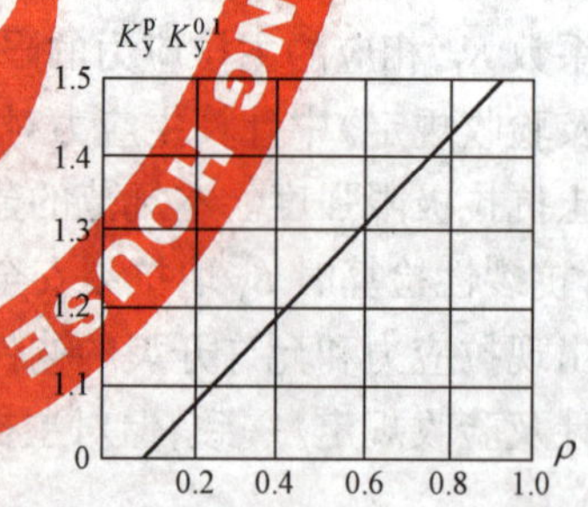

说明图 6.3.10—2　疲劳折减系数和应力变化幅度关系图

按照冶金工业部建筑科学研究院的试验，卵石混凝土的疲劳强度一般比碎石混凝土约低 10%，考虑到铁路预应力混凝土梁主要采用碎石或碎卵石灌筑混凝土，所以本规范的规定值系针对碎石混凝土的疲劳强度制定的。

6.3.12　原《铁路部分预应力混凝土梁设计与验收规定》（TBJ 106—91）中规定运营荷载作用下，混凝土主拉应力不应小于 $0.85f_{ct}$，该取值是按 $f_{ct}/1.2=0.83f_{ct}$ 取整后确定的。系数是按抗裂安全系数 K_f 确定的，但反映在安全度上，则与将 K_f 乘以荷载后的计算结果不同。根据以往设计经验，如果将荷载项乘以 K_f 所得主拉应力等于 f_{ct} 时，相应运营荷载下（即不计 K_f）计算得的主拉应力约为 $0.65f_{ct} \sim 0.7f_{ct}$。据此，本规范将主拉应力限值由 $0.85f_{ct}$ 降低为 $0.7f_{ct}$。

6.3.13、6.3.14

1985 年《桥规》中对运营荷载作用预应力钢筋的最大应力作了规定，原《铁路部分预应力混凝土梁设计与验收规定》（TBJ 106—91）中未限制预应力筋的最大应力，仅限制其应力变化幅，根据对有关预应力的疲劳性能试验资料的分析表明，仅限制最大应力或仅限制应力变化幅都不能保证预应力筋不发生疲劳破坏，因此需在限制最大应力同时也限制其应力变化幅。为此，1998 年铁科院和专业设计院进行了 $f_{pk}=1\ 860$ MPa 钢绞线的疲劳性能试验研究。根据历年来中小跨度预应力混凝土梁标准设计的统计资料，疲劳应力下限在 $0.5f_{pk} \sim 0.51f_{pk}$ 之间，本次试验疲劳应力下限定为 $\sigma_{min}=950$ MPa（$0.510\ 7f_{pk}$），根据试验结果，并取 97.7% 保证率后得到 S—N 曲线表达式：

$$\lg N = 13.84 - 3.5\lg\Delta\sigma$$

当 $N=2\times10^6$ 时，$\Delta\sigma=143$ MPa，相应的最大应力 $\sigma_{max}=1\ 093$ MPa $=0.588f_{pk}$。

根据上述试验结果和以往资料，本规范规定在运营荷载作用下，预应力钢筋（钢丝、钢绞线）最大应力 $\sigma_p \leqslant 0.6f_{pk}$，钢绞线应力变化幅容许值取 140 MPa，带肋钢筋和钢丝应力变化幅容许值仍按原规定取值。JL800 及 JL930 未做疲劳应力试验，偏安全地采用精轧螺纹钢筋的疲劳应力幅 80 MPa。

根据国外研究结果，在开裂截面上，由于存在管道与钢丝、钢绞线之间的擦伤疲劳损伤，疲劳强度会降低。鉴于国内尚无开裂截面的预应力筋疲劳试验资料，无法定量给出折减系数，因此本规范仅定性提出对于开裂截面，钢丝、钢绞线的应力幅容许值应适当折减，以引起设计人员注意，设计中可根据具体情况参照有关资料确定。

6.3.15 本条规定的目的是保证梁体腹板有足够的厚度，以防止斜截面因混凝土受压力过大而产生斜裂缝。1999 年《桥规》采用 $\tau_h=\tau-\tau_y\leqslant 1.06\sqrt{f_{ct}^3}$ 表示，但允许值采用混凝土抗拉强度，易使人感到是受拉破坏，所以国内外规范都用抗压强度来表示，故本规范改为 $\tau_h=\tau-\tau_y\leqslant 0.17f_c$，其数值与 $1.06\sqrt{f_{ct}^3}$ 接近。

6.3.18 有关试验表明，为了保证开裂截面闭合，需施加不小于 1.0 MPa 的压应力。因此，本规范规定，对允许开裂的构件，在恒载作用下，正截面混凝土受拉区压应力不应小于 1.0 MPa，以保证在长期荷载作用下，裂缝处于闭合状态。

关于允许开裂的构件的裂缝宽度的限值，分析如下：

我国建设部钢筋混凝土结构设计规范耐久性专题组对国内典型地区的工程调查，长期暴露试验研究与快速试验的结果得出的结论同欧洲—国际混凝土委员会编制的《开裂和变形 CEB 手册》中所规定的裂缝宽度限值基本上是一致的。国内典型地区的工程调查，长期暴露试验与快速试验的结果表明，在建筑工程中带裂缝的钢筋混凝土构件，在裂缝处钢筋的锈蚀情况根据环境条件的不同，构件可归纳为三种不同的类型。

（1）第一类环境条件下构件中的钢筋锈蚀情况

第一类是环境条件属于轻度级，即处于一般大气（不含侵蚀性气体）条件下的室内（室内无直接或间接水源）带裂缝的钢筋混凝土构件，其裂缝宽度甚至大至几个毫米，钢筋上面基本上仍不出现锈蚀。桥梁修建在室外，且大都处于有水的地方，湿度较大，不宜按轻度环境考虑。

(2)第二类环境条件下构件中钢筋锈蚀情况

第二类是环境条件属于中等级，即处于一般大气条件下室外的钢筋混凝土构件(包括室外钢筋混凝土的建筑物和构筑物)、室内有水源的钢筋混凝土构件(包括有直接水源或间接水源，间接水源是指由其他地方通向室内的蒸气等)以及湿度较大，通风不良，使构件裂缝处钢筋可能产生结露的室内钢筋混凝土构件。裂缝处的钢筋上都存在不同程度的锈蚀。

对长期处于室外一般大气条件下，在贵州、济南、武汉、兰州等地存放了1～3年的钢筋混凝土试件的破型结果表明：

① 裂缝宽度与钢筋锈蚀之间近似成直线关系

裂缝宽度愈大，裂缝处钢筋锈蚀长度和面积也相应较大，锈坑深度也较深，近似成直线关系。在一般情况下只要裂缝深度达到钢筋，则不论裂缝宽度大小，钢筋就要锈蚀。

② 环境对钢筋锈蚀程度有比较明显的影响

兰州比较干燥(年平均相对湿度60%左右)，裂缝处的钢筋上仅发现黄锈，只能测出锈蚀长度，测不出锈蚀深度。济南湿度中等(年平均相对湿度70%左右)，裂缝处的钢筋上可测出锈蚀深度，当裂缝宽度为0.2mm时，2年的锈蚀深度τ=0.04 mm，年平均锈蚀深度为0.02 mm。贵州比较潮湿(年平均相对湿度80%左右)，当裂缝宽度为0.2 mm时，2年的锈蚀深度为0.08 mm，年平均锈蚀深度为0.04 mm。

③ 锈蚀程度与钢材品种有关

在相同钢筋部位的混凝土表面，相同裂缝宽度情况下(由于钢丝的保护层较薄，实际上钢丝表面的裂缝宽度大于钢筋表面的裂缝宽度)。冷拔低碳钢丝比粗钢筋的锈蚀深度要大一倍左右。

螺纹钢筋较圆钢筋锈蚀较为严重。这是因为在构件受力时，螺纹钢筋凸出的肋部产生局部应力集中，肋部混凝土由于受到局部剪力而遭致局部剥离，因而当外界水分浸入时，这些地方易储水，致使钢筋产生锈蚀。

冷拉粗钢筋的锈蚀面积与锈蚀深度均较未冷拉的为严重。故本规范不推荐采用冷拉粗钢筋。

国外大多数研究者认为，裂缝宽度不超过0.2 mm时，不会产生严重锈蚀。对于钢筋锈蚀的发展问题，得出了如下两点结论：①裂缝处钢筋上的锈蚀速度随时间的增长而减慢；②钢筋的年平均锈蚀深度随裂缝宽度、钢筋直径和环境条件而异约为0.01～0.02 mm/年。

(3)第三类环境条件下构件中钢筋锈蚀情况

第三类是环境条件属于严重级，即处于沿海大气条件的室内或室外钢筋混凝土构件。所谓“沿海”部位，主要指位于沿海岸边陆上处于海洋大气中的钢筋混凝土建筑物或构筑物。裂缝处钢筋上的锈蚀情况在沿海大气条件下较一般大气环境为严重。因为海水中含有氯化钠，实际上它是一种溶质主要为氯离子与钠离子的稀电解质溶液。

直接建造在海边的建筑物，由于海水冲击或盐的影响，且受太阳暴晒及干湿循环，促使钢筋锈蚀，并使混凝土胀裂而产生顺筋(纵向)裂缝。而离海较远的建筑物，其室内带裂缝的钢筋混凝土构件上裂缝处钢筋则并未生锈。

钢筋的锈蚀情况主要取决于海洋大气中的氯离子含量及建筑物与海的距离，一般来说要比大气条件下钢筋的锈蚀情况较为严重，因而裂缝的宽度限值应较严。

根据上述情况，并结合铁路桥梁特点，本条给出了上述第二类环境条件下的裂缝宽度容许值，对于第三类环境条件，则不应采用允许开裂的预应力混凝土构件（见第6.1.6条）。本条规定较原《铁路部分预应力混凝土梁设计及验收规定》（TBJ 106—91）更为严格。

裂缝宽度的计算方法，本规范仍沿用原《铁路部分预应力混凝土梁设计及验收规定》（TBJ 106—91）的规定，根据国内外裂缝计算理论和实验研究的新成果，对影响裂缝宽度的主要参数进行了分析研究，提出了以保护层厚度 C_s，配筋影响区的含钢率 μ_e，钢筋的黏结特性（外形与直径）系数 υ 和钢筋应力 σ_s 为主要参数的平均裂缝宽度计算公式，并根据要求的保证率与裂缝宽度变异系数 C_v 确定"特征裂缝宽度"。

6.3.19 计算变形时，截面刚度的计算方法基本上延用1985年《桥规》和《铁路部分预应力混凝土梁设计及验收规定》（TBJ 106—91）中的计算公式。《铁路部分预应力混凝土梁设计及验收规定》的计算公式中有一个刚度折减系数0.85，该系数与预应力度 λ 无关，这样导致当 λ 接近1时，其刚度计算结果与原桥规公式的计算结果不衔接，为此本规范将折减系数规定为 $(1+\lambda)/2(\lambda\leqslant 1)$。

6.4.4 传力锚固及存梁阶段混凝土正应力的容许值仍沿用1999年《桥规》的规定，其依据是：

（1）关于混凝土容许压应力问题

从国内外的试验资料（见说明表6.4.4）可以看出，在微裂纹的形成和发展过程中，存在着两个明显的界限，从而标志出微裂纹发展过程中的不同阶段。第一界限可以称为微裂纹开始发展的界限（或称为微损下限 R_T^o），它标志着混凝土由弹性变形阶段发展到第二类塑性变形阶段，开始出现非线性徐变，混凝土内部微裂纹开始发展；第二界限可称之为微裂临界荷载（或称微裂名义上限 R_T^v），它标志着内部微裂纹已贯串成连续性裂纹，并发展到混凝土表面。荷载超过 R_T^v 值，体积即由压缩转变为扩张，裂纹急剧发展直至破坏。各国测试结果虽有出入，但这两个界限值还是接近的。第一个界限一般在 $(0.3\sim0.5)f_c$ 之间，第二个界限则在 $(0.7\sim0.8)f_c$ 以上。必须指出，这些试验都局限于素混凝土试件在短期荷载作用下的微裂形成过程，与预应力混凝土梁的实际情况相差很远。很多因素（如配筋、管道布置、养护条件及荷载特性等）都对 R_T^o 和 R_T^v 值产生显著影响，因此说明表6.4.4所列数据仅能供一般性参考，尚不能作为直接制定容许值的依据。但是，这两个界限值的存在是符合混凝土机理的客观实际的。为了防止出现贯穿于表面的裂纹，以免侵蚀梁的钢丝束起见，传力锚固时预压应力应低于裂纹临界值一定数值。欧美各国所取值一般在 $(0.5\sim0.55)f_c$ 范围内（亦即 R_T^o 附近），而我国1961年桥规规定值则接近甚至超过临界值（R_T^v），显然过高。所以适当降低预压应力，对保证梁体纵向抗裂性能和运营质量是必要的。但降低过多，则目前尚缺乏充分的生产实践和科学试验根据，同时还可能导致材料的浪费、梁重的增加，甚至还牵连到现有运输装吊设备能力的问题。因此，将预压应力容许值适当降低到 $0.7f_c'$（强度等级小于C50的混凝土）或 $0.75f_c'$（强度等级大于或等于C50的混凝土），同时采取其他构造上和工艺上的措施以改善梁体的抗裂性，应当说还是比较适宜的。

说明表　6.4.4

作　　者	微裂纹开始发展的界限 （或微损下限 R_T^0）	微裂临界荷载 （或微裂名义上限 R_T^v）
建筑科学研究院	$0.5P_u$	$(0.7 \sim 0.8)P_u$
Brandtzaeg		$(0.75 \sim 0.85)P_u$
Jones	$(0.25 \sim 0.30)P_u$	
Hognestad		$(0.71 \sim 0.96)P_u$
Rusch	$0.5P_u$	$0.75P_u$
Sturman, Winter 等	$0.3P_u$	$(0.7 \sim 0.9)P_u$
Krishnaswamy	$0.35P_u$	$(0.7 \sim 0.8)P_u$
ОЯБерг	$(0.45 \sim 0.5)P_u$	$(0.7 \sim 0.85)P_u$

注：P_u 为试件极限荷载值。

对高强度等级混凝土和低强度等级混凝土取不同数值，主要是因为前者比后者微裂发展的界限较高，如说明图6.4.4所示。

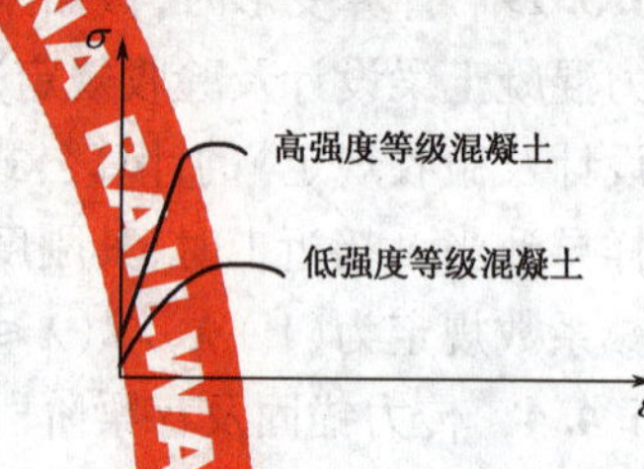

说明图 6.4.4　混凝土的受压应力应变图

（2）关于混凝土容许拉应力问题

根据工厂的长期实践经验，预应力混凝土梁上翼缘挡砟墙均较普遍地存在着竖向裂纹，其严重程度随构造形式、制造工艺和应力状态而不同。目前工厂大都采用二次张拉工艺。第二次张拉往往在存梁台上进行。存梁支点与理论支点间的距离以及存梁时间（数天至数月不等）各厂很不一致，有时超出规定，以至实际拉应力超过 f'_{ct}。特别是泄水槽处，应力集中，裂纹更多。产生这些裂纹的原因，除构造处理和施工措施不当外，主要还是在于混凝土的非匀质性反映在抗拉强度上较抗压强度为显著。桥面混凝土的振捣质量一般又比梁体差，匀质性也相应降低，所以桥面某些薄弱部分的混凝土实际抗拉强度很可能低于规定值。此外，混凝土的收缩影响也很大，其应变可以达到 $(10 \sim 30) \times 10^{-5}$，而极限拉伸应变仅 $(10 \sim 15) \times 10^{-5}$，所以混凝土的抗拉变形能力有可能部分地或全部地为收缩变形所取消。因此，为了改善上翼缘的抗裂性能，除在构造上和工艺上采取必要措施外，1985 年《桥规》还将传力锚固阶段的混凝土容许拉应力值适当降低到 $0.7f'_{ct}$。

6.4.5　由于临时超张拉时间非常短暂，故混凝土容许压应力可适当提高到 $0.8f'_c$。

6.4.6　预加应力时，构件如同混凝土（或钢筋混凝土）那样承受轴向预压力并同时承受自重等荷载。由于此时混凝土的强度可能低于其设计强度，若再考虑材料强度的不均匀性（第 6.4.4 条所列传力锚固时混凝土的容许压应力值并未计入这一影响），以及施工荷载的变动等不利因素，构件也有可能在预加应力阶段发生破坏和失稳等情况（在工程实践中也曾发生过这样的事故）。因此，除了从抗裂性的要求出发，检算混凝土的压应力（纵裂）及拉应力外，还应保证构件在预加应力过程中也具有一定的强度安全系数。对于采用悬臂法建造的桥梁，更应注意其在施工阶段的应力和变形状态，以保证构件在各种不利的情况下都具有足够的强度安全系数。

6.4.7　N_p 是被看作外力的预应力钢筋所产生的轴向预压力。对于临近破坏时受拉区钢筋中的预压力，若其邻近混凝土的预压应力业已用尽，并且已经开裂，则不但不看作起破坏作用的荷载,而且还可以考虑这部分钢筋和混凝土(或钢筋混凝土)构件共同承受预压力 N_p 等载荷的作用。但对后张法构件,其同时张拉的全部钢筋或分批张拉的最末一批钢筋所产生的预压力,即使位于大偏心受压破坏时的受拉边,也应计在预压力 N_p 之内。因为这时构件受拉边的变形并不引起这些钢筋中应力的变化,仅使张拉设备出现附加的行程,它们完全如同外加荷载一样。

计算预压力 N_p 时,钢筋中的预应力值除应扣掉在张拉过程中发生的预应力损失外,还应考虑临近破坏时由于构件受压区混凝土的变形而引起的钢筋中预应力的减少 σ_{ps},$\sigma_{ps} \approx f'_p$。

对于后张法构件,同时张拉的全部钢筋或分批张拉的最后一批钢筋,构件变形并不降低这些预应力钢筋的张拉控制应力,故不必计入 σ_L 和 σ_{ps}。对于分批张拉时先张拉的钢筋,则应考虑构件由于后张拉钢筋的压缩以及临近破坏时受压区混凝土的变形而使先张拉钢筋的预应力值减少的影响。因为变形情况比较复杂,且难于准确计算,故采用近似值:

$$f'_p \times \frac{A_p - A_{pm}}{A_p}$$

临近破坏时沿构件长度的变形并不均匀,平均应变可能较小,故限制其值不得大于 300 MPa。若构件截面沿长度方向有变化,还应乘以系数 A_1/A_2,A_1 为较小截面的面积,A_2 为较大截面的面积。

6.4.8

(1)构件在预压力作用下按混凝土构件还是按钢筋混凝土构件检算应以第五章(钢筋混凝土结构)中有关钢筋混凝土构件最小配筋率的规定为准。

(2)1961 年《预应力钢筋混凝土铁路桥梁结构设计暂行规范》规定,安装荷载时的 $K=2$,如预加应力阶段亦按 $K=2$ 计算,则可得出

$$N_p \leqslant 0.5\varphi f'_c A$$

但 1961 年《预应力钢筋混凝土铁路桥梁结构设计暂行规范》又规定,传力锚固时混凝土的容许应力为 $0.7f'_c$,而在构件上临时超张拉时则可提高到 $0.75f'_c$。因此较之上述强度检算时的容许值大 40% ~50%。显然,二者很不协调。可见,在检算预加应力阶段构件强度及稳定时究竟采用多大安全系数,1961 年《预应力钢筋混凝土铁路桥梁结构设计暂行规范》是很不明确的。

有些国外规范按极限状态计算时对预压力 N_p 取超载系数 1.1,材料的计算强度也相应地提高 10%。对于轴心受压混凝土构件,就相当于要求按破坏阶段计算的强度安全系数不小于 1.54。

对于钢筋混凝土构件,由于混凝土与钢筋的匀质系数不同,根据极限状态法计算的结果推算相应破坏阶段计算的安全系数值,是随配筋率的大小而变动的,配筋率愈大相应的安全系数值愈小。这就表明,钢筋混凝土构件在预加应力阶段强度安全系数肯定小于 1.54。

根据以上情况,本规范明确规定,预加应力阶段构件的强度安全系数不得小于 1.6。

(3)关于预应力混凝土构件在预加应力阶段失稳的问题,许多试验和理论研究都证明,对于先张法构件,布置在混凝土中的预应力钢筋沿全长均能起着侧向支承的作用。因

此，就不存在失稳的问题，在任何情况下 φ 值均取为 1。

对于后张法构件，由于构件变形将使预应力钢筋与其管壁间的接触点增加，所以其失稳的可能性也不大。本规范为偏于安全计仍沿用 1961 年《预应力钢筋混凝土铁路桥梁结构设计暂行规定》的规定，没有考虑构件变形可能使接触点增加的有利影响。构件的纵向弯曲系数 φ 则参照第 5 章的有关规定办理。

6.4.9 在预加应力阶段，构件基本上都是承受偏心压力或者偏心压力与横向弯矩的共同作用。

偏压构件的强度计算根据其破坏形态的不同，分为受拉破坏和受压破坏，应采用不同的计算公式。受拉破坏（大偏心受压）计算公式的建立是假定破坏时受拉钢筋的应力达到其计算强度，受压区混凝土的应力也能达到其抗压极限强度，并近似取混凝土压应力的计算图形为矩形。在预加压力作用下，构件基本上是看作钢筋混凝土的或混凝土的。故近似地取 $x \leqslant 0.55h$ 作为构件截面属于受拉破坏的限界，也就是大、小偏心的分界点。如果预加应力受拉区是以钢筋 A_p' 的抗拉力为主的话，则界限宜减到 $x \leqslant 0.4h$。

当截面属于受拉破坏时，预应力钢筋 A_p' 产生抗拉力 $f_p A_p'$，但当截面属于受压破坏时，预应力钢筋 A_p' 中的预压力则被视为作用于构件上的荷载 $K(\sigma_{con} - \sigma_L)A_p'$。从极端的情况来看，按第 6.4.3 条的规定 $\sigma_{con} - \sigma_L$ 的最大值是 $0.65f_{pk}$。安全系数 $K = 1.6$，则荷载与抗拉力之差最大为：

$$1.6 \times 0.65 f_{pk} A_p' - 0.9 f_{pk} A_p' = 0.14 f_{pk} A_p'$$

可见钢筋 A_p' 若由起抵抗外作用转变为外荷载作用时，二者在数值上仅相差 15%。根据试算比较，当 A_p' 等于 A_p 时，此项 15% 差值对总的构件截面的安全系数影响不过 7% 左右，而实际上 A_p' 总是小于 A_p 甚多，上述影响肯定还会更小。因此在大、小偏心界限附近钢筋 A_p' 置于本条条文中式(6.4.9—1)或式(6.4.9—2)的右边或左边并不影响计算的最后结果。

关于小偏心受压（受压破坏）构件的计算，详见第 6.2.5 条的说明。

6.4.10 计算在弯矩作用平面内的挠度对轴向力偏心距增大的影响时，其所以要对布置在管道内的预应力钢筋的附加偏心距加以限制，是因为当构件挠曲变形使管道与钢筋接触时，预应力钢筋本身即能起侧向支承作用的缘故。

对于先张法构件，由于钢筋与混凝土之间有黏结力，预应力钢筋能起侧向支承的作用，故挠度对轴向力偏心距增大的影响可不予考虑。

6.4.12 由于运送及安装阶段是短期间的特殊情况，所以在检算预应力混凝土构件的抗裂性及强度时，容许安全系数可分别降低到 1.1 和 1.8。构件自重计算中的冲击系数则系根据以往设计经验，分别采用 1.5（运送时）和 1.2（安装时）。

6.4.13 在运送及安装阶段，由于支点或吊点位置的不同，应检算其预拉区的拉应力（例如简支梁的上翼缘）和预压区的压应力（例如简支梁的下翼缘）。

但因上述两阶段时间较短，故容许限值可适当放宽，本规范分别规定为 $0.8f_{ct}$ 和 $0.8f_c$。

6.4.14 当架桥机吊梁通过已安装就位的预应力混凝土梁时，由于轴重往往超过设计运营荷载，所以应对被通过的预应力混凝土梁进行强度、抗裂性及混凝土应力的检算。考虑到这种受载情况的特殊性和临时性，故各类安全系数可适当放宽。对不允许出现拉应力的梁，强度安全系数 $K \geqslant 1.8$，抗裂安全系数容许降低到 1.1。上翼缘（对简支梁而言）最大压应力容许提高到 $0.8f_c$，见 6.4.13 条规定。

如使用双悬臂架桥机（例如 65 t-53 型，80 t-55 型及 130 t-58 型、59 型悬臂式架桥机）架梁时，因其轴重超过一般架桥机，特别是采用拨道法架设前方的梁时，其轴重更大。根据过去的设计经验，当 $K_f \geqslant 1.05$ 时，梁的设计有时尚且受其控制，同时几十年的实践经验表明，采用 $K_f \geqslant 1.05$ 尚可通过，加之考虑到此种架桥机已有逐步为其他形式架桥机所代替的趋势，所以在这种情况下仍容许将降低到 1.05。

对允许出现拉应力但不允许开裂的预应力混凝土梁，当用架桥机吊梁通过其上时，在梁受拉区产生的最大拉应力小于或等于 f_{ct}。因此类梁是按运营荷载产生的最大拉应力不超过 $0.7f_{ct}$ 进行设计的，而架桥机吊梁通过时的轴重较大，虽然此时不计冲击力，其产生的最大拉应力也可能超过 $0.7f_{ct}$ 而成为控制条件。但这种情况只在架梁安装阶段发生，次数不多，没有疲劳问题，故将其容许最大拉应力从 $0.7f_{ct}$ 适当放宽到 $1.0f_{ct}$，此时未考虑受拉区混凝土塑性系数的增大作用，故仍有 $\gamma = 1.3$（对工字形梁）的安全储备。对允许开裂构件可不检算混凝土拉应力。因其本身已允许开裂，但应检算裂缝宽度（见第 6.1.5 条规定）。

值得提出的是斜截面混凝土主拉应力，对于预应力度 $\lambda < 1$ 的预应力混凝土梁，斜截面不宜出现裂缝，因一旦出现裂缝，其宽度就比较大且不能闭合，故应对斜截面的混凝土主拉应力进行检算。

梁斜截面主拉应力的容许值可适当放宽，当用架梁架桥机时，容许主拉应力由 $0.7f_{ct}$ 提高至 $0.85f_{ct}$。这些规定都比原《铁路部分预应力混凝土梁设计及验收规定》（TBJ 106—91）更为严格，其原因见第 6.3.12 条的说明。

6.5.1 本规范之所以规定"只适用于采用分散布置的由钢丝或钢绞线组成的钢丝束以及精轧螺纹钢筋作为预应力钢筋的桥梁结构"，是因为目前铁路部门在用连续配筋法形成的集中强大的钢丝束方面或用扁钢筋组成的钢筋束暂时还缺乏实践和试验资料，若需用上述集中强大的钢丝束等配筋时，则可通过试验并参照有关资料办理。

6.5.2、6.5.3 混凝土结构耐久性设计原则，重要一条是"增加钢筋的混凝土保护层厚度"。

保护层厚度决定的原则：

(1) 根据使用年限及环境作用等级确定混凝土保护层的最小厚度；

(2) 考虑施工负允差；

(3) 保护钢筋耐火要求；

(4) 与混凝土骨料最大粒径相匹配；

(5) 对预应力混凝土结构与有无护套以及护套或孔道直径有关。

1999 年《桥规》满足"与混凝土骨料最大粒径相匹配"的要求，但没有使用年限及环境作用等级的要求，也没有考虑施工负允差。

故本规范参考《新建时速 200 公里客货共线铁路设计暂行规定》适当增加了保护层厚度。

6.5.2 第 1 款 1 钢丝束及预应力混凝土用螺纹钢筋布置在梁体内，其管道间净距，当管道直径等于或小于 55 mm 时，不应小于 40 mm，当管道直径大于 55 mm 时，不应小于管道外径，删除了后面"或 65 mm"几个字。

6.5.3 修改为："预应力钢筋或管道表面与结构表面之间的保护层厚度，在结构的顶面和侧面均不小于 1 倍管道直径，并不小于 50 mm（注：原只有 45 mm 一项）；在结构底面不应小于 60 mm”。

先张梁由于端头不设锚具，完全靠钢绞线与混凝土的黏结力自锚，且铁路桥梁因截面布置关系，梁端预应力钢绞线很多很密，在 20 世纪 80 年代初期及以前，曾不同程度地发生端部横向裂缝，经反复研究，认为在梁端增加 3 层钢筋网（或更多些）后裂缝就可以避免，这种经验在 1999 年《桥规》及以前的桥规里都没有明确，在本规范里加以明确。

6.5.4　关于先张法结构进行强度检算时，预应力钢筋锚固长度的取值，1985 年《桥规》中未予规定，以往设计中近似按 100d 计算，该值是针对强度级别为 1 570 MPa 的钢绞线确定，当采用强度级别为 1 860 MPa 的钢绞线时，根据国标（GB 50010—2002）的锚固长度须增大至 130d。

6.5.6　梁端锚下设置的钢垫板厚度，同锚头形式、张拉吨位以及板的尺寸大小等有关。1961 年《预应力钢筋混凝土铁路桥梁设计暂行规范》规定钢垫板厚度不小于 12 mm，但多年来铁路桥梁不论锚头形式、张拉吨位及板的尺寸大小如何，一般均采用厚度不小于 16 mm的钢垫板。个别桥梁厂曾因料源问题采用过12 mm的钢垫板，除发现钢垫板产生局部变形外，锚下裂纹也有所增长，故本规范规定，在锚下应设置厚度不小于 16 mm 的钢垫板。

6.5.7　对于预应力钢筋的曲线半径原规定不太明确，这次与公路桥规规定一致。

1　钢丝束、钢绞线束的钢丝等于或小于 5 mm 时，不宜小于 4 m，仍等于、大于 800 倍直径。钢丝直径大于 5 mm 时，不宜小于 6 m，原 $\phi6$ 的 $6 \times 800 = 4.8$ m，$\phi7$ 的 $7 \times 800 = 5.6$ m，取略大于 800 倍直径。

2　精轧螺纹钢筋的曲线半径原没有规定，现与公路桥规规定统一。规定直径等于或小于 25 mm 时，不宜小于 12 m，直径大于 25 mm 时，不宜小于 15 m。

6.5.12　关于箍筋的直径问题，若以直径小于 8 mm 的非预应力钢筋作为箍筋，则因其刚度较差，必然会给梁体（特别是较高的梁）施工带来很多困难，如形成不了钢筋骨架，在混凝土灌注和振捣时钢筋易变形。另外有些工厂为了加快施工速度，一般在台座外绑扎钢筋骨架，然后整体吊到制梁台座上去，骨架太软就无法吊装。因此本规范规定非预应力箍筋的直径不得小于 8 mm。

在梁端 500 mm 范围翼缘内，由于锚下应力大且复杂，易形成裂纹，故对翼缘内的封闭式或螺旋形箍筋要求也比较严，原桥规规定其间距为 60 ~ 80 mm。由于梁端腹板较厚，翼缘较宽箍筋肢数比跨中增多，在梁底形成钢筋密排，加之此处有支座螺栓，支座钢筋网，锚下钢板后面还有螺旋筋和钢筋网，各种钢筋纵横交错影响混凝土的灌筑，故 1999 年《桥规》将此种钢筋间距改为80 ~ 100 mm。

6.5.13　从提高耐久性出发，规定“距结构表面最近的箍筋等普通钢筋的净保护层厚度不得小于 35 mm。对于顶板有防水层及保护层的最外层钢筋其净保护层厚度不得小于 30 mm。”

6.5.14　在运营荷载作用下的截面受拉边缘设置非预应力纵向钢筋的要求，主要考虑预应力筋的重心离开混凝土边缘有一定的保护层，此部分混凝土变成纯混凝土，而设置了纵向非预应力筋可与箍筋形成钢筋网，可限制来自各方向的变形。另外根据多年设计经验总结和对实体梁的观测，对纵向非预应力钢筋的直径和间距作出了如条文中的要求。

对允许出现拉应力和允许开裂的预应力混凝土构件，一般均采用混合配筋，即预应力钢筋和非预应力钢筋同时计算，非预应力钢筋的面积根据计算确定，非预应力钢筋的配筋率不宜小于 0.3% 受拉区面积的规定，是参考了 1987 年加拿大文献制订的。

允许出现拉应力但不允许开裂和允许开裂的预应力混凝土构件一般宜采用混合配筋；对允许开裂的预应力混凝土构件在使用荷载作用下允许出现一定宽度的裂缝，允许出现拉应力但不允许出现裂缝的构件出现的拉应力虽然不超过规定的拉应力限制，但由于许多原因实际上仍有可能出现裂缝，因此要从配筋上采取一定措施来限制裂缝的出现和开展，满足耐久性的要求。

瑞士 H. Bachman 教授认为，设计者应更多地注意非预应力钢筋的具体配置和构造细节，用构造钢筋来控制裂缝，而把计算放在次要地位。国内很多研究报告也指出，在允许出现拉应力和允许开裂的预应力混凝土构件中，非预应力钢筋配置合理能延缓和限制裂缝的发展。此类预应力混凝土构件的预应力钢筋一般采用高强钢筋（钢丝），它们对腐蚀很敏感。各国规范对此一般都有相应的规定。如日本（Ⅲ类 PC）设计施工指南规定，非预应力钢筋水平处允许裂缝宽度为 0.2 mm，预应力钢筋水平处允许裂缝宽度仅为 0.1 mm。

此外，构件中配置非预应力钢筋，还可以提高承载能力，在施工阶段可以限制由于收缩应力和温度应力等引起的变形和裂缝，在地震区，预应力混凝土结构由于配置了非预应力钢筋，其延性和能量吸收能力可以提高。采用混合配筋的允许出现拉应力和允许开裂的预应力混凝土结构，可以降低构件的纵向预压应力，从而避免沿钢丝束方向出现的纵向裂缝，并可减少反拱度，改善结构使用性能。

美国的 Naaman 提出，预应力度 $\lambda<1$ 的预应力混凝土构件的必要和充分条件是用预应力钢筋和非预应力钢筋混合配筋来承受荷载。一些研究报告还指出，无黏结预应力混凝土梁必须配置一定数量的非预应力钢筋。因此，规定预应力混凝土构件宜采用混合配筋，非预应力钢筋宜布置在构件受拉边外侧，以增大预应力钢筋的保护层厚度。一旦出现裂缝，可以由强度较低的非预应力钢筋控制缝宽度的扩展，以防止预应力钢筋遭受腐蚀。

非预应力钢筋的配置一般应根据计算确定，也可以根据构造要求选定。非预应力钢筋所需面积 A_s 与预应力度 λ 有关。瑞士 Bachman 教授对 100 cm × 30 cm 预应力混凝土板承受弯矩为124 kN · m的研究表明，非预应力钢筋与预应力钢筋的总用量（A_s+A_p）在预应力度 $\lambda=0.6$ 时为最少（见说明图 6.5.14）。

非预应力钢筋的配置应按预应力度 λ 的变化来确定。当预应力度较高时，所需的非预应力钢筋面积较少，非预应力钢筋的应力也较低。因此非预应力钢筋可选用直径较小的钢筋，其间距可适当放宽，并布置在受拉区下边缘，以起到限制裂缝开展的作用。当预应力度较低时，非预应力钢筋所需面积较多，一般宜选用直径较大的钢筋。当预应力度小于 0.3 时，非预应力钢筋数量超过了预应力钢筋数量，此时构件受力特性与普通钢筋混凝土构件较为接近，因此选择非预应力钢筋的直径与间距时，可按钢筋混凝土构造的规定采用。

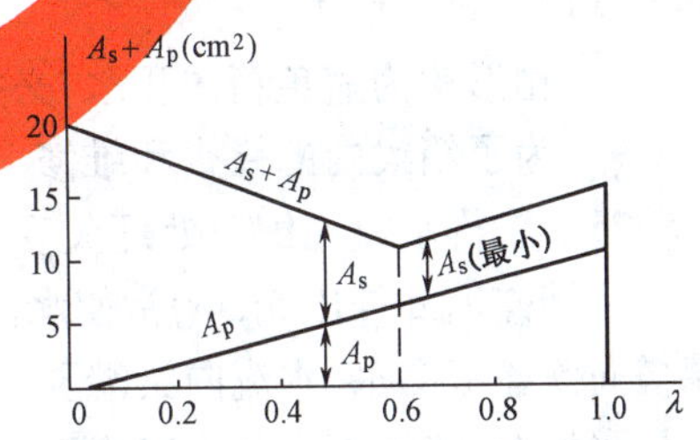

说明图 6.5.14 λ 与（A_s+A_p）关系图

6.5.17 关于分块拼装的结构，块件之间的接缝形式，原来推荐采用环氧树脂砂浆接缝和宽度不小于 60 mm 的混凝土或砂浆湿接缝。根据近年来的工程实践经验，当采用环氧树脂砂浆接缝时，如果施工质量控制不严，易产生缝隙，导致钢筋锈蚀；如果采用混凝土湿接缝，则预留接缝宽度不宜小于 300 mm，一般采用 500～600 mm，以保证接缝混凝土的质量。至于砂浆接缝，工程中很少采用。因此，本规范规定，采用环氧树脂砂浆接缝时，应保证接缝处不得有潮气进入；采用混凝土湿接缝时，预留缝隙宽度不小于 300 mm，不再推荐砂浆湿接缝。

根据西南铁路建设采用 23.8 m 预应力混凝土横向分块串联梁的经验，若在施工工艺中采取措施而使相邻块件表面平整，则环氧树脂砂浆接缝能保证块件密贴结合并防止潮气浸入梁体。

6.5.21　1985 年《桥规》中规定，腹板最小厚度为 140 mm，但实践中很少采用，一般都大于或等于 150 mm，同时考虑到，适当提高腹板的最小厚度有利于保证钢筋的保护层厚度。因此，本规范规定腹板厚度不得小于 150 mm。近年来，试验表明，列车提速后，横向作用明显加大，横隔板不再仅仅承受竖向剪力，而且还承受横向力及纵向力，因此，应从构造上采取措施，保证梁体竖向和横向均能整体受力并且把端隔板的厚度规定不应小于 500 mm。

6.5.22　锯齿板锚固区受力比较复杂，且承受较大的偏心力；预应力钢筋弯折处存在径向力，应防止其引起表面混凝土崩裂。因此，设计应通过足够的构造钢筋将这些力传至相应的顶、底板或腹板。

6.5.23　在支承处设置横隔板，可以提高梁的横向刚度，横隔板须有足够的宽度，并不得小于支座的纵向宽度，便于支座布置。在连续梁的中间支承处是弯矩和剪力均为最大的截面，因此应力状态十分复杂，计算比较困难，所以必须与结构形式相适应，配置补助钢筋予以加强。此外，在支承处还承受很大的支承反力，由此产生局部拉应力，也必须配置补助钢筋。

6.5.24

1　主要考虑施工人员张拉、拆模以及养护人员检修用。

3　同 T 形梁一样，为了尽量符合原设计的假定条件，必须在梁端设置刚性横隔板，在梁中间适当位置亦可设置横隔板。

4　荷载（或预应力）一般均通过顶板和底板与腹板的连接部分以剪力传递方式传给腹板，最后由梁端经由支座传到桥墩台。所以在顶板和底板与腹板连接部分，必须配置足够的钢筋以抵抗剪力。

8　箱形梁为避免箱内积水，必须设置排水孔。

9　为了箱梁内的检查和维修工作需要，在横隔板上要设置大小可以进人的洞口。

6.5.25　防排水设施细节处理欠妥易造成混凝土桥梁的病害（含支座）。如泄水管水平设置从挡砟墙外伸出 3 cm，常使水流向梁腹板面，影响美观，如水有盐分则破坏梁体。梁端横向铁盖板漏水，水流向梁端及支座上，造成病害。所以本条规定：桥面及梁端应加强防排水设施，泄水管直径不宜小于 150 mm（以往100 m），泄水管宜向下设置，梁外侧桥面板下宜设置通长的滴水槽。防水层与泄水管应密贴，防止在结合处漏水。

6.5.26　以往对配构件不重视，比如 U 型螺栓被锈断，造成整个人行道支架坠落等，所以本条规定 U 型螺栓宜采用渗锌处理，混凝土外露预埋件应进行防腐处理。

6.5.27　支座板的作用主要是固定支座的位置兼有分布应力的作用，其厚度建国以来一直采用 8 mm。近期根据一些桥梁厂的建议改为 12 mm，但据反映预应力混凝土梁仍发生预埋支座板底与混凝土间有空响声，表明二者间不够密贴。有人认为系支座板太薄发生变形所致，建议将预埋支座板再加厚。本规范采纳了此意见，规定："对板式橡胶支座垫板厚度不宜小于 25 mm，其他支座不宜小于 20 mm。"

7.1.3 混凝土梁习惯上以跨度大小来选用支座类型。跨度小于或等于 6 m 的简支梁采用中、高级石棉板，自橡胶支座使用以来，也采用板式橡胶支座。目前预应力混凝土梁从 8 m 开始，所以这个规定取消。跨度 8 m 采用平板支座，跨度大于 8 m，小于 20 m 的简支梁采用弧形支座，跨度大于 20 m 的简支梁可采用辊轴（摇轴）支座。20 世纪 60 年代以后，为压低建筑高度，少占农田，节省桥头土方量，跨度 20 m 的低高度梁，超低高度梁也采用弧形支座，采用弧形支座不但有需要而且有可能，因低高度梁、超低高度梁底宽较宽，每片梁的一端需用二个支座，其支座反力接近 16 m 的普高梁，经部鉴定委员会批准一直使用至今，并无不良后果，所以纳入本规范。板式橡胶支座用于跨度 20 m 及 20 m 以下比较成熟，24 m、32 m 的也有一些单位采用，有一定的工程实践，只是在限位方面需予以注意。盆式橡胶支座这几年用的逐渐多起来，多用于跨度在 24 m 以上的梁，设计中根据需要亦可用于 20 m 梁。根据近年来支座的发展，为不限制其他新型支座的开发增加了也可采用转动灵活，滑移平顺的其他新型支座。

7.1.4 铸钢支座的竖向承载力及总位移量系根据《铁路桥梁铸钢支座技术条件》（TB 1893）中的数值并根据既有混凝土梁实际产生的荷载作了个别修改确定的，它既考虑了既有支座的荷载系列及位移要求又考虑了《优先数与优先数系》（GB 321—80）的要求。

7.1.6 由于无缝线路的采用，板式橡胶支座可不分固定与活动的规定已不适用，不然钢轨的附加应力太高，固定支座含纵向固定横向活动的支座，活动支座含纵向活动及多向活动支座。

7.1.7 由于无缝线路的采用，支座设计必须考虑无缝线路纵向水平力的作用。纵向力的计算应符合《新建铁路桥上无缝线路设计暂行规定》。

7.2.2

（1）热轧钢材基本容许应力对屈服强度的安全系数，各钢号基本上都采用 1.7 左右。

容许剪应力以基本容许应力的 $\frac{1}{\sqrt{3}}\approx 0.6$ 倍为准。

弯曲容许应力根据习惯定为基本容许应力的 1.05 倍。

（2）铸钢由于未经热轧，均匀性较差，缺陷较多，所以弯曲容许应力对屈服点采用了较高的安全系数 1.85。

（3）辊轴自由接触的容许应力沿用原标准。

（4）铸钢的容许弯曲应力、剪应力及销与销间承压应力这几项容许应力，参考 1959 年《桥规》及其他国家规范对钢销容许应力的规定及其相应的计算假定确定的。

35 号锻钢屈服强度随尺寸大小而异，本规范系以尺寸为100 ~ 300 mm，屈服强度为 260 MPa 者为准，弯曲应力和剪应力考虑钢材的匀质系数，所以规定了较 1959 年《桥规》略偏小的值。销与销孔间的承压应力，1959 年《桥规》未作规定，1985 年《桥规》为了在永久性结构中希望减轻钢销的磨损，因此采用了偏低的容许应力值，本规范仍沿用。

（5）放置在铸钢摇轴颈上铰轴的径向受压容许应力，也是参照 1959 年《桥规》确定的。

支座螺栓以往习惯采用 Q235 钢，由于我国是多地震国家，地震水平力很大，再用 Q235 钢，将使支座螺栓直径过大，另外 7 度及 8 度地震区支座螺栓可采用不同钢种而直径相同的办法处理。所以增加45号钢及40Cr钢的使用。

其允许剪应力值规定见说明表7.2.2。

说明表　7.2.2

钢　种	容许弯曲应力(MPa)	容许剪应力(MPa)
45号钢	220	$\frac{220}{\sqrt{3}}=127$
40Cr	470	$470\times0.6\approx280$

紧箍圈原用16 Mn,秦沈客运专线开始按欧洲标准“结构物—支座”要求改用黄铜。

7.2.3　为确保板式橡胶支座能承受长期的反复荷载作用,在确定支座平面尺寸时,其平均压应力不应超过8~12 MPa。通过抗压破坏试验表明,板式橡胶支座的平均强度的安全系数为8以上,可见这类支座的安全储备相当大。

7.2.4

(1)从试验得知,板式橡胶支座的受压弹性模量E与支座受压面积对其自由膨胀面积之比(即形状系数S)有密切关系。表7.2.4—1中的E值是由板式橡胶支座的中心受压试验绘制出应力—应变(σ—ε)曲线,再根据σ—ε曲线中的直线段求得。试件的平面尺寸最小为150 mm×200 mm,最大为350 mm×770 mm。支座总厚度为14~105 mm,中间橡胶层厚度为5~11 mm。共进行了160块支座中心受压试验。

此外橡胶硬度对其受压弹性模量也有影响,条文表7.2.4—1中的E值系在橡胶硬度为HS60时的数值,当为其他硬度时,尚应乘以影响系数β_1。

(2)根据41组82块硬度为邵氏HS60的板式橡胶支座的剪切试验结果,得出支座受剪弹性模量G的平均值为1.088 MPa,所以采用$G=1.1$ MPa。此外,试验表明水平力H的作用方向(即顺桥向或横桥向)对橡胶支座的受剪弹性模量没有影响。同一支座在不同的正应力作用下,实测的受剪弹性模量G大致相同。国外的试验结果也认为受剪弹性模量与正应力大小关系不大。

当为其他硬度时,G值尚应乘以影响系数β_2。

试验证明橡胶支座的受剪弹性模量与加载速度有关,随加载速度的快慢,支座所产生的剪切变形各异。铁路桥梁承受比较大的水平制动力,由机车制动力所引起的橡胶支座的剪切变形发生于极短暂的一瞬间。为此,进行了快速加载对剪切变形影响的试验研究,以弄清用快速瞬时加载法测定的支座受剪弹性模量与用常规试验方法所测得的模量之间的关系。试验采用了两种方法:快速加载法与变速加载法。根据这两种方法的试验结果表明,快速加载法对橡胶支座受剪弹性模量的影响系数$\zeta=1.5$。两种方法的实测结果基本上一致。这一数值与UIC规范的$G_s\approx2G$(即相当于$\zeta=2.0$)相比是偏低的。在由于温度变化、梁体混凝土收缩与徐变引起的支座剪切变形计算中,G值即可采用1.1 MPa,在计算由制动力所产生的支座剪切变形时,G值则应乘以快速加载影响系数1.5。

7.3.2　活动支座的相对移动部件之间,要它完全不产生摩阻力是很困难的,因此,活动支座必然会承受一部分纵向水平力。

活动支座传递纵向水平力的大小,与支座的摩擦系数和支承反力的大小有关,规范规定的各种活动支座类型的摩擦系数表示活动支座在使用过程中有可能出现的情况,并不是一个一定会出现的情况。但为安全计,因此对固定支座仍规定按承受全部纵向水平力考虑。

采用平板支座及弧形支座的活动支座,其摩擦系数较大,有可能全部纵向水平力,小于活动支座的摩阻力。此时,固定支座有可能受到活动端摩阻力大小相同的纵向水平力。因此,规定固定支座需承受全部纵向水平力,并不得小于活动端的摩阻力。

活动支座能传递纵向水平力是由于摩阻力的存在,因此它所能传递的纵向水平力当然不应大于摩阻力,所以规范规定活动支座纵向水平力按该支座的最大摩阻力取用。

7.3.5

1 活动支座为了使荷载发展后仍能正常工作,因此在计算纵向位移时,活载应按容许应力提高 20% 后或相应的检定载重下的活载计算。对于简支梁,该活载的换算匀布荷载可按三角形影响线顶点位置在跨中处计算;对于连续梁,则应根据每个活动支座可能产生的绝对最大水平位移(包括伸长及缩短)分别计算。

温度变化幅度应根据当地情况确定。

在削边辊轴的活动支座中,布置辊轴时,应考虑活动支座在产生极限水平位移时,各辊轴之间仍能保持不小于 15 mm 的空隙,以便于养护。若设辊轴中心间距为 x,辊轴宽度为 b,辊轴最大转角为 α,则:

$$x=(b+15)/\cos\alpha$$

若活动支座由中心位置(辊轴中心线铅垂时)向两侧的极限位移量各为 $\Delta/2$ 时,则辊轴最大转角:

$$\alpha=\frac{\Delta/4}{R}\times\frac{180^\circ}{\pi}$$

式中 R——辊轴半径;

Δ——活动支座绝对最大水平位移量。

确定辊轴宽度时,应考虑辊轴的弧长,除能满足移动量的需要外,两侧还应各留有一定的富余量,所以 $b=\frac{\Delta}{2}+C$。式中 C 为辊轴两侧预留富余量之和,一般不小于 50 mm;当辊轴半径较大时,还宜适当放大。

另外,辊轴宽度 b 还应满足第 7.4.4 条规定的宽度和直径的比例关系。

为了使活动支座两侧位移量相等,需定出活动支座下摆中心线与底板中心线相重合的温度 t(以℃计,下同)。

在连续梁中:

若当地最高气温为 $t_{高}$,当地最低气温为 $t_{低}$,计算的活动支座由于活载产生的最大伸长量为 $\Delta_{伸}$(+),计算的活动支座由于活载产生的最大缩短量为 $\Delta_{缩}$(-)(梁就位后增减的恒载应并入活载中考虑),则

$$t=\frac{1}{2}\left(\frac{\Delta_{伸}+\Delta_{缩}}{0.000\,011\,8L}+t_{高}+t_{低}\right)$$

式中 $\Delta_{伸}$、$\Delta_{缩}$、$t_{高}$、$t_{低}$ 均应计入符号[$t_{高}$、$t_{低}$ 在 0 ℃以上为(+),0 ℃以下为(-)];L 为活动支座的温度跨度,即计算的活动支座至固定支座的间距。

当下摆中心线与底板中心线互相重合的温度 t 确定后,则落梁时下摆与底板的相对位置的偏移量可按下式定出:

$$偏移量\ \alpha = 0.000\,011\,8L(t_{落} - t)$$

式中　$t_{落}$——落梁时的温度；

其他符号意义同上。

当 α 为正值时，表示偏移量在远离固定支座的一侧；当 α 为负值时，偏移量在靠近固定支座的一侧（偏移量以底板中心线为原点）。

在简支梁中：

由于活载水平位移不可能缩短，因此只需令 $\Delta_{缩} = 0$，仍可按上列各式计算。

6　本款适用于一切须检算线接触应力的支座，包括弧形支座的上、下板间以及含铰的摇轴支座（如说明图 7.3.5—1）。

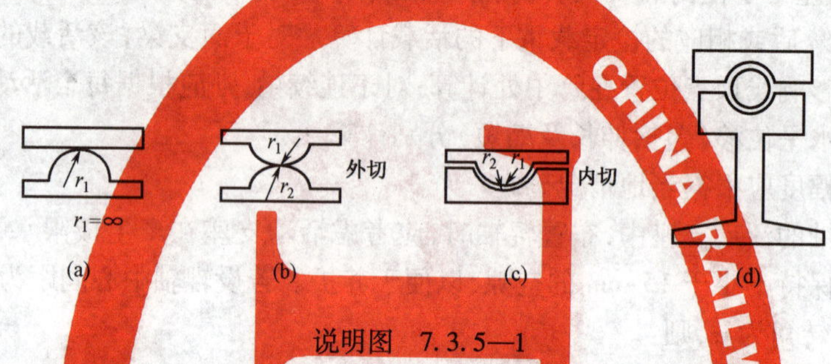

说明图　7.3.5—1

7　本条适用于辊轴（摇轴）与平板自由接触的径向受压（如说明图 7.3.5—2）。

8　本款适用于摇轴支座的柱形铰即《铁路桥梁钢结构设计规范》（TB 10002.2—2005）表 3.2.1 中铰轴放置在铸钢铰轴颈上的径向受压时，系按接触圆弧中心角为 2×45°考虑，条件不符时可另行确定（如说明图 7.3.5—3）。

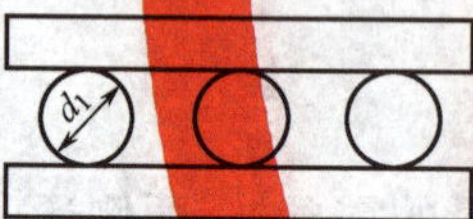

说明图　7.3.5—2

说明图　7.3.5—3

7.3.6　板式橡胶支座应满足 4 个要求：

（1）根据橡胶支座的抗压允许应力值 8～12 MPa 确定橡胶支座平面尺寸。

并为保证橡胶支座与梁体和支承垫石之间，在运营使用过程中不产生任何滑移，规定支座的最小压应力 $\sigma_{min} \geq 2$ MPa。

（2）限制橡胶支座厚度，以保证支座的稳定。

（3）限制支座的转角保证支座不脱空。

桥梁在外荷载作用下产生弯曲，支座必须能适应梁体因弯曲而产生的梁端转动。板式橡胶支座在梁体端部可能出现的最大转角情况下，能否满足设计要求的必要条件是：转动后支座最外边缘不得产生局部“脱空”现象。板式橡胶支座最大容许转角的计算公式是根据对支座转角与其边缘的竖向变形间关系的试验研究基础上提出的。一般在计算橡胶支座转角时，往往将支座假设成理想的弹性体，认为由于转动，支座“脱空”的临界状态是：其竖向回弹变形值必等于支座受压时所产生的总压缩量。换言之，如果竖向回弹变形值大于其总压缩量，支座边缘必将出现“脱空”现象。但从支座转动试验结果看来并非如此，边缘竖向回弹值与支座总压缩量之比都超出上述假设。这一现象可用橡胶支座转动变形特性来解释。当支座转动时，其一侧的橡胶被压缩，而另一侧则逐渐抬起。随转角的增加,支座各层间的橡胶将从压力大的区域逐渐向压力小的地方转移。如盆式橡胶支座内的橡胶,承受偏压后,在密闭盆内从压力高处被挤向压力低处。只不过板式橡胶支座中间橡胶片的这种转移因受其上下加劲钢板的约束影响,只能进行转移到一定程度。

如将上述转角公式改写成 $\tan\alpha=\frac{2\delta}{\alpha/2}$ 与 UIC 的转角公式改写成 $\tan\alpha=\frac{3\delta}{\alpha/2}$ 后,两者在表达形式上完全一致,只是橡胶支座转动特性系数取值不同,上述公式取 2,而 UIC 规范则相当于取 3。

(4)根据橡胶支座的允许剪切角来确定支座的高度。

1999 年《桥规》规定,橡胶板允许平均压应力为 8 MPa,安全系数为 7.5 ~ 8.75;允许值偏小。铁路桥梁橡胶支座始用于 1969 年,当时橡胶板的质量不尽人意,30 多年来生产厂家不断改进质量大有提高,质量得到保证,给适当提高容许值创造了条件。

板式橡胶支座的布置,原则上要求横向尺寸要大,以限制横向移动,纵向尺寸要小,便于纵向转动灵活,常发生这样情况 $L=16\sim20$ m 梁因荷载较大,要求支座面积很大,但受梁底宽的限制,无法布置,有提高容许值的要求。

1985 年公路桥规橡胶支座容许平均压应力当 $S>8$ 时为10 MPa。所以全国生产桥梁板式支座的厂家都按 10 MPa 考虑,所以在制造工艺上无问题。

轻轨板式橡胶支座在设计时,也以 10 MPa 考虑,2004 年公路桥规(JTGD 62—2004)规定板式橡胶支座平均压应力限值定为 10 MPa(不再分 S 值大小来决定允许值)。说明也在适当提高容许值。在国外联邦德国、法国取 $[\sigma]=15$ MPa,日本当 $S\leqslant8$ 时,$[\sigma]=8$ MPa;当 $S>8$ 时,$[\sigma]=1.0S\leqslant12$ MPa,这是根据在高温环境下进行的 200 万次疲劳试验确认了耐久性而规定的。本规范规定 $[\sigma_m]=8$ MPa ~ 10 MPa,其值根据材料性能及 S 值大小确定。这个值可以说是国内外最低值。

7.3.7 盆式橡胶支座是由钢盆、承压橡胶板及聚四氟乙烯滑板等组合而成的一种新型桥梁支座,它是由密闭于钢盆内的橡胶板传递支座反力并承受梁端转角,由聚四氟乙烯滑板同不锈钢板的平面滑动来满足梁端位移的需要。

各项设计参数经铁道部科学研究院试验,并通过铁道部科技局技术鉴定。

钢盆中橡胶的抗压容许应力为 25 MPa,其抗压安全系数在 4 以上,聚四氟乙烯滑板的材料应采用新鲜纯料,原料颗粒度小于30 μm,并应满足国家标准 HG 2 534 67 的规定。聚四氟乙烯滑板的抗压容许应力是综合考虑摩擦系数及线摩耗率而确定的。在 24 MPa 应力下实测初始静摩擦系数约为 0.03,设计值取为 0.05,此时的线磨耗率为 0.14 mm/km。对摩件不锈钢滑板的表面粗糙度采用 $R_a6.3$,设计者应根据桥梁支座实际的位移情况,检算在使用年限中聚四氟乙烯板的磨耗情况。对于某些支座位移较大的桥梁,可考虑采用耐磨耗性能较佳的填充聚四氟乙烯滑板,其配方以"15% 玻璃纤维 +5% 石墨 +80% 聚四氟乙烯"为佳。此时支座的使用应力应接近 36 MPa(填充四氟的抗压容许应力),设计摩擦系数为 0.075,线摩耗率按 0.06 mm/km 计算。

钢盆盆环应力由拉密公式计算,设计时取与橡胶等厚的钢环计算最大环向拉应力,这是偏于安全的。因为实际结构上钢盆盆底对盆环有约束作用,同时,经过有限单元应力分析,由于钢盆盆底的变形会对盆环产生一定的预压应力,有利于减小盆环的拉应力。设计时不考虑上述有利因素,直接按拉密公式计算最大环向拉应力,确定盆环壁厚。

钢盆盆环最大环向拉应力

$$\sigma_0 = \frac{\frac{R^2}{r^2}+1}{\frac{R^2}{r^2}-1} \cdot q_0$$

式中　R——钢盆外径(m)；

r——钢盆内径(m)；

q_0——盆环径向压应力。

$$q_0 = q \cdot \frac{h}{H}$$

q——橡胶支座平均压应力；

h,H——橡胶板高度和钢盆盆环高度。

固定支座承受水平力时,应检算上支座盆凸与下支座钢盆盆环的接触应力,该接触应力可用两个圆环接触的赫兹公式计算。

$$\sigma = 0.59\sqrt{P \cdot E_s \cdot \frac{d_1 - d_2}{d_1 \cdot d_2}}$$

式中　P——单位盆凸高度上作用的水平力,

$$P = \frac{F_h}{h}$$

F_h——支座承受的水平力；

h——上支座盆凸厚度；

E_s——钢的弹性模量；

d_1——下支座盆环内径；

d_2——上支座盆凸外径。

7.4.1　支座为运营安全,都须设置防止横向移动装置(除支座本身已设防滑杆等者外)特别是板式橡胶支座由于其刚度较低,更需设置防横移装置。使横向移动量在规定的2 mm内,比如设置挡块,在梁外侧用角钢(或废钢轨)做成三角架或立柱,在梁内侧设框架顶住二片梁;在二片梁桥面板缝隙处塞木板以及在板式橡胶支座二侧设限位条等。

7.4.3　地震区支座应根据《铁路工程抗震设计规范》设防,设计防止落梁的措施。

比如二片梁端打孔穿以钢棒进行横联,利用原有端横隔板进行纵联;在梁端桥面板顶预埋铁件架设后横联;在梁外侧用角钢(或废钢轨)形成三角架或立柱支撑梁体或用钢板将二片梁纵向联接的办法以保证地震时梁不会掉落。

7.4.4　为了使支座具有充分的刚性,使力较均匀地分布于支承垫石。因此,规范参照国内外实践经验,对支座做了一些构造上的规定,具体尺寸不一一解释。

摇轴支座式样一般有如说明图 7.4.4 所示的两种。其中说明图 7.4.4(a)所示的摇轴支座的顶面采用铰或圆柱面支承,因此上下圆弧面转动中心可以重合,这种式样的摇轴支座,水平移动是依靠铰或圆柱的转动及摇轴的滚动来完成,移动的轨迹顺滑,摩阻力小,支座顶面能始终保持在一个高程,但这种支座加工比较复杂。说明图 7.4.4(b)所示的支座上摆直接搁置在摇轴上,上下弧面均为与平板自由接触的线支承,因此上下圆弧的半径基本相同,若要求上下圆弧圆心重合,这就相当于单辊轴支承,但又由于希望压缩支座高度,一般将上下圆弧面的圆心错开,致使其转动中心不能重合,这样在水平移动时,依靠摇轴的滚动与滑动相结合来完成,故摩阻力远较说明图7.4.4(a)所示的形式为大。同时还导致支座顶面高程会有微小的变动。由于每滑动一次都需克服摩阻力后才能实现,因此水平移动成为跳跃式的不连续移动,当反力较大时,使用单位反映这种支座有较大的声响发生,这将加快摇轴弧面的磨损而影响其使用寿命。但由于它制造方便,高度较低,因此以往一直被采用在铁路桥上。

根据上述两种摇轴支座的优缺点,规范从使用着眼,希望采用工作原理与说明图7.4.4(a)相似的形式,因此提出了摇轴支座上下弧面转动中心应重合的规定。现有的铸钢支座标准图就是按说明图7.4.4(a)设计的。

说明图 7.4.4

7.4.5 为保证支座受剪时的稳定,支座高度应有一定限制,本规范规定支座总高 $h \leqslant 0.2a$(a—支座短边长度)也即 $a \geqslant 5h$,以往钢筋混凝土梁跨度从4 m开始最小边长曾用150 mm,1991年以后不再编普通钢筋混凝土梁,预应力混凝土梁跨度由8 m开始,最小边长 a 为200 mm,本规范根据专家建议将最小边长不得小于100 mm调整为不得小于200 mm。

8.1.1 由于顶桥多采用闭合的变截面框架结构,这种埋于土中的整体结构,局部发生问题即影响整体,且不容易修复,因此混凝土应具有较高抗裂性和抗渗性,故宜采用强度等级不低于C35、抗渗不低于P8的混凝土。

8.1.2 顶进桥涵的设计荷载除按《铁路桥涵设计基本规范》的规定外还有下列几个特点:

(1)活载——对框架式的立交桥其活载应包括列车活载、公路车辆活载及行人荷载。

(2)顶力——顶力系顶进桥涵的施工荷载,也是设计后背的依据。

8.1.3 本条主要说明对于较长的框架式立交桥为了施工的安全与方便,宜分段预制,以便采用顶拉法时减小后背。近年来由于顶进框架式立交桥的轴长越来越长,为节约工程造价,便于施工,简化后背,节省顶柱,应优先考虑顶拉法施工,但必须注意接缝的处理,要求接缝密不渗水。

8.2.1 框架式立交桥结构的计算,一般来说比较复杂,鉴于目前有一些问题研究得还不充分,计算手段还不完备,因此,在目前条件下框架式立交桥结构的设计一般多按平面变形问题进行计算,在正交情况下,这样计算一般可以满足设计需要。在斜交情况下,结构受力变形与正交情况差异较大,例如:钝角侧与锐角侧的弯矩不同;顶板最大弯矩不在跨中而偏向钝角侧等，故斜交桥的计算应考虑斜交影响。

关于活载的分布宽度为由轨枕底两端向下分布。

8.2.2　顶进桥涵的顶力，应根据顶进长度，土的性质，地下水情况，桥涵外形及施工方法等因素确定。

顶力计算是修筑后背及配备顶镐的重要依据，而后背又是进行顶进桥涵的重要基地，但当顶进桥涵完成后就要废弃。因此顶力计算应力求准确。后背的设计力简易而坚固，往往后背的修筑是造成采用顶进法施工造价高的主要因素之一。

在顶进桥涵时，必须克服各方面的摩阻力以及端刃角切土阻力。这些摩擦力和阻力的总和就是顶力。其计算图式如说明图 8.2.2。

图中 P_{v1} 为线路加固设备与顶桥顶之摩阻力，P_{v2} 为顶桥底板与基底土之摩阻力，P_H 为两侧土与边墙间之摩阻力。

摩阻系数并不单纯反映桥涵在顶入过程中与土体表面的摩擦情况，而是一个综合值。

在顶进过程中，如土与混凝土表面的附着力大于土内部的抗剪强度时，土受剪而破坏，对于覆土较薄的情况，容易出现顶面土随同桥身顶进而移动的现象。此外，桥涵在顶进过程中并非直线运动，由此产生的分力也增加了阻力。

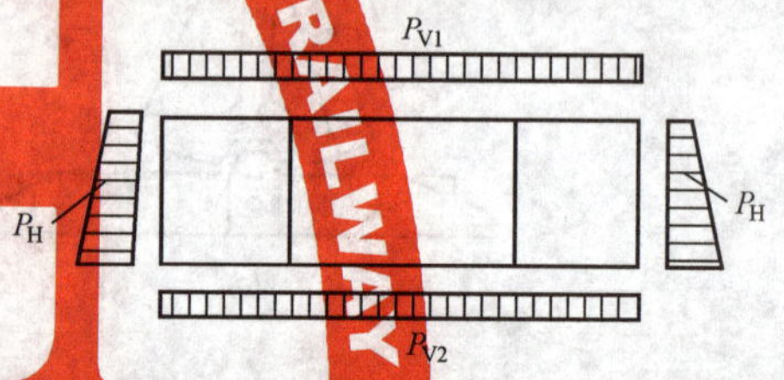

说明图　8.2.2

顶力计算的公式为

$$P=K[N_1\mu_1+(N_1+N_2)\mu_2+2E\mu_3+RA]$$

式中　P——最大顶力(kN)。

N_1——桥涵顶上荷重(包括线路加固材料重量)(kN)。

μ_1——桥涵顶与顶上荷重间的摩阻系数，视桥涵顶面润滑处理方法经试验而定，当无试验资料时，桥顶上涂石蜡，可为 0.17～0.34，当桥顶上涂滑石粉时为 0.30；当桥顶上涂机油调制的滑石粉浆时为 0.20，但此数值又和铁路加固方法有关，当采用工字梁作横梁时其系数还可降低，采用为 0.10。

N_2——桥涵自重(kN)。

μ_2——桥涵底板与基底土间的综合摩阻系数，视基底土性质经试验而定，当无试验资料时，一般砂质黏土和砾石可采用 0.7～0.8。

E——侧土压力(kN)。

μ_3——侧面的摩阻系数，视土的性质经试验确定，如无试验资料可取用 0.7～0.8。

R——钢刃角之正面阻力，视刃角构造与挖土方法、土的性质经试验而定，无试验资料时可采用：砂黏土为 500～550 kPa；卵石土为 1 500～1 700 kPa。

A——钢刃角正面面积(m^2)。

K——系数，一般采用 1.2。

实践表明，在决定顶力值的诸因素中，顶桥自重是主要因素，因此顶力公式可简化为

$$P=\mu\cdot N$$

式中　μ——综合摩阻系数；

N——顶桥自重(包括线路加固重及附属设备重)。

根据各地顶桥的实测资料统计，综合摩阻系数 μ 在 0.8～1.8 之间，其中 60% 在 1.2～1.5 之间，见说明表 8.2.2。

说明表 8.2.2　顶桥实测统计表

顶桥名称 \ 项目		顶桥宽、高（m）	土　质	枕木底下石砟及土厚（cm）	设计顶力（kN）	配置千斤顶（台/kN）	实测顶力（kN）		顶桥自重（kN）	摩擦系数	
							起动	最大		起动	最大
南口路	东边箱	5.8×4.16	黏塑砂黏土	90	10 640	12/2 000	5 420	6 410	4 440	1.22	1.44
	西边箱	5.8×4.16	黏塑砂黏土	90	10 640	12/2 000	5 420	6 410	4 440	1.22	1.44
	东大箱	8×5.95	黏塑砂黏土	90	24 800	4/2 000 10/3 000	8 885	17 266	8 260	1.08	2.09
	西大箱	8×5.95	黏塑砂黏土	90	24 800	10/3 000	8 550	14 000	8 260	1.04	1.69
	中　箱	5×4.36	黏塑砂黏土	250	10 800	7/3 000	2 470	7 890	1 940	1.27	4.06
曹　庄		12×6	黏塑砂黏土	24	10 800		9 793	6 340	8 230	1.19	0.771
新开路		21.6×5.8	黏塑砂黏土	24	21 000		13 390	17 443	14 000	0.96	1.25
414		12×6	黏塑砂黏土	45	21 000		13 160	15 130	19 000	0.69	0.80
塘沽	南　侧	21.6×5.8	黏塑砂黏土	30	26 000	7/3 000 14/2 000	13 160	15 130	19 000	0.69	0.80
	北　侧	21.6×5.8	黏塑砂黏土	50	22 000	6/3 000 15/2 000	15 820	15 110	18 000	0.88	0.84
京周 1		17×6.6	砂夹卵石	35	30 000	22/2 000	9 940	23 910	18 700	0.53	1.28
京周 2		17×6.6	砂夹卵石	35	30 000	22/2 000	9 120	25 140	18 700	0.49	1.34
京周 3		17×6.6	砂夹卵石	35	30 000	20/2 000 2/3 000	8 184	26 400	15 150	0.54	1.74
石家庄		27.4×6.75	砂　黏　土	30	100 000	18/5 000 4/3 000	37 440	43 000	52 000	0.72	0.83
保　定		27.4×6.75	塑性砂黏土	30			14 000	23 200	19 180	0.73	1.22
广渠门		35.75×0.65	塑性砂黏土	35	27 800	30/2 000	20 910	32 600	25 000	0.83	1.31
西大望			塑性砂黏土	35	65 000	44/2 000	32 150	48 700			

8.2.3　顶桥应按最大顶力进行下列检算：

（1）顶进部位的局部压力。为避免结构局部受压过大而损坏，需对千斤顶的施力点进行局部承压应力的检算。过去采用过的千斤顶多为 2 000 kN、3 000 kN、5 000 kN，相应的压应力为48.3 MPa（顶端的直径为 230 m）、61 MPa（顶端直径为 280 mm）、70 MPa（顶端直径 300 mm）。为满足一般局部承压的要求，通常的作法是将钢筋混凝土顶桥底板施力点处（即千斤顶的顶块与顶桥底之接触处），布置一块厚度为 15 ~ 20 mm 的钢板，使顶力均匀地分布在顶桥底板上。

（2）中墙及侧墙根部剪应力。因顶桥之施力点多布置在底板处，在顶进过程中顶力将通过底板、中墙、侧墙、中平台传至路基，这时中墙及侧墙根部所承受的剪应力最大，应检算结构的强度和稳定性。

（3）顶进就位地基承载力。顶桥多为静不定结构，当地基承载力不足时，可能引起不均匀下沉而产生附加应力，因此必须探明地质确定地基的承载力。

（4）当斜桥正顶时还应检算抗扭问题。

8.2.4　因为顶进桥涵多在稳定和多年压实的旧路基中进行，为近似计算，其竖向压力可按土柱重计算。

8.3.1　顶桥多采用钢筋混凝土箱形框架结构，一次灌筑的混凝土量较大，一般底板与中墙、边墙分两阶段施工。混凝土的收缩应力较大，据调查已建成的顶桥结构，大部分发生程度不同的中墙、边墙裂缝。而此裂缝绝大部分是在拆模时发现的，有些是在拆模后，养护时发现的。裂缝的部位多数在中墙、边墙轴长方向的1/3处，形成环形裂缝，里外裂通，其宽度约为0.3～0.5 mm。裂缝的产生将会降低钢筋混凝土结构的耐久性，破坏结构的整体性，招致渗漏和影响结构的外观，但裂缝产生的原因是多方面的而且是复杂的、综合的，影响的因素也比较多。按实践经验，对于长厚大体积混凝土的施工，由于结构底板与中墙边墙的分次施工所产生中墙边墙与底板的混凝土温度差、收缩差所形成之拉应力，是造成裂缝的主要原因。故为防止结构中墙、边墙裂缝，应以降低混凝土内部温度为主要措施。如"低温入模、中温养护"，控制混凝土的入模温度，使气温相差不太大等。另据施工经验加密水平温度钢筋的配制，也可以减少早期裂缝。据一些单位的实践经验，一般中墙、边墙的纵向水平钢筋的配筋率达0.32%时裂缝就显著减少。因此纵向水平筋建议按0.3%配置。此外加强纵向水平构造钢筋的原因还在于，结构一般是截取单元(1 m)进行计算的，未考虑纵向弯矩、剪力的影响，加强水平构造筋对承受纵向弯矩、剪力还是有一定作用的，特别是轴向长度较长时效果就会更显著。

由于隅角部分受力状态比较复杂，且可能产生扭矩，因此亦需作适当加强。

8.3.2

(1)刃角一般由钢刃和混凝土刃角组成。其主要作用系切入土中，防止在顶进过程中由于路基土体的塌方而影响行车安全。按以往经验对一般填土路堤，刃角斜度以60°为宜。当路堤为砂卵石筑成，且高度大于6 m时，在顶进时为防止塌方，其切土土坡呈45°为宜，但为避免顶板悬挑过长，可采用锯齿形的构造，如说明图8.3.2—1所示。这样将顶桥分成上下两层，也便于挖土。

(2)为了使刃角部分受力明确，并省去顶桥前方补齐边墙的工序，有的采用了分离式钢筋混凝土刃角，在顶进就位后即行拆除，如说明图8.3.2—2所示。其构造如下：

说明图8.3.2—1　锯齿形刃角示意图　　　说明图　8.3.2—2

① 钢筋混凝土刃角可为预制或现灌，当为现灌时应使与边墙隔离(可在接缝处涂沥青)以便拆卸。

② 接缝可用锚筋或钢板接头联结，以保证接缝强度及便利拆卸。

③ 当钢筋混凝土刃角顶面伸出主体结构较长，必须铺设临时钢梁。为了减小钢梁跨径，可在顶桥跨径中间设置临时撑架。

④ 为了改善钢筋混凝土侧刃角的侧向受力情况，并防止由于土压力作用引起的侧向变形，必要时可在侧刃角之间加横撑，也可用顶部临时钢梁作为横撑。

⑤ 顶进过程中,在静载及活载侧向土压力作用下,钢筋混凝土刃角按嵌固在接缝处的悬臂梁检算强度,悬臂梁的计算跨径,可沿刃角高度方向取几个断面进行计算比较,一般以靠近上部的断面内力较大。

8.3.3 因为顶桥的净高较大,约为6~7 m,这样开挖路基容易坍方,因此一般安设中刃角及中平台,把全高分为两层,减少开挖高度,保证路基稳定。

中平台另一作用是便于挖土,可以在平台上挖土增加工作面。

中平台可按施工垂直荷载10 kPa计算。

中刃角、中平台和顶桥结构本身的联结可预埋钢件联结,因施工完后需拆除,故必须考虑拆除方便。中平台构造如说明图8.3.3。

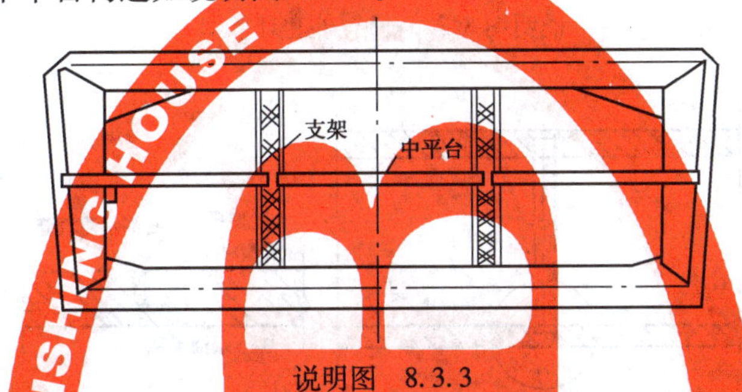

说明图 8.3.3

8.3.5 本条系指钢筋混凝土圆管的接口而言,而此圆管在工厂预制时,大部分采用每节长2 m,为使节与节之间接缝严密不渗水,一般采用说明图8.3.5—1~说明图8.3.5—4所示形式。

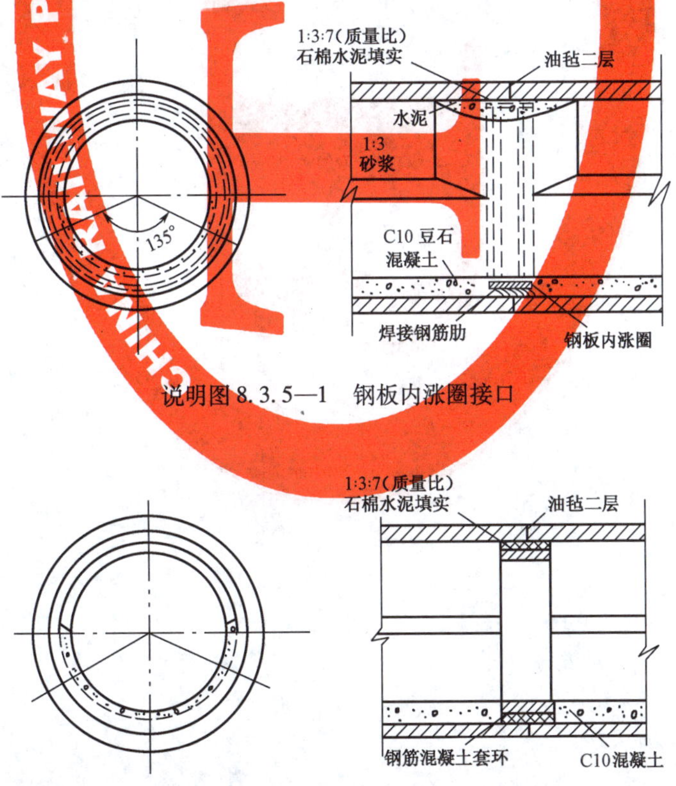

说明图8.3.5—1 钢板内涨圈接口

说明图8.3.5—2 钢筋混凝土套环接口

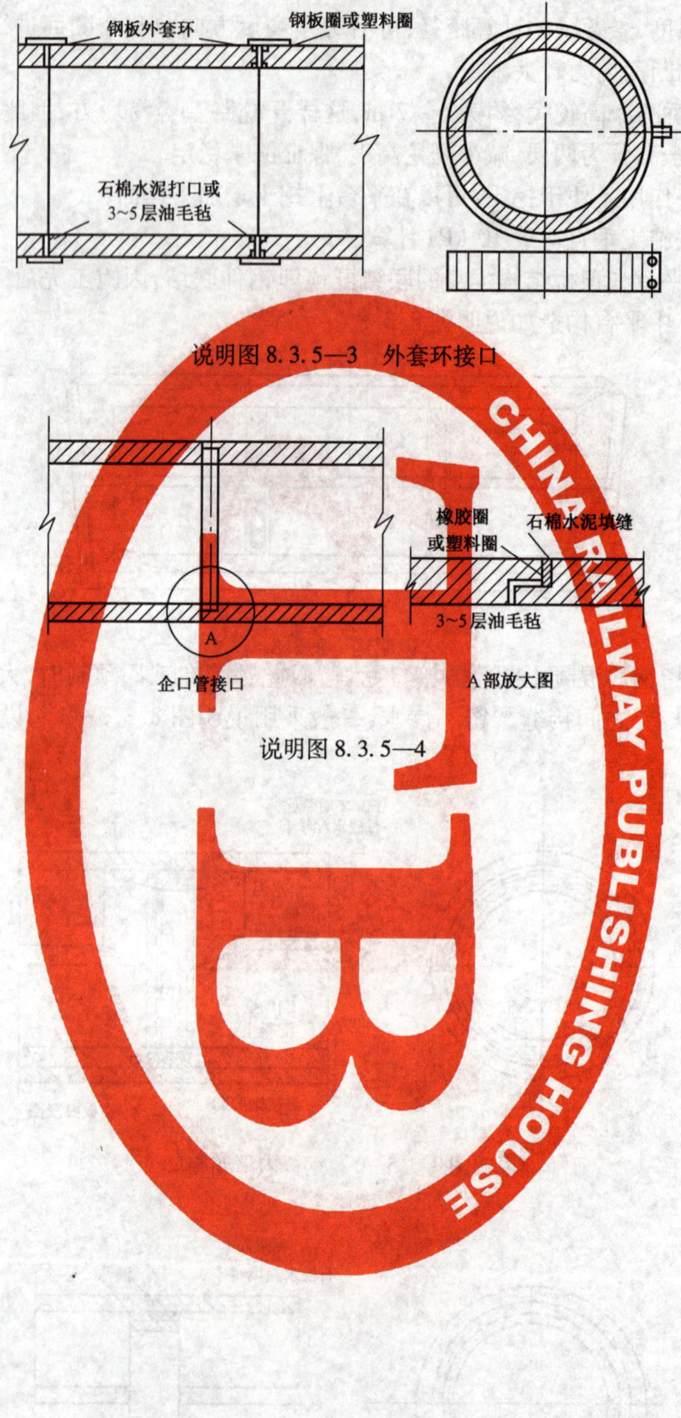

说明图 8.3.5—3 外套环接口

说明图 8.3.5—4

中华人民共和国行业标准

铁建设〔2005〕108号

铁路桥涵混凝土和砌体结构设计规范

Code for Design on Concrete and Block Masonry Structure of Railway Bridge and Culvert

TB 10002.4—2005

J 463—2005

2005—06—14 发布　　　　2005—06—14 实施

中华人民共和国铁道部　发布

前　言

本规范是根据铁道部建设管理司的安排，为贯彻落实铁路跨越式发展的要求，在《铁路桥涵混凝土和砌体结构设计规范》(TB 10002.4—99)的基础上修订而成的。

本规范编制过程中认真总结了我国铁路桥涵建设的经验和教训，借鉴了国内外有关标准的规定，在广泛征求意见的基础上，经反复审查定稿。

工程技术人员必须按照"以人为本、服务运输、强本简末、系统优化、着眼发展"的铁路建设理念，结合工程具体情况，因地制宜，充分发挥主观能动性，积极采用安全、可靠、先进、成熟、经济、适用的新技术，不能生搬硬套标准。勘察设计单位执行(或采用)单项或局部标准，并不免除设计单位及设计人员对整体工程和系统功能质量问题应承担的法律责任。

本规范共分6章，主要内容包括：总则、术语和符号、材料及容许应力、拱桥、墩台、涵洞及附录等。

本次修订的主要内容如下：

1. 修订了本规范适用范围，旅客列车最高行车速度由140 km/h改为小于或等于160 km/h，同时明确了货物列车设计行车速度小于或等于120 km/h(转8A货物列车设计行车速度小于或等于80 km/h)。

2. 修订了本规范适用铁路等级，由Ⅰ、Ⅱ、Ⅲ三级改为Ⅰ、Ⅱ两级。

3. 修订了本规范的耐久性要求，提出了桥涵混凝土和砌体结构设计的正常使用年限。

4. 修订了桥涵结构中的混凝土、石料及砌筑用砂浆的最低强度等级和适用范围。

5. 完善了耐腐蚀混凝土的设计条件的规定，以增强混凝土的耐久性。

6. 增加了混凝土的骨料选择及碱含量应符合《铁路混凝土工程预防碱—骨料反应技术条件》(TB/T 3054)的规定。

7. 修订了混凝土的容许应力。

本规范以黑体字标志的条文为强制性条文，必须严格执行。

在执行本规范过程中，希望各单位结合工程实践，认真总结经验，积累资料。如发现需要修改和补充之处，请及时将意见及有关资料寄交铁道第三勘察设计院(天津市河北区中山路10号，邮政编码：300142)，并抄送铁道部经济规划研究院(北京市海淀区羊坊店路甲8号，邮政编码：100038)，供今后修订时参考。

本规范由铁道部建设管理司负责解释。

本规范主编单位：铁道第三勘察设计院。

本规范主要起草人：杜宝军、朱志营、周四思、方根男。

目　　次

1 总　则

1.0.1 为统一铁路桥涵混凝土和砌体结构设计技术标准，贯彻国家有关法规和铁路技术政策，使铁路桥涵混凝土和砌体结构设计符合安全适用、技术先进、经济合理的要求，制定本规范。

1.0.2 本规范适用于铁路网中客货列车共线运行、旅客列车设计行车速度等于或小于160 km/h、货物列车设计行车速度等于或小于120 km/h（转8A货车80 km/h）的Ⅰ、Ⅱ级标准轨距铁路桥涵混凝土和砌体结构的设计。

1.0.3 采用本规范设计时，荷载应按铁道部《铁路桥涵设计基本规范》（TB 10002.1—2005）的规定采用。

1.0.4 桥涵混凝土和砌体结构的设计应保证具有足够的强度、稳定性和耐久性，并应按100年设计使用年限设计。

1.0.5 桥涵混凝土和砌体结构应根据水文、地质、地形、上部结构、荷载、材料供应和施工条件等合理地选用。

1.0.6 桥涵结构中的混凝土、砌体用材料的最低强度等级和适用范围，应符合表1.0.6的规定。

表1.0.6 混凝土、砌体用材料的最低强度等级和适用范围

混凝土和砌体种类	材料最低强度等级			适用范围
	水泥砂浆	石料	混凝土	
片石砌体	M10	MU50		涵洞的翼墙及其基础
	M10	MU30		沉井填心、拱桥填腹及铺砌防护工程
块石砌体	M10	MU50		涵洞的拱圈
粗料石砌体	M10	MU60		拱桥和拱涵的拱圈
混凝土块砌体	M20		不应低于C30	拱桥及涵洞的拱圈、帽石
			不宜低于C30	桥墩台身
			不得低于C30	桥墩基础
			不得低于C30	涵洞的边墙、端墙、翼墙、基础
混凝土			不应低于C30	拱桥及涵洞的拱圈、帽石
			不宜低于C30	桥墩台身
			不得低于C30	桥墩基础
			不得低于C30	涵洞的边墙、端墙、翼墙、基础
			C15	沉井填心、拱桥填腹及铺砌防护工程

注：整体浇筑的混凝土，除拱圈外，墩台身、基础及沉井填心等截面尺寸较大部位，均可掺片石。片石数量不应大于总体积的20%，石料强度等级不应低于MU50。

1.0.7 石砌体应采用不易风化的石料。处于浸水和潮湿地区的石砌体，主体工程用石料

的软化系数应不低于 0.8。

在年最冷月份平均温度为 -5 ℃ ~ -15 ℃或 -15 ℃以下的地区，当采用石砌体时，除气候干旱不受冰冻影响者外，主体工程用石料应满足抗冻要求。

在年最冷月份平均温度为 -5 ℃ ~ -15 ℃或 -15 ℃以下的地区，采用整体浇筑混凝土及混凝土砌块的墩台，其混凝土强度等级不应低于 C30；涵洞的帽石、翼墙及其基础，当采用砌体时，其水泥砂浆强度等级不应低于 M20。

注：软化系数系指石料在饱和湿度状态下与干燥状态下试块极限抗压强度的比值。

1.0.8　受侵蚀性环境水作用的结构物，其水泥砂浆或混凝土均应按国家和铁道部有关标准的规定采取抗侵蚀和耐腐蚀措施。

1.0.9　混凝土的骨料选择及碱含量应符合铁道部现行《铁路混凝土工程预防碱—骨料反应技术条件》(TB/T 3054)的规定。

1.0.10　石砌体及混凝土块砌体的截面尺寸不应小于 0.40 m，整体浇筑混凝土时不应小于 0.30 m。

1.0.11　石砌体的外露面应根据需要用天然石料镶面并勾缝。镶面石料及水泥砂浆的强度等级不应低于砌体的强度等级。当镶面石料来源有困难时，可采用强度等级不低于 C30 的混凝土块代替。

1.0.12　铺砌防护工程宜采用下列类型及厚度：

1　水泥砂浆砌片石，其厚度不小于 0.35 m，下设 0.10 m 厚的粗砂、砾砂、碎石或卵石垫层；

2　干砌片石的厚度不小于 0.25 m，下设的粗砂、砾砂、碎石或卵石反滤层的厚度，在渗水土上铺设时不小于 0.10 m，在普通土上铺设时不小于 0.15 m；

3　栽砌漂石（代替干砌片石铺砌）的厚度不小于 0.35 m，对形状为扁平者，不小于 0.30 m，下设反滤层的规定与干砌片石相同。

1.0.13　铁路桥涵混凝土和砌体结构设计除应符合本规范外，并应符合《铁路混凝土结构耐久性设计暂行规定》的规定。

1.0.14　铁路桥涵混凝土和砌体结构设计除应符合本规范外，尚应符合国家现行的有关强制性标准的规定。

2 术语和符号

2.1 术 语

2.1.1 混凝土结构 concrete structure

桥涵中以混凝土作为主要建筑材料整体浇注成的结构。

2.1.2 砌体结构 block masonry structure

桥涵中以混凝土块或石块用水泥砂浆砌成的结构。

2.1.3 拱桥 arch bridge

以拱圈或拱肋作为桥跨结构的桥。

2.1.4 拱涵 arch culvert

洞身顶部呈拱形的涵洞。

2.1.5 实体墩台 solid pier and abutment

墩身和台身为实体的桥墩和桥台。

2.1.6 空心墩 hollow pier

墩身为空腔体的桥墩。

2.2 符 号

MU——石料强度等级的代号

M——水泥砂浆强度等级的代号

C——混凝土强度等级的代号

N——作用于墩台顶面处的轴向压力

N_{cr}——墩台顺截面回转半径较小方向弯曲的纵向弯曲(屈曲)临界荷载

K——安全系数

e——墩台身或拱圈横截面上合力的偏心距

S——沿墩台身截面重心与合力作用点的连线上量取,自截面重心至该连线与截面外包轮廓线的交点的距离

S_0——截面重心至最大压应力边缘的距离

3 材料及容许应力

3.0.1 混凝土及混凝土块的强度等级应按铁道部现行《铁路桥涵钢筋混凝土和预应力混凝土结构设计规范》(TB 10002.3)的规定确定。

石料的强度等级应以边长7 cm的立方体石料试块,在饱和湿度条件下的抗压极限强度值,对照表3.0.1—1值确定;也可采用边长20 cm的立方体石料的试块,将其在饱和对照湿度条件下的抗压极限强度值乘以系数1.43,对照表3.0.1—1确定。

表3.0.1—1 石料强度等级及其抗压极限强度

石料强度等级	MU120	MU100	MU90	MU80	MU70	MU60	MU50	MU40	MU30
抗压极限强度(MPa)	120	100	90	80	70	60	50	40	30

水泥砂浆的强度等级为根据标准方法制作边长7.07 cm的立方体试件,在标准养护条件下28 d龄期的抗压极限强度,对照表3.0.1—2确定。

表3.0.1—2 水泥砂浆强度等级及其抗压极限强度

水泥砂浆强度等级	M20	M10
抗压极限强度(MPa)	20	10

3.0.2 环境水对混凝土侵蚀类型及侵蚀程度应按本规范附录A判定。

当环境水对混凝土具有侵蚀时,弱侵蚀时混凝土的抗渗等级不应低于P8,中等侵蚀时混凝土的抗渗等级不应低于P10,强侵蚀时混凝土的抗渗等级不应低于P12。

3.0.3 配置构造钢筋的桥涵结构,混凝土中的氯离子含量不得大于0.06%。

3.0.4 石砌体和混凝土块砌体中心及偏心受压容许应力$[\sigma_c]$应按表3.0.4采用。

表3.0.4 石砌体和混凝土块砌体中心及偏心受压容许应力(MPa)

砌体种类	石料和混凝土块强度等级	水泥砂浆强度等级	
		M20	M10
片石砌体	MU100	3.0	2.2
	MU80	2.7	2.0
	MU70	2.5	1.9
	MU50	2.1	1.6
	MU30	1.8	1.3
块石砌体	MU100	5.6	4.9
	MU80	4.7	4.1
	MU70	4.2	3.6
	MU50	3.3	2.8
粗料石砌体	MU120	8.2	5.0
	MU100	7.1	5.0

续上表

砌体种类	石料和混凝土块强度等级	水泥砂浆强度等级	
		M20	M10
粗料石砌体	MU80	6.0	4.8
	MU60	4.9	4.1
混凝土块砌体	C30	5.6	4.7
	C25	5.0	4.2
	C20	4.4	3.6
	C15	—	3.0

注:1 介于表列石料或水泥砂浆的强度等级之间的其他砌体的受压容许应力,可用内插法确定;

2 如有特殊需要必须采用细料石及半细料石砌体时,其受压容许应力可按粗料石砌体的受压容许应力,分别乘以提高系数1.43及1.14,但提高后的受压容许应力,不应大于表3.0.1—2所列相应水泥砂浆抗压极限强度的1/2;

3 当混凝土块厚度h超过0.20 m时,应乘以下列提高系数C:

$h \leqslant 0.40$ m　$C = 0.6 + 2.0h$

$h > 0.40$ m　$C = 1.2 + 0.5h \leqslant 1.7$

3.0.5 混凝土的容许应力,应按表3.0.5的规定采用。

表3.0.5 混凝土的容许应力(MPa)

应力种类	符号	混凝土强度等级			
		C30	C25	C20	C15
中心受压	$[\sigma_c]$	8.0	6.8	5.4	4.0
弯曲受压及偏心受压	$[\sigma_b]$	10.0	8.5	6.8	5.0
弯曲拉应力	$[\sigma_{bl}]$	0.55	0.50	0.43	0.35
纯剪应力	$[\tau_c]$	1.10	1.00	0.85	0.70
局部承压应力	$[\sigma_{c-1}]$	$8.0\sqrt{\frac{A}{Ac}}$	$6.8\sqrt{\frac{A}{Ac}}$	$5.4\sqrt{\frac{A}{Ac}}$	$4.0\sqrt{\frac{A}{Ac}}$

注:1 片石混凝土的容许压应力与混凝土相同;

2 A、Ac符号的意义及计算方法同铁道部《铁路桥涵钢筋混凝土和预应力混凝土结构设计规范》(TB 10002.3—2005)。

3.0.6 各种荷载组合作用下,表3.0.4及表3.0.5的各项容许应力,除纯剪应力外,可乘以下列系数:

主力　1.0

主力+附加力　1.3

主力+特殊荷载(地震力除外)　1.4

3.0.7 石砌体的受压弹性模量采用$E_0 = 12$ GPa。混凝土及片石混凝土的受压弹性模量应按铁道部《铁路桥涵钢筋混凝土和预应力混凝土结构设计规范》(TB 10002.3—2005)采用。

4 拱　　桥

4.1 计　　算

4.1.1 计算混凝土超静定拱圈温差和混凝土收缩应力时,应根据实际资料,考虑混凝土徐变的影响。

4.1.2 跨度等于和小于25 m的混凝土块砌体的拱桥和石砌的拱桥,当矢跨比等于和大于1/5时,可不计温度变化的影响。

4.1.3 混凝土和石砌拱圈截面上的法向合力偏心距 e 应符合下列规定:

主力　　$e \leqslant 0.25h$

主力 + 附加力　　$e \leqslant 0.3h$

式中 h 为拱圈截面的高度。

4.1.4 混凝土和石砌拱圈的截面应力 σ 应按下式检算:

$$\sigma = \frac{N}{A} \pm \frac{Mx}{I} \leqslant [\sigma] \tag{4.1.4}$$

式中　N,M——作用于拱圈截面上的法向压力(MN)和弯矩(MN·m);

A,I——分别为拱圈截面面积(m^2)和截面绕垂直弯矩作用平面的轴线的惯性矩(m^4);

x——检算应力点至截面中心的距离(m);

$[\sigma]$——中心受压或偏心受压容许压应力(MPa)。

混凝土和石砌拱圈不计截面拉应力。当按上式检算出现拉应力时,应根据截面压应力成三角形分布和压应力的合力与 N 相平衡的假定,检算截面的最大压应力,其最大压应力不应大于拱圈容许压应力。

4.2 构　　造

4.2.1 石砌及混凝土的拱桥,拱顶至轨底间的填料厚度不应小于0.7 m,也不宜过大,并应以经筛选的坚硬未风化的碎石或经挑选洗净的卵石填充。

4.2.2 当拱上侧墙高度不大于10 m,且侧墙间用无侧压的材料填筑时,侧墙厚度可不经计算采用1 m。

4.2.3 防水层以下的填料,应采用混凝土或浆砌片石。

4.2.4 石砌拱桥的拱圈侧面及拱上结构侧面,均应加镶面。

4.2.5 拱上结构的飞檐高度不得小于20 cm。石砌飞檐可用长度不小于厚度2倍的石料砌成。飞檐石承托在侧墙顶的长度,必须大于其悬出长度的1.5倍,并不得小于30 cm。飞檐石悬出长度不应小于10 cm。

5 墩　　台

5.1 计　　算

5.1.1 在各种荷载组合作用下,混凝土实体墩台身截面上法向合力的偏心距 e 应符合下列规定(图 5.1.1):

主力　$e \leqslant 0.5S$

主力＋附加力　圆形截面　$e \leqslant 0.5S$

主力＋附加力　其他形状截面　$e \leqslant 0.6S$

主力＋特殊荷载(地震力除外)　$e \leqslant 0.7S$

式中 S 系沿截面重心与合力作用点的连线量取,自截面重心至该连线与截面外包轮廓线的交点的距离。

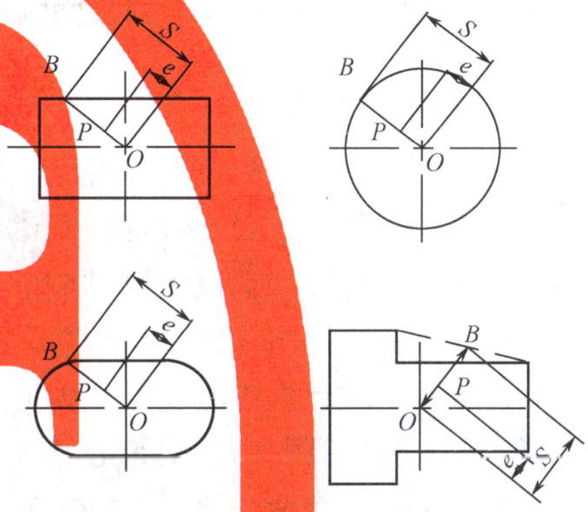

图 5.1.1　截面上合力偏心距示意

O——截面重心;P——合力作用点;

B——OP 连线与截面外包轮廓线的交点

5.1.2 混凝土墩台在中心受压及偏心受压时,其整体纵向稳定性应按下式检算:

$$KN < N_{cr} \tag{5.1.2—1}$$

式中　N——作用于墩台顶面处的轴向压力(MN);

K——安全系数,对于整体灌注的混凝土墩台,主力时 $K=2.0$,主力加附加力时 $K=1.6$;对于混凝土块砌体,主力时 $K=2.5$,主力加附加力时 $K=2.0$;

N_{cr}——墩台顺截面回转半径较小方向弯曲的纵向弯曲(屈曲)临界荷载(MN),应按下式计算:

$$N_{cr}=\alpha\frac{4mE_0I_d}{l_0^2}\left(\frac{1}{1+\alpha\dfrac{4mE_0I_d}{l_0^2}\cdot\dfrac{1}{1.1R_cA_0}}\right) \tag{5.1.2—2}$$

E_0——墩台身的受压弹性模量,对于整体浇注的混凝土墩台采用铁道部现行《铁路桥涵钢筋混凝土和预应力混凝土结构设计规范》(TB 10002.3)中的混凝土受压弹性模量,按本规范第 3.0.7 条确定,对于混凝土块砌体,$E_0 \approx 900R_c$;

R_c——墩台身的抗压极限强度(MPa),对于整体灌注的混凝土墩台可采用铁道部现行《铁路桥涵钢筋混凝土和预应力混凝土结构设计规范》(TB 10002.3)中轴心抗压极限强度 f_c 值;对于混凝土块,按 $R_c=K[\sigma_c]$ 计算,$[\sigma_c]$ 为混凝土块砌体的中心及偏心受压容许应力(MPa),按表 3.0.4 确定;

K——安全系数,如上面所列;

I_d——墩台底截面绕垂直弯曲方向重心轴的全截面惯性矩(m^4);

A_0——墩台平均截面的全面积(m^2),对于上面小、下面大的实体桥墩,A_0 为整个墩身平均截面的全面积;

l_0——整个墩台的计算长度；

α——刚度修正系数，可近似按 $\alpha = [0.1/(0.2 + e_0/h)] + 0.16$ 计算，其中的 e_0 为顺弯曲方向轴向压力 N 对墩台平均截面重心的偏心距，对于上面小、下面大的实体桥墩，e_0 为顺弯曲方向 N 对墩台身平均截面重心的偏心距(m)；

h——该截面顺弯曲方向的长度(m)；

m——变截面影响系数，按表 5.1.2 确定；

I_0——墩台顶截面绕垂直弯曲方向重心轴的惯性矩(m^4)。

表 5.1.2 m 值

I_0/I_d	0.1	0.2	0.3	0.4	0.5	0.6	0.7	0.8	0.9	1.0
m	1.20	1.51	1.71	1.87	2.00	2.12	2.22	2.31	2.39	$\pi^2/4$

5.1.3 混凝土和砌体墩台的截面强度应按下式检算：

$$\sigma = \frac{N+G}{A} \pm \frac{M_y \eta_x x}{I_y} \pm \frac{M_x \eta_y y}{I_x} \leqslant [\sigma] \tag{5.1.3—1}$$

式中 σ——墩台中任一检算截面上的压应力(MPa)；

N——作用于墩台顶面处的轴向压力(MN)；

G——检算截面以上顺轴向的墩台自重(MN)；

A——检算截面的全面积(m^2)；

$[\sigma]$——墩台的中心受压或偏心受压容许压应力(MPa)；

M_x, M_y——检算截面上对重心轴 x 和 y 的弯矩(MN·m)；

I_x, I_y——检算截面绕重心轴 x 和 y 的全截面惯性矩(m^4)；

x, y——检算截面上最大应力点或最小应力点的坐标(m)；

η_x, η_y——检算截面上弯矩 M_y 和 M_x 的增大系数：

$$\eta_x \approx 1 + \frac{\left(\dfrac{1}{1-\dfrac{KN}{N_{crx}} \cdot B_x} - 1\right) u'}{l_0/2} \tag{5.1.3—2}$$

$$\eta_y \approx 1 + \frac{\left(\dfrac{1}{1-\dfrac{KN}{N_{cry}} \cdot B_y} - 1\right) u'}{l_0/2} \tag{5.1.3—3}$$

其中 K 为安全系数，按第 5.1.2 条所列值采用。u' 为计算位置，对于上端自由、下端固结的情况，$u' = u$；对于上下端均铰结的情况，当 $u \leqslant \frac{l_0}{2}$ 时，$u' = u$；当 $u \geqslant \frac{l_0}{2}$ 时，$u' = l_0 - u$，其中 u 为墩台顶面至检算截面的距离(m)；l_0 为墩台侧向稳定性检算的计算长度(m)，按《铁路桥涵钢筋混凝土和预应力混凝土结构设计规范》(TB 10002.3)采用；系数 $B_x = \frac{1.1R_cA_0 - N_{crx}}{1.1R_cA_0 - KN}$，$B_y = \frac{1.1R_cA_0 - N_{cry}}{1.1R_cA_0 - KN}$；其中 N_{crx} 和 N_{cry} 为墩台重心轴 x 方向和 y 方向的纵向弯曲(屈曲)临界荷载：

$$N_{crx} = \alpha \frac{4mE_0I_{dy}}{l_0^2}\left(\frac{1}{1+\alpha\dfrac{4mE_0I_{dy}}{l_0^2} \cdot \dfrac{1}{1.1R_cA_0}}\right) \tag{5.1.3—4}$$

$$N_{cry}=\alpha\frac{4mE_0I_{dx}}{l_0^2}\left(\frac{1}{1+\alpha\frac{4mE_0I_{dx}}{l_0^2}\cdot\frac{1}{1.1R_cA_0}}\right)\qquad(5.1.3—5)$$

其中 I_{dx} 和 I_{dy} 为墩台底截面绕其重心轴 x 和 y 的惯性矩。其余符号的意义与第5.1.2条相同。

当按式(5.1.3—1)计算的最小应力为负值时,实体墩台不考虑截面承受拉应力,而采用偏心距 $e_x=\frac{M_x\eta_x}{N+G}$ 和 $e_y=\frac{M_x\eta_y}{N+G}$ 确定合力 $N+G$ 的作用点,然后根据截面压应力成三角形分布和压应力的合力与 $N+G$ 相平衡的假定,检算截面的最大压应力,其最大压应力不应大于墩台身容许压应力。

5.1.4 混凝土空心墩尚应检算墩身局部稳定和截面拉应力,其拉应力值不得大于表3.0.5规定的容许值。

混凝土空心墩应考虑墩身与顶帽下实体过渡段联结和与基础联结处固端干扰的影响。

5.2 构　　造

5.2.1 有强烈流冰或有大量撞击、磨损结构的漂流物时,在下列高度范围内,墩台身混凝土强度等级不应低于C30,并加设护面钢筋。

1 有强烈流冰时,自最低流冰水位的冰层底面以下0.5 m至最高流冰水位以上1.0 m范围内。

2 有大量撞击、磨损结构的漂流物时,自河底可能被冲刷处至设计频率水位(尚应考虑壅水、浪高、河湾超高、河床淤积、局部股流涌高等影响)范围内。

5.2.2 混凝土墩台突变截面及施工缝处,应采取安设接头钢筋等加强措施。

5.2.3 在年最冷月份平均气温-15 ℃及以下地区,应视冻融循环情况,对水位变化段的墩、台身采取保护措施或提高该段混凝土耐久性设计等级,以满足墩、台身结构耐久性能。

6 涵 洞

6.1 计 算

6.1.1 混凝土和石砌拱涵的拱圈应按无铰拱计算，可不考虑曲率、剪切变形、弹性压缩以及混凝土收缩和温度变化的影响。

6.1.2 涵洞的端翼墙及边、中墙的截面尺寸，除按构造要求确定外，应对截面进行偏心和应力检算，端翼墙截面偏心容许值为 $0.6S_0$（S_0 为截面重心至最大压应力边缘的距离），边、中墙截面偏心容许值应符合本规范第 5.1.1 条的规定。

6.2 构 造

6.2.1 涵洞出入口石砌翼墙及中墩分水棱的外露面和石拱圈端侧面均应镶面并勾缝。涵洞各部位的镶面石料及水泥砂浆的强度等级，不应低于同部位砌体的强度等级。

附录 A　环境水对混凝土侵蚀类型及侵蚀程度的判定

表 A　环境水对混凝土侵蚀类型及侵蚀程度的判定

序号	侵蚀类型	环境条件特征		判定项目	侵蚀程度		
		地质条件	水质 pH 值		弱侵蚀	中等侵蚀	强侵蚀
1	硫酸盐侵蚀	石膏地层	7.0~8.0	SO_4^{2-} (mg/L)	500~	1 000~	>2 000
		含盐地层	7.5~9.0		1 000~2 000	2 001~4 000	>4 000
2	镁盐侵蚀	含镁盐渍土、盐湖、盐田、海水	8.0~10.0	Mg^{2+} (g/L)	1 000~3 000	3 001~7 500	>7 500
3	盐类结晶侵蚀	干旱地区盐渍土、碱土、滨海平原盐渍土	8.0~12.0	溶解盐类 (g/L)	10~15	16~30	>30
4	硫酸型酸性侵蚀	煤系地层、黑色岩层、有色金属矿田、矿脉	1.5~6.5	pH 值	6.5~6.1	6.0~5.0	≤5.0
				SO_4^{2-} (mg/L)	≤250	251~1 000	>1 000
5	溶出型侵蚀(含碳酸型侵蚀)	富含有机质的淤泥和土壤，低矿化度河水和地下水	5.0~6.5	pH 值	6.5~6.1	6.0~5.0	—
				HCO_3^- (mmol/L)	1.5~0.7	<0.7	—

本规范用词说明

执行本规范条文时，对于要求严格程度的用词说明如下，以便在执行中区别对待。

（1）表示很严格，非这样做不可的用词：

正面词采用“必须”；

反面词采用“严禁”。

（2）表示严格，在正常情况下均应这样做的用词：

正面词采用“应”；

反面词采用“不应”或“不得”。

（3）表示允许稍有选择，在条件许可时首先应这样做的用词：

正面词采用“宜”；

反面词采用“不宜”。

表示有选择，在一定条件下可以这样做的，采用“可”。

《铁路桥涵混凝土和砌体结构设计规范》条文说明

本条文说明系对重点条文的编制依据、存在的问题以及在执行中应注意的事项等予以说明。为了减少篇幅，只列条文号，未抄录原条文。

1.0.2 本规范适用范围由原规范的旅客列车最高行车速度140 km/h改为160 km/h，并明确了货车的设计行车速度。

1.0.3 本规范采用的设计荷载应与铁道部现行《铁路桥涵设计基本规范》（TB 10002.1）的规定一致。

1.0.4 增加了正常使用年限的要求。所谓正常使用年限就是指在正常设计、正常施工、正常使用、正常维修和养护管理等情况下的结构使用年限。

1.0.6 混凝土和石砌材料，一般适用于拱桥、涵洞及桥梁墩台。

本条所列的铁路桥涵常用材料，有片石、块石、粗料石、混凝土块砌体以及整体浇注混凝土和片石混凝土等六种。1959 年《桥规》有粗凿石及毛方石，因石料规格大体相同，为了减少类型与工民建、公路规范一致，结合国内试验资料将这两类改为粗料石。1959 年《桥规》中半细料石（半细方石）及细料石（细方石）因标准要求较高，现场极少采用，故未列入本条，仅在表 3.0.4 的注 2 中列有这两种砌体的容许应力，供特殊设计时使用。

砂浆是联结砌块之间的胶结料，砂浆强度等级不应低于砌体 28 d 的极限强度。但实验证明，砌体强度不随砂浆的强度等级直线增长。如果砂浆强度等级选用过高，从强度利用系数来考虑，不能充分发挥作用；从耐久性考虑，尚无试验的数据。因此本条仅根据过去的使用经验，规定各种砌体的最低砂浆强度等级。

桥涵结构受冰、霜、雨、雪、温度、水流等自然因素的影响容易破坏，尤其在水位变化、冰融作用的部位，表面经常有风化剥落现象。为了保持结构物的耐久性，减少养护维修工作，本次修订根据以往使用经验，规定主体工程混凝土的最低强度等级由 C10 提高至 C15，石料最低强度等级为 MU50。

沉井的填心，拱桥的填腹等填充材料，一般不直接与外界接触，受风化、冰冻、侵蚀、磨损等影响较小，在满足结构受力要求条件下，可采用较低强度等级的材料。防护工程如桥头锥体护坡、河床铺砌、导流堤、挑水坝、丁坝、护岸等建筑物，非直接承受活载，损坏后修复也比较容易，一般不至于直接影响行车安全，所以可适当降低材料标准。

片石混凝土内掺用片石量，1959 年《桥规》规定不超过总体积的 25% 。根据近年施工经验，掺用 25% 片石不易达到设计要求，因此规定片石混凝土内掺入片石量不得超过总体积的 20% 。

本次规范修订，片石砌体、块石砌体适用范围有所缩小，均不再适用于桥梁墩台及基础；片石砌体也不再适用于涵洞的边墙、端墙及基础。

混凝土的最低强度等级由 C10 提高至 C15,水泥砂浆最低强度等级由 M5 提高至 M10。石料的最低强度等级也有适当提高。

这些修改主要从两方面考虑:

一方面,控制工程施工质量。目前实际工程中,片石砌体、块石砌体用于工程时,由于片石砌体、块石砌体本身匀质性较差,施工质量参差不齐,施工后,工程出现质量问题的比率远高于混凝土作为结构建筑材料的情况。故为了保证桥涵结构主体工程的施工质量,本次规范修订调整了片石砌体和块石砌体的适用范围。

另一方面,提高工程结构的耐久性。

材料的自身特性和结构的设计与施工质量是决定其耐久性的内因。混凝土的材料组成,如水灰比、水泥品种和数量,骨料的种类与级配都直接影响混凝土结构的耐久性。故本次修订对材料的等级适当提高,以提高工程结构的耐久性。

1.0.7　软化系数是用于检验石料受水影响及耐风化的重要指标。为了避免石料因水的影响而使强度降低过多,影响建筑物的耐久性,故本条规定软化系数为选择材料的一个指标。

在水利工程中,材料一般受水作用比较严重,故要求软化系数不得小于 0.85,次要的或受潮湿影响较小的建筑物,其软化系数不得小于 0.75。《铁路桥涵地基和基础设计规范》附录 A 中对新鲜岩石抗风化能力分级中以软化系数 0.75 作为区分易风化和不易风化的一个指标。考虑桥涵主体工程的石料使用条件,一般较水利工程好一些(如水压较小),较之深埋覆盖的、整体的天然岩石地基又差一些,因此规定对于浸水和潮湿地区的石砌体主体工程石料,软化系数不得低于 0.8。至于无水旱桥、沉井的填心、拱桥的填腹及各类防护工程,可不考虑软化系数 0.8 的要求。

在年最冷月份平均温度为 −5 ℃ ~ −15 ℃或 −15 ℃以下的地区,桥涵工程所用的石料,除满足一般地区的规定外,尚应考虑气温低,昼夜温差大,经常与冰雪接触冻害严重等特点,因此石料尚需符合抗冻试验要求。年最冷月份平均温度为 −15 ℃以下的地区的涵洞,由于涵顶有土覆盖,洞口有防冻措施,故洞身的砌体及混凝土强度等级可与一般地区相同。但对墩台及涵洞口以外的结构其抗冻要求更高一些,同时为了提高结构的耐久性,本次桥规修订规定墩台(包括墩台身及基础)混凝土不低于 C30,涵洞口砌体的水泥砂浆不低于 M20,均较 2000 年第 1 版规范有所提高。

1.0.8　桥涵工程中的混凝土或石砌结构,当环境水有侵蚀性时容易遭到损坏。其受侵蚀的原因主要有两种:一是材料中的某些成分被水所溶蚀,二是材料中的某些成分与水中的酸、碱、盐等起化学作用,生成有害的物质,导致结构物的破坏。

根据侵蚀水对常用普通水泥(硅酸盐水泥)侵蚀作用的性质,除考虑混凝土或砂浆的密实度、水压及水的渗滤速度等因素外,还应按规定对环境水进行水质分析,一般应测定下列各项:

(1)溶出性侵蚀(淡水侵蚀):水泥的主要化合物有氢氧化钙、水化硅酸钙、水化铝酸钙。在有压水及流动水的作用下,将混凝土中的氢氧化钙溶解,使孔隙中的石灰浓度减低,空洞逐渐增大,引起水化硅酸钙及水化铝酸钙等化合物的分解,使混凝土或砂浆强度逐渐降低,而引起结构物破坏。这主要与水中的重碳酸盐碱度有关。重碳酸盐碱度愈小,它能溶解的石灰就越多,损坏也就愈大。

(2)一般酸类侵蚀:沼池水、地下水及工业废水中常含有游离的无机酸及有机酸。游离酸对混凝土或砂浆侵蚀程度,与游离氢离子的浓度有关。通常以 pH 值表示。pH 值愈小酸性愈强,则侵蚀愈严重。

(3)二氧化碳(CO_2)侵蚀:天然水中含有一些游离 CO_2,若 CO_2 过多则对水泥起破坏作用。因此应测定水中游离碳酸含量。

(4)硫酸盐侵蚀:在海水、地下水、盐沼水及湖水等矿质水中,常含有大量的硫酸盐类。硫酸盐的侵蚀主要决定于水中 SO_4^{2-} 的浓度,且与水中 Cl^- 的含量有关。

(5)镁盐侵蚀:海水、地下水及其他矿物水中,常含有大量的镁盐,对水泥有侵蚀作用。这主要决定于水中 Mg^{2+} 离子含量,同时还必须考虑 SO_4^{2-} 离子的浓度。

根据环境水对普通水泥侵蚀的情况,对砂浆或混凝土均应采用具有抗侵蚀性能的特种水泥和集料配制,必要时尚须采取提高混凝土和砂浆的密度等措施。

当环境水的侵蚀性较强,选用各种水泥都不能保证建筑物在规定使用时间内的耐久性时,则应根据环境水及侵蚀性的类型及其程度、建筑物尺寸、形状及重要性、建筑物所处的环境条件(水压力的大小及有无机械作用等)以及经济合理性等因素,采取防止侵蚀的特殊措施。如作防护层或将混凝土作人工碳化等。

经常受侵蚀性环境水作用的结构物应采用耐腐蚀混凝土,参照铁道部现行《铁路混凝土与砌体工程施工质量验收标准》(TB 10424)第 F.0.1 条的有关规定补充了附录 A(环境水对混凝土侵蚀类型及侵蚀程度的判定表)。

防水混凝土的抗渗等级,应根据防水混凝土的设计壁厚及地下水的最大水头比值来确定。混凝土的抗渗和防冻设计可参考《水工混凝土结构设计规范》(SL/T 5057)及《地下工程防水技术规范》(GB 50108)的规定。

(1) 水工混凝土的抗渗指标最低为 0.4 MPa。

(2) 地下工程防水混凝土的抗渗指标最低为 0.6 MPa。

(3) 人防工程防水混凝土的抗渗指标最低为 0.6 MPa。

各规范均未根据防腐等级来确定混凝土的抗渗指标,最小抗渗指标均不超过 0.6 MPa。

《铁路混凝土与砌体工程施工规范》(TB 10210—2001)规定"当环境水对混凝土具有侵蚀时,弱侵蚀时混凝土的抗渗等级应达到 P6,中等侵蚀时混凝土的抗渗等级应达到 P8,强侵蚀时混凝土的抗渗等级应达到 P10。"

本次规范修订为了提高结构的耐久性,在《铁路混凝土与砌体工程施工规范》(TB 10210—2001)基础上对耐腐蚀混凝土的抗渗等级进行了提高。

1.0.9 由于混凝土中的碱金属离子和骨料中的碱活性矿物发生反应,生成化合物,并吸水膨胀产生压力,从而造成混凝土开裂。

碱—骨料反应引起的混凝土结构破坏程度,比其他耐久性破坏发展更快,后果更为严重。碱—骨料反应一旦发生,很难加以控制,一般不到两年就会使结构出现明显开裂,所以有时也称碱骨料反应是混凝土结构的"癌症"。

目前,由于碱—骨料反应而造成的混凝土破坏现象较突出,故出于提高工程结构的耐久性的考虑,本次修订增订了本条。

1.0.10 混凝土和石砌结构的截面最小尺寸,当不是受力情况控制时,主要是根据各种材料的规格与施工工艺要求,结合以往的设计与施工经验拟定的。

对于整体浇注的混凝土,应考虑到在浇注、捣固及拆模时,不致将混凝土撬坏,所以规定截面最小尺寸为0.30 m。石砌体(或混凝土块砌体)的块件尺寸,根据规定最小石料厚度0.15(片石)~0.20 m,长度不小于厚度或厚度的1.5倍,考虑结构截面最少由两块组成,且能搭接与错缝构成整体,所以规定结构截面最小尺寸为0.40 m。

1.0.11　石砌体的外露面,石料本身应满足强度、软化系数及抗冻等有关规定。砌体表面应比较平整,以防积水、冰冻和侵蚀,应具有抗强烈流冰或大颗粒冲积物磨损的耐久性,因此一般均应镶面并勾缝。

根据以往使用的经验,C30混凝土对防冻、防水、防风化及耐磨损等性能较好,一般可不镶面。但用于石砌体的镶面时,应考虑内外不同材料由于施工收缩差对砌体整体受力的影响。

1.0.12　1975年《桥规》规定干砌片石、栽砌漂石下反滤层厚度为0.15 m。根据目前使用经验规定为不小于0.10或0.15 m,设计时可按防护处水流速度或反滤层下土的具体情况来确定。如流速较大时,用较厚的反滤层;在普通土上铺设时,用较厚的反滤层;在渗水土上铺设时,用较薄的反滤层。本次桥规修订按1999年《桥规》办理,不做修改。

3.0.1　本规范为与有关国家标准取得一致,对石料试件规定为边长7 cm的立方体。如果石料试件采取为20 cm时,将其在饱和湿度条件下的极限抗压强度乘以系数1.43,换算成边长7 cm立方体试件的极限强度,按本规范条文中表3.0.1—1确定石料的强度等级。系数1.43是引自国标《砌体结构设计规范》(GB 50003—2001)附录A的附表A.2。

3.0.3　具体详见第1.0.8条条文说明。

3.0.4

1　混凝土块及石砌体的抗压强度,与砌块本身强度、排列、几何尺寸以及砂浆强度、密实度等有关。其中以砂浆强度及本身强度影响最为显著,但排列对砌体的初裂强度影响也较大。所以砌体的强度不能单纯依靠提高砂浆强度来取得,而应按照规定的施工工艺要求,合理选用块体,改善排列,提高砂浆的密实度来保证。

混凝土块和石砌体中心及偏心受压容许应力均按国标《砖石结构设计规范》(GBJ 3—73)中有关砌体抗压强度的计算方法换算,除以本规范所拟定的安全系数K,并乘以偏心受压时塑性影响提高系数1.25而得。说明如下:

(1)国标砌体强度公式是采用混合砂浆的试件资料制定的。混合砂浆比目前铁路桥涵工程上所使用的纯水泥砂浆性能好,强度高。考虑目前使用纯水泥砂浆的实际情况,条文中的数值均已乘以0.9的折减系数。

(2)目前,使用砌块石料(或混凝土块)的最小厚度均大于0.20 m。砌块(指块石、粗料石、混凝土块)砌体容许应力$[\sigma_c]$已换算为层厚0.20 m的数值。对块石、粗料石、半细料石或细料石等砌体,可直接查用条文中表3.0.2的容许应力$[\sigma_c]$。对混凝土块砌体,由于砌块厚度可随现场起重设备能力而加厚,故应按本规范条文中表3.0.4注3乘以提高系数C值。

2　为考虑混凝土和砌体材料应力的塑性影响,砌体的容许应力采用为1.25的塑性影响提高系数。本规范对受压构件的强度系按弹性理论公式计算的,截面上应力分布图形为三角形。但实际上砌体为弹塑性材料,应力图形为抛物线形。从国内外一些现行规范有关强度计算公式比较,矩形截面偏心值在$0.3S\sim0.6S$(S为矩形截面中平行偏心的边长的1/2)时,按弹性理论计算的应力比按极限理论计算值大45%~75%;比试验分析偏大50%~60%。由建研院西南所试验所得矩形截面偏心受压强度计算公式计算的塑性影响系数与偏心率的关系曲线，在常用偏心距范围内(0.1S～0.7S)，塑性影响系数均大于1.25。据上述分析，为简化计算，不论截面形状及偏心距多少，塑性影响提高系数值均采用1.25。

3 安全系数 K 是结构物的安全储备，它与技术水平、结构物的重要性、经济条件、实践经验等有关。一般认为影响砌体构件强度较重要的因素有：(1)砌体材料的匀质性；(2)施工现场材料非系统试验的差异；(3)砌筑质量的影响，如砂浆的饱和度因素的差异等；(4)构件尺寸的偏差，如设计尺寸和实际施工的差异影响；(5)有关荷载的差异，或计算假定与实际受力情况有出入而产生的影响。目前对砌体的安全系数，由于还缺乏统计资料，只能参照其他规范及已往习惯采用的数值确定(见说明表3.0.4)。

说明表3.0.4 各种规范采用安全系数 K 的比较表

砌体类型	国标《砖石结构设计规范》(GBJ 3—73)	公路桥涵设计规范(1985年)	本规范
片石砌体	3.0	3.0	3.0
块石砌体	2.3	2.5	2.7
粗料石砌体	2.3	2.5	2.5
混凝土块砌体	2.3	2.5	2.5

3.0.5 混凝土的容许应力是引自《铁路桥涵钢筋混凝土和预应力混凝土结构设计规范》(TB 10002.3)。其中混凝土各项容许应力的安全系数取值如下：

混凝土的容许应力是以混凝土的抗压及抗拉极限强度为基础除以不同的安全系数而得出的指标。

混凝土的轴心受压容许应力是以混凝土的抗压极限强度除以安全系数2.5得出；混凝土的弯曲受压及偏心受压容许应力安全系数采用2.0，主要考虑应力图形为三角形，仅外纤维应力达到容许值，因此安全系数可适当降低；混凝土的弯曲拉应力的容许应力是以混凝土的抗拉极限强度除以安全系数4.0；纯剪应力的安全系数采用2.0；局部承压应力考虑应力提高系数 β，β 是根据混凝土套箍强化理论推导而来(详见《土木工程学报》1963年第6期“混凝土及配筋混凝土的局部承压强度”一文)。混凝土的容许应力的安全系数(见说明表3.0.5)。

3.0.6 各种荷载组合的提高系数，是考虑各种荷载出现几率的大小和过去设计及使用经验而提出的。本条将“主力＋施工荷载”、“主力＋船只或排筏撞击力”、“主力＋汽车撞击力”、“主力＋长钢轨断轨力”合并为“主力＋特殊荷载(地震力除外)”，所采用的提高系数取值为1.4；“主力＋地震力”荷载组合的提高系数可按照国家现行的《铁路工程抗震设计规范》的规定取值；其他荷载组合所采用的数值与1999年《桥规》相同。

说明表3.0.5 混凝土的容许应力的安全系数

应力种类	安全系数
中心受压	2.5
弯曲受压及偏心受压	2.0
弯曲拉应力	4.0
纯剪应力	2.0

3.0.7 石砌体的受压弹性模量 E_0，一般常用于计算变形与温差应力。石砌体种类繁多，影响 E_0 值的因素也很复杂，它不但与砂浆强度等级、石料规格、石料强度等级、砌体类型有关，且与石料排列、施工工艺亦有很大影响。1959年《桥规》规定石砌圬工 E_0＝6 GPa，此规定是偏低的，已经知道的情况有：

(1)高墩位移的计算值比实测值大,有的要大 1 倍以上。虽然影响位移计算因素很多,但 E_0 值影响较大。铁道部第二勘测设计院根据石砌高墩实测位移反求的弹性模量值,一般为 11 ~ 14 GPa。

(2)铁道科学研究院于 1965 年从九个混凝土块砌体的试验结果,求得弹性模量的平均值为 14.4 GPa。

(3)广西交通厅设计院通过对抗压强度为 65 MPa 的石灰岩块石砌体试验结果:当水泥砂浆强度等级为 M5、M8、M10 时,其 E_0 值分别为 5.1 GPa、8.4 GPa、9.6 GPa。

(4)原西南铁路工程局技术处试验室通过对浆砌片石大型砌块砌体试验结果:当砂浆为 M5、M10 及 M20 时,其 E_0 值分别为 5 GPa、10 GPa、20 GPa。

根据以上情况,为简化计算,自 1975 年至 1999 年《桥规》,石砌体均采用 E_0 = 12 GPa。

本次桥规修订本条未做修改。

4.1.1 超静定拱桥的拱圈(拱肋)温度应力及混凝土收缩应力,由于塑性变形的影响,其实际值远小于按弹性体计算所得的数值。

混凝土拱的塑性变形呈徐变的形式,混凝土收缩及气温的变化(指日平均气温的变化),在拱内引起的应力将是一种持续缓慢的过程,这样徐变效应将表现得更好,降低该两应力的效果也就更大,尤其对混凝土收缩应力在设计中应予考虑。影响混凝土徐变的因素很复杂,如组成混凝土成分的性质、数量及质量,结构物的加载期龄及所处的气候条件等。考虑到结构物施工及工作条件不同,加之我国幅员广大,气候条件相差悬殊,本规范规定按实际资料计算。在缺乏具体资料时也可根据结构物一般的施工、工作及所处的气候条件,偏于安全地给出计算该两应力时的折减参考值,作为近似计算。

据调查,国内有些拱桥按弹性体计算得的温度应力超过圬工的容许应力,或根本不计温度应力并未出现裂缝,故有些铁路、公路的石拱及混凝土拱温度应力折减 1/2 计算,有的混凝土收缩应力折减为 1/3 计算。

国外有些研究结果认为 25 m 以内的拱桥可不计温度应力,有些认为拱对温度的抗力等于按弹性体计算时抗力的 3 ~ 3.5 倍。至少可按混凝土受压弹性模量的 0.625 倍计算。

影响温度及收缩应力的一个重要因素是徐变特征值 φ_k,前苏联桥规(CH 200—62):

$$\varphi_k = \eta_0 \xi_1 \xi_2 \xi_3 \xi_4 E_0 \qquad (说明 4.1.1—1)$$

式中 E_0——混凝土弹性模量;

η_0——徐变的基数,取决于水泥标号及加载龄期;

ξ_1,ξ_2,ξ_3,ξ_4——系数,取决于水灰比及水泥胶的含量、结构物最小截面尺寸及空气的相对湿度。

按我国具体情况可取 C25 混凝土,加载龄期 28 d,水灰比 0.5,水泥胶含量 20%,截面尺寸 60 cm,大气相对湿度 70%。

按以往规范,当水泥标号大于或等于 500 号时:

$$\varphi_k = 5.9 \times 10^{-6} \times 1.0 \times 1.0 \times 0.60 \times 1.0 \times 2.9 \times 10^5 = 1.03$$

水泥标号小于 500 号时:

$$\varphi_k = 8.8 \times 10^{-6} \times 1.0 \times 1.0 \times 0.6 \times 1.0 \times 2.9 \times 10^5 = 1.53$$

如水灰比 0.6,大气相对湿度 50%,水泥标号大于或等于 500 号时:

$$\varphi_k = 5.9 \times 10^{-6} \times 1.47 \times 1.0 \times 0.6 \times 1.4 \times 2.9 \times 10^5 = 2.11$$

水泥标号小于500号时：

$\varphi_k = 8.8 \times 10^{-6} \times 1.47 \times 1.0 \times 0.6 \times 1.4 \times 2.9 \times 10^5 = 3.15$

1964年国际钢筋混凝土实践法规：

$$\varphi_k = \varphi_0 \alpha_f \beta_f \xi \qquad \text{（说明 4.1.1—2）}$$

式中 φ_0——取决于空气湿度的徐变特征值；

α_f, β_f, ξ——取决于结构尺寸、水灰比、水泥用量及加载龄期的系数。

条件同上，当水灰比为0.5，大气湿度70%，水泥用量按300 kg/m^{3}计：

$\varphi_k = 2.3 \times 0.6 \times 1.0 \times 1.0 = 1.38$

如水灰比0.6，大气湿度50%，则

$\varphi_k = 2.85 \times 0.6 \times 1.2 \times 1.0 = 1.98$

φ_k 变化幅度在1～3.2之间，曾以 $\varphi_k = 2.0$ 用下列近似式计算收缩时的 k_0 值：

$$k_0 = \frac{1 - e^{-\varphi_k}}{\varphi_k} \qquad \text{（说明 4.1.1—3）}$$

$k_0 = 0.432$，采用0.45。

计算温度应力时采用老化后的徐变特征值 φ_{min}，一般 $\varphi_{min} \geq 0.25\varphi_k$，如 $\varphi_{min} = 0.25 \times 2 = 0.5$，按上面所列式（4.1.1—3）算得 $k_0 = 0.78$，考虑到现 φ_{min} 是偏低的，故采用 $k_0 = 0.7$。

4.1.2 由于铁路上混凝土块砌体和石砌的拱桥较少，目前还缺乏统计资料，只能参照其他规范及已往习惯采用的数值确定，故本条文是参照《公路砖石及混凝土桥涵设计规范》（JTJ 022—85）制定的。

4.2.1 对于石及混凝土拱桥，拱顶至轨底填料的厚度不应小于0.7 m，主要是减小活载对拱顶的冲击，一般构造：

轨枕厚	16 cm
道砟厚	45 cm
垫层、防水层、保护层	10 cm
合计	71 cm≈70 cm

道砟厚度不宜过大，否则将增加线路养护中清筛道砟的困难。

4.2.2 拱腹如用不产生横向压力的材料（如贫混凝土、浆砌片石等）填筑，此时拱上侧墙可视为外承重墙。当侧墙高度为10 m时，其底面由于自重所产生的压应力不过220～270 kPa，因此限制侧墙高的惟一条件为高厚比。对外承重墙及隔墙，当其厚度为30 cm，且用M5水泥砂浆砌筑时，其高厚比之极限值不应超过25。墙厚1 m，应采用折减系数0.8，侧墙之极限高厚比应为25×0.8＝20。由于侧墙顶部一般将承受人行道的竖向荷载，还可能因填料坍落而产生横向水平压力以及横向风压力等，应采取安全系数2，故高厚比不应大于10，亦即侧墙全高厚度采用顶部最小厚度1 m的情况下，其高度不能超过10 m。

4.2.3 防水层以下的填料，应该坚固密实，给防水层提供牢固的垫层，使之不致破碎，从而保持良好的排水防水性能；再者能使防水层以上的荷载均匀地传至拱圈。故防水层以下的填料必须采用混凝土或浆砌片石。混凝土及砂浆可采用较低强度等级的，以节约水泥。

拱顶附近的防水层最好直接铺设在拱圈上，其间抹一层水泥砂浆，厚度不宜过大，只要能使拱圈背平整光滑即可。

4.2.4 为防止风化、冰冻，增加耐久性及结构物的美观起见，石砌拱桥的拱圈侧面及拱上结构侧面一般均应镶面。

4.2.5 飞檐石高度不小于 20 cm，长度不小于 2 倍高度，最小宽度不小于 30 + 10 = 40 cm，此均为拱桥所用石料之最小尺寸。飞檐石承托于侧墙部分之长度，不得小于悬出长度的 1.5 倍，系考虑当砂浆砌缝面一旦发生裂纹时，飞檐石本身仍能维持其稳定性，不致自行坠落造成事故。

突出部分不小于 10 cm，系习用数值，可使飞檐结构线条分明美观，并使飞檐石顶面以上之雨水不致顺侧墙面下流。

5.1.1 限制实体墩台截面上法向合力的偏心距，是为了限制其截面受拉区不致因产生过大的拉应力而开裂，即使开裂，也不致使裂缝过宽，以保证结构物使用上有较好的耐久性和稳定性。

1959 年《桥规》规定，桥梁实体墩台计算主力 + 附加力时，圬工截面合力偏心距 $e \leqslant 0.5S$，1975 年《桥规》放宽至 $e \leqslant 0.6S$，其原因有：

(1)混凝土和砌体结构属弹塑性材料，在高应力阶段实际应力状态比按弹性阶段所计算的数值要低得多。我国其他建筑工程规范的容许偏心距都定得较大 $e \leqslant 0.7S$(不计风力)或 $e \leqslant 0.8S$(计风力)(GBJ 3—73)；公路交通部门的桥梁规范规定附加力组合及计算施工荷载时 $e \leqslant 0.6S \sim 0.7S$。对照这些规范，1959 年《桥规》规定的容许偏心距是比较严格的，具有放宽的余地。

(2)按本规范规定的容许偏心值，在截面开裂后墩台开裂截面以上部分仍具有足够的倾覆稳定性。当 $e \leqslant 0.5S$ 时，其倾覆稳定安全系数 $K \geqslant 2.0$；$e \leqslant 0.6S$ 时，$K \geqslant 1.67$；$e \leqslant 0.7S$ 时，$K \geqslant 1.43$。

(3)既有线上的实体墩台，虽截面偏心已超过 $0.5S$，但仍安全无恙，这给放宽截面容许偏心值提供了一定的根据。第三勘测设计院于 1966 年调查了沈山、锦承、津浦、沈丹及溪田五条线路(这些铁路已运行 30 ~ 60 年)的桥梁墩台截面偏心情况，并选取 384 座墩台作典型分析，按现行活载检算，其截面偏心大多已超过 $0.5S$，一般在 $0.6S$ 左右，少数可达 $0.8S \sim 1.0S$。在这些截面较小的墩台中，64% 是完好的，其余 36% 虽曾作局部加固，可其加固原因并不是由于截面过小而造成的。北京铁路局 1972 年也曾在京包、宣庞、锦承、京山、京广各线选取 22 个典型墩台作过分析，统计了其中偏心超过 $0.5S$ 的就有 17 个，超过 $0.6S$ 的有 12 个。这些墩台表面虽有不同程度的裂纹，但由于有足够的整体性，故仍在正常使用。

(4)1966 年以来，我国有些桥梁的实体墩台已按 $e \leqslant 0.6S$ 或 $0.66S$ 设计，1972 年曾在一些试验桥上进行过制动力试验，未发现不良现象。

从以上分析来看，将主力加附加力的容许偏心值改为 $0.6S$ 是可行的。至于圆形截面的容许偏心值，仍采用 $0.5S$，其理由是：

(1)根据 1975 年铁道部第四勘测设计院圆形桥墩的设计，按 $e = 0.6S$ 设计时，有时墩身截面拉应力高达 1.2 ~ 1.4 MPa，比其他类型桥墩要大得多；若改按 $e = 0.5S$ 设计，则墩身截面拉应力可降至 0.6 ~ 0.7 MPa，这就和目前设计的其他类型桥墩的截面拉应力相接近。

(2)圆墩一般用于桥位与水流斜交，水流不稳定的地方，横向往往有意外碰撞的危害。而这种危害一般又难于在设计中恰当考虑。其他类型桥墩截面横桥方向的尺寸总是大于顺桥方向的尺寸，在构造上横桥方向的尺寸都有一定的安全储备，而圆墩截面横桥方向尺寸与顺桥方向相同。

(3)铁道部(75)铁基字953号文批准圆形桥墩(肆桥4018标准图)的截面偏心按 $e = 0.5S$ 设计。

(4)计算墩台身法向合力偏心距时应该考虑墩台身由于弹性弯曲引起检算截面上弯矩增大的影响(即考虑弯矩增大系数)，但因为有一种意见认为过去的设计虽未考虑该项影响，也没有出现问题，另外，过去的设计往往受偏心距控制，如果考虑该项影响则可能难以满足规范中有关偏心距的规定。因此，本规范对检算偏心距时是否考虑该项影响未作规定，将由设计人员根据具体情况考虑；对于新的设计以考虑该项影响为好。

本规范增加了“主力 + 汽车撞击力”和“主力 + 长钢轨断轨力”荷载组合下的偏心距 e 的规定。本条将“主力 + 施工荷载”、“主力 + 船只或排筏撞击力”、“主力 + 汽车撞击力”、“主力 + 长钢轨断轨力”合并为“主力 + 特殊荷载(地震力除外)”，所采用的偏心距 e 取值为 $0.7S$；“主力 + 地震力”荷载组合的偏心距 e 可按照国家现行的《铁路工程抗震设计规范》的规定取值。

5.1.2 1975年《桥规》第2—257条和第2—258条对混凝土和砌体结构构件强度检算和稳定性验算所作的规定存在一些问题，另外，检算稳定性时采取折减容许压应力的办法，不但概念不明确，而且无法考虑构件变截面的影响，因此，在《铁路桥涵混凝土和砌体结构设计规范》(TB 10002.4—99)修订过程中，已经根据使用中反应的意见对原条文作了修改，本次修订时，仅从提高墩台耐久性的角度出发，删除了有关砌体墩台的相关规定。

构件的“强度”和“稳定性”是两个不同的概念。设计构件时进行稳定性检算是为了避免构件在轴向荷载作用下因整体发生屈曲而丧失稳定。混凝土的稳定性检算是比较复杂的，因为这类材料的力学性能特殊，加上桥梁墩台多为变截面构件，且构件顶面承受集中侧向(水平)荷载，构件身承受分布侧向(水平)荷载，再加目前又缺乏试验资料，所以在1985年《桥规》修改中只能期望把条文修订得比1975年《桥规》稍合理一些，至于想要得到圆满的解决，还有待今后进行大量试验和理论研究。本次桥规修订未做修改。

对于同一构件，其偏心受压(不论是单向偏心受压还是双向偏心受压)时的屈曲临界荷载与中心受压时的屈曲临界荷载是相同的，这一点早已为材料力学所论证(可见S·铁摩辛柯，J·盖尔《材料力学》第10.1节，胡人礼译，1978年，科学出版社)，因此不论构件是中心受压还是偏心受压(也不论是单向偏心受压还是双向偏心受压)，其屈曲稳定性可以同一临界荷载按下式进行检算：

$$KN < N_{cr} \quad \text{(说明 5.1.2—1)}$$

式中的 N 为作用于构件顶面处的轴向压力，N_{cr} 为构件顺回转半径较小方向弯曲的屈曲临界荷载，K 为避免屈曲采用的安全系数。一般实体墩台的稳定性检算是不控制设计的，但有时感到把握不大，还是需要进行这项检算。1975年《桥规》第2—258条规定，检算构件屈曲稳定性时按 $\sigma = \frac{N}{A} + \frac{M_x y}{I_x} + \frac{M_y x}{I_y} \leqslant \varphi[\sigma_a]$ 进行，也就是检算屈曲稳定性时不仅考虑轴向压力 N 的作用，还要考虑弯矩 M_x 和 M_y 的作用，这是与稳定理论的论断不符的。

众所周知，当不考虑构件自重时，两端可顺构件轴线方向移动的铰结棱柱形构件的屈曲临界荷载 N_{cr} 为

$$N_{cr}=\frac{\pi^2 EI}{l_0^2} \quad \text{(说明 5.1.2—2)}$$

通常,桥墩多为顶面小、底面大的变截面构件,对于这种变截面构件,其临界荷载可根据S·铁摩辛柯《弹性稳定理论》(科学出版社,1965 年)第 2.16 节的论述将式(说明 5.1.2—2)加以修改:

$$N_{cr}=\frac{4mEI_d}{l_0^2} \quad \text{(说明 5.1.2—3)}$$

式中,I_d 为桥墩底截面顺弯曲方向的惯性矩;l_0 为计算长度,$l_0=2l$,l 为实际长度;m 为墩身截面变化对临界荷载影响的系 m,随墩顶截面绕垂直弯曲方向的重心轴的惯性矩 I_0 与底截面顺弯曲方向的惯性矩 I_d 之比而定。对于圆形、矩形、圆端形(包括实心和空心)的桥墩,它们的 m 值是不完全相同的,但是可以粗略地均按说明表 5.1.2 查用。

说明表 5.1.2　m　值

I_0/I_d	0.1	0.2	0.3	0.4	0.5	0.6	0.7	0.8	0.9	1.0
m	1.20	1.51	1.71	1.87	2.00	2.12	2.22	2.31	2.39	$\pi^2/4$

《弹性稳定理论》一书第 2.12 节的论述指出,如果考虑棱柱形构件自重对屈曲临界荷载的影响,在求临界荷载时可以近似地假设构件自重 ql 的一部分向 βql 集中作用于构件顶面处(q 为构件平均单位长度的重量,l 为构件的长度,β 为一系数,对于上端自由下端固定的棱柱形构件,$\beta=0.3$;对于上下端为可顺构件轴线方向移动的铰结棱柱形构件,$\beta=0.5$)。如果对于墩台之类变截面构件粗略地采用这种办法考虑自重对临界荷载的影响,其临界荷载 N_{cr} 为

$$N_{cr}\approx\frac{4mEI_d}{l_0^2}-\beta ql \quad \text{(说明 5.1.2—4)}$$

构件自重对特别细长构件的临界荷载是有影响的,但经检算说明对于一般实体桥墩可以略去自重荷载的影响,因此本规范没有考虑这项影响。式(说明 5.1.2—3)中的 E 为材料的压弯弹性模量,现将 E 改为受压弹性模量 E_c,但考虑到用于偏心受压时 E_c 会降低,另外,混凝土的弹塑性材料受压后产生塑性变形,也会引起弹性模量降低,所以设计中应将 E_c 值降低使用。对于偏心受压构件来说,其受拉边缘可能产生横向裂缝,致使截面惯性矩 I_d 减小。本规范考虑上述 E_c 和 I_d 的减小,将 E_cI_d 乘一个由试验所得的修正系数 α,该系数与偏心距有关。于是式(说明 5.1.2—3)改写为

$$N_{cr}=\alpha\left(\frac{4mE_cI_d}{l_0^2}\right) \quad \text{(说明 5.1.2—5)}$$

严格地说,混凝土的受压弹性模量 E_c 是随压应力而变的,如果按本规范中有关条文将 E_c 作为常数来考虑,则与实际不符。另外,规范中所给的混凝土的受压弹性模量值偏大,以此值所求得的临界荷载往往很大,以致屈曲安全系数 K 有时竟达 20 左右,甚至更大,使人感到不可信。前苏联奥尼西克教授曾经提出石砌体中应力和应变关系的经验公式,以此考虑应力变化对弹性模量的影响。由于混凝土的力学性能与石砌体相近似,所以我们在这里对混凝土近似采用该经验公式来考虑应力和应变的关系。该公式为:

$$\varepsilon=-\frac{1.1}{\alpha'}\ln\left(1-\frac{\sigma}{1.1R_c}\right)$$

式中，ε 为应变；σ 为应力；R_c 为极限抗压强度；α'为与砌体所用的水泥砂浆强度等级有关的砌体弹性特征值，对于重砂浆砌体 $\alpha'=1\,000$，轻砂浆砌体 $\alpha'=750$，平均取用 $\alpha'\approx 900$。由于：

$$\frac{\mathrm{d}\varepsilon}{\mathrm{d}\sigma}=-\frac{1.1}{\alpha'}\left[\frac{\mathrm{d}\left(1-\dfrac{\sigma}{1.1R_c}\right)}{\mathrm{d}\sigma}\right]\frac{1}{\left(1-\dfrac{\sigma}{1.1R_c}\right)}$$

所以弹性模量：

$$E_c=\frac{\mathrm{d}\sigma}{\mathrm{d}\varepsilon}=\alpha' R_c\left(1-\frac{\alpha}{1.1R_c}\right)=E_0\left(1-\frac{\alpha}{1.1R_c}\right)$$

式中，E_0 应为受压初始弹性模量，但由于本规范采用容许应力法进行设计，可近似采用《铁路桥涵钢筋混凝土和预应力混凝土结构设计规范》(TB 10002.3)中的受压弹性模量 E_c 值(该 E_c 是取相应于应力为 $0.5R_c$ 的割线模量)。对于石砌体，E_0 按本规范第3.0.7条确定；对于混凝土块砌体，$E_0=\alpha' R_c=900R_c$。将上式代入式(说明5.1.2—5)，并令 $\sigma=\dfrac{N_{cr}}{A}$，得

$$N_{cr}=\alpha\frac{4mE_0I_d}{l_0^2}\left(\frac{1}{1+\alpha\dfrac{4mE_0I_d}{l_0^2}\cdot\dfrac{1}{1.1R_cA_0}}\right)\qquad(说明5.1.2—6)$$

对于上小、下大的桥墩，式中 A_0 粗略地取为平均截面积。

对于截面尺寸、偏心距相同但材料不同的构件，式(说明5.1.2—6)中的 α 值应该是不同的。混凝土的 α 值与钢筋混凝土构件的 α 值是不同的。一般地说，钢筋混凝土构件的 α 值较大，而且含钢筋率愈高，α 就愈大；混凝土构件的 α 值则次之。但目前由于缺乏试验资料，所以对于混凝土暂时采用钢筋混凝土构件的 α 值。为了偏于安全，公式中的 e_0 粗略地取为构件顶面处顺弯曲方向压力 N 对构件中平均截面重心的偏心距，h 为该平均截面顺弯曲方向的长度。

前面已提到中心受压和偏心受压构件检算稳定性时，应只考虑轴向压力 N 的作用而不考虑弯矩的影响。因此，倘按1975年《桥规》第2—258条粗略地检算稳定性时，则应按下式进行：

$$\sigma=\frac{N}{A}\leqslant\varphi[\sigma_c]\qquad(说明5.1.2—7)$$

式中 A 为平均截面积，求算 φ 值时按最小截面的平均边宽或最小回转半径和整个构件的计算长度 l_0 来求得。分别按式(说明5.1.2—7)和式(说明5.1.2—1)、式(说明5.1.2—6)这样两种方法进行稳定性检算，所得的安全储备是接近的，但如果考虑上面所述 α 值(即 E_cI_d 的修正系数)的影响，那么两种方法所得的安全储备是有所不同的。这里要指出，式(说明5.1.2—7)无法考虑变截面的影响。按式(说明5.1.2—7)检算的概念不如按式(说明5.1.2—1)、式(说明5.1.2—6)检算的概念那样明确。另外，式(说明5.1.2—7)中 φ 值计算公式的推导和 φ 值的确定都有值得商榷的地方。因为屈曲临界荷载为：

$$N_{cr}=\alpha\left(\frac{\pi^2E_{cr}I}{l_0^2}\right)=\alpha\left(\frac{\pi^2E_{cr}A}{\left(\dfrac{l_0}{r}\right)^2}\right)$$

式中，$r=\sqrt{\frac{I}{A}}$为回转半径；I 为全截面惯性矩；A 为全截面面积。

容许抗屈曲应力为

$$[\sigma_{cr}]=\frac{1}{K}\cdot\frac{N_{cr}}{A}=\frac{\sigma_{cr}}{K}=\frac{\alpha\pi^2E_{cr}}{K\left(\frac{l_0}{r}\right)^2}\left(\frac{K'}{R'_c}\right)\left(\frac{R'_c}{K'}\right)$$

式中 K 为屈曲安全系数，K'为受压安全系数，通常 $K\approx K'$，则

$$[\sigma_{cr}]=\alpha\frac{\pi^2E_{cr}}{R_c\left(\frac{l_0}{r}\right)^2}[\sigma_c]=\varphi[\sigma_c]$$

式中

$$\varphi=\alpha\frac{\pi^2E_{cr}}{R_c\left(\frac{l_0}{r}\right)^2}$$

考虑

$$E_c=E_0\left(1-\frac{\sigma}{1.1R_c}\right)$$

则

$$E_{cr}=E_0\left(1-\frac{\sigma_{cr}}{1.1R_c}\right) \quad \text{(说明 5.1.2—8)}$$

式中 $E_0=\alpha'R_c$。

将式(说明 5.1.2—8)两边各乘以$\left(\frac{\alpha\pi^2A}{\left(\frac{l_0}{r}\right)^2A}\right)$，于是得

$$\left(\frac{\alpha\pi^2A}{\left(\frac{l_0}{r}\right)^2A}\right)E_{cr}=\left(\frac{\alpha\pi^2A}{\left(\frac{l_0}{r}\right)^2A}\right)E_0\left(1-\frac{\sigma_{cr}}{1.1R_c}\right)$$

令

$$\frac{\alpha\pi^2E_{cr}A}{\left(\frac{l_0}{r}\right)^2}=N_{cr}$$

$$\frac{\alpha\pi^2E_0A}{\left(\frac{l_0}{r}\right)^2}=N_0$$

则

$$\frac{N_{cr}}{A}=\frac{N_0}{A}\left(1-\frac{\sigma_{cr}}{1.1R_c}\right)$$

得

$$\sigma_{cr}=\sigma_0\left(1-\frac{\sigma_{cr}}{1.1R_c}\right)$$

$$\sigma_{cr}=\frac{\sigma_0}{1+\frac{\sigma_0}{1.1R_c}} \quad \text{(说明 5.1.2—9)}$$

前面已提到：$(\sigma_{cr})=\varphi(\sigma_c)$

即

$$\frac{\sigma_{cr}}{K}=\varphi\left(\frac{R_c}{K'}\right) \quad \text{(说明 5.1.2—10)}$$

由于 $K\approx K'$，按奥尼西克试验，最大可能的极限强度约为 $1.1R_c$，将式(说明 5.1.2—

10)中的 R_c 改为 $1.1R_c$，因此

$$\varphi=\frac{\sigma_{cr}}{1.1R_c}=\frac{\dfrac{\sigma_0}{1.1R_c}}{1+\dfrac{\sigma_0}{1.1R_c}}=\frac{\beta}{1+\beta}$$

其中
$$\beta=\frac{\sigma_0}{1.1R_c}=\frac{\alpha\pi^2E_0}{1.1R_c\left(\dfrac{l_0}{r}\right)^2}=\alpha\left(\frac{\pi^2\alpha'R_c}{1.1R_c\dfrac{l_0^2}{r^2}}\right)$$

因 $\alpha'\approx900$，故

$$\beta=\alpha\left(\frac{8\ 075}{\dfrac{l_0^2}{r^2}}\right)$$

因此，可以看出 φ 值不仅与 $\dfrac{l_0}{r}$ 有关，而且与 α 有关，但 1975 年《桥规》中的 φ 却与 α 无关，也就是相当于上式中令 $\alpha=1$，1975 年《桥规》表 2—51 中的 φ 值就是按 $\alpha=1$ 从 $\varphi=\dfrac{\beta}{1+\beta}$ 对不同的 $\dfrac{l_0}{r}$ 值求得，显然仅适用于中心受压的稳定检算，而且没有考虑 E_cI_d 的修正，所以是欠妥的。

5.1.3 设计受压构件时进行强度检算是为了避免构件中任一截面因压应力大于材料抗压强度而压坏。

桥梁墩台大多为变截面构件，但是为了讨论方便，下面假设说明图 5.1.3—1 中一根两端铰结的棱柱形竖直构件，长度为 l_0，截面绕垂直弯曲方向的重心轴的惯性矩为 I，构件受弯弹性模量为 E，构件顶面承受偏心压力 N' 作用（$N'=KN$，N 为构件顶面处实际作用的外压力，K 为避免发生屈曲采用的安全系数），外压力 N' 对构件轴线的初始偏心距为 e_0，构件由于 N' 作用产生挠度 ν，不考虑构件的自重，则构件的弹性曲线微分方程为

$$EI\frac{d^2\nu}{du^2}=-N'(e_0+\nu)$$

令
$$k^2=\frac{N'}{EI}$$

得
$$\frac{d^2\nu}{du^2}+k^2\nu=-k^2e_0$$

说明图 5.1.3—1

此方程的通解为

$$\nu=C_1\cdot\sin(ku)+C_2\cdot\cos(ku)-e_0$$

在 $u=0$ 和 $u=l_0$ 处，$\nu=0$。将此边界条件代入上式，得

$$C_1=e_0\cdot\tan\left(\frac{kl_0}{2}\right)$$

$$C_2=e_0$$

由此，上列弹性曲线方程为

$$\nu = e_0\left[\tan\left(\frac{kl_0}{2}\right)\cdot\sin(ku)+\cos(ku)-1\right] \qquad \text{(说明 5.1.3—1)}$$

跨度中央处的挠度为

$$\nu_{\max} = e_0\left(\frac{1}{\cos\left(\frac{kl_0}{2}\right)}-1\right)$$

根据屈曲临界荷载的定义可知，当 N' 接近屈曲临界荷载 N_{cr} 时，挠度 ν 将无限增大。现在从式（说明 5.1.3—1）可以看出，当 $\frac{kl_0}{2}$ 趋近于 $\frac{\pi}{2}$ 时，ν 便趋近于无穷大，因此，当 $\frac{kl_0}{2}$ 趋近于 $\frac{\pi}{2}$ 时，荷载 N'（即 KN）将趋近于 N_{cr}，从而得 $kl_0=\pi=l_0\sqrt{\frac{N_{cr}}{EI}}$，这里的 E 应为相应于 N_{cr} 作用下的弹性模量，可改写为 E_{cr}，此时的 k 相应于 N_{cr} 应改写为 k_{cr} 即 $k_{cr}^2=\frac{N_{cr}}{E_{cr}I}$，得 $\frac{l_0^2}{E_{cr}I}=\frac{\pi^2}{N_{cr}}$，也可写为 $\frac{l_0^2N'E}{E_{cr}IE}=\frac{\pi^2N'}{N_{cr}}$，所以，当 $N'<N_{cr}$ 时，$kl_0=\pi\sqrt{\frac{N'}{N_{cr}}\cdot\frac{E_{cr}}{E}}$，对于上下端固结、上端自由下端固结……等构件，其 l_0 可按《铁路桥涵钢筋混凝土和预应力混凝土结构设计规范》（TB 10002.3）来确定。于是说明图 5.1.3—1 中上下端均为铰结的棱柱形构件跨度中央处的挠度 $\nu_{\max}$ 为

$$\nu_{\max} = e_0\left(\frac{1}{\cos\frac{\pi}{2}\cdot\sqrt{\frac{N'}{N_{cr}}\cdot\frac{E_{cr}}{E}}}-1\right)$$

上式中的分母可以展开：

$$\cos\frac{\pi}{2}\cdot\sqrt{\frac{N'}{N_{cr}}\cdot\frac{E_{cr}}{E}}=1-\frac{\pi^2}{4}\cdot\frac{N'}{N_{cr}}\cdot\frac{E_{cr}}{E}\cdot\frac{1}{2}+\cdots\approx 1-\frac{N'}{N_{cr}}\cdot\frac{E_{cr}}{E}$$

因此，得

$$\nu_{\max} = e_0\left(\frac{1}{1-\frac{N'}{N_{cr}}\cdot\frac{E_{cr}}{E}}-1\right)$$

该棱柱形构件中任一截面 u 处，由于构件顶面偏心压力 N' 所产生的弯矩的增大系数为

$$\eta_u=\frac{N'(e_0+\nu_u)}{N'e_0}=1+\frac{\nu_u}{e_0} \qquad \text{(说明 5.1.3—2)}$$

跨中处：

$$\eta_{\max}=\frac{N'(e_0+\nu_{\max})}{N'e_0}=1+\frac{\nu_{\max}}{e_0}=\frac{1}{1-\frac{N'}{N_{cr}}\cdot\frac{E_{cr}}{E}}=\frac{1}{1-\frac{N'}{N_{cr}}\cdot B}$$

（说明 5.1.3—3）

式（说明 5.1.3—3）中的 B 为一系数，$B=\frac{E_{cr}}{E}$，如前面所述，

$$E=E_0\left(1-\frac{\sigma}{1.1R_c}\right)=E_0\left(1-\frac{N'}{1.1R_cA_0}\right)$$

$$E_{cr}=E_0\left(1-\frac{\sigma_{cr}}{1.1R_c}\right)=E_0\left(1-\frac{N_{cr}}{1.1R_cA_0}\right)$$

所以

$$B=\frac{1.1R_cA_0-N_{cr}}{1.1R_cA_0-N'}$$

式(说明5.1.3—2)中的ν_u本应由式(说明5.1.3—1)求得,但比较麻烦,考虑到桥梁墩台身的侧移ν_u通常很小,构件各截面的侧移可以近似按三角形变化求算:

(1)上端自由下端固结时(见说明图5.1.3—2)。墩台计算图式的确定是比较困难的。通常近似采取说明图5.1.3—2作为墩台的计算图式;显然,当墩台身与较大的基础连接,且地基比较坚硬,或墩台身嵌于岩层内时,近似采取这种计算图式是较为合适的。为了方便,说明图5.1.3—2中采取的坐标轴与说明图5.1.3—1不同。坐标u处:

$$\eta_u=1+\frac{\nu_u}{e_0}=1+\frac{\nu_{max}}{e_0\frac{l_0}{2}}u\approx1+\frac{\left(\dfrac{1}{1-\dfrac{N'}{N_{cr}}\cdot\dfrac{E_{cr}}{E}}-1\right)}{\dfrac{l_0}{2}}u \quad \text{(说明 5.1.3—4)}$$

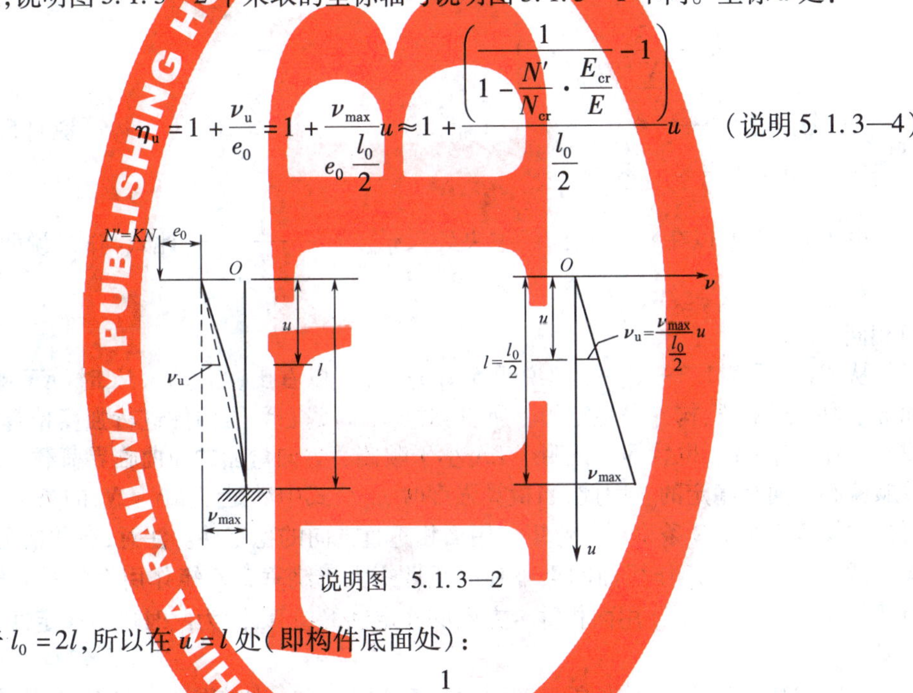

说明图 5.1.3—2

由于$l_0=2l$,所以在$u=l$处(即构件底面处):

$$\eta_{max}=\frac{1}{1-\dfrac{N'}{N_{cr}}\cdot\dfrac{E_{cr}}{E}}$$

(2)上下端均铰结时(见说明图5.1.3—3。当墩台身抗弯刚度较小,且与较小的基础连接,而地基又较软弱时,可近似采取这种计算图式。为了方便,说明图5.1.3—3中采用的坐标轴与说明图5.1.3—1不相同)。在坐标u处:

当$u\leq\dfrac{l_0}{2}$时(u自构件顶点度量),

$$\eta_u=1+\frac{\nu_u}{e_0}\approx1+\frac{\left(\dfrac{1}{1-\dfrac{N'}{N_{cr}}\cdot\dfrac{E_{cr}}{E}}-1\right)}{\dfrac{l_0}{2}}\cdot u \quad \text{(说明 5.1.3—5)}$$

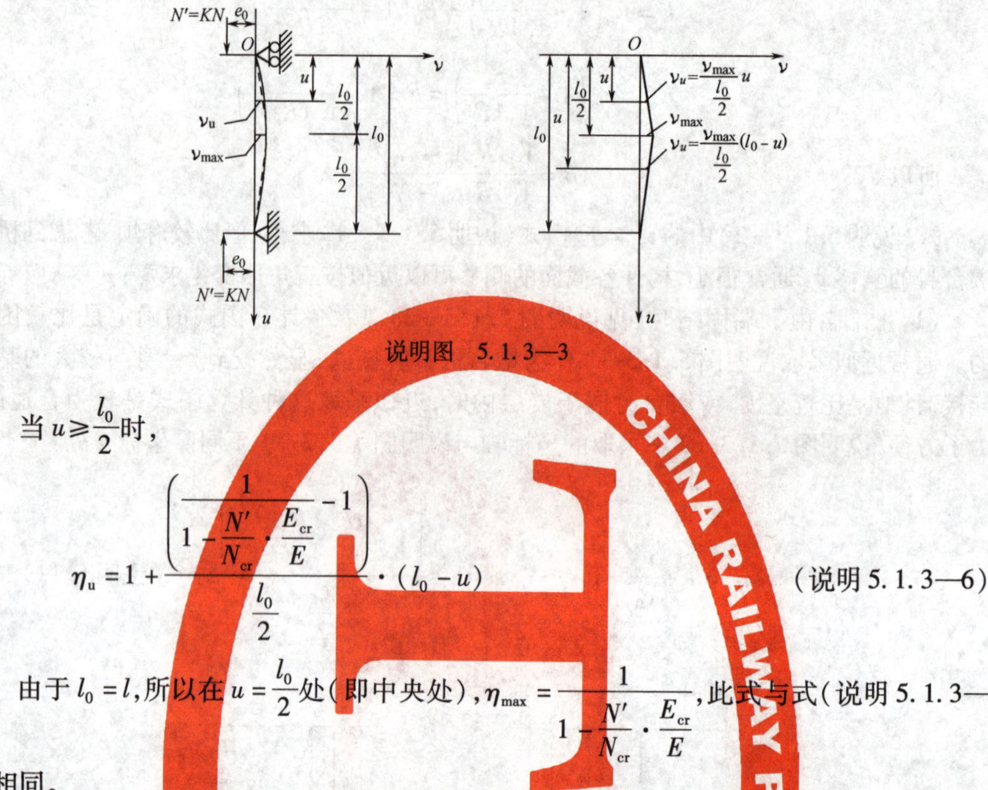

说明图 5.1.3—3

当 $u \geqslant \dfrac{l_0}{2}$ 时，

$$\eta_u = 1 + \frac{\left(\dfrac{1}{1-\dfrac{N'}{N_{cr}}\cdot\dfrac{E_{cr}}{E}}-1\right)}{\dfrac{l_0}{2}}\cdot(l_0-u) \qquad \text{（说明 5.1.3—6）}$$

由于 $l_0=l$，所以在 $u=\dfrac{l_0}{2}$ 处（即中央处），$\eta_{max}=\dfrac{1}{1-\dfrac{N'}{N_{cr}}\cdot\dfrac{E_{cr}}{E}}$，此式与式（说明 5.1.3—3）相同。

从式（说明 5.1.3—3）～式（说明 5.1.3—6）可以看出，当 $KN<N_{cr}$ 时（KN 即 N'），η_u 和 η_{max} 为一有限值，构件是稳定的。所以，对于单向偏心受压构件进行强度检算时，倘 η_u 或 η_{max} 为一有限值，也就等于证明了 KN 小于顺偏心方向弯曲的屈曲临界荷载 N_{cr}，此时构件顺偏心方向是稳定的。因此，当检算强度时 η_u 公式中满足了 $KN<N_{cr}$ 的条件，那么，只要按本规范第 5.1.2 条检算与弯矩作用面相垂直方向的稳定性。注意，在此情况下，倘若构件截面绕平行弯矩作用面的重心轴的惯性矩大于绕垂直弯矩作用面的重心轴的惯性矩，则不必进行与弯矩作用面相垂直方向的稳定性的检算，因为此时这项稳定性必定会得到保证。

同理，双向偏心受压构件任一截面中对重心轴 y 和 x 的弯矩 M_y 和 M_x 的增大系数为

$$\left.\begin{aligned}\eta_x &\approx 1+\frac{\left(\dfrac{1}{1-\dfrac{KN}{N_{crx}}\cdot B_x}-1\right)}{\dfrac{l_0}{2}}\cdot u' \\ \eta_y &\approx 1+\frac{\left(\dfrac{1}{1-\dfrac{KN}{N_{cry}}\cdot B_y}-1\right)}{\dfrac{l_0}{2}}\cdot u'\end{aligned}\right\} \qquad \text{（说明 5.1.3—7）}$$

式中 $N_{crx}\approx\alpha\dfrac{4mI_{dy}E_0}{l_0^2}\left(\dfrac{1}{1+\alpha\dfrac{4mI_{dy}E_0}{l_0^2}\cdot\dfrac{1}{1.1R_cA_0}}\right)$

$$N_{cry} \approx \alpha \frac{4mI_{dx}E_0}{l_0^2}\left(\frac{1}{1+\alpha\frac{4mI_{dx}E_0}{l_0^2}\cdot\frac{1}{1.1R_cA_0}}\right)$$

其中 I_{dx} 和 I_{dy} 为构件底截面绕其重心轴 x 和 y 的惯性距。式(说明 5.1.3—7)中 u' 的意义和其余符号的意义见条文所述。

必须指出以上关于 η 的推导是比较粗略的，严格地说，这些 η 的公式对于沿构件身承受侧向(水平)荷载或上端自由、下端固定且上端承受集中侧向(水平)荷载的构件(如桥墩)是不完全适用的，但是对于承受这类荷载的构件，其 η 值的求算是相当复杂的。由于考虑到对于桥梁墩台之类的构件，在墩台顶面处的竖向偏心压力和水平力作用下引起构件身的侧移要比竖向压力的偏心距小得多，为了简便起见，目前对于承受这类荷载的构件近似采用以上所得的 η 公式进行构件任一截面的强度检算。任一截面上作用的轴向压力为作用于构件顶面的外压力 $N'(=KN)$ 与该截面以上构件自重 $G'(=KG)$ 之和，即 $N'+G'$。截面上对重心轴的弯矩为 $KM_y\eta_x$ 和 $KM_x\eta_y$，其中 M_x 和 M_y 为该截面中绕重心轴 x 和 y 的计算弯矩。因此要求：

$$\frac{K(N+G)}{A} \pm \frac{KM_y\eta_x x}{I_y} \pm \frac{KM_x\eta_y y}{I_x} \leqslant R_c$$

得

$$\frac{N+G}{A} \pm \frac{M_y\eta_x x}{I_y} \pm \frac{M_x\eta_y y}{I_x} \leqslant [\sigma_c] \qquad \text{(说明 5.1.3—8)}$$

式中，R_c 为圬工抗压极限强度；$[\sigma_c]$ 为圬工的容许压应力；$[\sigma_c]=\frac{R_c}{K'}$；$K'$ 为抗压安全系数，通常取 $K \approx K'$。

当按式(说明 5.1.3—8)求得的最小应力为负值(即拉应力)时，实体墩台不考虑截面承受拉应力，而采用偏心距 $e_x=\frac{M_y\eta_x}{N+G}$ 和 $e_y=\frac{M_x\eta_y}{N+G}$ 确定合力 $N+G$ 的作用点，根据截面压应力成三角形分布且此压应力的合力与 $N+G$ 的大小相等、方向相反、作用于同一直线上的条件，重新确定检算截面上的最大压应力 σ_{max}，其最大压应力应不大于构件的容许压应力。关于这种确定最大压应力 σ_{max} 的具体计算方法，可见一般桥梁设计手册。通常以公式 $\sigma_{max}=\frac{N+G}{A}\cdot\lambda$ 进行求算，式中的 A 为全截面面积，λ 为随截面形状和偏心距而定的系数，可从手册中的备表查得。由于有关 λ 值的备表的种类繁多，数量也非常多，所以未将该公式列入规范，而仅规定了确定最大压应力的原则性要求。

5.1.4 混凝土空心墩台不作墩台身截面偏心检算。但是，为了保证混凝土空心墩台身不产生裂缝，规定混凝土空心墩台身的截面除应检算压应力外，还应检算拉应力。

5.2.1 为了提高桥梁墩台的耐久性，删除了原规范中"片石砌筑的实体墩台的高度，不宜大于 20 m；当高度超过 15 m 时，应在墩台中部用整齐块石砌一垫层或浇注一层混凝土，其厚度为 0.6～1.0 m" 的规定。

从抗风化、抗冻、耐磨等因素考虑，对于强烈流冰或具有大量磨损墩台的漂流物的水流，其镶面石应不低于 MU90。采用混凝土块镶面或整体浇注的混凝土墩台，对上述抗风化、抗冻和耐磨的性能较好，因此规定可用不低于 C30 的混凝土。

5.2.2 墩台构造上的脆弱截面，如施工接缝，变截面处等是结构中的弱点，也是应力集中的位置。当混凝土收缩、温度变形、冰冻或受侵蚀影响,往往在这些位置开裂。根据既有线的调查,发现其水平裂纹大多出现在施工接缝处,因此在设计与施工中应于接缝处采取预埋接头钢筋和接榫等措施,以加强其整体性。

6.1.2 端翼墙的截面尺寸如墙身顶的宽度,是根据材料规格与施工的工艺条件决定的。为满足排水要求,翼墙或端墙的背面宜作成斜面。

考虑到涵洞端翼墙与涵洞主体部分应有所区别,安全度方面可适当放宽,在检算其截面偏心时,可用 $0.6S_0$(S_0 为截面重心至最大压应力边缘的距离)。

6.2.1 为了防止风化、磨损、冰冻和增加涵洞侧面的美观,石砌涵洞出入口端、翼墙和中墩分水棱的外露面以及拱圈侧面均应加以镶面及勾缝。

各式涵洞的各部位由于采用浆砌石料的种类不同,各部位的镶面石料一般都用同部位的石料加工而成;在特殊情况下,镶面石料也可采用高于同部位的石料种类。镶面石料勾缝所用水泥砂浆强度等级也不应低于同部位砌体的水泥砂浆强度等级。

中华人民共和国行业标准

铁建设〔2005〕108号

铁路桥涵地基和基础设计规范

Code for Design on Subsoil and Foundation of Railway Bridge and Culvert

TB 10002. 5—2005

J 464—2005

2005—06—14 发布　　　　2005—06—14 实施

中华人民共和国铁道部　发布

前　言

本规范是根据铁道部建设管理司的安排，为贯彻落实铁路跨越式发展的要求，在《铁路桥涵地基和基础设计规范》（TB 10002.5—99）基础上修订而成的。

本规范编制过程中认真总结了我国铁路桥涵建设的经验和教训，借鉴了国内外有关标准的规定，在广泛征求意见的基础上，经反复审查定稿。

工程技术人员必须按照"以人为本、服务运输、强本简末、系统优化、着眼发展"的铁路建设理念，结合工程具体情况，因地制宜，充分发挥主观能动性，积极采用安全、可靠、先进、成熟、经济、适用的新技术，不能生搬硬套标准。勘察设计单位执行（或采用）单项或局部标准，并不免除设计单位及设计人员对整体工程和系统功能质量问题应承担的法律责任。

本规范共分 9 章，主要内容包括：总则、术语和符号、基础稳定性和基础沉降、地基承载力、明挖基础、桩基础、沉井基础、特殊地基、改建既有线及增建第二线的桥涵基础等，另有 7 个附录。

本次修订的主要内容如下：

1. 修订了本规范适用范围，旅客列车最高行车速度由140 km/h改为 160 km/h。
2. 修订了本规范适用铁路等级，由Ⅰ、Ⅱ、Ⅲ三级改为Ⅰ、Ⅱ两级。
3. 修订了基础沉降的容许值。
4. 修订了岩、土的工程分类及其性质的划分。
5. 修订了岩、土地基的基本承载力。
6. 增加了墩台在长钢轨纵向水平力荷载组合作用时、桥台孤立地面时，基底合力偏心距的规定。

本规范以黑体字标志的条文为强制性条文，必须严格执行。

在执行本规范过程中，希望各单位结合工程实践，认真总结经验，积累资料。如发现需要修改和补充之处，请及时将意见及有关资料寄交铁道第三勘察设计院（天津市河北区中山路 10 号，邮政编码：300142），并抄送铁道部经济规划研究院（北京市海淀区羊坊店路甲 8 号，邮政编码：100038），供今后修订时参考。

本规范由铁道部建设管理司负责解释。

本规范主编单位：铁道第三勘察设计院。

本规范主要起草人：方根男、周四思、朱志营、杜宝军。

目　次

CHINA RAILWAY PUBLISHING HOUSE
TB

1 总 则

1.0.1 为统一铁路桥涵设计技术标准,贯彻国家有关法规和铁路技术政策,使铁路桥涵地基和基础设计符合安全适用、技术先进、经济合理的要求,制定本规范。

1.0.2 本规范适用于铁路网中客货列车共线运行、旅客列车设计行车速度等于或小于160 km/h、货物列车设计行车速度等于或小于120 km/h(转8A货车80 km/h)的Ⅰ、Ⅱ级标准轨距铁路桥涵地基基础的设计。

1.0.3 采用本规范设计时,荷载应按铁道部现行《铁路桥涵设计基本规范》(TB 10002.1)的规定采用;基础结构设计应符合铁道部现行《铁路桥涵钢筋混凝土和预应力混凝土结构设计规范》(TB 10002.3)及《铁路桥涵混凝土和砌体结构设计规范》(TB 10002.4)的有关规定。当开行双层集装箱列车或开行120 km/h速度的货车,或桥上采用无砟桥面时,设计还应满足相关规定的要求。

1.0.4 桥涵地基基础的设计,应保证具有足够的强度、刚度、稳定性、耐久性和符合规定的沉降控制,并按满足100年设计使用的年限设计。

1.0.5 桥涵基础的类型应根据水文、地质、地形、沉降控制要求、上部结构、荷载、材料供应和施工条件等合理选用。

1.0.6 应加强桥涵基础的地质勘探工作,地质勘探资料应满足探明地质构造、地基岩土的物理力学性质、地下水的状态以及影响桥涵稳定和施工中可能发生的地质不良现象等要求。土和岩石的工程分类及其性质的划分应符合本规范附录A的规定。

当在桥址存在的断层或岩溶、不均匀地层内埋藏有局部软弱土层,以及在起伏不平或倾斜岩层的地基上修建基础时,应特别加强工程地质勘探工作。

1.0.7 基础不应设置在软硬不均匀的地基上。

墩台位置应避开断层、滑坡、挤压破碎带、石灰岩溶洞及溶沟、黄土陷穴与暗洞或局部软弱地基等不良地质。

陡峭山坡上修建墩台时应注意基础下岩体的稳定。

靠近陡峭岩壁下的河槽边墩,应避免将基础穿经河床的水下山坡落石堆积层。

在岩面倾斜且抽水困难的地基上,不宜采用明挖基础和沉井基础。

1.0.8 桥涵基础的设计应考虑地基土的冻胀性。季节性冻土的冻胀等级与多年冻土的分类见本规范附录A。

1.0.9 墩台明挖基础和沉井基础的基底埋置深度应符合下列规定:

1 除不冻胀土外,对于冻胀、强冻胀和特强冻胀土应在冻结线以下不小于0.25 m;对于弱冻胀土,不应小于冻结深度。

2 在无冲刷处或设有铺砌防冲时,不应小于地面以下2.0 m,特殊困难情况下不小于1 m。

3 在有冲刷处,基底应在墩台附近 最大冲刷线下不小于下列安全值;对于一般桥梁,安全值为2 m加冲刷总深度的10%;对于特大桥(或大桥)属于技术复杂、修复困难或

重要者，安全值为 3 m 加冲刷总深度的 10%，如表 1.0.9 所示。

表 1.0.9 基底埋置安全值

冲刷总深度(m)			0	5	10	15	20
安全值(m)	一般桥梁		2.0	2.5	3.0	3.5	4.0
	特大桥(或大桥)属于技术复杂、修复困难或重要者	设计频率流量	3.0	3.5	4.0	4.5	5.0
		检算频率流量	1.5	1.8	2.0	2.3	2.5

注：冲刷总深度为自河床面算起的一般冲刷深度与局部冲刷深度之和。

建于抗冲性能强的岩石上的基础，可不考虑上述规定，对于抗冲性能较差的岩石，应根据冲刷的具体情况确定基底埋置深度。

4 处于天然河道上的特大、大排洪桥不宜采用明挖基础。

1.0.10 涵洞基础除设置在不冻胀地基土上者外，出入口和自两端洞口向内各 2 m 范围内的涵身基底埋深：对于冻胀、强冻胀和特强冻胀土应在冻结线以下 0.25 m；对于弱冻胀土，应不小于冻结深度。涵洞中间部分的基底埋深可根据地区经验确定。严寒地区，当涵洞中间部分的埋深与洞口埋深相差较大时，其连接处应设置过渡段。冻结较深的地区，也可将基底至冻结线下 0.25 m 处的地基土换填为粗颗粒土(包括碎石类土、砾砂、粗砂、中砂，但其中粉黏粒含量应小于或等于 15%，或粒径小于 0.1 mm 的颗粒应小于或等于 25%)。

1.0.11 墩台基础(沉井、桩基)的计算可参照本规范附录 D 考虑土的弹性抗力。

考虑桩基承台板侧面土的弹性抗力时，承台板必须与侧面土密贴，承台板的基坑开挖应使承台板附近土体不受扰动。

1.0.12 铁路桥涵地基和基础设计除应符合本规范外，尚应符合国家现行的有关强制性标准的规定。

2 术语和符号

2.1 术 语

2.1.1 地基 subsoil;foundation soil

承受结构作用的地层。

2.1.2 基础 foundation

将结构所承受的荷载传递至地基上的构造物。

2.1.3 明挖基础 open dug foundation

由开挖地基进行施工的基础。

2.1.4 桩基础 pile foundation

由基桩和承台板构成的基础。

2.1.5 沉井基础 open caisson foundation

由上、下开口的井筒状结构物下沉至设计高程所形成的基础。

2.1.6 黄土 loess

在干燥气候条件下形成的多孔性具有柱状节理的黄色粉性土。湿陷性黄土受水浸湿后会产生较大的沉陷。

2.1.7 软土 soft soil

主要是由天然含水量大、压缩性高、承载能力低的淤泥沉积物及少量腐殖物质所组成的土。

2.1.8 季节性冻土 seasonal frozen soil

冬季冻结春季融化的土层。自地表面至冻结层底面的厚度称冻结深度。

2.1.9 多年冻土 permafrost

冻结状态持续两年或两年以上的土层。

2.2 符 号

2.2.1 承载力

σ_0——地基基本承载力

$[\sigma]$——地基容许承载力

$[P]$——桩的受压容许承载力

$[P']$——桩的受拉容许承载力

f_i——桩周土的极限摩阻力

R——桩尖土的极限承载力

σ——基底压应力

2.2.2 参数

w——天然含水率
w_L——液限含水率
I_L——液性指数
C_u——土的不排水剪切强度
E_s——土的压缩模量
δ_{sh}——黄土的湿陷系数
S——基础的总沉降量
K_0——墩台基础倾覆稳定系数
K_c——墩台基础滑动稳定系数

3　基础稳定性和基础沉降

3.1　基础倾覆稳定和滑动稳定

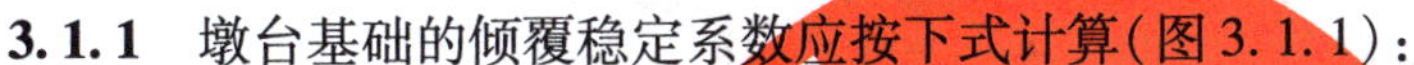

3.1.1　墩台基础的倾覆稳定系数应按下式计算(图3.1.1):

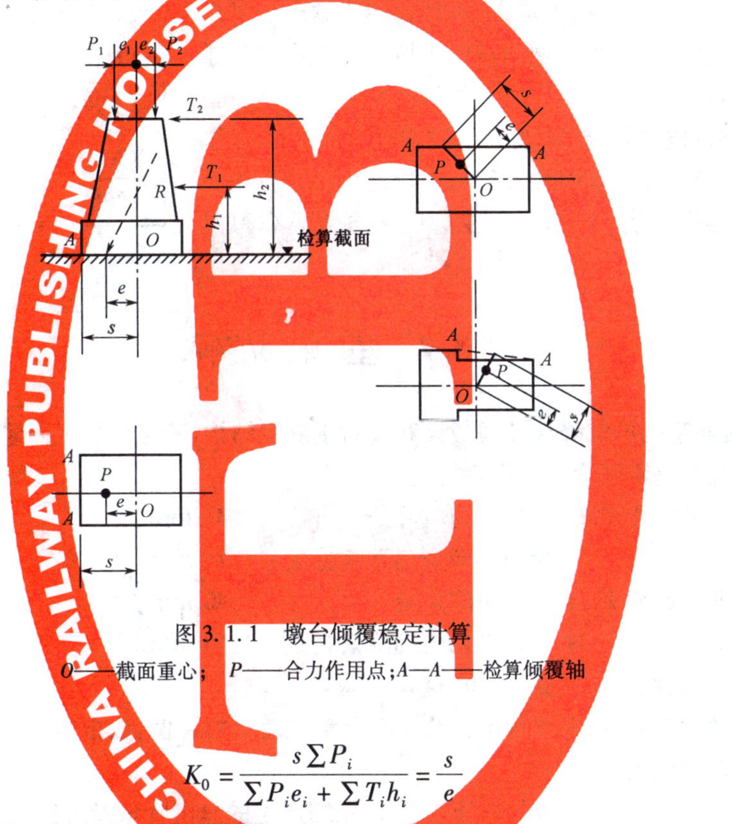

图3.1.1　墩台倾覆稳定计算

O——截面重心；P——合力作用点；A—A——检算倾覆轴

$$K_0=\frac{s\sum P_i}{\sum P_ie_i+\sum T_ih_i}=\frac{s}{e} \tag{3.1.1}$$

式中　K_0——墩台基础的倾覆稳定系数；

P_i——各竖直力(kN)；

e_i——各竖直力 P_i 对检算截面重心的力臂(m)；

T_i——各水平力(kN)；

h_i——各水平力 T_i 对检算截面的力臂(m)；

s——在沿截面重心与合力作用点的连接线上,自截面重心至检算倾覆轴的距离(m)；

e——所有外力合力 R 的作用点至截面重心的距离(m)。

力矩 P_ie_i 和 T_ih_i 应视其绕检算截面重心的方向区别正负。

墩台基础的倾覆稳定系数不得小于1.5,临时施工荷载作用下不得小于1.2。

注:对于凹多边形基础,检算倾覆稳定性时,其倾覆轴应取基底截面的外包线。

3.1.2 墩台基础的滑动稳定系数应按下式计算：

$$K_c = \frac{f \sum P_i}{\sum T_i} \tag{3.1.2}$$

式中 K_c——墩台基础滑动稳定系数；

P_i，T_i——意义同第 3.1.1 条；

f——基础底面与地基土间的摩擦系数，当缺乏实际资料时，可采用表 3.1.2 中的数值。

墩台基础的滑动稳定系数不得小于 1.3，临时施工荷载作用下不得小于 1.2。

当墩台位于较陡的土坡上，或桥台建于软土上且台后填土较高时，还应检算墩台连同土坡或路基沿滑动弧面滑动的稳定性。

3.1.3 拱桥桥墩基础，应按施工过程中可能产生的单侧横推力进行检算，此时倾覆和滑动稳定系数不得小于 1.2，地基容许承载力可较计算主力时的容许承载力提高 40%。

表 3.1.2 基底摩擦系数

地基土石分类	摩擦系数
软塑的黏性土	0.25
硬塑的黏性土	0.3
粉土、坚硬的黏性土	0.3 ~ 0.4
砂类土	0.4
碎石类土	0.5
软质岩	0.4 ~ 0.6
硬质岩	0.6 ~ 0.7

3.2 基础沉降

3.2.1 桥涵基础的沉降应按恒载计算。对于静定结构，其墩台总沉降量与墩台施工完成时的沉降量之差不得大于下列容许值：

对于有砟桥面桥梁：墩台均匀沉降量 80 mm；

相邻墩台均匀沉降量之差 40 mm。

对于明桥面桥梁：墩台均匀沉降量 40 mm；

相邻墩台均匀沉降量之差 20 mm。

对于涵洞：涵身沉降量 100 mm。

对于超静定结构，其相邻墩台均匀沉降量之差的容许值，应根据沉降对结构产生的附加应力的影响而定。

3.2.2 基础由于其底面以下受压土层 z_n 压缩产生的总沉降量 S 可按下式计算：

$$S = m_s \sum_{i=1}^{n} \Delta S_i = m_s \sum_{i=1}^{n} \frac{\sigma_{z(0)}}{E_{si}} (z_i C_i - z_{i-1} C_{i-1}) \tag{3.2.2}$$

式中 S——基础的总沉降量(m)；

n——基底以下地基沉降计算深度范围内按压缩模量划分的土层分层数目；

$\sigma_{z(0)}$——基础底面处的附加压应力(kPa)；

$$\sigma_{z(0)} = \sigma_h - \gamma h$$

σ_h——基底压应力(kPa)，当 $z/b > 1$ 时，σ_h 采用基底平均压应力；当 $z/b \leq 1$ 时，σ_h 采用基底压应力图形中距最大应力点 $b/3 \sim b/4$ 处的压应力；

b——基础的宽度(m)；

γ——土的容重(kN/m^3)；

h——基底埋置深度(m)，当基础受水流冲刷时，由一般冲刷线算起；当不受水流冲刷时，由天然地面算起，如位于挖方内，则由开挖后地面算起；

z——基底至计算土层顶面的距离(m)；

z_i，z_{i-1}——自基底至第 i 和第 $i-1$ 薄层底面的距离(m)；地基沉降计算总深度 z_n 的确定应符合下列要求：

$$\Delta S_n \leqslant 0.025 \sum_{i=1}^{n} \Delta S_i$$

ΔS_i——计算深度范围内第 i 薄层土的沉降量；

ΔS_n——深度 z_n 处向上取厚度为 Δz(见表 3.2.2—1)的土层的沉降值；

表 3.2.2—1　Δz

基底宽度 b(m)	≤2	2＜b≤4	4＜b≤8	8＜b≤15	15＜b≤30	＞30
Δz(m)	0.3	0.6	0.8	1.0	1.2	1.5

E_{si}——基础底面以下受压土层内第 i 薄层的压缩模量，根据压缩曲线按实际应力范围取值(kPa)；

C_i，C_{i-1}——基础底面至第 i 薄层底面范围内和至第 $i-1$ 薄层底面范围内的平均附加应力系数(见图 3.2.2)，可按本规范附录 B 查得；

m_s——沉降经验修正系数，根据地区沉降观测资料及经验确定，无地区经验时可按表 3.2.2—2 采用，对于软土地基 m_s 不得小于 1.3。

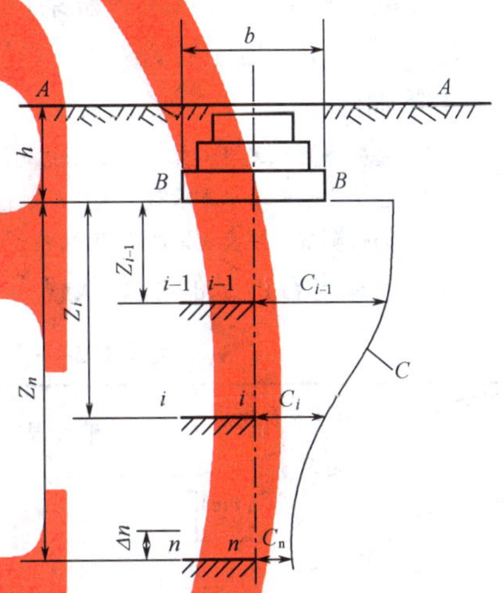

图 3.2.2　基础沉降计算

A—A——地面　i—i——第 i 层底面

B—B——基础底面　n—n——第 n 层底面

$i-1$—$i-1$——第 $i-1$ 层底面

C——平均附加应力系数 C 曲线

3.2.3　摩擦桩桩基的总沉降量可将桩基视作实体基础按本规范第 3.2.2 条计算。式(3.2.2)中的附加压应力，应为桩底平面处的附加压应力。实体基础的支承面积可按本规范附录 E 中的图 E 采用。

表 3.2.2—2　沉降经验修正系数 m_s

基础底面处附加压应力 $\sigma_{z(0)}$ ＼ 地基压缩模量当量值 $\overline{E}_s$(kPa)	2 500	4 000	7 000	15 000	20 000
$\sigma_{z(0)} \geqslant \sigma_0$	1.4	1.3	1.0	0.4	0.2
$\sigma_{z(0)} \leqslant 0.75\sigma_0$	1.1	1.0	0.7	0.4	0.2

注：表中 $\sigma_{z(0)} = \sigma_h - rh$，$\sigma_h$ 为基底压应力，近似地取基底压应力图形中距最大压应力点为 $\frac{b}{3} \sim \frac{b}{4}$ 处的压应力。σ_0 为基础底面处地基的基本承载力。$\overline{E}_s$ 为沉降计算总深度 z_n 内地基压缩模量的当量值，应按下式确定：$\overline{E}_s = \frac{\sum A_i}{\sum \frac{A_i}{E_{si}}}$，其中 A_i 为第 i 层土平均附加应力系数沿该土层厚度的积分值，即第 i 层土的平均附加应力系数面积。

4　地基承载力

4.1　地基容许承载力

4.1.1　地基容许承载力[σ]系指在保证地基稳定的条件下，桥梁和涵洞基础下地基单位面积上容许承受的力。地基的基本承载力 σ_0 系指基础宽度 $b \leqslant 2$ m、埋置深度 $h \leqslant 3$ 时的地基容许承载力，可按第 4.1.2 条中诸表确定，用原位测试方法确定时，可不受上述诸表限制；对重要桥梁或地质复杂桥梁应采用载荷试验及原位测试方法等综合确定。当 $b>2$ m或 $h>3$ m时，地基容许承载力可按第 4.1.3 条计算确定。软土地基容许承载力按第 4.1.4 条确定。

注：1　基础宽度 b，对于矩形基础为短边宽度（m），对于圆形或正多边形基础为$\sqrt{F}$，F 为基础的底面积（m^2）；
　　2　各类岩土地基基本承载力表中的数值允许内插；
　　3　原位测试方法及成果的应用，可参照国家和铁道部有关标准的规定。

4.1.2　土和岩石地基的基本承载力 σ_0 可按表 4.1.2—1 至表 4.1.2—10 确定。

表 4.1.2—1　岩石地基的基本承载力 σ_0（kPa）

岩石类别 ＼ 节理发育程度	节理很发育	节理发育	节理不发育或较发育
节理间距（cm）	2 ~ 20	20 ~ 40	大于 40
硬质岩	1 500 ~ 2 000	2 000 ~ 3 000	大于 3 000
较软岩	800 ~ 1 000	1 000 ~ 1 500	1 500 ~ 3 000
软岩	500 ~ 800	700 ~ 1 000	900 ~ 1 200
极软岩	200 ~ 300	300 ~ 400	400 ~ 500

注：1　对于溶洞、断层、软弱夹层、易溶岩的岩石等，应个别研究确定；
　　2　裂隙张开或有泥质填充时，应取低值。

表 4.1.2—2　碎石类土地基的基本承载力 σ_0（kPa）

土名 ＼ 密实程度	松散	稍密	中密	密实
卵石土、粗圆砾土	300 ~ 500	500 ~ 650	650 ~ 1 000	1 000 ~ 1 200
碎石土、粗角砾土	200 ~ 400	400 ~ 550	550 ~ 800	800 ~ 1 000
细圆砾土	200 ~ 300	300 ~ 400	400 ~ 600	600 ~ 850
细角砾土	200 ~ 300	300 ~ 400	400 ~ 500	500 ~ 700

注：1　半胶结的碎石类土可按密实的同类土的 σ_0 值，提高 10% ~ 30%；
　　2　由硬质岩块组成，充填砂类土者用高值；由软质岩块组成，充填黏性土者用低值；
　　3　自然界中很少见松散的碎石类土，定为松散应慎重；
　　4　漂石土、块石土的 σ_0 值，可参照卵石土、碎石土适当提高。

表 4.1.2—3 砂类土地基的基本承载力 σ_0(kPa)

土 名	密实程度 / 湿 度	稍 松	稍 密	中 密	密 实
砾砂、粗砂	与湿度无关	200	370	430	550
中 砂	与湿度无关	150	330	370	450
细 砂	稍湿或潮湿	100	230	270	350
	饱 和	—	190	210	300
粉 砂	稍湿或潮湿	—	190	210	300
	饱 和	—	90	110	200

表 4.1.2—4 粉土地基的基本承载力 σ_0(kPa)

e \ w	10	15	20	25	30	35	40
0.5	400	380	(355)				
0.6	300	290	280	(270)			
0.7	250	235	225	215	(205)		
0.8	200	190	180	170	(165)		
0.9	160	150	145	140	130	(125)	
1.0	130	125	120	115	110	105	(100)

注:1 e 为天然孔隙比,w 为天然含水率,有括号者仅供内插;
2 在湖、塘、沟、谷与河漫滩地段以及新近沉积的粉土,应根据当地经验取值。

表 4.1.2—5 Q_4 冲、洪积黏性土地基的基本承载力 σ_0(kPa)

孔隙比 e \ 液性指数 I_L	0	0.1	0.2	0.3	0.4	0.5	0.6	0.7	0.8	0.9	1.0	1.1	1.2
0.5	450	440	430	420	400	380	350	310	270	240	220	—	—
0.6	420	410	400	380	360	340	310	280	250	220	200	180	—
0.7	400	370	350	330	310	290	270	240	220	190	170	160	150
0.8	380	330	300	280	260	240	230	210	180	160	150	140	130
0.9	320	280	260	240	220	210	190	180	160	140	130	120	100
1.0	250	230	220	210	190	170	160	150	140	120	110	—	—
1.1	—	—	160	150	140	130	120	110	100	90	—	—	—

注:土中含有粒径大于 2 mm 的颗粒且按土重计占全重 30% 以上时,σ_0 可酌予提高。

表 4.1.2—6 Q_3 及其以前冲、洪积黏性土地基的基本承载力 σ_0

压缩模量 E_s(MPa)	10	15	20	25	30	35	40
σ_0(kPa)	380	430	470	510	550	580	620

注:1 压缩模量 $E_s = \dfrac{1+e_1}{a_{1\sim2}}$

式中 e_1——压力为 0.1 MPa 时土样的孔隙比;

$a_{1\sim2}$——对应于 0.1 ~ 0.2 MPa 压力段的压缩系数(MPa^{-1})。

2 当 E_s < 10 MPa 时,其基本承载力 σ_0 按表 4.1.2—5 确定。

表 4.1.2—7 残积黏性土地基的基本承载力 σ_0

压缩模量 E_s(MPa)	4	6	8	10	12	14	16	18	20
σ_0(kPa)	190	220	250	270	290	310	320	330	340

注:本表适用于西南地区碳酸盐类岩层的残积红土,其他地区可参照使用。

表 4.1.2—8 新黄土(Q_4、Q_3)地基的基本承载力 σ_0(kPa)

液限 w_L	天然含水率 w / 孔隙比 e	5	10	15	20	25	30	35
24	0.7	—	230	190	150	110	—	—
	0.9	240	200	160	125	85	(50)	—
	1.1	210	170	130	100	60	(20)	—
	1.3	180	140	100	70	40	—	—
28	0.7	280	260	230	190	150	110	—
	0.9	260	240	200	160	125	85	—
	1.1	240	210	170	140	100	60	—
	1.3	220	180	140	110	70	40	—
32	0.7	—	280	260	230	180	150	—
	0.9	—	260	240	200	150	125	—
	1.1	—	240	210	170	130	100	60
	1.3	—	220	180	140	100	70	40

注:1 非饱和 Q_3 新黄土,当 $0.85 < e < 0.95$ 时,σ_0 值可提高 10%;
2 本表不适用于坡积、崩积和人工堆积等黄土;
3 括号内数值供内插用。

表 4.1.2—9 老黄土(Q_2、Q_1)地基的基本承载力 σ_0(kPa)

w/w_L \ e	$e<0.7$	$0.7 \leqslant e < 0.8$	$0.8 \leqslant e \leqslant 0.9$	$e>0.9$
<0.6	700	600	500	400
0.6~0.8	500	400	300	250
>0.8	400	300	250	200

注:1 w——天然含水率,w_L——液限含水率,e——天然孔隙比;
2 山东地区老黄土黏聚力小于 50 kPa,内摩擦角小于 25°,σ_0 应降低 20% 左右。

表 4.1.2—10 多年冻土地基的基本承载力 σ_0(kPa)

序号	土名 \ 基础底面的月平均最高土温(℃)	-0.5	-1.0	-1.5	-2.0	-2.5	-3.5
1	块石土、卵石土、碎石土、粗圆砾土、粗角砾土	800	950	1 100	1 250	1 380	1 650
2	细圆砾土、细角砾土、砾砂、粗砂、中砂	600	750	900	1 050	1 180	1 450
3	细砂、粉砂	450	550	650	750	830	1 000

续上表

序号	土名 \ 基础底面的月平均最高土温(℃)	-0.5	-1.0	-1.5	-2.0	-2.5	-3.5
4	粉土	400	450	550	650	710	850
5	粉质黏土、黏土	350	400	450	500	560	700
6	饱冰冻土	250	300	350	400	450	550

注:1 本表序号1~5类的地基基本承载力,适合于少冰冻土、多冰冻土,当序号1~5类的地基为富冰冻土时,表列数值应降低20%;
2 含土冰层的承载力应实测确定;
3 基础置于饱冰冻土的土层上时,基础底面应敷设厚度不小于0.20~0.30 m的砂垫层。

4.1.3 当基础的宽度 b 大于2 m或基础底面的埋置深度 h 大于3 m,且 $h/b \leqslant 4$ 时,地基的容许承载力可按下式计算:

$$[\sigma] = \sigma_0 + k_1\gamma_1(b-2) + k_2\gamma_2(h-3) \tag{4.1.3}$$

式中 $[\sigma]$——地基的容许承载力(kPa);

σ_0——地基的基本承载力(kPa);

b——基础的短边宽度(m),见第4.1.1条的注1,大于10 m时,按10 m计算;

h——基础底面的埋置深度(m),对于受水流冲刷的墩台,由一般冲刷线算起;不受水流冲刷者,由天然地面算起;位于挖方内,由开挖后地面算起;

γ_1——基底以下持力层土的天然容重(kN/m³);如持力层在水面以下,且为透水者,应采用浮重;

γ_2——基底以上土的天然容重的平均值(kN/m³);如持力层在水面以下,且为透水者,水中部分应采用浮重;如为不透水者,不论基底以上水中部分土的透水性质如何,应采用饱和容重;

k_1,k_2——宽度、深度修正系数,按持力层土确定,见表4.1.3。

表4.1.3 宽度、深度修正系数

土的类别 \ 系数	黏性土				粉土	黄土		砂类土								碎石类土			
	Q_4 的冲、洪积土		Q_3 及其以前的冲、洪积土	残积土		新黄土	老黄土	粉砂		细砂		中砂		砾砂 粗砂		碎石 圆砾 角砾		卵石	
	$I_L<0.5$	$I_L \geqslant 0.5$						稍、中密	密实	稍、中密	密实	稍、中密	密实	稍、中密	密实	稍、中密	密实	稍、中密	密实
k_1	0	0	0	0	0	0	0	1	1.2	1.5	2	2	3	3	4	3	4	3	4
k_2	2.5	1.5	2.5	1.5	1.5	1.5	1.5	2	2.5	3	4	4	5.5	5	6	5	6	6	10

注:1 节理不发育或较发育的岩石不作宽深修正,节理发育或很发育的岩石,k_1、k_2 可按碎类石土的系数,但对已风化成砂、土状者,则按砂类土、黏性土的系数;
2 稍松状态的砂类土和松散状态的碎石类土,k_1、k_2 值可采用表列稍、中密值的50%;
3 冻土的 $k_1=0$、$k_2=0$。

4.1.4 软土地基的容许承载力,必须同时满足稳定和变形两方面的要求,可按下列方法确定,但应同时检算基础的沉降量,并符合有关规定。

1

$$[\sigma]=5.14C_u\frac{1}{m'}+\gamma_2 h \qquad (4.1.4\text{—}1)$$

2　对于小桥和涵洞基础,也可由下式确定软土地基容许承载力:

$$[\sigma]=\sigma_0+\gamma_2(h-3) \qquad (4.1.4\text{—}2)$$

上面两式中　$[\sigma]$——地基容许承载力(kPa);

m'——安全系数,可视软土灵敏度及建筑物对变形的要求等因素选1.5～2.5;

C_u——不排水剪切强度(kPa);

γ_2 和 h——同第4.1.3条;

σ_0——由表4.1.4确定。

表4.1.4　软土地基的基本承载力 σ_0(kPa)

天然含水率 w(%)	36	40	45	50	55	65	75
σ_0	100	90	80	70	60	50	40

4.2　地基承载力的提高

4.2.1　墩台建在水中,基底土为不透水层,常水位高出一般冲刷线每高1 m,容许承载力可增加10 kPa。

4.2.2　主力加附加力时,地基容许承载力 $[\sigma]$ 可提高20%。主力加特殊荷载(地震力除外)时,地基容许承载力 $[\sigma]$ 可按表4.2.2提高。

表4.2.2　地基容许承载力的提高系数

地　基　情　况	提高系数
基本承载力 σ_0 >500 kPa 的岩石和土	1.4
150 kPa < σ_0 ≤500 kPa 的岩石和土	1.3
100 kPa < σ_0 ≤150 kPa 的土	1.2

4.2.3　既有桥墩台的地基土因多年运营被压密,其基本承载力可予以提高,但提高值不应超过25%。

5 明挖基础

5.1 一般规定

5.1.1 墩台明挖基础顶面不宜高出最低水位，如地面高于最低水位且不受冲刷时，则不宜高出地面。

5.1.2 **基底压应力不得大于地基的容许承载力**。对于岩石上的基础，当基底合力偏心距超出截面核心半径时，仅按受压区计算基底最大压应力（不考虑基底承受拉应力）。

5.2 计算

5.2.1 当基底以下有软弱下卧土层时，应按下式检算该软弱下卧土层的压应力：

$$\gamma(h+z)+\alpha(\sigma_h-\gamma h)\leqslant[\sigma] \tag{5.2.1}$$

式中 σ_h——基底压应力（kPa），当 $z/b>1$（或 $z/d>1$）时，σ_h 采用基底平均压应力；当 $z/b\leqslant1$（或 $z/d\leqslant1$）时，σ_h 按基底压应力图形采用距最大应力点 $b/3\sim b/4$（或 $d/3\sim d/4$）处的压应力；

b——基础的短边宽度（m）；

d——基础的直径（m）；

γ——土的容重（kN/m^3）；

h——基底埋置深度（m），当基础受水流冲刷时，由一般冲刷线算起；当不受水流冲刷时，由天然地面算起；如位于挖方内，则由开挖后地面算起；

z——自基底至软弱土层顶面的距离（m）；

α——基底下卧土层附加应力系数，见本规范附录 C；

$[\sigma]$——软弱下卧土层经深度修正后的容许承载力（kPa）。

5.2.2 **外力对基底截面重心的偏心距 e 不应大于表 5.2.2 规定的值**。桥台尚应检算孤立地面时基底截面的合力偏心情况。

表 5.2.2 偏心距 e 限值的规定

地基及荷载情况		e
建于非岩石地基上的墩台，仅承受恒载作用时	合力的作用点应接近基础底面的重心	
建于非岩石地基（包括土状的风化岩层）上的墩台，当承受主力加附加力时	桥墩与土的基本承载力 $\sigma_0>200$ kPa 的桥台	1.0ρ
	土的基本承载力 $\sigma_0\leqslant200$ kPa 的桥台	0.8ρ
建于岩石地基上的墩台，当承受主力加附加力时	硬质岩	1.5ρ
	其他岩石	1.2ρ

续上表

地　基　及　荷　载　情　况			e
墩台承受长钢轨伸缩力或挠曲力加主力时	非岩石地基	土的基本承载力 $\sigma_0>200$ kPa	0.8ρ
		土的基本承载力 $\sigma_0\leqslant200$ kPa	0.6ρ
	岩石地基	硬 质 岩	1.25ρ
		其他岩石	1.0ρ
墩台承受主力加特殊荷载(地震力除外)时	非岩石地基	土的基本承载力 $\sigma_0>200$ kPa	1.2ρ
		土的基本承载力 $\sigma_0\leqslant200$ kPa	1.0ρ
	岩石地基	硬 质 岩	2.0ρ
		其他岩石	1.5ρ

注：e——外力对基底截面重心的偏心距，$e=\frac{M}{N}$，这里 N 和 M 分别为作用于基底的垂直力和所有外力对基底截面重心的力矩；

ρ——基底截面核心半径，$\rho=\frac{W}{A}$，这里 W 为相应于应力较小边缘的截面抵抗矩，A 为基底面积。

$\frac{e}{\rho}$(包括斜向弯曲)可按下式计算：

$$\frac{e}{\rho}=1-\frac{\sigma_{min}}{\frac{N}{A}}$$

其中 σ_{min} 为基底最小应力。

5.3　构　　造

5.3.1　明挖基础可采用单层式或多层式，每一层的厚度不宜小于1.0 m。

5.3.2　单向受力明挖基础(不包括单向受力圆端形桥墩采用矩形的基础)各层台阶正交方向(顺桥轴方向和横桥轴方向)的坡线与竖直线所成的夹角，对于混凝土基础不应大于45°。双向受力矩形墩台的各种形状基础以及单向和双向受力的圆端形桥墩采用的明挖矩形基础，其最上一层基础台阶两正交方向的坡线与竖直线所成的夹角，对于混凝土基础不应大于35°；需要同时调整最上一层台阶两正交方向的襟边宽度时，其斜角处的坡线与竖直线所成的夹角，不得大于上述两正交方向为35°夹角时斜角处的坡线与竖直线所成的夹角；其下各层台阶正交方向的夹角不应大于45°，否则应予切角。

6 桩 基 础

6.1 一 般 规 定

6.1.1 桩基础类型可按下列原则选定：

1 打入桩可用于稍松至中密的砂类土、粉土和流塑、软塑的黏性土，震动下沉桩可用于砂类土、粉土、黏性土和碎石类土，桩尖爆扩桩可用于硬塑粘性土以及中密、密实的砂类土和粉土；

2 钻孔灌注桩可用于各类土层、岩层；

3 挖孔灌注桩可用于无地下水或少量地下水的土层；

4 管柱基础适用于深水、有覆盖层或无覆盖层、岩面起伏等桥址条件，可支承于较密实的土或新鲜岩层内。

6.1.2 桩基础可设计为单根桩或多根桩形式。

6.1.3 桩基础承台板底面的高程，应根据受力情况以及地质、水流、施工等条件确定：

承台板底面在土中时，应位于冻结线以下不少于0.25 m（不冻胀土层不受此限）；

承台板底面在水中时，应位于最低冰层底面以下不少于0.25 m；

在通航或筏运河流中，承台板底面应适当降低。

6.1.4 同一桩基中，不应同时采用摩擦桩和柱桩，且不宜采用不同直径、不同材料的桩，亦不宜采用长度相差过大的桩。

6.1.5 对重要桥梁或地质复杂的桥梁，摩擦桩的容许承载力应通过试桩确定。

6.2 计 算

6.2.1 单桩（包括管柱）的轴向容许承载力应分别按桩身材料强度和岩土的阻力进行计算，取其较小者。

按岩土的阻力确定桩的容许承载力时，可按本规范第6.2.2条进行计算，并宜通过试桩验证。打入桩可在施工时以冲击试验验证。

6.2.2 按岩土的阻力确定的单桩容许承载力可按下列各式计算。

1 摩擦桩轴向受压的容许承载力

1）打入、震动下沉和桩尖爆扩桩的容许承载力：

$$[P]=\frac{1}{2}(U\sum a_i f_i l_i+\lambda A R a) \tag{6.2.2—1}$$

式中 $[P]$——桩的容许承载力（kN）；

U——桩身截面周长（m）；

l_i——各土层厚度（m）；

A——桩底支承面积（m^2）；

a_i, a——震动沉桩对各土层桩周摩阻力和桩底承压力的影响系数(表 6.2.2—1)，对于打入桩其值为 1.0；

λ——系数，见表 6.2.2—2。

表 6.2.2—1　震动下沉桩系数 a_i, a

桩径或边宽	砂类土	粉土	粉质黏土	黏　土
$d \leq 0.8$ m	1.1	0.9	0.7	0.6
0.8 m $< d \leq 2.0$ m	1.0	0.9	0.7	0.6
$d > 2.0$ m	0.9	0.7	0.6	0.5

表 6.2.2—2　系　数　λ

桩尖爆扩体处土的种类 / D_p/d	砂类土	粉　土	粉质黏土 $I_L = 0.5$	黏土 $I_L = 0.5$
1.0	1.0	1.0	1.0	1.0
1.5	0.95	0.85	0.75	0.70
2.0	0.90	0.80	0.65	0.50
2.5	0.85	0.75	0.50	0.40
3.0	0.80	0.60	0.40	0.30

注：d 为桩身直径，D_p 为爆扩桩的爆扩体直径。

f_i 和 R 分别为桩周土的极限摩阻力(以 kPa 计)和桩尖土的极限承载力(以 kPa 计)，可根据土的物理性质查表 6.2.2—3 和表 6.2.2—4 确定，或采用静力触探试验测定，此时：

$$f_i = \beta_i \bar{f}_{si} \text{和} R = \beta \bar{q}_c$$

表 6.2.2—3　桩周土的极限摩擦阻力 f_i(kPa)

土　类	状　态	极限摩擦阻力 f_i
黏 性 土	$1 \leq I_L < 1.5$	15 ~ 30
	$0.75 \leq I_L < 1$	30 ~ 45
	$0.5 \leq I_L < 0.75$	45 ~ 60
	$0.25 \leq I_L < 0.5$	60 ~ 75
	$0 \leq I_L < 0.25$	75 ~ 85
	$I_L < 0$	85 ~ 95
粉　土	稍　密	20 ~ 35
	中　密	35 ~ 65
	密　实	65 ~ 80
粉、细砂	稍　松	20 ~ 35
	稍、中密	35 ~ 65
	密　实	65 ~ 80
中　砂	稍、中密	55 ~ 75
	密　实	75 ~ 90
粗　砂	稍、中密	70 ~ 90
	密　实	90 ~ 105

式中的$\bar{f}_{si}$为桩侧第i层土经静力触探测得的平均侧摩阻力(kPa)。当$\bar{f}_{si}<5$ kPa时，可采用5 kPa。$\bar{q}_c$为桩尖(不包括桩靴)高程以上和以下各$4d$(d为桩的直径或边长)范围内静力触探平均端阻力$\bar{q}_{c1}$和$\bar{q}_{c2}$(均以kPa计)的平均值。但当$\bar{q}_{c1}>\bar{q}_{c2}$时，则$\bar{q}_c$取$\bar{q}_{c2}$的值。$\beta_i$和$\beta$分别为侧摩阻和端阻的综合修正系数，其值按下列判别标准选用相应的计算公式。

当桩侧第i层土的$\bar{q}_{ci}>2\,000$ kPa，且$\bar{f}_{si}/\bar{q}_{ci}\leqslant 0.014$时(式中的$\bar{f}_{si}$和$\bar{q}_{ci}$均以kPa计)：

表6.2.2—4　桩尖土的极限承载力R(kPa)

土　类	状　态	桩尖极限承载力		
粘性土	$1\leqslant I_L$	1 000		
	$0.65\leqslant I_L<1$	1 600		
	$0.35\leqslant I_L<0.65$	2 200		
	$I_L<0.35$	3 000		
		桩尖进入持力层的相对深度		
		$\frac{h'}{d}<1$	$1\leqslant\frac{h'}{d}<4$	$4\leqslant\frac{h'}{d}$
粉　土	中　密	1 700	2 000	2 300
	密　实	2 500	3 000	3 500
粉　砂	中　密	2 500	3 000	3 500
	密　实	5 000	6 000	7 000
细　砂	中　密	3 000	3 500	4 000
	密　实	5 500	6 500	7 500
中、粗砂	中　密	3 500	4 000	4 500
	密　实	6 000	7 000	8 000
圆砾土	中　密	4 000	4 500	5 000
	密　实	7 000	8 000	9 000

注：表中h'为桩尖进入持力层的深度(不包括桩靴)，d为桩的直径或边长。

$$\beta_i=5.067(\bar{f}_{si})^{-0.45}$$

当不满足上述$\bar{q}_{ci}$和$\bar{f}_{si}/\bar{q}_{ci}$条件时，则

$$\beta_i=10.045(\bar{f}_{si})^{-0.55}$$

当桩底土的$\bar{q}_{c2}>2\,000$ kPa，且$\bar{f}_{s2}/\bar{q}_{c2}\leqslant 0.014$时(式中的$\bar{q}_{s2}$和$\bar{q}_{c2}$均以kPa计)：

$$\beta=3.975(\bar{q}_c)^{-0.25}$$

当不满足上述$\bar{q}_{c2}$和$\bar{f}_{s2}/\bar{q}_{c2}$条件时，则

$$\beta=12.064(\bar{q}_c)^{-0.35}$$

式中$\bar{q}_{ci}$为相应于$\bar{f}_{si}$土层中桩侧触探平均端阻；$\bar{f}_{s2}$为相应于$\bar{q}_{c2}$土层中桩底触探平均侧阻。上列综合修正系数计算公式不适用于以城市杂填土为主的短桩。综合修正系数用于黄土地区时，应做试桩校核。

2)钻(挖)孔灌注桩的容许承载力：

$$[P]=\frac{1}{2}U\sum f_i l_i+m_0 A[\sigma] \qquad (6.2.2—2)$$

式中 $[P]$——桩的容许承载力(kN);

U——桩身截面周长(m),按成孔桩径计算,通常钻孔桩的成孔桩径按钻头类型分别比设计桩径(即钻头直径)增大下列数值:旋转锥为 30~50 mm;冲击锥为 50~100 mm;冲抓锥为 100~150 mm;

f_i——各土层的极限摩阻力(kPa),按表 6.2.2—5 采用;

表 6.2.2—5 钻孔灌注桩桩周极限摩阻力 f_i(kPa)

土的名称	土性状态	极限摩阻力
软　土		12~22
黏性土	流　塑 软　塑 硬　塑	20~35 35~55 55~75
粉　土	中　密 密　实	30~55 55~70
粉砂、细砂	中　密 密　实	30~55 55~70
中　砂	中　密 密　实	45~70 70~90
粗砂、砾砂	中　密 密　实	70~90 90~150
圆砾土、角砾土	中　密 密　实	90~150 150~220
碎石土、卵石土	中　密 密　实	150~220 220~420

注:1 漂石土、块石土极限摩阻力可采用 400~600 kPa;
2 挖孔灌注桩的极限摩阻力可参照本表采用。

l_i——各土层的厚度(m);

A——桩底支承面积(m^2),按设计桩径计算;

$[\sigma]$——桩底地基土的容许承载力(kPa),当 $h\leqslant 4d$ 时,$[\sigma]=\sigma_0+k_2\gamma_2(h-3)$;当 $4d<h\leqslant 10d$ 时,$[\sigma]=\sigma_0+k_2\gamma_2(4d-3)+k_2'\gamma_2(h-4d)$;当 $h>10d$ 时,$[\sigma]=\sigma_0+k_2\gamma_2(4d-3)+k_2'\gamma_2(6d)$,其中 d 为桩径或桩的宽度(m);k_2 采用本规范表 4.1.3 中的数值;k_2'对于黏性土、粉土和黄土为 1.0;对于其他土,k_2'为本规范表 4.1.3 中的 k_2 值之半;σ_0、γ_2 和 h 的意义与本规范第 4.1.3 条相同;

m_0——桩底支承力折减系数。钻孔灌注桩桩底支承力折减系数可按表 6.2.2—6 采用;挖孔灌注桩桩底支承力折减系数可根据具体情况确定,一般可取 $m_0=1.0$。

表 6.2.2—6 钻孔灌注桩桩底支承力折减系数 m_0

土质及清底情况	m_0		
	$5d<h\leqslant 10d$	$10d<h\leqslant 25d$	$25d<h\leqslant 50d$
土质较好,不易坍塌,清底良好	0.9~0.7	0.7~0.5	0.5~0.4
土质较差,易坍塌,清底稍差	0.7~0.5	0.5~0.4	0.4~0.3
土质差,难以清底	0.5~0.4	0.4~0.3	0.3~0.1

注:h 为地面线或局部冲刷线以下桩长,d 为桩的直径,均以 m 计。

2　柱桩轴向受压的容许承载力

1）支承于岩石层上的打入桩、震动下沉桩（包括管柱）的容许承载力：

$$[P]=CRA \tag{6.2.2—3}$$

式中　$[P]$——桩的容许承载力（kN）；

R——岩石单轴抗压强度（kPa）；

C——系数，匀质无裂缝的岩石层采用 $C=0.45$；有严重裂缝的、风化的或易软化的岩石层采用 $C=0.30$；

A——桩底面积（m^2）。

2）支承于岩石层上与嵌入岩石层内的钻（挖）孔灌注桩及管桩的容许承载力：

$$[P]=R(C_1A+C_2Uh) \tag{6.2.2—4}$$

式中　$[P]$——桩及管柱的容许承载力（kN）；

U——嵌入岩石层内的桩及管柱的钻孔周长（m）；

h——自新鲜岩石面（平均高程）算起的嵌入深度（m）；

C_1，C_2——系数，根据岩石层破碎程度和清底情况决定，按表 6.2.2—7 采用；

其余符号意义同前。

表 6.2.2—7　系数 C_1，C_2

岩石层及清底情况	C_1	C_2
良　好	0.5	0.04
一　般	0.4	0.03
较　差	0.3	0.02

注：当 $h\leqslant 0.5$ m 时，C_1 应乘以 0.7，C_2 采取为 0。

3　摩擦桩轴向受拉的容许承载力：

$$[P']=0.30U\sum a_i l_i f_i \tag{6.2.2—5}$$

式中　$[P']$——摩擦桩轴向受拉的容许承载力（kN）；

其余符号意义同前。

6.2.3　桩下端锚固在岩石内时，可假定弯矩由锚固侧壁岩石承受，锚固需要深度可不考虑水平剪力影响，并按下列公式近似计算：

1　圆形桩

$$h_1=\sqrt{\frac{M}{0.066K\cdot R\cdot d}} \tag{6.2.3—1}$$

2　矩形桩

$$h_1=\sqrt{\frac{M}{0.083K\cdot R\cdot b}} \tag{6.2.3—2}$$

式中　h_1——自桩下端锚固点算起的锚固需要深度（m）；

M——桩下端锚固点处的弯矩（kN·m）；

K——根据岩层构造在水平方向的岩石容许压力换算系数，0.5～1.0；

d——钻孔直径（m）；

b——垂直于弯矩作用平面桩的边长（m）；

R——见本规范第 6.2.2 条。

6.2.4　管柱震动下沉中应进行下列计算：

1　震动荷载下的应力。震动时作用于管柱的计算外力可按下式计算：

$$N=\eta P_{max} \tag{6.2.4}$$

式中 N——震动时作用于管柱的计算外力(kN);

P_{max}——所选用的震动打桩机的额定最大震动力(kN);

η——震动冲击系数,主要是按震动下沉的入土深度、土质条件和施工辅助设施而定,可采用1.5~2.0。

2 震动荷载作用下管柱的变形。管柱在震动下沉时,拉伸和压缩引起的弹性变形值必须小于震动体系的振幅。

3 预应力混凝土管柱的张拉力,不宜小于管柱的震动荷载。

6.2.5 计算基桩的内力和稳定性时,可按本规范附录D考虑桩侧土弹性抗力的作用。对钻孔灌注桩计算桩身强度和稳定性时,桩身采用设计桩径。

6.2.6 摩擦桩桩顶承受的轴向压力加上桩身自重与桩身入土部分所占同体积土重之差,不得大于本规范第6.2.2条按土阻力计算的单桩受压容许承载力。柱桩桩顶承受的轴向压力加桩身自重不得大于本规范第6.2.2条岩石强度计算的单桩受压容许承载力。受拉桩桩顶承受的拉力减去桩身自重不得大于本规范第6.2.2条按土阻力计算的单桩受拉容许承载力。但仅在主力作用时,桩不得承受轴向拉力。

当主力加附加力作用时,按本规范第6.2.2条求得的桩的轴向受压容许承载力可提高20%,当主力加特殊荷载(地震力除外)时柱桩可提高40%,摩擦桩可提高20%~40%。

桩基础还应按本规范附录E当作实体基础进行检算。当桩基础底面以下有软弱土层时,尚应检算该土层的压应力。

6.2.7 位于湿陷性黄土和软土地基中的桩基础,当土壤可能出现湿陷或固结下沉时应考虑桩侧土的负摩阻力的作用。

6.3 构 造

6.3.1 桩的直径应根据受力大小、桩基形式和施工条件确定。钻孔灌注桩的设计桩径不宜小于0.8 m;挖孔灌注桩的直径或边宽不宜小于1.25 m。

6.3.2 基桩的排列可采用行列式或梅花式。

打入桩的桩尖中心距不应小于3倍桩径。震动下沉于砂土内的桩,桩尖中心距不应小于4倍桩径。桩尖爆扩桩的桩尖中心距应根据施工方法确定。上述各类桩在承台板底面处桩的中心距不应小于1.5倍桩径。

钻(挖)孔灌注摩擦桩的中心距不应小于2.5倍成孔桩径,钻(挖)孔灌注柱桩的中心距不应小于2倍成孔桩径。

摩擦支承管柱的中心距可采用2.5~3倍管柱外径;端承管柱的中心距可采用2倍钻孔直径。

各类桩的承台板边缘至最外一排桩的净距,当桩径 $d \leqslant 1$ m时,不得小于 $0.5d$,且不得小于0.25 m;当桩径 $d>1$ m时,不得小于 $0.3d$,且不得小于0.50 m。对于钻孔灌注桩,d 为设计桩径。

注:对于矩形截面的桩,d 为桩的短边宽。

6.3.3 桩身的钢筋和混凝土应符合以下规定:

1 预制钢筋混凝土桩的混凝土强度等级和配筋,应满足作为基础结构时的受力要求及桩的运输、沉桩时的受力要求。现场制造的钢筋混凝土矩形桩,混凝土强度等级不得低于 C30。管桩填心混凝土的强度等级不得低于 C15。

2 钻(挖)孔灌注桩可按桩身内力要求分段配筋。主筋宜采用光钢筋(挖孔灌注桩不考虑此项要求),必要时也可用带肋钢筋。采用束筋时每束不宜多于两根钢筋。主筋直径不宜小于 16 mm,净距不宜小于 120 mm,且不得小于 80 mm。主筋的净保护层不应小于 60 mm。箍筋的直径可采用 8 mm,其间距采用200 mm,摩擦桩下部可增大至 400 mm。顺钢筋笼长度每隔 2.0 ~ 2.5 m加一道直径为 16 ~ 22 mm 的骨架箍筋,以增大钢筋笼的刚度。桩身混凝土强度等级不得低于 C30。

按计算桩身混凝土不需配筋的桩,应在桩顶部 4 ~ 6 m 范围内设置构造联接钢筋,并伸入承台板内。钢筋直径可采用16 mm,间距 250 ~ 350 mm。桩身混凝土强度等级可采用 C25 ~ C30。

6.3.4 预制钢筋混凝土桩的分节长度可根据施工条件确定,但应减少接头数量,接头的强度应不低于桩身的强度。接头的构造必须保证在沉桩过程中和使用中不松动、不开裂。

6.3.5 承台板的厚度和配筋应根据受力情况确定。厚度不宜小于 1.5 m,混凝土强度等级不得低于 C30。承台板的底部应布置一层钢筋网,当桩顶主筋伸入承台板联结时,钢筋网在越过桩顶处不得截断。

当桩顶直接埋入承台板内,且桩顶作用于承台板的压应力超过承台板混凝土的容许局部承压应力时(计算此项应力时不考虑桩身与承台板混凝土间的黏着力),应在每一根桩的顶面以上设置 1 ~ 2 层直径不小于 12 mm 的钢筋网,钢筋网的每边长度不得小于桩径的 2.5 倍,其网孔为 100 mm × 100 mm ~ 150 mm × 150 mm。

6.3.6 当基桩桩顶主筋伸入承台板联结时,一般桩的桩身伸入承台板内的长度为 100 mm,管柱伸入承台板内的长度为 150 ~ 200 mm(不包括水下封底混凝土厚度)。此时桩顶伸入承台板内的主筋长度(算至弯钩切点)对于光钢筋不得小于 45 倍主筋的直径,对于带肋钢筋不得小于 35 倍主筋的直径。其箍筋的直径不应小于 8 mm,箍筋的间距可采用 150 ~ 200 mm。

钢筋混凝土桩桩顶直接埋入承台板联结时,埋入长度应满足下列规定。

1 当桩径小于 0.6 m 时,不得小于 2 倍桩径;

2 当桩径为 0.6 ~ 1.2 m 时,不得小于 1.2 m;

3 当桩径大于 1.2 m 时,不得小于桩径。

承受拉力的桩与承台板的联结必须满足受拉强度要求。

6.3.7 嵌入新鲜岩面以下的钻(挖)孔灌注桩,其嵌入深度应根据计算确定,但不得小于 0.5 m。

6.3.8 河床岩层有冲刷时,支于岩层上的管柱基础必须采用钻岩支承。管柱下端的位置应考虑岩层最低冲刷高程。

6.3.9 嵌入岩层的管柱应采用外壁竖直的钢刃脚,其高度应与嵌入岩内的深度相适应。

需要钻岩的管柱,在钻头运动高度范围内,底节管柱内壁及刃脚内侧,均应以周圈钢板防护。

钻岩支承的管柱,钻孔内应设置钢筋笼,并伸入管柱底部,伸入管柱底部的长度应按计算确定。在布置钻孔中钢筋笼时,钢筋笼底面与钻孔底面的容许误差可根据具体情况在设计时规定,但不得大于 0.5 m。

钢筋笼的直径宜较钻头直径小 200 mm。

7 沉井基础

7.1 一般规定

7.1.1 当基础需要埋置较深,地质、水文及施工等条件适宜时,可选用沉井基础。但下沉可能遇到大漂石、流砂、倾斜较大的岩面、地基承载力较低等不利条件时,应慎重选用。

一般沉井适用于水深不太大的场合,当水深较大,流速适宜时可考虑采用浮运沉井。

7.1.2 沉井下沉自重扣除水浮力作用后,应大于下沉时土对井壁的摩阻力,当刃脚需嵌入风化层时应考虑采取必要措施。

土对井壁摩阻力的数值与沉井入土深度、土的性质、井壁外形及施工方法等有关,此项数值应根据实践或试验资料确定。

7.1.3 沉井底节可用混凝土结构、钢筋混凝土结构、钢结构等。混凝土结构只适用于下沉深度不大的松软土层。钢筋混凝土结构截面最小配筋率不应小于0.5‰。

浮式焊接钢沉井所用钢材应保证其可焊性能,气筒应采用镇静钢。

沉井井孔是否填充,应根据受力或稳定要求确定,在低于冻结线0.25 m以上的部分,应用混凝土或石砌填实。

7.2 计 算

7.2.1 计算施工阶段荷载情况下的混凝土、钢筋混凝土沉井各计算截面强度时,材料容许应力可在主力加附加力的基础上提高,但提高的最大数值不得大于10%。

7.2.2 沉井刃脚应按下列情况检算:

1 沉井下沉过程中,应根据沉井接高等具体情况,取最不利位置,按刃脚切入土中1 m,检算刃脚向外弯曲强度。此时作用在井壁上的土压力和水压力根据下沉时的具体情况确定,作用在井壁外侧的计算摩擦力不得大于0.5E(E为井壁外侧所受主动土压力)。

2 当沉井沉至设计高程,刃脚下的土已掏空时,应检算刃脚向内弯曲强度。此时作用在井壁上的水压力,按设计和施工中的最不利水压力考虑,土压力按主动土压力计算。

7.2.3 检算沉井刃脚时,应根据刃脚在水平和竖直两方向的作用力,进行荷载的分配和进行沉井刃脚计算。

7.2.4 井壁应按竖直方向和水平方向分别进行检算,并应符合下列规定:

1 竖直方向

应按刃脚下土已挖空,而外侧四周作用有摩阻力,可能把沉井箍住,应检算井壁垂直拉应力,混凝土沉井接缝处拉应力由接缝钢筋承受,并检算钢筋的锚固长度。

2 水平方向

应按第7.2.2条的水平荷载,将沉井作为水平框架进行检算。在检算刃脚斜面以上高度等于该处壁厚的一段井壁时,除承受该段井壁范围内的水平荷载外,还应承受由刃脚悬臂传来的水平力。

采用泥浆润滑套下沉的沉井,井壁外侧压力应按泥浆压力(即泥浆比重乘泥浆高度)计算。

采用空气幕下沉的沉井,井壁压力与普通沉井的计算方法相同。

7.2.5 沉井底节应按下列支承情况检算:

1 对于矩形、圆端形沉井

不排水下沉时:

1)支承于短边的两端点;

2)支承于长边的中点。

排水下沉时,按施工中可能的支承情况检算。支承点设于长边上,对于两边长宽比 $L/B>1.5$ 时,两支点间距可按 $(0.6\sim0.8)L$ 计算。

2 对于圆形沉井

按支承于相互垂直的直径方向的四个支点检算。在有孤石、漂石或其他障碍物的土层中,不排水下沉的圆沉井可按支承于直径上的两个支点检算。

7.2.6 底节平面尺寸较大的沉井应按浇筑第二节沉井混凝土的荷载检算底节内隔墙及井壁,并假定内隔墙下土已挖空,内隔墙支承于井壁上。

7.2.7 沉井封底混凝土厚度根据受力情况决定,并应考虑所用施工方法对混凝土质量的影响而适当加厚。

7.2.8 浮式沉井在悬浮状态下(落入河床前)应按下列规定计算:

1 按施工步骤计算各阶段沉井入水深度及其稳定性。

计算稳定性时,沉井浮体稳定的倾斜角 φ 可按下式计算:

$$\varphi=\arctan\frac{M}{\gamma_w V(\rho-a)} \tag{7.2.8}$$

φ 不得大于6°,并应满足 $(\rho-a)>0$。

式中 M——外力矩(kN·m);

V——排水体积(m^3);

a——重心至浮心的距离(m),重心在浮心之上时 a 为正,反之为负;

ρ——定倾半径,即定倾中心至浮心的距离(m),$\rho=\dfrac{I}{V}$,I 为浮体排水截面的惯性矩(m^4),按沉井轮廓面积、气筒布置及是否连通的情况(各气筒互不连通时,I 值为最大)和各阶段沉井入水深度计算;

γ_w——水的容重,等于10 kN/m^3。

2 底节以上沉井应按静水压力、流水压力、风力、导向结构反力、锚缆拉力、填充时混凝土侧压力等,分别检算井壁和内隔墙。

3 底节钢结构,应按下列两种情况检算:

1)起吊时按承受结构自重检算;

2)浮于水中时,按承受竖向荷载(钢结构自重、气筒、混凝土脚手模板、灌注设备、人群)、浮力、水平荷载(气压、静水压力、流水压力、锚缆拉力等)和底节以上的水平力,分别检算井壁和内隔墙的强度。检算井壁时还应考虑沉井可能倾斜而加大的静水压力，一般加大 7 ~ 10 kPa。

4　气筒应按下列情况计算：

1）沉井沉至稳定深度时，气筒未切割前需充气调整的最大气压；

2）气筒切割顶盖后可能承受的最大静水压力；

3）气筒的试验压力（采用工作压力的 1.5 倍），计算时钢材容许应力可采用 $0.8\sigma_s$（σ_s 为屈服点）；

4）气筒起吊及存放时的受力状况；

5）实际工作压力下，气筒和底节钢沉井的联结。

7.2.9　沉井底面处土的容许承载力，应按本规范第 4 章确定。置于岩面上的沉井，在检算基底时，基底面积可酌情扣除水下清基时在沉井底面周围一定宽度内不可能完全清净的面积。

沉井基础的沉降和基底偏心距的检算，应按本规范第 3.2 节和第 5.2 节的规定办理。

土的弹性抗力作用，可按本规范附录 D 计算。在采用泥浆润滑套施工时，仅在恢复侧面土的约束能力后，方可考虑土的弹性抗力作用。采用空气幕下沉的沉井，可以考虑土的弹性抗力作用。

对高低刃脚的沉井基础，检算倾覆和滑动稳定性时，应考虑岩面倾斜的不利因素。必要时可在井孔内钻岩，设置钢筋笼以加强锚固作用。

高而窄的沉井应检算产生施工容许偏差时的影响。

7.3　构　　造

7.3.1　沉井的平面形状及尺寸应根据墩台底面尺寸和地基容许承载力确定，并应考虑阻水较小、受力有利、简单对称和施工方便等要求。棱角处宜用圆角或钝角。顶面襟边宽度应根据沉井施工允许偏差确定。对顶部需设围堰的沉井，其襟边宽度应满足安装墩台身模板的需要。

井孔的布置和大小应满足取土机具所需净空和除土范围的要求，对顶部设置围堰的沉井，井孔布置应结合简化围堰支架结构统一考虑。

沉井外壁可做成竖直的或有台阶的，台阶的宽度可为100 mm左右。

沉井在松软土中下沉时，沉井底节高度不应大于沉井短边宽度的 0.8 倍。

7.3.2　井壁的厚度应根据结构强度、下沉需要的重量，以及便于取土和清基而定。

考虑传递封底混凝土基底反力的需要时，可在井壁上设置凹槽或其他联结措施。

沉井内隔墙底面应高出刃脚底面不小于 0.5 m，必要时内隔墙底部可设过人孔。

井壁和内隔墙可根据施工需要分别设置连通管、探测管、射水孔和使用泥浆润滑套施工时的预埋管路以及采用空气幕施工时需设置的气龛、管路等。

按第 7.2.2 条及第 7.2.3 条检算沉井刃脚钢筋时，刃脚悬臂部分的竖直钢筋应伸入悬臂根部以上 $0.5s_1$（s_1 为内隔墙间的最大水平向计算跨度）的高度处。

7.3.3　沉井刃脚根据地质情况，可采用尖刃脚或带踏面的刃脚，踏面宽度不宜大于 150 mm，刃脚斜面与水平面交角不宜小于 45°。

需要下沉至稍有倾斜的岩面时，在掌握岩层高低差变化的情况下，可将沉井刃脚做成与岩面倾斜相适应的高低刃脚。

7.3.4 浮式沉井应有系锚和导向定位设备。

设有气筒的浮式沉井(底节为双壁自浮的钢结构,上接单壁钢井壁和钢气筒,在悬浮状态下逐节接高钢筋混凝土井壁和填充混凝土,俟沉井落到河床后,切割气筒,再接高下沉至设计高程),应符合下列规定:

1 单壁钢井壁顶上的一层井壁混凝土达到规定强度前,钢井壁顶面应保持高出水面一定高度;

2 钢气筒的高度应满足放气下落河床前,及沉到稳定深度过程中需要的浮力,及调正偏斜时气体容积的要求;

3 气筒的直径应满足取土机具的净空需要;

4 各气筒底部应与探测管各自连通以溢余气;

5 单壁钢井壁和钢气筒应尽量切割回收。

8 特殊地基

8.1 湿陷性黄土地基

8.1.1 黄土地区建筑场地的湿陷性类型按自重湿陷量Δ_{zs}判定。当自重湿陷量Δ_{zs}小于或等于7 cm时,定为非自重湿陷性黄土场地,当Δ_{zs}大于7 cm时,定为自重湿陷性黄土场地。

湿陷性黄土的自重湿陷量Δ_{zs}可按下式计算:

$$\Delta_{zs} = \beta_0 \sum_{i=1}^{n} \delta_{zsi} \cdot h_i \qquad (8.1.1)$$

式中 Δ_{zs}——自重湿陷量(cm);

δ_{zsi}——第i层土的自重湿陷系数;

h_i——第i层土的厚度(cm);

β_0——因地区土质而异的修正系数,采用现行国家标准《湿陷性黄土地区建筑规范》(GB 50025)有关数据:陇西地区可取1.5,陇东—陕北—晋西地区可取1.2,关中地区可取0.9,其他地区可取0.5。

自重湿陷量Δ_{zs}的累计自天然地面算起(当挖、填方的厚度和面积较大时,自设计地面算起),至其下非湿陷性黄土层的顶面止,其中自重湿陷系数δ_{zs}小于0.015的土层可不计。

8.1.2 自重湿陷系数δ_{zs}可按下式计算:

$$\delta_{zs} = \frac{h_z - h_z'}{h_0} \qquad (8.1.2)$$

式中 h_z——保持天然湿度和结构的土样,加压至该土样上覆土的饱和自重压力时,下沉稳定后的高度(cm);

h_z'——上述加压稳定后的土样,在浸水(饱和)作用下,附加下沉稳定后的高度(cm);

h_0——土样的原始高度(cm)。

8.1.3 黄土的湿陷性应按湿陷系数δ_s判定。δ_s根据室内压缩试验可按下式计算:

$$\delta_s = \frac{h_p - h_p'}{h_0} \qquad (8.1.3)$$

式中 δ_s——湿陷系数;

h_p——保持天然湿度和结构的土样,加压至规定压力时,下沉稳定后的高度(cm);

h_p'——上述加压稳定后的土样,在浸水(饱和)作用下,附加下沉稳定后的高度(cm);

h_0——土样的原始高度(cm)。

测定湿陷系数δ_s的压力,对于基础底面压力小于或等于300 kPa的桥涵,自基底算起,10 m 以内的土层采用 200 kPa,10 m 以下至非湿陷性土层顶面,采用其上覆土的饱和自重压力(当上覆土的饱和自重压力大于 300 kPa 时,仍采用 300 kPa);对于基础底面压力大于 300 kPa 的桥涵,应采用实际压力。对压缩性较高的新近堆积黄土,基底下 5 m 以内的土层宜用 100~150 kPa 压力,5~10 m 和 10 m 以下至非湿陷性黄土层顶面,应分别用 200 kPa 和上覆土的饱和自重压力。

当湿陷系数 δ_s 小于 0.015 时,定为非湿陷性黄土;当 δ_s 等于或大于 0.015 时,定为湿陷性黄土。

8.1.4 基底以下地基的湿陷量 Δ_s 可按下式计算:

$$\Delta_s = \sum_{i=1}^{n} \beta \cdot \delta_{si} \cdot h_i \tag{8.1.4}$$

式中 Δ_s——基底以下地基的湿陷量(cm);

δ_{si}——自基底算起第 i 层土的湿陷系数,见式(8.1.3);

β——考虑地基土侧向挤出或浸水几率等因素的修正系数:在缺乏实测资料时,基底以下 5 m 深度内取 1.5;5~10 m 深度内取 1.0;10 m 以下至非湿陷性黄土层顶面,非自重湿陷性黄土取 0,自重湿陷性黄土可采用本规范式(8.1.1)中的 β_0 值;

h_i——基底以下第 i 层土的厚度(cm)。

基底以下地基的湿陷量 Δ_s 应自基础底面算起,对于非自重湿陷性黄土,累计至基底以下 10 m(或地基压缩层)深度止。对于自重湿陷性黄土,累计至非湿陷性土层顶面为止。其中湿陷系数 δ_s(10 m 以下为 δ_{zs})小于 0.015 的土层可不累计。

8.1.5 湿陷性黄土地基的湿陷等级,应根据自重湿陷量 Δ_{zs} 和基底以下地基湿陷量 Δ_s 的大小按表 8.1.5 判定。

表 8.1.5 湿陷性黄土地基的湿陷等级

湿 陷 性 类 型		非自重湿陷性场地	自重湿陷性场地	
自重湿陷量 Δ_s(cm)		$\Delta_{zs} \leqslant 7$	$7 < \Delta_{zs} \leqslant 35$	$\Delta_{zs} > 35$
基底以下地基的湿陷量 Δ_s(cm)	$\Delta_s \leqslant 30$	Ⅰ(轻微)	Ⅱ(中等)	—
	$30 < \Delta_s \leqslant 70$	Ⅱ(中等)	* Ⅱ(中等)或Ⅲ(严重)	Ⅲ(严重)
	$\Delta_s > 70$	Ⅱ(中等)	Ⅲ(严重)	Ⅳ(很严重)

* 注:1 当 30 cm $< \Delta_s \leqslant$ 60 cm,7 cm $< \Delta_{zs} \leqslant$ 30 cm 时,可判为Ⅱ级;
2 当 $\Delta_s >$ 60 cm,$\Delta_{zs} >$ 30 cm 时,可判为Ⅲ级。

8.1.6 湿陷性黄土地区桥涵建筑物根据其重要性、结构特点和受水浸湿后的危害程度分为甲、乙、丙、丁四类:

甲、桥梁基础;

乙、拱涵;

丙、圆涵、矩形涵、盖板涵和倒虹吸;

丁、桥涵附属工程。

湿陷性黄土地区桥涵建筑物应根据湿陷性黄土的等级、建筑物分类和水流特征,采取相应的设计措施满足基础沉降控制的要求。

8.1.7　采用强夯法、重锤夯实、桩孔挤密和换填灰土措施后，干容重不得小于16 kN/m³。

重锤夯实和桩孔挤密地基处理的宽度应超出基础边缘不得小于0.5 m。

强夯法处理时，宽度应超出基础边缘的尺寸为：圆形夯锤底面的直径或方形夯锤底面的边长。

换填灰土处理的宽度应超出基础边缘不得小于厚度的30%，并不得小于0.3 m。

8.1.8　对可能被水浸湿的桥涵地基，其沟床应采取可靠的防水措施。铺砌范围应比非湿陷地区同类的桥涵适当加大，垂裙适当加深，涵洞嵌缝宜用柔性材料，严禁漏水。

8.1.9　桥涵附近的陷穴、溶洞、古墓、古井、掏沙坑等应予以填平夯实，并防止湿陷。桥涵上游不允许积水，平坦地区对25 m以内的池塘和水渠应采取防止渗水的措施或填平处理。山区及丘陵地区应加强疏导，避免潜蚀或严重冲刷影响桥涵基础稳定。

8.1.10　湿陷性黄土地区的桥涵，宜设置在原有沟床上，并宜采用适应较大沉降的结构。**涵洞不应采用分离式基础。**

8.1.11　湿陷性黄土地区的桥涵基础应避免在雨季施工。如必须在雨季施工时，应有专门的防洪、排水设施，保证基坑不受水浸泡。

混凝土养生水不得浸泡基坑。

8.1.12　基坑开挖时，应在基坑底面以上预留0.05～0.10 m土层，进行夯实至设计高程。基础筑出地面后，基坑应及时用不透水土或原土分层回填夯实至稍高于附近地面，以利排水。

换填土和桩孔填土不应采用渗水土。

8.2　软土地基

8.2.1　软土地基上桥涵基础的工后沉降量，应符合本规范第3.2.1条的规定。

8.2.2　建于软土上且台后填土高 $h \geq 5$ m的桥台，在计算地基应力和沉降时，可按本规范附录F考虑由于台后路基对基底产生的附加竖向压应力。

建于软土地基上的墩台基础当周围有不平衡荷载时，应考虑软土对基础产生的附加水平力。

8.2.3　当桥涵基础的计算沉降量超过容许值，或地基土的容许承载力不足时，应采取工程措施或地基加固措施。

8.2.4　当基底下软土层厚度不大时，可将软土层全部挖除，换以中砂、粗砂、砾砂、碎石、卵石，分层夯填。换填的顶面尺寸为基底每边加宽不得小于0.3 m，底面尺寸由基底边缘按35°～45°扩散角确定。

8.2.5　砂垫层的顶面尺寸应为基底每边加宽不得小于0.5 m，底面宽度不得小于 $b + 2h\tan35°$，其中 b 为基础宽度，h 为砂垫层的厚度，应按下卧软土层的容许承载力确定，可为1～3 m。

砂垫层本身的沉降量可以忽略不计。

8.2.6　砂井的直径可为0.20～0.30 m；砂井的间距应根据施工期限及对地基强度、变形等要求按固结计算确定，其中心距可为井径的5倍左右；砂井的深度宜贯穿软土层，如软土层很厚时，可根据地层情况、基底应力和沉降量决定。

砂井宜按等边三角形平面布置，且在基础边缘外增加1～2排，砂井的顶部可用满铺式砂垫层连通,垫层厚宜为0.5~1.0 m。

对砂井地基应先行预压,而后再修建桥涵结构物;砂垫层应高出地面并做好排水设计。

若桥涵建成后即行通车或通过架桥机时,应进行检算和试压,以策安全。

砂桩的直径一般比砂井略大,中心距约为桩径的3倍,其深度宜穿过软土层,应根据设计计算决定。对于砂桩也可采用预压,以同时取得排水固结效果。砂桩的顶部可用满铺式砂垫层,厚约0.5 m。砂桩的布置,应在基础边缘外再增加1~2排。

碎石桩可参照砂桩进行设计。

8.2.7 软土地基上的桥涵设计,应对结构形式、净空、控制沉降等方面采取措施,保证结构良好和正常使用。

8.3 多年冻土地基

8.3.1 多年冻土按照冻土融化时的下沉特征,可分为不融沉、弱融沉、融沉、强融沉和融陷五类,多年冻土的分类和融沉性分级见本规范附录A中表A.0.11—1、表A.0.11—2。

8.3.2 多年冻土地区桥涵地基,应根据多年冻土的工程地质条件(如多年冻土发展趋势、类型、厚度、地温和物理力学性质等)、地下水活动情况、不良地质现象、桥涵建筑物的结构类型和施工方法,并考虑桥涵修建后地基冻土的变化(如上限的升降、地温的变化、物理力学性质的改变等),选择经济合理的设计原则。

8.3.3 多年冻土地区的地基,可按下列原则设计:

1 保持冻结原则——即保持基础底部多年冻土在施工和运营过程中处于冻结状态。此原则宜用于冻层较厚、多年地温较低和多年冻土相对稳定的地带。

2 容许融化原则——即容许基底以下的多年冻土在施工或运营期间融化的原则。按其融化方法不同,又可分为下列两种:

自然融化——宜用于不融沉或弱融沉土地基。当地基的总沉降量不超过允许值时,不论其冻土厚度大小,均允许基底以下多年冻土在施工和运营期间自行逐渐融化。

预先融化——宜用于冻土厚度较薄,多年地温较高,多年冻土不够稳定地带的融沉、强融沉和融陷土地基,可视具体情况在建筑基础前采取人工融化压密或挖除换填处理。

8.3.4 采用保持冻结原则设计时,应选择在施工和运营中对地基冻土破坏较小的基础类型,如桩基础。采用容许融化原则设计时,应选择能适应地基下沉的结构形式。

适用于多年冻土地基的主要基础类型有钻孔桩基础和明挖基础。其使用条件如下:

钻孔插入桩,宜用于沿桩长月最高平均地温较高的各类多年冻土地基;

钻孔打入桩,宜用于黏性土和砂土的多年冻土地基;

钻孔灌注桩,宜用于沿桩长月最高平均地温较低的各类多年冻土地基;

明挖基础,适用于埋深较浅,除含土冰层以外的各类多年冻土地基。

8.3.5 钻孔桩按地基土阻力确定的单桩容许承载力,应通过试桩确定。如无条件进行试桩,可按下式计算:

$$[P]=\frac{1}{2}\sum\tau_i F_i m''+m_0' A[\sigma] \tag{8.3.5}$$

式中 $[P]$——桩的容许承载力(kN);

τ_i——第 i 层冻土同桩侧表面的冻结强度(kPa),可按本规范附录 G 中表 G.0.1—1 的 S_m 取值;

m''——采用各种不同沉桩方式时冻结力的修正系数,钻孔插入桩 m'' 可选用 0.7~0.8;钻孔打入桩 m'' 可选用 1.1~1.3;钻孔灌注桩 m'' 可选用 1.3~1.5;

F_i——第 i 层冻土中桩侧表面的冻结面积(m^2);

m_0'——桩底支承力折减系数,可根据孔底条件采用 0.5~0.9;

A——桩底支承面积(m^2);

$[\sigma]$——桩底多年冻土容许承载力(kPa),根据本规范表 4.1.2—10 确定。

8.3.6 水平荷载作用下多年冻土地区的墩台基础,可根据桩和地基共同作用的条件考虑土的弹性抗力,按本规范附录 D 进行计算。其地基系数的比例系数 m 和 m_0 宜通过现场实测确定。

8.3.7 当桥梁基础位于冻胀或强冻胀土中时,因受切向冻胀力的作用,可能导致基础冻胀变形或断裂,故应按本规范附录 G 进行切向冻胀计算。如经计算不能满足设计要求时,应在主冻胀带范围内,选用下列防冻胀措施:

1 减少地基与基础及墩台身之间的接触侧面积,并应使其表面光滑;

2 将基础和墩台身周围的冻胀性土用粉黏粒含量小于 10% 的中粗砂或卵砾石换填,亦可采用其他的物理、化学方法进行防冻胀处理;

3 加深基础埋入多年冻土中的深度,以增大锚固力,并在承受拉力的断面上配置钢筋。

8.3.8 多年冻土地区桥涵基础的底面埋置深度应符合下列规定:

1 按保持冻结原则进行设计时,基础和桩基承台板底面位于稳定人为上限以下的最小埋置深度应符合表 8.3.8 中的要求。桩身位于稳定人为上限以下的最小深度(不论土质)不应小于4 m。

表 8.3.8　基础和桩基承台板底面位于稳定人为上限以下的最小埋置深度(m)

基础类型	地基土质	位于稳定人为上限以下的最小埋置深度
桥梁明挖基础	多冰、富冰或饱冰冻土	1.0
涵洞出入口明挖基础	多冰、富冰或饱冰冻土	0.25
承台板底面	多冰、富冰或饱冰冻土	不应小于 0.25

2 按容许融化原则进行设计时,基础埋深应满足地基沉降方面的要求。当季节活动层为冻胀性土时,尚应符合本规范第 1.0.9 条与第 1.0.10 条的规定。

8.3.9 采用自然融化原则进行设计时,应进行沉降检算。对于弱融沉、融沉、强融沉土地基的最终沉降量可按下式计算:

$$S=\sum A_i\cdot h_i+\sum\alpha_i\cdot h_i\cdot\sigma_i+\sum\alpha_i\cdot W_i\cdot h_i \tag{8.3.9}$$

式中　S——最终沉降量(m);

h_i——第 i 层冻土厚度(m);

A_i——第 i 层冻土融化系数,宜由试验确定;

α_i——第 i 层冻土压缩系数(MPa^{-1}),宜由试验确定;

W_i——第 i 层冻土中点处的土自重压应力(MPa);

σ_i——第 i 层冻土中点处的附加压应力(MPa),恒载作用下,基底中点的压应力 σ_c 和稳定融化深度界面与基础轴线交点处的压应力 $\sigma_N = K\sigma_c$ 成比例,K 值见表 8.3.9。

表 8.3.9 稳定融化界面与基础轴线交点 N 处的竖向应力系数 K 值

h/b	圆形(半径 = b)	矩形(边长 $2a$、边宽 $2b$)				长形 $\frac{a}{b}=\infty$	附图
		$\frac{a}{b}=1$	$\frac{a}{b}=2$	$\frac{a}{b}=3$	$\frac{a}{b}=10$		
0	1.000	1.000	1.000	1.000	1.000	1.000	
0.25	1.009	1.009	1.009	1.009	1.009	1.009	
0.50	1.064	1.053	1.033	1.033	1.033	1.033	
0.75	1.072	1.082	1.059	1.059	1.059	1.059	
1.00	0.965	1.027	1.039	1.026	1.025	1.025	
1.50	0.684	0.762	0.912	0.911	0.902	0.902	
2.00	0.473	0.541	0.717	0.769	0.761	0.761	
2.50	0.335	0.395	0.593	0.651	0.636	0.636	
3.00	0.249	0.298	0.474	0.549	0.560	0.560	
4.00	0.148	0.186	0.314	0.392	0.439	0.439	
5.00	0.098	0.125	0.222	0.287	0.359	0.359	
7.00	0.051	0.065	0.113	0.170	0.262	0.262	
10.00	0.025	0.032	0.064	0.093	0.181	0.185	
20.00	0.006	0.008	0.016	0.024	0.068	0.086	
50.00	0.001	0.001	0.003	0.005	0.014	0.037	
∞	0	0	0	0	0	0	

采用预先融化时,人工融化或挖除冻土的深度,可根据冻土人为上限深度和基础允许沉降量计算确定。

8.3.10 计算沉降量时,基底压缩层的厚度,可按下列原则确定:

1 当基底以下融化层厚度小于或等于基底压缩层厚度时,则压缩层的厚度等于融化层的厚度;

2 当基底以下融化层厚度大于压缩层的厚度时,对于土自重压力的下沉和融化的下沉,算至融化层的下限;对于附加压力的下沉,等于压缩层的厚度。

8.3.11 涵洞的建筑拱度,可按下列原则确定:

1 按容许融化原则设计时,可采用沉降计算值设计建筑拱度,如沉降过大,应采取措施;

2 按保持冻结原则设计时,可按涵洞的有关规定办理。

9 改建既有线及增建第二线的桥涵基础

9.0.1 既有桥墩台基础埋深不足时，应采取板桩防护、河床铺砌、混凝土块排、钻孔灌注桩加固等措施，必要时予以根本改善。

9.0.2 增建第二线桥时，应在满足既有桥行车安全的条件下，合理确定新、旧桥的间距，新、旧基础可做成分离式或整体式。

分离式基础仍有部分重叠时，应以竖直的和水平的沉降缝分隔开。分离式基础的计算均按两单线桥考虑，并应计算沉降的相互影响。对部分重叠的基础，检算第二线桥基底压应力时，应考虑横桥方向偏心的影响。

整体式基础应按双线桥计算，并应采取措施联结牢固，联结断面应检算一线有车时产生的弯矩和剪力。

9.0.3 加固既有桥或增建第二线桥墩台基础时，应先查明既有桥基础构造、地质情况、地下水位等资料，以制定防护既有桥的措施和第二线桥基的施工方案。

9.0.4 当既有桥墩台为明挖基础时，增建的第二线桥墩台基底不宜低于既有桥墩台基底；否则应结合地下水处理措施和行车影响，进行既有桥墩台的防护设计。

附录 A　土和岩石的工程分类及其性质的划分

A. 0. 1　土的分类及名称

表 A. 0. 1—1　土的颗粒分组

颗粒名称		粒径 d(mm)
漂石(浑圆、圆棱)或块石(尖棱)	大	$d>800$
	中	$400<d\leqslant 800$
	小	$200<d\leqslant 400$
卵石(浑圆、圆棱)或碎石(尖棱)	大	$100<d\leqslant 200$
	小	$60<d\leqslant 100$
粗圆砾(浑圆、圆棱)或粗角砾(尖棱)	大	$40<d\leqslant 60$
	小	$20<d\leqslant 40$
细圆砾(浑圆、圆棱)或细角砾	大	$10<d\leqslant 20$
	中	$5<d\leqslant 10$
	小	$2<d\leqslant 5$
砂　粒	粗	$0.5<d\leqslant 2$
	中	$0.25<d\leqslant 0.5$
	细	$0.075<d\leqslant 0.25$
粉　粒		$0.005\leqslant d\leqslant 0.075$
黏　粒		$d<0.005$

表 A. 0. 1—2　碎石类土的划分

土的名称	颗粒形状	土的颗粒级配
漂石土	浑圆或圆棱状为主	粒径大于 200 mm 的颗粒超过总质量的 50%
块石土	尖棱状为主	
卵石土	浑圆或圆棱状为主	粒径大于 60 mm 的颗粒超过总质量的 50%
碎石土	尖棱状为主	
粗圆砾土	浑圆或圆棱状为主	粒径大于 20 mm 的颗粒超过总质量的 50%
粗角砾土	尖棱状为主	
细圆砾土	浑圆或圆棱状为主	粒径大于 2 mm 的颗粒超过总质量的 50%
细角砾土	尖棱状为主	

注:定名时应根据粒径分组,由大到小,以最先符合者确定。

表 A.0.1—3 砂类土的划分

土的名称	土的颗粒级配
砾砂	粒径大于2 mm颗粒的质量占总质量的25%～50%
粗砂	粒径大于0.5 mm颗粒的质量超过总质量的50%
中砂	粒径大于0.25 mm颗粒的质量超过总质量的50%
细砂	粒径大于0.075 mm颗粒的质量超过总质量的85%
粉砂	粒径大于0.075 mm颗粒的质量超过总质量的50%

注:定名时应根据颗粒级配,由大到小,以最先符合者确定。

表 A.0.1—4 粉土及黏性土的划分

土的名称	塑性指数 I_p
粉土	$I_p \leqslant 10$
粉质粘土	$10 < I_p \leqslant 17$
黏土	$I_p > 17$

注:1 塑性指数等于土的液限含水率与塑限含水率之差;
2 液限含水率试验采用圆锥仪法,圆锥仪总质量为76 g,入土深度10 mm;
3 塑限含水率试验采用搓条法;
4 粉土为 $I_p \leqslant 10$,且粒径大于0.075 mm的颗粒少于全重50%的土。

A.0.2 土的密实程度或压缩性

表 A.0.2—1 碎石类土密实程度的划分

密实程度	结构特征	天然坡和开挖情况	钻探情况
密实	骨架颗粒交错紧贴连续接触,孔隙填满、密实	天然陡坡稳定,坎下堆积物较少。镐挖掘困难,用撬棍方能松动,坑壁稳定。从坑壁取出大颗粒处,能保持凹面形状	钻进困难。钻探时,钻具跳动剧烈,孔壁较稳定
中密	骨架颗粒排列疏密不匀,部分颗粒不接触,孔隙填满,但不密实	天然坡不易陡立或陡坎下堆积物较多。天然坡大于粗颗粒的安息角。镐可挖掘,坑壁有掉块现象。充填物为砂类土时,坑壁取出大颗粒处,不易保持凹面形状	钻进较难。钻探时,钻具跳动不剧烈,孔壁有坍塌现象
稍密	多数骨架颗粒不接触,孔隙基本填满,但较松散	不易形成陡坎,天然坡略大于粗颗粒的安息角。镐较易挖掘。坑壁易掉块,从坑壁取出大颗粒后易塌落	钻进较难。钻探时,钻具有跳动,孔壁较易坍塌
松散	骨架颗粒有较大孔隙,充填物少,且松散	锹可以挖掘。天然坡多为主要颗粒的安息角。坑壁易坍塌	钻进较容易,钻进中孔壁易坍塌

表 A.0.2—2 砂类土密实程度的划分

密度程度	标准贯入锤击数 N	相对密度 D_r	密度程度	标准贯入锤击数 N	相对密度 D_r
密实	$N > 30$	$D_r > 0.67$	稍密	$10 < N \leqslant 15$	$0.33 < D_r \leqslant 0.4$
中密	$15 < N \leqslant 30$	$0.4 < D_r \leqslant 0.67$	松散	$N \leqslant 10$	$D_r \leqslant 0.33$

注:$D_r = \dfrac{e_{max} - e}{e_{max} - e_{min}}$

式中 e——天然孔隙比;
e_{max}——最大孔隙比;
e_{min}——最小孔隙比。

表 A.0.2—3 粉土密实程度的划分

密实程度	孔隙比 e 值
密实	$e < 0.75$
中密	$0.75 \leqslant e \leqslant 0.9$
稍密	$e > 0.9$

表 A.0.2—4 黏性土压缩性的划分

压缩性分级	压缩系数(MPa^{-1})
低压缩性	$a_{0.1\sim0.2} < 0.1$
中压缩性	$0.1 \leqslant a_{0.1\sim0.2} < 0.5$
高压缩性	$a_{0.1\sim0.2} \geqslant 0.5$

注:$a_{0.1\sim0.2}$ 为0.1～0.2 MPa压力范围内的压缩系数。

A. 0. 3　土的潮湿程度或塑性状态

表 A. 0. 3—1　碎石类土和砂类土潮湿程度的划分

分　　级	饱和度 S_r(%)
稍　　湿	$S_r \leqslant 50$
潮　　湿	$50 < S_r \leqslant 80$
饱　　和	$S_r > 80$

注：$S_r = \dfrac{V_W}{V_V} \times 100\%$

式中　V_W——水所占的体积；

V_V——孔隙(包括水及气体)部分的体积。

表 A. 0. 3—2　粉土潮湿程度的划分

分　　级	天然含水率 w(%)
稍　　湿	$w < 20$
潮　　湿	$20 \leqslant w \leqslant 30$
饱　　和	$w > 30$

表 A. 0. 3—3　黏性土塑性状态的划分

塑 性 状 态	液 性 指 数 I_L	塑 性 状 态	液 性 指 数 I_L
坚　　硬	$I_L \leqslant 0$	软　　塑	$0.5 < I_L \leqslant 1$
硬　　塑	$0 < I_L \leqslant 0.5$	流　　塑	$I_L > 1$

注：$I_L = \dfrac{w - w_p}{I_p}$

式中　w——天然含水率；

w_p——塑限含水率；

I_p——塑性指数。

A. 0. 4　岩石按强度分类

表 A. 0. 4—1　岩石坚硬程度的定性划分

名　称		定 性 鉴 定	代 表 性 岩 石
硬质岩	极硬岩	锤击声清脆，锤击有回弹，震手，难击碎，浸水后大多无吸水反应	未风化或微风化的花岗岩、片麻岩、闪长岩、石英岩、硅质灰岩、硅质胶结的砂岩或砾岩等
	硬岩	锤击声较清脆，锤击有轻微的回弹，稍震手，较难击碎，浸水后有轻微的吸水反应	弱风化的极硬岩；未风化或微风化的熔结凝灰岩、大理岩、板岩、白云岩、灰岩、钙质胶结的砂岩、结晶颗粒较粗的岩浆岩等
软质岩	较软岩	锤击声不清脆，锤击无回弹，较易击碎，吸水明显，浸水后指甲可划出印痕	强风化的极硬岩；弱风化的硬岩；未风化或微风化的千枚岩、云母片岩、砂质泥岩、钙泥质胶结的粉砂岩和砾岩、泥灰岩、页岩、凝灰岩等
	软岩	锤击声哑，锤击无回弹，有凹痕，易击碎，浸水后手可掰开	强风化的极硬岩；弱风化～强风化的硬岩；弱风化的较软岩和未风化或微风化的泥质岩类：泥岩、煤、泥质胶结的砂岩和砾岩等
	极软岩	锤击声哑，锤击无回弹，有较深的凹痕，手可掰开，浸水后可捏成团或捻碎	全风化的各类岩石和成岩作用差的岩石

表 A. 0. 4—2　R_c 与定性划分岩石坚硬程度的对应关系

岩石单轴饱和抗压强度 R_c(MPa)	$R_c > 60$	$60 \geqslant R_c > 30$	$30 \geqslant R_c > 15$	$15 \geqslant R_c > 5$	$R_c \leqslant 5$
坚硬程度	极硬岩	硬　岩	较软岩	软　岩	极软岩

A. 0. 5　新鲜岩石抗风化能力的分级与岩石软化性分类

表 A. 0. 5—1　新鲜岩石抗风化能力的分级

分级 / 指标和特征 / 项目	不易风化的	易风化的
软　化　性	不易软化的	易软化的

续上表

分级 指标和特征 项目	不易风化的		易风化的
耐 冻 性	耐 冻 的		不耐冻的
岩浆岩的结构	细 粒 的		粗 粒 的
造岩矿物	以石英为主	长石、辉石、角闪石较多	黄铁矿、橄榄石、黑云母含量较多
胶结物	硅质的	钙质的	泥质的
耐风化时间	暴露一、二年尚不易风化		暴露后数日至数月即出现风化

表 A.0.5—2 岩石软化性分类

名 称	不易软化的	易软化的
软化系数 k_r	>0.75	≤0.75

注:软化系数 k_r 为同一岩体中岩石单轴饱和抗压强度与风干状态下岩石单轴抗压强度的比值。

A.0.6 岩体的节理分级

表 A.0.6—1 岩体按节理宽度分级

名 称	节理宽度 b(mm)	名 称	节理宽度 b(mm)
密闭节理	$b<1$	张开节理	$3\leq b<5$
微张节理	$1\leq b<3$	宽张节理	$b\geq5$

表 A.0.6—2 岩体节理发育程度分级

节理发育程度分级	基 本 特 征
节理不发育	节理1~2组,规则,为构造型,间距在1 m以上,多为密闭节理。岩体被切割成巨块状
节理较发育	节理2~3组,呈X形,较规则,以构造型为主,多数间距大于0.4 m,多为密闭节理,部分为微张节理,少有充填物。岩体被切割成大块状
节理发育	节理3组以上,不规则,呈X形或米字形,以构造型风化型为主,多数间距小于0.4 m,大部分为张开节理,部分有充填物。岩体被切割成块状
节理很发育	节理3组以上,杂乱,以风化型和构造型为主,多数间距小于0.2 m,以张开节理为主,有个别宽张节理,一般均有充填物。岩体被切割成碎裂状

A.0.7 岩体受地质构造影响程度的划分

表 A.0.7 岩体按受地质构造影响程度划分

名 称	基 本 特 征
轻 微	地质构造变动小,节理不发育
较 重	地质构造变动较大,位于断层或褶曲轴的邻近地段,可有小断层,节理较发育
严 重	地质构造变动剧烈,位于褶曲轴部或断层影响带内,软质岩多见扭曲及拖拉现象,节理发育
很严重	位于断层破碎带内,岩体呈块石、碎石、角砾状,有的甚至呈粉末、泥土状,节理很发育

A.0.8 岩体完整程度划分

表 A.0.8 岩体完整程度划分

名称	结构面特征	结构类型	岩体完整性指数 K_V
完整	结构面 1~2 组，以构造型节理或层为主，密闭型	巨块状整体结构	$K_V > 0.75$
较完整	结构面 2~3 组，以构造型节理、层面为主，裂隙多呈密闭型，部分为微张型，少有充填物	块状结构	$0.55 < K_V \leq 0.75$
较破碎	结构面一般为 3 组，以节理及风化裂隙为主，在断层附近受构造作用影响较大，裂隙以微张型和张开型为主，多有充填物	层状、块石、碎石状结构	$0.35 < K_V \leq 0.55$
破碎	结构面大于 3 组，并多以风化型裂隙为主，在断层附近受构造作用影响较大，裂隙以张开型为主，多有充填物	碎石角砾状结构	$0.15 < K_V \leq 0.35$
极破碎	结构面杂乱无序，在断层附近受构造作用影响很大，宽张裂隙全为泥质或泥夹岩屑充填，充填物厚度大	散体状结构	$K_V \leq 0.15$

注：1 表中裂隙宽度的类型，可参见表 A.0.6—1；
2 表中岩体完整性指数是岩体弹性纵波速度与同一岩体中岩石的弹性纵波速度比值的平方。

A.0.9 岩体风化程度分带

表 A.0.9 岩体风化程度分带

风化程度分带	野外鉴定特征				风化程度参数指标		
	岩石矿物颜色	结构	破碎程度	坚硬程度	风化系数 K_f	波速比 K_p	纵波速度 v_p(m/s)
未风化	岩石、矿物及其胶结物颜色新鲜，保持原有颜色	保持岩体原有结构	除构造裂隙外肉眼见不到其他裂隙，整体性好	除泥质岩可用大锤击碎外，其余岩类不易击开，放炮才能掘进	$K_f > 0.9$	$K_p > 0.9$	硬质岩 $v_p > 5\ 000$ 软质岩 $v_p > 4\ 000$
微风化	岩石、矿物颜色较暗淡，节理面附近有部分矿物变色	岩体结构未破坏，仅沿节理面有风化现象或有水锈	有少量风化裂隙，裂隙间距多数大于 0.4 m 整体性仍较好	要用大锤和楔子才能剖开，泥质岩用大锤可以击碎，放炮才能掘进	硬质岩 $0.8 < K_f \leq 0.9$ 软质岩 $0.8 < K_f \leq 0.9$	硬质岩 $0.8 < K_p \leq 0.9$ 软质岩 $0.8 < K_p \leq 0.9$	硬质岩 $4\ 000 < v_p \leq 5\ 000$ 软质岩 $3\ 000 < v_p \leq 4\ 000$
弱风化	岩石、矿物失去光泽，颜色暗淡，部分易风化矿物已经变色，黑云母失去弹性	岩体结构已部分破坏，裂隙可能出现风化夹层，一般呈块状或球状结构	风化裂隙发育，裂隙间距多数为 0.2~0.4 m，整体性差	可用大锤击碎，用手锤不易击碎，大部分需放炮掘进，岩心钻方可钻进	硬质岩 $0.4 < K_f \leq 0.8$ 软质岩 $0.3 < K_f \leq 0.8$	硬质岩 $0.6 < K_p \leq 0.8$ 软质岩 $0.5 < K_p \leq 0.8$	硬质岩 $2\ 000 < v_p \leq 4\ 000$ 软质岩 $1\ 500 < v_p \leq 3\ 000$
强风化	岩石及大部分矿物变色，形成次生矿物	岩体结构已大部分破坏，形成碎块状或球状结构	风化裂隙很发育，岩体破碎，风化物呈碎石状或碎石含砂状，裂隙间距小于 0.2 m，完整性很差	用手锤可击碎，用镐可以掘进，用锹则很困难，干钻可钻进	硬质岩 $K_f \leq 0.4$ 软质岩 $K_f \leq 0.3$	硬质岩 $0.4 < K_p \leq 0.6$ 软质岩 $0.3 < K_p \leq 0.5$	硬质岩 $1\ 000 < v_p \leq 2\ 000$ 软质岩 $700 < v_p \leq 1\ 500$
全风化	岩石、矿物已完全变色，大部分发生变异，除石英外大部分风化成土状	岩体结构已完全破坏，仅外观保持原岩特征，矿物晶体失去连接，石英松散呈粒状	风化破碎呈碎屑状、土状或砂状	用手可捏碎，用锹就可掘进，干钻较易钻进	—	硬质岩 $K_p \leq 0.4$ 软质岩 $K_p \leq 0.3$	硬质岩 $500 < v_p \leq 1\ 000$ 软质岩 $300 < v_p \leq 700$

注：1 k_f 是同一岩体中风化岩石的单轴饱和抗压强度与未风岩石的单轴饱和抗压强度的比值；
2 k_p 是同一岩体中风化岩体的纵波波速与未风化岩体纵波波速的比值。

A. 0. 10　季节性冻土的冻胀等级

表 A. 0. 10　季节性冻土的冻胀等级

土 的 类 别	冻前天然含水率 w(%)	冻结期间地下水位低于冻结线的最小距离 h_w(m)	平均冻胀率 η(%)	冻胀等级及类别
粉黏粒质量不大于15%的粗颗粒土(包括碎石类土、砾、粗、中砂,以下同),粉黏粒质量不大于10%的细砂	不考虑	不考虑	$\eta\leqslant 1$	Ⅰ级不冻胀
粉黏粒质量大于15%的粗颗粒土,粉黏粒质量大于10%的细砂	$w\leqslant 12$	>1.0		
粉　砂	$12<w\leqslant 14$	>1.0		
粉　土	$w\leqslant 19$	>1.5		
黏 性 土	$w\leqslant w_p+2$	>2.0		
粉黏粒质量大于15%的粗颗粒土,粉黏粒质量大于10%的细砂	$w\leqslant 12$	≤1.0	$1<\eta\leqslant 3.5$	Ⅱ级弱冻胀
	$12<w\leqslant 19$	>1.0		
粉　砂	$w\leqslant 14$	≤1.0		
	$14<w\leqslant 19$	>1.0		
粉　土	$w\leqslant 19$	≤1.5		
	$12<w\leqslant 22$	>1.5		
黏 性 土	$w\leqslant w_p+2$	≤2.0		
	$w_p+2<w\leqslant w_p+5$	>2.0		
粉黏粒质量大于15%的粗颗粒土,粉黏粒质量大于10%的细砂	$12<w\leqslant 18$	≤1.0	$3.5<\eta\leqslant 6$	Ⅲ级冻胀
	$w>18$	>0.5		
粉　砂	$14<w\leqslant 19$	≤1.0		
	$19<w\leqslant 23$	>1.0		
粉　土	$19<w\leqslant 22$	≤1.5		
	$22<w\leqslant 26$	>1.5		
黏 性 土	$w_p+2<w\leqslant w_p+5$	≤2.0		
	$w_p+5<w\leqslant w_p+9$	>2.0		
粉黏粒质量大于15%的粗颗粒土,粉黏粒质量大于10%的细砂	$w>18$	≤0.5	$6<\eta\leqslant 12$	Ⅳ级强冻胀
粉　砂	$19<w\leqslant 23$	≤1.0		
粉　土	$22<w\leqslant 26$	≤1.5		
	$26<w\leqslant 30$	>1.5		
黏 性 土	$w_p+5<w\leqslant w_p+9$	≤2.0		
	$w_p+9<w\leqslant w_p+15$	>2.0		
粉　砂	$w>23$	不考虑	$\eta>12$	Ⅴ级特强冻胀
粉　土	$26<w\leqslant 30$	≤1.5		
	$w>30$	不考虑		
黏 性 土	$w_p+9<w\leqslant w_p+15$	≤2.0		
	$w>w_p+15$	不考虑		

注:1　平均冻胀率为地表冻胀量与冻层厚度减地表冻胀量之比;

2　w_p 为塑限含水率;

3　盐渍化冻土不在表列;

4　塑性指数大于22,冻胀性降低一级;

5　碎石类土当充填物大于全部质量的40%时,其冻胀性按填充物土的类别判定。

A. 0. 11　多年冻土的分类

表 A. 0. 11—1　多年冻土的分类

多年冻土类型	土的名称	总含水率 w_A(%)	融化后的潮湿程度	融沉等级	融沉类型
少冰冻土	碎石类土、砾砂、粗砂、中砂(粉黏粒质量不大于15%)	$w_A<10$	潮　湿	Ⅰ	不融沉
	碎石类土、砾砂、粗砂、中砂(粉黏粒质量大于15%)	$w_A<12$	稍　湿		
	细砂、粉砂	$w_A<14$			
	粉　土	$w_A<17$			
	黏性土	$w_A<w_p$	坚　硬		
多冰冻土	碎石类土、砾砂、粗砂、中砂(粉黏粒质量不大于15%)	$10\leqslant w_A<15$	饱　和	Ⅱ	弱融沉
	碎石类土、砾砂、粗砂、中砂(粉黏粒质量大于15%)	$12\leqslant w_A<15$	潮　湿		
	细砂、粉砂	$14\leqslant w_A<18$			
	粉　土	$17\leqslant w_A<21$			
	黏　性　土	$w_p\leqslant w_A<w_p+4$	硬　塑		
富冰冻土	碎石类土、砾砂、粗砂、中砂(粉黏粒质量不大于15%)	$15\leqslant w_A<25$	饱和出水(出水量小于10%)	Ⅲ	融沉
	碎石类土、砾砂、粗砂、中砂(粉黏粒质量大于15%)	$15\leqslant w_A<25$	饱　和		
	细砂、粉砂	$18\leqslant w_A<28$			
	粉　土	$21\leqslant w_A<32$			
	黏性土	$w_p+4\leqslant w_A<w_p+15$	软　塑		
饱冰冻土	碎石类土、砾砂、粗砂、中砂(粉黏粒质量不大于15%)	$25\leqslant w_A<44$	饱和大量出水(出水量为10%~20%)	Ⅳ	强融沉
	碎石类土、砾砂、粗砂、中砂(粉黏粒质量大于15%)	$25\leqslant w_A<44$	饱和出水(出水量小于10%)		
	细砂、粉砂	$28\leqslant w_A<44$			
	粉　土	$32\leqslant w_A<44$			
	黏性土	$w_p+15\leqslant w_A<w_p+35$	流　塑		
含土冰层	碎石类土、砂类土、粉土	$w_A\geqslant 44$	饱和大量出水(出水量为10%~20%)	Ⅴ	融陷
	黏性土	$w_A\geqslant w_p+35$	流　塑		

注:1　总含水率包括冰和未冻水;
　　2　盐渍化冻土、泥炭化冻土、腐植土、高塑性黏土不在表列。

表 A. 0. 11—2　多年冻土的融沉性分级

融化下沉系数 δ_0	$\delta_0\leqslant 1$	$1<\delta_0\leqslant 3$	$3<\delta_0\leqslant 10$	$10<\delta_0\leqslant 25$	$\delta_0>25$
融化性分级	不融沉	弱融沉	融　沉	强融沉	融　陷

注:融化下沉系数 $\delta_0=\dfrac{h_1-h_2}{h_1}\times 100\%$

式中　h_1——冻土试件融化前的高度(mm);
　　　h_2——冻土试件融化后的高度(mm)。

A.0.12　岩土施工工程分级

表 A.0.12　岩土施工工程分级

等级	分类	岩土名称及特征	钻 1 m 所需时间：液压凿岩台车、潜孔钻机（净钻分钟）	钻 1 m 所需时间：手持风枪湿式凿岩合金钻头（净钻分钟）	钻 1 m 所需时间：双人打眼（工天）	岩石单轴饱和抗压强度（MPa）	开挖方法
Ⅰ	松土	砂类土，种植土，未经压实的填土					用铁锹挖，脚蹬一下到底的松散土层，机械能全部直接铲挖，普通装载机可满载
Ⅱ	普通土	坚硬的、可塑的粉质粘土，可塑的粘土，膨胀土，粉土，Q_3、Q_4 黄土，稍密、中密细角砾土、细圆砾土，松散的粗角砾土、碎石土、粗圆砾土、卵石土，压密的填土，风积沙					部分用镐刨松，再用锹挖，脚连蹬数次才能挖动。挖掘机、带齿尖口装载机可满载、普通装载机可直接铲挖，但不能满载
Ⅲ	硬土	坚硬的黏性土、膨胀土，Q_1、Q_2 黄土，稍密、中密粗角砾土、碎石土、粗圆砾土、卵石土，密实的细圆砾土、细角砾土，各种风化成土状的岩石					必须用镐先全部刨过才能用锹挖。挖掘机、带齿尖口装载机不能满载；大部分采用松土器松动方能铲挖装载
Ⅳ	软石	块石土、漂石土，含块石、漂石 30%～50% 的及密实的碎石土、卵石土，岩盐；各类较软岩、软岩及成岩作用差的岩石：泥质岩类、煤、凝灰岩、云母片岩、千枚岩		<7	<0.2	<30	部分用撬棍及大锤开挖或挖掘机、单钩裂土器松动，部分需借助液压冲击镐解碎或部分采用爆破法开挖
Ⅴ	次坚石	各种硬质岩：硅质页岩、钙质岩、白云岩、石灰岩、泥灰岩、玄武岩、片岩、片麻岩、正长岩、花岗岩	≤10	7～20	0.2～1.0	30～60	能用液压冲击镐解碎，大部分需用爆破法开挖
Ⅵ	坚石	各种极硬岩：硅质砂岩、硅质砾岩、石灰岩、石英岩、大理岩、玄武岩、闪长岩、花岗岩、角岩	>10	>20	>1.0	>60	可用液压冲击镐解碎，需用爆破法开挖

注：1　软土（软黏性土、淤泥质土、淤泥、泥炭质土、泥炭）的施工工程分级，一般可定为Ⅱ级，多年冻土一般可定为Ⅳ级；

2　表中所列岩石均按完整结构岩体考虑，若岩体极破碎、节理很发育或强风化时，其等级应按表对应岩石的等级降低一个等级。

附录 B　矩形面积上均布荷载作用下通过中心点竖线上的平均附加应力系数 C

表 B

z/b \ a/b	1	1.2	1.4	1.6	1.8	2	2.4	2.8	3.2	3.6	4	5	≥10
0	1.000	1.000	1.000	1.000	1.000	1.000	1.000	1.000	1.000	1.000	1.000	1.000	1.000
0.1	0.997	0.998	0.998	0.998	0.998	0.998	0.998	0.998	0.998	0.998	0.998	0.998	0.998
0.2	0.987	0.990	0.991	0.992	0.992	0.992	0.993	0.993	0.993	0.993	0.993	0.993	0.993
0.3	0.967	0.973	0.976	0.978	0.979	0.979	0.980	0.980	0.981	0.981	0.981	0.981	0.981
0.4	0.936	0.947	0.953	0.956	0.958	0.965	0.961	0.962	0.962	0.963	0.963	0.963	0.963
0.5	0.900	0.915	0.924	0.929	0.933	0.935	0.937	0.939	0.939	0.940	0.940	0.940	0.940
0.6	0.858	0.878	0.890	0.898	0.903	0.906	0.910	0.912	0.913	0.914	0.914	0.915	0.915
0.7	0.816	0.840	0.855	0.865	0.871	0.876	0.881	0.884	0.885	0.886	0.887	0.887	0.888
0.8	0.775	0.801	0.819	0.831	0.839	0.844	0.851	0.855	0.857	0.858	0.859	0.860	0.860
0.9	0.735	0.764	0.784	0.797	0.806	0.813	0.821	0.826	0.829	0.830	0.831	0.832	0.836
1.0	0.698	0.728	0.749	0.764	0.775	0.783	0.792	0.798	0.801	0.803	0.804	0.806	0.807
1.1	0.663	0.694	0.717	0.733	0.744	0.753	0.764	0.771	0.775	0.777	0.779	0.780	0.782
1.2	0.631	0.663	0.686	0.703	0.715	0.725	0.737	0.744	0.749	0.752	0.754	0.756	0.758
1.3	0.601	0.633	0.657	0.674	0.688	0.698	0.711	0.719	0.725	0.728	0.730	0.733	0.735
1.4	0.573	0.605	0.629	0.648	0.661	0.672	0.687	0.696	0.701	0.705	0.708	0.711	0.714
1.5	0.548	0.580	0.604	0.622	0.637	0.648	0.664	0.673	0.679	0.683	0.686	0.690	0.693
1.6	0.524	0.556	0.580	0.599	0.613	0.625	0.641	0.651	0.658	0.663	0.666	0.670	0.675
1.7	0.502	0.533	0.558	0.577	0.591	0.603	0.620	0.631	0.638	0.643	0.646	0.651	0.656
1.8	0.482	0.513	0.537	0.556	0.571	0.588	0.600	0.611	0.619	0.624	0.629	0.633	0.638
1.9	0.463	0.493	0.517	0.536	0.551	0.563	0.581	0.593	0.601	0.606	0.610	0.616	0.622
2.0	0.446	0.475	0.499	0.518	0.533	0.545	0.563	0.575	0.584	0.590	0.594	0.600	0.606
2.1	0.429	0.459	0.482	0.500	0.515	0.528	0.546	0.559	0.567	0.574	0.578	0.585	0.591
2.2	0.414	0.443	0.466	0.484	0.499	0.511	0.530	0.543	0.552	0.558	0.563	0.570	0.577
2.3	0.400	0.428	0.451	0.469	0.484	0.496	0.515	0.528	0.537	0.544	0.548	0.554	0.564
2.4	0.387	0.414	0.436	0.454	0.469	0.481	0.500	0.513	0.523	0.530	0.535	0.543	0.551
2.5	0.374	0.401	0.423	0.441	0.455	0.468	0.486	0.500	0.509	0.516	0.522	0.530	0.539
2.6	0.362	0.389	0.410	0.428	0.442	0.473	0.473	0.487	0.496	0.504	0.509	0.518	0.528
2.7	0.351	0.377	0.398	0.416	0.430	0.461	0.461	0.474	0.484	0.492	0.497	0.506	0.517
2.8	0.341	0.366	0.387	0.404	0.418	0.449	0.449	0.463	0.472	0.480	0.486	0.495	0.506
2.9	0.331	0.356	0.377	0.393	0.407	0.438	0.438	0.451	0.461	0.469	0.475	0.485	0.496
3.0	0.322	0.346	0.366	0.383	0.397	0.409	0.429	0.441	0.451	0.459	0.465	0.474	0.487
3.1	0.313	0.337	0.357	0.373	0.387	0.398	0.417	0.430	0.440	0.448	0.454	0.464	0.477
3.2	0.305	0.328	0.348	0.364	0.377	0.389	0.407	0.420	0.431	0.439	0.445	0.455	0.468
3.3	0.297	0.320	0.339	0.355	0.368	0.379	0.397	0.411	0.421	0.429	0.436	0.446	0.460
3.4	0.289	0.312	0.331	0.346	0.359	0.371	0.388	0.402	0.412	0.420	0.427	0.437	0.452
3.5	0.282	0.304	0.323	0.338	0.351	0.362	0.380	0.393	0.403	0.412	0.418	0.429	0.444
3.6	0.276	0.297	0.315	0.330	0.343	0.354	0.372	0.385	0.395	0.403	0.410	0.421	0.436
3.7	0.269	0.290	0.308	0.323	0.335	0.346	0.364	0.377	0.387	0.395	0.402	0.413	0.429

续上表

z/b \ a/b	1	1.2	1.4	1.6	1.8	2	2.4	2.8	3.2	3.6	4	5	≥10
3.8	0.263	0.284	0.301	0.316	0.328	0.339	0.356	0.369	0.379	0.388	0.394	0.405	0.422
3.9	0.257	0.277	0.294	0.309	0.321	0.332	0.349	0.362	0.372	0.380	0.387	0.398	0.415
4.0	0.251	0.271	0.288	0.302	0.311	0.325	0.342	0.355	0.365	0.373	0.379	0.391	0.408
4.1	0.246	0.265	0.282	0.296	0.308	0.318	0.335	0.348	0.358	0.366	0.372	0.384	0.402
4.2	0.241	0.260	0.276	0.290	0.302	0.312	0.328	0.341	0.352	0.359	0.366	0.377	0.396
4.3	0.236	0.255	0.270	0.284	0.296	0.306	0.322	0.335	0.345	0.353	0.359	0.371	0.390
4.4	0.231	0.250	0.265	0.278	0.290	0.300	0.316	0.329	0.339	0.347	0.353	0.365	0.384
4.5	0.226	0.245	0.260	0.273	0.285	0.294	0.310	0.323	0.333	0.341	0.347	0.359	0.378
4.6	0.222	0.240	0.255	0.268	0.279	0.289	0.305	0.317	0.327	0.335	0.341	0.353	0.373
4.7	0.218	0.235	0.250	0.263	0.274	0.284	0.299	0.312	0.321	0.329	0.336	0.347	0.367
4.8	0.214	0.231	0.245	0.258	0.269	0.279	0.294	0.306	0.316	0.324	0.330	0.342	0.362
4.9	0.210	0.227	0.241	0.253	0.265	0.274	0.289	0.301	0.311	0.319	0.325	0.337	0.357
5.0	0.206	0.223	0.237	0.249	0.260	0.269	0.284	0.296	0.306	0.313	0.320	0.332	0.352

注：表中 a、b 分别为矩形面积的长边和短边；z 为从基础底面算起的土层深度。

附录C　桥涵基底下卧土层附加应力系数 α

表　C

$\frac{z}{b}$或$\frac{z}{d}$	圆　形	矩形基础长宽比 a/b											$a/b\geqslant10$ 条形基础
		1	1.2	1.4	1.6	1.8	2	2.4	2.8	3.2	4	5	
0	1	1	1	1	1	1	1	1	1	1	1	1	1
0.1	0.974	0.980	0.984	0.986	0.987	0.987	0.988	0.988	0.989	0.989	0.989	0.989	0.989
0.2	0.949	0.960	0.968	0.972	0.974	0.975	0.976	0.976	0.977	0.977	0.977	0.977	0.977
0.3	0.864	0.880	0.899	0.910	0.917	0.920	0.923	0.925	0.928	0.928	0.929	0.929	0.929
0.4	0.756	0.800	0.830	0.848	0.859	0.866	0.870	0.875	0.878	0.879	0.880	0.881	0.881
0.5	0.646	0.703	0.741	0.765	0.781	0.791	0.799	0.809	0.812	0.814	0.817	0.818	0.819
0.6	0.547	0.606	0.651	0.682	0.703	0.717	0.727	0.740	0.746	0.749	0.753	0.754	0.755
0.7	0.461	0.527	0.574	0.607	0.630	0.646	0.660	0.674	0.685	0.690	0.694	0.697	0.698
0.8	0.390	0.449	0.496	0.532	0.558	0.579	0.593	0.612	0.623	0.630	0.636	0.639	0.642
0.9	0.332	0.392	0.437	0.473	0.499	0.518	0.536	0.559	0.572	0.579	0.588	0.592	0.596
1.0	0.285	0.334	0.378	0.414	0.441	0.463	0.481	0.505	0.520	0.529	0.540	0.545	0.550
1.1	0.246	0.295	0.335	0.369	0.396	0.418	0.436	0.462	0.479	0.486	0.501	0.508	0.513
1.2	0.214	0.257	0.294	0.325	0.352	0.374	0.392	0.419	0.437	0.447	0.462	0.470	0.477
1.3	0.187	0.229	0.263	0.292	0.318	0.339	0.357	0.384	0.403	0.426	0.431	0.440	0.448
1.4	0.165	0.201	0.232	0.260	0.284	0.304	0.321	0.350	0.369	0.383	0.400	0.410	0.420
1.5	0.146	0.180	0.209	0.235	0.258	0.277	0.294	0.322	0.341	0.356	0.374	0.385	0.397
1.6	0.130	0.160	0.187	0.210	0.232	0.251	0.267	0.294	0.314	0.329	0.348	0.360	0.374
1.7	0.117	0.145	0.170	0.191	0.212	0.230	0.245	0.272	0.292	0.307	0.326	0.340	0.355
1.8	0.106	0.130	0.153	0.173	0.192	0.209	0.224	0.250	0.270	0.285	0.305	0.320	0.337
1.9	0.095	0.119	0.140	0.159	0.177	0.192	0.207	0.233	0.251	0.263	0.288	0.303	0.320
2.0	0.087	0.108	0.127	0.145	0.161	0.176	0.189	0.214	0.233	0.241	0.270	0.285	0.304
2.1	0.079	0.099	0.116	0.133	0.148	0.163	0.176	0.199	0.220	0.230	0.255	0.270	0.292
2.2	0.073	0.090	0.107	0.122	0.137	0.150	0.163	0.185	0.208	0.218	0.239	0.256	0.280
2.3	0.067	0.083	0.099	0.113	0.127	0.139	0.151	0.173	0.193	0.205	0.226	0.243	0.269
2.4	0.062	0.077	0.092	0.051	0.118	0.130	0.141	0.161	0.178	0.192	0.213	0.230	0.258
2.5	0.057	0.072	0.085	0.097	0.109	0.121	0.131	0.151	0.167	0.181	0.202	0.219	0.249
2.6	0.053	0.066	0.079	0.091	0.102	0.112	0.123	0.141	0.157	0.170	0.191	0.208	0.239
2.7	0.049	0.062	0.073	0.084	0.095	0.105	0.115	0.132	0.148	0.161	0.182	0.199	0.234
2.8	0.046	0.058	0.069	0.079	0.089	0.099	0.108	0.124	0.139	0.152	0.172	0.189	0.228
2.9	0.043	0.054	0.064	0.074	0.083	0.093	0.101	0.117	0.132	0.144	0.163	0.180	0.218

续上表

$\frac{z}{b}$或$\frac{z}{d}$	圆　形	矩形基础长宽比 a/b											$a/b \geq 10$ 条形基础
		1	1.2	1.4	1.6	1.8	2	2.4	2.8	3.2	4	5	
3.0	0.040	0.051	0.060	0.070	0.078	0.087	0.095	0.110	0.124	0.136	0.155	0.172	0.208
3.2	0.036	0.045	0.053	0.062	0.070	0.077	0.085	0.098	0.111	0.122	0.141	0.158	0.190
3.4	0.033	0.040	0.048	0.055	0.062	0.069	0.076	0.088	0.100	0.110	0.128	0.144	0.184
3.6	0.030	0.036	0.042	0.049	0.056	0.062	0.068	0.080	0.090	0.100	0.117	0.133	0.175
3.8	0.027	0.032	0.038	0.044	0.050	0.056	0.062	0.072	0.082	0.091	0.107	0.123	0.166
4.0	0.025	0.029	0.035	0.040	0.046	0.051	0.056	0.066	0.075	0.084	0.095	0.113	0.158
4.2	0.023	0.026	0.031	0.037	0.042	0.048	0.051	0.060	0.069	0.077	0.091	0.105	0.150
4.4	0.021	0.024	0.029	0.034	0.038	0.042	0.047	0.055	0.063	0.070	0.084	0.098	0.144
4.6	0.019	0.022	0.026	0.031	0.035	0.039	0.043	0.051	0.058	0.065	0.078	0.091	0.137
4.8	0.018	0.020	0.024	0.028	0.032	0.036	0.040	0.047	0.054	0.060	0.072	0.085	0.132
5.0	0.017	0.019	0.022	0.026	0.030	0.033	0.037	0.044	0.050	0.056	0.067	0.079	0.126

注：表中 z 为基底至下卧土层面的距离(m)；b 为矩形基础基底的短边(m)；d 为圆形基础的基底直径(m)；a 为矩形基础基底的长边(m)。

附录 D　墩台基础考虑土的弹性抗力的计算

D. 0. 1　基础侧面土抗力的计算宽度 b_0

基础〔沉井、桩基(包括管柱)〕可由单个构件〔图 D. 0. 1(a)〕或由位于水平外力 H 作用竖直面内数个构件〔图 D. 0. 1(b)〕,或由位于与水平外力 H 作用竖直平面相垂直的同一竖直平面内数个构件组成〔图 D. 0. 1(c)〕。基础侧面土抗力的计算宽度 b_0 按表 D. 0. 1 计算。

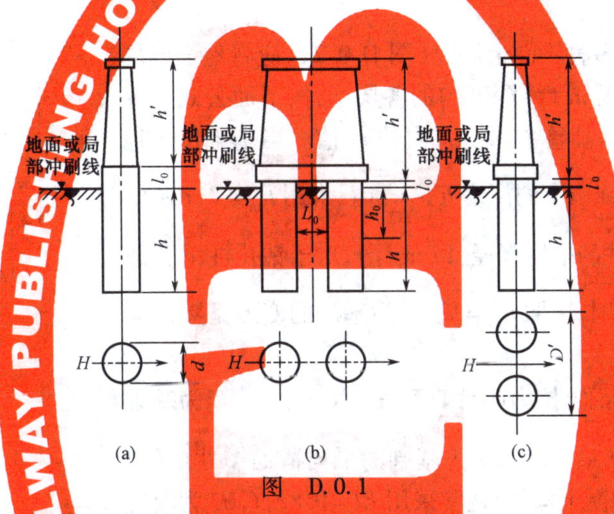

图　D. 0. 1

D. 0. 2　地基系数的比例系数 m 和 m_0

将土视为具有随深度成正比增长的地基系数的弹性变形介质,深度 y 处垂直于基础侧面的水平地基系数 $C_y = my$,深度 h 处基底竖向地基系数 $C_0 = m_0h$,当 $h < 10$ m 时,C_0 采用等于 $10m_0$,地基系数的比例系数 m 和 m_0 的值应采用试验实测值。当无此实测资料时,可参考表 D. 0. 2—1 查用。

表 D. 0. 1　基础侧面土抗力的计算宽度 b_0(m)

基础平面形状		矩形 (b, H)	圆形 (d, H)	圆端形 (D, d/2, d/2, H)
单个构件的直径或与水平力 H 作用方向相垂直的宽度大于或等于 1 m时	由单个构件〔图 D. 0. 1(a)〕或由位于水平外力 H 作用面内数个构件组成的基础〔图 D. 0. 1(b)〕	$b+1$	$0.9(d+1)$	$\left(1-0.1\dfrac{d}{D}\right)\times(D+1)$
	由位于与水平外力 H 相垂直的同一平面内 n 个构件组成的基础〔图 D. 0. 1(c)〕	$n(b+1)$,但不得大于 $D'+1$	$0.9n(d+1)$,但不得大于 $D'+1$	$n\left(1-0.1\dfrac{d}{D}\right)\times(D+1)$ 但不得大于 $D'+1$

续上表

基础平面形状		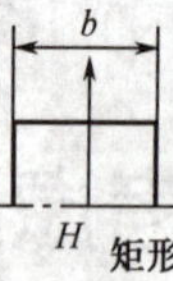 矩形	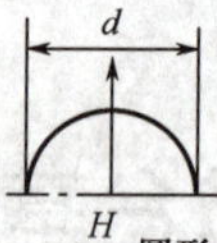 圆形	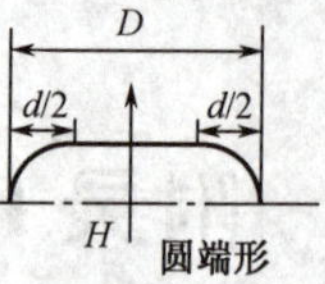 圆端形
单个构件的直径或与水平力 H 作用方向相垂直的宽度小于1 m时	由单个构件〔图 D.0.1(a)〕或由位于水平外力 H 作用面内数个构件组成的基础〔图 D.0.1(b)〕	$1.5b+0.5$	$0.9(1.5d+0.5)$	$\left(1-0.1\dfrac{d}{D}\right)\times(1.5D+0.5)$
	由位于与水平外力 H 相垂直的同一平面内 n 个构件组成的基础〔图 D.0.1(c)〕	$n(1.5d+0.5)$，但不得大于 $D'+1$	$0.9n(1.5d+0.5)$，但不得大于 $D'+1$	$n\left(1-0.1\dfrac{d}{D}\right)\times(1.5D+0.5)$ 但不得大于 $D'+1$

注：表中 b_0、b、d、D、D' 均以 m 计。

当基础侧面为多种不同土层时(图 D.0.2)，应将地面或局部冲刷线以下 h_m(以 m 计)深度内的各层土，按下面公式换算成一个 m 值，作为基础整个深度 h 内的 m 值。当基础位于地面以下或局部冲刷线以下的深度 $h>\dfrac{2.5}{\alpha}$ 时，采用 $h_m=2(d+1)$(以 m 计)，d 为构件的平均直径(以 m 计)，对于钻孔桩，d 为成孔桩径。当 $h\leqslant\dfrac{2.5}{\alpha}$ 时，采取 $h_m=h$。α 为基础的变形系数，$\alpha=\sqrt[5]{\dfrac{mb_0}{EI}}$；$b_0$ 为基础侧面土抗力的计算宽度(以 m 计)，E 为基础圬工的弹性模量(以 kPa 计)，I 为基础的平均截面惯性矩(以 m^4 计)；对于钢筋混凝土构件，通常采用 $EI=0.8E_hI$，E_h 为混凝土的受压弹性模量(以 kPa 计)，I 为全截面惯性矩。m 为地基系数的比例系数。

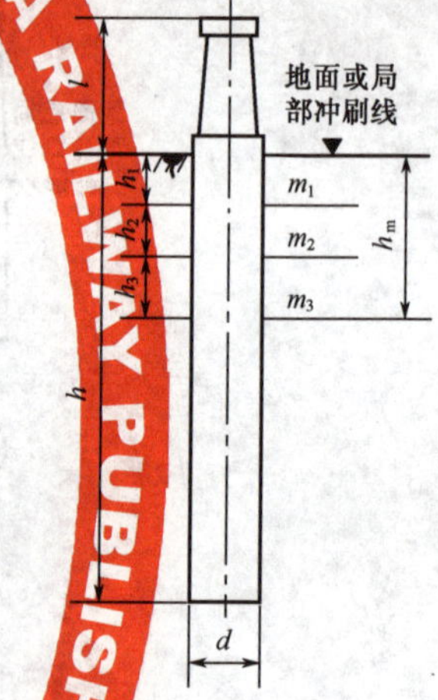

图　D.0.2

表 D.0.2—1　非岩石地基的 m 和 m_0 值(kPa/m²)

顺号	土　的　名　称	m 和 m_0 值
1	流塑黏性土、淤泥	3 000～5 000
2	软塑黏性土、粉砂、粉土	5 000～10 000
3	硬塑黏性土、细砂、中砂	10 000～20 000
4	坚硬黏性土、粗砂	20 000～30 000
5	角砾土、圆砾土、碎石土、卵石土	30 000～80 000
6	块石土、漂石土	80 000～120 000

注：1　本表可用于结构在地面处水平位移最大值不超过 6 mm 的情况，当位移较大时应适当降低；
2　当基础侧面设有斜坡或台阶，且其坡度或台阶总宽度与地面以下或局部冲刷线以下深度之比大于 1:20 时，m 值应减小一半。

当 h_m 深度内存在两层不同土时：

$$m=\frac{m_1h_1^2+m_2(2h_1+h_2)h_2}{h_m^2}$$

当 h_m 深度内存在三层不同土时：

$$m=\frac{m_1h_1^2+m_2(2h_1+h_2)h_2+m_3(2h_1+2h_2+h_3)h_3}{h_m^2}$$

当基础由位于外力作用竖直面内 n 个构件组成〔图 D.0.1(b)〕时，将 m 值乘以系数 k，k 为构件相互影响系数。当构件净距 $L_0 \geq 0.6h_0$ 时，$k=1.0$；当 $L_0<0.6h_0$ 时，$k=C+\frac{1-C}{0.6}\cdot\frac{L_0}{h_0}$，其中 C 为随构件数目 n 而变的系数：$n=1$ 时，$C=1.0$；$n=2$ 时，$C=0.6$；$n=3$ 时，$C=0.5$；$n\geq4$ 时，$C=0.45$。h_0 为构件埋入地面或局部冲刷线以下的计算深度，$h_0=3(d+1)$m〔图 D.0.1(b)〕。

表 D.0.2—2 岩石地基的竖向地基系数 C_0 值

编号	R(kPa)	C_0(kPa/m)
1	1 000	300 000
2	≥25 000	15 000 000

注：中间值可以插入。

岩石地基的地基系数 C_0 由岩石单轴抗压强度 R 确定，不随岩层面的埋藏深度而变，其值可按表 D.0.2—2 查用。

D.0.3 基础的分析计算

1 一般情况

基础考虑土的弹性抗力时，可按下列诸公式计算：

1）第一种情况：对于单个构件的基础〔图 D.0.1(a)〕及由数个位于与作用力竖直平面相垂直竖直面内的构件组成的基础〔图 D.0.1(c)〕。

① 当基础置于非岩石地基中（包括支立于岩石风化层内和支立于岩层面上情况，见图 D.0.3—1）。当地面或局部冲刷线处作用单位横向力 $Q_0=1$ 和单位力矩 $M_0=1$ 时，该处构件的横向位移和转角（图 D.0.3—1 中的 Q_0、M_0 和 x_0 均为正值方向，φ_0 为负值方向）：

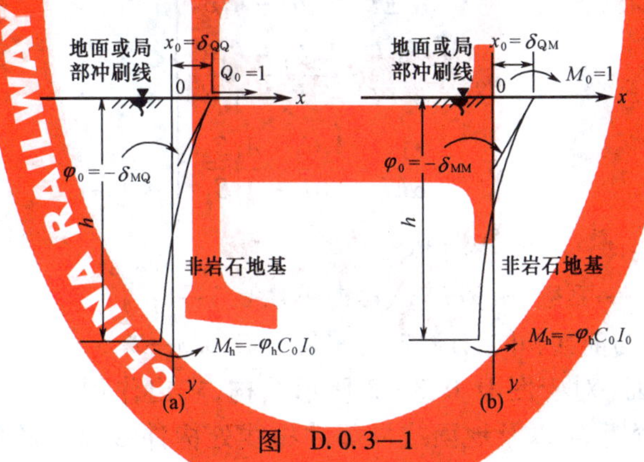

图 D.0.3—1

$$\left.\begin{aligned}
\delta_{QQ}&=\frac{1}{\alpha^3EI}\cdot\frac{(B_3D_4-B_4D_3)+K_h(B_2D_4-B_4D_2)}{(A_3B_4-A_4B_3)+K_h(A_2B_4-A_4B_2)}\\
\delta_{MQ}&=\frac{1}{\alpha^2EI}\cdot\frac{(A_3D_4-A_4D_3)+K_h(A_2D_4-A_4D_2)}{(A_3B_4-A_4B_3)+K_h(A_2B_4-A_4B_2)}\\
\delta_{QM}&=\frac{1}{\alpha^2EI}\cdot\frac{(B_3C_4-B_4C_3)+K_h(B_2C_4-B_4C_2)}{(A_3B_4-A_4B_3)+K_h(A_2B_4-A_4B_2)}\\
\delta_{MM}&=\frac{1}{\alpha EI}\cdot\frac{(A_3C_4-A_4C_3)+K_h(A_2C_4-A_4C_2)}{(A_3B_4-A_4B_3)+K_h(A_2B_4-A_4B_2)}\\
\delta_{MQ}&=\delta_{QM}
\end{aligned}\right\}\qquad(D.0.3—1)$$

式中　δ_{QQ},δ_{MQ}——当地面或局部冲刷线处作用单位横向力 $Q_0=1$ 时,构件在地面或局部冲刷线处的横向位移和转角〔图 D.0.3—1(a)〕,分别以 m/kN 和 rad/kN 计;

δ_{QM},δ_{MM}——当地面或局部冲刷线处作用单位力矩 $M_0=1$ 时,构件在地面或局部冲刷线处的横向位移和转角〔图 D.0.3—1(b)〕,分别以 m/(kN·m) 和 rad/(kN·m)计;

$A_2,B_2\cdots C_4,D_4$——系数,根据换算深度 $\bar{h}=\alpha h$ 查表 D.0.3—1 而得;

K_h——系数,$K_h=\dfrac{C_0}{\alpha E}\cdot\dfrac{I_0}{I}$,其中 I_0 为构件底面惯性矩,I 为构件身惯性矩,均以 m^4 计,当构件支立于非岩石地基上(包括支立于岩石风化层内的情况),且 $h\geqslant\dfrac{2.5}{\alpha}$时,取 $K_h=0$;当构件支立于岩层面上而未嵌入岩层内,且 $h\geqslant\dfrac{3.5}{\alpha}$时,取 $K_h=0$;

α——基础的变形系数,见前面所述。

当基础底面嵌入岩石内时,按下列公式计算(图 D.0.3—2 中所示的 Q_0、M_0 和 x_0 均为正值方向,φ_0 为负值方向):

$$\left.\begin{aligned}
\delta_{QQ}&=\frac{1}{\alpha^3EI}\cdot\frac{B_2D_1-B_1D_2}{A_2B_1-A_1B_2}\\
\delta_{MQ}&=\frac{1}{\alpha^2EI}\cdot\frac{A_2D_1-A_1D_2}{A_2B_1-A_1B_2}\\
\delta_{QM}&=\frac{1}{\alpha^2EI}\cdot\frac{B_2C_1-B_1C_2}{A_2B_1-A_1B_2}\\
\delta_{MM}&=\frac{1}{\alpha EI}\cdot\frac{A_2C_1-A_1C_2}{A_2B_1-A_1B_2}\\
\delta_{MQ}&=\delta_{QM}
\end{aligned}\right\}\qquad\text{(D.0.3—2)}$$

式中　A_1,B_1,C_1,D_1——系数,根据 $\bar{h}=\alpha h$,查表 D.0.3—1;

其余符号的意义与前面相同,计算时可采用表 D.0.3—2。

② 求出基础顶面(对于图 D.0.3—3 所示结构,求出作用于承台板底面处)的竖向力 N、水平力 H、弯矩 M 以及地面或局部冲刷线处构件截面上的横向力 Q_0 和弯矩 M_0。

③ 按下式求出地面或局部冲刷线处构件横向位移和转角:

$$x_0=Q_0\delta_{QQ}+M_0\delta_{QM}\qquad\text{(D.0.3—3)}$$

$$\varphi_0=-(Q_0\delta_{MQ}+M_0\delta_{MM})\qquad\text{(D.0.3—4)}$$

式中　x_0——地面或局部冲刷线处构件横向位移(m);

ϕ_0——地面或局部冲刷线处构件转角(rad);

其余符号的意义与前面相同。

Q_0 和 M_0 分别以 kN 和 kN·m 计。

④ 按下式求墩台顶面水平位移:

$$\delta=x_0-\varphi_0(l_0+h')+\delta_0\qquad\text{(D.0.3—5)}$$

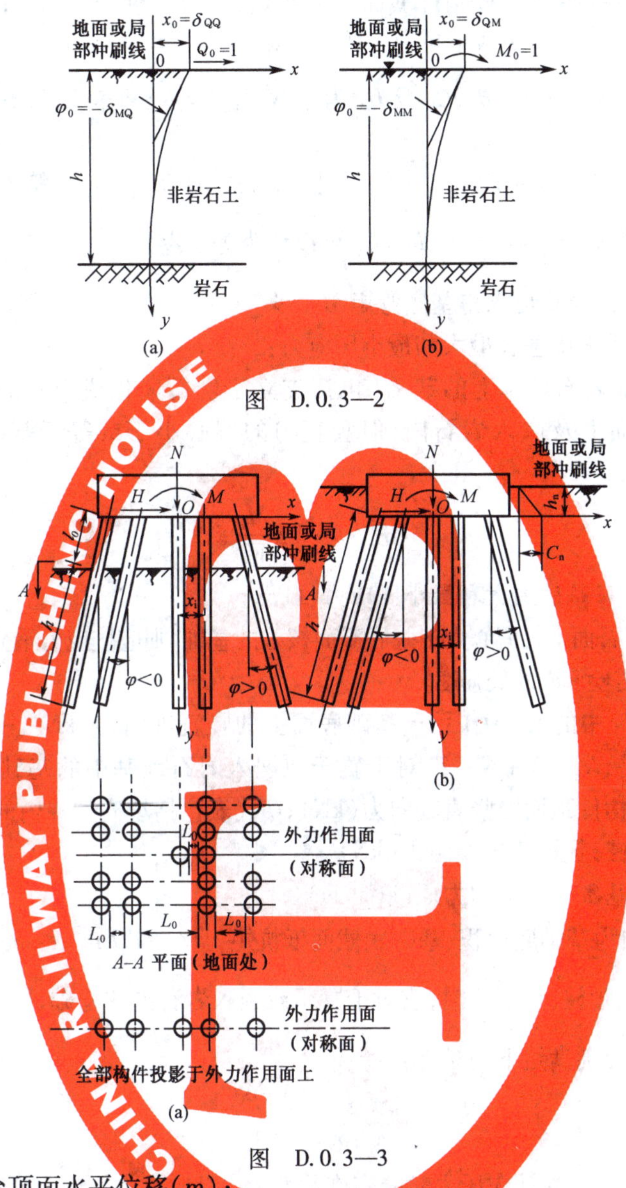

图　D. 0. 3—2

图　D. 0. 3—3

式中　δ——墩台顶面水平位移(m)；

h'——墩台顶面至基础顶面的距离(图 D. 0. 1)(m)；

l_0——基础顶面至地面或局部冲刷线之距离(m)；

δ_0——地面或局部冲刷线以上基础和墩台身变形引起的墩台顶面水平位移(m)；

φ_0——按式(D. 0. 3—4)求得,应计入正负号。

⑤ 按下列公式计算地面或局部冲刷线以下深度 y 处构件截面上的弯矩、剪力和桩侧土的横向压应力:

$$\left.\begin{aligned}M_y&=\alpha EI(\alpha x_0A_3+\varphi_0B_3)+M_0C_3+\frac{Q_0}{\alpha}D_3\\Q_y&=\alpha^2EI(\alpha x_0A_4+\varphi_0B_4)+\alpha M_0C_4+Q_0D_4\\\sigma_x&=my\left(x_0A_1+\frac{\varphi_0}{\alpha}B_1+\frac{M_0}{\alpha^2EI}C_1+\frac{Q_0}{\alpha^3EI}D_1\right)\end{aligned}\right\}\qquad(\text{D. 0. 3—6})$$

式中　M_y, Q_y, σ_x——深度 y 处构件截面上的弯矩、剪力和桩侧土的横向压应力，分别以 kN·m、kN 和 kPa 计；

$A_1, B_1, \cdots, A_3, B_3, \cdots, A_4, B_4, C_4$ 及 D_4 为系数，按 $\bar{h} = \alpha y$ 查表 D.0.3—1。其余符号的意义与前面相同。

当基础由位于外力作用面内 n 个构件组成时，式(D.0.3—6)中第 3 式内的 m 应乘以构件相互影响系数 k，在 $y \geqslant \dfrac{4.0}{\alpha}$ 处，M_y、Q_y 可以认为等于零。

令 $y = h$，从上面公式可求得基底弯矩 M_h。

⑥ 按下面公式求出基底最大和最小压应力：

对于支立于非岩石地基上的基础（包括支立于岩石风化成土状的地基上的基础）以及支立于岩石面上及嵌入岩石内，但竖直力的偏心小于或等于基础底面核心的基础：

$$\sigma_{\min}^{\max} = \frac{N_h}{A_0} \pm \frac{M_h}{W_0} \qquad (D.0.3—7)$$

式中　$\sigma_{\max}, \sigma_{\min}$——基底最大和最小压应力(kPa)。

对于支立于岩石面上且偏心大于基底截面核心的基础，则应按应力重分布计算。对于嵌入岩层内的基础，需检算嵌固处强度。

式(D.0.3—7)中的 N_h 为作用于基础底面上的竖直轴向力(kN)。对于置于非岩石地基上的桩或管柱，$N_h = N + G - T$；对于置于或嵌入岩石地基中的基础，$N_h = N + G$。这里，N 代表作用于构件顶面之竖直轴向力(kN)；G 代表包括填充物在内的构件自重(kN)；T 为构件（桩或管柱）侧面土的摩阻力(kN)。

M_h 为作用于基础底面上的力矩(kN·m)。

A_0 和 W_0 分别为基础底面积、基础底截面抵抗矩，且分别以 m^2 和 m^3 计。对于置于非岩石地基上的桩或管柱，$h > \dfrac{3.5}{\alpha}$ 时，或对于置于或嵌入岩石内的基础，$h > \dfrac{4.0}{\alpha}$ 时，均可不检算基底应力，只需分别满足下列条件：

$$N + G - T \leqslant [P]$$

或

$$N + G \leqslant [P]$$

式中　$[P]$——构件承受轴向压力时的容许承载力(kN)。

构件侧面横向压应力 σ_x 必须满足下列要求：

当构件侧面土的最大横向压应力 $\sigma_{x\max}$ 发生在 $y \leqslant \dfrac{h}{3}$ 处时，应满足下列条件：

$$\sigma_{x\max} \leqslant \eta_1 \eta_2 k [\gamma y(\eta K_p - K_a) + 2c(\eta \sqrt{K_p} + \sqrt{K_a})]$$

当构件侧面土的最大横向压应力 $\sigma_{x\max}$ 发生在 $y > \dfrac{h}{3}$ 处时，只要满足下列条件：

$$\sigma_x \leqslant \eta_1 \eta_2 k [\gamma \frac{h}{3}(\eta K_p - K_a) + 2c(\eta \sqrt{K_p} + \sqrt{K_a})]$$

式中　$\sigma_{x\max}, \sigma_x$——分别为深度 y 和深度 $h/3$ 处的构件侧面横向压应力(kPa)；

γ——土的容重（有水时，考虑水浮力）(kN/m³)；

C——土的黏聚力(kPa)；

η_1——系数，对于超静定推力拱桥的墩台，$\eta_1=0.7$，其他结构体系的墩台 $\eta_1=1.0$；

η_2——考虑总荷载中恒载所占比例的影响系数：

当 $h\leqslant\frac{2.5}{\alpha}$ 时，$\eta_2=1-0.8\frac{M_n}{M_m}$；当 $h\geqslant\frac{4.0}{\alpha}$ 时，$\eta_2=1-0.5\frac{M_n}{M_m}$；当 $\frac{2.5}{\alpha}<h<\frac{4.0}{\alpha}$ 时，η_2 按直线插入确定；

M_n——恒载对构件（桩基）承台板底面坐标原点或沉井底面中心的力矩（kN·m）；

M_m——全部外力对构件（桩基）承台板底面坐标原点或沉井底面中心的总力矩（kN·m）；

k——构件相互影响系数，按前面所列公式确定；

K_p，K_a——系数，

$$K_p=\tan^2\left(45°+\frac{\varphi}{2}\right)$$

$$K_a=\tan^2\left(45°-\frac{\varphi}{2}\right)$$

φ——土的内摩擦角；

η——系数，$\eta=\frac{b_0}{b}$，b_0 为构件侧面土抗力的计算宽度，b 为构件的实际宽度。

2）第二种情况：对于由数个位于外力作用竖直面内的构件组成，其顶面借刚性承台板联结的基础〔图 D.0.1(b) 及图 D.0.3—3(a)〕。

对于图 D.0.3—3(a) 所示多排构件的结构，b_0 的计算方法同前。但是，如果每一排构件群的构件数目不同，且相邻两排构件中心线之间的距离等于或大于 $(d+1)$m，则其相互影响系数 k 按平行外力作用面的诸平面分别计算，取其中最小值，并对整个基础的全部构件采用同一个计算值。反之如果中心线距离小于 $(d+1)$m，则将各排构件投影于外力作用平面来计算 k 值，如图 D.0.3—3(a) 所示。

① 根据地基情况，按前面公式计算每一构件的 δ_{QQ}、$\delta_{MQ}=\delta_{QM}$ 及 δ_{MM} 值。

② 按下面公式计算每一构件的 δ_1、δ_2 和 δ_3（图 D.0.3—4）：

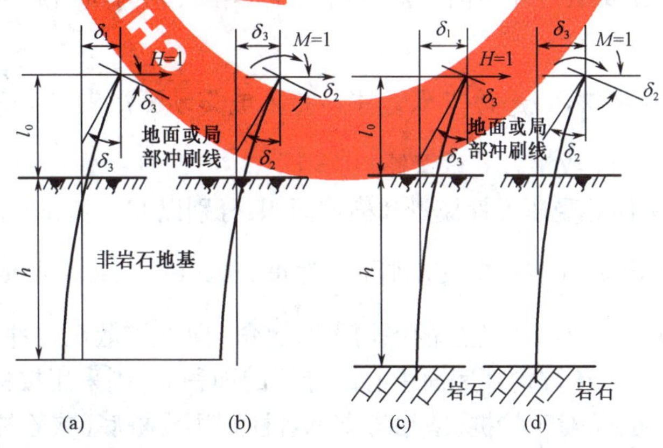

图　D.0.3—4

$$\left.\begin{aligned}\delta_1&=\frac{l_0^3}{3EI}+\delta_{QQ}+2\delta_{MQ}l_0+\delta_{MM}l_0^2\\ \delta_2&=\frac{l_0}{EI}+\delta_{MM}\\ \delta_3&=\frac{l_0^2}{2EI}+\delta_{QM}+\delta_{MM}l_0\end{aligned}\right\}\tag{D.0.3—8}$$

式中 δ_1,δ_3——当构件顶面作用单位横向力 $H=1$ 时,构件顶面的横向位移和转角〔图 D.0.3—4(a)(c)〕,分别以 m/kN 和 rad/kN 计;

δ_3,δ_2——当构件顶面作用单位力矩 $M=1$ 时,构件顶面的横向位移和转角〔图 D.0.3—4(b)(d)〕,分别以 m/kN · m 和 rad/kN · m 计。

③ 计算每一构件的 ρ_1、ρ_2、ρ_3 和 ρ_4 值。

$$\left.\begin{aligned}\rho_1&=\frac{1}{\dfrac{l_0+\xi h}{EA}+\dfrac{1}{C_0A_0}}\\ \rho_2&=\frac{\delta_2}{\delta_1\delta_2-\delta_3^2}\\ \rho_3&=\frac{\delta_3}{\delta_1\delta_2-\delta_3^2}\\ \rho_4&=\frac{\delta_1}{\delta_1\delta_2-\delta_3^2}\end{aligned}\right\}\tag{D.0.3—9}$$

式中 ρ_1——当承台板沿构件轴线方向产生单位位移时所引起构件顶面处的轴向力(kN/m);

ρ_2——当承台板沿垂直构件轴线方向产生单位横向位移时所引起构件顶面处的横向力(kN/m);

ρ_3——当承台板沿垂直构件轴线方向产生单位横向位移时所引起构件顶面处的弯矩(kN · m/m);或当承台板顺构件顶面弯矩方向产生单位转角时所引起构件顶面处的横向力(kN/rad);

ρ_4——当承台板顺构件顶面弯矩方向产生单位转角时所引起构件顶面处的弯矩(kN · m/rad);

ξ——对于摩擦桩(或摩擦支承管柱):打入或震动下沉者,$\xi=\dfrac{2}{3}$;钻孔桩,$\xi=\dfrac{1}{2}$;对于柱桩(或钻岩支承管柱):$\xi=1$;

E,A——每一构件的受压弹性模量和横截面积,分别以 kPa 和 m^2 计;

A_0——对于摩擦桩(或摩擦支承管柱)为每一构件四周自地面或局部冲刷线按$\dfrac{\varphi}{4}$(φ 为构件所穿过土层的平均内摩擦角)向下扩散至构件底面处的面积,当此面积大于按构件底面中心距计算的面积时,则采用按构件底面中心距计算的面积;对于柱桩(或钻岩支承管柱),则为桩底(或管柱底)的面积,均以 m^2 计;

C_0——基底土的竖向地基系数 $C_0=m_0h$,以 kN/m^3 计。

④ 对图 D.0.3—3 所示外力作用于对称面内的结构,解下列方程式,求出承台板底面

的水平位移 a、竖向位移 b、承台板绕坐标原点 O 的转角 β：

$$\left.\begin{aligned} a\gamma_{ba}+b\gamma_{bb}+\beta\gamma_{b\beta}-N=0\\ a\gamma_{aa}+b\gamma_{ab}+\beta\gamma_{a\beta}-H=0\\ a\gamma_{\beta a}+b\gamma_{\beta b}+\beta\gamma_{\beta\beta}-M=0 \end{aligned}\right\} \tag{D.0.3—10}$$

式中 N,H,M——作用于承台板底面坐标原点 O 上的外力（当构件不对称时，坐标原点 O 可任意选择；倘若构件对称时，则 O 点可选于对称轴上）。

$\gamma_{ba},\gamma_{aa},\gamma_{\beta a}$——由于承台板产生单位水平位移时，所有构件顶产生的竖向反力之和、水平反力之和以及它们对坐标原点 O 的反弯矩之和，分别以 kN/m、kN/m 和 kN · m/m 计；

$\gamma_{bb},\gamma_{ab},\gamma_{\beta b}$——由于承台板产生单位竖向位移时，所有构件顶产生的竖向反力之和、水平反力之和以及它们对坐标原点 O 的反弯矩之和，分别以 kN/m、kN/m 和 kN · m/m 计；

$\gamma_{b\beta},\gamma_{a\beta},\gamma_{\beta\beta}$——由于承台板绕 O 点产生单位转角时，所有构件顶产生的竖向反力之和、水平反力之和以及它们对坐标原点 O 的反弯矩之和，分别以 kN/rad、kN/rad 和 kN · m/rad 计。

当承台板底面位于地面或局部冲刷线以上时，采用下列公式：

$$\left.\begin{aligned} \gamma_{ba}&=\sum(\rho_1-\rho_2)\sin\varphi\cdot\cos\varphi\\ \gamma_{aa}&=\sum(\rho_1\sin^2\varphi+\rho_2\cos^2\varphi)\\ \gamma_{\beta a}&=\sum[(\rho_1-\rho_2)x\cdot\sin\varphi\cdot\cos\varphi-\rho_3\cos\varphi]\\ \gamma_{bb}&=\sum(\rho_1\cos^2\varphi+\rho_2\sin^2\varphi)\\ \gamma_{ab}&=\gamma_{ba}\\ \gamma_{\beta b}&=\sum[(\rho_1\cos^2\varphi+\rho_2\sin^2\varphi)x+\rho_3\sin\varphi]\\ \gamma_{b\beta}&=\gamma_{\beta b}\\ \gamma_{a\beta}&=\gamma_{\beta a}\\ \gamma_{\beta\beta}&=\sum[(\rho_1\cos^2\varphi+\rho_2\sin^2\varphi)x^2+2x\rho_3\sin\varphi+\rho_4] \end{aligned}\right\} \tag{D.0.3—11}$$

式中 φ——第 i 根构件的倾斜角；

x——其顶点的坐标距[图 D.0.3—3(a)]，以 m 计。

当承台板底面位于地面或局部冲刷线以下，带有斜构件，且不对称时[图 D.0.3—3(b)]，除 γ_{aa}、$\gamma_{\beta a}$ 和 $\gamma_{\beta\beta}$ 按下列公式计算外，其余系数均按式(D.0.3—11)计算：

$$\left.\begin{aligned} \gamma_{aa}&=\sum(\rho_1\sin^2\varphi+\rho_2\cos^2\varphi)+b_0A_c\\ \gamma_{\beta a}&=\sum[(\rho_1-\rho_2)x\cdot\sin\varphi\cos\varphi-\rho_3\cos\varphi]+b_0S_c\\ \gamma_{\beta\beta}&=\sum[(\rho_1\cos^2\varphi+\rho_2\sin^2\varphi)x^2+2x\rho_3\sin\varphi+\rho_4]+b_0I_c \end{aligned}\right\} \tag{D.0.3—12}$$

式中 b_0——垂直于 xy 平面的承台板侧面土抗力的计算宽度(m)；

A_c,S_c,I_c——承台板侧面地基系数 C 图形面积和对底面的面积矩、惯性矩，$A_c=\dfrac{C_nh_n}{2}$、$S_c=\dfrac{C_nh_n^2}{6}$、$I_c=\dfrac{C_nh_n^3}{12}$，这里 C_n 和 h_n 为承台板底面处的地基系数和承台板

埋置深度。

⑤ 第 i 根构件顶面处的轴向力、剪力和弯矩(图 D.0.3—5 表示的诸力和力矩方向均为正值方向):

$$\left.\begin{aligned} N_i &= \rho_1[a\sin\varphi + (b + x\beta)\cos\varphi] \\ Q_i &= \rho_2[a\cos\varphi - (b + x\beta)\sin\varphi] - \rho_3\beta \\ M_i &= \rho_4\beta - \rho_3[a\cos\varphi - (b + x\beta)\sin\varphi] \end{aligned}\right\} \quad (D.0.3—13)$$

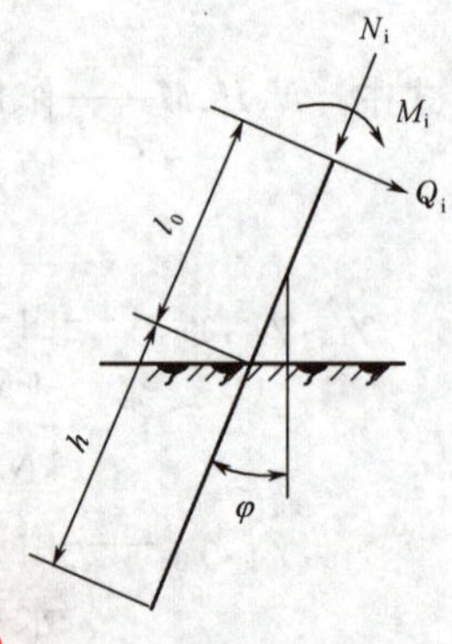

图　D.0.3—5

式中　N_i,Q_i,M_i——第 i 根构件顶面处的轴向力、剪力和弯矩,分别以 kN、kN 和 kN · m 计;

其余符号的意义与前面相同。

⑥ 当基础全部为竖直构件且对称时〔图 D.0.3—6(a)(b)〕,坐标原点 O 设于对称轴上。当诸构件的 ρ_1 不相等(如诸构件平面布置不对称,或诸桩长度不等,或诸桩直径不等,或诸桩材料不同)时〔图 D.0.3—6(c)(d)〕,坐标原点 O 设于诸 ρ_1 的合力处。

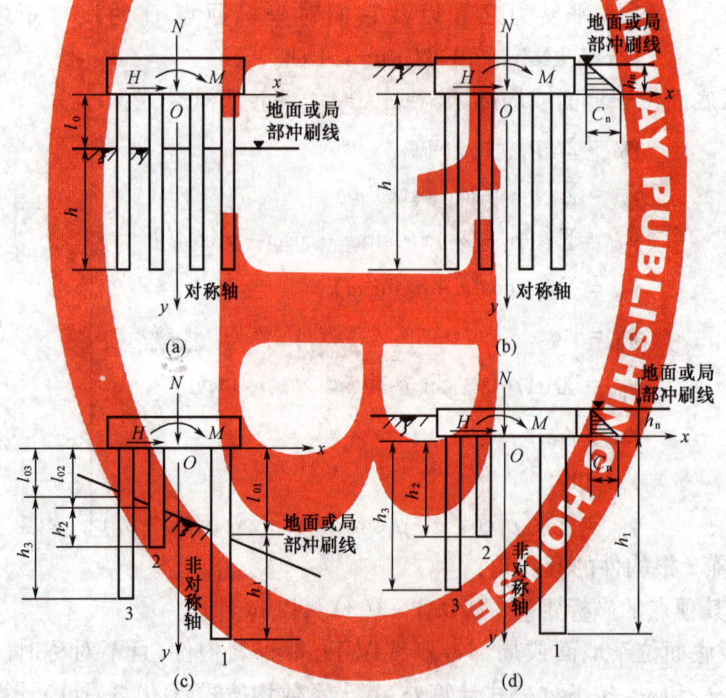

图　D.0.3—6

对于这种结构:

$$\left.\begin{aligned} &\text{承台板竖直位移} \quad b = \frac{N}{\gamma_{bb}} \\ &\text{承台板水平位移} \quad a = \frac{\gamma_{\beta\beta}H - \gamma_{a\beta}M}{\gamma_{aa}\gamma_{\beta\beta} - \gamma_{a\beta}\gamma_{\beta a}} \\ &\text{承台板绕 } O \text{ 点转角} \quad \beta = \frac{\gamma_{aa}M - \gamma_{\beta a}H}{\gamma_{aa}\gamma_{\beta\beta} - \gamma_{a\beta}\gamma_{\beta a}} \end{aligned}\right\} \quad (D.0.3—14)$$

式中　b,a,β——承台板竖直位移、水平位移、绕 O 点转角，分别以 m、m、rad 计。

当承台板底面位于地面或局部冲刷线以上时〔图 D.0.3—6(a)(c)〕：

$$\left.\begin{aligned}\gamma_{bb}&=\sum\rho_1\\ \gamma_{aa}&=\sum\rho_2\\ \gamma_{\beta\beta}&=\sum\rho_4+\sum x^2\rho_1\\ \gamma_{a\beta}&=\gamma_{\beta a}=-\sum\rho_3\end{aligned}\right\}\tag{D.0.3—15}$$

当承台板底面位于地面或局部冲刷线以下时〔图 D.0.3—6(b)(d)〕：

$$\left.\begin{aligned}\gamma_{bb}&=\sum\rho_1\\ \gamma_{aa}&=\sum\rho_2+b_0A_c\\ \gamma_{\beta\beta}&=\sum\rho_4+\sum x^2\rho_1+b_0I_c\\ \gamma_{a\beta}&=\gamma_{\beta a}=-\sum\rho_3+b_0S_c\end{aligned}\right\}\tag{D.0.3—16}$$

图 D.0.3—6 中任一构件的内力按下式计算：

$$\left.\begin{aligned}N_i&=(b+\beta x)\rho_1\\ Q_i&=a\rho_2-\beta\rho_3\\ M_i&=\beta\rho_4-a\rho_3\end{aligned}\right\}\tag{D.0.3—17}$$

⑦ 地面或局部冲刷线处构件截面上的弯矩 M_0 和横向力 Q_0：

$$M_0=M_i+Q_il_0\tag{D.0.3—18}$$

$$Q_0=Q_i\tag{D.0.3—19}$$

⑧ 然后按第一种情况中的③、⑤、⑥项进行计算。

3) 双向受力的基础：当基础承受双向荷载作用时，按上述第一种情况或第二种情况求出第一构件顶面处沿两个方向的弯矩和剪力后，分别沿两个方向求出构件身任一截面的弯矩 M_y、Q_y 和侧面土的横向压应力 σ_x，最后将该截面沿两个方向的弯矩、剪力和横向压应力合成起来。或者按上述第一种情况或第二种情况分别求出每一构件顶面处沿两个方向的弯矩 M、剪力 Q，然后合成起来，再求每一构件身任一截面的弯矩 M_y、剪力 Q_y 和侧面土的横向压应力 σ_x。

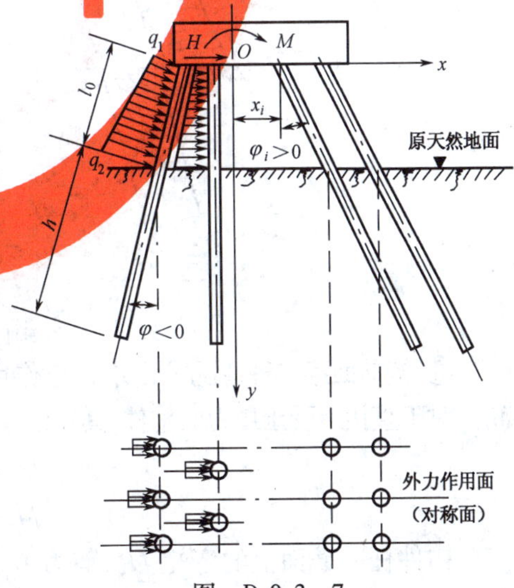

图　D.0.3—7

4) 桥台基础（包括承受侧面土压力的桥墩基础）的计算（图 D.0.3—7）：

① 联解下列方程式，求 M_{l_0}、Q_{l_0}、M_q 和 Q_q：

$$\left.\begin{aligned}&M_{l_0}=M_q+Q_ql_0+\left(\frac{q_1}{2!}+\frac{q_2-q_1}{3!}\right)l_0^2\\&Q_{l_0}=Q_q+\left(q_1+\frac{q_2-q_1}{2!}\right)l_0\\&\left(\frac{M_ql_0^2}{2!}+\frac{Q_ql_0^3}{3!}+\frac{q_1l_0^4}{4!}+\frac{(q_2-q_1)l_0^4}{5!}\right)\frac{1}{EI}=M_{l_0}\delta_{QM}+Q_{l_0}\delta_{QQ}\\&\left(M_ql_0+\frac{Q_ql_0^2}{2!}+\frac{q_1l_0^3}{3!}+\frac{(q_2-q_1)l_0^3}{4!}\right)\frac{1}{EI}=-(M_{l_0}\delta_{MM}+Q_{l_0}\delta_{MQ})\end{aligned}\right\}\quad(D.0.3\text{—}20)$$

式中 M_{l_0},Q_{l_0},M_q,Q_q——分别为由于台后路基土压力作用,直接承受土压力的构件在地面及顶面(与承台板联结处)处产生的力矩和横向力,分别以 kN · m 和 kN 计,图 D.0.3—8(b)所示的 M_q 和 Q_q 均为正值;

q_1,q_2——作用于构件上的土压力强度,按构件宽度计算,以 kN/m 计。

② 对于外力作用于对称面内的桥台基础(图 D.0.3—7),由下式求出承台板竖直位移 b、水平位移 a、绕 O 点的转角 β:

$$\left.\begin{aligned}&a\gamma_{ba}+b\gamma_{bb}+\beta\gamma_{b\beta}-(N+\sum Q_q\sin\varphi)=0\\&a\gamma_{aa}+b\gamma_{ab}+\beta\gamma_{a\beta}-(H-\sum Q_q\cos\varphi)=0\\&a\gamma_{\beta a}+b\gamma_{\beta b}+\beta\gamma_{\beta\beta}-(M-\sum M_q+\sum xQ_q\sin\varphi)=0\end{aligned}\right\}\quad(D.0.3\text{—}21)$$

式中∑号包括所有直接承受侧向土压力的构件数。

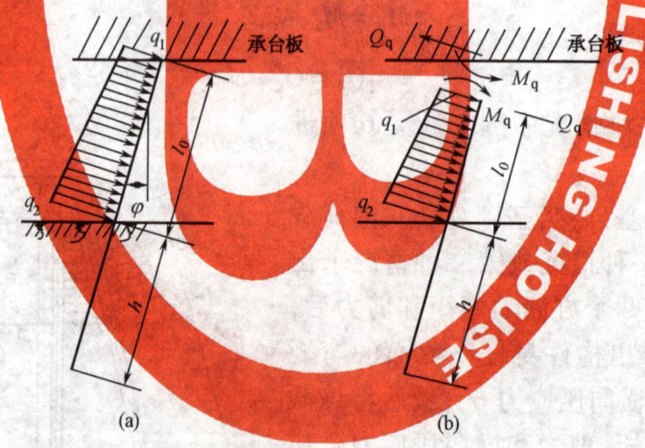

图 D.0.3—8

③ 按前面第二种情况求出承台板作用于每一构件顶面的轴向力 N_i、横向力 Q_i 和弯矩 M_i。对于直接承受土压力的构件,其顶面横向力 Q 和弯矩 M 为

$$\left.\begin{aligned}Q&=Q_i+Q_q\\M&=M_i+M_q\end{aligned}\right\}\quad(D.0.3\text{—}22)$$

构件任一截面上的弯矩 M_y、剪力 Q_y 和桩侧土的水平压应力 σ_x 按前述公式进行计算。

2 特殊情况

当基础埋于地面或局部冲刷线以下的深度 $h \leqslant 2.5/\alpha$ 时，可按前面"一般情况"所述公式进行计算，也可将基础视为具有无穷大刚度按下列诸公式计算。

1）第一种情况：置于非岩石地基上的基础（包括基础支立于岩石风化层内和支立于岩层面上的情况）（图 D. 0. 3—9）。

当地面或局部冲刷线处有力矩 M 和水平力 H 作用时，基础的转角为

$$\omega = \frac{12(3M + 2Hh)}{b_0 mh^4 + 18C_0 aW} \qquad (\text{D. 0. 3—23})$$

表 D. 0. 3—1　式（D. 0. 3—1）、式（D. 0. 3—2）系数值

换算深度 $\bar{h} = \alpha y$	A_1	B_1	C_1	D_1	A_2	B_2	C_2	D_2
0	1. 000 00	0. 000 00	0. 000 00	0. 000 00	0. 000 00	1. 000 00	0. 000 00	0. 000 00
0. 1	1. 000 00	0. 100 00	0. 005 00	0. 000 17	−0. 000 00	1. 000 00	0. 100 00	0. 005 00
0. 2	1. 000 00	0. 200 00	0. 020 00	0. 001 33	−0. 000 07	1. 000 00	0. 200 00	0. 020 00
0. 3	0. 999 98	0. 300 00	0. 045 00	0. 004 50	−0. 000 34	0. 999 96	0. 300 00	0. 045 00
0. 4	0. 999 91	0. 399 99	0. 080 00	0. 010 67	−0. 001 07	0. 999 83	0. 399 98	0. 080 00
0. 5	0. 999 74	0. 499 96	0. 125 00	0. 020 83	−0. 002 60	0. 999 48	0. 499 94	0. 124 99
0. 6	0. 999 35	0. 599 87	0. 179 98	0. 036 00	−0. 005 40	0. 998 70	0. 599 81	0. 179 98
0. 7	0. 998 60	0. 699 67	0. 244 95	0. 057 16	−0. 010 00	0. 997 20	0. 699 51	0. 244 94
0. 8	0. 997 27	0. 799 27	0. 319 88	0. 085 32	−0. 017 907	0. 994 54	0. 798 91	0. 319 83
0. 9	0. 995 08	0. 898 52	0. 404 72	0. 121 46	−0. 027 33	0. 990 16	0. 897 79	0. 404 62
1. 0	0. 991 67	0. 997 22	0. 499 41	0. 166 57	−0. 041 67	0. 983 33	0. 995 83	0. 499 21
1. 1	0. 986 58	1. 095 08	0. 603 84	0. 221 63	−0. 060 96	0. 973 17	1. 092 62	0. 603 46
1. 2	0. 979 27	1. 191 71	0. 717 87	0. 287 58	−0. 086 32	0. 958 55	1. 187 56	0. 717 16
1. 3	0. 969 08	1. 286 60	0. 841 27	0. 365 36	−0. 118 83	0. 938 17	1. 279 90	0. 840 02
1. 4	0. 955 23	1. 379 10	0. 973 73	0. 455 88	−0. 159 73	0. 910 47	1. 368 65	0. 917 63
1. 5	0. 936 81	1. 468 39	1. 114 84	0. 559 97	−0. 210 30	0. 873 65	1. 452 59	1. 111 45
1. 6	0. 912 80	1. 553 46	1. 264 03	0. 678 42	−0. 271 94	0. 825 65	1. 530 20	1. 258 72
1. 7	0. 882 01	1. 633 07	1. 420 61	0. 811 93	−0. 346 04	0. 764 13	1. 599 63	1. 412 47
1. 8	0. 843 13	1. 705 75	1. 583 62	0. 961 09	−0. 434 12	0. 686 45	1. 658 67	1. 571 50
1. 9	0. 794 67	1. 769 72	1. 751 90	1. 126 37	−0. 537 68	0. 589 67	1. 704 68	1. 734 22
2. 0	0. 735 02	1. 822 94	1. 924 02	1. 308 01	−0. 658 22	0. 470 61	1. 734 57	1. 898 72
2. 2	0. 574 91	1. 887 09	2. 272 17	1. 720 42	−0. 956 16	0. 151 27	1. 731 10	2. 222 99
2. 4	0. 346 91	1. 874 50	2. 608 82	2. 195 35	−1. 338 89	−0. 302 73	1. 612 86	2. 518 74
2. 6	0. 033 15	1. 754 73	2. 906 70	2. 723 65	−1. 814 79	−0. 926 02	1. 334 85	2. 749 72
2. 8	−0. 385 48	1. 490 37	3. 128 43	3. 287 69	−2. 387 56	−1. 754 83	0. 841 77	2. 866 53
3. 0	−0. 928 09	1. 036 79	3. 224 71	3. 858 38	−3. 053 19	−2. 824 10	0. 068 37	2. 804 06
3. 5	−2. 927 99	−1. 271 72	2. 463 04	4. 979 82	−4. 980 62	−6. 708 06	−3. 586 47	1. 270 18
4. 0	−5. 853 33	−5. 940 97	−0. 926 77	4. 547 80	−6. 533 16	−12. 158 10	−10. 608 40	−3. 766 47

续上表

换算深度 $\bar{h}=\alpha y$	A_3	B_3	C_3	D_3	A_4	B_4	C_4	D_4
0	0.000 00	0.000 00	1.000 00	0.000 00	0.000 00	−0.000 00	0.000 00	1.000 00
0.1	−0.000 17	−0.000 01	1.000 00	0.100 00	−0.005 00	−0.000 33	−0.000 01	1.000 00
0.2	−0.001 33	−0.000 13	0.999 99	0.200 00	−0.020 00	−0.002 67	−0.000 20	0.999 99
0.3	−0.004 50	−0.000 67	0.999 94	0.300 00	−0.045 00	−0.009 00	−0.001 01	0.999 92
0.4	−0.010 67	−0.002 13	0.999 74	0.399 98	−0.080 00	−0.021 33	−0.003 20	0.999 66
0.5	−0.020 83	−0.005 21	0.999 22	0.499 91	−0.124 99	−0.041 67	−0.007 81	0.998 96
0.6	−0.036 00	−0.010 80	0.998 06	0.599 74	−0.179 97	−0.071 99	−0.016 20	0.997 41
0.7	−0.057 16	−0.020 01	0.995 80	0.699 35	−0.244 90	−0.114 33	−0.030 01	0.994 40
0.8	−0.085 32	−0.034 12	0.991 81	0.798 54	−0.319 75	−0.170 60	−0.051 20	0.989 08
0.9	−0.121 44	−0.054 66	0.985 24	0.897 05	−0.404 43	−0.242 84	−0.081 98	0.980 32
1.0	−0.166 52	−0.083 29	0.975 01	0.994 45	−0.498 81	−0.332 98	−0.124 93	0.966 67
1.1	−0.221 52	−0.121 92	0.959 75	1.090 16	−0.602 68	−0.442 92	−0.182 85	0.964 34
1.2	−0.287 37	−1.172 60	0.937 83	1.183 42	−0.715 73	−0.574 50	−0.258 86	0.917 12
1.3	−0.364 96	−0.237 60	0.907 27	1.273 20	−0.837 53	−0.729 50	−0.356 31	0.876 38
1.4	−0.455 15	−0.319 33	0.865 75	1.358 21	−0.967 46	−0.909 54	−0.478 83	0.821 02
1.5	−0.558 70	−0.420 39	0.810 54	1.436 80	−1.104 68	−1.116 09	−0.630 27	0.747 45
1.6	−0.676 29	−0.543 48	0.738 59	1.506 95	−1.248 08	−1.350 42	−0.814 66	0.651 56
1.7	−0.808 48	−0.691 44	0.646 37	1.566 21	−1.396 23	−1.613 46	−1.036 16	0.528 71
1.8	−0.955 64	−0.867 15	0.529 97	1.611 62	−1.547 28	−1.905 77	−1.299 09	0.373 68
1.9	−1.117 96	−1.073 57	0.385 03	1.639 69	−1.698 89	−2.227 45	−1.607 70	0.180 71
2.0	−1.295 35	−1.313 61	0.206 76	1.646 28	−1.848 18	−2.577 98	−1.966 20	−0.056 52
2.2	−1.693 34	−1.905 67	−0.270 87	1.575 38	−2.124 81	−3.359 52	−2.848 58	−0.691 58
2.4	−2.141 17	−2.663 29	−0.948 85	1.352 01	−2.339 01	−4.228 11	−3.973 23	−1.591 51
2.6	−2.621 26	−3.599 87	−1.877 34	0.916 79	−2.436 95	−5.140 23	−5.355 41	−2.821 06
2.8	−3.103 41	−4.717 48	−3.107 91	0.197 29	−2.345 58	−6.022 99	−6.990 07	−4.444 91
3.0	−3.540 58	−5.999 79	−4.687 88	−0.891 26	−1.969 28	−6.764 60	−8.840 29	−6.519 72
3.5	−3.919 21	−9.543 67	−10.340 40	−5.854 02	1.074 08	−6.788 95	−13.692 40	−13.826 10
4.0	−1.614 28	−11.730 70	−17.918 60	−15.075 50	9.243 68	−0.357 62	−15.610 50	−23.140 40

表 D.0.3—2　式(D.0.3—1)、式(D.0.3—2)系数值

换算深度 $\bar{h}=\alpha y$	$B_3D_4-B_4D_3$	$A_3B_4-A_4B_3$	$B_2D_4-B_4D_2$	$A_2B_4-A_4B_2$	$A_3D_4-A_4D_3$ $=B_3C_4-B_4C_3$	$A_2D_4-A_4D_2$ $=B_2C_4-B_4C_2$	$A_3C_4-A_4C_3$
0	0.000 00	0.000 00	1.000 00	0.000 00	0.000 00	0.000 00	0.000 00
0.1	0.000 02	0.000 00	1.000 00	0.005 00	0.000 33	0.000 03	0.005 00
0.2	0.000 40	0.000 00	1.000 04	0.020 00	0.002 67	0.000 33	0.020 00
0.3	0.002 03	0.000 01	1.000 29	0.045 00	0.009 00	0.001 69	0.045 00
0.4	0.006 40	0.000 06	1.001 20	0.079 99	0.021 33	0.005 33	0.080 01
0.5	0.015 63	0.000 22	1.003 65	0.125 04	0.041 67	0.013 03	0.125 05
0.6	0.032 40	0.000 65	1.009 17	0.180 13	0.072 03	0.027 01	0.180 20
0.7	0.060 06	0.001 63	1.019 62	0.245 35	0.114 42	0.050 04	0.245 59

续上表

换算深度 $\bar{h}=\alpha y$	$B_3D_4-B_4D_3$	$A_3B_4-A_4B_3$	$B_2D_4-B_4D_2$	$A_2B_4-A_4B_2$	$A_3D_4-A_4D_3$ $=B_3C_4-B_4C_3$	$A_2D_4-A_4D_2$ $=B_2C_4-B_4C_2$	$A_3C_4-A_4C_3$
0.8	0.102 48	0.003 65	1.038 24	0.320 91	0.170 94	0.085 39	0.321 50
0.9	0.164 26	0.007 38	1.068 93	0.407 09	0.243 74	0.136 85	0.408 42
1.0	0.250 62	0.013 90	1.116 79	0.504 36	0.335 07	0.208 73	0.507 14
1.1	0.367 47	0.024 64	1.188 23	0.613 51	0.447 39	0.306 00	0.618 93
1.2	0.521 58	0.041 56	1.291 11	0.735 65	0.583 46	0.434 12	0.745 62
1.3	0.720 57	0.067 24	1.434 98	0.872 44	0.746 50	0.599 40	0.889 91
1.4	0.973 17	0.105 04	1.631 25	1.026 12	0.940 32	0.808 87	1.055 50
1.5	1.289 38	0.159 16	1.893 49	1.199 81	1.169 60	1.070 61	1.247 52
1.6	1.680 91	0.234 97	2.237 76	1.397 71	1.440 15	1.393 79	1.472 77
1.7	2.161 45	0.339 04	2.682 96	1.625 22	1.759 34	1.789 18	1.740 19
1.8	2.747 34	0.479 51	3.251 43	1.889 46	2.136 53	2.269 33	2.061 47
1.9	3.458 33	0.666 32	3.969 45	2.199 44	2.583 62	2.849 09	2.451 47
2.0	4.381 31	0.911 58	4.868 24	2.566 64	3.115 83	3.546 38	2.929 05
2.2	6.610 44	1.639 62	7.363 56	3.533 66	4.518 46	5.384 69	4.248 06
2.4	9.955 10	2.823 66	11.131 30	4.952 88	6.570 04	8.022 19	6.288 00
2.6	14.868 00	4.701 18	16.746 60	7.071 78	9.628 90	11.820 60	9.462 94
2.8	22.157 10	7.626 58	25.065 10	10.264 20	14.257 10	17.336 20	14.403 20
3.0	33.087 90	12.135 30	37.380 70	15.092 20	21.328 50	25.427 50	22.068 00
3.5	92.209 00	36.858 00	101.369 00	41.018 20	60.476 00	67.498 20	64.769 60
4.0	266.061 00	109.012 00	279.996 0	114.722 00	176.706 00	185.996 00	190.834 00

换算深度 $\bar{h}=\alpha y$	$A_2C_4-A_4C_2$	$\dfrac{B_3D_4-B_4D_3}{A_3B_4-A_4B_3}$	$\dfrac{A_3D_4-A_4D_3}{A_3B_4-A_4B_3}$ $=\dfrac{B_3C_4-B_4C_3}{A_3B_4-A_4B_3}$	$\dfrac{A_3C_4-A_4C_3}{A_3B_4-A_4B_3}$	$\dfrac{B_2D_1-B_1D_2}{A_2B_1-A_1B_2}$	$\dfrac{B_2C_1-B_1C_2}{A_2B_1-A_1B_2}$ $=\dfrac{A_2D_1-A_1D_2}{A_2B_1-A_1B_2}$	$\dfrac{A_2C_1-A_1C_2}{A_2B_1-A_1B_2}$
0	0.000 00	∞	∞	∞	0.000 00	0.000 00	0.000 00
0.1	0.000 50	377 40.490	54 098.400	819 672.000	0.000 33	0.005 00	0.100 00
0.2	0.004 00	424.771	2 807.280	21 028.600	0.002 69	0.020 00	0.200 00
0.3	0.013 50	196.135	869.565	4 347.970	0.009 00	0.045 00	0.300 00
0.4	0.032 00	111.936	372.930	1 399.070	0.021 33	0.079 99	0.399 96
0.5	0.062 5	72.102	192.214	576.825	0.041 65	0.124 95	0.499 88
0.6	0.108 04	50.012	111.179	278.134	0.071 92	0.178 93	0.599 62
0.7	0.171 61	36.740	70.001	150.236	0.114 06	0.244 48	0.699 02
0.8	0.256 32	28.108	46.884	88.179	0.169 85	0.318 67	0.797 83
0.9	0.365 33	22.245	33.009	55.312	0.240 92	0.401 99	0.895 62
1.0	0.501 94	18.028	24.102	36.480	0.328 55	0.493 74	0.991 79
1.1	0.669 65	14.915	18.160	25.122	0.433 51	0.592 94	1.085 60
1.2	0.872 32	12.550	14.039	17.941	0.555 89	0.698 11	1.176 05
1.3	1.114 29	10.716	11.102	13.235	0.694 88	0.807 37	1.261 99
1.4	1.400 59	9.265	8.952	10.049	0.848 55	0.918 31	1.342 13

续上表

换算深度 $\bar{h}=\alpha y$	$A_2C_4-A_4C_2$	$\frac{B_3D_4-B_4D_3}{A_3B_4-A_4B_3}$	$\frac{A_3D_4-A_4D_3}{A_3B_4-A_4B_3}=\frac{B_3C_4-B_4C_3}{A_3B_4-A_4B_3}$	$\frac{A_3C_4-A_4C_3}{A_3B_4-A_4B_3}$	$\frac{B_2D_1-B_1D_2}{A_2B_1-A_1B_2}$	$\frac{B_2C_1-B_1C_2}{A_2B_1-A_1B_2}=\frac{A_2D_1-A_1D_2}{A_2B_1-A_1B_2}$	$\frac{A_2C_1-A_1C_2}{A_2B_1-A_1B_2}$
1.5	1.737 20	8.101	7.349	7.838	1.013 82	1.028 16	1.415 16
1.6	2.131 35	7.154	6.129	6.268	1.186 32	1.133 80	1.479 90
1.7	2.592 200	6.375	5.189	5.133	1.360 88	1.232 19	1.535 40
1.8	3.130 39	5.730	4.456	4.300	1.531 79	1.320 58	1.581 15
1.9	3.760 49	5.190	3.878	3.680	1.693 43	1.396 88	1.617 18
2.0	4.499 99	4.737	3.418	3.213	1.840 91	1.439 79	1.644 05
2.2	6.401 96	4.032	2.756	2.591	2.080 41	1.545 49	1.674 90
2.4	9.092 20	3.526	2.327	2.227	2.239 74	1.585 66	1.685 20
2.6	12.971 90	3.161	2.048	2.013	2.329 65	1.596 17	1.686 65
2.8	18.663 60	2.905	1.869	1.889	2.371 19	1.592 62	1.687 17
3.0	27.125 70	2.727	1.758	1.818	2.385 47	1.586 06	1.690 51
3.5	72.048 50	2.502	1.641	1.757	2.388 91	1.584 35	1.711 00
4.0	200.047 00	2.441	1.625	1.751	2.400 74	1.599 79	1.732 18

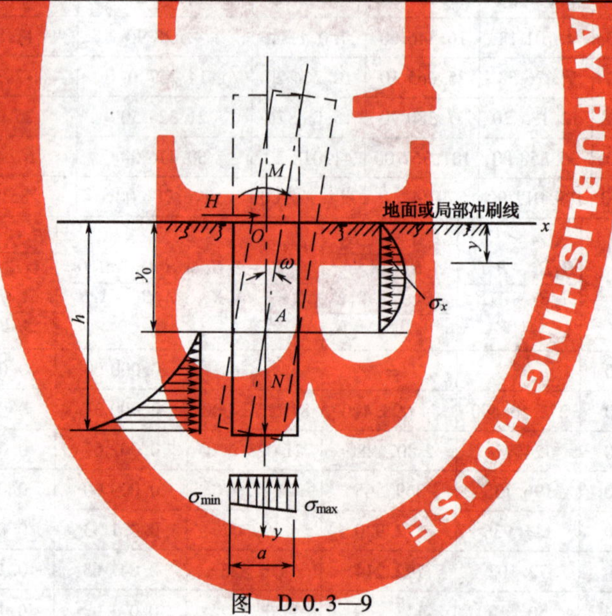

图 D.0.3—9

基础旋转中心至地面或局部冲刷线的距离为

$$y_0=\frac{b_0mh^3(4M+3Hh)+6HC_0aW}{2b_0mh^2(3M+2Hh)} \tag{D.0.3—24}$$

基础底面前后边缘竖向压应力为

$$\sigma_{min}^{max}=\frac{N}{A_0}\pm C_0\frac{a}{2}\omega \tag{D.0.3—25}$$

地面或局部冲刷线以下任一深度 y 处基础前后侧土的横向压应力及横截面上的弯矩为

$$\sigma_x = my(y_0 - y)\omega \quad (D.0.3\text{—}26)$$

$$M_y = M + y\left[H - b_0\omega\frac{my^2}{12}(2y_0 - y)\right] \quad (D.0.3\text{—}27)$$

以上各式中

ω——基础的转角(rad)；

y_0——基础旋转中心至地面或局部冲刷线的距离(m)；

σ_{min}^{max}——基础底面前后边缘竖向应力(kPa)；

σ_x——深度 y 处基础前后侧土的横向压应力(kPa)；

M_y——深度 y 处基础横截面上的弯矩(kN·m)；

N——作用于基础底面上的竖向力(kN)，对于支立于岩层面上的桩、管柱和沉井，计算 N 时不考虑其侧面摩阻力的影响；

A_0——基底面积(m^2)；

a——基础底面顺外力作用方向的基础长度(m)；

W——基底截面抵抗矩(m^3)；

其余符号的意义与前面相同。

2）第二种情况：嵌入岩层内的基础(图 D.0.3—10)。

基础底面嵌入岩层内较浅时，基础的旋转中心与基底截面重心相吻合。

基础的转角 ω 为

$$\omega = \frac{12(M + Hh)}{b_0 mh^4 + 6C_0 aW} \quad (D.0.3\text{—}28)$$

基础底面前后缘竖向压应力为

$$\sigma_{min}^{max} = \frac{N}{A_0} \pm C_0\frac{a}{2}\omega \quad (D.0.3\text{—}29)$$

计算 N 时不考虑基础侧面摩擦力。

基础前后侧横向压应力 σ_x 为

$$\sigma_x = my(h - y)\omega \quad (D.0.3\text{—}30)$$

基础嵌入处承受的横向力为

$$P = b_0\omega\frac{mh^3}{6} - H \quad (D.0.3\text{—}31)$$

式中　P——基础嵌入处承受的横向力(kN)。

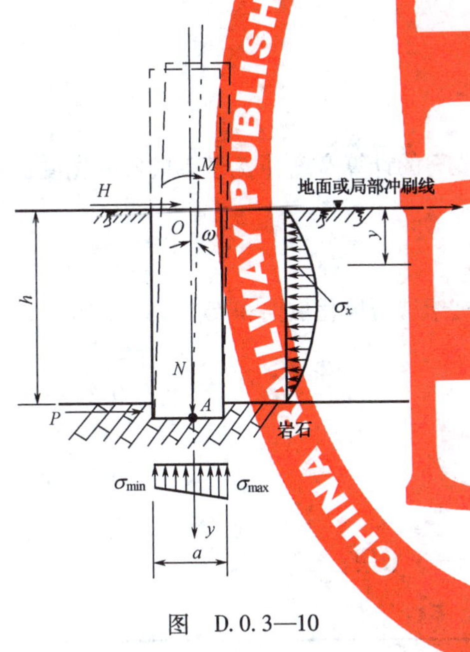

图　D.0.3—10

基础身任一截面内的弯矩为

$$M_y = M + y\left[H - b_0\omega\frac{my^2}{12}(2h - y)\right] \quad (D.0.3\text{—}32)$$

上列诸式中符号的意义除注明者外，其余均与前面相同。

当求得的 P 为负值时，则 P 的方向与图 D.0.3—10 中所示相反，并作用于基础的另一侧。

3）基底最大竖向压应力 σ_{max} 不应大于地基容许承载力。基础侧面横向压应力必须满足下列条件：

$$\sigma_{h/3} \leqslant \eta_1\eta_2\left[\gamma \frac{h}{3}(\eta K_p - K_a) + 2c(\eta\sqrt{K_p} + \sqrt{K_a})\right] \tag{D.0.3—33}$$

$$\sigma_h \leqslant \eta_1\eta_2\left[\gamma h(\eta K_p - K_a) + 2c(\eta\sqrt{K_p} + \sqrt{K_a})\right] \tag{D.0.3—34}$$

式中　$\sigma_{h/3}$,σ_h——分别为深度 $y=\frac{h}{3}$ 和 $y=h$ 处土的横向压应力(kPa);

γ——土的容重(有水时,考虑水浮力)(kN/m^3);

c——土的黏聚力(kPa);

η_1——系数,对于超静定推力拱桥的墩台 $\eta_1=0.7$,其他结构体系的墩台 $\eta_1=1.0$;

η_2——考虑总荷载中恒载所占比例的系数,当 $h\leqslant\frac{2.5}{\alpha}$ 时,$\eta_2=1-0.8\frac{M_n}{M_m}$;

M_n——恒载对基础底面中心的力矩(kN·m);

M_m——全部外力对基础底面中心的总力矩(kN·m);

K_p,K_a——系数,

$$K_p=\tan^2(45°+\frac{\varphi}{2})$$

$$K_a=\tan^2(45°-\frac{\varphi}{2})$$

η——系数,$\eta=\frac{b_0}{b}$,b_0 为基础侧面土抗力的计算宽度,b 为基础的实际宽度;

φ——土的内摩擦角。

4)墩台顶面的水平位移

① 对于支立于非岩石地基上的基础(包括支立于岩石风化层内和支立于岩层面上的情况):

$$\delta=k_1\omega y_0+k_2\omega l+\delta_0 \tag{D.0.3—35}$$

② 对于嵌入岩石内的基础:

$$\delta=k_1\omega h+k_2\omega l+\delta_0 \tag{D.0.3—36}$$

式中　δ——墩台顶面的水平位移(m);

k_1,k_2——考虑基础实际刚度的系数,按表 D.0.3—3 采用;

表 D.0.3—3　k_1、k_2 系数

换算深度 $\bar{h}=\alpha h$	系　数	λ/h				
		1	2	3	5	∞
1.6	k_1	1.0	1.0	1.0	1.0	1.0
	k_2	1.0	1.1	1.1	1.1	1.1
1.8	k_1	1.0	1.0	1.1	1.1	1.1
	k_2	1.1	1.2	1.2	1.2	1.3
2.0	k_1	1.1	1.1	1.1	1.1	1.2
	k_2	1.2	1.3	1.4	1.4	1.4
2.2	k_1	1.1	1.1	1.2	1.2	1.2
	k_2	1.2	1.5	1.6	1.6	1.7

续上表

换算深度 $\bar{h}=\alpha h$	系 数	λ/h				
		1	2	3	5	∞
2.4	k_1 k_2	1.1 1.3	1.2 1.8	1.3 1.9	1.3 1.9	1.3 2.0
2.5	k_1 k_2	1.2 1.4	1.3 1.9	1.4 2.1	1.4 2.2	1.4 2.3

注:表中 $\lambda=\frac{M_m}{H}$,H 为总水平外力,M_m 为全部外力对基础底面中心的总力矩。当 $\alpha h<1.6$ 时,$k_1=k_2=1.0$。

l——地面或局部冲刷线至墩台顶面的高度(m);

δ_0——在 l 范围内由于墩台身与基础的变形产生的墩台顶面位移(m);

h——基础的高度(m);

ω——基础的转角(rad)。

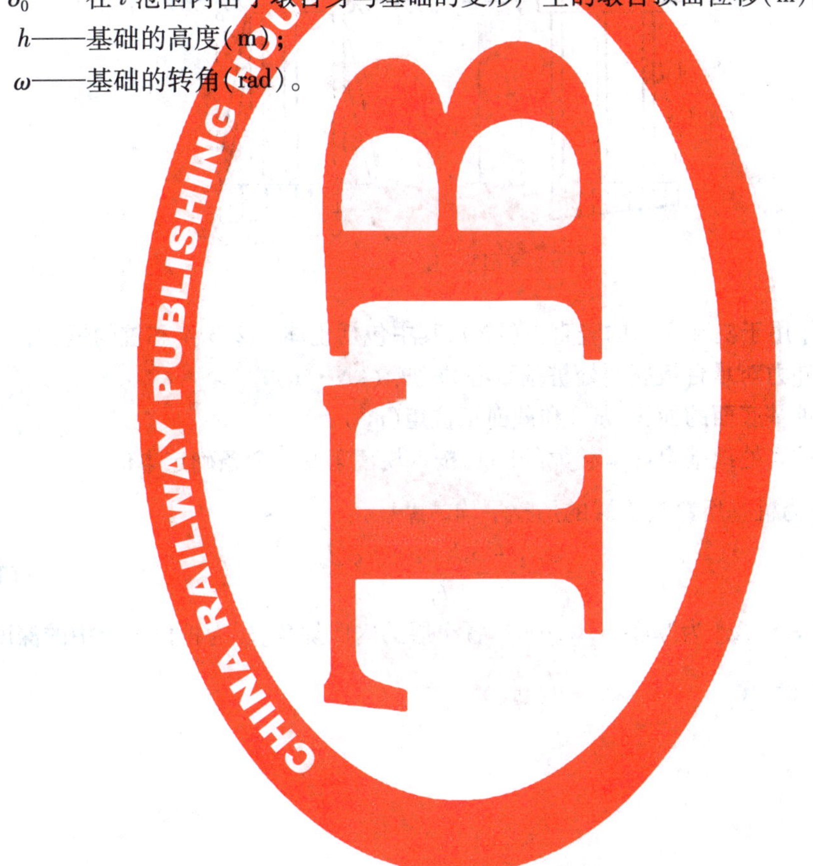

附录 E　桥梁桩基当作实体基础的检算

将桩基视为图 E 中 1、2、3、4 范围内的实体基础可按下式检算：

$$\frac{N}{A}+\frac{M}{W}\leqslant[\sigma] \tag{E.1}$$

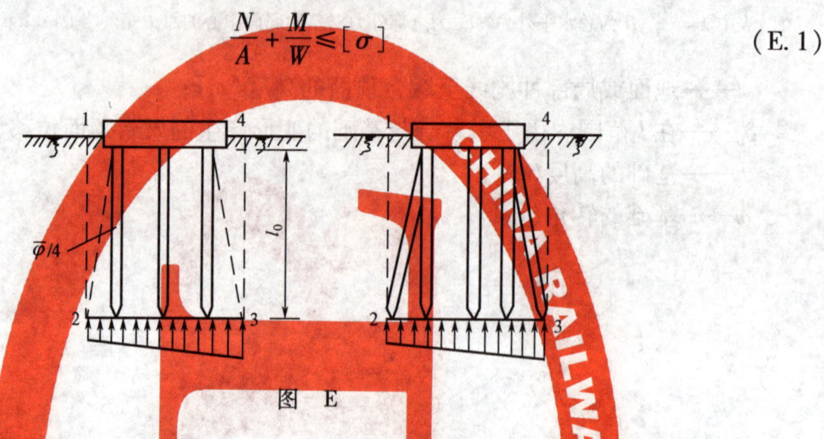

图　E

式中　N——作用于桩基底面的竖直力(kN)，其中包括土体 1、2、3、4 和桩的恒载；

M——外力对承台板底面处桩基重心的力矩(kN·m)；

A 和 W——桩基底面的面积(m^2)和截面抵抗矩(m^3)；

$[\sigma]$——桩底处地基容许承载力(kPa)，按本规范第 6.2.2 条确定本值。

图 E 中 $\bar{\varphi}$ 为桩基所穿过土层的加权平均内摩擦角：

$$\bar{\varphi}=\frac{\varphi_1 l_1+\varphi_2 l_2+\cdots+\varphi_n l_n}{l_0} \tag{E.2}$$

这里 $\varphi_1,\varphi_2,\cdots,\varphi_n$ 为厚度 $l_1,l_2,\cdots,l_n$ 各土层的内摩擦角，l_0 为桩位于土中的深度。

附录 F　台后路基对桥台基底附加竖向压应力的计算

台后路基及锥体对桥台基底前后边缘的附加竖向压应力,可按下式计算:

$$\sigma = \alpha\gamma H$$

式中　σ——附加竖向压应力(kPa);

γ——路基填土的容重(kN/m^3);

H——路基填土高度(m);

α——系数,见表 F。

表 F　系　数　α

基础前后缘	路基填土高度 H(m) / 基础长度(m) / 距地面深度 h(m)	5		10			20		
		5	10	5	10	15	5	10	15
前缘	5	0.100	0.020	0.250	0.040	0.010	0.360	0.230	0.120
	10	0.170	0.060	0.320	0.130	0.045	0.430	0.300	0.170
	15	0.170	0.090	0.310	0.170	0.085	0.500	0.370	0.240
	20	0.150	0.095	0.260	0.160	0.100	0.480	0.380	0.260
	25	0.140	0.090	0.240	0.160	0.110	0.440	0.350	0.260
	30	0.120	0.085	0.200	0.150	0.110	0.400	0.330	0.260
后缘	5	0.480	0.480	0.520	0.510	0.510	0.540	0.520	0.510
	10	0.380	0.380	0.510	0.490	0.490	0.580	0.550	0.540
	15	0.290	0.290	0.440	0.420	0.420	0.590	0.560	0.550
	20	0.220	0.220	0.360	0.350	0.350	0.560	0.540	0.530
	25	0.190	0.190	0.300	0.290	0.290	0.500	0.490	0.480
	30	0.150	0.150	0.250	0.250	0.250	0.450	0.440	0.430

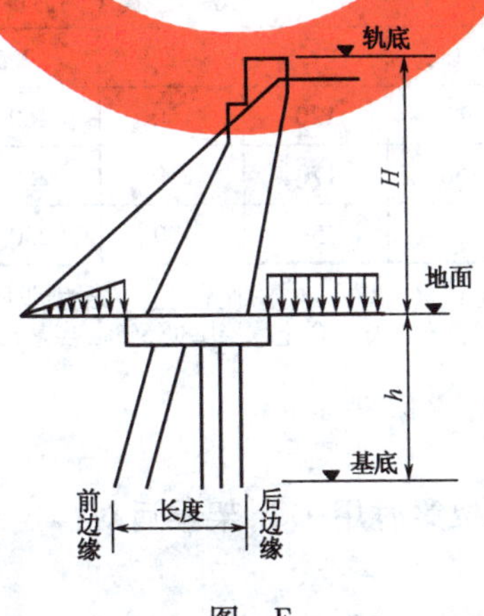

图　F

附录 G 严寒及多年冻土地区桥涵基础切向冻胀计算

G.0.1 当基底位于多年冻土以内时(图 G):

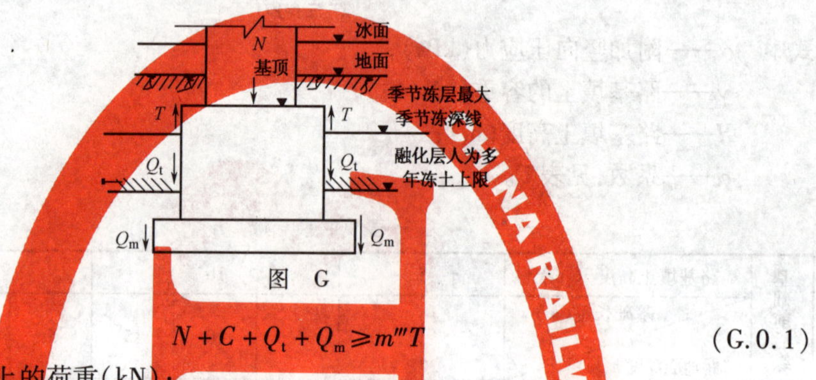

图 G

$$N + C + Q_t + Q_m \geqslant m''' T \tag{G.0.1}$$

式中 N——基顶上的荷重(kN);

C——基础重及襟边上土重(kN);

Q_m——基础和多年冻土的冻结力(kN),按下式计算:

$$Q_m = S_m \times A_m$$

A_m——埋在多年冻土内的基础侧面积(m^2);

S_m——多年冻土与基础表面的冻结强度(kPa),可按表 G.0.1—1 选用;

Q_t——基础位于融化土层的摩擦力(kN),按下式计算:

$$Q_t = S_t \times A_t$$

S_t——基础侧面与融化土的单位摩擦力(kPa),在无实测资料时,对黏性土可用 20 kPa;对砂土及碎石土可用30 kPa;

A_t——在融化土层中基础侧面积(m^2);

表 G.0.1—1 多年冻土与混凝土基础表面的冻结强度 S_m(kPa)

土的名称	土层月最高平均温度(℃)						
	-0.5	-1.0	-1.5	-2.0	-2.5	-3.0	-4.0
黏性土	60	90	120	150	180	220	280
砂 土	80	130	170	210	250	290	380
碎石土	70	110	150	190	230	270	350

注:1 不融沉冻土按表列数值降低 10% ~20%,与基础无明显胶结力的干土,不考虑其冻结力(即按融土摩擦力计算);强融沉土(饱冰冻土)降低 20%;含土冰层降低 50%;当基础周围回填 0.05 ~0.1 m 砂层时可按强融沉土(饱冰冻土)取值。

2 未作处理的钢结构按表列数值降低 30%。

3 表列数值不适用于含盐量大于 0.3% 的冻土。

m'''——安全系数,未架梁时用 1.1,架梁后对静定结构用 1.2,对超静定结构用 1.3;

T——基础的切向冻胀力(kN),按下式计算:

$$T = A_{u}\tau + A_{u}'\tau'$$

A_{u}——70% 季节冻深范围内基础和墩身侧面积(m^{2});

τ——70% 季节冻深范围内基础和墩身侧面的单位切向冻胀力(kPa),可按表 G.0.1—2选用;

A_{u}'——河底以上冰层中墩身侧面积(m^{2}),当冬龄期间无结冰时 $A_{u}'=0$;

τ'——水结冰后对墩身侧面的单位切向冻胀力(kPa),可用 190 kPa。

G.0.2　当基底位于多年冻土人为上限以上或最大季节冻深以下时,其冻结力 Q_{m} 为零,此时应符合下式:

$$N + C + Q_{t} \geq m'''T \tag{G.0.2}$$

式中符号意义及计算方法同前。

G.0.3　当切向冻胀力较大时,应检算基础或墩身薄弱断面的拉应力。

表 G.0.1—2　季节融化土冻胀时,对混凝土基础的单位切向冻胀力 τ(kPa)

黏性土	I_{L}		$I_{L} \leq 0$	$0 < I_{L} \leq 1$	$1 < I_{L} \leq 3$
	τ	非过水建筑物	0 ~ 30	30 ~ 80	80 ~ 150
		过水建筑物	0 ~ 50	50 ~ 150	150 ~ 250
砂　土	S_{r} 或 w(%)		$S_{r} \leq 0.5$ 或 $w \leq 12$	$0.5 < S_{r} \leq 0.8$ 或 $12 < w \leq 18$	$S_{r} > 0.8$ 或 $w > 18$
	τ	非过水建筑物	0 ~ 20	20 ~ 50	50 ~ 100
		过水建筑物	0 ~ 40	40 ~ 80	80 ~ 160

注:1. 粉黏粒含量大于15% 的碎石土,视其含水率按表中砂土采用;黏粒含量小于 15% 时,视其含水率按表中 $S_{r} \leq 0.5$ 或 $0.5 < S_{r} \leq 0.8$ 两栏采用;

2　粉质黏性土和粉黏粒含量大于 15% 的砂土用表中的较大值;

3　未作处理的钢结构基础,按表列数值降低 20% ~ 30%。

本规范用词说明

执行本规范条文时,对于要求严格程度的用词说明如下,以便在执行中区别对待。

(1)表示很严格,非这样做不可的用词:

正面词采用“必须”;

反面词采用“严禁”。

(2)表示严格,在正常情况下均应这样做的用词:

正面词采用“应”;

反面词采用“不应”或“不得”。

(3)表示允许稍有选择,在条件许可时首先应这样做的用词:

正面词采用“宜”;

反面词采用“不宜”。

表示有选择,在一定条件下可以这样做的,采用“可”。

《铁路桥涵地基和基础设计规范》条文说明

本条文说明系对重点条文的编制依据、存在的问题以及在执行中应注意的事项等予以说明。为了减少篇幅，只列条文号，未抄录原条文。

1.0.2 本条与铁道部现行《铁路桥涵设计基本规范》(TB 10002.1)(以下简称《桥规》)规定的适用范围一致。旅客列车最高行车速度由140 km/h提高到160 km/h，并明确了货车的设计行车速度。

1.0.4 本条根据列车提速和结构物加强耐久性的要求，增加了应严格控制基础沉降，并按满足100年正常使用要求设计的规定。

1.0.7 当同一基础下存在物理力学性质和压缩性差异悬殊的地基时，容易引起基础不均匀下沉。这种软硬不匀土层是由于河床冲刷和沉积反复交替所形成的。当河床的地基存在软硬不匀时，不宜将基础放置在这些土层的相交处。

石灰岩和其他可溶岩类遇有常年侵蚀性的渗流时，流水沿岩石构造节理裂隙侵入，使之逐渐溶蚀，扩展成溶槽、溶沟或溶洞，它们是否继续发展，往往难以判定，应尽量避开。当无法避开，而要在这些地层上建造墩台基础，且溶槽或溶沟较宽，延伸很深，不能将溶槽或溶沟内的充填土清净，换以浆砌体或混凝土时，需要采用钢筋混凝土梁、板跨越溶槽或溶沟，再于梁、板上砌筑墩台，但这样造价比较高昂。

断层及挤压破碎带系因地层的动力作用，顺岩层构造薄弱处产生相对移位致使上下岩盘间的岩石因挤压而成破碎带，对于墩台稳定不利，所以应避免把桥梁墩台基础置于断层和挤压破碎带上。

在陡峭山坡上修建墩台时，应注意桥基岩体的稳定。岩体的稳定常和岩面、节理、断层面有关。也有因岩质山坡坡脚受河流滚石常年撞击使山坡失去坡脚支承的情况发生，应加注意。

黄土地区的陷穴多发生于深沟台地上，沟源附近沟床形成区段上以及排水不良的凹地。当陷穴形成后，水流渗入陷穴，顺着倾向沟谷方向经过土层渗流溶解和侵蚀形成暗洞，通至附近沟谷内。建于沟谷岸坡上的墩台应尽量避开陷穴和暗洞。为防止陷穴和暗洞的扩展，应做好截流、防渗、堵漏等工作。如因沟谷地形控制桥跨布置，墩台位置无法避开陷穴和暗洞时，应对陷穴和浅埋的暗洞采取填土夯实，但这样做往往有很多困难，设计时应全面考虑。

靠近陡峭岩壁下河槽处的桥墩，应尽量避免基础穿经水下河床的山坡落石堆积层。因为在这种地层中，采用明挖基础和沉井基础，将会增大抽水的困难，致使施工进展缓慢，工程造价昂贵。采用钻孔灌注桩虽然不需要抽水，但因山坡落石石质坚硬，钻进效率很低，并易引起孔壁坍落和卡钻等事故。

桥梁墩台位于倾斜岩面上采用沉井基础，而沉井下沉抽水不干时，则需要在潜水条件下进行凿石，整平基面，这样不仅工作困难，也不能持久，并且严重损害潜水人员的身体健康。在充分掌握岩层倾斜情况时，虽然也可采用高低刃脚的沉井，但技术比较复杂，因此，在渗水量很大，无把握抽干水时，一般不在倾斜岩层上修建沉井基础，对于明挖基础来说也是如此。

1.0.8～1.0.10

(1)基础埋深考虑地基土的冻胀影响

土在冻结和解冻时，其结构性质发生变化。冻结时土隆起，冻胀力量甚大，而解冻时土沉陷，致使建于其上的结构物遭到破坏，这就是通常所说的土的冻胀现象。土中存在水分以及毛细管作用是形成冻胀现象的重要条件。对于颗粒较大的土来说，没有毛细管作用，所以不存在冻胀现象；对于颗粒较小、毛细管作用显著的土，则冻胀现象严重。此外土中含水率的多少和地下水位的高低对土的冻胀作用也有重要影响。冻结线即当地最大冻结深度线。

一般情况在覆土 2 m 左右时，冰冻影响较小，所以涵洞出入口和自两端洞口向内各 2 m范围的基础深度应考虑地基土的冻结线深度。洞身中间部分，因严寒地区的养护部门通常多在冬季将洞口堵塞，防止寒冷空气自由流通，另外洞身受到路基填土的保温作用，因此其基础埋深可根据土的冻胀程度较出入口减小。严寒地区，涵洞两端基础埋置较深，中间涵身基础埋置深度可能与两端埋深相差悬殊，根据有些养护单位的实践经验，在不同埋深的连接处往往有冻融破坏现象，因此规范规定，在这种情况下应在连接处将基础埋深做成过渡段。

根据严寒地区桥梁冻害调查统计资料，原齐齐哈尔铁路局嫩林线通车初期只有一座桥有冻害，后来发展到 7 座桥有冻害。哈尔滨铁路局有 8 座桥有冻害。呼和浩特铁路局有 15 座桥有冻害。这些冻害桥梁的冻起高度一般均大于 50 mm，最大者达 150 mm，有的墩身拔断，直接影响行车安全，给维修养护工作造成困难，因此对位于冻胀、强冻胀土中的桥梁基础应按附录 G 进行冻胀稳定检算，以确保建筑物的安全。从国内外的大量试验资料表明：土的冻胀性与土的颗粒组成、含水率和冻土温度有着密切的关系。各类土的冻胀力均有随含水率的增加、土温的降低而增大的规律性，当土层含水率或冻土温度达到某一临界值时，冻胀力将出现极值，随后则逐渐降低。有时从土的颗粒组成来看，虽属冻胀性土，但由于含水率很小，而地下水位又很低，毛细管上升高度达不到冻结锋面，形不成冻胀条件者，也不会产生冻胀。所以土层的含水率多少不同、土温高低不同，其冻胀程度也不一样。如黏性土当含水率达到 50% 左右，而土温在 -8℃左右时，冻胀力达到极值。当含水率等于或小于起始冻胀含水率时，则不产生冻胀，反而会出现冻缩现象，这已被大量的观测所证实。另外根据东北大庆地区四十多个野外冻土站的观测资料分析表明，地面冻胀量具有随整个冻深的增大而增加的规律性，但冻胀量沿冻深的分布是不均匀的，而且沿冻深逐渐减少。当冻深达到某一深度时，冻胀量等于零，其下有一层冻土往往只冻结而不冻胀，因这层冻土往往出现脱水现象，没有冰构，所以属于非冻胀区。强冻胀区一般出现在冻深 1/3 以上。至于对弱冻胀土来说，全部冻胀量分布在整个冻深的 75% 以上，因此桥涵基础埋深按冻深考虑是安全的，不会出现基底法向冻胀力，但在设计时对小型建筑物应注意切向冻胀力的影响。

(2)无冲刷处或河床设有铺砌防冲时，土质地基中基础的最小埋深由于离地面较近范围内的土，随着气温和湿度的变化，其体积产生较显著的膨胀和收缩，且有些地下动物在此范围内活动，土的结构易受外界扰动。另外为防止基础承受横向力时地基土被挤出，均要求基础具有一定的埋置深度。为了满足这些要求，规范规定一般情况下基础最小埋置深度为 2 m，困难时最小埋置深度不得小于 1 m。

(3)基础埋深考虑冲刷的影响

桥梁墩台必须在建成后长期运营中能经得起洪水冲刷的考验。墩台基础的埋置深度必须全面地考虑洪水冲刷的影响，基底应在最大冲刷线以下留有一定的富余量，以保证墩台的安全。

设置在可冲刷河床上的桥梁墩台基础，在最大冲刷线以下的最小埋置深度的数值（以下简称"最小埋深值"），1959 年《桥规》规定为 2.5 m。1975 年改规中对此问题进行了调查，听取了铁路、公路系统 15 个设计、运营等单位对基础埋深方面的意见。这些意见大致为：最小埋深值不应为一个定值，而应根据河流类型、河床地质的抗冲能力、计算设计频率流量的可靠性、选用计算冲刷深度的方法、桥梁的重要性以及修复难易等因素来确定。依照上述意见，提出用净冲刷深度作为选定最小埋深值的主要依据，用式(64—Ⅰ)和式(65—Ⅰ)以及式(65—Ⅱ)作为计算净冲刷深度的方法，使用了 30 余座运营桥和 20 余座水毁桥的资料，进行计算。根据计算结果，参照实践经验，制定出条文中表 1.0.9 内所列的数值。

关于影响最小埋深值各因素的分析意见，概述如下：

① 河流类型及河床地质的抗冲能力：有些单位对 1959 年《桥规》规定的基础最小埋深值提出不少意见，归纳起来主要是该规定抛开了应该考虑的河流类型、土的抗冲能力的大小、冲刷严重与否等因素。如河床稳定，冲刷不大（或河网化地区），基础总的埋深只有 4 ~5 m；而河床冲刷特别严重（或特大桥）基础总的埋深可达二十多米。但两者的最小埋深值都是 2.5 m，显然不甚合理。所以，建议要按河流类型、河床地质抗冲能力等因素制定最小埋深值，而这些因素都可概括地用净冲刷深度作为综合指标来集中反映。如土的抗冲能力强或河床稳定，净冲刷深度就小，冲刷深度可能的变化也小；土的抗冲能力弱或河床演变剧烈，净冲刷深度就大，冲刷深度可能的变化也大。所以，以河床的净冲刷深度作为制定条文中表 1.0.9 之值的主要依据。

根据资料分析，按各种净冲刷深度，一般桥梁的最小埋深值是 2 ~4 m。

② 设计频率流量的可靠性：就目前情况来看，设计频率流量的可靠性与实测流量年代的长短，实测流量的连续性和代表性，以及调查所得历史洪水的可靠性等有关。它在一定程度上影响基础的安全。如计算的设计频率流量相差 30%，则冲刷深度相差约 20%。所以，由于设计频率流量的偏小，造成墩台冲毁的事实确有存在。该问题主要应从加强调查研究、提高设计频率流量计算的可靠性来解决。如在资料非常缺乏，计算流量确实无把握的个别情况下，可以对条文中表 1.0.9 规定的最小埋置深度酌情增加。

③ 选用的计算方法：在制定条文中表 1.0.9 时，选用我国式(64—Ⅰ)、式(65—Ⅰ)及式(65—Ⅱ)计算与实测资料进行比较。除极个别桥外，所有搜集到的运营的桥和水毁的桥的资料经过验证都在条文中表 1.0.9 所列的最小埋深值的范围内。对国外的个别公式也作了比较，如用包氏公式，计算值与实测值偏差较大，有时计算的净冲刷深度为 5 m，而实际发生的却达 10 m 之深。因此，在运用国外公式进行冲刷计算时，采用条文中表 1.0.9 所列的最小埋深值，必须对此予以注意。

④ 技术复杂修复困难的特大桥及其他重要大桥：这类桥梁如因基础埋深不够，一旦遭受破坏，损失较大，修复困难，影响面也广。因此，在设计频率流量时基础的最小埋深值应较一般桥梁增加 1 m。

这类大桥采用检算洪水频率流量检算墩台基础埋深时，其最小埋深值，采用设计频率流量时的 1/2，即用检算频率流量计算的最大冲刷线以下再加设计频率流量时的最小埋深值的 1/2 作为基底埋深高程，并与设计频率流量所确定的基底高程进行比较，取其较低者作为控制标准。

⑤ 其他因素：桥墩台基础埋置深度的合理与否，不仅涉及到结构本身与水文、地质的关系，有时还涉及到其他很多条件，而有些条件无法包括在规范之内，如靠近城市的桥梁，桥下游捞取工业用砂，使桥下河床降低，又如上游不合标准的水库溃坝等等。这些都对基础造成威胁，但这些因素不可能全部考虑到条文中表 1.0.9 所列数值之内，设计时应结合具体情况加强调查分析。

3.1.1　关于倾覆稳定系数，存在两种不同的概念。一种是 1959 年《桥规》所采用的：

$$K_0=\frac{M_y}{M_0}$$

式中　M_y——将全部竖向外力移至截面重心处对截面边缘的抵抗倾覆力矩；

M_0——全部外力对截面重心的倾覆力矩。

以说明图 3.1.1—1 说明：

$$M_y=s\sum P_i$$

$$M_0=\sum P_ie_i+\sum T_ih_i$$

$$K_0=\frac{s\sum P_i}{\sum P_ie_i+\sum T_ih_i}=\frac{s}{\dfrac{\sum P_ie_i+\sum T_ih_i}{\sum P_i}}=\frac{s}{e}$$

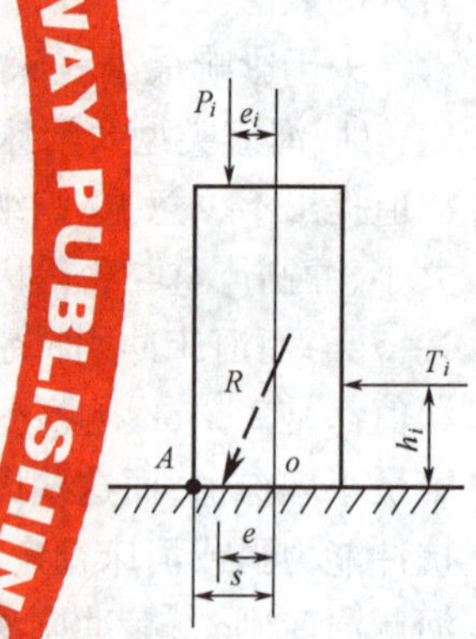

说明图　3.1.1—1

另一种是以往我国挡土墙计算中常用的，即

$$K_0'=\frac{M_y'}{M_0}$$

式中　M_y'——绕基底外缘倾覆轴保持结构稳定的稳定力矩；

M_0'——绕基底外缘倾覆轴使结构发生倾覆的倾覆力矩。

按说明图 3.1.1—1，则

$$K_0'=\frac{\sum P_i(s-e_i)}{\sum T_ih_i}$$

按上面两种概念计算所得的倾覆安全系数，通常是不相等的。

什么情况下这两种概念计算所得的倾覆安全系数才相等呢？令 $K_0=K_0'$，即

$$\frac{s\sum P_i}{\sum P_ie_i+\sum T_ih_i}=\frac{\sum P_i(s-e_i)}{\sum T_ih_i}$$

得　　$$\sum P_ie_i(\sum P_is-\sum T_ih_i-\sum P_ie_i)=0$$

因此，只有当下面两种情况，二者才相等：

情况(1)：$\sum P_ie_i=0$，即合力作用于截面重心上时；

情况(2)：$\sum P_i(s-e_i)=\sum T_ih_i$，即合力作用于 A 点处时。

这两种定义的关系如下：

$$K_0=\frac{s\sum P_i}{\sum P_ie_i+\sum T_ih_i}=\frac{\sum P_i(s-e_i)+\sum P_ie_i}{\sum P_ie_i+\sum T_ih_i}$$

$$=\frac{\dfrac{\sum P_i(s-e_i)}{\sum T_ih_i}+\dfrac{\sum P_ie_i}{\sum T_ih_i}}{1+\dfrac{\sum P_ie_i}{\sum T_ih_i}}=\frac{K_0'+a}{1+a}$$

其中 $$a=\frac{\sum P_ie_i}{\sum T_ih_i}$$

则 $$K_0'=K_0+a(k_0-1)$$

一般 $K_0>1$，故当 $a>0$，即 $\sum P_ie_i$ 与 $\sum T_ih_i$ 同方向时，$K_0'>K_0$。

当 $a<0$，即 $\sum P_ie_i$ 与 $\sum T_ih_i$ 反方向时，$K_0'<K_0$。就图 3.1.1—1 来说，也就是当竖向合力作用于重心 O 的左边时，$K_0'>K_0$，采用第一种概念是偏于安全的；反之当竖向合力作用于 O 的右边时，$K_0'<K_0$，采用第二种概念是偏于安全的。

然而第二种概念是有缺点的，它不能反映结构物对于倾覆的确定安全度，并且意义含糊，以致在实际使用中产生很多矛盾。例如说明图 3.1.1—2 中三个结构物，仅有竖直力，没有水平力，倘按第二种概念则都是 $K_0'=\infty$，其实它们的安全度是不相同的，左边一个很安全，右边一个就不太安全。

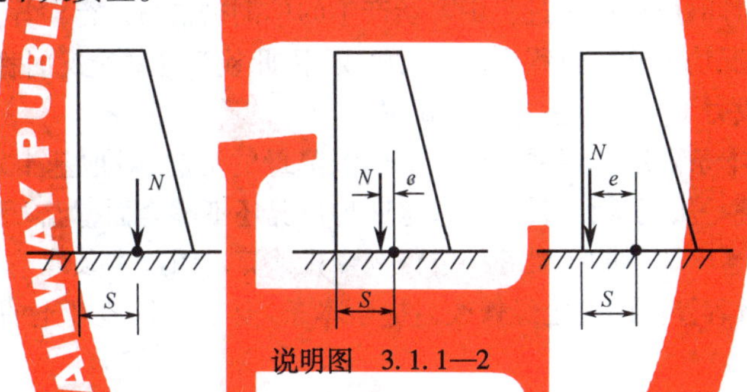

说明图 3.1.1—2

因此，规范规定采用了第一种概念。如果采用下面形式来表示，则更明了：

$$K_0=\frac{S}{e}=\frac{\text{保证基底倾覆稳定时的最大(极限)容许偏心值}}{\text{基底实际发生的偏心值}}$$

这个概念，不仅适用于对称截面，也适用于非对称截面和斜挠曲。

3.1.2 作用于基底面上外力的水平分力由基础底面与地基之间的摩擦力来抵抗，基底摩擦力等于基底外力的竖直分力 $\sum P_i$ 乘以基础与地基之间的摩擦系数 f。因而基础滑动稳定系数为基底摩擦力与基底外力的水平分力 $\sum T_i$ 之比，即

$$K_0=\frac{f\sum P_i}{\sum T_i}$$

本条条文中摩擦系数 f 的土质部分之值与 1959 年《桥规》基本相同，石质部分之值是根据我国水电部门的实测资料修订，比 1959 年《桥规》提高了一些。

1951 年《桥规》规定墩台基底滑动稳定系数不得小于 1.5，因而，桥台设计往往为滑动稳定性所控制。为了满足滑动稳定性的要求，不得不加大桥台尺寸或采取一些特殊的措施。实际上，外力计算方面是存在一定有利因素的，如桥台侧面土的摩擦力，可以使实际滑动稳定系数增大。因此经过实践，1959 年《桥规》改小为 1.3。

曾经有一种意见,认为季节性河流最高洪水发生的时间较短,其桥梁墩台安全度应与常年有水河床的墩台有所区别,对于季节性河流考虑最高洪水位的浮力时墩台滑动稳定系数可再减小到1.2。但因为本次规范中的台后土压力计算有了改变,其他荷载在组合时采用的数值也有所减小,这些都会使墩台滑动稳定系数计算值变大,因此,滑动稳定系数仍规定为1.3。

山区桥梁墩台位于较陡的土质斜坡上时,还须检算圆柱体滑动面的滑动稳定性。

位于软土地基上较高的桥台,也应检算桥台连同台后路基沿圆柱体滑动面的滑动稳定性。

桥台台后活载、滑动面内的土体和线路上部建筑物是使土体滑动的力,而滑动面上的凝聚力和摩阻力则为抵抗土体滑动的力,其土体滑动稳定系数可用这些力对滑动面圆心的抗滑力矩与滑动力矩之比来确定,即

$$K_f = \frac{M_{抗}}{M_{滑}} \geqslant 1.3$$

3.1.3　拱桥建成后,墩台承受两侧拱圈传来的竖直力、水平力和弯矩。对于两侧等跨和不等跨拱桥,桥墩承受的两跨作用力可互相平衡或部分平衡,但在拱桥建造过程中,桥墩两侧拱圈和拱上结构的建筑程序不一定对称,产生较大的水平力和弯矩,这样有可能成为控制条件,因此设计时应按施工过程中可能产生的单侧拱推力进行检算。

然而,这些情况均为施工过程中的短暂情况,因此检算这些情况时稳定系数可降低为1.2,地基容许承载力可较计算主力时提高40%。

3.2.1　原规范在本条列出了四种应计算基础沉降量的情况,对地基土来说,主要是指沉降较大的软弱土壤。从现状和发展来看,这四种情况还不够全面,为满足严格控制沉降量的要求,必要时普通土地基的桥梁亦须进行沉降量计算。因此本条取消了原规范的内容,将原规范对沉降量容许值的规定经修改后提至本条,要求各种地基土的基础都应符合本条规定。

对于桥梁基础沉降量给予一定的限制,是为了保证墩台发生沉降后,桥头或桥上线路坡度的改变不致影响列车的正常运行,即使要进行线路高程调整,其调整工作量不致太大,不会引起梁上道砟槽边墙改建和桥梁结构加固。原规范规定:外静定结构墩台均匀沉降量不得大于$20\sqrt{L}$(mm)相邻墩台均沉降量之差不得大于$10\sqrt{L}$(mm)。L为相邻桥跨中较短跨的跨度(m),当$L<24$ m时,按24 m计算。

假设　$L=24$ m,$20\sqrt{L}=98$ mm,$10\sqrt{L}=49$ mm;

$L=32$ m,$20\sqrt{L}=113$ mm,$10\sqrt{L}=56$ mm;

$L=64$ m,$20\sqrt{L}=160$ mm,$10\sqrt{L}=80$ mm。

显然,在梁跨较大时沉降量容许值偏大。《新建时速200公里客货共线铁路设计暂行规定》规定墩台均匀沉降量不得超过50 mm,相邻墩台沉降量之差不得超过20 mm。《京沪高速铁路设计暂行规定》对这两项容许值分别规定为30 mm与15 mm。比照上述两个暂行规定,本规范规定墩台均匀沉降量不得超过80 mm,相邻墩台沉降量之差不得超过40 mm。同时,考虑明桥面时线路调高比较困难,对这两项容许值分别规定为40 mm和20 mm。

本条还增列了对涵洞基础沉降量的规定。在《铁路路基设计规范》中规定;一般地段

路基的工后沉降量不应大于200 mm,桥台台尾过渡段路基工后沉降量不应大于100 mm。鉴于涵洞病害常由沉降引起,为提高标准,涵洞基础沉降量按台尾过渡段要求控制,即不应大于100 mm。

桥涵由于恒载作用下的沉降变形,有些在施工期间已经产生,桥梁或涵顶填土的高度可以在施工中得到调整,因此仅计施工之后的沉降。由于活载作用下的沉降变形是瞬间的、弹性的,一般可以恢复,所以规范规定桥涵基础的沉降仅按恒载计算。

基础的沉降对于超静定结构(连续梁、推力拱、刚构等)除影响桥上线路坡度外,更重要的是会引起结构产生附加内力。因此,规范规定对于超静定结构的基础沉降容许值,应根据其沉降值对结构内力影响的大小而定。

3.2.2 本条文引自《建筑地基基础设计规范》(GB 5007—2002)第5.3.5条。该条文中的公式比较合理,所以本规范予以引用,适用于明挖基础。对于桩基础应按本规范第3.2.3条办理,即将基础底面处的附加压应力与基底以下的土层情况用桩底平面处的附加压应力与桩底平面以下的土层情况代替。另外,桩基的沉降经验修正系数与明挖基础稍有不同,但考虑到建筑桩基与铁路桥梁桩基情况不尽相同,未予采用。

4.1.1 本条对地基容许承载力和地基的基本承载力下了定义,并说明本节各条之间的关系。条文中各类土的基本承载力表是根据荷载试验与土的物理力学性质指标的对比资料及国内实践经验,并参照国内外规范综合考虑确定的,具有一定的普遍性,适用于地质简单的常用结构形式桥涵的地基。但由于我国幅员辽阔,自然条件复杂,不是在任何条件下本条各表都能适用。因此在具体工点如做了专门研究,或当地已有经验,确定σ_0时可不受表列数值的限制。至于重要桥梁或地质复杂的桥梁更不能单纯查表确定σ_0,应根据实际情况用载荷试验、原位测试等方法综合确定。

4.1.2

(1)岩石地基的承载力

岩块强度和破碎程度,是决定岩石地基承载力的主要因素,故以这两个指标制表。对裂隙性质、方向及充填物等因素的影响,在附注中给出。该表主要是根据72份荷载试验(以比例界限作为基本承载力),并参考国内外有关规范和建筑经验提出的。

根据《铁路工程岩土分类标准》(TB 10077—2001)将岩石按硬质岩、较软岩、软岩、极软岩分类制表。硬质岩地基承载力不控制工程设置,故不再细分。根据《工程岩体分级标准》(GB 50218—94)极软岩的承载力基本值小于500 kPa,同样铁路工程勘测中遇到的成岩程度极差(半成岩)及风化成土状、砂砾状等极软岩的承载力都小于500 kPa。因此,本次规范在修订岩石按新的分类标准调整的同时,对各类岩石地基承载力也作了调整和修正。

水对岩石承载力的影响由于资料不足,不能给出准确数值。现场遇到这些情况,需个别研究确定。当利用易风化的岩石作为地基时,应特别注意岩石浸水后可能发生的变化,如岩石的水理性能、风化速度等,适当选取σ_0,必要时应通过荷载试验确定。

(2)碎石类土地基承载力

影响碎石类土承载力的因素很多,如碎石类土的成因类型,碎石颗粒的成分、大小、含量、充填物性质、密实程度、胶结情况等,但为了简化制表起见,本表主要按密实程度作为归类指标。由于大部分碎石类土压缩性低,基底沉降量小,完成沉降过程快,因此变形不是主要控制因素,故其基本承载力是按比例界限或破坏荷载的1/3取值。

碎石类土地基基本承载力表是从 196 份荷载试验资料中,选用了其中内容较全的 151 份,经过归纳分析对比后制定的。对于某些不能以密实程度所概括的其他物性在附注中予以说明,作为选择数值的次一级因素。

本次修订主要是由于其密实度分级发生变化而进行的。由于《铁路工程岩土分类标准》(TB 10077—2001)将碎石土的密实度由原来的"密实、中密、松散"三级调整为"密实、中密、稍密、松散"四级。原来的中密,划分为中密和稍密,该两类没有定量界定标准,其承载力值也无法界定,只能根据所在承载力范围中间分开。由于是仅从数值内调整,应注意在使用中积累资料补充完善承载力表。

(3)砂类土地基承载力

砂类土地基基本承载力沿用了 1985 年《桥规》的规定。该表的制订是依据 73 份荷载试验资料进行归并的,由于荷载试验的代表性差,绝大部分试验没有做到极限荷载,而且还有部分资料不全,故未能得出较好的归并成果。但根据目前国内各地砂类土承载力经验数值,并结合铁路几十年来的实践,认为表列数值基本是可行的。

本次修订主要是由于其密实度分级发生变化而进行的。由于资料中确定其密实度的标准贯入试验资料不足,依赖静力触探资料确定其密实度,而后把其承载力平均值与现规范中的数值进行对比分析,最后确定修订后的稍密和中密砂类土承载力。

(4)粉土地基的承载力

① 本次编表资料主要来源于铁路桥梁地基可靠度规改原始资料中的黏性土部分,即从大量的黏性土原始资料中将 I_p 小于或等于 10 的粉土单分出来,独立编制粉土地基的基本承载力表。总计筛选出 38 组可以利用的数据。

② 粉土承载力表编制与分析

通过分析资料,发现粉土的基本承载力与其天然孔隙比和天然含水率有密切的关系,因此可以把粉土的承载力与其天然孔隙比和天然含水率作二元回归分析,分析结果如下:

二元线性回归分析:

通过对 38 组承载力与天然孔隙比和天然含水率的线性回归分析,得到二元线性回归方程为

$$f = 594.68 - 339.55e - 6.99w$$

式中　f——基本承载力(kPa);

e——天然孔隙比;

w——天然含水率。

此回归方程的复相关系数为 0.819,剩余方差为 39.36。对其进行 F 检验,结果为高度显著性。

二元自然对数线性回归分析:

同样对 38 组承载力与天然孔隙比和天然含水率的二元自然对数线性回归分析,得到其回归方程为

$$\ln f = 6.41 - 1.56\ln e - 0.54\ln w$$

式中　f——基本承载力(kPa);

e——天然孔隙比;

w——天然含水率。

此回归方程的复相关系数为 0.841,剩余方差为 0.182。对其进行 F 检验,结果为高

度显著性。

③ 通过以上分析，考虑剩余方差的误差，对表中数值进行了调整，得出粉土的地基基本承载力。

(5) Q_4 冲、洪积黏性土地基的承载力

Q_4 冲、洪积黏性土（一般黏性土）的基本承载力，是以满足其强度和变形要求的基本条件为前提，以我国各地 342 份荷载试验资料为依据编制的。荷载试验使用的承压板面积为 1 000 ~ 5 000 cm^2。但由于荷载试验的 $P—S$ 曲线较短，未能做到极限荷载，故未能采用极限荷载进行确定，因此参考了国内外经验在 $P—S$ 曲线上取下沉量 $S = 0.02b$（b 为荷载板宽度）对应的压力作为基本承载力，在少数资料中，沉降量未达到 $0.02b$ 之前，$P—S$ 曲线上出现了明显的拐点，即以拐点作为基本承载力。

Q_4 冲、洪积黏性土，一般物性指标如天然含水率 w、孔隙比 e、液限 w_L、塑限 w_p、塑性指数 I_p、液性指数 I_L 等，试验简单，易于求得，且能够近似表达这类土的承载力特性，加之荷载试验资料中这类指标较齐全可靠，所以统计时，考虑了 I_p、w_L、I_L、w、e 等，经过多种分组统计比较，最后选用了 I_L、e 两个指标建表。

本次修订首先把剔除了粉土后的资料进行了统计分析，考虑到粉土只占原黏性土中的一小部分，并且粉土的承载力一般比同条件的黏性土低，另外现规范中黏性土承载力表已经过了多年的使用验证，剔除 I_p 小于或等于 10 的粉土后，承载力表总体偏于安全，所以本次没有修订黏性土的基本承载力表。希望在使用过程中注意积累资料，完善黏性土承载力表。

(6) Q_3 及以前冲、洪积黏性土地基的承载力

Q_3 及以前黏性土（老黏性土），在荷载试验加压范围内沉降量很小，承载力值很高。由于土的物性指标很难反映土的结构强度，所以单用物性指标确定承载力是不合理的。但在力学指标中 C、φ 值资料不齐全，而且多未注明其试验方法，亦难以利用，故按室内压缩模量 E_s，采用 53 份资料统计，得下列方程：

$$\sigma_0 = 308.9 + 0.79E_s \quad (\text{相关系数 } r = 0.52)$$

式中 σ_0——基本承载力(kPa)；

E_s——压缩模量(MPa)。

对于 $E_s < 10$ MPa 的老黏性土，因缺少资料，上式不适用，建议按 Q_4 冲、洪黏性土予以考虑。

(7) 残积黏性土地基的承载力

残积黏性土，在山区分布很广，参加本表编制的荷载试验资料主要是西南地区的“红土”（这部分资料比例较大，该土系碳酸盐类岩石风化而成），东北地区的花岗岩残积土，江西的页岩、砂岩残积土等，其承载力值都比较高，因而用 E_s 做统计，较为合理，统计时共用 58 份得回归方程为

$$\sigma_0 = 85.73E_s^{0.4} \quad (\text{相关系数 } r = 0.76)$$

式中 σ_0——基本承载力(kPa)；

E_s——压缩模量(MPa)。

其表中数值仍然沿用 1999 年《桥规》原表。

(8) 黄土地基承载力

黄土地基基本承载力是分别按 Q_4、Q_3 及 Q_2、Q_1 进行归类分析的，与 1985 年《桥规》

所推荐的基本承载力相比，有较大的改动。

① 新黄土（Q_4、Q_3）地基基本承载力

新黄土（Q_4、Q_3）包括湿陷性和非湿陷性黄土，但不包括坡积、崩积和人工堆积层。荷载试验 σ_0 的确定，采用比例界限（p_1）值，或以下沉量 $S \approx 0.06b$（b 为荷载板宽度）对应压力作为极限荷载（p_2），再除以二倍安全系数确定；其 σ_0 对应的 S 平均值为 $0.007\,5b$，大于 $0.01b$ 者仅占 13.4%，最大为 $0.02b$，故强度、沉降均能满足要求。

新黄土实测对比资料 305 组，来源于甘、青、宁、陕北、晋西北（共 164 组），以及关中、豫、晋东南、冀、鲁等地区，其中 Q_4 黄土 158 组，Q_3 黄土 147 组。通过各种组合回归分析，择优选取了不分地区的（Q_4、Q_3）混合统计的公式为

$$\sigma_0 = 16.73 - 14.69e - 0.793w + 1.026w_L \quad (\text{tf/m}^2)$$

（相关系数 $r = 0.616$，剩余标准差 $S = 5.68$）

根据对 305 组实测对比数据 σ_0 值验证，并考虑了埋深 1.5 m 的深度修正约为 30 kPa（3 tf/m²），对回归公式计算 σ_0 值作了局部调整，编制出新黄土地基基本承载力表。

本表 σ_0 值与 1985 年《桥规》新黄土地基基本承载力表的 Q_4 黄土 σ_0 值基本相同。根据对 Q_3 黄土实测资料的反复验证和工程建筑的实践检验，当 $0.85 < e < 0.95$ 时，σ_0 值确比 Q_4 黄土为高，故在本表附注中作了提高 10% 的规定，比 1985 年《桥规》更符合实际。

② 老黄土（Q_2、Q_1）地基基本承载力

老黄土对比资料共 36 组，来源于甘、宁、陕、晋、鲁等地区。荷载试验 σ_0 值的确定，多以比例界限或小于比例界限值确定之，其 S/d 平均值为 0.006，最大为 0.016。择优选取回归公式为

$$\sigma_0 = 195 - 132.4e - 35.2w/w_L \quad (\text{tf/m}^2)$$

（相关系数 $r = 0.69$，剩余标准差 $S = 19.1$）

将实测 σ_0 幅度值、平均值与回归值比较，提出偏于安全的推荐值，最高 σ_0 值控制在 700 kPa（70 tf/m²）以内，已用于桥涵基础的设计和施工，效果良好。考虑到山东地区的老黄土工程性质稍差，一般比表中 σ_0 值偏低 100～200 kPa（10～20 tf/m²），故在本表附注中作了相应规定。

（9）多年冻土地基的承载力

确定多年冻土地基承载力的因素主要有颗粒成分、含水率和地温。在相同地温和含水率状况下，一般是碎石类土的承载力最大，砂类土次之，黏性土最小。冻土的强度一般是随着含水率增大而提高，至饱和状态时达到最大值，往后则随着含水率的增大而减弱，直至接近于冰的强度。但是随着含水率的增大，冻土的流变性迅速增大，使其持久强度迅速减小。当冻土中有冰夹层时，则其强度往往表现出冰的性质。表中规定的基本承载力，只适用于少冰冻土和多冰冻土。反之对干燥的碎石类土和砂类土或含水率小于 10% 的黏性土，不论负地温高低，其基本承载力可按非冻土确定。试验和工程实践表明，冻土的承载力是随着地温降低而增大的，故表中按负地温给定承载力。原规范月平均最高土温 −2 ℃～−3.5 ℃，间隔太大，本次修订调整了多年冻土地温分档。由于没有资料只能从数值上内插，希望在使用过程中积累资料完善承载力表。

国外各种地基规范，对冻土的承载力，表达方式不尽一致，有的采用基本承载力，有的采用极限强度。本规范根据我国实际情况，结合理论计算和室内试验资料，进行了综合分析，按照多年冻土的分类分别给出其基本承载力值。表中数值约为冻土瞬时的单轴极限

抗压强度的1/6~1/8，有一部分土的承载力值是根据球模试验仪测定的长期黏着系数 C 确定的。

4.1.3

（1）各类土的宽、深修正系数的确定

① 黏性土和黄土

A. 宽度修正系数 k_1

本规范对各种黏性土（包括黄土）的容许承载力[σ]均不作基础宽度修正，即 $k_1=0$。这是因为地基受压后，黏性土后期沉降值较大，基础愈宽，沉降也愈大。这对建筑物使用是不利的。从荷载沉降曲线上确定 σ_0 时，大多数是根据荷载板相对下沉2%确定的。黄土采用比例界限，其相对下沉一般也不于2%，σ_0 可以满足变形的要求，宽度增加时，黏性土和黄土的 $k_1=0$，可以保证基础不致产生过大的沉降。

B. 深度修正系数 k_2

黏性土的深度修正系数 k_2，系根据东北地区第四纪冲积层中46个深层荷载试验资料（荷载板面积为600 cm^2，深度 $h<10$ m）经统计分析近似求得。

黄土地基的 k_2，在1975年《桥规》中采用1.5，系依据黄土的 C、φ 值，以太沙基局部剪切公式计算所得；这次依据铁道科学研究院西北研究所现场实测不同埋置深度（承压板直径 $b=0.356$ m，埋深分别为0、b、$2b$、$3b$、$4b$ 和 $5b$）、不同软硬土层（静探阻力 P_s 分别为35和45）的 σ_0 值比较验证，其 k_2 为1.8、2.0和2.6，说明采用1.5是安全的，考虑到系小压板埋深对比试验，故本规范仍采用1.5。

② 粉土

粉土是具有一定塑性，但又同时具有某些砂类土特性的土，其宽度修正系数比照黏性土取 $k_1=0$ 是安全的。粉土的颗粒比粉砂细，深度修正系数应比粉砂小，比照黏性土取 $k_2=1.5$。

③ 砂类土、碎石类土和岩石地基

砂类土、碎石类土和岩石地基在施工期间沉降已基本完成，后期沉降很小，地基容许承载力[σ]不受沉降控制，所以基础宽度加大时，可提高地基的强度，应进行宽度修正。1959年《桥规》中规定，当基础宽度大于6 m，仍采用6 m，现参照联邦德国规范放宽至10 m。

1975年《桥规》中，砂和碎石土的宽、深修正系数系根据江苏省水利厅所收集到的各类砂土（未分密实度）的平均 φ 值，（砾砂和粗砂为38.5°，中砂为35.5°，细砂为31.0°，粉砂为27.0°。由于缺乏碎石土的 φ 值，假定其平均值为40.0°）按日本国铁《土构造物设计施工规范》和前联邦德国《DIN 4017》算出砂土和碎石土的 k_1、k_2 值，并与1959年《桥规》比较，根据经验选定。对砂类土采用的 φ 值，相当中密状态，对密实砂显得偏于保守；碎石类土假定角为40°，属密实状态，对中密碎石土有时显得偏高。

此后的修订将中密和密实的修正系数分开，提高了密实砂类土的 k_1 和 k_2 值。降低了中密碎石类土的 k_1 和 k_2 值。

本次修改仅将"中密"的碎石类土与砂类土按《铁路工程岩土分类标准》（TB 10077—2001）改为"稍、中密"的碎石类土与砂类土。

岩石地基总是存在断裂和节理面的，应用土力学中地基极限承载力理论公式确定岩石地基容许承载力，目前认为是可取的。因而岩石地基的基本承载力在原则上是可以进行宽深修正的，如何修正则是个较复杂的问题，目前缺少试验资料，暂建议节理不发育和节理较发育的岩石不做宽、深修正，节理发育或很发育的岩石 k_1、k_2 按碎石土的系数确定，至于岩体已风化成土、砂状者按黏性土和砂土的系数确定。

④ 冻土承载力的宽、深修正问题

冻土地基基本承载力的宽、深修正问题目前尚未解决，暂取 $k_1=0$，$k_2=0$。初步实践认为冻土地基的基本承载力是需要进行深度修正的，但这有待研究解决。

⑤ 当土在水中时，公式中的容重 γ_1 和 γ_2 是按如下原则规定的：γ_1 是基底持力层的容重。当持力层为透水土时，γ_1 应为浮重，反之，当持力层不透水时，γ_1 应为饱和容重。至于 γ_2 一般是当做作用在基底以上的超载来考虑的，当持力层透水时，在持力层面上的土不论其本身是否透水，都是受到浮力作用的，所以 γ_2 应为浮重。如果持力层不透水，则作用在持力层面的力，不仅有土颗粒重量而且有孔隙中水的重量，故不论土层是否透水，水中部分土的 γ_2 应为饱和容重。如果持力层为半透水的，则按实际条件选择受浮力作用或不受浮力作用的 γ_1 和 γ_2 值。饱和容重 γ_s、浮重（即浮容重）γ_b 分别按下述公式计算：

$$\gamma_s=\frac{\gamma_0+e\gamma_w}{1+e}$$

$$\gamma_b=\gamma_s-\gamma_w \text{ 或 } \gamma_b=\frac{\gamma_0-\gamma_w}{1+e}$$

式中 γ_0——颗粒容重，在数值上等于比重（kN/m^3）；

γ_w——水的容重，一般 $\gamma_w\approx10\ kN/m^3$；

e——孔隙比。

（2）公式的适用范围

条文中的公式适用于浅基础的地基容许承载力，深度修正系数也是基于这个前提订出来的，只适用于 $h/b\leqslant4$ 的浅基础。根据现有的国内外实验资料，当 h/b 继续增大时，深度的影响还是存在的；h/b 超过 10～20 时埋深对〔σ〕就没有影响了。为安全计，对于相对埋深超过 10 的基础就不再加深度修正了。根据试验，当 $4<h/b\leqslant10$ 时的 k_2 值应予递减。

4.1.4 为了保证铁路桥涵建筑物的安全和正常使用，地基设计必须同时满足稳定与变形两方面的要求。地基的容许承载力应该是反映这两个基本条件的综合指标。

从稳定条件出发，按极限荷载确定地基承载力是目前国内外广泛使用的方法。而对于软黏土又多习用 $\varphi=0$ 分析法。规范引用的公式是由著名的条形基础的极限荷载公式（普朗特尔 1921；太沙基 1943；汉森 1966）而得，对于正方形、圆形或矩形基础，承载量系数 $N_c=5.14$ 可以提高，而对于灵敏度较高的软土的 C_u 值又应适当降低。结合国内大量工程实践的经验，安全系数 m' 采用 1.5～2.5 是适宜的。当建筑物对变形的要求严格时，应选用较大的安全系数。

不排水抗剪强度（C_u）可用直剪仪、三轴仪、十字板剪切仪或无侧限抗压试验测得。

饱和软黏土的天然含水率与强度存在惟一的关系。土的颗粒比重在 2.7 左右。因此含水率为 36% 时孔隙比接近 1.0；而当含水率为 75% 时孔隙比约为 2.0。本规范软土的基本承载力表系引自《铁路工程地质勘察规范》（TB 10012—2001），对于小桥涵地基承载力的确定，是简捷实用的。

实际上，软土地基上的桥涵建筑物，常常受地基变形控制。因此，本条强调强度计算的同时要检算基础的沉降量，并应符合有关条文的规定。

4.2.1 1959年《桥规》规定水深由地面算至平均常水位，而深度修正高度习惯上由一般冲刷线至基底，因此地面至一般冲刷线的高度范围内既不算水柱重，又不计土的超载，显然是不合理的；故本次改为水柱高算至一般冲刷线。这样做在发生冲刷时，因不考虑高水位至常水位的静水压力，偏于安全。不发生冲刷时，地面到一般冲刷线按静水压力计，以代替该段高度内土的饱和容重，也偏于安全。

地基不透水，可考虑基底不受浮力作用，因此应把水柱压力当作超载看待。地基土是透水的，一般基底受浮力作用，故不应考虑水柱的超载作用。这样做可使计算方法简单明确，但对于深水基础和土层复杂者，由于持力层和覆盖层透水性难于稳定，所以应个别研究。

4.2.2 一般墩台设计时，在主力作用下，基底土的压应力分布接近于矩形。主力中有的是恒定不变的（如恒载、土压力），有的出现的机会较多，而活载的附加力作用于基底的机会则相对要少得多，虽然这时基底压力为梯形分布（即一侧边缘有超过主力作用下的增大值），但这对整个地基来说，只是局部的、暂时的现象，不至于影响到安全使用。况且附加力的方向大多数是可逆的，也就是超载的边缘也是互换的。为了防止出现过大的不均匀压力分布，本条规定主力加附加力时，地基容许承载力［σ］较主力情况提高的值不超过20%，这与1959年《桥规》是相同的。主力加特殊荷载出现的几率很小，对于短暂荷载，土质好的地基动强度较静强度为高，但土质越软，动强度与静强度之比越低，因此按土质不同规定了主力加特殊荷载时地基容许承载力的提高系数，如本规范表4.2.2所列，即提高系数为1.2～1.4。地震力亦属特殊荷载，但应执行《铁路工程抗震设计规范》（GBJ 111）。

4.2.3 1959年《桥规》第337条："对于正式修复的实体墩台，具有使用20年以上而无缺陷的旧基础，因土已被压实，其容许承压力可采用现行实际荷载所产生的压力另加25%。上述压力的提高同样适用于桩基"。经研究此项规定有三个缺点，分述于下：

（1）在长期压力下各种土固结压密的程度有所不同，且与地下水位的关系密切。地下水位以上的碎石土和砂土的σ_0提高得快，潮湿、饱和的黏性土则提高得慢，因此硬性规定20年是欠妥的，所以本次改为多年，可根据土的种类与运营时期长短以及行车密度等因素具体考虑。

（2）关于提高容许承载力或基本承载力问题，因容许承载力包含着宽度、深度修正，如基础不加改建，这两个因素没有改变，故改用基本承载力，以求符合实际。

（3）1959年《桥规》规定提高25%，未考虑土本身的承载力大小。根据1972年广州局在旧桥的超压密地基上的试验，虽经过长期运营压实，从土的物性指标看，并没有改变。当然对这类土用物性指标去衡量，也未尽适宜，所以仅规定一个上限25%，使用时根据具体情况酌定。

5.2.1 本条中的计算方法与1959年《桥规》相同，但考虑到桥涵基底压应力σ_h通常不是矩形分布，而是三角形或梯形分布，所以σ_h不应一律采用平均压应力。而应根据计算应力分布图形采用不同数值，以策安全。

根据土力学分析，在深度与基础宽度之比$z/b>1.0$处，应力分布近于均匀，因此，在这种情况下，σ_h可采用基底平均压应力，而在$z/b\leqslant 1.0$处应按基底压应力图形，σ_h采用

距最大应力点 $b/3 \sim b/4$ 处的应力值;对于三角形和前后端应力差较大的梯形图形,可采用上述 $b/4$ 点处的应力值;对于前后端应力差较小的梯形图形,则采用上述 $b/3$ 点处的应力值。

5.2.2 在制订桥梁基础底面的容许偏心值时,应考虑既希望基底压应力接近均匀分布,但又不要要求过高。1959 年《桥规》对于非岩石地基上基底偏心的规定,是从控制基底前后端应力比出发的,通过使用经验大家认为其规定要求过高,特别是该桥规要求桥台仅承受恒载时必须符合 $e \leqslant 0.15\rho$ 的规定,几乎在设计中无法办到。有些单位对基底偏心问题做了一些研究,对既有铁路桥梁作了调查,大多认为应将 1959 年《桥规》中的规定放宽。从国外规范来看,日本和美国对非岩石地基只要外力不超出基底截面核心就可以了。前苏联曾要求 $e \leqslant 0.5\rho$。考虑到上面所述即希望基底压应力接近均匀分布,但又不要过严要求,因而采取了合力的作用点应接近基础底面重心的规定。当结构同时承受主力和附加力作用时,考虑附加力作用时间短暂,且发生最大值的几率较小,可较恒载时的容许偏心放宽,但要注意到桥梁荷载有往返作用的特点。为避免由于基础底面与土脱离,导致地基破坏,所以规定主力与附加力同时作用下非岩石基底偏心以不超出底面面积的核心为宜。但考虑建在较松软地基上的桥台,容易产生不均匀下沉,所以规定当桥台的地基基本承载力小于或等于 200 kPa 时,仍应限制为 $e \leqslant 0.8\rho$。

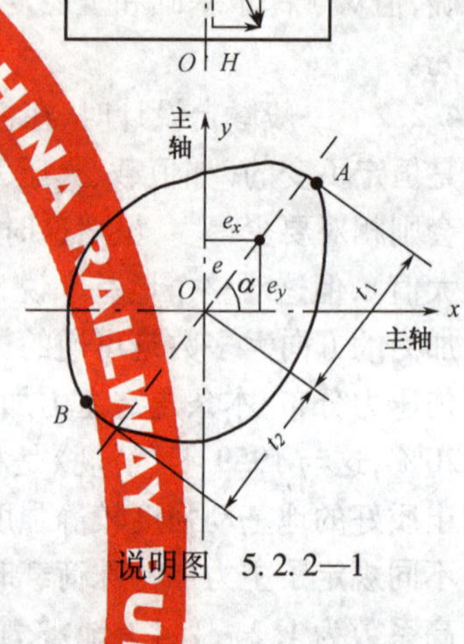

说明图 5.2.2—1

假设说明图 5.2.2—1 为两个方向均不对称的截面,x 和 y 为其二主轴,外力作用于主轴之外,产生斜向挠曲。

假设 A 点为最大应力点:

$$\sigma_A = \sigma_{max} = \frac{N}{A} + \frac{Ne_x}{W_y} + \frac{Ne_y}{W_x} \quad \text{(说明 5.2.2—1)}$$

令

$$\sigma_A = \frac{N}{A} + \frac{Ne}{W_1} \quad \text{(说明 5.2.2—2)}$$

由式(说明 5.2.2—1)等于式(说明 5.2.2—2),得

$$W_1 = \frac{e}{\dfrac{e_x}{W_y} + \dfrac{e_y}{W_x}} = \frac{1}{\dfrac{\cos\alpha}{W_y} + \dfrac{\sin\alpha}{W_x}} \quad \text{(说明 5.2.2—3)}$$

又假定 B 点为最小应力点:

$$\sigma_B = \sigma_{min} = \frac{N}{A} - \left(\frac{Ne_x}{W_y'} + \frac{Ne_y}{W_x'}\right) \quad \text{(说明 5.2.2—4)}$$

令

$$\sigma_B = \frac{N}{A} - \frac{Ne}{W_2} \quad \text{(说明 5.2.2—5)}$$

由式(说明 5.2.2—4)等于式(说明 5.2.2—5),得

$$W_2 = \frac{1}{\dfrac{\cos\alpha}{W_y'} + \dfrac{\sin\alpha}{W_x'}} \quad \text{(说明 5.2.2—6)}$$

上面诸式中，N 为竖向外力，e 为外力的偏心，e_x 和 e_y 分别为 e 在 x 和 y 二轴上的投影，A 为基底面积，W_y 和 W_x 为基底截面对 A 点而言，绕 x 和 y 轴的截面抵抗矩；W_y' 和 W_x' 为基底截面对 B 点而言，绕 y 和 x 轴的截面抵抗矩；W_1 和 W_2 分别对 A 点和 B 点的假想截面抵抗矩。

对于一般土质地基，当 $e=\rho$，即 $e=\frac{W_2}{A}$ 时，按式(说明 5.2.2—2) $\sigma_A=\sigma_{max}=\frac{N}{A}+\frac{N}{A}\cdot\frac{W_2}{W_1}=\frac{N}{A}\left(1+\frac{W_2}{W_1}\right)$ 及按式(说明 5.2.2—5) $\sigma_B=\sigma_{min}=\frac{N}{A}-\frac{N}{A}=0$ 可以看出，只要满足 $e\leqslant\rho$ 的规定，对于任何形状的截面，不论外力 N 是否作用在主轴上，σ_{min} 均等于或大于零。

桥台承受主力加附加力作用，当土的基本承载力小于或等于 200 kPa 时，$e\leqslant0.8\rho$。当 $e=0.8\rho$，且基础两个方向不对称，外力 N 又不作用在主轴上时

$$\sigma_{max}=\frac{N}{A}\left(1+0.8\frac{W_2}{W_1}\right)$$

$$\sigma_{min}=0.2\frac{N}{A}$$

如基础两个方向对称，如矩形、圆形和圆端形基础，无论外力 N 是否作用于对称轴上，均得

$$\sigma_{max}=1.8\frac{N}{A}$$

$$\sigma_{min}=0.2\frac{N}{A}$$

$$\frac{\sigma_{max}}{\sigma_{min}}=\frac{9}{1}$$

对于仅一个方向对称的基础，如 T 形基础，倘 N 作用于对称轴上，并且 $W_2=2W_1$ 时，

$$\frac{\sigma_{max}}{\sigma_{min}}=\frac{13}{1}$$

从上面所述可以看出：当 $e\leqslant0.8\rho$ 时，基底最大压应力与最小压应力之比值不会太大。

对于岩石地基，采取控制偏心值是保证基底发生的拉应力区不致过长，或者说保证参与工作的受压区不致过短，以使基底压应力比较合理分布。但是要对受拉区长度的控制作出精确的规定是有困难的，因为受拉区的精确长度应按无拉应力计算（惯称"应力重分布计算"）来确定，然而这种计算不仅与截面的形状有关，而且与荷载作用的对称性有牵连。为了对各种形状的截面和对各种荷载作用（外力作用于主轴上或作用于主轴之外）采取统一的办法，大致地控制受拉区的长度，可规定，对于节理不发育、较发育和节理发育的硬质岩地基，$e\leqslant1.5\rho$；对于其他岩石地基，$e\leqslant1.2\rho$。

当 $e=1.2\rho$ 时，根据式(说明 5.2.2—2)和式(说明 5.2.2—5)，$e=1.2\rho=1.2\frac{W_2}{A}$，$\sigma_A=\sigma_{max}=\frac{N}{A}\left(1+1.2\frac{W_2}{W_1}\right)$，$\sigma_B=\sigma_{min}=-0.2\frac{N}{A}$。从说明图 5.2.2—2 可以看出受拉区的长度 x 为

$$\frac{x}{0.2\frac{N}{A}}=\frac{t_2-x}{\frac{N}{A}}$$

故
$$x=\frac{1}{6}t_2$$

对于任何形状的截面,无论外力 N 是否作用于主轴上,其 x 值都等于 $t_2/6$。对于矩形、圆形和圆端形等两个方向均对称的截面,因为 $t_1=t_2$,所以 $x=a/12$。对于矩形截面,当外力 N 作用于对称轴上(说明图 5.2.2—3),$e=1.2\rho$ 时按无拉应力计算求得的受拉区精确长度为 $a/10$,此值很接近 $a/12$,其他形状截面按无拉应力计算的受拉区长度也很接近 $a/12$。

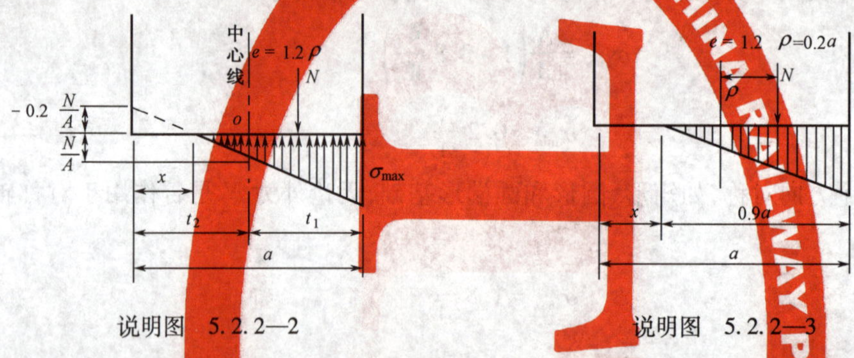

说明图 5.2.2—2 说明图 5.2.2—3

当 $e=1.5\rho$,$e=1.5\rho=1.5\frac{W_2}{A}$,则 $x=\frac{t_2}{3}$,对于矩形、圆形等两个方向对称的截面,由于 $t_1=t_2$,所以 $x=\frac{a}{6}$;对于矩形截面,当外力位于对称轴上时,按无拉应力计算的受拉区精确长度 $x=\frac{1}{4}a$。

过去工业和民用建筑物基础设计中有与上述相类似的规定,并直接指明控制受拉区的长度。例如,对矩形基础,规定受拉区长度不得大于基础边长的 1/4,与上述所求当 $e=1.5\rho$ 时矩形基础受拉区的精确长度相等。

规范提出了一个简捷检算 e/ρ 值的公式,因为对于斜向挠曲,特别又当为不对称截面时要求计算截面核心 ρ 是相当麻烦的,如果先求出基底最小应力 σ_{min},则可按下式直接求得 e/ρ 值:

$$\frac{e}{\rho}=1-\frac{\sigma_{min}}{\frac{N}{A}}$$

这个公式是这样得来的:

为了便于说明,假设竖向合力 N 作用于说明图 5.2.2—4 中第一象限的 A 点上,则

$$\left.\begin{aligned}M_x&=N\cdot e_y=N\cdot e\sin\alpha\\M_y&=N\cdot e_x=N\cdot e\cos\alpha\end{aligned}\right\}$$

得

$$\left.\begin{aligned}\sigma_2 &= \frac{N}{A} - Ne\left(-\frac{\sin\alpha}{W_{2x}} + \frac{\cos\alpha}{W_{2y}}\right) = \frac{N}{A} - Ne\lambda_2 \\ \sigma_3 &= \frac{N}{A} - Ne\left(\frac{\sin\alpha}{W_{3x}} + \frac{\cos\alpha}{W_{3y}}\right) = \frac{N}{A} - Ne\lambda_3 \\ \sigma_4 &= \frac{N}{A} - Ne\left(\frac{\sin\alpha}{W_{4x}} - \frac{\cos\alpha}{W_{4y}}\right) = \frac{N}{A} - Ne\lambda_4\end{aligned}\right\} \quad \text{（说明 5.2.2—7）}$$

当 $\sigma_{\min}=0$ 时，$e=\rho$

所以 $$\rho = \frac{1}{A\lambda_{\max}}$$

$\lambda_{\max}$ 为 λ_2、λ_3 和 λ_4 中的最大者。

由于 $\sigma_{\min} = \frac{N}{A} - Ne\lambda_{\max}$，将 $e = C\rho = \frac{C}{A\lambda_{\max}}$ 代入上式，则

$$\sigma_{\min} = \frac{N}{A} - N\frac{C}{A\lambda_{\max}}\cdot\lambda_{\max} = \frac{N}{A}(1-C)，\text{故得}$$

$$C = 1 - \frac{\sigma_{\min}}{\frac{N}{A}}$$

即 $$\frac{e}{\rho} = 1 - \frac{\sigma_{\min}}{\frac{N}{A}}$$

说明图 5.2.2—4

本次修订增列了长钢轨纵向水平力和桥台孤立地面时对墩台基底合力偏心距的规定。长钢轨伸缩力、挠曲力属于主力，但与持续作用的恒载不同，其对基底合力偏心距的要求可比恒载有较大的放宽，而比主力加附加力应较严格一些。至于长钢轨的断轨力属于特殊荷载，本次修订增列了主力加特殊荷载（地震力除外）时对墩台基底合力偏心距的规定。特殊荷载发生的几率很小，基底合力偏心距的要求，可在保证倾覆稳定安全性和限制基底受拉区的条件下比照主力加附加力时适当放宽。主力加附加力时非岩石地基的偏心距容许值规定为 0.8ρ～1.0ρ，主力加特殊荷载时可采用 1.0ρ～2.0ρ；主力加附加力时岩石地基的偏心距容许值规定为 1.2ρ～1.5ρ，主力加特殊荷载时可采用 1.5ρ～2.0ρ。地震力执行《铁路工程抗震设计规范》（GB 111）的规定。对于一般土地基当 $e\leqslant1.2\rho$，对矩形基础，受拉区长度仅为基础边长的 1/12。对于承载力较小的土地基，$e\leqslant1.0\rho$ 基底不出现受拉区，避免边缘压应力过大，导致倾倒。对于岩石地基，硬质岩 $e\leqslant2.0\rho$ 时，矩形基础受拉区长度为基础边长的 1/2，但倾覆稳定安全系数仍有 1.5。对于其他岩石 $e\leqslant1.5\rho$ 时，矩形基础受拉区长度为基础边长的 1/4，倾覆稳定安全系数为 2。

桥台孤立地面时，属临时性状态，可比照主力加特殊荷载情况确定基底合力偏心距 e 的容许值。

5.3.2 规范假定基础以上的荷载沿基顶面上建筑物的边缘按某一扩散角 α 传递到基底。当基础伸出其顶上建筑物边缘的长度与基础厚度之比小于上述扩散角 α 的正切值（亦即基础台阶的坡线与竖直线所成夹角小于上述扩散角 α）时，一般认为可以不必进行基础伸出部分的挠曲应力和剪应力检算。反之，应将伸出部分视为悬臂构件，把基底竖向反力作为荷载，检算悬臂截面中的挠曲应力和剪应力。

上述荷载扩散角的大小，不仅随基础材料种类而异，而且与土的类别以及基底反力的

大小有一定的关系，但是这些关系是比较复杂的，目前尚缺乏这方面的全面分析资料，本规范中的 α 角暂规定按材料的种类来确定。1959 年《桥规》规定 α 角：混凝土为 35°，石砌圬工为 30°。从对京广、津浦、石太等线的旧桥基础开挖资料和公路部门的实践来看，1959 年《桥规》中的规定是比较保守的。1966 年以后，一些新建铁路已打破这种规定，采用混凝土为 45°，石砌圬工为 35°。本次规范考虑到桥涵基础大多为混凝土基础，所以只列出混凝土基础的扩散角不应大于 45°。同时考虑到双向受力基础和圆端形桥墩采用矩形基础的基础角点受力较大，基础易破裂，所以为安全计，规定这些基础的最上面一个台阶正交方向的坡线与竖直线所成夹角，不应大于 35°，或按需要调整最上面一个台阶两正交方向的襟边宽度，但其斜角处坡线与竖直线所成的夹角不得大于上述正交方向为 35° 夹角时斜角处坡线与竖线所成的交角，即不得大于 44.7°；其下各台阶正交方向的夹角正交方向的夹角仍不应大于 45°。

6.1.3　通常桩基础（简称桩基）由基桩（即桩基础中的桩）和承台板组成。桩基承台板底面的高程，除应根据受力大小、地质好坏、水流强弱和施工难易等因素确定外，对于承台板底面置于冻胀土中或位于冻冰水流中的情况，为避免因土和水的冻胀使承台板底面承受向上的冻胀力，造成基桩拉断或拉裂，所以根据经验要求承台板底面应位于冻结线以下或最低冰层底面以下不少于 0.25 m。

在通航和筏运河流中，为避免基桩直接遭受船只或排筏的撞击致使断裂，所以要求在这种河流中应将承台板底面作适当的降低。

6.1.4　通常，摩擦桩的沉降大于柱桩的沉降。在同一桩基中，同时采用摩擦桩和柱桩，容易引起桩基不均匀沉降，导致墩台倾斜。所以要求在同一桩基中，不应同时采用摩擦桩和柱桩。

在同一桩基中，采用不同直径、不同材料和长度相差过大的基桩，不仅设计复杂，而且施工中容易产生差错。除因地形、地质条件特殊外，一般不宜采用长度相差过大的桩。

6.1.5　按岩土的阻力确定单桩的容许承载力，一般可按本规范第 6.2.2 条计算。该条中的许多数据都是根据实测资料统计分析得来的，但用于具体工点可能会有偏差，因此在本规范第 6.2.1 条中指出宜通过试桩进行验证，打入桩可在施工时以冲击试验验证。本条强调对重要桥梁或地质复杂桥梁的摩擦桩，为避免出现过大偏差影响结构安全，必须进行试桩，通过对代表具体工点情况的实测资料统计分析综合确定单桩的容许承载力。

6.2.1　基桩在轴向力作用下破坏的可能性有两种，一是由于桩本身材料强度不足所引起，二是由于桩侧土的摩擦力和桩尖土的阻力或岩石强度不够所造成。因此基桩的轴向容许承载力应分别按桩身材料强度和岩土的阻力（包括桩侧土的摩擦力和桩尖岩土的阻力）确定，取其较小者。

6.2.2

（1）确定打入单桩垂直承载力的方法主要有静力计算、动力测定和试桩三大类。本规范中式（6.2.2—1）即为静力计算法中的一般表达式。确定该式中有关土的侧摩阻值 f_i 和端阻 R 也有三种途径。第一种是取原状土样在实验室测土的力学性质指标 C 和 φ，然后用土力学的理论公式计算 f_i 和 R。近数十年的研究成果表明，现有理论公式计算结果与实践情况出入较大。第二种方法即经验方法。各国总结工程实践的经验，给出各种条件下土的参数 f_i 和 R，或给出各种桩的允许荷载［P］。第三种途径是用原位测试法，如标准贯入、静力触探和旁压仪等得到的参数，估算 f_i 和 R。

1975 年《桥规》中 f_i 和 R 的确定是采用上述第二种途径，借用了前苏联 TYNM—56 规范中的曲线。几年的实践，证明所给的数值偏低，应予以修订。

1985 年《桥规》修订过程中，收集了沿海各省打入混凝土桩的试桩资料百余份，这些试桩的 P—S 曲线都超过了极限荷载，且都有钻孔柱状图和各层土的物理性质指标。删去少许平行试验的试桩后，共取 87 根试桩进行了统计整理。

修订过程中需解决的主要技术问题之一是桩的入土深度与土的侧摩阻和端阻值是否有关。

根据古典承载力理论，认为土的承载力随覆盖压力的增加而增大。20 世纪 60 年代以来，法国在 ϕ6.4 m×10.4 m 的砂坑中用 ϕ4.5～320 mm 的桩连续压入时，观测到桩的端阻先随压入深度而增加，但当压入深度超过"临界深度"后，端阻基本保持为一常数，即所谓极限端阻，它不再随压入深度而增加。压入过程中，平均侧摩阻变化也具有与端阻相同的规律。这一现象也被美国和加拿大的实验所证实。进一步的实验还证明，若砂层上有覆盖压力时，覆盖压力增大，砂层的"临界深度"将减小，但桩的极限端阻与无覆盖压力时相同。

上述研究成果定性说明了两个问题。首先是土层对桩端部产生的阻力有一极限值，它只决定于土的初始状态，与覆盖压力的大小无关。其次是为达到此极限端阻，桩进入该土层的深度必须超过某一"临界深度"，小于临界深度时，端阻随进入该土层的深度而增加。

我们后来做的大量静力触探试验，也证明上述结论是正确的。

如前所述，港口规范和 1975 年《桥规》是考虑桩入上深度对土侧阻和端阻有影响的。南京大桥引桥 4 根试桩用上述规范的计算结果来分析，该 4 根试桩处于同一地貌单元，地表一层黏性土厚为 5～8.5 m，其下都是粉砂，桩在该层穿过的厚度随桩长而异，桩尖都置于细砂层顶面，桩都是 ϕ550 mm 的预制混凝土桩，比较计算结果列于说明表 6.2.2—1。

说明表 6.2.2—1　计算比较表

编号	桩长(m)	砂层厚(m)	试桩极限荷载(tf)	估算极限荷载		误差比值	
				港口	桥规	港口	桥规
46	27.0	22.0	260	391	270	1.5	1.04
49	23.0	14.5	228	317	181	1.39	0.79
50	21.0	12.5	237	273	165	1.15	0.70
51	18.5	10.0	216	225	143	1.04	0.66

上表中的误差比值为估算极限荷载与试桩极限荷载值的比值，它随桩长而增大，随砂层厚度的增大而有规律地增大。这说明这两规范认为土的侧阻与端阻随桩入土深度而增加的假设是不恰当的，至少是夸大了这一影响的作用。港口规范的说明中也曾指出，在用逐项回归判别的分析工作中，将桩入土深度作为一个因素考虑进去，不如不考虑得到的结果好。但港口规范还是将深度影响列入了规范。

综上所述，我们认为修订规范中关于桩的承载力有关土阻力参数时，不应考虑桩入土深度的影响。

此外,“临界深度”的存在说明,若桩进入持力层的深度小于“临界深度”时,则桩的端阻与桩进入持力层的深度有关,不管持力层在地面下的深度多大。因此,在修正后,对砂持力层中的端阻,应考虑桩进入砂持力层的相对深度。根据国外对均匀砂的某些实验结果,“临界深度”与砂的密度有关,约为桩径的 10 ~ 20 倍。当上有覆盖压力大于 100 kPa 时,“临界深度”将显著减少至 3 倍桩径。日本根据实际开口钢管桩的试桩资料整理结果,认为进入持力层深度超过 5 倍桩径时,桩的端承不再明显增加。因而在本规范中,采用了相对埋深等于和大于 4 时,端承不再增加。

划分持力层和覆盖层主要根据岩性和密度程度。若持力层为密实的砂,其上覆盖黏性土,持力层面很易划分;若其上直接覆盖为松砂,则持力层面取松砂与密砂的界面。若桩通过细砂打入粗砾砂,则持力层面为二者的界面。

经过对目前国内外几十种确定试桩极限荷载的方法分析,本规范选定的试桩极限荷载为:试桩 P—S 曲线可分成曲率近似的三大段,即开始的直线段、大拐弯段和近似直线的下段,用下段直线段的起点所对应的荷载作为极限荷载,此值对应的桩顶沉降为 $0.04D \sim 0.05D$(D 为桩径)。在遇到 P—S 曲线没有明显拐弯段时,可以参照此相对沉降值确定极限荷载。这样定出的桩的极限荷载值,对于桩的侧摩擦力来说,已充分发挥或基本充分发挥。而桩的端部承载力尚未完全达到极限状态,或者说,桩端附近的土只有局部地方达到塑性状态。这样定出的极限荷载值一般与国内既有规范的标准接近或略低些。如何把试桩总的极限荷载划分为桩的侧摩擦力和桩的端部承载力两部分,尽管目前有些论文提出解决这一问题的方法,如切线法、回弹法、某一沉降法等等,但经试算和分析,这些方法都只能满足部分地层情况。我们收集的试桩资料中有现场实测资料比较少,所以不能依靠实测结果解决这个问题。但绝大部分试桩都有静力触探试验资料。在探讨用静力触探确定打入桩垂直承载力时,是以静力触探阻值估算桩侧阻和端部承载力的总和与试桩总的极限承载力之间误差为最小。两者之间的数学表达式用最小二乘法、回归分析原理,然后用电子计算机分析计算,由于在数学表达式中考虑了土的性质、桩的尺寸、触探取值方法等因素,因此,所得到的最优方程,可能基本上反映了不同土层条件下桩的端阻和侧阻的分配情况。在分析建立钻孔取土试验的物理性指标与试桩极限荷载的关系时,借助于静力触探与试桩的极限荷载经验关系,即根据静力触探估算桩的端阻和侧阻的比例,划分试桩的端阻和侧阻。然后再分别考虑土的分类、状态、桩的尺寸、桩端进入持力层深度等情况,用电子计算机分析计算。最后还人为地进行适当的调整才把桩的侧阻和端阻承载力表确定下来。这里还要说明一个问题,就是用本规范桩的承载力计算表及静力触探阻值估算桩的承载力,其中桩端位于比较密实的持力层土里时,桩的端部承载力占桩的总承载力比 1975 年《桥规》的计算值一般要高些。我们认为这可能比较符合实际情况。如天津新港三码头实测的钢管桩和钢筋混凝土桩试验结果表明,端部承载力占桩总的承载力都超过 40%,说明表 6.2.2—2 是国外桩在砂性土中一些现场实测结果,桩的端部承载力占桩总的承载力为 45% ~78%。

说明表 6.2.2—4 ~ 说明表 6.2.2—9 为 87 根桩用土的物理性指标进行计算的结果。最后一行为估算极限承载力与试桩极限承载力的比值。表中比值在 0.7 ~ 1.3 之间占总数 90%,即有 90% 桩的误差在 30% 之内。说明图 6.2.2—1 和说明图 6.2.2—2 分别为砂性土持力层和黏性土持力层上计算结果的频数图。说明图 6.2.2—3 为整个 87 根桩计算结果的频数图,与说明图 6.2.2—4(按 1975 年《桥规》计算结果)比较,显然合理得多。后来收集到沈阳地区 7 根桩长 3.7 ~7.4 m 打入桩的资料，桩端位于持力层土为中砂、粗砂和砾砂中。用本规范估算的极限承载力与试桩值比较，其比值为 0.60 ~0.99。这表明，计算值偏于安全。

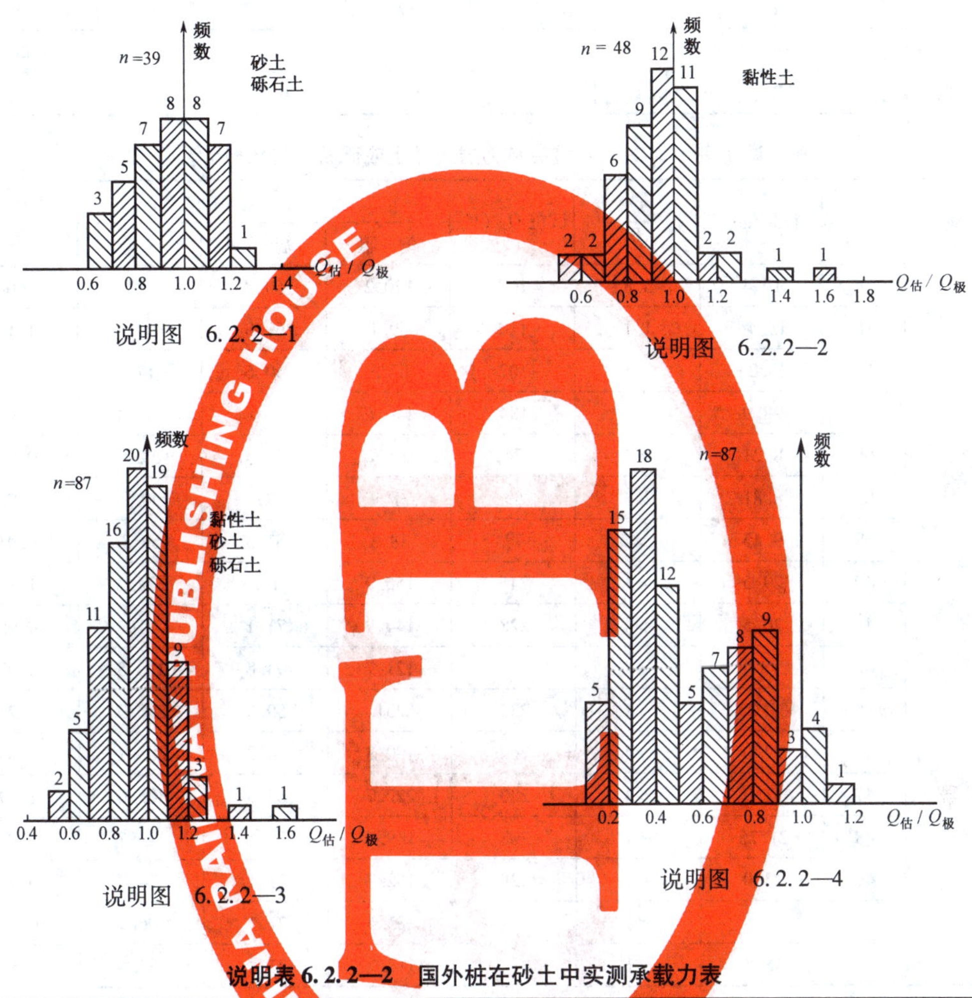

说明图 6.2.2—1

说明图 6.2.2—2

说明图 6.2.2—3

说明图 6.2.2—4

说明表 6.2.2—2 国外桩在砂土中实测承载力表

作　者	桩的类型	桩的尺寸(m)	内摩擦角 φ	相对密度	$P_{总}$(tf)	$P_{端}$(tf)	$P_{侧}$(tf)	$\frac{P_{端}}{P_{总}}$
Arkansas	钢管桩	ϕ0.381×13.41	34°	0.60	242	130	112	0.54
Arkansas	钢管桩	ϕ0.432×13.46	35°	0.70	272	152	120	0.56
Arkansas	混凝土桩	ϕ0.406×0.406×10.21	32°	0.45	200	104	96	0.52
Jonesville	混凝土桩	ϕ0.457×0.457×9.65	38°	0.80	410	280	130	0.68
Low-Sill	钢管桩	ϕ0.432×13.72	38°	1.00	390	260	130	0.67
Vesic	钢管桩	ϕ0.381×12.51	40°	0.90	421	248	173	0.59
Gregersen	混凝土桩	0.234×0.234×6.65	30°	0.05	27	21	6	0.78
Gregersen	混凝土桩	0.234×0.234×13.34	31°	0.10	49	22	27	0.45

说明表 6.2.2—3 计算结果的误差范围

土类	≤±20%		≤±30%		±30%~±50%		最大误差
	个数	百分数	个数	百分数	个数	百分数	
黏性土	34	75	40	89	5	11	+46%
砂性土	39	89	43	98	1	2	-35%
所有的土	73	82	83	93	6	7	+46%

说明表 6.2.2—4 桩尖持力层为砂土或砾石土的比较计算

地区	编号	桩长(m)	$\frac{h'}{D}$	试桩 $Q_{极}$(tf)	估算值(tf)			$\frac{Q_{估}}{Q_{极}}$
					侧阻	端阻	$Q_{估}$	
上海	9	19.4	3.8	167	120.2	60.8	181	1.08
	10	13.45	1.1	110	69.1	60.8	129.9	1.18
	11	13.25	<1	102	67.3	50.6	117.9	1.16
	13	28.9	2	184	140.6	60.8	201.4	1.09
	66	8.21	<1	54	30.9	22.5	53.4	0.99
	67	8.81	2.4	59	33.9	27	60.9	1.03
	68	9.45	>4	77	38.3	31.5	69.8	0.91
南京	40	29.5	<1	246	155.7	118.7	274.2	1.11
	41	20.5	>4	228	144.9	71.1	216	0.95
	62	23.0	>4	232	121.7	94.8	216.5	0.93
	45	31.25	<1	235	231	59.3	290.3	1.23
	46	27.0	>4	260	190.3	94.8	285.1	1.09
	47	31.0	>4	280	222.7	82.9	305.6	1.09
	48	21.25	<1	208	139.6	71.1	210.7	1.01
	49	23.0	<1	228	152.7	71.1	224.4	0.98
	50	21.0	<1	237	135.4	71.1	206.5	0.87
	51	18.5	<1	216	113.7	71.1	185.4	0.86

说明表 6.2.2—5 桩尖持力层为砂土或砾石土的比较计算

地区	编号	桩长(m)	$\frac{h'}{D}$	试桩 $Q_{极}$(tf)	估算值(tf)			$\frac{Q_{估}}{Q_{极}}$
					侧阻	端阻	$Q_{估}$	
湛江	35	22.3	<1	460	200.1	150	350	0.76
	36	16.8	<1	220	138.1	85.7	225.6	1.02
	39	16.8	2.4	370	148.5	100	248.5	0.67
新港	79	22.4	<1	520	163.4	180	343.4	0.66
	80	21.8	<1	370	131.4	125	256.4	0.69
宁波	91	17.4	<1	151	74.9	101.1	176	1.16
	93	17.5	<1	115	59.0	61.2	120.2	1.04
沈阳	30	6.0	3.3	95	49.2	58.5	107.7	1.13
	31	6.2	<1	135	47.9	54	101.9	0.75

续上表

地区	编号	桩长(m)	$\frac{h'}{D}$	试桩 $Q_{极}$(tf)	估算值(tf)			$\frac{Q_{估}}{Q_{极}}$
					侧阻	端阻	$Q_{估}$	
唐山	65	4.0	4	115	21.8	63	84.8	0.74
齐齐哈尔	26	4.6	<1	80	13.1	43.7	56.8	0.71
	27	4.1	<1	78	25.2	43.7	68.9	0.88
	28	3.6	<1	75	22.5	43.7	66.2	0.88
	29	5.5	<1	110	38.1	85.7	123.8	1.12
山东	62	20.6	<1	320	175.2	101.3	276.5	0.86

说明表 6.2.2—6 桩尖持力层为砂土或砾石土的比较计算

地区	编号	桩长(m)	$\frac{h'}{D}$	试桩 $Q_{极}$(tf)	估算值(tf)			$\frac{Q_{估}}{Q_{极}}$
					侧阻	端阻	$Q_{估}$	
北京	69	10.8	<1	112	64.1	63	127.1	1.13
	71	8.5	<1	132	63.0	63	126	0.95
	76	6.65	<1	120	46.4	40.6	87	0.72
石家庄	15	6.8	<1	76	37.3	37.5	74.8	0.98
	16	6.5	<1	83	48	18.7	66.7	0.80
	17	6.8	2	79	55.4	21.9	77.3	0.98
	18	6.0	3.3	86	35	34.4	69.4	0.80

说明表 6.2.2—7 桩尖持力层为黏性土的比较计算

地区	编号	桩长(m)	试桩 $Q_{极}$(tf)	估算值(tf)			$\frac{Q_{估}}{Q_{极}}$
				侧阻	端阻	$Q_{估}$	
上海	1	24.9	159	140	32.4	172.4	1.08
	2	23.8	135	85.7	48	137.7	0.99
	3	23.7	145	94.9	48	142.9	0.98
	5	25.3	190	107.9	44.5	152.4	0.80
	6	24	250	159.8	75	234.8	0.94
	7	20.6	165	87.2	20.2	107.4	0.65
	8	27.4	200	121.5	32.4	153.9	0.77
	12	21.3	107	88.5	20.2	108.7	1.01
	14	24.6	150	93.6	48	141.6	0.94
	83	30.2	150	108.7	20.1	128.8	0.86
	84	32.5	210	164.1	37.9	202	0.96
	85	58.7	370	371.6	71.1	442.7	1.20
	86	60	480	450	75	525	1.09
	87	55	460	390	55	445	0.97

在确定桩的垂直承载力方法中，本规范还列出了用静力触探估算打入桩极限承载力的方法。国外也有许多国家使用静探估算桩承载力，如荷兰基本上全用静探确定打入桩

的承载力,前苏联和北欧已将静探法列入规范。各国使用的方法不完全相同。根据铁科院、铁三院和北京局等单位的研究,国外现有方法不完全适合我国的情况,其原因在于这些方法只着重于通过确定端阻的取值范围来解决探头和桩径间的尺寸差异的影响,而没有考虑静探与桩之间的应力场不同和材料不同的影响。其次国外对确定端阻的工作报导较多,而对侧摩阻的确定方法研究较少,因而对桩的总极限承载力不能做出适当的评价。铁科院等提出的综合系数修正法系根据 60 根试桩资料统计分析提出,后又经过 20 余根桩的校验。在统计分析时,考虑了不同端阻取值范围的影响;考虑了土类不同的影响,利用电子计算机进行大量比较计算,最后方案如条文中所列。用此法对 89 组桩的比较计算误差列于说明表 6. 2. 2—3 中。

上述计算的误差范围较之国外现用方法的误差小得多。前苏联规范中的静探法,根据该著者发表的报告,误差比值为 0. 52 ~ 1. 44。美国 Schmertmen(1976)做的结果是 64%,其误差在 ±25% 之内。荷兰法的误差比值范围为 0. 5 ~ 1. 5,最大的比值达 2. 18。

说明表 6. 2. 2—8　桩尖持力层为黏性土的比较计算

地区	编号	桩长(m)	试桩 $Q_{极}$(tf)	估算值(tf)			$\frac{Q_{估}}{Q_{极}}$
				侧阻	端阻	$Q_{估}$	
天津	52	17	88	71. 9	19. 6	91. 5	1. 04
	53	14	78	53. 3	19. 6	73. 1	0. 94
	54	17	107	108. 6	25. 6	134. 2	1. 25
	55	8	64	36	25. 6	61. 6	0. 96
南京	43	11	173	81. 3	37. 8	119. 1	0. 69
	44	7. 5	84	54. 9	27	81. 9	0. 97
湛江	34	21. 5	260	175. 8	40	215. 8	0. 88
	37	13. 9	200	120. 7	40	160. 7	0. 80
	38	6. 2	75	36	40	76	1. 01
蚌埠	19	6. 0	36	33. 8	27	60. 8	1. 69
	20	7. 3	50	46. 3	27	73. 3	1. 46
	21	9. 0	82	62. 6	27	89. 6	1. 09
	22	10. 0	92	72. 2	27	99. 2	1. 08
	23	11. 0	100	81. 8	27	108. 8	1. 09
	24	12. 7	108	97. 1	19. 8	116. 9	1. 08
	25	14. 0	112	107. 6	19. 8	127. 4	1. 14

说明表 6. 2. 2—9　桩尖持力层为黏性土的比较计算

地区	编号	桩长(m)	试桩 $Q_{极}$(tf)	估算值(tf)			$\frac{Q_{估}}{Q_{极}}$
				侧阻	端阻	$Q_{估}$	
大港	56	26. 5	280	173. 9	27. 9	211. 8	0. 76
	57	21. 5	175	118. 4	35. 2	153. 6	0. 88
	58	27. 5	240	183. 6	37. 9	221. 5	0. 92
	60	13. 0	61	46. 8	16	62. 8	1. 03
	61	19	165	92. 6	48	140. 6	0. 85

续上表

地区	编号	桩长(m)	试桩 $Q_{极}$(tf)	估算值(tf)			$\frac{Q_{估}}{Q_{极}}$
				侧阻	端阻	$Q_{估}$	
山东	72	3.6	40	17.1	13.7	30.8	0.77
北京	73	9.55	52	36.8	9	45.8	0.88
	74	6.5	52	25.9	18.7	44.6	0.86
	75	6.2	27	21.7	10	31.7	1.17
	77	7.77	50	35.6	13.7	49.3	0.99
镇海	88	25.2	243	102.1	20.2	122.3	0.50
	89	24.5	204	88.2	16	104.2	0.51
宁波	90	39.4	320	218.4	44.5	262.9	0.82
杭州	95	5.3	33	13.3	10	23.3	0.70
	96	5.1	47	20	25.6	45.6	0.97
	97	31	142.4	121.2	25.6	146.8	1.03
	98	33.8	263	178.3	25.6	203.9	0.77
	99	33.8	307	200.6	32.4	233	0.76

静探估计桩承载力的公式所依据的60根桩的资料，是上海、南京、天津和石家庄等地黏性土和砂类土中的桩，未包括厚层的房碴土，也未包括西北的黄土。

由于公式是通过统计相关得到，因而用于房碴土为主的短桩，以及用于黄土地区时，应做试桩进行比较。

(2)1985年《桥规》修订时，对于钻孔灌注摩擦桩的承载力部分，是在补充搜集试桩资料的基础上，针对1975年《桥规》存在的问题进行了改进。

① 桩底支承力的确定

在桩的极限荷载中，桩侧摩阻力和桩底支承力的划分，是分析桩承载力的重要内容。编制1975年《桥规》时，桩底支承力一律取为极限荷载的10%，这是在当时资料太少的情况下，采用的一种粗略计算办法。

修订过程中，采用了91根试桩资料作为分析计算的依据。利用其中24根有实测桩底支承力的试桩，建立黏性土和砂土桩底支承力所占极限荷载百分数与桩的深径比$\left(\frac{P_b}{P}(\%)—\frac{h}{d}\right)$的近似关系曲线，来划分桩侧摩阻力和桩底支承力。

② 关于桩侧土极限摩擦力

采用统计估算法，分别按7种土和8种土，4次统计估算了桩侧土极限摩擦力。同时考虑到各种土极限摩擦力之间应有所衔接，定出了各种土的极限摩擦力，并用91根试桩进行验算，反复修正而得。

由于91根试桩中砂类土基本上是中密，摩擦力分析计算中的砂土和砾石土也是以中密状态参加统计计算的。同时参考其他有关密实卵石土和密实角砾圆砾土的摩擦力资料，确定出摩擦力表内密实状态的砂土、砾石、卵石土的极限摩擦力，以便于工程设计施工中采用。1975年《桥规》的摩擦力表虽在条文附注中说明按密实程度选用，但实际上并没有包含密实状态。

本次规范修订的摩擦力表，未将桩身自重计入试桩极限荷载参加摩擦力的计算。

③ 钻孔灌注桩桩底支承力折减系数 m_0 值

根据91根试桩，用地基上基本承载力 σ_0 计算出桩底支承力 P_b，分别按好土、较差土和差土建立 $m_0—\frac{h}{d}$ 的近似关系，结合试桩的入土深度、土质的好坏、清孔情况及桩底沉淤厚度，综合分析，验算修正而得 m_0 的数值表。

对桩底支承力的影响有多种因素。由于钻孔桩桩壁的粗糙和灌注混凝土的胶结作用，摩擦桩随着桩的入土深度的不同，会影响桩底土承载能力的发挥。桩入土越深，侧摩阻力在整个荷载中占的比例则越大，支承力占的比例则越小，所以桩底支承力与桩入土深度有关。同时，钻孔灌注桩在成孔过程中和成孔后灌注混凝土之前，随着孔壁坍塌情况、土质好坏和清孔程度，桩底会有不同程度的淤泥软层（或称垫层），这个软垫层将影响桩底土的承载力。总之，对钻孔桩桩底支承力的影响是多种因素的，规范引入钻孔桩桩底支承力折减系数 m_0 值来综合考虑这些因素的影响，对桩底支承力进行修正。根据以上情况，m_0 值的选用应按桩的入土深度、土质的好坏、孔壁是否容易坍塌和清孔情况综合考虑确定。

④ 综合验算情况

用91根试桩进行综合验算，当取钻孔灌注桩桩侧极限摩擦力（表6.2.2—5）相应土层的中值，桩底支承力折减系数 m_0 按表6.2.2—6查用，综合验算结果如下：

相对误差　$e \leq \pm 5\%$ 者24根，占总桩数26%；

$e \leq \pm 10\%$ 者50根，占总桩数55%；

$e \leq \pm 15\%$ 者62根，占总桩数68%；

$e \leq \pm 20\%$ 者77根，占总桩数84.6%；

$e \leq \pm 25\%$ 者86根，占总桩数94.5%。

当桩侧极限摩擦力在上下限范围内选用时，相对误差 $e \leq \pm 15\%$ 的试桩数可达80%以上。因此表6.2.2—5和表6.2.2—6基本满足使用。

（3）本次修订中，参考《建筑桩基技术规范》，在表6.2.2—3～表6.2.2—5中插入了粉土的打入桩的极限摩阻力 f_i 和桩尖极限承载力 R 以及钻孔灌注桩的极限摩阻力。粉土的极限摩阻力基本与粉、细砂相同，极限承载力比粉、细砂略低。

（4）无论是打入下沉、震动下沉的预制柱桩，还是就地钻、挖孔灌注的柱桩，桩侧土对桩身作用的向上摩阻力都是不容易确定的，它随桩的施工方法、施工质量、桩侧土的类别、桩底土的坚硬程度以及桩身的轴向刚度而异，为安全计，本规范不考虑柱桩侧面土承受桩身轴向荷载，而将柱桩承受的全部轴向荷载考虑由桩底坚硬地层承受，柱桩侧面土对桩身作用的摩阻力仅视为安全储备，一般来说，这种安全储备是不太大的。

国内现行公路桥梁设计规范介绍：对于覆土深度较深的柱桩，一般情况下，桩端置于基岩中，上覆土层的侧阻力可以发挥一定的作用。随着上覆土层的性质和厚度的不同，嵌入基岩性质和深度的不同，以及桩端沉渣厚度不同，桩的长细比的不同，桩侧阻力、端阻力的发挥性状也不同。但公路桥梁设计规范与铁路桥梁设计规范在基础设计理念上存在很大差别：公路桥梁设计规范对墩台的工后沉降量没有具体要求，对相邻墩台沉降量之差的要求也大大低于铁路；铁路桥梁设计规范对墩台的工后沉降量、相邻墩台沉降量之差的要求更加严格；高速铁路无砟轨道桥梁对墩台的工后沉降量、相邻墩台沉降量之差的要求更加严格。由于目前铁路桥梁未开展此项研究工作，尚缺乏试验资料，是否可以考虑桩侧土阻力及如何考虑应通过试验研究确定。今后在收集大量试验资料的基础上，通过研究为规范修改提供依据。

6.2.5～6.2.7 桩基为一框架结构，但又与建立于地面上的一般框架有区别，其最大的区别是基桩和承台板埋于土中(有时承台板位于地面以上)，土具有抵抗承台板水平位移和稳定基桩的抗力作用，经济合理的桩基设计应考虑土的这种抗力作用。

由于附加力发生的几率较小，作用时间短暂，所以规定主力加附加力作用时按本规范第6.2.2条求得的桩的容许承载力可较主力作用下提高20%。主力加特殊荷载作用的几率更小，因此除地震力外可根据岩土性质提高20%～40%。柱桩一般建在强度高的岩石上可提高40%，摩擦桩视土质好坏可提高20%～40%。地震力执行《铁路工程抗震设计规范》(GB 111)。

另外，考虑基桩在长期拉力作用下容易使桩侧地面附近处的土隆起和松动，影响桩的稳定，所以规定仅在主力作用时，不允许桩承受拉力。

设计桩基时，除须检算每一根桩的承载能力外，对于摩擦桩还应将桩群视为实体基础检算其底面处土的承载力，以免桩群底面超过了土的容许承载力。摩擦桩桩基承受的外荷系借桩尖和桩侧土的摩擦力按某一扩散角传至桩尖土上，当桩距较小时，相邻桩尖处的压应力互相重叠后大于摩擦桩单桩桩尖处的压应力，从而使地基土产生较单桩要大的沉降。通常，当摩擦桩的中心距大于6倍桩径时，相邻桩桩尖压应力的重叠影响较小，桩基底面土的沉降量接近单桩的沉降量。当然，相邻桩桩尖压应力的具体重叠情况，除与桩距有关外，还随桩的长度和土的性质而异。

附录E中用以检算桩基底面土的压应力的力矩M，近似采用承台板底面以上外力对承台板底面桩群重心处力矩，而不采用作用于桩基底面的力矩，因为该附录为一简化计算方法，公式中未考虑桩群侧面土的抗力作用。

关于桩基设计中检算摩擦桩的轴向受压承载力时如何考虑桩的自重，是长期以来有争议的问题。1975年《桥规》规定在检算桩的轴向受压承载力时应考虑桩的全部自重。同年颁布的我国《公路桥涵设计规范》规定，对于钻挖孔灌注桩，考虑局部冲刷线以下桩身自重的1/2。此外，还有一种意见，认为桩身自重可以完全不考虑。对于木桩或小直径的短的空心钢筋混凝土桩来说，按这三种不同意见计算的结果相差不会很大，但对于大直径的长的实心钢筋混凝土桩，则计算结果往往出入悬殊。本规范提出下面考虑桩身自重的办法。

考虑当桩置于土中之后(不论是打入桩还是钻挖孔灌注桩)，桩侧土和桩底土将共同承受桩身自重P_1'与桩身所占同体积土重P_1''之差的附加外荷载P_1($P_1=P_1'-P_1''$。当$P_1'\leqslant P_1''$时，如木桩，通常认为$P_1=0$)。当桩进行静载试验，桩顶作用外荷载N时，桩侧土和桩底土则共同承受外荷载P_1+N。如果静载试验中加于桩顶的外荷载N逐渐增大到某一N_{max}值时，桩的荷载—沉降曲线(即通常所说的$P—S$曲线)出现明显拐点(陡降点)，那么P_1+N_{max}的前一级荷载P_1+N_{max}'(即相应于拐点的荷载)为桩侧土和桩底土共同承受的极限荷载P_u'，也就是桩的极限承载力。如果按习惯以P_u代表N_{max}'，则桩的极限承载力$P_u'=P_1+P_u$，式中P_u为静载试验中通常所说的“桩的极限承载力”，实际上它并不是桩的极限承载力，而只是当桩达到极限承载力P_u'时，静载试验加于桩顶的相应外荷载。事实上桩

的 P—S 曲线是说明图 6.2.6—1 中以虚线坐标轴所作的曲线图，而该图中对应于实线坐标轴的曲线只是桩的 P—S 曲线中的一部分，这一部分是由静载试验得来的。虽然图中 P_1 作用下桩的沉降 S_1 通常没有测出来，O'—O 段虚曲线绘制不出来，但对于我们分析并无影响，我们仍可根据静载试验实测的 P_u 来进行桩的轴向受压承载力的检算。

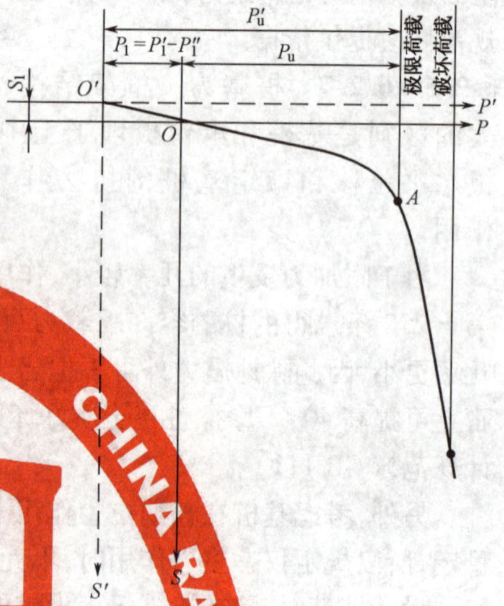

说明图　6.2.6—1

假设设计中作用于桩顶的轴向受压外荷载为 N，桩的轴向受压承载力的安全系数为 K，那么只要求其 N 值满足下列要求就可认为桩的设计是安全的：

$$N + P_1 \leqslant \frac{1}{K} P_u' \quad \text{（说明 6.2.6—1）}$$

因为 $P_1 = P_1' - P_1''$，$P_u' = P_u + P_1 = P_u + P_1' - P_1''$，通常主力时采用 $K=2$，于是式（说明 6.2.6—1）可改写为

$$N + P_1' - P_1'' \leqslant \frac{1}{2}(P_u + P_1' - P_1'')$$

或写成

$$N + \frac{1}{2}(P_1' - P_1'') \leqslant \frac{1}{2} P_u \quad \text{（说明 6.2.6—2）}$$

也就是说，如果对于一般土根据静载试验所得的 P_u 检算桩的受压承载力，只要按式（说明 6.2.6—2）将作用于桩顶上的轴向压力荷载 N，加上桩身自重与桩身所占同体积土重之差的1/2，小于或等于 $\frac{1}{2}P_u$，就可以认为满足了安全要求。当 $P_1' \leqslant P_1''$ 时，式（说明 6.2.6—1）中的 P_1 取为零，式（说明 6.2.6—2）中取 $P_1' - P_1'' = 0$。

长期以来，人们往往以说明图 6.2.6—1 中静载试验所得的 P_u 作为桩的极限承载力，将它分为桩侧极限承载力和桩底极限承载力，然后用按这样所得桩侧极限承载力去分析桩侧单位面积上的摩擦力（以桩侧表面积去除该项桩侧极限承载力），显然这样得到的桩侧单位面积上的摩擦力不是桩侧的极限摩擦力，因为上面已说过 P_u 不是桩的极限承载力，由它所划分出的桩侧摩擦承载力也就不是真正的桩侧摩擦极限承载力，只有根据图中的 P_u' 划分得到的桩侧摩擦极限承载力去求出的桩侧单位面积上的摩擦力才是桩侧的极限摩擦力。在进行这种分析时并不存在什么困难，只要根据通常静载试验方法所得的 P_u 加上 P_1，就得到桩的极限承载力 P_u'，从而可以按上面所述分析得出桩侧单位面积上的极限摩擦力。同理可以得到桩底极限承载力。关于根据静载试验所得桩的极限荷载 P_u' 划分出桩侧摩擦极限承载力和桩底极限承载力的方法较多，但合理的方法却较少，目前使用比较广泛的一种方法是将相应于极限荷载 P_u' 的 A 作一切线 AB 与横坐标轴 P' 相交，将 P'_u 划分为桩侧摩擦极限承载力 P_{uf}' 和桩底极限承载力 P_{ur}'，如说明图 6.2.6—2 所示。当根据静载试验已求得图中的 OA 曲线求 P_{uf}' 和 P_{ur}' 时，近似地（这种近似是相当接近实际情况的）将 AO 曲线中的 O 端顺该端的曲线斜坡延长到与竖坐标轴 $O'S'$ 相交于 O' 点（$O'S'$ 轴与竖坐标轴 OS 的距离为 $P_1 = P' - P_1''$），这样便可通过 O' 点作平行于横坐标轴 OP 的坐标

轴 $O'P'$，从而如上述可以方便地得出 P'_{uf} 和 P'_{ur}。假设由此得到的桩侧单位面积上的极限摩擦力为 f_i（f_i 值应根据桩侧为同一种土的试桩资料求得），桩底单位面积上的极限承载力为 R，那么根据 P'_u 所分析得到的 f_i 和 R 值检算桩的受压承载力时，可从式（说明 6.2.6—1）得到下列应该满足的条件式：

$$N + P_1 \leqslant \frac{1}{K}(U\sum f_i l_i + AR)$$

由于 $P_1 = P_1' - P_1''$，$K=2$，所以此式对于打入桩写为

$$N + P_1' - P_1'' \leqslant \frac{1}{2}(U\sum f_i l_i + AR) \quad \text{（说明 6.2.6—3）}$$

式中 U——桩身周长；

l_i——桩位于土中各土层的厚度；

A——桩底面积；

其余符号的意义与前面相同。

当 $P_1' \leqslant P_1''$ 时，式（说明 6.2.6—3）中取 $P_1' - P_1'' = 0$。

对于钻、挖孔灌注桩，令 $\frac{1}{2}AR = m_0 A[\sigma]$，则按式（说明 6.2.6—3）得

$$N + P_1' - P_1'' \leqslant \frac{1}{2} f_i l_i + m_0 A[\sigma] \quad \text{（说明 6.2.6—4）}$$

式中 $[\sigma]$——桩底地基土的容许承载力；

m_0——钻挖孔灌注桩桩底支承力的折减系数。

但须说明，本规范表 6.2.2—5 的 f_i 值的分析没有考虑桩身自重与桩身入土部分所占同体积土重之差的影响，所以该表所列的 f_i 值稍偏小。关于如何提高钻孔灌注摩擦桩桩底支承力的问题，目前有一些研究，譬如西南交通大学提出待桩身混凝土凝固后，通过桩身预埋的管道对桩底压浆的方法就是其中之一。

从式（说明 6.2.6—2）和式（说明 6.2.6—3）都可以反映出，采用空心桩比采用同一直径、同一长度、同一材料、同一施工方法的实心桩要经济合理。这也可以说明式（说明 6.2.6—2）和式（说明 6.2.6—3）是比较合理的。

对于支立于风化岩层上和嵌入岩层内轴向受压的柱桩，作用于桩顶的压力加上桩身全部自重后不应超过其容许轴向受压承载力。

对于摩擦桩或支立于风化岩层上的柱桩，可根据桩底土层或风化岩层的透水情况考虑桩身的水浮力。

对于轴向受拉桩（不论是预制打入桩还是钻、挖孔灌注桩），作用于桩顶的拉力减去桩身全部自重后不应超过其容许轴向受拉承载力。桩身可如同前面所述，根据桩底土层是否为透水土层而考虑是否计入水浮力。

本规范对承台板底面与桩和桩之间土体的顶面相接触的桩基，不考虑桩和桩之间的土体顶面与基桩共同承受承台板上的竖向荷载，因为根据既有桩基调查结果，说明桩和桩之间土体自重的作用、地下水位的下降、桩和桩之间土体含水率的改变以及桩和桩之间土体侧面长期承受桩侧向下摩阻力的作用，致使桩和桩之间土体的顶面与承台板底面脱离，因此考虑承台板上的竖向荷载全部由基桩承受，以策安全。

6.3.1 桩的直径应根据受力的大小、桩基形式和施工条件而定。常用的设计桩径有 0.8、1.0、1.25、1.5 m，需要时可采用 2.0 ~ 3.0 m。

挖孔桩的桩径或边宽，应满足人工开挖时操作净宽的要求，一般不应小于 1.2 ~ 1.3 m。

6.3.2 基桩的排列应根据受力大小和施工条件确定。通常，为了施工方便，多采取行列式排列。有时为了减小承台板的面积，也可采用梅花式排列。

为了防止土的结构破坏，并考虑施工的可能，对于打入或震动下沉的摩擦桩和柱桩，承台板底面处桩的中心距均不应小于桩径的 1.5 倍。为了使桩尖平面处相邻桩作用于土上的压应力重叠不至太多，并考虑桩在打入下沉时，不至因土体挤密而使桩下不去，所以根据经验规定打入摩擦桩的桩尖中心距不应小于 3 倍桩径。震动沉桩时土的挤压更为密实，所以规定震动下沉于砂类土内的桩，其桩尖中心距不应小于 4 倍桩径。

对于桩尖爆扩桩，其中心距应根据土质好坏，爆扩时的炸药类型和用量等具体情况确定。

对于钻（挖）孔灌注桩，由于其施工方法与打入桩不同，不存在施工时土体挤密的问题，所以规定钻（挖）孔竖直摩擦桩的中心距可较打入桩桩尖中心距小一些，但考虑到钻（挖）孔桩桩径沿深度不规则，特别是钻孔桩，当桩的中心距过小时，桩间土体与桩壁间的摩擦支承作用降低，所以规定钻（挖）孔竖直摩擦桩的中心距不应小于 2.5 倍成孔桩径。对于钻（挖）孔灌注柱桩，由于考虑相邻桩在钻孔或挖孔时，桩间土体太薄容易引起孔壁坍塌，所以规定柱桩中心距可小于摩擦桩的中心距，但不应小于 2 倍成孔桩径。

承台板边缘至最外一排桩的净距，应根据桩与承台板的连接构造要求和边桩受力大小确定。当此净距过小时，不是连接钢筋布置困难，就可能使承台板边缘圬工因桩顶弯矩和横向力的作用而破裂。规范所规定的承台板边缘至最外一排桩的净距，系根据我国实践经验，针对目前一般采取的承台板内钢筋布置方式的情况所编制的。

6.3.3 预制钢筋混凝土桩桩身钢筋用量和混凝土强度等级的确定，除应满足运营荷载下承载力的要求外，并应满足桩在吊运、吊立以及沉桩时的受力要求。为提高混凝土的耐久性，现场制造钢筋混凝土矩形桩，其混凝土不应低于 C30，管桩采用的现场填心混凝土强度等级，一般不低于 C15。

钻（挖）孔灌注桩不存在吊运、吊立和沉桩的问题，其桩身钢筋用量和混凝土强度等级由运营荷载下所要求的承载力来确定。桩身混凝土不应低于 C30。按计算桩身混凝土不需配筋的桩，其混凝土强度等级可采用 C25 ~ C30。

钻（挖）孔灌注桩可按桩身内力要求分段配筋。对于埋入地面线或局部冲刷线以下长度 $h \geqslant \dfrac{4.0}{\alpha}$ 的摩擦桩，从理论计算和试验说明在 $h = \dfrac{4.0}{\alpha}$ 处桩身弯矩很小（接近于零）。通常在 $h = \dfrac{4.0}{\alpha}$ 以下 2 m 处，桩身钢筋可以截断。当单桩轴向力很大时，对 $h = \dfrac{4.0}{\alpha} + 2$ m 处，可按混凝土桩检算桩身受压强度是否满足要求。

钻孔灌注桩在成孔过程中多采取泥浆护壁，带肋钢筋的凹槽容易附积泥浆，影响混凝土与钢筋之间的黏着作用，所以钻孔灌注桩的主筋一般采用光钢筋。挖孔灌注桩的成孔方法与钻孔灌注桩不同，可不考虑此项要求。但是钻孔桩因受力需要时，在加强清孔、清底措施，尽量减少泥浆比重的条件下，也可采用螺纹钢筋。

铁路桥梁钻（挖）孔灌注桩的截面尺寸一般都比较大，为了采取各种措施以较少的钢筋满足桩身抗裂要求，所以规定钻（挖）孔桩采用束筋时每束不宜多于两根钢筋。钻（挖）

孔桩灌注混凝土时捣固有困难,通常依靠桩身混凝土的自重来压密。为避免主钢筋布置太密影响桩身保护层的灌注,规定主筋的净距一般不小于 120 mm,任何情况下不应小于 80 mm,钻(挖)孔灌注桩的孔壁凹凸不平,主筋的保护层太小时,主筋容易与土接触致使锈蚀,但保护层过大,又不能很好地发挥主筋的作用。在总结以往经验的基础上,规定了主筋的保护层不应小于 60 mm。钻(挖)孔桩箍筋直径,一般可参照桩径大小选用,但不应小于8 mm。根据试验和理论分析,都证明摩擦桩承受的弯矩上部较大,一定深度以下逐渐减小,因此摩擦桩下部箍筋的间距可较上部加大,由 200 mm 加大为 400 mm。至于从哪一截面开始加大,则要根据桩身内力情况确定。

钻(挖)孔灌注桩桩身钢筋笼在吊装、搬运、吊起等方面都要求具有一定的刚性。总结施工经验,规定在一般情况下,沿桩身钢筋笼每隔 2.0 ~ 2.5 m 焊接直径为 16 ~ 22 mm 加劲箍筋一道。

钻(挖)孔桩按混凝土检算也能满足桩身受力要求时,为加强承台板与桩身联接和构造需要,可按桩径大小,于桩的顶部设置 4 ~ 6 m 长直径 16 mm 的钢筋,间距为 250 ~ 350 mm。该钢筋伸入承台板内的长度,可按本规范第 6.3.6 条办理。

6.3.5 承台板的厚度、配筋和混凝土强度等级,一般按受力确定,目前还没有较好的用于分析承台板的计算方法,虽然有一些资料可供参考[如原铁道部大桥工程局主编的《桥梁建设》附刊《国外桥梁》第 11 期(1977)《关于桩顶承台内钢筋的细节问题》和大桥工程局摘译第六届国际预应力混凝土会议《基础板设计、构造的建议,深梁设计与构造的建议(草案)》(1976 年)],但还有待进一步研究。根据经验,承台板的厚度不宜小于 1.5 m,混凝土的强度等级不应低于 C30。

承台板计算中一般按刚性结构处理,为此承台板的厚度应满足承台板底面处桩顶的外缘位于自承台板顶面处墩台身外缘向下按 45°角扩散的范围内。当承台板过厚时亦可做成台阶式。

为了防止承台板因桩顶荷载作用发生压碎和断裂等情况,在混凝土承台板的底部应设置一层钢筋网(如有水下封底混凝土时,则在此封底混凝土之上),此项钢筋网在顺桥方向和垂直桥方向每 1 m 宽度可采用 1 500 ~ 2 000 mm^2 的钢筋。

6.3.6 基桩与承台板的联结有将桩顶直接埋入座板内和将桩顶主筋伸入承台板内两种方式。前一种施工简便,多用于打入预应力混凝土管桩,后一种联结比较牢固,多用于钻(挖)孔灌注桩。根据经验,在采取后一种方式时,为使桩顶更好地与承台板联结,桩身伸入承台板内的长度可为 100 ~ 150 mm(不包括水下封底混凝土厚度),1975 年《桥规》原规定采用 150 mm,后来有些单位反映,为了减小承台板底部所设越过桩顶布置的钢筋网至承台板底面的距离,以发挥该钢筋网的作用,本规范订为100 mm。桩顶伸入承台板的主筋长度(算至弯钩切点),对光钢筋不小于 45 倍主筋直径。对带肋钢筋不小于 35 倍主筋直径。另外,主筋外面加设的箍筋直径不应小于 8 mm,间距为 150 ~ 200 mm。过去,桩顶伸入承台板的主筋多采用喇叭型,近年来,国内已有改用竖直型者。喇叭型对承受拉力的桩有利,而竖直型施工较为简便。规范对桩顶伸入承台板内主筋采用的型式没有统一规定,可根据桩的受力情况和施工条件确定。

6.3.7 钻(挖)孔灌注桩嵌入新鲜岩面以下的深度(不包括风化层)主要应按桩身嵌入处承受的轴向力、剪力和力矩对桩侧和桩底岩石承载力的要求来确定。通常将桩身嵌入岩层内以增大桩嵌入处的承载能力,但当嵌入深度很浅时,桩身混凝土与其侧面岩石之间的摩擦力和黏着力难以保证，因此规定嵌入深度不得小于 0.5 m。当嵌入深度小于 0.5 m 时，其嵌入部分桩身侧面承载力不应考虑，见本规范第 6.2.2 条。

另外，嵌入岩层的钻(挖)孔柱桩，特别是钻孔柱桩清底要求较高，桩底嵌入深度不宜太浅，否则清底时容易引起新鲜岩以上土体坍塌。

6.3.9 管柱采用外壁垂直的钢刃脚可清除刃脚下面的土而减小管柱下沉的尖端阻力。钢刃脚的高度应与嵌入岩层厚度相适应。当特殊需要时有的管柱采用了内壁垂直的钢刃脚，如某桥以钻岩通过溶洞的管柱钢刃脚最大高度达 8.43 m，嵌入岩层 7.75 m。其经验为采用短导向架的冲击式钻头，使冲击时摇摆扩大钻孔，以利管柱刃脚通过，管柱钢刃脚的结构设计强度应能承受钻头摇摆的撞击。

7.1.1 本条说明沉井基础的适用条件与应注意的问题。当沉井下沉遇到流砂、大漂石时，下沉会很困难；地基承载力不足时，会下沉过快，难以控制；倾斜较大的岩面使沉井稳定性差，会给设计、施工带来困难。因此遇到上述情况时，宜慎重考虑。

7.1.2 许多单位提出需要订出沉井下沉时土对井壁的摩阻力值，由于目前尚不能达到上述要求，所以本条规定：土对井壁的摩阻力值与沉井入土深度、土的性质、井壁外形及施工方法等有关，此项数值应根据实践或试验资料确定。

(1)现摘录 1975 年《桥规》所列土对井壁的摩阻力值，以供参考。

土的种类	土对井壁的摩阻力(kPa)
砂　土	12 ~ 25
卵石土	15 ~ 30
黏性土	25 ~ 50
软　土	10 ~ 12
泥浆套	3 ~ 5

(2)采用空气幕下沉沉井时，下述资料可供参考

① 空气幕沉井能减少土对井壁摩阻力的机理是喷射空气的动力作用，使井壁处的砂土产生局部液化，黏性土在井壁处形成泥浆薄膜。因此，土层内必须有较大的含水量才能产生上述效果。在卵石含量较少的砂土和黏性土中，也能产生上述效果，但效果较差，此时宜适当加大沉井重量。在卵石层，特别坚硬的黏土层及风化岩层内均不能产生上述效果，故不能采用空气幕沉井。

② 由于目前收集到的国内外资料中多是用重率这个指标来决定空气幕沉井的下沉重量，沉井的重率等于不扣除浮力的沉井下沉重量除以沉井入土表面积。九江长江大桥试验沉井虽然测试到一些开气时土对井壁的摩阻力值，但资料太少、代表性差，又无更多资料对比验证。因此，目前拿不出在开气时土对井壁的摩阻力比较可靠的数据。从大量的国外资料及国内试验成果中可以统计出空气幕沉井的重率资料，所以采用重率这个指标来决定沉井的下沉重量。

国内试验和已施工的空气幕沉井下沉深度为 25 ~ 50 m。沉井重率采用了 21.6 ~ 22.2 kPa，从施工实际情况来看该重率稍偏大。国外桥梁基础下沉深度在 50 m 以内的沉井，重率采用 15 ~ 20 kPa，其中有些沉井，由于后期部分气龛堵塞致使下沉效果较差，而采用了压重的补助手段，但计入压重在内的重率也不超过20 kPa。国外竖井施工的沉井下沉深度在 80 ~ 220 m 时，重率才加大到 20 ~ 26 kPa。考虑到桥梁沉井基础大多数下沉深度在 50 m 以内，因此可将重率定为 20 kPa 左右，设计时可按沉井下沉深度及工艺熟练程

度等具体情况选用合适的重率值。

③ 空气幕沉井下沉效果的好坏,取决于气龛的密度、送气压力及供气量等因素。沉井重率采用 20 kPa 左右时,其压气系统的设计需满足以下条件:

A. 当喷气孔直径为 1 mm 时,每个气龛的平均作用面积应小于 1.0 ~1.5 m^2;

B. 送气压力宜大于气龛入土深度理论水压力的 1.4 ~2.0 倍;

C. 供气量宜按每个气龛耗气 0.015 ~0.02 m^3/min 计算,并考虑可能的损耗。

否则下沉可能出现困难。这些条件是根据国内试验沉井的成果并参考国外有关资料提出来的,在今后的使用中还需不断积累资料总结提高。但当供气量没有特别困难时,宜将气龛布置得密一些,使每个气龛的平均作用面积减小,下沉效果将会更好。每个气龛的平均作用面积 = 沉井入土的总表面积/气龛总数。

7.1.3 底节沉井的材料宜用钢筋混凝土或混凝土,底节以上的沉井也可用其他材料砌筑。圆形沉井的其他各节,由于是受压力的环,一般可用混凝土。

1975 年《桥规》条文中规定沉井底节钢筋混凝土最小配筋率不应小于 0.1% ,根据实际设计施工中的沉井来看,通常都难于满足此项要求。按此规定配筋,一般都显得配筋较多,按断面强度计算所需的配筋率很多在 0.1% 以下,过去在铁路沉井基础中曾根据"专设标徐(59)字第 0638 号文"采用过 0.05% 的最小配筋率,以往使用多年,未发现问题。所以本次修改中将底节钢筋混凝土的最小配筋率定为最小不得小于 0.05% 。满足此项要求的沉井,仍可按钢筋混凝土结构的计算方法和原则进行计算。这是为了使沉井结构仍符合钢筋混凝土结构的一些强度要求和有足够的安全度。

浮式沉井的底节采用钢材焊接时,应同船舶一样保证其可焊性能。浮式沉井的气筒是沉井在悬浮状态下的主要设施,因此对其可焊性能须严格要求,应采用镇静钢。

7.2.1 有些单位提出:沉井属临时结构,桥规中有关容许应力应按施工阶段略作提高,已考虑这方面的意见。参照 1975 年《桥规》中条文内表 2—50 的各项混凝土容许应力,除纯剪应力外,在主力加附加力时可提高 30% ;在主力加施工荷载时可提高 40% 。表 2—32 中 1、2、8 项混凝土容许应力和表 2—33 中钢筋容许应力,在架桥机架梁时可在主力加附加力的基础上再提高 10% ,在施工阶段钢筋最大容许应力值采用在主力加附加力的基础上再提高 10% 的值是可行的。但考虑到铁路桥梁沉井中有可能采用薄壁沉井,若最大容许应力在施工阶段都采用同一数值,则显然薄壁沉井与厚壁沉井所具有的实有安全度就不一样,厚壁沉井断面就是不考虑钢筋作用而只按纯混凝土计算的强度,本身可能就有了一定的安全度,而薄壁钢筋混凝土沉井则无这一有利条件。同时,还考虑到沉井下沉施工期长短不一,有的工期在半年以上,与一般临时结构短暂承受荷载的性质又有不同,而且沉井的整个部分既起临时结构作用又是永久结构,与一般的施工临时结构有截然的区别,还有下沉时的地质水文等情况各个地区各个工点也千差万别。综合上述种种因素,所以规范条文中采用了按施工阶段荷载检算混凝土、钢筋混凝土沉井截面强度时,材料容许应力在主力 + 附加力的基础上可再予提高,但提高最大值不得大于 10% 的规定。设计时可根据沉井井壁厚度、沉井下沉工期长短、地质水文等情况在上述的提高幅度范围内加以采用。

7.2.2

(1)1975 年《桥规》条文中规定检算沉井刃脚向外弯曲强度时,应按沉井沉至中途,在岛面上已接高一节沉井等情况进行检算。其中的"中途"两字容易引起误解,有的将

“中途”两字理解成了沉井下沉至 1/2 时的下沉位置，其实并非如此，检算沉井向外弯曲强度的最不利位置不一定是沉井下沉至 1/2 处的位置，有的分节浇注一次下沉的沉井就是刚开始挖土下沉，刃脚切入土中一定深度后（这里仍定为 1 m）为最不利位置，就是分节浇注逐节下沉的沉井，也决不是正好下沉至 1/2 处为其最不利位置，这与水文地质等条件有关，应视具体情况确定其最不利位置。因此 1985 年《桥规》中将“中途”两字改成了“过程中”三字，这样设计人员就可根据具体的水文地质情况、施工方法等进行计算确定。

1975 年《桥规》条文规定检算刃脚向外弯曲强度的荷载为：“作用于井壁外侧的计算土压力和水压力总和不得大于静水压力的 70% ……”，这一条是不完善的，只讲了外侧土压力和水压力计算问题，沉井内水压力如何计算未讲，特别是有时为了防止细砂上涌，在吸泥下沉过程中沉井内水头往往要高于井外水头时，井内水压力的计算则是应加以重视的一个问题，有的单位指出：如沉井井外无水或水很浅时，按这条的规定，势必井外土压力和水压力的总和将等于零或很小，这也是很不切实际的，过于保守。因此后来作了更动。

（2）检算沉井刃脚向内弯曲强度，条文中只原则性地讲了计算土压力和水压力的要求。具体的水压力计算图式可见有关设计手册或仍按 1975 年《桥规》条文和条文说明中的假定及图式进行设计：

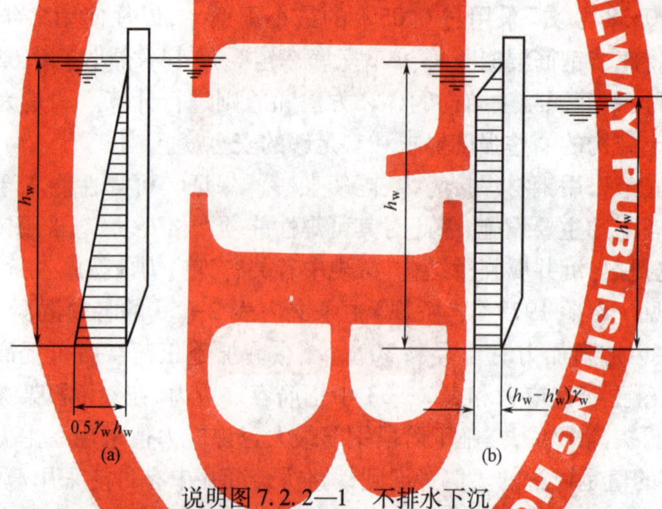

说明图 7.2.2—1　不排水下沉

① 不排水下沉时，井壁外侧水压力值按 100% 计算，内侧水压力值一般按 50% 计算，但也可按施工中可能出现的水头差计算。

1975 年《桥规》条文说明中曾讲到，对于下沉很深的沉井应采用说明图 7.2.2—1 中（b）的水压力图式较合适。这里建议一般应按说明图 7.2.2—1 的（b）图式根据施工中可能允许出现的水头差来计算水压力，仅在下沉较浅的沉井中可用说明图 7.2.2—2 的（a）图式来进行比较选用。

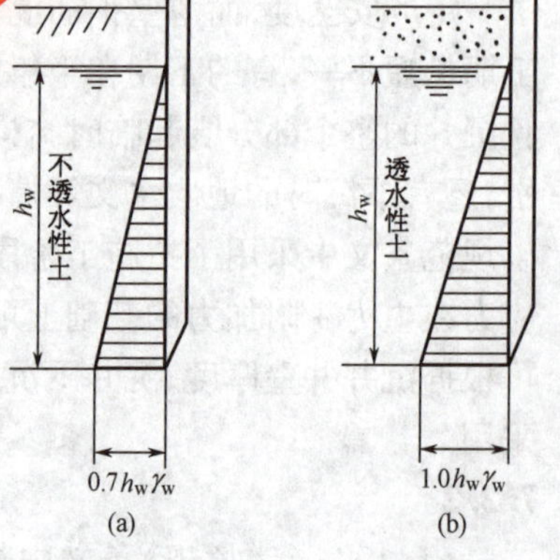

说明图 7.2.2—2　排水下沉

② 排水下沉时，在不透水性土中，可按静水压力的 70% 计算，对于透水性土，水压力按 100% 计算。

7.2.3　1975 年《桥规》中对沉井刃脚外壁上的荷载分配，是考虑沉井刃脚按悬臂和水平框架共同承受外力，用变形相等原理求出 α、β 两个分配系数后，对刃脚进行荷载分配计算。这一近似计算方法，对矩形沉井，根据多年来的使用情况看并无不可，但有局限性，对圆形及圆端形沉井来说，该两分配系数就不太完全合适。而且就矩形沉井的刃脚来说，此两分配系数也是比较粗略的，所以本桥规修改时在条文中不再列入该两分配系数，而只原则性的说明要注意刃脚在垂直和水平两方向的受力作用，至于刃脚外壁荷载如何分配，刃脚怎样计算，设计时可根据具体情况确定，也可参照有关设计手册进行计算，不再一一列入。对于矩形沉井，如一时尚无更好办法，仍可采用1975年《桥规》条文中的办法进行计算。为了使用方便，现抄录如下：

沉井刃脚可用下列近似方法计算：

(1)刃脚沿垂直方向可视为悬臂梁，其悬臂长度等于斜面部分的高度。当内隔墙的底面距刃脚底面为0.5 m，或大于0.5 m而有垂直梗肋时，作用于悬臂部分所有水平荷载乘以下式求出的系数α：

$$\alpha=\frac{0.1S_1^4}{h^4+0.05S_1^4}<1$$

式中　S_1——支承于内隔墙间外壁最大计算跨度；

h——刃脚斜面部分的高度。

(2)刃脚水平方向可视为封闭框架，当刃脚悬臂的水平力乘系数α时，作用于框架的水平力则乘以系数β：

$$\beta=\frac{h^4}{h^4+0.05S_2^4}$$

式中　S_2——井壁支承于内隔墙间的最小跨度；

h——刃脚斜面部分的高度。

7.2.4

1　垂直方向

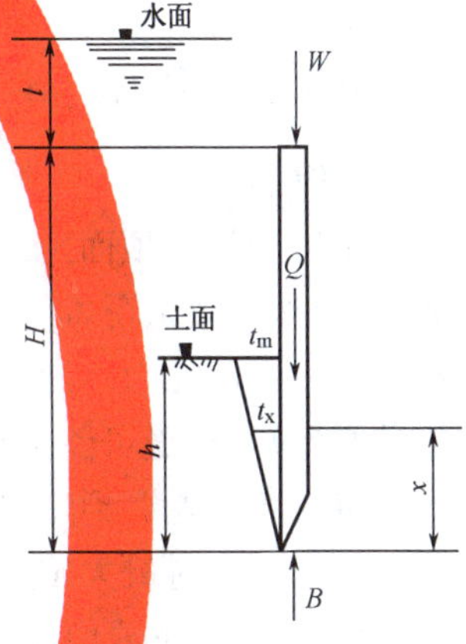

说明图　7.2.4—1

井壁垂直方向的检算是按刃脚下土已挖空，四周作用的摩擦力可能把沉井箍住，此时假定摩擦力按倒三角形分布。对于一般排水下沉高度不高的沉井，最大拉力可用$Q/4$。若沉井很高，为节约钢料，各节的接缝钢筋可不必按$Q/4$而按接缝所在位置发生的拉力设置。

对于在透水性土中不排水下沉的沉井，从理论上分析，因摩擦力箍住而拉断的情况是不大可能发生的，其推导如下：

设A为沉井截面积，γ为沉井容重；U为沉井外壁周长，外力作用如说明图7.2.4—1。

沉井自重　$Q=\gamma HA$

沉井底面垂直向上水托力　$B=(H+l)A\gamma_w$

沉井顶部水柱重 $W=lA\gamma_w$

假设γ_w为水的容重，沉井处于平衡状态，则

$$\frac{1}{2}t_m hU=Q+W-B=HA(\gamma-\gamma_w)$$

得

$$t_m U=\frac{2HA(\gamma-\gamma_w)}{h}$$

$$t_x U=\frac{2HA(\gamma-\gamma_w)x}{h^2}$$

计算截面处内力：

$$S_x = \gamma Ax - B - \frac{1}{2}t_x Ux$$

$$= \left[\gamma x - (\gamma - \gamma_w)\frac{H}{h^2}x^2 - (l+H)\gamma_w\right]A \quad (说明 7.2.4—1)$$

设 $l=0$，$\gamma = 2.4\ \text{tf/m}^3$，$\gamma_w = 1\ \text{tf/m}^3$

代入式(说明 7.2.4—1)，得

$$S_x = \left(2.4x - 1.4\frac{Hx^2}{h^2} - H\right)A \quad (说明 7.2.4—2)$$

$$\frac{dS_x}{dx} = \left(2.4 - 2.8\frac{H}{h^2}x\right)A = 0$$

$$x = 0.857\frac{h^2}{H}$$

代入式(说明 7.2.4—2)，得 $S_{max} = \left(1.03\frac{h^2}{H} - H\right)A$。若 S_{max} 为拉力，则 $1.03\frac{h^2}{H} > H$，得 $h > 0.99H$。

施工中沉井顶面经常保持高出土面以上，井壁土的摩擦力也未必完全按倒三角形分布，所以按一般情况推算在水中下沉有浮力作用的沉井，当土的反力均匀时不大可能出现有垂直方向的拉力。当因倾斜纠偏、土质差异、土的反力不均匀时，沉井在垂直方向可产生偏心弯矩，接缝可能出现拉力而需酌量布置钢筋。

沉井若可能遇到障碍物卡住时，应按具体情况作相应假定进行检算。

排水下沉时最大拉力 $Q/4$ 的推求：

设 A 为沉井截面积，γ 为沉井容重，U 为沉井外壁周长，力的作用图式如说明图 7.2.4—2。

沉井自重 $Q = \gamma HA$

沉井处于平衡状态，则

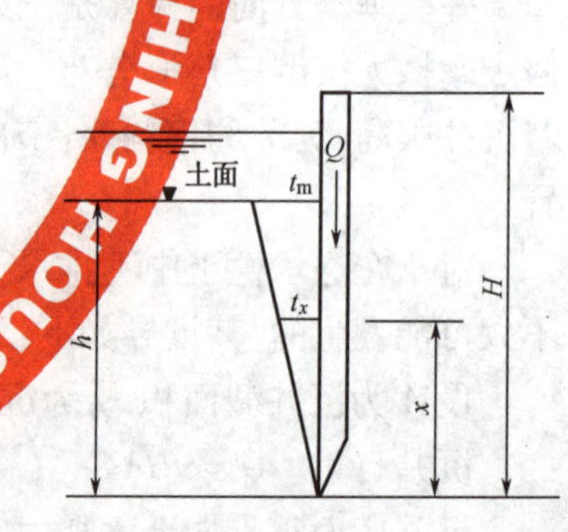

说明图 7.2.4—2

$$\frac{1}{2}t_m Uh = Q$$

$$t_m U = \frac{2Q}{h} = \frac{2\gamma HA}{h}$$

$$t_x U = \frac{2\gamma HAx}{h^2}$$

则计算截面处拉力为

$$S_x = \gamma Ax - \frac{1}{2}t_x Ux = \left(\gamma x - \frac{\gamma Hx^2}{h^2}\right)A$$

$$\frac{dS_x}{dx} = \left(\gamma - 2\frac{\gamma Hx}{h^2}\right)A = 0$$

$$x = \frac{h^2}{2H}$$

$$S_{max} = \frac{Ah^2}{2H}\gamma - \frac{\gamma HA}{h^2}\left(\frac{h^2}{2H}\right)^2 = \left(\frac{h^2}{2H}\gamma - \frac{\gamma h^2}{4H}\right)A$$

$$=\left(\frac{2h^2\gamma-\gamma h^2}{4H}\right)A=\frac{h^2\gamma A}{4H}=\frac{h}{H}\cdot\frac{hA\gamma}{4}$$

若 $h=H$,则

$$S_{\max}=\frac{\gamma AH}{4}=\frac{Q}{4}$$

沉井接缝钢筋因容许应力提高了,所以必须检算其锚固长度。

2 水平方向

对于用泥浆套下沉的沉井,应考虑沉井外侧泥浆压力 γH 的 100% 计算,因为泥浆压力一定要大于水压力及土压力的总和,才能保证泥浆套不被破坏。

采用空气幕下沉的沉井,在下沉过程中所受到的侧压力,根据国内试验沉井量测结果,压气时,气压对井壁的作用不明显,可略去不计,故仍按普通沉井的有关规定计算。

在计算空气幕沉井下沉中结构强度时,由于井壁之摩擦力在开气时减小,不开气时仍与普通沉井相同,因此应视其计算内容而按最不利情况采用。

7.2.5 沉井底节垂直方向断面较小,应按抽垫或可能遇到的障碍物的情况,检算纵向挠曲时混凝土的抗拉强度。

不排水下沉的沉井不能掌握其支承位置,所以应按不利的情况检算:对于矩形沉井按支承于短边的两端点(也就是支承于长边的两端点)和支承于长边的中点两种情况来检算长边的正负弯矩,一般沉井长短边壁厚相同,故短边本身毋需检算;对于圆端形沉井按支承于圆端的端点和支承于长边的中点两种情况检算。

排水下沉的沉井,可选择正负弯矩大致相等时的支点间距位置进行设计,并定出支点位置以便在施工时遵循。当 $L/B>1.5$ 时,支点间距大致在 $(0.6\sim0.8)L$ 之间选定,短边可视作支承在长边上的梁,以此来检算长短边的正负弯矩。

各种沉井支承情况的平面位置可见说明图 7.2.5 所示。

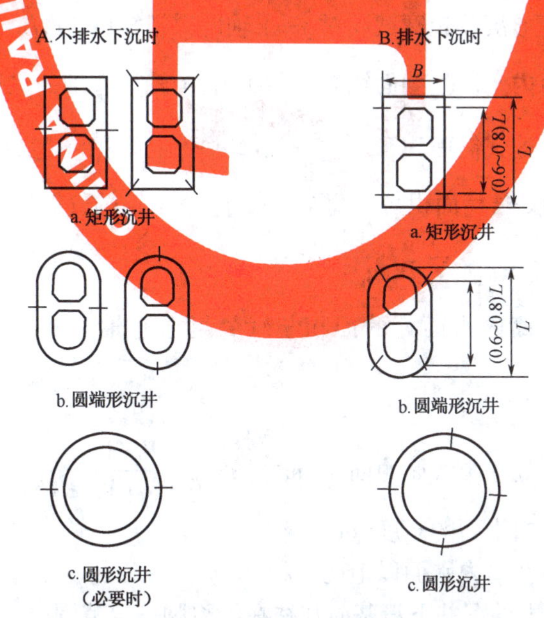

说明图 7.2.5

7.2.6 底节平面尺寸较大的沉井,相应的内隔墙支承于井壁的间距就大,一般可假定内隔墙是由井壁筒支支承的情况进行计算。其荷载除混凝土重量外,还应计入模板等施工荷载。

7.2.8 浮式沉井的施工步骤计算是很重要的,必须准确计算各施工步骤的沉井重量、入水深度、浮体稳定性、井壁水头差、井壁出水高度及其受力部分混凝土的龄期强度,准确计算几种可能水位和河床高程时沉井落河床的相应情况,及落河床后所控制的沉井净重和刃脚可能达到的高程。通过施工步骤计算才能得到各部位井壁可能承受的最大压力作为设计的依据。同时要合理安排施工工序,避免因等待混凝土强度而耽误沉井施工进度。

浮式沉井的倾斜角 φ 不得大于6°(约1:10)是因为:

(1)不使施工过程中沉井倾斜过大而产生不安全感。

(2)计算浮体倾角的公式:

$$\tan\varphi = \frac{M}{\gamma_w V(\rho - a)}$$

式中 M——所有力(包括风力、流水压力和偏心外力等)引起的力矩(kN·m);

γ_w——水的容重(kN/m³);

V——沉井的排水体积(m³);

a——重心至浮心的铅直距离(m),重心在浮心之上时 a 为正,反之 a 为负;

ρ——定倾半径(cm)。

$\rho = \frac{I}{V}$,式中的 I 值(m⁴)的按下列情况计算:

① 气筒管路连通时:$I = I_1 - ni - I_2$;

② 气筒管路不连通时:$I = I_1 - ni - \beta I_2$;

③ 气筒分为对称于沉井轴的 n_1 组,每组有 n_2 个气筒管路连通时:

$$I = I_1 - ni - I_3 - \beta I_4$$

式中 I_1——水面处矩形沉井轮廓截面对 y—y 轴的惯性矩(m⁴),$I_1 = \frac{1}{2}LB^3$;

i——单个气筒内水面处截面绕其平行于 y—y 轴形心轴的惯性矩(m⁴);

I_2——筒内水面处气筒面积与 y—y 轴距离平方的乘积(m⁴),$I_2 = A\sum_{1}^{n} D_n^2$;

I_3——筒内水面处气筒面积与气筒至平行于 y—y 轴的气筒组形心轴距离平方的乘积(m⁴),$I_3 = n_1 A\sum_{1}^{n_2} D_{n_2}^2$;

I_4——气筒组在筒内水面处的面积与气筒组形心轴至 y—y 轴距离平方的乘积(m⁴),$I_4 = n_2 A\sum_{1}^{n_1} D_{n_1}^2$;

A——筒内水面处一个气筒的面积(m²),$\beta = \frac{V_1/A}{10 + h + V_1 + A}$;

h——水面气筒内水面的高度(m);

V_1——单个气筒在筒内水面以上的体积(m³)。

7.2.9 基底设于岩面上的沉井下清基时往往在沿刃脚一定范围内不可能清除彻底,某特大桥曾采取在基底容许应力上乘以"破碎带和清基系数"($k_0 = 0.7$)的方法,但是沉井底面不可能清除干净的宽度,主要是与周边长度而不是与面积大小成线性比例,因此根据具体订出一个清基不能彻底的宽度比较合理，根据参加过某些大桥深水沉井基础清基的工作人员（其中有多次在水下进行检查的潜水工）座谈的意见，一般认为 0.2 ~ 0.5 m 宽为不可能完全清干净的范围，这是根据岩面有风化层，刃脚能部分嵌入岩层的情况。如果岩面坚硬无风化层，高差起伏较大而河底为砂类土时，刃尖清理就更困难，不可能完全清干净的宽度，应结合覆盖层的地质条件、岩面高差、风化层状态及施工措施等因素来确定。

7.3.1 沉井平面形状、大小主要由地基容许承载力而定，同时在水流冲刷较大的地方，应考虑阻水较小的截面形式（如做成圆端或尖端）。对于圆形沉井，从外形来说是阻水较小的，但若用于双线桥墩，可能外形做成很大的尺寸，以致反而增大挡水面积，对冲刷不利，所以宜加比较。

受力有利系指沉井在水平压力作用下，井壁尽可能成为小偏心受压构件，以减小截面和节省钢筋，例如某大桥沉井井壁做成连续拱式的井壁。

棱角处做成圆角或钝角，可使沉井在平面框架受力状态下减少应力集中，同时可减少井壁摩擦面积和便于吸泥（不致形成死角）。做成圆形、圆端形后在下沉过程中，容易形成“土拱”作用，减少侧面土压力，亦即减小土对井壁摩擦力，方便下沉。

沉井井孔的最小宽度应视取土机具而定，一般不宜小于2.5 ~ 3 m。井孔布置应结合取土机具所能及的范围一起考虑，统筹安排布置。

沉井外壁从主体结构的受力来考虑，最好做成垂直的，以能增强土对沉井的侧向弹性抗力作用，但有时为了顺利下沉的需要，往往又将沉井外壁做成台阶形或斜坡形，不过有些土质中采用台阶形或斜坡形外壁对减少土对井壁的摩擦力未必有效。而且有些土中由于井壁的台阶或斜坡造成土与井壁间的空隙松散状态长期不能恢复，而致影响土对沉井的侧向约束作用，对主体结构受力不利。沉井采用何种形式的外壁，应根据设计要求、地质水文情况、施工技术条件、施工方法等全面考虑确定。

松软土中制造底节沉井，如高度过大容易发生倾斜而且难以纠偏，故一般认为不应大于沉井宽度的 0.8 倍。

7.3.2 过去为使沉井下沉遇到障碍时便于改成气压沉箱而设置井壁凹槽，现在使用沉箱的可能性较小，所以井孔内填实的沉井均不设凹槽，但是下沉后不填实的沉井封底混凝土需要传力到井壁上，所以以设置凹槽为好。采用其他联结措施（例如在沉井孔内有台阶可以支承等）保证传递基底反力也可以。

7.3.3 1975 年《桥规》曾明确规定沉井沉入坚硬土层和到岩层者宜采用有钢刃尖的刃脚，沉入松软土层者宜采用带踏面的刃脚，但在修改过程中有的单位提出了不同的意见，认为在软弱土层中以尖刃脚为好，在坚硬土层中以带踏面的刃脚为好，也有的单位认为在坚硬土层中尖刃脚为好，这样，沉井下沉均匀，速度快，可以切断孤石等，意见不一致。但一般说来沉井通过坚硬土层或土层中有坚硬物体时，为了利于切入坚硬土层及切断坚硬物体，宜采用钢刃尖的刃脚，当然在松软土层中为了利于切入软土中以提高下沉速度等也可采用尖刃脚，但施工时应注意防止沉井下沉过快并做到沉井到达设计高程后不致无法控制其继续下沉。为了防止沉井下沉过快及到达设计高程后控制沉井不再继续下沉，在松软土层中还以带踏面的刃脚为好。但这些都与具体的施工方法、水文地质情况等有关，所以本规范中不作具体规定，设计时可根据具体情况选用刃脚形式。

刃脚做得尖锐有利于切土和取土，故要求斜面与水平面交角应大于 45°。为了便于抽垫和除土，刃脚斜面的高度不宜小于 1.6 m（薄壁沉井可另行酌情考虑）。

在倾斜的岩面上采用高低刃脚的沉井时，必须有足够的钻探资料，确切掌握岩面高低变化，使刃脚做成与岩面倾斜相适应的台阶形或斜坡形，才能使刃脚嵌入岩层，便于取土清基面不会翻砂。桥梁基础采用高低刃脚沉井已有一些经验，某大桥有几个直径20 m的高低刃脚沉井，高差最大的有3.7 m，该墩为增强沉井与岩层的锚固，在井孔中进行了钻岩。

7.3.4　大型的设有钢气筒的浮式沉井在我国已多次采用，本条仅列举了设计的主要原则。钢气筒当放气落河床之前以及沉到稳定深度过程中需要调整偏斜时所需的气筒气量往往是最大的，为此需要有足够的容积。换句话说，在直径决定后即要有足够的高度。气筒底部需与探测管各自连通，才有可能控制各个气筒的气量。否则在气筒打满气后将会在隔墙底部刃脚以上形成气空，余气流入井较高的一侧而增加沉井倾斜。

8.1.1～8.1.5　引自《铁路工程特殊岩土勘察规程》(TB 100038—2001)中有关黄土部分的规定，并按照国家标准《湿陷性黄土地区建筑规范》(GB 50025—2004)进行了修改。

8.1.6

(1)建筑物类别

湿陷性黄土地区桥涵建筑物根据其重要性、结构特点和受水浸湿后的危害程度分为甲、乙、丙、丁四类：

① 施工实践证明，湿陷性黄土地基虽进行了处理，但仍不能完全清除湿陷性，施工完后仍可能产生部分沉降或不均匀下沉。考虑到桥梁墩台如基底产生沉降，将造成墩台上部较大偏移而影响使用，所以列为甲类。

② 拱涵较一般涵管对沉降更为敏感，所以列为乙类。

③ 圆涵、矩形涵、盖板涵和倒虹吸的允许沉降可以较大一些，因此列为丙类。但对出入口端墙、翼墙部分的基础处理，应与主体工程相同。

④ 桥涵附属工程，不直接受活荷载影响，如产生较大沉降或变形也不至影响运营，并且维修加固比较容易，因此列为丁类。

(2)水流特性

湿陷性黄土地区的桥涵建筑物，受水浸湿时会产生较大的沉降，从而带来危害。水流可分两种情况：

① 季节性水流

一般排洪桥涵或立交桥多属此类，如果基底处理不好，往往因渗水、漏水而产生较大的沉降变形，如陇海铁路上行线位于三门峡市的三座立交桥及兰新线K0+930处2—6 m拱涵(在兰州枢纽范围内，为市内立交桥)等。至于涵管产生塌腰和裂缝的现象，更是不胜枚举。

② 经常性水流(包括灌溉渠)

经常性水流对基础沉陷的影响比季节性水流更为严重，如陇海铁路零口至渭南间某涵洞经多年使用情况良好，但当农民修建灌溉渠，利用该涵过水后，便产生沉降和裂缝。兰州枢纽站内狼沟桥原用于排洪，后来兼排上游新建工厂废水，成为经常性水流，致使沉降加剧。

在经常性水流的河渠上，有的渠道弯曲，桥涵不能全部设计在原有沟床处；两岸桥台和有的桥墩基础，未经过水流浸湿，则应考虑建筑物建成后的水文条件变化予以处理。

(3)处理措施

浸陷性黄土地基处理的目的在于清除基础以下土层的部分或全部湿陷性和改善土的性质，因而减少土的渗水性和压缩性、有的还提高了承载力。处理措施可根据湿陷等级、建筑物类别、水流特征等，结合施工条件和材料来源选取。说明表 8.1.6—1 可供参考。

说明表　8.1.6—1

建筑物类别	设计措施　　　　水流特征 / 湿陷等级	经常性流水（灌溉渠包括在内）			季节性流水		
		Ⅰ	Ⅱ	Ⅲ、Ⅳ	Ⅰ	Ⅱ	Ⅲ、Ⅳ
甲	措　施	(1)			(1)		
乙	措　施	(2)、(3)	(2)	(1)	(3)		(2)、(3)
	深度(m)	2～3	5	置于非湿陷性土层中	0.8～1	1～2	2～4
丙	措　施	(3)			(3)		
	深度(m)	0.8～1	1～1.5	1.5～3	0.5	0.8	1.2～2
丁	措　施	(4)			(4)		

注：表中带(　)的数字为采取的措施编号，其意义如下：

(1)墩台基础采用明挖、沉井或桩基(包括旋转喷射桩)，置于非湿陷性土层中；

(2)采用强夯法或桩孔挤密(如爆扩桩成孔或打入桩成孔)，并采取防水和结构措施；

(3)采用重锤夯实或换填灰土夯实，并采取防水和结构措施；

(4)地基表层夯实。

① 墩台基础采用明挖、沉井或桩基(包括旋转喷射桩)，置于非湿陷性土层中。这种措施主要适用于变形或变位敏感性强的甲类建筑物及湿陷性严重的乙类建筑物。一般浅层处理为将基础直接置于非湿陷性土层中，深层采用沉井或桩基。桩基不一定能消除黄土的全部湿陷性，所以打入非湿陷性土层的深度；对黏性土不应小于 1 m；对砂土及碎石土不应小于 0.5 m。桩基的侧面摩擦力，仅考虑打入非湿陷性土层的深度。

旋转喷射桩在致密土层中不能成桩，选择前需先作试验。

② 采用强夯法或桩孔挤密(如爆扩桩成孔或打入桩成孔)，并采取防水和结构措施。

A　强夯法：为强力夯实的简称，1970 年法国首创，已在许多国家中广泛应用，博得了好评。

强夯法是将很重的夯锤(一般 80～400 kN)从高处(一般 5～30 m)自由落下，利用其冲击能对土进行强力夯实，以提高地基承载力与降低土的压缩性。每一击的夯击能一般取 500～8 000 kN · m，特殊情况下用 10 000～20 000 kN · m。当前世界上最大的夯锤重为 2 000 kN，落距为 25 m，加固土层厚达 40 m。

我国 1978 年底至 1980 年对强夯法已进行研究与应用，采用的锤重 80～150 kN，落距 8～17 m，加固了软土地基、砂土地基、杂填土地基、湿陷性黄土地基等。我国采用强夯法处理地基的经验不多，所以施工前需先进行试夯。根据原铁道部第一设计院桥隧处采用强夯法处理桥涵湿陷性黄土地基的试验与应用的经验，由于土质、含水率、密度等的不同，强夯效果有一定差异，湿陷性黄土强夯后全部消除湿陷性的深度(有效夯实深度)与影响深度的求算初步归纳为下列公式：

$$H_1 = K_1 \sqrt{M \cdot h}$$

式中 H_1——夯后全部消除湿陷性的深度，称为有效夯实深度(m)；

M——夯锤重(tf)；

h——落距(m)；

K_1——与夯击能、土的天然含水率、湿陷系数有关的系数。

$$H_2 = K_2\sqrt{M \cdot h}$$

式中 H_2——夯后某一深度内土的物理力学性质起变化的深度，称为影响深度(m)；M与h的意义同前；

K_2——与夯击能、土的天然含水率、湿陷性系数有关的系数。

现将系数 K_1 与 K_2 的值列入说明表 8.1.6—2，以供参考。

说明表 8.1.6—2

夯前地基土的性质		总夯击能	系数	
天然含水率(%)	湿陷系数(浸水荷重 3 kgf/cm²)	锤重(tf)×落距(m)×夯击数次	K_1	K_2
9~13	0.07~0.12	10×10×15	0.25~0.3	0.45~0.55
9~13	0.07~0.12	10×15×20	0.4~0.55	0.55
13~14	0.05~0.09	10×10×15	0.4~0.5	0.6
15~19	0.04~0.07	10×15×20	0.5~0.6	0.7

注：采用夯锤底面积系 2 m×2 m 方形。

强夯法设备和工艺简单，进度快，节省三材，费用低，是加固桥涵基础值得推广的方法。

B 打入桩孔挤密：适用于清除 5~15 m 厚度内地基土的湿陷性。用打入桩成孔，然后用灰土或最佳含水率的素土分层夯填桩孔。其挤密范围土的干容重与爆扩桩孔相同。

打入桩孔挤密度可按下式计算：

$$\Omega = \frac{e_m}{1+e}$$

式中 Ω——每平方米挤密地基所需土桩面积(m^2)；

e_m——土最大的大孔隙系数，可由同一高度的两个原状土样(一个浸水，另一个不浸水)的室内压缩曲线e—p，按压力为 300 kPa 时，这两条曲线上的纵坐标差直接求得，然后取全部被挤密土层的加权平均值；

e——土的天然孔隙比。

③ 采用重锤夯实或换填灰土夯实，并采取防水和结构措施。

A 采取重锤表层夯实处理建筑物基础的方法延用已久，一般适用于清除 1~1.5 m 厚土层的湿陷性，锤重一般为 10 kN 左右，锤底面积约 1 m^2。强夯法即为重锤表层夯实基础上发展起来的。

当表层土的饱和度大于 0.6 时，不宜选用重锤夯实。地基容许承载力可较处理前适当提高，但不应超过 30%，并应对夯实层下的土层进行检算；夯实土的干容重以不小于 15 kN/m^3为准。

B 换填分层夯实为先挖除基底以下一定厚度的湿陷性土层，再以灰土分层回填夯实，不允许换填渗水土。处理厚度一般不大于 3 m。

灰土具有地下水不大或土的含量大时能保持稳定的特点，一般采用换填 3∶7灰土(白灰与黄土体积比)。对灰土的质量要求,可根据试验决定,一般不能小于最佳密度的90%,也可根据载荷试验或当地建筑经验确定。

C 湿陷性黄土地区已经使用过的换填材料很多,根据印度使用水泥掺入土(Soil - Cement)代替1:5:10贫混凝土作为建筑物基础的经验,铁研院西北研究所曾在兰州枢纽范围作爆扩挤密试验时,在爆扩桩孔夯填水泥掺入土,并用不同比例的水泥掺黄土作试件,测得其抗压强度如说明表8.1.6—3所示。

说明表 8.1.6—3

顺序	成分比例(重量比)		试件个数	说 明	抗压强度(kgf/cm^2)	
	水 泥	黄 土			最 大	最 小
1	8	92	6	埋于土中自然养生11 d的试件	23.8	19.1
2	6	94	6		18.5	15.8
3	4	96	6		19.8	14.4
4	8	92	6	埋于土中自然养生10 d后浸水46 h的试件	15.3	10.4
5	6	94	6		15.2	11.2
6	4	96	6		12.9	11.1

注:1 黄土含水率采用12.1%;

2 水泥采用500号(新标准为52.5)。

根据基础强度要求,掺入黄土的水泥可用低标号的。水泥掺黄土或水泥掺入土用的水泥很少,造价较3:7灰土低,可推荐用于桥涵基础换填与爆扩挤密桩孔的充填。

④ 地基表层夯实一般采用铁夯或石夯,夯重应大于0.5 kN,至少夯打3遍。根据具体条件,也可用压路机或其他夯压机械。

⑤ 防水措施和结构措施:可参考铁路工程设计技术手册《桥梁地基和基础》。

8.1.8 水是引起黄土湿陷的根本原因,桥涵基底受水浸湿的原因有二:一是地表水下渗,二是地下水上升。

防止地表水下渗除整平河床、地面顺坡、保证水流畅通外,一般采取在桥涵附近加强铺砌,扩大铺砌范围,避免地表水从远处渗入,影响基础稳定。

黄土地区的涵洞,常因沉降缝防水不好而渗水、漏水;中部因荷载较大常塌腰积水,使涵洞开裂。这样恶性循环,致使涵洞严重破坏,因此沉降缝防渗漏是很重要的。

由于季节性水文及水文地质影响地下水可能上升至基础持力层以内,设计时一般皆予以考虑。有的由于新建水库、灌渠或厂矿排水增加使地下水位上升,在勘测阶段要调查清楚,设计时考虑处理。但在湿陷性黄土地区的已成铁路,由于以上情况地下水位上升,桥涵建筑物基础未作深层处理有变形可能性,可采用矽化或电矽化加固,以增加基础强度与整体性。黄土地区地下水上升一般比较缓慢、均匀,所以处理是可能的。

8.1.9 陷穴、溶洞、古墓、古井、掏砂坑等在黄土地区比较普遍,多数埋于地下呈暗洞形式。这引起病害造成沉陷、坍塌后使地面开裂,破坏附近建筑物。它们在桥涵上游比下游危害大。由于地下水活动可能在桥涵下或桥涵附近穿洞,造成桥涵、路堤塌陷。

病害处理范围,由于洞穴大小、地形、埋藏深度等差异较大,处理宽度一般上游25~50 m,下游10~20 m,地形高差大时,上游适当加宽。

桥涵上游不允许积水,如上游地势较陡时,加固处理范围要加宽。根据距离、高差、渗透系数求出渗透沉降曲线，选择处理方案。

8.1.10 位于湿陷性黄土上的桥涵地基，虽采取了处理措施，仍会产生沉降，有的沉降延续时间较长，因此应尽量采用能适应较大沉降的结构形式。在调整线路高程方面，有砟桥面梁较无砟桥面梁要方便。为避免桥墩台下沉时发生裂纹损坏，简支梁较连续梁、悬臂梁、拱桥等为好。

涵洞用分离式基础不仅会渗水、漏水，而且地基容许承载力常常达不到设计应力要求，在湿陷性黄土地区不应使用。有压涵洞也不宜采用。如必须使用时，则须采取有效措施，防止渗水、漏水。

泄水洞是解决深沟排水的好方式，由于泄水洞穿越山体，压力较路堤小，基底压力相应减少，且基底土经过长期压密，不致产生下沉。在施工过程中又可避免与路基填方干扰，很受施工和养护单位的欢迎。根据陇海铁路、南同蒲至陇海铁路联络线、焦枝铁路北段、西韩线等线的调查情况，泄水洞很少发生沉降变形，并且最小跨度可用至0.6 m（咸铜铁路 K115 +058 为1 ~0.6 m泄水洞，高1 m），所以在地形许可时宜于采用。

8.1.11 施工时应全面合理地安排施工程序和做好施工的准备工作。基础施工宜在旱季进行。如必须在雨季施工时应作好防洪、排水的安排，以免基坑泡水，同时在基坑中设置集水井，即使有少量水浸入亦可及时抽排，不致使基坑长期泡水而产生大量湿陷。

混凝土养生要控制水量，增加浇水次数，勿使养生水浸泡基坑。

8.1.12 基坑完工后需及时回填，并使回填面稍高于附近地面，这是一种保证基坑不受水浸泡的措施。对回填土和桩孔填土规定采用不透水土（如黄土、黏性土），分层夯填，要保证质量，以免水从回填土的缝隙渗入。

8.2.2 根据国内经验，软土上的桥台在路基填土后，常引起桥台后仰与前移，因台后路基与锥体对基底应力的影响较大，故本条规定 $H \geqslant 5$ m 时要考虑由于路基和锥体重量引起的桥台基底附加压力对地基强度、沉降、滑动稳定的影响。

计算基底压应力时，应将上述附加应力与其他荷载引起的应力相加起来。

8.2.3 软土地基的特点是容许承载力小、沉降量大、沉降延续时间长，而且对不均匀荷载的反应相当灵敏。过去在软土地区修建桥涵，虽积累了一些经验，但存在的问题仍不少，特别是不均匀沉降的持续发展往往导致建筑物不能正常使用，因而，在综合考虑条文所列诸因素确定地基加固措施或基础设计方案时，应将建筑物与软土地基视为一个整体，着重研究能否减免因地基变形给上部结构物造成的危害。

8.2.4 当软土层不太厚且位于表层时，采用换填法最为简单、有效。但在软土地区，一般挖深超过3 m就相当困难，常常发生坑壁坍塌、坑底隆起等现象，故换填法仅适用于软土层厚度不大的情况。

8.2.5 砂垫层的作用主要有以下三点：

其一，以变形模量较大的砂置换一定厚度的软土层，从而减少了地基的沉降量；其二，将基底应力较均匀地扩散到下卧软土层，从而降低软土层中的附加压应力；其三，设置一个排水面，从而使地基在荷重作用下加速渗透固结，以便提高强度、加快沉降。

根据以往的经验，砂垫层地基的承载力可达100 ~200 kPa，为天然地基的1.5 ~2.0倍。适宜用砂垫层处理的软土层厚度，一般不应大于7 m。

为了扩散基底应力和减少侧向变形，砂垫层底面必须按规范要求保证足够的宽度，砂垫层顶面可酌予放宽，将垫层断面设计成矩形或倒梯形，垫层之上应回填透水性土，以利排水畅通。

砂垫层地基的固结度按单向固结理论计算,竖向固结度 U_z 为竖向时间因素 T_v 的函数,而 T_v 又为时间 t(s)的函数,按下式计算:

$$T_v = \frac{C_v \cdot t}{H^2}$$

式中 C_v——竖向固结系数(由室内固结试验求得,cm^2/s);

H——土层的排水距离(cm),双向排水时 H 为土层厚度的一半,单向排水时则为土层的厚度。

求出 T_v 后,从说明表 8.2.5 查得相应的固结度 U_z。若压缩层的土不是均匀的,则时间因数 T_v 用下式计算:

$$T_v = \frac{t}{\sum m_{vi}h_i \cdot \sum \frac{h_i}{m_{vi}C_{vi}}}$$

式中 m_{vi}——各层土的体积压缩系数,按下式计算:

$$m_{vi} = \frac{a}{1+e_1}$$

a——压缩系数(cm^2/kgf);

e_1——自重压力下土的孔隙比;

h_i——土的分层厚度(m);

C_{vi}——各层土的竖向固结系数。

8.2.6 砂井的作用主要有以下三点:其一,缩短排水途程、加速地基沉降,从而使桥涵基础的大部分沉降量在通车之前完成;其二,消散孔隙压力,增强土体强度,从而使软土地基的承载力获得提高;其三,由于砂井的设置,使深层土体的强度也得到较快的增长,从而增加了桥台及台后路堤的纵向整体稳定性。

根据国内外其他工程的经验,砂井地基的承载力可达 200~300 kPa,为天然地基的 2~3 倍。但用于桥涵等结构物的地基加固,通常是变形控制设计。

说明表 8.2.5 各种边界条件下竖向固结度与时间因素的关系

Q \ T_v \ U_z	0.1	0.2	0.3	0.4	0.5	0.6	0.7	0.8	0.9
0	0.029	0.100	0.154	0.217	0.29	0.38	0.50	0.66	0.95
0.2	0.027	0.073	0.126	0.186	0.26	0.35	0.46	0.63	0.92
0.4	0.016	0.056	0.106	0.164	0.21	0.33	0.44	0.60	0.90
0.6	0.012	0.042	0.092	0.148	0.22	0.31	0.42	0.58	0.88
0.8	0.010	0.036	0.079	0.134	0.20	0.29	0.41	0.57	0.86
1.0	0.008	0.031	0.071	0.126	0.20	0.29	0.40	0.56	0.85
1.5	0.006	0.024	0.058	0.107	0.17	0.26	0.38	0.54	0.83
2	0.005	0.019	0.050	0.095	0.16	0.24	0.36	0.52	0.81
3	0.004	0.016	0.041	0.062	0.14	0.22	0.34	0.50	0.79
4	0.004	0.014	0.040	0.080	0.13	0.21	0.33	0.49	0.78
5	0.003	0.013	0.034	0.069	0.12	0.20	0.32	0.48	0.77
7	0.003	0.012	0.030	0.065	0.12	0.19	0.31	0.47	0.76

续上表

T_v \ U_z / Q	0.1	0.2	0.3	0.4	0.5	0.6	0.7	0.8	0.9
10	0.003	0.011	0.028	0.060	0.11	0.18	0.30	0.46	0.75
20	0.003	0.010	0.026	0.060	0.11	0.17	0.29	0.45	0.74
∞	0.002	0.009	0.024	0.048	0.09	0.16	0.23	0.44	0.73

注：表中 Q 为排水面压力与不排水面压力之比。

近年来，铁路上用砂井处理桥涵的软土地基，有时不先行预压，因而难以达到预期效果，故规定一般进行预压。

鉴于目前软土桥基的计算理论还不够完善，设计基本参数的取得也有一定误差，故建成后即行通车或上架桥机时，应慎重对待，本规范规定，必须进行检算和试压，以策安全。

砂井的直径、间距和深度应根据地层情况及施工条件综合考虑确定，砂井直径以 0.2 ~0.3 m 为最常用，再小就要考虑用袋装砂井，以防砂井被堵塞或挤断。砂井间距视施工期限及要求达到的固结度经计算确定。砂井深度的选取原则如下：软土层较薄时（不超过 15 m）宜贯穿软土层，软土层较厚时视下卧透水层的埋藏深度、主压缩层厚度及结构物的容许余留沉降量决定，并应满足第 3.1.1 条稳定性的要求。

砂井地基的固结度按三向固结理论计算，瞬间加荷情况下地基中某一时刻的平均固结度 U 按下式计算：

$$(1-U)=(1-U_z)(1-U_h)$$

式中　U_z——竖向固结度，按砂垫层地基的计算方法进行；

U_h——辐射向固结度，按时间因素 T_h 及井径比 n，由说明表 8.2.6 查得。

说明表 8.2.6　辐射向固结度 U_h 和时间因素 T_h、井径比 n 的关系

T_v \ U_z / Q	0.1	0.2	0.3	0.4	0.5	0.6	0.7	0.8	0.9
4	0.009	0.020 8	0.033 1	0.047 5	0.064 2	0.065 2	0.111 8	0.150 0	0.214 0
5	0.012 2	0.026 0	0.041 3	0.059 0	0.080 0	0.106 5	0.139 0	0.187 0	0.268 0
6	0.014 4	0.030 6	0.049 0	0.070 0	0.094 6	0.125 6	0.164 8	0.221 0	0.316 0
7	0.016 3	0.035 6	0.055 2	0.079 0	0.107 0	0.141 7	0.186 0	0.249 0	0.356 0
8	0.018 0	0.038 3	0.061 0	0.087 5	0.118 2	0.157 0	0.206 0	0.274 0	0.395 0
9	0.019 6	0.047 6	0.066 4	0.095 0	0.128 7	0.170 5	0.223 0	0.300 0	0.438 0
10	0.020 6	0.044 0	0.070 0	0.100 0	0.131 0	0.180 0	0.236 0	0.316 0	0.453 0
11	0.022 0	0.046 7	0.074 6	0.107 0	0.144 6	0.192 0	0.252 0	0.338 0	0.482 0
12	0.023 0	0.049 0	0.078 0	0.112 0	0.151 0	0.200 8	0.263 0	0.353 0	0.505 0
13	0.023 9	0.050 7	0.081 0	0.116 0	0.157 0	0.268 0	0.273 0	0.366 0	0.524 0
14	0.025 0	0.053 1	0.084 8	0.121 5	0.164 3	0.218 0	0.286 0	0.383 0	0.548 0

注：$n=\dfrac{d_e}{d_w}$

式中　d_w——砂井间距；

d_e——砂井的有效间距，砂井按正三角形排列时 $d_e=1.05\ b$，按正方形排列时 $d_e=1.128\ b$，其中 b 为砂井间距；

T_h 为时间 t(s)的线性函数，按下式计算：

$$T_h=\left(\frac{C_h}{d_e^2}\right)\cdot t$$

式中　C_h——辐射向固结系数（cm^2/s），由室内固结试验求得。

如果荷载不是瞬间一次施加的,可参照设计手册或有关书籍进行计算修正。

8.2.7 软土地基桥涵的设计除应着重于地基加固外,尚需从建筑物本身的结构上采取如下的措施,以适应总沉降量较大和不均匀沉降的情况。

(1)采用轻型结构,以减轻其对地基的附加荷载。

(2)增大基础刚度,保证其强度,以承受不均匀沉降所产生的应力,并迫使地基中应力再分布,从而获得比较均匀的沉降。

(3)采用简支的上部结构。

(4)预先安置可以调整支座高度的设备,以便随时调整支座的高程。

8.3.1 多年冻土分类表是在综合分析冻土内在规律的基础上,并考虑与建筑基础的相互联系,按其工程性质分成若干个等级。它对于工程地质勘察和设计工作都有一定的指导意义。

(1)分类原则

① 较充分地反映多年冻土对工程建筑物破坏的主要因素。由于多年冻土地区大量的工程破坏主要表现在融沉方面,因此分类时以考虑冻土的融沉性为主,并考虑其冻胀性和强度问题。

② 既适用于多年冻土又适用于多年冻土之上的季节活动层。

③ 以定量数据为依据,同时考虑现场应用的可能性和现实性。表中各个界限均以现场和室内观测数据。野外只需作一些简单的物理性质试验,如筛分、含水率测定等。

(2)多年冻土分类界限的划分

① 根据上述原则,按冻土的工程性质将其划分为:

Ⅰ——不融沉土(少冰冻土);

Ⅱ——弱融沉土(多冰冻土);

Ⅲ——融沉土(富冰冻土);

Ⅳ——强融沉土(饱冰冻土);

Ⅴ——融陷土(含土冰层)。

Ⅰ类土:除基岩之外的最好地基土。一般建筑物可不考虑冻融问题。

Ⅱ类土:为多年冻土较好的地基土。融化下沉量不大。

Ⅲ类土:作为建筑物地基时,应采取专门措施,如深基、保温、防止基底融化等。

Ⅳ类土:往往会造成建筑物的破坏,宜采用保持冻土的原则设计或采用桩基等。

Ⅴ类土:因含有大量的冰,所以不但不允许基底融化,还应考虑它的长期流变作用,需进行专门处理,如砂垫层等。

② 在野外工程地质勘察时,可根据体积含冰量(单位体积内冰的质量与冻土中水的质量之比),参照说明表8.3.1—1初步判定多年冻土含冰的类型。

说明表8.3.1—1 多年冻土含冰类型初判标准

多年冻土含冰的类型	体积含冰量 i_v(%)
少冰冻土	$i_v<25$
多冰冻土	$25\leq i_v<40$
富冰冻土	$40\leq i_v<60$
饱冰冻土	$60\leq i_v<80$
含土冰层	$80\leq i_v<100$

多年冻土地基的工程分类主要以融化下沉为指标,并在一定程度上反映了冻土的构造和力学特征(见说明表8.3.1—2)。本规范采用了现行《冻土地区建筑地基基础设计规范》(JGJ 118)所用冻土的融沉性分级,在弱融沉档次上将原先的融化下沉系数1% ~5% 修

改为1% ~3%。

一般对Ⅰ、Ⅱ级融沉（$1 \leqslant \delta_0 < 3$），建筑物结构设计时，无须考虑多年冻土地基融沉的影响。因为一般建筑物的主要承重结构在设计和使用过程中都容许有一定变形量，以适应地基的融沉性。但是，当Ⅲ、Ⅳ、Ⅴ级融沉土的融沉量超过建筑物的容许变形值时，对建筑物而言必须采取相应的设计原则、适当的基础形式以及适应不均匀沉降的柔性结构等特殊措施。

说明表 8.3.1—2　冻土的融沉性与冻土强度及构造的对应关系

级　别		Ⅰ	Ⅱ	Ⅲ	Ⅳ	Ⅴ
融沉评价	名　称	不融沉	弱融沉	融　沉	强融沉	融　陷
	融化下沉系数 δ_0	$\delta_0 \leqslant 1$	$1 < \delta_0 \leqslant 3$	$3 < \delta_0 \leqslant 10$	$10 < \delta_0 \leqslant 25$	$\delta_0 > 25$
强度评价	名　称	少冰冻土	多冰冻土	富冰冻土	饱冰冻土	含土冰层
	相对强度值	<1	1		0.8 ~0.4	<0.4
冷　生　构　造		整体构造	微层微网状构造	层状构造	斑状构造	基底状构造
黏性土总含水率 w_A（%）		$w_A < w_p$	$w_p \leqslant w_A < w_p + 4$	$w_p + 4 \leqslant w_A < w_p + 35$	$w_p + 15 \leqslant w_A < w_p + 35$	$w_A \geqslant w_p + 35$

$$\delta_0 = \frac{h_1 - h_2}{h_1} \times 100\%$$

式中　h_1——冻土试样融化前的高度（mm）；

h_2——冻土试样融化后的高度（mm）。

8.3.2　本条着重指出多年冻土地区桥涵地基评价及选择地基设计原则时，需考虑的主要因素。多年冻土的稳定状态，系指多年冻土是处于相对稳定或不够稳定的状态。相对稳定的多年冻土，在平面上呈大片连续分布，年平均地温低于 -1.0 ℃。多年冻土层与季节融化层为衔接的，地表堆积土之后，冻土上限有上升现象。青藏高原、祁连山木里地区及东北大兴安岭满归地区多属此类地带。在边缘地带多年冻土常处于不够稳定的状态，平面分布一般为岛状冻土，季节冻土层与多年冻土层不衔接，地表堆积土之后，冻土上限不上升或上升不明显，东北大兴安岭加格达奇和牙克石地区多属此类地带。桥涵修建后改变了热交换的介质条件，破坏了地基土的热平衡状态，在施工中各种热源参加热交换，以及洪水的潜流作用，桥涵地基土温及冻土上限均发生变化。桥墩台地基一般上限下移，冻土温度上升。涵洞地基在青藏高原上限常有上升现象，大兴安岭地区则常下移。冻土的物理力学性质因土温升降而改变，地下水的活动、桥涵基础施工方法等均常导致土温的变化，因此其相线关系是错综复杂的。不良地质现象，如厚层地下冰，对桥涵工程也有较大的影响。所以上述各种因素是选择地基设计原则及结构形式的主要依据，在勘测设计中应深入调查，分析研究，全面进行工程地质评价，选择经济合理的设计原则。

8.3.3　保持地基冻结原则：适用于多年冻土相对稳定的地带，因其厚度较大（一般大于压缩层厚度），年平均地温较低（一般低于 -1.0 ℃）。当修建桥涵之后，人为上限变化不大，地温能较快地恢复，所以保持基础底部处于冻结状态，在技术上是可能的，经济上也是合理的。尤其是当地基土为融沉土或强融沉土时，一旦融化后，其融沉及压缩量都很大，为保持建筑物的稳定，在冻土地基符合上述条件时，应考虑采用本设计原则。基础设计时，可按冻土的力学指标进行检算。

自然融化原则:当多年冻土为不够稳定的,且其厚度不大,年平均地温较高,桥涵基础修建后地温不能恢复,冻土上限下移很多,甚至完全融化。在这种条件下,要求保持基底处于冻结状态,在技术上很难作到,而且在经济上也不合理。因此以采用自然融化设计原则为宜,适用于不融沉土或弱融沉土地基,因其融化下沉及压缩下沉量不大,不致造成桥涵的破坏,可以不要求基础底部保持冻结状态。

人工融化原则:当多年冻土为不够稳定的,而且属于融沉土或强融沉土地基,虽然厚度不大,但融化下沉及压缩下沉量较大,采用自然融化原则设计时,将超过容许下沉值,此时可考虑采用本设计原则。即采取挖除冻土层,用人工换填的办法进行处理,以减少下沉量,确保桥涵建筑物的安全,通过实践证明效果良好。如有条件,采用预先融化的措施予以夯实,也是可行的。

8.3.4 桥涵基础类型的选择,应根据多年冻土的工程地质条件、地质及水文地质情况和地基设计原则而定。从国内外的工程实践证明,如采用保持冻结原则设计时,应首先考虑桩基础,因在施工中不暴露地基冻土,且横截面小,对热流入渗、上限下移、保持地基土的冻结状态都很有利,且克服冻胀的性能好,能增强基础的稳定性。钻孔插入桩是将预制桩插入孔径大于桩径(孔径大于桩径 50 ~ 10 mm)的钻孔内,并在桩与钻孔的空隙间填入黏土砂浆或饱和砂浆而成。此法宜用于沿桩长月最高平均地温低于 −0.5 ℃的各类多年冻土地基。钻孔打入桩,是将预制桩打入孔径小于桩径(孔桩小于桩径 30 ~ 50 mm)的钻孔内而成,宜用于黏性土和砂土的多年冻土地基。钻孔灌注桩是采用低温早强或负温混凝土灌注而成,宜用于沿桩长月最高平均地温低于 −1.0 ℃的各类多年冻土地基,以便能达到回冻的目的。但在施工时,上述三种桩均应严防孔壁坍塌,尤其是对冻结层上水发育,并由松软土和粉细砂组成的季节融化层,必须采取措施,防止流砂和坍孔。明挖基础施工时,基坑暴露于大气中,且圬工与地基接触面大,热流入渗较多,对保持地基土的冻结状态是不利的,但具有施工方法简便的优点,当桥涵基础埋置深度不大时,仍可采用,但应在冬季施工,以减少地基的融化。若基础埋置深度较大时,以采用挖孔桩基础为宜。采用容许融化原则设计时,由于下沉量较大,桥涵结构形式应能适应地基的较大不均匀变形。各种外静不定结构,当地基产生不均匀下沉时,可能引起构件内应力的改变而造成破坏,故一般不宜采用。为避免因不均匀变形而引起圬工开裂,小桥涵基础应采用整体性较好的形式,如小桥可采用联合基础;矩形涵及圆涵的基础可采用钢筋混凝土地基梁等。

8.3.5 多年冻土中的桩,在垂直荷载作用下地基土将产生三项反力:即季节融化层同桩周的摩阻力、多年冻土同桩的冻结力、桩尖地基土支承力。这三项反力的大小及发展过程是相互影响的,同时冻土的强度(冻结强度、抗压强度),受冻土类型、温度、荷载作用时间及桩的类型等因素的影响。因此在确定桩基承载力时,应考虑其受力特点及主要影响因素。

季节融化层作用于桩侧的摩阻力随季节的变化很大,当地基土冻胀时产生向上的冻胀力,黏性土在融化时产生向下的负摩擦力。为了减少切向冻胀力,一般应在季节活动层范围内采取换填或在桩表面涂刷隔离层等防冻胀措施。在工程设计中,由于季节融化层的摩阻力很小,可以忽略不计,因此提出的承载力公式只考虑了冻结力和桩尖支承力。

根据青藏高原多年冻土中单桩静载试验结果,并参考前苏联的《建筑法规》第二部分第 18 章——多年冻土地区的地基和基础(CHиП Ⅱ—18—76)所提出的承载力计算公式,当应用一般地基力学指标,计算冻结力及桩尖支承力时,需考虑桩的类型及施工条件乘以不同的修正系数。但由于冻土中桩基受力状态很复杂,且试桩资料很少,同时存在一定误差，要提出系统可靠的修正系数，感到很困难，因此一般应通过试桩确定，当无条件时，可选用下列数值：

(1)不同沉桩方式冻结力的修正系数 m''，当采用附录 G 表 G.0.1—1 的冻结强度指标时，根据铁道部科学研究院西北研究所的试桩实测承载力资料和参考前苏联冻土地基规范(СНиП Ⅱ—18—76)的工作条件系数提出以下修正值，以供设计时参考：

钻孔插入桩，$m''=0.7\sim0.8$；

钻孔打入桩，$m''=1.1\sim1.3$；

钻孔灌注桩，$m''=1.3\sim1.5$。

(2)试桩结果表明，桩尖支承力与钻孔方法、沉桩方式、清孔情况及地质条件有关；同时，钻孔打入桩一般孔深比桩入土深度要深 0.5 m，才能达到设计高程，因此需用一折减系数进行修正。根据试桩实测结果，并参考一般地区的钻孔灌注桩的孔底条件系数，修正系数 m_0'可按下列条件确定：

① 不发生坍孔，且清底情况良好的钻孔灌注桩、钻孔插入桩用 0.7～0.9；

② 有坍孔现象，且清底较差的钻孔灌注桩、钻孔插入桩用 0.5～0.7；

③ 预留孔深的钻孔打入桩用 0.5～0.6。

8.3.6　多年冻土地区建筑物基础与融土地区不同，它的上部是季节融化层，且随地区与季节不同，厚度与性质变化很大，其性质与下面的多年冻土相比，有较大的差别。多年冻土的力学特性随冻土温度、岩性及荷载作用时间等因素而变化。所以多年冻土地区桩基侧向受荷计算是更复杂的问题。

对于承受巨大荷重的桩基础，前苏联道库洽耶夫建议考虑剪力区的形成，以检算桩在多年冻土中的固定，认为多年冻土上限附近，桩的水平位移所引起的剪应力将等于冻土的长期强度。建议采用极限平衡的方法，计算其嵌固深度 z_0，在超过 z_0 的土层中，地基为直线变形体，而采用弹性地基梁的理论，用热莫奇金的图表进行计算，但这种观点未纳入前苏联国家规范。

前苏联 1976 年《建筑法规》第Ⅱ部分第十八章(СНиП Ⅱ—18—76)多年冻土地区的地基和基础中指出：桩基在水平荷载作用下的计算，应以桩和地基共同作用的条件为依据。同时不但对于融土，而且对于冰土都可以看作是线性变形体，可以认为土的变形系数(地基系数)随深度增加，并且允许桩嵌固在下卧的硬冻土层中。但嵌固点处应使横向位移为零，而转角并不为零。

在《多年冻土中的桩基》一书中，作者通过试验数据的分析，得到地基的综合变形特性 E，它是单桩长度上的土压力 q_z 与桩的实测位移值 y 之比：

$$E=\frac{q_z}{y}$$

根据 10 个试验资料的结果，得出 E—z 图如说明图8.3.6—1。

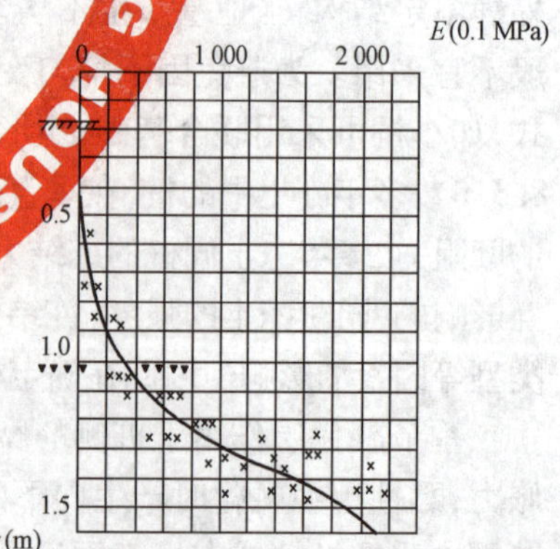

说明图 8.3.6—1　黏土地基的变形综合模量分布图($t=3.9$ ℃)

从说明图 8.3.6—1 看出，参数 E 随深度 z 呈凹形曲线变化。为克服计算中的困难，通过计算比较，作者提出，将由多年冻土和季节融化层组成的地基，按两层介质来计算，在每层介质范围内的变形特性是不随深度而变化的。

根据铁道部科学研究院西北研究所、铁道部第一勘测设计院、黑龙江省低温建筑研究所等单位在青藏高原五道梁及清水河两处的桩基试验资料，经过详细分析计算，认为只要地基系数的分布图式选择合理，参数取得恰当，采用文克勒假定来计算侧向受荷桩，其结果是完全能够满足工程设计的精度要求的。其分析情况如下：

(1)比较目前融土地区常用的几种方法，主要是根据桩的实测位移，优选相应的地基系数，用加权平均后的参数计算出理论弯矩与实测弯矩进行对比，详见说明表 8.3.6—1。

从说明表 8.3.6—1 可以看出 K 值法最接近，m 法次之，C 法较差，K 法（地基系数沿深度为一常数）最差。

(2)假定多种不同的地基系数分布图式，如说明图 8.3.6—2 所示。

说明表 8.3.6—1　典型桩实测最大弯矩与理论弯矩的比较

荷载(kN) ＼ 弯矩(kN·m)	实测弯矩	理论弯矩		差值(%)	理论弯矩		差值(%)
60	105	m 法	100	-4.8	C 法	93	-11.5
80	147		138	-6.4		128	-13.2
100	186		179	-3.3		166	-10.6
60	105	K 法	84	-19.8	K 值法	103	-2.4
80	147		115	-21.6		141	-4.6
100	186		150	-19.1		184	-1.2

注：差值 $=\dfrac{\text{理论弯矩}-\text{实际弯矩}}{\text{实测弯矩}}\times100\%$

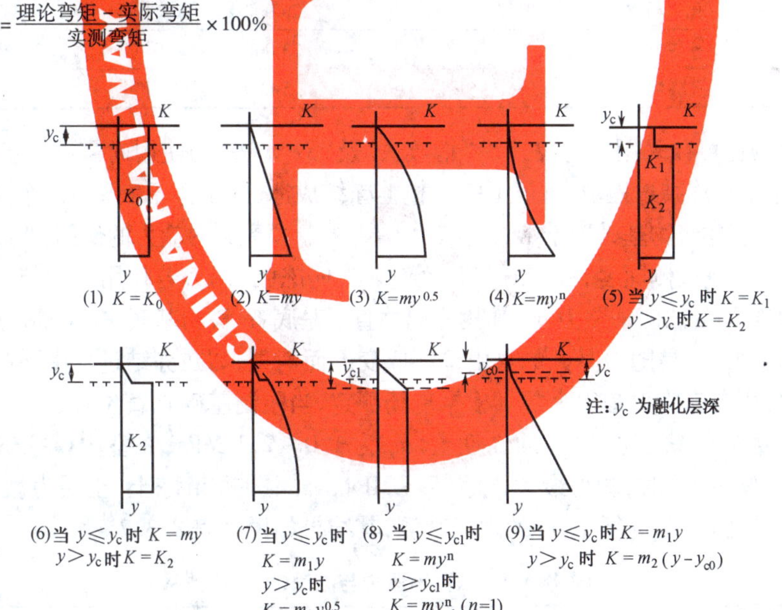

说明图 8.3.6—2　各种不同的地基系数分布图

可采用有限差分法或有限元法进行计算。采用有限差分优选法时，其优选标准可按下式计算：

$$B=10^8\sum(x_j-x_i)^2+\sum(M_j-M_i)^2$$

式中　x_i,M_i——实测位移与弯矩；

　　　x_j,M_j——计算位移与弯矩。

从说明表 8.3.6—2 的结果可以看出：除图式(1)（*K* 法）、图式(3)（*C* 法）的地基系数分布图式有较大的误差外，其余考虑融土层与冻土层为不同的地基系数分布图式的各方案以及指数分布方案均与实测值比较接近，而以图式(9)（双 *m* 法）、图式(4)（$n>1$ 的指数法）的分布方案为最好。但由于我国多年冻土地区侧向受荷桩的实测数据尚不足，考虑到工程设计的方便及与融土地区的一致性，故仍推荐使用“*m*”法〔图式(2)〕。

说明表 8.3.6—2　典型桩不同地基系数分布图式时的 *B* 值

荷重(kN)	方法									最好	较好	备注
	1	2	3	4	5	6	7	8	9			K 值法
60	14.619	3.743	6.260	2.056	2.066	2.416	2.170	3.750	1.641	9	4	2.893
80	30.488	4.984	12.472	2.641	3.177	3.502	2.919	7.245	2.464	9	4	3.981
100	60.052	18.797	31.283	15.485	18.716	18.933	16.855	24.433	15.430	9	4	15.211

关于地基系数的比例系数 *m* 和 m_0 值，由于实测数据很少，而且土的类别不全，因此建议尽量通过实测确定。当无条件时，可按说明表 8.3.6—3 选用。

说明表 8.3.6—3　多年冻土地区中，细砂、泥灰土地基系数的比例系数 *m* 和 m_0

冻土月最高平均温度(℃) / *m* 和 m_0(kPa/m²) / 桩的类型	−0.5	−1.0
钻孔插入桩	20 000	30 000
钻孔打入桩	23 000	35 000
钻孔灌注桩	25 000	

作为比较也可以采用“*K* 值法”。“指数法”及“双 *m* 法”的使用尚需进一步研究。

8.3.7　地基土在冻结过程中，由于土中水相继冻结成冰，使土体不断膨胀（冻胀），并产生冻胀内应力。当建筑物基础置于由融到冻的土层中，就要受到内应力的作用，当冻胀内应力作用方向平行于基础侧面者，称为对基础侧面的切向冻胀力 τ_z；若作用方向与基础侧面垂直，称为基础侧面的法向冻胀力 σ_z；作用方向垂直于基底者，称为基底法向冻胀力 σ_z。

法向冻胀力 σ_z 是随着基础的自由位移或变形而消失，如在冻结过程中限制基础的位移或变形，其法向冻胀力是很大的。根据现场测定，当限制基础垂直位移在 2% ~4%（指基础冻起高度和冻深之比）以内的黏性土，σ_z 为 1.0 ~2.1 MPa，在室内模拟试验中限制垂直位移在 1% ~2% 时，测得最大 σ_z 为 5.8 MPa。日本在季节冻土（土层为黏土，含水率在塑限和液限之间）上进行了 σ_z 的现场观测，其结果如说明表 8.3.7。

说明表 8.3.7　法向冻胀力与冻深、冻胀量关系

时　　间	平均法向冻胀力(MPa)	冻结深度(mm)	冻胀量(mm)
第一年度	2.9	540	
第二年度	2.3	520	60
第三年度	4.7	680	106
第四年度	3.2	420	41
第五年度	1.2	640	70

从说明表 8.3.7 可以看出:法向冻胀力是很大的,仅靠桥涵自重往往不能克服,因此位于冻胀性土中的桥涵基础底面必须置于人为上限以下,避免基底产生法向冻胀力。

冻结力亦称基础与冻土之间的抗剪强度,实质上就是基础与冻土间的胶结力。确定冻结力的主要因素为土的颗粒成分、含水率、冻土温度等。条文中附录 G 的表 G.0.1—1 是根据 600 多个室内模拟试验数据和实测成果并参照国外资料制定的。表中数值仅取其含水率属弱融沉土者,对于不融沉土,则按该表的附注 1 确定。表中冻结力实为长期冻结力,因冻土具有流变的特性,在外部荷载长期作用下,冰将会缓慢地发生融解,冻结力的大小与试验时加载的速度关系十分密切,加载速度愈快测得的冻结力越大,加载速度减慢其强度降低。在 1 ~2 s 内测得的冻结力称为瞬时值;在 3 ~8 s 内测得的冻结力称为短时值;在长期荷载作用下测得的数值称为长期冻结力。对于工程实践来说,最有意义的是长期冻结力,所以必须以长期冻结力作为设计依据;但该值测定很困难,一般都利用瞬时值或短时值换算求得。冻结力在季节融化层回冻期间起抗冻胀的锚固作用,在季节融化层处于融化状态时起抗下沉的作用。

根据室内模拟试验和现场实测证明,切向冻胀力不但与颗粒成分有关,而且受含水率控制。各类土的切向冻胀力均有随含水率的增加而增大的规律性;当土层含水率达到某一临界值时,切向冻胀力达到极值。黏性土在饱和状态下,最大切向冻胀力可达 400 kPa。地温在 0 ~ -10 ℃时,切向冻胀力有随地温降低而增加的规律性,一般在 -8 ℃ ~ -10 ℃时达到极大值。

在含水率相似的情况下,黏性土的切向冻胀力最大,砂类土次之,碎石类最小。

规范中附录 G 的 G.0.1—2,是根据国内外实测资料和室内模拟试验的大量数据综合分析编制而成的。表中黏性土 $I_L \leqslant 3.0$ 是根据极值含水率 $w = 50\%$ 时求得的。

当黏性土用碎石土、卵石土换填后,考虑到地基土长期受反复冻融和地下水的作用,换填土体不可避免的会有粉土和黏土颗粒浸入,此时应按砂类土考虑其切向冻胀力,即取表列数值中之较大者。

从桥涵设计来看,基础底面一般均埋置于人为上限或季节冻深以下,基底可不考虑法向冻胀力的作用。但季节融化层或季节冻结层作用于基础及墩身的切向冻胀力,常常会引起建筑物的隆起,使基础或墩台身被拉断,在东北、西北及华北严寒地区均发生这种现象。因此当桥梁基础位于冻胀、强冻胀和特强冻胀土中时,应按条文中附录 G 进行冻胀稳定性检算。如不能满足设计要求时,可在主冻胀带范围内采取防冻胀措施,以减少切向冻胀力。实践表明:采用增加自重的办法来克服切向冻胀力,是很困难的,特别是小桥涵困难更大,而且也不经济,所以本条根据以往的实践经验提出了防冻胀措施,并作如下说明:

(1)切向冻胀力是与季节冻深范围内墩台和基础的侧面积成正比,同时与表面光滑度有关。所以墩台设计时,在满足强度和稳定性要求的前提下,应尽量减少其侧面积,并使其表面光滑。对于浆砌片石圬工,必须灌注密实和侧面砌筑平整,并用水泥砂浆抹平,以减小切向冻胀力。

(2)实践表明,当粗砂或卵砾石中含泥量大时,仍有冻胀性,因此本条要求必须采用纯净的粗砂或卵砾石作为换填材料,将粉黏粒含量控制在 10% 以内。若有条件时,也可采用物理、化学方法进行防冻胀处理,如用阳离子表面活性剂改良土体或在圬工表面涂渣油等,都可以减少切向冻胀力。

（3）当采用保持冻结原则设计时，加深基础埋入多年冻土中的厚度，以增大锚固力，可以达到防止冻胀的目的。但必须对脆弱截面进行抗拉强度检算，并配设钢筋，以承受拉力。从以往的实践经验来看，基顶截面一般比较薄弱，因此应埋设短钢筋，以增加抗拉强度。

8.3.8 多年冻土地区桥涵基础埋置深度，主要根据地基设计原则及人为上限深度而定。采用保持冻结原则设计时，要求桥梁的明挖基础底面埋于人为上限以下不小于1 m，涵洞基础及桩基的承台板底面埋入人为上限以下不小于0.25 m，桩基埋入人为上限以下不小于4 m。主要是考虑人为上限附近的冻土温度较高，且不稳定，冻土承载能力较低，压缩性较大，不宜作为地基，并且还应保证基底不受法向冻胀力的作用。桩基础要同时承受垂直力和水平力，所以要有一定的安全量和嵌固深度。

采用容许融化原则设计时，基底埋置深度可根据地基土的冻胀类别按本规范第1.0.9条与第1.0.10条规定办理，同时还应考虑地基容许承载能力与容许沉降量不得超过规定值。若地基为不冻胀土时，基底埋置深度可不受季节冻深的限制。

各种地基设计原则，均应确定多年冻土的人为上限，即建筑物在长期使用过程中冻土地基稳定的上部界限，其值本可根据建筑物及基础形式通过热力计算确定，但目前一般热传导计算方法均不适用于桥涵地基多维传热的情况，同时有关参数的影响因素很多，误差较大，很难用一个公式准确地表达出来。在勘测设计时，可根据本地区冻土的稳定状况，深入调查已成桥涵建筑物冻土人为上限变化规律与天然上限的关系，作为确定该地区桥涵地基人为上限的依据。如无条件时，可参考各地区的经验公式确定。

季节融化深度（上限）和季节冻结深度的确定，可直接采用勘探方法。多年冻土上限的最大融化深度季节是9月下旬至10月上旬。多年冻土地区的最大季节冻深期间为4～5月，东北、内蒙和西北等非多年冻土地区的最大季节冻深期间为3月份。关于多年冻土上限深度和季节冻土的最大冻深，各地区还有不少经验公式或实测数据，但均有一定的局限性，故规范中未列入，设计时可结合本地区的具体情况选用。

8.3.9 冻土地基融化时的总沉降量由三部分组成，即

（1）融化下沉量，系指冻土解冻后土中冰变成水，体积缩小和在融化过程中由于土自重作用，土中部分水被挤出，而土颗粒重新排列所产生的下沉量，即公式中的1项。

（2）压缩下沉量，系指融化下沉完成后，由于受外部荷载和土自重作用而产生的压缩下沉量，即公式中的2、3项。

（3）融化层下冻土的压缩量，对温度较低的冻土（与融化下沉量相比），其值较小，且测定极不方便，在一般工程设计中可忽略不计，但对高温冻土和重要工程应在安全系数中予以考虑。

冻土的融化下沉主要受热过程控制，建筑物竣工初期沉降量不大（预先融化的除外），大部分沉降量是随基底冻土融化深度加大而逐渐完成的，当冻土融化深度达到极大值时，地基沉降量才趋稳定。一般在施工二、三年后沉降量最大，五至七年后趋于稳定。在一年夏、秋季为沉降阶段，冬、春季为相对稳定阶段。当采用预先融化时，建筑物施工后的地基沉降量，必须控制在容许范围内，以免引起桥涵的破坏，其解决的办法是，预融一定深度，加深基础或挖除换填等，使其下部残留厚度的沉降量不超过容许值，但这些深度可根据人为上限深度和容许沉降值由计算确定。

关于沉降计算中的融沉系数（A_i）、压缩系数（α_i），由于影响因素较多，各地区均存在

一定的差异性，一般应由试验确定。当无试验资料或因条件限制不能进行时，可按下列公式计算或查表确定：

(1)融沉系数

黏性土：$A_i = 26.82\ln w_A - 77.63(\%)$　$18\% \leqslant w_A \leqslant 150\%$　（说明 8.3.9—1）

（宜用于东北地区）

砾石、碎石土、砂土、黏性土、重黏土：

（Ⅰ、Ⅱ、Ⅲ、Ⅳ类冻土）　$A_i = K_1(w_A - w_0)$　（说明 8.3.9—2）

（Ⅴ类冻土）　$A_i = 3\sqrt{w_c - w_0} + A_0$　（说明 8.3.9—3）

式中　w_A——冻土总含水率(%)；

w_0——起始融沉含水率，可按说明表 8.3.9—1 确定；

K_1——经验系数，可按说明表 8.3.9—1 确定；

$w_c = w_p + 35$ 时的含水率，对粗颗粒土可用 w_0 代替 w_p；当无实测资料时，可按说明表 8.3.9—2 确定；

A_0——相当于 $w_A = w_c$ 之 A_i 值，可按说明表 8.3.9—2 确定。

说明表 8.3.9—1　K_1、w_0 值

参数 \ 土质	砾石、碎石土	砂土	黏性土	重黏土
K_1	0.5	0.60	0.70	0.60
w_0(%)	11.0	14.0	18.0	23.0

注：碎石、砾石土当粉黏粒含量＜12%者，K_1 取 0.4。

说明表 8.3.9—2　w_c、A_0 值

参数 \ 土质	砾石、碎石土	砂土	黏性土	重黏土
w_c(%)	46	49	52	58
A_0(%)	18	20	25	20

注：砾石、碎石土当粉黏粒含量＜12%者，w_c 取 44，A_0 取 14。

(2)压缩系数 α_i

黏性土：$\alpha_i = 0.01485\ln w_A - 0.0178$　$18\% \leqslant w_A \leqslant 110\%$

（宜用于东北地区）

砾石、碎石土、砂土、黏性土按说明表 8.3.9—3 采用。

说明表 8.3.9—3　各种冻土融化后之 α_i 值

冻土干容重 γ_d(kN/m³) \ α_i (MPa⁻¹) \ 土质及基底应力 σ_c(MPa)	砾石、碎石土 $\sigma_c = 0.01 \sim 0.108$	砂土 $\sigma_c = 0.01 \sim 0.206$	黏性土 $\sigma_c = 0.01 \sim 0.206$
20.6	0.00		
19.6	0.102		
18.6	0.204	0.00	0.00
17.7	0.306	0.122	0.153
16.7	0.408	0.245	0.306
15.7	0.408	0.367	0.459
14.7	0.408	0.489	0.612
13.7	0.408	0.489	0.765
12.8	0.306	0.489	0.765

续上表

土质及基底应力 σ_c（MPa） α_i（MPa^{-1}） 冻土干容重 γ_d（kN/m^3）	砾石、碎石土 $\sigma_c=0.01\sim0.108$	砂土 $\sigma_c=0.01\sim0.206$	黏性土 $\sigma_c=0.01\sim0.206$
11.8	0.306	0.489	0.714
10.8	0.255	0.408	0.714
9.8	0.255	0.357	0.612
8.8	0.204	0.306	0.510
7.8		0.255	0.408
6.9			

注：1　当外部压力超过表列压力时，采用表列数值偏于安全。
2　表列数值可内插。
3　表中 σ_c——基底压应力（MPa）；γ_d——冻土干容重（kN/m^3）。
4　重黏土之 α_i 值可将黏性土值适当放大使用。

8.3.10　土在冻结过程中，由于水分迁移和相变的结果，其原状土结构遭受破坏，在外荷载及土自重作用下，融化下沉范围内的土体均要产生下沉。所以本条规定，当融化层厚度大于压缩层厚度时，对土自重压力下沉和融化下沉应算至融化层的下限；而附加压力时，则等于压缩层的厚度。这个厚度可根据附加压力与土自重压力的比值按下式确定：

对于中等压缩性土（$0.001\leqslant\alpha_i\leqslant0.0049$）

$$P_{z'}=0.2P_{\sigma_{z'}}\tag{说明 8.3.10—1}$$

对于高压缩性土（$a\geqslant0.0049$）

$$P_{z'}=0.1P_{\sigma_{z'}}\tag{说明 8.3.10—2}$$

式中　$P_{z'}$——基础底面以下深度 z' 处的附加压力；

$P_{\sigma_{z'}}$——基础底面以下深度 z' 处的土自重压力。

8.3.11　根据嫩林线、牙林线的调查资料，涵洞的坍腰现象较多，且涵洞中心的下沉值都大大超过设计的建筑拱度。其产生原因是 1959 年《桥规》关于建筑拱度的规定值用于多年冻土地区是偏小的。因此本条规定，当采用容许融化原则设计的，应根据沉降量检算结果确定建筑拱度。采用保持冻结原则设计时，因基底处于冻结状态，仅在基础施工期间，由于混凝土的水化热影响，可能会引起少量的冻土融化，但其沉降量是很少的，所以涵洞的上拱度，可按现行《铁路桥涵设计基本规范》的原则确定。

9.0.1　桥梁墩台基础埋置深度是保证桥梁结构稳定、维护行车安全的主要因素之一。

桥梁墩台因洪水冲刷，将使墩台四周和基底的土流失，如果险情发生迅速，不及时抢救，可能出现墩台身倾倒。因此对既有桥墩台应进行冲刷检算，并结合历史洪水实际冲刷深度验证。在设计洪水冲刷线的条件下对基础承载力、稳定、沉降和位移等按本规范有关规定检算，如不能满足要求时，应视为基础埋深不足，按本条采取防护措施。

9.0.2　增建第二线桥时，必须采取措施防护既有线桥的行车安全，一般采用的防护措施分为两类：

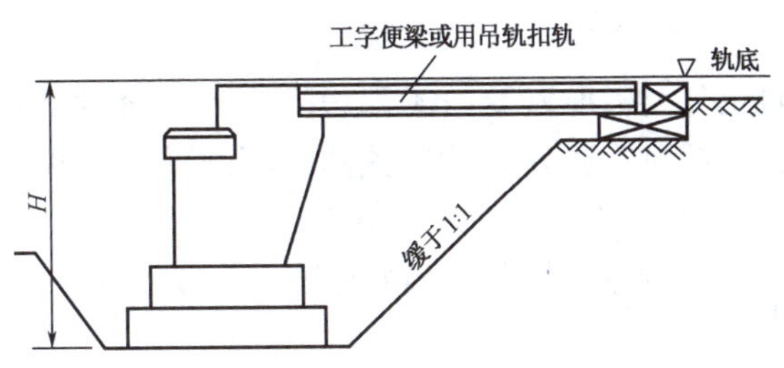

说明图 9.0.2—1　工字便梁防护示意图

(1)在桥台后用吊轨、扣轨或工字梁等架便梁办法,使台后便梁跨间一段路基不承受由线路传来的列车荷载,并使第二线桥挖基时,这一段路基土不致坍落,或即使坍落亦不影响行车。

(2)在桥台后沿线路方向打入防护板桩或排桩,此法两线间距应在 4.5 m 以上。当路基较高,打板桩时应加防护以保证行车安全。板(排)桩应适当向线路外侧远离,以减少土压,因此第二线与既有线的距离需要增加。

说明图 9.0.2—2　板(排)桩防护示意图(路基不甚高)

说明图 9.0.2—3　排桩防护示意图(路基较高)

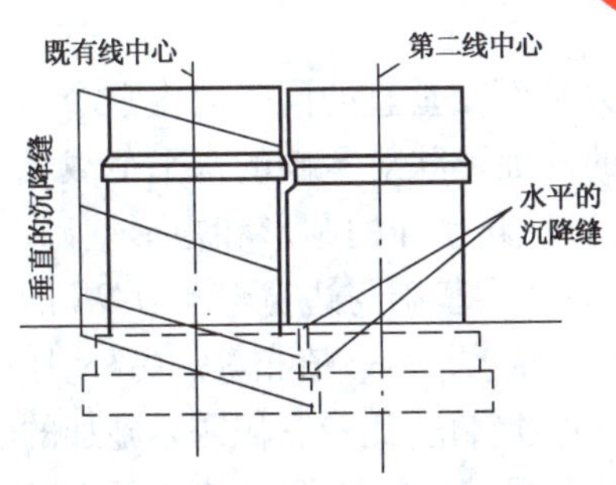

说明图 9.0.2—4　新旧桥基础分离式有部分重叠

有条件时新旧基础宜做成分离式,分离式基础两线相互影响较少,且计算时概念明确。新旧基础有部分重叠者多因既有桥基础较宽,在要求的两线间距内占用了第二线桥基的部分位置,为了保持分离状态,须设垂直的和水平的沉降缝。因第二线桥基础与线路中心线有偏心,故在计算时应考虑偏心影响。

整体式基础的新旧砌体联结处容易断裂,计算不易切合实际,联结的牵钉凿孔施工也比较繁琐,故一般不宜采用。但在个别情况下,如车站内增加股道,线间距已固定,不得已时可考虑做成整体式。

附录 A

根据《铁路工程岩土分类标准》(TB 10077—2001)对原条文中的土、石分类表进行全面修改。原条文中的土、石的工程分级,用《铁路工程地质勘察规范》(TB 10012—2001)中的岩土施工工程分级代替。原条文中的季节性冻土分类表以《铁路工程特殊岩土勘察规程》(TB 10028—2001)中的季节融化土层的冻胀性分级代替。

D. 0. 1

(1)基本假定

① 将土视作弹性变形介质,具有随深度成正比增长的地基系数。

② 计算中不考虑基础与土之间的黏着力和摩阻力。

③ 在水平压力和竖向压力作用下,任何深度处,土中的应力均用地基系数表示。

(2)计算公式的推导

计算基础底面应力或土的竖向抗力时,按基础底面的实际面积考虑。但是,计算基础侧面土的水平抗力时,由于受力情况复杂,为计算简化,对各种截面形状的基础,根据其实际宽度或直径采取换算计算宽度 b_0 来计算,b_0 称为基础侧面土抗力的计算宽度。

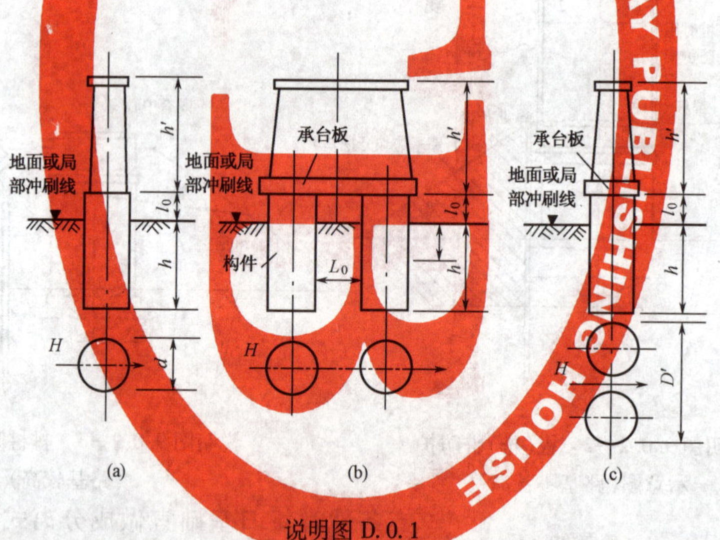

说明图 D. 0. 1

当基础为单个〔说明图 D. 0. 1(a)〕或由位于与作用力平面相垂直的同一面内数个构件组成〔说明图 D. 0. 1(c)〕时,根据试验资料证明,基础的截面形状对基础的水平荷载承载力及基础作用于侧面土的水平压力图形有影响。曾经将不同尺寸的圆形和矩形基础,在各种土中施加水平力,进行比较的结果指出:直径为 d 的圆形基础与边宽等于 $0.9d$ 的矩形基础在承受水平力作用时,其侧面土被挤出情况下的临界水平荷载值相等。另外,还曾将不同尺寸圆形基础和矩形基础,使它们发生同样大小的倾斜角,比较它们需要施加的水平力。试验也证明:当矩形基础宽度为 $0.9d$ 时,这两种形式基础需要施加的水平力相等。因此,在计算基础侧面土抗力时,若将圆形基础当作矩形基础来计算,就必须将圆形基础的直径换算成受力相当的矩形基础宽度,亦即应将直径 d 乘以形状换算系数 k_f,显然，对于矩形基础来说，$k_f=1.0$；对圆形基础 $k_f=0.9$；对圆端形基础 $k_f=1-0.1\dfrac{d}{D}$（见说明表 D.0.1 所示）。

说明表 D.0.1　k_f 值

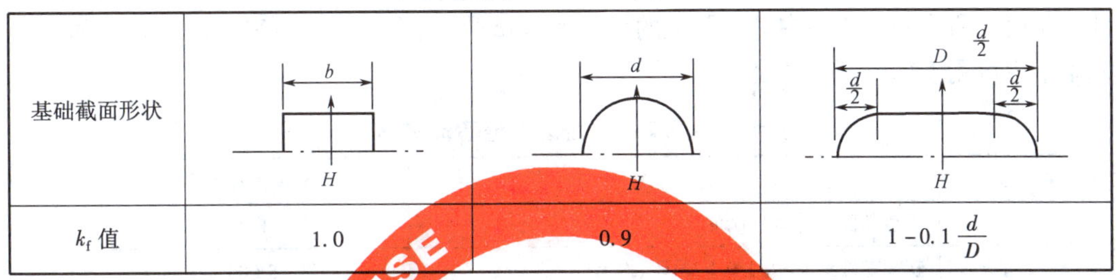

基础截面形状	（矩形）	（圆形）	（圆端形）
k_f 值	1.0	0.9	$1-0.1\dfrac{d}{D}$

基础承受水平荷载时，基础侧面土产生的抗力实际上应按空间情况考虑，但为了简化计算，将这种空间作用换算成平面情况，基础当作平面受力的矩形基础来考虑，因此，应对上述宽度乘以受力换算系数 k_0。试验认为：对于矩形基础，$k_0=1+\dfrac{1}{b}$；对于圆形基础，$k_0=1+\dfrac{1}{d}$；对于圆端形基础，$k_0=1+\dfrac{1}{D}$。

因此，计算基础侧面土的水平抗力时，其土抗力计算宽度 b_0 为

矩形基础　$b_0=k_fk_0b=\left(1+\dfrac{1}{b}\right)b=b+1$

圆形基础　$b_0=k_fk_0d=0.9\left(1+\dfrac{1}{d}\right)d=0.9(d+1)$

圆端形基础　$b_0=k_fk_0D=\left(1-0.1\dfrac{d}{D}\right)\left(1+\dfrac{1}{D}\right)D$

$$=\left(1-0.1\frac{d}{D}\right)(D+1)$$

试验证明，这些计算宽度的公式适用于单根直径或宽度等于和大于 1 m 的构件。当构件直径或宽度等于和小于 1 m 时，则应采用下列公式：

对于矩形基础的单个构件　$b_0=1.5b+0.5$

对于圆形基础的单个构件　$b_0=0.9(1.5d+0.5)$

对于圆端形基础的单个构件

$$b_0=\left(1-0.1\frac{d}{D}\right)(1.5D+0.5)$$

对位于与作用力平面相垂直的同一平面内 n 个构件组成的基础，其侧面土水平抗力的计算宽度等于 n 乘以上述计算宽度，但不得大于 $(D'+1)$ m，这里 D' 的意义如说明图 D.0.1(c)所示。

D.0.2

基础侧面深度 y 处土的水平地基系数 $C_y=my$，其中 m 为土的水平地基系数随深度变化的比例系数。深度 h 处基础底面土的竖向地基系数 $C_0=m_0h$，其中 m_0 为土的竖向地基系数随深度变化的比例系数。上述 m 和 m_0 应根据试验确定。当无试验资料时，可根据土的种类按说明表 D.0.2—1 查用。该表的 m 值是这样确定的：根据桩在地面处承受水平荷载作用的试验结果绘制荷载—位移关系曲线，从此曲线上找出相应于地面处水平位移为6 mm的

荷载值,然后反复假定 m 值,按后面所述基础的计算公式计算地面处的水平位移,直至地面处水平位移等于6 mm,则 m 值即为该种土采用的数值。这里考虑到过去大量墩台桩基设计经验证明地面处水平位移均不超过6 mm,否则墩台顶面位移太大,不能满足规范的要求。中国西北地区铁路桥梁桩基设计对于黄土一般采用 $m=20\ 000\ \text{kPa/m}^2$。另外铁道科学院西北科学研究所在西北冻土中进行了桩的水平荷载试验,认为本规范所采用的计算桩基办法基本上也可用于冻土区桩基设计。

说明表 D.0.2—1 非岩石地基 m 和 m_0 值

顺 号	土 的 名 称	m 和 m_0 (kPa/m²)
1	流塑黏性土 $I_L \geqslant 1$、淤泥	3 000 ~ 5 000
2	软塑黏性土 $1 > I_L \geqslant 0.5$、粉砂、粉土	5 000 ~ 10 000
3	硬塑黏性土 $0.5 > I_L > 0$、细砂、中砂	10 000 ~ 20 000
4	坚硬的黏性土、粗砂	20 000 ~ 30 000
5	角砾土、圆砾土、碎石土、卵石土	30 000 ~ 80 000
6	块石土、漂石土	80 000 ~ 120 000

注:本表可用于桩在地面处位移最大值不超过6 mm的情况,当位移大于6 mm时应适当降低。

本方法系假定基底以上存在同一种土层进行考虑的,因此当基础侧面为数种不同土层时,须将各土层的 m_i 换算成整个深度 h 内为一种土的 m 值。试验证明,靠近地面愈近的土,对于抵抗构件承受水平荷载的影响就愈大,到了一定深度 h_m 以下,土性质的变化对构件的水平位移的影响不大。这里可以采取自地面下 h_m 深度内的平均 m 值作为整个深度内的 m 值。当基础入土深度 $h>\dfrac{2.5}{\alpha}$时,采取 $h_m=2(d+1)$,这里 d 为构件的平均直径(m),对于钢筋混凝土钻孔桩,d 为成孔桩径。当 $h\leqslant\dfrac{2.5}{\alpha}$时,构件可视为刚性者,采取 $h_m=h$,这里,α 为基础的变形系数,$\alpha=\sqrt[5]{\dfrac{mb_0}{EI}}$,$b_0$ 为基础侧面土抗力的计算宽度,E 为基础材料的弹性模量,I 为基础的平均截面惯性矩,对于钢筋混凝土构件,通常采用 $EI=0.8E_hI$,这里 E_h 为混凝土的受压弹性模量,I 为全截面惯性矩,m 为水平地基系数随深度变化的比例系数。按说明图 D.0.2 所示,当三层不同土层时,令换算前的地基系数图形面积与换算后的面积相等,即令

说明图 D.0.2

$$\frac{1}{2}mh_1^2+\frac{m_2h_1+m_2(h_1+h_2)}{2}h_2+\frac{m_3(h_1+h_2)+m_3(h_1+h_2+h_3)}{2}h_3=\frac{mh_m^2}{2}$$

$$m=\frac{m_1h_1^2+m_2(2h_1+h_2)h_2+m_3(2h_1+2h_2+h_3)h_3}{h_m^2}$$

当两层不同土层时,得

$$m=\frac{mh_1^2+m_2(2h_1+h_2)h_2}{h_m^2}$$

当基础支立于岩石上时，基础底面岩石的竖向地基系数 C_0 不随岩石的埋藏深度而变。C_0 可按说明表 D. 0. 2—2 查用，介于表内中间情况时，C_0 值用直线插入来确定。

说明表 D. 0. 2—2　岩石的竖向地基系数 C_0 值

R(kPa)	C_0(kPa/m)
1 000	300 000
25 000	15 000 000

注：表中 R 为岩石单轴抗压强度。

假如基础侧面有斜坡或台阶（如沉井、沉箱），则 m 值按表中的数值减小使用。对于斜桩和斜管柱之类的结构，当其斜度不太大时（如 1/6 ~ 1/10），构件侧面的 m 值仍可近似采用上面说明表 D. 0. 2—1 中的数值，当斜坡较大时（如 1/4 ~ 1/5），m 值如何考虑是比较复杂的问题，一般认为应适当降低，但目前缺乏充分的资料，对其降低值难作出统一的规定。

当基础顶部与承台板联接，基础由位于外力作用面内的数个构件组成时〔图 D. 0. 1(b)〕，按刚架求出每一构件顶面所承受的外力 N_i、Q_i 和 M_i。对于这种结构，还必须考虑各构件相互作用对于 m 值的影响（参见 C. S. Desai，J. T. Christian 著《Numerical methods in geotechnical engineering》一书第 9—1 节），所以将 m 值乘以相互影响系数 k，当 $L_0 \geq 0.6h_0$ 时，$k=1.0$；当 $L_0<0.6h_0$ 时，k 值小于 1，并按下式确定：

$$k=C+\frac{1-C}{0.6}\cdot\frac{L_0}{h_0}$$

式中　h_0——构件埋入局部冲刷线以下的计算深度(m)，$h_0=3(d+1)$，不得大于入土全长 h；

C——随构件数 n 而异的系数，

当 $n=1$ 时，$C=1.0$；

当 $n=2$ 时，$C=0.6$；

当 $n=3$ 时，$C=0.5$；

当 $n\geq 4$ 时，$C=0.45$；

L_0——两桩之间的净距离（对于钻孔桩则为两桩成孔桩径之间的净距离）。

D. 0. 3

(1) 一般情况下基础计算公式

① 一般情况下，进行基础计算时均应考虑基础的实际刚度。对于说明图 D. 0. 1(a) 和说明图 D. 0. 1(c) 所示基础，均可视为固定于土中的弹性单个柱形基础来考虑。对于说明图 C. 0. 1(b) 和图 D. 0. 3—7 所示基础，则可按下部弹性固定于土中，上端藉刚性承台板刚性联结的框架来考虑。这两种情况的基本公式的推导如下。

假设说明图 D. 0. 3—1 所示基础为埋置于土内的弹性柱或称弹性构件，其侧面土抗力的计算宽度为 b_0，该柱或构件的顶端与地面相平，地面处作用有力矩 M_0、横向力 Q_0，产生横向位移 x_0、转角 φ_0（我们规定该图中顺 Ox 轴正方向的横向位移 x_0 为正值，逆时针方向的转角 φ_0 为正值，构件左侧纤维受拉时弯矩 M_0 为正值，顺 Ox 轴正方向的横向力 Q_0 为正值，因此说明图 D. 0. 3—1 中所示的 M_0、Q_0 和 x_0 均为正值，φ_0 为负值）。

对于这种弹性柱进行内力分析和确定其弹性曲线，早在三四十年前甚至更早一些时候就成为人们所研究的课题。直到目前为止，提出解决这个问题的办法大多还是应用弹性地基梁的计算理论，采用文克勒(E. Winkler)于 1867 年发表的假设：即假定作用于柱上的侧向土抗力等于土的侧向地基系数与挠度(或谓位移)的乘积。但是，由于对地基系数在土中变化规律不同，产生了不同的计算方法。有采用地基系数为一常数，而不随深度变化者，由于地面处位移最大，因而就得出地面处土的反力为最大的结论，许多试验证明这种结论是有问题的；还有认为黏性土的地基系数在地面处不为零，而砂土的地基系数在地面处为零，并随深度增大。至于地基系数随深度增大的规律，有的认为是曲线形，也有的认为是一直线。但是，地基系数随深度成直线增长，且地面处地基系数等于零的假定，便于计算，虽然表面上看来地基系数随深度无限增大似乎不合理，但由于构件身的横向变位随深度很快地减小，深度愈深，变位愈小，因此二者相乘的结果还是很小的。我国铁路部门和公路部门许多单位曾做过不少研究，认为：采用地基系数随深度成直线增长的变化规律，一般来说，计算结果与实际情况比较相符，因此，本规范采取了这种变化规律。

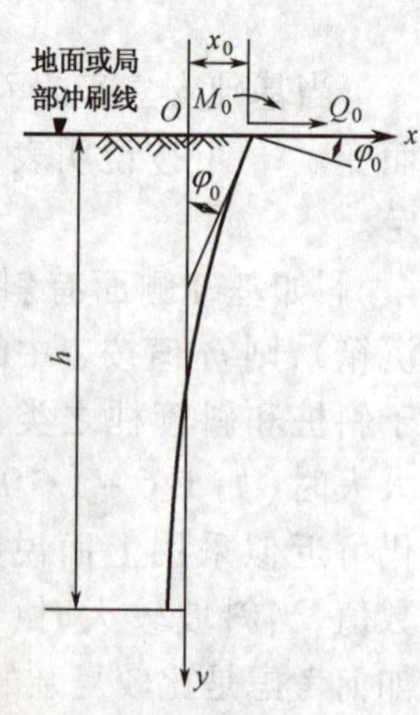

说明图 D. 0. 3—1

假定沿地面或局部冲刷线为 x 轴，沿柱(或称构件)身轴线为 y 轴，并假定柱作用于土上的横向压应力等于柱上各点横向位移 x 与该点土的侧向地基系数 C_y 的乘积，由于 C_y 随深度 y 变化，即 $C_y = my$，所以任一深度 y 处土作用于柱上的水平抗力为 $myxb_0$，这里 m 代表水平地基系数随深度变化的比例系数，其值可根据土的类别按说明表 D. 0. 2—1 查用。当柱挠曲时柱侧土会产生平行于柱轴的土阻力，由于该阻力相当小，在分析中可以略去不计。根据材料力学，这种弹性柱的弹性曲线微分方程为(见说明图 D. 0. 3—1)：

$$EI\frac{d^4x}{dy^4} + P_y\frac{d^2x}{dy^2} + myxb_0 = 0$$

式中 P_y 为柱的轴向荷载。通常由于 P_y 的作用影响很小，可将 $P_y\frac{d^2x}{dy^2}$ 项略去不考虑(如考虑 P_y 的作用影响，上列微分的求解将较复杂)，因此该式成为

$$EI = \frac{d^4x}{dy^4} = -myxb_0 \quad \text{(说明 D. 0. 3—1)}$$

并且

$$x_{(y-0)} = x_0 \quad \text{(说明 D. 0. 3—2)}$$

$$\frac{dx}{dy_{(y=0)}} = \varphi_0 \quad \text{(说明 D. 0. 3—3)}$$

$$EI\frac{d^2x}{dy^2_{(y=0)}} = M_0 \quad \text{(说明 D. 0. 3—4)}$$

$$EI\frac{d^3x}{dy^3_{(y-0)}} = Q_0 \quad \text{(说明 D. 0. 3—5)}$$

按微分方程解析理论可假设方程(说明 D. 0. 3—1)之解为一幂级数：

$$x = \sum_{i=0}^{\infty} a_i y^i \quad \text{(说明 D. 0. 3—6)}$$

其中 a_i 为常数。

对式(说明 D.0.3—6)求 1 ~4 阶导数:

$$\frac{dx}{dy} = \sum_{i=1}^{\infty} i a_i y^{i-1} \qquad \text{(说明 D.0.3—7)}$$

$$\frac{d^2x}{dy^2} = \sum_{i=2}^{\infty} i(i-1) a_i y^{i-2} \qquad \text{(说明 D.0.3—8)}$$

$$\frac{d^3x}{dy^3} = \sum_{i=3}^{\infty} i(i-1)(i-2) a_i y^{i-3} \qquad \text{(说明 D.0.3—9)}$$

$$\frac{d^4x}{dy^4} = \sum_{i=4}^{\infty} i(i-1)(i-2)(i-4) a_i y^{i-4} \qquad \text{(说明 D.0.3—10)}$$

将式(说明 D.0.3—6)和式(说明 D.0.3—10)代入式(说明 D.0.3—1),得

$$\sum_{i=4}^{\infty} (i-3)(i-2)(i-1) i a_i y^{i-4} = -\frac{mb_0}{EI}\sum_{i=4}^{\infty} a_i y^{i+1}$$

因为假定式(说明 D.0.3—6)是微分方程式(说明 D.0.3—1)之解,那么上式应为一恒等式,即

$$\sum_{i=4}^{\infty} (i-3)(i-2)(i-1) i a_i y^{i-4} = -\frac{mb_0}{EI}\sum_{i=4}^{\infty} a_i y^{i+1} \qquad \text{(说明 D.0.3—11)}$$

式(说明 D.0.3—11)两边 y 之幂次相同项的系数应该相等,故可展开式(说明 D.0.3—11),并改写为

$$\begin{aligned} &1\cdot 2\cdot 3\cdot 4a_4 + 2\cdot 3\cdot 4\cdot 5a_5y + 3\cdot 4\cdot 5\cdot 6a_6y^2 \\ &+4\cdot 5\cdot 6\cdot 7a_7y^3 + 5\cdot 6\cdot 7\cdot 8a_8y^4 + \cdots + \\ &(n+1)(n+2)(n+3)(n+4)a_{n+4}y^n + \cdots \\ &= -\frac{mb_0}{EI}(a_0y + a_1y^2 + a_2y^3 + a_3y^4 + \cdots + a_ny^{n+1} + \cdots) \end{aligned}$$

比较此等式的两边,得出系数:

$$a_4 = 0 \qquad \text{(说明 D.0.3—12)}$$

$$a_5 = -\frac{mb_0}{EI}\cdot\frac{1}{5!}a_0$$

$$a_6 = -\frac{mb_0}{EI}\cdot\frac{1}{3\cdot 4\cdot 5\cdot 6}a_1 = -\frac{mb_0}{EI}\cdot\frac{2!}{6!}a_1$$

$$a_7 = -\frac{mb_0}{EI}\cdot\frac{1}{4\cdot 5\cdot 6\cdot 7}a_2 = -\frac{mb_0}{EI}\cdot\frac{3!}{7!}a_2$$

$$a_8 = -\frac{mb_0}{EI}\cdot\frac{1}{5\cdot 6\cdot 7\cdot 8}a_3 = -\frac{mb_0}{EI}\cdot\frac{4!}{8!}a_3$$

$$a_9 = -\frac{mb_0}{EI}\cdot\frac{5!}{9!}a_4$$

$$\vdots$$

由此可见,除 $a_4=0$ 外,其余各系数的通式为

$$a_{n+4} = -\frac{mb_0}{EI}\cdot\frac{a_{n-1}}{(n+4)(n+3)(n+2)(n+1)} \qquad \text{(说明 D.0.3—13)}$$

式中 $n=1,2,3,4\cdots$

根据式(说明 D.0.3—12)、式(说明 D.0.3—13),上面各系数又可逐次改写成:

$a_{5k-1}=0$（当 $k=1$ 时，$a_{5k-1}=a_4$，因为 $a_4=0$，

故 $a_{5k-1}=0$；当 $k=2$ 时，$a_{5k-1}=a_9=0$；当 $k=3$ 时，

$a_{5k-1}=a_{14}=-\dfrac{mb_0}{EI}\cdot\dfrac{10!}{14!}a_9=0$，故 $a_{5k-1}=0$）；

a_{5k} 是 a_0 的倍数（例如：当 $k=1$ 时，$a_{5k}=a_5$）因为

$a_5=-\dfrac{mb_0}{EI}\cdot\dfrac{a_0}{5!}$，故 $a_{5k}=-\dfrac{mb_0}{EI}\cdot\dfrac{a_0}{5!}$，当 $k=2$ 时，

按式（说明 D.0.3—13）$a_{10}=-\dfrac{mb_0}{EI}\cdot\dfrac{a_5}{10\cdot9\cdot8\cdot7}$ 将 a_5 代入此式，则

$$a_{10}=(-1)^2\left(\frac{mb_0}{EI}\right)^2\frac{6}{10}a_0$$

又如当 $k=3$ 时，按式（说明 D.0.3—13）

$$a_{15}=-\frac{mb_0}{EI}\cdot\frac{a_{10}}{15\cdot14\cdot13\cdot12}=-\frac{mb_0}{EI}\cdot\frac{11}{15\cdot14\cdot13\cdot12\cdot11}a_{10}$$

$$=(-1)^3\left(\frac{mb_0}{EI}\right)^3\frac{6\cdot11}{15!}a_0;$$

a_{5k+1} 是 a_1 的倍数（理由同上）；

a_{5k+2} 是 a_2 的倍数（理由同上）；

a_{5k+3} 是 a_3 的倍数（理由同上）；

上面各式中 $k=1,2,3,4\cdots$

倘用通式表示，则上面诸系数可写成：

$$a_{5k-1}=0$$

$$\left.\begin{aligned}a_{5k}&=(-1)^k\left(\frac{mb_0}{EI}\right)^k\frac{(5k-4)!!}{(5k)!}a_0\\a_{5k+1}&=(-1)^k\left(\frac{mb_0}{EI}\right)^k\frac{(5k-3)!!}{(5k+1)!}a_1\\a_{5k+2}&=(-1)^k\left(\frac{mb_0}{EI}\right)^k\frac{2(5k-2)!!}{(5k+2)!}a_2\\a_{5k+3}&=(-1)^k\left(\frac{mb_0}{EI}\right)^k\frac{6(5k-1)!!}{(5k+3)!}a_3\end{aligned}\right\}\quad(\text{说明 D.0.3—14})$$

上面各式中 $k=1,2,3,4\cdots$

式（说明 D.0.3—14）中的 $(5k-4)!!$、$(5k-3)!!$、$(5k-2)!!$ 及 $(5k-1)!!$ 均仅作为一种符号，它所表示的意义如下：

$$(5k-4)!!=(5k-4)[5(k-1)-4][5(k-2)-4]\cdots(5\cdot3-4)(5\cdot2-4)(5\cdot1-4)$$

假如 $k=4$，则 $(5k-4)!!=(5\cdot4-4)(5\cdot3-4)(5\cdot2-4)(5\cdot1-4)$

$$=(20-4)(15-4)(10-4)(5-4)$$

$$=16\cdot11\cdot6\cdot1$$

从式（说明 D.0.3—6）、式（说明 D.0.3—14）得

$$
\begin{aligned}
x &= \sum_{i=0}^{\infty} a_i y^i \\
&= a_0 + a_1 y + a_2 y^2 + a_3 y^3 + a_4 y^4 + a_5 y^5 + \cdots \\
&= a_0 + a_1 y + a_2 y^2 + a_3 y^3 + \sum_{k=1}^{\infty} a_{5k-1} y^{5k-1} \\
&\quad + \sum_{k=1}^{\infty} a_{5k} y^{5k} + \sum_{k=1}^{\infty} a_{5k+1} y^{5k+1} \\
&\quad + \sum_{k=1}^{\infty} a_{5k+2} y^{5k+2} + \sum_{k=1}^{\infty} a_{5k+3} y^{5k+3} \\
&= a_0 + a_1 y + a_2 y^2 + a_3 y^3 + 0 \\
&\quad + \sum_{k=1}^{\infty} (-1)^k \left(\frac{mb_0}{EI}\right)^k \frac{(5k-4)!!}{(5k)!} a_0 y^{5k} \\
&\quad + \sum_{k=1}^{\infty} (-1)^k \left(\frac{mb_0}{EI}\right)^k \frac{(5k-3)!!}{(5k+1)!} a_1 y^{5k+1} \\
&\quad + \sum_{k=1}^{\infty} (-1)^k \left(\frac{mb_0}{EI}\right)^k \frac{2(5k-2)!!}{(5k+2)!} a_2 y^{5k+2} \\
&\quad + \sum_{k=1}^{\infty} (-1)^k \left(\frac{mb_0}{EI}\right)^k \frac{6(5k-1)!!}{(5k+3)!} a_3 y^{5k+3} \\
&= a_0\left[1 + \sum_{k=1}^{\infty} (-1)^k \left(\frac{mb_0}{EI}\right)^k \frac{(5k-4)!!}{5k!} y^{5k}\right] \\
&\quad + a_1\left[y + \sum_{k=1}^{\infty} (-1)^k \left(\frac{mb_0}{EI}\right)^k \frac{(5k-3)!!}{(5k+1)!} y^{5k+1}\right] \\
&\quad a_2\left[y^2 + \sum_{k=1}^{\infty} (-1)^k \left(\frac{mb_0}{EI}\right)^k \frac{2(5k-2)!!}{(5k+2)!} y^{5k+2}\right] \\
&\quad a_3\left[y^3 + \sum_{k=1}^{\infty} (-1)^k \left(\frac{mb_0}{EI}\right)^k \frac{6(5k-1)!!}{(5k+3)!} y^{5k+3}\right] \\
&= a_0 x_0(y) + a_1 x_1(y) + a_2 x_2(y) + a_3 x_3(y)
\end{aligned}
\qquad \text{(说明 D.0.3—15)}
$$

式中

$$
\left.
\begin{aligned}
x_0(y) &= 1 + \sum_{k=1}^{\infty} (-1)^k \left(\frac{mb_0}{EI}\right)^k \frac{(5k-4)!!}{(5k)!} y^{5k} \\
x_1(y) &= y + \sum_{k=1}^{\infty} (-1)^k \left(\frac{mb_0}{EI}\right)^k \frac{(5k-3)!!}{(5k+1)!} y^{5k+1} \\
x_2(y) &= y^2 + \sum_{k=1}^{\infty} (-1)^k \left(\frac{mb_0}{EI}\right)^k \frac{2(5k-2)!!}{(5k+2)!} y^{5k+2} \\
x_3(y) &= y^3 + \sum_{k=1}^{\infty} (-1)^k \left(\frac{mb_0}{EI}\right)^k \frac{6(5k-1)!!}{(5k+3)!} y^{5k+3}
\end{aligned}
\right\}
\qquad \text{(说明 D.0.3—16)}
$$

令 $\alpha = \sqrt[5]{\frac{mb_0}{EI}}$，因此 $\frac{mb_0}{EI} = \alpha^5$，将此式代入上式，则

$$\left.\begin{aligned}
x_0(y) &= 1+\sum_{k=1}^{\infty}(-1)^k\frac{(5k-4)!!}{(5k)!}(\alpha y)^{5k}\\
x_1(y) &= y+\sum_{k=1}^{\infty}(-1)^k\frac{(5k-3)!!}{(5k+1)!}\cdot\frac{1}{\alpha}(\alpha y)^{5k+1}\\
x_2(y) &= y^2+\sum_{k=1}^{\infty}(-1)^k\frac{(5k-2)!!}{(5k+2)!}\cdot\frac{2}{\alpha^2}(\alpha y)^{5k+2}\\
x_3(y) &= y^3+\sum_{k=1}^{\infty}(-1)^k\frac{(5k-1)!!}{(5k+3)!}\frac{6}{\alpha^3}(\alpha y)^{5k+3}
\end{aligned}\right\}\text{(说明 D.0.3—17)}$$

将初始条件代入式(说明 D.0.3—15),便可得出系数 a_0、a_1、a_2 和 a_3。

从式(说明 D.0.3—16)得知,当 $y=0$ 时,$x_0(0)=1$,$x_1(0)=0$,$x_2(0)=0$,$x_3(0)=0$,故 $a_0=x_0$。

对式(说明 D.0.3—17)中每一式求一阶导数,并将 $y=0$ 代入,显然,除 $x_1(y)$ 导数中的第一项不为零外,其余均等于零,故从式(D.0.3—15)得

$$\frac{dx}{dy_{(y=0)}}=a_1$$

由于式(说明 D.0.3—3)$\frac{dx}{dy_{(y=0)}}=\varphi_0$,所以 $a_1=\varphi_0$。同理得出

$$\frac{d^2x}{dy^2_{(y=0)}}=\frac{M_0}{EI}=2a_2$$

$$\frac{d^3x}{dy^3_{(y=0)}}=\frac{Q_0}{EI}=6a_3$$

所以

$$a_2=\frac{1}{2}M_0\frac{1}{EI}$$

$$a_3=\frac{1}{6}M_0\frac{1}{EI}$$

故式(说明 D.0.3—15)可写成

$$x=x_0\cdot x_0(y)+\varphi_0\cdot x_1(y)+\frac{M_0}{2EI}x_2(y)+\frac{Q_0}{6EI}x_3(y)\quad\text{(说明 D.0.3—18)}$$

亦可改写成

$$x=x_0A_1+\frac{\varphi_0}{\alpha}B_1+\frac{M_0}{\alpha^2EI}C_1+\frac{Q_0}{\alpha^3EI}D_1\quad\text{(说明 D.0.3—19)}$$

式中

$$\begin{aligned}
A_1 = x_0(y) &= 1+\sum_{k=0}^{\infty}(-1)^k\frac{(5k-4)}{(5k)}(\alpha y)^{5k}\\
&= 1-\frac{(\alpha y)^5}{5!}+\frac{1.6}{10!}(\alpha y)^{10}-\frac{1\cdot 6\cdot 11}{15!}(\alpha y)^{15}\\
&\quad+\frac{1\cdot 6\cdot 11\cdot 16}{20!}(\alpha y)^{20}\\
&\quad-\frac{1\cdot 6\cdot 11\cdot 16\cdot 21}{25!}(\alpha y)^{25}+\cdots
\end{aligned}$$

因为根据说明图 D.0.3—1,式(说明 D.0.3—18)和式(说明 D.0.3—19)中的 φ_0 实

际为负值,故

$$\frac{\varphi_0}{\alpha}B_1=\varphi_0 x_1(y)$$

则得

$$B_1=\alpha x_1(y)$$
$$=\alpha\left[y+\sum_{k=0}^{\infty}(-1)^k\frac{(5k-3)!!}{(5k+1)!}\cdot\frac{1}{\alpha}(\alpha y)^{5k+1}\right]$$
$$=\alpha y-\frac{2}{6!}(\alpha y)^6+\frac{2\cdot 7}{11!}(\alpha y)^{11}\cdots$$

$$C_1=\frac{\alpha^2}{2}x_2(y)$$
$$=\frac{\alpha^2}{2}\left[y^2+\sum_{k=0}^{\infty}(-1)^k\frac{(5k-2)!!}{(5k+2)!}\cdot\frac{2}{\alpha^2}(\alpha y)^{5k+2}\right]$$
$$=\frac{1}{2!}(\alpha y)^2-\frac{3}{7!}(\alpha y)^7+\frac{3\cdot 8}{12!}(\alpha y)^{12}-\cdots$$

$$D_1=\frac{\alpha^3}{6}x_3(y)$$
$$=\frac{\alpha^3}{6}\left[y^3+\sum_{k=0}^{\infty}(-1)^k\frac{(5k-1)!!}{(5k+3)!}\cdot\frac{6}{\alpha^3}(\alpha y)^{5k+3}\right]$$
$$=\frac{1}{3!}(\alpha y)^3-\frac{4}{8!}(\alpha y)^8+\frac{4\cdot 9}{13!}(\alpha y)^{13}-\frac{4\cdot 9\cdot 14}{18!}(\alpha y)^{18}+\cdots$$

对式(说明 D. 0. 3—19)求导数,得

$$\frac{dx}{dy}=\varphi=x_0\alpha A_2+\frac{\varphi_0}{\alpha}\alpha B_2+\frac{M_0}{\alpha^2 EI}\alpha C_2+\frac{Q_0}{\alpha^3 EI}\alpha D_2 \quad \text{(说明 D. 0. 3—20)}$$

或

$$\frac{\varphi}{\alpha}=x_0 A_2+\frac{\varphi_0}{\alpha}B_2+\frac{M_0}{\alpha^2 EI}C_2+\frac{Q_0}{\alpha^3 EI}D_2 \quad \text{(说明 D. 0. 3—21)}$$

式中 A_2、B_2、C_2、D_2 是分别对 A_1、B_1、C_1、D_1 求导数并除以 a 而得

$$\left.\begin{aligned}
A_2&=-\frac{(\alpha y)^4}{4!}+6\frac{(\alpha y)^9}{9!}-6\cdot 11\frac{(\alpha y)^{14}}{14!}+6\cdot 11\cdot 16\frac{(\alpha y)^{19}}{19!}-\cdots\\
B_2&=1-2\frac{(\alpha y)^5}{5!}+2\cdot 7\frac{(\alpha y)^{10}}{10!}-2\cdot 7\cdot 12\frac{(\alpha y)^{15}}{15!}+\cdots\\
C_2&=\alpha y-3\frac{(\alpha y)^6}{6!}+3\cdot 8\frac{(\alpha y)^{11}}{11!}-3\cdot 8\cdot 13\frac{(\alpha y)^{16}}{16!}+\cdots\\
D_2&=\frac{(\alpha y)^2}{2!}-4\frac{(\alpha y)^7}{7!}+4\cdot 9\frac{(\alpha y)^{12}}{12!}-4\cdot 9\cdot 14\frac{(\alpha y)^{17}}{17!}+\cdots
\end{aligned}\right\}$$

(说明 D. 0. 3—22)

将式(说明 D. 0. 3—21)求导数,得

$$\frac{d^2x}{d^2y}=x_0\alpha^2 A_3+\frac{\varphi_0}{a}\alpha^2 B_3+\frac{M_0}{\alpha^2 EI}\alpha^2 C_3+\frac{Q_0}{\alpha^3 EI}\alpha^2 D_3 \quad \text{(说明 D. 0. 3—23)}$$

因为根据材料力学

$$\frac{d^2x}{dy^2}=\frac{M}{EI}$$

故式(说明 D.0.3—23)变为

$$\frac{M}{\alpha^2 EI}=x_0A_3+\frac{\varphi_0}{\alpha}B_3+\frac{M_0}{\alpha^2 EI}C_3+\frac{Q_0}{\alpha^3 EI}D_3 \qquad (说明\ D.0.3—24)$$

其中 A_3、B_3、C_3、D_3 是分别对 A_2、B_2、C_2、D_2 求导数并除以 a 而得

$$\left.\begin{aligned}
A_3&=-\frac{(\alpha y)^3}{3!}+6\frac{(\alpha y)^8}{8!}-6\cdot11\frac{(\alpha y)^{13}}{13!}+6\cdot11\cdot16\frac{(\alpha y)^{18}}{18!}-\cdots\\
B_3&=-2\frac{(\alpha y)^4}{4!}+2\cdot7\frac{(\alpha y)^9}{9!}-2\cdot7\cdot12\frac{(\alpha y)^{14}}{14!}+\cdots\\
C_3&=1-3\frac{(\alpha y)^5}{5!}+3\cdot8\frac{(\alpha y)^{10}}{10!}-3\cdot8\cdot13\frac{(\alpha y)^{15}}{15!}+\cdots\\
D_3&=ay-4\frac{(\alpha y)^6}{6!}+4\cdot9\frac{(\alpha y)^{11}}{11!}-4\cdot9\cdot14\frac{(\alpha y)^{16}}{16!}+\cdots
\end{aligned}\right\}$$

(说明 D.0.3—25)

对式(说明 D.0.3—23)求导数,得

$$\frac{d^3x}{dy^3}=x_0\alpha^3A_4+\frac{\varphi_0}{a}\alpha^3B_4+\frac{M_0}{\alpha^2 EI}\alpha^3C_4+\frac{Q_0}{\alpha^3 EI}\alpha^3D_4 \qquad (说明\ D.0.3—26)$$

因为根据材料力学

$$\frac{d^3x}{dy^3}=\frac{Q}{EI}$$

$$\frac{Q}{\alpha^3 EI}=x_0A_4+\frac{\varphi_0}{\alpha}B_4+\frac{M_0}{\alpha^2 EI}C_4+\frac{Q_0}{\alpha^3 EI}D_4 \qquad (说明\ D.0.3—27)$$

其中,A_4、B_4、C_4、D_4 是分别对 A_3、B_3、C_3、D_3 求导数并除以 α 而得

$$\left.\begin{aligned}
A_4&=-\frac{(\alpha y)^2}{2!}+6\frac{(\alpha y)^7}{7!}-6\cdot11\frac{(\alpha y)^{12}}{12!}+6\cdot11\cdot16\frac{(\alpha y)^{17}}{17!}-\cdots\\
B_4&=-2\frac{(\alpha y)^3}{3!}+2\cdot7\frac{(\alpha y)^8}{8!}-2\cdot7\cdot12\frac{(\alpha y)^{13}}{13!}+\cdots\\
C_4&=-3\frac{(\alpha y)^4}{4!}+3\cdot8\frac{(\alpha y)^9}{9!}-3\cdot8\cdot13\frac{(\alpha y)^{14}}{14!}+\cdots\\
D_4&=1-4\frac{(\alpha y)^5}{5!}+4\cdot9\frac{(\alpha y)^{10}}{10!}-4\cdot9\cdot14\frac{(\alpha y)^{15}}{15!}+\cdots
\end{aligned}\right\}$$

(说明 D.0.3—28)

上面 A_1、B_1、C_1、D_1,A_2、B_2、…,C_4 及 D_4 系数可根据不同的换算深度 $\bar{h}=\alpha y$ 编成表,见本规范附录 D 表 D.0.3—1,表中的这些系数值都是没有量纲的。从式(说明 D.0.3—19)、式(说明 D.0.3—21)、式(说明 D.0.3—24)、式(说明 D.0.3—27)看出杆件中位于地面以下 y 处的 x、φ、M 和 Q 均藉初参数 x_0、φ_0、M_0 和 Q_0 来表达。

深置基础可分为埋置于非岩石地基中(包括支立于岩石风化层内、支立于岩石面上等情况)和支立并嵌固于岩石内两种情况。这里先讨论埋置于非岩石地基中(包括支立于岩石风化层内、支立于岩石面上等情况)的情况。在计算深置弹性基础时,必须确定当地面(或局部冲刷线处)作用单位力时该点的位移。在确定此位移计算公式之前,讨论一下基础底面(即 $y=h$ 处的截面)旋转 φ_h 角时基底土的抵抗力矩 M_h(见说明图 D.0.3—2)。

当基底发生转角 φ_h 时，作用于基底坐标 x 处面积 dA_0 上土的反力 dN_x 为

$$dN_x = -x\varphi h C_0 dA_0 \qquad (说明 D.0.3—29)$$

式中 C_0——基底土的竖向地基系数。

在非岩石地基上，基底土的反力对基底截面重心的力矩为

$$M_h = \int_{A_0} x dN_x = -\varphi_h C_0 \int_{A_0} x^2 dA_0 = -\varphi_h C_0 I_0 \qquad (说明 D.0.3—30)$$

式中 A_0——基底全面积，对于说明图 D.0.1(b) 所示情况，A_0 为每一构件的底面积，对于说明图 D.0.1(c) 所示情况，A_0 为各构件底面积之和；

I_0——基底全面积对其截面重心的惯性矩，对于说明图 D.0.1(b)，I_0 为每一构件之底截面惯性矩；对于说明图 D.0.1(c)，则为各构件底截面惯性矩之和。

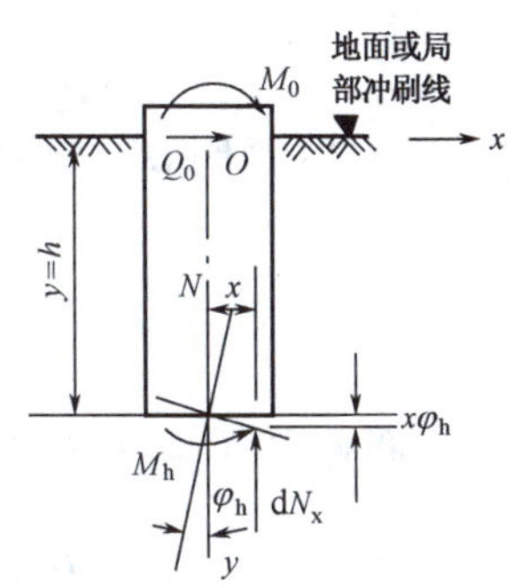

说明图 D.0.3—2

式(说明 D.0.3—30)右边引入一个负号是因为说明图 D.0.3—2 中当 φ_h 为负值(顺时针方向)时，基底产生正的 M_h(即左边纤维受拉)。

当地面处(或局部冲刷线处)构件上仅作用有单位横向力(垂直构件轴线方向)$Q_0=1$ 时，地面处构件的位移公式推导如下〔说明图 D.0.3—3(a)〕。

根据前面所述，说明图 D.0.3—3 所示的 φ_0 为顺时针方向，故 φ_0 为负值，写成 $\varphi_0 = -\delta_{MQ}$。

已知初参数 $M_0=0$ 和 $Q_0=1$，未知初参数 $x_0=\delta_{QQ}$ 和 $\varphi_0=-\delta_{MQ}$。

从基础底面考虑，由于

$$M_h = -C_0\varphi_h I_0$$

$Q_h=0$(柱的底面摩擦力不计)

可写出等式

$$\frac{M_h}{\alpha^2 EI} = -\frac{C_0}{\alpha E}\cdot\frac{I_0}{I}\cdot\frac{\varphi_h}{\alpha} \qquad (说明 D.0.3—31)$$

式中 I——基础的平均截面惯性矩。

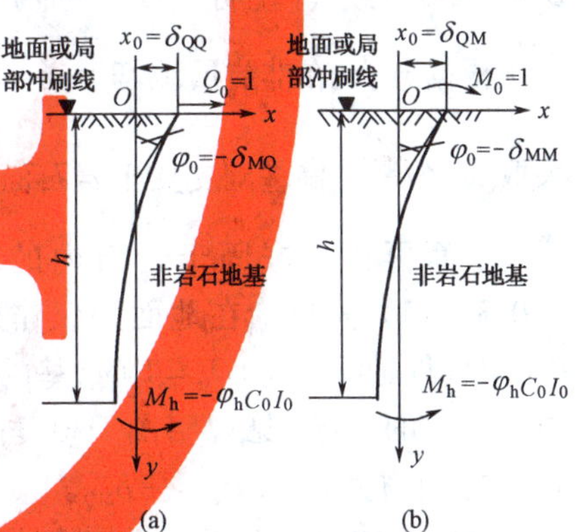

说明图 D.0.3—3

令式(说明 D.0.3—21)中 φ 为 φ_h(其中 A_2、B_2 和 D_2 按 $y=h$ 查条文中附录 D 表 D.0.3—1)，并令式(说明 D.0.3—24)中 M 为 M_h(其中 A_3、B_3 和 D_3 亦按 $y=h$ 查附录 D 表 D.0.3—1)。将改变后的式(说明 D.0.3—21)和式(说明 D.0.3—24)代入式(说明 D.0.3—31)，得

$$x_0 A_3 + \frac{\varphi_0}{\alpha}B_3 + \frac{1}{\alpha^3 EI}D_3 = -\frac{1}{\alpha E}C_0\frac{I_0}{I}\left(x_0 A_2 + \frac{\varphi_0}{\alpha}B_2 + \frac{1}{\alpha^3 EI}D_2\right) \qquad (说明 D.0.3—32)$$

令

$$\frac{C_0}{\alpha E}\cdot\frac{I_0}{I} = K_h$$

简化式(说明 D.0.3—22)，得

$$x_0(A_3+K_hA_2)+\frac{\varphi_0}{\alpha}(B_3+K_hB_2)+\frac{1}{\alpha^3EI}\cdot(D_3+K_hD_2)=0$$

（说明 D. 0. 3—33）

令式（说明 D. 0. 3—27）中 $Q=Q_h=0$（其中 A_4、B_4 和 D_4 按 $y=h$ 查附录 D 表 D. 0. 3—1），则

$$x_0A_4+\frac{\varphi_0}{\alpha}B_4+\frac{1}{\alpha^3EI}D_4=0 \qquad \text{（说明 D. 0. 3—34）}$$

联解式（说明 D. 0. 3—33）、式（说明 D. 0. 3—34），并取 $x_0=\delta_{QQ}$ 及 $\varphi_0=-\delta_{QM}$，求得

$$\delta_{QQ}=\frac{1}{\alpha^3EI}\cdot\frac{(B_3D_4-B_4D_3)+K_h(B_2D_4-B_4D_2)}{(A_3D_4-A_4B_3)+K_h(A_2B_4-A_4B_2)} \qquad \text{（说明 D. 0. 3—35）}$$

$$\delta_{MQ}=\frac{1}{\alpha^3EI}\cdot\frac{(A_3D_4-A_4D_3)+K_h(A_2D_4-A_4D_2)}{(A_3B_4-A_4B_3)+K_h(A_2B_4-A_4B_2)} \qquad \text{（说明 D. 0. 3—36）}$$

用类似方法可求出构件在地面处仅承受单位力矩 $M_0=1$（$Q_0=0$）时构件地面处的横向位移 δ_{QM} 和转角 δ_{MM}〔说明图 D. 0. 3—3（b）〕：

$$\delta_{MQ}=\frac{1}{\alpha^2EI}\cdot\frac{(B_3C_4-B_4C_3)+K_h(B_2C_4-B_4C_2)}{(A_3B_4-A_4B_3)+K_h(A_2B_4-A_4B_2)} \qquad \text{（说明 D. 0. 3—37）}$$

$$\delta_{MM}=\frac{1}{\alpha EI}\cdot\frac{(A_3C_4-A_4C_3)+K_h(A_2C_4-A_4C_2)}{(A_3B_4-A_4B_3)+K_h(A_2B_4-A_4B_2)} \qquad \text{（说明 D. 0. 3—38）}$$

按结构力学中的位移互等原理，$\delta_{MQ}=\delta_{QM}$，所以 δ_{MQ} 或 δ_{QM} 可以任意从式（说明 D. 0. 3—36）或式（说明 D. 0. 3—37）求得。

根据分析，在非岩石地基上，$h\geqslant\frac{2.5}{\alpha}$ 时，K_h 值对 δ_{QQ}、δ_{MQ}、δ_{QM}、δ_{MM} 的影响非常小，可以采取 K_h 为零。倘基础支立于岩石面上，但不嵌入岩石内时，当 $h\geqslant\frac{3.5}{\alpha}$，$K_h$ 可采取为零。

下面再讨论嵌固于岩石内的基础（说明图 D. 0. 3—4）。先讨论在地面处仅作用单位横向力（垂直构件轴线方向）$Q_0=1$ 时，基础地面处位移及转角公式的推导〔见说明图 D. 0. 3—4（a）〕，图中 φ_0 的方向为负值，故 $\varphi_0=-\delta_{MQ}$。

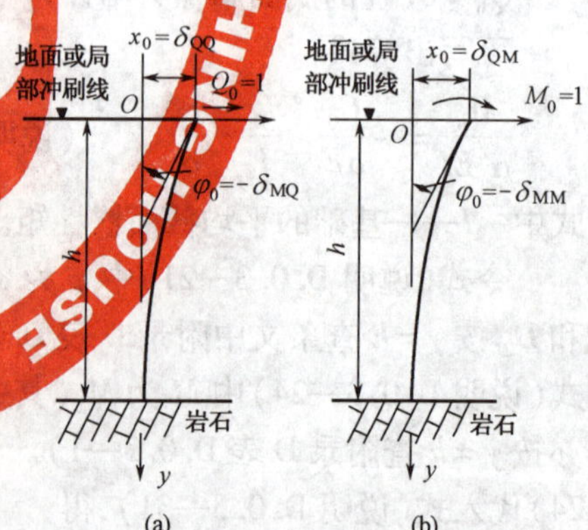

说明图　D. 0. 3—4

已知参数 $M_0=0$，$Q_0=1$，未知初参数 $x_0=\delta_{QQ}$，$\varphi_0=-\delta_{MQ}$。因为嵌固于岩石内的基础，其基底嵌入岩层内一定的深度，故基底横向位移 $x_h=0$，基底转角 $\varphi_0=0$。

将式（说明 D. 0. 3—19）中 x 改为 x_h，式（说明 D. 0. 3—21）中的 φ 改为 φ_h。利用上述 $x_h=0$ 和 $\varphi_h=0$ 作为边界条件，可以求得

$$x_0A_1+\frac{\varphi_0}{\alpha}B_1+\frac{1}{\alpha^3EI}D_1=0 \qquad \text{（说明 D. 0. 3—39）}$$

$$x_0A_2+\frac{\varphi_0}{\alpha}B_2+\frac{1}{\alpha^3EI}D_2=0 \qquad \text{（说明 D. 0. 3—40）}$$

将 $x_0=\delta_{QQ}$，$\varphi_0=-\delta_{MQ}$代入式（说明 D.0.3—39）、式（说明 D.0.3—40），然后联解得

$$\delta_{QQ}=\frac{1}{\alpha^3EI}\cdot\frac{B_2D_1-B_1D_2}{A_2B_1-A_1B_2} \quad （说明 D.0.3—41）$$

$$\delta_{MQ}=\frac{1}{\alpha^2EI}\cdot\frac{A_2D_1-A_1D_2}{A_2B_1-A_1B_2} \quad （说明 D.0.3—42）$$

用类似方法可求出当地面处作用单位力矩 $M_0=1$ 时基础在地面处横向位移 δ_{MQ} 和转角 δ_{MM} 的式子〔说明图 D.0.3—4(b)〕：

$$\delta_{QM}=\frac{1}{\alpha^2EI}\cdot\frac{B_2C_1-B_1C_2}{A_2B_1-A_1B_2} \quad （说明 D.0.3—43）$$

$$\delta_{MM}=\frac{1}{\alpha EI}\cdot\frac{A_2C_1-A_1C_2}{A_2B_1-A_1B_2} \quad （说明 D.0.3—44）$$

根据互等原理，$\delta_{MQ}=\delta_{QM}$，所以此二值可任意从式（说明 D.0.3—42）或式（说明 D.0.3—43）求得。

按式（说明 D.0.3—35）、式（说明 D.0.3—36）、式（说明 D.0.3—37）、式（说明 D.0.3—38），或按式（说明 D.0.3—41）、式（说明 D.0.3—42）、式（说明 D.0.3—43）、式（说明 D.0.3—44）求出 δ_{QQ}、$\delta_{MQ}=\delta_{QM}\delta_{MM}$之后，便很容易求出地面以上 l_0 高度构件顶面处的横向位移和转角公式（见说明图 D.0.3—5）。根据计算表明，当构件入土换算深度 $\bar{h}>4.0$ 时，构件地面处的位移与构件下端的条件（支立于非岩石内或嵌固于岩石中）无关，所以当 $\bar{h}>4.0$ 时，可按支立于非岩石内的公式计算，其结果接近。计算 δ_{QQ}、δ_{MQ}、δ_{QM}及 δ_{MM} 时，可以利用本规范中附录 D 表 D.0.3—2。

采用符号：

δ_1 和 δ_3——当构件顶面作用单位横向力 $H=1$ 时，构件顶面处的横向位移和转角〔见说明图 D.0.3—5(a)或说明图 D.0.3—5(c)〕

δ_3 和 δ_2——当构件顶面作用单位力矩 $M=1$ 时，构件顶面处的横向位移和转角〔见说明图 D.0.3—5(b)或说明图 D.0.3—5(d)〕

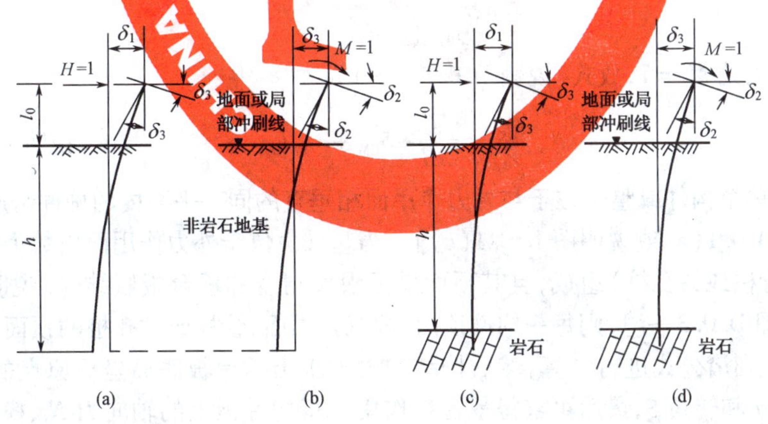

说明图　D.0.3—5

假设构件位于地面以上部分为等截面，则根据材料力学，当构件顶面作用 $H=1$ 时，地面处 $Q_0=H=1$，$M_0=Hl_0=l_0$〔说明图 D.0.3—6(a)〕

$$\delta_1=\frac{l_0^3}{3EI}+Q_0x_0+Q_0\varphi_0l_0+M_0x_0+M_0\varphi_0l_0 \qquad (说明 D.0.3—45)$$

故式(说明 D.0.3—45)为

$$\delta_1=\frac{l_0^3}{3EI}+\delta_{QQ}+\delta_{MQ}l_0+l_0\delta_{QM}+l_0\delta_{MM}+l_0\delta_{MM}l_0$$

$$=\frac{l_0^3}{3EI}+\delta_{QQ}+2\delta_{MQ}+l_0+\delta_{MM}l_0^2 \qquad (说明 D.0.3—46)$$

显然,由说明图 D.0.3—6(b)有

$$\delta_2=\frac{l_0}{EI}+M_0\varphi_0 \qquad (说明 D.0.3—47)$$

因为地面处 $M_0=1$,故式(说明 D.0.3—47)为

$$\delta_2=\frac{l_0}{EI}+\delta_{MM} \qquad (说明 D.0.3—48)$$

另外

$$\delta_3=\frac{l_0^2}{2EI}+M_0x_0+M_0\varphi_0l_0 \qquad (说明 D.0.3—49)$$

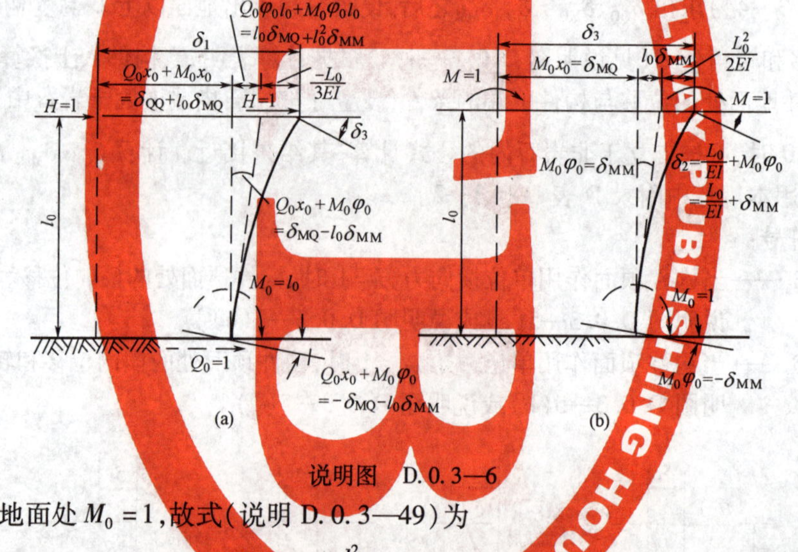

说明图　D.0.3—6

因为地面处 $M_0=1$,故式(说明 D.0.3—49)为

$$\delta_3=\frac{l_0^2}{2EI}+\delta_{QM}+\delta_{MM}l_0 \qquad (说明 D.0.3—50)$$

以上系单个构件或整个位于与外力作用面相垂直的同一平面内的构件组成基础的情况〔说明图 D.0.1(a)或说明图 D.0.1(c)〕。当基础由位于外力作用面内数个构件(数个沉井、数根管柱或钻孔桩)组成,且其顶面借无限大刚度的承台板联结时〔说明图 D.0.1(b)或说明图 D.0.3—7〕,则每一构件顶面(即沉井顶面、管柱或钻孔桩的顶面)的上述位移,可利用上列诸公式进行计算,然后按结构力学求出承台板底面坐标原点的竖向位移 b,水平位移 a 和转角 β,最后可求得承台板作用于每构件顶上的轴向力 N_i、横向力 Q_i 和弯矩 M_i。

在桥梁墩台设计中,经常碰到具有一个对称平面,且外力作用于此对称平面内的承台结构〔说明图 D.0.1(a)〕。

必须指出,在求各构件的土抗力计算宽度 b_0 时,如果每排的构件数目不同,且相邻

(任何方向,包括斜角方向)构件之中心距等于或大于$(d+1)$m,则其相互影响系数k按平行外力作用面的诸平面分别计算,取其中最小值,并对整个基础全部构件采用同一个计算值。例如说明图 D.0.3—7(a)的平面所示,则分别按平面Ⅰ、Ⅱ、Ⅲ、Ⅳ计算k值,然后

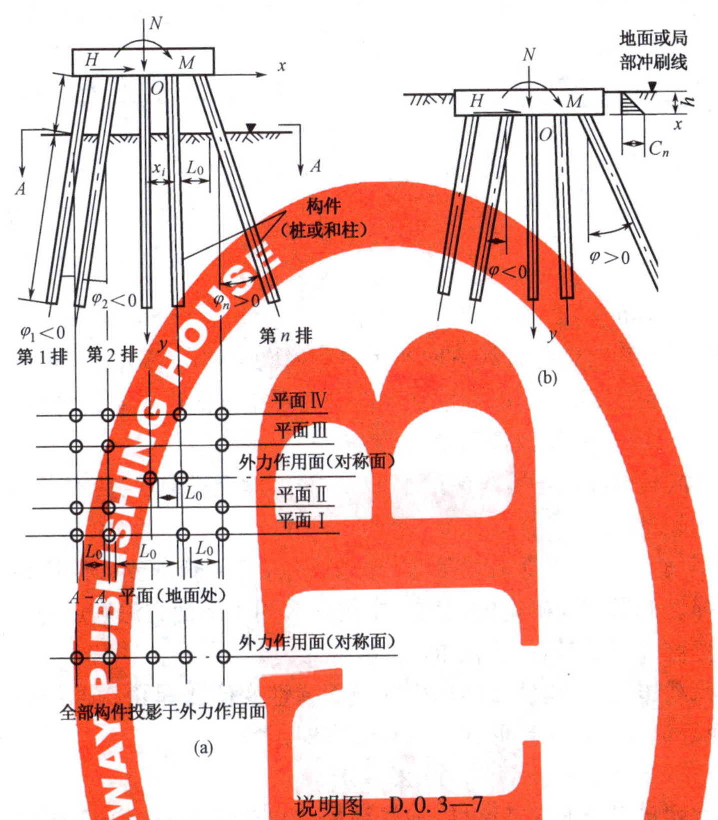

说明图 D.0.3—7

取其最小值作为全部构件的土抗力计算宽度。当存在斜构件,则计算k值时,L_0为地面处同一平面内各构件之间的净距。如果相邻构件之中心距小于$(d+1)$m时,则将诸构件投影于外力作用平面内来计算k值[如说明图 D.0.3—7(a)所示]。

假设说明图 D.0.3—7 为具有一个对称平面的桩基,且外力作用于此对称平面内,全部构件投影于对称平面上。为了与前面的坐标系方向一致,假定沿承台板底平面为x轴,竖直方向为y轴,以承台板底面任意点O作为坐标系的原点。图中的构件均编以号码,每一号码代表的可能是一根构件,也可能是投影重合在一起由K_i根构件组成的构件群。第i排构件群中每一构件的位置,用构件顶面的坐标x_i和构件轴线与铅垂线之间的倾斜角φ_i来表示(φ_i角的正负号见说明图 D.0.3—7)。假设说明图 D.0.3—7(a)中所表示作用于O点的外力N、H和M均为正值。利用结构力学的位移法计算承台板底面坐标原点O的水平位称a、竖直位移b及承台板底面绕O点的转角β,其中a、b的方向与x、y轴的正方向一致时为正值,β顺时针方向时为正值。

假设说明图 D.0.3—7 中的第i根构件顶面作用N_i、Q_i和M_i(见说明图 D.0.3—8)。采用符号(说明图 D.0.3—9):

ρ_1——当承台板沿构件轴线方向产生单位位移时所引起一根构件顶面处的轴向力;

ρ_2——当承台板沿垂直构件轴线方向产生单位横向位移(而无转角)时所引起一根构件顶面处的剪力;

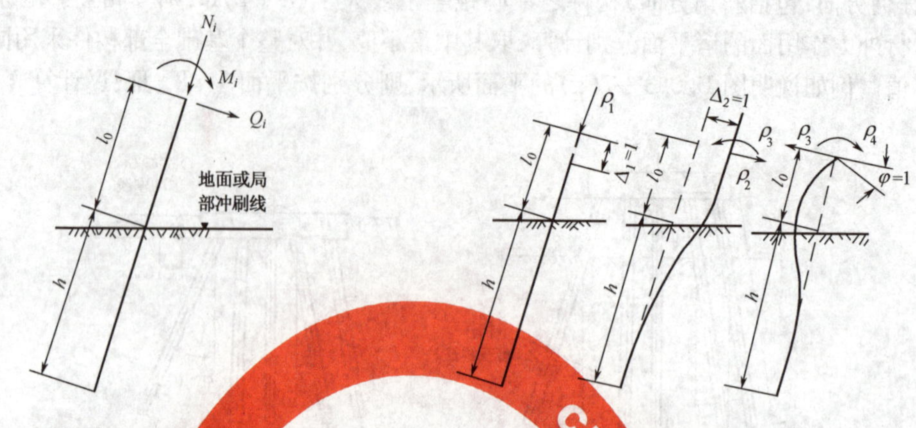

说明图　D. 0. 3—8　　　　　　　　　　说明图　D. 0. 3—9

ρ_3——当承台板沿垂直构件轴线方向产生单位横向位移(而无转角)时所引起一根构件顶面处的弯矩,或当承台板顺构件顶面弯矩方向产生单位转角(而无横向位移)时所引起一根构件顶面处的剪力;

ρ_4——当承台板顺构件顶弯矩方向产生单位转角(而无横向位移)时所引起一根构件顶面的弯矩。

关于 ρ_1 的确定是一个比较复杂的问题。在 ρ_1 的计算中牵涉到构件顶在轴向荷载作用下构件顶面的弹性变形如何确定的问题。本规范采用了下面方法确定构件顶在轴向荷载下产生的顶面变位,以此定出计算 ρ_1 的公式。

构件在轴向荷载作用下,构件顶面产生的顶面弹性变位 Δ 是由构件身的材料弹性变形 Δ_c 和构件底面处地基的弹性变形 Δ_k 所引起,亦即

$$\Delta = \Delta_c + \Delta_k$$

对于打入摩擦桩和震动下沉摩擦桩(或管柱),考虑到由于打入和震动桩侧土愈往下愈挤密,所以可近似地假设构件(桩或管桩)侧面土的摩擦力随深度成三角形分布。对于钻(挖)孔桩,则假设土的摩擦力在整个深度内沿构件身成均匀分布。对于柱桩(或支立于岩层上的管桩)不考虑柱侧土的摩擦力的作用。

当构件侧面土的摩擦力按三角形分布考虑时(说明图 D. 0. 3—10),假设构件底平面处摩擦力为 f_h,构件身的周长为 u,构件底面承受的荷载与总的荷载 N 之比值为 α',则

$$f_h = \frac{2N(1-\alpha')}{uh}$$

作用于地面以下深度 y 处构件身截面上的轴向力 N_y 为

$$N_y = N - \frac{y^2}{h^2}N(1-\alpha')$$

于是,构件身的弹性变形 Δ_c 为

$$\Delta_c = \frac{Nl_0}{EA} + \frac{1}{EA}\int_0^h N_y \mathrm{d}y = \frac{Nl_0}{EA} + \frac{N}{EA} \cdot h\,\frac{2}{3}\left(1+\frac{\alpha'}{2}\right)$$

令　　　$$\frac{2}{3}\left(1+\frac{\alpha'}{2}\right) = \xi$$

(a)　　　(b)

说明图　D. 0. 3—10

则 $$\Delta_c = \frac{Nl_0}{EA} + \frac{\xi h}{EA}N = \frac{l_0 + \xi h}{EA}N$$

以上诸式中 A 为构件的横截面积，E 为构件身的弹性模量。

对于构件底平面处地基弹性变形的计算，假设外力借构件侧面土的摩擦力和构件身作用于自地面以 $\varphi/4$ 角扩散至构件底平面处的面积 A_0 上，对于圆形构件，如果此面积大于以相邻构件底面中心距为直径所得的圆形面积，则 A_0 采用以相邻构件底面中心距为直径所得的圆形面积，对于方形构件，如果此面积大于以相邻构件底面中心距为边长所得的方形面积，则 A_0 采用以相邻构件底面中心距为边长所得的方形面积。因此

$$\Delta_k = \frac{N}{C_0 A}$$

式中 C_0 为构件底平面处的地基竖向弹性抗力系数，亦即地基系数。对于柱桩（或支承于岩石上的管柱）或摩擦桩（或摩擦管柱），Δ_k 均是计算中需要考虑到的一项，只不过对柱桩（或支承于岩石上的管柱），A_0 为桩底面积，而对摩擦桩（或摩擦管柱），A_0 为按 $\varphi/4$ 角扩散所得的面积。

因此，构件顶的总弹性变形 Δ 为

$$\Delta = \Delta_c + \Delta_k = \frac{N(l_0 + \xi h)}{EA} + \frac{N}{C_0 A_0}$$

$$N = \frac{\Delta}{\dfrac{l_0 + \xi h}{EA} + \dfrac{1}{C_0 A_0}} \qquad \text{（说明 D.0.3—51）}$$

根据前面所述 ρ_1 的定义，当 $\Delta = 1$ 时，$N = \rho_1$，从上式求得

$$\rho_1 = \frac{1}{\dfrac{l_0 + \xi h}{EA} + \dfrac{1}{C_0 A_0}} \qquad \text{（说明 D.0.3—52）}$$

对于钻（挖）孔桩，假设桩侧土的摩擦力按均匀分布，采取与前述相同的推导，得 $\xi = \frac{1}{2}(1 + \alpha')$。

对于柱桩（或支承于岩层上的管柱），采用 $\xi = 1$。

但是，这里有一个问题，就是 α' 如何确定。有一种意见认为可按下式计算：

$$\alpha' = \frac{\text{构件底面承载力}}{\text{构件的总承载力}}$$

这种考虑方法不太合理，因为对于像桩一类结构的构件底面地基的承压力（单位面积上的强度）尚难准确计算。当桩侧摩擦力到达极限值时，桩底压应力并不一定也到达极限值。另外构件承受的荷载往往并不恰好等于其极限承载力，况且在计算桩一类结构的承载力公式中考虑了一个安全系数，通常铁路桥梁的摩擦桩基的桩长是比较长的，外力主要是由桩侧摩擦力所抵抗，尽管按承载力公式可以算出较大的桩底承载力，但实际上桩底却受力很小。对于钻孔桩牵涉到桩底清孔问题，就更不易确定 α' 值。对于铁路桥梁摩擦桩通常都比较长这一具体情况，桩底受力不太大（一般认为占总荷载的 10% ~15%，当桩底为较好土时为 15% ~25%），可暂不考虑 α' 影响，所以规范最后规定采用 $\xi = 2/3$（打入和震动下沉摩擦桩），$\xi = 1/2$〔钻（挖）孔摩擦桩〕；如果桩底受力较大，则应根据具体情况考虑 α' 的影响。

当构件顶面同时作用横向力 Q_i 和力矩 M_i 时(说明图 D.0.3—8),显然,构件顶面的横向位移 Δ_i 和转角 φ_i 为

$$\left.\begin{aligned}\Delta_i &= Q_i\delta_1 + M_i\delta_3\\ \varphi_i &= Q_i\delta_3 + M_i\delta_2\end{aligned}\right\} \qquad \text{(说明 D.0.3—53)}$$

式中 δ_1、δ_2 和 δ_3 所代表的意义见说明图 D.0.3—5 所示。

$$Q_i = \frac{\Delta_i\delta_2 - \varphi_i\delta_3}{\delta_1\delta_2 - \delta_3^2} \qquad \text{(说明 D.0.3—54)}$$

从式(说明 D.0.3—53)可求得

$$M_i = \frac{\varphi_i\delta_1 - \Delta_i\delta_3}{\delta_1\delta_2 - \delta_3^2}$$

根据 ρ_2 和 ρ_3 的意义,当 $\Delta_i = 1$ 及 $\varphi_i = 0$ 时,则 $Q_i = \rho_2$ 及 $M_i = -\rho_3$。因此,按式(说明 D.0.3—54)得

$$\rho_2 = \frac{\delta_2}{\delta_1\delta_2 - \delta_3^2} \qquad \text{(说明 D.0.3—55)}$$

$$\rho_3 = \frac{\delta_3}{\delta_1\delta_2 - \delta_3^2} \qquad \text{(说明 D.0.3—56)}$$

当 $\Delta_i = 0$ 及 $\varphi_i = 1$ 时,$M_i = \rho_4$,故按式(说明 D.0.3—54)又得

$$\rho_4 = \frac{\delta_1}{\delta_1\delta_2 - \delta_3^2} \qquad \text{(说明 D.0.3—57)}$$

按上述式(说明 D.0.3—52)、式(说明 D.0.3—55)、式(说明 D.0.3—56)及式(说明 D.0.3—57)求得每一构件的 ρ_1、ρ_2、ρ_3 及 ρ_4 之后,说明图 D.0.3—7 所示的结构便可根据结构力学求出承台板竖直位移 b、水平位移 a、承台板绕坐标原点 O 的转角 β,以及作用于每一构件顶面的轴向力 N_i、水平力 H_i 和弯矩 M_i。

沿承台板底面截取承台板为自由体,考虑全部作用力的平衡(见说明图 D.0.3—11)。

令

$$\sum N = 0$$
$$\sum H = 0$$
$$\sum M = 0$$

利用式(说明 D.0.3—52)、式(说明 5.2.2—55)、式(说明 D.0.3—56)和式(说明 D.0.3—57),得

$$\left.\begin{aligned}a\gamma_{ba} + b\gamma_{bb} + \beta\gamma_{b\beta} - N &= 0\\ a\gamma_{aa} + b\gamma_{ab} + \beta\gamma_{a\beta} - H &= 0\\ a\gamma_{\beta a} + b\gamma_{\beta b} + \beta\gamma_{\beta\beta} - M &= 0\end{aligned}\right\} \qquad \text{(说明 D.0.3—58)}$$

式中　N,M,H——已知外力;

$\gamma_{ba},\gamma_{aa},\gamma_{\beta a}$——由于承台板产生单位水平位移时(即 $a=1$ 时),所有构件顶对承台板作用的竖向反力之和、水平反力之和以及反弯矩之和;

$\gamma_{bb},\gamma_{ab},\gamma_{\beta b}$——由于承台板产生单位竖向位移时(即 $b=1$ 时),所有构件顶对承台板作用的竖向反力之和、水平反力之和以及反弯矩之和;

$\gamma_{b\beta},\gamma_{a\beta},\gamma_{\beta\beta}$——由于承台板绕坐标原点 O 产生单位转角时,所有构件顶对承台板

作用的竖向反力之和、水平反力之和以及反弯矩之和。

$$
\left.\begin{aligned}
\gamma_{ba} &= \sum(\rho_1-\rho_2)\sin\varphi\cos\varphi \\
\gamma_{aa} &= \sum(\rho_1\sin^2\varphi+\rho_2\cos^2\varphi) \\
\gamma_{\beta a} &= \sum[(\rho_1-\rho_2)x\sin\varphi\cos\varphi-\rho_3\cos\varphi] \\
\gamma_{bb} &= \sum(\rho_1\cos^2\varphi+\rho_2\sin^2\varphi) \\
\gamma_{ab} &= \gamma_{ba} \\
\gamma_{\beta b} &= \sum[(\rho_1\cos^2\varphi+\rho_2\sin^2\varphi)x+\rho_3\sin\varphi] \\
\gamma_{b\beta} &= \gamma_{\beta b} \\
\gamma_{a\beta} &= \gamma_{\beta a} \\
\gamma_{\beta\beta} &= \sum[(\rho_1\cos^2\varphi+\rho_2\sin^2\varphi)x^2+2x\rho_3\sin\varphi+\rho_4]
\end{aligned}\right\} \quad \text{(说明 D. 0. 3—59)}
$$

将式(说明 D. 0. 3—59)代入式(说明 D. 0. 3—58)进行联解,可求得 a、b、β。

说明图 D. 0. 3—11

第 i 排构件群中的每一构件沿其轴线方向的位移为

$$\Delta_1=a\sin\varphi+(b+x\beta)\cos\varphi$$

垂直构件轴线方向的横向位移 $\Delta_2=a\cos\varphi-(b+x\beta)\sin\varphi$,故承台板作用于第 i 排构件群中每一构件顶的轴向力 N_i,垂直构件轴线方向的剪力 Q_i 和弯矩 M_i 为

$$
\left.\begin{aligned}
N_i &= \rho_1\Delta_1=\rho_1[a\sin\varphi+(b+x\beta)\cos\varphi] \\
Q_i &= \rho_2\Delta_2-\rho_3\beta \\
&= \rho_2[a\cos\varphi-(b+x\beta)\sin\varphi]-\rho_3\beta \\
M_i &= \beta\rho_4-\rho_3\Delta_2 \\
&= \rho_4\beta-\rho_3[a\cos\varphi-(b+x\beta)\sin\varphi]
\end{aligned}\right\}
$$

(说明 D. 0. 3—60)

对于承台板底面位于局部冲刷线以下,带有斜构件且不对称时[说明图 D. 0. 3—7(b)],过去对这种结构惯称为低桩承台,可考虑承台板侧面土的水平抗力,但是不考虑承台板底面土的竖向抗力,因为在旧桥开挖中,往往发现桩基承台板底面与土之间有脱离的现象,这是由于桩间的土体受到桩壁摩擦力传来的压缩应力,对于黏性土来说就会发生长期的固结变形。至于砂类土和柱桩(或岩石支承管柱)是否有相脱离的现象,尚难肯定。可能其脱离的程度要比黏性土稍好一些。由于这个原因,再考虑桥梁基础是承受反复方向荷载作用,所以作用于桩上的土的横向抗力的地基系数自承台板底面算起成为三角形形状,而不从局部冲刷线算起,亦即不按梯形考虑,这在目前来说是合理的。如果今后对各种型式的基础和各类土进行调查,证明对某一些类型的基础或对某几种土,承台板底面确定不存在与土“脱离”的可能性时,作用于桩上(或管柱上)的土的横向抗力系数可考虑在承台板底面处等于某一数值,也就可以考虑承台板底面土的竖向抗力。

对于承台板底面位于局部冲刷线以下的基础,将承台板侧面土的水平抗力 b_0E_x 和该抗力的力矩 b_0M_{Ex} 计入承台板自由体内,考虑全部作用力的平衡。这里的 b_0 代表垂直于 xy 平面的承受板侧面土抗力计算宽度,按前面所述计算;E_x 为承台板 b_0 侧面土作用于单

位宽度上的水平抗力；M_{E_x} 为 E_x 对通过 O 点并垂直于 xy 平面的轴的力矩。

因为承台板 b_0 侧边上任一点的位移为 $a+\beta y$，所以

$$E_x=\int_0^{h_n}(a+\beta y)C\mathrm{d}y$$

这里 C 为地基系数；y 为任一点距离承台板底面之高度，取绝对值；h_n 为承台板 b_0 侧面埋入局部冲刷线以下的深度。由于 $C=\dfrac{C_n}{h_n}(h_n-y)$，所以 $E_x=\int_0^{h_n}(a+\beta y)C\mathrm{d}y=a\dfrac{C_nh_n}{2}+\beta\dfrac{C_nh_n^2}{6}=aF_{b0}^c+\beta S^c$，其中 C_n 为承台板底面处地基系数；$F_{b0}^c=\dfrac{C_nh_n}{2}$ 和 $S^c=\dfrac{C_nh_n^2}{6}$ 分别为承台 b_0 侧边地基系数 C 图形的面积和该面积对其底面的面积矩。另外 $M_{E_x}=\int_0^{h_n}(a+\beta y)y\mathrm{d}y=a\dfrac{C_nh_n^2}{6}+\beta\dfrac{C_nh_n^3}{12}=aS^c+\beta I^c$，其中 $I^c=\dfrac{C_nh_n^3}{12}$ 为承台板 b_0 侧边单位宽度受压面积的惯性矩。

联解 $\sum N=0$，$\sum H=0$ 和 $\sum M=0$，得

$$\begin{aligned}a\gamma_{aa}+b\gamma_{ab}+\beta\gamma_{a\beta}&=H-E_xb_0\\ a\gamma_{ba}+b\gamma_{bb}+\beta\gamma_{b\beta}&=N\\ a\gamma_{\beta a}+b\gamma_{\beta b}+\beta\gamma_{\beta\beta}&=M-M_{E_x}b_0\end{aligned}$$

于是式（说明 D.0.3—58）不改变，其中 γ_{aa}、γ_{bb} 和 $\gamma_{\beta b}$ 也没有改变，仍按式（说明 D.0.3—59）计算，但是 γ_{aa}、$\gamma_{\beta a}$ 和 $\gamma_{\beta\beta}$ 应改为

$$\gamma_{aa}=\sum(\rho_1\sin^2\varphi+\rho_2\cos^2\varphi)+b_0F_{b0}^c$$

$$\gamma_{\beta a}=\gamma_{a\beta}=\sum[(\rho_1-\rho_2)x\sin\varphi\cos\varphi-\rho_3\cos\varphi]+\rho_0S^c$$

$$\gamma_{\beta\beta}=\sum[(\rho_1\cos^2\varphi+\rho_2\sin^2\varphi)x^2+2x\rho_3\sin\varphi+\rho_4]+b_0I_c$$

ρ_1、ρ_2、ρ_3 和 ρ_4 时，令前面有关公式中的 $l_0=0$ 就可以了。查本规范中表 D.0.3—1 求系数 $A_1,B_1,\cdots,C_4,D_4$ 时，换算深度 $\bar{h}=\alpha y$ 中的 y 自承台板底面算起（这就是考虑承台板底面与土存在"脱离"现象的缘故）。

N_i、Q_i 和 M_i 仍按式（说明 D.0.3—60）计算。

说明图 D.0.3—8 所表示的 N_i、Q_i 和 M_i 均为正值。

当承台板底面位于地面或局部冲刷线以上，全部为竖直构件（如竖直管柱、竖直桩），各构件的 ρ_1 相等且对称（诸桩平面布置对称，诸桩长度又相等且诸桩直径相等，材料相同）时，坐标原点 O 可设于承台板底面竖向对称轴上〔见说明图 D.0.3—12(a)〕，此时 $\gamma_{ab}=\gamma_{ba}=\gamma_{b\beta}=\gamma_{\beta b}=0$。如果全部为竖直构件，但不对称（如诸桩平面布置不对称，或诸桩长度不相等，或诸桩直径不等，或诸桩材料不同）时，坐标原点 O 设于诸 ρ_1 的合力处〔见说明图 D.0.3—12(c)〕。这样仍然 $\gamma_{ab}=\gamma_{ba}=\gamma_{b\beta}=\gamma_{\beta b}=0$。

联解式（说明 D.0.3—58），得

$$\left.\begin{aligned}b&=\frac{N}{\gamma_{bb}}\\ a&=\frac{\gamma_{\beta\beta}H-\gamma_{a\beta}M}{\gamma_{aa}\gamma_{\beta\beta}-\gamma_{a\beta}\gamma_{\beta a}}\\ \beta&=\frac{\gamma_{aa}M-\gamma_{a\beta}H}{\gamma_{aa}\gamma_{\beta\beta}-\gamma_{a\beta}\gamma_{\beta a}}\end{aligned}\right\}\qquad(说明\ D.0.3—61)$$

式中

$$\left.\begin{aligned}\gamma_{bb} &= \sum\rho_1\\ \gamma_{aa} &= \sum\rho_2\\ \gamma_{\beta\beta} &= \sum\rho_4+\sum x^2\rho_1\\ \gamma_{a\beta} &= \gamma_{\beta a} = -\sum\rho_3\end{aligned}\right\} \quad (说明 D.0.3—62)$$

则求得作用于每一构件顶面

$$\left.\begin{aligned}N_i &= (b+\beta x)\rho_1\\ Q &= a\rho_2-\beta\rho_3\\ M_i &= \beta\rho_4-a\rho_3\end{aligned}\right\} \quad (说明 D.0.3—63)$$

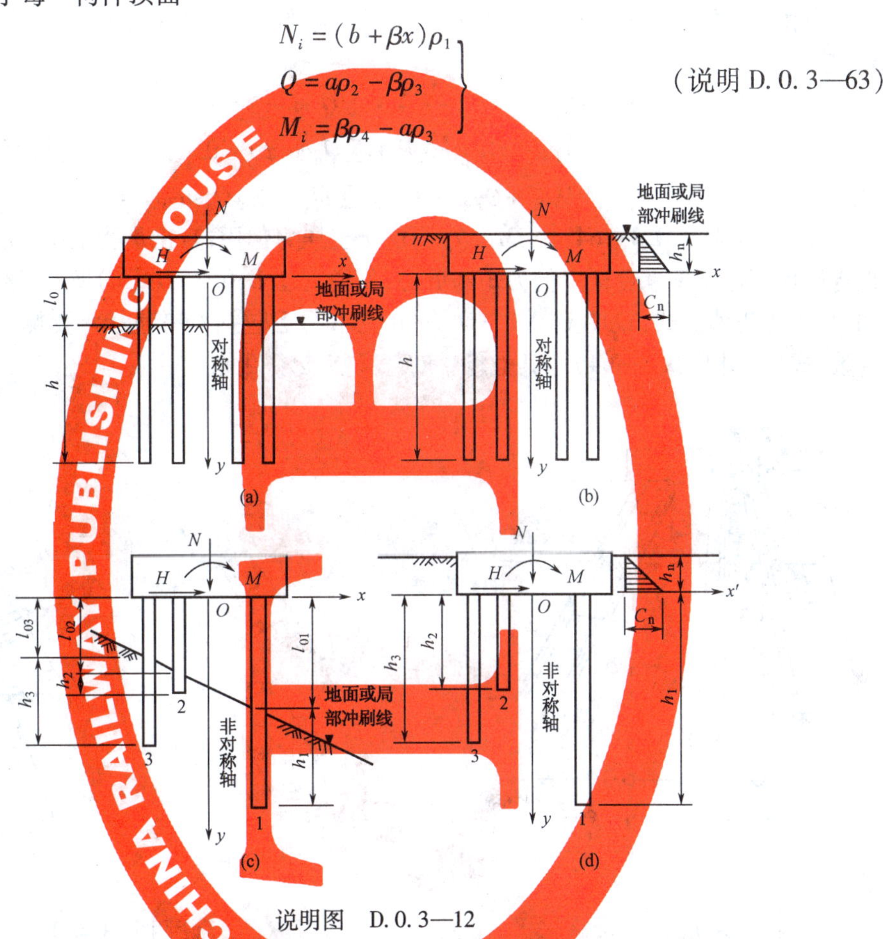

说明图 D.0.3—12

如果承台板底面位于局部冲刷线以下，全部为竖直构件，且各构件的 ρ_1 相等（如对称），则坐标原点 O 可设在承台板底面竖向对称轴上〔说明图 D.0.3—12(b)〕，此时式（说明 D.0.3—58）中 $\gamma_{ab}=\gamma_{ba}=\gamma_{b\beta}=\gamma_{\beta b}=0$。如果全部为竖直构件，但各构件的 ρ_1 不相等，则坐标原点设于诸 ρ_1 的合力处〔说明图 D.0.3—12(d)〕，仍然 $\gamma_{ab}=\gamma_{ba}=\gamma_{b\beta}=\gamma_{\beta b}=0$，而

$$\begin{aligned}\gamma_{bb} &= \sum\rho_1\\ \gamma_{aa} &= \sum\rho_2+b_0A_c\\ \gamma_{\beta\beta} &= \sum\rho_4+\sum x^2\rho_1+b_0I_c\\ \gamma_{a\beta} &= \gamma_{\beta a} = -\sum\rho_3+b_0S_c\end{aligned}$$

位移 b、a、β 和每一根构件承受的力 N_i、Q_i、M_i 仍按式（说明 D.0.6—61）和式（说明 D.0.6—63）计算。

② 桥台计算公式推导

对于桥台的桩（或管柱）基础，当承台板底面高出天然地面 l_0 时（见说明图 D. 0. 3—13），则需要考虑路基填土直接作用于构件（桩或管柱）身上的土压力影响（构件直接承受侧面土压力的桥墩基础与这种桥台基础的计算方法相同）。通常，桥台桩基础具有一个对称面，且外力作用于该对称面内，则可将全部构件投影于此对称面上。对于这种桥台基础，其计算与桥墩基础所不同处，仅仅在于方程式（说明 D. 0. 3—58）中的自由项（即外力这一项）不同而已。对于这种桥台桩基础，方程式（说明 D. 0. 3—58）应改写为

$$\left.\begin{aligned} a\gamma_{\mathrm{ba}} + b\gamma_{\mathrm{bb}} + \beta\gamma_{\mathrm{b\beta}} - (N + \sum Q_{\mathrm{q}}\sin\varphi) = 0 \\ a\gamma_{\mathrm{aa}} + b\gamma_{\mathrm{ab}} + \beta\gamma_{\mathrm{a\beta}} - (H + \sum Q_{\mathrm{q}}\cos\varphi) = 0 \\ a\gamma_{\mathrm{\beta a}} + b\gamma_{\mathrm{\beta b}} + \beta\gamma_{\mathrm{\beta\beta}} - (M - \sum M_{\mathrm{q}} + \sum x Q_{\mathrm{q}}\sin\varphi) = 0 \end{aligned}\right\} \quad \text{（说明 D. 0. 3—64）}$$

在式（说明 D. 0. 3—64）中，M_{q}、Q_{q} 为由于土压力作用，直接承受土压力的构件群中一根构件顶面作用于承台板上的力矩和剪力，见说明图 D. 0. 3—14(b) 所示，该图表示的 M_{q} 和 Q_{q} 均为正值。式（说明 D. 0. 3—64）中的总和号 $\sum$ 包括所有直接承受侧面土压力的构件数，式（说明 D. 0. 3—64）中其他符号的意义与前述相同。

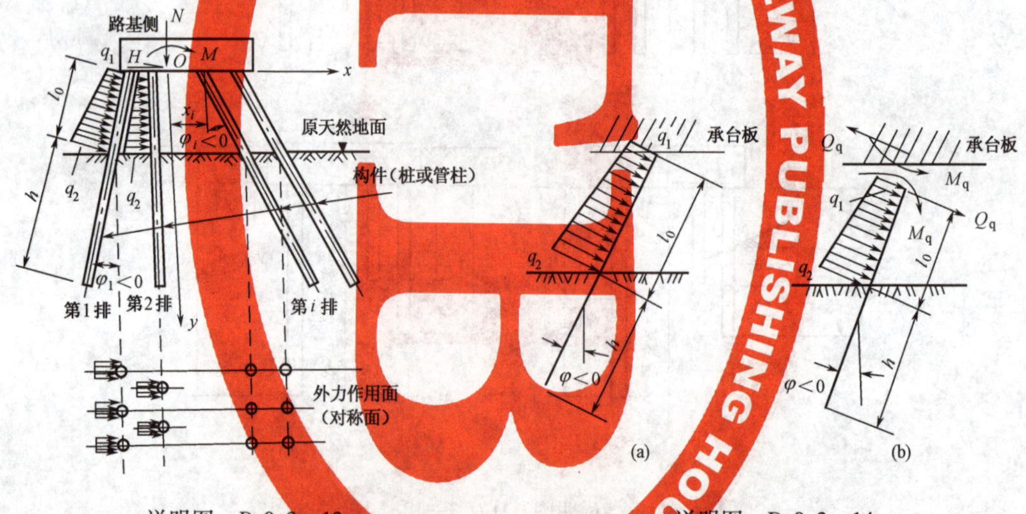

说明图 D. 0. 3—13 说明图 D. 0. 3—14

当计算 M_{q} 和 Q_{q} 时，将构件上端视为刚性嵌固于承台板内，下端视为弹性嵌固于地面处〔说明图 D. 0. 3—15(a)〕。

$$M_{l_0} = M_{\mathrm{q}} + Q_{\mathrm{q}} l_0 + \left(\frac{q}{2!} + \frac{q_2 - q_1}{3!}\right) l_0^2$$

$$Q_{l_0} = Q_{\mathrm{q}} + \left(q_1 + \frac{q_2 - q_1}{2!}\right) l_0 \quad \text{（说明 D. 0. 3—65）}$$

按说明图 D. 0. 3—15(c)，利用式（说明 D. 0. 3—65）得

$$\begin{aligned} x_{l_0} &= \frac{M_{l_0} l_0^2}{2EI} - \frac{Q_{10} l_0^3}{3EI} + \frac{q_1 l_0^4}{8EI} + \frac{11(q_2 - q_1) l_0^4}{120EI} \\ &= \left(\frac{M_{\mathrm{q}} l_0^2}{2!} + \frac{Q_{\mathrm{q}} l_0^3}{3!} + \frac{q_1 l_0^4}{4!} + \frac{(q_2 - q_1) l_0^4}{5!}\right) \frac{1}{EI} \end{aligned}$$

$$\varphi_{l_0}=\frac{M_{l_0}l_0}{EI}-\frac{Q_{10}l_0^2}{2EI}+\frac{q_1l_0^3}{6EI}+\frac{(q_2-q_1)l_0^3}{8EI}$$

$$=\left[M_ql_0+\frac{Q_ql_0^2}{2!}+\frac{q_1l_0^3}{3!}+\frac{(q_2-q_1)l_0^3}{4!}\right]\frac{1}{EI} \qquad \text{（说明 D. 0. 3—66）}$$

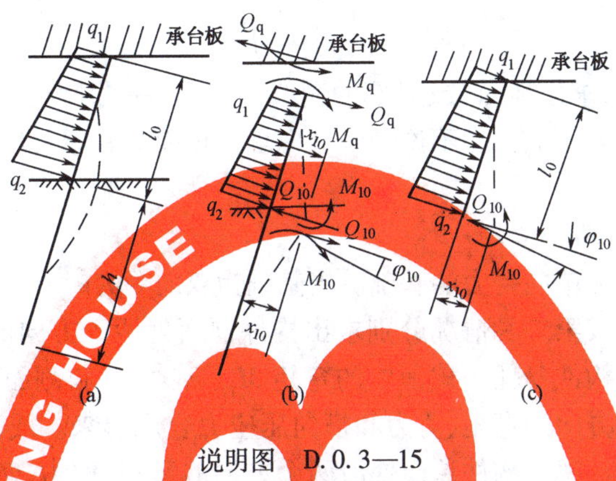

说明图　D. 0. 3—15

假定埋入地面以下的部分，由于地面处单位横向力 $Q_0=1$ 的作用产生垂直构件轴的横向位移 δ_{QQ}、转角 δ_{MQ}〔说明图 D. 0. 3—3(a)或说明图 D. 0. 3—4(a)〕；由于单位力矩 $M_0=1$ 作用下产生的横向位移 δ_{MQ}、转角 δ_{MM}〔说明图 D. 0. 3—3(b)或说明图 D. 0. 3—4(b)〕。δ_{QQ}、δ_{MQ}、δ_{QM} 和 δ_{MM} 按式（说明 D. 0. 3—35）~式（说明 D. 0. 3—38）或式（说明 D. 0. 3—41）~式（说明 D. 0. 3—44）来计算。

当构件于地面处承受弯矩 M_{l_0}、横向力 Q_{l_0} 作用时

$$\left.\begin{aligned}x_{l_0}&=M_{l_0}\delta_{QM}+Q_{l_0}\delta_{QQ}\\ \varphi_{l_0}&=-(M_{l_0}\delta_{MM}+Q_{l_0}\delta_{MQ})\end{aligned}\right\} \qquad \text{（说明 D. 0. 3—67）}$$

将式（说明 D. 0. 3—66）代入式（说明 D. 0. 3—67），得

$$\left.\begin{aligned}&\left[\frac{M_ql_0^2}{2!}+\frac{Q_ql_0^3}{3!}+\frac{q_1l_0^4}{4!}+\frac{(q_2-q_1)l_0^4}{5!}\right]\frac{1}{EI}\\ &=M_{l_0}\delta_{QM}+Q_{l_0}\delta_{QQ}\\ &\left[M_ql_0+\frac{Q_ql_0^2}{2!}+\frac{q_1l_0^3}{3!}+\frac{(q_2-q_1)l_0^3}{4!}\right]\frac{1}{EI}\\ &=-(M_{l_0}\delta_{MM}+Q_{l_0}\delta_{MQ})\end{aligned}\right\} \qquad \text{（说明 D. 0. 3—68）}$$

式（说明 D. 0. 3—65）和式（说明 D. 0. 3—68）中的 M_{l_0}、Q_{l_0}、M_q 和 Q_q 均为未知数，联解式（说明 D. 0. 3—65）和式（说明 D. 0. 3—68），可求得 M_{l_0}、Q_{l_0}、M_q 和 Q_q。将这些数值代入式（说明 D. 0. 3—64），利用式（说明 D. 0. 3—59），可得承台板位移 a、b、β，然后按式（说明 D. 0. 3—60）求得作用于每一构件顶面（与承台板联接处）的轴向力 N_i、横向力 Q_i 和弯矩 M_i，对于直接承受土压力的构件，将式（说明 D. 0. 3—60）求得 Q_i、M_i 与 Q_q、M_q 相加起来，得到构件顶面的 Q 和 M，即

$$\left.\begin{aligned}Q&=Q_i+Q_q\\ M&=M_i+M_q\end{aligned}\right\} \qquad \text{（说明 D. 0. 3—69）}$$

当求得构件顶面的 Q 和 M 后，地面处的剪力 Q_0 和弯矩 M_0 为

$$\left.\begin{aligned}Q_0&=Q+\left(q_1+\frac{q_2-q_1}{2!}\right)l_0=Q+\left(\frac{q_2+q_1}{2!}\right)l_0\\M_0&=M+Ql_0+\left(\frac{q_1}{2!}+\frac{q_2-q_1}{3!}\right)l_0^2\\&=M+Ql_0+\left(\frac{q_2+2q_1}{3!}\right)l_0^2\end{aligned}\right\}\quad(\text{说明 D.0.3—70})$$

然后按前面所述,求出地面(或局部冲刷线)以下任一深度处构件截面中的剪力、弯矩和构件侧面土的横向压应力。不论是否考虑承台板前侧和原天然地面以上桩侧的土抗力,上述方法均适用。

③ 双向受力的基础。

上述各种情况均为单向受力的基础。当基础为双向受力时,如弯道上的墩台基础,可先按上述第一种情况或第二种情况分别求出构件顶面处两个方向的弯矩 M、剪力 Q 后,分别沿两个方向求出构件身任一截面中的弯矩 M_y、剪力 Q_y 和侧面土的横向压应力 σ_x,最后将该截面沿两个方向的弯矩、剪力和横向压应力合成起来。或者按上述第一种情况或第二种情况分别求出每一构件顶面处沿两个方向的弯矩、剪力,然后将它们合起来,再求构件身任一截面中的剪力、弯矩和侧面土的横向压应力。这两种方法中,根据经验说明第一种方法所得结果与空间计算法所得结果比较接近,但计算工作量较大。而第二种方法所得结果,有时偏大较多,但计算工作量较小。

④ 为了保证基础侧面土的稳定,应对基础侧面土产生的压应力 σ_x 值加以限制,使它小于某一容许值。根据我国 1959 年《桥规》附录Ⅺ和国内外的设计经验,本规范采取了下列近似限制办法,认为当外力作用,基础发生旋转时,基础的一侧土产生主动土压力,另一侧产生被动土压力,土与基础壁之间的摩擦力作用略去不计。基础对侧面土产生的水平压应力 σ_x 不应大于土对基础的被动土压力与主动土压力之差。假如以 φ 代表土的内摩擦角,γ 代表土的容重(当有水时,要考虑水的浮力),C 代表土的黏聚力。有 φ 和 C 的实测资料时,采用实测数值,无实测资料时,可参照有关表查用。

被动土压力:

$$p_{\mathrm{p}}=\gamma y\tan^2\left(45^\circ+\frac{\varphi}{2}\right)+2C\tan\left(45^\circ+\frac{\varphi}{2}\right)$$

主动土压力:

$$p_{\mathrm{a}}=\gamma y\tan^2\left(45^\circ-\frac{\varphi}{2}\right)+2C\tan\left(45^\circ-\frac{\varphi}{2}\right)$$

为保证基础侧面土的稳定,基础对土产生的水平压应力 σ_x 应符合下列条件:

$$\sigma_x\leqslant k(p_{\mathrm{p}}-p_{\mathrm{a}})$$

式中 k 为外力作用面内数个构件相互作用对构件侧面土的容许应力的影响系数,由于目前缺乏这方面的试验资料,暂借用前面所述计算土抗力时的构件相互影响系数。倘考虑基础平面形状对被动土压力的影响,则

$$\sigma_x\leqslant\frac{k}{b}(b_0p_{\mathrm{p}}-bp_{\mathrm{a}})$$

式中 b_0 为基础的土抗力计算宽度,b 为基础的实际宽度,于是

$$\sigma_x\leqslant\frac{k}{b}(b_0p_{\mathrm{p}}-bp_{\mathrm{a}})$$

$$=\frac{k}{b}\left[b_0\gamma y\tan^2\left(45^\circ+\frac{\varphi}{2}\right)+2b_0C\tan\left(45^\circ+\frac{\varphi}{2}\right)\right]$$

$$-\frac{k}{b}\left[b\gamma y\tan^2\left(45^\circ-\frac{\varphi}{2}\right)-2bC\tan\left(45^\circ+\frac{\varphi}{2}\right)\right]$$

$$=k[\gamma y(\eta K_p-K_a)+2C(\eta\sqrt{K_p}+\sqrt{K_a})] \qquad \text{(说明 D.0.3—71)}$$

$$\eta=\frac{b_0}{b}, K_p=\tan^2\left(45^\circ+\frac{\varphi}{2}\right), K_a=\tan^2\left(45^\circ-\frac{\varphi}{2}\right)$$

式(说明 D. 0. 3—71)与1975《桥规》附录十五中式(附 D. 11)和式(附 D. 12)没有根本的区别。根据日本〔见日本国有铁路《抗震设计指针》(1979 年 7 月)〕和前苏联的经验,式(说明 D. 0. 3—71)不仅适用于 $h\leqslant\frac{2.5}{\alpha}$ 的基础,也适用于 $h>\frac{2.5}{\alpha}$ 的基础(大多数桩基属于这种情况)。

由于考虑对于不同结构体系,要求的安全系数不一样,上面公式的右边应乘以系数 η_1,但考虑到上述计算只是要桩侧一点处土的应力满足要求,而且土又具有调整桩侧土应力的特性,所以该系数不应采用过大,以免过分保守。本规范规定:对于超静定推力拱桥的墩台采用 $\eta_1=0.7$;其他结构体系的墩台采用 $\eta_1=1.0$。又由于考虑在恒载作用下对基础的要求比较高,所以上面公式的右边应再乘以系数 η_2,η_2 按恒载产生的力矩与总力矩之比值的关系来确定。当 $h\leqslant\frac{2.5}{\alpha}$,倘仅为恒载弯矩作用时,$\eta_2$ 可采用 0.2;仅为活载弯矩时,η_2 采用 1.0;用公式表示,则 $\eta_2=0.2+0.8\left(\frac{M_m-M_n}{M_m}\right)$。因此,当 $h\leqslant\frac{2.5}{\alpha}$ 时,$\eta_2=1-0.8\frac{M_n}{M_m}$。当 $h\geqslant\frac{4.0}{\alpha}$,倘仅为恒载弯矩作用,$\eta_2$ 可采用 0.5,仅为活载弯矩作用时,η_2 采用 1.0;用公式表示,则 $\eta_2=0.5+0.5\left(\frac{M_m-M_n}{M_m}\right)$。因此,当 $h\geqslant\frac{4.0}{\alpha}$ 时,$\eta_2=1-0.5\frac{M_n}{M_m}$。这里 M_n 为恒载对桩基承台板底面坐标原点或沉井底面中心的力矩,M_m 为恒载和活载对桩基承台板底面坐标原点或沉井底面中心的总力矩。显然,M_n 愈大,则 η_2 值愈小,反之,M_n 愈小,则 η_2 值愈大。对于 $h\leqslant\frac{2.5}{\alpha}$ 时,一般检算 h 和 $\frac{h}{3}$ 深度处的 σ_x,因此,上面式(说明 D. 0. 3—71)可写成:

在深度 h 处

$$\sigma_x\leqslant\eta_1\eta_2k[\gamma h(\eta K_p-K_a)+2C(\eta\sqrt{K_p}+\sqrt{K_a})]$$

在 $y=\frac{h}{3}$ 处

$$\sigma_x\leqslant\eta_1\eta_2k\left[\gamma\frac{h}{3}(\eta K_p-K_a)+2C(\eta\sqrt{K_p}+\sqrt{K_a})\right]$$

(2)特殊情况下基础计算公式

当基础埋于地面或局部冲刷线以下的深度 $h\leqslant\frac{2.5}{\alpha}$ 时,仍可按前面“一般情况下基础计算公式”进行计算,但为了简化起见,也可将基础视为具有无穷大刚度,按下述方法进行计算。

① 置于非岩石地基上的基础(包括基础支立于岩石风化层内和支立于岩层面上的情况)

作用于基础上的外力可以化为作用于地面或局部冲刷线处的水平力 H 和弯矩 M,以及作用于基础底面重心上的竖向压力 N(见说明图 D.0.3—16)。为了便于讨论,先仅讨论地面或局部冲刷线处仅作用有水平力 H 和 M 的情况(见说明图 D.0.3—17)。

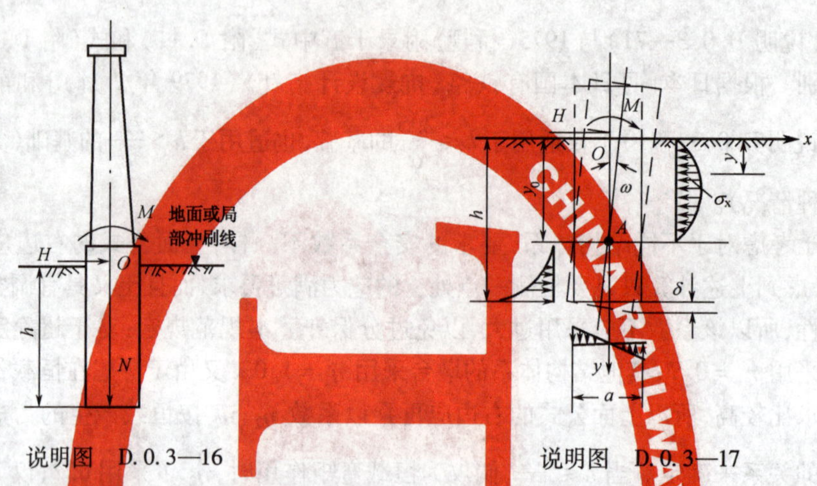

说明图 D.0.3—16　　说明图 D.0.3—17

当基础仅承受 H 和 M 作用时,基础围绕位于地面或局部冲刷线以下 y_0 处垂直于外力作用面的 A 轴旋转 ω 角。这样,地面以下深度 y 处基础的水平位移 Δx 和土的水平压应力 σ_x 为

$$\left.\begin{aligned}\Delta x &= (y_0 - y)\tan\omega \\ \sigma_x &= \Delta x \cdot C_y = (y_0 - y)y \cdot \frac{C'}{h} \cdot \tan\omega\end{aligned}\right\} \qquad \text{(说明 D.0.3—72)}$$

式中,C_y 和 C' 为相应于深度 y 和 h 处土的水平地基系数。$C_y = my$,$C' = mh$,其中 m 为土的水平地基系数随深度变化的比例系数。

基底最大竖向压应力为

$$\sigma_{\max} = C_0\delta \approx C_0\,\frac{a}{2}\tan\omega \qquad \text{(说明 D.0.3—73)}$$

式中,C_0 为深度 h 处基底土的竖向地基系数。$C_0 = m_0 h$,其中 m_0 为土的竖向地基系数随深度变化的比例系数。

为了确定 y_0 和 $\tan\omega$,令所有力在 x 轴上的投影之和等于零,所有力对坐标原点 O 的力矩之和为零,并认为 $\tan\omega \approx \omega$,得

$$\begin{aligned}\sum X &= H - \int_0^h \sigma_x b_0 \mathrm{d}y = H - b_0\omega\int_0^h \frac{C'}{h}y(y_0 - y)\mathrm{d}y \\ &= H - b_0\omega\left(y_0\frac{C'h}{2} - \frac{C'h^2}{3}\right) = 0\end{aligned} \qquad \text{(说明 D.0.3—74)}$$

$$\begin{aligned}\sum M_0 &= M + \int_0^h \sigma_x b_0 y \mathrm{d}y - W\sigma_{\max} \\ &= M + b_0\omega\int_0^h \frac{C'}{h}y^2(y_0 - y)\mathrm{d}y - W\sigma_{\max}\end{aligned}$$

$$= M + b_0\omega\left(y_0\frac{C'h^2}{3} - \frac{C'h^3}{4}\right) - WC_0\frac{a}{2}\omega = 0$$

（说明 D. 0. 3—75）

将（说明 D. 0. 3—74）和（说明 D. 0. 3—75）两式进行联解，得基础的转角 $\omega = \dfrac{12(3M+2Hh)}{b_0mh^4+18C_0aW}$（说明 D. 0. 3—76）基础旋转中心 A 的位置：

$$y_0 = \frac{b_0mh^3(4M+3hH)+6HC_0aW}{2b_0mh^2(3M+2Hh)}$$ （说明 D. 0. 3—77）

深度 y 处基础截面上的弯矩：

$$M_y = M + y\left[H - b_0\omega\frac{my^2}{12}(2y_0 - y)\right]$$ （说明 D. 0. 3—78）

考虑作用于基底重心处的竖向力 N 时（支于非岩石地基上，施工时基础侧面摩擦力易遭破坏的沉井及支立于岩石层面上的桩、管柱和沉井，N 的计算可不考虑基础侧面摩擦力的影响），基底前后边缘处竖向应力为

$$\sigma_{\min}^{\max} = \frac{N}{A_0} \pm C_0\frac{a}{2}\omega$$ （说明 D. 0. 3—79）

上面诸式中 W——基底截面的抵抗矩；

A_0——基底面积；

A——基底顺外力作用方向的长度。

其余符号的意义与前面相同。

基础作用于侧面土上的水平压应力 σ_x 为

$$\sigma_x = my(y_0 - y)\omega$$ （说明 D. 0. 3—80）

基础侧面水平压应力 σ_x 的分布图形随 y_0 的位置而定。y_0 的位置有时可能位于基础底面以下，其 σ_x 的分布图形如说明图 D. 0. 3—18 所示。

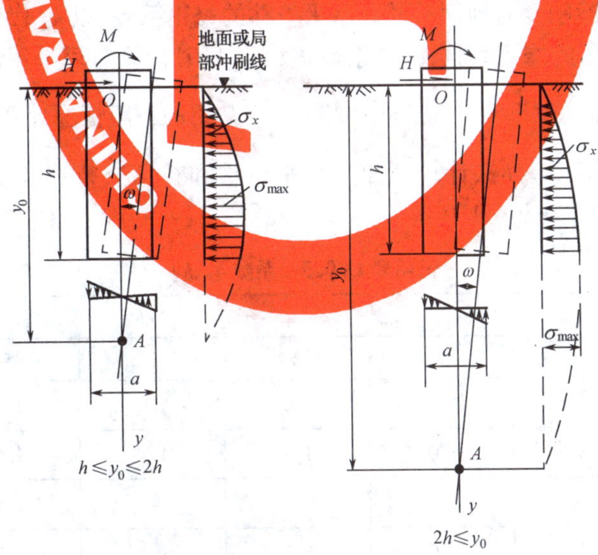

说明图 D. 0. 3—18

② 基底嵌入岩层内不深的基础

当基底嵌入岩层内不太深（通常沉井之类的基础嵌入岩层不会太深），外力作用下基

底不产生水平位移,基础的旋转中心 A 与基础底面重心相吻合(说明图 D.0.3—19),基底嵌入处产生水平阻力 P,这里假定基础嵌入不深,因此 P 距 A 点很近,可略去 P 对 A 点产生的力矩。

参照前面的推导,可求得

基础的转角:

$$\omega=\frac{12(M+Hh)}{b_0mh^4+6C_0aW} \quad (说明 D.0.3—81)$$

基础底面竖向压应力:

$$\sigma_{\min}^{\max}=\frac{N}{A_0}\pm C_0\ \frac{a}{2}\omega \quad (说明 D.0.3—82)$$

计算 N 时不应考虑基础侧面摩擦力。

基础侧面横向压应力:

$$\sigma_x=my(h-y)\omega \quad (说明 D.0.3—83)$$

基底嵌入处水平力:

$$P=b_0\omega\ \frac{mh^3}{6}-H \quad (说明 D.0.3—84)$$

基础身任一深度 y 截面内的弯矩:

$$M_y=M+y\left[H-b_0\omega\ \frac{my^2}{12}(2h-y)\right] \quad (说明 D.0.3—85)$$

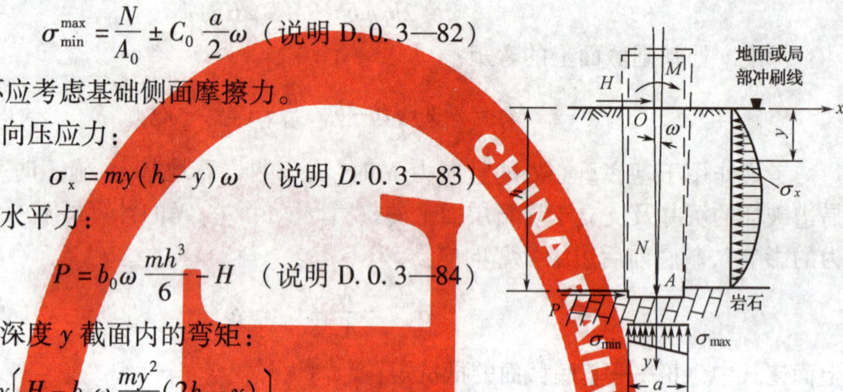

说明图 D.0.3—19

式中诸符号的意义与前面相同。

倘按上面公式求得的 P 为负值,则说明 P 的方向与说明图 D.0.3—19 中所示相反,并作用于基础的另一侧。

③ 墩台顶面水平位移的计算

基础实际上并非无穷大的刚性体,其实际刚度对墩台位移是有影响的。经研究,以 k_1 代表考虑基础实际刚度对地面处基础水平位移的修正系数,以 k_2 代表基础实际刚度对地面处基础截面转角的修正系数,此二系数均大于 1.0,计算时可采用说明表 D.0.3。该表中的修正系数根据 $h\leqslant\frac{2.5}{\alpha}$ 的基础分别按前面所介绍的一般情况计算办法(按弹性基础计算)与按刚性基础计算办法计算地面处水平位移和转角进行比较所得。当换算深度 $\bar{h}=\alpha h<1.6$ 时采用 $k_1=k_2=1.0$。

说明表 D.0.3　系数 k_1、k_2

换算深度 $\bar{h}=\alpha h$	系　数	λ/h				
		1	2	3	5	∞
1.6	k_1	1.0	1.0	1.0	1.0	1.0
	k_2	1.0	1.1	1.1	1.1	1.1
1.8	k_1	1.0	1.1	1.1	1.1	1.1
	k_2	1.0	1.2	1.2	1.2	1.3
2.0	k_1	1.1	1.1	1.1	1.1	1.2
	k_2	1.2	1.3	1.4	1.4	1.4

续上表

换算深度 $\bar{h}=\alpha h$	系 数	λ/h				
		1	2	3	5	∞
2.2	k_1	1.1	1.2	1.2	1.2	1.2
	k_2	1.2	1.5	1.5	1.6	1.7
2.4	k_1	1.1	1.2	1.3	1.3	1.3
	k_2	1.3	1.8	1.9	1.9	2.0
2.5	k_1	1.2	1.3	1.4	1.4	1.4
	k_2	1.4	1.9	2.1	2.2	2.3

注：$\lambda=\frac{M_m}{H}$，这里 M_m 为全部外力对基础底面中心的总力矩，H 为总水平力。当 $\alpha h<1.6$ 时，$k_1=k_2=1.0$。

由于支立于非岩石地基上的基础(包括支立于风化层上及支立于岩层面上的基础)承受水平力和力矩作用下，基础绕地面以下 y_0 处的 A 轴旋转，所以地面处的水平位移为 $k_1\omega y_0$；地面至墩台顶面的高度 l 范围内墩台身和地面以上基础部分的水平位移为 $k_2\omega l$；另外地面至墩台顶高度 l 范围内材料变形产生的墩台顶面位移 δ_0；因此，墩台顶面总水平位移为

$$\delta=k_1\omega y_0+k_2\omega l+\delta_0 \qquad (说明 D.0.3—86)$$

对于嵌石内的基础，得

$$\delta=k_1\omega h+k_2\omega l+\delta_0 \qquad (说明 D.0.3—87)$$

附录 F

台后路基与锥体对桥台基底应力与变形有影响，可按下式计算其附加竖向压力：

$$\sigma=\alpha\gamma H$$

式中 σ——基底前后边缘中点的附加竖向压力(kPa)；

γ——填土的单位容重(kN/m³)；

H——台后填土高(m)；

α——基底前后缘附加竖向压力系数，按下列情况考虑：

(1)α 值由台后路基及锥体分别计算然后叠加，台后路基按无限长的条形荷载计算。锥体按集中荷载计算，埋式桥台前侧锥体按矩形面积上的三角形分布荷载计算。

(2)桥台锥体的尺寸按台后填土高 H 及《铁路桥涵设计基本规范》第 3.4.2 条所规定的锥体边坡换算。

(3)基础长度与台后路基填土高 H 相配合，计算了几种长度，应用时可以内插。

(4)非岩石地基单线桥基础的宽度一般在 6.7 m 以内，为简化计算，取与路肩宽度一致，即均为 6.7 m，因此系数 α 适用于单线桥。

(5)锥体表面为折线形。为简化计算按直线坡面考虑，锥体及台后路堤的坡脚均假定在同一平面上。

(6)台后各种填料对计算影响不大，均可采用。

中华人民共和国行业标准

铁建函〔1999〕69号

铁路桥梁抗震鉴定与加固技术规范

Technical Specifications for Aseismic Appraisal and Reinforcement of Railway Bridge

TB 10116—99

1999—03—02 发布　　　　1999—06—01 实施

中华人民共和国铁道部　发布

前　言

本规范系根据铁道部铁基〔1988〕217号文件的要求，按照我国铁路既有桥梁的具体情况，总结以往国内外铁路桥梁震害特点和桥梁抗震设计的经验，吸取成熟的科研成果编制而成。本规范可指导工程、工务部门对既有铁路桥梁的抗震性能进行评价，并可根据本规范采取经济、合理、有效的抗震和隔震措施。

本规范共分总则、术语和符号、既有桥梁现状调查及评定、抗震验算、抗震加固五章，并有液化土的判定方法、岩土的平均剪切波速值、液化土力学指标折减系数、简支梁桥桥墩抗震验算的简化方法及梁式桥桥墩自振特性的计算、梁式桥防止落梁的设施和连续梁桥地震作用简化计算等七个附录。

本规范是首次编制，希望各单位在执行过程中，认真总结经验，积累资料，如发现需要修改和补充之处，请及时将意见和有关资料寄交铁道部第一勘测设计院（兰州市和政路75号，邮政编码:730000），并抄送铁路工程技术标准所（北京市朝阳门外大街227号，邮政编码:100020），供今后修改时参考。

本规范由铁道部建设管理司负责解释。

本规范主编单位:铁道部第一勘测设计院。

本规范参加单位:北方交通大学、上海铁道大学。

本规范主要起草人:廖蜀樵、李正扬、李涛、朱晞、曹雪琴、马有强、顾玉龙、慕峰、宋旭东。

目　次

1 总 则

1.0.1 为贯彻预防为主的抗震方针，统一既有铁路桥梁的抗震性能评定与加固的技术要求，保障铁路运输的畅通，制定本规范。

1.0.2 本规范适用于地震基本烈度为7度、8度和9度地区标准轨距既有铁路(以下简称铁路)未经抗震设计的梁式桥。

当既有桥梁所在地区设计烈度提高或地震后已出现病害时，也应按本规范进行抗震鉴定和加固。

特别重要的桥梁和新型结构桥梁的抗震鉴定方法和加固措施应另行专门研究。

1.0.3 按本规范鉴定和加固后的桥梁，在遭受相当于所在场地基本烈度的地震影响时，Ⅰ、Ⅱ级铁路的桥梁损坏部分稍加整修后即可正常使用；Ⅲ级铁路的桥梁经短期抢修后即能恢复通车。

1.0.4 鉴定既有桥梁所采用的地震烈度，除国家有特殊规定外，Ⅰ、Ⅱ级铁路，应采用所在地区的基本烈度；Ⅲ级铁路，除支座及防止落梁的设施应采用基本烈度外，其余部分可按基本烈度降低1度进行鉴定。

1.0.5 验算铁路桥梁的抗震强度和稳定性时，应计入水平地震作用，水平地震系数应按表1.0.5采用。

设计烈度为9度的悬臂结构和预应力混凝土刚构桥等，还应计入竖向地震作用，并应按水平与竖向地震作用同时发生的最不利的情况组合。竖向地震作用可取结构恒载和活载的7%，有条件时也可按竖向地震系数 K_v 等于0.2计算。

表1.0.5 水平地震系数

基本烈度(度)	7	8	9
水平地震系数 K_h	0.1	0.2	0.4

1.0.6 地震区的铁路桥梁，应按本规范第5章的有关规定采取抗震措施；凡属下列情况之一的桥梁，应按本规范第4章进行抗震强度及稳定性验算后加固：

1 遭受震害后修复困难的深水、高墩、大跨桥梁。

2 墩、台基础位于可液化土及软土地基上的特大桥和大中桥。

3 Ⅰ级铁路基本烈度等于或大于8度，墩、台基础建筑在岩石和一般土质地基上，由墩台顶至地面或一般冲刷线高度大于10 m的特大桥和大中桥。

1.0.7 对跨越铁路的结构(如跨线桥、立交明洞、渡槽等)应按不低于铁路工程的设计烈度予以鉴定。

1.0.8 对铁路桥梁进行抗震鉴定时，除应符合本规范外，尚应符合国家现行的有关强制性标准的规定。

2 术语和符号

2.1 术　语

2.1.1 基本烈度　basic intensity of earthquake

一个地区在一般场地条件下,50 年期限内超越概率为10% 的地震烈度值,即现行《中国地震烈度区划图》规定的烈度。

2.1.2 设计烈度　design earthquake intensity

按国家批准权限审定的抗震设计所采用的地震烈度。

2.1.3 地震动水压力　dynamic water pressure of earthquake

地震时,水作用于刚性或弹性结构的水平力。

2.1.4 砂土液化　liquefaction of saturated soil

饱和砂土在振动荷载作用下,空隙水压力升高,导致土体强度丧失,变形急聚发展的一种现象。

2.2 符　号

K_h——水平地震系数

K_v——竖向地震系数

V_{sm}——平均剪切波速

β_j——j 振型动力系数

η_c——综合影响系数

γ_j——j 振型参与系数

m_f——基础质量

J_f——基础对其质心轴的转动惯量

g_n——标准自由落体加速度

m——非岩石地基系数的比例系数

V_g——地面或一般冲刷线处的剪力

M_g——地面或一般冲刷线处的弯矩

η_i——水平地震作用沿桥台高度的增大系数

Ψ——地基土容许承载力的修正系数

N_{cr}——液化临界标准贯入锤击数

P'_s——临界贯入阻力

P_{sca}——实测计算的贯入阻力

F_L——抗液化指数

ω——振动圆频率

ω_f——桥墩基阶振动圆频率(刚性地基)

ω_R——桥墩摇振圆频率

ω_1——桥墩基阶振动圆频率

f——振动频率

T——振动周期

m_b——墩顶集中质量

K_{11}——墩底(桩基础为承台底)处产生单位水平位移需加的水平力

K_{22}——墩底(桩基础为承台底)处产生单位转角需加的力矩

K_{12}——K_{11}与K_{22}间的耦联刚度

K——桥墩的广义刚度

γ——墩身材料的重力密度

V_0——墩身基础顶截面剪力

M_0——墩身基础顶截面弯矩

ζ,ξ——简化公式中的剪力、弯矩修正系数

m_t——桥墩总质量

h_a——桥墩总质量的质心高度

Q_{0i}——一联连续梁第 i 个桥墩基础顶的剪力

M_{0i}——一联连续梁第 i 个桥墩基础顶的弯矩

M——桥墩的广义质量

3　既有桥梁现状调查及评定

3.0.1　对既有桥梁调查和评定时，应收集桥梁的设计、竣工图和动力测试等有关资料，以及运营以来因地震所造成的病害及其整治资料。

3.0.2　对桥梁现状调查，应包括以下内容：

1　桥墩、台基础冲刷深度及河床变化情况。

2　桥墩、台基础及地质情况不明时，可进行必要的勘探和试验，查明地基岩(土)的物理力学性质。

3　可用回弹仪、拉拔仪、超声波无损检测设备等对桥墩、台混凝土强度进行评定。

4　石砌桥墩、台，应检查灰缝及石料强度是否满足设计要求。

5　混凝土桥墩、台的施工缝是否有加强措施。有无裂缝(长度、部位、深度)等病害情况。

6　钢筋混凝土墩、台有无露筋、裂缝等不良情况。

7　桥梁支座及锚栓是否良好。

3.0.3　重要的、技术复杂的、修复困难的桥梁，当设计烈度为 7 度，地面以下 15 m 以内(设计烈度为 8 度或 9 度，地面以下 20 m 以内)，有可能液化的土层，既无抗液化措施又缺少液化判别资料时，应按本规范附录 A 的标准贯入法或静力触探法进行试验，并结合场地的工程地质和水文地质条件进行综合分析，判定其地震时是否液化。

当土层符合下列条件之一时，不考虑可能液化的影响，并不再进行液化判定：

1　地质年代属于上更新统及基以前年代的饱和砂土，黏砂土和塑性指数 I_p 小于或等于 10 的砂黏土。

2　土中采用六偏磷酸钠作分散剂的测定方法测得的黏粒含量百分比 P_c，当设计烈度为 7 度时大于 10；8 度时大于 13；9 度时大于 16。

3　基础埋置深度不大于 2 m 的天然地基，符合图 3.0.3 不液化的要求。

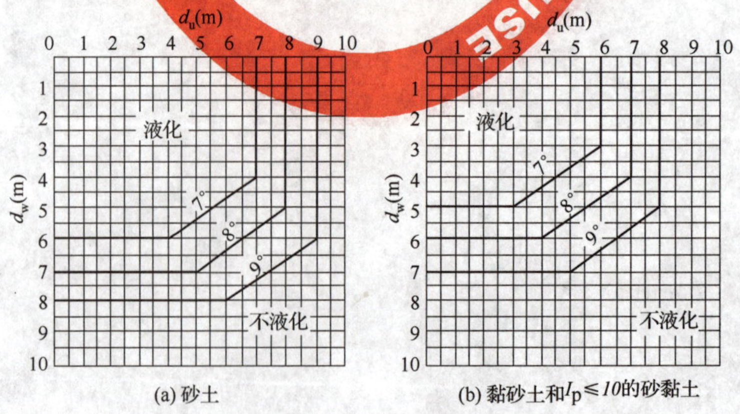

(a) 砂土　　(b) 黏砂土和 $I_p \leq 10$ 的砂黏土

图 3.0.3　利用 d_u 和 d_w 的液化初判图

d_u——第一层液化土顶面至地表或一般冲刷线之间所有上覆非液化土层的厚度，不包括软土或砂类土的厚度；

d_w——地下水的埋深。

3.0.4 桥址处场地土和场地分类应符合下列规定：

1 桥址场地土分类

1）Ⅰ类场地土：岩石和密实的块石土、漂石土或土层的平均剪切波速 v_{sm} 大于 500 m/s。

2）Ⅱ类场地土：Ⅰ类场地土、Ⅲ类场地土以外的稳定土或土层的平均剪切波速 v_{sm} 小于或等于 500 m/s，并大于 140 m/s。

3）Ⅲ类场地土：土层为松散饱和的中砂、细砂、粉砂；新近沉积的黏性土和软塑至流塑的黏性土；淤泥和淤泥质土；新填土或土层的平均剪切波速 v_{sm} 小于或等于 140 m/s。

2 桥址场地分类

1）场地为单一场地土时，场地类别与场地土类别一致。

2）场地内存在多层的场地土时，场地类别应按计算深度内土层的平均剪切波速 v_{sm} 值确定，并符合表 3.0.4 规定。

3）当无土层剪切波速实测资料时，可按本规范附录 B 选用。但对于液化土及软土地基上的特大桥、修复困难的桥梁的多层土场地，应采用实测剪切波速评定。

表 3.0.4 场地分类

场 地 类 别	Ⅰ	Ⅱ	Ⅲ
场地土平均剪切波速（m/s）	>500	500～140	≤140

4）评定场地类别时，其土层的深度应为地面或一般冲刷线以下 25 m，并不得小于基础底面以下 10 m。

5）当无地质资料时，也可用测定场地脉动卓越周期等方法，以确定桥址的场地类别。

3.0.5 既有桥可测定桥墩的动力参数判断桥墩的抗震性能。

4 抗 震 验 算

4.0.1 桥梁的抗震验算,应计算墩、台的强度和稳定,除悬臂结构及预应力混凝土刚构桥外,梁部结构可不验算抗震强度。

4.0.2 抗震验算时,除计入恒载外,顺桥向不计活载引起的地震力,横桥向只计 50% 活载引起的地震力。

4.0.3 桥梁的地震作用可采用反应谱理论计算。动力系数 β_j 值应根据桥梁的自振周期 T_j 及场地类别按图 4.0.3 确定。桥梁的自振周期 T_j 应按本规范附录 D、E 或 G 计算。

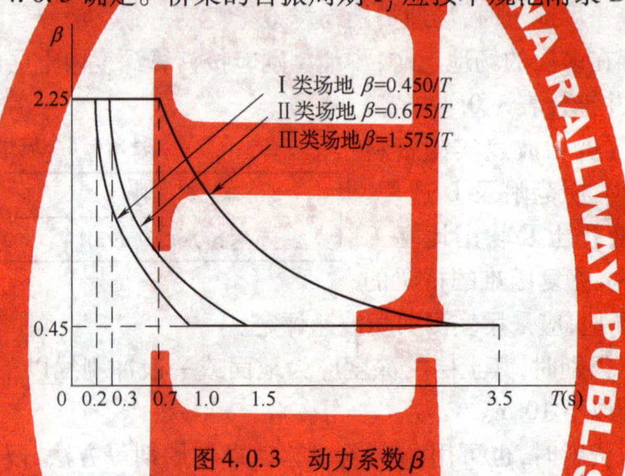

图 4.0.3 动力系数 β

4.0.4 桥梁抗震验算应符合下列规定:

1 基础底面的合力偏心距 e 应符合表 4.0.4—1 的规定。

2 混凝土和砌体截面合力偏心距 e 应符合表 4.0.4—2 的规定。

3 配有钢筋的混凝土重力式桥墩台截面的偏心距可大于表 4.0.4—2 的规定值。配筋量应按强度计算确定,配筋率和裂缝开展度可不计算。

表 4.0.4—1 基础底面合力偏心距 e

地　基　土	e
未风化至风化颇重的硬质岩层	$\leqslant 2.0\rho$
上项以外的其他岩层	$\leqslant 1.5\rho$
基本承载力 $\sigma_0>200$ kPa 的土层	$\leqslant 1.2\rho$
基本承载力 $\sigma_0\leqslant 200$ kPa 的土层	$\leqslant 1.0\rho$

注:ρ 为基础底面计算方向的核心半径。

表 4.0.4—2 混凝土和砌体截面合力偏心距 e

截 面 形 状	e
圆　形	$\leqslant 0.7s$
矩形及其他形状	$\leqslant 0.8s$

注:s 为截面形心至最大压应力边缘的距离。

4 建筑材料容许应力应为基本容许应力乘以表 4.0.4—3 规定的修正系数。

表 4.0.4—3 建筑材料容许应力修正系数

材料名称	应力类别	修正系数
混凝土和石砌体	剪应力、主拉应力	1.0
	压应力	1.7
钢　　材	剪应力，拉、压应力	1.5

5 墩台的滑动稳定系数不应小于 1.1。

6 墩台的倾覆稳定系数不应小于 1.2。

4.0.5 桥梁的水平地震作用，应符合下列规定：

1 桥梁各部位的地震力应作用于其质心。梁体的地震力顺桥向应位于支座中心，横桥向应位于梁高的 1/2 处。活载地震力作用于轨顶以上 2.0 m 处。

2 桥梁的振动特性应计入地基与基础相互作用的影响。

3 简支梁桥墩的水平地震作用应按下列公式计算(图 4.0.5)：

$$F_{ijE}=\eta_c K_h \beta_j \gamma_j X_{ij} m_i g_n \quad (4.0.5\text{—}1)$$

$$M_{ijE}=\eta_c K_h \beta_j \gamma_j K_{fj} J_f g_n \quad (4.0.5\text{—}2)$$

式中 F_{ijE}——j 振型 i 点的水平地震力，kN；

η_c——综合影响系数，当桥墩顶至基础顶或一般冲刷线的高度 $H_1 \leqslant 10$ m 时，$\eta_c=0.2$；当 $H_1 \geqslant 60$ m 时，$\eta_c=0.5$；当 10 m $< H_1 <$ 60 m 时，η_c 值按直线内插；

K_h——水平地震系数，按本规范表 1.0.5 取值；

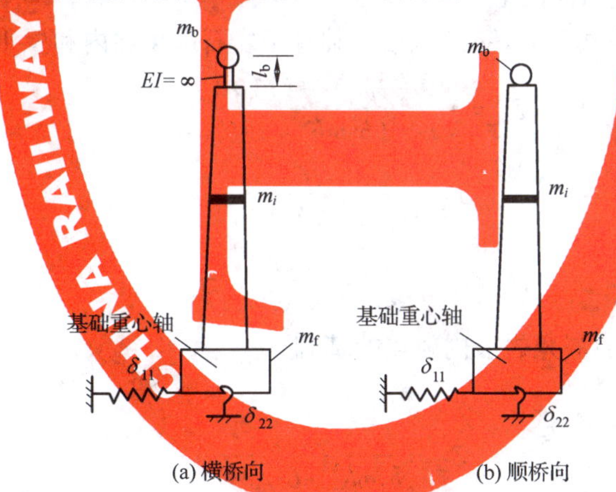

图 4.0.5 桥墩地震荷载计算图式

注：δ_{11}——当基顶或承台底作用单位水平力时，基础顶或承台底产生的水移位平(m/kN)，岩石地基 $\delta_{11}=0$；

δ_{22}——当基顶或承台底作用单位弯矩时，基础顶或承台底产生的转角[rad/(kN·m)]，岩石地基 $\delta_{22}=0$；

m_b——桥墩顶梁体及活载质量(t)；

L_b——m_b 质心距桥墩顶的高度(m)；

m_i——桥墩第 i 段的质量(t)。

β_j——j 振型动力系数，按自振周期 T_j 及本规范第 4.0.3 条确定；

γ_j——j 振型参与系数，按下式计算：

$$\gamma_j=\frac{\sum m_i X_{ij}+m_f X_{fj}}{\sum m_i X_{ij}^2+m_f X_{fj}^2+J_f K_{fj}^2}$$

其中 X_{ij}——j 振型基础质心处振动方向的振型函数值；

m_f——基础的质量(t)；

X_{ij}——j 振型在第 i 段桥墩质心处振动方向的振型函数值；

M_{fE}——非岩石地基的基础或承台质心处 j 振型地震力矩(kN · m)；

K_{fj}——j 振型基础质心角变位的振型函数值(1/m)；

J_f——基础对其质心轴的转动惯量(t · m²)；

g_n——标准自由落体加速度，其值为 9.81m/s²。

4 地震作用效应弯矩、剪力、位移，可取前三个振型遇合，并应按下式计算：

$$S_{iE} = \sqrt{\sum_{j=1}^{3} S_{ijE}^2} \tag{4.0.5—3}$$

式中 S_{iE}——在地震作用下，i 点的弯矩、剪力或位移；

S_{ijE}——在 j 振型地震作用下，i 点的弯矩、剪力或位移。

5 简支梁桥墩地震作用的简化计算方法可按本规范附录 D 计算。

4.0.6 连续梁桥应按一联梁及墩作地震反应计算，顺桥向活动支座墩可计入摩阻力的约束影响。

连续梁桥抗震分析的综合影响系数应按第 4.0.5 条第 3 款的规定选用。

连续梁桥地震作用的简化计算可采用本规范附录 G 的方法。

4.0.7 计算非岩石地基基础的柔度系数 δ_{11}、δ_{22}、δ_{12} 时，应计入土的弹性抗力，并应按下列公式计算。

1 明挖、沉井基础顶面的地基柔度系数：

1)置于非岩石地基上的基础(包括基础置于岩石风化层内和置于风化层面上)。

$$\delta_{11} = \frac{6(b_0 m h^4 + 6C_0 a W)}{b_0 m h^2 (b_0 m h^4 + 18C_0 a W)} \tag{4.0.7—1}$$

$$\delta_{22} = \frac{36}{b_0 m h^4 + 18C_0 a W} \tag{4.0.7—2}$$

$$\delta_{12} = \frac{-12h}{b_0 m h^4 + 18C_0 a W} \tag{4.0.7—3}$$

2)明挖、沉井底面嵌入岩层内较浅的基础。

$$\delta_{11} = \delta_{12} = 0 \tag{4.0.7—4}$$

$$\delta_{22} = \frac{12}{b_0 m h^4 + 6C_0 a W} \tag{4.0.7—5}$$

式中 b_0——基础侧面土抗力的计算宽度(m)，应按现行行业标准《铁路桥涵设计规范》(TBJ 2—85)的规定计算，明挖基础侧面土抗力的计算宽度应由基础的平均尺寸确定；

m——非岩石地基系数的比例系数，可按表 4.0.7 采用，液化土层的 m 值应按本规范附录 C 的规定折减；

表 4.0.7 非岩石地基系数的比例系数 m

序号	土的名称	m(kN/m⁴)
1	流塑黏性土 $I_L \geq 1$，淤泥	3 000 ~ 5 000
2	软塑黏性土 $1 > I_L \geq 0.5$，粉砂	5 000 ~ 10 000

续上表

序号	土的名称	m(kN/m^4)
3	硬塑黏性土 $0.5>I_L\geqslant 0$,细砂、中砂	10 000 ~ 20 000
4	半干硬黏性土、粗砂	20 000 ~ 30 000
5	砾砂、角砾土、圆砾土、碎石土、卵石土	30 000 ~ 80 000
6	块石土、漂石土	80 000 ~ 120 000

注:1 本表可用于结构在地面处位移最大值不大于6 mm的情况,当位移较大时应适当降低;

2 当基础侧面设有斜坡或台阶,且其坡度或台阶总宽度与地面以下或局部冲刷线以下深度之比大于1:20时,m 值应减小一半。

h——基础底面位于地面或一般冲刷线以下的深度(m);

C_0——基础底面竖向地基系数(kN/m^3),按现行行业标准《铁路桥涵设计规范》(TBJ 2—85)的规定计算;

a——基础底面顺外力作用方向的基础长度(m);

W——基础底截面抵抗矩(m^3);

δ_{12}——当基础顶作用单位弯矩时,基础顶产生的水平位移 m/(kN·m);

δ_{11},δ_{22}——含义见图4.0.5注。

2 桩基础承台底面的地基柔度系数,应按现行行业标准《铁路桥涵设计规范》(TBJ 2—85)的规定计算。

4.0.8 梁式桥跨结构的实体桥墩,在常水位以下部分,水深大于5 m时,应计入地震动水压力对桥墩的作用。作用于圆形或圆端形桥墩上的地震动水压力应按下列公式计算(图4.0.8)。

1 水中墩,高度 h_i 处单位墩高的动水压力,应按下式计算:

$$F_{iwE}=K_h\frac{h_i}{H}m_w g_n\gamma_1\beta_1 \qquad (4.0.8\text{—}1)$$

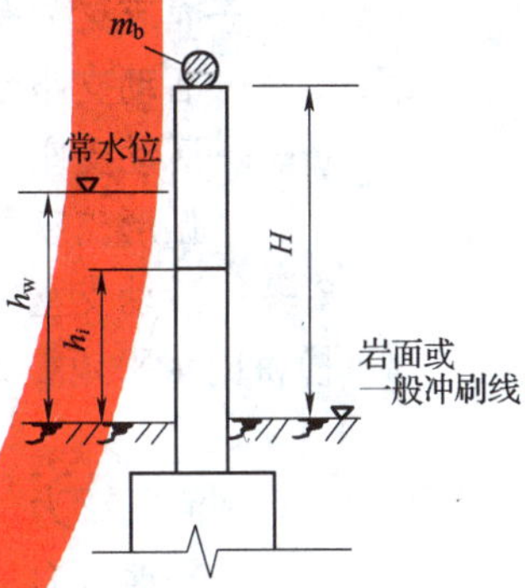

图4.0.8 桥墩地震动水压力计算图式

注:h_w——常水位至岩面或一般冲刷线的高度(m)。

式中 F_{iwE}——水中墩,高度 h_i 处单位墩高的动水压力(kN/m);

K_h——水平地震系数;

m_w——桥墩单位高度水的附加质量(t/m),并按下列公式计算:当 $0<h_i\leqslant 0.8h_w$ 时,$m_w=\gamma_w A/g_n$;当 $0.8h_w<h_i\leqslant h_w$ 时,

$$m_w=\frac{5(h_w-h_i)\gamma_w A}{h_w g_n}$$

其中 γ_w——水的重力密度(kN/m^3),

A——以垂直于计算方向,桥墩 $h_w/2$ 处的截面宽度为直径的圆面积(m^2);

γ_1——桥墩计算方向的振型参与系数,并按下式计算:

$$\gamma_1=\frac{0.375\gamma A_1 H+m_b g_n}{0.236\gamma A_1 H+m_b g_n}$$

其中 γ——墩身材料的重力密度(kN/m^3);

A_1——桥墩高度 $H/2$ 处的截面面积(m^2);

β_1——桥墩计算方向的动力系数，应按本规范准第 4.0.3 条确定，其基本周期应按下式计算：

$$T_1 = 2\pi \cdot \sqrt{\frac{H^3(0.236\gamma A_1 H + m_b g_n)}{3I_P' g_n E}}$$

其中 E——墩身材料的弹性模量(kPa)，

I_P'——桥墩高度 $H/2$ 处截面计算方向的惯性矩(m^4)，

g_n——标准自由落体加速度。

2 桥墩动水压力在地面或一般冲刷线处的剪力、弯矩应按下列公式计算：

$$V_g = \frac{0.407}{H} K_h \gamma_1 \beta_1 A \gamma_w h_w^2 \quad (4.0.8—2)$$

$$M_g = 0.604 V_0 h_w \quad (4.0.8—3)$$

式中 V_g——地面或一般冲刷线处的剪力(kN)；

M_g——地面或一般冲刷线处的弯矩(kN · m)。

4.0.9 验算支座部件、梁与支座间连接、墩台锚栓及橡胶支座支挡设施的抗震强度时，水平地震力应按下列公式计算。

1 顺桥向固定端的水平地震力：

$$F_{hE} = 1.5 K_h m_d g_n - \sum \mu R_a \quad (4.0.9—1)$$

式中 F_{hE}——固定端的水平地震力(kN)；

m_d——简支梁为一个桥墩左右各半孔梁(连续梁为一联梁)和桥面的质量(t)；

$\sum\mu R_a$——活动支座摩阻力之和(kN)，并应符合 $\sum\mu R_a \leqslant 0.75 K_h m_d g_n$ 的规定；

μ——活动支座的摩擦系数，钢辊轴、摇轴支座及盆式橡胶支座 $\mu = 0.05$；板式、弧形支座及板式橡胶支座 $\mu = 0.1 \sim 0.2$；

R_a——活动支座的恒载反力(kN)。

2 横桥向水平地震力由活动支座与固定支座共同承受。桥墩墩顶处的水平地震力：

$$F_{hE} = 1.5 K_h m_d' g_n \quad (4.0.9—2)$$

式中 F_{hE}——简支梁为一个桥墩墩顶处的水平地震力(kN)连续梁为一联梁墩顶处的水平地震力，各墩分配的水平地震力按 $F_i = F_{hE} K_i / \sum K_i$ 计算，其中 K_i 为各墩墩身刚度；

m_d'——简支梁为左右各半孔梁(连续梁为一联梁)的质量、桥面质量和梁上活载质量的 50% 之和(t)。

3 验算锚栓强度时，计入支座与墩台面的摩擦力，摩擦系数 $f = 0.07$。

4.0.10 桥台的地震作用应采用静力法计算。

1 桥台第 i 截面以上部分质心处的水平地震力按下式计算：

$$F_{ihE} = \eta_c K_h \eta_i m_i g_n \quad (4.0.10—1)$$

式中 F_{ihE}——第 i 截面以上部分质心处的水平地震力(kN)；

η_c——综合影响系数，岩石地

表 4.0.10 水平地震作用沿桥台高度的增大系数 η_i

桥台高度(m) \ 铁路等级	Ⅰ、Ⅱ级	Ⅲ级
$H \leqslant 12$	1	1
$H > 12$	$1 + h_i/H$	1

注：基础部分的 η_i 值采用 1。

基应采用 0.20,非岩石地基应采用 0.25;

η_i——水平地震作用沿桥台高度的增大系数,其数值应按表 4.0.10 采用(图 4.0.10);

m_i——第 i 截面以上部分的质量(t)。

2 梁部作用于桥台的水平地震力按下式计算:

$$F_E = \eta_c K_h m_d g_n \tag{4.0.10—2}$$

式中 F_E——梁部作用于桥台的水平地震力(kN);

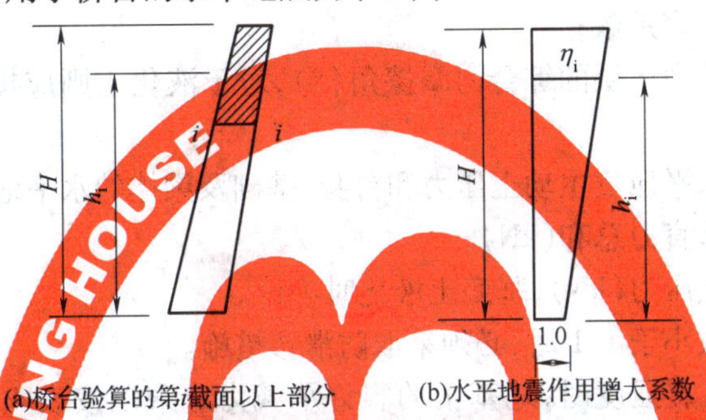

图 4.0.10 水平地震作用增大系数图式

注:1 h_i——第 i 截面以上部分质心至基础顶的高度(m);

2 H——桥台基顶或一般冲刷线至轨底的高度(m)。

顺桥向作用点在支座中心。当梁在桥台端为固定支座时,m_d 以一孔梁计;当梁的两端为相同支座时,m_d 以半孔梁计。横桥向作用点在梁高 1/2 处,m_d 以半孔梁计。

3 不计基础襟边土柱及锥体填土的水平地震力。

4.0.11 桥台地震土压力计算应符合以下规定:

1 作用于桥台台背的地震主动土压力按下式计算:

$$P_{iE} = \frac{1}{2}\gamma H^2 B(\lambda + \lambda') \tag{4.0.11—1}$$

$$\lambda' = \eta_c K_h \frac{1 - \sin\varphi}{\mathrm{con}\varphi} \tag{4.0.11—2}$$

式中 P_{iE}——作用在计算截面以上的地震主动土压力(kN),其作用点在计算截面以上 $H/3$ 处;

H——计算截面至轨底的高度(m);

B——桥台或基础的计算宽度(m);

γ——土的重力密度(kN/m³);

λ——非地震条件下的库伦主动土压力系数;

λ'——地震影向系数;

η_c——综合影响系数,取 0.25;

φ——台后土的综合内摩擦角(°)。

2 桥台基础位于可液化土时,应按式(4.0.11—1)分层计算台背地震土压力,液化土的综合内摩擦角应按本规范附录 C 的规定进行折减。

3 台前土压力按下式计算:

$$E = \frac{1}{2}\gamma h^2 B K_0 \tag{4.0.11—3}$$

式中　E——台前土压力(kN),其着力点至计算土层底面的距离为 $h/3$;

h——计算截面至台前地面或一般冲刷线的高度(m);

K_0——静止土压力系数,采用0.50;当基底持力层为液化土时,不计台前土压力;

γ、B 含义同前。

4.0.12　对于浅基础桥台应按下式进行基底水平滑动稳定的检算:

$$K_c = \frac{\tan\varphi \sum N + E}{\sum P} \tag{4.0.12}$$

式中　K_c——滑动稳定系数;

φ——基底持力土层的综合内摩擦角(°),对于液化土则应按本规范附录C进行折减;

$\sum P$——台背水平地震主动土压力和台身、基础及梁体的水平地震力总和(kN);

$\sum N$——基底垂直力总和(kN);

E——台前土压力(kN),基底土液化时不计。

当滑动稳定系数小于1.1时,必须采取防滑移措施。

4.0.13　验算地基抗震强度时,地基土的容许承载力应乘以按表4.0.13采用的修正系数。

表4.0.13　地基土容许承载力的修正系数 ψ

地　基　土	修正系数 ψ 值
未风化至风化颇重的硬质岩	1.5
未风化至风化轻微的软质岩	1.5
基本承载力 σ_0 >500 kPa 的岩石和土	1.4
150 kPa < σ_0 ≤500 kPa 的岩石和土	1.3
100 kPa < σ_0 ≤150 kPa 的土	1.2

注:1　软质岩是指饱和单轴极限抗压强度为15~30 MPa的岩石;

2　100 kPa < σ_0 ≤150 kPa 的土,不包括液化土、软土、人工弃填土等;

3　柱桩的地基容许承载力的修正系数可取1.5;摩擦桩的地基容许承载力的修正系数根据土的性质可取1.2~1.4。

4.0.14　地基内有液化土层时,液化土层力学指标的折减系数,可按本规范附录C采用;液化土层以下的土层容许承载力的修正系数,宜符合本规范第4.0.13条的规定;液化土层以上的土层容许承载力不应修正。

5 抗 震 加 固

5.0.1 抗震加固前,应根据历史地震资料及工程地质、水文地质等资料,确定桥址场地土的类别,并将下列条件下的桥梁作为抗震加固的重点:

1 位于Ⅲ类场地,尤其是地震时可能有砂土液化,或岸坡滑移的浅基桥梁;

2 常年有水河流上的特大、大中桥;

3 桥墩高度大于20 m或跨度大于40 m的桥梁;

4 既有桥梁的建筑材料,施工质量不满足有关规范要求的桥梁;

5 经抗震鉴定不满足抗震要求的桥梁。

5.0.2 既有桥梁的抗震加固应符合以下要求:

1 宜采用减震、隔震支座或采取其他有效措施,减小结构所承受的地震荷载;

2 多孔简支梁桥采用隔震支座时,应在梁与梁间采用连接措施,梁缝(包括梁台缝)间填塞缓冲材料;

3 松软地基或地震时可能发生砂土液化引起岸坡滑移的桥墩台基础前端应设置防滑措施;

4 对混凝土桥墩无连接措施的施工缝,石砌墩台砂浆强度不满足规范要求,均应采取加强措施;

5 墩台上宜采取防止落梁措施;

6 梁部结构除支座外,可不予抗震加强;

7 桥梁的抗震加固应重视对其结构动力性能的影响,必要时应作动力性能分析;

8 抗震加固措施,应不影响桥梁的正常使用和结构的收缩、变位。

5.0.3 梁式桥防止落梁措施,应符合以下要求:

1 钢筋混凝土及预应力混凝土梁,纵向宜采用柱式或十字式支挡措施,见本规范附录F图F.0.1和图F.0.2。

2 简支钢板梁,纵向宜采用联接板设施,见本规范附录F图F.0.3和图F.0.4;钢桁梁间纵向连接宜按本规范附录F图F.0.5布置。

3 柱式及十字式支挡设施,可采用43~50 kg/m旧钢轨,钢轨不得有裂纹及暗伤,采用其他型钢时,应检算其强度。

4 支挡设施在墩、台顶帽内的埋置深度为30~50 cm,其伸出部分与梁体接触高度不宜小于30 cm。

5 支挡设施孔眼内水泥砂浆强度等级不低于M10,也可用环氧树脂砂浆、硫磺砂浆等填塞。

6 被剪断的墩、台顶帽钢筋,宜与埋设的钢轨焊接。

5.0.4 防止落梁措施可根据经验确定,当需要验算其强度时,一个桥墩顶的水平地震力可按下式计算:

$$F_{hE}=K_h m_d g_n \tag{5.0.4}$$

式中 F_{hE}——桥墩顶的水平地震力(kN);

m_d——墩顶相邻两孔简支梁及桥面质量之和的 1/2(t)。

5.0.5 设在稳定密实地基(如基岩、卵石等土层)常年无水河流上的重力式桥墩台,当基本烈度为 7 度,桥墩、台高度小于或等于 10 m,或当基本烈度为 8 度,桥墩、台高度小于或等于 5 m 时,可不设防止落梁设施。

5.0.6 位于液化土或软土地基上的桥梁,当基底滑动稳定系数小于 1.1 时,小桥可采用在桥墩、台基础之间设置支撑或采用浆砌片石铺砌台前河床等防滑移措施;特大桥、大中桥可采用桥台基础前增设钢筋混凝土抗滑桩,桩长、桩径和桩数可根据本规范第 4.0.11 条计算的土压力以及桩身侧壁液化土弹性抗力等因素计算确定,桩长应穿过液化层并埋入非液化层 3 m 以上。

5.0.7 质量不良的混凝土或石砌桥墩台,应采用外包 0.25 m 厚的钢纤维混凝土或钢筋混凝土套箍予以加固。

5.0.8 混凝土桥墩的施工缝无加强措施时,沿施工缝应采用局部外包 0.25 m 厚,高度不小于 1.0 m 的钢筋混凝土套箍予以加强。在最冷月平均气温低于 -15 ℃的地区,土层内套箍混凝土的强度等级不得低于 C30,下端应在冻结线以下不小于 0.25 m 处。

5.0.9 位于砂土液化地基上的桥梁,可采用挤密砂桩加固桥墩、台地基,其加固范围在基础襟边外 5 ~ 10 m。也可采用矽化法、旋喷桩等加固措施。

5.0.10 当桥墩、台及基础加固困难时,可采用隔震支座减少梁部结构产生的地震力,使桥墩、台及基础的强度符合抗震要求。

附录 A　液化土的判定方法

A. 0. 1　标准贯入试验法

当实测标准贯入锤击数 N 值小于液化临界标准贯入锤击数 N_{cr} 值时，应判为液化土。N_{cr} 值应按下式计算：

$$N_{cr}=N_0 a_1 a_2 a_3 a_4 \tag{A.0.1}$$

式中　N_0——当 d_s 为 3 m，d_w 为 2 m，d_u 为 2 m，a_4 为 1 时土层的液化临界标准贯入锤击数：设计烈度 7 度时为 8，8 度时为 12，9 度时为 16；

a_1——地下水埋深 d_w(m) 的修正系数，应按下式计算：

$$a_1=1-0.065(d_w-2)$$

当地面常年有水且与地下水有水力联系时，d_w 为零；

a_2——标准贯入试验点的深度 d_s(m) 的修正系数，应按下式计算：

$$a_2=0.52+0.175d_s-0.005d_s^2$$

a_3——上覆非液化土层的厚度 d_u(m) 的修正系数，应按下式计算：

$$a_3=1-0.05(d_u-2)$$

对于深基础取 a_3 为 1；

a_4——黏粒含量百分比 P_c 的修正系数，应按下式计算：

$$a_4=1-0.17\sqrt{P_c}$$

也可按表 A. 0. 1 取值

表 A. 0. 1　P_c 的修正系数 a_4

土性	砂土	黏砂土	塑性指数 $I_p \leqslant 10$ 的砂黏土
a_4	1.0	0.6	0.45

A. 0. 2　单桥探头静力触探试验法

当实测计算的贯入阻力 P_{sca} 值小于液化临界贯入阻力 P_s' 值时，应判为液化土。

1　P_s' 值应按下式计算：

$$P_s'=P_{s0} a_1 a_3 \tag{A.0.2}$$

式中　P_{s0}——当 d_w 为 2 m，d_u 为 2 m 时，砂土的液化临界贯入阻力值(MPa)：设计烈度 7 度时为 5～6，8 度时为 11.5～13，9 度时为 18～20；

a_1、a_3 含义同前。

2　P_{sca} 应符合下列规定：

1）砂层厚度大于 1m 时，应取该层贯入阻力 P_s(MPa) 的平均值作为该层的 P_{sca} 值；当砂层厚度小于 1m，且上、下层为贯入阻力 P_s 值较小的土层时，应取较大值作为该层的 P_{sca} 值。

2）砂层厚度较大，力学性质和 P_s 值可明显分层时，应分别计算分层的平均 P_{sca} 值。

附录 B　岩土的平均剪切波速值

在无现场实测数据时，各类岩土的平均剪切波速值可按表 B 采用。

表 B　岩土的平均剪切波速

岩 土 名 称	岩土性质或基本承载力 σ_0（kPa）	剪切波速 v_{sm}（m/s）
填　　土		100 ~ 200
淤泥、淤泥质土或软土	$\sigma_0 < 100$	90 ~ 140
黏土、砂黏土	$100 \leqslant \sigma_0 \leqslant 400$	120 ~ 400
黏 砂 土	$100 \leqslant \sigma_0 \leqslant 400$	100 ~ 380
黄土、黄土质土		130 ~ 300
粉砂、细砂	稍松的	100 ~ 130
	中等密实的	130 ~ 200
中砂、粗砂	稍松的	110 ~ 160
	中等密实的	160 ~ 250
粗砂、砾砂		200 ~ 350
砾石土、卵石土、碎石土	松散的	200 ~ 300
	中等密实的	300 ~ 400
	密实的	>400
岩石	风化颇重	500 ~ 1 000
	未风化、风化轻微	>1 000

注：1　本表系深度 10 m 以内的值，深度大于 10 m 时，应适当加大；

2　根据土层深度、标贯击数、平均粒径、孔隙比、液性指数等综合分析选择表中所列的剪切波速值；

3　黏土、砂黏土、黏砂土可按 σ_0 内插取值。

附录 C　液化土力学指标的折减系数

液化土的弹性抗力、摩擦力和内摩擦角、抗剪强度等力学指标的折减系数，应符合表 C 的规定。

表 C　液化土力学指标的折减系数 ψ_1 值

F_L	d_s(m)	ψ_1
$F_L \leqslant 0.6$	$d_s \leqslant 10$	0
	$10 \leqslant d_s \leqslant 20$	0.33
$0.6 < F_L \leqslant 0.8$	$d_s \leqslant 10$	0.33
	$10 < d_s \leqslant 20$	0.66
$0.8 < F_L \leqslant 1.0$	$d_s \leqslant 10$	0.66
	$10 < d_s \leqslant 20$	1.0

注：d_s 是指标准贯入、静力触探试验点的深度。

液化土抗液化指数 F_L 值，应按下列公式计算：

采用标准贯入试验时

$$F_L = N/N_{cr} \quad (C—1)$$

采用静力触探试验时

$$F_L = P_{sca}/P_s' \quad (C—2)$$

附录 D　简支梁桥桥墩抗震验算的简化方法

D. 0. 1　跨度小于或等于 40 m，桥墩高度小于或等于 40 m 的圆形、空心圆形、圆端形、矩形桥墩，其自振周期和地震作用下的墩底剪力和弯矩可用回归法按下列简化公式计算。

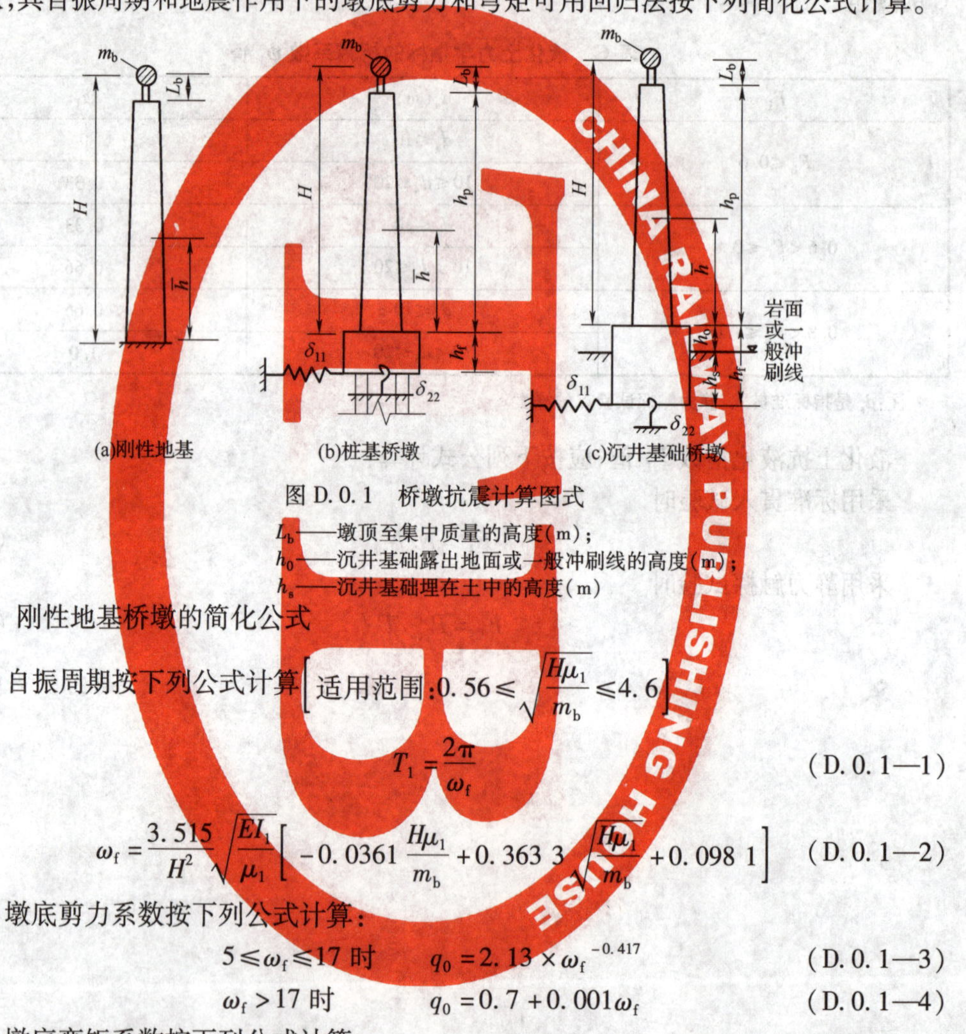

图 D. 0. 1　桥墩抗震计算图式

L_b——墩顶至集中质量的高度(m)；
h_0——沉井基础露出地面或一般冲刷线的高度(m)；
h_s——沉井基础埋在土中的高度(m)

1　刚性地基桥墩的简化公式

1）自振周期按下列公式计算$\left[\text{适用范围}:0.56\leqslant\sqrt{\frac{H\mu_1}{m_b}}\leqslant 4.6\right]$

$$T_1=\frac{2\pi}{\omega_f} \tag{D.0.1—1}$$

$$\omega_f=\frac{3.515}{H^2}\sqrt{\frac{EI_1}{\mu_1}}\left[-0.0361\frac{H\mu_1}{m_b}+0.3633\sqrt{\frac{H\mu_1}{m_b}}+0.0981\right] \tag{D.0.1—2}$$

2）墩底剪力系数按下列公式计算：

$5\leqslant\omega_f\leqslant 17$ 时　　$q_0=2.13\times\omega_f^{-0.417}$　　(D. 0. 1—3)

$\omega_f>17$ 时　　$q_0=0.7+0.001\omega_f$　　(D. 0. 1—4)

3）墩底弯矩系数按下列公式计算：

$5\leqslant\omega_f\leqslant 13$ 时　　$m_0=1.14\times\omega_f^{-0.088}$　　(D. 0. 1—5)

$\omega_f>13$ 时　　$m_0=0.91+0.0005\omega_f$　　(D. 0. 1—6)

式中　ω_f——桥墩基阶振动圆频率(刚性地基)；
T_1——桥墩基阶振动周期(s)；
E——墩身材料的弹性模量(kPa)；
I_1——墩底截面惯性矩(m^4)；
μ_1——墩底截面处线密度(t/m)；

H——墩顶集中质量质心至墩底的高度(m);

m_b——墩顶集中质量(t);

q_0——墩底剪力系数;

m_0——墩底弯矩系数。

2 弹性浅基、沉井和桩基础桥墩的简化公式

1)自振周期按下列公式计算(适用范围 $0 < U \leqslant 14$):

$$T_1 = \frac{2\pi}{\omega_1} \quad \text{(D. 0. 1—7)}$$

$$\omega_1 = \frac{\omega_f}{1 + 0.982\,5U - 0.084\,4U^2 + 0.003\,4U^3} \quad \text{(D. 0. 1—8)}$$

$$U = \frac{EI_0[\delta_{11} + 2\delta_{12}(H + h_f) + \delta_{22}(H + h_f)^2]}{H^3} \quad \text{(D. 0. 1—9)}$$

2)弹性浅基墩底地震内力系数按下列公式计算:

Ⅰ类场地 $q_0 = -1.32 \times 10^{-5}z^3 + 0.000\,975z^2 - 0.007\,41z + 0.77$ (D. 0. 1—10)

Ⅱ类场地 $q_0 = -6.51 \times 10^{-6}z^3 + 0.000\,72z^2 - 0.014\,3z + 0.831$ (D. 0. 1—11)

Ⅰ类场地 $m_0 = 0.96$ (D. 0. 1—12)

Ⅱ类场地 $m_0 = 4.532 \times 10^{-5}z^2 - 0.002\,6z + 0.982$ (D. 0. 1—13)

式中 z——内力综合柔度参数,$z = H\sqrt{T_1}$,适用范围 $z \leqslant 60$;

T_1——桥墩基阶振动周期(s);

ω_1——桥墩基阶振动圆频率;

U——墩身弯曲刚度与基底弹簧刚度的比值;

$\delta_{11}, \delta_{12}, \delta_{22}$——地基基础的柔度系数,按本规范第4.0.7条的规定计算;浅基础:$\delta_{11} = 0$ 及 $\delta_{12} = 0$;

h_f——桥墩基础或桩基承台的高度(m);

其余符号含义同前。

3)沉井基础墩底地震内力系数按下列公式计算:

Ⅱ类场地 $q_0 = -1.615 \times 10^{-5}z^3 + 0.001\,67z^2 - 0.037\,65z + 1.197$ (D. 0. 1—14)

Ⅲ类场地 $q_0 = 1/(5.139 \times 10^{-6}z^3 - 0.000\,79z^2 + 0.034\,79z + 0.727)$ (D. 0. 1—15)

Ⅱ类场地 $m_0 = -3.45 \times 10^{-6}z^3 + 0.000\,48z^2 - 0.021\,1z + 1.322$ (D. 0. 1—16)

Ⅲ类场地 $m_0 = 1/(3.387 \times 10^{-6}z^3 - 0.000\,42z^2 + 0.019\,47z + 0.675)$ (D. 0. 1—17)

4)桩基桥墩墩底地震内力系数按下列公式计算:

Ⅱ类场地 $q_0 = -8.519 \times 10^{-6}z^3 + 0.000\,89z^2 - 0.018\,14z + 1.011$ (D. 0. 1—18)

Ⅲ类场地 $q_0 = 8.657 \times 10^{-5}z^2 - 0.006\,57z + 0.991$ (D. 0. 1—19)

Ⅱ类场地 $m_0 = 1.05$ (D. 0. 1—20)

Ⅲ类场地 $m_0 = -2.902 \times 10^{-5}z^2 + 0.000\,9z + 1.048$ (D. 0. 1—21)

3 基顶墩底剪力和弯矩的计算

$$V_0 = \eta_c K_h \beta_1 W q_0 \quad \text{(D. 0. 1—22)}$$

$$M_0 = \eta_c K_h \beta_1 W \bar{h} m_0 \quad \text{(D. 0. 1—23)}$$

式中 V_0——基础顶截面剪力(kN);

M_0——基础顶截面弯矩(kN · m)；

η_c——综合影响系数,按本规范第 4.0.5 条采用；

K_h——水平地震系数,按本规范表 1.0.5 采用；

β_1——基阶振型动力系数,按本规范图 4.0.3 采用；

W——墩身及墩顶集中重力之和(kN)；

$\bar{h}$——W 之重心距基顶截面的高度(m)。

D.0.2 跨度小于或等于 40 m,桥墩高度小于或等于 40 m 的圆形、空心圆形、圆端形、矩形桥墩,空心矩墩和刚性帽梁下的排架桥墩,其基阶振动频率 ω_1 及地震反应的内力可按分析法计算。

1 $\dfrac{K_{11}H^3m_b}{EJ_pm_p}>8.0$ 时桥墩(不包括排架墩)的抗震计算

1)当$\dfrac{K_{11}H^3m_b}{EJ_pm_p}>8.0$ 时,桥墩概化的力学模型如图 D.0.2—1。

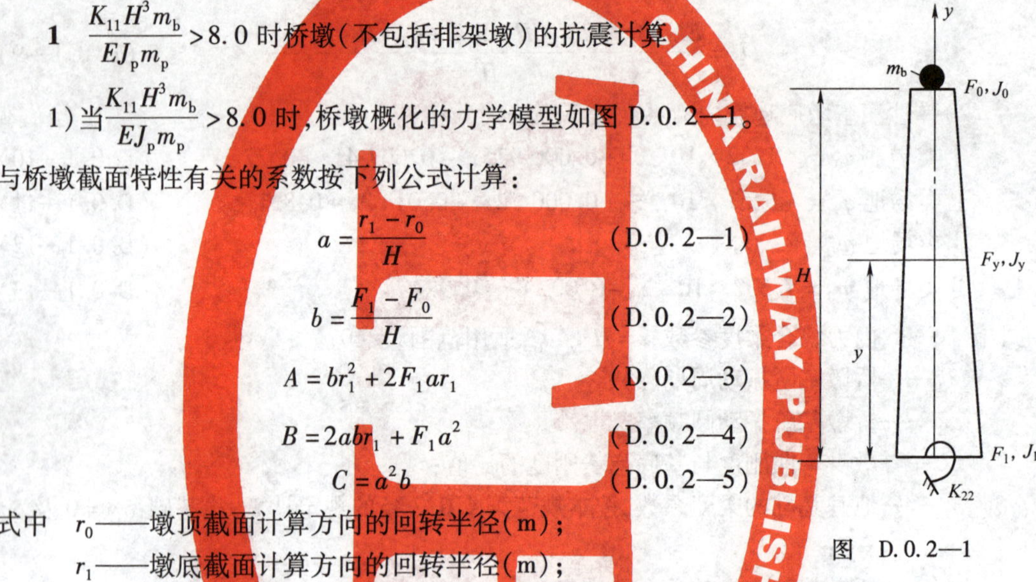

图　D.0.2—1

与桥墩截面特性有关的系数按下列公式计算：

$$a=\frac{r_1-r_0}{H} \tag{D.0.2—1}$$

$$b=\frac{F_1-F_0}{H} \tag{D.0.2—2}$$

$$A=br_1^2+2F_1ar_1 \tag{D.0.2—3}$$

$$B=2abr_1+F_1a^2 \tag{D.0.2—4}$$

$$C=a^2b \tag{D.0.2—5}$$

式中　r_0——墩顶截面计算方向的回转半径(m)；

r_1——墩底截面计算方向的回转半径(m)；

H——墩高(m)；

F_0——墩顶面积(m^2)；

F_1——墩底面积(m^2)；

m_b——墩顶集中质量(t)；

m_p——墩身质量(t)；

J_p——墩高 H/2 处墩身截面计算方向的惯性矩(m^4)；

K_{11}——墩底(桩基础为承台底)处产生单位水平位移需加的水平力(kN/m)；

K_{22}——墩底(桩基础为承台底)处产生单位转角需加的力矩(kN · m/rad)。

2)桥墩基阶振动圆频率按下列公式计算：

①基阶振动圆频率 ω_f(刚性地基)的计算：

$$\omega_f=\sqrt{\frac{K}{M}} \tag{D.0.2—6}$$

$$K=\frac{E}{H^4}(3.044J_1H-0.905AH^2+0.398BH^3-0.211CH^4) \tag{D.0.2—7}$$

$$M=\frac{\gamma}{g_n}(0.227F_1H-0.186bH^2)+m_b \tag{D.0.2—8}$$

式中　ω_f——桥墩基阶振动圆频率(刚性地基);
K——桥墩的广义刚度;
M——桥墩的广义质量(t);
E——墩身材料的弹性模量(kPa);
J_1——墩底截面计算方向的惯性矩(m^4);
m_b——墩顶集中质量(t);
γ——墩身材料重力密度(kN/m^3);
g_n——标准自由落体加速度,9.81m/s^2。

②摇振圆频率 ω_R 的计算:

$$\omega_R = \sqrt{\frac{K_{22}}{I_0}} \tag{D.0.2—9}$$

$$I_0 = \frac{m_c H^3}{3} + m_b H^2 \tag{D.0.2—10}$$

$$m_c = \frac{\gamma F_c}{g_n} \tag{D.0.2—11}$$

$$F_c = \frac{F_0 + F_1}{2} \tag{D.0.2—12}$$

式中　ω_R——桥墩摇振圆频率;
I_0——桥墩概化为等截面墩后桥墩质量(包括墩身质量和墩顶集中质量)对转动约束中心处的转动惯量($t \cdot m^2$);
m_c——桥墩概化为等截面墩后墩身线密度(t/m);
F_c——桥墩截面积的算术平均值(m^2)。

③桥墩基阶振动圆频率和基阶周期的计算:

$$\omega_1 = \sqrt{\frac{\omega_f^2 \cdot \omega_R^2}{\omega_f^2 + \omega_R^2}} \tag{D.0.2—13}$$

$$T_1 = \frac{2\pi}{\omega_1} \tag{D.0.2—14}$$

式中　ω_1——桥墩基阶振动圆频率;
T_1——桥墩基阶振动周期(s)。

3)桥墩基础顶剪力、弯矩按下列公式计算:

$$V_0 = \eta_c K_h \beta_1 \gamma_1 [\gamma(0.375F_1 H - 0.275bH^2) + m_b \cdot g_n] \cdot \zeta \tag{D.0.2—15}$$

$$M_0 = \eta_c K_h \beta_1 \gamma_1 [\gamma(0.275F_1 H^2 - 0.217bH^3) + m_b \cdot H \cdot g_n] \cdot \xi \tag{D.0.2—16}$$

$$\gamma_1 = [\frac{\gamma}{g_n}(0.375F_1 H - 0.275bH^2) + m_b]/[\frac{\gamma}{g_n}(0.236F_1 H - 0.192bH^2) + m_b] \tag{D.0.2—17}$$

式中　V_0——基础顶剪力(kN);
M_0——基础顶弯矩($kN \cdot m$);
ζ,ξ——剪力、弯矩修正系数,按表 D.0.2 取值;
γ_1——基阶振型参与系数。

表 D.0.2　剪力、弯矩修正系数

场地土	使用条件		剪力修正系数 ζ	弯矩修正系数 ξ
Ⅰ	$T_1 \leqslant 0.2$		1.00	1.00
	$1.0 > T_1 > 0.2$		$\zeta = e^{(0.797\,2T_1 - 0.233\,9)}$	1.03
	$T_1 \geqslant 1.0$		1.80	1.07
Ⅱ	$\frac{K_{22}H}{EJ_p} > 1.0$	$T_1 \leqslant 0.3$	1.10	1.06
		$1.5 > T_1 > 0.3$	$\zeta = e^{(0.627\,8T_1 - 0.152\,0)}$	1.04
		$T_1 \geqslant 1.5$	1.60	1.07
	$\frac{K_{22}H}{EJ_p} \leqslant 1.0$		$\zeta = 0.170\,7T_1 + 1.012\,4$	$\xi = 0.013\,3T_1 + 1.038\,7$
Ⅲ	$\frac{K_{22}H}{EJ_p} > 1.0$	$T_1 \leqslant 0.7$	1.10	1.05
		$3.5 > T_1 \geqslant 0.7$	$\zeta = e^{(0.260\,8T_1 - 0.114\,6)}$	1.03
		$T_1 > 3.5$	1.40	1.03
	$\frac{K_{22}H}{EJ_p} \leqslant 1.0$		$\zeta = 0.203\,9T_1 + 0.912\,8$	$\xi = 0.014\,2T_1 + 1.037\,9$

2　$\frac{K_{11}H^3m_b}{EJ_pm_p} \leqslant 8.0$ 时，桥墩（不包括排架墩）的抗震计算

1）桥墩振动特性的计算计入 K_{11}、K_{22}、K_{12} 的影响

按桥墩高度 $H/2$ 处的尺寸，概化为等截面桥墩（图 D.0.2—2），按下列方法计算：

① 计算 m_t、h_a 和 J_t

$$m_t = m_b + m_cH \tag{D.0.2—18}$$

$$h_a = \frac{m_bH + 0.5m_cH^2}{m_b + m_cH} \tag{D.0.2—19}$$

$$J_t = J_R + m_cH(h_a - 0.5H)^2 + m_b(H - h_a)^2 \tag{D.0.2—20}$$

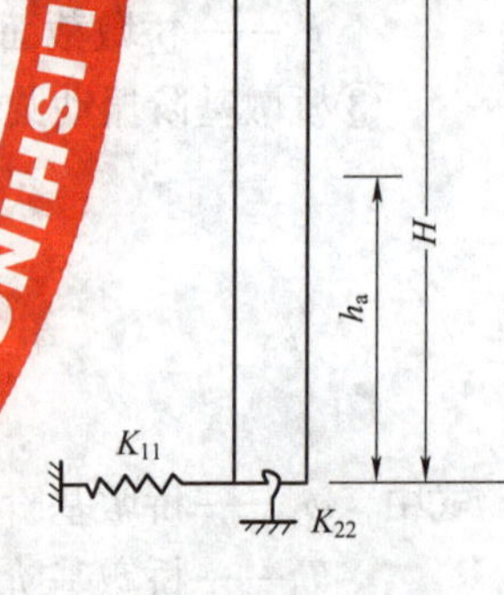

图　D.0.2—2

式中　m_t——桥墩总质量，即墩身质量与墩顶集中质量之和（t）；

h_a——桥墩总质量的质心高度（m）；

J_t——桥墩总质量对质心的转动惯量（t·m²）；

J_R——不计墩顶集中质量 m_b 时，等截面墩质心处的转动惯量（t·m²）。

② 按下式解出一、二阶振动的圆频率 ω_1 和 ω_2

$$\omega_4 - \left(\frac{K_{11}}{m_t} + \frac{K_{22}}{J_t} + \frac{h_a^2K_{11}}{J_t} + \frac{2h_aK_{12}}{J_t}\right)\omega_2 + \frac{K_{11}K_{22} - K_{12}^2}{m_t \cdot J_t} = 0 \tag{D.0.2—21}$$

③ 计算 θ_1，θ_2 和 γ_1，γ_2

$$\theta_1 = \frac{m_1\omega_1^2 - K_{11}}{h_aK_{11} + K_{12}} \tag{D.0.2—22}$$

$$\theta_2 = \frac{m_1\omega_2^2 - K_{11}}{h_aK_{11} + K_{12}} \tag{D.0.2—23}$$

$$\gamma_1=\frac{m_t}{m_t+J_t\theta_1^2}\qquad\text{(D.0.2—24)}$$

$$\gamma_2=\frac{m_t}{m_t+J_t\theta_2^2}\qquad\text{(D.0.2—25)}$$

式中　θ_1,θ_2——一、二阶振型的角变位(rad)；

γ_1,γ_2——一、二阶振型参与系数。

2)桥墩地震力的计算

① 桥墩质心处的地震力按下列公式计算：

$$V_P=\eta_c K_h W[(\gamma_1\beta_1)^2+(\gamma_2\beta_2)^2]0.5\qquad\text{(D.0.2—26)}$$

$$M=\eta_c K_h J_t g_n[(\gamma_1\theta_1\beta_1)^2+(\gamma_2\theta_2\beta_2)^2]0.5\qquad\text{(D.0.2—27)}$$

式中　V_P——作用于桥墩质心处的水平地震力(kN)；

M——作用于桥墩质心处的力矩(kN·m)。

② 桥墩基顶处的剪力、弯矩按下列公式计算：

$$V_0=V_P\qquad\text{(D.0.2—28)}$$

$$M_0=M+V_P h_a\qquad\text{(D.0.2—29)}$$

式中　V_0——基础顶处的剪力(kN)；

M_0——基础顶处的弯矩(kN·m)。

3　刚性帽梁下排架墩的地震作用计算

1)排架墩截面特性计算

排架墩的力学模型如图 D.0.2—3，其截面特性按下式计算：

$$F=NF_1\qquad\text{(D.0.2—30)}$$

$$J=NJ_1\qquad\text{(D.0.2—31)}$$

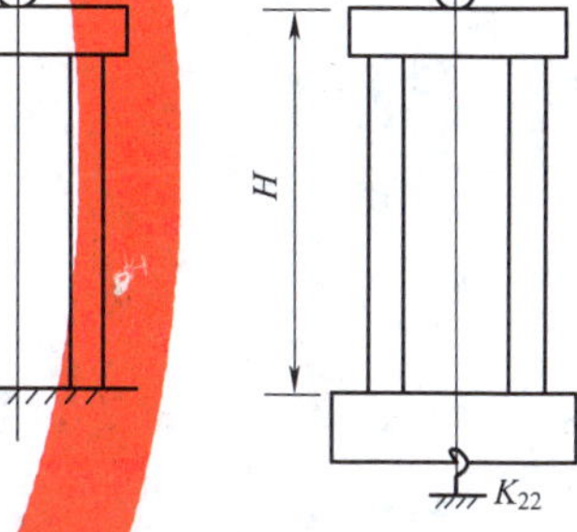

图　D.0.2—3

式中　F——排架墩柱截面的总面积(m^2)；

J——排架墩计算方向的截面总惯性矩(m^4)；

N——排架墩柱的总根数；

F_1——每根柱的截面面积(m^2)；

J_1——每根柱计算方向的截面惯性矩(m^4)。

2)单排排架墩顺桥向地震作用的计算

① 岩石地基上的单排排架墩，其地震作用按下列公式计算：

$$K=3.044\frac{EJ}{H^3}\qquad\text{(D.0.2—32)}$$

$$M=0.277\frac{\gamma HF}{g_n}+m_b\qquad\text{(D.0.2—33)}$$

$$\omega_1=\sqrt{\frac{K}{M}}\qquad\text{(D.0.2—34)}$$

$$T_1=\frac{2\pi}{\omega_1}\qquad\text{(D.0.2—35)}$$

$$\gamma_1=(0.375\frac{\gamma HF}{g_n}+m_b)/(0.236\frac{\gamma HF}{g_n}+m_b)\qquad\text{(D.0.2—36)}$$

$$V_0=\eta_c K_h \beta_1 \gamma_1 (0.375\gamma FH+m_b g_n) \tag{D.0.2—37}$$

$$M_0=\eta_c K_h \beta_1 \gamma_1 (0.275\gamma FH^2+m_b H g_n) \tag{D.0.2—38}$$

$$V_0'=V_0/N \tag{D.0.2—39}$$

$$M_0'=M_0/N \tag{D.0.2—40}$$

式中 m_b——墩顶集中质量(包括刚性帽梁质量)(t);

H——墩顶至岩石顶面的高度(m);

γ——柱身材料重力密度(kN/m^3);

V_0'——每根柱在岩面处的剪力(kN);

M_0'——每根柱在岩面处的弯矩(kN · m)。

②非岩石地基上无承台的单排排架墩(桩柱墩)其地震作用按式(D.0.2—32)计算,但此时各公式中的 H 应用 H' 代替,且 V_0、M_0、V_0'、M_0' 为地面(可一般冲刷线)以下 $2(d+1)$ 处的内力值。

$$H'=H+2(d+1) \tag{D.0.2—41}$$

式中 d——单根桩柱的直径(m)。

③非岩石地基刚性承台上的单排排架墩,其地震作用按下列公式计算:

$$K=3.044\frac{EJ}{H^3} \tag{D.0.2—42}$$

$$M=0.277\frac{\gamma HF}{g_n}+m_b \tag{D.0.2—43}$$

$$\omega_f=\sqrt{\frac{K}{M}} \tag{D.0.2—44}$$

$$m_c=\frac{\gamma F}{g_n} \tag{D.0.2—45}$$

$$\omega_R=\sqrt{\frac{K_{22}}{I_0}} \tag{D.0.2—46}$$

$$I_0=\frac{m_c H^3}{3}+m_b H^2 \tag{D.0.2—47}$$

$$\omega_1=\sqrt{\frac{\omega_f^2\omega_R^2}{\omega_f^2+\omega_R^2}} \tag{D.0.2—48}$$

$$T_1=\frac{2\pi}{\omega_1} \tag{D.0.2—49}$$

$$\gamma_1=(0.375\frac{\gamma HF}{g_n}+m_b)/(0.236\frac{\gamma HF}{g_n}+m_b) \tag{D.0.2—50}$$

$$V_0=\eta_c K_h \beta_1 \gamma_1 (0.375\gamma FH+m_b g_n) \tag{D.0.2—51}$$

$$M_0=\eta_c K_h \beta_1 \gamma_1 (0.275\gamma FH^2+m_b H g_n) \tag{D.0.2—52}$$

$$V_0'=V_0/N \tag{D.0.2—53}$$

$$M_0'=M_0/N \tag{D.0.2—54}$$

式中 H——墩顶至承台顶的高度(m);

K_{22}——承台产生单位转角所需的力矩(kN · m/rad);

m_b——墩顶集中质量(包括刚性帽梁的质量)(t);

V_0'——单根柱在承台顶处的剪力(kN)；

M_0'——单根柱在承台顶处的弯矩(kN · m)。

3)多排柱排架墩顺桥向、横桥向及单排柱排架墩横桥向地震作用的计算

①岩石地基上的排架墩,其地震作用按下列公式计算:

$$K_{11}=\frac{12EJ}{H^3} \quad (D.0.2—55)$$

$$M=0.227\frac{\gamma HF}{g_n}+m_b \quad (D.0.2—56)$$

$$\omega_1=\sqrt{\frac{K_{11}}{M}} \quad (D.0.2—57)$$

$$T_1=\frac{2\pi}{\omega_1} \quad (D.0.2—58)$$

$$\gamma_1=(0.375\frac{HF\gamma}{g_n}+m_b)/(0.236\frac{HF\gamma}{g_n}+m_b) \quad (D.0.2—59)$$

$$V_0=\eta_c K_h \beta_1 \gamma_1 (0.375\gamma HF+m_b g_n) \quad (D.0.2—60)$$

$$M_0=\frac{V_0 H}{2} \quad (D.0.2—61)$$

$$V_0'=V_0/N \quad (D.0.2—62)$$

$$M_0'=M_0/N \quad (D.0.2—63)$$

式中　H——墩顶至岩石顶面的高度(m)；

V_0'——每根柱计算方向岩面处的剪力(kN)；

M_0'——每根柱计算方向岩面处的弯矩(kN · m)。

②非岩石地基上无承台的多排柱排架墩及无承台的单排柱排架墩横桥向,其地震作用按公式(D.0.2—55～63)计算,但此时各公式中的 H 应用 H' 代替,且 V_0、M_0、V_0'、M_0' 为地面(或一般冲刷线)以下 $2(d+1)$ 处的内力值。

$$H'=H+2(d+1) \quad (D.0.2—64)$$

③非岩石地基刚性承台上的多排柱排架墩和单排柱排架墩横桥向,其地震作用按下列公式计算:

$$K_{11}=\frac{12EJ}{H^3} \quad (D.0.2—65)$$

$$M=0.227\frac{\gamma HF}{g_n}+m_b \quad (D.0.2—66)$$

$$\omega_f=\sqrt{\frac{K_{11}}{M}} \quad (D.0.2—67)$$

$$m_c=\frac{\gamma F}{g_n} \quad (D.0.2—68)$$

$$I_0=\frac{m_c \cdot H^3}{3}+m_b H^2 \quad (D.0.2—69)$$

$$\omega_R=\sqrt{\frac{K_{22}}{I_0}} \quad (D.0.2—70)$$

$$\omega_1 = \sqrt{\frac{\omega_f^2 \omega_R^2}{\omega_f^2 + \omega_R^2}} \qquad (D.0.2—71)$$

$$T_1 = \frac{2\pi}{\omega_1} \qquad (D.0.2—72)$$

$$\gamma_1 = \left(0.375\frac{\gamma HF}{g_n} + m_b\right) \Big/ \left(0.236\frac{\gamma HF}{g_n} + m_b\right) \qquad (D.0.2—73)$$

$$V_0 = \eta_c K_h \beta_1 \gamma_1 (0.375\gamma HF + m_b g_n) \qquad (D.0.2—74)$$

$$M_0 = \frac{V_0 H}{2} \qquad (D.0.2—75)$$

$$V_0' = \frac{V_0}{N} \qquad (D.0.2—76)$$

$$M_0' = \frac{M_0}{N} \qquad (D.0.2—77)$$

式中　H——墩顶至承台顶的高度(m)；

K_{22}——承台产生单位转角所需的力矩(kN·m/rad)；

V_0'——单根柱在承台顶处的剪力(kN)；

M_0'——单根柱在承台顶处的弯矩(kN·m)。

附录 E　梁式桥桥墩自振特性的计算

E. 0. 1　岩石、非岩石地基梁式桥桥墩的自振特性，应按下列公式计算：

1　特征方程：

$$([K]-\omega^2[M])\{X\}=0 \tag{E. 0. 1—1}$$

式中　$[K]$——桥梁体系的刚度矩阵；

ω——自振圆频率；

$[M]$——桥梁体系质量矩阵；

$\{X\}$——振型函数向量。

2　自振周期：

$$T_j=\frac{2\pi}{\omega_j} \tag{E. 0. 1—2}$$

式中　T_j——桥梁 j 振型自振周期(s)；

ω_j——桥梁 j 振型自振圆频率。

E. 0. 2　计算连续梁桥竖向基阶振动频率可采用下列经验公式：

1　连续钢桁梁桥：

$$\lg f_1=2.1945-0.8651\lg L_p \tag{E. 0. 2—1}$$

2　钢筋混凝土或预应力混凝土连续梁桥：

$$\lg f_1=2.2307-1.1292\lg L_p \tag{E. 0. 2—2}$$

式中　f_1——竖向基阶振动频率(Hz)；

L_p——连续梁桥主跨跨度(m)。

附录 F　钢筋混凝土梁、预应力混凝土梁及钢梁防止落梁的设施

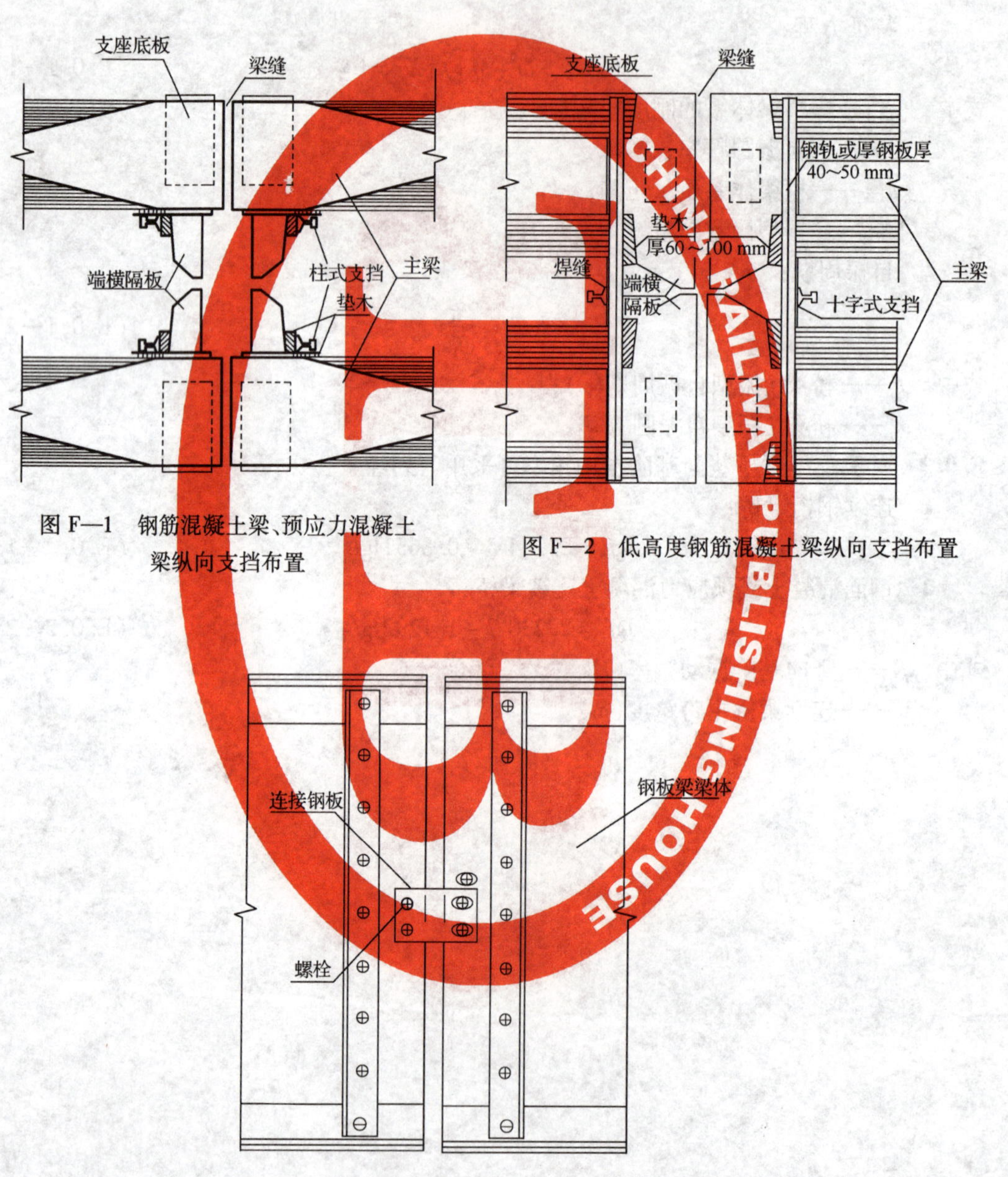

图 F—1　钢筋混凝土梁、预应力混凝土梁纵向支挡布置

图 F—2　低高度钢筋混凝土梁纵向支挡布置

图 F—3　钢板梁间纵向连接布置

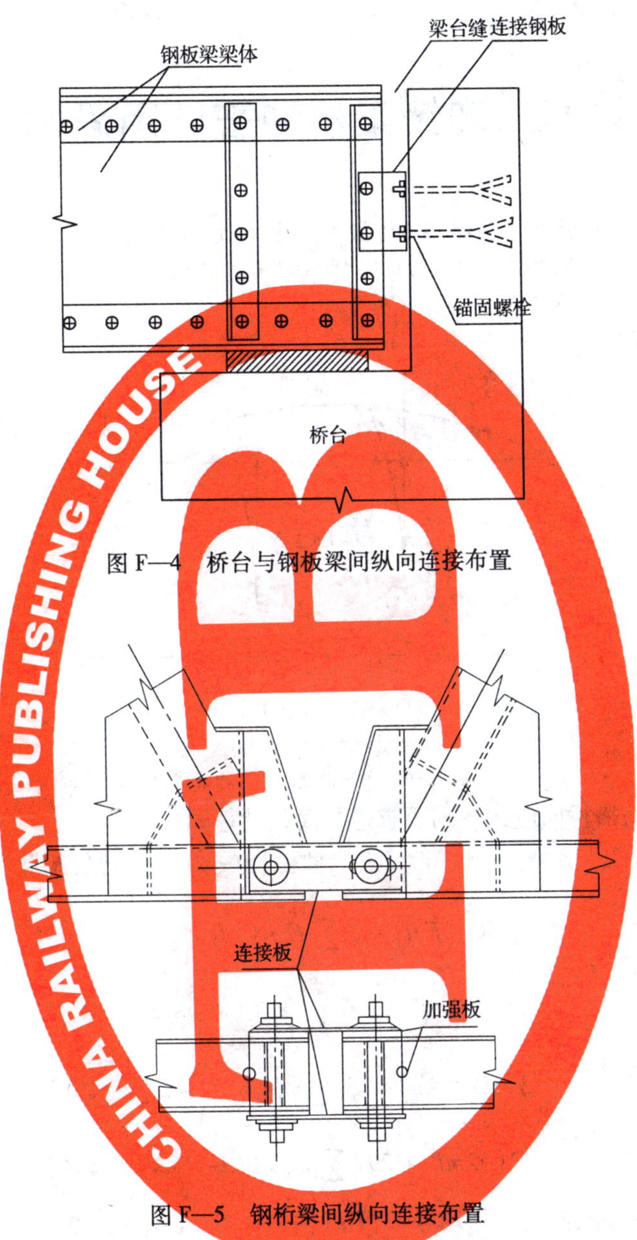

图F—4 桥台与钢板梁间纵向连接布置

图F—5 钢桁梁间纵向连接布置

附录 G　连续梁桥地震作用简化计算

G. 0. 1　主跨跨度小于或等于 80 m，孔数不多于 4 孔，墩高小于或等于 40 m 的连续梁，相邻各墩高之比小于或等于 1. 5，两端变形甚小时可按图 G. 0. 1 作横桥向简化分析。

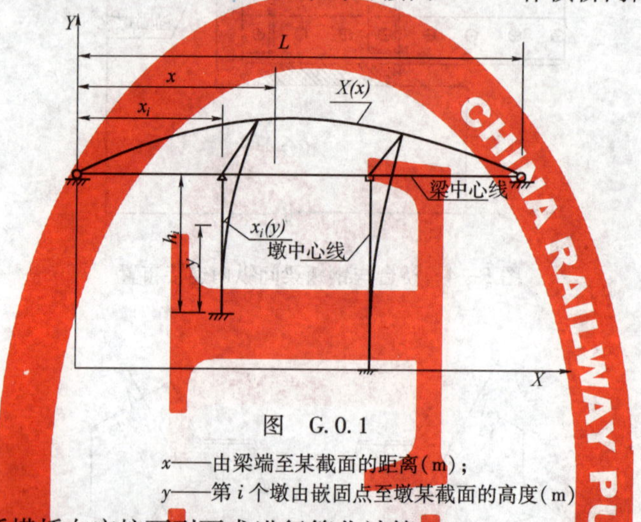

图　G. 0. 1

x——由梁端至某截面的距离(m)；

y——第 i 个墩由嵌固点至墩某截面的高度(m)

G. 0. 2　连续梁桥横桥向应按下列要求进行简化计算。

1　连续梁横向基阶振动频率和基阶振型参与系数，按下列公式计算：

$$f_1=\frac{1}{2\pi}\sqrt{\frac{756\left[8EJl^5+5\sum_{i=1}^{n}E_iJ_i\left(l^3l_i-2ll_i^3+l_i^4\right)^2/h_i^3\right]}{62ml^9+297\sum_{i=1}^{n}m_ih_i\left(l^3l_i-2ll_i^3+l_i^4\right)^2}}\qquad(\text{G. 0. 2—1})$$

$$\gamma_1=\frac{315l^4\left[8ml^5+15\sum_{i=1}^{n}m_ih_i\left(l^3l_i-2ll_i^3+l_i^4\right)\right]}{32\left[62ml^9+297\sum_{i=1}^{n}m_ih_i\left(l^3l_i-2ll_i^3+l_i^4\right)^2\right]}\qquad(\text{G. 0. 2—2})$$

式中　f_1——连续梁横向基阶振动频率(Hz)；

γ_1——连续梁横向基阶振型参与系数；

E——连续梁材料的弹性模量(kPa)；

J——概化为等刚度梁的连续梁横向惯性矩，其值取主跨墩顶梁的横向惯性矩和梁跨中横向惯性矩的平均值(m^4)；

l——连续梁全长(m)；

l_i——由梁端至第 i 个连续梁墩中心距离(m)；

h_i——第 i 个墩嵌固点至墩顶的高度(m)；

E_i——第 i 个墩材料的弹性模量(kPa)；

J_i——第 i 个墩概化为等刚度墩的横向惯性矩，其值取 $h_i/2$ 处墩身截面的惯性矩(m^4)；

m_i——第 i 个墩概化为等刚度墩的线密度(t/m);

m——连续梁概化为等刚度墩的线密度(t/m);

n——一联连续梁桥墩个数。

2 连续梁和桥墩的横向水平地震力按下列公式计算:

$$P(x)=\frac{16}{5l^4}\eta_c K_h \beta_1 \gamma_1 W_i(l^3x-2lx^3+x^4) \quad (G.0.2—3)$$

$$P_i(y)=\frac{48(l^3l_i-2ll_i^3+l_i^4)}{5h_i^3l^4}\times\eta_c K_h \beta_1 \gamma_1 W'_i(\frac{h_i}{2}y^2-\frac{1}{6}y^3) \quad (G.0.2—4)$$

式中 $P(x)$——梁部 x 点处的水平地震力(kN);

$P_i(y)$——第 i 个桥墩高度 y 处的水平地震力(kN);

W_i——连续梁计算段的重力(kN);

W'_i——第 i 个桥墩计算段的重力(kN)。

G.0.3 连续梁顺桥向应按下列要求进行简化计算。

1 基阶振动参数按下列公式计算:

$$K_i=\frac{3E_iJ_i}{h_i^3} \quad (G.0.3—1)$$

$$\gamma_1=\frac{0.375\sum Q_i+Q}{0.236\sum Q_i+Q} \quad (G.0.3—2)$$

$$f_1=\frac{1}{2\pi}\sqrt{\frac{\sum K_i}{m}} \quad (G.0.3—3)$$

式中 K_i——一联连续梁下第 i 个桥墩的墩顶顺桥向推力刚度(kN/m);

$\sum K_i$——一联连续梁下每个桥墩顶顺桥向推力刚度之和(kN/m);

h_i——第 i 个墩由嵌固点至墩顶的高度(m);

m——一联连续梁恒载质量(t);

γ_1——基阶振型参与系数;

f_1——顺桥向基阶振动频率(Hz);

Q_i——第 i 个桥墩嵌固点以上墩身重力(kN);

Q——一联连续梁的恒载重力(kN);

E_i,J_i——第 i 个墩概化为等刚度墩的材料的弹性模量(kPa)和顺桥向惯性矩(m^4)。

2 地震力按下列公式计算:

$$P=\eta_c K_h \beta_1 \gamma_1 Q \quad (G.0.3—4)$$

$$P_i=P\frac{K_i}{\sum K_i} \quad (G.0.3—5)$$

$$Q_{0i}=0.375\eta_c K_h \beta_1 \gamma_1 Q_i+P_i \quad (G.0.3—6)$$

$$M_{0i}=0.275\eta_c K_h \beta_1 \gamma_1 Q_i h_i+P_i h_i \quad (G.0.3—7)$$

式中 P——一联连续梁产生的顺桥向地震力(kN);

P_i——作用于一联连续梁下第 i 个桥墩顶的顺桥向梁部地震力(kN);

Q_{0i}——作用于一联连续梁下第 i 个桥墩基顶的顺桥向剪力(kN);

M_{0i}——作用于一联连续梁下第 i 个桥墩基顶的顺桥向弯矩(kN·m);

其余符号含义同前。

附录 H　本规范用词说明

执行本规范条文时，对于要求严格程度的用词说明如下，以便在执行中区别对待。

H. 0. 1　表示很严格，非这样做不可的用词：

正面词采用“必须”；

反面词采用“严禁”。

H. 0. 2　表示严格，在正常情况下均应这样做的用词：

正面词采用“应”；

反面词采用“不应”或“不得”。

H. 0. 3　表示允许稍有选择，在条件许可时首先应这样做的用词：

正面词采用“宜”；

反面词采用“不宜”。

表示允许有选择，在一定条件下可以这样做的，采用“可”。

《铁路桥梁抗震鉴定与加固技术规范》条文说明

本条文说明系对重点条文的编制依据、存在的问题以及在执行中应注意的事项等予以说明。为了减少篇幅,只列条文号,未抄录原条文。

1.0.2 本规范适用的范围

对既有铁路桥梁的抗震鉴定,根据国内外多次宏观震害经验,在7度区松软地基上的桥梁就会产生震害。我国铁路在乌鲁木齐(1965年11月3日)、东川(1966年2月5日)、邢台(1966年3月8日)、溧阳(1974年4月22日)、海城(1975年2月4日)、唐山(1976年7月28日)等地震区内有1500多公里长的线路,6度区的桥梁未发生震害。我国大于9度地震区的面积很少(仅新建的南疆铁路穿越90余公里9度区),而在10度地震区内修建铁路的机遇就更小,故铁路桥梁抗震鉴定的地震烈度范围定在7度至9度是恰当的。

我国既有铁路桥梁中,简支梁桥在总数量中约占95%,近年新建的铁路工程中,连续梁桥逐年增加。梁式桥的抗震鉴定及加固问题解决了,就保证了绝大多数铁路桥梁的抗震强度和行车安全。

1.0.6 桥梁抗震验算范围

根据国内外桥梁的震害经验和桥梁破坏后修复的难易程度,在进行鉴定时,对于深水基础、高墩、大跨度、修复难度大及位于松软地基上的桥梁应进行抗震强度及稳定性检算,对这些桥梁的抗震能力要先进行全面细致的分析后,方可进行抗震加固。

3.0.1、3.0.2 既有桥梁现状调查与资料收集

为了对既有桥梁的抗震能力作出比较合乎实际的评估,首先应收集桥梁的设计及竣工资料,了解地质勘探资料,以便对场地类别作出判断,结合运营以来桥梁的病害及整治情况,可对工程质量的高低作出判断。其次应对桥梁现状作细致调查,了解桥墩、台基础的冲刷深度、河床变化及桥墩、台处实际河床地面线。

对桥墩、台的混凝土强度,可用拉拔仪、回弹仪等仪器测定。了解施工缝有无加强措施等。

石砌桥墩、台,应检查灰缝的砂浆是否饱满,强度大小,砌石是否风化剥落。

这样做在评定桥梁工程质量和作抗震验算时,对计算模型的拟定,物理力学参数的选用,都有决定性作用。因此,对这些基本资料的收集与调查研究是十分重要的。

3.0.3 国内外多次震害经验证实,饱和松散的粉细砂层,由于孔隙水压上升,形成砂层液化,土层的物理力学指标产生巨大变化,使地基失效,给建筑物造成破坏。日本1964年新潟地震、美国的阿拉斯加地震,我国的唐山、海城等地震都有许多桥梁震害实例。一般在7度地震区就产生较严重的震害,许多国家的抗震规范,十分重视砂土液化地基上建筑物的抗震设计。对砂土液化地基的判定,目前国际上通用的是动力与静力触探原位测试。抗震鉴定规范仍沿用这两种方法。

3.0.4　场地土分类应结合土层的剪切波速与地基承载力确定。

为方便场地土分类，特在本规范附录 B 表 B 中增加基本承载力 σ_0 栏。场地土分类系采用《铁路工程抗震设计规范》的规定。

多层土场地的地震效应主要取决于土层剪切波速随深度的变化规律、土层厚度或基岩覆盖厚度。可采用下式计算平均剪切波速 v_{sm} 值。

$$v_{sm} = \frac{\sum_{i=1}^{n} h_i}{\sum_{i=1}^{n} \frac{h_i}{v_{si}}}$$

式中　h_i——计算深度内第 i 层土的厚度(m)；

v_{si}——计算深度内第 i 层土的剪切波速(m/s)；

n——计算深度内土的层数。

3.0.5　对既有桥梁，尤其是 1949 年以前修建的桥梁，设计资料及竣工资料都不完整，基础深度、形式及地质情况不清楚，给抗震加固验算带来了困难。可以用测定桥墩的固有频率、振幅波形推断桥墩的刚度，或其他测试方法判断桥墩的状态。

4.0.2　根据我国铁路桥梁的震害经验，地震时，列车在桥上的机遇很小，如 1975 年 2 月 4 日，海城地震区，长大线有两列客车及三列货车，沟海线一列客车、一列货车，大石桥至营口支线一列客车，这八列车地震时均不在桥上。

1976 年 7 月 28 日唐山地震区，京山线有 191 座大、中、小桥，计 8 719 延米，平均每公里 10.5 延米。地震时，京山线共有 28 列列车正在行驶，其中有 7 列车脱轨和颠覆，但均未在桥上发生。

1980 年日本《公路桥抗震设计规范》规定桥上不计活荷载产生的地震力。

1981 年苏联《地震区建筑设计规范》(НИП Ⅱ—7—81)规定顺桥向不计活荷载影响。

对桥梁抗震鉴定验算，为与《铁路工程抗震设计规范》(GBJ 111—87)一致，规定顺桥向不计活载引起的地震力，横桥向只计 50% 活载引起的地震力。

4.0.4　由说明图 4.0.4 可以看出偏心距受截面应力和倾覆稳定所控制。偏心距数值对比见说明表 4.0.4—1。

说明表 4.0.4—1　砌石及混凝土截面合力偏心距 e

墩形 ＼ 规范 / 力别	铁路桥涵设计规范		铁路桥梁检定规范		本规范	
	主　力	主+附	主　力	主+附	主　力	主+附
矩形及其他形状	0.5s	0.6s	0.5s	0.6s	0.5s	0.83s
圆　形	0.5s	0.5s	0.5s	0.5s	0.5s	0.72s

注：s——截面形心到最大应力边缘的距离。

关于材料容许应力的规定：既有桥梁进行加固困难较多，地震为偶然的短暂瞬时动荷载，对匀质性较好的钢材，容许应力放宽见说明表 4.0.4—2。

说明表 4.0.4—2　钢筋的基本容许应力(主力)

钢筋种类	A3	20MnSi
屈服强度(MPa)	260.0	360.0
容许应力(MPa)	130.0	180.0
提高 50% 后的容许应力(MPa)	195.0	270.0
提高 50% 后安全系数	1.33	1.33

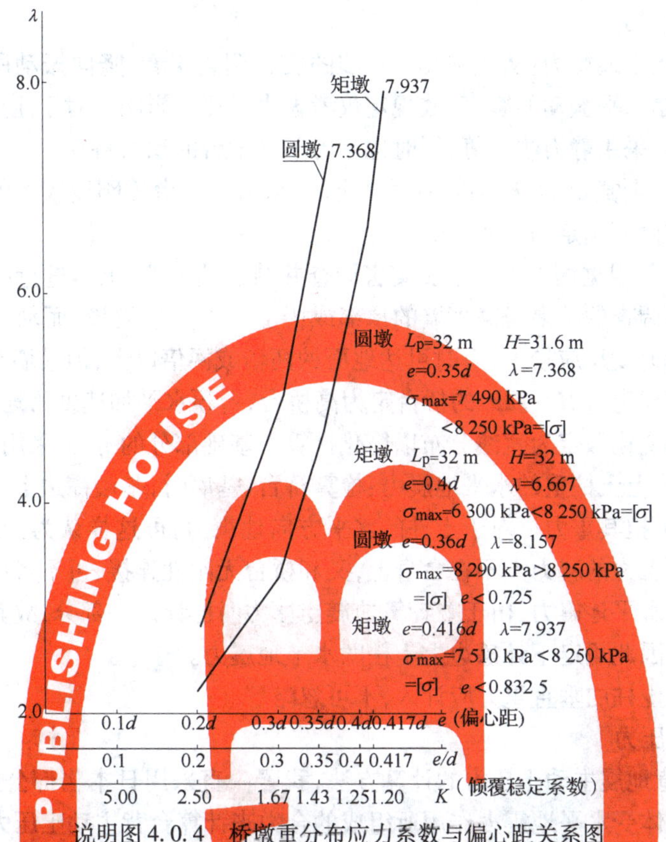

说明图 4.0.4 桥墩重分布应力系数与偏心距关系图

混凝土均质性差一些，容许应力放宽后见说明表 4.0.4—3。

说明表 4.0.4—3 混凝土在各种荷载组合下基本容许应力

应力种类	极限强度（MPa）	混凝土强度等级	铁路桥涵设计规范		铁路桥梁检定规范		本规范		
			主力	主+附	主力	主+附	主力	主+地	安全系数
中心受压（MPa）	10.5	C15	4.0	5.2	4.0	6.2	4.0	6.2	1.69
	14.0	C20	5.5	7.2	5.5	8.8	5.5	8.8	1.63
	17.5	C25	7.0	9.1	7.0	10.9	7.0	10.9	1.61
	21.0	C30	8.5	11.1	8.5	13.3	8.5	13.3	1.58
	28.0	C40	11.0	14.3	11.0	17.2	11.0	17.2	1.63
	35.0	C50	14.0	18.2	14.0	21.8	14.0	21.8	1.61
	42.0	C60	17.0	22.1	17.0	26.5	17.0	26.5	1.58
弯曲受压及偏心受压（MPa）	10.5	C15	5.5	7.2	5.5	8.6	5.5	8.6	1.22
	14.0	C20	7.0	9.1	7.0	10.9	7.0	10.9	1.28
	17.5	C25	9.0	11.7	9.0	14.0	9.0	14.0	1.25
	21.0	C30	10.5	13.7	10.5	16.4	10.5	16.4	1.28
	28.0	C40	14.0	18.2	14.0	21.8	14.0	21.8	1.28
	35.0	C50	17.5	22.8	17.5	27.3	17.5	27.3	1.28
	42.0	C60	21.0	27.3	21.0	32.8	21.0	32.8	1.28

注：1 桥规：计算主力加附加力时，容许应力提高 30%；
2 检定规范：在桥规的基础上容许应力提高 20%；
3 本规范同检定规范。

4.0.10　桥台地震力

1　台身的水平地震力:从我国几次强震的震害调查来看,竖向振动所导致的破坏尚不明显,主要仍是水平振动的震害,故规定仅考虑水平振动影响。对于刚度较大的桥台结构视为刚体看待,采用静力法计算,同时也考虑了高桥台的动力特征。

η_c 的取值是根据我国几次强震时对挡土墙、重力式桥台等刚度较大的建筑物震害调查与理论计算对照而确定的。

η_i 的数值也是根据国内外的强震震害调查并结合挡土墙、土体进行的动力试验资料而确定的。震害调查的结果是高挡墙的顶部或中上部多产生裂缝,而动力试验的分析结果是墙顶水平加速度反应较大,有时可达地面的两倍或两倍以上,但沿墙高分布并不呈直线规律。本规范规定将 $H>12\text{m}$ 的桥台定为高桥台,台顶水平加速度为地面的两倍,加速度沿桥台高度的变化假定为直线分布以简化计算。基础部分的 η_i 值采用1.0。

3　基础襟边上土柱重的水平地震力:检算桥台、基底时,基础襟边上土柱压在基础平面内,应由基础承担其重力。对于土柱的水平方向地震力,可这样认为:台身两侧部分土柱的纵向水平地震力的着力点不在台身上,又和桥台无刚性连接,可不考虑。台后基础襟边上土柱的纵向水平地震力,由于在计算地震土压力时已计入一部分,故其他部分可以略去以简化计算。因此规定不计襟边上土柱的水平地震力。

基础襟边上土柱的垂直重力应计入,不可忽略。

4.0.11　地震土压力

1　关于台背地震主动土压力的计算方法,我国一直采用日本物部公式,它以滑动土楔体重力及土楔体受水平地震力作用所组成的合力来计算台背主动土压力。由于引入了地震角,使得该公式在土体内摩擦角大于地震角时才能使用,故受到一定的限制。

根据库伦理论,砂性土的台背滑动土楔体的破裂角可用下式表式:

$$\tan\theta = -\tan\psi \quad \sqrt{(\tan\psi+\cot\varphi)(\tan\psi+\tan\alpha)}$$

式中　$\psi=\varphi+\delta-\alpha$

φ——土的综合内摩擦角;

δ——土与台背的摩擦角;

α——台背倾角。

对于台背的地震主动土压力,滑动土楔体的水平地震惯性力影响远小于其重力对主动土压力的影响。故在分析土楔体水平地震惯性力时,δ、α 的影响很小,可忽略不计。则有:

$$\tan\theta = -\tan\varphi \quad \sqrt{(\tan\varphi+\cot\varphi)\tan\varphi}$$

显然,$\tan\theta=\sqrt{(\tan\varphi+\cot\varphi)\tan\varphi}-\tan\varphi$ 时才有意义,进一步可得

$$\tan\theta=\frac{1-\sin\varphi}{\cos\varphi}$$

滑动土楔体产生的地震惯性力为

$$P'=\frac{1}{2}\gamma BH^2\cdot\eta_c K_h\frac{1-\sin\varphi}{\cos\varphi}$$

或

$$P'=\frac{1}{2}\gamma BH^2\lambda'$$

式中　λ'——地震影响系数,$\lambda'=\eta_c K_h\dfrac{1-\sin\varphi}{\cos\varphi}$

B——桥台宽度(m);

η_c——综合影响系数;

K_h——水平地震系数;

γ——土的重力密度(kN/m^3)。

台背地震主动土压力为库伦土压力 P 与滑动土楔体产生的地震惯性力之和,即

$$P_{iE}=P+P'=\frac{1}{2}\gamma BH^2\lambda+\frac{1}{2}\gamma BH^2\lambda'=\frac{1}{2}\gamma BH^2(\lambda+\lambda')$$

式中 P_{iE}——地震主动土压力(kN);

λ——非地震条件下的库伦主动土压力系数。

地震主动土压力的作用点高度在计算截面以上 $H/3$ 处(H 为计算截面至轨底的高度)。

P_{iE}计算公式直接采用地震系数法,避免了地震角的概念,φ 取任何值时都能适用。与物部公式计算的地震土压力系数比较如说明表 4.0.11。

说明表 4.0.11 P_{iE}公式与物部公式计算的 λ 值比较表

土内摩擦角(°)		0	5	10	20	30
7 度地震	P_{iE}公式	1.060	0.810	0.624	0.375	0.222
	物部		0.824	0.633	0.378	0.223
	误差		-2%	-1%	-1%	-0.5%
8 度地震	P_{iE}公式	1.085	0.833	0.645	0.394	0.236
	物部		0.871	0.666	0.400	0.239
	误差		-4%	-3%	-2%	-1%
9 度地震	P_{iE}公式	1.135	0.879	0.687	0.427	0.266
	物部			0.747	0.450	0.273
	误差			-6%	-5%	-3%

2 建造在液化砂土上的桥台土压力计算,目前仍没有确定的方法。由于地震时因砂土液化造成地基失效,持力层土的力学性质发生了极大的变化,以致使河岸、河床的稳定性丧失,产生坍塌,桥台结构伴随滑移。因此,造成这种破坏不仅取决于台后土压力的大小,还与砂土液化后其河岸、河床的稳定性有极大关系。震害资料表明这种破坏具有相当的普遍性。目前国内外都对这方面进行了研究,提出了不同的理论与计算方法,但还没有形成一致的看法。因而本规范对这种情况的计算方法没有作出明确的规定,但根据若干震害实例计算结果来看,液化砂土区桥台如果考虑砂土液化因素,并对其力学指标按本规范附录 C 进行综合折减,以非液化砂土区桥台地震主动土压力公式进行计算,其结果在一定程度上符合宏观破坏现象。

3 台前地震土压力计算方法由于缺少足够的试验和研究资料,因此暂用静止土压力来考虑台前土体对桥台的作用。

当桥台基底持力土层发生液化致使桥台向河心滑移时,台前土体也处于滑动体之中,故此时不计台前土压力。

5.0.3 防止落梁措施

对既有桥梁,首先应在梁部纵向、横向均能发挥防止落梁的部位设置设施。不得已时,在纵横向分别设置防止落梁设施。宜采用每米质量不小于 43 kg 的旧钢轨作防止落

梁措施材料。防止落梁设施埋设在墩、台顶帽内的深度为 30 ~ 50 cm,并用不低于 100 号(M10)水泥砂浆或环氧树脂砂浆、硫磺砂浆灌注。

5.0.8 混凝土施工缝加强

桥梁宏观震害经验证实素混凝土的施工缝是薄弱环节。桥墩、台多在此断裂、错动,在此部位应用钢筋混凝土套箍予以加强。

5.0.9 软弱地基加固

松软地基上的桥梁易遭受破坏,尤其是浅基础,这已为许多震害实例所证实。

我国南京长江大桥,用挤密砂桩加固可液化地基,本标准采纳了该桥的加固经验。对软弱地基加固,我国铁路上还有矽化法,旋喷桩等工艺,也可在桥梁抗震加固中推广应用。

5.0.10 隔震技术的应用

隔震技术是 70 年代以来国际上新发展的抗震对策,已应用于桥梁、房屋、核电站等建筑物。对极有价值的古建筑物抗震加固,为了不破坏建筑物的艺术风格,国外均采用基础隔震技术,减小地震加速度对建筑物的作用,以保证其安全。桥梁上用隔震支座,减小地震加速度对梁部结构的作用,起到不必加固桥墩、台及基础就能保证桥梁安全的作用,国外已有这方面的经验。

D.0.1 回归法

本简化公式是按照《铁路工程抗震设计规范》(GBJ 111—87)规定的一般法的要求,在选取有代表性的铁路桥墩进行有限元分析,并考虑前三个振型遇合后的电算结果作为子样,在选择合理的回归参数后进行回归分析得出的。在第一自振圆频率的回归分析中,选用了 167 个有代表性的铁路桥墩子样;在浅平基桥墩、沉井基础桥墩及桩基础桥墩墩底内力的回归分析中,分别选用了 118 个、125 个和 181 个有代表性的铁路桥墩子样。

刚性地基、弹性浅基、桩基和沉井基础桥墩的第一自振圆频率的计算分两步进行,先计算墩底固定时的自振圆频率 ω_f 在计算考虑地基变形的自振圆频率 ω_R 时,由于在回归公式中包括了平动、转动和耦联柔度系数,能够考虑各类基础的变形特点,因而虽然采用了一个统一的计算公式,但仍然能够取得足够的精度。

对于地震作用下按设计反应谱计算墩底剪力系数和弯矩系数时,由于是抗震检算所直接使用的参数,希望得到较高的精度,故按场地分类和不同基础类型采用不同的回归公式。

计算基底固定时桥墩第一自振圆频率 ω_f 所采用公式的适用范围为:$0.56 \leq \sqrt{\frac{H\mu_1}{m_b}} \leq 4.6$。质量比参数 $\sqrt{\frac{H\mu_1}{m_b}}$ 为近似的墩身质量 $H\mu_1$ 与墩顶集中质量 m_b 比值的平方根。计算考虑地基变形时桥墩第一自振圆频率 W_R 时要用到参数 U,其物理意义是墩身弯曲刚度与基底弹簧刚度的比值,其中使用了 δ_{11}、δ_{12} 和 δ_{22} 三个柔度系数,其适用范围为:$0 < U \leq 14$。在所有考虑地基柔度的地震内力的计算中都用到了内力综合柔度参数 Z。

高桩承台桥墩的检算见说明表 D.0.1,不计自由桩身质量所产生的误差很小,可以忽略不计。

本公式是以单线铁路桥墩为子样用回归分析方法得到的。在构造回归公式时,m 值的取值范围为 $m = 5\,000 \sim 50\,000\ \text{kN/m}^4$。

大量计算结果表明,对于浅平基桥墩,基础平动对自振频率和地震内力的影响很小,可以忽略;可以只用一个转动弹簧模拟地基土的作用,地基弹簧刚度 K_{22} 可以近似地采用地基

的转动柔度系数 δ_{22} 的倒数来表示，即 $K_{22}=1/\delta_{22}$。对刚性地基桥墩墩底改为固定端即可。

说明表 D.0.1 高桩桥墩桩身质量对计算结果的影响

（地震烈度：8 度，场地类别：Ⅲ类）

算 例 号	桩身质量的计法	ω_1（rad/s）及误差	Q_0（kN）及误差	M_0（kN·m）及误差
高桩桥墩，单线 l_p = 32 m，自由桩长 l_0 = 15 m，墩高 H = 7.84 m，圆端形，桩身质量 M_p = 231 t	1. 不计桩身质量	3.79（−3%）	195（3%）	1 370（3%）
	2. 桩身质量按 $M_p/4$ 计	3.67	190	1 336
	3. 桩身质量按 $M_p/2$ 计	3.57（3%）	185（−3%）	1 304（−2%）
高桩桥墩，单线 l_p = 16 m，自由桩长 l_0 = 9 m，墩高 H = 5.1 m，圆端形，桩身质量 M_p = 49 t	1. 不计桩身质量	3.63（−1%）	93（0%）	444（1%）
	2. 桩身质量按 $M_p/4$ 计	3.59	93	441
	3. 桩身质量按 $M_p/2$ 计	3.55（1%）	92（−1%）	438（−1%）
高桩桥墩，单线 l_p = 32 m 自由桩长 l_0 = 10 m，墩高 H = 10.5 m，圆形墩	1. 不计桩身质量	4.73（1.3%）	217.2（0.4%）	2 236.7（0.4%）
	2. 计桩身质量	4.67	216.4	2 228.7
高桩桥墩，双线 l_p = 32 m，自由桩长 l_0 = 5.1 m，墩高 H = 12.3 m，矩形墩	1. 不计桩身质量	4.92（0.4%）	605.0（−0.1%）	6 824.1（−0.1%）
	2. 计桩身质量	4.90	605.6	6 833.8
高桩桥墩，双线 l_p = 24 m，自由桩长 l_0 = 7.72 m 墩高 H = 19.4 m，圆端形墩	1. 不计桩身质量	3.93（0.8%）	677.7（0.1%）	10 127.7（0.1%）
	2. 计桩身质量	3.90	676.7	10 118.8
高桩桥墩，双线 l_p = 32 m，自由桩长 l_0 = 4 m，墩高 H = 24.9 m，圆端形墩	1. 不计桩身质量	4.92（0.2%）	1 259.2（−0.2%）	25 371.4（−0.2%）
	2. 计桩身质量	4.91	1 261.2	25 427.6

桩基础，特别是高桩承台基础，承台平动的影响有可能成为主要因素而不能忽略。桩基础应该用平动柔度系数 δ_{11}、转动柔度系数 δ_{22} 和平动与转动之间的耦联柔度系数 δ_{12} 来模拟。

对于沉井基础，周围地基土的作用可用平动柔度系数 δ_{11}、转动柔度系数 δ_{22} 和平动与转动之间的耦联柔度系数 δ_{12} 来模拟，对于嵌固于岩石内的沉井基础，沉井底平动柔度系数和耦联柔度系数为零，沉井的转动中心在基底。但对于非嵌固沉井的情况，转动中心位置是随荷载而变化的。耦联柔度的意义是作为刚体的沉井在平动与转动同时发生时，使沉井与周围土体之间达到平衡状态的必要条件，沉井转动中心的位置由平衡条件确定。

D.0.2 分析法

1 对简支梁跨度 $L_p \leqslant 40$ m，墩高 $H \leqslant 40$ m 的圆墩、空心圆墩、圆端墩、矩形墩，按《铁路工程抗震设计规范》（GBJ11—87）的力学模型（说明图 D.0.2—1）进行有限元前三阶地震反应计算，如说明表 D.0.2—1。从自振周期 T_1 及前三阶模态、基顶剪力 V_0、弯矩 M_0 的变化，明显证实桥墩的无量纲参数：$\dfrac{K_{11}H^3 m_b}{EJ_p m_p} > 8.0$ 时，桥墩抗震计算中，可不计 K_{11} 的影响，力学模型简化如说明图 D.0.2—2 所示，并找出了桥墩的截面面积及惯性矩沿墩高变化函数表达式 $F(y)$、$J(y)$：

$$F(y) = F_1 - by$$

$$J(y) = J_1 - Ay + By^2 - Cy^3$$

说明表 D. 0. 2—1　桥墩有限元前三阶地震反应与基阶反应对比表

墩高 H (m)	m_b (t)	K_{22} (kN·m/rad)	K_{11} (kN/m)	有限元前三阶反应											
				2.0E7			0.5E7			0.2E7			0.2E6		
			$\frac{K_{22}H}{EI_p}$	T_1 (s)	V_0 (kN)	M_0 (kN·m)	T_1 (s)	V_0 (kN)	M_0 (kN·m)	T_1 (s)	V_0 (kN)	M_0 (kN·m)	T_1 (s)	V_0 (kN)	M_0 (kN·m)
10.0	348.86	4.0E8	23.0	0.169	413.5	3 844.1	0.177	426.5	3 922.1	0.193	444.3	4 021.0	0.366	403.1	3 384.7
		2.0E8	11.5	0.180	415.9	3 861.0	0.188	427.4	3 927.6	0.203	443.3	4 016.2			
		1.0E8	5.7	0.202	419.3	3 883.6	0.208	428.7	3 935.1	0.222	441.8	4 008.5	0.381	384.6	3 247.9
		0.4E8	2.3	0.255	424.3	3 915.0	0.261	430.5	3 945.4	0.271	439.2	3 994.1	0.410	351.6	3 012.3
		0.2E7	0.1	0.916	148.1	1 297.1	0.918	151.1	1 295.7	0.921	151.3	1 293.0	0.967	144.3	1 248.9
29.7	348.86	4.0E8	43.9	0.790	508.7	10 703.7	0.793	535.0	10 727.3	0.799	559.0	10 734.2	0.888	506.6	10 290.4
		2.0E8	22.0	0.822	498.4	10 370.8	0.824	521.5	10 392.0	0.830	543.5	10 404.6			
		1.0E8	11.0	0.881	477.5	9 760.9	0.884	496.5	9 768.0	0.889	515.2	9 763.6	0.970	478.0	9 409.6
		0.4E8	4.4	1.041	427.2	8 402.6	1.043	441.5	8 403.3	1.047	456.8	8 397.7	1.118	438.7	8 142.8
		0.2E7	0.2	3.297	322.6	5 994.4	3.297	332.0	5 995.3	3.299	343.8	5 996.8	3.323	383.6	6 021.0
35.0	380.00	4.0E8	72.4	1.081	578.1	11 493.5	1.084	625.3	11 587.3	1.088	671.5	11 698.6	1.159	633.4	11 105.2
		2.0E8	36.2	1.116	574.3	11 203.7	1.118	614.1	11 276.3	1.122	656.3	11 365.7	1.192	622.1	10 806.8
		1.0E8	18.1	1.182	561.1	10 664.6	1.184	592.3	10 707.6	1.188	628.7	10 759.6	1.255	602.9	10 304.9
		0.4E8	7.2	1.363	517.7	9 366.0	1.365	538.7	9 381.4	1.369	567.1	9 398.8	1.429	559.6	9 100.1
		0.2E7	0.4	4.085	433.1	8 712.6	4.086	442.9	8 713.8	4.087	460.3	8 716.2	4.109	498.6	8 748.2

续说明表　D.0.2—1

墩高 H (m)	m_b (t)	有限元前三阶反应												有限元基阶反应		
		0.1E6			0.5E5			0.1E5			∞			∞		
		T_1 (s)	V_0 (kN)	M_0 (kN·m)	T_1 (s)	V_0 (kN)	M_0 (kN·m)	T_1 (s)	V_0 (kN)	M_0 (kN·m)	T_1 (s)	V_0 (kN)	M_0 (kN·m)	T_1 (s)	V_0 (kN)	M_0 (kN·m)
10.0	348.86							1.499	97.6	794.2	0.166	404.5	3 811.0	0.166	401.2	3 809.0
											0.178	408.5	3 833.6	0.178	405.2	3 832.0
								1.502	98.3	794.6	0.199	413.6	3 863.3	0.199	410.7	3 862.3
								1.509	96.0	794.6	0.253	420.8	3 903.7	0.253	418.3	3 903.3
								1.725	96.7	823.4	0.915	145.7	1 297.6	0.915	140.8	1 297.6
29.7	348.86	0.988	444.5	9 694.2	1.177	377.0	8 332.7	2.214	305.2	6 216.1	0.789	495.6	10 690.6	0.789	404.3	10 510.9
											0.821	487.3	10 360.0	0.821	394.3	10 199.1
		1.062	419.4	8 980.1	1.237	357.2	7 929.2	2.243	305.0	6 250.8	0.881	468.9	9 756.4	0.881	375.2	9 627.5
		1.197	384.7	7 883.0	1.352	326.3	7 230.8	2.300	304.6	6 308.8	1.040	421.3	8 401.7	1.040	329.5	8 328.9
		3.349	360.0	6 049.0				3.817	279.6	6 351.6	3.296	319.2	5 994.0	3.296	244.9	5 993.3
35.0	380.00	1.083	596.0	11 528.9	1.413	404.3	10 076.4	2.487	402.2	9 227.1	1.08	560.1	11 455.1	1.081	350.1	10 716.8
											1.115	559.1	11 174.3	1.115	344.9	10 491.8
		1.183	572.5	10 680.5	1.491	384.8	9 511.5	2.525	401.6	9 283.6	1.181	549.5	10 647.2	1.181	334.5	10 074.5
		1.364	525.2	9 372.2	1.638	383.1	9 360.9	2.602	399.9	9 374.0	1.362	510.1	9 360.8	1.362	305.1	9 011.8
					4.183	393.6	8 856.4	4.576	356.9	9 257.2	4.085	429.9	8 712.2	4.085	309.9	8 708.9

式中各符号的意义见本规范附录 D. 1. 2。

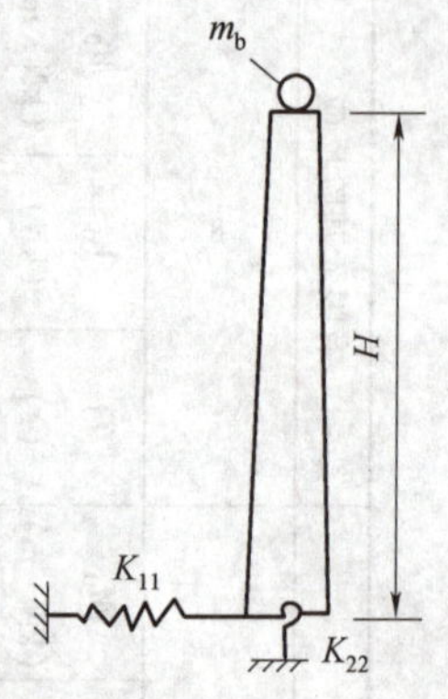

说明图 D. 0. 2—1

对桥墩考虑 K_{22} 影响的基阶频率 ω_1，分别按墩底嵌固求得弯曲振动基阶频率 ω_f 及考虑 K_{22} 按摇振求得频率 ω_R，再按 Dunkerley 公式求得桥墩的基阶频率 ω_1，由于有 $F(y)$、$J(y)$ 的表达式，可进而求得桥墩的基阶振型参与系数及基顶剪力 V_0，弯矩 M_0 的解析表达式。更进一步，通过对三阶有限元桥墩地震反应的分析结果和简化算法的对比，找到了考虑高阶振型影响的 V_0、M_0 修正系数 ζ 及 ξ。

2　当 $\frac{K_{11}H^3m_b}{EJ_pm_p}\leqslant 8.0$ 时，计入 K_{11}、K_{22}、K_{12} 的影响，按 $H/2$ 处尺寸桥墩概化为等截面墩，力学模型如图 4，按摇振推导出桥墩振动特性及地震反应的解析表达式，典型桥墩有限元与振摇计算对比如说明表 D. 0. 2—2。

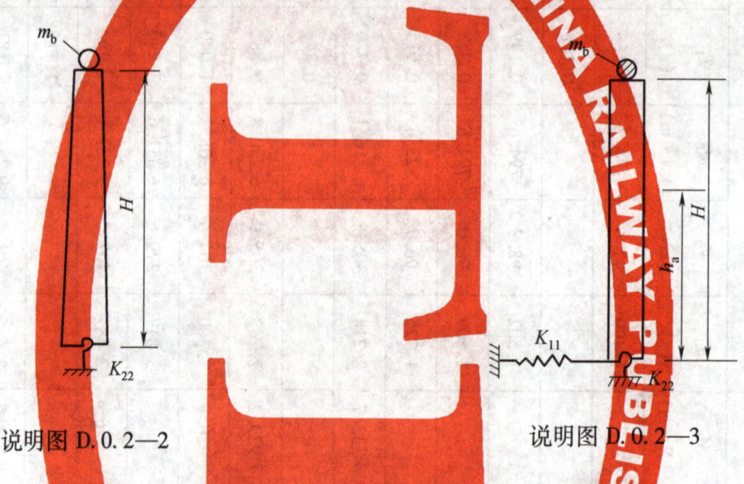

说明图 D. 0. 2—2　　说明图 D. 0. 2—3

经对各种类型桥墩用本法和用有限元法计算结果的对比，分析法在规定的使用范围内，墩底剪力的误差不大于 9. 9%，墩底弯矩的误差不大于 5. 8%。

说明表 D. 0. 2—2　典型桥墩有限元分析与摇振计算对比表

墩高 H (m)	m_b (t)	K_{22} ($\frac{kN\cdot m}{rad}$)	$\frac{K_{22}H}{EJ}$	K_{11} ($\frac{kN}{m}$)	$\frac{K_{11}H^3m_b}{EJm_p}$	有限元前三阶反应			摇振两阶反应		
						T_1 (s)	V_0 (kN)	M_0 (kN·m)	T_1 (s)	V_0 (kN)	M_0 (kN·m)
10. 0	348. 86	4. 0E8	22. 98	0. 1E5	0. 2	1. 499	97. 6	794. 2	1. 491	99. 9	810. 2
		0. 4E8	2. 30	0. 2E6	1. 9	0. 410	351. 6	3 012. 3	0. 385	382. 8	3 283. 2
		0. 2E7	0. 11	0. 1E5	0. 2	1. 725	96. 7	823. 4	1. 725	98. 5	944. 9
29. 7	348. 86	4. 0E8	43. 90	0. 1E5	0. 4	2. 214	305. 2	6 216. 1	2. 126	318. 7	6 265. 8
		0. 4E8	4. 39	0. 1E5	0. 4	2. 300	304. 6	6 308. 8	2. 216	318. 1	6 862. 4
		0. 2E7	0. 22	0. 1E5	0. 4	3. 817	279. 6	6 351. 6	3. 800	290. 6	7 697. 2
35. 0	380. 00	4. 0E8	72. 42	0. 1E5	0. 8	2. 487	402. 2	9 227. 1	2. 114	345. 3	8 237. 8
		0. 4E8	7. 24	0. 1E5	0. 8	2. 602	399. 9	9 374. 0	2. 244	344. 0	9 125. 5
		0. 2E7	0. 36	0. 1E5	0. 8	4. 576	356. 9	9 257. 2	4. 341	311. 4	10 056. 8

3 刚性帽梁指帽梁$\frac{EJ}{L}$与柱的$\frac{EJ}{L}$之比大于等于5时的情况。当帽梁$\frac{EJ}{L}$与柱的$\frac{EJ}{L}$之比小于5时,尚缺少计算分析资料,建议此时另行计算。

G.0.2 连续梁桥横桥向简化计算

进行简化计算时,将变刚度梁概化为等刚度连续梁。截面特性取梁墩顶与跨中截面的平均值。按$H_i/2$处截面尺寸将第i个变刚度桥墩,概化为等刚度桥墩,并计入地基基础影响,确定墩高,使下端为嵌固。经检算这种简化在进行连续梁动力分析时产生的误差是可以接受的,只计全桥横桥向基阶弯曲振动的地震力,取梁部振型函数为

$$X(x)=\frac{16}{5l^4}(l^3x-2lx^3+x^4)$$

第i个桥墩的振型函数为

$$X_i(y)=\frac{48(l^3l_i-2ll_i^3+l_i^4)}{5h_i^3l^4}\left(\frac{h_i}{2}y^2-\frac{1}{6}y^3\right)$$

式中 l——连续梁全长(m);

x——由梁端至某截面的距离(m);

l_i——由梁端到第i个连续梁墩中心的距离(m);

h_i——第i个墩嵌固点至墩顶的高度(m);

y——第i个墩由嵌固点至墩某截面的高度(m)。

连续梁横向基阶振动频率为

$$f_1=\frac{1}{2\pi}\sqrt{\frac{756\left[8EJl^5+5\sum_{i=1}^{n}E_iJ_i(l^3l_i-2ll_i^3+l_i^4)^2/h_i^3\right]}{62ml^9+297\sum_{i=1}^{n}m_ih_i(l^3l_i-2ll_i^3+l_i^4)^2}}$$

基阶振型参与系数为

$$\gamma_1=\frac{315l^4\left[8ml^5+15\sum_{i=1}^{n}m_ih_i(l^3l_i-2ll_i^3+l_i^4)\right]}{32\left[62ml^9+297\sum_{i=1}^{n}m_ih_i(l^3l_i-2ll_i^3+l_i^4)^2\right]}$$

式中 E——连续梁材料的弹性模量(kPa);

J——概化的等截面梁横向惯性矩(m^4);

E_i——第i个墩材料的弹性模量(kPa);

J_i——第i个墩概化为等刚度墩的横向惯性矩(m^4);

m_i——第i个墩概化为等刚度墩的线密度(t/m);

m——连续梁概化为等刚度梁的线密度(t/m);

n——一联连续梁桥墩个数。

梁部x点处的地震力为

$$P(x)=\frac{16}{5l^4}\eta_c K_h\beta_1\gamma_1 W_i(l^3x-2lx^3+x^4)$$

第i个桥墩y点处地震力为

$$P_i(y)=\frac{48(l^3l_i-2ll_i^3+l_i^4)}{5h_i^3l^4}\eta_c K_h\beta_1\gamma_1 W'_i\left(\frac{h_i}{2}y^2-\frac{1}{6}y^3\right)$$

式中 η_c——综合影响系数,见本规范第4.0.5条规定;

K_h——地震系数；

β_1——横桥向基阶振型动力系数；

γ_1——横桥向基阶振型参与系数；

W_i 或 W'_i——梁或桥墩某计算段的重力(kN)。

以上简化计算方法经过计算检验，主要结论是：

(1)近似公式是从梁墩共同单波形振动出发，推导自振频率值。对于一般中等跨度以及中等墩高连续梁，第一横向自振振型是相符的，因此由近似公式所得结果基本规律相似。

(2)由于简化法分析时不计桥梁抗扭刚度项，因此与有限元分析成果相比，由近似公式的所得计算频率略有偏小。

(3)根据检验计算的范围，在取得更广泛的对比资料前，建议近似公式限定使用范围。

——跨度：≤80 m；

——孔数：连续不多于 4 孔；

——墩高：≤40 m；

——基础作刚性处理；

——相邻各墩高比：≤1.5。

算例：狄家河桥 4 孔 40 m 箱形钢筋混凝土连续梁比较如说明表 G.0.2。

说明表 G.0.2　连续梁横向基阶频率比较

项　目	墩　号			横向基阶频率(Hz)		
	1	2	3	实测值	有限元计算值	简化法计算值
墩高(m)	30.4	33.4	34.4	/	/	/
墩顶推力刚度	K_1	K_2	K_3	0.88	0.865	0.839
	K_1	$2K_2$	K_3	/	0.929	1.012
	K_1	$3K_2$	K_3	/	0.974	1.160
	K_1	$4K_2$	K_3	/	1.007	1.291
	$2K_1$	K_2	$2K_3$	/	1.111	1.028

中华人民共和国行业标准

建技〔2002〕18号

青藏铁路高原多年冻土区
桥涵工程质量检验评定及验收标准
（试　行）

2002—02—27 发布　　　　2002—02—27 实施

中华人民共和国铁道部　发布

前　言

为加强青藏铁路高原多年冻土区桥涵工程质量管理,根据铁道部建设管理司“关于下达《青藏铁路高原多年冻土区工程施工及验收暂行规定》编制任务的通知”(建技〔2001〕20 号)的要求,依据《青藏铁路高原多年冻土区工程设计暂行规定》(上册)和《青藏铁路高原多年冻土区工程施工暂行规定》(上册)的有关规定,结合青藏高原多年冻土区桥涵工程的特点及既有桥涵工程施工经验,制定《青藏铁路高原多年冻土区桥涵工程质量检验评定及验收标准(试行)》。

本标准共分 12 章,内容包括:总则、工程质量检验评定方法、混凝土与砌体、明挖基础及承台、桩基础、墩台、预应力混凝土简支梁制造、预应力混凝土简支梁架设、结合梁、桥面、涵洞和工程验收。

在执行本标准过程中,希望结合工程实际和科研成果,认真总结经验,积累资料,及时提出补充和修改意见。有关资料,请寄中铁三局集团有限公司(山西太原市迎泽大街 269 号,邮政编码:030001),并抄送铁道部建设管理司技术标准处(北京市复兴路 10 号,邮政编码,100844),供修订相关规范时参考。

本标准由铁道部建设管理司负责解释。

本标准主编单位:中铁三局集团有限公司。

本标准参编单位:铁道第一勘察设计院;

铁道建筑设计研究院;

中铁五局集团有限公司。

本标准主要起草人:李拴虎、张良春、邓艳霞、徐振龙、秦德进、王晓利、纪尊众、严恒山、黄来弟、王永义、黄武、苟祖宽。

目　次

1 总　　则

1.0.1 为统一青藏铁路高原多年冻土区桥涵工程质量检验评定及验收的方法和标准，加强工程质量管理，保证工程质量，制定本标准。

1.0.2 本标准适用于青藏铁路高原多年冻土区桥涵工程质量的检验评定及验收。

1.0.3 本标准引用的主要标准有：

1 《青藏铁路高原多年冻土区工程设计暂行规定》（上册）；

2 《青藏铁路高原多年冻土区工程施工暂行规定》（上册）；

3 《铁路桥涵工程质量检验评定标准》（TB 10415—98）；

4 《铁路混凝土与砌体工程施工规范》（TB 10210—2001）；

5 《铁路桥涵施工规范》（TBJ 203—96）；

6 《铁路工程基桩无损检测规程》（TB 10218—99）；

7 《铁路混凝土强度检验评定标准》（TB 10425—94）；

8 《铁路钢梁制造规范》（TB 10212—98）；

9 《铁路钢梁高强度螺栓连接施工规定》（TBJ 214—92）；

10 《铁路架桥机架梁规程》（TB 10213—99）；

11 《混凝土结构工程施工及验收规范》（GB 50204—92）；

12 《预制混凝土构件质量检验评定标准》（GBJ 321—90）；

13 《建筑工程冬季施工规程》（JGJ 104—97）；

14 《预应力混凝土用钢绞线》（GB/T 5224—1995）；

15 《钢筋焊接接头试验方法》（JGJ 27—86）；

16 《预应力用锚具、夹具和连接器应用技术规程》（GB/T 14370—2000）；

17 《混凝土外加剂》（GB 8076—1997）；

18 《混凝土防冻剂》（JC 475—92）。

1.0.4 本标准是对现行《铁路桥涵工程质量检验评定标准》（TB 10415—98）的补充，应在工程实践中总结经验，进一步完善有关内容。

1.0.5 青藏铁路高原多年冻土区桥涵工程的质量检验评定及验收，除应符合本标准外，尚应符合现行国家有关强制性标准的规定。

2　工程质量检验评定方法

2.1　质量检验项目的划分

2.1.1　青藏铁路高原多年冻土区桥涵工程质量的检验和评定应划分为分项、分部和单位工程进行,并应符合下列规定:

1　分项工程——按工种、工序划分,其检验项目由以下三个项目或其中的两个项目组成。

1)保证项目——保证工程安全和使用功能,对工程质量有决定性影响的检验项目。

2)基本项目——保证工程安全和使用功能,对工程质量有重要影响的检验项目。

3)允许偏差项目——在检测中允许少量检测点超出本标准规定的偏差范围,但仍可满足工程安全和使用功能的检验项目。

2　分部工程——按一个完整部位或主要结构及施工阶段划分。

3　单位工程——按一个完整的工程项目或相当规模的施工范围划分。

2.1.2　根据对整个桥涵工程质量的影响程度,分部工程可划分为重要分部工程和一般分部工程。

2.1.3　青藏铁路高原多年冻土区桥涵工程质量检验项目划分及检验范围应符合表 2.1.3—1 及表 2.1.3—2 的规定。

2.1.4　厂制成品、设备应进行检验,但不参与评定。

表 2.1.3—1　桥梁工程质量检验项目划分及检验范围

序号	分部工程类别	分部工程名称	分项工程	检验项目条目		
				保证项目	基本项目	允许偏差项目
1	地基与基础	明挖基础	基坑	4.1.1~4.1.4	4.1.5~4.1.8	4.1.9
			模板与支架	3.1.1、3.1.2		3.1.3
			钢筋	3.2.1~3.2.4	3.2.5	3.2.6~3.2.9
			混凝土	3.3.1~3.3.4 3.5.1~3.5.3	3.3.5、3.3.6	3.5.4、4.2.4
			防冻胀处理	4.4.1、4.4.2	4.4.3、4.4.4	
		承台	模板与支架	3.1.1、3.1.2		3.1.3
			钢筋	3.2.1~3.2.4	3.2.5	3.2.6~3.2.9
			混凝土	3.3.1~3.3.4 3.5.1~3.5.3	3.3.5、3.3.6	3.5.4、4.3.2
			防冻胀处理	4.4.1、4.4.2	4.4.3、4.4.4	
		钻孔灌注桩※	护筒	5.1.1、5.1.2		5.1.3、5.1.4
			成孔	5.2.1、5.2.2	5.2.3、5.2.4	5.2.5
			钢筋骨架	5.3.1		5.3.2

续上表

序号	分部工程类别	分部工程名称	分项工程	检验项目条目 保证项目	基本项目	允许偏差项目
1	地基与基础	钻孔灌注桩※	桩身混凝土	3.3.1～3.3.4 3.4.1～3.4.4 3.5.1～3.5.3 5.4.2～5.4.4	3.4.5、5.4.5	3.5.4
			桩基防冻胀处理	5.9.1、5.9.2	5.9.3	
		钻孔插入桩※	成孔	5.2.1	5.2.3、5.2.4	5.2.5
			基础桩预制	5.5.1、5.5.2		5.5.3、5.5.4
			插桩	5.6.1～5.6.5		5.6.6
			桩周黏土砂浆	5.7.1、5.7.2	5.7.3	
			桩基防冻胀处理	5.9.2	5.9.3	
		钻孔打入桩※	成孔	5.2.1	5.2.3、5.2.4	5.2.5
			基础桩预制	5.5.1、5.5.2		5.5.3、5.5.4
			打桩	5.8.1～5.8.3		5.8.4
			桩基防冻胀处理	5.9.2	5.9.3	
2	墩台	现浇混凝土墩台身	模板与支架	3.3.1、3.1.2		3.1.3
			钢筋	3.2.1～3.2.4	3.2.5	3.2.6～3.2.9
			混凝土	3.3.1～3.3.4 3.5.1～3.5.3 6.3.1～6.3.3	3.3.5、3.3.6 6.3.4	3.5.4 6.3.5
			桥台防水层	6.4.1	6.4.3	
			墩台防冻胀处理	6.4.1、6.4.2	6.4.3	
		台后填土、锥体及其他	填土	6.5.1	6.5.5	6.5.6
			砌体	3.6.1、3.6.2 6.5.2、6.5.3	6.5.4	3.6.3
3	梁部	后张法预应力混凝土简支梁制造※	台座、模板与支架	3.1.1、3.1.2 7.1.1、7.1.2		3.1.4、3.1.5 7.1.19
			钢筋	3.2.1～3.2.4	3.2.5	3.2.6～3.2.9
			预应力筋及锚(夹)具	7.1.5、7.1.6 7.1.9、7.1.10	7.1.16	7.1.20
			混凝土	3.3.1～3.3.4 7.1.8 7.1.11～7.1.15		7.1.21、7.1.22
			防水层与保护层	10.1.1～10.1.3	10.1.4～10.1.7	
		先张法预应力混凝土简支梁制造※	台座、模板与支架	3.1.1、3.1.2 7.2.1		3.1.4、3.1.5 7.1.19、、7.2.13
			钢筋	3.2.1～3.2.4	3.2.5	3.2.6～3.2.9
			预应力筋及锚(夹)具	7.1;5、7.1.6 7.1.9、7.1.10	7.1.16	7.1.20
			混凝土	3.3.1～3.3.4 7.1.8 7.1.11～7.1.15 7.2.8、7.2.9		7.1.21、7.1.22
			防水层与保护层	10.1.1～10.1.3	10.14～10.1.7	

续上表

序号	分部工程类别	分部工程名称	分项工程	检验项目条目		
				保证项目	基本项目	允许偏差项目
3	梁部	预应力混凝土简支梁架设	梁体架设	8.1.1、8.1.2	8.1.3、8.1.4	
			支座安装	8.2.1~8.2.4	8.2.5、8.2.6	8.2.7~8.2.10
			T梁横向联结	8.3.1~8.3.6	8.3.7~8.3.10	8.3.11
		结合梁※	厂制钢梁	9.1.1~9.1.4		9.1.5
			高强度螺栓	9.2.1、9.2.2	9.2.3	
			钢梁组装及架设	9.3.1~9.3.3	9.3.4~9.3.6	9.3.7~9.3.9
			支座安装	8.2.1~8.2.4	8.2.5、8.2.6	8.2.7~8.2.10
			混凝土桥面板	9.4.1~9.4.3	9.4.4	9.4.5、9.4.6
			钢梁涂装	9.5.1~9.5.4	9.5.5	9.5.6
			防水层与保护层	10.1.1~10.1.3	10.1.4~10.1.7	
4	桥面及其他	桥面附属	挡砟墙、泄水管	10.2.1	10.2.2	
			步行板、人行道与避车台	10.3.1~10.3.3	10.3.4	

注:带"※"的分部工程为重要分部工程。

表 2.1.3—2 涵洞工程质量检验项目划分及检验范围

序号	分部工程类别	分部工程名称	分项工程	检验项目条目		
				保证项目	基本项目	允许偏差项目
1	地基与基础	基础※	基坑	11.1.1、11.1.2	11.1.3、11.1.4	11.1.5
			模板与支架	3.1.1、3.1.2		3.1.3
			钢筋	3.2.1~3.2.4	3.2.5	3.2.6~3.2.9
			混凝土	3.3.1~3.3.4 3.5.1~3.5.3	3.3.5、3.3.6	3.5.4
			基础件预制	11.3.1~11.3.4	11.3.5、11.3.6	11.3.7
			基础件安装	11.4.1~11.4.3	11.4.4	11.4.5
			隔热及防冻胀处理	11.7.1~11.7.3	11.7.4	11.7.5、11.7.6
2	涵身	现浇涵身	模板与支架	3.1.1、3.1.2		3.1.3
			钢筋	3.2.1~3.2.4	3.2.5	3.2.6~3.2.9
			混凝土	3.3.1~3.3.4 3.5.1~3.5.3	3.3.5、3.3.6	3.5.4
			防水层	11.6.1~11.6.2	11.6.5、11.6.6	
			沉降缝	11.6.3、11.6.4	11.6.7	
			隔热及防冻胀处理	11.7.1~11.7.3	11.7.4	11.7.5、11.7.6
		装配式涵身	涵节预制	11.3.1~11.3.4	11.3.5、11.3.6	11.3.7
			涵节安装	11.4.1~11.4.3	11.4.4	11.4.5
			防水层	11.6.1~11.6.2	11.6.5、11.6.6	
			沉降缝	11.6.3、11.6.4	11.6.7	
			隔热及防冻胀处理	11.7.1~11.7.3	11.7.4	11.7.5、11.7.6

续上表

序号	分部工程类别	分部工程名称	分项工程	检验项目条目		
				保证项目	基本项目	允许偏差项目
3	端、翼墙及附属工程	端、翼墙	模板与支架	3.1.1、3.1.2		3.1.3
			钢筋	3.2.1～3.2.4	3.2.5	3.2.6～3.2.9
			混凝土	3.3.1～3.3.4 3.5.1～3.5.3	3.3.5、3.3.6	3.5.4
			防水层	11.6.1～11.6.2	11.6.5、11.6.6	
			隔热及防冻胀处理	11.7.1～11.7.3	11.7.4	11.7.5、11.7.6
		出入口铺砌及附属工程	挖基	11.8.1～11.8.3	11.8.4、11.8.5	
			砌体	3.6.1、3.6.2		3.6.3

注：带“※”的分部工程为重要分部工程。

2.2 质量等级的划分

2.2.1 分项、分部、单位工程质量的检验评定应划分为合格和优良两个等级。

2.2.2 分项工程的质量等级应符合下列规定：

1 合格：

1）保证项目必须符合本标准对该项目规定的质量要求。

2）基本项目抽检的点（处、件，下同），应符合本标准对该项目规定的合格要求。

3）允许偏差项目抽检点数中，应有80%及以上的实测值在该项目规定的允许范围内。

2 优良：

1）保证项目必须符合本标准对该项目规定的质量要求。

2）基本项目抽检的点，在合格的基础上有60%及以上符合本标准对该项目规定的优良标准，该项目即为优良。优良项数应占检验项数的60%及以上。

3）允许偏差项目抽检点数中，应有90%及以上的实测值在该项目的允许偏差范围内。

2.2.3 当分项工程质量经检验不符合本标准合格的规定时，应按以下规定确定其质量等级；

1 返工重做的可重新评定其质量等级。

2 经加固补强且经有法定检测单位鉴定，能够达到设计要求的，其质量仅可评为合格。

3 无法加固补强，但经建设单位组织有关部门确认，能满足结构安全和使用功能要求的，其质量仅可定为合格，但其所在的分部工程和单位工程不得评为优良。

2.2.4 分部工程的质量等级应符合下列规定：

1 合格：所含分项工程的质量全部合格。

2 优良：所含分项工程的质量全部合格，其中有60%及以上为优良。

2.2.5 单位工程的质量等级应符合下列规定：

1 合格：所含分部工程的质量全部合格。

2 优良：所含分部工程的质量全部合格，其中有60%及以上为优良，且重要分部工程的质量为优良。

2.3 质量检验评定的程序和组织

2.3.1 分项、分部及单位工程的检验评定应由施工单位和监理单位共同进行，并按所划分的项目分级签认。

2.3.2 分项工程质量应在自检合格的基础上，由工程队或项目经理部技术和质量负责人组织有关人员进行检验评定，经监理工程师核定后，由工程队或项目经理部按表 2.3.1 填写分项工程质量检验评定表，并按要求提供给有关部门。

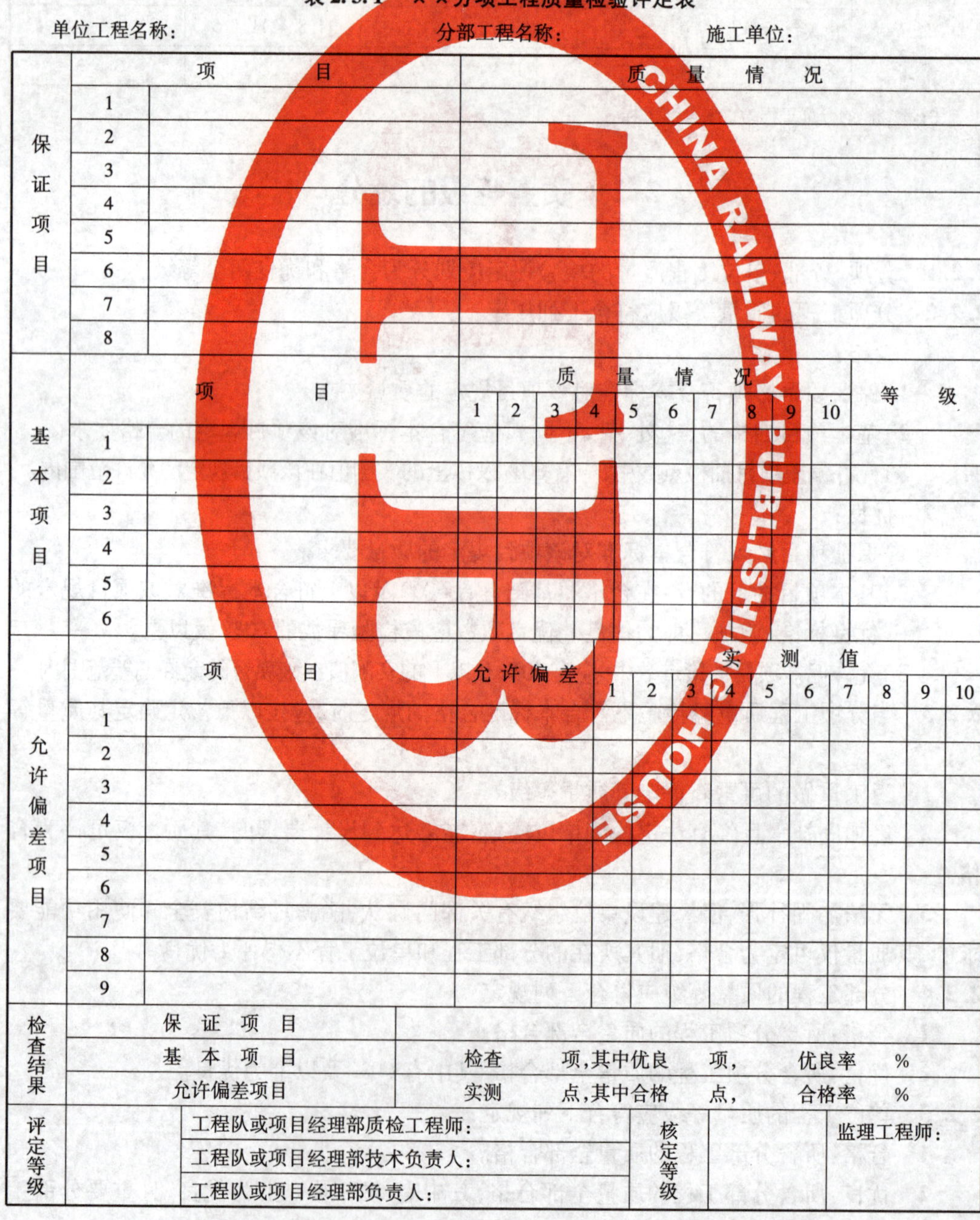

表 2.3.1 ××分项工程质量检验评定表

单位工程名称： 分部工程名称： 施工单位：

		项目	质量情况
保证项目	1		
	2		
	3		
	4		
	5		
	6		
	7		
	8		

		项目	质量情况 1	2	3	4	5	6	7	8	9	10	等级
基本项目	1												
	2												
	3												
	4												
	5												
	6												

		项目	允许偏差	实测值 1	2	3	4	5	6	7	8	9	10
允许偏差项目	1												
	2												
	3												
	4												
	5												
	6												
	7												
	8												
	9												

检查结果	保证项目			
	基本项目	检查　项，其中优良　项，优良率　%		
	允许偏差项目	实测　点，其中合格　点，合格率　%		
评定等级	工程队或项目经理部质检工程师：	核定等级		监理工程师：
	工程队或项目经理部技术负责人：			
	工程队或项目经理部负责人：			

年　月　日

2.3.3　分部工程质量应由工程队或项目经理部负责人组织有关人员进行评定，经监理分站核定后，由工程队或项目经理部按表2.3.2填写分部工程质量评定表，并按要求提供给有关部门。

表2.3.2　××分部工程质量评定表

单位工程名称：　　　　　　　　　　　　施工单位：

<table>
<tr><th>序　号</th><th colspan="2">分项工程名称</th><th colspan="2">项　　数</th><th>其中优良项数</th><th colspan="2">备　　注</th></tr>
<tr><td>1</td><td colspan="2"></td><td colspan="2"></td><td></td><td colspan="2"></td></tr>
<tr><td>2</td><td colspan="2"></td><td colspan="2"></td><td></td><td colspan="2"></td></tr>
<tr><td>3</td><td colspan="2"></td><td colspan="2"></td><td></td><td colspan="2"></td></tr>
<tr><td>4</td><td colspan="2"></td><td colspan="2"></td><td></td><td colspan="2"></td></tr>
<tr><td>5</td><td colspan="2"></td><td colspan="2"></td><td></td><td colspan="2"></td></tr>
<tr><td>6</td><td colspan="2"></td><td colspan="2"></td><td></td><td colspan="2"></td></tr>
<tr><td>7</td><td colspan="2"></td><td colspan="2"></td><td></td><td colspan="2"></td></tr>
<tr><td>8</td><td colspan="2"></td><td colspan="2"></td><td></td><td colspan="2"></td></tr>
<tr><td>9</td><td colspan="2"></td><td colspan="2"></td><td></td><td colspan="2"></td></tr>
<tr><td>10</td><td colspan="2"></td><td colspan="2"></td><td></td><td colspan="2"></td></tr>
<tr><td>11</td><td colspan="2"></td><td colspan="2"></td><td></td><td colspan="2"></td></tr>
<tr><td>12</td><td colspan="2"></td><td colspan="2"></td><td></td><td colspan="2"></td></tr>
<tr><td>13</td><td colspan="2"></td><td colspan="2"></td><td></td><td colspan="2"></td></tr>
<tr><td>14</td><td colspan="2"></td><td colspan="2"></td><td></td><td colspan="2"></td></tr>
<tr><td>15</td><td colspan="2"></td><td colspan="2"></td><td></td><td colspan="2"></td></tr>
<tr><td>16</td><td colspan="2"></td><td colspan="2"></td><td></td><td colspan="2"></td></tr>
<tr><td>17</td><td colspan="2"></td><td colspan="2"></td><td></td><td colspan="2"></td></tr>
<tr><td>18</td><td colspan="2"></td><td colspan="2"></td><td></td><td colspan="2"></td></tr>
<tr><td>19</td><td colspan="2"></td><td colspan="2"></td><td></td><td colspan="2"></td></tr>
<tr><td>20</td><td colspan="2"></td><td colspan="2"></td><td></td><td colspan="2"></td></tr>
<tr><td>21</td><td colspan="2"></td><td colspan="2"></td><td></td><td colspan="2"></td></tr>
<tr><td>22</td><td colspan="2"></td><td colspan="2"></td><td></td><td colspan="2"></td></tr>
<tr><td>23</td><td colspan="2"></td><td colspan="2"></td><td></td><td colspan="2"></td></tr>
<tr><td>24</td><td colspan="2"></td><td colspan="2"></td><td></td><td colspan="2"></td></tr>
<tr><td colspan="3">合　　　计</td><td colspan="2"></td><td></td><td colspan="2">优良率　　%</td></tr>
<tr><td rowspan="3">评定等级</td><td rowspan="3"></td><td>工程队或项目经理部质检工程师：</td><td rowspan="3">核定等级</td><td colspan="2" rowspan="3"></td><td colspan="2">监理工程师：</td></tr>
<tr><td>工程队或项目经理部技术负责人：</td><td colspan="2" rowspan="2">监理分站负责人：</td></tr>
<tr><td>工程队或项目经理部负责人：</td></tr>
</table>

年　　月　　日

2.3.4　单位工程质量应由工程指挥部负责人组织有关部门进行评定，经总监理工程师核定后,由工程指挥部按表2.3.3填写单位工程质量评定表,并按要求提供给有关部门。

2.3.5 当单位工程尚未全部竣工,而部分工程已具备一定的生产能力需组织验交时,该部分工程也可视为一个单位工程进行质量检验和评定。

表2.3.3 单位工程质量评定表

<table>
<tr><td colspan="2">单位工程名称:</td><td>开工日期:</td><td>年 月 日</td></tr>
<tr><td colspan="4">施工单位:</td></tr>
<tr><td colspan="4">工程地点:</td></tr>
<tr><td colspan="2">工程数量:</td><td>竣工日期:</td><td>年 月 日</td></tr>
<tr><td>项 次</td><td>分部工程名称</td><td>核定质量等级</td><td>备 注</td></tr>
<tr><td>1</td><td></td><td></td><td></td></tr>
<tr><td>2</td><td></td><td></td><td></td></tr>
<tr><td>3</td><td></td><td></td><td></td></tr>
<tr><td>4</td><td></td><td></td><td></td></tr>
<tr><td>5</td><td></td><td></td><td></td></tr>
<tr><td>6</td><td></td><td></td><td></td></tr>
<tr><td>7</td><td></td><td></td><td></td></tr>
<tr><td>8</td><td></td><td></td><td></td></tr>
<tr><td>9</td><td></td><td></td><td></td></tr>
<tr><td>10</td><td></td><td></td><td></td></tr>
<tr><td>11</td><td></td><td></td><td></td></tr>
<tr><td>12</td><td></td><td></td><td></td></tr>
<tr><td>13</td><td></td><td></td><td></td></tr>
<tr><td>14</td><td></td><td></td><td></td></tr>
<tr><td>15</td><td></td><td></td><td></td></tr>
<tr><td>16</td><td></td><td></td><td></td></tr>
<tr><td>17</td><td></td><td></td><td></td></tr>
<tr><td>18</td><td></td><td></td><td></td></tr>
<tr><td colspan="2">合计项数:</td><td>其中优良:</td><td>优良率: %</td></tr>
<tr><td>评定等级</td><td></td><td>工程队或项目经理部负责人:
工程指挥部技术负责人:
工程指挥部负责人:
公 章
年 月 日</td><td>核定等级</td><td></td><td>总监理工程师:
公 章
年 月 日</td></tr>
</table>

3　混凝土与砌体

3.1　模板与支架

（Ⅰ）保 证 项 目

3.1.1　模板与支架的强度、刚度和稳定性必须符合设计要求。

检验数量：每项均应检查。

检验方法：观察检查。

3.1.2　支承支架的基座必须有足够的面积，并必须有防止地基土冻胀及融沉的措施。

检验数量：每处均应检查。

检验方法：仪器测量和观察检查。

（Ⅲ）允许偏差项目

3.1.3　模板与基岩或与既有混凝土接触面不得漏浆，模板安装允许偏差、检验方法及检验数量应符合表3.1.3的规定。

表 3.1.3　模板安装允许偏差、检验方法及检验数量

序号	项目		允许偏差	检验方法	检验数量
1	模板轴线与设计位置的偏差	基础、承台	15 mm	尺量	每座桥梁模板每次浇筑均应检查；每座涵洞模板检验数量为浇筑次数的20%，且不得少于3次
		墩台身、顶帽托盘	10 mm		
		梁、柱	5 mm		
2	模板表面平整度		5 mm	用2 m靠尺检查	
3	高　程	承台、墩台身	±10 mm	仪器测量	
		顶帽、托盘	$^{0}_{-15}$mm	仪器测量	
4	模板的侧向弯曲	柱	h/1 000	拉线尺测量	
		梁、板	L/1 500	拉线尺测量	
5	梁、柱、板两模板内侧高度或宽度		$^{0}_{+15}$mm	仪器测量、尺量	
6	梁、架的拱度		$^{+5}_{-2}$mm	仪器测量	
7	相邻两板面高低差		2 mm	仪器测量	

注：h为柱的高度；L为梁、板跨度。

3.1.4　预应力混凝土梁模板（除底模外）安装允许偏差、检验方法及检验数量应符合表3.1.4的规定。

3.1.5　预应力混凝土梁底模允许偏差、检验方法及检验数量应符合表3.1.5的规定。

表 3.1.4 预应力混凝土梁模板安装允许偏差、检验方法及检验数量

序号	项 目	允许偏差	检验方法	检验数量
1	钢模全长	±10 mm	30 m 钢卷尺量测	每片梁均应检查
2	钢模高度	±5 mm	尺量	
3	上翼缘(桥面板)内外侧偏离设计位置	$^{+10}_{-5}$mm	拉线实测	
4	底板、顶板厚度	$^{+10}_{0}$mm	尺量	
5	腹板厚度	$^{+10}_{0}$mm	尺量	
6	腹板中心线在平面上与设计位置偏差	10	尺量	
7	横隔板厚度偏差	$^{+10}_{0}$mm	尺量	
8	横隔板位置	5 mm	尺量	
9	底板不平整度	2 mm	1 m 靠尺测量	
10	模板垂直度或倾斜度(每米)	3 mm	吊线测量	
11	模板表面不平整度	3 mm	2 m 靠尺测量	
12	相邻模板错台	2 mm	2 m 靠尺、塞尺测量	
13	模板接缝处缝隙	1 mm	塞尺测量	
14	支座相对高差	2 mm	水平仪测量	
15	端模预留孔道偏离设计位置	3 mm	尺量	
16	先张梁台座端横梁孔道偏离设计位置	2 mm	尺量	

表 3.1.5 预应力混凝土梁底模允许偏差、检验方法及检验数量

序号	项 目		允许偏差	检验方法	检验数量
1	横向矢距		$^{+2}_{0}$mm	拉线尺量检查	每片梁均应检查
2	纵向反拱度		平顺,且不大于梁设计反拱度的±10%	拉线尺量检查	
3	平面高差	端截面(支座位置处)任意两点高差	1 mm	仪器测量	
4		跨中 $L/4$ 截面任意两点高差(L 为梁跨度)	5 mm	仪器测量	
5		沿梁长任意两点高差(拱度在外)	4 mm	仪器测量	
6	侧向弯曲		8 mm	尺量检查两侧边线偏离设计位置	
7	沿腹板中线的长度		±10 mm	尺量	

3.2 钢 筋

(Ⅰ)保 证 项 目

3.2.1 钢筋和焊条的品种、规格、性能和质量必须符合设计要求,其检验要求必须符合《铁路混凝土与砌体工程施工规范》(TB 10210—2001)的有关规定。

检验数量:每批均应检查。

检验方法:检查出厂合格证和试验报告单。

3.2.2 钢筋必须平直、无局部曲折。钢筋在搬运或加工过程中必须防止撞击和刻痕。钢筋上不得有积雪、结冰、结露、雨淋、泥土、油漆、锈蚀等脏物。清除表面脏物时不得损伤涂层。对除锈后仍有麻点的钢筋严禁按原规格使用。

检验数量:每批均应检查。

检验方法:观察检查。

3.2.3 钢筋负温焊接的方法、焊接接头机械性能、环境温度、现场风速和遮蔽措施等必须符合设计要求。焊后未冷却的接头不得接触冰雪。

检验数量:每200个接头截取抗拉试件一组;采用闪光接触对焊的钢筋,还应每200个接头截取冷弯试件一组。

检验方法:检查试验报告单和观察检查。

3.2.4 梁体混凝土保护层厚度不得小于30 mm。

检验数量:每片梁不得少于10处。

检验方法:尺量和检查施工记录。

(Ⅱ)基 本 项 目

3.2.5 钢筋网片、骨架的绑扎和焊接质量应符合下列规定:

1 绑扎

钢筋的种类、型号、直径、数量应符合设计要求,骨架稳定,接头位置和搭接长度符合设计和《铁路混凝土与砌体工程施工规范》(TB 10210—2001)的有关规定。钢筋网片、骨架应避免雨雪侵蚀。

合格:绑扎缺扣、松扣数量不得超过应绑扎扣数的20%,且不应集中。

优良:绑扎缺扣、松扣数量不得超过应绑扎扣数的10%,且不应集中。

检验数量:不同规格各抽检20%,并不得少于3件(处)。

检验方法:观察检查、尺量和手扳检查。

2 焊接

合格:骨架无漏焊、开焊。钢筋网片漏焊、开焊点数不超过焊点数的4%,且不应集中。

优良:骨架无漏焊、开焊。钢筋网片漏焊、开焊点数不超过焊点数的2%,且不应集中。

检验数量:不同规格各抽检10%,并不得少于3件。

检验方法:观察检查、尺量和手扳检查。

(Ⅲ)允许偏差项目

3.2.6 电弧焊和闪光接触对焊焊接接头的允许偏差、检验方法及检验数量应符合表3.2.6的规定。

3.2.7 钢筋加工的允许偏差、检验方法及检验数量应符合表3.2.7的规定。

表 3.2.6　电弧焊、闪光接触对焊焊接接头允许偏差、检验方法及检验数量

<table>
<tr><th>序号</th><th>类别</th><th colspan="2">项　　目</th><th>允许偏差</th><th>检验方法</th><th>检验数量</th></tr>
<tr><td rowspan="11">1</td><td rowspan="11">电弧焊</td><td colspan="2">(1)帮条沿接头中心线的纵向位移</td><td>0.5d</td><td>尺量</td><td rowspan="14">同类型焊接数量的10%,并不得少于3件</td></tr>
<tr><td rowspan="2">(2)接头处钢筋轴线</td><td>弯折角</td><td>不大于4°</td><td rowspan="2">直尺或楔形塞尺检查</td></tr>
<tr><td>偏移</td><td>0.1d,且不大于3 mm</td></tr>
<tr><td colspan="2">(3)焊缝厚度</td><td>+0.05d,0</td><td rowspan="6">尺量</td></tr>
<tr><td colspan="2">(4)焊缝宽度</td><td>+0.1d,0</td></tr>
<tr><td colspan="2">(5)焊缝长度</td><td>−0.5d</td></tr>
<tr><td colspan="2">(6)低温焊缝咬边深度</td><td>0.2 mm</td></tr>
<tr><td rowspan="2">(7)在2d的焊缝表面上焊缝的气孔及夹渣</td><td>数量</td><td>2个</td></tr>
<tr><td>面积</td><td>6 mm^2</td></tr>
<tr><td colspan="2">(8)预埋件和钢筋焊接处直径大于1.5 mm的气孔或夹渣</td><td><3个/件</td><td>观察检查</td></tr>
<tr><td colspan="4"></td></tr>
<tr><td rowspan="3">2</td><td rowspan="3">闪光接触对焊</td><td rowspan="2">(1)接头处钢筋轴线</td><td>弯折角</td><td>不大于4°</td><td rowspan="2">直尺或楔形塞尺检查</td></tr>
<tr><td>偏　移</td><td>0.1d,且不大于2 mm</td></tr>
<tr><td colspan="2">(2)接头表面裂纹</td><td>不允许</td><td>观察检查</td></tr>
</table>

注:d 为钢筋直径。

表 3.2.7　钢筋加工允许偏差、检验方法及检验数量

序号	项　　目	$L \leq 5\,000$(mm)	$L > 5\,000$(mm)	检验方法	检验数量
1	受力钢筋顺长度方向的全长长度	±10 mm	±20 mm	尺量	抽查20%
2	弯起钢筋的弯起位置	±20 mm			

注:L 为钢筋长度。

3.2.8　钢筋保护层的允许偏差、检验方法及检验数量应符合表3.2.8的规定。

表 3.2.8　钢筋保护层允许偏差、检验方法及检验数量

序号	项　　目	允许偏差(mm)	检验方法	检验数量
1	保护层设计厚度 $C \geq 35$ mm	±10	尺量	不得少于10处
2	保护层设计厚度 25 mm $\leq C < 35$ mm	±5		
3	保护层设计厚度 $C < 25$ mm	±3		

注:不包括梁体钢筋保护层。

3.2.9　钢筋安装允许偏差、检验方法及检验数量应符合表3.2.9的规定。

表 3.2.9　钢筋安装允许偏差、检验方法及检验数量

序号	项　　目		允许偏差(mm)	检验方法	检验数量
1	双排钢筋排与排间距		±5	尺量	每次浇筑前均应检查
2	同一排受力钢筋间距	板、墙、大体积	±20		
		柱、梁	±10		
3	分布钢筋间距		±20		
4	箍筋间距	绑扎骨架	±20		
		电焊骨架	±10		
5	弯起点(加工偏差 ±20 mm 包括在内)		±30		

3.3　混凝土与钢筋混凝土

（Ⅰ）保 证 项 目

3.3.1　拌制混凝土的原材料必须符合下列要求：

1　水泥

选用的硅酸盐水泥和普通硅酸盐水泥，其质量必须符合现行国家标准的有关规定。

2　骨料

骨料的碱活性除必须符合《铁路混凝土与砌体工程施工规范》（TB 10210—2001）的有关规定外，每立方米混凝土总碱含量不得大于 3 kg。骨料不得混有冰雪、冻块及被冻裂的块体。当环境气温低于 −10 ℃时，必须提高骨料温度，加热必须均匀，骨料冻块必须打碎。

3　拌和用水

拌和用水必须符合《铁路混凝土与砌体工程施工规范》（TB 10210—2001）的有关规定。

4　外加剂

外加剂必须符合《混凝土外加剂》（GB 8076—1997）的有关规定，掺量必须符合设计要求，当粉剂结块时必须先通过 0.6 mm 筛。

5　掺和料

掺和料必须符合国家相应的质量标准《用于水泥和混凝土中粉煤灰》（GB 1596—91）和《用于水泥和混凝土中的高炉矿渣粉》（GB/T 203—94），其掺量应符合设计要求。掺和料在运输和储存时，不得与其他材料混杂，也不得受潮。

检验数量：每批均应检查，但最大量不得大于其质量标准的要求。

检验方法：检查出厂合格证、试验报告单和观察检查。

3.3.2　混凝土的配合比、原材料计量、搅拌、养护和施工缝处理必须符合设计要求。

检验数量：全部检查。

检验方法：观察检查和检查施工记录。

3.3.3　混凝土的抗渗、抗冻融指标必须符合设计要求。

检验数量：同标段、同材料、同标号混凝土的特大桥 2 组，大桥 1 组，一般桥涵每 1 000 m^3混凝土 1 组，且不少于 1 组。

检验方法：检查试验报告单。

3.3.4　混凝土强度的检验要求，必须符合《铁路混凝土强度检验评定标准》（TB 10425—94）的有关规定。验收批以当天完成的同一配合比混凝土为一个验收批。

检验数量：全部检查。

检验方法：检查试验报告单和施工记录。

（Ⅱ）基 础 项 目

3.3.5　混凝土应振捣密实，表面光滑平整，不得有蜂窝、麻面和露筋。

合格:局部出现少量蜂窝、麻面,经修补后不影响外观和质量。

优良:表面光滑平整,无蜂窝、麻面。

检验数量:全部检查。

检验方法:检查施工记录和观察检查。

3.3.6 混凝土表面不得受冻,边角不得脱落,施工缝不得有夹渣缝和受冻痕迹。

合格:局部有夹渣缝。

优良:无冻害,无夹渣缝。

检验数量:检查总浇筑次数的20%,并不得少于3次。

检验方法:观察检查。

3.4 水下混凝土

(Ⅰ)保证项目

3.4.1 水下混凝土原材料的检验要求必须符合本标准第3.3.1条的规定。

3.4.2 水下混凝土必须选用水化热较低的水泥和适当的掺和料,并尽量降低混凝土的入模温度。其配合比必须符合《铁路混凝土与砌体工程施工规范》(TB 10210—2001)的有关规定。

检验数量:抽查浇筑次数的20%。

检验方法:检查配合比选定单和现场检查。

3.4.3 水下混凝土强度的检验要求除必须符合本标准第3.3.4条的规定外,还必须符合下列规定:

1 每根桩至少作检查试件一组;

2 用无损检测方法检测时,必须符合铁道部现行《铁路工程基桩无损检测规程》(TB 10218—99)的有关规定。

检验数量:100%无损检测,必要时取芯检查。

检验方法:检查试验报告单和施工记录。

3.4.4 浇筑水下混凝土,导管的隔水栓应能顺利排水,导管埋入混凝土深度应大于0.8 m。

检验数量:钻孔桩每根均应检查。

检验方法:检查施工记录和观察检查。

(Ⅱ)基本项目

3.4.5 水下混凝土顶面的流动坡度宜控制在1∶5以下。

合格:流动坡度在1∶5以下。

优良:流动坡度在1∶6以下。

检验数量:每次浇筑均应检查。

检验方法:检查施工记录。

3.5 低温早强混凝土与负温混凝土

（Ⅰ）保 证 项 目

3.5.1 低温早强混凝土与负温混凝土原材料的检验要求除必须符合本标准第 3.3.1 条的规定外，还必须符合下列规定：

1 拌和用水

气温低于 -5 ℃时必须对水进行加热；当水温高于 65 ℃时，必须先与骨料拌和，然后加入水泥。

2 防冻剂

防冻剂必须符合《混凝土防冻剂》（JC 475—92）的有关规定，掺量必须符合设计要求，当粉剂结块时必须先通过 0.6 mm 筛。

检验数量：每批均应检查。

检验方法：检查出厂合格证、试验报告单，观察检查和检查施工记录。

3.5.2 低温混凝土拌和物的出机温度必须保证其入模温度控制在 5 ℃左右；负温混凝土拌和物的出机温度必须保证其入模混度不低于 10 ℃；负温养护期间环境温度与混凝土表面温度之差不得大于 20 ℃。

检验数量：全部检查。

检验方法：检查温度测试记录（每天不少于 2 次）。

3.5.3 混凝土强度的检验要求必须符合本标准第 3.3.4 条的规定。

（Ⅲ）允许偏差项目

3.5.4 混凝土温度控制和外加剂计量允许偏差、检验方法及检验数量应符合表 3.5.4 的规定。

表 3.5.4 混凝土温度控制和外加剂计量允许偏差、检验方法及检验数量

序号	项 目	允许偏差	检验方法	检验数量
1	低温早强混凝土入模温度	+2 ℃	检查施工记录	每日 2 次，高温及低温时各一次
2	负温混凝土入模温度	±1 ℃		
3	负温混凝土养护期间环境温度与混凝土表面温度之差	±2 ℃		
4	外加剂计量	±2% 外加剂总掺量		每次拌和均应检查
5	掺和料计量	±2% 掺和料总掺量		

3.6 砌 体

（Ⅰ）保 证 项 目

3.6.1 砌体石料和混凝土预制块的规格、性能和强度必须符合设计要求。

检验数量:试验记录全部检查,抽查石料和预制块总数的10%。

检验方法:尺量、检查石料和混凝土试验报告单。

3.6.2 砌体质量的检验必须符合《铁路混凝土与砌体工程施工规范》(TB 10210—2001)的有关规定。

检验数量:试验记录全部检查,其他项目抽查总数的20%。

检验方法:检查试验记录和尺量。

(Ⅲ)允许偏差项目

3.6.3 砌体砌缝和位置的规定、检验方法及检验数量应符合表3.6.3的规定。

表3.6.3 砌体砌缝和位置规定、检验方法及检验数量

序号	项目	块石	混凝土块	检验方法	检验数量
1	表面砌缝宽度	≤30 mm	15~20 mm	尺量	抽检总数的20%
2	每找平一次的砌筑高度	≤1 200 mm	—		
3	两层间竖向错位	≥80 mm	≥100 mm 困难时丁石上下可一面有竖缝		
4	砌筑方式	一丁一顺或二顺一丁	一丁一顺	观察检查	

4 明挖基础及承台

4.1 基坑

（Ⅰ）保证项目

4.1.1 基底的地质条件、多年冻土类型及承载力必须符合设计要求。

检验数量：每个基坑均应检查。

检验方法：检查基坑检查证和观察检查。

4.1.2 基坑开挖不得引起新的冻土病害。

检验数量：每个基坑均应检查。

检验方法：检查施工记录和观察检查。

4.1.3 基坑爆破开挖方法及使用的爆破材料必须符合设计及《青藏铁路高原多年冻土区工程施工暂行规定》（上册）的有关规定。

检验数量：每个基坑均应检查。

检验方法：检查爆破材料的出厂合格证、观察检查和尺量。

4.1.4 基坑铺设垫层所用卵砾石和铺设隔热保温层所用工业保温材料等材料的性能指标必须符合设计要求。

检验数量：每 5 000 m^2 或一批（每批量不得超过 5 000 m^2）检验一次，不足 5 000 m^2 应按一批检验。

检验方法：检查出厂合格证、试验报告单和观察检查。

（Ⅱ）基本项目

4.1.5 基坑应满足基础轮廓、放坡、排水的需要，并应符合《青藏铁路高原多年冻土区工程施工暂行规定》（上册）的有关规定。

合格：个别边坡尺寸不足，经调整后能保证基础轮廓尺寸。

优良：全部符合规定。

检验数量：每个基坑均应检查。

检验方法：观察检查和尺量。

4.1.6 基坑开挖时应按设计及时做好临时防护，不得因太阳直射或雨水浸泡导致地基多年冻土融化。

合格：临时防护符合设计要求。

优良：在合格的基础上，防护效果良好。

检验数量：每个基坑均应检查。

检验方法：观察检查。

4.1.7 基坑开挖方法及基坑暴露时间应符合设计要求,挖基弃土应及时清运至弃土场。

合格:符合设计要求,弃土清运及时。

优良:在合格的基础上,基坑无融化滑塌。

检验数量:抽检相同开挖方法基坑总数的50%。

检验方法:检查施工记录和观察检查。

4.1.8 基坑回填应符合以下规定:

合格:回填材料符合设计要求,回填及时,夯实密实。

优良:回填材料符合设计要求,回填及时,夯实密实不整。

检验数量:抽检相同回填基坑的50%。

检验方法:检查施工记录。

(Ⅲ)允许偏差项目

4.1.9 基底高程的允许偏差、检验方法及检验数量应符合表4.1.9的规定。

表4.1.9 基底高程的允许偏差、检验方法及检验数量

地质类别		允许偏差(mm)	检验方法	检验数量
非多年冻土	土	±50	测量或拉线尺检查	每个桥墩台基坑检查不少于5处
	石	+50 -200		
多年冻土		0 -200	测量或拉线尺检查	每个桥墩台基坑检查不少于5处

注:正值指欠挖,负值指超挖。

4.2 现浇混凝土基础

(Ⅰ)保 证 项 目

4.2.1 混凝土、钢筋混凝土所用原材料、配合比和强度的检验要求必须符合本标准第3.2节~第3.5节的有关规定。

4.2.2 模板及支架的质量的检验要求必须符合本标准第3.1.1和第3.1.2条的规定。

(Ⅱ)基 本 项 目

4.2.3 混凝土浇筑的检验要求应符合本标准第3.3节~第3.5节的有关规定。

(Ⅲ)允许偏差项目

4.2.4 基础允许偏差、检验方法及检验数量应符合表4.2.4的规定。

表 4.2.4 基础允许偏差、检验方法及检验数量

序号	项目	允许偏差(mm)	检验方法	检验数量
1	基础前后、左右边缘距设计中心线	±50	仪器测量	每个基础均应检查
2	基础顶面高程	±30		
3	轴线偏移	15		

4.3 承 台

(Ⅰ)保 证 项 目

4.3.1 承台所用材料和混凝土强度的检验要求必须符合本标准第3.3和3.5节的有关规定。

(Ⅲ)允许偏差项目

4.3.2 承台各部分允许偏差、检验方法及检验数量应符合表4.3.2的规定。

表 4.3.2 承台各部分允许偏差、检验方法及检验数量

序号	项目	允许偏差(mm)	检验方法	检验数量
1	尺寸	±30	尺量长、宽、高各2点	每个承台均应检查
2	顶面高程	±20	水准仪测量	
3	轴线偏移	15	经纬仪测量纵横各2点	
4	前后、左右边缘距设计中心线尺寸	±50	尺量	

4.4 基础及承台防冻胀处理

(Ⅰ)保 证 项 目

4.4.1 防冻胀所用沥青渣油、油毛毡的性能指标必须符合设计要求。沥青渣油喷涂及油毛毡铺设必须符合设计要求。

检验数量:每个基础均应检查。

检验方法:检查出厂合格证、试验报告单、施工记录和观察检查。

4.4.2 桥墩台施工完成后,高桩承台下模板的支承必须予以拆除,承台底面净空高度必须符合设计要求。

检验数量:每个高桩承台均应检查。

检验方法:观察检查。

(Ⅱ)基 本 项 目

4.4.3 明挖基础和低桩承台周围换填材料及换填范围应符合设计要求。

合格:换填材料及换填范围基本符合设计要求。

优良:换填材料及换填范围符合设计要求。

检验数量:每个基础均应检查。

检验方法:检查施工记录和观察检查。

4.4.4 沥青渣油涂层厚度不得小于设计厚度。

合格:抽检点全部符合设计要求。

优良:在合格的基础上,涂层厚度均匀。

检验数量:每个基础抽检不得少于10处。

检验方法:尺量。

5 桩 基 础

5.1 护 筒

（Ⅰ）保 证 项 目

5.1.1 护筒所用钢料必须符合设计要求，护筒焊接材料及焊接工艺等必须符合本标准第3.2节的有关规定。

检验数量：抽检护筒总数的10%。

检验方法：检查出厂合格证和施工记录。

5.1.2 护筒埋设位置及深度必须符合设计要求，护筒顶面必须高出施工水位或地下水位2 m，并高出地面0.5 m。

检验数量：每根桩均应检查。

检验方法：仪器测量和检查施工记录。

（Ⅲ）允许偏差项目

5.1.3 钢护筒制造允许偏差、检验方法及检验数量应符合表5.1.3的规定。

表5.1.3 钢护筒制造允许偏差、检验方法及检验数量

序号	项 目	允许偏差（mm）	检验方法	检验数量
1	直 径	$^{+10}_{0}$	尺 量	每个护筒均应检查
2	高 度	±20		
3	轴线偏移	5		

5.1.4 钢护筒安装允许偏差、检验方法及检验数量应符合表5.1.4的规定。

表5.1.4 钢护筒安装允许偏差、检验方法及检验数量

序号	项 目	允许偏差（mm）	检验方法	检验数量
1	平面位置	50 mm	尺 量	每个护筒均应检查
2	垂 直 度	1%		

5.2 成 孔

（Ⅰ）保 证 项 目

5.2.1 钻孔全过程中及达到设计深度后，必须核实地质情况。

检验数量:每根桩均应检查。

检验方法:检查施工记录和观察土样。

5.2.2　扩底桩扩底部分的尺寸必须符合设计要求。

检验数量:每根桩均应检查。

检验方法:检查施工记录。

(Ⅱ)基 本 项 目

5.2.3　湿法成孔时钻孔应符合下列规定:

合格:泥浆净化循环措施基本得当,对基础附近多年冻土热扰动较小,泥浆温度基本适宜。

优良:泥浆净化循环措施得当,对基础附近多年冻土热扰动小,泥浆温度适宜,孔壁周围多年冻土融化圈小。

检验数量:每根桩均应检查。

检验方法:观察检查和检查地温测试记录。

5.2.4　干法成孔时孔口出土应及时清运。成孔完毕后,混凝土灌注前应对孔口进行临时防护。

合格:孔口出土清运基本及时,钻孔对基础周围多年冻土热扰动较小。孔口临时防护符合要求。

优良:孔口出土清运及时,钻孔对基础周围多年冻土热找扰动小。孔口临时防护符合要求,无坍孔现象。

检验数量:每根桩均应检查。

检验方法:检查施工记录和观察检查。

(Ⅲ)允许偏差项目

5.2.5　成孔的允许偏差、检验方法及检验数量应符合表5.2.5的规定。

表5.2.5　成孔允许偏差、检验方法及检验数量

序号	项	目	允许偏差	检验方法	检验数量
1	孔 径	灌注桩	$^{+50}_{0}$mm	仪器测量和检查施工记录,并用检孔器检查孔径和孔深	每根桩均应检查
		插入桩	$^{+100}_{+50}$mm		
		打入桩	$^{0}_{-10}$mm		
2	孔 深	灌注桩	不小于设计值		
		插入桩	不小于设计值		
		打入桩	不小于设计值		
3	孔位中心	群 桩	≤100 mm	仪器测量和检查施工记录	
		单排桩	≤50 mm		
4	倾 斜 度		≤1% 孔深		
5	浇筑混凝土前桩底沉渣厚度		≤300 mm		

5.3 钢筋骨架

(Ⅰ)保证项目

5.3.1 钻孔灌注桩钢筋骨架所用的原材料、焊接工艺必须符合本标准第3.2节的有关规定。

(Ⅲ)允许偏差项目

5.3.2 钻孔灌注桩钢筋骨架的允许偏差、检验方法及检验数量应符合表5.3.2的规定。

表5.3.2 钻孔灌注桩钢筋骨架的允许偏差、检验方法及检验数量

序号	项目	允许偏差	检验方法	检验数量
1	钢筋骨架在承台底以下长度	±100 mm	尺量	每根桩均应检查
2	钢筋骨架直径	±20 mm		
3	主钢筋间距	±0.5d(d为钢筋直径)		
4	加劲筋间距	±20 mm		
5	箍筋间距或螺距	±20 mm		
6	钢筋骨架垂直度	骨架长度1%	吊线和尺量	

5.4 桩身混凝土

(Ⅰ)保证项目

5.4.1 桩身混凝土质量检验必须符合本标准第3.3、3.4、3.5节的有关规定。

5.4.2 钻孔灌注桩必须进行基桩完整性检测。

检验数量:每根桩均应检查。

检验方法:无损检测。

5.4.3 高含冰量冻土地段的特大桥必须按设计要求进行单桩静载试验。

检验数量:符合设计要求。

检验方法:检查施工记录和单桩静载试验报告单。

5.4.4 桩身顶端清理上层浮浆后的新鲜混凝土面的高程及桩身与承台连接加强的连接钢筋必须符合设计要求。桩身护筒伸入承台长度不得大于100 mm。

检验数量:每根桩均应检查。

检验方法:尺量。

(Ⅱ)基本项目

5.4.5 浇筑水下混凝土时,孔口溢出的废浆应引至泥浆池,及时清运至设计指定地点。

合格:基本符合要求。

优良:符合要求。

检验数量:每根桩均应检查。

检验方法:检查施工记录和观察检查。

5.5　基础桩预制

(Ⅰ)保 证 项 目

5.5.1　模板、钢筋和混凝土的检验要求必须符合本标准第 3.1、3.2、3.3 和 3.5 节的有关规定。预应力筋的检验要求必须符合本标准第 7.1 和 7.2 节的有关规定。

5.5.2　预应力混凝土桩不得有裂缝;桩顶与桩尖均不得有蜂窝和碰损,桩身不得有露筋现象。

检验数量:每根桩均应检查。

检验方法:观察检查。

(Ⅲ)允许偏差项目

5.5.3　桩的外观允许偏差应符合下列要求:

1　桩的麻面深度不得超过 15 mm;

2　桩的棱角碰损深度应在 10 mm 以内,且其总长度不得大于 50 mm;

3　钢筋混凝土桩身横向裂缝长度;管桩及多角形桩不得超过直径或对角线的 1/2。纵向裂缝长度:管桩及多角形桩不得超过直径或对角线的 2 倍。裂缝深度不得大于 10 mm,宽度不得大于 0.2 mm。

检验数量:每根桩均应检查。

检验方法:观察检查、尺量或用刻度放大镜。

5.5.4　桩的钢筋骨架和桩身尺寸的允许偏差、检验方法及检验数量应符合表 5.5.4—1 和表 5.5.4—2 的规定。

表 5.5.4—1　桩的钢筋骨架允许偏差、检验方法及检验数量

序号	项　　目	允许偏差	检验方法	检验数量
1	主筋间距	±5 mm	尺量或拉线尺量检查	抽检总数的 10%,但不得少于 5 根
2	桩尖对中轴线的位移	10 mm		
3	箍筋间距或螺旋筋的螺距	±10 mm		
4	吊环对桩中轴线的位移	20 mm		
5	吊环沿垂直于轴线方向的位移	20 mm		
6	吊环露出桩表面的高度	±10 mm		
7	主筋顶端与桩顶净距	±5 mm		
8	桩顶钢筋网片的位移	5 mm		
9	钢筋与模板的距离	±5 mm		

表 5.5.4—2 桩身尺寸允许偏差、检验方法及检验数量

<table>
<tr><th colspan="3">项 目</th><th>允许偏差</th><th>检验方法</th><th>检验方法</th></tr>
<tr><td rowspan="7">空心管桩</td><td colspan="2">(1)直径</td><td>±5 mm</td><td rowspan="6">尺 量</td><td rowspan="7">抽检总数的10%,且不得少于5根</td></tr>
<tr><td colspan="2">(2)管壁厚</td><td>-5 mm</td></tr>
<tr><td colspan="2">(3)轴心圆孔平面位置对桩中轴线的位移</td><td>5 mm</td></tr>
<tr><td colspan="2">(4)桩尖对桩纵轴线的位移</td><td>10 mm</td></tr>
<tr><td rowspan="2">(5)桩身</td><td>弯曲矢高</td><td>≤20 mm</td></tr>
<tr><td>矢高与桩长比</td><td>1‰</td></tr>
<tr><td colspan="2">(6)法兰盘对桩纵轴线不垂直度的高差</td><td>4 mm</td><td>角尺和拉线量检查</td></tr>
</table>

5.6 插 桩

(Ⅰ)保 证 项 目

5.6.1 插桩前,孔底沉渣厚度必须符合设计要求。

检验数量:每根桩均应检查。

检验方法:观察检查和仪器测量。

5.6.2 当钢筋混凝土桩用法兰盘拼接时,入土前必须拧紧螺帽,用电焊或凿毛丝扣予以固定,并作防锈处理。

检验数量:每根桩均应检查。

检验方法:观察检查。

5.6.3 桩身埋入承台座板的长度必须符合设计要求。

检验数量:每根桩均应检查。

检验方法:尺量。

5.6.4 空心桩填心或封顶必须符合设计要求。

检验数量:每根桩均应检查。

检验方法:检查施工记录。

5.6.5 钻孔插入桩必须按设计要求进行单桩静载试验。

检验数量:符合设计要求。

检验方法:检查施工记录和基桩静载试验报告单。

(Ⅲ)允许偏差项目

5.6.6 基桩在承台(或帽梁)底平面的位置及其倾斜度的允许偏差、检验方法及检验数量应符合表 5.6.6 的规定。

表 5.6.6 承台(或帽梁)底平面桩位允许偏差、检验方法及检验数量

<table>
<tr><th>序号</th><th colspan="2">项 目</th><th>允许偏差</th><th>与承台边缘的净距</th><th>检验方法</th><th>检验数量</th></tr>
<tr><td rowspan="2">1</td><td rowspan="2">上面盖有帽梁的单排桩</td><td>(1)垂直帽梁的轴线</td><td>50 mm</td><td>—</td><td rowspan="7">仪器测量或尺量</td><td rowspan="7">抽检总数的 10%,且不少于 5 根;当桩数少于 5 根时,每根桩均应检查</td></tr>
<tr><td>(2)沿帽梁的轴线</td><td>100 mm</td><td>—</td></tr>
<tr><td>2</td><td colspan="2">1 ~2 根桩基中的桩</td><td>50 mm</td><td>—</td></tr>
<tr><td>3</td><td colspan="2">3 ~20 根桩基中的桩</td><td>0.5 倍桩径或边长</td><td>—</td></tr>
<tr><td rowspan="2">4</td><td rowspan="2">桩数大于 20 根以上桩基</td><td>(1)最外边的桩</td><td>250 mm</td><td rowspan="2">桩径≤1 m 时不小于 0.5 倍桩径,且不小于 250 mm;桩径>1 m 时不小于 0.3 倍桩径,且不小于 500 mm</td></tr>
<tr><td>(2)中间的桩</td><td>500,且不大于桩径</td></tr>
</table>

5.7 桩周黏土砂浆

(Ⅰ)保 证 项 目

5.7.1 桩孔间隙回填黏土砂浆所用黏土、砂等原材料及配合比必须符合设计要求。

检验数量:每根桩均应检查。

检验方法:检查施工记录和观察检查。

5.7.2 黏土砂浆灌注必须在插桩就位后进行。砂浆必须捣固密实并回填至设计位置。

检验数量:每根桩均应检查。

检验方法:检查施工记录和观察检查。

(Ⅱ)基 本 项 目

5.7.3 灌浆时,黏土砂浆的温度应符合设计要求。

合格:黏土砂浆的温度符合设计要求。

优良:在合格的基础上,温度控制平衡。

检验数量:每根桩均应检查。

检验方法:检查施工记录和温度测试记录。

5.8 打 桩

(Ⅰ)保 证 项 目

5.8.1 桩的入土深度必须符合设计要求。

检验数量:每根桩均应检查。

检验方法:检查打桩记录。

5.8.2 桩周地基必须密实无空隙。

检验数量:每根桩均应检查。

检验方法:观察检查和钎探检查。

5.8.3 桩身埋入承台长度的检验要求必须符合本标准第5.6.3条的规定。

(Ⅲ)允许偏差项目

5.8.4 基桩在承台(或帽梁)底平面的位置及其倾斜度的允许偏差的检验要求应符合本标准第5.6.6条的规定。

5.9 桩基防冻胀处理

(Ⅰ)保 证 项 目

5.9.1 高桩承台及有防冻胀要求的钻孔灌注桩施工完毕后,钢护筒不得取出,护筒外侧必须按设计喷涂沥青渣油。

检验数量:每根桩均应检查。

检验方法:尺量和观察检查。

5.9.2 防冻胀所用沥青渣油的性能指标必须符合设计要求。

检验数量:每个基础均应检查。

检验方法:检查出厂合格证、试验报告单、施工记录和观察检查。

(Ⅱ)基 本 项 目

5.9.3 沥青渣油喷涂厚度的检验要求应符合本标准第4.4.4条的规定。

6 墩 台

6.1 模板与支架

(Ⅰ)保 证 项 目

6.1.1 模板与支架的检验要求必须符合本标准第3.1.1和第3.1.2条的规定。

(Ⅲ)允 许 偏 差

6.1.2 模板与支架的安装允许偏差的检验要求应符合本标准第3.1.3条的规定。

6.2 钢 筋

(Ⅰ)保 证 项 目

6.2.1 钢筋和焊条的品种、规格、性能和质量的检验要求必须符合本标准第3.2.1条和3.2.2条的规定。

6.2.2 钢筋负温焊接的检验要求必须符合本标准第3.2.3条的规定。

(Ⅱ)基 本 项 目

6.2.3 钢筋网片、骨架的绑扎和焊接的检验要求应符合本标准第3.2.5条的规定。

(Ⅲ)允 许 偏 差

6.2.4 钢筋加工、安装和保护层厚度允许偏差的检验要求应符合本标准第3.2.6~3.2.9条的规定。

6.3 混凝土墩台身

(Ⅰ)保 证 项 目

6.3.1 混凝土的原材料、配合比、强度、抗渗及抗冻融性的检验要求必须符合本标准第3.3.1~3.3.4条的规定。

6.3.2 墩台身施工必须在桩侧土体回冻后进行。

检验数量:全部检查。

检验方法:检查地温观测记录。

6.3.3 防落梁措施必须符合设计要求。

检验数量:全部检查。

检验方法:尺量和观察检查。

(Ⅱ)基 本 项 目

6.3.4 混凝土应振捣密实,表面平整光滑,无蜂窝麻面和受冻,各部位的保护层厚度符合设计要求。

合格:混凝土振捣密实,表面基本平整,基本无蜂窝麻面和受冻,局部收缩裂纹不大于0.2 mm,接茬处无明显错位,各部位的保护层厚度符合设计要求。

优良:混凝土振捣密实,表面平整光滑,接茬顺直,无明显局部收缩裂纹,各部位的保护层厚度符合设计要求。

检验数量:每个墩台检查总浇筑次数的20%,并不得少于3次。

检验方法:检查施工记录和观察检查。

(Ⅲ)允许偏差项目

6.3.5 混凝土墩台的允许偏差、检验方法及检验数量应符合表6.3.5的规定。

表6.3.5　混凝土墩台允许偏差、检验方法及检验数量

项目		允许偏差	检验方法	检验数量
墩台前后左右边缘距设计中心线尺寸		±20 mm	仪器测量	每个墩台均应检查
墩身部分: (1)桥墩前后左右边缘距设计中心线尺寸 (2)桥墩平面扭角		 ±30 mm 2°		
墩台支承垫石顶面高程		$^{0}_{-15}$ mm		
简支梁	(1)每片梁一端两支承垫石顶面高差	3 mm		
	(2)每孔梁一端两支承垫石顶面高差	5 mm		
	(3)支座螺栓孔位置	±10 mm		

6.4　桥台防冻胀处理

(Ⅰ)保 证 项 目

6.4.1 防冻胀所用的沥青渣油和工业保温材料的性能指标必须符合设计要求。

检验数量:每个桥台均应检查。

检验方法:检查出厂合格证和试验报告单。

6.4.2 桥台基坑换填和回填材料必须符合设计要求。

检验数量:每座桥台均应检查。

检验方法:观察检查和检查施工记录。

(Ⅱ)基 本 项 目

6.4.3 沥青渣油涂层厚度和工业保温材料的铺设厚度不得小于设计厚度。

合格:抽检点全部符合设计要求。

优良:在合格的基础上,涂层均匀,表面平整。

检验数量:每座桥台均应检查。

检验方法:尺量。

6.5 台后填土、锥体及其他

(Ⅰ)保 证 项 目

6.5.1 台后填土必须在桥台防水层施工或防冻胀处理完成后进行。填料必须符合设计要求,其填筑压实标准必须符合设计要求。

检验数量:每个桥台及锥体均应检查。

检验方法:观察检查、检查施工记录和试验报告单。

6.5.2 锥体基坑开挖的检验要求必须符合本标准第4.1.2条~第4.1.4条的规定,深度必须符合设计要求。

检验数量:每个锥体均应检查。

检验方法:尺量和观察检查。

6.5.3 块石、混凝土预制块强度必须符合设计要求。

检验数量:每20 m^2 抽查一处。

检验方法:检查试验报告单。

(Ⅱ)基 本 项 目

6.5.4 干砌体应符合下列规定:

合格:位置正确,基底夯实,断面尺寸符合设计要求。

优良:在合格的基础上,坡度准确,表面平整圆顺。

检验数量:每20 m^2 抽查一次。

检验方法:尺量和观察检查。

6.5.5 锥体护坡或导流堤外观评定应符合下列规定:

合格:坡度基本符合规定,表面平整,各部尺寸基本准确。

优良:各部尺寸均符合规定,线条挺拔圆顺,外表美观。

检验数量:全部检查。

检验方法:观察检查和尺量。

(Ⅲ)允许偏差项目

6.5.6 锥体护坡或导流堤的允许偏差、检验方法及检验数量应符合表6.5.6的规定。

表6.5.6　锥体护坡或导流堤允许偏差、检验方法及检验数量

序号	项目	允许偏差	检验方法及数量
1	顶面高程	±50 mm	每50 m用水准仪检查3点
2	表面平整度	30 mm	用2 m靠尺检查、锥体检查3处,护坡或导流堤每50 m检查3处
3	坡　度	不陡于设计要求	每个锥体检查3处,护坡每50 m检查3处
4	厚　度	不小于设计要求	
5	底面高程	±50 mm	
6	反滤层厚度	不小于设计要求	

7 预应力混凝土简支梁制造

7.1 后张法预应力混凝土简支梁

(Ⅰ)保 证 项 目

7.1.1 冻土地区设置制梁台座应采用钢筋混凝土、预应力混凝土结构,台座基础应根据冻土地基条件和冻土所采用的设计状态选定,并应符合《青藏铁路高原多年冻土区工程设计暂行规定》(上册)第5.1.10~5.1.14条的规定。

检验数量:全部检查。

检验方法:检查设计资料、施工记录和观察检查。

7.1.2 存梁台座必须满足存梁和移梁时的平整度要求。

检验数量:全部检查。

检验方法:检查设计资料、施工记录和观察检查。

7.1.3 模板的检验要求必须符合本标准第3.1.1和3.1.2条的规定。

7.1.4 钢筋的检验要求必须符合本标准第3.2.1~3.2.4条的规定。

7.1.5 预应力钢绞线的质量必须符合《预应力混凝土用钢绞线》(GB/T 5224—1995)的有关规定,预应力精轧粗螺纹钢筋必须符合设计和有关标准的规定,其检验要求必须符合《铁路混凝土及砌体工程施工规范》(TB 10210—2001)的有关规定。

检验数量:每批均应检查。

检验方法:检查出厂合格证和试验报告单。

7.1.6 锚(夹)具必须符合《预应力混凝土用锚具、夹具和连接器》(GB/T 14370—2000)的有关规定。

检验数量:锚(夹)具应按同一批原材料、同工艺的不超过1 000套为一批进行检验,外观检验抽取10%且不少于10套,硬度检验抽取5%且不得少于5套,并做3套锚具组装件静力性能试验。

检验方法:检查出厂合格证(机械性能、化学成分、质量保证书、出厂检验报告单)和试验报告单。

7.1.7 混凝土的检验要求必须符合本标准第3.3节的有关规定。

7.1.8 预应力钢筋张拉时混凝土的强度、弹性模量必须符合设计要求。

检验数量:每2片T梁混凝土浇筑时应随机制作7组抗压强度试件,4组按标准养护评定梁体28 d强度,3组随梁养护作为拆模、初张拉、终张拉的依据;每片T梁应做1组弹模试件,同日生产的2片T梁可做1组弹模试件。

检验方法:检查混凝土试验报告单。

7.1.9 张拉控制应力和张拉程序必须符合设计要求。

检验数量:全部检查。

检验方法:检查千斤顶、油表标定报告单和张拉记录。

7.1.10　张拉设备的技术性能必须符合《铁路桥涵施工规范》(TBJ 203—96)的有关规定。

检验数量:全部检查。

检验方法:检查张拉设备合格证,定期检验报告单。

7.1.11　压浆及封堵的原材料和混凝土强度必须符合设计要求。

检验数量:每片梁均应检查。

检验方法:检查原材料出厂合格证、试验报告单和施工记录。

7.1.12　终张拉后应及时对管道进行压浆,压浆必须符合以下规定:

1　管道压浆用的水泥,强度等级不得低于梁体水泥等级,水灰比不超过0.40,泌水量应控制在2%以内,压浆应密实饱满。

检验数量:全部检查。

检验方法:检查混凝土试验报告单和施工记录。

2　寒期在室外压浆时,压浆过程中及压浆后48 h内,结构混凝土的温度不得低于5 ℃。当结构混凝土的温度低于5 ℃时应采取保护措施。

检验数量:全部检查。

检验方法:检查温度测量记录和混凝土试验报告单。

7.1.13　混凝土浇筑完成后蒸汽养护必须符合《青藏铁路高原多年冻土区工程施工暂行规定》(上册)的有关规定,梁体周围各部位养护温度应均匀,温度差不得超过10 ℃。

检验数量:全部检查。

检验方法:检查温度测量记录、施工记录和观察检查。

7.1.14　端头封堵前应对锚具进行防锈处理。封堵混凝土强度应符合设计要求。冬期封堵混凝土,浇筑完后应加热或连续保温养护,直至混凝土的抗压强度达到设计强度的75%。

检验数量:全部检查。

检验方法:检查施工记录和混凝土试验报告单。

7.1.15　拆模时混凝土强度必须达到设计强度的50%,且混凝土表面最高温度与环境温度之差不大于15 ℃。拆模后应对混凝土采取措施予以保护。

检验数量:全部检查。

检验方法:检查混凝土试验报告单和温度观测记录。

(Ⅱ)基 本 项 目

7.1.16　钢绞线伸长和滑丝、断丝数量应符合设计或有关规范的规定。

合格:实际伸长值与计算伸长值之差不得超过±6%,滑丝、断丝总数不得超过钢丝总数的5‰,并不得位于梁体的同一侧,且一束内滑(断)丝不超过一丝,钢绞线回缩量不大于6 mm,同束夹片外露量差值不超过2 mm。

优良:实际伸长值与计算伸长值之差不得超过±6%,滑丝、断丝总数不得超过钢丝总数的4‰,并不得位于梁体的同一侧,且一束内滑(断)丝不超过一些,钢绞线回缩量不大于5 mm,同束夹片外露量差值不超过1 mm。

检验数量:抽检钢束总数的20%。

检验方法:尺量和检查张拉记录。

(Ⅲ)允许偏差项目

7.1.17 模板安装允许偏差的检验要求应符合本标准第3.1.4条的规定。

7.1.18 底模允许偏差的检验要求应符合本标准第3.1.5条的规定。

7.1.19 预埋件在模板上的允许偏差、检验方法及检验数量应符合表7.1.19的规定。

表7.1.19 预埋件在模板上的允许偏差、检验方法及检验数量

序号	项目		允许偏差(mm)	检验方法	检验数量
1	支座板	梁跨度	±20	尺量检查	每片梁均应检查
		每一支座板四角高差	2		
		每一支座板的十字或相交边缘的扭角偏差	1		
		支座板位置偏差	±5		
2	联结角钢	偏离设计位置	±20		
		不垂直度	±20		
3	U形螺栓	U形螺栓位置及外露长度偏差	±10		

7.1.20 预留管道及钢筋绑扎允许偏差、检验方法及检验数量应符合表7.1.20的规定。

表7.1.20 预留管道及钢筋绑扎允许偏差、检验方法及检验数量

序号	项目		允许偏差(mm)	检验方法	检验数量
1	预留管道位置	(1)跨中4 m范围内	4	尺 量	抽检梁片总数的20%
		(2)其余部位	6		
		(3)横隔板预留孔道位置与设计位置偏差	±10		
2	桥面主筋间距与设计位置		15		
3	箍筋间距		±15	尺 量	
4	腹板箍筋的不垂直度(偏离垂直位置)		15	吊线尺量检查	
5	钢筋保护层		±5	尺 量	
6	其他钢筋偏移		20	尺 量	

7.1.21 预应力混凝土简支梁的外形尺寸允许偏差、检验方法及检验数量应符合表7.1.21的规定。

表7.1.21 预应力混凝土简支梁外形尺寸允许偏差、检验方法及检验数量

序号	项目			允许偏差	检验方法	检验数量
1	梁全长	后张梁		±20 mm	检查梁面及底板内外侧	每片梁均应检查
		先张梁	跨度>16 m	±20 mm		
			跨度≤16 m	±12 mm		
2	梁跨度			±20 mm		
3	桥面宽度			$^{+10}_{-5}$mm	尺量检查1/4、跨中和3/4截面	
4	腹板厚度			$^{+10}_{0}$mm		
5	下翼缘宽度			$^{+5}_{0}$mm		
6	梁高度			$^{+12}_{-5}$mm	检查两端	

续上表

序号	项目		允许偏差	检验方法	检验数量
7	桥面板内外侧偏离设计位置		$^{+10}_{-5}$ mm	以支座螺栓中心放线引向桥面	每片梁均应检查
8	表面垂直度		每米高度内偏差≤3	检查两端和抽查腹板	
9	桥面平整度		每米长度内偏差≤5		
10	梁上拱		不大于 L/1 600	终张拉 30 d 时测量	
11	顶底板厚度		$^{+10}_{0}$ mm	尺量检查最大误差处	
12	净保护层		≥25 mm	尺量	
13	上支座板	每块板边缘高差	2 mm	仪器测量	
		支座螺栓中心位置偏差	2 mm		
14	挡砟墙厚度		$^{+10}_{0}$ mm	尺量	
15	横隔墙预留孔道偏离设计位置		±10 mm	仪器测量	

7.1.22　预应力混凝土简支梁外观质量、检验方法及检验数量应符合表 7.1.22 的规定。

表 7.1.22　预应力混凝土简支梁外观质量、检验方法及检验数量

序号	项目		允许值	检验方法	检验数量
1	梁　体	腹板及底板面垂直预应力方向的受力裂缝	不允许	观察检查	每片梁均应检查
		桥面保护层挡砟墙、横隔板、边墙和封端等处裂缝	≤0.2 mm	刻度放大镜	
2	桥面板	正常受力状态下的裂缝	≤0.2 mm	刻度放大镜或专用仪器	
		施工荷载下的裂缝	≤0.24 mm		
3	空　洞	深度 长度	不大于 50 mm 不大于 70 mm	尺　量	
4	蜂窝麻面	深度 长度	不大于 10 mm 不大于 15 mm		
5	硬伤掉角	深度 长度	不大于 30 mm 不大于 50 mm		
6	石子堆垒		不允许	观察检查	
7	露　筋		不允许		

7.2　先张法预应力混凝土简支梁

（Ⅰ）保 证 项 目

7.2.1　张拉台座及横梁必须在强度和稳定性上与张拉时最不利的受力状态相适应，并在构造上满足张拉、浇筑、拆模和放张等工艺的要求。

检验数量：全部检查。

检验方法：检查施工记录和观察检查。

7.2.2　模板的检验要求必须符合本标准第 3.1.1 条和第 3.1.2 条的规定。

7.2.3　钢筋的检验要求必须符合本标准第 3.2.1 条～第 3.2.4 条的规定。

7.2.4　预应力钢绞丝的检验要求必须符合本标准第 7.1.5 条的规定。

7.2.5　预应力锚（夹）具的检验要求必须符合本标准第 7.1.6 条的规定。

7.2.6 预施应力设备及张拉的检验必须符合设计要求和《铁路桥涵施工规范》(TBJ 203—96)的有关规定。

检验数量:全部检查。

检验方法:检查出厂合格证和施工记录。

7.2.7 混凝土的检验必须符合本标准第3.3节的有关规定。

7.2.8 放松预应力筋时,梁体混凝土强度及弹性模量必须符合设计要求,混凝土表面缺陷必须于放松前修补完毕。放张顺序及导向装置的拆除必须符合设计要求。

检验数量:每片梁均应检查。

检验方法:检查混凝土试验报告单和观察检查。

7.2.9 蒸汽养护必须分两阶段进行,第一阶段温度控制不应大于40 ℃,第二阶段应在混凝土强度达到10 MPa后,温度控制不应大于50 ℃。

检验数量:每片梁均应检查。

检验方法:检查温度测试记录和混凝土试验报告单。

7.2.10 模板拆除时的检验要求应符合本标准第7.1.15条的规定。

7.2.11 端头封堵的检验要求必须符合本标准第7.1.11条和第7.1.14条的规定。

(Ⅱ)基 本 项 目

7.2.12 钢绞线伸长和滑丝、断丝数量的检验要求应符合本标准第7.1.16条的规定。

(Ⅲ)允许偏差项目

7.2.13 台座结构转折器纵向设置位置与设计位置的允许偏差为±20 mm;台座结构的钢绞线中心位置应符合设计要求,钢绞线中心竖、横向允许偏差不得大于2 mm;梁端预应力筋绝缘长度与设计值偏差不得大于10 mm。

检验数量:每座均应检查。

检验方法:尺量、检查施工记录和观察检查。

7.2.14 模板安装允许偏差的检验要求应符合本标准第3.1.4条的规定。

7.2.15 底模允许偏差的检验要求应符合本标准第3.1.5条的规定。

7.2.16 预埋件在模板上的允许偏差的检验要求应符合本标准第7.1.19条的规定。

7.2.17 钢筋绑扎允许偏差的检验要求应符合本标准第7.1.20条的规定。

7.2.18 先张梁外形尺寸允许偏差的检验要求应符合第7.1.21条的规定。

7.2.19 外观质量的检验要求应符合本标准第7.1.22条的规定。

8　预应力混凝土简支梁架设

8.1　梁 体 架 设

（Ⅰ）保 证 项 目

8.1.1　架梁时梁体必须符合设计要求，每孔两片梁的浇筑日期及预施应力日期相差均不得超过6 d。

检验数量：全部检查。

检验方法：检查出厂合格证。

8.1.2　梁体架设施工原始记录和制造技术证明书，必须完整正确，签章齐全。

检验数量：全部检查。

检验方法：检查施工记录。

（Ⅱ）基 本 项 目

8.1.3　预应力混凝土简支T梁在架设时应采取措施控制每孔梁各片T梁的横隔板预留孔在同一轴线上，预留孔道位置应准确。

合格：基本符合设计要求。

优良：符合设计要求。

检验数量：全部检查。

检验方法：观察检查、尺量和检查施工记录。

8.1.4　预应力混凝土简支T梁架设后的外观检验应符合下列规定：

合格：梁端面基本平齐，梁缝基本符合要求，两侧挡砟墙外缘平直圆顺。

优良：梁端面平齐，梁缝符合要求，两侧挡砟墙外缘平直圆顺。

检验数量：每孔梁均应检查。

检验方法：观察检查。

8.2　支 座 安 装

（Ⅰ）保 证 项 目

8.2.1　支座运抵工地后，必须检查型号、外观和轮廓尺寸，铸件检验必须符合设计规定。

检验数量：每个支座均应检查。

检验方法：检查出厂合格证、尺量和观察检查。

8.2.2　浇筑墩顶锚栓孔砂浆时，必须符合《铁路混凝土与砌体工程施工规范》（TB

10210—2001)第 8 章的有关规定,砂浆强度不得低于设计要求。负温浇筑时,砂浆必须采取防冻措施。

检验数量:全部检查。

检验方法:检查砂浆试验报告单和温度测量记录。

8.2.3 支座安装必须严格按设计要求进行,支座与梁间、支座与墩台垫石间必须密贴。

检验数量:全部检查。

检验方法:尺量和观察检查。

8.2.4 梁体支座安装螺帽必须齐全,且无松动现象。

检验数量:全部检查。

检验方法:观察和锤击检查。

(Ⅱ)基 本 项 目

8.2.5 圆柱面钢支座滑动面和转动面不锈钢板在安装密封围板时应干净,不得有尘土和油污等。

合格:基本无尘土和油污。

优良:无尘土和油污。

检验数量:全部检查。

检验方法:观察检查。

8.2.6 支座密封围板应安装牢固、位置正确。

合格:安装基本牢固,位置基本正确。

优良:安装牢固,位置正确。

检验数量:全部检查。

检验方法:观察检查和轻敲锤击。

(Ⅲ)允许偏差项目

8.2.7 支座下锚栓埋入深度必须符合设计要求,锚栓螺纹顶面必须高出螺母顶面,其值不小于 8 mm,但不得大于 15 mm。

检验数量:每个支座均应检查。

检验方法:尺量和观察检查。

8.2.8 支座铸件及组装件外形尺寸允许偏差、检验方法及检验数量应符合表 8.2.8 的规定。

表 8.2.8 支座铸件及组装件外形尺寸允许偏差、检验方法及检验数量

序号	项目	允许偏差(mm)	检验方法	检验数量
1	上摆螺栓孔中心距	±0.5	尺量和仪器测量	全部检查
2	螺栓孔对称轴与上摆中心线的偏差	0.5		
3	底板锚栓孔中心距	±1		
4	各组成部件中心线相互横向错位	1		
5	聚四氟乙烯板外露高度	±0.5		
6	活动支座上摆和限位块中线纵向偏移	±2		
7	支座组装后全高	±1.5		

8.2.9 支座安装后,各部件相对位置允许偏差、检验方法及检验数量应符合表8.2.9的规定。

表8.2.9 支座安装后各部件相对位置允许偏差、检验方法及检验数量

序号	项目	允许偏差(mm)	检验方法	检验数量
1	上摆与底板中线纵横向错动量	±1	尺量和仪器测量	全部检查
2	活动支座上摆和限位块中线纵向偏移	±2		
3	支座底板四角相对高差	±1		
4	十字线扭转偏差	±1		

8.2.10 支座落位调整后的底板十字线与墩台十字线间的纵、横向错动量和同端支座中心线横向距离的允许偏差、检验方法及检查数量,应符合表8.2.10的规定。

表8.2.10 支座安装允许偏差、检验方法及检验数量

序号	项目		允许偏差(mm)	检验方法	检验数量
1	纵向错动量	一般墩台	≤20	尺量和仪器测量	每片梁均应检查
		30 m以上高墩台	≤15		
2	横向错动量	一般墩台	≤15		
		30 m以上高墩台	≤10		
3	同端支座中线间的横向距离	误差与桥梁中线对称	+30 -10		
		误差与桥梁中线不对称	+15 -10		

注:每孔桥梁安装后,梁两端支座中心横向距离中心点的连线,即为桥梁中心点线,其允许误差同支座横向错动量。

8.3 T梁横向联结

(Ⅰ)保 证 项 目

8.3.1 采用联接板临时焊接时,冬期施工必须采用低温条件下的焊接工艺。横隔板钢筋混凝土的施工,必须符合冬期钢筋、混凝土施工的有关规定,混凝土的强度必须符合设计要求,拆模强度不得小于设计强度的80%。

检验数量:全部检查。

检验方法:检查施工记录、混凝土试验报告单和观察检查。

8.3.2 预应力钢筋下料应采用无齿锯切割,不得采用电弧切割。钢筋应顺直,不得扭曲,并对每根钢筋作好标记。

检验数量:全部检查。

检验方法:检查施工记录和观察检查。

8.3.3 混凝土搅拌、运输、浇筑、振捣和养护的检验要求必须符合本标准第3.3和3.5节的有关规定。

8.3.4 横隔板接缝处混凝土强度必须达到设计值的100%时,方可施加横向预应力。

检验数量:全部检查。

检验方法:检查混凝土试验报告单。

8.3.5　张拉程序、控制应力的检验要求必须符合本标准第 7.1.9 条的规定。

8.3.6　管道压浆的检验要求必须符合本标准第 7.1.12 条的规定。

(Ⅱ)基 本 项 目

8.3.7　横隔板接缝处的预留波纹管应插入 T 梁预留孔道内 30 mm 以上,湿接缝处波纹管连接接头应密贴,不得进浆,接头长度不应小于 40 mm。

合格:基本符合设计要求。

优良:符合设计要求。

检验数量:全部检查。

检验方法:检查施工记录和观察检查。

8.3.8　隔板接缝处 T 梁混凝土应凿毛,浇筑混凝土前要充分湿润。

合格:基本符合要求。

优良:符合要求。

检验数量:全部检查。

检验方法:检查施工记录和观察检查。

8.3.9　钢绞线伸长值的检验要求应符合本标准第 7.1.16 条的规定。

8.3.10　端头封堵的检验要求应符合本标准第 7.1.14 条的规定。

(Ⅲ)允许偏差项目

8.3.11　横隔板湿接缝两侧预留孔道应在同一轴线上,水平及竖向允许偏差 10 mm。

检验数量:全部检查。

检验方法:检查施工记录和尺量。

9 结 合 梁

9.1 厂制钢梁

（Ⅰ）保 证 项 目

9.1.1 钢梁架设前必须检查部件产品合格证、钢梁质量证明书、施工图、试拼记录及探伤焊缝重大修补记录。

检验数量：全部检查。

检验方法：检查出厂合格证和质量证明书。

9.1.2 钢梁焊缝质量必须符合《铁路钢桥制造规范》（TB 10212—2009）的有关规定及设计要求。

检验数量：全部检查。

检验方法：观察和探伤检查。

9.1.3 钢梁上传剪器数量及质量必须符合设计图纸要求。

检验数量：全部检查。

检验方法：观察和对照图纸检查。

9.1.4 高强度螺栓连接接头处板面抗滑移系数必须符合设计要求，工地必须按工厂的记录和随梁试件进行复查，当摩擦面受侵蚀、破坏和严重污染时必须修复涂装层，确保抗滑移系数。

检验数量：每件均应检查。

检验方法：有疑问时由工地复验或工厂复验。

（Ⅲ）允许偏差项目

9.1.5 梁段连接处的基本尺寸允许偏差应符合下列要求：

1 两相邻梁段上下边缘错边量：焊接 1 mm，栓接 2 mm。

2 两相邻梁段腹板错边量：焊接 1 mm，栓接 2 mm。

检验数量：全部检查。

检验方法：检查施工记录和尺量。

9.2 高强度螺栓

（Ⅰ）保 证 项 目

9.2.1 高强度螺栓、螺母、垫圈的尺寸和技术条件必须符合设计要求。

检验数量:每批均应检查。

检验方法:检查出厂合格证、扭矩系数和实物。

9.2.2 高强度螺栓的试验和检验数量必须符合《铁路桥涵施工规范》(GB 10203—2001)和《铁路钢桥高强度螺栓连接施工规定》(TBJ 214—92)的有关规定。

检验数量:每批螺栓均应检查。

检验方法:检查试验报告单。

(Ⅱ)基 本 项 目

9.2.3 高强度螺栓的施拧应符合《铁路桥涵施工规范》(TBJ 203—96)和《铁路钢桥高强度螺栓连接施工规定》(TBJ 214—92)的有关规定。

合格:每孔梁抽检螺栓总数的合格率应达90%及以上。

优良:每孔梁抽检螺栓总数的合格率应达95%及以上。

检验数量:每个接头范围内的检查数量不得少于总数的10%,且不少于10个。

检验方法:用示功扳手、小锤检查,并检查施拧记录。

9.3 钢梁组装及架设

(Ⅰ)保 证 项 目

9.3.1 钢梁部件组拼的编号、数量及拼接顺序必须符合设计图纸要求。

检验数量:每孔钢梁均应检查。

检验方法:对照设计图纸检查实物。

9.3.2 高强度螺栓组拼时所用冲钉数量必须符合下列规定:

1 在支架上拼梁,冲钉总数必须不少于螺栓总数的1/5,对于螺栓总数少的杆件,冲钉总数不少于2个;

2 采用拖拉架设时,其导梁与主梁连接处的冲钉总数严禁少于螺栓总数的50%。

检验数量:每个拼接接头均应检查。

检验方法:观察检查。

9.3.3 钢梁在吊装过程中严禁扭转翘曲和侧倾。

检验数量:每次吊装均应检查。

检验方法:观察检查。

(Ⅱ)基 本 项 目

9.3.4 采用支架拼装钢梁时,支架应有足够的承载能力、刚度和施工空间,与钢梁接触部分应能起顶和承受钢梁滑移。

检验数量:每个支架均应检查。

检验方法:检查支架设计图纸和观察检查。

9.3.5 采用顶推架梁时,各主要阶段实力和实测挠度均不得大于理论计算值。

合格:应力和挠度基本符合要求。

优良:应力和挠度符合要求。

检验数量:每联均应检查。

检验方法:尺量、仪器测量和检查顶推架设设计计算书。

9.3.6 采用顶推架设,其滑道应符合下列规定:

顶推作业中心线与桥梁中心线偏差小于20 mm。

检验数量:每处均应检查。

检验方法:尺量、仪器测量和检查顶推架设设计计算书。

(Ⅲ)允许偏差项目

9.3.7 钢梁尺寸允许偏差、检验方法及检验数量应符合表9.3.7的规定。

表9.3.7 钢梁尺寸允许偏差、检验方法及检验数量

序号	项目	允许偏差	检验方法	检验数量
1	梁高	±2 mm(h≤2 m)	测量两端腹板处高度	每孔钢梁均应检查
		±4 mm(h>2 m)	测量两端腹板处高度	
2	主梁中心距	±3 mm	测量两端腹板处中心距	
3	两相邻梁段上下翼缘错边量	栓接≤2 mm	尺量	
4	两相邻梁段腹板错边量	栓接≤2 mm	尺量	
5	制造段长度	±8 mm	测量制造段长度	
6	拼接梁段两端极边孔距	1.0 mm(采用工地扩孔时用2.0 mm)	测量中间段之两端连接孔之中心距	
7	全长	±15 mm	全梁拼接后量全长	
8	主梁上拱度	$^{+10}_{-3}$ mm	同设计要求比	
9	横膈板对角线差	≤3 mm	测量两端断面对角线差	
10	腹板平面度	h/350 且不得大于7 mm	h为梁高或纵向加劲肋至下盖板之间的距离	
11	旁弯	L/2 000 且小于7 mm	L为跨长度,以m计	
12	支点高低差	≤3 mm	水平仪	
13	主梁的垂直度	有孔部位0.5 mm 其余部位1.5 mm	用直角尺测量	

9.3.8 工地栓孔重合率和工地扩孔的孔径偏差应符合《铁路钢梁制造规范》(TB 10212—2009)的有关规定。

检验数量:每孔钢梁均应检查。

检验方法:尺量和观察检查。

9.3.9 钢梁定位的允许偏差、检验方法及检验数量应符合表9.3.9的规定。

表9.3.9 钢梁定位允许偏差、检验方法及检验数量

序号	项目	允许偏差(mm)	检验方法	检验数量
1	整孔钢梁中心线与设计中心线偏移	±10	尺量和仪器测量	每孔钢梁均应检查
2	固定支座处梁支承中心里程与设计里程纵向偏差	±10		
3	直线两相邻孔端横联中心线相对偏差	±5		
4	墩台处钢梁顶标高与设计高程偏差	±10		
5	每孔梁对角线支点的相对高差	±5		

9.4　混凝土桥面板

(Ⅰ)保 证 项 目

9.4.1　结合梁混凝土桥面板采面工地浇筑施工时,模板架立、钢筋绑扎、混凝土原材料配合比、混凝土拌和、浇筑和养护等必须符合本标准第3章的有关规定和设计要求。桥面板采用预制施工时,桥面板预制、铺装及板缝浇筑等必须符合设计要求和相关规定。

检验数量:每孔梁均应检查。

检验方法:检查施工记录和尺量。

9.4.2　结合梁桥面板工地浇筑必须采用微膨胀混凝土,膨胀剂的掺用量必须由试验确定,膨胀剂拌和后要求14 d水中养护限制膨胀率不小于0.02%,28 d空气中养护限制膨胀率不小于-0.02%。

检验数量:两种养护试块各3个。

检验方法:测量试块。

9.4.3　浇筑混凝土前必须清除钢梁上翼缘和传剪器上的锈蚀和污垢。

检验数量:全部钢梁上翼缘和传剪器。

检验方法:观察检查。

(Ⅱ)基 本 项 目

9.4.4　结合梁桥面板混凝土浇筑应符合设计要求,混凝土表面平整,不允许有宽度大于0.2 mm的裂纹。预制桥面板铺装表面应平整,板缝浇筑密实。

合格:混凝土表面基本平整,有少量小于0.2 mm的裂纹,预制板铺装表面基本平整,板缝密实。

优良:混凝土表面平整,有少量小于0.1 mm的裂纹,预制板铺装表面平整,板缝密实。

检验数量:全部桥面板均应检查。

检验方法:观察检查,有疑问时用带有刻度的放大镜或专用仪器测量。

(Ⅲ)允许偏差项目

9.4.5　桥面板厚度允许偏差为$^{+10}_{-5}$mm。

检验数量:全部检查。

检验方法:尺量。

9.4.6　成桥后结构尺寸允许偏差、检验方法及检验数量应符合表9.4.6的规定。

表 9.4.6 结构尺寸允许偏差、检验方法及检验数量

序号	项　　目	允许偏差(mm)	检 验 方 法	检验数量
1	桥梁全长	±15	尺量,检查桥面及钢梁	全部检查
2	梁高	+15 −5	尺量,检查梁端桥面板顶至钢梁底	
3	桥面板中心线与钢梁中心线偏差	10	尺量	
4	桥面挡砟墙内侧宽度	+10 −5	尺量	
5	桥面平整度	每米长度内≤5	1 m 靠尺测量	
6	上拱度(与设计值相比)	+10 −3	尺量	

9.5 钢梁涂装

(Ⅰ)保 证 项 目

9.5.1 钢梁架设完成后,必须检查主梁内外侧及联结系之底层涂装,清除污垢,并补涂破损处符合设计要求的涂装。

检验数量:每孔钢梁均应检查。

检验方法:观察检查。

9.5.2 高强度螺栓连接部位必须按设计要求进行处理和涂装。

检验数量:全部检查。

检验方法:观察检查。

9.5.3 工地涂装必须符合《铁路桥涵施工规范》(TBJ 203—96)的有关规定。

检验数量:每孔梁均应检查。

检验方法:检查施工记录和观察检查。

9.5.4 涂装材料及涂层厚度必须符合设计要求,必要时应对材料的黏度、干燥时间、耐水性和韧性进行物理检验。

检验数量:全部检查。

检验方法:检查出厂合格证、出厂日期及试验报告单。

(Ⅱ)基 本 项 目

9.5.5 涂装完成后,表面应光泽、颜色均匀,不允许有露底、漏涂、涂膜剥落、起泡、划痕及咬底等缺陷。

合格:基本符合设计要求。

优良:符合设计要求。

检验数量:全部钢梁涂装均应检查。

检验方法:观察检查。

(Ⅲ)允许偏差项目

9.5.6 涂装后表面起皱、针孔和流挂,在一平方米范围内小于 3 cm^2 面积的缺陷不得超过两处,小的凹凸不平在一平方米范围内不得超过 4 处。

检验数量:全部油漆涂装均应检查。

检验方法:尺量和观察检查。

10 桥　面

10.1 防水层与保护层

（Ⅰ）保 证 项 目

10.1.1 防水层所用材料的坚固性、耐久性、抗渗性、弹韧性和黏结性等性能必须符合设计要求及有关规定。

检验数量：每批或每50孔防水卷材、防水涂料抽样试验一次。

检验方法：检查出厂合格证和试验报告单。

10.1.2 防水层的基面必须平整，不得有凸凹现象，各层间黏结牢固。

检验数量：每孔梁均应检查。

检验方法：检查施工记录和观察检查。

10.1.3 保护层所采用纤维混凝土的各项性能指标必须符合设计要求和有关规定，并具有不低于40 MPa的强度及良好的抗裂性。

检验数量：每50孔抽样试验3组纤维混凝土试件。

检验方法：检查试验报告单。

（Ⅱ）基 本 项 目

10.1.4 桥面基层应平整、无凸凹不平，层顶面不应有表面裂缝，排水坡度应符合设计要求。

合格：平整度超差每米长度内3～5 mm，且不超过1处。

优良：平整度符合标准要求。

检验数量：每孔梁不少于15处。

检验方法：用1 m长靠尺测量。

10.1.5 防水层应满铺满涂，防水涂料涂刷前，基面保持清洁干燥，厚度符合设计要求。

合格：局部达不到要求，但不影响使用。

优良：全部符合要求。

检验数量：每处均应检查。

检验方法：检查施工记录和观察检查。

10.1.6 防水卷材铺贴应平整、黏结牢固、无破损，搭接处及周边无翘起，无空鼓，搭接量符合要求，不得有皱折、脱层或封口不严等缺陷。泄水管与防水层周围的空隙均应铺贴牢固并封堵密实。

合格：局部达不到要求，但不影响使用。

优良：符合要求且密贴平顺。

检验数量:每处均应检查。

检验方法:观察检查和尺量。

10.1.7 保护层施工时不得损坏防水层,保护层表面应平整,周边新旧混凝土黏结牢固密贴,排水坡度应符合设计要求。

合格:符合要求。

优良:在合格的基础上,保护层厚度均匀密实。

检验数量:每处均应检查。

检验方法:仪器测量和检查施工记录。

10.2 挡砟墙与泄水管

(Ⅰ)保 证 项 目

10.2.1 两挡砟墙内侧净距及外形尺寸必须符合设计要求。

检验数量:每孔梁均应检查,且不少于3处。

检验方法:仪器测量和检查施工记录。

(Ⅱ)基 本 项 目

10.2.2 泄水管应符合设计要求,位置应准确,安装牢固,泄水管顶面不高于桥面,底面伸出桥面板下缘长度应符合设计要求。

合格:竖向位置准确,个别平面位置有偏差,但不影响使用。

优良:全部符合设计要求。

检验数量:全部检查。

检验方法:观察检查和检查施工记录。

10.3 步行板、人行道、避车台

(Ⅰ)保 证 项 目

10.3.1 步行板预制、铺设和人行道、避车台结构及位置必须符合设计要求。

检验数量:每50 m长度内检查1处。

检验方法:观察检查。

10.3.2 人行道、避车台与梁部的连接必须符合设计要求。

检验数量:每处均应检查。

检验方法:观察检查。

10.3.3 人行道、避车台的步行板必须铺设齐全、稳固、无损坏,板间空隙均匀。人行道、避车台支架立柱必须连成一线,栏杆扶手高度基本一致,用10 m线量矢高不得大于10 mm,栏杆内侧至线路中心线间距不得小于设计要求。

检验数量:人行道每50 m长度内检查一处,避车台抽查25%。

检验方法:尺量和观察检查。

(Ⅱ)基 本 项 目

10.3.4 步行板、人行道、避车台的铺设要求应符合下列规定:

合格:步行板、人行道、避车台抽检数量内基本符合设计要求。

优良:步行板、人行道、避车台抽检数量内符合设计要求,且步行板、人行道铺设平直整齐。

检验数量:人行道每 50 m 长度内检查 1 处,避车台抽查 25% 。

检验方法:观察检查。

11 涵　洞

11.1 基　坑

(Ⅰ)保 证 项 目

11.1.1 涵洞明挖基础基坑的检验要求必须符合本标准第 4.1 节的有关规定。钻孔灌筑桩、钻孔插入桩和钻孔打入桩的检验要求必须符合本标准第 5 章的有关规定。

11.1.2 基坑开挖方法和季节必须符合设计要求。

检验数量:每个基坑均应检查。

检验方法:检查施工记录。

(Ⅱ)基 本 项 目

11.1.3 基坑开挖应及时做好临时防护和防排水设施。

合格:临时防护和防排水设施符合设计要求。

优良:在合格的基础上,防护效果良好。

检验数量:每个基坑均应检查。

检验方法:检查施工记录和观察检查。

11.1.4 基坑应及时回填,回填材料及压实密度应符合设计要求。

合格:回填基本及时,回填材料及压实密度符合设计要求。

优良:回填及时,回填材料及压实密度符合设计要求。

检验数量:抽检相同回填基坑的 50%。

检验方法:检查施工记录和填土压实试验报告单。

(Ⅲ)允许偏差项目

11.1.5 基底高程允许偏差的检验要求应符合本标准第 4.1.9 条规定。

11.2 基　础

(Ⅰ)保 证 项 目

11.2.1 钢筋的检验要求必须符合本标准第 3.2 节的有关规定。

11.2.2 现浇混凝土基础所用的原材料、配合比及强度检验必须符合本标准第 3.3 和 3.5 节的有关规定。

11.2.3　模板及支撑质量的检验要求必须符合本标准第3.1.1和3.1.2条的规定。

(Ⅱ)基 本 项 目

11.2.4　混凝土浇筑的检验要求应符合本标准第3.3和3.5节的有关规定。

(Ⅲ)允许偏差项目

11.2.5　基础允许偏差、检验方法及检验数量应符合表11.2.5的规定。

表11.2.5　基础允许偏差、检验方法及检验数量

序号	项　　目	允许偏差(mm)	检验方法	检 验 数 量
1	基础左右、前后边缘距设计中心线	±50	仪器测量	每座涵洞均应检查
2	基础顶面高程	±30		

11.3　构 件 预 制

(Ⅰ)保 证 项 目

11.3.1　构件预制所用模板与支架、钢筋、混凝土的检验必须符合本标准第3.1、3.2和3.3节的有关规定。

11.3.2　预制混凝土构件的原材料及混凝土的配合比必须符合设计及有关标准的规定。

检验数量:每项均应检查。

检验方法:检查出厂合格证和试验报告单。

11.3.3　构件的出池、起吊及构件出厂时的混凝土强度,必须符合设计要求。当设计无特殊要求时,必须达到混凝土设计强度的75%。

检验数量:检查同条件养护的一组混凝土试件。

检验方法:检查混凝土试验报告单。

11.3.4　预埋件、插筋和预留孔洞规格、数量必须符合设计要求。

检验数量:逐件检查。

检验方法:尺量和观察检查。

(Ⅱ)基 本 项 目

11.3.5　预制构件应标志,构件的型号、生产日期(年、月、日)和生产单位。

合格:标志基本齐全。

优良:标志齐全。

检验数量:逐件检查。

检验方法:观察检查。

11.3.6　构件外观质量要求、检验方法及检验数量应符合表11.3.6的规定。

表 11.3.6 预制构件外观质量要求、检验方法及检验数量

项目		质量要求	检验方法	检验数量
露筋		不应有	观察	同一工作班、同一班组生产的同类型构件为一个检验批，在该批构件中应随机抽查 10%，但不应少于 3 件
孔洞	任何部位	不应有	观察、用尺量测	
蜂窝	主要受力部位	不应有	观察、用百格网量测	同一工作班、同一班组生产的同类型构件为一个检验批，在该批构件中应随机抽查 10%，但不应少于 3 件
	次要部位	总面积不超过所在构件面积的 1%，且每处不超过 0.01 m^2		
裂缝	影响结构性能和使用的裂缝	不应有	观察和用尺、刻度放大镜量测	
	影响结构性能和使用的少量裂缝	不宜有		
连接部位缺陷	构件端头混凝土疏松或外伸钢筋松动	不应有	观察、摇动	

(Ⅲ)允许偏差项目

11.3.7 装配式混凝土涵洞涵节的允许偏差、检验方法及检验数量应符合表 11.3.7 的规定。

表 11.3.7 装配式混凝土涵洞涵节的允许偏差、检验方法及检验数量

序号	项目		允许偏差(mm)	检验方法	检验数量
1	基础、边翼墙块体	(1)长度	±10	尺量检查	按件数各抽查 10%，但不少于 3 件
		(2)横断面尺寸	±5		
2	钢筋混凝土圆涵	(1)长度	0 −10		
		(2)内外直径	±10		
		(3)管壁厚度	+10 −5		
3	钢筋混凝土盖板涵	(1)长度	0 −10		
		(2)宽度	0 −10		
		(3)厚度	+10 −5		
		(4)对角线差	<5		
4	矩形涵洞	(1)长度	0 −10		
		(2)宽度	±20		
		(3)净空高度	±15		
		(4)顶、底板厚度	+10 −5		

11.4 涵 节 安 装

(Ⅰ)保 证 项 目

11.4.1 涵节安装时混凝土强度必须符合设计要求。当设计无具体要求时，必须大于混凝土设计强度的 75%。

检验数量:逐件检查。

检验方法:检查混凝土试验报告单。

11.4.2 安装就位的涵节,必须经过校正后方准进行焊接或连接件的焊接。

检验数量:逐个检查。

检验方法:尺量和观察检查。

11.4.3 已安装完毕的预制涵节,必须在混凝土强度达到设计要求后,方可承受全部设计荷载。

检验数量:全部检查。

检验方法:检查混凝土试验报告单。

(Ⅱ)基 本 项 目

11.4.4 涵洞外观检验要求应符合下列规定:

合格:预制涵节基本无蜂窝麻面,洞身顺直,铺砌密实平整,排水顺畅,帽石及端翼墙平直。

优良:预制涵节无蜂窝麻面,混凝土及砌体表面平整,洞身顺直,铺砌密实平整,排水流畅,帽石及端翼墙棱角分明,墙体平直。

检验数量:逐座检查。

检验方法:观察检查。

(Ⅲ)允许偏差项目

11.4.5 涵节安装的允许偏差、检验方法及检验数量,应符合表11.4.5的规定。

表11.4.5 涵节安装的允许偏差、检验方法及检验数量

项 目	允许偏差(mm)	检验方法	检 验 数 量
中心线对轴线的位置	10	仪器测量	每座涵洞均应检查
涵节与基础中心线位置	5		
高 程	±10		
相邻涵节内底面相对高差	5		

11.5 现浇混凝土涵身

11.5.1 现浇混凝土涵身所用模板与支架、钢筋、混凝土的检验应符合本标准第3.1、3.2、3.3和3.5节的有关规定。

11.6 防水层与沉降缝

(Ⅰ)保 证 项 目

11.6.1 防水层所用材料的检验要求必须符合本标准第10.1.1条的规定。

11.6.2　防水层铺设位置及涂层厚度必须符合设计要求。

检验数量:每座涵洞均应检查。

检验方法:尺量和观察检查。

11.6.3　沉降缝的位置和尺寸必须符合设计要求。

检验数量:每座涵洞不得少于 3 处。

检验方法:尺量和观察检查。

11.6.4　沉降缝必须进行密封防水处理,密封防水材料必须符合设计要求。

检验数量:全部检查。

检验方法:检查施工记录和观察检查。

(Ⅱ)基 本 项 目

11.6.5　防水层应满涂或满铺,且厚薄一致,平顺均匀。

合格:厚薄一致,无皱折、破损、鼓泡、翘边、脱层或封口不严等缺陷。

优良:在合格的基础上,表面平顺,封口严实。

检验数量:每座涵洞均应检查。

检验方法:检查施工记录和观察检查。

11.6.6　保护层材料应符合设计要求,回填时不得损坏保护层。

合格:保护层符合要求。

优良:在合格的基础上,保护层厚度均匀,回填料夯填密实。

检验数量:每座涵洞均应检查。

检验方法:检查施工记录和观察检查。

11.6.7　基础和涵身在同一断面设置的沉降缝,应位于同一竖直面上。

合格:沉降缝基本竖直。

优良:沉降缝位于同一竖直面上。

检验数量:每座涵洞不得少于 3 处。

检验方法:尺量、检查施工记录和观察检查。

11.7　隔热和防冻胀处理

(Ⅰ)保 证 项 目

11.7.1　防冻胀所用的沥青渣油和工业保温材料的性能指标必须符合设计要求。沥青渣油喷涂及工业保温材料铺设必须符合设计要求。

检验数量:每座涵洞均应检查。

检验方法:检查出厂合格证、试验报告单、施工记录和观察检查。

11.7.2　涵洞基坑换填材料及涵侧回填土必须符合设计要求。

检验数量:每座涵洞均应检查。

检验方法:观察检查和检查施工记录。

11.7.3　工业保温材料隔热层的铺设厚度、位置及宽度必须符合设计要求。

检验数量:每座涵洞均应检查。

检验方法:尺量和检查施工记录。

(Ⅱ)基 本 项 目

11.7.4 沥青渣油涂层厚度不得小于设计厚度。

合格:符合设计要求。

优良:符合设计要求,且外观良好。

检验数量:每座涵洞抽检点不得少于10处。

检验方法:尺量。

(Ⅲ)允许偏差项目

11.7.5 工业保温材料铺设的允许偏差、检验方法及检验数量见表11.7.5的规定。

表11.7.5 工业保温材料隔热层允许偏差、检验方法及检验数量

序号	项　　目	允许偏差	检验数量	检验方法
1	中线至边缘距离	±30 mm	每座涵洞检查4点	尺量,查施工记录
2	宽度	不小于设计值	每座涵洞检查4点	尺量,查施工记录
3	横坡	±0.5%	每座涵洞检查2个断面	坡度尺量 查施工记录
4	上下层接缝错开距离	−50 mm	每座涵洞检查6点	尺量,查施工记录

11.7.6 上下砂垫层厚度、宽度、横坡及平整度允许偏差、检验方法及检验数量应符合表11.7.6的规定。

表11.7.6 上下砂垫层相关项目允许偏差、检验方法及检验数量

序号	项　　目	允许偏差	检验数量	检验方法
1	上下砂垫层厚度	不小于设计值	每座涵检查3点	尺量,查施工记录
2	中线至边缘距离	±50 mm	每座涵检查3点	尺量
3	宽度	不小于设计值	每座涵检查3点	尺量
4	横坡	±0.5%	每座涵检查2个断面	坡度尺量
5	平整度	15 mm	每座涵检查4点	2.5 m长直尺量测
6	浸水与不浸水部分分界高程	−100 mm	每座涵检查3点	水准仪测或尺量

11.8 出入口铺砌及附属工程

(Ⅰ)保 证 项 目

11.8.1 出入口铺砌基坑的检验要求必须符合本标准第4.1节的有关规定。

11.8.2 出入口铺砌所用材料、铺砌厚度必须符合设计要求。

检验数量:每座涵洞均应检查。

检验方法:检查试验报告单、施工记录和尺量。

11.8.3 工业保温材料铺设的检验要求必须符合本标准第11.7.1和11.7.3条的规定。

(Ⅱ)基本项目

11.8.4 施工后的进、出口周围环境应符合设计要求。

合格:不形成积水条件。

优良:在合格的基础上,与周围环境相协调。

检验数量:每座涵洞均应检查。

检验方法:观察检查。

11.8.5 进、出口的防、排水应符合设计要求。

合格:防水符合要求,排水基本顺畅。

优良:防水符合要求,排水顺畅。

检验数量:每座涵洞均应检查。

检验方法:观察检查。

12 工程验收

12.0.1 桥涵竣工工程应按单位工程验收。单位工程划分和质量评定应符合本标准的规定。

12.0.2 桥涵工程验收时应以监理工程师签字的工程质量检验评定表和隐蔽工程检查证为依据。

12.0.3 桥涵工程竣工时,施工单位应提供以下文件和资料:

1 桥涵工程竣工验收报告;

2 桥涵工程竣工图;

3 工程质量检验评定资料;

4 钢材出厂合格证、进场检(试)验报告;

5 钢材焊接试(检)验报告、焊条(剂)合格证;

6 水泥出厂合格证、进场检验报告;

7 骨料进场检(试)验报告;

8 块石、混凝土砌块进场检(试)验报告;

9 防水材料合格证、进场检(试)验报告;

10 工业保温材料出厂合格证、进场检(试)验报告;

11 钢结构涂料出厂合格证、进场检(试)验报告;

12 基桩静载试验报告;

13 桩基地温观测报告;

14 构件合格证;

15 混凝土配合比报告单;

16 混凝土试件(含抗冻融、强度、弹性模量)试验报告;

17 砂浆配合比报告单;

18 砂浆试件试验报告;

19 竣工测量资料;

20 施工记录;

21 隐蔽工程检查记录;

22 变更设计资料;

23 工程质量事故报告及调查处理报告;

24 工程总结。

本标准用词说明

为便于在执行本标准条文时区别对待,对要求严格程度不同的用词说明如下:

1. 表示很严格,非这样做不可的:
正面词采用“必须”;
反面词采用“严禁”。

2. 表示严格,在正常情况下均应这样做的:
正面词采用“应”;
反面词采用“不应”或“不得”。

3. 表示允许稍有选择,在条件许可时首先应这样做的:
正面词采用“宜”;
反面词采用“不宜”;
表示有选择,在一定条件下可以这样做的,采用“可”。

《青藏铁路高原多年冻土区桥涵工程质量检验评定及验收标准(试行)》条文说明

本条文说明系对重点条文的编制依据、存在问题以及在执行中应注意的事项等予以说明。为减少篇幅,未抄原条文,只列条文号。

2.1.2 根据《铁路工程质量检验评定标准大纲讨论会纪要》编写。

2.2.2、2.2.4 和 2.2.5 根据《铁路工程质量检验评定标准大纲讨论会纪要》编写,考虑到青藏铁路高原多年冻土区的特殊性,将其优良项统一为60%及以上。

2.3.1 各类隐蔽工程应在掩蔽之前按规定程序组织检验评定。

3.1.1、3.1.2 参照《建筑工程质量检验评定标准》(GBJ 301—88)第5.1.1条编写,主要强调保证支架的稳固,防止冻胀和融沉,危及上部结构。

3.3.3 根据青藏高原具有特殊的气候与环境,增加了混凝土的抗渗和抗冻融性能检验评定。

3.3.6 参照《建筑工程质量检验评定标准》(GBJ 301—88)的有关内容编写。

3.4.2 为了避免对冻土产生较大的热扰动,对水泥、掺和料和入模温度提出了要求。

3.5.2 参考《混凝土结构工程施工及验收规范》(GB 50204—92)第7.3.7条和《冬期施工手册》(2版)编写。

4.2.1 本条虽列为保证项目,但并非将其中各个检测项目均视作保证项目,在验评时仍应按第3章原定的保证、基本和允许偏差项目的要求分别进行(以下凡提到引用章节的意义均与此同)。

4.4.2 高桩承台下模板支撑不拆除,不能消除或减轻地基土冻胀对承台的有害影响,则季节冻土层冻胀时直接影响承台。

5.4.3 基桩荷载试验可参照《青藏铁路高原多年冻土区工程施工暂行规定》(上册)第5.6.26条条文说明中提出的试桩办法进行试验。

5.4.4 规定桩身护筒伸入承台长度不大于100 mm,是考虑到钢护筒与承台的连接较弱,应尽量减少钢护筒与承台连接而保持桩身混凝土与承台直接连接。

5.4.5 本条规定主要是为了避免扰动多年冻土的热平衡和污染环境。

6.4.1 墩台喷涂沥青渣油和铺设工业保温材料隔热层,能有效防止墩台受到冻胀的影响。

7.1.5~7.1.12 参考《秦沈客运专线桥梁工程质量检验评定标准》(试行)的有关内容编写。

7.1.13 参考《青藏铁路高原多年冻土区工程施工暂行规定》的有关内容编写。

7.1.14、7.1.16、7.1.19、7.1.20、7.1.21、7.1.22 参考《秦沈客运专线桥涵工程质量检验评定标准》(试行)的有关内容编写。

7.2.1 参考《青藏铁路高原多年冻土区工程施工暂行规定》(上册)的有关内容编写。

7.2.9 参考《青藏铁路高原多年冻土区工程施工暂行规定》(上册)的有关内容编写。

7.2.13 参考铁专院提供的设计有关资料编写。

8.1.1 根据青藏铁路采用2片T梁横向预应力联结方式,参照《秦沈客运专线桥梁制造与架设施工技术细则(试行)》第八章第二节"T梁架设安装和横向联结"并结合中铁十七局秦沈施工经验和实践体会编写。

8.1.2 根据青藏铁路维修难度大,必须做好档案资料存档工作,故作此规定。

8.1.3 同第8.1.1条。

8.1.4 参照《铁路桥涵工程质量检验评定标准》(TB 10415—98)的有关内容编写。

8.2.1 针对青藏铁路采用新型YZM圆柱面钢支座作本条要求。

8.2.2 根据青藏铁路施工条件提出本条要求。

8.2.3 针对YZM圆柱面钢支座特点,根据铁科院提供的资料进行编写。

8.2.4 参照《铁路桥涵工程质量检验评定标准》(TB 10415—98)的有关内容编写。

8.2.5~8.2.9 同第8.2.3条。

8.2.10 结合青藏铁路YZM圆柱面钢支座特点,参考《铁路桥涵工程质量检验评定标准》(TB 10415—98)的有关内容编写。

8.3.1~8.3.10 针对青藏铁路采用T梁横向预应力联结方式,根据设计要求,参考《秦沈客运专线桥梁制造与架设施工技术细则(试行)》第八章第二节"T梁架设安装和横向联结"并结合中铁十七局秦沈施工经验和实践体会编写。

8.3.11 考虑到两片梁各有偏差,架设后相对误差太小,不易控制,故作此规定。

第9章 参考《秦沈客运专线桥梁工程质量检验评定标准》(试行)的有关内容编写。

10.1~10.2 根据设计资料编写。

10.3 参考《铁路桥涵工程质量检验评定标准》第14.6.1~14.6.3条内容及会议意见编写。

11.1.2 涵洞基坑在寒季开挖能保证基坑边坡稳定,但开挖困难;暖季开挖,开挖容易,但在阳光直射下边坡容易发生溜坍。

11.5.6 工业保温材料隔热层上、下设置砂垫层,是保护隔温层不受损坏的必要措施。

12.0.3 参照青藏铁路建设总指挥部《青藏铁路建设工程竣工文件编制和归档办法》编写。

中华人民共和国行业标准

铁建设〔2003〕127号

铁路桥涵工程施工质量验收标准

Standard for Constructional Quality Acceptance of Railway Bridge and Culvert Engineering

TB 10415—2003
J 286—2004

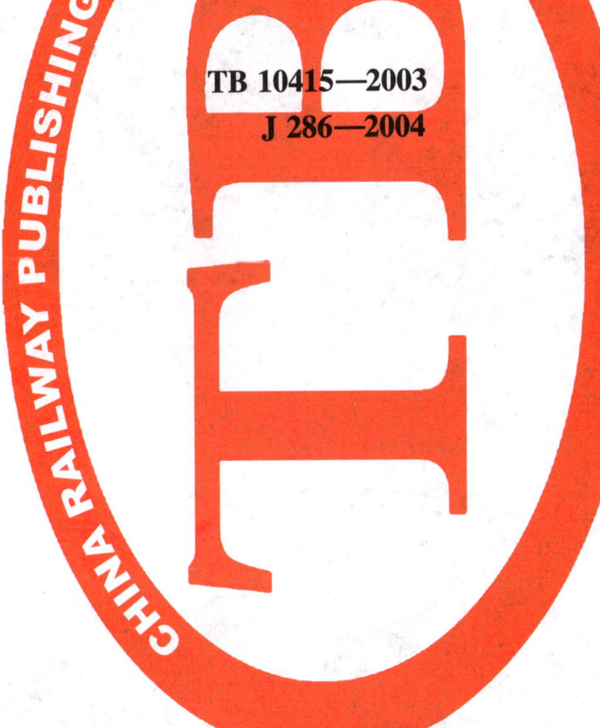

2003—12—16 发布　　　　2004—01—01 实施

中华人民共和国铁道部　发布

前　　言

本标准是根据铁道部《关于印发2001年铁路工程建设规范、定额、标准设计编制计划的通知》(铁建设函〔2001〕72号)的要求,在《铁路桥涵工程质量检验评定标准》(TB 10415—98)基础上修订而成的。

本标准在编制过程中认真贯彻了“调整地位、验评分离、充实内容、严格程序、强化检测、明确职责”的指导思想,进行了深入的调查研究,总结了我国铁路桥涵工程施工质量控制的实践经验,并广泛征求了有关方面的意见。本标准提出了铁路桥涵工程的施工要求、质量保证措施、验收方法、验收程序和质量标准,明确了建设各方在施工质量控制中的职责,严格了材料进场验收和施工质量检测的程序及方法,体现了科学性和可操作性,突出了验标对铁路桥涵工程施工质量的控制。

本标准应与《铁路混凝土与砌体工程施工质量验收标准》(TB 10424—2003)配合使用。

本标准共分21章,主要内容包括:总则、术语、基本规定、地基处理、明挖基础、桩基础、沉井基础、墩台、钢筋混凝土和预应力混凝土简支梁、预应力混凝土连续梁(刚构)、造桥机制架预应力混凝土梁、钢桁梁、结合梁、预应力混凝土斜拉桥、斜腿刚构、拱桥、支座、明桥面和桥梁附属设施、涵洞、防水层及沉降缝、桥涵单位工程观感质量评定等。

本次修订的主要内容如下:

1. 修改了标准的适用范围,将旅客列车设计行车速度由140 km/h提高到160 km/h。

2. 完善了工程施工质量验收的方法、程序和质量标准;取消了优良等级评定。

3. 增加了对结构实体质量进行检测的要求。

4. 补充了换填地基、重锤夯实地基、强夯地基、挤密桩、砂桩、碎石桩、粉喷桩、旋喷桩、爬模、结合梁、造桥机、斜拉桥水平转体施工等方面的内容。

5. 取消了木桩、钢板梁、工地制作斜拉索及锚具等方面的内容。

本标准以黑体字标志的条文为强制性条文,必须严格执行。

在执行本标准过程中,希望各单位结合工程实践,认真总结经验,积累资料。如发现需要修改和补充之处,请及时将意见及有关资料寄交中铁三局集团有限公司(山西省太原市迎泽大街269号,邮政编码:030001),并抄送铁路工程技术标准所(北京市羊坊店路甲8号,邮政编码:100038),供今后修订时参考。

本标准由铁道部建设管理司负责解释。

本标准主编单位:中铁三局集团有限公司。

本标准参编单位:铁路工程技术标准所。

本标准主要起草人:田松、薛吉岗、李开基、刘志江、任兰光、吴仁友、赵德学、李拴虎、原郭兵。

目　次

1 总 则

1.0.1 为了加强铁路工程施工质量管理,统一铁路桥涵工程施工质量的验收,保证工程质量,制定本标准。

1.0.2 本标准适用于旅客列车设计行车速度为160 km/h及以下的客货列车共线运行的新建、改建标准轨距铁路桥涵工程施工质量的验收。对于其他铁路的桥涵工程,以及本标准未涉及的新技术、新工艺、新设备、新材料,其施工质量的验收应另行制订补充标准。

1.0.3 施工单位作为工程施工质量控制的主体,应对工程施工质量进行全过程控制;建设单位、监理单位和勘察设计单位等各方应按有关规定的要求对施工阶段的工程质量进行控制。

1.0.4 铁路桥涵工程施工应贯彻国民经济可持续发展战略,做好环境保护、水土保持等工作,合理利用资源,并做到文明安全施工。

1.0.5 铁路桥涵工程施工质量的检验、检测工作取得的质量数据应真实可靠,全面反映工程质量状况,所用方法和仪器设备应符合相关标准的规定。

1.0.6 铁路桥涵工程施工中所采用的承包合同文件和工程技术文件等对施工质量的要求不得低于本标准的规定。

1.0.7 铁路桥涵工程施工质量的验收除应符合本标准外,尚应符合国家现行有关标准的规定。

2 术　语

2.0.1 工程施工质量 constructional quality of engineering

反映工程施工过程或实体满足相关标准规定或合同约定的要求，包括其在安全、使用功能及其在耐久性能、环境保护等方面所有明显和隐含能力的特性总和。

2.0.2 验收 acceptance

工程施工质量在施工单位自行检查评定合格的基础上，参与建设活动的有关单位共同对检验批、分项、分部、单位工程的质量按有关规定进行检验，根据相关标准以书面形式对工程质量达到合格与否做出确认。

2.0.3 进场验收 site acceptance

对进入施工现场的材料、构配件、设备等按相关标准规定要求进行检验，对其达到合格与否做出确认。

2.0.4 检验批 inspection lot

按同一生产条件或按规定的方式汇总起来供检验用的由一定数量样本组成的检验体。

2.0.5 检验 inspection

对检验项目中的性能进行量测、检查、试验等，并将结果与标准规定要求进行比较，以确定每项性能是否合格所进行的活动。

2.0.6 见证 witness

监理单位或建设单位现场监督施工单位某过程完成情况的活动。

2.0.7 见证取样检测 evidential testing

在监理单位或建设单位监督下，由施工单位有关人员现场取样，并送至具备相应资质的检测单位所进行的检测。

2.0.8 平行检验 parallel acceptance testing

监理单位利用一定的检查或检测手段，在施工单位自检的基础上，按照一定的比例独立进行的检查或检测活动。

2.0.9 旁站 stop and supervision

在工程的关键部位或关键工序施工过程中，由监理人员在现场进行的监督活动。

2.0.10 工序 constructional procedure

施工过程中具有相对独立特点的作业活动，或由必要的技术间歇及停顿分割的作业活动，是组成施工过程的基本单元。

2.0.11 交接检验 handing over inspection

由施工的承接方与完成方共同检查并对可否继续施工做出确认的活动。

2.0.12 主控项目 dominant item

对安全、卫生、环境保护和公众利益起决定性作用的检验项目。

2.0.13 一般项目 general item

除主控项目以外的检验项目。

2.0.14 抽样检验 sampling inspection

按照规定的抽样方案，随机地从进场的材料、构配件、设备或工程检验项目中，按检验批抽取一定数量的样本所进行的检验。

2.0.15 抽样方案 sampling scheme

根据检验项目的特性所确定的抽样数量方法。

2.0.16 计数检验 counting inspection

在抽样的样本中，记录每一个体有某种属性或计算每一个体中的缺陷数目的检查方法。

2.0.17 计量检验 quantitative inspection

在抽样检验的样本中，对每一个体测量其某个定量特性的检查方法。

2.0.18 观感质量 quality of appearance

通过观察和必要的量测所反映的工程外在质量。

2.0.19 返工 rework

对不合格的工程部位采取的重新制作、重新施工等措施。

2.0.20 返修 repair

对工程不符合标准规定的部位采取整修等措施。

2.0.21 一般缺陷 common defect

对结构构件的受力性能或使用性能无决定性影响的缺陷。

2.0.22 严重缺陷 serious defect

对结构构件的受力性能或使用性能有决定性影响的缺陷。

2.0.23 挤密桩 compaction pile

依靠震冲器的强力振动挤密而形成的桩体。

2.0.24 粉喷桩 dry jet mixing pile

采用粉喷技术使软弱土硬结成具有整体性、水稳性和一定强度的柱状加固土，它与原位软弱土层组成复合地基。

2.0.25 旋喷桩 auger injected pile

利用钻机把带有可旋转喷嘴的注浆管钻进土层的预定位置，以高压浆液从喷嘴中喷射出去，冲击破坏土体，与浆液搅拌混合形成的桩体。

2.0.26 爬模 climbing shuttering

爬升架与模板组成的附着式升降施工设备。

2.0.27 造桥机 bridge fabrication machine

在墩台上采用移动支（模）架法拼装或现浇预应力混凝土梁的机械设备。

2.0.28 结合梁 composite girder

由混凝土板与钢梁结合成整体的梁。

2.0.29 斜拉桥 cable stayed bridge

用锚在塔上的多根斜向钢缆索吊住主梁的桥。

2.0.30 转体施工 erection by swing method

在同桥轴线夹某一角度（水平角或竖直角）的位置预先拼装或浇筑全部或部分桥体，形成临时稳定结构后借助转动装置（平面或竖向）转体就位的一种施工方法。

2. 0. 31 斜腿刚构 slant legged rigid frame

在梁与主墩间设置斜柱的刚构。

2. 0. 32 交通涵 culvert of traffic

用于通过车辆及行人的涵洞。

3 基本规定

3.1 一般规定

3.1.1 铁路桥涵工程施工现场质量管理应有相应的施工技术标准、健全的质量管理体系和施工质量检验制度。

施工现场质量管理检查记录应由施工单位在施工前按表3.1.1的规定填写，总监理工程师进行检查，并做出检查结论。

表3.1.1 施工现场质量管理检查记录

<table>
<tr><td>单位工程名称</td><td colspan="3"></td><td>开工日期</td><td></td></tr>
<tr><td>建设单位</td><td colspan="3"></td><td>项目负责人</td><td></td></tr>
<tr><td>设计单位</td><td colspan="3"></td><td>项目负责人</td><td></td></tr>
<tr><td>监理单位</td><td colspan="3"></td><td>总监理工程师</td><td></td></tr>
<tr><td>施工单位</td><td></td><td>项目负责人</td><td></td><td>项目技术负责人</td><td></td></tr>
<tr><td>序 号</td><td colspan="3">项 目</td><td colspan="2">内 容</td></tr>
<tr><td>1</td><td colspan="3">开工报告</td><td colspan="2"></td></tr>
<tr><td>2</td><td colspan="3">现场质量管理制度</td><td colspan="2"></td></tr>
<tr><td>3</td><td colspan="3">质量责任制</td><td colspan="2"></td></tr>
<tr><td>4</td><td colspan="3">工程质量检验制度</td><td colspan="2"></td></tr>
<tr><td>5</td><td colspan="3">施工技术标准</td><td colspan="2"></td></tr>
<tr><td>6</td><td colspan="3">施工图现场核对情况</td><td colspan="2"></td></tr>
<tr><td>7</td><td colspan="3">地质勘察资料</td><td colspan="2"></td></tr>
<tr><td>8</td><td colspan="3">交接桩、施工复测及测量控制网资料</td><td colspan="2"></td></tr>
<tr><td>9</td><td colspan="3">施工组织设计、施工方案和环境保护方案及审批</td><td colspan="2"></td></tr>
<tr><td>10</td><td colspan="3">分包方资质及对分包方单位管理制度</td><td colspan="2"></td></tr>
<tr><td>11</td><td colspan="3">主要专业工种操作上岗证书</td><td colspan="2"></td></tr>
<tr><td>12</td><td colspan="3">施工检测设备及计量器具设置</td><td colspan="2"></td></tr>
<tr><td>13</td><td colspan="3">材料、设备管理制度</td><td colspan="2"></td></tr>
<tr><td colspan="6">检查结论：

总监理工程师　　　　年　　月　　日</td></tr>
</table>

3.1.2 桥涵工程应按下列规定进行施工质量控制：

1 工程采用的主要材料、构配件和设备，施工单位应对其外观、规格、型号和质量证明文件等进行验收，并经监理工程师检查认可；凡涉及结构安全和使用功能的，施工单位应进行检验，监理单位应按规定进行平行检验或见证取样检测；

2 各工序应按施工技术标准进行质量控制，每道工序完成后，施工单位应进行检查，并形成记录；

3 工序之间应进行交接检验，上道工序应满足下道工序的施工条件和技术要求，相关专业工序之间的交接检验应经监理工程师检查认可，未经检查或经检查不合格的不得进行下道工序施工。

3.1.3 **桥涵工程施工质量应按下列要求进行验收：**

1 **工程施工质量应符合本标准和铁道部现行《铁路混凝土与砌体工程施工质量验收标准》(TB 10424—2003)的有关规定；**

2 **工程施工质量应符合工程勘察、设计文件的要求；**

3 **参加工程施工质量验收的各方人员应具备规定的资格；各种检查记录签证人员应报建设单位确认、备案；**

4 **工程施工质量的验收均应在施工单位自行检查评定合格的基础上进行；**

5 **隐蔽工程在隐蔽前应由施工单位通知监理单位进行验收，并应形成验收文件；桥梁和重要涵洞地基验收时，勘察设计单位应派人参加；**

6 **涉及结构安全的试块、试件和现场检验项目，监理单位应按规定进行平行检验、见证取样检测或见证检测；**

7 **检验批的质量应按主控项目和一般项目进行验收；**

8 **对涉及结构安全和使用功能的分部工程应进行抽样检测；其中，桥梁墩台、梁部应采用同条件养护试件检测结构实体混凝土强度，且每墩台、每孔(片)梁按不同混凝土强度等级至少检测一次；**

9 **承担见证取样检测及有关结构安全检测的单位应具有相应的资质；**

10 **单位工程的观感质量应由验收人员通过现场检查共同确认。**

3.2 工程施工质量验收的划分

3.2.1 桥涵工程施工质量验收划分为单位工程、分部工程、分项工程和检验批。

3.2.2 单位工程应按一个完整工程或一个相当规模的施工范围划分，并按下列原则确定：

1 每座特大桥、大桥、中桥为一个单位工程。当一座特大桥、大桥由多个施工单位施工时，也可按施工标段划分单位工程；

2 小桥不超过5座为一个单位工程；

3 涵洞不超过10座为一个单位工程；

3.2.3 分部工程应按一个完整部位或主要结构及施工阶段划分。

3.2.4 分项工程应按工种、工序、材料、施工工艺等划分。

3.2.5 检验批可根据施工及质量控制和验收需要按施工段或部位等划分。

3.2.6 桥梁、涵洞工程的分部工程、分项工程、检验批划分和检验项目应符合表3.2.6—1和表3.2.6—2的规定。

表 3.2.6—1 桥梁工程分部工程、分项工程、检验批划分和检验项目

分部工程		分项工程	检 验 批	检验项目条文号	
类别	名称			主控项目	一般项目
地基及基础	明挖基础	换填地基	每个基坑	4.2.1～4.2.5	4.2.6
		重锤夯实	每个基坑	4.3.1～4.3.3	4.3.4、4.3.5
		强夯	每个基坑	4.4.1～4.4.4	4.4.5
		挤密桩	每个基坑	4.5.1～4.5.7	4.5.8、4.5.9
		砂桩	每个基坑	4.6.1～4.6.4	4.6.5、4.6.6
		碎石桩	每个基坑	4.7.1～4.7.4	4.7.5～4.7.7
		粉喷桩	每个基坑	4.8.1～4.8.6	4.8.7
		旋喷桩	每个基坑	4.9.1～4.9.6	4.9.7
		基坑	每个基坑	5.2.1～5.2.4	5.2.5
		模板及支架	每个安装段	5.3.1	5.3.2
		钢筋	每个安装段	5.3.3	5.3.4
		混凝土	每个浇筑段	5.3.5	5.3.6、5.3.7
		砌体	每个砌筑段	5.3.8	5.3.9、5.3.10
	沉入桩的制作	模板及支架	不大于20根(节)	6.3.1	6.3.2
		钢筋	不大于20根(节)	6.3.3	6.3.4、6.3.5
		混凝土	不大于20根(节)	6.3.6、6.3.7	6.3.8、6.3.9
		预应力	不大于20根(节)	6.3.10	6.3.11
	沉入桩的下沉	钢围堰	每个基坑	6.2.1～6.2.4	6.2.5～6.2.7
		沉桩	每个基坑	6.4.1～6.4.4	6.4.5、6.4.6
	钻孔桩和挖孔桩	钢围堰	每个基坑	6.2.1～6.2.4	6.2.5～6.2.7
		钻孔	每根桩	6.5.1、6.5.2	6.5.3～6.5.6
		挖孔	每根桩	6.5.7～6.5.9	6.5.10
		钢筋	每根桩	6.5.11	6.5.12、6.5.13
		混凝土	每根桩	6.5.14～6.5.19	6.5.20
	管柱制作	模板及支架	不大于10根(节)	6.6.1	6.6.2
		钢筋	不大于10根(节)	6.6.3	6.6.4、6.6.5
		混凝土	不大于10根(节)	6.6.6、6.6.7	6.6.8、6.6.9
		预应力	不大于10根(节)	6.6.10	6.6.11
		钢管柱制作	不大于10根(节)	6.6.12、6.6.13	6.6.14～6.6.16
	管柱下沉和浇筑水下混凝土	钢围堰	每个基坑	6.2.1～6.2.4	6.2.5～6.2.7
		管柱下沉	每根管柱	6.7.1、6.7.2	6.7.3
		钢筋	每根管柱	6.7.4	6.7.5、6.7.6
		混凝土	每根管柱	6.7.7～6.7.12	6.7.13
	就地制作沉井	模板及支架	每节沉井	7.2.1	7.2.2
		钢筋	每节沉井	7.2.3	7.2.4
		混凝土	每节沉井	7.2.5	7.2.6、7.2.7
		下沉	每座沉井	7.2.8	7.2.9
		清基、填充	每座沉井	7.2.10～7.2.13	7.2.14

续上表

分部工程		分项工程	检验批	检验项目条文号	
类别	名称			主控项目	一般项目
地基及基础	浮式沉井	模板及支架	每节沉井	7.3.1	7.3.2
		钢筋	每节沉井	7.3.3	7.3.4
		混凝土	每节沉井	7.3.5	7.3.6、7.3.7
		钢沉井制作	每节沉井	7.3.8～7.3.10	7.3.11
		浮运就位	每座沉井	7.3.12	7.3.13
		下沉	每座沉井	7.3.14	7.3.15
		清基、填充	每座沉井	7.3.16、7.3.17	7.3.18
	桩基承台	钢围堰	每个承台	6.2.1～6.2.4	6.2.5～6.2.7
		模板及支架	每个承台	6.8.1	6.8.2
		钢筋	每个承台	6.8.3	6.8.4
		混凝土	每个承台	6.8.5、6.8.6	6.8.7、6.8.8
墩台、索塔	墩台	模板及支架	每个安装段	8.2.1	8.2.2、8.2.3
		钢筋	每个安装段	8.2.4	8.2.5
		混凝土	每个浇筑段	8.2.6～8.2.8	8.2.9～8.2.11
		砌体	每个砌筑段	8.2.12	8.2.13、8.2.14
		防水层	每个桥台	8.2.15	8.2.16
	台后填土、锥体及其他	桥台填土	每个桥台	8.3.1～8.3.3	8.3.4
		混凝土	每个浇筑段	8.3.5	8.3.6
		砌体	每个砌筑段	8.3.7～8.3.9	8.3.10、8.3.11
	索塔	模板及支架	每个安装段	14.2.1	14.2.2～14.2.4
		钢筋	每个安装段	14.2.5～14.2.7	14.2.8、14.2.9
		混凝土	每个浇筑段	14.2.10	14.2.11～14.2.13
		预应力	每个施工段	14.2.4、14.2.15	14.2.16、14.2.17
梁部	钢筋混凝土简支梁制作	模板及支架	每片梁	9.2.1	9.2.2、9.2.3
		钢筋	每片梁	9.2.4	9.2.5、9.2.6
		混凝土	每片梁	9.2.7～9.2.9	9.2.10～9.2.12
		防水层	每片梁	9.2.13	9.2.14
	先张法预应力混凝土简支梁制作	模板及支架	每片梁	9.3.1	9.3.2～9.3.4
		钢筋	每片梁	9.3.5	9.3.6、9.3.7
		混凝土	每片梁	9.3.8～9.3.10	9.3.11～9.3.13
		预应力	每个施工段	9.3.14、9.3.15	9.3.16～9.3.18
		防水层	每片梁	9.3.19	9.3.20
	后张法预应力混凝土简支梁制作	模板及支架	每片梁	9.4.1	9.4.2～9.4.4
		钢筋	每片梁	9.4.5	9.4.6、9.4.7
		混凝土	每片梁	9.4.8～9.4.10	9.4.11～9.4.13
		预应力	每个梁	9.4.14	9.4.15、9.4.16
		防水层	每片梁	9.4.17	9.4.18

续上表

分部工程		分项工程	检验批	检验项目条文号	
类别	名称			主控项目	一般项目
梁部	膺架上制梁	模板及支架	每片(孔)梁	9.5.1、9.5.2	9.5.3~9.5.5
		钢筋	每片梁	9.5.6	9.5.7、9.5.8
		混凝土	每片梁	9.5.9~9.5.11	9.5.12~9.5.14
		预应力	每片梁	9.5.15	9.5.16、9.5.17
		防水层	每片梁	9.5.18	9.5.19
		支座	每孔梁	9.5.20	9.5.21
	钢筋混凝土和预应力混凝土简支梁架设	架梁	每个安装段	9.6.1~9.6.3	9.6.4、9.6.5
		模板及支架	每个安装段	9.6.6	9.6.7
		钢筋	每个安装段	9.6.8	9.6.9
		混凝土	每个浇筑段	9.6.10	9.6.11
		预应力	每个施工段	9.6.12	9.6.13
		支座	每孔梁	9.6.14	9.6.15
	悬臂浇筑预应力混凝土连续梁(刚构)	模板及支架	每个安装段	10.1.16	10.1.17、10.1.18
		钢筋	每个安装段	10.1.19	10.1.20、10.1.21
		混凝土	每个浇筑段	10.1.22~10.1.26	10.1.27~10.1.29
		预应力	每个施工段	10.1.30、10.1.31	10.1.32、10.1.33
		支座	每孔(联)梁	10.1.34、10.1.35	10.1.36
		防水层	每孔(联)梁	10.1.37	10.1.38
	悬臂拼装预应力混凝土连续梁	模板及支架	每个安装段	10.2.13、10.2.14	10.2.15、10.2.16
		钢筋	每个安装段	10.2.17	10.2.18、10.2.19
		混凝土	每个浇筑段	10.2.20~10.2.23	10.2.24~10.2.26
		预应力	每个施工段	10.2.27	10.2.28、10.2.29
		梁段拼装	每孔(联)梁	10.2.30~10.2.32	10.2.33
		支座	每孔(联)梁	10.2.34、10.2.35	10.2.36
		防水层	每孔(联)梁	10.2.37	10.2.38
	顶推法制架预应力混凝土连续梁	模板及支架	每个安装段	10.3.9	10.3.10、10.3.11
		钢筋	每个安装段	10.3.12	10.3.13、10.3.14
		混凝土	每个浇筑段	10.3.15、10.3.16	10.3.17~10.3.19
		预应力	每个施工段	10.3.20、10.3.31	10.3.22
		梁段顶推	每孔(联)梁	10.3.23~10.3.25	10.3.26
		支座	每孔(联)梁	10.3.27~10.3.28	10.3.29
		防水层	每孔(联)梁	10.3.30	10.3.31
	造桥机制、架预应力混凝土梁	模板及支架	每个安装段	11.2.1	11.2.2~11.2.4
		钢筋	每个安装段	11.3.1	11.3.2、11.3.3
		混凝土	每个浇筑段	11.4.1~11.4.4	11.4.5~11.4.7
		预应力	每个施工段	11.5.1	11.5.2
		预制梁段组拼	每孔(联)梁	11.6.1	11.6.2
		支座	每孔(联)梁	11.7.1、11.7.2	11.7.3
		防水层	每孔(联)梁	11.8.1	11.8.2
	钢桁梁	杆件预拼	每个施工段	12.2.1~12.2.7	12.2.8
		拼装架设	每个施工段	12.3.1~12.3.5	12.3.6
		支座	每孔(联)梁	12.4.1、12.4.2	12.4.3
		涂装	每孔梁	12.5.1~12.5.7	12.5.8

续上表

分部工程		分项工程	检验批	检验项目条文号	
类别	名称			主控项目	一般项目
梁部	结合梁	钢梁拼装及架设	每个施工段	13.2.1～13.2.4	13.2.5、13.2.6
		支座	每孔(联)梁	13.2.7	13.2.8
		涂装	每孔梁	13.2.9	13.2.10
		模板及支架	每个安装段	13.3.1	13.3.2、13.3.3
		钢筋	每个安装段	13.3.4	13.3.5、13.3.6
		混凝土	每个浇筑段	13.3.7、13.3.8	13.3.9～13.3.11
		预应力	每个施工段	13.3.12	13.3.13
		桥面板安装	每孔(联)梁	13.3.14～13.3.16	13.3.17
		防水层	每孔(联)梁	13.3.18	13.3.19
	预应力混凝土斜拉桥主梁和斜拉索	模板及支架	每个安装段	14.3.1	14.3.2、14.3.3
		钢筋	每个安装段	14.3.4	14.3.5、14.3.6
		混凝土	每个浇筑段	14.3.7	14.3.8～14.3.10
		预应力	每个施工段	14.3.11、14.3.12	14.3.13、14.3.14
		防水层	每座桥	14.3.15	14.3.16
		支座	每座桥	14.3.17	14.3.18
		斜拉索	每个施工段	14.4.1～14.4.5	14.4.6、14.4.7
		水平转体施工	每个转体	14.5.1～14.5.3	14.5.4
	钢斜腿刚构	支座	每座桥	15.2.1	15.2.2
		杆件拼装	每个施工段	15.2.3～15.2.5	15.2.6～15.2.13
		涂装	每座桥	15.2.14	15.2.15
	预应力混凝土斜腿刚构	支座	每座桥	15.3.1	15.3.2
		模板及支架	每个安装段	15.3.3	15.3.4、15.3.5
		钢筋	每个安装段	15.3.6	15.3.7、15.3.8
		混凝土	每个浇筑段	15.3.9	15.3.10～15.3.13
		预应力	每个施工段	15.3.14	15.3.15、15.3.16
		防水层	每座桥	15.3.17	15.3.18
	拱部及拱上结构	模板及拱架	每孔拱部	16.2.1	16.2.2、16.2.3
		钢筋	每个安装段	16.2.4	16.2.5
		混凝土	每个浇筑段	16.2.6～16.2.8	16.2.9～16.2.12
		砌体	每个砌筑段	16.2.13～16.2.15	16.2.16～16.2.18
		防水层	每座桥	16.2.19	16.2.20
明桥面和桥梁附属	明桥面和桥梁附属设施	明桥面	每个施工段	18.2.1～18.2.3	18.2.4
		人行道、避车台	每座桥	18.3.1～18.3.3	18.3.4～18.3.6
		附属设施	每座桥	18.4.1～18.4.4	

表 3.2.6—2 涵洞工程分部工程、分项工程、检验批划分和检验项目

分部工程 类别	分部工程 名称	分项工程	检验批	检验项目条文号 主控项目	检验项目条文号 一般项目
地基及基础	明挖基础	换填地基	每个基坑	4.2.1~4.2.5	4.2.6
		重锤夯实	每个基坑	4.3.1~4.3.3	4.3.4、4.3.5
		强夯	每个基坑	4.4.1~4.4.4	4.4.5
		挤密桩	每个基坑	4.5.1~4.5.7	4.5.8、4.5.9
		砂桩	每个基坑	4.6.1~4.6.4	4.6.5、4.6.6
		碎石桩	每个基坑	4.7.1~4.7.4	4.7.5~4.7.7
		粉喷桩	每个基坑	4.8.1~4.8.6	4.8.7
		旋喷桩	每个基坑	4.9.1~4.9.6	4.9.7
		基坑	每个基坑	5.2.1~5.2.4	5.2.5
		模板及支架	每个安装段	5.3.1	5.3.2
		钢筋	每个安装段	5.3.3	5.3.4
		混凝土	每个浇筑段	5.3.5	5.3.6、5.3.7
		砌体	每个砌筑段	5.3.8	5.3.9、5.3.10
涵身	装配式涵洞涵身	模板及支架	每个安装段	19.2.1	19.2.2
		钢筋	每个安装段	19.2.3	19.2.4
		混凝土	每个浇筑段	19.2.5	19.2.6~19.2.8
		涵节装配	每座涵	19.2.9~19.2.11	19.2.12
		防水层	每座涵	19.2.13	19.2.14
		沉降缝	每座涵	19.2.15	19.2.16
	就地制作涵洞涵身	模板及支(拱)架	每个安装段	19.3.1	19.3.2
		钢筋	每个安装段	19.3.3	19.3.4
		混凝土	每个浇筑段	19.3.5~19.3.7	19.3.8~19.3.10
		砌体	每个砌筑段	19.3.11	19.3.12、19.3.13
		防水层	每座涵	19.3.14	19.3.15
		沉降缝	每座涵	19.3.16	19.3.17
	渡槽和倒虹吸管	模板及支架	每个安装段	19.4.1	19.4.2
		钢筋	每个安装段	19.4.3	19.4.4
		混凝土	每个浇筑段	19.4.5	19.4.6~19.4.8
		砌体	每个砌筑段	19.4.9	19.4.10
		防水层	每个渡槽(倒虹吸)	19.4.11	19.4.12
	顶进涵	模板及支架	每个安装段	19.5.1	19.5.2
		钢筋	每个安装段	19.5.3	19.5.4
		混凝土	每个浇筑段	19.5.5	19.5.6、19.5.7
		顶进	每座涵	19.5.8、19.5.9	19.5.10、19.5.11
		防水层	每座涵	19.5.12	19.5.13
		沉降缝	每座涵	19.5.14	19.5.15
端、翼墙及附属工程	端翼墙及附属工程	模板及支架	每个安装段	19.6.1	19.6.2
		钢筋	每个安装段	19.6.3	19.6.4
		混凝土	每个浇筑段	19.6.5	19.6.6、19.6.7
		砌体	每个砌筑段	19.6.8	19.6.9、19.6.10
		栏杆	每座涵	19.6.11、19.6.12	19.6.13、19.6.14

3.3　工程施工质量验收

3.3.1　检验批的质量验收应包括如下内容：

1　实物检查，按下列方式进行：

1）对原材料、构配件和设备等的检验，应按进场的批次和本标准规定的抽样检验方案执行；

2）对混凝土强度等，应按国家现行有关标准和本标准规定的抽样检验方案执行；

3）对本标准中采用计数检验的项目，应按抽查总点数的合格点率进行检查。

2　资料检查，包括原材料、构配件和设备等的质量证明文件（质量合格证、规格、型号及性能检测报告等）和检验报告、施工过程中重要工序的自检和交接检验记录、平行检验报告、见证取样检测报告和隐蔽工程验收记录等。

3.3.2　检验批合格质量应符合下列规定：

1　主控项目的质量经抽样检验全部合格；

2　一般项目的质量经抽样检验全部合格；当采用计数检验时，有允许偏差的抽查点，除有专门要求外，合格点率应达到80%及以上，且不合格点的最大偏差不得大于规定允许偏差的1.5倍；

3　具有完整的施工操作依据、质量检查记录。

3.3.3　分项工程质量验收合格应符合下列规定：

1　分项工程所含的检验批均应符合合格质量的规定；

2　分项工程所含的检验批的质量验收记录应完整。

3.3.4　分部工程质量验收合格应符合下列规定：

1　分部工程所含分项工程的质量均应验收合格；

2　质量控制资料应完整；

3　地基与基础、墩台、梁部等分部工程中有关安全及功能的检验和抽样检测结果应符合有关规定。

3.3.5　单位工程质量验收合格应符合下列规定：

1　单位工程所含分部工程的质量均应验收合格；

2　质量控制资料应完整；

3　单位工程所含分部工程有关安全和功能的检测资料应完整；

4　主要功能的抽查结果应符合有关标准规范的规定；

5　观感质量验收应符合要求。

3.3.6　当检验批质量不符合要求时，应按以下规定进行处理：

1　经返工重做的或更换构配件、设备的检验批，应重新进行验收；

2　当检验批的试块、试件强度不能满足要求时，经有资质的法定检测单位检测鉴定，能够达到设计要求的检验批，应予以验收。

3.3.7　通过返修或加固处理仍不能满足安全和使用功能要求的分部工程、单位工程，严禁验收。

3.4 工程施工质量验收的程序和组织

3.4.1 检验批应由施工单位自检合格后报监理单位，由监理工程师组织施工单位专职质量检查员等进行验收。监理单位应对全部主控项目进行检查，对一般项目的检查内容和数量可根据具体情况确定。检验批质量验收记录应按表3.4.1填写。

3.4.2 分项工程应由监理工程师组织施工单位分项工程技术负责人等进行验收，并按表3.4.2填写记录。

3.4.3 分部工程应由监理工程师组织施工单位项目负责人和技术、质量负责人等进行验收；桥梁的地基及基础、墩台和梁部等分部工程进行验收时，勘察设计单位项目负责人应参加，并按表3.4.3填写记录。

3.4.4 单位工程完工后，施工单位应自行组织有关人员进行检查评定，并向建设单位提交单位工程验收报告。

3.4.5 建设单位收到单位工程验收报告后，应由建设单位项目负责人组织施工、设计、监理单位项目负责人进行单位工程验收，并按表3.4.5—1～表3.4.5—5填写记录。

3.4.6 单位工程有分包单位施工时，分包单位应对所承担的工程项目按本标准规定的程序进行检查评定，总包单位应派人参加。分包工程完成后，应将有关工程资料移交总包单位。

3.4.7 当参加验收各方对工程施工质量验收意见不一致时，可请铁路建设行政主管部门或其委托的质量监督部门协调处理。

表3.4.1 ______检验批质量验收记录

单位工程名称				
分部工程名称				
分项工程名称			验收部位	
施工单位			项目负责人	
施工质量验收标准名称及编号				
施工质量验收标准的规定			施工单位检查评定记录	监理单位验收记录
主控项目	1			
	2			
	3			
	4			
	5			
	6			
一般项目	1			
	2			
	3			
	4			
	5			
施工单位检查评定结果			专职质量检查员 年 月 日 分项工程技术负责人 年 月 日 分项工程负责人 年 月 日	
监理单位验收结论			监理工程师 年 月 日	

表 3.4.2　________分项工程质量验收记录

<table>
<tr><td colspan="2">单位工程名称</td><td colspan="2"></td></tr>
<tr><td colspan="2">分部工程名称</td><td></td><td>检 验 批 数</td></tr>
<tr><td colspan="2">施 工 单 位</td><td></td><td>项目负责人</td></tr>
<tr><td>序 号</td><td>检验批部位</td><td>施工单位检查评定结果</td><td>监理单位验收结论</td></tr>
<tr><td>1</td><td></td><td></td><td></td></tr>
<tr><td>2</td><td></td><td></td><td></td></tr>
<tr><td>3</td><td></td><td></td><td></td></tr>
<tr><td>4</td><td></td><td></td><td></td></tr>
<tr><td>5</td><td></td><td></td><td></td></tr>
<tr><td>6</td><td></td><td></td><td></td></tr>
<tr><td>7</td><td></td><td></td><td></td></tr>
<tr><td>8</td><td></td><td></td><td></td></tr>
<tr><td>9</td><td></td><td></td><td></td></tr>
<tr><td>10</td><td></td><td></td><td></td></tr>
<tr><td>11</td><td></td><td></td><td></td></tr>
<tr><td colspan="4">说明：</td></tr>
<tr><td>施工单位
检查评定
结　　果</td><td colspan="3">分项工程技术负责人　　　　年　　月　　日</td></tr>
<tr><td>监理单位
验收结论</td><td colspan="3">监理工程师　　　　年　　月　　日</td></tr>
</table>

表 3.4.3 ________分部工程质量验收记录

<table>
<tr><td colspan="2">单位工程名称</td><td colspan="3"></td></tr>
<tr><td colspan="2">施 工 单 位</td><td colspan="3"></td></tr>
<tr><td colspan="2">项 目 负 责 人</td><td></td><td>项目技术负责人</td><td>项目质量负责人</td></tr>
<tr><td>序 号</td><td>分项工程名称</td><td>检验批数</td><td>施工单位检查评定结果</td><td>监理单位验收结论</td></tr>
<tr><td>1</td><td></td><td></td><td></td><td></td></tr>
<tr><td>2</td><td></td><td></td><td></td><td></td></tr>
<tr><td>3</td><td></td><td></td><td></td><td></td></tr>
<tr><td>4</td><td></td><td></td><td></td><td></td></tr>
<tr><td>5</td><td></td><td></td><td></td><td></td></tr>
<tr><td>6</td><td></td><td></td><td></td><td></td></tr>
<tr><td>7</td><td></td><td></td><td></td><td></td></tr>
<tr><td>8</td><td></td><td></td><td></td><td></td></tr>
<tr><td>9</td><td></td><td></td><td></td><td></td></tr>
<tr><td>10</td><td></td><td></td><td></td><td></td></tr>
<tr><td colspan="3">质量控制资料</td><td></td><td></td></tr>
<tr><td colspan="3">安全和功能检验(检测)报告</td><td></td><td></td></tr>
<tr><td rowspan="3">验收单位</td><td>施工单位</td><td colspan="3">项目负责人 年 月 日</td></tr>
<tr><td>勘察设计单位</td><td colspan="3">项目负责人 年 月 日</td></tr>
<tr><td>监理单位</td><td colspan="3">总监理工程师 年 月 日</td></tr>
</table>

注:1 勘察设计单位参加桥梁的地基及基础和特殊结构的墩台、梁部等分部工程验收;
2 质量控制资料核查、安全和功能抽查项目应按表 3.4.5—2 和表 3.4.5—3 确定。

表 3.4.5—1 单位工程质量验收记录

<table>
<tr><td colspan="2">单位工程名称</td><td colspan="4"></td></tr>
<tr><td colspan="2">开 工 日 期</td><td></td><td colspan="2">竣工日期</td><td></td></tr>
<tr><td colspan="2">施 工 单 位</td><td colspan="4"></td></tr>
<tr><td colspan="2">项 目 负 责 人</td><td>项目技术负责人</td><td></td><td>项目质量负责人</td><td></td></tr>
<tr><td>序 号</td><td>项 目</td><td colspan="3">验 收 记 录</td><td>验收结论</td></tr>
<tr><td>1</td><td>分部工程</td><td colspan="3">共 分部
经查,符合标准规定及设计要求 分部</td><td></td></tr>
<tr><td>2</td><td>质量控制资料核查</td><td colspan="3">共 项
经查,符合要求 项
不符合要求 项</td><td></td></tr>
<tr><td>3</td><td>安全和主要使用功能核查及抽查结果</td><td colspan="3">共核查、抽查 项
符合要求 项
不符合要求 项</td><td></td></tr>
<tr><td>4</td><td>观感质量验收</td><td colspan="3">共检查 项
评定与合格的 项
评定为差的 项</td><td></td></tr>
<tr><td>5</td><td>综合验收结论</td><td colspan="4"></td></tr>
<tr><td rowspan="2">验
收
单
位</td><td>施工单位</td><td>监理单位</td><td colspan="2">勘察设计单位</td><td>建设单位</td></tr>
<tr><td>(公章)
单位负责人
年 月 日</td><td>(公章)
总监理工程师
年 月 日</td><td colspan="2">(公章)
项目负责人
年 月 日</td><td>(公章)
项目负责人
年 月 日</td></tr>
</table>

表 3.4.5—2 单位工程质量控制资料核查记录

单位工程名称				
施 工 单 位				
序 号	资 料 名 称	份数	核查意见	核查人
1	图纸会审、设计变更、洽商记录			
2	工程定位测量、放线记录			
3	原材料出厂合格证及进场检(试)验报告			
4	施工试验报告			
5	成品及半成品出厂合格证或试验报告			
6	隐蔽工程验收记录			
7	施工记录			
8	工程质量事故及事故调查处理资料			
9	施工现场质量管理检查记录			
10	分项、分部工程质量验收记录			
11	新材料、新工艺施工记录			
12				
13				
14				
结论: 施工单位项目负责人　　　　总监理工程师 年　月　日　　　　年　月　日				

注:核查人为验收组的监理单位人员。

表 3.4.5—3 单位工程安全和功能检验资料核查及主要功能抽查记录

单位工程名称				
施 工 单 位				
序号	核查、抽查项目	份数	核查、抽查意见	核查、抽查人
1	地基承载力试验记录			
2	桩基无损检测记录			
3	桩的钻芯取样检测记录			
4	墩台、梁部同条件养护试件抗压强度试验记录			
5	斜拉索张拉力振动频率试验记录			
6	桥梁的动、静载试验记录			
7	桥涵竣工测量资料			
8	渡槽和倒虹吸通水试验记录			
9				
10				
11				
12				

结论：

施工单位项目负责人　　　　总监理工程师　　　　建设单位项目负责人

年　月　日　　　　年　月　日　　　　年　月　日

注：1 核查、抽查项目由验收组协商确定；

2 核查、抽查人为验收组的监理单位人员。

表 3.4.5—4 桥梁单位工程观感质量检查记录

单位工程名称				
施 工 单 位				
序号	项 目 名 称	质量状况	质量评定	
			合格	差
1	墩、台、塔			
2	混凝土梁			
3	钢梁涂装			
4	明桥面			
5	拱部			
6	斜腿刚构			
7	斜拉索			
8	检查设施			
9	人行道和避车台			
10	锥体护砌			
11				
12				
检查结论： 施工单位项目负责人 总监理工程师 建设单位项目负责人 年 月 日 年 月 日 年 月 日				

注：观感质量评定为"差"的项目应返修。

表 3.4.5—5　涵洞单位工程观感质量检查记录

单位工程名称				
施 工 单 位				
序号	项 目 名 称	质量状况	质量评定	
			合格	差
1	涵身			
2	沉降缝			
3	端翼墙			
4	锥体及出入口铺砌			
5	栏杆			
6				
7				
8				
9				
10				
检查结论： 施工单位项目负责人　　年　月　日　　总监理工程师　　年　月　日　　建设单位项目负责人　　年　月　日				

注：观感质量评定为“差”的项目应返修。

4 地 基 处 理

4.1 一 般 规 定

4.1.1 地基处理应在正式施工前进行试夯、试桩，以确定施工参数及验证地基处理效果，并应由勘察设计单位现场确认。试夯、试桩资料应完整。

4.1.2 换填地基施工中填料比例应准确、搅拌均匀，分层填筑、分层压实。

4.1.3 从事地基基础工程检测及试验的单位，必须具备省（部）级建设行政主管部门颁发的资质证书和计量行政主管部门颁发的计量认证合格证书。

4.1.4 当施工过程中发现地质情况与设计不符或出现异常情况时，应停止施工，由监理或建设单位组织勘察设计、施工单位共同分析情况，消除质量隐患，并应形成文件资料。

4.2 换 填 地 基

主 控 项 目

4.2.1 换填地基所用材料必须符合下列规定：

1 换填用砂应为中、粗砂，有机质和含泥量均不得大于5%；

2 碎石粒径不得大于100 mm，含泥量不得大于5%；

3 石灰等级不得小于Ⅲ级。

检验数量：砂和碎石同产地、同品种、同规格以连续进场数量每400 m^3 为一批，不足400 m^3 也按一批计；石灰同产地、同品种、同规格每200 t为一批，不足200 t也按一批计。施工单位、监理单位每批均检查。

检验方法：施工单位对砂、碎石进行筛分试验、含泥量和有机质含量试验，对石灰进行未消解残渣含量试验；监理单位检查试验报告。

4.2.2 换填范围必须符合设计要求。

检验数量：施工单位、监理单位全部检查。

检验方法：测量。

4.2.3 填料比例必须符合设计要求。

检验数量：施工单位、监理单位全部检查。

检验方法：观察和计量检查。

4.2.4 填筑和压实工艺必须符合设计和施工技术方案的要求。

检验数量：施工单位、监理单位全部检查。

检验方法：观察和尺量。

4.2.5 压实密度必须符合设计要求。

检验数量：施工单位每层每100 m^2 检查不少于5处；监理单位见证检测每层检查不少于1处。

检验方法:施工单位采用湿度密度仪、注水法或灌砂法检测;监理单位见证检测。

一般项目

4.2.6 换填地基底部和顶部高程允许偏差为±50 mm。

检验数量:施工单位对每个换填基坑底部和顶部检查各不少于5处。

检验方法:测量。

4.3 重锤夯实

主控项目

4.3.1 重锤夯实处理范围必须符合设计要求。

检验数量:施工单位、监理单位全部检查。

检验方法:测量。

4.3.2 重锤夯实施工必须符合设计和施工技术方案的要求。

检验数量:施工单位、监理单位全部检查。

检验方法:观察和尺量。

4.3.3 重锤夯实地基密实度必须符合设计要求。

检验数量:施工单位每个基坑不少于5处;监理单位不少于3处。

检验方法:施工单位进行标准贯入或环刀取土试验;监理单位见证检测。

一般项目

4.3.4 重锤夯实最终总下沉量应大于试夯时总下沉量的90%。

检验数量:施工单位每个基坑不少于5处。

检验方法:测量。

4.3.5 重锤夯实允许偏差和检验方法应符合表4.3.5的规定。

检验数量:施工单位每个基坑不少于5处。

表4.3.5 重锤夯实允许偏差和检验方法

序号	项目	允许偏差(mm)	检查方法
1	顶面平整度	50	2 m靠尺检查
2	夯点间距	±0.1 d	尺量

注:d为夯锤直径,单位为mm。

4.4 强夯

主控项目

4.4.1 强夯处理范围必须符合设计要求。

检验数量:施工单位、监理单位全部检查。

检验方法:测量。

4.4.2 夯击点布置必须符合施工技术方案的要求。

检验数量:施工单位、监理单位全部检查。

检验方法:观察和尺量。

4.4.3 强夯施工必须符合设计和施工技术方案的要求。

检验数量:施工单位、监理单位全部检查。

检验方法:观察和尺量。

4.4.4 强夯加固地基的承载力和有效加固深度必须符合设计要求。

检验数量:施工单位每个基坑不少于5处;监理单位见证检测不少于1处。

检验方法:施工单位进行标准贯入试验或静(动)力触探检测;监理单位见证检测。

一 般 项 目

4.4.5 强夯施工允许偏差和检验方法应符合表4.4.5的规定。

检验数量:施工单位每个基坑不少于5处。

表4.4.5 强夯施工允许偏差和检验方法

序　号	项　目	允许偏差(mm)	检 查 方 法
1	顶面平整度	50	2 m靠尺检查
2	夯点间距	±500	尺量

4.5 挤 密 桩

主 控 项 目

4.5.1 石灰质量必须符合设计要求。设计无要求时,石灰中CaO含量不低于80%,粒径小于5 mm,夹石量不大于5%。

检验数量:同厂家、同产地以连续进场数量每200 t为一批,不足200 t也按一批计。施工单位每批检查一次;监理单位按施工单位抽检次数的10%分别进行平行检验和见证检验,均不少于一次。

检验方法:施工单位检查产品合格证和进行石灰材质试验;监理单位检查产品合格证、试验报告和见证取样检测。

4.5.2 水泥质量必须符合铁道部现行《铁路混凝土与砌体工程施工质量验收标准》(TB 10424—2003)第6.2.1条的规定。

4.5.3 桩的数量、类型和布置形式必须符合设计要求。

检验数量:施工单位、监理单位全部检查。

检验方法:观察和尺量。

4.5.4 填料的配合比例必须符合设计要求。

检验数量:施工单位、监理单位全部检查。

检验方法:检查配料计量。

4.5.5 挤密桩施工必须符合设计和施工技术方案的要求。

检验数量:施工单位、监理单位全部检查。

检验方法:观察和尺量。

4.5.6 桩的夯实密度必须符合设计要求。

检验数量：施工单位检查桩数的 2%，并不少于 5 根；监理单位见证检测不少于 1 根。

检验方法：施工单位进行深层取样或标准贯入检测；监理单位检查试验报告和见证检测。

4.5.7　地基承载力必须符合设计要求。

检验数量：施工单位检查总桩数的 2‰，且每基坑不少于 1 处；监理单位全部见证检测。

检验方法：平板载荷试验。

一 般 项 目

4.5.8　挤密灰土桩中土的有机质含量不应大于 5%。

检验数量：施工单位每一土源均检查。

检验方法：焙烧法试验。

4.5.9　挤密桩施工允许偏差和检验方法应符合表 4.5.9 的规定。

检验数量：施工单位检查桩孔数量的 2%，并不少于 5 根。

表 4.5.9　挤密桩施工允许偏差和检验方法

序　号	成孔方法	允 许 偏 差				检验方法
		孔位（mm）	垂直度（%）	桩径（mm）	深度（mm）	
1	沉管法	50	1.5	−20	+100 0	尺量
2	锤击法	50	1.5	+100 −50	+300 0	

4.6　砂　桩

主 控 项 目

4.6.1　砂的质量必须符合设计要求，当设计无要求时，应为中、粗砂，含泥量不得大于 3%，有机质含量不得大于 5%。

检验数量：同产地、同品种、同规格以连续进场数量每 400 m^3 为一批，不足 400 m^3 也按一批计。施工单位每批均检查；监理单位按施工单位抽检次数的 10% 分别进行平行检验和见证检验，均不少于一次。

检验方法：施工单位进行筛分试验、含泥量和有机质含量试验；监理单位检查试验报告。

4.6.2　砂桩的范围、数量和布置型式必须符合设计要求。

检验数量：施工单位、监理单位全部检查。

检验方法：观察和尺量。

4.6.3　砂桩施工必须符合设计和施工技术方案的要求。

检验数量：施工单位、监理单位全部检查。

检验方法：观察和尺量。

4.6.4　地基承载力必须符合设计要求。

检验数量：施工单位检查总桩数的 2‰，且每基坑不少于 1 处；监理单位全部见证检测。

检验方法:平板载荷试验。

一 般 项 目

4.6.5 桩身灌砂量不小于设计值的95%。

检验数量:施工单位检查桩数的2%,并不少于5根。

检验方法:计量检查。

4.6.6 砂桩施工允许偏差和检验方法应符合表4.6.6的规定。

检验数量:施工单位检查桩孔数的2%,并不少于5根。

表4.6.6 砂桩施工允许偏差和检验方法

序号	项目	允许偏差	检验方法
1	桩位	50 mm	尺量或测量
2	垂直度	1.5%	
3	桩径	挤密法:-20 mm 锤击法: $^{+100}_{-50}$ mm	
4	桩长	$^{+150}_{0}$ mm	
5	桩顶高程	±150 mm	

4.7 碎石桩

主 控 项 目

4.7.1 碎石质量必须符合设计要求。当设计无要求时,粒径不得大于50 mm,含泥量不大于5%。

检验数量:同产地、同品种、同规格以连续进场数量每400 m^3为一批,不足400 m^3也按一批计。施工单位每批均检查;监理单位按施工单位抽检次数的10%分别进行平行检验和见证检验,均不少于一次。

检验方法:施工单位进行筛分试验和含泥量试验;监理单位检查试验报告。

4.7.2 碎石桩的范围、数量和布置型式必须符合设计要求。

检验数量:施工单位、监理单位全部检查。

检验方法:观察和尺量。

4.7.3 碎石桩施工必须符合设计和施工技术方案的要求。

检验数量:施工单位、监理单位全部检查。

检验方法:观察和尺量。

4.7.4 地基承载力必须符合设计要求。

检验数量:施工单位检查总桩数的2‰,且每基坑不少于1处;监理单位全部见证检测。

检验方法:平板载荷试验。

一 般 项 目

4.7.5 施工中密实电流、水压和留振时间等参数应符合试桩要求。

检验数量：施工单位检查桩孔数的 2%，并不少于 5 根。

检验方法：观察和检查施工记录。

4.7.6 填石量不应小于设计量的 95%。

检验数量：施工单位检查桩孔数的 2%，并不少于 5 根。

检验方法：计量检查。

4.7.7 碎石桩施工允许偏差和检验方法应符合表 4.7.7 的规定。

检验数量：施工单位检查桩孔数的 2%，并不小于 5 根。

表 4.7.7　碎石桩施工允许偏差和检验方法

序　号	项　目	允 许 偏 差	检 验 方 法
1	桩　位	100 mm	测量或尺量检查
2	垂直度	1.5%	
3	桩　径	−50 mm	
4	桩　长	$^{+200}_{\ \ 0}$ mm	

4.8 粉 喷 桩

主 控 项 目

4.8.1 水泥质量必须符合铁道部现行《铁路混凝土与砌体工程施工质量验收标准》(TB 10424—2003)第 6.2.1 条的规定。

4.8.2 石灰粉应为细磨生石灰，粒径不大于 0.2 mm，CaO 含量不小于 80%。

检验数量：同厂家、同产地以连续进场数量每 200 t 为一批，不足 200 t 也按一批计。施工单位每批均检查一次；监理单位按施工单位抽检次数的 10% 分别进行平行检验和见证检验，均不少于一次。

检验方法：施工单位检查产品合格证，进行石灰材质试验；监理单位检查产品合格证、试验报告和见证取样检测。

4.8.3 粉喷桩的范围、类型、数量和布置形式必须符合设计要求。

检验数量：施工单位、监理单位全部检查；

检验方法：观察和尺量。

4.8.4 粉喷桩的施工必须符合设计和施工技术方案的要求。

检验数量：施工单位、监理单位全部检查。

检验方法：观察和尺量。

4.8.5 粉喷桩桩身无侧限抗压强度必须符合设计要求。

检验数量：施工单位检查桩数的 2%，并不少于 5 根。每根在成桩 28 d 后取 3 个试样(桩顶以下 0.5 m、1.0 m、1.5 m 各截取 1 个；也可在桩径方向 1/4 处、桩头至 2/3 桩长范围内垂直钻芯取 3 个)；监理单位按施工单位抽检次数的 10% 进行见证检验，且不少于 1 根。

检验方法：施工单位做无侧限抗压强度试验；监理单位检查试验报告和见证取样检测。

4.8.6 地基承载力必须符合设计要求。

检验数量:施工单位检查总桩数的2‰,且每基抗不少于1处;监理单位全部见证检测。

检验方法:平板载荷试验。

一般项目

4.8.7 粉喷桩施工允许偏差和检验方法应符合表4.8.7的规定。

检验数量:施工单位检查桩孔数的2%,并不少于5根。

表4.8.7 粉喷桩施工允许偏差和检验方法

序号	项目	允许偏差	检验方法
1	桩距	100 mm	尺量
2	桩径	-20 mm	
3	桩长	$^{+200}_{0}$ mm	测量
4	垂直度	1.5%	
5	粉喷量	8%	检查计量记录
6	桩顶高程	$^{+150}_{-50}$ mm	测量

4.9 旋喷桩

主控项目

4.9.1 水泥质量必须符合铁道部现行《铁路混凝土与砌体工程施工质量验收标准》(TB 10424—2003)第6.2.1条的规定。

4.9.2 旋喷桩的布置范围、数量和形式必须符合设计要求。

检验数量:施工单位、监理单位全部检查。

检验方法:观察和尺量。

4.9.3 水泥浆配合比例必须符合设计要求。

检验数量:施工单位、监理单位全部检查。

检验方法:计量检查。

4.9.4 旋喷桩的施工必须符合设计和施工技术方案的要求。

检验数量:施工单位、监理单位全部检查。

检验方法:观察和尺量。

4.9.5 桩身无侧限坑压强度必须符合设计要求。

检验数量:施工单位检查桩数的2%,并不少于5根,每根桩在成桩28 d后取3个试样(在桩径方向1/4处、桩头至桩长2/3长范围内垂直钻芯);监理单位按施工单位抽检次数的10%进行见证检验,且不少于1根。

检验方法:施工单位做无侧限抗压强度试验;监理单位检查试验报告和见证取样检测。

4.9.6 地基承载力必须符合设计要求。

检验数量:施工单位检查总桩数的2‰,且每基抗不少于1处;监理单位全部见证检测。

检验方法:平板载荷试验。

一般项目

4.9.7　旋喷桩施工允许偏差和检验方法应符合表 4.9.7 的规定。

检验数量:施工单位检查桩孔数的 2%,并不少于 5 根。

表 4.9.7　旋喷桩施工允许偏差和检验方法

序　号	项　目	允 许 偏 差	检 验 方 法
1	桩位中心	50 mm	测　量
2	桩　径	-50 mm	
3	桩　长	$^{+100}_{0}$ mm	
4	桩体垂直度	1.5%	

5 明挖基础

5.1 一般规定

5.1.1 模板及支架、钢筋、混凝土和砌体的施工应符合铁道部现行《铁路混凝土与砌体工程施工质量验收标准》(TB 10424—2003)第4.1节、第5.1节、第6.1节和第8.1节的有关规定。

5.1.2 基坑开挖前应按地质、水文资料和环保要求,结合现场情况,制定施工方案,确定开挖范围、开挖坡度、支护方案、弃土位置和防、排水等措施。

5.1.3 基坑土方施工应对支护结构、周围环境进行观察和监测,当发现异常情况时应停止施工及时处理,待恢复正常后方可继续施工。

5.1.4 当基础底面处于软硬不匀地层时,应由勘察设计部门提出处理方案。

5.1.5 基底处理应符合下列规定:

1 岩层基底应清除岩面松碎石块、淤泥、苔藓,凿出新鲜岩面,表面应清洗干净,应将倾斜岩面凿平或凿成台阶;

2 碎石类土及砂类土层基底承重面应修理平整,黏性土层基底整修时,应在天然状态下铲平,不得用回填土夯平;

3 砌筑基础时,应在基础底面先铺一层5~10 cm水泥砂浆。

5.1.6 基础浇、砌筑应在无水情况下施工,混凝土和砌体砂浆终凝前不得浸水。

5.2 基坑

主控项目

5.2.1 基坑平面位置、坑底尺寸必须满足设计和施工工艺设计要求。

检验数量:施工单位、监理单位全部检查。

检验方法:观察和尺量。

5.2.2 基坑开挖方式和支护形式必须符合施工工艺设计要求。

检验数量:施工单位、监理单位全部检查。

检验方法:观察。

5.2.3 基底地质条件必须满足设计要求。

检验数量:施工单位和监理单位对桥梁和涵洞地基全部检查;勘察设计单位对桥梁地基全部进行现场确认。

检验方法:施工单位观察或进行标准贯入、触探仪检测;监理单位观察和见证检测。

5.2.4 基坑回填填料应符合设计要求,夯实应符合规定。

检验数量:施工单位、监理单位全部检查。

检验方法:观察。

一般项目

5.2.5 基底高程的允许偏差和检验方法应符合表5.2.5的规定。

检验数量：施工单位对每个基坑检查不少于5处。

表5.2.5 基底高程的允许偏差和检验方法

序号	地质类别	允许偏差(mm)	检验方法
1	土	±50	测量检查
2	石	+50 −200	

5.3 混凝土或砌体基础

(Ⅰ)模板与支架

主控项目

5.3.1 **模板及支架安装的检验必须符合铁道部现行《铁路混凝土与砌体工程施工质量验收标准》(TB 10424—2003)第4.2.1条和第4.2.2条的规定。**

一般项目

5.3.2 模板及支架安装和拆除的检验应符合铁道部现行《铁路混凝土与砌体工程施工质量验收标准》(TB 10424—2003)第4.2.3条、第4.2.4条和第4.3.2条的规定。

(Ⅱ)钢筋

主控项目

5.3.3 钢筋原材料、加工、连接和安装的检验必须符合铁道部现行《铁路混凝土与砌体工程施工质量验收标准》(TB 10424—2003)第5.2.1条、第5.3.1条、第5.4.1条、第5.4.2条和第5.5.1条的规定。

一般项目

5.3.4 钢筋原材料、加工、连接和安装的检验应符合铁道部现行《铁路混凝土与砌体工程施工质量验收标准》(TB 10424—2003)第5.2.2条、第5.3.2条、第5.4.3条和第5.5.2条的规定。

(Ⅲ)混凝土

主控项目

5.3.5 混凝土原材料、配合比设计和施工的检验必须符合铁道部现行《铁路混凝土与砌体工程施工质量验收标准》(TB 10424—2003)第6.2.1~6.2.6条、第6.3.1条、第6.3.2条、第6.4.1~第6.4.3条的规定。

一般项目

5.3.6 混凝土施工和表面质量的检验应符合铁道部现行《铁路混凝土与砌体工程施工质量验收标准》(TB 10424—2003)第6.4.4~第6.4.8条的规定。

5.3.7 基础施工的允许偏差和检验方法应符合表5.3.7的规定。

表5.3.7 基础施工的允许偏差和检验方法

序号	项目	允许偏差(mm)	检验方法
1	基础前后、左右边缘距设计中心线	±50	测量检查每边不少于2处
2	基础顶面高程	±30	测量检查不少于5处

检验数量:施工单位全部检查。

(Ⅳ)砌体

主控项目

5.3.8 砌体原材料和砌筑的检验必须符合铁道部现行《铁路混凝土与砌体工程施工质量验收标准》(TB 10424—2003)第8.2.1~第8.2.5条和第8.3.1~第8.3.6条的规定。

一般项目

5.3.9 砌体砌筑的检验应符合铁道部现行《铁路混凝土与砌体工程施工质量验收标准》(TB 10424—2003)第8.3.7条的规定。

5.3.10 砌体基础的允许偏差和检验方法应符合第5.3.7条的规定。

6 桩 基 础

6.1 一 般 规 定

6.1.1 模板及支架、钢筋、混凝土和预应力的施工应符合铁道部现行《铁路混凝土与砌体工程施工质量验收标准》(TB 10424—2003)第 4.1 节、第 5.1 节、第 6.1 节和第 7.1 节的有关规定。

6.1.2 水下混凝土的施工应符合铁道部现行《铁路混凝土与砌体工程施工质量验收标准》(TB 10424—2003)第 9.3.1 ~ 第 9.3.3 条的规定。

6.1.3 桩基础施工应根据环保要求,结合现场情况,编制实施性施工组织设计和施工工艺细则。

6.1.4 混凝土桩(管柱)的起吊、堆放和运输必须符合施工工艺设计要求。

6.1.5 沉入桩、钻孔桩应按有关规定和设计要求进行试桩,以确定施工工艺参数和检验桩的承载力,并应具有完整的试桩资料。

6.1.6 对发生"假极限"、"极入"、上浮、下沉现象和射水沉桩必须进行复打。

6.1.7 从事桩基工程检测及试验的单位,必须具备省(部)级建设行政主管部门颁发的资质证书。

6.2 钢 围 堰

主 控 项 目

6.2.1 钢板桩围堰、双壁钢围堰和吊箱围堰所用材料和围堰的刚度、强度及结构稳定性必须符合施工工艺设计要求。

检验数量:施工单位、监理单位全部检查。

检验方法:施工单位检查原材料的出厂合格证和施工工艺设计资料;监理单位对施工工艺设计资料进行审查。

6.2.2 钢板桩围堰必须符合下列规定:

1 桩尖高程符合设计要求;

2 经过整修或焊接的钢板桩应做锁口通过试验;

3 钢板桩接长时,应采取等强度焊接接长,相邻钢板桩接头上下错开 2 m 以上。

检验数量:施工单位、监理单位全部检查。

检验方法:观察、测量和检查施工记录。

6.2.3 双壁钢围堰必须符合下列规定:

1 围堰底面平均高程符合设计要求;

2 内外壁板及隔舱板的焊缝,应进行渗透试验;

3 上下隔舱板对齐,各相邻水平环形板对齐,上下竖向肋角必须与水平环形板焊牢。

检验数量:施工单位、监理单位全部检查。

检验方法:施工单位测量、观察和进行渗透试验;监理单位观察和检查测量、试验记录。

6.2.4 吊箱围堰必须符合下列规定:

1 箱体高程符合设计要求;

2 围堰支撑体系应满足吊装整体钢围堰和浇筑封底、承台混凝土整体受力要求;

3 吊箱围堰底板、边板和封板的接缝,应有可靠的防漏水措施。

检验数量:施工单位、监理单位全部检查。

检验方法:施工单位观察和测量;监理单位观察和检查测量记录。

一般项目

6.2.5 钢板桩插打和就位质量应符合下列规定:

1 合龙时楔形桩上下口宽度差不应大于桩长2%;

2 到达设计高程后的倾斜度不应大于1%。

检验数量:施工单位全部检查。

检验方法:测量检查。

6.2.6 双壁钢围堰拼装和就位质量应符合下列规定:

1 双壁钢围堰拼装允许偏差和检验方法应符合表6.2.6—1的规定。

表6.2.6—1 双壁钢围堰拼装允许偏差和检验方法

序号	项目		允许偏差	检验方法
1	井箱平面直径		$\pm d/800$	尺量检查不少于5处
2	顶平面相对高差	井箱相邻点高差	10 mm	尺量检查
		全节围堰最大高差	20 mm	

注:d为直径,单位为mm。

检验数量:施工单位全部检查。

2 双壁钢围堰就位允许偏差和检验方法应符合表6.2.6—2的规定。

表6.2.6—2 双壁钢围堰就位允许偏差和检验方法

序号	项目	允许偏差	检验方法
1	围堰倾斜度	1/50	测量检查
2	围堰顶、底面中心位置	$h/50+250$ mm	
3	平面扭角	2°	

注:h为围堰高度,单位为mm。

检验数量:施工单位全部检查。

6.2.7 吊箱围堰拼装及就位允许偏差和检验方法应符合表6.2.7的规定。

表6.2.7 吊箱围堰拼装及就位允许偏差和检验方法

序号	项目		允许偏差	检验方法
1	内侧平面尺寸	长、宽	长、宽的1/700	尺量检查每边不小于2处
		对角线	对角线的1/500	尺量上、下口
2	围堰中线扭角		1°	测量检查
3	围堰倾斜度		箱体高的1/50	
4	围堰做承台外模时,轴线偏位		15 mm	

检验数量:施工单位全部检查。

6.3 沉入桩的制作

（Ⅰ）模板及支架

主 控 项 目

6.3.1 模板及支架安装的检验必须符合铁道部现行《铁路混凝土与砌体工程施工质量验收标准》（TB 10424—2003）第4.2.1条和第4.2.2条的规定。

一 般 项 目

6.3.2 模板及支架安装和拆除的检验应符合铁道部现行《铁路混凝土与砌体工程施工质量验收标准》（TB 10424—2003）第4.2.3条、第4.2.4条和第4.3.2条的规定。

（Ⅱ）钢 筋

主 控 项 目

6.3.3 钢筋原材料、加工、连接和安装的检验必须符合铁道部现行《铁路混凝土与砌体工程施工质量验收标准》（TB 10424—2003）第5.2.1条、第5.3.1条、第5.4.1条、第5.4.2条和第5.5.1条的规定。

一 般 项 目

6.3.4 钢筋原材料、加工和连接的检验应符合铁道部现行《铁路混凝土与砌体工程施工质量验收标准》（TB 10424—2003）第5.2.2条、第5.3.2条和第5.4.3条的规定。

6.3.5 桩的钢筋骨架允许偏差和检验方法应符合表6.3.5的规定。

表6.3.5 桩的钢筋骨架允许偏差和检验方法

序 号	项 目	允许偏差（mm）	检 验 方 法
1	主筋间距	±5	尺量检查不少于5处
2	箍筋间距或螺旋筋的螺距	±10	
3	钢筋保护层	$^{+5}_{-2}$	
4	吊环对桩中轴线的位置	±20	尺量或拉线尺量检查
5	吊环沿垂直于轴线方向的位置	±20	
6	吊环露出桩表面的高度	±10	
7	主筋顶端与桩顶净距	±5	
8	桩顶钢筋网片的位置	±5	
9	桩尖对中轴线的位置	±10	

检验数量：施工单位每20根（节）检查不少于1根。

（Ⅲ）混 凝 土

主 控 项 目

6.3.6 混凝土原材料、配合比设计和施工的检验必须符合铁道部现行《铁路混凝土与砌体工程施工质量验收标准》(TB 10424—2003)第6.2.1～第6.2.2条、第6.3.1条、第6.3.2条和第6.4.1～第6.4.3条的规定。

6.3.7 桩的混凝土表面质量必须符合下列规定:

1 桩的棱角破损深度应在10 mm以内,其总长度不大于40 cm;

2 预应力混凝土桩不得有裂缝(表面收缩裂缝除外);

3 普通混凝土桩允许有表面裂缝,其横向裂缝深度不大于7 mm,裂缝宽度不大于0.2 mm;

4 横向裂缝长度:方桩不大于边长1/3,管桩及多角形桩不大于直径或对角线的1/3;

5 纵向裂缝长度:方桩不大于边长的1.5倍,管桩及多角形桩不大于直径或对角线的1.5倍。

检验数量:施工单位、监理单位全部检查。

检验方法:观察、尺量或用刻度放大镜检查。

一般项目

6.3.8 混凝土施工的检验应符合铁道部现行《铁路混凝土与砌体工程施工质量验收标准》(TB 10424—2003)第6.4.4～第6.4.6条的规定。

6.3.9 桩身外形尺寸的允许偏差和检验方法应符合表6.3.9的规定。

表6.3.9 桩身外形尺寸的允许偏差和检验方法

序号	项目			允许偏差	检验方法
1	实心方桩	(1)横截面边长		±5 mm	尺量检查不少于5处
		(2)桩顶对角线		±10 mm	
		(3)桩尖对中轴线的位移		10 mm	拉线尺量检查
		(4)桩身	弯曲矢高	20 mm	
			矢高与桩长比	1‰	
		(5)桩顶平面对桩纵轴线的倾斜		3 mm	角尺和拉线尺量检查
		(6)中节桩两接触面对桩纵轴线的倾斜之和		3 mm	
2	空心管桩	(1)直径		±5 mm	尺量检查不少于5处
		(2)壁厚		-5 mm	
		(3)抽芯圆孔平面位置对桩中轴线的位移		5 mm	
		(4)桩尖对桩纵轴线的位移		10 mm	拉线尺量检查
		(5)桩身	弯曲矢高	20 mm	
			矢高与桩长比	1‰	
		(6)法兰盘对桩纵轴线垂直度		4 mm	角尺和拉线尺量检查

检验数量:施工单位每20根(节)检查不少于1根。

(Ⅳ)预 应 力

主控项目

6.3.10 预应力施工原材料、预应力筋制作和安装、张拉或放张和封端的检验必须符合铁道部现行《铁路混凝土与砌体工程施工质量验收标准》(TB 10424—2003)第7.2.1条、第7.2.2条、第7.2.5条、第7.3.1条、第7.3.2条、第7.4.1~7.4.5条和第7.5.3条的规定。

一 般 项 目

6.3.11　预应力筋的制作与安装、张拉或放张和封端的检验应符合铁道部现行《铁路混凝土与砌体工程施工质量验收标准》(TB 10424—2003)第7.3.4条、第7.3.6条、第7.4.6条和第7.5.4条的规定。

6.4　沉入桩的下沉

主 控 项 目

6.4.1　沉桩前必须对桩的质量进行验收,其质量和规格必须符合设计要求。

检验数量:施工单位、监理单位全部检查;

检验方法:检查出厂合格证、验收记录和观察。

6.4.2　沉入桩下沉必须符合施工工艺设计要求。桩的入土深度和最终贯入度必须符合设计要求。

检验数量:施工单位、监理单位全部检查。

检验方法:施工单位观察、测量并填写沉桩记录;监理单位对最终沉桩进行旁站并检查沉桩记录。

6.4.3　桩承载力试验必须符合设计要求。

检验数量:施工单位、监理单位按设计要求数量检验;勘察设计单位现场确认。

检验方法:施工单位进行静载试验;监理单位见证试验。

6.4.4　桩顶高程和桩头处理必须符合设计要求。

检验数量:施工单位、监理单位全部检查。

检验方法:测量检查和观察。

一 般 项 目

6.4.5　接桩应符合设计要求,当混凝土桩用法兰盘拼接时,应连接牢固,防锈处理符合设计要求。

检验数量:施工单位全部检查。

检验方法:观察。

6.4.6　沉桩桩位的允许偏差和检验方法应符合表6.4.6的规定。

表6.4.6　沉桩桩位的允许偏差和检验方法

序号	项目			允许偏差	检验方法
1	桩位	群桩	中间桩	$d/2$ 且不大于250 mm	测量或尺量检查
			外缘桩	$d/4$	
		排架桩	顺桥方向	100 mm	
			横桥方向	150 mm	
2	倾斜度	直　桩		1%	吊线和尺量检查
		斜　桩		15% $\tan\theta$	

注:1　d 为桩径或短边,单位为mm;

2　θ 为斜桩轴线与竖直线间的夹角。

检验数量:施工单位全部检查。

6.5 钻孔桩和挖孔桩

(Ⅰ)钻 孔

主 控 项 目

6.5.1 钻孔达到设计深度后,必须核实地质情况。

检验数量:施工单位、监理单位全部检查;勘察设计单位现场确认。

检验方法:检查施工记录、观察。

6.5.2 孔径、孔深和孔型必须符合设计要求。

检验数量:施工单位、监理单位全部检查。

检验方法:测量检查和用检孔器或成孔检测仪器检查。

一 般 项 目

6.5.3 钻孔桩护筒应坚实不漏水,护筒埋深应符合施工工艺设计要求。

检验数量:施工单位全部检查。

检验方法:观察和测量检查。

6.5.4 泥浆指标应根据钻孔机具、地质条件确定。对制备的泥浆应试验全部性能指标,钻进时应随时检查泥浆比重和含砂率。

检验数量:施工单位全部检查。

检验方法:检查泥浆试验记录、进行泥浆比重和含砂率试验。

6.5.5 浇筑水下混凝土前应清底,桩底沉渣允许厚度为:磨擦桩不应大于300 mm,柱桩不应大于100 mm。

检验数量:施工单位全部检查。

检验方法:测量并填写记录。

6.5.6 钻孔桩钻孔允许偏差和检验方法应符合表6.5.6的规定。

表6.5.6 钻孔桩钻孔允许偏差和检验方法

序号	项目		允许偏差	检验方法
1	护筒	预面位置	50 mm	测量检查
		倾斜度	1%	
2	孔位中心	群桩	100 mm	
		单排桩	50 mm	
3	倾斜度		1%	

检验数量:施工单位全部检查。

(Ⅱ)挖 孔

主 控 项 目

6.5.7 挖孔桩的开挖顺序和防护措施必须符合设计和施工技术方案的要求。

检验数量:施工单位、监理单位全部检查。

检验方法:观察。

6.5.8 挖孔达到设计深度后,必须核实地质情况。

检验数量:施工单位、监理单位全部检查;勘察设计单位现场确认。

检验方法:检查施工记录、观察。

6.5.9 孔底应平整,无松渣、淤泥、沉淀或扰动过的软层。孔径、孔深和孔型必须符合设计要求。

检验数量:施工单位、监理单位全部检查。

检验方法:观察和测量。

一 般 项 目

6.5.10 挖孔桩挖孔允许偏差和检验方法应符合表 6.5.10 的规定。

表 6.5.10 挖孔桩挖孔允许偏差和检验方法

序 号	项 目	允 许 偏 差	检 验 方 法
1	孔位中心	50 mm	测量检查
2	倾斜度	0.5%	

检验数量:施工单位全部检查。

(Ⅲ)钢 筋

主 控 项 目

6.5.11 钢筋原材料、加工、连接和安装的检验必须符合铁道部现行《铁路混凝土与砌体工程施工质量验收标准》(TB 10424—2003)第 5.2.1 条、第 5.3.1 条、第 5.4.1 条、第 5.4.2 条和第 5.5.1 条的规定。钢筋骨架外侧应采取有效措施保证钢筋保护层厚度符合设计要求。

一 般 项 目

6.5.12 钢筋原材料、加工和连接的检验应符合铁道部现行《铁路混凝土与砌体工程施工质量验收标准》(TB 10424—2003)第 5.2.2 条、第 5.3.2 条和第 5.4.3 条的规定。

6.5.13 钻(挖)孔桩钢筋骨架的允许偏差和检验方法应符合表 6.5.13 的规定。

表 6.5.13 钻(挖)孔桩钢筋骨架的允许偏差和检验方法

序 号	项 目	允 许 偏 差	检 验 方 法
1	钢筋骨架在承台底以下长度	±100 mm	尺量检查
2	钢筋骨架直径	±20 mm	
3	主钢筋间距	±0.5d	尺量检查不少于 5 处
4	加强筋间距	±20 mm	
5	箍筋间距或螺旋筋间距	±20 mm	
6	钢筋骨架垂直度	1%	吊线尺量检查

注:d 为钢筋直径,单位为 mm。

检验数量:施工单位全部检查。

(Ⅳ)混　凝　土

主 控 项 目

6.5.14　混凝土原材料、配合比设计、施工和水下混凝土的检验必须符合铁道部现行《铁路混凝土与砌体工程施工质量验收标准》(TB 10424—2003)第6.2.1～第6.2.6条、第6.3.1条、第6.3.2条、第6.4.1条和第9.3.4～第9.3.8条的规定。

6.5.15　混凝土浇筑必须符合施工工艺设计要求。

检验数量:施工单位、监理单位全部检查。

检验方法:观察和测量。

监理单位旁站监理

6.5.16　桩的混凝土强度等级必须符合设计要求。水下混凝土标准养护试件强度必须符合设计强度等级的1.15倍。

检验数量:施工单位每根桩应在混凝土的浇筑地点随机抽样制作混凝土试件不得少于2组。

检验方法:施工单位进行混凝土强度试验;监理单位检查混凝土强度试验报告。

6.5.17　桩身顶端浮浆应清理,直至露出新鲜混凝土面。桩顶高程和主筋伸入承台的长度必须符合设计要求。

检验数量:施工单位、监理单位全部检查。

检验方法:观察和测量。

6.5.18　钻孔桩桩身混凝土应匀质、完整。其检验必须符合下列规定:

1　对钻孔桩桩身混凝土应全部进行无损检测。检测方法必须符合铁道部现行《铁路工程基桩无损检测规程》(TB 10218)的规定。

2　对桩身混凝土质量有疑问和设计有要求的桩,应采用钻芯取样进行检测。检测方法应符合铁道部现行《铁路工程结构混凝土强度检测规程》(TB 10426)的规定。

检验数量:施工单位、监理单位全部检查。

检验方法:检查检测报告。

6.5.19　桩承载力试验必须符合设计要求。

检验数量:施工单位、监理单位按设计要求数量检验。

检验方法:施工单位进行静载试验;监理单位见证试验;勘察设计单位现场确认。

一 般 项 目

6.5.20　混凝土施工和水下混凝土的检验应符合铁道部现行《铁路混凝土与砌体工程施工质量验收标准》(TB 10424—2003)第6.4.4～第6.4.6条和第9.3.9条的规定。

6.6　管柱制作

(Ⅰ)模板及支架

主 控 项 目

6.6.1　模板及支架安装的检验必须符合铁道部现行《铁路混凝土与砌体工程施工质量

验收标准》(TB 10424—2003)第 4. 2. 1 条和第 4. 2. 2 条的规定。

一 般 项 目

6. 6. 2 模板及支架安装和拆除的检验应符合铁道部现行《铁路混凝土与砌体工程施工质量验收标准》(TB 10424—2003)第 4. 2. 3 条、第 4. 2. 4 条和第 4. 3. 2 条的规定。

(Ⅱ)钢 筋

主 控 项 目

6. 6. 3 钢筋原材料、加工、连接和安装的检验必须符合铁道部现行《铁路混凝土与砌体工程施工质量验收标准》(TB 10424—2003)第 5. 2. 1 条、第 5. 3. 1 条、第 5. 4. 1 条、第 5. 4. 2 条和第 5. 5. 1 条的规定。

一 般 项 目

6. 6. 4 钢筋原材料、加工和连接的检验应符合铁道部现行《铁路混凝土与砌体工程施工质量验收标准》(TB 10424—2003)第 5. 2. 2 条、第 5. 3. 2 条和第 5. 4. 3 条的规定。

6. 6. 5 钢筋安装和钢筋保护层厚度的允许偏差和检验方法应符合表 6. 6. 5 的规定。

表 6. 6. 5 钢筋安装和钢筋保护层厚度的允许偏差和检验方法

序号	项目		允许偏差(mm)	检验方法
1	焊接主筋的竖板位置	钢筋混凝土管柱	5	尺量检查不少于 5 处
		预应力混凝土管柱	2	
2	箍筋间距		20	
3	钢筋保护层厚度		+5 −2	

检验数量:施工单位全部检查。

(Ⅲ)混 凝 土

主 控 项 目

6. 6. 6 混凝土原材料、配合比设计、施工的检验必须符合铁道部现行《铁路混凝土与砌体工程施工质量验收标准》(TB 10424—2003)第 6. 2. 1 条 ~ 第 6. 2. 6 条、第 6. 3. 1 条、第 6. 3. 2 条和第 6. 4. 1 ~ 第 6. 4. 3 条的规定。

6. 6. 7 预应力混凝土管柱的管壁不得有裂缝(表面收缩裂缝除外)。钢筋混凝土管柱的局部非受力表面裂缝,宽度不得大于 0. 2 mm,长度不得大于管壁厚度的 2 倍。

检验数量:施工单位、监理单位全部检查。

检验方法:观察或用刻度放大镜检查。

一 般 项 目

6. 6. 8 混凝土施工的检验应符合铁道部现行《铁路混凝土与砌体工程施工质量验收标

准》(TB 10424—2003)第6.4.4条~第6.4.6条的规定。

6.6.9 混凝土管柱的允许偏差和检验方法应符合表6.6.9的规定。

检验数量:施工单位全部检查。

表6.6.9 混凝土管柱的允许偏差和检验方法

序号	项目	允许偏差	检验方法
1	内径	$^{+20}_{0}$mm	尺量检查不少于2处
2	外径	$^{+20}_{0}$mm	
3	管壁厚度	±10 mm	
4	长度	$^{+20}_{0}$ mm	尺量检查
5	法兰盘平面对垂直于管柱轴线平面的倾斜	1‰	角尺拉线尺量检查
6	管柱的纵向弯曲矢高	2‰管节长度	拉线尺量检查

(Ⅳ)预 应 力

主 控 项 目

6.6.10 预应力施工原材料、预应力筋制作和安装、张拉或放张和封端的检验必须符合铁道部现行《铁路混凝土与砌体工程施工质量验收标准》(TB 10424—2003)第7.2.1条、第7.2.2条、第7.2.5条、第7.3.1条、第7.3.2条、第7.4.1条~第7.4.5条和第7.5.3条的规定。

一 般 项 目

6.6.11 预应力筋的制作与安装、张拉或放张和封端的检验应符合铁道部现行《铁路混凝土与砌体工程施工质量验收标准》(TB 10424—2003)第7.3.4条、第7.3.6条、第7.4.6条和第7.5.4条的规定。

(Ⅴ)钢管柱制作

主 控 项 目

6.6.12 钢管柱所用的原材料、规格和强度必须符合设计要求。

检验数量:施工单位、监理单位全部检查。

检验方法:检查产品合格证和尺量检查。

6.6.13 每节钢管柱上下相邻壁板的垂直拼接缝应错开,其错开距离沿弧长不得小于1 m。

检验数量:施工单位、监理单位全部检查。

检验方法:尺量检查。

一 般 项 目

6.6.14 钢管柱接长焊缝不应出现裂缝和未熔合缺陷,弧坑表面不应出现气孔和夹渣。

检验数量:施工单位全部检查。

检验方法:观察。

6.6.15 钢管柱制作允许偏差和检验方法应符合表6.6.15的规定。

表 6.6.15　钢管柱制作允许偏差和检验方法

序　号	项　目	允许偏差	检验方法
1	圆周长	1% 设计圆周长度	尺量检查
2	椭圆度(同一截面任意两直径差)	1/500 设计直径,且不大于 5 mm	
3	管端平整度	2 mm	
4	管端平面对管柱轴线的倾斜	1‰	
5	纵向弯曲矢高	2‰管节长度	
6	长度	$^{+20}_{0}$ mm	

检查数量:施工单位全部检查。

6.6.16　钢管柱接长允许偏差和检验方法应符合表 6.6.16 的规定。

表 6.6.16　钢管柱接长允许偏差和检验方法

序　号	项　目		允许偏差(mm)	检验方法
1	上下节管柱错口的管径差	管径≤700 mm	2	观察和尺量检查
		管径＞700 mm	3	
2	对接焊缝加强层高度		2	
3	对接焊缝加强层厚度		3	
4	咬边深度		0.5	

检验数量:施工单位全部检查。

6.7　管柱下沉和浇筑水下混凝土

(Ⅰ)管柱下沉

主控项目

6.7.1　管柱下沉前,必须对管柱的质量进行验收,其质量和规格必须符合设计要求。

检验数量:施工单位、监理单位全部检查。

检验方法:检查出厂合格证、验收记录和观察。

6.7.2　管柱下沉必须符合施工工艺设计要求。管柱达到设计深度后,应核实地质情况,孔深必须符合设计要求。

检验数量:施工单位、监理单位全部检查。

检验方法:观察和测量。

一般项目

6.7.3　管柱下沉及孔底沉渣厚度的允许偏差和检验方法应符合表 6.7.3 的规定。

检验数量:施工单位全部检查。

表 6.7.3 管柱下沉及孔底沉渣厚度的允许偏差和检验方法

序号	项目		允许偏差	检验方法
1	孔底位移(需钻岩)		相邻两钻孔的净距不小于设计最小岩壁厚度	测量检查
2	浇筑混凝土前沉渣厚度		10 mm	
3	垂直管柱的倾斜度	(1)需钻岩	1%	
		(2)不需钻岩	2%	
4	单排管柱顺桥向倾斜度		1%	
5	斜管柱的倾斜度		2.5%	
6	群管柱或单排管柱桩位	(1)岸滩上用导向结构	150 mm	
		(2)用水上锚碇设备时	250 mm	
7	单排管柱桩位顺桥方向	(1)岸滩上	100 mm	
		(2)用水上锚碇设备时	150 mm	

(Ⅱ)钢 筋

主 控 项 目

6.7.4 钢筋原材料、加工、连接和安装的检验必须符合铁道部现行《铁路混凝土与砌体工程施工质量验收标准》(TB 10424—2003)第 5.2.1 条、第 5.3.1 条、第 5.4.1 条、第 5.4.2 条和第 5.5.1 条的规定。

一 般 项 目

6.7.5 钢筋原材料、加工和连接的检验应符合铁道部现行《铁路混凝土与砌体工程施工质量验收标准》(TB 10424—2003)第 5.2.2 条、第 5.3.2 条和第 5.4.3 条的规定。

6.7.6 管柱钢筋骨架的允许偏差和检验方法应符合第 6.5.13 条的规定。

(Ⅲ)混 凝 土

主 控 项 目

6.7.7 混凝土原材料、配合比设计和水下混凝土的检验必须符合铁道部现行《铁路混凝土与砌体工程施工质量验收标准》(TB 10424—2003)第 6.2.1 条 ~ 6.2.6 条、第 6.3.1 条、第 6.3.2 条和第 9.3.4 条 ~ 第 9.3.8 条的规定。

6.7.8 水下混凝土浇筑必须符合第 6.5.15 条的规定。

6.7.9 管柱内浇筑水下混凝土强度检验必须符合第 6.5.16 条的规定。

6.7.10 管柱顶端浮浆应清理,直至露出新鲜混凝土面。管柱高程和主筋伸入承台的长度必须符合设计要求。

检验数量:施工单位、监理单位全部检查。

检验方法:观察和测量。

6.7.11 管柱内浇筑水下混凝土质量检测必须符合第 6.5.18 条的规定。

6.7.12 管柱承载力试验必须符合第 6.5.19 条的规定。

一般项目

6.7.13 混凝土施工和水下混凝土的检验应符合铁道部现行《铁路混凝土与砌体工程施工质量验收标准》(TB 10424—2003)第 6.4.4 条～第 6.4.6 条和第 9.3.9 条的规定。

6.8 桩基承台

(Ⅰ)模板及支架

主控项目

6.8.1 模板及支架安装和拆除的检验必须符合铁道部现行《铁路混凝土与砌体工程施工质量验收标准》(TB 10424—2003)第 4.2.1 条、第 4.2.2 条和第 4.3.1 条的规定。

一般项目

6.8.2 模板及支架安装和拆除的检验应符合铁道部现行《铁路混凝土与砌体工程施工质量验收标准》(TB 10424—2003)第 4.2.3 条、第 4.2.4 条和第 4.3.2 条的规定。

(Ⅱ)钢　筋

主控项目

6.8.3 钢筋原材料、加工、连接和安装的检验必须符合铁道部现行《铁路混凝土与砌体工程施工质量验收标准》(TB 10424—2003)第 5.2.1 条、第 5.3.1 条、第 5.4.1 条、第 5.4.2 条和第 5.5.1 条的规定。

一般项目

6.8.4 钢筋原材料、加工、连接和安装的检验应符合铁道部现行《铁路混凝土与砌体工程施工质量验收标准》(TB 10424—2003)第 5.2.2 条、第 5.3.2 条、第 5.4.3 条和第 5.5.2 条的规定。

(Ⅲ)混　凝　土

主控项目

6.8.5 混凝土原材料、配合比设计和施工的检验必须符合铁道部现行《铁路混凝土与砌体工程施工质量验收标准》(TB 10424—2003)第 6.2.1 条～第 6.2.6 条、第 6.3.1 条、第 6.3.2 条和第 6.4.1 条～第 6.4.3 条的规定。

6.8.6 桩头与承台连接必须符合设计要求。当设计无要求时，承台边缘与桩外缘净距必须符合下列规定：

1 桩径≤1 m 时，承台边缘与桩外缘净距不小于 0.5 倍桩径，且不小于 250 mm；

2　桩径 >1 m 时,承台边缘与桩外缘净距不小于 0.3 倍桩径,且不小于 500 mm。

检验数量:施工单位、监理单位全部检查。

检验方法:观察和尺量检查。

一 般 项 目

6.8.7　混凝土施工和表面质量的检验应符合铁道部现行《铁路混凝土与砌体工程施工质量验收标准》(TB 10424—2003)第 6.4.4 条 ~ 第 6.4.6 条和第 6.4.8 条的规定。

6.8.8　承台的允许偏差和检验方法应符合表 6.8.8 的规定。

表 6.8.8　承台的允许偏差和检验方法

序　号	项　目	允许偏差(mm)	检 验 方 法
1	尺寸	±30	尺量长、宽、高各 2 点
2	顶面高程	±20	测量 5 点
3	轴线偏位	15	测量纵横各 2 点
4	前后、左右边缘距设计中心线尺寸	±50	尺量各边 2 处

检验数量:施工单位全部检查。

7 沉井基础

7.1 一般规定

7.1.1 模板及支架、钢筋和混凝土的施工应符合铁道部现行《铁路混凝土与砌体工程施工质量验收标准》(TB 10424—2003)第4.1节、第5.1节和第6.1节的有关规定。

7.1.2 沉井浮运设施必须经过检查试运转并符合施工工艺设计要求。沉井施工前必须根据设计文件提供的地质资料制订施工方案、技术措施和编制施工组织设计。

7.1.3 沉井施工前应对洪汛、凌汛、潮汐、河床冲刷、通航漂流物、山洪和泥石流等情况作调查研究,制订相应的安全措施。

7.1.4 沉井下沉前应按设计要求,对附近的堤防、建筑物等影响范围,制订防护和环保措施,并在下沉过程中建立观测制度。

7.1.5 沉井下沉至设计高程后,施工单位应将自检结果和隐蔽工程报验申请表提交监理单位。

7.2 就地制作沉井

(Ⅰ)模板及支架

主控项目

7.2.1 模板及支架安装和拆除的检验必须符合铁道部现行《铁路混凝土与砌体工程施工质量验收标准》(TB 10424—2003)第4.2.1条、第4.3.2条和第4.3.1条的规定。

一般项目

7.2.2 模板及支架安装和拆除的检验应符合铁道部现行《铁路混凝土与砌体工程施工质量验收标准》(TB 10424—2003)第4.2.3条、第4.2.4条和第4.3.2条的规定。

(Ⅱ)钢　筋

主控项目

7.2.3 钢筋原材料、加工、连接和安装的检验必须符合铁道部现行《铁路混凝土与砌体工程施工质量验收标准》(TB 10424—2003)第5.2.1条、第5.3.1条、第5.4.1条、第5.4.2条和第5.5.1条的规定。

一般项目

7.2.4 钢筋原材料、加工、连接和安装的检验应符合铁道部现行《铁路混凝土与砌体工程程施工质量验收标准》(TB 10424—2003)第5.2.2条、第5.3.2条、第5.4.3条和第5.5.2条的规定。

(Ⅲ)混　凝　土

主控项目

7.2.5　混凝土原材料、配合比设计和施工的检验必须符合铁道部现行《铁路混凝土与砌体工程施工质量验收标准》(TB 10424—2003)第6.2.1条~6.2.6条、第6.3.1条、第6.3.2条、第6.4.1条~第6.4.3条的规定。

一般项目

7.2.6　混凝土施工和表面质量的检验应符合铁道部现行《铁路混凝土与砌体工程施工质量验收标准》(TB 10424—2003)第6.4.4条~第6.4.8条的规定。

7.2.7　混凝土沉井制作允许偏差和检验方法应符合表7.2.7的规定。

表7.2.7　混凝土沉井制作允许偏差和检验方法

序号	项目		允许偏差	检验方法
1	平面尺寸	(1)长、宽	±0.5%,且不大于120 mm	测量每边不少于2处
		(2)曲线半径	±0.5%,且不大于60 mm	尺量不少于4处
		(3)对角线	±1%,且不大于180 mm	尺量
2	井壁厚度	(1)混凝土、片石混凝土	±40 mm	尺量不少于4处
		(2)钢筋混凝土	±15 mm	
3	井壁表面平整度		5 mm	2 m靠尺量不少于4处

检验数量:施工单位每节沉井全部检查。

(Ⅳ)下　　沉

主控项目

7.2.8　底节沉井混凝土必须达到设计强度,其上各节达到设计强度的70%后方可下沉。

检验数量:施工单位、监理单位全部检查。

检验方法:施工单位每节沉井下沉前进行一组同条件养护试件强度试验;监理单位检查强度试验报告或见证试验。

一般项目

7.2.9　就地制作沉井下沉至设计高程后,允许偏差和检验方法应符合表7.2.9的规定。

表7.2.9　就地制作沉井下沉至设计高程后允许偏差和检验方法

序号	项目	允许偏差	检验方法
1	底面、顶面中心位置	$h/50$	底、顶面至少各测量4处
2	倾斜度	1/50	测量
3	平面扭角(矩形、圆端形)	1°	

注:h为沉井高度。

检验数量：施工单位每座沉井全部检查。

（Ⅴ）清基、填充

主 控 项 目

7.2.10 沉井下沉至设计高程后，基底地质条件应满足设计要求。

检验数量：施工单位、监理单位全部检查。

检验方法：施工单位观察或进行标贯、触探仪检测；监理单位观察和见证检测。

7.2.11 清理后的基底距隔墙底面的高度、刃脚斜面露出的高度和有效面积应符合设计要求。

检验数量：施工单位、监理单位全部检查。

检验方法：施工单位观察、测量；监理单位见证检测。

7.2.12 在软土中沉井沉至设计高程并清基后，应进行沉降观测，待 8 h 内累计下沉小于 10 mm 时，方可封底。

检验数量：施工单位、监理单位全部检查。

检验方法：施工单位观察、测量；监理单位检查施工记录。

7.2.13 沉井填充必须符合设计要求。

检验数量：施工单位、监理单位全部检查。

检验方法：观察。

一 般 项 目

7.2.14 沉井应在封底混凝土强度达到设计强度后方可抽水填充。

检验数量：施工单位全部检查。

检验方法：施工单位抽水前进行一组同条件养护试件强度试验。

7.3 浮 式 沉 井

（Ⅰ）模板及支架

主 控 项 目

7.3.1 模板及支架安装和拆除的检验必须符合铁道部现行《铁路混凝土与砌体工程施工质量验收标准》（TB 10424—2003）第 4.2.1 条、第 4.2.2 条和第 4.3.1 条的规定。

一 般 项 目

7.3.2 模板及支架安装和拆除的检验应符合铁道部现行《铁路混凝土与砌体工程施工质量验收标准》（TB 10424—2003）第 4.2.3 条、第 4.2.4 条和第 4.3.2 条的规定。

（Ⅱ）钢　　筋

主 控 项 目

7.3.3 钢筋原材料、加工、连接和安装的检验必须符合铁道部现行《铁路混凝土与砌体工程施工质量验收标准》(TB 10424—2003)第5.2.1条、第5.3.1条、第5.4.1条、第5.4.2条和第5.5.1条的规定。

一般项目

7.3.4 钢筋原材料、加工、连接和安装的检验应符合铁道部现行《铁路混凝土与砌体工程施工质量验收标准》(TB 10424—2003)第5.2.2条、第5.3.2条、第5.4.3条和第5.5.2条的规定。

(Ⅲ)混凝土

主控项目

7.3.5 混凝土原材料、配合比设计和施工的检验必须符合铁道部现行《铁路混凝土与砌体工程施工质量验收标准》(TB 10424—2003)第6.2.1条~第6.2.6条、第6.3.1条、第6.3.2条和第6.4.1条~第6.4.3条的规定。

一般项目

7.3.6 混凝土施工和表面质量的检验应符合铁道部现行《铁路混凝土与砌体工程施工质量验收标准》(TB 10424—2003)第6.4.4条~第6.4.6条和第6.4.8条的规定。

7.3.7 混凝土沉井制作允许偏差和检验方法应符合第7.2.7条的规定。

(Ⅳ)钢沉井制作

主控项目

7.3.8 钢沉井使用材料的规格、强度应符合施工工艺设计的要求和相关产品标准的规定。

检验数量:施工单位、监理单位全部检查。

检验方法:观察、尺量和检查产品合格证。

7.3.9 沉井气筒必须按受压容器的有关规定制造,并经压力(不得低于工作压力的1.5倍)试验合格后方可使用。

检验数量:施工单位、监理单位全部检查。

检验方法:施工单位作水压试验;监理单位见证试验。

7.3.10 底节沉井应作水压试验,其余各节应经水密检查,合格后方可下水。

检验数量:施工单位、监理单位全部检查。

检验方法:施工单位做水压试验和水密检查;监理单位见证试验。

一般项目

7.3.11 钢沉井制作的允许偏差应符合设计要求和第7.2.7条的有关规定。

(Ⅴ)浮运就位

主控项目

7.3.12 沉井浮运必须符合施工工艺设计要求并检算其稳定性。

检验数量:施工单位、监理单位全部检查。

检验方法:施工单位进行检算和观察;监理单位检查检算资料和观察。

监理单位旁站监理。

一般项目

7.3.13 浮式沉井应在枯水期和流速平稳时进行,沉井就位落至河床后应尽快安排下沉。

检验数量:施工单位全部检查。

检验方法:观察。

(Ⅵ)下　沉

主控项目

7.3.14 浮式沉井下沉的检验必须符合第7.2.8条、第7.3.9条和第7.3.10条的规定。

一般项目

7.3.15 浮式沉井下沉至设计高程后,允许偏差和检验方法应符合表7.3.15的规定。

表7.3.15 浮式沉井下沉至设计高程后允许偏差和检验方法

序号	项目	允许偏差	检验方法
1	底面、顶面中心位置	$h/50+250$ mm	底、顶面至少各测量4处
2	倾斜度	1/50	测量
3	平面扭角(矩形、圆端形)	2°	

注:h 为沉井高度,单位为mm。

检验数量:施工单位每座沉井全部检查。

(Ⅶ)清基、填充

主控项目

7.3.16 浮式沉井清理基底的检验必须符合第7.2.10条~第7.2.12条的有关规定。

7.3.17 浮式沉井填充的检验必须符合第7.2.13条的规定。

一般项目

7.3.18 浮式沉井填充前的检验应符合第7.2.14条的规定。

8 墩 台

8.1 一般规定

8.1.1 模板及支架、钢筋、混凝土、砌体的施工应符合铁道部现行《铁路混凝土与砌体工程施工质量验收标准》(TB 10424—2003)第4.1节、第5.1节、第6.1节和第8.1节的有关规定。

8.1.2 防水层的施工应符合本标准第20.1节的有关规定。

8.1.3 墩台施工,应编制实施性施工组织设计和施工工艺设计。

8.1.4 墩台施工中应经常检查中线、高程,发现问题及时处理。墩台施工完毕,应对全桥中线、高程、跨度贯通测量,并用墨线标出各墩台中心线、支座十字线、梁端线及锚栓孔位置。

8.1.5 墩台施工完毕应及时对河道进行疏通清理,做好环境保护。

8.1.6 桥台与路堤间过渡段的填筑应符合铁道部现行《铁路路基工程施工质量验收标准》(TB 10414)的有关规定。

8.2 墩 台

(Ⅰ)模板及支架

主控项目

8.2.1 模板及支架安装和拆除的检验必须符合铁道部现行《铁路混凝土与砌体工程施工质量验收标准》(TB 10424—2003)第4.2.1条、第4.2.2条和第4.3.1条的规定。

一般项目

8.2.2 模板及支架的安装和拆除应符合铁道部现行《铁路混凝土与砌体工程施工质量验收标准》(TB 10424—2003)第4.3.2条的规定。

8.2.3 模板及支架的允许偏差和检验方法应符合表8.2.3—1、表8.2.3—2、表8.2.3—3的规定。

表8.2.3—1 墩台模板允许偏差和检验方法

序 号	项 目	允许偏差(mm)	检 验 方 法
1	前后、左右距中心线尺寸	±10	测量检查每边不少于2处
2	表面平整度	3	2 m靠尺检查不少于5处
3	相邻模板错台	1	尺量检查不少于5处
4	空心墩壁厚	±3	尺量检查不少于5处
5	同一梁端两垫石高差	2	测量检查
6	预埋铁件和预留孔位置	5	纵横两向尺量检查

检验数量:施工单位每安装段全部检查。

表 8.2.3—2　滑动钢模板允许偏差和检验方法

序　号	项　目	允许偏差(mm)	检　验　方　法
1	模板中心线与主平台中心线	5	测量检查
2	模板中心线与墩身中心线	5	
3	空心墩壁厚	±3	尺量检查不少于 5 处
4	顶架的垂直度或坡度	±2	吊线尺量检查不少于 4 处
5	模板下口尺寸(考虑锥度后)	+4 −2	
6	模板上口尺寸(考虑锥度后)	0 −2	
7	顶杆与顶梁或垂直度或坡度	±2	
8	主平台水平度	±5	测量检查不少于 4 处
9	表面平整度	2	2 m 靠尺检查不少于 5 处

检验数量:施工单位每安装段全部检查。

表 8.2.3—3　爬模允许偏差和检验方法

序　号	项　目	允许偏差(mm)	检　验　方　法
1	前后、左右距中心线尺寸	±10	测量检查每边不少于 2 处
2	表面平整度	2	2 m 靠尺量检查不少于 5 处
3	局部搭接不密贴	1	尺量检查不少于 5 处
4	预埋件与预留孔位置	5	

检验数量:施工单位每安装段全部检查。

(Ⅱ)钢　筋

主 控 项 目

8.2.4　钢筋原材料、加工、连接和安装的检验必须符合铁道部现行《铁路混凝土与砌体工程施工质量验收标准》(TB 10424—2003)第 5.2.1 条、第 5.3.1 条、第 5.4.1 条、第 5.4.2 条和第 5.5.1 条规定。

一 般 项 目

8.2.5　钢筋原材料、加工、连接和安装的检验应符合铁道部现行《铁路混凝土与砌体工程施工质量验收标准》(TB 10424—2003)第 5.2.2 条、第 5.3.2 条、第 5.4.3 条和第 5.5.2 条的规定。

(Ⅲ)混　凝　土

主 控 项 目

8.2.6　混凝土原材料、配合比设计和施工的检验必须符合铁道部现行《铁路混凝土与砌体工程施工质量验收标准》(TB 10424—2003)第 6.2.1 条 ~ 第 6.2.6 条、第 6.3.1 条、第

6.3.2 条和第 6.4.1 条~第 6.4.3 条的规定。

8.2.7 墩台混凝土宜连续浇筑，当分段浇筑时，施工接缝必须符合下列规定：

1 混凝土与混凝土之间接缝，周边应预埋直径不小于 16 mm 的钢筋或其他铁件，埋入与露出长度不应小于钢筋直径的 30 倍，间距不应大于直径的 20 倍。

2 混凝土与浆砌片石之间接缝，应预埋片石作榫，片石厚度不小于 15 cm；安放均匀，片石间的净距不得小于 15 cm；片石与模板的净距不宜小于 25 cm，且不得与钢筋接触。片石露出基础面一半。

检验数量：施工单位、监理单位全部检查。

检验方法：观察和尺量。

8.2.8 混凝土表面裂缝宽度不得大于 0.2 mm。

检验数量：施工单位、监理单位全部检查。

检验方法：观察和用刻度放大镜检查。

一 般 项 目

8.2.9 混凝土施工和表面质量的检验应符合铁道部现行《铁路混凝土与砌体工程施工质量验收标准》(TB 10424—2003)第 6.4.4 条~第 6.4.6 条和第 6.4.8 条的规定。

8.2.10 桥台顶道砟槽面排水坡应符合设计要求。

检验数量：施工单位全部检查。

检验方法：观察和测量。

8.2.11 混凝土墩台允许偏差和检验方法应符合表 8.2.11 的规定。

表 8.2.11 混凝土墩台允许偏差和检验方法

序号	项目		允许偏差	检验方法
1	(1)墩台前后、左右边缘距设计中心线尺寸		±20 mm	测量检查不少于 5 处
	(2)采用滑动模板施工的墩身部分	桥墩前后、左右边缘距设计中心线尺寸	±30 mm	
		桥墩平面扭角	2°	
	(3)表面平整度		5 mm	2 m 靠尺检查不少于 5 处
	(4)空心墩壁厚		±5 mm	尺量检查不少于 5 处
	(5)墩台支承垫石顶面	高程	$^{0}_{-15}$ mm	测量检查
		中心位置	15 mm	
2	简支混凝土梁	(1)每片梁一端两支承垫石顶面高差	3 mm	测量检查
		(2)每孔梁一端两支承垫石顶面高差	5 mm	
		(3)无支座垫石顶面高差	5 mm	
3	简支钢梁	同一墩顶支承垫石顶面高差	5 mm	
4	预埋件、预留孔位置		5 mm	

检验数量：施工单位每个墩台全部检查。

（Ⅳ）砌　体

主 控 项 目

8.2.12　砌体原材料和砌筑的检验必须符合铁道部现行《铁路混凝土与砌体工程施工质量验收标准》（TB 10424—2003）第8.2.1条～第8.2.5条和第8.3.1条～第8.3.6条的规定。

一 般 项 目

8.2.13　砌体砌筑的检验应符合铁道部现行《铁路混凝土与砌体工程施工质量验收标准》（TB 10424—2003）第8.3.7条的规定。

8.2.14　砌体墩台允许偏差和检验方法应符合表8.2.14的规定。

表8.2.14　砌体墩台允许偏差和检验方法

序　号	项　目	允许偏差		检验方法
		块　石	粗料石（混凝土块）	
1	砌体边距设计中心尺寸	±20 mm	±15 mm	测量检查不少于4处
2	顶面高程	±15 mm	±15 mm	
3	两相邻砌块外表面错开	5 mm	5 mm	尺量检查不少于5处
4	竖直度或坡度	0.3%	0.3%	吊线检查不少于5处
5	轴线偏位	10 mm	10 mm	测量检查不少于2处
6	表面平整度	20 mm	10 mm	2 m靠尺检查不少于5处

检验数量：施工单位每个墩台均检查。

（Ⅴ）防　水　层

主 控 项 目

8.2.15　防水层的检验必须符合本标准第20.2.1条～第20.2.4条的规定。

一 般 项 目

8.2.16　防水层的检验应符合本标准第20.2.5条～第20.2.11条的规定。

8.3　台后填土、锥体及其他

（Ⅰ）桥 台 填 土

主 控 项 目

8.3.1　台后及锥体填料种类和规格必须符合设计要求。

检验数量：施工单位、监理单位全部检查。

检验方法：观察。

8.3.2　台后及锥体填筑范围必须符合设计要求。

检验数量:施工单位、监理单位全部检查。

检验方法:测量和观察。

8.3.3　台后及锥体填筑密实度必须符合设计要求。

检验数量:施工单位、监理单位全部检查。

检验方法:施工单位进行仪器检查;监理单位检查检测报告。

一 般 项 目

8.3.4　锥体填筑后应刷坡,坡面平整圆顺。

检验数量:施工单位全部检查。

检验方法:观察。

(Ⅱ)混　凝　土

主 控 项 目

8.3.5　混凝土原材料、配合比设计和施工的检验必须符合铁道部现行《铁路混凝土与砌体工程施工质量验收标准》(TB 10424—2003)第6.2.1条~第6.2.6条、第6.3.1条、第6.3.2条和第6.4.1条~第6.4.3条的规定。

一 般 项 目

8.3.6　混凝土施工和表面质量的检验应符合铁道部现行《铁路混凝土与砌体工程施工质量验收标准》(TB 10424—2003)第6.4.4条~第6.4.8条的规定。

(Ⅲ)砌　　体

主 控 项 目

8.3.7　砌体原材料和砌筑的检验必须符合铁道部现行《铁路混凝土与砌体工程施工质量验收标准》(TB 10424—2003)第8.2.1条~第8.2.5条和第8.3.1条~第8.3.6条的规定。

8.3.8　砌体的结构形式、位置必须符合设计要求。

检验数量:施工单位、监理单位全部检查。

检验方法:观察和尺量。

8.3.9　砌体反滤层厚度、所用材料质量和规格必须符合设计要求。

检验数量:施工单位、监理单位全部检查。

检验方法:观察。

一 般 项 目

8.3.10　砌体砌筑的检验应符合铁道部现行《铁路混凝土与砌体工程施工质量验收标准》(TB 10424—2003)第8.3.7条的规定。

8.3.11　砌体允许偏差和检验方法应符合表8.3.11的规定。

检验数量：施工单位每个砌筑段检查 5 处。

表 8.3.11　砌体允许偏差和检验方法

序　号	项　目	允许偏差(mm)	检　验　方　法
1	顶面高程	±50	测量检查
2	表面平整度	30	2 m 靠尺检查
3	砌体厚度	+50 0	尺量检查
4	底面高程	±50	测量检查

9 钢筋混凝土和预应力混凝土简支梁

9.1 一般规定

9.1.1 模板及支架、钢筋、混凝土和预应力的施工应符合铁道部现行《铁路混凝土与砌体工程施工质量验收标准》(TB 10424—2003)第4.1节、第5.1节、第6.1节和第7.1节的有关规定。

9.1.2 支座和防水层的施工应符合本标准第17.1节和第20.1节的有关规定。

9.1.3 预应力混凝土简支梁制作单位应取得规定的现场制梁生产资质。

9.1.4 钢筋混凝土和预应力混凝土简支梁制作和架设,应编制实施性施工组织设计及施工工艺细则。

9.1.5 制梁台座或先张梁张拉台座应有施工工艺设计。其强度、刚度、下沉量及稳定性,应能满足施工各阶段施工荷载的要求和施工工艺要求。折线配盘的先张梁,预应力筋转辙器的设置应符合设计要求。

9.1.6 预应力混凝土简支梁的模板及支架应有施工工艺设计。其反拱和预留压缩量的设置应符合设计和施工工艺要求。

9.1.7 制梁膺架应有施工工艺设计。其强度、刚度、下沉量及整体稳定性,应能满足施工各阶段施工荷载的要求和施工工艺要求,并应进行预压,以消除非弹性变形和测出弹性变形值。

9.1.8 架(移)梁设备和吊(顶)具应具有足够的强度、刚度和稳定性,能满足架(移)梁荷载要求,并应在工地进行静(动)载试验、试运转和验收,做好记录。未经验收合格的架(移)梁设备和吊(顶)具,不得进行架(移)梁作业。

9.1.9 桥梁预施应力使用的预应力筋张拉设备及仪表应符合下列要求:

1 张拉千斤顶吨位宜为张拉力的1.5倍,且不得小于1.2倍。使用前必须由有资质的试验检验部门进行标定、校正,校正系数不得大于1.05。校正有效期为1个月且不超过200次张拉作业。张拉千斤顶的行程应满足张拉工艺的要求。

2 压力表应为防振型,最大读数应为张拉力对应压力值的1.5~2.0倍。精度不应低于1.0级。首次使用前必须经计量部门检定。使用时必须定期检定,检定有效期为一周。当使用0.4级时,检定有效期可为一个月。

3 油泵的额定压力宜为张拉力对应压力值的1.5倍。油箱容量宜为张拉千斤顶总输油量的1.5倍。

4 张拉千斤顶、压力表和油泵等应配套标定、配套使用,并应建立卡片档案备查。当在使用过程中出现异常现象时,应重新标定。

9.1.10 预应力混凝土简支梁静载试验的抽检数量和试验方法必须符合铁道部现行《预应力混凝土铁路桥简支梁静载弯曲抗裂试验方法》(TB 2092)的规定。未经静载试验或静载试验不合格的预应力混凝土简支梁不得架设使用。

9.2 钢筋混凝土简支梁制作

（Ⅰ）模板及支架

主 控 项 目

9.2.1 模板及支架安装和拆除的检验必须符合铁道部现行《铁路混凝土与砌体工程施工质量验收标准》（TB 10424—2003）第4.2.1条、第4.2.2条和第4.3.1条的规定。

一 般 项 目

9.2.2 模板及支架拆除的检验应符合铁道部现行《铁路混凝土与砌体工程施工质量验收标准》（TB 10424—2003）第4.3.2条的规定。

9.2.3 钢筋混凝土简支梁模板尺寸的允许偏差和检验方法应符合表9.2.3的规定。

表9.2.3 钢筋混凝土简支梁模板尺寸允许偏差和检验方法

序号		项目		允许偏差（mm）	检验方法
1	底模	（1）横向矢距		2	拉线尺量检查不少于5处
		（2）纵向拱度		平顺、偏差不大于梁设计拱度10%	测量检查不少于5处
		（3）水平面高差	① 端截面（支座处）任意两点高差	1	测量检查
			② 跨中、1/4跨度横截面内任意两点高差	5	
			③ 沿梁长任意两点高差（拱度在外）	4	测量检查不少于5处
		（4）侧向弯曲		8	拉线尺量检查两侧
		（5）沿腹板中线的长度		±15	尺量检查
2	外模	（1）梁全长		±15	尺量检查上、下部
		（2）梁端梁体高		+15 0	尺量检查
		（3）下翼缘宽度		+10 0	尺量检查梁端、跨中、1/4跨、3/4跨处
		（4）腹板厚度		+10 0	
		（5）上翼缘（桥面板）内外侧偏离设计位置		+10 −5	
		（6）底板、顶板厚度		+10 −5	
		（7）挡砟墙厚度		+10 0	
		（8）腹板中心偏离设计位置		10	
		（9）腹板及横隔板垂直度		每米高不大于4	吊线尺量检查不少于5处
		（10）横隔板位置		10	尺量检查
		（11）横隔板厚度		+10 −5	尺量检查不少于5处
		（12）模板表面平整度		3	1 m靠尺和塞尺检查不少于5处

检验数量：施工单位全部检查。

（Ⅱ）钢　筋

主控项目

9.2.4　钢筋原材料、加工、连接和安装的检验必须符合铁道部现行《铁路混凝土与砌体工程施工质量验收标准》（TB 10424—2003）第5.2.1条、第5.3.1条、第5.4.1条、第5.4.2条和第5.5.1条的规定。

一般项目

9.2.5　钢筋原材料和连接的检验应符合铁道部现行《铁路混凝土与砌体工程施工质量验收标准》（TB 10424—2003）第5.2.2条和第5.4.3条的规定。

9.2.6　钢筋允许偏差和检验方法应符合表9.2.6的规定。

表9.2.6　钢筋允许偏差和检验方法

序　号	项　　目	允许偏差（mm）	检验方法
1	受力钢筋全长	±10	尺量检查不少于5处
2	弯起钢筋的弯折位置	20	
3	箍筋内净尺寸	±3	
4	主筋横向位置	5	
5	镫、箍筋间距	±15	
6	其他钢筋位置	10	
7	钢筋保护层	$^{+5}_{0}$	尺量检查不少于10处
8	箍筋的垂直度	15	吊线、尺量检查不少于5处

检验数量：施工单位全部检查。

（Ⅲ）混　凝　土

主控项目

9.2.7　混凝土原材料、配合比设计和施工的检验必须符合铁道部现行《铁路混凝土与砌体工程施工质量验收标准》（TB 10424—2003）第6.2.1条～第6.2.6条、第6.3.1条、第6.3.2条和第6.4.1条～第6.4.3条的规定。

9.2.8　梁体混凝土，采用蒸汽养护时，应分为静停、升温、恒温和降温四个阶段。温度控制除有特殊规定外，必须符合下列规定：

1　静停时间不少于2 h；

2　升温速度不得大于每小时15 ℃；

3　恒温温度应控制在50 ℃以下，恒温时间应通过试验确定；

4　降温速度不得大于每小时10 ℃；

5　梁体周围各部位养护温度差不得大于10 ℃；

6　拆模时梁体表面温度与环境温度之差不得大于15 ℃。

检验数量：施工单位、监理单位全部检查。

检验方法：检查测温记录和用温度计检查。

9.2.9 梁体混凝土表面局部非受力裂缝宽度不得大于 0.2 mm。

检验数量：施工单位、监理单位全部检查。

检验方法：观察和用刻度放大镜检查。

一 般 项 目

9.2.10 混凝土施工的检验应符合铁道部现行《铁路混凝土与砌体工程施工质量验收标准》（TB 10424—2003）第 6.4.4 条～第 6.4.6 条的规定。

9.2.11 钢筋混凝土简支梁外形尺寸的允许偏差和检验方法，应符合表 9.2.11 的规定。

表 9.2.11 钢筋混凝土简支梁外形尺寸的允许偏差和检验方法

<table>
<tr><th>序号</th><th colspan="3">项目</th><th>允许偏差(mm)</th><th>检验方法</th></tr>
<tr><td>1</td><td colspan="3">△梁全长</td><td>±20</td><td>尺量检查上、下部</td></tr>
<tr><td>2</td><td colspan="3">△梁跨度</td><td>±20</td><td>尺量检查支座中心至中心</td></tr>
<tr><td>3</td><td colspan="3">下翼缘宽度</td><td>+20
0</td><td>尺量检查梁端、1/4 跨、跨中、3/4 跨处</td></tr>
<tr><td>4</td><td colspan="3">腹板厚度</td><td>+15
0</td><td>用 U 形尺量检查梁端、1/4 跨、跨中、3/4 跨处</td></tr>
<tr><td>5</td><td colspan="3">桥面板内外侧偏离设计位置</td><td>+20
−10</td><td>用水平样杆和尺量梁端、1/4 跨、跨中、3/4 跨处</td></tr>
<tr><td>6</td><td colspan="3">梁高度</td><td>+20
−5</td><td>尺量检查梁两端</td></tr>
<tr><td>7</td><td colspan="3">挡砟墙厚度</td><td>+20
0</td><td rowspan="2">尺量检查不少于 5 处</td></tr>
<tr><td>8</td><td colspan="3">横隔板厚度</td><td>+20
0</td></tr>
<tr><td>9</td><td colspan="3">横隔板位置</td><td>20</td><td>尺量检查</td></tr>
<tr><td>10</td><td colspan="3">腹板及横隔板垂直度</td><td>每米高不大于 4</td><td>吊线尺量检查不少于 5 处</td></tr>
<tr><td>11</td><td colspan="3">表面平整度</td><td>5</td><td>1 m 靠尺和塞尺检查不少于 5 处</td></tr>
<tr><td>12</td><td colspan="3">梁上拱</td><td>±4</td><td>测量检查跨中。设计无上拱时，梁在自重作用下不应有下挠</td></tr>
<tr><td rowspan="8">13</td><td rowspan="8">预埋配件</td><td rowspan="3">U形螺栓</td><td>① 偏离设计位置</td><td>10</td><td rowspan="3">尺量检查不少于 5 处</td></tr>
<tr><td>② 外露长度</td><td>±10</td></tr>
<tr><td>③ 两肢中心距</td><td>±1</td></tr>
<tr><td rowspan="2">连接角钢</td><td>① 偏离设计位置</td><td>20</td><td>尺量检查</td></tr>
<tr><td>② 上下两端垂直度</td><td>20</td><td>吊线尺量检查角钢上下端</td></tr>
<tr><td rowspan="3">支座板</td><td>① 板面边缘高差</td><td>2</td><td>水平尺和塞尺靠量检查四边</td></tr>
<tr><td>△② 螺栓中心位置</td><td>2</td><td>游标卡尺测量检查四个螺栓中心距（长、宽、对角线）</td></tr>
<tr><td>③ 支座中心线偏离设计位置</td><td>3</td><td>尺量检查</td></tr>
</table>

注：表中有"△"的 3 项为关键项点，其实测偏差不得超出允许偏差范围。

检验数量：施工单位全部检查，关键项点监理单位全部平行检验。

9.2.12 梁体的表面质量应符合下列规定：

梁体表面平整，色泽均匀。阴阳角线条清晰顺直。无接缝错茬、蜂窝、麻面、掉角等缺陷。外露螺栓垂直梁体，丝扣完整，戴帽戴垫并清洁涂油。支座板无飞边毛刺并清洁涂油。泄水管位置准确,安装牢固,顶面不高于桥面,排水通畅。管盖齐全。

检验数量:施工单位每片梁均检查。

检验方法:观察。

(Ⅳ)防 水 层

主 控 项 目

9.2.13 防水层的检验必须符合本标准第20.2.1条~第20.2.4条的规定。

一 般 项 目

9.2.14 防水层的检验应符合本标准第20.2.5条~第20.2.11条的规定。

9.3 先张法预应力混凝土简支梁制作

(Ⅰ)模板及支架

主 控 项 目

9.3.1 模板及支架安装和拆除的检验必须符合铁道部现行《铁路混凝土与砌体工程施工质量验收标准》(TB 10424—2003)第4.2.1条、第4.2.2条和第4.3.1条的规定。

一 般 项 目

9.3.2 模板及支架拆除的检验应符合铁道部现行《铁路混凝土与砌体工程施工质量验收标准》(TB 10424—2003)第4.3.2条的规定。

9.3.3 先张梁外模尺寸的允许偏差和检验方法应符合表9.3.3的规定。

表9.3.3 先张梁外模尺寸允许偏差和检验方法

序 号	项 目	允许偏差(mm)	检 验 方 法
1	梁全长	±15	尺量检查上、下部
2	梁高	+15 0	尺量检查梁两端
3	下翼缘宽度	+10 0	尺量检查梁端、跨中、1/4跨、3/4跨处
4	腹板厚度	+10 0	
5	桥面板内外侧偏离设计位置	+10 -5	
6	底板、顶板厚度	+10 -5	
7	挡砟墙厚度	+10 0	
8	腹板中心偏离设计位置	10	
9	腹板及横隔板垂直度	每米高不大于4	吊线尺量检查不少于5处
10	横隔板位置	10	尺量检查
11	横隔板厚度	+10 -5	尺量检查不少于5处
12	模板表面平整度	3	1 m靠尺和塞尺检查不少于5处

检验数量:施工单位全部检查。

9.3.4　先张梁底模允许偏差和检验方法应符合第9.2.3条的规定。

(Ⅱ)钢　筋

主 控 项 目

9.3.5　钢筋原材料、加工、连接和安装的检验必须符合铁道部现行《铁路混凝土与砌体工程施工质量验收标准》(TB 10424—2003)第5.2.1条、第5.3.1条、第5.4.1条、第5.4.2条和第5.5.1条的规定。

一 般 项 目

9.3.6　钢筋原材料、加工和连接的检验应符合铁道部现行《铁路混凝土与砌体工程施工质量验收标准》(TB 10424—2003)第5.2.2条和第5.4.3条的规定。

9.3.7　钢筋允许偏差和检验方法应符合表9.3.7的规定。

表9.3.7　先张梁钢筋允许偏差和检验方法

序号	项目		允许偏差(mm)	检验方法
1	受力钢筋全长		±10	尺量检查不少于5处
2	弯起钢筋的弯折位置		20	
3	箍筋内净尺寸		±3	
4	桥面主筋间距		±10	
5	箍筋间距		±15	
6	其他钢筋位置		10	
7	钢筋保护层厚度 c	$c \leqslant 25$ mm	$^{+3}_{-1}$	
		25 mm $< c <$ 35 mm	$^{+5}_{-2}$	
		$c \geqslant 35$ mm	$^{+10}_{-5}$	
8	箍筋的垂直度		15	吊线尺量检查不少于5处

检验数量:施工单位全部检查。

(Ⅲ)混　凝　土

主 控 项 目

9.3.8　混凝土原材料、配合比设计和施工的检验必须符合铁道部现行《铁路混凝土与砌体工程施工质量验收标准》(TB 10424—2003)第6.2.1条~第6.2.6条、第6.3.1条、第6.3.2条和第6.4.1条~第6.4.3条的规定及《先张法预应力混凝土简支梁技术条件》(TB/T 2484)的有关要求。

9.3.9　梁体混凝土蒸汽养护的检验必须符合第9.2.8条的规定。

9.3.10　梁体挡砟墙、边墙、隔板三部分的表面裂缝宽度不得大于0.2 mm。梁体其他部位不得出现裂缝(梁体表面收缩裂缝除外)。

检验数量:施工单位、监理单位全部检查。

检验方法:观察和用刻度放大镜检查。

一 般 项 目

9.3.11　混凝土施工的检验应符合铁道部现行《铁路混凝土与砌体工程施工质量验收标准》(TB 10424—2003)第6.4.4条～第6.4.6条的规定。

9.3.12　先张梁外形尺寸允许偏差和检验方法应符合表9.3.12的规定。

表9.3.12　先张梁外形尺寸允许偏差和检验方法

<table>
<tr><th>序　号</th><th colspan="4">项　目</th><th>允许偏差(mm)</th><th>检　验　方　法</th></tr>
<tr><td>1</td><td colspan="4">△梁全长</td><td>±20</td><td>尺量检查上、下部</td></tr>
<tr><td>2</td><td colspan="4">△梁跨度(L_p)</td><td>±20</td><td>尺量检查支座中心至中心</td></tr>
<tr><td>3</td><td colspan="4">下翼缘宽度</td><td>+20
0</td><td>尺量检查梁端、1/4跨、跨中、3/4跨处</td></tr>
<tr><td>4</td><td colspan="4">腹板厚度</td><td>+15
0</td><td>用U形尺量检查梁端、1/4跨、跨中、3/4跨处</td></tr>
<tr><td rowspan="2">5</td><td rowspan="2" colspan="3">桥面板内外侧偏离设计位置</td><td>$L_p \leq 16$ m</td><td>+10
−5</td><td rowspan="2">用水平样杆和尺量梁端、1/4跨、跨中、3/4跨处</td></tr>
<tr><td>$L_p > 16$ m</td><td>+20
−10</td></tr>
<tr><td>6</td><td colspan="4">梁高度</td><td>+20
−5</td><td>尺量检查梁两端</td></tr>
<tr><td>7</td><td colspan="4">梁上拱</td><td>±20
(放张30 d时)</td><td>用水准仪测量检查跨中</td></tr>
<tr><td>8</td><td colspan="4">挡砟墙厚度</td><td>+20
0</td><td rowspan="2">尺量检查最大偏差处</td></tr>
<tr><td>9</td><td colspan="4">横隔板厚度</td><td>+20
0</td></tr>
<tr><td>10</td><td colspan="4">横隔板位置</td><td>20</td><td>尺量检查</td></tr>
<tr><td>11</td><td colspan="4">腹板及横隔板垂直度</td><td>每米高度不大于4</td><td>吊线尺量检查不少于5处</td></tr>
<tr><td>12</td><td colspan="4">表面平整度</td><td>5</td><td>1 m靠尺和塞尺检查不少于5处</td></tr>
<tr><td rowspan="11">13</td><td rowspan="11">预埋件</td><td rowspan="3">(1)U形螺栓</td><td colspan="2">①偏离设计位置</td><td>10</td><td rowspan="3">尺量检查不少于5处</td></tr>
<tr><td colspan="2">②外露长度</td><td>±10</td></tr>
<tr><td colspan="2">③两肢中心距</td><td>±1</td></tr>
<tr><td rowspan="2">(2)连接角钢</td><td colspan="2">①偏离设计位置</td><td>20</td><td>尺量检查</td></tr>
<tr><td colspan="2">②上下两端垂直度</td><td>20</td><td>吊线尺量检查角钢上下端</td></tr>
<tr><td rowspan="6">(3)支座板</td><td rowspan="2">①板面边缘高差</td><td>铸钢支座</td><td>2</td><td rowspan="2">水平尺和塞尺检查四边</td></tr>
<tr><td>板式橡胶支座</td><td>0.5</td></tr>
<tr><td rowspan="2">②定位挡条</td><td>间距</td><td>+2
−1</td><td rowspan="2">尺量检查</td></tr>
<tr><td>偏离中心</td><td>5</td></tr>
<tr><td colspan="2">③支座中心线偏离设计位置</td><td>3</td><td>尺量检查</td></tr>
<tr><td colspan="2">△④螺栓中心位置</td><td>2</td><td>游标卡尺测量检查四个螺栓中心距(长、宽和对角线)</td></tr>
</table>

注:表中有"△"的3项为关键项点。其实测偏差不得超出允许偏差范围。

检验数量:施工单位全部检查,关键项点监理单位全部平行检验。

9.3.13　梁体的表面质量评定应符合第9.2.12条的规定。

(Ⅳ)预　应　力

主 控 项 目

9.3.14　预应力施工原材料、预应力筋制作与安装、张拉或放张和封端的检验必须符合铁道部现行《铁路混凝土与砌体工程施工质量验收标准》(TB 10424—2003)第7.2.1条、第7.2.2条、第7.2.5条、第7.3.1条、第7.3.2条、第7.4.1条～第7.4.5条和第7.5.3条的规定。

9.3.15　先张梁预应力筋隔离套管的品种、规格和位置必须符合设计要求。安装时内端必须堵塞严密。外端必须穿出端分丝板以外50～150 mm并加以固定。

检验数量:施工单位、监理单位全部检查。

检验方法:观察和尺量。

一 般 项 目

9.3.16、预应力筋制作与安装、张拉或放张和封端的检验应符合铁道部现行《铁路混凝土与砌体工程施工质量验收标准》(TB 10424—2003)第7.3.4条、第7.3.6条、第7.4.6条和第7.5.4条的规定。

9.3.17　预应力筋隔离管道下料长度允许偏差不大于20 mm。

检验数量:施工单位检查10%且不少于5处。

检验方法:尺量。

9.3.18　横向预留孔道任何方向与设计位置的偏差不大于5 mm。

检验数量:施工单位检查10%且不少于5处。

检验方法:尺量。

(Ⅴ)防　水　层

主 控 项 目

9.3.19　防水层的检验必须符合本标准第20.2.1条～第20.2.4条的规定。

一 般 项 目

9.3.20　防水层的检验应符合本标准第20.2.5条～第20.2.11条的规定。

9.4　后张法预应力混凝土简支梁制作

(Ⅰ)模板及支架

主 控 项 目

9.4.1　模板及支架安装和拆除的检验必须符合铁道部现行《铁路混凝土与砌体工程施工质量验收标准》(TB 10424—2003)第4.2.1条、第4.2.2条和第4.3.1条的规定。

一 般 项 目

9.4.2 模板及支架拆除的检验应符合铁道部现行《铁路混凝土与砌体工程施工质量验收标准》(TB 10424—2003)第4.3.2条的规定。

9.4.3 外模尺寸的允许偏差和检验方法应符合第9.3.3条的规定。

9.4.4 底模尺寸的允许偏差和检验方法应符合第9.2.3条的规定。

(Ⅱ)钢　筋

主 控 项 目

9.4.5 钢筋原材料、加工、连接和安装的检验必须符合铁道部现行《铁路混凝土与砌体工程施工质量验收标准》(TB 10424—2003)第5.2.1条、第5.3.1条、第5.4.1条、第5.4.2条和第5.5.1条的规定。

一 般 项 目

9.4.6 钢筋原材料和连接的检验应符合铁道部现行《铁路混凝土与砌体工程施工质量验收标准》(TB 10424—2003)第5.2.2条和第5.4.3条的规定及《预制后张法后张法预应力混凝土简支梁》(GB 7418)的有关要求。

9.4.7 钢筋允许偏差和检验方法应符合第9.3.7条的规定。

(Ⅲ)混　凝　土

主 控 项 目

9.4.8 混凝土原材料、配合比设计和施工的检验必须符合铁道部现行《铁路混凝土与砌体工程施工质量验收标准》(TB 10424—2003)第6.2.1条～第6.2.6条、第6.3.1条、第6.3.2条和第6.4.1条～第6.4.3条的规定。

9.4.9 梁体混凝土蒸汽养护的检验必须符合第9.2.8条的规定。

9.4.10 梁体挡砟墙、边墙、隔板、封端四部分的表面裂缝宽度不得大于0.2 mm。梁体其他部位不得出现裂缝(梁体表面收缩裂缝除外)。

检验数量:施工单位、监理单位全部检查。

检验方法:观察和用刻度放大镜检查。

一 般 项 目

9.4.11 混凝土施工的检验应符合铁道部现行《铁路混凝土与砌体工程施工质量验收标准》(TB 10424—2003)第6.4.4条～第6.4.6条的规定。

9.4.12 后张梁外形尺寸允许偏差和检验方法应符合表9.4.12的规定。

检验数量:施工单位全部检查,关键项点监理单位全部平行检验。

9.4.13 梁体的表面质量评定应符合第9.2.12条的规定。

表 9.4.12　后张梁外形尺寸允许偏差和检验方法

<table>
<tr><th>序　号</th><th colspan="4">项　　目</th><th>允许偏差(mm)</th><th>检　验　方　法</th></tr>
<tr><td>1</td><td colspan="4">△梁全长</td><td>±20</td><td>尺量检查</td></tr>
<tr><td>2</td><td colspan="4">△梁跨度(L_p)</td><td>±20</td><td>尺量检查支座中心至中心</td></tr>
<tr><td>3</td><td colspan="4">下翼缘宽度</td><td>+20
0</td><td>尺量检查梁端、1/4 跨、跨中、3/4跨处</td></tr>
<tr><td>4</td><td colspan="4">腹板厚度</td><td>+15
0</td><td>用U形尺量检查梁端、1/4 跨、跨中、3/4 跨处</td></tr>
<tr><td rowspan="2">5</td><td colspan="3" rowspan="2">桥面板内外侧偏离设计位置</td><td>$L_p \leqslant 16$ m</td><td>+10
−5</td><td rowspan="2">用水平样杆和尺量梁端、1/4跨、跨中、3/4 跨处</td></tr>
<tr><td>$L_p > 16$ m</td><td>+20
−10</td></tr>
<tr><td>6</td><td colspan="4">梁高</td><td>+20
−5</td><td>尺量检查梁两端</td></tr>
<tr><td>7</td><td colspan="4">梁上拱</td><td>L/1 000
(终张拉 30 d 时)</td><td>用水准仪测量跨中</td></tr>
<tr><td>8</td><td colspan="4">挡砟墙厚度</td><td>+20
0</td><td rowspan="2">尺量检查最大偏差处</td></tr>
<tr><td>9</td><td colspan="4">横隔板厚度</td><td>+20
0</td></tr>
<tr><td>10</td><td colspan="4">横隔板位置</td><td>20</td><td>尺量检查</td></tr>
<tr><td>11</td><td colspan="4">腹板及横隔板垂直度</td><td>每米高不大于4</td><td>吊线尺量检查不少于5处</td></tr>
<tr><td>12</td><td colspan="4">表面平整度</td><td>5</td><td>1 m靠尺和塞尺检查不少于5处</td></tr>
<tr><td rowspan="10">13</td><td rowspan="10">预埋件</td><td rowspan="3">(1)U形螺栓</td><td colspan="2">① 偏离设计位置</td><td>10</td><td rowspan="3">尺量检查不少于5处</td></tr>
<tr><td colspan="2">② 外露长度</td><td>±10</td></tr>
<tr><td colspan="2">③ 两肢中心距</td><td>±1</td></tr>
<tr><td rowspan="2">(2)连接角钢</td><td colspan="2">① 偏离设计位置</td><td>20</td><td>尺量检查</td></tr>
<tr><td colspan="2">② 上下两端垂直度</td><td>20</td><td>吊线尺量检查角钢上下端</td></tr>
<tr><td rowspan="5">(3)支座板</td><td rowspan="2">① 板面边缘高差</td><td>T梁</td><td>2</td><td rowspan="2">水平尺和塞尺检查四边</td></tr>
<tr><td>箱梁</td><td>1</td></tr>
<tr><td colspan="2">② 箱形梁每一端两块支座板高差</td><td>2</td><td>用水准仪测量检查</td></tr>
<tr><td colspan="2">③支座中心线偏离设计位置</td><td>3</td><td>尺量检查</td></tr>
<tr><td colspan="2">△④ 螺栓中心位置</td><td>2</td><td>游标卡尺测量检查四个螺栓中心距(长、宽、对角线)</td></tr>
</table>

注:表中有"△"的3项为关键项点。其实测偏差不得超出允许偏差范围。

(Ⅳ)预　应　力

主 控 项 目

9.4.14　预应力施工原材料、预应力筋制作与安装、张拉、压浆和封端的检验必须符合铁道部现行《铁路混凝土与砌体工程施工质量验收标准》(TB 10424—2003)第7.2.1条~第7.2.5条、第7.3.1条~第7.3.3条、第7.4.1条~第7.4.5条和第7.5.1条~第7.5.3条的规定。

一 般 项 目

9.4.15　预应力筋制作与安装、张拉、压浆和封端的检验应符合铁道部现行《铁路混凝土与砌体工程施工质量验收标准》(TB 10424—2003)第7.3.4条、第7.3.5条、第7.4.6条和第7.5.4条的规定。

9.4.16 后张梁预留孔道位置允许偏差和检验方法必须符合下列规定:

1 纵向孔道任何方向与设计位置的偏差:距跨中4 m范围不大于4 m,其余部位不大于6 mm。

2 横向孔道任何方向与设计位置的偏差不大于5 mm。

检验数量:施工单位检查10%且不少于5处。

检验方法:尺量。

(Ⅴ)防　水　层

主 控 项 目

9.4.17 防水层的检验必须符合本标准第20.2.1条~第20.2.4条的规定。

一 般 项 目

9.4.18 防水层的检验应符合本标准第20.2.5条~第20.2.11条的规定。

9.5 膺架上制梁

(Ⅰ)模板及支架

主 控 项 目

9.5.1 模板及支架安装和拆除的检验必须符合铁道部现行《铁路混凝土与砌体工程施工质量验收标准》(TB 10424—2003)第4.2.1条、第4.2.2条和第4.3.1条的规定。

9.5.2 膺架预压荷载与最大施工荷载之比不小于1.1。

检验数量:施工单位、监理单位全部检查。

检验方法:观察和检查施工记录。

一 般 项 目

9.5.3 模板及支架拆除的检验应符合铁道部现行《铁路混凝土与砌体工程施工质量验收标准》(TB 10424—2003)第4.3.2条的规定。

9.5.4 外模尺寸的允许偏差和检验方法应符合第9.3.3条的规定。

9.5.5 底模尺寸的允许偏差和检验方法应符合第9.2.3条的规定。

(Ⅱ)钢　　筋

主 控 项 目

9.5.6 钢筋原材料、加工、连接和安装的检验必须符合铁道部现行《铁路混凝土与砌体工程施工质量验收标准》(TB 10424—2003)第5.2.1条、第5.3.1条、第5.4.1条、第5.4.2条和第5.5.1条的规定。

一 般 项 目

9.5.7 钢筋原材料和连接的检验应符合铁道部现行《铁路混凝土与砌体工程施工质量验收标准》(TB 10424—2003)第5.2.2条和第5.4.3条的规定。

9.5.8 钢筋允许偏差和检验方法应符合第9.3.7条的规定。

(Ⅲ)混 凝 土

主 控 项 目

9.5.9 混凝土原材料、配合比设计和施工的检验必须符合铁道部现行《铁路混凝土与砌体工程施工质量验收标准》(TB 10424—2003)第6.2.1条~第6.2.6条、第6.3.1条、第6.3.2条和第6.4.1条~第6.4.3条的规定。

9.5.10 梁体混凝土蒸汽养护的检验必须符合第9.2.8条的规定。

9.5.11 梁体表面裂缝的检验必须符合第9.2.9条或第9.4.10条的规定。

一 般 项 目

9.5.12 混凝土施工的检验应符合铁道部现行《铁路混凝土与砌体工程施工质量验收标准》(TB 10424—2003)第6.4.4条~第6.4.6条的规定。

9.5.13 梁外形尺寸允许偏差和检验方法应符合第9.2.11条或第9.4.12条的规定。

9.5.14 梁体的表面质量评定应符合第9.2.12条的规定。

(Ⅳ)预 应 力

主 控 项 目

9.5.15 预应力施工原材料、预应力筋制作与安装、张拉、压浆和封端的检验必须符合铁道部现行《铁路混凝土与砌体工程施工质量验收标准》(TB 10424—2003)第7.2.1条~第7.2.5条、第7.3.1条~第7.3.3条、第7.4.1条~第7.4.5条和第7.5.1条~第7.5.3条的规定。

一 般 项 目

9.5.16 预应力筋制作与安装、张拉、压浆和封端的检验应符合铁道部现行《铁路混凝土与砌体工程施工质量验收标准》(TB 10424—2003)第7.3.4条、第7.3.5条、第7.4.6条和第7.5.4条的规定。

9.5.17 后张梁预留管道位置允许偏差和检验方法应符合第9.4.16条的规定。

(Ⅴ)防 水 层

主 控 项 目

9.5.18 防水层的检验必须符合本标准第20.2.1条~第20.2.4条的规定。

一般项目

9.5.19 防水层的检验应符合本标准第20.2.5条~第20.2.11条的规定。

(Ⅵ)支　　座

主控项目

9.5.20 支座的检验必须符合本标准第17.2.1条~第17.2.5条的规定。

一般项目

9.5.21 支座的检验应符合本标准第17.2.6条的规定。

9.6 钢筋混凝土和预应力混凝土简支梁架设

(Ⅰ)架　　梁

主控项目

9.6.1 梁体规格、质量必须符合设计要求和有关标准的规定。

检验数量:施工单位、监理单位全部检查。

检验方法:检查出厂合格证、静载试验报告、张拉/放张记录和对外观进行检查。

9.6.2 墩台支座中心线、支承垫石高程必须符合设计要求和有关标准的规定。

检验数量:施工单位、监理单位全部检查。

检验方法:施工单位复核测量;监理单位检查测量记录或见证。

9.6.3 梁存放和运输支点位置必须符合设计要求,而且支点应位于同一平面上,箱梁同一端支点相对高差不得大于2 mm。架设时吊点位置必须符合设计要求。

检验数量:施工单位、监理单位全部检查。

检验方法:观察和尺量。

一般项目

9.6.4 梁体就位后,两片梁端部应平齐,端部错位不大于10 mm,相对高差不大于20 mm。

检验数量:施工单位全部检查。

检验方法:观察和尺量。

9.6.5 架梁的质量应符合下列规定:

梁体稳固,梁缝均匀,梁体无损伤。横向联结牢固。接头混凝土浇筑密实。

检验数量:施工单位全部检查。

检验方法:观察。

（Ⅱ）模板及支架

主 控 项 目

9.6.6　模板及支架安装和拆除的检验必须符合铁道部现行《铁路混凝土与砌体工程施工质量验收标准》（TB 104247—2003）第4.2.1条、第4.2.2条和第4.3.1条的规定。

一 般 项 目

9.6.7　模板及支架安装和拆除的检验应符合铁道部现行《铁路混凝土与砌体工程施工质量验收标准》（TB 10424—2003）第4.2.3条、第4.2.4条和第4.3.2条的规定。

（Ⅲ）钢　筋

主 控 项 目

9.6.8　钢筋原材料、加工、连接和安装的检验必须符合铁道部现行《铁路混凝土与砌体工程施工质量验收标准》（TB 10424—2003）第5.2.1条、第5.3.1条、第5.4.1条、第5.4.2条和第5.5.1条的规定。

一 般 项 目

9.6.9　钢筋原材料、加工、连接和安装的检验应符合铁道部现行《铁路混凝土与砌体工程施工质量验收标准》（TB 10424—2003）第5.2.2条、第5.3.2条、第5.4.3条和第5.5.2条的规定。

（Ⅳ）混　凝　土

主 控 项 目

9.6.10　混凝土原材料、配合比设计和施工的检验必须符合铁道部现行《铁路混凝土与砌体工程施工质量验收标准》（TB 10424—2003）第6.2.1条~第6.2.6条、第6.3.1条、第6.3.2条和第6.4.1条~第6.4.3条的规定。

一 般 项 目

9.6.11　混凝土施工和表面质量的检验应符合铁道部现行《铁路混凝土与砌体工程施工质量验收标准》（TB 10424—2003）第6.4.4条~第6.4.8条的规定。

（Ⅴ）预　应　力

主 控 项 目

9.6.12　预应力施工原材料、预应力筋制作与安装、张拉、压浆和封端的检验必须符合铁道部现行《铁路混凝土与砌体工程施工质量验收标准》（TB 10424—2003）第7.2.1条~第7.2.5条、第7.3.1条~第7.3.3条、第7.4.1条~第7.4.5条和第7.5.1条~第

7.5.3 条的规定。

一 般 项 目

9.6.13 预应力筋制作与安装、张拉、压浆和封端的检验应符合铁道部现行《铁路混凝土与砌体工程施工质量验收标准》(TB 10424—2003)第7.3.4条、第7.3.5条、第7.4.6条和第7.5.4条的规定。

(Ⅵ)支 座

主 控 项 目

9.6.14 支座的检验必须符合本标准第17.2.1条~第17.2.5条的规定。

一 般 项 目

9.6.15 支座的检验应符合本标准第17.2.6条的规定。

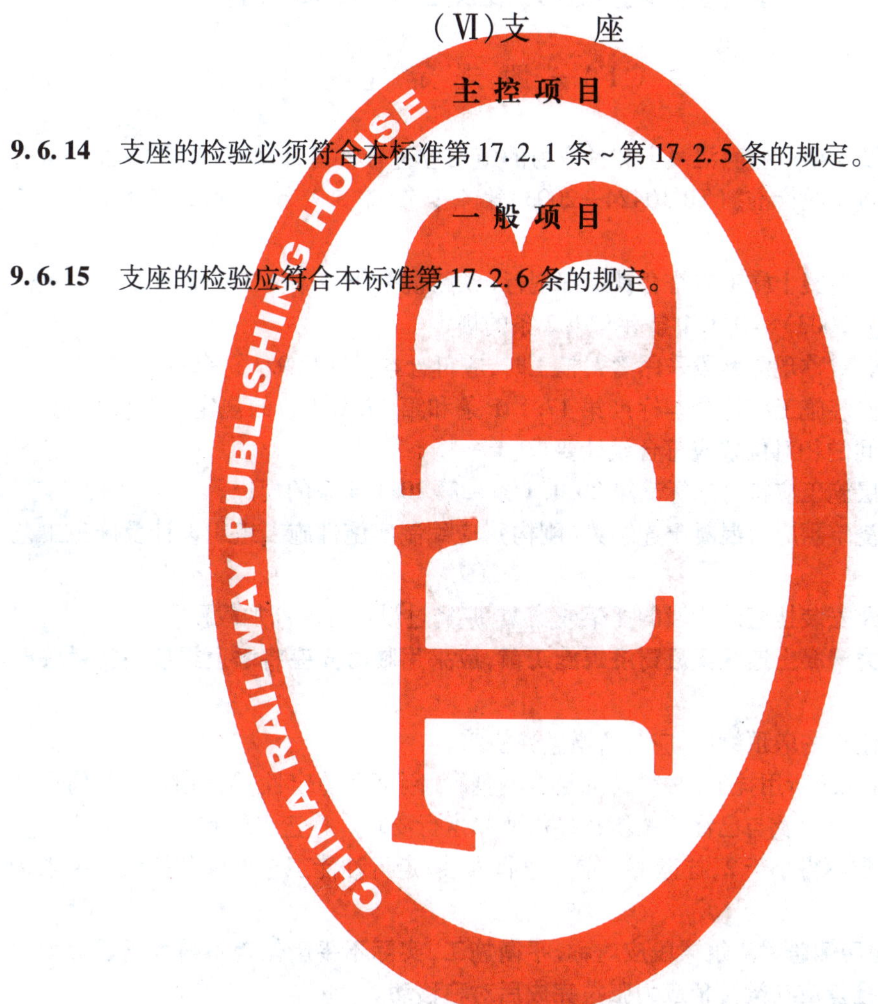

10　预应力混凝土连续梁(刚构)

10.1　悬臂浇筑预应力混凝土连续梁(刚构)

(Ⅰ)一 般 规 定

10.1.1　模板及支架、钢筋、混凝土和预应力的施工应符合铁道部现行《铁路混凝土与砌体工程施工质量验收标准》(TB 10424—2003)第4.1节、第5.1节、第6.1节和第7.1节的有关规定。

10.1.2　大体积混凝土施工应符合铁道部现行《铁路混凝土与砌体工程施工质量验收标准》(TB 10424—2003)第9.1.1条和9.1.2条的规定。

10.1.3　边跨非对称现浇梁段采用膺架施工时,应符合本标准第9.1.7条的规定。

10.1.4　支座安装施工应符合本标准第17.1.1条和第17.1.2条的规定。全桥合龙后,支座上下座板间的相对位置应符合设计要求。

10.1.5　防水层施工应符合本标准第20.1.1条~第20.1.4条的规定。

10.1.6　悬臂浇筑预应力混凝土连续梁(刚构),应编制实施性施工组织设计及施工工艺设计。

10.1.7　墩顶及安装挂篮前梁段的托架或支架,应经过设计计算和加载预压。

10.1.8　预应力混凝土连续梁悬臂浇筑施工前,应采用临时支座将墩顶梁段与桥墩临时固结牢固。

10.1.9　连续刚构的墩顶梁段,应与桥墩整体浇筑。

10.1.10　悬臂浇筑所用挂篮,必须具有足够的强度、刚度和稳定性,结构形式、几何尺寸应适应梁段高度变化及与已浇筑梁段搭接需要和走行要求。挂篮走行和浇筑混凝土时的抗倾覆稳定系数不得小于2,挂篮使用前应进行安装、走行性能工艺试验和按设计要求进行载重试验。

10.1.11　桥墩两侧悬臂浇筑梁段应对称、平衡施工,实际不平衡偏差不得大于设计要求数值。施工时挂篮应在梁段预应力张拉完成后对称移动。

10.1.12　预应力混凝土连续梁合龙口临时锁定前,桥梁跨距应符合设计要求;合龙口两端悬臂的施工荷载应对称、相等;预应力混凝土连续梁的合龙段长度、合龙施工顺序、合龙口临时锁定方法均应符合设计要求,合龙口临时锁定力应大于解除任何一侧梁墩临时固结后各墩全部活动支座的摩擦力。

预应力混凝土连续刚构的合龙段长度和合龙门临时锁定方法应符合设计要求。

10.1.13　预应力混凝土连续刚构采用挂孔施工时,预制挂梁通过悬臂梁段架设应检算悬臂梁段的强度和稳定性。施工荷载的大小和位置应符合设计要求。

10.1.14　悬臂浇筑梁段施工过程中,应进行线型监测,发现超出允许偏差应及时调整纠正。

10.1.15　悬臂梁段的混凝土浇筑,应从前端开始在根部与已浇筑梁段连接,已浇筑梁段接茬混凝土应充分润湿;边跨非对称现浇梁段施工时,混凝土浇筑应向合龙口靠拢,并应对梁段高程进行监测,使合龙口高差控制在允许偏差范围内;合龙梁段混凝土施工除必须符合设计要求外,尚应符合下列规定:

1　混凝土浇筑前,合龙口两端悬臂预加压重应符合设计要求并于混凝土浇筑过程中逐步撤除;

2　合龙梁段应采用微膨胀混凝土浇筑,混凝土强度宜提高一级;

3　合龙梁段混凝土应在一天中气温最低时间快速、连续浇筑;

4　合龙梁段混凝土浇筑完成后应加强保湿保温养护,控制箱梁内外温差并应将合龙梁段及两悬臂端部进行覆盖降低日照温差影响;

5　混凝土浇筑前应将合龙口单侧梁墩的临时固结约束解除,合龙梁段混凝土强度达到设计要求时应及时进行预应力筋张拉。

(Ⅱ)模板及支架

主 控 项 目

10.1.16　模板及支架安装和拆除的检验必须符合铁道部现行《铁路混凝土与砌体工程施工质量验收标准》(TB 10424—2003)第4.2.1条、第4.2.2条和第4.3.1条的规定。

一 般 项 目

10.1.17　模板及支架安装和拆除的检验应符合铁道部现行《铁路混凝土与砌体工程施工质量验收标准》(TB10424—2003)第4.2.3条、第4.2.4和第4.3.2条的规定。

10.1.18　预应力混凝土连续梁(刚构)的模板尺寸允许偏差和检验方法,应符合表10.1.18的规定。

表10.1.18　预应力混凝土连续梁(刚构)模板尺寸允许偏差和检验方法

序　号	项　目	允许偏差(mm)	检　验　方　法
1	梁段长	±10	尺量检查不少于5处
2	梁高	$^{+10}_{0}$	
3	顶板厚	$^{+10}_{0}$	
4	底板厚	$^{+10}_{0}$	
5	腹板厚	$^{+10}_{0}$	
6	端、横隔板厚	$^{+10}_{0}$	
7	腹板间距	±10	
8	腹板中心偏离设计位置	10	
9	梁体宽	$^{+10}_{0}$	尺量检查不少于5处
10	模板表面平整度	3	1 m靠尺测量不少于5处
11	模板表面垂直度	每米不大于4	吊线尺量不少于5处
12	端模孔道位置	1	尺量
13	梁段纵向旁弯	10	拉线测量不少于5处
14	梁段纵向中线最大偏差	10	测量检查
15	梁段高度变化段位置	10	
16	底模拱度偏差	3	
17	底模同一端两角高差	2	

检验数量：施工单位全部检查。

（Ⅲ）钢　筋

主 控 项 目

10.1.19 钢筋原材料、加工、连接和安装的检验必须符合铁道部现行《铁路混凝土与砌体工程施工质量验收标准》（TB 10424—2003）第5.2.1条、第5.3.1条、第5.4.1条、第5.4.2条和第5.5.1条的规定。

一 般 项 目

10.1.20 钢筋原材料、加工、连接的检验应符合铁道部现行《铁路混凝土与砌体工程施工质量验收标准》（TB 10424—2003）第5.2.2条、第5.3.2条和第5.4.3条的规定。

10.1.21 钢筋安装的允许偏差和检验方法，应符合表10.1.21的规定。

检验数量：施工单位全部检查。

表10.1.21 钢筋安装允许偏差和检验方法

序号	项目	允许偏差（mm）	检验方法
1	钢筋全长	±10	尺量检查不少于5处
2	弯起钢筋的位置	20	
3	箍筋内净尺寸	±3	
4	主筋横向位置	10	
5	箍筋间距	±15	
6	其他钢筋位置	10	
7	箍筋垂直度	15	吊线和尺量检查不少于5处
8	钢筋保护层厚度	+5 −2	尺量检查不少于5处

（Ⅳ）混　凝　土

主 控 项 目

10.1.22 混凝土原材料、配合比设计、施工和大体积混凝土的检验，必须符合铁道部现行《铁路混凝土与砌体工程施工质量验收标准》（TB 10424—2003）第6.2.1条～第6.2.6条、第6.3.1条、第6.3.2条、第6.4.1条～第6.4.3条、第9.1.3条和第9.1.4条的规定。

10.1.23 梁段混凝土的浇筑方法和保湿保温养护必须符合施工工艺设计要求。

检验数量：施工单位、监理单位全部检查。

检验方法：观察。

监理单位旁站监理。

10.1.24 合龙段混凝土施工必须符合设计要求和施工工艺设计。

检验数量：施工单位、监理单位全部检查。

检验方法：观察。

监理单位旁站监理。

10.1.25 预应力混凝土连续刚构采用挂孔时，现浇挂梁应待悬臂梁段混凝土达到设计强度后进行施工。

检验数量:施工单位、监理单位全部检查。

检验方法:施工单位进行同条件养护试件试验;监理单位检查试验报告和见证试验。

10.1.26 预应力混凝土连续梁(刚构)表面裂缝宽度的检验必须符合本标准第9.4.10条的规定。

一 般 项 目

10.1.27 混凝土施工和表面质量的检验应符合铁道部现行《铁路混凝土与砌体工程施工质量验收标准》(TB 10424—2003)第6.4.4条~第6.4.6条和第6.4.8条的规定。

10.1.28 连续梁(刚构)悬臂浇筑梁段的允许偏差和检验方法应符合表10.1.28的规定。

表10.1.28 连续梁(刚构)悬臂浇筑梁段的允许偏差和检验方法

序号	项目	允许偏差(mm)	检验方法
1	悬臂梁段高程	+15 −5	测量检查
2	合龙前两悬臂端相对高差	合龙段长的1/100,且不大于15	
3	梁段轴线偏差	15	
4	梁段顶面高程差	±10	
5	竖向高强精轧螺纹筋垂直度	每米高不大于1	吊线尺量检查不少于5处
6	竖向高强精轧螺纹筋间距	±10	尺量检查不少于5处

检验数量:施工单位全部检查。

10.1.29 悬臂浇筑连续梁(刚构)梁体外形尺寸允许偏差和检验方法应符合表10.1.29的规定。

表10.1.29 连续梁(刚构)梁体外形尺寸允许偏差和检验方法

序号	项目		允许偏差(mm)	检验方法
1	梁全长		±20	尺量检查中心及两侧
2	边孔梁长		±10	
3	各变高梁段长度及位置		±10	
4	边孔跨度		±20	尺量检查支座中心对中心
5	梁底宽度		+10 0	尺量检查每孔1/4、跨中和3/4截面
6	桥面中心线位置		+15 −10	由梁体中心拉线检查1/4、跨中和3/4截面及最大偏差处
7	梁高		+15 −5	尺量检查梁端、跨中及梁体变截面处
8	顶板、底板、腹板厚度		+10 0	尺量检查不少于5处
9	腹板间距		±10	
10	挡砟墙厚度		+20 0	
11	表面垂直度		每米不大于4	吊线尺量检查梁两端
12	梁上拱度与设计值比		±10	测量检查
13	支座板	四角高度差	1	水平尺靠量检查四角
		螺栓中心位置	2	尺量检查(包括对角线)
		支座板平整度	2	尺量

检验数量:施工单位全部检查。

（Ⅴ）预　应　力

主 控 项 目

10.1.30　预应力施工原材料、预应力筋制作和安装、张拉、压浆和封端的检验，必须符合铁道部现行《铁路混凝土与砌体工程施工质量验收标准》（TB 10424—2003）第7.2.1条～第7.2.5条、第7.3.1条～第7.3.3条、第7.4.1条～第7.4.5条和第7.5.1条～第7.5.3条的规定。

10.1.31　预应力筋终拉后必须在24 h内完成孔道压浆。

检验数量：施工单位、监理单位全部检查。

检验方法：观察、检查施工记录。

一 般 项 目

10.1.32　预应力筋制作和安装、张拉、压浆和封端的检验，应符合铁道部现行《铁路混凝土与砌体工程施工质量验收标准》（TB 10424—2003）第7.3.4条、第7.4.6条和第7.5.4条的规定。

10.1.33　预留预应力孔道位置偏差应不大于4 mm。

检验数量：施工单位全部检查。

检验方法：尺量。

（Ⅵ）支　　座

主 控 项 目

10.1.34　预应力混凝土连续梁支座安装的检验必须符合本标准第17.2.1条～第17.2.5条的规定。

10.1.35　预应力混凝土连续梁体系转换必须在合龙梁段纵向连续预应力筋完成张拉、压浆和墩顶梁段与桥墩的临时固结解除之后按设计要求顺序施工；支座安装应以高程控制为主，反力作为校核。

检验数量：施工单位、监理单位全部检查。

检验方法：观察、检查测量记录。

一 般 项 目

10.1.36　预应力混凝土连续梁支座安装的检验应符合本标准第17.2.6条的规定。

（Ⅶ）防　水　层

主 控 项 目

10.1.37　防水层的检验必须符合本标准第20.2.1条～第20.2.4条的规定。

一 般 项 目

10.1.38　防水层的检验应符合本标准第20.2.5条～第20.2.11条的规定。

10.2 悬臂拼装预应力混凝土连续梁

(Ⅰ)一 般 规 定

10.2.1 模板及支架、钢筋、混凝土和预应力施工应符合铁道部现行《铁路混凝土与砌体工程施工质量验收标准》(TB 10424—2003)第4.1节、第5.1节、第6.1节和第7.1节的有关规定。

10.2.2 支座安装施工应符合本标准第17.1.1条和第17.1.2条的规定。

10.2.3 防水层施工应符合本标准第20.1.1条~第20.1.4条的规定。

10.2.4 合龙梁段施工应符合第10.1.12条和第10.1.15条的规定。

10.2.5 采用预制梁段悬臂拼装预应力混凝土连续梁,应编制实施性施工组织设计和梁段拼装工艺设计。

10.2.6 墩顶及安装吊机前梁段的托架或支架,应经过设计计算和加载预压。

10.2.7 **悬臂拼装的起吊设备,必须具有足够的强度、刚度和稳定性,吊机重量应符合设计要求,悬臂吊梁及走行时的抗倾覆稳定系数不得小于2,使用前应进行起吊试验。**

10.2.8 **制梁台座必须坚固、稳定,台座顶面应与桥梁底面设计线型相一致。**

10.2.9 **预应力混凝土连续梁悬臂拼装施工前,应采用临时支座将墩顶梁段与桥墩临时固结牢固。**

10.2.10 拼装梁段的胶接材料进场时,施工单位应按批进行检验,符合设计要求方可使用。

10.2.11 预制梁段在拼装前应进行全面检查,梁段的外形尺寸、接缝面平整度必须符合设计要求,控制梁段拼装中线、高程的标线及标点数据必须符合工艺设计要求。

10.2.12 **悬拼梁段应对称、平衡进行施工,不平衡偏差不得大于设计要求数值。悬拼过程中应随时测量检查桥梁中线、梁长、高程变化情况,发现超出允许偏差应及时调整。**

(Ⅱ)模板及支架

主 控 项 目

10.2.13 模板及支架安装和拆除的检验必须符合铁道部现行《铁路混凝土与砌体工程施工质量验收标准》(TB 10424—2003)第4.2.1条、第4.2.2条和第4.3.1条的规定。

10.2.14 **预制梁段的底模顶面必须与桥梁底面设计线型相一致。**

检验数量:施工单位、监理单位全部检查。

检验方法:观察和尺量。

一 般 项 目

10.2.15 模板及支架安装和拆除的检验,应符合铁道部现行《铁路混凝土与砌体工程施工质量验收标准》(TB 10424—2003)第4.2.4条和第4.3.2条的规定。

10.2.16 预制梁段的模板尺寸允许偏差和检验方法应符合第10.1.18条的规定。

（Ⅲ）钢　筋

主 控 项 目

10.2.17　钢筋原材料、加工、连接和安装的检验必须符合铁道部现行《铁路混凝土与砌体工程施工质量验收标准》（TB 10424—2003）第5.2.1条、第5.3.1条、第5.4.1条、第5.4.2条和第5.5.1条的规定。

一 般 项 目

10.2.18　钢筋原材料、加工和连接的检验应符合铁道部现行《铁路混凝土与砌体工程施工质量验收标准》（TB 10424—2003）第5.2.2条和第5.4.3条的规定。

10.2.19　预制梁段钢筋安装允许偏差及检验方法，应符合表10.2.19的规定。

表10.2.19　预制梁段钢筋安装允许偏差和检验方法

序　号	项　目	允许偏差（mm）	检　验　方　法
1	受力钢筋全长	±10	尺量不少于5处
2	弯起钢筋位置	20	
3	箍筋内净距	±3	
4	主筋横向位置	10	
5	箍筋位置	15	
6	箍筋垂直度	15	吊线和尺量不少于5处
7	钢筋保护层厚度	$^{+5}_{0}$	尺量不少于5处
8	其他钢筋位置	10	

检验数量：施工单位全部检查。

（Ⅳ）混　凝　土

主 控 项 目

10.2.20　混凝土原材料、配合比设计和施工的检验必须符合铁道部现行《铁路混凝土与砌体工程施工质量验收标准》（TB 10424—2003）第6.2.1条～第6.2.6条、第6.3.1条、第6.3.2条和第6.4.1条～第6.4.3条的规定。

10.2.21　预制梁段时，相邻梁段混凝土必须密接浇筑，接缝面应设置隔离层；起吊梁段的吊环等预埋件必须固定牢固。

检验数量：施工单位、监理单位全部检查。

检验方法：观察。

监理单位旁站监理。

10.2.22　合龙梁段混凝土施工必须符合设计要求和施工工艺设计。

10.2.23　梁体表面裂缝宽度的检验必须符合本标准第9.4.10条的规定。

一般项目

10.2.24　混凝土施工的检验应符合铁道部现行《铁路混凝土与砌体工程施工质量验收标准》(TB 10424—2003)第6.4.4条～第6.4.6条和第6.4.8条的规定。

10.2.25　预制梁段允许偏差和检验方法,应符合表10.2.25的规定。

表10.2.25　预制梁段允许偏差和检验方法

序号	项目	允许偏差	检验方法
1	梁段长	±10 mm	尺量不少于5处
2	梁高	$^{+10}_{0}$ mm	
3	梁体宽	$^{+10}_{0}$ mm	
4	顶板厚	$^{+10}_{0}$ mm	
5	腹板厚	$^{+10}_{0}$ mm	
6	底板厚	$^{+10}_{0}$ mm	
7	腹板间距	±10 mm	
8	端面孔道位置	2 mm	
9	梁段纵向中线相对旁弯最大偏离值	10 mm	拉线尺量
10	表面平整度	5 mm	1 m靠尺测量不少于5处
11	表面垂直度	4‰	

检验数量:施工单位全部检查。

10.2.26　预制梁段的表面质量应符合本标准第9.2.12条的规定。

(Ⅴ)预应力

主控项目

10.2.27　预应力施工原材料、预应力筋制作和安装、张拉、压浆和封端的检验,必须符合铁道部现行《铁路混凝土与砌体工程施工质量验收标准》(TB 10424—2003)第7.2.1条～第7.2.5条、第7.3.1条～第7.3.3条、第7.4.1条～第7.4.5条和第7.5.1条～第7.5.3条的规定。

一般项目

10.2.28　预应力筋制作和安装、张拉、压浆和封端的检验,应符合铁道部现行《铁路混凝土与砌体工程施工质量验收标准》(TB 10424—2003)第7.3.4条、第7.4.6条和第7.5.4条的规定。

10.2.29　预留预应力孔道位置偏差的检验应符合第10.1.33条的规定。

(Ⅵ)梁段拼装

主控项目

10.2.30　拼装梁段胶接缝的胶接材料种类、性能、质量必须符合设计要求。

检验数量:施工单位、监理单位全部检查。

检验方法:观察和检查试验资料。

10.2.31　拼装梁段胶接材料的配合比例必须符合设计要求,稠度和固化时间应符合施工工艺设计要求。

检验数量:施工单位、监理单位全部检查。

检验方法:观察、检查配合比试验记录。

10.2.32　拼装梁段的接缝面处理、接缝宽度和方法必须符合设计要求和施工工艺设计。

检验数量:施工单位、监理单位全部检查。

检验方法:观察和尺量。

一般项目

10.2.33　悬臂拼装预应力混凝土连续梁允许偏差和检验方法应符合表10.2.33的规定。

表10.2.33　悬壁拼装预应力混凝土连续梁允许偏差和检验方法

序　号	项　目	允许偏差(mm)	检　验　方　法
1	高程	$^{+25}_{0}$	测量
2	中线	15	
3	相邻两墩悬臂端相对高差	20	
4	拼接处相邻梁段高差	3	
5	相邻梁段中线偏差	3	

检验数量:施工单位全部检查。

(Ⅶ)支　座

主控项目

10.2.34　悬臂拼装混凝土连续梁支座安装的检验必须符合本标准第17.2.1条~第17.2.5条的规定。

10.2.35　预应力混凝土连续梁体系转换施工顺序及支座安装应符合第10.1.35条的规定。

检验数量:施工单位、监理单位全部检查。

检验方法:观察和检查测量记录。

一般项目

10.2.36　悬臂拼装预应力混凝土连续梁支座安装的检验应符合本标准第17.2.6条的规定。

(Ⅷ)防　水　层

主控项目

10.2.37　防水层的检验必须符合本标准第20.2.1条~第20.2.4条的规定。

一 般 项 目

10.2.38 防水层的检验应符合本标准第20.2.5条~第20.2.11条的规定。

10.3 顶推法制架预应力混凝土连续梁

(Ⅰ)一 般 规 定

10.3.1 模板及支架、钢筋、混凝土和预应力施工应符合铁道部现行《铁路混凝土与砌体工程施工质量验收标准》(TB 10424—2003)第4.1节、第5.1节、第6.1节和第7.1节的有关规定。

10.3.2 支座安装施工应符合本标准第17.1.1条和第17.1.2条的规定。

10.3.3 防水层施工应符合本标准第20.1.1条~第20.1.4条的规定。

10.3.4 采用顶推法制架预应力混凝土连续梁,应编制实施性施工组织设计和顶推工艺设计。顶推阶段必须考虑梁的弹性压缩对梁长及支座对位的影响。

10.3.5 制梁台座必须坚固、稳定,位于顶推线上的制梁台座,中线及纵坡应与桥梁设计中线及纵坡相一致。

10.3.6 临时墩必须具有足够的强度、刚度和稳定性,需加设顶推装置时应经过计算。

10.3.7 顶推设备必须进行检验,顶推设备、滑道、导向及纠偏装置应符合顶推工艺设计的要求。

10.3.8 多点顶推时,同一墩台及各墩的顶推设备应同步启动和同步纵向运行。

(Ⅱ)模板及支架

主 控 项 目

10.3.9 模板及支架安装和拆除的检验必须符合铁道部现行《铁路混凝土与砌体工程施工质量验收标准》(TB 10424—2003)第4.2.1条、第4.2.2条和第4.3.1条的规定。

一 般 项 目

10.3.10 模板及支架安装和拆除的检验,应符合铁道部现行《铁路混凝土与砌体工程施工质量验收标准》(TB 10424—2003)第4.2.4条和第4.3.2条的规定。

10.3.11 模板尺寸允许偏差和检验方法,应符合第10.1.18条的规定。

(Ⅲ)钢　　筋

主 控 项 目

10.3.12 钢筋原材料、加工、连接和安装的检验,必须符合铁道部现行《铁路混凝土与砌体工程施工质量验收标准》(TB 10424—2003)第5.2.1条、第5.3.1条、第5.4.1条、第5.4.2条和第5.5.1条的规定。

一 般 项 目

10.3.13 钢筋原材料、加工和连接的检验应符合铁道部现行《铁路混凝土与砌体工程施工质量验收标准》(TB 10424—2003)第5.2.2条、第5.3.2条和第5.4.3条的规定。

10.3.14 钢筋安装的检验应符合第10.2.19条的规定。

(Ⅳ)混 凝 土

主 控 项 目

10.3.15 混凝土原材料、配合比设计和施工的检验必须符合铁道部现行《铁路混凝土与砌体工程施工质量验收标准》(TB 10424—2003)第6.2.1条~第6.2.6条、第6.3.1条、第6.3.2条和第6.4.1条~第6.4.3条的规定。

10.3.16 梁体表面裂缝宽度的检验必须符合本标准第9.4.10条的规定。

一 般 项 目

10.3.17 混凝土施工的检验应符合铁道部现行《铁路混凝土与砌体工程施工质量验收标准》(TB 10424—2003)第6.4.4条~第6.4.6条和第6.4.8条的规定。

10.3.18 预制梁段的检验应符合第10.2.25条的规定。

10.3.19 预制梁段的表面质量,应符合本标准第9.2.12条的规定。

(Ⅴ)预 应 力

主 控 项 目

10.3.20 预应力施工原材料、预应力筋制作和安装、张拉、压浆和封端的检验,必须符合铁道部现行《铁路混凝土与砌体工程施工质量验收标准》(TB 10424—2003)第7.2.1条~第7.2.5条、第7.3.1条~第7.3.3条、第7.4.1条~第7.4.5条和第7.5.1条~第7.5.3条的规定。

10.3.21 顶推梁段的临时预应力筋张拉与拆除顺序必须符合设计要求。

检验数量:施工单位、监理单位全部检查。

检验方法:观察。

一 般 项 目

10.3.22 预应力筋制作和安装、张拉、压浆和封端的检验,应符合铁道部现行《铁路混凝土与砌体工程施工质量验收标准》(TB 10424—2003)第7.3.4条、第7.4.6条、第7.5.4条和本标准第10.1.33条的规定。

(Ⅵ)梁 段 顶 推

主 控 项 目

10.3.23 导梁长度及与主梁连接方法必须符合设计要求。导梁应具有足够的强度和刚度,底面应平直。

检验数量:施工单位、监理单位全面检查。

检验方法:观察和测量。

10.3.24 顶推滑道材料和摩擦系数必须符合顶推工艺设计要求。

检验数量:施工单位、监理单位全部检查。

检验方法:观察。

10.3.25 千斤顶的顶推力应不小于计算顶推力的 2 倍,顶推过程中墩、台纵向位移不得大于设计要求。顶升桥梁的起顶反力值不得大于计算反力值的 1.1 倍,顶升高度不得大于设计要求值,设计无要求时不得大于 5 mm。

检验数量:施工单位、监理单位全部检查。

检验方法:观察和尺量。

一 般 项 目

10.3.26 顶推法架设预应力混凝土连续梁允许偏差和检验方法,应符合表 10.3.26 的规定。

表 10.3.26 顶推法架设预应力混凝土连续梁允许偏差和检验方法

序 号	项 目	允许偏差	检 验 方 法
1	桥梁全长	±20 mm	测量
2	桥梁跨度	±20 mm	
3	桥梁中线	2 mm	
4	导梁中线	2 mm	
5	相邻两跨支承点同侧滑移装置纵向顶面高程	±1 mm	
6	同一支承点滑移装置横向顶面高程	±1 mm	
7	制梁台座或拼装线(包括滑移装置)和底模高程	±1 mm	
8	导梁底面纵向高程	±2 mm	
9	导梁底面横向高差	±1 mm	
10	顶推梁端面垂直度	1/1 000 梁高	
11	桥梁底面平整度	2 mm	2 m 靠尺检查 不少于 5 处
12	桥梁底面高程	±2 mm	测量

检验数量:施工单位全部检查。

(Ⅶ)支 座

主 控 项 目

10.3.27 顶推预应力混凝土连续梁支座的检验必须符合本标准第 17.2.1 条~第 17.2.5 条的规定。

10.3.28 落梁程序必须符合设计要求,拆除滑动装置时,顶梁高度应不大于 5 mm,下落高度应不大于 10 mm,相邻桥墩各顶点高差应不大于 5 mm,同一墩、台两侧梁底顶落高差应不大于 1 mm;落梁时应以支点反力控制施工,可在不大于计算支点反力值 ±10% 范围内兼顾调整梁底高程。

检验数量：施工单位、监理单位全部检查。

检验方法：观察和尺量。

监理单位旁站监理。

一 般 项 目

10.3.29 顶推预应力混凝土连续梁支座安装的检验应符合本标准第17.2.6条的规定。

(Ⅷ)防　水　层

主 控 项 目

10.3.30 防水层的检验必须符合本标准第20.2.1条～第20.2.4条的规定。

一 般 项 目

10.3.31 防水层的检验应符合本标准第20.2.5条～第20.2.11条的规定。

11　造桥机制架预应力混凝土梁

11.1　一般规定

11.1.1　模板及支架、钢筋、混凝土和预应力施工应符合铁道部现行《铁路混凝土与砌体工程施工质量验收标准》(TB 10424—2003)第4.1节、第5.1节、第6.1节和第7.1节的有关规定。

11.1.2　支座安装施工应符合本标准第17.1.1条～第17.1.2条的规定。

11.1.3　防水层施工应符合本标准第20.1.1条～第20.1.4条的规定。

11.1.4　造桥机制、架预应力混凝土梁，应编制实施性施工组织设计、施工辅助结构工艺设计和施工工艺设计。

11.1.5　造桥机的墩旁托架及落地支架，应具有足够的强度、刚度和稳定性，基础必须坚实稳固。

11.1.6　造桥机在每次拼装前，须对各零、部件的完好情况进行检查。每次拼装完毕，均应进行全面检查和试验，符合设计要求方可投入使用。造桥机纵向前移的抗倾覆稳定系数不得小于1.5，前移时应对桥墩及临时墩和主桁梁采取稳定措施，墩旁托架及落地支架上设置的下滑道应具有足够的强度、刚度、长度和宽度。

11.2　模板及支架

主控项目

11.2.1　模板及支架安装和拆除的检验，必须符合铁道部现行《铁路混凝土与砌体工程施工质量验收标准》(TB 10424—2003)第4.2.1条、第4.2.2条和第4.3.1条的规定。

一般项目

11.2.2　模板及支架拆除的检验，应符合铁道部现行《铁路混凝土与砌体工程施工质量验收标准》(TB 10424—2003)第4.3.2条的规定。

11.2.3　预埋件在模板上的允许偏差和检验方法应符合表11.2.3的规定。

表11.2.3　预埋件在模板上的允许偏差和检验方法

序号	项目		允许偏差(mm)	检验方法
1	支座板	箱形梁每一端两块支座板的高差	3	尺量
		每一支座板四角高差	2	
		每一支座板的十字线或相交边缘的扭角	1	
		支座板位置	3	
2	螺栓	螺栓外露长度	±10	
		支座螺栓中心位置	2	

检验数量：施工单位全部检查。

11.2.4　制梁模板尺寸允许偏差和检验方法，应符合第10.1.18条的规定。

11.3　钢　　筋

主 控 项 目

11.3.1　钢筋原材料、加工、连接和安装的检验必须符合铁道部现行《铁路混凝土与砌体工程施工质量验收标准》(TB 10424—2003)第5.2.1条、第5.3.1条、第5.4.1条、第5.4.2条和第5.5.1条的规定。

一 般 项 目

11.3.2　钢筋原材料、加工和连接的检验应符合铁道部现行《铁路混凝土与砌体工程施工质量验收标准》(TB 10424—2003)第5.2.2条、第5.3.2条和第5.4.3条的规定。

11.3.3　钢筋安装允许偏差和检验方法，应符合本标准第10.2.19条的规定。

11.4　混　凝　土

主 控 项 目

11.4.1　混凝土原材料、配合比设计和施工的检验必须符合铁道部现行《铁路混凝土与砌体工程施工质量验收标准》(TB 10424—2003)第6.2.1条～第6.2.6条、第6.3.1条、第6.3.2条和第6.4.1条～第6.4.3条的规定。

11.4.2　移动模架造桥机制架预应力混凝土连续梁时，混凝土分段浇筑顺序、长度、接缝方法必须符合设计要求，并应对梁段线型进行监测，发现超出允许偏差应及时调整纠正。

检验数量：施工单位、监理单位全部检查。

检验方法：观察和测量。

11.4.3　连续梁合龙梁段混凝土施工的检验必须符合设计要求和施工工艺设计。

11.4.4　梁体表面裂缝宽度的检验必须符合本标准第9.4.10条的规定。

一 般 项 目

11.4.5　混凝土施工的检验应符合铁道部现行《铁路混凝土与砌体工程施工质量验收标准》(TB 10424—2003)第6.4.4条～第6.4.6条的规定。

11.4.6　预应力混凝土箱形梁外形尺寸允许偏差和检验方法应符合表11.4.6的规定。

表11.4.6　箱梁外形尺寸允许偏差和检验方法

序　号	项　　目	允许偏差	检　验　方　法
1	箱梁全长	±20 mm	检查梁底及桥面，终张拉后测量
2	箱梁跨度 L	±20 mm	支座中心至中心，终张拉后测量
3	支座中心到梁端	±15 mm	尺量
4	桥面宽度	±5 mm	检查跨中、$L/4$ 截面
5	箱梁底宽	$^{+5}_{0}$ mm	检查跨中、$L/4$ 截面
6	梁高	$^{+10}_{-5}$ mm	检查跨中及两支座处截面

续上表

序 号	项 目	允许偏差	检 验 方 法
7	腹板厚度	$^{+10}_{-5}$mm	在通风孔测量跨中、L/4 截面各 2 处
8	底板厚度	$^{+10}_{0}$mm	专用测量工具检查跨中、L/4 截面各 2 处
9	顶板厚度	$^{+10}_{0}$mm	专用测量工具检查跨中、L/4 各 2 处
10	桥面偏离设计位置	$^{+20}_{-10}$mm	从支座中心引线至桥面测量
11	箱梁上拱度	$^{+L/2\,500}_{0}$mm	终张拉 30 天时测量
12	挡砟墙厚度	$^{+15}_{0}$mm	尺量
13	表面垂直度	每米高度 3 mm	检查腹板，吊线尺量两端支座处
14	桥面平整度	5 mm	1 m 靠尺检查，任何一个方向每孔梁不少于 5 处
15	支座板每块板边缘高差	1 mm	用水平尺靠量
16	支座螺栓中心位置偏差	2 mm	用游标卡尺测量每块板上 4 个螺栓中心距(包括对角线)
17	两端支座中线间的横向距离偏差	±5 mm	用水平尺量
18	螺栓	垂直梁底板	用水平尺量

检验数量：施工单位全部检查。

11.4.7 预应力混凝土梁的表面质量应符合本标准第 9.2.12 条的规定。

11.5 预 应 力

主 控 项 目

11.5.1 预应力施工原材料、预应力筋制作和安装、张拉、压浆和封端的检验，必须符合铁道部现行《铁路混凝土与砌体工程施工质量验收标准》(TB 10424—2003)第 7.2.1 条～第 7.2.5 条、第 7.3.1 条～第 7.3.3 条、第 7.4.1 条～第 7.4.5 条和第 7.5.1 条～第 7.5.3 条的规定。

一 般 项 目

11.5.2 预应力筋制作和安装、张拉、压浆和封端的检验，应符合铁道部现行《铁路混凝土与砌体工程施工质量验收标准》(TB 10424—2003)第 7.3.4 条、第 7.4.6 条、第 7.5.4 条和本标准第 10.1.33 条的规定。

11.6 预制梁段组拼

主 控 项 目

11.6.1 移动支架造桥机组拼预制梁段时，接缝表面处理、接缝方法、材料及梁体预拱度必须符合设计要求。湿接头的预应力孔道应圆顺、通透、接头牢固不漏浆。

检验数量：施工单位、监理单位全部检查。

检验方法：观察和测量。

一 般 项 目

11.6.2　预制梁段整孔组拼(浇筑湿接头前)允许偏差和检验方法应符合表 11.6.2 的规定。

表 11.6.2　预制梁段整孔组拼(浇筑湿接头前)允许偏差和检验方法

序号	项目	允许偏差(mm)	检验方法
1	梁全长	±30	尺量不少于 5 处
2	梁跨度	±20	
3	梁段纵向中线位置偏差	5	测量检查
4	相邻梁段中心线偏差	3	
5	梁段垂直度	每米不大于 4	吊线尺量不少于 5 处
6	相邻梁段高差	±3	测量检查
7	梁体预拱度	3	

检验数量:施工单位全部检查。

11.7　支　　座

主 控 项 目

11.7.1　支座安装的检验必须符合本标准第 17.2.1 条～第 17.2.5 条的规定。

11.7.2　连续梁体系转换施工顺序必须符合设计要求。

检验数量:施工单位、监理单位全部检查。

检验方法:观察。

一 般 项 目

11.7.3　支座安装的检验应符合本标准第 17.2.6 条的规定。

11.8　防　水　层

主 控 项 目

11.8.1　防水层的检验必须符合本标准第 20.2.1 条～第 20.2.4 条的规定。

一 般 项 目

11.8.2　防水层的检验应符合本标准第 20.2.5 条～第 20.2.11 条的规定。

12 钢 桁 梁

12.1 一 般 规 定

12.1.1 钢桁梁支座检验应符合本标准第17.1.1条和第17.1.2条的规定。

12.1.2 钢桁梁施工应编制实施性施工组织设计、架梁辅助结构工艺设计和施工工艺设计。

12.1.3 钢桁梁杆件存放及预拼场地，应平整、压实、排水良好和具有足够承载力，并应位于汛期洪水位以上。杆件存放支承点应放在不因自重而产生永久变形的地方，并应防止杆件积水锈蚀和栓接板面磨损、污染。

12.1.4 杆件预拼台座和钢桁梁拼装使用的墩旁托架、落地支架及临时支墩等辅助结构，必须经过设计计算具有足够的强度、刚度和承载力。

12.1.5 钢桁梁拼装设备应经过结构设计计算，起重机械能力应与钢桁梁杆件预拼单元尺寸及重量、起吊高度及回转半径相适应。

12.1.6 钢桁梁杆件预拼图应根据钢桁梁设计图和钢桁梁拼装顺序绘制，应标明预拼单元的杆件位置编号、重量和节点板预拼安装钉栓位置等。

12.1.7 高强度螺栓连接副施拧使用的扳手，使用前后必须标定，扭矩偏差不应大于使用扭矩值的±5%。

12.2 杆 件 预 拼

主 控 项 目

12.2.1 杆件及零件的规格、质量必须符合设计要求和相关标准的规定。

检验数量：施工单位、监理单位全部检查。

检验方法：观察、尺量和检查出厂产品合格证。

12.2.2 钢桁梁杆件拼装前，必须对工厂随梁发送的栓接板面抗滑移系数试件进行检验，抗滑移系数符合设计要求才能进行杆件拼装。

检验数量：施工单位、监理单位全部检查。

检验方法：施工单位对随梁试件进行试验；监理单位见证检验。

12.2.3 高强度螺栓连接副的规格、质量、扭矩系数必须符合设计要求和相关标准的规定。

检验数量：连接副规格、质量施工单位和监理单位全部检查。扭矩系数施工单位按生产厂提供批号每批不少于8套分批检查，监理单位同施工单位。

检验方法：观察、尺量和检查工厂按批提供的产品质量保证书。施工单位做扭矩系数试验，监理单位检查试验报告和见证检验。

12.2.4 钢桁梁杆件预拼必须按照杆件预拼图施工。杆件预拼成吊装单元后，杆件及钉栓布置不得妨碍接续拼装,吊装单元重量不得大于吊机起重能力。

检验数量:施工单位、监理单位全部检查。

检验方法:观察。

12.2.5 高强度螺栓连接副施拧,必须符合相关标准规定和施工工艺设计要求。

检验数量:施工单位全部检查;监理单位每个栓群或节点板随机抽查10%,但主桁和纵、横梁连接处不少于2副,其余节点不少于1副。

检验方法:施工单位使用扭矩扳手或量角器检查;监理单位见证检验。

12.2.6 由板厚小于32 mm板组成的板束,其板层缝隙必须满足0.3 mm插片深入缝隙深度不大于20 mm的规定。由板厚大于32 mm板组成的板束,其密贴标准必须符合设计要求。

检验数量:施工单位、监理单位全部检查。

检验方法:用0.3 mm塞尺检查。

12.2.7 磨光顶紧节点预拼,必须按照工厂的编号对号组拼,不得调换、调边或翻面拼装,磨光顶紧处缝隙不大于0.2 mm的密贴面积应不小于75%。

检验数量:施工单位、监理单位全部检查。

检验方法:用0.2 mm塞尺检查。

一般项目

12.2.8 钢桁梁杆件预拼允许偏差和检验方法应符合表12.2.8的规定。

表12.2.8 杆件预拼允许偏差和检验方法

序号	项目	允许偏差(mm)	检验方法
1	两片纵梁间距	±1	尺量不少于5处
2	两片纵梁平面对角线	±2	

检验数量:施工单位全部检查。

12.3 拼装架设

主控项目

12.3.1 钢桁梁拼装架设顺序必须符合设计要求,设计无要求时应按钢桁梁节间依次进行施工。主桁杆件应左右两侧对称拼装成闭合三角形,较长杆件应避免处于悬壁状态。每组拼完成一个节间或一孔梁应即检测调正其位置及预拱度。

检验数量:施工单位、监理单位全部检查。

检验方法:观察和检查测量记录。

12.3.2 在支架上拼装钢桁梁时,冲钉和高强度螺栓总数量不得少于孔眼总数的1/3,其中冲钉应占2/3,孔眼较少部位冲钉和高强度螺栓数量不得少于6个。

检验数量:施工单位、监理单位全部检查。

检验方法:观察。

12.3.3 采用悬壁法或半悬壁法拼装钢桁梁时,联结处冲钉数量应按所承受的荷载计算决定,但不得少于孔眼总数的一半,其余孔眼布置高强度螺栓。冲钉和高强度螺栓应均匀地安装。

检验数量:施工单位、监理单位全部检查。

检验方法:观察和检查计算资料。

12.3.4 杆件拼装时栓接板面及栓孔必须洁净、干燥、平整,当拼装出现摩擦面间隙时,板面处理必须符合相关标准的规定。

检验数量:施工单位、监理单位全部检查。

检验方法:观察和尺量。

12.3.5 扭矩法终拧检查扭矩,欠拧和超拧值均不得大于规定值的10%,每个栓群或节点检查的螺栓合格率不得小于80%,并应对欠拧者补拧至规定扭矩,超拧者更换连接副后重新拧紧。扭角法终拧检查转角,不足读数应补拧至规定转角,超拧度数大于5°者应更换连接副后重新拧紧。

检验数量:施工单位全部检查;监理单位每个栓群或节点板随机抽查10%,但主桁及纵、横梁连接处不少于2副,其余节点不少于1副。

检验方法:施工单位使用扭矩扳手或量角器检查,监理单位见证检验。

一 般 项 目

12.3.6 钢桁梁安装允许偏差和检验方法,应符合表12.3.6的规定。

表12.3.6 钢桁梁安装允许偏差和检验方法

序号	项目		允许偏差	检验方法
1	墩台处横梁中线与设计线路中线偏移		10 mm	测量检查
2	两孔(联)间相邻横梁中线相对偏差		5 mm	
3	墩台处横梁顶与设计高程偏差		±10 mm	
4	两孔(联)间相邻横梁相对高差		5 mm	
5	每孔梁对角线支点的相对高差		5 mm	
6	固定支座处钢梁节点中心线与设计里程纵向偏差	连续梁、梁跨≥60 m简支梁	±20 mm	
		梁跨<60 m简支梁	±10 mm	
7	钢梁平面	弦杆节点对梁跨端节点中心联线的偏移	跨度的1/5 000	
		弦杆节点对相邻两个奇数或偶数节点中心联线的偏移	5 mm	
8	立柱在钢梁的横断面内垂直偏移		立柱理论长度的1/700	
9	钢梁立面拱度偏差	设计拱度≤60 mm	±4 mm	
		设计拱度≤120 mm	设计拱度的±8%	
		设计拱度>120 mm	按技术文件中规定	
10	两主桁相对节点位置	支点处相对高差	梁宽的1/1 000	
		梁跨中心节点处相对高差	梁宽的1/500	
		跨中其他节点处相对高差	根据支点及跨中节点高差按比例增减	

检验数量:施工单位全部检查。

12.4 支　座

主 控 项 目

12.4.1 支座安装使用千斤顶顶梁位置、先后顺序和顶落幅度必须符合设计要求,支座安装应以高程控制为主,支点反力作为校核。

检验数量:施工单位、监理单位全部检查。

检验方法:观察和测量。

12.4.2 支座安装的检验必须符合本标准第17.2.1条~第17.2.5条的规定。

一 般 项 目

12.4.3 钢桁梁支座安装的检验应符合本标准第17.2.6条的规定。

12.5 涂　装

主 控 项 目

12.5.1 **钢桁梁涂装体系必须符合设计要求。**

检验数量:施工单位、监理单位全部检查。

检验方法:对照设计文件观察。

12.5.2 涂装使用的各种涂料品种、质量,必须符合设计要求和相关标准的规定。

检验数量:施工单位、监理单位全部检查。

检验方法:观察和检查出厂合格证或检验报告。

12.5.3 杆件涂装前,表面的污泥、油垢、铁锈等必须清除干净,杆件表面除锈及粗糙度必须符合铁道部现行《铁路钢桥保护涂装》(TB/T 1527)的规定。

检验数量:施工单位、监理单位全部检查。

检验方法:观察和检查试验记录。

12.5.4 杆件结合点可能积水的缝隙必须在涂装前进行封填,缝宽不大于0.3 mm用底层涂料封填,缝宽大于0.3 mm用腻子封填。腻子的使用寿命不应低于油漆寿命,并应具有耐水、耐候、防渗、防锈性能。

检验数量:施工单位、监理单位全部检查。

检验方法:观察和尺量。

12.5.5 涂装工艺必须符合铁道部现行《铁路钢桥保护涂装》(TB/T 1527)的有关规定。

检验数量:施工单位、监理单位全部检查。

检验方法:观察和检查施工记录。

12.5.6 涂装体系干膜最小总厚度和每一涂层干膜平均厚度不得小于设计要求厚度,且每一涂层的最小厚度不应小于设计要求厚度的90%。

检验数量:施工单位、监理单位全部检查。

检验方法:观察和仪器检测。

12.5.7 涂装涂料涂层对底材附着力和涂装体系涂层间附着力,必须符合铁道部现行《铁路钢桥保护涂装》(TB/T 1527)的有关规定。

检验数量:施工单位、监理单位每一杆件全部检查。

检验方法:施工单位采用拉开法和划格法测定,监理单位见证检验。

一 般 项 目

12.5.8 涂装涂料涂层表面,应平整光泽,颜色均匀,无漏底、漏涂、起泡、气孔、裂纹、剥落、划伤及咬底缺陷,手工涂刷的无明显刷痕。在任何 1 m^2 范围内,橘皮、起皱、针孔、流挂小于 3 cm×3 cm 面积的缺陷不得超过 2 处,小面积刷痕不得超过 4 处,涂料颗粒和尘土微粒所占涂装面积不得超过 10% 。

检验数量:施工单位全部检查。

检验方法:观察和尺量。

13 结 合 梁

13.1 一 般 规 定

13.1.1 钢筋混凝土桥面板的模板及支架、钢筋、混凝土和预应力施工，应符合铁道部现行《铁路混凝土与砌体工程施工质量验收标准》(TB 10424—2003)第4.1节、第5.1节、第6.1节和第7.1节的有关规定。

13.1.2 钢梁支座检验应符合本标准第17.1.1条和第17.1.2条的规定。

13.1.3 防水层施工应符合本标准第20.1.1条~第20.1.4条的规定。

13.1.4 钢桁梁杆件存放及拼装施工设备应符合本标准第12.1.3条~第12.1.5条的规定。

13.1.5 结合梁施工应编制实施性施工组织设计和施工工艺设计。

13.1.6 连续梁现浇桥面板时，混凝土分段长度及浇筑顺序、预应力筋张拉顺序、连续梁落梁顺序等应符合设计要求。

13.2 钢 梁

(Ⅰ)拼装与架设

主 控 项 目

13.2.1 整孔(段)钢梁及钢桁梁所用的杆件、零件和剪力联结器及所用零件的规格、型号必须符合设计要求和相关标准的规定。

检验数量：施工单位、监理单位全部检查。

检验方法：检查产品合格证、观察和尺量。

13.2.2 整孔钢梁架设和钢桁梁工地拼装架设施工质量和工艺必须符合设计要求和施工工艺设计。

检验数量：施工单位、监理单位全部检查。

检验方法：观察、尺量。

13.2.3 钢梁工地焊接时，焊缝质量必须符合设计要求和焊接工艺。

检验数量：施工单位、监理单位全部检查。

检验方法：施工单位超声波探伤、观察和尺量；监理单位见证检测、观察和尺量。

13.2.4 工地焊接栓钉柔性联结器的焊接质量，必须符合设计要求，设计无要求时应符合下列规定：

1 栓钉周边焊缝长度、宽度、高度、饱满度及栓钉与钢板的垂直度和结合程度，应符合焊接工艺；

2 栓钉沿轴线方向焊缝平均高度不小于0.2倍栓钉直径；

3 栓钉沿轴线方向焊缝最小高度不小于0.15倍栓钉直径；

4 栓钉周边焊缝平均直径不小于1.25倍栓钉直径;

5 栓钉沿轴线弯曲30°后,焊缝和热影响区不应有肉眼可见的裂缝。

检验数量:施工单位、监理单位抽检5%但每工作班不少于2个。

检验方法:施工单位进行30°弯曲试验、观察和尺量;监理单位见证试验、观察和尺量。

一 般 项 目

13.2.5 钢梁尺寸允许偏差和检验方法应符合表13.2.5的规定。

表13.2.5 钢梁尺寸允许偏差和检验方法

序 号	项 目		允许偏差(mm)	检 验 方 法
1	梁高(H)	$H\leq2$ m	±2	尺量两端腹板处
		$H>2$ m	±4	
2	主梁中心距		±3	尺量两端腹板中心距
3	相邻梁段上下翼缘错边量		焊接≤1、栓接≤2	尺量
4	相邻梁段腹板错边量		焊接≤1、栓接≤2	
5	拼接梁段两端板边孔距		1.0 (采用工地扩孔为2.0)	尺量中间段之两端连接孔的中心距
6	连续梁长度		±15	拼接后尺量全长
7	主梁上拱度		$^{+10}_{-3}$	尺量或测量跨中
8	横断面对角线差		4	尺量两端断面
9	腹板平面度		板梁$h/350$、箱梁$h/250$,均不大于8	尺量
10	旁弯		板梁$L/5$ 箱梁 $3+0.1L$,且均小于8	拉线尺量
11	支点高差		5	测量
12	主梁、纵横梁盖板对腹板的垂直度		0.5(有孔部位) 1.5(其他部位)	直角尺测量

注:L为跨长以m计。腹板平面度h为盖板与加劲肋或加劲肋与加劲肋之间的距离以mm计。

检验数量:施工单位全部检查。

13.2.6 钢梁安装允许偏差和检验方法应符合本标准第12.3.6条的规定。

(Ⅱ)支 座

主 控 项 目

13.2.7 钢梁支座安装的检验必须符合本标准第12.4.1条和第12.4.2条的规定。

一 般 项 目

13.2.8 钢梁支座安装的检验应符合本标准第17.2.6条的规定。

(Ⅲ)涂 装

主 控 项 目

13.2.9 涂装的检验必须符合本标准第12.5.1条~第12.5.7条的规定。

一 般 项 目

13.2.10 涂装表面质量应符合本标准第 12.5.8 条的规定。

13.3 混凝土桥面板

（Ⅰ）模板与支架

主 控 项 目

13.3.1 模板及支架安装和拆除的检验必须符合铁道部现行《铁路混凝土与砌体工程施工质量验收标准》(TB 10424—2003)第 4.2.1 条、第 4.2.2 条和第 4.3.1 条的规定。

一 般 项 目

13.3.2 模板及支架安装和拆除的检验应符合铁道部现行《铁路混凝土与砌体工程施工质量验收标准》(TB 10424—2003)第 4.2.4 条和第 4.3.2 条的规定。
13.3.3 模板尺寸允许偏差和检验方法应符合本标准第 10.1.18 条的规定。

（Ⅱ）钢　筋

主 控 项 目

13.3.4 钢筋原材料、加工、连接和安装的检验必须符合铁道部现行《铁路混凝土与砌体工程施工质量验收标准》(TB 10424—2003)第 5.2.1 条、第 5.3.1 条、第 5.4.1 条、第 5.4.2 条和第 5.5.1 条的规定。

一 般 项 目

13.3.5 钢筋原材料、加工和连接的检验应符合铁道部现行《铁路混凝土与砌体工程施工质量验收标准》(TB 10424—2003)第 5.2.2 条、第 5.3.2 条和第 5.4.3 条的规定。
13.3.6 钢筋安装的检验应符合本标准第 10.2.19 条的规定。

（Ⅲ）混　凝　土

主 控 项 目

13.3.7 混凝土原材料，配合比设计和施工的检验必须符合铁道部现行《铁路混凝土与砌体工程施工质量验收标准》(TB 10424—2003)第 6.2.1 条 ~ 第 6.2.6 条、第 6.3.1 条、第 6.3.2 条和第 6.4.1 条 ~ 第 6.4.3 条的规定。
13.3.8 钢筋混凝土桥面板表面裂缝宽度的检验必须符合本标准第 9.4.10 条的规定。

一 般 项 目

13.3.9 混凝土施工的检验应符合铁道部现行《铁路混凝土与砌体工程施工质量验收标准》(TB 10424—2003)第 6.4.4 条 ~ 第 6.4.6 条的规定。

13.3.10　钢筋混凝土桥面板的检验应符合本标准第10.2.25条的规定。

13.3.11　钢筋混凝土桥面板的表面质量应符合本标准第9.2.12条的规定。

(Ⅳ)预　应　力

主 控 项 目

13.3.12　预应力施工原材料、预应力筋制作和安装、张拉、压浆和封端的检验,必须符合铁道部现行《铁路混凝土与砌体工程施工质量验收标准》(TB 10424—2003)第7.2.1条～第7.2.5条、第7.3.1条～第7.3.3条、第7.4.1条～第7.4.5条和第7.5.1条～第7.5.3条的规定。

一 般 项 目

13.3.13　预应力筋制作和安装、张拉、压浆和封端的检验,应符合铁道部现行《铁路混凝土与砌体工程施工质量验收标准》(TB 10424—2003)第7.3.4条、第7.3.5条、第7.4.6条和第7.5.4条的规定。

(Ⅴ)桥面板安装

主 控 项 目

13.3.14　桥面板安装前,必须将钢梁与桥面板的结合面及剪力联结器表面清理干净,剪力联结器应无变形、锈蚀等缺陷。

检验数量:施工单位、监理单位全部检查。

检验方法:观察。

13.3.15　桥面板的规格和质量必须符合设计要求。

检验数量:施工单位、监理单位全部检查。

检验方法:检查出厂合格证、验收记录、观察和尺量。

13.3.16　桥面板安装时,桥面板在钢梁上安装顺序及接缝方法、桥面板预留剪力联结器窗孔浇筑方法及材料质量和桥面板与钢梁间缝隙处理必须符合设计要求。

检验数量:施工单位、监理单位全部检查。

检验方法:观察和检查试验资料。

一 般 项 目

13.3.17　结合梁的允许偏差和检验方法,应符合表13.3.17的规定。

表13.3.17　结合梁允许偏差和检验方法

序　号	项　　目	允许偏差(mm)	检　验　方　法
1	桥梁全长	±15	尺量,检查桥面及钢梁
2	梁高	$^{+15}_{-5}$	尺量,检查梁端桥面板顶至钢梁底
3	桥面板中心线与钢梁中心线	10	尺量,检查梁端和跨中
4	桥面挡砟墙内侧宽度	$^{+10}_{-5}$	
5	上拱度(与设计值相比)	$^{+10}_{-3}$	测量,检查跨中

检验数量:施工单位全部检查。

(Ⅵ)防　水　层

主 控 项 目

13.3.18 防水层的检验必须符合本标准第 20.2.1 条 ~ 第 20.2.4 条的规定。

一 般 项 目

13.3.19 防水层的检验应符合本标准第 20.2.5 条 ~ 第 20.2.11 条的规定。

14 预应力混凝土斜拉桥

14.1 一般规定

14.1.1 模板及支架、钢筋、混凝土和预应力的施工应符合铁道部现行《铁路混凝土与砌体工程施工质量验收标准》(TB 10424—2003)第4.1节、第5.1节、第6.1节和第7.1节的有关规定。

14.1.2 支座和防水层的施工应符合本标准第17.1节和第20.1节的有关规定。

14.1.3 施工单位应在施工前全面了解设计的要求和意图,编制实施性施工组织设计及施工工艺细则。

14.1.4 **悬臂浇筑梁段混凝土所用挂篮必须有施工工艺设计,其强度、刚度和稳定性必须满足不同施工阶段的施工荷载的要求。走行和浇筑混凝土时,倾覆稳定系数不得小于2。挂篮正式施工前应试拼和进行载荷试验。**

14.1.5 **主梁施工时必须进行动态施工控制,即对梁体每一施工阶段的结果进行详细的监控测试和验算,以确定下一施工阶段斜拉索张拉力值和主梁线型、高程及索塔位移控制量值,周而复始直至全桥合龙。**

14.1.6 测试索力所用的索力测试仪或频率仪在使用前必须经计量部门检定。使用期间还必须按计量部门规定的检定周期定期检定。

14.1.7 **施工过程中出现异常情况时,应停止施工,由监理单位组织勘察设计、施工等单位共同分析情况,解决问题,消除隐患,并形成记录。**

14.1.8 **从事检测试验的单位,必须具备省(部)级建设行政主管部门颁发的资质证书和计量行政主管部门颁发的计量认证合格证书。**

14.2 索 塔

(Ⅰ)模板及支架

主 控 项 目

14.2.1 模板及支架安装和拆除的检验必须符合铁道部现行《铁路混凝土与砌体工程施工质量验收标准》(TB 10424—2003)第4.2.1条、第4.2.2条和第4.3.1条的规定。

一 般 项 目

14.2.2 模板及支架拆除的检验应符合铁道部现行《铁路混凝土与砌体工程施工质量验收标准》(TB 10424—2003)第4.3.2条的规定。

14.2.3 塔段模板的允许偏差和检验方法应符合表14.2.3规定。

检查数量:施工单位全部检查。

表 14.2.3 塔段模板的允许偏差和检验方法

序号	项目		允许偏差	检验方法
1	塔段模板	(1)表面平整度	3 mm	2 m靠尺检查
		(2)顶、底面尺寸	$^{+5}_{0}$ mm	尺量检查
		(3)顶、底面高程	±20 mm	测量检查
		(4)平面十字线位置与设计位置	5 mm	
2	孔道定位模板	(1)斜拉索管道两端中心位置	3 mm	
		(2)预应力筋孔道位置与设计位置	3 mm	尺量检查
3	预埋配件	(1)预埋铁件、锚杆孔、通风孔等位置	10 mm	
		(2)锚具支承垫板与预留孔道轴线垂直度	1°	角尺检查

14.2.4 使用爬模时,其允许偏差和检验方法应符合本标准第8.2.3条的规定。

(Ⅱ)钢　筋

主 控 项 目

14.2.5 钢筋原材料、加工、连接和安装的检验必须符合铁道部现行《铁路混凝土与砌体工程施工质量验收标准》(TB 10424—2003)第5.2.1条、第5.3.1条、第5.4.1条、第5.4.2条和第5.5.1条的规定。

14.2.6 劲性骨架制作及安装必须符合设计要求。

检验数量:施工单位、监理单位全部检查。

检验方法:观察。

14.2.7 锚箱和索鞍的加工制作及安装必须符合设计要求。

检验数量:施工单位、监理单位全部检查。

检验方法:观察和尺量。

一 般 项 目

14.2.8 钢筋原材料、加工和连接的检验应符合铁道部现行《铁路混凝土与砌体工程施工质量验收标准》(TB 10424—2003)第5.2.2条、第5.3.2条和第5.4.3条的规定。

14.2.9 钢筋安装允许偏差和检验方法应符合本标准第9.3.7条的规定。

(Ⅲ)混　凝　土

主 控 项 目

14.2.10 混凝土原材料、配合比设计和施工的检验必须符合铁道部现行《铁路混凝土与砌体工程施工质量验收标准》(TB 10424—2003)第6.2.1条~第6.2.6条、第6.3.1条、第6.3.2条和第6.4.1条~第6.4.3条的规定。

一 般 项 目

14.2.11 混凝土施工的检验应符合铁道部现行《铁路混凝土与砌体工程施工质量验收标

准》(TB 10424—2003)第6.4.4条~第6.4.6条的规定。

14.2.12　索塔的允许偏差和检验方法应符合表14.2.12的规定。

表14.2.12　索塔的允许偏差和检验方法

序号	项目	允许偏差(mm)	检验方法
1	顶、底平面尺寸	+10 −5	尺量检查
2	顶、底面高程	±20	测量检查
3	地面处平面十字线位置与设计位置	5	
4	系梁高程	±10	
5	倾斜度	塔高的1/3 000, 且不大于30或设计要求	

检验数量:施工单位全部检查。

14.2.13　索塔表面质量应符合下列规定:

索塔表面平整,色泽均匀,无明显错台、蜂窝和麻面,轮廓清晰,线形顺直。

检验数量:施工单位全部检查。

检验方法:观察。

(Ⅳ)预　应　力

主 控 项 目

14.2.14　预应力施工原材料、预应力筋制作与安装、张拉、压浆和封端的检验必须符合铁道部现行《铁路混凝土与砌体工程施工质量验收标准》(TB 10424—2003)第7.2.1条~第7.2.5条、第7.3.1条~第7.3.3条、第7.4.1条~第7.4.5条和第7.5.1条~第7.5.3条的规定。

14.2.15　预留孔道、索道的规格和数量必须符合设计要求。

检验数量:施工单位、监理单位全部检查。

检验方法:观测和尺量。

一 般 项 目

14.2.16　预应力筋制作与安装、张拉、压浆和封端的检验应符合铁道部现行《铁路混凝土与砌体工程施工质量验收标准》(TB 10424—2003)第7.3.4条、第7.4.6条和第7.5.4条的规定。

14.2.17　孔道、索道的允许偏差和检验方法应符合表14.2.17的规定。

表14.2.17　孔道、索道的允许偏差和检验方法

序号	项目		允许偏差(mm)	检验方法
1	成孔用橡胶抽拔棒或波纹管	直径	±2	游标卡尺测量不少于5处
		不圆度	3	
2	定位网孔	直径	±1	尺量不少于5处
		绑扎位置	4	
3	预留孔道、索道位置		5	测量不少于5处

检验数量:施工单位全部检查。

14.3 主　　梁

(Ⅰ)模板与支架

主 控 项 目

14.3.1　模板及支架安装和拆除的检验必须符合铁道部现行《铁路混凝土与砌体工程施工质量验收标准》(TB 10424—2003)第4.2.1条、第4.2.2条和第4.3.1条的规定。

一 般 项 目

14.3.2　模板及支架拆除的检验应符合铁道部现行《铁路混凝土与砌体工程施工质量验收标准》(TB 10424—2003)第4.3.2条的规定。

14.3.3　梁段模板的允许偏差和检验方法应符合表14.3.3的规定。

表14.3.3　梁段模板的允许偏差和检验方法

序号	项 目		允许偏差	检 验 方 法
1	梁段底模板	设计拱度	±10%	测量检查不少于5处
		高程	±5 mm	
		模板面铺设滑动层后的平整度	8 mm	靠尺、塞尺检查不少于5处
2	梁段内外模板	梁段长度(累计)	±10 mm	尺量检查端头模板位置
		腹板外侧面距梁段中心线	$^{+8}_{-5}$ mm	
		上翼缘(桥面板)距梁段中心线	$^{+10}_{-8}$ mm	尺量检查侧模板不少于5处
		梁段高度	$^{+10}_{-5}$ mm	尺量检查端部
		腹板、顶板、底板及横隔板的厚度	$^{+10}_{0}$ mm	
		直腹板和横隔板的垂直度(斜腹板的倾斜位移)	4‰梁高	吊线检查不少于5处
3	孔道定位模板	斜拉索管道两端中心位置	3 mm	测量检查
		预应力筋束孔道位置	3 mm	尺量检查
4	预埋配件	预埋铁杆、锚杆孔、通风孔等位置	10 mm	
		锚具支承垫板与预留孔道轴线垂直度	1	角尺检查

检验数量:施工单位全部检查。

(Ⅱ)钢　　筋

主 控 项 目

14.3.4　钢筋原材料、加工、连接和安装的检验必须符合铁道部现行《铁路混凝土与砌体工程施工质量验收标准》(TB 10424—2003)第5.2.1条、第5.3.1条、第5.4.1条、第5.4.2条和第5.5.1条的规定。

一般项目

14.3.5　钢筋原材料、加工和连接的检验应符合铁道部现行《铁路混凝土与砌体工程施工质量验收标准》(TB 10424—2003)第5.2.2条、第5.3.2条和第5.4.3条的规定。

14.3.6　钢筋安装的允许偏差和检验方法应符合本标准第9.3.7条的规定。

(Ⅲ)混　凝　土

主控项目

14.3.7　混凝土原材料、配合比设计和施工的检验必须符合铁道部现行《铁路混凝土与砌体工程施工质量验收标准》(TB 10424—2003)第6.2.1条～第6.2.6条、第6.3.1条、第6.3.2条、第6.4.1条～第6.4.3条和本标准第9.4.10条的规定。

一般项目

14.3.8　混凝土施工的检验应符合铁道部现行《铁路混凝土与砌体工程施工质量验收标准》(TB 10424—2003)第6.4.4条～第6.4.6条的规定。

14.3.9　梁段的允许偏差和检验方法应符合表14.3.9的规定。

表14.3.9　梁段的允许偏差和检验方法

序号	项目	允许偏差(mm)	检验方法
1	长度(累计)	±15	尺量检查
2	中线	15	测量检查
3	腹板外侧面距梁段中线	+10 -5	尺量检查端部
4	上翼缘(桥面板)外侧距梁段中线	+15 -8	尺量检查不少于5处
5	梁段高程	+15 -5	测量检查不少于5处
6	腹板、顶板、底板及横隔板的厚度	+15 0	尺量检查端部
7	直腹板、横隔板垂直度(斜腹板的倾斜位移)	4‰梁高	吊线检查不少于5处

检查数量:施工单位全部检查。

14.3.10　梁体的表面质量评定应符合标准第9.2.12条的规定。

(Ⅳ)预　应　力

主控项目

14.3.11　预应力施工原材料、预应力筋制作与安装、张拉、压浆和封端的检验必须符合铁道部现行《铁路混凝土与砌体工程施工质量验收标准》(TB 10424—2003)第7.2.1条～第7.2.5条、第7.3.1条～第7.3.2条、第7.4.1条～第7.4.5条和第7.5.1条～第7.5.3条的规定。

14.3.12　预留孔道、索道的检验必须符合第14.2.15条的规定。

一 般 项 目

14.3.13 预应力筋制作与安装、张拉、压浆和封端的检验应符合铁道部现行《铁路混凝土与砌体工程施工质量验收标准》(TB 10424—2003)第7.3.4条、第7.4.6条和第7.5.4条的规定。

14.3.14 预留孔道、索道的允许偏差和检验方法应符合第14.2.17条的规定。

(Ⅴ)防 水 层

主 控 项 目

14.3.15 防水层的检验必须符合本标准第20.2.1条~第20.2.4条的规定。

一 般 项 目

14.3.16 防水层的检验应符合本标准第20.2.5条~第20.2.11条的规定。

(Ⅵ)支 座

主 控 项 目

14.3.17 支座的检验必须符合本标准第17.2.1条~第17.2.5条的规定。

一 般 项 目

14.3.18 支座的检验应符合本标准第17.2.6条的规定。

14.4 斜 拉 索

主 控 项 目

14.4.1 斜拉索、锚具和减震装置的规格、品种和防腐等级必须符合设计要求。

检验数量:施工单位、监理单位全部检查。

检验方法:检查产品合格证、检验报告、观察和尺量。

14.4.2 斜拉索搬运和安装时,严禁弯折、错压、撞伤锚头和损伤防护层。防护层不得进水。

检验数量:施工单位、监理单位全部检查。

检验方法:检查施工记录和观察。

14.4.3 锚环必须与锚垫板密贴并应居中。

检验数量:施工单位、监理单位全部检查。

检验方法:观察和尺量。

14.4.4 斜拉索护管的长度和索道管内的填充必须符合设计要求,索道管内不得积水。

检验数量:施工单位、监理单位全部检查。

检验方法:观察和尺量。

14.4.5 张拉力及索力调整必须符合设计要求。

检验数量:施工单位、监理单位全部检查。

检验方法:用索力测试仪或频率仪测试。

监理单位旁站监理。

一 般 项 目

14.4.6 斜拉索的允许偏差和检验方法应符合表14.4.6的规定。

表14.4.6 斜拉索的允许偏差和检验方法

序 号	项 目		允许偏差	检 验 方 法
1	索力		±5%或设计允许偏差值	索力仪测试
2	索长	$L \leq 100$ m	±20 mm	尺量检查
		$L > 100$ m	±0.000 2L	

检验数量:施工单位检查10%,且不少于5根。

14.4.7 斜拉索表面质量应符合下列规定:

斜拉索顺直无扭转。锚环与锚垫板密贴并居中,锚环及其外丝虽有击伤,但不影响使用。防护层无明显压痕、损伤。斜拉索色泽基本一致,无污染。

检验数量:施工单位全部检查。

检验方法:观察。

14.5 水平转体施工

主 控 项 目

14.5.1 转体纵横向稳定系数必须大于1.5。

检验数量:施工单位、监理单位全部检查。

检验方法:检查工艺设计资料。

14.5.2 转动体系承载能力、上下转盘及平衡滑道表面摩擦系数、动力设施和锚固体系必须符合工艺设计要求。转轴的强度、刚度和垂直度必须符合设计要求。

检验数量:施工单位、监理单位全部检查。

检验方法:检查测试资料、施工记录、尺量和观察。

14.5.3 转动前,上部结构混凝土强度、预应力筋(斜拉索)张拉值及外形尺寸必须符合设计要求。

检验数量:施工单位、监理单位全部检查。

检验方法:检查试验报告、施工记录、尺量和测试。

一 般 项 目

14.5.4 转体施工允许偏差和检验方法应符合表14.5.4的规定。

表14.5.4 转体施工允许偏差和检验方法

序 号	项 目	允许偏差(mm)	检 验 方 法
1	轴线	L/6 000	测量检查
2	梁的跨中高程	±20	
3	同一截面两侧或相邻上部构件高差	10	测量检查不少于5处

检验数量:施工单位全部检查。

15 斜腿刚构

15.1 一般规定

15.1.1 模板及支架、钢筋、混凝土和预应力的施工应符合铁道部现行《铁路混凝土与砌体工程施工质量验收标准》(TB 10424—2003)第4.1节、第5.1节、第6.1节和第7.1节的有关规定。

15.1.2 支座和防水层的施工应符合本标准第17.1节和第20.1节的有关规定。

15.1.3 钢斜腿刚构的施工应符合本标准第12.1节的有关规定。

15.1.4 当采用挂篮悬臂浇筑主梁时,应符合本标准第10.1.3条、第10.1.6条~第10.1.8条、第10.1.10条~第10.1.12条、第10.1.4条和第10.1.15条的规定。

15.1.5 钢拱架、膺(支)架,脚手架必须具有足够的强度、刚度和稳定性,支架不得有下沉和非弹性变形。当拱架或膺架采用预压消除变形时,预压重量为实际浇筑梁段重量的1.1倍。

15.1.6 施工前应与设计、制作等单位共同研究制订斜腿钢构各部位制作、安装、浇筑方案,并编制施工组织设计。

15.1.7 斜腿拼装或浇筑前对铰支座位置和两斜腿间距应进行复测,并对误差进行分配。

15.2 钢斜腿刚构

(Ⅰ)支　座

主 控 项 目

15.2.1 支座安装的检验必须符合本标准第17.2.1条~第17.2.5条的规定。

一 般 项 目

15.2.2 铰支座安装位置允许偏差和检验方法应符合表15.2.2的规定。

表15.2.2　铰支座安装位置允许偏差和检验方法

序　号	项　　目		允许偏差(mm)	检　验　方　法
1	同岸支座	(1)十字线扭转(墩台上十字线与支座板十字线偏差)	1	测量检查
		(2)转轴两端的相对高差	2	测量检查2处
		(3)两支座相对高差(铰心处)	2	
		(4)两支座间距离(支座中心)	+2 −1	
		(5)两支座不同轴度		测量检查
		① 平行不同轴	Δ<2	

续上表

序 号	项 目		允许偏差(mm)	检 验 方 法
1	同岸支座	② 反扭	Δ≤1	测量检查
		③ 平转	Δ≤1	
		④ 平扭	Δ≤1	
2	两岸支座	(1)同侧支座间距(跨度)	±10	测量检查2处
		(2)对侧支座间距(对角线)	±10	
		(3)支座间相对高差	5	

检验数量:施工单位全部检查。

(Ⅱ)杆 件 拼 装

主 控 项 目

15.2.3 杆件拼装的检验必须符合本标准第12.2.1条~第12.2.7条和第12.3.1条~第12.3.5条的规定。

15.2.4 斜腿竖转时的吊点位置必须符合施工工艺设计要求。

检验数量:施工单位、监理单位每个斜腿全部检查。

检验方法:观察和尺量。

15.2.5 斜腿竖转时,作用于桥墩上的水平分力,必须控制桥墩顶部向前位移不得大于设计值。

检验数量:施工单位、监理单位全部检查。

检验方法:施工单位测量;监理单位见证。

一 般 项 目

15.2.6 杆件组装成箱形主梁段、斜腿段时,组装允许偏差和检验方法应符合表15.2.6规定。

表15.2.6 箱形主梁段、斜腿段组装允许偏差和检验方法

序 号	项 目	允许偏差(mm)	检 验 方 法
1	长度 l	$^{+3}_{-5}$	尺量检查2处
2	宽度 b	±1	尺量检查两端及中部各1处
3	高度	$^{+1}_{0}$	尺量检查
4	对角线 c_1、c_2 之差	3	
5	旁弯 f	3	拉线尺量检查
简图	主 梁 段 腿 h b l c_1 c_2 f		

检验数量:施工单位全部检查。

15.2.7 斜腿分段竖直拼装到顶时,斜腿与隅节点梁段连接的法兰盘平面的中线偏差,不得大于20 mm,法兰盘平面相对高差不得大于2 mm。

检验数量:施工单位全部检查。

检验方法:测量。

15.2.8 中间梁段整体吊装时,梁段两端与隅节点梁段间的合龙缝隙不大于30 mm。

检验数量:施工单位全部检查。

检验方法:尺量。

15.2.9 隅节点梁段拼装位置允许偏差和检验方法,应符合表15.2.9的规定。

表15.2.9 隅节点梁段拼装位置允许偏差和检验方法

序号	项目	允许偏差	检验方法
1	纵向轴线与设计轴线	20 mm	测量检查
2	纵向轴线与设计轴线平面扭转	α/1 000	
3	纵向轴线与设计拱度倾斜差	10%设计拱度值	
4	隅节点几何形心处高程与设计高程	10 mm	
5	两岸隅节点梁段几何形心处相对高差	10 mm	

注:α为隅节点梁段几何形心至隅节点梁段两端的最短距离,单位为mm。

检验数量:施工单位全部检查。

15.2.10 中间梁段整体组装允许偏差和检验方法应符合表15.2.10的规定。

表15.2.10 中间梁段整体组装允许偏差和检验方法

序号	项目	允许偏差(mm)	检验方法
1	左右腹板相对高差	3	测量检查两端下盖板处
2	箱梁拱度与设计拱度偏差	±4	测量检查

检验数量:施工单位全部检查。

15.2.11 中间梁段整体吊装的两端龙口应同时合龙,合龙口允许偏差和检验方法,应符合表15.2.11的规定。

表15.2.11 中间梁段整体吊装允许偏差和检验方法

序号	项目	允许偏差	检验方法
1	两端同时合龙缝隙	10 mm	测量检查
2	拼接面高差	1 mm	
3	中线	与隅节点一致	

检验数量:施工单位全部检查。

15.2.12 边跨梁段采用分段悬臂拼装时,梁段前端(悬臂端)拼装位置允许偏差和检验方法应符合表15.2.12的规定。

表15.2.12 边跨梁段分段悬臂拼装位置允许偏差和检验方法

序号	项目	允许偏差(mm)	检验方法
1	悬臂中线与设计中线	10	测量检查
2	悬臂高程与设计高程	±10	
3	悬臂左右侧相对高差	2	

检验数量:施工单位全部检查。

15.2.13 端连杆安装位置的允许偏差和检验方法,应符合表15.2.13的规定。

表15.2.13 端连杆安装位置允许偏差和检验方法

序号	项目	允许偏差(mm)	检验方法
1	端连杆(顺桥方向)轴线偏离设计轴线	5	测量检查
2	同侧上连杆与下连杆间距	1	
3	同侧上连杆与下连杆轴线	1	

检验数量:施工单位全部检查。

(Ⅲ)涂装

主控项目

15.2.14 钢结构涂装必须符合本标准第12.5.1条~第12.5.7条的规定。

一般项目

15.2.15 钢结构涂装应符合本标准第12.5.8条的规定。

15.3 预应力混凝土斜腿刚构

(Ⅰ)支座

主控项目

15.3.1 支座的检验必须符合本标准第17.2.1条~第17.2.5条的规定。

一般项目

15.3.2 支座的检验应符合本标准第17.2.6条的规定。

(Ⅱ)模板及支架

主控项目

15.3.3 模板及支架安装和拆除的检验必须符合铁道部现行《铁路混凝土与砌体工程施工质量验收标准》(TB 10424—2003)第4.2.1条、第4.2.2条和第4.3.1条的规定。

一般项目

15.3.4 模板及支架安装和拆除的检验必须符合铁道部现行《铁路混凝土与砌体工程施工质量验收标准》(TB 10424—2003)第4.2.3条、第4.2.4条和第4.3.2条的规定。

15.3.5 箱梁(腿)段模板允许偏差和检验方法,应符合表15.3.5的规定。

检验数量:施工单位全部检查。

表 15.3.5 箱梁(腿)段模板允许偏差和检验方法

序号	项目	允许偏差(mm)	检验方法
1	长度	±10	尺量检查3处
2	腹板外测距梁段中心线	+8 −5	尺量检查两端及中部
3	梁端高度	+10 −5	尺量检查梁段两端
4	腹板、顶板、底板及隔板厚度	+10 0	尺量检查3处
5	腹板、隔板的垂直度	4‰梁高	直角尺检查3处

(Ⅲ)钢　　筋

主控项目

15.3.6 钢筋原材料、加工、连接和安装的检验必须符合铁道部现行《铁路混凝土与砌体工程施工质量验收标准》(TB 10424—2003)第5.2.1条、第5.3.1条、第5.4.1条、第5.4.2条和第5.5.1条的规定。

一般项目

15.3.7 钢筋原材料、加工和连接的检验应符合铁道部现行《铁路混凝土与砌体工程施工质量验收标准》(TB 10424—2003)第5.2.2条和第5.4.3条的规定。

15.3.8 钢筋的允许偏差和检验方法应符合本标准第10.2.19条的规定。

(Ⅳ)混　凝　土

主控项目

15.3.9 混凝土原材料、配合比设计和施工检验必须符合铁道部现行《铁路混凝土与砌体工程施工质量验收标准》(TB 10424—2003)第6.2.1条~第6.2.6条、第6.3.1条、第6.3.2条和第6.4.1条~第6.4.3条的规定。

一般项目

15.3.10 混凝土施工的检验应符合铁道部现行《铁路混凝土与砌体工程施工质量验收标准》(TB 10424—2003)第6.4.4条~第6.4.6条的规定。

15.3.11 箱形梁(腿)段的允许偏差和检验方法应符合表15.3.11的规定。

表 15.3.11 箱梁(腿)段允许偏差和检验方法

序号	项目	允许偏差(mm)	检验方法
1	长度	+15	尺量检查3处
2	腹板外侧距梁段中心线	+10 −5	尺量检查3处
3	梁端高度	+15 −5	尺量检查2处
4	腹板、顶板、底板及隔板厚度	+15 0	尺量检查2处
5	腹板与隔板垂直度	4‰梁高	直角尺检查3处

检验数量:施工单位全部检查。

15.3.12　刚构的允许偏差和检验方法应符合表15.3.12的规定。

表15.3.12　刚构的允许偏差和检验方法

序　号	项　　目	允许偏差(mm)	检　验　方　法
1	中　　线	20	测量检查2处
2	高　　程	±15	测量检查3处

检验数量:施工单位全部检查。

15.3.13　梁体表面质量应符合本标准第9.2.12条的规定。

(Ⅴ)预　应　力

主 控 项 目

15.3.14　预应力施工原材料、预应力筋制作和安装、张拉、压浆和封端的检验必须符合铁道部现行《铁路混凝土与砌体工程施工质量验收标准》(TB 10424—2003)第7.2.1条~第7.2.5条、第7.3.1条~第7.3.3条、第7.4.1条~第7.4.5条和第7.5.1条~第7.5.3条的规定。

一 般 项 目

15.3.15　预应力筋制作与安装、张拉、压浆和封端的检验应符合铁道部现行《铁路混凝土与砌体工程施工质量验收标准》(TB 10424—2003)第7.3.4条、第7.4.6条和第7.5.4条的规定。

15.3.16　孔道的允许偏差和检验方法应符合本标准第10.1.33条的规定。

(Ⅵ)防　水　层

主 控 项 目

15.3.17　防水层的检验必须符合本标准第20.2.1条~第20.2.4条的规定。

一 般 项 目

15.3.18　防水层的检验应符合标准第20.2.5条~第20.2.11条的规定。

16 拱　　桥

16.1 一般规定

16.1.1 模板及拱架、钢筋、混凝土和砌体的施工应符合铁道部现行《铁路混凝土与砌体工程施工质量验收标准》(TB 10424—2003)第4.1节、第5.1节、第6.1节和第8.1节的有关规定。

16.1.2 防水层施工应符合本标准第20.1节的有关规定。

16.1.3 **拱桥施工前,必须根据设计文件内容,制定施工工艺设计、技术措施和编制施工组织设计。**

16.1.4 拱圈(肋)放样时的预加拱度,应根据跨度、拱架刚度、地质条件和恒载等因素确定,并符合设计要求。

16.1.5 **吊装设备安装完毕,必须进行全面检查和试运转并符合施工工艺设计要求。**

16.2 拱部及拱上结构

(Ⅰ)模板及拱架

主控项目

16.2.1 模板及拱架安装和拆除的检验必须符合铁道部现行《铁路混凝土与砌体工程施工质量验收标准》(TB 10424—2003)第4.2.1条、第4.2.2条和第4.3.1条的规定。

一般项目

16.2.2 拱圈(肋)放样允许偏差和检验方法应符合表16.2.2的规定。

检验数量:施工单位全部检查。

表16.2.2　拱圈(肋)放样允许偏差和检验方法

序号	项目	允许偏差	检验方法
1	跨度大于20 m时	1/5 000计算跨度	测量检查不少于5处
2	跨度等于或小于20 m时	4 mm	

16.2.3 模板及拱架安装和拆除的检验除应符合铁道部现行《铁路混凝土与砌体工程施工质量验收标准》(TB 10424—2003)第4.2.3条、第4.2.4条和第4.3.2条的规定外,拱圈(肋)及拱架安装允许偏差和检验方法尚应符合表16.2.3的规定。

表16.2.3　拱圈(肋)及拱架安装允许偏差和检验方法

序号	项目	允许偏差(mm)	检验方法
1	梳形木顶的高程	1/1 000计算跨度,并不得大于$^{+30}_{-10}$mm	测量检查
2	平面内拱架纵向轴线与设计位置	30	

检验数量:施工单位全部检查。

(Ⅱ)钢　筋

主 控 项 目

16.2.4　钢筋原材料、加工、连接和安装的检验必须符合铁道部现行《铁路混凝土与砌体工程施工质量验收标准》(TB 10424—2003)第5.2.1条、第5.3.1条、第5.4.1条、第5.4.2条和第5.5.1条的规定。

一 般 项 目

16.2.5　钢筋原材料、加工、连接和安装的检验应符合铁道部现行《铁路混凝土与砌体工程施工质量验收标准》(TB 10424—2003)第5.2.2条、第5.3.2条、第5.4.3条和第5.5.2条的规定。

(Ⅲ)混 凝 土

主 控 项 目

16.2.6　混凝土原材料、配合比设计和施工的检验必须符合铁道部现行《铁路混凝土与砌体工程施工质量验收标准》(TB 10424—2003)第6.2.1条~第6.2.6条、第6.3.1条、第6.3.2条和第6.4.1条~第6.4.3条的规定。

16.2.7　拱圈封顶合龙时的温度和混凝土(砂浆)强度,必须符合设计要求,当设计无要求时,应符合下列规定:

1　封顶合龙温度宜安排在昼夜平均温度接近年平均温度时进行;

2　分段浇(砌)筑的拱圈时,填塞空缝时拱圈混凝土(砂浆)应达到设计强度的50%;

3　全宽浇(砌)筑的拱圈,浇(砌)筑封顶拱圈时拱圈混凝土(砂浆)应达到设计强度的70%;

4　封顶合龙采用千斤顶调整应力时,已浇(砌)筑拱圈的混凝土(砂浆)应达到设计强度。

检验数量:施工单位、监理单位每次合龙全部检查。

检验方法:施工单位进行一组同条件养护混凝土或砂浆试件强度试验和温度测量,监理单位检查强度试验报告。

监理单位旁站监理。

16.2.8　浇(砌)筑拱上结构时,拱圈混凝土(砂浆)应达到的强度必须符合表16.2.8的规定。

表16.2.8　浇(砌)筑拱上结构时,拱圈混凝土(砂浆)应达到的强度

序号	项目	混凝土(砂浆)强度
1	拱架尚未拆除时	设计强度30%
2	拱架已拆除时	设计强度70%
3	当分环浇(砌)筑上环合龙时	设计强度70%
4	预施压力调整拱圈时	设计强度

检验数量：施工单位、监理单位全部检查。

检验方法：施工单位进行一组同条件养护试件强度试验；监理单位检查强度试验报告。

一 般 项 目

16.2.9 混凝土施工和表面质量的检验应符合铁道部现行《铁路混凝土与砌体工程施工质量验收标准》(TB 10424—2003)第6.4.4条~第6.4.6条和第6.4.8条的规定。

16.2.10 现浇混凝土拱部及拱上结构允许偏差和检验方法应符合表16.2.10的规定。

表16.2.10 现浇混凝土拱部及拱上结构允许偏差和检验方法

序号	项目			允许偏差	检验方法
1	拱圈(肋)	(1)拱圈平面中心位置		1/1 000计算跨度，并不大于30 mm	测量不少于5处
		(2)拱圈侧面位置		$^{+20}_{-10}$mm	
		(3)拱圈厚度		3%设计厚度	尺量各不少于3处
		(4)工字形、箱形、T形现浇拱圈(肋)的翼缘、腹板、顶板、底板的厚度		$^{+10}_{-5}$mm	
		(5)拱圈(肋)底面高程		±20 mm	测量
2	拱上结构	(1)拱上结构侧面位置	混凝土拱	±20 mm	测量各不少于3处
			钢筋混凝土拱	$^{+20}_{-10}$mm	
		(2)道砟槽中心线处拱上结构顶面高程		±20 mm	测量

检验数量：施工单位全部检查。

16.2.11 预制构件允许偏差和检验方法应符合表16.2.11的规定。

表16.2.11 预制构件允许偏差和检验方法

序号	项目			允许偏差(mm)	检验方法
1	拱肋	(1)顶面、底面中线		5	尺量各不少于5处
		(2)内弧各点偏离设计弧线		5	样板尺量
		(3)长度	上弧	$^{0}_{-10}$	
			下弧	±5	
		(4)宽度和高度		±5	尺量各不少于3处
2	悬砌块	(1)基肋块	纵向	$^{+5}_{0}$	
			横向	$^{0}_{-5}$	
		(2)中间块、边块	纵向	$^{0}_{-5}$	
			横向	$^{0}_{-5}$	

检验数量：施工单位全部检查。

16.2.12 装配式混凝土拱部及拱上结构允许偏差和检验方法应符合表16.2.12的规定。

表16.2.12 装配式混凝土拱部及拱上结构允许偏差和检验方法

序号	项目		允许偏差	检验方法
1	拱圈(肋)	(1)拱圈平面中心线位置	1/1 000计算跨度并不大于30 mm	测量不少于5处
		(2)拱圈侧面位置	$^{+20}_{-10}$mm	
		(3)拱圈厚度	3%设计厚度	尺量不少于5处
		(4)拱圈(肋)底面高程	$^{+20}_{0}$mm	测量
2	拱上结构	(1)拱上结构侧面位置	$^{+20}_{-10}$mm	测量不少于3处
		(2)道砟槽中心处拱上结构顶面高程	±20 mm	测量

检验数量:施工单位全部检查。

(Ⅳ)砌　　体

主 控 项 目

16.2.13　砌体原材料和砌筑的检验必须符合铁道部现行《铁路混凝土与砌体工程施工质量验收标准》(TB 10424—2003)第8.2.1条~第8.2.5条和第8.3.1条~第8.3.5条的规定。

16.2.14　拱圈封顶合龙时的温度和砂浆强度必须符合第16.2.7条的规定。

16.2.15　砌筑拱上结构时,拱圈合龙砂浆应达到的强度必须符合第16.2.8条的规定。

一 般 项 目

16.2.16　砌体砌筑的检验应符合铁道部现行《铁路混凝土与砌体工程施工质量验收标准》(TB 10424—2003)第8.3.7条的规定。

16.2.17　拱部砌块尺寸允许偏差和检验方法应符合表16.2.17的规定。

表16.2.17　拱部砌块尺寸允许偏差和检验方法

序　号	项　　目		允许偏差	检　验　方　法
1	宽度 1.5a>200 mm		$^{0}_{-5}$ mm	尺量不少于2处
2	长度 l>1.5a		全列满足错缝要求	
3	h>1.5a(拱圈较厚时可分层)		满足错缝要求,并不得大于设计厚度的3%	
4	表面	凸出	0	靠尺和塞尺
		凹窝	20 mm	
5	上下面倾斜		10 mm	尺量各2处
简图	b　h　l　a			

检验数量:施工单位抽检20%。

16.2.18　砌体拱部及拱上结构允许偏差和检验方法应符合表16.2.8的规定。

表16.2.18　砌体拱部及拱上结构允许偏差和检验方法

序号	项　　目		允许偏差	检　验　方　法
1	拱圈(肋)	(1)拱圈平面中心位置	1/1 000计算跨度,并不大于30 mm	测量不少于5处
		(2)拱圈侧面位置	$^{+20}_{-10}$mm	
		(3)拱圈厚度	3%设计厚度	尺量不少于3处
		(4)石拱桥拱石外露表面两邻接石料边线的错台	20 mm	
		(5)拱圈底面高程	±20 mm	测量
2	拱上结构	(1)拱上结构侧面位置	20 mm	测量不少于3处
		(2)道砟槽中心线处拱上结构顶面高程	±20 mm	测量

检验数量:施工单位全部检查。

(V)防　水　层

主 控 项 目

16.2.19　防水层的检验应符合本标准第20.2.1条~第20.2.4条的规定。

一 般 项 目

16.2.20　防水层的检验应符合标准第20.2.5条~第20.2.11条的规定。

17 支　　座

17.1 一般规定

17.1.1 支座进入工地后，施工单位应根据铁道部现行《铁路桥梁铸钢支座》(TB/T 1853)、《铁路桥梁板式橡胶支座技术条件》(TB 1893)、《铁路桥梁盆式橡胶支座》(TB/T 2331)对支座的外观尺寸和组装质量进行检查，符合设计要求才能进行安装。

17.1.2 支座安装前，应检查桥梁跨距、支座位置及预留锚栓孔位置、尺寸和支座垫石顶面高程、平整度，并均应符合设计要求。

17.2 支座安装

主控项目

17.2.1 支座品种、规格、性能、结构及涂装质量必须符合设计要求和相关产品标准的规定。

检验数量：施工单位、监理单位全部检查。

检验方法：观察和检查产品出厂合格证。

17.2.2 固定支座及活动支座安装位置必须符合设计要求。

检验数量：施工单位、监理单位全部检查。

检验方法：对照设计文件观察。

17.2.3 支座上下座板及支座的安装应符合设计要求。固定支座上下座板应互相对正，活动支座上下座板横向应对正，纵向预留错动量应根据支座安装施工温度与设计安装温度之差和梁体混凝土未完成收缩、徐变量及弹性压缩量计算确定，并在各施工阶段进行调整，当体系转换全部完成时，梁体支座中心应符合设计要求。

检验数量：施工单位、监理单位全部检查。

检验方法：观察和尺量。

17.2.4 支座与梁底及垫石之间必须密贴无空隙，垫层材料质量及强度应符合设计要求。支座配件必须齐全，水平各层部件间应密贴无空隙。

检验数量：施工单位、监理单位全部检查。

检验方法：观察。

17.2.5 支座锚栓质量及埋置深度和螺栓外露长度必须符合设计要求，支座锚栓固结应在支座及锚栓位置调整准确后进行施工，预留锚栓孔必须填满捣实，填料种类和质量必须符合设计要求。

检验数量：施工单位、监理单位全部检查。

检验方法：观察和尺量。

一般项目

17.2.6 支座安装允许偏差和检验方法应符合表17.2.6的规定。

表17.2.6 支座安装允许偏差和检验方法

序号	项目		允许偏差(mm)	检验方法
1	支座下座板中心与墩台纵向错动量	墩台高度<30 m	20	尺量
		墩台高度≥30 m	15	
2	支座下座板中心与墩台横向错动量	墩台高度<30 m	15	
		墩台高度≥30 m	10	
3	同端支座中心横向距离	偏差与桥梁设计中心对称时	+30 −10	
		偏差与桥梁设计中心不对称时	+15 −10	
4	铸钢支座	固定支座的上座板与下座板中线的纵横错动量	3	
		活动支座的横向错动量	3	
		活动支座中线的纵向错动量(按设计温度定位后)	3	
		支座下座板中心十字线的扭转	1	
		上下座板及摇、辊轴之间的扭转	1	
5	板式橡胶支座	同一梁端两支座相对高差	1	
		每一支座板的边缘高差	2	
		上下座板十字线扭转	2	
		活动支座的纵向错动量(按设计温度定位后)	±3	
6	盆式橡胶支座	支座板四角高差	1	
		上下座板中心十字线扭转	1	
		同一梁端两支座高差	1	
		一孔箱梁四个支座中,一个支座不平整限值	3	
		固定支座上下座板及中线的纵、横错动量	1	
		活动支座中线的纵横错动量(按设计气温定位后)	3	

检验数量:施工单位全部检查。

18　明桥面和桥梁附属设施

18.1　一般规定

18.1.1　明桥面铺设前应按桥上线路纵断面进行桥面枕木类型、刻槽深度布置图设计，并应符合有关规定。

18.1.2　施工单位应对桥枕等主要材料进行进场验收。

18.2　明桥面

主控项目

18.2.1　明桥面的材料质量和规格必须符合设计要求和铁道部现行《铁路钢桥明桥面技术条件》(TB/T 2627)的有关规定。

检验数量:施工单位、监理单位全部检查。

检验方法:观察和尺量、检查产品合格证。

18.2.2　桥枕、护木、钢梁间的联结方式必须符合设计要求。

检验数量:施工单位、监理单位全部检查。

检验方法:观察和尺量。

18.2.3　明桥面铺设必须符合设计要求,当设计无要求时,必须符合下列规定:

1　桥枕净距应为 100～180 mm,并不得铺在横梁上。桥枕槽口深度不得大于 30 mm,宽度较纵梁翼缘宽度不得大于 4 mm。

2　当使用钩头螺栓时,螺栓应竖直,钩头有 2/3 的面积与钢梁密贴,螺栓与翼缘空隙不得大于 4 mm。

3　护木安装应顺直,接头及护木和桥枕接口应严密,间隙不大于 1 mm。

4　中心步行板净距不大于 4 cm。

5　在自动闭塞区间,钩头螺栓垫圈与钢轨扣件的净距不得小于 15 mm。

检验数量:施工单位每孔梁检查不少于 5 处;监理单位检查 2 处。

检验方法:观察和尺量。

一般项目

18.2.4　护木顺直,螺栓外露高度基本一致。桥枕、护木、钢梁间联结牢固、紧密、位置正确,整体性好。

检验数量:施工单位全部检查。

检验方法:观察和小锤敲击。

18.3　人行道、避车台

主 控 项 目

18.3.1　人行道、避车台所用材料质量和规格必须符合设计要求。

检验数量:施工单位、监理单位全部检查。

检验方法:观察和尺量,检查产品合格证。

18.3.2　支架与桥梁的联结必须符合设计要求。

检验数量:施工单位、监理单位全部检查。

检验方法:观察。

18.3.3　钢结构涂装必须符合设计要求。

检验数量:施工单位、监理单位全部检查。

检验方法:观察。

一 般 项 目

18.3.4　扶手在 10 m 长度内,矢度不大于 10 mm。

检验数量:施工单位每 30 m 检查一处。

检验方法:拉线尺量。

18.3.5　人行道步行板相邻高差不大于 3 mm。

检验数量:施工单位每孔梁检查不少于 5 处。

检验方法:尺量。

18.3.6　人行道的步行板应铺装平稳、板面平整、无明显损伤,排列均匀,嵌缝基本密实。

检验数量:施工单位全部检查。

检验方法:观察。

18.4　附 属 设 施

主 控 项 目

18.4.1　附属设施所用材料、设备的质量和规格必须符合设计要求。

检验数量:施工单位、监理单位全部检查。

检验方法:检查产品合格证、观察和尺量。

18.4.2　围栏、吊栏及检查梯(车)的安装必须符合设计要求。

检验数量:施工单位、监理单位全部检查。

检验方法:观察和尺量。

18.4.3　电缆槽安装和接触网支座位置必须符合设计要求。

检验数量:施工单位、监理单位全部检查。

检验方法:观察和测量。

18.4.4　声屏障的安装必须符合设计要求。

检查数量:施工单位、监理单位全部检查。

检验方法:观察和尺量。

19 涵 洞

19.1 一般规定

19.1.1 模板及支架、钢筋、混凝土和砌体的施工应符合铁道部现行《铁路混凝土与砌体工程施工质量验收标准》(TB 10424—2003)第4.1节、第5.1节、第6.1节和第8.1节的有关规定。

19.1.2 涵洞地基处理和明挖基础的施工应符合本标准第4章和第5章的有关规定。

19.1.3 防水层及沉降缝的施工应符合本标准第20.1节的有关规定。

19.1.4 涵洞进出口的沟床应整理顺直,铺砌工程与排水设施、道路的连接应顺直。

19.1.5 **涵洞处路堤缺口填筑应在涵身结构达到设计强度后进行。填筑除符合铁道部现行《铁路路基工程施工质量验收标准》(TB 10414—2003)桥涵缺口路基填筑有关规定外,必须从涵身两侧同时对称、水平、分层填筑,并碾压密实。当涵顶填土厚度超过1.0 m后,方可通行大型机械。涵身两侧1 m范围内的填土不得用大型机械施工,宜采用人工配合小型机械的方法夯填密实。**

19.1.6 顶进涵作业前必须编制实施性施工组织设计和顶进施工工艺设计。并按规定报相关部门审批。顶进作业必须按审批方案实施。主体顶进就位后,应及时施工端翼墙。

19.1.7 混凝土或钢筋混凝土预制构件,在装卸、运输过程中应防止碰撞,使用前应对质量进行检查验收。

19.1.8 渡槽、倒虹吸的连接处应严格按工艺要求施工,做到密封、不漏水。

19.2 装配式涵洞涵身

(Ⅰ)模板及支架

主 控 项 目

19.2.1 模板及支架安装和拆除的检验必须符合铁道部现行《铁路混凝土与砌体工程施工质量验收标准》(TB 10424—2003)第4.2.1条、第4.2.2条和第4.3.1条的规定。

一 般 项 目

19.2.2 模板及支架安装和拆除的检验应符合铁道部现行《铁路混凝土与砌体工程施工质量验收标准》(TB 10424—2003)第4.2.3条、第4.2.4条和第4.3.2条的规定。

（Ⅱ）钢　　筋

主 控 项 目

19.2.3　钢筋原材料、加工、连接和安装的检验必须符合铁道部现行《铁路混凝土与砌体工程施工质量验收标准》（TB 10424—2003）第 5.2.1 条、第 5.3.1 条、第 5.4.1 条、第 5.4.2 条和第 5.5.1 条的规定。

一 般 项 目

19.2.4　钢筋原材料、加工、连接和安装的检验应符合铁道部现行《铁路混凝土与砌体工程施工质量验收标准》（TB 10424—2003）第 5.2.2 条、第 5.3.2 条、第 5.4.3 条和第 5.5.2 条的规定。

（Ⅲ）混　凝　土

主 控 项 目

19.2.5　混凝土原材料、配合比设计和施工的检验必须符合铁道部现行《铁路混凝土与砌体工程施工质量验收标准》（TB 10424—2003）第 6.2.1 条～第 6.2.6 条、第 6.3.1 条、第 6.3.2 条和第 6.4.1 条～第 6.4.3 条的规定。

一 般 项 目

19.2.6　混凝土施工的检验应符合铁道部现行《铁路混凝土与砌体工程施工质量验收标准》（TB 10424—2003）第 6.4.4 条～第 6.4.6 条的规定。

19.2.7　装配式混凝土涵洞涵节内外壁表面，应光滑圆顺，端面平齐。如有蜂窝麻面，每处面积不得大于 3.0 cm × 3.0 cm，深度不得超过 1.0 cm，总面积不得超过全面积的 1%，并不得露筋。

检验数量：施工单位全部检查。

检验方法：尺量和观察。

19.2.8　装配式混凝土涵洞涵节的制作允许偏差和检验方法应符合表 19.2.8 的规定。

表 19.2.8　装配式混凝土涵洞涵节制作允许偏差和检验方法

序　号	项　　目		允许偏差（mm）	检　验　方　法
1	钢筋混凝土圆管涵节	长度	0 −10	尺量检查不少于 5 处
		内外直径	±10	
		管壁厚度	+10 −5	
2	钢筋混凝土矩形涵节	长度	±20	尺量检查不少于 5 处
		宽度	±20	
		高度	±15	
		顶、底板厚度	+10 −5	

检验数量：施工单位每 10 节检查不少于 1 节。

(Ⅳ)涵 节 装 配

主 控 项 目

19.2.9 成品涵节的质量、规格必须符合设计要求。

检验数量:施工单位、监理单位全部检查。

检验方法:检查出厂合格证、验收记录和观察。

19.2.10 现场预制涵节混凝土强度必须达到设计强度后方可装配。

检验数量:施工单位、监理单位全部检查。

检验方法:施工单位进行一组同条件养护试件强度试验;监理单位见证检测。

19.2.11 涵节接缝必须顺流水坡度安装平顺。当壁厚不一致时,每一错台段内底面应调整平齐。

检验数量:施工单位、监理单位全部检查。

检验方法:尺量和观察。

一 般 项 目

19.2.12 装配式涵洞装配的允许偏差和检验方法应符合表19.2.12的规定。

表19.2.12 装配式涵洞装配允许偏差和检验方法

序 号	项 目		允许偏差(mm)	检 验 方 法
1	轴线		20	测量检查不少于2处
2	流水面高程		±20	
3	涵身长度		+100 -50	尺量检查不少于5处
4	相邻管节底面错台	管径≤1 000mm	3	
		管径>1 000mm	5	

检验数量:施工单位每座涵全部检查。

(Ⅴ)防 水 层

主 控 项 目

19.2.13 防水层的检验必须符合本标准第20.2.1条~第20.2.4条的规定。

一 般 项 目

19.2.14 防水层的检验应符合本标准第20.2.5条~第20.2.11条的规定。

(Ⅵ)沉 降 缝

主 控 项 目

19.2.15 沉降缝的检验必须符合本标准第20.3.1条~第20.3.3条的规定。

一般项目

19.2.16 沉降缝的检验应符合本标准第20.3.4条和第20.3.5条的规定。

19.3 就地制作涵洞涵身

（Ⅰ）模板及支（拱）架

主控项目

19.3.1 模板及支（拱）架安装和拆除的检验必须符合铁道部现行《铁路混凝土与砌体工程施工质量验收标准》（TB 10424—2003）第4.2.1条、第4.2.2条和第4.3.1条的规定。

一般项目

19.3.2 模板及支（拱）架安装和拆除的检验应符合铁道部现行《铁路混凝土与砌体工程施工质量验收标准》（TB 10424—2003）第4.2.3条、第4.2.4条和第4.3.2条的规定。

（Ⅱ）钢　　筋

主控项目

19.3.3 钢筋原材料、加工、连接和安装的检验必须符合铁道部现行《铁路混凝土与砌体工程施工质量验收标准》（TB 10424—2003）第5.2.1条、第5.3.1条、第5.4.1条、第5.4.2条和第5.5.1条的规定。

一般项目

19.3.4 钢筋原材料、加工、连接和安装的检验必须符合铁道部现行《铁路混凝土与砌体工程施工质量验收标准》（TB 10424—2003）第5.2.2条、第5.3.2条、第5.4.3条和第5.5.2条的规定。

（Ⅲ）混　凝　土

主控项目

19.3.5 混凝土原材料、配合比设计和施工的检验必须符合铁道部现行《铁路混凝土与砌体工程施工质量验收标准》（TB 10424—2003）第6.2.1条~第6.2.6条、第6.3.1条、第6.3.2条和第6.4.1条~第6.4.3条的规定。

19.3.6 混凝土涵身必须先浇筑底板（包括下梗肋），当底板混凝土强度达到设计强度50%后，再施工中、边墙及顶板混凝土。分次浇筑时，边墙的施工缝不应设在同一水平面上。

检验数量：施工单位、监理单位全部检查。

检验方法：施工单位进行一组同条件养护试件强度试验；监理单位观察和检查试验报告。

19.3.7 预制拱圈、盖板的混凝土达到设计强度75%后方可吊装。涵身强度必须达到设计强度后,才可分层对称填土。

检验数量:施工单位、监理单位全部检查。

检验方法:施工单位进行一组同条件养护试件强度试验;监理单位检查试验报告。

一般项目

19.3.8 混凝土施工和表面质量的检验应符合铁道部现行《铁路混凝土与砌体工程施工质量验收标准》(TB 10424—2003)第6.4.4条~第6.4.6条和第6.4.8条的规定。

19.3.9 预制混凝土盖板、拱圈的允许偏差和检验方法应符合表19.3.9的规定。

表19.3.9 预制混凝土盖板、拱圈的允许偏差和检验方法

序号	项目		允许偏差(mm)	检验方法
1	钢筋混凝盖板	长度	0 -10	尺量检查不少于2处
		宽度	0 -10	尺量检查不少于4处
		厚度	+10 -5	尺量检查不少于5处
		对角线差	5	尺量检查不少于2处
2	混凝土拱圈	长度	0 -10	尺量检查不少于2处
		宽度	±10	尺量检查不少于4处
		厚度	+10 -5	

检验数量:施工单位每10件检查不少于1件。

19.3.10 混凝土涵洞允许偏差和检验方法应符合表19.3.10的规定。

表19.3.10 混凝土涵洞允许偏差和检验方法

序号	项目	允许偏差(mm)	检验方法
1	边翼墙、中墩距设计中心线位置	20	测量检查不少于5处
2	墙顶、拱座顶面高程	±15	
3	孔径	±20	尺量检查不少于5处
4	涵长	+100 -50	
5	厚度	+10 -5	顶板、底板、边墙、盖板、拱圈各检查2处
6	涵身接头错台	10	尺量检查不少于5处

检验数量:施工单位每座涵全部检查。

(Ⅳ)砌 体

主控项目

19.3.11 砌体原材料和砌筑的检验必须符合铁道部现行《铁路混凝土与砌体工程施工质量验收标准》(TB 10424—2003)第8.2.1条~第8.2.5条和第8.3.1条~第8.3.6条的规定。

一般项目

19.3.12 砌体砌筑的检验应符合铁道部现行《铁路混凝土与砌体工程施工质量验收标

准》(TB 10424—2003)第 8. 3. 7 条的规定。

19. 3. 13　砌体涵洞的允许偏差和检验方法应符合表 19. 3. 13 的规定。

表 19. 3. 13　砌体涵洞的允许偏差和检验方法

序号	项　目	允许偏差(mm)			检验方法
		片石	块石	粗料石(混凝土块)	
		墙身	墙身	拱圈	
1	砌体边线距设计中心线位置	30	20	15	测量检查不少于 4 处
2	顶面高程	±15	±15	±15	
3	相邻砌块边线错台	—	5	5	尺量检查不少于 4 处
4	涵洞孔径	±20	±20	±20	
5	砌体厚度	—	±20	±20	

检验数量:施工单位每砌筑段全部检查。

(Ⅴ)防　水　层

主 控 项 目

19. 3. 14　防水层的检验必须符合本标准第 20. 2. 1 条 ~ 第 20. 2. 4 条的规定。

一 般 项 目

19. 3. 15　防水层的检验应符合本标准第 20. 2. 5 条 ~ 第 20. 2. 11 条的规定。

(Ⅵ)沉　降　缝

主 控 项 目

19. 3. 16　沉降缝的检验必须符合本标准第 20. 3. 1 条 ~ 第 20. 3. 3 条的规定。

一 般 项 目

19. 3. 17　沉降缝的检验应符合本标准第 20. 3. 4 条和第 20. 3. 5 条的规定。

19. 4　渡槽和倒虹吸管

(Ⅰ)模板及支架

主 控 项 目

19. 4. 1　模板及支架安装和拆除的检验必须符合铁道部现行《铁路混凝土与砌体工程施工质量验收标准》(TB 10424—2003)第 4. 2. 1 条、第 4. 2. 2 条和第 4. 3. 1 条的规定。

一 般 项 目

19. 4. 2　模板及支架安装和拆除的检验应符合铁道部现行《铁路混凝土与砌体工程施工质量验收标准》(TB 10424—2003)第 4. 2. 3 条、第 4. 2. 4 条和第 4. 3. 2 条的规定。

（Ⅱ）钢 筋

主 控 项 目

19.4.3 钢筋原材料、加工、连接和安装的检验必须符合铁道部现行《铁路混凝土与砌体工程施工质量验收标准》（TB 10424—2003）第 5.2.1 条、第 5.3.1 条、第 5.4.1 条、第 5.4.2 条和第 5.5.1 条的规定。

一 般 项 目

19.4.4 钢筋原材料、加工、连接和安装的检验应符合铁道部现行《铁路混凝土与砌体工程施工质量验收标准》（TB 10424—2003）第 5.2.2 条、第 5.3.2 条、第 5.4.3 条和第 5.5.2 条的规定。

（Ⅲ）混 凝 土

主 控 项 目

19.4.5 混凝土原材料、配合比设计和施工的检验必须符合铁道部现行《铁路混凝土与砌体工程施工质量验收标准》（TB 10424—2003）第 6.2.1 条 ~ 第 6.2.6 条、第 6.3.1 条、第 6.3.2 条和第 6.4.1 条 ~ 第 6.4.3 条的规定。

一 般 项 目

19.4.6 混凝土施工和表面质量的检验应符合铁道部现行《铁路混凝土与砌体工程施工质量验收标准》（TB 10424—2003）第 6.4.4 条 ~ 第 6.4.6 条和第 6.4.8 条的规定。

19.4.7 渡槽的允许偏差和检验方法应符合表 19.4.7 的规定。

表 19.4.7 渡槽的允许偏差和检验方法

序 号	项 目		允许偏差（mm）	检 验 方 法
1	槽身轴向位置		20	测量检查不少于 4 处
2	槽身流水面高程		±20	
3	槽梁尺寸	（1）长度	0 -10	尺量检查不少于 5 处
		（2）宽、高	±10	
		（3）壁厚	+10 0	
4	其他结构尺寸		±20	

检验数量：施工单位全部检查。

19.4.8 倒虹吸的允许偏差和检验方法应符合表 19.4.8 的规定。

表 19.4.8 倒虹吸的允许偏差和检验方法

序 号	项 目	允许偏差（mm）	检 验 方 法
1	轴线位置	20	测量检查不少于 4 处
2	水平管流水面高程	±20	
3	水平管长度	+100 -50	尺量检查不少于 2 处
4	水平管内壁侧面及底面管节错台	3	尺量检查不少于 5 处
5	竖井尺寸	±20	
6	竖开顶面高程	±20	测量检查不少于 4 处

检验数量：施工单位全部检查。

（Ⅳ）砌　　体

主 控 项 目

19.4.9　砌体原材料和砌筑的检验必须符合铁道部现行《铁路混凝土与砌体工程施工质量验收标准》（TB 1 0424—2003）第 8.2.1 条～第 8.2.5 条和第 8.3.1 条～第 8.3.6 条的规定。

一 般 项 目

19.4.10　砌体砌筑的检验应符合铁道部现行《铁路混凝土与砌体工程施工质量验收标准》（TB 10424—2003）第 8.3.7 条～第 8.3.8 条的规定。

（Ⅴ）防　水　层

主 控 项 目

19.4.11　防水层的检验必须符合本标准第 20.2.1 条～第 20.2.4 条的规定。

一 般 项 目

19.4.12　防水层的检验应符合本标准第 20.2.5 条～第 20.2.11 条的规定。

19.5　顶　进　涵

（Ⅰ）模板及支架

主 控 项 目

19.5.1　模板及支架安装和拆除的检验必须符合铁道部现行《铁路混凝土与砌体工程施工质量验收标准》（TB 10424—2003）第 4.2.1 条、第 4.2.2 条和第 4.3.1 条的规定。

一 般 项 目

19.5.2　模板及支架安装和拆除的检验应符合铁道部现行《铁路混凝土与砌体工程施工质量验收标准》（TB 10424—2003）第 4.2.3 条、第 4.2.4 条和第 4.3.2 条的规定。

（Ⅱ）钢　　筋

主 控 项 目

19.5.3　钢筋原材料、加工、连接和安装的检验必须符合铁道部现行《铁路混凝土与砌体工程施工质量验收标准》（TB 10424—2003）第 5.2.1 条、第 5.3.1 条、第 5.4.1 条、第 5.4.2 条和第 5.5.1 条的规定。

一 般 项 目

19.5.4　钢筋原材料、加工、连接和安装的检验必须符合铁道部现行《铁路混凝土与砌体工程施工质量验收标准》(TB 10424—2003)第5.2.2条、第5.3.2条、第5.4.3条和第5.5.2条的规定。

(Ⅲ)混 凝 土

主控项目

19.5.5 混凝土原材料、配合比设计和施工的检验必须符合铁道部现行《铁路混凝土与砌体工程施工质量验收标准》(TB 10424—2003)第6.2.1条~第6.2.6条、第6.3.1条、第6.3.2条和第6.4.1条~第6.4.3条的规定。

一般项目

19.5.6 混凝土施工和表面质量的检验应符合铁道部现行《铁路混凝土与砌体工程施工质量验收标准》(TB 10424—2003)第6.4.4条~第6.4.6条和第6.4.8条的规定。

19.5.7 涵管制作外形尺寸允许偏差和检验方法应符合第19.2.8条的规定;框架涵外形尺寸允许偏差和检验方法应符合表19.5.7的规定。

表19.5.7 框架涵外形尺寸允许偏差和检验方法

序号	项目	允许偏差(mm)	检验方法
1	宽度	±50	尺量检查不少于5处
2	轴线长度	±50	测量检查
3	顶、底板厚度	$^{+20}_{-5}$	尺量检查不少于5处
4	边墙厚度	$^{+20}_{-5}$	

检验数量:施工单位每座涵全部检查。

(Ⅳ)顶 进

主控项目

19.5.8 顶进设施和线路加固必须符合施工工艺设计要求。

检验数量:施工单位、监理单位全部检查。

检验方法:检查工艺设计资料和观察。

19.5.9 混凝土必须达到设计强度后方可顶进。

检验数量:施工单位、监理单位全部检查。

检验方法:施工单位进行一组同条件养护试件强度试验;监理单位检查混凝土试验报告。

一般项目

19.5.10 框架涵顶进后允许偏差和检验方法应符合表19.5.10的规定。

表19.5.10 框架涵顶进后允许偏差和检验方法

序号	项目		允许偏差	检验方法
1	中线	一端顶进	200 mm	测量检查不少于2处
		二端顶进	100 mm	
2	高程		1%顶程,且$^{+150}_{-200}$mm	测量检查不少于4处

检验数量:施工单位每座涵全部检查。

19.5.11 涵管顶进后允许偏差和检验方法应符合表 19.5.11 的规定。

表 19.5.11 涵管顶进后允许偏差和检验方法

序号	项目	允许偏差(mm)	检验方法
1	高程	+20 −50	测量检查不少于 2 处
2	中线	50	
3	管节错台	10	尺量检查不少于 4 处
4	对顶法接头和管节错台	30	

检验数量:施工单位每座涵管全部检查。

(Ⅴ)防 水 层

主 控 项 目

19.5.12 防水层的检验必须符合本标准第 20.2.1 条～第 20.2.4 条的规定。

一 般 项 目

19.5.13 防水层的检验应符合本标准第 20.2.5 条～第 20.2.11 条的规定。

(Ⅵ)沉 降 缝

主 控 项 目

19.5.14 沉降缝的检验必须符合本标准第 20.3.1 条～第 20.3.3 条的规定。

一 般 项 目

19.5.15 沉降缝的检验应符合本标准第 20.3.4 条和第 20.3.5 条的规定。

19.6 端翼墙及附属工程

(Ⅰ)模板及支架

主 控 项 目

19.6.1 模板及支架安装和拆除的检验必须符合铁道部现行《铁路混凝土与砌体工程施工质量验收标准》(TB 10424—2003)第 4.2.1 条、第 4.2.2 条和第 4.3.1 条的规定。

一 般 项 目

19.6.2 模板及支架安装和拆除的检验应符合铁道部现行《铁路混凝土与砌体工程施工质量验收标准》(TB 10424—2003)第 4.2.3 条、第 4.2.4 条和第 4.3.2 条的规定。

(Ⅱ)钢　　筋

主 控 项 目

19.6.3 钢筋原材料、加工、连接和安装的检验必须符合铁道部现行《铁路混凝土与砌体工程施工质量验收标准》(TB 10424—2003)第5.2.1条、第5.3.1条、第5.4.1条、第5.4.2条和第5.5.1条的规定。

一 般 项 目

19.6.4 钢筋原材料、加工、连接和安装的检验应符合铁道部现行《铁路混凝土与砌体工程施工质量验收标准》(TB 10424—2003)第5.2.2条、第5.3.2条、第5.4.3条和第5.5.2条的规定。

(Ⅲ)混　凝　土

主 控 项 目

19.6.5 混凝土原材料、配合比设计和施工的检验必须符合铁道部现行《铁路混凝土与砌体工程施工质量验收标准》(TB 10424—2003)第6.2.1条~第6.2.6条、第6.3.1条、第6.3.2条和第6.4.1条~第6.4.3条的规定。

一 般 项 目

19.6.6 混凝土施工和表面质量的检验应符合铁道部现行《铁路混凝土与砌体工程施工质量验收标准》(TB 10424—2003)第6.4.4条~第6.4.6条和第6.4.8条的规定。

19.6.7 混凝土端翼墙及附属工程的允许偏差和检验方法应符合表19.6.7的规定。

表19.6.7　端翼墙及附属工程的允许偏差和检验方法

序　号	项　　目		允许偏差(mm)	检　验　方　法
1	端、翼墙距设计中心线距离		20	测量检查不少于4处
2	出入口流水面高程		±20	
3	混凝土墙体	(1)表面平整度	5	1 m靠尺检查不少于5处
		(2)结构尺寸	+20 0	尺量检查不少于5处
4	帽石尺寸		±10	尺量检查不少于4处

检验数量:施工单位每座涵全部检查。

(Ⅳ)砌　　体

主 控 项 目

19.6.8 砌体原材料和砌筑的检验必须符合铁道部现行《铁路混凝土与砌体工程施工质量验收标准》(TB 10424—2003)第8.2.1条~第8.2.5条和第8.3.1条~第8.3.6条的规定。

一 般 项 目

19.6.9 砌体砌筑的检验应符合铁道部现行《铁路混凝土与砌体工程施工质量验收标准》(TB 10424—2003)第8.3.7条的规定。

19.6.10 砌体端翼墙及附属工程的允许偏差和检验方法应符合表19.6.10的规定。

表19.6.10 端翼墙及附属工程的允许偏差和检验方法

序号	项目		允许偏差(mm)	检验方法
1	端、翼墙距设计中心线距离		20	测量检查不少于4处
2	出入口流水面高程		±20	
3	砌体墙体	(1)表面平整度	20	1 m靠尺检查不少于5处
		(2)结构尺寸	+50 0	尺量检查不少于5处

检验数量:施工单位每座涵全部检查。

(Ⅴ)栏　　杆

主 控 项 目

19.6.11 栏杆的材质、规格、形式必须符合设计要求。

检验数量:施工单位、监理单位全部检查。

检验方法:检查验收记录和观察。

19.6.12 栏杆的连接、安装必须牢固。

检验数量:施工单位、监理单位全部检查。

检验方法:观察。

一 般 项 目

19.6.13 栏杆的涂装应符合设计要求。

检验数量:施工单位全部检查。

检验方法:观察。

19.6.14 栏杆的安装应顺直。

检验数量:施工单位全部检查。

检验方法:观察。

20　防水层及沉降缝

20.1　一般规定

20.1.1　施工单位应对防水层及沉降缝所用原材料按批次进行进场验收，并按现行国家标准作性能检验，其质量必须符合有关标准的规定。

20.1.2　防水层及沉降缝施工前，施工单位应按设计要求，编制施工方案，进行技术交底。

20.1.3　防水层严禁在雨、雪天和五级风及其以上时施工。其施工环境气温条件应符合表20.1.3的规定。

表20.1.3　防水层施工环境气温条件

序　号	防　水　层　材　料	施　工　环　境　气　温
1	高聚物改性沥青防水卷材	冷粘法不低于5 ℃，热熔法不低于-10 ℃
2	合成高分子防水卷材	冷粘法不低于5 ℃，热风焊法不低于-10 ℃
3	有机防水涂料	溶剂型-5 ℃~35 ℃，水溶性5 ℃~35 ℃
4	沥青	不低于5 ℃
5	防水混凝土、水泥砂浆	不低于5 ℃

20.1.4　防水层隐蔽前，应进行防水层隐蔽工程验收，未经验收合格不得隐蔽。

20.2　防　水　层

主　控　项　目

20.2.1　防水层和保护层所用原材料的品种、规格、性能等必须符合设计要求。

检验数量：施工单位、监理单位全部检查。

检验方法：检查产品合格证、试验报告和观察。

20.2.2　防水层施工部位、构造形式、厚度、坡度和细部做法必须符合设计要求。

检验数量：施工单位、监理单位全部检查。

检验方法：观察、尺量和检查隐蔽工程验收记录。

20.2.3　保护层施工部位、构造形式、厚度、坡度和断缝处理必须符合设计要求。桥面保护层表面裂缝宽度不得大于0.2 mm。

检验数量：施工单位、监理单位全部检查。

检验方法：观察、尺量和用刻度放大镜检查。

20.2.4　防水层不得渗水。

检验数量：施工单位、监理单位全部检查。

检验方法：雨后或蓄水后观察。

一 般 项 目

20.2.5 防水层的基层应平整、清洁、干燥，不得有空鼓、松动、蜂窝麻面、浮砟、浮土和油污。

检验数量：施工单位全部检查。

检验方法：观察。

20.2.6 防水层的表面质量应达到涂层厚薄一致，卷材粘贴牢固，搭接封口正确。不得有滑移、翘边、起泡、损伤等现象。坡度平顺，排水通畅。

检验数量：施工单位全部检查。

检验方法：观察。

20.2.7 保护层的表面质量应达到与防水层粘结牢固，结合紧密，厚度均匀一致。表面平整密实，不得有疏松、起砂、脱皮、损伤等现象。

检验数量：施工单位全部检查。

检验方法：观察。

20.2.8 防水层和保护层的材料称量的允许偏差为2%。

检验数量：施工单位每工作班抽查不少于一次。

检验方法：秤量或检查配制记录。

20.2.9 沥青胶结材料使用温度的允许偏差为－10 ℃。

检验数量：施工单位每工作班抽查不少于一次。

检验方法：温度计测量。

20.2.10 防水层的允许偏差和检验方法应符合表20.2.10的规定。

表 20.2.10 防水层允许偏差和检验方法

序 号	项 目	允许偏差(mm)	检 验 方 法
1	表面平整度	3	1 m 靠尺检查
2	卷材搭接长度	－10	尺量检查

检验数量：施工单位检查不少于5处。

20.2.11 保护层的允许偏差和检验方法应符合表20.2.11的规定。

表 20.2.11 保护层的允许偏差和检验方法

序 号	项 目	允许偏差(mm)	检 验 方 法
1	表面平整度	3	1 m 靠尺检查
2	分格缝平直	3	拉线尺量检查

检验数量：施工单位检查不少于5处。

20.3 沉 降 缝

主 控 项 目

20.3.1 沉降缝所用原材料的品种、规格、性能等必须符合设计要求。

检验数量：施工单位、监理单位全部检查。

检验方法:检查产品合格证、试验报告和观察。

20.3.2 沉降缝位置、尺寸、构造形式和止水带的安装等必须符合设计要求。

检验数量:施工单位、监理单位全部检查。

检验方法:观察和尺量。

20.3.3 沉降缝不得漏水。

检验数量:施工单位、监理单位全部检查。

检验方法:观察和尺量。

一般项目

20.3.4 沉降缝填塞前,缝内应清扫干净,保持干燥,不得有杂物和积水。

检验数量:施工单位全部检查。

检验方法:观察。

20.3.5 沉降缝的表面质量应达到缝宽均匀,缝身竖直,环向贯通,填塞密实,外表光洁。

检验数量:施工单位全部检查。

检验方法:观察。

21　单位工程观感质量评定

21.1　一 般 规 定

21.1.1　小桥和非交通涵可不做观感质量评定。

21.1.2　观感质量由建设单位组织监理单位、施工单位共同进行现场评定。

21.1.3　观感质量检查项目评定达不到合格标准,应进行返修。

21.2　桥　　梁

21.2.1　墩台观感质量合格标准:

墩台身混凝土表面平整,色泽均匀,接茬处无较大错台、跑模现象。局部蜂窝麻面已修补,外形整体轮廓清晰,线角基本顺直。

砌体墩台砌石选料得当,表面平整,砌缝符合规定,勾缝无明显缺陷,线角基本顺直。

墩、台帽与墩、台身衔接基本平顺。表面轮廓比较清晰,排水流畅,基本不积水,支承垫石方正平整,不空鼓,预埋件和预留孔位置正确。

21.2.2　索塔观感质量合格标准:

索塔表面平整,色泽均匀,无明显错台、蜂窝和麻面,轮廓清晰,线型基本顺直。

21.2.3　混凝土梁和预应力混凝土梁观感质量合格标准:

表面平整。色泽均匀。阴阳角线条顺直,无明显的表面缺陷。泄水管排水通畅。全桥整体基本平顺,梁缝基本均匀。

21.2.4　钢梁涂装观感质量合格标准:

涂装表面平整,颜色均匀。无明显的涂层漏涂、剥落、起泡、划伤以及流挂等现象。

21.2.5　明桥面观感质量合格标准:

桥枕表面无明显损伤,布设符合规定。护木基本顺直,外露螺栓高度基本一致。接缝基本严密。

21.2.6　拱部观感质量合格标准:

表面平整,无明显错台;无蜂窝、麻面、露筋或砌缝脱落现象,颜色均匀;拱圈(拱肋)及拱上结构轮廓线圆顺、无折弯。

21.2.7　斜腿刚构观感质量合格标准:

1　钢斜腿刚构观感质量合格标准应符合第21.2.4和第21.2.5条的规定;

2　混凝土斜腿刚构观感质量合格标准应符合第21.2.3条的规定。

21.2.8　斜拉索观感质量合格标准:

斜拉索顺直无扭转。锚环与锚垫板密贴并居中,锚环及其外丝虽有击伤,但不影响使用。防护层无明显压痕、损伤。斜拉索色泽均匀,无污染。

21.2.9　检查设施观感质量合格标准:

配件齐全、联结牢固,涂装符合合格标准,检查车走行灵活。

21.2.10 人行道及避车台观感质量合格标准:

步行板面平整、无明显损伤,排列均匀,铺装平稳,嵌缝基本密实。配件齐全,栏杆、扶手无明显缺陷,安装牢固,扶手基本顺直。涂装符合合格标准。

21.2.11 涂装观感质量合格标准:

涂层表面平整,颜色均匀。无涂层漏底、漏涂、涂层剥落、涂膜破裂、划伤、流挂等现象。

21.2.12 锥体护砌观感质量合格标准:

砌体选料得当,坡度基本顺直,勾缝无明显缺陷,泄水孔排水流畅。

21.3 涵 洞

21.3.1 涵身观感质量合格标准:

混凝土大面平整,色泽均匀,接茬处无较大错台、跑模现象。砌体选料得当,组砌整体均匀,砌面基本平整,砌缝符合规定,勾缝无明显缺陷。各涵节间相接基本顺直,排水通畅。

21.3.2 沉降缝观感质量合格标准:

缝身竖直、缝宽基本均匀,环向贯通,填塞密实。无漏水。

21.3.3 端翼墙观感质量合格标准:

混凝土表面平整,色泽均匀,棱角、线条基本顺直。砌体选料得当,砌面基本平整,砌缝符合规定,勾缝无明显缺陷,棱角基本顺直。

21.3.4 护锥及出入口铺砌观感质量合格标准:

砌体选料得当,砌面基本平整,砌缝符合规定,勾缝无明显缺陷。

21.3.5 栏杆观感质量合格标准:

配件齐全,栏杆、扶手无明显缺陷,预制组装构件表面平整,安装牢固,线条顺直,涂装符合合格标准。

本标准用词说明

执行本标准条文时,对于要求严格程度的用词说明如下,以便在执行中区别对待。

(1)表示很严格,非这样做不可的用词:

正面词采用“必须”;

反面词采用“严禁”。

(2)表示严格,在正常情况下均应这样做的用词:

正面词采用“应”;

反面词采用“不应”或“不得”。

(3)表示允许稍有选择,在条件许可时首先应这样做的用词:

正面词采用“宜”;

反面词采用“不宜”。

表示有选择,在一定条件下可以这样做的,采用“可”。

《铁路桥涵工程施工质量验收标准》条文说明

本条文说明系对重点条文的编制依据、存在的问题以及在执行中应注意的事项等予以说明。为了减少篇幅,只列条文号,未抄录原条文。

1.0.1 本标准的编制目的是为了加强和统一铁路桥涵工程施工质量的验收。本标准不涉及工程决策阶段的质量、勘察设计阶段的质量和运营维修阶段的质量等。

本标准是政府部门、专门质量机构、建设单位、监理单位、勘察设计单位和施工单位对工程施工阶段的质量进行监督、管理和控制的主要依据。

由于施工阶段的质量控制是工程整体质量控制的关键环节,工程整体质量在很大程度上取决于施工阶段的质量控制,所以本标准根据铁路桥涵专业的工程质量特性,规定了建设活动各方对工程施工质量控制的方法、程序、职责以及质量指标,藉以保证工程质量。

1.0.2 本标准适用于旅客列车最高行车速度 160 km/h 及以下的客货列车共线运行的新建、改建标准轨距铁路。在标准体系中,本标准是铁路桥涵工程专业施工质量验收的主体标准。客运专线、高速铁路的桥涵工程以及本标准制订时没能纳入的新技术、新工艺、新设备、新材料等,应该在本标准的基础上制订补充规定。

1.0.3 《建设工程质量管理条例》分别规定了建设单位、勘察设计单位、监理单位和施工单位的法定质量职责和义务。本标准根据铁路桥涵工程的专业特点,对建设各方在施工阶段的质量职责具体细化均做出了明确规定,改变了几十年来一贯沿用的工程施工质量仅由施工单位一方负责的传统模式,促使各方共同保证工程质量的合格。

1.0.4 铁路工程施工点多线长、施工期较长,取弃土(砟)、污水(物)排放、噪声等对生态环境的影响很大。施工单位应在施工前制订有效的环保方案,施工期内最大限度地减少对环境的影响,施工结束后给予必要的恢复,切实做好环境保护和水土保持工作,保证国民经济的可持续发展。设计有要求的更应该全面按设计文件办理。

1.0.5 铁路工程施工质量检验检测工作,是工程质量管理的重要组成部分,也是工程质量控制的重要手段。客观、准确的检验检测数据,是评价工程质量的科学依据。判定工程施工质量合格与否,要体现质量数据说话的原则。其基础是质量数据必须真实可靠,并且能够代表工程施工质量情况。这就要求检验检测所用的仪器方法和抽样方案必须符合相关标准或技术条件的规定,方法统一,数据才有可比性。另外,随着工程检测技术的发展,一些成熟可靠的新方法、新仪器不断出现,尤其是对工程实体质量的检测,使用新技术后,能减少检测工作量,提高检测精度,应该积极采用。但采用这此新技术应经过必要程序的鉴定。

1.0.6 本标准中规定的质量指标是合格标准。合格标准也就是控制施工质量的最低标准。达不到本标准所规定的质量要求的工程,其结构安全和使用功能就不能得到有效保证和满足,就是不合格的工程。所以本标准要求施工所采用的承包合同文件和其他工程技术文件等,对施工质量的要求不能低于本标准中的规定。

1.0.7 铁路工程施工过程中的环节多、影响工程质量的因素多,所以采用的标准规范就会很多。既有技术标准又有管理标准、既有国家标准又有行业标准、甚至还有国际标准和国外标准,本标准难以一一详列。一般情况下可根据工程实际情况,确定各种标准规范的采用与否。但是对于施工过程涉及到的、现行国家和铁道行业标准中有强制性执行要求的标准或标准条文则必须贯彻执行。

3.1.1 工程施工质量要体现过程控制的原则。施工现场应配齐相应的施工技术标准,包括国家标准、行业标准和企业标准;施工单位要有健全的质量管理体系,要建立必要的施工质量检验制度;施工准备工作要全面、到位。

施工前,监理单位(未委托监理的项目为建设单位,下同)要对施工单位所做的施工准备工作进行全面检查。这是对监理单位和施工单位两方提出的要求,是保证开工后顺利施工和保证工程质量的基础。一般情况下,每个单位工程应检查一次。施工现场质量管理检查记录由施工单位的现场负责人填写,由监理单位的总监理工程师进行检查验收,做出合格或不合格及限期整改的结论。

现场质量管理制度应包括现场施工技术资料的管理制度在内。

3.1.2 工程施工质量控制的要点是两个方面:一是对材料、构配件和设备质量的进场验收;二是对各工序操作质量的自检、交接检。

(1)对材料、构配件和设备质量的进场验收应分两个层次进行。

现场验收:对材料、构配件和设备的外观、规格、型号和质量证明文件等进行验收。检验方法为观察检查并配以必要的尺量、检查合格证、厂家(产地)试验报告;检验数量多为全部检查。施工单位和监理单位的检验方法和数量多数情况下相同。未经检验或检验不合格的,不得运进施工现场。

试验检验:凡是涉及结构安全和使用功能的,要进行试验检验。试验检验项目的确定掌握两个原则:一是对工程的结构安全和使用功能确有重要影响;二是大多数单位具备相应的试验条件。施工单位试验检验的批量、抽样数量、质量指标应根据相关产品标准、设计要求或工程特点确定,检验方法符合相关标准或技术条件的规定;监理单位要按施工单位抽样数量的20%或10%以上的比例进行见证取样检测或平行检验。不合格的不得用于工程施工。

(2)对工序操作质量的自检、交接检验。

自检:施工过程中各工序应按施工技术标准进行操作,该工序完成后,对反映该工序质量的控制点进行自检。自检的结果要留有记录。这些结果可以作为施工记录的内容,有的也正好是检验批验收需要的检验数据,要填入检验批质量验收记录表中。

交接检验:一般情况下,一个工序完成后就形成了一个检验批,可以对这个检验批进行验收,而不需要另外进行交接检验。对于不能形成检验批的工序,在其完成后应由其完成方与承接方进行交接检验。特别是不同专业工序之间的交接检验,应经监理工程师检查认可,未经检查或经检查不合格的不得进行下道工序施工。其目的有三个:一是促进前道工序的质量控制;二是促进后道工序对前道工序质量的保护;三是分清质量职责,避免发生纠纷。

3.1.3 作为铁路桥涵工程施工质量验收的强制性条文,必须严格遵守。工程施工质量验收包括检验批、分项工程、分部工程和单位工程施工质量的验收。

1 铁路桥涵工程施工质量验收依据的标准有两本:本标准和《铁路混凝土与砌体工程施工质量验收标准》(TB 10424—2003)。除两标准及两标准条文中提及的有关标准外,均不得作为验收依据。

2 按图施工是施工单位的重要原则,勘察设计文件是施工的依据,施工中不得随意改变勘察设计文件。如必须改变时,应按程序由设计单位修改,施工质量也应符合修改后的设计文件要求。

3 参加施工质量验收的各方人员,是指参加检验批、分项工程、分部工程、单位工程施工质量验收的人员,这些人员应具有相应的资格。本标准给出了原则性的规定,还应结合工程情况、管理模式等,在保证工程质量、分清责任的前提下具体确定。

4 施工单位是施工质量控制的主体,应对工程施工质量负责,其工程施工质量必须达到本标准的规定。另外,其他各方的验收工作必须在施工单位自行检查合格基础上进行,否则,也是违反标准的行为。

5 施工单位对隐蔽工程在施工完成后应先行检查,符合要求后通知监理单位验收。对于桥梁和重要涵洞的地基基础,在开挖至设计高程后,还应通知勘察设计单位参加验收,实际上是要求勘察设计单位对现场地质情况进行确认。这一点对于保证工程质量及日后可能出现的质量事故的责任判定很重要,不能忽视。

6 为了保证对涉及结构安全的试块、试件的代表性和真实性负责,监理单位必须按本标准对各检查项目的规定,进行平行检验或见证取样检测、见证检测。且各检验项目中均有具体规定。涉及结构安全和使用功能的现场检测项目,监理单位应按规定进行见证或平行检验。见证或平行检验的数量各检验项目中也有具体规定。

7 检验批质量验收是对主控项目和一般项目的检查验收。只要这些项目的质量达到了本标准的规定,就可以判定该检验批合格。标准中的其他要求不在检验批质量验收中涉及。

8 对涉及结构安全和使用功能的重要分部工程的抽样检测,是这次验标修订增加的重要内容,以前的验标中没有这方面的要求。主要检查项目在表 3.4.5—3 中已列出。具体检查项目由验收组根据实际情况事先确定。

但是,用同条件养护试件检测墩台、梁部结构的实体强度属于必做项目。即对于墩台和梁部的混凝土强度检测采用标准条件养护和同条件养护双控方法。具体的试件取样、养护方式、留置数量按《铁路混凝土与砌体工程施工质量验收标准》(TB 10424)和《铁路工程结构混凝土强度检测规程》(TB 10426)办理。

9 为了保证见证取样检测及结构安全检测结果的可靠性、可比性和公正性,检测单位应具备有关管理部门核定的资质。对于特殊项目的检测,可由建设单位确定检测单位。

10 单位工程的观感质量相对涉及结构安全和使用功能的主体工程质量而言,应该是比较次要的。但是,对完工后的工程进行一次全面检查,对工程整体质量进行一次现场核实,是很有必要的。观感质量验收绝不是单纯的外观检查,也不是在单位工程完成后对涉及外观质量的项目进行重新检查,更不是引导施工单位在工程外观上做片面的投入。观感质量验收的目的在于直观地从宏观上对工程的安全可靠性能和使用功能进行验收。如局部缺损、污染等,特别是在检验批、分项工程、分部工程的检查验收时反映不出来,而后来又发生变化的情况,通过观感质量验收及时发现问题,提出整改,是一个不可缺少的质量控制环节。

3.2.1～3.2.6　明确单位工程、分部工程、分项工程的划分以及检验批的具体规模数量，是开展工程质量验收工作的重要基础，是提高验标可操作性的关键所在，在各级工程质量验收中必须严格执行。为了提高验收资料的系统性和完整性，方便检查、归档、验收，具体实施中，应对单位工程、分部工程、分项工程以及检验批进行编号，每一个检验批都应当有自己独立的一个号码。具体的编号方式参照《铁路工程施工质量验收标准应用指南》执行。

铁路桥涵工程施工质量验收应按四级划分：单位工程、分部工程、分项工程、检验批。

单位工程：按一个完整工程，或一个完整工程中的相当规模施工范围，或几个完整工程组成的相当规模施工范围划分。其重要的划分原则为一个单位工程必须是由一个施工单位施工的。

分部工程：按一个完整的部位、主要结构或施工阶段划分，由若干个分项工程组成。

分项工程：主要是按工种划分，有的也可按工序、材料、工艺等划分。由若干个检验批组成，特殊情况下仅含一个检验批。

检验批：是分项工程的组成部分。根据施工质量控制和验收需要，将一个分项工程划分成若干个检验批。检验批是施工质量验收的基本单元。

3.3.1　检验批质量验收内容包括实物检查和资料检查两部分。本标准对检验批质量验收的要求都是根据这两个方面做出的规定。

3.3.2　检验批质量合格的前提是主控项目和一般项目的质量经抽样检验合格。对于有允许偏差的一般项目抽查点除有专门要求外，规定在允许偏差内的点应达到80%及以上，其余抽查点可以超出允许偏差，但不得超出1.5倍的允许偏差。

3.3.3　分项工程质量验收是对其所含检验批质量的统计汇总。主要是检查核对检验批是否覆盖分项工程范围，不能缺漏。当然，如果检验批质量不合格也就不能进行分项工程质量验收。

3.3.4　分部工程质量验收包括以下三个方面的内容：

(1)分部工程所含分项工程的质量均应验收合格。这也是一项统计汇总工作。应注意核对有没有缺漏的分项工程，各分项工程验收是否正确等。

(2)质量控制资料应完整。这也是一项统计汇总工作，主要是检查检验批的验收资料、施工操作依据、质量记录是否完整配套，是否全面反映了质量状况。

(3)地基基础、梁部结构的检验和抽样检测结果应符合本标准的有关规定。主要检查项目是否有缺漏、检测记录是否符合要求，检测结果是否符合本标准的规定和设计要求。

3.3.5　单位工程质量的验收是建设活动各方对施工质量控制的最后一关。分部工程质量、质量控制资料、检测资料及抽查结果、观感质量均应符合本标准的规定。

3.3.6　工程质量不符合要求的情况，多在检验批质量验收阶段出现，否则会影响相关分项、分部工程质量的验收。

1　对于推倒重做、更换构配件或设备的检验批，应该重新进行验收。当重新抽样检查后，检验项目符合本标准规定的，应判定该检验批合格。

2　个别试块试件的强度不能满足要求的情况，包括试块试件失去代表性、试块试件缺少、试验报告有缺陷或对试验报告有怀疑等。这种情况下，应由有资质的检测单位进行检验测试，如果测试结果证明该检验批的质量能够达到原设计的要求，则该检验批予以合格验收。

对于其他不合格的现象,因情况复杂,本标准不能给出明确的处理方案。由各方根据具体情况按程序协商处理。

3.3.7 采取返修或加固处理措施后,仍然存在严重缺陷,不能满足安全和使用要求的分部、单位工程,是不合格工程,严禁验收。

3.4.1~3.4.7 标准中规定的检验批质量验收记录表是通用格式。由于分项工程所含项目差别很大,实际操作过程中,往往发生漏检项目、项目名称不统一、质量描述不规范、检验数量不足等具体问题,所以检验批质量验收记录表采用统一格式是非常必要的。各检验批质量验收记录的专用表格和填写要求参照《铁路工程施工质量验收标准应用指南》执行。

工程施工质量验收的程序和组织应把握以下要点:

(1)施工单位自检合格是验收工作的基础。

(2)监理单位应对所有主控项目进行检查,对一般项目可根据施工单位质量控制情况确定检查项目。

(3)参加验收的各方人员应具备相应的资格,主要是能够负质量责任,当发生质量问题时具有可追溯性。

(4)勘察设计单位只参加单位工程和与勘察、设计文件有直接关系的分部工程的验收。

4.1.1 重锤夯实试夯需要确定的试夯参数为:锤重、底面直径、落距、夯击遍数,最后下沉量和总下沉量。强夯的施工参数除上述参数外,尚需确定单位夯击能、夯点布置及间距和间隔时间。

碎石桩试桩应确定的参数为:密实电流、水压、留振时间等。

粉喷桩试桩应确定的参数为:回转速度、提升速度和粉喷速度的组合。

旋喷桩试桩应确定的参数为:旋喷速度,喷射压力和提升速度。

4.2.1 换填是软弱土层加固的一种形式。换填材料种类较多,如土石混填、灰土、砂或砂砾、碎石或卵石以及粉煤灰等。一般根据结构物、地质和施工条件选定。仅用于浅层地基处理。

4.4.4 强夯法加固地基,应根据现场的地质条件和工程要求,正确选用强夯参数,方能有效而又经济的达到目的。重要参数为:锤重、落距、单点夯击能、夯击遍数、相邻两次夯击遍数的间歇时间、夯击点布置、加固深度等。

4.5.7 挤密桩的填料多为:灰土、石灰、水泥、粉煤灰。桩体检验可用环刀取土,或洛阳铲深层取样,直接挖桩检验也是一种方法。由于挤密桩系复合地基,地基承载力一般可用轻便触探,当需要时,也可用静载试验确定。

4.6.5 砂桩质量检验,宜间歇 7 d 后进行。

4.7.5 碎石桩施工必须严格控制密实电流、水压、留振时间和填石量,以保证桩的质量。水压是成孔的保证;密实电流是碎石振密的反映;留振时间是振密桩体和扩大桩径的重要因素;填石量是检验施工的标准。

4.8.1~4.8.4 影响粉喷桩质量的主要因素为加固料的喷入量和加固料与土的搅拌均匀程度。因此要求加固料喷入量必须符合设计要求。为提高桩身上部 1/3 桩长范围内桩身强度,应在桩的上部重复搅拌,以提高加固料与土的搅拌均匀程度。加固料多为水泥、石灰粉或钢渣粉等，其技术指标和质量标准一般由设计文件具体规定。

5.1.5　当岩面倾斜大于15°时，应使岩面凿平或凿成台阶，使承重面与之垂直，以防滑移。

5.2.3　基坑挖至基底设计高程，或已按设计要求加固、处理完毕后，必须经过基底检验。基底检验时，监理单位、施工单位和勘察设计单位（桥梁地基检验时参加）共同对地质情况进行现场确认。当各方对检查结果发生分歧时，由勘察设计单位最后确定结果。并应形成验收记录。

基底检验应及时，以免因等候检验，基底暴露时间过久而风化变质。

5.2.5　涵洞基坑在不同高程上，基底高程检查点数应按每个高程检查不少于2点。

6.1.6　"假极限"是桩在饱和的细、中、粗砂中连续锤击下沉时，使流动的砂紧密夹实于桩的周围，妨碍土中水分沿桩上升，在桩尖下形成很大的"水垫"，使桩产生暂时的极大贯人阻力。

"吸入"是桩在黏性土中连续锤击时，由于土的渗透系数小，桩周围水不能渗透扩散，而沿桩身向上挤出，形成桩周围的润滑套，使桩周围的摩擦力大为减少。

桩的上浮、下沉均会影响土对桩的阻力。射水沉桩由于射水的冲刷，减少桩周围土的摩擦力。

因此以上情况，在休止一定时间后均须进行复打，以确定桩的实际承载力。

6.2.1　钢围堰结构稳定性应包括结构抗浮力和施工高水位设计和吊装时安全稳定。

6.2.2、6.2.4、6.2.7　均根据《铁路桥涵施工规范》（TB 10203）有关要求增列的。

6.4.6　沉桩桩位的允许偏差中群桩桩位的标准是参照《公路工程质量检验评定标准》（JTJ 071—98）修订的，较原标准更严格。

6.5.2　在施工终孔和清孔后，应用成孔检测仪对孔径、孔深、孔型和斜度等几何尺寸进行精确检测。目前桥基施工中采用较先进的成孔检测仪器为超声波测壁仪。

6.5.13　本标准在表6.5.13中将钢筋骨架在承台底下长度规定±100 mm，即不允许在浇筑水下混凝土时发生钢筋骨架上浮和下沉现象。

6.5.18　桩的检验目的，一是了解其承载力；二是检验桩本身混凝土质量是否符合要求。目前对上述检测目的一般采用桩身无损动力检测法。对检测桩身混凝土匀质性一般采用低应变无损检测。对质量有怀疑及浇筑混凝土故障处理过和设计有要求的桩应采用钻芯取样进行检测。以上对桩检验的标准较原标准严格。

7.1.2　浮式沉井在施工过程中，使用的船只、锚碇设备、索具和机械等设施，必须经过检查试验和试运转符合工艺设计要求以确保施工安全。

7.2.12　在软土中沉井沉至设计高程并清理基底后，有可能发生继续下沉的现象，因此本条根据现行国家标准《建筑地基基础工程施工质量验收规范》（GB 50202—2002）第7.7.10条的规定，要求在8 h内继续进行沉降观测，累计下沉量小于10 mm时方可封底。

7.3.9　带钢气筒的浮式沉井，一般底节由钢结构做成双壁形式自浮于水中，并装有钢气筒，沉井接高时按设计要求在钢气筒内充气增加浮力，使沉井在悬浮状态下不断接高和下沉，直到落至河床。因此气筒必须按受压容器的有关规定制造，并根据《铁路桥涵地基和基础设计规范》（TB 10002.5—99）第7.2.8条的规定，应采用不低于1.5倍工作压力试验合格后方可使用。

7.3.12　浮式沉井在浮运、就位、接高和下沉等过程中，为防止受水深、流速、风速、沉井高度及河床冲刷和淤积等因素影响，造成沉井失稳，因此必须根据施工阶段对其稳定性进行检算。

8.1.3 墩台施工应编制实施性施工组织设计，对施工质量进行控制，内容应包括模板设计、施工工艺、施工方法、质量检查、安全防护、环境监测等。

8.2

墩台中包括混凝土墩台和砌体墩台。

8.2.11 表8.2.11 序号1 项目4 空心墩壁厚 ±5 mm，为新增加对空心墩壁厚允许偏差的要求。

8.2.14 表中只列砌体墩台中块石，粗料石（混凝土块）的允许偏差和检查方法。目前片石镶面墩台已基本不采用，所以取消了允许偏差值。

8.3

在台后填土、锥体及其他这一节中列出填土、混凝土、砌体三个分项，如有特殊情况采用钢筋混凝土，钢筋的检查应符合《铁路混凝土与砌体工程施工质量验收标准》（TB 10424—2003）。

8.3.2 此条台后填筑系指桥台缺口填筑，不包括路桥过渡段填筑，路桥过渡段填筑在铁道部现行《铁路路基工程施工质量验收标准》（TB 10414—2003）中规定。

8.3.11 表中砌体包括台后配套所有砌体工程。

9.1

本节系参照《铁路桥涵施工规范》（TB 10203）等有关标准增订的。主要包括施工准备、机具准备、静载试验等方面的要求。这些要求对于保证简支梁制造和架设质量，保证施工安全，都至关重要。因此应严格遵照执行。

9.2.3 表9.2.3 中模板平整度的要求，系参照《混凝土结构工程施工质量验收规范》（GB 50204）有关标准增订的，目的在于提高梁的外观质量。另外，为了便于检验，对检验方法进行了细化调整。

9.2.8 本条系参照《铁路桥涵施工规范》（TB 10203）等有关标准增订的，目的在于控制梁的养护质量，减少梁体的表面裂纹。

9.2.9 本条系参照《铁路桥涵施工规范》（TB 10203）等有关标准增订的。对于宽度大于0.2 mm 的表面裂缝应予处理。处理方案应经监理单位、建设单位批准。处理后，应重新检验。

9.2.11 表9.2.11 中对允许偏差项目3 个关键项点的要求，系参照（93）质监中检字第036 号文《现场制梁产品质量检验评分表》增订的。

9.3.7 表9.3.7 系参照《铁路桥涵施工规范》（TB 10203）等有关标准补充增订的。

9.3.10 本条系参照《铁路桥预应力混凝土简支梁（先张法）生产许可证实施细则》（铁道部产品质量检验中心 1996）增订的。表面裂缝宽度超过要求时应予处理。处理方案应经监理单位、建设单位批准。处理后，应重新检验。

9.3.12 表9.3.12 中对允许偏差项目3 个关键项点的要求，系参照《铁路桥预应力混凝土简支梁（先张法）生产许可证实施细则》（铁道部产品质量检验中心 1996）增订的。

9.3.15　先张梁预应力筋隔离套管的安装质量对先张梁质量有重要影响。因此,参照《铁路桥涵施工规范》(TB 10203)增订本,作为检验内容。

9.3.17　先张梁预应力筋隔离套管下料长度允许偏差系参照《铁路桥涵施工规范》(TB 10203)增订的。

9.3.18　横向预留孔道的要求系参照《青藏铁路冻土区预制预应力混凝土简支梁技术条件》等有关标准增订的。

9.4.10　本条系参照(93)质监中检字第036号文《现场制梁产品质量检验评分表》增订的。表面裂缝宽度超过要求时应予处理。处理方案应经监理单化、建设单位批准。处理后,应重新检验。

9.4.12　表9.4.12中对允许偏差项目3个关键项点的要求,系参照(93)质监中检字第036号文《现场制梁产品质量检验评分表》增订的。

9.5

本节系根据铁路桥涵工程施工的实际情况而增订的。为了保证施工质量和安全,将膺架预压列入检验项目。

9.6.2　增订本条的目的在于强调架梁前对墩台进行测量复核,以保证架梁质量。

9.6.3　增订本条的目的在于保证梁存放和运输时的质量和安全。

9.6.6～9.6.13　该部分内容系为架梁后浇筑横隔板、联结板混凝土和横向预施应力的检验而增订的。

10.1.8　预应力混凝土连续梁悬臂浇筑和悬臂拼装施工前,应先将墩顶梁段与桥墩临时固结的规定,是因为主梁与桥墩间设有支座的结构不能承受不平衡力矩,为了使桥墩能承受在悬臂施工中可能产生的不平衡力矩,必须先将墩顶梁段与桥墩进行临时固结。

10.1.12　预应力混凝土连续梁和连续刚构的合龙梁段施工质量,因受多种因素影响极易发生难以弥补的工程质量缺陷,因此需要施工单位采取多种综合措施进行防范,同时也需要设计和监理单位积极配合加强保障。合龙口采取临时锁定措施,是为防止合龙梁段混凝土浇筑后,由于温度发生变化引起合龙口间距发生变化(据测定温度升高10℃合龙口间距会缩小1.5～2 mm)而导致合龙梁段混凝土在硬化过程中出现超应力产生裂纹。临时锁定措施在合龙梁段预应力筋张拉完成后才能解除。

10.1.15　预应力混凝土连续梁和连续刚构合龙梁段混凝土浇筑前,在合龙口两侧悬臂按设计要求预加压重并在混凝土浇筑过程中逐步撤出的措施,目的是使悬臂端达到稳定状态,防止合龙梁段现浇混凝土在与悬臂梁端接茬处发生裂纹。当采用加载调整合龙口悬臂端高差时,调差压重在合龙梁段预应力筋张拉完成后才能撤除。

10.2.7　悬臂拼装的起吊设备、吊梁及走行时的抗倾覆稳定系数不得小于2的规定,是根据悬臂浇筑所用挂蓝的抗倾覆稳定系数不得小于2和参照《公路桥涵施工技术规范》(JTJ 041—2000)悬拼梁段吊装设备抗倾覆安全系数为2的规定制定的,较《铁路桥涵施工规范》(TB 10203—2002)关于悬臂吊架走行及悬拼施工时的抗倾覆稳定系数不小于1.5的规定提高了安全度。

10.3.21　顶推安装的预应力混凝土连续梁在顶推过程中,各截面要多次承受交替变化的正负弯距,因此需要在顶推阶段增设临时预应力筋以防止梁体发生破损,待连续梁顶推到位后再全部拆除临时预应力筋。临时预应力筋张拉后不应压浆,锚具外多余的预应力筋也不必切除。

10.3.28 顶推预应力混凝土连续梁落梁时应以支点容许反力控制施工的规定，是根据《铁路桥涵施工规范》(TB 203—96)和《公路桥涵施工技术规范》(JTJ 041—2000)制定的，对防止梁体支点处顶板及底板发生裂缝有利。

11.1.4 造桥机在墩顶梁位上制造预应力混凝土简支梁和连续梁时，应根据梁体结构、桥址地形地貌和交通运输等施工条件，选择移动模架造桥机在墩顶梁位进行现浇梁体施工，或选择移动支架造桥机在墩顶梁位进行预制梁段拼装施工。《MZ32 型移动模架造桥机原位整孔制造预应力混凝土箱梁施工工法》(TLEJGF—01.02—22)和《ZQJ—32/56 移动支架造桥机造桥工法》(TLEJGF—95.96—07)可参照施工。

12.2.3 高强度螺栓连接副(每一连接副包括一个螺栓、一个螺母、两个垫圈)的规格、质量应符合《钢结构用高强度大六角头螺栓、大六角螺母、垫圈技术条件》(GB/T 1 23 1—91)的规定，施工中应按工厂提供的连接副配套安装。连接副的扭矩系数应符合《铁路钢桥高强度螺栓连接施工规定》(TBJ 214—92)的规定，施工安装前应按生产厂供货批号取样检测扭矩系数，符合要求方可安装。

12.2.5 高强度螺栓连接副施拧操作顺序、拧紧顺序、方法和质量检查方法等，均应符合《铁路钢桥高强度螺栓连接施工规定》(TBJ 214—92)的规定和施工工艺设计的要求。

12.2.6 钢桁梁杆件拼装时板层缝隙必须满足 0.3 mm 插片深入缝隙深度不大于 20 mm 的规定，是根据板厚小于 32 mm 板组成的板束规定的，对特大跨度栓焊钢梁设计采用板厚大于 32 mm 板组成的板束，由于厚板公差加大(例如板厚 52 mm 板的公差为 $^{+1.1}_{-1.3}$mm)不易满足此项规定，故需设计单位另行明确板层密贴标准。

12.3.4 高强度螺栓连接杆件的应力是通过摩擦力传递的，故保证杆件节点表面的抗滑移系数符合设计要求是关键。除在杆件拼装前必须对栓接板面抗滑移系数进行检验确认符合设计要求外，在杆件拼装时必须保证栓接板面及栓孔洁净、干燥和平整，防止增加施拧时的摩擦力；在杆件拼装时摩擦面出现 1 mm 及以上的间隙时，必须按照《铁路钢桥高强度螺栓连接施工规定》(TBJ 214)的规定进行处理，保证摩擦面密贴。

13.2.4 结合梁钢梁工地焊接栓钉柔性联结器时的焊接质量规定，是根据《秦沈客运专线桥梁制造与架设施工技术细则》制定的，弯曲 30°试验合格的栓钉可保留其弯曲位置。焊缝外观检查项目及轴线弯曲 30°试验如说明图 13.2.4 所示。栓钉的规格、质量应符合设计要求和现行国家标准《圆柱头焊钉》(GB 10433)的规定。

14.2

索塔指钢筋混凝土索塔。

14.2.12 参考公路工程质量检验评定标准增加了索塔倾斜度、系梁高程允许偏差要求，平面十字线位置与设计位置改为地面处平面十字线位置与设计位置。

14.3

主梁指悬臂浇筑混凝土梁，与连续梁相同。

14.4

斜拉索指厂制成品索，专业厂家制索更能保证索的质量。刚性索参照梁的评定。

14.4.6 斜拉索偏差参照公路标准增订。

16. 1. 4　预加拱度的计算比较复杂，且与实际下沉量出入较大。根据以往施工资料，石拱及混凝土拱采用木拱架时，可取计算跨度的 1/500，采用钢拱架时可取 1/500 ~ 1/600；钢筋混凝土拱可取 1/600 ~ 1/800；无支架吊装可取 1/800 ~ 1/1 000。

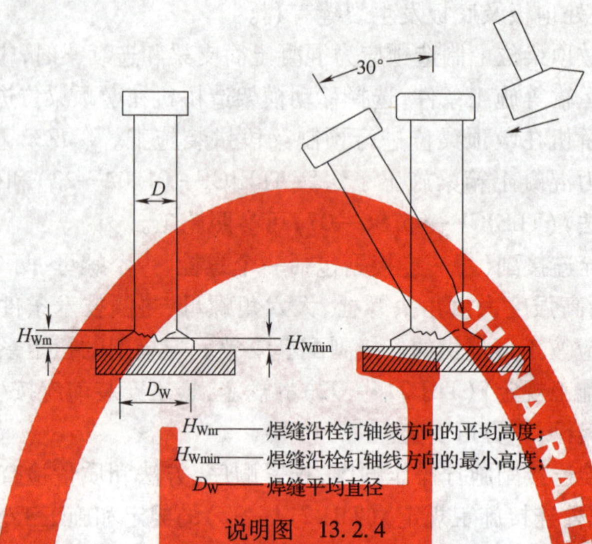

说明图　13. 2. 4

16. 1. 5　装配式拱桥使用的塔架、主索、扣索、索鞍和锚碇等设施安装完毕后，必须进行全面检查，并经试吊符合规定后方可交付使用。

16. 2. 7　拱圈封顶合龙时的温度应符合设计要求，一般安排在当地昼夜平均温度接近年平均温度时进行。

分段或全宽浇（砌）筑混凝土（砂浆）强度必须达到规定强度后方可封顶合龙，是为了在合龙前完成一部分收缩，以减少合龙后产生的收缩应力，尽量防止收缩裂纹的发生。

19

本章涵洞包括涵身和端翼墙及附属两个分部工程，不包括基础部分。

19. 1. 2　涵身及端翼墙施工前应对已完基础工程进行检查验收，合格后方可施工，拼装圆管施工应设置混凝土管座，其顶部弧形面应与管身紧密贴合。当圆形涵洞设计为无基涵时，应按设计要求将管底土层夯压密实或回填砂垫层，并做成与管身密贴的弧形管座。

19. 3

就地制作涵洞包括现场浇注的框架涵、拱涵、盖板涵等。

20. 1. 3　施工环境气温条件，对防水层施工质量有较大影响。所以参照《地下防水工程质量验收规范》（GB 50208—2002）增订本条。

20. 2. 3　关于保护层的表面裂缝的要求，系根据（93）质监中检字第 036 号文《现场制梁产品质量检验评分表》增订的。

20. 2. 10　表 20. 2. 10 防水层允许偏差和检验方法，系根据《铁路桥涵施工规范》（TB 10203）等资料增订的。

20. 2. 11　表 20. 2. 11 保护层允许偏差和检验方法，系根据《铁路桥涵施工规范》（TB 10203）等资料增订的。

20. 3. 3　本条系参照《地下防水工程质量验收规范》（GB 50208—2002）并结合铁路桥涵工程的具体情况而增订。

铁路工程施工技术指南

经规标准〔2005〕110号

客运专线铁路桥涵工程施工技术指南

TZ 213—2005

2005—09—22 发布　　　　2005—09—22 实施

铁道部经济规划研究院　发布

前 言

本技术指南是根据铁道部《关于印发〈2005 年铁路工程建设标准编制计划〉的通知》（铁建设函〔2005〕84 号）的要求进行编制的。

本技术指南在编制过程中，认真总结我国铁路建设的经验和教训，学习和借鉴国际先进标准，以施工质量验收标准为依据，重点对施工过程中的工艺、方法、措施和质量控制目标作出了规定，反映了工程施工的新技术、新材料、新工艺、新方法，突出了客运专线铁路的技术特点。本技术指南是客运专线铁路工程施工的指导性技术文件。

根据铁道部《铁路工程建设标准管理办法》（铁建设〔2004〕143 号）关于铁路工程建设标准体系调整的要求，为鼓励技术创新，促进技术进步，指导施工企业根据自身技术、装备、管理水平和市场定位的需要制订技术要求更高、针对性更强、内容更为具体的企业标准，编制了本技术指南，今后铁道行业将不再发布新的施工规范。本技术指南严格按照标准编制程序组织编制，分别对编制大纲、征求意见稿、送审稿、报批稿组织路内外专家进行了审查。

本技术指南共分 14 章，主要内容包括：总则，施工准备，基础，墩台，桥位制梁，预应力混凝土箱梁预制，预制箱梁架设，预应力混凝土 T 梁预制及架设，结合梁，钢筋混凝土连续刚架、板式刚构连续梁，桥梁支座，桥面及附属结构，涵洞，环境保护等。

在执行本技术指南过程中，希望各单位结合工程实践，认真总结经验，积累资料。如发现需要修改和补充之处，请及时将意见及有关资料寄交中国铁路工程总公司（北京西客站南广场中铁工程大厦，邮政编码：100055），并抄送铁道部经济规划研究院（北京市海淀区羊坊店路甲 8 号，邮政编码：100038），供今后修订时参考。

本技术指南主编单位：中国铁路工程总公司

本技术指南参编单位：中铁一局集团有限公司、中铁二局集团有限公司、中铁三局集团有限公司、中铁四局集团有限公司、中铁五局集团有限公司、中铁大桥局集团有限公司、中铁工程设计咨询集团有限公司、中铁建筑研究设计院。

本技术指南主要起草人：陈唯一、刘建廷、林荫岳、盛黎明、薛吉岗、韩军鹏、王树伟、田　松、陶振华、王兴铎、邓加华、刘承亮、苏应毕、虞慧鸣、赵德学、付国才、万为胜、刘中天、李裕和、张　瀚、朱炎新、李怒放、苏国明。

目　次

1 总 则

1.0.1 为统一客运专线铁路桥涵工程施工技术要求，加强施工管理，保证工程质量，制定本技术指南。

1.0.2 本技术指南适用于旅客列车设计行车速度200～350 km/h标准轨距客运专线铁路桥涵工程施工。无砟轨道客运专线铁路桥涵工程施工，尚应符合无砟轨道客运专线铁路工程施工的有关规定。

1.0.3 客运专线桥涵工程施工应贯彻国民经济可持续发展战略和提高结构耐久性的原则，采取有效的措施加强环境保护和节约土地，要加强对农田水利、文物和风景区的保护，合理利用资源，并做到文明安全施工。

1.0.4 桥涵施工中，应积极推广采用新技术、新工艺、新装备、新材料、新检测方法。当采用未列入本技术指南的新技术、新工艺、新装备、新材料、新检测方法时，必须制订不低于本技术指南水平的质量标准和工艺要求，并经有关部门批准后方可执行。

1.0.5 桥涵施工中采用的大型机械、工程材料、试验和检测设备等应符合国家现行标准，并具有合格证件，设备应有铭牌。

1.0.6 客运专线铁路跨线工程施工时，应与有关部门配合共同采取措施，减少施工与运输的相互干扰，确保行车安全。

1.0.7 桥涵工程施工除应符合本技术指南的要求外，尚应符合国家现行有关强制性标准的规定。

2 施工准备

2.1 施工调查和技术准备

2.1.1 施工单位中标后，必须组织有关人员对设计文件进行全面核对和研究，并经设计单位进行设计交底，据以进行施工调查。

2.1.2 施工调查的依据：

1 工程招标文件及补充规定；

2 施工承发包合同文本；

3 施工设计文件。

2.1.3 施工调查的主要内容包括：

1 跨越河流的最高洪水位、最低水位、常年水位及相应水位的流速，河道通航条件及标准，河流洪水期和枯水期，当地降雨、降雪量，冰冻期，风向和水速，全年的天气温度及气候状况。

2 桥梁附近地形地貌、河床地质构造、地下水位、当地最大的冻结深度、地震烈度等。

3 可供利用的山坡荒地、需要占用的耕地和拆迁的建筑物、施工期内对当地水利排灌和交通设施的影响。

4 当地劳力和生产物资供应、工业加工、通信设施和水陆交通运输、水源和电源等供应能力、砂石料源、可供利用的房屋数量、生活物资等供应情况。

5 当地有无地区性的病疫和卫生防疫状况、风俗习惯以及施工队伍应注意的事项等。

6 修建各项临时工程、施工机械运输组装场地、施工防排水措施的资料。

7 桥梁所在的位置、地形、交通运输及跨线工程情况，并提出可行性施工方案(现场桥位制梁或预制后架设)。

8 采用现场桥位制梁时应调查地基承载力、排水条件、桥下通行和通航条件等。

9 当采用桥梁预制和运架施工方案时，尚应调查以下内容：

1)施工便道、路基、桥梁墩台等有关运架梁的施工情况及施工资料。

2)对运梁车及组装后的架桥机运行地段的高压线、通讯线、广播线、立交桥、隧道、渡槽及一切影响架桥机走行净空和工作净空的障碍物进行调查测量，提出解决办法并要求在运架梁前完成整治工作。

3)特殊困难架梁地段的地形、各桥电力供应情况及道路运输情况。

4)材料及梁运输路径和架桥机架设顺序。

2.1.4 施工调查前，应与当地有关部门联系。施工调查时，应携带必要的文件、图纸及重点工程的设计资料等，采用现场勘察和沿线走访，核对图纸资料。

2.1.5 现场调查工作完毕，应编写施工调查报告。施工调查报告的内容为：

1 工程概况：如线路的经由；工程、水文地质情况；工程分布；重点桥梁工程情况；施工的特点和难易程度;工程数量等。

2 施工条件:工程场地情况;沿线交通和供水、供电、供油情况;主要材料和地方材料的供应条件和供应方式,砂石料源情况;临时房屋和临时通信的解决条件等。

3 提出以下施工建议方案:

1)施工区段划分,施工队伍驻地、大型临时工程的布置;

2)施工道路的布局;

3)施工供水、供电网络和工地发变电站的设置;

4)砂石料场选定和场地布置、开采规模、运输方法及供应范围;

5)主要材料供应基地、桥头制梁场等的位置和规模;

6)重点桥梁工程施工方法及措施;

7)施工机具设备和利用地方机械设备的意见;

8)影响施工的障碍物的拆迁方案;

9)箱梁运输路径和桥梁架设顺序;

10)施工调查过程中发现的主要问题和优化设计的意见;

11)对现有施工便道的改扩建方案。

2.1.6 开工前,应根据设计文件和任务要求,应用网络技术编制实施性施工组织设计,其主要内容包括:工程特点;主要施工方法;技术措施;施工进度;工程数量;完成工作量计划;材料设备及劳力计划;施工现场布置平面图;保证施工安全、质量和合同工期的措施;环境保护措施;制架梁辅助工程和水电供应等。

开工前应做好所需材料机具的准备工作,包括:材料供应渠道、材料的储存、机具配备方案、机具购置和调配、砂石料供应等。

施工单位在做施工调查的过程中,应详细调查当地水资源及电力供应情况,做好完善的水电供应方案。充分利用地方电讯设备,必要时也可架设通讯线路。

2.1.7 实施性施工组织设计中规划的临时设施,应包括生产房屋、生活房屋、施工便桥、工程现场内外交通道路、工地供电和供水设备及其他小型临时设施等,宜在正式开工前完成。起重设备、施工便桥在使用前应予以验收并做好记录,使用过程中应有安全防护措施。高空作业过程中要做好安全防护。

2.1.8 施工前应对施工方案、技术措施和保证工程质量、施工安全等认真进行研究和深入细致地讨论,做到有计划、有步骤地完成施工。

2.1.9 施工前应对参加施工人员按有关客运铁路相关技术标准进行培训和考核,做到持证上岗。

2.1.10 正式工程开工前,要做好各项施工准备工作和施工图(资料)核对优化工作,经检查合格后,才能申请开工。工程开工必须具备以下条件:

1 经批准的设计文件、施工图或施工资料能满足施工需要。

2 征地、拆迁、城市规划、环保评估已经完成。

3 中线复测及工点放线已完成,施工桩橛完备。

4 施工组织设计已经编制完成并已按规定的程序审核批准。

5 地质复核工作已经完成。

6 施工图(资料)核对优化设计工作已经完成。

7 机械、设备、材料和劳动力准备能满足开工需要。

8　质量保证体系、安全保证措施已建立和健全。

9　工地试验室已经建立并通过认证,能满足施工要求;与开工有关的材料试验已完成。

10　工地布置、施工用水、用电、临时房屋和便道能满足开工要求。

11　对有关施工人员的技术培训和技术交底已完成;特殊工种必须持证上岗。

12　核实了地下管线的位置和分布。

施工单位在施工过程中应严格执行开工报告审批制度,未经批准的工程不得开工。

2.2　主要施工机械设备的选择

2.2.1　桥梁上部结构主要施工设备有以下几种:

1　桥位制梁设备:膺架(或移动支架造桥机、移动模架造桥机、挂篮)、张拉设备、混凝土设备、钢筋设备、试验和检测设备及其他辅助施工设备。

2　预制梁设备:包括台座、模板、张拉设备、混凝土设备、钢筋设备、吊装及滑移设备、试验和检测设备;采用蒸汽养生时还有蒸汽养生设备;以及其他一些辅助施工设备。

3　运架梁设备:包括装梁、运梁和架梁设备。

2.2.2　施工单位应根据梁的尺寸、重量、形状并结合本单位实际情况合理选择配备施工所需机械设备,确定其参数,提前做好准备,以保证工程工期、安全和质量。

2.3　辅 助 工 程

2.3.1　桥梁施工辅助工程主要包括:存梁场、场内运梁线、大型龙门吊机走行线、供应制梁砂石料的砂石场、修建临时承托结构、钢构件、架桥机的运梁道路。开工前,应考虑辅助工程特点及施工工期,做到统筹规划、合理布局,提出设计文件,经上级批准后,修建辅助工程。辅助工程竣工后,施工单位要编制竣工报告。其内容为:开、竣工日期,施工依据,施工单位,竣工数量,主要材料消耗,工程成本及必要图纸等。

2.3.2　当桥梁工程施工采用预制和架设施工方案时,运梁便线及桥上临时轨道应按不同运梁车的要求具有足够的承载能力并要平整、顺直,以便箱梁的顺利移运。

2.3.3　施工便道应直通工地并与国家公路网连结,并应满足各种设备运输进场的需要。

3 基　　础

3.1 明挖基础

3.1.1 基坑开挖

1 基坑开挖前应做好下列工作:

1)测定基坑中心线、方向、高程;

2)按地质水文资料,结合现场情况,决定开挖坡度和支护方案、开挖范围和防、排水措施。

2 基坑可采用垂直开挖、放坡开挖、支撑加固或其他加固的开挖方法。在有地面水淹没的基坑,可修筑围堰、改河、改沟、筑坝排开地面水后再开挖基坑。

3 在天然土层上挖基,如深度在5 m以内,施工期较短,基坑底处于地下水位以上,土的湿度接近最佳含水量、土层构造均匀时,则基坑坑壁坡度可参照表3.1.1选定。基坑深度大于5 m或有其他不利条件时,应将坑壁坡度适当放缓,或加作平台。如土的湿度过大,能引起坑壁坍塌时,坑壁坡度应采用该湿度下土的天然坡度。

表3.1.1 基坑坑壁坡度

坑壁土	坑壁坡度		
	基坑顶缘无载重	基坑顶缘有静载	基坑顶缘有动载
砂类土	1:1	1:1.25	1:1.5
碎石类土	1:0.75	1:1	1:1.25
黏性土、粉土	1:0.33	1:0.5	1:0.75
极软岩、软岩	1:0.25	1:0.33	1:0.67
较软岩	1:0	1:0.1	1:0.25
极硬岩、硬岩	1:0	1:0	1:0

注:1 挖基通过不同的土层时,边坡可分层选定,并酌留平台;
2 在山坡上开挖基坑,当地质不良时,应防止滑坍;
3 在既有建筑物旁开挖基坑时,应按设计文件的要求办理。

4 基坑顶有动载时,坑顶缘与动载间应留有大于1 m的护道,如地质、水文条件不良,或动载过大,应进行基坑开挖边坡检算,根据检算结果确定采用增宽护道或其他加固措施。

5 弃土不得妨碍施工。弃土堆坡脚距坑顶缘的距离不宜小于基坑的深度,且宜弃在下游指定地点,不得淤塞河道,影响泄洪。

6 无水土质基坑底面,宜按基础设计平面尺寸每边放宽不小于50 cm。适宜垂直开挖且不立模板的基坑,基底尺寸应按基础轮廓确定。

有水基坑底面,应满足四周排水沟与汇水井的设置需要,每边放宽不宜小于80 cm。

7　基底应避免超挖，松动部分应清除。使用机械开挖时，不得破坏基底土的结构，可在设计高程以上保留一定厚度由人工开挖。

8　基坑宜在枯水或少雨季节开挖。基坑开挖不宜间断，达到设计高程经检验合格后，应立即砌筑基础。如基底暴露过久，则应重新检验。

9　必要时，基坑应进行边坡稳定计算。

3.1.2　基坑回填

1　基坑应按设计要求及时回填，应分层夯实。

2　台后、涵洞两侧基坑回填所用的材料和混凝土强度应满足设计要求。

3　台后、涵洞两侧基坑回填应密实、稳定。若以碎石分层填筑，其压实质量应满足设计要求。

4　台后、涵洞两侧基坑回填顶面高程允许偏差为 ±50 mm。

3.1.3　基坑护壁

1　下列基坑开挖后可采用护壁加固：

1）基坑较深，土方数量较大；

2）基坑坡度受场地限制；

3）基坑地质松软或含水量较大，坡度不易保持。

2　挡板支撑，可采用横、竖向挡板与钢（木）框架支撑坑壁。基坑每层开挖深度，应根据地质情况确定，不宜超过1.5 m，边挖边支。

3　对支撑结构应随时检查，发现变形，及时加固或更换，更换时应先撑后拆。支撑拆除顺序，应自下而上。待下层支撑拆除并回填土后，再拆除上层支撑。

4　用吊斗出土，应有防护措施。吊斗不得碰撞支撑。

5　喷射混凝土护壁适用于稳定性好，渗水量少的基坑。喷护的基坑深度应按地质条件决定，但不宜超过 10 m。

6　喷射混凝土厚度可按表 3.1.3 确定。

表 3.1.3　喷射混凝土厚度（cm）

地质类别＼基坑渗水情况	无渗水	少量渗水
砂 类 土	10 ~ 15	15
黏性土、粉土	5 ~ 8	8 ~ 10
碎石类土	3 ~ 5	5 ~ 8

注：1　本表喷射混凝土厚度适用于不大于 10 m 直径的圆形基坑，未考虑基坑顶缘荷载；

2　每次喷射混凝土厚度，取决于土层和混凝土的粘结力与渗水量的大小；

3　坑内砂层有少量渗水，可在坑壁打入木桩后再喷混凝土，木桩直径约为 5 cm、长 100 cm，向下与坑壁成 30° 角打入，一般间距约为 50 ~ 100 cm。

7　喷射混凝土护壁的坡度根据土质稳定情况与渗水量的大小可采用 1∶0.07 ~ 1∶0.1。

8　所选用的喷射机必须具有良好的密封性且输料均匀。喷射混凝土应掺入外加剂，其掺量应通过试验确定。当使用速凝剂时，应满足初凝时间不大于 5 min，终凝时间不大于 10 min 的要求。干混合料宜随拌随喷。按土质与渗水情况，每次下挖 0.5 ~ 1 m，应即喷护。对无水或少水坑壁，喷射顺序应由下而上，但对渗水的坑壁，应由上而下。当一次达不到要求厚度时，可在第一层混凝土终凝后，再喷第二次或第三次直到要求厚度。续喷前应将混凝土表面污渍、泥块清洗干净。喷射混凝土终凝 2 h 后，应进行湿润养护。

9　基坑开挖前，应在坑口顶缘，采取加固措施，防止土层坍塌。

10 开挖基坑遇有较大渗水时,可采取下列措施:

1)每层开挖深度不大于0.5 m,汇水坑应设于基坑中心;

2)开挖进入含水层时,宜扩挖40 cm,以石料码砌扩挖部位,并在表面喷射一层5~8 cm厚的混凝土;

3)对流砂、淤泥等夹层,除打入小木桩外,并在桩间缠以竹篱等,然后喷射混凝土。

11 混凝土围圈护壁,除流砂及呈流塑状态的黏性土外,适用于各类土的开挖防护。

12 围圈混凝土由上而下逐层浇筑。顶层应一次整体浇筑,以下各层分段开挖浇筑。上下层混凝土纵向接缝应相互错开。分层高度以垂直开挖面不坍塌为原则,顶层高度宜为2 m,以下每层高1~1.5 m。

13 混凝土围圈的开挖面应均匀分布,对称施工,及时浇筑,无支承总长度不得超过1/2周长。

14 围圈混凝土壁厚和拆模强度应满足承受土压力的要求。

3.1.4 基坑围堰

1 围堰工程应符合下列规定:

1)围堰顶面宜高出施工期间可能出现的最高水位0.5 m;

2)对河流断面被围堰压缩而引起的冲刷,应有防护措施;

3)围堰应尽量做到防水严密,减少渗漏;

4)堰内面积应满足基础施工的需要;

5)围堰应满足强度、稳定性的要求。

2 土围堰适用于水深在2 m以内,流速小于0.3 m/s,冲刷作用很小,且河床为渗水性较小的土。土围堰宜使用黏性土填筑,围堰断面应根据使用的土质、渗水程度及围堰本身在水压力作用下的稳定性而定。堰顶宽度不应小于1.5 m,外侧坡度不陡于1∶2,内侧坡度不陡于1∶1。填土出水面后应分层夯实。筑堰引起流速增大,可在外坡面采用草皮、片石或土袋等进行防护。

3 土袋围堰适用于水深不大于3 m,流速不大于1.5 m/s,河床为渗水性较小的土。堰顶宽度可为1~2 m,外侧边坡为1∶0.5~1∶1,内侧为1∶0.2~1∶0.5。土袋围堰应用黏土填心。袋内装入松散黏性土后,袋口应缝合,装填量约为袋容量的60%。在流速较大处,外侧土袋内可装粗砂或小卵石。堆码时土袋应平放,其上下层和左右层应互相错缝。

4 土、土袋围堰填筑前,应清理堰底的树根、草皮、石块等杂物。当有冰块时,必须彻底清除。填筑时,均应自上游开始至下游合龙。堰底内侧坡脚距基坑顶缘距离不应小于1 m。

5 钢板桩围堰适用于深水基坑,河床为砂类土、黏性土、碎石土以及风化岩等地层。

6 新钢板桩验收时,应备有出厂合格证,机械性能和尺寸符合要求。经整修或焊接后的钢板桩,应用同类型的钢板桩作锁口通过试验检查。验收或整修后的钢板桩,应分类、编号、登记存放。锁口内不得积水。

7 钢板桩堆存、搬运、起吊时,不得损坏锁口损坏和由于自重而引起残余变形。

8 钢板桩接长应以等强度焊接。

9 当吊装设备许可时,应将2~3块钢板桩拼成一组组合桩,组拼后用坚固夹具夹牢。

10 插打钢板桩应符合下列规定:

1)插打前,在锁口内应涂抹防水混合料,组拼桩时应用油灰和棉絮捻塞拼接缝。

2)插打顺序应按施工组织设计进行,可由上游分两侧插向下游合龙。

3)插打时必须有可靠的导向设备。宜先将全部钢板桩逐根或逐组插打稳定,然后依次打到设计高程。

4)开始打的几根或几组钢板桩,应检查其平面位置和垂直度。当发现倾斜时,应即予纠正。

5)当吊桩起重设备高度不够时,可改变吊点位置,但不低于桩顶以下1/3桩长。

6)钢板桩可用锤击、振动或辅以射水等方法下沉。但在黏土中,不宜使用射水。锤击时应使用桩帽。

7)钢板桩因倾斜无法合龙时,应使用特制楔形钢板桩,楔形的上下宽度之差不得超过桩长的2%。

8)钢板桩相邻接头应上下错开不小于2 m。

9)围堰将近合龙时,应经常观测四周的冲淤状况,并采取预防上游冲空涌水或下游积淤的措施。

10)同一围堰内,使用不同类型的钢板桩时,应将两种不同类型钢板桩的各一半拼接成异型钢板桩。

11 锁口漏水,可用板条、旧棉絮条等在内侧嵌塞,同时在漏缝外侧水面撒细煤渣与木屑等,使其随水流自行堵塞,必要时可外部堵漏。较深处的渗漏,可将煤渣等沉送到漏水处堵漏。

12 潮汐地区或河流水位涨落较大地区的围堰,应采取措施防止围堰内水位高于外侧。

13 拔桩前应向围堰内灌水,保持内外水位相等。拔桩应从下游开始。

14 打钢板桩过程中,当导向设备失效,钢板桩顶达到设计高程时,平面位置允许偏差:水中打桩为20 cm,陆地打桩为10 cm。

3.1.5 基坑排水

1 明挖基坑,可采用汇水井或井点法排、降水,应保持基坑底不被水淹。

2 粉、细砂土质的基坑,宜用井点法降低水位。当用汇水井排水时,应采取防止带走泥砂的措施。

3 水下挖基时,抽水能力应为渗水量的1.5~2倍。

4 基坑排出的水应以水管或水槽远引。

5 各类井点法降水的适用范围可按表3.1.5确定。

6 井点法降水应符合下列规定:

1)安装井点管,应先造孔后下管,不得将井点管硬打入土内,造孔应垂直,深度宜比滤管底深0.5 m左右。滤管底应低于基底以下1.5 m。

2)井点管四周,应以粗砂

表3.1.5 各类井点法降水的适用范围

井点名称	土层渗透系数(m/d)	降低水位深度(m)
单层轻型井点	0.1~50	3~6
多层轻型井点	0.1~50	6~12(由井点层数而定)
喷射井点	0.1~1	8~20
电渗井点	<0.1	根据选用的井点确定
管井井点	20~200	3~5
深井井点	10~250	>15

灌实,距地面0.5～1 m深度内,用黏土填塞严密。

3)集水总管与水泵的安装应降低,集水总管向水泵方向宜设有0.25%～0.5%的下坡。

4)井管系统各部件均应安装严密,不得漏气。

5)降水过程中,应加强井点降水系统的维护和检查,保证不断抽水。

6)对水位降低区域建筑物可能产生的沉降,应进行观测,并采取防护措施。

7)拆除多层井点应自底层开始逐层向上进行,在下层井点拆除期间,上部各层井点应继续抽水。

3.1.6 基底处理应符合下列规定:

1 岩层基底应清除岩面松碎石块、淤泥、苔藓,凿出新鲜岩面,表面应清洗干净。倾斜岩层,应将岩面凿平或凿成台阶。易风化的岩层基底,应按基础尺寸凿除已风化的表面岩层。在砌筑基础时,应边砌边回填封闭。

2 碎石类及砂类土层基底承重面应修理平整,砌筑基础时,先铺一层水泥砂浆。

3 黏性土层基底整修时,应在天然状态下铲平,不得用回填土夯平。必要时,可向基底夯入10 cm以上厚度的碎石,碎石层顶面不得高于基底设计高程。

4 泉眼可用堵塞或排引的方法处理。

3.1.7 基础处理中换填地基、重锤夯实、强夯、挤密桩、砂桩、碎石桩、粉喷桩和旋喷桩的施工参照《客运专线铁路路基工程施工技术指南》(TZ 212—2005)中的相关规定执行。

3.1.8 基底检验

1 基底应检验下列内容:

1)基底平面位置、尺寸大小和基底高程;

2)基底地质情况和承载力是否与设计资料相符;

3)基底处理和排水情况;

4)检查施工记录及有关试验资料。

2 基坑检验方法按地基土质复杂(如溶洞、断层、软弱夹层、易溶岩等)及结构对地基有无特殊要求,可采用直观或触探方法,必要时钻探(钻深至少4m)取样做土工试验,或按设计的特殊要求进行荷载试验。

3 基底高程容许误差应符合下列规定:

土质　　±50 mm

石质　　$^{+50}_{-200}$ mm

3.1.9 混凝土与砌体基础

1 基础砌筑除应符合铁道部现行相关砌体施工标准的有关规定外,尚应符合下列规定:

1)应在坑底无水情况下施工;

2)石料及砌块不得从平台上抛下;

3)水下混凝土及砌体基础终凝后,方可停止抽水。

2 基础与墩台身的接缝,应满足设计要求。当设计无要求时,应符合铁道部现行相关桥涵施工标准的有关规定。

3.1.10 明挖基础的施工应符合下列规定:

1　基坑换填或回填应及时，夯实符合规定。

2　基坑应满足基础轮廓、放坡、排水的需要，特殊情况下，并应符合加宽的要求。

3　基础允许偏差应符合表3.1.10的规定。

表3.1.10　基础允许偏差

序号	项　　目	允许偏差
1	基础前后、左右边缘距设计中心线	±30 mm
2	基础顶面高程	±20 mm

4　混凝土、钢筋混凝土及砌体所用原材料、配合比和强度、砌体砌缝、混凝土浇筑应符合相关施工技术标准的有关规定。

3.2　桩　基　础

3.2.1　沉桩基础

1　沉桩基础施工应符合下列规定：

1）沉桩前应掌握桩基的工程地质、水文和试桩等资料。

2）沉桩前应完成以下工作：

① 查明施工区（高空、地面、地下和水中）有无妨碍沉桩的障碍物，并应及时处理。对沉桩设备移动范围进行平整，如地面松软应进行加固处理。

② 对预制桩的质量进行检验，并在每根桩上用油漆画出长度标志。

③ 测定墩、台、基桩的纵、横轴线并做好记录，在陆地和静水区每根基桩轴线偏位应不大于1.5 cm，单排桩轴线允许偏差为1 cm。在流速较大的深水中基桩轴线偏位不得超过设计允许范围。墩台轴线的控制点，应设在不受沉桩或其他影响的地点并加以标志。

3）桩的堆放、起吊、搬运应符合下列规定：

① 应按桩的种类和使用顺序堆放；堆放场地应平整、坚实，堆放层数不宜超过4层，两点支承时应设在距桩端0.21倍桩长处，三点支承时应设在距桩端0.15倍桩长及桩中点处。每层支承垫木必须保持在同一平面上，各层支承垫木应在同一竖直线上。雨季和春融期间，应防止因地面软化发生不均匀下沉造成基桩断裂和损坏。

② 起吊桩时，混凝土强度和吊点位置应满足设计要求。起吊桩时，应平稳提升，使各吊点同时受力。一个吊点吊桩时，吊点应设在距桩上端0.3倍桩长处。在起吊中，应用钢丝绳捆绑并控制桩的下端。

③ 桩在起吊、搬运和堆码时，应防止冲撞和发生附加弯距。

④ 用驳船运桩，装卸时应注意保持驳船稳定。

4）锤击沉桩时宜重锤低击，锤型选择时应依据桩重及类型、设计荷载、地质情况、设备条件和对邻近建筑物产生的影响等条件而定，附近有重要建筑物（如高层建筑、堤防工程、铁路干线等）不宜选用振动或射水沉桩。锤击时应考虑锤击振动对附近新浇筑混凝土的影响。

5）沉桩顺序可按水流、地形、地质、桩架移动难易等因素确定，当桩基平面尺寸较大或桩距较小时，宜由中间向外周进行沉桩，在较松软的土层中宜由外周向中间进行沉桩。

6）吊插桩前，应复查桩位、桩身、桩架质量，确认合格后方可插桩。沉桩前，检查桩锤、桩帽与桩身的中心线，在纵、横两个方向应在同一轴线上；检查桩位和直桩垂直度或斜桩倾斜角应符合规定。接桩时应保持各节桩的轴线在同一条直线上，上下节桩轴线偏斜不应大于 0.3%，并应使各节偏斜反向错开。

7）沉桩过程中应防止偏移。遇下列情况应停止沉桩，经分析研究采取措施后，方可再继续施工。

① 贯入度发生急剧变化或振动打桩机的振幅异常；

② 桩身突然倾斜、移位或锤击时有严重回弹；

③ 桩头破碎或桩身开裂；

④ 附近地面有严重隆起现象；

⑤ 打桩架发生偏斜或晃动。

同一基础，当土质与设计不符，致使桩的入土深度相差很大时，应提交设计部门确定，采取适当措施。

8）沉桩时，每根桩均应及时填写沉桩记录和沉桩记录整理表，并按每一墩、台桩基绘制桩位示意图。

9）沉桩开始前，应按设计要求进行试桩。

10）单桩承载力应按下列各种情况确定：

① 按静载试验取得的极限荷载除以设计规定的安全系数，作为单桩允许承载力。

② 结构要求必须限制位移时，应按设计要求的单桩位移量确定单桩允许承载力。对于未开挖基坑即沉入的桩，其承台底面以上部分或局部冲刷线以上部分以及计入负摩擦力部分桩的摩擦力应予扣除。

③ 允许的抗拔力和承推力，应满足设计要求。

11）基桩的复打应符合下列规定：

① 对发生“假极限”现象的桩、有上浮现象的桩，必须复打；

② 复打前的“休息”天数和复打要求，应符合相关施工技术标准的有关规定。

12）钢筋混凝土和预应力混凝土桩，在沉桩前桩身混凝土强度应达到设计强度。

2 钢筋混凝土桩和预应力混凝土桩现场制作应符合下列规定：

1）混凝土原材料、拌制、浇筑、张拉等应符合相关施工技术标准的有关规定。

2）桩身混凝土应连续浇筑，不得中断，并应填写制桩记录。桩身混凝土应达到吊运要求的强度，且不低于设计强度的 70% 后方可吊运，达到设计强度后方可使用。

3）桩的钢筋或预应力筋的技术标准、加工、接头和安装，应符合铁道部现行混凝土与砌体施工标准的有关规定和设计图要求。桩的主筋宜采用整根钢筋，当须接长时，应采用对接焊接。箍筋或螺旋筋必须箍紧主筋，钢筋的混凝土保护层厚度应满足设计要求。

4）桩节间的连接部件应满足设计强度对和耐久性要求，采用法兰盘连接时，接头位置不受限制。当采用钢套筒焊接接头时，应满足设计要求。法兰盘和桩靴的中心必须在桩的中轴线上。接桩铁件应作防锈处理。

5）现场用重叠法浇筑钢筋混凝土桩时，预制场地应平整、坚实，并防止浸水沉陷和不均匀沉降。桩与桩间接触面不得互相粘连；相邻桩或上层桩的浇筑，应邻桩或下层桩的在混凝土达到设计强度的 50% 后进行施工。桩的重叠层数应按地面容许荷载、桩径大小及种类和施工条件确定，但不宜超过 3 层。桩上应标明编号和制作日期。

3　桩的下沉可根据地质条件、桩型和桩体承载能力等采用锤击法或振动法，并应符合下列规定：

1）锤击沉桩：

① 锤击沉桩应采用与桩和锤相适应的桩帽及适合桩帽大小的弹性衬垫。顶面和底面应平整并与桩的中轴线相垂直。

② 采用送桩沉桩时，桩与送桩的纵轴线应保持在同一直线上。送桩紧接桩顶部分，应有保护桩顶的装置，送桩应有足够的强度、刚度和长度。安放送桩前，应截除桩头损坏部分并保持桩顶平整。

③ 锤击沉桩开始时应用较低落距，并在纵横两方向观察、控制桩位和桩的竖直度或倾斜度，待桩入土一定深度并确认位置正确和方向无误后，再按规定落距进行锤击。坠锤落距不宜大于 2 m，单打汽锤落距不宜大于 1 m，柴油锤应使锤芯冲程正常。在桩的沉入过程中，应观察桩锤、桩帽和桩身是否保持在同一轴线上。锤击沉桩应连续进行，不应中途停顿。

④ 钢筋混凝土桩和预应力钢筋混凝土桩，在预计或有迹象表明桩尖进入软土层时，应改用较低落距锤击。

⑤ 当落锤高度已达规定最大值和每击贯入度小于等于2 mm时，立即停锤。但沉桩深度还未达到设计要求时应查明原因，采用换锤等措施。

⑥ 桩尖设计位于硬塑及半干硬状态的黏性土、碎石土、中密状态以上的砂类土或风化岩层时，按贯入度变化和工程地质资料，经与有关单位会商，确认桩尖已沉入设计土层，贯入度符合要求时即可停锤。当设计考虑硬层有冲刷时，应采取措施使桩尖达到设计高程。

⑦ 桩尖设计位于一般土层时，应以桩尖设计高程控制为主，贯入度为辅。桩尖达到设计高程，但贯入度与试桩所确定的最终贯入度相比或与地质资料对比有出入时，应与设计部门研究停锤控制标准。

⑧ 水上沉桩，可用固定平台、浮式平台或打桩船进行施工。有潮汐的水域，宜用固定平台或专用打桩船施工。如采用专用打桩船，当波浪超过 2 级（波峰高 0.25 ~0.5 m）、流速大于1.5 m/s 或风力超过 5 级（风速大于 8.0 ~ 10.7 m/s）时，均不宜沉桩。其他船舶通过施工区，船行波影响打桩船稳定时，宜暂停沉桩。已沉好的水中桩，应用钢制杆件把相邻桩连成一体加以防护，并在水面设置标志。严禁在已沉好的桩上系缆。

⑨ 使用打桩船进行沉桩施工时，对锚锭布置、船的停位及移动顺序等均应做好设计。施工过程中，应保持船体平衡。

2）振动沉桩：

① 振动沉桩一般适用于松软的或塑态的黏性土和较松散的砂土中，在紧密黏性土和砂质土中可用射水配合施工。

② 振动锤的振动力应大于下沉桩的土摩阻力。振动打桩机和机座（桩帽）必须与桩顶连接紧密、牢固。

③ 在插好桩后，初期宜依靠桩和振动锤的自重下沉，待桩身入土达到一定深度并

确认桩位和竖直度符合要求后再振动下沉。每根桩的沉桩作业应连续完成,接桩和停水干振时间不可过久。

④ 采用振动为主射水配合沉桩时,桩尖沉至距设计高程2m时应停止射水并将射水管提高,应即进行干振直至设计高程,当最后下沉贯入度不大于试桩最后下沉贯入度且振幅符合规定时,即可认为沉桩合格。

⑤ 同一基础的基桩全部沉完后,宜将全部基桩再进行一次干振,保证全部基桩达到合格标准。

3.2.2 钻孔桩基础

1 钻孔桩施工准备工作应符合下列规定:

1)钻孔场地在旱地时,应清除杂物、换除软土、平整压实,场地位于陡坡时,也可用枕木、型钢等搭设工作平台。

2)在浅水中,宜用筑岛围堰法施工,筑岛面积应按钻孔方法、设备大小等决定。

3)钻孔场地在深水中或淤泥较厚时,可搭设工作平台进行施工,平台须坚固稳定,能承受施工作业时所有静、活荷载,同时应考虑施工设备能安全进、退场。如水流平稳时,钻机可设在船舶或浮箱上进行钻孔作业,但须锚锭稳固保证桩位准确。

4)采用回转法或冲击法钻孔时,需设置泥浆循环净化系统,应在计划施工场地或工作平台时一并考虑。

5)钻孔前应设置坚固、不漏水的孔口护筒。护筒内径应大于钻头直径,使用旋转钻机钻孔应比钻头大约20 cm,使用冲击钻机钻孔应比钻头大约40 cm。护筒顶面宜高出施工水位或地下水位2 m,还应满足孔内泥浆面的高度要求,在旱地或筑岛时还应高出施工地面0.5 m。护筒埋置深度应符合下列规定:

① 岸滩上,黏性土应不小于1 m,砂类土应不小于2 m。当表层土松软时,宜将护筒埋置到较坚硬密实的土层中至少0.5 m。岸滩上埋设护筒,应在护筒四周回填黏土并分层夯实。可用锤击、加压、振动等方法下沉护筒。

② 水中筑岛上,护筒宜埋入河床面以下1 m;水中平台上可按最高施工水位、流速、冲刷及地质条件等因素确定埋深,必要时打入不透水层。

在水中平台上下沉护筒,应有导向设备控制护筒位置。

③ 护筒顶面中心与设计桩位偏差不得大于5 cm,倾斜度不得大于1%。

2 在砂类土、碎(卵)石土或黏土夹层中钻孔,宜采用膨润土泥浆护壁。在黏性土中钻孔,当塑性指数大于15,浮渣能力满足施工要求时,可利用孔内原土造浆护壁。冲击钻机钻孔,可将黏土加工后投入孔中,利用钻头冲击造浆。

泥浆性能指标,应按钻孔方法和地质情况确定并应符合下列规定:

泥浆比重:正循环旋转钻机、冲击钻机使用管形钻头钻孔时,入孔泥浆比重为1.1~1.3;冲击钻机使用实心钻头钻孔时,孔底泥浆比重砂黏土不宜大于1.3,大漂石、卵石层不宜大于1.4,岩石不宜大于1.2。反循环旋转钻机入孔泥浆比重可为1.05~1.15。

黏　　度:一般地层16~22 s,松散易坍地层19~28 s。

含 砂 率:新制泥浆不大于4%。

胶 体 率:不小于95%。

pH　 值:应大于6.5。

为提高泥浆黏度和胶体率,可在泥浆中掺入适量的碳酸钠、烧碱等,其掺量应经试验决定。造浆后应试验全部性能指标,钻孔过程中应随时检验泥浆比重和含砂率,并填写泥浆试验记录表。

3 钻孔施工

1)钻机安装及钻孔

① 安装钻机前,底架应垫平,保持稳定,不得产生位移和沉陷。钻机顶端应用缆风绳对称拉紧,钻头或钻杆中心与护筒中心偏差不得大于5 cm。

② 无论采用哪种方法钻孔,开孔的孔位必须准确,应使初成孔壁竖直、圆顺、坚实。

③ 钻孔时,孔内水位宜高于护筒底脚0.5 m以上或地下水位以上1.5~2.0 m。在冲击钻进中取渣和停钻后,应及时向孔内补水或泥浆,保持孔内水头高度和泥浆比重及黏度。

④ 钻孔时,起、落钻头速度宜均匀,不得过猛或骤然变速,孔内出土不得堆积在钻孔周围。

⑤ 钻孔作业应连续进行,因故停钻时,有钻杆的钻机应将钻头提离孔底5 m以上,其他钻机应将钻头提出孔外,孔口应加护盖。钻孔过程中应经常检查并记录土层变化情况,并与地质剖面图核对。钻孔到达设计深度后,应对孔位、孔径、孔深和孔形进行检验,并填写钻孔记录表。孔位偏差不得大于10 cm。

2)冲击钻孔

① 在碎石类土、岩层中宜用十字形钻头;在砂黏土、砂和砂砾石层中宜用管形钻头。冲击法钻孔,钻头重量应考虑泥浆的吸附作用和钢丝绳及吊具的重量,使总重不超过卷扬机的起重能力。

② 开始钻孔时应采用小冲程开孔,待钻进深度超过钻头全高加正常冲程后方可进行正常冲击钻孔。钻进过程中,应勤松绳和适量松绳,不得打空锤;勤抽砟,使钻头经常冲击新鲜地层。每次松绳量应按地质情况、钻头形式、钻头重量决定。

③ 吊钻头的钢丝绳必须选用同向捻制、柔软优质、无死弯和无断丝者,安全系数不应小于12。钢丝绳与钻头间须设转向装置并连结牢固,钻孔过程中应经常检查其状态及转动是否正常、灵活。主绳与钻头的钢丝绳搭接时,两根绳径应相同,捻扭方向必须一致。

④ 钻孔工地应有备用钻头,检查发现钻孔钻头直径磨耗超过15 mm时应及时更换修补。更换新钻头前,应先检孔到孔底,确认钻孔正常时方可放入新钻头。

⑤ 为防止由于冲击振动导致邻孔孔壁坍塌或影响邻孔已浇筑混凝土强度,应待邻孔混凝土抗压强度达到2.5 MPa后方可开钻。

3)旋转钻孔

① 正、反循环旋转钻机适用于黏性土、砂类土、碎石类土,可按地质条件、钻孔直径及深度选择钻机及钻头。旋转钻机的起重滑轮和固定钻杆的卡机,应在同一垂直线上,保持钻孔垂直。

② 开钻前应在护筒内存进适量泥浆,开钻时宜低挡慢速钻进,钻至护筒下1 m后再以正常速度钻进。钻进速度应与泥浆排量相适应。在易坍孔的砂土、软土等土层钻孔时,宜采用低速、轻压钻进,同时应提高孔内水头和加大泥

浆比重。

③ 使用反循环钻机钻孔,应将钻头提离孔底约20 cm,待泥浆循环畅通方可开始钻进。钻进过程中,应保持护筒内应有的水头,对不同土层采用不同的钻速钻压、泥浆比重和泥浆量。

④ 潜水钻机钻孔,应按钻孔孔径和地质情况选择钻头,钻头切削方向应与主轴旋转方向一致。应按土质软硬控制进尺,并应采用控制主机电流在低于额定电流情况下进行减压钻进,钻机运行时发现不正常现象应立即停机检查,找出原因,消除故障。

4)套管钻机钻孔

① 套管钻机适用于砂类土和黏性土层钻孔,当地下水位以下有厚于5 m的细砂层时,应选用上拔力较大的钻机。套管下沉总深度,应按土层紧密情况和机械上拔力大小决定。钻机就位后须用支腿将机身支平支牢,使套管竖直度满足设计要求。

② 套管钻机在开孔下套管时,钻进速度宜慢,并应反复上提下压套管,校正好位置和竖直度。中等密实或密实的土层中钻孔,宜随钻进随下套管;松散土层中钻孔,应先下套管并深于抓土面1~1.5 m,然后钻进;地下水位较高的粉、细砂土层中,应随时向套管中补水,保持套管中水位不低于地下水位,防止翻砂。

③ 钻孔作业过程中,应观察主机所在地面和支腿支承处地面变化情况,发现下沉现象应及时停机处理。因故停机时间较长时,应将套管口保险钩挂牢。

5)旋挖钻机钻孔

① 旋挖钻机适用于各种土质地层、砂性土、砂卵砾石层和中等硬度以下基岩的施工。施工前应根据不同的地质情况选用不同类型的钻头。

② 钻孔时,孔口护筒应高出地面20~30 cm,并及时向孔内补充浆液,以保持足够的泥浆压力。套管跟随钻进时,套管底口应与钻头旋挖深度相适应,确保不超挖。

③ 钻孔作业过程中,应观察主机所在地面和支腿支承处地面变化情况,发现下沉现象应及时停机处理。因故停机时间较长时,应将套管口保险钩挂牢。

6)钻孔异常处理

① 钻孔中发生坍孔后,应查明原因和位置,进行分析处理。坍孔不严重时,可采用加大泥浆比重、加高水头、埋深护筒等措施后继续钻进;坍孔严重时,回填重新钻孔。冲击法钻孔时,可投粘土块夹小片石,用低锤冲击将粘土块和小片石挤入孔壁制止坍孔。

② 钻孔中发生弯孔和缩孔时,一般可将旋转钻机的钻头,提起到偏斜处进行反复扫孔,直到钻孔正直。如发生严重弯孔、梅花孔、探头石时,应采用小片石或卵石与粘土混合物回填到偏斜处,待填料沉实后再重新钻孔纠偏。

③ 发生卡钻时,不宜强提。应查明原因和钻头位置,采取晃动大绳以及其他措施,使钻头松动后再提起。

④ 发生掉钻时,应查明情况尽快处理。

⑤ 发生卡钻、掉钻时,严禁人员进入没有护筒或其他防护设施的钻孔内。必须进入有防护设施的钻孔时,应确认钻孔内无有害气体和备齐防毒、防溺、防埋等保证安全措施后,方可进入,并应有专人负责现场指挥。

4 清孔及安装钢筋笼应符合下列规定:

1) 钻孔至设计高程,经对孔径、孔深、孔位、竖直度进行检查确认钻孔合格后,应即进行清孔。浇筑水下混凝土前允许沉渣厚度应满足设计要求,设计无要求时:柱桩不大于5 cm;摩擦桩不大于20 cm。清孔可选用以下方法:

① 抽渣法适用于冲击或冲抓法钻孔。

② 吸泥法适用于土质密实不易坍塌的冲击钻孔。

③ 换浆法适用于正、反循环旋转钻孔。

2) 不论采用何种方法清孔,在抽渣或吸泥时都应及时向孔内加注清水或新鲜泥浆,保持孔内水位。

3) 清孔应达到以下标准:孔内排出或抽出的泥浆手摸无2～3 mm颗粒,泥浆比重不大于1.1,含砂率小于2%,黏度17～20 s;浇筑水下混凝土前孔底沉渣厚度,柱桩不大于5 cm,摩擦桩不大于20 cm。严禁采用加深钻孔深度方法代替清孔。

4) 清孔达标后应抓紧安装钢筋笼和浇筑水下混凝土。钢筋笼的材料、加工、接头和安装,应符合相关施工技术标准的有关规定,钢筋笼主筋与加强箍筋必须全部焊接。钢筋笼吊装入孔后不影响清孔时,应在清孔前进行吊放。吊装时,应严防孔壁坍塌。钢筋笼入孔后应准确、牢固定位,平面位置偏差不大于10 cm,底面高程偏差不大于±10 cm。在钢筋笼上端应均匀设置吊环或固定杆,钢筋笼外侧应对称设置控制钢筋保护层厚度用的垫块。

5) 柱桩在浇筑水下混凝土前,应用射水或射风冲射钻孔孔底3～5 min,将孔底沉淀物翻动上浮,射水或射风压力应比孔底压力大0.05 MPa。

5 水下混凝土导管应符合下列规定:

1) 钢导管内壁应光滑、圆顺,内径一致,接口严密。导管直径应与桩径及混凝土浇筑速度相适应,可为20～30 cm。导管管节长度,中间节宜为2 m等长,底节可为4 m,漏斗下宜用1 m长导管。

2) 导管使用前应进行试拼和试压,按自下而上顺序编号和标示尺度。导管组装后轴线偏差,不宜超过钻孔深的0.5%并不宜大于10 cm,连接时连接螺栓的螺帽宜在上;试压压力宜为孔底静水压力的1.5倍。

3) 导管长度应按孔深和工作平台高度决定。漏斗底距钻孔上口,应大于一节中间导管长度。导管接头法兰盘宜加锥形活套,底节导管下端不得有法兰盘。有条件时可采用螺旋丝扣型接头,但必须有防松装置。

4) 导管应位于钻孔中央,在浇筑混凝土前,应进行升降试验。导管吊装升降设备能力,应与全部导管充满混凝土后的总重量和摩阻力相适应,并应有一定的安全储备。

6 水下混凝土浇筑,除应符合铁道部现行《铁路混凝土与砌体工程施工规范》(TB 10210)的有关规定外,尚应符合下列规定:

1) 混凝土的初存量应满足首批混凝土入孔后,导管埋入混凝土的深度不得小于

1 m并不宜大于3 m;当桩身较长时,导管埋入混凝土中的深度可适当加大。漏斗底口处必须设置严密、可靠的隔水装置,该装置必须有良好的隔水性能并能顺利排出。

2)水下混凝土应连续浇筑,中途不得停顿。并应尽量缩短拆除导管的间断时间,每根桩的浇筑时间不应太长,宜在8 h内浇筑完成。混凝土浇筑完毕,位于地面以下及桩顶以下的孔口护筒应在混凝土初凝前拔出。

3)套管钻机钻孔在浇筑混凝土过程中,应经常转动和逐渐提升套管,套管刃脚埋入混凝土不宜小于1.5 m,也不宜大于5 m,混凝土浇筑完毕应将套管立即拔出。

4)在浇筑混凝土过程中,应测量孔内混凝土顶面位置,保持导管埋深在1~3 m范围。当混凝土浇筑面接近设计高程时,应用取样盒等容器直接取样确定混凝土的顶面位置,保证混凝土顶面浇筑到桩顶设计高程以上1.0 m左右。

5)在浇筑水下混凝土前,应填写检查钻孔桩桩孔和钢筋笼情况的"工程检查证",在浇筑水下混凝土过程中,应填写"水下混凝土浇筑记录"。

6)水下混凝土浇筑过程中,发生导管漏水或拔出混凝土面、机械故障或其他原因,造成断桩事故,应予重钻或与有关单位研究补救措施。

7　桩的质量检测应符合下列规定:

1)所有钻孔桩桩身混凝土质量均应进行低应变动测法检测;

2)地质条件较差、桩长超过50 m的桩应按设计有要求进行超声波检测;

3)每根桩作混凝土检查试件不少于一组;

4)对质量有问题的桩,应钻取桩身混凝土鉴定检验;

5)对大桥和特大桥或结构需要控制的柱桩的桩底沉渣厚度,按柱桩总数3%~5%钻孔取样检验。

3.2.3　桩基承台

1　桩基承台施工应符合下列规定:

1)承台混凝土应在无水条件下浇筑,可按地质、地下水位和水深条件,采用排水或防水措施。

2)绑扎承台钢筋前,应核实承台底面高程及每根基桩埋入承台长度,并应对基底面进行修整。在基底为软弱土层时,应按设计要求采取适当措施,防止承台在灌筑混凝土过程中产生不均匀沉降。

3)承台底面以上到设计高程范围的基桩顶部应显露出新鲜混凝土面。基桩埋入承台长度及桩顶主钢筋锚入承台长度应满足设计要求,钢管桩应焊好桩顶连接件。

4)采用基桩顶主钢筋伸入承台联结时,承台底层钢筋网在越过桩顶处不得截断。采用基桩顶部直接埋入承台联结时,承台底层钢筋网碰及基桩时,可以调整钢筋间距或在基桩两侧改用束筋越过,确需截断时,宜在截断处增设附加等强度钢筋连续绕过。

5)承台混凝土应一次连续浇筑,当混凝土与环境温差大于25 ℃时,应采取降低混凝土水化热和内部温度措施。

6)在水中修建承台,当设计承台底面位于河床以下时(低承台),可采用钢板桩围堰、双壁钢围堰修建承台。设计承台底面在低水位以上时(高承台),宜采用吊箱围堰修建承台。高承台及墩身混凝土施工完成后,应及时将承台顶面以上临时结构物清除。

7)高承台结构中,当承台及墩台混凝土浇筑完成后,应将承台顶面以上的钢结构切除,不得危及通航船只的安全和洪水期造成漂浮物堆积。

2　钢板桩围堰承台施工应符合下列规定:

1)插打钢板桩应有导向设备。导向围笼可一次下沉到位,也可在直桩基础中先将围笼整个高出水面,在插打定位桩后与定位桩组成稳定的施工平台,利用该平台先进行基桩施工,然后再将围笼下沉到位插打钢板桩。

2)钢板桩围堰合龙到封底完成过程中,应经常检查围堰外河床冲刷情况,必要时应抛石防护。

3)在围堰内吸泥至设计封底底面高程后,应整平基底、清除淤泥、浇筑水下封底混凝土。待达到要求的强度后抽水,浇筑承台及墩身。

4)钢板桩的导向围笼制造、组拼、起吊、浮运、定位、锚碇及下沉等应满足设计要求,钢板桩围堰的其他要求应符合本技术指南第3.1节基坑围堰的有关规定。

3　双壁钢围堰施工承台应符合下列规定:

1)双壁钢围堰应进行专门设计,围堰的尺寸、强度、刚度及结构稳定性、锚碇方法等应满足设计及施工要求,围堰高度应按下沉深度和施工期间可能出现的最高水面高程及浪高等因素确定。当围堰需下沉到岩面时,可按岩面及风化层情况做成等高或与岩面相同倾斜度的不等高刃脚。围堰顶面可作为施工平台。

2)双壁钢围堰宜分节、分块在工厂制造,块件大小可按制造设备、运输条件、工地安装起吊及移运能力决定。出厂前,应按设计检查复核块件结构尺寸,应采用适当方法对块件焊接质量进行检验,必要时应做水压试验,发现焊缝渗漏处应将焊缝铲除烘干重焊。

3)钢围堰拼装质量应符合下列规定:

① 总体尺寸:每节钢围堰拼装完成后,整体尺寸应与设计要求相符,允许偏差应符合下列规定:

平面直径 $\pm D/800$(D 为直径);

顶平面相对高差:全围堰20 mm,井箱相邻点10 mm;

井箱厚度 ±1.5 mm。

② 拼焊质量:上下隔舱板对齐,各相邻水平环形板对齐,上下竖向肋角必须和水平环形板焊牢。相邻块件外壁板对接应准确,错差不大于1 mm,接缝缝隙0~2 mm,可采用对接焊、搭接焊或贴板焊接,但必须满焊并保证水密。所有壁板和隔舱板的工地焊缝,都应作煤油渗透试验,不合格者应将焊缝铲除重焊。

4)双壁钢围堰落至基岩面或不被冲刷的地层中修建低承台的钻孔桩基础时,围堰浮运、定位、接高、水中下沉、落底、土中下沉和清基等,除应符合相关施工技术标准的有关规定外,且应使预埋在水中及封底混凝土中的钻孔钢护筒位置满足设计要求，钢围堰顶面满足施工平台设置需要。采用双壁钢围堰修建桩基高承台时，可采用先下围堰并在其上设工作平台施工基桩，或先施工基桩后下围堰，在清基封底后再抽水浇筑承台混凝土。

5）双壁钢围堰落底的允许偏差应满足设计要求，设计无要求时应符合下列规定：围堰底面平均高程符合设计规定，围堰最大倾斜度不大于围堰高度的1/50，围堰顶、底面中心位移不大于25 cm再加围堰高度的1/50，平面扭转角不大于2°。

4　吊箱围堰施工承台应符合下列规定：

1）吊箱围堰应进行专门设计，除结构尺寸、强度、刚度、吊装方法应满足施工要求外，应做好抗浮力和防漏水设计。

2）围堰底板结构除应满足浇筑水下封底混凝土和抽水浇筑承台混凝土时受力需要外，应考虑定位桩施工偏差因素，使加劲肋和横梁避开开桩孔位置。底板开桩孔，宜按基桩平面投影桩径，再放大若干。围堰边板一般采用单壁，做成拆装式，当利用边板做承台外模时，应保证满足承台结构尺寸要求。围堰支撑体系应满足吊装整体吊箱围堰和浇筑封底混凝土整体受力需要。围堰底板、边板、封板之间的接缝，应有可靠的防漏水措施。

3）吊箱围堰可视水深情况，采取在浮箱上或工作平台上先组拼成整体，再浮运、吊装到已沉好的定位桩上，或采取在基桩外侧搭设临时工作平台进行现场组拼、吊装到定位桩上。吊箱围堰的定位桩，一般可利用正式桩，也可在基桩范围外另打定位桩，利用吊装后的吊箱围堰搭设工作平台，再进行桩基施工。

4）应做好围堰吊装前各项准备工作。测量墩、台纵、横中心线和每根基桩中心线及高程用的工作平台，应稳定、安全、拆装方便，满足高精度测量工作需要。围堰定位桩顶，应按围堰安装要求认真修整，满足安装需要。

5）吊箱围堰水下封底混凝土厚度，应按抽水时围堰不上浮原则计算确定，一般不宜小于1 m，浇筑混凝土宜采用多导管对称、分块进行施工。浇筑承台混凝土时，也应采取对称、水平分层进行连续施工。

6）吊箱围堰拼装、就位质量应符合下列规定：

① 内侧平面尺寸偏差应不大于长、宽的1/700，做承台外模时，在承台范围不小于设计尺寸。

② 内侧平面对角线偏差应不大于对角线长度的1/500。

③ 底板预留孔位偏差为±20 mm结构接缝满足水密要求。

④ 围堰整体最大倾斜度应不大于箱体高的1/50，且承台顶面处基础边缘距设计中心线尺寸偏差50 mm；箱体高程满足设计要求。

⑤ 围堰中线扭转角应不大于1°。

⑥ 围堰做承台外模时，中轴线偏位应不大于15 mm。

3.2.4　桩基础的质量标准

1　沉桩质量标准

1）预制桩的钢筋骨架应符合表3.2.4—1的规定，钢筋原材料、加工及安装质量等应符合相关施工技术标准的有关规定。

表 3.2.4—1 预制桩的钢筋骨架允许偏差

序号	项目	允许偏差
1	主筋间距	±5 mm
2	桩尖对中轴线的位移	5 mm
3	箍筋间距或螺旋筋的螺距	±10 mm
4	吊环对桩中轴线的位移	20 mm
5	吊环沿垂直于轴线方向的位移	20 mm
6	吊环露出桩表面的高度	±10 mm
7	主筋顶端与桩顶净距	±5 mm
8	桩顶钢筋网片的位移	5 mm
9	钢筋与模板距离(钢筋保护层厚度)	$^{+5}_{0}$ mm

2)预制桩的混凝土强度应满足设计要求,桩身尺寸应符合表 3.2.4—2 的规定,桩的外观应符合下列要求:

表 3.2.4—2 预制桩身尺寸允许偏差

序号	项目			允许偏差
1	实心方桩	横截面边长		$^{+5}_{0}$ mm
		桩顶对角线		±10 mm
		桩尖对中轴线的位移		5 mm
		桩身	弯曲矢高	≤20
			矢高与桩长比	≤1‰
		桩顶平面对桩纵轴线的倾斜		3 mm
		中节桩两个接触面对桩纵轴线的倾斜之和		3 mm
2	空心管桩	直径		±5 mm
		管壁厚		$^{+5}_{0}$ mm
		抽芯圆孔平面位置对桩中轴线的位移		5 mm
		桩尖对桩纵轴线的位移		5 mm
		桩身	弯曲矢高	≤20 mm
			矢高与桩长比	≤1‰
		法兰盘对桩纵轴线不垂直度的高差		3 mm

① 桩的麻面深度不大于 10 mm。

② 桩的棱角碰损深度应在 10 mm 以内,其总长度不大于 40 mm。桩顶和桩尖均不应有蜂窝和碰损,桩身不得有钢筋露出现象。

③ 预应力混凝土桩不得有裂缝。普通钢筋混凝土桩身允许有表面裂纹,其横向裂纹深度不大于 7 mm,裂缝宽度不得大于 0.15 mm;横向裂缝长度:方桩不大于边长的 1/3,管桩不大于直径或对角线的 1/3;纵向裂纹长度:方桩不大于桩长的 1.5 倍,管桩不大于直径或对角线的 1.5 倍。

3)沉桩质量应符合表 3.2.4—3 的规定,承台底平面桩位偏差应符合表 3.2.4—6 的规定。桩的承载力应满足设计要求。

表 3.2.4—3　沉桩允许偏差

序　号	项　目			允　许　偏　差
1	桩　位	群　　桩	中 间 桩	$D/2$ 且不大于 250 mm
			外 缘 桩	$D/4$
		排 架 桩	顺桥方向	40 mm
			垂直桥轴方向	50 mm
2	桩尖高程			满足设计要求
	贯 入 度			满足设计要求
3	倾斜度	直　　桩		1%
		斜　　桩		$0.15 \cdot \tan\theta$

注：1　D 为桩径或短边；
　　2　θ 为斜桩轴线与垂线间的夹角。

2　钻孔桩质量标准

1）钻孔到达设计高程后，应复核地质情况和桩孔位置，应用检孔器检查桩孔孔径和孔深，施工偏差应符合表 3.2.4—4 的规定。

表 3.2.4—4　钻孔桩钻孔允许偏差

序　号	项　目		允　许　偏　差
1	孔　　径		不小于设计孔径
2	孔　　深	摩 擦 桩	不小于设计孔深
		柱　　桩	不小于设计孔深，并进入设计土层
3	孔位中心偏心	群　　桩	≤100 mm
4	倾 斜 度		≤1% 孔深
5	浇筑混凝土前桩底沉渣厚度	摩 擦 桩	≤200 mm
		柱　　桩	≤50 mm

2）钻孔桩的钢筋骨架制作、安装质量应符合表 3.2.4—5 的规定。混凝土强度应满足设计要求，每根基桩应制作不少于 2 组混凝土抗压强度试件，应按相关施工技术标准的有关规定检验混凝土强度；每根基桩均须采用无损法检测混凝土浇筑质量，发现桩的质量有异常现象或设计有要求时，应钻取混凝土芯样进行检查，对柱桩并应钻到桩底以下0.5 m。钻孔桩承台底平面桩位偏差，应符合表 3.2.4—6 的规定。

表 3.2.4—5　钻孔桩钢筋骨架允许偏差

序　号	项　目	允　许　偏　差
1	钢筋骨架在承台底以下长度	±100 mm
2	钢筋骨架直径	±10 mm
3	主钢筋间距	±10 mm
4	加强筋间距	±20 mm
5	箍筋间距或螺旋筋间距	±20 mm
6	钢筋骨架垂直度	骨架长度 1%

表 3.2.4—6 承台底平面桩位允许偏差

序号	项目		允许偏差
1	上面盖有帽梁的排架桩	垂直帽梁的轴线	100 mm
		沿帽梁的轴线	150 mm
2	3~20 根桩基中的桩		0.5D
3	桩数多于20根以上桩基中的桩	最外边的桩	250 mm
		中间的桩	250 mm 并不大于 $D/2$
		与承台边缘的净距	桩径≤1 m 时不小于 0.5D,且不小于 250 mm,桩径 >1 m 时不小于 0.3D,且不小于 500 mm

注:1 D 为桩径或短边;
2 α 为桩纵轴线与垂直线的夹角。

3 桩基承台质量标准

1)承台施工前应检查并记录每根基桩在承台底平面的位置和桩身倾斜度。承台底平面桩位偏差应符合表 3.2.4—6 的规定。

2)承台混凝土强度应满足设计要求,混凝土表面应平整光滑,不得有蜂窝、麻面和露筋,钢筋保护层厚度不小于设计要求。承台各部位偏差应符合表 3.2.4—7 的规定。

表 3.2.4—7 承台各部位允许偏差

序号	项目	允许偏差
1	尺寸	±30 mm
2	顶面高程	±20 mm
3	轴线偏位	15 mm
4	前、后、左、右边缘距设计中心线尺寸	±30 mm

3.3 沉井基础

3.3.1 一般规定

1 沉井施工前,应按具体地质情况制订下沉方案。在堤防、建筑物附近下沉沉井时,应按照设计文件的防护设计及所制订的安全措施施工,并注意观察。为保证沉井的侧壁固结力,沉井施工不得采用泥浆润滑套下沉方法。

2 沉井施工,应对洪汛、凌汛、河床冲刷、通航、漂流物、山洪及泥石流等情况,作好调查研究。在施工中应制订相应的安全措施。

3.3.2 沉井施工应符合下列规定:

1 制作沉井处的地面及岛面承载力应满足设计要求。地面以下的软弱地层,若不能满足承载力的要求时,应采取换填、打砂桩、填筑反压土体等加固措施。

2 筑岛应符合下列规定:

1)筑岛材料应用透水性好、易于压实的土(砂类土、砾石、较小的卵石),且不应含有影响岛体受力及抽垫下沉的块体(包括冻块)。

2)筑岛的尺寸,应满足沉井制作及抽垫等施工的要求。无围堰筑岛护道宽度,不宜小于 2 m,临水面坡度,可采用 1:2。有围堰的筑岛,决定护道宽度时,应满足沉井重量等荷载产生的对围堰侧压力的要求。

3)岛面应高出施工水位 0.5 m 以上。有流冰时应适当加高。

4)在斜面或软下卧层上筑岛,必须考虑土体稳定。

3　采用土内模支承和采用模板及支垫支承制作底节沉井以及沉井抽垫,均应符合相关施工技术标准的有关规定。

3.3.3　沉井下沉

1　沉井下沉应符合下列规定:

1)沉井应连续下沉,减少中途停顿的时间。下沉过程中应掌握土层情况,做好下沉记录,随时分析判断土层摩阻力与沉井重量的关系,选用最有利的下沉方法。

2)沉井下沉时,应防止内隔墙受到支承。井内除土应先从中间开始,对称、均匀地逐步向刃脚处挖土。排水下沉的底节沉井,支承位置处的土应在分层除土中最后同时挖除。

3)下沉初期及下沉过程中应随时调整倾斜和位移。应按土质、沉井大小和入土深度等,控制井内除土深度和井孔间的土面高差。

4)弃土不应靠近沉井或污染环境。在水中下沉时,应检查河床因冲、淤引起的土面高差,必要时应对河床面采取防护措施或利用出土调整。

5)在不稳定的土层或砂土中下沉时,应保持井内水位高于井外水位,防止大量翻砂。

2　沉井接高应符合下列规定:

1)沉井接高前应尽量调平。接高时,井顶露出水面不应小于1.5 m,露出地面不应小于0.5 m。接高上节沉井模板时,支撑不得直接撑在地面上,并应考虑沉井因接高加重下沉时,模板支撑不致接触地面。

2)应防止沉井在接高加重时突然下沉或倾斜,必要时应在刃脚下回填或支垫。接高时应均匀加重。

3)接高后的各节沉井中轴线应为一直线。

4)混凝土施工接缝应按设计要求布置接缝钢筋,清除浮浆并凿毛。

3　纠正沉井倾斜和位移应按以下规定进行:

1)纠偏前应先摸清情况,分析原因,然后采取相应措施。如有障碍物,应首先排除。

2)纠正倾斜时,可采取偏除土、偏压重、顶部施加水平力或刃脚下支垫等方法进行。

3)纠正位移时:

① 如沉井倾斜方向有利于纠正位移时,则继续下沉,待沉井底面中心接近设计中心,再纠正倾斜。

② 如沉井垂直或沉井倾斜方向不利于纠正位移时,则沉井应先调至有利方向倾斜下沉,直至沉井符合要求。

4　沉井下沉排除障碍物可按下列方法进行:

1)遇孤石时可采取潜水员水下排除、爆破等方法。在水下爆破时,每次总药量不应超过0.2 kgTNT当量。井内无水时,通过计算后,可适当加大药量。

2)遇铁件时,可采取水下切割排除。

3)施工前已经查明在沉井通过的地层中,夹有胶结硬层时,可采取钻孔投放炸药爆破的办法预先破碎硬层。

5　沉井顶围堰的施工规定可以按照铁道部现行桥涵施工标准的有关规定执行。

3.3.4 沉井基础清理、封底及浇筑

1 不排水的情况下清理基底时，应符合下列规定并填写检查记录：

1）沉井下沉至设计高程后基底面地质应满足设计要求，如有不符须做处理时，其方法应征得设计单位同意，必要时取样检查。

2）基底土面或岩面应尽量整平。基底面距隔墙底面的高度和刃脚斜面露出的高度，应满足设计规定的最小高度。

3）基底浮泥或岩面残存物（风化岩碎块、卵石、砂等）均应清除，封底混凝土与基底间不得产生有害夹层。清理后的有效面积（即沉井底面积扣除在刃脚斜面下一定宽度内不可能完全清除干净的面积）不得小于设计要求。

4）隔墙底部及封底混凝土高度范围内井壁上的泥污应清除。

2 沉井采用水下混凝土封底时应符合本技术指南第3.2节的有关规定。

3 沉井应在封底混凝土强度满足受力要求后方可抽水浇筑填充混凝土。

3.3.5 沉井施工质量控制标准

1 沉井制作尺寸的允许偏差应符合下列规定：

1）长、宽：±0.5%，≤±10 cm。

2）曲线半径：±0.5%，≤±5 cm。

3）对角线：±1%。

4）壁厚：混凝土、片石混凝土，±4 cm；钢筋混凝土，±1.5 cm。

5）每节沉井平面尺寸不应大于刃脚处的平面尺寸。井壁表面不应向外凸出或向外倾斜。

6）钢沉井制作尺寸的允许偏差应按设计要求而定。

2 沉井清基后位置的允许偏差：

1）沉井底面平均高程应符合设计规定；

2）沉井的最大倾斜度不得大于沉井高度的1/50；

3）沉井顶、底面中心与设计中心在平面纵横向的位移（包括因倾斜而产生的位移）均不得大于沉井高度的1/50；

4）矩形、圆端形沉井平面扭角允许偏差值：就地制作的沉井为1°。

4 墩　　台

4.1 墩 台 身

4.1.1 墩台身施工前,应将基础顶面浮浆凿除,冲洗干净,整修连结钢筋。并在基础顶面测定中线、水平,标出墩台底面位置。

4.1.2 墩台身模板及支架应有足够的强度、刚度与稳定性。模板宜采用大块钢模板。模板接缝应严密,不得漏浆。

4.1.3 墩台身模板采用整体吊装时,其吊装高度视吊装能力并结合墩台施工分段而定,一般宜为2～4 m,并应有足够的整体性与刚度。

4.1.4 墩台身钢筋的加工安装、混凝土的施工、养护和拆模等应符合相关施工技术标准和铁道部颁布的有关客运专线铁路高性能混凝土技术条件的相关规定。接地钢筋的安装应符合设计要求。

4.1.5 浇筑混凝土时,应经常检查模板、钢筋、沉降观测点及预埋部件的位置和保护层的尺寸,确保其位置正确不发生变形。

4.1.6 墩台身混凝土宜一次连续浇筑。当分段浇筑时,施工接缝应符合相关施工技术标准的相关规定。

4.1.7 墩台顶帽施工前后均应复测其跨度及支承垫石高程。施工中应确保支承垫石钢筋网及锚栓孔位置正确,垫石顶面平整,高程符合设计要求。

4.1.8 墩台施工完毕,应对全桥进行中线、水平及跨度贯通测量,并标出各墩台的中心线、支座十字线、梁端线及锚栓孔位置。暂不架梁的锚栓孔或其他预留孔,应排除积水将孔口封闭。

4.1.9 墩台施工允许误差,除设计有特殊规定外,应符合表4.1.9的规定。

表4.1.9　墩台施工允许偏差

序　号	项　目		允 许 偏 差
1	墩台前后、左右边缘距设计中心线尺寸		$^{+20}_{0}$ mm
2	简支梁与连续梁	支承垫石顶面高程	$^{0}_{-3}$ mm
		每孔(每联)梁一端两支承垫石顶面高差	3 mm

4.1.10 浇筑大体积混凝土结构(或构件最小断面尺寸在300 mm以上的结构)前,应根据结构截面尺寸大小预先采取必要的降温防裂措施,如搭设遮阳棚、预设循环冷却水系统等。

4.2 锥 体 填 筑

4.2.1 锥体填筑前应对原地面进行处理、压实,并准确放样。

4.2.2　锥体填筑材料应满足设计要求。

4.2.3　锥体应与桥台过渡段同步施工。施工中应采用机械分层填筑压实。锥体填筑的检查项目和标准应与相邻路堤标准一致。

4.3　桥台的排水及防护

4.3.1　桥台顶道砟槽面应做好防水层、保护层与排水坡度，平顺无凹坑。

4.3.2　桥台采用预埋泄水管向台外排水时，应符合下列规定：

1　铸铁管或钢管内外面均应除铁锈污斑，并涂沥青防锈，管身坡度不得小于3%；

2　进水口应设有孔铁板（铁篦子），两面均应涂沥青；

3　管口应伸出桥台侧面（底面）一段距离；

4　防水层与泄水孔必须衔接良好。

4.3.3　桥台背后及两侧防水层应按设计要求设置。

4.3.4　锥体护面施工须挂线，砌面要平顺。砌筑时不允许边砌边补土。

4.3.5　锥体护面铺砌应自下而上分段进行。反滤（垫）层应按规定分层做好，并应边做反滤（垫）层边砌筑，同时做好沉降缝和泄水孔。

4.3.6　导流建筑物应与路基、桥涵工程通盘考虑施工，并符合下列要求：

1　不得在导流建筑物范围内取土、弃土破坏排水系统。

2　砌筑用料应符合设计要求，当设计未要求时，应符合铁道部现行《铁路混凝土与砌体工程施工规范》（TB 10210）有关规定。

3　导流建筑物的填土密实度应达到设计要求。

4.3.7　锥体护坡或导流堤施工允许偏差应符合表4.3.7的规定。

表4.3.7　锥体护坡或导流堤施工允许偏差

项　　目	允许偏差
顶面高程	±50 mm
表面平整度	30 mm
坡　度	不陡于设计要求
厚　度	不小于设计要求
底面高程	±50 mm
反滤层厚度	不小于设计要求

5 桥位制梁

5.1 膺架浇筑

5.1.1 膺架法一般适用于地基条件较好,跨越旱地或浅水河流且桥墩高度较低的简支梁、连续梁、连续刚构梁。

5.1.2 膺架结构所用材料应为钢结构,构件应符合国家有关部门的有关标准和要求。

5.1.3 膺架类型经技术经济比较选用其结构型式。一般应根据桥的长度、桥下净空、膺架基础类型、通车通航要求及各种定型尺寸及受力性能条件确定。

5.1.4 膺架基础必须具有足够承载力,不得出现不均匀沉降。其基础类型、面积和厚度应根据膺架结构型式、受力情况、地基承载力等条件确定。同时必须做好地面的排水处理,设置排水沟。

5.1.5 膺架结构应具有足够的承载力和整体稳定性:对膺架的承载力和稳定性必须进行检算。膺架设计检算应考虑以下荷载:梁体、模板、膺架的重量;施工荷载;风荷载;冬季施工还应考虑雪荷载和保温养护设施荷载;水中施工还应考虑流水侧压力。膺架杆件应力安全系数应大于1.3,稳定性安全系数应大于1.5。

5.1.6 膺架法施工应根据检算的变形量,预留适当的沉落量和施工预拱度,确保梁体线型符合设计要求。

5.1.7 膺架宜采用等载预压消除部分变形,观测沉落量。

5.1.8 简支梁采用膺架法施工时,可根据地形条件,选择原位浇筑、高位浇筑或旁位浇筑。选用高位或旁位浇筑的膺架,应根据梁体在张拉及落梁过程中,膺架承受荷载的不同,分别对膺架结构进行检算。

5.1.9 膺架安装结束,经检查符合设计要求后,方可进行模板安装。

5.1.10 模板的加工安装、拆除;钢筋的加工、架立;混凝土的浇筑、养生应符合本技术指南第6章的有关规定。

5.1.11 梁底模及膺架卸载顺序,应严格按照从梁体挠度最大处膺架节点开始,逐步卸落相邻节点,当达到一定卸落量后,膺架方可脱落梁体。

5.1.12 支座的安装应符合本技术指南第11章有关规定。

5.1.13 膺架浇筑法制梁的质量控制应符合本技术指南第6.1.12条的规定。

5.2 连续梁、连续刚构的悬臂浇筑

5.2.1 施工挂篮结构主要分为两大部分:上部为悬臂吊架,支承于已浇筑梁段的顶面;下部为模板及支承平台;上、下部间由吊杆连结而成。

5.2.2 挂篮的设计除应符合强度、刚度及稳定性要求外,尚应满足下列要求:

1 悬臂吊架应有向前走行(滑移)设备;

2　施工挂篮行走时其抗倾覆稳定系数不小于2；

3　挂篮总重量的变化，不应超过设计重量的10%；

4　浇筑悬臂梁段时，可将后端临时锚固在已浇筑的梁段上；

5　支承平台后端横梁，可锚固于已浇筑梁段底板上；

6　挂篮吊架在浇筑梁段中所产生变形的调整，可采用调整前吊杆高度办法，也可采用预压配重调整办法。

5.2.3　模板宜采用钢模，内模应根据断面浇筑方法进行设计。端头模板制作与安装必须正确、牢固。

5.2.4　预应力孔道的材质及位置应符合设计及本技术指南第6章的要求。

5.2.5　墩顶梁段可采用托架或膺架施工。

5.2.6　挂篮出厂前应作载重试验，以测定挂篮前端各部件的变形量，消除其永久变形。挂篮现场组拼后，应全面检查安装质量。

5.2.7　悬臂梁段在浇筑前后和预应力张拉前后应按设计要求进行严格的梁体线型控制，控制标准应符合本技术指南表5.2.18的规定。

5.2.8　浇筑箱型断面梁段混凝土，应按设计要求办理。刚构悬臂端的牛腿梁段，应一次全断面浇筑。

5.2.9　混凝土配合比，浇筑顺序及振捣方法，应严格按施工工艺操作。梁段浇筑应自悬臂端向后分层浇筑振捣。使用插入式振捣器时，不得碰损制孔管道及钢筋骨架。

5.2.10　混凝土养护应符合本技术指南第6.1.6条的有关规定。蒸汽养护罩的设计应与挂篮设计统一考虑。

5.2.11　梁段预应力张拉应符合本技术指南第6.1.8条的规定。

5.2.12　每一梁段张拉完毕，即应进行压浆，对互相串通的孔道，则待串通的孔道全部张拉完毕后，同时进行压浆。

5.2.13　张拉竖向预应力筋时，孔道压浆应符合本技术指南6.1.9条的规定。如预应力筋为螺纹钢筋时，千斤顶的张拉头应拧入钢筋螺纹的长度不得小于40 mm，一次张拉至控制吨位，持续1~2 min，并实测伸长量作为校核，然后拧紧螺帽锚固。

5.2.14　竖向孔道压浆，应由下端进浆孔压入，压力应达到0.3~0.4 MPa，上升不宜太快，待顶部出浆槽口流出浓浆后，堵死槽口，然后关闭压浆阀。

5.2.15　合龙前应调整中线和高程，连续梁将合龙一侧的临时固定支座释放，同时将两悬臂端间距离按设计合龙温度及预施应力后弹性压缩换算后进行约束锁定。

5.2.16　合龙段混凝土施工应选择在一天中温度最低的时间进行。混凝土等级宜高于梁体混凝土一个等级。混凝土应加强养护，梁体受日照部分必须加以覆盖。

5.2.17　梁跨结构体系转换应在合龙段纵向连续预应力束张拉并压浆完成后进行。支座反力调整应满足设计要求。

5.2.18　悬臂浇筑法制梁质量控制标准

1　悬臂浇筑梁段施工允许偏差应符合下列要求：

1）混凝土强度应符合设计要求；

2）桥梁轴线偏位：±10 mm；

3）桥梁顶面高程：±10 mm；

4）钢筋骨架制作及安装的允许偏差应符合本技术指南表6.1.3—1及表6.1.3—2

的有关规定；

5）梁体预留管道的允许偏差应符合本技术指南表 6.1.12—1 的有关规定；

6）其余项目的允许偏差应符合本技术指南表 6.1.12—2 的有关规定；

7）支座安装允许偏差应符合本技术指南表 11.3.1 的有关规定。

2 预应力混凝土连续箱梁外形尺寸的允许偏差应符合表 5.2.18 的规定。

表 5.2.18 预应力混凝土连续箱梁外形尺寸允许偏差

序号	项 目	允许偏差	序号	项 目	允许偏差
1	梁全长	±30 mm	11	腹板厚度	$^{+10}_{0}$ mm
2	边孔梁长	±20 mm	12	顶板厚度	$^{+10}_{-5}$ mm
3	各变高梁段长度及位置	±10 mm	13	桥面高程	±20 mm
4	边孔跨度	±20 mm	14	桥面宽度	±10 mm
5	梁底宽度	$^{+10}_{-5}$ mm	15	平整度	5 mm
6	桥面中心位置	10 mm	16	构造钢筋保护层	$^{+5}_{0}$ mm
7	梁高	$^{+15}_{-5}$ mm	17	腹板间距	±10 mm
8	挡砟墙厚度	$^{+10}_{-5}$ mm	18	支座板 四角高度差	1 mm
9	表面垂直度	每 m 不大于 3 mm		支座板 螺栓中心位置	2 mm
10	底板厚度	$^{+10}_{0}$ mm		支座板 平整度	2 mm

5.3 移动支架悬臂拼装

5.3.1 移动支架的结构组成包括主桁结构、前支腿、中支腿（附牵引主梁前移设备）、后支腿、起重小车、液压系统及电控等部件组成。为配合移动支架悬臂拼装预制节段，还需配备以下设备：提升站（龙门吊机）、运梁台车、临时运输轨道和张拉千斤顶等。

5.3.2 移动支架的拼装应根据桥位实际地形采用在台后路基上组拼或搭设临时支墩直接组拼。

5.3.3 拼装节段的预制可参照本技术指南第 6 章的有关内容办理。

5.3.4 移动支架前移到位，墩上的"0"号段已现浇完成且预制的桥梁节段满足悬臂拼装要求后方可进行悬臂拼装桥梁节段。"0"段与墩顶的临时固结必须满足设计要求。

5.3.5 梁体其余预制节段的悬臂拼装

1 拼装前应计算梁体实际安装线形、修整预制节段的匹配面、确定环氧树脂胶结料配方。

2 悬臂拼装宜按以下步骤进行：梁体节段就位、预拼——匹配面涂胶——胶拼——张拉悬臂预应力束和压浆——起重钢丝绳松钩，继续下一节段施工——测量线形。

3 当跨最后一个节段拼装完成后，即进行合龙，合龙混凝土在吊架上现浇。其合龙步骤宜为：

1）安装合龙段吊架、模板、钢筋及体外劲性钢骨架；

2）张拉临时预应力束；

3）选择合适的温度浇筑合龙段混凝土；

4）混凝土达到设计强度后解除墩梁临时固结，落梁；

5)张拉合龙预应力束,孔道压浆。

4 一跨合龙后造桥机前移,进行下一跨的施工,按设计要求逐跨合龙,直至施工完成。

5 当实测线形与计算值有差别时,则需在下一节段进行调整。调整主要为中线调整和高程调整两个方面。

1)调整前必须先计算出最后一个节段的调整值与本节段的线形关系,计算出调整值;调整应分次进行,直至满足设计要求。

2)调整措施可采用环氧树脂净浆浸透的不含浸透脂的石棉网布,按楔点法进行操作。

5.3.6 悬臂拼装的质量要求应符合本技术指南第5.2节的相关规定。

5.4 连续梁顶推

5.4.1 预应力混凝土连续梁采用顶推方式架设时,施工前应编制实施性施工组织设计和施工辅助结构设计,其内容应符合下列规定:

1 预应力混凝土梁顶推方案应根据设计文件的指导性施工组织设计及梁体长度、重量确定,桥跨不多的可一次顶推到位,桥跨多的可分联顶推。

2 根据顶推方案及桥墩允许水平力选择顶推方案,可选单点顶推或多点顶推。

3 根据顶推方案、顶推方式和一次顶推长度进行制梁台座、导梁、临时墩、滑道、顶推千斤顶及其油路等施工辅助结构的设计。

4 施工现场的布置及墩台的施工顺序应和预应力混凝土梁顶推顺序相适应。

5.4.2 预应力混凝土梁顶推前应编制施工工艺和安全操作细则,建立质量监控和质量保证体系。

5.4.3 制梁台座主要用于升、降底模和支撑梁体,并作为滑道使用。可布置在台后或引桥的墩台附近,亦可设于桥梁中部。台座基础应为刚性基础,同时应设有防水和排水设施。使用前应进行预压,沉降量和四角高差不大于1 mm。

制梁台座和底模中心线与桥梁中心线的偏差不大于1 mm。

底模和制梁台座应密贴,其顶面高程的偏差不大于1 mm。

支承点上滑道顶面高程的偏差不大于1 mm。

5.4.4 梁体制造长度应考虑预应力混凝土的弹性压缩、收缩、徐变的影响,并进行调整。

5.4.5 导梁一般为钢导梁,在分联顶推时,根据设计设置后导梁,其与顶推梁的连接方式应符合设计规定。

当用连接件连接时,应先将导梁全部拼装与连接件相连接后,再浇筑混凝土,当用预应力筋连接时,预应力筋的张拉应按有关规定进行。

导梁的底面应平顺、无棱角、毛刺。中心线、平面、高程的偏差均不大于1 mm。

当导梁前端挠度过大时,可在前方墩顶设置接引千斤顶。

5.4.6 顶推梁的浇筑除应符合本技术指南第6章的有关规定外,尚应符合下列规定:

1 梁段连接处的接头,应将前段梁段接触面凿毛并清洗干净,并按设计连接纵向钢筋。

2 接头处成孔橡胶管伸入前段梁段内的长度不小于30 cm,波纹管伸入前段梁内的长度不小于 5 cm,并采取措施固定定位网。

5.4.7 台座及墩顶应设有导向装置和保险千斤顶,梁体在顶推过程中不得产生偏移和倾斜。

5.4.8 采用多点顶推时,可按主顶和助顶相结合的形式顶推,助顶的顶推力保持恒定不变,不足的顶推力由主顶调整补充。

5.4.9 顶推力的大小,根据梁体重量和摩擦系数计算确定,摩擦系数根据滑块和滑道的材料通过试验确定。顶推设备的能力应不小于计算顶推力的两倍。顶推用的千斤顶,应优先使用连续千斤顶,使用前应校正。

5.4.10 顶推可用粗钢筋或钢绞线作牵引拉杆,与相应的锚具、水平穿心式千斤顶等配合进行牵引。牵引拉杆一端临时锚固于梁体,一端由置于前方墩顶的水平穿心式千斤顶张拉,牵引梁体前移。

5.4.11 预应力混凝土梁的顶推坡度应与桥梁设计坡度一致。随梁体前移,水平穿心式千斤顶相应移动。

5.4.12 顶推作业在梁体预应力筋张拉后进行,并符合下列规定:

1 全部作业必须在统一指挥下进行。

2 开始顶推前先少量推进,回油后再逐级加力顶推。

3 随梁体的顶推应及时续进滑块,一个滑道至少有两块滑板受力。

4 顶推时应及时对导梁、桥墩、临时墩、滑道、梁体位置等进行观测,当出现下列现象时应暂停顶推:

1)梁段偏离较大;

2)导梁杆件变形、螺栓松动、导梁与梁体连接有松动和变形;

3)未压浆的预应力筋锚具松动;

4)牵引拉杆变形;

5)桥墩(临时墩)变形超过计算值;

6)滑道有移动;

7)需要倒顶时。

5.4.13 顶推接近到位时,如前方已有先架设的梁,应及时拆除导梁,或将导梁移到梁顶,在先架设的梁顶设置接引千斤顶和滑动支座。

到位后,应拆除临时预应力束,并按设计顺序张拉后期预应力筋和压浆,再顶起梁体、拆除滑道和安放正式支座。起顶时,起顶高度及起顶力应根据计算确定,需要时,前、后临近墩可同时起顶,两侧起顶高差不大于 1 mm。

5.4.14 预应力混凝土连续梁顶推施工的允许偏差应符合表 5.4.14 的规定。成桥线型应符合设计要求。

表 5.4.14 预应力混凝土连续梁顶推就位允许偏差

序号	检查项目	允许偏差
1	梁体中线与桥梁线路设计中心线偏移	±2 mm
2	固定支座处支承中心里程与设计里程纵向偏差	±15 mm
3	同墩两侧梁底面高差	±1 mm
4	相邻墩处梁底面标高偏差	±2 mm
5	梁段尾部的梁端面不垂直度	不大于 1/1 000 梁高

5.4.15　顶推连续箱梁外形尺寸的允许偏差应符合表 5.2.18 的规定。

5.5　先简支后连续箱梁

5.5.1　先简支后连续梁的施工顺序应严格按照设计规定执行。全桥线型的控制应根据连续梁成桥后全桥线型的布置,依照体系转换前后全桥线型的变化,算出每跨处于简支状态时的梁体线型。

5.5.2　简支的预应力混凝土箱梁按设计要求架设在桥墩上,端跨简支梁远端支座可采用永久支座或临时活动支承,中支座、中跨简支梁两端临时支承均应为临时活动支承。临时支承的中心线应与箱梁腹板中心线重合。

5.5.3　临时支承可采用布设钢筋网的 C40 混凝土垫块或砂箱,其顶面高差必须不大于 2 mm。临时支承垫块顶上布置不锈钢板、聚四氟乙烯板。聚四氟乙烯板顶上可布置钢板或直接为梁体。

5.5.4　对简支梁的施工要求见本技术指南有关章节,需对接的梁端预留孔道位置偏差应不大于 4 mm。

5.5.5　连续梁中支点处的永久支座应在设置湿接头底模之前安装。支座与梁体的连接应符合设计要求。支座安装的允许偏差应符合本技术指南第 11 章的规定。

5.5.6　简支梁需对接的梁端端面混凝土应凿毛。正确安装永久支座及核对或调整简支梁位置及高程后,方可进行连续梁中支点接合处立模、孔道连接、钢筋绑扎、浇筑中支点接合处混凝土。

5.5.7　连续梁中支点接合处模板必须具有足够的强度及刚度,与混凝土接触面必须密贴平整并具有一定搭接长度。底模尤需保证梁体线型的平顺,接缝严密不漏浆。

5.5.8　连续梁中支点接合处的混凝土、钢筋、波纹管等各项原材料的检验要求应符合本技术指南第 6.1 节的规定。

5.5.9　连续梁中支点接合处波纹管与简支梁预应力管道接口处应密封不漏浆,并保证波纹管管道顺直,各向位置偏差不大于4 mm。必要时可增设与波纹管牢固连接的定位网。

5.5.10　连续梁中支点接合处钢筋绑扎和接头应符合本技术指南第 6 章和相关施工技术标准的有关规定。

5.5.11　连续梁中支点接合处湿接头的混凝土应选择温度变化最小时浇筑,并在初凝之前浇筑完毕。坍落度宜控制在 12 ~ 14 cm,当坍落度低于 12 cm 时,应加密振捣棒插点。混凝土在运输过程中不应发生离析、漏浆、严重泌水及坍落度损失过多等现象。现场浇筑时不得出现混凝土的离析、分层。混凝土在倾注高度超过 2 m 时应采用滑槽、串筒等导向减速。

5.5.12　连续梁中支点接合处湿接头混凝土强度达到设计强度的 80% 和规定的弹性模量后,方可进行顶板预应力钢筋和通长预应力钢筋的张拉。中支点处顶板预应力钢筋应按设计对称张拉。通长预应力钢筋也应对称张拉。

5.5.13　按设计要求,连续梁部分预应力钢筋张拉后,应即拆除临时支承,完成体系转换。

5.5.14　多跨先简支后连续箱梁的体系转换顺序应满足设计要求。

5.5.15　先简支后连续箱梁的质量控制标准:简支梁阶段的质量要求应符合本技术指南第 6 章有关规定;连续梁完成体系转换后的质量要求应符合本技术指南第 5.2 节有

关规定。

5.6 移动模架造桥机制梁

5.6.1 支架在梁体下面支承的下承式移动模架造桥机适用于现场浇筑预应力混凝土简支或连续箱梁。其外模、底模和支架及导梁可纵向移动,如用于连续梁则可一次浇筑数孔,以减少移支架次数,加快制梁进度。其内模则可收缩后从箱室内逐节退出。

5.6.2 移动模架包括支承台车、主梁、底模、侧模和模板调整机构,还包括导梁、墩旁托架、辅助门吊和内模及内模小车等。增加中段移动模架钢箱梁的孔跨数即可用于连续梁。

5.6.3 移动模架造桥机制梁的主要工艺流程如下:

1 安装墩旁托架;

2 安装造桥机,上、下游移动模架同步横移合龙;

3 调整底、外模及梁底预拱度;

4 安放支座,吊放底板和腹板钢筋骨架;

5 安装内模、吊放顶板钢筋骨架;

6 浇筑梁体混凝土,养护;

7 张拉,脱模,模架横移分开;

8 利用造桥机辅助门吊,倒换、安装前方墩旁托架;

9 造桥机纵移过墩到位,同步横移合龙模架;

10 进入前一孔梁的循环。待前孔梁底板钢筋扎好后,内模用小车移到前孔梁。

5.6.4 移动模架造桥机制梁的钢筋宜与预应力筋管道一起扎成骨架整体吊放。

5.6.5 梁体混凝土宜采用蒸汽养护。当采用蒸汽养护时,其养护程序应符合铁道部颁布的有关客运专线铁路高性能混凝土技术条件的有关规定。

5.6.6 移动模架造桥机的底模应设置预拱度。此预拱度应计入造桥机主梁荷载作用后的弹性变形影响。此弹性变形应根据混凝土实际容重计算并结合有关实验数据修正后得出。

5.6.7 移动模架造桥机制梁的活动支座安装,除应按铁道部现行《铁路架桥机架梁规程》(TB 10213—99)第5.6.3条根据温度变化和混凝土梁的收缩徐变调整上下座板的相对位置外,还应计入设计单位提供的梁体混凝土在预应力作用下的梁长压缩量。支座施工的其他要求应符合本技术指南第11章的相关规定。

5.6.8 移动模架造桥机梁体混凝土宜采用泵送混凝土连续浇筑,并应在初凝时间内一次浇筑完成。每次浇筑前应对所有生产系统进行全面检查。

5.6.9 多跨预应力混凝土连续箱梁浇筑接长时,应对其接缝面凿毛、清洗,连接孔道,绑扎钢筋,核对移动模架的位置及高程,接缝面涂水泥浆后浇混凝土。

5.6.10 原材料的检验,钢筋加工及架立、制孔、预应力筋制作、真空辅助压浆、拆模等的要求应符合本技术指南第7.1节的相关规定。

5.6.11 移动模架造桥机制梁,在分批张拉预应力筋时应注意混凝土梁的反拱度是否与设计相符,不得由于造桥机主梁的反弹而使混凝土梁体上翼缘出现超拉应力,必要时应配合预应力的张拉分级调低底模高程。

5.6.12 用于浇筑单孔简支梁的移动模架造桥机在纵向前移时,在任何情况下,造桥机的抗倾覆稳定系数不应小于1.5。

5.6.13 移动模架造桥机的拼装和操作应满足技术监督部门审查通过的《移动模架造桥机使用说明书》和《移动模架造桥机操作手册》的要求。

5.6.14 移动模架造桥机制梁的质量控制标准应符合本技术指南第5.2节的相关规定。

5.7 移动支架造桥机制架梁

5.7.1 移动支架造桥机制架梁适用于预制梁段原位拼装双线或单线预应力混凝土简支箱梁或连续梁的施工。

5.7.2 造桥机主要包括支架、梁段支承装置、桁吊(梁段升降装置)、梁段移送及调位装置、支架前移、液压及电气系统等。

5.7.3 移动支架造桥机制梁的主要工艺流程如下:

1 拼装墩旁托架。

2 导梁滑移装置。

3 铺设台后临时轨道,临时轨道方向与线路方向一致。

4 组拼造桥机。

5 造桥机前移就位。

6 梁段预制应符合本技术指南第6章箱梁预制的有关规定。

7 梁段组拼、成梁。当梁接缝采用湿接缝时,梁段组拼、成梁的施工顺序宜为:

1)移梁:按现场场地布置选择合适的方法将梁段从存梁场移到运梁小车上,运梁小车将梁段送至造桥机尾部桁吊下。

2)梁段就位:梁段按顺序运至设计位置。

3)梁段调位:采用调梁设备调整梁段,逐渐趋近,直至达到设计要求。

4)穿束、湿接缝钢筋绑扎:穿束前应用压力水冲洗孔道内杂物,观测孔道有无串孔现象,吹干孔道内水分。宜采用一孔整体穿束。钢筋绑扎前应将梁段两端伸出的纵向钢筋理直,与湿接缝钢筋满足搭接要求。

5)浇筑湿接缝混凝土并养护。

6)张拉、压浆应符合本技术指南第6.1节的有关规定。

7)梁接缝采用胶接缝时,应符合本技术指南第5.3节的有关规定。

5.7.4 制架梁前应具有墩台中心线、里程、支承垫石高程等竣工资料,并由制架梁单位全面复核。

5.7.5 制架梁前应具有造桥机的自重、自重加混凝土梁重的挠度曲线和各梁段的调节量等计算资料。

5.7.6 墩旁托架、滚轮箱的安装应有足够的强度、刚度和稳定性。

5.7.7 当梁段接缝采用湿接缝时,梁段拼接面应凿毛、清洁,预制梁段的混凝土龄期必须符合设计要求。当梁段接缝采用胶接缝时,接缝表面应按设计要求进行处理。

5.7.8 移动支架造桥机制梁的允许偏差应符合表5.7.8的规定。成桥后的允许偏差:对于连续梁应符合本技术指南表5.2.18的规定;对于简支梁应符合本技术指南表6.1.12—2的规定。

表 5.7.8 箱梁梁段组拼允许偏差

序号	项目	容许偏差
1	箱梁全长	±15 mm
2	箱梁跨度	±15 mm
3	梁段纵向偏离设计位置	±5 mm
4	梁段横向偏离设计位置	±5 mm
5	相邻梁段中心线偏差	2 mm
6	梁段摆放的垂直度	每米高度内≤3 mm
7	挠度调整与设计值偏差	±2 mm
8	湿接缝长度偏差	±10 mm

6 预应力混凝土箱梁预制

6.1 后张法预应力混凝土箱梁预制

6.1.1 预制场地的建设

制梁场的布置应有利于桥梁的预制、存放、运输及架设。制梁场地的选择主要根据架梁计划而定，同时要考虑交通状况、原材料来源、地形地貌、地质概况、水电供应和环保要求等因素，一般设在桥梁比较集中的地段内。

制梁场必须具有稳定的生产规模和较为齐全的生产设备。对制梁场的规模应做具体的经济技术分析，根据供应范围内桥梁需要的数量、梁的生产周期、梁的种类、采用蒸汽养护或自然养护及以后的拆迁、场地的恢复等因素综合考虑，并对砂石料场进行硬化处理。对有盐雾侵蚀影响的梁场，其存梁台位应高出地面 200 mm 以上。

制梁台座、存梁台座、运梁线路的地基应具备足够的承载能力。必要时制梁台座两端顶梁部位的地基须特殊处理，以防集中受力而引起地基下沉。

6.1.2 原材料的检验除应符合下列规定外，尚应符合铁道部现行《铁路混凝土工程施工质量检验补充标准》(铁建设〔2005〕160 号)的有关规定和设计要求。

1 水　泥

水泥应采用强度等级不低于 42.5 级的低碱硅酸盐或低碱普通硅酸盐水泥(掺合料仅为粉煤灰或矿渣)，水泥熟料中 C_3A 含量不应大于 8%，在强腐蚀环境下不应大于 5%；其余性能应符合国家现行《硅酸盐水泥、普通硅酸盐水泥》(GB 175)的规定，禁止使用其他品种水泥。

进场水泥应附有产品合格检验单，并经检验确认符合要求后方可使用。

不同品种、不同标号、不同编号的水泥，须分别储存。储存要求干燥通风。水泥从出厂日期到使用日期不得超过 3 个月。

2 细 骨 料

细骨料应采用硬质洁净的天然砂，细度模数宜为 2.6 ~ 3.0，含泥量不应大于 1.5%，其余技术要求应符合铁道部现行《铁路混凝土工程施工技术指南》(TZ 210—2005)的规定。设计文件有特殊要求的，按照设计文件办理。当料源发生变化时，应重新进行碱骨料检验。

3 粗 骨 料

粗骨料应为坚硬耐久的碎石，压碎指标不应大于 10%，母岩抗压强度与梁体混凝土设计强度之比应大于 2；粒径宜为 5 ~ 20 mm，最大粒径不应超过 25 mm，且不得超过设计混凝土保护层厚度的 2/3 和钢筋最小间距的 3/4，并分两级(5 ~ 10 mm 和 10 ~ 20(25)mm)储存、运输、计量。使用时粒径 5 ~ 10 mm 碎石与粒径 10 ~ 20(25)mm 质量之比为(40 ± 5)%：(60 ± 5)%；含泥量不应大于 0.5%，针片状颗粒含量不应大于 5%，其余技术要求应符合铁道部现行《铁路混凝土工程施工技术指南》(TZ 210—2005)的规定。当料源发生变化时，应重新进行碱骨料检验。

4 外加剂和矿粉掺合料

混凝土外加剂应采用符合国家现行《混凝土外加剂》(GB 8076)的规定或经铁道部鉴定的产品,并经检验合格后方可使用。外加剂掺量由试验确定,严禁使用掺入氯盐类外加剂。应采用高效减水剂,其性能应与所用水泥具有良好的适应性,30 min减水率不应低于20%,碱含量不得超过10%,硫酸钠含量不应大于5%,氯离子含量不应大于0.1%。

阻锈剂应采用复合氨基醇类,且应具有良好的均匀分散性、不降低水泥浆的流动度、不与其他外加剂反应、不降低对钢绞线束的粘结性能、不影响硬化水泥的性能,其性能指标应符合国家现行《钢筋阻锈剂使用技术规程》(YB/T 9231)的要求。

混凝土矿物活性掺合料(Ⅰ级粉煤灰、磨细矿粉)应符合国家现行《用于水泥和混凝土中的粉煤灰》(GB 1596)和《用于水泥和混凝土中的粒化高炉矿砟》(GB/T 18046)的规定,Ⅰ级粉煤灰需水量比不应大于100%,磨细矿粉比表面积应大于450 m^2/kg。掺入的引气剂及其他改善混凝土性能的外加剂应符合国家现行《混凝土外加剂》(GB 8076)的规定,其品种及数量由试验确定。具体规定应符合铁道部现行《铁路混凝土工程施工技术指南》(TZ 210—2005)的要求。

5 拌和用水

拌制和养护混凝土用水应符合国家现行《混凝土拌和用水标准》(JGJ 63)的要求。凡符合饮用标准的水,即可使用。

6 制梁所用的骨料应在试生产前应进行碱活性试验。不得使用碱—碳酸盐反应的活性骨料和膨胀率大于0.20%的碱—硅酸盐反应的活性骨料。当所采用骨料的碱—硅酸盐反应膨胀率在0.10%~0.20%时,混凝土中的总碱含量不应超过3 kg/m^3,并符合铁道部现行《铁路混凝土工程预防碱骨料反应技术条件》(TB/T 3054)的要求。

7 混凝土拌和物中各种原材料引入的氯离子含量不得超过胶凝材料总量的0.06%。

8 非预应力钢筋

非预应力钢筋应符合国家现行《钢筋混凝土用热轧光圆钢筋》(GB 13013—91)和《钢筋混凝土用热轧带肋钢筋》(GB 1499—91)以及《低碳钢热轧圆盘条》(GB 701—97)有规定,并应满足设计要求。对HRB335钢筋尚应符合碳当量不大于0.5%的规定。

钢筋外观要求无裂纹、重皮、锈坑、死弯及油污等。

钢筋应有出厂合格证,外观检查合格后每批应按铁道部现行《铁路混凝土工程施工技术指南》(TZ 210—2005)的要求抽取试样,分别作拉、弯复查试验。如有一项不合格,则加倍取样,如仍有一项不合格,则该批钢筋为不合格。

9 预应力钢绞线

预应力钢绞线技术性能应符合国家现行《预应力混凝土用钢绞线》(GB/T 5224)的规定和满足设计要求:钢绞线应有出厂合格证,进场后先经外观检查,合格后其力学性能试验按铁道部现行混凝土与砌体工程施工标准的要求办理。对钢绞线的弹性模量试验按每批号进行。

钢绞线存放应置于干燥处,避免潮湿锈蚀。工地存放应高出地面200 mm并及时盖好。

每批钢绞线由同一批号,同一强度等级的钢绞线组成。

10　钢 配 件

钢配件的材质应符合国家标准并满足设计要求。

支座板采用与设计规定的盆式橡胶支座型号相配套的支座板。

11　锚具、防水层、保护层及波纹管材料

锚具、夹具和连接器应符合国家现行《预应力筋用锚具、夹具和连接器》(GB/T 14370)的有关规定并经检验合格后方可使用。防水层材料应根据设计要求分别采用,其性能应满足铁道部现行混凝土保护层、防水层技术标准的规定和设计要求。保护层应符合设计要求。波纹管应符合质量要求。

6.1.3　钢筋的加工及架立

1　钢筋进场检验合格后方可使用。

2　钢筋加工要求见表 6.1.3—1。

3　钢筋接头采用闪光对焊,闪光对焊的有关要求按照(TB 10210—2001)第 4.4 节的有关规定执行。

4　现场绑扎钢筋时有关规定:

1)钢筋的交叉点应用铁丝绑扎结实,必要时,也可用点焊焊牢;

2)除设计有特殊规定者外,梁中的箍筋应与主筋垂直;

3)箍筋的末端应向内弯曲;箍筋转角与钢筋的交接点均应绑扎牢;

4)箍筋的接头(弯钩接合处),在梁中应沿纵向线方向交叉布置;

5)绑扎用的铁丝要向里弯,不得伸向保护层内;

6)钢筋的绑扎允许偏差见表 6.1.3—2。

表 6.1.3—1　钢筋骨架制作及安装

序号	项　　目	允许偏差
1	受力钢筋顺长度方向全长的净尺寸	±10 mm
2	弯起钢筋的位置	±20 mm
3	箍筋内边距离尺寸差	±3 mm

表 6.1.3—2　钢筋绑扎允许偏差

序号	项　　目	允许偏差	序号	项　　目	允许偏差
1	桥面主筋间距及位置偏差(拼装后检查)	≤15 mm	4	腹板箍筋的不垂直度(偏离垂直位置)	≤15 mm
2	底板钢筋间距及位置偏差	≤8 mm	5	混凝土保护层厚度与设计值偏差	$^{+5}_{0}$ mm
3	箍筋间距及位置偏差	≤15 mm	6	其他钢筋偏移量	≤20 mm

6.1.4　制　　孔

预应力筋孔道的位置及材质应符合设计要求,并满足灌浆工艺的要求。制孔管应管壁严密不易变形,确保其定位准确,管节连结平顺。孔道锚固端的预埋钢板应垂直于孔道中心线。孔道成型后应对孔道进行检查,发现孔道阻塞或残留物应及时处理。

6.1.5　钢模板的制作、安装和拆卸

1　钢模板由侧模、内模、底模和端模组成。内、侧模由整体或拼装式钢模板组成,并配有相应的装、拆机构。

2　钢模板的加工制造

钢模板在设计制造时,应有足够的强度、刚度及稳定性,确保梁体各部位结构尺寸正确及预埋件的位置准确,且具有能经多次反复使用不致产生影响梁体外形的刚度。

附着式振动器的支座应交错布置,安设牢固。安装位置应将振动力先传向模板骨架,

再由骨架传向面板。

模板的全长及跨度应考虑反拱度及预留压缩量。

3　钢模安装允许偏差见表6.1.5—1。

表6.1.5—1　模板安装尺寸允许偏差

序号	项　　目	允许偏差	序号	项　　目	允许偏差
1	模板总长	±10 mm	8	底模不平整度	≤2 mm/m
2	底模板宽	$^{+5}_{0}$ mm	9	桥面板宽	±10 mm
3	底模板中心线与设计位置偏差	≤2 mm	10	腹板厚度	$^{+10}_{0}$ mm
4	桥面板中心线与设计位置偏差	≤10 mm	11	底板厚度	$^{+10}_{0}$ mm
5	腹板中心线与设计位置偏差	≤10 mm	12	顶板厚度	$^{+10}_{0}$ mm
6	横隔板中心位置偏差	≤5 mm	13	横隔板厚度	$^{+10}_{-5}$ mm
7	模板倾斜度偏差	≤3‰			

4　上支座板安装

支座位置，应在每次模板安装前检查，检查的内容有：横向位置、平整度，同一支座板的四角高差，四个支座板相对高差。支座板安装位置应用螺栓固定。

5　侧模板安装

安装前检查：板面是否平整、光洁、有无凹凸变形及残余黏浆，模板接口处应清除干净。

检查所有模板连接端部和底脚有无碰撞而造成影响使用的缺陷或变形，振动器支架及模板焊缝处是否有开裂破损，如有均应及时补焊、整修。

侧模安装时应先使侧模滑移或吊装到位，与底模板的相对位置对准，用顶压杆调整好侧模垂直度，并与端模联结好。

侧模安装完后，用螺栓联接稳固，并上好全部上拉杆。调整了其他紧固件后检查整体模板的长、宽、高尺寸及不平整度等，并做好记录。不符合规定者，应及时调整。

钢模安装应做到位置准确，连接紧密，侧模与底模接缝密贴且不漏浆。

在制梁过程中应根据架梁的顺序确定预埋件的安装。预埋件的安装应严格按设计图纸施工，确保每孔梁上预埋件位置准确无误。

6　内模安装

内模安装应根据模板结构确定。当内模为液压整体内模时，可利用台座端部滑道，将内模滑到已绑好的底腹板钢筋骨架的内腔位置并固定。

当内模为液压分段式或拼装式结构时，可采用吊装方式安装内模。安装前应先检查模板是否清理干净，是否涂刷了隔离剂。无论是何种结构均应在内模拼成整体后用宽胶带粘贴各个接缝处以防止漏浆。

内模安装完后，检查各部位尺寸。

7　端模安装

安装前检查板面是否平整光洁、有无凹凸变形及残余黏浆，端模管道孔眼应清除干净。将胶管或波纹管逐根插入端模各自的孔内后，进行端模安装就位。安装过程中应逐根检查是否处于设计位置。

8　内模拆除

内模须在混凝土强度达到设计强度的 50% 以上时方可拆除。

拆除前先检查卷扬机等设备的性能，并清理好拟进入的台座。

液压式内模拆除前内模上的顶压丝杆及支承内模主梁的保护衬套应先行松开，再按照操作顺序分别将各顶升油缸回油收缩，然后检查内模是否准确的落在滑移轨道上，如有偏差应及时调整。

拆除时应缓慢匀速进行，并有专人指挥，拉出后应及时拆卸滑道并清点各种配件。

9 侧模及端模拆除

当梁体混凝土强度达到设计强度的 50%，混凝土芯部与表层、箱内与箱外、表层温度与环境温度之差均不大于 15 ℃，且能保证构件棱角完整时方可拆除侧模和端模。气温急剧变化时不宜进行拆模作业。

侧模拆模时通过顶压机构使侧模脱离梁体，再通过卷扬机滑到相应的位置上。

拆模时，严禁重击或硬撬，避免造成模板局部变形或损坏混凝土棱角。

模板拆下后，应及时清除模板表面和接缝处的残余灰浆并均匀涂刷隔离剂，与此同时还应清点和维修、保养、保管好模板零部件，如有缺损及时补齐，以备下次使用。并根据消耗情况酌情配备足够的储存量。

10 钢底模使用规定

钢底模在正常使用时，应随时用水平仪检查底板的反拱及下沉量，不符合规定处均应及时整修。及时清除底板表面与橡胶密封条处的残余灰浆，均匀涂刷隔离剂。

6.1.6 混凝土的浇筑及养生除符合下列规定外，尚应符合铁道部现行《铁路混凝土工程施工技术指南》(TZ 210—2005)的相关规定。

1 混凝土配制拌和前的准备

混凝土配制拌和之前，应对所有机械设备、工具、使用材料进行认真检查，确保混凝土的拌制和浇筑正常连续进行。

开盘前应按工地试验室提供的配合比调整配料系统，并做好记录。

2 混凝土的配料和拌制

混凝土配合比应考虑强度、弹模、初凝时间、工作度等因素并通过试验来确定。

混凝土拌和物配料应采用自动计量装置，粗、细骨料中的含水量应及时测定，并按实际测定值调整用水量、粗、细骨料用量；禁止拌和物出机后加水。

混凝土在拌和时，应按选定的理论配合比换算成施工配合比，计算每盘混凝土实际需要的各种材料量。水、水泥、外加剂的用量应准确到 ±1%，粗细骨料的用量应准确到 ±2%(均以质量计)。减水剂可采用粉剂或溶剂型，采用粉剂型时宜在施工前 14 ~ 18 h 预先配制成所需浓度的溶液，粉剂在溶液中要求全部溶解均匀，不得有沉淀或结块。为充分发挥减水剂的作用，在拌和时其溶液宜用后添法。当采用溶剂型减水剂时，其含水量应计入拌和总用水量。混凝土拌和物中不得掺用加气剂和各种氯盐。

3 混凝土的运输和浇筑

1) 混凝土应随拌随用，混凝土运输应采用泵送或混凝土运输车运送。当采用泵送时，输送管路的起始水平段长度不应小于 15 m，除出口处采用软管外，输送管路其他部分不得采用软管或锥形管。输送管路应固定牢固，且不得与模板或钢筋直接接触。泵送过程中，混凝土拌和物应始终连续输送。高温或低温环境下输送管路应分别采用湿帘或保温材料覆盖。其他要求还应符合国家现行《混凝土泵送施工技术规程》(JG/T 3064)的规定。

2)混凝土的浇筑采用连续浇筑、一次成型,浇筑时间不宜超过6 h。

预制梁混凝土拌和物入模前含气量应控制在3% ~4%,混凝土拌和物坍落度45 min损失不宜大于10%;混凝土浇筑时,模板温度宜在5 ℃ ~35 ℃,混凝土拌和物入模温度宜在5 ℃ ~30 ℃。

浇筑时采用斜向分段、水平分层的方法浇筑。其工艺斜度视混凝土坍落度而定,当坍落度大于12 cm时,工艺斜度宜不大于5°。水平分层厚度不得大于30 cm,先后两层混凝土的间隔时间不得超过初凝时间。

浇筑梁体混凝土时,应防止混凝土离析,混凝土下落距离不超过2m。并应保持预埋管道不发生挠曲或移位,禁止管道口直对腹板槽倾倒混凝土。

梁体腹板处的底板混凝土宜采用底板附着式振动器振动。梁体腹板混凝土采用振动棒和附着式振动器振捣。振动棒插振的间距及时间应符合铁道部现行《铁路混凝土工程施工技术指南》(TZ 210—2005)的有关规定。振动棒禁止触碰胶管或波纹管。

在浇筑混凝土梁体时,应安排专人负责监视振动器的运转使用情况,如有故障则迅速组织抢修。以避免因振动不及时而导致混凝土出现空洞或蜂窝麻面。另外还应有专人负责监视模板,如联结螺栓松动、模板走形或漏浆应及时采取措施予以处理,桥面应在浇筑完成后按要求整平。

当昼夜平均气温低于5 ℃或最低气温低于 -3 ℃时,应采取保温措施,并按冬季施工处理。

试生产前应对所选用水泥、砂、碎石、掺合料、外加剂等原材料制作试件进行试验,具体试验内容及方法应符合《铁路混凝土工程施工技术指南》(TZ 210—2005)的有关规定。

4 梁体混凝土养护

当采用蒸汽养护时,分为静停、升温、恒温、降温四个阶段。静停期间应保持棚温不低于5 ℃,灌筑完4 h后方可升温,升温速度不应大于10 ℃/h,恒温时蒸汽温度不宜超过45 ℃,梁体芯部混凝土温度不宜超过60 ℃,降温速度不应大于10 ℃/h。蒸养期间及撤除保温设施时,梁体混凝土芯部与表层、表层与环境温差不宜超过15 ℃。蒸汽养护结束后,应立即进入自然养护,时间不少于7 d。在养护过程中应定时测温,并作好记录。温度计的分布宜在跨中1/4截面、梁端各布置两块,梁端箱内、孔道各布置一块。恒温时每2 h测一次温度,升、降温每小时测一次。

当采用自然养护时,梁体表面可采用草袋或麻袋覆盖,并在其上覆盖塑料薄膜,梁体洒水次数应能保持混凝土表面充分潮湿为度。当环境相对湿度小于60%时,自然养护不应少于28 d;相对湿度在60%以上时,自然养护不应少于14 d。

当环境温度低于5 ℃时,预制梁表面应喷涂养护剂,采取保温措施;禁止对混凝土洒水。

6.1.7 预应力钢绞线束的制作

1 钢绞线下料,应按设计孔道长度加张拉设备长度,并余留锚外不少于100 mm的总长度下料,下料应用砂轮机平放切割。断后平放在地面上,采取措施防止钢绞线散头。

2 钢绞线切割完后须按各束理顺,并间隔1.5 m用铁丝捆扎编束。同一束钢绞线应顺畅不扭结。同一孔道穿束应整束整穿。

6.1.8 预应力钢绞线的张拉

1　预应力设备选用及校正应符合下列规定：

1）张拉千斤顶在整拉整放工艺中，单束初调及张拉宜采用穿心式双作用千斤顶。整体张拉和整体放张宜采用自锁式千斤顶，额定张拉吨位宜为张拉力的1.5倍，且不得小于1.2倍，张拉千斤顶在张拉前必须经过校正，校正系数不得大于1.05。校正有效期为一个月且不超过200次张拉作业，拆修更换配件的张拉千斤顶必须重新校正。

2）压力表应选用防震型，表面最大读数应为张拉力的1.5～2.0倍，精度不应低于1.0级，校正有效期为1周。当用0.4级时，校正有效期可为1个月。压力表发生故障后必须重新校正。

3）油泵的油箱容量宜为张拉千斤顶总输油量的1.5倍，额定油压数宜为使用油压数的1.4倍。

4）压力表应与张拉千斤顶配套使用。预应力设备应建立台账及卡片并定期检查。

2　当梁体混凝土强度达到设计强度的80%且弹性模量达到设计要求后，即可进行早期部分张拉。在梁体混凝土强度达到设计强度的100%且弹性模量达100%时，混凝土龄期满足10 d方能进行终张拉。为了使梁体不发生早期裂缝，应在混凝土强度达到设计强度50%～60%时拆除内模，外模只拆不移的情况下张拉部分预应力，张拉值应由设计单位提供。

3　在进行第一孔梁张拉时需要对管道摩阻损失、锚圈口摩阻损失进行测量。根据实测结果对张拉控制应力作适当调整，确保有效应力值。

4　箱梁两侧腹板宜对称张拉，其不平衡束最大不超过一束，张拉同束钢绞线应由两端对称同步进行，且按设计图规定的编号及张拉顺序张拉。

5　预应力筋张拉程序除符合设计要求外，一般应按下列程序执行：

0→0.1σ_k（作伸长量标记）→σ_k（静停5 min）→补拉σ_k（测伸长量）→锚固。

6　张拉操作工艺

按每束根数与相应的锚具配套，带好夹片，将钢绞线从千斤顶中心穿过。张拉时当钢绞线的初始应力达0.1σ_k时停止供油。检查夹片情况完好后，画线作标记。

向千斤顶油缸充油并对钢绞线进行张拉。张拉值的大小以油压表的读数为主，以预应力钢绞线的伸长值加以校核，实际张拉伸长值与理论伸长值应控制在6%范围内，每端锚具回缩量应控制在6 mm以内。

油压达到张拉吨位后关闭主油缸油路，并保持5 min，测量钢绞线伸长量加以校核。在保持5 min以后，若油压稍有下降，须补油到设计吨位的油压值，千斤顶回油，夹片自动锁定则该束张拉结束，及时作好记录。全梁断丝，滑丝总数不得超过钢丝总数的0.5%，且一束内断丝不得超过一丝，也不得在同一侧。

7　有关张拉的其他规定。

1）张拉钢绞线之前，对梁体应作全面检查，如有缺陷，须事先征得监理工程师同意修补完好且达到设计强度，并将承压垫板及锚下管道扩大部分的残余灰浆铲除干净，否则不得进行张拉。

2）高压油表必须经过校验合格后方允许使用。校验有效期不得超过一周。

3）千斤顶必须经过校正合格后方允许使用。校正期限不得超过一个月。

4）每跨梁张拉时，必须有专人负责及时填写张拉记录。

5）千斤顶不准超载，不准超出规定的行程。转移油泵时必须将油压表拆卸下来另行携带转送。

6）张拉钢绞线时，必须两边同时给千斤顶主油缸徐徐充油张拉，两端伸长应基本保持一致，严禁一端张拉。如设计有特殊规定时可按设计文件办理。

8　安全要求

1）高压油管使用前应作耐压试验，不合格的不能使用。

2）油压泵上的安全阀应调至最大工作油压下能自动打开的状态。

3）油压表安装必须紧密满扣，油泵与千斤顶之间采用的高压油管连同油路的各部接头均须完整紧密，油路畅通，在最大工作油压下保持5 min以上均不得漏油。若有损坏者应及时修理更换。

4）张拉时，千斤顶后面不准站人，也不得踩踏高压油管。

5）张拉时发现张拉设备运转声音异常，应立即停机检查维修。

6）锚具、夹具均应设专人妥善保管，避免锈蚀、沾污、遭受机械损伤或散失。施工时在终张拉完后按设计文件要求对锚具进行防锈处理。

6.1.9　管道压浆、端头封堵

1　后张预制梁终张拉完成后，宜在48 h内进行管道压浆。压浆前管道内应清除杂物及积水。压浆时及压浆后3 d内，梁体及环境温度不得低于5 ℃。压浆用水泥应为强度等级不低于42.5级低碱硅酸盐或低碱普通硅酸盐水泥，掺入的粉煤灰应符合本技术指南第6.1.2条的规定；水胶比不超过0.34，且不得泌水，流动度不应大于25 s，30 min后不应大于35 s，抗压强度不小于35 MPa（设计另有规定的除外）；压入管道的水泥浆应饱满密实，体积收缩率应小于1.5%。初凝时间应大于3 h，终凝时间应小于24 h，压浆时浆体温度应不超过35 ℃。

2　水泥浆应掺高效减水剂、阻锈剂。高效减水剂和阻锈剂应符合本技术指南第6.1.2条的规定，掺量由试验确定。严禁掺入氯化物或其他对预应力筋有腐蚀作用的外加剂。

3　预应力管道压浆应采用真空辅助压浆工艺；压浆泵应采用连续式；同一管道压浆应连续进行，一次完成。管道出浆口应装有三通管，必须确认出浆浓度与进浆浓度一致时，方可封闭保压。压浆前管道真空度应稳定在－0.06～－0.10 MPa之间；浆体注满管道后，应在0.50～0.60 MPa下持压2 min；压浆最大压力不宜超过0.60 MPa。

4　压浆设备：水泥浆拌和机应能制备具有胶稠状水泥浆，水泥浆搅拌结束后应采用连续式压浆机尽快连续压注，搅拌至压入管道的时间间隔不应超过40 min。水泥浆泵应能压浆完成的管道上保持压力，导管中无压力损失。

5　同一管道压浆应连续进行，一次完成。

6　冬季压浆时应采取保温措施，水泥浆应掺入防冻剂。

7　浇筑梁体封端混凝土之前，应先将承压板表面的黏浆和锚环外面上部的灰浆铲除干净，对锚圈与锚垫板之间的交接缝应用聚氨酯防水涂料进行防水处理，同时检查确认无漏压的管道后，才允许浇筑封端混凝土。为保证混凝土接缝处接合良好，应将原混凝土表面凿毛，并焊上钢筋网片。封端混凝土应采用无收缩混凝土进行封堵，其混凝土强度不得低于设计要求，也不得低于35 MPa。封端混凝土养护结束后，应采用聚氨酯防水涂料对封端新老混凝土之间的交接缝进行防水处理。

6.1.10　桥面防水层、保护层的施工

1　桥面防水层、保护层的施工可在制梁场或架梁后进行。

2　防水层的基层(即梁体桥面部分)必须平整,无凹凸不平现象。防水层施工前应清除桥上的一切废砟杂物。防水层施工应符合设计要求。施工完后,铺保护层以前,应避免人员在桥面上走动踩踏及抛掷重物。

3　保护层施工

保护层施工应符合设要求,并符合铁道部颁布的有关客运专线桥梁混凝土桥面防水层技术标准的相关规定。

施工完后要对保护层进行养护,保护层上盖一层塑料薄膜,待混凝土初凝,要浇水养护至少3 d,使塑料薄膜下有充足的水对混凝土养生。

6.1.11　箱梁的吊运(滑移)及存放

1　箱梁吊运(滑移)分初张拉后的吊运(滑移)及二次张拉后的吊运,初张后吊运(滑移)时严禁梁上堆放其他重物,二次张拉后的吊运必须在管道压浆达规定强度后进行。

2　箱梁的吊运可采用龙门吊机、轮胎式运架一体机、轮胎式或轮轨式运梁车,存梁必须预设相应的运输通道。

3　采用滑移方法移梁时,滑移轨道应设在坚固稳定的基础上,滑移轨道必须保持平整,四个支点相对高差不得超过4 mm,平顺无突变点,两个股道之间高差不得超过50 mm,在滑移方向可设不超过2‰的下坡,以利于滑移。滑移的动力设施应经计算及试验确定,滑移过程中应采取有效措施保证梁体不受损伤。

4　存梁支承台座应坚固稳定,并附设相应的排水设施,以保证箱梁在存放期间不致因支承下沉受到损坏。

5　梁体的吊运、存放应按铺架施组安排的顺序,编号吊运(滑移)存放。

6　箱梁存放时,存梁支点距梁端的距离应符合设计要求。

7　箱梁运输时支点距梁端的距离应符合设计要求。

6.1.12　预应力混凝土预制箱梁的质量标准:

1　预制箱梁的模板安装允许偏差应符合表6.1.5—1的规定;

2　预制箱梁的钢筋绑扎允许偏差应符合表6.1.3—2的规定;

3　梁体预留管道的允许偏差应符合表6.1.12—1的规定;

4　箱梁外形尺寸允许偏差应符合表6.1.12—2的规定;

5　箱梁外观质量应符合表6.1.12—3的规定。

表6.1.12—1　梁体预留管道的允许偏差

序　号	项　　　目	允许偏差
1	跨中4 m范围内	4
2	其他部位	6

表6.1.12—2　箱梁外形尺寸允许偏差

序号	项　　目	允许偏差	序号	项　　目	允许偏差
1	箱梁全长	±20 mm	6	腹板厚度	$^{+10}_{-5}$ mm
2	箱梁跨度	±20 mm	7	底板厚度	$^{+10}_{0}$ mm
3	桥面宽度	±10 mm	8	顶板厚度	$^{+10}_{0}$ mm
4	箱梁底宽	±5 mm	9	桥面外侧偏离设计位置	10 mm
5	梁　高	$^{+10}_{-5}$ mm	10	梁上拱	±L/3 000

续上表

序号	项　　目	允许偏差	序号	项　　目	允许偏差
11	挡砟墙厚度	±5 mm	16	支座中心线偏离设计位置	3 mm
12	表面垂直度	每米高度内 3 mm	17	螺　栓	垂直梁底板
13	表面平整度	每米长度内 5 mm	18	桥面上预留钢筋偏离设计位置	10 mm
14	支座板每块板边缘高差	1 mm	19	接触网支柱预留钢筋偏离设计位置	5 mm
15	支座板螺栓孔中心位置偏差	2 mm			

表 6.1.12—3　箱梁外观质量控制标准

序　号	项　目			允 许 值
1	梁　体	腹板及底板底面垂直预应力方向的裂缝		不允许
		桥面保护层、挡砟墙、横隔墙、边墙和封端等 5 处的裂缝		0.2 mm
2	桥 面 板	钢筋混凝土结构	正常受力状态下的裂缝	0.2 mm
			施工荷载下的裂缝	0.24 mm
		预应力混凝土结构	正常受力及施工荷载下裂缝	不允许
3	蜂窝麻面	深　度		5 mm
		长　度		10 mm
4	硬伤掉角	深　度		20 mm
		长　度		30 mm
5	石子堆垒			不允许

6.2　先张法预应力混凝土箱梁预制

6.2.1　先张法预应力混凝土简支梁应采用整拉整放或单拉整放工艺制造。

6.2.2　制梁工艺设备应符合下列规定：

1　张拉台座应能满足直线或折线配筋的张拉工艺要求，并与张拉各阶段的受力状态相适应，构造应满足施工要求。张拉横梁及锚板能直接承受预应力筋施加的压力，其受力后的最大挠度不得大于 2 mm。锚板受力中心应与预应力筋合力中心一致。

2　制梁模板应符合本技术指南第 6.1.5 条的有关规定。

3　预应力设备选用及校正应符合本技术指南第 6.1.8 条的有关规定。

6.2.3　先张法预应力混凝土简支梁原材料的检验应符合本技术指南第 6.1.2 条的有关规定。

6.2.4　钢筋安装的允许偏差应符合本技术指南第 6.1.3 条的有关规定。

6.2.5　预应力钢筋的下料长度应根据工艺设备的具体尺寸计算确定。钢绞线应在拉直条件下切断，切断前宜在切口两端用铁丝扎紧，不得使用电弧焊切割。下料长度偏差：

对于张拉螺杆工艺，其绝对值不大于张拉时弹性伸长值的 2%，且不大于 5 mm；

对于工具锚工艺为 ±50 mm。

6.2.6　预应力筋安装应符合下列规定：

1　预应力筋连同隔离套管应在钢筋骨架完成后一并穿入就位。隔离套管内端应堵塞严密。隔离套管外端应穿出分丝板以外 50 ~ 150 mm 加以固定。梁体内隔离套管长度及位置允许偏差为 ±20 mm。

2 预应力筋保护层厚度应满足设计要求。

3 预应力筋穿入就位后,严禁使用电弧焊在梁体钢筋骨架及模板的任何部位焊接或切割。

6.2.7 制梁开始前应完成下列准备工作:

1 调整张拉横梁及锚板位置,使锚板上预应力筋重心位置与所制梁型的预应力筋重心设计位置相一致,在跨中 4 m 范围内不得大于 1 mm,其他部位不得大于 3 mm。

2 张拉中使用的工具和锚具均应作外观或探伤检测。

3 应定期测定整拉整放工艺中的顶销回缩值。

4 折线配筋的先张梁,应对转撤器作外观和探伤检查,并检查安装位置的准确性,各方向位置与设计位置的偏差应小于2 mm。

6.2.8 预应力钢绞线按整拉整放工艺时,其张拉程序应符合下列规定:

1 单束应力调整:钢绞线分束后,各钢绞线束应作单束初调,初调应力可为 0.15 ~ 0.3 倍抗拉极限强度,并保持各束应力一致。

2 整体控制张拉:控制张拉应力应按设计的有效预应力及各项实际应力损失之和计算确定。锁定后钢绞线锚下应力不得大于 0.75 倍抗拉极限强度。

6.2.9 预应力钢绞线按单拉整放工艺施工时,其张拉程序应符合下列规定:

1 单束应力初调:利用张拉工具,将预应力筋分束锚固于两端锚板上。用千斤顶顶横梁,行程不小于 150 mm,然后锁定。当采用楔块放松预应力时,应将楔块处于楔紧状态后锁定,其放松尺寸不小于 150 mm 为宜。

2 单束控制张拉:控制张拉应力应按设计的有效预应力及各项实际应力损失之和计算,锁定后钢绞线锚下应力不得大于 0.75 倍抗拉极限强度,拉到控制应力后锁定。

6.2.10 控制张拉应以控制应力为主,测量伸长值为校核,当实测值与理论计算值相差大于 ±6%,应查明原因,及时处理后再继续张拉。张拉完毕后,宜及时浇筑混凝土。浇筑前,应抽查张拉应力。当发现应力值与允许值相差超过 ±3% 时,应重拉。

6.2.11 梁体混凝土施工应符合本技术指南第 6.1.6 条的规定。

6.2.12 放松预应力筋应符合下列规定:

1 梁体混凝土应达到设计要求的强度和相应的弹性模量值。

2 当采用楔块放松预应力筋时,应控制楔块同步缓慢滑出。

3 采用超顶法放松预应力筋时

1)各台千斤顶必须配接单独油路。

2)同步顶升千斤顶,顶升的最大间隙不得大于 2 mm,以能松动自锁螺母或插垫为度。先顶升的千斤顶应保压持荷,直至全部千斤顶顶升。同步放松自锁螺母或插垫后,再同步放松各千斤顶,直到预应力筋全部放松为止。

3)只有在千斤顶发生故障时才允许使用单束(根)放松预应力筋。放松时必须多次对称循环进行,每循环逐束释放的应力不超过总应力的 1/4。

4 应按设计图纸的规定顺序放松直线或折线预应力筋。

5 预应力筋放松后应测量梁体上拱值。

6.2.13 先张法预应力混凝土简支箱梁外形尺寸允许偏差和外观质量应符合本技术指南表 6.1.12—2 和表 6.1.12—3 的规定。

7　预制箱梁架设

7.1　一般规定

7.1.1　各种类型架桥机的安装、调试和架梁作业均应严格按照该架桥机的操作规程和使用说明书进行,并应编制相应的施工工艺和安全质量保证措施。此外,尚应符合现行《铁路架桥机架梁规程》(TB 10213)和《京沪高速铁路运架设备研制技术条件》(高速办函〔2003〕23号)的有关规定。

7.1.2　架桥机通过正线路基架运梁时,要求路基达到设计标准并完成工序交接,路基断面宽度、路基护坡和路堑的挡墙护坡完成;路基表层级配碎石按设计完成,压实密度达到设计文件的要求,平整且均质性好;桥台与台后路基高差用级配碎石顺平;桥台锥体护坡完成;架运梁时,软土路基加固固结后的强度要能确保架运梁时的稳定性要求。

运梁车重载在已架好的梁上通过,应通过检算确认。

7.1.3　运　　梁

1　确认运梁车所通过的线路和结构允许承受运梁车的荷载。在新建的路基上运行时,轮胎式运梁车的接地比压不得超过路基的允许承载能力。运梁车不得对路基造成永久性损害。

2　运梁车对线路的要求:运梁线路填筑要达到路基质量要求,其纵向坡度不大于30‰,横向坡度(人字坡)不大于4%,最小曲率半径不小于运梁车允许半径;清除走行界限内障碍物,在平交道口处设置专人防护。

3　运梁车走行:运梁车装箱梁启动起步应缓慢平稳,严禁突然加速或急刹车。重载运行速度控制在5 km/h以内,曲线、坡道地段应严格控制在3 km/h以内,当运梁车接近架桥机时应一度停车,在得到指令后才能喂梁。

7.1.4　架桥机架梁施工的允许误差应符合表5.4.14的规定。成桥线型应符合设计要求。

7.2　架桥机架设

7.2.1　所采用的架桥机及运梁车必须符合《京沪高速铁路运梁设备研制技术条件》(高速办函〔2003〕23号)的各项规定。

7.2.2　架桥机应严格按照通过技术监督部门审查认证的产品使用说明书和操作手册进行安装、架梁和移机操作。

7.2.3　架梁前,应编制施工组织设计、施工工艺和安全操作细则,认真组织实施,并建立完善的检修、保养制度,定期对重要部件(如轮、轨、吊钩等)进行探伤检查。

7.2.4　严格控制箱梁及梁上工具等设备重量不得超过运梁设备设计及对其他结构物设计检算的允许值。

7.2.5 架梁作业的主要工艺流程如下：

1 导梁式架桥机

拼架桥机和导梁—运架桥机和导梁就位—运梁车喂梁就位—起吊箱梁—前移下导梁—安支座，落梁就位—架桥机前移一跨。

2 步履式架桥机

拼架桥机—运梁车驮运架桥机就位—放下前支腿和中支腿，抬起后支腿，退运梁车—放下后支腿，收起中支腿，起重小车运行到主梁后部指定位置—架桥机纵移到位—利用支腿倒换运梁车喂梁就位—支立前后支腿收起中间支腿，起重小车吊起箱梁前移到位—安装支座，落梁就位。

3 运梁一体式架桥机

拼架桥机—下导梁就位—安装支座—梁场取梁—运梁—喂梁—落梁—架桥机退回—支腿转移。

7.2.6 架桥机架梁作业时，抗倾覆稳定系数不得小于1.3；过孔时，起重小车应位于对稳定最有利的位置，抗倾覆稳定系数不得小于1.5。

7.2.7 运梁车运梁时必须保持平稳，严禁箱梁碰撞架桥机支腿。当需要一台起重小车吊住箱梁前端向前移动时，起重小车的前进速度必须与运梁车的前进速度保持同步。严禁梁体受损。

7.2.8 桥梁支座可在运梁前安装在梁底，随梁一同运输到位。

7.3 落梁就位

7.3.1 落梁时，应采用测力千斤顶作为临时支点，在保证每支点反力与4个支点的平均值相差不超过±5%后再进行支座灌浆。同一梁端的千斤顶油压管路应保证同端的支座受力一致，采用并联。

7.3.2 支座安装质量应符合本技术指南第11章的规定。

7.3.3 预制梁架设后，与相邻预制梁端的桥面高差不应大于10 mm，支点处桥面标高误差应在 $^{0}_{-20}$ mm。

8 预应力混凝土 T 梁预制及架设

8.1 T 梁预制

8.1.1 原材料及检验应符合本技术指南第 6.1 节的相关规定。

8.1.2 钢筋加工及架立、预应力钢绞线的制作应符合本技术指南第 6.1 节的相关规定。

8.1.3 钢模板

1 钢模板应拆装方便,具有足够的强度、刚度、稳定性。钢模板结构设计时,应考虑起吊、拆模及振动器的振捣要求,接缝严密。振动器位置应交错布置。

2 底模应考虑预留压缩量。

3 钢模制造时,应控制截面尺寸及长度,保证模板的接缝平顺严密,板面平整,转角光滑,连接件、预埋件、螺栓孔位置准确。

4 钢模板制成后,必须经过整体试拼,检验验收。制造与安装误差应符合本技术指南第 6 章的相关要求,未提及的应符合《铁路混凝土工程施工技术指南》(TZ 210—2005)的相关规定。模板应分节编号标识。

5 制梁时应考虑接触网支架位置和支座型式。

6 钢模板安装前应将铁锈及残留混凝土清除干净,然后均匀地涂刷脱模剂。

7 梁体混凝土在灌筑前应对钢模板组装尺寸进行检查。

8 拆模时梁体混凝土强度不得低于设计强度的 50% 且混凝土表面温度与环境温度差应小于 15 ℃。

9 制定防护措施,保证拆模时不损伤梁体。

10 钢模板拆除后,应进行检查,及时修整不合格部位。

8.1.4 混凝土灌筑及养生应符合本技术指南第 6.1 节的相关要求。

8.1.5 预应力钢绞线的张拉、管道压浆和端头封堵应符合本技术指南第 6.1 节的相关规定。

8.1.6 场内移、存梁

1 顶梁、落梁:

1)千斤顶安放位置应保证梁顶起后不会歪斜,持力点置于梁端重心线上,基础应牢固可靠。梁体与千斤顶之间应垫以石棉板。顶梁过程中,不允许超过千斤顶规定的有效行程的 80% 。

2)起落梁前梁体两侧均应支护,顶梁部位应在规定的允许悬臂长度范围内。

3)顶落梁时,应边顶边垫、边落边撤保险支点,使梁的脱空距离保持在 3 cm 以内。

4)顶落梁时,两端只能交替进行,不允许两端同起同落。

2 横移梁

1)横移梁的滑道应设在距梁端允许悬臂长度范围内,滑道应与梁纵轴线垂直。支点距梁端的距离应符合设计要求。

2)滑梁时,梁体混凝土面与滑道之间必须安装移梁托板,严禁将梁直接放在钢轨上滑动。

3 吊　　梁

1)如采用一台吊车吊梁时,应保证吊点位置上部配备起吊扁担。如采用两台吊车吊梁时,两端应统一指挥,同时起吊落位。梁体上下翼缘应设护铁。

2)起吊时梁体强度应符合本技术指南第6.1节的有关规定。

8.1.7 预制T梁的产品质量标准应符合表8.1.7的规定。

表8.1.7　预制T梁的产品质量标准

序　号	项　　目			要　　求
1	梁体及封端混凝土强度			混凝土试件的实际强度,不低于设计要求,梁体的弹性模量不低于混凝土的强度相应值
2	终张拉,28 d的弹性模量			均不低于设计要求
3	管道压浆			管道内水泥浆密实,水泥浆标号不应低于设计强度
4	梁体及混凝土封端混凝土外观			平整密实,整洁、不露筋,无空洞,无石子堆垒,桥面流水畅通
5	表面裂缝			桥面保护层,挡砟墙、横隔墙、边墙和封端等5处,容许有宽度在0.2 mm以下的表面收缩裂缝。其他部位的梁体表面,不允许有裂缝。(收缩裂纹除外)
6	静载试验			试验合格
7	产品外形尺寸	桥梁全长	$L>16$ m	±20 mm
			$L\leqslant16$ m	±10 mm
		桥梁跨度	$L>16$ m	±20 mm
			$L\leqslant16$ m	±10 mm
		下翼缘宽度		$^{+5}_{-5}$ mm
		桥面挡砟墙内侧宽度		$^{+10}_{-5}$ mm
		腹板厚度		$^{+10}_{-5}$ mm
		桥面内外侧偏离设计位置		$^{+10}_{-5}$ mm
		梁　高		$^{+12}_{-5}$ mm
		梁上拱		不大于$L/1\,800$
		顶、底板厚		$^{+10}_{0}$ mm
		挡砟墙厚度		$^{+15}_{0}$ mm
		表面垂直度		每米高度内的偏差不大于3 mm
		桥面平整度		每米长度内的偏差不大于2 mm
		净保护层		不小于25 mm
	产品外形尺寸	支座板	每块边缘高差	不大于2 mm
			螺　栓	垂直梁底板
			螺栓中心位置偏差(盆式橡胶支座)	不大于2 mm
			外露底面	平整无损、无飞边,清砟涂油
	挡砟墙预留钢筋			齐全设置,位置正确
	接触网支架座钢筋			齐全设置,位置正确
	泄水管、管盖			齐全完整,安装牢固
	金属桥牌			标志正确,安装牢固
8	防水层			符合设计的有关规定

8.2 T 梁架设安装和横向联结

8.2.1 橡胶支座安装要求应符合本技术指南第 11 章的有关规定。

8.2.2 隔板及桥面板接缝施工

1 在施工过程中,应采取措施保证同一孔 T 梁龄期不超过 6 d 和同一孔横隔板、桥面板预留孔在同一轴线上。

2 钢筋加工及安装按图纸设计施工,其误差要求应符合本技术指南第 7 章的有关规定,未提及的应符合铁道部现行混凝土与砌体工程施工标准的有关规定。

3 制　　孔

1)预应力筋孔道应满足设计要求。

2)为控制管道坐标位置,应设置定位网,以保证波纹管顺直,各方向偏差符合铁道部现行《预制后张法预应力混凝土铁路桥简支 T 梁技术条件》(TB/T 3043)中的有关规定。

3)隔板及桥面板接缝处的预留波纹管应插入 T 梁预留孔道内 30 mm 以上,孔道对接处要保证密封,防止进浆。

4 拆模时混凝土强度不得低于混凝土设计强度的 60% 。

5 混凝土搅拌、运输、灌筑、振捣、养护工艺应符合本技术指南第 6.1 节中的有关规定。T 梁隔板接缝处混凝土应凿毛,灌筑混凝土前要充分湿润。

8.2.3 横向预应力张拉

1 当隔板接缝处混凝土强度达到设计值的 100% 时,方可施加横向预应力。

2 张拉顺序应符合设计规定。

3 张拉程序及质量要求应符合本技术指南第 6.1 节中的有关规定。

8.2.4 孔道压浆、端头封堵应符合本技术指南第 6.1 节中的有关规定。

8.2.5 防水层、保护层的施工应符合本技术指南第 6.1 节的有关规定。

8.2.6 T 梁运架安全注意事项严格按照现行《铁路架桥机架梁规程》(TB 10213)的有关规定执行。

9 结 合 梁

9.1 一 般 规 定

9.1.1 本规定适用于钢板梁或钢箱梁与钢筋混凝土板用联结器结合的上承式结合梁的制造和施工，结合梁的制造和施工除应符合本章所列的各有关规范外，对于设计文件有特殊要求者，应按设计文件办理。钢梁制造工艺应符合现行《铁路钢桥制造规范》(TB 10212)的规定。

9.1.2 结合梁采用的钢材应符合设计文件的要求，钢材标准和技术条件应符合国家现行有关标准的要求。

9.1.3 涂装材料应具有良好的附着性、耐蚀性，具有出厂合格证和检验资料，并符合铁道部颁布的客运专线有关技术标准的规定和设计要求。

9.1.4 栓钉及配套使用的焊接瓷杯的技术条件应符合设计图纸和现行有关标准要求。

9.1.5 高强度螺栓、螺母及垫圈应按照设计级别选用，其技术条件应符合国家现行标准《高强度大六角头螺栓、大六角螺母、垫圈和技术条件》(GBT 1228 ~ 1231)的规定，其施工方法按现行《铁路钢桥高强度螺栓联结施工规定》(TBJ 214)办理。

9.1.6 桥面补偿收缩混凝土掺用的膨胀剂数量由试验确定。拌和后要求 14 d 水中养护限制膨胀率不少于 0.02% ,28 d 空气中养护限制膨胀率不少于 -0.02% 。

9.1.7 泄水设施的材料和施工应符合设计要求。

9.2 钢梁的工地检验

9.2.1 结合梁钢梁运往工地检验时制造厂应提供以下资料：

1 钢梁出厂检验合格证；

2 钢材和其他材料质量证明书或试验报告；

3 施工图、拼装简图和设计变更文件；

4 工厂试拼装记录(包括钢梁轮廓尺寸及主梁拱度、旁弯、工地栓孔重合率等)；

5 焊缝重大修补记录；

6 工地栓接板面出厂时摩擦系数试验资料；

7 高强度螺栓摩擦面抗滑移系数试验报告，焊缝无损检验报告及涂层检测资料；

8 剪力联结器试验资料；

9 高强度螺栓成品合格证；

10 引弧试板试验资料；

11 构件发运和包装清单。

9.2.2 对焊接栓钉的质量抽验应包括外观检查和锤击弯曲检验。如图 9.2.2—1 和图 9.2.2—2 所示。

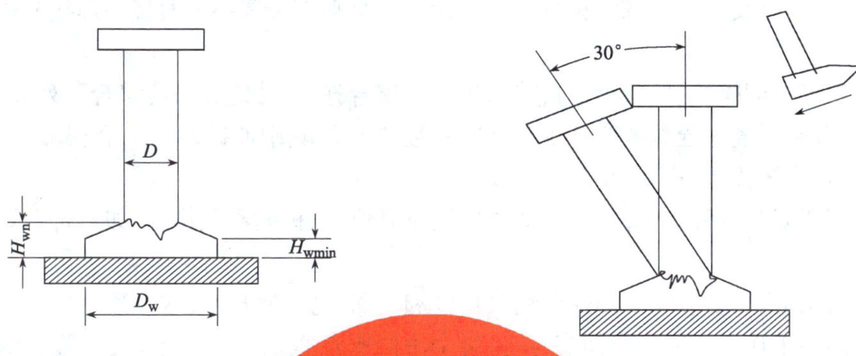

H_{wn}——焊缝沿栓钉轴线方向的平均高度；
H_{wmin}——焊缝沿栓钉轴线方向的最小高度；
D_w——焊缝平均直径；
D——栓钉直径

图 9.2.2—1 外观检查　　　　图 9.2.2—2 锤击试验

1　外观检查应观察栓钉的熔化长度，焊缝饱满度、焊缝宽度、高度以及栓钉与底金属结合程度。应满足：焊缝沿栓钉轴线方向的平均高度不小于 0.2 倍栓钉直径；焊缝沿栓钉轴线方向的最小高度不小于 0.15 倍栓钉直径；焊缝平均直径不小于 1.25 倍栓钉直径。

2　对焊接栓钉应进行锤击 30°弯曲试验，其焊缝和热影响区没有肉眼可见的裂缝。

9.3 钢梁安装

9.3.1　基本要求

1　钢梁在运输和安装过程中应正确使用吊具，严防钢梁发生扭转、翘曲和侧倾。钢梁吊装就位，应轻吊轻放，支垫平稳。

2　钢梁安装应按设计图进行。安装前应对临时支架、支承、吊机等临时结构和钢梁结构本身在不同受力状态下的强度、刚度及稳定性进行验算。

3　钢梁安装前，应按照发送清单核对进场的构件、零件，查验产品出厂合格证及材料的质量证明书。

4　钢梁安装前，应对支承垫石高程、桥梁中线及各孔跨径进行复测，误差在允许偏差范围内方可安装。

5　钢梁在工地安装过程中矫正、制孔、组装、焊接和涂装等工序的质量要求应符合现行铁路钢桥制造标准中有关规定。

6　钢梁工地安装，可根据跨径大小、河流情况、起吊能力选择安装方法。对于曲线钢梁，宜采用吊装就位的方法。

7　拼装钢梁的临时支架应有足够的承载力及刚度，临时支架顶部工作面应设有起顶位置和滑移装置，应能满足钢梁就位后全桥线型的调整。

8　支座的安装应符合本技术指南第 11 章的有关规定。

9.3.2　工地拼接

1　钢梁组拼前应清除构件上的附着物，摩擦面应保持干燥、整洁。

2　钢梁拼装工艺流程：

钢梁节段吊装就位→调整钢梁拱度→调整钢梁平面位置→节段接头焊接或高强螺栓施拧

3　用高强度螺栓拼装钢梁时，应采用冲钉配合施工，冲钉数量应符合下列规定：

冲钉和高强度螺栓总数应不少于孔眼总数的1/3，其中冲钉占2/3；孔眼较少的部位，冲钉和高强度螺栓数量不得少于6个。

4　钢梁安装过程中，每完成一节段应测量其位置、标高和预拱度，如不符合要求应进行校正。

5　钢梁成联施拧前，必须保证钢梁拱度和平面位置与设计要求一致。

6　顶梁千斤顶安置于中间支点处，每个中间支点墩顶设4台千斤顶，置于钢梁腹板中心线上，千斤顶与钢梁之间应垫以胶合板或石棉板。使用千斤顶应在有效行程的80%以内。

7　顶梁时用吊线球方法随时对梁体可能产生的偏斜和位移进行观测。

8　曲线连续钢梁端支座平行梁端布置，中间支点支座沿径向布置，支座在沿桥梁纵向和横向均非对称布置，制造和安装时应注意配套，避免混淆。

9　焊　　接

1）钢梁焊接应按批准的焊接工艺评定报告编制焊接工艺。施焊必须严格执行焊接工艺的规定，焊接参数不得随意变更。

2）钢梁各部位按顺序依次拼装就位，调整好拱度、旁弯，将组对连接件紧固后，进行定位焊接，待部件组拼完毕和检验合格后方可整体焊接。

3）进行工地焊接前必须彻底清除待焊区域的铁锈、氧化皮及油污等有害物，使其表面露出金属光泽。

4）工地焊接应设立防风设施，遮盖全部焊接处。雨天不得焊接（箱形梁内除外）。箱形梁内采用 CO_2 气体保护焊时，必须使用通风防护安全设施。

5）工地焊缝必须按工艺要求进行无损检测，对接焊缝除全部进行超声波探伤外，还应抽样进行射线探伤。

6）焊缝的缺陷应按现行《铁路钢桥制造规范》中的有关规定修复。

10　高强螺栓连接

1）钢梁安装前应复验连接副摩擦面试件的抗滑移系数，合格后方可安装。

2）施拧前，高强度螺栓连接副应按出厂批号复验扭矩系数，每批号抽验不少于8套，其平均值和标准偏差应符合设计要求。不同批号高强度螺栓、螺母、垫圈分类造册，同批号螺栓连接副进行扭矩系数复检，施工时保持同一扭矩。

3）高强螺栓初拧扭矩应由试验确定，一般为终拧扭矩的50%。

4）用扭角法施拧高强螺栓可按照现行《铁路钢桥高强螺栓连接施工规定》（TBJ 214—92）的规定执行。

5）高强螺栓施拧采用的扭矩扳手，在作业前后均应进行校正，其扭矩误差不得大于使用扭矩值的±5%。

6）高强螺栓施拧次序应从节段接口处开始向两侧进行，对于大块联接板由中央以辐射形式向四周边缘参差地进行施拧，最后拧紧四周端部螺栓。终拧后的螺栓用红漆点标记。

7）高强螺栓终拧完毕应按现行《铁路钢桥高强螺栓连接施工规定》（TBJ 214—92）

规定的要求进行检查。

9.3.3 表面清理

1 工地拼接完成后应对钢梁拼接接头表面部位进行除锈，必须将表面油污、铁锈以及其他杂物清除干净，除锈后的钢表面清净度等级应符合《铁路钢桥保护涂装》(TB 1527)的有关规定。

2 钢梁工地拼接接头部位除锈的适应范围应与设计采用的涂装及所处环境相适应。

9.3.4 涂 装

1 涂装前应进行表面处理的质量检查，合格后方可进行涂装。

2 工地涂装施工组织设计应满足使用要求。涂装时，涂料类型、涂装层数、涂层厚度应符合设计要求外，尚应符合铁道部颁布的客运专线铁路钢桥保护涂装技术标准的有关规定。涂装时及时测定每层湿膜厚度、干模厚度和附着力。

涂装时发现漏涂、流挂发白、皱纹、针孔、裂纹等缺陷，应及时进行处理。每层涂装前，应对上一层涂层进行检查。涂装后，应进行涂层外观检查。表面应均匀、无气泡、无裂纹等缺陷。

9.4 混凝土桥面板

9.4.1 结合梁混凝土桥面板现浇施工除应符合下列规定外，尚应符合《铁路混凝土工程施工技术指南》(TZ 210—2005)的有关规定。

1 结合梁混凝土桥面板采用现浇施工应符合《铁路混凝土工程施工技术指南》(TZ 210—2005)的规定。架立模板、绑扎钢筋、混凝土的振捣、养生、施加预应力和防水层施工应满足本技术指南第6.1节的有关规定。

2 结合梁桥面板悬臂支架可拼装于钢梁上，由工厂制造时加工拼装孔眼。结合梁桥面板箱内施工时，若无法拆除底模，则必须在铺装之前对模板进行防腐处理。

3 浇筑桥面板混凝土前，应清除钢梁上翼缘和剪力联结器的锈蚀和污垢，保持表面清洁。

4 连续结合梁桥面板应按设计要求的顺序浇筑混凝土，桥面板混凝土的顶面应抹平。

5 连续结合梁中间支点负弯矩区，应按设计要求施加预应力。

9.5 结合梁施工质量标准

9.5.1 钢梁拼装施工允许偏差应符合表9.5.1—1和表9.5.1—2的规定：

表9.5.1—1 钢板梁(开口钢箱梁)尺寸允许偏差

序 号	项	目	允 许 偏 差
1	梁高(H)	$H\leq2$ m	±2 mm
		$H>2$ m	±4 mm
2	主梁中心距		±3 mm
3	相邻梁段上下翼缘错边量		焊接≤1 mm，栓接≤2 mm

续上表

序　号	项　　　目	允 许 偏 差
4	相邻梁段腹板错边量	焊接≤1 mm,栓接≤2 mm
5	拼接梁段两端边孔中心距	1.0 mm(采用工地扩孔 2.0 mm)
6	连续梁长度	±15 mm
7	主梁上拱度	$^{+10}_{-3}$ mm
8	横断面对角线差	4 mm
9	腹板平面度	板梁 $H/350$,箱梁 $H/250$ 且均不大于 8 mm
10	旁　　弯	板梁 $L/5$ 且均不大于 8 mm
		箱梁 $3+0.1L$
11	支点高差	5 mm
12	主梁、纵横梁盖板,对腹板的垂直度	0.5 mm(有孔部位)
		1.5 mm(其他部位)

表 9.5.1—2　钢桁梁位置允许偏差

序　号	项　　　目	允许偏差
1	墩台处横梁中线与设计线路中线偏移	10 mm
2	简支梁与连续梁间或两孔(联)间相邻横梁中线相对偏差	5 mm
3	墩台处横梁顶与设计高程偏差	±10 mm
4	两孔(联)间相邻横梁相对高差	5 mm
5	每孔梁对角线支点的相对高差	5 mm
6	固定支座处梁支承中心里程与设计里程	±10 mm

9.5.2　成桥后的结合梁允许偏差应符合表 9.5.2 的规定。

表 9.5.2　结合梁允许偏差

序　号	项　　　目	允 许 偏 差
1	桥梁全长	±15 mm
2	梁　　高	$^{+15}_{-5}$ mm
3	桥面板厚度	$^{+10}_{-5}$ mm
4	桥面板中心线与钢梁中心线	10 mm
5	桥面挡砟墙内侧宽度	$^{+10}_{-5}$ mm
6	桥面平整度	3 mm
7	接触网支柱基座钢筋位置	5 mm
8	上拱度(与设计值相比)	$^{+10}_{-3}$ mm

10　钢筋混凝土连续刚架、板式刚构连续梁

10.1　连续刚架桥施工

10.1.1　一般规定

1　连续刚架桥宜采用膺架法现场浇筑施工,膺架类型可结合地基的情况及基础形式进行选择。

2　连续刚架桥的基础、立柱及梁部,宜采用整体性浇筑,应保证结构的整体性及降低基础不均匀沉降引起的对连续刚架结构受力的影响。

10.1.2　连续刚架桥基础施工应按照设计要求进行,并应符合相关施工技术标准的有关规定。

10.1.3　立柱施工宜采用大块整体模板,并应保证立柱施工的连续性与整体性,满足混凝土的外观质量要求。

10.1.4　一联中所有立柱施工完成,混凝土强度达到设计值 85% 以上后,方可进行梁部施工。一联中的纵、横梁施工全部完成,混凝土强度达到设计值 85% 以上后,方可进行桥面板的施工。纵、横梁和桥面板也可同时施工。

10.1.5　在相邻连续刚架施工完成,混凝土强度达到设计值 85% 以上后,方可进行挂孔桥面板施工。挂孔桥面板可采用膺架现浇法或分块预制安装法施工。

10.1.6　桥面板施工应符合相关施工技术标准的有关规定。沉降观测点应按设计要求进行设置。

10.1.7　桥面板现浇施工,采用分段浇筑时应符合设计要求,并应考虑混凝土收缩、徐变等对桥面板的影响。桥面板混凝土强度达到设计要求后,方可拆除膺架。

10.1.8　连续刚架桥各结构部位分步施工时,应按设计要求进行混凝土接缝的处理。

10.1.9　膺架法施工应符合本技术指南第 5.1 节的有关规定。

10.1.10　连续刚架桥的质量检验及尺寸允许偏差见表 10.1.10—1、表 10.1.10—2、表 10.1.10—3 和表 10.1.10—4。

表 10.1.10—1　钢筋混凝土基础允许偏差

项　次	项　　　目	允　许　偏　差
1	断面尺寸	±10 mm
2	基底高程	±10 mm
3	顶面高程	±10 mm
4	底面混凝土保护层	$^{+5}_{0}$ mm
5	轴线偏位	10 mm

表 10.1.10—2　立柱允许偏差

项　次	项　　　　目	允　许　偏　差
1	断面尺寸	±10 mm
2	垂 直 度	2 mm
3	柱顶高程	±10 mm
4	轴线偏位	10 mm

表 10.1.10—3　梁体工程允许偏差

项　次	项　　　　目	允　许　偏　差
1	一联全长	±20 mm
2	跨　　度	±10 mm
3	梁　　宽	±10 mm
4	梁　　高	$^{+10}_{0}$ mm
5	中心线偏位	10 mm
6	顶面平整度	每米长偏差≤3 mm
7	挡砟墙厚度	$^{+10}_{0}$ mm

表 10.1.10—4　挂梁安装允许偏差

项　次	项　　　　目	允　许　偏　差
1	支座中心偏位	5 mm
2	顶面纵向高程	$^{+10}_{-5}$ mm
3	支座高差	1.2% 梁高

10.2　板式刚构连续梁桥施工

10.2.1　板式刚构连续梁桥基础施工应符合本技术指南第 3 章的有关规定。

10.2.2　板式刚构连续梁桥墩台施工应符合本技术指南第 4 章的有关规定。

10.2.3　板式刚构连续梁一般宜采用膺架法施工。

10.2.4　膺架结构所采用材料、类型及对基础的要求应符合本技术指南第 5 章的有关规定。

10.2.5　钢筋的加工安装、混凝土的施工应符合相关施工技术标准的有关规定。

10.2.6　板体混凝土宜自跨中向两边分层对称浇筑。当需分段施工时,分段点宜在反弯点附近。当联长小于 100 m 时,梁部混凝土的浇筑应在初凝前一次完成,浇筑时应控制混凝土在夜晚低温时初凝,初凝温度应和设计合龙温度一致;当联长大于 100 m 时,可一次浇筑,也可以由两端向中间对称浇筑,对称浇筑时,应在墩顶混凝土初凝前完成下一孔的浇筑,全梁合龙要在夜晚低温时进行,合龙温度应满足设计要求。

10.2.7　膺架拆除顺序应先拆中部,再向两侧对称均衡进行。

10.2.8　板式刚构连续梁的质量控制应符合本技术指南第 5 章的相关规定。

11 桥梁支座

11.1 一般规定

11.1.1 支座到达现场后,必须检查产品合格证、附件清单和有关材质报告单或检验报告。并对支座外观尺寸进行全面检查。

11.1.2 根据线路坡度,按设计要求选用支座类型。

11.2 橡胶支座的安装

11.2.1 梁体安装就位后,方可拆除橡胶支座上下连接板。

11.2.2 支座安装前,应对墩台锚栓孔进行检查,合格后方可安装。架设箱梁时,箱梁落梁应先落在千斤顶上,再对支座下座板与支承垫石之间、锚栓孔内进行压力注浆,注浆材料的强度不应低于垫石混凝土的设计强度,弹性模量不小于30 GPa,厚度不小于10 mm。注浆压力不小于1.0 MPa。待浆体填实并达到强度后,方可落梁。箱梁就位后,4个支座应受力均匀。

11.3 支座安装质量标准

11.3.1 支座安装后,其允许误差应符合表11.3.1的规定。

表11.3.1 支座安装允许误差

序号	项目		允许误差
1	支座中心线与墩台十字线的纵向错动量		≤15 mm
2	支座中心线与墩台十字线的横向错动量		≤10 mm
3	支座板每块板边缘高差		≤1 mm
4	支座螺栓中心位置偏差		≤2 mm
5	同一端两支座横向中心线间的相对错位		≤5 mm
6	螺栓		垂直梁底板
7	4个支座顶面相对高差		2 mm
8	同一端两支座纵向中线间的距离	误差与桥梁设计中心线对称	$^{+30}_{-10}$ mm
		误差与桥梁设计中心线不对称	$^{+15}_{-10}$ mm

11.3.2 支座上下板螺栓的螺帽应安装齐全,并涂上黄油,无松动现象。

11.3.3 支座与梁底、支座与支承垫石应密贴,无缝隙。

11.3.4 支座锚栓孔应采用压力注浆填实,注浆材料和强度符合设计要求。

12 桥面及附属结构

12.1 有砟桥面

12.1.1 挡砟墙、电缆槽、接触网支座、步行板、人行道、栏杆或声屏障、防水层、保护层、泄水孔、伸缩缝和接地措施所用的材料和尺寸应符合设计要求,并符合铁道部颁布的客运专线相关技术标准的规定。

12.1.2 挡砟墙、电缆槽、接触网支座、步行板、人行道、栏杆或声屏障施工应符合铁道部现行铁路混凝土施工标准的有关规定,梁体桥面接触网支柱基座处应按设计要求进行局部加固。挡砟墙、端边墙的高度应符合设计要求。

12.1.3 电缆槽、接触网支柱基座设置必须符合设计要求,接触网支柱基座预埋螺栓位置准确、基座平整。

12.1.4 双侧人行道栏杆或声屏障内侧间距应符合设计要求,人行道栏杆平直且扶手高度一致。

12.1.5 人行道步行板应铺设齐平、稳固、无损坏,板间空隙应均匀。

12.1.6 防水层施工前,桥面基层、挡砟墙内侧、端边墙内侧基层应符合下列要求:

1 桥面基层应平整;

2 桥面基层及挡砟墙内侧根部至上拐角、内边墙和端边墙内侧根部上口的基层无蜂窝、麻面、浮砟、浮土、油污;

3 桥面基层、挡砟墙、内边墙、端边墙内侧基层应干燥。

12.1.7 防水层施工应满足设计要求。

12.1.8 防水层制成 24 h 后,方可进行保护层的施工。保护层的厚度和排水坡度应符合设计要求。

12.1.9 泄水孔应符合设计要求,位置应准确,安装牢固。

12.1.10 梁端伸缩缝预埋钢板位置应准确,边压块榫口密贴,橡胶止水带与边压块无缝隙,橡胶止水带外形尺寸符合设计要求,盖板平整。

12.1.11 接地措施的施工应符合设计要求。

12.2 无砟桥面

12.2.1 无砟桥面的电缆槽、接触网支柱基座、步行板、人行道、栏杆或声屏障、防水层、保护层、泄水孔、伸缩缝及接地措施应符合本技术指南第 12.1 节的有关规定。

12.2.2 混凝土底座的位置、长度及数量应符合设计要求。底座内预埋的泄水管应与桥面排水系统相连。

12.2.3 桥面防水卷材必须嵌入底座边预先设置的凹槽内。

12.2.4 接地措施的施工应符合设计要求。

12.3　桥面及附属结构质量标准

12.3.1　有、无砟桥面施工的允许偏差应符合表 12.3.1 的规定。

表 12.3.1　有、无砟桥面的施工允许偏差

项　　目	允　许　偏　差
桥面基层平整度(1 m 靠尺检查)	不大于 3 mm
挡砟墙、端边墙厚度(有砟桥面)	$^{+10}_{0}$ mm
挡砟墙、端边墙高度(有砟桥面)	$^{+10}_{0}$ mm

13 涵　洞

13.1 一 般 规 定

13.1.1 基坑应满足基础轮廓、边坡稳定、基坑排水和施工操作的需要，基底土质、处理方法和承载力应符合设计要求。基坑开挖应符合设计要求和本技术指南 3.1 节的有关规定。

13.1.2 基坑开挖经检验确认合格后，应及时施工基础和边墙，基坑应按设计要求及时回填。

13.1.3 涵洞沉降缝端面应竖直、平整，上下不得交错搭压影响沉降。填缝材料应具有弹韧性、不透水性和耐久性，并应连续填塞密实。圆形涵洞和盖板涵洞的沉降缝，应设在管节和盖板的接缝处，管节或盖板不得搭压管座基础或边墙的沉降缝。

13.1.4 防水层类型应符合设计要求，应具备防水、耐久、粘结牢固和必要的弹韧性。

13.1.5 涵洞进出口的河床应符合设计要求，洞口铺砌工程与上下游河床、排水设施连接应平顺、稳固。帽石和端、翼墙应平直、无翘曲现象，并应棱角鲜明，表面整洁。

13.1.6 混凝土或钢筋混凝土预制构件在移动、堆放、装卸、运输过程中，应防止碰撞，堆放时不应用金属或其他坚硬垫块支垫。

13.1.7 涵洞附近路堤过渡段填筑，除应符合设计要求外，尚应符合下列规定：

1 过渡段填筑施工，应在涵身结构混凝土或砌体砂浆达到设计强度后进行。

2 过渡段填筑必须从涵洞两侧同时、对称、水平分层进行施工，并应逐层碾压密实。涵洞两侧紧靠边、翼墙部分和涵顶 1.0 m 以内高度范围，宜采用轻型机械施工，并应防止施工机械冲撞、推压结构物，涵顶填筑厚度超过 1.0 m 后，方可通行重型施工机械。涵洞附近路基填石时，应严格按设计填料和要求施工，并保护涵洞防水层不遭破坏。

13.1.8 涵洞的沉降控制应符合设计要求。

13.2 圆 形 涵 洞

13.2.1 钢筋混凝土圆管制作应符合下列规定：

1 管节端面应平直，正交管端面应与管节轴线垂直，斜交管端面与管节轴线斜交角度应符合设计要求。

2 管节内外壁混凝土表面应坚实、光洁、圆顺，无蜂窝麻面，钢筋保护层厚度符合设计要求。

3 管节混凝土强度符合设计要求。

13.2.2 圆形涵洞安装管节时应符合下列规定：

1 管节应按设计坡度安装，每一沉降段的内侧管壁应对齐平顺，管节必须支垫稳固，管座范围内基础顶面应清洗干净，不得有泥土、杂物。

2　平接管接头缝宽度一般应为 1～2 cm,采用设计规定材料连续填塞密实。插口管接口应按承插口迎水安装,环状缝隙应均匀,应用设计要求的防水材料将环状缝隙填塞紧密。

3　管节安装完毕,应复查每一沉降段及全涵长度和流水面高程,确认符合设计要求后方可进行管座混凝土浇筑。

13.3　盖　板　涵

13.3.1　基础和边墙的施工应符合设计要求。

13.3.2　盖板现场浇筑时,宜采用钢模板施工,并应按设计沉降段连续进行混凝土浇筑。不能一次连续完成混凝土浇筑时,应按垂直涵洞轴线方向设置施工缝,接续施工应符合相关施工技术标准的有关规定。

13.3.3　预制盖板安装时应符合下列规定:

1　预制盖板的混凝土强度达到设计要求后方可吊、运、安装。

2　安装前应检查盖板长宽尺寸和涵洞与安装有关的部位尺寸,影响安装部位应提前进行修整。

3　接合面混凝土应清洗干净,安装时应先将接合面混凝土洒水润湿,按设计要求将接缝填满、塞实,抹平表面。

13.3.4　支架拆除和涵顶填土应符合下列规定:

现浇盖板混凝土达到设计强度 75% 后方可拆除支架,但必须达到设计强度后才能进行涵顶填土。盖板混凝土达到设计强度 75%,支架未拆除时可以进行涵顶填土,但必须达到设计强度后方可拆除支架。

预制盖板安装后,混凝土达到设计强度后方可进行涵顶填土。

13.4　框　架　涵

13.4.1　拼装式钢筋混凝土框架涵洞施工,除应符合相关施工技术标准的有关规定外,尚应符合下列规定:

1　预制涵节宜采用钢模板,采用木模时应具有足够的刚度,内外模板间应设有控制厚度措施,保证涵节形状尺寸准确和大面、端面平直。

2　预制涵节拼装前,应将混凝土接合面清洗干净,影响拼接质量部位应提前修整。

3　预制涵节拼装时,应防止碰撞,宜从线路中心向上下游依次进行施工,涵节底面应填满垫实,接缝宽度应符合设计要求,并按设计要求填实、抹平。

4　预制涵节接合面水泥砂浆达到设计强度后方可进行路基填土。双孔拼装框架涵边墙间缝隙,应按设计要求处理。

13.4.2　现浇钢筋混凝土框架涵施工,除应符合相关施工技术标准的有关规定和设计要求外,尚应符合下列规定:

1　涵身混凝土浇筑可分两阶段施工:先浇筑底板,待底板混凝土达到设计强度 50% 后,再施工中、边墙及顶板。

2　施工接缝应平直无错台、无漏浆、无麻面。

3　拆除顶板模板时，混凝土强度应符合设计要求。

13.5　渡槽、倒虹吸管

13.5.1　渡槽施工应符合下列规定：

1　渡槽的梁与台、梁与梁连接处，预留止水缝缺口或预埋止水缝螺栓，应符合设计要求。渡槽槽梁架设就位后，安装止水缝和填塞止水材料，应符合设计要求并不得漏水。

2　槽台尾端与进、出口扭曲段连接处的沉降缝，应按设计填缝深度和填缝材料施工，严防渗漏。边坡护砌工程，应按设计要求封缝。

3　槽梁设计为U形时，宜采用反置浇筑混凝土方法施工（槽梁横杆采用预制件预埋在底模中）。槽梁的质量和渡槽墩、台施工应符合相关施工技术标准的有关规定。

4　槽梁起吊、架设时，应防止与墩、台及已架设的槽梁发生碰撞，支座安装应放平、垫实。

13.5.2　倒虹吸管施工应符合下列规定：

1　倒虹吸管的水平管，宜采用预制管做内模、外套管混凝土连续浇筑方法施工。内模管安装时，应使用与外套管同等级混凝土预制的垫块支承稳固，检查安装质量符合设计要求、内模管内侧接缝已用高强度水泥砂浆封填严密后，方可浇筑外套管混凝土。外套管混凝土必须连续浇筑、振捣密实，并应做好混凝土保湿养生工作。

2　倒虹吸管的竖井与水平管接合面等混凝土施工缝施工，应符合相关施工技术标准的有关规定。

3　倒虹吸管进、出口矩形槽止水缝和矩形槽与渠道加固段相接处的沉降缝，应按设计要求做好塞缝。边坡护砌工程，应按设计要求封缝。

4　倒虹吸管在填土覆盖前，应做通水试验。

13.6　涵洞质量标准

13.6.1　圆形涵洞质量标准

1　预制管节质量应符合表13.6.1—1和本技术指南第13.2.1条的规定。

2　涵洞各部位偏差应符合表13.6.1—2的规定，混凝土和砂浆强度应符合设计要求。

3　涵身直顺，进、出口平顺无阻水现象，沉降缝直顺、整洁，并符合本技术指南第13.1.3和第13.1.4条的规定。

表13.6.1—1　预制管节允许偏差

序　号	项　　目	允许偏差
1	内　径	±10 mm
2	壁　厚	$^{+10}_{-5}$ mm
3	管节长度	$^{0}_{-10}$ mm

13.6.2　盖板涵质量标准

1　盖板涵各部位偏差应符合表13.6.2的规定，混凝土和砂浆强度应符合设计要求。

2　涵身直顺，盖板平直，混凝土表面平整坚实，无蜂窝、麻面。沉降缝直顺、整洁无渗漏，并符合本技术指南第13.1.3条的规定。

3　进、出口流水顺畅，整洁美观，并符合本技术指南第13.1.4条的规定。

13.6.3　框架涵质量标准

表 13.6.1—2　圆涵各部位允许偏差

序号	项目		允许偏差
1	轴　线		20 mm
2	流水面高程		$^{+20}_{0}$ mm
3	涵身长度		$^{+100}_{-50}$ mm
4	管座、基础宽度		不小于设计值
5	相邻管节两侧及底面错台	管径小于 100 mm	3 mm
		管径大于等于 100 mm	5 mm

表 13.6.2　盖板涵各部位允许偏差

序号	项目	允许偏差
1	轴　线	20 mm
2	钢筋混凝土盖板	长、宽 $^{0}_{-10}$ mm，厚 $^{+10}_{0}$ mm
3	流水面高程	$^{+20}_{0}$ mm
4	长　度	$^{+100}_{-50}$ mm
5	跨　径	±20 mm
6	高　度	不小于设计值
7	盖板接缝错台	10 mm

1　框架涵各部位偏差，应符合表 13.6.3 的规定，混凝土和砂浆强度应符合设计要求。

2　涵身直顺，混凝土表面平整坚实、无蜂窝、麻面。沉降缝直顺、整洁、无渗漏，并符合本技术指南第 13.1.3 条的规定。

3　进、出口流水顺畅，整洁美观，并符合本技术指南第 13.1.4 条的规定。

表 13.6.3　框架涵各部位允许偏差

序号	项目	允许偏差
1	轴线偏位	20 mm
2	流水面高程	$^{+20}_{0}$ mm
3	孔　径	±20 mm
4	涵顶高程	±15 mm
5	涵　长	$^{+100}_{-50}$ mm
6	涵身厚度	$^{+10}_{-5}$ mm
7	涵身接缝错台	3 mm

13.6.4　渡槽质量标准

1　渡槽各部位允许偏差应符合表 13.6.4 的规定，混凝土和砂浆强度应符合设计要求。

2　渡槽的止水缝、沉降缝封闭符合设计要求，无渗漏现象。

3　渡槽槽身与上、下游沟槽连接顺适，流水畅通，符合设计要求。

表 13.6.4　渡槽各部位允许偏差

序　号	项　　目	允　许　偏　差
1	轴　　线	20 mm
2	流水面高程	$^{+20}_{0}$ mm
3	槽梁尺寸	长 $^{0}_{-10}$ mm；宽、高 ±10 mm；壁厚 $^{+10}_{0}$ mm
4	其他结构尺寸	±20 mm

13.6.5　倒虹吸管质量标准

1　倒虹吸管的内模管采用预制钢筋混凝土圆管时，圆管质量应符合表 13.6.1—1 和本技术指南第 13.2.1 条的规定。

2　内模管管节接缝严密、坚实、不漏水。竖井井身竖直，混凝土表面平整、坚实，无蜂窝、麻面，铁脚蹬牢固、适用，符合设计要求。倒虹吸管的各部位偏差应符合表 13.6.5 的规定。

3　竖井与上、下游沟、槽连接顺适，流水顺畅，施工缝、沉降缝和砌体砌缝填塞紧密，表面整洁，无破损、无渗漏现象。

4　倒虹吸管混凝土和砂浆强度应符合设计要求。

表 13.6.5　倒虹吸管各部位允许偏差

序　号	项　　目	允　许　偏　差
1	轴线位置	20 mm
2	水平管流水面高程	±20 mm
3	水平管长度	$^{+100}_{-50}$ mm
4	水平管内壁侧面及底面管节错台	3 mm
5	竖井尺寸	±20 mm
6	竖井顶面高程	±20 mm

14 环境保护

14.1 一般规定

14.1.1 铁路桥涵工程施工要认真贯彻“预防为主,防治结合,综合治理的原则,做到统一规划,合理布局,综合利用,化害为利,严格控制污染源,保护生态环境”。

14.1.2 桥涵施工组织设计应按设计要求,并结合工程实际,对在施工中可能造成的环境破坏和不利影响提出具体预防措施并付诸实施。施工完成后,应及时清理施工垃圾,做到文明施工。

14.2 防止水土污染和流失

14.2.1 桥涵工程施工中,对取弃土、弃砟场、临时用地应结合当地土地利用规划,统筹考虑。取弃土、弃砟要少占用耕地,保护植被和沿线的原有地形地貌。土方运输过程中,应采取措施防止撒漏。

14.2.2 清洗施工机械、设备的废水、废油以及生活污水,不得直接排放于溪流、湖泊或其他水域中,也不得排泄于饮用水源附近的土地上,以防止污染水质和土地。

14.2.3 采用泥浆护壁进行钻孔桩施工时,应采取措施防止泥浆对环境造成污染。

14.3 防治空气和噪声污染

14.3.1 施工和各项临时设施、施工机械运输组装场地、材料加工厂、混凝土工厂等,均宜远离居民区并处于下风区。如无法满足时,应采取适当的防尘防噪声等保护措施。

14.3.2 在城镇居民地区施工时,由机械设备和工艺操作所产生的噪声不能超过国家规定的建筑施工临界噪声排放标准,否则应采取消声措施。

14.3.3 工程用的粉末材料,不得散装散卸。在露天堆存时,应防止尘埃飞扬和因水流失。

14.4 文物和景区保护

14.4.1 桥涵工程施工中应加强对文物、古迹的保护。在施工中发现文物古迹时应立即与当地文物保护部门联系,并采取必要的保护措施。

14.4.2 在文物古迹附近进行桥涵施工时,应采取必要的措施加强对文物古迹的保护。施工不得损及文物古迹。

14.4.3 在景区进行桥涵施工时,不得破坏景区的环境。施工结束后,应按设计要求进行必要的恢复。

本技术指南用词说明

执行本技术指南条文时，对于要求严格程度的用词说明如下，以便在执行中区别对待。

(1)表示很严格，非这样作不可的用词：

正面词采用“必须”；

反面词采用“严禁”。

(2)表示严格，在正常情况下均应这样作的用词：

正面词采用“应”；

反面词采用“不应”或“不得”。

(3)表示允许稍有选择，在条件许可时首先应这样作的用词：

正面词采用“宜”；

反面词采用“不宜”。

表示有选择，在一定条件下可以这样做的，采用“可”。

《客运专线铁路桥涵工程施工技术指南》条文说明

本条文说明系对重点条文的编制依据、存在的问题以及在执行中应注意的事项等予以说明。为了减少篇幅,只列条文号,未抄录原文。

1.0.3 本技术指南在编写过程中参考的其他标准和依据还有:

(1)《客运专线铁路预制后张法预应力混凝土(有砟、无砟)简支梁技术条件》(初稿)

(2)《客运专线铁路钢筋混凝土连续刚构桥技术条件》(初稿)

(3)《客运专线铁路结合梁、钢梁制造技术条件》(初稿)

(4)《铁路工程基本术语标准》(TB/T 50262—97)

(5)《铁路桥涵施工规范》(TB 10203—2001)

(6)《铁路桥涵工程质量检验评定标准》(TB 10145—98)

(7)《铁路架桥机架梁规程》(TB 10213—99)

(8)《预制后张法预应力混凝土铁路简支梁》(GB 7418—1995)

(9)《起重机设计规范》(GB 3811)

(10)《铁路混凝土与砌体工程施工规范》(TB 10210—2001)

(11)《铁路钢桥制造规范》(TB 10212—98)

(12)《铁路混凝土桥梁桥面 TQF-I 型防水层技术条件》(TB/T 2965—1999)

(13)《铁路混凝土强度检验评定标准》(TB 10425—94)

(14)《秦沈客运专线桥梁制造与架设施工技术细则》(试行)(建技〔2000〕48 号及建技〔2001〕10 号)

(15)《秦沈客运专线桥梁工程质量检验与评定标准》(试行)(建技〔2000〕86 号及建技〔2001〕10 号)

中华人民共和国行业标准

铁建设〔2005〕160号

客运专线铁路
桥涵工程施工质量验收暂行标准

2005—09—17 发布　　　　2005—09—17 实施

中华人民共和国铁道部　发布

前　言

本暂行标准是根据铁道部《关于印发〈2005 年铁路工程建设标准编制计划〉的通知》(铁建设函〔2005〕84 号)的要求,为满足客运专线铁路建设需要、实现质量一流的目标而进行编制的。

本暂行标准在编制过程中,总结了我国铁路建设的成功经验,学习和借鉴了国际先进标准,充分体现了客运专线铁路的技术特点和质量要求,坚持了“调整地位、验评分离、充实内容、严格程序、强化检测、明确职责”的编制原则。本标准具有以下特点:

1. 突出了单位工程综合质量评定、实体工程质量及主要功能核查要求;

2. 强调了工程施工质量必须达到设计要求的结构安全、使用功能和耐久性能,主体结构质量实现零缺陷,满足设计使用年限内正常运营的需要;

3. 明确了建设各方在工程施工质量控制过程中的具体质量职责,可操作性强;

4. 规定了工程施工应采用先进的技术、设备和工艺,保证质量,保障安全;

5. 规定了质量检测应采用先进、成熟、科学的方法和手段,质量数据做到全面、真实、可靠;

6. 统一了工程施工质量验收记录等资料管理与保存的要求;

7. 提出了对参加客运专线铁路工程施工及验收的各方人员进行上岗培训的要求。

本暂行标准应与《铁路混凝土工程施工质量验收补充标准》等客运专线技术标准配合使用。验收过程中,当涉及结构安全、系统功能部分的设计文件或设计规范的要求与本标准有差异时,应以标准高者为依据。

本暂行标准共分 17 章,内容包括:总则、术语、基本规定、地基处理、明挖基础、桩基础、沉井基础、墩台、预应力混凝土箱梁、预应力混凝土 T 梁、预应力混凝土连续梁(刚构)、结合梁、钢筋混凝土刚构连续梁、支座、桥面附属设施、涵洞、桥涵单位工程综合质量评定等。

在执行本暂行标准过程中,希望各单位结合工程实践,认真总结经验,积累资料。如发现需要修改和补充之处,请及时将意见及有关资料寄交中国铁路工程总公司(北京市西客站南广场中铁工程大厦,邮编:100055),并抄送铁道部经济规划研究院(北京市海淀区羊坊店路甲 8 号,邮政编码:100038),供今后修订时参考。

本暂行标准由铁道部建设管理司负责解释。

本暂行标准主编单位:中国铁路工程总公司。

本暂行标准参编单位:中铁一局集团有限公司、中铁三局集团有限公司、中铁大桥局集团有限公司、中铁工程设计咨询集团有限公司、铁道第三勘察设计院、铁道第四勘察设计院、中铁建筑研究设计院。

本暂行标准主要起草人:陈唯一、刘建廷、盛黎明、林荫岳、薛吉岗、陈良江、李兴华、文望青、王振华、田　松、李裕和、马丽华、彭维耀、王兴铎、邓加华、翟国钊、张瀚。

目　　次

TB
CHINA RAILWAY PUBLISHING HOUSE

1 总 则

1.0.1 为加强客运专线铁路桥涵工程施工质量管理,统一客运专线铁路桥涵工程施工质量的验收标准,保证工程质量,实现建设一流客运专线铁路的目标,制定本暂行标准。

1.0.2 本暂行标准适用于旅客列车设计行车速度200~350 km/h的标准轨距客运专线铁路桥涵工程施工质量的验收。无砟轨道铁路桥涵工程施工质量的验收除执行本暂行标准外,尚应执行客运专线铁路无砟轨道工程施工质量验收的相关规定。

对于本暂行标准未涉及的新技术、新工艺、新设备、新材料,其施工质量的验收应符合相关标准的规定。

1.0.3 客运专线铁路桥涵工程施工质量必须达到设计要求的结构安全、耐久性和使用功能,主体结构质量实现零缺陷,满足设计使用年限内正常运营的需要。

1.0.4 施工单位作为工程施工质量控制的主体,应建立健全质量保证体系,对工程施工质量进行全过程控制;建设单位、监理单位和勘察设计单位等各方应按有关规定对工程施工质量进行控制。

1.0.5 客运专线铁路桥涵工程施工应贯彻国民经济可持续发展战略,合理利用资源,做好环境保护、水土保持等工作。弃砟场应按环境保护和设计要求合理选择,弃砟不得堵塞沟槽,挤压河道、桥梁墩台及其他建筑物。

1.0.6 客运专线铁路桥涵工程施工应采用先进的设备和工艺,确保工程质量。

1.0.7 客运专线铁路桥涵工程施工应制定相应的安全技术措施,严格遵守安全技术规程和相应劳动卫生标准,确保施工安全。

1.0.8 客运专线铁路桥涵工程应采用先进、成熟、科学的检验检测手段,质量数据必须真实可靠,全面反映工程质量状况。所用方法和仪器设备应符合相关标准的规定,仪器精度应能满足质量控制要求,质量检测人员必须具有规定的资格。

1.0.9 客运专线铁路桥涵工程的各类质量检测报告、检查验收记录和其他工程技术管理资料,必须按规定及时填写,并且严格履行责任人签字确认制度。施工质量验收资料的归档整理应符合有关规定的要求。其中,检验批、分项工程质量验收记录,建设单位、施工单位、监理单位均应长期保存;分部工程、单位工程质量验收记录,建设单位应永久保存,施工单位应长期保存;其他资料应按相关规定保存。

1.0.10 客运专线铁路桥涵工程施工中所采用的承包合同文件和工程技术文件等对施工质量的要求不得低于本暂行标准的规定。当设计要求的质量指标高于本暂行标准的规定时,应按设计要求办理。

1.0.11 参加客运专线铁路桥涵工程施工及验收的各方技术、质量、监理和管理人员等,应经过施工质量验收标准的专门培训,合格后方可上岗。

1.0.12 客运专线铁路桥涵工程施工质量的验收除应符合本暂行标准外,尚应符合国家现行有关强制性标准的规定。

2 术　语

2.0.1 工程施工质量　constructional quality of engineering

反映工程施工过程或实体满足相关标准规定或合同约定的要求,包括其在安全、使用功能及其在耐久性能、环境保护等方面所有明显和隐含能力的特性总和。

2.0.2 验收　acceptance

工程施工质量在施工单位自行检查评定的基础上,参与建设活动的有关单位共同对检验批、分项、分部、单位工程的质量按有关规定进行检验,根据相关标准以书面形式对工程质量达到合格与否做出确认。

2.0.3 设计使用年限　design working life

设计人员用以作为结构耐久性设计依据并具有足够安全度或保证率的目标使用年限。设计使用年限应由业主或用户与设计人员共同确定,并满足有关法规的最低要求。

2.0.4 进场验收　site acceptance

对进入施工现场的材料、构配件、设备等按相关标准规定要求进行检验,对其达到合格与否做出确认。

2.0.5 检验批　inspection lot

按同一生产条件或按规定的方式汇总起来供检验用的由一定数量样本组成的检验体。

2.0.6 检验　inspection

对检验项目中的性能进行量测、检查、试验等,并将结果与标准规定要求进行比较,以确定每项性能是否合格所进行的活动。

2.0.7 见证　witness

监理单位或建设单位现场监督施工单位某过程完成情况的活动,如见证检验、见证检测、见证试验等。

2.0.8 见证取样检测　evidential testing

在监理单位或建设单位监督下,由施工单位有关人员现场取样,并送至具备相应资质的检测单位所进行的检测。

2.0.9 平行检验　parallel acceptance testing

监理单位利用一定的检查或检测手段,在施工单位自检的基础上,按照一定的比例独立进行检查或检测的活动。

2.0.10 旁站　stand-by

在工程的关键部位或关键工序施工过程中,由监理人员在现场进行的监督活动。

2.0.11 工序　constructional procedure

施工过程中具有相对独立特点的作业活动,或由必要的技术间歇及停顿分割的作业活动,是组成施工过程的基本单元。

2.0.12 交接检验　handing over inspection

由施工的承接方与完成方共同检查并对可否继续施工做出确认的活动。

2.0.13 主控项目 dominant item

对安全、卫生、环境保护和公众利益起决定性作用的检验项目。

2.0.14 一般项目 general item

除主控项目以外的检验项目。

2.0.15 抽样检验 sampling inspection

按照规定的抽样方案，随机地从进场的材料、构配件、设备或工程检验项目中，按检验批抽取一定数量的样本所进行的检验。

2.0.16 抽样方案 sampling scheme

根据检验项目的特性所确定的抽样数量方法。

2.0.17 计量检验 quantitative inspection

在抽样检验的样本中，对每一个体测量其某个定量特性的检查方法。

2.0.18 观感质量 quality of appearance

通过观察和必要的量测所反映的工程外在质量。

2.0.19 综合质量评定 overall quatiy assessment

在检验批、分项、分部工程质量验收的基础上，对单位工程的质量控制资料、实体质量和主要功能以及观感质量进行的核查及评定。

2.0.20 返工 rework

对不合格的工程部位采取的重新制作、重新施工等措施。

2.0.21 返修 rehabilitation

对工程不符合标准规定的部位采取整修等措施。

2.0.22 挤密桩 compaction pile

依靠振冲器的强力振动挤密而形成的桩体，并与地基组成复合地基。

2.0.23 粉喷桩 dry jet mixing pile

采用粉喷技术使软弱土硬结成具有整体性、水稳性和一定强度的柱状加固土，它与原位软弱土层组成复合地基。

2.0.24 旋喷桩 auger injected pile

利用钻机把带有可旋转喷嘴的注浆管钻进土层的预定位置，以高压浆液从喷嘴中喷射出去，冲击破坏土体，与浆液搅拌混合形成的桩体，并与地基组成复合地基。

2.0.25 造桥机 bridge fabrication machine

在墩台上采用移动支（模）架法拼装或现浇预应力混凝土梁的机械设备。

2.0.26 结合梁 composite girder

由混凝土板与钢梁结合成整体的梁。

3　基本规定

3.1　一般规定

3.1.1　客运专线铁路桥涵工程施工现场质量管理应有相应的施工技术标准、健全的质量管理体系和施工质量检验制度。

施工现场质量管理检查记录应由施工单位在施工前按表3.1.1的规定填写，总监理工程师进行检查，并做出检查结论。

表3.1.1　施工现场质量管理检查记录

<table>
<tr><td colspan="2">单位工程名称</td><td colspan="3"></td><td>开工日期</td><td></td></tr>
<tr><td colspan="2">建设单位</td><td colspan="3"></td><td>项目负责人</td><td></td></tr>
<tr><td colspan="2">设计单位</td><td colspan="3"></td><td>项目负责人</td><td></td></tr>
<tr><td colspan="2">监理单位</td><td colspan="3"></td><td>总监理工程师</td><td></td></tr>
<tr><td colspan="2">施工单位</td><td></td><td>项目负责人</td><td></td><td>项目技术负责人</td><td></td></tr>
<tr><td>序号</td><td colspan="3">项　目</td><td colspan="3">内　容</td></tr>
<tr><td>1</td><td colspan="3">开工报告</td><td colspan="3"></td></tr>
<tr><td>2</td><td colspan="3">现场质量管理制度</td><td colspan="3"></td></tr>
<tr><td>3</td><td colspan="3">质量责任制</td><td colspan="3"></td></tr>
<tr><td>4</td><td colspan="3">工程质量检验制度</td><td colspan="3"></td></tr>
<tr><td>5</td><td colspan="3">施工技术标准</td><td colspan="3"></td></tr>
<tr><td>6</td><td colspan="3">施工图现场核对情况</td><td colspan="3"></td></tr>
<tr><td>7</td><td colspan="3">地质勘察资料</td><td colspan="3"></td></tr>
<tr><td>8</td><td colspan="3">交接桩、施工复测及测量控制网资料</td><td colspan="3"></td></tr>
<tr><td>9</td><td colspan="3">施工组织设计、施工方案和环境保护方案及审批</td><td colspan="3"></td></tr>
<tr><td>10</td><td colspan="3">主要专业工种操作上岗证书</td><td colspan="3"></td></tr>
<tr><td>11</td><td colspan="3">施工检测设备及计量器具设置</td><td colspan="3"></td></tr>
<tr><td>12</td><td colspan="3">材料、设备管理制度</td><td colspan="3"></td></tr>
<tr><td colspan="7">检查结论：

总监理工程师　　　　年　月　日</td></tr>
</table>

3.1.2 桥涵工程应按下列规定进行施工质量控制：

1 工程采用的主要材料、构配件和设备，施工单位应对其外观、规格、型号和质量证明文件等进行验收，并经监理工程师检查认可；凡涉及结构安全和使用功能的，施工单位应进行检验，监理单位应按规定进行平行检验或见证取样检测；

2 各工序应按施工技术标准进行质量控制，每道工序完成后，施工单位应进行检查，并形成记录；

3 工序之间应进行交接检验，上道工序应满足下道工序的施工条件和技术要求，工序之间的交接检验应经监理工程师检查认可，未经检查或经检查不合格的不得进行下道工序施工。

3.1.3 桥涵工程施工质量应按下列要求进行验收：

1 工程施工质量应符合本暂行标准和铁道部现行混凝土与砌体工程施工质量验收有关标准的规定；

2 工程施工质量应符合工程勘察、设计文件的要求；

3 参加工程施工质量验收的各方人员应具备规定的资格；各种检查记录签证人员应报建设单位确认、备案；

4 工程施工质量的验收均应在施工单位自行检查评定合格的基础上进行；

5 涉及结构安全的试块、试件和现场检验项目，监理单位应按规定进行平行检验、见证取样检测或见证检测；

6 检验批的质量应按主控项目和一般项目进行验收；

7 对涉及结构安全和使用功能的分部工程应进行抽样检测，其中桥梁墩台、梁部应采用同条件养护试件检测，检测项目和频次按有关规定执行；

8 承担见证取样检测及有关结构安全检测的单位应具有相应的资质；

9 单位工程的综合质量应由验收人员通过检查共同确认。

3.2 工程施工质量验收单元的划分

3.2.1 客运专线铁路桥涵工程施工质量验收单元划分为单位工程、分部工程、分项工程和检验批。

3.2.2 单位工程应按一个完整工程或一个相当规模的施工范围划分，并按下列原则确定：

1 每座特大桥、大桥、中桥为一个单位工程；

2 对于特别长大的桥梁，一个施工单位担负的桥梁施工范围为一个单位工程；

3 小桥不超过5座为一个单位工程；

4 涵洞不超过10座为一个单位工程。

3.2.3 分部工程应按一个完整部位或主要结构及施工阶段划分。

3.2.4 分项工程应按工种、工序、材料、施工工艺等划分。

3.2.5 检验批可根据施工及质量控制和验收需要按施工段或部位等划分。

3.2.6 桥梁、涵洞工程的分部工程、分项工程、检验批划分和检验项目应符合表3.2.6—1和表3.2.6—2的规定。

表 3.2.6—1　桥梁工程分部工程、分项工程、检验批划分和检验项目

分部工程		分项工程	检验批	检验项目条文号	
类别	名称			主控项目	一般项目
地基及基础	明挖基础	换填地基	每个基坑	4.2.1~4.2.5	4.2.6
		重锤夯实	每个基坑	4.3.1、4.3.3	4.3.4、4.3.5
		强　夯	每个基坑	4.4.1、4.4.4	4.4.5
		挤密桩	每个基坑	4.5.1~4.5.7	4.5.8、4.5.9
		砂　桩	每个基坑	4.6.1~4.6.4	4.6.5、4.6.6
		碎石桩	每个基坑	4.7.1~4.7.4	4.7.5~4.7.8
		粉喷桩	每个基坑	4.8.1~4.8.7	4.8.8
		旋喷桩	每个基坑	4.9.1~4.9.6	4.9.7
		基　坑	每个基坑	5.2.1~5.2.4	5.2.5
		模板及支架	每个安装段	5.3.1	5.3.2
		钢　筋	每个安装段	5.3.3	5.3.4
		混凝土	每个浇筑段	5.3.5	5.3.6、5.3.7
	沉入桩制作	模板及支架	不大于20根(节)	6.3.1	6.3.2
		钢　筋	不大于20根(节)	6.3.3	6.3.4、6.3.5
		混凝土	不大于20根(节)	6.3.6、6.3.7	6.3.8、6.3.9
		预应力	不大于20根(节)	6.3.10	6.3.11
	沉入桩下沉	钢围堰	每个基坑	6.2.1~6.2.4	6.2.5~6.2.7
		沉　桩	每个基坑	6.4.1~6.4.4	6.4.5、6.4.6
	钻孔桩和挖孔桩	钢围堰	每个基坑	6.2.1~6.2.4	6.2.5~6.2.7
		钻　孔	每根桩	6.5.1~6.5.5	6.5.6
		挖　孔	每根桩	6.5.7~6.5.9	6.5.10
		钢　筋	每根桩	6.5.11	6.5.12、6.5.13
		混凝土	每根桩	6.5.14~6.5.20	
	桩基承台	钢围堰	每个承台	6.2.1~6.2.4	6.2.5~6.2.7
		模板及支架	每个承台	6.6.1	6.6.2
		钢　筋	每个承台	6.6.3	6.6.4
		混凝土	每个承台	6.6.5、6.6.6	6.6.7、6.6.8
	就地制作沉井	模板及支架	每节沉井	7.2.1	7.2.2
		钢　筋	每节沉井	7.2.3	7.2.4
		混凝土	每节沉井	7.2.5	7.2.6、7.2.7
		下　沉	每座沉井	7.2.8	7.2.9
		清基、填充	每座沉井	7.2.10~7.2.12	

续上表

分部工程		分项工程	检验批	检验项目条文号	
类别	名称			主控项目	一般项目
地基及基础	浮式沉井	模板及支架	每节沉井	7.3.1	7.3.2
		钢 筋	每节沉井	7.3.3	7.3.4
		混凝土	每节沉井	7.3.5	7.3.6、7.3.7
		钢沉井制作	每节沉井	7.3.8	7.3.9
		浮运就位	每座沉井	7.3.10	7.3.11
		下 沉	每座沉井	7.3.12	7.3.13
		清基、填充	每座沉井	7.3.14、7.3.15	7.3.16
墩台	墩台	模板及支架	每个安装段	8.2.1、8.2.2	8.2.3、8.2.4
		钢 筋	每个安装段	8.2.5	8.2.6
		混凝土	每个浇筑段	8.2.7～8.2.10	8.2.11～8.2.12
		防水层	每个桥台	8.2.13	8.2.14、8.2.15
	台后填土、锥体及其他	桥台填土	每个桥台	8.3.1～8.3.3	8.3.4
		混凝土	每个浇筑段	8.3.5	8.3.6
		砌 体	每个砌筑段	8.3.7～8.3.9	8.3.10、8.3.11
梁部	先张法预应力混凝土简支箱梁制造	模板及支架	每孔梁	9.2.1～9.2.3	9.2.4
		钢 筋	每孔梁	9.2.5、9.2.6	9.2.7、9.2.8
		混凝土	每孔梁	9.2.9～9.2.12	9.2.13～9.2.15
		预应力	每孔梁	9.2.16～9.2.20	9.2.21、9.2.22
		防水层	每孔梁	9.2.23	9.2.24
	后张法预应力混凝土简支箱梁制造	模板及支架	每孔梁	9.3.1～9.3.3	9.3.4
		钢 筋	每孔梁	9.3.5	9.3.6
		混凝土	每孔梁	9.3.7～9.3.10	9.3.11～9.3.13
		预应力	每孔梁	9.3.14～9.3.17	9.3.18、9.3.19
		防水层	每孔梁	9.3.20	9.3.21
	膺架法制架预应力混凝土简支箱梁	模板及支架	每孔梁	9.4.1～9.4.3	9.4.2～9.4.4
		钢 筋	每孔梁	9.4.5	9.4.6、9.4.7
		混凝土	每孔梁	9.4.8～9.4.10	9.4.11～9.4.13
		预应力	每孔梁	9.4.14	9.4.15、9.4.16
		防水层	每孔梁	9.4.17	9.4.18
		支 座	每孔梁	9.4.19	9.4.20
	造桥机制架预应力混凝土简支箱梁	模板及支架	每个安装段	9.5.3～9.5.4	9.5.5～9.5.7
		钢 筋	每个安装段	9.5.8	9.5.9、9.5.10
		混凝土	每个浇筑段	9.5.11、9.5.12	9.5.13～9.5.15
		预应力	每个施工段	9.5.16	9.5.17
		预制梁段组拼	每孔梁	9.5.18	9.5.19、9.5.20
		支 座	每孔梁	9.5.21	9.5.22
		防水层	每孔梁	9.5.23	9.5.24

续上表

分部工程		分项工程	检验批	检验项目条文号	
类别	名称			主控项目	一般项目
梁部	架桥机架设预应力混凝土简支箱梁	架梁	每孔梁	9.6.6~9.6.12	
		支座	每孔梁	9.6.13	9.6.14
	预应力混凝土简支T梁制造	模板及支架	每片梁	10.2.1~10.2.3	10.2.4
		钢筋	每片梁	10.3.1	10.3.2、10.3.3
		混凝土	每片梁	10.4.1~10.4.4	10.4.5~10.4.7
		预应力	每片梁	10.5.1	10.5.2~10.5.3
		防水层	每片梁	10.8.1	10.8.2
		架梁	每孔梁	10.6.8~10.6.11	10.6.12
		模板及支架	每个安装段	10.6.13~10.6.15	10.6.16
		钢筋	每个安装段	10.6.17	10.6.18、10.6.19
		混凝土	每个浇筑段	10.6.20、10.6.21	10.6.22、10.6.23
		预应力	每孔梁	10.6.24	10.6.25~10.6.27
		支座	每孔梁	10.7.1	10.7.2
		防水层	每孔梁	10.8.1	10.8.2
	悬臂浇筑预应力混凝土连续梁（刚构）	模板及支架	每个安装段	11.1.16	11.1.17、11.1.18
		钢筋	每个安装段	11.1.19	11.1.20、11.1.21
		混凝土	每个浇筑段	11.1.22~11.1.26	11.1.27~11.1.29
		预应力	每个施工段	11.1.30、11.1.31	11.1.32、11.1.33
		支座	每孔（联）梁	11.1.34、11.1.35	11.1.36
		防水层	每孔（联）梁	11.1.37	11.1.38
	悬臂拼装预应力混凝土连续梁	模板及支架	每个安装段	11.2.13、11.2.14	11.2.15、11.2.16
		钢筋	每个安装段	11.2.17	11.2.18、11.2.19
		混凝土	每个浇筑段	11.2.20~11.2.23	11.2.24~11.2.26
		预应力	每个施工段	11.2.27	11.2.28、11.2.29
		梁段拼装	每孔（联）梁	11.2.30~11.2.32	11.2.33
		支座	每孔（联）梁	11.2.34、11.2.35	11.2.36
		防水层	每孔（联）梁	11.2.37	11.2.38
	顶推法制架预应力混凝土连续梁	模板及支架	每个安装段	11.3.9	11.3.10、11.3.11
		钢筋	每个安装段	11.3.12	11.3.13、11.3.14
		混凝土	每个浇筑段	11.3.15、11.3.16	11.3.17~11.3.19
		预应力	每个施工段	11.3.20、11.3.21	11.3.22
		顶推架设	每孔（联）梁	11.3.23~11.3.25	11.3.26
		支座	每孔（联）梁	11.3.27、11.3.28	11.3.29
		防水层	每孔（联）梁	11.3.30	11.3.31

续上表

分部工程		分项工程	检验批	检验项目条文号	
类别	名称			主控项目	一般项目
梁部	造桥机制架预应力混凝土连续梁	模板及支架	每个安装段	11.4.7	11.4.8~11.4.10
		钢筋	每个安装段	11.4.11	11.4.12、11.4.13
		混凝土	每个浇筑段	11.4.14~11.4.17	11.4.18~11.4.20
		预应力	每个施工段	11.4.21	11.4.22
		预制梁段组拼	每孔(联)梁	11.4.23	11.4.24
		支座	每孔(联)梁	11.4.25、11.4.26	11.4.27
		防水层	每孔(联)梁	11.4.28	11.4.29
	先简支后连续预应力混凝土连续梁	模板及支架	每个安装段	11.5.8	11.5.9、11.5.10
		钢筋	每个安装段	11.5.11	11.5.12、11.5.13
		混凝土	每个浇筑段	11.5.14~11.5.16	11.5.17~11.5.19
		预应力	每个施工段	11.5.20	11.5.21、11.5.22
		简支变连续	每个施工段	11.5.23、11.5.24	11.5.25
		支座	每个施工段	11.5.26、11.5.27	11.5.28
		防水层	每个施工段	11.5.29	11.5.30
	结合梁	钢梁拼装及架设	每个施工段	12.2.1~12.2.9	12.2.10、12.2.11
		支座	每孔(联)梁	12.2.12、12.2.13	12.2.14
		钢梁涂装	每孔梁	12.2.15~12.2.20	12.2.21
		桥面板制作 模板及支架	每个安装段	12.3.1	12.3.2~12.3.4
		桥面板制作 钢筋	每个安装段	12.3.5	12.3.6、12.3.7
		桥面板制作 混凝土	每个浇筑段	12.3.8、12.3.9	12.3.10~12.3.12
		桥面板制作 预应力	每孔(联)梁	12.3.13	12.3.14
		桥面板安装	每孔(联)梁	12.3.15、12.3.16	12.3.17
		防水层	每孔(联)梁	12.3.18	12.3.19
	钢筋混凝土刚构连续梁	模板及支架	每个安装段	13.2.1	13.2.2、13.2.3
		钢筋	每个安装段	13.2.4	13.2.5、13.2.6
		混凝土	每个浇筑段	13.2.7、13.2.8	13.2.9、13.2.10
	钢筋混凝土刚构连续梁	支座	每孔(联)梁	13.2.11	13.2.12
		防水层	每孔(联)梁	13.2.13	13.2.14
桥面附属设施	桥面附属设施	挡砟墙、电缆槽及接触网支柱基座	每个施工段	15.2.12~15.2.15	
		人行道、遮板、栏杆或声屏障基座、围栏、吊栏	每座桥	15.2.16~15.2.20	

表 3.2.6—2　涵洞工程分部工程、分项工程、检验批划分和检验项目

分部工程		分项工程	检验批	检验项目条文号	
类别	名称			主控项目	一般项目
地质及基础	明挖基础	换填地基	每个基坑	4.2.1~4.2.5	4.2.6
		重锤夯实	每个基坑	4.3.1、4.3.3	4.3.4、4.3.5
		强　夯	每个基坑	4.4.1、4.4.4	4.4.5
		挤密桩	每个基坑	4.5.1~4.5.7	4.5.8、4.5.9
		砂　桩	每个基坑	4.6.1~4.6.4	4.6.5、4.6.6
		碎石桩	每个基坑	4.7.1~4.7.4	4.7.5~4.7.8
		粉喷桩	每个基坑	4.8.1~4.8.7	4.8.8
		旋喷桩	每个基坑	4.9.1~4.9.6	4.9.7
		基　坑	每个基坑	5.2.1~5.2.4	5.2.5
		模板及支架	每个安装段	5.3.1	5.3.2
		钢　筋	每个安装段	5.3.3	5.3.4
		混凝土	每个浇筑段	5.3.5	5.3.6、5.3.7
涵身	装配式涵洞涵身	模板及支架	每个安装段	16.2.1	16.2.2
		钢　筋	每个安装段	16.2.3	16.2.4
		混凝土	每个浇筑段	16.2.5	16.2.6~16.2.8
		涵节装配	每座涵	16.2.9~16.2.11	16.2.12
		防水层	每座涵	16.2.13	16.2.14
		沉降缝	每座涵	16.2.15~16.2.17	16.2.18、16.2.19
	就地制造涵洞涵身	模板及支(拱)架	每个安装段	16.3.1	16.3.2
		钢　筋	每个安装段	16.3.3	16.3.4
		混凝土	每个浇筑段	16.3.5~16.3.7	16.3.8~16.3.10
		防水层	每座涵	16.3.11	16.3.12
		沉降缝	每座涵	16.3.13	16.3.14
	渡槽和倒虹吸管	模板及支架	每个安装段	16.4.1	16.4.2
		钢　筋	每个安装段	16.4.3	16.4.4
		混凝土	每个浇筑段	16.4.5	16.4.6~16.4.8
		防水层	每个渡槽(倒虹吸)	16.4.9	16.4.10
附属工程	附属工程	模板及支架	每个安装段	16.5.1	16.5.2
		钢　筋	每个安装段	16.5.3	16.5.4
		混凝土	每个浇筑段	16.5.5	16.5.6、16.5.7
		砌　体	每个砌筑段	16.5.8	16.5.9、16.5.10
		栏　杆	每座涵	16.5.11~16.5.14	

3.3 工程施工质量验收

3.3.1 检验批的质量验收应包括如下内容：

1 实物检查，按下列方式进行：

1）对原材料、构配件和设备等的检验，应按进场的批次和本暂行标准规定的抽样检验方案执行；

2）对混凝土性能指标的检验，应按国家现行有关标准和本暂行标准规定的抽样检验方案执行。

2 资料检查，包括原材料、构配件和设备等的质量证明文件（质量合格证、规格、型号及性能检测报告等）和检验报告、施工过程中重要工序的自检和交接检验记录、平行检验报告、见证取样检测报告等。

3.3.2 检验批合格质量应符合下列规定：

1 主控项目的质量经抽样检验全部合格。

2 一般项目的质量经抽样检验全部合格。其中，有允许偏差的抽查点，除有专门要求外，80%及以上的抽查点应控制在规定允许偏差内，最大偏差不得大于规定允许偏差的1.5倍。

3 具有完整的施工操作依据、质量检查记录。

3.3.3 分项工程质量验收合格应符合下列规定：

1 分项工程所含的检验批均应符合合格质量的规定；

2 分项工程所含的检验批的质量验收记录应完整。

3.3.4 分部工程质量验收合格应符合下列规定：

1 分部工程所含分项工程的质量均应验收合格；

2 质量控制资料应完整；

3 地基与基础、墩台、梁部结构等分部工程中有关安全及功能的检验和抽样检测结果应符合有关规定。

3.3.5 单位工程质量验收合格应符合下列规定：

1 单位工程所含分部工程的质量均应验收合格；

2 质量控制资料应完整；

3 实体质量和主要功能应符合相关标准、规范的规定和设计要求；

4 观感质量验收应符合要求。

3.3.6 当检验批质量不符合要求时，应按以下规定进行处理：

1 经返工重做的或更换构配件、设备的检验批，应重新进行验收；

2 当对试块试件的试验结果有怀疑时，或因试块试件丢失损坏、试验资料丢失等无法判断实体质量时，应由有资质的法定检测单位对实体质量进行检测鉴定，凡达到设计要求的检验批可予以验收。

3.3.7 通过返修或加固处理仍不能满足安全和使用功能要求的分部工程、单位工程，严禁验收。

3.4　工程施工质量验收的程序和组织

3.4.1　检验批应由施工单位自检合格后报监理单位，由监理工程师组织施工单位专职质量检查员等进行验收。监理单位应对全部主控项目进行检查，对一般项目的检查内容和数量可根据具体情况确定。检验批质量验收记录应按表3.4.1填写。

3.4.2　分项工程应由监理工程师组织施工单位分项工程技术负责人等进行验收，并应按表3.4.2填写记录。

3.4.3　分部工程应由监理工程师组织施工单位项目负责人和技术、质量负责人等进行验收，桥梁的地基与基础分部工程进行验收时，勘察设计单位项目负责人应参加，并应按表3.4.3填写记录。

3.4.4　单位工程完工后，施工单位应自行组织有关人员进行检查评定，并向建设单位提交工程验收报告。

3.4.5　建设单位收到工程验收报告后，应由建设单位项目负责人组织施工、设计、监理单位项目负责人进行单位工程验收，并按表3.4.5填写记录。单位工程验收包含综合质量验收的内容，综合质量验收应符合本暂行标准第17章的有关规定。

表3.4.1　________检验批质量验收记录

单位工程名称			
分部工程名称			
分项工程名称		验收部位	
施工单位		项目负责人	
施工质量验收标准名称及编号			
质量验收标准的规定		施工单位检查评定记录	监理单位验收记录
主控项目	1		
	2		
	3		
	4		
	5		
	6		
	7		
	8		
	9		
一般项目	1		
	2		
	3		
	4		
	5		
施工单位检查评定结果	专职质量检查员　年　月　日 分项工程技术负责人　年　月　日 分项工程负责人　年　月　日		
监理单位验收结论	监理工程师　年　月　日		

表 3.4.2 ______分项工程质量验收记录

<table>
<tr><td colspan="2">单位工程名称</td><td colspan="3"></td></tr>
<tr><td colspan="2">分部工程名称</td><td></td><td>检验批数</td><td></td></tr>
<tr><td colspan="2">施工单位</td><td></td><td>项目负责人</td><td></td></tr>
<tr><td>序号</td><td>检 验 批 部 位</td><td>施工单位检查评定结果</td><td colspan="2">监理单位验收结论</td></tr>
<tr><td>1</td><td></td><td></td><td colspan="2"></td></tr>
<tr><td>2</td><td></td><td></td><td colspan="2"></td></tr>
<tr><td>3</td><td></td><td></td><td colspan="2"></td></tr>
<tr><td>4</td><td></td><td></td><td colspan="2"></td></tr>
<tr><td>5</td><td></td><td></td><td colspan="2"></td></tr>
<tr><td>6</td><td></td><td></td><td colspan="2"></td></tr>
<tr><td>7</td><td></td><td></td><td colspan="2"></td></tr>
<tr><td>8</td><td></td><td></td><td colspan="2"></td></tr>
<tr><td>9</td><td></td><td></td><td colspan="2"></td></tr>
<tr><td>10</td><td></td><td></td><td colspan="2"></td></tr>
<tr><td colspan="5">说明：</td></tr>
<tr><td colspan="2">施工单位
检查评定结果</td><td colspan="3">
分项工程技术负责人　　年　月　日</td></tr>
<tr><td colspan="2">监理单位
验收结论</td><td colspan="3">
监理工程师　　年　月　日</td></tr>
</table>

表 3.4.3 ______分部工程质量验收记录

<table>
<tr><td colspan="2">单位工程名称</td><td colspan="5"></td></tr>
<tr><td colspan="2">施工单位</td><td colspan="5"></td></tr>
<tr><td colspan="2">项目负责人</td><td></td><td>项目技术负责人</td><td></td><td>项目质量负责人</td><td></td></tr>
<tr><td>序 号</td><td>分项工程名称</td><td>检验批数</td><td colspan="3">施工单位检查评定结果</td><td>监理单位验收结论</td></tr>
<tr><td>1</td><td></td><td></td><td colspan="3"></td><td></td></tr>
<tr><td>2</td><td></td><td></td><td colspan="3"></td><td></td></tr>
<tr><td>3</td><td></td><td></td><td colspan="3"></td><td></td></tr>
<tr><td>4</td><td></td><td></td><td colspan="3"></td><td></td></tr>
<tr><td>5</td><td></td><td></td><td colspan="3"></td><td></td></tr>
<tr><td>6</td><td></td><td></td><td colspan="3"></td><td></td></tr>
<tr><td>7</td><td></td><td></td><td colspan="3"></td><td></td></tr>
<tr><td>8</td><td></td><td></td><td colspan="3"></td><td></td></tr>
<tr><td>9</td><td></td><td></td><td colspan="3"></td><td></td></tr>
<tr><td>10</td><td></td><td></td><td colspan="3"></td><td></td></tr>
<tr><td colspan="3">质量控制资料</td><td colspan="3"></td><td></td></tr>
<tr><td colspan="3">实体质量和主要功能检验(检测)报告</td><td colspan="3"></td><td></td></tr>
<tr><td rowspan="3">验
收
单
位</td><td>施工单位</td><td colspan="5">项目负责人　　　年　月　日</td></tr>
<tr><td>勘察设计单位</td><td colspan="5">项目负责人　　　年　月　日</td></tr>
<tr><td>监理单位</td><td colspan="5">监理工程师　　　年　月　日</td></tr>
</table>

注:1　勘察设计单位参加桥梁的地基及基础分部工程的验收;

　　2　质量控制资料核查、实体质量和主要功能抽查项目应按表 17.1.1 和表 17.2.1 确定。

表 3.4.4 单位工程质量验收记录

<table>
<tr><td colspan="3">单位工程名称</td><td colspan="6"></td></tr>
<tr><td colspan="3">施工单位</td><td></td><td>项目负责人</td><td></td><td>开工日期</td><td colspan="2"></td></tr>
<tr><td colspan="3">项目技术负责人</td><td></td><td>项目质量负责人</td><td></td><td>竣工日期</td><td colspan="2"></td></tr>
<tr><td>序号</td><td colspan="2">项　　目</td><td colspan="4">验　收　记　录</td><td colspan="2">验　收　结　论</td></tr>
<tr><td rowspan="2">1</td><td colspan="2" rowspan="2">分部工程</td><td colspan="4">共　　分部</td><td colspan="2" rowspan="2"></td></tr>
<tr><td colspan="4">经查,符合标准规定及设计要求　分部</td></tr>
<tr><td rowspan="3">2</td><td rowspan="9">综合质量验收</td><td rowspan="3">质量控制资料核查</td><td colspan="4">共　　项</td><td colspan="2" rowspan="3"></td></tr>
<tr><td colspan="4">经查,符合要求　项</td></tr>
<tr><td colspan="4">不符合要求　项</td></tr>
<tr><td rowspan="3">3</td><td rowspan="3">实体质量和主要功能核查</td><td colspan="4">共核查　项</td><td colspan="2" rowspan="3"></td></tr>
<tr><td colspan="4">符合要求　项</td></tr>
<tr><td colspan="4">不符合要求　项</td></tr>
<tr><td rowspan="3">4</td><td rowspan="3">观感质量验收</td><td colspan="4">共检查　项</td><td colspan="2" rowspan="3"></td></tr>
<tr><td colspan="4">评定为合格的　项</td></tr>
<tr><td colspan="4">评定为差的　项</td></tr>
<tr><td>5</td><td colspan="2">综合验收结论</td><td colspan="6"></td></tr>
<tr><td rowspan="2">参加验收单位</td><td colspan="2">施工单位</td><td colspan="2">监理单位</td><td colspan="2">勘察设计单位</td><td colspan="2">建设单位</td></tr>
<tr><td colspan="2">(公章)
项目负责人
年　月　日</td><td colspan="2">(公章)
总监理工程师
年　月　日</td><td colspan="2">(公章)
项目负责人
年　月　日</td><td colspan="2">(公章)
项目负责人
年　月　日</td></tr>
</table>

4 地基处理

4.1 一般规定

4.1.1 地基处理应在正式施工前进行试夯、试桩,以确定施工参数及验证地基处理效果,应由施工单位检测、监理单位见证、勘察设计单位确认,并应具有完整的试夯、试桩记录。

4.1.2 换填地基施工中填料比例应准确、搅拌均匀,分层填筑、分层压实。

4.1.3 从事地基基础工程检测及试验的单位,必须具备省(部)级建设行政主管部门颁发的资质证书和计量行政主管部门颁发的计量认证合格证书。

4.1.4 当施工过程中发现地质情况与设计不符或出现异常情况时,应停止施工,由建设单位组织勘察设计、监理和施工单位共同分析情况,并应形成文件资料。待勘察设计单位根据地质情况重新设计并经有关部门批准后,方可复工。

4.1.5 地基处理的施工必须符合设计要求和施工技术方案的要求。

4.2 换填地基

主控项目

4.2.1 换填地基所用材料必须符合下列规定:

1 换填用砂应为中、粗砂,有机质和含泥量均不得大于5%;

2 碎石粒径不得大于100 mm,含泥量不得大于5%;

3 石灰质量应符合要求。

检验数量:砂和碎石同产地、同品种、同规格以连续进场数量每400 m^3 为一批,不足400 m^3 也按一批计;石灰同产地、同品种、同规格每200 t为一批,不足200 t也按一批计。施工单位、监理单位每批均检查。

检验方法:施工单位对砂、碎石进行筛分试验、含泥量和有机质含量试验,对石灰进行未消解残渣含量试验;监理单位见证检验。

4.2.2 换填范围必须符合设计要求。

检验数量:施工单位、监理单位全部检查。

检验方法:测量。

4.2.3 填料比例必须符合设计要求。

检验数量:施工单位、监理单位全部检查。

检验方法:施工单位计量检查;监理单位见证检验。

4.2.4 填筑压实工艺必须符合设计和施工技术方案的要求。

检验数量:施工单位、监理单位全部检查。

检验方法:观察和尺量。

4.2.5 压实密度必须符合设计要求。

检验数量:施工单位每层每 100 m^2 检查不少于 5 处;监理单位见证检测每层检查不少于 1 处。

检验方法:施工单位采用湿度密度仪、注水法或灌砂法检测;监理单位见证检测。

一 般 项 目

4.2.6 换填地基底部和顶部高程允许偏差为 ±50 mm。

检验数量:施工单位对每个换填基坑底部和顶部检查各不少于 5 处。

检验方法:测量。

4.3 重锤夯实

主 控 项 目

4.3.1 重锤夯实处理范围必须符合设计要求。

检验数量:施工单位、监理单位全部检查。

检验方法:测量。

4.3.2 重锤夯实工艺必须符合设计和施工技术方案的要求。

检验数量:施工单位、监理单位全部检查。

检验方法:观察和尺量。

4.3.3 重锤夯实地基密实度必须符合设计要求。

检验数量:施工单位每个基坑不少于 5 处;监理单位不少于 3 处。

检验方法:施工单位进行标准贯入或环刀取土试验;监理单位见证检测。

一 般 项 目

4.3.4 重锤夯实最终总下沉量应大于试夯时总下沉量的90% 。

检验数量:施工单位每个基坑不少于 5 处。

检验方法:测量。

4.3.5 重锤夯实允许偏差和检验方法应符合表 4.3.5 的规定。

检验数量:施工单位每个基坑不少于 5 处。

表 4.3.5 重锤夯实允许偏差和检验方法

序号	项　　目	允许偏差(mm)	检 验 方 法
1	顶面平整度	50	2 m 靠尺检查
2	夯点间距	±0.1d	尺　量

注:d 为夯锤直径(mm)。

4.4 强　　夯

主 控 项 目

4.4.1 强夯处理范围必须符合设计要求。

检验数量:施工单位、监理单位全部检查。

检验方法:测量。

4.4.2 夯击点位置必须符合设计和施工技术方案的要求。

检验数量:施工单位、监理单位全部检查。

检验方法:测量。

4.4.3 强夯工艺必须符合设计和施工技术方案的要求。

检验数量:施工单位、监理单位全部检查。

检验方法:观察和尺量。

4.4.4 强夯加固地基的承载力和有效加固深度必须符合设计要求。

检验数量:施工单位每个基坑不少于5处;监理单位不少于1处。

检验方法:施工单位进行标准贯入试验或静(动)力触探检测;监理单位见证检测。

一般项目

4.4.5 强夯施工允许偏差和检验方法应符合表4.4.5的规定:

检验数量:施工单位每个基坑不少于5处。

表4.4.5 强夯施工允许偏差和检验方法

序号	项 目	允许偏差(mm)	检验方法
1	顶面平整度	50	2 m靠尺检查
2	夯点间距	±500	尺 量

4.5 挤 密 桩

主 控 项 目

4.5.1 石灰质量必须符合设计要求。

检验数量:同厂家、同产地以连续进场数量每200 t为一批,不足200 t也按一批计。施工单位每批检查一次;监理单位按施工单位抽检次数的10%,分别进行平行检验和见证检验,均不少于一次。

检验方法:施工单位检查产品合格证和进行石灰材质试验;监理单位检查产品合格证、试验报告和见证取样检测。

4.5.2 水泥质量必须符合铁道部现行《铁路混凝土工程施工质量验收补充标准》(铁建设〔2005〕160号)第6.2.1条的规定。

4.5.3 桩的数量、类型和布置形式必须符合设计要求。

检验数量:施工单位、监理单位全部检查。

检验方法:观察和尺量。

4.5.4 填料的配合比例必须符合设计要求。

检验数量:施工单位、监理单位全部检查。

检验方法:施工单位计量检查;监理单位见证检验。

4.5.5 挤密桩施工工艺必须符合设计和施工技术方案的要求。

检验数量:施工单位、监理单位全部检查。

检验方法:观察和尺量。

4.5.6 桩间土的密实度和挤密深度应符合设计要求。

检验数量:施工单位检查桩数的2%,并不少于5根;监理单位见证检测不少于1根。

检验方法:在孔之间形心点附近、成孔挤密深度内,每1m取土样测定干密度、进行湿陷性试验和压缩试验,计算干密度与其最大干密度的比值(最小挤密系数)、湿陷系数和压缩模量。

4.5.7 地基承载力必须符合设计要求。

检验数量:施工单位检查总桩数的2‰,且每个基坑不少于1处;监理单位全部见证检测。

检验方法:平板载荷试验。

一般项目

4.5.8 挤密灰土桩中土的有机质含量不应大于5%。

检验数量:施工单位每一土源均检查。

检验方法:焙烧法试验。

4.5.9 挤密桩施工允许偏差和检验方法应符合表4.5.9的规定。

表4.5.9 挤密桩施工允许偏差和检验方法

序 号	项 目	允许偏差(mm)	检验方法
1	桩位中心	50	尺量或测量
2	垂直度(%)	1.5	
3	桩 径	沉管法:-20 锤击法:-50	
4	桩 长	沉管法: $^{+100}_{0}$ 锤击法: $^{+200}_{0}$	
5	桩顶高程	$^{+100}_{0}$	

检验数量:施工单位检查桩孔数量的2%,并不少于5根。

4.6 砂 桩

主控项目

4.6.1 砂的质量必须符合设计要求。当设计无要求时,应为中粗砂,含泥量不得大于3%,有机质含量不得大于5%。

检验数量:同产地、同品种、同规格以连续进场数量每400 m^3为一批,不足400 m^3也按一批计。施工单位每批均检查。监理单位按施工单位抽检次数的10%分别进行平行检验和见证检验,均不少一次。

检验方法:施工单位进行筛分试验、含泥量和有机质含量试验;监理单位检查试验报告。

4.6.2 砂桩的范围、数量和布置形式必须符合设计要求。

检验数量:施工单位、监理单位全部检查。

检验方法:观察和尺量。

4.6.3 砂桩施工工艺必须符合设计和施工技术方案的要求。

检验数量:施工单位、监理单位全部检查。

检验方法:观察和尺量。

4.6.4 地基承载力必须符合设计要求。

检验数量:施工单位检查总桩数的2‰,且每个基坑不少于1处;监理单位全部见证检测。

检验方法：平板载荷试验。

一 般 项 目

4.6.5　桩身灌砂量应不小于设计值的 95%。

检验数量：施工单位检查桩数的 2%，并不少于 5 根。

检验方法：计量检查。

4.6.6　砂桩施工允许偏差和检验方法应符合表 4.6.6 的规定。

表 4.6.6　砂桩施工允许偏差和检验方法

序　号	项　　目	允许偏差(mm)	检 验 方 法
1	桩位中心	50	尺量或测量
2	垂直度(%)	1.5	
3	桩　　径	挤密法：-20	
		锤击法：-50	
4	桩　　长	$^{+100}_{0}$	
5	桩顶高程	$^{+100}_{0}$	

检验数量：施工单位检查桩孔数的 2%，并不少于 5 根。

4.7　碎　石　桩

主 控 项 目

4.7.1　碎石质量必须符合设计要求。当设计无要求时，粒径不得大于 50 mm，含泥量不大于 5%。

检验数量：同产地、同品种、同规格以连续进场数量每400 m^3为一批，不足400 m^3也按一批计。施工单位每批均检查。监理单位按施工单位抽检次数的 10% 分别进行平行检验和见证检验，均不少于一次。

检验方法：施工单位进行筛分试验和含泥量试验；监理单位检查试验报告。

4.7.2　碎石桩的范围、数量和布置形式必须符合设计要求。

检验数量：施工单位、监理单位全部检查。

检验方法：观察和尺量。

4.7.3　碎石桩施工工艺必须符合设计和施工技术方案的要求。

检验数量：施工单位、监理单位全部检查。

检验方法：观察和尺量。

4.7.4　地基承载力必须符合设计要求。

检验数量：施工单位检查总桩数的 2‰，且每个基坑不少于 1 处；监理单位全部见证检测。

检验方法：平板载荷试验。

一般项目

4.7.5 施工中密实电流、水压和留振时间等参数应符合试桩要求。

检验数量:施工单位检查桩孔数的2%,并不少于5根。

检验方法:观察和检查施工记录。

4.7.6 桩孔内每次填料厚度不得大于1 m。

检验数量:施工单位每一根桩检查一次。

检验方法:测量。

4.7.7 填石量不应小于设计量的95%。

检验数量:施工单位检查桩孔数的2%,并不少于5根。

检验方法:计量检查。

4.7.8 碎石桩施工允许偏差和检验方法应符合表4.7.8的规定。

表4.7.8 碎石桩施工允许偏差和检验方法

序号	项目	允许偏差(mm)	检验方法
1	桩位中心	50	尺量或测量
2	垂直度(%)	1.5	
3	桩径	-50	
4	桩长	+100 0	
5	桩顶高程	+100 0	

检验数量:施工单位检查桩孔数的2%,并不少于5根。

4.8 粉喷桩

主控项目

4.8.1 水泥质量必须符合铁道部现行《铁路混凝土工程施工质量验收补充标准》(铁建设〔2005〕160号)第6.2.1条的规定。

4.8.2 石灰粉应为细磨生石灰,粒径不得大于0.2 mm,氧化钙含量不得小于80%。

检验数量:同厂家、同产地以连续进场数量每200 t为一批,不足200 t也按一批计。施工单位每批均检查一次;监理单位按施工单位抽验次数的10%分别进行平行检验和见证检验,均不少于一次。

检验方法:施工单位检查产品合格证,进行石灰材质试验;监理单位检查产品合格证、试验报告和见证取样检测。

4.8.3 粉喷桩的范围、数量和布置形式必须符合设计要求。

检验数量:施工单位、监理单位全部检查。

检验方法:观察和尺量。

4.8.4 粉喷桩施工工艺必须符合设计和施工技术方案的要求。

检验数量:施工单位、监理单位全部检查。

检验方法:观察和尺量。

4.8.5　粉喷桩的喷粉量应符合设计要求,允许偏差不大于8%。

检验数量:施工、监理单位全部检查。

检验方法:计量检查。

4.8.6　粉喷桩桩身无侧限抗压强度必须符合设计要求。

检验数量:施工单位检查桩数的2%,并不少于5根,每根在成桩28 d后取3个试样(桩顶以下0.5 m、1.0 m、1.5 m各截取1个,也可在桩径方向1/4处、桩头至2/3桩长范围内垂直钻芯取3个);监理单位按施工单位抽检次数的10%进行见证检验,且不少于1根。

检验方法:施工单位做无侧限抗压强度试验;监理单位检查试验报告和见证取样检测。

4.8.7　地基承载力必须符合设计要求。

检验数量:施工单位检查总桩数的2‰,且每个基坑不少于1处;监理单位全部见证检测。

检验方法:平板载荷试验。

一 般 项 目

4.8.8　粉喷桩施工允许偏差和检验方法应符合表4.8.8的规定。

检验数量:施工单位检查桩孔数的2%,并不少于5根。

表4.8.8　粉喷桩施工允许偏差和检验方法

序　号	项　　目	允许偏差(mm)	检 验 方 法
1	桩位中心	50	尺量或测量
2	垂直度(%)	1.5	
3	桩　　径	−20	
4	桩　　长	+100 0	
5	桩顶高程	+100 0	

4.9 旋 喷 桩

主 控 项 目

4.9.1　水泥质量必须符合铁道部现行《铁路混凝土工程施工质量验收补充标准》(铁建设〔2005〕160号)第6.2.1条的规定。

4.9.2　旋喷桩的布置范围、数量和形式必须符合设计要求。

检验数量:施工单位、监理单位全部检查。

检验方法:观察和尺量。

4.9.3　水泥浆配合比例必须符合设计要求。

检验数量:施工单位、监理单位全部检查。

检验方法:计量检查。

4.9.4　旋喷桩施工工艺必须符合设计和施工技术方案的要求。

检验数量:施工单位、监理单位全部检查。

检验方法:观察和尺量。

4.9.5 桩身无侧限抗压强度必须符合设计要求。

检验数量:施工单位检查桩数的2%,并不少于5根,每根桩在成桩28 d后取3个试样(在桩径方向1/4处、桩头至桩长2/3长范围内垂直钻芯);监理单位按施工单位抽检次数的10%进行见证检验,且不少于1根。

检验方法:施工单位做无侧限抗压强度试验;监理单位检查试验报告和见证取样检测。

4.9.6 地基承载力必须符合设计要求。

检验数量:施工单位检查总桩数的2‰,且每个基坑不少于1处;监理单位全部见证检测。

检验方法:平板载荷试验。

一 般 项 目

4.9.7 旋喷桩施工允许偏差和检验方法应按表4.8.8的规定执行。

5 明挖基础

5.1 一般规定

5.1.1 模板及支架、钢筋和混凝土的施工应符合铁道部现行《铁路混凝土工程施工质量验收补充标准》(铁建设〔2005〕160号)的有关规定及设计要求。

5.1.2 基坑开挖前应按地质、水文资料，环保要求，结合现场情况，制定施工方案，确定开挖范围、开挖坡度、支护方案、弃土位置和防、排水等措施。

5.1.3 基坑土方施工应对支护结构、周围环境进行观察和监测。当发现异常情况时，应及时处理，待恢复正常后方可继续施工。

5.1.4 基底处理应符合下列规定：

1 基础底面不得置于软硬不均的地层上。

2 岩层基底应清除岩面松碎石块、淤泥、苔藓，凿出新鲜岩面，表面应清洗干净。应将倾斜岩面凿平或凿成台阶。

3 碎石类土及砂类土层基底承重面应修理平整，黏性土层基底整修时，应在天然状态下铲平，不得用回填土夯平。

4 砌筑基础时，应在基础底面先铺一层5～10 cm水泥砂浆。

5 基础浇筑前的基坑不得泡水。如发生基坑泡水现象，应采取措施进行处理并满足设计要求。

5.1.5 基础应在无水情况下浇筑，混凝土和砌体砂浆终凝前不得浸水。

5.2 基　坑

主控项目

5.2.1 基坑平面位置、坑底尺寸必须满足设计要求和施工工艺设计要求。

检验数量：施工单位、监理单位全部检查。

检验方法：观察和尺量。

5.2.2 基坑开挖方法和支护形式必须符合设计和施工技术方案的要求。

检验数量：施工单位、监理单位全部检查。

检验方法：观察。

5.2.3 基底地质条件及承载力必须符合设计要求。

检验数量：施工单位和监理单位全部检查。

检验方法：施工单位观察或进行标准贯入、触探仪检测；监理单位观察和见证检测；勘察设计单位对桥梁地基全部进行现场确认。

5.2.4 基坑回填填料应符合设计要求，夯实应符合规定。

检验数量：施工单位全部检查。

检验方法:观察。

一般项目

5.2.5 基底高程的允许偏差和检验方法应符合表5.2.5的规定。

表5.2.5 基底高程的允许偏差和检验方法

序号	地质类别	允许偏差(mm)	检验方法
1	土	±50	测量检查
2	石	+50 -200	

检验数量:施工单位对每个基坑检查不少于5处。

5.3 混凝土基础

(Ⅰ)模板及支架

主控项目

5.3.1 模板及支架安装和拆除的检验必须符合铁道部现行《铁路混凝土工程施工质量验收补充标准》(铁建设〔2005〕160号)第4.2.1条、第4.2.2条和第4.3.1条的规定。

一般项目

5.3.2 模板及支架安装和拆除的检验应符合铁道部现行《铁路混凝土工程施工质量验收补充标准》(铁建设〔2005〕160号)第4.2.3条、第4.2.4条和第4.3.2条的规定。

(Ⅱ)钢筋

主控项目

5.3.3 钢筋原材料、加工、连接和安装的检验必须符合铁道部现行《铁路混凝土工程施工质量验收补充标准》(铁建设〔2005〕160号)第5.2.1条~5.2.3条、第5.3.1条、第5.4.1条、第5.4.2条和第5.5.1条~第5.5.4条的规定。

一般项目

5.3.4 钢筋原材料、加工、连接和安装的检验应符合铁道部现行《铁路混凝土工程施工质量验收补充标准》(铁建设〔2005〕160号)第5.2.4条、第5.3.2条、第5.4.3条和第5.5.5条的规定。

(Ⅲ)混凝土

主控项目

5.3.5 混凝土原材料、配合比设计、施工的检验必须符合铁道部现行《铁路混凝土工程施工质量验收补充标准》(铁建设〔2005〕160号)第6.2.1条~第6.2.7条、第6.3.1条~

第6.3.4条和第6.4.1条~第6.4.16条的规定。

一 般 项 目

5.3.6　混凝土施工和表面质量的检验应符合铁道部现行《铁路混凝土工程施工质量验收补充标准》(铁建设〔2005〕160号)第6.4.17条~第6.4.18条的规定。

5.3.7　基础施工的允许偏差和检验方法应符合表5.3.7的规定。

表5.3.7　基础施工的允许偏差和检验方法

序号	项　　目	允许偏差(mm)	检 验 方 法
1	基础前后、左右边缘距设计中心线	±50	测量检查每边不少于2处
2	基础顶面高程	±30	测量检查不少于5处

检验数量:施工单位全部检查。

6 桩 基 础

6.1 一 般 规 定

6.1.1 模板及支架、钢筋、混凝土和预应力的施工应符合铁道部现行《铁路混凝土工程施工质量验收补充标准》(铁建设[2005]160号)的有关规定及设计要求。

6.1.2 水下混凝土的施工应符合铁道部现行《铁路混凝土与砌体工程施工质量验收标准》(TB 10424—2003)第9章的有关规定及设计要求。

6.1.3 桩基础施工应根据环保要求,结合现场情况,编制实施性施工组织设计和施工工艺细则。

6.1.4 混凝土桩(管柱)的起吊、堆放和运输必须符合施工工艺设计要求。

6.1.5 沉入桩、钻孔桩应按有关规定和设计要求进行试桩,以确定施工工艺参数和检验桩的承载力,并应具有完整的试桩资料。

6.1.6 对发生"假极限"、"吸入"、上浮、下沉现象和射水沉桩必须进行复打。

6.1.7 从事桩基工程检测及试验的单位,必须具备省(部)级建设行政主管部门颁发的资质证书。

6.2 钢 围 堰

主 控 项 目

6.2.1 钢板桩围堰、双壁钢围堰和吊箱围堰所用材料、围堰刚度、强度及结构稳定性必须符合施工工艺设计要求。

检验数量:施工单位、监理单位全部检查。

检验方法:施工单位检查原材料的出厂合格证和施工工艺设计资料;监理单位对施工工艺设计资料进行审查。

6.2.2 钢板桩围堰必须符合下列规定:

1 桩尖高程符合设计要求;

2 经过整修或焊接的钢板桩应做锁口通过试验;

3 钢板桩接长时,应采取等强度焊接接长,相邻钢板桩接头上下错开2 m以上。

检验数量:施工单位、监理单位全部检查。

检验方法:观察、测量和检查施工记录。

6.2.3 双壁钢围堰必须符合下列规定:

1 围堰底面平均高程符合设计要求;

2 内外壁板及隔舱板的焊缝,应进行抗渗透试验;

3 上下隔舱板对齐,各相邻水平环形板对齐;上下竖向肋角必须与水平环形板焊牢。

检验数量:施工单位、监理单位全部检查。

检验方法:施工单位测量、观察和进行抗渗透试验;监理单位观察和检查测量、试验记录,并对抗渗透试验进行见证。

6.2.4 吊箱围堰必须符合下列规定:

1 箱体高程符合设计要求;

2 围堰支撑体系应满足吊装整体钢围堰和浇筑、承台封底混凝土整体受力要求;

3 吊箱围堰底板、边板和封板的接缝,应有可靠的防漏水措施。

检验数量:施工单位、监理单位全部检查。

检验方法:施工单位观察和测量;监理单位观察和检查测量记录。

一般项目

6.2.5 钢板桩插打和就位质量应符合下列规定:

1 合龙时楔形桩上下口宽度差不应大于桩长 2%;

2 到达设计高程后的倾斜度不应大于 1%。

检验数量:施工单位全部检查。

检验方法:测量检查。

6.2.6 双壁钢围堰拼装和就位质量应符合下列规定:

1 双壁钢围堰拼装允许偏差和检验方法应符合表 6.2.6—1 的规定。

表 6.2.6—1　双壁钢围堰拼装允许偏差和检验方法

序号	项目		允许偏差	检验方法
1	井箱平面直径		±d/800	尺量检查不少于 5 处
2	顶平面相对高差	井箱相邻点高差	10 mm	尺量检查
		全节围堰最大高差	20 mm	

注:d 为直径(mm)。

检验数量:施工单位全部检查。

2 双壁钢围堰就位允许偏差和检验方法应符合表 6.2.6—2 的规定。

检验数量:施工单位全部检查。

表 6.2.6—2　双壁钢围堰就位允许偏差和检验方法

序号	项目	允许偏差	检验方法
1	围堰倾斜度	1/50 mm	测量检查
2	围堰顶、底面中心位置	h/50 + 250 mm	
3	平面扭角	2°	

注:h 为围堰高度(mm)。

6.2.7 吊箱围堰拼装及就位允许偏差和检验方法应符合表 6.2.7 的规定。

表 6.2.7　吊箱围堰拼装及就位允许偏差和检验方法

序号	项目		允许偏差	检验方法
1	内侧平面尺寸	长、宽	长、宽的 1/700	尺量检查每边不少于 2 处
2		对角线	对角线的 1/500	尺量上、下口
3	围堰中线扭角		1°	测量检查
4	围堰倾斜度		箱体高的 1/50	
5	围堰做承台外模时,轴线偏位		15 mm	

检验数量:施工单位全部检查。

6.3 沉入桩制作

(Ⅰ)模板及支架

主 控 项 目

6.3.1 模板及支架安装和拆除的检验必须符合铁道部现行《铁路混凝土工程施工质量验收补充标准》(铁建设〔2005〕160号)第4.2.1条、第4.2.2条和第4.3.1条的规定。

一 般 项 目

6.3.2 模板及支架安装和拆除的检验应符合铁道部现行《铁路混凝土工程施工质量验收补充标准》(铁建设〔2005〕160号)第4.2.3条、第4.2.4条和第4.3.2条的规定。

(Ⅱ)钢 筋

主 控 项 目

6.3.3 钢筋原材料、加工、连接和安装的检验必须符合铁道部现行《铁路混凝土工程施工质量验收补充标准》(铁建设〔2005〕160号)第5.2.1条~5.2.3条、第5.3.1条、第5.4.1条、第5.4.2条和第5.5.1条~第5.5.4条的规定。

一 般 项 目

6.3.4 钢筋原材料、加工和连接的检验应符合铁道部现行《铁路混凝土工程施工质量验收补充标准》(铁建设〔2005〕160号)第5.2.4条、第5.3.2条和第5.4.3条的规定。

6.3.5 桩的钢筋骨架允许偏差和检验方法应符合表6.3.5的规定。

表6.3.5 桩的钢筋骨架允许偏差和检验方法

序 号	项 目	允许偏差(mm)	检 验 方 法
1	主筋间距	±5	尺量检查不少于5处
2	箍筋间距或螺旋筋的螺距	±10	
3	钢筋保护层	+5 −2	
4	吊环对桩中轴线的位置	±20	尺量或拉线尺量检查
5	吊环沿垂直于轴线方向的位置	±20	
6	吊环露出桩表面的高度	±10	
7	主筋顶端与桩顶净距	±5	
8	桩顶钢筋网片的位置	±5	
9	桩尖对中轴线的位置	±10	

检验数量:施工单位每10根(节)检查不少于1根。

（Ⅲ）混　凝　土

主 控 项 目

6.3.6　混凝土原材料、配合比设计和施工的检验必须符合铁道部现行《铁路混凝土工程施工质量验收补充标准》（铁建设〔2005〕160 号）第 6.2.1 条～第 6.2.7 条、第 6.3.1 条～第 6.3.4 条和第 6.4.1 条～第 6.4.15 条的规定。

6.3.7　桩的混凝土表面质量必须符合下列规定：

1　桩的棱角破损深度应在 10 mm 以内，其总长度不大于40 cm；

2　预应力混凝土桩不得有裂缝（表面收缩裂缝除外）；

3　普通混凝土桩允许有表面裂缝，其横向裂缝深度不大于 7 mm，裂缝宽度不大于 0.2 mm；

4　横向裂缝长度：方桩不大于边长 1/3，管桩及多角形桩不大于直径或对角线的 1/3；

5　纵向裂缝长度：方桩不大于边长的 1.5 倍，管桩及多角形桩不大于直径或对角线的 1.5 倍。

检验数量：施工单位、监理单位全部检查。

检验方法：观察、尺量或用刻度放大镜检查。

一 般 项 目

6.3.8　混凝土施工的检验应符合铁道部现行《铁路混凝土工程施工质量验收补充标准》（铁建设〔2005〕160 号）第 6.4.16 条、第 6.4.18 条的规定。

6.3.9　桩身外形尺寸的允许偏差和检验方法应符合表 6.3.9 的规定。

表 6.3.9　桩身外形尺寸的允许偏差和检验方法

序号	项　　目			允许偏差(mm)	检验方法
1	实心方桩	横截面边长		±5	尺量检查不少于 5 处
		桩顶对角线		±10	
		桩尖对中轴线的位移		10	拉线尺量检查
		桩 身	弯曲矢高	20	
			矢高与桩长比	1‰	
		桩顶平面对桩纵轴线的倾斜		3	角尺和拉线尺量检查
		中节桩两接触面对桩纵轴线的倾斜之和		3	
2	空心管桩	直　径		±5	尺量检查不少于 5 处
		壁　厚		-5	
		抽芯圆孔平面位置对桩中轴线的位移		5	
		桩尖对桩纵轴线的位移		10	拉线尺量检查
		桩身	弯曲矢高	20	
			矢高与桩长比	1‰	
		法兰盘对桩纵轴线垂直度		3	角尺和拉线尺量检查

检验数量:施工单位每10根(节)检查不少于1根。

(Ⅳ)预 应 力

主 控 项 目

6.3.10 预应力施工原材料、制作和安装、张拉或放张和封端的检验必须符合铁道部现行《铁路混凝土工程施工质量验收补充标准》(铁建设〔2005〕160号)第7.2.1条、第7.2.2条、第7.3.1条、第7.3.2条和第7.4.1~第7.4.5条的规定。

一 般 项 目

6.3.11 预应力筋的制作与安装、张拉或放张和封端的检验应符合铁道部现行《铁路混凝土工程施工质量验收补充标准》(铁建设〔2005〕160号)第7.3.4条、第7.3.6条和7.5.5条的规定。

6.4 沉入桩下沉

主 控 项 目

6.4.1 沉桩前必须对桩的质量进行验收,其质量和规格必须符合设计要求。

检验数量:施工单位、监理单位全部检查。

检验方法:检查出厂合格证、验收记录和观察。

6.4.2 沉入桩下沉必须符合施工工艺设计要求。桩的入土深度和最终贯入度必须符合设计要求。

检验数量:施工单位、监理单位全部检查。

检验方法:施工单位观察、测量并填写沉桩记录;监理单位观察并检查沉桩记录。监理单位对最终沉桩进行旁站监理。

6.4.3 桩承载力试验必须符合设计要求。

检验数量:施工单位、监理单位按设计要求数量检验。

检验方法:施工单位进行静载试验;监理单位见证试验;勘察设计单位现场确认。

6.4.4 桩顶高程和桩头处理必须符合设计要求。

检验数量:施工单位、监理单位全部检查。

检验方法:测量检查和观察。

一 般 项 目

6.4.5 接桩应符合设计要求,连接牢固。

检验数量:施工单位全部检查。

检验方法:观察。

6.4.6 沉桩桩位的允许偏差和检验方法应符合表6.4.6的规定。

表 6.4.6　沉桩桩位的允许偏差和检验方法

序号	项目		允许偏差	检验方法
1	桩位	中间桩	$d/2$ 且不大于 250 mm	测量或尺量检查
		外缘桩	$d/4$	
2	倾斜度	直桩	1%	吊线和尺量检查
		斜桩	15%·$\tan\theta$	

注：1　d 为桩径或短边(mm)；
　　2　θ 为斜桩轴线与垂线间的夹角。

检验数量：施工单位全部检查。

6.5　钻孔桩和挖孔桩

(Ⅰ)钻　孔

主 控 项 目

6.5.1　钻孔达到设计深度后，必须核实地质情况。

检验数量：施工单位、监理单位全部检查；勘察设计单位对代表性的桩进行现场确认。

检验方法：检查施工记录、观察。

6.5.2　孔径、孔深和孔型必须符合设计要求。

检验数量：施工单位、监理单位全部检查。

检验方法：测量检查和用检孔器或成孔检测仪器检查。

6.5.3　钻孔桩护筒应坚实不漏水，护筒埋深应符合施工工艺设计要求。

检验数量：施工单位、监理单位全部检查。

检验方法：观察和测量检查。

6.5.4　泥浆指标应根据钻孔机具、地质条件确定。对制备的泥浆应试验全部性能指标，钻进时应随时检查泥浆比重和含砂率。

检验数量：施工单位、监理单位全部检查。

检验方法：施工单位进行泥浆比重和含砂率试验；监理单位见证试验。

6.5.5　浇筑水下混凝土前应清底，孔底沉渣应清除干净，满足客运专线铁路相关设计规范及设计文件提出的沉降要求。

检验数量：施工单位、监理单位全部检查。

检验方法：测量。

一 般 项 目

6.5.6　钻孔桩钻孔允许偏差和检验方法应符合表 6.5.6 的规定。

表 6.5.6 钻孔桩钻孔允许偏差和检验方法

序号	项目		允许偏差	检验方法
1	护筒	顶面位置	50 mm	测量检查
		倾斜度	1%	
2	孔位中心		50 mm	
3	倾斜度		1%	

检验数量:施工单位全部检查。

(Ⅱ)挖 孔

主控项目

6.5.7 开挖顺序和防护措施必须符合设计和施工技术方案的要求。

检验数量:施工单位、监理单位全部检查。

检验方法:观察和尺量。

6.5.8 挖孔达到设计深度后,必须核实地质情况。孔底应平整,无松渣、淤泥、沉淀或扰动过的软层。

检验数量:施工单位、监理单位全部检查;勘察设计单位对代表性的桩进行现场确认。

检验方法:检查施工记录、观察。

6.5.9 孔径、孔深和孔型必须符合设计要求。

检验数量:施工单位、监理单位全部检查。

检验方法:测量检查和用检孔器或成孔检测仪器检查。

一般项目

6.5.10 挖孔桩挖孔允许偏差和检验方法应符合表 6.5.10 的规定。

表 6.5.10 挖孔桩挖孔允许偏差和检验方法

序号	项目	允许偏差	检验方法
1	孔位中心	50 mm	测量检查
2	倾斜度	0.5%	

检验数量:施工单位全部检查。

(Ⅲ)钢 筋

主控项目

6.5.11 钢筋原材料、加工、连接和安装的检验必须符合铁道部现行《铁路混凝土工程施工质量验收补充标准》(铁建设〔2005〕160 号)第 5.2.1 条 ~ 第 5.2.3 条、第 5.3.1 条、第 5.4.1 条、第 5.4.2 条和第 5.5.1 条 ~ 第 5.5.4 条的规定。

一 般 项 目

6.5.12　钢筋原材料、加工和连接的检验应符合铁道部现行《铁路混凝土工程施工质量验收补充标准》(铁建设〔2005〕160 号)第 5.2.4 条、第 5.3.2 条和第 5.4.3 条的规定。

6.5.13　钻(挖)孔桩钢筋骨架的允许偏差和检验方法应符合表 6.5.13 的规定。

表 6.5.13　钻(挖)孔桩钢筋骨架的允许偏差和检验方法

序　号	项　　　目	允 许 偏 差	检 验 方 法
1	钢筋骨架在承台底以下长度	±100 mm	尺量检查
2	钢筋骨架直径	±20 mm	
3	主钢筋间距	±0.5 d	尺量检查不少于 5 处
4	加强筋间距	±20 mm	
5	箍筋间距或螺旋筋间距	±20 mm	
6	钢筋骨架垂直度	1%	吊线尺量检查

注:d 为钢筋直径(mm)。

检验数量:施工单位全部检查。

(Ⅳ)混　凝　土

主 控 项 目

6.5.14　混凝土原材料、配合比设计、施工和水下混凝土的检验必须符合铁道部现行《铁路混凝土工程施工质量验收补充标准》(铁建设〔2005〕160 号)第 6.2.1 条 ~ 第 6.2.7 条、第 6.3.1 条 ~ 第 6.3.4 条、第 6.4.1 条 ~ 第 6.4.3 条、第 6.4.5 条、第 6.4.10 条、第 6.4.13 条和铁道部现行《铁路混凝土与砌体工程施工质量验收标准》(TB 10424—2003)第 9.3.4 条 ~ 第 9.3.6 条的规定。

6.5.15　水下混凝土浇筑必须符合施工工艺设计要求。

检验数量:施工单位、监理单位全部检查。

检验方法:观察和测量。

监理单位旁站监理。

6.5.16　桩的混凝土强度等级必须符合设计要求。水下混凝土标准养护试件强度必须符合设计强度等级的 1.15 倍。

检验数量:施工单位每根桩应在混凝土的浇筑地点随机抽样制作混凝土试件不得少于 2 组;每个桩基础监理单位见证取样检测或平行检验数量为施工单位检验数量的 20%、10%,且不少于 2 组。

检验方法:施工单位进行混凝土强度试验;监理单位检查试验报告。

6.5.17　桩身顶端必须清理上层浮浆露出新鲜混凝土面。桩顶高程和主筋伸入承台的长度必须符合设计要求。

检验数量:施工单位、监理单位全部检查。

检验方法:观察和测量。

6.5.18 钻孔桩桩身混凝土应匀质、完整。其检验必须符合下列规定:

1 对桩身混凝土应全部进行无损检测。检测方法必须符合铁道部现行《铁路工程基桩无损检测规程》(TB 10218)的规定。

2 对桩身混凝土质量有疑问和设计有要求的桩,应采用钻芯取样进行检测。检测方法应符合铁道部现行《铁路工程结构混凝土强度检测规程》(TB 10426)的规定。

检验数量:施工单位、监理单位全部检查。

检验方法:施工单位检查检测报告;监理单位见证检测并检查检测报告。

6.5.19 桩尖注浆应符合设计要求。

检验数量:施工单位、监理单位按设计要求数量检查。

检验方法:施工单位注浆检测;监理单位见证检测。

6.5.20 桩承载力试验必须符合设计要求。

检验数量:施工单位、监理单位按设计要求数量检验。

检验方法:施工单位进行静载试验;监理单位见证试验;勘察设计单位进行现场确认。

6.6 桩基承台

(Ⅰ)模板及支架

主控项目

6.6.1 模板及支架安装和拆除的检验必须符合铁道部现行《铁路混凝土工程施工质量验收补充标准》(铁建设〔2005〕160号)第4.2.1条、第4.2.2条和第4.3.1条的有关规定。

一般项目

6.6.2 模板及支架安装和拆除的检验应符合铁道部现行《铁路混凝土工程施工质量验收补充标准》(铁建设〔2005〕160号)第4.2.3条、第4.2.4条和第4.3.2条的规定。

(Ⅱ)钢　筋

主控项目

6.6.3 钢筋原材料、加工、连接和安装的检验必须符合铁道部现行《铁路混凝土工程施工质量验收补充标准》(铁建设〔2005〕160号)第5.2.1条~第5.2.3条、第5.3.1条、第5.4.1条、第5.4.2条和第5.5.1条~第5.5.4条的规定。

一般项目

6.6.4 钢筋原材料、加工和连接的检验应符合铁道部现行《铁路混凝土工程施工质量验收补充标准》(铁建设〔2005〕160号)第5.2.4条、第5.3.2条、第5.4.3条和第5.5.5条的规定。

(Ⅲ)混　凝　土

主 控 项 目

6.6.5　混凝土原材料、配合比设计和施工的检验必须符合铁道部现行《铁路混凝土工程施工质量验收补充标准》(铁建设〔2005〕160号)第6.2.1条~第6.2.7条、第6.3.1条~第6.3.4条和第6.4.1条~第6.4.16条的规定。

6.6.6　桩头与承台连接必须符合设计要求。当设计无要求时,承台边缘与桩外缘净距必须符合下列规定:

1　桩径小于等于1 m时,承台边缘与桩外缘净距不小于0.5倍桩径,且不小于250 mm;

2　桩径大于1 m时,承台边缘与桩外缘净距不小于0.3倍桩径,且不小于500 mm。

检验数量:施工单位、监理单位全部检查。

检验方法:观察和尺量检查。

一 般 项 目

6.6.7　混凝土原材料、配合比设计和施工的检验应符合铁道部现行《铁路混凝土工程施工质量验收补充标准》(铁建设〔2005〕160号)第6.4.18条的规定。

6.6.8　承台的允许偏差和检验方法应符合表6.6.8的规定。

表6.6.8　承台的允许偏差和检验方法

序　号	项　　目	允许偏差(mm)	检　验　方　法
1	尺　寸	±30	尺量长、宽、高各2点
2	顶面高程	±20	测量5点
3	轴线偏位	15	测量纵横各2点
4	前后、左右边缘距设计中心线尺寸	±50	尺量各边2处

检验数量:施工单位全部检查。

7 沉井基础

7.1 一般规定

7.1.1 模板及支架、钢筋和混凝土的施工应符合铁道部现行《铁路混凝土工程施工质量验收补充标准》(铁建设〔2005〕160号)的有关规定及设计要求。

7.1.2 沉井浮运设施必须经过检查试运转并符合施工工艺设计要求。沉井施工前必须根据设计文件提供的地质资料,制订施工方案、技术措施和编制施工组织设计。

7.1.3 沉井施工前应对洪汛、凌汛、潮汐、河床冲刷、通航漂流物、山洪和泥石流等情况作调查研究,制订相应的安全措施。

7.1.4 沉井下沉前应按设计要求,对附近的堤防、建筑物等影响范围,制订防护和环保措施,并在下沉过程中建立观测制度。

7.2 就地制作沉井

(Ⅰ)模板及支架

主控项目

7.2.1 模板及支架安装和拆除的检验必须符合铁道部现行《铁路混凝土工程施工质量验收补充标准》(铁建设〔2005〕160号)第4.2.1条、第4.2.2条和第4.3.1条的规定。

一般项目

7.2.2 模板及支架安装和拆除的检验应符合铁道部现行《铁路混凝土工程施工质量验收补充标准》(铁建设〔2005〕160号)第4.2.3条、第4.2.4条和第4.3.2条的规定。

(Ⅱ)钢　筋

主控项目

7.2.3 钢筋原材料、加工、连接和安装的检验必须符合铁道部现行《铁路混凝土工程施工质量验收补充标准》(铁建设〔2005〕160号)第5.2.1条~第5.2.3条、第5.3.1条、第5.4.1条、第5.4.2条和第5.5.1条~第5.5.4条的规定。

一般项目

7.2.4 钢筋原材料、加工、连接和安装的检验应符合铁道部现行《铁路混凝土工程施工质量验收补充标准》(铁建设〔2005〕160号)第5.2.4条、第5.3.2条、第5.4.3条和第5.5.5条的规定。

（Ⅲ）混　凝　土

主 控 项 目

7.2.5　混凝土原材料、配合比设计、施工和外观质量的检验必须符合铁道部现行《铁路混凝土工程施工质量验收补充标准》（铁建设〔2005〕160号）第6.2.1条～第6.2.7条、第6.3.1条～第6.3.4条、第6.4.1条～第6.4.16条的规定。

一 般 项 目

7.2.6　混凝土施工和外观质量的检验应符合铁道部现行《铁路混凝土工程施工质量验收补充标准》（铁建设〔2005〕160号）第6.4.18条的规定。

7.2.7　混凝土沉井制作允许偏差和检验方法应符合表7.2.7的规定。

表7.2.7　混凝土沉井制作允许偏差和检验方法

序号	项目		允许偏差	检验方法
1	平面尺寸	长、宽	±0.5%，且不大于120 mm	测量每边不少于2处
		曲线半径	±0.5%，且不大于60 mm	尺量不少于4处
		对角线	±1%，且不大于180 mm	尺量
2	井壁厚度	混凝土、片石混凝土	±40 mm	尺量不少于4处
		钢筋混凝土	±15 mm	
3	井壁表面平整度		5 mm	2 m靠尺量不少于4处

检验数量：施工单位每节沉井全部检查。

（Ⅳ）下　沉

主 控 项 目

7.2.8　底节沉井混凝土必须达到设计强度，其上各节达到设计强度的70%后方可下沉。

检验数量：施工单位、监理单位全部检查。

检验方法：施工单位每节沉井下沉前进行一组同条件养护试件强度试验；监理单位检查强度试验报告或见证试验。

一 般 项 目

7.2.9　就地制作沉井下沉至设计高程后，允许偏差和检验方法应符合表7.2.9的规定。

表7.2.9　就地制作沉井下沉至设计高程后允许偏差和检验方法

序号	项目	允许偏差	检验方法
1	底面、顶面中心与设计中心位置在平面纵横向的位移（包括因倾斜而产生的位移）	h/50	底、顶面至少各测量4处
2	最大倾斜度	1/50	测量
3	平面扭角（矩形、圆端形）	1°	

注：h 为沉井高度（mm）。

检验数量:施工单位每座沉井全部检查。

(Ⅴ)清基、填充

主 控 项 目

7.2.10 沉井清理基底必须符合下列规定:

1 沉井下沉至设计高程后,基底地质条件应符合设计要求;

2 清理后的基底距隔墙底面的高度、刃脚斜面露出的高度和有效面积应符合设计要求;

3 在软土中沉井沉至设计高程并清基后,应进行沉降观测,待 8 h 内累计下沉小于 10 mm 时方可封底。

检验数量:施工单位、监理单位全部检查。

检验方法:施工单位观察、测量;监理单位观察、测量并检查施工记录。

7.2.11 沉井应在封底混凝土强度达到设计强度后方可抽水填充。

检验数量:施工单位、监理单位全部检查。

检验方法:施工单位抽水前进行一组同条件养护试件强度试验;监理单位检查试验报告。

7.2.12 沉井填充必须符合设计要求。

检验数量:施工单位、监理单位全部检查。

检验方法:观察。

7.3 浮式沉井

(Ⅰ)模板及支架

主 控 项 目

7.3.1 模板及支架安装和拆除的检验必须符合铁道部现行《铁路混凝土工程施工质量验收补充标准》(铁建设〔2005〕160 号)第 4.2.1 条、第 4.2.2 条和第 4.3.1 条的规定。

一 般 项 目

7.3.2 模板及支架安装和拆除的检验应符合铁道部现行《铁路混凝土工程施工质量验收补充标准》(铁建设〔2005〕160 号)第 4.2.3 条、第 4.2.4 条和第 4.3.2 条的规定。

(Ⅱ)钢　　筋

主 控 项 目

7.3.3 钢筋原材料、加工、连接和安装的检验必须符合铁道部现行《铁路混凝土工程施工质量验收补充标准》(铁建设〔2005〕160 号)第 5.2.1 条～第 5.2.3 条、第 5.3.1 条、第 5.4.1 条、第 5.4.2 条和第 5.5.4 条的规定。

一 般 项 目

7.3.4 钢筋原材料、加工、连接和安装的检验应符合铁道部现行《铁路混凝土工程施工质量验收补充标准》(铁建设〔2005〕160 号)第 5.2.2 条、第 5.3.2 条、第 5.4.3 条和第 5.5.2 条的规定。

(Ⅲ)混 凝 土

主 控 项 目

7.3.5 混凝土原材料、配合比设计、施工和外观质量的检验必须符合铁道部现行《铁路混凝土工程施工质量验收补充标准》(铁建设〔2005〕160 号)第 6.2.1 条～第 6.2.7 条、第 6.3.1 条～第 6.3.4 条、第 6.4.1 条～第 6.4.16 条的规定。

一 般 项 目

7.3.6 混凝土施工质量的检验应符合铁道部现行《铁路混凝土工程施工质量验收补充标准》(铁建设〔2005〕160 号)第 6.4.18 条的规定。

7.3.7 混凝土沉井制作允许偏差和检验方法应符合本暂行标准第 7.2.7 条的规定。

(Ⅳ)钢沉井制作

主 控 项 目

7.3.8 钢沉井使用材料的规格、强度应符合施工工艺设计的要求和有关产品标准的规定。

检验数量:施工单位、监理单位全部检查。

检验方法:观察、尺量和检查产品合格证。

7.3.9 沉井气筒必须按受压容器的有关规定制造,并经压力(不得低于工作压力的 1.5 倍)试验合格后方可使用;底节沉井应作水压试验,其余各节应经水密检查,合格后方可下水。

检验数量:施工单位、监理单位全部检查。

检验方法:施工单位作水压试验和水密检查;监理单位见证试验。

一 般 项 目

7.3.10 钢沉井制造的允许偏差应符合设计要求和本暂行标准第 7.2.7 条的有关规定。

(Ⅴ)浮 运 就 位

主 控 项 目

7.3.11 沉井浮运必须检算其稳定性。沉井浮运必须符合施工工艺设计要求。

检验数量:施工单位、监理单位全部检查。

检验方法:检算和观察。

监理单位旁站监理。

一般项目

7.3.12 浮式沉井应在枯水期和流速平稳时进行,沉井就位落至河床后应尽快安排下沉。

检验数量:施工单位全部检查。

检验方法:观察。

(Ⅵ)下　　沉

主控项目

7.3.13 浮式沉井下沉的检验必须符合第7.2.8条和第7.3.9条的规定。

一般项目

7.3.14 浮式沉井下沉至设计高程后,允许偏差和检验方法应符合表7.3.14的规定。

表7.3.14 浮式沉井下沉至设计高程后允许偏差和检验方法

序号	项　　目	允许偏差	检验方法
1	底面、顶面中心与设计中心位置在平面纵横向的位移(包括因倾斜而产生的位移)	$h/50+250$ mm	底、顶面至少各测量4处
2	最大倾斜度	1/50	测　量
3	平面扭角(矩形、圆端形)	2°	

注:h为沉井高度(mm)。

检验数量:施工单位每座沉井全部检查。

(Ⅶ)清基、填充

主控项目

7.3.15 浮式沉井不排水情况下清理基底的检验必须符合本暂行标准第7.2.10条的有关规定。

7.3.16 浮式沉井填充的检验必须符合本暂行标准第7.2.11条的规定。

一般项目

7.3.17 浮式沉井填充的检验应符合本暂行标准第7.2.11条和第7.2.12条的规定。

8 墩 台

8.1 一般规定

8.1.1 模板及支架、钢筋和混凝土的施工应符合铁道部现行《铁路混凝土工程施工质量验收补充标准》(铁建设〔2005〕160 号)的有关规定和设计要求。砌体的施工应符合铁道部现行《铁路混凝土与砌体工程施工质量验收标准》(TB 10424—2003)的有关规定和设计要求。

8.1.2 防水层的施工应符合本暂行标准第 15.2 节的有关规定。

8.1.3 墩台施工中应经常检查中线、高程,发现问题及时处理。墩台施工完毕,应对全桥中线、高程、跨度贯通测量,并用墨线标出各墩台中心线、支座十字线、梁端线及锚栓孔位置。

8.1.4 墩台施工完毕应及时对河道进行疏通清理,做好环境保护。

8.1.5 墩台施工时应按设计要求设置永久性高程观测点,并在施工完成、架梁前和竣工验交前进行观测。

8.1.6 台后填土按过渡段设计时,其施工质量验收应按《客运专线铁路路基工程施工质量验收暂行标准》(铁建设〔2005〕160 号)的相关规定办理。

8.2 墩 台

(Ⅰ)模板及支架

主控项目

8.2.1 模板及支架安装和拆除的检验必须符合铁道部现行《铁路混凝土工程施工质量验收补充标准》(铁建设〔2005〕160 号)第 4.2.1 条、第 4.2.2 条和第 4.3.1 的规定。

8.2.2 拆模时混凝土表面温度与环境温度之差不得大于 15 ℃。

检验数量:施工、监理单位全部检查。

检验方法:施工单位用温度计测量;监理单位检查拆模时的温度记录。

一般项目

8.2.3 模板及支架拆除的检验应符合铁道部现行《铁路混凝土工程施工质量验收补充标准》(铁建设〔2005〕160 号)第 4.3.2 条的规定。

8.2.4 模板及支架的允许偏差和检验方法应符合表 8.2.4 的规定。

检验数量:施工单位每安装段全部检查。

表 8.2.4 墩台模板允许偏差和检验方法

序 号	项 目	允许偏差(mm)	检 验 方 法
1	前后、左右距中心线尺寸	±10	测量检查每边不少于2处
2	表面平整度	3	1 m靠尺检查不少于5处
3	相邻模板错台	1	尺量检查不少于5处
4	空心墩壁厚	±3	尺量检查不少于5处
5	同一梁端两垫石高差	2	测量检查
6	墩台支承垫石顶面高程	$^{0}_{-5}$	经纬仪测量
7	预埋件和预留孔位置	5	纵横两向尺量检查

(Ⅱ)钢 筋

主控项目

8.2.5 钢筋原材料、加工、连接和安装的检验必须符合铁道部现行《铁路混凝土工程施工质量验收补充标准》(铁建设〔2005〕160号)第5.2.1条~第5.2.3条、第5.3.1条、第5.4.1条、第5.4.2条和第5.5.1条~第5.5.4条的规定。

一般项目

8.2.6 钢筋原材料、加工和连接的检验应符合铁道部现行《铁路混凝土工程施工质量验收补充标准》(铁建设〔2005〕160号)第5.2.4条、第5.3.2条、第5.4.3条和第5.5.5条的规定。

(Ⅲ)混 凝 土

主控项目

8.2.7 混凝土原材料、配合比设计和施工的检验必须符合铁道部现行《铁路混凝土工程施工质量验收补充标准》(铁建设〔2005〕160号)第6.2.1条~第6.2.7条、第6.3.1条~第6.3.4条和第6.4.1条~第6.4.16条的规定。

8.2.8 墩台混凝土宜连续浇筑。当分段浇筑时,混凝土与混凝土之间接缝,周边应预埋直径不小于16 mm的钢筋或其他铁件,埋入与露出长度不应小于钢筋直径的30倍,间距不应大于直径的20倍。

检验数量:施工单位、监理单位全部检查。

检验方法:观察和尺量。

8.2.9 桥台顶道砟槽面排水坡应符合设计要求。

检验数量:施工单位、监理单位全部全部检查。

检验方法:观察和测量。

8.2.10 混凝土表面裂缝宽度不得大于0.2 mm。

检验数量:施工单位、监理单位全部检查。

检验方法:观察和用刻度放大镜检查。

一 般 项 目

8.2.11　混凝土施工的检验应符合铁道部现行《铁路混凝土工程施工质量验收补充标准》(铁建设〔2005〕160 号)第 6.4.18 条的规定。

8.2.12　混凝土墩台允许偏差和检验方法应符合表 8.2.12 的规定。

表 8.2.12　混凝土墩台允许偏差和检验方法

序号	项　目		允许偏差(mm)	检验方法
1	墩台前后、左右边缘距设计中心线尺寸		±20	测量检查不少于 5 处
2	空心墩壁厚		±5	
3	桥墩平面扭角		2°	
4	表面平整度		5	1 m 靠尺检查不少于 5 处
5	简支混凝土梁	每片混凝土梁一端两支承垫石顶面高差	3	测量检查
		每孔混凝土梁一端两支承垫石顶面高差	4	
6	简支钢梁	支承垫石顶面高差	5	
7	支承垫石顶面高程		0 -10	
8	预埋件和预留孔位置		5	

检验数量:施工单位每个墩台全部检查。

(Ⅳ) 防 水 层

主 控 项 目

8.2.13　防水层的检验必须符合本暂行标准第 15.2.1 条～第 15.2.4 条的规定。

一 般 项 目

8.2.14　防水层的检验应符合本暂行标准第 15.2.6 条～第 15.2.11 条的规定。

8.2.15　桥台泄水管与防水层应衔接良好。

检验数量:施工单位全部检查。

检验方法:观察。

8.3　台后填土、锥体及其他

(Ⅰ)桥 台 填 土

主 控 项 目

8.3.1　台后及锥体填料种类和规格必须符合设计要求和《客运专线铁路路基工程施工质量验收暂行标准》的有关规定。

检验数量:施工单位、监理单位全部检查。

检验方法:观察。

8.3.2 台后及锥体填筑范围必须符合设计要求。

检验数量:施工单位、监理单位全部检查。

检验方法:测量和观察。

8.3.3 台后及锥体填筑密实度必须符合设计要求和《客运专线铁路路基工程施工质量验收暂行标准》(铁建设〔2005〕160号)的有关规定。

检验数量:施工单位、监理单位全部检查。

检验方法:施工单位进行仪器检查;监理单位检查检测报告。

一般项目

8.3.4 锥体填筑后应刷坡,坡面平整圆顺。

检验数量:施工单位全部检查。

检验方法:观察。

(Ⅱ)混 凝 土

主控项目

8.3.5 混凝土原材料、配合比设计和施工的检验必须符合铁道部现行《铁路混凝土与砌体工程施工质量验收标准》(TB 10424—2003)第6.2.1条~6.2.7条、第6.3.1条~6.3.2条和第6.4.1条~6.4.3条的规定。

一般项目

8.3.6 混凝土施工的检验应符合铁道部现行《铁路混凝土与砌体工程施工质量验收标准》(TB 10424—2003)第6.4.4条~第6.4.8条的规定。

(Ⅲ)砌 体

主控项目

8.3.7 砌体原材料和砌筑的检验必须符合铁道部现行《铁路混凝土与砌体工程施工质量验收标准》(TB 10424—2003)第8.2.1条~第8.2.5条和第8.3.1条~第8.3.6条的规定。

8.3.8 砌体的结构形式、位置必须符合设计要求。

检验数量:施工单位、监理单位全部检查。

检验方法:观察和尺量。

8.3.9 砌体反滤层厚度、所用材料质量和规格必须符合设计要求。

检验数量:施工单位、监理单位全部检查。

检验方法:观察并形成记录。

一 般 项 目

8.3.10 砌体的表面质量应符合铁道部现行《铁路混凝土与砌体工程施工质量验收标准》(TB 10424—2003)第8.3.7条的规定。

8.3.11 砌体允许偏差和检验方法应符合表8.3.11的规定。

表8.3.11 砌体允许偏差和检验方法

序 号	项 目	允许偏差(mm)	检 验 方 法
1	顶面高程	±50	水准仪检查
2	表面平整度	30	2 m靠尺检查
3	坡 度	不陡于设计要求	测量检查
4	厚 度	不小于设计要求	尺量检查
5	底面高程	±50	测量检查
6	反滤层厚度	不小于设计要求	尺量检查

检验数量:施工单位每个砌筑段检查5处。

9 预应力混凝土箱梁

9.1 一般规定

9.1.1 模板及支架、钢筋、混凝土和预应力的施工应符合铁道部现行《铁路混凝土工程施工质量验收补充标准》(铁建设[2005]160号)的有关规定及设计要求。

9.1.2 支座和防水层的施工应符合本暂行标准第14章和第15.2节的有关规定。

9.1.3 预应力混凝土简支箱梁制造单位应取得规定的现场制梁生产资质。

9.1.4 预应力混凝土简支箱梁制造和架设,应编制实施性施工组织设计及施工工艺细则。

9.1.5 制梁台座或先张梁张拉台座应有施工工艺设计,其强度、刚度及稳定性,应能满足施工各阶段施工荷载的要求和施工工艺要求。折线配筋的先张梁,预应力筋转辙器的设置应符合设计要求。

9.1.6 预应力混凝土简支箱梁的模板及支架应有施工工艺设计。其反拱和预留压缩量的设置应符合设计要求和施工工艺要求。

9.1.7 预制预应力混凝土简支箱梁梁体应采用泵送混凝土连续灌筑、一次成型,灌筑时间不宜超过6 h。

9.1.8 预制预应力混凝土简支箱梁混凝土灌筑时,模板温度宜在5 ℃~35 ℃,混凝土拌和物入模温度宜在5 ℃~30 ℃。

9.1.9 梁体混凝土采用蒸汽养护时,分为静停、升温、恒温、降温四个阶段。静停期间应保持棚温不低于5 ℃,浇筑完4 h后方可升温,升温速度不得大于10 ℃/h,恒温时蒸汽温度不宜超过45 ℃,梁体芯部混凝土温度不宜超过60 ℃,降温速度不应大于10 ℃/h;蒸养期间及撤除保温设施时,梁体混凝土芯部与表层、表层与环境温差不宜超过15℃;蒸汽养护结束后,应立即进入自然养护,时间不少于7 d。梁体混凝土采用自然养护时,梁体表面应采用草袋或麻袋覆盖,并在其上覆盖塑料薄膜,梁体洒水次数应能保持混凝土表面充分潮湿为度;当环境相对湿度小于60%时,自然养护不应少于28 d;相对湿度在60%以上时,自然养护不应少于14 d。当环境温度低于5 ℃时,梁体表面应喷涂养护剂,采取保温措施,禁止对混凝土洒水。

9.1.10 先张法预应力混凝土简支箱梁的预应力筋安装宜自下而上,先穿直线预应力筋,再穿折线预应力筋。预应力筋放张应在梁体混凝土强度和弹性模量符合设计要求,且混凝土龄期不少于72 h时进行,并符合设计要求。

9.1.11 后张法预应力混凝土简支箱梁的预应力筋张拉工艺,除设计有特别规定外,宜按预张拉、初张拉和终张拉三个阶段进行。带模预张拉时,内模应松开,不应对梁体压缩造成阻碍。张拉数量及张拉力值应符合设计要求。预应力束张拉前,应清除管道内的杂物及积水。终张拉应在梁体混凝土强度及弹性模量达到设计值后、龄期不少于10 d时进行。预施力应采用两端同步张拉,并符合设计要求的张拉顺序。预施力过程中应保持两端的伸长量基本一致。张拉期间应采取措施避免锚具、预应力筋受雨水、养护用水浇淋，防止锚具及预应力筋出现锈蚀。

9.1.12　后张法预应力混凝土简支箱梁管道压浆宜在预应力筋终拉完成后 48 h 内进行，压浆时及压浆后 3 d 内，梁体及环境温度不得低于 5 ℃。管道压浆应采用真空辅助压浆工艺，压浆泵应采用连续式，同一管道压浆应连续进行，一次完成。

9.1.13　后张法预应力混凝土简支箱梁封端前应对锚圈与锚垫板之间的交接缝用聚氨酯防水涂料进行防水处理。折线配筋先张法预应力混凝土简支箱梁，转折器切割后外露面涂刷防锈剂，转折器处的凹穴应采用与梁体混凝土色泽相一致的环氧树脂混凝土封堵。封端混凝土养护结束后，应采用聚氨酯防水涂料对封端新老混凝土之间的交接缝进行防水处理。

9.1.14　制梁膺架应有施工工艺设计，其强度、刚度及整体稳定性，应能满足施工各阶段施工荷载的要求和施工工艺要求，并应进行预压，以消除非弹性变形和测出弹性变形值。

9.1.15　架(移)梁设备和吊(顶)具应具有足够的强度、刚度和稳定性，能满足架(移)梁荷载要求。并应在工地进行静动载试验、试运转和验收，做好记录。未经验收合格的架(移)梁设备和吊(顶)具，不得进行架(移)梁作业。

9.1.16　桥梁预施应力使用的预应力筋张拉设备及仪表应符合下列规定：

1　张拉千斤顶额定吨位宜为张拉力的 1.5 倍，且不得小于 1.2 倍。使用前必须进行校正，校正系数不得大于 1.05。校正有效期为一个月且不超过 200 次张拉作业。张拉千斤顶的行程应满足张拉工艺的要求。

2　压力表应为防振型，最大读数应为张拉力对应压力值的 1.5 ~2.0 倍，精度不应低于 1.0 级。首次使用前必须经计量部门检定。使用时必须定期检定，检定有效期为一周。当使用 0.4 级时，检定有效期可为一个月。

3　油泵的额定压力应为张拉力对应压力值的 1.5 倍。油箱容量宜为张拉千斤顶总输油量的 1.5 倍。

4　张拉千斤顶、压力表和油泵等应配套校正、配套使用。当在使用过程中出现异常现象时，应重新校正。

9.1.17　孔道摩阻和锚口(包括喇叭口)摩阻应通过试验确定。

9.2　先张法预应力混凝土简支箱梁制造

(Ⅰ)模板及支架

主 控 项 目

9.2.1　模板及支架安装和拆除的检验必须符合铁道部现行《铁路混凝土工程施工质量验收补充标准》(铁建设〔2005〕160 号)第 4.2.1 条、第 4.2.2 条的规定。

9.2.2　拆模时的梁体混凝土强度应符合设计要求。当设计无具体规定时，混凝土强度应达到设计强度的 60% 及以上，且能保证棱角完整。

检验数量：施工单位、监理单位全部检查。

检验方法：施工单位拆模前进行一组同条件养护试件强度试验；监理单位检查强度试验报告或见证试验。

9.2.3　拆模时的梁体混凝土芯部与表层、箱内与箱外、表层与环境温差均不宜大于15 ℃。气温急剧变化时不宜拆模。

检验数量：施工单位、监理单位全部检查。

检验方法：施工单位用温度计量测温度；监理单位检查测温记录。

一 般 项 目

9.2.4　先张梁模板安装允许偏差和检验方法应符合表9.2.4的规定。

表9.2.4　先张梁模板尺寸允许偏差和检验方法

序号	项　　目	允许偏差(mm)	检 验 方 法
1	侧、底模板全长	±10	尺量检查各不少于3处
2	底模板宽	$^{+5}_{0}$	尺量检查不少于5处
3	底模板中心线与设计位置偏差	2	拉线量测
4	桥面板中心线与设计位置偏差	10	
5	腹板中心线位置偏差	10	尺量检查
6	隔板中心线位置偏差	5	
7	模板垂直度	每米高度3	吊线尺量检查不少于5处
8	侧、底模板平整度	每米长度2	1 m靠尺和塞尺检查各不少于5处
9	桥面板宽度	±10	尺量检查不少于5处
10	腹板厚度	$^{+10}_{0}$	
11	底板厚度	$^{+10}_{0}$	
12	顶板厚度	$^{+10}_{0}$	
13	隔板厚度	$^{+10}_{0}$	
14	端模板预留预应力孔道偏离设计位置	3	尺量检查

检验数量：施工单位全部检查。

（Ⅱ）钢　　筋

主 控 项 目

9.2.5　钢筋原材料、加工、连接和安装的检验必须符合铁道部现行《铁路混凝土工程施工质量验收补充标准》（铁建设〔2005〕160号）第5.2.1条～第5.2.3条、第5.3.1条、第5.4.1条、第5.4.2条和第5.5.1条～第5.5.4条的规定。

9.2.6　先张梁预应力筋隔离套管的品种、规格和位置必须符合设计要求。安装时内端必须堵塞严密，外端必须穿出端分丝板以外50～150 mm并加以固定。

检验数量：施工单位、监理单位全部检查。

检验方法：观察和尺量。

一 般 项 目

9.2.7　钢筋原材料、加工和连接的检验应符合铁道部现行《铁路混凝土工程施工质量验收补充标准》(铁建设〔2005〕160 号)第 5.2.4 条、第 5.3.2 条和第 5.4.3 条的规定。

9.2.8 钢筋安装允许偏差和检验方法应符合表 9.2.8 的规定。

表 9.2.8 钢筋安装允许偏差和检验方法

序 号	项 目	允许偏差(mm)	检 验 方 法
1	桥面主筋间距及位置偏差(拼装后检查)	15	尺量检查不少于 5 处
2	底板钢筋间距及位置偏差	8	
3	箍筋间距及位置偏差	15	
4	腹板箍筋的垂直度(偏离垂直位置)	15	
5	钢筋保护层厚度与设计值偏差	+5 0	
6	其他钢筋偏移量	20	

注:表中钢筋保护层厚度的实测偏差不得超出允许偏差范围。

检验数量:施工单位全部检查;监理单位平行检验每项目不少于 2 处,并检查施工记录。

(Ⅲ)混 凝 土

主 控 项 目

9.2.9 混凝土原材料、配合比设计和施工的检验必须符合铁道部现行《铁路混凝土工程施工质量验收补充标准》(铁建设〔2005〕160 号)第 6.2.1 条~第 6.2.7 条、第 6.3.1 条~第 6.3.4 条和第 6.4.1 条~第 6.4.15 条的规定。

9.2.10 梁体混凝土采用蒸汽养护时,当设计无特殊要求时,应分为静停、升温、恒温和降温四个阶段。温度控制除有特殊规定外,必须符合下列规定:

1 静停时间不少于 4 h。

2 升温速度不得大于每小时 10 ℃。

3 恒温温度应控制在 45 ℃以下,恒温时间应通过试验确定。

4 梁体芯部混凝土温度不宜超过 60 ℃。

5 降温速度不得大于每小时 10 ℃。

6 梁体周围各部位养护温度差不得大于 15 ℃。

7 拆模时梁体表面温度与环境温度之差不得大于 15 ℃。

8 蒸汽养护结束后,应立即进入自然养护,时间不应少于 7 d。梁体混凝土采用自然养护时,梁体表面应采用草袋或麻袋覆盖,并在其上覆盖塑料薄膜,梁体洒水次数应能保持混凝土表面充分潮湿为度;当环境相对湿度小于 60% 时,自然养护不应少于 28 d;相对湿度在 60% 以上时,自然养护不应少于 14 d。当环境温度低于 5 ℃时,梁体表面应喷涂养护剂,采取保温措施,禁止对混凝土洒水。

检验数量:施工单位、监理单位全部检查。

检验方法:检查测温记录和用温度计检查。

9.2.11 梁静载试验必须符合国家现行《预应力混凝土铁路桥简支梁静载弯曲抗裂试验方法》(TB/T 2092)的规定。

检验数量:按规定数量抽检。

检验方法:部质检机构试验检验;监理单位见证试验。

9.2.12 梁体挡砟墙、边墙、隔板、遮板、封端、转折器处凹穴封堵的混凝土表面裂缝宽度不得大于0.2 mm。封端混凝土、转折器处凹穴封堵混凝土与周边混凝土之间以及梁体的其他部位不得出现裂缝(梁体表面收缩裂缝除外)。

检验数量:施工单位、监理单位全部检查。

检验方法:观察和用刻度放大镜检查。

一 般 项 目

9.2.13 混凝土施工的检验应符合铁道部现行《铁路混凝土工程施工质量验收补充标准》(铁建设〔2005〕160 号)第6.4.18 条的规定。

9.2.14 梁体外形尺寸允许偏差和检验方法应符合表9.2.14 的规定。

表 9.2.14 梁体外形尺寸允许偏差和检验方法

<table>
<tr><th>序号</th><th colspan="2">项 目</th><th>允许偏差(mm)</th><th>检 验 方 法</th></tr>
<tr><td>1</td><td colspan="2">△梁全长</td><td>±20</td><td>检查桥面及底板两侧,放张/终张拉30 d后测量</td></tr>
<tr><td>2</td><td colspan="2">△梁跨度</td><td>±20</td><td>检查支座中心至中心,放张/终张拉30 d后测量</td></tr>
<tr><td>3</td><td colspan="2">桥面及挡砟墙内侧宽度</td><td>±10</td><td>检查1/4 跨、跨中、3/4 跨和梁两端</td></tr>
<tr><td>4</td><td colspan="2">腹板厚度</td><td>+10
5</td><td>通风孔测量,跨中、1/4 跨、3/4 跨各2 处</td></tr>
<tr><td>5</td><td colspan="2">底板宽度</td><td>±5</td><td>专用测量工具测量,跨中、1/4 跨、3/4跨和梁两端</td></tr>
<tr><td>6</td><td colspan="2">桥面偏离设计位置</td><td>10</td><td>从支座螺栓中心放线,引向桥面</td></tr>
<tr><td>7</td><td colspan="2">梁 高</td><td>+10
−5</td><td>检查两端</td></tr>
<tr><td>8</td><td colspan="2">梁上拱</td><td>L/3 000</td><td>放张/终张拉30 d时</td></tr>
<tr><td>9</td><td colspan="2">顶板厚</td><td>+10
0</td><td rowspan="2">专用工具测量,1/4 跨、跨中、3/4跨、梁两端各2 处</td></tr>
<tr><td>10</td><td colspan="2">底板厚</td><td>+10
0</td></tr>
<tr><td>11</td><td colspan="2">挡砟墙厚度</td><td>±5</td><td>尺量检查不少于5 处</td></tr>
<tr><td>12</td><td colspan="2">表面垂直度</td><td>每米高度偏差3</td><td>侧量检查不少于5 处</td></tr>
<tr><td>13</td><td colspan="2">梁面平整度</td><td>每米长度偏差5</td><td>1 m靠尺检查不少于15 处</td></tr>
<tr><td>14</td><td colspan="2">底板顶面平整度</td><td>每米长度偏差10</td><td>1 m靠尺检查不少于15 处</td></tr>
<tr><td>15</td><td colspan="2">钢筋保护层</td><td>不小于设计值</td><td>专用仪器测量,跨中和梁端的顶板顶底面、底板顶底面、腹板内外侧、挡砟墙侧面和顶面以及梁端面各1 处(每处不少于10 点)</td></tr>
<tr><td rowspan="5">16</td><td rowspan="5">上支座板</td><td>每块边缘高差</td><td>1</td><td rowspan="3">尺 量</td></tr>
<tr><td>支座中心线偏离设计位置</td><td>3</td></tr>
<tr><td>螺栓孔</td><td>垂直梁底板</td></tr>
<tr><td>△螺栓孔中心偏差</td><td>2</td><td>尺量每块板上四个螺栓中心距</td></tr>
<tr><td>外露底面</td><td>平整无损,无飞边,防锈处理</td><td>观 察</td></tr>
</table>

续上表

序号	项目	允许偏差(mm)	检验方法
17	电缆槽竖墙、伸缩装置预留钢筋	齐全设置,位置正确	观察
	接触网支架座钢筋	齐全设置,位置正确	
	泄水管、管盖	齐全完整,安装牢固,位置正确	
	桥牌	标志正确,安装牢固	

注:表中有"△"的3项为关键项点,其实测偏差不得超出允许偏差范围。

检验数量:施工单位全部检查。

9.2.15 梁体及封端混凝土外观质量应平整密实、整洁、不露筋、无空洞、无石子堆垒、桥面流水畅通。对空洞、蜂窝、漏浆、硬伤掉角等缺陷,需修整并养护到规定强度。蜂窝深度不大于5 mm,长度不大于10 mm,不多于5个/m^2。

检验数量:施工单位全部检查。

检验方法:观察、尺量。

(Ⅳ)预 应 力

主 控 项 目

9.2.16 预应力施工原材料、制作和安装、张拉或放张和封端的检验必须符合铁道部现行《铁路混凝土工程施工质量验收补充标准》(铁建设〔2005〕160号)第7.2.1条、第7.2.2条、第7.2.5条、第7.3.1条、第7.3.2条、第7.4.1条~第7.4.5条和第7.5.4条的规定。预应力筋封端、转折器处凹穴封堵所用材料和抗压强度应符合设计要求。

9.2.17 预应力筋安装顺序应符合施工技术方案和设计要求。预应力筋安装宜自下而上,先穿直线预应力筋,再穿折线预应力筋,折线预应力筋应通过转折器相应的槽口。

检验数量:施工单位、监理单位全部检查。

检验方法:观察和尺量检查。

9.2.18 预应力筋张拉工艺应符合施工技术方案和设计要求。预应力筋张拉工艺除设计有特别要求外,宜采用整体初调、单束张拉或单束初调、整体张拉。张拉时宜先进行直线预应力筋初调,再初调和张拉折线预应力筋,最后张拉直线预应力筋。预应力筋放张应在梁体混凝土强度和弹性模量符合设计要求,且混凝土龄期不少于72 h时进行。放张工艺应采用楔块放张,并符合设计要求。

检验数量:施工单位、监理单位全部检查。

检验方法:观察和尺量检查。

监理单位旁站监理。

9.2.19 先张梁在浇筑混凝土前发生断裂或滑脱的预应力筋必须予以更换。

检验数量:施工单位、监理单位全部检查。

检验方法:观察。

9.2.20 预应力筋放张应在梁体混凝土强度和弹性模量符合设计要求,且混凝土龄期不少于72 h时进行。放张工艺应采用楔块放张,并符合设计要求。

检验数量:施工单位、监理单位全部检查。

检验方法:施工单位分别进行一组同条件养护试件混凝土强度和弹性模量试验;监理单位检查强度试验报告、见证试验。

监理单位旁站监理。

一 般 项 目

9.2.21 预应力筋施工原材料、制作和安装、张拉、封端应符合设计要求。当设计无特殊要求时,其检验应符合铁道部现行《铁路混凝土工程施工质量验收补充标准》(铁建设〔2005〕160号)第7.3.4条、第7.4.6条和第7.5.5条的规定。

9.2.22 先张梁预应力筋中心在任何方向与设计位置的偏差:距跨中4 m范围不大于1 mm,其余部位不大于3 mm。

检验数量:施工单位检查预应力筋总数的3%,且不少于5根。

检验方法:尺量检查梁端、跨中、1/4跨、3/4跨各一处。

(Ⅴ)防 水 层

主 控 项 目

9.2.23 防水层的检验必须符合本暂行标准第15.2.1条~第15.2.5条的规定。

一 般 项 目

9.2.24 防水层的检验必须符合本暂行标准第15.2.6条~第15.2.11条的规定。

9.3 后张法预应力混凝土简支箱梁制造

(Ⅰ)模板及支架

主 控 项 目

9.3.1 模板及支架安装和拆除的检验必须符合铁道部现行《铁路混凝土工程施工质量验收补充标准》(铁建设〔2005〕160号)第4.2.1条、第4.2.2条的规定。

9.3.2 拆模时的梁体混凝土强度应符合设计要求。当设计无具体规定时,混凝土强度应达到设计强度的60%及以上,且能保证棱角完整。

检验数量:施工单位、监理单位全部检查。

检验方法:施工单位拆模前进行一组同条件养护试件强度试验;监理单位检查强度试验报告或见证试验。

9.3.3 拆模时的梁体混凝土芯部与表层、箱内与箱外、表层与环境温差均不宜大于15 ℃;气温急剧变化时不宜拆模。

检验数量:施工单位、监理单位全部检查。

检验方法:施工单位用温度计量测温度;监理单位检查测温记录。

一 般 项 目

9.3.4 模板安装允许偏差和检验方法应符合本暂行标准第9.2.4条的规定。

(Ⅱ) 钢 筋

主 控 项 目

9.3.5 钢筋原材料、加工、连接和安装的检验必须符合铁道部现行《铁路混凝土工程施工质量验收补充标准》(铁建设〔2005〕160号)第5.2.1条~第5.2.3条、第5.3.1条、第5.4.1条、第5.4.2条和第5.5.1条~第5.5.4条的规定。

一 般 项 目

9.3.6 钢筋原材料、加工和连接的检验及钢筋安装的允许偏差和检验方法应符合本暂行标准第9.2.7条、第9.2.8条的规定。

(Ⅲ)混 凝 土

主 控 项 目

9.3.7 混凝土原材料、配合比设计和施工的检验必须符合铁道部现行《铁路混凝土工程施工质量验收补充标准》(铁建设〔2005〕160号)第6.2.1条~第6.2.7条、第6.3.1条~第6.3.4条和第6.4.1条~第6.4.15条的规定。

9.3.8 梁体混凝土蒸汽养护的检验应符合本暂行标准第9.2.10条的规定。

9.3.9 梁静载试验应符合本暂行标准第9.2.11条的规定。

9.3.10 梁体表面裂缝宽度的检验应符合本暂行标准第9.2.12条的规定。

一 般 项 目

9.3.11 混凝土施工的检验应符合本暂行标准第9.2.13条的规定。

9.3.12 后张梁外形尺寸允许偏差和检验方法应符合本暂行标准第9.2.14条的规定。

9.3.13 梁体外观质量应符合本暂行标准第9.2.15条的规定。

(Ⅳ)预 应 力

主 控 项 目

9.3.14 预应力施工原材料、制作和安装、张拉、压浆和封端的检验必须符合铁道部现行《铁路混凝土工程施工质量验收补充标准》(铁建设〔2005〕160号)第7.2.1条~第7.2.5条、第7.3.1条~第7.3.3条、第7.4.1条~第7.4.5条、第7.5.1条~第7.5.4条的规定。梁体封锚所用材料和抗压强度应符合设计要求。

9.3.15 预应力筋张拉工艺应符合施工技术方案和设计要求。

检验数量:施工单位、监理单位全部检查。

检验方法:施工单位观察、计量检测;监理单位观察、见证检测。

监理单位旁站监理。

9.3.16 预应力筋的实际伸长值与计算伸长值相差不得大于±6%。

检验数量:施工单位、监理单位全部检查。

检验方法:观察、尺量。

监理单位旁站监理。

9.3.17 后张梁的预应力筋断裂或滑脱数量不得超过预应力筋总数的0.5%,并不得位于梁的同一侧,且每束内断丝不得超过1根。

检验数量:施工单位、监理单位全部检查。

检验方法:观察。

一 般 项 目

9.3.18 预应力筋施工原材料、制作和安装、张拉、压浆和封端应符合设计要求。当设计无特殊要求时,其检验应符合铁道部现行《铁路混凝土工程施工质量验收补充标准》(铁建设〔2005〕160号)第7.3.4条、第7.4.6条和第7.5.5条的规定。

9.3.19 后张梁预留管道位置与设计位置的偏差:距跨中4 m范围不大于4 mm,其余部位不大于6 mm。

检验数量:施工单位检查预应力孔道总数的3%,且不少于5根。

检验方法:尺量检查梁端、跨中、1/4跨、3/4跨各一处。

(Ⅴ)防 水 层

主 控 项 目

9.3.20 防水层的检验必须符合本暂行标准第15.2.1条~第15.2.5条的规定。

一 般 项 目

9.3.21 防水层的检验应符合本暂行标准第15.2.6条~第15.2.11条的规定。

9.4 膺架法制架预应力混凝土简支箱梁

(Ⅰ)模板及支架

主 控 项 目

9.4.1 模板及支架安装和拆除的检验必须符合铁道部现行《铁路混凝土工程施工质量验收补充标准》(铁建设〔2005〕160号)第4.2.1条、第4.2.2条的规定。

9.4.2 拆模时的梁体混凝土强度应符合设计要求。当设计无具体规定时,混凝土强度应达到设计强度的60%及以上,且能保证棱角完整。

检验数量:施工单位、监理单位全部检查。

检验方法:施工单位拆模前进行一组同条件养护试件强度试验;监理单位检查强度试验报告或见证试验。

9.4.3 拆模时的梁体混凝土芯部与表层、箱内与箱外、表层与环境温差均不宜大于15 ℃;

气温急剧变化时不宜拆模。

检验数量:施工单位、监理单位全部检查。

检验方法:施工单位用温度计量测温度;监理单位检查测温记录。

一 般 项 目

9.4.4 模板安装允许偏差和检验方法应符合本暂行标准第 9.2.4 条的规定。

(Ⅱ)钢　筋

主 控 项 目

9.4.5 钢筋原材料、加工、连接和安装的检验必须符合铁道部现行《铁路混凝土工程施工质量验收补充标准》(铁建设〔2005〕160 号)第 5.2.1 条～第 5.2.3 条、第 5.3.1 条、第 5.4.1 条、第 5.4.2 条和第 5.5.1 条～第 5.5.4 条的规定。

一 般 项 目

9.4.6 钢筋原材料、加工和连接的检验应符合铁道部现行《铁路混凝土工程施工质量验收补充标准》(铁建设〔2005〕160 号)第 5.2.4 条、第 5.3.2 条和第 5.4.3 条的规定。

9.4.7 钢筋安装允许偏差和检验方法应符合本暂行标准第 9.2.8 条的规定。

(Ⅲ)混　凝　土

主 控 项 目

9.4.8 混凝土原材料、配合比设计和施工的检验必须符合铁道部现行《铁路混凝土工程施工质量验收补充标准》(铁建设〔2005〕160 号)第 6.2.1 条～第 6.2.7 条、第 6.3.1 条～第 6.3.4 条和第 6.4.1 条～第 6.4.15 条的规定。

9.4.9 梁体混凝土蒸汽养护的检验必须符合本暂行标准第 9.2.10 条的规定。

9.4.10 梁体表面裂缝宽度的检验必须符合本暂行标准第 9.2.12 条的规定。

一 般 项 目

9.4.11 混凝土施工的检验应符合铁道部现行《铁路混凝土工程施工质量验收补充标准》(铁建设〔2005〕160 号)第 6.4.18 条的规定。

9.4.12 梁外形尺寸允许偏差和检验方法应符合本暂行标准第 9.2.14 条的规定。

9.4.13 梁体的外观质量应符合本暂行标准第 9.2.15 条的规定。

(Ⅳ)预　应　力

主 控 项 目

9.4.14 预应力施工原材料、制作和安装、张拉、压浆和封端的检验必须符合本暂行标准第 9.3.14 条～第 9.3.17 条的规定。

一般项目

9.4.15 预应力筋施工原材料、制作和安装、张拉、压浆和封端的检验应符合本暂行标准第9.3.18条的规定。
9.4.16 后张梁预留管道位置允许偏差和检验方法应符合本暂行标准第9.3.19条的规定。

(Ⅴ)防 水 层

主控项目

9.4.17 防水层的检验必须符合本暂行标准第15.2.1条~第15.2.5条的规定。

一般项目

9.4.18 防水层的检验应符合本暂行标准第15.2.6条~第15.2.11条的规定。

(Ⅵ)支 座

主控项目

9.4.19 支座的检验必须符合本暂行标准第14.1.5条~第14.1.10条的规定。

一般项目

9.4.20 支座的检验应符合本暂行标准第14.1.11条的规定。

9.5 造桥机制架预应力混凝土简支箱梁

(Ⅰ)一般规定

9.5.1 支承造桥机的主梁的支架,应具有足够的强度、刚度和稳定性,基础必须坚实稳固。
9.5.2 造桥机每次拼装前,必须对各零部件的完好情况进行检查。每次拼装完毕,均应进行全面检查和试验,符合设计要求方可投入使用。造桥机纵向前移的抗倾覆稳定系数不得小于1.5。用于整孔浇筑时,移动模架前移时应对桥墩及临时墩和主桁梁采取稳定措施。用于节段拼装(干、湿接)时,移动支架上设置的下滑道应具有足够的强度、刚度和长度、宽度。

(Ⅱ)模板及支架

主控项目

9.5.3 模板及支架安装和拆除的检验,必须符合铁道部现行《铁路混凝土工程施工质量验收补充标准》(铁建设〔2005〕160号)第4.2.1条和第4.2.2条的规定。
9.5.4 拆模时的梁体混凝土强度和温度要求及检验应符合本暂行标准第9.2.2条和第

9.2.3 条的规定。

一 般 项 目

9.5.5　预埋件在模板上的允许偏差和检验方法应符合表 9.5.5 的规定。

表 9.5.5　预埋件在模板上的允许偏差和检验方法

序号		项目	允许偏差(mm)	检验方法
1	支座板	箱梁每一端两块支座板的高差	2	尺　量
		每一支座板四角高差	1	
		每一支座板的十字线或相交边缘的扭转	1	
		支座板中心偏离设计位置	3	
2	螺栓	螺栓外露长度	$^{+10}_{0}$	
		支座螺栓中心位置	2	

检验数量:施工单位全部检查。

9.5.6　移动模架法造桥机制造整孔预应力混凝土箱梁时制梁模板尺寸允许偏差和检验方法,应符合本暂行标准第 9.2.4 条的规定。

9.5.7　移动支架法造桥机预制箱梁节段制梁模板尺寸允许偏差和检验方法,应符合表 9.5.7 的规定。

表 9.5.7　模板允许偏差和检验方法

序号		项目	允许偏差(mm)	检验方法
1	底模	横向矢距	2	拉线尺量检查
		平整度	2	用 1 m 靠尺测量
		底模四角高差	2	水准仪
		侧向弯曲	±2	尺量检查两侧
		底模长度	±2	尺　量
2	外模	侧模长	±2	尺　量
		模板高度	±2	尺　量
		上翼缘(桥面板)内外偏离设计位置	±5	尺　量
		腹板垂直度	每米不大于 2	吊线尺量检查
		平整度	±2	1 m 靠尺测量
3	内模	侧模长	±2	尺　量
		模板高度	±2	尺　量
		模板内各倒角部位尺寸	±2	尺　量
		腹板垂直度	每米不大于 2	吊线尺量检查
		平整度	±2	1 m 靠尺测量
4	端模	预应力钢绞线预留孔道位置偏差	±2	尺　量
		垂直度	每米不大于 2	吊线尺量检查
		模板高度	±2	尺　量

检验数量:施工单位全部检查。

(Ⅲ)钢 筋

主控项目

9.5.8 钢筋原材料、加工、连接和安装的检验必须符合铁道部现行《铁路混凝土工程施工质量验收补充标准》(铁建设〔2005〕160 号)第 5.2.1 条 ~ 第 5.2.3 条、第 5.3.1 条、第 5.4.1 条、第 5.4.2 条和第 5.5.1 条 ~ 第 5.5.4 的规定。

一般项目

9.5.9 钢筋原材料、加工和连接的检验应符合铁道部现行《铁路混凝土工程施工质量验收补充标准》(铁建设〔2005〕160 号)第 5.2.4 条、第 5.3.2 条和第 5.4.3 条的规定。

9.5.10 钢筋安装允许偏差和检验方法应符合本暂行标准第 9.2.8 条的规定。

(Ⅳ)混 凝 土

主控项目

9.5.11 混凝土原材料、配合比设计和施工的检验必须符合铁道部现行《铁路混凝土工程施工质量验收补充标准》(铁建设〔2005〕160 号)第 6.2.1 条 ~ 第 6.2.7 条、第 6.3.1 条 ~ 第 6.3.4 条和第 6.4.1 条 ~ 第 6.4.15 条的规定。混凝土蒸汽养护应符合本暂行标准第 9.2.10 条的规定。

9.5.12 梁体表面裂缝宽度的检验必须符合本暂行标准第 9.2.12 条的规定。

一般项目

9.5.13 混凝土施工的检验应符合铁道部现行《铁路混凝土工程施工质量验收补充标准》(铁建设〔2005〕160 号)第 6.4.18 条的规定。

9.5.14 预应力混凝土箱形梁外形尺寸允许偏差和检验方法应符合下列规定:

1 移动支架、模架造桥机制造预应力混凝土整孔箱梁梁体外形尺寸允许偏差和检验方法应符合表 9.2.14 的规定。

2 移动支架造桥机制造预应力混凝土箱梁节段时外形尺寸允许偏差和检验方法应符合表 9.5.14 的规定。

表 9.5.14 预制梁段浇筑成型后允许偏差

序 号	项 目	允许偏差(mm)	检验方法
1	梁段长	±5	尺 量
2	梁 高	+5 0	
3	梁体宽	+15 0	
4	顶板厚	+10 0	
5	腹板厚	+10 0	
6	底板厚	+10 0	
7	腹板间距	±10	
8	孔道位置	2	
9	梁段纵向中线相对旁弯最大偏离值	5	

续上表

序　号	项　　　目	允许偏差(mm)	检 验 方 法
10	垂直度	每米不大于3	吊线尺量不少于5处
11	平整度	每米不大于3	1 m靠尺测量不少于5处

检验数量:施工单位每节段均检查。

9.5.15 预应力混凝土梁的外观质量应符合本暂行标准第9.2.15条的规定。

(Ⅴ)预 应 力

主 控 项 目

9.5.16 预应力施工原材料、制作和安装、张拉、压浆和封端的检验必须符合本暂行标准第9.3.14条~第9.3.17条的规定。

一 般 项 目

9.5.17 预应力筋施工原材料、制作和安装、张拉、压浆和封端的检验应符合本暂行标准第9.3.18条和第9.3.19条的规定。

(Ⅵ)预制梁段组拼

主 控 项 目

9.5.18 预制梁段组拼施工时,接缝表面处理、接缝方法及材料必须符合设计要求。

检验数量:施工单位、监理单位全部检查。

检验方法:观察。

一 般 项 目

9.5.19 预制梁段整孔组拼(浇筑湿接头前)允许偏差和检验方法应符合表9.5.19的规定。

表9.5.19 预制梁段整孔组拼允许偏差和检验方法

序　号	项　　　目	允许偏差(mm)	检 验 方 法
1	梁全长	±20	尺量不少于5处
2	梁跨度	±20	
3	梁　高	+10 −5	
4	梁段纵向中线位置偏差	5	测量检查
5	相邻梁段中心线偏差	3	
6	梁段垂直度	每米不大于4	吊线尺量不少于5处
7	相邻梁段高差	±3	测量检查
8	跨中梁段高程	+2 −5	
9	相邻梁段间预应力孔道位置偏差	3	

检验数量:施工单位全部检查。

9.5.20　预制梁段整孔组拼后的成形允许偏差和检验项目应符合表9.2.14的规定。

(Ⅶ)支　　座

主 控 项 目

9.5.21　支座的检验必须符合本暂行标准第14.1.5条~第14.1.10条的规定。

一 般 项 目

9.5.22　支座的检验应符合本暂行标准第14.1.11条的规定。

(Ⅷ)防　水　层

主 控 项 目

9.5.23　防水层的检验必须符合本暂行标准第15.2.1条~第15.2.5条的规定。

一 般 项 目

9.5.24　防水层的检验应符合本暂行标准第15.2.6条~第15.2.11条的规定。

9.6　架桥机架设预应力混凝土简支箱梁

(Ⅰ)一 般 规 定

9.6.1　箱梁出厂应具有出厂合格证或技术证明书,产品质量应符合有关技术条件的规定。

9.6.2　架梁前应具有墩台里程、支座中心线、支承垫石高程及预埋件等竣工资料,并由架梁单位复核。

9.6.3　各类架桥机应经过检查、验收和试吊签证,所有运载工具、走行道路、提升吊架、支承托架等,均必须经过重载试验,并有签证记录。所有吊具、扁担梁均应经过检查、重载试验。梁上如开有吊孔,其尺寸、位置、预埋件、钢筋布置、运输支点的位置等,均应满足设计要求。梁上开孔用后应予填满。

9.6.4　简支梁在装运过程中支点应位于同一平面,同一端支点相对高差不得超过2 mm。

9.6.5　预制梁的架设应符合铁道部颁布的有关客运专线铁路预应力混凝土预制梁技术条件的规定和设计要求。

(Ⅱ)架　　梁

主 控 项 目

9.6.6　梁体规格和梁体质量必须符合设计要求。

检验数量:施工单位、监理单位全部检查。

检验方法:检查出厂合格证、静载试验报告、张拉/放张记录和对外观进行检查。

9.6.7 墩台支座中心线、支承垫石高程必须符合设计要求。

检验数量:施工单位、监理单位全部检查。

检验方法:施工单位测量;监理单位检查测量记录或见证。

9.6.8 梁存放和运输支点位置必须符合设计要求,而且支点应位于同一平面上,箱梁同一端支点相对高差不得大于 2 mm。架设时吊点位置必须符合设计要求。

检验数量:施工单位、监理单位全部检查。

检验方法:观察、尺量和水平仪测量。

9.6.9 预制箱梁架设落梁应采用支点反力控制,支承垫石顶面与支座底面间隙压浆硬化前,每个支点反力与四个支点反力的平均值之差不得超过 ±5% 。

检验数量:施工单位、监理单位全部检查。

检验方法:施工单位观察、计量检测;监理单位观察、见证检测。

监理单位旁站监理。

9.6.10 预制箱梁架设后的相邻梁跨梁端桥面之间、梁端桥面与相邻桥台胸墙顶面之间的相对高差不得大于 10 mm。预制箱梁桥面高程不得高于设计高程,也不得低于设计高程 20 mm。

检验数量:施工单位、监理单位全部检查。

检验方法:测量检查。

9.6.11 预制箱梁支承垫石顶面与支座底面间的压浆厚度不得小于 20 mm,也不得大于 30 mm。

检验数量:施工单位、监理单位全部检查。

检验方法:测量检查。

9.6.12 梁体架设后应梁体稳固,梁缝均匀,梁体无损伤。

检验数量:施工单位、监理单位全部检查。

检验方法:观察、尺量。

(Ⅲ) 支 座

主 控 项 目

9.6.13 支座的检验必须符合本暂行标准第 14.1.5 条 ~ 第 14.1.10 条的规定。

一 般 项 目

9.6.14 支座的检验应符合本暂行标准第 14.1.11 条的规定。

10　预应力混凝土 T 梁

10.1　一 般 规 定

10.1.1　模板及支架、钢筋、混凝土和预应力的施工应符合铁道部现行《铁路混凝土工程施工质量验收补充标准》(铁建设[2005]160 号)的有关规定和设计要求。

10.1.2　支座和防水层的施工应符合本暂行标准第 14 章和第 15.2 节的有关规定。

10.1.3　预应力混凝土简支 T 梁制造单位应取得规定的现场制梁生产许可证。

10.1.4　预应力混凝土简支 T 梁制造和架设,应编制实施性施工组织设计及施工工艺细则。

10.1.5　制梁台座应有施工工艺设计。其强度、刚度及稳定性,应能满足施工各阶段施工荷载的要求和施工工艺要求。

10.1.6　预应力混凝土简支 T 梁的模板及支架应有施工工艺设计。其反拱和预留压缩量的设置应符合设计要求和施工工艺要求。

10.1.7　预制预应力混凝土简支 T 梁梁体混凝土应连续灌筑、一次成型,每片梁灌筑时间不宜超过 3.5 h。

10.1.8　预制预应力混凝土简支 T 梁梁体混凝土灌筑时,模板温度宜在 5 ℃ ~35 ℃,混凝土拌和物入模温度宜在 5 ℃ ~30 ℃。

10.1.9　梁体混凝土采用蒸汽养护时,分为静停、升温、恒温、降温四个阶段。静停期间应保持棚温不低于 5 ℃,灌筑完 4 h 后方可升温,升温速度不得大于 10 ℃/h,恒温时蒸汽温度不宜超过 45 ℃,梁体芯部混凝土温度不宜超过 60 ℃,降温速度不应大于 10 ℃/h;蒸养期间及撤除保温设施时,梁体混凝土芯部与表层、表层与环境温差不宜超过 15 ℃;蒸汽养护结束后,应立即进入自然养护,时间不少于 7 d。

10.1.10　预制预应力混凝土简支 T 梁梁体混凝土采用自然养护时,梁体表面宜采用保温、保湿材料予以覆盖,或采用桥面蓄水保湿、保温。梁体洒水次数应能使混凝土表面保持充分潮湿,保湿养护不应少于 14 d。当环境温度低于 5 ℃或高温露天暴晒时,梁体表面应喷涂养护剂,低温时不应对混凝土洒水,高温时应防晒。

10.1.11　预制后张法预应力混凝土简支 T 梁的预应力筋张拉工艺,除设计有特别规定外,宜按预张拉、初张拉和终张拉三个阶段进行。张拉数量及张拉力值应符合设计要求。预应力束张拉前,应清除管道内的杂物及积水。终张拉应在梁体混凝土强度及弹性模量达到设计值后、龄期不少于 14 d 时进行。预施力应采用两端同步张拉,并符合设计要求的张拉顺序。预施力过程中应保持两端的伸长量基本一致。张拉期间应采取措施避免锚具、预应力筋受雨水、养护用水浇淋,防止锚具及预应力筋出现锈蚀。

10.1.12　预制后张法预应力混凝土简支 T 梁孔道压浆宜在预应力筋终拉完成后 48 h 内进行,压浆时及压浆后 48 h 内,梁体及环境温度不得低于 5 ℃。

10.1.13　预应力锚圈与锚垫板之间的交接缝应用聚氨酯防水涂料进行防水处理。封锚前应将封锚处的混凝土凿毛，并对锚具进行防水处理。封锚混凝土养护结束后，应采用聚氨酯防水涂料对新老混凝土之间的交接缝进行防水处理。

10.1.14　架（移）梁设备和吊（顶）具应具有足够的强度、刚度和稳定性，能满足架（移）梁荷载要求，并应在工地进行静动载试验、试运转和验收，做好记录。未经验收合格的架（移）梁设备和吊（顶）具，不得进行架（移）梁作业。

10.1.15　预应力筋张拉设备及仪表应符合下列规定：

1　张拉千斤顶额定吨位宜为张拉力的1.5倍，且不得小于1.2倍。使用前必须进行校正，校正系数不得大于1.05。校正有效期为一个月且不超过200次张拉作业。张拉千斤顶的行程应满足张拉工艺的要求。

2　压力表应为防振型，最大读数应为张拉力对应压力值的1.5～2.0倍，精度不应低于1.0级。首次使用前必须经计量部门检定。使用时必须定期检定，检定有效期为一周。当使用0.4级时，检定有效期可为一个月。

3　油泵的额定压力应为张拉力对应压力值的1.5倍。油箱容量宜为张拉千斤顶总输油量的1.5倍。

4　张拉千斤顶、压力表和油泵等应配套校正、配套使用。当在使用过程中出现异常现象时，应重新校正。

10.2　模板及支架

主控项目

10.2.1　模板及支架安装和拆除的检验必须符合铁道部现行《铁路混凝土工程施工质量验收补充标准》（铁建设〔2005〕160号）第4.2.1条和第4.2.2条的规定。

10.2.2　拆模时的梁体混凝土强度应符合设计要求。当设计无具体规定时，混凝土强度应不低于25 MPa，且能保证棱角完整、横隔板及桥面板跟部不开裂。

检验数量：施工单位、监理单位全部检查。

检验方法：施工单位拆模前进行一组同条件养护试件强度试验；监理单位检查强度试验报告或见证试验。

10.2.3　拆模时的梁体混凝土芯部与表层、表层与环境的温差均不宜大于15 ℃，气温急剧变化时不宜拆模。

检验数量：施工单位、监理单位全部检查。

检验方法：施工单位用温度计量测温度；监理单位检查测温记录。

一般项目

10.2.4　模板安装的允许偏差和检验方法应符合表10.2.4的规定。

表10.2.4　模板安装尺寸允许偏差

序号	项　　目	允许偏差(mm)	检验方法
1	侧、底模板全长	±10	尺量检查各不少于3处
2	底模板宽	$^{+5}_{0}$	尺量检查不少于5处

续上表

序号	项　　目	允许偏差(mm)	检验方法
3	底模板中心线与设计位置偏差	2	拉线量测
4	桥面板中心线与设计位置偏差	5	
5	腹板中心位置偏差	10	
6	隔板中心位置偏差	5	尺量检查
7	模板垂直度	每米高度3	吊线尺量检查不少于5处
8	侧、底模板平整度	每米长度2	1 m靠尺和塞尺检查各不少于5处
9	桥面板宽度	$^{+10}_{0}$	尺量检查不少于5处
10	腹板厚度	$^{+10}_{0}$	
11	底板厚度(在侧模板下翼边缘拐角处)	$^{+10}_{0}$	
12	顶板厚度(在侧模板上翼边缘拐角处)	$^{+10}_{0}$	
13	隔板厚度	$^{+10}_{0}$	
14	模板预留预应力孔道偏离设计位置	3	尺量检查

检验数量:施工单位全部检查。

检验方法:测量。

10.3 钢　　筋

主 控 项 目

10.3.1 钢筋原材料、加工、连接和安装的检验必须符合铁道部现行《铁路混凝土工程施工质量验收补充标准》(铁建设〔2005〕160号)第5.2.1条~第5.2.3条、第5.3.1条、第5.4.1条、第5.4.2条和第5.5.1条~第5.5.4的规定。

一 般 项 目

10.3.2 钢筋原材料、加工和连接的检验应符合铁道部现行《铁路混凝土工程施工质量验收补充标准》(铁建设〔2005〕160号)第5.2.4条、第5.3.2条和第5.4.3条的规定。

10.3.3 钢筋安装允许偏差和检验方法应符合本暂行标准第9.2.8条的规定。

10.4 混　凝　土

主 控 项 目

10.4.1 混凝土原材料、配合比设计和施工的检验必须符合铁道部现行《铁路混凝土工程施工质量验收补充标准》(铁建设〔2005〕160号)第6.2.1条~第6.2.7条、第6.3.1条~第6.3.4条和第6.4.1条~第6.4.15条的规定。

10.4.2 梁体混凝土蒸汽养护的检验必须符合第本暂行标准第9.2.10条的规定。

10.4.3 梁静载试验必须符合本暂行标准第9.2.11条的规定。

10.4.4 梁体表面裂缝宽度的检验应符合本暂行标准第9.2.12条的规定。

一 般 项 目

10.4.5 混凝土施工的检验应符合铁道部现行《铁路混凝土工程施工质量验收补充标准》(铁建设〔2005〕160 号)第 6.4.17 条～第 6.4.18 条的规定。

10.4.6 T 梁外形尺寸允许偏差和检验方法应符合表 10.4.6 的规定。

表 10.4.6 T 梁外形尺寸允许偏差

序号	项目		允许偏差(mm)		检验方法
1	△梁全长		$L\leqslant16$ m	±10	检查桥面及底板内外侧
			$L>16$ m	±20	
2	△梁跨度		$L\leqslant16$ m	±10	
			$L>16$ m	±20	
3	下翼缘宽度		$^{+10}_{0}$		检查 1/4 截面,跨中、3/4、梁两端截面
4	桥面及挡砟墙内外宽度		$^{+10}_{0}$		
5	腹板厚度		$^{+10}_{0}$		
6	桥面内外侧偏离设计位置		5		从支座螺栓中心放线引向桥面
7	梁　高		$^{+10}_{0}$		检查两端
8	梁上拱		$L/3\,000$		终张拉 30 d 时测量
9	隔板厚度		$^{+10}_{-5}$		尺量检查
10	表面垂直度		每米高度 3		测量检查不少于 5 处
11	平整度		每米长度 5		1 m 尺测量不少于 15 处
12	上支座板	每块板边缘高差	1		用水平尺靠量
		△螺栓孔中心位置	2		观察、尺量
		螺栓外露长度	$^{+10}_{0}$		
13	桥面上挡砟墙预留钢筋位置偏离设计位置		10		观察、尺量
14	接触网支架座钢筋偏离设计位置		5		

注:表中有"△"的 3 项为关键项点,其实测偏差不得超出允许偏差范围。

检验数量:施工单位全部检查,监理单位平行检验 10%。

10.4.7 梁体外观质量评定应符合本暂行标准第 9.2.15 条的规定。

10.5 预 应 力

主 控 项 目

10.5.1 预应力施工原材料、制作和安装、张拉、压浆和封端的检验必须符合铁道部现行《铁路混凝土工程施工质量验收补充标准》(铁建设〔2005〕160 号)第 7.2.1 条～第 7.2.5 条、第 7.3.1 条～第 7.3.3 条、第 7.4.1 条～第 7.4.5 条、第 7.5.1 条～第 7.5.4 条的规定。梁体封锚所用材料和抗压强度应符合设计要求。

一般项目

10.5.2　预应力筋施工原材料、制作和安装、张拉、压浆和封端应符合设计要求。当设计无特殊要求时，其检验应符合铁道部现行《铁路混凝土工程施工质量验收补充标准》(铁建设〔2005〕160号)第7.3.4条、第7.4.6条和第7.5.5条的规定。

10.5.3　后张梁预留管道位置允许偏差和检验方法应符合本暂行标准第9.3.19的规定。

10.6　T梁架设

(Ⅰ)一般规定

10.6.1　T梁出厂应具有出厂合格证或技术证明书，产品质量应符合有关技术条件的规定。

10.6.2　架梁前应具有墩台里程、支座中心线、支承垫石高程及预埋件等竣工资料，并由架梁单位复核。

10.6.3　各类架桥机应经过检查、验收、试吊签证，并应符合《铁路架桥机架梁规程》(TB 10213—99)中相应规定。所有运载工具、走行道路、提升吊架、支承托架等，均必须经过重载试验，并有签证记录。

10.6.4　所有吊具、扁担梁均应经过检查、重载试验。吊梁时的梁体强度、起吊点及跨装的运输支点均应满足设计要求。

10.6.5　顶梁部位及横移梁滑道位置均应在允许悬臂长度范围内，以防梁体开裂、折断。

10.6.6　移运简支梁时，其移运线路、移运走行速度等应符合相关架桥机操作手册的要求。

10.6.7　一孔梁由多片T梁组成，多片梁每片梁施加预应力日期之差不应超过6 d，成品梁应按照架梁计划，分批并成孔地组织装车发运。

(Ⅱ)梁的架设

主控项目

10.6.8　梁体规格和质量必须符合设计要求。

检验数量：施工单位、监理单位全部检查。

检验方法：检查出厂合格证、静载试验报告、张拉/放张记录和对外观进行检查。

10.6.9　当采用一台吊车吊梁时，应使用起吊扁担。当采用两台吊车吊梁时，两端应同步起落，吊点距梁端距离应小于设计允许的悬出长度。

检验数量：施工单位、监理单位全部检查。

检验方法：观察、查看记录。

10.6.10　架梁程序和作业要求应符合其实施性施工组织设计的要求。

检验数量：监理、施工单位全部检查。

检验方法：观察检查。

10.6.11　T梁架设后的相邻梁跨梁端桥面之间、梁端桥面与相邻桥台胸墙顶面之间的相对高差不得大于10 mm。T梁桥面高程不得高于设计高程,也不得低于设计高程20 mm。

检验数量:施工单位、监理单位全部检查。

检验方法:测量检查。

一般项目

10.6.12 多片T梁成型后允许偏差应符合表10.6.12的规定。

表10.6.12 多片T梁成型后允许偏差

序号	项目	允许偏差(mm)	检验方法
1	腹板中心距	±10	尺量
2	桥面及挡砟墙内侧宽度	±10	尺量,测量跨中、1/4截面、3/4截面
3	多片梁梁顶相对高差	+10 −5	水准仪测量
4	隔板纵向偏差(跟部)	±10	尺量
5	桥面内外侧偏离设计位置	10	从外侧支座螺栓中心放线引向桥面

(Ⅲ)模板及支架

主控项目

10.6.13 模板及支架安装和拆除的检验必须符合铁道部现行《铁路混凝土工程施工质量验收补充标准》(铁建设〔2005〕160号)第4.2.1条和第4.2.2条的规定。

10.6.14 拆模时的梁体混凝土强度及检验应符合本暂行标准第10.2.2条的规定。

10.6.15 拆模时的梁体温度要求及检验应符合本暂行标准第10.2.3条的规定。

一般项目

10.6.16 模板尺寸的允许偏差和检验方法应符合本暂行标准第10.2.4条的规定。

(Ⅳ)钢筋

主控项目

10.6.17 钢筋原材料、加工、连接和安装的检验必须符合铁道部现行《铁路混凝土工程施工质量验收补充标准》(铁建设〔2005〕160号)第5.2.1条~第5.2.3条、第5.3.1条、第5.4.1条、第5.4.2条和第5.5.1条~第5.5.4条的规定。

一般项目

10.6.18 钢筋原材料、加工和连接的检验应符合铁道部现行《铁路混凝土工程施工质量验收补充标准》(铁建设〔2005〕160号)第5.2.4条、第5.3.2条和第5.4.3条的规定。

10.6.19 钢筋安装允许偏差和检验方法应符合本暂行标准第9.2.8条的规定。

(Ⅴ)混　凝　土

主 控 项 目

10.6.20　混凝土原材料、配合比设计和施工的检验必须符合铁道部现行《铁路混凝土工程施工质量验收补充标准》(铁建设〔2005〕160号)第6.2.1条～第6.2.7条、第6.3.1条～第6.3.4条和第6.4.1条～第6.4.15条的规定。

10.6.21　梁体表面裂缝宽度的检验必须符合本暂行标准第9.2.12条的规定。

一 般 项 目

10.6.22　梁外形尺寸允许偏差和检验方法应符合本暂行标准第10.4.6条的规定。

10.6.23　梁体的表面质量应符合本暂行标准第9.2.15条的规定。

(Ⅵ)预　应　力

主 控 项 目

10.6.24　预应力施工原材料、制作和安装、张拉、压浆和封端的检验必须符合铁道部现行《铁路混凝土工程施工质量验收补充标准》(铁建设〔2005〕160号)第7.2.1条～第7.2.5条、第7.3.1条～第7.3.3条、第7.4.1条～第7.4.5条、第7.5.1条～第7.5.4条的规定。梁体封锚所用材料和抗压强度应符合设计要求。

一 般 项 目

10.6.25　预应力筋施工原材料、制作和安装、张拉、压浆和封端应符合设计要求。当设计无特殊要求时,其检验应符合铁道部现行《铁路混凝土工程施工质量验收补充标准》(铁建设〔2005〕160号)第7.3.4条、第7.4.6条和第7.5.5条的规定。

10.6.26　同一孔梁横隔板、桥面板预留孔应在同一轴线上。水平及竖直方向的允许偏差应为5 mm。

检查数量:施工单位全部检查。

检查方法:尺量。

10.6.27　横向预留管道任何方向与设计位置的偏差应不大于4 mm。

检验数量:施工单位检查20%,且不少于10处。

检验方法:尺量。

10.7　支　　座

主 控 项 目

10.7.1　支座的检验必须符合本暂行标准第14.1.5条～第14.1.10条的规定。

一 般 项 目

10.7.2　支座的检验应符合本暂行标准第14.1.11条的规定。

10.8 防 水 层

主 控 项 目

10.8.1 防水层的检验必须符合本暂行标准第 15.2.1 条 ~ 第 15.2.5 条的规定。

一 般 项 目

10.8.2 防水层的检验应符合本暂行标准第 15.2.6 条 ~ 第 15.2.11 条的规定。

11　预应力混凝土连续梁(刚构)

11.1　悬臂浇筑预应力混凝土连续梁(刚构)

(Ⅰ)一般规定

11.1.1　模板及支架、钢筋、预应力的施工应符合铁道部现行《铁路混凝土工程施工质量验收补充标准》(铁建设〔2005〕160号)的有关规定和设计要求。

11.1.2　混凝土施工应符合铁道部现行《铁路混凝土工程施工质量验收补充标准》(铁建设〔2005〕160号)的有关规定和设计要求。

11.1.3　边跨现浇梁段采用膺架施工时,应符合本暂行标准第9.4节的规定。

11.1.4　支座安装施工应符合本暂行标准第14章的规定。

11.1.5　防水层施工应符合本暂行标准第15.2节的有关规定。

11.1.6　悬臂浇筑预应力混凝土连续梁(刚构),应编制实施性施工组织设计及施工工艺设计。

11.1.7　墩顶及安装挂篮前梁段的托架或支架,应经过设计计算和加载预压。

11.1.8　预应力混凝土连续梁悬臂浇筑施工前,应将墩顶梁段与桥墩临时固结牢固。

11.1.9　连续刚构的墩顶梁段,应与桥墩整体浇筑。

11.1.10　悬臂浇筑所用挂篮,必须具有足够的强度、刚度和稳定性,结构形式、几何尺寸应适应梁段高度变化及与已浇筑梁段搭接需要和走行要求。挂篮走行和浇筑混凝土时的抗倾覆稳定系数不得小于2,挂篮使用前应进行安装、走行性能工艺试验和按设计要求进行载重试验。

11.1.11　桥墩两侧悬臂浇筑梁段应对称、平衡施工,实际不平衡偏差不得大于设计允许数值。施工时挂篮应在梁段预应力张拉、压浆完成后对称移动。

11.1.12　预应力混凝土连续梁合龙口临时锁定前,桥梁跨距应符合设计要求;合龙口两端悬臂的施工荷载应对称、相等;预应力混凝土连续梁的合龙段长度、合龙施工顺序、合龙口临时锁定方法均应符合设计要求,合龙口临时锁定力应大于解除任何一侧梁墩临时固结后各墩全部活动支座的摩擦力。

预应力混凝土连续刚构的合龙段长度和合龙口临时锁定方法应符合设计要求。

11.1.13　预应力混凝土连续刚构采用挂孔施工时,预制挂梁通过悬臂梁段架设应检算悬臂梁段的强度和稳定性。

11.1.14　悬臂浇筑梁段施工过程中,应进行线型监测,发现超出允许偏差应及时调整纠正。

11.1.15　悬臂梁段的混凝土浇筑,应从前端开始在根部与已完工梁段连接,已完工梁段接茬混凝土应充分润湿;边跨现浇梁段施工时,混凝土浇筑应向合龙口靠拢,并应对梁段高程进行监测,使合龙口高差控制在允许偏差范围内;合龙梁段混凝土施工除必须符合设

计要求外,尚应符合下列规定:

1　混凝土浇筑前,合龙口两端悬臂预加压重应符合设计要求并于混凝土浇筑过程中逐步撤除;

2　合龙梁段应采用微膨胀混凝土浇筑,混凝土强度宜提高一级;

3　合龙梁段混凝土应在一天中气温最低时间快速、连续浇筑;

4　合龙梁段混凝土浇筑完成后应加强保湿养护,并应将合龙梁段及两悬臂端部进行覆盖降低日照温差影响;

5　混凝土浇筑前应将合龙口单侧梁墩的临时固结约束解除,合龙梁段混凝土强度达到设计要求时应及时进行预应力筋张拉。

(Ⅱ) 模板及支架

主 控 项 目

11.1.16　模板及支架安装和拆除的检验必须符合铁道部现行《铁路混凝土工程施工质量验收补充标准》(铁建设〔2005〕160 号)第 4.2.1 条、第 4.2.2 条和第 4.3.1 条的规定。

一 般 项 目

11.1.17　模板及支架安装和拆除的检验应符合铁道部现行《铁路混凝土工程施工质量验收补充标准》(铁建设〔2005〕160 号)第 4.3.2 条的规定。

11.1.18　预应力混凝土连续梁(刚构)梁段的模板尺寸允许偏差和检验方法,应符合表 11.1.18 的规定。

表 11.1.18　预应力混凝土连续梁(刚构)
梁段模板尺寸允许偏差和检验方法

序号	项　目	允许偏差(mm)	检 验 方 法
1	梁段长	±10	尺　量
2	梁　高	+10 0	
3	顶板厚	+10 0	
4	底板厚	+10 0	
5	腹板厚	+10 0	
6	横隔板厚	+10 0	尺量检查不少于 5 处
7	腹板间距	±10	
8	腹板中心偏离设计位置	10	
9	梁体宽	+10 0	
10	模板表面平整度	3	1 m 靠尺测量不少于 5 处
11	模板表面垂直度	每米不大于 3	吊线尺量不少于 5 处
12	孔道位置	1	尺　量

续上表

序号	项　　目	允许偏差(mm)	检　验　方　法
13	梁段纵向旁弯	10	拉线测量不少于5处
14	梁段纵向中线最大偏差	10	测量检查
15	梁段高度变化段位置	±10	
16	底模拱度偏差	3	测量检查
17	底模同一端两角高差	2	
18	桥面预留钢筋位置	10	尺　量

检验数量:施工单位全部检查。

(Ⅲ)钢　　筋

主控项目

11.1.19　钢筋原材料、加工、连接和安装的检验必须符合铁道部现行《铁路混凝土工程施工质量验收补充标准》(铁建设〔2005〕160号)第5.2.1条~第5.2.3条、第5.3.1条、第5.4.1条、第5.4.2条和第5.5.1条~第5.5.4的规定。

一般项目

11.1.20　钢筋原材料、加工和连接的检验应符合铁道部现行《铁路混凝土工程施工质量验收补充标准》(铁建设〔2005〕160号)第5.2.4条、第5.3.2条和第5.4.3条的规定。

11.1.21　钢筋及钢筋保护层厚度的允许偏差和检验方法,应符合本暂行标准表9.2.8的规定。

(Ⅳ)混　凝　土

主控项目

11.1.22　混凝土原材料、配合比设计和施工的检验必须符合铁道部现行《铁路混凝土工程施工质量验收补充标准》(铁建设〔2005〕160号)第6.2.1条~第6.2.7条、第6.3.1条~第6.3.4条和第6.4.1条~第6.4.15条的规定。梁体表面裂缝宽度的检验必须符合本暂行标准第9.2.12条的规定。

11.1.23　梁段混凝土的浇筑必须符合施工工艺设计要求。

检验数量:施工单位、监理单位全部检查。

检验方法:观察。

监理单位旁站监理。

11.1.24　合龙段施工必须符合设计和施工工艺设计要求。

检验数量:施工单位、监理单位全部检查。

检验方法:观察。

监理单位旁站监理。

11.1.25　预应力混凝土连续刚构采用挂孔时,现浇挂梁应待悬臂梁段混凝土达到设计强度后进行施工。

检验数量:施工单位、监理单位全部检查。

检验方法:施工单位进行同条件养护试件试验;监理单位检查试验报告和见证试验。

一 般 项 目

11.1.26 混凝土施工的检验应符合铁道部现行《铁路混凝土工程施工质量验收补充标准》(铁建设〔2005〕160号)第6.4.18条的规定。

11.1.27 预应力混凝土连续梁(刚构)外观质量的检验必须符合本暂行标准第9.2.15条的规定。

11.1.28 连续梁(刚构)悬臂浇筑梁段的允许偏差和检验方法应符合表11.1.28的规定。

表11.1.28 连续梁(刚构)悬臂浇筑梁段的允许偏差和检验方法

序号	项　　目	允许偏差(mm)	检 验 方 法
1	悬臂梁段高程	+15 −5	测量检查
2	合龙前两悬臂端相对高差	合龙段长的1/100,且不大于15	
3	梁段轴线偏差	15	
4	梁段顶面高程差	±10	
5	竖向高强精轧螺纹筋垂直度	每米高不大于1	吊线尺量检查不少于5处
6	竖向高强精轧螺纹筋间距	±10	尺量检查不少于5处

检验数量:施工单位全部检查。

11.1.29 悬臂浇筑连续梁(刚构)梁体外形尺寸允许偏差和检验方法应符合表11.1.29的规定。

表11.1.29 连续梁(刚构)梁体外形尺寸允许偏差和检验方法

序号	项　　目	允许偏差(mm)	检 验 方 法
1	梁全长	±30	尺量检查中心及两侧
2	边孔梁长	±20	
3	各变高梁段长度及位置	±10	
4	边孔跨度	±20	尺量检查支座中心对中心
5	梁底宽度	+10 −5	尺量检查每孔1/4截面、跨中和3/4截面
6	桥面中心位置	10	由梁体中心拉线检查1/4截面、跨中和3/4截面及最大偏差处
7	梁　高	+15 −5	尺量检查梁端、跨中及梁体变截面处
8	挡砟墙厚度	+10 −5	尺量检查不少于5处
9	表面垂直度	每米不大于3	吊线尺量检查梁两端
10	梁上拱度与设计值偏差	±10	测量检查跨中

续上表

序号	项 目		允许偏差(mm)	检 验 方 法
11	底板厚度		+10 0	测量检查跨中及梁端
12	腹板厚度		+10 0	
13	顶板厚度		+10 -5	
14	桥面高程		±20	
15	桥面宽度		±10	
16	平整度		每米不大于5	测量检查每10 m一处
17	腹板间距		±10	测量检查跨中及梁端
18	支座板	四角高度差	1	水平尺靠量检查四角
		螺栓中心位置	2	尺量检查(包括对角线)
		平整度	2	尺 量

检验数量:施工单位全部检查。

(Ⅴ)预 应 力

主 控 项 目

11.1.30 预应力施工原材料、制作和安装、张拉、压浆和封端的检验必须符合铁道部现行《铁路混凝土工程施工质量验收补充标准》(铁建设〔2005〕160号)第7.2.1条~第7.2.5条、第7.3.1条~第7.3.3条、第7.4.1条~第7.4.5条、第7.5.1条~第7.5.4条的规定。梁体封锚所用材料和抗压强度应符合设计要求。

11.1.31 预应力筋终拉后必须在24 h内完成孔道压浆。

检验数量:施工单位、监理单位全部检查。

检验方法:观察、检查施工记录。

一 般 项 目

11.1.32 预应力筋施工原材料、制作和安装、张拉、压浆和封端应符合设计要求。当设计无特殊要求时,其检验应符合铁道部现行《铁路混凝土工程施工质量验收补充标准》(铁建设〔2005〕160号)第7.3.4条、第7.4.6条和第7.5.5条的规定。

11.1.33 预留管道应符合设计要求,梁段预留管道位置的允许偏差应小于4 mm。

检验数量:施工单位全部检查。

检验方法:尺量,每根管道检查不少于3处。

(Ⅵ)支 座

主 控 项 目

11.1.34 预应力混凝土连续梁支座安装的检验必须符合本暂行标准第14.1.5条~第14.1.10条的规定。

11.1.35 预应力混凝土连续梁体系转换必须在合龙梁段纵向连续预应力筋完成张拉、压浆和墩顶梁段与桥墩的临时固结解除之后按设计要求顺序施工；支座安装应以高程控制为主，反力作为校核。支座上下板中心线的相对位置应在每一次合龙前进行调整，满足设计要求。

检验数量：施工单位、监理单位全部检查。

检验方法：观察、检查测量记录。

一 般 项 目

11.1.36 预应力混凝土连续梁支座安装的检验应符合本暂行标准第14.1.11条的规定。

（Ⅶ）防 水 层

主 控 项 目

11.1.37 防水层的检验必须符合本暂行标准第15.2.1条～第15.2.5条的规定。

一 般 项 目

11.1.38 防水层的检验应符合本暂行标准第15.2.6条～第15.2.11条的规定。

11.2 悬臂拼装预应力混凝土连续梁

（Ⅰ）一 般 规 定

11.2.1 模板及支架、钢筋、混凝土和预应力施工应符合铁道部现行《铁路混凝土工程施工质量验收补充标准》（铁建设〔2005〕160号）的有关规定和设计要求。

11.2.2 支座安装施工应符合本暂行标准第14章的规定。

11.2.3 防水层施工应符合本暂行标准第15.2节的有关规定。

11.2.4 合龙梁段施工应符合本暂行标准第11.1.15条的规定。

11.2.5 采用预制梁段悬臂拼装预应力混凝土连续梁，应编制实施性施工组织设计和梁段拼装工艺设计。

11.2.6 墩顶及安装吊机前梁段的托架或支架，应经过设计计算和加载预压。

11.2.7 悬臂拼装的起吊设备，必须具有足够的强度、刚度和稳定性，吊机重量应符合设计要求，悬臂吊梁及走行时的抗倾覆稳定系数不得小于2，使用前应进行起吊试验。

11.2.8 制梁台座必须坚固、稳定，台座顶面应与桥梁底面设计线型相一致。

11.2.9 预应力混凝土连续梁悬臂拼装施工前，应按设计先将墩顶梁段与桥墩临时固结牢固。

11.2.10 拼装梁段的胶接材料进场时，施工单位应按批进行检验，符合设计要求方可使用。

11.2.11 预制梁段在拼装前应进行全面检查，梁段的外形尺寸、接缝面平整度必须符合设计要求，控制梁段拼装中线、高程的标线及标点数据必须符合工艺设计要求。

11.2.12 悬拼梁段应对称、平衡进行施工，不平衡偏差不得大于设计允许数值。悬拼过程中应随时测量检查桥梁中线、高程变化情况,发现超出允许偏差应及时调整。

(Ⅱ)模板及支架

主 控 项 目

11.2.13 模板及支架安装和拆除的检验必须符合铁道部现行《铁路混凝土工程施工质量验收补充标准》(铁建设〔2005〕160号)第4.2.1条、第4.2.2条和第4.3.1条的规定。

11.2.14 预制梁段的底模顶面必须与桥梁底面设计线型相一致。

检验数量:施工单位、监理单位全部检查。

检验方法:观察和尺量。

一 般 项 目

11.2.15 模板及支架安装和拆除的检验,应符合铁道部现行《铁路混凝土工程施工质量验收补充标准》(铁建设〔2005〕160号)第4.3.2条的规定。

11.2.16 预制梁段的模板尺寸允许偏差和检验方法应符合本暂行标准第11.1.18条的规定。

(Ⅲ) 钢　　筋

主 控 项 目

11.2.17 钢筋原材料、加工、连接和安装的检验必须符合铁道部现行《铁路混凝土工程施工质量验收补充标准》(铁建设〔2005〕160号)第5.2.1条~第5.2.3条、第5.3.1条、第5.4.1条、第5.4.2条和第5.5.1条~第5.5.4的规定。

一 般 项 目

11.2.18 钢筋原材料、加工和连接的检验应符合铁道部现行《铁路混凝土工程施工质量验收补充标准》(铁建设〔2005〕160号)第5.2.4条、第5.3.2条和第5.4.3条的规定。

11.2.19 预制梁段钢筋及钢筋保护层厚度允许偏差及检验方法应符合本暂行标准表9.2.8的规定。

(Ⅳ)混　凝　土

主 控 项 目

11.2.20 混凝土原材料、配合比设计和施工的检验必须符合铁道部现行《铁路混凝土工程施工质量验收补充标准》(铁建设〔2005〕160号)第6.2.1条~第6.2.7条、第6.3.1条~第6.3.4条和第6.4.1条~第6.4.15条的规定。

11.2.21 预制梁段时,相邻梁段混凝土必须密接浇筑,接缝面应设置隔离层;起吊梁段的吊环等预埋件必须固定牢固。

检验数量:施工单位、监理单位全部检查。

检验方法:观察。

监理单位旁站监理。

11.2.22 合龙梁段混凝土施工必须符合本暂行标准第11.1.24条的规定。

11.2.23 梁体表面裂缝宽度的检验必须符合本暂行标准第9.2.12条的规定。

一般项目

11.2.24 混凝土施工的检验应符合铁道部现行《铁路混凝土工程施工质量验收补充标准》(铁建设〔2005〕160号)第6.4.18条的规定。

11.2.25 预制梁段允许偏差和检验方法,应符合本暂行标准第9.5.14条的规定。

11.2.26 预制梁段的表面质量应符合本暂行标准第9.2.15条的规定。

(Ⅴ)预 应 力

主控项目

11.2.27 预应力施工原材料、制作和安装、张拉、压浆和封端的检验必须符合铁道部现行《铁路混凝土工程施工质量验收补充标准》(铁建设〔2005〕160号)第7.2.1条~第7.2.5条、第7.3.1条~第7.3.3条、第7.4.1条~第7.4.5条、第7.5.1条~第7.5.4条的规定。梁体封锚所用材料和抗压强度应符合设计要求。

一般项目

11.2.28 预应力筋施工原材料、制作和安装、张拉、压浆和封端应符合设计要求。当设计无特殊要求时,其检验应符合铁道部现行《铁路混凝土工程施工质量验收补充标准》(铁建设〔2005〕160号)第7.3.4条、第7.4.6条和第7.5.5条的规定。

11.2.29 预留管道应符合设计要求,梁段预埋管道位置的允许偏差应小于4 mm。

检验数量:施工单位、监理单位全部检查。

检验方法:尺量,每根管道检查不小于3处。

(Ⅵ)梁段拼装

主控项目

11.2.30 拼装梁段胶接缝的黏胶剂种类、性能、质量必须符合设计要求。

检验数量:施工单位、监理单位全部检查。

检验方法:观察和检查试验资料。

11.2.31 拼装梁段胶接材料的配合比例必须符合设计要求,稠度和固化时间应符合施工工艺设计要求。

检验数量:施工单位、监理单位全部检查。

检验方法:观察、检查配合比试验记录。

11.2.32 拼装梁段的接缝面处理、接缝宽度和方法必须符合设计要求和施工工艺设计要求。

检验数量:施工单位、监理单位全部检查。

检验方法:观察和尺量。

一 般 项 目

11.2.33　悬臂拼装预应力混凝土连续梁允许偏差和检验方法应符合本暂行标准第11.1.29条及表11.2.33的规定。

表11.2.33　悬臂拼装预应力混凝土连续梁允许偏差和检验方法

序号	项　　目	允许偏差(mm)	检验方法
1	高　程	±20	测　量
2	中　线	15	
3	相邻两墩悬臂端相对高差	20	
4	拼接处相邻梁段高差	3	
5	相邻梁段中线偏差	3	

检验数量:施工单位全部检查。

(Ⅶ)支　座

主 控 项 目

11.2.34　悬臂拼装混凝土连续梁支座安装的检验必须符合本暂行标准第14.1.5条~第14.1.10条的规定。

11.2.35　预应力混凝土连续梁体系转换施工顺序及支座安装应符合本暂行标准第11.1.35条的规定。

检验数量:施工单位、监理单位全部检查。

检验方法:观察和检查测量记录。

一 般 项 目

11.2.36　悬臂拼装预应力混凝土连续梁支座安装的检验应符合本暂行标准第14.1.11条的规定。

(Ⅷ)防　水　层

主 控 项 目

11.2.37　防水层的检验必须符合本暂行标准第15.2.1条~第15.2.5条的规定。

一 般 项 目

11.2.38　防水层的检验应符合本暂行标准第15.2.6条~第15.2.11条的规定。

11.3 顶推法制架预应力混凝土连续梁

（Ⅰ）一 般 规 定

11.3.1 模板及支架、钢筋、混凝土和预应力施工应符合铁道部现行《铁路混凝土工程施工质量验收补充标准》（铁建设〔2005〕160 号）的有关规定和设计要求。

11.3.2 支座安装施工应符合本暂行标准第 14 章的有关规定。

11.3.3 防水层施工应符合本暂行标准第 15.2 节的有关规定。

11.3.4 采用顶推法制架预应力混凝土连续梁，应编制实施性施工组织设计和顶推工艺设计。

11.3.5 制梁台座必须坚固、稳定，位于顶推线上的制梁台座，中线及纵坡应与桥梁设计中线及纵坡相一致。

11.3.6 临时墩必须具有足够的强度、刚度和稳定性，需加设顶推装置时应经过计算。

11.3.7 顶推设备必须进行检验，顶推设备、滑道、导向及纠偏装置应符合顶推工艺设计的要求。

11.3.8 多点顶推时，同一墩台及各墩的顶推设备应同步启动和同步纵向运行。

（Ⅱ）模板及支架

主 控 项 目

11.3.9 模板及支架安装和拆除的检验必须符合铁道部现行《铁路混凝土工程施工质量验收补充标准》（铁建设〔2005〕160 号）第 4.2.1 条、第 4.2.2 条和第 4.3.1 条的规定。

一 般 项 目

11.3.10 模板及支架安装和拆除的检验，应符合铁道部现行《铁路混凝土工程施工质量验收补充标准》（铁建设〔2005〕160 号）第 4.3.2 条的规定。

11.3.11 模板尺寸允许偏差和检验方法应符合本暂行标准第 11.1.18 条的规定。

（Ⅲ）钢　　筋

主 控 项 目

11.3.12 钢筋原材料、加工、连接和安装的检验必须符合铁道部现行《铁路混凝土工程施工质量验收补充标准》（铁建设〔2005〕160 号）第 5.2.1 条～第 5.2.3 条、第 5.3.1 条、第 5.4.1 条、第 5.4.2 条和第 5.5.1 条～第 5.5.4 条的规定。

一 般 项 目

11.3.13 钢筋原材料、加工和连接的检验应符合铁道部现行《铁路混凝土工程施工质量验收补充标准》（铁建设〔2005〕160 号）第 5.2.4 条、第 5.3.2 条和第 5.4.3 条的规定。

11.3.14 钢筋安装的检验应符合本暂行标准第 9.2.8 条的规定。

(Ⅳ)混 凝 土

主 控 项 目

11.3.15 混凝土原材料、配合比设计和施工的检验必须符合铁道部现行《铁路混凝土工程施工质量验收补充标准》(铁建设〔2005〕160号)第6.2.1条~第6.2.7条、第6.3.1条~第6.3.4条和第6.4.1条~第6.4.15条的规定。

11.3.16 梁体表面裂缝宽度的检验必须符合本暂行标准第9.2.12条的规定。

一 般 项 目

11.3.17 混凝土施工的检验应符合铁道部现行《铁路混凝土工程施工质量验收补充标准》(铁建设〔2005〕160号)第6.4.18条的规定。

11.3.18 预制梁段的检验应符合本暂行标准第9.5.14条的规定。

11.3.19 预制梁段的表面质量应符合本暂行标准第9.2.15条的规定。

(Ⅴ)预 应 力

主 控 项 目

11.3.20 预应力施工原材料、制作和安装、张拉、压浆和封端的检验必须符合铁道部现行《铁路混凝土工程施工质量验收补充标准》(铁建设〔2005〕160号)第7.2.1条~第7.2.5条、第7.3.1条~第7.3.3条、第7.4.1条~第7.4.5条、第7.5.1条~第7.5.4条的规定。梁体封锚所用材料和抗压强度应符合设计要求。

11.3.21 顶推梁段的后期预应力筋张拉顺序和临时预应力筋张拉与拆除顺序必须符合设计要求。

检验数量:施工单位、监理单位全部检查。

检验方法:观察。

一 般 项 目

11.3.22 预应力筋施工原材料、制作和安装、张拉、压浆和封端应符合设计要求。当设计无特殊要求时,其检验应符合铁道部现行《铁路混凝土工程施工质量验收补充标准》(铁建设〔2005〕160号)第7.3.4条、第7.4.6条、第7.5.5条和本暂行标准第11.1.33条的规定。

(Ⅵ)顶 推 架 设

主 控 项 目

11.3.23 导梁长度及与主梁连接方法必须符合设计要求。导梁应具有足够的强度和刚度,底面应平直。

检验数量:施工单位、监理单位全面检查。

检验方法:观察和测量。

11.3.24 顶推滑道材料和摩擦系数必须符合顶推工艺设计要求。

检验数量：施工单位、监理单位全部检查。

检验方法：观察。

11.3.25 千斤顶的顶推力不应小于计算顶推力的 2 倍，顶推过程中墩、台纵向位移不得大于设计要求。顶升桥梁的起顶反力值不得大于计算反力值的 1.1 倍，顶升高度不得大于设计允许值，设计无要求时不得大于 5 mm。

检验数量：施工单位、监理单位全部检查。

检验方法：观察和尺量。

一 般 项 目

11.3.26 顶推法架设预应力混凝土连续梁允许偏差和检验方法应符合表 11.3.26 及本暂行标准第 11.1.29 条的规定。

表 11.3.26 顶推法架设预应力混凝土连续梁允许偏差和检验方法

序号	项 目	允许偏差(mm)	检验方法
1	桥梁中线	2	测 量
2	导梁中线	2	
3	相邻两跨支承点同侧滑移装置纵向顶面高程	±1	
4	同一支承点滑移装置横向顶面高程	±1	
5	制梁台座或拼装线(包括滑移装置)和底模高程	±1	
6	导梁底面纵向高程	±2	
7	导梁底面横向高差	±1	
8	顶推梁端面垂直度	梁高的 1/1 000	
9	桥梁底面平整度	2	1 m 靠尺检查不少于 5 处
10	桥梁底面高程	±2	测 量

检验数量：施工单位全部检查。

(Ⅶ)支 座

主 控 项 目

11.3.27 顶推预应力混凝土连续梁支座的检验必须符合本暂行标准第 14.1.5 条～第 14.1.10 条的规定。

11.3.28 落梁程序必须符合设计要求，折除滑动装置时，顶梁高度不应大于 5 mm，一次下落高度不应大于 10 mm，相邻桥墩各顶点高差不应大于 5 mm，同一墩、台两侧梁底顶落高差应不大于 1 mm；落梁时应以支点反力控制施工，可在不大于计算支点反力值 ±10% 范围内兼顾调整梁底高程。

检验数量：施工单位、监理单位全部检查。

检验方法：观察和尺量。

监理单位旁站监理。

一般项目

11.3.29　顶推预应力混凝土连续梁支座安装的检验应符合本暂行标准第14.1.11条的规定。

(Ⅷ)防　水　层

主控项目

11.3.30　防水层的检验必须符合本暂行标准第15.2.1条～第15.2.5条的规定。

一般项目

11.3.31　防水层的检验应符合本暂行标准第15.2.6条～第15.2.11条的规定。

11.4　造桥机制架预应力混凝土连续梁

(Ⅰ)一般规定

11.4.1　模板及支架、钢筋、混凝土和预应力施工应符合铁道部现行《铁路混凝土工程施工质量验收补充标准》(铁建设〔2005〕160号)的有关规定和设计要求。

11.4.2　支座安装施工应符合本暂行标准第14章的有关规定。

11.4.3　防水层施工应符合本暂行标准第15.2节的有关规定。

11.4.4　造桥机制、架预应力混凝土梁,应根据制架方式的不同(整孔制架,节段干、湿接缝拼架)分别编制实施性施工组织设计、施工辅助结构工艺设计和施工工艺设计。

11.4.5　造桥机的墩旁托架及落地支架,应具有足够的强度、刚度和稳定性,基础必须坚实稳固。

11.4.6　用于整孔制架的造桥机和用于节段拼装的移动支架每次拼装前,必须对各零部件的完好情况进行检查。拼装完毕,均应进行全面检查和试验,符合设计要求后方可投入使用。造桥机移动支架纵向前移的抗倾覆稳定系数不得小于1.5。移动模架和用于节段拼装的移动支架,(湿接缝和干接缝)前移时应对桥墩及临时墩和主桁梁采取稳定措施,其滑道应具有足够的强度、刚度和长度、宽度。

(Ⅱ)模板及支架

主控项目

11.4.7　模板及支架安装和拆除的检验,必须符合铁道部现行《铁路混凝土工程施工质量验收补充标准》(铁建设〔2005〕160号)第4.2.1条、第4.2.2条和第4.3.1条的规定。

一般项目

11.4.8　模板及支架安装和拆除的检验应符合铁道部现行《铁路混凝土工程施工质量验收补充标准》(铁建设〔2005〕160号)第4.3.2条的规定。

11.4.9 模板上预埋件的允许偏差和检验方法应符合本暂行标准第 9.5.5 条的规定。

检验数量:施工单位监理单位全部检查。

11.4.10 模板尺寸允许偏差和检验方法,应符合下列规定:用造桥机整孔制架的制梁模板应符合本暂行标准第 9.2.4 条的规定;用移动支架节段拼装梁段的制梁模板应符合本暂行标准第 11.1.18 条的规定。

(Ⅲ)钢　　筋

主 控 项 目

11.4.11 钢筋原材料、加工、连接和安装的检验必须符合铁道部现行《铁路混凝土工程施工质量验收补充标准》(铁建设〔2005〕160 号)第 5.2.1 条~第 5.2.3 条、第 5.3.1 条、第 5.4.1 条、第 5.4.2 条和第 5.5.1 条~第 5.5.4 条的规定。

一 般 项 目

11.4.12 钢筋原材料、加工和连接的检验应符合铁道部现行《铁路混凝土工程施工质量验收补充标准》(铁建设〔2005〕160 号)第 5.2.4 条、第 5.3.2 条和第 5.4.3 条的规定。

11.4.13 钢筋安装允许偏差和检验方法,应符合本暂行标准第 9.2.8 条的规定。

(Ⅳ)混　凝　土

主 控 项 目

11.4.14 混凝土原材料、配合比设计和施工的检验必须符合铁道部现行《铁路混凝土工程施工质量验收补充标准》(铁建设〔2005〕160 号)第 6.2.1 条~第 6.2.7 条、第 6.3.1 条~第 6.3.4 条和第 6.4.1 条~第 6.4.15 条的规定。

11.4.15 连续梁分段密接浇筑时,分段浇筑顺序、长度、接缝方法必须符合设计要求,并应对梁段线型进行监测,发现超出允许偏差应及时调整纠正。

检验数量:施工单位、监理单位全部检查。

检验方法:观察和测量。

11.4.16 连续梁合龙梁段混凝土施工必须符合本暂行标准第 11.1.24 条的规定。

11.4.17 梁体表面裂缝宽度的检验必须符合本暂行标准第 9.2.12 条的规定。

一 般 项 目

11.4.18 混凝土施工的检验应符合铁道部现行《铁路混凝土工程施工质量验收补充标准》(铁建设〔2005〕160 号)第 6.4.16 条~第 6.4.18 条的规定。

11.4.19 整孔制架的预应力混凝土连续梁外形尺寸允许偏差和检验方法应符合表 11.4.19 的规定,用移动支架节段拼装梁段的外形尺寸允许偏差和检验方法应符合本暂行标准第 9.5.14 条的规定。

检验数量:施工单位全部检查。

表 11.4.19 整孔制架连续梁外形尺寸允许偏差和检验方法

序号	项目		允许偏差(mm)	检验方法
1	梁全长		±30	检查梁底及桥面,终张拉后测量
2	梁跨度		±20	支座中心至中心,终张拉后测量
3	支座中心到梁端		±10	尺量
4	桥面宽度		±10	检查跨中、1/4 截面、3/4 截面
5	梁底宽		+15 0	检查跨中、1/4 截面、3/4 截面
6	梁高		+10 0	检查跨中及两支座处截面
7	腹板厚度		+10 0	在通风孔测量跨中、1/4 截面、3/4 截面各 2 处
8	底板厚度		+10 0	专用测量工具检查跨中、1/4 截面各 2 处
9	顶板厚度		+10 0	专用测量工具检查跨中、1/4、3/4 截面各 2 处
10	桥面偏离设计位置		10	从支座中心引线至桥面测量
11	挡砟墙厚度		+10 -5	尺量(检查尺寸偏差最大处)
12	表面垂直度		每米不大于 3	检查腹板,吊线尺量两端支座处
13	平整度		5	1 m 平尺尺量,任何一个方向每孔梁不少于 15 处
14	支座板	四角高度差	1	用水平尺靠量
		平整度	2	
		螺栓孔中心位置	2	用游标卡尺测量每块板上 4 个螺栓中心距(包括对角线)
15	两端支座中线间的横向距离偏差		±5	用水平尺量
16	螺栓		垂直梁底板	用水平尺量

11.4.20 预应力混凝土梁的表面质量应符合本暂行标准第 9.2.15 条的规定。

(V)预 应 力

主 控 项 目

11.4.21 预应力施工原材料、制作和安装、张拉、压浆和封端的检验必须符合铁道部现行《铁路混凝土工程施工质量验收补充标准》(铁建设〔2005〕160 号)第 7.2.1 条~第 7.2.5 条、第 7.3.1 条~第 7.3.3 条、第 7.4.1 条~第 7.4.5 条、第 7.5.1 条~第 7.5.4 条的规定。梁体封锚所用材料和抗压强度应符合设计要求。

一 般 项 目

11.4.22 预应力筋施工原材料、制作和安装、张拉、压浆和封端应符合设计要求。当设计无特殊要求时,其检验应符合铁道部现行《铁路混凝土工程施工质量验收补充标准》(铁建设〔2005〕160 号)第 7.3.4 条、第 7.4.6 条、第 7.5.5 条和本暂行标准第 11.1.33 条的规定。

（Ⅵ）预制梁段组拼

主 控 项 目

11.4.23　预制梁段组拼施工时，接缝表面处理、接缝方法及材料必须符合设计要求。

检验数量：施工单位、监理单位全部检查。

检验方法：观察、检查试验报告。

一 般 项 目

11.4.24　预制梁段整孔组拼（浇筑湿接头前和采用胶拼接缝时，干接梁段位置调整完成后）允许偏差和检验方法应符合本暂行标准第9.5.19条的规定。成桥后的预应力混凝土连续梁梁体外形尺寸允许偏差和检验方法应符合本暂行标准第11.1.29条的规定。

检验数量：施工单位全部检查。

（Ⅶ）支　　座

主 控 项 目

11.4.25　支座安装的检验必须符合第14.1.5条~第14.1.10条的规定。

11.4.26　连续梁体系转换施工顺序必须符合设计要求。

检验数量：施工单位、监理单位全部检查。

检验方法：观察。

监理单位旁站监理。

一 般 项 目

11.4.27　支座安装的检验应符合本暂行标准第14.1.11条的规定。

（Ⅷ）防　水　层

主 控 项 目

11.4.28　防水层的检验必须符合本暂行标准第15.2.1条~第15.2.5条的规定。

一 般 项 目

11.4.29　防水层的检验应符合本暂行标准第15.2.6条~第15.2.11条的规定。

11.5　先简支后连续预应力混凝土连续梁

（Ⅰ）一 般 规 定

11.5.1　模板及支架、钢筋、混凝土和预应力施工应符合铁道部现行《铁路混凝土工程施工质量验收补充标准》（铁建设〔2005〕160号）的有关规定和设计要求。

11.5.2　支座安装施工应符合本暂行标准第14章的有关规定。

11.5.3　防水层施工应符合本暂行标准第15.2节的有关规定。

11.5.4　墩顶现浇湿接缝的施工，应符合设计要求，并编制实施性施工组织设计和体系转换的工艺设计。

11.5.5　湿接缝浇筑前应检查简支梁的施工记录，并对简支梁的安装进行全面检查，简支梁的安装应符合工艺设计的要求。

11.5.6　临时支座转换成永久支座的各项条件应符合设计规定的要求。

11.5.7　预应力混凝土简支箱梁施工质量的各项要求应符合本暂行标准第9章的相关规定。

(Ⅱ)模板及支架

主 控 项 目

11.5.8　模板及支架安装和拆除的检验应符合铁道部现行《铁路混凝土工程施工质量验收补充标准》(铁建设〔2005〕160号)第4.2.1条、第4.2.2条和第4.3.1条的规定。

一 般 项 目

11.5.9　模板及支架安装和拆除的检验应符合铁道部现行《铁路混凝土工程施工质量验收补充标准》(铁建设〔2005〕160号)第4.3.2条的规定。

11.5.10　湿接缝处的模板尺寸允许偏差和检验方法应符合本暂行标准第11.1.18条的规定。简支箱梁的模板尺寸允许偏差和检验方法应符合本暂行标准第9.2.4条的规定。

(Ⅲ)钢　　筋

主 控 项 目

11.5.11　钢筋原材料、加工、连接和安装的检验必须符合铁道部现行《铁路混凝土工程施工质量验收补充标准》(铁建设〔2005〕160号)第5.2.1条～第5.2.3条、第5.3.1条、第5.4.1条、第5.4.2条和第5.5.1条～第5.5.4条的规定。

一 般 项 目

11.5.12　钢筋原材料、加工和连接的检验应符合铁道部现行《铁路混凝土工程施工质量验收补充标准》(铁建设〔2005〕160号)第5.2.4条、第5.3.2条和第5.4.3条的规定。

11.5.13　预应力混凝土简支箱梁及湿接缝的钢筋及钢筋保护层厚度允许偏差及检验方法，应符合本暂行标准第9.2.8条的规定。

(Ⅳ)混　凝　土

主 控 项 目

11.5.14　混凝土原材料、配合比设计和施工的检验必须符合铁道部现行《铁路混凝土工程施工质量验收补充标准》(铁建设〔2005〕160号)第6.2.1条～第6.2.7条、第6.3.1条

~第 6.3.4 条和第 6.4.1 条~第 6.4.15 条的规定。

11.5.15 预应力混凝土简支梁梁端与接缝混凝土连接面必须按设计要求凿毛,冲洗干净,保证新旧混凝土粘接牢固。

检验数量:施工单位、监理单位全部检查。

检验方法:观察。

11.5.16 梁体表面裂缝宽度的检验必须符合本暂行标准第 9.2.12 条的规定。

一 般 项 目

11.5.17 混凝土施工的检验应符合铁道部现行《铁路混凝土工程施工质量验收补充标准》(铁建设〔2005〕160 号)第 6.4.18 条的规定。

11.5.18 预应力混凝土简支梁的允许偏差和检验方法应符合本暂行标准第 9.2.14 条的规定。

11.5.19 梁体的表面质量应符合本暂行标准第 9.2.15 条的规定。

(Ⅴ)预 应 力

主 控 项 目

11.5.20 预应力施工原材料、制作和安装、张拉、压浆和封端的检验必须符合铁道部现行《铁路混凝土工程施工质量验收补充标准》(铁建设〔2005〕160 号)第 7.2.1 条~第 7.2.5 条、第 7.3.1 条~第 7.3.3 条、第 7.4.1 条~第 7.4.5 条、第 7.5.1 条~第 7.5.4 条的规定。梁体封锚所用材料和抗压强度应符合设计要求。

一 般 项 目

11.5.21 预应力筋施工原材料、制作和安装、张拉、压浆和封端应符合设计要求。当设计无特殊要求时,其检验应符合铁道部现行《铁路混凝土工程施工质量验收补充标准》(铁建设〔2005〕160 号)第 7.3.4 条、第 7.4.6 条和第 7.5.5 条的规定。

11.5.22 湿接缝处和梁体预留管道应符合设计要求,预留管道偏差应小于 4 mm。

检验数量:施工单位全部检查。

检验方法:尺量,每根管道检查不少于 2 处。

(Ⅵ)简支变连续

主 控 项 目

11.5.23 湿接缝处的梁端处理、接缝宽度和方法必须符合设计要求和施工工艺设计要求。

检验数量:施工单位、监理单位全部检查。

检验方法:观察和尺量。

11.5.24 用于体系转换的预应力束、预加应力方法必须符合设计要求和施工工艺设计要求。

检验数量:施工单位、监理单位全部检查。

检验方法:观察。

一般项目

11.5.25　湿接缝梁段混凝土允许偏差和检验方法应符合本暂行标准第9.5.14条的规定。成桥后的梁体线型应满足设计要求,允许偏差和检验方法应符合本暂行标准第11.1.29条的规定。

(Ⅶ)支　座

主控项目

11.5.26　简支变连续混凝土连续梁支座安装的检验必须符合本暂行标准第14.1.5条~第14.1.10条的规定。

11.5.27　简支变连续支座转换顺序、工艺必须符合设计要求,支座安装应以高程控制为主,反力作为校核。

检验数量:施工单位、监理单位全部检查。

检验方法:观察和检查测量记录。

监理单位旁站监理。

一般项目

11.5.28　简支变连续预应力混凝土连续梁永久支座安装的检验应符合本暂行标准第14.1.11条的规定。

(Ⅷ)防　水　层

主控项目

11.5.29　简支变连续的连续梁防水层铺设方法必须符合设计要求。简支梁及湿接缝处的防水层的检验必须符合本暂行标准第15.2.1条~第15.2.5条的规定。

一般项目

11.5.30　简支梁及湿接缝处的防水层的检验应符合本暂行标准第15.2.6条~第15.2.11条的规定。

12　结　合　梁

12.1　一 般 规 定

12.1.1　钢筋混凝土桥面板的模板及支架、钢筋、混凝土和预应力施工,应符合铁道部现行《铁路混凝土工程施工质量验收补充标准》(铁建设〔2005〕160号)的有关规定和设计要求。

12.1.2　钢梁支座检验应符合本暂行标准第14章的有关规定。

12.1.3　防水层施工应符合本暂行标准第15.2节的有关规定。

12.1.4　结合梁施工应编制实施性施工组织设计和施工工艺设计。

12.1.5　钢梁存放及预拼场地应坚实平整,排水良好,支承点应设在不因自重而产生永久变形的地方,防止部件积水锈蚀和栓接板面磨损、污梁。带有剪力联结器的部件存放和运送时,不应损伤剪力联结器的质量。

12.2　钢　　梁

(Ⅰ)钢梁拼装及架设

主 控 项 目

12.2.1　厂制钢梁的结构尺寸、焊缝质量、底层涂装质量、剪力联结器数量及质量、工地栓接头位置的栓接面、工地焊接接头板端坡口等外观质量,必须符合设计要求和相关标准的规定。

检验数量:施工单位、监理单位全部检查。

检验方法:检查钢梁出厂合格证,焊缝检查(包括弦杆、整体节点焊接的平整度)、记录、栓接接头抗滑移系数试验记录,栓钉柔性联结器弯曲检验合格证、钢梁试拼记录、观察和尺量。

12.2.2　钢板梁(或开口钢箱梁)架设施工,必须符合相关标准的规定和施工工艺设计的要求。吊装过程中钢梁不得扭转翘曲、倾倒,应注意梁体同步,支垫平稳,正确就位。

检验数量:施工单位、监理单位全部检查。

检查方法:观察、尺量。

12.2.3　钢桁梁拼装架设备采用满布式膺架,应考虑膺架基础沉陷和膺架变形对调整钢梁拱度的影响,并留出调整拱度和起顶钢梁的设顶位置。采用悬臂拼装钢梁应有平衡梁和主梁杆件拼装顺序图,平衡梁抗倾覆稳定系数应大于1.3。

检验数量:施工单位、监理单位全部检查。

检验方法:检查技术资料、观察。

12.2.4　钢板梁(或开口箱梁)梁段工地焊接拼装前应有工地焊接工艺试验资料,焊缝质量必须符合设计要求和焊接工艺要求。

检验数量:施工单位、监理单位全部检查。

检验方法:施工单位超声波探伤、观察和尺量,并对 25% 工地焊接横向受拉对接焊缝做射线检查复验;监理单位见证检测,观察和尺量;设计单位参与质量验收。

12.2.5 钢梁梁段(杆件)栓接拼装前必须对工厂随梁发送的栓接板面抗滑移系数试件进行检验,抗滑移系数必须符合设计要求才能进行拼装。

检验数量:施工单位、监理单位全部检查。

检验方法:施工单位对随梁试件进行试验;监理单位见证试验。

12.2.6 高强度螺栓连接副的规格、质量及扭矩系数必须符合设计要求和相关标准的规定。

检验数量:连接副的规格、质量施工单位和监理单位全部检查。扭矩系数施工单位按生产厂家提供批号每批不少于 8 套分批检查;监理单位同施工单位。

检验方法:观察、尺量和检查工厂按批提供的产品质量保证书。施工单位做扭矩系数试验;监理单位检查试验报告和见证试验。

12.2.7 高强度螺栓连接副施拧必须符合相关技术标准规定和设计要求。施拧使用的扳手在使用前、后必须标定,扭矩偏差不得大于使用扭矩值的 ±5%。

检验数量:施工单位、监理单位全部检查。

检验方法:施工单位进行标定检查;监理单位检查标定记录。

12.2.8 在支架上拼装钢梁时,冲钉和高强度螺栓总数量不得少于孔眼总数的 1/3,其中冲钉占 2/3,孔眼较少部位冲钉和高强度螺栓数量不得小于 6 个。采用悬臂法拼装钢梁时,连接处冲钉数量应按所承受的荷载计算确定,但不得少于孔眼数的一半,其余孔眼布置高强度螺栓,冲钉和高强度螺栓应均匀布置。

检验数量:施工单位、监理单位全部检查。

检验方法:观察和检查计算资料。

12.2.9 工地焊接栓钉柔性联结器的焊接质量,必须符合设计要求。当无设计要求时,应符合下列规定:

1 栓钉周边焊缝长度、宽度、高度、饱满度及栓钉与钢板的垂直度和结合程度,应符合焊接工艺规定。

2 栓钉沿轴线方向焊缝平均高度不小于 0.2 倍栓钉直径。

3 栓钉沿轴线方向焊缝最小高度不小于 0.15 倍直径。

4 栓钉周边焊缝平均直径不小于 1.25 倍栓钉直径。

5 栓钉焊接位置偏差:沿杆件的纵向,栓钉根部和顶部应严格控制在 ±3 mm;沿杆件的横向,栓钉根部为 ±3 mm,顶部为 ±5 mm。

6 每台班开始生产前应按规定的焊接工艺试焊 2 个栓钉,沿栓钉轴线弯曲 30°,焊缝应完好没有任何损伤方为合格。

检验数量:施工单位、监理单位抽检 5%,但每工作班不少于 2 个。

检验方法:施工单位进行弯曲试验,观察和尺量;监理单位见证试验、观察和尺量。

一 般 项 目

12.2.10 钢板梁(或开口钢箱梁)尺寸允许偏差和检验方法应符合表 12.2.10 的规定。

表 12.2.10 钢板梁(开口钢箱梁)尺寸允许偏差和检验方法

序号	项目		允许偏差(mm)	检验方法
1	梁高(H)	H≤2 m	±2	尺量两端腹板处
		H>2 m	±4	
2	主梁中心距		±3	尺量两端腹板中心线
3	相邻梁段上下翼缘错边量		焊接≤1,栓接≤2	尺 量
4	相邻梁段腹板错边量		焊接≤1,栓接≤2	
5	拼接梁段两端边孔中心距		1.0(采用工地扩孔 2.0)	尺 量
6	连续梁长度		±15	拼接后量全长
7	主梁上拱度		$^{+10}_{-3}$	尺量或测量跨中
8	横断面对角线差		4	尺量两端断面
9	腹板平面度		板梁 h/350 且不大于 8 箱梁 h/250 且不大于 8	尺 量
10	旁 弯		板梁 L/5,箱梁 3+0.1L,且均小大于 8	
11	支点高差		5	测 量
12	主梁、纵横梁盖板对腹板的垂直度		0.5(有孔部位) 1.5(其他部位)	直角尺测量

检验数量:施工单位全部检查。

12.2.11 钢桁梁位置和节点位置允许偏差和检验方法应符合表 12.2.11—1 和表 12.2.11—2 的规定。

表 12.2.11—1 钢桁梁位置允许偏差和检验方法

序号	项目	允许偏差(mm)	检验方法
1	墩台处横梁中线与设计线路中线偏移	10	测量检查
2	简支梁与连续梁间或两孔(联)间相邻横梁中线相对偏差	5	
3	墩台处横梁顶与设计高程偏差	±10	
4	两孔(联)间相邻横梁相对高差	5	
5	每孔梁对角线支点的相对高差	5	
6	固定支座处梁支承中心里程与设计里程偏差	±10	

检验数量:施工单位全部检查。

表 12.2.11—2 钢桁梁节点位置允许偏差和检验方法

<table>
<tr><th>序号</th><th colspan="3">项　　目</th><th>允许偏差(mm)</th><th>检验方法</th></tr>
<tr><td rowspan="6">1</td><td rowspan="6">主桁平面位置</td><td colspan="2">弦杆节点对端节点中心连线的偏移</td><td>跨度的 1/5000</td><td rowspan="9">测量检查</td></tr>
<tr><td colspan="2">弦杆节点对相邻两个奇数或偶数节点中心连线的偏移</td><td>5 mm</td></tr>
<tr><td colspan="2">立柱在横断面内相对垂直偏移</td><td>立柱理论长度的 1/700</td></tr>
<tr><td rowspan="3">拱度偏差</td><td>设计拱度≤60 mm</td><td>±4 mm</td></tr>
<tr><td>60 mm<设计拱度≤120 mm</td><td>±8% 的设计拱度</td></tr>
<tr><td>设计拱度>120 mm</td><td>技术文件确定</td></tr>
<tr><td rowspan="3">2</td><td rowspan="3">两主桁相对节点位置</td><td colspan="2">支点处相对高差</td><td>梁宽的 1/1000</td></tr>
<tr><td colspan="2">跨中心节点处相对高差</td><td>梁宽的 1/500</td></tr>
<tr><td colspan="2">跨中其他节点处相对高差</td><td>根据支点及跨度中心节点高低差按比例增减</td></tr>
</table>

检验数量:施工单位全部检查。

(Ⅱ)支　　座

主 控 项 目

12.2.12 支座安装使用千斤顶顶梁位置、先后顺序和顶落幅度必须符合设计要求,支座安装应以高程控制为主,支点反力作为校核。

检验数量:施工单位、监理单位全部检查。

检验方法:观察和测量。

12.2.13 钢梁支座安装的检验必须符合本暂行标准第 14.1.5 条~第 14.1.10 条的规定。

一 般 项 目

12.2.14 钢梁支座安装的检验除应符合本暂行标准第 14.1.11 条的规定外,尚应符合表 12.2.14 的规定。

表 12.2.14 钢梁支座安装允许偏差和检验方法

<table>
<tr><th>序号</th><th colspan="2">项　　目</th><th>允许偏差(mm)</th><th>检验方法</th></tr>
<tr><td rowspan="2">1</td><td rowspan="2">下座板中心十字线扭转</td><td>下座板尺寸<2 000 mm</td><td>1</td><td rowspan="9">测量检查</td></tr>
<tr><td>下座板尺寸≥2 000 mm</td><td>1‰边宽</td></tr>
<tr><td rowspan="2">2</td><td rowspan="2">固定支座十字线中心与全桥贯通测量后墩台中心线纵向偏差</td><td>连续梁或跨度60 m以上简支梁</td><td>20</td></tr>
<tr><td>小于 60 m 简支梁</td><td>10</td></tr>
<tr><td>3</td><td colspan="2">活动支座中心线的纵向错动量(按设计气温定位后)</td><td>3</td></tr>
<tr><td>4</td><td colspan="2">固定支座上下座板中线的纵横错动量</td><td>3</td></tr>
<tr><td>5</td><td colspan="2">支座底板四角相对高差</td><td>2</td></tr>
<tr><td>6</td><td colspan="2">活动支座的横向错动量</td><td>3</td></tr>
<tr><td>7</td><td colspan="2">上下座板及摇、辊轴之间的扭转</td><td>1</td></tr>
</table>

检验数量:施工单位全部检查。

(Ⅲ)钢梁涂装

主控项目

12.2.15 涂装前钢件表面的污泥、油垢,铁锈等必须清除干净,钢件表面除锈及粗糙度必须符合铁道部现行《铁路钢桥保护涂装》(TB/T 1527)和铁道部颁布的有关客运专线铁路钢桥保护涂装技术条件的有关规定及设计要求。

检验数量:施工单位、监理单位全部检查。

检验方法:观察和检查试验记录。

12.2.16 杆件结合点可能积水的缝隙必须在涂装前进行封填,缝宽不大于0.3 mm的用底层涂料封填,缝宽大于0.3 mm的用腻子封填,腻子的使用寿命不应低于油漆寿命,并应具有耐水、耐候、防渗、防锈性能。

检验数量:施工单位、监理单位全部检查。

检验方法:观察、尺量。

12.2.17 钢梁涂装体系和涂装使用的各种涂料品种、质量,必须符合设计要求和铁道部颁布的有关客运专线铁路钢桥保护涂装技术条件的有关规定及设计要求。

检验数量:施工单位、监理单位全部检查。

检验方法:观察和检查出厂合格证或检验报告。

12.2.18 钢件表面清理与涂料层的作业间隔时间要求和涂料涂层时的作业环境要求,必须符合铁道部现行《铁路钢桥保护涂装》(TB/T 1527)的有关规定。

检验数量:施工单位、监理单位全部检查。

检验方法:观察和检查施工记录。

12.2.19 钢梁涂装体系干膜最小总厚度必须符合设计要求,每一涂层干膜平均厚度不得小于设计要求厚度,最小厚度不应小于设计厚度的90%,高强度螺栓连接部位涂装必须符合设计要求,当设计无要求时应符合铁道部现行《铁路钢桥保护涂装 》(TB/T 1527)的有关规定。

检验数量:施工单位、监理单位全部检查。

检验方法:观察和仪器检测。

12.2.20 钢梁涂装、涂料、涂层对底材附着力和涂装体系层间附着力,必须符合铁道部《铁路钢桥保护涂装》(TB/T 1527)的有关规定。

检验数量:施工单位、监理单位每一杆件全部检查。

检验方法:施工单位采用拉开法或划格法测定;监理单位见证检测。

一般项目

12.2.21 钢梁涂装涂层表面应平整光滑,颜色均匀,无漏底、漏涂、起泡、气孔、裂缝、剥落、划伤及咬底等缺陷,手工涂刷应无明显添痕,在任何1 m^2范围内,橘皮、起皱、针孔、流挂小于3 cm×3 cm面积的缺陷不得超过2处,小面积刷痕不得超过4处,涂料颗粒和尘微粒所占涂装面积不得超过10%。

检验数量:施工单位全部检查;监理单位见证检测。

检验方法:观察和尺量。

12.3 钢筋混凝土桥面板

（Ⅰ）模板及支架

主 控 项 目

12.3.1 模板及支架安装和拆除的检验必须符合铁道部现行《铁路混凝土工程施工质量验收补充标准》（铁建设〔2005〕160号）第4.2.1条、第4.2.2条和第4.3.1条的规定。

一 般 项 目

12.3.2 模板及支架安装和拆除的检验应符合铁道部现行《铁路混凝土工程施工质量验收补充标准》（铁建设〔2005〕160号）第4.2.4条和第4.3.2条的规定。

12.3.3 预埋件在模板上的允许偏差和检验方法应符合本暂行标准第9.5.5条的规定。

12.3.4 模板尺寸允许偏差和检验方法应符合本暂行标准第10.2.4条的规定。

（Ⅱ）钢 筋

主 控 项 目

12.3.5 钢筋原材料、加工、连接和安装的检验必须符合铁道部现行《铁路混凝土工程施工质量验收补充标准》（铁建设〔2005〕160号）第5.2.1条～第5.2.3条、第5.3.1条、第5.4.1条、第5.4.2条和第5.5.1条～第5.5.4条的规定。

一 般 项 目

12.3.6 钢筋原材料、加工和连接的检验应符合铁道部现行《铁路混凝土工程施工质量验收补充标准》（铁建设〔2005〕160号）第5.2.4条、第5.3.2条和第5.4.3条的规定。

12.3.7 钢筋的检验应符合本暂行标准第9.2.8条的规定。

（Ⅲ）混 凝 土

主 控 项 目

12.3.8 混凝土原材料、配合比设计和施工的检验必须符合铁道部现行《铁路混凝土工程施工质量验收补充标准》（铁建设〔2005〕160号）第6.2.1条～第6.2.7条、第6.3.1条～第6.3.4条和第6.4.1条～第6.4.15条的规定。

12.3.9 钢筋混凝土桥面板表面裂缝宽度的检验必须符合本暂行标准第9.2.12条的规定。

一 般 项 目

12.3.10 混凝土施工的检验应符合铁道部现行《铁路混凝土工程施工质量验收补充标准》（铁建设〔2005〕160号）第6.4.18条的规定。

12.3.11 钢筋混凝土桥面的检验应符合本暂行标准第9.5.14条的规定。

12.3.12 钢筋混凝土桥面板的表面质量应符合本暂行标准第9.2.15条的规定。

(Ⅳ)预 应 力

主 控 项 目

12.3.13 预应力施工原材料、制作和安装、张拉、压浆和封端的检验必须符合铁道部现行《铁路混凝土工程施工质量验收补充标准》(铁建设〔2005〕160号)第7.2.1条~第7.2.5条、第7.3.1条~第7.3.3条、第7.4.1条~第7.4.5条、第7.5.1条~第7.5.4条的规定。梁体封锚所用材料和抗压强度应符合设计要求。

一 般 项 目

12.3.14 预应力筋施工原材料、制作和安装、张拉、压浆和封端应符合设计要求。当设计无特殊要求时,其检验应符合铁道部现行《铁路混凝土工程施工质量验收补充标准》(铁建设〔2005〕160号)第7.3.4条、第7.4.6条、第7.5.5条和本暂行标准第11.1.33条的规定。

(Ⅴ)桥面板安装

主 控 项 目

12.3.15 钢筋混凝土桥面板的规格和质量、现浇桥面板混凝土分段浇筑顺序及方法、预应力张拉顺序、连续梁落梁步骤等必须符合设计要求。

检验数量:施工单位、监理单位全部检查。

检验方法:检查出厂合格证、验收记录、观察和尺量。

12.3.16 桥面板现场安装时钢梁与桥面板的结合面及剪力联结器表面必须清理干净,剪力联结器应无变形、锈蚀等缺陷。

检验数量:施工单位、监理单位全部检查。

检验方法:观察。

一 般 项 目

12.3.17 结合梁的允许偏差和检验方法,应符合表12.3.17的规定。

表12.3.17 结合梁允许偏差和检验方法

序号	项 目	允许偏差(mm)	检 验 方 法
1	桥梁全长	±15	尺量,检查桥面及钢梁
2	梁 高	+15 −5	尺量,检查梁端桥面板顶至钢梁底
3	桥面板厚度	+10 −5	尺量检查跨中及两端
4	桥面板中心线与钢梁中心线	10	尺量,检查梁端和跨中
5	桥面挡砟墙内侧宽度	+10 −5	
6	桥面平整度	3	1 m靠尺检查不少于5处
7	接触网支柱基座钢筋位置	5	尺量
8	上拱度(与设计值相比)	+10 −3	测量,检查跨中

检验数量:施工单位全部检查。

(Ⅵ)防 水 层

主 控 项 目

12.3.18 防水层的检验必须符合本暂行标准第15.2.1条~第15.2.5条的规定。

一 般 项 目

12.3.19 防水层的检验应符合本暂行标准第15.2.6条~第15.2.11条的规定。

13 钢筋混凝土刚构连续梁

13.1 一 般 规 定

13.1.1 模板及支架、钢筋和混凝土的施工应符合铁道部现行《铁路混凝土工程施工质量验收补充标准》(铁建设〔2005〕160 号)的有关规定和设计要求。

13.1.2 支座和防水层的施工应符合本暂行标准第 14 章及第 15.2 节的有关规定。

13.1.3 钢筋混凝土刚构连续梁的制造,应编制实施性的施工组织设计及施工工艺细则。

13.1.4 模板及支架应进行施工工艺设计。其强度、刚度及整体稳定性,应能满足施工各阶段施工荷载的要求和施工工艺的要求,并应进行预压,以消除变形,预压荷载与最大施工荷载之比不得小于 1.1 倍。

13.1.5 架(移)梁设备和吊(顶)梁应具有足够的强度、刚度和稳定性,能满足架(移)梁荷载要求。应在工地进行静(动)试验,试运转和验收,并做好相关记录,未经验收合格的架(移)梁设备和吊(顶)梁设备,不得进行架(顶)梁作业。

13.2 钢筋混凝土刚构连续梁的制造

(Ⅰ)模板及支架

主 控 项 目

13.2.1 模板及支架的安装和拆除的检验必须符合铁道部现行《铁路混凝土工程施工质量验收补充标准》(铁建设〔2005〕160 号)第 4.2.1 条、第 4.2.2 条和第 4.3.1 条的规定。

一 般 项 目

13.2.2 模板及支架安装和拆除的检验应符合铁道部现行《铁路混凝土工程施工质量验收补充标准》(铁建设〔2005〕160 号)第 4.2.4 条和第 4.3.2 条的规定。

13.2.3 模板允许偏差和检验方法应符合表 13.2.3 的要求。

表 13.2.3 模板允许偏差和检验方法

序号		项 目	允许偏差(mm)	检 验 方 法
1	底模	平整度	3	用 1 m 靠尺
		支座位置处平整度	1	用 1 m 靠尺
		纵向拱度	不大于梁设计拱度 ±10%	拉线尺寸
		侧向弯曲	5	尺量检查两侧连线偏离设计位置

续上表

序号		项　　目	允许偏差(mm)	检　验　方　法
1	底模	梁体高度变化段位置	10	测　量
		底模中心偏离设计位置	10	
2	外模	全梁侧模长	±10	
		边孔侧模长	±10	
		模板高度	$^{+5}_{0}$	
		垂直度	每米不大于3	吊线尺量
		平整度	3	用1 m靠尺
3	端模	端模板高度	$^{+5}_{0}$	尺　量
		端模板垂直度	3	用1 m靠尺
		平整度	3	用1 m靠尺

检验数量:施工单位全部检查。

(Ⅱ)钢　　筋

主 控 项 目

13.2.4　钢筋原材料、加工、连接和安装的检验必须符合铁道部现行《铁路混凝土工程施工质量验收补充标准》(铁建设〔2005〕160号)第5.2.1条～第5.2.3条、第5.3.1条、第5.4.1条、第5.4.2条和第5.5.1条～第5.5.4的规定。

一 般 项 目

13.2.5　钢筋原材料、加工和连接的检验应符合铁道部现行《铁路混凝土工程施工质量验收补充标准》(铁建设〔2005〕160号)第5.2.4条、第5.3.2条和第5.4.3条的规定。

13.2.6　钢筋及钢筋保护层允许偏差和检验方法应符合本暂行标准第9.2.8条的规定。

(Ⅲ)混　凝　土

主 控 项 目

13.2.7　混凝土原材料、配合比设计和施工的检验必须符合铁道部现行《铁路混凝土工程施工质量验收补充标准》(铁建设〔2005〕160号)第6.2.1条～第6.2.7条、第6.3.1条～第6.3.4条和第6.4.1条～第6.4.16条的规定。

13.2.8　梁体混凝土表面局部非受力裂缝宽度不得大于0.2 mm。

检验数量:施工单位、监理单位全部检查。

检验方法:观察和用刻度放大镜检查。

一 般 项 目

13.2.9　混凝土施工的检验应符合铁道部现行《铁路混凝土工程施工质量验收补充标准》(铁建设〔2005〕160 号)第 6.4.17 条～第 6.4.18 条的规定。

13.2.10　钢筋混凝土刚构连续梁尺寸允许偏差和检验方法应符合表 13.2.10—1、表 13.2.10—2 和表 13.2.10—3 的规定。

表 13.2.10—1　立柱(刚壁墩)允许偏差和检验方法

序　号	项　　目	允许偏差(mm)	检　验　方　法
1	断面尺寸	±10	尺　量
2	垂直度	2	1 m 尺量
3	顶面高程	±10	用水准仪测量
4	轴线偏位	10	用经纬仪测量

表 13.2.10—2　梁体允许偏差和检验方法

序　号	项　　目	允许偏差(mm)	检　验　方　法
1	一联全长	±20	尺　量
2	跨　度	±10	尺　量
3	梁　宽	±10	尺　量
4	梁　高	$^{+10}_{0}$	尺　量
5	中心线偏位	10	尺　量
6	平整度	每米长偏差≤3	1 m 靠尺和宽尺检查,不小于 5 处
7	挡砟墙厚度	$^{+10}_{0}$	尺　量

表 13.2.10—3　挂梁安装允许偏差和检验方法

序　号	项　　目	允许偏差(mm)	检　验　方　法
1	支座中心偏位	5	尺　量
2	顶面纵向高程	$^{+10}_{-5}$	水平仪测量
3	支座高差	1.2% 梁高	水平尺塞尺靠,梁高以 m 计

检验数量:施工单位全部检验。

(Ⅳ)支　　座

主 控 项 目

13.2.11　支座的安装必须符合本暂行标准第 14.1.5 条～第 14.1.10 条的有关规定。

一 般 项 目

13.2.12　支座的安装应符合本暂行标准第 14.1.11 条的有关规定。

(Ⅴ)防 水 层

主 控 项 目

13.2.13 防水层的检验必须符合本暂行标准第15.2.1条~第15.2.5条的规定。

一 般 项 目

13.2.14 防水层的检验应符合本暂行标准第15.2.6条~第15.2.11条的规定。

14 支 座

一 般 规 定

14.1.1 支座进入工地后，施工单位应根据铁道部现行《铁路桥梁板式橡胶支座技术条件》（TB 1893）、《铁路桥梁盆式橡胶支座》（TB/T 2331）、《铁路钢桥铸钢支座》（TB/T 1853）以及铁道部颁布的有关客运专线铁路桥梁盆式橡胶支座技术条件的有关规定，对支座的外观尺寸和组装质量进行检查，符合设计要求才能进行安装。

14.1.2 支座安装前，应检查桥梁跨距、支座位置及预留锚栓孔位置、尺寸和支座垫石顶面高程、平整度，并均应符合设计要求。支座安装前应组装好，并消除非弹性变形和空隙。

14.1.3 预制梁架设完成后应保证每个支座反力与四个支座反力的平均值相差不得超过±5%。

14.1.4 预留锚栓孔、支承垫石顶面与支座底面间隙应采用压力注浆填实，注浆压力不得小于1.0 MPa。

主 控 项 目

14.1.5 支座品种性能、结构形式、规格尺寸及涂装质量必须符合设计要求和相关产品标准的规定。

检验数量：施工单位、监理单位全部检查。

检验方法：观察和检查产品出厂合格证。

14.1.6 固定支座及活动支座安装位置必须符合设计要求。

检验数量：施工单位、监理单位全部检查。

检验方法：观察。

14.1.7 支座上下座板及支座的安装应符合设计要求。固定支座上下座板应互相对正，活动支座上下座板横向应对正，纵向预留错动量应根据支座安装施工温度与设计安装温度之差和梁体混凝土未完成收缩、徐变量及弹性压缩量计算确定，并在各施工阶段进行调整，当体系转换全部完成时梁体支座中心应符合设计要求。

检验数量：施工单位、监理单位全部检查。

检验方法：观察和尺量。

14.1.8 支座与梁底及垫石之间必须密贴无空隙，垫层材料质量及强度应符合设计要求。支座配件必须齐全，水平各层部件间应密贴无空隙。

检验数量：施工单位、监理单位全部检查

检验方法：观察。

14.1.9 支座锚栓埋置深度和螺栓外露长度必须符合设计要求，支座锚栓固结应在支座及锚栓位置调整准确后进行施工。

检验数量：施工单位、监理单位全部检查。

检验方法:观察和尺量。

14.1.10 预留锚栓孔注浆材料和质量必须符合设计要求。

检验数量:施工单位、监理单位抽样检验。

检验方法:施工单位检查质量证明文件并进行试验;监理单位检查质量证明文件并见证试验。

一般项目

14.1.11 支座安装允许偏差和检验方法应符合表14.1.11的规定。

表14.1.11 支座安装允许偏差和检验方法

序号	项目			允许偏差(mm)	检验方法
1	墩台纵向错动量	一般高度墩台		20	测量
		高度30 m以上墩台		15	
2	墩台横向错动量	一般高度墩台		15	
		高度30 m以上墩台		10	
3	同端支座中心横向距离	偏差与桥梁设计中心对称时		$^{+30}_{-10}$	
		偏差与桥梁设计中心不对称时		$^{+15}_{-10}$	
4	铸钢支座	下座板中心十字线扭转	下座板尺寸<2 000 mm	1	
			下座板尺寸≥2 000 mm	1‰边宽	
		固定支座十字线中心与全桥贯通测量后墩台中心线纵向偏差	连续梁或跨度60 m以上简支梁	20	
			小于60 m简支梁	10	
		活动支座中心线的纵向错动量(按设计气温定位后)		3	
		固定支座上下座板中线的纵横错动量		3	
		支座底板四角相对高差		2	
		活动支座的横向错动量		3	
		上下座板及摇、辊轴之间的扭转		1	
5	板式橡胶支座	同一梁端两支座相对高差		1	
		每一支座板的边缘高差		2	
		上下座板十字线扭转		2	
		活动支座的纵向错动量(按设计气温定位后)		±3	
6	盆式橡胶支座	支座板四角高差		1	
		上下座板中心十字线扭转		1	
		同一梁端两支座高差		1	
		一孔箱梁四个支座中,一个支座不平整限值		3	
		固定支座上下座板及中线的纵、横错动量		1	
		活动支座中线的纵横错动量(按设计气温定位后)		3	

检验数量:施工单位全部检查。

15　桥面附属设施

15.1　一 般 规 定

15.1.1　模板及支架、钢筋、混凝土的施工应符合铁道部现行《铁路混凝土工程施工质量验收补充标准》(铁建设〔2005〕160 号)的有关规定和设计要求。

15.1.2　施工单位应对防水层所用原材料按批次进行进场验收,并按现行国家标准做性能检验,其质量必须符合有关标准的规定。

15.1.3　防水层施工前,施工单位应按设计要求,编制施工方案,进行技术交底。

15.1.4　防水层严禁在雨、雪天和五级风及其以上时施工,其施工材料和施工环境应符合设计要求。

15.1.5　防水层铺设前应采用高压风枪清除基层面灰尘。

15.1.6　防水卷材应在桥面铺设至挡砟墙、竖墙根部,并顺上坡方向逐幅铺设。

15.1.7　防水卷材纵向宜整幅铺设,当防水卷材进行搭接时,先行纵向搭接,再进行横向搭接,纵向搭接接头应错开。

15.1.8　聚合物防水涂料应均匀涂刷于基层表面。不得使用风扇或类似工具来缩短干燥时间。涂刷后 24 h 内须防止霜冻、雨淋及暴晒。防水层完全干固后,方可作保护层。

15.1.9　混凝土保护层施工时,其施工用具、材料必须轻吊轻放,严禁碰伤已铺设好的防水层。

15.1.10　混凝土保护层浇注完成后,应保水养护,以免失水过快。冬季施工应加入防冻剂。自然养护时,桥面应采用草袋或麻袋覆盖,并在其上覆盖塑料薄膜,桥面混凝土洒水次数应能保持表面充分潮湿。当环境相对湿度小于 60% 时,自然养护应不少于 28 d;相对湿度在 60% 以上时,自然养护不应少于14 d。

15.2　桥面附属设施

(Ⅰ)防水层、保护层及伸缩缝

主 控 项 目

15.2.1　防水层、保护层和伸缩缝所用原材料的品种、规格、性能等必须符合铁道部颁布的有关客运专线铁路桥梁混凝土桥面防水层、伸缩装置的有关规定及设计要求。

检验数量:检验项目及频次按铁道部颁布的客运专线铁路桥梁混凝土桥面防水层、伸缩装置技术条件的有关规定办理。

检验方法:施工单位检查合格证,观察并进行试验;监理单位检查合格证,观察并进行见证试验。

15.2.2　防水层施工部位、构造形式、厚度、坡度和细部做法等必须符合铁道部颁布的有关客运专线铁路桥梁混凝土桥面防水层的有关规定和设计要求。

检验数量:施工单位、监理单位全部检查。

检验方法:观察和尺量。

15.2.3 保护层施工部位、构造形式、厚度、坡度和断缝处理必须符合设计要求,并符合铁道部颁布的有关客运专线铁路桥梁混凝土桥面防水层的有关规定。桥面保护层表面裂缝宽度不得大于0.2 mm。

检验数量:施工单位、监理单位全部检查。

检验方法:观察、尺量和用刻度放大镜检查。

15.2.4 防水层不得渗水。

检验数量:施工单位、监理单位全部检查。

检验方法:雨后或蓄水后,观察。

15.2.5 梁端伸缩缝应符合铁道部颁布的有关客运专线铁路桥梁伸缩装置的有关规定及设计要求,预埋件位置应准确,橡胶止水带外形尺寸应满足设计要求,盖板平整。

检验数量:施工单位、监理单位全部检查。

检验方法:观察、尺量检查。

一般项目

15.2.6 防水层的基层应平整、清洁、干燥,不得有空鼓、松动、蜂窝麻面、浮砟、浮土和油污。

检验数量:施工单位全部检查。

检验方法:观察。

15.2.7 防水层的表面质量应达到涂层厚薄一致,卷材粘贴牢固,搭接封口正确。不得有滑移、翘边、起泡、损伤等现象。坡度平顺,排水通畅。

检验数量:施工单位全部检查。

检验方法:观察。

15.2.8 保护层施工时,不得损坏防水层,保护层应表面平整,周边新旧混凝土粘结牢固、密贴,排水坡满足设计要求。保护层与防水层应粘结牢固,结合紧密,厚度均匀一致。表面平整密实,不得有疏松、起砂、脱皮、损伤等现象。

检验数量:施工单位全部检查。

检验方法:观察。

15.2.9 防水层和保护层的材料称量的允许偏差应为2%。

检验数量:施工单位每工作班抽查不少于一次。

检验方法:称量或检查配制记录。

15.2.10 防水层的允许偏差和检验方法应符合表15.2.10的规定。

表15.2.10 防水层允许偏差和检验方法

序号	项目	允许偏差(mm)	检验方法
1	基层平整度	3	1 m靠尺检查
2	卷材搭接宽度	-10	尺量检查

检验数量:施工单位检查不少于5处。

15.2.11 保护层的允许偏差和检验方法应符合表 15.2.11 的规定。

表 15.2.11 保护层的允许偏差和检验方法

序号	项目	允许偏差(mm)	检验方法
1	表面平整度	3	1 m 靠尺检查
2	分格缝平直	3	拉线尺量检查

检验数量:施工单位检查不少于 5 处。

(Ⅱ)挡砟墙、电缆槽及接触网支柱基座

主 控 项 目

15.2.12 两挡砟墙内侧净距及外形尺寸应满足设计规定。

检验数量:施工单位、监理单位全部检查。

检验方法:测量检查。

15.2.13 电缆槽及接触网支柱基座设置位置必须满足设计规定,接触网支柱基座预埋螺栓位置应准确,基座平整,外形尺寸应满足设计要求。

检验数量:施工单位、监理单位全部检查。

检验方法:用靠尺测量,检查最大偏差处。

15.2.14 梁上应预埋遮板、挡砟墙、边墙及竖墙钢筋,位置应准确,浇筑成型后表面不得有宽度在 0.2 mm 以上的裂缝。

检验数量:施工单位、监理单位全部检查。

检验方法:观察并用刻度放大镜测量。

15.2.15 泄水管材料及数量应满足设计要求,位置应准确,相对设计位置允许偏差应为 15 mm,应安装牢固,泄水管顶面不得高于桥面,底面伸出上翼缘板的长度应满足设计要求。

检验数量:施工单位、监理单位全部检查。

检验方法:观察检查。

(Ⅲ)人行道、遮板、栏杆、声屏障基座、围栏、吊篮

主 控 项 目

15.2.16 遮板的规格、外观质量、安装位置应符合设计要求。

检验数量:施工单位、监理单位全部检查。

检验方法:尺量观察检查。

15.2.17 双侧人行道栏杆内侧间距应满足设计要求。栏杆扶手高度应保持一致,用10 m 线量矢度不得大于 10 mm。

检验数量:施工单位、监理单位每 30 m 长度内检查一处。

检验方法:尺量观察检查。

15.2.18 人行道步行板的施工必须符合设计要求,铺设应齐全、稳固、无损坏,板间空隙均匀一致。

检验数量:施工单位、监理单位全部检查。

检验方法:观察检查。

15.2.19 预埋声屏障基座位置应符合设计要求。

检验数量:施工单位、监理单位全部检查。

检验方法:观察及尺量检查。

15.2.20 围栏、吊篮的施工必须符合设计要求。

检验数量:施工单位、监理单位全部检查。

检验方法:观察检查。

16 涵 洞

16.1 一 般 规 定

16.1.1 模板及支架、钢筋和混凝土的施工应符合铁道部现行《铁路混凝土工程施工质量验收补充标准》(铁建设〔2005〕160 号)的有关规定及设计要求。砌体的施工应符合铁道部现行《铁路混凝土与砌体工程施工质量验收标准》(TB 10424—2003)的有关规定和设计要求。

16.1.2 涵洞地基处理和明挖基础的验收应符合本暂行标准第 4 章和第 5 章的有关规定。

16.1.3 防水层的验收应符合本暂行标准第 15.2 节的有关规定。

16.1.4 涵洞进出口的沟床应整理顺直,铺砌工程与排水设施、道路的连接应顺直。

16.1.5 涵洞处路堤缺口填筑,应在涵身结构达到设计强度后进行。填筑除符合铁道部颁布的客运专线铁路路基工程施工质量验收标准中关于桥涵缺口路基填筑有关规定外,必须从涵身两侧同时对称、水平、分层填筑,并碾压密实。当涵顶填土厚度超过1.0 m 后,方可通行大型机械。涵身两侧 1 m 范围内的填土不得用大型机械施工,应采用人工配合小型机械的方法夯填密实。

16.1.6 混凝土或钢筋混凝土预制构件,在装卸、运输过程中应防止碰撞,使用前应对质量进行检查验收。

16.1.7 渡槽、倒虹吸的连接处必须按工艺要求施工,做到密封,不漏水。

16.2 装配式涵洞涵身

(Ⅰ)模板及支架

主 控 项 目

16.2.1 模板及支架安装和拆除的检验必须符合铁道部现行《铁路混凝土工程施工质量验收补充标准》(铁建设〔2005〕160 号)第 4.2.1 条、第 4.2.2 条和第 4.3.1 条的规定。

一 般 项 目

16.2.2 模板及支架安装和拆除的检验应符合铁道部现行《铁路混凝土工程施工质量验收补充标准》(铁建设〔2005〕160 号)第 4.2.3 条、第 4.2.4 条和第 4.3.2 条的规定。

(Ⅱ)钢 筋

主 控 项 目

16.2.3 钢筋原材料、加工、连接和安装的检验必须符合铁道部现行《铁路混凝土工程施工质量验收补充标准》(铁建设〔2005〕160 号)第 5.2.1 条～第 5.2.3 条、第 5.3.1 条、第 5.4.1 条、第 5.4.2 条和第 5.5.1 条～第 5.5.4 的规定。

一 般 项 目

16.2.4 钢筋原材料、加工和连接的检验应符合铁道部现行《铁路混凝土工程施工质量验收补充标准》(铁建设〔2005〕160 号)第 5.2.4 条、第 5.3.2 条、第 5.4.3 条和第 5.5.5 条的规定。

(Ⅲ)混 凝 土

主 控 项 目

16.2.5 混凝土原材料、配合比设计和施工的检验必须符合铁道部现行《铁路混凝土工程施工质量验收补充标准》(铁建设〔2005〕160 号)第 6.2.1 条～第 6.2.7 条、第 6.3.1 条～第 6.3.4 条和第 6.4.1 条～第 6.4.16 条的规定。

一 般 项 目

16.2.6 混凝土施工的检验应符合铁道部现行《铁路混凝土工程施工质量验收补充标准》(铁建设〔2005〕160 号)第 6.4.17 条～第 6.4.18 条的规定。

16.2.7 装配式混凝土涵洞涵节内外壁表面,应光滑圆顺,端面平齐。如有蜂窝麻面,每处面积不得大于 3.0 cm ×3.0 cm,深度不得超过 1.0 cm,总面积不得超过全面积的 1%,并不得露筋。

检验数量:施工单位全部检查。

检验方法:尺量和观察。

16.2.8 装配式混凝土涵洞管节允许偏差和检验方法应符合表 16.2.8 的规定。

表 16.2.8 装配式混凝土涵洞管节允许偏差和检验方法

序号	项 目	允许偏差(mm)	检 验 方 法
1	长 度	0 -10	尺量检查不少于 5 处
2	内 径	±10	
3	壁 厚	+10 -5	

检验数量:施工单位每 10 节检查不少于 1 节。

(Ⅳ)涵 节 拼 装

主 控 项 目

16.2.9 成品涵节的质量、规格必须符合设计要求。

检验数量:施工单位、监理单位全部检查。

检验方法:检查出厂合格证、验收记录和观察。

16.2.10 现场预制涵节混凝土强度必须达到设计强度后方可拼装。

检验数量:施工单位、监理单位全部检查。

检验方法:施工单位进行一组同条件养护试件强度试验;监理单位见证检测。

16. 2. 11　涵节接缝必须顺流水坡度安装平顺。当壁厚不一致时,每一错台段内底面应调整平齐。

检验数量:施工单位、监理单位全部检查。

检验方法:尺量和观察。

一 般 项 目

16. 2. 12　装配式涵洞拼装的允许偏差和检验方法应符合表 16. 2. 12 的规定。

表 16. 2. 12　装配式涵洞拼装允许偏差和检验方法

序号	项目		允许偏差(mm)	检验方法
1	轴　线		20	测量检查不少于 2 处
2	流水面高程		±20	
3	涵身长度		+100 −50	尺量检查不少于 5 处
4	管座、基础宽度		不小于设计值	
5	相邻管节底面错台	管径≤100 cm	3	
		管径 >100 cm	5	

检验数量:施工单位每座涵全部检查。

(Ⅴ)防　水　层

主 控 项 目

16. 2. 13　防水层的检验必须符合本暂行标准第 15. 2. 1 条 ~ 第 15. 2. 5 条的规定。

一 般 项 目

16. 2. 14　防水层的检验应符合本暂行标准第 15. 2. 6 条 ~ 第 15. 2. 11 条的规定。

(Ⅵ)沉　降　缝

主 控 项 目

16. 2. 15　沉降缝所用原材料的品种、规格、性能等必须符合设计要求。

检验数量:施工单位、监理单位全部检查。

检验方法:检查产品合格证、试验报告和观察。

16. 2. 16　沉降缝位置、尺寸、构造形式和止水带的安装等必须符合设计要求。

检验数量:施工单位、监理单位全部检查。

检验方法:观察和尺量。

16. 2. 17　沉降缝不得渗水。

检验数量:施工单位、监理单位全部检查。

检验方法:观察和尺量。

一般项目

16.2.18 沉降缝填塞前,缝内应清扫干净,保持干燥,不得有杂物和积水。

检验数量:施工单位全部检查。

检验方法:观察。

16.2.19 沉降缝的表面质量应达到缝宽均匀、缝身竖直,环向贯通,填塞密实,外表光洁。

检验数量:施工单位全部检查。

检验方法:观察。

16.3 就地制造涵洞涵身

(Ⅰ)模板及支(拱)架

主控项目

16.3.1 模板及支架安装和拆除的检验必须符合铁道部现行《铁路混凝土工程施工质量验收补充标准》(铁建设〔2005〕160号)第4.2.1条、第4.2.2条和第4.3.1的规定。

一般项目

16.3.2 模板及支架安装和拆除的检验应符合铁道部现行《铁路混凝土工程施工质量验收补充标准》(铁建设〔2005〕160号)第4.2.3条、第4.2.4条和第4.3.2条的规定。

(Ⅱ)钢 筋

主控项目

16.3.3 钢筋原材料、加工、连接和安装的检验必须符合铁道部现行《铁路混凝土工程施工质量验收补充标准》(铁建设〔2005〕160号)第5.2.1条~第5.2.3条、第5.3.1条、第5.4.1条、第5.4.2条和第5.5.1条~第5.5.4的规定。

一般项目

16.3.4 钢筋原材料、加工和连接的检验应符合铁道部现行《铁路混凝土工程施工质量验收补充标准》(铁建设〔2005〕160号)第5.2.4条、第5.3.2条、第5.4.3条和第5.5.5条的规定。

(Ⅲ)混 凝 土

主控项目

16.3.5 混凝土原材料、配合比设计和施工的检验必须符合铁道部现行《铁路混凝土工程施工质量验收补充标准》(铁建设〔2005〕160号)第6.2.1条~第6.2.7条、第6.3.1条~第6.3.4条和第6.4.1条~第6.4.16条的规定。

16.3.6 混凝土涵身必须先浇筑底板(包括下梗肋),当底板混凝土强度达到设计强度

50%后,再施工中、边墙及顶板混凝土。分次浇筑时,边墙的施工缝不应设在同一水平面上。

检验数量:施工单位、监理单位全部检查。

检验方法:施工单位进行一组同条件养护试件强度试验;监理单位观察和检查试验报告。

16.3.7 预制盖板的混凝土达到设计强度75%后方可吊装。涵身强度必须达到设计强度后,才可分层对称填土。

检验数量:施工单位、监理单位全部检查。

检验方法:施工单位进行一组同条件养护试件强度试验;监理单位检查试验报告。

一 般 项 目

16.3.8 混凝土施工的检验应符合铁道部现行《铁路混凝土工程施工质量验收补充标准》(铁建设〔2005〕160号)第6.4.17条~第6.4.18条的规定。

16.3.9 预制混凝土盖板的允许偏差和检验方法应符合表16.3.9的规定。

表16.3.9 预制混凝土盖板的允许偏差和检验方法

序 号	项 目	允许偏差(mm)	检 验 方 法
1	长 度	0 −10	尺量检查不少于2处
2	宽 度	0 −10	尺量检查不少于4处
3	厚 度	+10 −5	尺量检查不少于5处
4	对角线差	<5	尺量检查不少于2处

检验数量:施工单位每10件检查不少于1件。

16.3.10 混凝土涵洞允许偏差和检验方法应符合表16.3.10的规定。

表16.3.10 混凝土涵洞允许偏差和检验方法

序号	项 目	允许偏差(mm)	检 验 方 法
1	边翼墙、中墩距设计中心线位置	20	测量检查不少于5处
2	墙顶、拱座顶面高程	±15	
3	孔 径	±20	尺量检查不少于5处
4	涵 长	+100 −50	
5	厚 度	+10 −5	顶板、底板、边墙、盖板各检查2处
6	涵身接头错台	10	尺量检查不少于5处

检验数量:施工单位每座涵全部检查。

(Ⅳ)防 水 层

主 控 项 目

16.3.11 防水层的检验必须符合本暂行标准第15.2.1条~第15.2.5条的规定。

一 般 项 目

16.3.12 防水层的检验应符合本暂行标准第15.2.6条～第15.2.11条的规定。

(Ⅴ)沉 降 缝

主 控 项 目

16.3.13 沉降缝的检验必须符合本暂行标准第16.2.15条～第16.2.17条的规定。

一 般 项 目

16.3.14 沉降缝的检验应符合本暂行标准第16.2.18条和第16.2.19条的规定。

16.4 渡槽和倒虹吸管

(Ⅰ)模板及支架

主 控 项 目

16.4.1 模板及支架安装和拆除的检验必须符合铁道部现行《铁路混凝土工程施工质量验收补充标准》(铁建设〔2005〕160号)第4.2.1条、第4.2.2条和第4.3.1条的规定。

一 般 项 目

16.4.2 模板及支架安装和拆除的检验应符合铁道部现行《铁路混凝土工程施工质量验收补充标准》(铁建设〔2005〕160号)第4.2.3条、第4.2.4条和第4.3.2条的规定。

(Ⅱ)钢 筋

主 控 项 目

16.4.3 钢筋原材料、加工、连接和安装的检验必须符合铁道部现行《铁路混凝土工程施工质量验收补充标准》(铁建设〔2005〕160号)第5.2.1条～第5.2.3条、第5.3.1条、第5.4.1条、第5.4.2条和第5.5.1条～第5.5.4的规定。

一 般 项 目

16.4.4 钢筋原材料、加工和连接的检验应符合铁道部现行《铁路混凝土工程施工质量验收补充标准》(铁建设〔2005〕160号)第5.2.4条、第5.3.2条、第5.4.3条和第5.5.5条的规定。

(Ⅲ)混 凝 土

主 控 项 目

16.4.5 混凝土原材料、配合比设计和施工的检验必须符合铁道部现行《铁路混凝土工程施工质量验收补充标准》(铁建设〔2005〕160号)第6.2.1条～第6.2.7条、第6.3.1条～第6.3.4条和第6.4.1条～第6.4.16条的规定。

一般项目

16.4.6 混凝土施工的检验应符合铁道部现行《铁路混凝土工程施工质量验收补充标准》(铁建设〔2005〕160号)第6.4.17条～第6.4.18条的规定。

16.4.7 渡槽的允许偏差和检验方法应符合表16.4.7的规定。

表16.4.7 渡槽的允许偏差和检验方法

序号	项目		允许偏差(mm)	检验方法
1	槽身轴向位置		20	测量检查不少于4处
2	槽身流水面高程		±20	尺量检查不少于5处
3	槽梁尺寸	长度	0 -10	
		宽、高	±10	
		壁厚	+10 0	
4	其他结构尺寸		±20	

检验数量:施工、监理单位全部检查。

16.4.8 倒虹吸的允许偏差和检验方法应符合表16.4.8的规定。

表16.4.8 倒虹吸的允许偏差和检验方法

序号	项目	允许偏差(mm)	检验方法
1	轴线位置	20	测量检查不少于4处
2	流水面高程	±20	
3	管长度	+100 -50	尺量检查不少于2处
4	管内壁侧面及底面管节错台	3	尺量检查不少于5处
5	竖井尺寸	±20	
6	竖井顶面高程	±20	测量检查不少于4处

检验数量:施工、监理单位全部检查。

(Ⅳ)防水层

主控项目

16.4.9 防水层的检验必须符合本暂行标准第15.2.1条～第15.2.5条的规定。

一般项目

16.4.10 防水层的检验应符合本暂行标准第15.2.6条～第15.2.11条的规定。

16.5 附属工程

(Ⅰ)模板及支架

主控项目

16.5.1 模板及支架安装和拆除的检验必须符合铁道部现行《铁路混凝土工程施工质量验收补充标准》(铁建设〔2005〕160 号)第 4.2.1 条、第 4.2.2 条和第 4.3.1 的规定。

一般项目

16.5.2 模板及支架安装和拆除的检验应符合铁道部现行《铁路混凝土工程施工质量验收补充标准》(铁建设〔2005〕160 号)第 4.2.3 条、第 4.2.4 条和第 4.3.2 条的规定。

(Ⅱ)钢 筋

主控项目

16.5.3 钢筋原材料、加工、连接和安装的检验必须符合铁道部现行《铁路混凝土工程施工质量验收补充标准》(铁建设〔2005〕160 号)第 5.2.1 条~第 5.2.3 条、第 5.3.1 条、第 5.4.1 条、第 5.4.2 条和第 5.5.1 条~第 5.5.4 的规定。

一般项目

16.5.4 钢筋原材料、加工和连接的检验应符合铁道部现行《铁路混凝土工程施工质量验收补充标准》(铁建设〔2005〕160 号)第 5.2.4 条、第 5.3.2 条、第 5.4.3 条和第 5.5.5 条的规定。

(Ⅲ)混 凝 土

主控项目

16.5.5 混凝土原材料、配合比设计和施工的检验必须符合铁道部现行《铁路混凝土工程施工质量验收补充标准》(铁建设〔2005〕160 号)第 6.2.1 条~第 6.2.7 条、第 6.3.1 条~第 6.3.4 条和第 6.4.1 条~第 6.4.16 条的规定。

一般项目

16.5.6 混凝土施工的检验应符合铁道部现行《铁路混凝土工程施工质量验收补充标准》(铁建设〔2005〕160 号)第 6.4.17 条~第 6.4.18 条的规定。

16.5.7 混凝土附属工程的允许偏差和检验方法应符合表 16.5.7 的规定。

检验数量:施工单位每座涵全部检查。

表 16.5.7　附属工程的允许偏差和检验方法

序号	项目		允许偏差(mm)	检验方法
1	端、翼墙距设计中心线距离		20	测量检查不少于4处
2	出入口流水面高程		±20	
3	混凝土墙体	表面平整度	10	尺量检查不少于5处
		结构尺寸	+20 0	
4	帽石尺寸		±10	尺量检查不少于4处

(Ⅳ)砌　　体

主 控 项 目

16.5.8　砌体原材料和砌筑的检验必须符合铁道部现行《铁路混凝土与砌体工程施工质量验收标准》(TB 10424—2003)第8.2.1条～第8.2.5条、第8.3.1条～第8.3.6条的有关规定。

一 般 项 目

16.5.9　砌体原材料和砌筑的检验应符合铁道部现行《铁路混凝土与砌体工程施工质量验收标准》(TB 10424—2003)第8.3.7条和第8.3.8条的有关规定。

16.5.10　砌体附属工程的允许偏差和检验方法应符合表16.5.10的规定。

表 16.5.10　附属工程的允许偏差和检验方法

序号	项目		允许偏差(mm)	检验方法
1	端、翼墙距设计中心线距离		20	测量检查不少于4处
2	出入口流水面高程		±20	
3	砌体墙体	表面平整度	20	尺量检查不少于5处
		结构尺寸	+50 0	

检验数量:施工单位每座涵全部检查。

(Ⅴ)栏　　杆

主 控 项 目

16.5.11　栏杆的材质、规格、形式必须符合设计要求。

检验数量:施工单位、监理单位全部检查。

检验方法:检查验收记录和观察。

16.5.12　栏杆的连接、安装必须牢固。

检验数量:施工单位、监理单位全部检查。

检验方法:观察。

16.5.13　栏杆的涂装应符合设计要求。

检验数量:施工单位、监理单位全部检查。

检验方法:观察。

16.5.14 栏杆的安装应顺直。

检验数量:施工单位、监理单位全部检查。

检验方法:观察。

17 桥涵单位工程综合质量评定

17.1 单位工程质量控制资料核查

17.1.1 单位工程质量控制资料应齐全完整，全面反映工程施工质量状况。

17.1.2 单位工程质量控制资料核查应由监理单位组织施工单位进行，并按表17.1.2填写记录。

表17.1.2 单位工程质量控制资料核查记录

<table>
<tr><td colspan="2">单位工程名称</td><td colspan="3"></td></tr>
<tr><td colspan="2">施工单位</td><td colspan="3"></td></tr>
<tr><td>序号</td><td>资　料　名　称</td><td>份　数</td><td>核查意见</td><td>核查人</td></tr>
<tr><td>1</td><td>图纸会审、设计变更、洽商记录</td><td></td><td></td><td></td></tr>
<tr><td>2</td><td>工程定位测量、放线记录</td><td></td><td></td><td></td></tr>
<tr><td>3</td><td>原材料出厂合格证及进场检(试)验报告</td><td></td><td></td><td></td></tr>
<tr><td>4</td><td>施工试验报告</td><td></td><td></td><td></td></tr>
<tr><td>5</td><td>成品及半成品出厂合格证或试验报告</td><td></td><td></td><td></td></tr>
<tr><td>6</td><td>施工记录</td><td></td><td></td><td></td></tr>
<tr><td>7</td><td>工程质量事故及事故调查处理资料</td><td></td><td></td><td></td></tr>
<tr><td>8</td><td>施工现场质量管理检查记录</td><td></td><td></td><td></td></tr>
<tr><td>9</td><td>分项、分部工程质量验收记录</td><td></td><td></td><td></td></tr>
<tr><td>10</td><td>新材料、新工艺施工记录</td><td></td><td></td><td></td></tr>
<tr><td colspan="5">结论：

施工单位项目负责人　　　　　　　　　　　　总监理工程师
年　月　日　　　　　　　　　　　　年　月　日</td></tr>
</table>

注：核查人为监理单位人员。

17.2 单位工程实体质量和主要功能核查

17.2.1 单位工程完成后，应由建设单位组织勘察设计、监理、施工单位对单位工程实体质量和主要功能进行核查，并按表17.2.1填写记录。

表 17.2.1　单位工程实体质量和主要功能核查记录

单位工程名称				
施工单位				
序号	项　目　名　称	资料份数	核查意见	核查人
1	地(桩)基承载力试验			
2	桩基承载力试验无损检测			
3	混凝土表面裂缝检查			
4	钢筋的混凝土保护层厚度检查			
5	混凝土强度无损检测			
6	渡槽、倒虹吸通水试验			
7	交通涵排水系统功能试验			
8	桥梁的动、静载试验			
结论： 施工单位项目负责人　　总监理工程师　　建设单位项目负责人 年　月　日　　年　月　日　　年　月　日				

注：核查项目由验收组协商确定。

17.2.2　单位工程实体质量和主要功能核查方法和数量应符合下列规定：

1　混凝土表面裂缝采用观察或刻度放大镜检查，全部检查。

2　钢筋的混凝土保护层厚度采用满足精度要求的钢筋保护层厚度检测仪现场测定，每孔梁不少于 3 处，每个墩台不少于 3 处，每座涵洞不少于 3 处，每处不少于 10 个点。90% 测点的实测厚度不得小于设计值。

3　混凝土强度检测采用无损检测方法，每孔梁、每个墩台、每座涵洞不少于一次。

4　渡槽、倒虹吸根据需要做通水试验。

5　桥梁根据需要做动、静载试验。

17.2.3　结构实体质量和主要使用功能达不到设计要求的单位工程严禁验收。

17.3　单位工程观感质量评定

17.3.1　观感质量评定应由建设单位组织设计、监理、施工单位共同进行现场评定，并按表 17.3.1—1 ~2 填写记录。

表 17. 3. 1—1　桥梁单位工程观感质量检查记录

<table>
<tr><td colspan="2">单位工程名称</td><td colspan="3"></td></tr>
<tr><td colspan="2">施工单位</td><td colspan="3"></td></tr>
<tr><td rowspan="2">序号</td><td rowspan="2">项 目 名 称</td><td rowspan="2">质 量 状 况</td><td colspan="2">质量评定</td></tr>
<tr><td>合 格</td><td>差</td></tr>
<tr><td>1</td><td>墩、台</td><td></td><td></td><td></td></tr>
<tr><td>2</td><td>混凝土梁</td><td></td><td></td><td></td></tr>
<tr><td>3</td><td>钢梁涂装</td><td></td><td></td><td></td></tr>
<tr><td>4</td><td>桥　面</td><td></td><td></td><td></td></tr>
<tr><td>5</td><td>检查设施</td><td></td><td></td><td></td></tr>
<tr><td>6</td><td>人行道(含避车台)</td><td></td><td></td><td></td></tr>
<tr><td>7</td><td>锥体护砌</td><td></td><td></td><td></td></tr>
<tr><td>8</td><td></td><td></td><td></td><td></td></tr>
<tr><td>9</td><td></td><td></td><td></td><td></td></tr>
<tr><td>10</td><td></td><td></td><td></td><td></td></tr>
<tr><td colspan="5">检查结论:

施工单位项目负责人　　总监理工程师　　建设单位项目负责人
年　月　日　　年　月　日　　年　月　日</td></tr>
</table>

表 17. 3. 1—2　涵洞单位工程观感质量检查记录

<table>
<tr><td colspan="2">单位工程名称</td><td colspan="3"></td></tr>
<tr><td colspan="2">施工单位</td><td colspan="3"></td></tr>
<tr><td rowspan="2">序号</td><td rowspan="2">项 目 名 称</td><td rowspan="2">质 量 状 况</td><td colspan="2">质量评定</td></tr>
<tr><td>合 格</td><td>差</td></tr>
<tr><td>1</td><td>涵　身</td><td></td><td></td><td></td></tr>
<tr><td>2</td><td>沉 降 缝</td><td></td><td></td><td></td></tr>
<tr><td>3</td><td>端 翼 墙</td><td></td><td></td><td></td></tr>
<tr><td>4</td><td>锥体及出入口铺砌</td><td></td><td></td><td></td></tr>
<tr><td>5</td><td>栏　杆</td><td></td><td></td><td></td></tr>
<tr><td>6</td><td></td><td></td><td></td><td></td></tr>
<tr><td>7</td><td></td><td></td><td></td><td></td></tr>
<tr><td>8</td><td></td><td></td><td></td><td></td></tr>
<tr><td>9</td><td></td><td></td><td></td><td></td></tr>
<tr><td>10</td><td></td><td></td><td></td><td></td></tr>
<tr><td colspan="5">检查结论:

施工单位项目负责人　　总监理工程师　　建设单位项目负责人
年　月　日　　年　月　日　　年　月　日</td></tr>
</table>

17.3.2　观感质量检查项目评定达不到合格标准，应进行返修。

桥　梁

17.3.3　墩台观感质量合格标准：

墩台身混凝土表面平整，色泽均匀，接茬处无较大错台、跑模现象。局部蜂窝麻面已修补，外形整体轮廓清晰，线角基本顺直。

墩、台帽与墩、台身衔接基本平顺，表面轮廓比较清晰，排水流畅，基本不积水，支承垫石方正平整，不空鼓，预埋件和预留孔位置正确。

17.3.4　混凝土梁和预应力混凝土梁观感质量合格标准：

表面平整，色泽均匀。阴阳角线条顺直，无明显的表面缺陷。泄水管排水通畅。全桥整体基本平顺，梁缝基本均匀。

17.3.5　钢梁涂装观感质量合格标准：

涂装表面平整，颜色均匀。无明显的涂层漏涂、剥落、起泡、划伤以及流挂等现象。

17.3.6　桥面观感质量合格标准：

表面无明显损伤，布设符合规定，接缝基本严密。

17.3.7　检查设施观感质量合格标准：

配件齐全、联结牢固，涂装符合合格标准，检查车走行灵活。

17.3.8　人行道及避车台观感质量合格标准：

步行板面平整、无明显损伤，排列均匀，铺装平稳，嵌缝基本密实。配件齐全，栏杆、扶手无明显缺陷，安装牢固，扶手基本顺直，涂装符合合格标准。

17.3.9　锥体护砌观感质量合格标准：

砌体选料得当，坡度基本顺直，勾缝无明显缺陷，泄水孔排水流畅。

涵　洞

17.3.10　涵身观感质量合格标准：

混凝土大面平整，色泽均匀，接茬处无较大错台、跑模现象。砌体选料得当，组砌整体均匀，砌面基本平整，砌缝符合规定，勾缝无明显缺陷。各涵节间相接基本顺直，排水通畅。

17.3.11　沉降缝观感质量合格标准：

缝身竖直，缝宽基本均匀，环向贯通，填塞密实，无漏水。

17.3.12　端翼墙观感质量合格标准：

混凝土表面平整，色泽均匀，棱角、线条基本顺直。

17.3.13　护锥及出入口铺砌观感质量合格标准：

砌体选料得当，砌面基本平整，砌缝符合规定，勾缝无明显缺陷。

17.3.14　栏杆观感质量合格标准：

配件齐全，栏杆、扶手无明显缺陷，预制组装构件表面平整，安装牢固，线条顺直，涂装符合合格标准。

本暂行标准用词说明

执行本暂行标准条文时，对于要求严格程度的用词说明如下，以便在执行中区别对待。

(1)表示很严格，非这样做不可的用词：

正面词采用"必须"；

反面词采用"严禁"。

(2)表示严格，在正常情况下均应这样做的用词：

正面词采用"应"；

反面词采用"不应"或"不得"。

(3)表示允许稍有选择，在条件许可时首先应这样做的用词：

正面词采用"宜"；

反面词采用"不宜"。

表示有选择，在一定条件下可以这样做的，采用"可"。

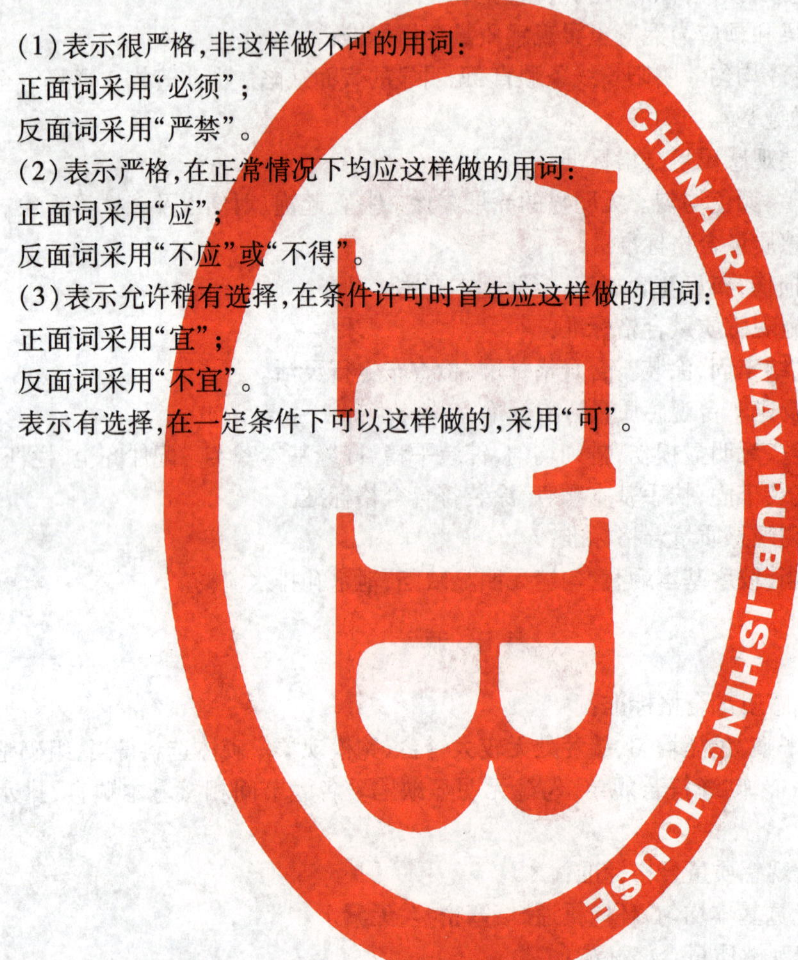

《客运专线铁路桥涵工程施工质量验收暂行标准》条 文 说 明

本条文说明系对重点条文的编写依据、存在的问题以及在执行中应注意的事项等予以说明。为了减少篇幅,只列条文号,未抄录原条文。

1.0.1 本暂行标准的编制目的是为了加强和统一铁路客运专线铁路桥涵工程施工质量的验收。本暂行标准不涉及工程决策阶段的质量、勘察设计阶段的质量和运营维修阶段的质量等。

本暂行标准是政府部门、专门质量机构、建设单位、监理单位、勘察设计单位和施工单位对工程施工阶段的质量进行监督、管理和控制的主要依据。

由于施工阶段的质量控制是工程整体质量控制的关键环节,工程整体质量在很大程度上取决于施工阶段的质量控制,所以本暂行标准根据铁路桥涵专业的工程质量特性,规定了建设活动各方对工程施工质量控制的方法、程序、职责以及质量指标,藉以保证工程质量。

1.0.3 《建设工程质量管理条例》分别规定了建设单位、勘察设计单位、监理单位和施工单位的法定质量职责和义务。本暂行标准根据铁路桥涵工程的专业特点,对建设各方在施工阶段的质量职责具体细化,均做出了明确规定,改变了几十年来一贯沿用的工程施工质量仅由施工单位一方负责的传统模式,促使各方共同保证工程质量的合格。

1.0.5 铁路工程施工点多线长、施工期较长,取弃土(砟)、污水(物)排放、噪声等对生态环境的影响很大。施工单位应在施工前制订有效的环保方案,施工期内最大限度地减少对环境的影响,施工结束后给予必要的恢复,切实做好环境保护和水土保持工作,保证国民经济的可持续发展。设计有要求的更应该全面按设计文件办理。

1.0.8 铁路工程施工质量检验检测工作,是工程质量管理的重要组成部分,也是工程质量控制的重要手段。客观、准确的检验检测数据,是评价工程质量的科学依据。判定工程施工质量合格与否,要体现质量数据说话的原则。其基础是质量数据必须真实可靠,并且能够代表工程施工质量情况。这就要求检验检测所用的仪器方法和抽样方案必须符合相关标准或技术条件的规定,方法统一,数据才有可比性。另外,随着工程检测技术的发展,一些成熟可靠的新方法、新仪器不断出现,尤其是对工程实体质量的检测,使用新技术后,能减少检测工作量,提高检测精度,应该积极采用。但采用这些新技术应经过必要程序的鉴定。

1.0.10 本暂行标准中规定的质量指标是合格标准。合格标准也就是控制施工质量的最低标准。达不到本暂行标准所规定的质量要求的工程,其结构安全和使用功能就不能得到有效保证和满足,就是不合格的工程。所以本暂行标准要求施工所采用的承包合同文件和其他工程技术文件等,对施工质量的要求不能低于本暂行标准中的规定。

1.0.12 铁路工程施工过程中的环节多、影响工程质量的因素多,所以采用的标准规范就会很多。既有技术标准又有管理标准,既有国家标准又有行业标准,甚至还有国际标准和国外标准,本暂行标准难以一一详列。一般情况下可根据工程实际情况,确定各种标准规范的采用与否。但是对于施工过程涉及的、现行国家和铁道行业标准中有强制性执行要求的标准或标准条文,则必须贯彻执行。

3.1.1 工程施工质量要体现过程控制的原则。施工现场应配齐相应的施工技术标准,包括国家标准、行业标准和企业标准;施工单位要有健全的质量管理体系,要建立必要的施工质量检验制度;施工准备工作要全面、到位。

施工前,监理单位(未委托监理的项目为建设单位,下同)要对施工单位所做的施工准备工作进行全面检查。这是对监理单位(建设单位)和施工单位两方提出的要求,是保证开工后顺利施工和保证工程质量的基础。一般情况下,每个单位工程应检查一次。施工现场质量管理检查记录由施工单位的现场负责人填写,由监理单位的总监理工程师(建设单位项目负责人)进行检查验收,做出合格或不合格及限期整改的结论。

现场质量管理制度应包括现场施工技术资料的管理制度在内。

3.1.2 工程施工质量控制的要点是两个方面:一是对材料、构配件和设备质量的进场验收;二是对各工序操作质量的自检、交接检。

(1)对材料、构配件和设备质量的进场验收应分两个层次进行。

现场验收:对材料、构配件和设备的外观、规格、型号和质量证明文件等进行验收。检验方法为观察检查并配以必要的尺量、检查合格证、厂家(产地)试验报告,检验数量多为全部检查。施工单位和监理单位的检验方法和数量多数情况下相同。未经检验或检验不合格的,不得运进施工现场。

试验检验:凡是涉及结构安全和使用功能的,要进行试验检验。试验检验项目的确定掌握两个原则:一是对工程的结构安全和使用功能确有重要影响;二是大多数单位具备相应的试验条件。施工单位试验检验的批量、抽样数量、质量指标应根据相关产品标准、设计要求或工程特点确定,检验方法符合相关标准或技术条件的规定。监理单位要按施工单位抽样数量的20%或10%以上的比例进行见证取样检测或平行检验。不合格的不得用于工程施工。

(2)对工序操作质量的自检、交接检验。

自检:施工过程中各工序应按施工技术标准进行操作,该工序完成后,对反映该工序质量的控制点进行自检。自检的结果要留有记录。这些结果可以作为施工记录的内容,有的也正好是检验批验收需要的检验数据,要填入检验批质量验收记录表中。

交接检验:一般情况下,一个工序完成后就形成了一个检验批,可以对这个检验批进行验收,而不需要另外进行交接检验。对于不能形成检验批的工序,在其完成后应由其完成方与承接方进行交接检验。特别是不同专业工序之间的交接检验,应经监理工程师检查认可,未经检查或经检查不合格的不得进行下道工序施工。其目的有三个:一是促进前道工序的质量控制;二是促进后道工序对前道工序质量的保护;三是分清质量职责,避免发生纠纷。

3.1.3 工程施工质量验收包括检验批、分项工程、分部工程和单位工程施工质量的验收。

(1)铁路桥涵工程施工质量验收依据的标准是本暂行标准和现行的铁路混凝土与砌体工程施工质量验收标准。

(2)按图施工是施工单位的重要原则,勘察设计文件是施工的依据,施工中不得随意改变勘察设计文件。如必须改变时,应按程序由设计单位修改,施工质量也应符合修改后的设计文件要求。

(3)参加施工质量验收的各方人员,是指参加检验批、分项工程、分部工程、单位工程施工质量验收的人员,这些人员应具有相应的资格。本暂行标准给出了原则性的规定,还应结合工程情况、管理模式等,在保证工程质量、分清责任的前提下具体确定。

(4)施工单位是施工质量控制的主体,应对工程施工质量负责,其工程施工质量必须达到本暂行标准的规定。另外,其他各方的验收工作必须在施工单位自行检查合格基础上进行,否则,也是违反标准的行为。

(5)为了保证对涉及结构安全的试块、试件的代表性和真实性负责,监理单位必须按本暂行标准对各检查项目的规定,进行平行检验或见证取样检测、见证检测,且各检验项目中均有具体规定。涉及结构安全和使用功能的现场检测项目,监理单位应按规定进行见证或平行检验。见证或平行检验的数量各检验项目中也有具体规定。

(6)检验批质量验收是对主控项目和一般项目的检查验收。只要这些项目的质量达到了本暂行标准的规定,就可以判定该检验批合格。标准中的其他要求不在检验批质量验收中涉及。

(7)对涉及结构安全和使用功能的重要分部工程的抽样检测,是本暂行标准的重要内容。

(8)为了保证见证取样检测及结构安全检测结果的可靠性、可比性和公正性,检测单位应具备有关管理部门核定的资质。对于特殊项目的检测,可由建设单位确定检测单位。

(9)单位工程的综合质量验收是一个不可缺少的质量控制环节。

3.2.1~3.2.6 明确单位工程、分部工程、分项工程的划分以及检验批的具体规模数量,是开展工程质量验收工作的重要基础,是提高验标可操作性的关键所在,在各级工程质量验收中必须严格执行。为了提高验收资料的系统性和完整性,方便检查、归档、验收,具体实施中,应对单位工程、分部工程、分项工程以及检验批进行编号,每一个检验批都应当有自己独立的一个号码。

铁路桥涵工程施工质量验收应按四级划分:单位工程、分部工程、分项工程、检验批。

单位工程:按一个完整工程,或一个完整工程中的相当规模施工范围,或几个完整工程组成的相当规模施工范围划分。其重要的划分原则为一个单位工程必须是由一个施工单位施工的。

分部工程:按一个完整的部位、主要结构或施工阶段划分,由若干个分项工程组成。

分项工程:主要是按工种划分,有的也可按工序、材料、工艺等划分。由若干个检验批组成,特殊情况下仅含一个检验批。

检验批:是分项工程的组成部分。根据施工质量控制和验收需要,将一个分项工程划分成若干个检验批。检验批是施工质量验收的基本单元。

3.3.1 检验批质量验收内容包括实物检查和资料检查两部分。本暂行标准对检验批质量验收的要求都是根据这两个方面做出的规定。

3.3.2 检验批质量合格的前提是主控项目和一般项目的质量经抽样检验合格。对于有允许偏差的一般项目抽查点除有专门要求外,规定在允许偏差内的点应达到80%及以上,其余抽查点可以超出允许偏差,但不得超出1.5倍的允许偏差。

3.3.3　分项工程质量验收是对其所含检验批质量的统计汇总。主要是检查核对检验批是否覆盖分项工程范围,不能缺漏。当然,如果检验批质量不合格也就不能进行分项工程质量验收。

3.3.4　分部工程质量验收包括以下三个方面的内容:

(1)分部工程所含分项工程的质量均应验收合格。这也是一项统计汇总工作,应注意核对有没有缺漏的分项工程,各分项工程验收是否正确等。

(2)质量控制资料应完整。这也是一项统计汇总工作,主要是检查检验批的验收资料、施工操作依据、质量记录是否完整配套,是否全面反映了质量状况。

(3)地基基础、梁部结构的检验和抽样检测结果应符合本暂行标准的有关规定。主要检查项目是否有缺漏、检测记录是否符合要求,检测结果是否符合本暂行标准的规定和设计要求。

3.3.5　单位工程质量的验收是建设活动各方对施工质量控制的最后一关。分部工程质量、质量控制资料、检测资料及抽查结果、观感质量均应符合本暂行标准的规定。

3.3.6　工程质量不符合要求的情况,多在检验批质量验收阶段出现,否则会影响相关分项、分部工程质量的验收。

(1)对于推倒重做、更换构配件或设备的检验批,应该重新进行验收。当重新抽样检查后,检验项目符合本暂行标准规定的,应判定该检验批合格。

(2)个别试块试件的强度不能满足要求的情况,包括试块试件失去代表性、试块试件缺少、试验报告有缺陷或对试验报告有怀疑等。这种情况下,应由有资质的检测单位进行检验测试,如果测试结果证明该检验批的质量能够达到原设计的要求,则该检验批予以合格验收。

对于其他不合格的现象,因情况复杂,本暂行标准不能给出明确的处理方案。由各方根据具体情况按程序协商处理。

3.3.7　采取返修或加固处理措施后,仍然存在严重缺陷,不能满足安全和使用要求的分部、单位工程,是不合格工程,严禁验收。

3.4.1~3.4.5　标准中规定的检验批质量验收记录表是通用格式。由于分项工程所含项目差别很大,实际操作过程中,往往发生漏检项目、项目名称不统一、质量描述不规范、检验数量不足等具体问题,所以检验批质量验收记录表采用统一格式是非常必要的。

工程施工质量验收的程序和组织应把握以下要点:

(1)施工单位自检合格是验收工作的基础。

(2)监理单位应对所有主控项目进行检查,对一般项目可根据施工单位质量控制情况确定检查项目。

(3)参加验收的各方人员应具备相应的资格,主要是能够负质量责任,当发生质量问题时具有可追溯性。

(4)勘察设计单位只参加单位工程和与勘察、设计文件有直接关系的分部工程的验收。

4.1.1　重锤夯实试夯需要确定的试夯参数为:锤重、底面直径、落距、夯击遍数、最后下沉量和总下沉量。强夯的施工参数除上述参数外,尚需确定单位夯击能、夯点布置及间距和间隔时间。

碎石桩试桩应确定的参数为:密实电流、水压、留振时间等。

粉喷桩试桩应确定的参数为:回转速度、提升速度和粉喷速度的组合。

旋喷桩试桩应确定的参数为:旋喷速度、喷射压力和提升速度。

4.2.1 换填是软弱土层加固的一种形式。换填材料种类较多，如土石混填、灰土、砂或砂砾、碎石或卵石以及粉煤灰等，一般根据结构物、地质和施工条件选定，但换填仅用于浅层地基处理。

4.4.1 强夯法加固地基，应根据现场的地质条件和工程要求，正确选用强夯参数，方能有效而又经济地达到目的。重要参数为：锤重、落距、单点夯击能、夯击遍数、相邻两次夯击遍数的间歇时间、夯击点布置、加固深度等。

4.5.5 挤密桩的填料多为：灰土、石灰、水泥、粉煤灰。桩体检验可用环刀取土，或洛阳铲深层取样，直接挖桩检验也是一种方法。由于挤密桩系复合地基，地基承载力一般可用轻便触探，当需要时，也可用静载试验确定。

4.6.4 砂桩质量检验，宜间歇 7 d 后进行。

4.7.4 碎石桩施工必须严格控制密实电流、水压、留振时间和填石量，以保证桩的质量。水压是成孔的保证，密实电流是碎石振密的反映，留振时间是振密桩体和扩大桩径的重要因素，填石量是检验施工的标准。

4.8.1～4.8.5 影响粉喷桩质量的主要因素为加固料的喷入量和加固料与土的搅拌均匀程度。因此要求加固料喷入量必须符合设计要求。为提高桩身上部 1/3 桩长范围内桩身强度，应在桩的上部重复搅拌，以提高加固料与土的搅拌均匀程度。加固料多为水泥、石灰粉或钢渣粉等，其技术指标和质量标准一般由设计文件具体规定。

5.1.4 当岩面倾斜大于 15°时，应使岩面凿平或凿成台阶，使承重面与之垂直，以防滑移。

5.2.3 基坑挖至基底设计高程，或已按设计要求加固、处理完毕后，必须经过基底检验。基底检验时，监理单位、施工单位和勘察设计单位（桥梁地基检验时参加）共同对地质情况进行现场确认。当各方对检查结果发生分歧时，由勘察设计单位最后确定结果，并应形成验收记录。

基底检验应及时，以免因等候检验，基底暴露时间过久而风化变质。

6.1.6 “假极限”是桩在饱和的细、中、粗砂中连续锤击下沉时，使流动的砂紧密夹实于桩的周围，妨碍土中水分沿桩上升，在桩尖下形成很大的“水垫”，使桩产生暂时的极大贯入阻力。

“吸入”是桩在黏性土中连续锤击时，由于土的渗透系数小，桩周围水不能渗透扩散，而沿桩身向上挤出，形成桩周围的润滑套，使桩周围的摩擦力大为减少。

桩的上浮、下沉均会影响土对桩的阻力。射水沉桩由于射水的冲刷，减少桩周围土的摩擦力。

因此以上情况，在休止一定时间后均须进行复打，以确定桩的实际承载力。

6.2.1 钢围堰结构稳定性应包括结构抗浮力和施工高水位设计和吊装时安全稳定。

6.4.6 沉桩桩位的允许偏差中群桩桩位的标准是参照《公路工程质量检验评定标准》（JTJ 071—98）修订的，较原标准更严格。

6.5.9 在施工终孔和清孔后，应用成孔检测仪对孔径、孔深、孔型和斜度等几何尺寸进行精确检测。目前桥基施工中采用较先进的成孔检测仪器为超声波测壁仪。

6.5.13 将钢筋骨架在承台底下长度规定 ±100 mm，即不允许在浇筑水下混凝土时发生钢筋骨架上浮和下沉现象。

6.5.18 桩的检验目的：一是了解其承载力；二是检验桩本身混凝土质量是否符合要求。目前对上述检测目的一般采用桩身无损检测法。对检测桩身混凝土匀质性，一般采用低应变无损检测。对质量有怀疑及浇筑混凝土故障处理过和设计有要求的桩，应采用钻芯取样进行检测。

8.3

在台后填土、锥体及其他这一节中列出填土、混凝土、砌体三个分项，如有特殊情况采用钢筋混凝土，钢筋的检查应符合《铁路混凝土与砌体工程施工质量验收标准》。

8.3.2　此条台后填筑系指桥台缺口填筑，不包括路桥过渡段填筑，路桥过渡段填筑在铁道部颁布的《客运专线铁路路基工程施工质量验收标准》中规定。

8.3.11　表中砌体包括台后配套所有砌体工程。

11.1.8　预应力混凝土连续梁悬臂浇筑和悬臂拼装施工前，应先将墩顶梁段与桥墩临时固结的规定，是因为主梁与桥墩间设有支座的结构不能承受不平衡力矩，为了使桥墩能承受在悬臂施工中可能产生的不平衡力矩，必须先将墩顶梁段与桥墩进行临时固结。

11.1.12　预应力混凝土连续梁和连续刚构的合龙梁段施工质量，因受多种因素影响极易发生难以弥补的工程质量缺陷，因此需要施工单位采取多种综合措施进行防范，同时也需要设计和监理单位积极配合加强保障。合龙口采取临时锁定措施，是为防止合龙梁段混凝土浇筑后，由于温度发生变化引起合龙口间距发生变化（据测定温度升高 10 ℃合龙口间距会缩小 1.5 ~2 mm）而导致合龙梁段混凝土在硬化过程中出现超应力产生裂纹。临时锁定措施在合龙梁段预应力筋张拉完成后才能解除。

11.1.15　预应力混凝土连续梁和连续刚构合龙梁段混凝土浇筑前，在合龙口两侧悬臂按设计要求预加压重并在混凝土浇筑过程中逐步撤出的措施，目的是使悬臂端达到稳定状态，防止合龙梁段现浇混凝土在与悬臂梁端接茬处发生裂纹。当采用加载调整合龙口悬臂端高差时，调差压重在合龙梁段预应力筋张拉完成后才能撤除。

11.3.21　顶推安装的预应力混凝土连续梁在顶推过程中，各截面要多次承受交替变化的正负弯距，因此需要在顶推阶段增设临时预应力筋以防止梁体发生破损，待连续梁顶推到位后再全部拆除临时预应力筋。临时预应力筋张拉后不应压浆，锚具外多余的预应力筋也不必切除。

11.4.4　造桥机在墩顶梁位上制造预应力混凝土简支梁和连续梁时，应根据梁体结构、桥址地形地貌和交通运输等施工条件，选择移动模架造桥机在墩顶梁位进行现浇梁体施工，或选择移动支架造桥机在墩顶梁位进行预制梁段拼装施工。《MZ32 型移动模架造桥机原位整孔制造预应力混凝土箱梁施工工法》（TLEJGF 01.02 22）和《ZQJ 32/56 移动支架造桥机造桥工法》（TLEJGF 95.96 07）可参照施工。

12.2.6　高强度螺栓连接副（每一连接副包括一个螺栓、一个螺母、两个垫圈）的规格、质量应符合《钢结构用高强度大六角头螺栓、大六角螺母、垫圈技术条件 》（GB/T 1231—91）的规定，施工中应按工厂提供的连接副配套安装。连接副的扭矩系数应符合《铁路钢桥高强度螺栓连接施工规定》（TBJ 215—92）的规定，施工安装前应按生产厂供货批号取样检测扭矩系数，符合要求方可安装。

12.2.7　高强度螺栓连接副施拧操作顺序、拧紧顺序、方法和质量检查方法等，均应符合《铁路钢桥高强度螺栓连接施工规定》（TBJ 215—92）的规定和施工工艺设计的要求。

16

本章涵洞包括涵身和端翼墙及附属两个分部工程，不包括基础部分。

中华人民共和国行业标准

铁建设〔2006〕181号

铁路架桥机架梁暂行规程

2006—09—26 发布　　　　2006—09—26 实施

中华人民共和国铁道部　发布

前　　言

本暂行规程是根据铁道部《关于印发〈2004 年铁路工程建设规范、定额、标准设计编制计划〉的通知》(铁建设函〔2004〕42 号)的要求,在《铁路架桥机架梁规程》(TB 10213—99)的基础上修订而成的。

本暂行规程在编制过程中,分析了铁路建设和发展对架梁技术的新需求,对比了国内外架桥机的技术性能,总结了我国铁路架桥机架梁的成功经验,补充了新型 T 梁和客运专线箱梁架设的内容,体现了先进性、系统性和可操作性,以确保架梁过程中的人机安全,保证工程质量。

本暂行规程共分 9 章,主要内容包括:总则、术语、基本规定、施工准备、支座安装、T 梁架设、箱梁架设、特殊条件下架梁、架梁安全防护等,另有 4 个附录。

在执行本暂行规程过程中,希望各单位结合工程实践,认真总结经验,不断积累资料。如发现需要修改和补充之处,请及时将意见及有关资料寄交中铁三局集团有限公司(山西省太原市迎泽大街 269 号,邮政编码:030001),并抄送铁道部经济规划研究院(北京市羊坊店路甲 8 号,邮政编码:100038),供今后修订时参考。

本暂行规程由铁道部建设管理司负责解释。

本暂行规程主编单位:中铁三局集团有限公司。

本暂行规程参编单位:中铁大桥局集团有限公司、中铁一局集团有限公司、铁道部经济规划研究院。

本暂行规程主要起草人:史柏生、张宁南、常乃超、韩志强、薛吉岗、赵德学、张春海、赵煜澄、林　鹏、刘志江、朱同蜜、孙柏辉、刘胜平、于东雨、张燕林、原郭兵、要　旭、张忠燕。

目　　次

CHINA RAILWAY PUBLISHING HOUSE
TB

1 总 则

1.0.1 为统一铁路架桥机架梁施工作业技术要求,保证工程质量,保障施工安全,制定本暂行规程。

1.0.2 本暂行规程适用于采用架桥机进行的架梁施工作业。当采用新技术、新工艺、新材料、新设备时,应制定相应的规定。

1.0.3 架桥机应具备足够的安全可靠性能,按国家有关规定通过型式试验后方可使用。使用中应定期进行检查确认,严禁超范围使用和带故障作业。

1.0.4 架梁施工作业必须建立安全生产责任制度,进入施工现场的人员应按规定使用劳动保护用品。

1.0.5 跨越既有铁路、公路等设施架梁施工前,应联系既有设施产权单位,制定切实可靠的措施,保证既有设施的安全。

1.0.6 架梁施工作业除应符合本暂行规程外,尚应符合国家现行有关强制性标准的规定。

2 术　语

2.0.1　架桥机　bridge girder-erecting machine

架设铁路桥梁的专用施工机械。

2.0.2　运梁车　box-girder transporter

运送箱梁的专用自行车辆。

2.0.3　提梁机(龙门吊机)　girder lift

吊装混凝土梁的专用起重设备。

2.0.4　机动平车　mobile flat truck for girder segment

运送T形梁和轨排的专用车辆。

2.0.5　喂梁　girder feeding

架桥作业时,梁片从机动平车或运梁平车上移至主机吊梁位置的过程。

2.0.6　三点平衡装置　three-point balancing device

箱梁吊运过程中为保证梁体平稳、不受扭力、设备受力均衡而采用的装置。

2.0.7　定点起吊导梁式架桥机　fixed point launching gantry with launching nose

起重小车定点起吊、落放箱梁就位,喂梁、架桥机过孔利用导梁完成。

2.0.8　过孔用导梁式架桥机　launching gantry with launching nose for passing spans

起重小车起吊箱梁,纵移到位后再完成箱梁安装,导梁只用于过孔。

2.0.9　无导梁一跨式架桥机　simply-supported launching gantry without launching nose

采用一跨简支式、无导梁的结构,起重小车吊梁对位、安装,过孔通过辅助支腿完成。

2.0.10　无导梁步履式架桥机　step-moving launching gantry without launching nose

主梁采用三点支撑的连续体系,无导梁结构,过孔采用主梁悬臂、支腿倒换支撑的行走方式。

2.0.11　并置箱梁步履式架桥机　step-moving launching gantry for juxtaposing boxed beams

无导梁结构,采用四支腿受力体系,吊梁时主梁采取三点支撑,过孔采用主梁悬臂、支腿倒换支撑的行走方式。

3 基本规定

3.0.1 架梁作业应做好施工准备工作，进行全面的施工调查及技术准备，编制合理的施工组织设计，并落实安全保障措施。

3.0.2 架梁作业人员应体检合格，无妨碍作业的疾病和生理缺陷，且必须经过专门培训并考试合格后方可上岗。

3.0.3 架梁作业人员在作业过程中，应集中精力正确操作，监控机械工况，不得疲劳操作，不得擅自离开工作岗位或将机械交给他人操作。

3.0.4 架梁机械的性能、型号应与现场环境、施工条件相适应，对其技术性能、安全性能等应进行检查或试验，符合要求后方可投入使用。

3.0.5 架梁作业前应对成品梁及相关工程、部件、材料等进行检查验收，其质量应符合相关标准的规定。

3.0.6 架梁机械必须制定操作规程，并按操作规程正确操作，严禁任意扩大使用范围。当机械运转中发现不正常情况时，必须停机检查，故障排除后方可继续作业。

3.0.7 架梁作业区域应设置明显的警告标志及必要的安全防护设施，非工作人员未经允许不得进入。

3.0.8 施工现场应满足正常作业要求，消除对架梁作业有妨碍或不安全的因素，夜间作业应设置充足的照明。

3.0.9 在架梁作业产生对人体有害的气体、液体、尘埃、振动、噪声等场所，应配备相应的安全保护设备和“三废”处理装置。

3.0.10 特殊条件下施工，应制定相应的具体施工方案。

3.0.11 新设备使用前应按国家的相应规定进行试验、检测，符合要求后方可使用。

3.0.12 架桥机和运梁车通过的路基沉降、承载能力评估合格后方可进行架梁作业。

3.0.13 架梁设备必须有自锁、互锁、联锁保护，防止误操作，避免事故的发生。

3.0.14 当有下列情况之一时，严禁进行架梁作业：

1 架桥机卷扬和走行系统的制动设备、机身稳定设备失灵，或架桥机杆件、吊具及设备有损坏未彻底修复时。

2 架梁人员未经培训，或架梁人员之间分工不明确，指挥不统一、信号不一致时。

3 气候恶劣妨碍瞭望操作，或夜间照明不足，影响安全作业时。

4 桥头路基或线路未按设计要求进行填筑或处理时。

5 架梁通过的桥梁不能确保安全时。

6 在特殊的墩台、桥梁上架梁未经检算时。

7 在运输、装卸过程中，梁表面受到损伤又未整修完好时。

4 施 工 准 备

4.1 施 工 调 查

4.1.1 架梁前应进行施工调查,路基、桥梁、隧道等线下工程施工单位应派人参加。

4.1.2 施工调查内容应包括:

1 对架梁机械运行地段的电力线、通信线、广播线、立交桥、渡槽、隧道等可能影响机械通行的净空及其他障碍物进行调查测量,对既有公路和桥涵的承载能力进行调查评估。对上述调查中发现的问题提出处理意见。

2 对可能作为桥梁存放、架梁机械组装及拆解、工程宿营车停放等场地的位置、地形地貌、交通道路及水电供应情况等进行调查,并提出设场意见。

3 了解与架梁相关工程的施工进度及工后沉降观测、评估情况,提出架梁进度计划。

4 调查了解线路、桥梁中线贯通测量情况,核实线间距、桥头线路中线桩及线路基桩、桥梁支座十字线等设置情况。

5 了解桥头路基及锥体施工情况,检查施工临时岔线位置、长度及路基施工情况。

6 调查了解立交道路车辆通行情况,提出增设保持交通畅通和保证安全的临时设施计划。

7 调查桥头及桥下预存道砟的运输道路位置,提出预铺和预存道砟施工方案。

8 调查了解沿线水、电源情况和每座桥的电力供应及交通道路情况,提出施工供水、供电方案意见。

9 调查在特殊道路、特殊桥梁条件下架梁的施工条件和地形地质情况,提出应采取的方案意见。

4.2 施工组织设计及施工技术准备

4.2.1 架梁前应根据工程设计文件和施工调查情况编制实施性施工组织设计,报有关部门审批后实施。

4.2.2 架梁施工组织设计应包括以下内容:

1 编制依据、施工范围、工程概况、工期计划、施工方法。

2 机构设置、职责分工、人员及施工机械设备计划、架梁主要机具材料及检测设备计划。

3 架梁施工方案及进度计划。

4 桥头路基和梁上预铺道砟的类型、规格、数量、运输铺设方法。

5 成品梁类型、规格、数量、运输供应计划和运梁转向架配备计划。

6 桥梁存放场设置位置、规模、平面布置及临时工程(水电供应、道路交通、临时房屋、通信设施等)设置方案。

7 特殊条件下架梁施工时辅助工程(墩台预埋螺栓构件、临时承托结构等)设置位置、结构方案。

8 机车、车辆等运输设备需要数量计划、使用调配方案、机车整备设施计划方案。

9 架桥机通行和运输桥梁的道路,需要整修、加固和妨碍通行障碍物处理等位置、数量、方案。

10 立交桥架梁时,保证交通畅通、安全采取的措施。

11 工程宿营车停放位置及水、电、交通生活设施解决方案。

12 保证架梁施工质量、安全生产及环境保护采取的措施和相关的应急预案。

4.2.3 架梁前应做好下列技术准备工作:

1 联系线下工程施工单位交接桥梁架设需要的下列竣工资料:变更设计资料、车站表、桥梁表、桥梁墩台距离实测与设计对照表、桥头线路中线基桩表、水准基点表、桥头路基竣工检查表、沉降观测资料及评估报告。

2 检查核对架梁所需工程设计文件和线下工程施工单位移交的竣工资料,发现问题及时联系有关单位解决。

3 编制架梁作业技术交底资料。

4 联系线下工程施工单位交接桥头线路中线及水平桩橛和桥梁墩台竣工标桩标线,复查线间距离和桥梁支座锚栓孔位置、深度、尺寸,测量设置架梁作业需要的标桩和标线。

5 进行存梁承托结构和架梁辅助工程设计,经有关单位审批后实施。

6 负责复查桥梁长度、跨度及高度,做好桥梁配对、配置计划。同一孔梁配对成梁时间差应符合设计要求和相关技术条件中的规定。相邻孔桥梁配置应考虑墩台实际距离及桥梁实际长度等因素对梁端缝的影响。

7 对各类架桥机架设错置梁、变跨梁、小半径曲线梁等工况进行架梁方案设计和桥梁结构安全检算。

8 当架桥机支腿位于其他结构形式的桥梁上时,应取得相应的检算资料。

4.3 存梁场布置

4.3.1 架梁施工的存梁场位置,应选在靠近架梁桥位、方便桥梁装卸和与运营线干扰较小的地点,应尽量选用车站、变电所等用地,少占或不占耕地。建设规模应根据架梁工程规模、进度要求、使用年限、储存数量等经技术经济比较后确定。

4.3.2 存梁场设施布置应符合下列规定:

1 装卸线路应便利取送、停放车辆和对位作业,并应避免装卸车作业和相邻线路行车的干扰。

2 存梁台位设置应根据直、曲线梁的跨度、孔数、架梁顺序、装卸方法等统筹安排,两排桥梁端部应留有 2 m 左右空间。吊梁龙门架轨道、卷扬机房、桥梁配件存放场等设施应统筹布置。

3 存梁承托结构应根据存梁时间长短、桥梁重量、移梁方式、地形地质情况等条件确定。承托结构应与桥梁装卸车线路方向垂直设置,应有足够的强度、刚度和基底承载力,并应满足设计对存移梁支、吊点距离和高差要求。利用原地面或填筑土台存梁时,地面上的底层枕木应密铺。承托结构最外边缘与装卸车线路中心距离不得小于 2 m。

4 存梁场地应设有良好的排水系统，防止积水浸泡存梁承托结构发生不均匀沉降。需度汛的存梁场地，不得设在低洼易积水地带，并应满足汛期防洪的要求。

5 利用既有线的车站、区间或桥头空地等卸、存梁时，宜用枕木垛做承托结构，并应采取可靠措施防止倒梁和影响既有线行车安全。

4.4 架梁机械运输

4.4.1 架梁机械通过铁路运输时，应符合铁道部现行《铁路超限货物运输规则》的有关规定。

4.4.2 具有自行能力的架桥机通过运营铁路运输应符合下列规定：

1 拆除主机和机动平车的万向联轴节，并安上直流电机齿轮端盖防止滑落，离合器拨到空挡，同时将离合器手柄固定。

2 牵引减速箱及时补油，并检查牵引走行系统各处走行螺栓确保紧固，牵引电机及减速箱应加装防止脱落装置。

3 架桥机编入列车后，须将制动机大、小闸放在运转位，关闭重联塞门，开启无火回送装置。

4 主机上的拖梁钢丝绳适当放松。

5 在挂运前及途中应仔细检查走行系统及制动装置的紧固状况，确保紧固。

6 各型架桥机解体运输应按该机说明书的要求执行。

4.4.3 架桥机在施工线路挂运时，通行的轨道应平整顺直，无死弯、反超高和三角坑等，钢轨连接扣件和轨枕扣件应按要求上全拧紧；轨道中心两侧侵入架桥机设计限界的障碍物必须排除。

4.4.4 架桥机通过道路运输应符合下列规定：

1 架桥机短途运输采用自行或运梁车驮运时，运行道路的纵向坡度、曲线半径、路面宽度及横向坡度等参数必须符合各型架桥机或运梁车的技术性能要求。

2 架桥机因受运行道路净空限制等原因需要进行小解体后运输时，拆解部位和方法必须符合各型架桥机说明书要求。

3 架桥机长途运输需要大解体时，拆解方法除应符合各型架桥机说明书要求外，拆解前应做好清洁、润滑、防腐等转移保养工作；再组装后应做好专项检查试验和模拟实际作业测试工作，符合各型架桥机相关技术标准后方能投入使用。

4 架桥机运输应根据实际运行工况制订有针对性的运输安全细则。

4.4.5 运输架桥机的铁路路基应达到设计标准，桥台与台后路基高差应做好顺坡，顺坡宽度及纵向坡度等应满足各型架桥机或运梁车走行技术性能要求。

4.5 成品梁验收、运输及存放

4.5.1 成品梁出厂时应附有桥梁质量证明文件。由制梁单位供给的桥梁配件应随梁同时配套发送，垫圈及螺帽应拧在螺栓上并涂油包扎严密。桥梁防水层、保护层铺设质量符合设计要求和相关规定。

4.5.2 通过铁路运输的成品梁应按照架梁计划分批成孔装车发运，并应有专人携带配套工具随车监护押运。装运桥梁应符合铁道部现行《铁路货物装载加固规则》、《铁路超限货物运输规则》对装运桥梁的特别规定。带有方向性的成品梁或同一孔多片式T梁分两次发运时，应在梁上标明前后方向；运输过程中发生车辆转向时，押运人员应配合运输人员做好前后方向确认工作。

4.5.3 通过铁路运输的成品梁运到现场后，架梁单位对成品梁及桥梁配件应及时进行数量清点和质量检查。

4.5.4 通过道路运输的箱梁，应根据所用运梁车的技术性能、装载要求、操作特点等编制运梁工艺细则，并应制定在运输过程中防止箱梁受扭措施和配备在运梁车前方两边监护运梁安全人员。

4.5.5 成品梁装卸可采取龙门吊机或高站台低货位方式，吊、支点位置应符合设计要求，起吊装车运输时梁片两端的高差不得大于30 cm。吊运或滑移梁作业除应符合本暂行规程第6章和第7章的有关规定外，尚应符合下列规定：

1 箱梁在存放过程中，箱梁底面任一支点与其他三个支点所成平面的高差不应大于2 mm。

2 移、存T梁两侧应有防止倒梁的可靠支撑或牵拉保护措施。

3 滑移梁时梁底与滑道之间应安放移梁托具，滑板移梁时滑板面积应大于按混凝土容许压力计算的承压面积。

4 采用移梁方式装卸桥梁时，铁路平板车移梁侧的侧梁下部必须支垫坚实。

4.5.6 存梁时应按架梁先后顺序摆放，保证用梁方便。当需要采用临时岔线存放梁车时，岔线宜按存放整列运梁车设计，并应设置车挡。

5 支座安装

5.1 一般规定

5.1.1 桥梁支座进入工地后,除应检验支座包装标志与产品合格证等是否相符外,应对支座外形尺寸、外观质量和组装质量进行检验,支座品种、类型、性能、规格、结构和涂装质量均符合设计要求和相关标准规定方可安装。

各类支座工地检验项目应包括:

盆式橡胶支座:支座型号、适用温度、支座组装后的整体高度、上下座板螺栓孔中心距、活动支座聚四氟乙烯板外露高度、橡胶承压板及密封圈外露面表面缺陷、涂装质量等。

板式橡胶支座:支座型号、规格尺寸、使用性能、适用温度、上下座板螺栓孔中心距、橡胶板的外观质量。

铸钢支座:支座型号、性能、组装后全高、上下座板(上下摆)螺栓孔中心距、各部尺寸、支座铸件不加工面及机加工面的外观质量、支座防锈涂装及承压面润滑涂油情况。

5.1.2 桥梁支座安装前,应检查墩台跨距及距离、支承垫石顶面尺寸、高程及平整度和预留锚栓孔位置及尺寸,发现不符合设计要求和相关标准规定时应提前进行处理。支承垫石顶面应划线标明支座下座板的纵、横向中心线。

5.1.3 桥梁支座安装前,应将支承垫石和锚拴孔清理干净,做到无泥土、无浮砂、无积水、无冰雪及油污,并对支承垫石进行凿毛处理。

5.1.4 桥梁支座安装时,固定支座和活动支座的位置和方向必须符合设计要求。支座上、下座板与梁底及支承垫石之间和支座各层部件之间应密贴无缝隙,整孔桥梁的支座应均匀受力无"三条腿"现象,支座配件应齐全无损伤,螺栓螺母应拧紧无松动。

5.1.5 桥梁支座应根据线路设计纵向坡度和设计要求选择支座类型,坡道上的桥梁支座安装应符合设计要求。固定支座上、下座板应互相对正;纵向活动支座上、下座板横向应对正,纵向应根据支座实际安装温度与设计安装温度之差和梁体混凝土未完成收缩、徐变量及弹性压缩量计算预留错动量,计算方法应符合本暂行规程附录 A 的要求。

5.1.6 桥梁支座安装发生梁端及梁间缝偏小时,应在保持梁体竖直和桥梁顶面中心线与墩台纵向中心线相一致条件下,按下列原则调整支座位置:

1 纵向偏差应在保证梁体活动端自由伸缩条件下,将偏差向梁体两端分配。

2 横向偏差应在保证桥梁顶面宽度符合设计要求和梁片间缝宽度满足挡砟盖板安装要求条件下,向墩台中心两侧分配。

5.1.7 桥梁支座安装发现支座下座板与支承垫石间有空隙时,应先将支承垫石顶面清洗干净,然后按设计要求的材料坐浆夯实或压力注浆垫实。当设计无材料要求时,应采用铺设适当厚度的 M50 干硬性水泥砂浆坐浆垫实,或采用不低于支承垫石混凝土设计强度的注浆材料压浆垫实。支座下座板与支承垫石间用作调整支座高度的铁楔,应在垫层材料或砂浆达到设计要求强度后取出,并将孔洞用与垫层相同材料的干硬性砂浆填堵密实。

支座与梁体间有空隙时,应采用注浆方法将空隙填满。

5.1.8 桥梁支座锚栓的规格、质量、埋置深度和外露长度,必须符合设计要求和相关标准的规定。锚栓固结应在支座及锚栓位置调整准确后及时进行施工,墩台锚栓孔填料种类及质量应符合设计要求。当设计无要求时,应采用C30细石混凝土或M30水泥砂浆压力填实或分层填捣密实,并应做到锚栓孔口平整、无裂缝及积水。

支座锚栓应在支座安装时安放入墩台锚栓预留孔中,并应与支座下座板保持垂直。严禁采用将锚栓下端标准弯钩截去后插入锚栓孔方法施工。

5.2 盆式橡胶支座

5.2.1 盆式橡胶支座在储存和搬运时,应避免日晒、雨雪浸淋和撞击,严禁与酸、碱、油类及有机溶剂等接触,并应保持清洁和距热源1 m以上。

5.2.2 如盆式橡胶支座须在工地组装时,必须用丙酮或酒精擦净支座相对滑动面的不锈钢板和聚四氟乙烯板表面的灰尘和杂质,支座的其他钢件表面应清除铁锈、灰尘和油污,钢盆中的橡胶板应用木槌轻轻敲入,并应使橡胶板与钢盆盆底密贴无空气间层。

5.2.3 盆式橡胶支座安装除应符合第5.1节的规定外,尚应符合下列规定:

1 固定支座和纵向、横向及多向活动支座的安装位置和方向必须符合设计要求。

2 支座安装方法应采用先将支座安装在梁体上,然后随梁吊装对位安装到支承垫石上。

3 箱梁盆式橡胶支座安装应按铁道部现行有关规定施作,保证每个支座反力与四个支座反力的平均值相差不得大于±5%,支承垫石与支座底板间空隙和支座锚栓孔应采用重力注浆填实。

4 支座防尘罩应及时安装,并应做到严密、牢固、栓钉齐全,防尘罩开启不应与防落梁装置或梁端限位装置相抵触。

5.3 板式橡胶支座

5.3.1 板式橡胶支座储存和搬运时,应避免日晒、水淋和严禁接触酸、碱、油类及有机溶剂等,并应保持清洁和距热源1 m以上。

5.3.2 板式橡胶支座安装除应符合第5.1节的规定外,尚应符合下列规定:

1 整体桥面多片式T梁采用上下座板夹持橡胶板式支座时,固定支座和纵向、横向及多向活动支座安装位置和方向必须符合设计要求,纵向活动支座的上下导向块(挡块)应保持与梁体中线相平行和间隙均匀。支座橡胶板与上下座板轴线,固定支座纵横向和纵向活动支座纵向应对正安装。橡胶板与上下座板接触面应紧密无脱空及松动。

2 同一片梁两个支座对位允许偏差经检查确认符合要求后,应同步平稳落梁,防止支座偏心受压或局部超载产生初始剪切变形。落梁后发现支座对位超过允许偏差时,应将梁体吊起重放,不得使用撬棍等强行拨移就位。

5.3.3 板式橡胶支座安装后发现下列情况应及时进行调整:

1 个别支座脱空出现不均匀受力。

2 支座偏压出现非均匀鼓出或局部脱空。

3　支座发生较大初始剪切变形。

5.3.4　板式橡胶支座脱空或局部脱空时，应采用千斤顶将梁端顶起或采用铁楔将支座下座板顶起，在支座下座板底面铺垫或压注 M30 水泥砂浆消除脱空。

5.3.5　板式橡胶支座横向限位装置，应按设计要求设置准确，确保支座横向位移偏差不大于 1 mm。

5.4　铸钢支座

5.4.1　铸钢支座进入工地检验发现个别铸件缺陷，应在安装支座前进行电焊修补，并应修磨平整光洁，发现防锈漆脱落时应按标准进行补涂。

5.4.2　铸钢支座储存和搬运时，应防止潮湿锈蚀和冲撞变形。

5.4.3　铸钢支座安（组）装前，应将支座弧形承压面及滑（滚）动面清理干净，涂满钙基润滑脂。支座的上座板应提前在梁体上进行试装，发现问题应及时进行整改。

5.4.4　铸钢支座安装时应保持支座清洁。小型支座应采用将支座整体安装在梁体上随梁吊装；大型支座则宜采用将支座下座板等部件临时安放在支承垫石上、将支座上座板安装在梁体上随梁吊装再对合进行支座安装，落梁时应先落固定支座后落活动支座。

5.4.5　铸钢支座安装除应符合第 5.1 节的规定外，尚应符合下列规定：

1　支座安装应做到位置正确、平稳密贴，活动支座滑（滚）动面洁净润滑保证梁体自由伸缩、转动，固定支座应稳固可靠。

2　摇轴支座上座板槽口与中摆或固定支座头部之间的衔接、中摆底面与下座板槽口之间的衔接，顺桥方向前后空隙应均匀，允许偏差不大于 ±1 mm。

3　支座各层受力接触面之间应密贴无缝隙。

4　支座围板（防尘罩）应按设计要求及时安装，围板（防尘罩）开启不应与防落梁装置或梁端限位装置相抵触。

6 T 梁架设

6.1 一般规定

6.1.1 单梁式架桥机、双梁式架桥机和重型铺轨机架梁,应根据架桥机的性能,按国家有关规定和架桥机设计要求,制定安全操作细则,严禁超范围使用。

6.1.2 其他设备架梁应按现行国家标准《起重机设计规范》(GB 3811)、《起重机安全规程》(GB 6067)的规定进行设计、制造和安装,并按相关设备的性能及其设计要求制定架梁工艺细则和安全操作细则,报有关部门审批后实施。

6.1.3 其他设备架梁前,应进行静、动载试验和试运转。静载试验荷载为额定起重荷载的1.25倍;动载试验荷载为额定起重荷载的1.1倍。

6.1.4 架梁施工辅助结构应按设计施工,并应经过检查验收后方可使用。

6.1.5 架梁前应按设计图核对梁片,并按本暂行规程第4.2.3条的规定进行梁片组合。

6.1.6 轮轨式架桥机在组装状态下,严禁在走行线路和架梁桥头线路质量不明的情况下运行和进行架梁作业,必要时应对线路采取压道措施。

6.1.7 压道方法应视路基填筑材料、填筑方法、碾压质量和沉降观测等情况,采取机车或组装超重车压道。

6.1.8 根据压道后的线路情况,对影响行车安全的线路、架梁桥头线路采取适当的方式对线路进行加固。

6.1.9 桥头线路临时接长的轨节,钢轨不得小于50 kg/m,枕木不得腐朽、损坏,铁垫板和道钉齐全,并钉联牢固。不同轨型应使用异型夹板连接。

6.1.10 架桥机0号柱支立在T形桥台或已架梁梁端及换架梁梁端时,0号柱应安装带枕梁的专用节,必要时应对桥台采取支护措施。

6.1.11 多片式T梁架设除应符合本章有关T梁架设的规定外,尚应符合下列规定:

1 多片式T梁就位时,应保持横向预应力预留孔道对齐通透。

2 当多片式T梁采用架桥机架设时,每一孔梁架设完成后,应按第6.9.1条的规定完成横隔板焊连并按设计要求进行横向预应力筋张拉、加固之后,方可进行架桥机过孔作业。

6.2 压 道

6.2.1 使用压道车应符合下列规定:

1 机车压道时,其轴重不得小于190 kN。超重车压道时,其轴重不得小于架桥机最大轴重的1.1倍。

2 采用单梁式或双梁式架桥机时,可采取机车压道。必要时,应采用超重车压道。

3 超重车宜使用60 t N12E轴或N6平板车作为承重车辆。

6.2.2 压道前应详细调查了解线路质量和路基的施工过程、填筑材料和填筑后的沉落情况。

6.2.3 压道范围、速度、次数等应符合下列规定：

1 压道范围：前方压上桥台 1.0 m，后方压到架桥机后轮组停留处以远 50 m。采用拨道架梁时，除正线压道外，尚应将轨道拨到计算拨道量处压道。

2 压道速度：可取 1～3 km/h，最大不超过 5 km/h。对桥台尾与线路衔接处和个别有疑问的薄弱处所，应放慢速度进行较长时间压道使其沉落。

3 压道次数：压到无明显下沉（最后三个往返每一往返的轨道左右水平偏差不得大于 2 mm，总下沉量不得大于 5 mm）。压道不得少于三个往返。

4 压道时应有养路人员配合整道，轨枕承轨槽下道砟应认真捣实。薄弱地段应起道捣实后再压，直至线路稳定无明显下沉。

5 压道后或架梁过程中，当遇到大雨或长期阴雨浸泡的路基，或压道后较长时间未架梁及架梁的间隔时间较长，或经过线路大抬道等情况，均应重新压道。

6.3 桥头线路加固

6.3.1 桥头线路的轨道条件应符合下列规定：

1 道床厚度不得小于 250 mm。

2 道床顶面宽不得小于 3 500 mm，并应在拨道范围内适当加宽。

3 曲线地段不应设超高，不得有反超高。

6.3.2 下列线路加固方式应根据线路质量情况选定，但所用人字枕木和扣轨束应与桥台尾搭接：

1 轨道加固：临时增加轨撑、轨距拉杆、护轨等。

2 单穿加固：每个枕木空加穿枕木 1 根。

3 对穿加固：每个枕木空对穿枕木 2 根。

4 特别加固：路基面密排人字枕木一层、密排人字枕木后再加扣轨束 3～5 组、在路基面或枕木垛上支托扣轨梁、专门设计的承托结构。

6.3.3 线路加固作业应符合下列规定：

1 加固枕木应在线路轨枕下道砟捣实后方可加穿。

2 加固枕木应保持水平，与钢轨间的间隙应用木垫片塞实。

3 拨道时应将木垫片退出后再行拨动。

6.4 架梁基本作业

Ⅰ 顶 落 梁

6.4.1 T 梁的施顶位置应符合以下规定：

1 梁梗纵向：施顶中心至梁端的距离不得大于设计允许悬出长度，并不应影响支座安装作业。

2 梁梗横向：当采用每端一个千斤顶顶、落桥梁时，千斤顶头部中心应与桥梁重心重合;当采用每端两个千斤顶顶、落桥梁时,千斤顶应在梁重心两边等距离支放,千斤顶头部外缘距离混凝土外缘应保持 100 mm 以上的距离。

3 当低高度梁顶道砟槽板时,应按设计位置支顶。千斤顶距梁端的最小距离不得小于 300 mm。

4 除设计允许者外,横隔板处不应施顶。

6.4.2 顶落梁设备应符合下列规定:

1 宜选用液压千斤顶。

2 标记载荷量不应小于实际受载质量的 1.5 倍。

3 当每一梁端采用两个千斤顶顶、落梁时,应选用同类型的千斤顶。

4 千斤顶应按规定周期进行检验标定,确认安全可靠。

5 液压千斤顶使用的油类应符合有关规定,并应保持清洁。

6 落梁砂箱应有足够的强度和稳定性,砂门应开闭灵活通畅,砂子应清洁干燥、颗粒均匀,砂子不应装得过满;活塞应放正调平落槽。

6.4.3 顶落梁设备安放应符合下列规定:

1 千斤顶头应垫有扩大传力面积的支垫物品。混凝土与钢板、钢板与钢板间以及砂箱顶面均应放置防滑物品。

2 千斤顶底座应放在坚实可靠的基础上。当为土质地面时,应整平夯实,上面密铺枕木,并加垫厚度不小于 16 mm 的钢板。

3 千斤顶安放在平板车上时,应放在平板车纵向中心线附近,用短轨或枕木垫底,上加钢板分布荷载,并应将平板车侧梁下部垫实。

4 安放在有斜坡的混凝土表面时,应用硬质木板或钢板垫实垫平,再安放千斤顶。

5 当梁底与墩台顶间的净空较小,不能安放千斤顶或砂箱,宜采用凹形顶梁托架,在梁梗两侧安放千斤顶。

6.4.4 千斤顶或砂箱顶落梁作业应遵守下列规定:

1 千斤顶顶、落梁必须两端交替进行,严禁同时起落。两端高差不宜过大,未施顶的一端应落在稳固的支垫结构上。同侧两千斤顶顶、落应同步,严禁用交替顶、落的方法调整横向位置。

2 砂箱落梁应两端同时均匀下落,梁不应出现倾斜。

3 顶落梁时应设置保险枕木垛,紧随梁体起落加高或降低,并用木板、木楔调整间隙,使梁的脱空距离不大于 30 mm。中途停止作业时,应将间隙用木楔打紧。

4 使用千斤顶顶梁安放支座时,顶起后应立即塞入支座,严禁长时间用千斤顶支承梁体。

5 架设 T 形成品梁,应在梁的两端采取可靠支拉保护措施防止倒梁。

6 如发现起顶困难,应查明原因,不得接长手把或增加人力强压。

7 安全栓外枚的千斤顶的前面,不应站人或抛掷工具。

Ⅱ 捆 梁

6.4.5 捆梁位置应符合设计允许悬出长度的规定。

6.4.6 捆梁钢丝绳应符合下列要求:

1　应采用6×37型或6×61型交叉绞丝的钢丝绳,安全系数不得小于10。吊梁钢丝绳的接头必须采取插接,插接长度不得小于钢丝绳直径的20倍,总长不得小于300 mm。

2　应备有几种不同的钢丝绳供架设不同类型桥梁选用。

3　捆梁时应保持钢丝绳每次均向同一方向弯折,避免受反复应力。

4　钢丝绳与梁体转角接触处必须安放护梁铁瓦。

5　钢丝绳应经常检查,发现有扭结、变形、断丝或锈蚀等异常时,应按本暂行规程附录B的规定进行折减或报废。

6.4.7　捆梁作业应符合下列规定:

1　钢丝绳不应误用。各股钢丝绳应受力均匀,不应有绞花和两股互压现象。

2　钢丝绳必须可靠的悬挂在吊具上。

3　护梁铁瓦应在受力时进行调整,使其牢实,不致滑落。

Ⅲ　吊　　梁

6.4.8　卷扬机用的起重钢丝绳应符合下列规定:

1　卷扬机用的起重钢丝绳应采用6×37型或6×61型交叉绞丝的钢丝绳,安全系数不得小于6,并不得有接头、扭结和变形。

2　钢丝绳必须紧密有序地排在卷筒上。当卷筒与引导钢丝绳进入卷筒的转向滑车之间的距离过短不能自行紧密有序排绳时,宜设置排绳器,否则应由专人协助排绳。

3　卷扬系统中所有易发生跳槽处,均应设置防止跳槽装置。

4　卷扬机钢丝绳放出到最大限度时,卷筒上必须留有至少4圈钢丝绳。

5　钢丝绳报废标准应符合本暂行规程附录B的规定。

6.4.9　吊梁用的卷扬设备必须在完全正常状态下使用。卷扬机应设限位器。

6.4.10　吊梁应符合以下规定:

1　应保持左右两侧卷扬机升降速度一致,受力正常。同时应检查钢丝绳有无跳槽和护梁铁瓦有无窜动及脱落情况。

2　梁体吊离支撑面50 mm左右时,应暂停起吊,然后再下落30 mm左右停止,对各重要受力部位和关键处所进行检查,确认一切正常后方可继续起吊。

3　梁体在起落过程中应保持水平。横向倾斜最大不得超过2%;纵向倾斜不得大于300 mm。

4　出梁时严禁梁体碰擦机臂。第二片梁下落时应严防碰撞第一片梁。

5　单梁式或双梁式架桥机偏吊时,应调节几台卷扬机的升降量,严禁出现只有部分卷扬机受力现象。

6　起重钢丝绳在起升过程中,梁体被障碍物卡住或受到外力猛烈冲击时,应立即停车检查钢丝绳有无异常,若有损坏必须更换。

Ⅳ　移　　梁

6.4.11　机上移梁应符合下列规定:

1　机上移梁前应重新检查0号柱和架桥机前支腿支垫情况,移梁时应观察墩、台顶支垫处变化情况。

2 机上移梁就位前,应检查捆梁钢丝绳抽取难易程度。

6.4.12 墩台顶移梁时,顶梁的位置应符合第6.4.1条的规定。

6.4.13 墩台顶移梁采取滚移时,滑道设置应符合下列规定:

1 滑道宜用两根50 mm×50 mm方钢并列组成,间隔宜为250 mm。方钢每节长宜为1~2 m,两端宜制成斜坡。滑道接长时,搭接长度不得小于200 mm。滑道终端应设置止溜木楔。

2 滑道宜安放在支承垫石上。当放在垫石外泄水坡上时,应用硬质楔形木板垫平垫实,其木纹走向应与滑道相垂直。

3 方钢滑道的外侧应与墩台帽边缘保持100 mm以上的安全距离。

4 托盘式或特殊设计的墩台,滑道安放位置应根据设计要求或通过检算确定。

5 两股滑道应互相平行,其间距允许偏差为10 mm,应与梁体移到正位时的方向垂直。

6 两股滑道顶面应在同一水平面上。

7 滑道端部宜做成向梁体滑动方向不大于2%的上坡道。

6.4.14 移梁用的托盘应符合以下规定:

1 托盘应有足够的强度和刚度,并应便于安放砂箱和护梁支撑木。

2 托盘顶面应比砂箱底面每侧宽出约100 mm,底面两端应做成斜面。

3 托盘至少应比梁梗底面每边宽出50 mm。

6.4.15 滚动移梁应根据梁重经计算选用实心钢辊轴,每一托盘下辊轴数不得少于6根,辊轴直径应大小一致,表面光滑,辊轴长度应大于滑道外侧200 mm以上。

6.4.16 移梁支护设备应有足够的强度和刚度。常备的支护设备应在梁体顶面受到60 kN左右的水平分力时不致受到破坏。

6.4.17 墩顶移梁可使用手拉葫芦或液压推顶器等提供动力,提供的动力应比计算阻力大50%以上。钢丝绳必须固定在稳固可靠的物体上。

6.4.18 墩顶移梁作业应符合下列规定:

1 梁体下落接近砂箱或托盘顶面时,应检查砂箱或托盘与滑道是否上下相对,辊轴方向、位置等是否正确,发现问题应及时纠正。

2 梁体落实后及移动过程中应安装支护设备。

3 梁体的走行速度宜控制在0.3 m/min左右,两端的走行速度应基本一致,并应随时调整梁体的纵、横向位置。

4 添加或调整辊轴时,应防止压伤手指和辊轴自墩台上坠落。

5 托盘前后均应备有止溜木楔,梁体停止移动时应立即塞紧止溜木楔。

6 墩、台顶移梁时,梁梗外缘距墩、台帽边缘应有100 mm以上的保险距离。

7 当支座为盆式橡胶支座时,应采用托盘移梁,并应在托盘上支座两侧增设防倾设施。

8 梁体移动时,梁面应有不小于3 t以上的手拉葫芦作安全保护。

V 落梁就位

6.4.19 落梁就位应符合下列规定：

1 梁缝应符合设计要求。不能满足设计要求时，应按本暂行规程第5.1.6条的规定进行调整。

2 在保持梁梗竖直的前提下，道砟槽外缘宽度应满足设计要求。

3 T梁梁体就位后，梁体端部应平齐，桥梁平整，梁顶面高程符合设计要求，梁体无损伤，并应保持横向预应力预留孔道对齐。

VI 铺桥面

6.4.20 铺桥面应符合下列规定：

1 相邻两片或两孔梁间顶面高差应符合要求。当高差大于20 mm时，应用水泥砂浆补平，保证横向盖板或纵盖板安放平稳。

2 泄水罩等不应有破损和数量不足。

3 桥面铺砟带时，顶面宽度不得小于800 mm，厚度不得小于150 mm。

6.4.21 桥面轨道可预先在基地或桥头组成轨排，用架桥机铺设，并宜一次铺设正式轨排。

6.4.22 采用拨道对位的线路，应首先恢复到设计中线后再铺新轨排。

6.4.23 铺设轨排后应立即进行整道作业，消除硬弯、反超高和三角坑等缺陷，并应将轨枕承轨槽下面用道砟串实，不应悬空。

6.4.24 临时接长的线路轨端距离架桥机对位后第一位轴不得小于1.0 m。

VII 拨道对位

6.4.25 拨道对位应符合下列规定：

1 线路拨道前应预先计算拨道量并符合有关要求，不应由于线路拨道使梁或桥台托盘受到过大的偏载而产生裂纹或受到内伤。

2 当前后轮组拨道量不适当，致使梁落不到需要的位置时，架桥机应退回重新拨道，不得强行横拉落梁就位。

3 拨道后线路曲线应圆顺，最小曲线半径应符合架桥机设计允许通过的最小半径的要求。木枕地段或桥头临时线路应按设计标准铺设，必要时应安装线路加强设备，防止架桥机掉道或挤钉。

6.4.26 拨道对位可采取单面拨道法或交叉拨道法。在梁上拨道时，拨道量必须控制在桥梁设计允许的拨道量范围内。当设计允许的拨道量不能满足对位落梁的需要时，可适当选择拨道曲线形状，调整前后轮组的拨道量，并按有关规定进行检算。当检算通过的拨道量仍不能达到所需要的拨道量时，应采取其他措施架梁，不得强行拨移架梁。

6.4.27 计算拨道量时，宜采用本暂行规程附录C架桥机拨道架梁时拨道量计算方法进行计算。

6.4.28 线路拨道后应符合下列规定：

1 线路拨道后应有良好的平面条件，必要时应进行平面设计。

2 拨道曲线长度宜取 60～70 m。实际拨道量与计算拨道量的最大误差不得超过 10 mm。

3 拨道后曲线半径不宜小于 250 m，条件困难时不得小于 200 m。

4 线路拨道后应按规定捣固密实。半径很小时，应采用弦线法校正曲线。轨距一般按正线原状铺设，不另加宽。当半径很小并有机车通过时，仍应按规定加宽。半径 200 m 的曲线应在外轨加设轨撑。

5 拨道前应计算出曲线起讫点和中点位置，并在线路上作出相应的标识。

6.5 单梁式架桥机架梁

6.5.1 单梁式架桥机架梁施工流程如图 6.5.1 所示。

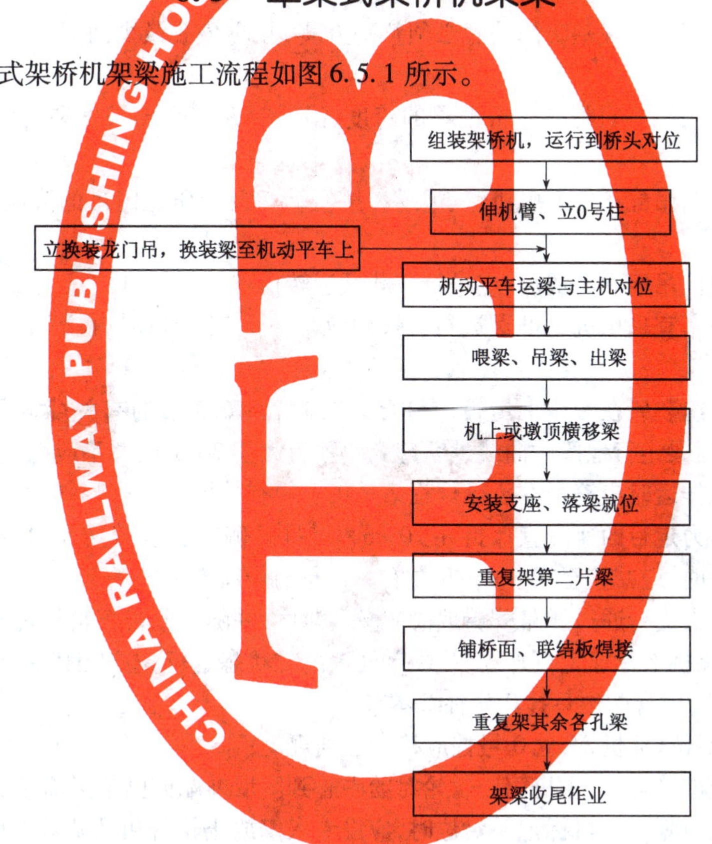

图 6.5.1 单梁式架桥机架梁施工流程

6.5.2 单梁式架桥机组装应符合下列规定：

1 单梁式架桥机采用解体方式运输到施工工地后，应按说明书要求程序进行组装。

2 组装架桥机宜选在车站股道或桥头岔线的直线地段进行，直线有效长度不宜小于 80 m。当用吊车组装时，可在半径较大的曲线地段上进行，但吊车不应侵入行车限界。

3 组装区段的线路应经过整道，轮对所处地段应进行加固。

4 组装后，当主机需要在三角线转头时，三角线的曲线半径不宜小于 250 m，条件不具备时不得小于架桥机允许通过最小曲线半径。

6.5.3 主机组装后必须对下列项目进行试运转检查：

1 柴油发电机组发、送电试验。

2 液压系统保压试验。

3 机臂伸缩、拉臂、摆臂和 0 号柱摘挂试验。

4 拖梁小车、吊梁小车和铺轨小车的走行和起吊试验。

5 主机自力走行试验和大小闸制动试验。

6.5.4 换装龙门吊组立时应符合下列规定:

1 换装龙门吊宜组立在坡度不大于 10‰的直线或曲线半径不小于 1 200 m 的线路上。在曲线半径较小的线路上组立时,宜将线路拨直 50 m 左右。

2 换装龙门吊组立的位置至桥台之间的距离应能满足架梁作业及存放车辆的需要。

3 换装龙门吊左右支柱与线路中心线间的距离应保持相等,允许偏差为 10 mm。两支柱的支承基面应保持同一高程,允许偏差为 4 mm。

4 换装龙门吊支柱基础的基底必须整平夯实,并应垫放最少两层枕木,基础承载力不得小于 0.2 MPa。

5 两台龙门吊之间距离应根据梁的跨度、吊梁时允许悬出长度和规定的起吊点确定。

6 换装龙门吊配备的发电机组、电缆和按钮箱以及液压龙门吊的液压泵组,应设置安全保护装置。

7 换装龙门吊组立完成后,应进行空载试运转检查。

6.5.5 架梁列车宜采用机车推送运行。线路纵坡不大于 12‰时,也可由主机和机动平车连挂运行。

6.5.6 架桥机组装后在线路上运行应符合第 6.1 节 ~ 6.3 节的有关规定。单梁式架桥机和机动平车运梁走行地段的曲线外轨超高值不得大于 70 mm,并不应有反超高。

6.5.7 架桥机挂运时应符合本暂行规程第 4.4 节的有关规定。

6.5.8 主机自力走行的速度宜保持在 10 km/h 以内,侧向通过道岔和曲线时为 5 km/h 以内,接近桥位时,应减速至 0.5 km/h 左右。运行时应有专人护送。

6.5.9 主机自力走行通过线路薄弱地段应降低速度,并随时监视车轮与轨面接触情况。

6.5.10 主机除桥上作业走行外,严禁机臂处于高位状态走行。较长距离走行时,应拆除 0 号柱各活动节,机臂前端只挂 0 号柱基本节。

6.5.11 主机对位、伸机臂、立 0 号柱应符合下列规定:

1 主机应准确对位,主机第一位轮对的中心到胸墙前端或已架梁前端的距离应经计算确定,轨面上应划出停机标记。对位时,应设专人安放止轮器和操纵紧急制动阀。

2 主机对位完成后,应立即采取制动措施,制动风压应保持在 0.6 MPa 以上,拧紧手制动后尚应采用铁鞋在车轮下止动。

3 在坡道上架梁时,应安装带螺栓紧固装置的铁鞋与轨道扣紧。

4 主机全悬臂状态时严禁走行对位。

5 伸机臂前,必须使主机前端和两侧的千斤顶支撑到位,采取防溜措施后,松开限制机臂的装置,安装 1 号柱和 2 号柱销轴。

6 伸机臂前,主动起重小车、被动起重小车和铺轨小车应运行到规定位置。

7 伸机臂时,机臂宜处于水平状态,其中心线宜与车体中心线在同一垂面内。

8 机臂伸到位后应立即安装定位销轴,方可拉动机臂和摆动机臂。拉动机臂到位后应立即安装2号柱销轴。严禁靠2号柱油缸受力维持拉臂状态。

9 在桥墩或桥台上立0号柱时,应采用硬质木板或专用垫块作为支垫。支垫必须垫平垫实,其面积应大于0号柱底面面积。

10 在耳墙式桥台上立0号柱时,应搭设枕木垛,将0号柱反力直接传到实心部分。

6.5.12 换装龙门吊换装梁片或轨排应符合下列规定:

1 换装龙门吊换装梁片或轨排前,应再次检查各支柱的支承情况。

2 运梁车进入龙门吊时,梁顶面存放的桥梁配件及道砟等,不应超过挡砟墙的高度。

3 在换装桥梁或轨排时,应有专人指挥,并应有人监视卷扬机、滑轮组和液压元件运转情况,发现异常立即停车检查。

4 换装桥梁时,起吊点应符合设计允许悬出长度的要求。梁体不应倾斜。

5 换装轨排时应正确选定吊点位置,使轨排中部和两端的挠度基本相等。

6 换装不同跨度的桥梁,必须按桥梁允许悬出长度或规定的吊点调整换装龙门吊的位置。严禁用一台换装龙门吊起吊16 m以下的桥梁。

6.5.13 机动平车运送梁应符合下列规定:

1 梁落在机动平车上时,前端应用升降横梁支承,后端应用拖梁小车支承,升降横梁顶面应用硬质木板或专用垫块垫实,保持水平状态。

2 梁前端悬出横梁的长度应符合设计允许悬出长度的要求。

3 梁重心宜在车体纵向中心线上,允许偏差为20 mm。

4 梁在机动平车上落实后,前后端应加设横向支撑。拖梁小车轮下应加设木楔前后止动。

5 机动平车运行前,应进行制动试验,确认制动状况良好后方可运行。

6 机动平车载梁运行速度可根据线路条件确定,可采用0.5~12 km/h。接近、联接主机时,应降速至0.5 km/h。

7 机动平车与主机对位时,应有专人进行指挥并操纵紧急制动阀。

8 主机进行捆梁、吊梁、出梁和落梁时,严禁机动平车与主机对位。

9 机动平车对位停车后,应加设止动铁鞋,制动风压应保持在0.6 MPa以上,并处于良好制动状态。

10 在小半径曲线上架梁时,应使梁中心线与机动平车纵向中心线略成斜交,使梁的前后两端各向机动平车纵向中心线左右偏离不大于150 mm。

6.5.14 有机上横移梁机构的单梁式架桥机落梁和机上横移梁应符合下列规定:

1 每孔梁的第一片梁前进到位后,宜落至低位后再横移梁,横移到位后安装支座,落梁就位。

2 第二片梁应在下落至距第一片梁约50~100 mm时开始横移,横移到位后安装支座,落梁就位。

3 两台起重小车横移梁时应保持位置一致,允许偏差为80 mm。

6.5.15 无机上横移梁机构的架桥机在架梁对位时,可采取每片梁摆一次臂,配合向中线两侧交叉拨道的措施,缩短移梁距离或只横移一片梁。在已架设梁上拨道时,必须经过检算,不应超过桥梁设计允许拨道量。

6.6 双梁式架桥机架梁

6.6.1 双梁式架桥机架梁施工流程如图 6.6.1—1 和图 6.6.1—2 所示。

图 6.6.1—1 双梁单向窄式架桥机架梁施工流程

6.6.2 使用双梁式架桥机应符合下列规定：

1 主机悬臂走行时必须锁紧摆头机构，严禁前大臂相对中大臂有任何偏摆。

2 前大臂采用托臂台车支护走行时，必须解开摆头机构，后大臂必须由后托臂台车支护。

3 横移梁时，机身两侧支腿、0 号柱和中支柱不应产生明显下沉。

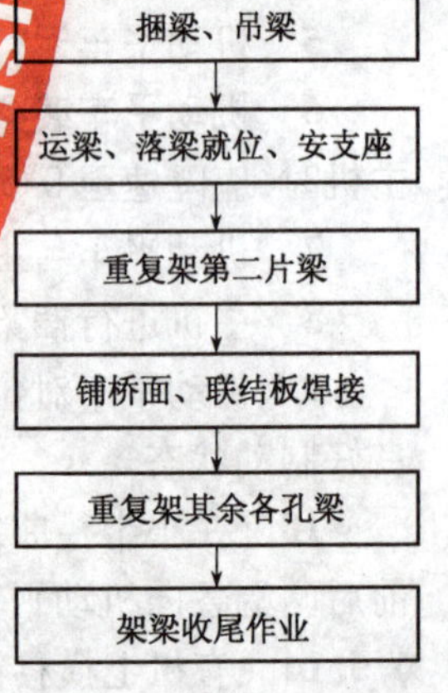

图 6.6.1—2 双梁双向架桥机架梁施工流程

6.6.3 双梁双向式架桥机组装时的线路条件应符合下列规定：

1 应在直线段进行，有效长度不宜短于 120 m。在半径不小于 600 m 的曲线地段组装时，不得有超高。

2 宽式架桥机在桥头组装时，机身中央距桥头的距离应大于半个机身长。

3 窄式架桥机在有岔线的区间线路上组装时，岔线有效长不得短于 110 m。

4 组装地段的线路条件应符合第 6.3.1 条的有关规定。

6.6.4 架桥机由组装地点运行到桥头采用机车推送。当运行距离较短和线路条件较好时，可自行运行，运行速度不大于 5 km/h，并应有人监视运行情况。

6.6.5 双梁双向窄式架桥机在较长的线路上运行时应符合下列规定：

1 机身和大臂应低位简支走行，并应顶紧枕梁两侧的止动螺栓。

2 用机车推送时，必须脱开自力走行减速器的离合器。

3 架桥机通过的线路两轨面水平高差应根据机型确定，但不得大于 40 mm。

4 线路轨面纵向前后高低差在任何 60 m 范围内应小于前大臂 0 号柱处挠度的 1/3。

5 走行时，速度应控制在 5 km/h 以内，两旁应设专人监护。

6.6.6 架桥机对位时应符合下列规定：

1 前、中、后大臂应成一条直线。

2 速度不得大于 3 km/h，接近到位时的速度不得大于 0.5 km/h。

3 架桥机第一位轮对停留处应做出标记并安放止轮器，主机前方应设专人操纵紧急制动阀。

4 架桥机制动系统应状态良好，风压应保持在 0.6 MPa 以上。

5 主机对位完毕后，应立即在各车轮前后加塞铁鞋止动，同时应将机身两侧支腿支顶适度。

6.6.7 机身侧支腿或中立柱，支托在已架桥梁的道砟槽板上时，应保持支腿与承托物刚好接触的状态，压力不应过大。

6.6.8 机身两侧支腿未支垫好前，不应摆动前、后大臂，支好后龙门柱后方可摆动大臂和支放 0 号柱。前、后大臂不应同时摆动。

6.6.9 宽式架桥机在曲线上架梁时，当进入曲线后，前、后臂摆动之前应加辅助拉撑（肱杆）。架完曲线梁大臂摆直后应立即拆除辅助拉撑。

6.6.10 在安装辅助拉撑状态下，架桥机不应由曲线进入直线，或由直线进入曲线以及在缓和曲线上行驶。

6.6.11 在墩台顶面支放 0 号柱时，应用硬质木板或专用垫块垫实垫平。左右支腿允许高差为 20 mm。柱腿外边与墩台顶帽边缘间应有 100 mm 以上的安全距离。

6.6.12 0 号柱两腿间宜设有刚性强的垫梁。

6.6.13 后龙门柱支立时两腿底面应保持在同一水平面上，不应妨碍运梁车通过。

6.6.14 大臂的左右臂梁允许高差为 20 mm，在架梁方向不应有下坡。

6.6.15 双梁双向架桥机喂梁时，应符合下列规定：

1 应将运梁平车直接推送到后大臂内，由前后两台行车捆梁同时起吊。

2 运梁车进入前应检查有关限界，确认无障碍后方可徐徐送入，速度不得大于 0.5 km/h。

3 窄式架桥机吊架 32 m 梁时，应将大臂下的辅助支腿支承在运梁平车上的辅助横梁上，同时应在运梁平车的辅助横梁下面用枕木头支承于路基上。

6.6.16 吊梁走行前应对架桥机内部净空进行检查，前进时两行车必须同步，严禁梁端碰撞 0 号柱。

6.6.17 落梁时前后速度一致，当落梁至低位横向移梁时，前后应同步。

6.6.18 架完一孔梁后，应将前后大臂和中大臂摆成一条直线，撤除车体两侧支腿后，架桥机方可走行。

6.6.19 双梁单向式架桥机组装位置和线路条件应符合第 6.6.3 条的规定。

6.6.20 双梁单向式架桥机在自力走行或机车推送走行时应符合第 6.6.4 条的规定。

6.6.21 双梁单向式架桥机架梁应由配套的倒装龙门吊将普通梁车上的桥梁倒装到机动

平车上，由机动平车将梁运至架桥机尾部后，方可吊梁。

6.6.22 双梁单向式架桥机出梁对位时，前行车起吊梁的前吊点高于运梁车和主机顶面后，前行车方可前进。后行车能吊着梁的后吊点时，前行车停止前进，待后行车的起吊高度与前吊点相同，然后前后行车再同时起到一定高度后，同步前行到位。

6.7 重型铺轨机架梁

6.7.1 重型铺轨机架梁施工流程如图 6.7.1 所示。

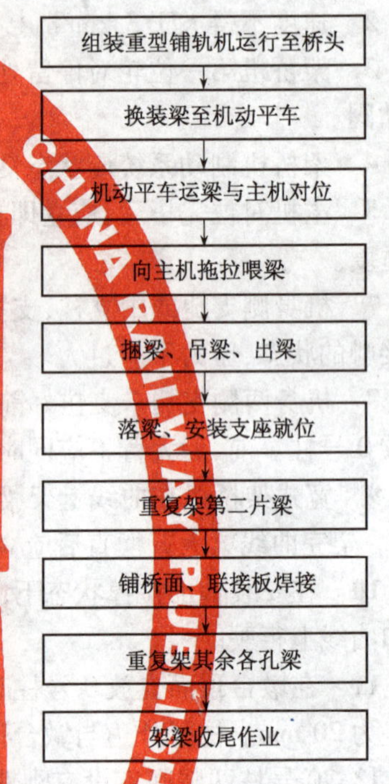

图 6.7.1 重型铺轨机架梁施工流程

6.7.2 换装龙门吊组立应符合第 6.5.4 条的规定。

6.7.3 重型铺轨机对位应符合第 6.5.11 条的有关规定。

6.7.4 龙门吊换装梁至机动平车应符合第 6.5.12 条的规定。

6.7.5 机动平车载梁运行速度可根据线路条件采用 5 ~ 15 km/h，接近主机时应降速到 0.5 km/h。当与主机对位时，严禁冲撞。机动平车前必须有专人监视和指挥，并应及时安设制动铁鞋。

6.7.6 机动平车向主机拖拉喂梁作业时，必须清除影响拖梁小车运行的障碍物，并应设专人观察桥梁左右偏移情况，发现异常应立即停止拖拉。

6.8 其他方法架梁

6.8.1 拼装式架桥机架梁应符合下列规定：

1 拼装式架桥机应按设计组装。

2 组装使用的临时支架搭设应牢固可靠，并与架桥机的走行轨道相对应。

3 架桥机走行轨道结构必须符合设计要求。

4 架桥机就位后应使前后支点稳固，用液压爬升器提升（下落）梁体时，爬升杆应同步，其高差不得大于 90 mm。

5 梁体在架桥机上纵、横向移动时，应平稳进行。

6 使用台车移动拼装式架桥机到下一桥孔架梁时，台车及前后龙门天车的位置应符合设计要求。

7 当梁的一端落在运梁台车上，而另一端在龙门天车上吊起前移时，龙门天车与运梁台车应同步。

8 拼装式架桥机应定期对重要部件进行探伤检查，钢丝绳使用标准应符合本暂行规程附录 B 的规定。

6.8.2 龙门吊机架梁应符合下列规定：

1 龙门吊机拼装过程中，应设置安全缆风绳。拼装上横梁需有专项施工组织设计。

2 龙门吊机走行轨道基础必须坚实稳固，具有足够承载力，走行轨道结构必须符合设计要求。

3 龙门吊机走行时，同一吊机的两支腿和两台吊机均应同步，停止走行时应采取双向制动措施。

6.8.3 汽车起重机架梁应符合下列规定：

1 当选用汽车起重机架梁时，应制定专项施工组织设计，对汽车起重机站位、吊臂伸出长度、吊臂倾斜角度、吊臂回转范围、吊点位置及梁片停放位置作出明确规定，并在施工中严格执行。

2 当选用汽车起重机架梁时，起重机额定起重量应满足所架梁片实际质量的要求，并应有足够的安全系数。

3 起重机进、出场道路应符合相关技术要求和规定。

4 起重机应有完善齐全、安全可靠的限位装置和控制装置。

5 架梁前应对起重滑轮组、钢丝绳、吊钩和捆梁钢丝绳等进行全面检查，确认合格。

6 起重机停留场地应平整坚实，无不均匀下沉；前后车轮及支腿应支垫牢靠。

7 起重机吊梁前，应进行吊臂空载试转，吊臂伸出角度及高度、吊钩位置范围、起吊方位、幅度变化等均应进行检查确认，符合整机稳定要求和吊梁操作要求后方可吊梁。

8 架梁作业时，吊点距梁端距离应小于设计允许的悬出长度。两台起重机吊梁时，两端应同步起落，两端高差不得大于 30 cm，吊臂回转范围内不应有任何障碍物。

9 不得在高压线附近进行作业，特殊条件下应采取停电措施。当采用保持必要的安全距离作业时，应符合铁道部现行铁路工程施工安全技术规程的有关规定。

10 使用一台起重机单独进行架梁作业时，应使用起吊扁担梁。

6.9 梁体横向联结

6.9.1 各式架桥机上桥架梁作业前，梁体横向联结应符合下列规定：

1 应按设计要求档数进行横隔板焊连；

2 设计有横向预应力的桥梁，除应焊完规定的档数外，还应按设计要求进行横向预应力张拉、加固。

6.9.2 横向联结板焊接应符合下列规定：

1 当两片梁的联结角钢相互错动，使用原配联结板不能保证质量时，应在现场另行配制联结板。配板厚度不得小于原设计厚度，长度不应大于联结角钢的长度，并应使两相对联结板之间至少能保持 30 mm 净距的宽度。

2 当联结角钢上下错动量较大时，联结板应随高差大小配制成平行四边形。

3 电焊前应将联结角钢或联结板上的混凝土残渣、油污和铁锈除净。电焊焊条和联结角钢应保持干燥状态，低温作业时尚应采取预热措施。

4 焊缝质量应符合设计要求。

6.9.3 T 梁横隔板混凝土浇筑前，应将联结板、联结角钢上的浮杂物质除净，敲去残余电焊熔渣。浇筑混凝土强度等级应符合设计和有关要求。

6.9.4　T梁桥面板、横隔板湿接缝施工应符合下列规定：

1　连接钢筋的品种、规格、质量、制作和安装均应符合设计要求。

2　模板采用吊篮法安装时，应按施工工艺设计要求施工。

3　浇筑湿接缝混凝土前，湿接缝处的预留孔道波纹管，伸入T梁预留孔道波纹管内长度不应小于50 mm，并应对波纹管接缝进行密封处理。

4　模板和混凝土的施工工艺和质量应符合铁道部现行的有关规定。

5　混凝土强度等级应符合设计要求。

6.9.5　T梁横向预应力施工应符合下列规定：

1　湿接缝混凝土达到设计要求的强度和弹性模量后，方可张拉预应力筋。

2　预应力材料的品种、规格、质量应符合设计要求，并按设计要求施加预应力。

3　张拉后应及时进行孔道压浆和端头封堵。压浆及封端所使用的材料应符合设计要求。

7 箱梁架设

7.1 一般规定

7.1.1 箱梁架设前应完成以下工作:

1 箱梁架设前,应编制相应的施工组织设计、施工工艺,应对桥墩里程、支承垫石高程、支座中心线及预埋件等有关竣工资料进行复测核对,清除支承垫石面上的杂物及预留锚栓孔内的冰雪、雨水、石块等,并对支承垫石进行凿毛处理。

2 箱梁装上运梁车前应通过质量全面检查,并具备相关技术证明书。

3 架梁施工单位应根据承建区段的地理、地形、线路特征、箱梁种类、分布状况等,选择合适的架桥机类型。

4 架桥机及配套设备如运梁车、导梁、吊具等在厂内应按国家《特种设备安全监查条例》等有关规定,完成型式试验、试运转和荷载试验,确认符合设计要求后,方可由架梁单位验收再投入使用。动、静载试验的荷载量和试验方法应符合设计要求和国家有关规定。试吊、验收均应作正式签证。

7.1.2 运梁车经过的便道和桥涵均应满足运梁荷载的要求。在运梁车通过的界限内,不得有任何障碍物。运梁便道的宽度、净空、纵向坡度、横向坡度、最小曲线半径等应与选用的架桥机有关性能相符合。梁厂装梁线的基础及运梁便道应进行专门勘测设计。

采用轮胎式运梁车运送箱梁,应根据运梁时总重量、轴线布置、轴线荷载、单轮胎荷载、轮胎着地面积等资料检算路面承载能力。

组装后整台架桥机通过的道路(包括已架梁),架桥机拼装、架梁时临时支点的位置及反力对已有建筑结构的影响均应由相关部门进行检算。

7.1.3 运梁时支点距梁端的距离及起吊位置应符合设计要求。每个吊具在混凝土梁体上的承压面积不应小于混凝土允许计算值。运、架过程中必须保持梁体支点均匀受力,应采用三点平衡装置,不使梁体受扭。

运梁车驮运架桥机在高压输电线路下运行时或架桥机在高压输电线路下架梁作业时,高压输电线路距架桥机的最小安全距离应满足有关规范的要求。

7.1.4 架桥机支腿作用在箱梁顶面时,应尽量支在下面箱梁腹板中心线上。偏移较大时,应对箱梁顶板进行检算。

架设每座桥梁的第一跨箱梁时,架桥机后端支撑在路基上,必须对路基采取相应加固措施,防止损坏路基,致使沉降。架设每座桥的最后一跨时,前端立柱收短支立于桥台上面,支点位置亦应进行相应检算。

架桥机过孔抗倾覆稳定系数不得小于1.5,其他作业情况下抗倾覆稳定系数不得小于1.3。

7.1.5 架桥机组装与调试应符合以下规定:

1 架桥机可在大解体的状态下运到组装现场进行组装,亦可在转场时利用运梁车驮运架桥机机臂主梁等直接到达组装现场。

2 组装现场应按组装架桥机顺序，有序地摆放架桥机的各部构件。

3 组装工作必须严格按架桥机说明书进行。

4 拼装螺栓应按规定的规格、数量上足拧紧；主梁拼装拱度及线型应符合架桥机设计规定。

5 动力、液压、电气系统安装完毕后应进行调试。调试内容包括柴油发电机组的供电试验、液压系统试验、立柱伸缩及走行试验、机臂纵移试验、起重小车升降走行试验和吊梁横移试验等，并检测各部件的制动性能。起重小车提梁走行，其整体稳定性和机械动力性能应检测满足要求。

7.1.6 架桥机调头应按架桥机说明书要求执行。

7.1.7 架桥机架设箱梁应符合以下规定：

1 架桥机在桥墩（台）上或已架设的箱梁顶面左右两支腿的高差不宜大于设计规定值。两支腿顶升必须同步。

2 梁体吊运应按架梁施组安排的顺序、编号吊运。

3 运梁设备装载箱梁时中轴线偏差不应大于容许限值，运梁设备经检查确定无误后才能起动。起步应缓慢平稳，匀速前进，运行中速度宜控制在 3～5 km/h，曲线、坡道地段应严格控制在 3 km/h 以内。严禁突然加速或急剧刹车。

4 桥面上应设运梁标线，运梁车进入桥面时应启动自动导航功能沿标线运行。

5 当运梁设备接近卸梁地点或架桥机时，应减速慢行。运梁车接近架桥机时应一度停车，得到指令后才能对位。

6 架桥机喂梁作业时，必须确认立柱间净空能安全通过重载运梁车。对运梁车走行的喂梁速度和运行速度的制动距离必须严格控制，以保证运梁车前端不碰撞立柱。

7 架桥机喂梁操作须在有关支腿经检查完全支好受力后才能进行。

8 箱梁起吊、落位时，利用两台起重小车将箱梁吊起。当箱梁被吊离运梁车支承面 30～50 mm 后，应暂停起升，将梁下落 20～30 mm，待检查无误后继续吊高，至离开运梁车 200～300 mm 后停止起升，箱梁纵向前进到落梁位置，落梁就位。行走时应平稳，严禁箱梁碰撞架桥机支腿。

9 当箱梁的一端在运梁车上，另一端用起重小车吊起前移时，起重小车与运梁车上的拖（移）梁小车应同步前进。

10 用液压爬升器提升（下落）梁体时，爬升杆应同步起、落。在各爬升杆间出现大于 3 mm 的高差时，应进行调整。

11 架梁时，落梁速度不应超过 0.5 m/min，同时应有人监视落梁速度和位置。坡道落梁应特别注意观察。

12 架桥机过孔前应进行一次全面检查，确保设备各部件处于规定的状态。

13 架桥机走行过程中应安排专人监控两侧走行速度及前支腿垂直度等；走行到位后应检查中线、支腿高程等，并尽快恢复至架梁前状态，将各部位螺栓拧紧，支腿支垫牢固。

14 六级以上大风天不得架梁。架桥机过孔及转移时允许风力应根据架桥机设计规定和具体情况确定。

15 墩顶临时支承所用千斤顶的型号及位置必须符合设计要求。四个临时支承千斤顶应受力均匀且须构成三点平衡系统。顶落梁时每一端的千斤顶应同步起落。

16 箱梁就位后，箱梁支座的位置必须符合设计要求，梁底与支座必须密合，整孔箱梁的轴线允许偏差为 ±10 mm；相邻梁跨梁端桥面之间、梁端桥面与相邻胸墙顶面之间的相对高差不得大于 10 mm；桥面高程不得高于设计高程，也不得低于设计高程 20 mm，无砟轨道梁的架设就位精度应符合设计要求。

17 架梁作业过程中，各种限位装置应全部安装牢固，且能正常工作。

18 箱梁架设完毕后，吊梁孔洞应用补偿收缩混凝土填充。

7.1.8 架桥机正常作业所需的环境温度应与架桥机的设计要求相符合。在冬期施工时，液压系统较多的架桥机，应将液压油预热至系统要求的温度，再进行作业；气温低于 -20 ℃时宜停止作业。

7.1.9 应制订架桥机安全操作规程及维护保养制度。连接箱梁的吊具及重要的轮、轨等部位应定期进行探伤检查，并须有检查签证。各类限位器是否可靠，吊点及吊具有无变形缺损，钢丝绳有无断丝，电路仪表、通讯设备、报警系统是否正常工作等，均应定期检查、整修。

7.2 定点起吊导梁式架桥机架设箱梁

7.2.1 定点起吊导梁式架桥机系统主要由导梁、托辊、主梁、前支腿、中支腿、后支腿、起重小车、运架桥机台车、活动油缸吊点、纵移小车、运梁车等组成，见图 7.2.1。导梁顶面与已架箱梁顶面齐平，导梁作为运送箱梁及架桥机过孔的运输通道（由运架桥机台车驮架桥机在导梁上移动）。

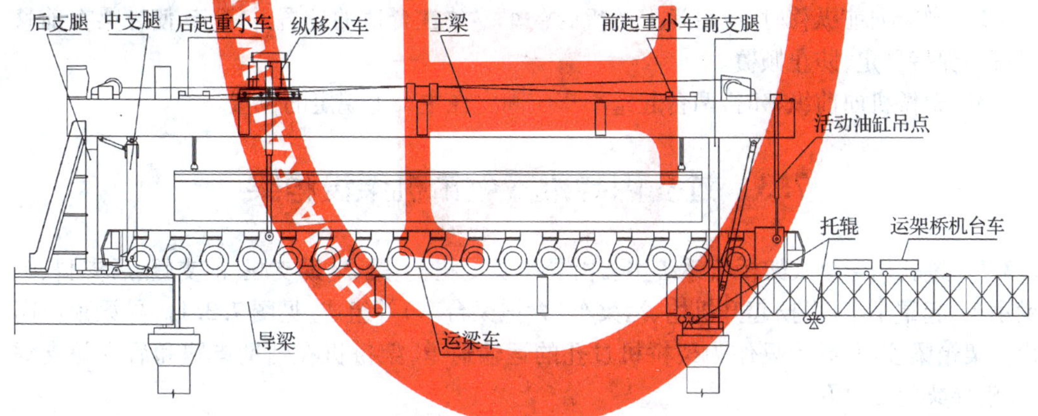

图 7.2.1　定点起吊导梁式架桥机示意

7.2.2 定点起吊导梁式架桥机架设首孔箱梁、过孔作业程序：

1 运梁车将架桥机（包括导梁）整体驮运至桥头。

2 运梁车退出，架桥机在桥头将导梁放下。

3 在首孔桥墩顶搭设支承架，导梁高位纵移到位。架桥机以导梁为通道前移到位。

4 拆除支承架，架桥机将导梁放下就位。

5 顶升后支腿，让中支腿落在运架桥机后台车上并固定，再使后支腿卸载。

6 顶升前支腿，让前支腿横梁落在运架桥机前台车上并固定。

7 运架桥机台车分别支承前、中支腿驮运架桥机向前走行过孔至下一孔架梁位置。

7.2.3 定点起吊导梁式架桥机架设中间桥跨箱梁作业程序：

1 后支腿支承、中支腿展开成翼形，运梁车将箱梁经导梁运到架桥机下方，进入待架梁桥位。

2 架桥机由前、中支腿支承并将梁提起，运梁车退出。

3 纵移小车提升导梁，与托辊同步驱动导梁前移一跨。

4 架桥机将箱梁缓慢放下就位。

7.2.4 定点起吊导梁式架桥机架最后两孔箱梁作业程序：

1 导梁前移至桥台，架桥机提起倒数第二孔箱梁，运梁车退出，架桥机利用纵移小车及活动油缸吊点将导梁平行向上提起，导梁高位纵移。

2 架桥机下落倒数第二孔箱梁。

3 导梁后移一段距离，一端搁在已架箱梁顶上。

4 架桥机以导梁作为通道纵移至末孔位置。

5 前支腿支承在桥台上，解开导梁前后部的连接，架桥机将导梁平行放下就位。

6 运梁车将最后一孔箱梁直接送到架桥机腹腔内。

7 架桥机将箱梁提起，运梁车退出。

8 纵移小车和活动油缸吊点将导梁同步提升至桥面与前端联结，纵移小车与托辊同步驱动导梁纵移一跨，最后一孔箱梁落位安装。

9 架桥机提升导梁，运梁车运行至导梁下方，运梁车和架桥机配合调整导梁位置安装三角支架，吊装前支腿下节段至导梁上，运梁车升高整体驮运架桥机至下一工点。

7.2.5 架梁作业应符合以下规定：

1 喂梁操作时，运梁车运载箱梁应精确地停在导梁上的箱梁架设位置上。

2 导梁向前纵移时，应将运架桥机的台车停放在合适的位置并锁定，使导梁在前移过程中保持稳定，防止倾覆。

3 架桥机向前纵移时，两台起重小车应固定在主梁上规定的位置。

7.3 过孔用导梁式架桥机架设箱梁

7.3.1 过孔用导梁式架桥机系统主要由导梁及支腿、主梁、辅助支腿、前支腿、后支腿、辅助小车、起重小车、卷扬起升机构、运梁车（含拖梁台车）等组成，见图 7.3.1。导梁顶面高出已架箱梁顶面，导梁只作为架桥机过孔的运输通道，架桥机在辅助支腿和后支腿支撑下，沿导梁简支过孔。

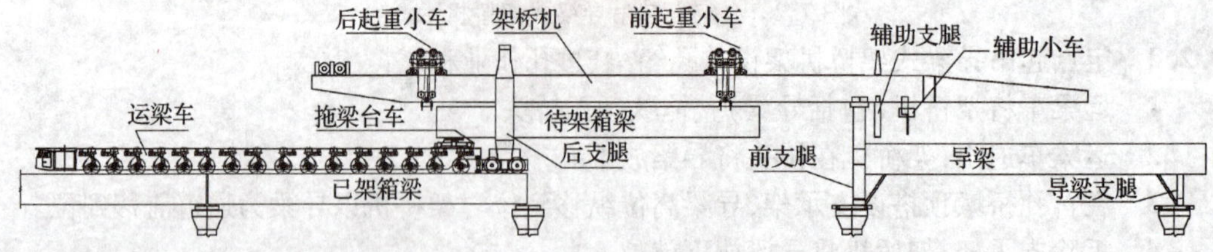

图 7.3.1 过孔用导梁式架桥机示意

7.3.2 过孔作业程序：

1 架桥机架梁后进入过孔状态。

2 前起重小车后退到后起重小车附近。

3 架桥机辅助支腿支撑在导梁上，后支腿支撑在桥面上，前支腿脱离桥墩，由后支腿驱动，架桥机向前走行一孔，前支腿支撑在下一孔桥墩上。

4 前起重小车吊起导梁尾部，辅助支腿收起，吊起导梁中部，前起重小车和辅助支腿挂轮一起驱动，使导梁走行至导梁重心距辅助支腿后部约 1 m 处。

5 辅助小车吊起导梁中前部，辅助小车、辅助支腿、前起重小车配合吊着导梁继续走行，使导梁过孔到位。

6 辅助小车、两台起重小车恢复到架梁位置，过孔结束，架桥机进入架梁状态。

7.3.3 过孔用导梁式架桥机架设首孔箱梁作业程序：

1 由运梁车驮运架桥机到桥头，前支腿支撑到桥台垫石上。

2 支撑好后支腿两侧临时支腿，运梁车上的升降驮架下降，运梁车退出。

3 两台起重小车将导梁下降，安放导梁到辅助支腿挂轮上。

4 起重小车、辅助支腿挂轮、辅助小车配合安放导梁到位。

5 运梁车运输后支腿横梁到架桥机下，用后起重小车安装后支腿下横梁，拆除后支腿两侧临时支腿。

6 采用导梁过孔方式和架桥机过孔方式，使架桥机纵移到首孔架梁位置，架设首孔梁。

7.3.4 架设中间桥跨箱梁作业程序：

1 架桥机进入待架梁状态。

2 运梁车进入架桥机尾部。

3 前起重小车吊起梁前端，与拖梁台车一起吊拖箱梁至后起重小车吊梁位置。

4 后起重小车走行至后端吊梁位置，吊起箱梁后端。

5 两台起重小车走行至落梁位置，同时运梁车退出至梁场装梁；两台起重小车同步落梁就位。

7.3.5 架设末孔箱梁作业程序：

1 导梁过孔时后翻导梁前支腿，导梁前方支撑在桥台上。

2 架桥机过孔时折叠前支腿下半部，使上半部支承在桥台上。

3 导梁过孔时前翻导梁后支腿，辅助支腿和辅助小车吊高导梁 0.6 m，使导梁后方支承在桥台上。

4 过孔完毕，架设末孔箱梁。

7.3.6 架梁作业应符合以下规定：

1 首孔架设对位时，后支腿临时支撑安装应稳固；确认后支腿与后支腿横梁联结完好后，才能拆除后支腿临时支撑。

2 前起重小车、拖梁台车配合拖梁前行时应严格监控移动位置。

3 导梁过孔时应控制好辅助小车吊点位置。

4 架桥机重载走行速度应限制在 1 m/min 以内。

5 应设置运梁车对位时的防撞保护装置。

7.4 无导梁一跨式架桥机架设箱梁

7.4.1 无导梁一跨式架桥机系统主要由机臂、前支腿、后支腿、辅助支腿、起重小车及吊具、后支腿走行轨道、运梁车(并设有移梁小车)等组成,见图 7.4.1。架桥机无导梁结构采用三支腿结构体系,后支腿与机臂固结、前支腿(机臂中间的支腿)采用活动支腿,辅助支腿与机臂固定作为前支腿移位时的临时支承。过孔采取机臂悬臂走行方式,前支腿下墩顶设抱箍;采用一跨式架梁方式。

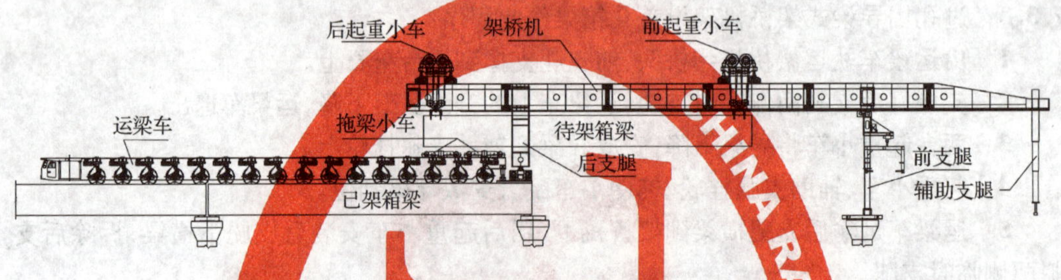

图 7.4.1 无导梁一跨式架桥机示意

7.4.2 过孔作业程序:

1 前、后起重小车退回到架桥机尾部,铺设后支腿走行轨道,松开前后支腿油缸的安全抱箍;前支腿托辊处的支承油缸回收与主梁脱空使托辊轮与轨道接触;后支腿支承油缸回收使走行轮与走行轨接触;架桥机准备过孔。

2 驱动架桥机后支腿行走机构,架桥机向前走行一段距离,使辅助支腿在前墩台就位,顶升辅助支腿和后支腿,使前支腿与墩顶脱空 5 ~10 cm。

3 将前支腿吊挂走行至前墩台就位,利用辅助支腿调整前支腿高度使主梁处于水平状态。

4 安装前墩顶抱箍,辅助支腿油缸回缩、悬空,使前支腿承力;后支腿油缸回缩。

5 继续驱动架桥机后支腿行走机构,使架桥机过孔走行到位,调整各支腿状态,使成为架梁工作状态。

7.4.3 桥头就位作业程序:

1 运梁车驮运架桥机至桥台位置就位,前支腿前移至架桥机前端进行支承,后支腿也进行支承。

2 运梁车整车下降后退出,起重小车安装后支腿下横梁;铺设架桥机走行轨道。

3 驱动架桥机后支腿行走机构,架桥机机臂悬臂过孔走行伸出,使辅助支腿在前墩就位;后支腿油缸完全伸出支承、辅助支腿油缸顶升,使前支腿与桥台顶脱空约 5 ~10 cm。

4 前支腿吊挂走行至前墩就位。

5 安装墩顶抱箍,并利用辅助支腿调整前支腿的高度,使主梁基本处于水平状态。

6 驱动后支腿走行机构,后支腿走行到桥台。

7 后支腿与桥台临时锚固以传递纵向水平力,前墩顶抱箍移开,改设支点。拆除桥台后铺设的轨道,架桥机准备首跨梁架设施工。

7.4.4 架梁作业程序:

1 运梁车载梁走行进入架桥机尾部2～5 m处停止,将驾驶室推到侧位,运梁车缓慢前行与架桥机对位。对位完毕,运梁车前支承油缸通过枕梁支承于桥面的走行轨道上。

2 解除移梁小车与运梁车间约束,接上移梁小车的电源,移梁小车载梁前行到运梁车前端;安装前起重小车吊具,将箱梁前端吊起约10 cm,准备纵移箱梁。

3 启动前起重小车及运梁车上的后移梁小车,同步将混凝土箱梁前移至后起重小车起吊位置处,停止纵移并安装后起重小车吊具,后起重小车将箱梁吊起。

4 移梁小车退回原位置并与运梁车锁紧;拆下移梁小车电源,运梁车返回梁场运输下一孔箱梁。前后起重小车同步落梁使梁底距后支腿下横梁顶约10 cm,然后同步将混凝土箱梁前移到位。

5 启动前后起重小车下落箱梁,距垫石3～5 cm时暂停,调整前后、左右误差,然后落梁。

7.4.5 架设末孔箱梁作业程序:

1 一座桥的倒数第二跨架设完毕后,前后起重小车退回到架桥机尾部;铺设架桥机走行轨道;前支腿稳定支承靴与箱梁底部抄紧;前支腿托辊处的支承油缸回收与主梁脱空使托辊轮与轨道接触;后支腿支承油缸回收使走行轮与走行轨接触;架桥机准备过孔。

2 驱动架桥机后支腿行走机构,使架桥机走行至辅助支腿到达桥台跟前边缘。

3 辅助支腿内套管完全缩回,辅助支腿油缸完全缩回,驱动架桥机后支腿行走机构使辅助支腿在桥台就位;后支腿油缸完全伸出支承、辅助支腿油缸顶升,使前支腿与墩顶脱空约5～10 cm。

4 前支腿稳定支承靴外移1.6 m,前支腿吊挂前移0.5 m,前支腿立柱内套完全缩回。

5 前支腿吊挂走行至桥台顶面,支承于桥台上。

6 辅助支腿油缸与桥台脱开,后支腿油缸完全缩回;驱动架桥机后支腿行走机构,使架桥机过孔走行到位;拆除铺设的轨道,各支腿变为架梁工作状态,准备架设最后一孔梁。

7.4.6 架梁应符合以下规定:

1 严格按照规定的作业程序进行操作。随时观测机臂主梁的水平度与前支腿的垂直度。

2 墩顶抱箍必须牢固可靠,注意检查支承靴的构造完好,稳定支承靴,确保前支腿的纵向抗倾覆稳定性。

3 防止支腿脱空,需有专人检查。

4 各液压控制系统应安好安全保险装置。

7.5 无导梁步履式架桥机架设箱梁

7.5.1 无导梁步履式架桥机系统主体结构主要由主梁、前、中、后支腿(或称1、2、3号立柱,也有将中、后支腿设计成中、后支点处走行车组形式)、起重小车、运梁车等组成,见图7.5.1。架桥机无导梁,主梁机臂长,覆盖两桥跨。

7.5.2 无导梁步履式架桥机过孔作业程序:

1 前支腿与主梁一起纵移的过孔作业

1)铺设支腿(支点处走行车组)纵移轨道后(轮胎式无此项操作),将中支腿支撑落在中支点走行车组上，起重小车沿主梁运行到靠后支腿部位；

2)解除前支腿与墩台的临时连接，提升前支腿，整机由中、后支腿支撑；

3)驱动架桥机整体前移，主梁机臂悬臂过孔，纵移到前方墩台架梁位置。

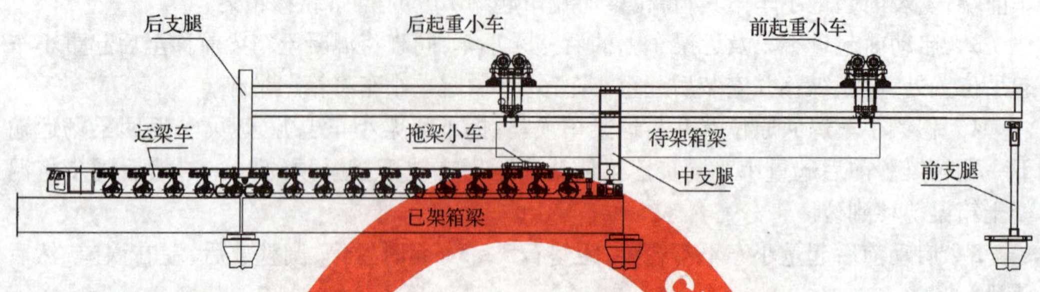

图 7.5.1 无导梁步履式架桥机示意

2 前支腿不与主梁一起纵移的过孔作业

1)前、中支腿支撑，升起后支腿，铺设后支腿纵移轨道，将后支腿走行轮落放在轨道上(轮胎式无铺轨操作)，将后支腿变换成窄式支撑；

2)前支腿与已架箱梁连接支撑，解除与架桥机主梁的定位设置；起重小车沿主梁运行到靠后支腿部位，提升中支腿；

3)主梁机臂由后支腿驱动，在前支腿的支撑下纵移到位；

4)将中支腿支撑于桥面上；解除前支腿与已架箱梁的连接支撑和与墩台的临时锚固，提升前支腿，将前支腿沿主梁移动至前方墩位；

5)支立前支腿，将其与墩台锚联，并与主梁机臂定位；支撑好各支腿，过孔结束。

7.5.3 无导梁步履式架桥机架设箱梁作业程序：

1 当箱梁不是直接运送到后、中支腿之间时

1)提升后支腿，让运梁车运载箱梁通过至中、后支腿之间；

2)后支腿落下并支撑稳固，收转中支腿；

3)起重小车移动至起吊箱梁处，起吊箱梁；

4)起重小车吊着箱梁走行至落梁位置，安放箱梁；

5)支撑中支腿，起重小车移动至紧靠前支腿位置，提升后支腿，运梁车退返运梁；

6)支撑后支腿，准备过孔。

2 当箱梁直接运送到后、中支腿之间时

1)运梁车直接驶入腹部，将梁载运到后、中支腿之间箱梁起吊位置；

2)靠近前支腿的起重小车吊起箱梁前端，并与运梁车上支承箱梁后端的驮梁小车同步前行；

3)驮梁小车移动至运梁车上箱梁前支承点后，另一起重小车吊起箱梁后端，运梁车返回取梁；

4)两起重小车吊箱梁前行，对位，安放箱梁就位。

7.5.4 架梁作业应符合以下规定：

1 架桥机各项操作应严格按说明书等规定的操作程序进行。

2 每进行下一环节作业前必须对上一环节作业进行确认。

3 应经常检查架桥机系统的易磨损部件，对受损以及非正常工作的部件做到及时发

现、及时维修和更换。

4 运梁车取梁作业时，应将驮梁小车锁定。

5 运梁车喂梁行进时，行驶线路、停车位置应控制准确。

7.6 并置箱梁步履式架桥机架设箱梁

7.6.1 并置箱梁步履式架桥机系统主要由箱形主梁、起重机构（起重大车及其纵移机械、起重小车及其横移机械、滑轮组、吊具等组成）、前支腿、中前支腿、中后支腿、后支腿（或称1号、2号、3号、4号支腿）、运梁车等组成，见图7.6.1。其中前支腿具伸缩功能；两中前支腿之间有可升降式横梁联结，中前支腿上部有托辊，下底部有千斤顶，支腿具备自行过孔功能；中后支腿、后支腿利用底部走行系统与中前支腿一起完成架桥机自行过孔作业；起重机构中起重大车负责箱梁纵移作业、起重小车负责箱梁横移作业。

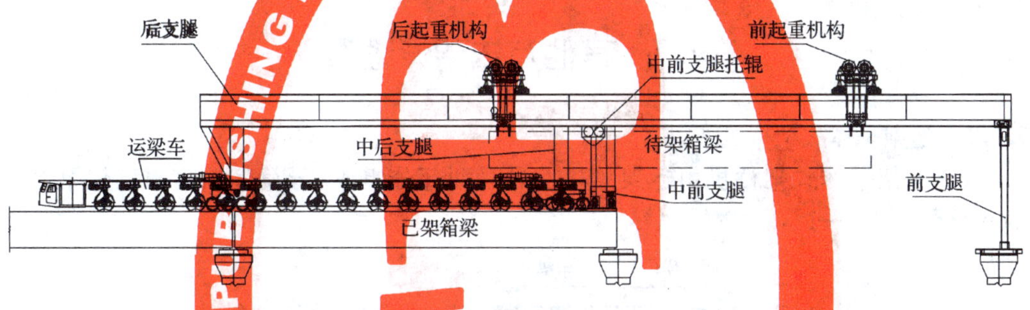

图7.6.1 并置箱梁步履式架桥机示意

7.6.2 桥头就位作业程序：

1 铺好架桥机走行轨道，运梁车驮运架桥机至待架梁桥头，对准前支腿位置，按架桥机操作规定由中前支腿、中后支腿、后支腿起顶支撑架桥机；运梁车退走，取梁，前支腿接长后支承在桥台垫石顶。

2 中后支腿前移（架桥机操作所规定的距离），变移位状态，两起重小车退后至后支腿位置。

3 中前支腿前移（架桥机操作所规定的距离）变移位状态，前支腿脱空，架桥机准备前移。

4 在中后支腿、后支腿走行驱动下，架桥机整体走行到位，支撑好各支腿进入架梁状态。

7.6.3 过孔作业程序：

1 中前支腿前移（架桥机操作所规定的距离），所附托辊油顶起顶主梁，主梁与中前支腿法兰盘脱开，前支腿与墩顶脱离。

2 安装中后支腿支腿联结系及横梁，两起重小车退后至后支腿位置附近。

3 中后支腿、后支腿走行箱落下，驱动架桥机整体过孔到位。

4 前支腿落下支撑牢固，拆除中后支腿支腿联结系及横梁，中后支腿、中前支腿及后支腿恢复至架梁状态，起重小车走行至相应吊梁位置，架桥机恢复至架梁状态。

7.6.4 架设等跨箱梁作业程序：

1 运梁车驮梁至中前支腿及后支腿之间起吊箱梁位置。

2 起重小车将梁吊起，运梁车退出，两起重小车系统同步吊梁前移。

3 起重小车系统吊梁先纵移、后横移,到位后,落梁对位。

4 错置梁架设,前支腿处必须设置临时墩位,通过按架桥机操作规定调整中前支腿、中后支腿的支撑位置后进行。

7.6.5 架梁作业程序应符合以下规定:

1 各支腿的操作应严格按架桥机的有关规定进行。

2 过孔前应检查两台起重小车是否锁定牢固,中后支腿横梁是否安装完毕。

3 过孔时应观察主梁在托辊上的运行状态,如有跑偏、啃咬等情况应立即停机纠正。

4 空载纵移过孔时应满足纵坡小于12‰的要求,不满足时应调整轨道至达到要求。

5 起吊箱梁时,起重小车应置于架桥机横向跨中位置。

6 起吊起重小车吊梁作业与纵移严禁同时进行,吊梁到位后,必须使箱梁稳定并调平后,才可进行纵移。

7 架桥机在架梁状态时,主梁应处于上坡状态,前端略高出5~8 mm。

7.7 其他方法架设箱梁

7.7.1 运架一体式架桥机架梁

1 运架一体式架桥机由运架梁机及导梁两部分组成(导梁底面高出已架梁的顶面),见图7.7.1—1。

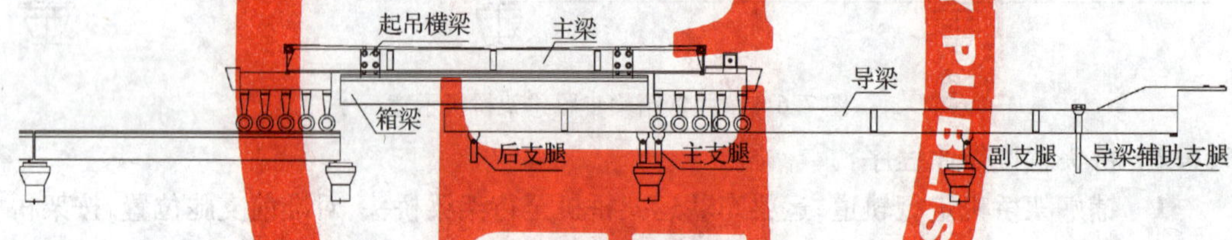

图7.7.1—1 运架一体式架桥机示意

2 架梁作业步骤应符合图7.7.1—2所示流程。

3 架设后两跨梁作业应符合图7.7.1—3所示流程。

4 曲线架设箱梁应符合图7.7.1—4所示流程。

5 调头操作应符合以下要求:

1)场地转向:利用架桥机自身90°转向及15°转向功能调头,应在面积不小于约250 m²的场地上进行。场地须作强化处理,经检查,密实程度达到规定值。此方案操作简单,需用时间少,但受场地限制,造价较高。

2)转向架调头:利用固定转盘调头,将运架一体机及导梁落在固定转盘上,用牵引力作180°调头。此方案不受场地限制,可在路基上进行,且装置可以反复使用,作业过程较烦琐,作业时间较长。

6 导梁在架设状态时,必须保证水平度和垂直度,主、副支腿和后支腿必须同时承力,支腿下端支撑必须垫平、抄实。

7 喂梁时,后支腿必须与导梁、桥台、已架完毕的梁之间进行可靠联结,同时主支腿的辅助支腿必须承力。

8 主、后支腿前移时,辅助支腿必须与下导梁进行可靠联结。

9 架桥机走道及转向调头场地基础必须强化处理以满足承载力。

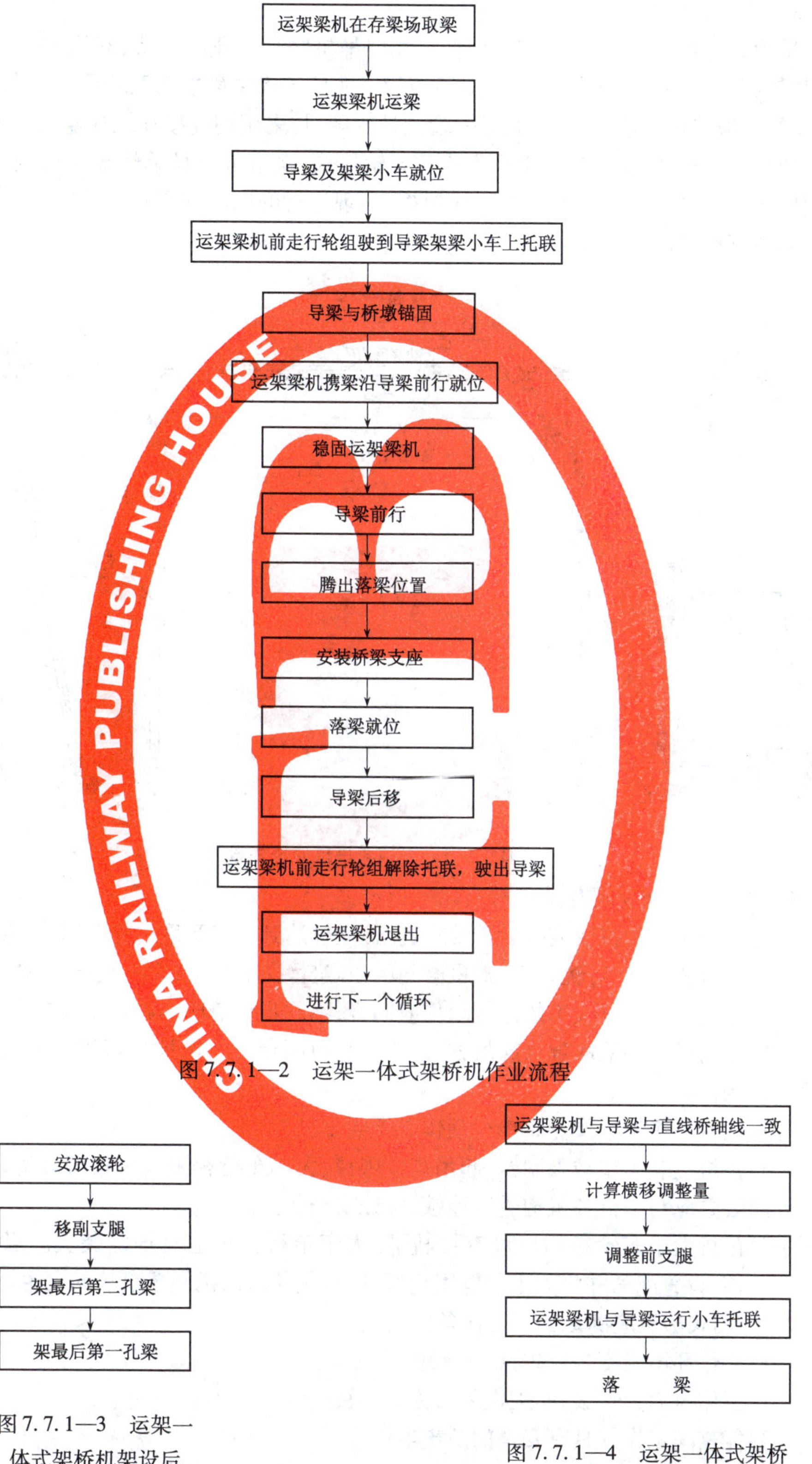

图 7.7.1—2　运架一体式架桥机作业流程

图 7.7.1—3　运架一体式架桥机架设后两跨梁作业流程

图 7.7.1—4　运架一体式架桥机曲线架设箱梁作业流程

7.7.2　龙门式吊机架梁

采用龙门式吊机架梁时，应采取两台龙门吊机联合作业的方式，双线 32 m 铁路箱梁一般需两台 500 t 龙门吊机吊装，见图 7.7.2。龙门结构主梁采用双箱梁或三角形空间桁架，支腿一般采用一端刚性支腿、另一端柔性支腿，均采用销连接和螺栓连接。大、小车分别完成纵向走行和横向走行，走行方式均为轮轨式，轨道可以是单轨或双轨，走行机构采用变频技术，整机 PLC 控制；采用无线遥控，实现运行的同步和平稳。梁体起吊方式应为四点起吊三点平衡。

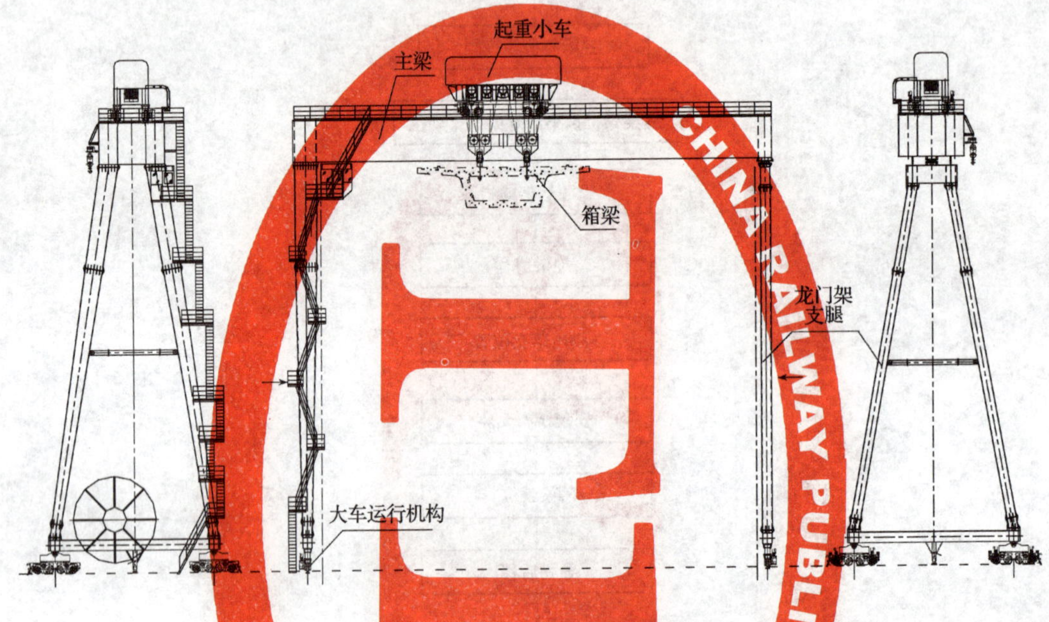

图 7.7.2　龙门式吊机架梁示意

1　龙门式吊机架梁作业应符合以下规定：

1）龙门吊机的拼装应按设计要求进行，立柱达到一定高度时应及时设置缆风绳。

2）龙门吊机的走行轨道基础应根据设计轮压进行设计、施工，并对地基进行处理和加固。

3）龙门吊机两侧大车的走行动作应同步，不同步差值应不超过设计规定。

4）龙门吊机应采取定点起吊方式，应避免由两台龙门吊机吊箱梁长距离纵向移动的作业方式。

5）两台吊机架梁作业时走行动作必须同步。

6）吊机应装有超载限制器、起吊高度限位、大小车行程限位及报警装置，安全保护装置应与吊机各机构进行连锁，保证安全作业。

7）吊机大小车轮箱均应设有夹轨器，大车走行台车应有锚定装置。当大风来临前，设置绳索并将大车位置固定好，以避免龙门吊机倾覆事故的发生。

2　龙门式吊机应满足如下工作条件：

1）工作环境温度为 -20 ℃ ~ $+50$ ℃；

2）工作风力为 6 级，非工作风力为 11 级；

3）能夜间工作并具有安全的防雷电设施。

3　龙门式吊机工地拼装完成后，应进行空载试验、额定荷载试验、1.1 倍重量动载试验、1.25 倍重量静载试验，并出具试验报告。

8 特殊条件下架梁

8.1 一 般 规 定

8.1.1 当在特殊线路、特殊气候、特殊桥梁条件下架梁,既有线及邻线换架梁,需要采取特殊措施时,应符合本章的有关规定。

8.1.2 特殊条件下架梁应选用技术性能适合于特殊条件下作业的架桥机,并根据需要增加辅助架梁设施或设计新型吊具等特殊措施进行架设。

8.1.3 特殊条件下架梁应符合下列规定:

1 经过分析计算,应有足够的安全系数。

2 操作前应进行必要的试运试吊。

3 采取的措施应符合安全技术规程和施工质量验收标准的规定。

4 架梁方案应报请有关单位批准。

5 既有线及邻线换架梁必须贯彻执行铁道部《铁路技术管理规程》和既有线上施工安全的有关规定。

8.2 特殊线路条件下架梁

8.2.1 特殊线路条件下架梁主要包括下列内容:

1 小半径曲线架梁:桥位道路的曲线半径位于400 m以下的T梁架设或位于2 500 m以下的箱梁架设。

2 隧道口及隧道内架梁:桥台胸墙与隧道洞门间的距离在50 m以内。

3 大坡度地段架梁:桥梁和桥头道路在12‰以上坡度的T梁架设或20‰以上坡度的箱梁架设。

8.2.2 轮轨式架桥机在小半径曲线上架设T梁,宜采取下列措施:

1 单梁式架桥机

1)可采取拨道、横向牵拉和摆臂相结合的办法对位架梁。

2)可加宽墩帽,确保0号柱的支立位置。

3)当喂梁困难时,可将梁按所需方向偏装到机动平车上,也可将梁预先装进主机,再用机车顶送。

2 双梁式架桥机

1)可采取拨道和摆动前后大臂相结合的办法满足喂梁和对位的需要。

2)可在大臂外侧加压平衡重,并用保险绳拉住。

3)可将架桥机前轮组所在线路适当内拨,并将后大臂端部所在线路适当外拨。特别困难时,可先吊起梁前端,一面前进,一面向曲线外侧移动;也可在存梁场装梁时向外侧偏装,但偏装距离必须在安全范围以内。

4)大臂转折处的行车轨道必须圆顺,并有防止活动轨被压断、挤开和脱轨的措施。宽式架桥机摆臂较大时,大臂行车轨距应按说明书的规定加宽。

5)小半径曲线上运行时,宜用机车推送。

8.2.3 箱梁架桥机在小半径曲线上架梁,宜采取下列措施:

1 可利用吊梁设备的横移机构调整就位。

2 可根据架梁跨度和所在曲线半径计算出横移调整量,然后调整支腿位置与桥段的中线一致,再进行架梁。

3 可采用架桥机改造方案,缩短架桥机长度,调整支腿位置等措施架梁。

4 采用运架一体式架桥机架设,墩顶宽度不足时,应在桥墩边设置稳固的临时支撑结构,用以支承架桥机。

8.2.4 轮轨式架桥机在大坡道上架设T形梁,宜采取下列措施:

1 单梁和双梁能自力走行的架桥机,在大于本机允许自行坡度的线路上架梁时,可用机车推送。

2 架桥机在大坡道上对位时,宜在机身两侧派人手持铁鞋或木楔监护。

3 可在桥头线路端头安放用螺栓与钢轨相联结的固定式止轮器,架桥机车轮下均塞入铁鞋并用木楔塞紧。

4 通过调整架桥机前支柱(0号柱)的支垫高度,减小大臂的倾斜度;吊梁小车和走行车的制动设备必须可靠,并应加配制动失灵时的保险设施。当牵引困难时,可在前方用滑车帮助牵引。

5 当坡度变化很大,车辆有脱钩可能时,可用钢丝绳将钩头缚住。

8.2.5 架设箱梁的各型架桥机,当桥梁坡度大于架桥机的最大作业坡度时,可通过调整各支腿高度等措施进行架设。

8.2.6 轮轨式架桥机在隧道口及隧道内架设T梁时,可根据机型结构特点,分别采取下列措施:

1 单梁式架桥机不能在隧道口及隧道内架梁时,可采取预先加高隧道拱顶、降低隧底或少铺道砟等措施。

2 宽式双梁架桥机在隧道口及隧道内架梁时,应按说明书的规定,将左右两臂梁之间的距离缩窄、拆除栏杆和降低行车高度,并采用墩顶移梁办法使梁就位。

宽式或窄式双梁架桥机在曲线隧道口架梁时,应通过检算,并在外侧主梁上加配平衡重,或在内侧安装稳定轮等,走行时的稳定系数不得小于1.3。后大臂摆臂运行时,可支托在平车或专用台车上。喂梁时宽式双梁架桥机因行车高度降低,大跨度梁可在隧道外将梁换装到专用台车上。

8.3 特殊气候条件下架梁

8.3.1 特殊气候条件下架梁主要包括下列内容:

1 架梁的风力为4~6级时架设T梁或5~6级时架设箱梁,风力风速等级见本暂行规程附录D。

2 暴雨后或在长期阴雨中架梁。

3 架梁时的温度在-20 ℃以下。

8.3.2　当最大风力等级大于6级时,不应架梁。在4~6级风中架梁时,采取下列措施:

1　架梁单位应与当地气象部门及时联系,掌握风向、风力情况,并密切观测风速变化。各型架桥机均应配备风速仪。

2　作业人员在风中架梁时,必须有可靠的安全设施。墩台顶面应装围栏,或设置安全网。

3　吊梁走行及落梁时应选在风力较小时进行。

4　轮轨式架桥机应在对位后用枕木支垫架桥机背风面。单梁式架桥机应让摆臂钢丝绳处于受力状态,以平衡风压。双梁式架桥机摆臂时,为防止闪动或摆臂时遭突发性大风,可用钢丝绳穿滑车拉住大臂前端,配合摆臂速度收放。落梁时,宜用环链手拉葫芦拉住梁缓慢下落。

5　T梁落梁后,应及时进行支撑。

8.3.3　暴雨后或在长期阴雨中架梁时,应根据路基质量、连续下雨的天数、总降雨量和排水等情况,采取下列措施:

1　运梁和架梁前,应检查作业范围的路基、桥涵有无病害,并进行加固或整治。

2　雨中作业易发生漏电及电气短路等故障,应加强检查防护。

3　已压过道或已架过梁的路基,在暴雨或久雨后,必须整修加固重新压道后方可继续架梁。

4　使用轮胎式运梁车的地段,应清除路基级配碎石上的污泥沟痕,严防运梁时轮胎侧滑。

8.3.4　架梁时的温度在-20 ℃以下时,应采取下列措施;

1　墩台顶面、支承垫石面上和预埋锚栓孔内的冰雪及杂物必须除尽,严禁将支座安放在带有薄冰层的垫石上。

2　联结板焊接前宜先将角钢预热。脚手板应有防滑设备。

3　浇筑锚栓孔砂浆或细石混凝土和横隔板混凝土时,应按冬期施工有关规定施工。

4　机械使用的各种油料和防冻液,必须采用和冬期施工温度相适应的标号。

8.4　特殊桥梁架设

8.4.1　特殊桥梁条件下架梁主要包括以下内容:

1　墩台顶宽度不足6 m时。

2　板凳式或托盘式桥墩帽悬出长度较大,并可能直接承受架梁荷载时。

3　架设超宽和超高梁。

4　架设变跨箱梁。

5　架设错置箱梁。

6　跨连续梁或结合梁架箱梁。

8.4.2　墩台顶帽宽度不足6 m时,应采取下列措施:

1　架桥机对位时,可采用第8.2.2条的措施。

2　移梁过程中,应采取防止梁倾倒或溜动的措施。滑道前端应设置止动设备。

3　加宽墩台顶帽时,可预埋锚螺栓,用型钢做牛腿,承托移梁设备;也可利用常备杆件拼成临时支架或搭设枕木垛,上置工字梁或轨束梁与墩台顶联成一体。承受架梁荷载的加宽部分必须经过检算。

当梁落到加宽部分后，应及时移至墩台上，不得长期停放。

8.4.3　板凳式桥墩帽或悬出长度较大的托盘式墩帽，应满足在悬出部分的一侧或两侧支立架桥机零号柱和安放顶梁千斤顶的要求，必要时应通过有关单位变更设计。

8.4.4　架设错置箱梁，可采用混凝土或钻孔桩基础连接钢墩的临时支墩方案，将架桥机的1号支腿的左右分支腿置于同一水平面上。

架桥机起吊梁时，采用2、3、4号支腿同时受力的方法，分散作用在已架的梁面上。

架梁过程中应观测1号支腿的垂直度和临时支墩的沉降。

8.4.5　跨连续梁或结合梁架设箱梁时，可根据支腿支垫位置采取下列措施：

1　跨连续梁前架桥机1号支腿支垫在连续梁或结合梁上时，应按连续梁或结合梁的腹板位置，调整1号支腿横梁左右两支点的距离，并用木板抄垫。

2　跨连续梁后架桥机其他支腿支垫在连续梁或结合梁上，应以横梁将4号支腿的左右两支腿连接，横梁下按连续梁或结合梁腹板位置，设两个支点，并用木板抄垫。2号支腿内侧两台支撑油缸，应按连续梁或结合梁腹板位置向外移动，油缸与横梁间垫2 cm厚木板。

8.4.6　架桥机0号柱在T形桥台上架梁和换梁时，应安装带枕梁的专用节。

8.5　既有线及邻线换架梁

8.5.1　换架梁工作应符合下列规定：

1　不得损坏原有梁和墩台。

2　对起出旧梁时可能发生的问题，应制订预防措施。

3　顶梁时不得两端同时施顶。同一端使用的两个千斤顶，其规格、型号和起落速度应一致。每次升降顶程不得大于10 cm。

8.5.2　需要承受架梁荷载的临时梁必须经过检算。用木料代替钢支座作为支垫的便梁，必须检算木支座的承压强度。

8.5.3　起出旧梁时，应检查旧梁两端有无被邻孔挤死或被其他障碍物卡住情况。旧梁锚螺栓必须事先卸开，并用千斤顶把旧梁顶松动。

架桥机须吊梁通过的旧钢梁，必须检算其强度，对腐朽失效枕木应抽换或加固。

8.5.4　换架分片梁组成的成品梁时，应整孔更换。在未交付运营前发现单片梁需要更换时，其成梁时间差应符合本暂行规程第4.2.3条的有关规定。

8.5.5　架设邻线梁时，架桥机对位可采取拨移线路、缩窄宽式双梁架桥机和拆除既有人行道栏杆等措施，确保架桥机各部与运营线路保持规定的安全距离。必要时应在架设期间封闭运营线路。

架设邻线梁时，应在车站与桥头间设置电话和联络人员。运营列车通过既有线时应慢行。架梁单位应在桥梁两端设专人防护。

8.5.6　换架梁作业应遵守铁道部现行《铁路工程施工安全技术规程》的有关规定。

9　架梁安全防护

9.0.1　安全管理应符合下列要求：

1　架梁施工单位应建立施工现场安全管理体系、完善的监督检查制度和安全生产责任制，实现施工全过程对安全生产进行有序监控。

2　架梁施工前应编制安全操作细则、作业指导书等安全技术文件，并根据有关规定编制相应的应急预案。

3　各项安全管理活动应有计划、有部署、有落实、有监督检查、有整改措施和再制定安全管理活动计划。

4　建立健全以岗位责任制为核心内容的机械管理制度，以凭证上岗和实行定人、定机、定责为中心内容的机械使用制度，以清洁、润滑、紧固、调整、防腐为工作内容的机械保养制度，保证架桥机经常保持完好状态。

9.0.2　架梁作业安全应符合下列规定：

1　架桥施工机械使用前应按本暂行规程的有关规定进行机况检查和试运转。对影响架梁作业安全的特殊线路条件、施工临时设施、运梁道路等应在运架梁施工前进行预先检查，并应结合具体工况制定保障作业安全操作细则。

2　轮轨架桥机架梁时，应指定专人负责架桥机运行线路的检查、加固和整修。

3　架桥机架梁时的线路条件，应符合架桥机设计使用的有关要求。

4　架桥机 0 号柱支立于墩台时，应垫平垫实并垂直于墩台顶面。当支立于 T 形桥台时，0 号柱底部应安装钢制枕梁。

5　架桥机在大坡道上停车对位、架梁时，应设专人安放止轮器和操作紧急制动阀。起重小车的制动装置应安全可靠，并设制动失灵的保险设施。应有专人防止起重小车向下坡方向滑动，并备有止滑设施。

9.0.3　架桥机安全防护工作应符合下列规定：

1　架桥机停留地点应有人监护，严禁非工作人员走近及走上架桥机，严禁非操作人员进入操纵室。架桥机停留时应采取防溜措施。

2　架梁作业时，施工现场应设防护人员劝阻围观架梁人员避到安全距离外，严禁非作业人员上桥进入作业地点。

3　根据当地气象预报，当风力超过架桥机自身稳定允许风力时，应按应急预案采取有效措施，以确保设备和人员安全。

9.0.4　带电作业安全防护工作应符合下列规定：

1　架桥机组装后运行通过的地段，高压线与架桥机最高点的垂直距离及最外侧的水平距离应符合国家和铁道部现行安全技术规程的规定。

2　架桥机组装后运行通过高压线时，运行速度不应超过5 km/h。

3　夜间作业应有足够的照明设备，在桥墩台上作业的人员应使用 36 V 安全电压的工作灯具。

4 电源开关应加箱上锁，设有防雨、防潮措施，并应指定专人开合电闸。

5 施工用电应符合国家和铁道部现行的有关规定。

9.0.5 架梁作业人员安全防护应符合下列规定：

1 起重工、电工、电焊工等特种作业人员上岗条件应符合本暂行规程第3章的有关规定。

2 架梁作业人员上班前及工作中严禁喝酒，并应有充足的睡眠，不应连续疲劳作业。

3 墩台作业人员应戴安全帽、穿防滑鞋、拴安全带，必要时应在墩台拴挂安全网。

4 架梁作业人员进行双层作业时，上层人员应将工具、材料堆放在可靠地方并采取防止掉落措施。桥面道砟应在梁的两端各留出500 mm以上的安全距离。

5 桥梁吊起后，严禁有人在梁下停留。正在移动或起落的梁上不应进行其他作业。

6 架桥机、桥墩台及梁上作业人员上下地点应设置上下扶梯，梁体横向张拉及湿接缝施工时应设置吊篮或工作平台。严禁作业人员利用吊钩上下。

7 脚手板及捆扎材料等应经过检查，确认质量合格后方可使用。

8 在深水的河道上架梁时，应备有救生圈、救生衣，必要时应备有救生船只。

9.0.6 箱梁架设应符合下列规定：

1 架梁设备应具备自锁、互锁、联锁功能，并应在架梁前进行试运转。

2 运、架梁设备操作人员必须经过专门技术培训，经考试合格并取得操作证书后，方可持证上岗。

3 操作人员应全面掌握运、架设备的结构、原理、性能及其他技术参数和安全操作规程。

4 运、架设备及墩台专用千斤顶应采用四点支承三点受力平衡装置。

5 运梁车载梁通过道路的标准和质量应符合相关要求。运梁前应有专人负责对所经过的道路路面和已架桥梁进行检查确认。

6 运梁车运梁时，应有专人在运梁车前方两侧引导和观察路面情况，发现路面异常变化时应立即停车检查，必要时应采取应急措施保证运梁安全。

7 运梁路面遇有冰雪或路面湿滑时，应采取防滑措施。坡道上行驶应适当降低速度。

8 架桥机及导梁拼装、架梁作业、架桥机过孔、导梁前移过孔、架桥机变跨、解体驮运转移以及首末跨梁的架设、隧道口架梁等均应符合该机使用说明书规定的操作规程和相关规定。

9 架桥机变跨等需进行拆解作业时应设置作业平台，作业平台不应与被拆除部件有联系，并应有人监护和指挥。被拆除部件应预先与起吊设备的吊具捆绑好，作好起吊准备工作后方可进行作业。

10 移动被拆除部件时，应先检查被拆除部件与架桥机有无联系，作业人员撤离作业平台避到安全场所后，方可移动。

11 架桥机最大起重量不得超过设计额定起重量，严禁超载运行。

12 操作人员在架桥机运转中应注意观察、监护架桥机运转状况，严禁设备带故障运转和在运转中进行维修和保养。

13 架桥机支腿作用在箱梁顶面时，宜支在腹板中心线上。

14 落梁就位时，应注意观察起重小车卷扬机钢丝绳的运行情况。墩顶临时支承用的千斤顶的型号及位置必须符合工艺设计要求。四个临时支承应受力均匀。顶、落梁时每一端的千斤顶应同步起落。

15 施工现场测得风力达到6级以上时应停止架梁，风力达到6级并有中雨、雪等恶劣天气时也不得进行架梁作业。停止架梁后应及时采取措施对运、架梁设备进行防护。

16 架梁设备停留或架梁时，应采取有效的防溜、防火、防盗、防冻、防滑等措施。

9.0.7 架梁施工安全防护除应符合本暂行规程规定外，尚应符合国家和铁道部现行安全生产的有关规定。

附录 A　纵向活动支座预留错动量计算

纵向活动支座应按梁的温度变化、混凝土梁未完成的收缩徐变和弹性压缩量产生的错动量,调整上下座板的相对位置。

错动量可参考下列公式计算:

$$\delta = (T - T_0)\alpha l + \delta_s$$

式中　δ——上下座板的计算错动量(cm);

α——线膨胀系数,可取为 1.0×10^{-5}℃;

l——梁跨度(cm);

T——架梁时温度(℃);

T_0——收缩徐变完成后上下座板中线重合时的计算温度(简称计算温度,℃),其值可取为

$$T_0 = T_{平} + \delta_{活}/2\alpha l$$

$T_{平}$——年度中最高和最低温度的算术平均值(℃);

$\delta_{活}$——梁端部下缘因活载产生的纵向位移(cm);

$\delta_{活}/2\alpha l$——换算温度(℃),也可取为 10 ℃;

δ_s——成品梁未完成的收缩徐变值(cm),其值可按现行《铁路桥涵钢筋混凝土和预应力混凝土结构设计规范》(TB 10002.3)计算。

附录 B　施工机械使用钢丝绳的规定

《铁路工程施工安全技术规程》(TB 10401.1—2003)规定，施工机械使用的钢丝绳应符合下列规定：

B.0.1　机械用钢丝绳应符合现行国家标准《钢丝绳》(GB/T 8918)的规定。

B.0.2　用于走行的钢丝绳不得有接头、扭结、变形。

B.0.3　起重用钢丝绳的接头必须采用插接，其插接长度不得小于钢丝绳直径的 20 倍，总长不得短于 300 mm。非起重用钢丝绳接头可用索卡连接，但必须经常检查紧固情况。与钢丝绳直径匹配的卡子数量和间距应按表 B.0.3 中的规定执行。

表 B.0.3　与钢丝绳直径匹配的卡子数量和间距

钢丝绳直径(mm)	10 以下	10～20	21～26	28～36	36～40	45～55
最少绳卡数(个)	3	4	5	6	7	21(卡板)
绳卡子间距(mm)	80	140	160	220	240	10

B.0.4　钢丝绳有磨损或锈蚀时，应按表 B.0.4 的规定进行折减，并按折减结果决定降低使用等级或更换。当钢丝直径与公称直径相比减小 7% 或更多时，即使未断丝，该钢丝绳亦应报废。

表 B.0.4　钢丝绳折减系数表

钢丝绳表面磨损或锈蚀量(%)	10	15	20	25	30～40	>40
折减系数(%)	85	75	70	60	50	0

注：钢丝绳表面磨损或锈蚀量以每根钢丝的直径计。

B.0.5　钢丝绳断丝达到表 B.0.5 的规定时，应予更换。

表 B.0.5　钢丝绳断丝更换标准

钢丝绳的股数及丝数	6×19=114 加麻芯一根		6×37=222 加麻芯一根		6×61=366 加麻芯一根		18×19=342 加麻芯一根	
钢丝绳结构形式	交叉绞丝	顺向绞丝	交叉绞丝	顺向绞丝	交叉绞丝	顺向绞丝	交叉绞丝	顺向绞丝
每扭节距中不准超过的断丝数	12	6	22	11	36	18	36	18

B.0.6　起重吊装用的钢丝绳，其安全系数必须符合表 B.0.6 的规定。

表 B.0.6　起重吊装钢丝绳的安全系数

用　　途	安全系数	用　　途	安全系数
缆风绳	3	吊索(无弯曲时)	6
手动起重设备	4.5	捆绑吊索	8
机动起重设备	5	载人升降机	14

附录 C　架桥机拨道架梁时拨道量计算方法

C. 0. 1　直线上(图 C. 0. 1)

$$\Delta_{直} = (l_1 + l_0)/l_0 \times \Delta_{前} - l_1/l_0 \times \Delta_{后} \quad (C.0.1)$$

式中　$\Delta_{直}$——前端点偏移量;

l_0——前后轮组中心距;

l_1——前轮组中心至前端点的水平距离;

$\Delta_{前}$——前轮组中心拨道量,与 $\Delta_{直}$ 方向相同者为 +,反之为 -;

$\Delta_{后}$——后轮组中心拨道量,与 $\Delta_{直}$ 方向相同者为 +,反之为 -。

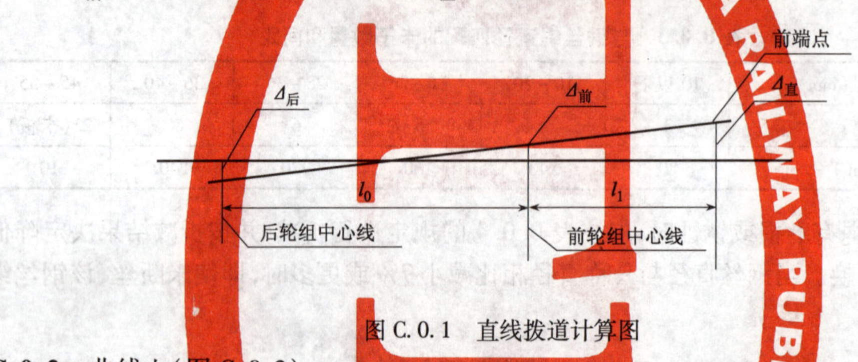

图 C. 0. 1　直线拨道计算图

C. 0. 2　曲线上(图 C. 0. 2)

$$\Delta_{曲} = \Delta_{直} \pm (\beta_0 - f/2) \quad (C.0.2—1)$$

式中　$\Delta_{曲}$——拟定拨道后或拨道并摆臂后前端点距桥梁中线的偏移量;

$\Delta_{直}$——拨道后前端点距未拨道前割线前端点的偏移量(包括机臂的摆臂量 $\Delta_{臂}$);

β_0——前端点对曲线线路中心的偏距;

+——括号外 + 号适用于向外侧拨道;

-——括号外 - 号适用于向内侧拨道;

$f/2$——线路中心对桥梁中心的偏距:切线布置时 $f/2 = 0$,平分中矢布置时 $f/2 = l^2/16R$,或视设计而定;

L——梁的全长加一个梁端伸缩缝;

R——曲线半径。

前端点对曲线线路中心的偏距计算方法如下(图 C. 0. 2—2):

$$\beta_0 = L^2/8R - r \quad (C.0.2—2)$$

式中　β_0——架桥机前端点与线路中心的偏距(m);

L——前后端点中心的水平距离(m);

R——线路曲线半径(m);

r——机身中心与线路中心的偏距(m)。

机身中心与线路中心偏距 r 为各层台车中心偏距的总和,其计算方法如下(图 C. 0. 2—3):

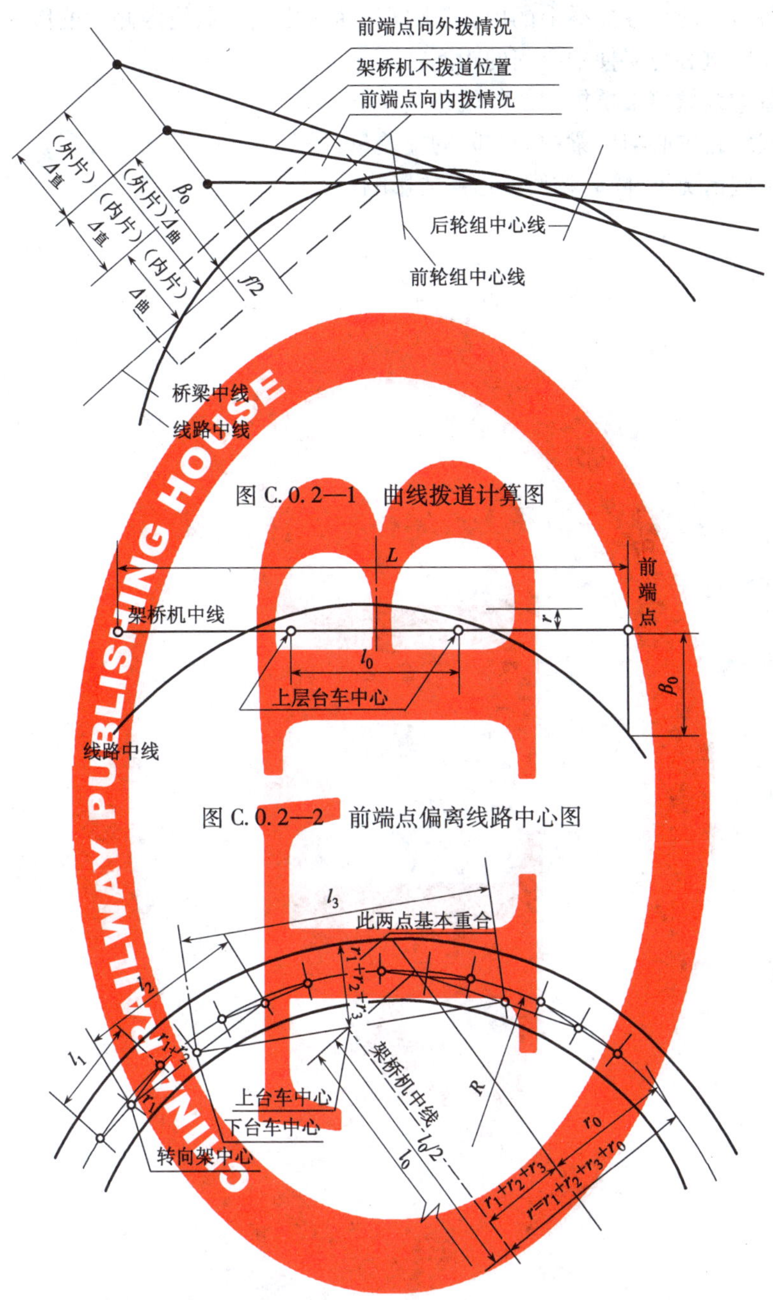

图 C.0.2—1　曲线拨道计算图

图 C.0.2—2　前端点偏离线路中心图

图 C.0.2—3　偏距计算示意图

$$r=r_1+r_2+r_3+r_0=\frac{1}{8R}(l_1^2+l_2^2+l_3^2+l_0^2) \tag{C.0.2—3}$$

式中　R——线路曲线半径(m)；

l_1——轴距(m)；

l_2——转向架中心距(m)；

l_3——下台车中心距(m)；

l_0——上台车中心距(m)。

C.0.3　精确计算拨道量时，应按下列各种因素对拨道量进行适当修正：

1 架桥机转向架在曲线上的内偏量(即架桥机中线向曲线内侧的偏移量);

2 成品梁重心与梁梗中心间的距离;

3 机臂中线偏离架桥机中线的偏移量;

4 曲线线路中心与桥梁中心线间的偏差量;

5 在某些情况下,障碍物对拨道量的影响。

附录 D　风力风速等级表和热带气旋等级划分表

表 D. 0. 1　风力风速等级表

风力级数	名称	海面状况		海岸船只征象	陆地地面征象	相当于空旷平地上标准高度 10 m 处的风速		
		海浪				海里/h	m/s	km/h
		一般(m)	最高(m)					
0	静风	—	—	静	静,烟直上	小于 1	0 ~ 0.2	小于 1
1	软风	0.1	0.1	平常渔船略觉摇动	烟能表示风向,但风向标不能动	1 ~ 3	0.3 ~ 1.5	1 ~ 5
2	轻风	0.2	0.3	渔船张帆时,每小时可随风移行 2 ~ 3 km	人面感觉有风,树叶微响,风向标能转动	4 ~ 6	1.6 ~ 3.3	6 ~ 11
3	微风	0.6	1.0	渔船渐觉颠簸,每小时可随风移行 5 ~ 6 km	树叶及微枝摇动不息,旌旗展开	7 ~ 10	3.4 ~ 5.4	12 ~ 19
4	和风	1.0	1.5	渔船满帆时,可使船身倾向一侧	能吹起地面灰尘和纸张,树的小枝摇动	11 ~ 16	5.5 ~ 7.9	20 ~ 28
5	清劲风	2.0	2.5	渔船缩帆(即收去帆之一部)	有叶的小树摇摆,内陆的水面有小波	17 ~ 21	8.0 ~ 10.7	29 ~ 38
6	强风	3.0	4.0	渔船加倍缩帆,捕鱼须注意风险	大树枝摇动,电线呼呼有声,举伞困难	22 ~ 27	10.8 ~ 13.8	39 ~ 49
7	疾风	4.0	5.5	渔船停泊港中,在海者下锚	全树摇动,迎风步行感觉不便	28 ~ 33	13.9 ~ 17.1	50 ~ 61
8	大风	5.5	7.5	进港的渔船皆停留不出	微枝折毁,人行向前感觉阻力甚大	34 ~ 40	17.2 ~ 20.7	62 ~ 74
9	烈风	7.0	10.0	汽船航行困难	建筑物有小损(烟囱顶部及平屋摇动)	41 ~ 47	20.8 ~ 24.4	75 ~ 88
10	狂风	9.0	12.5	汽船航行颇危险	陆上少见,见时可使树木拔起或使建筑物损坏严重	48 ~ 55	24.5 ~ 28.4	89 ~ 102
11	暴风	11.5	16.0	汽船遇之极危险	陆上很少见,有则必有广泛损坏	56 ~ 63	28.5 ~ 32.6	103 ~ 117
12	飓风	14.0	—	海浪滔天	陆上绝少见,摧毁力极大	64 ~ 71	32.7 ~ 36.9	118 ~ 133
13	—	—	—	—	—	72 ~ 80	37.0 ~ 41.4	134 ~ 149
14	—	—	—	—	—	81 ~ 89	41.5 ~ 46.1	150 ~ 166
15	—	—	—	—	—	90 ~ 99	46.2 ~ 50.9	167 ~ 183
16	—	—	—	—	—	100 ~ 108	51.0 ~ 56.0	184 ~ 201
17	—	—	—	—	—	109 ~ 118	56.1 ~ 61.2	202 ~ 220

表 D. 0. 2　热带气旋等级划分表

热带气旋等级	底层中心附近最大平均风速(m/s)	底层中心附近最大风力(级)
热带低压(TD)	10. 8 ~ 17. 1	6 ~ 7
热带风暴(TS)	17. 2 ~ 24. 4	8 ~ 9
强热带风暴(STS)	24. 5 ~ 32. 6	10 ~ 11
台风(TY)	32. 7 ~ 41. 4	12 ~ 13
强台风(STY)	41. 5 ~ 50. 9	14 ~ 15
超强台风(SuperTY)	≥51. 0	16 或以上

本暂行规程用词说明

执行本暂行规程条文时，对于要求严格程度的用词说明如下，以便在执行中区别对待。

(1)表示很严格，非这样做不可的用词：

正面词采用“必须”；

反面词采用“严禁”。

(2)表示严格，在正常情况下均应这样做的用词：

正面词采用“应”；

反面词采用“不应”或“不得”。

(3)表示允许稍有选择，在条件许可时首先应这样做的用词：

正面词采用“宜”；

反面词采用“不宜”。

表示有选择，在一定条件下可以这样做的，采用“可”。

《铁路架桥机架梁暂行规程》
条 文 说 明

本条文说明系对重点条文的编制依据、存在的问题以及在执行中应注意的事项等予以说明。为了减少篇幅，只列条文号，未抄录原条文。

1.0.1 随着《中长期铁路网规划》的实施，我国铁路将实现跨越式发展，客运专线铁路大规模建设，客货共线铁路行车速度不断提高。在客运专线铁路中，桥梁长度占线路总长度的比例大幅增加，预应力混凝土双线整孔简支箱梁和整体桥面多片式 T 梁广泛应用，架梁方式已由传统的"工厂制梁—铁路运梁—随铺随架"改变为"现场制梁—运架一体—先架后铺"，要求采用大型运、架梁施工机械。在客货共线铁路中，预应力混凝土 T 梁结构及连接方式发生了很大变化，架梁施工作业的技术要求也相应变化。因此，《铁路架桥机架梁规程》(TB 10213—99)已不能适应和满足目前铁路预应力混凝土简支梁架设的需要，急需修订和补充有关内容。

在修订过程中，编制组对 T 梁架桥机和秦沈线箱梁架桥机的使用情况进行了全面分析，对新研制的客运专线 900 t 箱梁架桥机及其初步运用情况进行了广泛调研。本暂行规程总结了路内架梁施工的经验和教训，补充了箱梁架设的有关内容，纳入了架梁新技术，力求与目前的架梁实际需要相适应。

3.0.12 运梁车或架桥机加双线整孔预应力混凝土箱梁的总重量超过 1 000 t，在运行过程中对路基的荷载远远大于运营荷载。为了保证箱梁在运梁过程中安全通过高填方、桥头或有软基处理地段，需要对路基承载能力及安全性进行评估。

评估方法可采用审查路基施工资料、现场检查路基外观质量、对重要地段采用地质雷达扫描或动力触探等方法抽验质量状况，评估路基填筑质量；在运梁车通行的最不利位置设动态观测断面(每个观测断面设 3 ~ 5 个沉降标)，利用水准仪观测运梁车通过时路基表层沉降变化情况，评估路基承载能力；根据运梁车通过次数与路基表层沉降值的变化关系曲线，评估路基在计划通行频次内运梁车是否稳定安全。在动态观测过程中，当发现沉降曲线发生突变时应及时报警，研究加固处理办法。

4.2.3 同一孔 T 梁梁片配对时应符合成梁时间差的规定，主要是为了防止 T 梁横隔板和桥面板在联结处因混凝土收缩徐变值不同而发生断裂。混凝土收缩徐变的中间值与终极值的比值见说明表 4.2.3。

5.1.1 桥梁支座的组成部件质量和整体支座质量，是由制造厂家质量检验部门在生产过程中和出厂前，根据支座设计图纸和铁道部现行《铁路桥梁盆式橡胶支座》(TB/T 2331)、《铁路桥梁板式橡胶支座技术条件》(TB 1893)、《铁路桥梁铸钢支座》(TB/T 1853)和《客运专线桥梁盆式橡胶支座暂行技术条件》、《客运专线桥梁圆柱面钢支座暂行技术条件》(科技基〔2005〕101 号)的规定标准负责检验的，并对检验合格者签发产品合格证。因此,桥梁支座进入工地后,施工单位对附有产品合格证的各类支座,只需根据设计要求和相关标准检验支座品种、类型、性能、规格、结构和涂装质量等外形尺寸、外观质量及组装质量,对符合设计要求和相关标准规定的支座即可安装使用。

说明表 4.2.3 混凝土收缩徐变的中间值与终极值的比值表

时　间 (d)	比　值	时　间 (d)	比　值
2	—	60	0.50
10	0.33	90	0.60
20	0.37	180	0.75
30	0.40	1 年	0.85
40	0.43	3 年	1.00

5.1.5 为保证支座稳定、受力均匀,安装支座时上下底板应水平安装。坡道上的支座上座板与梁底间的三角形缝隙处理方法应符合设计要求。当设计无要求时,采用上座板可调整纵向坡度的支座、在梁体预埋钢板上加焊梯形钢板、在制梁时将预埋钢板预设成与桥梁相同纵坡等方法进行处理。预制的简支桥梁架设安装时,应按铁道部现行的《铁路桥涵工程施工质量验收标准》的规定,统筹调整好梁体的顶面高程、平面位置、梁缝宽度、相邻梁端顶面及梁端顶面与相邻墩台胸墙顶面的相对高差和支座的安装偏差。支座安装允许偏差客货共线铁路应符合《铁路桥涵工程施工质量验收标准》(TB 10415—2003)、《新建时速 200 公里客货共线铁路工程施工质量验收暂行标准》(铁建设〔2004〕8 号)的规定。客运专线铁路应符合铁道部现行《客运专线铁路桥涵工程施工质量验收暂行标准》(铁建设〔2005〕160 号)的规定。

5.1.6 桥梁支座安装时,因墩台距离和梁体长度施工误差累计发生相邻梁端之间或梁端与墩、台挡砟墙之间伸缩缝偏小不能满足设计要求伸缩缝宽度时,原《铁路架桥机架梁规程》规定梁的活动端必须保持按 100 ℃温差计算的最小伸缩空间,这是符合我国最北方地区气温条件的(如嫩江最大温差为 80.3 ℃),但对我国中南方广大地区则显规定过于严格和不符合当地温度条件下梁的活动端实际伸缩情况,故进行修改。为保证梁端缝宽度符合设计要求,墩台施工前进行墩台定位测量时,应考虑小半径曲线桥梁内侧梁端缝变小因素,使墩台距离在测量允许偏差范围内宁大勿小。墩台施工后发现因墩台距离偏小和梁体全长偏大等导致梁端缝宽度较设计要求偏小的个别工况时,可按梁的活动端必须保持根据当地最大温差加 20 ℃(考虑垂直荷载、预留拱度等因素引起梁端水平变位的换算温度近似值)计算的最小伸缩空间,对支座位置进行调整。

5.2.2 盆式橡胶支座出厂时包装严密牢靠,工地检验支座时应保持支座清洁及工厂组装状态;客运专线铁路盆式橡胶支座在工厂组装时,经调平、对中上下座板和按规定预压后,已用连接角钢将支座连成整体,工地检验支座时,不得任意松动上下座板连接螺栓。当需要工地组装或必须拆解工厂组装的盆式橡胶支座后重新组装时,应按本条文规定办理。

5.2.3 客运专线预制简支箱梁架设过程中,盆式橡胶支座的安装工艺是根据《客运专线预应力混凝土预制梁暂行技术条件》(铁科技〔2005〕120 号)的规定编制的。

5.3.2 上下座板夹持橡胶板式橡胶支座,是秦沈客运专线多片式 T 梁使用的 QSBZ 系列板式橡胶支座,支座由上座板、橡胶板、下座板、挡块、支座锚栓及锚固筋等组成,按使用性能分为固定支座、纵向活动支座、横向活动支座和多向活动支座四种类型。QSBZ 系列板式橡胶支座，通过设置上、下座板用锚栓及锚固筋与墩台及梁体相连结和在上、下座板之间设置限位装置，不但解决了普通板式橡胶支座在支承垫石上易滑动、钢挡块设置困难和钢挡块与橡胶板之间间隙难于调控等施工难题，而且使板式橡胶支座具有良好的横向限位性能和定向活动位移性能。

5.4.1　铸钢支座安装前应电焊修补的个别铸件缺陷，系指不加工面上的局部深度不大于5 mm、最大尺寸小于30 mm、间距大于150 mm和在支座组装后向上的表面凹陷。

6.2.1　压道是防止桥头和运梁线路质量不良或各种隐患酿成安全事故的主要措施。通过压道将架桥机“大轴重”通过或作业地段的路基、道床等碾压密实，防止作业过程发生偏沉或局部下沉，影响架桥机安全或增加起动时的阻力。

本条规定采用超重车压道时，其轴重不得小于架梁时计算最大轴重的1.1倍，是根据多年来我国实际采用的超重车而作出的。长期以来，我国一直采用普通E轴60 t平车，将全部压重集中到前面一个两轴转向架之上，形成两个特大轴重进行压道。由于超重车只有两根轴，压道效果显然与具有6轴和8轴的架桥机情况不同。

6.2.3　压道范围是吸取许多单位多年来实践经验而作出的。前方必须压过桥台1.0 m是为了消除桥头填土常有的夯填不实的缺陷。后方压到大轴重最远停留处以远50 m的规定，是为了给架桥机吊梁走行范围留有适当余地。

在架梁实践中，曾发生过拨道架梁时只压未拨道前的线路，未压已拨道后的线路而翻机，故作出拨道后尚应进行压道的规定。

通过压道实践，只要压到最后三个往返的左右水平偏差不大于2 mm，总下沉量不大于5 mm，则正式架梁时将不会发生使架桥机倾覆的偏沉或下沉现象。

当压道后，经过较长时间未架梁以及遇到较大的雨天后再架梁或经过线路抬道等情况，为防止桥头填土含水量增加、强度损失和其他隐患，故规定均应重新压道。

6.4.1　施顶位置是指千斤顶头部中央距梁端的距离。本条作了“不得大于设计允许悬出长度，并不影响支座安装作业的规定”，但最小应有多少才不致发生将梁顶裂的问题，还应注意不得小于支座中心至梁端的距离。本条还对低高度梁道砟槽板的施顶位置作了规定，并明确提出按设计位置支顶，千斤顶距梁端的最小距离不得小于300 mm。

6.4.2　每一梁端采用两个同类型千斤顶，可使梁在顶落过程中保持稳定，同时可满足实际受载量的1.5倍；同类型的千斤顶同步起顶可防止梁片在起顶过程发生偏斜产生扭矩，致使混凝土开裂。

6.4.4　用千斤顶顶落梁或砂箱落梁是危险性很大的作业，本条总结了过去许多单位在顶落梁过程中发生的较严重事故，提出了应引以为戒的7条规定。

6.4.10　本条规定“梁体在起落过程中应保持水平。横向倾斜不得超过2%；纵向倾斜不得大于300 mm”。这个规定不仅考虑了架梁安全，也考虑了梁在起落过程中，由于纵向和横向倾斜都会使预应力梁内的应力发生变化，甚至使某些部位超过容许应力。当增加到一定程度时，上翼缘会产生裂缝，下翼缘也会因压力过大而导致混凝土非线性徐变的发展，产生纵向裂纹，故应在架梁过程作出规定。

6.4.13　滑道可用多种材料构成，过去国内曾使用过钢轨、工字钢、槽钢、钢板和方钢等，本条建议滑道采用两根方钢组成，其优点是刚度较大、不易变形，且易组拼和运输。

6.4.16　本条是根据过去常见的状况而定出的。即第一片梁已经落下并处在支护状态，而第二片梁由于与第一片梁有一部分重合，需用总拉力为60 kN的手拉葫芦作横向牵拉，在牵拉中由于种种原因突然松脱，使第一片梁顶面受到约 60 kN 的水平推力。

6.4.24 本条是根据各型架桥机架设其最大桥跨的要求作出的。其原因是用起重车压道时必须压到桥台上，并需有一定长度的余地，按此规定铺轨可以使压道范围从线路上得到保证。

6.4.26 将架桥机前后轮组所在的线路拨成适当的曲线，使机臂与桥梁中线形成一定的关系，以便支放零号挂，将梁直接落到正位或将移梁距离减少的过程称为拨道对位。

单面拨道法是指前后轮组均向线路中线一侧拨移的拨道方法；交叉拨道法是将前后轮组分别向线路中线两侧拨移的拨道方法。

6.4.28 拨道后应有良好的平面条件，系指拨道地段的线路设计合理，曲线圆顺，曲线半径在架桥机许可范围以内，实际拨道量与计算拨道量之间的差不得超过规定限度，要求即有一定的拨道长度，又不致大量增加工作量。

6.5.2 本条规定组装后的架桥机需要在三角线转头时，三角线的曲线半径不得小于 250 m，当条件所限，三角线的曲线半径不得小于架桥机的设计允许通过的最小曲线半径，以防掉道。

6.5.3 本条规定必须进行试运转检查，这对单梁式架桥机是非常重要的。自使用此类型架桥机以来，曾经因检查不严、控制失灵而发生提升梁片的钢丝绳被绞断等事故。

6.5.4 换装龙门吊宜组立在坡度不大于 10‰的直线上的规定主要考虑当坡度大于 10‰时，二号车承载后起动困难，同时也易在换装作业过程中发生溜车事故。

半径不小于 1 200 m 的规定是因为换装龙门吊的内部净宽只有 3.68 m，而二号车的总宽度为 3.4 m，每侧仅有 140 mm 净距。由于二号车的轴距达 20 m，当行驶在弯道上时，内侧偏距较大，在 1 200 m 半径的曲线上可达 42 mm，为保有约 100 mm 的安全净距，故规定半径不小于 1 200 m。

6.6.2 根据双梁架桥机主体结构的下列特点，本条对使用双梁架桥机制定了有关规定：

(1) 架桥机主要由左右两片承重箱梁组成，各分为前、中、后大臂等三段。前后大臂与中大臂之间用重直于水平面、可以传递弯矩的两个铰销联结，使前后大臂均可在水平面内左右摆动。箱梁顶面齐平，各铺有一根钢轨供吊梁行车行驶。箱梁宽度很小，左右两片之间除中大臂下部有台车联结，前后大臂端头有横向铰结联结外，中间无任何联结。如果载荷超过临界荷载就易失去稳定，出现侧向屈曲现象。

(2) 架桥机架梁时，前大臂的前端用零号挂支在墩台上，后大臂的后端当在路基上时，用后龙门柱支在路基两侧；如果在桥台上，则不同类型架桥机的支承方法各有不同。前后大臂靠近机身的一端，各型架桥机的支承办法也各有不同。在顶紧支柱时，应充分分析受力情况，特别是支承在道砟槽板上的中支柱受力很大，应考虑它对道砟槽板的影响。

(3) 为保持主机箱梁的稳定，宽式架桥机在机身的顶面设有连接箱梁上部与平面间的拉撑（即肱杆），由于吊梁通过该处时妨碍运行，应在梁通过时逐一拆除，但通过后应立即逐一恢复原状，以保持整机的稳定。

(4) 机身两侧设有支腿，其目的是在大臂摆头和梁横移时保持机身的稳定。支腿受力情况比较复杂，也应考虑它对道砟槽板等的影响。

6.6.5 为使双梁式架桥机适应在长大新线工程中使用，减少对整机解体和组装的次数，组装好的双梁式架桥机在较长的线路上运行时，由于其结构特点，对走行的线路提出要求。线路轨面纵向前后高低差在任意 60 m 范围内应小于前大臂 0 号柱处挠度的 1/3，见说明图 6.6.5 及式(说明 6.6.5)。

$$h=\frac{20.1}{61.0}y=\frac{1}{3}y \qquad (说明\ 6.6.5)$$

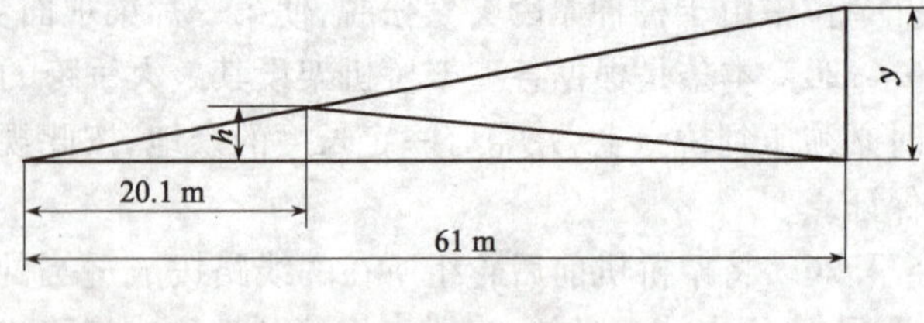

说明图　6.6.5

式中　h——线路纵向前后高低差；

y——大臂悬臂时 0 号柱处的挠度；

20.1——中、大臂导柱间的距离；

61.0——大臂后支柱与 0 号柱间的距离。

6.6.5　前后大臂同时摆头具有很大的安全隐患，故不应同时摆头，见第 6.1.2 条说明。

6.6.15　本条规定窄式架桥机吊 32 m 梁时，应在大臂下安装辅助支腿，支在安放于运梁平车顶面的辅助横梁上，其目的是为了减轻后支柱施加于道砟槽板上的其中负荷。

6.9.1　为确保架桥机在刚架完梁上的作业安全，并能通过横隔板的相互联结以传递施工荷载，故规定各式架桥机上桥前应按设计要求焊完规定的档数，并应按设计要求进行横向预应力张拉、加固。目前的标准设计 T 梁图均对焊连档数、横向预应力张拉有明确的规定。

7

在秦沈客运专线铁路建设中，针对架设预应力混凝土 24 m 双线整孔简支箱梁的大型运、架梁机械已不能满足目前客运专线架设预应力混凝土 32 m 双线整孔简支箱梁的架梁需要。本暂行规程主要针对国内已存在的具有代表性的几大类型 900 t 架桥机为编写基础。目前主要应用的架桥机类型有五种：定点起吊导梁式架桥机、过孔用导梁式架桥机、无导梁一跨式架桥机、无导梁步履式架桥机、并置箱梁步履式架桥机，适用于架设 32 m、24 m、20 m 双线或单线铁路等跨或变跨箱梁。还有运架一体式架桥机也有运用。龙门式架梁主要用于梁场范围的短距离的架设，一般架设 3 ~5 孔箱梁后，便只作为箱梁提升的起重机械使用。

由于 900 t 架桥机刚开始在客运专线铁路进行架梁，本暂行规程有待各类运、架整孔箱梁机械全面投入使用，并取得施工经验后进一步修订完善。

本章中运梁车指运送箱梁的专用载重车辆，在有的架桥机系统中也用于运送架桥机整机；起重小车指架桥机上专用于起吊箱梁的起重机械，有的架桥机结构中被称为起重天车、起吊小车等；拖梁小车指运梁车上的小车结构在外力作用下可驮梁移动，也有称它为移梁小车、驮梁小车等。

7.1.1　运梁车是箱梁架设的重要配套设备，对安全、优质、快速地完成运送及架设箱梁，起到十分关键的作用。对其主要的技术条件有以下要求：

(1)自重尽可能小，并能将箱梁重量均匀分配到众多的承载走行轮上。当路面不平顺，多个轮子之间有自动平衡和补偿功能。

(2)具有弹性缓冲性能，以减少冲击荷载。并具有较小的制动距离。

(3)对梁体实现三点支承，不使箱梁受扭。当梁体截面不对称、重心线与中心线不重合时，也能保持静定的三点支承。

(4)具有较大的爬坡(坡度3% ~5%)能力,动力性能稳定。

(5)具有较小的转弯半径(转弯的内径20 ~25 m,外径30 ~40 m,节省场地);能克服弯道路面高低、附着力不同、车轮动力半径差异而造成的差速和打滑。

(6)操作可靠性高,有先进的导向观测手段(如激光),有先进的信息、操作系统(如屏幕操作)。

(7)机械、液压系统性能安全可靠,故障率低。

(8)具有低高度的外形、小而紧凑的结构。运梁车有轮胎式及轮轨式(为降低轮压可采用轨道运输)两种,前者居多。运梁车的选用应与架桥机及线路状况综合考虑。

7.2

本类型架桥机结构简单,导梁重心低安全可靠,支腿受力均匀,自重轻,墩顶不设预埋件,施工较方便。纵移小车及活动油缸吊点使架设全桥第一孔及最后二孔混凝土箱梁工序简化,采用先进的PLC计算机控制技术,对全过程自动监测,自动化程序较高。

工作原理是利用运梁车将箱梁运到待架桥跨上方,起重小车定点起吊箱梁,不再在主梁上纵向移动(可进行纵横向微调),运梁车向后退出,再将导梁向前纵移一跨,空出架梁位置,起重小车将梁落到正式支座上。

7.2.5 本类型架桥机,如某型机不解体时外尺寸为53 m×16.7 m×12 m,结构简便,运输最大部件尺寸为12.7 m×1.8 m×2.4 m,重18 t,便于装车转场。架桥机起升机构及运梁车采用线控及无线遥控两套操作系统。起升系统采用PCL集中控制变频调速,使起吊平稳,并有电气保护功能。配套运梁车方向控制采用光电传感导向,有故障自动诊断系统,能自动驾驶,自动纠偏、报警和停车,确保箱梁运送到位。

7.3

本类型架桥机具有一跨式龙门简支架梁,受力简单明确;导梁支腿等采用机械翻转方式,便于首孔、末孔箱梁的架设;通过运梁车升降驮架降低架桥机驮运高度,可通过双线隧道;后支腿采用轮胎式走行机构,不需铺设临时轨道。

工作原理是架桥机先行至待架桥跨就位,然后运梁车将箱梁运到架桥机后支腿位置,由前起重小车起吊箱梁前端(梁后端由台车上拖梁台车支承)向待架跨方向移动一定距离,再由后起重小车起吊箱梁后端,两车同步在主梁上纵向移动至落梁位置,安放箱梁。之后导梁及架桥机向前纵移一跨,进行下一孔梁的架设。

国内设计的本类型32 m双线梁架桥机,如某型机主机重490 t,导梁重68 t,总重558 t;外形尺寸主机为76 m×17.8 m×13.2 m,导梁为36.8 m×3.2 m×6.4 m,因架桥机司机室、控制部分安装在主梁两侧箱梁腹内,驮运时电控部分不用解体(其他部分少量解体),通过运梁车升降托架,降低驮运高度,可顺利通过双线隧道。本类型架桥机的导梁只承受过孔时架桥机本身的部分自重,导梁较轻。在中国台湾高速铁路建设中,曾经应用过此类架桥机,其自重510 t,导梁重90 t,可架35 m跨混凝土梁,梁重860 t,架设速度较快。

7.3.1 本类型架桥机驱动用的后支腿采用轮胎闭式液压驱动方式,能精确控制行走速度,辅助作业少,操作简便,架梁效率高。

7.4

本类型架桥机具有无导梁、结构简洁、工序实用、变跨方便等特点。主梁在前支腿托辊机构上走行,前支腿的纵向稳定是主梁安全移动的关键。稳定支撑靴是重要措施,墩顶抱箍要结合墩帽、支承垫石尺寸配套设计。与此相仿,韩国的简支式架桥机最大吊重达650 t。

工作原理是机体移动过孔采用立柱倒换就位,运梁车驮运箱梁至后支腿附近,起重小车与移梁小车配合移动箱梁,最后由两台起重小车起吊箱梁,走行至待架梁桥跨,安装箱梁至墩台上。

7.4.1 如某型架桥机,外轮廓尺寸为63.8 m×17.9 m×12.5 m,两主梁中心距7.0 m,起重小车横向调整量为±200 mm,主梁底部设有前支腿托辊、走行轨道及吊挂走道。主梁承重部分箱梁高2.7 m,宽1.3 m,底部为直线。主梁一侧安装有人行走道,便于观察主梁过孔越过前支腿时的走行状况。

7.4.6 全机采用全变频调速,其中包含各种保护功能,如过压、欠压、过载、短路、断路、漏电保护等,另外还设置限位开关,保证系统安全可靠,提高了系统的平稳和无冲击性。由于本机无导梁,过孔时前支腿受力较大,前支腿稳固牢靠是安全关键,必要的观测措施必须严格执行。

7.5

本类型架桥机过孔采取主梁悬臂走行方式,通过调节前支腿长度完成首、末及中间孔箱梁架设,具有结构简单、过孔及首(末)孔架梁操作方便等特点。外轮廓尺寸为(67~68)m×(17~18)m×(12~13)m,内部净宽14 m,箱梁均能进入到架桥机腹下。本类型架桥机由于机臂主梁长度近二主跨桥梁,采用三点支承连续梁体系,通过中支点反力的调整,可减轻架梁时对墩顶的作用力。应注意三支点的高程,避免沉陷。中、后支点间净空均能通过箱梁。南京至合肥的铁路施工中已用900 t架桥机成功架设了国内第一片32 m双线箱梁。

工作原理是可以通过有关支腿倒换使主梁与支腿形成简支体系,或无需倒换形成三点支撑的连续体系(后支腿处结构允许运梁车驮运箱梁无阻碍通过,中支腿处结构允许待架箱梁无阻碍通过);运梁车驮运箱梁至设计的起重小车起吊处,起重小车起吊箱梁,走行至落梁位置,安装箱梁至墩台上。

7.5.1

(1)前支腿与主梁一起纵移过孔的机型,主梁底面端幅可设计成斜面,桁高较高,减少了主梁弦杆截面,可以利用交通战备制式器材,组成拼装式架桥机。拼组方便,结构变化灵活,对工程环境具有较强的适应能力。其主梁为两跨连续梁,前支腿随同主梁过孔,作业简单,加快了架梁速度。喂梁时,运梁车行驶至距中支腿10 m左右暂停,待前端驾驶室旋转90°后,再缓慢行驶(速度小于1 km/h)靠近中支腿。就位后,落下液压支腿,将运梁车上的数据控制线连接到架桥机的数据接口,可以进行下一步数控管理架梁的安全操作。

(2)前支腿与主梁不一起纵移过孔的机型,架梁时前支腿支承在前方墩台前半部支撑垫石上,由托挂轮机构、折叠柱、伸缩柱等组成。架梁作业时与主梁机臂纵向固定成铰接结构,成为柔性支腿,与机臂、中支腿组成龙门架结构,满足架梁作业支撑要求。在过孔纵移作业时,前支腿机构通过箱梁吊孔与已架箱梁形成固定联结,并与机臂之间相对运动,实现架桥机步履纵移。

架梁时顺桥向水平力主要传递至中支腿上,中支腿与主梁机臂固结,是刚性支腿,在龙门架平面内设计成上宽下窄形式,以提高与主梁的连接刚性,确保纵向稳定。

7.6

并置箱梁步履式架桥机具有整机高度低、横向稳定性好、通过小车横向移动可并排架设单线箱梁、采用三点平衡吊梁系统(防止箱梁在架设过程中受扭)等特点,两片主梁横向间距较大(约 8 m),起重小车可吊箱梁横移,适合架设双线桥梁中两片并排布置的箱梁。其他类型架桥机一般具有微调横移的功能,但幅度均小于 1 m。

三点平衡吊装原理是利用两台起重小车来实现,前起重小车卷扬机横向布置,起吊系统采用均衡轮,使前吊点保持平衡;后起重小车卷扬机纵向布置,起吊系统采用绳头套环组件,使吊点分成两个单独吊点;前、后起重小车同时起吊箱梁,使梁体处于三点受力状态,随时可调箱梁的水平,防止梁体受扭。

国内使用的吊重 450 t 并置箱梁步履式架桥机可以满足 32 m、24 m、20 m 单线箱梁的架设要求。架梁时外轮廓尺寸为 68.6 m×8.9 m×9.7 m,自重 328 t。主梁及四支腿受力体系对于调整和改善已架桥梁梁体受力,效果明显。吊梁系统采用三点支撑,过孔时可以采用自行方式,也可采用轮胎式运梁车驮运,较为简便。

整机能实现变跨双向作业,因前支腿立柱有两个,通过设置临时支墩实现最大相错量 12 m 的单线错置箱梁架设。

并置箱梁步履式架桥机的工作原理是,通过运梁车驮运架桥机至桥头,利用可活动支腿变位、中前支腿托辊及中后支腿、后支腿驱动,实现架桥机整体过孔作业;运梁车运喂梁,两起重机构起吊箱梁,吊梁纵、横移,将箱梁准确落位。

7.6.6 本架桥机在后面三个支腿下,均使用 ϕ360 mm×240 mm 千斤顶。为保证安全起见,千斤顶均设有保险箍,当液压系统出现故障,可由保险箍传力,以免出现因机身突然下降而造成事故。同时保险箍有两种不同高度的规格,以便于千斤顶在不同的起顶量时使用。

7.7

第 7.2 节至第 7.6 节叙述了架桥机的几种主要类型。根据线路地形、桥式布置、结构型式及外部条件等不同特点,经过技术、经济比较,可选用其他型式架桥机和其他架设方法,需编制相应针对性的施工组织设计及操作注意事项。

7.7.1 运架一体式架桥机本身具备提梁、运梁、架梁功能,具有设备单一、操作集中、机械化程度高、节省人力等特点。操作人员必须经过严格培训,掌握机械原理,认真执行造作制度,做到准确熟练,并定期做好保养工作。运距在一定范围内,每天可架设双线箱梁 1 至 2 孔,经济效益比较显著。架梁作业重心较低,对架梁风力限制要求较低。

2 该部分内容以 NICOLA 型架桥机为例:

(1)架梁前准备:将所架箱梁从存梁台位移至运架梁机取梁台位,对梁体预埋钢板除锈、涂油、检查支座。

(2)导梁就位:运架梁机携导梁运到桥头,利用导梁将副、主支腿及辅助支腿分别移动到相应墩台并紧固,运架梁机退回梁场。

(3)取梁:运架梁机行至取梁台位,轮组旋转 90°驶向取梁台位,将吊梁螺杆插入箱梁吊孔,安装连接板并上紧,将梁吊起 20 mm 静停 10 min,检查确认无误后,再将梁吊至高工作状态。

(4)运梁:运架梁机退出取梁台位,轮组旋转 90°,检查走行、起吊、制动机构后,将箱梁吊运至架梁地点。

(5)喂梁:运架梁机前轮组托架对正下导梁架梁小车上方,后轮组制动,引入液压动力源至架梁小车,收缩运架机前轮组平衡油缸,使前轮悬空,驾驶室旋转 90°处于侧位,解除后轮制动,继续前行使后轮组运行至导梁尾部并制动,拆除导梁锚固装置,导梁前移,腾出落梁位置。

(6)落梁:徐徐落梁、填砂浆垫层、抄平、安装橡胶支座并检查。支座安装等有关规定见本暂行规程第 5 章。

(7)退出:将吊具取下,导梁后移一个距离,后支腿与导梁联接并用锚固装置紧固,运架梁机前轮组落地,运行小车与运架梁机解脱,旋转驾驶室,后轮组解除制动,运架梁机退回梁场准备下一跨箱梁架设。

(8)支腿转移:操作导梁液压系统,将导梁辅助支腿、主支腿、副支腿向前转移到下孔梁架梁位置。

3　架设后两跨梁作业:

(1)安放滚轮:将预先已运至桥台路基上的四个 200 t 滚轮及铁垫板分成两个一组沿路基中心对称排放。一组距桥台胸墙 0. 873 m,一组距胸墙 20. 873 m。

(2)移副支腿:在架设倒数第三跨梁喂梁程序完成后,下导梁前部已支承在距桥台胸墙较近的两个 200 t 滚轮上。此时,在架倒数第二跨梁时,该滚轮替代副支腿的位置和作用,副支腿暂时移至最后一个桥墩上摆放但不受力。

(3)架最后第二跨梁:最后第二跨梁喂梁作业程序完成后,下导梁前部已支承在距桥面胸墙较远的两个滚轮上,导梁中部支承在距桥台胸墙较近的两个滚轮上。此时两组滚轮承担了主、副支腿承载的作用,在完成最后第二跨梁的架设后,用手拉葫芦将主副支腿平稳地放在桥下的载重汽车上,倒运到路基上,沿路基中心排放。

(4)架最后一跨梁:在距桥台胸墙约 50. 873 m 处放两个 100 t 滚轮,并在喂梁作业程序前将距桥面胸墙 0. 873 m 的两个 200 t 滚轮旁边各加一个 100 t 油压千斤顶辅助承力,运架梁机前轮组上桥面对准落梁位置,前轮组落下承力,减振油缸工作后压力在 14 MPa 时拖出油顶,抽下导梁,用手动葫芦将后支腿平稳的放在载重汽车上,倒运到路基上与主副支腿一起沿路基中心顺次排放。

(5)具体架设步骤与其他各跨梁的架设基本相同。

4　曲线架设箱梁作业:

(1)运架梁机、导梁与直线桥轴线应一致;运架梁机、导梁在架设前对位时,其轴线与已架直线桥梁轴线应保持一致。

(2)计算横移调整量:根据被架曲线桥的曲线半径计算。

(3)调整前支腿:启动导梁发电机下导梁泵站工作,调整副支腿横移油缸使导梁与架设的曲线桥段的桥墩轴中心线保持一致。

(4)运架梁机与导梁运梁小车托联:运架梁机吊梁行走,将运架梁机动力源引入导梁运梁小车上,使其托联。

(5)落梁:架落梁步骤与直线梁架落梁步骤相同。

5 运架一体式架桥机进行调头作业时由于自身结构的限制,只能单向架设箱梁,而在实际架梁施工中为了缩短运梁时间,制梁场地一般设在架梁范围中段。因此架桥机须沿正反两个方向架梁,变向架梁时运架梁机及导梁均需作180°调头。

7.7.2 本条内容是以500 t龙门吊机为例编写(国内已有500 t龙门式起重机多种型号),它是为箱梁梁场而设计的大型提梁设备,工作时两台500 t门式起重机联合作业,可完成20 m、24 m、32 m双线混凝土整孔箱梁的吊装、移位、装车,并可实现重载直行(或空载直行)和通过小车移动实现箱梁横移。

如梁场与正线线路平行,龙门吊机可直接架设梁就位于已建墩台上,先通过龙门吊机完成架桥机拼装,再用两台龙门吊机吊放箱梁至已架箱梁上的运梁车上,运送梁至前方架桥机处。该型吊机操作要求安全、平稳和可靠。

龙门吊机设主钩、副钩。根据不同梁场的使用需求,可实现变跨和变高。起升高度一般在20~30 m(通过更换支腿节段可实现门架净空变高),净跨度一般在30~40 m(通过移动柔性支腿位置可达到变跨要求)。支腿采用一端刚性支腿、一端柔性支腿。柔性支腿可以减少占用横向宽度。虽可以重载直行,但采取对位定点起吊,只作微量调整,可以尽量避免重载远距离行走,保证安全。国外曾设计有一型龙门吊机可起吊重915 t的整孔箱梁,吊机跨度50 m,高21 m,可以起吊箱梁到运梁车上。如果考虑直接吊箱梁横移至桥墩上安装,该吊机高度有限,另外单台龙门吊机架梁作业需要大型扁担梁,又加大了对龙门吊机负荷的要求。

空载试验的目的是为了检查制造和安装中存在的质量缺陷,额定载荷试验的目的是验证吊机起重机构及制动器在正常工作载荷下的性能。

(1)空载试车前应关闭总电源,按下列内容检查:

① 所有部件应完整无缺,安装装配应符合图纸技术要求。

② 需要润滑的零部件应注入充足的润滑油(脂)。

③ 钢丝绳与卷筒要固定牢靠,钢丝绳不得脱出滑轮槽,限位器要调整灵活准确。

④ 金属结构不得有变形,各联结螺栓要正确可靠。

⑤ 所有电机、减速机、轴承座等的固定要可靠、制动器调整灵活。

⑥ 检查操作系统接线正确、操作方向应与运动方向一致。

(2)一般性试车检查:

① 应进行各机构的单独运转,确切观察电压、电流、功率、起动电流、转向、转速是否正常。

② 然后进行联合运转,包括正反转和快慢车。检查各运动部件是否松动,不应有超过规定的偏斜和振动,传动齿轮不应有异响,工作温度不超过规定范围,制动器动作灵活、可靠。

③ 检查电器设备的工作状态,接触器动作、电机工作是否正确,所有限位开关和安全装置动作是否灵敏可靠。

(3)起升机构检验:

① 无负荷,每挡各升降落2~3次,不应有卡阻现象和异响。

② 检查控制器的指示方向与电机转动方向是否协调一致。

③ 检查起升卷筒轴承处是否有振动。

④ 各滑轮工作应良好。

⑤ 测量吊具起升高度并作记录,调整起升高度限位开关,使吊具底面离轨道顶面为额定起升高度时,限位开关动作切断电流,当吊具底面落到轨道顶面时,调整限位开关动作切断电流,起升机构制动。调整制动器,使制动时间符合要求。调整两个卷筒上的钢丝绳长度,使吊具处于水平状态,在起吊额定载荷时,倾斜度不超过 0.2% ,并测试起升高度。

(4)大、小车运行机构检验:

① 车轮应全部与轨道相接触,运行中不得有卡阻现象,不得有走偏、咬轨现象。

② 起、制动时,主动车轮不得有打滑现象。

③ 电缆应收放自由。

④ 限位开关与缓冲器工作准确。

额定载荷试验:

如果各部件在其性能试验中未发现损坏,连接处没有松动,跨中挠度及应力测定符合设计需要,则认为这项试验合格。试验应进行以下项目:

(1)检测起升速度:起吊载荷由地面起升到最大高度(中间制动 1 次),再下降到地面(中间制动 1 次),测定工作时的工作速度。

(2)检测最大起升高度。

(3)检测起升上限位。

(4)检测小车走行:提升荷载高度 1 m,开动小车全长往返运行 2 次,检查起重小车走行机构制动器情况;检查两端限位开关动作情况。

(5)检测大车走行:将起重小车开到跨中,开动大车行走,来回两次,检查大车走行机构制动器和限位开关状况。

1.1 倍起重量动载试验:

动载试验的目的主要是验证起重机各机构及制动器的功能,如果各部件能完成其功能试验,并在目测检查中没有发现机构(结构)有损坏,连接处没有松动现象,则认为这项试验合格。

(1)动载试验由两台龙门吊机同时完成,最大荷载为本机最大额定起重量的 1.1 倍。

(2)检测起升速度:

(3)检测小车走行:提升荷载高度 1 m,开动小车全长往返运行 2 次。

(4)检测大车走行:将起重小车开到跨中,开动大车行走,来回 2 次,检查大车走行机构制动器和限位开关状况。

1.25 倍起重量静载试验:

(1)静载试验的目的是检验起重机零部件及结构的承载能力。如果未产生裂纹、永久变形、油漆剥落或对起重机的性能及安全有影响的损坏,连接处未产生松动,则认为这项试验合格。

(2)起重机静载试验最大荷载为本机最大额定起重量的 1.25 倍(625 t);吊具应停留在跨中位置处。

(3)静载试验的载荷可以是逐步加载,将吊重停留在离地面 100 ~ 200 mm 高度处,使吊重悬空停留 10 min。

试验报告:

在完成上述规定的试验后,应编写试验报告,将试验结论和检查结果制成表格。

8.1

本节是指在非正常条件下,需采用特殊操作方法和作业程序、增设必要的辅助设施或新型吊具、局部调整架桥机相关尺寸和局部变更桥隧设计等措施完成的架梁作业。

特殊条件下的架梁方案,必须符合安全技术规程和施工质量验收标准的规定,并报请有关单位审批;在既有线及邻线换架梁作业,必须贯彻执行铁道部《铁路技术管理规程》和既有线上施工安全的有关规定。

8.2.1 轮轨式胜利130型单梁架桥机,正常情况下可在曲线半径大于450 m的线路上架设T梁;长征型宽式和红旗型窄式双梁架桥机,正常情况下也可在曲线半径大于450 m的线路上架设T梁。当桥位线路的曲线半径位于400 m以下的T梁架设时,应采取适当措施。

8.2.2 轮轨式单梁架桥机在小半径曲线上架设T梁时,0号柱不能全部落到桥墩上,机动平车装梁通过时容易脱轨和拖梁时梁部容易与架桥机栏杆或1、2号柱碰撞等问题,故可采取拨道、加宽墩帽和换装梁等措施。

轮轨式双梁架桥机在小半径曲线上架设T梁时,由于大臂摆动较大,容易丧失稳定性,经检算稳定性系数低于1.3时,应在外侧加压平衡重或用保险绳拉住;另外行车走行轨道在大臂与机身结合处转成急弯,同时前后大臂处的轨距变小,行车吊重走行时容易脱轨、喂梁时因梁中部偏离线路中心的矢距较大,梁与后臂端部容易相碰撞等现象,可采取拨道、预偏装等措施。

8.2.3 根据秦沈客运专线架设箱梁使用的架桥机,架梁的最小曲线半径为2 500 m(JQ600型轮胎式运梁车)、2 800 m(DF450型)和3 000 m(JQ600型轨道式运梁车、NICOLA—YJ550型),当桥梁的曲线半径位于2 500 m以下的箱梁架设时,可利用吊梁设备的横移机构调整就位;或根据架梁跨度和所在曲线半径计算出横移调整量,调整支腿位置;DF450型架桥机在桥梁曲线为1 500~2 800 m时,也可通过拆除尾部9.3 m节主梁,将架桥机缩短为59.3 m,再调整3、4号支腿的位置等措施进行架设。

8.2.4 轮轨式架桥机在大坡度上走行、对位和停机时,除架桥机本身应有良好的制动设备外,尚须有可靠的外部制动措施;由于单梁或双梁架桥机在大于本机允许自行坡度上架梁时启动困难,还应配机车顶推。

8.2.5 根据秦沈客运专线架设箱梁使用的架桥机,其架梁最大坡度为12‰(DF450型、JQ600型轮轨式运梁车)、15‰(JQ600型轮胎式运梁车)和30‰(NICOLA—YJ550型),采取适当措施后均可在国家Ⅰ级线路和最大坡度为20‰的条件下架设箱梁。当桥梁坡度大于架桥机的最大作业坡度时,可通过调整各支腿高度使机臂前端上翘适当高度架设箱梁。

8.2.6 轮轨式架桥机在隧道口及隧道内架设T梁时,应解决架桥机如何通过隧道、在隧道口按什么组装状态定位和喂梁片应采取的措施。

鉴于各型箱梁的架梁设备由于宽度所限,不适于在隧道口和隧道内架设箱梁,可采用其他方法架梁。

8.3.1~8.3.2 秦沈客运专线架设箱梁使用的架桥机,其架设时的风力可为6级(DF450

型和 JQ600 型轮轨式运梁车）和 8 级（JQ600 型轮胎式运梁车和 NICOLA 型），结合轮轨式架桥机架梁时允许最大风力等级的规定，本条定为最大风力等级大于 6 级时，不应架梁。但在 4 ~6 级的风中架 T 梁或在 5 ~6 级的风中架设箱梁时，仍应采取必要的措施。

8.4.2 ~8.4.3　轮轨式架桥机架设 T 梁时，遇有墩台顶帽宽度不组 6 m、板凳式桥墩帽或悬出长度较大的托盘式墩帽、超宽梁和超高梁时，应采取的必要措施。

8.4.4 ~8.4.5　此两条系根据秦沈客运专线使用的 JQ600 型架桥机架设双线变跨箱梁和 DF450 型架桥机架设单线变跨箱梁、错置箱梁、跨连续梁和结合梁的实践资料而列。

8.5.4　换架分片梁中的一片梁时，如果新梁的制成日期较短，将有大量的收缩徐变量在组孔后发生，而影响组孔质量，因此更换的梁片应符合成梁时间差的规定。

中华人民共和国行业标准

铁建设〔2008〕85号

铁路工程基桩检测技术规程

Technical Specification for Testing of Railway Piles

TB 10218—2008

J 808—2008

2008—06—05 发布　　　　2008—07—01 实施

中华人民共和国铁道部　发布

前　言

本规程是根据铁道部铁建设函〔2005〕1026 号文的要求，在《铁路工程基桩无损检测规程》(TB 10218—99)基础上修订而成的。

本规程分为 10 章，主要内容包括：总则、术语符号、基本规定、低应变反射波法(瞬态激振时域频域分析法)、声波透射法、高应变法、单桩竖向抗压静载试验、单桩竖向抗拔静载试验、单桩水平静载试验、钻芯法、另有 1 个附录。

本次修订的主要内容如下：

1. 增加了高应变法、单桩竖向抗压静载试验、单桩抗拔静载试验、单桩水平静载试验、钻芯法等检测方法。

2. 修改了低应变反射波法的适用条件，一般情况下的最大桩长由 50 m 改为 40 m，桩径由 0.2 ~2.2 m 改为应小于 2.0 m。

3. 提高了低应变反射波法所用仪器的精度要求，A/D 转换精度由 8 位修改为 12 位。

4. 明确了声波透射法所用金属声测管的壁厚要求。

5. 取消了估算桩身混凝土强度的有关内容。

在执行本规程过程中，希望各单位结合工程实践，认真总结经验，积累资料。如发现需要修改和补充之处，请及时将意见及有关资料寄交中国铁道科学研究院(北京市海淀区大柳树路 2 号，邮政编码：100081)，并抄送铁道部经济规划研究院(北京市海淀区羊坊店路甲 8 号，邮政编码：100038)，供今后修订时参考。

本规程由铁道部建设管理司负责解释。

本规程主编单位：中国铁道科学研究院。

本规程参编单位：中铁二院工程集团有限责任公司、广州铁路(集团)公司。

本规程主要起草人：董承全、胡在良、张佰战、常聚友、钱春阳、李晋平、王军东、熊昌盛、谷牧、孟军涛、肖明文。

目　次

1 总 则

1.0.1 为加强铁路工程基桩检测的管理,提高检测技术水平,统一检测方法和成果编制,为设计和施工验收提供可靠依据,确保工程质量,制定本规程。

1.0.2 本规程适用于铁路工程基桩的桩身完整性和承载力的检测与评定。

1.0.3 基桩检测方法应综合考虑地质条件、基桩类型、结构尺寸、各种检测方法的特点和适用范围等因素合理选定,做到安全适用、数据准确、技术先进、经济合理。

1.0.4 检测单位应通过省级及其以上计量行政主管部门的计量认证,应具有行政主管部门颁发的专项检测资质证书。检测人员应经过培训考核,并持有相应检测方法的上岗证书。

1.0.5 铁路工程基桩质量检测除应执行本规程规定外,尚应符合国家现行的有关强制性标准的规定。

2　术语和符号

2.1　术　　语

2.1.1　基桩　foundation pile

桩基础中的单桩。

2.1.2　桩身完整性　pile integrity

反映桩身截面尺寸相对变化、桩身材料密实性和连续性的综合定性指标。

2.1.3　桩身缺陷　pile defects

桩身存在断裂、裂缝、缩颈、夹泥、离析、空洞、蜂窝、松散等现象的统称。

2.1.4　低应变反射波法　low strain reflected wave method

采用低能量瞬态激振方式对桩顶施加冲击荷载，实测桩顶部的加速度（或速度）时程曲线，通过波动理论的时域频域分析，对桩身完整性进行判定的检测方法。

2.1.5　声波透射法　crosshole sonic logging

在桩身预埋声测管之间发射并接收声波，通过实测声波在混凝土介质中传播的声时、频率和波幅衰减等声学参数的相对变化，对桩身完整性进行判定的检测方法。

2.1.6　高应变法　high strain dynamic testing

在桩顶施加高能量冲击荷载，实测桩顶部的速度和力时程曲线，通过波动理论分析，对单桩竖向抗压承载力和桩身完整性进行判定的检测方法。

2.1.7　静载试验　static loading test

在桩顶部逐级施加竖向压力、竖向上拔力或水平推力，观测桩顶部随时间产生的沉降、上拔位移或水平位移，以确定相应的单桩竖向抗压承载力、单桩竖向抗拔承载力或单桩水平承载力的试验方法。

2.1.8　钻芯法　core drilling method

用钻机钻取桩身混凝土及桩底持力层芯样，判定桩身完整性及桩底岩土性状的检测方法。

2.2　符　　号

a——信号首波峰值电压

a_0——零分贝信号峰值电压

A——桩身截面面积

A_m——声波波幅平均值

A_P——声波波幅值

b_0——桩身计算宽度

B——矩形桩的边宽

c——桩身一维纵向应力波传播速度(简称桩身波速)
c_m——桩身波速的平均值
d——芯样试件的平均直径
d_1——声测管的内径
d'——换能器的外径
D——桩身直径
D_1——声测管的外径
E——桩身材料弹性模量
E_n——桩锤实际传递给桩的能量
f——频率、声波信号主频
f_{cu}^c——混凝土芯样试件抗压强度换算值
Δf——幅频曲线上桩底相邻谐振峰间的频差(完整桩特征频率)
$\Delta f'$——幅频曲线上缺陷相邻谐振峰间的频差(缺陷部位特征频率)
F——锤击力
H——单桩水平静载试验中作用于地面的水平力
I——桩身换算截面惯性矩
J_c——凯司法阻尼系数
l'——每检测剖面相应两声测管的外壁间净距离
L——测点下桩长
L'——测点至桩身缺陷的距离
m——地基土水平抗力系数的比例系数
n——数目、样本数量
P——芯样抗压试验测得的破坏荷载
Q——单桩竖向抗压静载试验中施加的竖向荷载、桩身轴力
R_a——单桩竖向抗压承载力特征值
R_c——由凯司法判定的单桩竖向抗压承载力
ΔR——缺陷以上部位土阻力的估计值
s——桩顶竖向沉降、桩身竖向位移
t——时间、声时测量值
t'——声测管及耦合水层声时修正值
t_0——仪器系统延迟时间
t_1——速度第一峰对应的时刻
t_c——声时
t_e——采样结束的时刻
t_x——缺陷反射峰对应的时刻
T——信号周期
ΔT——时域信号第一峰与桩底反射波峰间的时间差
$\Delta T'$——时域信号第一峰与缺陷反射波峰间的时间差
U——单桩竖向抗拔静载试验中施加的上拔荷载
v——桩身混凝土声速

v_D——声速的异常判断临界值
v_L——声速低限值
v_m——声速平均值
v_t——声波在声测管管壁厚度方向的传播速度
v_w——声波在水中的传播速度
V——质点运动速度
x——桩身缺陷至传感器安装点的距离
Y_0——水平力作用点的水平位移
z——测点深度
Z_0——桩身截面力学阻抗
α——桩的水平变形系数
β——高应变法桩身完整性系数
δ——桩顶上拔量
v_y——桩顶水平位移系数
ρ——桩身材料质量密度
σ_p——最大桩身锤击压应力
σ_s——钢筋应力
σ_t——最大桩身锤击拉应力
σ_v——标准差
ξ——混凝土芯样试件抗压强度折算系数

3 基本规定

3.1 一般规定

3.1.1 铁路工程基桩检测应按本规程的规定进行。

3.1.2 铁路工程基桩检测应根据检测目的合理地选择检测方法。

3.1.3 基桩完整性及承载力检测应在桩顶设计标高位置进行。

3.1.4 基桩检测开始时间应符合下列规定:

1 当采用低应变反射波法或声波透射法检测时,受检桩桩身混凝土强度不得低于设计强度的70%且桩身强度应不低于15 MPa;

2 单桩静载试验与高应变法检测前桩身混凝土强度应达到设计强度外,桩侧和桩端土的间歇时间尚应满足下列要求:对打入桩,砂土7 d,粉土10 d,非饱和黏性土15 d,饱和黏性土25 d;对于泥浆护壁混凝土灌注桩,宜较上述规定适当延长间歇时间。

3.1.5 基桩完整性及承载力检测数量应符合铁路工程设计和相关验收标准的要求。

3.1.6 当对检测结果有怀疑或有争议时,可进行验证检测。验证检测应符合下列规定:

1 对低应变法检测结果有怀疑或争议时,可采用钻芯法、高应变法或直接开挖进行验证;

2 对声波透射法检测结果有怀疑或争议时,可采用钻芯法验证;

3 对高应变法提供的单桩承载力有怀疑或争议时,应采用静载试验验证,并应以静载试验的结果为准。

3.1.7 当检测结果不满足设计要求时,应进行扩大抽检。扩大抽检应符合下列规定:

1 当采用低应变法检测桩身完整性时,按所发现Ⅲ、Ⅳ类桩的桩数加倍抽检;

2 单桩承载力或钻芯法抽检结果不满足设计要求时,应分析原因并按不满足设计要求的桩(点)数加倍抽检。

3.2 检测结果评定

3.2.1 桩身完整性检测评定应提出每根受检桩的桩身完整性类别结论。桩身完整性分类应符合表3.2.1和本规程第4~6章和第10章的有关规定。

表3.2.1 桩身完整性类别表

桩身完整性类别	分类原则
Ⅰ类桩	桩身完整
Ⅱ类桩	桩身存在轻微缺陷
Ⅲ类桩	桩身存在明显缺陷
Ⅳ类桩	桩身存在严重缺陷

3.2.2 Ⅰ类、Ⅱ类桩为合格桩;Ⅲ类桩需由建设方与设计方等单位研究,以确定修补方案或继续使用;Ⅳ类桩为不合格桩。

3.3 检测报告

3.3.1 检测报告应结论准确,用词规范。

3.3.2 检测报告应包含以下内容:

1 委托方名称,工程名称,建设单位、设计单位、监理单位、咨询单位、施工单位;

2 工程概况,地质概况,设计与施工概况,受检基桩相关参数,桩位布置图;

3 检测技术及方法,检测依据、数量、日期、仪器设备;

4 受检桩的检测数据,实测与计算分析曲线,检测结果汇总表,检测结论,相关图片;

5 检测、报告编写、审核、授权签字(批准)人员签字,加盖检测单位检测专用章和计量认证 CMA 章。

4　低应变反射波法
（瞬态激振时域频域分析法）

4.1　适用范围

4.1.1　本方法适用于检测规则截面混凝土桩的桩身完整性，判定桩身缺陷的程度及位置范围。

4.1.2　本方法检测的基桩桩径应小于 2.0 m，桩长一般不大于 40 m。当现场组织试验时，其桩长标准可根据现场试验数据确定。

4.2　仪器设备

4.2.1　检测仪器应具有信号采集、滤波、放大、显示、储存、信号处理分析功能。

4.2.2　激振设备宜根据桩型及检测目的，选择不同大小、长度、质量的力锤、力棒、手锤和不同材质的锤头，以获得所需的激振频带和冲击能量。

4.2.3　信号采集及处理仪应符合下列规定：

1　数据采集装置的模/数转换位数不得低于 12 位。

2　采样间隔宜为 10 ~ 500 μs，可调。

3　单通道采样点不少于 1 024 点。

4　多通道采集系统应具有一致性，其振幅偏差应小于 3%，相位偏差应小于 0.1 ms。

5　放大器增益宜大于 60 dB，可调，线性度良好。

4.2.4　传感器的性能应符合以下规定：

1　传感器宜选用高灵敏度的压电式加速度传感器或磁电式速度传感器，传感器的频响曲线的有效范围应覆盖整个测试信号的频带范围。

2　加速度传感器的电压灵敏度一般应大于 100 mV/g，量程不小于 50 g；速度传感器的灵敏度应不小于 300 mV/cm · s^{-1}；传感器灵敏度选择原则是在满足频响要求前提下，尽可能选择灵敏度高的传感器。

3　加速度传感器安装谐振频率应大于 10 kHz；速度传感器安装谐振频率应大于 1 500 Hz。

4.3　现场检测

4.3.1　检测前受检桩应符合下列规定：

1　桩身强度应符合本规程第 3.1.4 条规定。

2　桩头的材质、强度、截面尺寸应与桩身基本相同。

3 桩顶应凿至硬实混凝土面并大致水平，传感器安装点和激振点应打磨光滑。

4 打入或静压式预制桩的检测应在相邻桩打完后进行。

4.3.2 测量传感器安装和激振操作应符合下列规定：

1 传感器应安装在桩顶面，传感器安装点及其附近不得有裂缝或浮动砂粒存在。传感器可用黄油、橡皮泥、石膏等材料作为粘结剂与桩顶面粘结，安装完毕后的传感器必须与桩顶面保持垂直，且紧贴桩顶表面，在信号采集过程中不得产生滑移或松动。

2 对于钢筋混凝土灌注桩，当激振点在桩顶中心时，传感器安装点与桩中心的距离宜为桩半径的2/3（见图4.3.2—1）；当激振点不在桩顶中心时，传感器安装点与激振点的距离不宜小于桩半径的1/2。

3 对于预应力混凝土管桩，激振点和传感器安装位置宜为桩壁厚的1/2处，传感器安点、锤击点与桩顶面圆心构成的平面夹角宜为90°（见图4.3.2—2）。

4 激振点与传感器安装位置应避开钢筋笼的主筋影响。

5 激振方向应沿桩轴线方向。

6 应根据缺陷所在位置的深浅，及时改变锤击脉冲宽度。当检测长桩的桩底反射信息或深部缺陷时，冲击入射波脉冲应较宽；当检测短桩或桩的浅部缺陷时，冲击入射波脉冲应较窄。

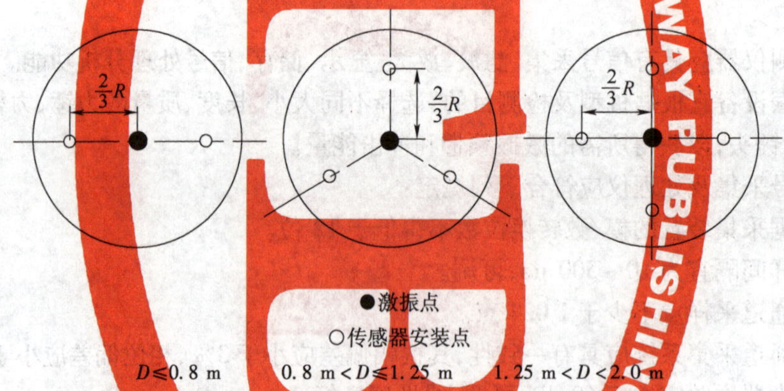

图4.3.2—1 实心桩不同桩径激振点和传感器安装点布置示意图

4.3.3 测试参数设定应符合下列规定：

1 时域信号记录的时间段长度应在$2L/c$时刻后延续不少于5 ms；幅频信号分析的频率范围上限不应小于2 000 Hz。

2 设定桩长应为桩顶测点至桩底的施工桩长。

3 采样时间间隔或采样频率应根据桩长、桩身波速和频域分辨率合理选择；时域信号采样点数不宜少于1 024点。

4 传感器的灵敏度值应按计量检定结果设定。

5 采集仪器采样频率、增益、平滑、指数放大、数字滤波、触发方式等参数应根据桩长合理设置。

4.3.4 信号采集和筛选处理应符合下列规定：

1 各检测点重复检测次数不宜少于3次，且检测波形应具有良好的一致性。

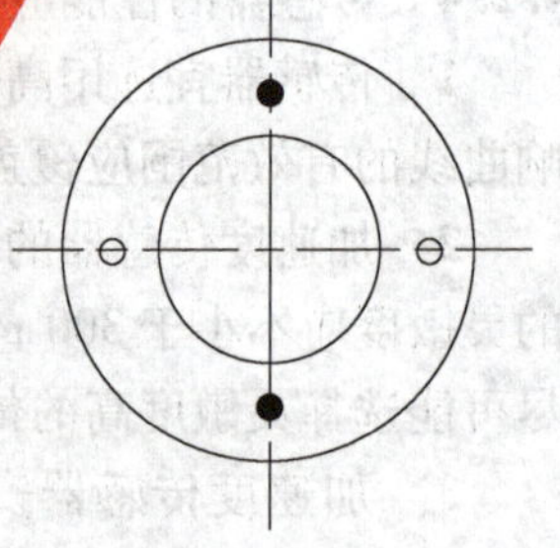

图4.3.2—2 空心桩激振点和传感器安装点布置示意图

2 当信号干扰较大时，可采用信号增强技术和多次平均方式进行多次激振，提高信噪比。

3 不同检测点多次实测时域信号一致性较差时,应分析原因,排除人为和检测仪器等干扰因素,增加检测点数量,重新检测。

4.4 数据分析与判定

4.4.1 桩身完整性分析宜以时域分析为主,辅以频域分析,并结合地质资料、施工资料和波形特征等因素进行综合分析判定。

4.4.2 桩身波速平均值的确定:

1 当桩长已知、桩底反射信号明显时,选取相同条件下不少于5根Ⅰ类桩的桩身波速按下式计算桩身平均波速:

$$c_m = \frac{1}{n}\sum_{i=1}^{n} c_i \tag{4.4.2—1}$$

$$c_i = \frac{2L \times 1\,000}{\Delta T} \tag{4.4.2—2}$$

$$c_i = 2L \cdot \Delta f \tag{4.4.2—3}$$

式中 c_m——桩身波速平均值(m/s);

c_i——参与统计的第 i 根桩的桩身波速值(m/s);

L——测点下桩长(m);

ΔT——时域信号第一峰与桩底反射波峰间的时间差(ms);

Δf——幅频曲线上桩底相邻谐振峰间的频差(Hz);

n——参与波速平均值计算的基桩数量($n \geqslant 5$)。

2 当桩身波速平均值无法按上款确定时,可根据本地区相同桩型及施工工艺的其他桩基工程的测试结果,并结合桩身混凝土强度等级与实践经验综合确定。

3 有条件时,可制作同混凝土强度等级的模型短桩测定波速,确定基桩检测波速时应考虑土阻力及其他因素的影响。

4.4.3 桩身缺陷位置应按下列公式计算:

$$L' = \frac{1}{2\,000} \cdot \Delta T' \cdot c \tag{4.4.3—1}$$

$$L' = \frac{1}{2} \cdot \frac{c}{\Delta f'} \tag{4.4.3—2}$$

式中 L'——测点至桩身缺陷的距离(m);

$\Delta T'$——时域信号第一峰与缺陷反射波峰间的时间差(ms);

$\Delta f'$——幅频曲线上缺陷相邻谐振峰间的频差(Hz);

c——桩身波速(m/s),无法确定时用 c_m 值替代。

4.4.4 桩身完整性类别应结合缺陷出现的深度、测试信号衰减特性以及设计桩型、成桩工艺、地质条件、施工情况,按表4.4.4所列实测时域或幅频信号特征进行综合判定。

4.4.5 出现下列情况之一,桩身完整性判定应结合其他检测方法进行:

1 实测信号复杂、无规律,无法对其进行准确分析和评定。

2 当桩长的推算值与实际桩长明显不符,且又缺乏相关资料加以解释或验证。

3 桩身截面渐变或多变,且变化幅度较大的混凝土灌注桩。

4　某一场地多数桩底反射不明显，无法对桩身完整性和桩长做出判定。

4.4.6　检测报告除应包括本规程第 3.3.2 条规定的内容外，还应包括下列内容：

表 4.4.4　桩身完整性判定

时域信号特征	幅频信号特征	判　　定
$2L/c$ 时刻前无缺陷反射波，有桩底反射波	桩底谐振峰排列基本等间距，其相邻频差 $\Delta f \approx c/2L$	Ⅰ类桩
$2L/c$ 时刻前出现轻微缺陷反射波，有桩底反射波	桩底谐振峰排列基本等间距，轻微缺陷产生的谐振峰之间的频差 $\Delta f' > c/2L$	Ⅱ类桩
$2L/c$ 时刻前有明显缺陷反射波	缺陷谐振峰排列基本等间距，相邻频差 $\Delta f' > c/2L$	Ⅲ类桩
$2L/c$ 时刻前出现严重缺陷反射波，无桩底反射波； 或因桩身浅部严重缺陷使波形呈现低频大振幅衰减振动，无桩底反射波； 或按平均波速计算的桩长明显短于设计桩长	缺陷谐振峰排列基本等间距，相邻频差 $\Delta f' > c/2L$，无桩底谐振峰； 或因桩身浅部严重缺陷只出现单一谐振峰，无桩底谐振峰	Ⅳ类桩

1　桩身应力波速的取值及检测时桩身混凝土龄期。

2　桩身完整性描述、缺陷的位置及桩身完整性类别。

3　时域信号时段所对应的桩身长度标尺、指数或线性放大的范围及倍数、低通滤波频率；或幅频信号曲线分析的频率范围、桩底或桩身缺陷对应的相邻谐振峰间的频差。

5　声波透射法

5.1　适用范围

5.1.1　本方法适用于检测混凝土灌注桩桩身缺陷位置、范围和程度，判定桩身完整性类别。

5.1.2　桩径大于等于 2 m 或桩长大于 40 m 或复杂地质条件下的基桩应采用声波透射法检测。当现场组织试验时，其桩长标准可根据试验数据确定。

5.2　仪器设备

5.2.1　声波发射与接收换能器应符合下列要求：

1　圆柱状径向振动，沿径向无指向性。

2　谐振频率宜为 30～60 kHz。

3　当接收信号较弱时，宜选用带前置放大器的换能器。

4　收、发换能器的导线均应有长度标注，其标注允许偏差不应大于 10 mm。

5　水密性满足 1 MPa 水压不渗水。

5.2.2　声波检测仪的技术性能应符合下列要求：

1　具有实时显示和记录接收信号的时程曲线以及频谱分析功能。

2　声时显示范围应大于 2 000 μs，测量精度优于或等于 0.5μs，声波幅值测量范围不小于 80 dB，声时声幅测量相对误差小于 5%，系统频带宽度为 5～200 kHz，系统最大动态范围不小于 100 dB。

3　声波发射脉冲宜为阶跃或矩形脉冲，电压幅值不小于 500 V。

4　采集器模/数转换精度不应低于 12 位，采样间距应小于 1 μs，采样长度不应小于 1 024 点。

5.3　现场检测

5.3.1　声测管的埋设应符合下列规定：

1　桩身直径 $D \leq 0.8$ m 时，应埋设不少于 2 根管；当 $0.8\ \text{m} < D \leq 2.0$ m 时，应埋设不少于 3 根管；当 $D > 2.0$ m 时，应埋设不少于 4 根管。

2　声测管应采用金属管，内径不小于 40 mm，壁厚不小于 3.0 mm。

3　声测管下端封闭、上端加盖，管内无异物，连接处应光滑过渡，不漏水。管口应高出桩顶 100 mm 以上，且各声测管管口高度宜一致。

4　声测管以线路大里程方向的顶点为起始点，按顺时针旋转方向呈对称形状布置并进行编号(如图 5.3.1)。

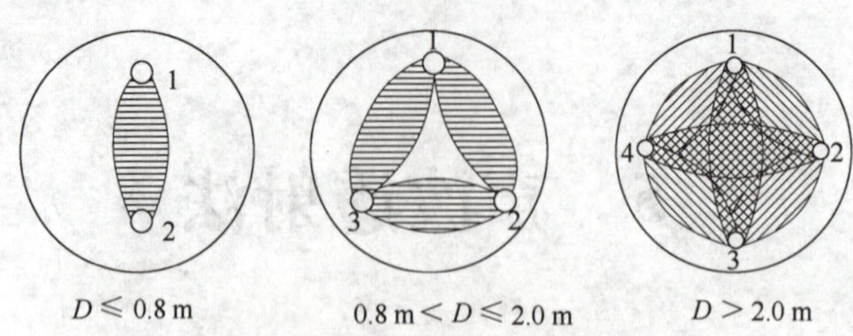

图 5.3.1

5.3.2 现场检测准备工作应符合下列规定：

1 受检桩的桩身混凝土强度应符合本规程第3.1.4条规定。

2 将各声测管内灌满清水，管内不得堵塞。

3 采用标定法确定仪器系统延迟时间。

4 在桩顶准确测量相应声测管外壁间净距离。

5 检查换能器的完好状态。

5.3.3 现场检测步骤应符合下列规定：

1 将发射与接收声波换能器以相同标高分别置于声测管中的测点处，同步升降，测点间距不宜大于250 mm。检测过程中应校核换能器深度。

2 实时显示和记录接收信号的时程曲线，读取声时、首波幅值和周期值，宜同时显示频谱曲线及主频值。

3 在桩身质量可疑的测点周围，应加密测点，或采用斜测、扇形扫测进行复测，进一步确定桩身缺陷的位置和范围(见图5.3.3)。采用斜测法时，两个换能器中点连线与水平面的夹角不宜大于40°。

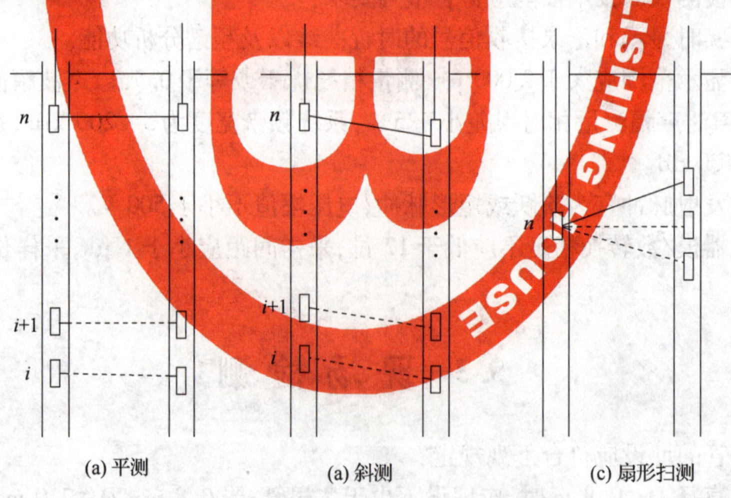

图5.3.3 平测、斜测和扇形扫测示意图

4 在同一根桩的不同剖面的检测过程中，声波发射电压和仪器设置参数应保持不变。

5.4 数据分析与判定

5.4.1 声测管及耦合水层的声时修正值t'应按下式计算：

$$t' = \frac{D_1 - d_1}{v_t} + \frac{d_1 - d'}{v_w} \tag{5.4.1—1}$$

式中　t'——声时修正值，精确至0.1μs；

D_1——声测管的外径(mm)；

d_1——声测管的内径(mm)；

d'——换能器的外径(mm)；

v_t——声波在声测管管壁厚度方向的传播速度(km/s)，精确至小数点后三位；

v_w——声波在水中的传播速度(km/s)，精确至小数点后3位。

5.4.2　各测点的声时 t_c、声速 v、波幅 A_p 及主频 f 应根据现场检测数据，按下列各式计算，并绘制声速—深度(v—z)曲线和波幅—深度(A_p—z)曲线，需要时可绘制辅助的主频—深度(f—z)曲线：

$$t_{ci} = t_i - t_0 - t' \tag{5.4.2—1}$$

$$v_i = \frac{l'}{t_{ci}} \tag{5.4.2—2}$$

$$A_{pi} = 20\lg\frac{a_i}{a_0} \tag{5.4.2—3}$$

$$f_i = \frac{1\,000}{T_i} \tag{5.4.2—4}$$

式中　t_{ci}——第 i 测点声时(μs)；

t_i——第 i 测点声时测量值(μs)；

t_0——仪器系统延迟时间(μs)；

t'——声测管及耦合水层声时修正值(μs)；

l'——每检测剖面相应两声测管的外壁间净距离(mm)；

v_i——第 i 测点声速(km/s)；

A_{pi}——第 i 测点波幅值(dB)；

a_i——第 i 测点信号首波峰值(V)；

a_0——零分贝信号幅值(V)；

f_i——第 i 测点信号主频值(kHz)，也可由信号频谱的主频求得；

T_i——第 i 测点信号周期(μs)。

5.4.3　桩身混凝土缺陷应根据下列方法综合判定：

1　声速判据

声速临界值采用正常混凝土声速平均值与2倍声速标准差之差，即：

$$v_D = v_m - 2\sigma_v \tag{5.4.3—1}$$

$$v_m = \frac{1}{n}\sum_{i=1}^{n} v_i \tag{5.4.3—2}$$

$$\sigma_v = \sqrt{\sum_{i=1}^{n}\frac{(v_i - v_m)^2}{n-1}} \tag{5.4.3—3}$$

式中　v_m——正常混凝土声速平均值(km/s)；

σ_v——正常混凝土声速标准差；

v_i——第 i 个测点声速值(km/s)；

n——测点数。

当实测混凝土声速值低于声速临界值时，声速可判为异常。

$$v_i < v_D \quad (5.4.3\text{—}4)$$

式中 v_i——第 i 个测点声速值（km/s）；

v_D——声速临界值（km/s）。

当检测剖面 n 个测点的声速值普遍偏低且离散性很小时，宜采用声速低限值判据。即实测混凝土声速值低于声速低限值时，可直接判定为异常。

$$v_i < v_L \quad (5.4.3\text{—}5)$$

式中 v_i——第 i 个测点声速值（km/s）；

v_L——声速低限值（km/s）。

声速低限值应由预留同条件混凝土试件的抗压强度与声速对比试验结果，结合本地区实际经验确定。

2 波幅判据

波幅异常时的临界值判据应按下列公式计算：

$$A_m = \frac{1}{n}\sum_{i=1}^{n} A_{pi} \quad (5.4.3\text{—}6)$$

$$A_{pi} < A_m - 6 \quad (5.4.3\text{—}7)$$

式中 A_m——波幅平均值（dB）；

n——检测剖面测点数。

当式（5.4.3—7）成立时，波幅可判定为异常。

3 *PSD* 判据

当采用斜率法的 *PSD* 值作为辅助异常点判据时，*PSD* 值应按下列公式计算：

$$PSD = K \cdot \Delta t \quad (5.4.3\text{—}8)$$

$$K = \frac{t_{ci} - t_{ci-1}}{z_i - z_{i-1}} \quad (5.4.3\text{—}9)$$

$$\Delta t = t_{ci} - t_{ci-1} \quad (5.4.3\text{—}10)$$

式中 t_{ci}——第 i 测点声时（μs）；

t_{ci-1}——第（$i-1$）测点声时（μs）；

z_i——第 i 测点深度（cm）；

z_{i-1}——第（$i-1$）测点深度（cm）。

根据 *PSD* 值在某深度处的突变，结合波幅变化情况，进行异常点判定。

5.4.4 当采用信号主频值作为辅助异常点判据时，主频—深度曲线上主频值明显降低可判定为异常。

5.4.5 桩身完整性类别应结合桩身混凝土各声学参数临界值、*PSD* 判据、混凝土声速低限值以及桩身可疑点加密测试（包括斜测或扇形扫测）后确定的缺陷范围，按本规程表 5.4.5 的特征进行综合判定。

5.4.6 当声测管出现堵管情况时，按如下规定执行：

1 当出现个别声测管桩底附近堵管，采用斜测法时，两个换能器中点连线的水平夹角应不大于 40°；

2 其他情况下，应在所堵声测管附近钻芯，检测桩身混凝土完整性，并用钻芯孔作为通道进行声波透射法检测。

表 5.4.5 桩身完整性判定

特　　征	判　定
各检测剖面的声学参数均无异常,无声速低于低限值异常	Ⅰ类桩
某一检测剖面个别测点的声学参数出现异常,无声速低于低限值异常	Ⅱ类桩
某一检测剖面连续多个测点的声学参数出现异常; 两个或两个以上检测剖面在同一深度测点的声学参数出现异常; 局部混凝土声速出现低于低限值异常	Ⅲ类桩
某一检测剖面连续多个测点的声学参数出现明显异常; 两个或两个以上检测剖面在同一深度测点的声学参数出现明显异常; 桩身混凝土声速出现普遍低于低限值异常或无法检测首波或声波接收信号严重畸变	Ⅳ类桩

5.4.7 检测报告除应符合本规程第 3.3.2 条内容的规定外,并应包括以下内容:

1 受检桩每个检测剖面声速—深度曲线、波幅—深度曲线,并将相应判据临界值所对应的标志线绘制于同一个坐标系;

2 当采用主频值或 *PSD* 值进行辅助分析判定时,绘制主频—深度曲线或 *PSD* 曲线;

3 桩身缺陷位置及程度分析;

4 每个检测剖面有代表性的正常测点和异常测点的实测波形曲线。

6 高应变法

6.1 适用范围

6.1.1 本方法适用于检测预制桩的竖向抗压承载力和桩身完整性。

6.2 仪器设备

6.2.1 检测仪器的主要技术性能指标不应低于《基桩动测仪》(JG/T 3055)中表1规定的2级标准,且应具有保存、显示实测力与速度信号和信号处理与分析的功能。

6.2.2 锤击设备应具有稳固的导向装置,打桩机械或类似的装置都可作为锤击设备(导杆式柴油锤除外)。重锤应材质均匀、形状对称、锤底平整,高径(宽)比不得小于1,并采用铸铁或铸钢整体铸造。

6.2.3 进行承载力检测时,选择的锤重应大于预估单桩极限承载力的1.0%~1.5%。锤重及锤落距选择是否合适应以能否有效和充分激发试验桩的桩侧和桩端土阻力为准。

6.2.4 桩的贯入度可采用精密水准仪等仪器测定。

6.3 现场检测

6.3.1 检测前的准备工作应符合下列规定:

1 桩顶面应平整,桩顶高度应满足锤击装置的要求,桩锤重心应与桩顶对中,锤击装置架立应垂直稳固。

2 对不能承受锤击的桩头应做加固处理,处理的面积应与被检桩相同,混凝土强度应高于被检桩的强度。在条件允许的情况下,预应力管桩应尽量选择桩顶有端头板的桩作为试验桩。

3 传感器的安装应符合下列规定:

1)桩顶下两侧面对称安装加速度传感器和应变传感器各1只,其与桩顶的距离不应小于1.0倍的桩径或边长。传感器安装面应平整,所在截面的材质和尺寸与被检桩相同。

2)应变传感器与加速度传感器的中心应位于同一水平线上,同侧传感器间水平距离不宜大于100 mm。传感器中轴线应与桩轴线平行。

3)安装完毕后的传感器应紧贴桩身表面,锤击时传感器不得松动。安装应变传感器时,应对传感器初始变形量进行监测,初始变形量应在仪器规定的范围内。桩头顶部应设置桩垫,桩垫宜采用10~30 mm厚的干木板或干胶合板等匀质材料。

6.3.2 检测仪器检测前参数设定应符合下列规定:

1 采样时间间隔宜为100~200 μs,信号采样点数不宜少于1 024点。

2 传感器的设定值应按计量校准结果设定。

3 测点处的桩截面尺寸应按实际测量确定，波速、质量密度和弹性模量应按实际情况设定。

4 测点以下桩长和截面积可采用设计文件或施工记录提供的数据作为设定值。

5 桩材质量密度的取值：混凝土预制桩 2.45～2.50 t/m^3，离心管桩 2.55～2.60 t/m^3。

6 桩身波速可结合本地经验或按同场地同类型已检桩的平均波速初步设定，现场检测完成后应按本规程第 6.4.1 条第 3 款调整。

7 桩材弹性模量应按下式计算：

$$E=\rho \cdot c^2 \tag{6.3.2}$$

式中 E——桩材弹性模量(kPa)；

c——桩身一维纵向应力波传播速度(m/s)；

ρ——桩材质量密度(t/m^3)。

6.3.3 现场检测应符合下列要求：

1 检测前应检查确认传感器、连接电缆及接插件无断路、短路现象。通过仪器内部标定方式，确认测试系统处于正常状态，并按本规程第 6.3.2 条的规定设定参数。

2 每根受检桩记录的有效锤击信号应根据桩顶最大动位移、最大速度、桩身最大压应力、锤击能量、贯入度、信号质量，以及缺陷程度及其发展情况等综合确定。

3 重锤和锤架安装就位，要保证锤的重心与桩顶对中，锤架垫平，中轴线竖直，并保证落锤时也竖直；采用自由落锤为锤击设备时，宜重锤低击，最大锤击落距不得大于2.5 m。

4 检测时应及时检查采集数据的质量，当实测力与速度曲线峰值比例失调时，应分析原因，必要时，重新测试；当两侧力信号幅值相差 1 倍时，应调整冲击设备，重新测试；发现测试波形紊乱，或四通道信号不全时，应分析原因后重新测试；桩身有明显缺陷或缺陷程度加剧，应停止检测。

6.3.4 承载力检测时宜实测桩的贯入度，单击贯入度宜在 2～6 mm 之间。

6.4 数据分析与判定

6.4.1 锤击信号选取与调整应符合下列规定：

1 检测承载力时选取锤击信号，宜取锤击能量较大的击次。

2 锤击后出现下列情况之一时，其信号不得作为分析计算依据：

1)传感器安装处混凝土开裂或出现严重塑性变形使力曲线最终未归零。

2)锤击偏心导致两侧力信号幅值相差超过 1 倍。

3)由于触变效应的影响，预制桩在多次锤击下承载力下降。

4)四通道测试数据不全。

3 桩身波速平均值可根据下行波波形起升沿的起点到上行波波形下降沿的起点之间的时差与已知桩长值确定(图 6.4.1)；桩底反射信号不明显时，可根据桩长、混凝土波速的合理取值范围以及邻近桩的桩身波速值确定。

4 测点处设定的应力波速，用于计算弹性模量，只与桩材料有关。当测点处原设定波速随调整后的桩身平均波速改变时，相应的桩材弹性模量应按式(6.3.2)重新计算后设置；并对原实测力值进行校正。

5 力和速度信号第一峰起始比例失调时,应分析原因,严禁进行比例调整。

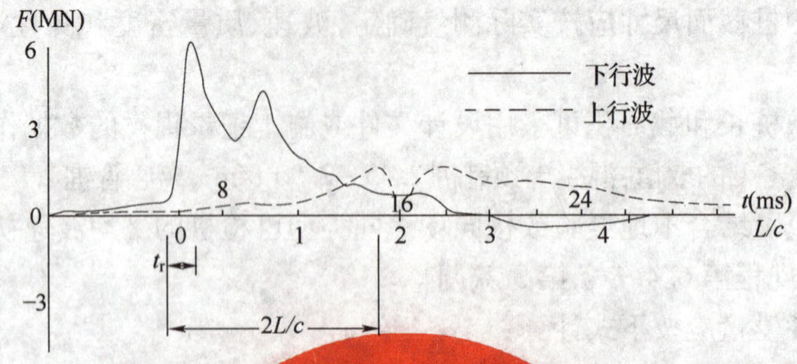

图 6.4.1 桩身波速的确定

6.4.2 承载力分析计算前,应结合地质条件、设计参数,对实测波形特征进行定性检查:

1 实测曲线特征反映出的桩承载性状;

2 观察桩身缺陷程度和位置,连续锤击时缺陷的扩大或逐步闭合情况。

6.4.3 单桩承载力的判定应符合下列规定:

1 判定单桩承载力可采用实测曲线拟合法和凯司法。

2 一般情况下宜采用实测曲线拟合法确定单桩承载力。

6.4.4 采用凯司法判定单桩承载力,应符合下列规定:

1 桩径小于 0.8 m;

2 凯司法判定的单桩竖向抗压承载力可按下式计算:

$$R_c=(1-J_c)\cdot[F(t_1)+Z\cdot V(t_1)]/2+(1+J_c)\cdot[F(t_1+2L/c)-Z\cdot V(t_1+2L/c)]/2 \quad (6.4.4—1)$$

$$Z=A\cdot E/c \quad (6.4.4—2)$$

式中 R_c——由凯司法判定的单桩竖向抗压承载力(kN);

J_c——凯司法阻尼系数;

t_1——速度第一峰对应的时刻(ms);

$F(t_1)$——t_1 时刻的锤击力(kN);

$V(t_1)$——t_1 时刻的质点运动速度(m/s);

Z——桩身截面力学阻抗(kN·s/m);

A——桩身截面面积(m^2);

L——测点下桩长(m)。

公式说明:

(1)式(6.4.4—1)适用于 $2L/c$ 时刻桩侧和桩端土阻力均已充分发挥的摩擦型桩。对于土阻力滞后于 $2L/c$ 时刻明显发挥或先于 $2L/c$ 时刻发挥并造成桩中上部强烈反弹这两种情况,应分别采用以下两种方法对 R_c 值进行提高修正:

① 适当将 $2L/c$ 延时,确定 R_c 的最大值;

② 考虑卸载回弹部分土阻力对 R_c 值进行修正。

(2)阻尼系数 J_c 宜根据同条件下静载试验结果校核,或应在已取得相近条件下可靠对比资料后,采用实测曲线拟合法确定 J_c 值,拟合计算的桩数应不少于检测总桩数的 50%,且不少于 5 根。

(3)在同一场地,桩型和截面积相同情况下,J_c 值的极差不宜大于平均值的 30%。

6.4.5 采用实测曲线拟合法判定桩承载力，应符合下列规定：

1 桩土力学模型物理意义明确，应能反映桩土的实际力学性状。

2 曲线拟合时间段长度在(t_1+2L/c)时刻后延续时间不应小于20 ms(柴油锤信号为30 ms)。

3 拟合分析选用的拟合参数应在合理范围内。

4 各单元所选用的土的最大弹性位移值不应超过相应桩单元的最大计算位移值。

5 拟合完成时，土阻力响应区段的计算曲线与实测曲线必须吻合，其他区段的曲线应基本吻合。

6 贯入度的计算值应与实测值接近。

6.4.6 出现以下情况时，不宜直接采用高应变检测结果，宜采用静载法进一步验证：

1 桩身存在严重缺陷，无法判定桩的竖向承载力时。

2 单击贯入度大，桩底同向反射强烈且反射峰较宽，侧阻、端阻反射弱，即波形表现出竖向承载性状明显与勘察设计条件不符时。

3 桩身缺陷对水平承载力有影响时。

6.4.7 桩身完整性判定可采用以下方法进行，并应符合相应的规定：

1 桩身完整性宜采用实测曲线拟合法判定，拟合时所选用的桩土参数应符合第6.4.5条第1款和第3款的规定；根据桩的成桩工艺，拟合时可采用桩身阻抗拟合或桩身裂隙(包括混凝土预制桩的接桩缝隙)拟合。

2 桩顶下第一个缺陷可用β法并参照表6.4.7判定；桩身完整性系数β和桩身缺陷位置x应分别按下列公式计算：

$$\beta=\{[F(t_1)+Z\cdot V(t_1)]/2-\Delta R+[F(t_x)-Z\cdot V(t_x)]/2\}/\{[F(t_1)+Z\cdot V(t_1)]/2-[F_1t_x)-Z\cdot V(t_x)]/2\} \quad (6.4.7\text{—}1)$$

$$x=c\cdot(t_x-t_1)/2\,000 \quad (6.4.7\text{—}2)$$

式中 β——桩身完整性系数；

t_1——速度第一峰对应的时刻(ms)；

t_x——缺陷反射峰对应的时刻(ms)；

x——桩身缺陷至传感器安装点的距离(m)；

ΔR——缺陷以上部位土阻力的估计值，等于缺陷反射起始点的锤击力与速度乘以桩身截面力学阻抗之差值，取值方法见图6.4.7。

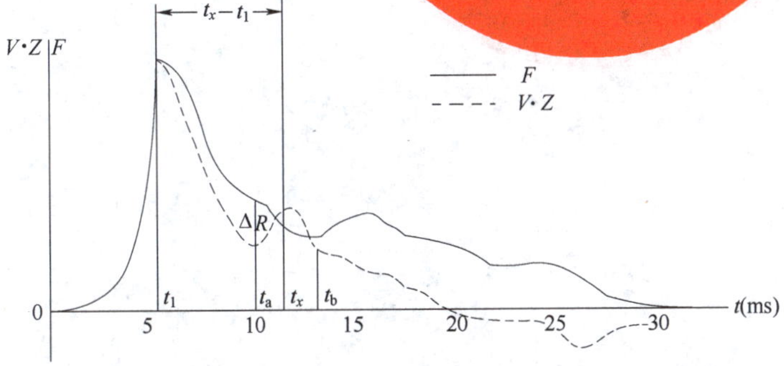

图 6.4.7

表6.4.7 桩身完整性判定

类 别	β值
Ⅰ类桩	$\beta=1.0$
Ⅱ类桩	$0.8\leqslant\beta<1.0$
Ⅲ类桩	$0.6\leqslant\beta<0.8$
Ⅳ类桩	$\beta<0.6$

6.4.8 出现下列情况之一的,桩身完整性判定宜按工程地质条件和施工工艺结合实测曲线拟合法或其他检测方法综合进行:

1 力和速度曲线在峰值附近比例失调,桩身有浅部缺陷。

2 锤击力波上升缓慢,力与速度曲线比例失调。

6.4.9 桩身最大锤击拉、压应力和桩锤实际传递给桩的能量应分别按相应公式计算。

1 最大桩身锤击拉应力可按下式计算:

$$\sigma_t = \frac{1}{2A}\left[Z \cdot V\left(t_1 + \frac{2L}{c}\right) - F\left(t_1 + \frac{2L}{c}\right) - Z \cdot V\left(t_1 + \frac{2L-2x}{c}\right) - F\left(t_1 + \frac{2L-2x}{c}\right)\right] \tag{6.4.9—1}$$

式中 σ_t——最大桩身锤击拉应力(kPa);

x——传感器安装点至计算点的距离(m);

A——桩身截面面积(m^2)。

2 最大桩身锤击压应力可按下式计算:

$$\sigma_p = \frac{F_{max}}{A} \tag{6.4.9—2}$$

式中 σ_p——最大桩身锤击压应力(kPa);

F_{max}——实测的最大锤击力(kN)。

3 桩锤实际传递给桩的能量应按下式计算:

$$E_n = \int_0^{t_e} E \cdot V \cdot dt \tag{6.4.9—3}$$

式中 E_n——桩锤实际传递给桩的能量(kJ);

t_e——采样结束的时刻(s)。

6.4.10 检测报告除应包括本规程第 3.3.2 条内容外,还应包括:

1 实测的力和速度曲线。

2 计算中实际采用的桩身波速值。

3 实测曲线拟合法所选用的各单元桩土模型参数、拟合曲线、模拟静载 Q—s 曲线、桩侧阻力分布图。

4 凯司法计算所选用的 J_c 值。

7 单桩竖向抗压静载试验

7.1 适用范围

7.1.1 本方法适用于检测单桩的竖向抗压承载力,并宜采用慢速维持荷载法。

7.1.2 当埋设有相应的测试元件时,本方法也可用于桩身应力、桩侧摩阻力和桩端阻力的测试。

7.2 仪器设备及安装

7.2.1 试验加载装置一般使用1台或多台油压千斤顶并联同步加载,采用2台以上千斤顶加载时,要求千斤顶型号、规格相同,且合力中心与桩轴线重合。

7.2.2 静载试验加载反力装置可根据现场条件选择,主要有锚桩横梁反力装置、压重平台反力装置和锚桩压重联合反力装置三种模式。加载反力装置宜按预估最大荷载量的1.3倍设计,在最大试验荷载作用下,加载反力装置的全部构件不应产生过大的变形,应有足够的安全储备。当采用锚桩横梁反力装置时,锚桩数量不宜少于4根,还应对锚杆抗拔力、钢筋与焊缝的抗拉强度进行验算,应监测锚桩上拔量。当采用压重平台反力装置时,应符合下列规定:

1 压重宜在检测前一次加足,并均匀稳固地放置于平台上。

2 压重施加于地基的压应力不宜大于地基承载力特征值的1.5倍。

7.2.3 荷载测量可用放置在千斤顶上的荷重传感器直接测定;或采用并联于千斤顶油路的压力表或压力传感器测定油压,根据千斤顶率定曲线换算荷载。传感器的测量误差不应大于1%,压力表精度应优于或等于0.4级。试验用压力表、油泵、油管在最大加载时的压力不应超过规定工作压力的80%。所使用的千斤顶、荷重传感器或压力表、压力传感器要在标定的有效时间内使用。

7.2.4 沉降测量宜采用位移传感器或大量程百分表,并应符合下列规定:

1 测量误差不大于0.1% FS,分辨力优于或等于0.01 mm。

2 直径或边宽大于500 mm的桩,应在其两个方向对称安置4个位移测试仪表,直径或边宽小于等于500 mm的桩可对称安置2个位移测试仪表。

3 沉降测定平面宜在桩顶200 mm以下位置,测点应牢固地固定于桩身。

4 基准梁应具有一定的刚度,梁的一端应固定在基准桩上,另一端应简支于基准桩上。

5 固定和支撑位移计(百分表)的夹具及基准梁应避免气温、振动及其他外界因素的影响。

6 所使用的位移传感器或大量程百分表要求在标定的有效时间内使用。

7.2.5 试桩、锚桩(压重平台支墩边)和基准桩相互之间的中心距应符合如下规定:当试桩直径小于或等于 0. 8 m 时，可为试桩直径的 5 倍；当试桩直径大于 0. 8 m 时，上述距离不得小于 4 m。

7.3 现场检测

7.3.1 对工程桩质量验收抽样检测时，最大有效加载量不应小于设计要求的单桩承载力特征值的 2.0 倍；为设计提供依据的试验桩，应加载至破坏；设计另有规定时，按设计规定执行。

7.3.2 试桩要求：

1 试桩宜结合设计、施工等因素合理选择。为设计提供依据的工艺性试桩其成桩工艺和质量控制标准应与工程桩一致。

2 桩顶部宜高出试坑底面 10 cm，试坑底面宜与桩承台底标高一致。试桩顶部一般应采用混凝土加固，混凝土强度等级不得低于检测桩的强度，并在桩顶配置加密钢筋网 2 ~ 3层，或以薄钢板圆筒做成加劲箍与桩顶混凝土浇成一体，用高标号砂浆将桩顶抹平。

3 对作为锚桩用的灌注桩或混凝土预制桩，检测前宜对其桩身完整性进行检测。

7.3.3 试验加卸载规定：

1 加载应分级进行，采用逐级等量加载；分级荷载宜为最大加载量或预估极限承载力的 1/10，其中第一级可取分级荷载的 2 倍。

2 卸载应分级进行，每级卸载量取加载时分级荷载的 2 倍，逐级等量卸载。

3 加、卸载时应使荷载传递均匀、连续、无冲击，每级荷载在维持过程中的变化幅度不得超过分级荷载的 ±10%。

7.3.4 慢速维持荷载法试验步骤应符合下列规定：

1 每级荷载施加后按第 5、15、30、45、60 min 测读桩顶沉降量，以后每隔 30 min 测读一次。

2 试桩沉降相对稳定标准：每一小时内的桩顶沉降量不超过 0. 1 mm，并连续出现两次（从分级荷载施加后第 30 min 开始，按 1. 5 h 连续三次每 30 min 的沉降观测值计算）。

3 当桩顶沉降速率达到相对稳定标准时，再施加下一级荷载。

4 卸载时，每级荷载维持 1 h，按第 15、30、60 min 测读桩顶沉降量后，即可卸下一级荷载。卸载至零后，应测读桩顶残余沉降量，维持时间为 3 h，测读时间为第 15、30 min，以后每隔 30 min 测读一次。

7.3.5 终止加载条件：

1 某级荷载作用下，桩顶沉降量大于前一级荷载作用下沉降量的 5 倍。

注：当桩顶沉降能相对稳定且总沉量小于 40 mm 时，宜加载至桩顶总沉降量超过 40 mm。

2 某级荷载作用下，桩顶沉降量大于前一级荷载作用下沉降量的 2 倍，且经 24 h 尚未达到相对稳定标准。

3 已达到设计要求的最大加载量。

4 当工程桩作锚桩时，锚桩上拔量已达到允许值。

5 当荷载—沉降曲线呈缓变型时，可加载至桩顶总沉降量 60 ~ 80 mm；在特殊情况下，可根据具体要求加载至桩顶累计沉降量超过 80 mm。

7.3.6 检测数据记录格式见附表 A. 0. 1 单桩竖向抗压静载试验记录表。

7.3.7　测试桩侧阻力和桩端阻力时，测试数据的测读时间宜符合第7.3.4条的规定。

7.4　数据分析与判定

7.4.1　检测数据的整理应符合下列规定：

1　确定单桩竖向抗压承载力时，应绘制竖向荷载—沉降（Q—s）、沉降—时间对数（s—lg$t$）曲线，需要时也可绘制其他辅助分析所需曲线。

2　当进行桩身应力和桩底反力测定时，应整理出有关数据的记录表，并绘制桩身轴力分布图、计算不同土层的分层侧摩阻力和端阻力值。

7.4.2　单桩竖向抗压极限承载力Q_u可按下列方法综合分析确定：

1　根据沉降随荷载变化的特征确定：对于陡降型Q—s曲线，取其发生明显陡降的起始点对应的荷载值。

2　根据沉降随时间变化的特征确定：取s—lg$t$曲线尾部出现明显向下弯曲的前一级荷载值。

3　出现第7.3.5条第2款情况，取前一级荷载值。

4　对于缓变型Q—s曲线可根据沉降量确定，宜取40 mm对应的荷载值；当桩长大于40 m时，宜考虑桩身弹性压缩量；对直径大于或等于800 mm的桩，可取$s=0.05D$（D为桩端直径）对应的荷载值。

注：当按上述四款判定桩的竖向抗压承载力未达到极限时，桩的竖向抗压极限承载力应取最大试验荷载值。

7.4.3　单桩竖向抗压极限承载力统计值的确定应符合下列规定：

1　参加统计的试桩结果，当满足其极差不超过平均值的30%时，取其平均值为单桩竖向抗压极限承载力。

2　当极差超过平均值的30%时，应分析极差过大的原因，结合工程具体情况综合确定，必要时可增加试桩数量。

3　对桩数为3根或3根以下的柱下承台，或工程桩抽检数量少于3根时，应取低值。

7.4.4　单位工程同一条件下的单桩竖向抗压承载力特征值R_a应按单桩竖向抗压极限承载力统计值的一半取值。

7.4.5　检测报告除应包括本规程第3.3.2条内容外，还应包括：

1　受检桩桩位对应的地质柱状图。

2　受检桩及锚桩的尺寸、材料强度、锚桩数量、配筋情况。

3　加载反力种类，堆载法应指明堆载重量，锚桩法应有反力梁布置平面图。

4　加卸载方法，荷载分级。

5　本规程第7.4.1条要求绘制的曲线及对应的数据表，与承载力判定有关的曲线及数据。

6　承载力判定依据。

7　当进行分层摩阻力测试时，还应有传感器类型、安装位置，轴力计算方法，各级荷载下桩身轴力变化曲线，各土层的桩侧极限摩阻力和桩端阻力。

8　单桩竖向抗拔静载试验

8.1　适用范围

8.1.1　本方法适用于检测单桩的竖向抗拔承载力，并宜采用慢速维持荷载法。

8.1.2　当埋设有桩身应力、应变测量传感器时，或桩端埋设有位移测量杆时，可直接测量桩侧抗拔摩阻力，或桩端上拔量。

8.2　仪器设备及安装

8.2.1　抗拔桩试验加载装置宜采用油压千斤顶，加载方式应符合本规程第7.2.1条规定。

8.2.2　试验反力装置宜采用反力桩（或工程桩）提供支座反力，也可根据现场情况采用天然地基提供支座反力。反力架系统应具有不小于1.3倍的安全系数并符合下列规定：

　　1　采用反力桩（或工程桩）提供支座反力时，反力桩顶面应平整并具有一定的强度。

　　2　采用天然地基提供反力时，施加于地基的压应力不宜超过地基承载力特征值的1.5倍；反力梁的支点重心应与支座中心重合。

8.2.3　荷载测量及其仪器的技术要求应符合本规程第7.2.3条的规定。

8.2.4　桩顶上拔量测量及其仪器的技术要求应符合本规程第7.2.4条的有关规定。

注：桩顶上拔量观测点可固定在桩顶面的桩身混凝土上。

8.2.5　试桩、支座和基准桩相互之间的中心距离应符合本规程第7.2.5条的规定。

8.2.6　当需要测试桩侧抗拔摩阻力分布或桩端上拔量时，在桩身内埋设传感器或桩端埋设位移杆。

8.3　现场检测

8.3.1　对工程桩抽样检测时，加载量不应小于设计要求的单桩抗拔承载力特征值的2.0倍。

8.3.2　对混凝土灌注桩、有接头的预制桩，宜在拔桩试验前采用低应变法检测受检桩的桩身完整性。为设计提供依据的抗拔灌注桩施工时应进行成孔质量检测，发现桩身中、下部位有明显扩径的桩不宜作为抗拔试验桩；对有接头的预制桩，应验算接头强度。

8.3.3　慢速维持荷载法的加卸载分级、试验方法及稳定标准应符合本规程第7.3.3条～第7.3.4条规定执行，并仔细观察桩身混凝土开裂情况。

8.3.4　当出现下列情况之一时，可终止加载：

　　1　在某级荷载作用下，桩顶上拔量大于前一级上拔荷载作用下的上拔量5倍。

　　2　按桩顶上拔量控制，当累计桩顶上拔量超过100 mm时。

3　按钢筋抗拉强度控制，桩顶上拔荷载达到钢筋强度标准值的0.9倍。

4　对于验收抽样检测的工程桩，达到设计要求的最大上拔荷载值。

8.3.5　检测数据可按本规程附录A附表A.0.1的格式记录。

8.3.6　测试桩侧抗拔摩阻力或桩端上拔量时，测试数据的测读时间宜符合本规程第7.3.4条的规定。

8.4　数据分析与判定

8.4.1　数据整理应绘制上拔荷载—桩顶上拔量（U—δ）关系曲线和桩顶上拔量—时间对数（δ—$\lg t$）关系曲线。

8.4.2　单桩竖向抗拔极限承载力可按下列方法综合判定：

1　根据上拔量随荷载变化的特征确定：对陡变型U—δ曲线，取陡升起始点对应的荷载值。

2　根据上拔量随时间变化的特征确定：取δ—$\lg t$曲线斜率明显变陡或曲线尾部明显弯曲的前一级荷载值。

3　当在某级荷载下抗拔钢筋断裂时，取其前一级荷载值。

8.4.3　单桩竖向抗拔极限承载力统计值的确定应符合本规程第7.4.3条的规定。

8.4.4　当作为验收抽样检测的受检桩在最大上拔荷载作用下，未出现本规程第8.4.2条所列三款情况时，可按设计要求判定。

8.4.5　单位工程同一条件下的单桩竖向抗拔承载力特征值应按单桩竖向抗拔极限承载力统计值的一半取值。

注：当工程桩不允许带裂缝工作时，取桩身开裂的前一级荷载作为单桩竖向抗拔承载力特征值，并与按极限荷载一半取值确定的承载力特征值相比取小值。

8.4.6　检测报告除应包括本规程第3.3.2条内容外，还应包括：

1　受检桩桩位对应的地质柱状图。

2　受检桩尺寸及配筋情况。

3　加卸载方法，荷载分级。

4　第8.4.1条要求绘制的曲线及对应的数据表。

5　承载力判定依据。

6　当进行抗拔摩阻力测试时，应有传感器类型、安装位置、轴力计算方法，各级荷载下桩身轴力变化曲线，各土层中的抗拔极限摩阻力。

9　单桩水平静载试验

9.1　适 用 范 围

9.1.1　本方法适用于桩顶自由时的单桩水平静载试验。

9.1.2　本方法用于检测桩顶自由时的单桩水平承载力，推定地基土抗力系数的比例系数。

9.1.3　当埋设有桩身应变测量传感器时，可测量相应水平荷载作用下的桩身应力，并由此计算桩身弯矩。

9.2　仪器设备及安装

9.2.1　水平推力加载装置宜采用油压千斤顶，加载能力应大于最大试验荷载的1.3倍。

9.2.2　水平推力的反力可由相邻桩或现有结构物提供；当专门设置反力结构时，其承载能力和刚度应大于试验桩的1.3倍。

9.2.3　荷载测量及其仪器的技术要求应符合本规程第7.2.3条的规定；水平力作用点宜与实际工程的桩基承台底面标高一致；千斤顶和试验桩接触处应安置球形支座，以确保千斤顶作用力水平通过桩身轴线；千斤顶与试桩的接触面处宜适当补强。

9.2.4　桩的水平位移测量及其仪器的技术要求应符合本规程第7.2.4条的有关规定。在水平力作用平面的受检桩两侧应对称安装两个位移计；当需要测量桩顶转角时，尚应在水平力作用平面以上50 cm的受检桩两侧对称安装两个位移计。

9.2.5　位移测量的基准点设置不应受试验和其他因素的影响，基准点宜设置在与作用力方向垂直且与位移方向相反的试桩侧面，基准点与试桩净距不应小于1倍桩径（桩宽）。

9.2.6　测量桩身应力或应变时，各测试断面的测量传感器应沿受力方向对称布置在远离中性轴的受拉和受压主筋上；埋设传感器的纵剖面与受力方向之间的夹角不得大于10°。在地面下10倍桩径（桩宽）的主要受力部分应加密测试断面，断面间距不宜超过1倍桩径；超过此深度，测试断面间距可适当加大。

9.3　现 场 检 测

9.3.1　为设计提供依据的试验桩宜加载至桩顶出现较大水平位移或桩身结构破坏；对工程桩抽样检测，可按设计要求的水平位移允许值控制加载。

9.3.2　加载方法宜根据工程桩实际受力特性选用单向多循环加载法或本规程第7章规定的慢速维持荷载法，也可按设计要求采用其他加载方法。需要测量桩身应力或应变的试桩宜采用慢速维持荷载法。

9.3.3　试验加卸载方式和水平位移测量应符合下列规定：

1 单向多循环加载法的分级荷载应小于预估单桩水平极限承载力或最大试验荷载的1/10。每级荷载施加后,恒载4 min后可测读水平位移,然后卸载至零,停2 min测读残余水平位移,至此完成一个加卸载循环。如此循环5次,完成一级荷载的位移观测。试验不得中间停顿。

2 慢速维持荷载法的加卸载分级、试验方法及稳定标准应按本规程第7.3.3条~第7.3.4条有关规定执行。

9.3.4 当试验过程中出现下列情况之一时,可终止加载:

1 桩身折断。

2 水平位移超过30~40 mm(软土取40 mm)。

3 水平位移达到设计要求的水平位移允许值。

9.3.5 检测数据可按本规程附录A附表A.0.2的格式记录。

9.3.6 测量桩身应力或应变时,测试数据的测读宜与水平位移测量同步。

9.4 数据分析与判定

9.4.1 检测数据的整理应符合下列规定:

1 采用单向多循环加载法时应绘制水平力—时间—作用点位移(H—t—Y_0)关系曲线和水平力—位移梯度(H—$\Delta Y_0/\Delta H$)关系曲线。

2 采用慢速维持荷载法时应绘制水平力—力作用点位移(H—Y_0)关系曲线、水平力—位移梯度(H—$\Delta Y_0/\Delta H$)关系曲线、力作用点位移—时间对数(Y_0—$\lg t$)关系曲线和水平力—力作用点位移双对数($\lg H$—$\lg Y_0$)关系曲线。

3 绘制水平力、水平力作用点水平位移—地基土水平抗力系数的比例系数的关系曲线(H—m、Y_0—m)。

当桩顶自由且水平力作用位置位于地面处时,m值可按下列公式确定:

$$m=\frac{(v_y\cdot H)^{\frac{5}{3}}}{b_0Y_0^{\frac{5}{3}}(EI)^{\frac{2}{3}}} \tag{9.4.1—1}$$

$$\alpha=\left(\frac{mb_0}{EI}\right)^{\frac{1}{5}} \tag{9.4.1—2}$$

式中 m——地基土水平抗力系数的比例系数(kN/m^4);

α——桩的水平变形系数(m^{-1});

v_y——桩顶水平位移系数,由式(9.4.1—2)试算α,当$\alpha h\geq 4.0$时(h为桩的入土深度),$v_y=2.441$;

H——作用于地面的水平力(kN);

Y_0——水平力作用点的水平位移(m);

EI——桩身抗弯刚度($kN\cdot m^2$),其中E为桩身材料弹性模量,I为桩身换算截面惯性矩;

b_0——桩身计算宽度(m);对于圆形桩:当桩径$D\leq 1$ m时,$b_0=0.9(1.5D+0.5)$;当桩径$D>1$ m时,$b_0=0.9(D+1)$。对于矩形桩:当边宽$B\leq 1$ m时,$b_0=1.5B+0.5$;当边宽$B>1$ m时,$b_0=B+1$。

9.4.2 对埋设有应力或应变测量传感器的试验应绘制下列曲线,并列表给出相应的数据:

1 各级水平力作用下的桩身弯矩分布图。

2 水平力—最大弯矩截面钢筋拉应力(H—σ_s)曲线。

9.4.3 单桩的水平临界荷载可按下列方法综合确定:

1 取单向多循环加载法时的 H—t—Y_0 曲线或慢速维持荷载法时的 H—Y_0 曲线出现拐点的前一级水平荷载值。

2 取 H—$\Delta Y_0/\Delta H$ 曲线或 $\lg H$—$\lg Y_0$ 曲线上第一拐点对应的水平荷载值。

3 取 H—σ_s 曲线第一拐点对应的水平荷载值。

9.4.4 单桩的水平极限承载力可按下列方法综合确定:

1 取单向多循环加载法时的 H—t—Y_0 曲线产生明显陡降的前一级、或慢速维持荷载法时的 H—Y_0 曲线发生明显陡降的起始点对应的水平荷载值。

2 取慢速维持荷载法时的 Y_0—$\lg t$ 曲线尾部出现明显弯曲的前一级水平荷载值。

3 取 H—$\Delta Y_0/\Delta H$ 曲线或 $\lg H$—$\lg Y_0$ 曲线上第二拐点对应的水平荷载值。

4 取桩身折断或受拉钢筋屈服时的前一级水平荷载值。

9.4.5 单桩水平极限承载力和水平临界荷载统计值的确定应符合本规程第 7.4.3 条的规定。

9.4.6 单位工程同一条件下的单桩水平承载力特征值的确定应符合下列规定:

1 当水平承载力按桩身强度控制时,取水平临界荷载统计值为单桩水平承载力特征值。

2 当桩受长期水平荷载作用且桩不允许开裂时,取水平临界荷载统计值的 0.8 倍作为单桩水平承载力特征值。

9.4.7 除本规程第 9.4.6 条规定外,当水平承载力按设计要求的水平允许位移控制时,可取设计要求的水平允许位移对应的水平荷载作为单桩水平承载力特征值,但应满足有关规范抗裂设计的要求。

9.4.8 检测报告除应包括本规程第 3.3.2 条内容外,还应包括:

1 受检桩桩位对应的地质柱状图。

2 受检桩的截面尺寸及配筋情况。

3 加卸载方法,荷载分级。

4 第 9.4.1 条要求绘制的曲线及对应的数据表。

5 承载力判定依据。

6 当进行钢筋应力测试并由此计算桩身弯矩时,应有传感器类型、安装位置、内力计算方法和第 9.4.2 条要求绘制的曲线及其对应的数据表。

10 钻 芯 法

10.1 适用范围

10.1.1 钻芯法适用于检测混凝土灌注桩桩长、桩身混凝土强度、桩底沉渣厚度,鉴别桩端岩土性状,判定或验证桩身完整性类别。

10.2 仪器设备

10.2.1 钻取基桩芯样应采用液压操纵的钻芯机。钻芯机应配备单动双管钻具以及相应的孔口管、扩孔器、卡簧和扶正稳定器,钻杆应顺直。钻芯机设备参数应符合以下规定:

1 额定最高转速不低于790 r/min。

2 转速调节范围不少于4挡。

3 额定配用压力不低于1.5 MPa。

10.2.2 钻头宜采用金刚石薄壁钻头。钻头胎体不得有肉眼可见的裂纹、缺边、少角、倾斜及喇叭口变形。钻头内径不宜小于90 mm。钻头胎体对钢体的同心度偏差不得大于0.3 mm,钻头的径向跳动不得大于1.5 mm。

10.2.3 锯切机应具有冷却系统和牢固夹紧芯样的装置,配套使用的金刚石圆锯片应有足够刚度。

10.2.4 芯样补平装置(或磨平机)应保证芯样的端面平整和端面与芯样轴线垂直。

10.2.5 取芯及芯样加工完成后,应及时对钻芯机和芯样加工、磨平设备进行维修保养。

10.3 现场操作

10.3.1 每根受检桩的钻芯孔数和钻孔位置宜符合下列规定:

1 桩径小于1.2 m的桩钻1孔,桩径为1.2~2.0 m的桩钻2孔,桩径大于2.0 m的桩钻3孔。

2 当钻芯孔为一个时,宜在距桩中心10~15 cm的位置开孔;当钻芯孔为两个或两个以上时,开孔位置宜在距桩中心0.15~0.25倍桩径内均匀对称布置。

3 对桩底持力层的钻探,每根受检桩不应少于一孔,且钻探深度应满足设计要求。

10.3.2 钻机设备安放平稳、牢固,其底座水平。钻机立轴中心、天轮中心(天车前沿切点)与孔口中心必须在同一铅垂线上。钻芯过程不发生倾斜、移位,钻芯孔垂直度偏差不大于0.5%。

10.3.3 桩顶面与钻机底座的距离较大时,应安装孔口管,孔口管应垂直且牢固。

10.3.4 钻进过程中,钻孔内循环水流不得中断,应根据回水含砂量及颜色调整钻进速度。

10.3.5 提钻卸取芯样时,应采取相应措施,确保芯样完整。

10.3.6 每回次进尺宜控制在1.5 m以内。钻至缺陷处,或下钻速度快的地方,应及时量测钻杆深度,确定缺陷位置、程度;钻至桩底时,应采取适宜的钻芯方法和工艺钻取沉渣,测定沉渣厚度并进行桩端持力层岩土性状鉴别。

10.3.7 钻取的芯样应由上而下按回次顺序放进芯样箱中,芯样侧面上应清晰标明回次数、块号、本回次总块数。及时记录钻进情况和钻进异常情况,并对芯样质量做初步描述,对混凝土、桩底沉渣以及桩端持力层作详细编录。

10.3.8 钻芯结束后,必须对芯样和标有工程名称、桩号、钻芯孔号、芯样试件采取位置、桩长、孔深、检测单位名称标示牌的全貌进行拍照。

10.3.9 钻取芯样且评定合格后,钻芯孔应采用压力灌浆回灌封闭。

10.4 芯样试件截取与加工

10.4.1 混凝土抗压芯样试件应按以下规定截取:

1 桩长小于或等于 30 m 时,每孔截取 3 组;当桩长大于 30 m 时,不少于 4 组。

2 上部芯样位置距桩顶不大于 1 倍桩径或 1 m,下部芯样位置距桩底不大于 1 倍桩径或 1 m,中间芯样宜等间距截取。

3 缺陷位置能取样试验时,应截取一组芯样进行混凝土抗压试验;如果同一基桩的钻芯孔数大于一个,其中一孔在某深度存在缺陷,则应在其他孔的该深度处取样进行混凝土抗压试验。

4 每组芯样应制作三个芯样抗压试件。

10.4.2 当桩端持力层为中、微风化岩层且岩芯可制作成试件时,应在接近桩底部位截取一组岩石芯样;如遇分层岩性时宜在各层取样。

10.4.3 锯切后的芯样,当不能满足平整度及垂直度要求时,宜按以下方法进行端面加工:

1 在磨平机上磨平。

2 用水泥砂浆(或水泥净浆)或硫磺胶泥(或硫磺)等材料在专用补平装置上补平。水泥砂浆(或水泥净浆)补平厚度不宜大于 5 mm,硫磺胶泥(或硫磺)补平厚度不宜大于 1.5 mm。补平层应与芯样结合牢固,受压时补平层与芯样的结合面不得提前破坏。

10.4.4 进行抗压强度试验之前,应对芯样几何尺寸进行测量:

1 平均直径:用游标卡尺测量芯样中部,在相互垂直的两个位置上,取其两次测量的算术平均值,精确至 0.5 mm。

2 芯样高度:用钢卷尺或钢板尺进行测量,精确至 1 mm。

3 垂直度:用万能角度尺测量两个端面与母线的夹角,精确到 0.1°。

4 平整度:用钢板尺紧靠在芯样端面上,一面转动钢板尺,一面用塞尺测量钢板尺与芯样断面之间的裂缝。

10.4.5 芯样尺寸偏差及外观质量应符合以下规定:

1 加工后的芯样,高度应为 0.95 ~ 1.05d(d 为芯样平均直径)。

2 沿芯样高度任一直径与平均直径相差小于 2 mm。

3 芯样端面平整度的允许偏差在 100 mm 长度内为 ±0.1 mm。

4 芯样端面与轴线垂直度的允许偏差为 ±2°。

5 试件不得有裂缝或其他较大缺陷,且抗压芯样不得含有钢筋。

6 芯样试件平均直径宜大于 3 倍表观混凝土粗骨料最大粒径。

10.5 芯样试件抗压强度试验

10.5.1 芯样试件的混凝土抗压强度试验应按现行国家标准《普通混凝土力学性能试验方法标准》(GB/T 50081)中圆柱体试件抗压强度试验的有关规定执行。

10.5.2 芯样试件应与被检测结构或构件混凝土湿度基本一致的条件下进行试验。芯样试件应在(20±5)℃的清水中浸泡40~48 h,从水中取出后立即进行试验。

10.5.3 芯样试件的混凝土强度换算值是指将芯样抗压强度换算成相应龄期的、边长为150 mm立方体试块的抗压强度。

10.5.4 芯样试件混凝土强度换算值应按下列公式计算:

$$f_{cu}^{c}=4\xi P/\pi d^{2} \tag{10.5.4}$$

式中 f_{cu}^{c}——混凝土芯样试件抗压强度换算值(MPa),精确至0.1 MPa;

P——芯样试件抗压试验测得的破坏荷载(N);

d——芯样试件的平均直径(mm);

ξ——混凝土芯样试件抗压强度折算系数,应考虑芯样尺寸效应、钻机扰动和混凝土成型条件的影响,通过试验统计确定;当无统计试验资料时宜取1。

10.5.5 每组试件强度代表值的确定应符合下列规定:

1 三个试件测值的算术平均值作为该组试件的强度代表值(精确至0.1 MPa)。

2 同一受检桩同一深度部位有多组混凝土芯样试件抗压强度代表值时,取其平均值为该基桩该深度处混凝土芯样试件抗压强度代表值。

10.5.6 桩底岩芯单轴抗压强度试验按《建筑地基基础设计规范》(GB 50007—2002)附录J执行。

10.6 数据分析与判定

10.6.1 受检桩中不同深度位置的混凝土芯样试件抗压强度代表值中的最小值为该桩混凝土芯样试件抗压强度代表值。

10.6.2 应根据桩的钻芯孔数、现场混凝土芯样特征、芯样试件抗压试验结果及岩芯单轴抗压强度试验结果,参照表10.6.2对桩身完整性进行分类。

表10.6.2 桩身完整性分类表

特 征	判 定
混凝土芯样连续、完整、表面光滑、胶结好、骨料分布均匀、呈长柱状、断口吻合,仅见少量气孔	Ⅰ类桩
混凝土芯样连续、完整、胶结较好、骨料分布基本均匀、呈柱状、断口基本吻合,局部见蜂窝、麻面、沟槽	Ⅱ类桩
大部分混凝土芯样胶结较好,无松散、夹泥、严重离析或分层现象,但有下列情况之一: 局部混凝土芯样破碎且破碎长度小于10 cm; 骨料分布不均匀; 多呈短柱状或块状; 蜂窝、麻面、沟槽连续	Ⅲ类桩
局部混凝土芯样破碎且破碎长度大于10 cm; 混凝土芯样任一段松散、夹泥、严重离析或分层; 钻进困难或无法钻进	Ⅳ类桩

10.6.3　基桩成桩质量应按单桩进行评定。当出现下列情况之一时，应判定该受检桩不满足设计要求：

1　桩身完整性类别为Ⅳ类的桩。

2　受检桩混凝土芯样试件抗压强度代表值小于混凝土设计强度等级的桩。

3　桩长、桩底沉渣厚度不满足设计或规范要求的桩。

4　桩端持力层岩土性状（强度）或厚度未达到设计或规范要求的桩。

10.6.4　钻芯孔偏出桩外时，仅对钻取芯样部分进行评价。

10.6.5　检测报告除应包括本规程第3.3.2条内容外，还应包括：

1　钻芯设备情况。

2　检测桩数、钻孔数量，混凝土芯进尺、岩芯进尺、总进尺，混凝土试件组数、岩石试件组数。

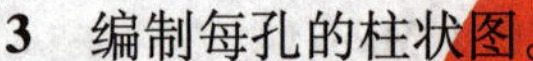

3　编制每孔的柱状图。

4　芯样单轴抗压强度试验结果。

5　芯样彩色照片。

6　异常情况说明。

附录 A　静载试验记录表

A. 0. 1　单桩竖向抗压(抗拔)静载试验的现场检测数据宜按附表 A. 0. 1 的格式记录。

A. 0. 2　单桩水平静载试验的现场检测数据宜按附表 A. 0. 2 的格式记录。

附表 A. 0. 1　单桩竖向抗压(抗拔)静载试验记录表

工程名称					桩号		日期			
加载级	油压(MPa)	荷载(kN)	测读时间	位移计(百分表)读数				本级沉降(mm)	累计沉降(mm)	备　注
				1 号	2 号	3 号	4 号			
检测单位：				校核：		记录：				

附表 A. 0. 2　单桩水平静载试验记录表

工程名称					桩号			日期			上下表距	
油压(MPa)	荷载(kN)	观测时间	循环数	加载		卸载		水平位移(mm)		加载上下表读数差	转角	备注
				上表	下表	上表	下表	加载	卸载			
检测单位：				校核：			记录：					

本规程用词说明

执行本规程条文时,对要求严格程度不同的用词说明如下,以便在执行中区别对待。

(1)表示很严格,非这样做不可的用词:

正面词采用“必须”;

反面词采用“严禁”。

(2)表示严格,在正常情况均应这样做的用词:

正面词采用“应”;

反面词采用“不应”或“不得”。

(3)表示允许稍有选择,在条件许可时首先应这样做的用词:

正面词采用“宜”;

反面词采用“不宜”。

表示有选择,在一定条件下可以这样做的,采用“可”。

《铁路工程基桩检测技术规程》条文说明

本条文说明系对重点条文的编制依据、存在问题以及在执行中应注意的事项等予以说明。为了减少篇幅,只列条文号,未抄录原条文。

1.0.1 随着铁路建设工程的快速发展,桩基础得到了广泛的应用。基桩可以把上部荷载传递到较深和较好的土层,但它是隐蔽工程,施工难度大,质量问题较多,尤其是灌注桩,由于地质条件、地下水、施工工艺、施工管理水平和人员素质的差异等因素,更容易发生一些质量问题。因此,基桩检测工作是整个桩基工程中不可缺少的环节。

传统的基桩质量检测方法是通过静载试验和钻芯法进行。但是,随着灌注桩桩径和桩长的日益增大和承载力的日益提高,只进行传统静载试验和钻芯法检测很难满足工程建设的需要。因此,为有效解决桩基工程质量的检测评价,利用理论和实践渐趋成熟的动测技术势在必行。与传统的检测方法(静载法、钻芯法)相比,动测法对检测人员的素质经验与理论水平要求高。基桩检测应尽量采用动测法与传统检测方法结合,才能弥补单一检测方法的不足,避免造成误判,科学、客观、正确地评定基桩成桩质量。因此,统一基桩检测方法、使基桩检测技术标准化、规范化,才能促进基桩检测技术进步,提高检测工作质量,为设计和施工验收提供可靠依据,确保工程质量。

为适应铁路工程建设需要、完善铁路基桩检测技术,防止或减少误判,提高基桩检测质量,铁道部组织编写了涵盖动测法和传统检测方法(静载法、钻芯法)的统一的基桩检测技术规程。

1.0.2 本规程所指的基桩是混凝土灌注桩、混凝土预制桩、预应力管桩。基桩的承载力和桩身完整性是基桩质量检测中的两项重要内容。

1.0.3 基桩检测的目的是确保桩基工程的质量,而桩基工程的质量,除和基桩本身的质量有关外,还与地质条件、桩的承载性状、桩型、基础和上部结构的型式等设计条件,以及施工工艺、施工过程的质量控制、施工质量的均匀性、施工方法的可靠性等施工因素密切相关。另外,检测得到的数据和信号也包括了诸如地质条件、桩身材料、桩周土的间歇时间等设计和施工因素的作用和影响,这些也直接决定了所选择的检测方法是否适用和经济,及所选择的受检桩是否具有代表性等。不同的检测方法在可靠性和经济性上均存在一定的局限,应根据检测目的、不同检测方法的适用范围,考虑上述各种因素合理选择检测方法,实现各种方法合理搭配、优势互补,使各种检测方法能互为补充或验证。

3.1.1 为确保铁路工程安全,基桩质量检测工作应按本规程规定的检测方法、检测内容及有关检测规定进行。

3.1.2 本规程所列的7种方法是基桩检测中最常用的检测方法。在具体选择检测方法时,应根据检测目的、内容和要求,结合各检测方法的适用范围和检测能力,考虑设计、地质条件、施工因素和工程重要性等情况确定。

3.1.3 为保证检测结果的准确性与可靠性，避免因桩顶超灌部分的质量问题造成误判或检测完毕后机械开挖等因素对桩头的破坏，从工程安全的角度出发，本规程规定基桩完整性及承载力检测应在桩顶设计标高位置进行。

3.1.4 混凝土强度随时间的增加而增加，其物理力学、声学参数随龄期与强度的增加而趋于稳定，混凝土龄期过短或强度过低，应力波或声波在其中的传播衰减加剧，声速的变异性增大。铁路工程桩基施工受到季节气候、周边环境或工期紧等因素的影响，往往不可能等到全部工程桩施工完成并都达到标准龄期及设计强度后再开始检测，考虑到低应变法和声波透射法检测内容是桩身完整性，对混凝土强度的要求可适当放宽。对于低应变法或声波透射法的测试，规定桩身混凝土强度应大于设计强度的 70%，并不得低于 15 MPa。对于高应变法和静载试验，由于试验中桩身产生的应力水平高，若桩身混凝土强度低，有可能引起桩身损伤或破坏，同时避免桩身混凝土强度过低，也可能出现桩身材料应力—应变关系的严重非线性，使高应变测试信号失真，本规程规定单桩静载试验与高应变法检测前桩身混凝土强度应达到设计强度。

桩在施工过程中不可避免的扰动桩周土，降低土体强度，引起桩的承载力下降，单桩静载试验与高应变法检测前应同时满足桩周土间歇时间和桩身混凝土龄期的双重规定。

3.1.5 本规程未作出检测数量规定，检测数量应符合各类工程验收标准中的规定。

3.1.6 低应变反射波法和声波透射法具有使用方便、速度快等特点，但都属于间接法，方法本身存在一定局限性。当遇到难于定论的情况时，应采用直接法如钻芯法、静载法、现场开挖法验证。

3.2.1～3.2.2 表 3.2.1 统一了桩身完整性类别划分标准，有利于对完整性检测结果的判定和采用。本规程规定“Ⅰ类、Ⅱ类桩为合格桩；Ⅲ类桩需由建设方与设计方等单位研究，以确定修补方案或继续使用；Ⅳ类桩为不合格桩”。

3.3.2 检测报告应根据所采用的检测方法和相应的检测内容出具检测结论。为使报告内容完整和具有较强的可读性，报告中应包括常规内容的叙述。还需特别强调：检测报告应包含各受检桩的原始检测数据和曲线，并附有相关的计算分析数据和曲线。

4.1.1 低应变反射波法（瞬态激振时域频域分析法）是目前国内外使用最广泛的一种基桩无损检测方法，它采用瞬态激振方式，通过实测桩顶加速度或速度信号的时、频域特征，藉一维弹性波动理论分析来判定基桩桩身完整性，其中包括桩身存在的缺陷位置及其影响程度。

假设桩为一维线弹性杆件模型，可推导出一维波动方程$\partial^2 u/\partial x^2=(1/c^2)(\partial^2 u/\partial t^2)$，结合边界条件可对一维波动方程采用波动法求解。桩顶激振产生的下行压缩波在桩身波阻抗发生变化处会产生上行反射波。在某一桩身截面处波阻抗降低，如缩颈、松散、离析、夹泥或断裂等缺陷，反射波与入射波的相位相同；在某一桩身截面处波阻抗增大，如扩径或桩身嵌岩等，反射波与入射波的相位相反。对于桩身不同类型的缺陷，低应变测试信号主要反映桩身波阻抗减小的信息，缺陷的具体类型较难区分。应结合地质、施工情况综合分析。

一维理论要求应力波在桩身中传播时平截面假定成立，所以对混凝土竹节桩、挤扩支盘灌注桩和类似于 H 型钢桩的异型桩，本方法不适用。

由于桩的尺寸效应、测试系统的幅频相频响应、高频波的弥散、测试误差等造成的实测波形畸变,以及桩侧土阻力和桩身阻尼的耦合影响因素的存在,本方法对桩身缺陷只做定性判定。

4.1.2 由于受桩周土约束、激振能量、桩身材料阻尼和桩身截面阻抗变化等因素的影响,应力波能量将逐渐衰减。若桩过长,不易测得清晰易辨的深部桩身缺陷和桩底反射波,从而无法评定整根桩的完整性。

2006年,郑西客运专线公司按照《关于做好客运专线铁路基桩检测工作的通知》(铁建设函〔2006〕464号),结合郑西客运专线工程对桩长大于50 m的基桩共336根组织开展了声波透射法与低应变法两种检测方法的对比试验工作。建设管理司收集了这些资料,并于2008年5月12日在北京主持召开了铁路工程基桩检测技术标准有关问题讨论会。会议采用了“专家会审”的方法对郑西客运专线桩长大于50 m的336根基桩声波透射法与低应变法两种检测方法对比试验原始波形逐根进行了分析,对低应变法原始波形按桩底有明显反射、桩底反射不明显、桩底没有反射三种情况分类,并以波形反射深度判定低应变法可检测的有效桩长。分析结果表明:有桩底反射共33根,占总数9.8%,桩底反射不明显共63根,占总数18.8%,无桩底反射共240根,占总数71.4%。若将桩底反射不明显与无桩底反射汇总后达303根,占总数90.2%。与会专家同时又对声波透射法检测出的77根缺陷桩对应的低应变法检测波形进行了会审,会审发现低应变法对其中37根基桩缺陷进行了判定,其缺陷最大深度为39 m。而缺陷位置最大深度在40 m以上的共38根,低应变法均无法测到,尚有2根因缺陷位置位于桩头1 m内的检测盲区,低应变也未能测到。会议还听取了到会的有关单位对其他铁路工程基桩低应变法可检测桩长情况介绍,其规律与郑西客运专线分析结论基本一致。

根据以上情况,会议讨论认为:桩长不大于40 m时采用低应变法检测准确率高,当桩长大于40 m时采用低应变法检测准确率低。同时认为影响低应变法检测的因素较多,除桩长以外,还与地质条件、长径比、检测技术等因素有关。为了确保低应变法检测的准确性和可靠性,本规程规定低应变法检测的桩长一般不大于40 m,对于桩长大于40 m的基桩能否采用低应变法检测应经现场试验确定。

4.2.1 检测仪器应具有信号滤波、放大、显示、储存、信号采集处理分析的基本功能,以确保检测结果分析的准确性。

4.2.2 瞬态激振操作应通过现场试验选择不同材质的激振头和不同质量的激振设备,以获得不同大小能量的低频宽脉冲或高频窄脉冲。当检测短桩或桩身浅部缺陷时,冲击脉冲的有效高频分量宜选择2 kHz左右,采用手锤激振可满足检测要求。一般应采用数十公斤的力棒激振以获得桩身深部缺陷或桩底反射信号。

4.2.3 基桩动测仪是用于冲击荷载作用下,对工程桩的桩身完整性进行测试分析的仪器,应具备增益高、噪声低、频带宽的特点。

4.2.4 传感器是安装在受检桩顶面用以接收桩身和桩底反射波信号的重要器件,其性能评价的主要指标为频响特性、稳定性、量程、灵敏度等。速度传感器由于生产工艺等方面的原因,其高频响应受到限制,测试时传感器的安装刚度会导致强烈的谐振,从而传感器的可测范围变窄而影响检测效果。目前所使用的传感器主要是压电式加速度传感器,它无论从频响还是输出特性方面均有较大的优点,更适合于低应变反射波法测桩。

4.3.1 桩顶面条件和桩头处理的好坏直接影响测试信号的质量和对桩身完整性判定的准确性,因此,要求受检桩顶面的混凝土质量、截面尺寸应与桩身设计条件基本相同。灌注桩应凿去桩顶浮浆或松散、破损部分，以露出坚硬混凝土面为准；桩顶表面应平整干净且无积水。对于预应力管桩，当法兰盘与桩身混凝土之间结合紧密时，可不进行处理，否则必须将其截除磨平后方可进行检测。当桩头侧面与垫层相连时，除非对测试信号没有影响，否则应断开。

混凝土灌注桩成桩后过早检测，将会因桩身混凝土强度低造成波速明显偏低，桩身内部材料阻尼和桩侧土阻尼偏高，难以得到清晰可辨的深部缺陷和桩底反射信号。

4.3.2　本条是为保证获得高质量检测信号而提出的措施。

1　传感器用耦合剂粘结时，粘结层应尽可能薄，传感器底面与桩顶应紧密接触。不得采取手按住传感器的方法进行检测，避免由此产生严重的寄生振荡，激振点和传感器安装点应远离钢筋笼主筋，以减少其对测试的干扰。

2　相对桩顶截面尺寸而言，激振点处为集中力作用，在桩顶部位可能出现与桩的横向振型相应的高频干扰。传感器安装点与激振点距离和位置不同，所受干扰程度各异。将传感器安装于桩的1/2～1/3半径处，在桩中心激振，由激振引起的表面波从桩侧来回反射产生的干扰信号相对较小。对于预应力管桩，传感器安装点与激振点与桩顶面中心的连线夹角宜不小于45°。规定测点数随受检桩直径的增大而增多，主要是为了避免桩顶面材料不均匀所产生的不利影响及桩身可能存在局部缺陷的遗漏。随着桩径的增大，桩身混凝土在横向和纵向上的不均匀性均会增加，桩浅部的阻抗变化往往表现出明显的方向性，增加桩顶测点的数量，可以使检测结果更全面地反映出桩身完整性的整体情况。每个测点重复检测次数不宜少于3次，旨在确认检测信号的一致性并提高有效信号的信噪比。

6　瞬态激振通过改变锤的重量和锤头材料，可以改变初始入射波的脉冲宽度和频率成分。刚度较小的重锤，入射波脉冲较宽，低频成分较多，当冲击力大小相同时，其激振能量较大，弹性波衰减较慢，适合于获取长桩深部缺陷或桩底反射信号。刚度较大的轻锤，入射波脉冲较窄，高频成分较多，激振能量较小，适合于桩身浅部缺陷的识别和定位。

4.3.3　为获取比较准确的桩底反射信号，避免出现虚假桩底信号，正确判定桩身完整性，一般指数放大倍数不宜大于15倍，放大范围不宜小于桩长的2/3；低通滤波不低于800 Hz。

4.4.1　本方法判定桩身完整性，是以时域波形为主、频域分析为辅。应保证在受检桩检测波形信号真实、有效的基础上，对检测波形进行判读。由于多种干扰成分的存在，时域信号通常须采用滤波、平滑、线性放大或指数放大等手段来突出信号中的有效信息，而不当的处理往往会导致波形畸变，从而做出错误的结论。

4.4.2　当桩身波速无法按本条第1款方法确定时，可根据混凝土强度等级与桩身波速经验值确定。普通混凝土强度等级与反射波波速经验值见说明表4.4.2。

说明表4.4.2　不同混凝土强度等级的反射波波速经验值

混凝土强度等级	应力波波速范围(m/s)
C20	3 000～3 400
C25	3 400～3 700
C30	3 700～3 900
C40	3 900～4 100

注：表中经验值是针对普通混凝土提出的，仅供参考。高性能混凝土、添加粉煤灰及其他添加剂的混凝土波速与强度等级关系还有待于进一步研究。

4.4.4　桩完整性和类别可根据时域频域图形特点结合表4.4.4判定：

(1)完整桩时域频域图形的特点：在时域波形中有桩底反射信号，其反射周期为ΔT，波形规则，波程中无其他明显的阻抗变化反射。在频域图形中，谱峰排列规律，相邻峰间隔 Δf 即特征频率基本相等，且 $\Delta f = 1/\Delta T$。摩擦桩桩底反射波与入射波同相位；嵌岩桩桩底反射波与入射波反相位。

(2)断桩时域频域图形的特点：时域波形和频域波形规则。在时域波形中反射信号明显并与入射波同相位，反射波周期为 $\Delta T'$。在频域图形中，相邻峰间隔 $\Delta f'$ 也基本相等。但由平均波速 c_m 与 $\Delta T'$ 算出的桩长 L' 比施工桩长要短，即 $L' < L$，在时域频域图形中无桩底反射信号。

(3)其他缺陷桩时域频域图形的特点：时域波形中有桩底反射，有完整桩的反射波周期 ΔT；缺陷反射与入射波同相位，缺陷的反射波周期为 $\Delta T'$。频域图形中既有完整桩的特征频率 Δf，也有缺陷部位的特征频率 $\Delta f'$。可根据式(4.4.3—1)或式(4.4.3—2)求出缺陷沿桩长所在位置 L'。

(4)对同一场地、地质条件相近、桩型和成桩工艺相同的基桩，因桩底部分桩身阻抗与持力层阻抗相匹配导致实测信号无桩底反射波时，可参照本场地同条件下有桩底反射波的其他桩实测信号判定桩身完整性类别。

(5)对于混凝土灌注桩，采用时域信号分析时，应结合有关施工和地质资料，正确区分混凝土灌注桩桩身截面渐扩后陡缩恢复至原桩径产生的同相反射，或由扩径产生的二次反射(与首波同相)，以避免对桩身完整性的误判。

(6)对于嵌岩桩，当桩底时域反射信号为单一反射波且与锤击脉冲信号同相时，应结合地质和设计等有关资料以及桩底同相反射波幅的相对高低来判断嵌岩质量，必要时采取其他方法进行核验桩端嵌岩情况。

应正确区分浅部缺陷反射和因桩顶直径扩大部分恢复至原桩径产生的同相反射，以避免对桩身完整性的误判，必要时可采取开挖方法查验。

5.1.1 声波透射法是在桩身预埋一定数量的声测管，通过水的耦合，声波从一根声测管中发射，在另一根声测管中接收，可测出被测混凝土介质的声学参数。当桩身混凝土质量存在缺陷时，接收波的声时、波幅、主频及波形特征会发生变化，通过对波的声学参数进行分析，判断混凝土桩的完整性及缺陷的位置、范围和程度。

5.1.2 声波透射法检测准确可靠，不受桩长、长径比的限制，可准确评价长大桩的完整性。为了确保检测的准确性以及经济合理性，本规程规定桩径大于等于 2 m 或桩长大于 40 m 或复杂地质条件下的基桩，应采用声波透射法检测，当现场组织试验时，其桩长标准可根据试验数据确定。

5.2.1 声波换能器有效工作面长度指起到换能作用的部分的实际轴向尺寸，该长度过大将夸大缺陷实际尺寸并影响测试结果。提高换能器谐振频率，可使其外径减小，利于换能器在声测管中升降顺畅。但因声波发射频率的提高，使长距离声波穿透能力下降。本规程推荐目前普遍采用的 30 ~ 60 kHz 的谐振频率范围。

5.2.2 基桩声波检测仪应具有实时显示和记录接收信号的时程曲线及频谱分析功能，是为了提高检测与数据处理的工作效率，确保检测结果的准确性和科学性。

5.3.1 声测管的内径不宜小于 40 mm，是为了便于换能器在管中能顺畅的上下移动。当换能器加设定位器时，声测管内径可比换能器外径大 15 ~ 20 mm。铁路基桩大多数是长大桩，由于混凝土的水化热作用及钢筋笼安放和混凝土浇注过程中存在较大的作用力，容易造成声测管变形甚至断裂，从而影响检测工作的顺利进行。因此，本规程建议声测管采用强度较高的金属管，壁厚不宜小于3.0 mm。在安装检测管时，为了避免产生漏浆和因焊渣造成管内堵塞，声测管不应采用对焊方法连接。

为了便于了解桩身缺陷的方位，本规程规定声测管以线路大里程方向的顶点为起始点，按顺时针旋转方向呈对称形状布置并进行编号。

5.3.2 为保证检测结果的可靠性，本规程规定声波透射法检测时混凝土的强度应符合第3.1.4条的规定。

声测管中的浑浊水将明显甚至严重加大声波衰减，延长传播时间，给声波检测结果带来误差。因此，检测前应冲洗声测管并灌满清水。在检测过程中，应时刻注意往声测管内补充清水，确保在整个剖面检测过程中换能器始终有清水作为耦合剂。

系统延迟时间 t_0 的标定方法为：将收、发换能器平行置于清水中的同一高度，逐次改变点源距离，测量相应的声时，以声时为横坐标，间距为纵坐标绘制线性回归曲线，交横坐标于 t_0，即为系统延迟时间。

5.3.3 为保证检测结果的准确度，两相邻测点的间距不宜大于250 mm，为避免收发换能器过大的高差而产生测试误差，检测过程中应校核换能器深度。

对桩身质量可疑的测点周围应采用加密测点、斜测或扇形扫测进行细测，考虑换能器在铅垂面上存在明显的指向性，接收信号的幅度随两个换能器中点连线与水平面夹角的增大而减小，为保证测试系统有足够的接收灵敏度，本规程规定：采用斜测法时，两个换能器中点连线与水平面的夹角不宜大于40°。

在同一根桩检测时，为保证结果准确性，接收与发射探头必须同步升降。为了使各检测剖面的检测数据具有可比性，应保证各检测剖面的声波发射电压和仪器参数设置保持不变。

5.4.3 声速、波幅和主频都是反映桩身质量的声学参数测量值。大量实测经验表明：声速的变化规律性比较强，在一定程度上反映了桩身混凝土的均匀性，而波幅的变化较灵敏，主频在保持测试条件一致的前提下也有一定规律。因此本规程在确定测点声学参数测量值的判据时，采用了三种不同的方法。

1 声速判据：声速临界值的确定基于概率法，即无缺陷的混凝土声速测量值虽因其本身的不均匀性造成一定的离散性，但符合正态分布；由缺陷造成的低声速异常值不符合正态分布。因此，确定临界值时必须采用正常混凝土的声速平均值及标准差。具体判定方法如下：

将同一根桩混凝土的各测点声速值按从大到小排列，即 $v_1 > v_2 > v_3 > \cdots v_n > v_{n+1} > v_{n+2} > \cdots$，将排在后面明显小的数据视为可疑值，如果 $v_n > v_{n+1} > v_{n+2} > \cdots$ 等测值可疑，先予以剔除，然后以 v_n 及其以前点按本规程式(5.4.3—1)～式(5.4.3—3)计算声速平均值 v_m、标准差 σ_v 和声速临界值 v_D。此时，若 $v_n < v_D$ 而 $v_{n+1} < v_D$，则表明计算的 v_m、σ_v 为符合正态分布的正常混凝土平均声速及标准差；若 $v_n < v_D$，说明 v_n 也是缺陷点声速，不应参加统计而应予以剔除，再以 v_{n-1} 及其以上点统计计算新的 v_m、σ_v 及 v_D，再作判断，此后依次类推，直至计算出符合正态分布的正常混凝土平均声速、标准差值。

声速是材料的基本物理量之一，它与混凝土强度相关，实测声速应大于或等于声速低限值。声速低限值由同条件混凝土试件作强度和速度对比试验，结合地区经验确定。声速低限值相对应的混凝土强度不宜低于0.9R（R 为混凝土设计强度），若试件为钻孔芯样，则不宜低于0.85R。

2 波幅判据：波幅临界值判据式为 $A_{pi} < A_m - 6$，即选择当信号首波幅值衰减量为其平均值一半时的波幅分贝数为临界值。在具体应用中应注意下面几点：

（1）因波幅的衰减受桩材质不均匀性、声波传播路径和点源距离的影响，故应考虑声测管间距较大时波幅分散性而采取适当的调整。

（2）因波幅的分贝数受仪器、传感器灵敏度及发射能量的影响，故应加以考虑。

（3）当波幅差异性较大时，应与声速变化及主频变化情况相结合进行综合分析。

3 *PSD* 判据：*PSD* 法是基于缺陷处声时的变化引起声时深度曲线的斜率明显增大，而声时差的大小又与缺陷程度密切相关，因此二者之积对缺陷的反映更加明显。

5.4.4 实测信号的主频值与诸多影响因素有关，因此仅作辅助声学参数选用。在使用中应保持声波换能器具有单峰的幅频特性和良好的耦合一致性；若采用 FFT 方法计算主频值，还应保证足够的频率分辨率。

5.4.5 桩身完整性判定除依据声速、波幅等变化规律和借助其他辅助方法外，还与诸多复杂因素有关，故在使用中应注意以下几点：

（1）可结合钻芯法将其结果进行对比，从而得出更符合实际情况的分类。

（2）可将实测时程曲线的畸变及频谱、*PSD* 值的变化相结合，进行综合判定与分类。

（3）可结合施工工艺和施工记录等有关资料具体分析。

6.1.1 高应变法用于检测预制桩的承载力和完整性在国内外有比较成熟的应用经验，检测结果可靠性较高。当用于混凝土灌注桩的承载力检测时，由于对桩头处理、检测仪器精度、检测人员技术水平、现场检测以及数据分析经验等方面的要求都比较高，目前难以大范围推广应用。本规程考虑到这些因素暂对高应变法在铁路工程应用范围限于预制桩，如有必要，可进行灌注桩完整性验证性检测。对于灌注桩的高应变检测，各单位应加强科研试验工作，积累现场检测经验，进一步提高检测水平。

6.2.1 本条对仪器的主要技术性能指标要求是按建筑工业行业标准《基桩动测仪》提出的，大部分型号的国产和进口仪器能满足。由于动测仪器的使用环境恶劣，所以仪器的环境性能指标和可靠性也很重要。本条对加速度计的量程未做具体规定，原因是对不同类型的桩，各种因素影响使最大冲击加速度变化很大。建议根据实测经验来合理选择，宜使选择的量程大于预估最大冲击加速度值的1 倍以上。

6.2.2 分片组装锤或强夯锤，下落时平稳性差且不易导向，更易造成严重锤击偏心并影响测量质量。因此规定锤体的高径（宽）比不得小于1，并采用铸铁或铸钢整体铸造。

6.2.3 为获得可靠的桩的极限承载力，首先必须使桩产生一定的位移，以充分激发桩土间摩阻力，为此，锤重必须与桩身重量、设计或预估极限承载力的大小相匹配。若选择的锤重和落距不能充分激发出桩侧和桩端土阻力，测试得到的承载力只能认为是“被激发的承载力”，而非桩的极限承载力。选择锤重主要考虑以下因素：

（1）检测承载力及桩的承载性状的影响。承载力越大，锤重越重；承载力构成中端阻力占的比例越大，则要求锤重越重。

（2）桩径的影响。桩径越大，桩本身的惯性越大，锤与桩匹配能力下降，要求锤重越重。此外，桩径的增大也会增大土的弹限，导致对锤重的要求增加。

（3）桩长的影响。桩越长，应力波在传播过程中的衰减越大，桩中下部及端阻力就越难激发，因而要求的锤重越重。

（4）岩土弹限的影响。桩侧、桩端土的弹限极限较大。土的弹限越大，意味着激发岩土阻力所需的桩土相对位移越大，要求锤重越重。

（5）桩垫的影响。桩垫太软，锤激发岩土阻力的能力下降，桩垫太硬则达不到调整、缓冲桩顶均匀受力，保护桩头的目的。因此，桩垫的选择应在保证充分激发岩土阻力前提下，尽量选择较软的桩垫。

（6）提倡"重锤低击"。"轻锤高击"虽然可以提高锤击能量，但常会打碎桩头。高应变试桩应大力提倡"重锤低击"。实际应用中，自由落锤的常用落锤高度范围一般为1.2～2.2 m。

6.2.4 贯入度的大小是反映桩侧、桩端土阻力是否充分发挥的一个重要信息，因此，实测桩的贯入度是十分必要的，这一工作常常被忽略。在现场检测时若发现单击贯入度较大时，必须进行实测。桩的贯入度除采用精密水准仪等仪器测定外，还可在距试桩4D外设置两根对称基准桩，拉测量试桩贯入度的弦线，并在桩侧标上测量基线进行量测。

6.3.1 锤击装置垂直、锤击平稳对中、桩头加固和加设桩垫，是为了减小锤击偏心和避免击碎桩头；在距桩顶规定的距离下的合适部位对称安装传感器，是为了减小锤击在桩顶产生的应力集中和对偏心进行补偿。所有这些措施都是为保证测试信号质量提出的。

其中选择合适的桩垫的作用主要有两个：一是起到滤波器的作用，可滤掉锤击力的高频分量，同时使锤击力分布均匀，将锤击能量更有效地传递到桩上；二是缓冲锤击力，保护桩头，使桩头不易打碎。桩垫材料可用胶合板、木板和纤维板等，质地要干，不能用湿板作桩垫。桩垫的厚度选择合适，桩垫过厚，滤掉的锤击力太多，降低锤击能量的传递，使桩贯入困难；桩垫过薄，则起不到作用。桩垫厚度一般取10～30 mm，可根据经验来定。锤重较轻或锤击落距较低时，选用较薄的桩垫；锤重较重或锤击落距较高时，选用较厚的桩垫。桩垫厚度也可根据第一锤的波形加以调整。桩垫尺寸可略大于桩顶截面尺寸。

6.3.2 采样时间间隔为100 μs，对常见的铁路基桩是合适的。但对于超长桩，例如桩长超过60 m，采样时间间隔可放宽为200 μs，当然也可增加采样点数。

测点下桩长是指桩头传感器安装点至桩底的距离，一般不包括桩尖部分。

对于混凝土预制桩，桩身波速取决于混凝土的骨料品种、粒径级配、制造工艺及龄期，其值变化范围大多为3 800～4 500 m/s。也可在沉桩前实测无缺陷桩的桩身平均波速作为设定值，但一般情况下，此波速要比沉桩后的波速略高。

6.3.3 高应变试验成功的关键是信号质量以及信号中的信息是否充分。所以应根据每锤信号质量以及动位移、贯入度和大致的土阻力发挥情况，初步判别采集到的信号是否满足检测目的的要求。同时，也要检查混凝土桩锤击拉、压应力和缺陷程度大小，以决定是否进一步锤击，以免桩头或桩身受损。自由落锤锤击时，锤的落距应由低到高；打入式预制桩则按每次采集一阵（10击）的波形进行判别。

根据波动理论分析：若视锤为一刚体，则桩顶的最大锤击应力只与锤冲击桩顶时的初速有关，落距越高，锤击应力和偏心越大，越容易击碎桩头。轻锤高击并不能有效提高桩锤传递给桩的能量和增大桩顶位移，因为力脉冲作用持续时间不仅与锤垫有关，还主要与锤重有关；锤击脉冲越窄，波传播的不均匀性，即桩身受力和运动的不均匀性（惯性效应）越明显，实测波形中土的动阻力影响加剧，而与位移相关的静土阻力呈明显的分段发挥态势，使承载力的测试分析误差增加。因此，"重锤低击"是保障高应变法检测承载力准确性的基本原则。

锤击落距与锤重是相辅相成的。在锤重得到保证的情况下，锤击落距不宜过高。一般情况下,应控制落距在2.0 m以内就能产生足够的冲击能量,否则应增加锤重。在条件容许时尽量采用重锤低击。对桩身质量较差的桩,锤重宜取上限而落高宜取得更低一些为好。现场测试时锤击落距一般在1.0~2.0 m之间,重锤低击的效果较好。锤重和落高的选择还应满足贯入度的要求,即单击贯入度不宜小于2.0 mm,但也不要大于6.0 mm。贯入度过小,不能充分激发土阻力;贯入度过大,易引起实测波形失真。

当检测仅为检验桩的完整性时,宜减轻锤重,降低落距,减少锤垫厚度,以便能测到明显的桩底反射信号。

检测工作现场情况复杂,经常产生各种不利影响。为确保采集到可靠的数据,检测人员应能正确判断波形质量,熟练地诊断测量系统的各类故障,排除干扰因素。

6.3.4 贯入度的大小与桩尖刺入或桩端压密塑性变形量相对应,是反映桩侧、桩端土阻力是否充分发挥的一个重要信息。贯入度小,使检测得到的承载力低于极限值。本条是从保证承载力分析计算结果的可靠性出发,给出的贯入度合适范围,不能片面理解成在检测中应减小锤重使单击贯入度不超过6 mm。贯入度大且桩身无缺陷的波形特征是$2L/c$处桩底反射强烈,其后的土阻力反向或桩的回弹不明显。贯入度过大造成的桩周土扰动大,高应变承载力分析所用的土的力学模型,对真实的桩—土相互作用的模拟接近程度变差。据国内发现的一些实例和国外的统计资料:贯入度较大时,采用常规的理想弹塑性土阻力模型进行实测曲线拟合分析,不少情况下预示的承载力明显低于静载试验结果,统计结果离散性很大。而贯入度较小,甚至桩几乎未被打动时,静动对比的误差相对较小,且统计结果的离散性也不大。若采用考虑桩端土附加质量的能量耗散机制模型修正,与贯入度小时的承载力提高幅度相比,会出现难以预料的承载力成倍提高。原因是:桩底反射强意味着桩端的运动加速度和速度强烈,附加土质量产生的惯性力和动阻力恰好分别与加速度和速度成正比。对于长细比较大、摩阻力较强的摩擦型桩,上述效应就不会明显。此外,6 mm贯入度只是一个统计参考值。

6.4.1 本条包含以下几方面内容:

(1)理想的高应变波形信号应具有以下特点:

① 力和速度的时程一致,上升峰值前二者重合,峰值后二者协调,力曲线应在速度曲线之上(除非桩身有缺陷),两曲线间距离随桩侧土阻力增加而增大,其差值等于相应深度的总阻力值,能真实反映桩周土阻力的实际情况;

② 力和速度时程曲线最终归零;

③ 锤击没有严重偏心,对称的两个力或速度传感器的测试信号不应相差太大,两组力信号不出现受拉;

④ 波形平滑,无明显高频干扰杂波,桩底反射明显;

⑤ 有足够的采样长度。保证曲线拟合时间段长度不少于$5L/c$,并在$2L/c$时刻后延续时间不小于20~30 ms;

⑥ 贯入度适中,一般单击贯入度不宜小于2 mm,也不宜大于6 mm。

(2)从测试锤击信号中选取分析有用信号时,除要考虑有足够的锤击能量使桩周岩土阻力充分发挥外,还应注意下列问题:

① 连续打桩时桩周土的扰动及残余应力;

② 锤击使缺陷进一步发展或拉应力使桩身混凝土产生裂隙;

③ 在桩易打或难打以及长桩情况下,速度基线修正带来的误差;

④ 对桩垫过厚和柴油锤冷锤信号,加速度测量系统的低频特性所造成的速度信号误差或严重失真。

(3)可靠的信号是得出正确分析计算结果的基础。除柴油锤施打的长桩信号外,力的时程曲线应最终归零。对于混凝土桩,高应变测试信号质量不但受传感器安装好坏、锤击偏心程度和传感器安装面处混凝土是否开裂的影响,也受混凝土的不均匀性和非线性的影响。这种影响对应变式传感器测得的力信号尤其敏感。混凝土的非线性一般表现为:随应变的增加,弹性模量减小,并出现塑性变形,使根据应变换算到的力值偏大且力曲线尾部不归零。本规程所指的锤击偏心相当于两侧力信号之一与力平均值之差的绝对值超过平均值的33%。通常锤击偏心很难避免,因此严禁用单侧力信号代替平均力信号。

(4)桩底反射明显时,桩身平均波速也可根据速度波形第一峰起升沿的起点和桩底反向峰的起点之间的时差与已知桩长值确定。对桩底反射峰变宽或有水平裂缝的桩,不应根据峰与峰间的时差来确定平均波速。桩较短且锤击力波上升缓慢时,可采用低应变法确定平均波速。

(5)通常,当平均波速按实测波形改变后,测点处的原设定波速也按比例线性改变,模量则应按平方的比例关系改变。当采用应变式传感器测力时,多数仪器并非直接保存实测应变值,如有些是以速度($v=c\cdot\varepsilon$)的单位存储。若模量随波速改变后,仪器不能自动修正以速度为单位存储的力值,则应对原始实测力值校正。

(6)在多数情况下,正常施打的预制桩,力和速度信号第一峰应基本成比例。但以下几种情况下会引起力和速度信号第一峰比例失调:

① 桩浅部阻抗变化;

② 桩浅部侧土阻力很大;

③ 采用应变式传感器测力时,测点处混凝土的非线性造成力值明显偏高;

④ 锤击力波上升缓慢或桩很短时,土阻力波或桩底反射波的影响;

⑤ 锤垫过厚。

除第③种情况减小力值,可避免计算的承载力过高外,其他情况的随意比例调整均是对实测信号的歪曲,并产生虚假的结果。因此,禁止将实测力或速度信号重新标定。这一点必须引起重视,因为有些仪器具有比例自动调整功能。

6.4.2 高应变分析计算结果的可靠性高低取决于动测仪器、分析软件和人员素质三个要素。其中起决定作用的是具有坚实理论基础和丰富实践经验的高素质检测人员。高应变法之所以有生命力,表现在高应变信号不同于随机信号的可解释性——即使不采用复杂的数学计算和提炼,只要检测波形质量有保证,就能定性地反映桩的承载性状及其他相关的动力学问题。

6.4.3 实测曲线拟合法承载力分析结果的精度和可靠性要比凯司法高。由于现代计算机速度的提高,拟合操作时间已大为缩短,所以本规程推荐采用拟合法进行结果分析

6.4.4 凯司法采用理想刚塑性力学模型。模型中假设全部动阻力集中在桩端。定义动阻力为:

$$R_d = J_c \cdot Z \cdot v_b(t_1 + L/C)$$

式中,Z 是桩身阻抗;$v_b(t_1+L/C)$是桩端速度。

按 CASE 法的假定,动阻力只与桩端速度和桩端岩土的黏滞阻尼特性有关,即与地区岩土特性有关。公式中的唯一未知数——凯司法无量纲阻尼系数 J_c 定义为仅与桩端土

性有关，一般遵循随土中细粒含量增加阻尼系数增大的规律。J_c 的取值是否合理在很大程度上决定了计算承载力的准确性。所以，缺乏同条件下的静动对比校核，或大量相近条件下的对比资料时，将使其使用范围受到限制。最近几年，随着高应变动测技术研究的深入和测试经验的积累，许多技术人员对传统理论认为 J_c 值只和桩端土特性有关的看法提出了异议，现在，越来越多的人认为，J_c 值就像是一个静载试验结果与 CASE 法动测结果的经验比例系数，桩端土质特性仅供参考。为防止凯司法的不合理应用，规定应采用静动对比或实测曲线拟合法校核 J_c 值。

由于式(6.4.4—1)给出的 R_c 值与位移无关，仅包含 $t_2=(t_1+2L/c)$ 时刻之前所发挥的土阻力信息，通常除桩长较短的摩擦型桩外，土阻力在 $2L/c$ 时刻不会充分发挥，尤以端承型桩显著。所以，需要采用将 t_1 延时求出承载力最大值的最大阻力法（RMX 法），对与位移相关的土阻力滞后 $2L/c$ 发挥的情况进行提高修正。

桩身在 $2L/c$ 之前产生较强的向上回弹，使桩身从顶部逐渐向下产生土阻力卸载（此时桩的中下部土阻力属于加载）。这对于桩较长、摩阻力较大而荷载作用持续时间相对较短的桩较为明显。因此，需要采用将桩中上部卸载的土阻力进行补偿提高修正的卸载法（RSU 法）。

RMX 法和 RSU 法判定承载力，体现了高应变法波形分析的基本概念——应充分考虑与位移相关的土阻力发挥状况和波传播效应，这也是实测曲线拟合法的精髓所在。另外，还有几种凯司法的子方法可在积累了成熟经验后采用。它们是：

（1）在桩尖质点运动速度为零时，动阻力也为零，此时有两种与 J_c 无关的计算承载力“自动”法，即 RAU 法和 RA2 法。前者适用于桩侧阻力很小的情况，后者适用于桩侧阻力适中的场合。

（2）通过延时求出承载力最小值的最小阻力法（RMN 法）。

6.4.5 实测曲线拟合法分析是通过波动问题数值计算，反演确定桩和土的力学模型及其参数值的分析方法。分析是以高应变动力试桩实测到的力或速度（也可以是上、下行波）数据作为输入边界条件，按照一定力学模型，假设一组桩、土参数，通过数值方法解波动方程，拟合计算出桩顶速度的速度、力（或下、上行波）。然后比较计算曲线和实测曲线是否吻合，以确定所选的参数是否合理，如果不吻合，需再调整参数再进行拟合计算，直到计算曲线与实测曲线满足一定的拟合质量系数为止。此时可以得出一组拟合出来的桩的静态承载力、桩侧和桩端的阻力大小和分布以及模拟静载试验的 $Q—s$ 试验曲线等。这种拟合计算由专门的计算程序执行。目前在国内外应用最广范的拟合计算程序是由美国 PDI－GRL 联合公司研究开发的 CAPW APC 程序，其中文全称为 CASE 基桩波动方程分析程序。曲线拟合法分析克服高应变动力试桩 CASE 法的几个不足：(1)桩土力学模型过于简化。(2)CASE 法桩端阻尼系数 J_c 的取值难以把握。(3)CASE 法无法得到桩侧和桩端的阻力分布。(4)CASE 法无法对试桩的桩身阻抗变化进行模拟。该技术自问世以来，已经在世界上许多国家得到应用。从原理上来说，曲线拟合法是高应变法测桩中确定承载力最为合理和准确的分析方法。其关键技术具体阐述如下：

1 桩土力学模型：(1)桩侧和桩端土采用理想的弹—塑性模型。在加载阶段，土体变形小于或等于最大弹性位移时，土体在弹性范围工作。变形超过最大弹性位移后，进入理想塑性变形阶段，静阻力达到最大值后不再随位移增加而变化。对于卸载阶段，同样要规定卸载路径的斜率和卸荷最大弹性位移值。(2)桩侧和桩端土的动阻力模型采用与桩单元运动速度成正比的线性黏滞阻尼模型。(3)桩的力学模型采用连续一维杆件模型，单元划分采用等时单元(实际为连续模型或特征线法求解的单元划分模式)，即应力波通过每个桩单元的时间相等。(4)桩单元除考虑 A、E、c 等参数外，也可考虑桩身结构阻尼和裂隙模型。另外，也可考虑桩端的缝隙、开口桩或异形桩的土塞、残余应力影响和辐射阻尼等。(5)所用模型的物理力学概念应明确，参数取值应取限定；避免采用可使承载力计算结果产生较大变异的桩—土模型及参数。

2 本款考虑两点原因：一是自由落锤产生的力脉冲持续时间通常不超过 20 ms(除非采用很重的落锤)，但柴油锤信号在主峰过后的尾部仍能产生较长的低幅值延续；二是与位移相关的总静阻力一般会不同程度地滞后于 $2L/c$ 发挥，当端承型桩的端阻力发挥所需位移很大时，土阻力发挥将产生严重滞后，因此规定 $2L/c$ 后延时足够的时间，使曲线拟合能包含土阻力响应区段的全部土阻力信息。

3 拟合时应根据波形特征，结合施工和地质条件合理确定桩土参数取值。因为拟合所用的桩土参数的数量和类型繁多，参数各自和相互间耦合的影响非常复杂，而拟合结果并非唯一解，需通过综合比较判断进行取舍。正确判断取舍条件的要点是参数取值应在岩土工程的合理范围内。

4 为防止土阻力未充分发挥时的承载力外推，设定的最大弹性位移值不应超过对应单元的最大计算位移值。若桩、土间相对位移不足以使桩周岩土阻力充分发挥，则给出的承载力结果只能验证岩土阻力发挥的最低程度。

5 土阻力响应区是指波形上呈现的静土阻力信息较为突出的时间段。所以本条特别强调此区段的拟合质量，避免只重波形头尾，忽视中间土阻力响应区段拟合质量的错误做法，并通过合理的加权方式计算总的拟合质量系数，突出其影响。

拟合收敛标准：拟合分析计算过程的收敛标准常用计算曲线和实测曲线的拟合程度来评定。拟合程度用拟合质量系数 MQN 来衡量。MQN 值是根据实测曲线和计算曲线在四个区段的拟合差值计算出来的。另外，还常常用的计算得到的贯入锤的击数与实测贯入锤击数进行比较，来校核计算过程的收敛情况。

6 贯入度的计算值与实测值是否接近，是判断拟合选用参数、特别是最大弹性位移值是否合理的辅助指标。

6.4.6 当出现本条所述三款情况之一时，因高应变法难以分析判定承载力和预示桩身结构破坏的可能性，建议采取验证检测。

6.4.7 高应变法检测桩身完整性具有锤击能量大，可对缺陷程度定量计算，连续锤击可观察缺陷的扩大和逐步闭合情况等优点。但和低应变法一样，检测的仍是桩身阻抗变化，一般不宜判定缺陷性质。在桩身情况复杂或存在多处阻抗变化时，可优先考虑用实测曲线拟合法判定桩身完整性。

式(6.4.7—1)适用于截面基本均匀桩的桩顶下第一个缺陷的程度定量计算。当有轻微缺陷，并确认为水平裂缝(如预制桩的接头缝隙)时，裂缝宽度 δ_w 可按下式计算：

$$\delta_w = \frac{1}{2}\int_a^{t_b}\left(V - \frac{F - R_x}{Z}\right)\cdot \mathrm{d}t$$

6.4.8 采用实测曲线拟合法分析桩身扩径、桩身截面渐变或多变的情况，应注意合理选择土参数。

高应变法锤击的荷载上升时间一般不小于 2 ms，因此对桩身浅部缺陷位置的判定存在盲区，也无法根据式（6.4.7—1）来判定缺陷程度。只能根据力和速度曲线的比例失调程度来估计浅部缺陷程度，不能定量给出缺陷的具体部位，尤其是锤击力波上升非常缓慢时，还大量耦合有土阻力的影响。对浅部缺陷桩，宜用低应变法检测并进行缺陷定位。

6.4.9 桩身锤击拉应力是混凝土预制桩施打抗裂控制的重要指标。在深厚软土地区，打桩时侧阻和端阻虽小，但桩很长，桩锤能正常爆发起跳，桩底反向回来的上行拉力波的头部（拉应力幅值最大）与下行传播的锤击压力波尾部迭加，在桩身某一部位产生净的拉应力。当拉应力强度超过混凝土抗拉强度时，引起桩身拉裂。开裂部位一般发生在桩的中上部，且桩愈长或锤击力持续时间愈短，最大拉应力部位就愈往下移。

7.1.1 单桩抗压静载试验是公认的检测基桩竖向抗压承载力最直观、最传统的方法。本规程主要是针对我国铁路工程中惯用的慢速维持荷载法进行了技术规定。

铁路工程基桩多为长大桩，设计荷载大且多处于复杂地理环境，传统的静载方法难于适应。因此，一种新的静载试验方法——自平衡法应运而生。与传统的静载方法不同，不需要大型反力设备，通过在桩身下部（或底部）埋设加载箱测量压力、位移来完成静载试验。对于设计荷载大、地理环境复杂的桩，可采用自平衡法试验。

7.2.1 为防止加载偏心，千斤顶的合力中心应与反力装置的重心、桩轴线重合，并保证合力方向垂直。

7.2.3 采用荷重传感器（直接方式）和油压表（间接方式）两种荷载测量方式的区别在于：前者采用荷重传感器测力，不需考虑千斤顶活塞摩擦对出力的影响；后者需通过率定换算千斤顶出力。同型号千斤顶在保养正常状态下，相同油压时的出力相对误差约为1%～2%，非正常时可高达5%。采用传感器测量荷重或油压，容易实现加卸荷与稳压自动化控制，且测量精度较高。采用压力表测定油压时，为保证测量精度，其精度等级应优于或等于0.4级，不得使用1.5级压力表控制加载。当油路工作压力较高时，有时出现油管爆裂、接头漏油、油泵加压不足造成千斤顶出力受限、压力表线性度变差等情况，因此应选用耐压高、工作压力大和量程大的油管、油泵和压力表。

7.2.4 对于机械式大量程（50 mm）百分表，《大量程百分表》（JJG 379）规定的1级标准为：全程示值误差和回程误差分别不超过40 μm和8 μm，相当于满量程测量误差不大于0.1% FS。沉降测定平面应在千斤顶底座承压板以下的桩身位置，即不得在承压板上或千斤顶上设置沉降观测点，避免因承压板变形导致沉降观测数据失实。基准桩应打入地面以下足够的深度，一般不小于1 m。基准梁应一端固定，另一端简支，这是为减少温度变化引起的基准梁挠曲变形。在满足本规程第7.2.5条的规定条件下，基准梁不宜过长，并应采取有效遮挡措施，以减少温度变化和刮风下雨的影响，尤其在昼夜温差较大且白天有阳光照射时更应注意。

7.2.5 在试桩加卸载过程中，荷载将通过锚桩（地锚）、压重平台支墩传至试桩、基准桩周围地基土并使之变形。随着试桩、基准桩和锚桩（或压重平台支墩）三者间相互距离缩小，地基土变形对试桩、基准桩的附加应力和变位影响加剧。

7.3.1 本条明确规定为设计提供依据的静载试验应加载至破坏，即试验应进行到能判定单桩极限承载力为止。对于以桩身强度控制承载力的端承型桩，当设计另有规定时，应从其规定。

7.3.2 本条是为使试桩具有代表性而提出的。

为便于沉降测量仪表安装，试桩顶部宜高出试坑地表；为使试验桩受力条件与设计条件相同,试坑地面宜与承台底标高一致。对于工程桩验收检测,当桩身荷载水平较低时,允许采用高标号水泥砂浆将桩顶抹平的简单桩头处理方法。

为避免因锚桩质量问题而导致试桩失败或中途停顿,建议在试桩前对灌注桩及混凝土预制桩进行完整性检测,大致确定其能否作锚桩使用。

7.3.3~7.3.4　慢速维持荷载法是我国公认,且已沿用多年的标准试验方法,也是铁路工程桩竖向抗压承载力验收检测的唯一标准试验方法。

7.3.7　测试桩侧阻力和桩端阻力时,测试数据的测读时间宜符合本规程第7.3.4条的规定。当采用人工读数时,可在每级加载后15 min及加载结束前各测读一次。

7.4.1　除Q—s、s—$\lg t$曲线外,还有s—$\lg Q$曲线。同一工程的一批试桩曲线应按相同的沉降纵坐标比例绘制,满刻度沉降值不宜小于40 mm,使结果直观、便于比较。

7.4.3　本规程单桩竖向抗压承载力的统计按《建筑地基基础设计规范》(GB 50007)的规定执行。也有根据统计承载力标准差大于15%时,采用极限承载力标准值折减系数的修正方法。实际操作中对桩数大于等于4根时,折减系数的计算比较繁琐,且静载检测本身是通过小样本来推断总体,样本容量愈小,可靠度愈低,而影响单桩承载力的因素复杂多变。当一批受检桩中有一根桩承载力过低,若恰好不是偶然原因造成,则该验收批一旦被接受,就会增加使用方的风险。因此规定极差超过平均值的30%时,首先应分析、查明原因,结合工程实际综合确定。应查明是否出现桩的质量问题或场地条件变异。若低值承载力出现的原因并非偶然的施工质量造成,则按本例依次去掉高值后取平均,直至满足极差不超过30%的条件。此外,对桩数小于或等于3根的柱下承台,或试桩数量仅为2根时,应采用低值,对于仅通过少量试桩无法判明极差大的原因时,可增加试桩数量。

7.4.4　《建筑地基基础设计规范》(GB 50007)规定的单桩竖向抗压承载力特征值是按单桩竖向抗压极限承载力统计值除以安全系数2得到的,综合反映了桩侧、桩端极限阻力控制承载力特征值的低限要求。

7.4.5　本条对检测报告中应包含的一些内容作了规定,避免检测报告过于简单,同时也有利于委托方、设计及检测部门对报告的审查和分析。

8.1.1　单桩竖向抗拔静载试验是检测单桩竖向抗拔承载力最直观、可靠的方法。与本规程中抗压静载试验一样,拔桩试验也是采用了国内外惯用的慢速维持荷载法。

8.2.1　本条的要求基本同第7.2.1条。因拔桩试验时千斤顶安放在反力架上面,当采用2台以上千斤顶加载时,应采取一定的安全措施,防止千斤顶倾倒或其他意外事故发生。

8.2.2　当采用天然地基作反力时,两边支座处的地基强度应相近,且两边支座与地面的接触面积宜相同,避免加载过程中两边沉降不均造成试桩偏心受拉。为保证反力梁的稳定性,应注意反力桩顶面直径(或边长)不小于反力架的梁宽。

8.2.3~8.2.5　这三条基本参照本规程第7.2.3条~第7.2.5条执行,但应注意以下两点:

(1)桩顶上拔量测量平面必须在桩身位置,严禁在混凝土桩的受拉钢筋上设置位移观测点,避免因钢筋变形导致上拔量观测数据失实。

(2)在采用天然地基提供支座反力时,拔桩试验加载相当于给支座处地面加载。支座附近的地面也因此会出现不同程度的沉降。荷载越大,这种变形越明显。为防止支座处地基沉降对基准梁的影响,一是应使基准桩与支座、试桩各自之间的间距满足第7.2.5条的规定,二是基准桩需打入试坑地面以下一定深度(一般不小于1 m)。

8.3.2 本条包含以下三个方面内容：

(1)在拔桩试验前，对混凝土灌注桩及有接头的预制桩采用低应变法检查桩身质量，目的是防止因试验桩自身质量问题而影响抗拔试验成果。

(2)对抗拔试验的钻孔灌注桩在浇注混凝土前进行成孔检测，目的是查明桩身有无明显扩径现象或出现扩大头，因这类桩的抗拔承载力缺乏代表性，特别是扩大头桩及桩身中下部有明显扩径的桩，其抗拔极限承载力远远高于长度和桩径相同的非扩径桩，且相同荷载下的上拔量也有明显差别。

(3)对有接头的 PHC、PTC 和 PC 管桩应进行接头抗拉强度验算。对电焊接头的管桩除验算其主筋强度外，还要考虑主筋墩头的折减系数以及管节端板偏心受拉时的强度及稳定性。墩头折减系数可按有关规范取 0.92，而端板强度的验算则比较复杂，可按经验取一个较为安全的系数。

8.3.3 单桩竖向抗拔静载试验宜采用慢速维持荷载法。需要时，也可采用多循环加、卸载方法。

8.3.4 本条规定出现所列四种情况之一时，可终止加载。但若在较小荷载下出现某级荷载的桩顶上拔量大于前一级荷载下的 5 倍时，应综合分析原因。若是试验桩，必要时可继续加载，因混凝土桩当桩身出现多条环向裂缝后，其桩顶位移可能会出现小的突变，而此并非达到桩侧土的极限抗拔力。

8.4.1 拔桩试验与压桩试验一样，一般应绘制 U—δ 曲线和 δ—lg$t$ 曲线，但当上述二种曲线难以判别时，也可以辅以 δ—lg$U$ 曲线或 lg$U$—lgδ 曲线，以确定拐点位置。

8.4.2 本条前两款确定的抗拔极限承载力是土的极限抗拔阻力与桩(包括桩向上运动所带动的土体)的自重标准值两部分之和。第 3 款所指的"断裂"是因钢筋强度不够情况下的断裂。如果因抗拔钢筋受力不均匀，部分钢筋因受力太大而断裂，应视该桩试验无效并进行补充试验，不能将钢筋断裂前一级荷载作为极限荷载。

8.4.4 工程桩验收检测时，混凝土桩抗拔承载力可能受抗裂或钢筋强度制约，而土的抗拔阻力尚未发挥到极限，一般取最大荷载或取上拔量控制值对应的荷载作为极限荷载，不能轻易外推。

8.4.5 按统计的试桩竖向抗拔极限承载力确定单桩竖向抗拔承载力特征值 U_a 时取安全系数为 2，显然只与极限抗拔承载力按土的极限抗拔阻力控制的情况对应。

9.1.1 桩的水平承载力静载试验除了桩顶自由的单桩试验外，还有带承台桩的水平静载试验(考虑承台的底面阻力和侧面抗力，以便充分反映桩基在水平力作用下的实际工作状况)、桩顶不能自由转动的不同约束条件及桩顶施加垂直荷载等试验方法，也有循环荷载的加载方法。这些都可根据设计的特殊要求给予满足，并参考本方法进行。

9.1.2 桩的抗弯能力取决于桩和土的力学性能、桩的自由长度、抗弯刚度、桩宽、桩顶约束等因素。试验条件应尽可能和实际工作条件接近，将各种影响降低到最小的程度，使试验成果能尽量反映工程桩的实际情况。通常情况下，试验条件很难做到和工程桩的情况完全一致，此时应通过试验桩测得桩周土的地基反力特性，即地基土的水平抗力系数。它反映了桩在不同深度处桩侧土抗力和水平位移之间的关系，可视为土的固定特性。根据实际工程桩的情况(如不同桩顶约束、不同自由长度)，用它确定土抗力大小，进而计算单桩的水平承载力和弯矩。因此，通过试验求得地基土的水平抗力系数具有更实际、更普遍的意义。

9.2.3 水平力作用点位置高于基桩承台底标高，试验时在相对承台底面处产生附加弯矩，影响测试结果，也不利于将试验成果根据实际桩顶的约束予以修正。球形支座的作用是在试验过程中，保持作用力的方向始终水平和通过桩轴线，不随桩的倾斜或扭转而改变。

9.2.6 为保证各测试断面的应力最大值及相应弯矩的测量精度，试桩设置时应严格控制测点的纵剖面与力作用方向之间的偏差。对承受水平荷载的桩而言，桩的破坏是由于桩身受弯矩引起的结构破坏。因此对中长桩而言，浅层土的性质起了重要作用，在这段范围内的弯矩变化也最大。为找出最大弯矩及其位置，应加密测试断面。

9.3.2 单向多循环加载法，主要是为了模拟实际结构的受力形式。由于结构物承受的实际荷载异常复杂，所以当需考虑长期水平荷载作用影响时，宜采用第7章规定的慢速维持荷载法。由于单向多循环荷载的施加会给内力测试带来不稳定因素，为方便测试，建议采用第7章规定的慢速维持荷载法。

9.3.4 对抗弯性能较差的长桩或中长桩而言，承受水平荷载桩的破坏特征是弯曲破坏，即桩身发生折断，此时试验自然终止。在工程桩水平承载力验收检测中，终止加荷条件可按设计要求或规程规定的水平位移允许值控制。

9.4.1 本条中的地基土水平抗力系数随深度增长的比例系数 m 值的计算公式仅适用于水平力作用点至试坑地面的桩自由长度为零时的情况。按桩、土相对刚度不同，水平荷载作用下的桩—土体系有两种工作状态和破坏机理，一种是“刚性短桩”，因转动或平移而破坏，相当于 $\alpha h<2.5$ 时的情况；另一种是工程中常见的“弹性长桩”，桩身产生挠曲变形，桩下段嵌固于土中不能转动，即本条中 $\alpha h\geqslant4.0$ 的情况。在 $2.5\leqslant\alpha h<4.0$ 范围内，称为“有限长度的中长桩”。《建筑桩基技术规范》对中长桩的 v_y 变化给出了具体数值（见说明表9.4.1）。因此，在按式(9.4.1—1)计算 m 值时，应先试算 αh 值，以确定 αh 是否大于或等于4.0，若在2.5~4.0范围以内，应调整 v_y 值重新计算 m 值。当 $\alpha h<2.5$ 时，式(9.4.1—1)不适用。

试验得到的地基土水平抗力系数的比例系数 m 不是一个常量，而是随地面水平位移及荷载而变化的曲线。

说明表 9.4.1 桩顶水平位移系数 v_y

桩的换算埋深	4.0	3.5	3.0	2.8	2.6	2.4
桩顶自由或铰接时的值 v_y	2.441	2.502	2.727	2.905	3.163	3.526

注：当 $\alpha h>4.0$ 时取 $\alpha h=4.0$。

9.4.3 对于混凝土长桩或中长桩，随着水平荷载的增加，桩侧土体的塑性区自上而下逐渐开展扩大，最大弯矩断面下移，最后形成桩身结构的破坏。所测水平临界荷载 H_{cr} 为桩身产生开裂前所对应的水平荷载。因为只有混凝土桩才会产生开裂，故只有混凝土桩才有临界荷载。

9.4.4 单桩水平极限承载力是对应于桩身折断或桩身钢筋应力达到屈服时的前一级水平荷载。

9.4.6~9.4.7 单桩水平承载力特征值除与桩的材料强度、截面刚度、入土深度、土质条件、桩顶水平位移允许值有关外，还与桩顶边界条件（嵌固情况和桩顶竖向荷载大小）有关。由于铁路工程的基桩桩顶嵌入承台长度通常较短，其与承台连接的实际约束条件介于固接与铰接之间，这种连接相对于桩顶完全自由时可减少桩顶位移，相对于桩顶完全固接时降低桩顶约束弯矩并重新分配桩身弯矩。如果桩顶完全固接，水平承载力按位移控制时，是桩顶自由时的 2.60 倍；对较低配筋率的灌注桩按桩身强度（开裂）控制时，由于桩顶弯矩的增加，水平临界承载力是桩顶自由时的 0.83 倍。如果考虑桩顶竖向荷载作用，混凝土桩的水平承载力将会产生变化，桩顶荷载是压力，其水平承载力增加，反之减小。

桩顶自由的单桩水平试验得到的承载力和弯矩仅代表试桩条件的情况，要得到符合实际工程桩嵌固条件的受力特性，需将试桩结果转化，而求得地基土水平抗力系数是实现这一转化的关键。考虑到水平荷载—位移关系的非线性且 m 值随荷载或位移增加而减小，有必要给出 H—m 和 Y_0—m 曲线并按以下考虑确定 m 值。

（1）可按设计给出的实际荷载或桩顶位移确定 m 值。

（2）设计未做具体规定的，可取本规程第 9.4.6 条或第 9.4.7 条确定的水平承载力特征值对应的 m 值；对低配筋率灌注桩，水平承载力多由桩身强度控制，则应按试验得到的 H—m 曲线取水平临界荷载所对应的 m 值；对于高配筋率混凝土桩或钢桩，水平承载力按允许位移控制时，可按设计要求的水平允许位移选 m 值。

与竖向抗压、抗拔桩不同，混凝土桩在水平荷载作用下的破坏模式一般为弯曲破坏，极限承载力由桩身强度控制。所以，本规程第 9.4.6 条在确定单桩水平承载力特征值 H_a 时，未采用按试桩水平极限承载力除以安全系数的方法，而按照桩身强度、开裂或允许位移等控制因素来确定 H_a。不过，也正是因为水平承载桩的承载能力极限状态主要受桩身强度制约，通过试桩给出极限承载力和极限弯矩对强度控制设计是非常必要的。抗裂要求不仅涉及桩身强度，也涉及桩的耐久性。本规程第 9.4.7 条虽允许按设计要求的水平位移确定水平承载力，但根据《混凝土结构设计规范》(GB 50010)，只有裂缝控制等级为三级的构件，才允许出现裂缝，且桩所处的环境类别至少是二级以上（含二级），裂缝宽度限 0.2 mm。因此，当裂缝控制等级为一、二级时，按本规程第 9.4.7 条确定的水平承载力特征值就不应超过水平临界荷载。

10.1.1 钻芯法是一种微破损或局部破损检测方法，可以检测桩身混凝土质量、强度，可准确检测施工桩长、桩底沉渣厚度和桩端持力层岩土性状及厚度。

10.2.1 钻芯设备应具有产品合格证。钻机宜采用岩芯钻探的液压钻机，并配有相应的钻塔和牢固的底座，机械技术性能良好，不得使用立轴旷动过大的钻机。孔口管、扶正稳定器（又称导向器）及可捞取松软渣样的钻具应根据需要选用。桩较长时，应使用扶正稳定器确保钻芯孔的垂直度。

10.2.2 为了保证芯样质量，除采用符合要求的钻芯机外，还应采用金刚石钻头和符合现行国家专业标准《人造金刚石薄壁钻头》要求的钻头进行取样。如钻头胎体有裂缝、缺边、少角、倾斜及喇叭口变形或径向跳动过大，不仅降低钻头寿命，而且会影响钻芯质量。

10.2.3 为了把芯样加工成符合试验要求的芯样试件，宜采用锯切方法。芯样必须用夹紧装置固定。锯切用的锯片，也应采用人造金刚石锯片。

10.2.4 芯样试件进行抗压强度试验时，对端面平整度及垂直度有很高的要求。为保证芯样的补平效果，满足平整度及垂直度的要求，应采用专用的补平器和磨平机。

10.2.5 为了保证钻芯机、锯切机等设备的正常工作，除了应定期进行检修外，每次钻芯工作结束后，都应及时卸下钻头、胀卡等部件，擦去污物水渍，并应在齿条、导轨等处涂油防锈。

10.3.1　混凝土桩在浇注混凝土时存在浇捣不均，不同深度或同一深度的不同位置混凝土浇捣质量可能不同，合理布置孔位，才能客观反映桩身混凝土的实际情况。考虑成孔的垂直度和钻芯孔的垂直度很难控制以及导管附近的混凝土质量相对较差、不具有代表性，规程给出了钻芯取样的孔位布置。每根桩至少有1个孔钻到桩底。

桩端持力层岩土性状的准确判断直接关系到受检桩的使用安全。《建筑地基基础设计规范》（GB 50007）规定：嵌岩灌注桩要求按端承桩设计，桩端以下3倍桩径范围内无软弱夹层、断裂破碎带和洞隙分布，在桩底应力扩散范围内无岩体临空面。

10.3.2　设备安装后，应进行试运转，在确认正常后方能开钻。如果发现芯样侧面有明显的波浪状磨痕，或芯样端面有明显磨痕，应检查塔座是否牢固稳定或重新调整钻头、扩孔器、卡簧的搭配。

10.3.3　桩顶面与钻机塔座距离大于2 m时，宜安装孔口管。开孔宜采用合金钻头、开孔深为0.3～0.5 m后安装孔口管，孔口管下入时应严格测量垂直度，然后固定。

10.3.4　钻芯机必须通过钻孔内循环水流，才能达到冷却钻头和排出混凝土碎屑的目的。钻进过程中，要随时观察冲洗液量和泵压的变化，正常泵压应为0.5～1.0 MPa，发现异常应查明原因，立即处理。

10.3.5　提钻卸取芯样时，应使用专门的自由钳拧卸钻头和扩孔器，确保芯样完整，严禁敲打卸样，因敲打可能导致芯样损坏。

10.3.6　钻至桩底及桩身缺陷位置时，为检测桩底沉渣厚度或桩身缺陷位置及程度，应采用减压、慢速钻进，若遇钻具突降，应即停钻，及时测量机上余尺，准确记录孔深及有关情况。当桩端持力层为强风化岩层或土层时，可采用干钻等适宜的钻芯方法和工艺钻取沉渣并测定沉渣厚度。

10.3.7　芯样取出后，应及时记录孔号、回次数、起至深度、块数、总块数、芯样质量的初步描述及钻进异常情况。

芯样钻取时，应对芯样混凝土、桩底沉渣、桩端持力层做详细编录。对桩身混凝土芯样的描述包括混凝土钻进深度，芯样连续性、完整性、胶结情况、表面光滑情况、断口吻合程度、混凝土芯样是否为柱状、骨料大小分布情况，气孔、蜂窝、麻面、沟槽、离析、破碎、夹泥、松散的情况，以及取样编号和取样位置。

对持力层的描述包括持力层钻进深度、岩土名称、芯样颜色、结构构造、裂隙发育程度、坚硬及风化程度，以及取样编号和取样位置。分层岩层应分层描述。

10.3.8　截取芯样试件之前，应对芯样及标识牌拍照。取芯现场的全部记录及芯样抗压记录一起存档。

10.3.9　钻芯取样评定合格后，应及时对基桩钻芯孔进行压力灌浆，保证结构正常工作。

10.4.1　混凝土桩应作为受力构件考虑，薄弱部位的强度（结构承载能力）能否满足使用要求，直接关系到结构安全。综合多种因素考虑，规定按上、中、下截取芯样试件的原则，同时对缺陷和多孔取样做了规定。

10.4.2　为保证岩石原始性状，选取的岩石芯样应及时包裹浸泡在水中，避免芯样受损；根据钻取芯样和岩石单轴抗压强度试验结果综合判断岩性。

10.4.3　芯样在锯切过程中，由于受到振动、夹持不紧、偏斜等原因的影响，芯样端面的平整度和垂直度有时不能满足试验要求，应采用专门的机具进行磨平或补平。补平的厚度对芯样抗压强度会产生一些影响，补平层愈厚强度愈低，因此，本规程对补平层厚度作出了限制。

10.4.4～10.4.5 芯样试件的直径、高度、垂直度、平整度均会对抗压强度试验结果产生影响，进行抗压强度试验时应对芯样几何尺寸进行测量，并符合相应的精度和偏差范围的要求。

为了避免试件强度的离散性偏大，应观察芯样侧面的表观混凝土粗骨料粒径，确保芯样试件平均直径大于3倍表观混凝土粗骨料最大粒径。

试件有裂缝或其他较大缺陷对芯样抗压强度有较大的影响，不能作为抗压试验的试件。

10.5.1 芯样试件抗压强度试验对压力机及承压板的精度要求和试验步骤，与圆柱体试件是相同的，应按现行国家标准《普通混凝土力学性能试验方法标准》(GB/T 50081)中圆柱体试件抗压强度试验的有关规定执行。

10.5.2 芯样试件抗压状态应根据基桩所处环境决定，试件宜在(20±5)℃的清水中浸泡40～48 h，从水中取出后立即进行抗压强度试验。关于芯样在水中的浸泡时间的规定，主要是为了使芯样试件中的含水量达到饱和。

10.5.3 在《铁路混凝土强度检验评定标准》(TB 10425)中，是以边长为150 mm立方体试块的强度作为混凝土强度验收与评定的标准，因此芯样强度必须换算成边长150 mm立方体试块的强度。

10.5.4～10.5.5 由于混凝土芯样试件抗压强度的离散性比混凝土标准试件大得多，采用《普通混凝土力学性能试验方法标准》(GB/T 50081)来计算每组混凝土芯样试件抗压强度代表值有时会出现无法确定代表值的情况，为了避免这种情况，取3个试件测值的算术平均值作为该组试件的强度值。

同一根桩有两个或两个以上钻芯孔时，应综合考虑各孔芯样强度来评定桩身承载力。取同一深度部位各孔芯样试件抗压强度的平均值作为该深度的混凝土芯样试件抗压强度代表值。

10.5.6 岩石芯样试件数量按每组芯样3个芯样试件进行抗压试验。当岩石芯样抗压强度试验仅仅是配合判断持力层岩性时，检测报告中可不给出岩石饱和单轴抗压强度标准值，只给出平均值；当需要确定岩石饱和单轴抗压强度标准值时，宜按《建筑地基基础设计规范》(GB 50007—2002)附录J执行。

10.6.1 在桩身受力过程中，桩身承载力受最薄弱部位的混凝土强度控制。因此，取受检桩中不同深度位置的混凝土芯样试件抗压强度代表值中的最小值为该桩混凝土芯样试件抗压强度代表值。

10.6.2 单桩的钻芯孔为两个或两个以上时，不应按单孔分别评定，而应按各个钻芯孔芯样质量综合评定受检基桩质量。如果不同钻芯孔的芯样在同一深度部位均存在缺陷时，桩身缺陷类别应判重些；如果不同钻芯孔的芯样在同一深度，只有1个孔存在缺陷，其他孔芯样良好，桩身缺陷类别应判轻些。

按芯样特征判定完整性和通过芯样试件抗压试验判定桩身强度是否满足设计要求在内容上相对独立。但是，除桩身裂隙外，根据芯样特征描述，不论缺陷属于哪种类型，都指明或相对表明桩身混凝土质量差，即存在低强度区这一共性。《建筑基桩检测技术规范》(JGJ 106—2003、J 256—2003)指出：

(1)蜂窝、麻面、沟槽、离析等缺陷程度应根据其芯样强度试验结果判断。若无法取样或不能加工成试件,缺陷应判重些。

(2)芯样连续、完整、胶结好或较好、骨料分布均匀或基本均匀、断口吻合或基本吻合;芯样侧面无表观缺陷,或虽有气孔、蜂窝、麻面、沟槽,但能够截取芯样制作成试件;芯样试件抗压强度代表值不小于混凝土设计强度等级,则判定基桩的混凝土质量满足设计要求。

(3)芯样任一段松散、夹泥、严重离析或分层,钻进困难或无法钻进,则判定基桩的混凝土质量不满足设计要求;若仅在1个孔中出现前述缺陷,而在其他孔同深度部位未出现,为确保质量,仍应进行工程处理。

(4)局部混凝土破碎、无法取样或虽能取样但无法加工成试件,一般判定为Ⅲ类桩。但是,当钻芯孔数为3个时,若同一深度部位芯样质量均如此,宜判为Ⅳ类桩;如果仅1孔的芯样质量如此,且长度小于10 cm,另两孔同深度部位的芯样试件抗压强度较高,宜判为Ⅱ类桩。

10.6.3 基桩成桩质量应按单桩进行评价,不应根据几根桩的钻芯结果对整个工程桩基础进行评价。钻芯法检测时,对混凝土单桩进行成桩质量评定,除桩身完整性和芯样试件抗压强度代表值外,根据需要还应判断桩底沉渣厚度、桩端持力层岩土性状是否满足或达到设计及规范要求。

铁路工程施工技术指南

经规标准〔2008〕176号

客货共线铁路桥涵工程施工技术指南

TZ 203—2008

2008—10—20 发布　　　　2008—10—20 实施

铁道部经济规划研究院　发布

前　言

本技术指南是根据铁道部《关于印发〈2005 年铁路工程建设标准编制计划〉的通知》(铁建设函〔2005〕84 号)的要求,在《铁路桥涵施工规范》(TB 10203—2002)基础上修订而成。

本技术指南在编制过程中,认真总结我国铁路建设的实践经验,学习和借鉴国内外先进标准,以施工质量验收标准为依据,重点对施工过程中的工艺、方法、措施和质量控制目标作出了规定,反映了工程施工的新技术、新材料、新工艺、新方法,突出了客货共线铁路的技术特点。本技术指南是客货共线铁路桥涵工程施工的指导性文件。

根据铁道部《铁路工程建设标准管理办法》(铁建设〔2004〕143 号)关于铁路工程建设标准体系调整的要求,为鼓励技术创新、促进技术进步,指导施工企业根据自身技术、装备、管理水平和市场定位需要制定技术要求更高、针对性更强、内容更为具体的企业标准,编制了本技术指南。本技术指南严格按照标准编制程序编制,分别对编制大纲、征求意见稿、送审稿组织路内外专家进行了审查。

本技术指南共分 21 章和 11 个附录,主要内容包括:总则、术语、施工准备、施工测量、地基处理、明挖基础、桩基础、沉井基础、墩台、预应力混凝土简支梁预制、桥位制梁、钢桁梁架设、结合梁、预应力混凝土斜拉桥、拱桥、涵洞、既有线桥涵顶进、防水层和沉降缝、桥梁支座、桥面及附属结构、环境保护等。

在执行本技术指南过程中,希望各单位结合工程实践,认真总结经验,积累资料,如发现需要修改和补充之处,请及时将意见及有关资料寄交中铁三局集团有限公司(太原市迎泽大街 269 号,邮政编码:030001),并抄送铁道部经济规划研究院(北京市海淀区羊坊店路甲 8 号,邮政编码:100038),供今后修订时参考。

本技术指南主编单位:中铁三局集团有限公司。

本技术指南参编单位:铁道部经济规划研究院。

本技术指南主要起草人:原郭兵、常乃超、薛吉岗、吴仁友、刘志江、赵德学、王 金、马建国。

目　　次

CHINA RAILWAY PUBLISHING HOUSE
TB

1 总 则

1.0.1 为统一客货共线铁路桥涵工程施工技术要求,加强施工技术管理和过程控制,保证施工质量,制定本技术指南。

1.0.2 本技术指南适用于旅客列车设计行车速度等于或小于200 km/h的客货共线标准轨距铁路桥涵工程的施工。

1.0.3 铁路桥涵工程施工应贯彻国民经济可持续发展战略和提高结构耐久性的原则,采取有效措施加强环境保护和节约土地,应加强对农田水利、文物和风景区的保护,节约能源,合理利用资源,并做到安全文明施工。

1.0.4 铁路桥涵工程施工中,应积极推广采用新技术、新工艺、新设备、新材料、新检测方法。当采用未列入本技术指南的新技术、新工艺、新设备、新材料、新检测方法时,必须制订不低于本指南水平的质量标准和工艺要求,并经有关部门批准后方可执行。施工中应认真做好原始记录、积累资料,不断总结经验,提高桥涵施工技术水平。

1.0.5 铁路桥涵工程施工中采用的大型机械、试验和检测设备等应符合国家现行标准的规定,并具有合格证件和铭牌标识;主要工程材料应符合国家及铁道部相关标准的规定。

1.0.6 跨(穿)越既有铁路、公路、航道及地下管线的铁路桥涵工程施工时,应与有关部门紧密配合,采取可靠措施,确保施工安全,并减少施工与运营的相互干扰。

1.0.7 铁路桥涵工程施工应根据总体施工组织计划,结合具体情况,做好以下工作:

1 根据工程特点和桥涵结构形式,结合施工设计文件,选定经济合理的施工方法。

2 做好施工准备,为桥涵施工创造有利条件。

3 合理安排工序进度和关键工序作业,均衡组织生产。

4 根据施工条件和工期要求,进行机械的选型配套,充分发挥设备的综合能力,提高机械化施工水平。

5 制定相应的安全措施,严格遵守安全规程,确保施工安全。

6 做好技术交底和工程试验工作,严格遵守各项操作规程,确保工程质量。

1.0.8 铁路桥涵工程施工除应符合本技术指南的有关规定外,尚应符合国家现行的有关强制性标准的规定。

2 术语

2.0.1 桥梁跨度 bridge span

桥梁顺桥方向两支承中心之间的距离。

2.0.2 刚架桥(刚构桥) rigid frame bridge

桥跨结构与桥墩、桥台刚性连接的桥。

2.0.3 斜拉桥(斜张桥) cable-stayed bridge

以斜拉(斜张)索连接索塔和主梁作为桥跨结构的桥。

2.0.4 桥下净空 clear headway under bridge

桥跨结构底面至通航(流筏)或设计水面、路面或轨面之间的空间。

2.0.5 结合梁 composite girder

由钢筋混凝土板与钢梁结合成整体的梁。

2.0.6 预应力混凝土梁 prestressed concrete girder

设置预应力钢筋并被施加预应力的混凝土梁。

2.0.7 钢板梁 steel plate girder

由钢板或型钢组成Ⅰ字形截面主梁,并由纵、横联结系连接的梁。

2.0.8 钢箱梁 steel box girder

由纵横向加劲肋加强的钢板所组成的单室或多室箱形截面的梁。

2.0.9 钢桁梁 steel truss girder

由钢板或型钢组成各种截面杆件形成的桁架梁。

2.0.10 桥墩 pier

支承相邻桥跨结构,并将其荷载传给地基的建筑物。

2.0.11 桥台 abutment

连接桥跨结构和路基的支挡建筑物。

2.0.12 锥体护坡 conic pitching

桥台侧面与路基连接锥体上的坡面铺砌层。

2.0.13 明挖基础 open cut foundation

由放坡开挖地基进行施工的浅基础。

2.0.14 沉井基础 open caisson foundation

由上、下开口的井筒状结构物下沉至设计高程所构成的基础。

2.0.15 桥面 bridge floor

轨底以下至桥梁顶面以上的部分。

2.0.16 明桥面 bridge open floor

不铺设道砟,在纵梁或主梁上直接铺设桥枕的桥面。

2.0.17 爬模 climbing shuttering

爬升架与模板组成的附着式升降施工设备。

2.0.18 转体施工 erection by swing method

在同桥轴线夹某一角度(水平角或竖直角)的位置预先拼装或浇筑全部或部分桥体，形成临时稳定结构后借助转动装置(平面或竖向)转体就位的一种施工方法。

2.0.19 交通涵 culvert of traffic

用于通过车辆及行人的涵洞。

2.0.20 倒虹吸管 inverted siphon pipe

横穿铁路路基，呈倒虹形的有压涵管。

2.0.21 安全系数 safety factor

表明结构或构件达到某种失效状态(破坏或开裂)时的计算临界承载力与计算荷载作用力之间的比值。

2.0.22 预应力钢筋 prestressing tendon

用于混凝土结构构件中施加预应力的钢筋、钢丝和钢绞线的总称。

2.0.23 胶凝材料 cementitious material, or binder

用于配制混凝土的水泥与粉煤灰、矿渣粉和硅灰等活性矿物掺和料的总称。矿物掺和料掺量以其占胶凝材料总量的百分比计。

2.0.24 水胶比 water to binder ratio

混凝土配制时的用水量与胶凝材料总量之比。

3　施工准备

3.1　一般规定

3.1.1　施工调查应根据项目工程和单项工程实施性施工组织设计需要按不同深度分别进行。单项工程施工调查应结合施工放样测量进行。

3.1.2　施工调查、施工复测和施工设计文件核对发现设计与实际不符合时,应及时联系勘察设计部门和其他相关单位。

3.2　施工调查和技术准备

3.2.1　施工单位中标后,必须组织有关人员对设计文件进行全面核对和研究,并经设计单位进行设计交底,据以进行施工调查。

3.2.2　施工调查前应编制施工调查提纲,编制施工调查提纲时应明确施工调查的依据、施工调查的主要内容、参加调查的人员及各自的分工。

3.2.3　施工调查的依据:

1　工程招、投标文件。

2　施工承发包合同。

3　施工设计文件。

3.2.4　施工调查的主要内容包括:

1　跨越河流的最高洪水位、最低水位、浪高、常年水位及相应水位的流速,河道通航条件及标准,河流洪水期和枯水期,当地降雨、降雪量,冰冻期,风向和风速,全年的天气温度及气候状况。

2　桥涵附近地形地貌、河床地质构造、地下水位、当地最大冻结深度等。

3　可供利用的山坡荒地、需要占用的耕地和拆迁的建筑物、施工期内对当地水利排灌和交通设施的影响。

4　当地劳力和生产物资供应、工业加工、通信设施和水陆交通运输、水源和电源等供应能力、砂石料源、可供利用的房屋数量、生活物资等供应情况,当地计量、检验机构情况。

5　当地有无地区性的病疫和卫生防疫状况、风俗习惯以及施工队伍应注意的事项等。

6　修建各项临时工程、施工机械运输组装场地、施工防排水措施的资料。

7　桥梁所在的位置、地形、交通运输及跨线工程情况,并提出可行性施工方案(现场桥位制梁或预制后架设)。

8　采用现场桥位制梁时应调查地基承载力、排水条件、桥下通行和通航条件等。

9　当采用桥梁预制和运架施工方案时,尚应调查以下内容:

1)施工便道、路基、桥梁墩台等有关运架梁的设计承载力、施工情况及施工资料能否满足运梁要求。

2)对运梁车及组装后的架桥机运行地段的高压线、通信线、广播线、立交桥、隧道、渡槽及一切影响架桥机走行净空和工作净空的障碍物进行调查测量,提出解决办法并要求在运架梁前完成整治工作。

3)特殊困难架梁地段的地形、各桥电力供应情况及道路运输情况。

4)材料及梁运输路径和架桥机架设顺序。

5)桥梁预制厂址及地质地貌、附近水电供应、道路交通情况。

3.2.5 现场施工调查应采用现场勘察和沿线走访的方法进行,施工调查时,还应携带必要的文件、设计资料等,现场对图纸资料进行核对。

3.2.6 现场调查工作完毕,应编写施工调查报告。施工调查报告的内容为:

1 工程概况:如线路的经由;工程、水文地质情况;工程分布;重点桥梁工程情况;施工的特点和难易程度;工程数量等。

2 施工条件:工程场地情况;沿线交通和供水、供电、供油情况;主要材料和地方材料的供应条件和供应方式,砂石料源情况;临时房屋和临时通信的解决条件等。

3 提出以下施工建议方案:

1)施工区段划分,施工队伍驻地、大型临时工程的布置。

2)施工便道的布局及现有道路的改扩建方案。

3)施工供水、供电线路和工地发变电站的设置。

4)砂石料场选定和场地布置、开采规模、运输方法及供应范围。

5)主要材料供应基地、桥头制梁场等的位置和规模。

6)重点桥梁工程施工方法及措施。

7)施工机具设备和利用地方机械设备的意见。

8)影响施工的障碍物的拆迁方案。

9)梁的运输路径和架设顺序。

10)施工调查过程中发现的主要问题和优化设计的意见。

11)计量、检验、试验方案。

3.2.7 开工前,应根据设计文件、施工调查报告和合同要求编制实施性施工组织设计。其主要内容包括:

1 编制依据、工程概况、工期要求、工程特点。

2 组织管理机构、施工总体部署、施工场地布置、材料运供方法、临时用地计划、临时工程修建计划、机械使用计划和劳力使用计划,制架梁辅助工程和水、电供应方案等。

3 主要施工方法、技术措施和施工进度计划。

4 计划采用的保证施工安全、质量措施,创优规划和措施,保证工期、进度措施,环保、水保、节能、节料、节约用地、降低工程成本等措施。

3.2.8 开工前应做好所需材料机具的准备工作,包括:材料供应渠道、材料的储存、机具配备方案、机具购置和调配、砂石料供应等。

施工单位在施工调查的过程中,应详细调查当地水资源及电力供应情况,做好水电供应方案。充分利用地方通信设备,必要时也可架设临时通信线路。

3.2.9 开工前,施工单位必须组织有关人员对设计文件进行全面核对,应核对以下主要内容:

1　地形、地貌、水文和地质资料。

2　桥涵的结构、孔径、跨度及与其他建筑物的协调。

3　桥涵的平面位置、设计高程和主要结构尺寸。

4　施工方案和技术措施。

5　主要工程数量、物资与设备的品种规格。

6　采用的新技术、新工艺和新材料。

7　征用土地界限及构筑物拆迁补偿的数量。

8　排水系统及导流设备。

3.2.10　实施性施工组织设计中规划的临时设施，应包括生产房屋、生活房屋、施工便桥、工程现场内外交通道路、工地供电和供水设备及其他小型临时设施等，宜在正式开工前完成。起重设备、施工便桥在使用前应予以验收并做好记录，使用过程中应有安全防护措施。高空作业过程中要做好安全防护。

3.2.11　开工前应对施工方案、技术措施和工程质量、施工安全保证措施等进行认真研究和深入细致的讨论，做到有计划、有步骤地完成施工。

3.2.12　工程开工前，要做好各项施工准备工作和施工图（资料）核对优化工作，经审查合格后，才能申请开工。工程开工必须具备以下条件：

1　经批准的设计文件、施工图或施工资料能满足施工需要。

2　征地、拆迁能满足施工需要。

3　中线、水准复测及工点放线已完成，施工桩橛完备。

4　实施性施工组织设计已经编制完成并已按规定的程序审核批准。

5　地质复核工作已经完成。

6　施工图（资料）核对优化设计工作已经完成。

7　机械、设备、材料和劳动力准备能满足开工需要。

8　质量、安全、环保保证体系和措施已建立和健全。

9　工地试验室已经建立并通过认证，各种原材料检测、试验设备取得认证并经验收合格；与开工有关的材料试验已完成。砂石料源选定后应立即进行碱－骨料试验。

10　工地布置，施工用水、用电和临时房屋、便道能满足开工要求。

11　对有关施工人员的技术培训和技术交底已完成；特殊工种必须持证上岗。

12　核实地下管线的位置和分布。

3.2.13　施工单位在施工过程中应严格执行开工报告审批制度，未经批准的工程不得开工。

3.3　主要施工机械设备的选择

3.3.1　桥涵工程主要施工设备有以下几种：

1　基础施工设备：锤击沉桩机、振动沉桩机、冲击钻机、旋转钻机、旋挖钻机、套管钻机、双（单）壁钢围堰、钢套箱、钢沉井和必要的土石方施工设备等。

2　墩台主要施工设备：钢筋设备、混凝土设备、模板提升设备。

3　桥位制梁设备：膺架、移动支架、移动模架、挂篮、张拉设备、混凝土设备、钢筋设备、试验和检测设备，其他辅助施工设备。

4 预制梁设备：台座、模板、张拉设备、混凝土设备、钢筋设备、吊装及滑移设备、试验和检测设备；采用蒸汽养生时还有蒸汽养生设备；其他一些辅助施工设备。

5 运架梁设备：吊装、运输和架设设备。

6 混凝土施工设备：混凝土拌和机（站）、混凝土运输车、混凝土输送泵等。

7 钢筋施工设备：钢筋调直机、钢筋切断机、钢筋弯曲机、电焊机、对焊机等。

8 桥涵顶进及线路加固设备。

3.3.2 施工单位应根据桥梁及涵洞的结构、尺寸、重量、形状和施工条件等并结合本单位实际情况合理选择配备施工所需机械设备，确定其参数，提前做好准备，以保证工程安全、质量和工期。

3.4 辅助工程

3.4.1 铁路桥涵工程施工辅助工程主要包括：临时便道（桥）、临时码头、混凝土拌和站、预制场、存梁场、场内运梁线、大型龙门吊机走行线、砂石料场、修建临时承托结构、钢构件、架桥机的运梁道路等。开工前，应考虑辅助工程特点及施工工期，做到统筹规划、合理布局，提出设计文件，经相关单位批准后，修建辅助工程。

3.4.2 当桥梁工程施工采用预制架设施工方案时，运梁便线及桥上临时轨道应满足不同运梁车的要求，具有足够的承载能力并要平整、顺直，以便预制梁的顺利移运。施工前应制定相应标准，经相关单位批准后实施。

3.4.3 施工便道应直通工地并与国家公路网连接，应满足各种设备运输进场的需要。

4 施 工 测 量

4.1 一 般 规 定

4.1.1 在桥涵的施工准备阶段和施工过程中,应按图 4.1.1 所示流程进行测量控制工作。

4.1.2 交接桩工作应由建设单位组织进行,施工单位和设计单位按下列内容和方法进行具体交接桩工作。

1 交接桩应按照线路平面图、控制桩表、水准基点表、线路精测成果书逐一接收导线点、水准基点桩以及精测地段的全部精测桩。

2 交接桩双方对桩位应逐一现场查看,做好记录,绘制桩位平面图。

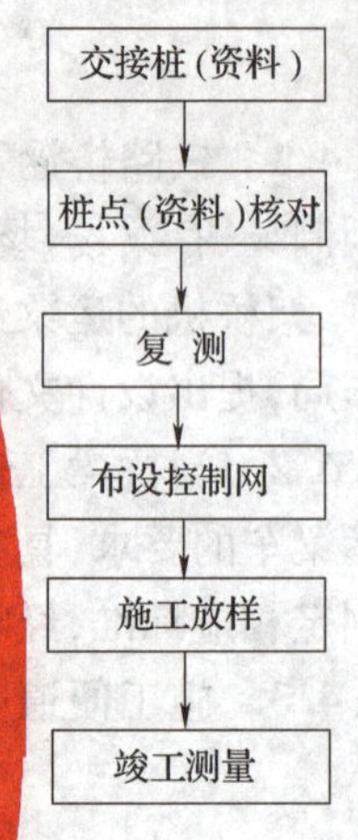

图 4.1.1 施工测量流程图

4.1.3 交接桩后,应按程序进行下列具体测量工作:

1 对设计单位所交付的所有测量资料进行检查、核对。

2 对设计单位所交付的所有桩点进行复核测量。

3 联系建设单位及监理单位组织与相邻标段进行搭接联测。

4 建立满足施工精度要求的施工控制网,并进行平差计算。

5 补充施工需要的桥涵中线桩及水准点。

6 测定墩台纵横向中线及基础桩的位置。

7 进行构筑物的高程测量和施工放样,将设计高程及必需的几何尺寸移设于实地。

8 对有关构筑物进行必要的施工变形观测和精度控制。

9 测定并检查施工部分的位置和高程,为工程质量的评定提供依据。

10 施工过程中对导线点和水准点定期进行复核测量。

11 对已完工程进行竣工测量。

4.1.4 测量前应按下列要求收集桥址地区已有的测量资料:

1 近期各种比例尺的地形图及其所属系统。

2 国家系统、地方系统的三角点、导线点和水准点资料及系统间的换算关系。

3 桥梁设计所采用的高程系统与铁路、公路、水文、水利、电力及航运等有关部门的高程换算关系。

4.1.5 桥梁测量中应建立独立的平面坐标系统,并应符合下列规定:

1 桥中线为 x 轴,里程增加方向为其正向,与 x 轴垂直的方向为 y 轴。

2 起算点的里程值(x 值)可自行设定,全桥里程不出现负值。

4.1.6 桥址控制点应按下列规定进行联测:

1 两岸桥位控制点宜与铁路测量采用系统或国家、地方系统的三角点和水准点进行联测。

2 当线路测量已先行通过桥址时，桥中线应与线路中心桩进行联测，以取得里程和高程的换算关系。当为双线桥或多线桥时，应按贯通的中线线别和冠号进行联测，当其他线不与贯通线平行时则应分别联测。

3 桥位中线控制点和水准控制点应在桥梁施工测量前，由相关单位组织相邻施工单位进行贯通联测，保证线路与桥梁和全桥分段施工时中线、高程符合设计要求。

4.1.7 桥梁施工过程中，应测定并经常检查桥涵结构浇筑和安装部分的位置和高程，并作出测量记录和结论，如超过允许偏差时，应分析原因，并予以补救和改正。

桥梁控制网应每半年复测一次，以确保施工准确。

4.1.8 测量记录、计算成果和图表应记录清楚，签署完整，并应复核和检算，未经复核和检算的资料严禁使用。

4.1.9 各种测量仪器和工具应定期检校，并做好经常性的保养和维护工作。

4.1.10 测量工作应建立复核制度并严格执行，测量资料应经过不同的人员分别进行计算核对无误后方可使用，外业测量应采用不同的测量人员或不同的测量仪器或不同的测量方法复核无误后方可交付施工使用。

4.1.11 铁路桥涵工程施工测量除符合本技术指南的规定外，尚应符合铁道部现行《新建铁路工程测量规范》(TB 10101)的有关规定。

4.1.12 采用全球定位系统(GPS)测量时，应符合铁道部现行《全球定位系统(GPS)铁路测量规程》(TB 10054)的规定。

4.2 桥梁平面控制测量

4.2.1 桥位勘测阶段所建立的控制网，在精度方面能满足桥梁定位放样要求时，应予以复测利用，放样点位不足时，应予以补充。如原控制网精度不能满足施工放样要求，或原控制网基点桩已移动或丢失，则必须建立施工控制网。

4.2.2 三角网的布设除应满足三角测量本身的需要，还应遵循以下原则：

1 构成三角网的各点，应便于采用前方交会法进行墩台放样，并使各点间能互相通视。

2 桥轴线应作为三角网的一边。两岸轴线上应各设一个三角点，使之与桥台相距不远，以便计算桥轴线的长度，并利于墩台放样。

3 三角点不可设在可能被河水淹没、存储材料区、地下水位升降易使之移位处、车辆来往频繁及地势过低需建高塔方能通视处。

4 三角网的图形主要根据跨河桥位轴线的长度而定，在满足精度要求前提下，图形应力求简单，平差计算方便。

5 单三角形的任一夹角应大于30°。

4.2.3 基线的设置应符合下列要求：

1 基线位置的选择，应满足相应测距方法对地形因素的要求，宜设在土质坚硬、地形平坦且便于准确丈量的地方，如有纵坡宜在1/12～1/10之间，与桥轴线的交角宜小于90°或接近垂直。

2 为提高三角网的精度，使其具有较多的校核条件，两岸宜各设一条可丈量基线。

3 当采用电磁波测距仪测距时，其基线宜选在地面覆盖物相同的地段，且基线上不应有树枝、电线等障碍物,并避开高压线等电磁场的干扰。

4 基线长度宜大于桥轴线长度的0.7倍,困难地段也不应小于0.5倍。

4.2.4 三角测量、导线测量等级和精度应符合表4.2.4的规定:

表4.2.4 控制三角网等级和精度

等级	测角中误差(″)	桥轴线相对中误差	最弱边相对中误差	基线相对中误差
一	0.7	1/175 000	1/150 000	1/400 000
二	1.0	1/125 000	1/100 000	1/300 000
三	1.8	1/75 000	1/60 000	1/200 000
四	2.5	1/50 000	1/40 000	1/100 000
五	4.0	1/30 000	1/25 000	1/75 000

4.2.5 用钢尺直接丈量距离时,应考虑钢尺的尺长改正、温度改正、拉力改正、斜度改正和垂度改正。

4.2.6 用电磁波仪器测距时,应按下列规定对仪器进行验校:

1 新购的测距仪在使用前。

2 仪器修理后,由于调换了电子元件或拆动光路等,可能使原来的常数发生变化。

3 在使用过程中发现异常情况。

4 用于桥梁控制测量的测距仪应每年检定一次。

4.2.7 角度测量应根据仪器性能和需要的测角精度选择下列方法进行:

1 单测法:在水平角观测时,对每一个角度都进行测量。

2 复测法:将某一角度在水平度盘的不同处进行两次以上观测,经平均求得水平角。

3 全测回法:望远镜用正镜和倒镜观测同一目标,求得正镜和倒镜的平均角度,称之为一个测回。

4 全圆测回法:从一点测量几个角并把这些角作为一组的测量方法。当一个测站上有三个以上的方向时,用此法测角既简单又有相当高的精度。

4.2.8 三角测量结束后,应进行三角平差。三角平差宜以条件观测平差为主。三、四等三角网按条件观测平差时,多数采用按角度平差,基线网和要求较高的桥梁控制网可采用按方向平差。平差计算结束后,应验算三角网测角中误差和桥轴线边长相对中误差。

4.2.9 桥梁三角网的施测和近似平差步骤:

1 根据河流两岸的地形和河床宽度选择桥梁三角形的图形。

2 丈量基线。

3 在各测站进行角度观测,当一个测站上需观测多个角时,用全圆测回法,观测个别角时,宜采用复测法。

4 整理外业观测成果进行近似平差计算,首先应使三角网中各三角形满足等于180°的几何条件,求出各角的第一次改正值。

5 根据丈量得到的第一条基线长度和第一次调整后的角度值计算出最后一边的长度,与丈量的结果相比较,求出边长闭合差。

6 应用近似平差公式将边长闭合差调整到与推算边长有关的角上,得到角度的第二次改正值。

7 经过两次角度调整后，可利用得到的基线计算三角网的各边长和三角点的坐标。

4.3 桥涵水准测量

4.3.1 水准基点布设的原则应符合下列规定：

1 桥涵施工水准点的测设精度，应不低于四等水准测量规定，桥头两岸应设置不少于2个水准点，桥轴线上每公里不少于1个水准点，每岸至少设1个稳固水准点。

2 水准点应设在桥址附近安全稳固处，并便于施工观测。

3 根据施工需要以及地质不良或易受破坏的地段应适当增加辅助水准点，其精度应符合四等水准测量精度要求，辅助点与基准点间转镜不超过2次，高差不超过2 m且不在同一地质或结构物基础上。

4.3.2 基准点和施工水准点可采用混凝土标石、钢管标石、岩标石、管柱标石、钻孔桩标石或基岩标石制成。

中、小桥和涵洞及工期短、桥型简单、精度要求较低的大桥，可在附近建筑物上设立标点，或埋设大木桩设铁钉标志，作为施工辅助水准点，但必须加强复核。

小桥和涵洞也可利用线路测量的水准点。

4.3.3 水准测量的精度应符合表4.3.3的规定。

4.3.4 各等水准测量作业结束后，每条水准线路应以测段往返测高差不符值，并按下式计算每千米水准测量的偶然中误差 M_Δ。高程偏差在允许范围内时，取平均值为测段间高差，超过允许偏差时应重测。

$$M_\Delta = \sqrt{\frac{1}{4n}\left[\frac{\Delta\Delta}{R}\right]} \qquad (4.3.4)$$

表 4.3.3 水准测量精度(mm)

水准测量等级	每千米水准测量的偶然中误差 M_Δ	限差				
		检测已测段高差之差	往返测不符值	符合路线闭合差	环闭合差	左右路线高差不符值
三	≤3.0	$20\sqrt{R}$	$12\sqrt{R}$	$12\sqrt{L}$	$12\sqrt{F}$	$8\sqrt{R}$
四	≤5.0	$30\sqrt{R}$	$20\sqrt{R}$	$20\sqrt{L}$	$20\sqrt{F}$	$14\sqrt{R}$

注：表中 R 为测段长度，L 为符合路线长度，F 为环线长度，均以 km 计。

式中 Δ——测段往返测高差不符值(mm)；

n——测段数。

4.3.5 跨河水准测量应选在桥址附近河面最狭处，应避免水准视线从沙丘、草丛、沙滩、芦苇的上方通过，两岸置镜点高差不宜过大，至水边的距离应接近。当跨河水准测量的视线长度在300 m以下时，可采用单线过河，否则应采用双线过河，并应按等精度在两岸联测，组成四边形闭合环。

4.3.6 水准测量应在成像清晰稳定时进行往返观测，并应在仪器与外界气温接近时开始观测，同时应防止日光直接照晒，同一测站，不得进行两次调焦。

4.3.7 水准测量操作应注意下列事项：

1 测量前校验好仪器。

2　应在坚实地面上设站和选点，并尽可能使前后视距相等。

3　视线长度可在 100 m 以内，视线高度高于地面不宜小于 0.3 m，瞄准和读数时，要仔细对光，消除视差。

4　读数不应漏掉大数或零。

5　标尺应扶竖直。

6　仪器搬站时，前视尺垫不能动，但可以将标尺取下，待下站观测时再将标尺放上。

7　观测时间应选在成像清晰的时候，阳光较强时应使用遮阳伞。

4.3.8　当需要进行墩台变形观测时，应对两岸水准点及各墩顶水准点以不低于三等水准测量精度联测。

4.4　桥梁中线定位和墩台中心定位

4.4.1　对于干河或浅水中的中、小桥，可用测距仪或全站仪直接标定桥中线长度并定出墩台的中心位置，跨越江河的大桥或特大桥，通常需要采用三角网来测算桥中线的长度，并利用三角网放样桥梁墩台，放样多采用前方交会法。

4.4.2　前方交会法设置桥梁墩台中心时，应至少选择三个以上交会方向。

其中一个方向为桥中线时，其他两交会线之间的夹角 γ，如图 4.4.2(a)、(b)，当置镜点位于桥中线两侧时，宜在 90°～150°之间，当置镜点位于桥中线一侧时，宜在 60°～110°之间。偏差三角形的最大边长或两交会方向与桥中线交会点间长度不应大于 20 mm。以交会点投影至桥中线上的点作为交得的墩台中心。

各方向都不在桥中心方向时，应以交会得的三角形的重心作为桥墩中心，如图 4.4.2(c)，误差三角形的边长不应大于30 mm。

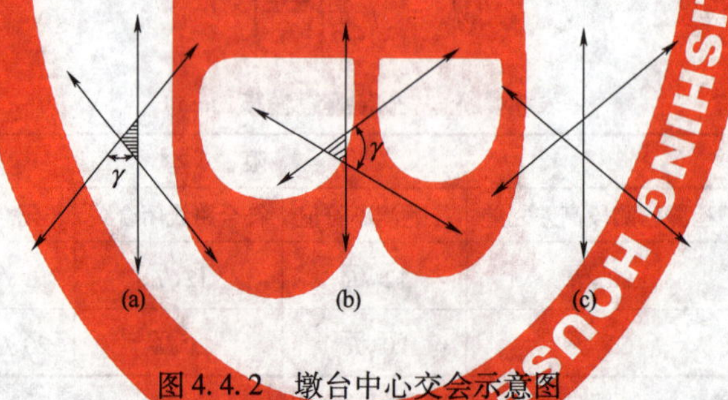

图 4.4.2　墩台中心交会示意图

4.4.3　曲线桥梁墩台的放样方法有偏角法、支距法、坐标法、交会法和综合法。可根据下列原则选用。

1　对于桥跨短、跨数多的曲线桥，可采用偏角法测设曲线和确定墩位。测设时首先测出各墩位的线路中心，从线路中心向曲线外测出偏心距 E 值定出墩位中心。如图 4.4.3—1。

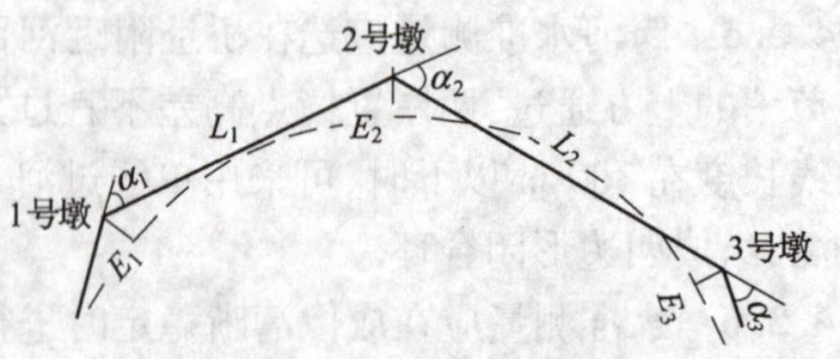

图 4.4.3—1　偏角法示意图

2　桥跨长、跨数少的曲线桥可沿桥中线附近布设一组导线，根据各墩台中心的理论坐标与邻近的导线点坐标差，求出导线点与墩台中心连线的方向和距离。置镜该导线点拨角测距即可定出墩台中心。如图 4.4.3—2。

3 位于水中的曲线桥墩台中心，可采用交会法测定。

4 桥梁一部分为直线，一部分为曲线且曲线在岸上。直线部分采用交会法测定墩台中心，曲线部分采用偏角法或坐标法测定墩台中心。

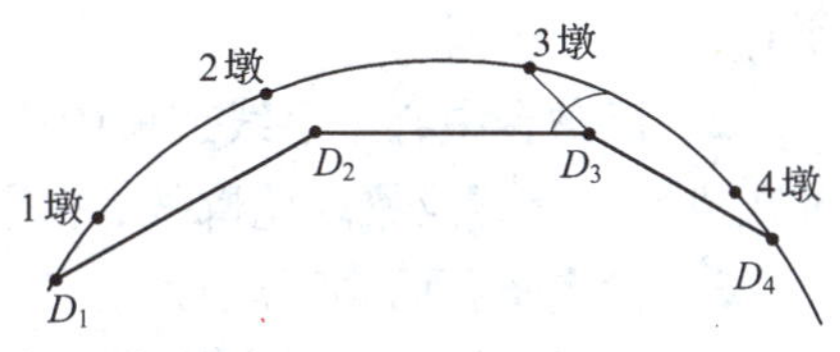

图4.4.3—2 坐标法示意图

4.4.4 墩台施工前应设置墩台中心护桩。护桩数量及其设置、保护措施视现场具体情况确定，并应满足正确定位和施工放样的要求。

4.4.5 小桥、涵洞、渡槽位置可根据线路中线控制桩或曲线控制点测设，涵洞护桩应沿其轴线设放，渡槽墩台中心护桩比照桥梁墩台护桩测设。

4.5 施工放样和竣工测量

4.5.1 在进行放样以前，测量人员首先应熟悉结构物的总体布置图和细部结构设计图，结合现场条件与控制点的分部，确定适宜的放样方法。

4.5.2 桥梁施工放样工作主要包括以下主要内容：

1 墩台纵横向轴线的确定。

2 基坑开挖及墩台扩大基础的放样。

3 桩基础的桩位放样。

4 承台及墩身结构尺寸、位置放样。

5 墩帽及支座垫石的结构尺寸、位置放样。

6 各种桥型的上部结构中心及细部尺寸放样。

7 桥面系结构的位置、尺寸放样。

8 各阶段的高程放样。

4.5.3 墩台纵横向十字线的测设方法：

1 位于旱地的直线桥，在墩台中心位置定出后，可直接在其点位上用大木桩标定（在木桩上钉一铁钉），然后在点位上安置经纬仪，以桥轴线为基准，放出与桥轴线相重合的墩台纵向十字线和与桥轴线相垂直的墩台横向十字线。

2 对位于水中采用交会法设置中心的墩台，可在交会点的围堰上置镜，根据墩台纵横向十字线的方位角和交会方向线方位角的关系，后视基线点控制施工。

3 墩台纵横十字线确定后，根据设计的结构物尺寸选择适宜的方法进行细部放样。

4.5.4 涵洞施工放样应符合下列规定：

1 当涵洞位于线路的直线部分时，其中心里程应根据线路控制桩的方向和附近百米桩里程确定，位于曲线上时，应按曲线测设方法测定。

2 涵洞轴线的线路中心确定后量出上下游涵长，确定涵端，并以轴线为基准测定基坑和基础在平面上的所有尺寸。基础建成后，安装管节或浇（砌）筑涵身均应以涵洞轴线为基准详细放样。

3 测量放样时，应确保涵洞长度、涵底高程的正确，对位于曲线和陡坡上的涵洞应考虑加宽和纵坡的影响。

4.5.5 架梁前，应对墩、台顶的水准点高程、桥中线方向及每孔的跨距进行测定。

1 架梁前应精密测定墩台中心，并设出纵横十字线及梁中心线交点（曲线梁工作线交点)。

2 以墩台中心十字线或梁中心线交点(曲线桥)为准,在墩顶上用钢尺按设计尺寸放出支座十字线及梁端轮廓线,并用墨线标出。

3 检查垫石面高程。

4 根据采用的架梁方法进行相应的水文、拖拉滑道、架桥机走行道等的测量。

4.5.6 桥梁竣工后应进行竣工测量,其内容包括下列各项:

1 测定桥梁中线、丈量距离。

2 丈量墩台各部尺寸。

3 检查顶帽及支承垫石的高程。

4 检查支座位置及底板高程。

4.5.7 墩台各部竣工尺寸应在施工过程中注意收集,并做好记录。

5 地 基 处 理

5.1 一 般 规 定

5.1.1 地基处理施工前,必须调查周边建筑物、构筑物、地下管线和设施的分布及结构质量情况,并核对设计图纸、地质勘察资料,应将地质情况和地基处理的平面位置、施工范围、处理深度等标示在地面上。

5.1.2 地基处理施工前,应编制专项施工方案,确定施工方法,选择施工机械,制定施工工艺和安全质量保证措施。

5.1.3 地基处理施工前,应对所用原材料取样检验,其质量应符合国家现行标准的规定和设计要求。

5.1.4 地基处理应在正式施工前进行试验段(试夯、试桩)施工,以确定施工参数及验证处理效果。并按设计要求进行载荷试验。

5.1.5 地基处理施工中,应采取必要的环境保护措施,消除噪声、降低粉尘、处理废水和废物,防止对环境造成污染。

5.1.6 地基处理的检验应符合铁道部现行《铁路桥涵工程施工质量验收标准》(TB 10415)第4章的有关规定。

5.2 换 填 地 基

5.2.1 换填地基施工流程如图5.2.1所示。

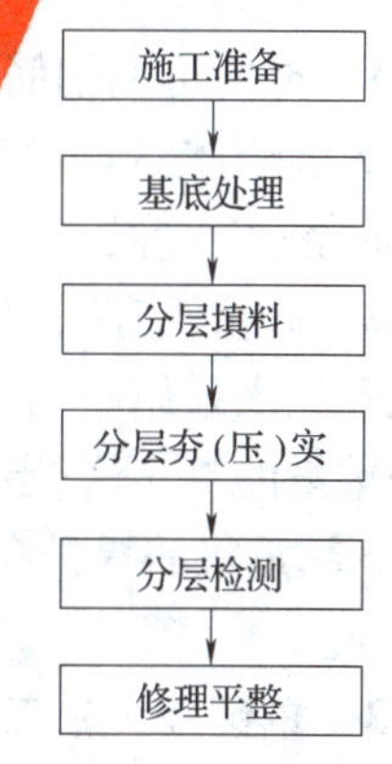

图5.2.1 换填地基施工流程图

5.2.2 换填施工前,应对基底高程及土质进行检验,并将浮土、杂物等清理干净。换填基底范围不得积水。当基底有洞穴、软硬不匀等异常情况时,应会同有关单位研究处理。

5.2.3 换填地基底面高程不同时,基底应按设计要求挖成台阶,并按先深后浅的顺序施工。

5.2.4 灰土地基施工应符合下列规定:

1 摊铺灰土前,土质基底应夯压2~3遍,达到设计要求。

2 灰土使用的材料和配合比应符合设计要求,含水量应符合最佳含水率要求。拌好的灰土应及时摊铺和压实。

3 灰土摊铺应分段分层进行。每层摊铺厚度应符合设计要求和试验段使用不同压实机具的压实试验要求。

4 摊铺后的灰土表面应平整,并应进行厚度检查,防止摊铺过厚。每层灰土压实遍数应符合设计要求和试验段压实工艺要求。每次压实时,必须交叉重叠1/3以上,防止漏压。每层夯压后，必须经检验合格，方可进行上层施工。

5　灰土分段施工时，上下两层灰土接缝，错开距离不得小于500 mm。同一层灰土接缝应垂直对接，每一次压实应压过接缝不少于300 mm。

6　灰土最上一层完成后，应检查高程和平整度，符合设计要求方可接续施工。

5.2.5　砂和砂石地基施工应符合下列规定：

1　采用人工级配的砂石时，应先将砂、卵（碎）石拌和均匀后再摊铺。

2　砂石铺设应分层进行，每层铺设厚度应按设计要求或依据采用的夯（压）实机具不同参照表5.2.5选用。

表5.2.5　砂石最大铺设厚度

压实机具种类	铺设厚度（mm）	备　注
轻型夯实机械	150～200	蛙式打夯机、柴油打夯机等
平板振捣器	200～250	1.1～1.5 kW
压路机	250～350	6～10 t

铺设后的砂石表面应找平，并应进行厚度检查，防止铺设过厚。

3　砂石的夯（压）实遍数或振捣时间应根据设计要求，通过现场试验确定。但振、压实时，必须做到交叉重叠1/3以上，防止漏振漏压。每层压实后，必须经检验合格，方可进行上层施工。当天压实层应在当天完成检测。

4　砂石分层分段施工时，分段接缝处应加强夯实，保证密实。上下层接缝应错开，错开距离不得小于500 mm。

5　砂石最上一层施工完成后，应检查高程和平整度，并修理平整。

5.3　重锤夯实

5.3.1　重锤夯实施工流程如图5.3.1所示。

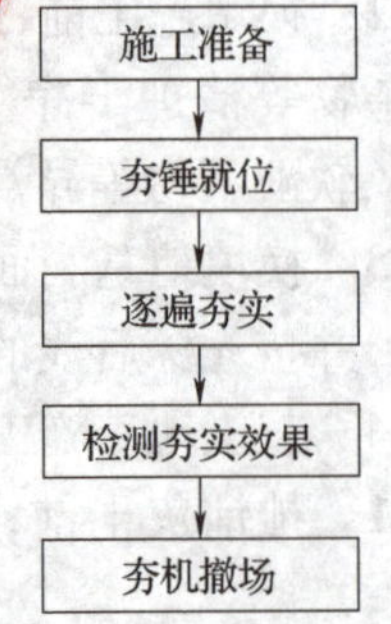

图5.3.1　重锤夯实施工流程图

5.3.2　机具要求

1　夯锤可用钢筋混凝土或钢材等材料制作。外形宜作成截头圆锥体，锤重宜为2.0～3.0 t，锤底直径宜为1.0～1.5 m，锤底面静压力宜为15～20 kPa。

2　起重机宜采用有摩擦式卷扬机的履带式起重机、打桩机等。当采用自动脱钩器悬挂夯锤时，起重能力应大于夯锤重量的1.5倍；当直接悬挂夯锤时，应大于夯锤重量的3倍。起重机的提升高度应满足重锤落距的需要，一般应大于4 m。

5.3.3　重锤夯实施工前，应在处理地基附近进行试夯，确定施工技术参数，如锤重、锤底直径、落距、最后下沉量、最少夯击遍数、土的最佳含水量及最大干密度和总下沉量等。最后下沉量（最后两击平均每击土面的夯沉量），对黏性土和湿陷性黄土取10～20 mm，对砂性土取5～10 mm。土被夯实的有效影响深度，约为重锤直径的1.5倍，试夯后应按设计要求检查影响深度范围内的土壤密度。

5.3.4　重锤夯实的基础底面宽度应符合设计要求，当设计无要求时，应较基础每边加宽

0.3 m 以上。基坑边坡坡度应适当放缓，防止夯击时振动坍塌。夯实前设计基础底面高程以上预留土层的厚度宜为试夯总下沉量加 50 ~ 100 mm。地下水位应低于基底设计高程 1.0 m 以上，否则应提前采取降低地下水位措施。

5.3.5 夯实地基土的含水量应控制在最佳含水量 ±2% 以内，如土层含水量过高或过低，可采取铺撒吸水材料（石灰粉、水泥）或提前洒水湿润等措施进行调整。夯实应在地基土不冻状态和无雨、雪天气施工。

5.3.6 夯实施工应采用先周边后中间或先外后内的顺序进行。每遍夯实应按一夯挨一夯顺序进行；下一遍夯击时，应与前一遍夯位错开 1/2 锤底直径；夯击最后一遍时，应采用一夯压半夯方法，使夯面平整。

5.3.7 夯实施工时，应按试夯时确定的工艺参数进行。夯击遍数则可按试夯确定的最少遍数增加 1 ~ 2 遍。夯击时，应做到夯位准确、落距正确、落锤平稳。在达到试夯的最后下沉量和不小于 90% 试夯总下沉量的要求时方可停夯。

5.3.8 夯实结束后，应将表层浮土清除，人工修整至设计高程。

5.4 强　夯

5.4.1 强夯施工流程如图 5.4.1 所示。

5.4.2 机具要求

1 夯锤可用钢板外壳内浇混凝土或铸钢等材料制作。锤外形宜制作成圆柱形，锤中每 0.5 m^2 设一个直径 200 ~ 300 mm 上下贯通的排气孔。锤底面积当地基土为粗粒土时宜为 3 ~ 4 m^2，为细粒土时应不小于 6 m^2，并应使锤底面静压力达到 25 ~ 40 kPa。吊钩应设置在夯锤的重心处。

2 起重设备宜采用履带式起重机或带支腿的龙门架。起重能力应大于夯锤重量的 1.5 倍以上。提升高度应满足夯锤落距的需要。

3 当采用履带式起重机强夯时，应选用重型推土机作为起重机扒杆上端稳定的地锚，防止吊臂倾复和减少振动。

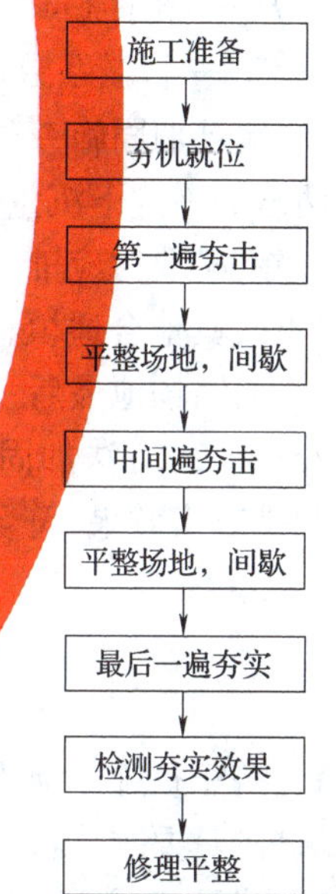

图 5.4.1 强夯施工流程图

5.4.3 强夯施工前，应做好以下准备工作：

1 平整场地，清除地上、地下障碍物，并查明距夯击点影响范围以内的地下管线及建筑设施位置，采取必要的措施预防和减小有害影响，必要时应予拆除或拆迁。当受场地限制不能避开时，可在强夯场地与受影响的建筑物之间开挖隔振沟，沟的深度要超过建筑物基础深度，其位置可设置在强夯场地一侧，长度应超过受影响的建筑物长度，或在强夯场地四周开挖，把强夯场地包围起来。

2 进行土质原位测试，掌握地质情况和测量场地地面高程，以便对比强夯效果和制定施夯方案。

5.4.4 施工前试夯应符合下列规定：

1 夯点布置应符合设计要求，当设计未明确时可按等边三角形、等腰三角形或正方形布置，夯点间距可取夯锤直径的 2 ~ 3 倍，对第一遍的夯击点间距宜适当增大以利加固深层土壤。

2　试夯时应有专人负责做好记录工作，以便整理确定下列施工技术参数：锤重、落距、夯间距、夯击击数、夯击遍数、最后两击平均下沉量、总下沉量、两遍夯击之间的间歇时间等。

3　每一夯击点的夯击击数，应以使土体竖向压缩量最大、侧向位移量最小为原则通过试夯确定，最后两击的平均夯沉量不应大于 50 mm。

4　夯击遍数应按设计加固深度要求的单位夯击能通过试夯确定，每遍的夯坑深度不应过大，防止起锤困难。每一遍的夯击顺序应从一边向另一边进行，对每一排则应从边缘向中间夯击。

5　两遍夯击之间的间歇时间，应经试夯具体确定。对无地下水的砂类土可以连续夯击，对地下水位较高的细粒土层一般应间歇 1 ~ 4 周。

5.4.5　强夯加固范围应符合设计要求。当设计无要求时，每边超出设计基础外缘的宽度应为设计处理深度的 1/2，且不小于3 m。

强夯加固地基的有效深度（自起重地面算起）H 可按下式估算：

$$H \cong K\sqrt{\frac{M \cdot h}{10}} \tag{5.4.5}$$

式中　M——夯实重力（kN）；

h——落距（m）；

K——折减系数，一般黏性土取 0.5，砂性土取 0.7，黄土取 0.35 ~ 0.50。

5.4.6　地基加固施夯时，应按照设计和试夯确定的技术参数进行施工，并以总下沉量和最后两击的平均下沉量作为控制标准。落锤应保持平稳，夯位应准确。夯击坑内积水应及时排除，必要时应铺填碎石后再进行夯击。在每一遍夯击后，应用推土机将夯坑推填平整，用土或其他合适填料将夯击坑填平，在测量地面高程后，再进行下一遍夯击。

5.4.7　加固场地最后一遍夯击时，应降低落距至 3 ~ 5 m，用低能量采用满夯锤击印迹重叠（1/3 ~ 1/2）方法加固表层土。强夯结束经过试夯确定的间歇时间后，对加固地基进行抽检测试夯实效果，符合设计要求即可接续进行基础施工。

5.5　挤　密　桩

5.5.1　挤密桩施工流程如图 5.5.1 所示。

5.5.2　机具要求

1　成孔机械应根据设计要求、土层土质条件和周围环境等进行选择，可采用柴油打桩机、振动沉管打桩机、长螺旋钻、柱锤或机械洛阳铲。采用沉管法施工时，需配套带活动桩尖的与桩孔同直径的钢管。

2　夯实机械可采用卷扬机提升式夯实机或其他起重机械。夯锤采用铸钢制作，重量一般大于 200 kg。夯锤形状宜为橄榄形或截头圆锥体，最大部分的直径应较桩孔小 100 mm左右，锤底面静压力不宜小于 20 kPa。

5.5.3　施工前应进行成桩试验，确定施工工艺和施工技术参数。试桩数量应符合设计要求，且不得少于 2 根。

5.5.4　桩孔的填料品种、质量及配比应符合设计要求。多种材料混合的填料应采用自动计量设备进行拌和。应控制好含水量，符合最佳含水率要求。拌和好的填料应及时使用。

5.5.5　挤密桩地基的处理范围和桩位布置、桩长、桩径和桩顶高程应符合设计要求。并应在施工前测设标定和做出明显标志。桩顶设计高程以上的预留覆盖土层应有足够的厚度，采用沉管（锤击、振动）成孔时，宜为0.5～0.7 m；采用冲击成孔时，宜为1.2～1.5 m，以保证桩体的密实性。

5.5.6　挤密桩的施工顺序应先外排后内排。同排内应隔孔进行，以避免振动挤压造成邻孔的缩径或坍孔。

5.5.7　采用沉管成孔施工时，应将管尖对准桩位用打桩机将钢管垂直打入土中，至设计要求深度后，缓慢拔管成孔。

场地平整清理
桩机就位
成孔至设计深度
分层投料
分层夯实
成　桩
桩机移位

图5.5.1　挤密桩施工流程图

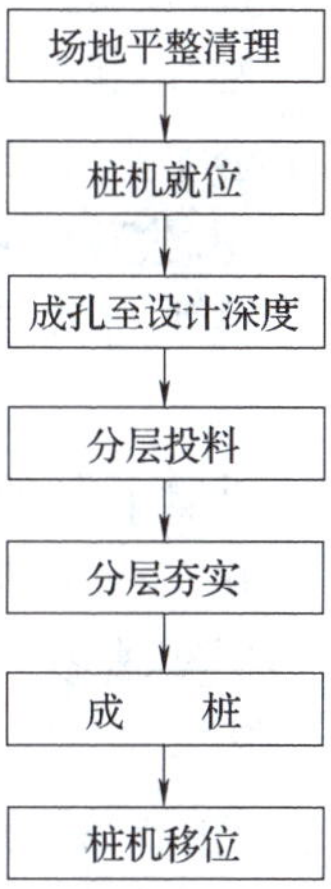

5.5.8　成孔时，如遇土层含水量过低或地下水位过高等情况时，应分别采取注水或降低地下水位等措施，以保证成孔质量。成孔至设计深度并检查合格后，应用夯实机械进行夯底，一般不少于8击。夯底后，应立即夯填填料。采用与桩孔同直径钢管成孔时，也可采取“边拔边填、随填随夯”方法进行成桩施工，但每次拔管高度不宜大于0.3 m。

5.5.9　桩体应分层回填夯实。每层回填厚度、落锤高度及夯击次数，应符合试桩确定的工艺要求，一般每层回填厚度为300 mm左右，落锤高度不小于2 m，夯击次数不少于10击。夯填后桩体高度应高出桩顶设计高程150 mm以上，桩的夯实密度必须符合设计要求。

5.6　砂　　桩

5.6.1　成桩机械采用振动沉管打桩机或锤击沉管打桩机，并配套有带活瓣桩尖的与桩同直径的钢管和吊斗等。

5.6.2　砂桩的处理范围和桩位布置、桩长、桩径和桩顶高程应符合设计要求，并应在施工前测设标定，做出明显标志。

5.6.3　砂桩的施工顺序应从外围或两侧向中间进行，也可逐排进行，同一排中则应间隔进行。

5.6.4　砂桩施工前应完成平整地表、清除障碍物、桩位测量放样、砂料存储检验和进行成桩试验等准备工作，通过成桩试验确定砂桩施工工艺及技术参数。试桩数量应符合设计要求，且不得少于2根。

5.6.5　成桩施工

1　振动法砂桩施工流程如图5.6.5—1所示。

1）桩机对位后，应校正桩管垂直度后再振动下沉；

2）桩管下沉到位后应分层灌砂，并应边振动边慢速拔出桩管至试桩确定高度，停止拔管后应继续振动10～20 s，振动力以30～70 kN为

场地平整清理
桩机就位
振动沉管至设计深度
分层灌砂
振动拔管
成　桩
桩机移位

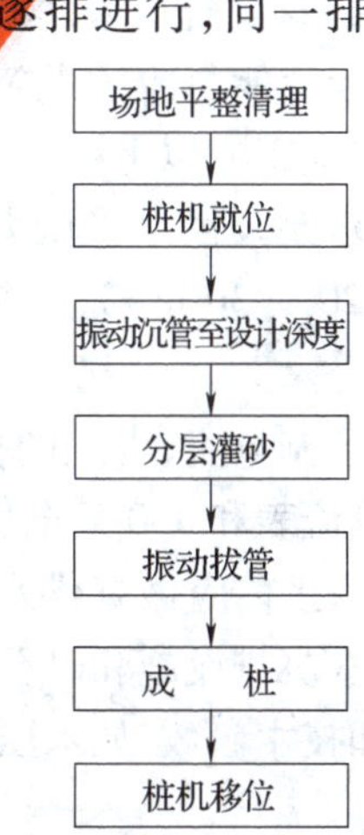

图5.6.5—1　振动法砂桩施工流程图

宜,拔管速度应控制在1.0~1.5 m/min范围内,并应严格控制拔管高度、填砂量、电机工作电流,保证桩体连续、均匀、密实。

2 锤击法砂桩施工流程如图5.6.5—2所示。

1)桩机对位后,应校正桩管垂直度后再锤击下沉;

2)桩管下沉到位分段灌砂后,应缓慢拔出,并在拔出过程中,宜按每1 m低锤击管振实填砂。当采用双管法施工时,应先拔起内管加砂至外管内,放下内管至管内砂面后,拔起外管与内管平齐,然后锤击内外管压实砂层。

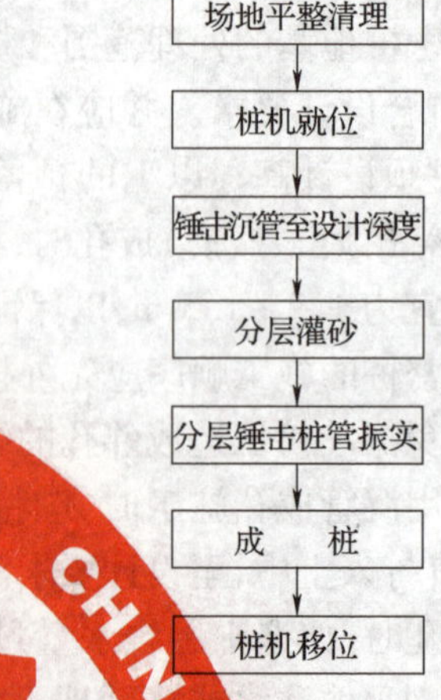

图5.6.5—2 锤击法砂桩施工流程图

3 桩管沉入深度应有明显标志,必须满足设计要求。

4 无论采用振动法或锤击法,每次及每根桩灌砂量都应计量准确,满足设计或试桩确定的灌砂量。灌砂量不足设计灌砂量的95%时,应在原位进行复打补足。

5 砂桩桩顶高程宜控制在基础底面设计高程1 m以上。

5.7 碎 石 桩

5.7.1 碎石桩加固地基方法应符合设计要求,一般应按本技术指南5.6节有关规定施工。当设计要求采用振冲法施工时应按下列各项规定施工。

5.7.2 振冲法碎石桩施工流程如图5.7.2所示。

5.7.3 振冲法施工主要机具要求:

1 振冲器应根据碎石桩设计桩径和设计要求选用。常用的振冲器外径为274~630 mm,可成桩直径0.7~1.2 m。

2 起重设备可采用履带式起重机、轮胎式起重机等,起重能力应满足施工需要,起吊高度应大于加固深度3 m以上。

3 水泵及供水管压力宜为600~800 kPa,流量宜为20~30 m^3/h。施工时,应有1台水泵备用。

4 控制电流、水压的操作台需附150 A以上容量的电流表和500 V电压表。

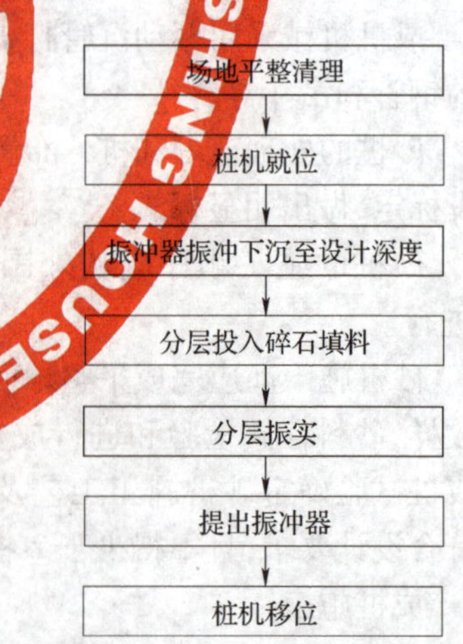

图5.7.2 振冲法碎石桩施工流程图

5.7.4 施工前应做好供水、供电、运输道路、场地平整、泥水沉排设施和碎石桩用料存储检验等施工准备工作;进行振冲试验,确定振冲施工工艺和技术参数,如水压、水量、振冲速度、达到土体设计要求密度时的密实电流值和留振时间等。

5.7.5 碎石桩地基的处理范围和桩位布置、桩长、桩径、桩顶高程应符合设计要求。并应在施工前测设标定和做出明显标志。

5.7.6 碎石桩的施工顺序应从外围或两侧进行，也可逐排进行。同一排中则应间隔进行。

5.7.7 成桩施工

1 振冲成孔时，应准确对位，启动振冲器和水泵，使振冲器以 1 ~ 2 m/min 速度徐徐沉入土中，造孔水压宜用 400 ~ 600 kPa，用水量宜用 200 ~ 400 L/min，造孔接近孔底和在振密过程中水压以 100 kPa、水量以 200 L/min 为宜。

2 成孔时，遇有硬夹层时，应将振动器往复上下多次，扩大孔径；遇有软弱夹层时，应加填料进行初步挤密以加固孔壁。

3 成孔深度达设计深度以上 0.3 ~ 0.5 m 时，应停止下沉，并停留 1 ~ 2 min 以便扩孔和清孔（排除泥浆降低孔内泥浆密度）。

4 当地基土为黏质土时，应将振冲器提出孔口后立即填料，填料高度约为 0.8 m，然后将振冲器放入填料中进行振实，直至电机电流达到试桩确定的密实电流值方可停振（否则应提出振冲器继续加料再振）。之后按 0.5 m 的分段，逐段振实至桩顶，桩顶高程应高出基础底面设计高程 1 m 以上。在砂土中振冲器可不提出孔口，采用边振边加料直至该深度处的桩体密实电流达到试桩确定值后，将振冲器上提 0.3 ~ 0.5 m，继续加料振密，直至桩顶。

5 填石量应计量准确，严格控制。发现填石量不足时，应采取复打等措施补足。施工过程中应逐桩做详细记录，内容应包括施工时间、高程、填料量、电压及密实电流值、留振时间、水压及水量等。

5.8 粉 喷 桩

5.8.1 粉喷桩施工流程如图 5.8.1 所示。

5.8.2 机具要求

1 钻机可采用专用的深层喷射搅拌机或用改制的螺旋钻机。

2 粉体输送设备为空压机（2 m^3 以上）、储灰罐、喷粉机等。

3 粉体计量装置可采用粉体流量计或电子秤。

5.8.3 粉喷桩的处理范围和桩位布置应符合设计要求。并应在施工前测设，做出明显标志。

5.8.4 粉喷桩的施工顺序可逐排逐根进行。

5.8.5 粉喷桩施工前，应将符合设计要求的粉体材料装入储灰罐中，并校准粉体计量装置。

5.8.6 成桩施工

1 钻机对位后，应校正钻杆垂直度。

2 钻机钻进时，应随即喷射压缩空气（压力可为 0.2 ~ 0.6 MPa）防止喷射口堵塞。

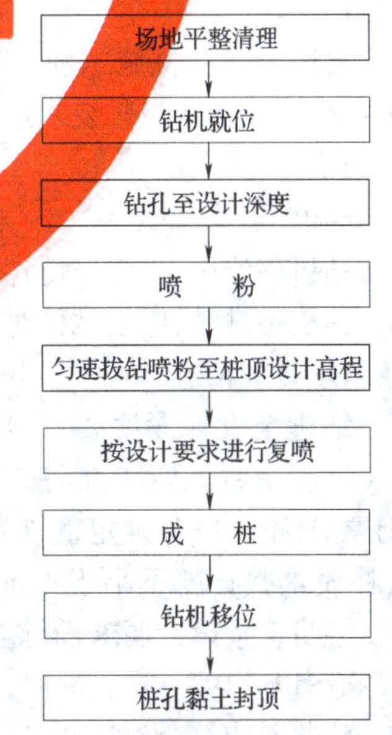

图 5.8.1 粉喷桩施工流程图

3　钻至设计深度后,改变钻机旋转方向提升钻头的同时开始喷粉。提升速度和喷粉速度应符合设计要求和试桩时确定的参数。应保证提升和喷粉连续均匀。如有中断,应及时补喷,补喷重叠长度不小于 1 m。

4　桩身应按设计要求进行重复搅拌。提升至接近地面时,应采用慢速。提升至地面以下 0.5 m 时,应停止喷灰。上部0.5 m范围用人工回填黏土并压实。

5　喷灰量应符合设计要求。发现喷灰量不足时,应整桩复喷补足。

5.9　水泥土搅拌桩

5.9.1　水泥土搅拌桩加固地基方法应符合设计要求。以干水泥粉作为固化剂的水泥土搅拌桩应按 5.8 节有关规定施工。当设计要求采用以水泥浆作为固化剂的水泥土搅拌桩时应按下列各项规定施工。

5.9.2　水泥土搅拌桩施工流程如图 5.9.2 所示。

5.9.3　机具要求

1　钻机可采用专用的带搅拌头的搅拌钻机或用改制的螺旋钻机,一般可分单轴和双轴两种。

2　水泥浆搅拌机和集料斗。

3　灰浆泵,工作压力 1 500 kPa。

4　电磁流量计。

5.9.4　水泥土搅拌桩的处理范围和桩位布置应符合设计要求。并应在施工前测设,做出明显标志。

5.9.5　水泥土搅拌桩的施工顺序可逐排逐根进行。

5.9.6　水泥土搅拌桩施工前,应按设计要求的配合比配制水泥浆装入集料斗中,并校准电磁计量装置。

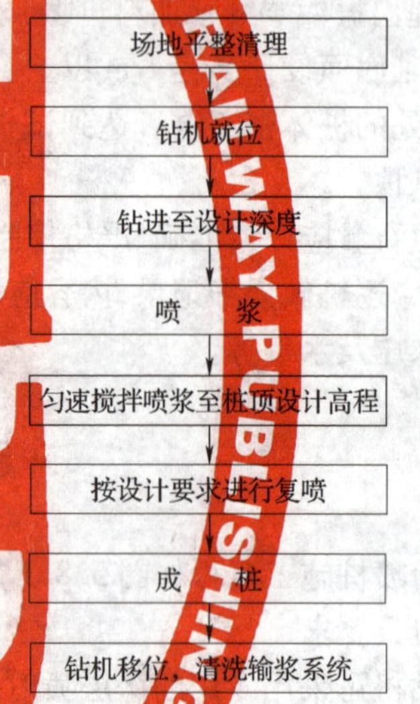

图 5.9.2　水泥土搅拌桩施工流程图

5.9.7　成桩施工

1　钻机就位后,应校正搅拌轴垂直度。

2　钻机钻进时,应按试桩时确定的速度搅拌下沉。如下沉速度太慢,可通过输浆系统补给清水以利钻进。

3　钻进至设计深度后,开启灰浆泵将水泥浆压入地基,边旋转,边喷浆,一般停留 30 s 后改变钻机旋转方向提升搅拌头,同时继续喷浆。提升速度和喷浆压力应符合设计要求和试桩时确定的参数。应保证提升和喷浆连续均匀。如有中断,应及时补喷,补喷重叠长度不小于 1 m。

4　桩身应按设计要求进行重复搅拌。最后一次提升时,应采用慢速。一般提升至桩顶设计高程以上 0.3 ~ 0.5 m 时,停止提升。

5　喷浆量应符合设计要求。发现喷浆量不足时,应整桩复喷补足。

6　施工结束后应及时清洗输浆系统,并将粘附在搅拌头的软土清洗干净。

5.10 旋喷桩

5.10.1 旋喷桩施工流程如图 5.10.1 所示。

5.10.2 机具要求

旋喷桩所用机具设备因喷射方法不同而有所不同。可参照表 5.10.2 选用。

表 5.10.2 各种高压喷射注浆法主要施工机具

序号	机具名称	规格	所用机具		
			单管法	二重管法	三重管法
1	高压泥浆泵	20~40 MPa	√	√	
2	高压水泵	20~40 MPa			√
3	钻 机	地质钻机或振动钻机	√	√	√
4	泥浆泵	3~5 MPa			√
5	空压机	0.7 MPa		√	√
6	泥浆搅拌机		√	√	√
7	旋喷管(单管)		√		
8	旋喷管(二重管)			√	
9	旋喷管(三重管)				√
10	高压胶管	31 MPa,ϕ19~ϕ22 mm	√	√	√

5.10.3 旋喷所用浆液的配比应计量准确,应采用符合设计要求或试验确定的配比。浆液宜在旋喷前 1 h 以内配制,并滤出硬块等杂物,以免堵管。

5.10.4 成桩施工

1 钻机对位后,应校正钻杆垂直度。

2 钻进施工前,应先作射水和通气试验,检查管道和喷嘴是否畅通。

3 钻孔

1) 单管法和二重管法可用注浆管射水成孔。射水压力可为 1 MPa,防止水压过大冲塌孔壁。

2) 三重管法施工采用钻机钻孔,孔径为 150~200 mm。

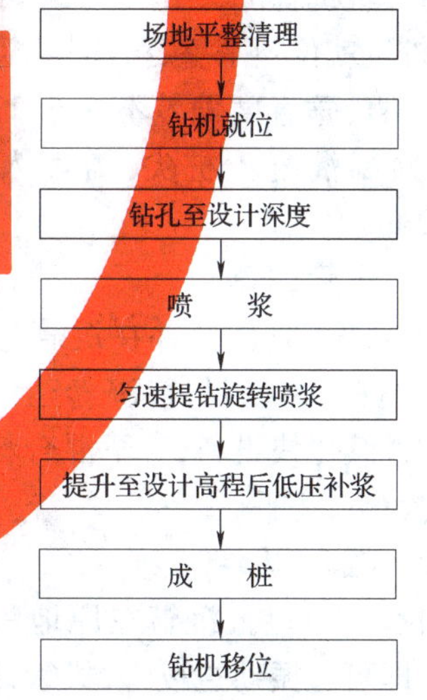

图 5.10.1 旋喷桩施工流程图

4 旋喷

1) 单管法和二重管法在注浆管射水成孔至设计深度后,即可开始喷浆或复合喷射浆液和空气。

2) 三重管法须在钻机钻孔达设计深度后,拔出钻杆,插入三重注浆管。插管时,应用低压水边射水,边插入,以防喷嘴堵塞。注浆管插入到位后,应先送高压水,再送浆液和压缩空气。

3) 喷射时,应先达到预定的喷射压力和喷射量,在桩底旋喷 1 min 后,再逐渐提升。

提升速度、旋喷速度、喷射压力和排量等参数应符合现场试验确定的数值。

4）旋喷过程中，应注意冒浆量的量测，冒浆量宜控制在10% ~25% 。

5）旋喷过程中，拆卸钻杆后继续旋喷时，应控制与前段搭接100 mm以上。

6）当喷头提升到设计高程时，应进行1 ~2 min的低压补浆（5 MPa），消除桩顶因浆液析出造成的凹穴。

5 旋喷结束后，应迅速拔出注浆管，用清水冲洗管路和喷嘴，防止浆液凝固堵塞。

5.10.5 相邻两桩旋喷施工间隔时间应不小于48 h，间距应不小于4 ~6 m。

5.11 水泥粉煤灰碎石桩（CFG桩）

5.11.1 施工机具

水泥粉煤灰碎石桩成桩机械可采用振动式沉管打桩机或螺旋钻机。

5.11.2 施工前应按设计要求进行混合料配合比试验，确定混合料配合比。当采用振动沉管灌注成桩时，混合料坍落度宜为30 ~50 mm；当采用长螺旋成孔、管内泵压混合料灌注成桩时，混合料坍落度宜为160 ~200 mm。

5.11.3 CFG桩的处理范围和桩位布置应符合设计要求。并应在施工前测设，做出明显标志。

5.11.4 CFG桩的施工顺序应采用间隔跳打。对于满堂布桩，可采用从中心向外推进或从一边向另一边推进的方法。

5.11.5 振动沉管CFG桩施工流程如图5.11.5所示。

1 桩机就位

桩机就位须平整、稳固，沉管与地面保持垂直，垂直度偏差不大于1%；如果采用预制混凝土桩尖，需埋入地面以下300 mm。

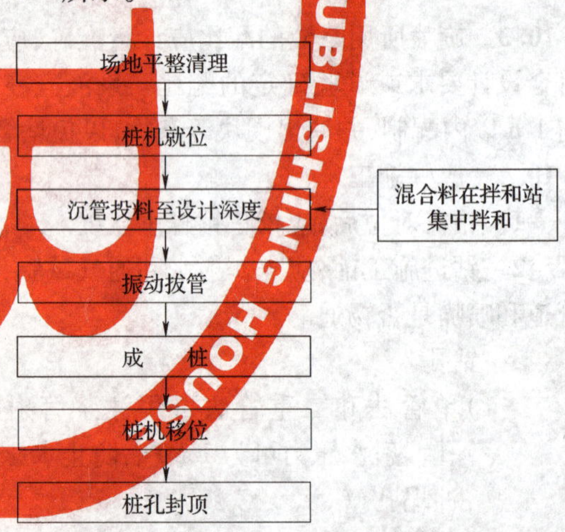

图5.11.5 振动沉管CFG桩施工流程图

2 沉管、下料

开机振动沉管，并在沉管过程中用料斗向桩管内投料，待沉管至设计高程后，须继续尽快投料，直至混合料与钢管上部投料口齐平。

3 振动、拔管

投料平口后，沉管在原地留振10 s左右，即可边振动边拔管，拔管速度控制在1.2 ~1.5 m/min左右，每提升1.5 ~2.0 m，留振20 s。如上料量不够，可在拔管过程中继续投料，以保证成桩高程及密实度的要求。

4 成桩

桩管拔出地面确认灌注达到桩顶设计高程以上500 mm时，移机进行下一根桩施工。然后用粒状材料或黏土封顶。

5.11.6 长螺旋钻管内泵压CFG桩施工流程如图5.11.6所示。

1 安装混凝土输送系统

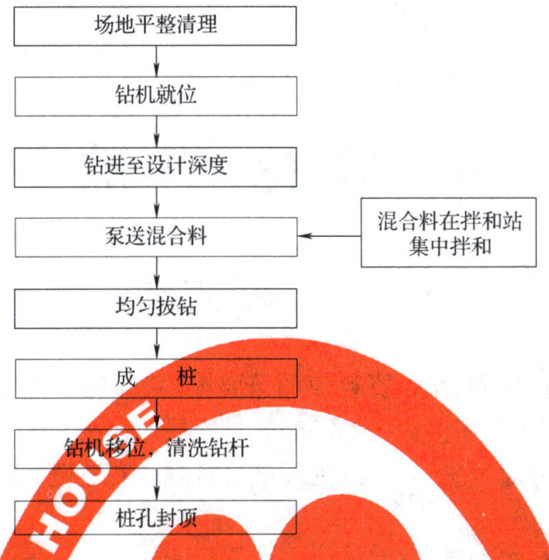

图5.11.6　长螺旋钻管内泵压CFG桩施工流程图

连接混凝土输送泵与输送管道，水平输送采用钢管，垂直输送采用高压橡胶管，将垂直输送管与钻杆弯头接头连接。

2　钻机就位

平整场地，钻机对准桩位，调整钻杆垂直度，在钻尖楔形口处抹黄油，将活门上翻，封闭楔形出料口并用橡胶皮圈将活门绷紧。

3　钻孔

启动电机，将钻杆旋转下沉至设计高程，关闭电机。

4　泵送混合料

开启混凝土输送泵，向输送管路注入砂浆，然后将搅拌好的桩体混合料通过输送系统泵至管道和钻杆内，使之充满。然后将钻杆上提300 mm，立即向孔内输送相当于1 m长的桩体材料，活门在混合料的冲击下自动打开，使桩底充满混合料并形成一定压力。

5　成桩

边泵送混合料边提钻杆，待灌注达到桩顶设计高程以上500 mm时，停止泵送，并将钻杆提出，检查桩顶高程。如发现未达要求，人工补充灌注到位。然后用粒状材料或黏土封顶。

6　清洗钻杆

通过钻杆顶部弯管的注水阀门，向钻杆内注入高压清水，清洗钻杆内孔。移机进行下一根桩施工。

6 明挖基础

6.1 一般规定

6.1.1 基坑开挖前应按地质、水文资料和环保要求，结合现场情况，制定施工方案，确定开挖范围、开挖坡度、支护方案、弃土位置和防、排水措施。

6.1.2 基坑土方施工应对支护结构、周围环境进行观察和监测，当发现异常情况，应妥善处理后方可继续施工。

6.1.3 基础底面不得处于软硬不匀地层。当发现地质条件与设计不符时，应联系勘察设计部门和相关单位。

6.1.4 工地昼夜平均气温连续3 d低于5 ℃或最低气温低于－3 ℃时，混凝土或砌体施工应采取冬期施工措施保证工程质量。冬期施工热工计算可按本技术指南附录A办理。

6.1.5 大体积混凝土施工前应进行专项施工设计，必要时要进行温度监控。

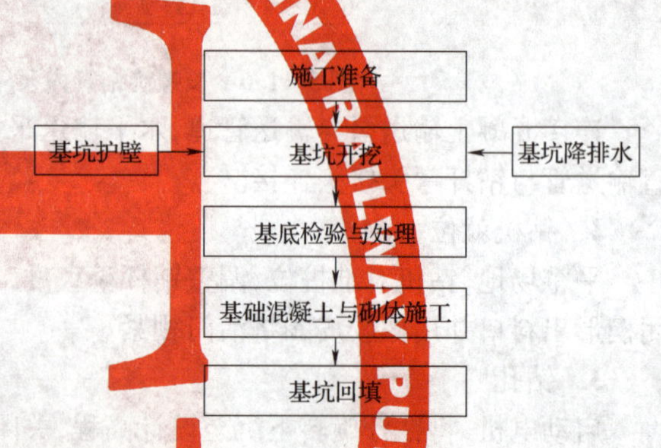

图6.1.7　明挖基础施工流程图

6.1.6 基础混凝土和砌石施工质量应符合铁道部现行铁路混凝土和砌石工程施工质量验收标准的有关规定。

6.1.7 明挖基础施工流程如图6.1.7所示。

6.2 基坑开挖

6.2.1 基坑宜在枯水或少雨季节开挖。开挖不宜间断。

6.2.2 基坑开挖前应测定基坑中心线、轮廓线、方向和高程。有地面水淹没的基坑，应先修筑围堰、改河、改沟、筑坝排开地面水后再开挖基坑。

6.2.3 基坑可采用垂直开挖、放坡开挖、支撑加固或其他加固的开挖方法。

6.2.4 基坑坑壁坡度应在确保边坡稳定、施工安全的原则下确定，并应符合下列规定：

1 当在天然土层上开挖基坑，基坑深度在5 m以内，施工期较短，基坑底在地下水位以上，土的湿度接近最佳含水量，土层构造均匀时，基坑坡度可采用表6.2.4中的数值。

2 当基坑深度大于5 m时，应将坑壁坡度适当放缓或加设平台。

3 当土的湿度可能引起坑壁坍塌时，坑壁坡度应缓于该湿度土的天然坡度。

6.2.5 当地下水位在基坑底以上时，地下水位以上部分可放坡开挖；地下水位以下部分，当土质易坍塌或基坑底以上水位较深时，应加固坑壁开挖。

表 6.2.4 基坑坑壁坡度

坑壁土	坑 壁 坡 度		
	基坑顶缘无载重	基坑顶缘有静载	基坑顶缘有动载
砂类土	1:1	1:1.25	1:1.5
碎石类土	1:0.75	1:1	1:1.25
黏性土、粉土	1:0.33	1:0.5	1:0.75
极软岩、软岩	1:0.25	1:0.33	1:0.67
较软岩	1:0	1:0.1	1:0.25
极硬岩、硬岩	1:0	1:0	1:0

注:1 挖基通过不同的土层时,边坡可分层选定,并酌留平台;

2 在山坡上开挖基坑,当地质不良时,应防止滑坍;

3 在现有建筑物旁开挖基坑时,应符合设计文件的要求。

6.2.6 基坑顶有动载时,坑顶缘与动载间应留有大于 1 m 的护道,当动载过大或地质、水文条件不良时,应进行基坑开挖边坡检算,根据检算结果确定采用增宽护道或其他加固措施。

6.2.7 弃土应统筹安排,不得妨碍施工。弃土堆坡脚距坑顶缘距离不宜小于基坑的深度,且应弃在下游指定地点,不得淤塞河道,影响泄洪和造成水体及环境污染。

6.2.8 无水土质基坑底面,宜按基础设计平面尺寸每边放宽不小于 50 cm。

适宜垂直开挖且不立模板的基坑,基底尺寸应按基础轮廓确定。

有水基坑底面,应满足四周排水沟与汇水井的设置需要,每边放宽不宜小于 80 cm。

6.2.9 基底应避免超挖,松动部分应铲除。

当使用机械开挖时,不得破坏基底土的结构,应在设计高程以上保留一定厚度由人工开挖。

6.3 基坑护壁

6.3.1 基坑开挖后坑壁无法保证稳定时,可采用挡板支撑、混凝土支护等方法进行护壁加固。

6.3.2 挡板支撑护壁应符合下列规定:

1 挡板支撑结构应经设计计算确定,一般可采用横、竖向挡板与钢(木)框架支撑方式护壁。基坑每层开挖深度应根据地质情况确定,不宜超过 1.5 m,并应边挖边支。

2 支撑结构应随时检查,发现变形,及时加固或更换,更换时应先撑后拆。

支撑拆除顺序应自下而上,待下层支撑拆除并回填后,再拆除上层支撑。

3 用吊斗出土,应有防护措施,防止吊斗碰撞支撑。

6.3.3 喷射混凝土护壁应符合下列规定:

1 喷射混凝土护壁适用于坑壁稳定性较好、渗水量较少的基坑。喷护基坑的深度应按地质条件决定,但不宜超过 10 m。

2 喷射混凝土厚度可采用表 6.3.3 中的数值。

表 6.3.3　喷射混凝土厚度(cm)

地质类别 \ 基坑渗水情况	无渗水	少量渗水
砂类土	10 ~ 15	不小于 15
黏性土、粉土	5 ~ 8	8 ~ 10
碎石类土	3 ~ 5	5 ~ 8

注:1　本表喷射混凝土厚度适用于不大于 10 m 直径的基坑,未考虑基坑顶缘荷载;
　2　每次喷射混凝土厚度,取决于土层和混凝土的粘结力与渗水量的大小。

3　喷射混凝土护壁的坡度,根据土质情况与渗水量的大小可采用 1∶0.07 ~ 1∶0.1。

4　所选用的喷射机必须具有良好的密封性且输料均匀。

5　喷射混凝土应掺入外加剂,其掺量应通过试验确定。当使用速凝剂时,应满足初凝时间不大于 5 min,终凝时间不大于 10 min。

6　混合料应随拌随喷。

7　基坑开挖前,应在坑口顶缘采取加固措施,防止土层坍塌。

8　根据土质与渗水情况,每次下挖 0.5 ~ 1.0 m 应即喷护,对无水或少水坑壁,喷射顺序应由下而上,但对渗水坑壁应由上而下。

9　当一次喷护达不到要求厚度时,可在第一层混凝土终凝后再喷第二次或第三次,直到要求厚度。续喷前应将混凝土表面污渍、泥块清洗干净。

10　喷射混凝土终凝 2 h 后,应进行湿润养护。

11　开挖基坑遇有较大渗水时,可采取下列措施:

1)每层开挖深度不大于 0.5 m,随挖随喷,汇水坑应设于基坑中心。

2)开挖进入含水层时,宜扩挖 40 cm,以石料码砌扩挖部位,并在表面喷射一层 5 ~ 8 cm厚的混凝土。

3)对流沙、淤泥等夹层,除打入小木桩外,并在桩间缠以竹篱等,然后喷射混凝土。

6.3.4　混凝土护壁应符合下列规定:

1　混凝土围圈护壁,除流砂及呈流塑状态的黏性土外,适用于各类土的开挖防护。

2　混凝土的强度等级、结构形式和断面尺寸应符合设计要求,拆模强度应达到设计强度等级的 100%。

3　混凝土围圈的开挖面应均匀分布,对称开挖并及时浇筑,无支护总长度不得超过 1/2 周长。

4　围圈混凝土应由上而下逐层浇筑,顶层应一次整体浇筑,以下各层可分段开挖浇筑。上下层混凝土纵向缝应相互错开。分层高度以垂直开挖面不坍塌为原则。顶层高度宜为 2 m,以下每层高宜为 1.0 ~ 1.5 m。

6.4　基坑围堰

6.4.1　围堰工程应符合下列要求:

1　围堰顶面应高出施工期间可能出现的最高水位 0.5 m。

2　对河流断面被围堰压缩而引起的冲刷,应有防护措施。

3　围堰应做到防水严密,减少渗漏。

4 堰内面积应满足基础施工的需要。

5 围堰应满足强度和稳定性的要求。

6.4.2 土围堰应符合下列规定:

1 土围堰适用于水深在2 m以内,流速小于0.3 m/s,冲刷作用很小,且河床为渗水性较小的土。

2 土围堰断面应根据使用的土质、渗水程度及围堰本身在水压力作用下的稳定性而定。堰顶宽度不应小于1.5 m,外侧坡度不陡于1∶2,内侧坡度不陡于1∶1。

3 土围堰宜用黏性土填筑。填土出水面后应进行夯实。

4 筑堰引起流速增大时,可在外坡面用草皮、片石或土袋等进行防护。

6.4.3 土袋围堰应符合下列规定:

1 土袋围堰适用于水深不大于3 m,流速不大于1.5 m/s,河床为渗水性较小的土。

2 堰顶宽度可为1~2 m,外侧边坡为1∶0.5~1∶1,内侧边坡为1∶0.2~1∶0.5,堰底内侧坡脚距基坑顶缘距离不应小于1.0 m。

3 土袋围堰应用黏土填心。袋内装入松散黏性土后,袋口应缝合,装填量约为袋容量的60%。流速较大处,外侧土袋内可装粗砂或小卵石。

4 堆码时土袋应平放,其上下层和内外层应相互错缝,搭接长度为1/2~1/3。

6.4.4 土、土袋围堰填筑前,应清理堰底的树根、草皮、石块等杂物。当有冰块时,必须彻底清除。

填筑时,均应自上游开始至下游合龙。

6.4.5 钢板桩围堰应符合下列规定:

1 钢板桩围堰适用于深水基坑,河床为砂类土、黏性土、碎石土及风化岩等地层。

2 新钢板桩应有出厂合格证,机械性能和尺寸符合有关技术标准的规定。经整修或焊接后的钢板桩,应经同类型的钢板桩作锁口通过试验检查。验收后的钢板桩应分类、编号、登记存放,锁口内不得积水。

3 钢板桩堆存、搬运、起吊时,不得损坏锁口和产生由于自重引起的变形。

4 钢板桩接长应等强度焊接。

5 当起吊设备许可时,可将2~3块钢板桩拼成一组,组拼后用坚固夹具夹牢。

6 插打钢板桩应符合下列规定:

1)插打前,在锁口内应涂抹防水混合料,组拼桩时应用油灰和棉絮捻塞拼接缝。

2)插打顺序应按施工组织设计进行,一般应由上游分两侧插打至下游合龙。

3)插打时必须有可靠的导向设备。宜先将全部钢板桩逐根或逐组插打稳定,然后依次打到设计高程。

4)起始打的几根或几组钢板桩,应检查其平面位置和垂直度,当发现倾斜时,应即予纠正。

5)当吊桩起重设备高度不够,可改变吊点位置,但不得低于桩顶以下1/3桩长。

6)钢板桩可用锤击、液压、振动或辅以射水等方法下沉。但在黏土中,不宜使用射水,锤击时应使用桩帽。

7)钢板桩因倾斜无法合龙时,应使用特别楔形钢板桩,楔形的上下宽度之差不得超过桩长的2%。

8)钢板桩相邻接头应上下错开不小于2 m。

9）围堰将近合龙时，应经常观测四周的冲淤状况，并采取预防上游冲空或下游淤积的措施。

10）当同一围堰内，使用不同类型的钢板桩时，接口处应将两种不同类型钢板桩的各一半拼接成异型钢板桩。

7　锁口漏水，可用板条、旧棉絮条等在内侧嵌塞，同时在漏缝外侧水面撒细煤渣与木屑等，任其随水流自行堵塞。较深处的渗漏，可将煤渣等沉送到漏水处堵漏。

8　潮汐地区或河流水位涨落较大地区的围堰，应采取措施防止围堰内水位高于外侧。

9　拔桩前应向围堰内灌水，保持内外水位相等。拔桩应从下游开始。

10　插打钢板桩过程中，当导向设备失效，钢板桩顶达到设计高程时，平面位置允许偏差：在水中打桩为20 cm，在陆地打桩为10 cm。

6.5　基坑降、排水

6.5.1　明挖基坑可采用汇水井、井点法降、排水，应保持基坑底不被水淹。

6.5.2　粉、细砂土质的基坑，宜用井点法降低水位。当用汇水井排水时，应采取防止带走泥沙的措施。

6.5.3　水下挖基时，抽水能力应为渗水量的1.5～2.0倍。

6.5.4　基坑排出的水应以水管或水槽远引。

6.5.5　各类型井点法降水的适用条件可按表6.5.5选用。

表6.5.5　降水类型及适用条件

序号	适用条件 降水类型	土层渗透系数(cm/s)	可能降低的水位深度(m)
1	轻型井点	10^{-2}～10^{-5}	3～6
2	多级轻型井点	10^{-2}～10^{-5}	6～12
3	喷射井点	10^{-3}～10^{-6}	8～20
4	电渗井点	$<10^{-6}$	宜配合其他形式降水使用
5	深井井管	$\geq 10^{-5}$	>10

6.5.6　井点法降水应符合下列规定：

1　井点布置应随基坑形状、土壤类别、地下水位和要求降水深度等各种条件而定，集水管出口应确保排水畅通。

2　安装井点管，应先造孔后下管，不得将井点管硬打入土内，造孔应垂直，深度宜比滤管底深0.5 m左右。滤管底应低于基底以下1.5 m。

3　井点管四周，应以粗砂灌实，距地面0.5～1.0 m深度内，用黏土填塞严密。

4　集水管与水泵的安装高度应尽量降低，以增加其吸程。集水总管向水泵方向宜设有0.25%～0.50%的下坡。

5　井管系统各部件均应安装严密，不得漏气。

6　降水过程中，应加强井点降水系统的维护和检查，保证不断抽水。

7　对水位降低区域建筑物可能产生的沉降，应进行观测，并采取防护措施。

8 拆除多层井点应自底层开始逐层向上进行，在下层井点拆除期间，上部各层井点应继续抽水。

6.6 基底检验与处理

6.6.1 基底应检验下列内容：

1 基底平面位置、尺寸、基底高程是否符合设计要求。

2 基底地质情况和承载力是否符合设计要求。

3 基底处理和排水情况是否符合有关规定。

4 施工记录及有关试验资料是否齐全和符合要求。

6.6.2 基底处理应符合下列规定：

1 岩层基底应清除岩面松碎石块、淤泥、苔藓，凿出新鲜岩面，表面应洗清干净。倾斜岩层，应将岩面凿平或凿成台阶。

易风化的岩层基底，应按基础尺寸凿除已风化的表面岩层。在砌筑基础时，应边砌边回填封闭。

2 碎石类及砂类土层基底承重面应修理平整，对松散表层应进行夯实。

3 黏性土层基底整修时，应在天然状态下铲平，不得用回填土夯平。必要时，可向基底夯入 10 cm 以上厚度的碎石，碎石层顶面不得高于基底设计高程。

4 泉眼应用堵塞的方法妥善处理。堵眼有困难时，可采用先引流排水施工方案，基础圬工完成后再堵塞。引流排水时应防止砂土流失引起基础沉陷。

5 基底处理后应再次进行基底检验。

6.6.3 基底检验合格后应立即进行混凝土与砌体基础施工。如基底暴露过久，则应重新检验。

6.7 混凝土与砌体基础

6.7.1 混凝土基础施工应符合下列规定：

1 模板及支撑

1) 模板及支撑应具有足够的强度、刚度和稳定性，能承受浇筑混凝土的侧压力，并保证基础尺寸的正确。

2) 模板安装应稳固可靠，接缝严密不漏浆，模板与混凝土的接触面应清理干净并涂刷隔离剂，模型内的积水和杂物应清理干净。

3) 混凝土浇筑前应对基础平面位置、尺寸、底面及顶面高程和基底地质条件等进行检查并形成记录。

4) 浇筑混凝土过程中，应对模板及支撑进行观察维护，发现异常情况及时采取补救措施。

5) 拆除非承重模板时，不得损伤混凝土的表面和棱角，混凝土强度不应低于 2.5 MPa。拆除承重模板时，混凝土强度应符合设计要求。

2 钢筋

1) 钢筋进场时，必须按铁道部现行有关规定抽取试件做力学性能试验和工艺性能试验,合格后方可使用。

2)钢筋的连接方式必须符合设计要求,并按规定对焊接接头抽取试件试验,合格后方可使用。

3)钢筋表面应洁净无油渍、锈皮和油污等。

4)浇筑混凝土前,应对已安装的钢筋进行检查并形成记录,检查项目为:钢筋的品种、规格、数量、位置、间距,钢筋的连接方式、接头位置,预埋件的规格、数量、位置,保护层厚度等。

3　混凝土

1)混凝土所用原材料必须按铁道部现行有关规定取样进行检验,合格后方可使用。

2)根据原材料性能、混凝土的技术条件和设计要求进行混凝土的配合比设计。混凝土拌制前应测定砂、石含水率,并根据测试结果,按调整后的材料用量提出施工配合比。混凝土的坍落度应符合配合比设计的要求。

3)混凝土应使用机械拌制,并采用自动计量装置。

4)混凝土运输过程中不得出现离析、漏浆、严重泌水和坍落度损失过多等现象。

5)混凝土应采用滑槽、串筒等器具分层浇筑,自由倾倒高度不得大于 2 m。

6)混凝土应采用机械振捣。

7)混凝土浇筑过程中应按铁道部现行有关规定要求制作检查试件。

8)混凝土浇筑完成后,应及时对混凝土覆盖保湿养护。混凝土保湿养护的时间:采用硅酸盐水泥、普通硅酸盐水泥、矿渣硅酸盐水泥时不得少于 7 d,对掺入缓凝型外加剂或有抗渗等要求的混凝土不得少于 14 d。

6.7.2　砌体基础施工应符合下列规定:

1　砌体所用的原材料必须按批取样经试验合格后方可使用。

2　砌体砂浆的强度等级应符合设计要求,并具有适度的流动性和良好的和易性,砂浆配合比应通过试验确定。

3　砂浆应随拌随用,当在运输和储存过程中发生离析和泌水现象时,应重新拌制,凝结的砂浆不得使用。

4　砌体砌筑应采用挤浆法分层、分段砌筑,石料和砌块不得向已砌完的砌体上抛掷,砌体表面勾缝的形式和砂浆强度应符合设计要求。砌筑基础时,应在基础底面先铺一层 5 ~ 10 cm 的水泥砂浆。

5　砌筑过程中应随机抽样制作砂浆抗压强度标准养护的检查试件。

6　石料或砌块砌筑完毕应及时覆盖保湿养护,常温下保湿养护时间不得少于 7 d。

6.7.3　混凝土与砌体基础应在基底无水情况下施工,需要抽水施工的基坑应在混凝土和砌体砂浆终凝后方可停止抽水。

6.7.4　基础与墩台身的施工接缝处理应符合设计要求。当设计无要求时应符合下列规定:

1　接缝面一般应为水平面,边缘应处理平整。

2　混凝土与混凝土之间接缝,周边应设直径不小于 16 mm 的钢筋,埋入与露出长度不应小于钢筋直径的 30 倍,间距不应大于钢筋直径的 20 倍(设计有连接或护面钢筋时可不另设)。使用光面钢筋时两端应设半圆形标准弯钩,螺纹钢筋时可不设弯钩。连接钢筋的混凝土保护层厚度应符合有关规定。

3 混凝土与浆砌片石或浆砌片石之间接缝,应预埋片石作榫,片石厚度不小于15 cm,片石露出接缝面一半左右,且外露高度不小于15 cm。片石应均匀安放,净距不得小于15 cm;片石与模板的间距不宜小于25 cm,且不得与钢筋接触。

4 混凝土间施工接缝尚应符合下列规定:

1)施工缝处的水泥砂浆薄膜、松动石子或松弱混凝土层应凿除,浇筑混凝土前应用水冲净、湿润,但不得存有积水。凿毛应在距混凝土外缘2~3 cm以内进行,并使接缝面露出70%以上新鲜混凝土面。

2)混凝土凿毛时须达到下列强度:

水冲凿毛 不小于0.5 MPa;

人工凿毛 不小于2.5 MPa;

机械凿毛 不小于10 MPa。

6.7.5 混凝土基础拆除模板和砌体基础砂浆终凝后,基坑应按设计要求的填料和质量及时回填,并应分层夯实。

7 桩 基 础

7.1 一 般 规 定

7.1.1 桩基础施工应根据设计文件和环保要求,结合现场情况,编制实施性施工组织设计和施工工艺细则。

7.1.2 沉入桩、钻孔桩应按有关规定和设计要求进行试桩,确定施工工艺参数和检验桩的承载力,并应具有完整的试桩资料。

7.1.3 钢筋混凝土和预应力混凝土桩在沉桩时,桩身混凝土应达到设计强度,桩的规格、结构、质量应符合设计要求。

7.1.4 承台为大体积混凝土时,施工前应进行专项施工设计,必要时要进行温度监控。

7.1.5 桩基础的混凝土施工质量应符合铁道部现行铁路混凝土工程质量验收标准的有关规定。

7.2 沉 桩 基 础

7.2.1 沉桩按桩体材质分为钢筋混凝土桩和预应力混凝土桩。预应力混凝土桩一般采用工厂化生产,钢筋混凝土桩可现场制作。陆地沉桩施工流程如图 7.2.1 所示。

7.2.2 沉桩基础施工前应进行如下准备工作:

1 沉桩前应掌握施工所需的工程地质、水文和试桩等资料。

2 查明施工区(高空、地面、地下和水中)妨碍沉桩的障碍物,并应及时处理。对沉桩设备移动范围内的场地进行平整,松软地面应进行加固。

3 测定墩、台和基桩的纵、横轴线并做好记录,在陆地上或静水区每根桩基轴线与设计位置的允许偏差不得大于 2 cm;单排桩轴线与设计位置允许偏差不得大于 1 cm,轴线的控制点应设在不受沉桩或其他影响的地点并加标志。

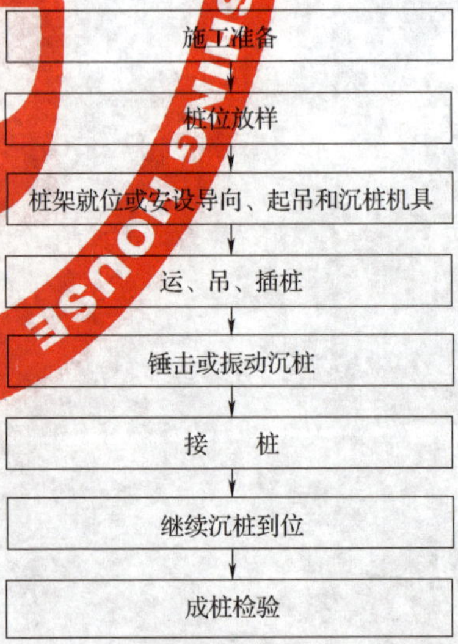

施工准备
↓
桩位放样
↓
桩架就位或安设导向、起吊和沉桩机具
↓
运、吊、插桩
↓
锤击或振动沉桩
↓
接　桩
↓
继续沉桩到位
↓
成桩检验

图 7.2.1　陆地沉桩施工流程图

7.2.3 桩的制作应符合下列规定:

1 钢筋混凝土和预应力混凝土桩现场制作应符合下列规定:

1)浇筑混凝土及预应力张拉工艺,应符合本技术指南第 10 章的有关规定。

2)混凝土应连续浇筑,不得中断,并应填写制桩记录。桩的吊运应在桩身混凝土达到设计要求的吊运强度,且不低于设计强度的70%方可进行。

3)桩节间的连接部件,应符合设计强度和耐久性要求;采用法兰盘连接时,接头位置不受限制;采用钢套筒焊接接头时,接头方法及位置应符合设计要求,设计对接头位置无要求时,在一个墩台桩基中,同一水平面内的接头数不应大于基桩总数的25%。

法兰盘和桩靴的中心必须在桩的中轴线上,接桩铁件应做防锈处理。

4)验收成桩时,应具备材料试验记录、混凝土试验单和制桩记录。桩上应标明基桩编号及节段长度和制作日期。

2 现场用重叠法浇筑钢筋混凝土桩时,尚应符合下列规定:

1)预制场地应平整、坚实,并防止浸水沉陷。

2)桩与桩间接触面不得互相粘连。

3)上层桩或邻桩的浇筑,应在下层桩或邻桩的混凝土达到设计强度的50%后方可进行。

4)桩的重叠层数应根据地面容许荷载和施工条件确定,一般不宜超过3层。

7.2.4 桩的堆放、起吊和搬运应符合下列规定:

1 应按桩的种类和使用顺序堆放;堆放场地应平整、坚实,堆放层数不宜超过四层。当两点支垫时,堆放桩的支垫木应设在距两端0.21倍桩长处;当三点支垫时,应设在距两端0.15倍桩长和中点处。每层垫木必须保持在同一平面上,各层垫木应在同一竖直线上。雨季和春融期间,应防止因地面软化发生不均匀下沉造成基桩断裂和损坏。

2 起吊时,桩的吊点位置和混凝土强度应符合设计要求;应平稳提升,使各吊点同时受力。一个吊点吊桩时,吊点应设在距桩上端0.3倍桩长处,在起吊过程应用钢丝绳捆绑并控制桩的下端。

3 桩在起吊、搬运和堆码时,应防止冲撞和发生附加弯矩。

4 用驳船运桩,装卸时应对称施作,保持驳船稳定。

7.2.5 沉桩开始前,应按设计要求进行静载试验或动力振动试验。当需通过试验确定沉桩工艺和检验桩的承载力时,试验项目应包括:

1 工艺试验和冲击试验。

2 单桩静载试验,分为静压、静拔和静推三种;试验办法应符合本技术指南附录B的规定。

7.2.6 单桩承载力可按下列各种情况确定:

1 按静载试验取得的极限荷载,除以设计要求的安全系数,作为单桩允许承载力。

2 没有条件做静载试验的,可结合具体情况做静力触探试验,取得资料,选用当地地区性静力触探经验公式,估算单桩允许承载力。

3 没有条件做静载试验又无静力触探资料的,可结合具体情况,选用可靠的动力振动方法估算单桩允许承载力或用动力公式,根据锤击沉桩的贯入度估算单桩允许承载力。锤击动力公式可按本技术指南附录C选用。

4 因结构要求,必须限制位移时,应按设计要求的单桩位移量确定单桩允许承载力。

5 允许的抗拔力和承推力,应满足设计要求。

7.2.7 沉桩施工应符合下列要求:

1　沉桩顺序可根据水流、地形、地质和桩架移动难易等因素确定。当桩基平面尺寸较大或桩距较小时，宜由中间向外周进行沉桩；在较松软的土层中宜由外周向中间进行沉桩。

2　吊插桩前，应复查桩位、桩身、桩架质量，确认合格后方可插桩。

沉桩前，应在纵、横两个方向检查桩锤、桩帽与桩身的中心线，确保其在同一轴线上；直桩的垂直度或斜桩的倾角应符合要求。

3　接桩方法应符合设计要求和本技术指南第 7.2.3 条的有关规定。接桩时，应保持各节桩的轴线在一条直线上，上下节桩轴线的偏斜不应大于 3‰，且各节偏斜应反向错开。采用法兰盘连接时，连接螺栓应逐个拧紧并采用加设弹簧垫圈或点焊等措施，防止锤击时螺栓松动。法兰盘及钢套筒焊接头防锈处理应符合设计要求。

4　沉桩过程中应防止偏移。遇下列情况应停止沉桩，经分析研究并采取有效措施后，方可继续施工。

1）贯入度发生急剧变化或振动打桩机的振幅异常。

2）桩身突然倾斜、移位或锤击时有严重回弹。

3）桩头破碎或桩身开裂。

4）附近地面有严重隆起现象。

5）打桩架发生偏斜或晃动。

5　同一基础，当土质与设计不符，致使桩的入土深度相差很大时，应提交设计部门确定处理办法。

6　沉桩时应按本技术指南附录 D 逐根填写沉桩记录表及沉桩记录整理表。每个墩、台应绘制桩位示意图。

7.2.8　桩的下沉可根据地质条件、桩型和桩体承载能力等采用锤击法、振动法和静压法，附近有重要建筑物（如高层建筑、堤防工程、运营铁路等）时，不宜选用振动沉桩。沉桩施工尚应符合下列规定：

1　锤击沉桩

1）锤击沉桩应重锤低击，不应采用大能量锤击沉桩，防止桩头、桩身损坏。选择锤型时应依据桩重及类型、设计荷载、地质情况、设备条件和对邻近建筑物产生的影响等因素确定。应采用与桩和锤相适应的桩帽及适合桩帽大小的弹性衬垫，桩帽及其上下衬垫的顶面和底面应平整并与桩的中轴线垂直。

2）采用送桩沉桩时，桩与送桩的纵轴线应保持在同一直线上，送桩紧接桩顶部分应有保护桩顶的装置。送桩应有足够的强度、刚度和长度。安放送桩前，应截除桩头损坏部分并保持桩顶平整。

3）锤击沉桩开始时，应用较低落距，并从纵横两方向观察、控制桩位和桩的竖直度或倾斜度，待桩入土一定深度并确认位置正确方向无误后，再按规定落距进行锤击。坠锤落距不宜大于 2 m，单打汽锤落距不宜大于 1 m，柴油锤应使锤芯冲程正常。在桩的沉入过程中，应观察并保持桩锤、桩帽和桩身在同一轴线上。锤击沉桩应连续进行，不得中途停顿。

4）钢筋混凝土桩和预应力混凝土混凝土桩，在预计或有迹象进入软土层时，应改用较低落距锤击。

5）当落锤高度已达规定最大值和每击贯入度小于或等于 2 mm 时，应立即停锤。

当沉桩深度尚未达到设计要求时，应查明原因采用换锤或辅以射水等措施，但桩尖距设计高程不大于 2 m 时一般不应采用射水下沉。

6）桩尖设计位于硬塑及半干硬状态的黏性土、碎石土、中密状态以上的砂类土或风化岩层时，根据贯入度的变化和工程地质资料，确认桩尖已深入设计土层，贯入度符合要求时，即可停锤。但设计考虑硬层有可能冲刷时，应采取措施使桩尖达到设计要求高程。

7）桩尖设计位于一般土层时，应以桩尖设计高程为主、贯入度为辅控制沉桩施工。当桩尖达到设计高程，但贯入度与试桩所确定的最终贯入度或与地质资料对比有出入时，应与设计部门研究停锤控制标准。

8）水上沉桩，可用固定平台、浮式平台或打桩船施工。有潮汐的水域，宜用固定平台或专用打桩船施工。如采用打桩船施工，当波浪超过 2 级（波峰高 0.25 ~ 0.50 m）、流速大于 1.5 m/s 或风力超过 5 级（风速大于 8.0 ~ 10.7 m/s）时，均不宜沉桩。当其他船舶通过施工区，船行波影响打桩船稳定时，应暂停沉桩；已沉好的水中桩，宜用钢制杆体将相邻桩连成一体加以防护，并在水面设置标志；严禁在已沉好的桩上系缆。

9）使用打桩船进行沉桩时，对锚碇布置、船的停位及移动顺序等均应做出设计，施工过程应保持船体平衡。

10）锤击沉桩应考虑锤击振动对新浇混凝土的影响，当距离在 30 m 范围内的新浇混凝土强度未达到 5 MPa 时，不得进行锤击沉桩。

2　振动沉桩

1）振动沉桩适用于松软的或塑态的黏性土和较松散的砂土中，在紧密黏性土和砂质土中可用射水配合施工。

2）振动锤的振动力应大于下沉桩的土的摩阻力。振动打桩机和机座（桩帽）必须与桩顶连接紧密、牢固。

3）当插完桩后，初期宜依靠桩和振动锤的自重下沉，待桩身入土达到一定深度并确认桩位竖直度符合要求后再振动下沉；每根桩的沉桩作业应连续完成，接桩和停水干振时间不可过久。

4）采用振动为主射水配合沉桩时，桩尖沉至距设计高程 2 m 时，应停止射水并将射水管提高，进行干振直至设计高程；当最后下沉贯入度小于或等于试桩最后下沉贯入度和振幅符合规定时，即可认定沉桩合格。

5）同一基础的基桩全部沉完后，宜将全部基桩再进行一次干振，保证全部基桩达到合格标准。

3　静力压桩

1）静力压桩通常适用于可塑状态黏性土，但不宜用于坚硬状态的黏土和中密以上的砂土；当有夹砂层时，应采取相应的施工措施。

2）压桩前应根据压桩地区的土层、地质情况估算压桩阻力，根据压桩阻力选择压桩设备。

3）压桩所用量测压力仪表应注意保养、及时检修和定期标定，保证正确反映压力值。

4）施工过程中，应保持压桩力和桩轴线重合，若有偏移，应及时调整。

5)压桩时应避免中途停歇,如必须停歇时应减少停歇时间,防止再压时启动阻力过大。

6)静压沉桩深度控制应按设计高程、压桩力和稳压下沉量相结合的原则,并根据地质条件和设计要求综合确定。

7.2.9 基桩的复打应符合下列规定:

1 对发生“假极限”现象的桩、射水下沉的桩和有上浮现象的桩,均应复打。

2 复打前的“休息”天数及复打的要求,应符合本技术指南附录B的有关规定。

7.3 钻孔桩基础

7.3.1 钻孔桩施工流程如图7.3.1所示。

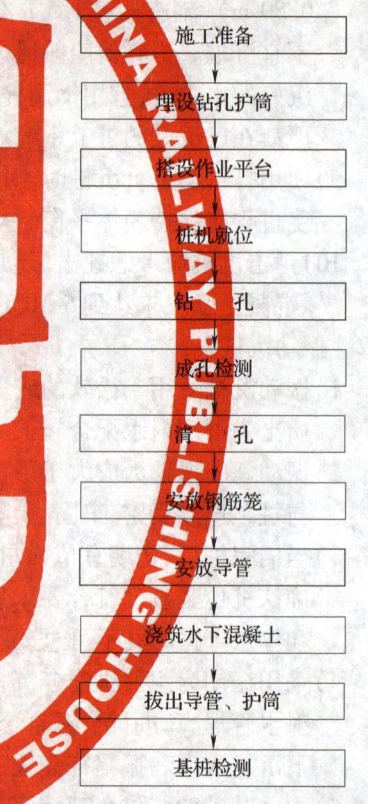

图7.3.1 钻孔桩施工流程图

7.3.2 钻孔桩施工根据不同的地质条件可分别选用冲击钻机、回旋钻机、旋挖钻机以及套管钻机等不同的钻孔设备。

7.3.3 钻孔场地要求:

1 在旱地上应清除杂物,换除软土,平整压实,场地位于陡坡时,可用枕木或型钢等搭设工作平台。

2 在浅水中宜用筑岛或围堰法施工,筑岛面积应依据钻孔方法、设备大小等决定。

3 钻孔场地在深水中或淤泥较厚时,可搭设水上工作平台施工,平台搭设应符合本技术指南7.3.4条的有关规定。

4 采用旋转法或冲击法钻孔时,应在场地布置中安排泥浆循环净化系统。

7.3.4 钻孔桩水上施工作业平台应符合下列规定:

1 平台应能支撑钻孔机械、护筒加压、钻孔操作及浇筑水下混凝土等施工过程中的所有静、活荷载,并保持坚固稳定,同时应满足各项有关施工作业和施工设备安全进、退场的要求。

2 工作平台可利用浮吊或打桩船打入钢筋混凝土桩或钢管桩作为基桩,顶面纵横梁和支撑架可用木料、型钢、万能杆件、钢桁架或其他材料搭设。当流速不大,且河床地质条件较好、承载力较高时,也可部分利用钻孔桩钢护筒加高兼作基桩设置作业平台,但钢护筒刚度、埋深等必须同时满足基桩的设置要求。

3 当水流平稳时,钻机可设在组合船舶或浮箱上钻孔,但必须锚碇稳固。

4 当水流速较大,但河床较平顺时,可采用薄壁浮运沉井。就位后灌水下沉,落床,在其顶面搭设工作平台。

5 水上工作平台的设置应考虑泥浆的循环、过滤和排放的要求。

7.3.5 桩基中心位置测设完成后,应在纵横向设护桩,以备对桩位进行复核。

7.3.6 钻孔前应设置坚固不漏水的护筒：

1 钢护筒在旱地或水中均可使用，筒壁厚度可根据钻孔桩径、埋深和埋设方法选定，一般钻孔桩可为4~12 mm，必要时可根据钻孔桩孔径、埋设方法和深度通过计算确定。

2 钢筋混凝土护筒可在水深不大的钻孔中使用，筒壁厚度为8~10 cm。

3 护筒内径应大于钻头直径，当使用旋转钻机时应大于钻头20 cm，使用冲击钻机时应大于钻头40 cm。

4 护筒顶面宜高出施工水位或地下水位2 m，并高出施工地面0.5 m，其高度尚应满足孔内泥浆面高度的要求。

5 在岸滩上护筒埋置深度为：黏性土、粉土不小于1 m，砂类土不小于2 m，当表层土松软时，宜将护筒埋置在较坚硬密实的土层中至少0.5 m；埋设时应在护筒四周回填黏土并分层夯实；可用锤击、加压或振动等方法下沉护筒。

6 在水中筑岛护筒宜埋入河床面以下1 m左右，在水中平台上设置护筒，可根据施工最高水位、流速、冲刷及地质条件等因素确定埋深，必要时打入不透水层；在水中平台上下沉护筒，应有足够的导向设备控制护筒位置。

7 护筒顶面中心与设计桩位允许偏差不得大于5 cm，倾斜度不得大于1%。

7.3.7 钻孔桩施工应根据地层情况及钻孔方法制造泥浆护壁，并应符合下列规定：

1 在砂类土、碎(卵)石类土或黏土夹层中钻孔时，应制备泥浆护壁；在黏性土中钻孔当塑性指数大于15，浮渣能力能满足施工要求时，可利用孔内原土造浆护壁；冲击钻机钻孔，可将黏土加工后投入孔中，利用钻头冲击造浆。

2 泥浆性能指标应符合下列规定：

1）比重：正循环旋转钻机、冲击钻使用管形钻头钻孔时，入孔泥浆比重可为1.1~1.3；冲击钻机使用实心钻头时，孔底泥浆比重不宜大于：黏土、粉土1.3；大漂石、卵石层1.4；岩石1.2；反循环旋转钻机入孔泥浆比重可为1.05~1.15。

2）黏度：入孔泥浆黏度，一般地层为16~22 s；松散易坍地层为19~28 s。

3）含砂率：新制泥浆不大于4%。

4）胶体率：不小于95%。

5）pH值：应大于6.5。

3 泥浆原料宜选用优质黏土，有条件时，应优先采用膨润土造浆。为提高泥浆黏度和胶体率，可在泥浆中掺入烧碱或碳酸钠等添加剂，其掺量应经过试验决定。造浆后应试验全部性能指标，钻进中应随时检验泥浆比重和含砂率，并按本技术指南附录E填写泥浆试验记录表。

7.3.8 安装钻机前，对主要机具及配套设备进行检查、维修，底架应平整，保持稳定，不得产生位移和沉陷。钻机顶端应用缆风绳对称拉紧，钻头或钻杆中心与护筒中心的偏差不得大于5 cm。

7.3.9 钻孔施工的基本要求：

1 钻孔前，按施工设计所提供的地质、水文资料绘制地质剖面图，挂在钻台上。针对不同地质层选用不同的钻头、钻进压力、钻进速度及适当的泥浆比重。

2 无论采用何种方法钻孔，开孔的孔位必须准确，应使初成孔壁竖直、圆顺、坚实。

3 钻孔时，孔内水位宜高于护筒底脚0.5 m以上或地下水位以上1.5~2.0 m，在冲击钻进中取渣时和停钻后，应及时向孔内补水或泥浆，保持水头高度和泥浆比重及黏度。

4　钻进过程中，钻头起、落速度宜均匀，不得过猛或骤然变速，孔内出土不得堆积在钻孔周围。

5　钻孔作业应连续进行，因故停钻时，有钻杆的钻机应将钻头提离孔底 5 m 以上，其他钻机应将钻头提出孔外，孔口应加护盖。

6　钻孔过程中应经常检查并记录土层变化情况，并与地质剖面图核对；钻孔达到设计深度后，应对孔位、孔径、孔深和孔形进行检查，并按本技术指南附录 E 填写钻孔记录表。

7　孔位偏差不得大于 10 cm。

7.3.10　冲击钻机钻孔应符合下列规定：

1　冲击钻机适用于卵石、坚硬漂石、岩层及各种复杂地质的桩基施工。在碎石类土、岩层中宜用十字形钻头，在黏性土、砂砾类土层中宜用管形钻具；卷扬机的起重能力应满足钻头、钢丝绳和吊具重量以及泥浆吸附作用的要求。

2　吊钻头的钢丝绳必须选用同向捻制、柔软优质、无死弯、无断丝者，安全系数不应小于 12，钢丝绳与钻头间应设转向装置并连接牢固，主绳与钻头的钢丝绳搭接时，两根绳径应相同，捻扭方向必须一致。

3　开始钻孔时，应采用小冲程开孔，使初成孔坚实、竖直、圆顺，能起导向作用，并防止孔口坍塌。当钻进深度超过钻头全高加正常冲程后，方可进行正常的冲击钻孔。钻进过程中，应勤松绳、适量松绳，不得打空锤；应勤抽渣，使钻头经常冲击新鲜地层。每次松绳量应根据地质情况、钻头形式和钻头重量决定。

4　钻孔工地应有备用钻头，检查发现钻孔钻头直径磨损超过 15 mm 时，应及时更换修补；更换新钻头前，应先检孔到孔底，确认钻孔正常时方可放入新钻头。

5　为防止冲击振动导致邻孔孔壁坍塌或影响邻孔已浇筑混凝土强度，应待邻孔混凝土强度达到 2.5 MPa 后方可施钻。

7.3.11　旋转钻机钻孔应符合下列规定：

1　旋转钻机按照泥浆的循环方式：分正循环钻机和反循环钻机。正循环钻机适用于黏土、粉土、砂性土等各类土层。反循环钻机适用于黏性土、砂性土、卵石土和风化岩层，但卵石粒径少于钻杆内径的 2/3，且含量不大于 20%。可根据地质条件、钻孔直径及钻进深度选用钻机和钻头。

2　旋转钻机的起重滑轮和固定钻杆的卡机，应在同一垂直线上，保持钻孔垂直。

3　开钻前应在护筒内存进适量泥浆；开钻时宜低挡慢速钻进，钻至护筒下 1 m 后再以正常速度钻进；钻进过程中，应经常检查土层变化，对不同的土层采用不同的钻速、钻压、泥浆比重和泥浆量；在砂土或软土等容易坍孔的土层中钻孔时，宜采用慢速轻压钻进，同时应提高孔内水头和加大泥浆比重。

4　使用反循环钻机时，应将钻头提离孔底约 20 cm，待泥浆循环畅通方可开始钻进。

5　使用潜水钻机钻孔，应按钻孔孔径和地质条件选择钻头，钻头切削方向应与主轴旋转方向一致；钻进时，应按土质软硬控制进尺，钻机应控制在额定电流范围内；钻机运行发现不正常情况时，应立即停机检查，找出原因，清除故障。

7.3.12　套管钻机钻孔应符合下列规定：

1　套管钻机适用于砂类土或黏性土层钻孔。

2　当地下水位以下有厚于 5 m 的细砂时，应选用上拔力较大的钻机；钻机就位后应将机身支平支牢,确保套管垂直度满足要求。

3 套管钻机在开孔下压套管时,钻进速度宜慢,并应反复上提下压校正套管位置和垂直度。

4 在中密或密实的土层中钻孔,宜随钻进随下套管;在松散的土层中钻孔,应先下套管并深于抓土面1.0~1.5 m,然后钻进;在地下水位较高的粉、细砂土层中钻孔,应随时向套管中补水,保持套管内水位不低于地下水位。

5 钻孔作业过程中,应观察主机所在地面和支腿支承处地面变化情况,发现下沉现象应及时停机处理,停机时间较长时,应将套管口保险钩挂牢。

7.3.13 旋挖钻机钻孔应符合下列规定:

1 旋挖钻机是自备动力的履带自行式钻机,具有钻进速度快、成孔质量高、环境污染小的特点,适用于各种土质地层、砂性土、砂卵砾石层和中等硬度以下基岩的施工;施工前应根据不同的地质条件选用不同类型的钻头。

2 钻孔时,孔口护筒应高出地面50 cm,并及时向孔内补充浆液,以保持足够的泥浆压力;套管跟随钻进时,套管底口应与钻头旋挖深度相适应,确保不超挖。

3 当地质条件许可时,可不进行泥浆护壁,实现干挖成孔;当遇有较大的冻结层上水和冻结层下水时,可向孔内投入稳定液或泥浆,利用旋挖过程所产生的离心力将浆液挤入孔壁进行护壁。

4 钻孔作业过程中,应经常观察钻机所在地面变化情况,发现沉陷或变形现象,应及时停机处理。停机时间较长时,应将套管口保险钩挂牢。

7.3.14 钻进过程中及时滤渣,经常检查泥浆的各项指标,同时经常注意地层的变化,在地层的变化处均应捞取渣样,判断地质的类型,记入记录表中,并与设计提供的地质剖面图相对照,钻渣样应编号保存,以便分析备查。

7.3.15 钻孔过程发现异常现象时,可按下列情况处理:

1 钻孔中发生坍孔后,应查明原因和位置,进行分析处理。坍孔不严重时,可采用加大泥浆比重、加高水头等措施后继续钻进;坍孔严重时,可回填重钻;用冲击法钻孔时,可投入黏土块夹小片石,用低锤冲击,将黏土块和小片石挤入孔壁,制止坍孔。

2 钻孔中发生弯孔和缩孔时,可将旋转钻机的钻头,提起到偏斜处进行反复扫孔,直到钻孔正直;当发生严重弯孔、梅花孔和探头石时,应采用小片石或卵石与黏土混合物回填到偏斜处,待填料沉实后再重新修孔。

3 发生卡钻时,不宜强提,应查明原因和钻头位置,采取晃大绳及其他措施,使钻头松动后再提起。

4 发生掉钻时,应查明情况尽快处理。

5 处理卡钻和掉钻时,严禁人员进入没有护筒或其他防护设施的钻孔内;必须进入有防护设施的钻孔时,应探明孔内无有害气体和备齐防毒、防溺等安全设施后,方可进入。

7.3.16 当钻孔深度达到设计要求时,对孔深、孔径、孔位和孔形等进行检查,检查方法可采用笼式测孔器或超声波检测。确认满足设计要求后,方可进行孔底清理和浇筑水下混凝土的准备工作。

7.3.17 清孔应符合下列规定:

1 清孔可采用下列方法:

1)抽渣法适用于冲击钻机或冲抓钻机钻孔。

2)吸泥法适用于土质密实不易坍塌的冲击钻机钻孔。

3)换浆法适用于正、反循环钻机钻孔。

2 严禁采用加深钻孔深度的方法代替清孔。

3 无论采用何种方法清孔,在抽渣或吸泥时,应及时向孔内注入清水或新鲜泥浆保持孔内水位。

4 清孔应符合下列标准:

1)孔内排出或抽出的泥浆手摸无2~3 mm的颗粒。

2)泥浆比重不大于1:1。

3)含砂率小于2%。

4)黏度为17~20 s。

5)浇筑水下混凝土前允许沉渣厚度应符合设计要求,设计无要求时,柱桩不大于10 cm,摩擦桩不大于30 cm。否则应进行二次清孔。

6)柱桩在浇筑水下混凝土前应用射水或射风冲射钻孔孔底3~5 min,将孔底沉淀物翻动上浮,然后立即浇筑水下混凝土。射水(风)压力应比孔底压力大0.05 MPa。

7.3.18 清孔达标后应及时吊装钢筋笼,钢筋笼的原材料、加工、接头和安装除应符合铁道部现行铁路混凝土施工标准的有关规定外,尚应符合下列规定:

1 钢筋笼主筋接头可采用双面搭接焊,当需吊装搭接时也可采用单面焊或冷挤压套筒连接。每一截面上接头数量不超过50%,加强箍筋与主筋连接全部焊接。

2 钢筋骨架的保护层厚度可用焊接钢筋或同强度等级混凝土旋转垫块。设置密度按竖向每隔2 m设一道,每一道沿圆周布置4~6个。

3 钢筋笼制作完成后宜整体吊装入孔,吊装过程严防孔壁坍塌。钢筋笼入孔后,应准确、牢固定位,上端应均匀设置吊环或固定杆件。

4 钢筋笼吊装入孔后不影响清孔时,应在清孔前进行吊放。

5 声测管的设置应符合设计要求,确保接头严密不漏水(浆)。

7.3.19 钻孔桩孔口浇筑混凝土工作平台应在吊放导管前搭设,平台应坚固稳定,高度满足导管吊放、拆除和充满混凝土后的升降要求。

7.3.20 浇筑水下混凝土导管及漏斗应符合下列规定:

1 水下混凝土导管在平面上的布设根数和间距,应根据每根导管的作用半径和桩底面积确定。

2 导管内壁应光滑,内径一致,接口严密;直径可采用20~30 cm,中间节长度宜为2 m等长,底节可为4 m;漏斗下可用1 m长导管。

3 使用前应试拼试压,不得漏水,并编号,按自下而上标示尺度;导管组装后轴线偏差不宜大于孔深的0.5%,亦不宜大于10 cm;组装时,连接螺栓的螺帽宜在上;试压的压力宜为孔底静水压力的1.5倍。

4 导管长度可根据孔深和孔口工作平台高度等因素确定,漏斗底距钻孔口应大于一节中间导管长度;漏斗容量应满足首批混凝土浇筑量要求。

5 导管接头法兰盘宜加锥形活套,底节导管下端不得有法兰盘,有条件时可采用螺旋丝扣型接头,但必须有防止松脱装置。

6 导管应位于钻孔中央,在浇筑混凝土前应进行升降试验,导管吊装升降设备能力应与全部导管充满混凝土后的总重量和摩阻力相适应,并留有一定的安全储备。

7 导管底端距孔底的距离应能使混凝土球塞或其他隔水物沿导管流入水中,同时将导管内的水、空气和球塞或其他隔水物排出管外。

7.3.21 水下混凝土浇筑除应符合铁道部现行铁路混凝土施工标准的有关规定外,尚应符合下列规定:

1 混凝土的初存量应满足首批混凝土入孔后,导管埋入混凝土中的深度不得小于1 m并不宜大于3 m;当桩身较长时,导管埋入混凝土中的深度可适当放大;漏斗底口处必须设置严密的隔水装置,具有良好的隔水性能并能顺利排出。

2 水下混凝土应连续浇筑,中途不得停顿,拆除导管的间断时间应尽量缩短,每根桩的浇筑时间宜安排在8 h内完成;混凝土浇筑完毕,位于地面以下及桩顶以下的护筒,应在混凝土初凝前拔出。

3 套管钻机成孔后,在浇筑混凝土过程中,应经常转动和逐渐提升套管,套管刃脚埋入混凝土不宜小于1.5 m,也不宜大于5 m,混凝土浇筑完毕,应将套管立即拔出。

4 在混凝土浇筑过程中,应测量孔内混凝土顶面位置,一般宜保持导管埋深在2~6 m范围。当混凝土内掺有缓凝剂、浇筑速度较快、导管较坚固并有足够的起重能力时,可适当加大埋深,但不宜超过8 m。当混凝土浇筑面接近设计高程时,应用取样盒等容器直接取样确定混凝土的顶面位置,保证混凝土浇筑面高出桩顶设计高程0.5~1.0 m。

5 在浇筑过程中,应防止混凝土拌和物从漏斗顶溢出或从漏斗外掉入孔底,使泥浆内含有水泥而变稠凝结,致使测探不准确。浇筑过程中,应注意观察管内混凝土下降和孔内水位升降情况,及时测量孔内混凝土面高度,正确指挥导管的提升和拆除。

6 在浇筑将近结束时,由于导管内混凝土柱高减小,超压力降低,而导管外的泥浆及所含渣土稠度增加,相对密度增大,此时可在孔内加水稀释泥浆,并掏出部分沉淀土,使浇筑工作顺利进行。

7.3.22 当混凝土面升到钢筋骨架下端时,为防钢筋骨架被混凝土顶托上升,可采取以下措施:

1 使用缓凝剂等增大其流动性。

2 当混凝土面接近和初进入钢筋骨架时,应使导管底口处于钢筋笼底口3 m以下和1 m以上处,并慢慢浇筑混凝土,以减小混凝土从导管底口出来后向上的冲击力。

3 当孔内混凝土进入钢筋骨架4~5 m以后,适当提升导管,减小导管埋置长度,以增加骨架在导管口以下的埋置深度,从而增加混凝土对钢筋骨架的握裹力。

7.3.23 钻孔桩的检测应符合铁道部现行《铁路工程基桩无损检测规程》(TB 10218)的有关规定。

7.4 挖孔桩基础

7.4.1 挖孔桩施工流程如图7.4.1所示。

7.4.2 挖孔桩基础适用于无地下水或有少量地下水的土层和风化软质岩层。桩体可为圆形或方形。

7.4.3 挖孔前要做好以下施工准备:

1 平整场地,修通弃土道路,接通水电,备好机、料具。

2 做好孔口防排水设施。

3 施测墩台及孔位控制中线，做好护桩。

4 对挖孔场地进行围护，防止土石等杂物滚入孔内。孔口附近堆放机具材料以不增加孔壁压力为宜。

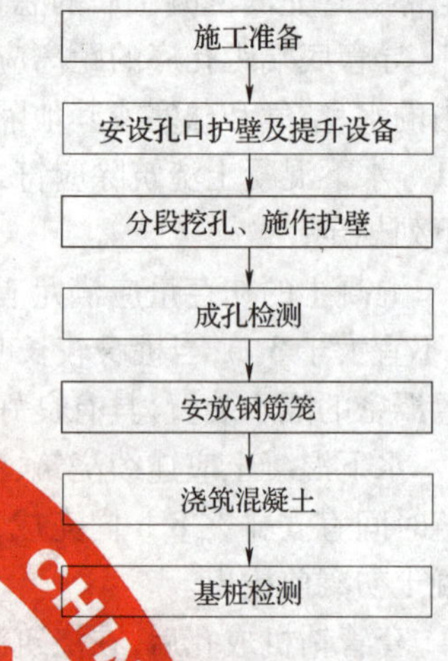

图 7.4.1 挖孔桩施工流程图

7.4.4 孔口护壁可用钢护筒或混凝土护壁，高度根据地层情况确定，地面上外露 20 ~ 30 cm，应安设牢固。

7.4.5 同一墩台各桩开挖顺序，可视地质条件、桩位布置及其间距而定。桩间距较大、地层紧密不需爆破时，可对角开挖，反之宜单孔开挖。桩孔为梅花式布置时，宜先挖中孔，再挖其他各孔。

7.4.6 挖孔过程中，应经常检查孔的净空尺寸、平面位置。

7.4.7 挖孔施工过程中，必须有可靠的安全措施。

7.4.8 孔内应经常检查有害气体浓度，当二氧化碳浓度超过 0.3%、其他有害气体超过允许浓度或孔深超过 10 m 时，均应设置通风设备。

7.4.9 挖孔时必须采取孔壁支护，支护方式可采用就地浇筑混凝土或便于拆装的钢、木支撑。支护结构应通过检算。无法拆除的木框架支撑不得用于摩擦桩。

护壁混凝土强度不得低于 15 MPa，当作为桩身混凝土的一部分时，不得低于桩身混凝土的强度等级。

7.4.10 挖孔和施作护壁必须交替连续作业，不宜中途停顿，以防坍孔。

7.4.11 遇有局部或厚度不大于 1.5 m 的流动性淤泥和可能出现涌沙时，应加强护壁或降水措施，必要时采用钢护筒防护。

7.4.12 孔内爆破应符合如下规定：

1 应采用浅眼爆破。炮眼深度，硬岩层不得超过 0.4 m，软岩层不得超过 0.8 m；装药量不得超过炮眼深度的 1/3，孔内爆破应采用导爆管或电雷管起爆。

2 爆破前，对炮眼附近的支撑应采取防护措施。护壁混凝土强度未达到 2.5 MPa 前，不得进行爆破作业。

3 放炮后，施工人员下孔前，应测试确认孔内有害气体排除后，方可下孔操作。

4 一孔内进行爆破作业时，其他孔内不得留有施工作业人员，必须全部撤离至安全地带。

7.4.13 挖孔至设计高程后，孔底应清除积水，并应进行孔底处理，做到平整、无松渣和泥污等软层。当地质条件与设计不符时，应会同有关单位妥善处理。成孔检验合格后，应立即安装钢筋笼、浇筑混凝土。

7.4.14 钢筋笼制作、安放应符合本技术指南第 7.3.18 条的规定。

7.4.15 混凝土浇筑应符合本技术指南第 6.7.1 条的有关规定。

7.5 岩溶地区钻(挖)孔桩基础

7.5.1 岩溶地区桩基础根据不同地质水文情况可采用冲击钻钻孔桩、挖孔桩等施工方法。

1 对于由土石粒径较大、风化不很严重的砾石、碎石、卵石、漂石等土壤或基岩组成,且软硬差别较小,当地下水含量较丰富或有害气体含量超限不能采用挖孔施工时可采用冲击钻钻孔施工。

2 对于由粒径大小参差不齐、分布无规律、软硬不均的含有大量大块石、卵石、漂石的间隔土构成,并伴有溶沟、溶槽、洞穴、石芽等发育的岩溶地质构造和含有一定地下水层时可采用挖孔桩施工。

7.5.2 岩溶地区桩基础施工应根据桩位处地质、水文等资料,制定相应的专项施工方案和施工技术措施。

7.5.3 岩溶地区钻(挖)孔桩基础施工及工序流程应符合本技术指南第7.3和第7.4节的有关规定。

7.5.4 钻孔桩施工通过岩溶地层时应符合下列规定:

1 采用投入黏土块、碎石、片石等加大泥浆稠度,并使之挤入松散破碎土层、溶洞及其裂缝中,保持孔壁稳定。同时应及时向孔内补水,保持孔内水位高度,防止坍孔。

2 密切注意观察钻机工作情况、周围地表沉降和护筒内水位变化,防止异常情况发生。

3 接近岩溶时主绳应采用较小松绳量,防止击穿岩壳时卡钻。

4 钻孔过程中应及时抽渣,并对钻渣取样分析,核对设计地质资料。当钻至设计桩底高程时,应联系设计部门进行桩底地质确认。

5 清孔采用抽渣吹风法。

7.5.5 挖孔桩施工通过岩溶地层时应符合下列规定:

1 必须针对岩溶地区复杂的地质构造,制定周密可靠的安全技术措施。

2 宜采用现浇混凝土或钢筋混凝土护壁,保证孔壁安全。

3 应备齐装泥麻包、碎石和压浆设备及材料,出现涌水时及时封堵,处理安全后方可继续下挖。

4 通过溶沟、溶槽、洞穴时应根据设计对桩孔外空洞部分进行封闭处理。

5 挖至设计桩底高程时,应联系设计部门进行桩底地质确认。

7.6 桩 基 承 台

7.6.1 桩基承台施工流程如图7.6.1所示。

7.6.2 在水中修建承台时,可根据设计要求和水文条件采取不同的防水结构施工。当设计承台底面位于河床以下时(低承台),可采用钢板桩围堰、双壁钢围堰修建承台;当设计承台底面位于低水位以上时(高承台),可采用吊箱围堰修建承台。

7.6.3 钢板桩围堰施工承台应符合下列规定:

1 插打钢板桩应有导向设备,导向围笼可一次下沉到位,也可在直桩基础中先将围笼整体高出水面，插打定位桩后与定位桩组成稳定的施工平台，利用平台先进行基桩作业，再将围笼下沉到位，插打钢板桩。

2　钢板桩围堰合龙到封底完成过程中，应经常检查围堰外河床冲刷情况，必要时应抛石防护。

3　在围堰内吸泥至设计封底底面高程后，应整平基底、清除淤泥、浇筑水下封底混凝土。待达到要求的强度后抽水，浇筑承台和墩、台身混凝土。

4　钢板桩的导向围笼制造、组拼、起吊、浮运、定位、锚碇及下沉应符合设计要求；钢板桩施工的其他要求，应符合本技术指南第 6.4.5 条的规定。

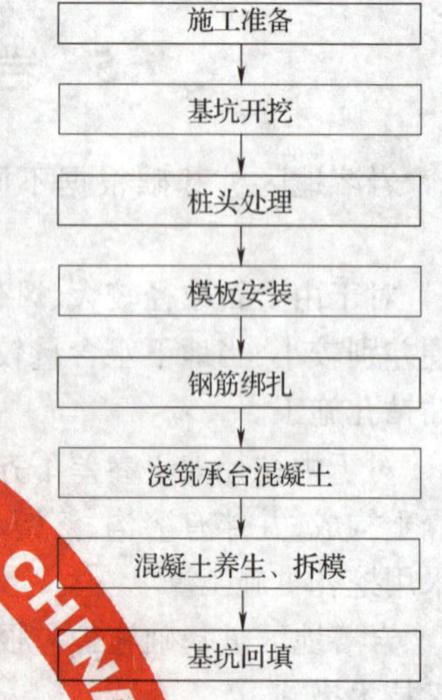

图 7.6.1　桩基承台施工流程图

7.6.4　双壁钢围堰施工承台应符合下列规定：

1　双壁钢围堰系由内外壁板、竖向加劲肋及水平环形桁架组成的整体钢壳，壁内设竖向隔舱板，为全焊水密结构。

围堰的尺寸、强度、刚度、结构稳定性和锚碇方法等应满足设计及施工要求，围堰顶面可作为施工平台。

2　双壁钢围堰可分节制造，每节又分块做成数个基本单元并编号，块件大小可根据制造设备、运输条件和工地安装起吊能力决定。

3　拼焊质量应符合下列规定：

上下隔舱板以及各相邻水平环形板应对齐。

上下竖向肋角必须与水平环形板焊牢；相邻块体、外壁板对接应准确，相互错开允许偏差为 1 mm，接缝缝隙为 2 mm；当拼缝不能对接焊时，可采用搭接焊或贴板焊接，但必须满焊并保证水密。

所有壁板和隔舱板的工地焊缝应做煤油渗透试验，不合格者铲除重焊。

4　出厂前，应按设计检验块件结构尺寸和块件的焊接质量，必要时应做水压试验，发现焊缝渗漏处应将焊缝铲除烘干后重焊。

每节钢围堰拼装完成后，总体尺寸符合设计要求。

5　双壁钢围堰的底节，可在岸边的拼装船上组拼，拼装船应在设计荷载作用下，保持船体的稳定。组拼前应在船面上准确放出围堰各单元的轮廓位置，沿周边逐件组拼，操作时应待全部点焊完成后，方可全面焊接。

6　锚碇、导向船及起吊设备应按设计要求，提前作出安排：

1) 底节钢围堰在岸边拼装船上组拼的同时，应将墩位和上下游定位船的锚碇设施，按设计要求的位置抛设完成。

2) 在岸边组拼导向船，并用联结梁将导向船与围堰底节拼装船连成牢固的整体。

3) 在导向船上设置起吊设备，由起吊塔架、吊点结构、滑轮组、卷扬机和相应的电器设备等组成，当底节围堰一次起吊重量较大时，可在导向船联结梁上设辅助吊点，起吊设备总起吊能力应大于底节围堰及其附加荷载。

7　浮运就位和起吊下水按下列步骤进行：

1) 底节围堰拼装完毕经检查合格后，拼装船与导向船组用拖轮拖运至上游定位船附近,联结锚绳及拉缆,导向船与拼装船组顺流至墩位初步定位。

2)系好围堰上、下层拉缆,绞紧锚绳和收紧定位船与导向船间的拉缆。

3)安装测试供电和通讯设施。

4)利用导向船上的起吊设备将底节围堰吊离拼装船面约 10 cm,观察 10 min,若无异常现象,则继续提升至适当位置,将拼装船向下游方向退出。

5)拼装船退出后,底节围堰利用起吊设备缓慢平稳地落入水中,通过导向船的导向架、锚绳和拉缆共同作用,底节围堰可稳定、垂直地悬浮于墩位处。

8 悬浮状态下围堰的接高和下沉:

1)底节钢围堰下水后,及时向围堰内对称注水,保持垂直状态下沉至一定高度后,按单元体的编号对称拼装接高,再注水下沉,再拼装接高,交替施工,在拼装注水下沉过程中,围堰内外和相邻单元体的水头差,必须满足设计要求。

2)随围堰接高和注水下沉过程,围堰上层拉缆亦应随之拆除、安装,交替倒换上移,并随时调整拉缆受力状态。

3)围堰刃脚接近河床时,应提前测量墩位处的河床状况,按冲刷及水位的实际情况,调整围堰落河床时的高度。

9 围堰落河床的准确定位:

1)围堰落河床宜安排在低水位、小流速的情况下进行。

2)围堰落河床前,应对所有锚碇设备进行一次全面检查和调整,用调整锚绳和拉缆的办法,使围堰准确定位。

3)围堰落河床前,墩位河床高差较大时,可抛填小片石调平,使围堰刃脚平稳着床。

4)围堰定位后,应及时对称向围堰内注水,进入稳定深度后,解除所有拉缆。

10 围堰下沉:

1)围堰进入稳定深度后,应继续接高,并在围堰内注水(或按设计要求浇筑混凝土),增加围堰下沉重量,或辅以吸泥(或配合高压射水),使围堰下沉,如此接高、注水、吸泥、下沉交替施工,直至刃脚达到设计高程,同时围堰顶面高程尚应满足承台和墩台身施工期间不被水淹没。

2)围堰下沉时,应根据围堰位移和倾斜情况及时调整吸泥位置,并经常观测围堰内外水头差及时补水,防止翻砂。

3)围堰下沉完毕,应对其平面位置、高程进行检测,堰底泥沙清理干净,经检验合格后,方可浇筑封底混凝土。

11 双壁钢围堰落底的允许偏差应满足设计要求,设计无要求时应符合下列规定:
围堰底面平均高程符合设计要求;
围堰最大倾斜度不大于围堰高度的 1/50;
围堰顶、底面中心位移不大于 25 cm 再加围堰高度的 1/50;
平面扭转角不大于 2°。

7.6.5 吊箱围堰施工承台应符合下列规定:

1 吊箱围堰是由钢板、加劲肋焊成的侧、底板和支撑体系组拼成的带底的箱式水密结构,应进行专门设计,除结构尺寸、强度、刚度、吊装方法应满足施工要求外,尚应满足抗浮力、防漏水和整体吊运的要求。

2　吊箱底板结构除应满足浇筑水下封底混凝土和抽水浇筑承台混凝土时受力要求外，尚应根据成桩的实际偏差确定箱底高程处的预留桩孔位置，并不得伤及底板的加劲肋和横梁；封底前应将底板与桩身间的缝隙封堵。

3　围堰侧板可采用单壁，并做成拆装式，当利用侧板作承台外模时，应保证承台的设计尺寸。

4　吊箱围堰可视水深情况，采取在浮箱上或工作平台上组拼成整体，再浮运、吊装到已沉好的定位桩上，或采取在桩基外侧搭设工作平台进行组拼、吊装到定位桩上。

吊箱围堰的定位桩，可利用正式桩，也可在桩基范围以外另打定位桩，利用吊装后的吊箱围堰搭设工作平台，再进行桩基施工。

5　测量墩、台纵、横向中心线和每根基桩中心线及高程的工作平台，应稳固、安全、拆装方便并满足测量精度的要求。

围堰的定位桩，应按围堰安装要求认真整修。

6　吊箱围堰封底水下混凝土的厚度，应按抽水时围堰不上浮和混凝土强度应满足受力要求的原则计算确定，但不宜小于1 m。在水位变化较大的施工环境中，尚应考虑当发生施工水位低于吊箱底面情况下浇筑承台混凝土时吊箱不得下沉。水下混凝土的施工应符合本技术指南第7.3.21条的有关规定。

7.6.6　桩基承台施工应符合下列规定：

1　承台混凝土应在无水条件下浇筑，可根据地质、地下水位和水深条件采用排水或防水措施。

2　承台底面以上到设计高程的桩基顶部范围，应将桩顶锤击面破损部分清除并露出新鲜混凝土面；桩体埋入承台长度及桩顶主筋锚入承台的长度应符合设计要求。

3　绑扎承台钢筋前，应核实承台底面高程及每根桩体埋入承台长度并对基底面进行修整。当基底为软弱土层时，应按设计要求采取适当措施，并确保承台底面的设计高程。

4　当采用基桩顶主筋伸入承台联结时，承台底层钢筋网在越过桩顶处不得截断；当采用基桩顶直接埋入承台联结，承台底层钢筋网碰及桩身时，可调整钢筋间距或在桩身两侧改用束筋越过，确需截断时，应在截断处增设附加等强度钢筋连续绕过。

5　承台混凝土宜一次连续浇筑。

6　高承台结构中，当承台及墩、台混凝土浇筑完成后，应将承台顶面以上的钢结构切除，不得危及通航安全，避免漂浮物的堆积。

7.6.7　承台混凝土满足设计强度拆除模板及围堰后，基坑应按设计要求的填料和质量及时回填。

8 沉井基础

8.1 一般规定

8.1.1 沉井施工前,应根据水文和地质资料制订施工方案,并对洪汛、凌汛、潮汐、河床冲刷、通航、漂流物、山洪及泥石流等情况进行调研,制订相应的安全措施。

8.1.2 在堤防、建筑物附近下沉时,应按设计文件的防护设计及安全要求施工,并注意观察。

8.1.3 沉井浮运设施必须经过检查试运转并符合施工工艺设计要求。

8.1.4 模板、钢筋和混凝土施工应符合铁道部现行铁路混凝土与砌体工程施工质量验收标准的有关规定。

8.1.5 沉井基础施工流程如图8.1.5所示。

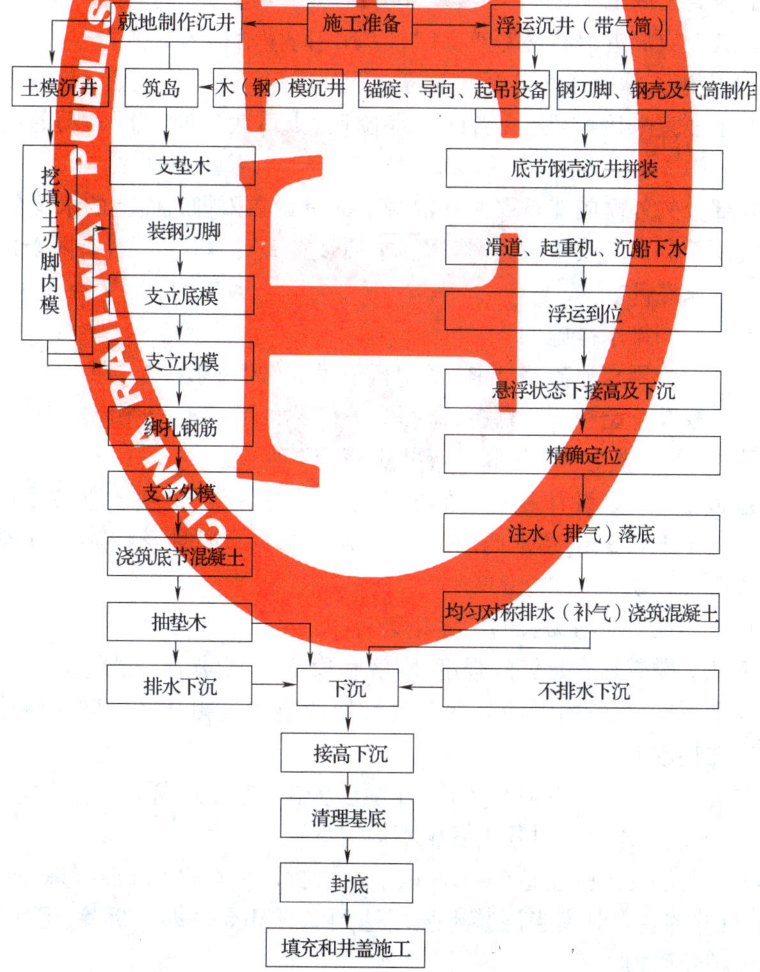

图8.1.5 沉井基础施工流程图

8.2 沉井制作

8.2.1 就地制作沉井应符合下列规定:

1 在浅水中或可能被水淹没的旱地,应筑岛制作沉井;在旱地,可在整平夯实的地面上制作沉井;当地下水位低、土壤较好时,可先开挖基坑至地下水位以上适当高程再制作沉井。

2 制作沉井处的地面及岛面承载力应符合设计要求。当地面以下的软弱地层不能满足承载力要求时,应采取换填、打砂桩、填筑反压土体等加固措施。

3 筑岛应符合下列规定:

1)筑岛材料应用透水性好、易于压实的土(砂类土、砾石、较小的卵石)且不应含有影响岛体受力及抽垫下沉的块体(包括冻块)。

2)筑岛的尺寸,应满足沉井制作及抽垫等施工的要求:无围堰筑岛护道宽度不宜小于2 m,临水面坡度可采用1∶2;有围堰筑岛确定护道宽度时,应满足沉井重量等荷载产生的对围堰侧压力的要求。

3)岛面应高出施工水位0.5 m以上,有流冰时应适当加高。

4)在斜坡上或靠近堤防两侧筑岛时,应制定防止滑移的措施。

4 采用土内模支承制作底节沉井应符合下列规定:

1)填筑土模宜采用黏性土;当地下水位低,土质较好时,可采取开挖基坑而形成土模。

2)刃脚部分的外模应能承受井壁混凝土的重量在刃脚斜面上的水平分力。

3)土模顶面的高度及承载力,应根据土质及荷载计算确定,对有隔墙的沉井,可填筑至隔墙底部。

4)应有良好的排水措施。

5)土模表面应用水泥砂浆、油毡或塑料薄膜等作保护层。

6)拆除土模及开始挖土下沉时,不得先挖沉井外围的土,土模的残留物应予清除。

5 采用模板及支垫支撑制作底节沉井应符合下列规定:

1)支垫布置应满足设计和抽垫的要求并进行分区编号;垫木下应用砂填实,其厚度不宜小于0.3 m,垫木间用砂填平;调整垫木高程时,不得在其下垫塞木块、木片或石块等物。

2)各垫木的顶面应与刃脚的底面相吻合。

3)模板及支撑应具有足够的强度、刚度和稳定性,模板应光滑平顺,其上口尺寸不得大于下口尺寸;内隔墙与井壁连接处的垫木应相互搭接联成整体,底模支撑应支在垫木上。

4)沉井混凝土应沿井壁对称浇筑,并逐层振捣,浇筑完成12 h后即应覆盖并洒水养护,但应防止洒水过程中发生不均匀下沉。

5)底节沉井混凝土强度达到70%以上方可拆除隔墙底面和刃脚斜面的模板和支撑,沉井的直立侧模当混凝土强度达到2.5 MPa时即可拆除,但应防止沉井表面及棱角受损。

6)沉井模板支撑拆除后,应测量沉井中线和刃脚高程,并形成记录。

6 底节沉井抽垫应符合下列规定:

1)混凝土强度应满足设计对沉井抽垫受力的要求,并将抽垫次序和垫木编号用油漆标明在沉井外壁上。

2)抽垫前应将沉井内外杂物清除,并准备适量待回填的沙土。

3)抽垫应统一指挥,按规定的联系方式分区、对称、同步地进行;抽出垫木后,应随即用沙土回填捣实,防止沉井偏斜。

4)定位支垫处的垫木,应最后同时抽出。

8.2.2 浮运沉井应符合下列规定:

1 浮运沉井的制造除应符合施工工艺设计要求外,尚应符合下列规定:

1)沉井的底节应做水压试验,其余各节应经水密检验合格后方可下水。

2)沉井的气筒应按受压容器的有关规定检验合格后方可使用。

3)沉井的临时性井底,除做水密检验合格外,尚应满足在水下拆除方便的要求。

2 浮运沉井下水前,应对所经水域和沉井位置的河床进行探测,掌握河床、水文、气象及航运等资料,并与有关单位取得联系,检查锚碇设备及定位船、导向船等施工设备的准备情况;在汛期对锚碇设备、特别对导向船和沉井的边锚绳的受力状态必须经常检查。

3 沉井的底节,可采用滑道、起重机具和沉船等方式入水,当采用沉船方式时,应有在船顶面即将淹没时使沉船体系平稳下沉的措施。

4 沉井底节入水后的初步定位位置,应根据水深、流速、河床面土质及高低状况、沉井尺寸及形状等因素,并考虑沉井在悬浮状态下接高和下沉过程中,墩位处的河床面受冲淤的影响,综合分析确定,可设在墩位上游适当位置。

5 沉井落河床定位应符合下列规定:

1)沉井落河床前应对所有锚碇设备进行全面检查和调整,并注意潮水涨落对锚碇的影响;同时应详细探明墩位处河床面的状况。

2)沉井落河床宜安排在枯水期、低潮位和流速平稳时进行。

3)沉井落河床位置应根据河床面高差、冲淤情况、地层及沉井入土下沉深度等因素确定,宜向河床面较高一侧偏移适当尺寸。

4)沉井落河床后,应尽快下沉,并随时观测沉井的倾斜、位移及河床冲刷情况,必要时采取调整措施。

8.3 沉井下沉及接高

8.3.1 在渗水量小的稳定土层中下沉第一节沉井时,可采用排水开挖下沉;易涌水翻沙的地层,可采用机械抓土和吸泥等不排水下沉。

当下沉困难时,在结构受力允许情况下,可采用高压射水、降低井内水位和压重等措施下沉。

8.3.2 沉井下沉应符合下列规定:

1 沉井应连续下沉,减少中途停顿的时间,在下沉过程中应掌握土层情况,做好下沉记录。随时分析判断土层摩阻力与沉井重量的关系,选用最有利的下沉方法。

2 沉井下沉时,应防止内隔墙受到支承。井内除土应先从中间开始,均匀、对称地逐步向刃脚处挖土。采用排水下沉的底节沉井,支承位置的土,应在分层除土中最后同时挖除。

3 沉井下沉过程特别是下沉初期,应随时调整倾斜和位移。应根据土质、沉井大小和入土深度等因素,控制井孔内除土深度和井孔间的土面高差。

4 弃土不应靠近沉井或污染环境;在水中下沉时,应检查河床因冲刷或淤积引起的土面高差,必要时应对河床面采取防护措施或利用出土调整。

5 在不稳定的土层或砂土中下沉时,应保持井内水位高于井外一定的水位差,防止翻砂,必要时可向井内补水。

8.3.3 沉井接高应符合下列规定:

1 沉井接高前应尽量调平,接高时井顶露出水面不得小于1.5 m,井顶露出地面不得小于0.5 m。接高上节模板时,支撑不得直接撑在地面上,并应考虑沉井因接高加重下沉时,模板支撑不致接触地面。

2 应防止沉井在接高加重时突然下沉或倾斜,必要时可在刃脚下回填或支垫。接高时应均匀加重。

3 接高后的各节沉井中轴线应为一直线。

4 混凝土施工接缝应按设计要求布置接缝钢筋,浇筑混凝土前应清除浮浆并凿毛。

8.3.4 浮运沉井接高和下沉除应符合本节的有关规定外,尚应符合下列规定:

1 沉井悬浮于水中,施工各阶段应随时检算沉井的稳定性和出水高度;在接高和下沉中,当实际情况与设计条件不符时,应通过计算加以调整。

2 接高沉井前,应向沉井内注水或从气筒内排气,必须均匀对称地加载,使沉井顶面高出水面1.5 m以上;在均匀对称的浇筑混凝土的过程中,应同时向井外排水或向气筒内补气,以维持沉井的入水深度,并随时检查和调整固定沉井位置的锚碇设备。

3 应随时测量墩位处河床冲刷情况,必要时采取防护措施。

4 带气筒的浮式沉井,气筒应加防护。

5 带临时性井底的浮式沉井及浮式双壁沉井,应控制各灌水隔舱间的水头差不超过设计要求。

8.3.5 纠正沉井倾斜和位移应符合下列规定:

1 纠编前应先摸清情况,分析原因,然后采取相应措施。当有障碍物时,应首先排除。

2 纠正倾斜时,可采取偏除土、偏压重、顶部施加水平力或刃脚下支垫等方法。

3 纠正位移时应按下列情况进行:

1)当沉井倾斜方向有利于纠正位移时,应继续下沉,待沉井底面中心接近设计中心,再纠正倾斜。

2)当沉井垂直或沉井倾斜方向不利于纠正位移时,沉井应调至有利方向倾斜下沉,直至沉井符合要求。

8.3.6 沉井下沉排除障碍物可按下列方法进行:

1 遇孤石时可采取潜水员水下排除或爆破等方法。在水下爆破时,每次总装药量不应超过0.2 kgTNT当量。井内无水时,通过计算后,可适当加大装药量。

2 遇铁件时,可采取水下切割排除。

3 施工前已经查明在沉井通过的地层中,夹有胶结硬层时,可采取钻孔投放炸药爆破的办法预先破碎硬层。

8.3.7 当沉井顶在施工水位或土面以下时,应设井顶防水(土)围堰,可根据施工水位抽水高度、入土深度、沉井类型及井孔布置等因素,采用钢板围堰、混凝土围堰或砌砖围堰,并应符合下列规定:

1 围堰平面尺寸和高度应满足沉井在允许偏差范围内,安装墩台身模板和支撑的需要,并应防止施工水位(含波浪高、壅高和冲高)的水流从上游侧灌入围堰。

2 围堰各部结构,除应满足抽水或入土时的受力要求外,尚应便于浇筑沉井顶盖及墩台身混凝土过程中分批拆除的要求,直到墩台身完成后全部清除。

3 沉井顶须沉入土中的沉井,其井顶防水围堰底部与沉井顶应连接牢固。

8.4 沉井基底清理、封底及填充

8.4.1 不排水情况下清理基底应符合下列规定,并填写检查记录:

1 沉井下沉至设计高程后,基底面地质应符合设计要求,当地质不符时,应联系设计单位确定处理方案。

2 基底面应整平,整平后的基底面距隔墙底面的高度及刃脚斜面露出的高度,应满足设计要求的最小高度。

3 基底浮泥或岩面残留物(风化岩碎块、卵石、砂等)均应清除,基底与封底混凝土间不得产生有害夹层。清理后的有效面积(即沉井底面积扣除在刃脚斜面下一定宽度内不能完全清除干净的面积)不得小于设计要求。

4 隔墙底部及封底混凝土高度范围内井壁上的泥污应清除。

8.4.2 沉井采用水下混凝土封底时,应符合本技术指南第7章有关水下混凝土的规定。

8.4.3 沉井应待封底混凝土强度满足受力要求后,方可抽水并用设计要求的材料进行填充和施工井盖板。

8.4.4 封底混凝土在浇筑过程中发生故障或对封底记录有疑问时,应钻孔取样检查鉴定。

9 墩 台

9.1 一般规定

9.1.1 墩台施工流程如图 9.1.1 所示。

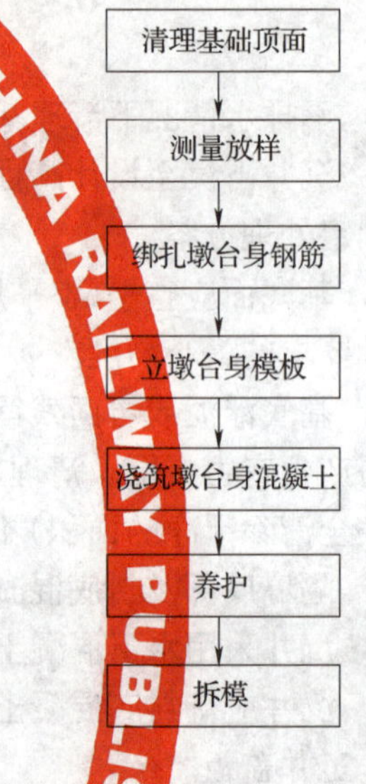

图 9.1.1 墩台施工流程图

9.1.2 墩台身施工前，应将基础顶面浮浆凿除，冲洗干净，整修连接钢筋，并在基础顶面测定中线、高程，标出墩台底面位置。

9.1.3 墩台施工完毕，应对全桥中线、高程及跨度进行贯通测量，并标出各墩台的纵横向中心线、支座十字线、梁端线及锚栓孔位置。暂不架梁的锚栓孔或其他预留孔，应排除孔内积水并将孔口封闭。

9.1.4 位于隧道口或路堑处的桥台，宜尽早安排施工，严禁自一侧倾倒弃土，造成墩台偏压，并不得堵塞流水断面。

9.1.5 支承垫石施工前应复核桥梁跨度和支承垫石高程，施工中应确保支承垫石钢筋网和锚栓孔位置、尺寸正确。垫石顶面应平整，高程符合设计要求。

9.1.6 当墩台位于纵横坡较陡、开挖边坡较高的场地时，应按设计要求及时施工回填线以上的边坡支护及坡脚排水沟工程。

9.1.7 墩台为大体积混凝土时，施工前应进行专项施工设计，必要时要进行温度监控。

9.1.8 当工地昼夜平均气温连续 3 d 低于 5 ℃或最低气温低于 −3 ℃时，混凝土应按冬期施工的规定办理。当工地昼夜平均气温高于 30 ℃时，应采取夏期施工措施。混凝土冬、夏期施工应根据工程结构、尺寸、施工条件、预计环境温度等制订专项施工方案和技术措施，并对有关人员进行技术交底和培训。混凝土冬、夏期施工除应符合本技术指南规定外，尚应符合铁道部现行铁路混凝土施工有关标准的规定。

9.1.9 墩台的混凝土施工质量应符合铁道部现行铁路混凝土工程质量验收标准的有关规定。

9.2 墩台身模板

9.2.1 墩台身常用模板有固定式模板、拼装式模板、整体吊装模板、组合式定型模板。

9.2.2 墩台身模板及支架应有足够的强度、刚度与稳定性，能可靠地承受施工过程中可能产生的各项荷载，保证结构物各部形状、尺寸准确。

9.2.3 模板宜采用大块钢模板，模板板面应平整，接缝严密不漏浆，拆装容易，施工操作方便,保证安全。

9.2.4 墩台施工前,应根据结构形式进行模板设计,在计算荷载作用下按受力程序分别检算其强度、刚度和稳定性,并制定模板的安装、使用、拆卸及保养等有关技术安全措施和注意事项。

9.2.5 墩、台模板的荷载主要有新浇混凝土对侧面模板的压力和倾倒混凝土时产生的水平荷载。

9.2.6 新浇混凝土对模板侧面的计算可采用下列方法:

1 采用内部振捣器,当混凝土的浇筑速度在 6 m/h 以下时,新浇筑的普通混凝土作用于模板的最大侧压力可按下式计算:

$$P_{max} = k\gamma h \qquad (9.2.6\text{—}1)$$

式中 P_{max}——新浇混凝土对模板的最大侧压力(kPa);

h——有效压头高度(m),

当 $v/t<0.035$ 时,$h=0.22+24.9v/t$

当 $v/t>0.035$ 时,$h=1.53+3.8v/t$

其中 v——混凝土的浇筑速度(m/h);

t——混凝土入模时的温度(℃);

γ——混凝土的容重(kN/ m^3);

k——外加剂影响修正系数,不掺加外加剂时取 1.0,掺缓凝剂时取 1.2。

2 采用泵送混凝土浇筑,混凝土入模温度在 10 ℃以上时,模板的侧压力可采用下式计算:

$$P_{max} = 4.6v^{1/4} \qquad (9.2.6\text{—}2)$$

3 采用外部振捣时,模板侧压力可采用下式计算:

$$P_{max} = kH \quad (v<4.5, H\leqslant 2R) \qquad (9.2.6\text{—}3)$$

$$P_{max} = \gamma(0.27v+0.78)k_1k_2 \quad (v\geqslant 4.5, H\leqslant 2R) \qquad (9.2.6\text{—}4)$$

式中 H——对模板产生压力的混凝土浇筑层高度(m);

R——外部振捣器作用半径(m),$R=1$;

k_1——混凝土拌和物的稠度影响系数,坍落度 0 ~2 cm 时为 0.8,4 ~6 cm 时为 1.0,6 ~8 cm 时为 1.2;

k_2——混凝土拌和物的温度影响系数,温度 5 ℃ ~7 ℃时为 1.15,12 ℃ ~17 ℃时为 1.0,28 ℃ ~32 ℃时为 0.85。

9.2.7 倾倒混凝土冲击产生的水平荷载可按表 9.2.7 采用。

表 9.2.7 倾倒混凝土时产生的水平荷载

序号	向模板中供料方法	水平荷载(MPa)
1	用溜槽、串筒或导管输出	20
2	用容量小于等于 0.2 m^3 的运输器具倾倒	20
3	用容量 0.2 ~0.8 m^3 的运输器具倾倒	40
4	用容量大于 0.8 m^3 的运输器具倾倒	60

9.2.8 验算模板刚度时,其变形值不宜超过下列规定:

1 结构表面外露的模板挠度为模板构件跨度的 1/400。

2 结构表面隐蔽的模板挠度为模板构件跨度的1/250。

3 墩、台支架模板的弹性挠度为相应自由跨度的1/400。

4 钢模板的面板变形为1.5 mm。

5 钢模板的角棱、柱箍变形为3.0 mm。

9.2.9 模板宜采用工厂加工,安装前应进行试拼,试拼质量达到设计及规范要求,对其进行编号后再进行模板安装。墩台身模板采用整体吊装时,其吊装高度视吊装能力并结合墩台施工分段而定,一般宜为2~4 m,并应有足够的整体性与刚度。

9.2.10 滑动模板施工应符合下列规定:

1 滑动模板施工流程如图9.2.10所示。

2 滑模适用于较高的墩、台和吊桥、斜拉桥的索塔施工。滑模可由模板、围圈、支承杆(亦称爬杆、顶杆)、千斤顶、顶架、操作平台和吊架等组成。

3 模板高度宜为1.0~1.2 m,并应有0.5%~1.0%的锥度,支承杆和提升设备应按墩身截面形状及滑动模板和施工临时荷载的全部重量布置。模板在组装完毕经检验合格后才能浇筑混凝土。

4 采用滑动模板浇筑的混凝土,坍落度宜为1~3 cm。混凝土应分层对称浇筑。

5 当底层混凝土强度达到0.2~0.3 MPa时,可继续提升。

6 浇筑混凝土面距模板顶面距离应保持不少于10 cm。

清理基础顶面
↓
测量放线
↓
绑扎第一节墩身钢筋
↓
滑模组装
↓
浇筑混凝土
↓
提升与收坡
↓
接长顶杆、绑扎钢筋
↓
进入下一循环施工

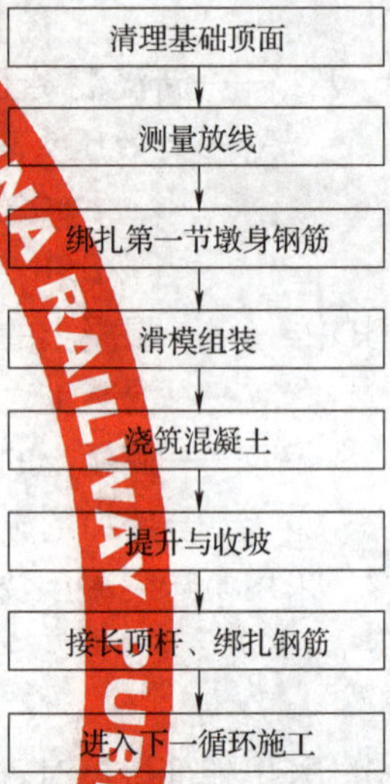

图9.2.10 滑动模板施工流程图

7 混凝土应使用插入式振捣器捣固,振捣时不得提升模板,并避免接触模板、钢筋。

8 墩身底节垂直钢筋的焊接及支承杆件的安装,应按规定将接头互相错开。

9 滑动模板操作平台的荷载应均衡,不得超载,严禁混凝土吊斗碰撞平台。

10 模板提升过程中,应检查中线、水平情况,发现问题及时纠正。

顶架横梁或液压千斤顶座间的水平允许高差为20 mm,位移允许偏差为30 mm,扭转允许偏差为2。

模板纠偏应先调整平台水平,再纠正位移和扭转。每滑升1 m纠正位移值不得大于10 mm。

11 滑模到达预定高度停止浇筑后,每隔1 h左右,应将模板提升5~10 cm,提升3~4次,防止混凝土与模板粘结。

12 混凝土应连续浇筑。当因故停歇后继续提升模板时,应符合本条第10款的规定,但提升后模板与混凝土必须保持不少于30 cm的搭接高度。接续浇筑时应使上下层混凝土结合良好。

13 混凝土达到拆模强度后,应及时拆除模板,拔出支承顶杆,以砂浆封孔。

14 手动或电动丝杠千斤顶的丝扣旋转方向应分左右对称安装。

15 墩身混凝土脱模部分,应立即将表面修整抹平,并应及时覆盖保湿养护。

16 滑动模板不宜冬期施工。

9.2.11 爬升模板施工应符合下列规定：

1 爬升模板施工流程如图9.2.11所示。

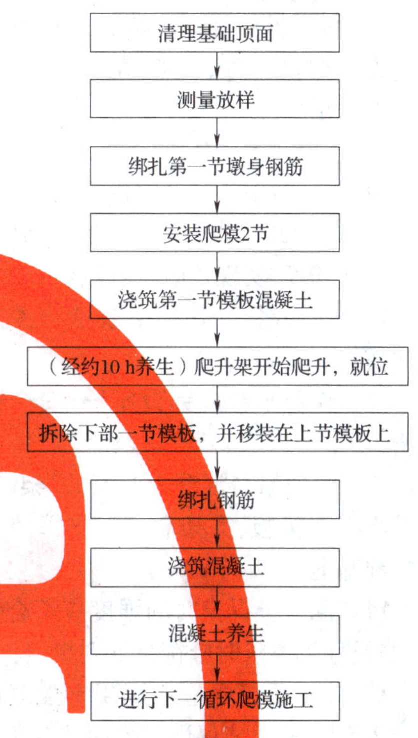

图9.2.11 爬升模板施工流程图

2 爬模适用于空心高桥墩的施工。主要由网架工作平台、中心塔吊、L形支架、内外套架、内爬支脚机构、液压顶升机构和模板体系等部分组成。

3 爬模的结构除应满足强度、刚度及稳定性的要求外，尚应符合下列规定：

1）应由2～3组相同规格的钢模板及构、配件组合成一套爬模，每套爬模应设置脚手平台、接料平台、吊挂脚手及安全网。

2）宜采用缆索吊机或其他提升设备提升。

3）宜采用大块模板施工，模板两侧和下部应设置板翼。

4）模板再组装完毕经检验合格后方可浇筑混凝土。

4 每次浇筑混凝土面距模板顶面不应少于5 cm。

5 浇筑混凝土时，应使用插入式振捣器捣固，并应避免接触模板、对拉螺栓、钢筋或空心支撑。

6 混凝土浇筑后，强度达2.5 MPa以上方可拆模翻倒。

7 每一节模板安装前均应清除表面灰浆污垢，整修变形部位并涂刷脱模剂。

8 模板沿墩身周边方向应始终保持顺向搭接。

9 爬模施工过程中，应经常检查中线、水平，发现问题及时纠正。

10 混凝土可采用覆盖保湿养生，当桥墩过高供水困难时，可采用混凝土养生液养生。

11 墩身混凝土脱模部分应及时用水泥砂浆堵塞对拉螺栓孔及修补表面缺陷。

12 爬模的接料平台、脚手平台、拆模吊篮的荷载应均匀，不得超载，严禁混凝土吊斗碰撞爬模系统。

9.2.12 滑升翻模施工应符合下列规定：

1 滑升翻模施工流程如图9.2.12所示。

2 翻模适用于高桥墩的施工。主要由竖向桁架的爬升轨道、水平桁架摇头扒杆、作业平台、三组同样规格的模板组成。

3 桁架由万能杆件组拼，竖向桁架向作为起重扒杆的中心立柱，与摇头扒杆共同受力。

4 翻模由结构规格相同的上、中、下三节模板组成，循环倒用，每块模板质量不超过1.5 t，以适应扒杆起重量。

5 浇筑混凝土要分层对称进行，一般每层厚度不超过30 cm。

6 混凝土达到 1.2 MPa 时进行接灌面凿毛,绑扎或焊接钢筋。

7 利用吊挂垂球方法检查控制桥墩中心和方位时,应专人负责,跟踪观测,发现偏差及时纠正。

8 每浇筑 5 ~ 10 节墩身混凝土,应用经纬仪、水准仪对中心和高程进行核对一次。

9 利用减少内外模板的块数和相邻模板的搭接长度,实现桥墩的收坡和曲率变化。

10 模板搭接时,应沿桥墩周围向一个方向搭接。

11 作业平台应铺设牢固,安全网布设严密。

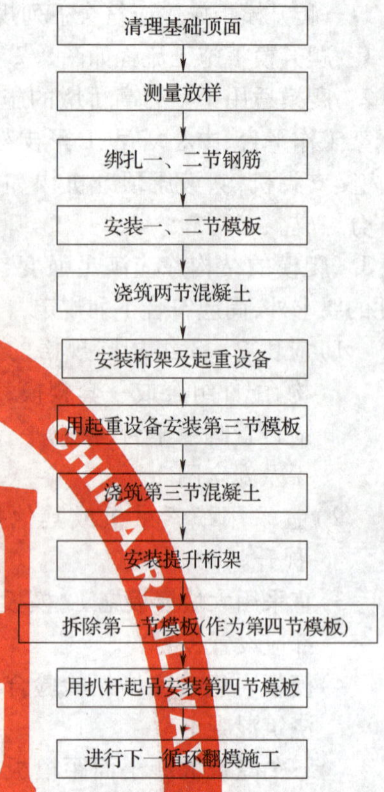

图 9.2.12 滑升翻模施工流程图

9.2.13 浇筑墩台混凝土时,脚手架、工作平台等不得与模板、支架联结。支撑应支于可靠的地基上。

9.2.14 混凝土拆模时的强度应符合设计要求,当设计无要求时应符合下列规定:

1 非承重模板应在混凝土强度达到不小于2.5 MPa,且能保证其表面及棱角不因拆模而受损时拆除。

2 承重模板应在混凝土达到设计要求强度且能安全地承受其结构自重和外加施工荷载时拆除。

9.2.15 当模板使用对拉筋时,应采取措施保证拆模后将对拉筋抽出或拉筋端头的保护层厚度满足设计要求,并对孔洞进行堵塞处理。

9.3 墩台身混凝土

9.3.1 墩台身钢筋的加工安装、混凝土的施工、养护和拆模等除应符合本技术指南规定外,尚应符合铁道部现行铁路混凝土与砌体工程施工标准的有关规定。同一结构物应使用同厂家、同标号的水泥和同产地的骨料,确保混凝土的外观质量。

9.3.2 浇筑混凝土时,应经常检查模板、钢筋、沉降观测点及预埋部件的位置和保护层的尺寸,确保其位置正确不发生变形。

9.3.3 墩台身混凝土浇筑至墩、台帽下 30 ~ 50 cm 处时应停止浇筑,剩余部分应待墩、台帽模板支立后一次浇筑。

9.3.4 混凝土的配制、输送及浇筑速度应符合下列规定:

$$v=\frac{Ah}{t} \qquad (9.3.4)$$

式中 v——混凝土配制、输送和浇筑的容许最小速度(m^3/h);

A——浇筑的面积(m^2);

h——浇筑层的厚度(m);

t——所用水泥的初凝时间(h)。

9.3.5 墩台身混凝土的浇筑应在整个截面内按一定的厚度、顺序和方向分层浇筑,应在下层混凝土初凝或能重塑前浇筑完上层混凝土。分层应保持水平,分层厚度可按表9.3.5选用。

表9.3.5 混凝土分层浇筑厚度

序号	振捣方法		浇筑层厚度(cm)
1	用插入式振捣器		30
2	用附着式振捣器		30
3	用表面振捣器	无筋或少筋	25
		配筋较密	15
4	人工振捣	无筋或少筋	20
		配筋较密	15

9.3.6 混凝土应采用机械振捣。用振捣器振捣时应符合下列规定:

1 使用插入式振捣器时,移动间距不应超过振捣器作用半径的1.5倍,与侧模应保持5~10 cm的距离,插入下层混凝土5~10 cm,每一层振捣完毕后应边振动边徐徐提出振动棒,应避免振动棒碰撞模板、钢筋及其他预埋件。

2 表面振捣器的移位间距,应以振捣器平板能覆盖已振实部分10 cm为宜。

3 附着式振捣器的布置间距,应根据构造形状及振捣器性能等情况通过试验确定。

4 对每一振动部位,必须振动到该部位混凝土密实为止。密实的标志是混凝土停止下沉、不再冒出气泡、表面呈平坦、泛浆。

9.3.7 墩台身混凝土终凝前不得泡水。

9.3.8 浇筑大体积混凝土结构可采取下列方法控制混凝土水化温度:

1 采用改善骨料材质和级配、降低水灰比、掺入掺和料、掺入外加剂等方法减少水泥的用量。

2 宜采用水化热低的掺和料水泥。

3 减小浇筑层厚度,加快混凝土散热速度。

4 降低混凝土原材料的初始温度。

5 混凝土内部埋设散热管。

9.3.9 混凝土浇筑完成后,应及时进行养护。混凝土养护应符合下列规定:

1 混凝土浇筑完成后,应在收浆后尽快覆盖和洒水养护。

2 当气温低于5 ℃时,应覆盖保温,不得向混凝土面上洒水。

3 混凝土养护用水的要求与拌和用水相同。

4 混凝土洒水养护时间一般为7 d,可根据气温、湿度、水泥品种、掺入外加剂情况,适当延长或缩短。

5 当结构物与流动性地表水接触时,应采取防水措施,使混凝土在浇筑后7 d内不受水的冲刷作用。

6 混凝土强度达到2.5 MPa前,不得承受各种外加荷载。

7 必要时混凝土可采用薄膜包裹保湿养护。

9.3.10 混凝土冬期施工应符合下列规定:

1 冬期施工配制混凝土应优先选用硅酸盐水泥和普通硅酸盐水泥,并宜选用较小的水胶比和坍落度。

2 混凝土宜掺加引气型减水剂等外加剂,以提高混凝土的抗冻性能。

3 蓄热法施工对原材料采取预热措施时，水和骨料预热温度应通过热工计算和试拌确定。水加热温度不宜大于 80 ℃，当骨料不加热时水可加热至 80 ℃以上，但应先与骨料搅拌均匀后再投入水泥拌和。骨料加热温度不应大于 60 ℃，水泥、矿物掺和料和外加剂不得直接加热。拌制和运输设备应采取保温措施，应保证混凝土的入模温度不低于 5 ℃。

4 冬期施工期间，应防止新浇筑混凝土在达到抗冻强度前受冻。混凝土抗压强度未达到 5 MPa 前不得受冻。对于使用硅酸盐水泥或普通硅酸盐水泥配制的混凝土，抗压强度达到设计强度的 30% 前也不得受冻。浸水冻融条件下混凝土抗压强度达到设计强度的 75% 前不得受冻。

5 在已硬化的混凝土上续浇混凝土时，接缝面处理应符合本技术指南第 6.7.4 条规定。混凝土需加(蓄)热养护时，已硬化混凝土的接合面温度不应低于 2 ℃，新浇混凝土开始养护的温度不得低于 5 ℃，细薄截面结构不宜低于 10 ℃，且新旧混凝土间温差应不大于 15 ℃。防寒保温应按施工方案施作，使新浇混凝土继续保持正温，直到达到规定的抗冻强度。

6 混凝土养护宜优先选用蓄热法。当气温较低、结构表面系数较大，蓄热法不能满足强度增长要求时，可根据具体情况采用蒸汽加热法、暖棚加热或电加热等方法。

9.3.11 混凝土夏期施工应符合下列规定：

1 混凝土配制宜选用水化热较低的水泥，可根据施工气温掺用缓凝型减水剂以适当增加坍落度。混凝土配合比设计应考虑高温导致坍落度损失。

2 应对原材料采用降温措施，保证混凝土的入模温度满足设计要求，设计无要求时，混凝土的入模温度不宜高于 30 ℃。

3 混凝土浇筑应选在一天气温较低的时间进行，浇筑完成后表面应及时覆盖保湿，保湿状态不应少于 7 d。保湿养护应不间断，不得形成干湿循环。

9.3.12 桥墩破冰体在切削棱缘处设置角钢或钢板时，应符合下列规定：

1 棱缘角钢或钢板应用整根制作，当破冰体端部为圆弧时，应用钢板加工成型。

2 加工完成的角钢或钢板与牵钉应垂直焊接牢固。

3 浇筑混凝土前，应先将角钢或钢板准确定位，并与模板密贴牢固。

4 角钢或钢板外露面，应按设计要求进行防锈处理。

9.4 桥台填土及锥体护坡

9.4.1 桥台后及锥体填土必须待桥台混凝土达到设计强度后方可进行。填料的种类及填筑要求应符合设计规定。

9.4.2 台后填土施工应符合下列规定：

1 台后填土范围应符合设计要求。设计无要求时，顺线路方向长度应自台身起，底面不小于桥台高度加 2 m，顶面不小于 2 m，拱桥台后填土长度不应小于台高的 3~4 倍。

2 拱桥台后填土必须与拱圈施工的程序相配合，使拱的推力与台后土的侧压力保持一定的平衡。拱桥台后填土可在拱圈安装以前完成，如设计有要求时，应按设计要求进行。

9.4.3 锥体施工应符合下列规定：

1 锥体填筑前应对原地面进行处理、压实，并准确放样。

2　锥体填土应按设计范围及坡度一次填足,不得边砌石边补填土。锥坡拉线放样时,坡顶应预先放高 2 ~ 3 cm,使锥坡随同锥体沉降后,坡度仍满足设计要求。

3　锥体护面铺砌应自下而上分段进行。砌石时放样拉线应拉紧,表面应平顺,反滤(垫)层规格、质量应符合设计要求,并应边做反滤(垫)层边砌筑,同时做好沉降缝和泄水孔。干砌片石护坡勾缝宜待锥体稳定后进行。

4　锥体护面的品种、规格、质量和表面坡度应符合设计要求。

5　在大孔隙土地区,应检查锥坡基底及其附近有无陷穴。发现陷穴应进行彻底处理。

9.4.4　锥体与桥台填土应同步施工。施工中应采用机械分层填筑压实,严格控制分层厚度和压实密度。邻近桥台边缘不能碾压处应采用内燃冲击夯等小型机具夯实,达到密实度要求。

9.4.5　锥体和台后路基填土,应在设计边坡之外适当加宽,待整修边坡时再把多余土刷去。

9.5　桥台排水及防护

9.5.1　桥台道砟槽顶面应按设计要求做好防水层、保护层,其表面排水坡度应符合设计要求,并应平顺无凹坑。

9.5.2　桥台采用预埋泄水管向台外排水时,应符合下列规定:

1　铸铁管或钢管内外面均应清除铁锈污斑,并按设计要求进行防锈处理,管身排水坡度不得小于3%。

2　进水口应设有孔铁板或铁篦子,两面均应按设计要求进行防锈处理。

3　泻水管口伸出桥台侧面或底面长度不应小于设计要求长度。

4　道砟槽防水层与泄水管进水口必须衔接良好。

9.5.3　桥台背后及两侧防水层应按设计要求设置,两侧防水层不应高出锥体护面。

9.5.4　桥头导流建筑物应与路基、桥梁工程综合考虑施工,并应符合下列要求:

1　不得在设计导流范围内取土、弃土。

2　砌筑用料应符合设计要求。

3　导流建筑物的填土密实度应达到设计要求。

4　混凝土护面板砌缝为 1 ~ 2 cm,除设计另有规定外应用沥青麻筋填塞。

5　抛石防护宜在冬期枯水时施工。石块规格应符合设计要求,应按大小不同规格掺杂抛投,但底部及迎水面宜用较大石块。水下边坡不宜陡于 1∶1.5,顶面可预留 10% ~ 20% 的沉落量。

6　石笼防护应按设计要求施工,基底应铺设垫层,石笼外层用较大石块填充,内层可用较小石块码砌密实,装满石块后用铁线封口,石笼间应用铁线连成整体。

在水中安放石笼可用脚手架或船只顺序投放。

9.5.5　桥台后设置钢筋混凝土搭板时,搭板施工范围内的路基应提前施工,并应待其稳定后进行搭板施工。搭板所用原材料的品种、规格和质量应符合设计要求,搭板与路基接触面应设置具有防渗、保湿和隔离性能的隔离层。

10　预应力混凝土简支梁预制

10.1　一 般 规 定

10.1.1　制梁场建设前应编制实施性施工组织设计，其规模应根据供应范围内桥梁种类、数量，梁的供应时间、生产周期，及以后的拆迁、场地恢复等因素综合考虑。

10.1.2　制梁场必须通过铁道部产品质量监督检验中心的检查验收，取得生产许可证，方可正式投产。

10.1.3　预制桥梁应按铺架施组安排的顺序安排生产和存放。尤其注意多片式梁的每孔梁的配套生产和存放顺序，保证配装同一孔梁的每一片梁，其浇筑混凝土日期及预加应力的龄期差满足设计要求且不应超过 6 d。

10.1.4　施工前应对所用原材料的料源进行考察，以确保料源充足，满足工程需要。原材料的品种、规格和性能必须符合现行国家标准和设计要求。使用前必须检验合格。

10.1.5　桥梁模板及支架应采用钢制。可分段制作连接或整片制作。模板及支架应有专门工艺设计，其强度、刚度及稳定性，应能满足施工荷载要求和工艺要求。模板配备数量应和生产规模相适应。模板及支架加工质量应符合桥梁设计图纸和工艺设计要求。模板的全长及跨度应考虑拱度及预留压缩量。模板预留孔和预埋件安装位置应符合设计要求。

模板使用前应配套试拼，检验合格后方可投产使用。

10.1.6　制梁场应按施组要求配备施工及计量设备。计量设备使用前应通过检定和认证。施工设备应状态良好，数量配备应能保证生产的连续进行。

10.1.7　静载试验

预制预应力桥梁成品必须经静载试验合格方可出场。桥梁静载试验的批次、抽检数量和试验方法必须符合铁道部现行《预应力混凝土铁路桥简支梁静载弯曲抗裂试验方法》(TB 2092)的规定。

10.1.8　桥面防水层施工应符合本技术指南第 18 章的有关规定。

10.2　预制场地建设

10.2.1　制梁场应根据架梁计划，设在桥梁比较集中的地段内。制梁场的选址应有利于桥梁的预制、存放、运输及架设。同时要考虑交通状况、原材料来源、地形地貌、地质概况、水电供应和环保要求等因素。

制梁场地的布置应满足生产流程和存梁数量的需要，可采用横列式布置。当受地形条件限制，无法设置一定规模的横列式存梁场时，也可采用纵列式布置。另外还应考虑梁静载试验所必要的位置和设施。

制梁场的生产场地和砂石料场应进行硬化处理，并设置通畅的道路和排水系统。

10.2.2　制梁台座或先张梁张拉台座应有专门施工工艺设计。其强度、刚度、稳定性和构造，应能满足施工各阶段施工荷载要求和施工操作要求。台座地基承载力应满足制梁要求，否则应进行处理，特别是采用顶梁工艺时，两端部位的地基须特殊处理，以防集中受力而引起地基下沉。对于数量较少的桥梁，可考虑一台多用，按大跨度桥梁建设台座，以减少投入。

10.2.3　存梁台座结构和地基应具备足够的承载能力。并应采取措施避免不均匀沉降，保证台座顶面高程偏差小于设计允许偏差。对有盐雾侵蚀影响的梁场，其存梁台位应高出地面 200 mm 以上。存梁场地应排水通畅，无积水。

10.3　先张法预应力混凝土简支梁

10.3.1　先张梁张拉台座形式可采用压柱式或底板承压式。台座结构可采用钢结构、钢管混凝土结构、钢筋混凝土结构或复合结构。直线配筋的先张梁台座长度宜按长线考虑，一次生产 2～3 片梁。

先张梁张拉台座应按不同的梁型进行专门的施工工艺设计。当考虑一个台座生产多种梁型时，台座应按张拉荷载最大的梁型设计。

10.3.2　先张梁张拉台座的张拉横梁和锚板应能直接承受张拉荷载，最大挠度不得大于 2 mm。其合力中心应与预应力筋合力中心一致，合力中心高度应符合设计要求。当台座生产的梁型变更时，张拉横梁和锚板位置应作相应的调整。折线配筋的先张梁，预应力筋转辙器的设置应符合设计要求。

10.3.3　先张法预应力混凝土简支梁预制施工流程如图 10.3.3 所示。

10.3.4　先张梁模板制作和安装应符合下列规定：

1　模板由底模、侧模和端模组成。

2　底模由钢板面板和槽钢纵横梁背楞构成。为了起顶(吊)桥梁，底模两端应设活动段或活动板。底模宜固定在台座上。安装时，底模应设置反拱，起拱高度和曲率应符合设计要求。

3　侧模由钢板面板和型钢背楞构成。纵向间隔一定距离设一槽钢支架，和背楞连成整体。侧模上布设的附着式振动器支座应设置在模板背楞上，并应交错布置、连接牢固和便于振动器安拆。侧模可整体或分片制作。

4　侧、底模长度和底模支座螺栓孔应设置预留压缩量，其值应考虑梁体弹性压缩和上拱等影响。

5　端模为整体，由钢板面板和型钢背楞构成。

6　模板应设有带微调装置的支、拆机构，以保证模板定位准确、固定牢靠和拆除方便。

7　模板安装一般采用机械吊装。安装可由梁一端向另一端顺序进行。分片安装时，宜内外侧对称进行，就位后临时固定。待模板全部就位后，整体精确调整并固定。

8　模板使用前应除锈和清理干净，均匀涂刷隔离剂。模板安装接缝应严密，可采用螺栓紧固、顶紧和拉紧等多种方式。接缝中应放置橡胶条或泡沫塑料条。

9　模板连接可采用侧模夹端模形式。立模时，先将端模固定在底模上，然后穿预应力钢筋。

10.3.5　当钢绞线表面有水溶性防护涂料时，应用流水冲刷、浸泡等方法除净。

预应力热轧带肋钢筋应作冷拉及时效处理。冷拉以控制应力为主，冷拉率作为校核的双控方法。Ⅳ级钢筋冷拉控制应力为735 MPa，最大冷拉率为3%。冷拉后须经时效处理，方可使用。时效处理可采用加温至200 ℃时，持续20 min完成，加温方法可采用电热法。

10.3.6　先张梁施工所用的锚具和连接器应通过部级鉴定认证，产品进场后应按铁道部现行《铁路混凝土与砌体工程施工质量验收标准》（TB 10424—2003）第7.2.2条进行检验，检验合格后方可使用。为节约预应力筋，可使用预应力筋连接器在梁体外连接预应力筋或张拉螺杆。

10.3.7　预应力筋的下料长度应根据工艺、设备和锚具等具体情况计算确定。

预应力筋下料长度的允许偏差除应符合铁道部现行《铁路混凝土与砌体工程施工质量验收标准》（TB 10424—2003）第7.3.4条外，预应力钢绞线采用张拉螺杆连接时，其下料长度误差绝对值不得大于张拉时弹性伸长值的2%，且不得大于5 mm。

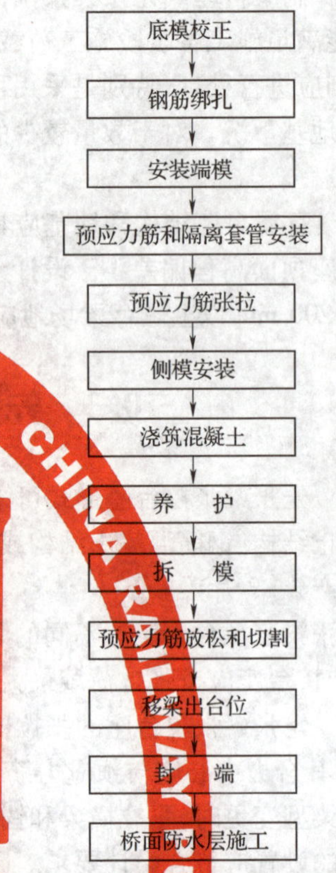

图10.3.3　先张法预应力混凝土简支梁预制施工流程图

10.3.8　钢绞线应在拉直条件下切断，切割应用砂轮切割机进行，切口端头应用铁丝扎紧，不得使用电弧焊切割。

热轧带肋钢筋应在调直后切断。应优先采用砂轮切割机切割。不得使用电弧焊切割。

10.3.9　热轧带肋钢筋接头应采用闪光对焊接头。

10.3.10　先张梁钢筋制作及安装应符合下列规定：

1　钢筋的型号、规格、数量必须符合设计要求，不得随意变更和代换。

2　钢筋接头可采用闪光对焊或绑扎。

3　钢筋安装应符合下列规定：

1）钢筋的尺寸、型式和位置应符合设计要求。

2）钢筋接头的配置应符合铁道部现行《铁路混凝土与砌体工程施工质量验收标准》（TB 10424—2003）第5.4.3条的规定。

3）钢筋的交叉点应用铁丝绑扎结实，必要时，也可用点焊焊牢。相邻绑扎点的铁丝扣绑扎方向宜相反，成八字形。铁丝扣头要弯向内侧，不宜伸入保护层中。

4）除设计有特殊规定者外，梁中的箍筋应与主筋垂直，箍筋的末端应向内弯曲，箍筋的接头（弯钩接合处），在梁中应沿纵向线方向交叉布置。

5）钢筋保护层厚度应符合设计要求，在钢筋和模板间应使用与混凝土同强度的砂浆垫块或塑料垫块。

6)钢筋骨架可在台座上现场绑扎,也可在专门绑扎平台上绑扎成型后吊装成型。

7)预埋件的型号、数量和位置应符合设计要求。

10.3.11 预应力筋及管道安装应符合下列规定:

1 预应力筋的品种、级别、规格、数量和线形必须符合设计要求。穿筋的顺序宜自下而上,由里向外。直、折线混合配筋时,安装时应先穿直线筋,再穿折线筋。折线筋应穿过转辙器正确位置并入槽。

2 预应力筋隔离套管的材质、直径、长度和位置应符合设计要求。隔离套管内端应堵塞严密。外端应穿出端分丝板以外至少 50 mm 并加以固定。梁体内隔离套管长度允许偏差为 ±20 mm。

3 横向预应力管道的材质、直径和位置应符合设计要求,并应采取定位措施确保管道平直和减少位置偏差。

4 预应力筋穿入后,严禁使用电弧焊在梁体钢筋骨架及模板上进行焊接和切割。

10.3.12 预应力钢筋张拉前应完成下列准备工作:

1 张拉千斤顶、压力表和油泵等张拉设备应符合铁道部现行《铁路桥涵工程施工质量验收标准》(TB 10415—2003)第 9.1.9 条的规定。

2 折线配筋时,应测定折线摩阻损失,调整折线筋张拉控制应力。

3 应测定台座弹性压缩,张拉横梁的挠曲、锚板挠度和锚具锁定构造变形值等参数。

10.3.13 预应力张拉宜采用张拉螺杆的张拉体系。

10.3.14 预应力钢绞线直线预应力筋可采用单束初调、单束张拉或单束初调、整体初拉、单束终拉的张拉工艺。折线预应力筋采用单束初调、单束张拉的张拉工艺。

10.3.15 单束初调、单束张拉工艺的张拉程序应符合下列规定:

1 钢绞线分束后,将各钢绞线应力单束初调至 0.1 ~0.2 倍抗拉极限强度,并测出伸长值初读数。

2 单束张拉至张拉控制应力,持荷3 min,并测伸长值。然后放松至 0.5 倍张拉控制应力。

3 在支模和钢筋绑扎完成并经检验合格后,再单束张拉至张拉控制应力,持荷 3 min,并测最终伸长值,校核后锚固。

10.3.16 单束初调、整体初拉、单束终拉的张拉工艺的张拉程序应符合下列规定:

1 钢绞线分束后,将各钢绞线应力单束初调至 0.1 ~0.2 倍抗拉极限强度,并测出伸长值初读数。

2 整体张拉钢绞线至 0.8 倍的张拉控制应力,测伸长值。

3 在检验支模和桥面钢筋安装质量符合设计要求后,再单束张拉至张拉控制应力,持荷 3 min,并测最终伸长值,校核后锚固。

10.3.17 单束张拉应分组对称顺序进行。直、折线混合配束时,张拉顺序应先将直线筋初调,然后张拉折线筋,最后张拉直线筋。

对于先张拉的钢绞线可采用大于张拉控制应力的张拉力,但不应大于张拉控制应力的 1.03 倍。也可对先张拉的钢绞线进行补拉。

采用长线法(片数多于 2 片者)生产先张梁时,宜两端张拉。

10.3.18 预应力筋张拉验收合格后,应及时(可在 2 h 以内)浇筑混凝土。浇筑前,应对预应力筋应力进行抽查,应力损失超过 3% 时,应补拉到位。

10.3.19　预应力筋张拉和混凝土浇筑时的环境温度应保持在0 ℃以上，预应力筋张拉和混凝土浇筑时的环境温度差不应超过5 ℃。

10.3.20　梁体混凝土施工应符合下列规定：

1　混凝土应根据原材料性能、设计强度等级、弹性模量和工作性能要求等进行配合比设计和试验，选定混凝土配合比。混凝土胶凝材料总量不应超过500 kg/m³。水胶比不应大于0.35。掺和料优先采用双掺，最大掺量不宜超过水泥质量的50%。

2　混凝土拌制应采用有自动计量装置的强制式搅拌机，使用前应校准，使每盘称量的偏差符合铁道部现行《铁路混凝土与砌体工程施工质量验收标准》（TB 10424—2003）第6.4.6条的规定。混凝土拌制前，应及时测定粗、细骨料中的含水量，并按选定的理论配合比换算成施工配合比，计算出每盘混凝土实际需要的各种材料量。

3　混凝土拌和物滞留时限及浇筑间断时限应根据水泥性能、环境温度、水灰比和外加剂类型、运输距离、初凝时间及终凝时间等具体情况通过试验确定。混凝土拌和物滞留时限一般不超过1 h，浇筑间断时限一般不超过2 h。一条线浇筑时间不宜超过4 h。

4　混凝土的浇筑应采用连续浇筑、一次成形。浇筑时采用斜向分段，水平分层的方法浇筑。分段长度宜为4～6 m，水平分层厚度不宜大于30 cm，先后两层混凝土的间隔时间不得超过初凝时间。浇筑方向应从梁一端向另一端进行，在接近另一端时，可改为从另一端反方向浇筑。

混凝土振捣应符合施工工艺设计要求。梁体混凝土可采用侧（底）模附着式振动器和振动棒配合振捣。振动棒振捣施工时不得碰撞模板、预应力筋、管道和预埋件。振捣时间以混凝土不再沉落，不出现气泡，表面呈现浮浆为度。为提高梁体混凝土表面质量，可使用高频附着式振动器。

5　混凝土浇筑时，模板温度宜在5 ℃～35 ℃。当模板温度低于0 ℃或高于40 ℃时，应对模板采取升、降温措施。

混凝土拌和物入模温度宜在10 ℃～30 ℃，含气量应控制在2%～4%。每次浇筑应对混凝土拌和物的温度及含气量进行现场测试，浇筑过程中应进行抽查。

6　当昼夜平均气温连续3d低于5 ℃或最低气温低于－3 ℃时，应按冬期施工处理，采取保温措施。当环境温度在0 ℃以上时，混凝土入模温度不应低于5 ℃；当环境温度在0 ℃以下时，混凝土入模温度不宜低于10 ℃。对混凝土材料宜加热拌和，每浇筑4 m后及时盖苫布保温，浇筑完毕后静停养护应保持棚内温度不低于5 ℃。

7　梁体在浇筑混凝土过程中，应随机制作混凝土强度试件、弹性模量试件，试件应在与梁体同样条件下振动成形。标准试件应在标准条件下养护28 d，采取蒸汽养护的28 d标准试件，脱模前随梁养护，脱模后标准养护，时间共28 d。用于施工过程控制的试件，应随梁体或与其相同养护条件下养护。试件制作、养护应符合现行国家标准《普通混凝土力学性能试验方法标准》（GB/T 50081—2002）和铁道部现行《铁路混凝土强度检验评定标准》（TB 10425—1994）的规定。

10.3.21　梁体混凝土养护应符合下列规定：

1　采用蒸汽养护时，应实施跟踪养护，使棚温与梁体内水化热相适应。蒸汽养护分为静停、升温、恒温、降温四个阶段。静停4h后方可升温，升温速度不应大于10 ℃/h，梁体芯部（梁端中央300 mm处）混凝土温度不应超过60 ℃，棚内各部位温差不超过5 ℃，恒温时间由试验决定，降温速度不应大于10 ℃/h。梁体混凝土芯部与表层、表层与环境温度之差不超过15 ℃时，方可撤除保温设施。蒸汽养护结束后，应立即进入自然养护。

2　采用自然保湿养护或蒸汽养护后进入自然养护时，混凝土梁面宜采用保温、保湿材料予以覆盖，或采用桥面蓄水保湿、保温。梁体洒水次数应能使混凝土表面保持充分湿润，保湿养护时间不应少于 14 d。低温时应采取保温、保湿措施，不应对混凝土浇水。

3　当环境温度低于 5 ℃时或高温天气时，梁体内外表面应喷涂养护剂，养护剂应符合国家现行《水泥混凝土养护剂》(JC901)的要求。

10.3.22　梁体模板拆除应符合设计要求，设计无要求时应符合下列规定：

1　梁体混凝土强度不应低于 2.5 MPa，且能保证构件棱角完整、横隔板及桥面板根部不开裂时方可拆模。

2　采取蒸汽养护时，撤除保温设施除应符合本技术指南第 10.3.21 条的规定外，一般至拆模的时间间隔不应小于 2 h。

3　大风或气温急剧变化时，梁体内部温度与表层温度、表层温度与环境温度之差大于 15 ℃和环境温度低于 0 ℃时不宜拆模。

10.3.23　放松预应力筋应采用整体两端同时缓慢放松工艺，并符合下列规定：

1　放松前，梁体混土强度和弹性模量达到设计要求，且养护龄期不少于 3 d。

2　放张顺序应符合设计要求。直、折线混合配筋的先张梁，一般应先放松折线筋，切断导向装置支承侧板后，再放松直线筋。梁体外露直线筋长度应能保证折线筋放张后外露直线筋的应力不超过 0.8 倍抗拉极限强度。

3　侧模已经拆除，且底模下固定支座板用的螺母已经卸掉。

4　当采用楔块放松预应力筋时，应控制楔块同步缓慢滑出。

5　当采用千斤顶放松预应力筋时：

1)各台千斤顶必须配接单独油路。

2)同步顶开千斤顶，顶开的最大间隙不得大于 2 mm，以能松开自锁螺母或插垫为度。同步松开自锁螺母或插垫后，再同步放松各千斤顶，直到预应力筋全部放松为止。

3)只有在千斤顶发生故障时，才允许采用单根放松预应力筋，放松时必须多次对称循环进行，每循环放松的应力不应超过总应力值的 1/4。

6　放张以后应测量梁体弹性上拱度。实测梁体弹性上拱不宜大于 1.05 倍设计计算值。

10.3.24　先张梁封端应符合设计要求。预应力筋切割后应及时进行封端。封端前，封端处梁体混凝土应凿毛，封端应采用微膨胀混凝土，混凝土强度应符合设计要求。封端后，在封端范围内采用聚氨酯防水涂料进行防水处理。

10.3.25　折线配筋先张梁梁底转辙器的凹穴应采用环氧树脂混凝土封堵，其抗压强度不应低于设计要求强度。

10.4　后张法预应力混凝土简支梁

10.4.1　后张法预应力混凝土简支梁预制施工流程如图 10.4.1 所示。

10.4.2　后张梁模板除应符合本技术指南第 10.3.4 条规定外，尚应符合下列规定：

1　侧、底模长度和底模支座螺栓孔应预留压缩量。底模还应设置反拱。预留压缩量和反拱应根据设计要求和实际情况设置，并在生产过程中根据实测梁长和上拱度等数据及时进行调整。

2　箱梁侧模可焊接成整体。箱梁内模可采用拼装式或液压式。拼装式内模由工具式钢模板、型钢环形骨架和支撑体系构成。液压式内模由分段或整体的钢模和液压部分构成。内模顶部可留置底板混凝土浇筑下料口，底部做成敞口，两侧加水平活动压板，以防止底板混凝土上涌。内模拼装成整体后，采用吊装或滑移方式进行安装。内模安装应定位准确，固定牢靠，确保浇筑混凝土时不上浮和偏移。

3　后张梁端模应采用刚度较大的整体钢模板。端模上预留孔道位置和尺寸应符合设计要求和工艺要求。锚垫板应固定牢靠，位置正确，端面应垂直于预留管道中心线。端模上也应设置振动器支架，以便安装附着振动器。

4　预留孔洞应符合设计要求。

10.4.3　钢筋制作安装除应符合本技术指南第10.3.10条规定外，固定预留管道的定位网或轨道筋定位应牢固顺直。定位网间距应符合设计要求。必要时可与梁体钢筋焊接，以确保管道位置正确和在浇筑混凝土时不上浮和旁移。

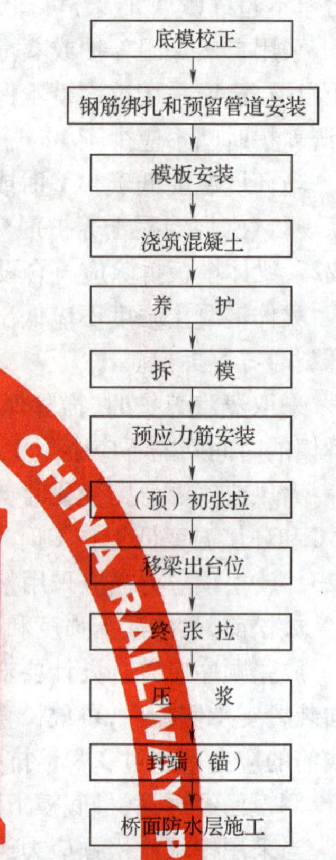

图10.4.1　后张法预应力混凝土简支梁预制施工流程图

10.4.4　纵向预应力钢绞线用锚具应采用夹片锚。并应按铁道部现行《铁路混凝土与砌体工程施工质量验收标准》（TB 10424）第7.2.2条规定进行进场检验，检验合格后方可使用。

10.4.5　预应力筋制作安装应符合下列规定：

1　预应力钢绞线下料长度应符合设计要求。当设计无要求时，可按下式计算，并通过试用后再行修正：

$$L = l + 2l_1 + n(l_2 + l_3) + 2l_4 \tag{10.4.5}$$

式中　L——钢绞线下料长度；

l——锚具支承板间管道长度；

l_1——工作锚具厚度；

l_2——张拉千斤顶长度；

l_3——工具锚具厚度；

l_4——长度富余量（可取100 mm）；

n——单端张拉为1，两端张拉为2。

2　预应力筋下料应在保持预应力筋顺直情况下采用切断机、砂轮锯等机械切割，且不应损伤和污染其表面。不得使用电弧切割。

3　预应力钢绞线下料后应梳整编束，每隔1～1.5 m绑扎一道铁线，以使预应力筋束顺直不扭转。

编好的预应力筋束应按编号分类存放。搬运时支点距离不得大于 3 m，端部悬出长度不得大于 1.5 m。搬运时不得在地上拖拉。

4 预应力筋的品种、级别、规格、数量和穿入管位必须符合设计要求。

5 预应力筋穿束前应用压力水冲洗管道内杂物，观察孔道内有无串孔现象，并用风吹干管道内水分。

预应力筋穿束可采用人工或机械进行。筋束前端应扎紧并裹胶布或套上弹头型壳帽，以便顺利通过管道。

穿束时，预应力筋应无损坏、污物或锈蚀。穿束后，应量测两端筋束外露长度，调整一致。

10.4.6 预留管道施工应符合设计要求并满足下列规定：

1 当采用拔胶管（棒）预留管道时，胶管（棒）直径应符合设计要求，其极限抗拉力不得小于 7.5 kN，且弹性恢复性能较好。使用胶管时，胶管内应插入芯棒，以增加刚度。芯棒可用钢丝、钢绞线等制作，芯棒直径和胶管内径之差不得大于 8 mm。胶管（棒）接头宜设在跨中处，接头用铁皮套接，套接长度不得小于 30 cm，胶管（棒）与铁皮管间间隙不得大于 1 mm，并应密封不漏浆。浇筑混凝土前应用力将胶管（棒）向外拉，使其伸展。预埋胶管宜在梁体混凝土达到 4 ~ 8 MPa 时抽拔，抽拔顺序自下而上。胶管（棒）抽拔后，应用检孔器对梁体预留管道逐管检查，对不能通过者，应立即处理。

2 当采用金属波纹管预留管道时，波纹管质量、规格应符合设计要求。当需接长时，可采用大一号同型波纹管作为接头管，接头管长度不得小于 30 cm。接头位置宜避开孔道弯曲处。接头管两端用密封胶带或塑料热缩管封裹严密。管内应预先穿入塑料管或预应力筋束，并在混凝土初凝前窜动。

3 当采用塑料波纹管时，塑料波纹管的制作材料和管道性能应符合《预应力桥梁用塑料波纹管》（JT/T 529—2004）的要求，波纹管的波峰和纵向接缝处壁厚：内径 $\phi<100$ mm管不小于 2 mm，$\phi\geq100$ mm 管不小于 2.5 mm。接头应采用专门焊接机焊接或采用本身具有密封性能的塑料联结器连接。

4 支立模板时，应采取措施防止管道位移。浇筑混凝土前应检查管道位置及完好情况，符合设计要求方可浇筑混凝土。

10.4.7 梁体混凝土施工除应符合本技术指南第 10.3.20 条规定外，尚应符合下列规定：

1 箱梁梁体混凝土浇筑应快速连续浇筑成形。一般可采取斜向分段、水平分层的浇筑方法，由一端向另一端浇筑，斜向分段长度 4 ~ 5 m，斜度 30°~ 45°，水平分层厚度不宜大于 30 cm。底板混凝土振捣采用插入式振动器；腹板混凝土振捣以附着式振动器为主，插入式振动器为辅；顶板混凝土振捣以插入式振动器为主，平板振动器为辅。为提高梁体混凝土外观质量，可在侧模和端模上安装高频附着式振动器（频率 9 000 Hz），在普通振动器振动混凝土密实后开启，振动时间以 6 ~ 8 s/次为宜。采用插入式振动器振捣混凝土时，严禁振捣棒触及预留管道胶管（棒）或波纹管。混凝土浇筑及振捣应符合施工工艺设计要求。

每片梁的混凝土浇筑，应在最先浇筑的混凝土初凝前全部完成。

2 采用泵送混凝土浇筑梁体时，宜采用混凝土布料机布料。

10.4.8 梁体混凝土养护应符合本技术指南第 10.3.21 条的规定。

10.4.9 梁模板拆除应符合本技术指南第 10.3.22 条规定外，尚应符合下列规定：

1 内模拆除应在梁体混凝土强度达到设计强度50%后和箱梁内外侧混凝土温度差不大于15 ℃后进行。

2 拼装式内模采用人工拆除，由外向内，两端同时进行。液压式内模，采用液压收缩装置将内模各部分移到脱模车上，然后分段或整体滑移脱出。

10.4.10 预应力筋张拉应符合下列规定：

1 预应力筋用锚具在首次使用前应按现行国家标准《预应力筋用锚具、夹具和连接器》(GB/T 14370—2000)的要求进行组装件静力及工艺性能抽样试验，并测回缩量。

2 试生产时，应进行预应力管道，扩孔段和锚口摩阻测试，确定预应力的实际损失。必要时由设计单位对张拉控制应力进行调整。不同梁型、不同类型预留管道应分别测试。孔道摩阻试验可按本技术指南附录F办理。

3 纵向预应力筋张拉宜采用三阶段进行：

1)预张拉(必要时采用)

当梁体混凝土强度达到拆模强度但未达到张拉强度而必须拆模时，为防止早期开裂，宜采取模板脱而不移的办法立即进行预张拉，其张拉数量、位置和张拉值应符合设计要求或通过计算确定。

2)初张拉

当梁体混凝土强度达到设计要求的强度时，方可进行初张拉，其张拉数量、位置和张拉值应符合设计要求。初张拉后即可将梁移出台位。

3)终张拉

当梁体混凝土强度和弹性模量值均达到设计要求，且混凝土龄期不少于14 d方可进行终张拉。张拉时以与控制应力相应的油压表读数为主，以钢绞线的伸长值作校核。终张拉时，应对初张拉预应力筋束进行补拉。

4 张拉应按设计要求的张拉顺序进行，应使千斤顶、锚具和孔道位于同一轴线上；两端张拉时宜两端同步张拉，保持千斤顶加压速度相近，使两端同时达到同一荷载值。箱梁张拉时，左右两腹板对称张拉，以防止梁体发生扭曲。

5 当采用夹片式锚具时，钢绞线的张拉程序为：

0→初始应力(终张拉控制应力10%左右，测钢绞线伸长值并做标记，测工具锚夹片外露量)→张拉控制应力(各期规定值。测钢绞线伸长值，测工具锚夹片外露量)→静停5 min，校核张拉控制应力→主油缸回油锚固(油压回零，测总回缩量，测工具锚夹片外露量)→副油缸供油卸千斤顶。

张拉完成后，应在锚圈口处的钢绞线上做记号，以观察是否滑丝。经24 h复查合格后，应用机械切割钢绞线头，切断处距锚具外不宜小于30 mm。

6 张拉质量控制应符合下列规定：

1)实测伸长值与计算伸长值的差值不应超过6%。(计算伸长值应按钢绞线实测弹性模量计算)。

2)张拉端预应力内缩量应符合铁道部现行《铁路混凝土与砌体工程施工质量验收标准》(TB 10424)的规定。

3)每片梁断丝及滑丝数量不应超过预应力钢绞线总丝数的0.5%，并不应位于梁体的同一侧，且一束内断丝不应超过一丝。

4)钢绞线夹片布置应均匀，外露应平齐。

10.4.11　终张拉后应实测梁体弹性上拱，实测值不宜大于1.05倍设计计算值。

10.4.12　管道压浆应符合下列规定：

1　管道压浆宜在预应力筋张拉完成后48 h内进行。压浆过程中及压浆后3 d内，梁体温度不应低于5 ℃，否则必须按冬期施工处理。压浆前应使用高等级水泥浆封闭锚具孔隙。

2　管道压浆用水泥浆应按设计要求强度配制，水胶比不大于0.35，且不应泌水。水泥浆终凝时间不大于24 h。压浆材料中不得含有UEA或铝粉为膨胀源的膨胀剂，严禁掺加氯盐类、亚硝酸盐类或其他对预应力钢绞线有腐蚀作用的外加剂。

水泥浆应随拌随用，置于储浆罐的浆体应持续搅拌，从拌制到压入管道的时间间隔一般不应超过40 min。水泥浆拌制均匀后，应经孔格不大于2 mm×2 mm筛网过滤后方可压入孔道。

3　管道压浆顺序应自下而上进行。

4　管道压浆工艺应符合设计要求。压浆工艺可分为一次压浆、二次分端压浆和真空辅助压浆：

1）一次压浆。由进浆口一端向出浆口一端进行，待出浆口流出的浆体稠度与压入端一致时，关闭出浆口阀门。压浆最大压力不宜超过0.6 MPa，关闭出浆口后，应在不小于0.5 MPa压力下保压不少于5 min，然后关闭进浆口阀门。

2）二次分端压浆。第一次由甲端压入，待另一端（乙端）阀门流出的浆体稠度与压入端一致时，关闭乙端阀门。当压力达到0.6 MPa后，关闭甲端阀门。待30 min后，打开甲端阀门，自乙端第二次压浆，待甲端阀门有浓浆溢出后，关闭甲端阀门，待压力达到0.6 MPa时，再关闭乙端阀门。

3）真空辅助压浆。压浆前用真空泵将管道真空度抽到-0.06～-0.1 MPa之间，并稳定后，开启进浆口阀门压浆，待排气管流出的浆体稠度与压入端一致时，关闭排气阀，继续按一次压浆的要求进行压浆。

5　水泥浆试件应在压浆地点随机取样制作。每片（孔）梁留置2组，一组标准养护，一组随梁同条件养护。

6　水泥浆终凝后，方可卸拔压浆阀门。

7　同一管道压浆应连续进行，一次完成。同一管道压浆因故中断时，应立即用压力水将孔道冲洗干净。

10.4.13　后张梁封端（锚）应符合下列规定：

1　锚具应进行防锈处理。锚圈与锚垫板接触处应用聚氨酯防水涂料进行进行防水处理。

2　封端（锚）处混凝土表面应凿毛和清理干净。

3　锚穴内设置钢筋网，利用原锚板螺孔拧入带钩的连接螺钉将钢筋网与锚垫板连接。

4　封端（锚）混凝土应符合设计要求。封端（锚）混凝土宜采用微膨胀细石混凝土。封锚混凝土填充应分两个步骤，首先用较干硬的混凝土填充至距离锚穴顶2 cm左右，并捣固密实，然后再用正常硬度混凝土填满抹平。填充混凝土圆周应用聚氨酯防水涂料进行防水处理。

5　封端（锚）混凝土应按批留置试件，每批至少2组（1组标准养护，1组随梁同条件养护)。

10.5 移梁和存放

10.5.1 移梁可采用吊车吊运或拖拉(顶推)滑移。吊运或滑移所用的设备应通过载荷试验和试运转,经验收合格后方可使用。

10.5.2 移梁前,梁体混凝土强度必须符合设计要求。设计未规定时,梁体混凝土强度不应小于设计强度75%。此外尚应符合下列规定:

1 梁移出台座应在预应力筋初张拉完成后进行。

2 压浆后移梁,水泥浆强度应符合设计要求。当设计无要求时,应大于设计强度的75%。

3 封锚后移梁,封锚混凝土强度不得低于设计强度的50%。

10.5.3 吊、移梁时,梁端悬出长度应符合设计要求。吊(拉)索或千斤顶端部与梁体接触部位应设置垫木或护铁,保护梁体不受损伤。

10.5.4 千斤顶顶落梁时,千斤顶的顶点应位于梁端重心线上,应两端交替进行,不得同起同落。设顶处基础应可靠牢固,受力后不沉陷。顶落梁过程中,千斤顶行程不得超过规定有效行程的80%,梁两端应设保险垫木和保险支撑,应边顶边垫、边落边撤,以防止意外情况发生。

10.5.5 吊机吊梁时,应严格按吊机操作规程进行,吊臂回转范围内不应有任何障碍物。如采用一台吊车吊梁时,应在吊点位置上部配备起吊扁担。如采用两台吊车吊梁时,两端应同步起落,两端高差不得大于30 cm。

10.5.6 滑移梁时,滑移梁底部与滑移轨道间应放置滑板,保护梁体不受损伤。梁两端应设斜撑式托架支护。滑移时,两端应同步。滑移轨道应与梁纵轴线垂直。滑移轨道宜采用重型钢轨,应设在坚固稳定的基础上,滑移轨道必须保持平顺无突变点,平整度偏差每延长米不得大于2 mm,在滑移方向可设不超过2‰的下坡,以利于滑移。

10.5.7 箱梁滑移和存放时,应四支点均匀受力,箱梁底面任一支点与其他三个支点组成平面的高差应符合设计要求。

10.5.8 存梁时,梁端悬出长度应符合设计要求。当长期存梁时,应采取措施,防止梁体产生过大上拱。

11 桥位制梁

11.1 一般规定

11.1.1 桥位制梁施工前,应测量检查桥梁中线、墩台跨距和支座垫石的位置、尺寸、顶面高程及平整度,符合设计要求和铁道部现行规定方可在设计梁位进行制梁施工。

11.1.2 桥位制梁施工前,应根据设计单位编制的桥梁施工组织设计和桥位地形、地质、水文、气象、交通、航运等实际施工条件,结合工程结构特点编制实施性施工组织设计、施工辅助工程设计和施工工艺设计。

11.1.3 模板及支架、钢筋、混凝土及预应力的施工,除应符合本章规定外,尚应符合本技术指南第10章的有关规定。桥位制梁应根据梁体结构特点和所处环境的温度变化情况制定混凝土养护措施,尤其应该注意做好梁体底面和侧面的养护工作。采用蒸汽养护及冬期施工时,应符合本技术指南第10.3.20~第10.3.21条有关规定。

11.1.4 桥梁支座施工,除应符合本章规定外,尚应符合本技术指南第19章的规定。

11.1.5 桥梁防水层施工,应符合本技术指南第18章的规定。

11.1.6 制梁使用的原材料、构配件的品种、规格、性能必须符合设计要求和经检验合格后方可使用。

11.2 膺架法制梁

11.2.1 膺架法制梁,适用于桥墩台较低且地基条件较好的旱地或浅水桥位制造简支梁、连续梁(刚构)和刚构梁。施工流程如图11.2.1所示。

11.2.2 膺架基础施工应符合下列规定:

1 膺架基础必须有足够的承载力,不得出现不均匀下沉。基础类型、埋深、结构、尺寸等应根据膺架结构形式、受力情况、地基承载力等条件经设计计算确定。

2 在旱地采用浅埋式扩大基础时,应考虑地面浸水对基底承载力的影响,必要时应同时做好防止地面浸水设施。

3 利用桥墩台基础作膺架基础时,应按最不利荷载组合情况对桥墩台基础进行局部应力及基底应力检算。

11.2.3 膺架类型和结构形式选择,应根据梁的结构特点及桥的长度、桥下净空、地基承载力、通车通航要求和现有定型钢支架或钢构件的规格、模数(步距)及受力性能等条件经技术经济比较确定。

11.2.4 膺架结构应根据采用的钢支架或钢构件种类,经过结构设计计算确定,其强度、刚度、下沉量、整体稳定性和平面尺寸应能满足施工各阶段承受施工荷载的要求和进行施工安全操作的需要,并应有简便、可靠的模板高程调整和膺架卸落设施。

11.2.5 简支梁膺架可根据桥位施工条件选择原位浇筑、高位浇筑或旁位浇筑方式进行施工,并应根据梁体预应力筋张拉和移、落梁的不同工况可能出现的最不利荷载情况,分别对膺架的主要构件(包括落梁支墩、横移滑道、落梁垫块及楔块等)的承载能力和稳定性进行检算。施工用脚手架和便道(桥)不应与膺架相连接。

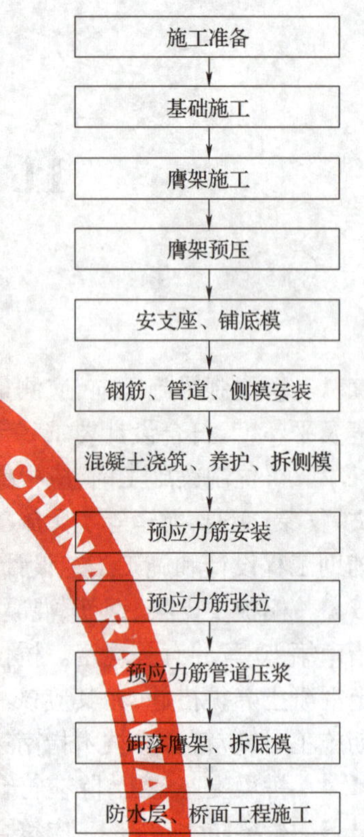

图 11.2.1 膺架法制梁施工流程图

11.2.6 膺架设计计算应考虑下列荷载的最不利组合:现浇梁体、模板、膺架的重量,施工荷载(含振动力),风荷载,水中施工时的流水压力,冬期施工时保温养护设施荷载和雪荷载。设计膺架的稳定安全系数应大于 1.5,承载力安全系数应满足有关规定要求。检算支架强度时,尚应考虑梁体预应力张拉对支架受力的影响;刚度检算时,应根据单个构件的刚度和支架整体刚度相协调的原则,梁体腹板处的纵梁或杆件的间距应适当加密;整体稳定性检算时,应特别注意横桥向支架稳定性检算。

11.2.7 膺架卸落可采用楔块、砂箱、千斤顶等,当采用钢楔块时(如图 11.2.7),其尺寸应与膺架立柱顶面相匹配,落架时拧松钢楔块对拉杆螺母使中间楔块下落,实现平稳落架。

11.2.8 膺架施工应符合下列规定:

1 拼装膺架所用的钢支架或钢构件的规格、质量,应符合国家的相关标准规定。

2 膺架应根据施工设计图进行制作和安装。

3 膺架支墩或立柱必须安装在有足够承载力的基础上,并保证在浇筑混凝土后不发生超过允许值的沉落量。

4 使用碗扣式钢管支架拼装膺架时,必须严格掌握可调底托和顶托的可调范围,留在立杆内长度应不少于30 cm,防止因"过调"导致底、顶托失稳;纵横向应按照支架的拼装要求,严格控制竖杆的垂直度和剪力撑及扫地杆的间距和数量,保证钢管及支架整体稳定性。

图 11.2.7 钢楔块结构示意图

11.2.9 膺架法施工应根据设计计算的变形量预留适度的施工沉落量和施工预拱度,保证梁体顶、底面高程和线形符合设计要求。膺架的基底沉落量宜根据地质情况通过荷载试验确定,对膺架进行加载预压时,预压荷载宜为最大施工荷载的 1.1 倍,以消除膺架的非弹性变形及基础沉陷和观测弹性变形量。膺架的施工预拱度应包括梁体设计预拱度和膺架的各项弹性变形值,预拱度的最高值应设在梁的跨径中点,并以梁的两端支点为零按设计线形(圆曲线或二次抛物线)对其他各点进行分配。

11.2.10 膺架安装完毕,经加载预压检查符合施工设计要求,方可进行模板安装。膺架预压方法应符合设计要求,当设计无要求时,一般应使加载位置和顺序尽量和梁体施工时的加载情况相一致,预压时间也宜和梁体实际施工所用时间相同(一般为7 d)。因工期紧迫需缩短支架预压时间时,可按总荷载值的60%、100%和125%分三级加载,各级加载后静停15 min测量竖向及横向变形值,第三级加载后静停30 min开始分级卸载并逐级观测弹性变形值。

11.2.11 桥梁支座及与梁体连接的预埋件,应在桥梁底模安装前进行安装,同一梁端的支座支承面的相对高差应不大于1 mm,支座螺栓的规格、质量、埋入梁体深度及梁底面外露长度等均应符合设计要求,螺栓的平面位置偏差应不大于2 mm。

11.2.12 膺架上浇筑梁体混凝土时,应采取适当的缓凝措施,保证梁体混凝土在最先浇筑的混凝土初凝前全部浇筑完毕。梁体混凝土浇筑方法应符合设计要求,当设计无要求时宜从跨中向两端、从悬臂向桥墩按混凝土浇筑工艺设计进行浇筑。

11.2.13 膺架上制梁,梁体预应力筋的张拉顺序及方法和预应力管道压浆方法及使用的材料品种、质量等均应符合设计要求和有关规定。

11.2.14 膺架上制梁模板及膺架拆除时间,应根据梁体结构特点、模板部位和设计要求达到的混凝土强度等决定。当设计无要求时,非承重模板可在混凝土强度达到2.5 MPa时拆除,承重模板及膺架拆除时间:梁跨不大于8 m时,混凝土强度应达到设计强度等级的75%,梁跨大于8 m时,混凝土强度应达到设计强度等级的100%方可拆除。模板拆除尚应符合本技术指南第10.3.22条的有关规定。

11.2.15 膺架卸落应符合下列规定:

1 膺架的卸落顺序,必须严格按照设计要求施作,当设计无要求时,应从梁体挠度最大处的膺架节点开始按横桥向同步卸落,然后逐步向两端对称、均匀地卸落相邻膺架节点。

2 落架一般应分级(每次卸落量控制在1~2 cm)循环进行,单跨现浇梁应从跨中向两端循环落架;悬臂现浇梁应先落悬臂部分梁体支架(从悬臂端向桥墩循环落架),然后再按先跨中后两边的顺序进行循环落架。

3 膺架卸落过程中,应观察梁端膺架变形情况,发现集中荷载节点出现异常情况时应立即停止落架及时采取加固措施确保梁体安全。

11.2.16 简支梁高位制梁时,膺架设置及卸落应符合下列规定:

1 膺架必须设有可调、可控、可靠的落梁装置,一般在梁体的每端梁底设置四根落梁支墩,其中两根放置在支承垫石上(简称内侧支墩,用垫块码砌互联组成),两根放置在桥墩或桥台之外兼作膺架支墩(简称外侧支墩,如图11.2.16)。

2 膺架卸落时应先降落外侧支墩并应严格按照施工工艺设计操作,确保在拆除膺架时梁体能平稳的降落在内侧落梁支墩上。

3 膺架拆除后使用垫块接高外侧支墩至设计位置并安放千斤顶,通过千斤顶顶落梁体使梁体重量在内、外侧支墩上反复转换并逐步拆除落梁支墩垫块,实现落梁就位。

4 落梁垫块宜采用高度为20 cm的钢垫块。落梁时用外侧支墩千斤顶顶起梁体后应立即将内侧落梁支墩上层垫块更换为不同厚度组合的钢垫板,并使钢垫板始终保持距梁底约2 cm距离,然后下落梁体并逐渐拆除钢垫板。当梁体下落5 cm时,使梁体落实到内侧支墩上,再按上述方法进行另一梁端落梁。

5 两梁端应交替落梁,高差不应大于5 cm。落梁千斤顶的额定起重能力应大于实际起重量的1.3倍,以保证在不平衡受力时落梁安全;每个梁端的两台千斤顶应采用双顶单泵形式,确保两台千斤顶同步运行,并应在每个千斤顶上设置截流阀,与油泵上的截流

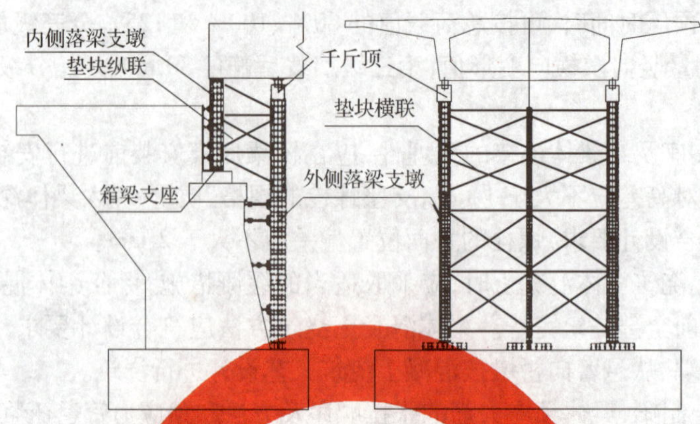

图 11.2.16　高位落梁支墩设置示意图

阀共同对落梁过程进行双控。

6　落梁时应有专人观察内、外侧落梁支墩及其纵、横连接系等临时设施变形情况，发现异常情况应立即叫停落梁作业，查明原因及时处理。

11.2.17　简支梁旁位制梁时，梁体顶、落及横移应符合下列规定：

1　梁体横移前，需顶升梁体使其与底模分离并安放移梁器具。移梁器具与梁体间应加垫 40 mm 厚橡胶板，以便移梁器具在梁体横移中发生小角度偏移时能自动调节。

2　梁体顶升须两端交替进行，并应采用梁体两端分别并联的千斤顶进行顶升。两台并联千斤顶的规格、高压油管的长度和规格均应一致，确保终端压力及顶升力相同、同步顶升和停止，使顶升的梁端形成同一支点；非顶升端须将千斤顶备帽锁紧，使梁体形成受力相同的两个支点，从而和梁体顶升端形成三点支承，确保不发生“三条腿”现象。

3　千斤顶顶梁位置应符合设计要求，施顶中心至梁端的距离不得大于设计允许长度。

4　顶落梁时应设置保险木垛，紧随梁体起落加高或降低，使梁底与保险木垛顶面间保持不大于 30 mm 的距离。

5　梁体的横移滑道应确保连接成一条稳固、等高、平顺的整体滑道，同一梁端滑道的任一点高程偏差应不大于 2 mm 且无突变点。梁体梁端滑道应平行等高无翘曲现象，梁体横移时，两端应同步进行，速度不大于 2 m/min，行程保持一致。梁体横移到位后，应交替顶升梁体取出移梁器具进行支座安装。

11.3　悬臂浇筑连续梁（刚构）

11.3.1　悬臂浇筑预应力混凝土连续梁（刚构）适用于高墩、大跨箱形梁施工，梁体施工流程如图 11.3.1 所示。

11.3.2　墩顶及安装挂篮前梁段，是全桥结构及受力最复杂、施工难度最大的梁段，施工前应做好施工准备工作和技术交底工作，施工流程如图 11.3.2 所示。

11.3.3　墩顶及安装挂篮前梁段的施工托架或支架，必须经过设计计算，具有足够的强度、刚度和稳定性，顶面长度、宽度应满足施工操作需要。托（支）架上的分配梁应适当加密、合理搭接，保证在混凝土浇筑和施工荷载作用下不发生突变。悬臂梁段的托（支）架安装完毕，应按其承受荷载的 1.1 倍进行加载预压以消除非弹性变形和测量弹性变形值。

11.3.4 连续梁的墩顶梁段必须按设计要求与桥墩临时固结或支承牢固,梁墩临时固结或支撑设施应检算其稳定性,稳定系数应符合国家有关规定。

连续刚构的墩顶梁段,应与桥墩整体浇筑连为一体。梁体下方与桥墩混凝土接缝位置应符合设计要求,当设计无要求时应在梗肋底的下方0.5~1.0 m范围设置接缝。

图11.3.1 悬臂浇筑预应力混凝土连续梁(刚构)施工流程图

图11.3.2 墩顶及安装挂篮前梁段施工流程图

11.3.5 连续梁的临时支座应有足够的承压面积及承载能力,宜采用内部埋设电阻丝的硫磺水泥砂浆垫块对称、等高设置在永久支座的两侧作临时支座,并应设置隔热层防止高温熔化拆除临时支座时损坏或污染永久支座部件。

11.3.6 硫磺水泥砂浆可按下列重量比配制:硫磺:水泥:石英砂:石墨:聚硫乙胶=48:5.5:40:5:1.5。按该配合比配制的硫磺砂浆抗压强度大于40 MPa,且可通过试验调增石英砂含量取得更高的抗压强度。配制时,应采用间接加热法在135 ℃~140 ℃加热熬制硫磺,当其完全融化脱水后将干燥的石英砂均匀地加入液态硫磺中,搅拌均匀后再加入石墨、水泥,并升温至150 ℃~155 ℃搅拌均匀,排出气泡,最后将聚硫乙胶缓慢均匀地加入硫磺砂浆中,并应注意使温度控制在150 ℃~160 ℃防止温度过高导致聚硫乙胶发生分解。待硫磺砂浆液体浓度均匀、颜色一致、泡沫消失时,即可浇筑使用。浇筑入模时,硫磺砂浆温度应控制在140 ℃~150 ℃,注意防止不密实、分层及顶面凹陷现象,同时埋入做成W形的3 kW电阻丝(该电阻丝接通36 V直流电源后可在15 min内使硫磺砂浆软化)。

11.3.7 墩顶及安装挂篮前梁段预留预应力孔道的位置、规格、数量必须符合设计要求。采用波纹管时管节接头搭接长度应不小于10 cm,接头应牢固、圆顺、密封不漏浆,孔道锚固端钢垫板应垂直孔道中心线预埋准确。

11.3.8 墩顶及安装挂篮前梁段在浇筑混凝土前,除检查模板及支架、钢筋及预应力筋和各种预埋件应符合设计要求和本技术指南第10章的规定外,尚应全面检查底模的中线、高程及线形和端模与梁体中线的垂直度、预应力孔道位置及波纹管接头密封情况,符合设计要求方可浇筑混凝土(挂篮施工悬臂梁段时也应照此办理)。

11.3.9　墩顶及安装挂篮前梁段，混凝土应从底板开始，前后左右对称、水平分层浇筑一次整体成形，并应在最先浇筑的混凝土初凝前全部浇筑完成。当因梁身较高、混凝土数量较大或因梁体结构复杂等必须按高度分两次浇筑成形时，宜将外模一次安装到位，先浇筑底板及隔、腹板根部混凝土，第二次浇筑隔、腹板及顶板混凝土时宜边浇筑边安装内模，以方便插入式振捣器进行振捣。大体积混凝土应采取综合措施降低混凝土内部温度和内部与表面温差。梁体顶板混凝土浇筑前，应在梁段端部两侧的腹板钢筋上焊接竖向短钢筋露出梁面，用作梁顶高程观测点（挂篮施工悬臂梁段时也应照此办理）。

11.3.10　墩顶及安装挂篮前梁段预应力施工，除应符合本技术指南第10章规定外，尚应符合下列规定：

1　穿入预应力筋前，预应力孔道应通畅和清除杂物、水分，锚垫板位置应符合设计要求。

2　预应力筋张拉前，应检验随梁体养护的混凝土试件强度，符合设计要求方可进行预应力筋张拉；设计无要求时应达到设计强度的85%时进行张拉。

3　预应力筋张拉顺序必须符合设计要求。当设计无要求时，应按先纵向、次横向、后竖向顺序进行梁体预应力筋张拉，并应一次张拉到控制吨位，持荷2 min、测量伸长值作校核，符合设计要求即行锚固。纵向预应力尚应按先腹板后顶板、先上后下、先中后边、左右对称进行张拉。

4　孔道压浆应在预应力筋终拉后24 h内完成，特殊情况时必须在48 h内完成，并应按先纵向、次竖向、后横向顺序进行施作，竖向预应力孔道应从最低点开始压浆（悬臂浇筑梁段、边跨及合龙梁段孔道压浆也应照此办理）。

11.3.11　移动挂篮法悬臂浇筑梁段常用的挂篮，主要有平行桁架式挂篮、平弦无平衡重挂篮、三角形组合梁式挂篮、弓弦式挂篮、滑动斜拉式挂篮、菱形桁架式挂篮。各种挂篮结构形式、走行方法及操作工艺各异，但其施工流程基本相同，如图11.3.11所示。

11.3.12　悬臂浇筑梁段所用的挂篮应符合下列规定：

1　挂篮结构必须经过设计计算，具有足够的强度、刚度和稳定性。

2　挂篮结构形式、几何尺寸能适应梁体变化和与已浇筑梁段紧密搭接要求。

3　挂篮结构能满足纵向走行要求，挂篮安装、走行及浇筑梁段混凝土等各种工况的抗倾覆稳定系数不得小于2。

4　挂篮重量必须符合设计要求。T构两侧挂篮施工不平衡总重量不应大于设计允许数值。

5　挂篮使用前，应对安装质量进行全面检验，并应进行走行性能试验和按最大现浇梁段重量进行静载试验。

6　梁体混凝土采用蒸汽养护时，蒸汽养护设备应与挂篮同时设计并计入挂篮总重量。

11.3.13　悬臂施工梁段挂篮安装和线形控制应符合下列规定：

1　挂篮应在已浇筑梁段的纵向预应力筋张拉完成后对称进行安装，并应按施工工艺设计要求，在主桁架尾部采取稳定措施保证施工安全。当在墩顶梁段上采用联体挂篮浇筑悬臂梁段时，挂篮联体结构除应经过设计计算外，尚应编制安装联体挂篮的连接、加长及解体施工工艺设计和安全操作细则，确保施工安全。

2　挂篮组装完毕，应全面检查安装质量和挂篮中线、高程并测核挂篮各部位变形量。

3 待浇梁段挂篮前端模板施工高程,应根据已浇梁段前端高程调整值、待浇梁段设计高程及计划施工预拱度、挂篮预计变形值等因素计算确定(有条件时应采用预拱度施工控制程序软件进行计算)。

4 挂篮四周应设置围栏,操作平台下应设置安全网,人员上下应有安全扶梯。

11.3.14 桥墩两侧悬臂梁段混凝土及预应力施工,除应符合本技术指南第10章规定外,尚应符合下列规定:

1 桥墩两侧梁段混凝土浇筑应对称、平衡施工,两侧施工荷载的实际不平衡偏差不应大于设计允许值,保证T构平衡稳定。

2 梁段混凝土浇筑必须按施工工艺设计施作,应从挂篮前端开始在根部与已浇筑梁段连接,并应在最先浇筑的混凝土初凝前完成全梁段混凝土浇筑。已浇筑梁段混凝土接茬面应进行凿毛、清理、充分湿润。

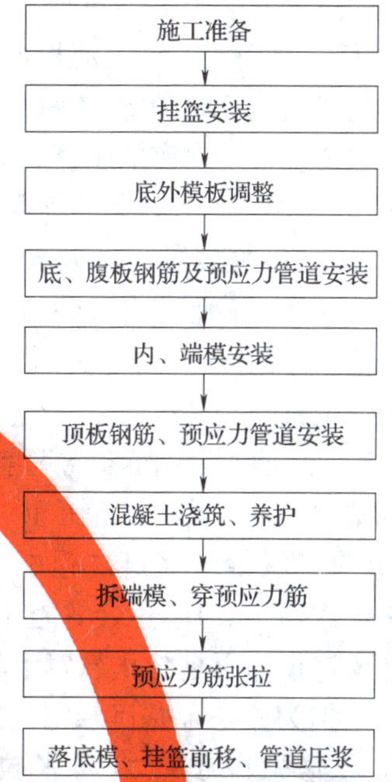

图 11.3.11 悬臂梁段施工流程图

3 混凝土浇筑过程中,应监测挂篮的高程变化情况,发现超出允许偏差应及时调整纠正。

4 梁段混凝土浇筑完毕,应立即使用通孔器检查预应力孔道,发现堵塞现象应及时处理。

5 梁段混凝土强度达到2.5 MPa时,拆除端模,将梁端混凝土凿毛,并将预留连接钢筋调直,当混凝土强度及弹性模量达到设计要求数值时,桥墩两侧梁段应同时同步张拉纵向预应力筋。

6 纵向预应力筋终拉后,管道压浆应在24 h内完成,特殊情况时必须在48 h内完成。压浆方法和压浆材料品种、强度、泌水量等均应符合设计要求。

11.3.15 桥墩两侧梁段施工挂篮,必须在梁段的纵向预应力筋张拉完成后同时对称移动。挂篮移动时,行走速度不应大于0.1 m/min,中线偏差不应大于5 mm,后端应有稳定及保护措施。

11.3.16 边跨非对称现浇梁段采用膺架法施工时,除应符合本技术指南第11.2节有关规定外,尚应符合下列规定:

1 边跨梁段一般较长,分段浇筑时梁段长度、浇筑顺序等应符合设计要求。混凝土浇筑应快速、连续施工,使梁段混凝土在最先浇筑的混凝土初凝前全部浇完。

2 靠近合龙口的梁段混凝土浇筑方向应向合龙口靠拢,并对梁段中线及高程进行监测,使合龙口两端的任何方向的相对偏差均控制在15 mm范围内。

3 膺架的预加压重宜按照等量换重方式在混凝土浇筑过程中由桥台向合龙口逐步撤除。

11.3.17 悬臂施工梁段在距合龙口2~3个梁段时,应对合龙口两侧悬臂端的中线及高程进行联测调控,使合龙口中线及高程偏差控制在允许范围内。当合龙口两侧悬臂任何方向相对偏差大于 15 mm 时应采取措施进行纠正。

11. 3. 18 合龙梁段施工流程如图 11. 3. 18 所示。合龙梁段混凝土浇筑前应按设计要求对合龙口实施临时锁定，连续梁的合龙口临时锁定力，应大于解除任何一侧梁墩临时固结后各墩全部活动支座的摩擦力。临时锁定完成后，应即解除合龙口单侧梁墩的临时固结约束，并应尽快快速浇筑合龙梁段混凝土。

11. 3. 19 合龙梁段长度及施工顺序必须符合设计要求，混凝土施工除应符合设计要求和本技术指南第 10 章有关规定外，尚应符合下列规定：

施工准备
↓
悬臂端凿毛清理，合龙段设置施工平台
↓
合龙口临时锁定
↓
合龙段模板、钢筋、管道安装
↓
合龙段混凝土浇筑、养护
↓
拆模、穿预应力筋
↓
预应力筋张拉、压浆
↓
解除永久支座临时锁定实现体系转换

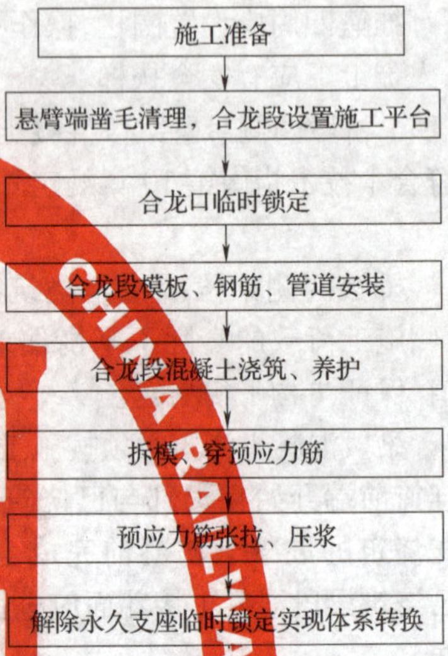

图 11. 3. 18 合龙梁段施工流程图

1 合龙梁段混凝土浇筑前，为稳定悬臂在合龙口两端悬臂预加压重应符合设计要求，并应于混凝土浇筑过程中按等量换重方式逐步撤除（T 构单侧合龙施工时，非施工端设计要求预加压重防止悬臂上翘时也应照此办理），但为调整合龙口悬臂高差所加压重则应在合龙梁段预应力筋张拉完毕后才能拆除。

2 合龙梁段应采用微膨胀混凝土浇筑，混凝土强度等级宜较设计要求等级提高一级，以尽早张拉预应力筋。

3 合龙梁段混凝土应在一天中气温最低时间快速、连续浇筑，以使混凝土在升温环境中凝固。

4 合龙梁段混凝土浇筑完成后应加强保湿保温养护，控制箱梁内外温差，并应将合龙梁段及两悬臂端部 1 m 范围进行覆盖，降低日照温差影响。

11. 3. 20 合龙梁段预应力施工及体系转换应符合下列规定：

1 合龙梁段混凝土强度达到设计要求时应及时进行纵向预应力筋张拉，张拉顺序必须符合设计要求。当设计无要求时，应按先短束后长束、先顶板后底板和顶底板交错顺序进行张拉。

2 纵向预应力筋张拉完毕，立即解除相应 T 构的永久支座临时锁定，实现体系转换。

3 合龙口临时锁定设施应在纵向预应力筋张拉后拆除。

4 连续梁拆除梁墩临时固结设施和临时支座时，应对称、均衡进行施作，并应观测梁体高程变化，发现异常情况立即停止作业，查找原因保证施工安全。

5 拆除临时支座后，永久支座安装应符合本技术指南第 19 章有关规定。

11. 3. 21 连续刚构挂孔施工应符合下列规定：

1 采用现浇挂梁时，应待悬臂梁段混凝土达到设计要求强度并完成预应力筋张拉后进行施工。

2 采用预制挂梁通过悬臂梁段架设时，应检算悬臂梁段的强度和稳定性，当挂梁为分片架设后连接组成整体箱形梁时，各片梁的成梁时间差应符合设计要求。

3 连续刚构挂孔施工前，应对悬臂端预埋件及支座位置进行测量校核。

11.4 悬臂拼装连续梁(刚构)

11.4.1 悬臂拼装连续梁(刚构)的施工流程如图11.4.1所示。

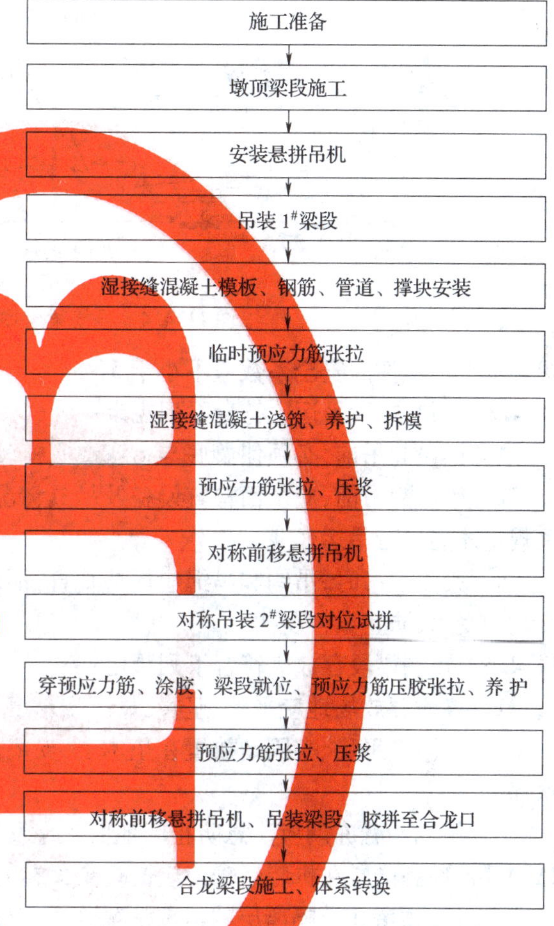

图11.4.1 悬臂拼装连续梁(刚构)施工流程图

11.4.2 墩顶梁段施工应符合本技术指南第11.3节的有关规定。

11.4.3 悬臂拼装施工使用的吊装设备应符合下列规定:

1 吊装设备类型应根据桥位施工条件和现有吊装设备或常备定型材料等情况,遵循自重轻、结构强度高、稳定性好的原则进行选择。吊装设备必须按最重梁段的施工荷载进行检算,使其具有足够的强度、刚度和稳定性。

2 使用梁上悬臂吊机施工时,吊机重量应符合设计要求,悬臂吊梁及走行时的抗倾覆稳定系数不得小于2。

3 吊装设备使用前,应经过调试、检测、试运转检查和按设计荷载的60%、100%及125%分别进行吊重试验,符合设计要求方可进行吊装施工。

11.4.4 悬臂拼装梁段预制,除应符合本技术指南第10章有关规定外,尚应符合下列规定:

1 悬臂拼装梁段应提前预制,提前的时间应符合设计要求。

2 制梁台座必须坚固、稳定、无不均匀下沉,必要时应按预制梁段重量的1.5倍逐段做静压试验。台座顶面或底模顶面应与桥梁梁底设计线形相一致,并应在每次制作梁段前,进行全面检查,发现变化及时调整。

3 悬臂拼装梁段应采用长线或短线浇筑混凝土方法(如图11.4.4)进行预制,相邻梁段接缝面混凝土应密接浇筑,接缝面应刷涂容易清除的隔离剂。梁段间预应力孔道衔接时,既要位置准确、孔道通透,又要保证后浇梁段混凝土时水泥浆不流入前一梁段的孔道内和不影响梁段顶升吊移。

4 梁段接缝面设有定位销或剪力齿时,其位置、尺寸、平整度和预埋件的规格、数量、位置必须符合设计要求。

5 预制梁段吊运前,应将设计要求张拉的预应力筋张拉完毕,并应标明梁段编号及拼接方向、梁段中心线及两侧平行线、梁段中心线的横向垂直线等拼装施工控制标线,在梁段顶面四角设立高程测控点并测定其相对高差。

6 预制梁段的吊点位置必须符合设计要求,当设计无要求时应根据计算决定吊点位

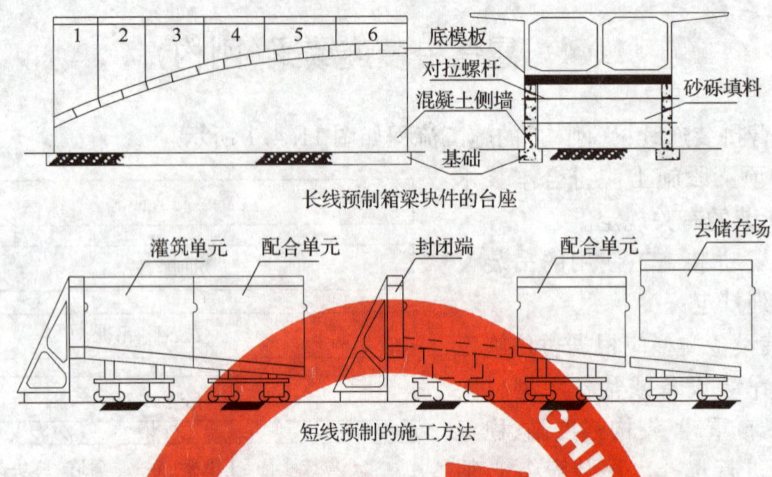

图 11.4.4　悬拼梁段预制方法示意图

置。吊点预埋件的安全系数应不小于5。

11.4.5　预制梁段吊运应符合下列规定：

1　梁段起吊前，必须使梁底与台座或底模及相邻梁段相脱离。

2　梁段起吊前，应全面检查设备及吊具情况，确认符合起重机械安全管理规程的有关规定才能进行吊运作业。

3　梁段起吊时，吊钩和吊绳应保持垂直，不得斜吊，吊具与吊点的连接应保证四个吊点均匀受力，防止梁体受扭。

11.4.6　预制梁段存放应符合下列规定：

1　梁段存放场地应平整、坚实、设有排水设施。

2　梁段应平稳、牢固地放置在垫木上，支垫位置应与吊点位置一致，并应按悬拼安装次序存放。

3　雨期和融冻期应注意防止因地面软化发生不均匀沉陷而造成梁体损坏。

11.4.7　预制梁段在拼装运输前应进行全面检查：梁段的编号、外形尺寸，接缝面的平整度，预埋件、预留孔及隔离层的清理情况等均应符合设计要求；梁段拼装控制中线、高程的标线、标点设置情况应符合施工工艺设计要求，发现影响拼装施工的应及时处理。

11.4.8　悬臂拼装预制梁段前，应按设计要求和本技术指南第11.3节的有关规定，全面检查核实墩顶或安装吊机前梁段的施作完成情况和连续梁墩顶梁段与桥墩临时固结或支承情况，符合设计要求才能进行悬拼施工。

11.4.9　梁上悬臂吊装设备，必须在拼装梁段的永久预应力筋按设计要求张拉完毕后方可向桥墩两侧对称移动，每次移动都应注意将吊机定位准确和锚固稳定。

11.4.10　悬臂梁段吊装施工应符合下列规定：

1　必须在桥墩两侧对称、平衡吊装施工，桥墩两侧施工荷载的实际不平衡偏差不得大于设计允许数值。

2　每次起吊梁段时，都应在吊起约20 cm后暂停，检查吊具、吊点、吊机情况正常后方可继续起吊。

3　悬拼施工过程中应及时测量检查桥梁中线、高程和梁长，对比施工前绘制的主梁安装挠度变化曲线，发现超出允许偏差应及时调整，保证梁体线型符合设计要求。

11.4.11 拼装梁段的接缝面处理方式、梁段间接缝宽度、接缝方法和接缝材料种类、性能、质量，必须符合设计要求。

11.4.12 墩顶梁段与1#梁段的湿接缝施工，除应符合本技术指南第10章有关规定外，尚应符合下列规定：

1 梁段接缝面应提前进行凿毛、清理，并应在混凝土浇筑前充分浸湿。

2 梁段吊升到设计位置初步定位后，宜将梁段重量由钢丝绳悬吊转换为型钢定位架悬吊正式定位，以避免湿接缝施工期间因悬吊钢丝绳徐变伸长引起湿接缝位移导致混凝土破坏。

3 梁段接缝定位时应符合下列规定：

1)接缝面两侧梁段纵向中心线重合、横向垂直线平行。

2)梁段拼接长度偏差不大于±3 mm。

3)接缝侧面相错不大于2 mm。

4)梁段前端高程符合施工线形设计要求。

5)梁段接缝定位检查合格后，应即在接缝段安装模板、钢筋、管道、撑块和按设计要求穿束张拉临时定位预应力筋，将湿接缝进行临时固定。

4 接缝模板必须与两侧梁段搭接密贴，不得出现错台和漏浆现象。

5 接缝钢筋连接方法应符合设计要求，预应力孔道连接铁皮管伸入梁段长度应不小于10 cm，并应进行密封处理，保证不漏浆。

6 接缝混凝土的材料种类、规格、质量应符合设计要求和相关标准规定。混凝土强度等级应提高一级，以缩短养护时间。

11.4.13 胶接缝施工应符合下列规定：

1 涂胶前应先试拼定位，检查梁段纵横位置及四角高程，符合工艺设计要求后将待拼梁段移开约50 cm，穿入临时预应筋后自上而下快速均匀涂刷1~1.5 mm厚胶浆；清除预应力孔道口浮浆后将梁段正式定位，按设计要求张拉顺序及压力(设计无要求时可按0.2~0.3 MPa)对称张拉临时预应力筋施行挤压，并应及时清理接缝面周围和预应力孔道中挤出的胶浆。

2 涂胶前接缝面必须清洁、干燥，温度应不低于10 ℃；涂胶后应进行覆盖，防止雨淋、日晒和保持温度稳定。

3 胶接材料配合比和胶浆强度必须符合设计要求，胶浆稠度和固化时间应满足施工操作要求，并应经过试验。

4 胶接缝偏差调整，可采用环氧树脂净浆浸透的不含浸透脂的石绵网布，按楔点法进行施作。上翘或侧弯变形较大时，可采用经过处理的铁垫块和掺加膨胀剂的高等级水泥砂浆填塞处理。

11.4.14 悬拼梁段永久预应力筋张拉施工除应符合本技术指南第10章的有关规定外，尚应符合下列规定：

1 湿接缝梁段必须在接缝现浇混凝土强度达到设计要求强度后才能进行预应力施工，当设计对混凝土强度无要求时应达到设计强度等级的75%方可进行张拉。

2 胶接缝梁段拼装完毕，应按设计要求间隔时间或胶浆强度进行预应力筋张拉，当设计无要求时需在挤胶张拉30 h后进行张拉。

3 预应力筋张拉顺序应符合设计要求，设计无要求时应按先长后短、先边后中、先上后下交错进行施作。

4 预应力筋张拉应注意气温和气象变化，当气温在0 ℃以下、风力在5级以上时，不宜进行预应力筋张拉。

11.4.15 边跨非对称现浇梁段施工，应符合本技术指南第11.3.16条的有关规定。

11.4.16 悬臂拼装预应力混凝土连续梁的合龙梁段施工和体系转换，应符合本技术指南第11.3.17条～第11.3.20条的有关规定。

11.5 顶推施工连续梁

11.5.1 顶推安装预应力混凝土连续梁，应根据桥端设置制梁场地、工期要求、设备情况等条件，选择边制梁边顶推、先制梁后顶推、从一端顶推、从两端顶推方式和单点接力顶推、多点连续顶推等方法进行施工。多联桥梁宜采用边制梁边顶推方式施工，施工流程如图11.5.1所示。

11.5.2 采用边制梁边顶推方式施工时，制梁场地长度及宽度应能满足导梁拼装、机械设备及制梁材料存放和进行施工作业需要。制梁台座顶面高程、中线及纵坡应与顶推桥梁的设计高程、中线及纵坡相一致，台座上的滑道装置应按最大反力设计计算，保证满足预制梁段的顶推需要。

11.5.3 制梁台座是预制梁和顶推梁的基地，其基础的强度、刚度和稳定性必须经过设计计算并按设计要求施作，保证在制梁施工荷载作用下台座顶面沉降量不大于1 mm，并应做好台座地基的防排水设施，以防止浸水沉陷。

11.5.4 梁段制作及梁段连接，除应符合本技术指南第10章和第11.4节有关规定外，尚应符合下列规定：

1 预制梁段长度，除应符合设计要求外，尚应考虑预应力混凝土的弹性压缩、收缩及徐变影响适当加长，并应在制作过程中根据顶推施工梁长变化情况及时进行调整，确保支座位置符合设计要求。

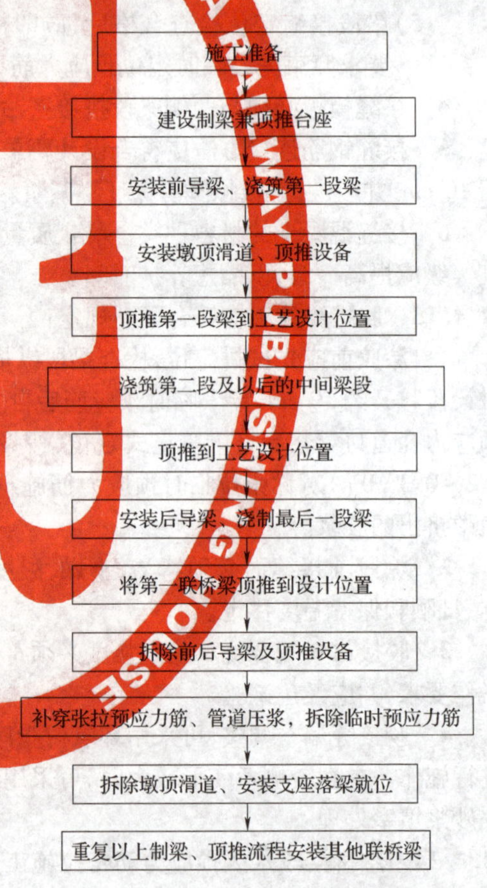

图11.5.1 多联桥梁顶推施工流程图

2 预制梁段的端面尺寸、垂直度和底面平整度必须严格控制，梁段接缝面的预应力孔(管)道相错量不应大于2 mm。相邻梁段应密接浇筑，后浇梁段成孔胶管伸入已成梁段内长度不应小于30 cm，铁皮管成孔时搭接长度不应小于10 cm，并应采用密封措施防止漏浆堵塞孔(管)道。

3 顶推梁段的接缝方式必须符合设计要求。梁段接缝采用胶浆拼接时，应按本技术指南第 11.4 节有关规定施作。

4 安装导梁端梁段混凝土浇筑时，必须严格按照施工工艺设计施作，确保混凝土浇筑密实和防止捣固器碰动预埋件及预应力管道。

5 顶推梁段的竖向及横向预应力筋和顶推阶段的预应力筋，应按设计要求在顶推施工前完成张拉、压浆，但需要拆除的临时预应力筋张拉后不应压浆和不必切除锚具外的多余长度。

11.5.5 顶推施工使用的导梁应符合下列规定：

1 导梁的长度、重量、结构类型及与混凝土箱梁连接方式必须符合设计要求。导梁结构类型设计无要求时，应采用重量轻、刚度大、变形小的钢导梁。

2 导梁的底面应平直并与混凝土箱梁底面位于同一直线平面内，纵向高程偏差、中线偏差及底面横向高差均不应大于1 mm。

3 导梁与混凝土箱梁连接的预埋件规格、数量、位置必须符合设计要求，采用预应力筋加强连接时，预应力施工应符合设计要求。

11.5.6 桥跨间设置临时桥墩时，临时墩必须经过设计计算，具有足够的强度、刚度和稳定性，能在承受顶推的最大荷载和最大水平摩阻力时，不产生不能容许的沉陷和水平位移。临时墩上的滑道，应设有高程调整设施。

11.5.7 顶推导向及滑动设备设置应符合下列规定：

1 顶推梁体横向导向设备和梁底滑动设备设置应符合设计要求。设计无要求时，横向导向设备宜采用在每一桥墩顶面两侧设置临时导向墩（架），导向墩（架）与顶推梁体外侧面应留有适当间隙，以便在顶推过程中设专人填放四氟板控制方向。

2 梁底可采用聚四氟乙烯板作滑板，其面积应根据最大反力计算决定，长度不宜小于40 cm。

3 墩顶滑道（临时支座）应采用由表面平整光滑的不锈钢板包裹的钢板牢固地安装在支承垫石上，长度应能容纳不少于 3 块滑板，宽度应为滑板宽度的 1.5 倍，与梁底滑板间的滑动摩擦因数不得大于 0.05。

4 滑道进出口坡度应小于 2°，以防滑板产生线状变形使聚四氟乙烯板遭受碾压破坏。

11.5.8 梁段开始顶推前，必须具备下列条件：

1 顶推阶段的预应力筋全部张拉完成。

2 对顶推设备技术状态和滑道、导向及纠偏装置、导梁设置情况进行全面检查并全部符合顶推工艺设计要求。

3 指挥人员与技术、观测和操作人员全部就位并通话联络畅通。

11.5.9 顶推施工应符合下列规定：

1 顶推设备必须经检验合格，顶推千斤顶的顶推力不小于计算顶推力的 2 倍。

2 顶推过程桥墩台的纵向位移不得大于设计允许数值。

3 顶升桥梁的起顶反力值不得大于计算反力值的 1.1 倍，顶升高度不得大于设计要求值，设计无要求时一次最大顶升高度不应大于 5 mm。

4 采用单点水平—竖直千斤顶方法顶推时，应考虑开始顶推和最后阶段因梁体压力小致竖直千斤顶与梁体间摩擦力不足，可能发生梁底与滑板“打滑”梁体不能前进情况时的辅助或助推措施。

5 顶推过程应随时观测梁体中线偏移、滑道高程及位移变化，检查墩顶纵向位移和导梁与梁体连接处、梁体接缝处、未压浆的临时预应力筋锚头处等重点部位变形、变位等情况，发现异常现象应立即停止顶推，分析原因及时处理。发现导梁前端挠度变大可能影响上墩时，应在前方墩顶提前设置接引上墩设施。

6 顶推过程每一滑道需有人监视滑道工作状态和保持滑动面清洁，使用非连续滑板时需有人及时喂、接滑板，保证在任何情况下每条滑道上不少于两块滑板，并及时更换磨损严重的滑板。

7 单点或多点顶推时，左右两条顶推线的水平千斤顶应纵向同步运行（同时、同顶力、同行程顶推）。多点连续顶推时，应在梁上适当位置设置集中控制台，控制各墩台动力装置同步纵向运行，并应根据实际偏差及时调节各千斤顶的速度和行程。

8 采用牵引拉杆方式顶推时，千斤顶的反力台座及梁体上的拉锚器设置和牵引拉杆的截面积及根数，必须符合顶推工艺设计要求。

9 顶推过程中因滑移故障需顶起梁体和顶推到达设计位置顶起梁体安装支座时，应考虑梁体变形“滞后”现象，当千斤顶行程及油压达到预计数值梁体未上升时，不可继续加大起顶反力值，应适当等待观察。起顶的反力不应大于容许反力的10%，顶起高度不宜大于5 mm，当需加大顶起高度时，应通过计算采用反力分担办法按第11.5.11条有关规定施作。

10 当桥梁顶推到位的前方为已架桥梁或已建桥台时，应在顶推前制定拆除导梁或拆移导梁到梁/台顶面并继续向前顶推滑移的施工方案。

11.5.10 桥梁顶推到达设计位置后，应按设计要求张拉顺序张拉后期预应力筋和按设计要求拆除顺序拆除顶推阶段的临时预应力筋。

11.5.11 落梁施工应符合下列规定：

1 桥梁顶推到达设计位置后，应按设计要求的落梁程序将梁落到永久支座上。

2 拆除滑动装置时，顶梁高度应不大于5 mm，下落高度应不大于10 mm，相邻桥墩各顶点高差应不大于5 mm，同一墩台两侧梁底顶落高差应不大于1 mm。

3 顶落梁时应有保险设施随千斤顶活塞起落及时加高或降低，同一梁端的两侧支点应同步起落，千斤顶的行程不应超过有效行程的80%，以保证施工安全。

4 落梁时应以支点反力控制施工，可在不大于计算支点反力值±10%范围内兼顾调整梁底高程。

5 支座安装应符合本技术指南第19章的有关规定。

11.5.12 桥梁顶推施工完毕，应将临时墩拆除。

11.6 移动模架制梁

11.6.1 移动模架适用于在墩台上现浇单线或双线预应力混凝土简支梁及连续梁，主要机构为：墩旁托架、主梁及导梁、支承台车及纵横移装置、制梁时的支承及顶落装置、底外模及调整连接装置、内模及内模运输小车等。

11.6.2 移动模架制梁施工流程如图11.6.2所示。

11.6.3 移动模架在每次拼装前，都应对各零部件的完好情况进行检查，每次拼装完毕都应进行全面检查和试验，符合设计要求方可投入使用。移动模架纵向前移的抗倾覆稳定系数不得小于1.5,前移时应对桥墩(包括临时墩架)和主梁采取稳定措施。移动模架的拼装和使用,应符合移动模架设计说明和操作规程的要求。

11.6.4 墩旁托架及落地膺(支)架必须经过设计计算,具有足够的强度、刚度和稳定性。墩旁托架支承在桥墩承台或基础顶面上时,应对支承面进行测量、清理、找平,托架侧面应与桥墩拉紧靠实,墩台两侧托架顶面的横向高差应不大于10 mm,桥跨两端托架顶面的纵向偏差应不大于5 mm。高墩可采用设置在桥墩墩身两侧的钢牛腿作托架支承,牛腿及托架结构必须经过设计计算。

11.6.5 墩旁托架及落地膺(支)架上设置的移动模架下滑道(轨道)应具有足够的强度、刚度、长度和宽度。

11.6.6 移动模架拼装完成,主梁应顺直无旁弯,外侧模顺桥向位置偏差应不大于10 mm。底模预留拱度应计入主梁负荷后弹性变形影响,中线及高程偏差应小于5 mm。

11.6.7 内模小车运输轨道应安装稳固、平顺,纵向中线偏差应不大于10 mm,两轨面高差应不大于5 mm。

11.6.8 活动支座安装位置,除应根据实际安装温度与设计安装温度之差及梁体混凝土收缩、徐变影响调整上下座板相对位置外,尚应计入设计单位提供的梁体施加预应力后梁长压缩量。

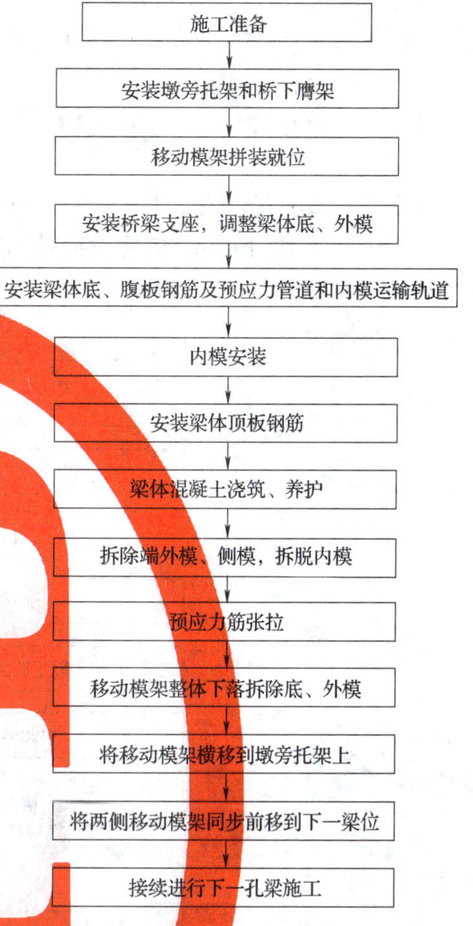

图11.6.2 移动模架制梁施工流程图

11.6.9 箱梁横隔板应按设计要求留出内模小车进出临时通过槽口,保证内模能从前孔梁中顺利移出。

11.6.10 梁体混凝土浇筑应符合下列规定:

1 梁体宜采用泵送混凝土在温差变化较小时段连续浇筑,并应在最先浇筑的混凝土初凝前完成全部混凝土浇筑。

2 连续梁分段浇筑长度及浇筑顺序必须符合设计要求。

3 梁体混凝土浇筑过程中应对移动模架受力时挠度变化情况进行全过程监测,严格控制箱梁的线形,发现超出允许偏差应及时进行调整纠正。

11.6.11 梁体预应力施工除应符合本技术指南第10章有关规定外,尚应符合下列规定:

1 预应力筋张拉时,梁体混凝土强度、弹性模量及龄期和预应力筋张拉顺序及张拉力值,必须符合设计要求。

2 预应力筋应左右侧对称同时进行张拉。

3 预应力筋分批张拉时,应同时监测梁体拱度变化情况是否与设计要求相符合,防止由于移动模架主梁反弹使梁体上缘出现超拉应力而开裂,必要时应配合每批预应力筋张拉相应调落底模高度。

11.6.12 使用移动模架在设计梁位上制梁，两端桥台支座垫石以上部分，宜安排在首、尾孔桥梁制完且移动模架移开后再行施工，以避免高位制、落梁。

11.7 移动支架制梁

11.7.1 移动支架适用于在墩台上设计梁位逐孔组拼预制梁段建造简支梁，主要机构为：门型拼梁支架、下托架、固定及活动纵梁、梁段升降装置，移梁小车，梁段横竖向调位、定位装置，拼梁支架纵向移动装置等。

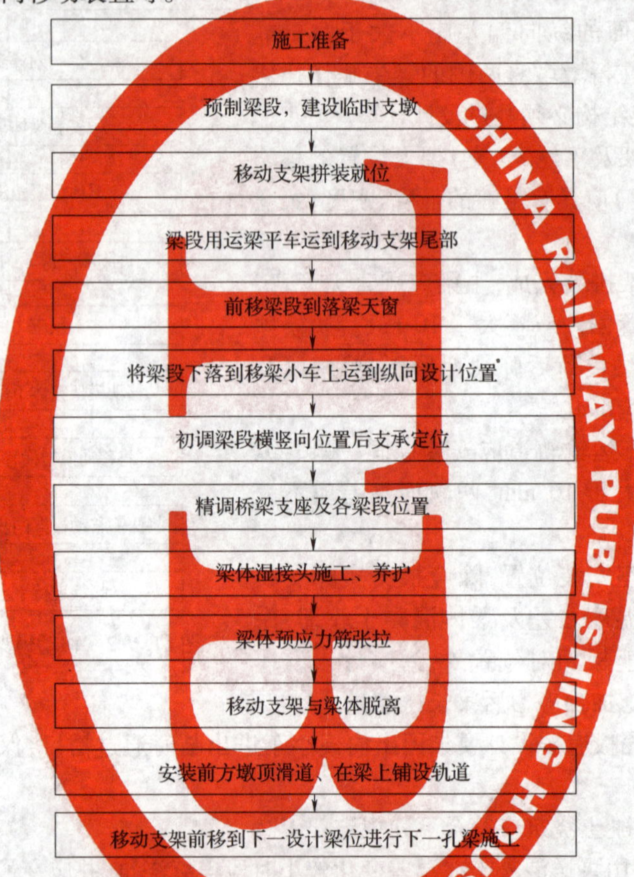

图 11.7.2 移动支架组拼简支梁施工流程图

11.7.2 移动支架组拼简支梁施工流程如图 11.7.2 所示。

11.7.3 梁段预制及存放除应符合本技术指南第 10 章和第 11.4 节的有关规定外，尚应符合下列规定：

1 梁段应在拼装前按设计要求时间制作完成，梁段长度应符合设计要求。

2 梁段预制长度应考虑预应力混凝土的弹性压缩、收缩及徐变影响适当加长，并应在拼梁过程测量验证及时进行调整，确保支座位置和预偏量符合设计要求。

3 预制梁段端面尺寸、钢筋及预埋件、预应力管道的位置应严格控制。接缝面的预应力管道位置偏差应小于 2 mm，外露的钢筋规格、数量、位置应符合设计要求。

4 预制梁段吊运前应标明梁段位置编号及拼接方向，存放时应考虑拼装施工先后顺序和方便装运。

11.7.4 移动支架拼装使用的临时支墩,应经过设计计算,具有足够的强度、刚度和稳定性。

11.7.5 移动支架纵移滑道设置应符合下列规定:

1 移动支架纵向移动可使用滚筒箱作滑道,滚筒箱安装应做到位置准确、安装牢固。

2 滚筒箱安装前,应根据桥墩纵横中心线精确测定平面位置。安装时应精确抄平使两侧箱顶位于同一设计高程,箱底与墩顶空隙应使用高强度快硬砂浆等材料填垫密实,并可采用螺栓锚固方式将滚筒箱固定在桥墩上。

3 滚筒箱安装偏差应符合下列规定:

1)两侧箱顶高差应小于 5 mm。

2)同一箱顶两端高差应小于 2 mm。

3)滚筒箱中心纵横向偏差应不大于 5mm,纵向中心线与桥梁中心线不平行交角应小于 2′。

11.7.6 移动支架拼装及使用应符合下列规定:

1 移动支架在每次拼装前,都应对零、部件的完好情况进行检查,每次拼装完毕都应进行全面检查和试验,符合设计要求方可投入使用。

2 移动支架纵向前移的抗倾覆稳定系数不得小于 1.5,就位后门形拼梁支架中心线与桥梁中心线偏差应小于 10 mm。

3 移动支架拼装和使用,应符合移动支架设计说明和操作规程的要求。

11.7.7 预制梁段运输应符合下列规定:

1 运输梁段的轨道应按移动支架的设计要求标准铺设,并应做到轨道轨距及中心位置准确、轨面平顺、道床稳固。

2 梁段用运梁平车运到移动支架尾部吊梁区后,使用移动支架上平联的活动纵梁前移到落梁天窗、下落到下托梁上再纵移就位等运输程序,均应严格按照移动支架使用说明书要求操作。

3 移动支架上运输预制梁段,应制定专项安全操作技术细则,参加运输工作人员应经过培训合格方可上岗工作。

11.7.8 预制梁段拼接应符合下列规定:

1 预制梁段由下托梁上的移梁小车运到该梁段纵向设计位置后,应使用调位定位装置对梁段进行横、竖向位置初调并定位。

2 待一孔梁的全部预制梁段完成初调后,应根据设计要求预设反拱值对整孔梁段进行精调,精调后梁体偏差应符合下列规定:

1)梁全长及跨度偏差应不大于 ±20 mm。

2)梁体中心线与设计中心线偏差应不大于 5 mm。

3)同一湿接缝两梁段底、侧边相错高差应不大于 2 mm。

4)梁体预留拱度偏差应不大于 3 mm。

5)支座位置偏差:纵向应不大于 10 mm,横向应不大于5 mm;同一梁端两支座顶面高差应不大于 1 mm。

3 梁体湿接头施工应符合本技术指南第 11.4.12 条有关规定。

4 湿接头混凝土浇筑顺序应符合设计要求,当设计无要求时应从梁体两端对称同时向跨中进行浇筑或全部湿接头同时同步进行浇筑。

11.7.9 梁体纵向预应力筋张拉除应符合本技术指南第10章有关规定外，尚应符合下列规定：

1 预应力筋张拉时湿接头混凝土强度应符合设计要求，当设计无要求时应达到设计强度的70%。

2 预应力筋张拉顺序及张拉力值应符合设计要求。

3 预应力筋应左右侧对称同时张拉。

4 预应力筋按设计要求分批张拉时，应同时监测梁体拱度变化情况是否与设计要求相符合，防止由于拼梁支架反弹使梁体上缘出现超拉应力而发生开裂，必要时应配合每批预应力筋张拉分批调落支承装置。

11.7.10 移动支架纵向移动时，应采用机尾滑道承托（即移动支架尾部在桥梁上铺设的轨道上滑移）与滚筒箱滑道承托相配合方式进行，以防移动支架向后倾覆；梁上轨道应铺设准确，轨道中心线以桥梁中心线为准，中心偏差应不大于±5 mm，轨距偏差应不大于±2 mm，两轨面高差应不大于2 mm。

11.7.11 移动支架纵向移动时，应统一指挥随时联络，每个滚筒箱及机尾每侧滑道都要有人观察监护，前方墩要用仪器测控，发现偏移等非常情况应及时报告指挥人员处理。

12 钢桁梁架设

12.1 一 般 规 定

12.1.1 钢桁梁架设施工流程如图 12.1.1 所示。

12.1.2 钢桁梁拼装架设前,应具有下列主要技术资料:

1 桥梁平面、纵断面设计图及墩台结构设计图。

2 钢桁梁结构设计图、杆件重量表及应力表。

3 桥址地形、地质图。

4 桥址水文、气象资料。

5 钢桁梁制造厂应提供的主要技术资料:产品合格证和钢材质量证明书或检验报告,按杆件编号绘制的施工(制造)图,工地安装螺栓表及拼装简图,杆件发送表及包装清单,钢桁梁试拼记录,栓接板面抗滑移系数试验报告和杆件焊缝检验记录等。

6 高强度螺栓连接副出厂合格证或产品质量保证书。

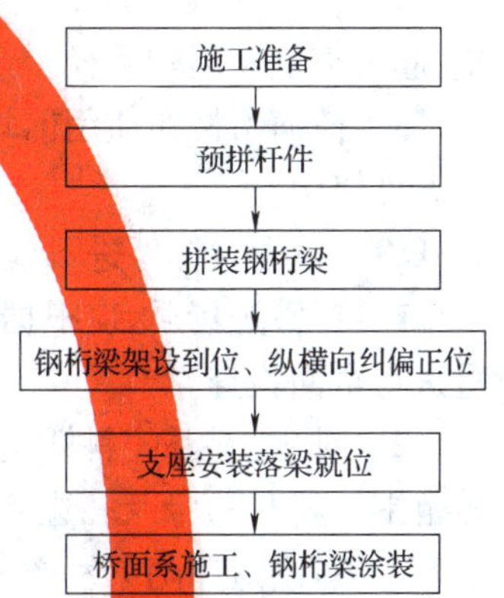

图 12.1.1 钢桁梁架设施工流程图

12.1.3 钢桁梁拼装架设前,应根据钢桁梁设计架设方案及设计要求和桥址地形、地质、水文、气象、交通、航运等自然条件,结合工期要求及机械设备情况等施工因素,编制实施性施工组织设计、架梁施工辅助工程设计和施工工艺设计,并应对杆件预拼和钢桁梁拼装时高强度螺栓穿入方向作出规定,一般应使水平安装螺母向外,纵梁上及上鱼形板的垂直螺母放在下侧以减小桥面枕木刻槽。对长大悬臂拼装钢桁梁可能发生较大振晃的减振措施作出预案。

12.1.4 钢桁梁拼装架设前,应根据钢桁梁设计图、钢桁梁拼装顺序和起重机械起重能力等编制杆件预拼图。杆件预拼图应标明预拼单元杆件的位置、编号、重量、节点板预拼安装钉栓位置和吊装重心等,预拼单元杆件重量不得大于吊机起重能力,杆件及钉栓布置不得妨碍接续拼梁施工。

12.1.5 钢桁梁拼装架设前,应测量检查桥梁中线、墩台跨距、支座垫石的位置、尺寸、顶面高程及平整度和锚固螺栓预留孔的位置、尺寸,符合设计要求和铁道部现行规定方可进行架梁。支座垫石顶面应划线标明支座下座板的纵、横中心线,桥墩顶面应划线标明其纵、横中心线和按施工工艺设计要求设置中线及高程标点。

12.1.6 钢桁梁杆件存放应符合下列规定:

1 杆件存放及预拼场地,应平整、压实、排水良好和具有足够承载力,并应位于汛期洪水位以上。

2 杆件应按安装顺序分类存放,支点应放在不因自重而产生永久变形的地方,同类杆件多层水平堆放时,层间垫块应在同一垂直线上,主桁的弦、斜、立杆叠放不宜超过 2~5 层,并应防止杆件积水、锈蚀和栓接板面磨损、污染。

3 高强度螺栓应按包装箱注明的批号及规格分类保存，应防雨、防潮、防尘、防损伤，以避免安装时产生“跟转”现象。

12.1.7 杆件预拼台座和钢桁梁拼装使用的墩旁托架、中间膺（支）架或临时支墩等施工辅助设施，必须经过设计计算确认具有足够的强度、刚度、稳定性和承载力。杆件预拼台座一般应按上下弦杆、纵横梁和上下平联分别设置，台座布置应便利杆件运输和施工操作。

12.1.8 钢桁梁拼装使用的机械设备应符合下列规定：

1 龙门吊机、缆索吊机等非标准起重设备应经过结构设计计算，确认具有足够的强度、刚度及稳定性和起重能力及吊装高度。

2 杆件拼装使用的轨行吊机等专用起重机械的性能，应与杆件预拼单元尺寸及重量、起吊高度及回转半径相适应，并应有良好的走行性能。

3 任何吊机在使用前均应进行组装质量检验和吊重试运转检查，确认符合设计要求后方可使用。

12.1.9 钢桁梁杆件进场检查应符合下列规定：

1 杆件进场后，应根据设计文件及制造厂提供的技术资料对杆件的规格、数量及质量进行全面检查。

2 对主桁弦杆、斜杆、立杆及纵、横梁的外形及尺寸、端头宽度（节点板和拼接板覆盖范围）、杆件边缘及孔边飞刺、磨光顶紧部件公差等，应逐件进行检查。

3 对制造厂随梁发送的栓接板面抗滑移系数试件，应在杆件拼装前进行摩擦系数检验，检验合格后方可使用或拼装。

4 检查（验）发现的问题应在杆件拼装前进行处理，当遇杆件缺陷部位距焊缝较近等原因工地不能矫正处理时，应及时通报制造厂处理。

12.1.10 高强度螺栓连接副进场后，应按铁道部现行《钢结构用高强度大六角头螺栓、大六角头螺母、垫圈技术条件》（TB/T 1231）、《铁路钢桥高强度螺栓连接施工规定》（TBJ 214）的规定和设计要求，按包装箱注明的批号及规格，分批检查规格、数量、外观质量和扭矩系数，检验合格后方可安装使用。

高强度螺栓连接副的扭矩系数检测，应在钢桁梁杆件拼装前，根据施工期内环境温度及相对湿度变化幅度分别测定扭矩系数，以便在钢桁梁拼装时根据环境温度及相对湿度变化对扭矩系数的影响情况，选用相应的扭矩系数进行杆件拼装，保证高强度螺栓准确达到设计预紧力。

12.1.11 拼装使用的冲钉可选用35号碳素结构钢或相当于同等硬度钢号制造，公称直径宜小于设计孔径0.1～0.3 mm（悬臂拼装时应取上限），并应与制造厂试拼工地钉孔重合率相适应。冲钉圆柱部分长度应大于板束厚度。冲钉直径应经常检查，多次使用后直径偏小时，应及时更换。

12.1.12 高强度螺栓施工扳手使用应符合下列规定：

1 施工扭矩扳手使用前，必须按计算的施工扭矩值进行标定，标定扭矩偏差不得大于计算施工扭矩值的±5%。施工扭矩值 M 可按下式计算：

$$M = K \cdot P \cdot D \tag{12.1.12}$$

式中 K——螺栓扭矩系数；

P——螺栓施工预拉力（为设计预拉力的1.1倍）；

D——螺栓公称直径。

2 各种施拧扳手每天应有专人检查校正，并由校正人将校正结果进行登记、签认。

3 施工用扳手每工班操作前、后都应由专人进行扭矩检查，如发现扭矩偏差超出规定范围，则应对该工班使用该扳手终拧的高强度螺栓全部进行检查、处理。

12.1.13 钢桁梁支座安装，除应符合设计要求和本技术指南第19章的有关规定外，尚应符合下列规定：

1 使用千斤顶顶梁位置及千斤顶在墩台上安放位置、连续梁支座安装的先后顺序及顶梁升降幅度均应符合设计要求。当设计对落梁顺序及顶落梁幅度无要求时，应采用间隔交替落梁方式施作，始终保持相邻支点高差不大于5 cm、一次落梁高度不大于10 cm。

2 顶落梁时应有保险设施随千斤顶活塞起落及时加高或降低，同一梁端的两侧支点应同步起落，千斤顶行程不应大于有效行程的80%，以确保施工安全。

3 支座安装应以高程为主，支点反力作为校核。

12.1.14 钢桁梁采用厚板焊接整体节点拼装前，应计算和标示出整体节点的吊装重心位置以便吊装，并应对其栓（焊）接接头杆件外形、尺寸等进行全面检查，以保证顺利拼装。

12.1.15 钢桁梁工地焊接，应符合本技术指南第13.2.4条的规定。

12.1.16 钢桁梁拼装过程中，应随时测量检查平、立面位置和预拱度，并做好记录，以便指导、控制整孔钢桁梁施工。

12.2 钢桁梁拼装

12.2.1 在预拼场杆件预拼施工流程如图12.2.1所示。

12.2.2 杆件预拼台座设置应符合本技术指南第12.1.7条的有关规定。

12.2.3 杆件预拼应符合下列规定：

1 杆件必须按照钢桁梁拼装顺序和杆件预拼图拼装。

2 每一预拼单元杆件拼装完成后，应全面检查杆件拼装各部尺寸、缝（间）隙、编号、数量、位置、方向等，符合设计要求和铁道部现行规定方可栓合，并应做好预拼单元杆件吊装重心、拼装顺序编号等标记。

3 为便于钢桁梁拼装时上、下弦杆等顺利入档，应按施工工艺设计保留适量冲钉和高强度螺栓暂不安装和拧紧。

4 应将梁上拼装用的零（配）件与预拼单元杆件一并捆绑发送。

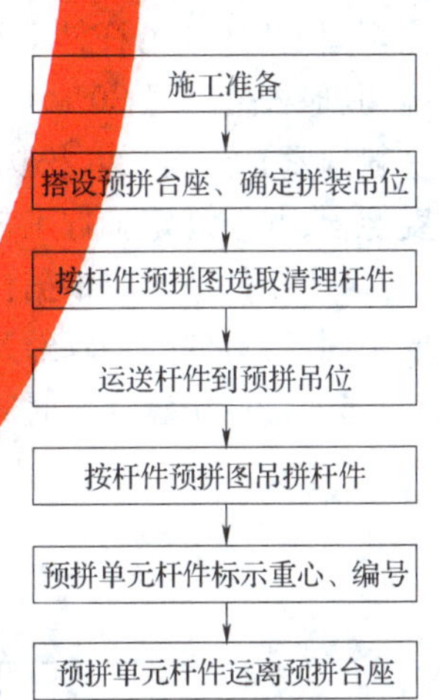

图12.2.1 杆件预拼施工流程图

12.2.4 杆件拼装应符合下列规定：

1 栓接板面及栓孔必须保持洁净、干燥、平整。应使用18号钢丝刷、细铜丝刷或干净棉丝清除脏物，除油污应使用汽油或丙酮清洗，消除潮湿应使用高压风吹干，清污后宜涂上防锈油。

2 对无焊缝的板材或非主要受力杆件边缘局部变形在工地矫形时，应符合铁道部现行《铁路钢桥制造规范》（TB 10212）的规定。

3 杆件拼装摩擦面出现1 mm及以上间隙时，必须按铁道部现行《铁路钢桥高强度螺栓连接施工规定》(TBJ 214)进行铲磨或加垫板处理,保证摩擦面间隙小于1 mm。

4 由板厚不大于32 mm板组成的板束,其板层间隙使用0.3 mm塞尺检查时,深入缝隙深度应不大于20 mm;由板厚大于32 mm板组成的板束,其密贴标准应符合设计要求。

5 磨光顶紧节点组拼时,必须按照制造厂的编号对号组拼,不得调换、调边或翻面拼装,磨光顶紧处缝隙,使用0.2 mm塞尺检查时,不大于0.2 mm的密贴面积不应小于75%。

6 高强度螺栓的长度应符合设计要求。当设计无要求时,应根据连接板总厚度和高强度螺栓螺母及垫圈厚度等计算确定。

12.2.5 采用梁上吊机拼装钢桁梁施工流程如图12.2.5所示。

12.2.6 梁上吊机拼装钢桁梁应符合下列规定:

1 主桁杆件拼装顺序必须符合设计要求,设计无要求时应按钢桁梁主桁节间依次进行纵向拼装施工,主桁杆件应左右两侧对称拼装成闭合三角形。较长杆件应避免长时间处于悬臂状态,并应尽快安装纵横向联结系保证结构空间稳定性。

2 杆件对孔应用数个冲钉按梅花形均匀插入孔中,用小锤轮翻轻击冲钉使杆件孔眼重合,严禁用大锤猛击冲钉强行过孔。

3 栓孔重合后宜先用普通螺栓夹紧板层,然后再换用高强度螺栓栓合。吊装杆件的吊钩,必须等杆件完全固定后(主桁杆件上足50%冲钉和35%高强度螺栓,其他杆件上足30%冲钉和30%的高强度螺栓并作一般拧紧)方可松钩,松钩后应立即补足剩余孔的高强度螺栓,并按规定施拧工艺进行初、终拧。

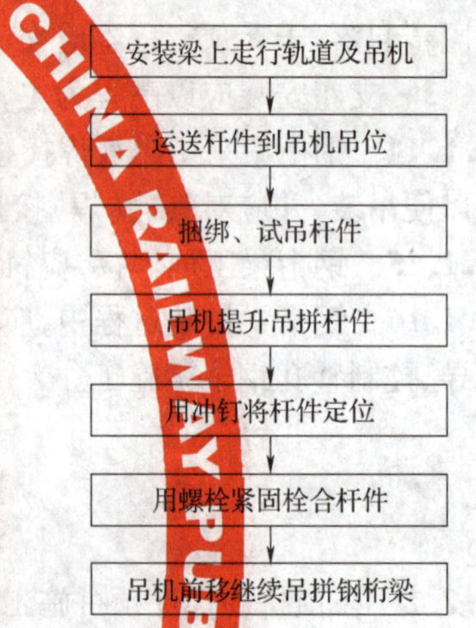

图12.2.5　采用梁上吊机拼装钢桁梁施工流程图

4 杆件吊装应根据杆件形态和安装要求采用安全可靠、便于安装的吊法,杆件捆绑要牢固,要有保险钢丝绳及防滑垫以保证拼装顺利和施工安全。

5 杆件拼装栓合时间,不应落后于杆件拼装作业2个节间(如图12.2.6)。

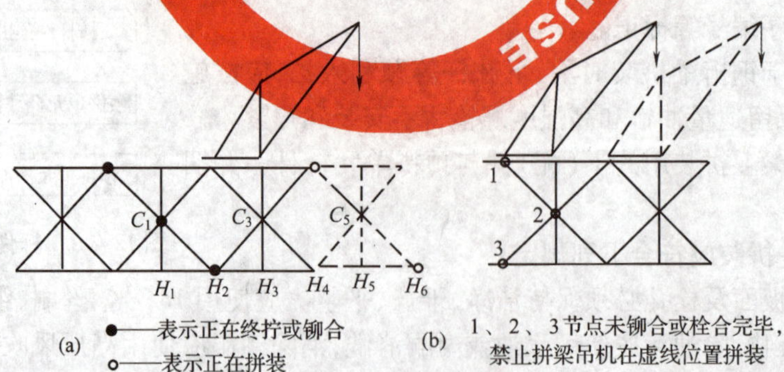

图12.2.6　钢梁节点栓合与拼装间隔示意图

6 每组拼完成一个节间或一孔梁,应即检测调正钢桁梁中线及预拱度。

钢桁梁悬臂拼装过程中,应跟踪测量拼梁中心线偏差情况,当发现拼梁前端偏向一侧时,可采用先拼另一侧弦、斜、竖杆方法进行纠正。

12.2.7　在支架上拼装钢桁梁时,冲钉和高强度螺栓总数量不得少于孔眼总数的1/3,其中冲钉应占2/3,孔眼较少部位冲钉和高强度螺栓数量不得少于6个。

12.2.8　采用悬臂法或半悬臂法拼装钢桁梁时,联结处冲钉数量应按所承受的荷载计算决定,但不得少于孔眼总数的一半,其余孔眼布置高强度螺栓,冲钉和高强度螺栓应均匀安装。应在已装高强度螺栓终拧后再将冲钉换成高强度螺栓并作一般拧紧,同时拆卸冲钉数量不应超过冲钉总数的20%。

12.2.9　高强度螺栓连接副必须按生产厂提供的批号配套使用,不得改变其出厂状态。安装时严禁强行穿入螺栓,对不能自由穿入螺栓的栓孔,应用与栓孔直径相同的铰刀或钻头进行整修或扩钻,严禁气割扩孔。

12.2.10　高强度螺栓施拧应符合下列规定:

1　高强度螺栓连接副的施拧工艺,必须符合铁道部现行《铁路钢桥高强度螺栓连接施工规定》(TBJ 214)的规定,并应优先采用扭矩法施拧。施拧时应由节点中心向外侧扩散施拧,并应严格按照施拧工艺施拧,使螺栓准确达到设计预拉力。

2　对完成初、终拧的高强度螺栓,为防止漏拧和重拧,应及时点涂白、红色油漆以示区别。

3　在螺栓终拧过程中,应随时抽查施拧质量,以便及时掌握施拧情况和施拧扳手是否正常。

4　使用电动扳手时,应连续施拧,中途不得停顿,防止发生超拧。电动扳手应与控制箱配套使用,并应使用独立电源和配稳压装置,确保输出扭矩准确。

12.2.11　高强度螺栓连接副施拧质量检查,除应符合铁道部现行《铁路钢桥高强度螺栓连接施工规定》(TBJ 214)的规定外,尚应符合下列规定:

1　终拧质量检查必须由具备规定资质的专职质量检查人员进行。

2　检查使用的扭矩扳手,使用前必须标定,其扭距偏差不得大于计算施工扭矩值的±3%。

3　扭矩法终拧检查扭矩,可采用螺母松扣法或紧扣法进行检查,并应在终拧4 h以后、24 h之内对全部高强度螺栓完成检查,欠拧和超拧值均不得大于规定值的10%,每个栓群或节点检查的螺栓合格率不得小于抽查总数的80%(不足80%时应继续抽查,直至累计总数达80%合格率为止),并应对欠拧者补拧至规定扭矩,超拧大于10%者更换连接副后重新拧紧。

4　扭角法终拧用量角器检查转角,应在终拧后及时对全部高强度螺栓进行检查,不足转角值应补拧至规定转角,超拧角度大于5°者应更换连接副后重新拧紧。

12.2.12　使用千斤顶顶梁,除应符合本技术指南第12.1.13条有关规定外尚应符合下列规定:

1　千斤顶中心轴应与支顶结构中心线重合,同一断面左右两桁的两支点应同时起落。

2　顶落梁前支点附近各大节点及相关联结系应完成的栓合部位,应符合设计要求,当设计无要求时应符合施工组织设计规定。

3　顶落梁与拼装梁不得同时进行施工。

12.2.13　杆件预拼前发现涂装层剥落或破损的部位,应按照铁道部现行《铁路钢桥保护涂装》(TB/T 1527)的规定和设计要求的涂装体系进行底漆、中间漆和第一道面漆涂装层恢复。

12.3 悬臂拼装钢桁梁

12.3.1 钢桁梁悬臂拼装方式,应根据设计单位编制的施工组织设计和桥位地形、地质、水文、气象、交通、航运等施工条件,结合桥梁跨度、孔数及工期要求等因素,选择由一端进行全悬臂拼装、由中墩向两端进行全悬臂对称拼装、跨中合龙半悬臂拼装、在膺(支)架和墩旁托架上进行半悬臂拼装。

12.3.2 悬臂拼装抗倾覆稳定系数应大于1.3,计算采用的施工荷载必须与实际重量及位置相符合,并应在悬臂拼装过程中严格控制,防止超载。钢桁梁非对称悬臂拼装时,平衡梁安装应符合设计要求。

12.3.3 第一孔钢桁梁作为第2孔钢桁梁悬臂拼装的平衡梁时,应符合下列规定:

1 第一孔梁采用在跨内设置膺(支)架拼装时,膺(支)架的顶面高程,应能保证第一孔梁半悬臂拼装时终端下挠后不低于前方墩台支点顶面。

2 第一孔梁与第二孔梁联结处应设置临时固定支座,当设置两支点时,第一孔梁端应设置活动支座,第二孔梁端应设置固定支座。临时支座设置应符合本技术指南第12.3.16条的有关规定,确保钢桁梁悬拼顺利施工。

3 第一孔梁拼装及栓合质量符合设计要求方可进行第二孔梁悬臂拼装。

4 第一孔梁与第二孔梁间的临时连接或杆件加固应符合设计要求。

5 第一孔梁为保证满足第2孔梁悬臂拼装抗倾覆稳定系数大于1.3的要求,可在第一孔梁的非连接端采用压重或使用预应力筋与桥墩台基础承台相连接等方式作为悬拼稳定措施。

12.3.4 在引桥或路基上拼装平衡梁时应符合下列规定:

1 平衡梁应从与悬臂梁连接的端节点开始拼装。

2 平衡梁与悬臂梁接头无专门传递剪力的杆件而为框架结构时,除悬臂梁端节点设置固定支座外,平衡梁端节点和平衡梁的其余支点均设活动支座。

3 在已架梁的引桥上平衡梁不能安装下平联时,应检算下弦杆的压杆稳定性,必要时应设置临时稳定结构。临时稳定结构可参照图12.3.4设计成将下弦与墩台临时固定式或将下弦与横联使用临时撑杆固定式。

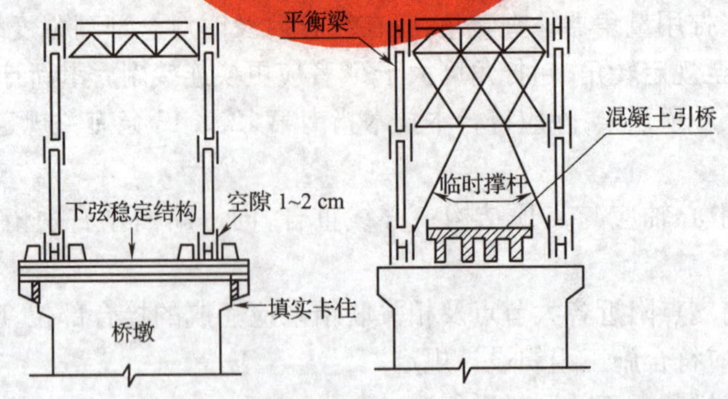

图12.3.4 在引桥上组拼平衡梁临时加固措施

4　平衡梁的中线和两侧主桁支点高程应符合设计要求。

12.3.5　平衡梁拆除应在杆件不受力情况下进行,保证杆件无扭斜、无弯曲、无刻损边缘,拆除顺序应按平衡梁设计图规定办理。拆卸高强度螺栓时,应用吊机将杆件吊稳。

12.3.6　半悬臂拼装采用墩旁托架或中间膺(支)架时应符合下列规定:

1　墩旁托架或中间膺(支)架必须经过设计计算具有足够强度、刚度、稳定性和承载能力。

2　托架承受的荷载应按钢桁梁的垂直荷载乘以1.3超载系数和钢桁梁传至托架的风力计算。

3　托架顶面应设置活动支座和设有压力表的千斤顶,托架安装完毕应做压重检验。

4　托架对墩台身产生的弯矩应进行检算,必要时可采用钢丝束对墩台身施加反向预应力等措施进行加固。

5　采用中间膺(支)架拼装钢桁梁因支点反力很大,应按设计要求对钢桁梁杆件采取加固措施或设置临时竖杆,膺(支)架顶面结构及托梁支墩必须按照设计要求施工,以便安全传递悬臂拼装梁段的支点反力。

12.3.7　半悬臂拼装采用跨中合龙时应符合下列规定:

1　合龙前应根据合龙梁段安装荷载和施工温度等因素,计算合龙处上下弦杆悬臂端变位情况,制定合龙杆件纵、横、竖三向调整就位方案及墩(台)顶纵、横移设备设置方案。

2　应在合龙梁跨两端墩(台)设置临时固定支座,其余支点设置活动支座。合龙梁跨两端墩(台)上应设有灵活、精确和可靠的纵、横移设施,并应符合本技术指南第12.3.16条的有关规定。

3　合龙口最后节间杆件拼装前,应测量、调整已拼梁段平立面位置,使合龙口两悬臂端主桁中线偏差小于2 mm、间隔距离宜较设计距离稍大。

4　为保证合龙后钢桁梁结构尺寸和内力分布符合设计要求,节点合龙时应符合下列规定:

1)两悬臂端高程一致。

2)两悬臂端间距与设计间距一致。

3)两悬臂端的钢梁纵向中心线一致。

5　调整已拼梁段平立面位置时,应先横移后纵移,纵横移不得同时进行。纵横移梁前各大节点、上下平联及断面联结系等部位的高强度螺栓应全部拧紧,使梁体具有充分横向刚度。

6　两侧梁段悬拼完成后,应先采用墩顶调整设施进行初调,使合龙口接近闭合要求位置后,安装好两端固定支座,然后进行微差精调安装合龙杆件。纵向微差精调宜采用温差调整法,横竖向错位精调可采用加力调整法。

7　合龙处所有连接栓孔应在制造厂内一次钻足设计直径,并宜在上下弦合龙节点采用临时节点板及较小直径的销轴,利用温差或施加外力使上下弦杆临时闭合,然后利用辅助合龙设施,强制合龙杆件达到设计合龙尺寸。合龙处一般采用长圆孔、圆孔、冲钉三级合龙措施逐步调整合龙,并应按以下步骤施作:先调整横向中线,再调整竖向错位合龙圆孔,后调整纵向偏差合龙圆孔,取出长圆孔销轴,并宜在腹杆合龙后再打入冲钉。

8　校正钢梁中线、拱度和错位偏差时,应在受力较大部位设置应力测试元件监测应力,防止合龙杆件及销轴超载。

9　合龙工作应连续进行，节点合龙后应立即将一侧墩（台）的固定支座改为活动支座以免合龙节点板和销轴因温度变化而遭到破坏。

10　跨中合龙后，体系转换时以支点设计高程为主，复核支点反力。

12.3.8　全悬臂拼装钢桁梁为避免搭拆墩（台）旁托（支）架和减小悬臂端挠度而采用水上吊船安装最后一个节间杆件时，除应符合本技术指南第12.4节有关规定外，尚应符合下列规定：

1　吊船应在使用前按有关规定进行试航和试吊，起吊高度应能满足最低施工水位时吊装要求，并应考虑吊臂转动、超重和风力作用引起船体倾斜对起吊高度的影响。

2　应在流速不大、水位平稳、风力较小的时段进行施工，如为通航航道，应在施工期内联系有关管理部门改变或封闭航道。

3　吊船停泊位置应在桥梁中线下游，必须具有可靠的锚碇设备保证吊船能平稳对位进行杆件拼装。吊装杆件顺序应为先上游侧主桁后下游侧主桁，当主桁拼装完毕并搭支在前方墩（台）后，可再利用梁上吊机继续拼装主桁纵横联结系等其他杆件。杆件运输供应方式应符合施工组织设计的规定。

4　应有防止漂流物碰撞吊船的防护设施。

12.3.9　大跨度钢桁梁采用吊索架全悬臂拼装时，施工流程如图12.3.9—1所示，架梁吊索架布置如图12.3.9—2所示。采用吊索架施工应符合下列规定：

1　吊索架施工前应进行吊索塔架结构设计及安装工艺设计、起顶塔架张拉吊索工艺设计、吊索架行走工艺设计。吊索架设备初次使用前，应按设计荷载的1.1倍进行荷载试验。

2　吊索锚头与吊索应等强并应进行强度试验，吊索锚头与吊索的允许应力不应大于其抗拉极限强度的0.5倍。

3　吊索塔架纵横向抗倾覆稳定性计算，应根据施工期内当地最大风力乘以1.5～2.0动力系数、吊索可能出现的不平衡拉力及钢桁梁纵向坡度进行计算。

4　采用设置在塔架底部的千斤顶顶高塔架逐根张拉吊索时，必须做到前后平衡对称、左右同步，油压千斤顶应集中并联供油，起顶高度、顶力、吊索张力和钢梁悬拼前端挠度四者应互相校核，确保达到设计要求的吊索张拉力，索力应用谐振测力仪测定。双层吊索，当采用起顶吊索塔架使第二层吊索产生设计所需拉力时，第二层吊索应在锚箱中先行预紧使其进入受力状态。外索也可采用拉伸机张拉。

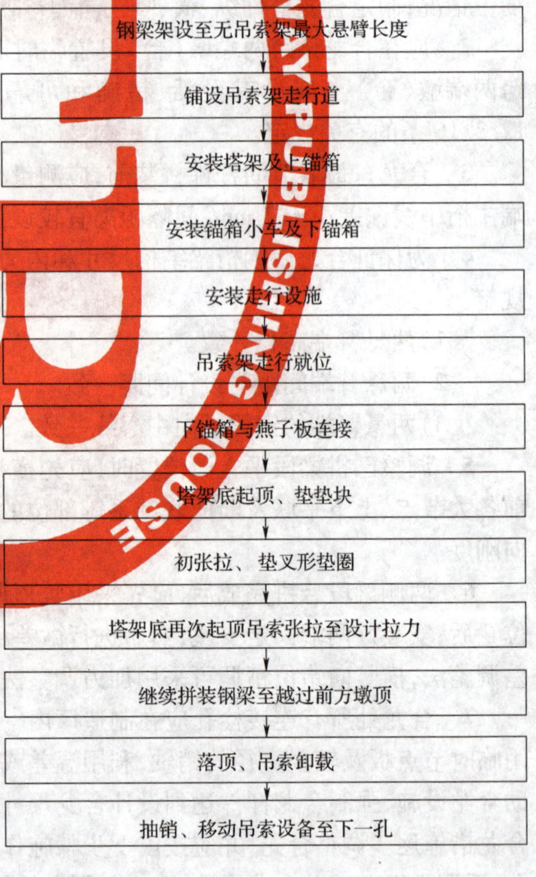

单层吊索施工流程

图　12.3.9—1

5　吊索塔架走行应符合行走工艺设计要求,保持前后吊索的曲度或拉力一致,必要时可在锚箱小车与塔架之间设托索小车辅助走行。

12.3.10　悬臂拼装采用固定式缆索吊机吊运杆件进行施工时应符合下列规定:

1　缆索吊机的支(塔)架及索鞍、承重索及搬运小车、起重索及起重滑车组、牵引索、抗风索、锚碇装置、起重及牵引驱动装置等主要结构及设备的设计计算和安装使用,必须符合有关规定。缆索吊机安装前,应编制缆索吊机安装施工工艺设计和安全操作细则。

2　缆车吊机安装必须按照设计图进行施工,两条承重索应与钢桁梁主桁等宽布置。承重索安装前,应制定测控安装垂度的方法,保证承重索安装垂度符合设计值,防止因垂度偏小造成支(塔)架、承重索、锚碇装置等部件发生超载和因垂度偏大而增加牵引力及减小吊装所需的安全操作净空高度。

3　起重索长度,应保证在最远处起吊时卷扬机钢丝绳的卷绕不少于6圈。

4　牵引索垂度,应处于不与承重索及其他工作索发生相互干扰的状态。为增加牵引索与卷扬机的摩擦力,钢丝绳在卷扬机上卷绕圈数不应少于6圈。

5　抗风索必须经常保持拉紧状态,后抗风索应始终处于受力状态,并应经常观测支(塔)架顶部位移情况,发现位移量超过设计允许值时应及时调整。

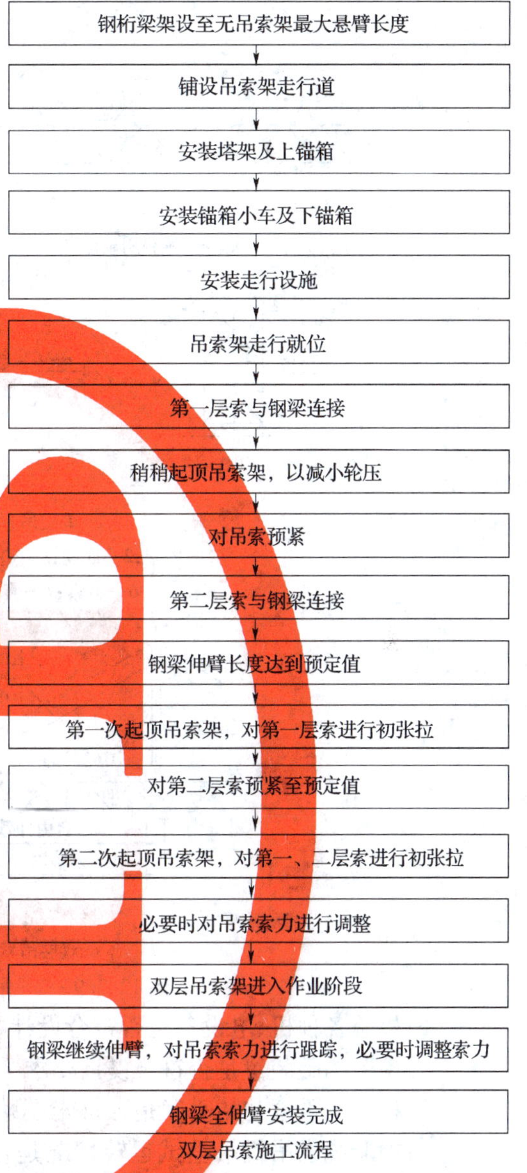

图12.3.9—1　吊索架拼装钢桁梁施工流程图

6　起重及牵引卷扬机设置地点至支(塔)架的距离,应保证钢丝绳在卷筒上卷绕时不发生干扰,对光面卷筒一般不应小于20倍卷筒工作长度;当导向滑轮对卷筒中心的偏心距较大时,应按有关规定进行计算确定最小距离。卷扬机设置地点的高程,应使起重及牵引钢丝绳接近水平状态从卷筒下方绕入,并应使卷扬机司机对缆索吊机的整个跨度内具有良好的通视条件。

7　通过滑轮的钢丝绳,不得有接头、扭结和变形,作业中卷扬机上钢丝绳必须排列整齐,并应最少保留卷绕3圈。

8　缆索吊机安装完毕,必须在使用前对下列主要部件及设施进行全面检验和进行整体试运转及试吊检查,确认全部符合设计要求方可使用。

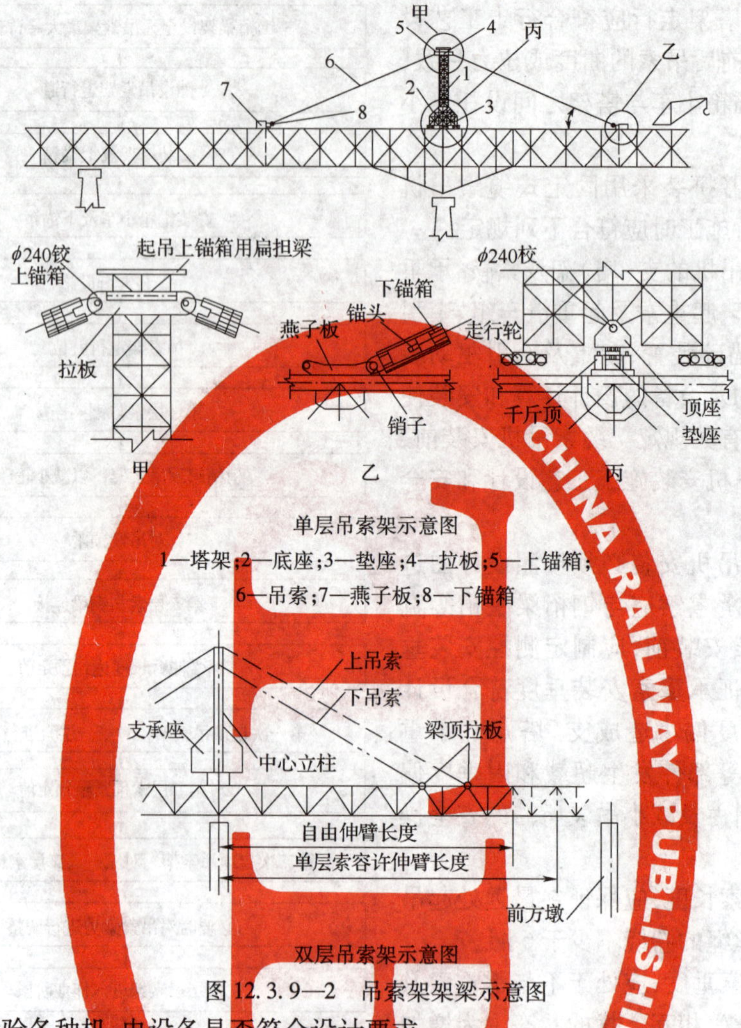

图 12.3.9—2　吊索架架梁示意图

1)检验各种机、电设备是否符合设计要求。

2)检验锚碇装置是否符合设计要求。

3)检验承重索初始垂度是否符合设计要求。

4)检验缆索吊机吊重试运转情况是否符合设计要求。试运转吊重宜为设计吊重的1.25倍,应按先空后重、先静后动、分级加载、逐级试吊方法施作。

5)检验缆索吊机在设计最大吊重时运转情况和承重索垂度是否符合设计要求,吊重试运转不宜少于2次往返。

9　缆车吊机在使用中,须设专人进行检查、检修和保养,发现异常情况应立即停止使用,查明原因及时处理,确保施工安全。

10　缆车吊机操作人员、指挥人员和施工作业人员,必须经过岗前培训、合作演练、考试合格方可上岗工作。指挥信号(语言、旗语)必须统一、明确、清晰,指挥工作应及时、准确,指挥、操作和作业人员之间配备的通信设备应状态完好、声音清晰。

12.3.11　连续钢桁梁采用由中墩向两端全悬臂对称拼装时,应符合下列规定:

1　在中间桥墩墩顶两侧支座垫石上应设置施工托梁(如图12.3.11),作为墩顶钢桁梁2个节间拼装作业平台的主梁和使钢桁梁与桥墩形成T形刚构。

2　施工托梁高度应根据受力情况和钢桁梁悬臂端挠度、支座高度、千斤顶工作高度

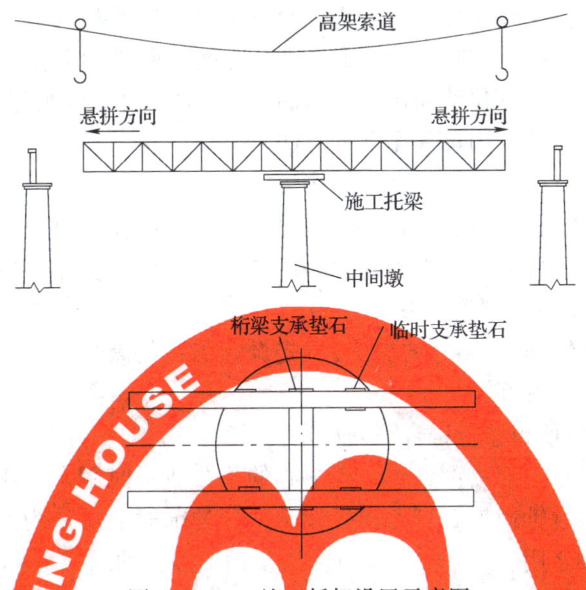

图 12.3.11 施工托架设置示意图

等综合计算确定,保证悬臂端顺利上墩(台),施工托梁结构、长度、宽度和桥墩锚固结构等,均应根据其承受的荷载及自身重量通过设计计算确定。

3 施工中应经常观测施工托梁挠度变化情况及焊、栓接部位变形情况,确保结构安全。

4 钢桁梁拼装时,两侧杆件必须对称平衡进行拼装,并应尽快使主桁形成稳定结构和安装好纵横向联结系,保证钢桁梁结构的空间稳定性。

5 拼装过程中,每拼装一个节间均应对钢桁梁的平、立面位置及时进行测量调整。

6 拼装过程中,对施工临时荷载及其位置必须严格控制在 T 构两侧对称、平衡状态,当悬臂拼装接近前方桥墩(台)时,应尽量减少临时荷载和钢桁梁自重(纵梁、检查设备等可暂不安装),保证钢桁梁顺利上墩。

12.3.12 钢桁梁长悬臂拼装,当悬臂端出现较大振荡时,应按施工组织设计方案及时采取减振措施保证施工安全。防止振晃可采用以下主要措施:

1 尽可能减少悬臂梁上人、物等施工荷载,运料车应限速平稳运行、避免急刹车,吊装杆件时起动、旋臂、制动等应缓慢平稳、避免冲撞。

2 采用大致水平设置的钢丝绳,以交叉形式将悬臂梁端与前方墩台相连,并在前方墩台设置转向定滑轮组连吊平衡重。

3 拼装钢桁梁时,应随时将上下平联、横联等安装好,按规定上紧冲钉、螺栓,增强钢桁梁的整体刚度。

12.3.13 为防止在恒载作用下因下弦伸缩对横梁平面变形产生影响,钢桁梁拼装栓合与起顶相互关系,应符合下列规定:

1 主桁大节点栓合进度,不应落后于正在拼装的大节点 2 个大节间,每个大节点应一次栓合完成达到终拧程度。

2 悬臂拼装至墩(台)顶后,支点附近主桁各大节点和与其相关的桥门架、断面联结系,原则上应在起顶前栓合完成或按设计要求办理。

3 纵梁的上下鱼形板和联结角在纵梁腹板上的高强度螺栓,应在一孔简支梁或一联连续梁拼装完毕并起顶达到设计高程后再栓合或按设计要求办理。

12.3.14 当平衡梁与悬臂孔的联结或两孔（联）之间的联结为双支点的框架结构时，由于悬臂拼装使框架结构上部位移而产生的弯曲应力（次应力），应根据设计要求分段进行调整。消除框架结构弯曲应力可采用下列方法：

1 落低平衡梁后支点高程，使框架结构正位。

2 调整双支点中的后支点反力，并以反力值为准，高程作参考。

施工前应计算出上下联结板中心的倾斜度与悬臂长度的关系，也可用应变仪直接测量杆件弯曲应力，以便核查调整效果。

12.3.15 两孔或两联之间联结板的拆除，应先调整支点的高程，使其内力为零时再进行拆除，严禁在受力状态下拆除。

12.3.16 悬臂拼装墩顶布置应符合下列规定：

1 悬臂拼装过程中，应由设置于节点中心的永久或临时固定支座支承钢梁，另在支座前后两侧各设带有辊轴或聚四氟乙烯板和千斤顶的临时支座作为保险，并兼作调整钢桁梁高程和纵横移梁之用（如图12.3.16）。调整钢梁高程和纵、横向移梁时，应以中心支座作为保险，但不得将钢梁支承在带千斤顶的临时支座上进行悬臂安装。顶落梁或纵横移梁不得与拼装同时进行。

2 全悬臂拼装时，悬臂孔始端墩顶临时支座的高度，应根据悬臂端的最大挠度、钢梁工厂制造拱度、桥梁设计纵坡高差及前方墩顶设备高度等因素综合计算确定，确保悬臂端顺利上墩。

3 采用跨中合龙方式施工时，墩顶应设置良好的顶落梁和纵横移梁设备，保证两端梁段悬拼完后能通过三向微调使闭合间隙与设计尺寸相符。

4 悬臂拼装施工过程中，主要受力支点如采用工字钢束、钢垫块或钢轨束等组成的临时支座时，除必须具有足够的强度和稳定性外，还应具有固定支座与活动支座可以相互转换和支座顶面能随钢桁梁下挠而略予转动的性能。

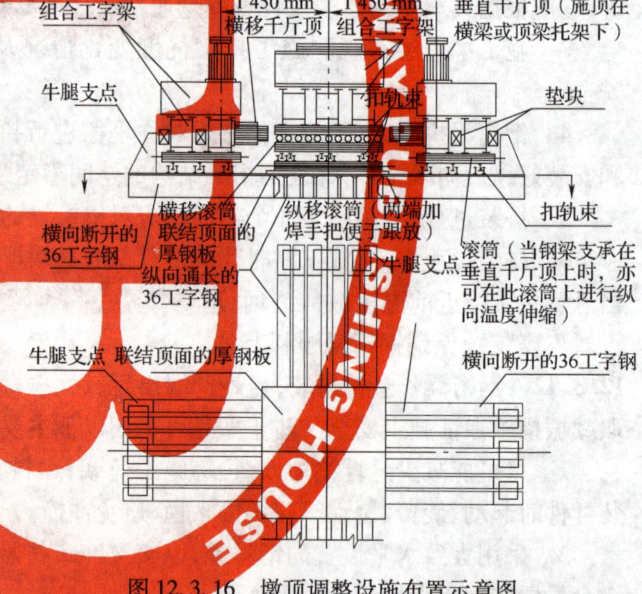

图12.3.16 墩顶调整设施布置示意图

5 悬臂拼装施工过程中，每孔或每联钢桁梁必须在悬臂孔始端设置一处固定支座，并使其摩擦力足以抵消水平外力。

12.3.17 钢桁梁横移，宜在支点反力较小和每孔钢桁梁拼装完毕后立即进行。当在反力大的情况下横移钢桁梁时，横移设备不宜集中一处，可分别设于下弦节点和顶梁下。

12.3.18 钢桁梁纵移，简支梁可利用水平千斤顶纵移，连续梁可利用温差调整法、起落梁调整法或顶推法进行纵移。

12.3.19 采用温差调整法纵向移梁时，应合理选定固定支座位置，并需使其摩擦力大于所有活动支座的摩擦力之和,以保证非移动梁端固定不动。采用温差法时尚应掌握好温差转折点,在最低温度时锁定伸缩孔起点活动支座和将伸缩端固定支座改为临时活动支座,温度升高后钢梁伸长达到计划纵移量时,及时恢复伸缩端固定支座和伸缩孔起点活动支座完成钢梁纵移。

12.3.20　采用起落梁调整法纵向移梁时,除临时固定支座必须具有足够的反力能确保非移动梁端固定不动外,尚应检算起落梁时对钢桁梁杆件内力的影响和做好起落梁法纵移钢梁施工工艺设计。

12.4　浮运架设钢桁梁

12.4.1　浮运架梁方案,应根据施工季节、河床断面、河岸地形、水文变化、交通道路和机具设备等条件选择下列方法:

1　纵移装船浮运架梁:在岸上拼装的钢桁梁沿着与河岸垂直的临时码头纵向拖拉装上两组浮船,然后浮运架梁。施工程序如图12.4.1—1所示。

2　横移装船浮运架梁:在岸边拼装的钢桁梁,沿着与河道垂直并伸入河中的两座临时码头横移到码头端部后,用驶入两码头间的两组浮船托起钢桁梁,然后浮运架梁。

3　纵向浮拖架梁:拼装完的钢桁梁沿桥梁中线滑道纵向移入桥孔后,由驶入桥孔中的一组浮船托起钢桁梁端部,然后边浮运边拖拉使梁就位,施工程序见图12.4.1—2所示。为减小拼装场地,可采用分段拼装、逐步拖拉、整孔浮拖方式架梁。

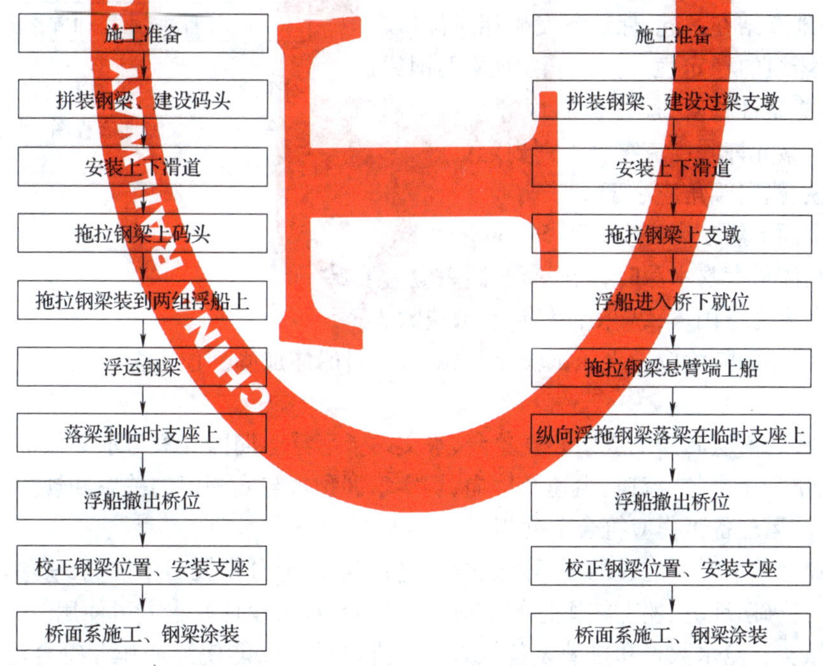

图12.4.1—1　纵移装船浮运架梁施工流程图　　图12.4.1—2　纵向浮拖架梁施工流程图

4　横向浮移架梁:岸边第一孔梁架梁,可采用由一组浮船承托钢桁梁一端浮运,另一端沿与桥梁垂直的岸边膺架滑道横移方法使梁就位。

5　船上拼梁浮运架梁:在浮船上设置拼梁支(托)架进行钢桁梁拼装,然后浮运架梁,施工流程如图 12. 4. 1—3 所示。船上拼装钢桁梁,必须从中间向两边对称拼装,防止浮船产生较大偏载。

无潮汐影响河流,临时码头宜设于桥位下游,以便从下游方向浮运钢梁逆水进入桥孔。

12. 4. 2　钢桁梁浮运架梁开始前,应具备下列施工辅助设施设计或计算:

1　浮船结构受力计算及其加固结构设计,浮船稳定性计算,隔舱压舱排、灌水量计算及浮船承载力检算。

2　浮船上支(托)架结构设计和支(托)架中心位置计算。

3　缆索牵引设备或拖轮计算。

4　钢桁梁纵、横移码头(膺架)结构设计和移梁滑道设计。

5　钢桁梁在浮拖、浮移、浮运各阶段受力情况计算。

12. 4. 3　两组浮船一般可用船上的钢桁梁作为联结梁,船上支(托)架顶面布置枕木垛直接承托钢梁时,应具有足够的水平摩阻力,并应用联结件与浮船牢固地联结在一起,保证不发生相对位移。

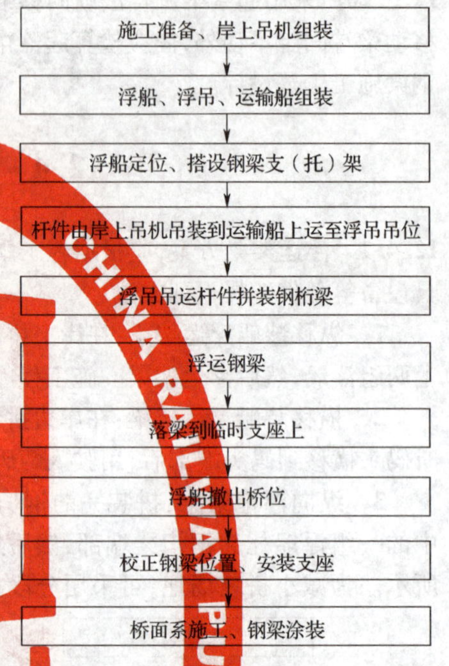

图 12. 4. 1—3　浮船上拼梁浮运架梁施工流程图

12. 4. 4　船组的稳定性,应按有钢梁及无钢梁进行纵横向稳定性检算、船体倾斜度和水面上船弦高度检算,其允许限度应符合下列规定:

1　纵、横向倾角应小于 5°。

2　水面上船弦高度应大于 50 cm。

3　船体最大吃水深时,船底高于河床应大于 60 cm。

4　在风力作用下,纵、横向稳定系数应大于 2。

12. 4. 5　浮船的隔舱应做水压试验,防止漏水。对船体加固部位应全面检查,合格后方可使用。

12. 4. 6　浮运前应向当地或中心气象台、水文站了解浮运期内气象与水文预报,应组织专人每天测量记录水位、流速、风速及风向,切实掌握预报与实测值的关系和规律。

12. 4. 7　浮运准备工作应符合下列规定:

1　浮运前应对所经过的浮运航道全部进行探测,充分掌握河床情况,清除障碍物。

2　对锚碇、地垅、船上将军柱等均应进行检验,符合设计要求方可使用。

3　核实压舱水数量和排灌设备能力。灌排水量必须能使浮船作业符合浮船升降高度的要求:保证浮船底至河床最小距离大于 0. 6 m,灌水后浮船能安全顺利进出梁底,排水后能支顶钢桁梁正确就位。

12. 4. 8　浮运时,在桥址上游约 2 km、下游约 1 km 应设置控制航道信号及监视哨,预防船只或木筏等意外地侵入封锁的航道内,必要时应联系航道管理部门派船监视巡逻和监督执行封航要求。

12.4.9　钢桁梁采用纵移法装船和采用纵向浮托法架梁时,应随着钢梁伸出长度加大及时调整浮船舱水数量,保持钢桁梁水平状态。

12.4.10　浮运钢桁梁应符合下列规定:

1　浮运、浮拖工作宜在风力不大于5级、流速不大于设计值和水位涨落不超过设计范围时进行。

2　采用缆绳绞车牵引就位时应符合下列要求:

1)缆绳、绞车、水中锚碇、岸边地垅等牵引设备,应按施工期间可能发生的水位变化、最大水流阻力和最大风力设计。

2)浮船上的绞车大小应与锚碇、地垅相适应,两者应同时检算,选用锚碇设备时应经过计算,锚碇缆索与水流方向夹角不宜太大,以免因水流冲击力影响难控浮船位置。

3)倒换缆索时,两组浮船中应保持首尾缆绳中各有一根直向、两根八字形缆绳受力。

4)应在桥跨上下游布置锚碇设备和在桥墩附设索具,并应与浮船首尾绞车联系,将浮船绞进桥孔使钢桁梁对位,然后将浮船灌水使钢桁梁落于桥墩临时支座上。

3　采用拖轮浮运就位时应符合下列要求:

1)拖轮牵引力应能平衡风力和水流阻力。

2)拖轮可采用顶推或帮靠方式与浮船联系,另需增加拖轮1~2艘系挂牵引缆绳或以其中一艘与浮船帮靠。

3)拖运浮船到桥孔下游后应改用缆绳绞车牵引,使浮船平稳就位。

12.4.11　浮船进入桥孔时,钢梁底面宜高于墩台临时支座顶面20~30 cm;浮船退出桥孔时,浮船上塔架顶面宜低于梁底20~30 cm(加算波浪影响后)。在潮汐河流地区,应掌握涨落潮的时间规律。

12.4.12　使用千斤顶顶梁拆除临时支座安装永久支座时,应符合本技术指南第12.2.12条的规定。

12.5　拖拉架设钢桁梁

12.5.1　拖拉架设钢桁梁,应根据设计架梁方案和桥址地形、水文、交通、桥高、跨度、孔数及拼装钢梁的施工场地条件等,经过技术经济比选确定拖拉方式和方法。拖拉架梁的施工流程如图12.5.1所示。

12.5.2　钢桁梁拖拉架设前,应做好下列技术准备工作:

1　绘制钢桁梁拼装施工步骤图。

2　设计上下滑道布置图。

3　绘制导梁及连接结构图、主桁杆件加固图。

4　计算拖拉过程中主桁或纵梁等杆件应力和各支点的反力值,对简支梁多孔拖拉时进行孔间连接杆件设计计算。

5　计算拖拉过程中各主要阶段的钢梁稳定性和悬臂挠度。

6　计算拖拉及制动牵引力并进行拖拉(牵引)设施布置设计。

12.5.3 纵拖钢桁梁采用临时支墩（架）施工应符合下列规定：

1 临时支墩（包括墩顶临时墩架）的顺桥方向长度，当上滑道设于主桁下弦节点时，不得小于钢桁梁节间长度的1.25倍，以保证在纵移过程中主桁节点始终支承在临时支墩（架）上，当钢桁梁的小节点竖杆不能承受支点反力时，节间长度应以大节点间距计算。

2 支墩（架）间的距离应根据计算确定，支墩结构应经过设计计算，具有足够的强度、刚度和稳定性，稳定系数应不小于1.5。

3 临时支墩（架）上应设有导引钢梁或导梁上墩设施和随时调整高度设施。

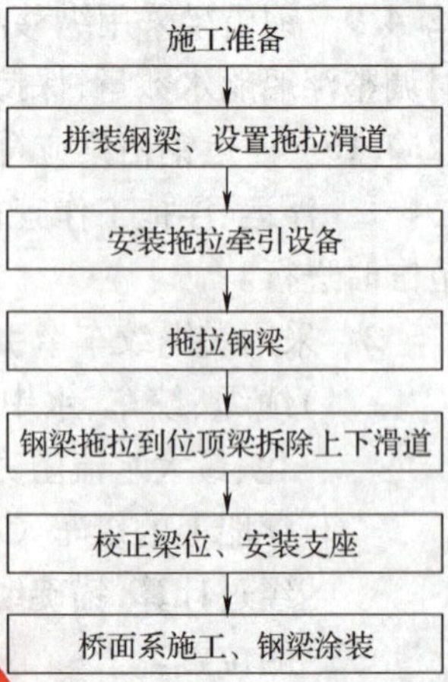

4 较高支墩（架）应进行预压检验，并宜沿顺桥方向采取钢丝绳捆绑、设置撑拉杆等措施以增加其纵向稳定性。

施工准备 → 拼装钢梁、设置拖拉滑道 → 安装拖拉牵引设备 → 拖拉钢梁 → 钢梁拖拉到位顶梁拆除上下滑道 → 校正梁位、安装支座 → 桥面系施工、钢梁涂装

图12.5.1 拖拉架梁施工流程图

5 纵拖施工时应随时测量各支墩（架）的沉陷及位移变形情况，当沉陷量影响钢桁梁杆件应力时应及时采用措施进行调整；拖拉一孔钢梁上墩后，应对经过的各临时支墩（架）顶面高程进行测量检查，发现与原有高程不符时应进行调整。测量发现支墩（架）位移变形值大于设计容许值时，应及时采取措施进行调整。

6 临时支墩（架）两侧应设置人行通道、护栏、安全网，保证作业人员安全。

12.5.4 上滑道布置应符合下列规定：

1 上滑道布置在纵梁底面时，一般采用通长连续滑道，应按钢桁梁拱度和悬臂挠度之和设置反拱曲线，并应在下滑道外侧主桁下弦中心下设置净空为5 cm的保险垫座。

2 上滑道布置在主桁下弦节点底面时，除应按上述原则设置上滑道反拱曲线外，尚应按设计尺寸和间距布置上滑道与下弦间的支承垫枕，以防拖拉时弦杆或上滑道结构遭到局部弯曲破坏。

3 滑道纵向不得有死弯，与设计中线偏差应不大于20 mm，两侧滑道高差应不大于10 mm。上滑道一般选用38 kg/m以上钢轨2～3根并置，用道钉反钉在横向铺设的枕木上，钢轨接头应错开并将轨缝顶紧，滑道两端钢轨宜按1∶5～1∶10坡度向上弯起。

12.5.5 当导梁中心距和节间距与主梁不同时，导梁滑道设置尚应符合下列规定：

1 导梁上滑道与主梁上滑道底面应做成相同高度，在相接处应互相重叠30～100 cm，以便平稳过度。

2 导梁的前方桥台或路基上应设一段导梁专用下滑道，以保证主梁顺利拖拉到设计位置。

12.5.6 下滑道布置应符合下列规定：

1 下滑道应与上滑道上下相对设置，纵坡一般应按桥梁设计纵坡，当桥梁设计纵坡较大或有变坡时，应符合施工组织设计坡度要求。

2 下滑道设置在膺架上或墩台枕木垛上时，应通过试验预留沉落量，防止下沉对钢梁产生不利影响。路基上的下滑道，应按对地基承载力要求进行检算及处理。

3 下滑道的钢轨根数宜比上滑道多设置一根，中间轨面不得高于两侧轨面且不应低于2 mm。钢轨轨缝应顶紧，接头应错开，两端应做成1∶5以下的下坡，直接钉在支墩（架）

的横向枕木上。

4 两条下滑道轨面的相对高差应不大于10 mm,滑道纵向应顺直无死弯,间段设置的各段滑道高程偏差应不大于10 mm,滑道中线与设计中线偏差应不大于20 mm。

12.5.7 拖拉钢桁梁上下滑道间采用辊轴纵移和纠偏时应符合下列规定:

1 辊轴硬度不应低于滑道材质的硬度。

2 辊轴直径和数量应根据承重、辊轴表面光洁度和滑道间摩擦系数等因素计算确定。辊轴直径宜采用70~120 mm,长度应较滑道宽200~300 mm,辊轴间净距不宜小于其直径,以便把持和敲击调整位置进行纠偏。每排滑道上的辊轴数不宜少于5根。

3 滑道前后端应做成1:5以下的坡度,以利辊轴喂进和滚出。

4 辊轴两端宜用ϕ8 mm钢筋焊成手环,便于把持、搬运。

5 填、接辊轴时,应位于滑道侧面操作,以策安全。

12.5.8 拖拉钢梁的牵引设施布置应符合下列规定:

1 拖拉牵引设施布置应根据牵引力大小和桥梁的具体工况,在编制拖拉架梁实施性施工组织设计时加以规定。

2 拖拉钢梁一般选用单筒慢速电动卷扬机,使用两台在钢梁两侧同向拖拉或使用一台在钢梁中线上拖拉,动滑车宜用钢丝绳栓系在钢梁下平联节点处,定滑车应用钢丝绳栓系在坚固的地垅上或附近墩台上。

3 当采用背带式千斤绳(将墩下缠绕的千斤绳引上墩顶)或在墩顶直接栓系定滑车时,应检算桥墩强度。

4 当采用连续作用千斤顶作为牵引动力时,牵引传力索应等长和无交叉、扭转,并应预紧调匀松紧度使其受力均匀。

5 拖拉钢梁在下滑道纵坡为平坡或下坡时,应设置可靠的制动卷扬机作牵引制动等用。

12.5.9 拖拉钢梁应符合下列规定:

1 正式拖拉前,应进行试拖拉,检查牵引动力系统的机械性能和检测起动牵引力。

2 拖拉时两侧主桁绞车的拖拉力及速度应保持均匀一致。

3 钢梁中线对设计中线的偏移值应不大于50 mm,且前后两端不得同时偏向设计中线的一侧。

4 拖拉过程中应随时观测钢梁中线横向偏移情况,发生较大偏差时应及时通知墩台作业人员实施纠正。纠偏可采用将墩台上左右两侧滑道前方辊轴同时同向适当打斜,梁位纠正后即将辊轴打正。

5 拖拉作业应连续进行,在主梁前端支点到达墩台支点时方可停止拖拉。当中途停止拖拉时,应使钢桁梁主节点位于墩台上方。

12.5.10 单孔大跨度钢桁梁采用前导梁悬臂拖拉架设时,应符合下列规定:

1 钢梁拖拉时抗倾覆稳定系数应大于1.3。

2 导梁长度及与主梁的连接方法应符合设计要求。导梁结构应经过设计计算,具有足够的强度和刚度,与主梁间需有一个强度较大、连接可靠的连接段。导梁宽度宜全长保持一致,前端应设计为能直接承受千斤顶顶力的顶升式牛腿结构或上翘式斜腿结构。

3 宜采用在主桁大节点设置上滑道,采用纵梁设置上滑道时应检算纵梁承载力,纵梁承载力不足时可在纵梁外增设临时纵梁后再设置上滑道。下滑道宜采用连续式,当采用在主桁大节点设置上滑道时，下滑道间断设置时应符合本技术指南第 12.5.3 条有关规定。

4　采取随拼随拖以减少下滑道长度时，除必须按拼装的不同工况计算钢梁拖拉抗倾覆稳定系数应大于 1.3 和支点反力不应大于设计允许值外，尚应根据支点不同位置，分别检算主桁节点的局部应力、稳定性及交会该节点的主桁杆件次应力和检算主桁梁拉杆临时变成压杆后的稳定性。

5　节点板下应垫 2 ~ 3 mm 厚铅板，使节点板与钢垫块密贴。

6　拖拉间歇时间，应将钢梁锚固防止滑动。

12.5.11　采用拖拉法在曲线上架设钢桁梁时，应符合下列规定：

1　拖拉中线，单孔梁应取桥梁设计中线，多孔梁应取各孔桥梁设计中线的平均值或采用接近的梁跨中线，拖拉完毕再横移到位。

2　墩台的强度和顶帽的宽度应满足架梁要求。

3　当墩台需用临时结构加宽时，应考虑其与墩台同时受力时的不同压缩量对桥梁结构的影响。

12.5.12　钢桁梁拖拉前，应向当地或中心气象台（站）了解拖拉施工期间的气象预报，在风力达到 6 级时不应拖拉钢梁。

12.5.13　使用千斤顶顶梁拆除滑动装置安装支座时，应符合本技术指南第 12.2.12 条的规定。

12.6　钢梁涂装

12.6.1　钢梁工地涂料涂装施工流程如图 12.6.1 所示。

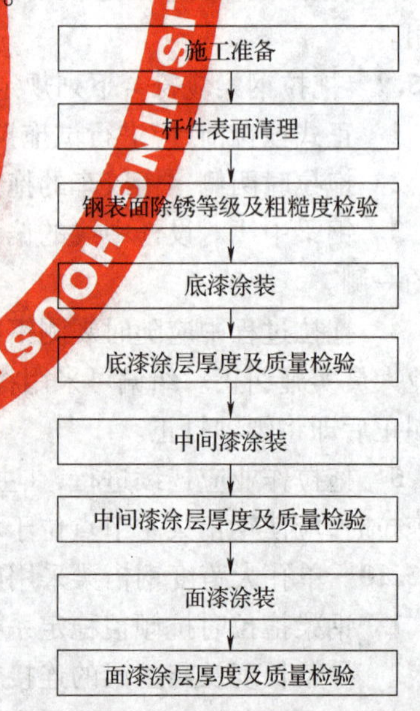

图 12.6.1　钢梁工地涂装施工流程图

12.6.2　杆件表面除锈作业应符合下列规定：

1　杆件除锈应以喷砂除锈为主。

2　喷砂除锈前，应先对喷枪、砂室、风包、管路和油水分离器等设备进行检查、试验。

3　喷砂应用粒径为 1.5 ~ 2 mm 的洁净、干燥、无盐分、无沾污的石英砂，喷枪嘴直径宜为 5 ~ 7 mm，喷射角宜为 45° ~ 80°，风压宜为 0.4 ~ 0.6 MPa，喷枪嘴距钢表面宜为 150 ~ 250 mm。

4　当缺少合格的石英砂时，应使用符合现行标准《铸钢丸》（YB/T 5149）和《铸钢砂》（YB/T 5150）规定的钢丸或钢砂除锈。

5　喷砂完毕，应用干燥清洁的压缩空气或软毛刷彻底清除钢件表面的积砂、锈屑和灰尘。

6　喷砂除锈时，应按现行国家标准《涂装作业安全规程　涂漆前处理工艺安全及其通风净化》（GB 7692）的规定，采取防尘、消尘措施，做好劳动保护和环境保护工作。

12.6.3　钢桁梁涂装体系必须符合设计要求。涂装使用的各种涂料的品种、质量应符合设计要求和相关标准的规定，涂料应有质量合格证和出厂日期，进场检查对质量有疑问时应按现行国家标准《涂装产品的取样》(GB 3186)的规定取样，对底、面漆的细度、干燥时间、耐水性、配套性、附着力、弯曲性能等进行检验和试涂，合格后方可使用。纵梁上盖板顶面涂装所用涂料的品种、性能和涂装道数、干膜厚度，设计另有要求时应按设计要求办理。

12.6.4 杆件涂装前，对结合点可能积水的缝隙必须进行封填，缝隙不大于0.3 mm时用底漆封填，缝隙大于0.3 mm时用腻子封填。腻子的使用寿命不应低于油漆寿命，且应具有耐水、耐候、防渗、防锈性能。

12.6.5 钢桁梁底漆涂装应符合下列规定：

1 钢梁杆件涂装前，表面的污泥、油垢、铁锈等必须清除干净。

2 底漆涂装前应检查杆件表面除锈情况，钢梁杆件表面除锈应达到现行国家标准《涂装前钢材表面锈蚀等级和除锈等级》(GB/T 8923)规定的等级：涂装富锌防锈底漆时应达到Sa3级，涂装红丹醇酸、红丹酚醛或聚氨酯底漆时应达到Sa2.5级，附属钢结构(钢栏杆、人行道托架、墩台吊围篮等)涂装红丹防锈底漆和箱形梁内涂装环氧沥青涂料时应达到Sa2级，附属钢结构的光圆钢涂装红丹防锈底漆时应达到St3级。

3 底漆涂装前，应检查杆件表面粗糙度情况，钢表面粗糙度应符合现行国家标准《表面粗糙度比较样块抛(喷)丸、喷砂加工表面》(GB/T 6060.5)规定的$Ra6.3\ \mu m \sim Ra12.5\ \mu m$之间的要求，表面粗糙度超过涂装体系干膜厚度的1/3时需加涂一道底漆。

4 涂装首道底漆应在除锈后8 h内完成，当相对湿度大于70%时应在4 h内完成。不能在上述规定时间内完成首道底漆涂装时，须用清亚麻仁油、松节油、松香水擦洗清洁或重新除锈清理后再涂底漆。

5 下一道底漆必须在上一道底漆实干后方可进行涂装，但暴露时间最长不得超过7 d，超过时应先用细砂纸打磨成细微毛面后再行涂装。

6 对距离水面较近和跨越受污染的河流的钢梁底面，应增加涂装底漆和中间漆各一道。

12.6.6 钢桁梁中间漆及面漆涂装应符合下列规定：

1 第一道中间漆必须在全部底漆实干并清理粉尘、杂质后进行涂装，但底漆暴露时间最长不得超过7 d，超过时应先将底漆表面用细砂纸打磨成微细毛面后再涂中间漆。

2 在水性无机富锌防锈底漆涂层上进行综红云铁环氧中间漆涂装时，应将综红云铁环氧中间漆稀释一倍后涂装首遍漆，待其干燥后再正常涂装综红云铁环氧中间漆到规定的干膜厚度。

3 下一道中间漆或面漆须在上一道漆实干后才能进行涂装，间隔时间为1～7 d，超过7 d时需用细砂纸打磨成细微毛面后再行涂装。

4 栓焊钢桁梁螺栓连接部分摩擦面涂装所用涂料，当设计无要求时应采用无机富锌防锈防滑涂料。杆件栓接点外露表面与涂料涂层搭接处涂装和栓接点螺栓及螺栓头处涂装，应符合铁道部现行《铁路钢桥保护涂装》(TB/T 1527)的有关规定。

5 氟碳面漆涂装时，双组分涂料配漆应严格按照产品说明书要求比例进行调漆，混和搅拌均匀30 min后方可使用，并应按涂装作业进度现用现配。

6 各种涂料最低干透时间为：醇酸涂料、环氧涂料和聚氨酯涂料24 h，油性涂料、酚醛涂料48 h，富锌涂料72 h。

12.6.7　涂料涂装作业环境应符合下列规定：

1　水性无机富锌防锈底漆、酚醛漆、醇酸漆、聚氨酯漆、氟碳面漆应在气温 5 ℃以上施工，环氧类漆应在气温 10 ℃以上施工。

2　室外施工时应避免底材被太阳直接照晒，钢表面温度达 50 ℃以上时不应进行涂漆施工。

3　不允许在相对湿度大于 80% 及雨、雾、雪天和有风沙时涂漆；风力大于 3 级时应停止刷涂和喷涂。

12.6.8　涂料涂装作业应符合下列规定：

1　各种涂料应按产品说明书或试验数据掌握配合比例和黏度，掺用与涂料相适应的稀释剂时，不得超过产品说明书或试验确定的最高限量，严禁使用煤油、柴油和汽油作钢桥涂料的稀释剂。

2　各种涂料调至施工黏度后，应用 30 ~ 40 目筛网过滤后再行涂装，并应在施工过程中进行缓慢搅拌以保持涂料混合均匀状态。涂层厚度应适当，防止一次涂层过厚发生流挂和裂纹，需要增加膜厚时，应待涂层干燥至可以操作时再行补涂。

3　底、中、面漆喷涂时，高压风应通过油水分离器使其不含油水，风压宜保持在 0.2 ~ 0.4 MPa，喷嘴距钢表面宜保持 200 ~ 300 mm 距离，每次应压叠一半保持喷涂均匀，不易喷涂的地方应及时用漆刷补刷均匀。

4　涂料涂装施工，应按现行国家标准《涂装作业安全规程涂漆工艺安全及其净化》(GB 6514)的规定做好劳动保护和环境保护工作。

12.6.9　涂料涂装的道数和涂层厚度必须符合设计要求。涂装体系干膜最小厚度和每一涂层平均厚度不得小于设计要求厚度，且每一涂层的最小厚度应不小于设计要求厚度的 90%，当设计要求涂装道数达不到涂装体系干膜最小厚度时应增加涂装道数，以保证底漆、中间漆和面漆涂层厚度。涂装过程中，应按现行国家标准《色漆和清漆漆膜厚度的测定》(GB/T13452.2)的规定测量湿膜厚度和干膜厚度。

12.6.10　钢桁梁涂装时，应采用现行国家标准《涂层附着力的测定法　拉开法》(GB/T 5210)检查涂料涂层对底材附着力，采用现行国家标准《色漆和清漆　漆膜的划格试验》(GB/T 9286)检查涂装体系涂层间附着力。发现不符合规定时，应查明原因及时整改，确保每一杆件涂装质量。

12.6.11　钢桁梁涂装时，每一涂料涂层表面都应达到平整光泽、颜色均匀和无漏涂、起泡、气孔、裂纹、剥落等缺陷，发现起泡、气孔、裂纹、剥落、橘皮、起皱、流挂、涂料颗粒及尘土微粒等缺陷时，应查明原因认真处理，确保每一涂层涂装质量。

12.6.12　为减少高空作业量，应在预拼场内完成底漆、中间漆涂装和至少一道面漆喷涂，但最后一道面漆必须在钢桁梁拼装完成后进行涂装。

12.7　明　桥　面

12.7.1　明桥面铺设应符合铁道部现行《铁路钢桥明桥面技术条件》(TB/T 2627)的规定和设计要求。明桥面施工流程如图 12.7.1 所示。

12.7.2　桥上线路铺设中线与设计中线的偏差不得大于 50 mm，双线时两线间距偏差允许 +10 mm，但两线间距不得小于 4.0 m。

12.7.3 桥上线路纵断面应符合设计坡度和梁跨拱度要求。调整钢轨上拱度时,桥枕挖槽深度及垫板厚度,应根据实测纵梁拱度曲线与设计拱度曲线计算确定。桥枕挖槽深度应不大于30 mm。挖槽宽度比钢梁上翼缘宽度不应大于4 mm,与螺栓头或铆钉头接触处可挖纵槽。桥枕的新加工面和栓钉孔眼应按有关规定做好防腐处理。

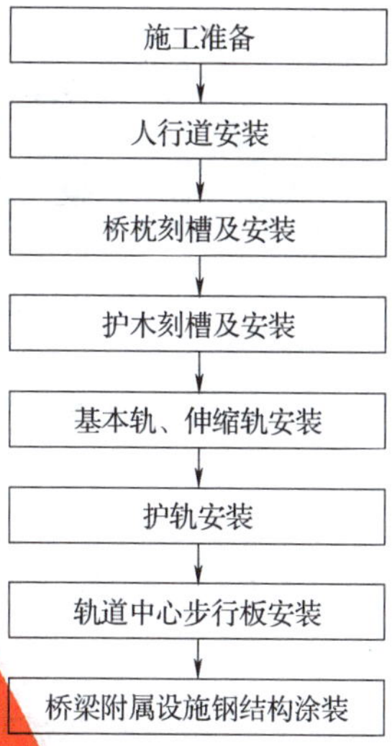

施工准备
↓
人行道安装
↓
桥枕刻槽及安装
↓
护木刻槽及安装
↓
基本轨、伸缩轨安装
↓
护轨安装
↓
轨道中心步行板安装
↓
桥梁附属设施钢结构涂装

图 12.7.1 明桥面施工流程图

12.7.4 曲线上明桥面的外轨超高可采用以下方法设置:

1 在桥枕挖槽限度内调整。

2 采用楔形枕木。

3 在曲线外侧的桥枕下加垫木垫板,并用木螺钉(或螺栓)联结牢固。木垫板净厚应不少于30 mm,每边伸出钢梁上翼缘盖板边缘不少于200 mm。

12.7.5 明桥面在下列位置不应有钢轨接头,无法避免时应将其冻结或焊接:

1 桥长在20 m及以下时。

2 钢梁端及纵横梁连接处前、后各2 m范围内。

3 设有伸缩调节器时,在温度跨度(由一孔钢梁的固定支座至相邻钢梁固定支座或桥台挡砟墙的距离)的范围内。

12.7.6 伸缩调节器铺设位置应符合设计要求。伸缩调节器的尖轨尖端在单线桥上应与重车运行方向相顺,在复线桥上应与行车方向相顺,轨距不得大于1 451 mm和小于1 433 mm。

12.7.7 桥枕应采用油质防腐枕木,规格、质量应符合国家有关标准和设计要求。桥枕铺设应符合设计要求,设计无要求时应符合下列规定:

1 桥枕净距为100～180 mm(横梁处除外),专用线可放宽到210 mm。

2 桥枕不能铺设在横梁上,与横梁翼缘边应留出15 mm及以上缝隙。横梁两侧桥枕间净距在300 mm以上且桥枕顶面高出横梁顶面50 mm以上时,应在横梁上垫短枕承托,短枕与护轨应联结牢固,与基本轨底应留出5～10 mm空隙。

3 桥枕不容许压在钢梁联结系杆件、节点板或螺栓上,在行车情况下应留有3 mm空隙。

4 每根桥枕应用两根经过防锈处理的M22 mm标准型钩螺栓(应配有相应的铁、木或胶垫圈)与钢梁钩紧。在自动闭塞区间,钩螺栓铁垫圈与钢轨扣件间应有不小于15 mm的间隙,以防止轨道电路短路。

12.7.8 护木铺设方式(Ⅰ式或Ⅱ式)应符合设计要求,铺设标准和铺设方法设计无要求时应符合下列规定:

1 护木的断面尺寸为150 mm×150 mm,材质为一级松(杉)木。

2 护木接头应采用半木搭接设在桥枕上,并用M20～22 mm螺栓串联牢固。护木与桥枕联结处应将护木挖深20～30 mm的槽口紧扣在桥枕上。

3 护木与桥枕的联结螺栓顶端不应超过基本轨顶面20 mm。

4 护木内侧与基本轨头部外侧的距离,应符合图12.7.8明桥面布置图的规定。护木应安装顺直,在钢梁活动端处必须断开并留出空隙。

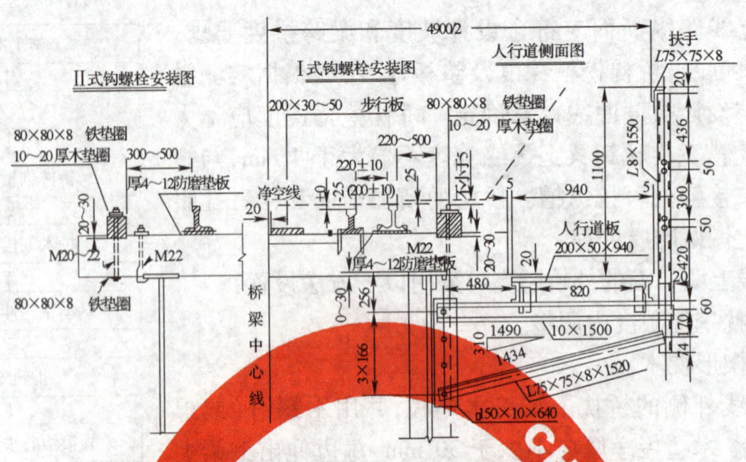

图 12.7.8 明桥面布置图(横桥断面)

注:1 人行道栏杆也可采用钢筋混凝土、木料或其他材料和形式,步行板也可采用梯行步行板、花纹钢板、钢筋混凝土板或其他形式和结构。

2 所有尺寸以毫米计。

3 K 形扣件未示。

5 每隔一根桥枕,主梁或纵梁安装防爬角钢处、护木连接处,护木与桥枕均应用 M20 ~22 mm螺栓串联牢固。

12.7.9 防爬角钢尺寸和安装数量、位置、方向必须符合设计要求,防爬角钢的长肢与桥枕应用直径 20 ~22 mm 螺栓串联牢固(此处桥枕可不安装钩螺栓)。

12.7.10 护轨铺设应符合设计要求,设计无要求时应符合下列规定:

1 一般应采用与基本轨同类型的钢轨。

2 护轨顶面不应超出基本轨顶面(特殊情况不得高出基本轨顶面 5 mm),也不应低于25 mm。护轨与基本轨头部间净距,当基本轨为 50 kg/m 及以下时为 200 ± 10 mm,60 kg/m及以上时为 220 ± 10 mm,安装钢轨伸缩调节器区段其净距可为(320 ~350) ± 10 mm,护轨过渡段长度不小于 10 m。

3 护轨下允许加垫厚度不大于 30 mm 的垫板。垫板厚度在 20 mm 及以下时,每股护轨应在每隔一根桥枕上钉 2 个道钉;垫板厚度大于 20 mm 不大于 30 mm 或桥枕净距大于 150 mm 时,每股护轨应在每根桥枕上钉两个道钉。当护轨下必须加垫总厚度小于 35 mm的垫板时,垫板总厚度大于 30 mm 应加设铁垫板(可以切边),并采用加长道钉。

4 护轨应伸出桥台砟墙以外,直轨部分长度不应少于 5 m,当直线上桥长大于 50 m 及曲线上桥长大于 30 m 时直轨部分长度应不少于 10 m,然后弯曲交会于线路中心;弯轨部分长度不少于 5 m,轨端伸出台尾的长度不应少于 2 m;因道口、道岔等影响,护轨伸出长度不足时应按设计要求进行特殊处理。轨端顶部应切成不陡于 1∶1的斜面并联结密贴,梭头尖端悬空不得大于5 mm。护轨在桥头布置的其他规定如图 12.7.10 所示。

5 护轨接头每侧安装 2 个螺栓,螺帽安装在线路中心一侧,在伸缩调节器处应采用一端带长圆孔的夹板。

6 自动闭塞区间,护轨应安装绝缘装置。

12.7.11 轨道中心步行板和人行道板的品种、材质、规格应符合设计要求,并应铺装平稳、板面平整。

12.7.12 人行道、避车台及其支架与钢梁的连接和连接螺栓的规格、质量均应符合设计

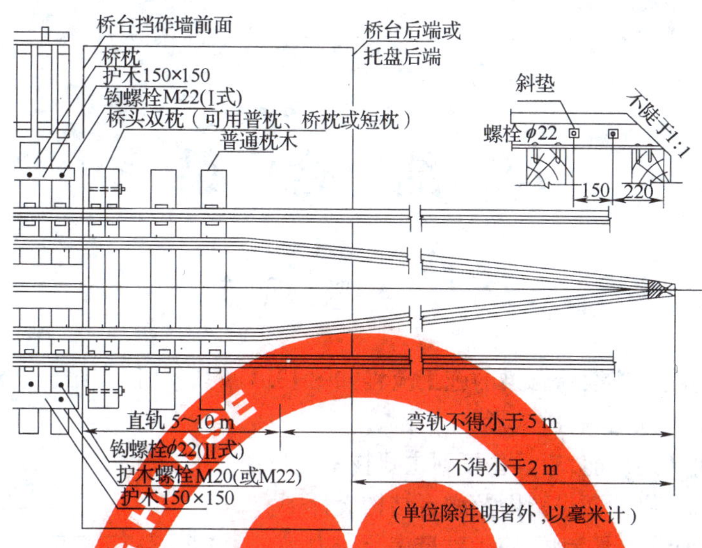

图 12.7.10 护轨在桥头的布置图

要求及有关规定。人行道及拦杆等在梁的活动端处应按设计要求断开，不得影响梁的伸缩。

12.7.13 围栏、吊篮、检查梯及梁下检查车等桥梁附属设施应按设计要求施工。人行道栏杆、扶手、支架和墩台围栏、吊篮及检查梯(车)等钢结构，应按铁道部现行《铁路钢梁保护涂装》(TB/T1527)的规定和设计要求进行除锈清理和保护涂装。

13 结 合 梁

13.1 一 般 规 定

13.1.1 钢—混凝土连续结合梁的施工流程如图 13.1.1 所示，简支结合梁桥面板混凝土浇筑应按设计要求施工，一次成形。

13.1.2 钢梁拼装架设前，应具备下列主要技术资料：

1 桥梁平面、纵断面设计图及墩台结构设计图。

2 钢梁结构设计图，钢梁杆件重量表及应力表。

3 桥址地形、地质设计图。

4 桥址水文、气象资料。

5 钢梁制造厂应提供的资料：产品合格证和钢材质量证明书或检验报告、施工(制造)图及拼装简图、栓接板面抗滑移系数试验报告、钢桁梁试拼记录、杆件焊缝检验记录、杆件发送表及包装清单等。

6 高强度螺栓连接副出厂合格证或产品质量保证书。

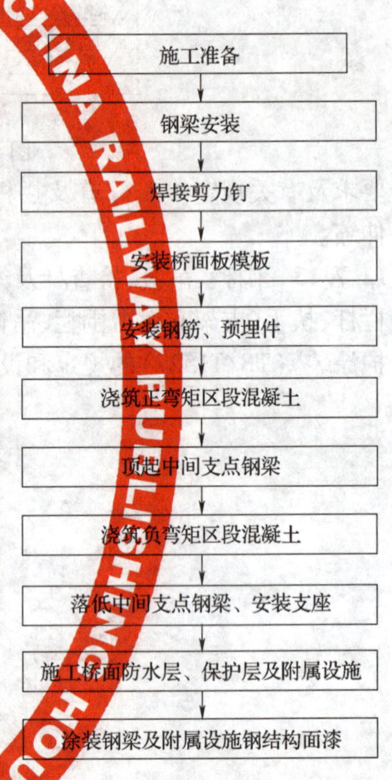

图 13.1.1 钢—混凝土连续结合梁施工流程图

13.1.3 钢板梁及钢箱梁进场时，应检查结构尺寸、涂装质量，符合设计要求和铁道部现行《铁路钢梁制造规范》(TB 10212)的有关规定方能进行拼装架设。钢桁梁杆件进场检查，应符合本技术指南第 12.1.9 条规定。

13.1.4 钢梁拼装架设前，应根据设计架梁方案和桥址地形、地质、水文、气象、交通、航运等自然条件，结合工期要求及机械设备情况等因素确定施工方案，编制实施性施工组织设计、施工辅助工程设计和施工工艺设计。

13.1.5 钢梁拼装架设前应做好下列准备工作：

1 应测量检查桥梁中线，墩台距离及跨距，支座垫石的位置、尺寸、顶面高程及平整度和锚固螺栓预留孔的位置、尺寸，符合设计要求和铁道部现行规定方可进行架梁。

2 支座垫石顶面应划线标明支座下座板的纵、横中心线，桥墩顶面应划线标明其纵、横中心线。

13.1.6 钢梁剪力联结器由钢梁制造厂焊接时，联结器焊接位置、尺寸必须符合设计要求。采用栓钉柔性联结器时制造厂应提供栓钉 30°弯曲试验合格证；采用马蹄形刚性联结器时制造厂应提供“推出”试验合格证。钢梁上翼缘顶面及剪力联结器均不涂装，但应采取措施防止在桥面板安装前锈蚀。

13.1.7 工地焊接栓钉柔性联结器(剪力钉)时，应按设计要求施焊，设计无要求时应符

合下列规定:

1 焊接前应根据铁道部现行《铁路钢桥制造规范》(TB 10212)规定,进行焊接工艺评定试验和焊接栓钉30°弯曲试验。

2 焊接材料应通过焊接工艺评定确定,并应有生产厂家质量证明书,焊接材料型号应与焊件材质相匹配。栓钉的规格、质量应符合现行国家标准《圆柱头焊钉》(GB 10433)的规定和设计要求。

3 栓钉焊接前,栓钉应除去锈污、水分及其他不利于焊接的物质;配套使用瓷环应在150 ℃烤炉中烘干2 h;钢梁上翼缘应处在平焊位置,焊钉位置及大于栓钉直径2倍范围应打磨清理,清除铁锈、氧化皮、油污等,使表面显露金属光泽。

4 栓钉施焊时,栓钉与钢板应保持垂直,焊枪保持稳定不动直至焊接金属完全固化,焊缝冷却过程中不得受到冲击或振动。

5 栓钉位置应符合设计要求,沿钢梁纵向栓钉根部与顶部偏差应不大于±3 mm,沿钢梁横向偏差根部不大于±3 mm、顶部不大于±5 mm,栓钉高度偏差应不大于栓钉公称长度±1.5 mm,栓钉底角应保证360°周边挤出焊脚。30°弯曲试验抽检合格的栓钉,可保留其弯曲位置。

6 栓钉焊接工作,必须由经过栓钉焊接培训考试合格的焊工担任,严格按栓钉焊接工艺焊接,并应在每班开始正式焊接前先在试板(应与钢梁材质相同)上试焊2个栓钉,经外观检查及35°弯曲试验合格方可进行正式焊接。

13.1.8 钢梁剪力联结器采用高强度螺栓联结器时,预埋联结器套管的种类、规格、位置、数量均应符合设计要求,套管应使用螺栓固定,确保其与钢梁上翼缘板垂直和桥面板混凝土浇筑过程中不变位。桥面板混凝土强度达到设计要求后安装联结器时,应按设计要求施作。

13.2 钢梁安装

13.2.1 钢梁架设方法及吊装施工应符合下列规定:

1 钢箱(板)梁架设方法应根据跨径大小、桥位地形及水文、交通情况和架梁设备情况等施工条件,选择拖拉架设、整孔吊装架设等方法施工。拖拉架设时可参照本技术指南第12章的有关规定进行施工。

2 钢桁梁架设可按本技术指南第12章架梁方法施工。

3 短跨钢梁采用吊装方式架设时,应编制专项作业指导书,对钢梁运输方法、吊装时停放位置及吊点位置,对移动式吊机站位、吊臂倾斜角度及伸出长度等均应做出明确规定。吊机额定起重量应满足所吊钢梁的实际重量要求,并应有足够的安全系数。

4 使用两台吊机吊装钢梁时,应设专人指挥,钢梁两端应同步起落,两端高差不得大于30 cm。

5 吊装钢梁应正确选择和使用吊具,钢丝绳与钢梁接触处应采取隔垫措施,保护钢梁不受损伤。

6 移动式吊机使用前应经过调试、检测,钢梁运输和吊装过程中应严防发生碰撞、扭转、翘曲和侧倾,在墩台上就位时,钢梁两端应同步、平稳、轻放。

13.2.2 工地拼装钢桁梁应符合本技术指南第12章的有关规定。

13.2.3 工厂分段分片制造的钢箱梁和分段制造的钢板梁在工地使用高强度螺栓拼装时应符合下列规定：

1 拼装使用的杆件、零件和高强度螺栓连接副均应符合设计要求和相关标准的规定，并应有出厂合格证。

2 钢梁组拼前，应清除构件的附着物，摩擦面应保持洁净、干燥。

3 拼装钢梁的临时支架应有足够的承载力及刚度，支架顶部工作面应设有起顶位置和滑移装置以满足钢梁线形的调整需要。

4 在支架上拼接钢梁时，应采用冲钉配合施工，冲钉和高强度螺栓总数应不少于孔眼总数的1/3，其中冲钉占2/3；孔眼较少部位，冲钉和高强度螺栓总数不得少于6个。

5 钢梁栓合前，必须保证钢梁拱度和纵向平直度符合设计要求。高强度螺栓连接施工，应符合本技术指南第12章的有关规定。

6 顶梁时，千斤顶应安置在钢梁腹板中心线上，每个中间支点处宜设置4台千斤顶，千斤顶与钢梁间应垫石棉板或胶合板，并应使千斤顶顶程控制在有效顶程的80%以内。顶梁过程中，应用吊线球方法随时监视梁体偏斜及位移情况，并应设置保险木垛紧跟钢梁起落加高或降低，确保施工安全。

13.2.4 钢梁拼装采用焊接施工时应符合下列规定：

1 钢梁焊接应按批准的焊接工艺评定报告编制焊接工艺，施焊时必须严格执行焊接工艺，焊接参数不得随意修改。

2 钢梁各部位按顺序依次拼装就位，调整好拱度及旁弯和将组对连接件紧固后，应先进行定位焊接，待部件组拼完毕和经检验合格后方可进行整体焊接。

3 进行焊接前，必须彻底清除待焊区域的铁锈、氧化皮及油污等有害物质，使钢材表面露出金属光泽。

4 焊接工地应设防风雨设施遮盖全部焊接处，雨天不得焊接（箱形梁内部除外），箱梁内部采用CO_2气体保护焊时，必须采取通风防护安全措施。

5 工地焊缝必须按工艺要求进行全长范围内外观检查，对接焊缝除全部进行超声波探伤外，还应按接头数量的10%（不少于一个焊接接头）抽样进行射线探伤。

6 焊缝缺陷应按铁道部现行《铁路钢桥制造规范》（TB 10212）的有关规定进行修复。

13.2.5 钢梁涂装前应进行表面清理。钢梁工地焊接完成后，应将钢梁拼接接头表面部位的铁锈、油污及其他杂物清除干净。钢梁除锈施工应符合本技术指南第12章的有关规定，除锈等级要求和粗糙度要求应符合铁道部现行《铁路钢梁保护涂装》（TB/T 1527）的有关规定。

13.2.6 钢梁工地涂装应符合下列规定：

1 涂装前，应进行表面清理质量检查，合格后方可进行涂装。

2 钢梁涂装体系必须符合设计要求，涂装使用的涂料品种、质量应符合设计要求和相关标准的规定。

3 涂装施工应按本技术指南第12章的有关规定进行。涂装时发现漏涂、发白、流挂、皱皮、针孔、裂纹等缺陷时应及时处理，并应及时测定每层湿膜厚度、干膜厚度和附着力。

13.2.7 钢梁支座安装除应符合本技术指南第19章的有关规定外，尚应符合下列规定：

1 使用千斤顶顶梁位置和千斤顶在墩台上安放位置应符合设计要求,千斤顶中心轴应与桥梁结构中心线重合。

2 起落梁时应有保险设施随千斤顶活塞起落及时加高或降低确保施工安全,同一梁端的两侧支点应同步起落。

3 连续钢梁支座安装顺序及每次落梁高度应符合设计要求,当设计无要求时应采用间隔交替落梁方式施作,始终保持相邻支点落梁高差不大于5 cm和一次落梁高度不大于10 cm。

13.3 混凝土桥面板安装

13.3.1 混凝土桥面板施工前,应根据桥址地形、水文、交通、桥高及桥长等施工条件,编制实施性施工组织设计和施工工艺设计。

13.3.2 混凝土桥面板施工前,应将钢梁与桥面板的结合面及剪力联结器表面妨碍钢与混凝土结合的铁锈、油污等彻底清理干净,剪力联结器应无变形、无锈蚀等缺陷,并应采取措施防止在浇筑混凝土时污染钢梁。

13.3.3 现浇混凝土桥面板的模板及支架、钢筋、混凝土、预应力施工,除应符合本技术指南第10章的有关规定外,尚应符合下列规定:

1 桥面板的悬臂板采用支架支立模板时,可将角钢支架安装在钢梁上,为此宜委托钢梁制造厂在钢梁腹板(杆)上预钻孔眼。

2 桥面板的底模板无法拆除时,宜采用钢板底模与钢梁焊接严密并应对其进行防锈蚀处理。采用钢筋混凝土预制板做底模时,预制板应有足够的承载力,与钢梁间接缝应封堵严密确保不漏浆。

3 桥面板上预埋件数量、位置、结构、规格、尺寸应符合设计要求,预埋件安装时应采取可靠措施牢固定位,保证在浇筑混凝土过程中不变位,外露部分应采取措施防止锈蚀和损伤。

4 连续结合梁桥面板的正、负弯矩区段混凝土浇筑顺序及间隔时间和分段浇筑混凝土时接缝处理方法应符合设计要求,混凝土浇筑方法应符合施工工艺设计要求。桥面板混凝土顶面应按设计坡度抹平压实以利铺设防水层。

5 混凝土浇筑时,模板及钢梁顶面温度宜在5 ℃~35 ℃,混凝土拌和物入模温度宜在10 ℃~30 ℃,环境温度应在0 ℃以上。当昼夜平均气温低于5 ℃或最低气温低于-3 ℃时,应按冬期施工办理。

6 混凝土养护,在环境相对湿度小于60%时自然养护应不少于14 d,相对湿度在60%以上时自然养护不少于10 d,混凝土强度达到80%设计强度方可拆模。

7 连续结合梁桥面板施加预应力方式必须符合设计要求,顶落梁及张拉预应力筋方法应符合施工工艺设计。

13.3.4 采用预制桥面板在钢梁上安装应符合下列规定:

1 桥面板安装前应进行检验,其规格、质量符合设计要求方可安装。

2 桥面板分段安装顺序,桥面板接缝方法,桥面板预留剪力联结器窗孔的钢筋规格、质量及安装位置和现浇混凝土的材料种类、质量及强度等级,桥面板与钢梁间缝隙处理方法,均应符合设计要求。

3　连续结合梁钢梁中间支点顶升高度及方法和落低钢梁施工时间及方法等应符合设计要求和施工工艺设计。

13.3.5　桥面板防水层施工应符合设计要求和本技术指南第18章的规定。

14 预应力混凝土斜拉桥

14.1 一 般 规 定

14.1.1 斜拉桥施工前应根据工程情况、设计要求、现场条件、工期要求等,编制实施性施工组织设计和墩、塔、梁、拉索施工工艺设计,保证成桥高程、线形和应力符合设计要求。斜拉桥施工的施工组织设计应重点写明下列内容:

1 基础、墩塔及主梁施工方法及工艺。

2 梁、塔各工况施工过程中应力、线形控制方法及施工测量方法。

3 斜拉索安装、张拉锚固施工工艺及索力测控方法。

14.1.2 预应力混凝土斜拉桥施工中,应具备必要的监控测试手段,随时测试掌握必要的数据,并应密切联系设计单位及时核算控制各工况条件下结构应力变化。

14.1.3 应做好全桥总体测量坐标系统与梁、塔局部测量系统的接轨。索塔局部测量系统的基点应相对稳定,测量时间应在温度、风力较小时段,以避免索塔各部位相关及转换点的误差积累,保证索塔高程、线形、应力、倾斜度符合设计要求。

14.1.4 索道管位置必须测量定位准确,保证梁、塔索道孔道位于同一直线上,并应固定在劲性骨架上,防止浇筑混凝土过程中位移。在膺架上或悬臂浇筑梁段时,尚应考虑临时预拱度和设计给定拉力时缆索垂度等对索道管位置的影响,因此,宜将梁部索道管非锚固端做成椭圆孔,并使长径在垂直方向,以保证顺利安装拉索。

14.1.5 预应力混凝土斜拉桥施工中,应做好下列各项记录:

1 本技术指南附录 G、H、J、K 所列各表的有关内容。

2 各项施工试验内容、成果和说明。

14.1.6 斜拉桥施工的模板、支架、钢筋、混凝土及预应力施工,除应符合本章规定外,尚应符合本技术指南第 6 ~ 10 章的有关规定。应根据斜拉桥墩、塔、梁结构特点和所处环境温度变化情况,制定混凝土养护措施,冬期施工时应符合本技术指南第 9.1.8 和第 9.3.10 条有关规定。

14.1.7 斜拉桥使用的原材料、构配件的品种、规格、性能必须符合设计要求和相关标准的规定,并经检验合格方可使用。

14.1.8 斜拉桥施工应严格按照设计要求施工程序施作,保证各工况结构内力和变形符合设计要求。

14.2 索 塔 施 工

14.2.1 索塔施工流程如图 14.2.1 所示。

14.2.2 索塔的施工方案,应根据索塔的结构、外形尺寸和设计要求选用劲性骨架挂模、爬模等施工方法。

14.2.3 当索塔设计为塔梁固结结构时,索塔与梁交错多层作业应采取安全防范措施。

14.2.4 索塔施工脚手架设计应有足够的强度、刚度和稳定性,施工脚手架不得阻碍索塔的位移。高空作业应有防雷装置和安全措施。索塔高空施工,除设置能够满足索塔施工的垂直运输、起吊荷载、吊装高度、起吊范围要求和安装操作简单、安全可靠的塔吊外,还应设置人货两用的工作电梯及安全通道。

14.2.5 索塔横梁施工,应根据结构、重量及支撑高度设置可靠的模板和支撑系统,并应考虑混凝土浇筑时支撑的弹性和非弹性变形、支承下沉、温差及日照等影响,必要时应设置调控设施。

14.2.6 门式索塔的塔柱施工,应检算未形成门式刚构时的稳定性,必要时应设置临时支护设施,以防止在上部横联结构未完成时发生意外事故。

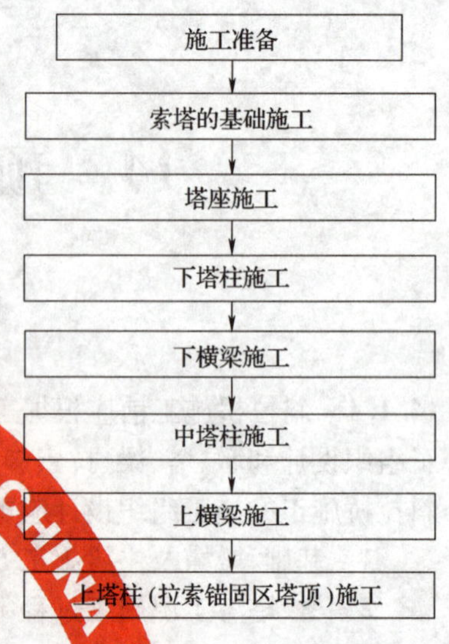

图 14.2.1 索塔施工流程图

14.2.7 索塔混凝土施工应采用泵送混凝土施工,当泵送高度超过1台泵送工作高度时,应提前做好接力施工设施(接力站台、混凝土储斗等),保证顺利接力泵送。

14.3 主梁施工

14.3.1 混凝土主梁采用悬臂浇筑法施工流程如图 14.3.1 所示。

14.3.2 斜拉桥主梁施工,应严格按设计要求和施工工艺施作,保证梁体内力、变形、高程和线形符合设计要求。

14.3.3 非与索塔固结的主梁,采用悬臂法施工时必须按设计要求将梁塔临时固结,并于施工完毕后按设计要求程序解除临时固结,完成设计的支承体系。

14.3.4 0#梁段(安装挂篮前梁段)在支(托)架上浇筑时应符合本技术指南第 11 章有关规定。

14.3.5 主梁采用悬臂法施工时,梁段长度、斜拉索位置和锚固头的相对尺寸等,均应符合设计要求。预应力施工应符合设计要求和本技术指南第10 章有关规定。

14.3.6 主梁采用挂篮悬臂浇筑施工应符合下列规定:

1 采用悬臂式挂篮施工时,应符合本技术指南第 11 章的有关规定。

2 采用前支点牵索式挂篮施工时,应按挂篮设计说明书操作和按与其配套的悬臂浇筑混凝土施工工艺施作。

3 浇筑梁段混凝土时,挂篮的弹性变形及主梁挠度应按设计要求进行调整。

4 主梁浇筑到最大悬臂时,应按设计要求并根据实际情况采取抗风振的安全措施。

5 挂篮在拆模和走行时,必须按照施工工艺施作,走行应均匀平稳,确保安全。

6 连续梁边跨先施工,中跨桥梁从两端进行单悬臂施工时,塔墩上的活动支座必须临时固定。连续梁边跨和中跨桥梁从塔墩开始进行双悬臂施工时,应考虑当两悬臂施工荷载不平衡产生的弯矩影响,除梁墩必须进行临时固结外,必要时应在塔墩两侧设置支承力大于预计不平衡弯矩1倍的支架或托架,以保安全。

14.3.7 混凝土主梁采用预制梁段悬拼施工时，除应符合本技术指南第11章有关规定外，尚应符合下列规定：

1 非与索塔固结的主梁（漂浮体系）应按设计要求将梁、塔临时固结，并于主梁悬拼完毕按设计要求程序解除临时固结。

2 预制梁段长度应符合设计要求，施工方法设计无要求时，宜采用长线台座密接浇筑，以使各端面啮合密贴。

3 梁段拼合前应进行试拼，以便及时调整。

4 湿接缝拼合面应进行表面凿毛和清理，并应在浇筑混凝土前进行浸湿。干接缝应保持结合面清洁和黏合料涂刷均匀。

5 应严格按设计要求进行悬拼施工，采用高程和索力双控方法保证主梁线形与设计相符。当高程和索力与设计值不符时，应以高程控制为主，用斜拉索调整主梁高程与设计值相符。

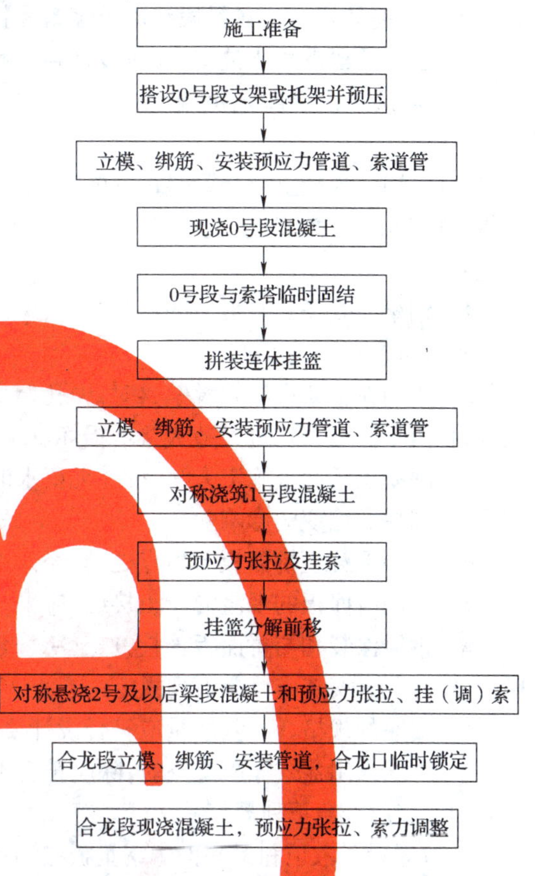

图14.3.1 主梁悬臂浇筑法施工流程图

14.3.8 主梁在膺架或托架上浇筑时，除应符合本技术指南第11章有关规定外，梁底与模板间或模板与支架间应设置滑动层，使梁体在施加预应力时能自由收缩。

14.3.9 主梁施工应根据前一施工阶段的监控结果，并考虑应力与线形的设计要求，确定下一步梁段施工的高程与索力。施工监控测试的主要内容包括：

1 变形：主梁的线形与高程、主梁平面的轴线偏差、索塔的水平位移。

2 应力：梁塔应力、拉索索力、支座反力在施工过程的变化，并与设计要求值相校验。

3 温度：温度场及指定测量时间塔、梁、索的变化。

14.3.10 悬臂施工的主梁合龙应符合下列规定：

1 连续梁在跨中合龙前，应做好两端悬臂梁的下列复查、调整工作：

1）施工荷载应对称相等，解除梁塔间临时固定的约束。

2）梁内预应力筋应按设计要求张拉完成。

3）复测中跨、边跨斜拉索张拉力，并按设计拉力调整。

4）复测桥梁悬臂端线形中线及高程，并调整到设计允许范围内。

2 连续梁跨中梁段合龙前，应按设计要求和本技术指南第11章有关规定锁定合龙口。悬臂梁端临时锁定应按设计要求施作，设计无要求时可采用在合龙口安装临时型钢支架和张拉部分预应力筋方法，形成撑拉结构锁定合龙段，并应同时释放桥梁活动端被临时固定的活动支座，使梁呈悬浮状态的连续梁。

3 观测合龙前连日的昼夜温度变化与合龙高程及合龙口长度变化的关系，以便选定在最低气温时段进行合龙梁段混凝土浇筑和指导合龙口临时锁定施工。

4 合龙梁段混凝土浇筑,应按设计要求和本技术指南第 11 章有关规定施工。

5 合龙梁段混凝土浇筑完成后至纵向预应力筋张拉前,禁止施工荷载的超平衡变化。

14.3.11 钢—混凝土结合梁斜拉桥施工,应根据设计要求的施工方法和程序,参照本技术指南第 13 章有关规定,先架设钢梁和挂索后进行桥面混凝土板施工,并应符合下列规定:

1 钢梁应委托具有资质的厂家制作,架设前必须进行检查验收和预拼安装,符合设计要求方可进行安装。

2 采用对称架设法架设钢梁时,中孔合龙后应立即拆除梁塔临时固结,实现体系转换,防止由于温度变化过大造成梁塔损坏。

3 混凝土桥面板施工方法,设计无要求时应优先采用预制安装方法施工,以减少后期混凝土收缩、徐变的影响。

4 预制混凝土桥面板起吊点处,应经计算加强,防止因局部应力集中损坏桥面板。

5 预制桥面板的现浇混凝土接缝,应采用早强微膨胀低收缩混凝土施工。

6 钢梁涂装和与桥面板连接方法,应符合铁道部现行有关规定和设计要求。

14.3.12 支座安装应符合下列规定:

1 支座的规格、性能、质量应符合设计要求。

2 主梁采用盆式橡胶支座时,除应符合本技术指南第 20 章有关规定外,支座各部件组装和安装应符合下列规定:

1)埋置于墩顶和梁底面的钢垫板必须平整和埋置密实,保证钢垫板与支座间密贴不得有大于 0.3 mm 的缝隙。

2)支座中线、高程偏差不大于 2 mm。

3)支座各部件必须保持清洁和上下密贴。

4)活动支座的聚四氟乙烯板和不锈钢板不得有刮伤、撞伤。

5)橡胶板应密封在钢盆内,安装时应排除空气与盆底保持紧密。

14.4 斜拉索安装

14.4.1 斜拉索安装施工流程如图 14.4.1 所示。

14.4.2 斜拉索长度计算及制索应符合下列规定:

1 计算斜拉索下料长度时,除应根据索塔与相应梁段锚具底端直线长度计算外,尚应考虑缆索安装时下垂需要增长量、张拉机具所需长度及富余量、下料时温度与设计安装温度之差引起的伸缩量、缆索跨越塔顶索鞍几何形状影响量、两端挂索施工时的必需长度等影响因素,保证斜拉索施工顺利进行。

2 斜拉索工地组索时,应按设计要求张拉迫使钢丝和钢绞线达到平行顺直松紧一致,并按设计要求绑扎成束,设计无要求时应间隔 2 m 用镀锌铁丝绑紧,两端挂牌标明索长、索号。

3 斜拉索工地组索的防护套设置,必须符合设计要求和相关技术标准规定,采用环氧树脂玻璃丝布粘结防护时,在涂脂粘连前,应按设计要求对钢丝和钢绞线进行张拉,并使其在放张后回缩量一致,以确保防护套不开裂。

4　委托工厂制作的成品斜拉索,进场时应提供产品质量合格证和出厂检验报告及有关数据,进场后应逐根检查每根拉索长度及端头锚固情况是否符合设计要求。

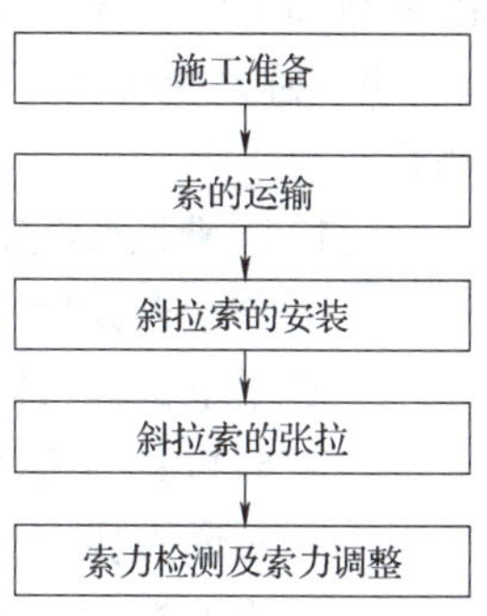

图 14.4.1　斜拉索安装施工流程图

14.4.3　斜拉索及锚具应符合下列规定:

1　斜拉索应委托具有资质的厂家生产制造,规格、质量必须符合设计要求,出厂时应附有质量合格证、生产日期及批号、规格及重量等资料。

2　斜拉索使用的原材料必须符合国家有关标准的规定和设计要求,出厂时应附有产品质量合格证和检验报告及有关数据。

3　锚具规格、品种、硬度、螺纹丝口及制作精度和防腐等级等,应符合国家有关规定和设计要求,出厂时应附有质量合格证和检验报告及有关数据。

4　斜拉索搬运及堆放时,不得弯折、交叉堆压损坏索的防护层,未作外防护的斜拉索应存放在干燥阴凉处,架空放置严防生锈,支点距不应大于 4 m。

14.4.4　斜拉索安装和张拉应符合下列规定:

1　斜拉索搬运和安装时必须保证索的弯曲半径符合设计要求。施工中应采取保护措施防止锚头损伤,锚头移位不得直接用铁锤敲击或强击复位。斜拉索防护层如有破损应及时修补,并做好记录。

2　斜拉索吊装,应根据塔高、布索方式、索长、索重、索的刚柔程度和现场状况及起重设备情况等,选用单吊点法、多吊点法、桁架床法、导索法、脚手架法、吊机安装法、钢管法进行吊装。较硬或较脆外防护层的斜拉索,不得采用单吊点法吊装。

3　斜拉索安装前,应预先测定锚头安装位置,并在索道管上下两端进口的锚下垫板上标明。斜拉索挂设,一般宜按先穿进塔上管道后再穿进梁体管道的顺序施工,并应严格按照施工工艺施作,塔上及梁上索道管的出入口处应用橡胶板防护,索的锚头应用薄铁皮防护,防止在挂索过程中损坏防护层。安装后,斜拉索应在索道管中心,不与索道管壁接触。

斜拉索下料后应对端头做好防护和保护,防止浸水生锈和散头。斜拉索端头锚固应符合设计要求,采用冷铸锚头时,锚环内应无锈、无油污,钢球去锈除污,环氧树脂和钢球必须灌满、密实和挤紧,并应采取措施保证锚头不受损伤。

4　拉索张拉应以振动频率计或油压表测定的索力值为准,延伸量作为校核。张拉前后必须对桥梁和索塔的变位进行观测,当变位超过设计要求时,应联系设计单位解决。

5　拉索张拉可于塔端或梁端单端进行,也可顶升索鞍支座进行。平行钢丝拉索宜采用整体张拉,平行钢绞线拉索可用整体或分索张拉,分索张拉应按“分级”、“等力”的原则进行,每根同级的索力允许偏差为 ±1% 。

6　拉索张拉的顺序、级次数和量值必须符合设计要求。索塔顺桥向两侧对称的拉索和桥梁横向对称的拉索必须对称同步张拉,索塔两侧不对称的或设计拉力不同的拉索,应按设计要求的索力分级同步张拉,同步张拉的误差值不得超出设计要求,设计无具体要求时,各千斤顶同步之差不得大于油压表读数的最小分格,索力终值偏差应不大于 ±3% 。

7　拉索锚固时必须与锚垫板密贴居中,锚环和锚垫板间不宜加垫,需要加垫时其垫圈材料和强度应满足承压要求，并应设成两个密贴带扣的半圆。

8 桥梁施工到下述阶段时，全桥应测核索力，发现与设计要求不符时应进行索力调整：

1)桥梁悬臂施工到跨中合龙前。

2)跨中合龙后，梁体内预应力筋全部张拉完成时。

3)梁上铺砟、铺轨和安装附属设备完成时。

斜拉索的索力调整值和调整程序应符合设计要求。索力调整时以张拉拉索锚头增减锚下垫块厚度或拧转锚头螺帽进行调整，且宜从超过设计要求最大或最小的拉索开始。

9 斜拉索安装后，在抗振和减振装置安装前，两端锚具和索道管应有临时防护措施，防止雨水侵入和撞击锚头。

10 安装减振器时，应使其内周夹紧斜拉索，外周与索道管密贴。

11 斜拉索永久防护应符合设计要求。

12 在全部施工过程中，均应注意对斜拉索的保护，拖索、牵引、锚固、张拉及调整的各道工序中，均要避免扭、碰、压、折、刮伤斜拉索。

15 拱　　桥

15.1 一般规定

15.1.1 拱桥施工前应根据设计施工方案及要求和桥位地形、地质及施工条件等,编制施工组织设计和施工工艺设计。

15.1.2 拱圈(拱肋)放样应符合下列规定:

1 样台应平整牢固,不变形。

2 放样的比例应为1:1。

3 宜采用半跨放样。

4 放样时,水平长度偏差及拱轴线偏差:当跨度大于20 m时,不得大于计算跨度的1/5 000;当跨度等于或小于20 m时,不得大于4 mm。

15.1.3 拱圈(拱肋)放样时的预加拱度,可根据跨度大小、拱架类型、拱架刚度、地质情况和恒载大小等因素决定,宜取计算跨度的1/500~1/1 000。

拱桥的预加拱度在拱顶宜为总量,拱脚为零,其间按二次抛物线计算分配于各节点;对于小跨度拱桥可简化按直线比例分配。

大跨度拱桥的预加拱度,应符合设计要求。

15.1.4 拱架(包括梳形木)应按设计制造,并在放样台上放样,制成样板。

采用常备构件拼装拱架,应进行刚度和稳定性检算。

15.1.5 拱架支承部分应置于可靠基础上,不得产生不均匀下沉。

钢拱架在安装前,应对支承面的高程、中线和跨度进行复测无误后,方可安装。

15.1.6 拱架无支承安装方法可采用悬臂拼装、半跨转体、浮运架设、悬索拼装等,也可综合使用上述方法。

15.1.7 拱架安装固定后,应测出拱架各节点高程,再安装梳形木。梳形木顶部高程允许偏差不应大于计算跨度的1/1 000,也不得大于$^{+3}_{-1}$cm。

15.1.8 拱圈(拱肋)施工时,应采取有效措施减少钢拱架发生温度变形(包括因单侧日晒引起的扭曲现象)。

15.1.9 多跨连续拱桥,相邻孔的施工顺序应按设计控制条件确定,减小相邻孔产生的不平衡水平推力。工序不宜划分过多,可按拱圈、边墙(或立柱、腹拱)和填腹(桥面系)三个工序安排。

15.1.10 拱圈(拱肋)使用千斤顶调整应力时,应按设计要求进行,千斤顶在拱圈截面内位置的偏差不得大于1 cm。全部千斤顶应连成一个或两个系统,并分别控制。

15.1.11 拱圈封顶合龙时的温度和混凝土(砂浆)强度,必须符合设计要求,当设计无要求时,应符合下列规定:

1 封顶合龙温度宜安排在昼夜平均温度接近年平均温度时进行。

2 分段浇筑的拱圈,填塞空缝时混凝土(砂浆)应达到设计强度的50%。

3　全宽浇筑的拱圈，浇筑封顶拱圈时，拱圈混凝土（砂浆）应达到设计强度的70%。

4　拱顶合龙采用千斤顶调整应力时，已浇筑拱圈的混凝土（砂浆）应达到设计强度。

15.1.12　当拱圈（拱肋）混凝土（砂浆）达到设计强度的70%时，在拱上结构施工前，宜先卸落拱架，使之脱离拱圈（拱肋）。对于中小跨度拱桥也可在拱上结构全部完成，待拱圈（拱肋）及拱上结构混凝土（砂浆）分别达到设计强度后一次拆除拱架。

各片拱架应同时卸落，依次拆除。

拆除拱架时，应对称、少量、多次循环、逐步完成，并应观测、记录拱圈（拱肋）的变形。

15.1.13　当多孔拱桥的桥墩设计允许承受单孔施工时，可单孔拆除拱架。

当利用空腹式拱桥的拱圈设置吊点拆除拱架时，应检算拱圈的应力。

15.1.14　卸落拱架采用砂筒（箱）或木楔时，应符合下列规定：

1　采用砂筒（箱）时，砂子应匀净干燥，并应预压到设计要求。泄砂孔及砂筒（箱）与活塞之间的缝隙应封闭严密。

2　木楔应采用硬木，热油浸制，楔面涂润滑油。

当跨度较大时，应将木楔安置于拱顶区段内方木与梳形木之间。

15.1.15　上承式拱桥拱上结构混凝土浇筑，应符合下列规定：

1　拱上立柱混凝土宜从底部开始一次浇完。立柱上端的施工接缝，应设在横梁梗肋的底面上。

2　桥面系的梁与板宜同时浇筑，当横梁过高浇筑困难时，可分别浇筑，其施工接缝应在板肋底面上。对直接支承在横梁上的板为桥面时，横梁和立柱应同时浇筑。

3　两相邻伸缩缝间桥面板应一次浇完。

15.1.16　系杆拱桥施工应符合下列规定：

1　系杆拱桥采用先拱后梁顺序施工时，在系梁施工完成之前，应采取临时措施限制拱脚位移。施工过程中的临时水平拉索，应分次分批张拉克服拱脚处水平推力，当设计无要求时可采用系梁的上层永久预应力束作为临时拉索。系杆拱桥采用支架法先梁后拱顺序施工时，梁拱支架拆除时间应符合设计要求。当设计无要求时应在梁拱共同受力后方可拆除支架。

2　拱肋拱脚混凝土应和系梁端横梁（隔板）混凝土一次浇筑成形。

3　拱肋及横撑梁施工方法应符合设计要求，钢管混凝土拱肋及横撑施工可按本技术指南第15.4节有关规定办理，钢筋混凝土拱肋与横撑混凝土须分开浇筑，但横撑端部混凝土应与拱肋同时浇筑。

4　系梁施工方法应符合设计要求。当采用预制拼接和利用系梁上层预应力束作临时拉索方法施工时，预制梁段长度及梁体竖向混凝土分层浇筑位置、梁段安装顺序、接头方法等，均应符合设计要求。

5　系梁梁体上层混凝土和接头混凝土浇筑前，应对系梁梁段及拱肋的高程及平面位置进行精调定位，保证吊杆位置和系梁线形符合设计要求；浇筑混凝土前应对临时水平拉索的套管进行检查、整修、清理，保证浇筑混凝土时不漏浆和使临时拉索顺利转换成永久拉索。

6　系梁的横梁（隔板）施工方法应符合设计要求。当采用吊模现浇混凝土施工时，吊模支架及模板应经过设计计算，具有足够强度和刚度。

7　系梁和横梁（隔板）混凝土达到设计要求强度时方可进行预应力束张拉，张拉顺序及预应力值应符合设计要求，张拉方法设计无要求时，纵向通长预应力束应两端同时张拉，横向预应力束可单端张拉。

8 吊杆位置、预应力张拉顺序及张拉力值均须符合设计要求，张拉方法设计无要求时，可采用单端张拉，张拉过程中应观测拱肋及系梁高程和应力变化情况。

9 系梁和拱肋设置向上预拱度应符合设计要求。

15.2 拱桥支架法施工

15.2.1 上承式混凝土拱桥采用支架法施工流程如图15.2.1—1所示，下承式混凝土拱桥采用支架法施工流程如图15.2.1—2所示。

15.2.2 上承式拱桥的施工顺序，可按下列三个阶段进行：

1 拱圈、横隔板、横撑、刚架底座应一次连续浇筑，然后浇筑分段间隔槽。当拱圈需预施应力调整时，应符合本技术指南第15.1.10条的规定。

2 从拱脚向拱顶方向对称浇筑刚架立柱或拱上壁墙。

3 从拱脚向拱顶方向对称浇筑桥面系。

每一阶段混凝土达到设计强度后，方能进行下一阶段施工。

15.2.3 跨径等于或小于16 m的拱圈或拱肋混凝土，应按拱圈全宽分段从两端拱脚向拱顶对称连续浇筑，并在拱脚混凝土初凝前全部完成。如预计不能在限定时间内完成，则应在拱脚预留一个间隔缝并最后浇筑间隔缝混凝土，间隔缝端面应与拱轴线相垂直。

15.2.4 跨径大于16 m的拱圈或拱肋，应沿拱跨方向分段对称浇筑，分段位置、间隔槽宽度应符合设计要求，设计无要求时，采用拱式拱架时分段位置宜设置在拱架受力反弯点、拱架节点、拱顶及拱脚处；采用满布式拱架时分段位置宜设置在拱顶、$L/4$部位、拱脚及拱架节点处。各段的接缝面应与拱轴线垂直，各分段点应预留间隔槽。

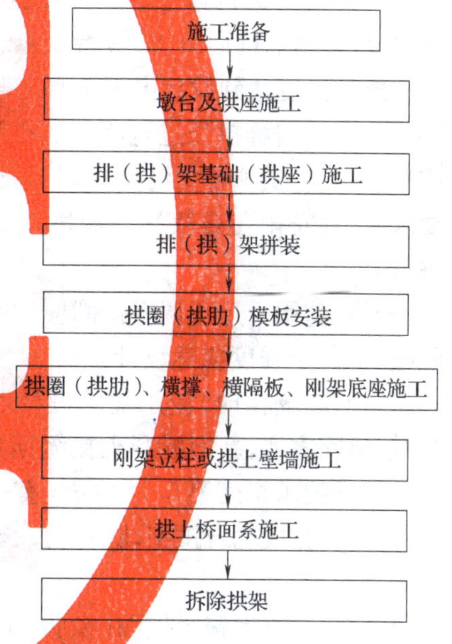

图15.2.1—1　上承式混凝土拱桥支架法施工流程图

15.2.5 两相邻拱段之间预留的间隔槽，不宜设在拱肋横撑、隔板、吊杆或刚架节点处。当使用千斤顶调整拱圈应力时，应在拱顶间隔槽内预留千斤顶位置。

间隔槽宽度宜为0.5～1.0 m，并应满足对钢筋接头设置位置的要求。

15.2.6 拱圈底模铺好后，应标定拱圈（拱肋）中线、主筋、刚架、边模及混凝土分段浇筑的位置。

15.2.7 分段浇筑时，各分段混凝土应一次连续浇筑完毕，因故中断时，应浇筑成垂直于拱轴线的施工缝。

15.2.8 下承式和中承式拱桥悬吊桥面系的混凝土，应在拆除拱架后浇筑。拱肋横撑混凝土应与拱肋分开浇筑，但横撑端部混凝土应与拱肋同时浇筑。横撑预留间隔槽端面应与横撑的轴线相垂直。吊杆混凝土应在吊杆钢筋承受桥面系全部恒载后对称浇筑,以防止混凝土发生裂缝。

15.2.9 各拱段混凝土浇筑顺序应符合设计要求,与拱顶对称的拱段,应沿拱的全宽同时浇筑。

在施工过程中,应随时观察拱架的变形情况,并应根据变形情况采用调整混凝土浇筑数量及速度或临时局部加载等措施纠正拱架变形。

15.2.10 当大跨度拱圈采用分层分段法浇筑混凝土时,各层的间隔槽不得错开,待各层拱段全部浇筑完毕,再填塞间隔槽。

分层浇筑时,应按有关规定和设计要求处理好层间混凝土的连接。除有设计要求外,前层混凝土达到设计强度30%以上时,方可浇筑次层混凝土。

15.2.11 间隔槽混凝土,应待拱圈各分段混凝土全部完成且强度达到设计强度70%和养护时间不少于7 d时,方可对称拱顶进行浇筑。拱顶间隔槽混凝土应最后浇筑,拱顶合龙温度应符合设计要求,设计无要求时,宜安排在昼夜平均温度接近年平均温度时进行。

封顶前用千斤顶调整拱圈应力时,拱圈(包括间隔槽)混凝土强度应达设计强度。

填塞间隔槽时,应用坍落度较小的混凝土分层浇筑、捣固密实,新旧混凝土接缝面处理应符合设计要求和本技术指南第6.7.4条的有关规定。

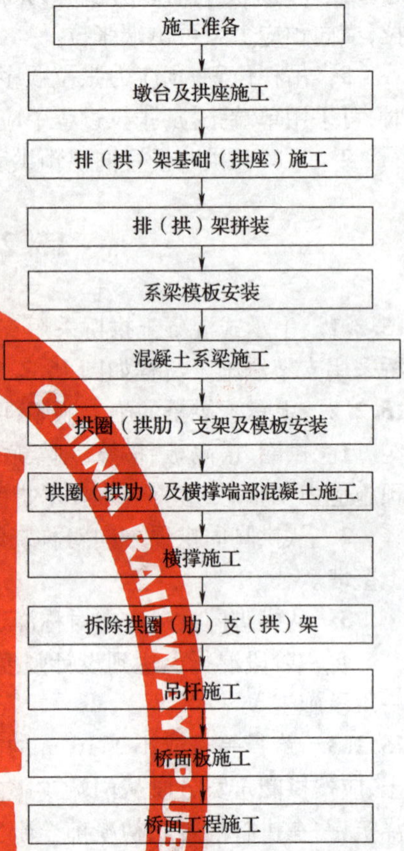

施工准备
↓
墩台及拱座施工
↓
排(拱)架基础(拱座)施工
↓
排(拱)架拼装
↓
系梁模板安装
↓
混凝土系梁施工
↓
拱圈(拱肋)支架及模板安装
↓
拱圈(拱肋)及横撑端部混凝土施工
↓
横撑施工
↓
拆除拱圈(肋)支(拱)架
↓
吊杆施工
↓
桥面板施工
↓
桥面工程施工

图15.2.1—2 下承式混凝土拱桥支架法施工流程图

15.2.12 分段浇筑拱圈,除有设计要求外,严禁沿拱圈采用通长钢筋,全部钢筋接头应设在间隔槽内。

15.2.13 浇筑大跨径拱圈(拱肋)混凝土时,宜采用分环(层)分段法浇筑,也可沿纵向分成若干条幅,中间条幅先行浇筑合龙,再按横向对称、分次浇筑合龙其他条幅,其浇筑顺序和养护时间应根据拱架荷载和各环负荷条件通过计算确定,并应符合设计要求。

15.2.14 劲性骨架浇筑混凝土拱圈应符合下列规定:

1 大跨径劲性骨架混凝土拱圈(拱肋)的浇筑,应严格按照设计方案及要求进行施工,当采用分环多工作面均衡浇筑法施工时,混凝土浇筑应严格按设计加载程序施作,并应在施工过程中跟踪监控劲性骨架变形情况。

2 分环多工作面均衡浇筑劲性骨架混凝土拱圈(拱肋)时,各工作面可根据模板长度分成若干工作面,各工作面必须对称均衡浇筑,保证劲性骨架变形均匀和稳定。

3 浇筑劲性骨架混凝土拱圈(拱肋)时,应严格监测和控制钢骨架及先期混凝土层的竖、横向变形,发现对应断面竖向高差和横向位移不符合设计要求时,应及时分析原因采取措施进行调整纠正。

15.3 拱桥转体法施工

15.3.1 转体施工法一般适用于各类单孔拱桥的施工,其基本原理是:将拱圈或整个上部结构分为两个半跨,分别在河谷两岸利用地形或简单支架现浇或预制装配半拱,然后利用动力装置将其两半跨拱体转动至桥轴线位置按设计高程合龙成拱。拱桥转体施工法根据转动方位的不同分为平转、竖转、平竖结合转体施工。

I 平转施工

15.3.2 平转施工可分为有平衡重平转、无平衡重平转。

15.3.3 平转施工(有平衡重)流程如图15.3.3所示。

15.3.4 桥体混凝土达到设计要求强度或设计强度等级的80%时,方可分批、分级张拉扣索,扣索索力应进行检测,允许偏差为±3%。张拉达到设计应力时,桥体脱离支架成为以转盘为支点的悬臂平衡状态,再根据合龙高程(考虑合龙温度)的要求精调张拉扣索。

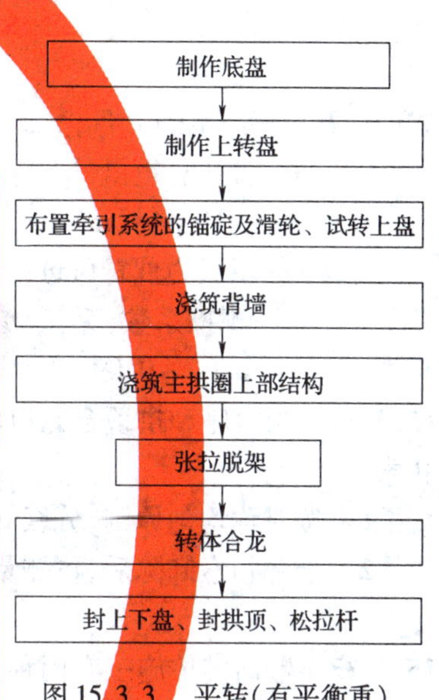

图15.3.3 平转(有平衡重)施工流程图

15.3.5 扣索施工应符合下列规定:

1 扣索宜采用精扎螺纹钢筋、带扎丝锚的Ⅳ级圆钢筋、带镦头锚的高强钢丝、预应力钢绞线等高强材料,安全系数不应低于2。

2 扣点应设在梁悬臂端点或拱顶点附近,控制好扣索合力作用点的位置,使桥体截面应力处于允许的受力状态。扣索的位置宜与所吊的拱肋在同一竖直面内。

3 扣索锚点高程不应低于扣点,宜与通过锚点的水平线成0~5°的角度,以利于扣索调整和桥体脱架。

4 宜用千斤顶张拉扣索,张拉力先按设计张拉力控制,再按桥体脱开支架的要求适当调整。

5 张拉前应设立桥轴向和桥轴向支撑以及拱体轴线上拱顶、3/8、1/4、1/8跨径处的平面位置和高程观测点,在张拉前和张拉过程中随时观测。

15.3.6 尾索张拉应符合下列规定:

1 两组尾索应按照上下左右对称、均衡张拉的原则,对桥轴向和斜向尾索分次、分组交叉张拉。

2 张拉一级荷载时,应按照上一级荷载张拉后的伸长值与拉索中的应力进行分析,调整本次张拉荷载,力求各尾索内力均衡。

3 尾索张拉荷载达到设计要求后,应对尾索观测和内力测量1~3 d,如发现内力损失导致尾索内力相差过大时,应再进行一次尾索张拉,以求均衡达到设计内力。

15.3.7 扣索与锚索之间通过置于扣、锚支承(桥台或立柱)的顶部交换梁相连接。有平衡重转体施工视情况利用桥台或另设临时配重。

15.3.8 当两岸拱体旋转至桥轴线位置就位后,两岸拱顶高程超差时,宜采用千斤顶张拉、松卸扣索的方法调整拱顶高程。

15.3.9 转体合龙应符合下列规定：

1 严格控制桥体高程和轴线偏差，合龙接口允许相对偏差为 ±10 mm。

2 严格控制合龙温度。当温度与设计要求相差 3 ℃或影响高程差 ±10 mm 以上时，应计算温度影响，修正合龙高程。合龙应选择当日最低温度进行。

3 合龙时，应先采取钢楔刹尖等瞬时合龙措施，然后再施焊接头钢筋，浇筑接头混凝土，封固转盘。待混凝土达到设计强度的 80% 以上时，再分批、分级松扣，拆除扣、锚索。

15.3.10 牵引动力可用卷扬机、牵引式千斤顶等，也可用普通千斤顶斜置在上、下转盘之间。转动时应控制速度，通常角速度不宜大于 0.01 ~ 0.02 rad/min 或桥体悬臂线速度不大于 1.5 ~ 2.0 m/min。

15.3.11 转动牵引力按下式计算：

$$T=\frac{2fGR}{3D} \tag{15.3.11}$$

式中 T——牵引力(kN)；

G——转体总重量(kN)；

R——铰柱半径(m)；

D——牵引力偶臂(m)；

f——摩擦系数，无试验数据时，可取静摩擦系数为 0.1 ~ 0.12，动摩擦系数为 0.06 ~ 0.09。

15.3.12 当台座和拱顶合龙口混凝土达到设计强度等级的 75% 后，可按下述规定拆除扣索：

1 按对称均匀原则，分级卸除扣索，同时应复测扣索内力、拱轴线和高程。

2 全部扣索卸除后，再测量轴线位置和高程。

Ⅱ 竖转施工

15.3.13 竖向转体施工有两种方式：一种是竖直向上预制半拱，然后向下转动成拱；另一种是在桥面以下俯卧预制半拱，然后向上转动成拱。

15.3.14 竖转施工流程如图 15.3.14 所示。

15.3.15 对混凝土肋拱、刚架拱、钢管混凝土拱，当地形、施工条件许可时，可选择竖转法施工。转动体系由转动铰、提升体系(动、定滑轮组，牵引绳等)、锚固体系(锚索、锚碇等)等组成。

15.3.16 待转桥体在桥轴线的河床上架设或拼装，根据提升能力确定转动单元为单肋或双肋。

15.3.17 支承提升和锚固体系的台后临时塔架可由引桥墩或立柱代替，提升动力可选用 30 ~ 80 kN 卷扬机。

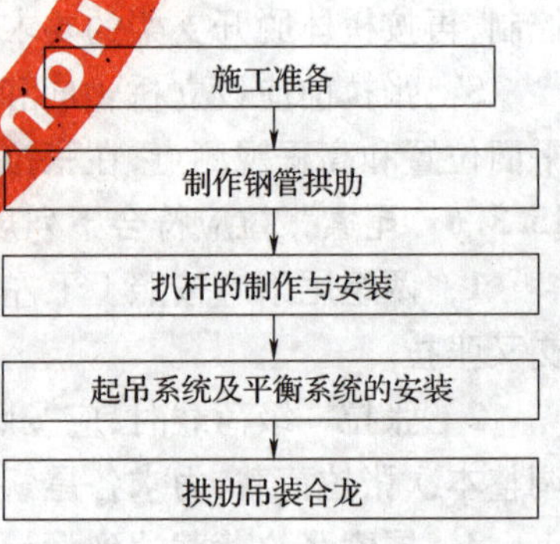

图 15.3.14 竖转施工流程图

15.3.18 转动时应符合下列规定：

1 转动前应进行试转，以检验转动系统的可靠性。竖转速度可控制在 0.005 ~ 0.01 rad/min，提升重量大者宜采用较低的转速，力求平稳。

2 桥体竖转就位，调整高程和轴线，楔紧合龙缺口，焊接钢筋，浇筑合龙混凝土，封填转动铰至混凝土达到设计强度后，拆除提升系统，完成竖转工作。

15.4 拱桥悬臂法施工

15.4.1 悬臂施工法是以桥墩为中心向两岸对称的、逐节悬臂接长的施工方法,分悬臂浇筑法和悬臂拼装法两种。采用缆索吊装悬拼法施工钢管混凝土拱桥应符合本节规定。

15.4.2 钢管混凝土拱肋施工流程如图 15.4.2 所示。

15.4.3 钢管混凝土拱桥所用钢管直径超过 600 mm 的应采用卷制焊接管,卷制钢管宜在工厂进行。在有条件的情况下,应优先选用符合国家标准系列的成品焊接管。

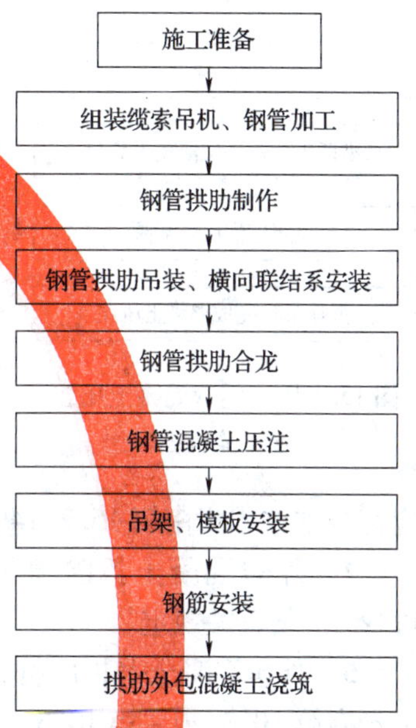

图 15.4.2 钢管混凝土拱肋施工流程图

15.4.4 钢管拱肋制作应按半跨拱肋进行 1∶1 精确放样,同时考虑温度和焊接变形的影响,并精确确定合龙段的尺寸,直接取样下料加工。

15.4.5 拱肋节段焊接应与母材等强度焊接,对焊缝应 100% 进行超声波探伤检查。

15.4.6 在钢管拱肋制作过程中,应按设计施工方案要求设置混凝土压注孔、防倒流截止阀、排气孔及扣点、吊点节点板。采用整榀钢管对称压注、一次到位方法施工时,压注孔宜分别设在距拱座 1.5 ~ 2.0 m 位置。排气孔应设在拱肋钢管最高点及其两侧对称处不少于 3 个,排气管高度应高出拱肋最高点不小于1.5 m。在钢管拱肋节段形成后,钢管外露面应按设计要求做长效防护处理。

15.4.7 钢管拱肋成拱过程中,应同时安装横向联结系,未安装横向联结系时不得多于一个节段,并应采取临时横向稳定措施。

15.4.8 节段间环焊缝的施焊应对称进行,施焊前保证节段间有可靠的临时连接并用定位板控制焊缝间隙,不得采用堆焊。合龙口的焊接或栓接作业,应选择在结构温度相对稳定的时间内尽快完成。

15.4.9 钢管混凝土压注施工流程如图 15.4.9 所示。

15.4.10 钢管混凝土压注施工前,应根据施工方案和混凝土拌和物运输距离等施工条件,对选用的混凝土泵机进行作业排量计算,据以选择配备与其相适应的混凝土拌和及运输设备,保证钢管混凝土压注施工连续进行。

15.4.11 泵压混凝土选择配合比时,应加入适量减水剂和膨胀剂,以便降低混凝土用水量,减小水灰比及孔隙率,增大流动性和提高混凝土强度,保证混凝土坍落度入泵时不得小于 18 cm。

15.4.12 钢管内混凝土采用泵送顶升压注应按设计要求顺序施工,单榀钢管设计无要求时应由两拱脚至拱顶对称、均衡、一次压注完成。多榀钢管拱肋混凝土压注必须按设计要求施工。

15.4.13 钢管混凝土压注前应泵入适量水泥浆清洗管内污物、湿润管壁,然后再压注混凝土,直至钢管顶端排气孔排出合格的混凝土为止。压注混凝土完成后应关闭设于压注

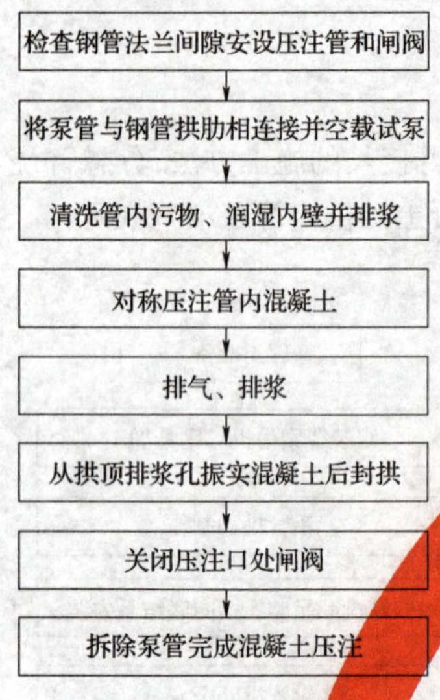

图 15.4.9　钢管混凝土压注施工流程图

口的倒流截止阀。管内混凝土的压注应连续进行，不得中断。施工过程中，应通过调节两端泵送混凝土速度及节奏，控制两侧混凝土顶面高差在 100 cm 以内，同时应做好压注混凝土过程中的排气工作，必要时可采用间停泵送，以便充分排气和排出浮浆。

15.4.14　封拱时应采用低速、低压泵送混凝土，通过排气孔振捣检查混凝土无气泡、无浮浆时停止混凝土泵送，关闭压注口倒流截止阀，拆除泵管结束泵压混凝土施工。

15.4.15　钢管混凝土达到设计要求强度后，在钢管拱肋上安装吊架、模板、浇筑拱肋外包混凝土应符合下列规定：

1　钢管拱肋外包混凝土支(吊)架及模板须经过设计计算，具有足够强度和刚度，安装和拆除时应按施工工艺设计施作，保证人员及设备安全。

2　钢筋布置应符合设计要求和本技术指南第 15.2.12 条规定。

3　外包混凝土浇筑应符合设计要求，设计无要求时应符合本技术指南第 15.2.14 条规定。

4　外包混凝土拆除模板应符合设计要求，设计无要求时应符合本技术指南第 11.2.14 条有关规定。

5　外包混凝土养护应符合设计要求，设计无要求时应符合施工工艺设计要求和本技术指南第 10.3.20～第 10.3.21 条规定。

16 涵 洞

16.1 一般规定

16.1.1 涵洞开工前,除应按本技术指南第3章的有关规定做施工准备外,尚应对涵位、孔径、涵长、方向以及对排灌系统的连接等,结合现场实际与设计文件进行核对。

16.1.2 涵洞基础施工应符合本技术指南第6章的有关规定并按设计要求进行地基处理。

16.1.3 基坑开挖经检验合格后,应及时进行涵洞基础和其他部位施工。

16.1.4 涵洞沉降控制应符合设计要求,沉降缝端面应竖直、平整,上下不得交错搭压。填缝材料应具有弹韧性、不透水性和耐久性,并应连续填塞密实。

圆型涵洞和盖板涵的沉降缝,应设在管节或盖板的接缝处,管节或盖板不得搭压管座基础或边墙的沉降缝。

防水层类型应符合设计要求,应具有防水、耐久、粘结牢固的弹韧性。

16.1.5 涵洞进出口的沟床应整理顺直,铺砌工程应与上下游沟床、排水设施连接圆顺、稳固,流水畅通。

帽石和端、翼墙应平直、无翘曲现象,并应棱角鲜明,表面整洁。

16.1.6 涵洞处路堤缺口填筑,应符合设计要求,当设计未提出要求时,应符合下列规定:

1 填筑施工应待涵身结构混凝土或砌体砂浆达到设计强度后进行。

2 填筑必须从涵身两侧同时、对称、水平、分层施工,并应逐层碾压密实,非特设加强涵身涵洞应在当涵顶填筑厚度超过1.0 m后,方可通行大型机械。

3 涵洞两侧紧靠边、翼墙和涵顶1.0 m以内,宜采用人工配合小型机械的方法夯填密实,并应防止小型机械碰撞、推压结构物。

4 填石路堤的填料和施工应符合设计要求,并不得破坏涵洞的防水层。当设计未提出要求时,涵身顶面以上1.0 m高度内应分三层填筑:底层20 cm厚黏性土,中层50 cm厚碎石、卵石或粗、中砂,顶面30 cm厚小片石。在涵身外侧两倍孔径的宽度范围内,应堆码片石至涵身顶面以上1.0 m高度。

16.1.7 混凝土或钢筋混凝土预制构件,在移动装卸、运输、支垫过程中,应防止碰撞,不得用金属或其他坚硬垫块支垫。

16.1.8 涵洞施工应符合铁道部现行铁路混凝土与砌体工程施工质量验收标准的有关规定。

16.2 圆形涵洞

16.2.1 圆形涵洞施工流程如图16.2.1所示。

16.2.2　钢筋混凝土圆管制作应符合下列规定：

1　钢筋混凝土圆管宜在预制场集中制作。

2　管节端面应平直并与其轴线垂直，斜交涵洞进出口管节的外端面，应按设计斜交角度进行处理。

3　管节内外壁表面应光滑圆顺，无蜂窝麻面和露筋等缺陷，钢筋保护层厚度应符合设计要求。

4　管节混凝土强度符合设计要求。

16.2.3　当圆形涵洞设计为混凝土或砌体基础时，应设置混凝土管座，其顶部弧形面应与管身密贴。

16.2.4　当圆形涵洞设计为无基涵时，应采取将管座土层夯压密实或回填砂垫层等措施，然后做成与管身密贴的弧形管座，并符合设计要求。

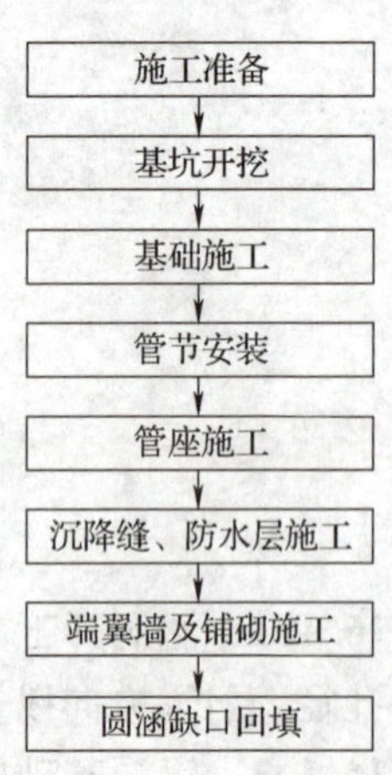

图 16.2.1　圆形涵洞施工流程图

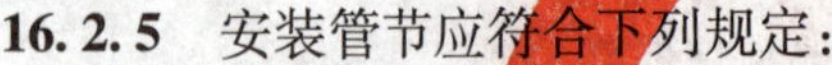

16.2.5　安装管节应符合下列规定：

1　管节应按设计坡度安装，每一沉降段内管底内壁应调整平顺，管节必须座稳垫实；管座范围内基础顶面应清洗干净，不得有泥土等杂物。

无基涵安装管节时，应保持管座形状完整；管节安装定位后，管节两侧应用与管座相同的材料填实。

2　插口管接口应按承插口迎水安装，接口应平直，环形间隙应均匀，并按设计要求的防水材料将环形间隙填塞密实。

平口管接口宽度应为 1.0 ~ 2.0 cm，表面应平直，采用设计要求的防水材料填塞密实。

所有接口不得有间断、裂隙、空鼓、漏水等现象。

16.3　拱涵、盖板涵

16.3.1　拱涵、盖板涵可现场浇筑或预制安装，施工流程如图 16.3.1 所示。

16.3.2　拱圈和盖板现场浇筑宜采用钢模板，并按设计沉降段连续进行；当不能一次连续完成时，可按垂直涵身轴线方向设置施工缝，分段浇筑，并符合本技术指南第 16.1.4 条的规定。

16.3.3　现场浇筑拱圈和拱上端墙应由拱脚向拱顶同时、对称施工。

16.3.4　预制拱圈和盖板及安装应符合下列规定：

1　预制拱圈和盖板的宽度，应按起重设备和运输能力确定；吊装孔或吊装环的位置和吊环钢筋应符合设计要求。

2　预制拱圈和盖板的混凝土达到

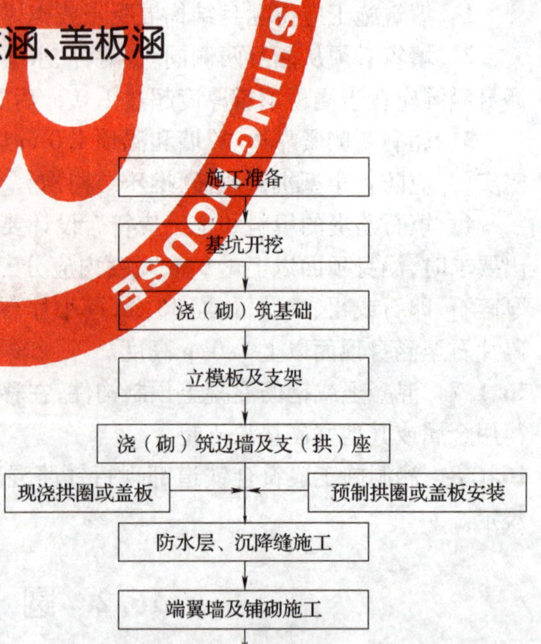

图 16.3.1　拱涵、盖板涵施工流程图

设计要求的强度后,方可吊运和安装。

3 安装前应检验成品和涵身与安装有关部位的质量,影响安装的部位应提前整修达到标准。

4 安装结合面应刷洗干净,安装时应浇水润湿,用设计要求强度等级的水泥沙浆将接缝填满、塞实后抹平表面。

16.3.5 支(拱)架拆除和涵顶填土应符合下列规定:

1 混凝土或砌体达到设计强度的 75% 后可拆除支(拱)架,但必须达到设计强度后,方可进行涵顶填土。

2 当支(拱)架未拆除时,混凝土或砌体达到设计强度的 75% 后,可进行涵顶填土,但必须达到设计强度后,方可拆除支(拱)架。

16.4 矩形涵、框架涵

16.4.1 矩形涵施工流程如图 16.4.1 所示。

16.4.2 当矩形涵设计为无基涵时,应采取夯实天然基础或换填砂垫层等措施。

16.4.3 拼装式矩形涵施工除符合本技术指南第 16.1.8 条的规定外,尚应符合下列规定:

1 预制涵节宜采用钢模板,当采用木模板时,应具有足够的刚度,内外模板间应设有控制涵节尺寸的措施。

2 拼装前应将结合面刷洗干净,影响拼接的部位应提前整修达到标准。

3 可从线路中心向上下游依次进行拼装,拼装过程应防止碰撞。涵节底面应填满垫实,接缝位置和宽度符合设计要求,并用设计要求强度等级的水泥沙浆填满,塞实后抹平表面。

4 涵节结合面水泥沙浆达到设计强度后方可填筑路基。

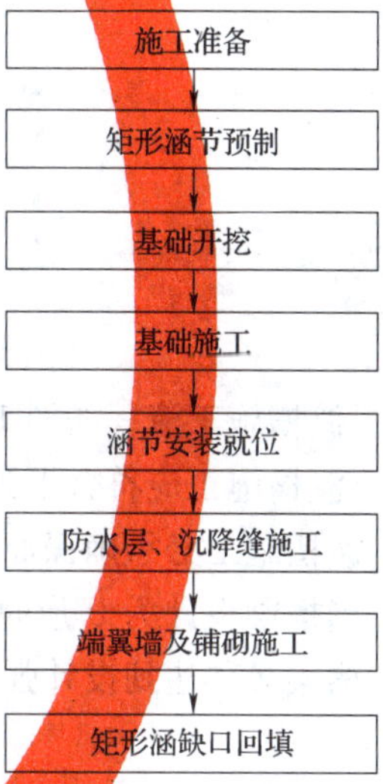

施工准备 → 矩形涵节预制 → 基础开挖 → 基础施工 → 涵节安装就位 → 防水层、沉降缝施工 → 端翼墙及铺砌施工 → 矩形涵缺口回填

图 16.4.1 矩形涵施工流程图

16.4.4 框架涵孔径较小时,可按本技术指南第 16.4.3 条有关规定采用预制拼装方法施工。就地浇筑,框架涵施工流程如图 16.4..4 所示。

16.4.5 就地浇筑框架涵除应符合本技术指南第 16.1.8 条的有关规定外,尚应符合下列规定:

1 涵身混凝土可分两阶段浇筑:先浇筑底板(包括下梗肋),当底板混凝土强度达到设计强度的 50% 后,再浇筑中、边墙及顶板混凝土。当两阶段浇筑有困难时,也可分为三阶段浇筑,但中、边墙的施工缝不应设在同一水平面上。

2 施工缝应平直、无错台和漏浆等现象,对施工缝进行处理后再浇筑上部混凝土。

3 拆除顶板模板时,混凝土强度应符合设计要求。

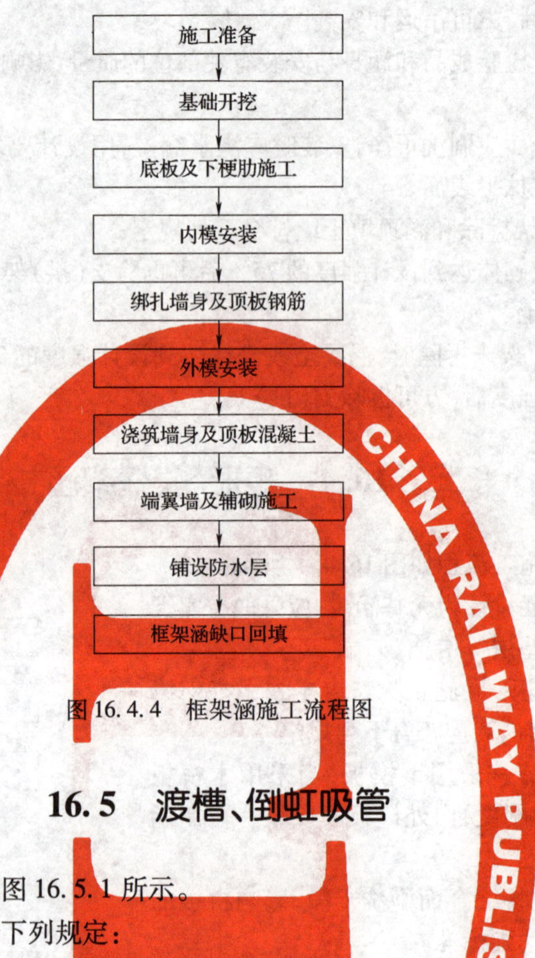

图 16.4.4　框架涵施工流程图

16.5　渡槽、倒虹吸管

16.5.1　渡槽施工流程如图 16.5.1 所示。

16.5.2　渡槽施工应符合下列规定：

1　渡槽施工必须确保原有水渠输水畅通。

2　当槽梁设计为 U 形时，可采用反置浇筑混凝土的方法预制槽梁。

3　槽梁必须达到设计强度后，方可起吊和架设，架设时不得与墩、台和已架设的槽梁碰撞。

4　支座安装应平整、垫实。

5　渡槽的梁与台和梁与梁的连接处，预留的止水缝或预埋止水缝螺栓以及槽梁架设就位后安装止水缝和填塞止水材料，均应符合设计要求并不得漏水。

6　渡槽台尾端与进出口连接处的沉降缝，应按设计要求的防水材料和填缝深度施工，不得渗漏；边坡防护工程应按设计要求封缝。

16.5.3　倒虹吸管施工流程如图 16.5.3 所示。

16.5.4　倒虹吸管施工应符合下列规定：

1　倒虹吸管的水平管，可采用预制管做内模、外套管混凝土连续浇筑的方法施工。内模预制管安装时，应使用与外套管同等级混凝土的垫块支稳垫实，内模管接缝采用高强度水泥砂浆封填密实，并经检验合格后，方可浇筑外套管混凝土。混凝土应振捣密实并加强保湿养护工作。

2　倒虹吸管的竖井与水平管接合面等混凝土施工缝的施工，应符合铁道部现行《铁路混凝土工程施工技术指南》(TZ—210)第 7.7.4 条的规定。

3　倒虹吸管进出口矩形槽止水缝和矩形槽与渠道加固连接处的沉降缝，应按设计要求做好塞缝。

4　边坡防护工程应同时施工，并按设计要求封缝。

5　倒虹吸管竣工后，进出口竖井应及时上盖。

图 16.5.1　渡槽施工流程图

图 16.5.3　倒虹吸管施工流程图

17 既有线桥涵顶进

17.1 一 般 规 定

17.1.1 既有线桥涵顶进有关加固、防护和施工机具,不得侵入建筑限界。当需对行车限速运行时,除应符合铁道部现行《铁路技术管理规程》的有关规定外,尚应制定确保安全的措施并与设备管理单位签订协议后方可施工。

17.1.2 既有线桥涵顶进前应按设计要求和运营条件对行车线路选择加固方案。

加固线路时,应保持轨道电路正常状态;在无缝线路地段需变更锁定范围时,应与有关部门协商后方可施工。

17.1.3 桥涵顶进应"先挖后顶、随挖随顶",作到不间断施工。在顶进过程中,应随时观测既有路基、线路和顶进桥涵状态的变化,确保既有线路的轨距、水平及方向正确和桥涵按设计位置顶进。

17.1.4 顶进作业应将水位降至基底以下 0.5~1.0 m 进行,持续时间不得少于 7 d,并宜避开雨期施工。当在多雨地区无法避开雨期施工时,应备有防洪排水及线路抢修的设施。降低地下水位时,不得影响既有建筑物的稳定。

17.1.5 桥涵混凝土和砌体的施工应符合本技术指南第 16.1.8 条的规定。

17.1.6 桥涵顶进过程中应对防水层采取保护措施,确保其防水效果。

17.1.7 桥涵主体顶进就位后,应及时施工端翼墙和防护工程,恢复行车线路。

17.2 框架式桥涵顶进

17.2.1 框架式桥涵顶进施工流程如图 17.2.1 所示。

17.2.2 框架式桥涵顶进可根据施工设计方案、设备和技术条件,选定顶进方法。顶进作业应安排在行车间隔时间进行。

17.2.3 顶进框架式桥涵的工作坑应符合下列规定:

1 工作坑应根据线路平面、现场地形和地貌条件,选择挖填数量少、顶进长度短的位置。

2 工作坑两侧边坡应视土质情况决定:土质边坡可为1∶0.75~1∶1.5,靠铁路路基一侧的边坡可缓于1∶1.5。工作坑顶边距最外侧铁路中心线不得小于 3.2 m。

当工作坑需要渡汛时,应设可靠的排水设施,路基边坡应防护加固,待箱体刃角顶进入土后,方可拆除防护设施。

3 工作坑的尺寸除应满足结构尺寸外,尚应在桥身底板前留出适当的空顶长度,并在桥身底板后留出布置后背梁及其他顶进、吊装和运输设备的位置。工作坑底应密实平整,并有足够的承载力。

当采用钢板桩做后背时,应先打钢板桩再开挖工作坑和填筑后背土。

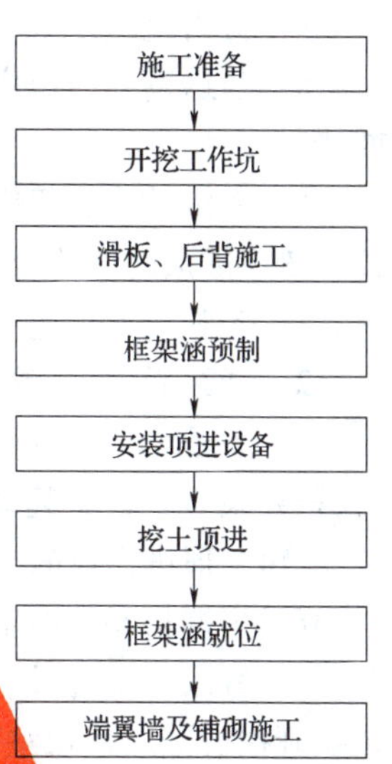

图 17.2.1　框架式桥涵顶进施工流程图

17.2.4　顶进框架式桥涵的滑板，除应满足预制桥涵主体结构与顶进所需强度及稳定要求外，尚应符合下列规定：

1　滑板中心线应与桥涵设计中心线一致。

2　滑板与原地基接触面应有防滑措施，必要时在滑板下设锚梁。

3　根据地质条件和顶进距离，可将滑板顶面做成前高后低的上坡。

4　当桥涵空顶时，可在滑板两侧设方向支墩。

17.2.5　框架涵混凝土浇筑除应符合本技术指南第 16.4.4 和 16.4.5 条的规定外，尚应符合下列规定：

1　工作坑滑板与预制桥涵底板间应铺设润滑隔离层。

2　在桥涵两侧前端 2 m 范围内的外模，可向外加宽 1 cm，不得出现前窄后宽的楔形现象。

3　桥涵底板前端底部，宜设可调整顶进过程高低偏差的船头坡。

4　当混凝土有抗渗、防冻要求时，可掺入矿物掺和料、外加剂和增加水泥用量并加强振捣。

17.2.6　顶进设备应符合下列规定：

1　应根据计算的最大顶力确定顶进设备。千斤顶的顶力可按额定顶力的 60% ~ 70% 计算，并有备用千斤顶。

2　液压传动系统的动力装置、高压油泵、油箱及其辅助装置，应与千斤顶配套。

3　液压系统的油管内径应按流量确定，但回油管路主油管的内径不得小于 10 mm，分油管的内径不得小于 6 mm。

4　油管应清洗干净，油路布置合理，密封良好，液压油应过滤。

5　液压系统的各部件，应单体试验，合格后方可安装。全部安装后必须试运转，达到要求后方可使用。

6　顶进过程中，液压系统发生不正常现象时，严禁在工作状态下检查和修整。

17.2.7　后背的设备应符合下列规定：

1　顶进桥涵的后背（包括后背梁、后背墙和后背填土）必须有足够的强度和稳定性。

2　后背墙可采用板桩式及重力式两种，其强度应满足下列规定：

1）顶进前，后背应能承受背后填土的水平推力。

2）顶进时，板桩式后背桩后土的水平抗力应能承受全部千斤顶的顶力；重力式后背墙体自重与土的摩阻力及墙后填土的水平抗力，应能共同承担全部千斤顶的顶力。

3）各类后背墙的墙后填土应使用原地基土壤夯填密实。

17.2.8　顶进前应检查下列工作：

1　主体结构混凝土必须达到设计强度，防水层及保护层已按设计完成。

2　线路加固、后背及各类施工机械符合要求。

3　顶进设备、液压系统安装及试验结果符合要求，安装的顶柱（铁）与顶力轴线一致，并与横梁垂直。

4 劳力组织及观测、试验人员分工明确。

5 与运营部门协商确认的施工安排、线路防护监测抢修人员及通信、照明等应准备就绪。

6 实施性施工组织设计及安全措施应编制完毕。

17.2.9 试顶时应符合下列规定：

1 各观测点均应有专人负责，随时检查变化情况。

2 开泵后，每当油压升高 5～10 MPa 时，应停泵观察，发现异常及时处理。

3 当千斤顶活塞开始伸出，顶柱（铁）压紧后应即停顶，经检查各部位无异常现象时，再开泵直至桥身起动。

17.2.10 顶进作业的挖土应符合下列规定：

1 根据桥涵的净空尺寸、土质情况，可采用人工挖土或机械挖土。

2 每次挖土进尺及开挖面的坡度，应根据土质和线路加固情况以及千斤顶的顶程确定。开挖坡面应平顺整齐，不得有反坡。

3 两侧应欠挖 5 cm，以使钢刃脚切土顶进。当为斜交涵时，前端锐角一侧清底困难，应优先开挖。当设有中刃脚时，应紧切土前进，使上下两层隔开，不得挖通，平台上不得积存土壤。

4 列车通过时，严禁继续开挖，人员应撤离开挖面 1 m 以外。当挖土或顶进过程中发生塌方，影响行车安全时，应立即组织抢修加固，并按铁道部现行《铁路技术管理规程》的规定对行车作有效防护。

5 挖土工作应与观测人员密切配合，随时根据桥涵顶进方向和水平的偏差，采取超、欠挖的措施进行纠偏。

17.2.11 顶进作业应符合下列规定：

1 每次顶进前应检查液压系统、顶柱（铁）安装和后背变化等情况。

2 挖运土方应与顶进作业循环交替进行。每前进一顶程，即应切换油路，并将顶进千斤顶活塞拉回复原，补放小顶铁，更换长顶柱（铁），安装横梁。

3 桥涵每前进一顶程，应测量轴线和高程，发现偏差应及时纠正。

17.3 圆形涵洞顶进

17.3.1 圆形涵洞顶进施工流程如图 17.3.1 所示。

17.3.2 顶进圆形涵洞的工作坑应符合下列规定：

1 顶涵工作坑的开挖断面，应根据现场环境、管径、管长、顶涵机具设备、出土方法、开挖深度、地质构造、地下水位及支撑等条件确定。

2 顶涵宜采用工作坑壁的原状土作后背，经检算后背反力不足时，应采取加固措施。

3 工作坑的坑壁应稳定，并有排水设施。

17.3.3 顶进圆形涵洞均应安装导轨，导轨应顺直，安装时应稳定牢固，严格控制高程、内距及中心线。可按管节的外径制作弧形样板进行检查。导轨高程及内距允许偏差为 ±2 mm，中线允许偏差为 3 mm，管节外径距枕木面不得小于 20 mm。

17.3.4 首节管节安装在导轨上时，应检测管节的中线及前后端的管底高程，合格后方可顶进。

17.3.5　顶进作业挖土应符合下列规定

1　管前挖土长度，在铁路道床以外不得超过30 cm，进入铁路道床下不宜超越管端以外10 cm，并应随挖随顶。

2　管节周围上部允许超挖1.5 cm，下部135°圆弧范围内不得超挖。

3　当土质较差、埋深较浅容易出现坍塌时可在首节管节前端上部135°范围内设帽沿式钢板刃脚。

17.3.6　顶进首节管节及校正偏差过程中，每顶进20～30 cm应检测中线及高程一次；在正常顶进中，每顶进40～60 cm应检测一次。工作坑内应设稳固的水准点及中线点。

17.3.7　钢筋混凝土管节接口处应加衬垫，可垫热沥青涂料浸制的麻辫或3～4层油毡；企口管应垫于外榫处，平口管应垫于管壁外侧；顶进后管缝内侧应留1～2 cm的深度，待全部完成后填缝。在两管节接口处安装内胀圈时，管口应居中，胀圈可采用整体或半圆可调式。

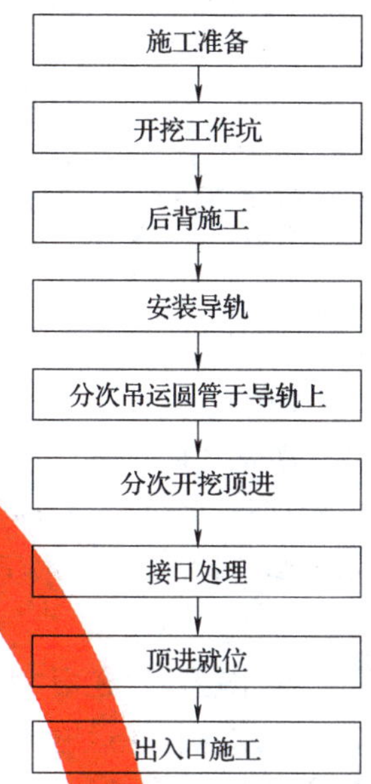

图17.3.1　圆形涵洞顶进施工流程图

17.3.8　顶进应连续进行，当顶进过程遇到下列情况之一时，应即停止顶进，及时采取措施处理完善后，再继续顶进。

1　顶管前方发生塌方或遇有障碍物。

2　后背倾斜或严重变形。

3　顶柱（铁）发生扭曲现象。

4　管位偏差过大。

5　管口顶力超过允许承压力发生损伤。

18　防水层和沉降缝

18.1　一 般 规 定

18.1.1　防水层应具备防水、牢固、耐久和必要的弹韧性等性能。防水层及沉降缝所用原材料应按现行国家标准作性能检验,符合有关标准规定方可使用。

18.1.2　构筑物基面、防水层和保护层表面应平顺、不得有明显的凸凹,各层间必须黏结牢固。

18.1.3　防水层严禁在雨、雪天和5级以上强风天施工。

18.1.4　防水涂料在运输和保存时,严禁遇水和接近火源。在负温度环境施工时,严禁明火加热防水涂料。

18.2　桥面防水层、保护层

18.2.1　钢筋混凝土桥面防水层采用卷材类防水层,铺设位置及范围应符合设计要求。卷材类防水层由防水卷材与防水涂料组成,防水层结构如图18.2.1所示。

18.2.2　卷材类防水层的材料规格及质量规定:

1　防水卷材当采用N类或L类氯化聚乙烯防水卷材时,N类防水材料为无复合层卷材,顶面压花成方格网状,纹高0.1 ±0.02 mm,25~30块/cm^2。L类防水卷材为纤维复合卷材,即双面热融复合无纺纤维布。防水卷材的规格及物理力学性能指标应符合设计要求和有关产品标准的规定。

2　黏结剂:N类防水卷材采用聚氨酯防水涂料粘贴,L类防水卷材采用聚氨酯防水涂料或水泥基胶黏结剂粘贴。

3　聚氨酯防水涂料的物理力学性能,应符合有关产品标准的规定,施工时应按产品使用说明进行甲乙两种组分配制,每种组分的称量误差不得大于±2%,配制时应按先主剂后固化剂的顺序投入容器内,固化剂掺入主剂后应充分搅拌3~5 min使其混合均匀方可使用。

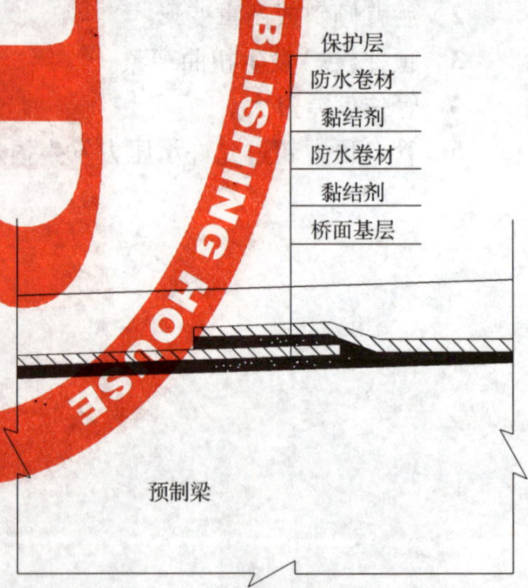

图18.2.1　卷材类防水层结构图

4　水泥基胶黏结剂的技术指标应符合有关产品标准的规定或设计要求。

5　防水卷材通过黏结剂粘贴后,在拉、压应力幅为6 MPa、200万次疲劳荷载作用下,防水卷材与混凝土粘贴良好，无脱离、缝隙、裂缝。

6　当设计采用其他类型防水材料时，应按设计要求和相关技术标准的规定进行施工。

18.2.3　混凝土桥面基层检查及处理：

1　防水层施工前应对桥面基层进行验收，基层表面应做到平整、无尖锐异物、不起砂，不起皮及无凹凸不平；平整度用1 m长靠尺测量空隙不大于3 mm，空隙只允许平缓变化，每米不应超过1处。不符合上述要求处，可用凿除方法或采用水泥砂浆进行找平处理。

2　桥面基层应无浮渣、浮灰、油污等，防撞墙根部应无蜂窝、麻面。防水层铺设前，应采用高压风(水)彻底清除基层表面灰尘。

3　对蜂窝、麻面应作填补，并应在填补前清除蜂窝、麻面中的松散层、浮渣、浮灰、油污等，填补前应使之湿润。填补蜂窝、麻面的水泥浆中应添加适量的类似107胶的水溶性胶黏剂，以增强与基底的连接。

4　采用聚氨酯防水涂料黏结剂涂刷时基层应干燥。基层干燥鉴别，可采用边长1 m方形塑料布覆盖在基层上，采用阳光照射或用吹风机加热1 h后观察，无水汽出现时即可视为干燥。

5　采用水泥基胶黏结剂涂刷时，应对基层进行湿润检查，如太干燥应对基层进行表面湿润。雨期施工时，雨停后基层表面无积水即可施工。

18.2.4　防水卷材铺贴施工应符合下列规定：

1　防水卷材使用前，除应对产品包装上的制造厂名、产品名称、产品标准号、产品规格、制造日期、生产批号等进行检查外，还应按批次进行抽样检验，质量符合设计要求和有关标准规定方可使用。

2　防水卷材铺贴应按水流方向从低到高、从下往上进行施工，挡砟墙根部及泄水管处应先做防水附加层，附加层卷材厚度不小于0.5 mm(不含无纺布)。附加层卷材应用聚氨酯涂料或水泥基胶黏结剂粘贴。

3　铺贴防水卷材时，黏结剂应涂刮均匀，厚度应控制在1.2～1.5 mm，防水卷材搭接处两层之间的黏结剂厚度不得小于1 mm。

4　铺贴防水卷材时，应边涂黏结剂边铺贴卷材，同时用橡皮刮板在卷材上部来回刮实，严禁有起鼓、起泡等现象，卷材铺贴应做到平直，卷材的搭接缝应采用聚氨酯防水涂料或水泥基胶黏结剂进行密封。

5　对铺贴好的防水卷材应进行保护，除正常养护外，在防水层胶黏材料固化前，不得在其上行走和进行下道工序施工作业。

6　当梁的跨度大于16 m时，允许防水卷材纵向搭接一次，搭接宽度不得小于120 mm。横向应采用整幅卷材，横向搭接宽度不得小于100 mm。

7　对铺贴的防水卷材应及时进行质量跟踪检查，可用肉眼观察有无空鼓、起泡、翘边等现象，如出现空鼓、起泡等现象应及时进行补救处理，保证防水层黏结牢固。

8　铺贴防水卷材时，气温不得高于35 ℃和低于5 ℃。当气温高于35 ℃或低于5 ℃时，应采取措施使施工场所气温保持在上述允许范围，否则不得施工。

18.2.5　保护层采用C40细石纤维混凝土，可采用聚丙烯纤维网或聚丙烯腈纤维拌和混凝土。保护层纤维混凝土指标及所用材料的规格、质量、性能等应符合设计要求，当设计无要求时应符合《客货共线铁路桥梁防水体系》(通桥〔2006〕8061)规定,纤维混凝土材料:水泥采用强度等级 42.5 普通硅酸盐水泥,中砂粒径小于 1 mm,碎石粒径不大于 10 mm,聚丙烯纤维网及聚丙烯腈纤维在混凝土中掺量分别为 1.8 kg/m³ 及 1.0 kg/m³。

18.2.6 保护层纤维混凝土施工应符合下列规定:

1 纤维混凝土应采用强制搅拌,施工时应将各种材料同时倒入强制拌和机中拌和,搅拌时间应不少于 3 min。

2 将混合均匀的纤维混凝土均匀铺在防水层上,使用平板振捣器进行轻缓振捣,振捣时间应达 20s 左右,直到无可见空洞为止。

3 抹面应在混凝土接近初凝时进行,抹面工具表面应光滑以免带出纤维。

4 保护层制作完成后,应采用覆盖措施保持其表面潮湿,常温自然养护时,当环境相对湿度小于 60% 时保湿养护应不少于 28 d,相对湿度在 60% 以上时保湿养护应不少于14 d。

18.2.7 保护层应按桥面纵向每隔 4 m 设置一道宽约 10 mm、深约 20 mm 的横向断缝,当保护层混凝土强度达到设计强度的 50% 以上时,用聚氨酯防水涂料将断缝填实、填满,并不得污染保护层及梁体。

18.2.8 纤维混凝土保护层厚度和顶面的流水坡应符合设计要求,表面应平整,排水应畅通。

18.3 涵洞防水层、保护层

18.3.1 涵洞的沥青防水层分甲、乙、丙三种,使用范围和铺设位置、尺寸等应符合设计要求。

1 甲种防水层:再生橡胶沥青涂料型防水层即"二布三涂"冷作再生橡胶沥青防水层,防水层结构见图 18.3.1。

2 乙种防水层:采用沥青砂胶作防水层兼作保护层。

3 丙种防水层:在需设防水层的混凝土表面上涂刷再生橡胶沥青涂料作为防水层。

18.3.2 "二布三涂"冷作再生橡胶沥青防水层(甲种防水层)的保护层应符合设计要求,设计无要求时,钢筋混凝土盖板涵板顶填土高度不大于 1 m 时,可采用 M40 水泥砂浆钢丝网保护层。板顶填土高度大于 1 m 的钢筋混凝土盖板涵及拱涵、钢筋混凝土圆管沉降缝的甲种防水层外面和丙种防水层外面,需包一层15 ~20 cm 厚的不透水土壤作保护层。

18.3.3 防水层的混凝土基面检查及缺陷处理,应符合本技术指南第 18.2.3 条有关规定。

18.3.4 甲种防水层施工应符合下列规定:

1 防水卷材采用中碱玻璃纤维布,防水涂料采用再生橡胶沥青防水涂料(分为溶剂型和水乳型),其规格、质量应符合现行有关标准的规定。

2 防水层的混凝土基面必须清理干净,使用溶剂型涂料时基面必须干燥,使用水乳型涂料时基面可略显潮湿,但不得有积水。

3 防水涂料应涂刷均匀,厚度一致,不得漏刷。涂料在涂刷前应充分搅拌均匀。

4 玻璃纤维布铺贴,应沿纵向从一端开始,采用后退铺贴方式紧跟涂料涂刷进行施作,并应采用橡胶磙磙压,使涂料浸透玻璃纤维布,直到无白茬为止。

5　铺贴玻璃纤维布时，可将布幅边缘每隔1 m剪一长度不大于10 mm小口，以便将玻璃纤维布拉直铺贴平整紧密。

6　玻璃纤维布应顺流水方向搭接，搭接宽度不应小于200 mm，搭接处应涂刷防水涂料粘牢。

7　第二层涂料及玻璃纤维布涂铺，须待第一层涂料干燥具有一定强度，可以承受施工人员踩踏时方可进行施工。

8　最后一层涂料涂刷，须待第二层涂料干燥具有一定强度，可以承受施工人员踩踏时方可进行涂刷。

9　玻璃纤维布应粘贴紧密，表面应平整，无皱折、鼓泡、翘边等缺陷。

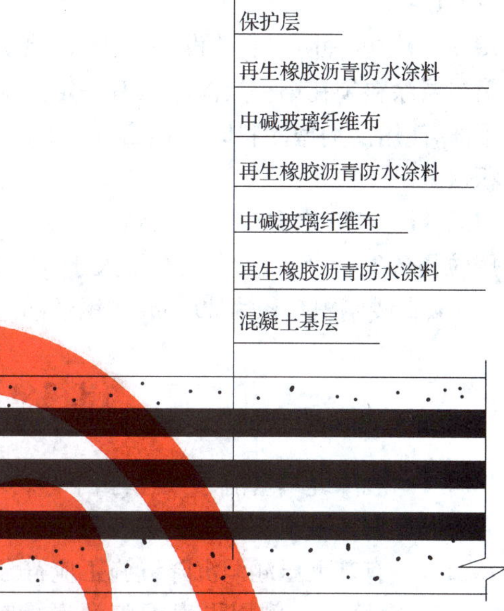

图18.3.1　再生橡胶沥青"二布三涂"冷作防水层结构图

10　"二布三涂"冷作再生橡胶沥青防水层施工气温：使用水乳型再生橡胶沥青涂料时不低于5 ℃，使用溶剂型再生橡胶沥青涂料时不低于－15 ℃。溶剂型涂料在低温施工时，可将涂料用蒸汽间接预热（严禁使用明火加热）以降低稠度便于操作。施工时，各种涂料不得敞口放置，用后应及时将容器盖盖严，溶剂型涂料应注意防火。

18.3.5　乙种防水层（沥青砂胶）所用的沥青应采用石油沥青，其软化点不得低于50 ℃，针入度25 ℃时不得低于30（1/10 mm），延伸度25 ℃时不得低于30 cm。

18.3.6　沥青砂胶用石粉颗粒级配应符合表18.3.6的规定。

表18.3.6　石粉颗粒级配

目数（目）	筛孔净宽（mm）	通过率（%）	目数（目）	筛孔净宽（mm）	通过率（%）
30	0.59	100	200	0.071	85～100

18.3.7　沥青砂胶用砂的级配应符合表18.3.7的规定。

表18.3.7　沥青砂胶用砂颗粒级配

目数（目）	筛孔净宽（mm）	通过率（%）	目数（目）	筛孔净宽（mm）	通过率（%）
10	2.00	100	80	0.18	10～70
40	0.45	60～90	200	0.071	0～55

18.3.8　沥青砂胶的配合比，应参考表18.3.8所列配合比经试验决定。

表18.3.8　沥青砂胶配合比（重量比）

材　料	石油沥青	砂	石　粉
配合比（%）	10～15	72～78	12～13

18.3.9　铺设沥青砂胶防水层的混凝土基面，必须清洁、干燥。沥青砂胶应碾压密实，表面应拍平、不得有凹坑、裂缝等缺陷，厚度及表面坡度应符合设计要求，铺设温度宜保持在

120 ℃ ~150 ℃。

18.3.10 丙种防水层的设置，只需在混凝土基面上分两层涂刷再生橡胶沥青防水涂料，第二层涂料须在第一层涂料具有一定强度后方可进行涂刷。防水层混凝土基面必须清理干净，使用溶剂型涂料时基面必须干燥，使用水乳型涂料时，基面可略显潮湿，但不得有积水。

18.3.11 M40 水泥砂浆钢丝网保护层，水泥应用不低于 42.5 普通硅酸盐水泥，细骨料应用粒径 0.3 ~0.5 mm、含泥量不大于 3% 的中砂。钢丝网应用普通低碳冷拉钢丝直径为 1 mm、直线编织孔径为 20 mm 的钢丝网。钢丝网应置于水泥砂浆表面下10 mm处。

18.4 沉 降 缝

18.4.1 沉降缝填塞前，必须清扫干净，并保持干燥。填塞材料应符合设计要求，设计无要求时应符合铁道部现行有关技术标准的规定。

18.4.2 有基无压涵洞沉降缝施工应符合下列规定：

1 沉降缝外侧用再生橡胶沥青浸制麻绳等弹性耐久材料填塞深约 5 cm，内侧用 M10 水泥砂浆填塞深约 15 cm。在沉降缝外面敷设一层 0.5 m 宽的甲种防水层，防水层应铺至基础顶面以下20 cm。

2 基础部分的沉降缝可将原施工时嵌入的沥青木板留做防水用，如施工时不用木板，应用黏土或亚黏土填塞密实。

3 沉降缝内、外侧塞缝应连续贯通、填塞密实、外表光洁、不得漏水。

4 钢筋混凝土圆涵的非沉降缝涵节接缝，内外侧用 M10 水泥砂浆勾缝深约 3 cm，外侧按沉降缝标准敷设 50 cm 宽甲种防水层。

18.4.3 无基及有压涵洞和渡槽沉降缝，应按设计要求进行施工。

18.4.4 安装橡胶止水带应符合下列规定：

1 止水带接头应连接牢固，密不透水。

2 止水带接头应设在沉降缝的平直部位，不得设在沉降缝的转角处。

3 施工时，止水带位置应按设计要求设置正确。当采用埋入式止水带时，浇筑混凝土前必须将止水带清洗干净。

4 采用螺栓安装时，止水带与夹板及预埋件之间均应采用石棉纸或软金属片补垫严密。

18.4.5 西北雨水极少地区和其他类似地区（指历年平均年降雨量在 200 mm 以下，同时历年日平均降雨量在 30 mm 以下地区），沉降缝防水层应按设计要求办理。

19　桥梁支座

19.1　一般规定

19.1.1　桥梁支座安装施工流程如图19.1.1所示。

19.1.2　桥梁支座进入工地后，除应检验支座包装标志与产品合格证等是否相符外，应对支座外形尺寸、外观质量和组装质量进行检验，支座品种、类型、性能、规格、结构和涂装质量均符合设计要求和相关标准规定方可安装。盆式橡胶支座、圆柱面钢支座等新型支座，宜在安装前拆开包装，检查支座组装位置是否正确、组装后全高是否符合设计及相关标准要求，检查时不得松动临时连接螺栓。

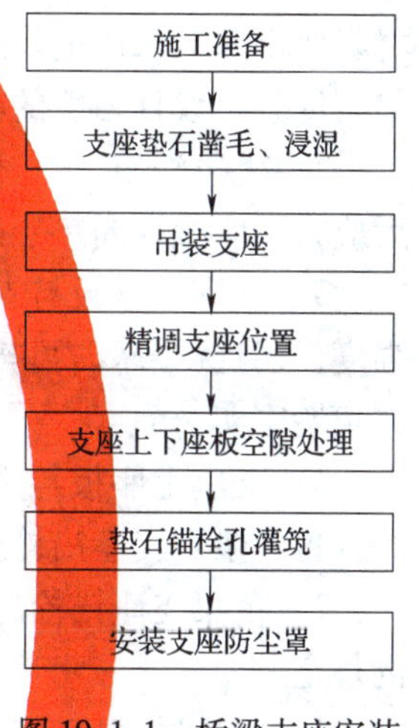

图19.1.1　桥梁支座安装施工流程图

19.1.3　各类支座工地检验项目应包括：

盆式橡胶支座：支座型号、适用温度，支座组装后的整体高度、上下座板螺栓孔中心距，橡胶承压板及密封圈外露面和钢件表面缺陷等外观质量。

板式橡胶支座：支座名称代号、规格尺寸、使用性能、适用温度、上下座板螺栓孔间距，橡胶板的外观质量。

钢支座：支座型号、性能、组装后全高、上下座板（上下摆）螺栓孔中心距，支座铸件不加工面及机加工面的外观缺陷，支座防锈涂装及受力接触面润滑涂油情况。

19.1.4　桥梁支座安装前，应检查墩台跨距及距离、支承垫石顶面尺寸、高程及平整度和锚栓预留孔位置及尺寸，发现不符合设计要求和相关标准规定时应提前进行处理。支承垫石顶面应划线标明支座下座板的纵、横中心线，并设置高程标点。

19.1.5　桥梁支座安装前，应将支承垫石和锚栓孔清理干净，做到无泥土、无浮砂、无积水雪冰及油污，并对支座范围的支承垫石进行凿毛处理。

19.1.6　桥梁支座安装应符合下列规定：

1　桥梁支座应根据设计线路纵向坡度和设计要求选用支座类型。

2　支座上、下座板应水平安装，坡道上的桥梁支座安装方法应符合设计要求，当采用上座板可调整纵坡的支座时，下座板应水平安装，上座板应按设计要求松紧顺桥向支座两边的临时连接螺栓调整纵坡，并使调坡后的支座上、下座板顺桥向水平投影保持重合，偏差不得大于0.5 mm。

3　固定支座上、下座板应互相对正；纵向活动支座上、下座板横向应对正，纵向应根据支座实际安装温度与设计安装温度之差和梁体混凝土未完成收缩、徐变量及弹性压缩量计算预留错动量，计算方法可参照本技术指南附录L。

4　固定支座和活动支座位置和方向必须符合设计要求。支座上、下座板与梁底及支承垫石之间和支座各层承压面之间应密贴无缝隙，整孔桥梁支座应均匀受力无“三条腿”，支座配件应齐全无损伤，锚栓螺母应拧紧无松动。

19.1.7 桥梁支座安装因成品梁或墩台偏差等影响致伸缩缝偏小时，应在保持梁梗竖直和桥梁顶面中心线与墩台纵向中心线相一致条件下，按下列原则调整支座位置：

1 纵向偏差应在保证梁体活动端自由伸缩条件下，将偏差向梁体两端分配。

2 横向偏差应在保证桥梁顶面宽度符合设计要求和梁片间缝宽度满足挡砟盖板安装要求条件下，向墩台中心两侧分配。

19.1.8 支座上下座板空隙处理应符合下列规定：

1 桥梁支座安装发现支座下座板与支承垫石间有空隙时，应先将支承垫石顶面支座范围凿毛并清理干净、用水浸湿，然后用设计要求的材料坐浆或压力注浆垫实，当设计无材料要求时应采用铺设适当厚度的 M50 干硬性无收缩水泥砂浆坐浆垫实或采用不低于垫石混凝土设计强度的注浆材料压浆垫实。

2 坐浆法施工时，砂浆垫层必须夯实，顶面应平整、高程应符合设计要求，安装支座后应将下座板四周垫层砂浆砸实整修成不陡于 1∶1斜面，并应覆盖保湿保温不少于 24 h。

3 支座下座板与支承垫石间用作调整支座高度的铁楔，应在垫层材料达到设计要求强度（设计无要求时可按设计强度 70%）后取出，并将孔洞用与垫层相同材料的干硬性砂浆填堵密实。

4 支座上座板与梁体预埋钢板间有空隙时，应采用注浆方法将空隙填满。

19.1.9 垫石支座锚栓安装应符合下列规定：

1 桥梁支座锚栓的规格、质量、埋置深度和外露长度，必须符合设计要求和相关标准的规定。

2 锚栓固结应在支座及锚栓位置调整准确后及时进行施工，墩台锚栓孔填料种类及质量应符合设计要求。

3 支座锚栓应在支座安装时安放入墩台锚栓预留孔中，并应使其与支座下座板保持垂直。严禁采用将锚栓下端标准弯钩截去后插入锚栓孔方法施工。

19.2 盆式橡胶支座

19.2.1 盆式橡胶支座在储存和搬运时，应避免日晒、雨雪浸淋和抛掷、撞击，严禁与酸、碱、油类及有机溶剂等接触，并应保持清洁和距热源 1 m 以上。

19.2.2 盆式橡胶支座应按工厂组装状态进行安装，必须在工地组装时，应用丙酮或酒精擦净支座相对滑动面的不锈钢板和聚四氟乙烯板表面的灰尘和杂质，支座的其他钢件表面应清除铁锈、灰尘和油污，钢盆中的橡胶板应在盆腔内清洁和均匀涂抹一层 5201－2 硅脂后使用木槌轻轻敲入，并应使橡胶板与钢盆盆底密贴。

19.2.3 盆式橡胶支座安装除应符合本技术指南第 19.1 节规定外，尚应符合下列规定：

1 固定支座和纵向、横向及多向活动支座的安装位置和方向必须符合设计要求。

2 支座安装方法应采用先将支座安装在梁体上，然后随梁吊装对位安装到支承垫石上，支座安装完毕方可拆除支座的临时连接。

3 盆式橡胶支座安装应按铁道部现行有关规定施作，保证每个支座反力与四个支座反力的平均值相差不大于 ±5% 。支座与梁底及支承垫石接触面应密贴无空隙。

4 同一孔梁的四个支座对位允许偏差经检查确认符合铁道部现行《铁路桥涵工程施工质量验收标准》(TB10415)的规定后,应同步平稳落梁,使四个支座均匀受力。

5 支座防尘罩应及时安装,并应做到严密、牢固、栓钉齐全。防尘罩开启不应与防落梁装置或梁端限位装置相抵触。

19.3 板式橡胶支座

19.3.1 板式橡胶支座储存和搬运时,应避免日晒、水淋和严禁接触酸、碱、油类及有机溶剂等,并应保持清洁和距热源 1 m 以上。

19.3.2 板式橡胶支座安装除应符合本技术指南第 19.1 节的规定外,尚应符合下列规定:

1 采用上下座板夹持橡胶板式支座时,固定支座和纵向活动支座安装位置和方向必须符合设计要求,纵向活动支座的上下导向块应保持与梁体中线相平行和间隙均匀。支座橡胶板与上下座板轴线、固定支座纵横向和纵向活动支座纵向应对正安装。橡胶板与上下座板接触面应紧密无脱空及松动。

2 同一片梁两个支座对位允许偏差经检查确认符合铁道部现行规定后,应同步平稳落梁,防止支座偏心受压或局部超载产生初始剪切变形。落梁后发现支座对位超过允许偏差时,应将梁体吊起重放,不得使用撬棍等强行拨移就位。

19.3.3 板式橡胶支座安装后发现下列情况应及时进行调整:

1 个别支座脱空出现不均匀受力。

2 支座偏压出现非均匀鼓出或局部脱空。

3 支座发生较大初始剪切变形。

19.3.4 板式橡胶支座脱空或局部脱空时,应采用千斤顶将梁端顶起或采用钢楔将支座下座板顶起,在支座下座板底面铺垫或压注 M_3O 水泥砂浆消除脱空。

19.3.5 板式橡胶支座横向限位装置,应按设计要求设置准确,确保支座横向位移偏差不大于 1 mm。

19.4 钢 支 座

19.4.1 钢支座进入工地检验发现铸件缺陷时应在支座安装前进行电焊修补并应修磨平整光洁,发现防锈漆脱落时应按相关规定标准进行补涂。

19.4.2 钢支座储存时,应防止潮湿锈蚀和尘土污染。搬运时,起吊、下落应缓慢进行,防止冲撞变形。

19.4.3 弧形和摇、辊轴等普通钢支座安(组)装前,应将支座弧形承压面及滑(滚)动面清理干净、涂满钙基润滑脂;支座的上座板应提前在梁体上进行试装,发现问题应及时进行整改。

19.4.4 圆柱面、双曲面等新型钢支座安装前,不得松动支座临时连接螺栓,检查支座组装全高符合设计要求及相关标准规定即应按工厂组装状态进行安装,支座安装完毕方可拆除支座临时连接设施。

19.4.5 钢支座安装时,小型支座应采用将支座整体安装在梁体上随梁吊装。大型支座则宜采用将支座下座板等部件临时安放在支承垫石上，将支座上座板安装在梁体上随梁吊装再对合进行支座安装，落梁时应先落固定支座后落活动支座。

19.4.6 桥位拼装钢桁梁等大跨度桥梁，需要先行安装的摇辊轴等大型钢支座，应在支座各部件相对位置调整准确后，采取临时固定措施防止支座在施工过程中发生平面扭转及纵、横向位移。调整支座下座板高度应使用铁楔在支座四角抄垫稳固，当支座垫石顶面与支座下座板间隙大于 50 mm 时，应在铺垫或压注水泥砂浆时铺设一层 ϕ12@100 × 100 mm钢筋网。

19.4.7 钢支座安装除应符合本技术指南第 19.1 节规定外，尚应符合下列规定：

1 支座安装应做到位置正确、平稳密贴，活动支座滑（滚）动面洁净润滑能保证梁体自由伸缩、转动，固定支座应稳固可靠。

2 摇轴支座上座板槽口与中摆或固定支座头部之间的衔接、中摆底面与下座板槽口之间的衔接，顺桥向前后空隙应均匀，允许偏差不大于 ±1 mm。

3 支座各层受力接触面之间应密贴无缝隙。

4 钢支座安装时应保持支座各部件清洁，支座围板（防尘罩）应按设计要求及时安装，围板（防尘罩）开启不应与防落梁装置或梁端限位装置相抵触。

20 桥面及附属结构

20.0.1 桥面及附属结构施工使用的材料品种、规格、质量,应符合设计要求和现行国家有关技术标准规定,施工前应经过检验合格方可使用。

20.0.2 人行道角钢支架及栏杆、避车台及角钢支架、检查梯的位置、结构、尺寸和人行道栏杆内侧与相邻线路中心的距离,均应符合设计要求。栏杆顶面应安装平直顺畅,栏杆立柱高度应考虑梁跨中部拱度影响,保证栏杆高度符合设计要求。人行道及栏杆在梁的活动端,应按设计要求断开,不得妨碍桥梁伸缩。

20.0.3 人行道和避车台的角钢支架与梁体及墩台的连接,应符合设计要求和铁道部现行有关技术标准规定,连接螺栓防锈方法当设计无要求时,应采用多元真空复合渗锌+达可乐技术+封闭层处理。

20.0.4 人行道混凝土步板的结构、尺寸、混凝土强度等级必须符合设计要求。预制时应标明上下面,铺设时不得倒置(翻面)安装。步板应安装平稳,顶面应平整无明显错台,板间缝隙应均匀顺直。

20.0.5 挡砟墙(块)结构、尺寸、位置及设置范围应符合设计要求。预制挡砟块安装前,应将桥梁挡砟墙顶面清理干净并浸湿,砌筑所用水泥砂浆强度等级应符合设计要求,砌筑时水泥砂浆应饱满密实,砌筑后应及时覆盖保湿养护,挡砟块顶面应齐平顺直,挡砟块间接缝应用 M10 水泥砂浆勾缝。

20.0.6 桥面泄水管的品种、规格、位置、伸出梁体表面长度应符合设计要求和现行有关技术标准的规定。挡砟墙内侧的泄水管 45°弯头方向应指向梁体外侧安装。

20.0.7 梁端伸缩缝预埋件的品种、规格、位置、螺栓外露长度应符合设计要求和现行有关技术标准规定,预制桥梁时,应准确定位、安装牢固。橡胶止水带和钢压板的品种、尺寸应符合设计要求和有关技术标准的规定,安装时橡胶止水带应与梁端预埋角钢密贴无缝隙。

20.0.8 梁端及挡砟墙伸缩缝挡砟钢板的结构、尺寸应符合设计要求,栓钉焊接技术条件应符合现行国家标准圆柱式焊钉(GB10433)的相关规定。安装梁端挡砟钢板时,应按设计要求位置在挡砟钢板两侧铺设沥青防水胶砂,以调平和稳定挡砟钢板。

20.0.9 防护网的品种、网眼尺寸、结构、高度、位置及设置范围,应符合设计要求。防护网设置在挡砟墙上时,挡砟墙施工时应按设计要求预埋防护网立柱连接钢件。

20.0.10 声屏障的品种、规格、质量、结构、高度、位置及设置范围,应符合设计要求和现行有关技术标准的规定。

20.0.11 电缆槽的品种、规格、质量、位置、与人行道角钢支架连接方法及连接件的品种、规格、质量,均应符合设计要求和现行有关技术标准的规定。

20.0.12 接触网支柱基座,墩台施工时应按设计要求位置、结构、尺寸预埋准确、牢固,基座螺栓的品种、规格、长度、间距应符合设计要求。

20.0.13 墩台围栏、吊篮和梁下检查车等检查设施的结构、尺寸、位置应符合设计要求。

吊篮的混凝土踏板结构、尺寸、混凝土强度等级应符合设计要求，墩台施工时应按设计要求预埋好围栏、吊篮连接钢件。检查车安装完毕应进行走行试验。

20.0.14　桥面及附属结构的钢结构焊接方法、焊缝长度及高度等应符合设计要求，焊接工艺及焊接技术条件应符合铁道部现行有关技术标准规定。

20.0.15　桥面及附属结构的钢结构外露表面防锈涂装应符合设计要求，涂料涂装应符合本技术指南第12.6节的规定。

20.0.16　明桥面及附属结构施工，除应符合本章有关规定外，尚应符合本技术指南第12.7节的规定。

21 环境保护

21.1 一般规定

21.1.1 铁路桥涵工程施工的环境保护要认真贯彻“预防为主,防治结合,综合治理”的原则,做到统一规划、合理布局、综合利用、化害为利,严格控制污染源,保护生态环境,并符合国家有关环境保护的法律法规要求。

21.1.2 桥涵施工组织设计应按设计要求,并结合工程实际,对在施工中可能造成的环境破坏和不利影响提出具体预防措施并付诸实施,施工完成后,应及时清理施工垃圾,做到文明施工。

21.2 防止水土流失和污染

21.2.1 桥涵工程施工中,对取弃土、弃渣场、临时用地应结合当地土地利用规划,统筹考虑。取弃土、弃渣要少占用耕地,保护植被和沿线的原有地形地貌。土方运输过程中,应采取措施防止撒漏。

21.2.2 清洗施工机械、设备的废水、废油以及生活污水,不得直接排放于溪流、湖泊或其他水域中,也不得排泄于饮用水源附近的土地上,以防止污染水质和土地。

21.2.3 采用泥浆护壁进行钻孔桩施工时,应采取措施防止泥浆对环境造成污染。

21.3 防止空气和噪声污染

21.3.1 施工和各项临时设施,施工机械运输组装场地,材料加工厂,混凝土工厂等,均宜远离居民区并处于下风区。如无法满足时,应采取适当的防尘、防噪声等保护措施。

21.3.2 在城镇居民地区施工时,由机械设备和工艺操作所产生的噪声不能超过国家规定的建筑施工临界噪声排放标准,否则应采取消声措施。

21.3.3 工程用的粉末材料,不得散装散卸。在露天堆存时,应防止尘埃飞扬和因水流失。

21.4 文物和景区保护

21.4.1 桥涵工程施工中应加强对文物、古迹的保护。在施工中发现文物古迹时应立即与当地文物保护部门联系,并采取必要的保护措施。

21.4.2 在文物古迹附近进行桥涵施工时,应采取必要的措施加强对文物古迹的保护。施工不得损及文物古迹。

21.4.3 在景区进行桥涵施工时,不得破坏景区的环境。施工结束后,应按设计要求进行必要的恢复。

附录A 冬期施工热工计算

A. 0. 1 混凝土拌和物的温度按式(A. 0. 1)计算:

$$T_0 = [0.9(W_c T_c + W_s T_s + W_g T_g) + 4.2T_w(W_g - P_s \cdot W_s - P_g \cdot W_g) + c_1(P_s \cdot W_s \cdot T_s + P_g W_g T_g) - c_2(P_s \cdot W_s + P_g W_s)] \div [4.2W_w + 0.9(W_c + W_s + W_g)] \quad (A.0.1)$$

式中 T_0——混凝土拌和物的温度(℃);

W_w、W_c、W_s、W_g——水、水泥、砂、石的用量(kg);

T_w、T_c、T_s、T_g——水、水泥、砂、石的温度(℃);

P_s、P_g——砂、石的含水率(%);

c_1、c_2——水的比热容(kJ/(kg·K))及溶解热(kJ/kg)。

当骨料温度>0 ℃时,$c_1 = 4.2$,$c_2 = 0$;

当骨料温度≤0 ℃时,$c_1 = 2.1$,$c_2 = 335$。

A. 0. 2 混凝土拌和物的出机温度按式(A. 0. 2)计算:

$$T_1 = T_0 - 0.16(T_0 - T_b) \quad (A.0.2)$$

式中 T_1——混凝土拌和物的出机温度(℃);

T_b——搅拌机棚内温度(℃)。

A. 0. 3 混凝土拌和物经运输至成形完成时的温度按式(A. 0. 3)计算:

$$T_2 = T_1 - (\alpha t + 0.032n)(T_1 - T_a) \quad (A.0.3)$$

式中 T_2——混凝土拌合物经运输至成形完成时的温度(℃);

t——混凝土自运输至浇筑成形完成的时间(h);

n——混凝土转运次数;

T_a——运输时的环境气温(℃);

α——温度损失系数(h_m^{-1}),当用混凝土搅拌输送车时,$\alpha = 0.25$;当用开敞式大型自卸汽车时,$\alpha = 0.20$;当用开敞式小型自卸汽车时,$\alpha = 0.30$;当用封闭式自卸汽车时,$\alpha = 0.10$;当用手推车时,$\alpha = 0.50$。

A. 0. 4 考虑模板和钢筋吸热影响,混凝土成形完成时的温度按式(A. 0. 4)计算:

$$T_3 = (c_c W_c T_2 + c_t W_t T_t + c_g W_g T_g)/(c_c W_c + c_t W_t + c_g W_g) \quad (A.0.4)$$

式中 T_3——考虑模板和钢筋吸热影响,混凝土成形完成时的温度(℃);

c_c、c_t、c_g、——混凝土、模板材料、钢筋的比热容(kJ/(kg·K));

W_c——每立方米混凝土的质量(kg);

W_t、W_g——与每立方米混凝土相接触的模板、钢筋的质量(kg);

T_t、T_g——模板、钢筋的温度,未预热者可采用当时环境气温(℃)。

A. 0. 5 混凝土蓄热养护过程中的温度计算公式:

1 混凝土蓄热养护开始至任一时刻 t 的温度按式(A. 0. 5—1)计算:

$$T = \eta e^{-\theta vt} - \varphi e^{-vt} + T_m \quad (A.0.5—1)$$

2 混凝土蓄热养护开始至任一时刻 t 的平均温度按式(A.0.5—2)计算：

$$T=\frac{1}{vt}\left[\varphi e^{-vt}-\left(\frac{\eta}{\theta}\right)e^{-\theta vt}+\left(\frac{\eta}{\theta}\right)-\varphi\right]+T_m \qquad (A.0.5—2)$$

其中综合参数 θ、φ、η 如下：

$$\theta=\frac{\omega K\varphi}{vc_cp_c},\varphi=\frac{vc_cW_c}{vc_cp_c-\omega K\varphi}$$

$$\eta=T_s-T_m+\varphi$$

式中 T——混凝土蓄热养护开始至任一时刻 t 的温度(℃)；

T_m——混凝土蓄热养护开始至任一时刻 t 的平均温度(℃)；

t——混凝土蓄热养护开始至任一时刻的时间(h)；

ρ_c——混凝土质量密度(kg/m^3)；

W_c——每立方米混凝土水泥用量(kg/m^3)；

c_c——水泥累积最终放热量(kJ/kg)；

v——水泥水化速度系数(h^{-1})；

ω——透风系数；

φ——结构表面系数(m^{-1})；

K——围护层的总传热系数($kJ/(m^2\cdot h\cdot K)$)；

e——自然对数之底，可取 e=2.72。

注：① 结构表面系数 φ 值可按下式计算：

$$\varphi=\frac{A_c(\text{混凝土结构表面积})}{V_c(\text{混凝土结构总体积})}$$

② 平均气温 T_m 的取法，可采用蓄热养护开始至 t 时气象预报的平均气温，若遇大风雪及寒潮降临，可按每时或每日平均气温计算。

③ 围护层的总传热系数 K 值可按下式计算：

$$K=\frac{3.6}{0.04+\sum_{i=1}^{n}\frac{d_i}{k_i}}$$

式中 d_i——第 i 围护层的厚度 (m)；

k_i——第 i 围护层的导热系数 ($W/(m\cdot K)$)。

④ 水泥累积最终放热量 c_c、水泥水化速度系数 v 及透风系数 ω 按表 A.0.5—1 和表 A.0.5—2 取值。

表 A.0.5—1 水泥累积最终放热量 c_c 和水泥水化速度系数 v

水泥品种及强度等级	c_c(kJ/kg)	$v(h^{-1})$
52.5 硅酸盐水泥	400	0.013
52.5 普通硅酸盐水泥	360	
42.5 普通硅酸盐水泥	330	
42.5 矿渣、火山灰、粉煤灰水泥	240	

表 A.0.5—2 透风系数 ω

保温层的种类	透风系数 ω		
	小风	中风	大风
保温层由容易透风材料组成	2.0	2.5	3.0
在容易透风材料外面包以不易透风材料	1.5	1.8	2.0
保温层由不易透风材料组成	1.3	1.45	1.6

注：$v_w<3m/s$，小风；$3\leq v_w\leq5m/s$，中风；$v_w>5m/s$，大风。

3 当施工需要计算混凝土蓄热养护冷却至 0 ℃的时间时，可根据公式（A. 0. 5—1）采用逐次逼近的方法进行计算，如果实际采取的蓄热养护条件满足 $\varphi/T_m \geqslant 1.5$，且 $K\varphi \geqslant 50$ 时，也可按式（A. 0. 5—3）直接计算：

$$t_0 = \frac{1}{v}\ln(\varphi/T_m) \quad \text{(A. 0. 5—3)}$$

式中 t_0——混凝土蓄热养护冷却至 0 ℃的时间（h）。

混凝土蓄热养护开始冷却至 0 ℃时间 t_0 内的平均温度，可根据公式（A. 0. 5—2）取 $t = t_0$ 进行计算。

附录 B　试桩试验办法

B.0.1　一般规定

1　本办法适用于施工阶段的检验性试桩。包括工艺试验及静压、静拔和静推试验。

2　检验性试桩主要是为确定施工工艺和检验桩的承载力。

3　试桩宜选在修建桩基的处所，且宜靠近静力触探孔或地质钻孔，其间距不应大于5 m也不应小于1 m。

4　工艺试验数量由施工单位确定，静载试验（包括静压、静拔、静推试验）数量由设计单位确定。

5　沉入桩、钻孔桩试桩的施工，应符合本技术指南中的有关规定。

6　试验过程中，应做试验记录，并整理绘制试验曲线。

B.0.2　准备工作

1　做静压试验的桩，如果桩头破损，应将破损段凿除后修补平整。

2　做静推试验的桩，如系空心桩，则应按设计要求，或于直接受力部位填充混凝土。

3　在冬期试桩时，应将桩的侧面冻土全部融化。其融化范围：静压、静拔试验时，离试桩侧面不应小于1 m；静推试验时，应不小于2 m。融化状态应保持到试验结束。在结冰的水域做试验时，桩与冰层之间应保持不小于10 cm的间隙。

4　试验用的各种测量仪表、千斤顶等，在使用前应进行校验。

5　测桩必须牢固可靠，设于不受试桩及锚桩位移影响的位置，其净距不宜小于试桩桩径的5倍，在任何情况下不得小于3倍。固定测量仪表的基准梁，应有相当的刚度，并应避免日照和雨淋。

测量位移的仪表在桩的对称位置设置，数量不少于2个。

B.0.3　工艺试验和冲击试验

1　施工阶段的工艺试验和冲击试验，主要目的为：

1）检验桩沉入土中的深度能否达到设计要求。

2）选定桩锤、衬垫（即锤垫、桩垫）及其参数。

3）选定射水设备及射水参数（水压、水量等）。

4）查明打桩时土质有无“假极限”或“吸入”现象。并确定是否需要复打，以及从停打到复打之间，应该“休息”的天数。

5）确定施工工艺和停止沉桩的控制标准。

如果在类似土中有施工经验，施工阶段可以不做工艺试验和冲击试验。

2　选用单打锤或筒式柴油锤，可参照表B.0.3—1。

3　振动锤的选用：

振动锤的振动力 F_V 应能克服桩在振动下沉中的土壤摩擦力 F_R：

$$F_V > F_R \tag{B.0.3—1}$$

1）土壤摩擦力：

$$F_R = f \cdot \mu \cdot L \tag{B.0.3—2}$$

式中　L——桩的入土深度(m)；

μ——桩的周边长度(m)；

f——土壤单位面积的动摩擦力(kPa)，可按表 B.0.3—2 取值。

2)振动锤的振动力：

$$F_V = 0.000\,4n^2M \tag{B.0.3—3}$$

$$M = AW \tag{B.0.3—4}$$

式中　n——振动锤转数(r/min)；

M——振动锤的偏心力距(N·cm)；

A——振幅，在软土地基中 $A > 0.7$ cm，其他地基 $A \geqslant 1.1$ cm；

W——桩和锤的总重量(N)。

B.0.3—1　单打锤和筒式柴油锤参考数据

项目 \ 常用锤型			6.5 t 单动蒸汽锤	10 t 单动蒸汽锤	MB—40 柴油锤	MB—70 柴油锤
锤型资料	锤芯重(t) / 锤总重(t)		3.5~4.5 / 6.5	6.6 / 9.0	4.1 / 10.9	7.2 / 21.1
锤型资料	常用冲程(m)		0.4~0.6	0.4~0.6	1.8~2.3	1.8~2.3
与锤型相适应的桩断面尺寸(桩宽)(cm)			40~50	45~55	50~60	55~60
可贯穿中密状砂夹层的厚度(m)			1.5~2.5	2.0~4.0	3.5~5.5	5.0~7.0
锤击沉桩时桩可打入硬土层的能力	硬黏性土	可打入的深度(m)	2.5~4.0	4.0~6.0	5.0~8.0	7.0~10.0
锤击沉桩时桩可打入硬土层的能力	中密至密实状的砂	桩尖所能达到的硬土层的 N 值	20~30 击	30~40 击	40~50 击	50 击左右
锤击沉桩时桩可打入硬土层的能力	中密至密实状的砂	可打入的深度(m)	0.5~1.0	1.0~2.0	1.5~2.5	2.5~3.5
锤击沉桩时桩可打入硬土层的能力	砾　砂	可打入的深度(m)	难以打入	难以打入	0~0.5	0.5~1.0
锤击沉桩时桩可打入硬土层的能力	风化岩	桩尖所能达到的风化岩的 N 值	25~30 击	30~40 击	40~50 击	—
锤击沉桩时桩可打入硬土层的能力	风化岩	可打入的深度(m)	0~0.5	0~1.0	1.0~2.0	—
所用锤型可能达到的极限承载力值(kN)			1 500~3 000	2 500~4 000	3 000~5 000	4 000~6 000
锤的控制贯入度(cm/击)			0.1~0.5	0.2~1.0	0.3~1.0	0.5~1.5

注：1　本表仅供施工选锤的参考，不得作为确定承载力和控制贯入度的依据；

2　D-25 柴油锤可照 6.5 t 单动蒸汽锤使用；

3　本表仅限于桩宽(或桩径)为 40~60 cm，入土深度在 15~30 m 范围内的预应力混凝土桩和钢筋混凝土桩。

表 B.0.3—2　f 值(kPa)

砂类土		黏性土	
标准贯入击数	f	标准贯入击数	f
0～4	10	0～2	10
4～10	10	2～4	10
10～30	20	4～8	20
30～50	20	8～15	25
>50	40	15～30	40
		>30	50

4　射水参数可参照表 B.0.3—3 选用。

表 B.0.3—3　射 水 参 数

土　质	桩入土深(m)	水泵性能		射水管直径(mm)(无缝钢管)	水泵出水处水压(MPa)
		流量(m^3/h)	扬程(m)		
松砂及中密砂层	8～16	100～140	100～150	75	0.4～0.8
	16～24	120～188	120～190	75	0.6～1.0
密实砂层夹砾石砂层	8～16	120～180	120～190	75～100	0.6～1.0
	16～24	160～190	160～240	75～100	0.8～1.2

注：本表适用于桩宽(或桩径)为 40～60 cm 的预应力混凝土桩和钢筋混凝土桩。

5　试验过程中,应记录:

1)用坠锤、单打锤沉桩,记录每下沉 1 m 的锤击数和全桩的总锤击数;应记录最后 1 m左右每下沉 10 cm 的锤击数;最后加打 5 锤,记录桩的下沉量;算出每锤平均值,作为停打贯入度,单位以毫米计。

2)用柴油锤、双动汽锤、振动锤沉桩。记录每下沉 1 m 的锤击时间和全桩的总锤击时间;在剩余 1 m 左右时,记录每 10 cm 的锤击时间,取最后 10 cm 的每分钟平均值作为停打贯入度,单位以毫米计。

6　最终贯入度的取值,对坠锤、单打锤沉桩,取复打最后 5 锤的平均值。对柴油锤、双动汽锤、振动锤沉桩,取复打最后锤击 10 cm 所需时间每分钟的平均值。

7　复打应该用停打时同一设备,同一落锤高度。弹性衬垫的状态,也尽量与停打时相近。

复打应达到最终贯入度小于或等于停打贯入度。

8　复打应经"休息"后进行。"休息"时间按土质不同而异,可由试验确定,一般不宜少于下列天数:

1)桩穿过砂类土,桩尖位于大块碎石类土或紧密的砂类土,或坚硬的黏性土上,不少于 1 d。

2)在粗、中砂和不饱和粉细砂里,不少于 3 d。

3)在黏性土和饱和的粉细砂里,不少于 6 d。

B.0.4　静压试验

1　静压试验是为了验证桩的承载力,以及荷载与位移的关系。

2 加载装置(锚桩、加载平台、分配梁及千斤顶等),宜按试桩预计最大荷载量的 1.3 倍设计,加载平台周围应有支承架,防止平台倾覆。试桩与锚桩的中心距,或试桩到加载平台的支承架边缘,当试桩直径小于或等于 80 cm 时,可为试桩直径的 5 倍;当试桩直径大于 80 cm 时,上述距离不得小于 4 m。

3 荷载重心应加在桩的轴线上,并且方向与桩轴一致。

4 位移值取全部仪表的算术平均值。

5 试桩应在符合本技术指南第 B.0.3 条第 8 款关于"休息"时间的规定后,方可开始静压试验。

加载应均匀、无冲击、分级进行。每级加载量应按要求试验的精确度决定,并不大于预计最大荷载的 1/10。

当桩的下端埋入在大块碎石类土、密实的砾砂以及坚硬的黏性土中时,允许最先三个阶段的每级加载量,为预计最大荷载的 1/5。

除非设计另有要求,均按单循环加载。加到本条第 8 款规定的终止条件,然后卸载到零。

每级卸载量为两个加载级的荷载值。

6 沉降观测:

下沉未达稳定,不得进行下一级加载。每级加载的观测时间规定为:

每级荷载加完后应立即观测,然后第一个小时内,每隔15 min观测一次;第二个小时内,每隔半小时观测一次;第三个小时起,每一小时观测一次。

7 稳定标准:

每级加载的下沉量,在下列时间内如不大于 0.1 mm 时,即可视为稳定:

桩尖下为大块碎石类土、砂类土、坚硬的黏性土最后30 min;

桩尖下为半坚硬和软塑的黏性土最后 1 h。

8 加载的终止及极限荷载的取值,应符合下列规定:

1)总位移量大于或等于 40 mm,本级荷载的下沉量等于或大于前级荷载的下沉量 5 倍时,加载即可终止。取此终止时荷载小一级的荷载为极限荷载。

2)总位移量大于或等于 40 mm,本级荷载加上后 24 h 未达稳定,加载即可终止。取此终止时荷载小一级的荷载为极限荷载。

3)在大块碎石类土、紧密砂土以及坚硬的黏性土中,总位移量小于 40 mm,但荷载已大于容许荷载(设计荷载乘设计规定的安全系数),加载可终止。取此时的最大荷载为极限荷载。施工过程中进行的检验性试验,最大荷载不应超过由材料强度条件确定的桩的承载力。

9 桩的卸载回弹量观测:

每次按顺序卸除荷载后应观测桩顶回弹量;观测办法与沉降观测同;直至回弹稳定之后再卸下一阶段卸载量;回弹的稳定标准与下沉稳定标准同。

卸载到零后,至少 2 h 内,每 30 min 观测一次。其中:如果桩尖下为砂类土,则开始的 30 min 内,每 15 min 观测一次;若桩尖下为黏性土,第一小时内,每 15 min 观测一次。

10 所有试验观测读数,应按表 B.0.4 填写记录,并绘制静压试验曲线图(如图 B.0.4,P 为荷载,S 为位移,t 为时间)。

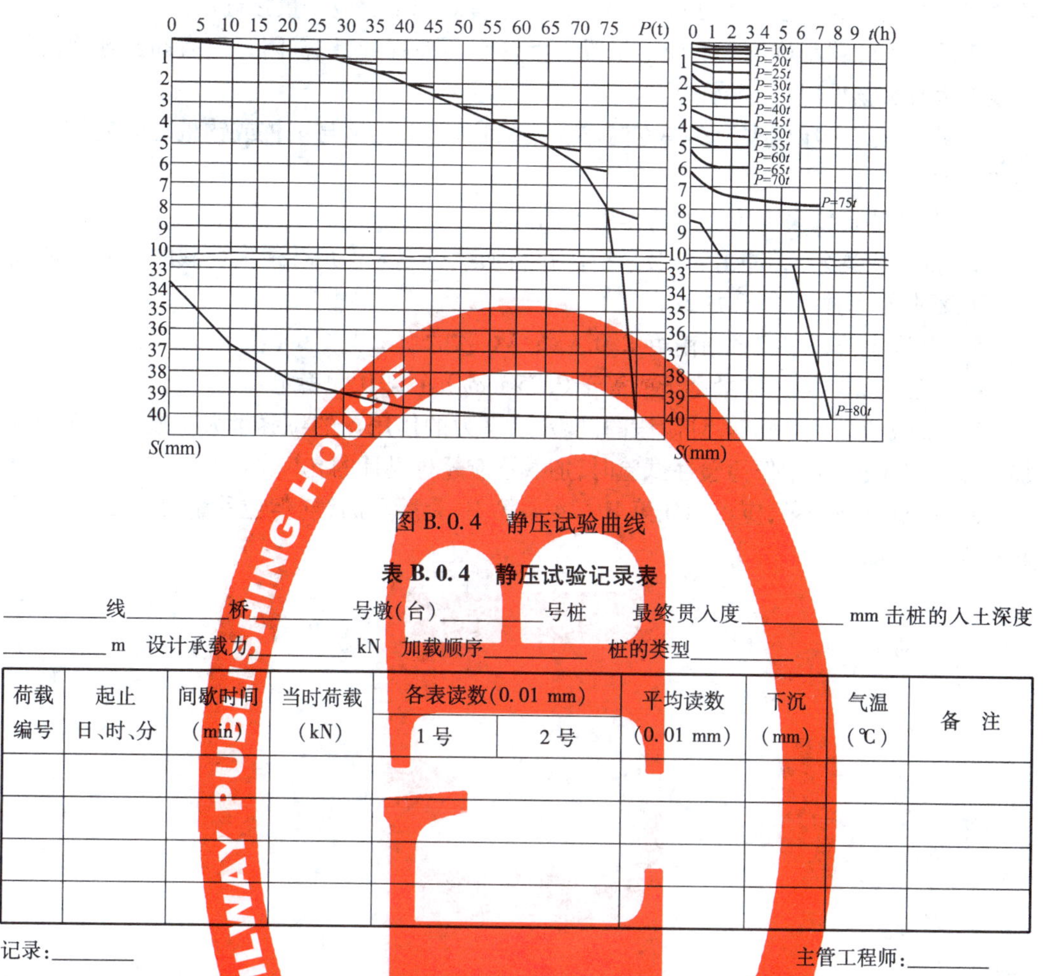

图 B.0.4 静压试验曲线

表 B.0.4 静压试验记录表

________线________桥________号墩(台)________号桩 最终贯入度________mm 击桩的入土深度________m 设计承载力________kN 加载顺序________ 桩的类型________

荷载编号	起止日、时、分	间歇时间(min)	当时荷载(kN)	各表读数(0.01 mm)		平均读数(0.01 mm)	下沉(mm)	气温(℃)	备 注
				1号	2号				

记录:________ 主管工程师:________

B.0.5 静拔试验

1 静拔试验是为了确定桩的抗拔力。

2 静拔力必须作用于桩的中轴线。

3 位移值取全部仪表的算术平均值。

4 沉桩完毕做静拔试验或做了静压试验再做静拔试验的,均应符合第 B.0.3 条第 8 款关于“休息”的规定。

加载应均匀、无冲击、分级进行。每级加载量不得大于预计最大荷载的 1/10。

5 观测应符合本技术指南第 B.0.4 条第 6 款的规定。

6 稳定标准:位移量小于或等于 0.1 mm/h,即认为稳定。

7 加载的终止:勘测设计阶段,总位移量不小于 25 mm,加载即可终止;施工阶段,加载不应大于设计的允许抗拔荷载。

8 根据试验记录,应绘制如第 B.0.4 条第 10 款所示曲线(代表拔出位移的纵坐标,改为向上)。

B.0.6 静推试验

1 静推试验是为了确定水平荷载与位移之间的关系。

2 加载装置可用千斤顶横置于两桩之间。加水平荷载同时试两根桩。也可将千斤顶置于两根锚桩和一根试桩之间成“品”字形布置。施工点应尽量接近地面。

千斤顶和位移测量仪表均应尽量置于承台底面高程处，试桩附近当有高出地面的填土或地表有重物堆置时，应予清除。

当采用立式千斤顶改为水平方向作静载试验时，千斤顶与试桩或锚桩之间应加设压力传感器。

3 位移测量仪表应装在力的作用平面内。

4 加载应均匀、无冲击、分级进行。每级加载量不大于预计最大荷载的1/10。除设计另有要求外，均按单循环加载。

5 观测应符合本技术指南第B.0.4条第6款的规定。

6 稳定标准：当位移量小于或等于0.05 mm/h时即认为稳定。

7 加载的终止：勘测设计阶段的试验，水平力的作用点的位移量大于或等于50 mm加载即可终止；施工中作检验性试验时，加载不应超过设计的允许荷载。

8 根据试验记录，应绘制如第B.0.4条第10款所示曲线（但位移量改为横坐标，荷载改为纵坐标）。

附录 C　锤击动力公式

C. 0. 1　(日)建筑基准公式(振动锤不适用):

$$(P)=\frac{E}{5S+0.1} \quad (C.0.1\text{—}1)$$

坠锤、单打汽锤　$E=Q\cdot H$　(C. 0. 1—2)

双动汽锤　$E=(a\cdot P+Q)H$　(C. 0. 1—3)

筒式柴油锤　$E=2QH$　(C. 0. 1—4)

式中　(P)——允许承载力(kN);

S——最终贯入度(最终锤击平均每次下沉量)(m/击);当系双动汽锤时用 1 min 平均每锤下沉量(m);

E——一次冲击能(kN·m);应由打桩锤产品说明书中的曲线或表格查用,当无此项资料时,可按公式(C. 0. 1—2 ~ C. 0. 1—4)计算;

Q——锤的冲击部分重力(kN);

H——锤冲击部分的落高(m);

a——气缸换算面积(m^2);

P——气缸压力(kPa)。

C. 0. 2　(英)希列(Hiley)公式(振动锤不适用):

$$(P)=\frac{f_1}{m}\cdot\frac{f_2\cdot E}{S+C/2} \quad (C.0.2\text{—}1)$$

$$f_2=\frac{Q+k^2q}{Q+q} \quad (C.0.2\text{—}2)$$

式中　m——安全系数,一般可用 3;

(P)、E、S——意义同上;

C——桩、土和桩帽三者弹性压缩量之和,$C=C_1+C_2+C_3$(cm),C_1、C_2 均用现场实测值,测量方法见图 C. 0. 2;C_3 也尽量用实测值,当无资料时,可参照表 C. 0. 2;

表 C. 0. 2　C_3 桩帽弹性压缩值(cm)

桩帽情况		打桩时桩帽上的应力(kPa)			
		易打 3 500	一般 7 000	难打 10 500	极难 14 000
钢筋混凝土桩	有 8 ~ 10 cm 厚的木质锤垫	0. 13	0. 25	0. 38	0. 50
	有 8 ~ 10 cm 厚的木质桩垫	0. 18	0. 38	0. 56	0. 76
	有 1. 3 ~ 2. 5 cm 厚的桩垫衬	0. 06	0. 13	0. 19	0. 25
钢桩	有钢皮包着的木质垫层	0. 1	0. 2	0. 3	0. 4
	直接打桩头	0	0	0	0

注:钢筋混凝土桩采用表列各垫层值时可以叠加。

f_1——锤的机械效率(筒式柴油锤0.7;双动汽锤0.9;坠锤0.5);

f_2——锤击效率;

Q——锤的冲击部分重力(kN);

q——桩、锤帽及锤的非冲击部分重力(kN);

k——恢复系数。按以下情况取值:

$k=1.00$ 完全弹性的,如直接打钢桩。

$k=0.55$ 桩头上有钢垫层。

$k=0.40$ 桩头上有钢垫层及硬木垫层。

$k=0.25$ 混凝土桩上有木垫层。

$k=0$ 完全非弹性的,如开花的木桩头或极软的垫层。

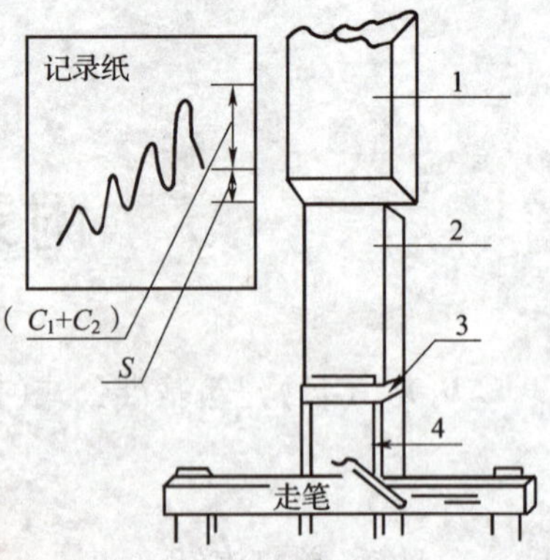

C.0.2 实测示意图

1—锤;2—桩;3—固定记录纸的线带;4—硬面光滑的纸

C.0.3 (前苏联)建筑法规公式(振动锤不适用):

$$(P)=\frac{1}{m}\cdot\frac{nA}{2}\left(-1+\sqrt{1+\frac{4E}{nAS}\cdot\frac{Q+k^2q}{Q+q}}\right) \quad (C.0.3)$$

式中 (P)——桩的允许承载力(kN);

m——安全系数,临时建筑用1.5,永久建筑用2;

A——实心或空心桩身截面面积(不扣除空心部分的面积)(cm^2);

S——最终贯入度(最终平均每击下沉量)(cm/击);

n——系数,可参照表C.0.3—1;

E——锤击能量(kN·cm),可参照表C.0.3—2;

k——恢复系数,有木质锤垫时,$k=0.45$。

本公式适用的条件为 S 大于或等于2 mm/击。

表C.0.3—1 n 值

情况	n(kN/cm^2)
1 钢筋混凝土桩(1)有硬木桩垫	0.15
(2)有硬木桩垫加麻袋垫层	0.10
2 钢桩 无桩垫	0.50

C.0.4 用动力公式计算斜桩承载力的折减:

对于坠锤、单打汽锤,其允许承载力按表C.0.4折减:

表C.0.3—2 E 值

锤击	E(kN·cm)
1 坠锤或单动汽锤	QH
2 筒式柴油锤	$0.9QH$
3 导杆式柴油锤	$0.4QH$
4 柴油锤,当不供燃料,作控制性单次锤击复打时	$Q(H-h)$

注: Q——锤的冲击部分重力(kN);

q——桩、桩帽及锤的非冲击部分重力(kN);

H——锤芯的落高(cm);

h——锤芯由于气垫作用实测的第一次回跳高度(cm)。

表 C.0.4　折减系数

倾斜率	1:10~1:8	1:6	1:5	1:4
折减系数	0.98	0.97	0.95	0.94

对于其他锤(不包括振动锤),可将打桩公式中的锤击能量 E 改为 E':

$$E' = E - QH(1 - \cos\theta) \tag{C.0.4}$$

式中　θ——斜桩与垂直线之间的夹角。

附录 D　沉桩记录、沉桩记录整理

表 D.1　沉桩记录表

____线____桥____号墩(台)　第____号桩　　　　第____页共____页

月日	工作项目	起时分	止时分	锤击次数(次)	射水压力(MPa)	落锤高度(cm)	下沉量(cm)		附注(记述沉桩情况及有关迹象)
							本次	累计	

记录:________　　　　复核:________

表 D.2　沉桩记录整理表

____线____桥____号墩(台)　第____号桩　　　　第____页共____页

第____号桩,桩长____+____+____+____+____+____+____+____=____m

桩断面积____ cm^2,系____桩,直(斜)桩。

沉桩开始____年____月____日____时____分,

完毕____年____月____日____时____分

沉桩时地面(或河床)高程____m,

停锤时桩尖高程____m 桩入土____m

停锤时贯入度____mm,落锤高____cm

复打____年____月____日____时,5 锤贯入度____mm,落锤高____cm

沉桩共用____时____分,总计击锤次数____________

水压____MPa

射水嘴直径____mm,射水总时间____时____分

桩尖类型__________桩锤类型________

桩顶实际偏位__________实际对垂直线倾斜__________

初打时锤垫、桩帽和桩垫情况____________________

复打时锤垫、桩帽和桩垫情况____________________

其他说明__________

整理:________　　复核:________　　主管工程师:________　　检查工程师:________

附录 E　泥浆试验记录、钻孔记录、水下混凝土浇筑记录

表 E.1　泥浆试验记录表

工程名称						
墩台号				桩　号		
施工单位				泥浆原料		
测定时间	试验项目	泥浆指标				
年　月　日		比重	黏度	含砂率	胶体率	pH 值

注：试验项目按以下情况填写：(1)孔外造浆；(2)孔内造浆；(3)工序检查；(4)清孔检查。

试验员：________　　　　施工负责人：________

表 E.2　钻孔记录表

工程名称							
墩台号			桩号			起迄日期	年月日
设计桩径			设计孔深			钻孔方法	
设计孔底高程			护筒顶高程			钻头型式	
设计桩顶高程			钻头直径				
时　　间		工作项目	钻进深度(m)		孔底高程	记事	
起	止		本次	累计			

注：记事栏中应：(1)绘制桩位示意图；(2)记录成孔检查情况。

记录：________　　　　施工负责人：________

表 E. 3　水下混凝土浇筑记录表

<table>
<tr><td>工程名称</td><td colspan="5"></td></tr>
<tr><td>墩台号</td><td></td><td>桩　号</td><td></td><td>成孔孔底高程</td><td></td></tr>
<tr><td>浇筑前孔底高程</td><td></td><td>桩顶设计高程</td><td></td><td>钢筋笼底高程</td><td></td></tr>
<tr><td>护筒顶高程</td><td></td><td rowspan="2">每盘混凝土数量
（m³）</td><td rowspan="2"></td><td rowspan="2">设计混凝土数量
（m³）</td><td rowspan="2"></td></tr>
<tr><td></td><td></td></tr>
</table>

<table>
<tr><td rowspan="2">测量
时间</td><td rowspan="2">混凝土
面高程
（m）</td><td colspan="2">底口高程
（m）</td><td colspan="2">埋入深度
（m）</td><td colspan="2">浇筑混凝土</td><td rowspan="2">附注</td></tr>
<tr><td>导管</td><td>套管</td><td>导管</td><td>套管</td><td>累计
盘数</td><td>累计
数量
（m）</td></tr>
<tr><td></td><td></td><td></td><td></td><td></td><td></td><td></td><td></td><td></td></tr>
<tr><td></td><td></td><td></td><td></td><td></td><td></td><td></td><td></td><td></td></tr>
<tr><td></td><td></td><td></td><td></td><td></td><td></td><td></td><td></td><td></td></tr>
</table>

注：1　附注栏中应绘桩位示意图；

　　2　采用套管钻机时，应增列套管底口高程和套管埋入深度。

记录：________　　　　　　　　施工负责人：________

附录 F　后张法制梁孔道摩阻试验

F. 0. 1　孔道摩阻试验的目的是验证设计数据和调整张拉控制应力。

F. 0. 2　孔道摩阻试验应在梁体混凝土强度达到设计要求后进行。

F. 0. 3　对于每种梁型,孔道摩阻试验应分别进行。对选定的实体梁上可选取有代表性的不同部位的 4 ~6 个孔道进行试验(应含最大、最小弯曲角度)。

F. 0. 4　孔道摩阻试验采用的预应力筋和锚具应符合设计要求。当采用预应力钢绞线和夹片锚时,孔道摩阻试验应符合下列规定:

1　孔道摩阻试验布置如图 F. 0. 4 所示。

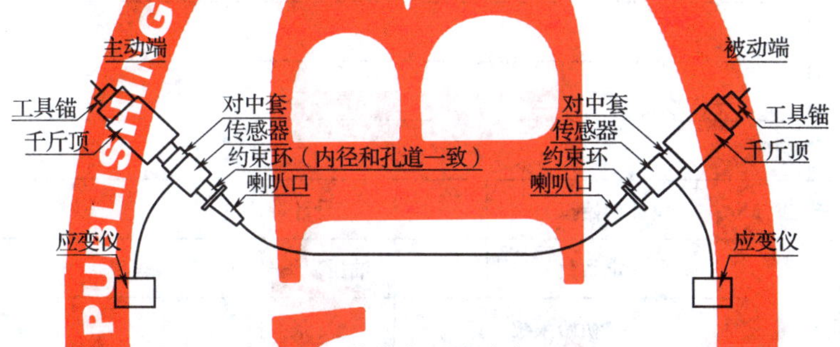

F. 0. 4　孔道摩阻试验布置图

2　孔道摩阻试验应按下列步骤进行:

1)根据试验布置图安装试验装置。

2)锚固端千斤顶进油空顶约 150 mm 关闭,两端预应力筋束均匀楔紧于千斤顶上;两端试验装置对中。

3)张拉端千斤顶进油逐级张拉。可分 8 级,每级两端同时读取和记录有关数据。

4)锚固端千斤顶回油,张拉端千斤顶回油、退锚。

5)将预应力筋束窜动数次后,按步骤进行第二次测试。

F. 0. 5　孔道摩阻系数 μ 和孔道偏差影响系数 K 可按下式计算:

$$\sum x_i^2 K + \sum x_i\theta_i\mu = \sum x_i \ln r_i$$
$$\sum x_i\theta_i K + \sum \theta_i^2\mu = \sum \theta_i \ln r_i \qquad \text{(F.0.5)}$$

式中　x_i——第 i 束孔道长度(m);

θ_i——第 i 束曲线孔道切线夹角之和(rad);

r_i——第 i 束主动端与被动端传感器压力之比;

μ——预应力筋与管道壁间的摩擦系数;

K——管道每米与设计位置偏差系数。

附录G　斜拉索安装张拉记录

表G　斜拉索安装张拉记录

桥　名:

拉索编号			部　位				
安装日期		张拉日期		气温		℃	
保存情况							
搬运情况							
安装方法							
设　备							
锚具安装							
设计张拉力	kN	设计初始拉力	kN	设计伸长值		mm	
千斤顶编号		标定系数		油压表编号		等级	
张拉顺序		初始张拉		张　拉		顶　塞	
油压表读数(MPa)							
换算拉力(kN)					顶塞力		
伸长值(mm)							
				塞锚头外露		mm	
安装张拉情况							

记录:____________　　　　施工负责人:____________

注:1　每根拉索填一张表。

2　拉索及防护层在搬运过程中如有损坏,均应注明原因及处理方法。

3　安装及张拉中如有损坏,在安装、张拉情况栏内说明原因及处理方法。

附录 H　斜拉索张拉力振动频率测定表

表 H　斜拉索张拉力振动频率测定表

桥　名：

拉索编号		类型		固定长度	
测频日期			平均气温	℃	
张拉台座		千斤顶编号		标定系数	
		油压表编号		等　　级	
频率计型号		电子称型号			

顺序	张拉力(kN)				频率计读数	伸长值(mm)	附注
	油压表读数	换算拉力	电子称读数	换算拉力			
1							
2							
3							
4							
5							
6							
7							
8							
9							
10							
11							
12							
13							
14							
15							
16							

测试：__________　　　　施工负责人：__________

注：1　每一类型、每一长度的拉索应反复测定三次，分别填写本表。

2　本表记录的张拉力和振动频率，绘制坐标图使用。

附录 J　斜拉索张拉力调整记录

表 J　斜拉索张拉力调整记录表

桥　名：

拉索编号		类　型		长　度	
测频日期		调整日期		平均气温	℃
设计张拉力			部位		
测调次数		初　测	第一次调整	第二次调整	第三次调整
振动频率	1				
	2				
	3				
	平均				
张拉力	1				
	2				
	3				
	平均				
施工阶段					
调整原因					

测试：＿＿＿＿＿　　施工负责人：＿＿＿＿＿

附录K 斜拉桥悬臂施工阶段挠度变化记录

表K 斜拉桥悬臂施工阶段挠度变化记录

测量时间	年 月 日 时至 时							平均气温					℃					
施工阶段																		
索塔顶偏移（mm）	塔 位	左 索 塔						右 索 塔										
	方 向	纵 向			横 向			纵 向			横 向							
	设计偏移量																	
	实测偏移量																	
	换算偏移量																	
	偏 差																	
梁段悬臂端挠度（mm）	梁 跨	边 跨								中 跨								
	梁 段			6	5	4	3	2	1	0	1	2	3	4	5	6		
	设计挠度值																	
	实测标高																	
	换算挠度																	
	偏 差																	

测量:____________　　　　　　施工负责人:____________

注:1 施工阶段应注明挂篮前移定位、梁段浇筑混凝土、梁体预应力束张拉后,斜缆索安装张拉后;

2 根据本表记录,绘制桥梁变化统计图表。

附录 L 纵向活动支座预留错动量计算

纵向活动支座应按梁的温度变化、混凝土梁未完成的收缩徐变和弹性压缩量产生的错动量，调整上下座板的相对位置。

错动量可参考下列公式计算：

$$\delta = (T - T_0)\ aL + \delta_s \tag{L.0.1}$$

式中 δ——上下座板的计算错动量(cm)；

a——线膨胀系数，可取为 1.0×10^{-5}℃；

L——梁跨度(cm)；

T——架梁时温度(℃)；

δ_s——成品梁未完成的收缩徐变值(cm)，其值可按现行《铁路桥涵钢筋混凝土和预应力混凝土结构设计规范》(TB 10002.3)计算；

T_0——收缩徐变完成后上下座板中线重合时的计算温度(简称计算温度)(℃)，其值可取为：

$$T_0 = T_{平} + \delta_{活}/2aL \tag{L.0.2}$$

其中 $T_{平}$——年度中最高和最低温度的算术平均值(℃)，

$\delta_{活}$——梁端部下缘因活载产生的纵向位移(cm)，

$\delta_{活}/2aL$——换算温度(℃)，也可取为 10 ℃。

本技术指南用词说明

执行本技术指南条文时，对于要求严格程度的用词说明如下，以便在执行中区别对待：

(1)表示很严格，非这样做不可的用词：

正面词采用“必须”；

反面词采用“严禁”。

(2)表示严格，在正常情况下均应这样做的用词：

正面词采用“应”；

反面词采用“不应”或“不得”。

(3)表示允许稍有选择，在条件许可时首先应这样做的用词：

正面词采用“宜”；

反面词采用“不宜”。

表示有选择，在一定条件下可以这样做的，采用“可”。

《客货共线铁路桥涵工程施工技术指南》条文说明

本条文说明系对条文的编写依据、存在的问题以及执行中应注意的事项等予以说明。为了减少篇幅,只列条文号,未抄录原条文。

5.1.4 地基载荷试验是验证地基处理效果的最直接有效的方法,必须按设计要求进行。地基载荷试验的结果也必须符合设计要求。地基载荷试验的具体实施可参照《建筑地基处理技术规范》(JGJ 79—2002)的附录A"复合地基载荷试验要点"的规定。

5.2.4

2 灰土的施工含水量宜控制在最佳含水量±2%的范围内。其最佳含水量的测定可通过击实试验确定,也可按当地经验确定。

5.4.4

3 强夯最后二击的平均夯沉量一般不应大于50 mm。但当单击夯击能较高时,可参照下列规定:当单击夯击能为4 000~6 000 kN·m时,不宜大于100 mm;当单击夯击能大于6 000 kN·m时,不宜大于200 mm。

5.4.5 强夯加固地基的有效加固深度还可参照说明表5.4.5预估。

5.10.3 旋喷所用浆液的水灰比应符合设计要求。如设计无要求时,可取0.8~1.5,并最终通过试验来确定。

6.5.5 表6.5.5采用现行国家标准《建筑地基基础工程施工质量验收规范》(GB 50202—2002)第7.8.2条中的数值。

6.7.1 混凝土结构模板拆除时,混凝土强度应以混凝土结构物同条件养护的混凝土试件强度为准,混凝土强度增长情况可参考说明表6.7.1—1和说明表6.7.1—2估算。

说明表5.4.5　强夯法的有效加固深度(m)

单击夯击能(kN·m)	碎石土、砂土等粗颗粒土	黄土、黏性土、湿陷性黄土等细颗粒土	单击夯击能(kN·m)	碎石土、砂土等粗颗粒土	黄土、黏性土、湿陷性黄土等细颗粒土
1 000	5.0~6.0	4.0~5.0	5 000	9.0~9.5	8.0~8.5
2 000	6.0~7.0	5.0~6.0	6 000	9.5~10.0	8.5~9.0
3 000	7.0~8.0	6.0~7.0	8 000	10.0~10.5	9.0~9.5
4 000	8.0~9.0	7.0~8.0			

注:本表引自《建筑地基处理技术规范》(JGJ79—2002)。

说明表6.7.1—1　拆除非承重模板的估计期限表

混凝土强度(MPa)	水泥品种及强度等级	混凝土强度达2.5 MPa所需时间(h)及硬化时昼夜平均温度(℃)						
		+5	+10	+15	+20	+25	+30	+35
20	32.5矿渣水泥	23	16	13	10	9	8	7
40	42.5矿渣水泥	22	10	9	7	6	5	5
	52.5普通水泥	15	11	9	8	6	5	4
	52.5硅酸盐水泥	14	9	7	6	4	4	4

注:1 本表拆模期限按混凝土强度达到2.5 MPa的时间考虑;
2 当采用火山灰水泥、粉煤灰水泥时,可参照矿渣水泥考虑;
3 混凝土强度不大于C15时,拆模时间应酌情予以延长。

说明表 6.7.1—2 拆除承重模板的估计期限表

达到设计强度百分比	水泥		拆模期限(d)及硬化时昼夜的平均温度(℃)						
	品种	强度等级	+5	+10	+15	+20	+25	+30	+35
50%	硅酸盐、普通	52.5	6.5	5	4.2	3	3	2.5	2
	矿渣	42.5	17	13	9.5	6	4	3	2.5
	矿渣	32.5	18	15	12	8	6.5	5	3.8
70%	硅酸盐、普通	52.5	11	9.5	8	6	4.5	3.5	3
	矿渣	42.5	31	19	14	11.5	8.5	6	4.5
	矿渣	32.5	34	26	18	15	12.5	8.5	7
100%	硅酸盐、普通	52.5	41	36	32	28	19	15	13
	矿渣	42.5	56	47	39	28	26	19	17
	矿渣	32.5	62	51	41	28	25	22	18

注:1 本表按 C20 级以上一般混凝土考虑;
2 火山灰水泥、粉煤灰水泥可参照表中矿渣水泥考虑;
3 普通水泥强度等级不大于 42.5 的,拆模期限应酌情予以延长;
4 采用干硬性、低流动性或掺有外加剂的混凝土时,拆模期限应通过试验确定。

6.7.4 基础与墩台身接缝混凝土凿毛时,混凝土强度增长情况可参考说明表 6.7.4—1、说明表 6.7.4—2 和说明表 6.7.4—3 确定。

说明表 6.7.4—1 混凝土达到 0.5 MPa 强度所需时间(h)表

混凝土强度等级	日平均气温(℃)		
	5-15	16-20	21-30
30	10	7	4
15-20	11	8	5

说明表 6.7.4—2 混凝土达到 1.2 MPa 强度所需时间(d)表

水泥品种及强度等级	外界平均气温(℃)			
	≤5	≤10	≤15	>15
硅酸盐水泥及强度等级大于等于 32.5 的普通水泥	2.5	2.0	1.5	1.0
矿渣水泥、火山灰水泥、粉煤灰水泥及强度等级小于 32.5 的普通水泥	4.0	3.0	2.0	1.5

说明表 6.7.4—3 混凝土强度在不同温度下与龄期的关系表

水泥种类	混凝土强度(%) / 龄期(d) / 平均温度(℃)	10	20	30	40	50	60	70	80	90	100
普通水泥	1	2.5	5	7.5	13	20	28	—	—	—	—
	5	1.8	3	5	8.5	13	21	28	—	—	—
	10	1.3	2	3	6	9	14	21	28	—	—
	15	1	1.5	2	4	7	10	14	21	28	—
	20	0.9	1.3	1.6	2.5	5	8	10	15	22	28
	25	0.8	1.1	1.4	2	4	6	8.5	12	15	20
	30	0.7	0.9	1.2	1.8	3	5	7	10	13	17
	35	0.6	0.7	1.0	1.6	2.5	4	6	8.5	11	14
矿渣水泥	1	5	10	15	28	—	—	—	—	—	—
	5	3.5	6	8.5	13	21	28	—	—	—	—
	10	2.7	5	7	10	13	19	25	30	—	—
	15	2	4	5.5	7.5	10	13	18	23	28	—
	20	1.5	2.8	4	6	8	11	14	18	23	28
	25	1.0	2	3	5	6.5	8	11	15	18	23
	30	0.8	1.4	2	3.5	5	6.8	9	12	15	19
	35	0.6	1	1.5	2.5	4	5	7	8.5	12	15

8.1.1 沉井施工前对施工范围的地质资料进行调研分析,并根据地质钻孔资料,摸清沉井施工可能遇到的各种障碍,针对性地制定施工方案和采取相应措施,防止由于地质钻孔

资料不充分，施工中被迫处理障碍，延缓工期并造成经济损失。

8.1.2 沉井下沉时，位于邻近的部分土体可能随着下沉，因此土体范围内的堤防和建筑物将受到危害，因此应根据设计提供的防护要求和安全措施进行下沉；尽量不采用抽水下沉方案，当采用不排水下沉方案时，应维持井内水位不低于井外水位，防止井外土沙涌入井内造成地面下沉。

8.2.1 根据土质、水流和风浪情况，可选用无围堰的土岛或有围堰的筑岛（围堰施工见本技术指南第6.4节的有关规定）。

在水深小于1.5 m，流速不大时，可采用无围堰的凸形土岛，即在有水的河床上填筑卵石、中砾石、粗砂和细砂等筑岛填料；在无水的滩地上，可先挖到初见地下水后，填筑砂砾，在其上筑造沉井。

刃脚下应满铺垫木，并使长短垫木相间布置。刃脚在直线段应垂直铺设，在弧线段应径向铺设。

沉井模板和钢筋的安装顺序为：刃脚斜面及隔墙底面模板→井孔模板→绑扎钢筋→设内外模间支撑→支立外模板→设内外模间连接筋→调整各部尺寸→全面紧固支顶、拉杆、拉箍→固定撑杆和拉缆。

当混凝土强度达到2.5 MPa以上时，方可拆除直立的侧面模板，且应先内后外；当混凝土强度达到70%后，方可拆除隔墙底面和刃脚斜面的支撑与模板。拆模的顺序为：井孔模板→外侧模板→隔墙支撑及模板→刃脚斜面支撑及模板。

拆除隔墙及刃脚下支撑应对称依次进行。宜从隔墙中部向两边拆除。拆除时可先挖除支撑架垫木下面的砂，抽出支撑架及垫木。当支撑排架顶面（或底面）设有楔形木时，可先打掉楔形木，然后再拆除支撑。拆模后下沉抽垫前，仍应将刃脚下回填密实，防止不均匀下沉。

抽除垫木是沉井施工重要工序之一，当混凝土达到设计要求强度后方可抽除垫木。抽除垫木应按设计拟定的次序，分区、对称、同步地进行。同一编号垫木同时抽除并回填后，方可抽除下一编号的垫木。回填材料以粗、中砂和砂夹卵石为宜。抽除垫木过程中，应在沉井上下左右各设置侧点一处，观测其下沉量。当发现沉井向一侧倾斜度大于1%、一次抽除垫木后的下沉量超过上一次一倍、垫木被挤断和回填材料被挤出产生隆起或裂缝等现象时，应立即研究处理。

8.2.2 在水深流急筑岛困难的条件下修建沉井基础，可采用浮运沉井。浮运沉井种类较多，在中小河流上可采用钢丝网水泥薄壁浮运沉井，在大江大河上，可采用带钢气筒的浮运沉井。

钢丝网水泥薄壁浮运沉井是由角钢骨架、钢筋网、钢丝网和水泥砂浆组成。通常将钢筋网敷设在角钢制成的骨架上，再将若干层钢丝网均匀地铺设在钢筋网的两侧，外面抹以水泥砂浆，使之充满整个钢筋网和钢丝网之间的空隙，保护层厚为1~3 mm。其特点是结构薄而轻，有足够的强度和刚度。入水后能自浮于水中，就位后，向壳体内灌水使沉井落于河床后，再向壳体内浇筑水下混凝土，使空腹薄壁沉井变为重力式沉井。

带钢气筒的浮运沉井，其平面形状可为圆形、矩形或圆端形。底节钢沉井高约6 m，有能自浮于水中的双壁钢刃脚，井壁内设有平面为井字形、八角形及扇形钢板梁，作为井壁的内支撑。各钢板梁间的底部形成U形隔舱壳体和空腹井壁，共同承受水压以浮托底节钢沉井重量。沉井在平面上设若干井孔，当底节钢沉井入水后，在井孔位置安装钢气筒,向气筒内充以压缩空气来浮托沉井,并按工序要求,调整充气量,以便沉井接高和下沉。

底节钢沉井、钢气筒及钢板梁可在工厂或工地加工制造,在岸边或导向船上平台组拼焊接成形,按设计文件规定的压力,做水压试验后浮运到墩位。借助导向船、定位船及锚碇设备,将该节沉井悬浮锚碇于墩位上游适当位置。根据沉井在悬浮状态下的结构受力情况、水位和稳定等因素,逐步分批安装钢气筒、浇筑刃脚和井壁混凝土,接高井壁钢壳、浇筑井壳内混凝土,同时逐步向气筒内充气,以浮托及调平沉井,待刃脚接近河底时,经复核测量、精确定位后,气筒放气,使沉井准确地落入河床。

沉井落入河床后,即可切除部分气筒顶盖,在井孔内取土,使沉井尽快下沉至稳定深度。最后水下切割气筒。至此,浮运沉井同普通沉井,继续接高下沉,直至设计高程。

8.3.1 沉井下沉主要是通过从井孔中用机械或人工的方法均匀除土,消弱基底对刃脚的正面阻力和沉井壁与土之间的摩阻力后,依靠自重下沉。从井口内除土的方式有排水除土和不排水除土两种。在稳定的土层中且渗水量小(每平方米沉井面积渗水量小于1 m^3/h)时,可采用排水除土下沉;对于不排水除土下沉的沉井,可采用抓泥、吸泥和射水交替作业。沉井下沉的辅助措施可采用高压射水、炮震、压重、降低井内水位等方法。

8.3.2 无论采用任何下沉方法,井内除土应从中间开始,均匀对称地逐步分层向刃脚进行,除沉井纠偏外,不得偏斜除土,以免沉井发生偏斜。正常情况下,应根据土质情况、沉井大小和入土深度等,控制井内除土深度及井孔间底面高差:

1 近刃脚处,除清理风化岩及在胶结层外,除土面不宜低于刃脚。

2 周边井孔的除土底面不宜低于刃脚 1 ~2 m。

3 中间井孔的除土底面不宜低于刃脚 2 ~3 m。

4 相邻井孔间底面高差不宜大于 0.5 ~1.5 m。

5 隔墙底部不得支撑于土层上。

在下沉过程中,应经常掌握底面高程、下沉量、倾斜和位移的量测工作,随时注意纠偏;应及时观测沉井周围地面塌陷和开裂情况,以便采取有效措施,确保附近施工设施的安全。对于水中沉井,尚应注意观测沉井周围河床的变化情况。冬期施工时,严禁将井内除土弃于井壁或井顶围堰附近,防止冻结后阻滞沉井下沉或造成井顶围堰开裂或向一侧倾斜,酿成事故。

8.3.4 沉井底节入水后,初步定位于墩位上游附近,并在悬浮状态下接高和下沉。在此期间,墩位处河床面的冲刷和淤积会不断变化,故应经常量测墩位处的河床的冲淤情况,以便及时采取措施,使墩位处的河床高差较小,以利于沉井接高下沉。

悬浮状态下沉井接高时,稳定性和水面上的高度是关键,故应经常核算沉井实有重量、沉井入水深度、稳定条件等是否与设计数据相符,并经常检查沉井与导向设备接触处的受力情况。

为使沉井尽快地全面沉入河床达到稳定,每次接高浇筑混凝土前,应先在气筒内放出与混凝土重量相当的气量,对河床进行预压。若此时沉井产生的倾斜在 1.5% 以内,且沉井的刃脚高程已达到低潮时沉井在悬浮状态下的刃脚高程,并保证其在低潮水位时不致产生较大的倾斜时,即可浇筑接高混凝土。若沉井仍产生倾斜时,可在气筒内补气凋整。

当沉井位置的河床为斜面时,可在河床较高一侧的沉井外围吸泥或在沉井悬空的一侧抛填河卵石,防止河床继续冲刷,抛填卵石的粒径以不妨碍沉井取土下沉为度。

当沉井刃脚沉入河床后，若采取放气及加载的方式已不能有效地使沉井尽快下沉时，应将靠中部和靠刃脚入土较深的边孔气筒顶盖割开，放入吸泥机吸泥，使之尽快下沉至稳定深度。此时，即可向井内灌水至与外平衡，由潜水员水下切割拆除气筒及钢壳，至此浮运沉井即同于普通沉井。

8.3.5　沉井产生位移和倾斜的原因一般有：取土不均匀，刃脚下土层软硬不均，一边刃脚被障碍物搁住，井内大量翻砂外侧土压力不平衡等。纠正倾斜一般以在井顶高的一侧刃脚下偏除土为主，也有采用外侧射水（或外侧偏除土）等措施的。偏压重和顶部施加水平力的方法在沉井下沉初期才有效果。在承载力较差的软塑性土中，有的曾在沉井顶面设置悬臂桁架进行偏压重，使低侧刃脚压应力减少，高侧刃脚压应力增加，效果良好。有的采用在低侧刃脚下设垫块，迫使该侧刃脚停沉以纠正倾斜。纠正倾斜应处理适当，防止沉井向另侧倾斜。

8.3.6　本条第3款对于已查明含有胶结硬层的地层，在修筑沉井前，可用地质钻探的办法钻孔，装入炸药，预先爆炸破碎。某大桥1号墩沉井，在地面以下27～29 m深度处，有厚0.3～2.9 m的灰白钙质粒砂胶结层，极限抗压强度为11.6 MPa左右，采用预爆的方法，收到了很好的效果。

8.3.7　井顶围堰是在沉井下沉到设计高程而井顶在水（土）面以下时用来修建沉井顶盖和墩台身混凝土的施工结构，同时又是沉井最后下沉阶段和浇筑封底、顶盖和墩台身混凝土的施工平台。故对其平面尺寸和高度作出规定。在高度上要求在施工水位中计入波浪高、壅高和冲高等，是因为在某特大桥曾由此发生过江水从上游侧倒灌入围堰，冲击下游钢板桩内侧，而在下游钢板桩外侧又因回流急卷形成漩涡，致使围堰内外水头差高达3.0 m左右，冲垮下游侧钢板桩。为避免今后发生类似事故，特要求在制定围堰高度时所采用的施工水位中应计入规定的内容。

井顶围堰需具有防水（土）（抵抗静水压力、土压力）、抵抗水流冲击力和靠船力以及作为施工平台等功能的临时结构而规定。其结构布局一般为壁板和水平支承梁承受静水压力、土压力；支撑桁架承受由水平支承梁体传来的支点作用力、壁板传来的动水压力、波浪力、靠船力等不对称水平力和平台上传来的垂直力及结构自重。其中支撑桁架和水平支承梁的受力情况与施工过程有关，其体系须根据施工条件妥善安排，便于拆装改变，以减少埋入混凝土中的杆件数量。

10.1.3　多片式T梁采用桥面板及横隔板连接的措施联成整体，在横隔板处施加预应力。为使每孔多片式T梁的每一片梁的上拱度基本一致，以便于横向预应力张拉施工，因此本条款提出对同一孔多片式T梁的每一片梁的施工龄期差的要求。

10.2.1　制梁场地横列式布置为常用的布置方法，即将制梁生产线和梁的运输线平行设置。该种布置占地较大，但工艺流程合理，存梁不受运输条件的限制，适宜大批量生产。

制梁场地纵列式布置即将制梁生产线设于梁的运输线的终端。当地形条件受到限制时也可采用该种布置，但生产效率较低，需增加运输设备，生产成本较高。

10.2.2　制梁台座的强度和刚度，可按采用的结构形式，依照相应的设计规范规定进行设计计算，计算结果必须满足规范要求 。

对于台座的地基处理，则要注意不仅要满足制梁工艺荷载对地基强度的要求，而且要满足地基沉降要求，特别要避免产生不均匀沉降。

先张梁张拉台座的稳定性是台座设计的关键问题。主要应考虑抗滑移和抗倾覆性能两个方面。设计计算时，抗滑移安全系数不得低于 1.3；抗倾覆安全系数不得低于 1.5。

10.3.24 预制梁封端（锚）的聚氨酯防水涂料施工应符合设计要求。如设计无要求时，可参照下列要点进行：

1 基层应平整清洁，油污和铁锈等应彻底清理干净，表面应干燥，含水率不宜大于 9% 。

2 涂布底胶。将聚氨酯甲、乙组份和二甲苯按 1∶1.5∶2（重量比）比例配合并用电动搅拌器强力搅拌均匀，然后用滚刷或油漆刷涂布于基层表面，涂布量一般以 0.3 kg/m^2 左右为宜。涂布后干燥固化 4 h 以上，然后进行面层涂料施工。

3 涂布面层涂料。将聚氨酯甲、乙组分和二甲苯按1∶1.5∶0.3（重量比）比例配合并用电动搅拌器强力搅拌均匀，随用随配，配好的涂料应在 2 h 内用完。

涂料用滚刷或油漆刷涂布，平面部位可涂刷 3～4 度，每度涂布量为 0.6～0.8 kg/m^2；立面部位可涂刷 4～5 度，每度涂布量为 0.5～0.6 kg/m^2。一度涂布后，一般要固化 5 h 以上，再涂布下一度。后一度的涂布方向应与前一度的涂布方向垂直。

涂料成膜后厚度应不小于 1.5 mm，角根部位应较大面涂布厚度增加 0.5 mm。

10.3.25 环氧树脂混凝土是以环氧树脂为胶结材料、以砂石为骨料的混凝土。它与普通混凝土相比，具有强度高、粘结牢、耐化学腐蚀等特点。所以先张梁梁底转辙器凹穴要用该种混凝土来填补。

环氧树脂混凝土的施工可参照下列要点进行：

1 环氧树脂浆液配制

环氧树脂浆液配合比：

环氧树脂（E—44）∶邻苯二甲酸二丁脂（增塑剂）∶二甲苯（稀释剂）∶乙二胺（固化剂）＝100 g∶10.5 g∶35～43 g∶7～11 g。

配制时，先将环氧树脂、邻苯二甲酸二丁脂、二甲苯按比例称量放入容器中搅拌均匀，然后再加入乙二胺搅拌均匀即可。

2 环氧树脂混凝土配合比（重量比）

环氧树脂浆液∶填料（碳酸钙）∶细砂（＜1.2 mm）∶粗砂（1.2～5 mm）∶石子（5～15 mm）＝10∶10∶20∶15∶45

3 环氧树脂混凝土施工

将粗细骨料按比例称量搅拌均匀后，加入配制好的环氧树脂浆液再搅拌均匀即可用于浇筑施工。施工操作基本同普通混凝土，但要注意以下几点：

1）新旧混凝土结合面应凿毛并清理干净，保持干燥。然后涂上一层环氧树脂浆液结合层。

2）搅拌好的环氧树脂混凝土应在 1 h 内用完。

3）环氧树脂混凝土浇筑后应覆盖保护，一般可在 24 h 左右硬化。

10.4.13

4 补偿收缩混凝土是一种适度膨胀混凝土。利用混凝土的适度膨胀来抵消混凝土的全部或大部分收缩，可避免或大大减轻混凝土的开裂。所以后张梁的封端（锚）混凝土要采用补偿收缩混凝土。

补偿收缩混凝土一般采用膨胀水泥或掺加膨胀剂，其配合比应通过试验来确定。试配时，应制作强度试件、自由膨胀试件和限制膨胀试件，保证混凝土强度和膨胀率符合设计要求。

补偿收缩混凝土施工时，除应满足普通混凝土施工要求外，还应注意以下几点：

1　新旧混凝土结合面应充分湿润，并至少保湿 12 h 以上。

2　补偿收缩混凝土凝结时间较短，要及时抹面和修整。

3　补偿收缩混凝土浇筑后要立即进行保湿养护，养护时间不少于 14 d，养护期内要充分洒水保湿，以保证混凝土膨胀过程中需要的水分供应。

11.2.16　预应力混凝土简支梁高位落梁工艺，是根据秦沈客运专线土河中桥等桥的施工工艺拟定的。辽河特大桥采用移动支架高位制造梁跨 32 m 简支梁时，内侧落梁支墩采用高强度砖垫块码砌，落梁施工顺利、经济效益良好。因此，高位落梁支墩垫块种类，应根据梁体重量、使用频次等施工条件，经过技术经济比选确定。

11.3.3　悬臂浇筑或悬臂拼装预应力混凝土连续梁（刚构）时，墩顶安装挂篮或吊机前，悬臂梁段施工使用的墩旁托（支）架形式很多，施工中常用的 3 种见说明图 11.3.3，施工前可根据墩旁地形、地质、水文、交通、墩高和常备定型材料等情况，经综合比选确定托（支）架结构形式。

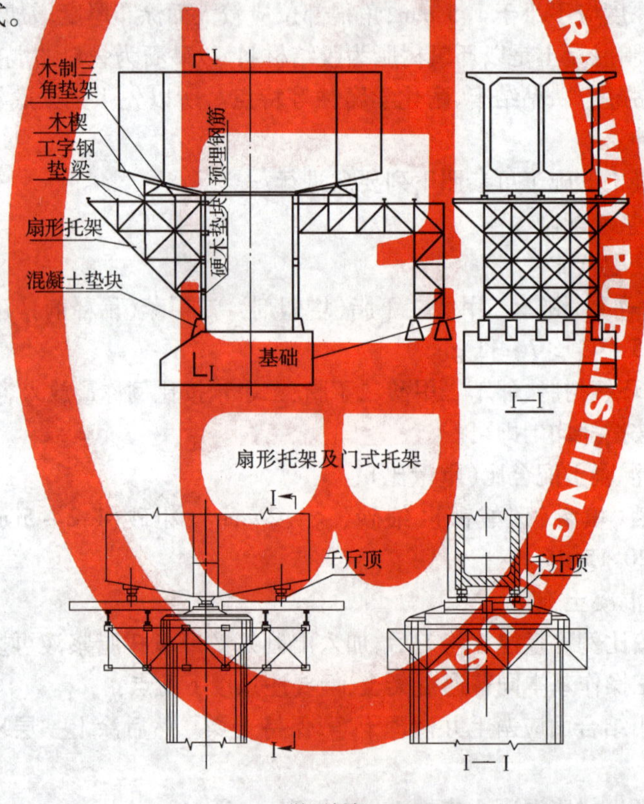

墩顶托架

说明图 11.3.3　安装挂篮或吊机前梁段托（支）架示意图

11.3.6　硫磺水泥砂浆配合比和配制工艺，是根据朔黄铁路有限公司等单位施工经验编写的《高强度硫磺砂浆临时支座的配置及应用》拟定的。该种硫磺砂浆具有强度生成快、强度高、体积收缩小、抗疲劳性能及承受动力荷载能力优异和容易制作、拆除方便等显著优点，可用作大跨度预应力混凝土桥梁悬灌和悬拼施工时的临时支座材料。

11.3.11　移动挂篮法悬臂浇筑梁段常用的挂篮，主要有平行桁架式挂篮、平弦无平衡重挂篮、三角形组合梁式挂篮、弓形式挂篮、滑动斜拉式挂篮、菱形桁架式挂篮（如说明图

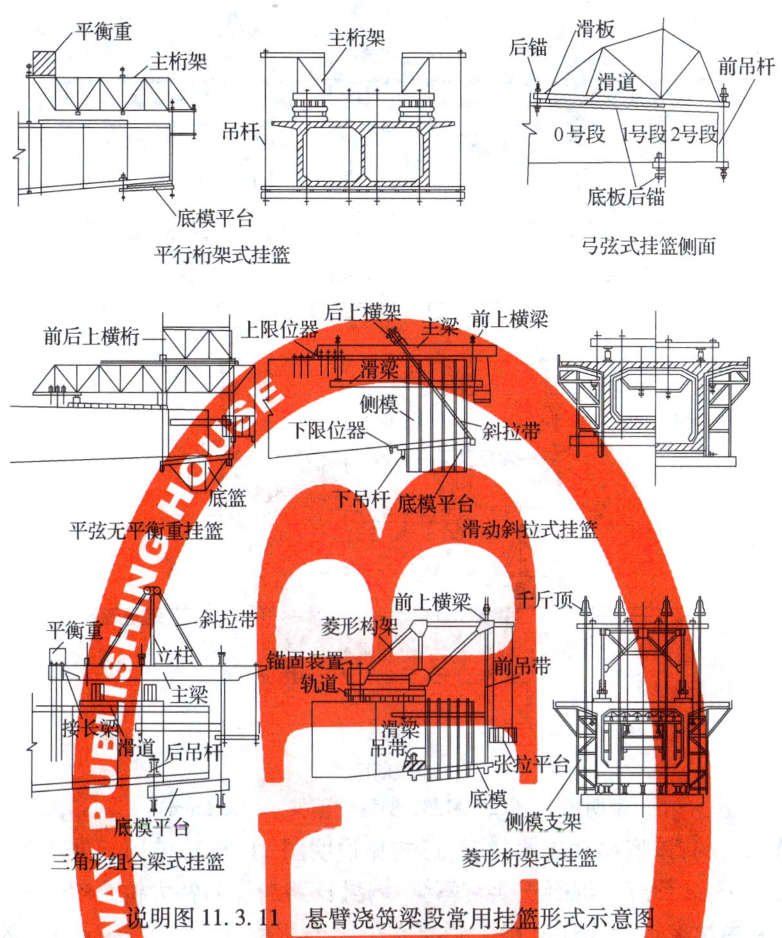

说明图 11.3.11 悬臂浇筑梁段常用挂篮形式示意图

11.3.11)。各种挂篮结构形式及重量、行走方法及操作工艺各异，但其悬臂浇筑梁段的施工流程基本相同，可根据设计要求挂篮重量和常备定型材料情况等选择挂篮形式。

11.4.3 悬臂拼装使用的吊装设备，目前大多是由施工单位根据桥位施工条件，使用常备定型材料自行设计拼装的，梁上悬臂吊机（架）为常用的施工设备形式。大桥局在石（门）长（沙）铁路湘江大桥 7×96 m 连续预应力混凝土箱梁悬拼施工时，使用自行研制的大跨度移动支架式悬拼吊机（如说明图 11.4.3），采用边悬拼边合龙方式施工的基本施工流程为：墩顶 0#梁段施工→悬拼吊机安装就位→起重小车吊运梁段由机尾运至拼装位置→对称拼装 T 构梁段→合龙段施工→悬拼吊机前移至下一桥墩继续悬拼施工。

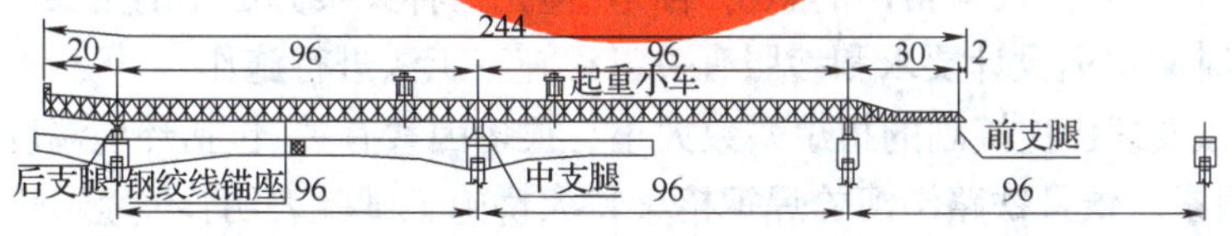

说明图 11.4.3 大跨度移动支架式悬拼吊机（m）

11.6.2 移动模架目前尚属非标准设备，形式很多，适用于在墩台上设计梁位现浇单线或双线预应力混凝土简支梁或连续梁。施工流程是根据 MZ32 型移动模架（如说明图 11.6.2），在秦沈客运专线小凌河特大桥施工经验编制的《MZ32 型移动模架造桥机原位整孔制造预应力混凝土箱梁施工工法》（tlejgf—01.02—22）拟定的。

11.7.2 移动支架制梁施工流程，系根据《ZQJ-32/56 移动支架造桥机造桥工法》（tlejgf—

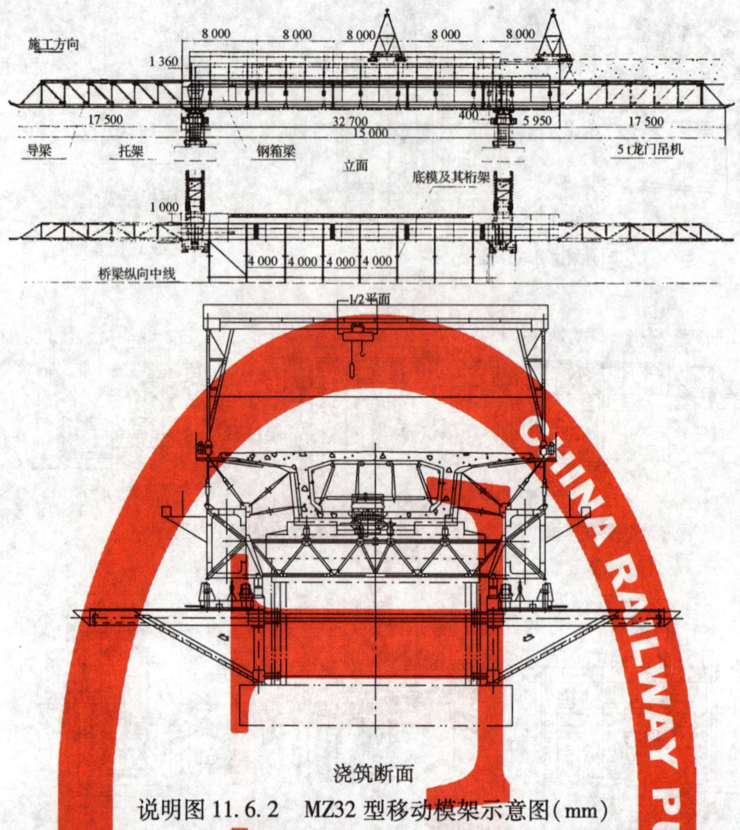

说明图 11.6.2　MZ32 型移动模架示意图(mm)

95.96—07)拟定的,该型移动支架(结构形式见说明图 11.7.2)曾用于灵武铁路杨家滩黄河特大桥 10×48 m 预应力混凝土简支箱梁、内昆铁路老煤洞特大桥 5×64 m 预应力混凝土简支箱梁和秦沈客运专线辽河特大桥简支箱梁等桥梁施工。大桥局施工的株(洲)六(盘水)复线南山河特大桥 4×64 m 预应力混凝土简支箱梁,采用自拼的平弦穿巷式移动支架组拼预制梁段施工流程为:建场制梁→架梁机拼装→铺设运梁轨道至架桥机尾部吊梁区→轨道台车运梁到架桥机尾部吊梁区→架桥机起重小车吊梁运到设计纵向位置后落梁到活动托梁上→用活动托梁上的千斤顶精调梁段高度及线形→同时浇筑各梁段间湿接缝混凝土→梁体预应力施工→前移移动支架进行下一孔梁施工。

12　钢桁梁架设方法很多,如悬拼架梁、浮运架梁(包括浮托及水上平转)、拖拉架梁、吊装架梁(包括浮吊架梁)、支架架梁、顶推架梁(包括纵推和横推)、转体架梁、龙门吊机架梁等。本技术指南仅就常用的悬拼、浮运、拖拉三种架梁方法中的主要事项作出原则性规定,施工时应根据设计要求和参照有关工程施工工法进行施作。

12.1.10　高强度螺栓连接副的扭矩系数大小与很多因素有关,包括环境温度及相对湿度变化的影响因素。侯月铁路浍河栓焊钢桁梁特大桥施工试验表明:环境温度每升高 10 ℃扭矩系数值降低 3%,环境温度每降低 10 ℃,扭矩系数值上升 5%。九江长江铁路大桥施工时,根据环境温度 T(℃)和相对湿度 V(%),经试验确定在正温和一般湿度时,扭矩系数调整值 Y 计算公式为:

$$Y=0.981\,1-3.159\,7\times10^{-3}T+0.132\,9\,V$$

因此,高强度螺栓施拧除应严格按施工工艺操作外,尚应考虑环境温度及相对湿度变化对扭距系数的影响,以保证准确的使螺栓达到设计预紧力。

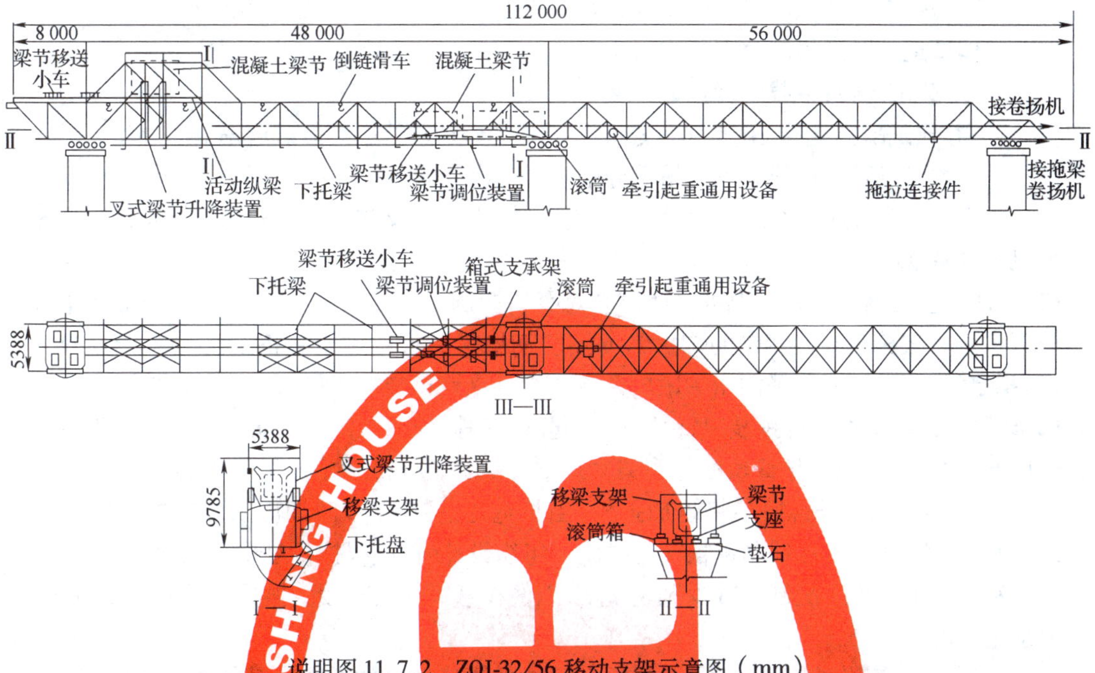

说明图 11.7.2　ZQJ-32/56 移动支架示意图（mm）

12.2.11　高强度螺栓连接副采用扭角法工艺施拧时，初拧应采用扭矩控制（扭矩值由试验确定），终拧采用螺母转动角度控制（即将初拧完划线标定的螺母再扭转一规定角度）。扭角法终拧转角 θ（度）应按下列计算：

$$\theta = a + b(n-1) + cB \quad \text{（说明 12.2.11）}$$

式中　a——螺栓连接副的弹性压缩对转角的影响值（度）；

b——与连接钢板层数和所喷涂保护层种类有关的每增加一层连接钢板所需的转角（度/层）；

c——连接钢板每毫米厚度所需的转角（度/mm）；

n——连接钢板层数；

B——连接钢板总厚度（mm）。

扭角法终拧转角的大小，由于与螺栓的设计轴力、钢板厚度及层数、钢板表面处理方法和初拧工艺等因素有关，因此对常数项 a、b、c 值应经过多次试验后确定。一般经验，当初拧扭矩为 300 kN · m、设计轴力为 200 kN、板面处理为酸洗后涂 2 次固化无机富锌漆、预拉力损失为 15 kN 时，试验所得 $a = 43.26°$，$b = 6.34°$/层，$c = 0.54°$/mm。

12.3.9　采用吊索架全悬臂拼装钢桁梁，一般用于大跨度长悬臂悬拼施工，可以减小悬拼应力及悬臂端挠度、振晃等。大桥局编制的《单层吊索法悬臂架设大跨度钢梁工法》（tlejgf—92—15）和《双层吊索架安装大跨度钢梁工法》（tlejgf—93—20）可参照使用。吊索锚头与吊索的允许应力不应大于其抗拉极限强度的 0.5 倍，是根据 2008 年 6 月 12 日天津规范复审会议大桥设计院代表意见修定的（原为 0.4 倍）。

12.3.10　采用固定式缆索吊机吊运杆件悬臂拼装钢桁梁的有关规定，是根据《工程机械施工手册第一分册》（大桥局和长沙铁道学院主编，1986 年中国铁道出版社出版）和《130 m公路箱形拱桥无支架吊装工法》（tlejgf—93—10）等资料拟定的，缆索吊机有关部件设计计算可参考《工程机械施工手册第一分册》和《130 m公路箱形拱桥无支架吊装工法》的有关规定。

整体试运转和试吊应分三步进行：

1　空载试运转：空载运行往返一次。

2　静载试吊：按设计吊重80%、100%、125%分别进行一次静载起吊。

3　动载试运转：按静载三种吊重分别进行一次往返运行。

每次试吊时都应检查承重索垂度及接头、支(塔)架及锚碇装置位移、牵引能力及各种机电设备情况等是否正常。

12.3.11　连续钢桁梁采用中墩向两端全悬臂拼装施工规定，是参照南(宁)昆(明)铁路横口3#等桥梁施工经验编制的《2×64 m连续钢桁梁T形对称全悬拼工法》(tlejgf—99—19)拟定的，连续钢桁梁采用由中墩向两端进行全悬臂拼装施工可参照该工法施作。

12.3.12　钢桁梁长悬臂拼装时，由于杆件起落、平移、碰撞、摩擦等施工冲击作用和风力作用产生振动，一般在悬臂长度与桁梁宽度之比达到6:1时开始发生使人感觉不安的振晃，并且随着悬臂加长，振晃将越加强烈，当长宽比达到12:1时即应采取减振措施。因此，为保证施工安全，在编制钢桁梁悬拼施工组织设计时，应根据桥梁悬拼长度，当地风力风向和桥址地形等工况制定减少振晃预案，以便在悬臂端出现较大振晃时及时采取措施，保证施工安全。

12.3.19　温差法纵移钢梁，即利用钢梁冷缩热胀使其位移的方法。某桥4×160 m连续钢桁梁(如说明图12.3.19)，固定支座设在1#墩，计划将1#墩钢梁支点向0#墩纵移31 mm。首先，在最底温度时将4#墩活动支座改为临时固定支座，将1#墩固定支座改为临时活动支座，使钢梁随温度升高能向0#墩纵向移动；然后在温度达到最高时再将1#墩支座恢复为固定支座，完成一个温度循环。通过将1#墩支座在低温时改活、在高温时固定循环操作，实现钢梁纵移目标，并在底温时将4#墩临时固定支座恢复为活动支座。

12.3.20　起落梁法纵移钢梁，即利用主梁下弦弹性收缩和伸长使其位移的方法。某桥4×160 m连续钢桁梁，固定支座设在1#墩，计划将1#墩钢梁支点向0#墩纵移38 mm，纵移方法如说明图12.3.19：

1　按原设计梁位布置(1#墩支座仍按原设计设置固定支座)顶高2#墩钢梁，使第3孔梁向0#墩纵移。

2　将1#墩固定支座改为临时活动支座、3#墩活动支座改为临时固定支座。

3　落低2#墩钢梁，使第2、3孔钢梁向0#墩纵移。

4　恢复1#墩固定支座和3#墩活动支座，完成一个纵移循环。该桥采用上述施工工艺，经6次循环实现计划纵移目标。

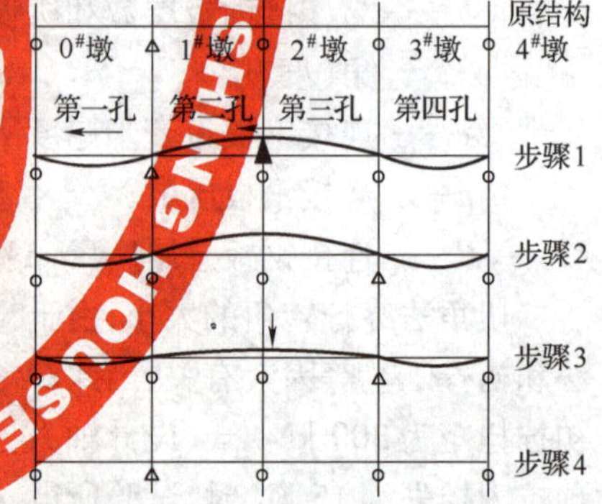

图中：△—固定支座；○—活动支座

说明图12.3.19　起落梁法纵移钢梁分步示意图

12.4.10　浮运钢桁梁采用缆绳绞车牵引方案或拖轮牵引方案，应根据浮运距离、水深及其他水文条件和机具设备情况等进行选定。采用缆绳绞车牵引方案时，开始浮运和浮运至指定桥孔牵引就位，可参照下列方法施作：

1　如架设第四孔钢桁梁时，浮船牵引设施可按说明图12.4.10—1布置，绞紧①②⑤、放松③④钢丝绳使浮船前进。

2　浮船至第四孔桥孔下游后，可按说明图12.4.10—2布置方法使浮船进入桥孔

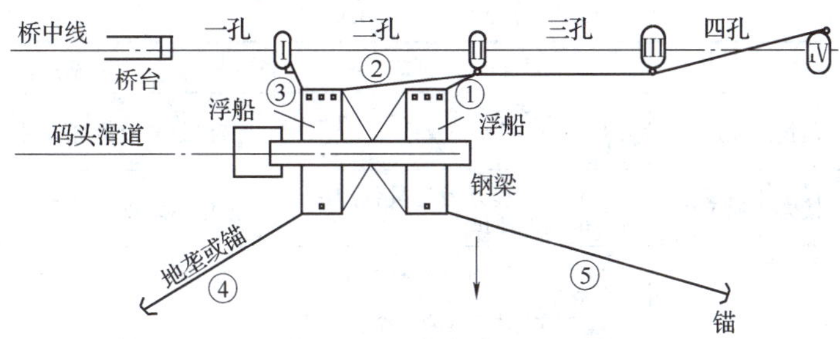

说明图 12.4.10—1 浮运设施布置示意图

就位：

1）联系（30）（31）钢丝绳。

2）绞紧（11）（12）、放松④⑤钢丝绳将浮船拖入桥孔就位。

3）利用①②（11）（12）④⑤（30）（31）钢丝绳精调船位，达到架梁要求条件后落梁在桥墩临时支座上。

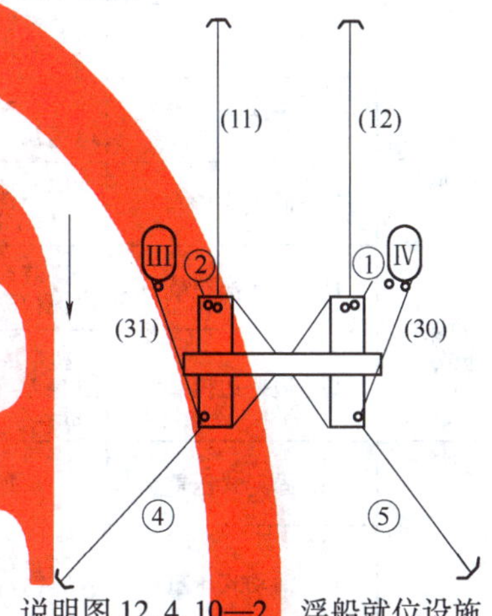

说明图 12.4.10—2 浮船就位设施布置示意图

12.5 钢梁拖拉架梁方法有很多种（见说明表 12.5），本节仅对拖拉架设钢桁梁施工中的主要事项作出原则性规定。施工时，应根据设计要求的架梁方法和结合桥位具体工况及桥位两端拼梁施工场地条件等，参考说明表 12.5 选定拖拉架梁方法。

说明表 12.5 各种拖拉架梁方法特征

类别	拖拉方法名称	特 征	适用范围
一、纵拖：按孔内是否组立临时支墩分	1. 全悬臂拖拉	孔内不组立临时支墩	跨度较短桥梁或跨度较长时在梁端安装长导梁适用
	2. 半悬臂拖拉	孔内组立一个或几个临时支墩	跨度较长桥梁适用
	3. 移动墩架拖拉	孔内设轨行或移动墩架托住钢梁前端	跨公路桥梁或桥下地势平坦可铺轨道时适用
按导梁长短分	4. 长导梁拖拉	导梁长度一般在跨长的 2/3 以上	跨度较长，孔内不设支墩时用
	5. 短导梁拖拉	导梁长度一般在跨长的 1/2 以下	半悬臂拖拉或多孔连接时用
	6. 无导梁拖拉	不设导梁，但一般设 1m 长度以下鼻梁	两连以上多孔连拖或桥孔内设临时支墩时用
按拖拉孔跨数目分	7. 单孔拖拉	每次只拖一孔，一般前端装导梁和后端压重	只有一孔桥梁时适用
	8. 多孔连拖	能自行解决稳定问题，但孔与孔间须用临时杆件连接	桥梁的孔数较多时适用
按滑道类型分	9. 纵梁上滑道拖拉	在钢梁的纵梁下设通长上滑道，在路基面和墩台面设间断下滑道	80 m 跨度以下桁梁适用
	10. 下弦节点滑道拖拉	在桁梁大节点下设间断式上滑道在路基面设通长下滑道和在墩台顶面设长度不小于节间长度 1.25 倍的间断下滑道	80 m 以上桁梁，支点反力很大时适用，一般只用在单孔全悬臂拖拉大跨度梁

续上表

类别	拖拉方法名称	特　征	适用范围
按牵引方式分	11. 通长式拖拉	用一个通长的牵引滑车组一拖到底	拖拉距离较短时适用
	12. 接力式拖拉	将拖拉全程分为几段各用一个滑车组接力拖拉	拖拉距离较长时适用
	13. 往复式拖拉	在桥梁两侧的桥头路基上各设一个滑车组与一根贯通全桥的钢丝绳，首尾相接，卷紧一个滑车组，同时放松另一滑车组，使钢索在桥孔内往复移动，当钢索前进时，用夹具与钢梁联结，使钢梁前进，钢索后退时，放开夹具，使钢梁不动，反复几次，即可拖拉到位	桥梁孔数很多，需要多次长距离拖拉时适用
按下滑道位置高低分	14. 高位拖拉	在已完工的桥头路基上设下滑道拖拉，需要大幅度落梁	在已完工的路基上架梁时采用
	15. 低位拖拉	桥头路基只填筑到桥墩台顶面时，设下滑道拖拉，落梁幅度小	桥头路基可待架梁后，继续填筑时适用
按拼装台位长短分	16. 一次拖拉就位	拼装台位长，将梁拼装完后，一次拖拉就位	桥头路基有充分长度可以拼完全部结构时适用
	17. 边拼边拖	拼装台位严重不足，只能拼好一般拖出一段，让出位置后，再拼再拖	桥台后有隧道或其他障碍物，无适当组拼场地时适用
按压重的加载方法分	18. 固定式压重	一次加足压重，不再调整和移动	一般拖拉架梁适用
	19. 活动式压重	压重可以根据稳定需要随时调整和移动位置	边拼边拖适用
二、横移	1. 端节点滑道	在钢梁两端节点下安装短滑撬，在墩台顶面安装通长下滑道拖拉	一般换梁工程适用
	2. 横梁滑道	在端横梁或其他横梁下安装上滑道横移	一般换梁工程适用
	3. 横向转动	以一端作旋转中心，另一端作横向移动，调整方向后，再作平行式纵向移动	用于调整钢梁纵横向平面移位用

12. 5. 3　钢桁梁纵向拖拉架设时，钢梁或导梁的上墩设施，常用的有自爬式、顶升式、摆柱式三种形式（如说明图 12. 5. 3）。施工时应根据实际工况选择适当的上墩方式，但一般应将顶升式下滑道上墩方案作为备用方案以确保顺利上墩。

12. 7. 7　在横梁上垫短枕承托时，短枕与基本轨底应留出 5 ~ 10 mm空隙的规定，是根据《铁路桥隧建筑物大修维修规则》（铁运〔1999〕146 号）拟定的。

12. 7. 10　特殊情况时护轨顶面不应高出基本轨顶面 5 mm，和安装钢轨伸缩调节器区段护轨与基本轨头部间净距及护轨过渡段长度的规定，是根据《铁路桥隧建筑物大修维修规则》（铁运〔1999〕146 号）拟定的。允许护轨顶面高出基本轨顶面不大于 5 mm，有利于护轨类型选用和铺设。

顶支撑木位置
上墩时位置
上滑道底面
千斤顶

摆柱式：用方木或其他柱件作摆柱，在摆柱升到最大高度时，撤去千斤顶或使其直接上墩。

13. 1. 1　钢—混凝土连续结合梁施工流程，是参照时速 250 km 客运专线铁路有砟轨道钢—混凝土连续结合梁参考图（通桥〔2005〕0243—Ⅲ）拟定的，施工时应按设计要求和有关通用设计图的规

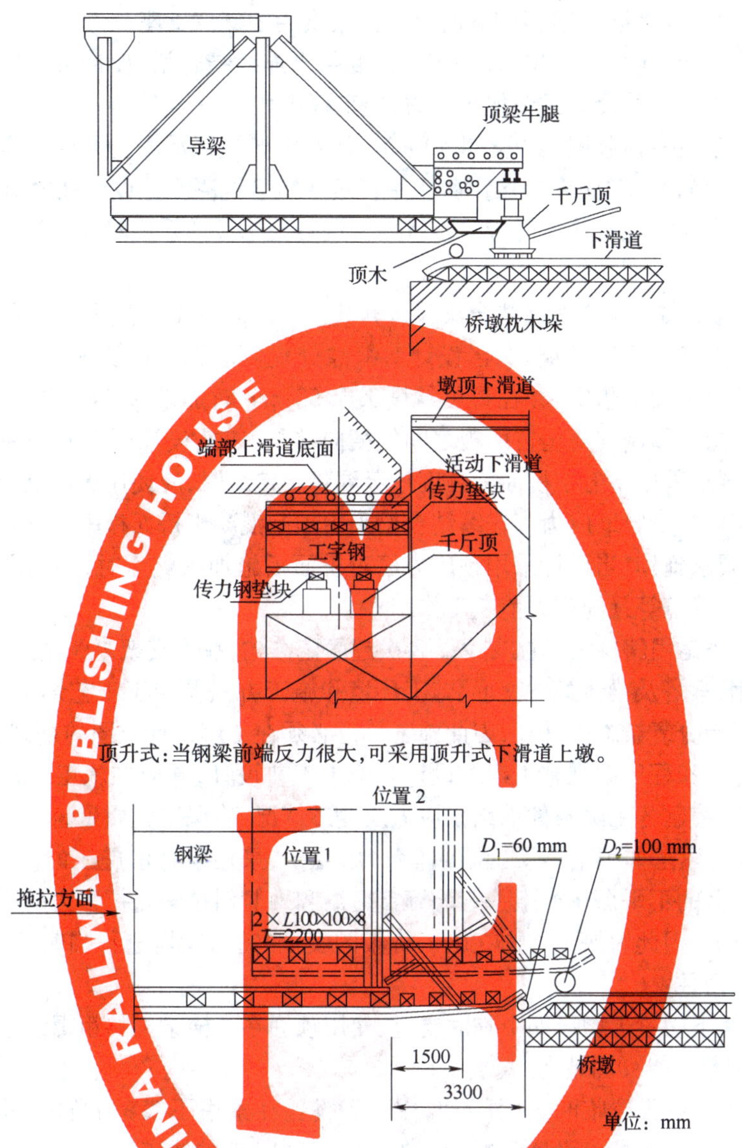

顶升式：当钢梁前端反力很大，可采用顶升式下滑道上墩。

自爬式：利用上下滑道端部设置的倾斜面，使导梁在拖拉中沿着斜面升高到顶面上。

说明图 12.5.3 上墩导引设施示意图

定施作。

13.1.7 工地焊接剪力钉规定，是根据“芜湖长江大桥结合梁栓钉及其焊接质量检验规则”拟定的。

13.3.3 钢—混凝土连续结合梁现浇混凝土桥面板施加预应力，目前设计有两种方式：一是采取顶落钢梁中间支点对桥面板施加预应力方式，二是采取顶落钢梁中间支点和张拉桥面板预应力筋相结合方式。客运专线（40 + 56 + 40）m 有砟轨道钢箱梁—混凝土连续结合梁（通桥〔2005〕0243—Ⅲ），设计采取顶落钢梁方式对桥面板施加预应力，施工程序如下：

钢梁架设就位→同时浇筑正弯矩区混凝土→待正弯矩区混凝土达设计强度 100% 时顶起钢梁中支点 20 cm→待正弯矩区混凝土龄期大于 20 d 时同时浇筑负弯矩区混凝土→

待负弯矩区混凝土达设计强度 100% 时落下钢梁安装中支点支座。

秦沈客运专线(40 +50 +40)m 钢箱梁—混凝土连续结合梁,设计采用顶落钢梁和张拉桥面板预应力筋相结合方式施加预应力,施工程序如下:

钢梁架设就位→顶起钢梁中支点 40 cm→浇筑正弯矩区混凝土→待正弯矩区混凝土达设计强度 100% 时浇筑负弯矩区混凝土→待负弯矩区混凝土达设计强度 100% 时,张拉其受拉区预应力筋→浇筑接缝混凝土→待接缝混凝土达设计强度时落下钢梁安装中支点支座。

13.3.4 本条规定是根据《铁路结合梁设计规定》(TB J24—89)拟定的。预制混凝土桥面板与钢梁之间必然会存在缝隙,当设计对缝隙处理方法无明确要求时,应采用不低于 M30 水泥砂浆将桥面板垫实,并在垫层厚度大于 50 mm 时加设 ϕ12@ 100 × 100 mm钢筋网加强砂浆垫层。预制混凝土桥面板之间的横向接缝,应按设计要求处理使桥面板形成整体,当设计要求采用不低于桥面板强度等级混凝土接缝时,应使用无收缩混凝土或干硬性混凝土施工以减少收缩应力。连续结合梁采用预制混凝土桥面板中间支点预施应力方法,应按设计要求施作,当设计采用预应力筋对桥面板施加预应力时,预制混凝土桥面板时,应做好预留管道等预施应力前期工作。

14.1.8 斜拉桥是用斜拉索弹性支承的高次超静定结构,在无支架悬臂施工中,由于斜拉索的起吊作用、索塔及梁体弹性变形、施工环境和施工方法及施工工艺影响,梁体结构受力和变形情况十分复杂难以计算,因此施工单位必须在了解设计意图的基础上,按照设计要求的施工方案和程序编制施工组织设计和施工工艺设计,并应在施工中密切联系设计单位,及时核算控制各工况条件下结构应力及变形情况,确保工程质量。

14.3.3 主梁与索塔非固结体系(飘浮体系)斜拉桥,采用悬臂法施工时,由于索塔两侧梁体因自重荷载的不平衡将产生一定的倾覆力矩和两侧斜拉索张拉索力的不对称将产生一定的水平推力,因此为保证结构在施工阶段的安全,需对梁塔进行临时固结。梁、塔临时固结方法有两种:

1 在索塔下横梁上增设四个临时支座,使用预埋在下横梁上的粗螺纹钢筋通过临时支座将 0#梁体与下横梁固结在一起。

2 在塔墩两侧设置临时支(托)架,使其和设置在索塔下横梁上的临时支座共同承担施工反力,并在下塔柱上设置预埋件作为临时支(托)架的锚座。

解除梁、塔间临时固结应按设计要求施作的规定,是为了防止因索塔两侧主梁不对称时可能发生梁向一侧(通常是向岸端)水平移动而造成索力重新分布引起事故。

14.3.6 前支点牵索式挂篮(简称前支点挂篮或称牵索式挂篮),是将挂篮后端锚固在已浇梁段上,并将待浇段的斜拉索锚固在挂篮前端,由斜拉索和已浇梁段来共同承担待浇节段的混凝土重力等施工荷载,待混凝土达到设计要求的强度后拆除斜拉索与挂篮的连接,使节段重力转换到斜拉索上,再前移挂篮。前支点挂篮使普通挂篮中的悬臂梁受力变成为简支梁受力,从而使节段悬浇长度及承重能力大为提高,并因此加快了施工进度、降低了工程造价。

前支点挂篮主要由承重系统、模板系统、牵索系统、锚固系统及行走系统五大部分组成,牵索系统也是前支点挂篮区别于普通悬臂式挂篮的核心所在。

在浇筑主梁混凝土之前,前支点挂篮通过牵索系统与斜拉索临时联结在一起,其主要作用是使挂篮和节段混凝土的重力由斜拉索承担一部分,以减小挂篮作用在主梁上的垂直荷载；它的另一作用是完成体系转换，即将浇筑节段混凝土之前临时锚固在挂篮上的斜拉索在浇筑后锚固到斜拉桥主梁上。公路施工常用的两种前支点挂篮如说明图14.3.6—1和14.3.6—2。

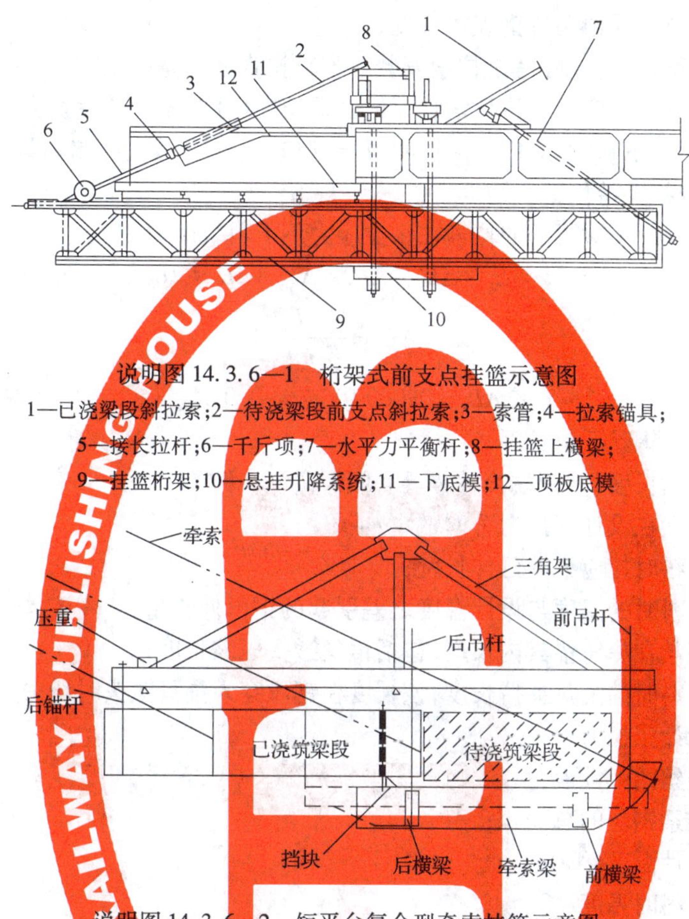

说明图 14.3.6—1　桁架式前支点挂篮示意图

1—已浇梁段斜拉索；2—待浇梁段前支点斜拉索；3—索管；4—拉索锚具；5—接长拉杆；6—千斤顶；7—水平力平衡杆；8—挂篮上横梁；9—挂篮桁架；10—悬挂升降系统；11—下底模；12—顶板底模

说明图 14.3.6—2　短平台复合型牵索挂篮示意图

该型挂篮主要由挂篮平台、三角架、前吊杆、后吊杆、走行吊杆、挂钩、抗剪销止推块和利用斜拉索作为临时牵索以及牵索锚固系统等组成，可利用三角架的前吊杆更方便、更准确地设定和调整待浇节段主梁底模前端线形高程。

14.3.8　斜拉桥主梁在支(托)架上施工时，梁体与模板间或模板与支架间应设置滑动层的规定，是为了减小已施加预应力梁段在拆除底模后的预应力损失。滑动层应具有不粘连、易滑动性能，可采用在两层塑料薄膜间涂刷润滑油式滑动层。

14.3.10　连续梁式斜拉桥的主梁，在两端悬臂施工期间，各自成为静定体系，到合龙段施工时将两端连接成为连续梁。在合龙段施工期间，由于日夜温差变化致使合龙梁段的长度也随时在变化，为防止合龙梁段混凝土在达到设计要求强度前遭受拉、压破坏，必须在浇筑合龙梁段混凝土前将合龙口进行临时锁定并恢复主梁活动端的活动支座，使主梁呈悬浮状态。

14.4.2　斜拉索下料长度可按下列公式计算：

1　采用钢绞线槽销组合锚的拉索下料长度为

$$L = L_0 + 2L_1 + L_2 + L_3 + L_4 \qquad \text{(说明 14.4.2—1)}$$

式中 L——单根钢铰线下料长度；

L_0——拉索长度（即塔、梁上斜拉索道管进口的距离）；

L_1——拉索锚具锚固长度；

L_2——张拉千斤顶夹持钢绞线长度；

L_3——预留富余长度（考虑拉索安装时不易拉直的下垂余量）；

L_4——在制索台座上张拉拉索临时锚固端长度（在拉索制成后切去）。

钢绞线在切割下料时，应用油漆标明拉索缠包防护的位置、两端锚具位置、临时锚具位置及千斤顶张拉夹持位置。

2 采用钢丝冷铸墩头锚的拉索在张拉应力下下料长度为

$$L = L_1 - \Delta L_1 + \Delta L_2 + \Delta L_3 + 2L_5 + 2L_6 \quad \text{（说明 14.4.2—2）}$$

$$\Delta L_1 = \frac{T \cdot L_1}{E \cdot A} \quad \text{（说明 14.4.2—3）}$$

$$\Delta L_3 = 0.000\,011(t_2 - t_1)L_1 \quad \text{（说明 14.4.2—4）}$$

式中 L——单根钢丝下料长度；

L_1——拉索长度（即两端冷铸锚具底间距离）；

ΔL_1——拉索在设计张拉力 T 时的延伸长度；

ΔL_2——下料时拉应力的延伸长度；

ΔL_3——下料时的温度与设计温度之差引起的钢丝伸长量；

L_5——钢丝在冷铸锚具内长度，包括钢丝镦头压缩长度；

L_6——下料时的夹具夹持长度，该长度在钢丝穿入锚具镦头时切去；

T——设计张拉力；

E——钢丝的弹性模量；

A——拉索钢丝的总面积；

t_1——设计温度（℃）；

t_2——下料时温度（℃）。

钢丝下料的张拉应力以 0.1～0.2 倍抗拉极限强度为宜。下料划线精度误差不得大于 1/10 000。

斜拉索的组索和防护工作，都需在制索台座上进行。制作玻璃丝布防护套的环氧树脂黏结剂配方应符合设计要求，当设计无具体要求时可用下列配方：

6101 环氧树脂 100 g

LP—3 聚硫橡胶 50 g

邻苯二甲二丁酯 15 g

乙二胺 6.4～7.1 g，视操作温度而定：操作温度在 10 ℃～15 ℃时乙二胺用 7.1 g，温度在 30 ℃及以上时乙二胺用6.4 g，在掺入乙二胺拌和均匀后随即使用。

由于气温较低，胶黏剂浓度太大时，可加入适量稀释剂。稀释剂配方（容积比）为：

乙酸乙酯 50

二甲苯 35

正丁醇 15

斜拉索各种防护底漆，性能各异，施工环境和操作工艺不同致效果不一，故配方需取样试验，检定各项指标合格方可使用。

14.4.4 斜拉索的安装方法如下：

1 单吊点法：斜拉索运上桥面后，在索塔的索道管孔内伸下吊绳，联结斜拉索的上端，起吊穿入索塔管道内，引出孔口，安装上端锚具固定斜拉索（说明图14.4.4—1）。

此法简便，安装迅速，但斜拉索只前端起吊，弯折很大，缠包玻璃丝布套的斜拉索，容易折损破裂，故只适用于未缠包玻璃丝布套较柔软的斜拉索。

2 多吊点法：从索塔上部安装一根斜向的天线，在天线上按规定距离设滑轮组组成多吊点，用人工拉滑轮组绳索，配合吊绳均匀起吊斜拉索，穿入孔道后两端安装锚具固定斜拉索（说明图14.4.4—2—1）。

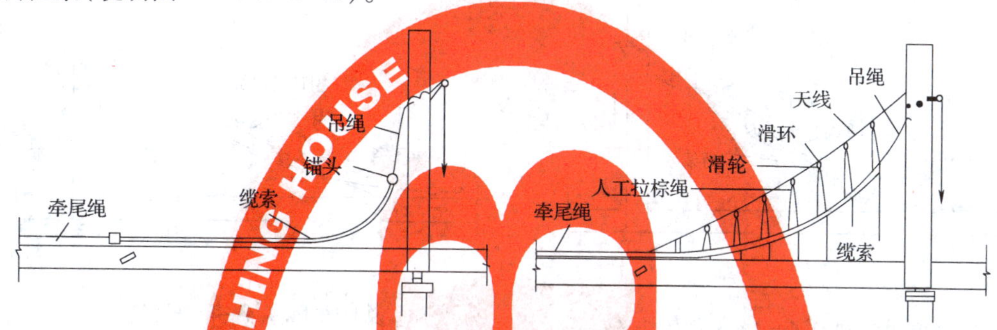

说明图14.4.4—1 单吊点法　　说明图14.4.4—2—1 多吊点法

湘桂铁路广西来宾红水河斜拉桥，斜拉索安装全部利用吊装天线施工（说明图14.4.4—2—2），全桥共设两套天线，分别位于主梁两侧，大致与缆索束中心线在同一竖直平面。吊装天线安装完毕，将缆索运往桥上安装。缆索吊装步骤如下：

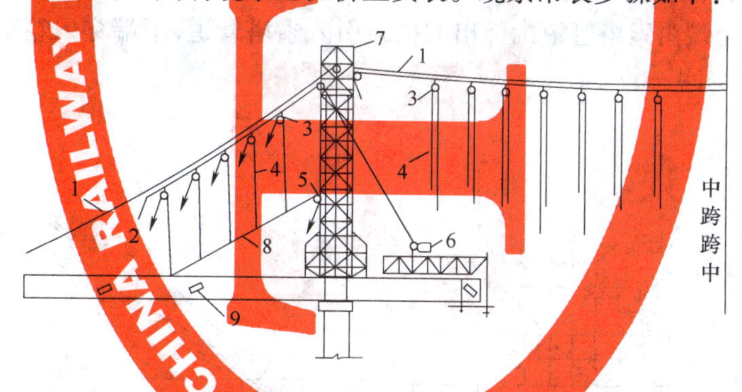

说明图14.4.4—2—2 吊装天线布置示意图

1—主索；2—拉索；3—单门滑车；4—白棕绳；5—滑车；6—电动绞车；7—钢塔脚手架；8—斜缆；9—牛腿

1）提升缆索，用各滑车上的白综绳的一端，按预先划分的吊点将缆索逐点捆住，同时用索塔端的牵引绞车钢丝绳捆住索塔方向的缆索头部，然后拉紧白综绳的另一端，将缆索徐徐吊起并逐渐升高，使缆索的坡度与其设计坡度大体相同。

2）将缆索两端分别穿进缆索管道内，开动牵引绞车和拉索绞车，借助牵引绞车的拉力和拉索的拉力，使缆索逐渐移向索塔方向，穿进索塔上的管道，尔后缓缓放下缆索，再将缆索下端穿进横梁牛腿的缆索管道。

此法吊点分散，受力较小。操作须统一指挥，均匀起吊。

3 桁架床法：在索塔上部安装一根斜向天线，悬吊相互铰接带有滚筒的桁架床，待装的斜拉索运到桁架床下端，从索塔孔道内伸下拉绳拴在斜拉索的上端，拖拉斜拉索沿桁架床上的滚筒上升，穿入索塔管道安装(说明图 14.4.4—3)。

此法结构合理，使用安全，可调节吊杆长度使桁架床挠度最小，便于斜拉索安装及张拉，斜拉索防护不易损坏，效果好，但桁架床安装复杂，速度慢。

4　导索法：在安装斜拉索的上方设置斜向天线(导索)，斜拉索运到导索下端，从索塔管道内伸下牵引绳，拴在斜拉索的上端，并在导索上装第一个滑环，牵引斜拉索沿导索上升，按一定距离装挂滑环，随升随挂，直到斜拉索上升穿入索塔孔道，安装锚具固定(说明图 14.4.4—4)。

说明图 14.4.4—3　桁架床法

说明图 14.4.4—4　导索法

此法对成卷的斜拉索施工尤为简便，对于编制成束并缠包玻璃丝布套的斜拉索，在悬臂施工中安装不便。

5　脚手架法：斜拉索抬上脚手架安装(说明图 14.4.4—5)。

6　吊机安装：按斜拉索长度在桥上设置 1 台或 2 台吊机，用特制的长扁担串捆斜拉索起吊；斜拉索上端由索塔管道内伸出的拉绳引入索塔管道，下端穿入箱梁孔道，装锚具固定(说明图 14.4.4—6)。

说明图 14.4.4—5　脚手架法

说明图 14.4.4—6　吊机安装

此法简便快速，不易损坏斜拉索，适用于跨度较短的斜拉桥斜拉索吊装。

7　钢管法：用钢管作外防护的斜拉索，可先吊装钢管，斜拉索从管道一端拉入，装锚具固定(说明图 14.4.4—7)。

该法在钢管内牵拉安装斜拉索，方法简便，又可保证质量，但只适用于以钢管作外防护、管内压注水泥砂浆作内防护的斜拉索。组索时捆托定位箍，以定位箍在管内摩擦拖拉，不磨伤斜拉索。

斜拉索安装除两端锚具外，斜拉索不能与管道壁接触，以防振动磨损。锚头安装在允许移动的间隙内调整位置，调整偏移量须在安装前测定并在锚下垫板上标明锚头位置，使锚头可对线安装。测量方法(说明图 14.4.4—8):从管道的孔壁上下左右凹处,目视投影向上延长到索塔侧面(向下延长到牛腿侧面)的 a、b 和 c、d 四点,a、b 点分中量到管道中点距离 m 值,c、d 点分中量到管道中点偏移 n 值,即可核算管道的偏歪和斜拉索锚头安装位置的调整值。

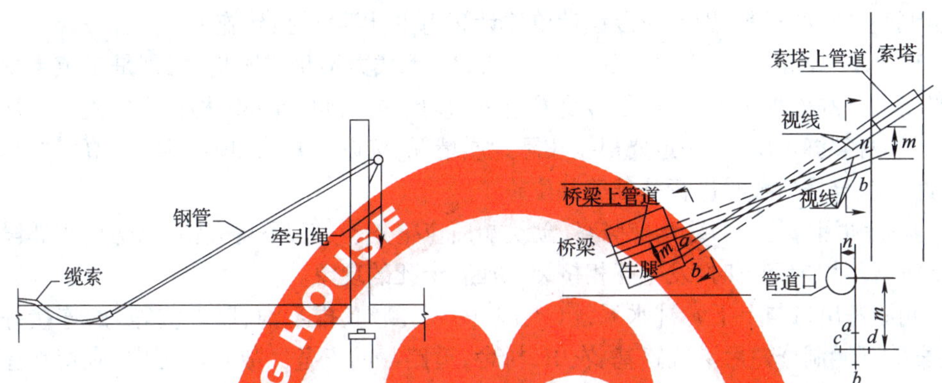

说明图 14.4.4—7 钢管法　　说明图 14.4.4—8 斜拉索两端相对方向偏差测量法

平行钢丝组成的斜拉索,适用冷铸镦头锚(说明图 14.4.4—9)。冷铸镦头锚的钢丝,应在受拉状态下精确放样下料镦头,使钢丝的长度一致。铸锚时要把各钢丝镦头拉齐到锚碇板上。锚内浇注的环氧树脂和钢球,必须灌满密实,钢球挤紧,使钢球能起拱支承锚碇板。环氧树脂黏结剂和钢球的配方应符合设计要求,设计无要求时,可按下列配方施作:

6101 环氧树脂　100 g

顺丁烯二酸酐　40 g

邻苯二甲二丁酯　10 g

501 稀释剂　7.5 g

辉绿岩粉　250 g

钢球　1 296 g

钢球规格:直径 1 ~2 mm,硬度 HRC38 ~46,比重 7.5,必须无锈清洁。

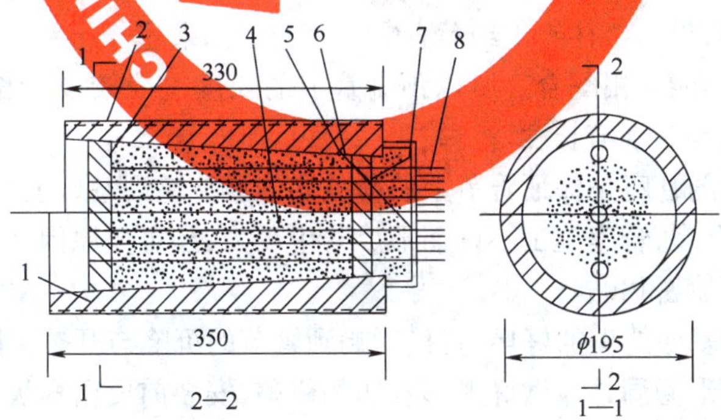

说明图 14.4.4—9 冷铸镦头锚

1—张拉端锚环;2—固定端锚环;3—锚碇板;4—环氧树脂、钢球;5—环氧树脂;6—防漏板;7—分丝板;8—ϕ5 钢丝

斜拉索张拉前后观测梁、塔发现变位超过设计要求时应与设计单位联系解决的规定,

是因为斜拉桥的施工方法和程序，对成桥后主梁线形和结构恒载内力具有决定性的作用，特别是施工阶段斜拉桥结构体系和荷载状态的不断变化直接引起结构内力和变形的不断变化，所以每一施工阶段都应进行详细的检测和验算，从而确定下一施工阶段斜拉索张拉量值和主梁及索塔位移控制量值。施工阶段的全程监测，实际上是对主梁每个节段施工循环逐步调整计算的过程，因此应以设计单位计算为主，以设计指导施工。

16.1.2～16.1.3 涵洞施工中，如果基底处理不当，承载力不足或不均，特别是半填半挖或半土半石的基底处理不当，基础很容易发生不均匀下沉，涵洞各部结构也会发生不均衡错动，造成涵身裂缝。所以，一定要根据实际地质情况，按设计要求加强检测，认真做好地基处理，经检验合格后及时进行基础等部位施工。

16.1.4 基础和涵身的沉降缝均应竖直，砌筑端面应整齐、方正，不得交错，以防止相邻段不同时下沉或不均匀下沉时，发生互相挤裂、折断、卡死的现象。

16.1.5 涵洞进出口与上下游排水系统（天沟、吊沟、侧沟、排水沟、取土坑等）的连接好坏，直接影响到涵洞修建后沿线路基、农田、村舍、道路等的安危。故在施工中，应特别注意排水沟畅通，达到上游不积水，下游不冲毁田、舍等要求。

16.1.6 涵洞处路堤缺口填筑的方法与密实度，直接影响到涵洞的受力情况和使用寿命。因此，对涵洞处路堤缺口的填筑，应十分重视。如果涵洞处路堤缺口填筑不严格按照从涵身两侧同时、对称、水平、分层碾压的工艺施工，或者碾压时使用重型机械且紧靠边墙强力振动和挤压，过大的偏压会造成边墙变形，若是拱涵，则引起拱圈裂缝。所以，在填筑涵洞处路堤缺口时，应从涵身两侧同时、对称、水平、分层碾压施工。同时，还应根据具体情况用人力配合小型机械认真夯填达到设计密实度。

16.1.7 涵洞预制构件，一般都是体积小、厚度薄。在施工过程中，若受到碰撞或用金属等质地坚硬的垫块支垫，因压力过分集中，构件易发生裂纹、损坏、掉角、掉块，难于修补和保证质量。

16.2.2 涵节扭斜，会造成安装时接缝不能贴近、涵节错牙等现象，有时会造成基础摆不下涵节的情况。圆管出现偏心，管壁厚度就不均。因此，要求涵节端面要平整，并与其轴线互相垂直。预制涵节时，模板轴线一定要垂直于平整的底盘或地坪，以免发生扭斜。内外模位置要正确，使圆管四周管壁厚度一致。

管节长度偏差，根据以往施工经验宜短不宜长。如果超长，会发生基础上摆不下管节的情况，沉降缝也不能互相配合。所以预制管节的长度一般较设计长度短 10 mm 为宜。所列管节长度系指预制管节长度。

16.2.3 圆形涵洞的管座是保证管节上的荷载均匀地传递到基础上。根据以往对竣工管涵的调查，管涵的开裂，管座施工不好而形成集中反力，是主要原因之一。因此，要求管座混凝土必须与圆管紧密相贴。

16.2.4 无基涵洞基底处理的好坏，直接影响到管节的沉陷与开裂。因此，一定要做好基底的夯实。对于圆形涵洞并应做好弧形管座的修整，安装前要用样板进行检查。

16.3.2 为确保拱圈或盖板工程质量，本条要求，在现浇混凝土施工时，应尽量一次浇筑完成，不留施工缝。如不能一次完成，必须设置施工缝时，也应将施工缝留在沉降缝处。同时，混凝土施工应符合铁道部现行混凝土施工质量验收标准规定，做到内实外美，达到设计强度。否则，拱节间留施工缝或混凝土强度不足，就容易发生拱裂。

16.3.3 拱圈和拱上端墙的施工，不论是砌筑或现浇混凝土施工，都应从两侧向中间同时、对称施工。这是预防拱裂的重要措施之一。否则,混凝土或砌体的偏载很容易造成拱架的偏斜,导致拱圈的偏斜,偏斜的拱圈在路基和铁路荷载的重压下,受力是不均匀的,极易引起拱裂。

16.3.4 预制拱圈和盖板混凝土强度达到设计要求后,方可搬运、安装。否则,拱圈或盖板会受到损伤,涵洞受力后,将会因强度不足而发生裂纹,严重者将发生破坏。

16.3.5 本条规定了拱圈拆除拱架和拱顶填土的时间限制,一定要严格执行。因为拱圈混凝土的强度不足时,过早地拆除拱架或拱顶填土,造成拱裂的事例是屡见不鲜的。

16.5.2 渡槽因施工时间的不同,分为路堑施工前修筑、路堑施工后修筑和铺轨通车后修筑三种方法,可根据施工条件结合三种方法的特点进行选择:

1 路堑施工前修筑:适用于路堑较浅,渡槽位于路堑中部,不影响土方施工的条件。其优点可减少架设渡槽梁的工作和辅助设备、可与路堑平行作业、且可不设临时输水设施;但存在渡槽墩台挖基、施工效率低和增加支撑等工作的缺点。

2 路堑施工后修筑:适用于路堑完工后铺轨前施工。其优点为墩台及基础开挖支护简单,墩台施工方便;但存在增加架设渡槽梁的辅助设备、需要增设临时输水设施和不能平行作业、工期较长的缺点。

3 铺轨通车后修筑:当上述两种方法均不能采用时,只能在通车后施工。其优点可利用轨行吊车架设渡槽梁和充分利用轨道运送渡槽材料;但存在行车干扰、工效低、增加基础开挖支撑及扣轨设施和需增设临时输水设施等缺点。

17.1.1 既有线桥涵的施工组织安排,应力求做到切合实际,因此除应对桥址处的地形、地质、水文、交通、地下建筑物及拆迁等情况进行周密调查外,尚应对线路状况、使用性质、列车运行情况进行调查,以便对线路加固、进度安排、开挖方法等施工实施方案进行优化,制定确保安全的措施并与设备管理单位签订协议后再行施工。

17.1.2 顶桥施工中,线路容易移动,路基容易坍方。为保证行车安全,在顶进作业前,必须对线路加固,并做好防护及必要的应急措施。同时应考虑桥身顶进中可能发生的高程变化。

常用的线路加固方法有:吊轨法、吊轨横梁法、吊轨纵横梁法和钢便梁架空线路法。

1 吊轨法

一般吊轨束梁采用 P 43 以上钢轨,组合形成为 3—3—3—3 或 3—5—3 两种形式,当位于岔区时,应单独设计成轨束渐变形式。其长度每端悬出桥涵身为 6.25 m。当吊轨所用轨型与主轨相同时,易侵入限界,则应在主轨下面增设垫板。吊轨梁的端部应向两端延伸涵身高度的 1.5 倍并安设临时木接头,以防机车车辆底部零件刮上吊轨,接头附近的枕木应与吊轨梁箍紧。当圆涵顶进时,可采用吊轨法加固线路。

2 吊轨横梁法

在吊轨梁下设置钢横梁,钢横梁可以放置在枕木底或直接放在枕木间,以便获得最大的桥下净空。在桥身顶进前,钢横梁直接放在线路下的路基面上,当开始顶进后,钢横梁一端便支承在桥涵顶板上,而另一端仍在路基面上。随着桥涵身的逐步顶进,列车荷载便通过吊轨梁和钢横梁转移到桥涵身上。

钢横梁可选用工字钢。钢横梁长度的确定:路基开挖前,横梁能支承在桥涵顶板上,接近就位时,横梁能支承在线路外侧固定的地面上为准,不因开挖而坍塌。

安放工字钢时,一般先在下面穿入槽钢,槽口向上,槽内涂油。然后将工字钢横梁拉入槽内就位，再用U形螺栓、扣板与吊轨梁连成一体。横梁与主轨、吊轨梁之间垫以胶垫，防止连电影响信号与显示，如说明图17.1.2—1。

为配合桥涵身顶进，工字钢横梁的使用有两种方法：

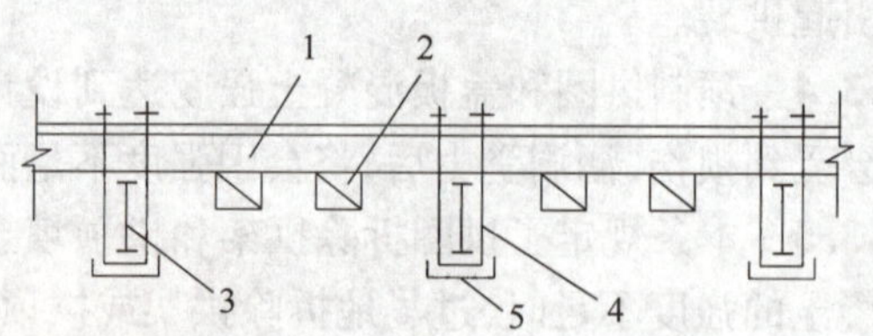

说明图17.1.2—1 吊轨横梁

1—吊轨；2—枕木；3—工字钢横梁；4—U形螺栓；5—槽钢

一是在顶进前先把工字钢穿过全部跨越的线路股道，一端支承在桥涵身顶板上，另一端支承在前方最外一股道外的枕木垛上，顶进时工字钢不动。如说明图17.1.2—2。

另一种是当跨越线路股道较多，顶进长度较长时，先将工字钢横梁穿设一定长度后便开始顶进，随着桥涵身的顶进，将工字钢向前拖移，而在桥涵顶板上接长工字钢横梁。这样可争取顶进时间，减少对既有线的影响，其步骤如说明图17.1.2—3。

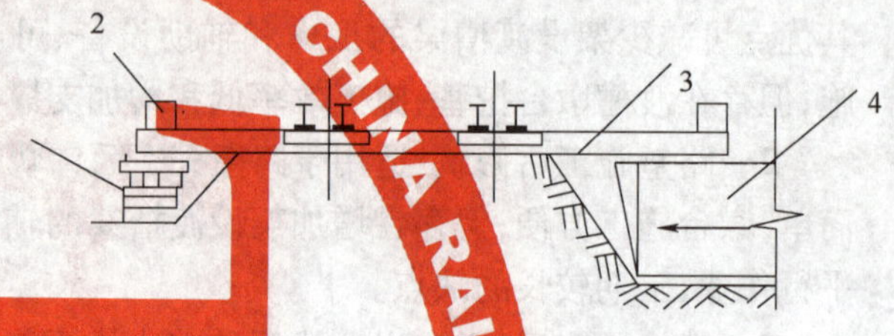

说明图17.1.2—2 工字钢穿过全部股道

1—枕木垛；2—纵梁；3—横梁；4—桥身

3 吊轨纵横梁法

这种方法是在上述吊轨横梁法的基础上，在横梁两端及线路间的上面各加一组与线路平行的纵梁，用U形螺栓及扣板与横梁连成一体。纵梁一般用I_{30} ~ I_{50}工字钢或扣轨，其位置应保证不侵入线路限界，两端宜设枕木垛支承。如说明图17.1.2—4。

4 钢便梁架空线路法

这种方法是采用D形便梁或组合钢便梁加固线路。采用D形便梁加固线路刚度大，线路稳定，易于维护，近年来在既有线施工中得到全面推广。尤其是在正线施工限速45 km/h时应优先考虑采用此方法。组合钢便梁是在桥涵位置线路两侧路基上架设两片钢便梁，两片梁下部穿钢横梁并用U形螺栓与钢便梁联为一体，架空线路，然后进行桥涵顶进施工。采用组合钢便梁时应进行设计检算，U形螺栓及帽应采用高强螺栓。钢便梁架空线路法采用挖空线下路基，以空顶方式顶进时，会引起路基纵向坍塌，危及行车安全，顶进就位后，桥涵两侧不易填密实，成为永久病害。所以本条要求，以钢便梁加固线路时，不得全部挖空路基，以空顶的方式进行桥涵顶进。

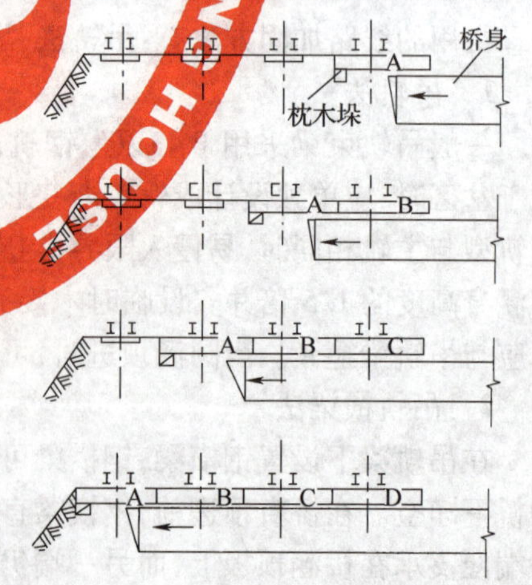

说明图17.1.2—3 工字钢穿过部分股道

线路加固方法及使用的材料必须根据线路的性质、行车密度、缓行速度、土质情况、结构总高度和施工季节等情况综合考虑。除行车密度小、速度慢的专用线及次要站线外，其余线路加固不宜采用 I_{30}及以下工字钢和P43及以下的钢轨作为加固材料。

当采用吊轨横梁加固线路时，有两种情况应特别注意：一是由于钢横梁与桥涵顶板顶面支承垫木之间的滑动摩擦阻力，导致钢横梁沿顶进方向移动，引起线路方向偏移，所以必须在钢横梁前端，安设能承受线路水平推力的支墩（前支撑）；另一种情况是，顶进过程中，难免出现高低偏差，因而改变了横梁与桥涵顶板之间的高差，所以在钢横梁与顶板之间应有可调整的空隙，必要时嵌入硬木楔，以便传递压力。

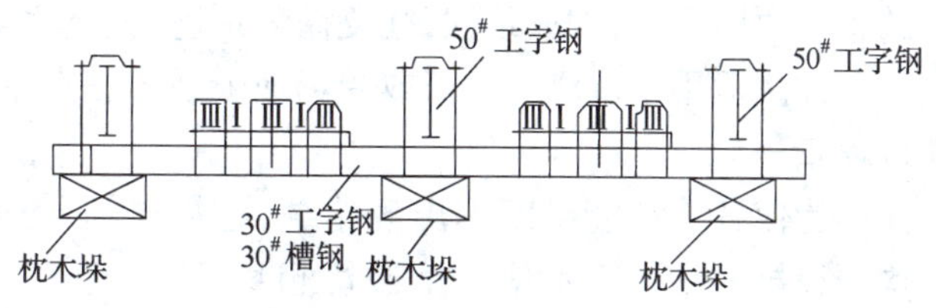

说明图 17.1.2—4 吊轨纵横梁法

5 防止线路横移的措施

当桥涵身跨度较大，且桥涵顶无覆盖土时，为防止线路的横移，可采取如下措施：

1）减小钢横梁与顶板间的摩擦力，在顶板面涂以柴油、石蜡成为光滑的滑移面，可减少摩擦力；近几年，北京铁路局在线路加固时，利用高度约 10 cm、可调整方向的走行小车，置于工字钢与顶板之间，变滑动为滚动，摩擦力大大减少，取得了很好的效果。

2）设置前支顶、卷扬机等措施阻止线路横移，在桥涵身顶进的前方设置板桩地锚，用圆木、方木或工字钢将横梁顶在板桩地锚上，可有效地防止线路横移，必要时还可以用千斤顶以板桩地锚作后背将线路进行调整；当穿越线路股道较少时，也可在工作坑两侧设置地锚，利用卷扬机和滑车组调整线路方向。

6 无缝线路加固

无缝线路在钢轨中有很大的温度应力，由于顶涵作业，容易产生涨轨跑道，故在无缝线路区段进行桥涵顶进施工前，必须提前与线路维修单位联系，了解锁定温度和区段长度，在维修单位配合指导下进行应力放散和重新锁定。

17.1.4 既有线顶进桥涵施工中，需挖开路基加固线路，在雨期容易造成路基坍方，土壤承载力降低，危及行车安全。多数铁路局都规定雨期禁止进行顶进施工。所以编制施工组织设计时应尽量避开雨期。

17.2.2 顶进桥涵的优点，是不中断行车进行既有线桥涵施工，故被广泛采用。本条列举了多种施工方法，施工中，应根据不同的地形、地物、规模、工期及各自的设备能力、施工水平等多种因素进行选择。

1 整体顶进法

于路基的一侧设置工作坑，在工作坑的滑板上预制整体桥涵身，借助事先修筑的后背，利用高压油泵带动千斤顶，连续将桥涵身顶进就位。如说明图 17.2.2—1。

其特点是：桥涵身一次预制完成，整体顶进。但所需的顶进设备及施工机具较多，而且还需要一个强大的后背来承受推力。由于整体顶进可连续完成，施工期较短，对运输干扰时间短等优点，故目前被广泛采用。

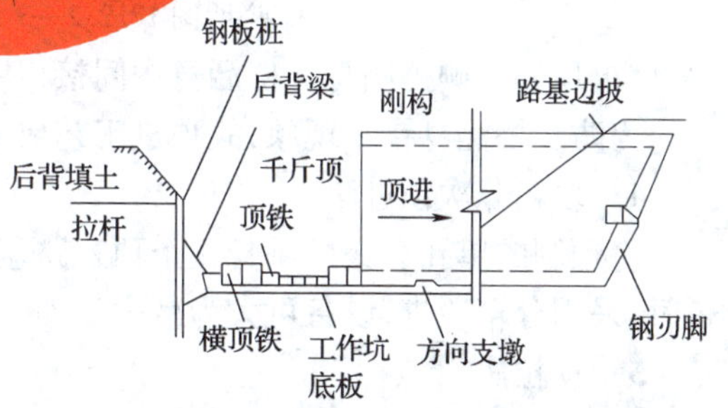

说明图 17.2.2—1 整体顶进法示意图

2 中继间法

将桥涵身轴向分节预制，在工作坑后端修建小型后背，各节桥涵身之间和末节桥涵身与后背之间安设千斤顶，然后由前至后依次逐节驱动千斤顶，逐节推动桥涵身。后背处的千斤顶回收后，安放顶铁，往复循环顶进，直至桥涵顶进就位。

此法适用于桥涵身较长或受场地限制无法修建大型后背的情况。顶进程序如说明图 17. 2. 2—2。

为使各节桥涵身间不出现错缝，各接缝间均安设抗剪销。为不使土挤进桥涵身，两节间设钢接缝板，钢板面与桥涵身混凝土面齐平。为防止接缝处漏水，在顶进就位前，于接缝间设橡胶止水带。

此法的优点是后背小，顶进设备用量少，不需要拉锚设备，桥涵身预制简单，而且桥涵身的分节顶进比顶拉法自由，还可以克服因桥涵身过长而纵向配筋增多的问题。当受地形限制，不能沿桥涵身轴线分节预制时，还可以沿线路横向排列分节预制，先横推至桥涵轴线位置，再进行纵向顶进。

由于具有上述优点，故在桥涵身长、顶力过大、地形受限制时，中继间法被广泛采用。

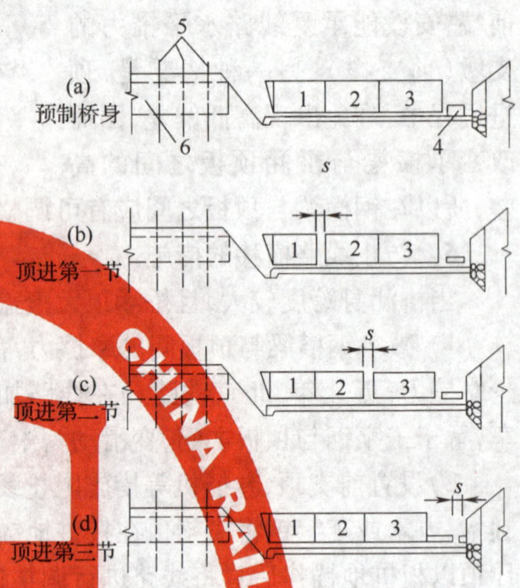

1～3—桥涵身；4—顶镐；5—线路中线；
6—桥涵身设计位置；7—顶铁；S—顶程

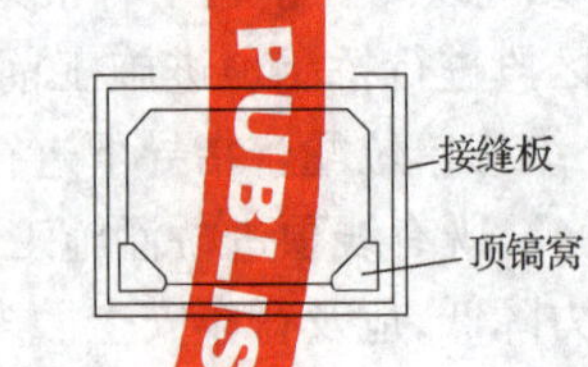

说明图 17. 2. 2—2　中继间法示意图

3　对顶法

此法是在桥址路基两侧各修筑一个工作坑，在工作坑的滑板上，各预制部分长度的桥涵身，借助两侧修筑的后背，将桥涵身顶进就位。如说明图 17. 2. 2—3。

对顶法一般用在桥涵轴线长度较长，顶进距离及顶力较大，顶进设备及后背修筑发生困难的工程中，为了减少顶进设备，先顶进一侧桥涵身，再顶另一侧桥涵身。桥涵身中间接口，应选择在两股道中间，要求接口严密不漏水。

说明图 17. 2. 2—3　对顶法示意图（m）

为防止桥涵身错牙现象，故顶进工艺要求比较严格。

4　多箱分次顶进法

将预制的单孔立交桥桥身逐个顶入路基，组合成双孔或多孔立交桥。修建大型立交桥时，采用分箱顶进，设备可大为减少。

5　顶拉法

将后节桥涵身与前桥涵身以钢拉杆相连，以后节桥涵身为后背顶进前节，继而以前节桥涵身为拉杆的锚固点拉进后节，将分节的桥涵身交替顶拉进入路基。一般情况下，顶拉法应将桥涵身轴向（沿公路方向）分成三节或三节以上，对顶进较为有利。顶进过程如说明图 17.2.2—4。

采用顶拉法施工时，桥涵身轴向分节比较重要，应根据顶进中各种情况，对前后各节的摩阻力进行计算，避免桥涵身发生倒退现象，亦即作为后背的桥涵身的摩阻力应大于前进桥涵身的摩阻力。如前节桥涵身的长度取决于前节全部入土后的顶力是否超过后几节桥涵身尚未入土时的空顶阻力，如超过，将会发生后节的倒退而前节不动的现象。一般分成四节采用顶拉法施工时，当桥涵身入土后的顶力系数小于 1.4，而桥涵身在工作坑滑板上的空顶阻力系数大于 0.5 时，桥涵身的顶进比较顺利，反之，则很难顶进。此时应采取减少阻力的措施，如减少刃角吃土，改变工作坑滑板隔离润滑层作法加大摩阻力，或在其上设置活动临时后背等。故一般前节桥涵身长度不宜过长，而分节越多越容易顶进。但分节过多，造成顶进设备增加，接缝困难。尤其前端第一节桥涵身过短会使稳定性不足，容易出现扎头现象，应予注意。

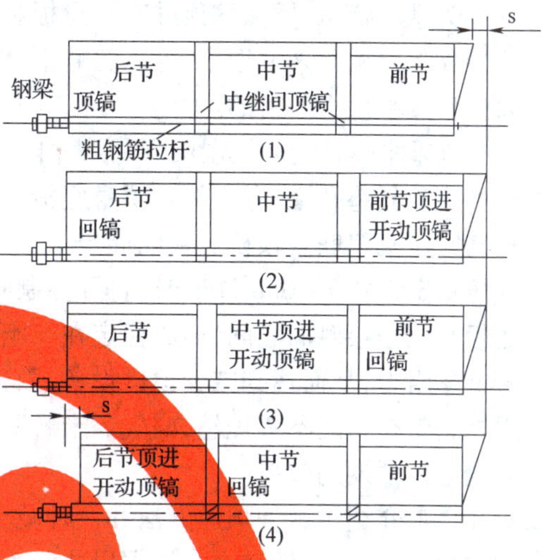

说明图 17.2.2—4　顶拉法示意图

6　牵引法

牵引法区别于顶进法，主要是将千斤顶安置在要顶入的结构物的前方。因此，牵引法也称“前置千斤顶法”或直接称做“拉入法”。

牵引法需要在路基内用水平钻机钻水平孔，牵引法的优点是：

1）不必修筑后背，可以利用路基或桥涵结构物的一部分桥涵身作为后背，因而能在无法修筑后背或环境比较狭窄的地段施工。

2）不用压杆而采用拉杆传动，充分发挥材料的性能，没有失稳问题。

3）与顶进法相比，容易控制方向。

根据地形、周围环境和设备情况，可采取一侧牵引法，双向牵引法和分段牵引法。

1）一侧牵引法。在路基的一侧设置张拉千斤顶的反力座，把 位于另一侧的预制桥涵身一次全部拉进路基就位。对于桥涵身较短或由于条件所限无法修筑后背，只能在一侧有条件预制桥涵身时较为适用。

2）双侧牵引法。本法系将桥涵身主体结构分成两部分，分别在路基两侧预制，两者之间穿以拉杆。顶进时，先以一侧的半个桥体作为反力座，去牵引另一侧半个桥体，然后反过来进行。可以同时牵引，在股道间“对合”。

3）分段牵引法。对于较长的桥涵身，牵引力相应增大，可将桥涵身分成若干段，逐个牵引。

7　气垫法

整体顶进所需最大顶力一般为桥身自重的 1.2 ~ 1.5 倍。随着顶进立交桥孔径的增大，轴线长度的增加，顶力可达上万吨，因而所需后背工程比较复杂，要求的顶进设备也较多。采用气垫法可使顶力大为减少，工程费用降低。

据分析，桥涵身自重虽然很大，轻则几百吨，重则上万吨，但在其自重作用下，基底单位面积上的压力却是很小，一般在 0.04 ~ 0.06 MPa 范围之内。如果在桥涵身底板与滑板和地面之间吹入压缩空气形成气垫层，当气体压强大于 0.04 ~ 0.06 MPa 时，则桥涵身接近成为悬浮状态，桥涵身顶进时与滑板和地面间的摩阻力转化为气体黏剪力引起的阻力，这种黏阻力相对来说很小，可以忽略不计。因此，桥涵身在顶进中的摩阻力大为降低，从而达到减小顶力的目的。

其基本做法是：首先在顶桥混凝土底板内埋入直径 50 mm 的钢管，布置成使输入气压构成的气垫孔道，埋管引出桥身底板以上，用高压胶管与供气管道连接，通向储风缸，风缸与空压机串联。顶桥底板四周与土壤接触面采取密封措施。当空压机开动后储风缸内气压稳定在 0.7 ~ 0.8 MPa 时，打开控制闸阀，气流输入底板进气孔道，在底板与滑板间或底板与土壤接触面之间，形成稳定在一定值的气压构成气垫，使顶桥的底板微量浮起，以降低摩阻力，从而达到减少顶进设备，简化后背，有利顶进的效果。由于顶桥底板四周使用之密封材料还不够理想，漏气还未解决，促使构成气垫的稳定气压值较小，因此还不能完全达到预期的效果。

以上介绍了六种顶进方法和一种减少顶力的气垫法，施工中，可根据不同情况及各单位的设备、技术条件选用。根据以往经验，整体顶入法和中继间法是最常用的方法。其他方法因有很大的局限性，故只有在特定条件下才被采用。

17.2.3 ~ 17.2.5

1 开挖工作坑，应尽量缩短顶进长度，主要是考虑少占地和少拆迁。但其尺寸必须满足施工的需要。工作坑滑板的尺寸可按下式确定：

长度 = 桥涵身底板板长度 + 顶镐长度 + 横梁厚度 + 后背地梁厚度 + 0.3 m。

宽度 = 桥涵身底板宽度 + 2 × 方向墩宽度 + 0.2 m。

当需要排除地下水和地表水时，工作坑的尺寸还需计入四周排水沟及集水井的尺寸。

2 桥涵顶进时，由于轨道重量及列车的作用，扎头的概率远远高于抬头的概率。所以，在制做滑板时，将滑板做成前高后低的仰坡。根据土质情况和顶进长度不同，仰坡设计为 2‰ ~ 4‰为宜。

为防止预制桥涵身时，底板混凝土与工作坑滑板相粘连，预制前应在滑板上设润滑隔离层。其做法较多，一般由润滑剂及塑料薄膜组成。常用的润滑剂为石蜡掺机油（一般机油用量为 10% ~ 25%，气温高时用量酌减）。掺入机油的目的是为了增加石蜡与水泥面的附着力，润滑层的厚度可为 2 ~ 3 mm，石蜡表面再铺洒一层厚 1 mm 的滑石粉，然后在其上铺塑料薄膜一层即成为较好的润滑隔离层。根据各自的实践，也可采用不同形式的润滑层。

在混凝土滑板上不同的润滑隔离层的处理方法，其实测效果见说明表 17.2.4。

说明表 17.2.4 润滑隔离层起动系数表

润滑隔离层作法	桥体自重（t）	起动顶力（t）	起动系数
工作坑底板先用 1∶3 水泥砂浆抹平后，喷涂 2 mm 厚石蜡，再覆盖塑料薄膜一层	178	155.2	0.896
水泥砂浆抹平后，涂石墨沥青（沥青∶石墨∶汽油 = 1∶2∶4）1 mm，再洒干石墨一层 0.5 mm，其上铺牛皮纸一层	32	44	1.38
水泥砂浆抹平后，涂石蜡再洒滑石粉，其上覆盖油毡一层	165	300	1.82
水泥砂浆抹面上，涂石蜡 3 mm	1 513	818	0.54

桥涵身预制时，底板前端的底部宜设船头坡，以便在顶进中通过挖土，调整高低偏差。

船头坡尺寸一般为高 5 cm,长 80 cm。

17.2.6 顶进千斤顶的配置应根据计算的最大顶力确定。由于千斤顶新旧程度、工作性能和同步性等不可预见因素,所以配备千斤顶时,应考虑有一定的顶力储备,一般以额定顶力的 60% ~70% 计算。为能及时更换损坏的千斤顶,保证连续顶进,宜有一定的备用千斤顶。

当进行斜交桥涵顶进时,吃土后,由于土的侧压力作用,产生使桥涵偏移的力矩。所以配置千斤顶时,在尾端锐角一侧应有一定量的顶力储备,可按 10% ~15% 考虑。

17.2.7 后背是承受桥涵身顶进反力的临时结构物。后背必须符合下列要求:

1 能承受桥涵身在顶进的全过程中所出现的最大顶力,并且有适当的安全储备。

2 在逐次顶进中,应使后背所产生的变形较小,减小顶程损失,提高顶进效率。

当后背利用土的抗力承受顶力时,土体受力后压缩,往往后背变形较大。当后背依靠结构物与土的摩阻力承受顶力时,则后背变形较小。较大的变形不仅造成千斤顶的顶程损失,而且由于反复荷载作用,会降低后背结构的抵抗能力。但依靠摩阻力为主,承受桥涵身顶力的后背,往往工作量较大。一般的后背形式见说明表 17.2.7。

说明表 17.2.7 后背形式表

靠土的水平抗力的后背	打桩式	用槽钢、钢轨、工字钢、钢板桩等组成的钢桩后背
		钢筋混凝土桩后背
	拼装式	木枕式后背
		钢筋混凝土预制块后背
靠土体与结构之间的摩阻力的后背	重力式	引道挡土墙后背
		堆砌片石后背
		齿坎式砌体后背

后背梁的作用是将千斤顶的顶力均匀地传至后背上,避免受力集中。后背梁宜与滑板连接,当后背抗力不足时,则可在工作坑滑板上填土压重,使作用于后背梁上的顶力除由后背抵抗外,一部分则由滑板上填土后所增加的摩阻力承担。

17.2.8 尽管顶进桥涵是在不中断行车的条件下进行的,但施工中,为保证行车安全,往往会采取行车限速、转线运行和临时要点封闭等措施。所以,从线路加固开始,至顶进就位恢复正常运行,必须按运营部门批准的施工计划施工,当不能按计划完成时,应及时与运营部门联系,修改计划,并应按《铁路技术管理规程》要求,进行防护,做好线路抢修的各项准备。

17.2.11 桥涵身顶进中,当其重心接近工作坑滑板前缘附近时,极易向前扎头。为了防止过大的高程偏差,应加强观测,及时纠正,如造成过大偏差后,欲再纠正,则极为困难。

现将桥涵身顶进的外力作近似分析如下:

说明图 17.2.11 中 P 为顶力,P_1、P_2 分别为桥涵身顶部及底部的摩阻力,P_M 为土的侧压力产生的摩阻力,τ 为刃角阻力,Q 为桥涵身自重,P_V 为地基反力,Σ_q 为顶部线路、加固材料及列车荷载。在顶进过程中,各种外力对桥涵身尾部 a 点的力矩为:P_2、Q、P、Σ_q 产生使 b 点向下转的力矩;P_V、P_M、τ、P_1 产生使 b 点向上转的力矩。上述各种外力的大小及其距 a 点的远近,将直接影响顶进中力矩的平衡。如加大刃角阻力及底板下土的反力,减小线路及加固材料对桥涵身前部的压力将是有效阻止桥涵身扎头的主要措施。所以顶进中，刃角上部欠挖吃土顶进，底板前端利用船头坡压土顶进，打松工字钢横梁与顶板间的抄手木楔以减少桥涵身前端的压力等均为常用的减少扎头的方法。当出现扎头时，应边顶进边调整。当地基较松软时，还可以采用片石、碎石和混凝土板等填铺在桥涵身前端，铺平夯实，上铺铁板以增加其承载力，减少扎头。当出现抬头现象，则应以相反的方法予以调整。

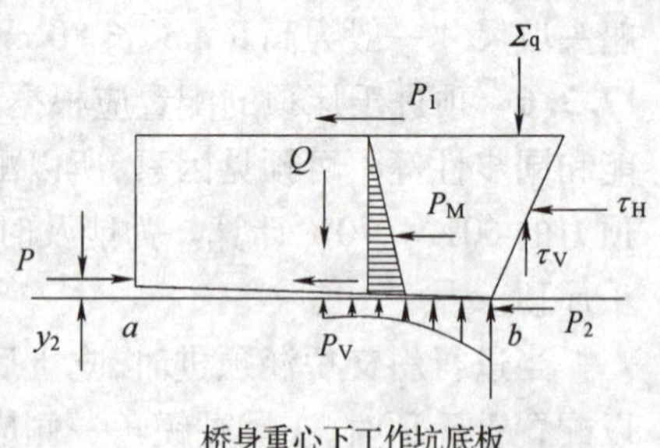

桥身重心下工作坑底板

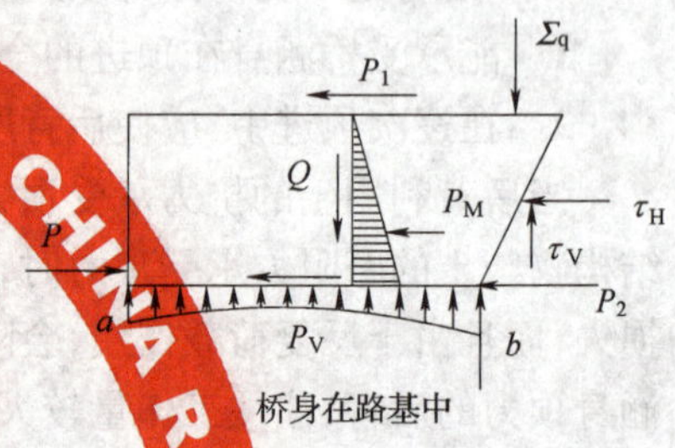

桥身在路基中

说明图 17.2.11　顶进外力分析

17.3.3　铺设导轨是保证工程质量的基础工作，只有导轨的高程、方向及坡度符合要求，才能保证顶进涵洞方向、坡度、高程的正确。

导轨一般使用钢轨，轨下铺枕木，为保证轨道牢固，枕木下应铺 15 cm 厚碎石，并浇水泥砂浆固结。

两根导轨内距按下式计算（单位以毫米计）：

$$A=\sqrt{\frac{D}{2}-\left[\frac{D}{2}-(h-e)\right]^{2}} \qquad \text{（说明 17.3.3）}$$

式中　A——两导轨内距；

D——管节外径；

h——导轨高；

e——管节外壁距枕木面距离，一般规定为 20 mm。

18　桥梁混凝土道砟槽防水层是根据《客货共线铁路桥梁防水体系》（通桥［2006］8061）拟定的，涵洞防水层是参照《铁路混凝土桥涵防水层》（专桥［01］8161）拟定的，施工时除应符合本技术指南第 18 章规定外，尚应符合上述两图的有关规定。桥台和拱桥的钢筋混凝土道砟槽防水层当设计采用再生橡胶沥青“二布三涂”防水层时，可按本技术指南第 18 章有关规定施作。

防水卷材和聚氨酯防水涂料的物理力学性能及水泥基胶黏结剂的技术指标，均应符合《通桥（2006）8061》的规定。中碱玻璃纤维布和再生橡胶沥青涂料的规格、质量标准应符合设计要求，当设计无明确要求时，应符合《专桥（01）8161》的规定。

18.3.5　沥青砂胶防水（保护）层施工熬制石油沥青时应符合下列规定：

1　熬制沥青宜采用专用消烟沥青锅炉，并根据产品说明操作。

2　用敞口大锅熬制沥青，锅中盛装沥青不宜超过其容量的 3/4。

3　熬制沥青必须用高温温度计测温。

4　当沥青表面停止起泡，温度达到 175 ℃～190 ℃时即可停止升温，以温火保持此温度待用。

5　每次熬制沥青，用微火温热的时间，不得超过 8 h，如未用完需再用时，应与新熬的沥青混合使用，必要时应做性能检验。

6　每次熬制沥青后，必须将锅底剩余沥青铲除干净。

7　熬制沥青和铺设沥青砂胶防水层时，必须符合有关安全防火和劳动保护的规定。

19.1.2　桥梁支座的组成部件质量和整体支座质量，是由制造厂家质量检验部门在生产过程中和出厂前，根据支座设计图纸和铁道部现行《铁路桥梁盆式橡胶支座》（TB/T 2331）、《铁路桥梁板式橡胶支座技术条件》（TB 1893）、《铁路桥梁铸钢支座》（TB/T

1853）等标准和规定负责检验的，并对检验合格者签发产品合格证。因此，桥梁支座进入工地后，施工单位对附有产品合格证的各类支座，只需根据设计要求和相关标准对支座品种、类型、性能、规格、结构和涂装质量等进行外形尺寸、外观质量及组装质量检验，对符合设计要求和相关标准规定的支座即可安装使用。

19.1.6 预制的简支桥梁架设安装时，应按铁道部现行的铁路桥涵工程施工质量验收标准的规定，统一安排调整好梁体的顶面高程、平面位置、梁缝宽度、相邻梁端顶面及梁端顶面与相邻墩台胸墙顶面的相对高差和支座的安装偏差。客货共线铁路支座安装允许偏差应符合铁道部现行《铁路桥涵工程施工质量验收标准》（TB 10415）、《新建时速 200 公里客货共线铁路工程施工质量验收暂行标准》（铁建设〔2004〕08 号）的规定。

19.1.7 桥梁支座安装发生梁端伸缩缝小于设计要求宽度时，支座位置调整原则：

桥梁支座安装时，因墩台距离和梁体长度施工误差累计，发生相邻梁端之间或梁端与墩、台挡砟墙之间伸缩缝偏小不能满足设计要求伸缩缝宽度时，原《铁路架桥机架梁规程》（TB 10213—99）规定梁的活动端必须保持按 100 ℃温差计算的最小伸缩空间，这是符合我国最北方地区和西南方高寒地区气温条件的（如嫩江最大温差为 80.3 ℃），但对我国中南方广大地区则显规定过于严格和不符合当地温度条件下梁的活动端实际伸缩情况，故本次进行修改。为保证梁端缝宽度符合设计要求，墩台施工前进行墩台定位测量时，应考虑小半径曲线桥梁内侧梁端缝变小因素，使墩台距离在测量允许偏差范围内宁大勿小。墩台施工后发现因墩台距离偏小和梁体全长偏大等导致梁端缝宽度较设计要求偏小的个别工况时，可按梁的活动端必须保持根据当地最大温差加20 ℃（考虑垂直荷载、预留拱度等因素引起梁端水平变位的换算温度近似值）计算的最小伸缩空间，对支座位置进行调整。

19.2.2 盆式橡胶支座、双曲面铸钢支座及圆柱面钢支座等新型支座，在工厂组装时，已经按规定进行预压、调平和将上下座板对中后使用连接角钢等将支座连成整体，工地检验时不应任意松动上下座板的连接螺栓，而应保持支座清洁及出厂组装状态。如遇必须拆解工厂组装的支座时，重新组装应按有关技术规定施作，盆式橡胶支座应按本条文规定办理。

19.4.6 钢支座下座板与支座垫石间间隙大于 50 mm 应加铺钢网的规定，原《铁路桥涵施工规范》（TB 10203—2002）规定大于40 mm时加铺钢筋网。本次根据青藏铁路拉萨河特大桥施工经验和《铁路结合梁设计规定》（TBJ 24）进行修改，以确保垫层材料填（压）筑密实。

中华人民共和国行业标准

铁建设〔2006〕96号

铁路钢桥制造规范

Code for Fabrication of Railway Steel Bridge

TB 10212—2009

2009—05—22 发布　　　　2009—06—01 实施

中华人民共和国铁道部　发布

前　　言

本规范是根据铁道部《关于印发2007年铁路工程建设标准编制计划的通知》(铁建设函〔2006〕1112号)的要求,在《铁路钢桥制造规范》(TB 10212—98)基础上修订而成的。

本规范编制过程中进行了深入的调查研究,认真总结了我国铁路钢桥制造的实践经验,充分吸收了近年来的科研成果,学习借鉴了国外先进标准,全面考虑了桥梁技术发展的客观需要,并广泛征求了有关方面的意见,经审查、修改后定稿。

本规范共分5章,主要内容包括:总则、术语和符号、材料、制造、质量检验,另有7个附录。

本次修订的主要内容如下:

1. 增加了整体钢桥面、三桁结构、钢混结合梁制造及检验等内容;
2. 增加了整体节点制造及检验的要求;
3. 增加了节点板接料的要求;
4. 增加了质量检验的内容;
5. 增加了磁粉探伤、射线探伤的方法和缺陷评定的具体规定;
6. 增加了圆柱头焊钉的焊接工艺评定、焊接及检验的规定;
7. 增加了涂装前对自由边倒弧的规定;
8. 补充了焊接材料、涂装材料抽样检验的具体规定;
9. 补充了螺栓孔孔壁垂直度允许偏差的要求;
10. 补充了全熔透、部分熔透焊缝的焊接及无损检验的具体规定;
11. 补充了超声波探伤缺陷评定的具体规定;
12. 补充了杆件任意两面孔群纵横向错位的规定;
13. 补充了圆柱头焊钉和高强度螺栓连接副的质量要求;
14. 明确了不等厚对接时,产品试板厚度的规定;
15. 明确了抗滑移系数试件的制作数量及抗滑移系数试验方法;
16. 修改了专用沉头螺栓的尺寸及允许偏差。

本规范以黑体字标志的条文为强制性条文,必须严格执行。

在执行本规范过程中,希望各单位认真总结经验,如发现需要修改和补充之处,请将意见及有关资料寄交中铁山桥集团有限公司(河北省秦皇岛市山海关区南海西路35号,邮政编码:066205),并抄铁道部经济规划研究院(北京市海淀区羊坊店路甲8号,邮政编码:100038),供今后修订时参考。

本规范由铁道部建设管理司负责解释。

本规范主编单位:中铁山桥集团有限公司。

本规范主要起草人:魏云祥、杨洪志、娄玉春、孙景义、仇艳萍、刘春凤。

目　　次

CHINA RAILWAY PUBLISHING HOUSE
TB

1 总　　则

1.0.1　为统一铁路钢桥制造技术标准，确保钢桥制造质量，做到技术先进、经济合理、安全可靠，制定本规范。

1.0.2　本规范适用于铁路钢桥制造及质量检验。对于本规范未涉及的新技术、新结构、新材料、新工艺，制造中应进行试验，并根据试验结果确定所必须补充的标准。

1.0.3　铁路钢桥制造应有健全的质量管理体系和制造质量检验制度。

1.0.4　**铁路钢桥制造必须使用经计量检定合格的计量器具，并应按有关规定进行操作。**

1.0.5　**铁路钢桥制造各工序应按技术标准进行质量控制，每道工序完成后，应进行检查，并形成记录；工序间应进行交接检验，未经检查或检查不合格的不得进行下道工序生产。**

1.0.6　铁路钢桥制造除应符合本规范外，尚应符合国家现行的有关强制性标准的规定。

2 术语和符号

2.1 术 语

2.1.1 杆件 member

组成钢桥的基本单元。其中整体节点、弦杆、斜杆、竖杆、纵梁、横梁、桥门楣梁、桥面板单元、锚箱、箱形梁主梁、板梁主梁和独立编号的拼接板及节点板为主要杆件,其余为次要杆件。

2.1.2 零件 part

组成杆件的最小单元。其中主要杆件的盖板和腹板,箱形梁横隔板,板单元的面板、纵肋、横肋,拼接板,节点板及圆柱头焊钉为主要零件,其余为次要零件。

2.1.3 桥面板单元 Deck Panel

由桥面板及纵肋、横肋组成。

2.1.4 桥面板块 deck assemblage

由桥面板单元、横梁、纵梁及其连接件组成。

2.1.5 主要角焊缝 important fillet weld

主要杆件的盖板与腹板的连接焊缝。

2.2 符 号

2.2.1 几何参数

b——宽度

d——直径

f——拱度、弯曲矢高

h——截面高度

h_f——焊脚尺寸

l——长度、跨度、对角线

s——间距

t——厚度

α——角度

Δ——偏差、增量

3 材 料

3.1 一般规定

3.1.1 钢桥制造所用材料应符合设计文件的要求和现行标准的规定，除必须有材料质量证明文件外，还应进行抽样检验，合格后方能使用。

3.1.2 制造厂应制定材料的管理制度，做到存放、使用规范化，保证材料使用的可靠性。

3.2 钢 材

3.2.1 钢材进场抽样检验应按同一厂家、同一材质、同一板厚、同一出厂状态每10个炉（批）号抽验一组试件。

3.2.2 钢板应采用色带标识。

3.2.3 进口钢材应按合同规定进行商检和抽样检验。

3.2.4 在加工过程中发现的钢材缺陷需要修补时，应符合本规范附录A的规定。

3.2.5 钢材材质及规格需要进行变更时，应按有关规定程序履行变更手续。

3.3 焊接材料

3.3.1 焊接材料原则上应与设计选用的钢材相匹配。

3.3.2 焊接材料除应符合现行国家标准外，其抽样检验尚应符合以下规定：

1 制造厂首次使用的焊接材料应进行化学成分和熔敷金属力学性能检验。

2 连续使用的同一厂家、同一型号的焊接材料，实芯焊丝逐批进行化学成分检验，焊剂逐批进行熔敷金属力学性能检验，药芯焊丝和焊条每一年进行一次熔敷金属力学性能检验。

3 同一型号焊接材料在更换厂家后，首个批号应按照相关标准进行化学成分和熔敷金属力学性能检验。

3.3.3 焊接材料的型号及规格应根据焊接工艺评定确定。

3.4 圆柱头焊钉、高强度螺栓连接副

3.4.1 圆柱头焊钉、焊接瓷环质量标准及检验应符合现行国家标准《电弧螺柱焊用圆柱头焊钉》（GB/T 10433）中的规定。

3.4.2 高强度螺栓连接副质量标准及检验应符合现行国家标准《钢结构用高强度大六角头螺栓》（GB/T 1228）、《钢结构用高强度大六角螺母》（GB/T 1229）、《钢结构用高强度垫圈》（GB/T 1230）、《钢结构用高强度大六角头螺栓、大六角螺母、垫圈技术条件》

(GB/T 1231)的规定。

3.5　涂装材料

3.5.1　涂装材料应符合涂装设计的规定。

3.5.2　涂装材料的检验应符合下列规定:

1　涂装材料按《铁路钢桥用防锈底漆供货技术条件》(GB/T 2772)、《铁路钢桥用面漆、中间漆供货技术条件》(GB/T 2773)、《富锌底漆》(HG/T 3668)、《铁路钢桥保护涂装》(GB/T 1527)进行检验。

2　每个涂装材料品种按不同生产批号各抽取一个样品,样品的数量应满足检验的需要。

3　检验结果中如有某项指标存在争议时,允许在该批涂装材料中再随机抽取一个样品,重新进行检验。

4　防锈底漆耐盐雾性能和储存期、中间漆配套性能和储存稳定性、面漆耐人工老化性能和储存期、防锈防滑涂料耐盐雾性能、6 个月时的抗滑移系数和储存期等型式检验项目为供应商保证项目,不作为用户必检项目。

4 制　造

4.1 一般规定

4.1.1 制造厂应对设计文件进行工艺性审查。当需要修改设计时必须取得设计单位同意，并办理相关设计变更文件。

4.1.2 制造厂应根据设计文件绘制施工图并编制制造工艺等文件。

4.1.3 钢桥制造应根据施工图和制造文件进行。

4.1.4 设计相同的杆件在制造精度上宜达到互换要求。

4.2 放样、作样及号料

4.2.1 放样、作样及号料应根据施工图和工艺文件进行，并按要求预留余量。

4.2.2 钢料不平直、锈蚀、有油漆等污物影响号料或切割质量时，应矫正和清理后再放样或号料。

4.2.3 放样或号料前应检查钢料的牌号、规格和质量。

4.2.4 主要零件下料时应使钢材的轧制方向与其主要应力方向一致。

4.3 切　割

4.3.1 剪切仅适用于次要零件或边缘进行机加工的零件，剪切尺寸允许偏差应为±2.0 mm。剪切边缘应整齐无毛刺、反口、缺肉等缺陷。

4.3.2 手工焰切仅适用于工艺特定或焰切后仍需再加工的零件，其尺寸允许偏差应为±2.0 mm。

4.3.3 精密(数控、自动、半自动)焰切后边缘不进行机加工的零件应符合下列要求：

1 焰切面质量符合表4.3.3的规定。

2 尺寸允许偏差应符合本规范表4.6.1—1或表4.6.1—2的规定。

3 焰切面的硬度不超过HV350。

表4.3.3　焰切面质量

序号	项　目	主要零件	次要零件
1	表面粗糙度	25 μm	50 μm
2	崩　坑	不允许	1 000 mm长度内允许有一处1.0 mm
3	塌　角	圆角半径不大于1 mm	
4	切割面垂直度	≤0.05t(t为板厚)，且不大于2.0 mm	

4.3.4 圆弧部位应修磨匀顺。

4.3.5　型钢切割线与边缘垂直度允许偏差应为 2.0 mm。

4.3.6　崩坑缺陷的修补应符合本规范附录 A 的规定。

4.4　零件矫正与弯曲

4.4.1　零件矫正宜采用冷矫，矫正后的钢材表面不应有明显的凹痕和损伤。

4.4.2　零件冷矫时的环境温度不宜低于 −12 ℃。

4.4.3　采用热矫时，加热温度应控制在 600 ℃ ~800 ℃，设计文件有要求时，按设计文件规定执行。温度降至室温前，不得锤击钢材和用水急冷。

4.4.4　主要零件冷作弯曲时，环境温度不宜低于 −5 ℃，内侧弯曲半径不宜小于板厚的 15 倍。零件热煨温度应控制在 900 ℃ ~1 000 ℃，设计文件有要求时，按设计文件规定执行。弯曲后的零件边缘不得产生裂纹。

4.4.5　零件矫正允许偏差应符合表 4.4.5 的规定。

表 4.4.5　零件矫正允许偏差(mm)

序号	名称	项　目	图　例	说　明		允许偏差
1	钢板	平面度	f 1 000	每米范围		$f\leq1.0$
2		直线度	f L	全长范围	$L\leq8$ m	$f\leq2.0$
					$L>8$ m	$f\leq3.0$
3	型钢	直线度	型钢轴线 f 1 000	每米范围		$f\leq0.5$
4		角钢肢垂直度	Δ Δ	连接部位		$\Delta\leq0.5$（用角式样板卡样时，角度不得大于90°）
				其　余		$\Delta\leq1.0$
5		角钢肢、槽钢肢平面度		连接部位		$\Delta\leq0.5$
				其余部位		$\Delta\leq1.0$
6		工字钢、槽钢、H 型钢腹板平面度	Δ Δ	连接部位		$\Delta\leq0.5$
				其余部位		$\Delta\leq1.0$
7		工字钢、槽钢、H 型钢翼缘垂直度		连接部位		$\Delta\leq0.5$
				其余部位		$\Delta\leq1.0$

4.5 零件机加工

4.5.1 加工面的表面粗糙度 *Ra* 不得大于 25 μm，零件边缘的加工深度不得小于 3 mm，零件边缘硬度不超过 HV350 时，加工深度不受此限。

4.5.2 顶紧传力面的表面粗糙度 *Ra* 不得大于 12.5 μm；顶紧加工面与板面垂直度偏差应小于 0.01t（t 为板厚），且不得大于 0.3 mm。

4.5.3 零件应磨去边缘的飞刺、挂渣，使端面光滑匀顺。

4.6 零件基本尺寸

4.6.1 零件尺寸的允许偏差应符合表 4.6.1—1 或表 4.6.1—2 的规定。

表 4.6.1—1 零件尺寸允许偏差（mm）

序号	名称		项目		允许偏差
1	板梁主梁，桁梁的弦、斜杆、竖杆，纵梁，横梁，联结系杆件		盖板宽度	工形	±2.0
				箱形	+2.0 0
			腹板宽度		根据盖板厚度及焊接收缩量确定
2	节点板，拼接板		孔边距		±2.0
3	座板		长度、宽度	嵌入式	±1.0
				其他	±2.0
4	拼接板		宽度		±2.0
5	支承节点板、拼接板、角钢		支承边孔边距		+0.5 +0.3
6	焊接接头板		孔至焊接边距离		根据焊接收缩量确定
7	箱形杆件内隔板		宽度	≤1 000	+0.5 +0.3
				>1 000	+1.0 0
			高度		0 −1.0
			板边垂直度	隔板尺寸≤1 000	不大于0.5
				隔板尺寸>1 000	不大于1.0
8	桥面板块	桥面板	长度、宽度		±2.0
		横梁腹板 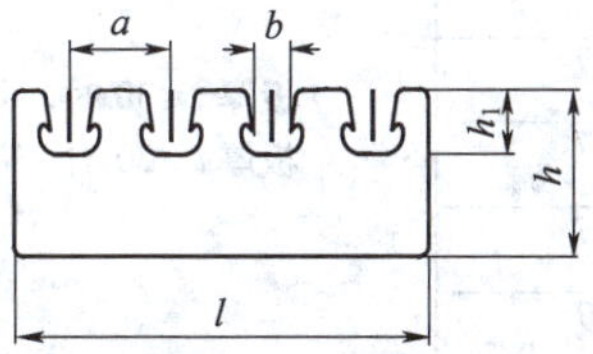	a		±2.0（任意两槽口间距） ±1.0（相邻两槽口间距）
			b		+2.0 0
			开口深度 h_1		±2.0
			高度 h		+1.5 0
			长度 l		焊接：0 −2.0； 栓接：±5

表 4.6.1—2　箱形梁零件尺寸允许偏差(mm)

序号	名称	允许偏差		图例
1	盖板	长度	按工艺文件	
		宽度	+2.0 0	
2	腹板	长度	按工艺文件	
		宽度	根据盖板厚度 及焊接收缩量确定	
3	隔板	宽度 b	+1.5 0	
		高度 h	+2.0 0	
		缺口定位尺寸 b_1、h_1、h_2	±1.0	
		垂直度	≤1.0	

4.6.2　U形肋尺寸允许偏差应符合表4.6.2的规定。

表 4.6.2　U形肋尺寸允许偏差(mm)

序号	项目	图例	允许偏差	说明
1	开口宽度 b_1		+2.0 −1.0	—
2	底宽度 b_2		±1.5	—
3	肢高 h_1、h_2		±1.5	—
4	两肢差 $\lvert h_1-h_2 \rvert$		≤2.0	—
5	旁弯、竖弯		<l/1 000或6, 取较小值	全长范围 (l为肋长)

4.7 制　孔

4.7.1　螺栓孔应成正圆柱形,孔壁表面粗糙度 Ra 不得大于25 μm,孔缘无损伤不平,无刺屑。不得采用冲孔、气割孔。

4.7.2　螺栓孔径允许偏差应符合表4.7.2的规定。

表 4.7.2　螺栓孔径允许偏差(mm)

序号	螺栓直径	螺栓孔径	允许偏差	
			孔径	孔壁垂直度
1	M12	14	+0.5 0	板厚 t≤30时,不大于0.3; 板厚 t>30时,不大于0.5,
2	M16	18	+0.5 0	
3	M20	22	+0.7 0	
4	M22	24	+0.7 0	
5	M24	26	+0.7 0	
6	M27	29	+0.7 0	
7	M30	33	+0.7 0	
8	>M30	>33	+1.0 0	

4.7.3 沉头螺栓孔应符合表 4.7.3 的规定，专用沉头螺栓应符合本规范附录 B 的规定。

表 4.7.3 沉头螺栓孔尺寸及允许偏差(mm)

序号	d_1	d_2	α	Δ	h	简　　图
1	$24^{+0.7}_{0}$	$46^{+1.0}_{0}$	$90^{\circ}{}^{-2^{\circ}}_{-4^{\circ}}$	0.7	$11^{+0.7}_{0}$	α, c_2, Δ, h, c_1, 12.5
2	$26^{+0.7}_{0}$	$51^{+1.2}_{0}$	$90^{\circ}{}^{-2^{\circ}}_{-4^{\circ}}$	0.7	$12.5^{+0.7}_{0}$	
3	$33^{+1.0}_{0}$	$63^{+1.2}_{0}$	$90^{\circ}{}^{-2^{\circ}}_{-4^{\circ}}$	1.0	$15^{+0.7}_{0}$	

4.7.4 螺栓孔距允许偏差应符合表 4.7.4 的规定；有特殊要求的孔距偏差应符合设计文件的规定。

表 4.7.4 螺栓孔距允许偏差(mm)

序号	项　　目		允　许　偏　差(mm)		
			主要杆件		次要杆件
			桁梁杆件	板梁主梁	
1	两相邻孔距离		±0.4	±0.4	±0.4(±1.0)②
2	多组孔群两相邻孔群中心距		±0.8	±1.5	±1.0(±1.5)②
3	两端孔群中心距	l≤11 m	±0.8	±4.0①	±1.5
		l>11m	±1.0	±8.0①	±2.0
4	孔群中心线与杆件中心线的横向偏移	腹板不拼接	2.0	2.0	2.0
		腹板拼接	1.0	1.0	—
5	杆件任意两面孔群纵、横向错位		1.0	—	—

注：① 连接支座的孔群中心距允许偏差；

② 括号内数值为附属结构的允许偏差。

4.8 组　　装

4.8.1 钢板接料应在杆件组装前完成，并应符合下列规定：

1 盖、腹板接料长度不宜小于 1 000 mm，宽度不得小于200 mm，横向接料焊缝轴线距孔中心线不宜小于 100 mm。

2 板梁的腹板和箱形梁的盖、腹板接料焊缝可为十字形或 T 字形，T 字形交叉点间距不得小于 200 mm；腹板纵向接料焊缝宜布置在受压区。

3 组装时应将相邻焊缝错开，错开的最小距离应符合图 4.8.1 的规定。

4 节点板需要接宽时，接料焊缝应距其他焊缝、节点板圆弧起点、高强度螺栓拼接板边缘部位 100 mm 以上；节点板应避免纵、横向同时接料。

4.8.2 组装前必须彻底清除待焊区域的铁锈、氧化铁皮、油污、水分等有害物，使其表面

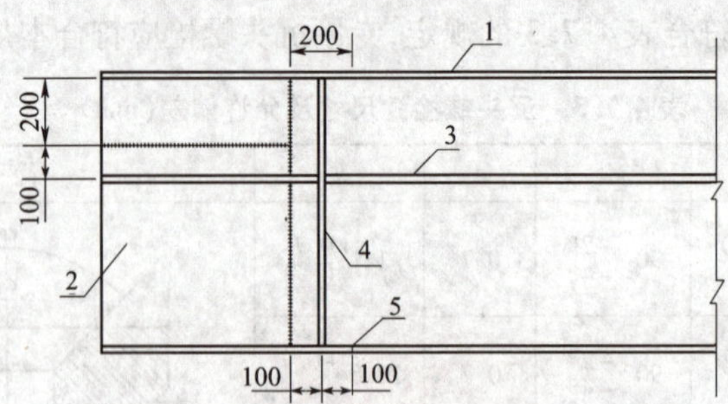

图 4.8.1　焊缝错开的最小距离(单位:mm)

1—盖板;2—腹板;3—板梁水平肋或箱形梁纵肋;

4—板梁竖肋或箱形梁横肋;5—盖板对接焊缝

显露出金属光泽。清除范围应符合图 4.8.2 的规定。

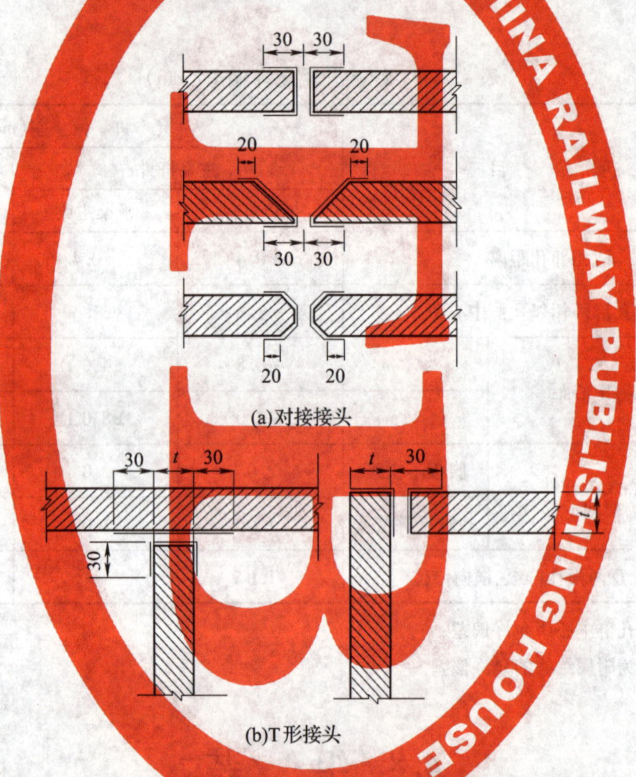

图 4.8.2　组装前的清除范围(单位:mm)

4.8.3　采用先孔法的杆件,组装时必须以孔定位,用胎型组装时每一孔群定位不得少于用 2 个冲钉,冲钉直径不得小于设计孔径 0.1 mm。

4.8.4　杆件应在胎型或平台上组装,U 形肋与桥面板宜采用自动定位组装胎组装。

4.8.5　大型杆件在露天进行组装时,工装的设计、组装及测量应考虑日照和温差的影响。

4.8.6　组装允许偏差应符合表 4.8.6 的规定。

4.8.7　桥面板块组装允许偏差应符合表 4.8.7 的规定。

4.8.8　采用埋弧焊焊接的焊缝,应在焊缝的端部连接引板,引板的材质、厚度、坡口应与所焊件相同;引板长度应不小于100 mm。

4.8.9　需作产品试板检验时,应在焊缝端部连接试板,试板材质、厚度、轧制方向及坡口应与所焊对接板材相同,其长度应大于400 mm,宽度每侧不得小于150 mm。

表 4.8.6　组装允许偏差(mm)

序号	图　例	项　目	允 许 偏 差
1	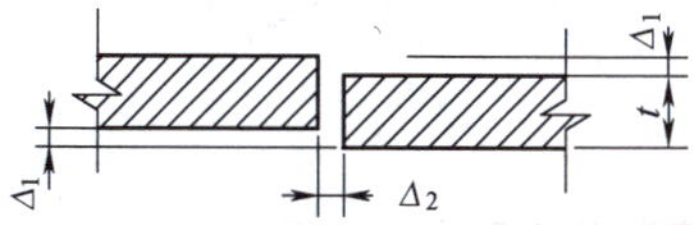	对接高低差 Δ_1	0.5($t<25$) 1.0($t\geqslant25$)
		对接间隙 Δ_2	1.0
2		盖板中心与腹板中心线偏移 Δ	1.0
3	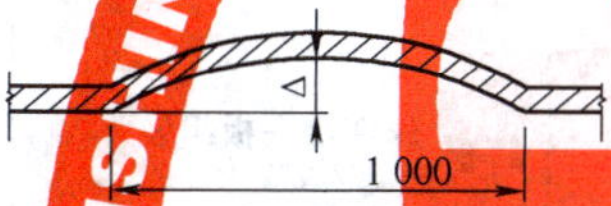	腹板平面度 Δ	1.0
4	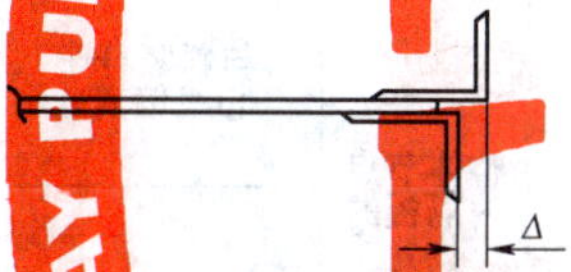	组合角钢肢高低差 Δ	0.5(连接处) 1.0(其他处)
5		盖板倾斜 Δ	0.5
6		组装间隙 Δ	1.0
7	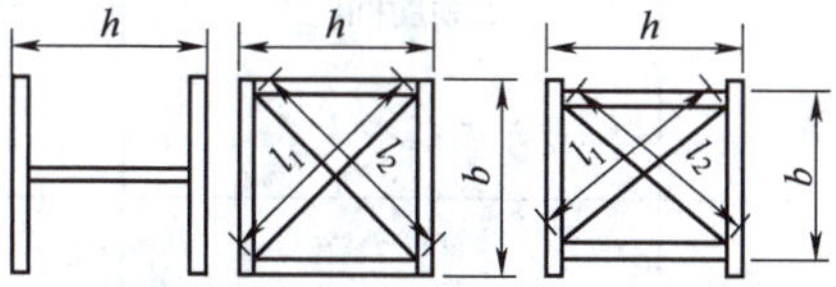	主桁插入式斜、竖杆高度 h	$^{0}_{-1.5}$①
		主桁对拼式斜、竖杆高度 h	$^{+1.5}_{0}$①
		箱形杆件对角线差 $\lvert l_1-l_2\rvert$	2.0
		箱形杆件宽度 b	±1.0(有拼接时)
8	磨光顶紧	局部缝隙	0.2

续上表

序号	图　例	项　目		允 许 偏 差
9	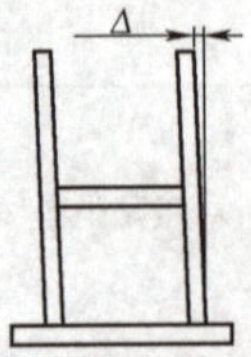	整体节点节点板垂直度 Δ		1.5
10	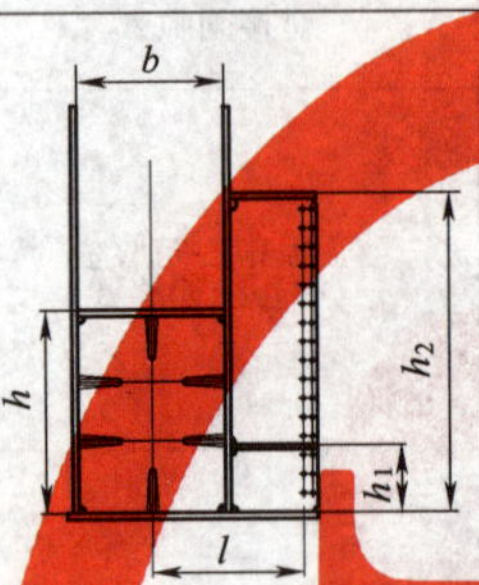	h、h_1、h_2		+1.5 0
		整体节点弦杆节点板内侧宽度 b		+2.0 +0.5
	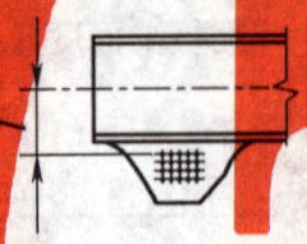	杆件接头板组装尺寸 l		+1.5 0
11	 杆件中心线 隔板内距对称中心线	整体节点内隔板的位置	与斜竖杆中心线偏离 Δ	0.5
			隔板内距 B	+1.0 0
12	锚箱锚管角度	顺桥向与水平面的夹角 横向与弦杆轴线的偏角		0.1°
	锚管位置	锚管各向位置		1.5
13	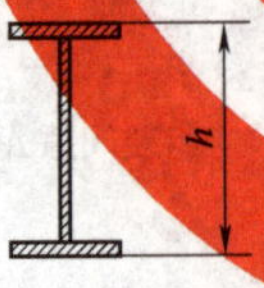	纵梁、横梁、联结系杆件高度 h		+1.5 0
		板梁主梁高度 h	$h\leqslant 2$ m	+2.0 0
			$h>2$ m	+4.0 0
14	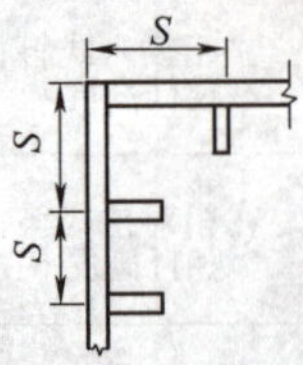	加劲肋间距 S		±1.0 有拼接时
				±3.0 无拼接时
15	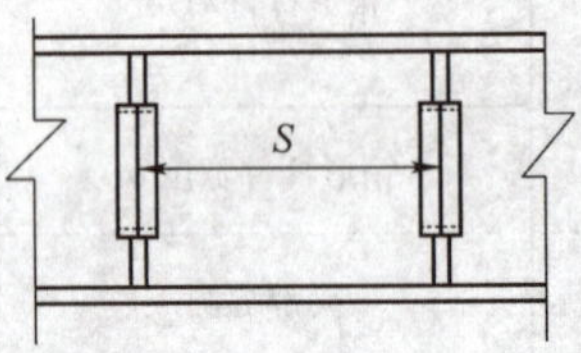	箱形梁隔板间距 S		±3.0

续上表

序号	图例	项目		允许偏差	
16	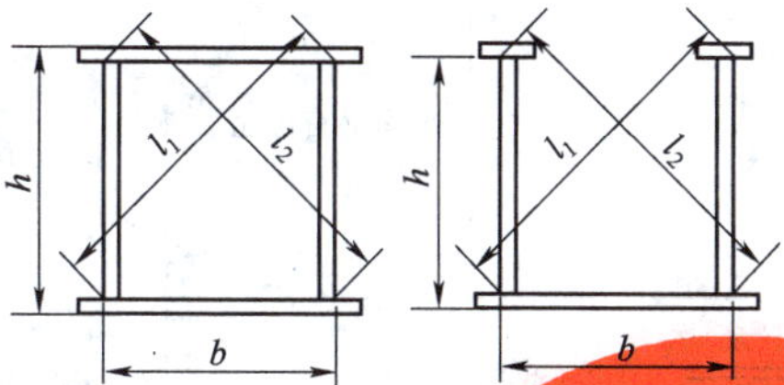	箱形梁高度 h	$h \leq 2$ m	+2.0 0	
			$h > 2$ m	+4.0 0	
		箱形梁宽度 b		±2.0	
		箱形梁横断面对角线差 $\lvert l_1 - l_2 \rvert$		3.0	
		箱形梁旁弯 f		5.0	
17		钢衬垫或陶质衬垫对接焊接头组装		α	±5°
				Δ	0.5
				s	+6.0 −2.0

注:① 可根据坡口深度、焊脚尺寸及工艺方法调整。

表 4.8.7 桥面板块组装允许偏差(mm)

序号	名称	图例	项目	允许偏差
1	桥面板单元	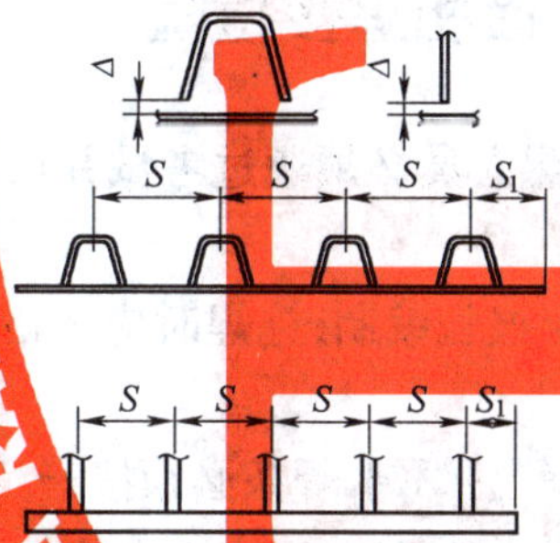	U 形肋、板肋组装间隙 Δ	0.5 局部允许 1.0
			S_1、S	±1.0 端部及横肋处
				±2.0 其他部位
			板肋垂直度	1.0
2	纵梁、横梁		高度 h	+1.5 0
3	桥面板块	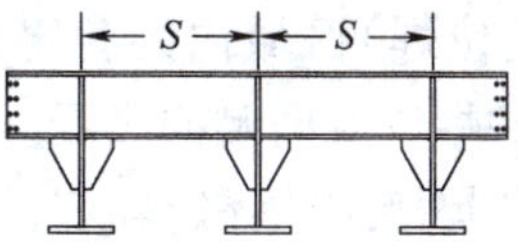	横梁间距 S	±1.0
		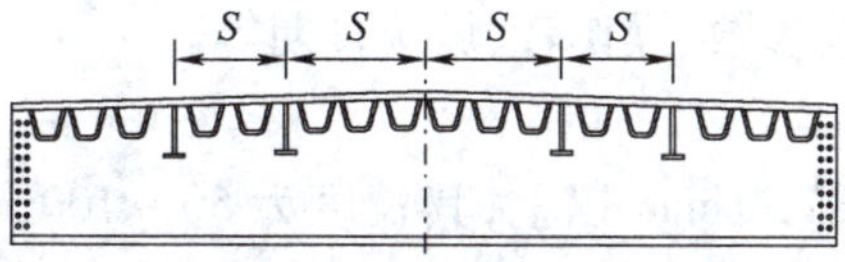	纵梁间距及纵梁至横梁中心线距离 S	±1.0(两端) ±2.0(其余)

续上表

序号	名　称	图　例	项　目	允许偏差
3	桥面板块	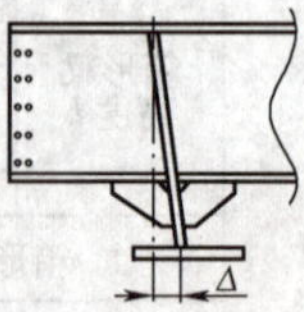 Δ	横梁垂直度 Δ	1.0(连接部位) 2.0(其余部位)
		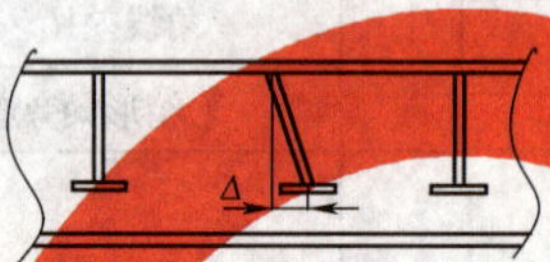 Δ	纵梁垂直度 Δ	1.0
		 l_1 l_2 l_3 l_4	横梁底平面对角线差	$\|l_1-l_2\|$ ≤2.0 $\|l_3-l_4\|$ ≤3.0

4.9　焊接和焊接检验

4.9.1　焊工(包括定位焊工)和无损检测人员必须通过考试并取得资格证书,且只能从事资格证书中认定范围内的工作。

4.9.2　焊接工艺必须根据焊接工艺评定报告编制,施焊时应严格执行焊接工艺,焊接工艺评定应符合本规范附录 C 的规定。

4.9.3　焊接材料应通过焊接工艺评定确定;焊剂、焊条必须按产品说明书烘干使用;焊剂中的脏物、焊丝上的油锈等必须清除干净;CO_2 气体纯度应大于 99.5%。

4.9.4　焊接工作应在室内进行,施焊环境湿度应小于 80%;焊接低合金钢的环境温度不应低于 5 ℃,焊接普通碳素钢不应低于 0 ℃;主要杆件应在组装后 24 h 内焊接。

4.9.5　如果杆件在露天焊接时,除应满足第 4.9.4 条的要求外,必须采取防风和防雨措施;主要杆件应在组装后 12 h 内焊接;当杆件的待焊部位结露或被雨淋后,要采取相应的措施去除水分和浮锈。

4.9.6　焊接前必须彻底清除待焊(包括定位焊)区域内的有害物;焊接时严禁在母材的非焊接部位引弧,焊接后应清理焊缝表面的熔渣及两侧的飞溅。

4.9.7　焊前预热温度应通过焊接性试验和焊接工艺评定确定;预热范围一般为焊缝每侧 100 mm 以上,距焊缝 30 ~ 50 mm 范围内测温。焊工施焊时应做焊接记录,记录的内容包括杆件号、焊缝部位、焊缝编号、焊接参数、操作者、焊接日期等。

4.9.8　定位焊应符合下列要求:

1　定位焊缝应距设计焊缝端部 30 mm 以上,其长度为 50 ~ 100 mm;间距为 400 ~ 600 mm,厚板(50 mm 以上)和薄板(8 mm以下)应缩短定位焊间距;定位焊缝的焊脚尺寸不得大于设计焊脚尺寸的1/2。

2 定位焊缝不得有裂纹、夹渣、焊瘤等缺陷，对于开裂的定位焊，必须先查明原因，然后再清除开裂的焊缝，并在保证杆件尺寸正确的条件下补充定位焊。

4.9.9 埋弧自动焊必须在距设计焊缝端部80 mm以外的引板上起、熄弧。

4.9.10 埋弧自动焊缝焊接过程中不应断弧，如有断弧则必须将停弧处刨成1∶5斜坡，并搭接50 mm再引弧施焊，焊后搭接处应修磨匀顺。

4.9.11 圆柱头焊钉的焊接

1 圆柱头焊钉的焊接必须按附录D的规定进行焊接工艺评定。

2 圆柱头焊钉的焊接应采用专用焊接设备焊接，少量平位、立位及其他位置也可采用手工焊接。

3 圆柱头焊钉焊接工作必须由经过圆柱头焊钉焊接培训、考试合格的焊工担任。

4 圆柱头焊钉焊接应严格按照圆柱头焊钉焊接工艺执行，未经焊接主管工程师同意不得随意更改焊接工艺参数。

5 施焊前焊工必须检查所用设备、工具良好，确保正常工作时才能施焊。

6 每日每台班开始生产前或更改一种焊接条件时，必须按规定的焊接工艺试焊2个圆柱头焊钉，进行外观和弯曲30°角检验，检验合格后方可进行正式焊接；若检验不合格，应分析原因重新施焊，直到合格为止。

7 焊接前，圆柱头焊钉及焊接部位应除去铁锈、氧化铁皮、油污、水分等不利于焊接的物质。

8 瓷环应按规定要求烘干使用。

4.9.12 焊缝检验应符合下列要求：

1 所有焊缝必须在全长范围内进行外观检查，不得有裂纹、未熔合、夹渣、未填满弧坑和焊瘤等缺陷，并应符合表4.9.12的规定。

表4.9.12 焊缝外观质量标准(mm)

序号	项目	焊缝种类	质量标准
1	气孔	横向对接焊缝	不允许
		纵向对接焊缝、主要角焊缝	直径小于1.0，每米不多于3个，间距不小于20
		其他焊缝	直径小于1.5，每米不多于3个，间距不小于20
2	咬边	受拉杆件横向对接焊缝、桥面板与弦杆角焊缝、横梁接头板与弦杆角焊缝、桥面板与U形肋角焊缝（桥面板侧）、竖向加劲肋角焊缝（腹板侧受拉区）	不允许
		受压杆件横向对接焊缝及竖加劲肋角焊缝（腹板侧受压区）	≤0.3
		纵向对接焊缝、主要角焊缝	≤0.5
		其他焊缝	≤1.0
3	焊脚尺寸	主要角焊缝	$h_{f}{}^{+2.0}_{\ 0}$
		其他角焊缝	$h_{f}{}^{+2.0}_{\ 0}$
			手工焊角焊缝全长的10%允许$^{+3.0}_{-1.0}$

续上表

序号	项目	焊缝种类	质量标准
4	焊波	角焊缝	≤2.0(任意25 mm范围高低差)
5	余高	不铲磨余高的对接焊缝	≤2.0(焊缝宽度 b≤20)
			≤3.0(焊缝宽度 b>20)
	有效厚度	T形角焊缝	凸面角焊缝有效厚度应不大于规定值2.0,凹面角焊缝应不小于规定值0.3
6	余高铲磨后的表面	横向对接焊缝(桥面板除外)	不高于母材0.5
			不低于母材0.3
			粗糙度50 μm

2　圆柱头焊钉焊缝检验:

圆柱头焊钉焊完之后,应及时敲掉圆柱头焊钉周围的瓷环进行外观检验。焊钉底角应保证360°周边挤出焊脚。

每100个圆柱头焊钉至少抽一个进行弯曲检验,方法是用锤打击圆柱头焊钉,使焊钉弯曲30°时,其焊缝和热影响区没有肉眼可见的裂缝为合格;若不合格则加倍检验。

3　产品试板焊缝的外观应符合产品焊缝的外观质量要求。

4.9.13　焊缝修磨和返修焊应符合下列要求:

1　杆件焊接后,两端的引板或产品试板必须用气割切掉,并磨平切口,不得损伤杆件。

2　垂直应力方向的对接焊缝必须除去余高,并顺应力方向磨平。

3　焊脚尺寸、焊波或余高等超出表4.9.12上限值的焊缝应修磨。

4　焊缝不超差的咬边应修磨匀顺,超差的咬边或焊脚尺寸不足时,可采用手工焊进行返修。

5　应采用碳弧气刨或其他机械方法清除焊接缺陷,在清除缺陷时应刨出利于返修焊的坡口,并用砂轮磨掉坡口表面的氧化皮,露出金属光泽。

6　焊接裂纹的清除长度应由裂纹端各外延50 mm。

7　用埋弧焊返修焊缝时,应将焊缝清除部位的两端刨成不小于1∶5的斜坡。

8　返修焊缝应按原焊缝质量标准要求检验;同一部位的返修焊一般不应超过两次。

9　圆柱头焊钉的补焊:对有缺陷的焊钉焊缝可采用手工焊进行补焊,补焊长度应自缺陷两端外延10 mm,焊角尺寸为6 mm;当钢板厚度达到手工焊要求预热的厚度时应预热,预热温度和手工焊要求的预热温度相同。当焊钉焊缝不合格时,应将焊钉从杆件上切除,且不应伤及母材,切除圆柱头焊钉的部位应打磨平整,然后用原焊接方法重新焊上圆柱头焊钉,并达到合格的焊接质量。

4.9.14　焊缝无损检验应符合下列要求:

1　经外观检查合格的焊缝方能进行无损检验,无损检验应在焊接24 h后进行。当设计无要求时,箱形杆件棱角焊缝探伤的最小有效厚度为$\sqrt{2t}$(t为水平板厚度,以mm计);当设计有熔深要求时,按设计要求执行。

2　焊缝超声波探伤内部质量分级应符合表4.9.14—1的规定。

表 4.9.14—1　焊缝超声波探伤内部质量分级

序号	项　目	质量等级	适　用　范　围
1	对接焊缝	Ⅰ	主要杆件受拉的横向、纵向对接焊缝
		Ⅱ	主要杆件受压的横向、纵向对接焊缝
2	全熔透角焊缝	Ⅰ	设计明确要求的熔透焊缝
3	角焊缝	Ⅱ	主要角焊缝

3　焊缝超声波探伤范围和检验等级要求应符合表 4.9.14—2 的规定；距离－波幅曲线灵敏度及缺陷等级评定应符合本规范附录 E 的规定；其他要求应符合现行国家标准《钢焊缝超声波探伤方法和探伤结果分级》(GB 11345)的规定。

表 4.9.14—2　焊缝超声波探伤范围和检验等级(mm)

序号	焊缝质量等级	探伤比例	探　伤　范　围	板厚	检验等级
1	Ⅰ级横向对接焊缝	100%	全长	10～80	B
2	Ⅱ级横向对接焊缝				
3	Ⅰ级纵向对接焊缝				
4	Ⅱ级纵向对接焊缝		焊缝两端各 1 000		
5	Ⅰ级全熔透角焊缝		全长		
6	Ⅱ级角焊缝		两端螺栓孔部位并延长 500，板梁主梁、箱梁及纵、横梁跨中加探 1 000	10～46	A
				46～80	B

4　焊缝超声波检验等级应符合下列规定：

检验等级分为 A、B、C 三级，检验完善程度和检验工作的难度系数按 A、B、C 顺序逐级增高。

A 级检验采用一种角度的探头在焊缝的单面单侧进行检验，只对允许扫查到的焊缝截面进行探测。B 级检验原则上采用一种角度探头在焊缝的单面双侧进行检验，对整个焊缝截面进行探测。受几何条件的限制可在焊缝的双面单侧采用两种角度的探头进行检验，条件允许时应做横向缺陷的检验。C 级检验至少要求采用两种角度探头在焊缝的单面双侧进行检验，同时要做两个扫查方向和两种角度探头的横向缺陷检验。

采用任何检验等级都应使检测系统灵敏度余量能够满足验收标准。否则应增加探测面(如双面双侧等)。

为避免几何形状限制相应检验等级检测结果的有效性，设计、工艺人员应在考虑超声波检测可行性的基础上进行结构设计和工艺安排。

5　板厚小于等于 30 mm(不等厚对接时，按薄板计)的主要杆件受拉横向、纵向对接焊缝除按表 4.9.14—2 的规定进行超声波探伤外，还应按接头数量的 10%(不少于一个焊接接头)进行射线探伤，探伤范围为焊缝两端各 250～300 mm，焊缝长度大于 1 200 mm 时，中部加探 250～300 mm；厚度大于 30 mm(不等厚对接时，按薄板计)的主要杆件受拉横向、纵向对接焊缝除按表 4.9.14—2 的规定进行超声波探伤外，还应按接头数量的 10%(不少于一个焊接接头)增加检验等级为 C 级、质量等级为Ⅰ级的超声波检验。此时焊缝余高应磨平，使用的探头折射角应有一个为 45°，探伤范围为焊缝两端各 500 mm。焊缝长度大于 1 500 mm 时，中部加探 500 mm。对表面余高不需磨平的十字交叉(包括 T 字交叉)对接焊缝应在以十字交叉点为中心的120～150 mm 范围内 100% 射线探伤。焊缝的射线探伤应符合现行国家标准《金属熔化焊焊接接头射线照相》(GB 3323)的规定,射线透照技术等级采用 B 级(优化级),焊缝内部质量应达到Ⅱ级,缺陷评定应符合本规范附录 F 的规定。

6 用射线和超声波两种方法检验的焊缝,必须达到各自的质量要求,该焊缝方可认为合格。

7 桥面板纵肋角焊缝采用磁粉探伤,U 形肋探伤比例 100%,板肋探伤比例 10%,探伤范围为焊缝两端各 1 000 mm,磁粉探伤应符合现行标准《无损检测焊缝磁粉检测》(JB/T 6061)的规定,焊缝质量应达到Ⅱ级;缺陷评定应符合本规范附录 G 的规定。

8 采用超声波和磁粉进行局部探伤的焊缝,当发现裂纹时,应将该条焊缝的探伤范围延至全长。采用射线探伤的焊缝,当发现超标缺陷时应加倍检验。

4.9.15 产品试板检验应符合下列要求:

1 焊缝应按表 4.9.15 规定的焊缝类型确定产品试板数量,接头数量少于表中数量时应做一组产品试板。产品试板焊缝经外观和探伤检验合格后进行接头拉伸、侧弯和焊缝金属低温冲击试验,试样数量和试验结果应符合焊接工艺评定的有关规定。

表 4.9.15 产品试板数量

焊缝类型		接头数量	产品试板数量
受拉横向对接焊缝	接头长度≤1 000 mm	32 条	1 组
	接头长度 >1 000 mm	24 条	1 组
桥面板横向对接焊缝		10 条	1 组
桥面板纵向对接焊缝		30 条	1 组
全断面对接焊缝		10 个断面	平、立、仰焊缝各 1 组

2 若试验结果不合格,则应先查明原因,然后对该试板代表的接头进行处理,并重新进行检验。

4.10 杆件矫正

4.10.1 杆件矫正的允许偏差应符合表 4.10.1—1 和表 4.10.1—2 的规定。

表 4.10.1—1 板梁、桁梁杆件矫正后的允许偏差(mm)

序号	图例	项目		允许偏差
1	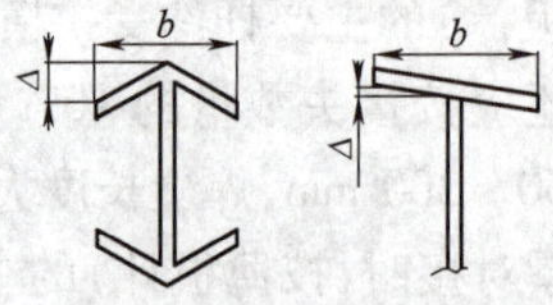 b, Δ	盖板对腹板的垂直度 Δ	有孔部位	当 $b \leqslant 600, \Delta \leqslant 0.5$ 当 $b > 600, \Delta \leqslant 1.0$
			其余部位	1.5
2	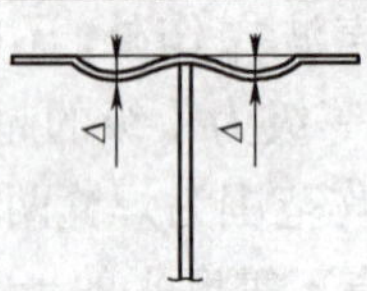 Δ	盖板平面度	有孔部位	0.5
			其余部位	1.0

续上表

序号	图　例	项　目	允许偏差
3	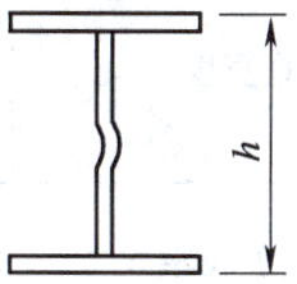	工形杆件腹板平面度	h/500 且不大于 2.0
4	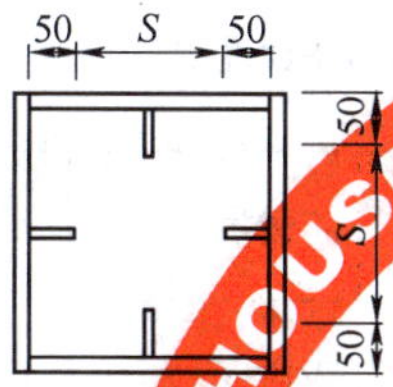	箱形杆件盖腹板平面度	工地孔部位：≤S/750 且≤1.0；其余部位：≤S/250
5	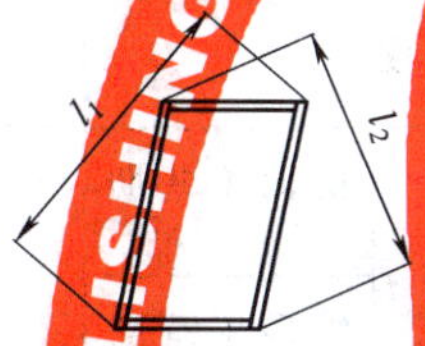	箱形杆件对角线差$\|l_1-l_2\|$	2.0（边长 <1 000） 3.0（边长≥1 000）
6	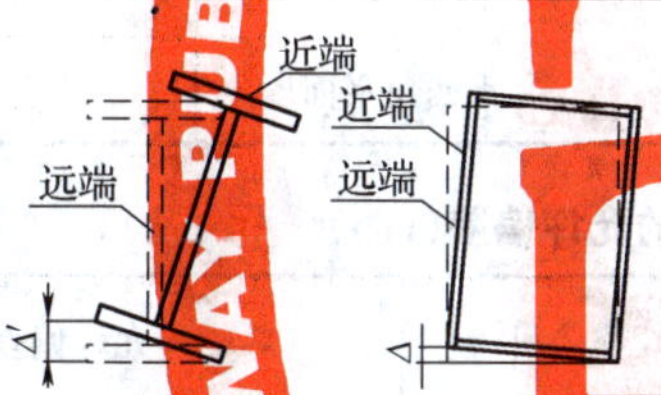	工形、箱形杆件的扭曲	3.0
7	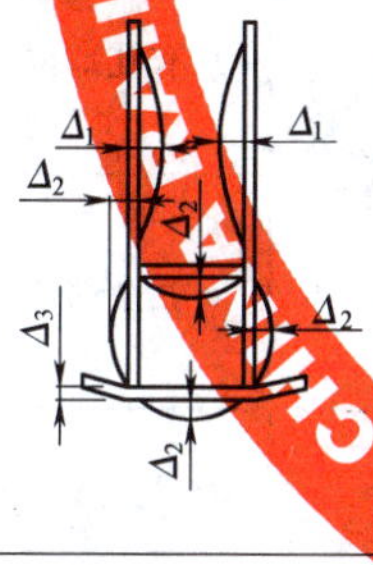	整体节点杆件节点板平面度	$\Delta_1\leq1.0$ $\Delta_2\leq1.0$ $\Delta_3\leq1.5$ （栓孔部位）
8	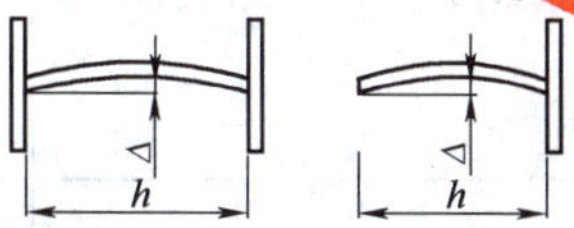	板梁、纵梁、横梁腹板平面度 Δ	h/500 且不大于 5.0
9	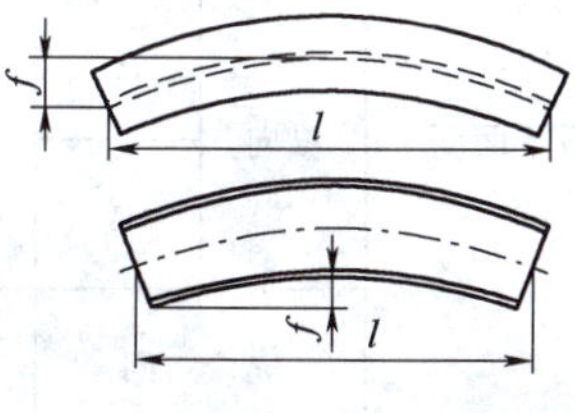	T 形、工形、箱形杆件的弯曲；纵梁、横梁的旁弯 f	2.0（$l\leq4\ 000$） 3.0（$4000<l\leq16\ 000$） 5.0（$l>16\ 000$）

续上表

序号	图例	项目		允许偏差
10	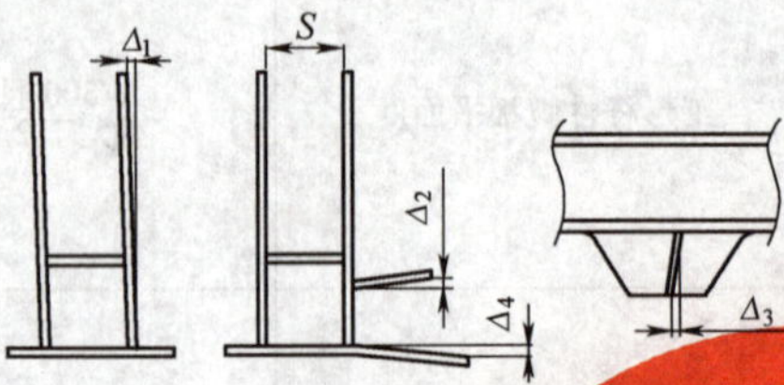	节点板、接头板垂直度		$\Delta_1 \leqslant 1.5$ $\Delta_2 \leqslant 1.0$ $\Delta_3 \leqslant 1.0$
		插入式连接节点板间距 S		$^{+1.5}_{0}$
		整体节点下盖板平面度 Δ_4		2.0
11		板梁拱度	不设拱度	$^{+5.0}_{0}$
			设拱度	$^{+10.0}_{-3.0}$
		纵梁、横梁拱度		$^{+3.0}_{0}$
12		桥面板单元平面度	横向（纵肋间）	2.0
			纵向（横肋间）	3.0
			四角平面度	4.0

表 4.10.1—2 箱形梁矫正的允许偏差（mm）

序号	图例	项目			允许偏差
1		盖板对腹板的垂直度	有孔部位		1.0
			其余部位		3.0
2	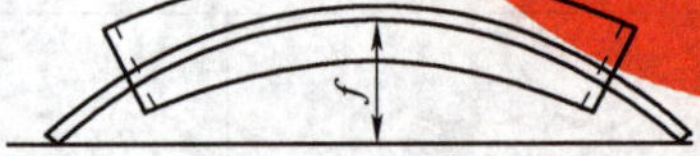	隔板弯曲	横向纵向		2.0
3	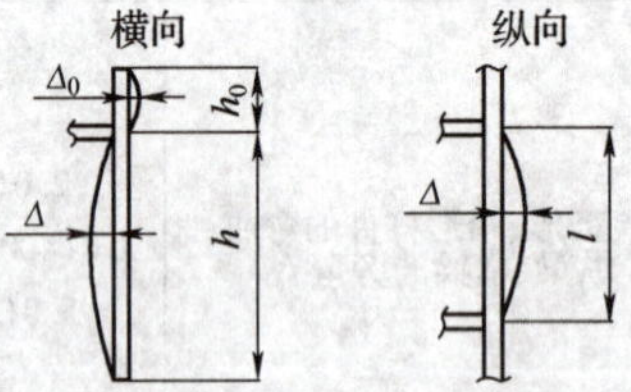 横向 纵向	腹板平面度	有孔部位		2.0
			横向	Δ_0	$h_0/250$
				Δ	$h/250$
			纵向		$l/500$

续上表

序号	图　例	项　目	允许偏差	
4		盖板平面度	有孔部位	2.0
			横　向	S/250
			纵向 4 m 范围	4.0
5		箱形梁两端横断面对角线差 $\lvert l_1 - l_2 \rvert$	—	4.0
		箱形梁拱度	+10 −5	
		箱形梁旁弯	3 + 0.1l(l 以 m 计)	
		箱形梁扭曲	每米 1，且每段不大于 10（每段以两端隔板处为准）	

4.10.2　矫正后的杆件表面不得有凹痕和其他损伤。

4.10.3　冷矫时应缓慢加力，环境温度不宜低于 5 ℃，冷矫总变形量不得大于 2%。

4.10.4　热矫时加热温度应控制在 600 ℃ ~800 ℃，严禁过烧，不宜在同一部位多次重复加热，温度降至室温前，不得锤击钢材和用水急冷。当设计文件有特殊要求时，矫正方法及矫正温度应满足设计文件要求。

4.11　试　　装

4.11.1　钢桥应按试装图进行试装。首批制造的钢桥或改变工艺装备（包括工艺装备大修）时，均应进行有代表性的局部试装；成批连续生产的钢桥，每生产 15 孔试装一次。

4.11.2　参与试装的杆件均应检验合格，试装应在杆件涂装前进行。

4.11.3　试装应在测平的台架上进行，杆件应处于自由状态。板梁整孔试装；桁梁采用平面试装，简支桁梁试装长度不宜小于半跨，连续桁梁应包括所有变化节点；结合梁应采用连续匹配试装，且不少于 3 个节段。

4.11.4　试装时，必须使板层密贴，冲钉不宜少于螺栓孔总数的 10%，螺栓不宜少于螺栓孔总数的 20%。

4.11.5　试装过程中应检查拼接处有无相互抵触情况，有无不易施拧螺栓处。

4.11.6　试装时，必须用试孔器检查所有螺栓孔。桁梁主桁和结合梁的螺栓孔应 100% 自由通过较设计孔径小 0.75 mm 的试孔器；桥面系和联结系的螺栓孔应 100% 自由通过较设计孔径小 1.0 mm 的试孔器；板梁的螺栓孔应 100% 自由通过较设计孔径小 1.5 mm 的试孔器方可认为合格。

4.11.7 磨光顶紧处应有75%以上的面积密贴,用0.2 mm塞尺检查,其塞入面积不得超过25%。

4.11.8 试装检测时,应避开日照的影响。

4.11.9 板梁试装的主要尺寸应符合表4.11.9的规定。

表4.11.9 板梁试装的主要尺寸允许偏差(mm)

序号	项 目	允许偏差	说 明
1	梁 高 h	±2	$h \leq 2$ m
2		±4	$h > 2$ m
3	跨 度 l	±8	支座中心至中心
4	全 长	±15	全桥长度
5	主梁中心距	±3	—
6	旁 弯	l/5 000	桥梁中心线与其试装全长 l 的两端中心所连直线的偏差
7	两片梁相对拱度差	4	—
8	平联节间对角线差	3	—
9	横联对角线差	4	—
10	主梁倾斜	5	—
11	支点处高低差	3	三个支座处水平时,另一支座处翘起高度

4.11.10 桁梁试装的主要尺寸应符合表4.11.10的规定。

表4.11.10 桁梁试装的主要尺寸允许偏差(mm)

序号	项 目		允许偏差	说 明
1	桁 高		±2	上下弦杆中心距离
2	节间长度		±2	—
3	旁 弯		l/5 000	桥面系中线与其试装全长 l 的两端中心所连直线的偏差
4	试装全长		±5	$l \leq 50\ 000$
			±l/10 000	$l > 50\ 000$
5	拱 度		±3	当 $f \leq 60$ 时(f—计算拱度)
			±5f/100	当 $f > 60$ 时(f—计算拱度)
6	对角线		±3	每个节间
7	主桁中心距	两片主桁	±3	—
		三片主桁	±2.5	边桁至中桁的中心距离
			±5	边桁至边桁的中心距离

4.11.11 桥面板块试装的主要尺寸应符合表4.11.11的规定。

表4.11.11 桥面板块试装的主要尺寸允许偏差

序号	项 目	允许偏差(mm)	说 明
1	节间长度	±2	—
2	旁弯	l/5 000	桥轴线与预拼长度两端中心连线的偏差
3	节间对角线差	±3	每个节间

续上表

序号	项　　目	允许偏差(mm)	说　　明
4	桥面板宽度	±5	—
5	桥面板对接错边	1.5	横梁盖板与桥面板、相邻桥面板之间
6	桥面板块平面度	纵向 $S_1/500$ 且≤3.0 横向 $S_2/300$ 且≤1.5	S_1 为横肋间距 S_2 为纵肋间距
7	桥面各点标高	±5	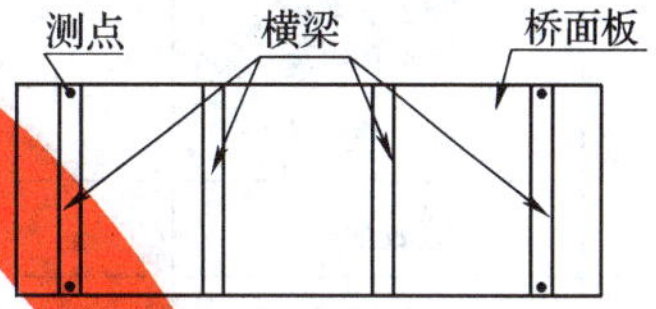 测点　横梁　桥面板
8	纵梁中心距 S	接口处: ±1 其余处: ±2	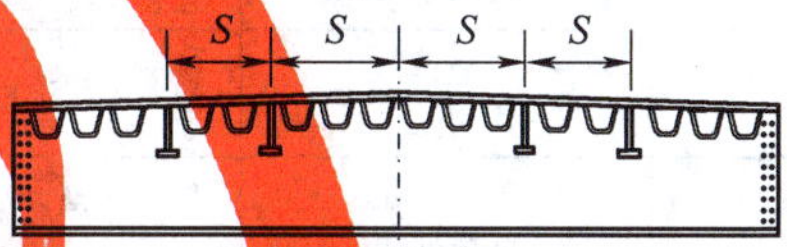 S　S　S　S
9	桥面板块横梁间距 S	±1.5	 S　S

4.11.12　结合梁板梁试装的主要尺寸应符合表4.11.12的规定。

表4.11.12　结合梁板梁试装的主要尺寸允许偏差(mm)

序号	项　目	允许偏差		说　　明
1	梁　高　h	±2(h≤2 m) ±4(h>2 m)		测量两端腹板处高度
2	两相邻梁段上下翼缘错边量	2		—
3	两相邻梁段腹板错边量			
4	跨　度　l	±8		测两支座中心距离,l 以 m 计
5	试装全长	±15		试装长度
6	主梁中心距	单线	±3	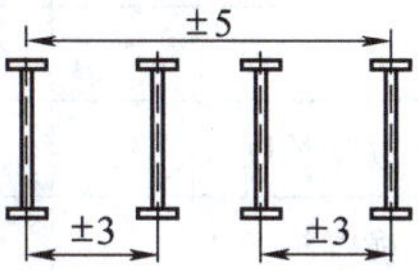 ±5　±3　±3
		双线	±5	
7	旁　　弯	l/5 000		桥梁中心线与其试装全长 l 两端中心所连直线的偏差,l 以 m 计
8	相邻两主梁横断面对角线差	8		—
9	拱　　度	+10 −3		与计算拱度相比
10	支点处高低差	4		三个支座处水平时,另一支座处翘起高度

4.11.13　结合梁箱形梁试装的主要尺寸应符合表 4.11.13 的规定。

表 4.11.13　结合梁箱形梁试装的主要尺寸允许偏差(mm)

序号	项　目	允许偏差	说　明
1	梁　高　h	±2(h≤2 m)	测量两端腹板处高度
		±4(h>2 m)	—
2	两相邻梁段上下翼缘错边量	2	—
3	两相邻梁段腹板错边量		—
4	跨　度　l	±8	测两支座中心距离,l 以 m 计
5	试装全长	±15	试装长度
6	两箱梁中心距	±5	测两侧腹板中心距
7	旁　　弯	l/5 000	桥梁中心线与其试装全长 l 两端中心所连直线的偏差,l 以 m 计
8	对角线差	单箱:4	测两端断面对角线差
		双箱:8	
9	拱　　度	+10 -3	与计算拱度相比
10	支点处高低差	4	三个支座处水平时,另一支座处翘起高度

4.11.14　试装应有详细检查记录,经鉴定合格后方可批量生产。

4.12　成品基本尺寸

4.12.1　板梁、桁梁杆件、桥面板块、箱形梁、结合梁板梁、结合梁箱形梁的基本尺寸应符合表 4.12.1—1 ~ 表 4.12.1-6 的规定。

表 4.12.1—1　板梁基本尺寸允许偏差(mm)

序号	项　目	允许偏差	说　明
1	梁　高　h	±2(h≤2)	测量两端腹板处高度
		±4(h>2)	
2	跨　度　l	±8	测量两支座中心距离
3	全　　长	±15	测量全桥长度
4	纵梁长度	+0.5 -1.5	测量两端角钢背至背之间距离
5	横梁长度	±1.5	
6	纵梁高度	±1.0	测量两端腹板处高度
7	横梁高度	±1.5	
8	纵梁、横梁旁弯	3	梁立置时在腹板一侧距主焊缝100 mm处拉线测量
9	纵梁、横梁拱度	+3 0	梁卧置时在下盖板外侧拉线测量

续上表

序号	项　目	允许偏差	说　明
10	主梁拱度 f	$^{+5}_{0}$（不设拱度）	梁卧置时在下盖板外侧拉线测量
		$^{+10}_{-3}$（设拱度）	
11	两片主梁拱度差	4	分别测量两片主梁拱度，求差值
12	主梁腹板平面度	h/350 且不大于 8	用平尺测量（h 为梁高或纵向加劲肋至下盖板间距离）
13	纵、横梁腹板平面度	h/500 且不大于 5	
14	主梁、纵横梁盖板对腹板的垂直度	0.5（有孔部位）	用直角尺测量
15		1.5（其余部位）	

表 4.12.1—2　桁梁杆件基本尺寸允许偏差(mm)

序号	名　称	项　目	允许偏差	图　例	说　明
1	联结系杆件	高度 h	±1.5		测量两端腹板处高度
2		盖板宽度 b	±2.0		
3		长度 l	±5		测量全长
4		箱形杆件对角线差	2.0		测量两端箱口处两对角线
5	纵　梁 横　梁	高度 h	纵梁 ±1.0 横梁 ±1.5		测量两端腹板处高度
6		盖板宽度 b	±2.0 ±1.0（箱形胶板有拼接时）		
7	纵　梁 横　梁	长度 l	纵梁 $^{+0.5}_{-1.5}$ 横梁 ±1.5		测量两端角钢背至背之间距离
8		长度	l_1 ±1.0 l_2 ±5.0		l_1 测量腹板极边孔距
9		旁弯 f	3		梁立置时，在腹板一侧距主焊缝 100 mm 处拉线测量
10		上拱度 f	$^{+3}_{0}$		梁卧置时，在下盖外侧拉线测量
11		腹板平面度 Δ	h/500 且不大于 5		用平尺测量

续上表

序号	名　称	项　目	允许偏差	图　例	说　明
12	主桁杆件	高度 h	插入式 −0.5 −2.0 对拼式 ±1.0	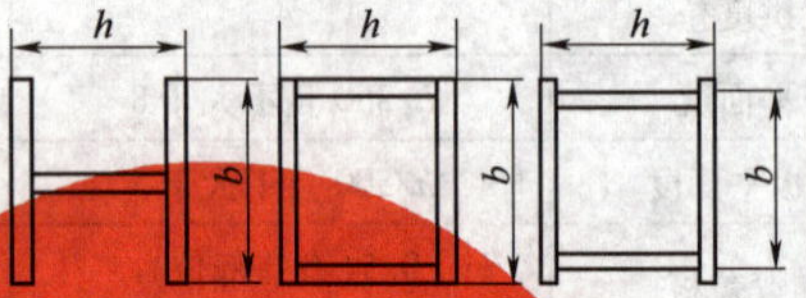	测量两端腹板处高度
13		宽度 b	±1.0（腹板有拼接） ±2.0（腹板无拼接）		
14		长度 l	±5		
15		箱形杆件对角线差	2.0（边长<1 000） 3.0（边长≥1 000）		测量两端箱口处两对角线
16		弯曲	2.0（l≤4 000） 3.0（4 000<l≤16 000） 5.0（l>16 000）	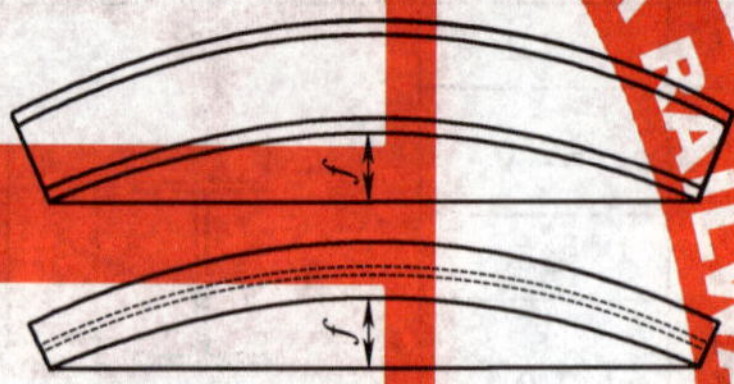	拉线测量
17	主桁杆件	整体节点弦杆节点板内侧宽度 b	+1.5 0	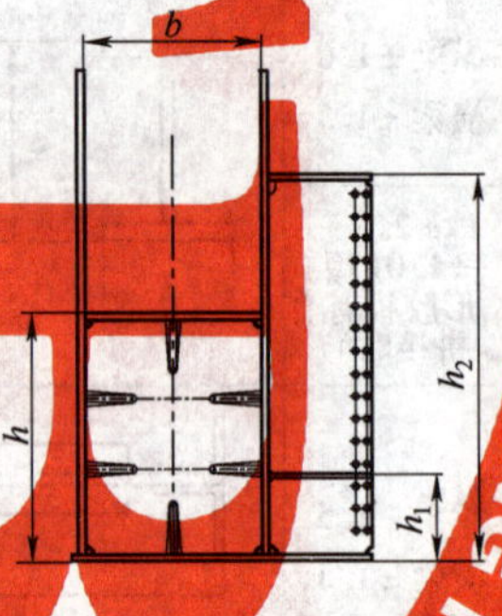	测孔群部位
18		整体节点弦杆端口高度 h	±1.0		测量两端腹板高度
19		整体节点弦杆横梁接头板高度 h_1、h_2	±1.5		接头板外端腹板处高度
20	桁梁杆件	盖板对腹板的垂直度 Δ	盖板宽度<600：0.5（有孔部位）；1.5（其余部位） 盖板宽度≥600：1.0（有孔部位）；1.5（其余部位）	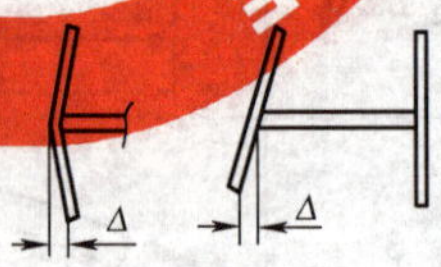	用直角尺测量
21		扭曲	3	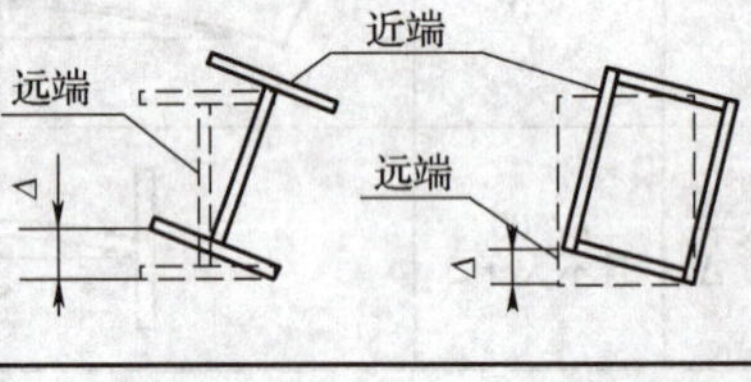	杆件置于平台上，四角中有三角接触平台，悬空一角与平台间隙

表 4.12.1—3 桥面板块基本尺寸允许偏差(mm)

序号	名称	项目	允许偏差	图例	说明
1	板单元	制造长度 l	±2.0 有切头量时可放宽	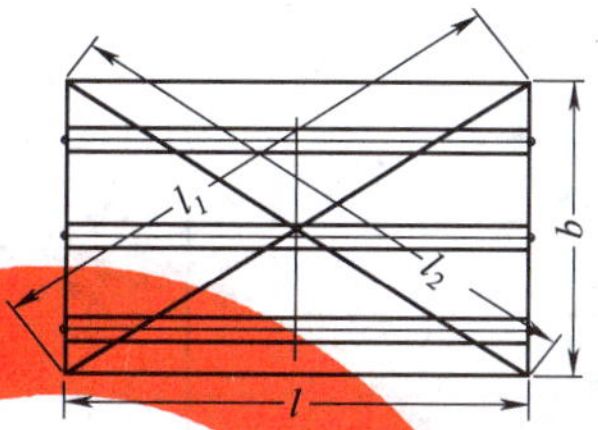	用拉力器、钢卷尺测量
2		制造宽度 b	±2.0		用拉力器、钢卷尺测量
3		横向平面度	2.0		用平尺、塞尺测量
4		纵向平面度	4.0(每 4.0 m 范围内)		用平尺、塞尺测量
5		四角不平度	4.0		放置平台上,四角中有三角接触平台,悬空一角与平台间隙
6		对角线差 $\|l_1-l_2\|$	3.0		用钢卷尺、拉力器测板面两对角线
7	纵梁 横梁	纵梁、横梁高度 h	±1.5	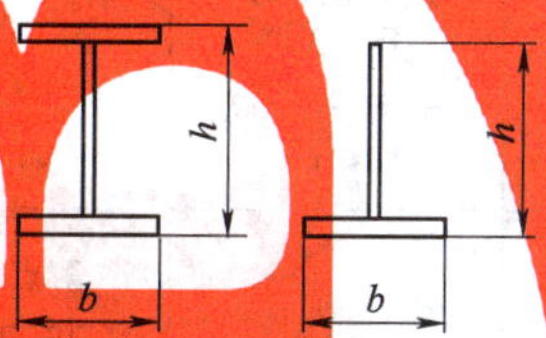	测量两端腹板处高度
8		盖板宽度 b	±2.0		—
9		长度 l_1	纵梁、横梁:±1.0	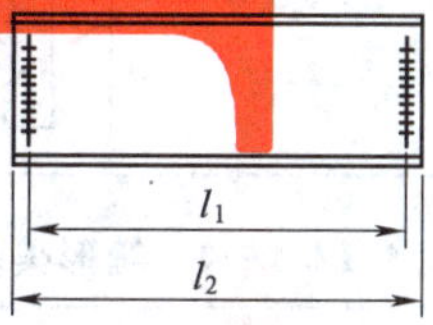	l_1 测量腹板极边孔距
10		长度 l_2	±5		l_2 测量腹板长度
		长度 l_3	0 -2	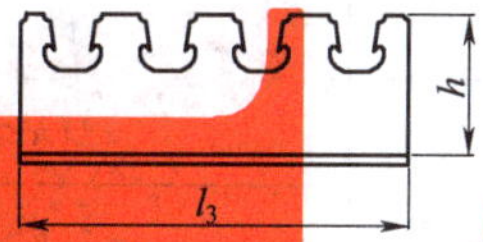	l_3 两端为焊接边
11		腹板平面度	$h/500$ 且不大于 5	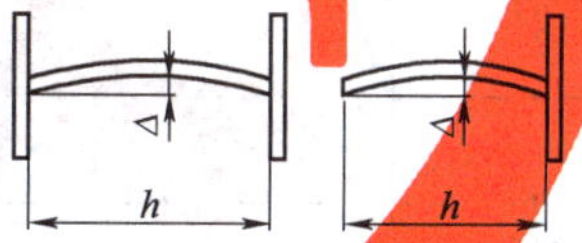	用平尺测量
12		盖板对腹板的垂直度 Δ	盖板宽度<600:0.5(有孔部位);1.5(其余部位) 盖板宽度≥600:1.0(有孔部位);1.5(其余部位)	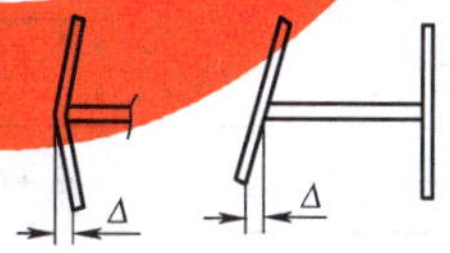	用直角尺测量
13		旁弯 f	3	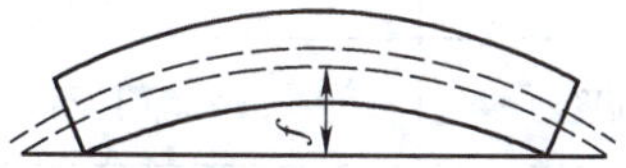	梁立置时,在腹板一侧距主焊缝 100 mm 处拉线测量
14		上拱度 f	+3 0	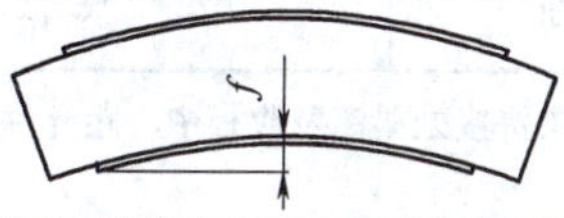	梁卧置时,在下盖外侧拉线测量

续上表

序号	名称	项目	允许偏差	图例	说明
15	桥面板块	长度	±2.0	—	—
16		宽度	±5.0	—	—
17		旁弯	l/5000	—	桥轴线与预拼长度两端中心连线的偏差
18		对角线差	3.0	—	每个节间
19		纵梁中心距	±2.0	—	—
20		桥面板对接焊缝错边量	1.5	—	横梁盖板与面板、相邻面板之间
21		桥面板平面度	纵向 S_1/500 且≤3.0 横向 S_2/300 且≤1.5	—	S_2 为纵肋间距 S_1 为横肋间距
22		桥面各点标高	±5.0	测点 横梁 桥面板	一个节间

表 4.12.1—4　箱形梁基本尺寸允许偏差(mm)

序号	项目	允许偏差	说明
1	梁高 h	±2(h≤2 m) ±4(h>2 m)	测量两端腹板处高度
2	跨度 l	±8	测两支座中心距离,l 以 m 计
3	全长	±15	—
4	腹板中心距	±3	测量两端腹板中心距
5	盖板宽度 b	±4	—
6	横断面对角线差	4	测量两端断面对角线差
7	旁弯	3+0.1l	l 以 m 计
8	拱度	+10 −5	—
9	支点处高低差	4	三个支座处水平时,另一支座处翘起高度
10	腹板平面度	h/250 且不大于 8	h 为盖板与加劲肋或加劲肋之间的距离
11	扭曲	每米 1,且每段不大于 10	每段以两端隔板处为准

注:分段分块制造的箱形梁拼接处梁高及腹板中心距允许偏差可按施工文件要求调整。

表 4.12.1—5　结合梁板梁基本尺寸允许偏差(mm)

序号	项　目	允许偏差		说　明
1	梁　高　h	±2.0(h≤2 m)		测量两端腹板处高度
		±4.0(h>2 m)		
2	制造梁段长	±8		测量制造梁段长
3	主梁拱度 f	$^{+5}_{0}$(不设拱度)		梁卧置时在下盖板外侧拉线测量
		$^{+10}_{-3}$(设拱度)		
4	主梁腹板平面度	h/350 且不大于 8		用平尺测量(h 为梁高或纵向加劲肋至下盖板间距离)
5	盖板对腹板的垂直度	盖板宽度<600	0.5(有孔部位)	用直角尺测量
			1.5(其余部位)	
		盖板宽度≥600	1.0(有孔部位)	
			1.5(其余部位)	

表 4.12.1—6　结合梁箱形梁基本尺寸允许偏差(mm)

序号	项　目	允许偏差	说　明
1	梁　高　h	±2.0(h≤2 m)	测量两端腹板处高度
		±4.0(h>2 m)	
2	制造梁段长	±8	测量制造梁段长
3	腹板中心距	±3.0	测量两端腹板中心距
4	横断面对角线差	4.0	测两端断面对角线差
5	旁　弯	l/500	l 以 m 计
6	拱　度	$^{+10}_{-5}$	—
7	支点处高低差	4	三个支座处水平时，另一支座处翘起高度
8	腹板平面度	h/250 且不大于 8	h 为盖板与加劲肋或加劲肋之间的距离
9	扭　曲	每米 1，且每段不大于 10	每段以两端隔板处为准

注：分段分块制造的箱形梁拼接处梁高及腹板中心距允许偏差可按施工文件要求调整。

4.12.2　板梁、桁梁杆件、箱形梁、结合梁板梁、结合梁箱梁的螺栓孔径、孔形允许偏差应符合本规范第 4.7.2 条～第 4.7.4 条的规定。

4.13　涂　装

4.13.1　钢桥的涂装应符合现行行业标准《铁路钢桥保护涂装》(TB/T 1527)的规定。

4.13.2　抗滑移系数试验方法应符合现行行业标准《铁路钢桥栓接面抗滑移系数试验方法》(TBJ 2137)的规定。

4.13.3　栓焊梁抗滑移系数检验以 2 000 t 为一批，不足 2 000 t 视为一批，每批在出厂时和架设时各检验三组试件(两块芯板、两块盖板为一组)。设计文件对抗滑移系数试件的数量及规格有要求时，按设计文件执行。试件出厂时抗滑移系数不小于 0.55，安装时不小于 0.45。

4.13.4　涂装前应对杆件自由边双侧倒弧，倒弧半径宜为2.0 mm。

4.13.5　钢桥出厂后，高强度螺栓连接面涂层（喷铝涂层或无机富锌防锈防滑涂料涂层）的保质期为6个月。

4.14　包装、存放及运输

4.14.1　杆件包装应在涂层干燥后进行，包装和存放应保证杆件不变形、不损坏、不散失。

4.14.2　大截面工形、箱形杆件、桥面板块体采用裸装；长细杆件采用框架捆装，杆件之间应加垫层；拼接板采用盘装，板件之间应加垫；较小面积（体积）的零件采用箱装，箱内塞实，保持通风干燥；各种包装应保护摩擦面，使摩擦面不受损伤。

4.14.3　栓合发送的零件用螺栓拧紧，每个孔群不少于2个螺栓。

4.14.4　对包装有特殊要求时，应按技术文件办理。

4.14.5　重量超过5 t的杆件标出重心位置和重量。

4.14.6　杆件的堆放场地应坚实、平整、通风且具有排水设施。支承处应有足够的承载力，不允许在杆件存放期间出现不均匀沉降。

4.14.7　杆件存放要分种类码放整齐、不宜过高，防止倾覆、压坏变形。

4.14.8　杆件的支撑点应设在自重作用下杆件不致产生永久变形处；超长杆件应有足够的支撑垫，并调整到自重弯矩为最小的位置上，以防杆件挠曲变形。

4.14.9　杆件刚度较大的面宜竖向放置。

4.14.10　同类杆件分层堆放时各层间的垫块应在同一垂直面上，杆件叠放不宜过高。

4.14.11　杆件间应留有适当空隙，便于吊装人员操作和查对。

4.14.12　杆件在存放场地存贮和运输时，应按拼装顺序编号，并按吊运顺序安排贮存位置。

4.14.13　杆件运输时，应用钢丝绳将其牢靠固定，应在与钢丝绳接触的边缘加垫，防止损伤杆件。

4.14.14　包装和发运应按铁路、公路及水上运输有关规定办理。

5 质量检验

5.1 一般规定

5.1.1 钢桥制造质量管理应有相应的制造技术标准、健全的质量管理体系和制造质量检验制度。

5.1.2 钢桥验收必须使用计量检定、校准合格的计量器具,并应按有关规定进行操作。

5.1.3 各工序应按技术标准进行质量控制,每道工序完成后,应进行检查,并形成记录;工序间应进行交接检验,未经检查或经检查不合格的不得进行下道工序生产。

5.1.4 钢桥制造完成后制造厂应按照施工图和本章规定进行验收。

5.1.5 钢桥重量计算时,钢板应按矩形计算,但大于 0.1 m^2 的缺角应扣除;焊缝重应按焊接杆件重量的 1.5% 计。

5.1.6 产品试板、抗滑移系数试件应按实际重量计入产品重量。

5.1.7 钢桥出厂时,应提交产品合格证、钢材、辅材质量证明书或检验报告、施工图、工厂栓接面抗滑移系数试验报告、焊缝重大修补记录、产品试板的试验报告(有产品试板时)、成品检查记录、探伤检查记录、工厂试装记录(有试装时)等资料。

5.2 零件加工

5.2.1 放样、作样及号料应符合本规范第 4.2 节的规定。

检验方法:观察检查,用游标卡尺、钢卷尺、拉力器、直角尺检查。

5.2.2 钢材切割面应无裂纹、夹渣、分层和大于 1 mm 的缺棱。

检验方法:观察检查,有异议时作磁粉检查。

5.2.3 崩坑缺陷的修补应符合本规范附录 A 的规定。

检验方法:观察检查,有异议时作磁粉检查。

5.2.4 剪切允许偏差应符合本规范第 4.3.1 条的规定。

检验方法:观察检查,用钢卷尺、直角尺、钢板尺、样块检查。

5.2.5 手工焰切应符合本规范第 4.3.2 条的规定。

检验方法:观察检查,用钢卷尺、直角尺、钢板尺、样块检查。

5.2.6 精密焰切应符合本规范第 4.3.3 条的规定。

检验方法:观察检查,用钢卷尺、拉力器、直角尺、钢板尺、样块检查。

5.2.7 型钢切割应符合本规范第 4.3.5 条的规定。

检验方法:观察检查,用钢卷尺、拉力器、直角尺、钢板尺、样块检查。

5.2.8 矫正后的钢材表面不应有明显的凹痕或损伤。

检验方法:观察检查。

5.2.9 零件矫正的允许偏差应符合本规范第 4.4.5 条的规定。

检验方法:观察检查,用钢卷尺、平尺、拉力器、直角尺、钢板尺、塞尺、样板检查。

5.2.10 顶紧传力面的表面粗糙度 Ra 不得大于12.5 μm;顶紧加工面与板面垂直度偏差应小于0.01t,且不得大于0.3 mm。

检验方法:观察检查,比照样块检查。

5.2.11 零件应磨去边缘的飞刺、挂渣,使端面光滑匀顺。

检验方法:观察检查。

5.2.12 零件基本尺寸的允许偏差应符合本规范第4.6.1条的规定。

检验方法:用钢卷尺、拉力器、直角尺、钢板尺检查。

5.2.13 U形肋尺寸允许偏差应符合本规范第4.6.2条的规定。

检验方法:用钢卷尺、拉力器、直角尺、钢板尺、塞尺检查。

5.2.14 螺栓孔径允许偏差应符合本规范第4.7.2条的规定。

检验方法:用游标卡尺、试孔器检查实物。

5.2.15 沉头螺栓孔应符合本规范第4.7.3条的规定,专用沉头螺栓应符合本规范附录B的规定。

检验方法:用游标卡尺、试孔器检查实物。

5.2.16 螺栓孔距允许偏差应符合本规范第4.7.4条的规定;有特殊要求的孔距偏差应符合设计文件的规定。

检验方法:用游标卡尺、钢板尺、钢卷尺、拉力器检查实物。

5.2.17 螺栓孔应成正圆柱形,孔壁表面粗糙度 Ra 不得大于25 μm,孔缘无损伤不平,无刺屑。不得采用冲孔、气割孔。

检验方法:观察检查,比照样块检查。

5.3 组　　装

5.3.1 钢板接料应符合本规范第4.8.1条的规定。

检验方法:观察检查,用钢卷尺、拉力器、钢板尺检查。

5.3.2 杆件组装允许偏差应符合本规范第4.8.6条的规定。

检验方法:用钢卷尺、拉力器、直角尺、钢板尺、塞尺检查。

5.3.3 桥面板块组装允许偏差应符合本规范第4.8.7条的规定。

检验方法:用钢卷尺、拉力器、直角尺、钢板尺、塞尺检查。

5.3.4 组装前应按本规范第4.8.2条的规定对焊接区域进行处理。

检验方法:观察检查,用钢板尺检查。

5.3.5 采用先孔法的杆件,组装时应符合本规范第4.8.3条的规定。

检验方法:观察检查。

5.3.6 组装定位焊应符合本规范第4.9.8条的规定。

检验方法:观察检查,用钢卷尺、钢板尺、焊角检测器。

5.4 焊　　接

5.4.1 焊接检查应符合本规范第4.9节的规定。

检验方法:按本规范规定及设计要求,用无损检测设备、测温计、焊脚检测器、样块、目测、放大镜、钢板尺、钢卷尺等检查。

5.5 杆件矫正

5.5.1 杆件矫正应符合本规范第4.10.1条的规定。

检验方法:用直角尺、钢板尺、钢平尺、塞尺、平台、拉线、钢卷尺、经纬仪、水准仪检查。

5.5.2 矫正后的杆件表面不得有凹痕和其他损伤。

检验方法:观察检查。

5.5.3 冷矫时应符合本规范第4.10.3条的规定。

检验方法:观察检查,用测温计检查。

5.5.4 热矫时应符合本规范第4.10.4条的规定。

检验方法:观察检查,用测温计检查。

5.6 试　　装

5.6.1 试装时,必须使板层密贴,冲钉及螺栓数应符合本规范第4.11.4条的规定。

检验方法:观察检查,用塞尺检查。

5.6.2 试装过程中应检查拼接处有无相互抵触情况,有无不易施拧螺栓处。

检验方法:观察检查。

5.6.3 试装时,螺栓孔通过率应符合本规范第4.11.6条的规定。

检验方法:观察检查,用试孔器检查。

5.6.4 磨光顶紧处应符合本规范第4.11.7条的规定。

检验方法:观察检查,用塞尺检查。

5.6.5 板梁、桁梁、桥面板块以及结合梁板梁、结合梁箱形梁试装的主要尺寸应分别符合本规范第4.11.9、4.11.10、4.11.11、4.11.12、4.11.13条的规定。

检验方法:用直角尺、钢板尺、钢平尺、塞尺、拉线、钢卷尺、经纬仪、水准仪检查。

5.7 成品基本尺寸

5.7.1 板梁、桁梁杆件、桥面板块、箱形梁、结合梁板梁、结合梁箱形梁的基本尺寸应符合本规范第4.12.1条的规定。

检验方法:用直角尺、钢板尺、钢平尺、塞尺、平台、拉线、钢卷尺、经纬仪、水准仪检查。

5.7.2 杆件内外表面不得有凹陷、划痕、焊瘤、擦伤等缺陷,边缘应无毛刺。

检验方法:观察检查。

5.8 涂　　装

5.8.1 在涂装施工前应对杆件自由边缘双侧倒弧,倒弧半径宜为2.0 mm。

检验方法:观察检查。

5.8.2 涂装前杆件表面清洁度及粗糙度应满足设计要求。

检验方法:清洁度用图谱对照检查,表面粗糙度比较样板或粗糙度测量仪检查。

5.8.3 涂装材料品种、施工环境、每种涂层的涂层厚度均应符合设计要求及所用涂装材料说明书要求。

检验方法:用温度计、湿度计、磁性测厚仪检查。(以钢梁杆件为一测量单元,在特大杆件表面上以 10 m^2 为一测量单元,每一个测量单元至少应选取三处基准表面,每一基准表面测量五点,取其算术平均值(100 m^2 以下的杆件任意挑选三个 10 m^2 进行测量,100 m^2以上的杆件按上述方法测量第一个 100 m^2,对于其余的每一个 100 m^2,任意选一个 10 m^2 进行测量)。单个测试点的厚度不得低于规定厚度的80% 。

5.8.4 整个涂装体系对钢板的附着力和层间附着力,按GB/T 9286规定作划格试验,检验结果应不低于1级。

富锌底漆对钢板基体的附着力检验也可按 GB 5210 采用拉开法检验,检验结果应不低于4 MPa。

锌、铝涂层钢板基体的附着力检验应按 GB/T 9793 规定作切格试验,试验结束后,方格内的涂层不得与基体剥离;采用拉开法检验时,应不低于5 MPa。

检验方法:划格法或拉开法。

5.8.5 杆件漆膜颜色应达到业主规定的色卡要求,涂装材料涂层表面应平整均匀,无明显色差。不允许有剥落、起泡、裂纹、气孔、漏涂等缺陷,允许有不影响防护性能的轻微橘皮、流挂、刷痕和少量杂质颗粒;金属涂层表面应均匀一致,不允许有起皮、鼓泡、大熔滴、松散粒子、裂纹、掉块等缺陷。

检验方法:观察检查。

5.8.6 涂装完成,杆件的标识、编号应清晰完整。

检验方法:观察检查。

附录 A　钢材及加工缺陷的修补

A. 0. 1　缺陷的修补方法应符合表 A 的规定。

表 A　超标缺陷修补方法

序号	缺 陷 种 类	修 补 方 法
1	钢材表面麻坑划痕等	深度为 0. 3 ~ 1 mm 时，可修磨匀顺（栓接面位置可不打磨）；深度超过 1 mm 时，应在补焊后修磨匀顺
2	钢材边缘局部的层状裂纹	深度不超过 5 mm 时，可先按本规范第 4. 9. 12 条第 5、6 款的规定清除裂纹后补焊并修磨
3	气割边缘的缺口（或崩坑）	深度 2 mm 以内的，用砂轮磨顺，超过2 mm的，磨出坡口补焊后修磨匀顺
4	焊缝裂纹及弯曲加工时产生的边缘裂纹	清除裂纹，按补焊工艺补焊后修磨匀顺
5	电弧擦伤	深度不大于 0. 5 mm 的缺陷，用砂轮修磨匀顺；深度大于 0. 5 mm的缺陷，补焊后用砂轮磨平
6	焊瘤	用砂轮磨掉或用气刨清除掉后修磨匀顺

附录 B　专用沉头螺栓

B. 0. 1　专用沉头螺栓有关尺寸及允许偏差应符合表 B 的规定。

表 B　专用沉头螺栓(mm)

d_1	d_2	b	h_2	t	h_1	α	L_0
M22	$42\ ^{0}_{-0.62}$	4 ±0. 30	$4\ ^{+0.20}_{0}$	1	(11)	$90°\ ^{+2°}_{0}$	35
M24	$47\ ^{0}_{-0.62}$	4 ±0. 30	$4\ ^{+0.30}_{0}$	1	(12. 5)	$90°\ ^{+2°}_{0}$	40
M30	$58\ ^{0}_{-0.62}$	4 ±0. 30	$4\ ^{+0.30}_{0}$	1	(15)	$90°\ ^{+2°}_{0}$	45
图例	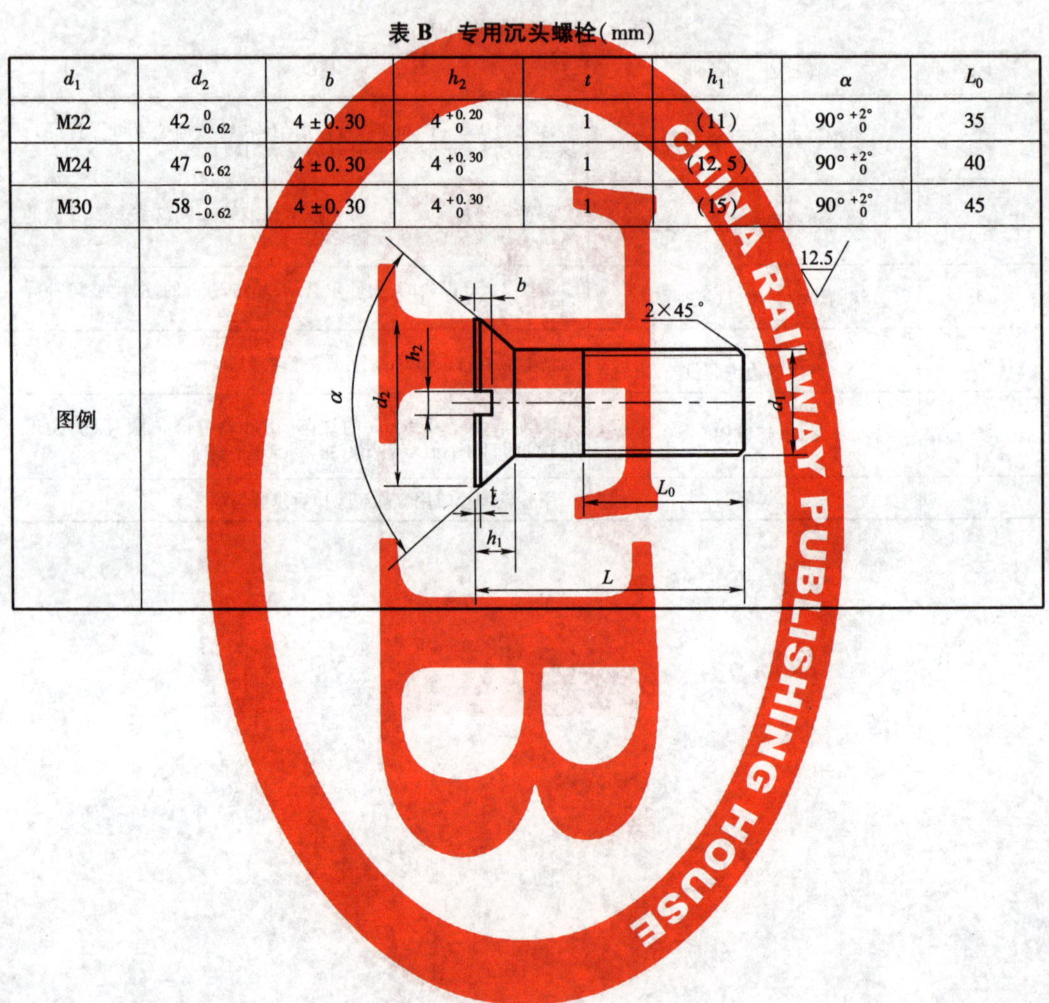						

附录C 钢材焊接工艺评定

C.1 一 般 要 求

C.1.1 焊接工艺评定(以下简称"评定")是编制焊接工艺的依据。

C.1.2 评定条件应与产品条件相对应,评定必须使用与产品相同的钢材及焊接材料。

C.1.3 制造厂应根据钢材类型、结构特点、接头形式、焊接方法、焊接位置等制订评定方案,拟定评定指导书,按本规范的相关要求进行评定。

C.1.4 制造厂首次采用的钢材和焊接材料必须进行评定,在同一制造厂已评定并批准的工艺,可不再评定;遇有下列情况之一者,应重新进行评定:

1 钢种改变。

2 焊接材料改变。

3 焊接方法或焊接位置改变。

4 衬垫材质改变。

5 焊接电流、焊接电压和焊接速度改变±10%以上。

6 坡口形状和尺寸改变(坡口角度减少10°以上,熔透焊缝钝边增大2 mm以上,无衬垫的根部间隙变化2 mm以上,有衬垫的根部间隙变化在-2~+6 mm)。

7 预热温度低于规定的下限温度20℃时。

8 增加或取消焊后热处理时。

9 电流种类和极性改变。

10 加入或取消填充金属。

11 母材焊接部位涂车间防锈漆而焊接时又不进行打磨的。

C.1.5 "评定"包括对接接头试验、熔透角接试验和T形接头试验。

C.2 试 板

C.2.1 对接接头试板代表的板厚范围按表C.2.1执行。

C.2.1 对接接头试板厚度(mm)

序号	试 板 板 厚	产 品 板 厚	备 注
1	$t \leq 16$	$0.5t < \delta \leq 1.5t$	δ—产品板厚 t—试板板厚
2	$16 < t \leq 25$	$0.75t < \delta \leq 1.5t$	
3	$25 < t \leq 50$	$0.75t < \delta \leq 1.3t$	
4	$50 < t \leq 80$	$0.75t < \delta \leq 1.0t$	

C.2.2 T形接头埋弧自动焊试板可按每一焊脚尺寸在表C.2.2中选择一种盖、腹板厚度组合。

表 C. 2. 2　T 形接头埋弧自动焊试板厚度(mm)

序号	焊 脚 尺 寸	试 板 厚 度	
		腹 板	盖 板
	6. 5×6. 5	8~12	12~16
2	8×8	10~16	16~24
3	10×10	14~24	20~40
4	12×12	>20	>28

C. 2. 3　全熔透、部分熔透 T 形接头试板厚度按表 C. 2. 3 中选择一种试板厚度。

表 C. 2. 3　全熔透、部分熔透 T 形接头试板厚度(mm)

序号	试 板 板 厚	产 品 板 厚	备 注
	腹 板	腹 板	
1	$t \leqslant 16$	$0.5t < \delta \leqslant 1.5t$	δ—产品板厚 t—试板板厚
2	$16 < t \leqslant 25$	$0.75t < \delta \leqslant 1.5t$	
3	$25 < t \leqslant 50$	$0.75t < \delta \leqslant 1.3t$	
4	$50 < t \leqslant 80$	$0.75t < \delta \leqslant 1.0t$	

C. 2. 4　试板长度应根据样坯尺寸、数量(含附加试样数量)等因素予以综合考虑,自动焊不宜小于 600 mm,焊条电弧、CO_2 气体(混合气体)保护焊不得小于 400 mm。宽度应根据板厚、试样尺寸、探伤要求确定。

C. 2. 5　试板的制作应符合本规范的技术要求。

C. 3　检验及试验

C. 3. 1　焊缝的外观质量应符合本规范第 4. 9. 13 条第 1 款的规定。

C. 3. 2　焊缝应全长进行超声波探伤,对接焊缝、熔透角焊缝质量等级应达到Ⅰ级,角焊缝质量等级应达到Ⅱ级。

C. 3. 3　样坯截取位置应根据焊缝外形及探伤结果,在试板的有效利用长度内作适当分布。试样加工前允许样坯冷矫正。

C. 3. 4　力学性能试验项目、试样数量及试验方法应符合表 C. 3. 4 的规定。

表 C. 3. 4　力学性能试验项目、试样数量(个)

试件形式	试 验 项 目	试样数量	试验方法
对接接头试件	接头拉伸(拉板)试验	1	按《焊接接头机械性能试验方法》(GB 2649~2654)的规定
	焊缝金属拉伸试验	1	
	接头侧弯试验	1	
	低温冲击试验	6	
	接头硬度试验	1	
熔透角接试件	焊缝金属拉伸试验	1	按《焊接接头机械性能试验方法》(GB 2649~2654)的规定
	低温冲击试验	6	
	接头硬度试验	1	
T 形接头试件	焊缝金属拉伸试验	1	
	接头硬度试验	1	

注:① 对接接头侧弯试验:弯曲角度 $\alpha = 180°$。当试板板厚为 10 mm 及以下时,可以用正、反弯各一个代替侧弯。

② 对接接头及熔透角接低温冲击试验缺口开在焊缝中心及熔合线外 1. 0 mm 处各 3 个;如果接头为异种材质组合,熔合线外 1 mm 分别取样。

C.3.5　力学性能试验验收应符合下列规定：

1　当拉伸试验结果（屈服、抗拉强度及拉棒的伸长率）不低于母材标准值时，则判为合格；当试验结果低于母材标准值，则允许从同一试件上再取一个试样重新试验，若试验结果不低于母材标准值，则仍可判为合格，否则，判为不合格。

2　接头侧弯试验结束后，若试样受拉面上的裂纹总长度不大于试样宽度的15%，且单个裂纹长度不大于3 mm，则判为合格；当试验结果未满足上述要求，则允许从同一试件上再取一个试样重新试验，若试验结果满足上述要求，则仍判为合格，否则，判为不合格。

3　各种钢材焊接接头的冲击功应不低于母材标准规定值。若冲击试验的每一组（3个）试样试验结果的平均值不低于规定值，且任一试验结果不低于0.7倍的规定值，则判为合格；当试验结果未满足上述要求，允许从同一试件上再取一组（3个）附加试样重新试验，若总计6个试验结果的平均值不低于规定值，且低于规定值的试验结果不多于3个（其中，不得有2个以上的试验结果低于0.7倍的规定值，也不得有任一试验结果低于0.5倍的规定值），则可仍判为合格，否则，判为不合格。

4　当焊接接头的硬度值不大于HV350时，则判为合格，否则，判为不合格。

5　力学性能试验结束后，若发现试样断口上有超标的缺陷，应查明产生该缺陷的原因并决定试验结果是否有效。

C.3.6　每一评定应作一次宏观断面酸蚀试验，试验方法应符合现行国家标准《钢的低倍组织及缺陷酸蚀试验方法》（GB 226）的规定；单道焊缝的成型系数应为1.3～2.0。

C.4　焊接工艺评定报告

C.4.1　“评定”报告应包括下列内容：

1　母材和焊接材料的型（牌）号、规格、化学成分和力学性能等。

2　试板图。

3　试件的焊接条件及施焊工艺参数。

4　焊缝外观及探伤检验结果。

5　力学性能试验及宏观断面酸蚀试验结果。

6　结论。

附录D　圆柱头焊钉焊接工艺评定

D.1　一般要求

D.1.1　试验用焊接圆柱头焊钉的钢板材质应与生产用钢板相同,按较厚板选用。

D.1.2　圆柱头焊钉的力学性能和化学成分应符合规定要求。

D.1.3　瓷环应符合《电弧螺柱焊用圆柱头焊钉》(GB/T 10433)的规定。

D.1.4　试验用焊接设备应与生产用焊接设备相同;采用不同焊接方法焊接的焊钉应分别评定。遇有下列情况之一者,应重新进行评定:

1　Q370级以上的钢种改变。

2　焊钉直径或焊钉端头镶嵌(或喷涂)稳弧脱氧剂的改变。

3　焊机与配套焊枪形式、型号与规格的改变。

4　磁环材料与规格的改变。

5　焊接电流变化±10%以上,焊接时间为1 s以上时变化超过0.2 s或1 s以下时变化超过0.1 s。

6　焊钉伸出长度和提升高度的变化分别超过1 mm。

7　焊钉焊接位置偏离平焊位置15°以上的变化或立焊、仰焊位置的改变。

D.2　试验与检验

D.2.1　试验时应记录施焊参数。

D.2.2　圆柱头焊钉焊缝的外观质量应符合本规范第4.9.13条的要求,焊脚饱满,高度和直径应满足标准规定尺寸。

D.2.3　圆柱头焊钉评定试验数量为6个,一组3个进行敲击30°弯曲检验;另一组3个进行拉伸检验。

D.3　弯曲与拉伸检验

D.3.1　弯曲试验采用锤击圆柱头焊钉的方法,弯曲角度为30°。当焊钉焊脚未出现肉眼可见裂缝时,该焊钉焊缝判为合格,否则为不合格。弯曲试验的3个焊钉全部合格,则该组弯曲评定试验合格,若出现2个不合格,该组弯曲评定试验为不合格。若出现1个不合格,加倍补做,加倍补做的全部合格后,该组弯曲评定试验合格。

D.3.2　焊钉拉伸试验断裂在焊钉部位,且拉力载荷满足GB/T 10433的规定,则焊钉焊缝合格,否则为不合格。当3个焊钉焊缝全部合格时,则该组拉伸评定试验合格。若拉伸试验出现2个不合格,该组拉伸评定试验为不合格。若出现1个不合格,加倍补做试验,加倍补做的全部合格后,该组拉伸评定试验合格。

D. 4　焊接工艺评定报告

D. 4. 1　“评定”报告应包括下列内容：

1　钢板、焊钉规格、化学成分和力学性能等。

2　试件的焊接条件及施焊工艺参数。

3　焊缝外观检验结果。

4　焊钉弯曲试验结果。

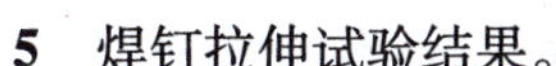

5　焊钉拉伸试验结果。

6　结论。

附录 E 焊接接头超声波探伤质量要求

焊接接头超声波探伤方法和探伤结果分级应符合《钢焊缝手工超声波探伤方法和探伤结果分级》(GB 11345)的规定,并同时满足本附录的要求。

E.0.1 超声波探伤的距离－波幅曲线应符合表 E.0.1 的规定。

表 E.0.1 距离－波幅曲线灵敏度

焊缝质量等级		板厚(mm)	判废线	定量线	评定线
对接焊缝Ⅰ、Ⅱ级		10~46	φ3×40－6 dB	φ3×40－14 dB	φ3×40－20 dB
		>46~80	φ3×40－2 dB	φ3×40－10 dB	φ3×40－16 dB
全熔透角焊缝Ⅰ级		10~80	φ3×40－4 dB	φ3×40－10 dB	φ3×40－16 dB
			φ6	φ3	φ2
角焊缝Ⅱ级	部分熔透角焊缝	10~80	φ3×40－4 dB	φ3×40－10 dB	φ3×40－16 dB
	贴角焊缝	10~25	φ1×2	φ1×2－6 dB	φ1×2－12 dB
		>25~80	φ1×2＋4 dB	φ1×2－4 dB	φ1×2－10 dB

注:① 角焊缝超声波探伤采用铁路钢桥制造专用柱孔标准试块或与其校准过的其他孔形试块;

② φ6、φ3、φ2 表示纵波探伤的平底孔参考反射体尺寸。

评定线以上至定量线以下为弱信号评定区(Ⅰ区);定量线至判废线为长度评定区(Ⅱ区);判废线及以上区域为判废区(Ⅲ区)。

E.0.2 缺陷评定

超过评定线的信号应注意其是否具有裂纹等危害性缺陷特征,如有怀疑时应采取改变探头角度、增加探伤面、观察动态波形、结合结构工艺特征作判定,如对波形不能准确判断时,应辅以其他检验作综合判定。

最大反射波幅位于长度评定区(Ⅱ区)的缺陷,其指示长度小于 10 mm 时按 5 mm 计。

相邻两缺陷各向间距小于 8 mm 时,两缺陷指示长度之和作为单个缺陷的指示长度。

E.0.3 检验结果的等级分类

最大反射波幅位于长度评定区(Ⅱ区)的缺陷,根据缺陷指示长度和多个缺陷的累计长度按表 E.0.3 的规定进行分级。满足表 E.0.3 质量等级要求的判为合格;不满足表 E.0.3 质量等级要求的判为不合格。

表 E.0.3 长度评定区缺陷等级评定(mm)

评定等级	板　厚	单个缺陷指示长度	多个缺陷的累积指示长度
对接焊缝Ⅰ级	10~80	t/4,最小可为 8	在任意 9t 焊缝长度范围不超过 t
对接焊缝Ⅱ级		t/2,最小可为 10	在任意 4.5t 焊缝长度范围不超过 t
全熔透角焊缝		t/3,最小可为 10	
角焊缝Ⅱ级		t/2,最小可为 10	

最大反射波幅不超过评定线的缺陷，均评为Ⅰ级。

反射波幅位于弱信号评定区（Ⅰ区）的非裂纹性缺陷，均评为Ⅰ级。

超声波探伤判定为裂纹、未熔合、未焊透（对接焊缝）等危害性缺陷者，应判为不合格。

反射波幅位于判废区（Ⅲ区）的缺陷，无论其指示长度如何，应判为不合格。

E. 0. 4　不合格的缺陷，应予返修，返修区域修补后，返修部位及补焊受影响的区域，应按原探伤条件进行复验，复探部位的缺陷应按本附录评定。

附录 F　焊接接头射线探伤质量要求

焊接接头射线探伤方法和探伤结果应符合《金属熔化焊焊接接头射线照相》(GB 3323)的规定,并同时满足本附录的要求。

F.0.1　焊接接头质量要求

对接接头内应无裂纹、未熔合、未焊透,圆形缺陷和条型缺陷应符合本附录 F.0.3 和 F.0.4 的规定。

F.0.2　评定厚度

评定厚度 t 是指母材的公称厚度。

F.0.3　缺陷的评定

1　圆形缺陷评定

长宽比小于等于 3 的缺陷定义为圆形缺陷,它们可以是圆形、椭圆形、锥形或带有尾巴(在测定尺寸时应包括尾部)等不规则的形状。包括气孔、夹渣和夹钨。

圆形缺陷用评定区进行评定,评定区域的大小见表 F.0.3—1,评定区应选在缺陷最严重的部位。

表 F.0.3—1　缺陷评定区(mm)

评定厚度 t	≤25	>25
评定尺寸	10×10	10×20

评定圆形缺陷时,应将缺陷尺寸按表 F.0.3—2. 换算成缺陷点数。

表 F.0.3—2　缺陷点数换算

缺陷长径(mm)	≤1	>1~2	>2~3	>3~4	>4~6	>6~8	>8
点数	1	2	3	6	10	15	25

不记点数缺陷尺寸见表 F.0.3—3。

表 F.0.3—3　不记点数的缺陷尺寸(mm)

评定厚度	缺陷长径
≤25	≤0.5
>25	≤0.7

当缺陷与评定区边界线相接时,应把它划入该评定区内计算点数。

对于材质或结构等原因进行返修可能会产生不利后果的焊接接头,经合同各方商定,各级别的圆形缺陷可放宽 1~2 点。

圆形缺陷的评定见表 F.0.3—4。满足表 F.0.3—4 要求的判为合格;不满足表 F.0.3—4 要求的判为不合格。

表 F.0.3—4　圆形缺陷的评定

评定区(mm)	10×10			10×20
评定厚度 t(mm)	≤10	>10~15	>15~25	>25
允许缺陷点数的上限	3	6	9	12

圆形缺陷长径大于 $t/2$ 时，评为不合格。

焊接接头内不计点数的圆形缺陷，在评定区内不得多于 10 个。

2　条形缺陷的评定

长宽比大于 3 的气孔、夹渣和夹钨定义为条形缺陷，条形缺陷的评定见表 F. 0. 3—5。满足表 F. 0. 3—5 要求的判为合格；不满足表 F. 0. 3—5 要求的判为不合格。

表 F. 0. 3—5　条形缺陷的评定（mm）

评定厚度 t	允许单个条形缺陷尺寸上限	不允许条形缺陷总长
$t \leqslant 12$	4	在平行于焊缝轴线的任意直线上，相邻两缺陷间距均不超过 $6L$ 的任何一组缺陷，起累计长度在 $12t$ 焊缝长度内不超过 t
$t > 12$	$t/3$	

注：表中 L 为该组缺陷中最长者的长度。

F. 0. 4　综合评定

在圆形缺陷评定区内，同时存在圆形缺陷和条形缺陷判为不合格。

F. 0. 5　不合格的缺陷，应予返修，返修区域修补后，返修部位及补焊受影响的区域，应按原探伤条件进行复验，复探部位的缺陷应按本附录评定。

附录 G　焊接接头磁粉探伤质量要求

焊接接头磁粉探伤方法和探伤结果应符合《无损检测　焊缝磁粉检测》(JB/T6061)规定,并同时满足本附录的要求。

G. 0. 1　检测表面的宽度应包括焊缝金属和每侧各 10 mm 距离的临近母材金属。

G. 0. 2　相邻且间距小于其中较小显示主轴尺寸显示,应作为单个的连续显示评定。

G. 0. 3　缺陷的评定应符合表 G. 0. 3 的规定。满足表 G. 0. 3 要求的判为合格;不满足表 G. 0. 3 要求的判为不合格。

表 G. 0. 3　显示的缺陷评定(mm)

显示类型	允许的缺陷尺寸上限
线状显示 L = 显示长度	$L \leq 1.5$
非线状显示 d = 主轴长度	$d \leq 3$
线状显示:长度大于三倍宽度的显示 非线状显示:长度等于或小于三倍宽度的显示	

G. 0. 4　不合格的缺陷,应予返修,返修区域修补后,返修部位及补焊受影响的区域,应按原探伤条件进行复验,复探部位的缺陷应按本附录评定。

本规范用词说明

执行本规范条文时，对于要求严格程度的用词说明如下，以便在执行中区别对待。

(1) 表示很严格，非这样做不可的用词：

正面词采用"必须"；

反面词采用"严禁"。

(2) 表示很严格，在正常情况均应这样做的用词：

正面词采用"应"；

反面词采用"不应"或"不得"。

(3) 表示允许稍有选择，在条件许可时首先应这样做的用词：

正面词采用"宜"；

反面词采用"不宜"。

表示有选择，在一定条件下可以这样做的，采用"可"。

《铁路钢桥制造规范》
条 文 说 明

本条文说明系对重点条文的编制依据、存在的问题以及在执行中应注意的事项等予以说明。为了减少篇幅,只列条文号,未抄录原条文。

1.0.1 本规范是在1998年发布的《铁路钢桥制造规范》的基础上修订而成的,吸纳了近年来钢桥制造多项新技术,补充了整体节点、整体钢桥面、三桁结构、钢混结合梁等有关内容。

1.0.2 本规范适用于栓焊和全焊的铁路钢桥,也包括公铁两用桥,但其中的公路部分应遵循公路桥规范的有关规定。

1.0.4 钢桥制造及验收必须使用合格的计量器具。钢桥制造厂应按有关规定,定期将使用的计量器具送计量检验部门进行计量检定,并在检定有效期内使用。

不同计量器具有不同的使用要求。如钢尺在测量一定长度的距离时,应使用夹具和拉力计数器。由于计量器具较多,不可能一一列出其使用方法,因此本规范要求应按有关规定正确操作计量器具。

2.1.1~2.1.5 在制造及验收过程中,对杆件、主要杆件、次要杆件、零件、主要零件、次要零件、桥面板块、桥面板单元、主要角焊缝都有不同的要求,根据桥梁结构特点,给出了这些术语的定义。在设计与制造过程中,习惯上将具有独立编号的件称之为杆件。在普通桁梁中,节点板与拼接板都有独立编号,故可称之为杆件;对于整体节点,节点板就仅是零件,而不是杆件了。

桥面板纵肋一般为U形肋、板肋(含T形肋、球扁钢肋)。

3.2.1 钢桥制造常用钢材为碳素结构钢、普通低合金钢(热轧、控轧或正火等),其有关现行标准见说明表3.2.1。

说明表3.2.1 钢材标准

钢 号	标 准	说 明
Q235qC、Q235qD	《桥梁用结构钢》(GB/T 714)	正桥板材
Q345qC、Q345qD、Q345qE		
Q370qC、Q370qD、Q370qE		
Q420qC、Q420qD、Q420qE		
Q345B、Q345C、Q345D、Q345E	《低合金结构钢》(GB/T 1591)	型 材
Q235A、Q235B、Q235C、Q235D	《碳素结构钢》(GB/T 700)	附属结构板材

3.2.4 在加工过程中发现的钢材缺陷,应根据缺陷性质及杆件的重要程度,决定换料或修补。

3.3.2 钢桥制造常用焊接材料有关现行标准见说明表 3.3.2。对于国家现行标准没有列入的新焊接材料在抽样检验时可参照行业标准或企业标准执行。

说明表 3.3.2 焊接材料标准

种类		型号	标准
埋弧焊丝		H08A、H08MnA、H10Mn2、H08MnMoA 等	《熔化焊用钢丝》(GB/T 14957)
气体保护焊焊丝	实芯焊丝	ER49－1、ER50－1～6、ER69－1～3、ER76－1、ER83－1 等	《气体保护电弧焊用碳钢、低合金钢焊丝》(GB/T 8110)
	药芯焊丝	E501T、E551T 等	《碳钢药芯焊丝》(GB/T10045)
焊剂		HJ431、HJ350、SJ101、SJ103、SJ105、SJ201、SJ301 等	《碳素钢埋弧焊用焊剂》(GB/T 5293)
焊条		E4303、E4315、E4316、E5003、E5015、E5016 等	《碳钢焊条》(GB/T 5117)
		E5515、E6015 等	《低合金钢焊条》(GB/T 5118)

3.5.1 钢桥制造常用涂装材料现行标准见说明表 3.5.1。

说明表 3.5.1 涂装材料标准

种类	涂装材料名称	标准
底漆	红丹酚醛防锈底漆 醇酸酚醛防锈底漆	《铁路钢桥用防锈底漆供货技术条件》(TB/T 2772)
	环氧富锌防锈底漆 无机富锌防锈底漆	《铁路钢桥用防锈底漆供货条件》(TB/T 2772) 《富锌底漆》(HG/T 3668)
	棕黄聚氨酯盖板底漆	《铁路钢桥用防锈底漆供货条件》(TB/T 2772)
	无机富锌防锈防滑涂料	《铁路钢桥保护涂装》(TB/T 1527)
底中面合一	环氧沥青漆	《铁路钢桥用面漆、中间漆供货技术条件》(TB/T 2773)
中间漆	棕红云铁环氧中间漆	《铁路钢桥用面漆、中间漆供货技术条件》(TB/T 2773)
面漆	灰铝粉石墨醇酸面漆	《铁路钢桥用面漆、中间漆供货技术条件》(TB/T 2773)
	灰云铁醇酸面漆	《铁路钢桥用面漆、中间漆供货技术条件》(TB/T 2773)
	灰聚氨酯盖板面漆	《铁路钢桥用面漆、中间漆供货技术条件》(TB/T 2773)
	氟碳面漆	《铁路钢桥保护涂装》(TB/T 1527)
	灰色丙烯酸脂肪族聚氨酯面漆	《铁路钢桥保护涂装》(TB/T 1527)
铝材	二号防锈铝 LF2	《变形铝及铝合金化学成分》(GB/T 3190)

4.1.1 制造厂对设计图进行的工艺性审查应包括：

(1)杆件发送单元是否符合运输条件；

(2)杆件是否标准化、通用化以减少工装的制造量；

(3)制造厂现有设备和条件是否适应；

(4)焊缝布置是否合理及焊接变形对质量的影响；

(5)选用的钢材品种规格是否与可能供应的相符；

(6)制造数量、质量要求、发送方法是否明确。

4.2 直接在钢板上划出零件的切割线称为放样。放样一般适用于较大的矩形零件；当相同零件数量较多时，为了提高生产效率，用薄铁皮或纸板制作适用于各种形状和尺寸的样板，用来在钢材上标出切割线位置，此项工作叫做作样。一般尺寸较小的零件制作下料样板，尺寸较大的矩形零件需要切角时制作切角样板。利用下料样板在钢板上划出零件的切割线叫做号料。

4.2.4 主要零件的下料，应使钢板的轧制方向与其主要应力方向一致，但当钢板纵向、横向力学性能相近，并满足设计要求时，可不受此限。对于连接板等非焊接件也不受此限制。

4.3.2 工艺特定的零件指的是不便采用自动切割或半自动切割边缘的零件。

4.3.3 本规范要求对杆件自由边双侧倒弧，半径不小于2.0 mm，所以表4.3.3将《铁路钢桥制造规范》(TB 10212—98)“圆角半径不大于0.5 mm”改为“圆角半径不大于1 mm”。

4.4.2 钢材在低温时塑性较差，为防止因冷矫引起脆断，应对冷矫时的环境温度加以严格限制。

4.6.1 表4.6.1—1序号1，对箱形杆件而言盖板即为竖板；

序号6，焊接接头板孔至焊接边距离允许偏差根据焊接收缩量确定，主要是接头板焊接边坡口形式及尺寸各不相同，收缩量也各不相同；

序号7，将箱形杆件隔板宽度及垂直度允许偏差分为两档。当隔板宽度大于1 000 mm时，采用0～−0.5 mm过于严格，近年来多座大桥将隔板宽度允许偏差确定为“+1.0～0 mm”，垂直度允许偏差不大于1.0 mm，对安装没有影响；

序号8增加了桥面板块零件的允许偏差。

表4.6.1—2适用于敞口箱形及闭口箱形。

4.6.2 增加了“U形肋尺寸允许偏差”，该允许偏差是在考察多座大桥桥面板块安装的基础上确定的。

4.7.2 本规范增加了螺栓孔孔壁垂直度允许偏差，是由于近年来桥梁用钢板厚度增加了的缘故。同时，补充了大于ϕ33 mm的孔径允许偏差。

4.7.4 对杆件任意两面孔群纵、横向错位的控制，以前主要依靠工艺装备保证。随着杆件结构形式的复杂多样，制孔方法越来越多，所以，本规范明确了“杆件任意两面孔群纵、横向错位”允许偏差。

4.8.1 随着桥梁跨度不断增大，有的节点板宽度超出了钢板的轧制宽度，因此增加了对节点板接料的规定。

4.8.2 组装前清除待焊区的铁锈、氧化铁皮、油污、水分等有害物，主要是为了防止焊缝中产生气孔和氢裂纹。当T形接头腹板有坡口时，组装清除范围参照对接接头。

4.8.5 大型杆件露天组装时，日照和温差会对杆件尺寸精度有影响，故增加了此条。

4.8.6 本规范增加了主桁斜、竖杆插入整体节点弦杆节点板内侧宽度允许偏差，并补充了序号7。当斜、竖杆外侧高度与节点板内侧宽度为同一尺寸且焊缝为一般坡口角焊缝或棱角焊缝时，斜、竖杆外侧组装高度允许偏差为$^{0}_{-1.5}$，整体节点弦杆节点板内侧宽度允许偏差为$^{+2.0}_{+0.5}$；

序号10、序号11完善整体节点弦杆组装允许偏差；

序号12增加了锚管组装允许偏差；

序号17增加了钢衬垫或陶瓷衬垫对接焊接头组装允许偏差，当组装间隙超出允许偏差时，需要有相应的焊接工艺评定。

4.8.7 桥面板块组装允许偏差是本规范新增的内容。

4.8.8 除个别情况无法放引板外，埋弧焊均应放引板。当有产品试板时，只要试板长度足够，可不加引板。对于T形接头盖板较厚时，其盖板的引板可适当减薄。引板包括引弧板和熄弧板。

4.8.9 由于产品试板低温冲击试验仅针对焊缝金属，因此当产品为不等厚对接时，产品试板允许用较薄的等厚对接代替不等厚对接。

4.9.2 焊接工艺评定试验报告是编制焊接工艺的依据，通过评定选择合适的坡口形状和尺寸、焊接材料、焊接方法、施焊条件及工艺参数等，以保证焊接接头的力学性能达到设计要求。

焊接工艺是焊工操作的唯一技术依据，因此，焊工在施焊前必须掌握工艺，并严格执行，以保证钢桥的焊接质量。

4.9.3 由于焊接材料行业的发展较快，新的焊接材料不断出现，另外钢桥所用钢种也在增多，因此规定焊接材料应通过工艺评定确定。混合气体中其他气体的纯度，也应满足相应要求。

4.9.4 当焊接施工环境温度低于本规范规定的温度时，应该停止焊接作业。如果由于某种原因必须进行焊接作业，可采取必要的工艺措施。通过大量的焊接试验证明，当环境温度低于本规范规定的温度时，对焊接接头采取焊前预热，焊后缓冷措施，也能保证焊接接头的性能和质量。焊前预热和焊后缓冷可以降低接头的冷却速度，防止接头产生淬火组织，从而防止产生裂纹。但是焊前必须根据母材的材质、板厚、接头的特点和环境温度的高低进行焊接工艺评定试验确定预热温度，焊接作业时严格执行焊接工艺。尤其是定位焊缝，需要特别注意。

4.9.6 在焊接前彻底清除待焊区域内的有害物，主要是为了保证焊接质量。虽然在组装前已进行了清理，但在焊接区仍有可能存在油、锈、水、熔渣飞溅及影响熔透的焊瘤、焊根等。多层焊的每一层必须将熔渣及缺陷清理干净再焊下一层。

4.9.7 焊前预热包括组装定位焊、返修焊及所有焊缝的焊前预热。预热温度应由焊接性试验及工艺评定确定。

4.9.8 应根据杆件的构造特点确定定位焊缝长度及间距。一般情况下，对于厚板且长大的杆件应适当增加了定位焊缝长度，缩短其间距。薄板（8 mm以下）减小定位焊缝长度并缩短其间距；定位焊缝的焊脚尺寸不宜过大，也不能太小，最小一般为4 mm。

4.9.9 为获得完好的焊缝，必须将起熄弧引到正式焊缝之外80 mm。

4.9.10 用埋弧焊作返修焊时，坡口角度不应小于60°，底部应有半径大于5 mm的圆弧。

为了彻底清除裂纹，应在其两端各外延50 mm，这样做也能避免返修焊缝长度太短。

4.9.11 近年来，结合梁及桁梁整体钢桥面程度不同地采用了圆柱头焊钉，为此，本规范增加了对圆柱头焊钉的焊接及检验要求。

4.9.13 表4.9.13—1增加了T形角焊缝有效厚度的具体规定，主要参照对接焊缝对余高的规定数值来确定角焊缝的有效厚度。对于不开坡口的角焊缝，当采用船位埋弧自动焊时，焊缝的有效厚度（喉厚）允许小于1.0 mm。

4.9.14 表4.9.14—1焊缝超声波探伤范围和检验等级，最大板厚由《铁路钢桥制造规范》（TB 10212—98）的56 mm增加到80 mm，满足钢桥制造需要。

为满足当前钢桥构造检验要求，比《铁路钢桥制造规范》（TB 10212—98）增加了全熔透角焊缝的内容。

为提高规范使用的可操作性，增加了检验等级对探测面和检验灵敏度的要求。

常规无损探伤方法中，超声波和射线照相方法都是主要探测被检物的内部缺陷。射线探伤成本高、操作复杂、检测周期长且对裂纹、未熔合等危害性缺陷检出率低，同时对检测周围环境有特殊的人员防护要求。超声波探伤则正好相反，操作简单、快速，对裂纹、未熔合的检测灵敏度高，对检测环境无过高要求。这一现象，透照厚度越大表现的越明显。《钢结构工程施工质量验收规范》（GB 50205—2001）规定，设计要求全熔透的一、二级焊缝应采用超声波进行内部缺陷的检验，超声波探伤不能对缺陷做出判断时才采用射线探伤。德国铁路钢桥附加技术条件《Eisenbahnbrücken Zusatzliche Anforderungen für Stahlbrücken 804.4101》规定母材板厚≥30 mm的对接焊缝可用超声波探伤代替射线探伤。

按审查会要求，为提高规范使用的可操作性，比《铁路钢桥制造规范》（TB 10212—98）增加了附录F"射线探伤"和附录G"磁粉探伤"，修订了附录E"超声波探伤"，使无损检测对缺陷评定的要求比《铁路钢桥制造规范》（TB 10212—98）更明确。

4.9.15 本规范产品试板所代表的焊接接头数量较《铁路钢桥制造规范》（TB 10212—98）有所增加。近年来，多座大桥均按每六根整体节点受拉弦杆做一组产品试板。每根弦杆对接焊缝平均按4条计算，约为24条，故本规范确定为"接头长度≤1 000 mm，代表接头数量32条；接头长度>1 000 mm，代表接头数量24条"。本规范增加了桥面板横向（纵向）对接焊缝、全断面对接焊缝产品试板。

产品试板试验结果不合格，应先查明原因，然后视具体情况区别对待，或进行消除应力处理，或切开重焊。如果是由共性原因造成，则应对其代表的焊缝作同样处理。如果是由特殊原因造成的，则仅对受影响（与试板同时焊接）的焊缝进行处理。

产品试板应按I级对接焊缝要求进行超声波探伤。

4.10.1 表4.10.1—1序号1工形杆件盖板对腹板的垂直度，对于有孔部位按照盖板宽度分为$b\leqslant 600$时$\Delta\leqslant 0.5$；$b>600$时，$\Delta\leqslant 1.0$；序号3增加了工形杆件腹板平面度允许偏差；序号4增加了箱形杆件盖腹板平面度允许偏差；序号5箱形杆件对角线允许偏差，修改为边长<1 000时为2.0，边长≥1 000时为3.0。本规范进行上述修改主要是杆件截面增大的缘故。上述偏差曾在多座大桥试运行，均能满足安装要求。

序号11板梁拱度允许偏差《铁路钢桥制造规范》（TB 10212—98）为+3.0~0（不设拱度），从实际制造情况看，偏差为+5.0~0更为合理。

序号12增加了桥面板单元平面度矫正允许偏差。

表4.10.1—2增加了箱形梁两端横断面对角线允许偏差、箱形梁拱度允许偏差、箱形梁旁弯允许偏差。

4.10.4 近些年新材料增加了较多，部分新钢种对矫正有特殊要求，故增加了"设计文件有特殊要求时，矫正方法及矫正温度应满足设计文件要求"。

4.11 不论选择有代表性的杆件进行试拼装，还是逐段或逐节间连续预拼装，本规范统称为试装。本节增加了桥面板块及结合梁试装有关内容。

4.11.4 试装中用冲钉使杆件定位，用螺栓使板层密贴。如果使用较少的冲钉和螺栓能起到定位和密贴的作用，且能通过试孔器的检验，应该视为合格。这样可使更多的螺栓孔进行试孔器检查，试装用螺栓的直径与设计选用的螺栓相同。

4.11.6 结合梁采用连续匹配试装，试装合格后钻孔。对螺栓孔重合率的要求同桁梁桥主桁。

4.11.8 增加了“露天试装检测时，应避开日照的影响”。

4.11.10 表4.11.10序号7增加了三片主桁中心距允许偏差。

4.11.11 表4.11.11增加了桥面板块试装主要尺寸允许偏差；表4.11.12、4.11.13增加了结合梁试装主要尺寸允许偏差。

4.12.1 表4.12.1—2序号11中的h为纵、横梁断面高度或纵向加劲肋至下盖板间距离；序号12补充了对拼式斜、竖杆和插入式斜、竖杆的允许偏差。序号17、18、19增加了主桁整体节点弦杆允许偏差，其中“节点板内侧宽度 b”是涂装后的尺寸。

表4.12.1—3增加了桥面板块基本尺寸允许偏差。

4.13.3 按照国家相关标准，明确了抗滑移系数试件制作数量及抗滑移系数试验值。

4.13.5 钢桥出厂后，栓接面涂层保质期为6个月(与高强度螺栓保质期一致)，是指工地在正常保存情况下，高强度螺栓孔部位表面抗滑移系数不小于0.45。

4.14 增加了包装、存放及运输的有关内容。

5.0.1 日本、美国钢桥成品标准与本规范对照见说明表5.0.1。

说明表5.0.1 钢桥成品标准对照表(mm)

项　目		本　规　程	日本铁道构造物设计标准及解说(2000版)	美国AREMA铁路工程手册(2007版)
试装全长		±5(L≤50 m) ±L/10 000(>50 m)	±(5+0.15L)	—
桁高		±2	±(4+0.5H)	—
桁宽		两片主桁：±3 三片主桁：±5	±(3+0.5B)	—
拱度		±3(f≤60) ±5f/100(f>60)	+(3+0.15L)最大20 −(3+0.05L)最大6	—
旁弯		≤L/5 000	跨中3+0.1L，最大12 20 m内任意位置，最大5	—
栓孔通过率		d−1.0：100%通过	d_1+1：100%通过 d_1+3：80%停止	—
主桁杆件	高	插入式 $^{-0.5}_{-2.0}$ 对拼式±1.0	±2	±(1/8+h/500)in
	宽	±1.0(腹板有拼接) ±2.0(腹板无拼接)	±2	±(1/8+b/500)in
	长	±5	±3	端部机加工的杆件±1/32 in。 端部未加工的杆件：①长度小于等于30 feet，±1/16 in；②长度大于30 feet，±1/8 in。 其他杆件：±1/4 in

续上表

项目		本规程	日本铁道构造物设计标准及解说(2000 版)	美国 AREMA 铁路工程手册(2007 版)
纵梁与横梁	高	纵梁 ±1,横梁 ±1.5	±3	±(1/8 + h/500) in
	宽	±2	±2	±(1/8 + b/500) in
	长	纵梁 $^{+0.5}_{-1.5}$ 横梁 ±1.5	±3	端部机加工的杆件 ±1/32 in。 端部未加工的杆件:①长度小于等于30 feet, ±1/16 in;②长度大于 30 feet, ±1/8 in。 其他杆件: ±1/4 in
联结系杆件	高	±1.5	±2	±(1/8 + h/500) in
	宽	±2.0	±2	±(1/8 + b/500) in
	长	±5	±3	端部机加工的杆件 ±1/32 in。 端部未加工的杆件:①长度小于等于 30 feet, ±1/16 in;②长度大于 30 feet, ±1/8 in。 其他杆件: ±1/4 in
杆件弯曲		≤2(L≤4 m) ≤3(4 m<L≤16 m) ≤5(L>16 m)	L/1 000,最大 8 L 为杆件长度(mm)	1/4 in 或 1/16 in × L/10,取大者,L 以 ft 计
腹板平面度		纵横梁 h/500,且不大于 5;板梁 h/350,且不大于 8	t≤10 mm 时,h/250; t>10 mm 时,H/250 或 2t/3 取小者; H 为腹板高(mm) t 为腹板厚(mm)	未加肋的为 $D/200\sqrt{t}$ 且不大于 0.75t;加肋的为$D/100\sqrt{t}$且不大于 1.5t。 D 为 D_1、D_2 与 D_3 的较小值;D_1 为纵向翼缘板件或加劲肋之间横向距离的最大值;D_2 为横向板件或加劲肋之间纵向距离的最大值;D_3 为模板接触点与板件或腹板之间的净距;t 为区格内板件的最小厚度。以上各值均以 in 计
杆件扭曲		≤3	—	箱形截面:(1/16) in/12 in × L/10;工字形截面:(1/8) in/12 in × L/10。 L 为截面之间长度,以 ft 计
翼缘倾斜		螺栓孔部分不大于 1 其余部分不大于 1.5	b/200	焊接工字形截面梁,在构件的任意位置该偏差不应超过: b_1/100 或 1/4in,取小者; 在任意支座位置该偏差不应超过 b_1/32 in

注:L—跨度(m);H—主桁高(m);B—主桁中心距(m);d—钉孔直径;d_1—螺栓直径;b—翼缘宽(mm);h—杆件高度(mm)。

附录 A　表 A 中增加了“电弧擦伤”、“焊瘤”缺陷的修补方法。

C.1.4　对已经评定过的同一强度级别钢材,允许冲击韧性标准高的代低的。

对已评定过的 Q370 及以下级别钢材,允许代替比其强度低的钢材的评定,高于 Q370 级钢材的评定结果不能互相代替。

《铁路钢桥制造规范》(TB 10212—98)的根部间隙是指无衬垫的,对于有衬垫的根部间隙本次修订也进行了规定。如按原规定的根部间隙要求,在拼装场和桥上安装时很难保证。

车间防锈漆应该对焊缝质量没有影响，但经多年的焊接检验，实际上是有影响的。对于涂有车间防锈漆的母材，工艺评定时打磨掉的，生产中也应打磨掉。

C.2.1 当产品板厚确定时，试板厚度按表 C.2.1 和表 C.2.3 进行选取；当引用已评定合格的试验结果时，试板厚度可代替的产品板厚应符合表 C.2.1 和表 C.2.3 的规定。

C.2.2 对于不开坡口的手工焊角焊缝，试板厚度可参照表 C.2.2 埋弧自动焊评定试板的厚度选取。对已评定合格的不开坡口手工焊角焊缝，当有效厚度（喉厚）<10 mm 时，认可的产品焊缝有效厚度（喉厚）范围为 0.75～1.5 倍；对已评定合格的有效厚度（喉厚）≥10 mm 的，认可产品焊缝有效厚度（喉厚）范围为 10 mm 以上的所有焊缝。

表 C.2.3 为了保证熔透角焊缝冲击试样的取样长度，盖板厚度应≥28 mm。

C.3.3 样坯经冷矫正之后，塑、韧性均有下降趋势，因此，试样焊接时应控制变形，尽量避免冷矫正。

C.3.4 力学性能试验项目、试样数量与国内外有关标准对照见说明表 C.3.4。

说明表 C.3.4 力学性能试验项目、试样数量（个）对照

标准（规范）	接头形式	接头拉伸	焊缝拉伸	焊缝金属冲击		热影响区或熔合线冲击		弯曲			硬度（酸蚀）
				常温	低温	常温	低温	面	背	侧	
本规范	对接	1	1	—	3	—	3	—	—	1	1
	T 接	—	1	—	—	—	—	—	—	—	1
英国桥梁规范 BS5400	对接	1	—	—	3	—	3	2①	2①	—	1
	角焊缝	—	—	—	—	—	—	—	—	—	1
《日本工业标准》JIS Z 3040 焊接工艺评定试验方法	对接 $t<19$ $t\geq19$	 2 2	—	 3 3	—	 3 3	—	2 2 双面焊	2 2 单面焊	—	—
美国钢结构焊接规范 *AWS*	坡口焊缝	2		—	5②	—	5②	—	—	4	—
	T 形	—	—	—	—	—	—	—	—	—	3

注：①当板厚大于 10 mm 时，用一个全截面侧弯代替面背弯；②合同或技术文件要求时作此项。

C.3.5 近年来由于钢材种类不断增加，冲击功要求的也各不相同。因此本次修改为各种钢材焊接接头的冲击功应不低于母材国家标准规定值。

C.4.1 试件的焊接条件应包括：焊接方法及焊接位置，焊接电流的种类及极性，或熔滴过渡形式，保护气体及流量，环境温度、湿度、预热温度及层间温度，单道焊或多道焊，单丝或多丝等。

E.0.1 为满足全熔透角焊缝和部分熔透角焊缝检验要求，参照《钢焊缝手工超声波探伤方法和探伤结果分级》（GB 11345—1989），比《铁路钢桥制造规范》（TB 10212—98）增加了全熔透角焊缝和部分熔透角焊缝的距离—波幅曲线。

E.0.3 缺陷等级分类要求与有关标准对照见表说明表 E.0.3。

说明表 E. 0. 3　超声波探伤缺陷等级分类对照(mm)

标　准	本规范	GB 11345	JB 4730	JIS Z 3060	
板　厚	10 ~ 56	8 ~ 300	8 ~ 120	≤8	>18 ~ 60
Ⅰ级焊缝	$t/4$ 最小 8	$t/3$ 最小 10	$t/3$ 最小 10	6	$t/3$
Ⅱ级焊缝	$t/2$ 最小 10	$2t/3$ 最小 12	$2t/3$ 最小 12	9	$t/2$

对接焊缝内部质量标准严于国家标准的相应规定,角焊缝内部质量标准与《铁路钢桥制造规范》(TB 10212—98)基本一致。

F. 0. 3　《金属熔化焊焊接接头射线照相》(GB/T 3323—2005)规定:Ⅰ级焊接接头和评定厚度小于 5 mm 的Ⅱ级焊接接头内不计点数的圆形缺陷,在评定区内不得多于 10 个。考虑钢桥制造的特殊性本规范的规定比国标严格。

缺陷的综合评定,考虑钢桥制造的特殊性本规范规定在圆形缺陷评定区内,不允许同时存在圆形缺陷和条形缺陷。

表 G. 0. 3《无损检测焊缝磁粉检测》(JB/T 6061—2007)规定线状显示允许的缺陷尺寸上限是 $L \leq 3$ mm,考虑钢桥制造的特殊性本规范规定 $L \leq 1.5$ mm。

近年来,铁路桥梁建设发展很快,新材料、新桥型、新结构不断涌现。在制造方面,需要不断采用新技术、新工艺、新设备,以适应快速发展的需要。本规范在编写中未涵盖的部分,需要在使用中予以补充。